十大经典佛经

心经
金刚经
楞严经
妙法莲华经
华严经
阿弥陀经
无量寿经
观无量寿经
长阿含经
地藏经

竹和松出版社

©2019 竹和松出版社（Zhu & Song Press）

出版：竹和松出版社（Zhu & Song Press）

Zhu & Song Press, LLC

责任编辑：朱晓红

责编信箱：editor@zhuandsongpress.com

zhuandsongpress@gmail.com

封面设计：竹和松传媒

出版社网址：www.zhuandsongpress.com

印刷地：美国

发行：全球

ISBN-13:978-1-950797-00-4

ISBN-10:1-950797-00-7

版权所有，侵权必究

内容简介

一、《心经》

《般若波罗蜜多心经》，又称《摩诃般若波罗蜜多心经》，简称《般若心经》或《心经》，是般若经系列中一部言简义丰、博大精深、提纲挈领、极为重要的经典，为大乘佛教出家及在家佛教徒日常背诵的佛经。现以唐代三藏法师玄奘译本为最流行。

二、《金刚经》

《金刚经》是早期大乘佛教经典，属于《大般若经》的第九会，是宣说般若空义的代表作之一。中国依鸠摩罗什译本为流行本，一般所说的《金刚经》都指罗什所译的《金刚般若波罗密经》；科判则依昭明太子的三十二分法。《金刚经》古来依无著和世亲的论释为中心被理解，尔后由三论、天台、华严、法相、禅、真言等各宗的观点加以理解和发展。

三、《楞严经》

《楞严经》是佛教上的一部极重要的大经，可说是一部佛教修行大全。因为此经在内容上，包含了显密性相各方面重要的道理；在宗派上则横跨禅净密律，均衡发挥，各得其所；在修行的次第上，则更是充实、圆满：举凡发心、解、行、证、悟，皆详尽剖析开示--从教令正发心起，经循循善诱的破惑、见真（明心见性）、依性起修（设坛结界、于实际上起正修行），并详细开示了一切凡圣境界（二十五圣圆通、三界七趣众生），令于圣境起企慕、而于凡外得知解，从而不受迷惑、不入岔道；又详述六十位修证（三渐次、干慧地、十信、十住、十行、十回向、四加行、十地、等觉、妙觉）令行者于菩提道上知所趣向；最后更广开示五阴魔境，及其破除之法，俾于菩提道上能克服魔怨留难，所修圆满成就。

四、《妙法莲华经》

《妙法莲华经》说一乘圆教，表清净了义，究竟圆满，微妙无上。《法华经》是佛陀释迦牟尼晚年所说教法，属于开权显实的圆融教法，大小无异，显密圆融，显示人人皆可成佛之一乘了义。在五时教判中，属于法华、涅盘之最后一时。因经中宣讲内容至高无上，明示不分贫富贵贱、人人皆可成佛，所以《法华经》也誉为经中之王。

五、《华严经》

此经是释迦牟尼成佛后，首先讲的第一部经，最适合的也是大根器的人。释迦牟尼初成佛时，犹如太阳刚升出来，光芒照耀高山。所讲的《华严经》，下面中小根器的人尚听不见，或者听见了，也等于没听见。

到了最后讲《妙法莲华经》的时候，又似太阳快落山了，照的又是山顶上的人。相对而言，《楞严经》、《金刚经》、《心经》等则是如日当空，可照遍全人。《华严经》很长，比《妙法莲华经》、《楞严经》都长，可看其中有名的几品，比如普贤菩萨行愿品、普贤菩萨净行品等。

六、《阿弥陀经》

佛教经典。亦称《小无量寿经》，简称《小经》。与《无量寿经》、《观无量寿经》合称净土三经。一般认为在1~2世纪印度贵霜王朝时期已流行于犍陀罗地区。

七、《无量寿经》

佛教经典。全称《佛说无量寿经》。净土三经之一。此经说无量寿佛(阿弥陀佛)的因地修行，果满成佛，国土庄严，摄受十方念佛众生往生彼国等事。此经前后有十二译，存五译、失七译，会集、节略本四本。 经中介绍了阿弥陀佛(无量寿佛)接引众生的大愿、极乐世界的美好景象，以及娑婆世界的污秽不堪等内容。

八、《观无量寿经》

佛教经典。简称《观经》。与《阿弥陀经》、《无量寿经》合称净土三部经。宋畺良耶舍译。另有异译一种，已佚。此经进一步发挥了《无量寿经》的净土思想，叙述释迦牟尼佛 应韦提希夫人之请，在频婆娑罗宫为信众讲述观想阿弥陀佛的身相和极乐净土庄严的十六种观想方法(十六观)。

未发现梵本，亦无藏译本，但在中国新疆地区曾发现维吾尔文译本的残片。日本学者高楠顺次郎应马克斯·缪勒之请，据现行本译成英文，与《阿弥陀经》等一起，载《东方圣书》第49卷。

九、《长阿含经》

小乘佛教的核心经典，中国大乘佛教，往往是忽略此经的，但还是将之结集，编入大乘三藏经典。此经主要是，讲述禅定等实修的。相信对欲进行实修的人，会很有帮助。当然前面的佛经，也都讲了深度精进修行，只是此经中涉及的细节较多。

十、《地藏经》

《地藏经》，又称《地藏菩萨本愿经》、《地藏本愿经》、《地藏本行经》、《地藏本誓力经》，唐朝高僧实叉难陀翻译。收於《大正藏》第十三册。经中记载了释迦牟尼佛在忉利天宫（欲界六天的第二层天），为母亲摩耶夫人说法。佛在经中赞扬了地藏菩萨"地狱不空，誓不成佛，众生度尽，方证菩提"的宏大誓愿，并介绍了地藏菩萨在因地修行过程中的典型事例。

目录

般若波罗蜜多心经 1

金刚般若波罗蜜经 2

大佛顶首楞严经 10

妙法莲华经 85

大方广佛华严经 173

佛说阿弥陀经 817

佛说大乘无量寿庄严清净平等觉经 820

佛说观无量寿经 842

佛说长阿含经 853

地藏菩萨本愿经 1107

般若波罗蜜多心经

唐三藏法师玄奘译

观自在菩萨,行深般若波罗蜜多时,照见五蕴皆空,渡一切苦厄。

舍利子!色不异空,空不异色;色即是空,空即是色;受想行识,亦复如是。

舍利子!是诸法空相,不生不灭,不垢不净,不增不减。

是故空中无色,无受想行识,无眼耳鼻舌身意,无色声香味触法,无眼界,乃至无意识界。

无无明,亦无无明尽,乃至无老死,亦无老死尽,无苦集灭道。无智亦无得。

以无所得故,菩提萨埵,依般若波罗蜜多故,心无罣碍,无罣碍故,无有恐怖, 远离颠倒梦想,究竟涅槃。

三世诸佛,依般若波罗蜜多故,得阿耨多罗三藐三菩提。

故知般若波罗蜜多,是大神咒,是大明咒,是无上咒,是无等等咒,能除一切苦,真实不虚。

故说般若波罗蜜多咒,即说咒曰:揭谛揭谛,波罗揭谛,波罗僧揭谛,菩提娑婆呵。

金刚般若波罗蜜经

姚秦·三藏法师·鸠摩罗什 译

如是我闻。一时,佛在舍卫国祇树给孤独园,与大比丘众千二百五十人俱。尔时,世尊食时,著衣持钵,入舍卫大城乞食。于其城中,次第乞已,还至本处。饭食讫,收衣钵,洗足已,敷座而坐。

时,长老须菩提在大众中即从座起,偏袒右肩,右膝著地,合掌恭敬而白佛言:希有!世尊!如来善护念诸菩萨,善付嘱诸菩萨。世尊!善男子、善女人,发阿耨多罗三藐三菩提心,云何应住?云何降伏其心?

佛言:善哉,善哉。须菩提!如汝所说:如来善护念诸菩萨,善付嘱诸菩萨,汝今谛听!当为汝说:善男子、善女人,发阿耨多罗三藐三菩提心,应如是住,如是降伏其心。

唯然。世尊!愿乐欲闻。

佛告须菩提:诸菩萨摩诃萨应如是降伏其心!所有一切众生之类:若卵生、若胎生、若湿生、若化生;若有色、若无色;若有想、若无想、若非有想非无想,我皆令入无余涅槃而灭度之。如是灭度无量无数无边众生,实无众生得灭度者。何以故?须菩提!若菩萨有我相、人相、众生相、寿者相,即非菩萨。

复次,须菩提!菩萨于法,应无所住,行于布施,所谓不住色布施,不住声香味触法布施。须菩提!菩萨应如是布施,不住于相。何以故?若菩萨不住相布施,其福德不可思量。

须菩提!于意云何?东方虚空可思量不?

不也,世尊!

须菩提!南西北方四维上下虚空可思量不?

不也,世尊!

须菩提!菩萨无住相布施,福德亦复如是不可思量。须菩提!菩萨但应如所教住。

须菩提!于意云何?可以身相见如来不?

不也,世尊!不可以身相得见如来。何以故?如来所说身相,即非身相。

佛告须菩提:凡所有相,皆是虚妄。若见诸相非相,则见如来。

须菩提白佛言:世尊!颇有众生,得闻如是言说章句,生实信不?

佛告须菩提:莫作是说。如来灭后,后五百岁,有持戒修福者,于此章句能生信心，以此为实，当知是人不于一佛二佛三四五佛而种善根，已于无量千万佛所种诸善根，闻是章句，乃至一念生净信者，须菩提！如来悉知悉见，是诸众生得如是无量福德。何以故？是诸众生无复我相、人相、众生相、寿者相。

无法相，亦无非法相。何以故？是诸众生若心取相，则为著我人众生寿者。

若取法相，即著我人众生寿者。何以故？若取非法相，即著我人众生寿者，是故不应取法，不应取非法。以是义故，如来常说：汝等比丘，知我说法，如筏喻者，法尚应舍，何况非法。

须菩提！于意云何？如来得阿耨多罗三藐三菩提耶？如来有所说法耶？

须菩提言：如我解佛所说义，无有定法名阿耨多罗三藐三菩提，亦无有定法，如来可说。何以故？如来所说法，皆不可取、不可说、非法、非非法。所以者何？一切贤圣，皆以无为法而有差别。

须菩提！于意云何？若人满三千大千世界七宝以用布施，是人所得福德，宁为多不？

须菩提言：甚多，世尊！何以故？是福德即非福德性，是故如来说福德多。

若复有人，于此经中受持，乃至四句偈等，为他人说，其福胜彼。何以故？须菩提！一切诸佛，及诸佛阿耨多罗三藐三菩提法，皆从此经出。须菩提！所谓佛、法者，即非佛、法。

须菩提！于意云何？须陀洹能作是念：我得须陀洹果不？

须菩提言：不也，世尊！何以故？须陀洹名为入流，而无所入，不入色声香味触法，是名须陀洹。

须菩提！于意云何？斯陀含能作是念：我得斯陀含果不？

须菩提言：不也，世尊！何以故？斯陀含名一往来，而实无往来，是名斯陀含。

须菩提！于意云何？阿那含能作是念：我得阿那含果不？

须菩提言：不也，世尊！何以故？阿那含名为不来，而实无不来，是故名阿那含。

须菩提！于意云何？阿罗汉能作是念：我得阿罗汉道不？

须菩提言：不也，世尊！何以故？实无有法名阿罗汉。世尊！若阿罗汉作是念：我得阿罗汉道，即为著我人众生寿者。世尊！佛说我得无诤三昧，人中最为第一，是第一离欲阿罗汉。世尊！我不作是念：我是离欲阿罗汉。世尊！我若作是念：我得阿罗汉道，世尊则不说须菩提是乐阿兰那行者！以须菩提实无所行，而名须菩提是乐阿兰那行。

佛告须菩提：于意云何？如来昔在燃灯佛所，于法有所得不？

不也，世尊！如来在燃灯佛所，于法实无所得。

须菩提！于意云何？菩萨庄严佛土不？

不也，世尊！何以故？庄严佛土者，则非庄严，是名庄严。

是故须菩提，诸菩萨摩诃萨应如是生清净心，不应住色生心，不应住声香味触法生心，应无所住而生其心。

须菩提！譬如有人，身如须弥山王，于意云何？是身为大不？

须菩提言：甚大，世尊！何以故？佛说非身，是名大身。

须菩提！如恒河中所有沙数，如是沙等恒河，于意云何？是诸恒河沙宁为多不？

须菩提言：甚多，世尊！但诸恒河尚多无数，何况其沙！

须菩提！我今实言告汝：若有善男子、善女人，以七宝满尔所恒河沙数三千大千世界，以用布施，得福多不？

须菩提言：甚多，世尊！

佛告须菩提：若善男子、善女人，于此经中，乃至受持四句偈等，为他人说，而此福德胜前福德。复次，须菩提！随说是经，乃至四句偈等，当知此处，一切世间、天、人、阿修罗，皆应供养，如佛塔庙，何况有人尽能受持读诵。须菩提！当知是人成就最上第一希有之法，若是经典所在之处，则为有佛，若尊重弟子。

尔时，须菩提白佛言：世尊！当何名此经？我等云何奉持？

佛告须菩提：是经名为《金刚般若波罗蜜》，以是名字，汝当奉持。所以者何？须菩提！佛说般若波罗蜜，即非般若波罗蜜，是名般若波罗蜜。须菩提！于意云何？如来有所说法不？

须菩提白佛言：世尊！如来无所说。

须菩提！于意云何？三千大千世界所有微尘是为多不？

须菩提言：甚多，世尊！

须菩提！诸微尘，如来说非微尘，是名微尘。如来说：世界，非世界，是名世界。

须菩提！于意云何？可以三十二相见如来不？

不也，世尊！不可以三十二相得见如来。何以故？如来说：三十二相，即是非相，是名三十二相。

须菩提！若有善男子、善女人，以恒河沙等身命布施；若复有人，于此经中，乃至受持四句偈等，为他人说，其福甚多！

尔时，须菩提闻说是经，深解义趣，涕泪悲泣，而白佛言：希有，世尊！佛说如是甚深经典，我从昔来所得慧眼，未曾得闻如是之经。世尊！若复有人得闻是经，信心清净，则生实相，当知是人，成就第一希有功德。世尊！是实相者，则是非相，是故如来说名实相。世尊！我今得闻如是经典，信解受持不足为难，若当来世，后五百岁，其有众生，得闻是经，信解受持，是人则为第一希有。何以故？此人无我相、无人相、无众生相、无寿者相。所以者何？我相即是非相，人相、众生相、寿者相即是非相。何以故？离一切诸相，即名诸佛。

　　佛告须菩提：如是！如是！若复有人，得闻是经，不惊、不怖、不畏，当知是人甚为希有。何以故？须菩提！如来说：第一波罗蜜，即非第一波罗蜜，是名第一波罗蜜。须菩提！忍辱波罗蜜，如来说非忍辱波罗蜜，是名忍辱波罗蜜。何以故？须菩提！如我昔为歌利王割截身体，我于尔时，无我相、无人相、无众生相、无寿者相。何以故？我于往昔节节支解时，若有我相、人相、众生相、寿者相，应生嗔恨。须菩提！又念过去于五百世作忍辱仙人，于尔所世，无我相、无人相、无众生相、无寿者相。是故须菩提！菩萨应离一切相，发阿耨多罗三藐三菩提心，不应住色生心，不应住声香味触法生心，应生无所住心。若心有住，则为非住。

　　是故佛说：菩萨心不应住色布施。须菩提！菩萨为利益一切众生故，应如是布施。如来说：一切诸相，即是非相。又说：一切众生，则非众生。须菩提！如来是真语者、实语者、如语者、不诳语者、不异语者。

　　须菩提！如来所得法，此法无实无虚。须菩提！若菩萨心住于法而行布施，如人入暗，则无所见；若菩萨心不住法而行布施，如人有目，日光明照，见种种色。

　　须菩提！当来之世，若有善男子、善女人，能于此经受持读诵，则为如来以佛智慧，悉知是人，悉见是人，皆得成就无量无边功德。

　　须菩提！若有善男子、善女人，初日分以恒河沙等身布施，中日分复以恒河沙等身布施，后日分亦以恒河沙等身布施，如是无量百千万亿劫以身布施；若复有人，闻此经典，信心不逆，其福胜彼，何况书写、受持、读诵、为人解说。

　　须菩提！以要言之，是经有不可思议、不可称量、无边功德。如来为发大乘者说，为发最上乘者说。若有人能受持读诵，广为人说，如来悉知是人，悉见是人，皆成就不可量、不可称、无有边、不可思议功德，如是人等，则为荷担如来阿耨多罗三藐三菩提。何以故？须菩提！若乐小法者，著我见、人见、众生见、寿者见，则于此经，不能听受读诵、为人解说。

　　须菩提！在在处处，若有此经，一切世间、天、人、阿修罗，所应供养；当知此处，则为是塔，皆应恭敬，作礼围绕，以诸华香而散其处。

　　复次，须菩提！善男子、善女人，受持读诵此经，若为人轻贱，是人先世罪业，应堕恶道，以今世人轻贱故，先世罪业则为消灭，当得阿耨多罗三藐三菩提。

　　须菩提！我念过去无量阿僧祇劫，于燃灯佛前，得值八百四千万亿那由他诸佛，悉皆供养承事，无空过者；若复有人，于后末世，能受持读诵此经，所得功德，于我所供养诸佛功德，百分不及一，千万亿分、乃至算数譬喻所不能及。

须菩提！若善男子、善女人，于后末世，有受持读诵此经，所得功德，我若具说者，或有人闻，心则狂乱，狐疑不信。须菩提！当知是经义不可思议，果报亦不可思议。

尔时，须菩提白佛言：世尊！善男子、善女人，发阿耨多罗三藐三菩提心，云何应住？云何降伏其心？

佛告须菩提：善男子、善女人，发阿耨多罗三藐三菩提心者，当生如是心，我应灭度一切众生。灭度一切众生已，而无有一众生实灭度者。何以故？须菩提，若菩萨有我相、人相、众生相、寿者相，则非菩萨。所以者何？须菩提！实无有法发阿耨多罗三藐三菩提心者。

须菩提！于意云何？如来于燃灯佛所，有法得阿耨多罗三藐三菩提不？

不也，世尊！如我解佛所说义，佛于燃灯佛所，无有法得阿耨多罗三藐三菩提。

佛言：如是，如是。须菩提！实无有法如来得阿耨多罗三藐三菩提。须菩提！若有法如来得阿耨多罗三藐三菩提者，燃灯佛则不与我授记：汝于来世，当得作佛，号释迦牟尼。以实无有法得阿耨多罗三藐三菩提，是故燃灯佛与我授记，作是言：汝于来世，当得作佛，号释迦牟尼。何以故？如来者，即诸法如义。

若有人言：如来得阿耨多罗三藐三菩提。须菩提！实无有法，佛得阿耨多罗三藐三菩提。须菩提！如来所得阿耨多罗三藐三菩提，于是中无实无虚。是故如来说：一切法皆是佛法。须菩提！所言一切法者，即非一切法，是故名一切法。

须菩提！譬如人身长大。

须菩提言：世尊！如来说：人身长大，即为非大身，是名大身。

须菩提！菩萨亦如是。若作是言：我当灭度无量众生，则不名菩萨。何以故？须菩提！实无有法名为菩萨。是故佛说：一切法无我、无人、无众生、无寿者。须菩提！若菩萨作是言：我当庄严佛土，是不名菩萨。何以故？如来说：庄严佛土者，即非庄严，是名庄严。须菩提！若菩萨通达无我、法者，如来说名真是菩萨。

须菩提！于意云何？如来有肉眼不？
如是，世尊！如来有肉眼。
须菩提！于意云何？如来有天眼不？
如是，世尊！如来有天眼。
须菩提！于意云何？如来有慧眼不？
如是，世尊！如来有慧眼。
须菩提！于意云何？如来有法眼不？
如是，世尊！如来有法眼。
须菩提！于意云何？如来有佛眼不？

如是,世尊!如来有佛眼。

须菩提!于意云何?如恒河中所有沙,佛说是沙不?

如是,世尊!如来说是沙。

须菩提!于意云何?如一恒河中所有沙,有如是沙等恒河,是诸恒河所有沙数,佛世界如是,宁为多不?

甚多,世尊!

佛告须菩提:尔所国土中,所有众生,若干种心,如来悉知。何以故?如来说:诸心皆为非心,是名为心。所以者何?须菩提!过去心不可得,现在心不可得,未来心不可得。

须菩提!于意云何?若有人满三千大千世界七宝以用布施,是人以是因缘,得福多不?

如是,世尊!此人以是因缘,得福甚多。

须菩提!若福德有实,如来不说得福德多;以福德无故,如来说得福德多。

须菩提!于意云何?佛可以具足色身见不?

不也,世尊!如来不应以具足色身见。何以故?如来说:具足色身,即非具足色身,是名具足色身。

须菩提!于意云何?如来可以具足诸相见不?

不也,世尊!如来不应以具足诸相见。何以故?如来说:诸相具足,即非具足,是名诸相具足。

须菩提!汝勿谓如来作是念:我当有所说法。莫作是念,何以故?若人言:如来有所说法,即为谤佛,不能解我所说故。须菩提!说法者,无法可说,是名说法。

尔时,慧命须菩提白佛言:世尊!颇有众生,于未来世,闻说是法,生信心不?

佛言:须菩提!彼非众生,非不众生。何以故?须菩提!众生众生者,如来说非众生,是名众生。

须菩提白佛言:世尊!佛得阿耨多罗三藐三菩提,为无所得耶?

佛言:如是,如是。须菩提!我于阿耨多罗三藐三菩提乃至无有少法可得,是名阿耨多罗三藐三菩提。

复次,须菩提!是法平等,无有高下,是名阿耨多罗三藐三菩提;以无我、无人、无众生、无寿者,修一切善法,则得阿耨多罗三藐三菩提。须菩提!所言善法者,如来说非善法,是名善法。

须菩提!若三千大千世界中所有诸须弥山王,如是等七宝聚,有人持用布施;若人以此《般若波罗蜜经》,乃至四句偈等,受持读诵、为他人说,于前福德百分不及一,百千万亿分,乃至算数譬喻所不能及。

须菩提!于意云何?汝等勿谓如来作是念:我当度众生。须菩提!莫作是念。何以故?实无有众生如来度者,若有众生如来度者,如来则有我人众生寿者。须菩提！如来说：有我者，则非有我，而凡夫之人以为有我。须菩提！凡夫者，如来说即非凡夫，是名凡夫。

须菩提！于意云何？可以三十二相观如来不？

须菩提言：如是！如是！以三十二相观如来。

佛言：须菩提！若以三十二相观如来者，转轮圣王则是如来。

须菩提白佛言：世尊！如我解佛所说义，不应以三十二相观如来。

尔时，世尊而说偈言：

若以色见我　以音声求我

是人行邪道　不能见如来

须菩提！汝若作是念：如来不以具足相故，得阿耨多罗三藐三菩提。须菩提！莫作是念：如来不以具足相故，得阿耨多罗三藐三菩提。

须菩提！汝若作是念，发阿耨多罗三藐三菩提心者，说诸法断灭。莫作是念！何以故？发阿耨多罗三藐三菩提心者，于法不说断灭相。

须菩提！若菩萨以满恒河沙等世界七宝，持用布施；若复有人知一切法无我，得成于忍，此菩萨胜前菩萨所得功德。何以故？须菩提！以诸菩萨不受福德故。

须菩提白佛言：世尊！云何菩萨不受福德？

须菩提！菩萨所作福德，不应贪著，是故说不受福德。

须菩提！若有人言：如来若来若去、若坐若卧，是人不解我所说义。何以故？如来者，无所从来，亦无所去，故名如来。

须菩提！若善男子、善女人，以三千大千世界碎为微尘，于意云何？是微尘众宁为多不？

须菩提言：甚多，世尊！何以故？若是微尘众实有者，佛则不说是微尘众，所以者何？佛说：微尘众，则非微尘众，是名微尘众。世尊！如来所说三千大千世界，则非世界，是名世界。何以故？若世界实有者，即是一合相。如来说：一合相，即非一合相，是名一合相。

须菩提！一合相者，即是不可说，但凡夫之人贪著其事。

须菩提！若人言：佛说我见、人见、众生见、寿者见。须菩提！于意云何？是人解我所说义不？

不也！世尊！是人不解如来所说义。何以故？世尊说：我见、人见、众生见、寿者见，即非我见、人见、众生见、寿者见，是名我见、人见、众生见、寿者见。

须菩提！发阿耨多罗三藐三菩提心者，于一切法，应如是知，如是见，如是信解，不生法相。须菩提！所言法相者，如来说即非法相，是名法相。

须菩提！若有人以满无量阿僧祇世界七宝持用布施，若有善男子、善女人，发菩提心者，持于此经，乃至四句偈等，受持读诵，为人演说，其福胜彼。云何为人演说，不取于相，如如不动。何以故？

　　一切有为法　如梦幻泡影
　　如露亦如电　应作如是观

　　佛说是经已，长老须菩提及诸比丘、比丘尼、优婆塞、优婆夷、一切世间、天、人、阿修罗，闻佛所说，皆大欢喜，信受奉行。

大佛顶首楞严经

唐天竺·沙门般剌密帝译

卷一

如是我闻。一时佛在室罗筏城，祇桓精舍。与大比丘众，千二百五十人俱。皆是无漏大阿罗汉。佛子住持，善超诸有。能于国土，成就威仪。从佛转轮，妙堪遗嘱。严净毗尼，弘范三界。应身无量，度脱众生。拔济未来，越诸尘累。其名曰。大智舍利弗。摩诃目犍连。摩诃拘絺罗。富楼那弥多罗尼子。须菩提。优波尼沙陀等。而为上首。复有无量辟支无学。并其初心。同来佛所。属诸比丘休夏自恣。十方菩萨咨决心疑。钦奉慈严将求密义。即时如来敷座宴安。为诸会中，宣示深奥。法筵清众，得未曾有。迦陵仙音，遍十方界。恒沙菩萨，来聚道场。文殊师利而为上首。时波斯匿王，为其父王讳日营斋。请佛宫掖。自迎如来。广设珍羞无上妙味。兼复亲延诸大菩萨。城中复有长者居士同时饭僧。伫佛来应。佛敕文殊，分领菩萨及阿罗汉，应诸斋主。唯有阿难，先受别请。远游未还，不遑僧次。既无上座，及阿阇黎。途中独归。其日无供。即时阿难，执持应器，于所游城，次第循乞。心中初求最后檀越，以为斋主。无问净秽，刹利尊姓，及旃陀罗。方行等慈，不择微贱。发意圆成，一切众生，无量功德。阿难已知如来世尊，诃须菩提，及大迦叶，为阿罗汉，心不均平。钦仰如来，开阐无遮，度诸疑谤。经彼城隍，徐步郭门。严整威仪，肃恭斋法。尔时阿难，因乞食次，经历淫室，遭大幻术。摩登伽女，以娑毗迦罗先梵天咒，摄入淫席。淫躬抚摩，将毁戒体。

如来知彼淫术所加，斋毕旋归。王及大臣长者居士，俱来随佛，愿闻法要。于时世尊。顶放百宝无畏光明，光中出生千叶宝莲，有佛化身，结跏趺坐，宣说神咒。敕文殊师利将咒往护。恶咒消灭。提奖阿难，及摩登伽，归来佛所。阿难见佛。顶礼悲泣。恨无始来。一向多闻，未全道力。殷勤启请，十方如来得成菩提，妙奢摩他，三摩，禅那，最初方便。于时复有恒沙菩萨，及诸十方大阿罗汉，辟支佛等，俱愿乐闻。退坐默然，承受圣旨。

佛告阿难。汝我同气，情均天伦。当初发心，于我法中，见何胜相，顿舍世间深重恩爱。阿难白佛。我见如来三十二相。胜妙殊绝。

形体映彻，犹如琉璃。常自思惟，此相非是欲爱所生。何以故。欲气粗浊，腥臊交遘，脓血杂乱，不能发生胜净妙明紫金光聚。是以渴仰，从佛剃落。

佛言：善哉阿难。汝等当知一切众生，从无始来。生死相续，皆由不知常住真心性净明体。用诸妄想。此想不真，故有轮转。汝今欲研无上菩提真发明性。应当直心詶我所问。十方如来同一道故，出离生死，皆以直心。心言直故，如是乃至终始地位，中间永无诸委曲相。

阿难，我今问汝。当汝发心缘于如来三十二相，将何所见，谁为爱乐。阿难白佛言：世尊，如是爱乐，用我心目。由目观见如来胜相，心生爱乐。故我发心，愿舍生死。佛告阿难。如汝所说。真所爱乐，因于心目。若不识知心目所在，则不能得降伏尘劳。譬如国王，为贼所侵，发兵讨除。是兵要当知贼所在。使汝流转，心目为咎。吾今问汝，唯心与目，今何所在。

阿难白佛言：世尊，一切世间十种异生，同将识心居在身内。纵观如来青莲华眼，亦在佛面。我今观此浮根四尘，只在我面。如是识心，实居身内。佛告阿难。汝今现坐如来讲堂。观祇陀林今何所在。世尊，此大重阁清净讲堂，在给孤园。今祇陀林实在堂外。阿难，汝今堂中，先何所见。世尊，我在堂中，先见如来，次观大众。如是外望，方瞩林园。阿难，汝瞩林园，因何有见。世尊，此大讲堂，户牖开豁。故我在堂，得远瞻见。

尔时世尊，在大众中，舒金色臂，摩阿难顶。告示阿难及诸大众。有三摩提。名大佛顶首楞严王．具足万行．十方如来．一门超出．妙庄严路。汝今谛听。阿难顶礼，伏受慈旨。

佛告阿难。如汝所言，身在讲堂，户牖开豁，远瞩林园。亦有众生在此堂中，不见如来，见堂外者。阿难答言。世尊，在堂不见如来，能见林泉，无有是处。阿难，汝亦如是。汝之心灵一切明了。若汝现前所明了心实在身内，尔时先合了知内身。颇有众生，先见身中，后观外物，纵不能见心肝脾胃，爪生发长，筋转脉摇，诚合明了，如何不知。必不内知，云何知外。是故应知，汝言觉了能知之心，住在身内，无有是处。

阿难稽首而白佛言：我闻如来如是法音。悟知我心实居身外。所以者何。譬如灯光然于室中，是灯必能先照室内，从其室门，后及庭际。一切众生，不见身中，独见身外。亦如灯光，居在室外，不能照室。是义必明，将无所惑。同佛了义得无妄耶。

佛告阿难。是诸比丘，适来从我室罗筏城，循乞抟食，归祇陀林。我已宿斋。汝观比丘，一人食时，诸人饱不。阿难答言：不也，世尊。何以故。是诸比丘，虽阿罗汉，躯命不同。云何一人能令众饱。佛告阿难。若汝觉了知见之心，实在身外，身心相外，自不相干。则心所知,身不能觉。觉在身际,心不能知。我今示汝兜罗绵手,汝眼见时,心分别不。阿难答言:如是,世尊。佛告阿难。若相知者,云何在外。是故应知,汝言觉了能知之心,住在身外,无有是处。

阿难白佛言。世尊,如佛所言,不见内故,不居身内。身心相知,不相离故,不在身外。我今思惟,知在一处。佛言:处今何在。阿难言:此了知心,既不知内,而能见外。如我思忖,潜伏根里。犹如有人,取琉璃碗,合其两眼。虽有物合,而不留碍。彼根随见,随即分别。然我觉了能知之心,不见内者,为在根故。分明瞩外,无障碍者,潜根内故。佛告阿难。如汝所言,潜根内者,犹如琉璃。彼人当以琉璃笼眼,当见山河,见琉璃不。如是,世尊,是人当以琉璃笼眼,实见琉璃。佛告阿难。汝心若同琉璃合者,当见山河,何不见眼。若见眼者,眼即同境,不得成随。若不能见,云何说言此了知心,潜在根内,如琉璃合。是故应知,汝言觉了能知之心,潜伏根里,如琉璃合,无有是处。

阿难白佛言。世尊,我今又作如是思惟。是众生身,腑藏在中,窍穴居外。有藏则暗。有窍则明。今我对佛,开眼见明,名为见外。闭眼见暗,名为见内。是义云何。佛告阿难。汝当闭眼见暗之时,此暗境界,为与眼对,为不对眼。若与眼对,暗在眼前,云何成内。若成内者,居暗室中,无日月灯,此室暗中,皆汝焦腑。若不对者,云何成见。若离外见,内对所成。合眼见暗,名为身中。开眼见明,何不见面。若不见面,内对不成。见面若成,此了知心,及与眼根,乃在虚空,何成在内。若在虚空,自非汝体。即应如来今见汝面,亦是汝身。汝眼已知,身合非觉。必汝执言身眼两觉,应有二知,即汝一身,应成两佛。是故应知,汝言见暗名见内者,无有是处。

阿难言。我尝闻佛开示四众。由心生故,种种法生。由法生故,种种心生。我今思惟,即思惟体,实我心性。随所合处,心则随有。亦非内外中间三处。佛告阿难。汝今说言,由法生故,种种心生。随所合处,心随有者。是心无体,则无所合。若无有体而能合者,则十九界因七尘合。是义不然。若有体者,如汝以手自挃其体。汝所知心,为复内出,为从外入。若复内出,还见身中。若从外来,先合见面。阿难言:见是其眼。心知非眼。为见非义。佛言:若眼能见,汝在室中,门能见不。则诸已死,尚有眼存,应皆见物。若见物者,云何名死。阿难,又汝觉了能知之心,若必有体,为复一体,为有多体。今在汝身,为复遍体,为不遍体。若一体者,则汝以手挃一支时,四支应觉。若咸觉者,挃应无在。若挃有所,则汝一体,自不能成。若多体者,则成多人,何体为汝。若遍体者,同前所挃。若不遍者,当汝触头,亦触其足,头有所觉,足应无知。今汝不然。是故应知,随所合处,心则随有,无有是处。

阿难白佛言。世尊，我亦闻佛，与文殊等诸法王子，谈实相时，世尊亦言，心不在内，亦不在外。如我思惟，内无所见，外不相知。内无知故，在内不成。身心相知，在外非义。今相知故，复内无见，当在中间。佛言：汝言中间，中必不迷，非无所在。今汝推中，中何为在。为复在处。为当在身。若在身者，在边非中，在中同内。若在处者，为有所表，为无所表。无表同无。表则无定。何以故。如人以表，表为中时，东看则西，南观成北。表体既混，心应杂乱。阿难言：我所说中，非此二种。如世尊言，眼色为缘，生于眼识。眼有分别，色尘无知。识生其中，则为心在。佛言。汝心若在根尘之中，此之心体，为复兼二，为不兼二。若兼二者，物体杂乱。物非体知，成敌两立，云何为中。兼二不成，非知不知，即无体性，中何为相。是故应知，当在中间，无有是处。

阿难白佛言。世尊，我昔见佛，与大目连、须菩提、富楼那、舍利弗，四大弟子，共转法轮。常言觉知分别心性，既不在内，亦不在外，不在中间，俱无所在，一切无著，名之为心。则我无著，名为心不。佛告阿难。汝言觉知分别心性，俱无在者。世间虚空，水陆飞行，诸所物象，名为一切。汝不著者，为在为无。无则同于龟毛兔角，云何不著。有不著者，不可名无。无相则无，非无则相，相有则在，云何无著。是故应知，一切无著，名觉知心，无有是处。

尔时阿难，在大众中，即从座起，偏袒右肩，右膝著地，合掌恭敬，而白佛言：我是如来最小之弟，蒙佛慈爱，虽今出家，犹恃憍怜。所以多闻未得无漏。不能折伏娑毗罗咒。为彼所转，溺于淫舍。当由不知真际所诣。惟愿世尊，大慈哀愍，开示我等奢摩他路，令诸阐提。隳弥戾车。作是语已，五体投地，及诸大众，倾渴翘伫，钦闻示诲。

尔时世尊，从其面门，放种种光。其光晃耀，如百千日。普佛世界，六种震动。如是十方微尘国土，一时开现。佛之威神，令诸世界合成一界。其世界中，所有一切诸大菩萨，皆住本国，合掌承听。

佛告阿难。一切众生，从无始来，种种颠倒，业种自然，如恶叉聚。诸修行人，不能得成无上菩提，乃至别成声闻缘觉，及成外道，诸天魔王，及魔眷属。皆由不知二种根本，错乱修习。犹如煮沙，欲成嘉馔，纵经尘劫，终不能得。云何二种。阿难，一者，无始生死根本。则汝今者，与诸众生，用攀缘心，为自性者。二者，无始菩提涅槃元清净体。则汝今者识精元明，能生诸缘，缘所遗者。由诸众生，遗此本明，虽终日行，而不自觉，枉入诸趣。

阿难，汝今欲知奢摩他路，愿出生死。今复问汝。即时如来举金色臂，屈五轮指，语阿难言。汝今见不。阿难言见。佛言，汝何所见。阿难言。我见如来举臂屈指，为光明拳，耀我心目。佛言：汝将谁见。阿难言：我与大众，同将眼见。佛告阿难。汝今答我，如来屈指为光明拳，耀汝心目。汝目可见，以何为心，当我拳耀。阿难言：如来现今征心所在。而我以心推穷寻逐，即能推者，我将为心。佛言。咄。阿难，此非汝心。阿难矍然，避座合掌，起立白佛：此非我心，当名何等？佛告阿难：此是前尘虚妄相想，惑汝真性。由汝无始至于今生，认贼为子，失汝元常，故受轮转。

阿难白佛言：世尊，我佛宠弟，心爱佛故，令我出家。我心何独供养如来。乃至遍历恒沙国土，承事诸佛，及善知识，发大勇猛，行诸一切难行法事，皆用此心。纵令谤法，永退善根，亦因此心。若此发明不是心者，我乃无心同诸土木，离此觉知，更无所有。云何如来说此非心。我实惊怖。兼此大众，无不疑惑。惟垂大悲，开示未悟。

尔时世尊。开示阿难。及诸大众。欲令心入无生法忍。于师子座，摩阿难顶，而告之言：如来常说诸法所生，唯心所现。一切因果，世界微尘，因心成体。阿难，若诸世界，一切所有，其中乃至草叶缕结，诘其根元，咸有体性。纵令虚空，亦有名貌。何况清净妙净明心，性一切心，而自无体。若汝执吝，分别觉观，所了知性，必为心者。此心即应离诸一切色香味触诸尘事业，别有全性。如汝今者承听我法，此则因声而有分别。纵灭一切见闻觉知，内守幽闲，犹为法尘分别影事。我非敕汝，执为非心。但汝于心，微细揣摩。若离前尘有分别性，即真汝心。若分别性，离尘无体，斯则前尘分别影事。尘非常住，若变灭时，此心则同龟毛兔角，则汝法身同于断灭，其谁修证，无生法忍。即时阿难，与诸大众，默然自失。佛告阿难。世间一切诸修学人，现前虽成九次第定，不得漏尽成阿罗汉，皆由执此生死妄想，误为真实。是故汝今虽得多闻不成圣果。

阿难闻已。重复悲泪，五体投地，长跪合掌，而白佛言：自我从佛发心出家，恃佛威神。常自思惟，无劳我修，将谓如来惠我三昧。不知身心本不相代。失我本心。虽身出家，心不入道。譬如穷子，舍父逃逝。今日乃知：虽有多闻，若不修行，与不闻等。如人说食，终不能饱。世尊，我等今者，二障所缠。良由不知寂常心性。惟愿如来，哀愍穷露，发妙明心，开我道眼。

即时如来，从胸卍字，涌出宝光。其光晃昱有百千色。十方微尘，普佛世界，一时周遍。遍灌十方所有宝刹诸如来顶。旋至阿难，及诸大众。告阿难言：吾今为汝建大法幢。亦令十方一切众生，获妙微密，性净明心，得清净眼。阿难，汝先答我见光明拳。此拳光明，因何所有。云何成拳。汝将谁见。阿难言：由佛全体阎浮檀金，赩如宝山，清净所生，故有光明。我实眼观，五轮指端，屈握示人，故有拳相。佛告阿难。如来今日实言告汝。诸有智者，要以譬喻而得开悟。阿难，譬如我拳，若无我手，不成我拳。若无汝眼，不成汝见。以汝眼根，例我拳理，其义均不。阿难言：唯然世尊。既无我眼，不成我见。以我眼根，例如来拳，事义相类。佛告阿难。汝言相类，是义不然。何以故。如无手人，拳毕竟灭。彼无眼者，非见全无。所以者何。汝试于途，询问盲人，汝何所见。彼诸盲人，必来答汝，我今眼前，唯见黑暗，更无他瞩。以是义观，前尘自暗，见何亏损。阿难言：诸盲眼前，唯睹黑暗，云何成见。佛告阿难。诸盲无眼，唯观黑暗，与有眼人，处于暗室，二黑有别，为无有别。如是世尊。此暗中人，与彼群盲，二黑校量，曾无有异。阿难，若无眼人，全见前黑，忽得眼光，还于前尘见种种色，名眼见者。彼暗中人，全见前黑，忽获灯光，亦于前尘见种种色，应名灯见。若灯见者，灯能有见，自不名灯。又则灯观，何关汝事。是故当知，灯能显色。如是见者，是眼非灯。眼能显色，如是见性，是心非眼。

阿难虽复得闻是言，与诸大众，口已默然，心未开悟。犹冀如来慈音宣示，合掌清心，伫佛悲诲。

尔时世尊。舒兜罗绵网相光手，开五轮指，诲敕阿难，及诸大众。我初成道，于鹿园中，为阿若多五比丘等，及汝四众言。一切众生，不成菩提，及阿罗汉，皆由客尘烦恼所误。汝等当时，因何开悟，今成圣果。

时憍陈那，起立白佛。我今长老，于大众中，独得解名。因悟客尘二字成果。世尊，譬如行客，投寄旅亭，或宿或食，食宿事毕，俶装前途，不遑安住。若实主人，自无攸往。如是思惟，不住名客，住名主人，以不住者，名为客义。又如新霁。清旸升天，光入隙中，发明空中诸有尘相。尘质摇动，虚空寂然。如是思惟，澄寂名空。摇动名尘。以摇动者，名为尘义。

佛言如是。即时如来，于大众中，屈五轮指，屈已复开，开已又屈。谓阿难言：汝今何见。阿难言：我见如来百宝轮掌，众中开合。佛告阿难。汝见我手，众中开合。为是我手，有开有合。为复汝见，有开有合。阿难言：世尊宝手，众中开合。我见如来手自开合。非我见性有开有合。佛言：谁动谁静。阿难言：佛手不住。而我见性，尚无有静，谁为无住。佛言如是。如来于是从轮掌中，飞一宝光，在阿难右。即时阿难，回首右盼。又放一光，在阿难左，阿难又则回首左盼。佛告阿难。汝头今日何因摇动。阿难言：我见如来出妙宝光，来我左右，故左右观，头自摇动。阿难，汝盼佛光，左右动头，为汝头动，为复见动。世尊，我头自动，而我见性尚无有止，谁为摇动。佛言如是。于是如来，普告大众，若复众生，以摇动者名之为尘。以不住者，名之为客。汝观阿难头自动摇，见无所动。又汝观我手自开合，见无舒卷。云何汝今，以动为身，以动为境。从始洎终，念念生灭，遗失真性，颠倒行事。性心失真，认物为己。轮回是中，自取流转。

卷二

尔时阿难,及诸大众。闻佛示诲,身心泰然。念无始来,失却本心。妄认缘尘,分别影事。今日开悟,如失乳儿,忽遇慈母。合掌礼佛。愿闻如来,显出身心,真妄虚实,现前生灭与不生灭,二发明性。

时波斯匿王,起立白佛。我昔未承诸佛诲敕。见迦旃延毗罗胝子。咸言此身死后断灭,名为涅槃。我虽值佛,今犹狐疑。云何发挥证知此心,不生灭地。今此大众,诸有漏者,咸皆愿闻。

佛告大王。汝身现在。今复问汝。汝此肉身,为同金刚常住不朽,为复变坏。世尊,我今此身,终从变灭。佛言大王。汝未曾灭,云何知灭。世尊,我此无常变坏之身。虽未曾灭。我观现前,念念迁谢,新新不住。如火成灰,渐渐销殒。殒亡不息。决知此身,当从灭尽。佛言:如是,大王,汝今生龄,已从衰老,颜貌何如童子之时。世尊,我昔孩孺,肤腠润泽。年至长成,血气充满。而今颓龄。迫于衰耄,形色枯悴,精神昏昧,发白面皱,逮将不久,如何见比充盛之时。佛言大王。汝之形容,应不顿朽。王言世尊。变化密移,我诚不觉。寒暑迁流,渐至于此。何以故。我年二十,虽号年少。颜貌已老初十岁时。三十之年,又衰二十。于今六十,又过于二,观五十时,宛然强壮。世尊,我见密移。虽此殂落。其间流易,且限十年。若复令我微细思惟,其变宁唯一纪二纪,实为年变。岂唯年变,亦兼月化。何直月化,兼又日迁。沉思谛观,刹那刹那,念念之间,不得停住。故知我身,终从变灭。

佛告大王。汝见变化,迁改不停,悟知汝灭。亦于灭时,汝知身中有不灭耶。波斯匿王。合掌白佛。我实不知。佛言,我今示汝不生灭性。大王,汝年几时,见恒河水。王言:我生三岁,慈母携我,谒耆婆天,经过此流,尔时即知是恒河水。佛言大王。如汝所说,二十之时,衰于十岁,乃至六十,日月岁时,念念迁变。则汝三岁见此河时,至年十三,其水云何。王言:如三岁时,宛然无异。乃至于今,年六十二,亦无有异,佛言:汝今自伤发白面皱。其面必定皱于童年。则汝今时,观此恒河,与昔童时,观河之见,有童耄不。王言:不也,世尊。佛言大王。汝面虽皱,而此见精,性未曾皱。皱者为变。不皱非变。变者受灭。彼不变者,元无生灭。云何于中受汝生死。而犹引彼末伽黎等,都言此身死后全灭。王闻是言。信知身后舍生趣生。与诸大众,踊跃欢喜,得未曾有。

阿难即从座起。礼佛合掌,长跪白佛。世尊,若此见闻,必不生灭,云何世尊,名我等辈,遗失真性,颠倒行事。愿兴慈悲,洗我尘垢。

即时如来垂金色臂，轮手下指，示阿难言。汝今见我母陀罗手，为正为倒。阿难言：世间众生，以此为倒，而我不知谁正谁倒。佛告阿难。若世间人，以此为倒，即世间人，将何为正。阿难言：如来竖臂，兜罗绵手，上指于空，则名为正。佛即竖臂，告阿难言：若此颠倒，首尾相换。诸世间人，一倍瞻视。则知汝身，与诸如来清净法身，比类发明，如来之身，名正遍知。汝等之身，号性颠倒。随汝谛观。汝身佛身，称颠倒者，名字何处，号为颠倒。

于时阿难与诸大众，瞪瞢瞻佛，目睛不瞬，不知身心，颠倒所在。佛兴慈悲，哀愍阿难及诸大众。发海潮音，遍告同会。诸善男子，我常说言，色心诸缘，及心所使诸所缘法，唯心所现。汝身汝心，皆是妙明真精妙心中所现物。云何汝等，遗失本妙，圆妙明心，宝明妙性。认悟中迷。晦昧为空，空晦暗中，结暗为色。色杂妄想，想相为身。聚缘内摇，趣外奔逸。昏扰扰相，以为心性。一迷为心，决定惑为色身之内。不知色身，外洎山河虚空大地，咸是妙明真心中物。譬如澄清百千大海弃之。唯认一浮沤体，目为全潮，穷尽瀛渤。汝等即是迷中倍人。如我垂手。等无差别。如来说为可怜愍者。

阿难承佛悲救深诲。垂泣叉手，而白佛言：我虽承佛如是妙音，悟妙明心，元所圆满，常住心地。而我悟佛现说法音，现以缘心，允所瞻仰，徒获此心，未敢认为本元心地。愿佛哀愍，宣示圆音。拔我疑根，归无上道。

佛告阿难。汝等尚以缘心听法，此法亦缘，非得法性。如人以手，指月示人。彼人因指，当应看月。若复观指以为月体，此人岂唯亡失月轮，亦亡其指。何以故。以所标指为明月故。岂唯亡指。亦复不识明之与暗。何以故。即以指体，为月明性。明暗二性，无所了故。汝亦如是，若以分别我说法音，为汝心者。此心自应离分别音有分别性。譬如有客，寄宿旅亭，暂止便去，终不常住。而掌亭人，都无所去，名为亭主。此亦如是。若真汝心，则无所去。云何离声，无分别性。斯则岂唯声分别心。分别我容，离诸色相，无分别性。如是乃至分别都无，非色非空，拘舍离等，昧为冥谛。离诸法缘，无分别性。则汝心性，各有所还，云何为主。

阿难言：若我心性，各有所还。则如来说，妙明元心，云何无还。惟垂哀愍，为我宣说。

佛告阿难。且汝见我，见精明元。此见虽非妙精明心。如第二月，非是月影。汝应谛听。今当示汝无所还地。阿难：此大讲堂，洞开东方，日轮升天，则有明耀。中夜黑月，云雾晦暝，则复昏暗。户牖之隙，则复见通。墙宇之间，则复观壅。分别之处，则复见缘。顽虚之中，遍是空性。郁孛之象，则纡昏尘。澄霁敛氛，又观清净。阿难：汝咸看此诸变化相。吾今各还本所因处。云何本因。阿难：此诸变化：明还日轮。何以故。无日不明，明因属日，是故还日。暗还黑月。通还户牖。壅还墙宇。缘还分别，顽虚还空。郁孛还尘。清明还霁。则诸世间一切所有，不出斯类。汝见八种见精明性，当欲谁还。何以故。若还于明，则不明时，无复见暗。虽明暗等，种种差别，见无差别。诸可还者，自然非汝。不汝还者，非汝而谁。则知汝心，本妙明净，汝自迷闷。丧本受轮，于生死中，常被漂溺。是故如来，名可怜愍。

阿难言：我虽识此见性无还。云何得知是我真性。

佛告阿难。吾今问汝。今汝未得无漏清净。承佛神力，见于初禅，得无障碍。而阿那律。见阎浮提，如观掌中庵摩罗果。诸菩萨等，见百千界。十方如来，穷尽微尘，清净国土，无所不瞩。众生洞视，不过分寸。阿难：且吾与汝，观四天王所住宫殿。中间遍览水陆空行。虽有昏明，种种形像。无非前尘，分别留碍。汝应于此，分别自他。今吾将汝，择于见中，谁是我体，谁为物象。阿难。极汝见源，从日月宫，是物非汝。至七金山，周遍谛观，虽种种光，亦物非汝。渐渐更观，云腾鸟飞，风动尘起，树木山川，草芥人畜，咸物非汝。阿难。是诸近远诸有物性，虽复差殊，同汝见精，清净所瞩。则诸物类，自有差别，见性无殊。此精妙明，诚汝见性。若见是物，则汝亦可见吾之见。若同见者，名为见吾。吾不见时，何不见吾不见之处。若见不见，自然非彼不见之相。若不见吾不见之地，自然非物，云何非汝。又则汝今见物之时。汝既见物，物亦见汝。体性纷杂，则汝与我，并诸世间，不成安立。阿难：若汝见时，是汝非我，见性周遍，非汝而谁。云何自疑汝之真性，性汝不真，取我求实。

阿难白佛言：世尊。若此见性，必我非余。我与如来，观四天王胜藏宝殿，居日月宫，此见周圆，遍娑婆国。退归精舍，只见伽蓝。清心户堂，但瞻檐庑。世尊。此见如是，其体本来周遍一界。今在室中，唯满一室，为复此见缩大为小。为当墙宇夹令断绝。我今不知斯义所在。愿垂弘慈为我敷演。

佛告阿难：一切世间大小内外，诸所事业，各属前尘，不应说言见有舒缩。譬如方器，中见方空。吾复问汝。此方器中所见方空，为复定方，为不定方。若定方者，别安圆器，空应不圆。若不定者，在方器中，应无方空。汝言不知斯义所在。义性如是。云何为在。阿难：若复欲令入无方圆。但除器方，空体无方。不应说言，更除虚空方相所在。若如汝问，入室之时，缩见令小。仰观日时，汝岂挽见齐于日面。若筑墙宇，能夹见断。穿为小窦，宁无续迹。是义不然。一切众生，从无始来，迷己为物，失于本心，为物所转。故于是中，观大观小。若能转物，则同如来，身心圆明，不动道场。于一毛端，遍能含受十方国土。

阿难白佛言：世尊，若此见精，必我妙性。今此妙性，现在我前，见必我真。我今身心，复是何物。而今身心分别有实。彼见无别分辨我身。若实我心，令我今见。见性实我，而身非我。何殊如来先所难言，物能见我。惟垂大慈，开发未悟。

佛告阿难：今汝所言，见在汝前，是义非实。若实汝前，汝实见者，则此见精，既有方所，非无指示。且今与汝坐只陀林，遍观林渠，及与殿堂，上至日月，前对恒河。汝今于我师子座前，举手指陈，是种种相。阴者是林。明者是日。碍者是壁。通者是空。如是乃至草树纤毫，大小虽殊。但可有形，无不指著。若必其见，现在汝前。汝应以手确实指陈，何者是见。阿难当知。若空是见，既已成见，何者是空。若物是见，既已是见，何者为物。汝可微细披剥万象，析出精明净妙见元，指陈示我，同彼诸物，分明无惑。

阿难言：我今于此重阁讲堂，远洎恒河，上观日月，举手所指，纵目所观，指皆是物，无是见者。世尊。如佛所说，况我有漏初学声闻，乃至菩萨，亦不能于万物象前，剖出精见，离一切物，别有自性。

佛言：如是如是。佛复告阿难。如汝所言。无有见精，离一切物，别有自性。则汝所指是物之中，无是见者。今复告汝。汝与如来，坐祇陀林，更观林苑，乃至日月，种种象殊，必无见精，受汝所指。

汝又发明此诸物中，何者非见。阿难言：我实遍见此祇陀林。不知是中何者非见。何以故。若树非见，云何见树。若树即见，复云何树。如是乃至若空非见，云何见空。若空即见。复云何空。我又思惟，是万象中，微细发明，无非见者。

佛言：如是如是。于是大众，非无学者，闻佛此言，茫然不知是义终始，一时惶悚，失其所守。如来知其魂虑变慴。心生怜愍。安慰阿难，及诸大众。诸善男子。无上法王。是真实语，如所如说，不诳不妄。非末伽黎，四种不死矫乱论议。汝谛思惟，无忝哀慕。

是时文殊师利法王子。愍诸四众，在大众中，即从座起，顶礼佛足，合掌恭敬，而白佛言：世尊，此诸大众，不悟如来发明二种精见色空。是非是义。世尊。若此前缘色空等象，若是见者，应有所指。若非见者，应无所瞩。而今不知义所归。故有惊怖。非是畴昔善根轻鲜。惟愿如来大慈发明，此诸物象，与此见精，元是何物，于其中间，无是非是。

佛告文殊，及诸大众：十方如来，及大菩萨，于其自住三摩地中，见与见缘，并所想相，如虚空华，本无所有。此见及缘，元是菩提妙净明体。云何于中有是非是。文殊。吾今问汝。如汝文殊。更有文殊是文殊者。为无文殊。

如是世尊。我真文殊。无是文殊。何以故。若有是者，则二文殊。然我今日，非无文殊。于中实无是非二相。

佛言：此见妙明，与诸空尘，亦复如是。本是妙明.无上菩提.净圆真心。妄为色空。及与闻见。如第二月，谁为是月，又谁非月。文殊。但一月真。中间自无是月非月。是以汝今观见与尘，种种发明，名为妄想。不能于中出是非是。由是真精妙觉明性。故能令汝出指非指。

阿难白佛言：世尊。诚如法王所说，觉缘遍十方界，湛然常住，性非生灭。与先梵志娑毗迦罗，所谈冥谛，及投灰等诸外道种，说有真我遍满十方，有何差别。世尊亦曾于楞伽山，为大慧等敷演斯义。彼外道等，常说自然，我说因缘，非彼境界。我今观此觉性自然非生非灭，远离一切虚妄颠倒，似非因缘，与彼自然。云何开示，不入群邪，获真实心妙觉明性。

佛告阿难。我今如是开示方便，真实告汝。汝犹未悟，惑为自然。阿难。若必自然，自须甄明有自然体。汝且观此妙明见中，以何为自。此见为复以明为自，以暗为自，以空为自，以塞为自。阿难。若明为自，应不见暗。若复以空为自体者，应不见塞。如是乃至诸暗等相以为自者，则于明时，见性断灭，云何见明。

阿难言。必此妙见，性非自然。我今发明，是因缘生。心犹未明，咨询如来。是义云何，合因缘性。

佛言。汝言因缘。吾复问汝。汝今因见见性现前。此见为复因明有见，因暗有见，因空有见，因塞有见。阿难。若因明有，应不见暗。如因暗有，应不见明。如是乃至因空因塞，同于明暗。复次阿难。此见又复缘明有见，缘暗有见，缘空有见，缘塞有见。阿难。若缘空有，应不见塞。若缘塞有，应不见空。如是乃至缘明缘暗，同于空塞。当知如是精觉妙明，非因非缘，亦非自然，非不自然，无非不非，无是非是，离一切相，即一切法。汝今云何于中措心。以诸世间戏论名相，而得分别。如以手掌撮摩虚空，只益自劳。虚空云何随汝执捉。

阿难白佛言：世尊，必妙觉性，非因非缘。世尊云何常与比丘，宣说见性具四种缘。所谓因空因明，因心因眼，是义云何。佛言：阿难。我说世间诸因缘相，非第一义。阿难。吾复问汝。诸世间人，说我能见。云何名见。云何不见。

阿难言：世人因于日月灯光，见种种相，名之为见。若复无此三种光明，则不能见。

阿难。若无明时，名不见者，应不见暗。若必见暗，此但无明，云何无见。阿难。若在暗时，不见明故，名为不见。今在明时，不见暗相，还名不见。如是二相，俱名不见。若复二相自相陵夺，非汝见性于中暂无。如是则知二俱名见，云何不见。是故阿难。汝今当知，见明之时，见非是明。见暗之时，见非是暗。见空之时，见非是空。见塞之时，见非是塞。四义成就。汝复应知。见见之时，见非是见。见犹离见，见不能及，云何复说因缘自然，及和合相。汝等声闻，狭劣无识，不能通达清净实相。吾今诲汝。当善思惟。无得疲怠妙菩提路。

阿难白佛言：世尊。如佛世尊为我等辈，宣说因缘，及与自然，诸和合相，与不和合，心犹未开。而今更闻见见非见，重增迷闷。伏愿弘慈，施大慧目，开示我等觉心明净。作是语已，悲泪顶礼，承受圣旨。

尔时世尊，怜愍阿难，及诸大众。将欲敷演大陀罗尼.诸三摩提.妙修行路。告阿难言。汝虽强记，但益多闻，于奢摩他微密观照，心犹未了。汝今谛听。吾当为汝分别开示。亦令将来，诸有漏者，获菩提果。阿难。一切众生，轮回世间，由二颠倒分别见妄，当处发生，当业轮转。云何二见，一者，众生别业妄见。二者，众生同分妄见。

云何名为别业妄见。阿难，如世间人，目有赤眚，夜见灯光别有圆影，五色重叠。于意云何。此夜灯明所现圆光，为是灯色，为当见色。阿难。此若灯色，则非眚人何不同见。而此圆影，唯眚之观。若是见色，见已成色，则彼眚人见圆影者，名为何等。复次阿难。若此圆影离灯别有，则合傍观屏帐几筵，有圆影出。离见别有，应非眼瞩，云何眚人目见圆影。是故当知，色实在灯，见病为影。影见俱眚，见眚非病。终不应言是灯是见。于是中有非灯非见。如第二月，非体非影。何以故。第二之观，捏所成故。诸有智者，不应说言，此捏根元，是形非形，离见非见。此亦如是，目眚所成。今欲名谁，是灯是见。何况分别，非灯非见。

云何名为同分妄见。阿难。此阎浮提，除大海水，中间平陆，有三千洲。正中大洲东西括量，大国凡有二千三百。其余小洲在诸海中，其间或有两三百国。或一或二，至于三十四十五十。阿难。若复此中，有一小洲，只有两国。唯一国人，同感恶缘。则彼小洲，当土众生，睹诸一切不祥境界。或见二日，或见两月，其中乃至晕适佩玦，彗孛飞流，负耳虹霓，种种恶相。但此国见，彼国众生，本所不见，亦复不闻。

阿难。吾今为汝。以此二事，进退合明。阿难。如彼众生。别业妄见，瞩灯光中所现圆影，虽现似境，终彼见者，目眚所成。眚即见劳，非色所造。然见眚者，终无见咎。例汝今日，以目观见山河国土。及诸众生，皆是无始见病所成。见与见缘，似现前境。元我觉明见所缘眚。觉见即眚。本觉明心，觉缘非眚。觉所觉眚，觉非眚中，此实见见，云何复名觉闻知见。是故汝今见我及汝，并诸世间十类众生，皆即见眚。非见眚者，彼见真精，性非眚者，故不名见。阿难。如彼众生同分妄见，例彼妄见别业一人。一病目人，同彼一国。彼见圆影，眚妄所生。此众同分所现不祥，同见业中，瘴恶所起。俱是无始见妄所生。例阎浮提三千洲中，兼四大海，娑婆世界，并洎十方诸有漏国，及诸众生。同是觉明无漏妙心，见闻觉知虚妄病缘，和合妄生，和合妄死。若能远离诸和合缘，及不和合，则复灭除诸生死因。圆满菩提，不生灭性。清净本心，本觉常住。

阿难。汝虽先悟本觉妙明，性非因缘，非自然性。而犹未明如是觉元，非和合生，及不和合。阿难。吾今复以前尘问汝。汝今犹以一切世间妄想和合，诸因缘性，而自疑惑，证菩提心和合起者。则汝今者妙净见精。为与明和，为与暗和，为与通和，为与塞和。若明和者，且汝观明，当明现前，何处杂见，见相可辨，杂何形像。若非见者，云何见明。若即见者，云何见见。必见圆满，何处和明。若明圆满，不合见和。见必异明。杂则失彼性明名字。杂失明性，和明非义。彼暗与通，及诸群塞，亦复如是。复次阿难。又汝今者妙净见精，为与明合，为与暗合，为与通合，为与塞合。若明合者，至于暗时，明相已灭，此见即不与诸暗合，云何见暗。若见暗时，不与暗合，与明合者，应非见明。既不见明，云何明合，了明非暗。彼暗与通，及诸群塞，亦复如是。

阿难白佛言：世尊。如我思惟，此妙觉元，与诸缘尘，及心念虑，非和合耶。佛言：汝今又言觉非和合。吾复问汝。此妙见精非和合者，为非明和，为非暗和，为非通和，为非塞和。若非明和，则见与明，必有边畔。汝且谛观，何处是明，何处是见，在见在明，自何为畔。阿难。若明际中必无见者，则不相及，自不知其明相所在，畔云何成。彼暗与通，及诸群塞，亦复如是。又妙见精，非和合者，为非明合，为非暗合，为非通合，为非塞合。若非明合，则见与明，性相乖角。如耳与明，了不相触。见且不知明相所在，云何甄明合非合理。彼暗与通，及诸群塞，亦复如是。

阿难。汝犹未明一切浮尘，诸幻化相，当处出生，随处灭尽。幻妄称相，其性真为妙觉明体。如是乃至五阴六入，从十二处，至十八界，因缘和合，虚妄有生，因缘别离，虚妄名灭。殊不能知生灭去来本如来藏。常住妙明，不动周圆妙真如性。性真常中，求于去来迷悟生死，了无所得。

阿难。云何五阴，本如来藏妙真如性。

阿难。譬如有人，以清净目，观晴明空，唯一晴虚，迥无所有。其人无故，不动目睛，瞪以发劳，则于虚空，别见狂华，复有一切狂乱非相。色阴当知亦复如是。阿难。是诸狂华，非从空来，非从目出。如是阿难。若空来者，既从空来，还从空入。若有出入，即非虚空。空若非空，自不容其华相起灭。如阿难体，不容阿难。若目出者，既从目出，还从目入。即此华性从目出故，当合有见。若有见者，去既华空，旋合见眼。若无见者，出既翳空，旋当翳眼。又见华时，目应无翳。云何晴空，号清明眼。是故当知色阴虚妄，本非因缘，非自然性。

阿难。譬如有人，手足宴安，百骸调适，忽如忘生，性无违顺。

其人无故，以二手掌，于空相摩，于二手中，妄生涩滑冷热诸相。受阴当知亦复如是。阿难。是诸幻触，不从空来，不从掌出。如是阿难。若空来者，既能触掌，何不触身。不应虚空，选择来触。若从掌出，应非待合。又掌出故，合则掌知，离则触入，臂腕骨髓，应亦觉知入时踪迹。必有觉心，知出知入。自有一物身中往来。何待合知，要名为触。是故当知，受阴虚妄，本非因缘，非自然性。

阿难。譬如有人，谈说酢梅，口中水出。思蹋悬崖，足心酸涩。想阴当知，亦复如是。阿难。如是酢说，不从梅生，非从口入。如是阿难。若梅生者，梅合自谈，何待人说。若从口入，自合口闻，何须待耳。若独耳闻，此水何不耳中而出。想蹋悬崖，与说相类。是故当知，想阴虚妄，本非因缘，非自然性。

阿难。譬如瀑流，波浪相续，前际后际，不相踰越。行阴当知，亦复如是。阿难。如是流性，不因空生，不因水有，亦非水性，非离空水。如是阿难。若因空生，则诸十方无尽虚空，成无尽流，世界自然俱受沦溺。若因水有，则此瀑流，性应非水，有所有相，今应现在。若即水性，则澄清时，应非水体。若离空水，空非有外，水外无流。是故当知，行阴虚妄，本非因缘，非自然性。

阿难。譬如有人，取频伽瓶，塞其两孔，满中擎空，千里远行，用饷他国。识阴当知亦复如是。阿难。如是虚空，非彼方来，非此方入，如是阿难。若彼方来，则本瓶中既贮空去，于本瓶地，应少虚空。若此方入，开孔倒瓶，应见空出。是故当知，识阴虚妄，本非因缘，非自然性。

卷三

复次阿难。云何六入，本如来藏妙真如性。阿难。即彼目睛瞪发劳者，兼目与劳，同是菩提瞪发劳相。因于明暗二种妄尘，发见居中，吸此尘象，名为见性。此见离彼明暗二尘，毕竟无体。如是阿难。当知是见，非明暗来，非于根出，不于空生。何以故。若从明来，暗即随灭，应非见暗。若从暗来，明即随灭，应无见明。若从根生，必无明暗。如是见精，本无自性。若于空出，前瞩尘象，归当见根。又空自观，何关汝入。是故当知眼入虚妄。本非因缘，非自然性。

阿难。譬如有人，以两手指，急塞其耳，耳根劳故，头中作声，兼耳与劳，同是菩提瞪发劳相。因于动静二种妄尘，发闻居中，吸此尘象，名听闻性。此闻离彼动静二尘，毕竟无体。如是阿难，当知是闻，非动静来，非于根出，不于空生。何以故。若从静来，动即随灭，应非闻动。若从动来，静即随灭，应无觉静。若从根生，必无动静。如是闻体，本无自性。若于空出，有闻成性，即非虚空。又空自闻，何关汝入。是故当知，耳入虚妄。本非因缘，非自然性。

阿难。譬如有人，急畜其鼻，畜久成劳，则于鼻中，闻有冷触，因触分别，通塞虚实，如是乃至诸香臭气。兼鼻与劳，同是菩提瞪发劳相。因于通塞二种妄尘，发闻居中，吸此尘象，名嗅闻性。此闻离彼通塞二尘，毕竟无体。当知是闻，非通塞来，非于根出，不于空生。何以故。若从通来，塞则闻灭，云何知塞。如因塞有，通则无闻，云何发明香臭等触。若从根生，必无通塞。如是闻机，本无自性。若从空出，是闻自当回嗅汝鼻。空自有闻，何关汝入。是故当知鼻入虚妄。本非因缘，非自然性。

阿难。譬如有人，以舌舐吻，熟舐令劳。其人若病，则有苦味。无病之人，微有甜触。由甜与苦，显此舌根，不动之时，淡性常在。兼舌与劳，同是菩提瞪发劳相。因甜苦淡二种妄尘，发知居中，吸此尘象，名知味性。此知味性，离彼甜苦及淡二尘，毕竟无体。如是阿难。当知如是尝苦淡知，非甜苦来，非因淡有，又非根出，不于空生。何以故。若甜苦来，淡则知灭，云何知淡。若从淡出，甜即知亡，复云何知甜苦二相。若从舌生，必无甜淡及与苦尘。斯知味根，本无自性。若于空出，虚空自味，非汝口知。又空自知，何关汝入。是故当知，舌入虚妄。本非因缘，非自然性。

阿难。譬如有人，以一冷手，触于热手。若冷势多，热者从冷。若热功胜，冷者成热。如是以此合觉之触，显于离知。涉势若成，因于劳触。兼身与劳，同是菩提瞪发劳相。因于离合二种妄尘，发觉居中，吸此尘象。名知觉性。此知觉体，离彼离合违顺二尘，毕竟无体。如是阿难。当知是觉，非离合来，非违顺有，不于根出，又非空生。何以故。若合时来，离当已灭，云何觉离。违顺二相，亦复如是。若从根出，必无离合违顺四相。则汝身知，元无自性。必于空出，空自知觉，何关汝入。是故当知身入虚妄。本非因缘，非自然性。

阿难。譬如有人，劳倦则眠，睡熟便寤，览尘斯忆，失忆为忘，是其颠倒生住异灭，吸习中归，不相踰越，称意知根。兼意与劳，同是菩提瞪发劳相。因于生灭二种妄尘，集知居中，吸撮内尘，见闻逆流，流不及地，名觉知性。此觉知性，离彼寤寐生灭二尘，毕竟无体。如是阿难。当知如是觉知之根，非寤寐来，非生灭有，不于根出，亦非空生。何以故。若从寤来，寐即随灭，将何为寐。必生时有，灭即同无，令谁受灭。若从灭有，生即灭无，谁知生者。若从根出，寤寐二相，随身开合，离斯二体，此觉知者，同于空华，毕竟无性。若从空生，自是空知，何关汝入。是故当知，意入虚妄。本非因缘，非自然性。

复次阿难。云何十二处，本如来藏妙真如性。

阿难。汝且观此只陀树林，及诸泉池。于意云何。此等为是色生眼见，眼生色相。阿难。若复眼根，生色相者。见空非色，色性应销。销则显发一切都无。色相既无，谁明空质。空亦如是。若复色尘，生眼见者。观空非色，见即销亡。亡则都无，谁明空色。是故当知见与色空，俱无处所。即色与见，二处虚妄。本非因缘，非自然性。

阿难。汝更听此祇陀园中，食办击鼓，众集撞钟，钟鼓音声，前后相续。于意云何。此等为是声来耳边，耳往声处。阿难。若复此声，来于耳边，如我乞食室罗筏城。在只陀林，则无有我。此声必来阿难耳处。目连迦叶，应不俱闻。何况其中一千二百五十沙门，一闻钟声。同来食处。若复汝耳，往彼声边。如我归住祇陀林中。在室罗城，则无有我。汝闻鼓声，其耳已往击鼓之处，钟声齐出，应不俱闻。何况其中象马牛羊，种种音响。若无来往，亦复无闻。是故当知听与音声，俱无处所，即听与声，二处虚妄。本非因缘，非自然性。

阿难。汝又嗅此炉中栴檀，此香若复然于一铢，室罗筏城四十里内，同时闻气。于意云何。此香为复生栴檀木，生于汝鼻，为生于空。阿难。若复此香，生于汝鼻，称鼻所生，当从鼻出。鼻非栴檀，云何鼻中有栴檀气。称汝闻香，当于鼻入。鼻中出香，说闻非义。若生于空，空性常恒，香应常在，何藉炉中，爇此枯木。若生于木，则此香质，因爇成烟。若鼻得闻，合蒙烟气。其烟腾空，未及遥远，四十里内，云何已闻。是故当知，香鼻与闻，俱无处所。即嗅与香，二处虚妄。本非因缘，非自然性。

阿难。汝常二时，众中持钵，其间或遇酥酪醍醐，名为上味。于意云何。此味为复生于空中，生于舌中，为生食中。阿难。若复此味，生于汝舌，在汝口中，只有一舌，其舌尔时已成酥味，遇黑石蜜，应不推移。若不变移，不名知味。若变移者，舌非多体，云何多味一舌之知。若生于食，食非有识，云何自知。又食自知，即同他食，何预于汝，名味之知。若生于空，汝啖虚空，当作何味。必其虚空若作咸味，既咸汝舌，亦咸汝面，则此界人，同于海鱼。既常受咸，了不知淡。若不识淡，亦不觉咸。必无所知，云何名味。是故当知，味舌与尝，俱无处所。即尝与味，二俱虚妄。本非因缘，非自然性。

阿难。汝常晨朝以手摩头。于意云何。此摩所知，谁为能触，能为在手，为复在头。若在于手，头则无知，云何成触。若在于头，手则无用，云何名触。若各各有，则汝阿难，应有二身。若头与手一触所生，则手与头，当为一体。若一体者，触则无成。若二体者，触谁为在。在能非所，在所非能。不应虚空与汝成触。是故当知，觉触与身，俱无处所。即身与触，二俱虚妄。本非因缘，非自然性。

阿难。汝常意中。所缘善恶无记三性，生成法则。此法为复即心所生，为当离心，别有方所。阿难。若即心者，法则非尘。非心所缘，云何成处。若离于心，别有方所，则法自性，为知非知。知则名心，异汝非尘，同他心量。即汝即心，云何汝心，更二于汝。若非知者，此尘既非色声香味，离合冷暖，及虚空相，当于何在。今于色空，都无表示，不应人间，更有空外。心非所缘，处从谁立。是故当知，法则与心，俱无处所。则意与法，二俱虚妄。本非因缘，非自然性。

复次阿难。云何十八界，本如来藏妙真如性。

阿难。如汝所明，眼色为缘，生于眼识。此识为复因眼所生，以眼为界。因色所生，以色为界。阿难。若因眼生，既无色空，无可分别，纵有汝识，欲将何用。汝见又非青黄赤白，无所表示，从何立界。若因色生，空无色时，汝识应灭，云何识知是虚空性。若色变时，汝亦识其色相迁变，汝识不迁，界从何立。从变则变，界相自无。不变则恒。既从色生，应不识知虚空所在。若兼二种，眼色共生，合则中离，离则两合，体性杂乱，云何成界。是故当知眼色为缘，生眼识界，三处都无。则眼与色，及色界三，本非因缘，非自然性。

阿难。又汝所明，耳声为缘，生于耳识。此识为复因耳所生，以耳为界。因声所生，以声为界。阿难。若因耳生，动静二相，既不现前，根不成知。必无所知，知尚无成，识何形貌。若取耳闻，无动静故，闻无所成。云何耳形，杂色触尘，名为识界。则耳识界，复从谁立。若生于声，识因声有，则不关闻，无闻则亡声相所在。识从声生，许声因闻而有声相，闻应闻识，不闻非界。闻则同声。识已被闻，谁知闻识。若无知者，终如草木。不应声闻杂成中界。界无中位，则内外相，复从何成。是故当知，耳声为缘，生耳识界，三处都无。则耳与声，及声界三，本非因缘，非自然性。

阿难。又汝所明，鼻香为缘，生于鼻识。此识为复因鼻所生，以鼻为界。因香所生，以香为界。阿难。若因鼻生，则汝心中，以何为鼻？为取肉形双爪之相，为取嗅知动摇之性？若取肉形，肉质乃身，身知即触，名身非鼻，名触即尘。鼻尚无名，云何立界。若取嗅知，又汝心中，以何为知。以肉为知，则肉之知，元触非鼻。以空为知，空则自知，肉应非觉。如是则应虚空是汝，汝身非知。今日阿难，应无所在。以香为知，知自属香，何预于汝。若香臭气，必生汝鼻，则彼香臭二种流气，不生伊兰。及栴檀木。二物不来，汝自嗅鼻，为香为臭。臭则非香，香应非臭。若香臭二俱能闻者，则汝一人，应有两鼻。对我问道，有二阿难，谁为汝体。若鼻是一，香臭无二，臭既为香，香复成臭。二性不有，界从谁立。若因香生，识因香有。如眼有见，不能观眼。因香有故，应不知香。知即非生。不知非识。香非知有，香界不成。识不知香，因界则非从香建立。既无中间，不成内外。彼诸闻性，毕竟虚妄。是故当知，鼻香为缘，生鼻识界，三处都无。则鼻与香，及香界三，本非因缘，非自然性。

阿难。又汝所明，舌味为缘，生于舌识。此识为复因舌所生，以舌为界。因味所生，以味为界。阿难。若因舌生，则诸世间甘蔗、乌梅、黄连、石盐、细辛、姜、桂、都无有味。汝自尝舌，为甜为苦。若舌性苦，谁来尝舌。舌不自尝，孰为知觉。舌性非苦，味自不生，云何立界。若因味生，识自为味，同于舌根，应不自尝，云何识知是味非味。又一切味，非一物生。味既多生，识应多体。识体若一，体必味生，咸淡甘辛，和合俱生，诸变异相，同为一味，应无分别。分别既无，则不名识，云何复名舌味识界。不应虚空，生汝心识。舌味和合，即于是中元无自性，云何界生。是故当知，舌味为缘，生舌识界，三处都无。则舌与味，及舌界三，本非因缘，非自然性。

阿难。又汝所明，身触为缘，生于身识。此识为复因身所生，以身为界。因触所生，以触为界。阿难。若因身生，必无合离二觉观缘，身何所识。若因触生，必无汝身，谁有非身知合离者。阿难。物不触知，身知有触。知身即触，知触即身。即触非身，即身非触。身触二相，元无处所。合身即为身自体性。离身即是虚空等相。内外不成，中云何立。中不复立，内外性空。则汝识生，从谁立界。是故当知，身触为缘，生身识界，三处都无。则身与触，及身界三，本非因缘，非自然性。

阿难。又汝所明，意法为缘，生于意识。此识为复因意所生，以意为界，因法所生，以法为界。阿难。若因意生，于汝意中，必有所思，发明汝意。若无前法，意无所生。离缘无形，识将何用。又汝识心，与诸思量，兼了别性，为同为异。同意即意，云何所生。异意不同，应无所识。若无所识，云何意生。若有所识，云何识意。唯同与异，二性无成，界云何立。若因法生，世间诸法，不离五尘。汝观色法，及诸声法，香法味法，及与触法，相状分明，以对五根，非意所摄，汝识决定依于法生。今汝谛观，法法何状。若离色空，动静通塞，合离生灭，越此诸相，终无所得。生则色空诸法等生。灭则色空诸法等灭。所因既无，因生有识，作何形相。相状不有，界云何生。是故当知，意法为缘，生意识界，三处都无。则意与法，及意界三，本非因缘，非自然性。

阿难白佛言：世尊。如来常说和合因缘，一切世间种种变化，皆因四大和合发明。云何如来，因缘自然，二俱排摈。我今不知，斯义所属。惟垂哀愍，开示众生，中道了义，无戏论法。

尔时世尊，告阿难言：汝先厌离声闻缘觉诸小乘法，发心勤求无上菩提。故我今时，为汝开示第一义谛。如何复将世间戏论，妄想因缘，而自缠绕。汝虽多闻，如说药人，真药现前，不能分别。如来说为真可怜愍。汝今谛听，吾当为汝，分别开示。亦令当来修大乘者，通达实相。阿难默然，承佛圣旨。

阿难。如汝所言四大和合，发明世间种种变化。阿难。若彼大性，体非和合，则不能与诸大杂和。犹如虚空，不和诸色。若和合者，同于变化。始终相成，生灭相续。生死死生，生生死死，如旋火轮，未有休息。阿难。如水成冰，冰还成水。汝观地性，粗为大地，细为微尘。至邻虚尘，析彼极微色边际相，七分所成。更析邻虚，即实空性。阿难。若此邻虚，析成虚空，当知虚空，出生色相。汝今问言，由和合故，出生世间诸变化相。汝且观此一邻虚尘，用几虚空，和合而有。不应邻虚，合成邻虚。又邻虚尘，析入空者，用几色相，合成虚空。若色合时，合色非空。若空合时，合空非色。色犹可析，空云何合。汝元不知如来藏中，性色真空，性空真色，清净本然，周遍法界。随众生心，应所知量，循业发现。世间无知，惑为因缘，及自然性。皆是识心，分别计度。但有言说。都无实义。

阿难。火性无我，寄于诸缘。汝观城中未食之家，欲炊爨时，手执阳燧。日前求火。阿难。名和合者，如我与汝，一千二百五十比丘，今为一众。众虽为一，诘其根本，各各有身，皆有所生氏族名字。如舍利弗，婆罗门种。优楼频螺，迦叶波种。乃至阿难，瞿昙种姓。阿难。若此火性，因和合有。彼手执镜，于日求火。此火为从镜中而出，为从艾出，为于日来。阿难。若日来者，自能烧汝手中之艾，来处林木，皆应受焚。若镜中出，自能于镜，出然于艾。镜何不镕。纡汝手执，尚无热相，云何融泮。若生于艾，何藉日镜光明相接，然后火生。汝又谛观，镜因手执，日从天来，艾本地生，火从何方游历于此。日镜相远，非和非合，不应火光，无从自有。汝犹不知如来藏中，性火真空，性空真火，清净本然，周遍法界，随众生心，应所知量。阿难。当知世人，一处执镜，一处火生。遍法界执，满世间起。起遍世间，宁有方所，循业发现。世间无知，惑为因缘，及自然性。皆是识心，分别计度。但有言说，都无实义。

阿难。水性不定，流息无恒。如室罗城，迦毗罗仙，斫迦罗仙，及钵头摩，诃萨多等，诸大幻师，求太阴精，用和幻药。是诸师等，于白月昼，手执方诸，承月中水，此水为复从珠中出，空中自有，为从月来。阿难。若从月来，尚能远方令珠出水，所经林木，皆应吐流。流则何待方诸所出。不流，明水非从月降。若从珠出，则此珠中，常应流水，何待中宵承白月昼。若从空生，空性无边，水当无际，从人洎天，皆同滔溺。云何复有水陆空行。汝更谛观，月从天陟。珠因手持，承珠水盘，本人敷设，水从何方，流注于此。月珠相远，非和非合，不应水精，无从自有。汝尚不知，如来藏中，性水真空，性空真水，清净本然，周遍法界。随众生心，应所知量。一处执珠，一处水出。遍法界执，满法界生。生满世间，宁有方所，循业发现。世间无知，惑为因缘，及自然性。皆是识心，分别计度。但有言说，都无实义。

阿难。风性无体，动静不常。汝常整衣入于大众，僧伽梨角，动及傍人，则有微风拂彼人面。此风为复出袈裟角，发于虚空，生彼人面。阿难。此风若复，出袈裟角，汝乃披风，其衣飞摇，应离汝体。我今说法会中垂衣。汝看我衣，风何所在，不应衣中，有藏风地。若生虚空，汝衣不动，何因无拂。空性常住，风应常生。若无风时，虚空当灭。灭风可见，灭空何状。若有生灭，不名虚空。名为虚空，云何风出。若风自生被拂之面，从彼面生，当应拂汝。自汝整衣，云何倒拂。汝审谛观，整衣在汝，面属彼人，虚空寂然，不参流动，风自谁方鼓动来此。风空性隔，非和非合，不应风性，无从自有。汝宛不知如来藏中，性风真空，性空真风，清净本然，周遍法界。随众生心，应所知量。阿难。如汝一人微动服衣，有微风出。遍法界拂，满国土生。周遍世间，宁有方所，循业发现。世间无知，惑为因缘，及自然性。皆是识心，分别计度。但有言说，都无实义。

阿难。空性无形，因色显发。如室罗城，去河遥处，诸刹利种，及婆罗门，毗舍，首陀，兼颇罗堕，旃陀罗等，新立安居，凿井求水。出土一尺，于中则有一尺虚空。如是乃至出土一丈，中间还得一丈虚空。虚空浅深，随出多少，此空为当因土所出，因凿所有，无因自生。阿难。若复此空，无因自生，未凿土前，何不无碍，唯见大地，迥无通达。若因土出，则土出时，应见空入。若土先出无空入者，云何虚空因土而出。若无出入，则应空土元无异因。无异则同，则土出时，空何不出。若因凿出，则凿出空，应非出土。不因凿出，凿自出土，云何见空。汝更审谛，谛审谛观，凿从人手，随方运转，土因地移，如是虚空，因何所出。凿空虚实，不相为用，非和非合，不应虚空，无从自出。若此虚空，性圆周遍，本不动摇。当知现前地水火风，均名五大。性真圆融，皆如来藏，本无生灭。阿难。汝心昏迷，不悟四大元如来藏。当观虚空，为出为入，为非出入。汝全不知如来藏中，性觉真空，性空真觉，清净本然，周遍法界。随众生心，应所知量。阿难。如一井空，空生一井。十方虚空，亦复如是。圆满十方，宁有方所，循业发现。世间无知，惑为因缘。及自然性。皆是识心，分别计度，但有言说，都无实义。

阿难。见觉无知，因色空有。如汝今者，在祇陀林，朝明夕昏。设居中宵，白月则光，黑月便暗。则明暗等，因见分析。此见为复与明暗相，并太虚空，为同一体？为非一体？或同非同？或异非异？阿难。此见若复，与明与暗，及与虚空，元一体者。则明与暗，二体相亡。暗时无明，明时无暗。若与暗一，明则见亡。必一于明，暗时当灭。灭则云何，见明见暗。若明暗殊，见无生灭，一云何成。若此见精，与暗与明，非一体者。汝离明暗，及与虚空，分析见元，作何形相。离明离暗，及离虚空，是见元同，龟毛兔角。明暗虚空，三事俱异,从何立见。明暗相背,云何或同。离三元无,云何或异。分空分见,本无边畔,云何非同。见暗见明,性非迁改,云何非异。汝更细审微细审详,审谛审观,明从太阳,暗随黑月,通属虚空,壅归大地,如是见精,因何所出。见觉空顽,非和非合,不应见精,无从自出。若见闻知,性圆周遍,本不动摇。当知无边不动虚空,并其动摇地水火风,均名六大。性真圆融,皆如来藏,本无生灭。阿难。汝性沉沦,不悟汝之见闻觉知,本如来藏。汝当观此见闻觉知,为生为灭,为同为异。为非生灭,为非同异。汝曾不知如来藏中,性见觉明,觉精明见,清净本然,周遍法界。随众生心,应所知量。如一见根,见周法界。听嗅尝触,觉触觉知,妙德莹然,遍周法界。圆满十虚。宁有方所,循业发现。世间无知,惑为因缘,及自然性。皆是识心,分别计度。但有言说,都无实义。

阿难。识性无源,因于六种根尘妄出。汝今遍观此会圣众,用目循历。其目周视,但如镜中,无别分析。汝识于中次第标指,此是文殊,此富楼那,此目犍连,此须菩提,此舍利弗,此识了知,为生于见,为生于相,为生虚空,为无所因,突然而出。阿难。若汝识性,生于见中,如无明暗及与色空,四种必无,元无汝见,见性尚无,从何发识。若汝识性,生于相中,不从见生,既不见明,亦不见暗,明暗不瞩,即无色空,彼相尚无,识从何发。若生于空,非相非见。非见无辨,自不能知,明暗色空。非相灭缘,见闻觉知,无处安立。处此二非,空则同无,有非同物。纵发汝识,欲何分别。若无所因,突然而出,何不日中,别识明月。汝更细详,微细详审,见托汝睛,相推前境,可状成有,不相成无,如是识缘,因何所出。识动见澄,非和非合。闻听觉知,亦复如是,不应识缘,无从自出。若此识心,本无所从。当知了别见闻觉知,圆满湛然,性非从所。兼彼虚空地水火风,均名七大。性真圆融,皆如来藏,本无生灭。阿难。汝心粗浮,不悟见闻,发明了知,本如来藏。汝应观此六处识心,为同为异,为空为有,为非同异,为非空有。汝元不知,如来藏中,性识明知,觉明真识,妙觉湛然,遍周法界。含吐十虚,宁有方所,循业发现。世间无知,惑为因缘,及自然性,皆是识心,分别计度,但有言说,都无实义。

尔时阿难,及诸大众,蒙佛如来,微妙开示,身心荡然,得无挂碍。是诸大众,各各自知,心遍十方。见十方空,如观手中所持叶物。一切世间诸所有物,皆即菩提妙明元心。心精遍圆,含裹十方。反观父母,所生之身,犹彼十方,虚空之中,吹一微尘,若存若亡。如湛巨海,流一浮沤,起灭无从。了然自知,获本妙心,常住不灭。礼佛合掌,得未曾有。于如来前,说偈赞佛。

妙湛总持不动尊。首楞严王世希有。销我亿劫颠倒想。不历僧祇获法身。

愿今得果成宝王。还度如是恒沙众。将此深心奉尘刹。是则名为报佛恩。

伏请世尊为证明。五浊恶世誓先入。如一众生未成佛。终不于此取泥洹。

大雄大力大慈悲。希更审除微细惑。令我早登无上觉。于十方界坐道场。

舜若多性可销亡。烁迦罗心无动转。

卷四

尔时富楼那弥多罗尼子，在大众中，即从座起。偏袒右肩，右膝著地，合掌恭敬而白佛言：大威德世尊。善为众生敷演如来第一义谛。世尊常推说法人中，我为第一。今闻如来微妙法音，犹如聋人，逾百步外，聆于蚊蚋，本所不见，何况得闻。佛虽宣明，令我除惑，今犹未详斯义究竟无疑惑地。世尊。如阿难辈，虽则开悟，习漏未除。我等会中登无漏者，虽尽诸漏，今闻如来所说法音，尚纡疑悔。世尊。若复世间一切根尘阴处界等，皆如来藏清净本然。云何忽生山河大地诸有为相。次第迁流，终而复始。又如来说，地水火风，本性圆融，周遍法界，湛然常住。世尊。若地性遍，云何容水。水性周遍，火则不生。复云何明水火二性俱遍虚空，不相陵灭。世尊。地性障碍，空性虚通，云何二俱周遍法界。而我不知是义攸往。惟愿如来，宣流大慈，开我迷云，及诸大众。作是语已，五体投地，钦渴如来无上慈诲。

尔时世尊告富楼那，及诸会中漏尽无学诸阿罗汉。如来今日普为此会，宣胜义中真胜义性。令汝会中定性声闻，及诸一切.未得二空.回向上乘.阿罗汉等，皆获一乘寂灭场地，真阿练若，正修行处。汝今谛听。当为汝说，富楼那等，钦佛法音，默然承听。

佛言。富楼那。如汝所言，清净本然，云何忽生山河大地。汝常不闻如来宣说，性觉妙明，本觉明妙。富楼那言。唯然，世尊。我常闻佛宣说斯义。佛言。汝称觉明。为复性明，称名为觉。为觉不明，称为明觉。富楼那言。若此不明，名为觉者，则无所明。佛言。若无所明，则无明觉。有所非觉，无所非明。无明又非觉湛明性。性觉必明，妄为明觉。觉非所明。因明立所。所既妄立，生汝妄能。无同异中，炽然成异。异彼所异，因异立同。同异发明，因此复立无同无异。如是扰乱，相待生劳。劳久发尘，自相浑浊。由是引起尘劳烦恼。起为世界。静成虚空。虚空为同。世界为异。彼无同异，真有为法。

觉明空昧，相待成摇，故有风轮执持世界。因空生摇，坚明立碍，彼金宝者，明觉立坚，故有金轮保持国土。坚觉宝成，摇明风出，风金相摩，故有火光为变化性。宝明生润，火光上蒸，故有水轮含十方界。火腾水降，交发立坚，湿为巨海，干为洲潬。以是义故，彼大海中火光常起，彼洲潬中江河常注。水势劣火，结为高山。是故山石，击则成焰，融则成水。土势劣水，抽为草木，是故林薮遇烧成土，因绞成水。交妄发生，递相为种。以是因缘，世界相续。

复次富楼那。明妄非他，觉明为咎。所妄既立，明理不踰。以是因缘，听不出声，见不超色。色香味触，六妄成就。由是分开见觉闻知。同业相缠，合离成化。见明色发，明见想成。异见成憎，同想成爱。流爱为种，纳想为胎。交遘发生，吸引同业。故有因缘生羯罗蓝遏蒲昙等。胎卵湿化，随其所应。卵唯想生。胎因情有。湿以合感。化以离应。情想合离，更相变易。所有受业，逐其飞沈。以是因缘，众生相续。

富楼那。想爱同结，爱不能离，则诸世间父母子孙，相生不断，是等则以欲贪为本。贪爱同滋，贪不能止，则诸世间卵化湿胎，随力强弱，递相吞食，是等则以杀贪为本。以人食羊，羊死为人，人死为羊，如是乃至十生之类，死死生生，互来相啖，恶业俱生，穷未来际，是等则以盗贪为本。汝负我命，我还汝债，以是因缘，经百千劫，常在生死。汝爱我心，我怜汝色，以是因缘，经百千劫，常在缠缚。唯杀盗淫三为根本。以是因缘，业果相续。

富楼那。如是三种颠倒相续。皆是觉明，明了知性，因了发相，从妄见生。山河大地诸有为相。次第迁流。因此虚妄，终而复始。

富楼那言：若此妙觉本妙觉明，与如来心不增不减。无状忽生山河大地诸有为相。如来今得妙空明觉，山河大地有为习漏何当复生。佛告富楼那。譬如迷人，于一聚落，惑南为北，此迷为复因迷而有，因悟而出。富楼那言：如是迷人，亦不因迷，又不因悟。何以故。迷本无根，云何因迷。悟非生迷，云何因悟。佛言：彼之迷人，正在迷时。倏有悟人指示令悟。富楼那。于意云何。此人纵迷，于此聚落，更生迷不。不也世尊。富楼那。十方如来亦复如是。此迷无本，性毕竟空。昔本无迷，似有迷觉。觉迷迷灭，觉不生迷。亦如翳人见空中华，翳病若除，华于空灭。忽有愚人，于彼空华所灭空地，待华更生。汝观是人为愚为慧。富楼那言：空元无华，妄见生灭。见华灭空，已是颠倒，敕令更出，斯实狂痴。云何更名如是狂人为愚为慧。佛言：如汝所解，云何问言诸佛如来妙觉明空，何当更出山河大地。又如金矿杂于精金。其金一纯，更不成杂。如木成灰，不重为木。诸佛如来菩提涅槃，亦复如是。

富楼那。又汝问言：地水火风，本性圆融，周遍法界。疑水火性不相陵灭。又征虚空及诸大地，俱遍法界，不合相容。富楼那。譬如虚空，体非群相，而不拒彼诸相发挥。所以者何。富楼那。彼太虚空，日照则明，云屯则暗，风摇则动，霁澄则清，气凝则浊，土积成霾，水澄成映。于意云何。如是殊方诸有为相，为因彼生，为复空有。若彼所生。富楼那。且日照时，既是日明，十方世界同为日色，云何空中更见圆日。若是空明，空应自照。云何中宵云雾之时，不生光耀。当知是明，非日非空，不异空日。观相元妄，无可指陈。犹邀空华，结为空果。云何诘其相陵灭义。观性元真，唯妙觉明。妙觉明心，先非水火。云何复问不相容者。

真妙觉明亦复如是。汝以空明，则有空现。地水火风，各各发明，则各各现。若俱发明，则有俱现。云何俱现。富楼那。如一水中现于日影。两人同观水中之日，东西各行，则各有日随二人去。一东一西，先无准的。不应难言，此日是一，云何各行。各日既双，云何现一。宛转虚妄，无可凭据。富楼那。汝以色空相倾相夺于如来藏。而如来藏随为色空。周遍法界。是故于中，风动空澄，日明云暗。众生迷闷，背觉合尘，故发尘劳，有世间相。我以妙明不灭不生合如来藏。而如来藏唯妙觉明圆照法界。是故于中，一为无量，无量为一。小中现大，大中现小。不动道场，遍十方界。身含十方无尽虚空。于一毛端现宝王刹。坐微尘里转大法轮。灭尘合觉，故发真如妙觉明性。而如来藏本妙圆心。非心非空。非地非水。非风非火。非眼非耳鼻舌身意。非色非声香味触法。非眼识界，如是乃至非意识界。非明无明，明无明尽。如是乃至非老非死，非老死尽。非苦非集非灭非道。非智非得。非檀那，非尸罗，非毗梨耶，非羼提，非禅那，非般剌若，非波罗密多。如是乃至非怛闼阿竭，非阿罗诃，三耶三菩。非大涅槃。非常非乐非我非净。以是俱非世出世故。即如来藏元明心妙。即心即空。即地即水。即风即火。即眼即耳鼻舌身意。即色即声香味触法。即眼识界，如是乃至即意识界。即明无明，明无明尽。如是乃至即老即死，即老死尽。即苦即集即灭即道。即智即得。即檀那，即尸罗，即毗梨耶，即羼提，即禅那，即般剌若，即波罗密多。如是乃至即怛闼阿竭，即阿罗诃，三耶三菩。即大涅槃。即常即乐即我即净。以是俱即世出世故。即如来藏妙明心元，离即离非，是即非即。如何世间三有众生，及出世间声闻缘觉，以所知心测度如来无上菩提，用世语言入佛知见。譬如琴瑟箜篌琵琶，虽有妙音，若无妙指，终不能发。汝与众生，亦复如是。宝觉真心，各各圆满。如我按指，海印发光。汝暂举心，尘劳先起。由不勤求无上觉道，爱念小乘，得少为足。

富楼那言：我与如来宝觉圆明，真妙净心，无二圆满。而我昔遭无始妄想，久在轮回。今得圣乘，犹未究竟。世尊，诸妄一切圆灭，独妙真常。敢问如来，一切众生何因有妄，自蔽妙明，受此沦溺。

佛告富楼那。汝虽除疑，余惑未尽。吾以世间现前诸事，今复问汝。汝岂不闻室罗城中，演若达多。忽于晨朝以镜照面，爱镜中头眉目可见。嗔责己头不见面目。以为魑魅。无状狂走。于意云何。此人何因无故狂走。富楼那言：是人心狂，更无他故。佛言：妙觉明圆，本圆明妙。既称为妄云何有因。若有所因，云何名妄。自诸妄想展转相因。从迷积迷以历尘劫。虽佛发明，犹不能返。如是迷因，因迷自有。识迷无因，妄无所依。尚无有生，欲何为灭。得菩提者，如寤时人说梦中事。心纵精明，欲何因缘取梦中物。况复无因本无所有。如彼城中演若达多，岂有因缘自怖头走。忽然狂歇，头非外得。纵未歇狂，亦何遗失。

富楼那。妄性如是，因何为在。汝但不随分别世间业果众生三种相续。三缘断故，三因不生。则汝心中.演若达多.狂性自歇，歇即菩提。胜净明心，本周法界。不从人得。何藉劬劳肯綮修证。譬如有人于自衣中系如意珠，不自觉知。穷露他方，乞食驰走。虽实贫穷，珠不曾失。忽有智者指示其珠。所愿从心，致大饶富。方悟神珠非从外得。

即时阿难在大众中，顶礼佛足，起立白佛。世尊现说杀盗淫业，三缘断故，三因不生。心中达多狂性自歇。歇即菩提，不从人得。斯则因缘皎然明白。云何如来顿弃因缘。我从因缘心得开悟。世尊。此义何独我等年少有学声闻。今此会中.大目犍连.及舍利弗.须菩提等，从老梵志闻佛因缘，发心开悟，得成无漏。今说菩提，不从因缘。则王舍城拘舍梨等，所说自然，成第一义。惟垂大悲，开发迷闷。

佛告阿难。即如城中演若达多，狂性因缘，若得灭除。则不狂性自然而出。因缘自然，理穷于是。阿难。演若达多，头本自然。本自其然，无然非自。何因缘故，怖头狂走。若自然头，因缘故狂。何不自然，因缘故失。本头不失，狂怖妄出。曾无变易，何藉因缘。本狂自然，本有狂怖。未狂之际，狂何所潜。不狂自然，头本无妄，何为狂走。若悟本头，识知狂走，因缘自然，俱为戏论。是故我言三缘断故即菩提心。菩提心生，生灭心灭，此但生灭。灭生俱尽，无功用道。若有自然，如是则明，自然心生，生灭心灭，此亦生灭。无生灭者，名为自然。犹如世间诸相杂和，成一体者，名和合性。非和合者，称本然性。本然非然。和合非合。合然俱离。离合俱非。此句方名无戏论法。菩提涅槃尚在遥远。非汝历劫辛勤修证。虽复忆持十方如来十二部经，清净妙理如恒河沙，只益戏论。汝虽谈说因缘自然决定明了。人间称汝多闻第一。以此积劫多闻熏习，不能免离摩登伽难。何须待我佛顶神咒，摩登伽心淫火顿歇，得阿那含，于我法中，成精进林。爱河干枯，令汝解脱。是故阿难。汝虽历劫忆持如来秘密妙严，不如一日修无漏业，远离世间憎爱二苦。如摩登伽宿为淫女，由神咒力销其爱欲，法中今名性比丘尼。与罗侯母.耶输陀罗.同悟宿因。知历世因贪爱为苦。一念熏修无漏善故，或得出缠，或蒙授记。如何自欺，尚留观听。

阿难及诸大众，闻佛示诲，疑惑销除，心悟实相。身意轻安，得未曾有。重复悲泪，顶礼佛足，长跪合掌而白佛言：无上大悲清净宝王，善开我心。能以如是种种因缘，方便提奖，引诸沉冥出于苦海。世尊。我今虽承如是法音，知如来藏.妙觉明心.遍十方界，含育如来十方国土，清净宝严妙觉王刹。如来复责多闻无功，不逮修习。我今犹如旅泊之人，忽蒙天王赐与华屋，虽获大宅，要因门入。惟愿如来不舍大悲，示我在会诸蒙暗者，捐舍小乘，毕获如来无余涅槃本发心路。令有学者，从何摄伏畴昔攀缘，得陀罗尼，入佛知见。作是语已，五体投地。在会一心，伫佛慈旨。

尔时世尊，哀愍会中缘觉声闻，于菩提心未自在者。及为当来佛灭度后，末法众生发菩提心，开无上乘妙修行路。宣示阿难及诸大众。汝等决定发菩提心，于佛如来妙三摩提，不生疲倦。应当先明发觉初心二决定义。

云何初心二义决定。

阿难。第一义者，汝等若欲捐舍声闻，修菩萨乘入佛知见，应当审观因地发心，与果地觉为同为异。阿难。若于因地以生灭心为本修因，而求佛乘不生不灭，无有是处。以是义故，汝当照明.诸器世间.可作之法，皆从变灭。阿难。汝观世间可作之法，谁为不坏。然终不闻烂坏虚空。何以故。空非可作，由是始终无坏灭故。则汝身中，坚相为地，润湿为水，暖触为火，动摇为风。由此四缠，分汝湛圆妙觉明心，为视为听为觉为察。从始入终，五叠浑浊。

云何为浊。

阿难。譬如清水，清洁本然。即彼尘土灰沙之伦，本质留碍。二体法尔，性不相循。有世间人，取彼土尘，投于净水。土失留碍，水亡清洁。容貌汩然，名之为浊。汝浊五重，亦复如是。

阿难。汝见虚空遍十方界。空见不分。有空无体。有见无觉。相织妄成。是第一重，名为劫浊。

汝身现抟四大为体。见闻觉知，壅令留碍。水火风土，旋令觉知。相织妄成。是第二重，名为见浊。

又汝心中忆识诵习。性发知见。容现六尘。离尘无相。离觉无性。相织妄成。是第三重，名烦恼浊。

又汝朝夕生灭不停。知见每欲留于世间。业运每常迁于国土。相织妄成，是第四重，名众生浊。

汝等见闻元无异性。众尘隔越，无状异生。性中相知。用中相背。同异失准。相织妄成。是第五重，名为命浊。

阿难。汝今欲令见闻觉知，远契如来常乐我净。应当先择死生根本，依不生灭圆湛性成，以湛旋其虚妄灭生，伏还元觉，得元明觉无生灭性为因地心，然后圆成果地修证。如澄浊水，贮于静器，静深不动，沙土自沈，清水现前，名为初伏客尘烦恼。去泥纯水，名为永断根本无明。明相精纯,一切变现,不为烦恼,皆合涅槃清净妙德。

第二义者,汝等必欲发菩提心,于菩萨乘生大勇猛,决定弃捐诸有为相,应当审详烦恼根本。此无始来发业润生谁作谁受。

阿难。汝修菩提,若不审观烦恼根本,则不能知虚妄根尘何处颠倒。处尚不知,云何降伏取如来位。阿难。汝观世间解结之人,不见所结,云何知解。不闻虚空被汝隳裂。何以故。空无形相,无结解故。则汝现前眼耳鼻舌,及与身心,六为贼媒,自劫家宝。由此无始众生世界,生缠缚故,于器世间不能超越。

阿难。云何名为众生世界。世为迁流。界为方位。汝今当知东、西、南、北、东南、西南、东北、西北、上、下,为界。过去、未来、现在,为世。方位有十。流数有三。一切众生织妄相成。身中贸迁,世界相涉。而此界性设虽十方,定位可明。世间只目东西南北,上下无位,中无定方,四数必明。与世相涉,三四四三,宛转十二。流变三叠,一十百千。总括始终。六根之中,各各功德有千二百。

阿难。汝复于中,克定优劣。如眼观见,后暗前明。前方全明。后方全暗。左右旁观三分之二。统论所作,功德不全。三分言功。一分无德。当知眼唯八百功德。如耳周听,十方无遗。动若迩遥。静无边际。当知耳根圆满一千二百功德。如鼻嗅闻,通出入息。有出有入,而阙中交。验于鼻根,三分阙一。当知鼻唯八百功德。如舌宣扬,尽诸世间出世间智。言有方分,理无穷尽。当知舌根圆满一千二百功德。如身觉触,识于违顺。合时能觉。离中不知。离一合双。验于身根,三分阙一。当知身唯八百功德。如意默容,十方三世一切世间出世间法,唯圣与凡,无不包容,尽其涯际。当知意根圆满一千二百功德。

阿难。汝今欲逆生死欲流,返穷流根,至不生灭。当验此等六受用根,谁合谁离,谁深谁浅,谁为圆通,谁不圆满。若能于此悟圆通根,逆彼无始织妄业流,得循圆通,与不圆根,日劫相倍。我今备显六湛圆明,本所功德,数量如是。随汝详择其可入者。吾当发明,令汝增进。十方如来,于十八界一一修行,皆得圆满无上菩提。于其中间,亦无优劣。但汝下劣,未能于中圆自在慧。故我宣扬,令汝但于一门深入。入一无妄,彼六知根,一时清净。

阿难白佛言:世尊。云何逆流深入一门,能令六根一时清净。

佛告阿难。汝今已得须陀洹果。已灭三界众生世间见所断惑。然犹未知根中积生无始虚习。彼习要因修所断得。何况此中生住异灭,分剂头数。今汝且观现前六根,为一为六。阿难。若言一者,耳何不见,目何不闻,头奚不履,足奚无语。若此六根决定成六。如我今会,与汝宣扬微妙法门。汝之六根,谁来领受。

阿难言。我用耳闻。

佛言:汝耳自闻,何关身口。口来问义,身起钦承。是故应知非一终六，非六终一。终不汝根元一元六。阿难当知。是根非一非六。由无始来颠倒沦替，故于圆湛一六义生。汝须陀洹，虽得六销，犹未亡一。如太虚空参合群器。由器形异，名之异空。除器观空，说空为一。彼太虚空，云何为汝成同不同。何况更名是一非一。则汝了知六受用根，亦复如是。

由明暗等二种相形。于妙圆中黏湛发见。见精映色，结色成根。根元目为清净四大。因名眼体，如蒲萄朵。浮根四尘，流逸奔色。

由动静等二种相击。于妙圆中黏湛发听。听精映声，卷声成根。根元目为清净四大。因名耳体，如新卷叶。浮根四尘，流逸奔声。

由通塞等二种相发。于妙圆中黏湛发嗅。嗅精映香，纳香成根。根元目为清净四大。因名鼻体，如双垂爪。浮根四尘，流逸奔香。

由恬变等二种相参。于妙圆中黏湛发尝。尝精映味，绞味成根。根元目为清净四大。因名舌体，如初偃月。浮根四尘，流逸奔味。

由离合等二种相摩。于妙圆中黏湛发觉。觉精映触，抟触成根。根元目为清净四大。因名身体，如腰鼓颡。浮根四尘，流逸奔触。

由生灭等二种相续。于妙圆中黏湛发知。知精映法，揽法成根。根元目为清净四大。因名意思，如幽室见。浮根四尘，流逸奔法。

阿难。如是六根，由彼觉明，有明明觉，失彼精了，黏妄发光。是以汝今离暗离明，无有见体。离动离静，元无听质。无通无塞，嗅性不生。非变非恬，尝无所出。不离不合，觉触本无。无灭无生，了知安寄。汝但不循动静、合离、恬变、通塞、生灭、明暗，如是十二诸有为相。随拔一根，脱黏内伏，伏归元真，发本明耀。耀性发明，诸余五黏，应拔圆脱。不由前尘所起知见。明不循根，寄根明发。由是六根互相为用。

阿难。汝岂不知今此会中，阿那律陀，无目而见。跋难陀龙，无耳而听。殑伽神女，非鼻闻香。骄梵钵提，异舌知味。舜若多神，无身觉触。如来光中，映令暂现。既为风质其体元无。诸灭尽定得寂声闻。如此会中摩诃迦叶，久灭意根，圆明了知不因心念。

阿难。今汝诸根若圆拔已，内莹发光。如是浮尘及器世间诸变化相，如汤销冰，应念化成无上知觉。

阿难。如彼世人聚见于眼。若令急合，暗相现前，六根黯然，头足相类。彼人以手循体外绕，彼虽不见，头足一辨，知觉是同。缘见因明，暗成无见。不明自发，则诸暗相永不能昏。根尘既销，云何觉明不成圆妙。

阿难白佛言：世尊。如佛说言，因地觉心，欲求常住，要与果位名目相应。世尊。如果位中，菩提、涅槃、真如、佛性、庵摩罗识、空如来藏，大圆镜智，是七种名，称谓虽别，清净圆满，体性坚凝，如金刚王，常住不坏。若此见听，离于明暗动静通塞，毕竟无体。犹如念心，离于前尘，本无所有。云何将此毕竟断灭以为修因，欲获如来七常住果。世尊。若离明暗，见毕竟空。如无前尘，念自性灭。进退循环，微细推求，本无我心及我心所，将谁立因，求无上觉。如来先说，湛精圆常。违越诚言，终成戏论。云何如来真实语者。惟垂大慈，开我蒙悋。

佛告阿难。汝学多闻，未尽诸漏，心中徒知颠倒所因。真倒现前，实未能识。恐汝诚心犹未信伏。吾今试将尘俗诸事，当除汝疑。即时如来敕罗侯罗击钟一声。问阿难言。汝今闻不。阿难大众，俱言我闻。钟歇无声。佛又问言。汝今闻不。阿难大众，俱言不闻。时罗侯罗又击一声。佛又问言。汝今闻不。阿难大众，又言俱闻。佛问阿难。汝云何闻，云何不闻。阿难大众俱白佛言：钟声若击，则我得闻。击久声销，音响双绝，则名无闻。如来又敕罗侯击钟。问阿难言。尔今声不。阿难大众，俱言有声。少选声销。佛又问言。尔今声不。阿难大众，答言无声。有顷罗侯更来撞钟。佛又问言。尔今声不。阿难大众，俱言有声。佛问阿难。汝云何声，云何无声。阿难大众俱白佛言：钟声若击，则名有声。击久声销，音响双绝，则名无声。

佛语阿难及诸大众。汝今云何自语矫乱。大众阿难，俱时问佛。我今云何名为矫乱。佛言：我问汝闻。汝则言闻。又问汝声，汝则言声。唯闻与声，报答无定。如是云何不名矫乱。阿难。声销无响，汝说无闻。若实无闻，闻性已灭，同于枯木。钟声更击，汝云何知。知有知无，自是声尘或无或有。岂彼闻性为汝有无。闻实云无，谁知无者。是故阿难。声于闻中自有生灭。非为汝闻声生声灭，令汝闻性为有为无。汝尚颠倒，惑声为闻。何怪昏迷，以常为断。终不应言，离诸动静闭塞开通，说闻无性。

如重睡人，眠熟床枕。其家有人，于彼睡时，捣练舂米。其人梦中闻舂捣声，别作他物。或为击鼓。或为撞钟。即于梦时自怪其钟为木石响。于时忽寤，遄知杵音。自告家人，我正梦时，惑此舂音将为鼓响。

阿难。是人梦中，岂忆静摇开闭通塞。其形虽寐，闻性不昏。纵汝形销，命光迁谢，此性云何为汝销灭。以诸众生从无始来，循诸色声，逐念流转。曾不开悟性净妙常。不循所常，逐诸生灭。由是生生杂染流转。若弃生灭，守于真常，常光现前，根尘识心应时销落。想相为尘，识情为垢，二俱远离。则汝法眼应时清明。云何不成无上知觉。

卷五

阿难白佛言。世尊。如来虽说第二义门。今观世间解结之人，若不知其所结之元，我信是人终不能解。世尊。我及会中有学声闻，亦复如是。从无始际与诸无明，俱灭俱生。虽得如是多闻善根，名为出家，犹隔日疟。惟愿大慈，哀愍沦溺。今日身心，云何是结，从何名解。亦令未来苦难众生，得免轮回，不落三有。作是语已，普及大众五体投地。雨泪翘诚，伫佛如来无上开示。

尔时世尊怜愍阿难，及诸会中诸有学者。亦为未来一切众生，为出世因作将来眼。以阎浮檀紫金光手，摩阿难顶。即时十方普佛世界，六种震动。微尘如来住世界者，各有宝光从其顶出。其光同时于彼世界，来祇陀林，灌如来顶。是诸大众，得未曾有。于是阿难及诸大众，俱闻十方微尘如来，异口同音，告阿难言：善哉阿难。汝欲识知俱生无明，使汝轮转生死结根，唯汝六根，更无他物。汝复欲知无上菩提，令汝速证安乐解脱.寂静妙常，亦汝六根，更非他物。

阿难虽闻如是法音，心犹未明。稽首白佛。云何令我生死轮回，安乐妙常，同是六根，更非他物。

佛告阿难。根尘同源。缚脱无二。识性虚妄，犹如空华。阿难。由尘发知。因根有相。相见无性，同于交芦。是故汝今。知见立知，即无明本。知见无见，斯即涅槃无漏真净。云何是中更容他物。尔时世尊，欲重宣此义，而说偈言。

真性有为空　缘生故如幻　无为无起灭　不实如空华
言妄显诸真　妄真同二妄　犹非真非真　云何见所见
中间无实性　是故若交芦　结解同所因　圣凡无二路
汝观交中性　空有二俱非　迷晦即无明　发明便解脱
解结因次第　六解一亦亡　根选择圆通　入流成正觉
陀那微细识　习气成暴流　真非真恐迷　我常不开演
自心取自心　非幻成幻法　不取无非幻　非幻尚不生
幻法云何立　是名妙莲华　金刚王宝觉　如幻三摩提
弹指超无学　此阿毗达磨　十方薄伽梵　一路涅槃门

于是阿难及诸大众，闻佛如来无上慈诲，祇夜伽陀，杂糅精莹，妙理清彻，心目开明，叹未曾有。

阿难合掌顶礼白佛。我今闻佛无遮大悲，性净妙常真实法句。心犹未达六解一亡，舒结伦次。惟垂大慈，再愍斯会及与将来，施以法音，洗涤沈垢。

即时如来于师子座，整涅槃僧，敛僧伽梨，揽七宝几。引手于几，取劫波罗天所奉华巾。于大众前绾成一结。示阿难言：此名何等。阿难大众俱白佛言：此名为结。于是如来绾叠华巾，又成一结。重问阿难。此名何等。阿难大众，又白佛言：此亦名结。如是伦次绾叠华巾，总成六结。一一结成，皆取手中所成之结，持问阿难，此名何等。阿难大众，亦复如是次第詶佛，此名为结。佛告阿难。我初绾巾，汝名为结。此叠华巾，先实一条。第二第三，云何汝曹复名为结。阿难白佛言：世尊。此宝叠华缉绩成巾，虽本一体。如我思惟，如来一绾，得一结名。若百绾成，终名百结。何况此巾只有六结。终不至七，亦不停五。云何如来只许初时。第二第三不名为结。佛告阿难。此宝华巾，汝知此巾元止一条。我六绾时，名有六结。汝审观察，巾体是同，因结有异。于意云何。初绾结成，名为第一。如是乃至第六结生。吾今欲将第六结名，成第一不。不也，世尊。六结若存，斯第六名，终非第一。纵我历生尽其明辩，如何令是六结乱名。佛言：如是，六结不同。循顾本因，一巾所造。令其杂乱，终不得成。则汝六根，亦复如是。毕竟同中，生毕竟异。佛告阿难。汝必嫌此六结不成，愿乐一成，复云何得。阿难言：此结若存，是非锋起。于中自生此结非彼，彼结非此。如来今日若总解除。结若不生，则无彼此。尚不名一，六云何成。佛言：六解一亡，亦复如是。由汝无始心性狂乱，知见妄发。发妄不息，劳见发尘。如劳目睛，则有狂华。于湛精明，无因乱起。一切世间.山河大地.生死涅槃，皆即狂劳.颠倒华相。

阿难言：此劳同结，云何解除。

如来以手将所结巾偏掣其左。问阿难言：如是解不。不也，世尊。旋复以手偏牵右边。又问阿难，如是解不。不也，世尊。佛告阿难。吾今以手左右各牵，竟不能解。汝设方便，云何解成。阿难白佛言：世尊。当于结心解即分散。佛告阿难。如是如是。若欲除结，当于结心。阿难。我说佛法从因缘生。非取世间和合粗相。如来发明世出世法，知其本因随所缘出。如是乃至恒沙界外一滴之雨，亦知头数。现前种种，松直棘曲，鹄白乌玄，皆了元由。是故阿难。随汝心中选择六根。根结若除，尘相自灭。诸妄销亡，不真何待。阿难。吾今问汝，此劫波罗巾六结现前，同时解萦，得同除不。不也，世尊。是结本以次第绾生。今日当须次第而解。六结同体，结不同时。则结解时，云何同除。佛言：六根解除，亦复如是。此根初解，先得人空。空性圆明，成法解脱。解脱法已，俱空不生。是名菩萨从三摩地，得无生忍。

阿难及诸大众，蒙佛开示，慧觉圆通，得无疑惑。一时合掌，顶礼双足，而白佛言：我等今日身心皎然，快得无碍。虽复悟知一六亡义。然犹未达圆通本根。世尊。我辈飘零，积劫孤露。何心何虑，预佛天伦。如失乳儿，忽遇慈母。若复因此际会道成。所得密言，还同本悟。则与未闻无有差别。惟垂大悲，惠我秘严。成就如来最后开示。作是语已。五体投地。退藏密机，冀佛冥授。

尔时世尊，普告众中诸大菩萨，及诸漏尽大阿罗汉。汝等菩萨及阿罗汉，生我法中，得成无学。吾今问汝，最初发心，悟十八界，谁为圆通，从何方便入三摩地。

憍陈那五比丘，即从座起，顶礼佛足，而白佛言：我在鹿苑，及于鸡园，观见如来最初成道。于佛音声，悟明四谛。佛问比丘，我初称解。如来印我名阿若多。妙音密圆。我于音声得阿罗汉。佛问圆通，如我所证，音声为上。

优波尼沙陀，即从座起，顶礼佛足，而白佛言：我亦观佛最初成道。观不净相，生大厌离。悟诸色性。以从不净白骨微尘，归于虚空。空色二无，成无学道。如来印我名尼沙陀。尘色既尽，妙色密圆。我从色相，得阿罗汉。佛问圆通，如我所证，色因为上。

香严童子，即从座起，顶礼佛足，而白佛言：我闻如来教我谛观诸有为相。我时辞佛，宴晦清斋。见诸比丘烧沉水香，香气寂然来入鼻中。我观此气，非木非空，非烟非火，去无所著，来无所从，由是意销，发明无漏。如来印我得香严号。尘气倏灭，妙香密圆。我从香严，得阿罗汉。佛问圆通，如我所证，香严为上。

药王药上二法王子，并在会中五百梵天，即从座起，顶礼佛足而白佛言：我无始劫，为世良医，口中尝此娑婆世界草木金石，名数凡有十万八千。如是悉知.苦酢咸淡.甘辛等味。并诸和合俱生变异，是冷是热，有毒无毒，悉能遍知。承事如来，了知味性，非空非有，非即身心，非离身心。分别味因，从是开悟。蒙佛如来印我昆季，药王药上二菩萨名。今于会中为法王子。因味觉明，位登菩萨。佛问圆通，如我所证，味因为上。

跋陀婆罗，并其同伴十六开士，即从座起，顶礼佛足，而白佛言：我等先于威音王佛，闻法出家。于浴僧时，随例入室。忽悟水因，既不洗尘，亦不洗体，中间安然，得无所有。宿习无忘。乃至今时从佛出家，令得无学。彼佛名我跋陀婆罗。妙触宣明，成佛子住。佛问圆通，如我所证，触因为上。

摩诃迦叶，及紫金光比丘尼等，即从座起，顶礼佛足，而白佛言：我于往劫，于此界中，有佛出世，名日月灯。我得亲近，闻法修学。佛灭度后，供养舍利，然灯续明。以紫光金涂佛形像。自尔已来，世世生生，身常圆满紫金光聚。此紫金光比丘尼等，即我眷属，同时发心。我观世间六尘变坏，唯以空寂修于灭尽，身心乃能度百千劫，犹如弹指。我以空法成阿罗汉。世尊说我头陀为最。妙法开明，销灭诸漏。佛问圆通，如我所证，法因为上。

阿那律陀，即从座起，顶礼佛足，而白佛言：我初出家，常乐睡眠。如来诃我.为畜生类。我闻佛诃，啼泣自责。七日不眠，失其双目。世尊示我乐见照明金刚三昧。我不因眼，观见十方。精真洞然，如观掌果。如来印我成阿罗汉。佛问圆通，如我所证，旋见循元，斯为第一。

周利槃特迦，即从座起，顶礼佛足，而白佛言：我阙诵持，无多闻性。最初值佛，闻法出家。忆持如来一句伽陀。于一百日，得前遗后，得后遗前。佛愍我愚，教我安居调出入息。我时观息，微细穷尽，生住异灭，诸行刹那。其心豁然。得大无碍。乃至漏尽成阿罗汉。住佛座下，印成无学。佛问圆通，如我所证，反息循空，斯为第一。

憍梵钵提，即从座起，顶礼佛足，而白佛言：我有口业，于过去劫轻弄沙门，世世生生有牛呞病。如来示我.一味清净.心地法门。我得灭心入三摩地。观味之知，非体非物。应念得超世间诸漏。内脱身心。外遗世界。远离三有，如鸟出笼。离垢销尘，法眼清净，成阿罗汉。如来亲印登无学道。佛问圆通，如我所证，还味旋知，斯为第一。

毕陵伽婆蹉，即从座起，顶礼佛足，而白佛言；我初发心从佛入道。数闻如来说诸世间不可乐事。乞食城中，心思法门。不觉路中毒刺伤足，举身疼痛。我念有知。知此深痛。虽觉觉痛。觉清净心，无痛痛觉。我又思惟，如是一身，宁有双觉。摄念未久，身心忽空。三七日中，诸漏虚尽，成阿罗汉。得亲印记，发明无学。佛问圆通，如我所证，纯觉遗身，斯为第一。

须菩提，即从座起，顶礼佛足，而白佛言：我旷劫来，心得无碍。自忆受生如恒河沙。初在母胎，即知空寂。如是乃至十方成空。亦令众生证得空性。蒙如来发性觉真空。空性圆明，得阿罗汉。顿入如来宝明空海。同佛知见。印成无学。解脱性空，我为无上。佛问圆通，如我所证，诸相入非，非所非尽，旋法归无，斯为第一。

舍利弗，即从座起，顶礼佛足，而白佛言：我旷劫来，心见清净。如是受生如恒河沙。世出世间种种变化，一见则通，获无障碍。我于路中，逢迦叶波兄弟相逐，宣说因缘，悟心无际。从佛出家，见觉明圆，得大无畏，成阿罗汉。为佛长子，从佛口生，从法化生。佛问圆通，如我所证，心见发光，光极知见，斯为第一。

普贤菩萨，即从座起，顶礼佛足，而白佛言：我已曾与恒沙如来为法王子。十方如来，教其弟子菩萨根者，修普贤行，从我立名。世尊。我用心闻，分别众生所有知见。若于他方恒沙界外，有一众生，心中发明普贤行者，我于尔时乘六牙象，分身百千，皆至其处。纵彼障深，未得见我。我与其人暗中摩顶，拥护安慰，令其成就。佛问圆通，我说本因，心闻发明，分别自在，斯为第一。

孙陀罗难陀，即从座起，顶礼佛足，而白佛言：我初出家从佛入道，虽具戒律。于三摩地，心常散动，未获无漏。世尊教我，及拘絺罗，观鼻端白。我初谛观，经三七日。见鼻中气，出入如烟。身心内明，圆洞世界，遍成虚净，犹如琉璃。烟相渐销，鼻息成白。心开漏尽，诸出入息化为光明，照十方界，得阿罗汉。世尊记我当得菩提。佛问圆通，我以销息，息久发明，明圆灭漏，斯为第一。

富楼那弥多罗尼子，即从座起，顶礼佛足，而白佛言：我旷劫来，辩才无碍。宣说苦空，深达实相。如是乃至恒沙如来秘密法门，我于众中微妙开示，得无所畏。世尊知我有大辩才，以音声轮教我发扬。我于佛前助佛转轮，因师子吼，成阿罗汉。世尊印我说法无上。佛问圆通，我以法音降伏魔怨，销灭诸漏。斯为第一。

优波离，即从座起，顶礼佛足，而白佛言：我亲随佛踰城出家。亲观如来六年勤苦。亲见如来降伏诸魔，制诸外道。解脱世间贪欲诸漏。承佛教戒。如是乃至三千威仪，八万微细，性业遮业，悉皆清净。身心寂灭，成阿罗汉。我是如来众中纲纪。亲印我心。持戒修身，众推为上。佛问圆通，我以执身，身得自在，次第执心，心得通达，然后身心一切通利，斯为第一。

大目犍连，即从座起，顶礼佛足，而白佛言：我初于路乞食。逢遇优楼频螺、伽耶、那提，三迦叶波，宣说如来因缘深义。我顿发心，得大通达。如来惠我袈裟著身，须发自落。我游十方，得无挂碍。神通发明，推为无上。成阿罗汉。宁唯世尊。十方如来叹我神力，圆明清净，自在无畏。佛问圆通，我以旋湛，心光发宣，如澄浊流，久成清莹，斯为第一。

乌刍瑟摩，于如来前，合掌顶礼佛之双足，而白佛言：我常先忆久远劫前，性多贪欲。有佛出世，名曰空王。说多淫人，成猛火聚。教我遍观．百骸四肢．诸冷暖气。神光内凝，化多淫心．成智慧火。从是诸佛皆呼召我，名为火头。我以火光三昧力故，成阿罗汉。心发大愿，诸佛成道，我为力士，亲伏魔怨。佛问圆通，我以谛观身心暖触，无碍流通，诸漏既销，生大宝焰，登无上觉，斯为第一。

持地菩萨，即从座起，顶礼佛足，而白佛言：我念往昔，普光如来出现于世。我为比丘，常于一切要路津口，田地险隘，有不如法，妨损车马，我皆平填。或作桥梁。或负沙土。如是勤苦，经无量佛出现于世。或有众生于阛阓处，要人擎物，我先为擎，至其所诣，放物即行，不取其直。毗舍浮佛现在世时，世多饥荒。我为负人，无问远近，唯取一钱。或有车牛被于泥溺，我有神力，为其推轮，拔其苦恼。时国大王延佛设斋。我于尔时平地待佛。毗舍如来，摩顶谓我，当平心地，则世界地一切皆平。我即心开，见身微尘，与造世界所有微尘等无差别。微尘自性，不相触摩。乃至刀兵亦无所触。我于法性，悟无生忍，成阿罗汉。回心今入菩萨位中。闻诸如来宣妙莲华佛知见地，我先证明而为上首。佛问圆通，我以谛观身界二尘，等无差别，本如来藏，虚妄发尘，尘销智圆，成无上道，斯为第一。

月光童子，即从座起，顶礼佛足，而白佛言：我忆往昔恒河沙劫，有佛出世，名为水天。教诸菩萨修习水观，入三摩地。观于身中，水性无夺。初从涕唾，如是穷尽津液精血，大小便利，身中旋复，水性一同。见水身中与世界外浮幢王刹，诸香水海，等无差别。我于是时，初成此观。但见其水未得无身。当为比丘，室中安禅。我有弟子，窥窗观室，唯见清水遍在室中，了无所见。童稚无知，取一瓦砾投于水内，激水作声，顾盼而去。我出定后，顿觉心痛。如舍利弗遭违害鬼。我自思惟，今我已得阿罗汉道，久离病缘。云何今日忽生心痛，将无退失。尔时童子捷来我前，说如上事。我则告言：汝更见水，可即开门，入此水中，除去瓦砾。童子奉教。后入定时，还复见水，瓦砾宛然，开门除出。我后出定，身质如初。逢无量佛，如是至于.山海自在通王如来，方得亡身。与十方界诸香水海，性合真空，无二无别。今于如来得童真名，预菩萨会。佛问圆通，我以水性一味流通，得无生忍，圆满菩提，斯为第一。

琉璃光法王子，即从座起，顶礼佛足，而白佛言：我忆往昔经恒沙劫，有佛出世，名无量声。开示菩萨本觉妙明。观此世界及众生身，皆是妄缘风力所转。我于尔时，观界安立，观世动时，观身动止，观心动念，诸动无二，等无差别。我时觉了此群动性，来无所从，去无所至。十方微尘颠倒众生，同一虚妄，如是乃至三千大千一世界内，所有众生，如一器中，贮百蚊蚋，啾啾乱鸣，于分寸中鼓发狂闹。逢佛未几，得无生忍。尔时心开，乃见东方不动佛国，为法王子，事十方佛。身心发光，洞彻无碍。佛问圆通，我以观察风力无依，悟菩提心，入三摩地，合十方佛传一妙心，斯为第一。

虚空藏菩萨，即从座起。顶礼佛足，而白佛言：我与如来，定光佛所，得无边身。尔时手执四大宝珠，照明十方微尘佛刹，化成虚空。又于自心现大圆镜，内放十种微妙宝光，流灌十方尽虚空际，诸幢王刹，来入镜内，涉入我身。身同虚空，不相妨碍。身能善入微尘国土，广行佛事，得大随顺。此大神力，由我谛观四大无依，妄想生灭，虚空无二，佛国本同。于同发明，得无生忍。佛问圆通，我以观察虚空无边，入三摩地，妙力圆明，斯为第一。

弥勒菩萨，即从座起，顶礼佛足，而白佛言：我忆往昔经微尘劫，有佛出世，名日月灯明。我从彼佛而得出家。心重世名，好游族姓。尔时世尊，教我修习唯心识定，入三摩地。历劫已来，以此三昧事恒沙佛。求世名心歇灭无有。至然灯佛出现于世。我乃得成.无上妙圆.识心三昧。乃至尽空如来国土净秽有无。皆是我心变化所现。世尊。我了如是唯心识故，识性流出无量如来。今得授记，次补佛处。佛问圆通，我以谛观十方唯识，识心圆明，入圆成实，远离依他及遍计执，得无生忍，斯为第一。

大势至法王子，与其同伦五十二菩萨，即从座起，顶礼佛足，而白佛言：我忆往昔恒河沙劫，有佛出世，名无量光。十二如来，相继一劫。其最后佛名超日月光。彼佛教我念佛三昧。譬如有人，一专为忆，一人专忘，如是二人，若逢不逢，或见非见。二人相忆，二忆念深，如是乃至从生至生，同于形影，不相乖异。十方如来怜念众生，如母忆子。若子逃逝，虽忆何为。子若忆母如母忆时，母子历生不相违远。若众生心忆佛念佛，现前当来必定见佛。去佛不远，不假方便自得心开。如染香人，身有香气。此则名曰香光庄严。我本因地以念佛心，入无生忍。今于此界，摄念佛人归于净土。佛问圆通，我无选择，都摄六根净念相继，得三摩地，斯为第一。

卷六

尔时观世音菩萨，即从座起，顶礼佛足，而白佛言：世尊。忆念我昔无数恒河沙劫，于时有佛出现于世，名观世音。我于彼佛发菩提心。彼佛教我从闻思修，入三摩地。初于闻中，入流亡所。所入既寂。动静二相了然不生。如是渐增。闻所闻尽。尽闻不住。觉所觉空。空觉极圆。空所空灭。生灭既灭。寂灭现前。忽然超越世出世间。十方圆明。获二殊胜。一者，上合十方诸佛本妙觉心，与佛如来同一慈力。二者，下合十方一切六道众生，与诸众生同一悲仰。

世尊。由我供养观音如来。蒙彼如来，授我如幻闻熏闻修金刚三昧，与佛如来同慈力故，令我身成三十二应，入诸国土。

世尊。若诸菩萨，入三摩地，进修无漏，胜解现圆。我现佛身而为说法，令其解脱。

若诸有学，寂静妙明，胜妙现圆。我于彼前现独觉身，而为说法，令其解脱。

若诸有学，断十二缘，缘断胜性，胜妙现圆。我于彼前现缘觉身，而为说法，令其解脱。

若诸有学，得四谛空，修道入灭，胜性现圆。我于彼前现声闻身，而为说法，令其解脱。

若诸众生，欲心明悟，不犯欲尘，欲身清净。我于彼前现梵王身，而为说法，令其解脱。

若诸众生，欲为天主，统领诸天。我于彼前现帝释身，而为说法，令其成就。

若诸众生，欲身自在游行十方。我于彼前现自在天身，而为说法，令其成就。

若诸众生，欲身自在飞行虚空。我于彼前现大自在天身，而为说法，令其成就。

若诸众生，爱统鬼神，救护国土。我于彼前现天大将军身，而为说法，令其成就。

若诸众生，爱统世界，保护众生。我于彼前现四天王身，而为说法，令其成就。

若诸众生，爱生天宫，驱使鬼神。我于彼前现四天王国太子身，而为说法，令其成就。

若诸众生，乐为人王。我于彼前现人王身，而为说法，令其成就。

若诸众生，爱主族姓，世间推让。我于彼前现长者身，而为说法，令其成就。

若诸众生，爱谈名言，清净自居。我于彼前现居士身，而为说法，令其成就。

若诸众生，爱治国土，剖断邦邑。我于彼前现宰官身，而为说法，令其成就。

若诸众生，爱诸数术，摄卫自居。我于彼前现婆罗门身，而为说法，令其成就。

若有男子，好学出家，持诸戒律。我于彼前现比丘身，而为说法，令其成就。

若有女人，好学出家，持诸禁戒。我于彼前现比丘尼身，而为说法，令其成就。

若有男子，乐持五戒。我于彼前现优婆塞身，而为说法，令其成就。

若有女子，五戒自居。我于彼前现优婆夷身，而为说法，令其成就。

若有女人，内政立身，以修家国。我于彼前现女主身，及国夫人命妇大家，而为说法，令其成就。

若有众生，不坏男根。我于彼前现童男身，而为说法，令其成就。

若有处女，爱乐处身，不求侵暴。我于彼前现童女身，而为说法，令其成就。

若有诸天，乐出天伦。我现天身而为说法，令其成就。

若有诸龙，乐出龙伦。我现龙身而为说法，令其成就。

若有药叉，乐度本伦。我于彼前现药叉身，而为说法，令其成就。

若乾闼婆，乐脱其伦。我于彼前现乾闼婆身，而为说法，令其成就。

若阿修罗，乐脱其伦。我于彼前现阿修罗身，而为说法，令其成就。

若紧那罗，乐脱其伦。我于彼前现紧那罗身，而为说法，令其成就。

若摩呼罗伽，乐脱其伦。我于彼前现摩呼罗伽身，而为说法，令其成就。

若诸众生，乐人修人。我现人身，而为说法，令其成就。

若诸非人，有形无形，有想无想，乐度其伦。我于彼前皆现其身，而为说法，令其成就。

是名妙净三十二应，入国土身。皆以三昧闻熏闻修无作妙力，自在成就。

世尊。我复以此闻熏闻修，金刚三昧无作妙力。与诸十方三世六道一切众生，同悲仰故。令诸众生，于我身心，获十四种无畏功德。

一者，由我不自观音以观观者。令彼十方苦恼众生，观其音声，即得解脱。

二者，知见旋复。令诸众生，设入大火，火不能烧。

三者，观听旋复。令诸众生，大水所漂，水不能溺。

四者，断灭妄想。心无杀害。令诸众生，入诸鬼国，鬼不能害。

五者，熏闻成闻，六根销复，同于声听。能令众生，临当被害，刀段段坏。使其兵戈，犹如割水，亦如吹光，性无摇动。

六者，闻熏精明，明遍法界，则诸幽暗性不能全。能令众生，药叉、罗刹、鸠槃茶鬼、及毗舍遮、富单那等。虽近其傍。目不能视。

七者，音性圆销，观听返入，离诸尘妄，能令众生，禁系枷锁，所不能著。

八者，灭音圆闻，遍生慈力。能令众生，经过险路，贼不能劫。

九者，熏闻离尘，色所不劫，能令一切多淫众生，远离贪欲。

十者，纯音无尘，根境圆融，无对所对。能令一切忿恨众生，离诸嗔恚。

十一者，销尘旋明，法界身心，犹如琉璃，朗彻无碍。能令一切昏钝性障，诸阿颠迦，永离痴暗。

十二者，融形复闻，不动道场，涉入世间。不坏世界，能遍十方。供养微尘诸佛如来。各各佛边为法王子。能令法界无子众生，欲求男者，诞生福德智慧之男。

十三者，六根圆通，明照无二，含十方界。立大圆镜空如来藏。承顺十方微尘如来。秘密法门，受领无失。能令法界无子众生，欲求女者，诞生端正福德柔顺，众人爱敬有相之女。

十四者，此三千大千世界，百亿日月，现住世间诸法王子，有六十二恒河沙数，修法垂范，教化众生，随顺众生，方便智慧，各各不同。由我所得圆通本根，发妙耳门。然后身心微妙含容，周遍法界。能令众生持我名号，与彼共持六十二恒河沙诸法王子，二人福德，正等无异。世尊，我一名号，与彼众多名号无异。

由我修习得真圆通。是名十四施无畏力，福备众生。

世尊。我又获是圆通，修证无上道故，又能善获四不思议无作妙德。

一者，由我初获妙妙闻心，心精遗闻，见闻觉知不能分隔，成一圆融清净宝觉。故我能现众多妙容，能说无边秘密神咒。其中或现一首三首五首七首九首十一首，如是乃至一百八首，千首万首，八万四千烁迦罗首。二臂四臂六臂八臂十臂十二臂，十四十六十八二十至二十四，如是乃至一百八臂，千臂万臂，八万四千母陀罗臂。二目三目四目九目。如是乃至一百八目，千目万目，八万四千清净宝目。或慈或威。或定或慧。救护众生。得大自在。

二者，由我闻思，脱出六尘，如声度垣，不能为碍。故我妙能现一一形，诵一一咒。其形其咒，能以无畏施诸众生。是故十方微尘国土，皆名我为施无畏者。

三者，由我修习本妙圆通清净本根。所游世界，皆令众生舍身珍宝，求我哀愍。

四者，我得佛心，证于究竟。能以珍宝种种，供养十方如来，傍及法界六道众生。求妻得妻，求子得子。求三昧得三昧。求长寿得长寿。如是乃至求大涅槃得大涅槃。

佛问圆通，我从耳门圆照三昧，缘心自在，因入流相，得三摩提，成就菩提，斯为第一。

世尊。彼佛如来，叹我善得圆通法门。于大会中，授记我为观世音号。由我观听十方圆明。故观音名遍十方界。

尔时世尊于师子座，从其五体同放宝光，远灌十方微尘如来，及法王子诸菩萨顶。彼诸如来亦于五体同放宝光，从微尘方来灌佛顶，并灌会中诸大菩萨及阿罗汉。林木池沼，皆演法音。交光相罗，如宝丝网。是诸大众，得未曾有。一切普获金刚三昧。即时天雨百宝莲华，青黄赤白，间错纷糅。十方虚空，成七宝色。此娑婆界大地山河，俱时不现。唯见十方微尘国土，合成一界。梵呗咏歌，自然敷奏。

于是如来，告文殊师利法王子。汝今观此二十五无学诸大菩萨，及阿罗汉，各说最初成道方便，皆言修习真实圆通。彼等修行，实无优劣前后差别。我今欲令阿难开悟，二十五行谁当其根。兼我灭后，此界众生，入菩萨乘求无上道，何方便门得易成就。

文殊师利法王子，奉佛慈旨，即从座起，顶礼佛足，承佛威神，说偈对佛。

觉海性澄圆　圆澄觉元妙　元明照生所　所立照性亡
迷妄有虚空　依空立世界　想澄成国土　知觉乃众生
空生大觉中　如海一沤发　有漏微尘国　皆依空所生
沤灭空本无　况复诸三有　归元性无二　方便有多门
圣性无不通　顺逆皆方便　初心入三昧　迟速不同伦
色想结成尘　精了不能彻　如何不明彻　于是获圆通
音声杂语言　但伊名句味　一非含一切　云何获圆通
香以合中知　离则元无有　不恒其所觉　云何获圆通
味性非本然　要以味时有　其觉不恒一　云何获圆通
触以所触明　无所不明触　合离性非定　云何获圆通
法称为内尘　凭尘必有所　能所非遍涉　云何获圆通
见性虽洞然　明前不明后　四维亏一半　云何获圆通

鼻息出入通　现前无交气　支离匪涉入　云何获圆通
舌非入无端　因味生觉了　味亡了无有　云何获圆通
身与所触同　各非圆觉观　涯量不冥会　云何获圆通
知根杂乱思　湛了终无见　想念不可脱　云何获圆通
识见杂三和　诘本称非相　自体先无定　云何获圆通
心闻洞十方　生于大因力　初心不能入　云何获圆通
鼻想本权机　只令摄心住　住成心所住　云何获圆通
说法弄音文　开悟先成者　名句非无漏　云何获圆通
持犯但束身　非身无所束　元非遍一切　云何获圆通
神通本宿因　何关法分别　念缘非离物　云何获圆通
若以地性观　坚碍非通达　有为非圣性　云何获圆通
若以水性观　想念非真实　如如非觉观　云何获圆通
若以火性观　厌有非真离　非初心方便　云何获圆通
若以风性观　动寂非无对　对非无上觉　云何获圆通
若以空性观　昏钝先非觉　无觉异菩提　云何获圆通
若以识性观　观识非常住　存心乃虚妄　云何获圆通
诸行是无常　念性元生灭　因果今殊感　云何获圆通
我今白世尊　佛出娑婆界　此方真教体　清净在音闻
欲取三摩提　实以闻中入　离苦得解脱　良哉观世音
于恒沙劫中　入微尘佛国　得大自在力　无畏施众生
妙音观世音　梵音海潮音　救世悉安宁　出世获常住
我今启如来　如观音所说　譬如人静居　十方俱击鼓
十处一时闻　此则圆真实　目非观障外　口鼻亦复然
身以合方知　心念纷无绪
隔垣听音响　遐迩俱可闻
五根所不齐　是则通真实　音声性动静　闻中为有无
无声号无闻　非实闻无性　声无既无灭　声有亦非生
生灭二圆离　是则常真实　纵令在梦想　不为不思无
觉观出思惟　身心不能及　今此娑婆国　声论得宣明
众生迷本闻　循声故流转　阿难纵强记　不免落邪思
岂非随所沦　旋流获无妄
阿难汝谛听
我承佛威力　宣说金刚王　如幻不思议　佛母真三昧
汝闻微尘佛　一切秘密门　欲漏不先除　畜闻成过误
将闻持佛佛　何不自闻闻　闻非自然生　因声有名字
旋闻与声脱　能脱欲谁名　一根既返源　六根成解脱
见闻如幻翳　三界若空华　闻复翳根除　尘销觉圆净
净极光通达　寂照含虚空　却来观世间　犹如梦中事
摩登伽在梦　谁能留汝形　如世巧幻师　幻作诸男女

虽见诸根动　要以一机抽　息机归寂然　诸幻成无性
六根亦如是　元依一精明　分成六和合　一处成休复
六用皆不成　尘垢应念销　成圆明净妙
余尘尚诸学　明极即如来　大众及阿难　旋汝倒闻机
反闻闻自性　性成无上道　圆通实如是
此是微尘佛　一路涅槃门　过去诸如来　斯门已成就
现在诸菩萨　今各入圆明　未来修学人　当依如是法
我亦从中证　非唯观世音　诚如佛世尊　询我诸方便
以救诸末劫　求出世间人　成就涅槃心　观世音为最
自余诸方便　皆是佛威神　即事舍尘劳　非是长修学
浅深同说法　顶礼如来藏　无漏不思议　愿加被未来
于此门无惑　方便易成就　堪以教阿难　及末劫沉沦
但以此根修　圆通超余者　真实心如是

　　于是阿难及诸大众，身心了然，得大开示。观佛菩提及大涅槃。犹如有人因事远游，未得归还，明了其家所归道路。普会大众，天龙八部，有学二乘，及诸一切新发心菩萨，其数凡有十恒河沙，皆得本心，远尘离垢，获法眼净。性比丘尼闻说偈已。成阿罗汉。无量众生，皆发无等等阿耨多罗三藐三菩提心。

　　阿难整衣服，于大众中合掌顶礼。心迹圆明，悲欣交集。欲益未来诸众生故，稽首白佛。大悲世尊。我今已悟成佛法门，是中修行得无疑惑。常闻如来说如是言。自未得度先度人者，菩萨发心。自觉已圆能觉他者，如来应世。我虽未度，愿度末劫一切众生。世尊。此诸众生，去佛渐远。邪师说法，如恒河沙。欲摄其心入三摩地。云何令其安立道场，远诸魔事。于菩提心得无退屈。

　　尔时世尊于大众中，称赞阿难。善哉善哉。如汝所问安立道场，救护众生末劫沉溺。汝今谛听。当为汝说。阿难大众，唯然奉教。

　　佛告阿难。汝常闻我毗奈耶中，宣说修行三决定义。所谓摄心为戒。因戒生定。因定发慧。是则名为三无漏学。

　　阿难。云何摄心我名为戒。

　　若诸世界六道众生，其心不淫，则不随其生死相续。汝修三昧，本出尘劳。淫心不除，尘不可出。纵有多智，禅定现前。如不断淫，必落魔道。上品魔王、中品魔民、下品魔女。彼等诸魔，亦有徒众。各各自谓成无上道。我灭度后末法之中，多此魔民，炽盛世间，广行贪淫，为善知识，令诸众生落爱见坑失菩提路。汝教世人修三摩地，先断心淫。是名如来先佛世尊，第一决定清净明诲。是故阿难。若不断淫修禅定者，如蒸砂石，欲其成饭，经百千劫只名热砂。何以故？此非饭本，砂石成故。汝以淫身，求佛妙果。纵得妙悟，皆是淫根。根本成淫，轮转三涂，必不能出。如来涅槃，何路修证。必使淫机身心俱断，断性亦无，于佛菩提斯可希冀。如我此说，名为佛说。不如此说，即波旬说。

阿难。又诸世界六道众生，其心不杀，则不随其生死相续。汝修三昧，本出尘劳。杀心不除，尘不可出。纵有多智，禅定现前。如不断杀，必落神道。上品之人，为大力鬼。中品则为飞行夜叉诸鬼帅等。下品当为地行罗刹。彼诸鬼神亦有徒众。各各自谓成无上道。我灭度后末法之中，多此鬼神，炽盛世间，自言食肉得菩提路。阿难。我令比丘食五净肉。此肉皆我神力化生，本无命根。汝婆罗门，地多蒸湿，加以砂石，草菜不生。我以大悲神力所加，因大慈悲，假名为肉，汝得其味。奈何如来灭度之后，食众生肉，名为释子。汝等当知。是食肉人，纵得心开似三摩地，皆大罗刹，报终必沉生死苦海，非佛弟子。如是之人，相杀相吞，相食未已，云何是人得出三界。汝教世人修三摩地，次断杀生。是名如来先佛世尊，第二决定清净明诲。是故阿难。若不断杀修禅定者，譬如有人自塞其耳，高声大叫，求人不闻，此等名为欲隐弥露。清净比丘及诸菩萨，于歧路行，不蹋生草，况以手拔。云何大悲，取诸众生血肉充食。若诸比丘，不服东方丝绵绢帛，及是此土靴履裘毳，乳酪醍醐。如是比丘，于世真脱，酬还宿债，不游三界。何以故？服其身分，皆为彼缘。如人食其地中百谷，足不离地。必使身心，于诸众生若身身分，身心二涂，不服不食，我说是人真解脱者。如我此说，名为佛说。不如此说，即波旬说。

阿难。又复世界六道众生，其心不偷，则不随其生死相续。汝修三昧，本出尘劳。偷心不除，尘不可出。纵有多智，禅定现前。如不断偷，必落邪道。上品精灵、中品妖魅、下品邪人，诸魅所著。彼等群邪亦有徒众。各各自谓成无上道。我灭度后末法之中，多此妖邪，炽盛世间，潜匿奸欺，称善知识。各自谓已得上人法。詃惑无识，恐令失心。所过之处，其家耗散。我教比丘循方乞食，令其舍贪，成菩提道。诸比丘等，不自熟食，寄于残生，旅泊三界，示一往还，去已无返。云何贼人假我衣服，裨贩如来，造种种业，皆言佛法，却非出家具戒比丘，为小乘道。由是疑误无量众生，堕无间狱。若我灭后，其有比丘发心决定修三摩提，能于如来形像之前，身然一灯，烧一指节，及于身上蓺一香炷。我说是人无始宿债，一时酬毕，长揖世间，永脱诸漏。虽未即明无上觉路。是人于法已决定心。若不为此舍身微因，纵成无为，必还生人，酬其宿债。如我马麦正等无异。汝教世人修三摩地，后断偷盗，是名如来先佛世尊，第三决定清净明诲。是故阿难。若不断偷修禅定者，譬如有人水灌漏卮欲求其满，纵经尘劫，终无平复。若诸比丘，衣钵之余，分寸不畜。乞食余分，施饿众生。于大集会，合掌礼众。有人捶詈，同于称赞。必使身心，二俱捐舍。身肉骨血，与众生共。不将如来不了义说，回为己解，以误初学。佛印是人得真三昧。如我所说，名为佛说。不如此说，即波旬说。

阿难。如是世界六道众生，虽则身心无杀盗淫，三行已圆，若大妄语，即三摩地不得清净，成爱见魔，失如来种。所谓未得谓得，未证言证。或求世间尊胜第一。谓前人言，我今已得须陀洹果，斯陀含果，阿那含果，阿罗汉道，辟支佛乘，十地地前诸位菩萨。求彼礼忏，贪其供养。是一颠迦，销灭佛种。如人以刀断多罗木。佛记是人永殒善根，无复知见。沈三苦海，不成三昧。我灭度后，敕诸菩萨及阿罗汉，应身生彼末法之中，作种种形，度诸轮转。或作沙门，白衣居士，人王宰官，童男童女，如是乃至淫女寡妇，奸偷屠贩，与其同事，称赞佛乘，令其身心入三摩地。终不自言我真菩萨，真阿罗汉，泄佛密因，轻言未学。唯除命终，阴有遗付。云何是人惑乱众生，成大妄语。汝教世人修三摩地，后复断除诸大妄语。是名如来先佛世尊，第四决定清净明诲。是故阿难。若不断其大妄语者，如刻人粪为栴檀形，欲求香气，无有是处。我教比丘直心道场，于四威仪一切行中，尚无虚假。云何自称得上人法。譬如穷人妄号帝王，自取诛灭。况复法王，如何妄窃。因地不真，果招纡曲。求佛菩提，如噬脐人，欲谁成就。若诸比丘，心如直弦，一切真实，入三摩地永无魔事。我印是人成就菩萨无上知觉。如我所说，名为佛说。不如此说，即波旬说。

卷七

阿难。汝问摄心。我今先说入三摩地，修学妙门，求菩萨道。要先持此四种律仪，皎如冰霜。自不能生一切枝叶。心三口四，生必无因。阿难。如是四事，若不遗失。心尚不缘色香味触。一切魔事，云何发生。若有宿习不能灭除。汝教是人，一心诵我.佛顶光明.摩诃萨怛多般怛啰.无上神咒。斯是如来无见顶相，无为心佛从顶发辉，坐宝莲华所说心咒。且汝宿世与摩登伽，历劫因缘恩爱习气，非是一生及与一劫。我一宣扬，爱心永脱，成阿罗汉。彼尚淫女，无心修行。神力冥资速证无学。云何汝等在会声闻，求最上乘决定成佛。譬如以尘扬于顺风，有何艰险。若有末世欲坐道场。先持比丘清净禁戒。要当选择戒清净者，第一沙门，以为其师。若其不遇真清净僧，汝戒律仪必不成就。戒成已后，著新净衣，然香闲居，诵此心佛所说神咒一百八遍，然后结界，建立道场。求于十方现住国土无上如来，放大悲光来灌其顶。阿难。如是末世清净比丘，若比丘尼，白衣檀越，心灭贪淫，持佛净戒。于道场中发菩萨愿。出入澡浴。六时行道。如是不寐，经三七日。我自现身至其人前，摩顶安慰，令其开悟。

阿难白佛言：世尊。我蒙如来无上悲诲，心已开悟。自知修证无学道成。末法修行建立道场，云何结界，合佛世尊清净轨则。

佛告阿难。若末世人愿立道场。先取雪山大力白牛。食其山中肥腻香草。此牛唯饮雪山清水。其粪微细。可取其粪，和合栴檀，以泥其地。若非雪山，其牛臭秽，不堪涂地。别于平原，穿去地皮五尺已下，取其黄土，和上栴檀、沉水、苏合、熏陆、郁金、白胶、青木、零陵、甘松、及鸡舌香。以此十种细罗为粉。合土成泥，以涂场地。方圆丈六，为八角坛。坛心置一金银铜木所造莲华。华中安钵。钵中先盛八月露水。水中随安所有华叶。取八圆镜，各安其方，围绕华钵。镜外建立十六莲华。十六香炉，间华铺设。庄严香炉，纯烧沉水，无令见火。取白牛乳，置十六器。乳为煎饼，并诸砂糖、油饼、乳糜、苏合、蜜姜、纯酥、纯蜜。于莲华外，各各十六围绕华外。以奉诸佛及大菩萨。每以食时，若在中夜，取蜜半升，用酥三合。坛前别安一小火炉。以兜楼婆香，煎取香水，沐浴其炭，然令猛炽。投是酥蜜于炎炉内，烧令烟尽，享佛菩萨。令其四外遍悬幡华。于坛室中，四壁敷设十方如来及诸菩萨所有形像。应于当阳，张卢舍那、释迦、弥勒、阿閦、弥陀。诸大变化观音形像，兼金刚藏，安其左右。帝释、梵王、乌刍瑟摩、并蓝地迦、诸军茶利、与毗俱胝、四天王等，频那夜迦，张于门侧，左右安置。又取八镜覆悬虚空，与坛场中所安之镜，方面相对，使其形影重重相涉。

于初七中，至诚顶礼十方如来，诸大菩萨，阿罗汉号。恒于六时诵咒围坛，至心行道。一时常行一百八遍。第二七中，一向专心发菩萨愿，心无间断。我毗奈耶先有愿教。第三七中，于十二时，一向持佛般怛啰咒。至第七日，十方如来一时出现。镜交光处，承佛摩顶。即于道场修三摩地。能令如是末世修学，身心明净犹如琉璃。阿难。若此比丘本受戒师，及同会中十比丘等，其中有一不清净者，如是道场多不成就。从三七后，端坐安居，经一百日。有利根者，不起于座，得须陀洹。纵其身心圣果未成，决定自知成佛不谬。汝问道场，建立如是。

阿难顶礼佛足，而白佛言：自我出家，恃佛憍爱。求多闻故，未证无为。遭彼梵天邪术所禁。心虽明了，力不自由。赖遇文殊，令我解脱。虽蒙如来佛顶神咒，冥获其力，尚未亲闻。惟愿大慈重为宣说，悲救此会诸修行辈，末及当来在轮回者，承佛密音，身意解脱。

于时会中一切大众，普皆作礼，伫闻如来秘密章句。尔时世尊从肉髻中，涌百宝光，光中涌出千叶宝莲。有化如来，坐宝华中，顶放十道百宝光明。一一光明，皆遍示现十恒河沙金刚密迹，擎山持杵，遍虚空界。大众仰观，畏爱兼抱，求佛哀祐。一心听佛无见顶相放光如来宣说神咒。

南无萨怛他　苏伽多耶　阿罗诃帝　三藐三菩陀写。萨怛他　佛陀俱胝　瑟尼钐。南无萨婆　勃陀勃地　萨跢鞞弊。南无萨多南　三藐三菩陀　俱知喃。娑舍啰婆迦　僧伽喃。南无卢鸡　阿罗汉　跢喃。南无苏卢多波那喃。南无娑羯唎陀 伽弥喃。南无卢鸡三藐伽跢喃。三藐伽波啰 底波多那喃。南无提婆离瑟赧。南无悉陀耶 毗地耶 陀啰离瑟赧。舍波奴 揭啰诃 娑诃娑啰 摩他喃。南无跋啰诃摩尼。南无因陀啰耶。南无婆伽婆帝。嚧陀啰耶。乌摩般帝。娑醯夜耶。南无婆伽婆帝。那啰野拏耶。槃遮摩诃 三慕陀啰。南无悉羯唎多耶。南无婆伽婆帝。摩诃迦罗耶。地唎般剌那伽啰。毗陀啰 波拏迦啰耶。阿地目帝。尸摩舍那泥婆悉泥。摩怛唎伽拏。南无悉羯唎多耶。南无婆伽婆帝。多他伽跢 俱啰耶。南无般头摩 俱啰耶。南无跋阇啰 俱啰耶。南无摩尼 俱啰耶。南无伽阇 俱啰耶。南无婆伽婆帝。帝唎茶 输啰西那。波啰诃啰 拏啰阇耶。跢他伽多耶。南无婆伽婆帝。南无阿弥多婆耶。跢他伽多耶。阿啰诃帝。三藐三菩陀耶。南无婆伽婆帝。阿刍鞞耶。跢他伽多耶。阿啰诃帝。三藐三菩陀耶。南无婆伽婆帝。鞞沙阇耶 俱卢吠柱唎耶。般啰婆啰阇耶。跢他伽多耶。南无婆伽婆帝。三补师毖多。萨怜捺啰 剌阇耶。跢他伽多耶。阿啰诃帝。三藐三菩陀耶。南无婆伽婆帝。舍鸡野 母那曳。跢他伽多耶。阿啰诃帝。三藐三菩陀耶。南无婆伽婆帝。剌怛那 鸡都啰阇耶。跢他伽多耶。阿啰诃帝。三藐三菩陀耶。帝瓢 南无萨羯唎多。翳昙 婆伽婆多。萨怛他 伽都瑟尼钐。萨怛多般怛蓝。南无阿婆啰视耽。般啰帝 扬歧啰。萨啰婆 部多揭啰诃。尼羯啰诃 羯迦啰诃尼。跋啰 毖地耶 叱陀你。阿迦啰 密唎柱。般唎 怛啰耶 儜揭唎。萨啰婆 槃陀那 目叉尼。萨啰婆 突瑟吒。突悉乏 般那你 伐啰尼。赭都啰 失帝南。羯啰诃 娑诃萨啰若阇。毗多崩娑那羯唎。阿瑟吒冰舍帝南。那叉刹怛啰 若阇。波啰萨陀 那羯唎。阿瑟吒南。摩诃羯啰诃 若阇。毗多崩 萨那羯唎。萨婆 舍都嚧 你婆啰若阇。呼蓝 突悉乏 难遮那舍尼。毖沙舍 悉怛啰。阿吉尼 乌陀迦啰 若阇。阿般啰视多具啰。摩诃般啰战持。摩诃叠多。摩诃帝阇。摩诃税多 阇婆啰。摩诃跋啰 槃陀啰 婆悉你。阿唎耶多啰。毗唎俱知。誓婆毗阇耶。跋阇啰 摩礼底。毗舍嚧多。勃腾罔迦。跋阇啰 制喝那阿遮。摩啰制婆 般啰质多。跋阇啰 擅持。毗舍啰遮。扇多舍 鞞提婆 补视多。苏摩嚧波。摩诃税多。阿唎耶多啰。摩诃婆啰 阿般啰。跋阇啰 商羯啰 制婆。跋阇啰 俱摩唎。俱蓝陀唎。跋阇啰 喝萨多遮。毗地耶 乾遮那 摩唎迦。啒苏母 婆羯啰跢那。鞞嚧遮那 俱唎耶。夜啰菟 瑟尼钐。毗折蓝婆摩尼遮。跋阇啰 迦那 迦波啰婆。嚧阇那 跋阇啰 顿稚遮。税多遮 迦摩啰。刹奢尸 波啰婆。翳帝夷帝。母陀啰羯拏。娑鞞啰忏。掘梵都 印兔那 么么写。

乌合牛。唎瑟揭拏。般剌 舍悉多。萨怛他 伽都瑟尼钐。虎合牛。都嚧雍。瞻婆那。虎合牛。都嚧雍。悉眈婆那。虎合牛。都嚧雍。波啰瑟地耶 三般叉 拏羯啰。虎合牛。都嚧雍。萨婆药叉 喝啰刹娑。揭啰诃若阇。毗腾崩 萨那羯啰。虎合牛。都嚧雍。者都啰 尸底南。揭啰诃 娑诃萨啰南。毗腾崩 萨那啰。虎合牛。都嚧雍。啰叉。婆伽梵。萨怛他伽都瑟尼钐。波啰点 阇吉唎。摩诃 娑诃萨啰。勃树 娑诃萨啰 室唎沙。俱知 娑诃萨泥 帝隶。阿弊提视 婆唎多。吒吒罂迦。摩诃 跋阇嚧陀啰。帝唎 菩婆那。曼茶啰。乌㽞。娑悉帝 薄婆都。么么。印兔那 么么写。

啰阇婆夜。主啰跋夜。阿祇尼 婆夜。乌陀迦 婆夜。毗沙 婆夜。舍萨多啰 婆夜。婆啰 斫羯啰 婆夜。突瑟叉 婆夜。阿舍你 婆夜。阿迦啰 密唎柱 婆夜。陀啰尼 部弥剑 波伽波陀 婆夜。乌啰迦 婆多 婆夜。剌阇坛茶 婆夜。那伽婆夜。毗条怛 婆夜。苏波啰拏 婆夜。药叉 揭啰诃。啰叉私 揭啰诃。毕唎多 揭啰诃。毗舍遮 揭啰诃。部多 揭啰诃。鸠槃茶 揭啰诃。补丹那 揭啰诃。迦吒补丹那 揭啰诃。悉乾度 揭啰诃。阿播悉摩啰 揭啰诃。乌檀摩陀 揭啰诃。车夜揭啰诃。醯唎婆帝 揭啰诃。社多 诃唎南。揭婆 诃唎南。嚧地啰 诃唎南。忙娑 诃唎南。谜陀 诃唎南。摩阇 诃唎南。阇多 诃唎女。视比多 诃唎南。毗多 诃唎南。婆多 诃唎南。阿输遮 诃唎女。质多 诃唎女。帝钐 萨鞞钐。萨婆 揭啰诃南。毗陀夜阇 嗔陀夜弥。鸡啰夜弥。波唎 跋啰者迦 讫唎担。毗陀夜阇 嗔陀夜弥。鸡啰夜弥。茶演尼 讫唎担。毗陀夜阇 嗔陀夜弥。鸡啰夜弥。摩诃般输 般怛夜。嚧陀啰 讫唎担。毗陀夜阇 嗔陀夜弥。鸡啰夜弥。那啰夜拏 讫唎担。毗陀夜阇 嗔陀夜弥。鸡啰夜弥。怛埵伽嚧 茶西 讫唎担。毗陀夜阇 嗔陀夜弥。鸡啰夜弥。摩诃迦啰 摩怛唎伽拏 讫唎担。毗陀夜阇 嗔陀夜弥。鸡啰夜弥。迦波唎迦讫唎担。毗陀夜阇 嗔陀夜弥。鸡啰夜弥。阇耶羯啰 摩度羯啰。萨婆 啰他 娑达那 讫唎担。毗陀夜阇 嗔陀夜弥。鸡啰夜弥。赭咄啰 婆耆你 讫唎担。毗陀夜阇 嗔陀夜弥。鸡啰夜弥。毗唎羊 讫唎知。难陀 鸡沙啰 伽拏 般帝。索醯夜 讫唎担。毗陀夜阇 嗔陀夜弥。鸡啰夜弥。那揭那 舍啰 婆拏 讫唎担。毗陀夜阇 嗔陀夜弥。鸡啰夜弥。阿罗汉 讫唎担 毗陀夜阇 嗔陀夜弥。鸡啰夜弥。毗多啰伽 讫唎担。毗陀夜阇 嗔陀夜弥。鸡啰夜弥 跋阇啰波你。具醯夜 具醯夜。迦地 般帝 讫唎担。毗陀夜阇 嗔陀夜弥。鸡啰夜弥。啰叉冈。婆伽梵。印兔那 么么写。

婆伽梵。萨怛多 般怛啰。南无粹都帝。阿悉多 那啰剌迦。波啰 婆 悉普吒。毗迦 萨怛多 钵帝唎。什佛啰 什佛啰。陀啰陀啰。频陀啰 频陀啰 嗔陀嗔陀。虎㽞。虎㽞。泮吒。泮吒 泮吒 泮吒 泮吒。娑诃。醯醯泮。阿牟迦耶泮。阿波啰 提诃多泮。婆啰 波啰陀泮。阿素啰 毗陀啰 波迦泮。萨婆 提鞞 弊泮。萨婆 那伽 弊泮。萨婆 药叉 弊泮。萨婆 乾闼婆 弊泮。萨婆 补丹那 弊泮。迦吒补丹那 弊泮。萨婆 突狼枳帝 弊泮。萨婆 突涩比犁讫瑟帝 弊泮。萨婆 什婆唎 弊泮。萨婆 阿播悉摩犁 弊泮。萨婆 舍啰 婆拏 弊泮。萨婆 地帝鸡 弊泮。萨婆 怛摩陀继 弊泮。萨婆 毗陀耶 啰誓 遮犁 弊泮。阇夜羯啰 摩度羯啰。萨婆 啰他 娑陀鸡 弊泮。毗地夜 遮唎 弊泮。者都啰 缚

耆你 弊泮。跋阇啰 俱摩唎。毗陀夜 啰誓 弊泮。摩诃波啰 丁羊 乂耆唎 弊泮。跋阇啰 商羯啰夜。波啰丈耆 啰阇耶泮。摩诃迦啰夜。摩诃 末怛唎迦拏。南无 娑羯唎多 夜泮。毖瑟拏婢 曳泮。勃啰诃 牟尼 曳泮。阿耆尼 曳泮。摩诃羯唎 曳泮。羯啰檀持 曳泮。蔑怛唎 曳泮。唠怛唎 曳泮。遮文茶 曳泮。羯逻啰怛唎 曳泮。迦般唎 曳泮。阿地目 质多 迦尸摩 舍那。婆私你 曳泮。演吉质。萨埵 婆写。么么 印兔那 么么 写。

突瑟吒 质多。阿末怛唎 质多。乌阇 诃啰。伽婆 诃啰。嚧地啰 诃啰。婆娑 诃啰。摩阇 诃啰。阇多 诃啰。视毖多 诃啰。跋略夜 诃啰。乾陀 诃啰。布史波 诃啰。颇啰 诃啰。婆写 诃啰。般波 质多。突瑟吒 质多。唠陀啰 质多。药叉 揭啰诃。啰刹娑 揭啰诃。闭隶多 揭啰诃。毗舍遮 揭啰诃。部多 揭啰诃。鸠槃茶 揭啰诃。悉乾陀 揭啰诃。乌怛摩陀 揭啰诃。车夜 揭啰诃。阿播萨摩啰 揭啰诃。宅袪革 茶耆尼 揭啰诃。唎佛帝 揭啰诃。阇弥迦 揭啰诃。舍俱尼 揭啰诃。姥陀啰 难地迦 揭啰诃。阿蓝婆 揭啰诃。乾度波尼 揭啰诃。什伐啰 堙迦醯迦。坠帝药迦。怛隶帝药迦。者突托迦。昵提 什伐啰 毖钐摩 什伐啰。薄底迦。鼻底迦。室隶 瑟密迦。娑你 般帝迦。萨婆 什伐啰。室嚧吉帝。末陀 鞞达 嚧制剑。阿绮嚧钳。目佉嚧钳。羯唎突嚧钳。揭啰诃 揭蓝。羯拏 输蓝。惮多 输蓝。迄唎夜 输蓝。末么 输蓝。跋唎室婆 输蓝。毖栗瑟吒 输蓝。乌陀啰 输蓝。羯知输蓝。跋悉帝输蓝。邬嚧输蓝。常伽输蓝。喝悉多输蓝。跋陀输蓝。娑房盎伽 般啰 丈伽 输蓝。部多 毖跢茶。茶耆尼 什婆啰。陀突嚧迦 建咄嚧吉知 婆路多毗。萨般嚧 诃凌伽。输沙怛啰 娑那羯啰。毗沙喻迦。阿耆尼 乌陀迦。末啰 鞞啰 建跢啰。阿迦啰 密唎咄 怛敛部迦。地栗剌吒。毖唎瑟质迦。萨婆那俱啰。肆引伽弊 揭啰唎 药叉 怛啰刍。末啰视 吠帝钐 娑鞞钐。悉怛多 钵怛啰。摩诃跋阇嚧 瑟尼钐。摩诃般赖 丈耆蓝。夜波突陀 舍喻阇那。辫怛隶拏。毗陀耶 槃昙迦嚧弥。帝殊 槃昙迦嚧弥。般啰毗陀 槃昙迦嚧弥。跢侄他。唵。阿那隶。毗舍提。鞞啰 跋阇啰 陀唎。槃陀槃陀你。跋阇啰 谤尼泮。虎𤙖都嚧瓮泮。莎婆诃。

阿难。是佛顶光聚.悉怛多般怛罗.秘密伽陀.微妙章句。出生十方一切诸佛。十方如来，因此咒心，得成无上正遍知觉。十方如来，执此咒心，降伏诸魔，制诸外道。十方如来，乘此咒心，坐宝莲华，应微尘国。十方如来，含此咒心，于微尘国转大法轮。十方如来，持此咒心，能于十方摩顶授记。自果未成，亦于十方蒙佛授记。十方如来，依此咒心，能于十方拔济群苦。所谓地狱饿鬼畜生，盲聋喑哑，怨憎会苦、爱别离苦、求不得苦、五阴炽盛，大小诸横同时解脱。贼难兵难、王难狱难、风火水难、饥渴贫穷，应念销散。十方如来，随此咒心，能于十方事善知识，四威仪中供养如意。恒沙如来会中，推为大法王子。十方如来，行此咒心，能于十方摄受亲因，令诸小乘闻秘密藏，不生惊怖。十方如来，诵此咒心，成无上觉，坐菩提树，入大涅槃。十方如来，传此咒心，于灭度后付佛法事，究竟住持，严净戒律，悉得清净。若我说是佛顶光聚般怛罗咒，从旦至暮，音声相联，字句中间，亦不重叠，经恒沙劫终不能尽。亦说此咒名如来顶。汝等有学，未尽轮回，发心至诚取阿罗汉，不持此咒而坐道场，令其身心远诸魔事，无有是处。

阿难。若诸世界，随所国土所有众生，随国所生桦皮贝叶纸素白叠毛书写此咒，贮于香囊。是人心昏，未能诵忆。或带身上。或书宅中。当知是人尽其生年，一切诸毒所不能害。阿难。我今为汝更说此咒，救护世间得大无畏，成就众生出世间智。若我灭后，末世众生，有能自诵，若教他诵，当知如是诵持众生，火不能烧，水不能溺，大毒小毒所不能害。如是乃至龙天鬼神，精祇魔魅，所有恶咒，皆不能著。心得正受。一切咒诅厌蛊毒药、金毒银毒、草木虫蛇万物毒气，入此人口，成甘露味。一切恶星并诸鬼神，磣心毒人，于如是人不能起恶。频那夜迦诸恶鬼王，并其眷属，皆领深恩，常加守护。

阿难当知。是咒常有.八万四千.那由他.恒河沙.俱胝.金刚藏王菩萨种族。一一皆有诸金刚众而为眷属，昼夜随侍。设有众生，于散乱心，非三摩地，心忆口持。是金刚王，常随从彼诸善男子。何况决定菩提心者。此诸金刚菩萨藏王，精心阴速，发彼神识。是人应时心能记忆八万四千恒河沙劫，周遍了知，得无疑惑。从第一劫乃至后身，生生不生药叉罗刹，及富单那，迦吒富单那，鸠槃茶，毗舍遮等，并诸饿鬼，有形无形、有想无想、如是恶处。是善男子，若读若诵、若书若写、若带若藏，诸色供养，劫劫不生贫穷下贱不可乐处。此诸众生，纵其自身不作福业，十方如来所有功德，悉与此人。由是得于恒河沙阿僧祇不可说不可说劫，常与诸佛同生一处。无量功德，如恶叉聚。同处熏修，永无分散。是故能令破戒之人，戒根清净。未得戒者，令其得戒。未精进者，令得精进。无智慧者，令得智慧。不清净者，速得清净。不持斋戒，自成斋戒。

阿难。是善男子持此咒时，设犯禁戒于未受时。持咒之后。众破戒罪，无问轻重，一时销灭。纵经饮酒，食啖五辛，种种不净，一切诸佛菩萨金刚天仙鬼神不将为过。设著不净破弊衣服。一行一住悉同清净。纵不作坛，不入道场，亦不行道，诵持此咒，还同入坛行道功德，无有异也。若造五逆无间重罪，及诸比丘比丘尼四弃八弃，诵此咒已，如是重业，犹如猛风吹散沙聚。悉皆灭除，更无毫发。

阿难。若有众生，从无量无数劫来，所有一切轻重罪障，从前世来未及忏悔。若能读诵书写此咒，身上带持，若安住处庄宅园馆。如是积业，犹汤销雪。不久皆得悟无生忍。复次阿难。若有女人，未生男女，欲求孕者。若能至心忆念斯咒。或能身上带此悉怛多般怛啰者。便生福德智慧男女。求长命者，即得长命。欲求果报速圆满者，速得圆满。身命色力，亦复如是。命终之后，随愿往生十方国土。必定不生边地下贱，何况杂形。

阿难。若诸国土州县聚落，饥荒疫疠。或复刀兵，贼难斗诤。兼余一切厄难之地。写此神咒，安城四门，并诸支提，或脱阇上。令其国土所有众生，奉迎斯咒，礼拜恭敬，一心供养。令其人民各各身佩。或各各安所居宅地。一切灾厄悉皆销灭。阿难。在在处处，国土众生，随有此咒，天龙欢喜，风雨顺时，五谷丰殷，兆庶安乐。亦复能镇一切恶星，随方变怪。灾障不起。人无横夭。杻械枷锁不著其身。昼夜安眠，常无恶梦。

阿难。是娑婆界，有八万四千灾变恶星。二十八大恶星而为上首。复有八大恶星以为其主。作种种形出现世时，能生众生种种灾异。有此咒地，悉皆销灭。十二由旬成结界地。诸恶灾祥永不能入。是故如来宣示此咒，于未来世，保护初学诸修行者，入三摩提，身心泰然，得大安隐。更无一切诸魔鬼神，及无始来冤横宿殃，旧业陈债，来相恼害。汝及众中诸有学人，及未来世诸修行者，依我坛场如法持戒，所受戒主，逢清净僧，持此咒心，不生疑悔。是善男子，于此父母所生之身，不得心通，十方如来便为妄语。

说是语已。会中无量百千金刚，一时佛前合掌顶礼，而白佛言：如佛所说。我当诚心保护如是修菩提者。尔时梵王、并天帝释、四天大王，亦于佛前同时顶礼，而白佛言：审有如是修学善人，我当尽心至诚保护，令其一生所作如愿。复有无量药叉大将、诸罗刹王、富单那王、鸠槃茶王、毗舍遮王、频那夜迦、诸大鬼王、及诸鬼帅，亦于佛前合掌顶礼。我亦誓愿护持是人，令菩提心速得圆满。复有无量日月天子，风师雨师，云师雷师，并电伯等，年岁巡官，诸星眷属，亦于会中顶礼佛足，而白佛言：我亦保护是修行人，安立道场，得无所畏。复有无量山神海神，一切土地水陆空行，万物精只，并风神王，无色界天，于如来前，同时稽首而白佛言：我亦保护是修行人，得成菩提，永无魔事。

尔时八万四千那由他恒河沙俱胝金刚藏王菩萨，在大会中，即从座起，顶礼佛足而白佛言：世尊。如我等辈，所修功业，久成菩提，不取涅槃，常随此咒，救护末世修三摩提正修行者。世尊。如是修心求正定人，若在道场及余经行，乃至散心游戏聚落，我等徒众，常当随从侍卫此人。纵令魔王大自在天，求其方便，终不可得。诸小鬼神，去此善人十由旬外。除彼发心乐修禅者。世尊。如是恶魔，若魔眷属，欲来侵扰是善人者，我以宝杵殒碎其首，犹如微尘。恒令此人，所作如愿。

阿难即从座起，顶礼佛足而白佛言：我辈愚钝，好为多闻。于诸漏心，未求出离。蒙佛慈诲，得正熏修，身心快然，获大饶益。世尊。如是修证佛三摩提，未到涅槃。云何名为干慧之地，四十四心。至何渐次，得修行目。诣何方所，名入地中。云何名为等觉菩萨。作是语已，五体投地。大众一心，伫佛慈音，瞪瞢瞻仰。

尔时世尊赞阿难言：善哉善哉。汝等乃能普为大众，及诸末世一切众生，修三摩提求大乘者，从于凡夫终大涅槃，悬示无上正修行路。汝今谛听。当为汝说。阿难大众，合掌刳心，默然受教。佛言：阿难当知。妙性圆明，离诸名相，本来无有世界众生。因妄有生。因生有灭。生灭名妄。灭妄名真。是称如来无上菩提，及大涅槃，二转依号。阿难。汝今欲修真三摩地，直诣如来大涅槃者，先当识此众生世界二颠倒因。颠倒不生，斯则如来真三摩地。

阿难。云何名为众生颠倒。阿难。由性明心，性明圆故。因明发性，性妄见生。从毕竟无成究竟有。此有所有，非因所因，住所住相，了无根本。本此无住，建立世界，及诸众生。迷本圆明，是生虚妄。妄性无体，非有所依。将欲复真，欲真已非真真如性。非真求复，宛成非相。非生非住，非心非法，展转发生。生力发明，熏以成业。同业相感。因有感业相灭相生。由是故有众生颠倒。

阿难。云何名为世界颠倒。是有所有，分段妄生，因此界立。非因所因，无住所住，迁流不住，因此世成。三世四方，和合相涉，变化众生成十二类。是故世界因动有声。因声有色。因色有香。因香有触。因触有味。因味知法。六乱妄想成业性故。十二区分由此轮转。是故世间声香味触，穷十二变为一旋复。乘此轮转颠倒相故。是有世界卵生、胎生、湿生、化生、有色、无色、有想、无想、若非有色、若非无色、若非有想、若非无想。

阿难。由因世界虚妄轮回，动颠倒故，和合气成八万四千飞沉乱想。如是故有卵羯逻蓝，流转国土。鱼鸟龟蛇，其类充塞。

由因世界杂染轮回，欲颠倒故，和合滋成八万四千横竖乱想。如是故有胎遏蒲昙，流转国土。人畜龙仙，其类充塞。

由因世界执著轮回，趣颠倒故，和合暖成八万四千翻覆乱想。如是故有湿相蔽尸，流转国土。含蠢蠕动，其类充塞。

由因世界变易轮回，假颠倒故。和合触成八万四千新故乱想。如是故有化相羯南，流转国土。转蜕飞行，其类充塞。

由因世界留碍轮回，障颠倒故，和合著成八万四千精耀乱想。如是故有色相羯南，流转国土。休咎精明，其类充塞。

由因世界销散轮回，惑颠倒故。和合暗成八万四千阴隐乱想。如是故有无色羯南，流转国土。空散销沈，其类充塞。

由因世界罔象轮回，影颠倒故，和合忆成八万四千潜结乱想。如是故有想相羯南，流转国土。神鬼精灵，其类充塞。

由因世界愚钝轮回，痴颠倒故，和合顽成八万四千枯槁乱想。如是故有无想羯南，流转国土。精神化为土木金石，其类充塞。

由因世界相待轮回，伪颠倒故，和合染成八万四千因依乱想。如是故有非有色相，成色羯南，流转国土。诸水母等，以虾为目，其类充塞。

由因世界相引轮回，性颠倒故，和合咒成八万四千呼召乱想。由是故有非无色相，无色羯南，流转国土。咒诅厌生，其类充塞。

由因世界合妄轮回，罔颠倒故，和合异成八万四千回互乱想。如是故有非有想相，成想羯南，流转国土。彼蒲卢等异质相成，其类充塞。

由因世界怨害轮回，杀颠倒故，和合怪成八万四千食父母想。如是故有非无想相，无想羯南，流转国土。如土枭等附块为儿，及破镜鸟以毒树果，抱为其子，子成，父母皆遭其食，其类充塞。是名众生十二种类。

卷八

阿难。如是众生一一类中，亦各各具十二颠倒。犹如捏目乱华发生。颠倒妙圆真净明心，具足如斯虚妄乱想。汝今修证佛三摩提，于是本因元所乱想。立三渐次，方得除灭。如净器中除去毒蜜，以诸汤水并杂灰香，洗涤其器，后贮甘露。云何名为三种渐次。一者修习，除其助因。二者真修，刳其正性。三者增进，违其现业。

云何助因。阿难。如是世界十二类生，不能自全，依四食住。所谓段食、触食、思食、识食。是故佛说一切众生皆依食住。阿难。一切众生，食甘故生，食毒故死。是诸众生求三摩提，当断世间五种辛菜。是五种辛，熟食发淫，生啖增恚。如是世界食辛之人，纵能宣说十二部经。十方天仙，嫌其臭秽，咸皆远离。诸饿鬼等，因彼食次，舐其唇吻。常与鬼住。福德日销。长无利益。是食辛人修三摩地，菩萨天仙，十方善神，不来守护。大力魔王得其方便，现作佛身，来为说法，非毁禁戒，赞淫怒痴。命终自为魔王眷属。受魔福尽，堕无间狱。阿难。修菩提者永断五辛。是则名为第一增进修行渐次。

云何正性。阿难。如是众生入三摩地，要先严持清净戒律。永断淫心。不餐酒肉。以火净食，无啖生气。阿难。是修行人，若不断淫及与杀生，出三界者，无有是处。当观淫欲，犹如毒蛇，如见怨贼。先持声闻四弃八弃，执身不动。后行菩萨清净律仪，执心不起。禁戒成就，则于世间永无相生相杀之业。偷劫不行，无相负累，亦于世间不还宿债。是清净人修三摩地，父母肉身，不须天眼，自然观见十方世界。睹佛闻法，亲奉圣旨。得大神通，游十方界。宿命清净，得无艰险。是则名为第二增进修行渐次。

云何现业。阿难。如是清净持禁戒人，心无贪淫，于外六尘不多流逸。因不流逸，旋元自归。尘既不缘，根无所偶。反流全一，六用不行。十方国土，皎然清净。譬如琉璃，内悬明月。身心快然，妙圆平等，获大安隐。一切如来密圆净妙，皆现其中。是人即获无生法忍。从是渐修，随所发行，安立圣位。是则名为第三增进修行渐次。

阿难。是善男子。欲爱干枯，根境不偶。现前残质，不复续生。执心虚明，纯是智慧。慧性明圆，莹十方界。干有其慧，名干慧地。

欲习初干，未与如来法流水接。即以此心，中中流入，圆妙开敷。从真妙圆，重发真妙。

妙信常住。一切妄想灭尽无余。中道纯真。名信心住。

真信明了，一切圆通。阴处界三不能为碍。如是乃至过去未来，无数劫中，舍身受身一切习气，皆现在前。是善男子，皆能忆念，得无遗忘。名念心住。

妙圆纯真。真精发化。无始习气通一精明。唯以精明进趣真净。名精进心。

心精现前。纯以智慧。名慧心住。

执持智明。周遍寂湛。寂妙常凝。名定心住。

定光发明。明性深入。唯进无退。名不退心。

心进安然，保持不失。十方如来气分交接。名护法心。

觉明保持。能以妙力，回佛慈光，向佛安住。犹如双镜，光明相对。其中妙影重重相入。名回向心。

心光密回，获佛常凝无上妙净。安住无为，得无遗失。名戒心住。

住戒自在。能游十方，所去随愿。名愿心住。

阿难。是善男子，以真方便发此十心。心精发晖，十用涉入，圆成一心。名发心住。

心中发明，如净琉璃内现精金。以前妙心，履以成地。名治地住。

心地涉知，俱得明了。游履十方，得无留碍。名修行住。

行与佛同。受佛气分。如中阴身自求父母。阴信冥通，入如来种。名生贵住。

既游道胎，亲奉觉胤。如胎已成，人相不缺。名方便具足住。

容貌如佛。心相亦同。名正心住。

身心合成，日益增长。名不退住。

十身灵相，一时具足。名童真住。

形成出胎，亲为佛子。名法王子住。

表以成人。如国大王以诸国事分委太子。彼刹利王世子长成。陈列灌顶。名灌顶住。

阿难。是善男子成佛子已。具足无量如来妙德。十方随顺。名欢喜行。

善能利益一切众生。名饶益行。

自觉觉他，得无违拒。名无嗔恨行。

种类出生，穷未来际，三世平等，十方通达。名无尽行。

一切合同，种种法门，得无差误。名离痴乱行。

则于同中，显现群异。一一异相，各各见同。名善现行。

如是乃至十方虚空满足微尘，一一尘中现十方界。现尘现界，不相留碍。名无著行。

种种现前，咸是第一波罗密多。名尊重行。

如是圆融，能成十方诸佛轨则。名善法行。

一一皆是清净无漏，一真无为，性本然故。名真实行。

阿难。是善男子，满足神通，成佛事已。纯洁精真，远诸留患。当度众生，灭除度相。回无为心，向涅槃路。名救护一切众生离众生相回向。

坏其可坏。远离诸离。名不坏回向。

本觉湛然。觉齐佛觉。名等一切佛回向。

精真发明，地如佛地。名至一切处回向。

世界如来。互相涉入，得无挂碍。名无尽功德藏回向。

于同佛地，地中各各生清净因。依因发挥，取涅槃道。名随顺平等善根回向。

真根既成。十方众生皆我本性。性圆成就，不失众生。名随顺等观一切众生回向。

即一切法，离一切相。唯即与离，二无所著。名真如相回向。

真得所如，十方无碍。名无缚解脱回向。

性德圆成，法界量灭。名法界无量回向。

阿难。是善男子，尽是清净四十一心。次成四种妙圆加行。即以佛觉用为己心，若出未出。犹如钻火，欲然其木。名为暖地。

又以己心，成佛所履，若依非依。如登高山，身入虚空，下有微碍。名为顶地。

心佛二同，善得中道。如忍事人，非怀非出。名为忍地。

数量销灭。迷觉中道，二无所目。名世第一地。

阿难。是善男子，于大菩提善得通达，觉通如来，尽佛境界。名欢喜地。

异性入同，同性亦灭。名离垢地。

净极明生。名发光地。

明极觉满。名焰慧地。

一切同异，所不能至。名难胜地。

无为真如，性净明露。名现前地。

尽真如际。名远行地。

一真如心。名不动地。

发真如用。名善慧地。

阿难。是诸菩萨，从此已往，修习毕功，功德圆满。亦目此地，名修习位。慈阴妙云，覆涅槃海。名法云地。

如来逆流，如是菩萨顺行而至，觉际入交。名为等觉。

阿难。从干慧心至等觉已，是觉始获金刚心中初干慧地，如是重重单复十二，方尽妙觉，成无上道。

是种种地，皆以金刚观察如幻十种深喻。奢摩他中，用诸如来毗婆舍那，清净修证，渐次深入。

阿难。如是皆以三增进故，善能成就五十五位真菩提路。作是观者，名为正观。若他观者，名为邪观。

尔时文殊师利法王子，在大众中，即从座起，顶礼佛足，而白佛言：当何名是经。我及众生云何奉持。

佛告文殊师利。是经名大佛顶悉怛多般怛罗无上宝印，十方如来清净海眼。亦名救护亲因，度脱阿难，及此会中性比丘尼，得菩提心，入遍知海。亦名如来密因修证了义。亦名大方广妙莲华王，十方佛母陀罗尼咒。亦名灌顶章句，诸菩萨万行首楞严。汝当奉持。

说是语已。即时阿难及诸大众，得蒙如来开示密印般怛罗义。兼闻此经了义名目。顿悟禅那修进圣位。增上妙理，心虑虚凝。断除三界修心六品微细烦恼。即从座起，顶礼佛足，合掌恭敬而白佛言：大威德世尊。慈音无遮。善开众生微细沈惑。令我今日身心快然，得大饶益。世尊。若此妙明真净妙心，本来遍圆。如是乃至大地草木，蠕动含灵，本元真如，即是如来成佛真体。佛体真实，云何复有地狱、饿鬼、畜生、修罗、人、天、等道。世尊。此道为复本来自有。为是众生妄习生起。世尊。如宝莲香比丘尼，持菩萨戒，私行淫欲。妄言行淫非杀非偷，无有业报。发是语已，先于女根生大猛火，后于节节猛火烧然，堕无间狱。琉璃大王。善星比丘。琉璃为诛瞿昙族姓。善星妄说一切法空。生身陷入阿鼻地狱。此诸地狱，为有定处，为复自然，彼彼发业，各各私受。惟垂大慈，开发童蒙。令诸一切持戒众生，闻决定义，欢喜顶戴，谨洁无犯。

佛告阿难。快哉此问。令诸众生不入邪见。汝今谛听。当为汝说。阿难。一切众生实本真净。因彼妄见，有妄习生。因此分开内分外分。

阿难。内分即是众生分内。因诸爱染，发起妄情。情积不休，能生爱水。是故众生，心忆珍羞，口中水出。心忆前人，或怜或恨，目中泪盈。贪求财宝，心发爱涎，举体光润。心著行淫，男女二根，自然流液。阿难。诸爱虽别，流结是同。润湿不升，自然从坠。此名内分。

阿难。外分即是众生分外。因诸渴仰，发明虚想。想积不休能生胜气。是故众生，心持禁戒，举身轻清。心持咒印，顾盼雄毅。心欲生天，梦想飞举。心存佛国，圣境冥现。事善知识，自轻身命。阿难。诸想虽别，轻举是同。飞动不沈，自然超越。此名外分。

阿难。一切世间生死相续。生从顺习。死从变流。临命终时，未舍暖触，一生善恶俱时顿现，死逆生顺，二习相交。纯想即飞，必生天上。若飞心中，兼福兼慧，及与净愿，自然心开，见十方佛，一切净土，随愿往生。

情少想多，轻举非远。即为飞仙，大力鬼王、飞行夜叉、地行罗刹、游于四天，所去无碍。

其中若有善愿善心，护持我法。或护禁戒，随持戒人。或护神咒，随持咒者。或护禅定，保绥法忍。是等亲住如来座下。

情想均等，不飞不坠，生于人间。想明斯聪。情幽斯钝。

情多想少，流入横生，重为毛群，轻为羽族。

七情三想，沉下水轮，生于火际，受气猛火，身为饿鬼，常被焚烧，水能害己，无食无饮，经百千劫。

九情一想，下洞火轮，身入风火二交过地，轻生有间，重生无间，二种地狱。

纯情即沈，入阿鼻狱。

若沉心中，有谤大乘，毁佛禁戒，诳妄说法，虚贪信施，滥膺恭敬，五逆十重，更生十方阿鼻地狱。

循造恶业，虽则自招。众同分中，兼有元地。

阿难。此等皆是彼诸众生自业所感。造十习因。受六交报。

云何十因。阿难。

一者、淫习交接，发于相磨。研磨不休，如是故有大猛火光，于中发动。如人以手自相摩触，暖相现前。二习相然，故有铁床铜柱诸事。是故十方一切如来，色目行淫，同名欲火。菩萨见欲，如避火坑。

二者、贪习交计，发于相吸。吸揽不止，如是故有积寒坚冰，于中冻冽。如人以口吸缩风气，有冷触生。二习相陵，故有咤咤、波波、罗罗、青赤白莲、寒冰、等事。是故十方一切如来，色目多求，同名贪水。菩萨见贪，如避瘴海。

三者、慢习交陵，发于相恃。驰流不息，如是故有腾逸奔波，积波为水。如人口舌自相绵味，因而水发。二习相鼓，故有血河、灰河、热沙、毒海、融铜、灌吞诸事。是故十方一切如来，色目我慢，名饮痴水。菩萨见慢，如避巨溺。

四者、嗔习交冲，发于相忤。忤结不息心热发火，铸气为金。如是故有刀山、铁橛、剑树、剑轮、斧钺、锉锯。如人衔冤，杀气飞动。二习相击，故有宫割斩斫，剉刺槌击诸事。是故十方一切如来，色目嗔恚，名利刀剑。菩萨见嗔，如避诛戮。

五者、诈习交诱，发于相调。引起不住，如是故有绳木绞校。如水浸田。草木生长。二习相延，故有杻械枷锁鞭杖挝棒诸事。是故十方一切如来，色目奸伪，同名谗贼。菩萨见诈，如畏豺狼。

　　六者、诳习交欺，发于相罔。诬罔不止，飞心造奸。如是故有尘土屎尿，秽污不净。如尘随风，各无所见。二习相加，故有没溺腾掷，飞坠漂沦诸事。是故十方一切如来，色目欺诳，同名劫杀。菩萨见诳，如践蛇虺。

　　七者。怨习交嫌，发于衔恨。如是故有飞石投礰，匣贮车槛，瓮盛囊扑。如阴毒人，怀抱畜恶。二习相吞，故有投掷擒捉，击射抛撮诸事。是故十方一切如来，色目怨家，名违害鬼。菩萨见怨，如饮鸩酒。

　　八者、见习交明，如萨迦耶，见戒禁取，邪悟诸业，发于违拒，出生相反。如是故有王使主吏，证执文籍。如行路人，来往相见。二习相交，故有勘问权诈、考讯推鞫、察访、披究、照明、善恶童子，手执文簿辞辩诸事。是故十方一切如来，色目恶见，同名见坑。菩萨见诸虚妄遍执，如入毒壑。

　　九者、枉习交加，发于诬谤。如是故有合山合石，碾硙耕磨。如谗贼人，逼枉良善。二习相排，故有押捺搥按，蹙漉衡度诸事。是故十方一切如来，色目怨谤，同名谗虎。菩萨见枉，如遭霹雳。

　　十者、讼习交諠，发于藏覆。如是故有鉴见照烛。如于日中，不能藏影。二习相陈，故有恶友、业镜、火珠、披露宿业，对验诸事。是故十方一切如来，色目覆藏，同名阴贼。菩萨观覆，如戴高山，履于巨海。

　　云何六报。阿难。一切众生六识造业。所招恶报，从六根出。

　　云何恶报从六根出。

　　一者见报招引恶果。此见业交，则临终时，先见猛火满十方界。亡者神识，飞坠乘烟，入无间狱。发明二相。一者明见，则能遍见种种恶物，生无量畏。二者暗见，寂然不见，生无量恐。如是见火。烧听，能为镬汤烊铜。烧息，能为黑烟紫焰。烧味，能为焦丸铁糜。烧触，能为热灰炉炭。烧心，能生星火迸洒，煽鼓空界。

　　二者、闻报招引恶果。此闻业交，则临终时，先见波涛没溺天地。亡者神识，降注乘流，入无间狱。发明二相。一者开听。听种种闹，精神愁乱。二者闭听，寂无所闻，幽魄沉没。如是闻波。注闻，则能为责为诘。注见，则能为雷为吼，为恶毒气。注息，则能为雨为雾，洒诸毒虫周满身体。注味，则能为脓为血，种种杂秽。注触，则能为畜为鬼，为粪为尿。注意，则能为电为雹，摧碎心魄。

　　三者嗅报招引恶果。此嗅业交，则临终时，先见毒气充塞远近。亡者神识，从地踊出，入无间狱。发明二相。一者通闻，被诸恶气熏极心扰。二者塞闻，气掩不通，闷绝于地。如是嗅气。冲息，则能为质为履。冲见，则能为火为炬。冲听，则能为没为溺，为洋为沸。冲味，则能为馁为爽。冲触，则能为绽为烂，为大肉山，有百千眼，无量咂食。冲思，则能为灰为瘴，为飞砂礩击碎身体。

四者味报招引恶果。此味业交，则临终时，先见铁网，猛焰炽烈，周覆世界。亡者神识，下透挂网，倒悬其头，入无间狱。发明二相。一者吸气，结成寒冰，冻裂身肉。二者吐气，飞为猛火，焦烂骨髓。如是尝味。历尝，则能为承为忍。历见，则能为然金石。历听，则能为利兵刃。历息，则能为大铁笼，弥覆国土。历触，则能为弓为箭，为弩为射。历思，则能为飞热铁，从空雨下。

五者触报招引恶果。此触业交，则临终时，先见大山四面来合，无复出路。亡者神识，见大铁城，火蛇火狗，虎狼师子，牛头狱卒，马头罗刹，手执枪矟，驱入城门，向无间狱。发明二相。一者合触，合山逼体，骨肉血溃。二者离触，刀剑触身，心肝屠裂。如是合触。历触，则能为道为观，为厅为案。历见，则能为烧为爇。历听，则能为撞为击，为剚为射。历息，则能为括为袋，为考为缚。历尝，则能为耕为钳，为斩为截。历思，则能为坠为飞，为煎为炙。

六者思报招引恶果。此思业交，则临终时，先见恶风吹坏国土。亡者神识，被吹上空，旋落乘风，堕无间狱。发明二相。一者不觉，迷极则荒，奔走不息。二者不迷，觉知则苦，无量煎烧，痛深难忍。如是邪思。结思，则能为方为所。结见，则能为鉴为证。结听，则能为大合石，为冰为霜，为土为雾。结息，则能为大火车，火船火槛。结尝，则能为大叫唤，为悔为泣。结触，则能为大为小，为一日中万生万死，为偃为仰。

阿难。是名地狱十因六果。皆是众生迷妄所造。若诸众生，恶业圆造。入阿鼻狱，受无量苦，经无量劫。六根各造，及彼所作兼境兼根，是人则入八无间狱。身口意三，作杀盗淫，是人则入十八地狱。三业不兼，中间或为一杀一盗，是人则入三十六地狱。见见一根，单犯一业，是人则入一百八地狱。由是众生别作别造，于世界中入同分地。妄想发生，非本来有。

复次阿难。是诸众生，非破律仪，犯菩萨戒，毁佛涅槃，诸余杂业，历劫烧然，后还罪毕，受诸鬼形。

若于本因贪物为罪。是人罪毕，遇物成形，名为怪鬼。

贪色为罪。是人罪毕，遇风成形，名为魃鬼。

贪惑为罪。是人罪毕，遇畜成形，名为魅鬼。

贪恨为罪。是人罪毕，遇虫成形，名蛊毒鬼。

贪忆为罪。是人罪毕，遇衰成形，名为疠鬼。

贪傲为罪。是人罪毕，遇气成形，名为饿鬼。

贪罔为罪。是人罪毕，遇幽为形，名为魇鬼。

贪明为罪。是人罪毕，遇精成形，名魍魉鬼。

贪成为罪。是人罪毕，遇明为形，名役使鬼。

贪党为罪。是人罪毕，遇人为形，名传送鬼。

阿难。是人皆以纯情坠落，业火烧干，上出为鬼。此等皆是自妄想业之所招引。若悟菩提，则妙圆明，本无所有。

复次阿难。鬼业既尽，则情与想二俱成空。方于世间与元负人，怨对相值。身为畜生，酬其宿债。

物怪之鬼，物销报尽，生于世间，多为枭类。
风魃之鬼，风销报尽，生于世间，多为咎征，一切异类。
畜魅之鬼，畜死报尽，生于世间，多为狐类。
虫蛊之鬼，蛊灭报尽，生于世间，多为毒类。
衰疠之鬼，衰穷报尽，生于世间，多为蛔类。
受气之鬼，气销报尽，生于世间，多为食类。
绵幽之鬼，幽销报尽，生于世间，多为服类。
和精之鬼，和销报尽，生于世间，多为应类。
明灵之鬼，明灭报尽，生于世间，多为休征，一切诸类。
依人之鬼，人亡报尽，生于世间，多为循类。

阿难。是等皆以业火干枯，酬其宿债，傍为畜生。此等亦皆自虚妄业之所招引。若悟菩提，则此妄缘本无所有。如汝所言宝莲香等，及琉璃王，善星比丘。如是恶业，本自发明。非从天降。亦非地出。亦非人与。自妄所招，还自来受。菩提心中，皆为浮虚妄想凝结。

复次阿难。从是畜生酬偿先债。若彼酬者分越所酬。此等众生，还复为人，反征其剩。如彼有力兼有福德。则于人中不舍人身，酬还彼力。若无福者，还为畜生，偿彼余直。阿难当知。若用钱物，或役其力，偿足自停。如于中间，杀彼身命，或食其肉。如是乃至经微尘劫，相食相诛。犹如转轮，互为高下，无有休息。除奢摩他及佛出世，不可停寝。

汝今应知。彼枭伦者，酬足复形，生人道中，参合顽类。
彼咎征者，酬足复形，生人道中，参合愚类。
彼狐伦者，酬足复形，生人道中，参于很类。
彼毒伦者，酬足复形，生人道中，参合庸类。
彼蛔伦者，酬足复形，生人道中，参合微类。
彼食伦者，酬足复形，生人道中，参合柔类。
彼服伦者，酬足复形，生人道中，参合劳类。
彼应伦者，酬足复形，生人道中，参于文类。
彼休征者，酬足复形，生人道中，参合明类。
彼诸循伦，酬足复形，生人道中，参于达类。

阿难。是等皆以宿债毕酬，复形人道。皆无始来业计颠倒，相生相杀。不遇如来，不闻正法，于尘劳中法尔轮转。此辈名为可怜愍者。

阿难。复有从人，不依正觉修三摩地。别修妄念，存想固形。游于山林人不及处。有十种仙。

阿难。彼诸众生，坚固服饵而不休息，食道圆成，名地行仙。

坚固草木而不休息。药道圆成，名飞行仙。

坚固金石而不休息。化道圆成，名游行仙。

坚固动止而不休息。气精圆成，名空行仙。

坚固津液而不休息。润德圆成，名天行仙。

坚固精色而不休息。吸粹圆成，名通行仙。

坚固咒禁而不休息。术法圆成，名道行仙。

坚固思念而不休息。思忆圆成，名照行仙。

坚固交遘而不休息。感应圆成，名精行仙。

坚固变化而不休息。觉悟圆成，名绝行仙。

阿难。是等皆于人中炼心，不修正觉。别得生理，寿千万岁。休止深山或大海岛，绝于人境。斯亦轮回妄想流转。不修三昧。报尽还来，散入诸趣。

阿难。诸世间人，不求常住。未能舍诸妻妾恩爱。于邪淫中，心不流逸。澄莹生明。命终之后，邻于日月。如是一类，名四天王天。

于己妻房，淫爱微薄。于净居时，不得全味。命终之后，超日月明，居人间顶。如是一类，名忉利天。

逢欲暂交，去无思忆。于人间世，动少静多。命终之后，于虚空中朗然安住。日月光明，上照不及。是诸人等自有光明。如是一类，名须焰摩天。

一切时静。有应触来，未能违戾。命终之后，上升精微，不接下界诸人天境。乃至劫坏，三灾不及。如是一类，名兜率陀天。

我无欲心，应汝行事。于横陈时，味如嚼蜡。命终之后，生越化地。如是一类，名乐变化天。

无世间心，同世行事。于行事交，了然超越。命终之后，遍能出超化无化境。如是一类，名他化自在天。

阿难。如是六天，形虽出动，心迹尚交。自此已还，名为欲界。

卷九

阿难。世间一切所修心人，不假禅那，无有智慧。但能执身不行淫欲。若行若坐，想念俱无。爱染不生，无留欲界。是人应念身为梵侣。如是一类，名梵众天。

欲习既除，离欲心现。于诸律仪，爱乐随顺。是人应时能行梵德。如是一类，名梵辅天。

身心妙圆，威仪不缺。清净禁戒，加以明悟。是人应时能统梵众,为大梵王。如是一类,名大梵天。

阿难。此三胜流,一切苦恼所不能逼。虽非正修真三摩地。清净心中,诸漏不动。名为初禅。

阿难。其次梵天,统摄梵人,圆满梵行。澄心不动,寂湛生光。如是一类,名少光天。

光光相然,照耀无尽,映十方界,遍成琉璃,如是一类,名无量光天。

吸持圆光,成就教体。发化清净,应用无尽。如是一类,名光音天。

阿难。此三胜流,一切忧悬所不能逼。虽非正修真三摩地。清净心中,粗漏已伏。名为二禅。

阿难。如是天人,圆光成音,披音露妙,发成精行,通寂灭乐。如是一类,名少净天。

净空现前,引发无际,身心轻安,成寂灭乐。如是一类,名无量净天。

世界身心,一切圆净,净德成就,胜託现前,归寂灭乐。如是一类,名遍净天。

阿难。此三胜流,具大随顺,身心安隐,得无量乐。虽非正得真三摩地。安隐心中,欢喜毕具。名为三禅。

阿难。复次天人,不逼身心,苦因已尽。乐非常住,久必坏生。苦乐二心,俱时顿舍。粗重相灭,净福性生。如是一类,名福生天。

舍心圆融,胜解清净。福无遮中,得妙随顺,穷未来际。如是一类,名福爱天。

阿难。从是天中,有二歧路。

若于先心,无量净光,福德圆明,修证而住。如是一类,名广果天。

若于先心,双厌苦乐,精研舍心,相续不断。圆穷舍道,身心俱灭。心虑灰凝,经五百劫。是人既以生灭为因。不能发明不生灭性。初半劫灭。后半劫生。如是一类,名无想天。

阿难。此四胜流,一切世间诸苦乐境所不能动。虽非无为真不动地。有所得心,功用纯熟。名为四禅。

阿难。此中复有五不还天。于下界中九品习气,俱时灭尽。苦乐双忘。下无卜居。故于舍心众同分中,安立居处。

阿难。苦乐两灭,斗心不交。如是一类,名无烦天。

机括独行,研交无地。如是一类,名无热天。

十方世界,妙见圆澄,更无尘象一切沈垢。如是一类,名善见天。

精见现前,陶铸无碍。如是一类,名善现天。

究竟群几,穷色性性,入无边际。如是一类,名色究竟天。

阿难。此不还天，彼诸四禅四位天王，独有钦闻，不能知见。如今世间旷野深山，圣道场地，皆阿罗汉所住持故，世间粗人所不能见。

阿难。是十八天，独行无交，未尽形累。自此已还，名为色界。

复次阿难。从是有顶色边际中，其间复有二种歧路。

若于舍心，发明智慧，慧光圆通，便出尘界，成阿罗汉，入菩萨乘。如是一类，名为回心大阿罗汉。

若在舍心，舍厌成就。觉身为碍，销碍入空。如是一类，名为空处。

诸碍既销，无碍无灭。其中唯留阿赖耶识。全于末那半分微细。如是一类，名为识处。

空色既亡，识心都灭。十方寂然，迥无攸往。如是一类，名无所有处。

识性不动，以灭穷研，于无尽中发宣尽性。如存不存。若尽非尽。如是一类，名为非想非非想处。

此等穷空，不尽空理。从不还天圣道穷者，如是一类，名不回心钝阿罗汉。若从无想诸外道天，穷空不归，迷漏无闻，便入轮转。

阿难。是诸天上各各天人，则是凡夫业果酬答，答尽入轮。彼之天王，即是菩萨游三摩提，渐次增进，回向圣伦所修行路。阿难。是四空天，身心灭尽，定性现前，无业果色。从此逮终，名无色界。

此皆不了妙觉明心。积妄发生，妄有三界。中间妄随七趣沉溺。补特伽罗各从其类。

复次阿难。是三界中，复有四种阿修罗类。若于鬼道以护法力，乘通入空。此阿修罗从卵而生，鬼趣所摄。若于天中降德贬坠，其所卜居邻于日月。此阿修罗从胎而出，人趣所摄。有修罗王执持世界，力洞无畏，能与梵王及天帝释四天争权。此阿修罗因变化有，天趣所摄。阿难。别有一分下劣修罗。生大海心，沉水穴口，旦游虚空，暮归水宿，此阿修罗因湿气有，畜生趣摄。

阿难。如是地狱、饿鬼、畜生、人及神仙、天洎修罗。精研七趣，皆是昏沉诸有为相。妄想受生。妄想随业。于妙圆明无作本心，皆如空华，元无所著。但一虚妄，更无根绪。

阿难。此等众生，不识本心，受此轮回，经无量劫，不得真净，皆由随顺杀盗淫故。反此三种。又则出生无杀盗淫。有名鬼伦。无名天趣。有无相倾，起轮回性。若得妙发三摩提者，则妙常寂。有无二无，无二亦灭。尚无不杀不偷不淫。云何更随杀盗淫事。

阿难。不断三业，各各有私。因各各私。众私同分，非无定处。自妄发生，生妄无因，无可寻究。汝勖修行，欲得菩提，要除三惑。不尽三惑，纵得神通，皆是世间有为功用。习气不灭，落于魔道。虽欲除妄，倍加虚伪。如来说为可哀怜者。汝妄自造。非菩提咎。作是说者，名为正说。若他说者，即魔王说。

即时如来将罢法座。于师子床，揽七宝几，回紫金山，再来凭倚。普告大众及阿难言：汝等有学缘觉声闻，今日回心趣大菩提无上妙觉。吾今已说真修行法。汝犹未识.修奢摩他.毗婆舍那.微细魔事。魔境现前，汝不能识。洗心非正，落于邪见。或汝阴魔。或复天魔。或著鬼神。或遭魑魅。心中不明，认贼为子。又复于中得少为足。如第四禅无闻比丘，妄言证圣。天报已毕，衰相现前。谤阿罗汉身遭后有，堕阿鼻狱。汝应谛听。吾今为汝子细分别。

阿难起立，并其会中同有学者，欢喜顶礼，伏听慈诲。

佛告阿难及诸大众。汝等当知。有漏世界十二类生，本觉妙明觉圆心体，与十方佛无二无别。由汝妄想迷理为咎，痴爱发生。生发遍迷，故有空性。化迷不息，有世界生。则此十方微尘国土，非无漏者，皆是迷顽妄想安立。当知虚空生汝心内，犹如片云点太清里。况诸世界在虚空耶。汝等一人发真归元，此十方空皆悉销殒。云何空中所有国土而不振裂。汝辈修禅饰三摩地。十方菩萨，及诸无漏大阿罗汉，心精通㳷，当处湛然。一切魔王及与鬼神诸凡夫天，见其宫殿无故崩裂。大地振坼水陆飞腾，无不惊慴。凡夫昏暗，不觉迁讹。彼等咸得五种神通，唯除漏尽，恋此尘劳。如何令汝摧裂其处。是故鬼神，及诸天魔，魍魉妖精，于三昧时，佥来恼汝。然彼诸魔虽有大怒。彼尘劳内。汝妙觉中。如风吹光，如刀断水，了不相触。汝如沸汤，彼如坚冰，暖气渐邻，不日销殒。徒恃神力，但为其客。成就破乱，由汝心中五阴主人。主人若迷，客得其便。当处禅那，觉悟无惑。则彼魔事无奈汝何。阴销入明，则彼群邪咸受幽气。明能破暗，近自销殒。如何敢留，扰乱禅定。若不明悟，被阴所迷。则汝阿难必为魔子，成就魔人。如摩登伽，殊为眇劣。彼唯咒汝，破佛律仪。八万行中，只毁一戒。心清净故，尚未沦溺。此乃隳汝宝觉全身。如宰臣家，忽逢籍没。宛转零落，无可哀救。

阿难当知。汝坐道场，销落诸念。其念若尽，则诸离念一切精明。动静不移。忆忘如一。当住此处入三摩提。如明目人，处大幽暗，精性妙净，心未发光。此则名为色阴区宇。若目明朗，十方洞开，无复幽黯，名色阴尽。是人则能超越劫浊。观其所由，坚固妄想以为其本。

阿难。当在此中精研妙明，四大不织，少选之间，身能出碍。此名精明流溢前境。斯但功用，暂得如是，非为圣证。不作圣心，名善境界。若作圣解，即受群邪。

阿难。复以此心精研妙明，其身内彻。是人忽然于其身内，拾出蛲蛔。身相宛然，亦无伤毁。此名精明流溢形体。斯但精行暂得如是，非为圣证。不作圣心，名善境界。若作圣解，即受群邪。

又以此心内外精研。其时魂魄意志精神，除执受身，余皆涉入，互为宾主。忽于空中闻说法声。或闻十方同敷密义。此名精魄递相离合，成就善种。暂得如是，非为圣证。不作圣心，名善境界。若作圣解，即受群邪。

又以此心澄露皎彻，内光发明。十方遍作阎浮檀色。一切种类化为如来。于时忽见毗卢遮那，踞天光台，千佛围绕，百亿国土及与莲华，俱时出现。此名心魂灵悟所染，心光研明，照诸世界。暂得如是，非为圣证。不作圣心，名善境界。若作圣解，即受群邪。

又以此心精研妙明，观察不停，抑按降伏，制止超越。于时忽然十方虚空，成七宝色，或百宝色。同时遍满，不相留碍。青黄赤白，各各纯现。此名抑按功力逾分。暂得如是，非为圣证。不作圣心，名善境界。若作圣解，即受群邪。

又以此心研究澄彻，精光不乱。忽于夜半，在暗室内，见种种物，不殊白昼。而暗室物，亦不除灭。此名心细，密澄其见，所视洞幽。暂得如是，非为圣证。不作圣心，名善境界。若作圣解，即受群邪。

又以此心圆入虚融，四体忽然同于草木，火烧刀斫，曾无所觉。又则火光不能烧爇。纵割其肉，犹如削木。此名尘并，排四大性，一向入纯。暂得如是，非为圣证。不作圣心，名善境界。若作圣解，即受群邪。

又以此心成就清净，净心功极，忽见大地十方山河皆成佛国，具足七宝，光明遍满。又见恒沙诸佛如来遍满空界，楼殿华丽。下见地狱，上观天宫，得无障碍。此名欣厌凝想日深，想久化成。非为圣证。不作圣心，名善境界。若作圣解，即受群邪。

又以此心研究深远。忽于中夜，遥见远方市井街巷，亲族眷属，或闻其语。此名迫心逼极飞出，故多隔见。非为圣证。不作圣心，名善境界。若作圣解，即受群邪。

又以此心研究精极。见善知识，形体变移。少选无端种种迁改。此名邪心含受魑魅。或遭天魔入其心腹。无端说法，通达妙义。非为圣证。不作圣心，魔事销歇。若作圣解，即受群邪。

阿难。如是十种禅那现境，皆是色阴用心交互，故现斯事。众生顽迷，不自忖量。逢此因缘，迷不自识，谓言登圣。大妄语成，堕无间狱。汝等当依如来灭后，于末法中宣示斯义。无令天魔得其方便。保持覆护，成无上道。

阿难。彼善男子，修三摩提奢摩他中色阴尽者，见诸佛心，如明镜中显现其像。若有所得而未能用。犹如魇人，手足宛然，见闻不惑，心触客邪而不能动。此则名为受阴区宇。若魇咎歇，其心离身，返观其面，去住自由，无复留碍，名受阴尽。是人则能超越见浊。观其所由，虚明妄想以为其本。

阿难。彼善男子，当在此中得大光耀。其心发明，内抑过分。忽于其处发无穷悲。如是乃至观见蚊虻，犹如赤子，心生怜愍，不觉流泪。此名功用抑摧过越。悟则无咎，非为圣证。觉了不迷，久自销歇。若作圣解，则有悲魔入其心腑。见人则悲，啼泣无限。失于正受，当从沦坠。

阿难。又彼定中诸善男子，见色阴销，受阴明白。胜相现前，感激过分。忽于其中生无限勇。其心猛利，志齐诸佛。谓三僧祇，一念能越。此名功用陵率过越。悟则无咎，非为圣证。觉了不迷，久自销歇。若作圣解，则有狂魔入其心腑。见人则夸，我慢无比。其心乃至上不见佛，下不见人。失于正受，当从沦坠。

又彼定中诸善男子，见色阴销，受阴明白。前无新证，归失故居。智力衰微，入中隳地，迥无所见。心中忽然生大枯渴。于一切时沈忆不散。将此以为勤精进相。此名修心无慧自失。悟则无咎，非为圣证。若作圣解，则有忆魔入其心腑。旦夕撮心，悬在一处。失于正受，当从沦坠。

又彼定中诸善男子，见色阴销，受阴明白。慧力过定，失于猛利。以诸胜性怀于心中，自心已疑是卢舍那，得少为足。此名用心亡失恒审，溺于知见。悟则无咎，非为圣证。若作圣解，则有下劣易知足魔，入其心腑。见人自言我得无上第一义谛。失于正受，当从沦坠。

又彼定中诸善男子，见色阴销，受阴明白。新证未获，故心已亡。历览二际，自生艰险。于心忽然生无尽忧。如坐铁床，如饮毒药，心不欲活。常求于人令害其命，早取解脱。此名修行失于方便。悟则无咎，非为圣证。若作圣解，则有一分常忧愁魔，入其心腑。手执刀剑，自割其肉，欣其舍寿。或常忧愁，走入山林，不耐见人。失于正受，当从沦坠。

又彼定中诸善男子，见色阴销，受阴明白。处清净中，心安隐后，忽然自有无限喜生。心中欢悦，不能自止。此名轻安无慧自禁。悟则无咎，非为圣证。若作圣解，则有一分好喜乐魔，入其心腑。见人则笑。于衢路傍自歌自舞。自谓已得无碍解脱。失于正受，当从沦坠。

又彼定中诸善男子，见色阴销，受阴明白。自谓已足，忽有无端大我慢起。如是乃至慢与过慢，及慢过慢，或增上慢，或卑劣慢，一时俱发。心中尚轻十方如来。何况下位声闻缘觉。此名见胜无慧自救。悟则无咎，非为圣证。若作圣解，则有一分大我慢魔，入其心腑。不礼塔庙，摧毁经像。谓檀越言，此是金铜，或是土木。经是树叶，或是氎华。肉身真常，不自恭敬，却崇土木，实为颠倒。其深信者，从其毁碎，埋弃地中。疑误众生入无间狱。失于正受，当从沦坠。

又彼定中诸善男子，见色阴销，受阴明白。于精明中，圆悟精理，得大随顺。其心忽生无量轻安。已言成圣得大自在。此名因慧获诸轻清。悟则无咎，非为圣证。若作圣解，则有一分好轻清魔，入其心腑。自谓满足，更不求进。此等多作无闻比丘。疑误众生，堕阿鼻狱。失于正受，当从沦坠。

又彼定中诸善男子，见色阴销，受阴明白。于明悟中得虚明性。其中忽然归向永灭。拨无因果，一向入空。空心现前，乃至心生长断灭解。悟则无咎，非为圣证。若作圣解，则有空魔入其心腑。乃谤持戒，名为小乘。菩萨悟空，有何持犯。其人常于信心檀越，饮酒啖肉，广行淫秽。因魔力故，摄其前人不生疑谤。鬼心久入，或食屎尿与酒肉等。一种俱空，破佛律仪，误入人罪。失于正受，当从沦坠。

又彼定中诸善男子，见色阴销，受阴明白。味其虚明深入心骨。其心忽有无限爱生。爱极发狂，便为贪欲。此名定境安顺入心，无慧自持，误入诸欲。悟则无咎，非为圣证。若作圣解，则有欲魔入其心腑。一向说欲为菩提道。化诸白衣平等行欲。其行淫者，名持法子。神鬼力故，于末世中摄其凡愚，其数至百。如是乃至一百二百，或五六百多满千万。魔心生厌，离其身体。威德既无，陷于王难。疑误众生，入无间狱。失于正受，当从沦坠。

阿难。如是十种禅那现境，皆是受阴用心交互，故现斯事。众生顽迷，不自忖量。逢此因缘，迷不自识，谓言登圣。大妄语成，堕无间狱。汝等亦当将如来语，于我灭后传示末法。遍令众生开悟斯义。无令天魔得其方便。保持覆护，成无上道。

阿难。彼善男子修三摩提受阴尽者，虽未漏尽，心离其形，如鸟出笼，已能成就，从是凡身上历菩萨六十圣位。得意生身，随往无碍。譬如有人，熟寐寱言。是人虽则无别所知。其言已成音韵伦次。令不寐者，咸悟其语。此则名为想阴区宇。若动念尽，浮想销除。于觉明心，如去尘垢。一伦生死，首尾圆照，名想阴尽。是人则能超烦恼浊。观其所由，融通妄想以为其本。

阿难。彼善男子受阴虚妙，不遭邪虑，圆定发明。三摩地中，心爱圆明，锐其精思贪求善巧。尔时天魔候得其便，飞精附人，口说经法。其人不觉是其魔著，自言谓得无上涅槃。来彼求巧善男子处，敷座说法。其形斯须，或作比丘，令彼人见。或为帝释。或为妇女。或比丘尼。或寝暗室身有光明。是人愚迷，惑为菩萨。信其教化，摇荡其心。破佛律仪，潜行贪欲。口中好言灾祥变异。或言如来某处出世。或言劫火。或说刀兵。恐怖于人。令其家资，无故耗散。此名怪鬼年老成魔，恼乱是人。厌足心生，去彼人体。弟子与师，俱陷王难。汝当先觉，不入轮回。迷惑不知，堕无间狱。

阿难。又善男子，受阴虚妙，不遭邪虑，圆定发明。三摩地中，心爱游荡，飞其精思，贪求经历。尔时天魔候得其便，飞精附人，口说经法。其人亦不觉知魔著，亦言自得无上涅槃。来彼求游善男子处，敷座说法。自形无变。其听法者，忽自见身坐宝莲华，全体化成紫金光聚。一众听人，各各如是，得未曾有。是人愚迷，惑为菩萨。淫逸其心，破佛律仪，潜行贪欲。口中好言诸佛应世。某处某人，当是某佛化身来此。某人即是某菩萨等，来化人间。其人见故，心生倾渴，邪见密兴，种智销灭。此名魅鬼年老成魔，恼乱是人。厌足心生，去彼人体。弟子与师，俱陷王难。汝当先觉，不入轮回。迷惑不知，堕无间狱。

又善男子，受阴虚妙，不遭邪虑，圆定发明。三摩地中，心爱绵㳷，澄其精思，贪求契合。尔时天魔候得其便，飞精附人，口说经法。其人实不觉知魔著，亦言自得无上涅槃。来彼求合善男子处，敷座说法。其形及彼听法之人，外无迁变。令其听者，未闻法前，心自开悟。念念移易。或得宿命。或有他心。或见地狱。或知人间好恶诸事。或口说偈。或自诵经。各各欢娱，得未曾有。是人愚迷，惑为菩萨。绵爱其心，破佛律仪，潜行贪欲。口中好言佛有大小，某佛先佛，某佛后佛。其中亦有真佛假佛，男佛女佛。菩萨亦然。其人见故，洗涤本心，易入邪悟。此名魅鬼年老成魔，恼乱是人。厌足心生，去彼人体。弟子与师，俱陷王难。汝当先觉，不入轮回。迷惑不知，堕无间狱。

又善男子，受阴虚妙，不遭邪虑，圆定发明。三摩地中，心爱根本，穷览物化，性之终始，精爽其心，贪求辨析。尔时天魔候得其便，飞精附人，口说经法。其人先不觉知魔著，亦言自得无上涅槃。来彼求元善男子处，敷座说法。身有威神，摧伏求者。令其座下，虽未闻法，自然心伏。是诸人等，将佛涅槃菩提法身，即是现前我肉身上。父父子子，递代相生，即是法身常住不绝。都指现在即为佛国。无别净居及金色相。其人信受，亡失先心。身命归依，得未曾有。是等愚迷，惑为菩萨。推究其心，破佛律仪，潜行贪欲。口中好言眼耳鼻舌，皆为净土。男女二根，即是菩提涅槃真处。彼无知者，信是秽言。此名蛊毒魇胜恶鬼，年老成魔，恼乱是人。厌足心生，去彼人体。弟子与师，俱陷王难。汝当先觉，不入轮回。迷惑不知，堕无间狱。

又善男子，受阴虚妙，不遭邪虑，圆定发明。三摩地中，心爱悬应，周流精研，贪求冥感。尔时天魔候得其便，飞精附人，口说经法。其人元不觉知魔著，亦言自得无上涅槃。来彼求应善男子处，敷座说法。能令听众，暂见其身如百千岁。心生爱染，不能舍离。身为奴仆，四事供养，不觉疲劳。各各令其座下人心，知是先师本善知识，别生法爱，黏如胶漆，得未曾有。是人愚迷，惑为菩萨。亲近其心，破佛律仪，潜行贪欲。口中好言，我于前世于某生中，先度某人。当时是我妻妾兄弟，今来相度。与汝相随归某世界，供养某佛。或言别有大光明天，佛于中住，一切如来所休居地。彼无知者，信是虚诳，遗失本心。此名疠鬼年老成魔，恼乱是人。厌足心生，去彼人体。弟子与师，俱陷王难。汝当先觉，不入轮回。迷惑不知，堕无间狱。

又善男子，受阴虚妙，不遭邪虑，圆定发明。三摩地中，心爱深入。克己辛勤，乐处阴寂，贪求静谧。尔时天魔候得其便，飞精附人，口说经法。其人本不觉知魔著，亦言自得无上涅槃。来彼求阴善男子处，敷座说法。令其听人，各知本业。或于其处语一人言，汝今未死，已作畜生。敕使一人，于后蹋尾，顿令其人，起不能得。于是一众倾心钦伏。有人起心，已知其肇。佛律仪外，重加精苦。诽谤比丘，骂詈徒众。讦露人事，不避讥嫌。口中好言未然祸福。及至其时，毫发无失。此大力鬼年老成魔，恼乱是人。厌足心生，去彼人体。弟子与师，俱陷王难。汝当先觉，不入轮回。迷惑不知，堕无间狱。

又善男子，受阴虚妙，不遭邪虑，圆定发明。三摩地中，心爱知见，勤苦研寻，贪求宿命。尔时天魔候得其便，飞精附人，口说经法。其人殊不觉知魔著，亦言自得无上涅槃。来彼求知善男子处，敷座说法。是人无端于说法处，得大宝珠，其魔或时化为畜生，口衔其珠，及杂珍宝.简册符牍.诸奇异物，先授彼人，后著其体。或诱听人藏于地下，有明月珠照耀其处。是诸听者，得未曾有。多食药草，不餐嘉馔。或时日餐一麻一麦，其形肥充，魔力持故。诽谤比丘，骂詈徒众，不避讥嫌。口中好言他方宝藏，十方圣贤潜匿之处。随其后者，往往见有奇异之人。此名.山林.土地.城隍.川岳鬼神，年老成魔。或有宣淫破佛戒律，与承事者潜行五欲。或有精进纯食草木。无定行事，恼乱是人。厌足心生，去彼人体。弟子与师，多陷王难。汝当先觉，不入轮回。迷惑不知，堕无间狱。

又善男子，受阴虚妙，不遭邪虑，圆定发明。三摩地中，心爱神通，种种变化，研究化元，贪取神力。尔时天魔候得其便，飞精附人，口说经法。其人诚不觉知魔著，亦言自得无上涅槃。来彼求通善男子处，敷座说法。是人或复手执火光，手撮其光，分于所听四众头上。是诸听人顶上火光，皆长数尺，亦无热性，曾不焚烧。或水上行，如履平地。或于空中安坐不动。或入瓶内。或处囊中。越牖透垣，曾无障碍。唯于刀兵不得自在。自言是佛。身著白衣，受比丘礼。诽谤禅律，骂詈徒众。讦露人事，不避讥嫌。口中常说神通自在。或复令人傍见佛土。鬼力惑人，非有真实。赞叹行淫，不毁粗行。将诸猥媟，以为传法。此名天地大力山精.海精.风精.河精.土精，一切草木积劫精魅。或复龙魅。或寿终仙，再活为魅。或仙期终，计年应死，其形不化，他怪所附。年老成魔，恼乱是人。厌足心生，去彼人体。弟子与师，多陷王难。汝当先觉，不入轮回。迷惑不知，堕无间狱。

又善男子，受阴虚妙，不遭邪虑，圆定发明。三摩地中，心爱入灭，研究化性，贪求深空。尔时天魔候得其便，飞精附人，口说经法。其人终不觉知魔著，亦言自得无上涅槃。来彼求空善男子处，敷座说法。于大众内，其形忽空，众无所见。还从虚空突然而出，存没自在。或现其身洞如琉璃。或垂手足作旃檀气。或大小便如厚石蜜。诽毁戒律，轻贱出家。口中常说无因无果。一死永灭，无复后身，及诸凡圣。虽得空寂，潜行贪欲。受其欲者，亦得空心，拨无因果。此名日月薄蚀精气，金玉芝草，麟凤龟鹤，经千万年不死为灵，出生国土。年老成魔，恼乱是人。厌足心生，去彼人体。弟子与师，多陷王难。汝当先觉，不入轮回。迷惑不知，堕无间狱。

又善男子，受阴虚妙，不遭邪虑，圆定发明。三摩地中，心爱长寿，辛苦研几，贪求永岁，弃分段生，顿希变易细相常住。尔时天魔候得其便，飞精附人，口说经法。其人竟不觉知魔著，亦言自得无上涅槃。来彼求生善男子处，敷座说法。好言他方往还无滞。或经万里，瞬息再来。皆于彼方取得其物。或于一处，在一宅中，数步之间，令其从东诣至西壁。是人急行，累年不到。因此心信，疑佛现前。口中常说，十方众生，皆是吾子。我生诸佛。我出世界。我是元佛，出世自然，不因修得。此名住世自在天魔，使其眷属，如遮文茶，及四天王毗舍童子，未发心者，利其虚明，食彼精气。或不因师，其修行人亲自观见，称执金刚与汝长命。现美女身，盛行贪欲。未逾年岁，肝脑枯竭。口兼独言，听若妖魅。前人未详，多陷王难。未及遇刑，先已干死。恼乱彼人，以至殂殒。汝当先觉，不入轮回。迷惑不知，堕无间狱。

阿难当知。是十种魔，于末世时，在我法中出家修道。或附人体。或自现形。皆言已成正遍知觉。赞叹淫欲，破佛律仪。先恶魔师，与魔弟子，淫淫相传。如是邪精魅其心腑。近则九生。多踰百世。令真修行，总为魔眷。命终之后，必为魔民。失正遍知，堕无间狱。汝今未须先取寂灭。纵得无学，留愿入彼末法之中，起大慈悲，救度正心深信众生，令不著魔，得正知见。我今度汝已出生死。汝遵佛语，名报佛恩。阿难。如是十种禅那现境，皆是想阴用心交互，故现斯事。众生顽迷，不自忖量。逢此因缘，迷不自识，谓言登圣。大妄语成，堕无间狱。汝等必须将如来语，于我灭后，传示末法。遍令众生，开悟斯义。无令天魔得其方便。保持覆护，成无上道。

卷十

阿难。彼善男子，修三摩提想阴尽者。是人平常梦想销灭，寤寐恒一。觉明虚静，犹如晴空。无复粗重前尘影事。观诸世间大地山河，如镜鉴明，来无所黏，过无踪迹。虚受照应，了罔陈习，唯一精真。生灭根元，从此披露。见诸十方十二众生，毕殚其类。虽未通其各命由绪。见同生基，犹如野马熠熠清扰，为浮根尘究竟枢穴，此则名为行阴区宇。若此清扰熠熠元性，性入元澄，一澄元习，如波澜灭，化为澄水，名行阴尽。是人则能超众生浊。观其所由，幽隐妄想以为其本。

阿难当知。是得正知奢摩他中诸善男子，凝明正心，十类天魔不得其便。方得精研穷生类本。于本类中生元露者，观彼幽清圆扰动元。于圆元中起计度者，是人坠入二无因论。

一者、是人见本无因。何以故？是人既得生机全破。乘于眼根八百功德，见八万劫所有众生，业流湾环，死此生彼。只见众生轮回其处。八万劫外，冥无所观。便作是解，此等世间十方众生，八万劫来，无因自有。由此计度，亡正遍知，堕落外道，惑菩提性。

二者、是人见末无因。何以故？是人于生既见其根。知人生人。悟鸟生鸟。乌从来黑。鹄从来白。人天本竖。畜生本横。白非洗成。黑非染造。从八万劫无复改移。今尽此形，亦复如是。而我本来不见菩提。云何更有成菩提事。当知今日一切物象，皆本无因。由此计度，亡正遍知，堕落外道，惑菩提性。

是则名为第一外道，立无因论。

阿难。是三摩中诸善男子，凝明正心，魔不得便，穷生类本，观彼幽清常扰动元。于圆常中起计度者，是人坠入四遍常论。

一者、是人穷心境性，二处无因。修习能知二万劫中，十方众生，所有生灭，咸皆循环，不曾散失，计以为常。

二者、是人穷四大元，四性常住。修习能知四万劫中，十方众生，所有生灭，咸皆体恒，不曾散失，计以为常。

三者、是人穷尽六根末那执受，心意识中本元由处，性常恒故。修习能知八万劫中，一切众生，循环不失，本来常住。穷不失性，计以为常。

四者、是人既尽想元，生理更无流止运转，生灭想心，今已永灭。理中自然成不生灭。因心所度，计以为常。

由此计常，亡正遍知，堕落外道，惑菩提性。是则名为第二外道，立圆常论。

又三摩中诸善男子，坚凝正心，魔不得便，穷生类本，观彼幽清常扰动元。于自他中起计度者，是人坠入四颠倒见，一分无常，一分常论。

一者、是人观妙明心遍十方界，湛然以为究竟神我。从是则计我遍十方，凝明不动。一切众生，于我心中自生自死。则我心性名之为常。彼生灭者，真无常性。

二者、是人不观其心，遍观十方恒沙国土。见劫坏处，名为究竟无常种性。劫不坏处,名究竟常。

三者、是人别观我心,精细微密,犹如微尘。流转十方,性无移改。能令此身即生即灭。其不坏性,名我性常。一切死生,从我流出,名无常性。

四者、是人知想阴尽,见行阴流。行阴常流,计为常性。色受想等,今已灭尽,名为无常。

由此计度一分无常一分常故,堕落外道,惑菩提性。是则名为第三外道,一分常论。

又三摩中诸善男子,坚凝正心,魔不得便,穷生类本,观彼幽清常扰动元。于分位中生计度者,是人坠入四有边论。

一者、是人心计生元,流用不息。计过未者,名为有边。计相续心,名为无边。

二者、是人观八万劫,则见众生。八万劫前,寂无闻见。无闻见处,名为无边。有众生处,名为有边。

三者、是人计我遍知,得无边性。彼一切人现我知中。我曾不知彼之知性。名彼不得无边之心。但有边性。

四者、是人穷行阴空。以其所见心路筹度,一切众生一身之中,计其咸皆半生半灭。明其世界一切所有,一半有边,一半无边。

由此计度有边无边,堕落外道,惑菩提性。是则名为第四外道,立有边论。

又三摩中诸善男子,坚凝正心,魔不得便,穷生类本,观彼幽清常扰动元。于知见中生计度者,是人坠入四种颠倒,不死矫乱,遍计虚论。

一者、是人观变化元。见迁流处,名之为变。见相续处,名之为恒。见所见处,名之为生。不见见处,名之为灭。相续之因,性不断处,名之为增。正相续中,中所离处,名之为减。各各生处,名之为有。互互亡处,名之为无。以理都观,用心别见。有求法人,来问其义。答言:我今亦生亦灭。亦有亦无。亦增亦减。于一切时皆乱其语。令彼前人遗失章句。

二者、是人谛观其心,互互无处,因无得证。有人来问,唯答一字,但言其无。除无之余,无所言说。

三者、是人谛观其心,各各有处,因有得证。有人来问,唯答一字,但言其是。除是之余,无所言说。

四者、是人有无俱见,其境枝故,其心亦乱。有人来问,答言:亦有即是亦无。亦无之中,不是亦有。一切矫乱,无容穷诘。

由此计度,矫乱虚无,堕落外道,惑菩提性。是则名为第五外道。四颠倒性,不死矫乱,遍计虚论。

又三摩中诸善男子,坚凝正心,魔不得便,穷生类本,观彼幽清常扰动元。于无尽流生计度者,是人坠入.死后有相发心颠倒。或自固身，云色是我。或见我圆，含遍国土，云我有色。或彼前缘随我回复，云色属我。或复我依行中相续，云我在色。皆计度言死后有相。如是循环，有十六相。从此或计毕竟烦恼，毕竟菩提，两性并驱，各不相触。由此计度死后有故，堕落外道，惑菩提性。是则名为第六外道，立五阴中，死后有相，心颠倒论。

又三摩中诸善男子，坚凝正心，魔不得便，穷生类本，观彼幽清常扰动元。于先除灭色受想中，生计度者，是人坠入死后无相，发心颠倒。见其色灭，形无所因。观其想灭，心无所系。知其受灭，无复连缀。阴性销散，纵有生理，而无受想，与草木同。此质现前犹不可得。死后云何更有诸相。因之勘校死后相无。如是循环，有八无相。从此或计涅槃因果，一切皆空。徒有名字，究竟断灭。由此计度死后无故，堕落外道，惑菩提性。是则名为第七外道，立五阴中，死后无相，心颠倒论。

又三摩中诸善男子，坚凝正心，魔不得便，穷生类本，观彼幽清常扰动元。于行存中，兼受想灭，双计有无，自体相破，是人坠入死后俱非，起颠倒论。色受想中，见有非有。行迁流内，观无不无。如是循环，穷尽阴界，八俱非相。随得一缘，皆言死后有相无相。又计诸行.性迁讹故，心发通悟。有无俱非，虚实失措。由此计度死后俱非，后际昏瞢，无可道故，堕落外道，惑菩提性。是则名为第八外道，立五阴中，死后俱非，心颠倒论。

又三摩中诸善男子，坚凝正心，魔不得便，穷生类本，观彼幽清常扰动元。于后后无，生计度者，是人坠入七断灭论。或计身灭。或欲尽灭。或苦尽灭。或极乐灭。或极舍灭。如是循环，穷尽七际，现前销灭，灭已无复。由此计度死后断灭，堕落外道，惑菩提性。是则名为第九外道，立五阴中死后断灭，心颠倒论。

又三摩中诸善男子，坚凝正心，魔不得便，穷生类本，观彼幽清常扰动元。于后后有生计度者，是人坠入五涅槃论。或以欲界为正转依，观见圆明生爱慕故。或以初禅，性无忧故。或以二禅，心无苦故。或以三禅，极悦随故。或以四禅，苦乐二亡，不受轮回生灭性故。迷有漏天，作无为解。五处安隐为胜净依。如是循环，五处究竟。由此计度五现涅槃，堕落外道，惑菩提性。是则名为第十外道，立五阴中五现涅槃，心颠倒论。

阿难。如是十种禅那狂解，皆是行阴用心交互，故现斯悟。众生顽迷，不自忖量。逢此现前，以迷为解，自言登圣。大妄语成，堕无间狱。汝等必须将如来语，于我灭后，传示末法。遍令众生觉了斯义。无令心魔自起深孽。保持覆护，销息邪见。教其身心，开觉真义。于无上道不遭枝歧。勿令心祈得少为足。作大觉王清净标指。

阿难。彼善男子修三摩提行阴尽者。诸世间性，幽清扰动同分生机，倏然隳裂，沉细纲纽。补特伽罗，酬业深脉，感应悬绝。于涅槃天将大明悟。如鸡后鸣,瞻顾东方,已有精色。六根虚静,无复驰逸。内外湛明,入无所入。深达十方十二种类,受命元由。观由执元,诸类不召。于十方界,已获其同。精色不沈,发现幽秘。此则名为识阴区宇。若于群召,已获同中销磨六门,合开成就。见闻通邻,互用清净。十方世界及与身心,如吠琉璃,内外明彻,名识阴尽。是人则能超越命浊。观其所由,罔象虚无,颠倒妄想,以为其本。

阿难当知。是善男子穷诸行空,于识还元,已灭生灭,而于寂灭精妙未圆。能令己身根隔合开,亦与十方诸类通觉,觉知通𠃊,能入圆元。若于所归,立真常因,生胜解者,是人则堕因所因执。娑毗迦罗所归冥谛,成其伴侣。迷佛菩提,亡失知见。是名第一立所得心,成所归果。违远圆通,背涅槃城,生外道种。

阿难。又善男子穷诸行空,已灭生灭,而于寂灭精妙未圆。若于所归,觉为自体,尽虚空界十二类内所有众生,皆我身中一类流出,生胜解者,是人则堕能非能执。摩醯首罗,现无边身,成其伴侣。迷佛菩提,亡失知见。是名第二立能为心,成能事果。违远圆通,背涅槃城,生大慢天我遍圆种。

又善男子穷诸行空,已灭生灭,而于寂灭精妙未圆。若于所归有所归依,自疑身心从彼流出。十方虚空,咸其生起。即于都起所宣流地,作真常身无生灭解。在生灭中,早计常住。既惑不生,亦迷生灭。安住沉迷生胜解者,是人则堕常非常执。计自在天,成其伴侣。迷佛菩提,亡失知见。是名第三立因依心,成妄计果。违远圆通,背涅槃城,生倒圆种。

又善男子穷诸行空,已灭生灭,而于寂灭精妙未圆。若于所知,知遍圆故,因知立解。十方草木皆称有情,与人无异。草木为人,人死还成十方草树。无择遍知,生胜解者,是人则堕知无知执。婆吒霰尼,执一切觉,成其伴侣。迷佛菩提,亡失知见。是名第四计圆知心,成虚谬果。违远圆通,背涅槃城,生倒知种。

又善男子穷诸行空,已灭生灭,而于寂灭精妙未圆。若于圆融根互用中,已得随顺。便于圆化一切发生,求火光明,乐水清净,爱风周流,观尘成就,各各崇事。以此群尘,发作本因,立常住解。是人则堕生无生执。诸迦叶波并婆罗门,勤心役身,事火崇水,求出生死,成其伴侣。迷佛菩提,亡失知见。是名第五计著崇事,迷心从物,立妄求因,求妄冀果。违远圆通,背涅槃城,生颠化种。

又善男子穷诸行空,已灭生灭,而于寂灭精妙未圆。若于圆明,计明中虚,非灭群化,以永灭依,为所归依,生胜解者,是人则堕归无归执。无想天中诸舜若多,成其伴侣。迷佛菩提,亡失知见。是名第六圆虚无心,成空亡果。违远圆通,背涅槃城,生断灭种。

又善男子穷诸行空,已灭生灭,而于寂灭精妙未圆。若于圆常,固身常住。同于精圆,长不倾逝,生胜解者,是人则堕贪非贪执。诸阿斯陀求长命者，成其伴侣。迷佛菩提，亡失知见。是名第七执著命元，立固妄因，趣长劳果。违远圆通，背涅槃城，生妄延种。

又善男子穷诸行空，已灭生灭，而于寂灭精妙未圆。观命互通，却留尘劳，恐其销尽。便于此际坐莲华宫，广化七珍，多增宝媛，纵恣其心，生胜解者，是人则堕真无真执。吒枳迦罗成其伴侣。迷佛菩提，亡失知见。是名第八发邪思因，立炽尘果。违远圆通，背涅槃城，生天魔种。

又善男子穷诸行空，已灭生灭，而于寂灭精妙未圆。于命明中分别精粗，疏决真伪，因果相酬，唯求感应，背清净道。所谓见苦断集，证灭修道。居灭已休，更不前进，生胜解者，是人则堕定性声闻。诸无闻僧，增上慢者，成其伴侣。迷佛菩提，亡失知见。是名第九圆精应心，成趣寂果。违远圆通，背涅槃城，生缠空种。

又善男子穷诸行空，已灭生灭，而于寂灭精妙未圆。若于圆融清净觉明，发研深妙，即立涅槃而不前进，生胜解者，是人则堕定性辟支。诸缘独伦不回心者，成其伴侣。迷佛菩提，亡失知见。是名第十圆觉𤣩心，成湛明果。违远圆通，背涅槃城，生觉圆明不化圆种。

阿难。如是十种禅那，中涂成狂，因依迷惑，于未足中生满足证。皆是识阴用心交互，故生斯位。众生顽迷，不自忖量。逢此现前，各以所爱先习迷心，而自休息。将为毕竟所归宁地。自言满足无上菩提。大妄语成，外道邪魔所感业终，堕无间狱。声闻缘觉，不成增进。汝等存心秉如来道。将此法门，于我灭后，传示末世。普令众生，觉了斯义。无令见魔，自作沈孽，保绥哀救，销息邪缘。令其身心入佛知见。从始成就，不遭歧路。如是法门，先过去世恒沙劫中，微尘如来，乘此心开，得无上道。识阴若尽，则汝现前诸根互用。从互用中，能入菩萨金刚干慧。圆明精心，于中发化。如净琉璃，内含宝月。如是乃超十信、十住、十行、十回向、四加行心，菩萨所行金刚十地，等觉圆明，入于如来妙庄严海。圆满菩提，归无所得。此是过去先佛世尊，奢摩他中，毗婆舍那，觉明分析微细魔事。魔境现前，汝能谙识，心垢洗除，不落邪见。阴魔销灭。天魔摧碎。大力鬼神，褫魄逃逝。魑魅魍魉，无复出生。直至菩提，无诸少乏。下劣增进，于大涅槃心不迷闷。若诸末世愚钝众生，未识禅那，不知说法，乐修三昧，汝恐同邪，一心劝令持我佛顶陀罗尼咒。若未能诵，写于禅堂，或带身上，一切诸魔，所不能动。汝当恭钦十方如来，究竟修进最后垂范。

阿难即从座起。闻佛示诲，顶礼钦奉，忆持无失。于大众中重复白佛。如佛所言五阴相中，五种虚妄为本想心。我等平常，未蒙如来微细开示。又此五阴，为并销除，为次第尽。如是五重，诣何为界。惟愿如来发宣大慈。为此大众清净心目。以为末世一切众生，作将来眼。

佛告阿难。精真妙明本觉圆净，非留死生及诸尘垢。乃至虚空，皆因妄想之所生起。斯元本觉妙明真精，妄以发生诸器世间。如演若多，迷头认影。妄元无因。于妄想中立因缘性。迷因缘者，称为自然。彼虚空性，犹实幻生。因缘自然，皆是众生妄心计度。

阿难。知妄所起，说妄因缘。若妄元无，说妄因缘元无所有。何况不知，推自然者。是故如来与汝发明，五阴本因，同是妄想。

汝体先因父母想生。汝心非想，则不能来想中传命。如我先言心想醋味，口中涎生。心想登高，足心酸起。悬崖不有，醋物未来。汝体必非虚妄通伦。口水如何因谈醋出。是故当知，汝现色身，名为坚固第一妄想。

即此所说临高想心，能令汝形真受酸涩。由因受生，能动色体。汝今现前顺益违损，二现驱驰，名为虚明第二妄想。

由汝念虑，使汝色身。身非念伦，汝身何因随念所使。种种取像。心生形取，与念相应。寤即想心。寐为诸梦。则汝想念，摇动妄情，名为融通第三妄想。

化理不住，运运密移。甲长发生，气销容皱。日夜相代，曾无觉悟。阿难。此若非汝，云何体迁。如必是真，汝何无觉。则汝诸行念念不停，名为幽隐第四妄想。

又汝精明湛不摇处，名恒常者。于身不出见闻觉知。若实精真，不容习妄。何因汝等，曾于昔年睹一奇物。经历年岁，忆忘俱无，于后忽然覆睹前异，记忆宛然，曾不遗失。则此精了湛不摇中，念念受熏，有何筹算。阿难当知。此湛非真。如急流水，望如恬静，流急不见，非是无流。若非想元，宁受妄习。非汝六根互用开合，此之妄想无时得灭。故汝现在见闻觉知中串习几，则湛了内罔象虚无，第五颠倒微细精想。

阿难。是五受阴，五妄想成。汝今欲知因界浅深。唯色与空，是色边际。唯触及离，是受边际。唯记与忘，是想边际。唯灭与生，是行边际。湛入合湛，归识边际。此五阴元，重叠生起。生因识有，灭从色除。理则顿悟，乘悟并销。事非顿除，因次第尽。我已示汝劫波巾结，何所不明，再此询问。汝应将此妄想根元，心得开通，传示将来末法之中诸修行者。令识虚妄，深厌自生。知有涅槃，不恋三界。

阿难。若复有人，遍满十方所有虚空，盈满七宝。持以奉上微尘诸佛，承事供养，心无虚度。于意云何。是人以此施佛因缘，得福多不。

阿难答言：虚空无尽，珍宝无边。昔有众生施佛七钱，舍身犹获转轮王位。况复现前虚空既穷，佛土充遍，皆施珍宝。穷劫思议，尚不能及。是福云何更有边际。

佛告阿难。诸佛如来，语无虚妄。若复有人，身具四重十波罗夷，瞬息即经此方他方阿鼻地狱，乃至穷尽十方无间，靡不经历。能以一念将此法门，于末劫中开示未学。是人罪障，应念销灭。变其所受地狱苦因，成安乐国。得福超越前之施人，百倍千倍千万亿倍，如是乃至算数譬喻所不能及。

阿难。若有众生，能诵此经，能持此咒，如我广说，穷劫不尽。依我教言，如教行道，直成菩提，无复魔业。佛说此经已。比丘、比丘尼、优婆塞、优婆夷。一切世间天人阿修罗，及诸他方，菩萨二乘，圣仙童子，并初发心大力鬼神，皆大欢喜，作礼而去。

妙法莲华经

姚秦．三藏法师．鸠摩罗什　译

卷第一

序品第一

如是我闻。一时，佛住王舍城耆阇崛山中。与大比丘众万二千人俱。皆是阿罗汉，诸漏已尽，无复烦恼，逮得己利，尽诸有结，心得自在。其名曰：阿若憍陈如、摩诃迦叶、优楼频螺迦叶、伽耶迦叶、那提迦叶、舍利弗、大目犍连、摩诃迦旃延、阿[上少下兔]楼驮、劫宾那、憍梵波提、离婆多、毕陵伽婆蹉、薄拘罗、摩诃拘絺罗、难陀、孙陀罗难陀、富楼那弥多罗尼子、须菩提、阿难、罗睺罗，如是众所知识大阿罗汉等。复有学、无学二千人。摩诃波阇波提比丘尼，与眷属六千人俱。罗睺罗母耶输陀罗比丘尼，亦与眷属俱。菩萨摩诃萨八万人。皆于阿耨多罗三藐三菩提不退转，皆得陀罗尼，乐说辩才，转不退转法轮，供养无量百千诸佛，于诸佛所植众德本；常为诸佛之所称叹。以慈修身，善入佛慧，通达大智，到于彼岸，名称普闻无量世界，能度无数百千众生。其名曰：文殊师利菩萨、观世音菩萨、得大势菩萨、常精进菩萨、不休息菩萨、宝掌菩萨、药王菩萨、勇施菩萨、宝月菩萨、月光菩萨、满月菩萨、大力菩萨、无量力菩萨、越三界菩萨、跋陀婆罗菩萨、弥勒菩萨、宝积菩萨、导师菩萨，如是等菩萨摩诃萨八万人俱。

尔时，释提桓因与其眷属二万天子俱。复有明月天子、普香天子、宝光天子、四大天王，与其眷属万天子俱。自在天子、大自在天子，与其眷属三万天子俱。娑婆世界主梵天王、尸弃大梵、光明大梵等，与其眷属万二千天子俱。有八龙王：难陀龙王、跋难陀龙王、娑伽罗龙王、和修吉龙王、德叉迦龙王、阿那婆达多龙王、摩那斯龙王、优钵罗龙王等，各与若干百千眷属俱。有四紧那罗王：法紧那罗王、妙法紧那罗王、大法紧那罗王、持法紧那罗王，各与若干百千眷属俱。有四乾闼婆王：乐乾闼婆王、乐音乾闼婆王、美乾闼婆王、美音乾闼婆王，各与若干百千眷属俱。有四阿修罗王：婆稚阿修罗王、佉罗骞驮阿修罗王、毗摩质多罗阿修罗王、罗睺阿修罗王，各与若干百千眷属俱。有四迦楼罗王：大威德迦楼罗王、大身迦楼罗王、大满迦楼罗王、如意迦楼罗王，各与若干百千眷属俱。韦提希子阿阇世王，与若干百千眷属俱。各礼佛足，退坐一面。

尔时世尊，四众围绕，供养恭敬，尊重赞叹。为诸菩萨说大乘经，名无量义，教菩萨法，佛所护念。佛说此经已，结跏趺坐，入于无量义处三昧，身心不动。是时，天雨曼陀罗华、摩诃曼陀罗华、曼殊沙华、摩诃曼殊沙华，而散佛上，及诸大众。普佛世界，六种震动。

尔时，会中比丘、比丘尼，优婆塞、优婆夷，天、龙、夜叉、乾闼婆、阿修罗、迦楼罗、紧那罗、摩睺罗伽、人非人，及诸小王、转轮圣王，是诸大众，得未曾有，欢喜合掌，一心观佛。

尔时，佛放眉间白毫相光，照东方万八千世界，靡不周遍；下至阿鼻地狱，上至阿迦尼吒天。于此世界，尽见彼土六趣众生。又见彼土，现在诸佛。及闻诸佛所说经法。并见彼诸比丘、比丘尼、优婆塞、优婆夷，诸修行得道者。复见诸菩萨摩诃萨，种种因缘、种种信解、种种相貌，行菩萨道。复见诸佛般涅槃者；复见诸佛般涅槃后，以佛舍利起七宝塔。

尔时，弥勒菩萨作是念：今者世尊现神变相，以何因缘而有此瑞？今佛世尊入于三昧，是不可思议，现希有事，当以问谁？谁能答者？复作此念：是文殊师利法王之子，已曾亲近供养过去无量诸佛，必应见此希有之相，我今当问。尔时比丘、比丘尼、优婆塞、优婆夷，及诸天龙鬼神等，咸作此念：是佛光明神通之相，今当问谁？尔时，弥勒菩萨欲自决疑；又观四众比丘、比丘尼、优婆塞、优婆夷，及诸天龙鬼神等，众会之心。而问文殊师利言：以何因缘而有此瑞，神通之相，放大光明，照于东方万八千土，悉见彼佛国界庄严？于是弥勒菩萨欲重宣此义，以偈问曰：

文殊师利	导师何故	眉间白毫	大光普照
雨曼陀罗	曼殊沙华	栴檀香风	悦可众心
以是因缘	地皆严净	而此世界	六种震动
时四部众	咸皆欢喜	身意快然	得未曾有
眉间光明	照于东方	万八千土	皆如金色
从阿鼻狱	上至有顶	诸世界中	六道众生
生死所趣	善恶业缘	受报好丑	于此悉见
又睹诸佛	圣主师子	演说经典	微妙第一
其声清净	出柔软音	教诸菩萨	无数亿万
梵音深妙	令人乐闻	各于世界	讲说正法
种种因缘	以无量喻	照明佛法	开悟众生
若人遭苦	厌老病死	为说涅槃	尽诸苦际

若人有福　曾供养佛　志求胜法　为说缘觉
若有佛子　修种种行　求无上慧　为说净道
文殊师利　我住于此　见闻若斯　及千亿事
如是众多　今当略说
我见彼土　恒沙菩萨　种种因缘　而求佛道
或有行施　金银珊瑚　真珠摩尼　砗磲玛瑙
金刚诸珍　奴婢车乘　宝饰辇舆　欢喜布施
回向佛道　愿得是乘　三界第一　诸佛所叹
或有菩萨　驷马宝车　栏楯华盖　轩饰布施
复见菩萨　身肉手足　及妻子施　求无上道
又见菩萨　头目身体　欣乐施与　求佛智慧
文殊师利　我见诸王　往诣佛所　问无上道
便舍乐土　宫殿臣妾　剃除须发　而被法服
或见菩萨　而作比丘　独处闲静　乐诵经典
又见菩萨　勇猛精进　入于深山　思惟佛道
又见离欲　常处空闲　深修禅定　得五神通
又见菩萨　安禅合掌　以千万偈　赞诸法王
复见菩萨　智深志固　能问诸佛　闻悉受持
又见佛子　定慧具足　以无量喻　为众讲法
欣乐说法　化诸菩萨　破魔兵众　而击法鼓
又见菩萨　寂然宴默　天龙恭敬　不以为喜
又见菩萨　处林放光　济地狱苦　令入佛道
又见佛子　未尝睡眠　经行林中　勤求佛道
又见具戒　威仪无缺　净如宝珠　以求佛道
又见佛子　住忍辱力　增上慢人　恶骂捶打
皆悉能忍　以求佛道
又见菩萨　离诸戏笑　及痴眷属　亲近智者
一心除乱　摄念山林　亿千万岁　以求佛道
或见菩萨　肴膳饮食　百种汤药　施佛及僧
名衣上服　价值千万　或无价衣　施佛及僧
千万亿种　栴檀宝舍　众妙卧具　施佛及僧
清净园林　华果茂盛　流泉浴池　施佛及僧
如是等施　种种微妙　欢喜无厌　求无上道
或有菩萨　说寂灭法　种种教诏　无数众生
或见菩萨　观诸法性　无有二相　犹如虚空
又见佛子　心无所著　以此妙慧　求无上道
文殊师利　又有菩萨　佛灭度后　供养舍利
又见佛子　造诸塔庙　无数恒沙　严饰国界
宝塔高妙　五千由旬　纵广正等　二千由旬

一一塔庙	各千幢幡	珠交露幔	宝铃和鸣
诸天龙神	人及非人	香华伎乐	常以供养
文殊师利	诸佛子等	为供舍利	严饰塔庙
国界自然	殊特妙好	如天树王	其华开敷
佛放一光	我及众会	见此国界	种种殊妙
诸佛神力	智慧希有	放一净光	照无量国
我等见此	得未曾有	佛子文殊	愿决众疑
四众欣仰	瞻仁及我	世尊何故	放斯光明
佛子时答	决疑令喜	何所饶益	演斯光明
佛坐道场	所得妙法	为欲说此	为当授记
示诸佛土	众宝严净	及见诸佛	此非小缘
文殊当知	四众龙神	瞻察仁者	为说何等

尔时，文殊师利语弥勒菩萨摩诃萨，及诸大士：善男子等！如我惟忖，今佛世尊欲说大法，雨大法雨，吹大法螺，击大法鼓，演大法义。诸善男子！我于过去诸佛，曾见此瑞，放斯光已，即说大法。是故当知今佛现光，亦复如是；欲令众生，咸得闻知一切世间难信之法，故现斯瑞。诸善男子，如过去无量无边不可思议阿僧祇劫，尔时有佛，号日月灯明如来、应供、正遍知、明行足、善逝、世间解、无上士、调御丈夫、天人师、佛、世尊。演说正法，初善、中善、后善，其义深远，其语巧妙，纯一无杂，具足清白梵行之相。为求声闻者，说应四谛法；度生老病死，究竟涅槃。为求辟支佛者，说应十二因缘法。为诸菩萨，说应六波罗蜜；令得阿耨多罗三藐三菩提，成一切种智。次复有佛，亦名日月灯明。次复有佛，亦名日月灯明。如是二万佛皆同一字，号日月灯明，又同一姓，姓颇罗堕。弥勒当知！初佛后佛，皆同一字，名日月灯明；十号具足，所可说法，初中后善。

其最后佛未出家时，有八王子：一名有意，二名善意，三名无量意，四名宝意，五名增意，六名除疑意，七名响意，八名法意；是八王子，威德自在，各领四天下。是诸王子，闻父出家，得阿耨多罗三藐三菩提；悉舍王位，亦随出家，发大乘意，常修梵行，皆为法师，已于千万佛所，植诸善本。是时，日月灯明佛说大乘经，名无量义，教菩萨法，佛所护念。说是经已，即于大众中结跏趺坐，入于无量义处三昧，身心不动。是时，天雨曼陀罗华、摩诃曼陀罗华、曼殊沙华、摩诃曼殊沙华，而散佛上，及诸大众；普佛世界，六种震动。尔时会中，比丘、比丘尼、优婆塞、优婆夷、天、龙、夜叉、乾闼婆、阿修罗、迦楼罗、紧那罗、摩睺罗伽、人非人，及诸小王、转轮圣王等，是诸大众得未曾有，欢喜合掌，一心观佛。

尔时，如来放眉间白毫相光，照东方万八千佛土，靡不周遍；如今所见，是诸佛土。弥勒当知！尔时会中有二十亿菩萨乐欲听法，是诸菩萨见此光明普照佛土，得未曾有，欲知此光所为因缘？时有菩萨名曰妙光，有八百弟子。是时日月灯明佛从三昧起；因妙光菩萨说大乘经，名妙法莲华，教菩萨法，佛所护念。六十小劫，不起于座。时会听者，亦坐一处，六十小劫，身心不动，听佛所说，谓如食顷；是时众中，无有一人，若身若心而生懈倦。日月灯明佛于六十小劫，说是经已；即于梵、魔、沙门、婆罗门，及天、人、阿修罗众中，而宣此言：如来于今日中夜，当入无余涅槃。

时有菩萨名曰德藏，日月灯明佛即授其记，告诸比丘：是德藏菩萨次当作佛，号曰净身，多陀阿伽度阿罗诃三藐三佛陀。佛授记已，便于中夜，入无余涅槃。佛灭度后，妙光菩萨持妙法莲华经，满八十小劫，为人演说。日月灯明佛八子，皆师妙光；妙光教化，令其坚固阿耨多罗三藐三菩提。是诸王子，供养无量百千万亿佛已，皆成佛道；其最后成佛者，名曰然灯。八百弟子中有一人，号曰求名，贪着利养；虽复读诵众经而不通利，多所忘失，故号求名。是人亦以种诸善根因缘故，得值无量百千万亿诸佛，供养恭敬，尊重赞叹。弥勒当知！尔时妙光菩萨岂异人乎？我身是也。求名菩萨，汝身是也。今见此瑞与本无异，是故惟忖：今日如来当说大乘经，名妙法莲华，教菩萨法，佛所护念。尔时，文殊师利于大众中，欲重宣此义，而说偈言：

我念过去世	无量无数劫	有佛人中尊	号日月灯明
世尊演说法	度无量众生	无数亿菩萨	令入佛智慧
佛未出家时	所生八王子	见大圣出家	亦随修梵行
时佛说大乘	经名无量义	于诸大众中	而为广分别
佛说此经已	即于法座上	跏趺坐三昧	名无量义处
天雨曼陀华	天鼓自然鸣	诸天龙鬼神	供养人中尊
一切诸佛土	即时大震动	佛放眉间光	现诸希有事
此光照东方	万八千佛土	示一切众生	生死业报处
有见诸佛土	以众宝庄严	琉璃玻璃色	斯由佛光照
及见诸天人	龙神夜叉众	乾闼紧那罗	各供养其佛
又见诸如来	自然成佛道	身色如金山	端严甚微妙
如净琉璃中	内现真金像	世尊在大众	敷演深法义
一一诸佛土	声闻众无数	因佛光所照	悉见彼大众
或有诸比丘	在于山林中	精进持净戒	犹如护明珠
又见诸菩萨	行施忍辱等	其数如恒沙	斯由佛光照
又见诸菩萨	深入诸禅定	身心寂不动	以求无上道
又见诸菩萨	知法寂灭相	各于其国土	说法求佛道
尔时四部众	见日月灯佛	现大神通力	其心皆欢喜
各各自相问	是事何因缘		
天人所奉尊	适从三昧起	赞妙光菩萨	汝为世间眼
一切所归信	能奉持法藏	如我所说法	唯汝能证知

| 世尊既赞叹 | 令妙光欢喜 | 说是法华经 | | |
| 满六十小劫 | 不起于此座 | 所说上妙法 | 是妙光法师 | 悉皆能受持 |

佛说是法华	令众欢喜已	寻即于是日	告于天人众
诸法实相义	已为汝等说	我今于中夜	当入于涅槃
汝一心精进	当离于放逸	诸佛甚难值	亿劫时一遇
世尊诸子等	闻佛入涅槃	各各怀悲恼	佛灭一何速
圣主法之王	安慰无量众	我若灭度时	汝等勿忧怖
是德藏菩萨	于无漏实相	心已得通达	其次当作佛
号曰为净身	亦度无量众		
佛此夜灭度	如薪尽火灭	分布诸舍利	而起无量塔
比丘比丘尼	其数如恒沙	倍复加精进	以求无上道
是妙光法师	奉持佛法藏	八十小劫中	广宣法华经
是诸八王子	妙光所开化	坚固无上道	当见无数佛
供养诸佛已	随顺行大道	相继得成佛	转次而授记
最后天中天	号曰燃灯佛	诸仙之导师	度脱无量众
是妙光法师	时有一弟子	心常怀懈怠	贪着于名利
求名利无厌	多游族姓家	弃舍所习诵	废忘不通利
以是因缘故	号之为求名	亦行众善业	得见无数佛
供养于诸佛	随顺行大道	具六波罗蜜	今见释师子
其后当作佛	号名曰弥勒	广度诸众生	其数无有量
彼佛灭度后	懈怠者汝是	妙光法师者	今则我身是
我见灯明佛	本光瑞如此	以是知今佛	欲说法华经
今相如本瑞	是诸佛方便	今佛放光明	助发实相义
诸人今当知	合掌一心待	佛当雨法雨	充足求道者
诸求三乘人	若有疑悔者	佛当为除断	令尽无有余

方便品第二

尔时，世尊从三昧安详而起，告舍利弗：诸佛智慧甚深无量，其智慧门，难解难入，一切声闻、辟支佛所不能知。所以者何？佛曾亲近百千万亿无数诸佛，尽行诸佛无量道法，勇猛精进，名称普闻。成就甚深未曾有法，随宜所说，意趣难解。

舍利弗！吾从成佛以来，种种因缘，种种譬喻，广演言教，无数方便引导众生，令离诸着。所以者何？如来方便知见波罗蜜，皆已具足。舍利弗！如来知见，广大深远。无量无碍，力无所畏；禅定解脱三昧，深入无际，成就一切未曾有法。舍利弗！如来能种种分别，巧说诸法，言辞柔软，悦可众心。舍利弗！取要言之，无量无边未曾有法，佛悉成就。

止！舍利弗！不须复说。所以者何？佛所成就第一稀有难解之法，唯佛与佛乃能究尽诸法实相；所谓诸法，如是相、如是性、如是体、如是力、如是作、如是因、如是缘、如是果、如是报、如是本末究竟等。尔时，世尊欲重宣此义，而说偈言：

　　世雄不可量　诸天及世人　一切众生类　无能知佛者
　　佛力无所畏　解脱诸三昧　及佛诸余法　无能测量者
　　本从无数佛　具足行诸道　甚深微妙法　难见难可了
　　于无量亿劫　行此诸道已　道场得成果　我已悉知见
　　如是大果报　种种性相义　我及十方佛　乃能知是事
　　是法不可示　言辞相寂灭　诸余众生类　无有能得解
　　除诸菩萨众　信力坚固者　诸佛弟子众　曾供养诸佛
　　一切漏已尽　住是最后身　如是诸人等　其力所不堪
　　假使满世间　皆如舍利弗　尽思共度量　不能测佛智
　　正使满十方　皆如舍利弗　及余诸弟子　亦满十方刹
　　尽思共度量　亦复不能知
　　辟支佛利智　无漏最后身　亦满十方界　其数如竹林
　　斯等共一心　于亿无量劫　欲思佛实智　莫能知少分
　　新发意菩萨　供养无数佛　了达诸义趣　又能善说法
　　如稻麻竹苇　充满十方刹　一心以妙智　于恒河沙劫
　　咸皆共思量　不能知佛智
　　不退诸菩萨　其数如恒沙　一心共思求　亦复不能知
　　又告舍利弗　无漏不思议　甚深微妙法　我今已具得
　　唯我知是相　十方佛亦然
　　舍利弗当知　诸佛语无异　于佛所说法　当生大信力
　　世尊法久后　要当说真实
　　告诸声闻众　及求缘觉乘　我令脱苦缚　逮得涅槃者
　　佛以方便力　示以三乘教　众生处处着　引之令得出

尔时，大众中有诸声闻、漏尽阿罗汉，阿若憍陈如等千二百人；及发声闻辟支佛心，比丘、比丘尼、优婆塞、优婆夷，各作是念：今者世尊！何故殷勤称叹方便，而作是言。佛所得法，甚深难解，有所言说，意趣难知，一切声闻、辟支佛所不能及。佛说一解脱义，我等亦得此法到于涅槃，而今不知是义所趣。

尔时，舍利弗知四众心疑，自亦未了，而白佛言：世尊！何因何缘，殷勤称叹诸佛第一方便，甚深微妙难解之法？我自昔来，未曾从佛闻如是说；今者，四众咸皆有疑。惟愿世尊，敷演斯事。世尊何故，殷勤称叹甚深微妙难解之法？尔时，舍利弗欲重宣此义，而说偈言：

　　慧日大圣尊　久乃说是法
　　自说得如是　力无畏三昧　禅定解脱等　不可思议法
　　道场所得法　无能发问者　我意难可测　亦无能问者

无问而自说　称叹所行道　智慧甚微妙　诸佛之所得
　　无漏诸罗汉　及求涅槃者　今皆堕疑网　佛何故说是
　　其求缘觉者　比丘比丘尼　诸天龙鬼神　及乾闼婆等
　　相视怀犹豫　瞻仰两足尊　是事为云何　愿佛为解说
　　于诸声闻众　佛说我第一　我今自于智　疑惑不能了
　　为是究竟法　为是所行道
　　佛口所生子　合掌瞻仰待　愿出微妙音　时为如实说
　　诸天龙神等　其数如恒沙　求佛诸菩萨　大数有八万
　　又诸万亿国　转轮圣王至　合掌以敬心　欲闻具足道

尔时，佛告舍利弗：止！止！不须复说。若说是事，一切世间诸天及人，皆当惊疑。舍利弗重白佛言：世尊！惟愿说之！惟愿说之！所以者何？是会无数百千万亿阿僧祇众生，曾见诸佛，诸根猛利，智慧明了，闻佛所说，则能敬信。尔时，舍利弗欲重宣此义，而说偈言：

　　法王无上尊　惟说愿勿虑　是会无量众　有能敬信者

佛复止舍利弗：若说是事，一切世间天人阿修罗，皆当惊疑；增上慢比丘，将坠于大坑。尔时，世尊重说偈言：

　　止止不须说　我法妙难思　诸增上慢者　闻必不敬信

尔时，舍利弗重白佛言：世尊！惟愿说之！惟愿说之！今此会中，如我等比，百千万亿，世世已曾从佛受化；如此人等必能敬信，长夜安隐，多所饶益。尔时，舍利弗欲重宣此义，而说偈言：

　　无上两足尊　愿说第一法　我为佛长子　惟垂分别说
　　是会无量众　能敬信此法　佛已曾世世　教化如是等
　　皆一心合掌　欲听受佛语　我等千二百　及余求佛者
　　愿为此众故　惟垂分别说　是等闻此法　则生大欢喜

尔时，世尊告舍利弗：汝已殷勤三请，岂得不说。汝今谛听，善思念之，吾当为汝分别解说。说此语时，会中有比丘、比丘尼、优婆塞、优婆夷五千人等，即从座起，礼佛而退。所以者何？此辈罪根深重，及增上慢，未得谓得，未证谓证，有如此失，是以不住。世尊默然而不制止。尔时，佛告舍利弗：我今此众，无复枝叶，纯有真实。舍利弗！如是增上慢人，退亦佳矣！汝今善听，当为汝说。舍利弗言：唯然，世尊！愿乐欲闻。

佛告舍利弗：如是妙法，诸佛如来时乃说之；如优昙钵华，时一现耳。舍利弗！汝等当信佛之所说，言不虚妄。舍利弗！诸佛随宜说法，意趣难解。所以者何？我以无数方便、种种因缘、譬喻言辞，演说诸法。是法，非思量分别之所能解，唯有诸佛乃能知之。所以者何？诸佛世尊，唯以一大事因缘故，出现于世。舍利弗！云何名诸佛世尊，唯以一大事因缘故，出现于世？诸佛世尊，欲令众生开佛知见，使得清净故，出现于世；欲示众生佛之知见故，出现于世；欲令众生悟佛知见故,出现于世;欲令众生入佛知见道故,出现于世。舍利弗!是为诸佛以一大事因缘故,出现于世。

佛告舍利弗!诸佛如来,但教化菩萨,诸有所作,常为一事,唯以佛之知见,示悟众生。舍利弗!如来但以一佛乘故,为众生说法,无有余乘,若二若三。舍利弗!一切十方诸佛,法亦如是。舍利弗!过去诸佛,以无量无数方便、种种因缘、譬喻言辞,而为众生演说诸法,是法皆为一佛乘故。是诸众生,从诸佛闻法,究竟皆得一切种智。舍利弗!未来诸佛当出于世,亦以无量无数方便、种种因缘、譬喻言辞,而为众生演说诸法,是法皆为一佛乘故。是诸众生,从佛闻法,究竟皆得一切种智。舍利佛!现在十方无量百千万亿佛土中,诸佛世尊,多所饶益,安乐众生;是诸佛,亦以无量无数方便、种种因缘、譬喻言辞,而为众生演说诸法,是法皆为一佛乘故。是诸众生,从佛闻法,究竟皆得一切种智。

舍利弗!是诸佛但教化菩萨,欲以佛之知见示众生故,欲以佛之知见悟众生故,欲令众生入佛之知见故。舍利弗!我今亦复如是,知诸众生有种种欲,深心所著;随其本性,以种种因缘、譬喻言辞、方便力,而为说法。舍利弗!如此,皆为得一佛乘、一切种智故。舍利弗!十方世界中,尚无二乘,何况有三。

舍利弗!诸佛出于五浊恶世,所谓劫浊、烦恼浊、众生浊、见浊、命浊。如是,舍利弗!劫浊乱时,众生垢重,悭贪嫉妒,成就诸不善根故,诸佛以方便力,于一佛乘,分别说三。舍利弗!若我弟子,自谓阿罗汉、辟支佛者,不闻不知诸佛如来但教化菩萨事,此非佛弟子、非阿罗汉、非辟支佛。又舍利弗!是诸比丘、比丘尼,自谓已得阿罗汉,是最后身,究竟涅槃,便不复志求阿耨多罗三藐三菩提,当知此辈皆是增上慢人。所以者何?若有比丘实得阿罗汉,若不信此法,无有是处。除佛灭度后,现前无佛。所以者何?佛灭度后,如是等经,受持读诵解义者,是人难得。若遇余佛,于此法中,便得决了。舍利弗!汝等当一心信解、受持佛语。诸佛如来,言无虚妄;无有余乘,唯一佛乘。尔时,世尊欲重宣此义,而说偈言:

比丘比丘尼	有怀增上慢	优婆塞我慢	优婆夷不信
如是四众等	其数有五千	不自见其过	于戒有缺漏
护惜其瑕疵	是小智已出	众中之糟糠	佛威德故去
斯人鲜福德	不堪受是法	此众无枝叶	唯有诸真实
舍利弗善听	诸佛所得法	无量方便力	而为众生说
众生心所念	种种所行道	若干诸欲性	先世善恶业
佛悉知是已	以诸缘譬喻	言辞方便力	令一切欢喜
或说修多罗	伽陀及本事	本生未曾有	亦说于因缘
譬喻并祇夜	优波提舍经	钝根乐小法	贪着于生死
于诸无量佛	不行深妙道	众苦所恼乱	为是说涅槃

我设是方便　令得入佛慧　未曾说汝等　当得成佛道
所以未曾说　说时未至故　今正是其时　决定说大乘
我此九部法　随顺众生说　入大乘为本　以故说是经
有佛子心净　柔软亦利根　无量诸佛所　而行深妙道
为此诸佛子　说是大乘经　我记如是人　来世成佛道
以深心念佛　修持净戒故　此等闻得佛　大喜充遍身
佛知彼心行　故为说大乘　声闻若菩萨　闻我所说法
乃至于一偈　皆成佛无疑

十方佛土中　唯有一乘法　无二亦无三　除佛方便说
但以假名字　引导于众生　说佛智慧故　诸佛出于世
唯此一事实　余二则非真　终不以小乘　济度于众生
佛自住大乘　如其所得法　定慧力庄严　以此度众生
自证无上道　大乘平等法　若以小乘化　乃至于一人
我则堕悭贪　此事为不可

若人信归佛　如来不欺诳　亦无贪嫉意　断诸法中恶
故佛于十方　而独无所畏　我以相严身　光明照世间
无量所众尊　为说实相印
舍利弗当知　我本立誓愿　欲令一切众　如我等无异
如我昔所愿　今者已满足　化一切众生　皆令入佛道
若我遇众生　尽教以佛道　无智者错乱　迷惑不受教
我知此众生　未曾修善本　坚着于五欲　痴爱故生恼
以诸欲因缘　坠堕三恶道　轮回六趣中　备受诸苦毒
受胎之微形　世世常增长　薄德少福人　众苦所逼迫
入邪见稠林　若有若无等　依止此诸见　具足六十二
深着虚妄法　坚受不可舍　我慢自矜高　谄曲心不实
于千万亿劫　不闻佛名字　亦不闻正法　如是人难度
是故舍利弗　我为设方便　说诸尽苦道　示之以涅槃
我虽说涅槃　是亦非真灭　诸法从本来　常自寂灭相
佛子行道已　来世得作佛

我有方便力　开示三乘法　一切诸世尊　皆说一乘道
今此诸大众　皆应除疑惑　诸佛语无异　唯一无二乘
过去无数劫　无量灭度佛　百千万亿种　其数不可量
如是诸世尊　种种缘譬喻　无数方便力　演说诸法相
是诸世尊等　皆说一乘法　化无量众生　令入于佛道
又诸大圣主　知一切世间　天人群生类　深心之所欲
更以异方便　助显第一义
若有众生类　值诸过去佛　若闻法布施　或持戒忍辱
精进禅智等　种种修福慧　如是诸人等　皆已成佛道
诸佛灭度后　若人善软心　如是诸众生　皆已成佛道

诸佛灭度已　供养舍利者　起万亿种塔　金银及玻璃
砗磲与玛瑙　玫瑰琉璃珠　清净广严饰　砗校于诸塔
或有起石庙　栴檀及沉水　木樒并余材　砖瓦泥土等
若于旷野中　积土成佛庙　乃至童子戏　聚沙为佛塔
如是诸人等　皆已成佛道
若人为佛故　建立诸形像　刻雕成众相　皆已成佛道
或以七宝成　鍮鉐赤白铜　白镴及铅锡　铁木及与泥
或以胶漆布　严饰作佛像　如是诸人等　皆已成佛道
彩画作佛像　百福庄严相　自作若使人　皆已成佛道
乃至童子戏　若草木及笔　或以指爪甲　而画作佛像
如是诸人等　渐渐积功德　具足大悲心　皆已成佛道
但化诸菩萨　度脱无量众
若人于塔庙　宝像及画像　以华香幡盖　敬心而供养
若使人作乐　击鼓吹角贝　箫笛琴箜篌　琵琶铙铜钹
如是众妙音　尽持以供养
或以欢喜心　歌呗颂佛德　乃至一小音　皆已成佛道
若人散乱心　乃至以一华　供养于画像　渐见无数佛
或有人礼拜　或复但合掌　乃至举一手　或复小低头
以此供养像　渐见无量佛　自成无上道　广度无数众
入无余涅槃　如薪尽火灭
若人散乱心　入于塔庙中　一称南无佛　皆已成佛道
于诸过去佛　在世或灭后　若有闻是法　皆已成佛道
未来诸世尊　其数无有量　是诸如来等　亦方便说法
一切诸如来　以无量方便　度脱诸众生
若有闻法者　无一不成佛
诸佛本誓愿　我所行佛道　普欲令众生　亦同得此道
未来世诸佛　虽说百千亿　无数诸法门　其实为一乘
诸佛两足尊　知法常无性　佛种从缘起　是故说一乘
是法住法位　世间相常住　于道场知已　导师方便说
天人所供养　现在十方佛　其数如恒沙　出现于世间
安隐众生故　亦说如是法
知第一寂灭　以方便力故　虽示种种道　其实为佛乘
知众生诸行　深心之所念　过去所习业　欲性精进力
及诸根利钝　以种种因缘　譬喻亦言辞　随应方便说
今我亦如是　安隐众生故　以种种法门　宣示于佛道
我以智慧力　知众生性欲　方便说诸法　皆令得欢喜
舍利弗当知　我以佛眼观　见六道众生　贫穷无福慧
入生死险道　相续苦不断　深着于五欲　如牦牛爱尾
以贪爱自蔽　盲瞑无所见

95

不求大势佛
为是众生故
我始坐道场
我所得智慧
众生诸根钝
尔时诸梵王
并余诸天众
我即自思惟
破法不信故
寻念过去佛
作是思惟时
第一之导师
我等亦皆得
少智乐小法
虽复说三乘
舍利弗当知
复作如是念
思惟是事已
以方便力故
是名转法轮
从久远劫来
舍利弗当知
咸以恭敬心
我即作是念
舍利弗当知
今我喜无畏
于诸菩萨中
菩萨闻是法
如三世诸佛
诸佛兴出世
无量无数劫
譬如优昙华
闻法欢喜赞
是人甚希有
汝等勿有疑
教化诸菩萨
汝等舍利弗
以五浊恶世
当来世恶人

及与断苦法
而起大悲心
观树亦经行
微妙最第一
着乐痴所盲
及诸天帝释
眷属百千万
若但赞佛乘
坠于三恶道
所行方便力
十方佛皆现
得是无上法
最妙第一法
不自信作佛
但为教菩萨
我闻圣师子
我出浊恶世
即趣波罗奈
为五比丘说
便有涅槃音
赞示涅槃法
我见佛子等
皆来至佛所
如来所以出
钝根小智人

正直舍方便
疑网皆已除
说法之仪式
悬远值遇难
闻是法亦难
一切皆爱乐
乃至发一言
过于优昙华
我为诸法王
无声闻弟子
声闻及菩萨
但乐着诸欲
闻佛说一乘

深入诸邪见
于三七日中
如斯之等类
护世四天王
恭敬合掌礼
众生没在苦
我宁不说法
我今所得道
梵音慰喻我
随诸一切佛
为诸众生类
是故以方便
我闻圣师子
深净微妙音
如诸佛所说
诸法寂灭相

及以阿罗汉
生死苦永尽
志求佛道者
曾从诸佛闻
为说佛慧故
着相憍慢者
但说无上道
千二百罗汉
我今亦如是
正使出于世
能听是法者
天人所希有
则为已供养

普告诸大众
当知是妙法
如是等众生
迷惑不信受

以苦欲舍苦
思惟如是事
云何而可度
及大自在天
请我转法轮
不能信是法
疾入于涅槃
亦应说三乘
善哉释迦文
而用方便力
分别说三乘
分别说诸果

称南无诸佛
我亦随顺行
不可以言宣

法僧差别名
我常如是说
无量千万亿
方便所说法
今正是其时
不能信是法

悉亦当作佛
说无分别法
说是法复难
斯人亦复难
时时乃一出
一切三世佛

但以一乘道
诸佛之秘要
终不求佛道
破法堕恶道

有惭愧清净	志求佛道者	当为如是等	广赞一乘道
舍利弗当知	诸佛法如是	以万亿方便	随宜而说法
其不习学者	不能晓了此		
汝等既已知	诸佛世之师	随宜方便事	无复诸疑惑
心生大欢喜	自知当作佛		

卷第二

譬喻品第三

尔时，舍利弗踊跃欢喜，即起合掌，瞻仰尊颜，而白佛言：今从世尊闻此法音，心怀踊跃，得未曾有。所以者何？我昔从佛闻如是法，见诸菩萨受记作佛，而我等不预斯事，甚自感伤。失于如来无量知见。世尊！我常独处山林树下，若坐若行，每作是念：我等同入法性，云何如来以小乘法而见济度？是我等咎，非世尊也。所以者何？若我等待说所因，成就阿耨多罗三藐三菩提者，必以大乘而得度脱。然我等不解方便随宜所说，初闻佛法，遇便信受，思惟取证。世尊！我从昔来，终日竟夜，每自克责。而今从佛闻所未闻未曾有法，断诸疑悔，身意泰然，快得安隐。今日乃知真是佛子，从佛口生，从法化生，得佛法分。尔时，舍利弗欲重宣此义，而说偈言：

我闻是法音	得所未曾有	心怀大欢喜	疑网皆已除
昔来蒙佛教	不失于大乘	佛音甚希有	能除众生恼
我已得漏尽	闻亦除忧恼		
我处于山谷	或在林树下	若坐若经行	常思惟是事
呜呼深自责	云何而自欺		
我等亦佛子	同入无漏法	不能于未来	演说无上道
金色三十二	十力诸解脱	同共一法中	而不得此事
八十种妙好	十八不共法	如是等功德	而我皆已失
我独经行时	见佛在大众	名闻满十方	广饶益众生
自惟失此利	我为自欺诳		
我常于日夜	每思惟是事	欲以问世尊	为失为不失
我常见世尊	称赞诸菩萨	以是于日夜	筹量如是事
今闻佛音声	随宜而说法	无漏难思议	令众至道场
我本着邪见	为诸梵志师	世尊知我心	拔邪说涅槃
我悉除邪见	于空法得证	尔时心自谓	得至于灭度
而今乃自觉	非是实灭度	若得作佛时	具三十二相
天人夜叉众	龙神等恭敬	是时乃可谓	永尽灭无余
佛于大众中	说我当作佛	闻如是法音	疑悔悉已除
初闻佛所说	心中大惊疑	将非魔作佛	恼乱我心耶

佛以种种缘	譬喻巧言说	其心安如海	我闻疑网断
佛说过去世	无量灭度佛	安住方便中	亦皆说是法
现在未来佛	其数无有量	亦以诸方便	演说如是法
如今者世尊	从生及出家	得道转法轮	亦以方便说
世尊说实道	波旬无此事	以是我定知	非是魔作佛
我堕疑网故	谓是魔所为	闻佛柔软音	深远甚微妙
演畅清净法	我心大欢喜	疑悔永已尽	安住实智中
我定当作佛	为天人所敬	转无上法轮	教化诸菩萨

尔时，佛告舍利弗：吾今于天、人、沙门、婆罗门等大众中说，我昔曾于二万亿佛所，为无上道故，常教化汝，汝亦长夜随我受学。我以方便引导汝故，生我法中。舍利弗！我昔教汝志愿佛道，汝今悉忘，而便自谓已得灭度。我今还欲令汝忆念本愿所行道故，为诸声闻说是大乘经，名妙法莲华，教菩萨法，佛所护念。

舍利弗！汝于未来世过无量无边不可思议劫，供养若干千万亿佛，奉持正法，具足菩萨所行之道，当得作佛，号曰华光如来、应供、正遍知、明行足、善逝、世间解、无上士、调御丈夫、天人师、佛、世尊。国名离垢，其土平正，清净严饰，安隐丰乐，天人炽盛。琉璃为地，有八交道，黄金为绳，以界其侧。其旁各有七宝行树，常有华果。华光如来，亦以三乘教化众生。

舍利弗！彼佛出时，虽非恶世，以本愿故，说三乘法。其劫名大宝庄严。何故名曰大宝庄严？其国中以菩萨为大宝故。彼诸菩萨无量无边，不可思议，算数譬喻所不能及，非佛智力，无能知者。若欲行时，宝华承足。此诸菩萨非初发意，皆久植德本，于无量百千万亿佛所，净修梵行，恒为诸佛之所称叹。常修佛慧，具大神通，善知一切诸法之门，质直无伪，志念坚固。如是菩萨，充满其国。

舍利弗！华光佛寿十二小劫，除为王子未作佛时。其国人民，寿八小劫。华光如来，过十二小劫，授坚满菩萨阿耨多罗三藐三菩提记。告诸比丘，是坚满菩萨，次当作佛，号曰华足安行，多陀阿伽度阿罗诃三藐三佛陀，其佛国土，亦复如是。舍利弗！是华光佛灭度之后，正法住世，三十二小劫；像法住世，亦三十二小劫。尔时，世尊欲重宣此义，而说偈言：

舍利弗来世	成佛普智尊	号名曰华光	当度无量众
供养无数佛	具足菩萨行	十力等功德	证于无上道
过无量劫已	劫名大宝严	世界名离垢	清净无瑕秽
以琉璃为地	金绳界其道	七宝杂色树	常有华果实
彼国诸菩萨	志念常坚固	神通波罗蜜	皆已悉具足
于无数佛所	善学菩萨道	如是等大士	华光佛所化
佛为王子时	弃国舍世荣	于最末后身	出家成佛道
华光佛住世	寿十二小劫	其国人民众	寿命八小劫

佛灭度之后　　正法住于世　　三十二小劫　　广度诸众生
　　正法灭尽已　　像法三十二　　舍利广流布　　天人普供养
　　华光佛所为　　其事皆如是　　其两足圣尊　　最胜无伦匹
　　彼即是汝身　　宜应自欣庆

尔时，四部众比丘、比丘尼、优婆塞、优婆夷、天、龙、夜叉、乾闼婆、阿修罗、迦楼罗、紧那罗、摩睺罗伽等大众，见舍利弗于佛前受阿耨多罗三藐三菩提记，心大欢喜，踊跃无量。各各脱身所著上衣，以供养佛。释提桓因、梵天王等，与无数天子，亦以天妙衣、天曼陀罗华、摩诃曼陀罗华等，供养于佛。所散天衣，住虚空中，而自回转。诸天伎乐，百千万种，于虚空中，一时俱作，雨众天华。而作是言：佛昔于波罗奈，初转法轮，今乃复转无上最大法轮。尔时，诸天子欲重宣此义，而说偈言：

　　昔于波罗奈　　转四谛法轮　　分别说诸法　　五众之生灭
　　今复转最妙　　无上大法轮　　是法甚深奥　　少有能信者
　　我等从昔来　　数闻世尊说　　未曾闻如是　　深妙之上法
　　世尊说是法　　我等皆随喜
　　大智舍利弗　　今得受尊记　　我等亦如是　　必当得作佛
　　于一切世间　　最尊无有上　　佛道叵思议　　方便随宜说
　　我所有福业　　今世若过世　　及见佛功德　　尽回向佛道

尔时，舍利弗白佛言：世尊！我今无复疑悔，亲于佛前，得受阿耨多罗三藐三菩提记。是诸千二百心自在者，昔住学地，佛常教化言：我法能离生老病死，究竟涅槃。是学无学人，亦各自以离我见及有无见等，谓得涅槃。而今于世尊前，闻所未闻，皆堕疑惑。善哉！世尊！愿为四众说其因缘，令离疑悔。

尔时，佛告舍利弗：我先不言，诸佛世尊以种种因缘、譬喻言辞、方便说法，皆为阿耨多罗三藐三菩提耶？是诸所说，皆为化菩萨故。然舍利弗！今当复以譬喻更明此义，诸有智者，以譬喻得解。舍利弗！若国邑聚落有大长者，其年衰迈，财富无量，多有田宅及诸僮仆。其家广大，唯有一门。多诸人众，一百、二百，乃至五百人，止住其中。堂阁朽故，墙壁隤落，柱根腐败，梁栋倾危，周匝俱时欻然火起，焚烧舍宅。长者诸子，若十、二十，或至三十，在此宅中。长者见是大火，从四面起，即大惊怖，而作是念：我虽能于此所烧之门，安稳得出；而诸子等，于火宅内，乐着嬉戏，不觉不知，不惊不怖，火来逼身，苦痛切己，心不厌患，无求出意。

舍利弗！是长者作是思惟：我身手有力，当以衣裓，若以几案，从舍出之。复更思惟：是舍唯有一门，而复狭小。诸子幼稚，未有所识，恋着戏处，或当堕落，为火所烧。我当为说怖畏之事，此舍已烧，宜时疾出，无令为火之所烧害。作是念已，如所思惟，具告诸子，汝等速出。父虽怜愍，善言诱喻，而诸子等乐着嬉戏，不肯信受，不惊不畏，了无出心。亦复不知何者是火，何者为舍，云何为失，但东西走，戏视父而已。

尔时，长者即作是念：此舍已为大火所烧，我及诸子若不时出，必为所焚，我今当设方便，令诸子等得免斯害。父知诸子，先心各有所好种种珍玩奇异之物，情必乐着。而告之言：汝等所可玩好，希有难得，汝若不取，后必忧悔。如此种种羊车、鹿车、牛车，今在门外，可以游戏。汝等于此火宅，宜速出来，随汝所欲，皆当与汝。

尔时，诸子闻父所说珍玩之物，适其愿故，心各勇锐，互相推排，竞共驰走，争出火宅。是时，长者见诸子等安稳得出，皆于四衢道中，露地而坐，无复障碍，其心泰然，欢喜踊跃。时诸子等各白父言：父先所许玩好之具，羊车、鹿车、牛车，愿时赐与。

舍利弗！尔时长者，各赐诸子，等一大车。其车高广，众宝庄校，周匝栏楯，四面悬铃，又于其上张设幰盖，亦以珍奇杂宝而严饰之，宝绳交络，垂诸华缨，重敷婉筵，安置丹枕。驾以白牛，肤色充洁，形体姝好，有大筋力，行步平正，其疾如风。又多仆从而侍卫之。所以者何？是大长者财富无量，种种诸藏，悉皆充溢。而作是念：我财物无极，不应以下劣小车与诸子等，今此幼童皆是吾子，爱无偏党，我有如是七宝大车，其数无量，应当等心，各各与之，不宜差别。所以者何？以我此物，周给一国，犹尚不匮，何况诸子。

是时诸子各乘大车，得未曾有，非本所望。舍利弗！于汝意云何？是长者等与诸子珍宝大车，宁有虚妄不？舍利弗言：不也，世尊！是长者但令诸子得免火难，全其躯命，非为虚妄。何以故？若全身命，便为已得玩好之具，况复方便，于彼火宅而拔济之。世尊！若是长者乃至不与最小一车，犹不虚妄。何以故？是长者先作是意，我以方便令子得出，以是因缘，无虚妄也。何况长者自知财富无量，欲饶益诸子，等与大车。

佛告舍利弗：善哉！善哉！如汝所言。舍利弗！如来亦复如是，则为一切世间之父。于诸怖畏、衰恼、忧患、无明闇蔽，永尽无余，而悉成就无量知见，力无所畏，有大神力及智慧力，具足方便智慧波罗蜜，大慈大悲，常无懈倦，恒求善事，利益一切，而生三界朽故火宅。为度众生，生老病死，忧悲苦恼，愚痴闇蔽，三毒之火，教化令得阿耨多罗三藐三菩提。见诸众生，为生老病死忧悲苦恼之所烧煮；亦以五欲财利故，受种种苦；又以贪着追求故，现受众苦，后受地狱、畜生、饿鬼之苦，若生天上及在人间，贫穷困苦、爱别离苦、怨憎会苦，如是等种种诸苦。众生没在其中，欢喜游戏，不觉不知，不惊不怖，亦不生厌，不求解脱。于此三界火宅，东西驰走，虽遭大苦。不以为患。

舍利弗！佛见此已，便作是念：我为众生之父，应拔其苦难，与无量无边佛智慧乐，令其游戏。舍利弗！如来复作是念：若我但以神力及智慧力，舍于方便，为诸众生赞如来知见、力无所畏者，众生不能以是得度。所以者何？是诸众生，未免生老病死忧悲苦恼，而为三界火宅所烧，何由能解佛之智慧。舍利弗！如彼长者，虽复身手有力而不用之，但以殷勤方便，勉济诸子火宅之难，然后各与珍宝大车。如来亦复如是，虽有力无所畏而不用之，但以智慧方便，于三界火宅拔济众生，为说三乘，声闻、辟支佛、佛乘。而作是言：汝等莫得乐住三界火宅，勿贪粗弊色声香味触也。若贪着生爱，则为所烧。汝速出三界，当得三乘，声闻、辟支佛、佛乘，我今为汝保任此事，终不虚也。汝等但当勤修精进。如来以是方便，诱进众生，复作是言：汝等当知此三乘法，皆是圣所称叹，自在无系，无所依求。乘是三乘，以无漏根、力、觉、道、禅定、解脱、三昧等，而自娱乐，便得无量安隐快乐。

舍利弗！若有众生，内有智性，从佛世尊闻法信受，殷勤精进，欲速出三界，自求涅槃，是名声闻乘；如彼诸子，为求羊车出于火宅。若有众生，从佛世尊闻法信受，殷勤精进，求自然慧，乐独善寂，深知诸法因缘，是名辟支佛乘；如彼诸子，为求鹿车出于火宅。若有众生，从佛世尊闻法信受，勤修精进，求一切智、佛智、自然智、无师智、如来知见、力、无所畏，愍念安乐无量众生，利益天人，度脱一切，是名大乘菩萨。求此乘故，名为摩诃萨；如彼诸子，为求牛车出于火宅。舍利弗！如彼长者，见诸子等安隐得出火宅，到无畏处，自惟财富无量，等以大车而赐诸子。如来亦复如是，为一切众生之父，若见无量亿千众生，以佛教门，出三界苦，怖畏险道，得涅槃乐。如来尔时，便作是念：我有无量无边智慧、力、无畏等诸佛法藏，是诸众生皆是我子，等与大乘，不令有人独得灭度，皆以如来灭度而灭度之。是诸众生脱三界者，悉与诸佛禅定解脱等娱乐之具，皆是一相一种，圣所称叹，能生净妙第一之乐。舍利弗！如彼长者，初以三车诱引诸子，然后但与大车，宝物庄严，安隐第一，然彼长者无虚妄之咎。如来亦复如是，无有虚妄。初说三乘引导众生，然后但以大乘而度脱之。何以故？如来有无量智慧、力、无所畏诸法之藏，能与一切众生大乘之法，但不尽能受。舍利弗！以是因缘，当知诸佛方便力故，于一佛乘，分别说三。佛欲重宣此义，而说偈言：

　　譬如长者　有一大宅　其宅久故　而复顿弊
　　堂舍高危　柱根摧朽　梁栋倾斜　基陛隤毁
　　墙壁圮坼　泥涂阤落　覆苫乱坠　椽梠差脱
　　周障屈曲　杂秽充遍
　　有五百人　止住其中
　　鸱枭雕鹫　乌鹊鸠鸽　蚖蛇蝮蝎　蜈蚣蚰蜒
　　守宫百足　鼬狸鼷鼠　诸恶虫辈　交横驰走
　　屎尿臭处　不净流溢　蜣蜋诸虫　而集其上

狐狼野干　咀嚼践踏　哜啮死尸　骨肉狼藉
由是群狗　竞来搏撮　饥羸慞惶　处处求食
斗诤揸掣　哐吠嘷吠　其舍恐怖　变状如是
处处皆有　魑魅魍魉　夜叉恶鬼　食啖人肉
毒虫之属　诸恶禽兽　孚乳产生　各自藏护
夜叉竞来　争取食之　食之既饱　恶心转炽
斗诤之声　甚可怖畏
鸠槃荼鬼　蹲踞土埵　或时离地　一尺二尺
往返游行　纵逸嬉戏　捉狗两足　扑令失声
以脚加颈　怖狗自乐
复有诸鬼　其身长大　裸形黑瘦　常住其中
发大恶声　叫呼求食　复有诸鬼　其咽如针
复有诸鬼　首如牛头　或食人肉　或复啖狗
头发髼乱　残害凶险　饥渴所逼　叫唤驰走
夜叉饿鬼　诸恶鸟兽　饥急四向　窥看窗牖
如是诸难　恐畏无量
是朽故宅　属于一人　其人近出　未久之间　于后宅舍　忽然火
起　四面一时　其焰俱炽　栋梁椽柱　爆声震裂　摧折堕落　墙壁崩
倒　诸鬼神等　扬声大叫　雕鹫诸鸟　鸠槃荼等　周慞惶怖　不能自
出　恶兽毒虫　藏窜孔穴　毗舍阇鬼　亦住其中　薄福德故　为火所逼　共相残害　饮血啖肉　野干之属　并已前死　诸大恶兽　竞来食啖　臭烟燄勃　四面充
塞　蜈蚣蚰蜒　毒蛇之类　为火所烧　争走出穴　鸠槃荼鬼　随取而
食　又诸饿鬼　头上火燃　饥渴热恼　周慞闷走
其宅如是　甚可怖畏　毒害火灾　众难非一
是时宅主　在门外立　闻有人言　汝诸子等　先因游戏　来入此
宅　稚小无知　欢娱乐着
方宜救济　令无烧害　长者闻已　惊入火宅　说众患难
恶鬼毒虫　灾火蔓延　告喻诸子　众苦次第　相续不绝
毒蛇蚖蝮　及诸夜叉　鸠槃荼鬼　野干狐狗
雕鹫鸱枭　百足之属　饥渴恼急　甚可怖畏
此苦难处　况复大火　诸子无知　虽闻父诲
犹故乐着　嬉戏不已

是时长者	而作是念	诸子如此	益我愁恼		
今此舍宅	无一可乐	而诸子等	耽湎嬉戏		
不受我教	将为火害	即便思惟	设诸方便		
告诸子等	我有种种	珍玩之具	妙宝好车		
羊车鹿车	大牛之车	今在门外	汝等出来		
吾为汝等	造作此车	随意所乐	可以游戏		
诸子闻说	如此诸车	即时奔竞	驰走而出	到于空地	离诸苦难
长者见子	得出火宅	住于四衢	坐师子座		
而自庆言	我今快乐	此诸子等	生育甚难		
愚小无知	而入险宅	多诸毒虫	魑魅可畏		
大火猛焰	四面俱起	而此诸子	贪着嬉戏		
我已救之	令得脱难	是故诸人	我今快乐		
尔时诸子	知父安坐	皆诣父所	而白父言		
愿赐我等	三种宝车	如前所许	诸子出来		
当以三车	随汝所欲	今正是时	惟垂给与		
长者大富	库藏众多	金银琉璃	砗磲玛瑙		
以众宝物	造诸大车	庄校严饰	周匝栏楯		
四面悬铃	金绳交络	真珠罗网	张施其上		
金华诸璎	处处垂下	众彩杂饰	周匝围绕		
柔软缯纩	以为茵蓐	上妙细[叠+毛]	价值千亿		
鲜白净洁	以覆其上	有大白牛	肥壮多力		
形体姝好	以驾宝车	多诸傧从	而侍卫之		
以是妙车	等赐诸子				
诸子是时	欢喜踊跃	乘是宝车	游于四方	嬉戏快乐	自在无碍
告舍利弗	我亦如是	众圣中尊	世间之父		
一切众生	皆是吾子	深着世乐	无有慧心		
三界无安	犹如火宅	众苦充满	甚可怖畏		
常有生老	病死忧患	如是等火	炽然不息		
如来已离	三界火宅	寂然闲居	安处林野		
今此三界	皆是我有	其中众生	悉是吾子		
而今此处	多诸患难	唯我一人	能为救护		
虽复教诏	而不信受	于诸欲染	贪着深故		
以是方便	为说三乘	令诸众生	知三界苦	开示演说	出世间道
是诸子等	若心决定	具足三明	及六神通	有得缘觉	不退菩萨
汝舍利弗	我为众生	以此譬喻	说一佛乘		

汝等若能　信受是语　一切皆当　成得佛道
是乘微妙　清净第一　于诸世间　为无有上
佛所悦可　一切众生　所应称赞　供养礼拜
无量亿千　诸力解脱　禅定智慧　及佛余法
得如是乘　令诸子等　日夜劫数　常得游戏
与诸菩萨　及声闻众　乘此宝乘　直至道场
以是因缘　十方谛求　更无余乘　除佛方便
告舍利弗　汝诸人等　皆是吾子　我则是父
汝等累劫　众苦所烧　我皆济拔　令出三界
我虽先说　汝等灭度　但尽生死　而实不灭
今所应作　唯佛智慧
若有菩萨　于是众中　能一心听　诸佛实法
诸佛世尊　虽以方便　所化众生　皆是菩萨
若人小智　深着爱欲　为此等故　说于苦谛
众生心喜　得未曾有　佛说苦谛　真实无异
若有众生　不知苦本　深着苦因　不能暂舍
为是等故　方便说道　诸苦所因　贪欲为本
若灭贪欲　无所依止　灭尽诸苦　名第三谛
为灭谛故　修行于道　离诸苦缚　名得解脱
是人于何　而得解脱
但离虚妄　名为解脱　其实未得　一切解脱　佛说是人　未实灭度
斯人未得　无上道故　我意不欲　令至灭度
我为法王　于法自在　安隐众生　故现于世
汝舍利弗　我此法印　为欲利益　世间故说　在所游方　勿妄宣传
若有闻者　随喜顶受　当知是人　阿惟越致
若有信受　此经法者　是人已曾　见过去佛　恭敬供养　亦闻是法
若人有能　信汝所说　则为见我　亦见于汝　及比丘僧　并诸菩萨
斯法华经　为深智说　浅识闻之　迷惑不解
一切声闻　及辟支佛　于此经中　力所不及
汝舍利弗　尚于此经　以信得入　况余声闻
其余声闻　信佛语故　随顺此经　非己智分
又舍利弗　憍慢懈怠　计我见者　莫说此经
凡夫浅识　深着五欲　闻不能解　亦勿为说
若人不信　毁谤此经　则断一切　世间佛种
或复颦蹙　而怀疑惑　汝当听说　此人罪报

若佛在世　若灭度后　其有诽谤　如斯经典
见有读诵　书持经者　轻贱憎嫉　而怀结恨
此人罪报　汝今复听
其人命终　入阿鼻狱　具足一劫　劫尽更生　如是展转　至无数劫
从地狱出　当堕畜生　若狗野干　其形[乞+页]瘦　黧黮疥癞　人所触娆
又复为人　之所恶贱　常困饥渴　骨肉枯竭
生受楚毒　死被瓦石　断佛种故　受斯罪报
若作骆驼　或生驴中　身常负重　加诸杖捶
但念水草　余无所知　谤斯经故　获罪如是
有作野干　来入聚落　身体疥癞　又无一目
为诸童子　之所打掷　受诸苦痛　或时致死
于此死已　更受蟒身　其形长大　五百由旬
聋騃无足　宛转腹行　为诸小虫　之所唼食
昼夜受苦　无有休息　谤斯经故　获罪如是
若得为人　诸根闇钝　矬陋挛躄　盲聋背伛
有所言说　人不信受　口气常臭　鬼魅所著
贫穷下贱　为人所使　多病痟瘦　无所依怙
虽亲附人　人不在意　若有所得　寻复忘失
若修医道　顺方治病　更增他疾　或复致死
若自有病　无人救疗　设服良药　而复增剧
若他反逆　抄劫窃盗　如是等罪　横罹其殃
如斯罪人　永不见佛　众圣之王　说法教化
如斯罪人　常生难处　狂聋心乱　永不闻法
于无数劫　如恒河沙　生辄聋哑　诸根不具
常处地狱　如游园观　在余恶道　如己舍宅
驼驴猪狗　是其行处　谤斯经故　获罪如是
若得为人　盲聋喑哑　贫穷诸衰　以自庄严
水肿乾痟　疥癞痈疽　如是等病　以为衣服
身常臭处　垢秽不净　深着我见　增益瞋恚
淫欲炽盛　不择禽兽　谤斯经故　获罪如是
告舍利弗　谤斯经者　若说其罪　穷劫不尽
以是因缘　我故语汝　无智人中　莫说此经
若有利根　智慧明了　多闻强识　求佛道者　如是之人　乃可为说
若人曾见　亿百千佛　植诸善本　深心坚固　如是之人　乃可为说
若人精进　常修慈心　不惜身命　乃可为说

105

说	若人恭敬	无有异心	离诸凡愚	独处山泽	如是之人	乃可为
说	又舍利弗	若见有人	舍恶知识	亲近善友	如是之人	乃可为
说	若见佛子	持戒清洁	如净明珠	求大乘经	如是之人	乃可为
说	若人无瞋	质直柔软	常愍一切	恭敬诸佛	如是之人	乃可为
说	复有佛子	于大众中	以清净心	种种因缘	譬喻言辞	说法无
碍 如是之人 乃可为说						
说	若有比丘 但乐受持	为一切智 大乘经典	四方求法 乃至不受	合掌顶受 余经一偈	如是之人	乃可为
说	如人至心 其人不复	求佛舍利 志求余经	如是求经 亦未曾念	得已顶受 外道典籍	如是之人	乃可为
	告舍利弗 如是等人	我说是相 则能信解	求佛道者 汝当为说	穷劫不尽 妙法华经		

信解品第四

尔时，慧命须菩提、摩诃迦旃延、摩诃迦叶、摩诃目犍连，从佛所闻未曾有法，世尊授舍利弗阿耨多罗三藐三菩提记，发希有心，欢喜踊跃；即从座起，整衣服，偏袒右肩，右膝着地，一心合掌，屈躬恭敬，瞻仰尊颜，而白佛言：我等居僧之首，年并朽迈，自谓已得涅槃，无所堪任，不复进求阿耨多罗三藐三菩提。世尊往昔说法既久，我时在座，身体疲懈，但念空、无相、无作，于菩萨法，游戏神通，净佛国土，成就众生，心不喜乐。所以者何？世尊令我等，出于三界，得涅槃证。又今我等，年已朽迈，于佛教化菩萨阿耨多罗三藐三菩提，不生一念好乐之心。我等今于佛前，闻授声闻阿耨多罗三藐三菩提记，心甚欢喜，得未曾有；不谓于今，忽然得闻希有之法，深自庆幸，获大善利，无量珍宝，不求自得。

世尊！我等今者，乐说譬喻，以明斯义。譬若有人，年既幼稚，舍父逃逝，久住他国，或十、二十，至五十岁。年既长大，加复穷困，驰骋四方，以求衣食；渐渐游行，遇向本国。其父先来，求子不得，中止一城。其家大富，财宝无量，金、银、琉璃、珊瑚、琥珀、玻璃珠等，其诸仓库，悉皆盈溢；多有僮仆，臣佐吏民，象马车乘，牛羊无数，出入息利，乃遍他国；商估贾客亦甚众多。时贫穷子，游诸聚落，经历国邑，遂到其父所止之城。父每念子，与子离别五十余年，而未曾向人说如此事。但自思惟，心怀悔恨，自念老朽，多有财物，金银珍宝，仓库盈溢，无有子息；一旦终殁，财物散失，无所委付，是以慇懃，每忆其子。复作是念：我若得子，委付财物，坦然快乐，无复忧虑。

世尊！尔时，穷子佣赁展转，遇到父舍，住立门侧，遥见其父踞师子床，宝几承足。诸婆罗门、刹利、居士，皆恭敬围绕；以真珠璎珞，价值千万，庄严其身；吏民僮仆，手执白拂，侍立左右；覆以宝帐，垂诸华幡，香水洒地，散众名华，罗列宝物，出内取与，有如是等种种严饰，威德特尊。穷子见父有大力势，即怀恐怖，悔来至此，窃作是念：此或是王，或是王等，非我佣力得物之处，不如往至贫里，肆力有地，衣食易得；若久住此，或见逼迫，强使我作。作是念已，疾走而去。时富长者，于师子座，见子便识，心大欢喜，即作是念：我财物库藏，今有所付；我常思念此子，无由见之，而忽自来，甚适我愿；我虽年朽，犹故贪惜。即遣傍人，急追将还。

尔时，使者疾走往捉，穷子惊愕，称怨大唤：我不相犯，何为见捉？使者执之逾急，强牵将还。于时穷子自念无罪，而被囚执，此必定死，转更惶怖，闷绝躄地。父遥见之，而语使言：不须此人，勿强将来，以冷水洒面，令得醒悟，莫复与语。所以者何？父知其子，志意下劣，自知豪贵，为子所难；审知是子，而以方便，不语他人，云是我子。使者语之，我今放汝，随意所趣。穷子欢喜，得未曾有，从地而起，往至贫里，以求衣食。

尔时，长者将欲诱引其子，而设方便；密遣二人，形色憔悴，无威德者，汝可诣彼，徐语穷子，此有作处，倍与汝直。穷子若许，将来使作。若言欲何所作，便可语之，雇汝除粪，我等二人，亦共汝作。时二使人，即求穷子；既已得之，具陈上事。尔时，穷子先取其价，寻与除粪。其父见子，愍而怪之。又以他日，于窗牖中，遥见子身，羸瘦憔悴，粪土尘坌，污秽不净。即脱璎珞、细软上服、严饰之具，更着粗弊垢腻之衣；尘土坌身，右手执持除粪之器，状有所畏。语诸作人，汝等勤作，勿得懈息，以方便故，得近其子。后复告言：咄！男子，汝常此作，勿复余去，当加汝价。诸有所须，盆器米面盐醋之属，莫自疑难，亦有老弊使人，须者相给，好自安意；我如汝父，勿复忧虑。所以者何？我年老大，而汝少壮，汝常作时，无有欺、怠、瞋恨、怨言，都不见汝有此诸恶，如余作人；自今已后，如所生子。即时长者更与作字，名之为儿。尔时，穷子虽欣此遇，犹故自谓客作贱人。由是之故，于二十年中，常令除粪。过是已后，心相体信，入出无难，然其所止，犹在本处。

世尊！尔时长者有疾，自知将死不久，语穷子言：我今多有金银珍宝，仓库盈溢，其中多少，所应取与，汝悉知之，我心如是，当体此意。所以者何？今我与汝，便为不异，宜加用心，无令漏失。尔时,穷子即受教敕,领知众物,金银珍宝,及诸库藏,而无希取一餐之意,然其所止,故在本处,下劣之心,亦未能舍。复经少时,父知子意渐以通泰,成就大志,自鄙先心。临欲终时,而命其子,并会亲族、国王、大臣、刹利、居士,皆悉已集,即自宣言:诸君当知,此是我子,我之所生,于某城中,舍吾逃走,伶俜辛苦五十余年,其本字某,我名某甲,昔在本城怀忧推觅,忽于此间遇会得之,此实我子,我实其父,今我所有一切财物,皆是子有,先所出内是子所知。世尊!是时穷子闻父此言,即大欢喜,得未曾有,而作是念:我本无心有所希求,今此宝藏自然而至。

世尊!大富长者则是如来,我等皆似佛子;如来常说,我等为子。世尊!我等以三苦故,于生死中,受诸热恼,迷惑无知,乐着小法。今日,世尊令我等思惟,蠲除诸法戏论之粪,我等于中,勤加精进,得至涅槃一日之价;既得此已,心大欢喜,自以为足,便自谓言,于佛法中勤精进故,所得弘多。然世尊先知我等,心着弊欲,乐于小法,便见纵舍,不为分别,汝等当有如来知见宝藏之分。世尊以方便力,说如来智慧,我等从佛得涅槃一日之价,以为大得;于此大乘,无有志求。我等又因如来智慧,为诸菩萨开示演说,而自于此无有志愿。所以者何?佛知我等心乐小法,以方便力,随我等说,而我等不知真是佛子。今我等方知,世尊于佛智慧,无所吝惜。所以者何?我等昔来真是佛子,而但乐小法,若我等有乐大之心,佛则为我说大乘法,于此经中,唯说一乘,而昔于菩萨前,毁訾声闻乐小法者,然佛实以大乘教化;是故我等,说本无心有所希求。今法王大宝自然而至,如佛子所应得者皆已得之。尔时,摩诃迦叶欲重宣此义,而说偈言:

我等今日	闻佛音教	欢喜踊跃	得未曾有
佛说声闻	当得作佛	无上宝聚	不求自得
譬如童子	幼稚无识	舍父逃逝	远到他土
周流诸国	五十余年		
其父忧念	四方推求	求之既疲	顿止一城
造立舍宅	五欲自娱	其家巨富	多诸金银
砗磲玛瑙	真珠琉璃	象马牛羊	辇舆车乘
田业僮仆	人民众多	出入息利	乃遍他国
商估贾人	无处不有	千万亿众	围绕恭敬
常为王者	之所爱念	群臣豪族	皆共宗重
以诸缘故	往来者众	豪富如是	有大力势
而年朽迈	益忧念子	夙夜惟念	死时将至
痴子舍我	五十余年	库藏诸物	当如之何
尔时穷子	求索衣食	从邑至邑	从国至国
或有所得	或无所得	饥饿羸瘦	体生疮癣

遂至父舍
处师子座
金银宝物
豪贵尊严
何故至此
强驱使作
欲往佣作
默而识之
迷闷躄地
使我至此
不信是父
无威德者
倍与汝价
净诸房舍
乐为鄙事
往到子所
并涂足油
汝当勤作
执作家事
皆使令知
我无此物
即聚亲族
说是我子
已二十年
遂来至此
恣其所用
大获珍宝
得未曾有
汝等作佛
声闻弟子
当得成佛
种种譬喻
从我闻法
即授其记
秘藏之法
说斯真要
心不希取
亦复如是

佣赁展转
施大宝帐
或有计算
穷子见父
惊怖自怪
或见逼迫
借问贫里
遥见其父
穷子惊唤
何用衣食
不信我言
眄目睐陋
除诸粪秽
为除粪秽
念子愚劣
执除粪器
既益汝价
如是苦言
经二十年
诸物出入
自念贫事
欲与财物
于此大众
自见子来
周行求索
悉以付之
今于父所
甚大欢喜
未曾说言
成就小乘
修习此者
以诸因缘
诸佛子等
是时诸佛
一切诸佛
而不为我
虽知诸物
自无志愿

到父住城
于其门内
诸人侍卫
注记券疏
若国王等
我若久住
驰走而去
在师子座
追捉将来
必当见杀
愚痴狭劣
更遗余人
云当相顾
欢喜随来
常见其子
着弊垢衣
语令勤作
荐席厚暖
若如我子
渐令入出
真珠玻璃
止宿草庵
渐已广大
刹利居士
经五十岁
而失是子
舍宅人民
志意下劣
一切财物
知我乐小
得诸无漏
说最上道
为大菩萨
说无上道
精勤修习
当得作佛
演其实事
得近其父
佛法宝藏

渐次经历
尔时长者
眷属围绕
出内财产
谓是国王
覆自念言
思惟是已
长者是时
即敕使者
是人执我
长者知子
即以方便
汝可语之
穷子闻之
长者于牖
于是长者
方便附近
饮食充足
又以软语
长者有智
示其金银
犹处门外
父知子心
国王大臣
舍我他行
昔于某城
凡我所有
子念昔贫
并及舍宅
佛亦如是
而说我等
佛敕我等
我承佛教
若干言辞
日夜思惟
汝于来世
但为菩萨
如彼穷子
我等虽说

更无余事
都无欣乐
无生无灭
不生喜乐
无复志愿
修习空法
有余涅槃
报佛之恩
以求佛道
观我心故
柔伏其心
现希有事
乃教大智
而今自得
得道得果
持佛净戒
久修梵行
真是声闻
真阿罗汉
应受供养
利益我等
头顶礼敬
两肩荷负
无量宝衣
及诸珍宝
以用供养
大神通力
忍于斯事
种种欲乐
而为说法
未成熟者
随宜说三

唯了此事
教化众生
皆悉空寂
如是思惟
无贪无着
我等长夜
住最后身
则为已得
说菩萨法
导师见舍
以方便力
佛亦如是
调伏其心
非先所望
世尊我今
我等长夜
法王法中
我等今者
我等今者
普于其中
怜愍教化
手足供给
若以顶戴
又以美膳
牛头栴檀
如斯等事
不可思议
能为下劣
知诸众生
以无量喻
又知成熟
于一乘道

自谓为足
净佛国土
一切诸法
无漏无为
于佛智慧
谓是究竟
苦恼之患
得道不虚
诸佛子等
永无愿乐
说有实利
知子志劣
一切财物
以方便力
得未曾有
得无量宝
得清净眼
得其果报
无上大果
令一切闻
天人魔梵
以希有事
谁能报者
皆不能报
尽心恭敬
种种汤药
宝衣布地
亦不能报
无量无边
诸法之王
随宜为说
得最自在
随所堪任
宿世善根
分别知己

我等内灭
我等若闻
所以者何
无大无小
我等长夜
而自于法
得脱三界
佛所教化
我等虽为
而于是法
初不劝进
如富长者
然后乃付
知乐小者
我等今日
如彼穷子
于无漏法
始于今日
今得无漏
以佛道声
于诸世间
世尊大恩
无量亿劫
一切供养
于恒沙劫
及诸卧具
以起塔庙
于恒沙劫
诸佛希有
无漏无为
取相凡夫
诸佛于法
及其志力
随诸众生
种种筹量

卷第三

药草喻品第五

尔时，世尊告摩诃迦叶及诸大弟子：善哉！善哉！迦叶善说如来真实功德。诚如所言，如来复有无量无边阿僧祇功德；汝等若于无量亿劫，说不能尽。迦叶当知！如来是诸法之王，若有所说，皆不虚也。于一切法，以智方便而演说之；其所说法，皆悉到于一切智地。如来观知一切诸法之所归趣，亦知一切众生深心所行通达无碍；又于诸法究尽明了，示诸众生一切智慧。

迦叶！譬如三千大千世界、山川溪谷土地，所生卉木丛林及诸药草，种类若干，名色各异。密云弥布，遍覆三千大千世界，一时等澍，其泽普洽卉木丛林及诸药草；小根小茎、小枝小叶，中根中茎、中枝中叶，大根大茎、大枝大叶，诸树大小，随上中下，各有所受；一云所雨，称其种性而得生长华果敷实。虽一地所生，一雨所润，而诸草木各有差别。

迦叶当知！如来亦复如是！出现于世，如大云起，以大音声，普遍世界天、人、阿修罗，如彼大云遍覆三千大千国土。于大众中，而唱是言：我是如来、应供、正遍知、明行足、善逝世间解、无上士、调御丈夫、天人师、佛、世尊。未度者令度，未解者令解，未安者令安，未涅槃者令得涅槃，今世后世，如实知之。我是一切知者、一切见者、知道者、开道者、说道者，汝等天人阿修罗众皆应到此，为听法故。

尔时，无数千万亿种众生，来至佛所而听法。如来于时，观是众生诸根利钝、精进懈怠，随其所堪，而为说法；种种无量，皆令欢喜，快得善利。是诸众生闻是法已，现世安隐，后生善处，以道受乐，亦得闻法。既闻法已，离诸障碍，于诸法中，任力所能，渐得入道。如彼大云，雨于一切卉木丛林及诸药草，如其种性，具足蒙润，各得生长。

如来说法，一相一味，所谓解脱相、离相、灭相，究竟至于一切种智。其有众生，闻如来法，若持读诵，如说修行，所得功德，不自觉知。所以者何？唯有如来，知此众生种相体性、念何事、思何事、修何事，云何念、云何思、云何修，以何法念、以何法思、以何法修、以何法得何法。众生住于种种之地，唯有如来如实见之，明了无碍。如彼卉木丛林诸药草等，而不自知上中下性。如来知是一相一味之法，所谓解脱相、离相、灭相，究竟涅槃，常寂灭相，终归于空。佛知是已，观众生心欲而将护之，是故不即为说一切种智。

汝等迦叶，甚为希有，能知如来随宜说法，能信能受。所以者何？诸佛世尊随宜说法，难解难知。尔时，世尊欲重宣此义，而说偈言：

破有法王　出现世间　随众生欲　种种说法
如来尊重　智慧深远　久默斯要　不务速说
有智若闻　则能信解　无智疑悔　则为永失
是故迦叶　随力为说　以种种缘　令得正见
迦叶当知　譬如大云　起于世间　遍覆一切
慧云含润　电光晃曜　雷声远震　令众悦豫
日光掩蔽　地上清凉　叆叇垂布　如可承揽
其雨普等　四方俱下　流澍无量　率土充洽
山川险谷　幽邃所生　卉木药草　大小诸树
百谷苗稼　甘蔗蒲萄　雨之所润　无不丰足
乾地普洽　药木并茂　其云所出　一味之水
草木丛林　随分受润
一切诸树　上中下等　称其大小　各得生长
根茎枝叶　华果光色　一雨所及　皆得鲜泽
如其体相　性分大小　所润是一　而各滋茂
佛亦如是　出现于世　譬如大云　普覆一切
既出于世　为诸众生　分别演说　诸法之实
大圣世尊　于诸天人　一切众中　而宣是言
我为如来　两足之尊　出于世间　犹如大云
充润一切　枯槁众生　皆令离苦　得安隐乐
世间之乐　及涅槃乐　诸天人众　一心善听
皆应到此　觐无上尊
我为世尊　无能及者　安隐众生　故现于世
为大众说　甘露净法　其法一味　解脱涅槃
以一妙音　演畅斯义　常为大乘　而作因缘
我观一切　普皆平等　无有彼此　爱憎之心
我无贪着　亦无限碍　恒为一切　平等说法
如为一人　众多亦然　常演说法　曾无他事
去来坐立　终不疲厌　充足世间　如雨普润
贵贱上下　持戒毁戒　威仪具足　及不具足
正见邪见　利根钝根　等雨法雨　而无懈倦
一切众生　闻我法者　随力所受　住于诸地
或处人天　转轮圣王　释梵诸王　是小药草
知无漏法　能得涅槃　起六神通　及得三明
独处山林　常行禅定　得缘觉证　是中药草
求世尊处　我当作佛　行精进定　是上药草
又诸佛子　专心佛道　常行慈悲　自知作佛
决定无疑　是名小树

安住神通　转不退轮　度无量亿　百千众生
如是菩萨　名为大树
佛平等说　如一味雨　随众生性　所受不同
如彼草木　所禀各异
佛以此喻　方便开示　种种言辞　演说一法
于佛智慧　如海一滴
我雨法雨　充满世间　一味之法　随力修行
如彼丛林　药草诸树　随其大小　渐增茂好
诸佛之法　常以一味　令诸世间　普得具足
渐次修行　皆得道果
声闻缘觉　处于山林　住最后身　闻法得果
是名药草　各得增长
若诸菩萨　智慧坚固　了达三界　求最上乘
是名小树　而得增长
复有住禅　得神通力　闻诸法空　心大欢喜
放无数光　度诸众生　是名大树　而得增长
如是迦叶　佛所说法　譬如大云　以一味雨　润于人华　各得成实
迦叶当知　以诸因缘　种种譬喻　开示佛道　是我方便　诸佛亦然
今为汝等　说最实事　诸声闻众　皆非灭度
汝等所行　是菩萨道　渐渐修学　悉当成佛

授记品第六

尔时，世尊说是偈已，告诸大众，唱如是言：我此弟子摩诃迦叶，于未来世，当得奉觐三百万亿诸佛世尊，供养恭敬，尊重赞叹，广宣诸佛无量大法。于最后身，得成为佛，名曰光明如来、应供、正遍知、明行足、善逝世间解、无上士、调御丈夫、天人师、佛、世尊。国名光德，劫名大庄严，佛寿十二小劫，正法住世二十小劫，像法亦住二十小劫。国界严饰，无诸秽恶、瓦砾荆棘、便利不净；其土平正，无有高下坑坎堆阜。琉璃为地，宝树行列，黄金为绳，以界道侧，散诸宝华，周遍清净。其国菩萨无量千亿，诸声闻众亦复无数，无有魔事，虽有魔及魔民，皆护佛法。尔时，世尊欲重宣此义，而说偈言：

告诸比丘　我以佛眼
见是迦叶　于未来世　过无数劫　当得作佛
而于来世　供养奉觐　三百万亿　诸佛世尊
为佛智慧　净修梵行　供养最上　二足尊已
修习一切　无上之慧　于最后身　得成为佛

其土清净　琉璃为地　多诸宝树　行列道侧
金绳界道　见者欢喜　常出好香　散众名华
种种奇妙　以为庄严　其地平正　无有丘坑
诸菩萨众　不可称计　其心调柔　逮大神通　奉持诸佛　大乘经典
诸声闻众　无漏后身　法王之子　亦不可计　乃以天眼　不能数知
其佛当寿　十二小劫　正法住世　二十小劫　像法亦住　二十小劫
光明世尊　其事如是

尔时，大目犍连、须菩提、摩诃迦旃延等，皆悉悚栗，一心合掌，瞻仰尊颜，目不暂舍，即共同声而说偈言：

大雄猛世尊　诸释之法王　哀愍我等故　而赐佛音声
若知我深心　见为授记者　如以甘露洒　除热得清凉
如从饥国来　忽遇大王膳　心犹怀疑惧　未敢即便食
若复得王教　然后乃敢食
我等亦如是　每惟小乘过　不知当云何　得佛无上慧
虽闻佛音声　言我等作佛　心尚怀忧惧　如未敢便食
若蒙佛授记　尔乃快安乐
大雄猛世尊　常欲安世间　愿赐我等记　如饥须教食

尔时，世尊知诸大弟子心之所念，告诸比丘：是须菩提，于当来世，奉觐三百万亿那由他佛，供养恭敬，尊重赞叹，常修梵行，具菩萨道。于最后身，得成为佛，号曰名相如来、应供、正遍知、明行足、善逝世间解、无上士、调御丈夫、天人师、佛、世尊。劫名有宝，国名宝生，其土平正，玻璃为地，宝树庄严，无诸丘坑、沙砾、荆棘、便利之秽，宝华覆地，周遍清净。其土人民，皆处宝台珍妙楼阁。声闻弟子，无量无边，算数譬喻所不能知。诸菩萨众，无数千万亿那由他。佛寿十二小劫，正法住世二十小劫，像法亦住二十小劫。其佛常处虚空，为众说法，度脱无量菩萨及声闻众。尔时，世尊欲重宣此义，而说偈言：

诸比丘众　今告汝等　皆当一心　听我所说
我大弟子　须菩提者　当得作佛　号曰名相
当供无数　万亿诸佛　随佛所行　渐具大道
最后身得　三十二相　端正姝妙　犹如宝山
其佛国土　严净第一　众生见者　无不爱乐
佛于其中　度无量众　其佛法中　多诸菩萨
皆悉利根　转不退轮　彼国常以　菩萨庄严
诸声闻众　不可称数　皆得三明　具六神通
住八解脱　有大威德

其佛说法　现于无量　神通变化　不可思议
诸天人民　数如恒沙　皆共合掌　听受佛语
其佛当寿　十二小劫　正法住世　二十小劫　像法亦住　二十小劫

尔时，世尊复告诸比丘众：我今语汝，是大迦旃延，于当来世，以诸供具，供养奉事八千亿佛，恭敬尊重。诸佛灭后，各起塔庙，高千由旬，纵广正等五百由旬，以金、银、琉璃、砗磲、玛瑙、真珠、玫瑰、七宝合成；众华、璎珞、涂香、末香、烧香、缯盖、幢幡，供养塔庙。过是已后，当复供养二万亿佛，亦复如是。供养是诸佛已，具菩萨道。当得作佛，号曰阎浮那提金光如来、应供、正遍知、明行足、善逝世间解、无上士、调御丈夫、天人师、佛、世尊。其土平正，玻璃为地，宝树庄严，黄金为绳，以界道侧，妙华覆地，周遍清净，见者欢喜。无四恶道，地狱、饿鬼、畜生、阿修罗道。多有天人，诸声闻众，及诸菩萨，无量万亿，庄严其国。佛寿十二小劫，正法住世二十小劫，像法亦住二十小劫。尔时，世尊欲重宣此义，而说偈言：

诸比丘众　皆一心听　如我所说　真实无异
是迦旃延　当以种种　妙好供具　供养诸佛
诸佛灭后　起七宝塔　亦以华香　供养舍利
其最后身　得佛智慧　成等正觉
国土清净　度脱无量　万亿众生　皆为十方
之所供养　佛之光明　无能胜者　其佛号曰
阎浮金光　菩萨声闻　断一切有　无量无数
庄严其国

尔时，世尊复告大众：我今语汝，是大目犍连，当以种种供具，供养八千诸佛，恭敬尊重。诸佛灭后，各起塔庙，高千由旬，纵广正等五百由旬，以金、银、琉璃、砗磲、玛瑙、真珠、玫瑰、七宝合成；众华、璎珞、涂香、末香、烧香、缯盖、幢幡，以用供养。过是已后，当复供养，二百万亿诸佛，亦复如是。当得成佛，号曰多摩罗跋栴檀香如来、应供、正遍知、明行足、善逝世间解、无上士、调御丈夫、天人师、佛、世尊。劫名喜满，国名意乐，其土平正，玻璃为地，宝树庄严，散真珠华，周遍清净，见者欢喜。多诸天人，菩萨声闻其数无量。佛寿二十四小劫，正法住世四十小劫，像法亦住四十小劫。尔时，世尊欲重宣此义，而说偈言：

我此弟子　大目犍连　舍是身已　得见八千
二百万亿　诸佛世尊　为佛道故　供养恭敬
于诸佛所　常修梵行　于无量劫　奉持佛法
诸佛灭后　起七宝塔　长表金刹　华香伎乐
而以供养　诸佛塔庙

渐渐具足　菩萨道已　于意乐国　而得作佛
号多摩罗　旃檀之香　其佛寿命　二十四劫
常为天人　演说佛道　声闻无量　如恒河沙
三明六通　有大威德　菩萨无数　志固精进
于佛智慧　皆不退转
佛灭度后　正法当住　四十小劫　像法亦尔
我诸弟子　威德具足　其数五百　皆当授记
于未来世　咸得成佛　我及汝等　宿世因缘
吾今当说　汝等善听

化城喻品第七

佛告诸比丘，乃往过去无量无边不可思议阿僧祇劫，尔时有佛，名大通智胜如来、应供、正遍知、明行足、善逝世间解、无上士、调御丈夫、天人师、佛、世尊，其国名好城，劫名大相。诸比丘！彼佛灭度已来，甚大久远。譬如三千大千世界所有地种，假使有人磨以为墨，过于东方千国土，乃下一点，大如微尘；又过千国土，复下一点；如是展转尽地种墨，于汝等意云何，是诸国土，若算师，若算师弟子，能得边际，知其数不？不也，世尊！诸比丘，是人所经国土，若点不点，尽抹为尘，一尘一劫，彼佛灭度已来，复过是数无量无边百千万亿阿僧祇劫，我以如来知见力故，观彼久远，犹若今日。尔时，世尊欲重宣此义，而说偈言：

我念过去世　无量无边劫　有佛两足尊　名大通智胜
如人以力磨　三千大千土　尽此诸地种　皆悉以为墨
过于千国土　乃下一尘点　如是展转点　尽此诸尘墨
如是诸国土　点与不点等　复尽抹为尘　一尘为一劫
此诸微尘数　其劫复过是　彼佛灭度来　如是无量劫
如来无碍智　知彼佛灭度　及声闻菩萨　如见今灭度
诸比丘当知　佛智净微妙　无漏无所碍　通达无量劫

佛告诸比丘：大通智胜佛，寿五百四十万亿那由他劫。其佛本坐道场，破魔军已，垂得阿耨多罗三藐三菩提，而诸佛法不现在前。如是一小劫，乃至十小劫，结跏趺坐，身心不动，而诸佛法犹不在前。尔时忉利诸天，先为彼佛，于菩提树下敷师子座，高一由旬，佛于此座，当得阿耨多罗三藐三菩提，适坐此座，时诸梵天王，雨众天华，面百由旬，香风时来，吹去萎华，更雨新者，如是不绝，满十小劫，供养于佛，乃至灭度，常雨此华。四王诸天，为供养佛，常击天鼓，其余诸天，作天伎乐，满十小劫，至于灭度，亦复如是。

诸比丘，大通智胜佛过十小劫，诸佛之法，乃现在前，成阿耨多罗三藐三菩提。其佛未出家时，有十六子，其第一者，名曰智积。诸子各有种种珍异玩好之具，闻父得成阿耨多罗三藐三菩提，皆舍所珍，往诣佛所，诸母涕泣而随送之。其祖转轮圣王，与一百大臣，及余百千万亿人民，皆共围绕，随至道场。咸欲亲近大通智圣如来，供养恭敬，尊重赞叹。到已，头面礼足，绕佛毕已，一心合掌，瞻仰世尊，以偈颂曰：

　　大威德世尊　为度众生故　于无量亿岁　尔乃得成佛
　　诸愿已具足　善哉吉无上
　　世尊甚希有　一坐十小劫　身体及手足　静然安不动
　　其心常澹泊　未曾有散乱　究竟永寂灭　安住无漏法
　　今者见世尊　安隐成佛道　我等得善利　称庆大欢喜
　　众生常苦恼　盲瞑无导师　不识苦尽道　不知求解脱
　　长夜增恶趣　减损诸天众　从冥入于冥　永不闻佛名
　　今佛得最上　安隐无漏道　我等及天人　为得最大利
　　是故咸稽首　归命无上尊

尔时，十六王子偈赞佛已，劝请世尊转于法轮，咸作是言：世尊说法，多所安隐，怜愍饶益诸天人民。重说偈言：

　　世雄无等伦　百福自庄严　得无上智慧　愿为世间说
　　度脱于我等　及诸众生类　为分别显示　令得是智慧
　　若我等得佛　众生亦复然　世尊知众生　深心之所念
　　亦知所行道　又知智慧力　欲乐及修福　宿命所行业
　　世尊悉知已　当转无上轮

佛告诸比丘：大通智胜佛得阿耨多罗三藐三菩提时，十方各五百万亿诸佛世界，六种震动，其国中间幽冥之处，日月威光所不能照，而皆大明。其中众生，各得相见，咸作是言：此中云何忽生众生？又其国界，诸天宫殿，乃至梵宫，六种震动，大光普照，遍满世界，胜诸天光。尔时，东方五百万亿诸国土中，梵天宫殿，光明照曜，倍于常明。诸梵天王各作是念：今者宫殿光明，昔所未有；以何因缘，而现此相？是时诸梵天王，即各相诣，共议此事；时彼众中，有一大梵天王，名救一切，为诸梵众而说偈言：

　　我等诸宫殿　光明昔未有　此是何因缘　宜各共求之
　　为大德天生　为佛出世间　而此大光明　遍照于十方

尔时，五百万亿国土诸梵天王，与宫殿俱，各以衣裓盛诸天华，共诣西方，推寻是相。见大通智胜如来，处于道场菩提树下，坐师子座，诸天、龙王、乾闼婆、紧那罗、摩睺罗伽、人非人等，恭敬围绕，及见十六王子，请佛转法轮。即时，诸梵天王头面礼佛，绕百千匝，即以天华而散佛上。其所散华，如须弥山，并以供养佛菩提树，其菩提树，高十由旬。华供养已，各以宫殿，奉上彼佛，而作是言：惟见哀愍，饶益我等，所献宫殿，愿垂纳处。时诸梵天王，即于佛前，一心同声，以偈颂曰：

　　世尊甚希有　难可得值遇　具无量功德　能救护一切

天人之大师　　哀愍于世间　　十方诸众生　　普皆蒙饶益
　　我等所从来　　五百万亿国　　舍深禅定乐　　为供养佛故
　　我等先世福　　宫殿甚严饰　　今以奉世尊　　惟愿哀纳受
　　尔时，诸梵天王偈赞佛已，各作是言：惟愿世尊转于法轮，度脱众生，开涅槃道。时诸梵天王，一心同声，而说偈言：
　　世雄两足尊　　惟愿演说法　　以大慈悲力　　度苦恼众生
　　尔时，大通智胜如来默然许之。又诸比丘，东南方五百万亿国土，诸大梵王，各自见宫殿光明照耀，昔所未有；欢喜踊跃，生稀有心。即各相诣，共议此事；时彼众中，有一大梵天王，名曰大悲，为诸梵众而说偈言：
　　是事何因缘　　而现如此相　　我等诸宫殿　　光明昔未有
　　为大德天生　　为佛出世间　　未曾见此相　　当共一心求
　　过千万亿土　　寻光共推之　　多是佛出世　　度脱苦众生
　　尔时，五百万亿诸梵天王与宫殿俱，各以衣裓盛诸天华，共诣西北方，推寻是相。见大通智胜如来，处于道场菩提树下，坐师子座，诸天、龙王、乾闼婆、紧那罗、摩睺罗伽、人非人等，恭敬围绕，及见十六王子，请佛转法轮。时诸梵天王头面礼佛，绕百千匝，即以天华，而散佛上。所散之华，如须弥山，并以供养佛菩提树，华供养已，各以宫殿，奉上彼佛，而作是言：惟见哀愍，饶益我等，所献宫殿，愿垂纳受。尔时，诸梵天王即于佛前，一心同声，以偈颂曰：
　　圣主天中王　　迦陵频伽声　　哀愍众生者　　我等今敬礼
　　世尊甚希有　　久远乃一现　　一百八十劫　　空过无有佛
　　三恶道充满　　诸天众减少
　　今佛出于世　　为众生作眼　　世间所归趣　　救护于一切
　　为众生之父　　哀愍饶益者　　我等宿福庆　　今得值世尊
　　尔时，诸梵天王偈赞佛已，各作是言：惟愿世尊哀愍一切，转于法轮，度脱众生。时诸梵天王，一心同声，而说偈言：
　　大圣转法轮　　显示诸法相　　度苦恼众生　　令得大欢喜
　　众生闻此法　　得道若生天　　诸恶道减少　　忍善者增益
　　尔时，大通智胜如来默然许之。又诸比丘，南方五百万亿国土，诸大梵王，各自见宫殿光明照曜，昔所未有；欢喜踊跃，生希有心。即各相诣，共议此事；以何因缘，我等宫殿，有此光曜？而彼众中，有一大梵天王，名曰妙法，为诸梵众而说偈言：
　　我等诸宫殿　　光明甚威曜　　此非无因缘　　是相宜求之
　　过于百千劫　　未曾见是相　　为大德天生　　为佛出世间
　　尔时，五百万亿诸梵天王，与宫殿俱，各以衣裓盛诸天华，共诣北方，推寻是相。见大通智胜如来，处于道场菩提树下，坐师子座，诸天、龙王、乾闼婆、紧那罗、摩睺罗伽、人非人等，恭敬围绕，及见十六王子请佛转法轮。时诸梵天王头面礼佛，绕百千匝，即以天华而散佛上。所散之华，如须弥山，并以供养佛菩提树。华供养已，各以宫殿，奉上彼佛，而作是言：惟见哀愍，饶益我等，所献宫殿，愿垂纳受。尔时，诸梵天王即于佛前，一心同声，以偈颂曰：

　　世尊甚难见　破诸烦恼者　过百三十劫　今乃得一见
　　诸饥渴众生　以法雨充满　昔所未曾睹　无量智慧者
　　如优昙钵华　今日乃值遇
　　我等诸宫殿　蒙光故严饰　世尊大慈愍　惟愿垂纳受

尔时，诸梵天王偈赞佛已，各作是言：惟愿世尊转于法轮，令一切世间、诸天、魔、梵、沙门、婆罗门，皆获安隐，而得度脱。时诸梵天王，一心同声，以偈颂曰：

　　惟愿天人尊　转无上法轮　击于大法鼓　而吹大法螺
　　普雨大法雨　度无量众生　我等咸归请　当演深远音

尔时，大通智胜如来默然许之。西南方，乃至下方，亦复如是。尔时，上方五百万亿国土，诸大梵王，皆悉自睹所止宫殿，光明威曜，昔所未有；欢喜踊跃，生希有心。即各相诣，共议此事；以何因缘，我等宫殿，有斯光明？时彼众中，有一大梵天王，名曰尸弃，为诸梵众而说偈言：

　　今以何因缘　我等诸宫殿　威德光明曜　严饰未曾有
　　如是之妙相　昔所未闻见　为大德天生　为佛出世间

尔时，五百万亿诸梵天王，与宫殿俱，各以衣祴盛诸天华，共诣下方，推寻是相。见大通智胜如来，处于道场菩提树下，坐师子座，诸天、龙王、乾闼婆、紧那罗、摩睺罗伽、人非人等，恭敬围绕，及见十六王子请佛转法轮。时诸梵天王头面礼佛，绕百千匝，即以天华而散佛上。所散之华，如须弥山，并以供养佛菩提树。华供养已，各以宫殿，奉上彼佛，而作是言：惟见哀愍，饶益我等，所献宫殿，愿垂纳处。时诸梵天王即于佛前，一心同声，以偈颂曰：

　　善哉见诸佛　救世之圣尊　能于三界狱　勉出诸众生
　　普智天人尊　哀愍群萌类　能开甘露门　广度于一切
　　于昔无量劫　空过无有佛　世尊未出时　十方常闇冥
　　三恶道增长　阿修罗亦盛　诸天众减少　死多堕恶道
　　不从佛闻法　常行不善事　色力及智慧　斯等皆减少
　　罪业因缘故　失乐及乐想　住于邪见法　不识善仪则
　　不蒙佛所化　常堕于恶道
　　佛为世间眼　久远时乃出　哀愍诸众生　故现于世间
　　超出成正觉　我等甚欣庆　及余一切众　喜叹未曾有
　　我等诸宫殿　蒙光故严饰　今以奉世尊　惟垂哀纳受
　　愿以此功德　普及于一切　我等与众生　皆共成佛道

尔时，五百万亿诸梵天王，偈赞佛已，各白佛言：惟愿世尊转于法轮，多所安隐，多所度脱。时诸梵天王，而说偈言：

世尊转法轮　击甘露法鼓　度苦恼众生　开示涅槃道
　　惟愿受我请　以大微妙音　哀愍而敷演　无量劫集法
　　尔时大通智胜如来，受十方诸梵天王及十六王子请。即时三转十二行法轮，若沙门、婆罗门，若天、魔、梵，及余世间所不能转，谓是苦，是苦集，是苦灭，是苦灭道。及广说十二因缘法，无明缘行，行缘识，识缘名色，名色缘六入，六入缘触，触缘受，受缘爱，爱缘取，取缘有，有缘生，生缘老死忧悲苦恼。无明灭则行灭，行灭则识灭，识灭则名色灭，名色灭则六入灭，六入灭则触灭，触灭则受灭，受灭则爱灭，爱灭则取灭，取灭则有灭，有灭则生灭，生灭则老死忧悲苦恼灭。佛于天人大众之中，说是法时，六百万亿那由他人，以不受一切法故，而于诸漏，心得解脱，皆得深妙禅定、三明六通，具八解脱，第二、第三、第四说法时，千万亿恒河沙那由他等众生，亦以不受一切法故，而于诸漏，心得解脱。从是已后，诸声闻众无量无边，不可称数。
　　尔时，十六王子皆以童子出家，而为沙弥，诸根通利，智慧明了，已曾供养百千万亿诸佛，净修梵行，求阿耨多罗三藐三菩提。俱白佛言：世尊！是诸无量千万亿大德声闻，皆已成就。世尊！亦当为我等说阿耨多罗三藐三菩提法，我等闻已，皆共修学。世尊！我等志愿，如来知见，深心所念，佛自证知。
　　尔时，转轮圣王所将众中八万亿人，见十六王子出家，亦求出家，王即听许。尔时，彼佛受沙弥请，过二万劫已，乃于四众之中，说是大乘经，名妙法莲华，教菩萨法，佛所护念。说是经已，十六沙弥为阿耨多罗三藐三菩提故，皆共受持，讽诵通利。说是经时，十六菩萨沙弥皆悉信受；声闻众中，亦有信解，其余众生，千万亿种，皆生疑惑。佛说是经，于八千劫，未曾休废。说是经已，即入静室，住于禅定八万四千劫。是时十六菩萨沙弥知佛入室，寂然禅定，各升法座，亦于八万四千劫，为四部众广说分别妙法华经，一一皆度六百万亿那由他恒河沙等众生，示教利喜，令发阿耨多罗三藐三菩提心。
　　大通智胜佛过八万四千劫已，从三昧起，往诣法座，安详而坐，普告大众，是十六菩萨沙弥甚为希有，诸根通利，智慧明了，已曾供养无量千万亿数诸佛；于诸佛所，常修梵行，受持佛智，开示众生，令入其中。汝等皆当数数亲近而供养之，所以者何？若声闻、辟支佛，及诸菩萨，能信是十六菩萨所说经法，受持不毁者，是人皆当得阿耨多罗三藐三菩提如来之慧。佛告诸比丘，是十六菩萨常乐说是妙法莲华经，一一菩萨所化六百万亿那由它恒河沙等众生，世世所生，与菩萨俱，从其闻法，悉皆信解；以此因缘，得值四万亿诸佛世尊，于今不尽。
　　诸比丘，我今语汝，彼佛弟子十六沙弥，今皆得阿耨多罗三藐三菩提，于十方国土，现在说法，有无量百千万亿菩萨、声闻，以为眷属。其二沙弥,东方作佛,一名阿閦,在欢喜国,二名须弥顶;东南方二佛,一名师子音,二名师子相;南方二佛,一名虚空住,二名常灭;西南方二佛,一名帝相,二名梵相;西方二佛,一名阿弥陀,二名度一切世间苦恼;西北方二佛,一名多摩罗跋栴檀香神通,二名须弥相;北方二佛,一名云自在,二名云自在王;东北方佛,名坏一切世间怖畏;第十六,我释迦牟尼佛,于娑婆国土,成阿耨多罗三藐三菩提。

诸比丘,我等为沙弥时,各各教化无量百千万亿恒河沙等众生,从我闻法,为阿耨多罗三藐三菩提。此诸众生,于今有住声闻地者,我常教化阿耨多罗三藐三菩提;是诸人等,应以是法,渐入佛道。所以者何?如来智慧,难信难解。尔时所化无量恒河沙等众生者,汝等诸比丘,及我灭度后未来世中声闻弟子是也。我灭度后,复有弟子,不闻是经,不知不觉菩萨所行,自于所得功德,生灭度想,当入涅槃。我于余国作佛,更有异名,是人虽生灭度之想,入于涅槃,而于彼土,求佛智慧,得闻是经,唯以佛乘而得灭度,更无余乘,除诸如来方便说法。诸比丘,若如来自知涅槃时到,众又清净,信解坚固,了达空法,深入禅定,便集诸菩萨及声闻众,为说是经;世间无有二乘而得灭度,惟一佛乘得灭度耳。

比丘当知,如来方便,深入众生之性,知其志乐小法,深着五欲,为是等故,说于涅槃,是人若闻,则便信受。譬如五百由旬险难恶道,旷绝无人怖畏之处,若有多众,欲过此道至珍宝处。有一导师,聪慧明达,善知险道通塞之相,将导众人,欲过此难。所将人众,中路懈退,白导师言:我等疲极,而复怖畏,不能复进,前路犹远,今欲退还。导师多诸方便,而作是念:此等可愍,云何舍大珍宝而欲退还?作是念已,以方便力,于险道中,过三百由旬,化作一城,告众人言:汝等勿怖,莫得退还!今此大城,可于中止,随意所作,若入是城,快得安隐;若能前至宝所,亦可得去。是时,疲极之众,心大欢喜,叹未曾有,我等今者,免斯恶道,快得安隐;于是众人前入化城,生已度想,生安隐想。

尔时,导师知此人众既得止息,无复疲倦,即灭化城,语众人言:汝等去来,宝处在近,向者大城,我所化作,为止息耳。诸比丘,如来亦复如是,今为汝等作大导师,知诸生死烦恼恶道,险难长远,应去应度。若众生但闻一佛乘者,则不欲见佛,不欲亲近,便作是念,佛道长远,久受勤苦,乃可得成。佛知是心怯弱下劣,以方便力,而于中道为止息故,说二涅槃。若众生住于二地,如来尔时即便为说,汝等所作未办,汝所住地,近于佛慧,当观察筹量,所得涅槃,非真实也;但是如来方便之力,于一佛乘,分别说三。如彼导师,为止息故,化作大城;既知息已,而告之言:宝处在近,此城非实,我化作耳。尔时,世尊欲重宣此义,而说偈言:

大通智胜佛
诸天神龙王
诸天击天鼓
过十小劫已
彼佛十六子
头面礼佛足
世尊甚难值
东方诸世界
诸梵见此相
请佛转法轮
三方及四维
世尊甚难值
无量慧世尊
无明至老死
宣畅是法时
第二说法时
从是后得道
时十六王子
我等及营从
佛知童子心
说六波罗蜜
说是法华经
彼佛说经已
是诸沙弥等
各各坐法座
一一沙弥等
彼佛灭度后
是十六沙弥
尔时闻法者
我在十六数
以是本因缘
譬如险恶道
无数千万众
时有一导师
众人皆疲倦
导师作是念
寻时思方便
周匝有园林
即作是化已

十劫坐道场
阿修罗众等
并作众伎乐
乃得成佛道
皆与其眷属
而请转法轮
久远时一现
五百万亿国
寻来至佛所
以偈而赞叹
上下亦复尔
愿以本慈悲
受彼众人请
皆从生缘有
六百万亿垓
千万恒沙众
其数无有量
出家作沙弥
皆当成佛道
宿世之所行
及诸神通事
如恒河沙偈
静室入禅定
知佛禅未出
说是大乘经
所度诸众生
是诸闻法者
具足行佛道
各在诸佛所
曾亦为汝说
今说法华经
迥绝多毒兽
欲过此险道
强识有智慧
而白导师言
此辈甚可愍
当设神通力
渠流及浴池
慰众言勿惧

佛法不现前
常雨于天华
香风吹萎华
诸天及世人
千万亿围绕
圣师子法雨
为觉悟群生
梵宫殿光曜
散华以供养
佛知时未至
散华奉宫殿
广开甘露门
为宣种种法
如是众过患
得尽诸苦际
于诸法不受
万亿劫算数
皆共请彼佛
愿得如世尊
以无量因缘
分别真实法
一心一处坐
为无量亿众
于佛宴寂后
有六百万亿
在在诸佛土
今现在十方
其有住声闻
是故以方便
令汝入佛道
又复无水草
其路甚旷远
明了心决定
我等今顿乏
如何欲退还
化作大城郭
重门高楼阁
汝等入此城

不得成佛道
以供养彼佛
更雨新好者
心皆怀踊跃
俱行至佛所
充我及一切
震动于一切
昔所未曾有
并奉上宫殿
受请默然坐
请佛转法轮
转无上法轮
四谛十二缘
汝等应当知
皆成阿罗汉
亦得阿罗汉
不能得其边
演说大乘法
慧眼第一净
种种诸譬喻
菩萨所行道
八万四千劫
说佛无上慧
宣扬助法化
恒河沙等众
常与师俱生
各得成正觉
渐教以佛道
引汝趣佛慧
慎勿怀惊惧
人所怖畏处
经五百由旬
在险济众难
于此欲退还
而失大珍宝
庄严诸舍宅
男女皆充满
各可随所乐

诸人既入城	心皆大欢喜	皆生安隐想	自谓已得度
导师知息已	集众而告言	汝等当前进	此是化城耳
我见汝疲极	中路欲退还	故以方便力	权化作此城
汝今勤精进	当共至宝所		
我亦复如是	为一切导师		
见诸求道者	中路而懈废	不能度生死	烦恼诸险道
故以方便力	为息说涅槃	言汝等苦灭	所作皆已办
既知到涅槃	皆得阿罗汉	尔乃集大众	为说真实法
诸佛方便力	分别说三乘	唯有一佛乘	息处故说二
今为汝说实	汝所得非灭	为佛一切智	当发大精进
汝证一切智	十力等佛法	具三十二相	乃是真实灭
诸佛之导师	为息说涅槃	既知是息已	引入于佛慧

卷第四

五百弟子授记品第八

尔时，富楼那弥多罗尼子，从佛闻是智慧方便，随宜说法，又闻授诸大弟子阿耨多罗三藐三菩提记，复闻宿世因缘之事，复闻诸佛有大自在神通之力，得未曾有，心净踊跃。即从座起，到于佛前，头面礼足，却住一面，瞻仰尊颜，目不暂舍。而作是念，世尊甚奇特，所为希有；随顺世间若干种性，以方便知见而为说法，拔出众生处处贪着。我等于佛功德，言不能宣，惟佛世尊能知我等深心本愿。

尔时，佛告诸比丘，汝等见是富楼那弥多罗尼子不？我常称其于说法人中，最为第一；亦常叹其种种功德，精勤护持，助宣我法，能于四众示教利喜，具足解释佛之正法，而大饶益同梵行者。自舍如来无能尽其言论之辩。

汝等勿谓富楼那但能护持助宣我法，亦于过去九十亿诸佛所，护持助宣佛之正法，于彼说法人中，亦最第一。又于诸佛所说空法，明了通达，得四无碍智；常能审谛清净说法，无有疑惑，具足菩萨神通之力。随其寿命，常修梵行；彼佛世人，咸皆谓之实是声闻。而富楼那以斯方便，饶益无量百千众生，又化无量阿僧祇人，令立阿耨多罗三藐三菩提。为净佛土故，常作佛事，教化众生。诸比丘，富楼那亦于七佛说法人中，而得第一；今于我所说法人中，亦为第一；于贤劫中，当来诸佛说法人中，亦复第一，而皆护持助宣佛法。亦于未来护持助宣无量无边诸佛之法，教化饶益无量众生，令立阿耨多罗三藐三菩提。

为净佛土故，常勤精进，教化众生。渐渐具足菩萨之道；过无量阿僧祇劫，当于此土，得阿耨多罗三藐三菩提，号曰法明如来、应供、正遍知、明行足、善逝世间解、无上士、调御丈夫、天人师、佛、世尊。其佛以恒河沙等三千大千世界为一佛土，七宝为地，地平如掌，无有山陵溪涧沟壑，七宝台观充满其中，诸天宫殿，近处虚空，人天交接，两得相见。无诸恶道，亦无女人，一切众生皆以化生，无有淫欲，得大神通。身出光明，飞行自在，志念坚固，精进智慧，普皆金色，三十二相而自庄严。其国众生常以二食，一者法喜食，二者禅悦食。有无量阿僧祇千万亿那由他诸菩萨众，得大神通，四无碍智，善能教化众生之类。其声闻众，算数校计所不能知，皆得具足六通三明，及八解脱。其佛国土，有如是等无量功德庄严成就。劫名宝明，国名善净。其佛寿命无量阿僧祇劫，法住甚久，佛灭度后，起七宝塔，遍满其国。尔时，世尊欲重宣此义，而说偈言：

诸比丘谛听	佛子所行道	善学方便故	不可得思议
知众乐小法	而畏于大智	是故诸菩萨	作声闻缘觉
以无数方便	化诸众生类	自说是声闻	去佛道甚远
度脱无量众	皆悉得成就	虽小欲懈怠	渐当令作佛
内秘菩萨行	外现是声闻	少欲厌生死	实自净佛土
示众有三毒	又现邪见相	我弟子如是	方便度众生
若我具足说	种种现化事	众生闻是者	心则怀疑惑
今此富楼那	于昔千亿佛	勤修所行道	宣护诸佛法
为求无上慧	而于诸佛所	现居弟子上	多闻有智慧
所说无所畏	能令众欢喜	未曾有疲倦	而以助佛事
已度大神通	具四无碍智	知诸根利钝	常说清净法
演畅如是义	教诸千亿众	令住大乘法	而自净佛土
未来亦供养	无量无数佛	护助宣正法	亦自净佛土
常以诸方便	说法无所畏	度不可计众	成就一切智
供养诸如来	护持法宝藏	其后得成佛	号名曰法明
其国名善净	七宝所合成	劫名为宝明	菩萨众甚多
其数无量亿	皆度大神通	威德力具足	充满其国土
声闻亦无数	三明八解脱	得四无碍智	以是等为僧
其国诸众生	淫欲皆已断	纯一变化生	具相庄严身
法喜禅悦食	更无余食想	无有诸女人	亦无诸恶道
富楼那比丘	功德悉成满	当得斯净土	贤圣众甚多
如是无量事	我今但略说		

尔时，千二百阿罗汉心自在者作是念：我等欢喜，得未曾有，若世尊各见授记，如余大弟子者，不亦快乎？佛知此等心之所念，告摩诃迦叶，是千二百阿罗汉，我今当现前次第与授阿耨多罗三藐三菩提记。于此众中，我大弟子憍陈如比丘，当供养六万二千亿佛，然后得成为佛，号曰普明如来、应供、正遍知、明行足、善逝世间解、无上士、调御丈夫、天人师、佛、世尊。其五百阿罗汉、优楼频螺迦叶、

伽耶迦叶、那提迦叶、迦留陀夷、优陀夷、阿〔少+兔〕楼驮、离婆多、劫宾那、薄拘罗、周陀、莎伽陀等，皆当得阿耨多罗三藐三菩提，尽同一号，名曰普明。尔时，世尊欲重宣此义，而说偈言：

憍陈如比丘	当见无量佛	过阿僧祇劫	乃成等正觉
常放大光明	具足诸神通	名闻遍十方	一切之所敬
常说无上道	故号为普明	其国土清净	菩萨皆勇猛
咸升妙楼阁	游诸十方国	以无上供具	奉献于诸佛
作是供养已	心怀大欢喜	须臾还本国	有如是神力
佛寿六万劫	正法住倍寿	像法复倍是	法灭天人忧
其五百比丘	次第当作佛	同号曰普明	转次而授记
我灭度之后	某甲当作佛	其所化世间	亦如我今日
国土之严净	及诸神通力	菩萨声闻众	正法及像法
寿命劫多少	皆如上所说		
迦叶汝已知	五百自在者	余诸声闻众	亦当复如是
其不在此会	汝当为宣说		

尔时，五百阿罗汉于佛前得授记已，欢喜踊跃，即从座起，到于佛前，头面礼足，悔过自责。世尊！我等常作是念，自谓已得究竟灭度，今乃知之，如无智者。所以者何？我等应得如来智慧，而便自以小智为足。世尊！譬如有人至亲友家，醉酒而卧，是时亲友官事当行，以无价宝珠系其衣里，与之而去。其人醉卧，都不觉知，起已游行，到于他国；为衣食故，勤力求索，甚大艰难，若少有所得，便以为足。于后，亲友会遇见之，而作是言：咄哉丈夫！何为衣食乃至如是？我昔欲令汝得安乐，五欲自恣，于某年月日，以无价宝珠系汝衣里，今故现在；而汝不知，勤苦忧恼以求自活，甚为痴也。汝今可以此宝，贸易所须，常可如意，无所乏短。佛亦如是，为菩萨时，教化我等，令发一切智心，而寻废忘，不知不觉，既得阿罗汉道，自谓灭度，资生艰难，得少为足。一切智愿，犹在不失。今者，世尊觉悟我等，作如是言：诸比丘，汝等所得，非究竟灭，我久令汝等种佛善根，以方便故，示涅槃相，而汝谓为实得灭度。世尊！我今乃知实是菩萨，得受阿耨多罗三藐三菩提记，以是因缘，甚大欢喜，得未曾有。尔时，阿若憍陈如等，欲重宣此义，而说偈言：

我等闻无上	安隐授记声	欢喜未曾有	礼无量智佛
今于世尊前	自悔诸过咎		
于无量佛宝	得少涅槃分	如无智愚人	便自以为足
譬如贫穷人	往至亲友家	其家甚大富	具设诸肴膳
以无价宝珠	系着内衣里	默与而舍去	时卧不觉知
是人既已起	游行诣他国	求衣食自济	资生甚艰难
得少便为足	更不愿好者	不觉内衣里	有无价宝珠
与珠之亲友	后见此贫人	苦切责之已	示以所系珠

贫人见此珠	其心大欢喜	富有诸财物	五欲而自恣
我等亦如是	世尊于长夜	常愍见教化	令种无上愿
我等无智故	不觉亦不知	得少涅槃分	自足不求余
今佛觉悟我	言非实灭度	得佛无上慧	尔乃为真灭
我今从佛闻	授记庄严事	乃转次受决	身心遍欢喜

授学无学人记品第九

尔时，阿难、罗睺罗而作是念：我等每自思惟，设得授记，不亦快乎？即从座起，到于佛前，头面礼足，俱白佛言：世尊！我等于此，亦应有分，唯有如来，我等所归；又我等为一切世间天人阿修罗所见知识，阿难常为侍者，护持法藏，罗睺罗是佛之子，若佛见授阿耨多罗三藐三菩提记者，我愿既满，众望亦足。尔时，学无学声闻弟子二千人，皆从座起，偏袒右肩，到于佛前，一心合掌，瞻仰世尊，如阿难、罗睺罗所愿，住立一面。

尔时，佛告阿难：汝于来世，当得作佛，号山海慧自在通王如来、应供、正遍知、明行足、善逝、世间解、无上士、调御丈夫、天人师、佛、世尊。当供养六十二亿诸佛，护持法藏，然后得阿耨多罗三藐三菩提。教化二十千万亿恒河沙诸菩萨等，令成阿耨多罗三藐三菩提。国名常立胜幡，其土清净，琉璃为地，劫名妙音遍满。其佛寿命无量千万亿阿僧祇劫，若人于千万亿无量阿僧祇劫中，算数校计，不能得知。正法住世，倍于寿命；像法住世，复倍正法。阿难，是山海慧自在通王佛，为十方无量千万亿恒河沙等诸佛如来所共赞叹，称其功德。尔时，世尊欲重宣此义，而说偈言：

我今僧中说	阿难持法者	常供养诸佛	然后成正觉
号曰山海慧	自在通王佛	其国土清净	名常立胜幡
教化诸菩萨	其数如恒沙	佛有大威德	名闻满十方
寿命无有量	以愍众生故	正法倍寿命	像法复倍是
如恒河沙等	无数诸众生	于此佛法中	种佛道因缘

尔时，会中新发意菩萨八千人，咸作是念：我等尚不闻诸大菩萨得如是记，有何因缘而诸声闻得如是决？尔时，世尊知诸菩萨心之所念，而告之曰：诸善男子！我与阿难等，于空王佛所，同时发阿耨多罗三藐三菩提心；阿难常乐多闻，我常勤精进，是故我已得阿耨多罗三藐三菩提。而阿难护持我法，亦护将来诸佛法藏，教化成就诸菩萨众，其本愿如是，故获斯记。阿难面于佛前，自闻授记及国土庄严，所愿具足，心大欢喜，得未曾有；即时忆念过去无量千万亿诸佛法藏，通达无碍，如今所闻，亦识本愿。尔时，阿难而说偈言：

| 世尊甚希有 | 令我念过去 | 无量诸佛法 | 如今日所闻 |
| 我今无复疑 | 安住于佛道 | 方便为侍者 | 护持诸佛法 |

尔时，佛告罗睺罗：汝于来世，当得作佛，号蹈七宝华如来、应

供、正遍知、明行足、善逝、世间解、无上士、调御丈夫、天人师、佛、世尊。当供养十世界微尘等数诸佛如来，常为诸佛而作长子，犹如今也。是蹈七宝华佛，国土庄严、寿命劫数、所化弟子、正法像法，亦如山海慧自在通王如来无异，亦为此佛而作长子。过是已后，当得阿耨多罗三藐三菩提。尔时，世尊欲重宣此义，而说偈言：

　　我为太子时　罗睺为长子　我今成佛道　受法为法子
　　于未来世中　见无量亿佛　皆为其长子　一心求佛道
　　罗睺罗密行　唯我能知之　现为我长子　以示诸众生
　　无量亿千万　功德不可数　安住于佛法　以求无上道

尔时，世尊见学无学二千人，其意柔软，寂然清净，一心观佛；佛告阿难：汝见是学无学二千人不？唯然，已见。阿难！是诸人等，当供养五十世界微尘数诸佛如来，恭敬尊重，护持法藏；末后，同时于十方国，各得成佛，皆同一号，名曰宝相如来、应供、正遍知、明行足、善逝、世间解、无上士、调御丈夫、天人师、佛、世尊。寿命一劫，国土庄严，声闻菩萨，正法像法，皆悉同等。尔时，世尊欲重宣此义，而说偈言：

　　是二千声闻　今于我前住　悉皆与授记　未来当成佛
　　所供养诸佛　如上说尘数　护持其法藏　后当成正觉
　　各于十方国　悉同一名号　俱时坐道场　以证无上慧
　　皆名为宝相　国土及弟子　正法与像法　悉等无有异
　　咸以诸神通　度十方众生　名闻普周遍　渐入于涅槃

尔时，学无学二千人，闻佛授记，欢喜踊跃，而说偈言：

　　世尊慧灯明　我闻授记音　心欢喜充满　如甘露见灌

法师品第十

尔时，世尊因药王菩萨，告八万大士：药王！汝见是大众中，无量诸天、龙王、夜叉、乾闼婆、阿修罗、迦楼罗、紧那罗、摩睺罗伽、人与非人，及比丘、比丘尼、优婆塞、优婆夷，求声闻者，求辟支佛者，求佛道者，如是等类，咸于佛前，闻妙法华经，一偈、一句，乃至一念随喜者，我皆与授记，当得阿耨多罗三藐三菩提。

佛告药王，又如来灭度之后，若有人闻妙法华经，乃至一偈、一句、一念随喜者，我亦与授阿耨多罗三藐三菩提记。若复有人，受持、读诵、解说、书写妙法华经，乃至一偈，于此经卷，敬视如佛，种种供养，华香、璎珞、末香、涂香、烧香、缯盖、幢幡、衣服、伎乐，乃至合掌恭敬。药王！当知是诸人等，已曾供养十万亿佛，于诸佛所，成就大愿，愍众生故，生此人间。药王！若有人问，何等众生于未来世当得作佛？应示是诸人等，于未来世，必得作佛。

何以故？若善男子、善女人，于法华经，乃至一句，受持、读诵、解说、书写，种种供养经卷，华香、璎珞、末香、涂香、烧香、缯盖、幢幡、衣服、伎乐，合掌恭敬，是人一切世间所应瞻奉，应以如来供养而供养之。当知此人是大菩萨，成就阿耨多罗三藐三菩提，哀愍众生，愿生此间，广演分别妙法华经；何况尽能受持种种供养者？药王！当知是人，自舍清净业报，于我灭度后，愍众生故，生于恶世，广演此经。若是善男子、善女人，我灭度后，能窃为一人说法华经，乃至一句，当知是人，则如来使，如来所遣，行如来事；何况于大众中，广为人说？药王！若有恶人，以不善心，于一劫中，现于佛前，常毁骂佛，其罪尚轻；若人以一恶言，毁訾在家出家读诵法华经者，其罪甚重。药王！其有读诵法华经者，当知是人，以佛庄严而自庄严，则为如来肩所荷担，其所至方，应随向礼，一心合掌，恭敬供养，尊重赞叹，华香、璎珞、末香、涂香、烧香、缯盖、幢幡、衣服、肴馔，作诸伎乐，人中上供而供养之，应持天宝而以散之，天上宝聚，应以奉献，所以者何？是人欢喜说法，须臾闻之，即得究竟阿耨多罗三藐三菩提故。尔时，世尊欲重宣此义，而说偈言：

若欲住佛道	成就自然智	常当勤供养	受持法华者
其有欲疾得	一切种智慧	当受持是经	并供养持者
若有能受持	妙法华经者	当知佛所使	愍念诸众生
诸有能受持	妙法华经者	舍于清净土	愍众故生此
当知如是人	自在所欲生	能于此恶世	广说无上法
应以天华香	及天宝衣服	天上妙宝聚	供养说法者
吾灭后恶世	能持是经者	当合掌礼敬	如供养世尊
上馔众甘美	及种种衣服	供养是佛子	冀得须臾闻
若能于后世	受持是经者	我遣在人中	行于如来事
若于一劫中	常怀不善心	作色而骂佛	获无量重罪
其有读诵持	是法华经者	须臾加恶言	其罪复过彼
有人求佛道	而于一劫中	合掌在我前	以无数偈赞
由是赞佛故	得无量功德	叹美持经者	其福复过彼
于八十亿劫	以最妙色声	及与香味触	供养持经者
如是供养已	若得须臾闻	则应自欣庆	我今获大利
药王今告汝	我所说诸经	而于此经中	法华最第一

尔时，佛复告药王菩萨摩诃萨：我所说经典，无量千万亿，已说、今说、当说，而于其中，此法华经最为难信难解。药王！此经是诸佛秘要之藏，不可分布妄授与人，诸佛世尊之所守护，从昔以来，未曾显说；而此经者，如来现在，犹多怨嫉，况灭度后。

药王！当知如来灭后，其能书持、读诵、供养，为他人说者，如来则为以衣覆之，又为他方现在诸佛之所护念；是人有大信力，及志愿力、诸善根力，当知是人与如来共宿，则为如来手摩其头。药王！在在处处，若说若读，若诵若书，若经卷所住处，皆应起七宝塔，极令高广严饰，不需复安舍利。所以者何？此中已有如来全身，此塔应以一切华香、璎珞、缯盖、幢幡，伎乐歌颂，供养恭敬，尊重赞叹。若有人得见此塔，礼拜供养，当知是等，皆近阿耨多罗三藐三菩提。

药王！多有人在家、出家，行菩萨道，若不能得见闻、读诵、书持、供养是法华经者，当知是人未善行菩萨道；若有得闻是经典者，乃能善行菩萨之道。其有众生求佛道者，若见若闻是法华经，闻已，信解受持者；当知是人，得近阿耨多罗三藐三菩提。药王！譬如有人，渴乏须水，于彼高原，穿凿求之，犹见乾土，知水尚远，施功不已，转见湿土，遂渐至泥，其心决定，知水必近。菩萨亦复如是，若未闻未解，未能修习是法华经，当知是人，去阿耨多罗三藐三菩提尚远；若得闻解，思惟修习，必知得近阿耨多罗三藐三菩提。所以者何？一切菩萨阿耨多罗三藐三菩提，皆属此经；此经开方便门，示真实相。是法华经藏，深固幽远，无人能到，今佛教化成就菩萨，而为开示。

药王！若有菩萨闻是法华经，惊疑怖畏，当知是为新发意菩萨；若声闻人闻是经，惊疑怖畏，当知是为增上慢者。药王！若有善男子、善女人，如来灭后，欲为四众说是法华经者，云何应说？是善男子、善女人，入如来室，着如来衣，坐如来座，尔乃应为四众广说斯经。如来室者，一切众生中，大慈悲心是；如来衣者，柔和忍辱心是；如来座者，一切法空是。安住是中，然后以不懈怠心，为诸菩萨及四众，广说是法华经。

药王！我于余国遣化人，为其集听法众；亦遣化比丘、比丘尼、优婆塞、优婆夷，听其说法；是诸化人，闻法信受，随顺不逆。若说法者，在空闲处，我时广遣天龙、鬼神、乾闼婆、阿修罗等，听其说法。我虽在异国，时时令说法者得见我身；若于此经忘失句读，我还为说令得具足。尔时，世尊欲重宣此义，而说偈言：

欲舍诸懈怠	应当听此经	是经难得闻	信受者亦难
如人渴须水	穿凿于高原	犹见乾燥土	知去水尚远
渐见湿土泥	决定知近水		
药王汝当知	如是诸人等	不闻法华经	去佛智甚远
若闻是深经	决了声闻法	是诸经之王	闻已谛思惟
当知此人等	近于佛智慧		
若人说此经	应入如来室	着于如来衣	而坐如来座
处众无所畏	广为分别说	大慈悲为室	柔和忍辱衣
诸法空为座	处此为说法	若说此经时	有人恶口骂
加刀杖瓦石	念佛故应忍		
我千万亿土	现净坚固身	于无量亿劫	为众生说法
若我灭度后	能说此经者	我遣化四众	比丘比丘尼
及清净士女	供养于法师	引导诸众生	集之令听法
若人欲加恶	刀杖及瓦石	则遣变化人	为之作卫护

若说法之人	独在空闲处	寂寞无人声	读诵此经典
我尔时为现	清净光明身	若忘失章句	为说令通利
若人具是德	或为四众说	空处读诵经	皆得见我身
若人在空闲	我遣天龙王	夜叉鬼神等	为作听法众
是人乐说法	分别无挂碍	诸佛护念故	能令大众喜
若亲近法师	速得菩萨道	随顺是师学	得见恒沙佛

见宝塔品第十一

尔时,佛前有七宝塔,高五百由旬,纵广二百五十由旬,从地涌出,住在空中。种种宝物而庄校之;五千栏楯,龛室千万,无数幢幡以为严饰,垂宝璎珞宝铃万亿而悬其上。四面皆出多摩罗跋栴檀之香,充遍世界。其诸幡盖,以金、银、琉璃、砗磲、玛瑙、真珠、玫瑰,七宝合成,高至四天王宫。三十三天,雨天曼陀罗华,供养宝塔。余诸天、龙、夜叉、乾闼婆、阿修罗、迦楼罗、紧那罗、摩睺罗伽、人非人等,千万亿众,以一切华香、璎珞、幡盖、伎乐,供养宝塔,恭敬尊重赞叹。尔时,宝塔中出大音声,叹言:善哉!善哉!释迦牟尼世尊!能以平等大慧教菩萨法,佛所护念妙法华经,为大众说;如是!如是!释迦牟尼世尊!如所说者,皆是真实。尔时四众,见大宝塔住在空中,又闻塔中所出音声,皆得法喜,怪未曾有,从座而起,恭敬合掌,却住一面。尔时,有菩萨摩诃萨名大乐说,知一切世间天、人、阿修罗等,心之所疑,而白佛言:世尊!以何因缘,有此宝塔从地涌出,又于其中,发是音声?尔时,佛告大乐说菩萨:此宝塔中,有如来全身,乃往过去东方无量千万亿阿僧祇世界,国名宝净,彼中有佛,号曰多宝;其佛行菩萨道时,作大誓愿,若我成佛,灭度之后,于十方国土,有说法华经处,我之塔庙为听是经故,涌现其前,为作证明,赞言善哉。彼佛成道已,临灭度时,于天人大众中,告诸比丘,我灭度后,欲供养我全身者,应起一大塔。其佛以神通愿力,十方世界,在在处处,若有说法华经者,彼之宝塔皆涌出其前,全身在于塔中,赞言善哉善哉。大乐说!今多宝如来塔,闻说法华经故,从地涌出,赞言善哉善哉。是时,大乐说菩萨以如来神力故,白佛言:世尊!我等愿欲见此佛身。佛告大乐说菩萨摩诃萨:是多宝佛有深重愿,若我宝塔为听法华经故,出于诸佛前时,其有欲以我身示四众者,彼佛分身诸佛,在于十方世界说法,尽还集一处,然后我身乃出现耳。大乐说!我分身诸佛,在于十方世界说法者,今应当集。大乐说白佛言:世尊!我等亦愿欲见世尊分身诸佛,礼拜供养。尔时,佛放白毫一光,即见东方五百万亿那由他恒河沙等国土诸佛,彼诸国土,皆以玻璃为地,宝树宝衣以为庄严,无数千万亿菩萨充满其中,遍张宝幔,宝网罗上。彼国诸佛,以大妙音而说诸法,及见无量千万亿菩萨遍满诸国,为众说法。南西北方,四维上下,白毫相光所照之处，亦复如是。尔时，十方诸佛各告众菩萨言：善男子！我今应往娑婆世界释迦牟尼佛所，并供养多宝如来宝塔。时娑婆世界即变清净，琉璃为地，宝树庄严，黄金为绳以界八道，无诸聚落、村营、城邑、大海、江河、山川、林薮。烧大宝香，曼陀罗华遍布其地，以宝网幔罗覆其上，悬诸宝铃。唯留此会众，移诸天人置于他土。是时诸佛，各将一大菩萨以为侍者，至娑婆世界，各到宝树下。一一宝树，高五百由旬，枝叶华果次第庄严，诸宝树下皆有师子之座，高五由旬，亦以大宝而校饰之。尔时，诸佛各于此座结跏趺坐，如是展转，遍满三千大千世界，而于释迦牟尼佛一方所分之身，犹故未尽。时释迦牟尼佛，欲容受所分身诸佛故，八方各更变二百万亿那由他国，皆令清净，无有地狱、饿鬼、畜生，及阿修罗，又移诸天人置于他土。所化之国，亦以琉璃为地，宝树庄严，树高五百由旬，枝叶华果次第严饰，树下皆有宝师子座，高五由旬，种种诸宝以为庄校。亦无大海江河，及目真邻陀山、摩诃目真邻陀山、铁围山、大铁围山、须弥山等诸山王，通为一佛国土。宝地平正，宝交露幔，遍覆其上，悬诸幡盖，烧大宝香，诸天宝华遍布其地。释迦牟尼佛为诸佛当来坐故，复于八方，各更变二百万亿那由他国，皆令清净，无有地狱、饿鬼、畜生，及阿修罗，又移诸天人置于他土。所化之国，亦以琉璃为地，宝树庄严，树高五百由旬，枝叶华果次第庄严，树下皆有宝师子座，高五由旬，亦以大宝而校饰之。亦无大海江河，及目真邻陀山、摩诃目真邻陀山、铁围山、大铁围山、须弥山等诸山王，通为一佛国土。宝地平正，宝交露幔，遍覆其上，悬诸幡盖，烧大宝香，诸天宝华，遍布其地。尔时，东方释迦牟尼佛所分之身，百千万亿那由他恒河沙等国土中诸佛，各各说法，来集于此，如是次第，十方诸佛皆悉来集，坐于八方；尔时一一方，四百万亿那由他国土诸佛如来，遍满其中。是时，诸佛各在宝树下坐师子座，皆遣侍者问讯释迦牟尼佛，各齎宝华满掬，而告之言：善男子！汝往诣耆阇崛山释迦牟尼佛所，如我辞曰：少病少恼，气力安乐，及菩萨声闻众悉安稳不？以此宝华散佛供养，而作是言：彼某甲佛，与欲开此宝塔。诸佛遣使，亦复如是。尔时，释迦牟尼佛见所分身佛悉已来集，各各坐于师子之座，皆闻诸佛与欲同开宝塔，即从座起，住虚空中。一切四众，起立合掌，一心观佛。于是释迦牟尼佛，以右指开七宝塔户，出大音声，如却关钥，开大城门。即时，一切众会皆见多宝如来于宝塔中，坐师子座，全身不散，如入禅定。又闻其言：善哉！善哉！释迦牟尼佛！快说是法华经，我为听是经故，而来至此。尔时，四众等，见过去无量千万亿劫灭度佛说如是言，叹未曾有，以天宝华聚，散多宝佛及释迦牟尼佛上。尔时，多宝佛于宝塔中，分半座与释迦牟尼佛，而作是言：释迦牟尼佛！可就此座。即时，释迦牟尼佛入其塔中，坐其半座，结跏趺坐。尔时，大众见二如来在七宝塔中，师子座上结跏趺坐，各作是念：佛坐高远，惟愿如来以神通力，令我等辈俱处虚空。即时，释迦牟尼佛以神通力，接诸大众皆在虚空。以大音声普告四众：谁能于此娑婆国土，广说妙法华经，今正是时。如来不久当入涅槃，佛欲以此妙法华经付嘱有在。尔时，世尊欲重宣此义，而说偈言：

圣主世尊　虽久灭度　在宝塔中　尚为法来
诸人云何　不勤为法　此佛灭度　无央数劫
处处听法　以难遇故　彼佛本愿　我灭度后
在在所往　常为听法
又我分身　无量诸佛　如恒沙等　来欲听法
及见灭度　多宝如来　各舍妙土　及弟子众
天人龙神　诸供养事　令法久住　故来至此
为坐诸佛　以神通力　移无量众　令国清净
诸佛各各　诣宝树下　如清净池　莲华庄严
其宝树下　诸师子座　佛坐其上　光明严饰
如夜闇中　然大炬火　身出妙香　遍十方国
众生蒙熏　喜不自胜　譬如大风　吹小树枝
以是方便　令法久住
告诸大众　我灭度后　谁能护持　读说斯经
今于佛前　自说誓言
其多宝佛　虽久灭度　以大誓愿　而师子吼
多宝如来　及与我身　所集化佛　当知此意
诸佛子等　谁能护法　当发大愿　令得久住
其有能护　此经法者　则为供养　我及多宝
此多宝佛　处于宝塔　常游十方　为是经故
亦复供养　诸来化佛　庄严光饰　诸世界者
若说此经　则为见我　多宝如来　及诸化佛
诸善男子　各谛思惟　此为难事　宜发大愿
诸余经典　数如恒沙　虽说此等　未足为难
若接须弥　掷置他方　无数佛土　亦未为难
若以足指　动大千界　远掷他国　亦未为难
若立有顶　为众演说　无量余经　亦未为难
若佛灭后　于恶世中　能说此经　是则为难
假使有人　手把虚空　而以游行　亦未为难
于我灭后　若自书持　若使人书　是则为难
若以大地　置足甲上　升于梵天　亦未为难
佛灭度后　于恶世中　暂读此经　是则为难
假使劫烧　担负乾草　入中不烧　亦未为难
我灭度后　若持此经　为一人说　是则为难

若持八万　四千法藏　十二部经　为人演说
令诸听者　得六神通　虽能如是　亦未为难
于我灭后　听受此经　问其义趣　是则为难
若人说法　令千万亿　无量无数　恒沙众生
得阿罗汉　具六神通　虽有是益　亦未为难
于我灭后　若能奉持　如斯经典　是则为难
我为佛道　于无量土　从始至今　广说诸经
而于其中　此经第一　若有能持　则持佛身
诸善男子　于我灭后　谁能受持　读诵此经
今于佛前　自说誓言
此经难持　若暂持者　我则欢喜　诸佛亦然
如是之人　诸佛所叹
是则勇猛　是则精进　是名持戒　行头陀者
则为疾得　无上佛道　能于来世　读持此经
是真佛子　住淳善地　佛灭度后　能解其义
是诸天人　世间之眼　于恐畏世　能须臾说
一切天人　皆应供养

提婆达多品第十二

尔时，佛告诸菩萨及天人四众，吾于过去无量劫中，求法华经，无有懈倦；于多劫中，常作国王，发愿求于无上菩提，心不退转。为欲满足六波罗蜜，勤行布施，心无吝惜，象马七珍、国城妻子、奴婢仆从、头目髓脑、身肉手足，不惜躯命。时世人民，寿命无量，为于法故，捐舍国位，委政太子，击鼓宣令，四方求法，谁能为我说大乘者，吾当终身供给走使。时有仙人来白王言：我有大乘，名妙法华经，若不违我，当为宣说。王闻仙言，欢喜踊跃，即随仙人供给所须，采果汲水，拾薪设食，乃至以身而为床座，身心无倦。于时奉事，经于千岁，为于法故，精勤给侍，令无所乏。尔时，世尊欲重宣此义，而说偈言：

我念过去劫　为求大法故　虽作世国王　不贪五欲乐
椎钟告四方　谁有大法者　若为我解说　身当为奴仆
时有阿私仙　来白于大王　我有微妙法　世间所希有
若能修行者　吾当为汝说
时王闻仙言　心生大喜悦　即便随仙人　供给于所须
采薪及果蓏　随时恭敬与　情存妙法故　身心无懈倦
普为诸众生　勤求于大法　亦不为己身　及以五欲乐
故为大国王　勤求获此法　遂致得成佛　今故为汝说

佛告诸比丘：尔时王者，则我身是；时仙人者，今提婆达多是。由提婆达多善知识故，令我具足六波罗蜜，慈悲喜舍，三十二相，八十种好，紫磨金色，十力、四无所畏、四摄法、十八不共神通道力，成等正觉，广度众生，皆因提婆达多善知识故。告诸四众，提婆达多却后过无量劫，当得成佛，号曰天王如来、应供、正遍知、明行足、善逝、世间解、无上士、调御丈夫、天人师、佛、世尊，世界名天道。时天王佛住世二十中劫，广为众生说于妙法，恒河沙众生得阿罗汉果，无量众生发缘觉心，恒河沙众生发无上道心，得无生忍，至不退转。时天王佛般涅槃后，正法住世二十中劫。全身舍利起七宝塔，高六十由旬，纵广四十由旬，诸天人民，悉以杂华、末香、烧香、涂香、衣服、璎珞、幢幡、宝盖、伎乐歌颂，礼拜供养七宝妙塔。无量众生得阿罗汉果，无量众生悟辟支佛，不可思议众生发菩提心，至不退转。佛告诸比丘：未来世中，若有善男子、善女人，闻妙法华经提婆达多品，净心信敬，不生疑惑者，不堕地狱、饿鬼、畜生，生十方佛前，所生之处，常闻此经；若生人天中，受胜妙乐，若在佛前，莲华化生。于时下方多宝世尊所从菩萨，名曰智积，白多宝佛：当还本土。释迦牟尼佛告智积曰：善男子！且待须臾；此有菩萨名文殊师利，可与相见，论说妙法，可还本土。尔时，文殊师利坐千叶莲华，大如车轮，俱来菩萨亦坐宝莲华，从于大海娑竭罗龙宫自然涌出，住虚空中，诣灵鹫山，从莲华下，至于佛所，头面敬礼二世尊足。修敬已毕，往智积所，共相慰问，却坐一面。智积菩萨问文殊师利：仁往龙宫，所化众生，其数几何？文殊师利言：其数无量，不可称计，非口所宣，非心所测，且待须臾，自当证知。所言未竟，无数菩萨坐宝莲华从海涌出，诣灵鹫山，住在虚空；此诸菩萨，皆是文殊师利之所化度，具菩萨行，皆共论说六波罗蜜。本声闻人，在虚空中说声闻行，今皆修行大乘空义。文殊师利谓智积曰：于海教化，其事如是。尔时，智积菩萨以偈赞曰：

　　大智德勇健　化度无量众　今此诸大会　及我皆已见
　　演畅实相义　开阐一乘法　广导诸众生　令速成菩提
　　文殊师利言：我于海中，唯常宣说妙法华经。智积问文殊师利言：此经甚深微妙，诸经中宝，世所稀有，颇有众生勤加精进，修行此经，速得佛不？文殊师利言：有娑竭罗龙王女，年始八岁，智慧利根，善知众生诸根行业，得陀罗尼，诸佛所说甚深秘藏，悉能受持。深入禅定，了达诸法，于刹那顷，发菩提心，得不退转，辩才无碍；慈念众生，犹如赤子，功德具足，心念口演，微妙广大，慈悲仁让，志意和雅，能至菩提。　智积菩萨言：我见释迦如来，于无量劫难行苦行，积功累德，求菩提道，未曾止息；观三千大千世界，乃至无有如芥子许，非是菩萨舍身命处，为众生故，然后乃得成菩提道。不信此女于须臾顷，便成正觉。言论未讫，时龙王女忽现于前，头面礼敬，却住一面，以偈赞曰：

　　深达罪福相　遍照于十方　微妙净法身　具相三十二

以八十种好　　用庄严法身　　天人所戴仰　　龙神咸恭敬
　　一切众生类　　无不宗奉者　　又闻成菩提　　唯佛当证知
　　我阐大乘教　　度脱苦众生

　　时舍利弗语龙女言：汝谓不久得无上道，是事难信。所以者何？女身垢秽，非是法器，云何能得无上菩提？佛道悬旷，经无量劫，勤苦积行，具修诸度，然后乃成；又女人身，犹有五障，一者不得做梵天王，二者帝释，三者魔王，四者转轮圣王，五者佛身，云何女身速得成佛？尔时，龙女有一宝珠，价直三千大千世界，持以上佛，佛即受之。龙女谓智积菩萨、尊者舍利弗言：我献宝珠，世尊纳受，是事疾不？答言：甚疾。女言：以汝神力，观我成佛，复速于此。当时众会，皆见龙女，忽然之间，变成男子，具菩萨行，即往南方无垢世界，坐宝莲华，成等正觉，三十二相，八十种好，普为十方一切众生演说妙法。时娑婆世界，菩萨、声闻、天龙八部、人与非人，皆遥见彼龙女成佛，普为时会人天说法，心大欢喜，悉遥敬礼。无量众生闻法解悟，得不退转；无量众生得受道记。无垢世界，六反震动，娑婆世界，三千众生住不退地，三千众生发菩提心，而得受记。智积菩萨及舍利弗，一切众会，默然信受。

劝持品第十三

　　尔时，药王菩萨摩诃萨，及大乐说菩萨摩诃萨，与二万菩萨眷属俱，皆于佛前作是誓言：惟愿世尊不以为虑，我等于佛灭后，当奉持读诵，说此经典；后恶世众生，善根转少，多增上慢，贪利供养，增不善根，远离解脱，虽难可教化，我等当起大忍力，读诵此经，持说书写，种种供养，不惜身命。尔时，众中五百阿罗汉得受记者，白佛言：世尊！我等亦自誓愿，于异国土广说此经。复有学无学八千人得受记者，从座而起，合掌向佛，作是誓言：世尊！我等亦当于他国土广说此经，所以者何？是娑婆国中，人多弊恶，怀增上慢，功德浅薄，瞋浊谄曲，心不实故。尔时，佛姨母摩诃波阇波提比丘尼，与学无学比丘尼六千人俱，从座而起，一心合掌，瞻仰尊颜，目不暂舍。于时，世尊告憍昙弥：何故忧色而视如来，汝心将无谓我不说汝名，授阿耨多罗三藐三菩提记耶？憍昙弥！我先总说一切声闻皆已授记，今汝欲知记者，将来之世，当于六万八千亿诸佛法中，为大法师，及六千学无学比丘尼俱为法师。汝如是渐渐具菩萨道，当得作佛，号一切众生喜见如来、应供、正遍知、明行足、善逝、世间解、无上士、调御丈夫、天人师、佛、世尊。憍昙弥！是一切众生喜见佛，及六千菩萨，转次授记，得阿耨多罗三藐三菩提。尔时，罗睺罗母耶输陀罗比丘尼，作是念：世尊于授记中，独不说我名。佛告诉耶输陀罗：汝于来世，百千万亿诸佛法中，修菩萨行，为大法师，渐具佛道；于善国中，当得作佛，号具足千万光相如来、应供、正遍知、明行足、善逝、世间解、无上士、调御丈夫、天人师、佛、世尊，佛寿无量阿僧祇劫。尔时，摩诃波阇波提比丘尼，及耶输陀罗比丘尼，并其眷属，皆大欢喜，得未曾有，即于佛前而说偈言：

　　世尊导师　安隐天人　我等闻记　心安具足

　　诸比丘尼说是偈已，白佛言：世尊！我等亦能于他方国，广宣此经。尔时，世尊视八十万亿那由他诸菩萨摩诃萨；是诸菩萨皆是阿惟越致，转不退法轮，得诸陀罗尼。即从座起，至于佛前，一心合掌，而作是念：若世尊告敕我等，持说此经者，当如佛教，广宣斯法。复作是念：佛今默然，不见告敕，我当云何？时诸菩萨敬顺佛意，并欲自满本愿，便于佛前作师子吼，而发誓言：世尊！我等于如来灭后，周旋往返十方世界，能令众生书写此经，受持读诵，解说其义，如法修行，正忆念，皆是佛之威力；惟愿世尊，在于他方，遥见守护。即时，诸菩萨俱同发声，而说偈言：

惟愿不为虑	于佛灭度后	恐怖恶世中	我等当广说
有诸无智人	恶口骂詈等	及加刀杖者	我等皆当忍
恶世中比丘	邪智心谄曲	未得谓为得	我慢心充满
或有阿练若	纳衣在空闲	自谓行真道	轻贱人间者
贪着利养故	与白衣说法	为世所恭敬	如六通罗汉
是人怀恶心	常念世俗事	假名阿练若	
好出我等过	而做如是言	此诸比丘等	为贪利养故
说外道论义	自作此经典	诳惑世间人	为求名闻故
分别于是经	常在大众中	欲毁我等故	向国王大臣
婆罗门居士	及余比丘众	诽谤说我恶	谓是邪见人
说外道论议	我等敬佛故	悉忍是诸恶	为斯所轻言
汝等皆是佛	如此轻慢言	皆当忍受之	
浊劫恶世中	多有诸恐怖	恶鬼入其身	骂詈毁辱我
我等敬信佛	当着忍辱铠	为说是经故	忍此诸难事
我不爱身命	但惜无上道	我等于来世	护持佛所嘱
世尊自当知	浊世恶比丘	不知佛方便	随宜所说法
恶口而颦蹙	数数见摈出	远离于塔寺	如是等众恶
念佛告敕故	皆当忍是事		
诸聚落城邑	其有求法者	我皆到其所	说佛所嘱法
我是世尊使	处众无所畏	我当善说法	愿佛安隐住
我于世尊前	诸来十方佛	发如是誓言	佛自知我心

卷第五

安乐行品第十四

尔时，文殊师利法王子菩萨摩诃萨白佛言：世尊！是诸菩萨，甚为难有，敬顺佛故，发大誓愿，于后恶世，护持读说是法华经。世尊！菩萨摩诃萨，于后恶世，云何能说是经？佛告文殊师利：若菩萨摩诃萨，于后恶世，欲说是经，当安住四法。一者，安住菩萨行处及亲近处，能为众生演说是经。文殊师利！云何名菩萨摩诃萨行处？若菩萨摩诃萨住忍辱地，柔和善顺，而不卒暴，心亦不惊；又复于法无所行，而观诸法如实相，亦不行，不分别，是名菩萨摩诃萨行处。云何名菩萨摩诃萨亲近处？菩萨摩诃萨不亲近国王、王子、大臣、官长。不亲近诸外道梵志、尼犍子等，及造世俗文笔赞咏外书，及路伽耶陀、逆路伽耶陀者。亦不亲近诸有凶戏、相扠相扑，及那罗等种种变现之戏。又不亲近旃陀罗，及畜猪羊鸡狗，畋猎渔捕，诸恶律仪。如是人等或时来者，则为说法，无所希望。又不亲近求声闻比丘、比丘尼、优婆塞、优婆夷，亦不问讯。若于房中，若经行处，若在讲堂中，不共住止。或时来者，随宜说法，无所希求。文殊师利！又菩萨摩诃萨，不应于女人身，取能生欲想相而为说法，亦不乐见。若入他家，不与小女、处女、寡女等共语。亦复不近五种不男之人，以为亲厚。不独入他家，若有因缘须独入时，但一心念佛。若为女人说法，不露齿笑，不现胸臆，乃至为法，犹不亲厚，况复余事。不乐畜年少弟子、沙弥小儿，亦不乐与同师。常好坐禅，在于闲处，修摄其心。文殊师利，是名初亲近处。复次，菩萨摩诃萨观一切法空，如实相，不颠倒，不动、不退、不转，如虚空，无所有性。一切语言道断，不生、不出、不起，无名、无相，实无所有，无量、无边、无碍、无障，但以因缘有，从颠倒生。故说：常乐观如是法相，是名菩萨摩诃萨第二亲近处。尔时，世尊欲重宣此义，而说偈言：

若有菩萨	于后恶世	无布畏心	欲说是经
应入行处	及亲近处		
常离国王	及国王子	大臣官长	凶险戏者
及旃陀罗	外道梵志		
亦不亲近	增上慢人	贪着小乘	三藏学者
破戒比丘	名字罗汉	及比丘尼	好戏笑者
深着五欲	求现灭度	诸优婆夷	皆勿亲近
若是人等	以好心来	到菩萨所	为闻佛道
菩萨则以	无所畏心	不怀希望	而为说法
寡女处女	及诸不男	皆勿亲近	以为亲厚
亦莫亲近	屠儿魁脍	畋猎渔捕	为利杀害
贩肉自活	炫卖女色	如是之人	皆勿亲近
凶险相扑	种种嬉戏	诸淫女等	尽勿亲近
莫独屏处	为女说法	若说法时	无得戏笑
入里乞食	将一比丘	若无比丘	一心念佛

是则名为	行处近处	以此二处	能安乐说
又复不行	上中下法	有为无为	实不实法
亦不分别	是男是女	不得诸法	不知不见
是则名为	菩萨行处	一切诸法	空无所有
无有常住	亦无起灭	是名智者	所亲近处
颠倒分别	诸法有无	是实非实	是生非生
在于闲处	修摄其心	安住不动	如须弥山
观一切法	皆无所有	犹如虚空	无有坚固
不生不出	不动不退	常住一相	是名近处
若有比丘	于我灭后	入是行处	及亲近处
说斯经时	无有怯弱	菩萨有时	入于静室
以正忆念	随义观法	从禅定起	为诸国王
王子臣民	婆罗门等	开化演畅	说斯经典
其心安隐	无有怯弱	文殊师利	是名菩萨
安住初法	能于后世	说法华经	

又文殊师利，如来灭后，于末法中，欲说是经，应住安乐行。若口宣说，若读经时，不乐说人及经典过。亦不轻慢诸余法师，不说他人好恶长短。于声闻人，亦不称名说其过恶，亦不称名赞叹其美，又亦不生怨嫌之心。善修如是安乐心故，诸有听者，不逆其意，有所难问，不以小乘法答，但以大乘而为解说，令得一切种智。尔时，世尊欲重宣此义，而说偈言：

菩萨常乐	安隐说法	于清净地	而施床座
以油涂身	澡浴尘秽	着新净衣	内外俱净
安处法座	随问为说		
若有比丘	及比丘尼	诸优婆塞	及优婆夷
国王王子	群臣士民	以微妙义	和颜为说
若有难问	随义而答	因缘譬喻	敷演分别
以是方便	皆使发心	渐渐增益	入于佛道
除懒惰意	及懈怠想	离诸忧恼	慈心说法
昼夜常说	无上道教	以诸因缘	无量譬喻
开示众生	咸令欢喜	衣服卧具	饮食医药
而于其中	无所希望	但一心念	说法因缘
愿成佛道	令众亦尔	是则大利	安乐供养
我灭度后	若有比丘	能演说斯	妙法华经
心无嫉恚	诸恼障碍	亦无忧愁	及骂詈者
又无怖畏	加刀杖等	亦无摈出	安住忍故
智者如是	善修其心	能住安乐	如我上说
其人功德	千万亿劫	算数譬喻	说不能尽

又文殊师利！菩萨摩诃萨，于后末世，法欲灭时，受持读诵斯经

典者,无怀嫉妒谄诳之心,亦勿轻骂学佛道者,求其长短。若比丘、比丘尼、优婆塞、优婆夷,求声闻者、求辟支佛者、求菩萨道者,无得恼之,令其疑悔,语其人言:汝等去道甚远,终不能得一切种智。所以者何?汝是放逸之人,于道懈怠故。又亦不应戏论诸法,有所诤竞。当于一切众生,起大悲想;于诸如来,起慈父想;于诸菩萨,起大师想;于十方诸大菩萨,常应深心恭敬礼拜。于一切众生,平等说法,以顺法故,不多不少,乃至深爱法者,亦不为多说。文殊师利!是菩萨摩诃萨,于后末世,法欲灭时,有成就是第三安乐行者。说是法时,无能恼乱;得好同学,共读诵是经,亦得大众而来听受,听已能持,持已能诵,诵已能说,说已能书,若使人书,供养经卷,恭敬、尊重、赞叹。尔时,世尊欲重宣此义,而说偈言:

若欲说是经　当舍嫉恚慢　谄诳邪伪心　常修质直行
不轻蔑于人　亦不戏论法　不令他疑悔　云汝不得佛
是佛子说法　常柔和能忍　慈悲于一切　不生懈怠心
十方大菩萨　愍众故行道　应生恭敬心　是则我大师
于诸佛世尊　生无上父想　破于憍慢心　说法无障碍
第三法如是　智者应守护　一心安乐行　无量众所敬

又文殊师利!菩萨摩诃萨,于后末世,法欲灭时,有持是法华经者,于在家出家人中,生大慈心,于非菩萨人中,生大悲心,应作是念:如是之人,则为大失。如来方便,随宜说法,不闻、不知、不觉、不问、不信、不解。其人虽不问、不信、不解是经,我得阿耨多罗三藐三菩提时,随在何地,以神通力、智慧力引之,令得住是法中。文殊师利!是菩萨摩诃萨,于如来灭后,有成就此第四法者,说是法时,无有过失,常为比丘、比丘尼、优婆塞、优婆夷、国王、王子、大臣、人民、婆罗门、居士等,供养恭敬,尊重赞叹。虚空诸天,为听法故,亦常随侍。若在聚落、城邑、空闲林中,有人来欲难问者,诸天昼夜,常为法故,而卫护之,能令听者皆得欢喜。所以者何?此经是一切过去、未来、现在诸佛,神力所护故。文殊师利!是法华经于无量国中,乃至名字不可得闻,何况得见、受持、读诵。文殊师利!譬如强力转轮圣王,欲以威势降伏诸国,而诸小王不顺其命,时转轮王起种种兵而往讨伐。王见兵众战有功者,即大欢喜,随功赏赐,或与田宅、聚落、城邑,或与衣服、严身之具,或与种种珍宝、金、银、琉璃、砗磲、玛瑙、珊瑚、琥珀、象、马、车乘、奴婢、人民。唯髻中明珠不以与之。所以者何?独王顶上有此一珠,若以与之,王诸眷属,必大惊怪。文殊师利!如来亦复如是,以禅定智慧力,得法国土,王于三界,而诸魔王不肯顺伏。如来贤圣诸将与之共战,其有功者,心亦欢喜,于四众中,为说诸经,令其心悦,赐以禅定、解脱、无漏根力、诸法之财,又复赐与涅槃之城,言得灭度,引导其心,令皆欢喜,而不为说是法华经。文殊师利!如转轮王,见诸兵众有大功者，心甚欢喜，以此难信之珠，久在髻中，不妄与人，而今与之。如来亦复如是，于三界中，为大法王，以法教化一切众生，见贤圣军与五阴魔、烦恼魔、死魔共战，有大功勋，灭三毒，出三界，破魔网。尔时，如来亦大欢喜，此法华经，能令众生至一切智，一切世间多怨难信，先所未说，而今说之。文殊师利！此法华经，是诸如来第一之说，于诸说中，最为甚深；末后赐与，如彼强力之王，久护明珠，今乃与之。文殊师利！此法华经，诸佛如来秘密之藏，于诸经中，最在其上，长夜守护，不妄宣说，始于今日乃与汝等而敷演之。尔时，世尊欲重宣此义，而说偈言：

常行忍辱	哀愍一切	乃能演说	佛所赞经
后末世时	持此经者	于家出家	及非菩萨
应生慈悲	斯等不闻	不信是经	则为大失
我得佛道	以诸方便	为说此法	令住其中
譬如强力	转轮之王	兵战有功	赏赐诸物
象马车乘	严身之具	及诸田宅	聚落城邑
或与衣服	种种珍宝	奴婢财物	欢喜赐与
如有勇健	能为难事	王解髻中	明珠赐之
如来亦尔	为诸法王	忍辱大力	智慧宝藏
以大慈悲	如法化世	见一切人	受诸苦恼
欲求解脱	与诸魔战	为是众生	说种种法
以大方便	说此诸经		
既知众生	得其力已	末后乃为	说是法华
如王解髻	明珠与之	此经为尊	众经中上
我常守护	不妄开示	今正是时	为汝等说
我灭度后	求佛道者	欲得安隐	演说斯经
应当亲近	如是四法		
读是经者	常无忧恼		
又无病痛	颜色鲜白	不生贫穷	卑贱丑陋
众生乐见	如慕贤圣	天诸童子	以为给使
刀杖不加	毒不能害	若人恶骂	口则闭塞
游行无畏	如师子王	智慧光明	如日之照
若于梦中	但见妙事	见诸如来	坐师子座
诸比丘众	围绕说法	又见龙神	阿修罗等
数如恒沙	恭敬合掌	自见其身	而为说法
又见诸佛	身相金色	放无量光	照于一切
以梵音声	演说诸法	佛为四众	说无上法
见身处中	合掌赞佛	闻法欢喜	而为供养
得陀罗尼	证不退智	佛知其心	深入佛道
即为授记	成最正觉	汝善男子	当于来世

得无量智　佛之大道　国土严净　广大无比
亦有四众　合掌听法
又见自身　在山林中　修习善法　证诸实相
深入禅定　见十方佛
诸佛身金色　百福相庄严　闻法为人说　常有是好梦
又梦作国王　舍宫殿眷属　及上妙五欲　行诣于道场
在菩提树下　而处师子座　求道过七日　得诸佛之智
成无上道已　起而转法轮　为四众说法　经千万亿劫
说无漏妙法　度无量众生　后当入涅槃　如烟尽灯灭
若后恶世中　说是第一法　是人得大利　如上诸功德

从地涌出品第十五

尔时，他方国土诸来菩萨摩诃萨，过八恒河沙数，于大众中起，合掌作礼，而白佛言：世尊！若听我等，于佛灭后，在此娑婆世界，勤加精进，护持读诵、书写、供养是经典者，当于此土而广说之。尔时，佛告诸菩萨摩诃萨众：止！善男子！不须汝等护持此经。所以者何？我娑婆世界，自有六万恒河沙等菩萨摩诃萨，一一菩萨，各有六万恒河沙眷属，是诸人等，能于我灭后，护持读诵广说此经。佛说是时，娑婆世界三千大千国土，地皆震裂，而于其中，有无量千万亿菩萨摩诃萨同时涌出。是诸菩萨，身皆金色，三十二相，无量光明，先尽在此娑婆世界之下，此界虚空中住。是诸菩萨，闻释迦牟尼佛所说音声，从下发来。一一菩萨，皆是大众唱导之首，各将六万恒河沙眷属，况将五万、四万、三万、二万、一万恒河沙等眷属者；况复乃至一恒河沙、半恒河沙、四分之一，乃至千万亿那由他分之一；况复千万亿那由他眷属；况复亿万眷属；况复千万、百万，乃至一万；况复一千、一百，乃至一十；况复将五、四、三、二、一弟子者；况复单己，乐远离行；如是等比，无量无边，算数譬喻所不能知。是诸菩萨从地出已，各诣虚空七宝妙塔多宝如来、释迦牟尼佛所；到已，向二世尊头面礼足。及至诸宝树下师子座上佛所，亦皆作礼，右绕三匝，合掌恭敬，以诸菩萨种种赞法而以赞叹，住在一面，欣乐瞻仰于二世尊。是诸菩萨摩诃萨，从初涌出，以诸菩萨种种赞法而赞于佛，如是时间，经五十小劫。是时，释迦牟尼佛默然而坐，及诸四众，亦皆默然，五十小劫，佛神力故，令诸大众谓如半日。尔时，四众亦以佛神力故，见诸菩萨，遍满无量百千万亿国土虚空。是菩萨众中，有四导师，一名上行，二名无边行，三名净行，四名安立行。是四菩萨，于其众中，最为上首、唱导之师；在大众前，各共合掌，观释迦牟尼佛，而问讯言：世尊！少病少恼，安乐行不？所应度者，受教易不？不令世尊生疲劳耶？尔时，四大菩萨而说偈言：

世尊安乐　少病少恼　教化众生　得无疲倦

又诸众生　受化易不　不令世尊　生疲劳耶

尔时,世尊于菩萨大众中,而作是言:如是!如是!诸善男子!如来安乐,少病少恼。诸众生等,易可化度,无有疲劳。所以者何?是诸众生,世世已来,常受我化,亦于过去诸佛恭敬尊重,种诸善根。此诸众生,始见我身,闻我所说,即皆信受,入如来慧。除先修习学小乘者,如是之人,我今亦令得闻是经,入于佛慧。尔时,诸大菩萨而说偈言:

善哉善哉　大雄世尊　诸众生等　易可化度
能问诸佛　甚深智慧　闻已信行　我等随喜

于时,世尊赞叹上首诸大菩萨:善哉!善哉!善男子!汝等能于如来发随喜心。尔时,弥勒菩萨及八千恒河沙诸菩萨众,皆作是念:我等从昔已来,不见不闻如是大菩萨摩诃萨众,从地涌出,住世尊前,合掌供养,问讯如来。时弥勒菩萨摩诃萨,知八千恒河沙诸菩萨等心之所念,并欲自决所疑,合掌向佛,以偈问曰:

无量千万亿　大众诸菩萨　昔所未曾见　愿两足尊说
是从何所来　以何因缘集　巨身大神通　智慧叵思议
其志念坚固　有大忍辱力　众生所乐见　为从何所来
一一诸菩萨　所将诸眷属　其数无有量　如恒河沙等
或有大菩萨　将六万恒沙　如是诸大众　一心求佛道
是诸大师等　六万恒河沙　俱来供养佛　及护持是经
将五万恒沙　其数过于是　四万及三万　二万至一万
一千一百等　乃至一恒沙　半及三四分　亿万分之一
千万那由他　万亿诸弟子　乃至于半亿　其数复过上
百万至一万　一千及一百　五十与一十　乃至三二一
单己无眷属　乐于独处者　俱来至佛所　其数转过上
如是诸大众　若人行筹数　过于恒沙劫　犹不能尽知
是诸大威德　精进菩萨众　谁为其说法　教化而成就
从谁初发心　称扬何佛法　受持行谁经　修习何佛道
如是诸菩萨　神通大智力　四方地震裂　皆从中涌出
世尊我昔来　未曾见是事　愿说其所从　国土之名号
我常游诸国　未曾见是众　我于此众中　乃不识一人
忽然从地出　愿说其因缘
今此之大会　无量百千亿　是诸菩萨等　皆欲知此事
是诸菩萨众　本末之因缘　无量德世尊　惟愿决众疑

尔时,释迦牟尼分身诸佛,从无量千万亿他方国土来者,在于八方诸宝树下,师子座上,结跏趺坐。其佛侍者,各各见是菩萨大众,于三千大千世界四方,从地涌出,住于虚空,各白其佛言:世尊!此诸无量无边阿僧祇菩萨大众,从何所来?尔时,诸佛各告侍者:诸善男子!且待须臾,有菩萨摩诃萨,名曰弥勒,释迦牟尼佛之所授记,次后作佛，已问斯事，佛今答之，汝等自当因是得闻。尔时，释迦牟尼佛告弥勒菩萨：善哉！善哉！阿逸多！乃能问佛如是大事。汝等当共一心，被精进铠，发坚固意，如来今欲显发宣示诸佛智慧，诸佛自在神通之力，诸佛师子奋迅之力，诸佛威猛大势之力。尔时，世尊欲重宣此义，而说偈言：

  当精进一心　我欲说此事　勿得有疑悔　佛智叵思议
  汝今出信力　住于忍善中　昔所未闻法　今皆当得闻
  我今安慰汝　勿得怀疑惧　佛无不实语　智慧不可量
  所得第一法　甚深叵分别　如是今当说　汝等一心听

尔时，世尊说此偈已，告弥勒菩萨：我今于此大众，宣告汝等。阿逸多！是诸大菩萨摩诃萨无量无数阿僧祇，从地涌出，汝等昔所未见者；我于是娑婆世界，得阿耨多罗三藐三菩提已，教化示导是诸菩萨，调伏其心，令发道意。此诸菩萨，皆于是娑婆世界下，此界虚空中住；于诸经典，读诵通利，思惟分别，正忆念。阿逸多！是诸善男子等，不乐在众，多有所说，常乐静处，勤行精进，未曾休息；亦不依止人天而住。常乐深智，无有障碍，亦常乐于诸佛之法，一心精进，求无上慧。尔时，世尊欲重宣此义，而说偈言：

  阿逸汝当知　是诸大菩萨　从无数劫来　修习佛智慧
  悉是我所化　令发大道心　此等是我子
  依止是世界　常行头陀事　志乐于静处　舍大众愦闹
  不乐多所说　如是诸子等　学习我道法　昼夜常精进
  为求佛道故　在娑婆世界　下方空中住　志念力坚固
  常勤求智慧　说种种妙法　其心无所畏
  我于伽耶城　菩提树下坐　得成最正觉　转无上法轮
  尔乃教化之　令初发道心　今皆住不退　悉当得成佛
  我今说实语　汝等一心信　我从久远来　教化是等众

尔时，弥勒菩萨摩诃萨，及无数诸菩萨等，心生疑惑，怪未曾有，而作是念：云何世尊于少时间，教化如是无量无边阿僧祇诸大菩萨，令住阿耨多罗三藐三菩提？即白佛言：世尊！如来为太子时，出于释宫，去伽耶城不远，坐于道场，得成阿耨多罗三藐三菩提；从是已来，始过四十余年。世尊！云何于此少时大作佛事，以佛势力，以佛功德，教化如是无量大菩萨众，当成阿耨多罗三藐三菩提？世尊！此大菩萨众，假使有人，于千万亿劫，数不能尽，不得其边；斯等久远已来，于无量无边诸佛所，植诸善根，成就菩萨道，常修梵行。世尊！如此之事，世所难信。譬如有人，色美发黑，年二十五，指百岁人，言是我子；其百岁人，亦指年少，言是我父，生育我等，是事难信。佛亦如是，得道已来，其实未久；而此大众诸菩萨等，已于无量千万亿劫，为佛道故，勤行精进，善入出住无量百千万亿三昧，得大神通，久修梵行，善能次第习诸善法，巧于问答。人中之宝，一切世间甚为希有。今日世尊方云，得佛道时，初令发心，教化示导，令向阿耨多罗三藐三菩提。世尊得佛未久，乃能作此大功德事？我等虽复信佛随宜所说，佛所出言，未曾虚妄，佛所知者，皆悉通达；然诸新发意菩萨，于佛灭后，若闻是语，或不信受而起破法罪业因缘。唯然，世尊！愿为解说，除我等疑，及未来世诸善男子，闻此事已，亦不生疑。尔时，弥勒菩萨欲重宣此义，而说偈言：

佛昔从释种　　出家近伽耶　　坐于菩提树　　尔来尚未久
此诸佛子等　　其数不可量　　久已行佛道　　住于神通力
善学菩萨道　　不染世间法　　如莲华在水　　从地而涌出
皆起恭敬心　　住于世尊前　　是事难思议　　云何而可信
佛得道甚近　　所成就甚多　　愿为除众疑　　如实分别说
譬如少壮人　　年始二十五　　示人百岁子　　发白而面皱
是等我所生　　子亦说是父　　父少而子老　　举世所不信
世尊亦如是　　得道来甚近　　是诸菩萨等　　志固无怯弱
从无量劫来　　而行菩萨道　　巧于难问答　　其心无所畏
忍辱心决定　　端正有威德　　十方佛所赞　　善能分别说
不乐在人众　　常好在禅定　　为求佛道故　　于下空中住
我等从佛闻　　于此事无疑　　愿佛为未来　　演说令开解
若有于此经　　生疑不信者　　即当堕恶道　　愿今为解说
是无量菩萨　　云何于少时　　教化令发心　　而住不退地

如来寿量品第十六

尔时，佛告诸菩萨及一切大众：诸善男子！汝等当信解如来诚谛之语。复告大众：汝等当信解如来诚谛之语。又复告诸大众：汝等当信解如来诚谛之语。是时菩萨大众，弥勒为首，合掌白佛言：世尊！惟愿说之，我等当信受佛语。如是三白已。复言：惟愿说之，我等当信受佛语。尔时，世尊知诸菩萨三请不止，而告之言：汝等谛听。如来秘密神通之力。一切世间天人及阿修罗，皆谓：今释迦牟尼佛出释氏宫，去伽耶城不远，坐于道场，得阿耨多罗三藐三菩提。然善男子！我实成佛已来，无量无边百千万亿那由他劫。譬如五百千万亿那由他阿僧祇三千大千世界，假使有人抹为微尘，过于东方五百千万亿那由他阿僧祇国，乃下一尘；如是东行，尽是微尘。诸善男子，于意云何？是诸世界，可得思惟校计，知其数不？弥勒菩萨等，俱白佛言：世尊！是诸世界，无量无边，非算数所知，亦非心力所及。一切声闻、辟支佛，以无漏智，不能思惟知其限数。我等住阿惟越致地，于是事中，亦所不达。世尊！如是诸世界，无量无边。尔时，佛告大菩萨众：诸善男子！今当分明宣语汝等。是诸世界，若着微尘及不著者，尽以为尘；一尘一劫，我成佛已来，复过于此百千万亿那由他阿僧祇劫。自从是来，我常在此娑婆世界，说法教化；亦于余处百千万亿那由他阿僧祇国，导利众生。诸善男子！于是中间，我说然灯佛等，又复言其入于涅槃，如是皆以方便分别。诸善男子！若有众生来至我所，我以佛眼，观其信等诸根利钝，随所应度，处处自说名字不同、年纪大小，亦复现言当入涅槃。又以种种方便，说微妙法，能令众生发欢喜心。诸善男子！如来见诸众生，乐于小法，德薄垢重者，为是人说：我少出家，得阿耨多罗三藐三菩提。然我实成佛已来，久远若斯；但以方便教化众生，令入佛道，作如是说。诸善男子！如来所演经典，皆为度脱众生，或说己身，或说他身；或示己身，或示他身；或示己事，或示他事；诸所言说，皆实不虚。所以者何？如来如实知见三界之相，无有生死，若退若出，亦无在世及灭度者。非实非虚，非如非异，不如三界见于三界，如斯之事，如来明见，无有错谬。以诸众生有种种性、种种欲、种种行、种种忆想分别故；欲令生诸善根，以若干因缘、譬喻、言辞，种种说法，所作佛事，未曾暂废。如是，我成佛已来，甚大久远，寿命无量阿僧祇劫，常住不灭。诸善男子！我本行菩萨道，所成寿命，今犹未尽，复倍上数。然今非实灭度，而便唱言：当取灭度，如来以是方便，教化众生。所以者何？若佛久住于世，薄德之人，不种善根，贫穷下贱，贪着五欲，入于忆想妄见网中。若见如来常在不灭，便起憍恣，而怀厌怠，不能生难遭之想、恭敬之心。是故如来以方便说。比丘当知！诸佛出世，难可值遇。所以者何？诸薄德人，过无量百千万亿劫，或有见佛，或不见者，以此事故，我作是言：诸比丘！如来难可得见！斯众生等闻如是语，必当生于难遭之想，心怀恋慕，渴仰于佛，便种善根；是故如来虽不实灭，而言灭度。又善男子！诸佛如来，法皆如是，为度众生，皆实不虚。譬如良医，智慧聪达，明练方药，善治众病。其人多诸子息，若十、二十乃至百数，以有事缘，远至余国。诸子于后，饮他毒药，药发闷乱，宛转于地。是时，其父还来归家，诸子饮毒，或失本心，或不失者，遥见其父，皆大欢喜，拜跪问讯，善安隐归，我等愚痴，误服毒药，愿见救疗，更赐寿命。父见子等苦恼如是，依诸经方，求好药草，色香美味，皆悉具足，捣筛和合，与子令服。而作是言：此大良药，色香美味，皆悉具足，汝等可服，速除苦恼，无复众患。其诸子中，不失心者，见此良药，色香俱好，即便服之，病尽除愈。余失心者，见其父来，虽亦欢喜问讯，求索治病，然与其药，而不肯服。所以者何？毒气深入，失本心故，于此好色香药，而谓不美。父作是念：此子可愍，为毒所中，心皆颠倒，虽见我喜，求索救疗，如是好药，而不肯服；我今当设方便，令服此药。即作是言：汝等当知！我今衰老，死时已至，是好良药，今留在此，汝可取服，勿忧不瘥。作是教已，复至他国，遣使还告，汝父已死。是时诸子闻父背丧，心大忧恼。而作是念：若父在者，慈愍我等，能见救护；今者舍我，远丧他国，自惟孤露，无复恃怙。常怀悲感，心遂醒悟，乃知此药色香美味，即取服之，毒病皆愈。其父闻子悉已得瘥，寻便来归，咸使见之。诸善男子！于意云何？颇有人能说此良医虚妄罪不？不也！世尊！佛言：我亦如是！成佛已来，无量无边百千万亿那由他阿僧祇劫，为众生故，以方便力，言当灭度，亦无有能如法说我虚妄过者。尔时，世尊欲重宣此义，而说偈言：

自我得佛来　　所经诸劫数　　无量百千万　　亿载阿僧祇
常说法教化　　无数亿众生　　令入于佛道　　尔来无量劫
为度众生故　　方便现涅槃　　而实不灭度　　常住此说法
我常住于此　　以诸神通力　　令颠倒众生　　虽近而不见
众见我灭度　　广供养舍利　　咸皆怀恋慕　　而生渴仰心
众生既信伏　　质直意柔软　　一心欲见佛　　不自惜身命
时我及众僧　　俱出灵鹫山　　我时语众生　　常在此不灭
以方便力故　　现有灭不灭　　余国有众生　　恭敬信乐者
我复于彼中　　为说无上法　　汝等不闻此　　但谓我灭度
我见诸众生　　没在于苦恼　　故不为现身　　令其生渴仰
因其心恋慕　　乃出为说法　　神通力如是　　于阿僧祇劫
常在灵鹫山　　及余诸住处　　众生见劫尽　　大火所烧时
我此土安隐　　天人常充满　　园林诸堂阁　　种种宝庄严
宝树多华果　　众生所游乐　　诸天击天鼓　　常作众伎乐
雨曼陀罗华　　散佛及大众　　我净土不毁　　而众见烧尽
忧怖诸苦恼　　如是悉充满　　是诸罪众生　　以恶业因缘
过阿僧祇劫　　不闻三宝名　　诸有修功德　　柔和质直者
则皆见我身　　在此而说法　　或时为此众　　说佛寿无量
久乃见佛者　　为说佛难值　　我智力如是　　慧光照无量
寿命无数劫　　久修业所得　　汝等有智者　　勿于此生疑
当断令永尽　　佛语实不虚　　如医善方便　　为治狂子故
实在而言死　　无能说虚妄　　我亦为世父　　救诸苦患者
为凡夫颠倒　　实在而言灭　　以常见我故　　而生憍恣心
放逸着五欲　　堕于恶道中　　我常知众生　　行道不行道
随所应可度　　为说种种法　　每自作是意　　以何令众生
得入无上慧　　速成就佛身

分别功德品第十七

尔时，大会闻佛说寿命劫数长远如是，无量无边阿僧祇众生，得大饶益。于时，世尊告弥勒菩萨摩诃萨：阿逸多！我说是如来寿命长远时，六百八十万亿那由他恒河沙众生，得无生法忍；复有千倍菩萨摩诃萨，得闻持陀罗尼门；复有一世界微尘数菩萨摩诃萨，得乐说无碍辩才；复有一世界微尘数菩萨摩诃萨，得百千万亿无量旋陀罗尼；复有三千大千世界微尘数菩萨摩诃萨，能转不退法轮；复有二千中国土微尘数菩萨摩诃萨，能转清净法轮；复有小千国土微尘数菩萨摩诃萨，八生当得阿耨多罗三藐三菩提；复有四四天下微尘数菩萨摩诃萨，四生当得阿耨多罗三藐三菩提；复有三四天下微尘数菩萨摩诃萨，三生当得阿耨多罗三藐三菩提；复有二四天下微尘数菩萨摩诃萨，二生当得阿耨多罗三藐三菩提；复有一四天下微尘数菩萨摩诃萨，一生当得阿耨多罗三藐三菩提；复有八世界微尘数众生，皆发阿耨多罗三藐三菩提心。佛说是诸菩萨摩诃萨得大法利时，于虚空中，雨曼陀罗华、摩诃曼陀罗华，以散无量百千万亿宝树下，师子座上诸佛，并散七宝塔中，师子座上释迦牟尼佛及久灭度多宝如来，亦散一切诸大菩萨及四部众。又雨细末、栴檀、沉水香等，于虚空中，天鼓自鸣，妙声深远；又雨千种天衣，垂诸璎珞，真珠璎珞、摩尼珠璎珞、如意珠璎珞，遍于九方，众宝香炉，烧无价香，自然周至，供养大会。一一佛上，有诸菩萨，执持幡盖，次第而上，至于梵天。是诸菩萨，以妙音声，歌无量颂，赞叹诸佛。尔时，弥勒菩萨从座而起，偏袒右肩，合掌向佛，而说偈言：

佛说希有法	昔所未曾闻	世尊有大力	寿命不可量
无数诸佛子	闻世尊分别	说得法利者	欢喜充遍身
或住不退地	或得陀罗尼	或无碍乐说	万亿旋总持
或有大千界	微尘数菩萨	各各皆能转	不退之法轮
复有中千界	微尘数菩萨	各各皆能转	清净之法轮
复有小千界	微尘数菩萨	余各八生在	当得成佛道
复有四三二	如此四天下	微尘诸菩萨	随数生成佛
或一四天下	微尘数菩萨	余有一生在	当成一切智
如是等众生	闻佛寿长远	得无量无漏	清净之果报
复有八世界	微尘数众生	闻佛说寿命	皆发无上心
世尊说无量	不可思议法	多有所饶益	如虚空无边
雨天曼陀罗	摩诃曼陀罗	释梵如恒沙	无数佛土来
雨栴檀沉水	缤纷而乱坠	如鸟飞空下	供散于诸佛
天鼓虚空中	自然出妙声	天衣千万种	旋转而来下
众宝妙香炉	烧无价之香	自然悉周遍	供养诸世尊
其大菩萨众	执七宝幡盖	高妙万亿种	次第至梵天
一一诸佛前	宝幢悬胜幡	亦以千万偈	歌咏诸如来
如是种种事	昔所未曾有	闻佛寿无量	一切皆欢喜
佛名闻十方	广饶益众生	一切具善根	以助无上心

尔时，佛告弥勒菩萨摩诃萨：阿逸多！其有众生，闻佛寿命长远如是，乃至能生一念信解，所得功德，无有限量。若有善男子、善女人，为阿耨多罗三藐三菩提故，于八十万亿那由他劫，行五波罗蜜：檀波罗蜜、尸罗波罗蜜、羼提波罗蜜、毗梨耶波罗蜜、禅波罗蜜，除般若波罗蜜，以是功德比前功德，百分、千分、百千万亿分不及其

一,乃至算数譬喻所不能知。若善男子、善女人,有如是功德,于阿耨多罗三藐三菩提退者,无有是处。尔时,世尊欲重宣此义,而说偈言:

若人求佛慧　于八十万亿　那由他劫数　行五波罗蜜
于是诸劫中　布施供养佛　及缘觉弟子　并诸菩萨众
珍异之饮食　上服与卧具　栴檀立精舍　以园林庄严
如是等布施　种种皆微妙　尽此诸劫数　以回向佛道
若复持禁戒　清净无缺漏　求于无上道　诸佛之所叹
若复行忍辱　住于调柔地　设众恶来加　其心不倾动
诸有得法者　怀于增上慢　为斯所轻恼　如是亦能忍
若复勤精进　志念常坚固　于无量亿劫　一心不懈息
又于无数劫　住于空闲处　若坐若经行　除睡常摄心
以是因缘故　能生诸禅定　八十亿万劫　安住心不乱
持此一心福　愿求无上道　我得一切智　尽诸禅定际
是人于百千　万亿劫数中　行此诸功德　如上之所说
有善男女等　闻我说寿命　乃至一念信　其福过于彼
若人悉无有　一切诸疑悔　深心须臾信　其福为如此
其有诸菩萨　无量劫行道　闻我说寿命　是则能信受
如是诸人等　顶受此经典　愿我于未来　长寿度众生
如今日世尊　诸释中之王　道场师子吼　说法无所畏
我等未来世　一切所尊敬　坐于道场时　说寿亦如是
若有深心者　清净而质直　多闻能总持　随义解佛语
如是之人等　于此无有疑

又阿逸多!若有闻佛寿命长远,解其言趣,是人所得功德,无有限量,能起如来无上之慧。何况广闻是经,若教人闻,若自持,若教人持,若自书,若教人书,若以华、香、璎珞、幢幡、缯盖、香油、酥灯,供养经卷,是人功德,无量无边,能生一切种智。阿逸多!若善男子、善女人,闻我说寿命长远,深心信解,则为见佛常在耆阇崛山,共大菩萨,诸声闻众,围绕说法。又见此娑婆世界,其地琉璃,坦然平正,阎浮檀金,以界八道,宝树行列,诸台楼观,皆悉宝成,其菩萨众,咸处其中。若有能如是观者,当知是为深信解相。又复如来灭后,若闻是经而不毁訾,起随喜心,当知已为深信解相;何况读诵受持之者,斯人则为顶戴如来。阿逸多!是善男子、善女人,不须为我复起塔寺,及作僧坊,以四事供养众僧。所以者何?是善男子、善女人,受持读诵是经典者,为已起塔,造立僧坊,供养众僧。则为以佛舍利起七宝塔,高广渐小至于梵天,悬诸幡盖及众宝铃,华、香、璎珞、末香、涂香、烧香、众鼓伎乐、箫笛、箜篌,种种舞戏,以妙音声,歌呗赞颂,则为于无量千万亿劫,作是供养已。阿逸多!若我灭后,闻是经典,有能受持,若自书,若教人书,则为起立僧坊，以赤栴檀作诸殿堂三十有二，高八多罗树，高广严好，百千比丘于其中止。园林浴池，经行禅窟，衣服、饮食、床褥、汤药，一切乐具，充满其中。如是僧坊堂阁若干百千万亿，其数无量，以此现前，供养于我及比丘僧。是故我说，如来灭后，若有受持读诵，为他人说，若自书，若教人书，供养经卷，不须复起塔寺，及造僧坊，供养众僧。况复有人，能持是经，兼行布施、持戒、忍辱、精进、一心、智慧，其德最胜，无量无边。譬如虚空，东西南北、四维上下，无量无边；是人功德，亦复如是无量无边，疾至一切种智。若人读诵受持是经，为他人说，若自书，若教人书，复能起塔及造僧坊，供养赞叹声闻众僧，亦以百千万亿赞叹之法，赞叹菩萨功德，又为他人种种因缘，随义解说此法华经；复能清净持戒，与柔和者而共同止，忍辱无瞋，志念坚固，常贵坐禅，得诸深定，精进勇猛，摄诸善法，利根智慧，善答问难。阿逸多！若我灭后，诸善男子、善女人，受持读诵是经典者，复有如是诸善功德，当知是人，已趣道场，近阿耨多罗三藐三菩提，坐道树下。阿逸多！是善男子、善女人，若坐、若立、若行处，此中便应起塔，一切天人皆应供养，如佛之塔。尔时，世尊欲重宣此义，而说偈言：

若我灭度后	能奉持此经	斯人福无量	如上之所说
是则为具足	一切诸供养	以舍利起塔	七宝而庄严
表刹甚高广	渐小至梵天	宝铃千万亿	风动出妙音
又于无量劫	而供养此塔	华香诸璎珞	天衣众伎乐
燃香油苏灯	周匝常照明	恶世法末时	能持是经者
则为已如上	具足诸供养		
若能持此经	则如佛现在	以牛头栴檀	起僧坊供养
堂有三十二	高八多罗树	上馔妙衣服	床卧皆具足
百千众住处	园林诸浴池	经行及禅窟	种种皆严好
若有信解心	受持读诵书	若复教人书	及供养经卷
散华香末香	以须曼薝卜	阿提目多伽	薰油常然之
如是供养者	得无量功德	如虚空无边	其福亦如是
况复持此经	兼布施持戒	忍辱乐禅定	不瞋不恶口
恭敬于塔庙	谦下诸比丘	远离自高心	常思惟智慧
有问难不瞋	随顺为解说	若能行是行	功德不可量
若见此法师	成就如是德	应以天华散	天衣覆其身
头面接足礼	生心如佛想	又应作是念	不久诣道场
得无漏无为	广利诸人天	其所住止处	经行若坐卧
乃至说一偈	是中应起塔	庄严令妙好	种种以供养
佛子住此地	则是佛受用	常在于其中	经行及坐卧

卷第六

随喜功德品第十八

尔时,弥勒菩萨摩诃萨白佛言:世尊!若有善男子、善女人,闻是法华经随喜者,得几所福?而说偈言:

世尊灭度后　其有闻是经　若能随喜者　为得几所福

尔时,佛告弥勒菩萨摩诃萨:阿逸多!如来灭后,若比丘、比丘尼、优婆塞、优婆夷,及余智者,若长若幼,闻是经随喜已,从法会出,至于余处,若在僧坊,若空闲地,若城邑、巷陌、聚落、田里,如其所闻,为父母、宗亲、善友、知识,随力演说。是诸人等,闻已随喜,复行转教,余人闻已,亦随喜转教;如是展转,至第五十。阿逸多!其第五十善男子、善女人,随喜功德,我今说之,汝当善听!若四百万亿阿僧祇世界,六趣四生众生,卵生、胎生、湿生、化生,若有形、无形、有想、无想、非有想、非无想、无足、二足、四足、多足,如是等在众生数者,有人求福,随其所欲娱乐之具,皆给与之。一一众生,与满阎浮提金、银、琉璃、砗磲、玛瑙、珊瑚、琥珀,诸妙珍宝,及象、马、车乘,七宝所成宫殿、楼阁等。是大施主,如是布施,满八十年已,而作是念:我已施众生娱乐之具,随意所欲;然此众生皆已衰老,年过八十,发白面皱,将死不久,我当以佛法而训导之。即集此众生,宣布法化,示教利喜,一时皆得须陀洹道、斯陀含道、阿那含道、阿罗汉道,尽诸有漏,于深禅定皆得自在,具八解脱。于汝意云何?是大施主所得功德,宁为多不?弥勒白佛言:世尊!是人功德甚多,无量无边;若是施主,但施众生一切乐具,功德无量,何况令得阿罗汉果。佛告弥勒:我今分明语汝。是人以一切乐具,施于四百万亿阿僧祇世界六趣众生,又令得阿罗汉果,所得功德,不如是第五十人闻法华经一偈随喜功德,百分、千分、百千万亿分不及其一,乃至算数譬喻所不能知。 阿逸多!如是第五十人,展转闻法华经随喜功德,尚无量无边阿僧祇,何况最初于会中闻而随喜者,其福复胜无量无边阿僧祇,不可得比。又阿逸多!若人为是经故,往诣僧坊,若坐若立,须臾听受;缘是功德,转身所生,得好上妙象马车乘,珍宝辇舆,及乘天宫。若复有人于讲法处坐,更有人来,劝令坐听,若分座令坐;是人功德,转身得帝释坐处,若梵王坐处,若转轮圣王所坐之处。阿逸多!若复有人,语余人言,有经名法华,可共往听;即受其教,乃至须臾间闻。是人功德,转身得与陀罗尼菩萨共生一处,利根智慧。百千万世,终不喑哑;口气不臭,舌常无病,口亦无病,齿不垢黑,不黄不疏,亦不缺落,不差不曲;唇不下垂,亦不褰缩、不粗涩、不疮胗,亦不缺坏,亦不喎斜,不厚不大,亦不黧黑,无诸可恶。鼻不匾[匚+虒],亦不曲戾,面色不黑,亦不狭长，亦不窊曲，无有一切不可喜相。唇舌牙齿，悉皆严好，鼻修高直，面貌圆满，眉高而长，额广平正，人相具足，世世所生，见佛闻法，信受教诲。阿逸多！汝且观是劝于一人令往听法，功德如此，何况一心听说读诵，而于大众为人分别如说修行。尔时，世尊欲重宣此义，而说偈言：

若人于法会　　得闻是经典　　乃至于一偈　　随喜为他说
如是展转教　　至于第五十　　最后人获福　　今当分别之
如有大施主　　供给无量众　　具满八十岁　　随意之所欲
见彼衰老相　　发白而面皱　　齿疏形枯竭　　念其死不久
我今应当教　　令得于道果　　即为方便说　　涅槃真实法
世皆不牢固　　如水沫泡焰　　汝等咸应当　　疾生厌离心
诸人闻是法　　皆得阿罗汉　　具足六神通　　三明八解脱
最后第五十　　闻一偈随喜　　是人福胜彼　　不可为譬喻
如是展转闻　　其福尚无量　　何况于法会　　初闻随喜者
若有劝一人　　将引听法华　　言此经深妙　　千万劫难遇
即受教往听　　乃至须臾闻　　斯人之福报　　今当分别说
世世无口患　　齿不疏黄黑　　唇不厚褰缺　　无有可恶相
舌不乾黑短　　鼻高修且直　　额广而平正　　面目悉端严
为人所喜见　　口气无臭秽　　优钵华之香　　常从其口出
若故诣僧坊　　欲听法华经　　须臾闻欢喜　　今当说其福
后生天人中　　得妙象马车　　珍宝之辇舆　　及乘天宫殿
若于讲法处　　劝人坐听经　　是福因缘得　　释梵转轮座
何况一心听　　解说其义趣　　如说而修行　　其福不可量

法师功德品第十九

尔时，佛告常精进菩萨摩诃萨，若善男子、善女人，受持是法华经，若读，若诵，若解说，若书写，是人当得八百眼功德、千二百耳功德、八百鼻功德、千二百舌功德、八百身功德、千二百意功德，以是功德，庄严六根，皆令清净。是善男子、善女人，父母所生清净肉眼，见于三千大千世界，内外所有山林河海，下至阿鼻地狱，上至有顶，亦见其中一切众生，及业因缘果报生处，悉见悉知。尔时，世尊欲重宣此义，而说偈言：

若于大众中　　以无所畏心　　说是法华经　　汝听其功德
是人得八百　　功德殊胜眼　　以是庄严故　　其目甚清净
父母所生眼　　悉见三千界　　内外弥楼山　　须弥及铁围
并诸余山林　　大海江河水　　下至阿鼻狱　　上至有顶处
其中诸众生　　一切皆悉见　　虽未得天眼　　肉眼力如是

复次常精进！若善男子、善女人，受持此经，若读，若诵，若解说，若书写，得千二百耳功德。以是清净耳，闻三千大千世界，下至阿鼻地狱，上至有顶，其中内外种种语言音声。象声、马声、牛声、车声、啼哭声、愁叹声、螺声、鼓声、钟声、铃声、笑声、语声，男声、女声、童子声、童女声、法声、非法声、苦声、乐声、凡夫声、圣人声，喜声、不喜声。天声、龙声、夜叉声、乾闼婆声、阿修罗声、迦楼罗声、紧那罗声、摩睺罗伽声，火声、水声、风声，地狱声、畜生声、饿鬼声。比丘声、比丘尼声、声闻声、辟支佛声、菩萨声、佛声。以要言之，三千大千世界中，一切内外所有诸声，虽未得天耳，以父母所生清净常耳，皆悉闻知，如是分别种种音声，而不坏耳根。尔时，世尊欲重宣此义，而说偈言：

父母所生耳	清净无浊秽	以此常耳闻	三千世界声
象马车牛声	钟铃螺鼓声	琴瑟箜篌声	箫笛之音声
清净好歌声	听之而不着	无数种人声	闻悉能解了
又闻诸天声	微妙之歌音	及闻男女声	童子童女声
山川险谷中	迦陵频伽声	命命等诸鸟	悉闻其音声
地狱众苦痛	种种楚毒声	饿鬼饥渴逼	求索饮食声
诸阿修罗等	居在大海边	自共言语时	出于大音声
如是说法者	安住于此间	遥闻是众声	而不坏耳根
十方世界中	禽兽鸣相呼	其说法之人	于此悉闻之
其诸梵天上	光音及遍净	乃至有顶天	言语之音声
法师住于此	悉皆得闻之		
一切比丘众	及诸比丘尼	若读诵经典	若为他人说
法师住于此	悉皆得闻之		
复有诸菩萨	读诵于经法	若为他人说	撰集解其义
如是诸音声	悉皆得闻之		
诸佛大圣尊	教化众生者	于诸大会中	演说微妙法
持此法华者	悉皆得闻之		
三千大千界	内外诸音声	下至阿鼻狱	上至有顶天
皆闻其音声	而不坏耳根	其耳聪利故	悉能分别知
持是法华者	虽未得天耳	但用所生耳	功德已如是

复次常精进！若善男子、善女人，受持是经，若读，若诵，若解说，若书写，成就八百鼻功德。以是清净鼻根，闻于三千大千世界上下内外种种诸香，须曼那华香、阇提华香、末利华香、薝卜华香、波罗罗华香、赤莲华香、青莲华香、白莲华香、华树香、果树香、栴檀香、沉水香、多摩罗跋香、多伽罗香，及千万种和香，若末、若丸、若涂香，持是经者，于此间住，悉能分别。又复别知众生之香，象香、马香、牛羊等香，男香、女香、童子香、童女香，及草木丛林香，若近若远，所有诸香，悉皆得闻，分别不错。持是经者，虽住于此，亦闻天上诸天之香，波利质多罗、拘鞞陀罗树香，及曼陀罗华香、摩诃曼陀罗华香、曼殊沙华香、摩诃曼殊沙华香、栴檀、沉水，

种种末香，诸杂华香，如是等天香和合所出之香，无不闻知。又闻诸天身香，释提桓因在胜殿上，五欲娱乐嬉戏时香，若在妙法堂上，为忉利诸天说法时香，若于诸园游戏时香，及余天等男女身香，皆悉遥闻。如是展转，乃至梵世，上至有顶，诸天身香，亦皆闻之。并闻诸天所烧之香，及声闻香、辟支佛香、菩萨香、诸佛身香，亦皆遥闻，知其所在。虽闻此香，然于鼻根不坏不错。若欲分别为他人说，忆念不谬。尔时，世尊欲重宣此义，而说偈言：

是人鼻清净　于此世界中　若香若臭物　种种悉闻知
须曼那阇提　多摩罗栴檀　沉水及桂香　种种华果香
及诸众生香　男子女人香　说法者远住　闻香知所在
大势转轮王　小转轮及子　群臣诸宫人　闻香知所在
身所著珍宝　及地中宝藏　转轮王宝女　闻香知所在
诸人严身具　衣服及璎珞　种种所涂香　闻香知其身
诸天若行坐　游戏及神变　持是法华者　闻香悉能知
诸树华果实　及酥油香气　持经者住此　悉知其所在
诸山深险处　栴檀树华敷　众生在中者　闻香悉能知
铁围山大海　地中诸众生　持经者闻香　悉知其所在
阿修罗男女　及其诸眷属　斗诤游戏时　闻香皆能知
旷野险隘处　狮子象虎狼　野牛水牛等　闻香知所在
若有怀妊者　未辨其男女　无根及非人　闻香悉能知
以闻香力故　知其初怀妊　成就不成就　安乐产福子
以闻香力故　知男女所念　染欲痴恚心　亦知修善者
地中众伏藏　金银诸珍宝　铜器之所盛　闻香悉能知
种种诸璎珞　无能识其价　闻香知贵贱　出处及所在
天上诸华等　曼陀曼殊沙　波利质多树　闻香悉能知
天上诸宫殿　上中下差别　众宝华庄严　闻香悉能知
天园林胜殿　诸观妙法堂　在中而娱乐　闻香悉能知
诸天若听法　或受五欲时　来往行坐卧　闻香悉能知
天女所著衣　好华香庄严　周旋游戏时　闻香悉能知
如是展转上　乃至于梵世　入禅出禅者　闻香悉能知
光音遍净天　乃至于有顶　初生及退没　闻香悉能知
诸比丘众等　于法常精进　若坐若经行　及读诵经典
或在林树下　专精而坐禅　持经者闻香　悉知其所在
菩萨志坚固　坐禅若读诵　或为人说法　闻香悉能知
在在方世尊　一切所恭敬　愍众而说法　闻香悉能知
众生在佛前　闻经皆欢喜　如法而修行　闻香悉能知
虽未得菩萨　无漏法生鼻　而是持经者　先得此鼻相

复次常精进！若善男子、善女人，受持是经，若读，若诵，若解说，若书写，得千二百舌功德。若好若丑，若美不美，及诸苦涩物，在其舌根，皆变成上味，如天甘露，无不美者。若以舌根，于大众中，有所演说，出深妙声，能入其心，皆令欢喜快乐。又诸天子、天女、释梵诸天，闻是深妙音声，有所演说，言论次第，皆悉来听。及诸龙、龙女、夜叉、夜叉女、乾闼婆、乾闼婆女、阿修罗、阿修罗女、迦楼罗、迦楼罗女、紧那罗、紧那罗女、摩睺罗伽、摩睺罗伽女，为听法故，皆来亲近，恭敬供养。及比丘、比丘尼、优婆塞、优婆夷，国王、王子、群臣眷属，小转轮王、大转轮王、七宝千子、内外眷属，乘其宫殿，俱来听法，以是菩萨善说法故。婆罗门、居士、国内人民，尽其形寿，随侍供养。又诸声闻、辟支佛、菩萨、诸佛，常乐见之。是人所在方面，诸佛皆向其处说法，悉能受持一切佛法，又能出于深妙法音。尔时，世尊欲重宣此义，而说偈言：

　　是人舌根净　　终不受恶味　　其有所食啖　　悉皆成甘露
　　以深净妙声　　于大众说法　　以诸因缘喻　　引导众生心
　　闻者皆欢喜　　设诸上供养
　　诸天龙夜叉　　及阿修罗等　　皆以恭敬心　　而共来听法
　　是说法之人　　若欲以妙音　　遍满三千界　　随意即能至
　　大小转轮王　　及千子眷属　　合掌恭敬心　　常来听受法
　　诸天龙夜叉　　罗刹毗舍阇　　亦以欢喜心　　常乐来供养
　　梵天王魔王　　自在大自在　　如是诸天众　　常来至其所
　　诸佛及弟子　　闻其说法音　　常念而守护　　或时为现身

复次常精进！若善男子、善女人，受持是经，若读、若诵、若解说、若书写，得八百身功德；得清净身，如净琉璃，众生喜见。其身净故，三千大千世界众生，生时死时，上下好丑，生善处恶处，悉于中现。及铁围山、大铁围山、弥楼山、摩诃弥楼山等诸山，及其中众生，悉于中现。下至阿鼻地狱，上至有顶，所有及众生，悉于中现。若声闻、辟支佛、菩萨、诸佛说法，皆于身中，现其色像。尔时，世尊欲重宣此义，而说偈言：

　　若持法华者　　其身甚清净　　如彼净琉璃　　众生皆喜见
　　又如净明镜　　悉见诸色像　　菩萨于净身　　皆见世所有
　　唯独自明了　　余人所不见
　　三千世界中　　一切诸群萌　　天人阿修罗　　地狱鬼畜生
　　如是诸色像　　皆于身中现
　　诸天等宫殿　　乃至于有顶　　铁围及弥楼　　摩诃弥楼山
　　诸大海水等　　皆于身中现
　　诸佛及声闻　　佛子菩萨等　　若独若在众　　说法悉皆现
　　虽未得无漏　　法性之妙身　　以清净常体　　一切于中现

复次常精进！若善男子、善女人，如来灭后，受持是经，若读、若诵、若解说、若书写，得千二百意功德。以是清净意根，乃至闻一偈一句，通达无量无边之义。解是义已，能演说一句一偈，至于一月、四月，乃至一岁，诸所说法，随其义趣，皆与实相不相违背。若说俗间经书、治世语言、资生业等，皆顺正法。三千大千世界六趣众生，心之所行，心所动作，心所戏论，皆悉知之，虽未得无漏智慧，而其意根清净如此。是人有所思惟，筹量言说，皆是佛法，无不真实，亦是先佛经中所说。尔时，世尊欲重宣此义，而说偈言：

是人意清净	明利无浊秽	以此妙意根	知上中下法
乃至闻一偈	通达无量义	次第如法说	月四月至岁
是世界内外	一切诸众生	若天龙及人	夜叉鬼神等
其在六趣中	所念若干种	持法华之报	一时皆悉知
十方无数佛	百福庄严相	为众生说法	悉闻能受持
思惟无量义	说法亦无量	终始不妄错	以持法华故
悉知诸法相	随义识次第	达名字语言	如所知演说
此人有所说	皆是先佛法	以演此法故	于众无所畏
持法华经者	意根净若斯	虽未得无漏	先有如是相
是人持此经	安住希有地	为一切众生	欢喜而爱敬
能以千万种	善巧之语言	分别而说法	持法华经故

常不轻菩萨品第廿

尔时，佛告得大势菩萨摩诃萨：汝今当知！若比丘、比丘尼、优婆塞、优婆夷，持法华经者，若有恶口骂詈诽谤，获大罪报，如前所说。其所得功德，如向所说，眼耳鼻舌身意清净。得大势！乃往古昔，过无量无边不可思议阿僧祇劫，有佛名威音王如来、应供、正遍知、明行足、善逝世间解、无上士、调御丈夫、天人师、佛、世尊，劫名离衰，国名大成。其威音王佛，于彼世中，为天、人、阿修罗说法。为求声闻者，说应四谛法，度生老病死，究竟涅槃；为求辟支佛者，说应十二因缘法；为诸菩萨，因阿耨多罗三藐三菩提，说应六波罗蜜法，究竟佛慧。得大势！是威音王佛，寿四十万亿那由他恒河沙劫，正法住世劫数，如一阎浮提微尘，像法住世劫数，如四天下微尘，其佛饶益众生已，然后灭度。正法像法灭尽之后，于此国土，复有佛出，亦号威音王如来、应供、正遍知、明行足、善逝、世间解、无上士、调御丈夫、天人师、佛、世尊，如是次第有二万亿佛，皆同一号。最初威音王如来，既已灭度，正法灭后，于像法中，增上慢比丘有大势力。尔时，有一菩萨比丘，名常不轻。得大势！以何因缘，名常不轻？是比丘凡有所见，若比丘、比丘尼、优婆塞、优婆夷，皆悉礼拜赞叹，而作是言：我深敬汝等，不敢轻慢；所以者何？汝等皆行菩萨道，当得作佛。而是比丘不专读诵经典，但行礼拜，乃至远见四众，亦复故往礼拜赞叹，而作是言：我不敢轻于汝等，汝等皆当作佛。四众之中，有生瞋恚，心不净者，恶口骂詈言：是无智比丘，从何所来？自言我不轻汝，而与我等授记，当得作佛；我等不用如是虚妄授记。如此经历多年，常被骂詈，不生瞋恚，常作是言：汝当作佛。说是语时，众人或以杖木瓦石而打掷之，避走远住，犹高声唱言：我不敢轻于汝等，汝等皆当作佛。以其常作是语故，增上慢比丘、比丘尼、优婆塞、优婆夷，号之为常不轻。是比丘临欲终时，于虚空中，具闻威音王佛，先所说法华经二十千万亿偈，悉能受持，即得如上眼根清净，耳鼻舌身意根清净。得是六根清净已，更增寿命二百万亿那由他岁，广为人说是法华经。于时增上慢四众，比丘、比丘尼、优婆塞、优婆夷，轻贱是人为作不轻名者，见其得大神通力、乐说辩力、大善寂力，闻其所说，皆信伏随从。是菩萨复化千万亿众，令住阿耨多罗三藐三菩提。命终之后，得值二千亿佛，皆号日月灯明，于其法中，说是法华经。以是因缘，复值二千亿佛，同号云自在灯王，于此诸佛法中，受持读诵，为诸四众说此经典故，得是常眼清净，耳鼻舌身意诸根清净，于四众中说法，心无所畏。得大势！是常不轻菩萨摩诃萨，供养如是若干诸佛，恭敬尊重赞叹，种诸善根；于后复值千万亿佛，亦于诸佛法中，说是经典，功德成就，当得作佛。得大势！于意云何？尔时常不轻菩萨，岂异人乎？则我身是！若我于宿世，不受持读诵此经，为他人说者，不能疾得阿耨多罗三藐三菩提。我于先佛所，受持读诵此经，为人说故，疾得阿耨多罗三藐三菩提。得大势！彼时四众，比丘、比丘尼、优婆塞、优婆夷，以瞋恚意，轻贱我故，二百亿劫常不值佛、不闻法、不见僧，千劫于阿鼻地狱受大苦恼。毕是罪已，复遇常不轻菩萨，教化阿耨多罗三藐三菩提。得大势，于汝意云何？尔时四众常轻是菩萨者，岂异人乎？今此会中，跋陀婆罗等五百菩萨，师子月等五百比丘，尼思佛等五百优婆塞，皆于阿耨多罗三藐三菩提不退转者是。得大势！当知是法华经，大饶益诸菩萨摩诃萨，能令至于阿耨多罗三藐三菩提。是故诸菩萨摩诃萨，于如来灭后，常应受持、读诵、解说、书写是经。尔时，世尊欲重宣此义，而说偈言：

过去有佛	号威音王	神智无量	将导一切
天人龙神	所共供养		
是佛灭后	法欲尽时	有一菩萨	名常不轻
时诸四众	计着于法		
不轻菩萨	往到其所	而语之言	我不轻汝
汝等行道	皆当作佛	诸人闻已	轻毁骂詈
不轻菩萨	能忍受之		
其罪毕已	临命终时	得闻此经	六根清净
神通力故	增益寿命	复为诸人	广说是经
诸着法众	皆蒙菩萨	教化成就	令住佛道
不轻命终	值无数佛	说是经故	得无量福
渐具功德	疾成佛道		

彼时不轻	则我身是	时四部众	着法之者
闻不轻言	汝当作佛	以是因缘	值无数佛
此会菩萨	五百之众	并及四部	清信士女
今于我前	听法者是		
我于前世	劝是诸人	听受斯经	第一之法
开示教人	令住涅槃	世世受持	如是经典
亿亿万劫	至不可议	时乃得闻	是法华经
亿亿万劫	至不可议	诸佛世尊	时说是经
是故行者	于佛灭后	闻如是经	勿生疑惑
应当一心	广说此经	世世值佛	疾成佛道

如来神力品第廿一

尔时，千世界微尘等菩萨摩诃萨从地涌出者，皆于佛前，一心合掌，瞻仰尊颜，而白佛言：世尊！我等于佛灭后，世尊分身所在国土灭度之处，当广说此经，所以者何？我等亦自欲得是真净大法，受持、读诵、解说、书写，而供养之。尔时，世尊于文殊师利等，无量百千万亿旧住娑婆世界菩萨摩诃萨，及诸比丘、比丘尼、优婆塞、优婆夷、天、龙、夜叉、乾闼婆、阿修罗、迦楼罗、紧那罗、摩睺罗伽、人非人等，一切众前，现大神力、出广长舌，上至梵世；一切毛孔，放于无量无数色光，皆悉遍照十方世界。众宝树下，师子座上诸佛，亦复如是，出广长舌，放无量光。释迦牟尼佛，及宝树下诸佛，现神力时，满百千岁，然后还摄舌相。一时謦欬，俱共弹指，是二音声，遍至十方诸佛世界，地皆六种震动。其中众生，天、龙、夜叉、乾闼婆、阿修罗、迦楼罗、紧那罗、摩睺罗伽、人非人等，以佛神力故，皆见此娑婆世界，无量无边百千万亿众宝树下师子座上诸佛；及见释迦牟尼佛共多宝如来，在宝塔中坐师子座；又见无量无边百千万亿菩萨摩诃萨，及诸四众，恭敬围绕释迦牟尼佛。既见是已，皆大欢喜，得未曾有。即时，诸天于虚空中，高声唱言：过此无量无边百千万亿阿僧祇世界，有国名娑婆，是中有佛，名释迦牟尼。今为诸菩萨摩诃萨说大乘经，名妙法莲华，教菩萨法，佛所护念。汝等当深心随喜，亦当礼拜供养释迦牟尼佛。彼诸众生，闻虚空中声已，合掌向娑婆世界，作如是言：南无释迦牟尼佛！南无释迦牟尼佛！以种种华、香、璎珞、幡盖，及诸严身之具，珍宝妙物，皆共遥散娑婆世界。所散诸物，从十方来，譬如云集，变成宝帐，遍覆此间诸佛之上。于时，十方世界通达无碍，如一佛土。尔时，佛告上行等菩萨大众：诸佛神力，如是无量无边，不可思议。若我以是神力，于无量无边百千万亿阿僧祇劫，为嘱累故，说此经功德，犹不能尽。以要言之，如来一切所有之法，如来一切自在神力，如来一切秘要之藏，如来一切甚深之事，皆于此经宣示显说。是故汝等于如来灭后，应一心受持、读诵、解说、书写，如说修行。所在国土，若有受持、读诵、解说、书写，如说修行，若经卷所住之处，若于园中，若于林中，若于树下，若于僧坊，若白衣舍，若在殿堂，若山谷旷野，是中皆应起塔供养。所以者何？当知是处，即是道场。诸佛于此，得阿耨多罗三藐三菩提；诸佛于此，转于法轮；诸佛于此，而般涅槃。尔时，世尊欲重宣此义，而说偈言：

诸佛救世者	住于大神通	为悦众生故	现无量神力
舌相至梵天	身放无数光	为求佛道者	现此希有事
诸佛謦欬声	及弹指之声	周闻十方国	地皆六种动
以佛灭度后	能持是经故	诸佛皆欢喜	现无量神力
嘱累是经故	赞美受持者	于无量劫中	犹故不能尽
是人之功德	无边无有穷	如十方虚空	不可得边际
能持是经者	则为已见我	亦见多宝佛	及诸分身者
又见我今日	教化诸菩萨		
能持是经者	令我及分身	灭度多宝佛	一切皆欢喜
十方现在佛	并过去未来	亦见亦供养	亦令得欢喜
诸佛坐道场	所得秘要法	能持是经者	不久亦当得
能持是经者	于诸法之义	名字及言辞	乐说无穷尽
如风于空中	一切无障碍		
于如来灭后	知佛所说经	因缘及次第	随义如实说
如日月光明	能除诸幽冥	斯人行世间	能灭众生闇
教无量菩萨	毕竟住一乘		
是故有智者	闻此功德利	于我灭度后	应受持斯经
是人于佛道	决定无有疑		

嘱累品第廿二

尔时，释迦牟尼佛从法座起，现大神力，以右手摩无量菩萨摩诃萨顶，而作是言：我于无量百千万亿阿僧祇劫，修习是难得阿耨多罗三藐三菩提法，今以付嘱汝等，汝等应当一心流布此法，广令增益。如是三摩诸菩萨摩诃萨顶，而作是言：我于无量百千万亿阿僧祇劫，修习是难得阿耨多罗三藐三菩提法，今以付嘱汝等，汝等当受持读诵，广宣此法，令一切众生，普得闻知。所以者何？如来有大慈悲，无诸悭吝，亦无所畏，能与众生佛之智慧、如来智慧、自然智慧，如来是一切众生之大施主。汝等亦应随学如来之法，勿生悭吝。于未来世，若有善男子、善女人，信如来智慧者，当为演说此法华经，使得闻知，为令其人得佛慧故。若有众生不信受者，当于如来余深法中，示教利喜，汝等若能如是，则为已报诸佛之恩。时诸菩萨摩诃萨，闻佛作是说已，皆大欢喜，遍满其身，益加恭敬，曲躬低头，合掌向佛，俱发声言：如世尊敕，当具奉行，唯然世尊！愿不有虑。诸菩萨摩诃萨众，如是三反，俱发声言：如世尊敕，当具奉行，唯然世尊！愿不有虑。尔时，释迦牟尼佛令十方来诸分身佛，各还本土，而作是言：诸佛各随所安，多宝佛塔还可如故。说是语时，十方无量分身诸佛，坐宝树下，师子座上者，及多宝佛，并上行等无边阿僧祇菩萨大众，舍利弗等声闻四众，及一切世间天人阿修罗等，闻佛所说，皆大欢喜。

药王菩萨本事品第廿三

尔时，宿王华菩萨白佛言：世尊！药王菩萨云何游于娑婆世界？世尊！是药王菩萨，有若干百千万亿那由他难行苦行？善哉！世尊！愿少解说。诸天、龙神、夜叉、乾闼婆、阿修罗、迦楼罗、紧那罗、摩睺罗伽、人非人等，又他国土诸来菩萨，及此声闻众，闻皆欢喜。尔时，佛告宿王华菩萨，乃往过去无量恒河沙劫，有佛号日月净明德如来、应供、正遍知、明行足、善逝、世间解、无上士、调御丈夫、天人师、佛、世尊。其佛有八十亿大菩萨摩诃萨，七十二恒河沙大声闻众，佛寿四万二千劫，菩萨寿命亦等。彼国无有女人、地狱、饿鬼、畜生、阿修罗等，及以诸难。地平如掌，琉璃所成，宝树庄严，宝帐覆上，垂宝华幡，宝瓶香炉，周遍国界。七宝为台，一树一台，其树去台，尽一箭道。此诸宝树，皆有菩萨、声闻，而坐其下。诸宝台上，各有百亿诸天，作天伎乐，歌叹于佛，以为供养。尔时，彼佛为一切众生喜见菩萨，及众菩萨、诸声闻众，说法华经。是一切众生喜见菩萨，乐习苦行，于日月净明德佛法中，精进经行，一心求佛，满万二千岁已，得现一切色身三昧。得此三昧已，心大欢喜，即作念言：我得现一切色身三昧，皆是得闻法华经力，我今当供养日月净明德佛，及法华经。即时入是三昧，于虚空中，雨曼陀罗华、摩诃曼陀罗华、细末坚黑栴檀，满虚空中，如云而下。又雨海此岸栴檀之香，此香六铢，价值娑婆世界，以供养佛。作是供养已，从三昧起，而自念言：我虽以神力供养于佛，不如以身供养。即服诸香，栴檀、薰陆、兜罗婆、毕力迦、沉水、胶香，又饮薝卜诸华香油，满千二百岁已。香油涂身，于日月净明德佛前，以天宝衣而自缠身，灌诸香油，以神通力愿而自然身，光明遍照八十亿恒河沙世界。其中诸佛同时赞言：善哉！善哉！善男子！是真精进，是名真法供养如来。若以华、香、璎珞、烧香、末香、涂香、天缯、幡盖，及海此岸栴檀之香，如是等种种诸物供养，所不能及。假使国城妻子布施，亦所不及。善男子！是名第一之施，于诸施中，最尊最上，以法供养诸如来故。作是语已，而各默然。其身火然千二百岁，过是已后，其身乃尽。一切众生喜见菩萨作如是法供养已，命终之后，复生日月净明德佛国中，于净德王家，结跏趺坐，忽然化生。即为其父而说偈言：

大王今当知　我经行彼处　即时得一切　现诸身三昧

勤行大精进　舍所爱之身　供养于世尊　为求无上慧

　　说是偈已,而白父言:日月净明德佛,今故现在,我先供养佛已,得解一切众生语言陀罗尼,复闻是法华经八百千万亿那由他、甄迦罗、频婆罗、阿閦婆等偈。大王!我今当还供养此佛。白已,即坐七宝之台,上升虚空,高七多罗树,往到佛所,头面礼足,合十指爪,以偈赞佛:

　　容颜甚奇妙　光明照十方　我适曾供养　今复还亲觐

　　尔时,一切众生喜见菩萨说是偈已,而白佛言:世尊!世尊犹故在世。尔时,日月净明德佛告一切众生喜见菩萨:善男子!我涅槃时到,灭尽时至,汝可安施床座,我于今夜,当般涅槃。又敕一切众生喜见菩萨:善男子!我以佛法,嘱累于汝,及诸菩萨大弟子,并阿耨多罗三藐三菩提法,亦以三千大千七宝世界,诸宝树宝台,及给侍诸天,悉付于汝。我灭度后,所有舍利,亦付嘱汝,当令流布,广设供养,应起若干千塔。如是日月净明德佛,敕一切众生喜见菩萨已,于夜后分,入于涅槃。尔时,一切众生喜见菩萨见佛灭度,悲感懊恼,恋慕于佛,即以海此岸栴檀为[卄+积],供养佛身,而以烧之。火灭已后,收取舍利,作八万四千宝瓶,以起八万四千塔,高三世界,表刹庄严,垂诸幡盖,悬众宝铃。尔时,一切众生喜见菩萨复自念言:我虽作是供养,心犹未足,我今当更供养舍利。便语诸菩萨、大弟子,及天龙夜叉等一切大众:汝等当一心念,我今供养日月净明德佛舍利。作是语已,即于八万四千塔前,然百福庄严臂,七万二千岁,而以供养。令无数求声闻众、无量阿僧祇人,发阿耨多罗三藐三菩提心,皆使得住现一切色身三昧。尔时,诸菩萨、天、人、阿修罗等,见其无臂,忧恼悲哀,而作是言:此一切众生喜见菩萨,是我等师,教化我者,而今烧臂,身不具足。于时一切众生喜见菩萨,于大众中,立此誓言:我舍两臂,必当得佛金色之身,若实不虚,令我两臂还复如故。作是誓已,自然还复,由斯菩萨福德智慧淳厚所致。当尔之时,三千大千世界六种震动,天雨宝华,一切人天得未曾有。佛告宿王华菩萨:于汝意云何,一切众生喜见菩萨,岂异人乎?今药王菩萨是也!其所舍身布施,如是无量百千万亿那由他数。宿王华!若有发心欲得阿耨多罗三藐三菩提者,能然手指,乃至足一指,供养佛塔,胜以国城妻子,及三千大千国土,山林河池,诸珍宝物,而供养者。若复有人,以七宝满三千大千世界,供养于佛,及大菩萨、辟支佛、阿罗汉,是人所得功德,不如受持此法华经,乃至一四句偈,其福最多。宿王华!譬如一切川流江河诸水之中,海为第一;此法华经亦复如是,于诸如来所说经中,最为深大。又如土山、黑山、小铁围山、大铁围山,及十宝山,众山之中,须弥山为第一;此法华经亦复如是,于诸经中最为其上。又如众星之中,月天子最为第一;此法华经亦复如是,于千万亿种诸经法中,最为照明。又如日天子,能除诸闇；此经亦复如是，能破一切不善之闇。又如诸小王中，转轮圣王最为第一；此经亦复如是，于众经中，最为其尊。又如帝释，于三十三天中王；此经亦复如是，诸经中王。又如大梵天王，一切众生之父；此经亦复如是，一切贤圣，学无学，及发菩萨心者之父。又如一切凡夫人中，须陀洹、斯陀含、阿那含、阿罗汉、辟支佛为第一；此经亦复如是，一切如来所说，若菩萨所说，若声闻所说，诸经法中，最为第一。有能受持是经典者，亦复如是，于一切众生中，亦为第一。一切声闻、辟支佛中，菩萨为第一；此经亦复如是，于一切诸经法中，最为第一。如佛为诸法王，此经亦复如是，诸经中王。宿王华！此经能救一切众生者，此经能令一切众生离诸苦恼，此经能大饶益一切众生，充满其愿。如清凉池，能满一切诸渴乏者；如寒者得火，如裸者得衣，如商人得主，如子得母，如渡得船，如病得医，如闇得灯，如贫得宝，如民得王，如贾客得海，如炬除闇；此法华经亦复如是，能令众生离一切苦、一切病痛，能解一切生死之缚。若人得闻此法华经，若自书，若使人书，所得功德，以佛智慧，筹量多少，不得其边。若书是经卷，华香、璎珞、烧香、末香、涂香、幡盖、衣服、种种之灯、酥灯、油灯、诸香油灯、薝卜油灯、须曼那油灯、波罗罗油灯、婆利师迦油灯、那婆摩利油灯供养，所得功德，亦复无量。宿王华！若有人闻是药王菩萨本事品者，亦得无量无边功德。若有女人，闻是药王菩萨本事品，能受持者，尽是女身，后不复受。若如来灭后，后五百岁中，若有女人，闻是经典，如说修行，于此命终，即往安乐世界，阿弥陀佛、大菩萨众，围绕住处，生莲华中，宝座之上，不复为贪欲所恼，亦复不为瞋恚愚痴所恼，亦复不为憍慢嫉妒诸垢所恼，得菩萨神通，无生法忍。得是忍已，眼根清净，以是清净眼根，见七百万二千亿那由他恒河沙等诸佛如来。是时诸佛遥共赞言：善哉！善哉！善男子！汝能于释迦牟尼佛法中，受持读诵，思惟是经，为他人说，所得福德，无量无边，火不能焚，水不能漂，汝之功德，千佛共说，不能令尽。汝今已能破诸魔贼，坏生死军，诸余怨敌，皆悉摧灭。善男子！百千诸佛，以神通力，共守护汝，于一切世间，天人之中，无如汝者，唯除如来，其诸声闻、辟支佛，乃至菩萨智慧禅定，无有与汝等者。宿王华！此菩萨成就如是功德智慧之力。若有人闻是药王菩萨本事品，能随喜赞善者，是人现世口中，常出青莲华香，身毛孔中，常出牛头栴檀之香，所得功德，如上所说。是故宿王华！以此药王菩萨本事品，嘱累于汝。我灭度后，后五百岁中，广宣流布于阎浮提，无令断绝，恶魔、魔民、诸天、龙、夜叉、鸠槃荼等，得其便也。宿王华！汝当以神通之力，守护是经，所以者何？此经则为阎浮提人病之良药；若人有病，得闻是经，病即消灭，不老不死。宿王华！汝若见有受持是经者，应以青莲华盛满末香，供散其上，散已，作是念言：此人不久必当取草坐于道场，破诸魔军，当吹法螺，击大法鼓，度脱一切众生老病死海。是故求佛道者，见有受持是经典人，应当如是生恭敬心。说是药王菩萨本事品时，八万四千菩萨，得解一切众生语言陀罗尼。多宝如来于宝塔中，赞宿王华菩萨言：善哉！善哉！宿王华！汝成就不可思议功德，乃能问释迦牟尼佛如此之事，利益无量一切众生。

卷第七

妙音菩萨品第廿四

尔时，释迦牟尼佛放大人相肉髻光明，及放眉间白毫相光，遍照东方百八万亿那由他恒河沙等诸佛世界。过是数已，有世界名净光庄严，其国有佛，号净华宿王智如来、应供、正遍知、明行足、善逝、世间解、无上士、调御丈夫、天人师、佛、世尊，为无量无边菩萨大众，恭敬围绕，而为说法。释迦牟尼佛白毫光明，遍照其国。尔时，一切净光庄严国中，有一菩萨，名曰妙音，久已植众德本，供养亲近无量百千万亿诸佛，而悉成就甚深智慧，得妙幢相三昧、法华三昧、净德三昧、宿王戏三昧、无缘三昧、智印三昧、解一切众生语言三昧、集一切功德三昧、清净三昧、神通游戏三昧、慧炬三昧、庄严王三昧、净光明三昧、净藏三昧、不共三昧、日旋三昧，得如是等百千万亿恒河沙等诸大三昧。释迦牟尼佛光照其身，即白净华宿王智佛言：世尊！我当往诣娑婆世界，礼拜亲近供养释迦牟尼佛，及见文殊师利法王子菩萨、药王菩萨、勇施菩萨、宿王华菩萨、上行意菩萨、庄严王菩萨、药上菩萨。尔时，净华宿王智佛告妙音菩萨：汝莫轻彼国，生下劣想。善男子！彼娑婆世界，高下不平，土石诸山，秽恶充满，佛身卑小，诸菩萨众，其形亦小，而汝身四万二千由旬，我身六百八十万由旬，汝身第一端正，百千万福，光明殊妙；是故汝往，莫轻彼国，若佛菩萨及国土，生下劣想。妙音菩萨白其佛言：世尊！我今诣娑婆世界，皆是如来之力，如来神通游戏，如来功德智慧庄严。于是妙音菩萨不起于座，身不动摇，而入三昧。以三昧力，于耆阇崛山，去法座不远，化作八万四千众宝莲华，阎浮檀金为茎，白银为叶，金刚为须，甄叔迦宝以为其台。尔时，文殊师利法王子见是莲华，而白佛言：世尊！是何因缘，先现此瑞，有若干千万莲华，阎浮檀金为茎，白银为叶，金刚为须，甄叔迦宝以为其台？尔时，释迦牟尼佛告文殊师利：是妙音菩萨摩诃萨，欲从净华宿王智佛国，与八万四千菩萨围绕而来，至此娑婆世界，供养亲近礼拜于我，亦欲供养听法华经。文殊师利白佛言：世尊！是菩萨种何善本，修何功德，而能有是大神通力？行何三昧？愿为我等说是三昧名字，我等亦欲勤修行之。行此三昧，乃能见是菩萨色相大小，威仪进止，惟愿世尊以神通力，彼菩萨来，令我得见。尔时，释迦牟尼佛告文殊师利：此久灭度多宝如来，当为汝等而现其相。时多宝佛告彼菩萨：善男子来！文殊师利法王子欲见汝身。于时，妙音菩萨于彼国没，与八万四千菩萨，俱共发来。所经诸国，六种震动，皆悉雨于七宝莲华，百千天乐，不鼓自鸣。是菩萨目如广大青莲华叶，正使和合百千万月，其面貌端正，复过于此。身真金色，无量百千功德庄严，威德炽盛，光明照曜，诸相具足，如那罗延坚固之身。入七宝台，上升虚空，去地七多罗树，诸菩萨众恭敬围绕，而来诣此娑婆世界耆阇崛山。到已，下七宝台，以价值百千璎珞，持至释迦牟尼佛所，头面礼足，奉上璎珞，而白佛言：世尊！净华宿王智佛问讯世尊：少病少恼，起居轻利，安乐行不？四大调和不？世事可忍不？众生易度不？无多贪欲、瞋恚、愚痴、嫉妒、悭慢不？无不孝父母，不敬沙门，邪见不善心，不摄五情不？世尊！众生能降伏诸魔怨不？久灭度多宝如来在七宝塔中，来听法不？又问讯多宝如来：安隐少恼，堪忍久住不？世尊！我今欲见多宝佛身，惟愿世尊，示我令见。尔时，释迦牟尼佛语多宝佛，是妙音菩萨欲得相见。时多宝佛告妙音言：善哉！善哉！汝能为供养释迦牟尼佛，及听法华经，并见文殊师利等，故来至此。尔时，华德菩萨白佛言：世尊！是妙音菩萨，种何善根，修何功德，有是神力？佛告华德菩萨：过去有佛，名云雷音王，多陀阿伽度阿罗诃三藐三佛陀，国名现一切世间，劫名喜见。妙音菩萨于万二千岁，以十万种伎乐，供养云雷音王佛，并奉上八万四千七宝钵，以是因缘果报，今生净华宿王智佛国，有是神力。华德！于汝意云何？尔时，云雷音王佛所，妙音菩萨伎乐供养，奉上宝器者，岂异人乎？今此妙音菩萨摩诃萨是。华德！是妙音菩萨，已曾供养亲近无量诸佛，久植德本，又值恒河沙等百千万亿那由他佛。华德！汝但见妙音菩萨其身在此，而是菩萨现种种身，处处为诸众生说是经典，或现梵王身，或现帝释身，或现自在天身，或现大自在天身，或现天大将军身，或现毗沙门天王身，或现转轮圣王身，或现诸小王身，或现长者身，或现居士身，或现宰官身，或现婆罗门身，或现比丘、比丘尼、优婆塞、优婆夷身，或现长者居士妇女身，或现宰官妇女身，或现婆罗门妇女身，或现童男童女身，或现天、龙、夜叉、乾闼婆、阿修罗、迦楼罗、紧那罗、摩睺罗伽、人非人等身，而说是经。诸有地狱、饿鬼、畜生，及众难处，皆能救济，乃至于王后宫，变为女身，而说是经。华德！是妙音菩萨，能救护娑婆世界诸众生者，是妙音菩萨如是种种变化现身，在此娑婆国土，为诸众生说是经典，于神通变化智慧无所损减。是菩萨以若干智慧，明照娑婆世界，令一切众生，各得所知；于十方恒河沙世界中，亦复如是。若应以声闻形得度者，现声闻形而为说法；应以辟支佛形得度者，现辟支佛形而为说法；应以菩萨形得度者，现菩萨形而为说法；应以佛形得度者，即现佛形而为说法。如是种种，随所应度而为现形，乃至应以灭度而得度者，示现灭度。华德！妙音菩萨摩诃萨，成就大神通智慧之力，其事如是。尔时，华德菩萨白佛言：世尊！是妙音菩萨深种善根。世尊！是菩萨住何三昧，而能如是在所变现，度脱众生？佛告华德菩萨：善男子！其三昧名现一切色身，妙音菩萨住是三昧中，能如是饶益无量众生。说是妙音菩萨品时，与妙音菩萨俱来者，八万四千人，皆得现一切色身三昧；此娑婆世界无量菩萨，亦得是三昧及陀罗尼。尔时，妙音菩萨摩诃萨，供养释迦牟尼佛及多宝佛塔已，还归本土，所经诸国，六种震动，雨宝莲华，作百千万亿种种伎乐。既到本国，与八万四千菩萨围绕，至净华宿王智佛所，白佛言：世尊！我到娑婆世界，饶益众生，见释迦牟尼佛，及见多宝佛塔，礼拜供养，又见文殊师利法王子菩萨，及见药王菩萨、得勤精进力菩萨、勇施菩萨等，亦令是八万四千菩萨，得现一切色身三昧。说是妙音菩萨来往品时，四万二千天子得无生法忍，华德菩萨得法华三昧。

观世音菩萨普门品第廿五

尔时，无尽意菩萨即从座起，偏袒右肩，合掌向佛，而作是言：世尊！观世音菩萨以何因缘，名观世音？

佛告无尽意菩萨：善男子！若有无量百千万亿众生，受诸苦恼，闻是观世音菩萨，一心称名，观世音菩萨即时观其音声，皆得解脱。

若有持是观世音菩萨名者，设入大火，火不能烧，由是菩萨威神力故。

若为大水所漂，称其名号，即得浅处。

若有百千万亿众生，为求金、银、琉璃、砗磲、玛瑙、珊瑚、琥珀、真珠等宝，入于大海，假使黑风吹其船舫，漂堕罗刹鬼国，其中若有乃至一人，称观世音菩萨名者，是诸人等，皆得解脱罗刹之难，以是因缘，名观世音。

若复有人，临当被害，称观世音菩萨名者，彼所执刀杖，寻段段坏，而得解脱。

若三千大千国土，满中夜叉罗刹，欲来恼人，闻其称观世音菩萨名者，是诸恶鬼尚不能以恶眼视之，况复加害。

设复有人，若有罪，若无罪，杻械枷锁检系其身，称观世音菩萨名者，皆悉断坏，即得解脱。

若三千大千国土，满中怨贼，有一商主，将诸商人，赍持重宝，经过险路，其中一人作是唱言：诸善男子！勿得恐怖！汝等应当一心称观世音菩萨名号，是菩萨能以无畏施于众生；汝等若称名者，于此怨贼当得解脱！众商人闻，俱发声言：南无观世音菩萨！称其名故，即得解脱。

无尽意！观世音菩萨摩诃萨，威神之力，巍巍如是。

若有众生多于淫欲，常念恭敬观世音菩萨，便得离欲；若多瞋恚，常念恭敬观世音菩萨，便得离瞋；若多愚痴，常念恭敬观世音菩萨，便得离痴。

无尽意！观世音菩萨有如是等大威神力，多所饶益，是故众生常应心念！

若有女人，设欲求男，礼拜供养观世音菩萨，便生福德智慧之男；设欲求女，便生端正有相之女，宿植德本，众人爱敬。

无尽意！观世音菩萨有如是力！若有众生，恭敬礼拜观世音菩萨，福不唐捐。

是故众生，皆应受持观世音菩萨名号。

无尽意！若有人受持六十二亿恒河沙菩萨名字，复尽形供养饮食、衣服、卧具、医药，于汝意云何？是善男子、善女人，功德多不？无尽意言：甚多！世尊！佛言：若复有人，受持观世音菩萨名号，乃至一时礼拜供养，是二人福，正等无异，于百千万亿劫不可穷尽。

无尽意！受持观世音菩萨名号，得如是无量无边福德之利。

无尽意菩萨白佛言：世尊！观世音菩萨云何游此娑婆世界？云何而为众生说法？方便之力，其事云何？

佛告无尽意菩萨：善男子！若有国土众生，应以佛身得度者，观世音菩萨即现佛身而为说法。

应以辟支佛身得度者，即现辟支佛身而为说法。

应以声闻身得度者，即现声闻身而为说法。

应以梵王身得度者，即现梵王身而为说法。

应以帝释身得度者，即现帝释身而为说法。

应以自在天身得度者，即现自在天身而为说法。应以大自在天身得度者，即现大自在天身而为说法。

应以天大将军身得度者，即现天大将军身而为说法。

应以毗沙门身得度者，即现毗沙门身而为说法。

应以小王身得度者，即现小王身而为说法。

应以长者身得度者，即现长者身而为说法。

应以居士身得度者，即现居士身而为说法。

应以宰官身得度者，即现宰官身而为说法。

应以婆罗门身得度者，即现婆罗门身而为说法。

应以比丘、比丘尼、优婆塞、优婆夷身得度者，即现比丘、比丘尼、优婆塞、优婆夷身而为说法。

应以长者、居士、宰官、婆罗门妇女身得度者，即现妇女身而为说法。

应以童男、童女身得度者,即现童男、童女身而为说法。

应以天龙、夜叉、乾闼婆、阿修罗、迦楼罗、紧那罗、摩睺罗伽、人非人等身得度者,即皆现之,而为说法。

应以执金刚神得度者,即现执金刚神而为说法。

无尽意!是观世音菩萨成就如是功德,以种种形,游诸国土,度脱众生。

是故汝等应当一心供养观世音菩萨,是观世音菩萨摩诃萨,于怖畏急难之中,能施无畏,是故此娑婆世界皆号之为施无畏者。

无尽意菩萨白佛言:世尊!我今当供养观世音菩萨。即解颈众宝珠璎珞,价值百千两金而以与之,作是言:仁者!受此法施珍宝璎珞。

时观世音菩萨不肯受之。

无尽意复白观世音菩萨言:仁者!愍我等故,受此璎珞。

尔时,佛告观世音菩萨:当愍此无尽意菩萨及四众、天龙、夜叉、乾闼婆、阿修罗、迦楼罗、紧那罗、摩睺罗伽、人非人等故,受是璎珞。

即时观世音菩萨愍诸四众,及于天龙人非人等,受其璎珞,分作二分,一分奉释迦牟尼佛,一分奉多宝佛塔。

无尽意!观世音菩萨有如是自在神力,游于娑婆世界。

尔时,无尽意菩萨以偈问曰:

世尊妙相具	我今重问彼	佛子何因缘	名为观世音
具足妙相尊	偈答无尽意	汝听观音行	善应诸方所
弘誓深如海	历劫不思议	侍多千亿佛	发大清净愿
我为汝略说	闻名及见身	心念不空过	能灭诸有苦
假使兴害意	推落大火坑	念彼观音力	火坑变成池
或漂流巨海	龙鱼诸鬼难	念彼观音力	波浪不能没
或在须弥峰	为人所推堕	念彼观音力	如日虚空住
或被恶人逐	堕落金刚山	念彼观音力	不能损一毛
或值怨贼绕	各执刀加害	念彼观音力	咸即起慈心
或遭王难苦	临刑欲寿终	念彼观音力	刀寻段段坏
或囚禁枷锁	手足被杻械	念彼观音力	释然得解脱
咒诅诸毒药	所欲害身者	念彼观音力	还着于本人
或遇恶罗刹	毒龙诸鬼等	念彼观音力	时悉不敢害
若恶兽围绕	利牙爪可怖	念彼观音力	疾走无边方
蚖蛇及蝮蝎	气毒烟火然	念彼观音力	寻声自回去
云雷鼓掣电	降雹澍大雨	念彼观音力	应时得消散
众生被困厄	无量苦逼身	观音妙智力	能救世间苦
具足神通力	广修智方便	十方诸国土	无刹不现身
种种诸恶趣	地狱鬼畜生	生老病死苦	以渐悉令灭

真观清净观	广大智慧观	悲观及慈观	常愿常瞻仰
无垢清净光	慧日破诸闇	能伏灾风火	普明照世间
悲体戒雷震	慈意妙大云	澍甘露法雨	灭除烦恼焰
诤讼经官处	怖畏军阵中	念彼观音力	众怨悉退散
妙音观世音	梵音海潮音	胜彼世间音	是故须常念
念念勿生疑	观世音净圣	于苦恼死厄	能为作依怙
具一切功德	慈眼视众生	福聚海无量	是故应顶礼

尔时，持地菩萨即从座起，前白佛言：世尊！若有众生闻是观世音菩萨品自在之业，普门示现神通力者，当知是人功德不少。

佛说是普门品时，众中八万四千众生，皆发无等等阿耨多罗三藐三菩提心。

陀罗尼品第廿六

尔时，药王菩萨即从座起，偏袒右肩，合掌向佛，而白佛言：世尊！若善男子、善女人，有能受持法华经者，若读诵通利，若书写经卷，得几所福？佛告药王：若有善男子、善女人，供养八百万亿那由他恒河沙等诸佛，于汝意云何，其所得福，宁为多不？甚多！世尊！佛言：若善男子、善女人，能于是经，乃至受持一四句偈，读诵解义，如说修行，功德甚多。

尔时，药王菩萨白佛言：世尊！我今当与说法者陀罗尼咒，以守护之。

即说咒曰：安尔．曼尔．摩祢．摩摩祢．旨隶．遮梨第．赊咩．赊履多玮．膻帝．目帝．目多履．娑履．阿玮娑履．桑履．娑履．叉裔．阿叉裔．阿耆腻．膻帝．赊履．陀罗尼．阿卢伽婆娑簸蔗毗叉腻．祢毗剃．阿便哆逻弥履剃．阿亶哆波隶输地．欧究隶．牟究隶．阿罗隶．波罗隶．首迦差．阿三磨三履．佛陀毗吉利帙帝．达摩波利差帝．僧伽涅瞿沙祢．婆舍婆舍输地．曼哆逻．曼哆逻叉夜多．邮楼哆．邮楼哆憍舍略．恶叉逻．恶叉冶多冶．阿婆卢．阿摩若那多夜。

世尊！是陀罗尼神咒，六十二亿恒河沙等诸佛所说，若有侵毁此法师者，则为侵毁是诸佛已。

时释迦牟尼佛赞药王菩萨言：善哉！善哉！药王！汝愍念拥护此法师故，说是陀罗尼，于诸众生，多所饶益。

尔时，勇施菩萨白佛言：世尊！我亦为拥护读诵受持法华经者，说陀罗尼，若此法师得是陀罗尼，若夜叉，若罗刹，若富单那，若吉蔗，若鸠槃荼，若饿鬼等，伺求其短，无能得便。即于佛前而说咒曰：痤隶．摩诃痤隶．郁枳．目枳．阿隶．阿罗婆第．涅隶第．涅隶多婆第．伊致柅．韦致柅．旨致柅．涅隶墀柅．涅犁墀婆底。

世尊！是陀罗尼神咒，恒河沙等诸佛所说，亦皆随喜，若有侵毁此法师者，则为侵毁是诸佛已。

尔时，毗沙门天王护世者白佛言：世尊！我亦为愍念众生，拥护此法师故，说是陀罗尼。即说咒曰：阿梨．那梨．[少+兔]那梨．阿那卢．那履．拘那履。

世尊！以是神咒拥护法师，我亦自当拥护持是经者，令百由旬内，无诸衰患。

尔时，持国天王在此会中，与千万亿那由他乾闼婆众，恭敬围绕，前诣佛所，合掌白佛言：世尊！我亦以陀罗尼神咒，拥护持法华经者。即说咒曰：阿伽祢．伽祢．瞿利．乾陀利．旃陀利．摩蹬耆．常求利．浮楼莎柅．頞底。

世尊！是陀罗尼神咒，四十二亿诸佛所说，若有侵毁此法师者，则为侵毁是诸佛已。

尔时，有罗刹女等，一名蓝婆，二名毗蓝婆，三名曲齿，四名华齿，五名黑齿，六名多发，七名无厌足，八名持璎珞，九名皋帝，十名夺一切众生精气，是十罗刹女，与鬼子母并其子及眷属，俱诣佛所，同声白佛言：世尊！我等亦欲拥护读诵受持法华经者，除其衰患，若有伺求法师短者，令不得便。即于佛前而说咒曰：伊提履．伊提泯．伊提履．阿提履．伊提履．泥履．泥履．泥履．泥履．泥履．楼醯．楼醯．楼醯．楼醯．多醯．多醯．多醯．兜醯．[少+兔]醯。

宁上我头上，莫恼于法师。若夜叉、若罗刹、若饿鬼、若富单那、若吉蔗、若毗陀罗、若犍驮、若乌摩勒伽、若阿跋摩罗、若夜叉吉蔗、若人吉蔗，若热病，若一日、若二日、若三日、若四日、若至七日、若常热病，若男形、若女形、若童男形、若童女形，乃至梦中，亦复莫恼。即于佛前而说偈言：

若不顺我咒　　恼乱说法者　　头破作七分　　如阿梨树枝
如杀父母罪　　亦如压油殃　　斗秤欺诳人　　调达破僧罪
犯此法师者　　当获如是殃

诸罗刹女说此偈已，白佛言：世尊！我等亦当身自拥护受持读诵修行是经者，令得安隐，离诸衰患，消众毒药。

佛告诸罗刹女：善哉！善哉！汝等但能拥护受持法华名者，福不可量，何况拥护具足受持供养经卷，华香、璎珞、末香、涂香、烧香、幡盖、伎乐，然种种灯、酥灯、油灯、诸香油灯、苏摩那华油灯、薝卜华油灯、婆师迦华油灯、优钵罗华油灯，如是等百千种供养者。皋帝！汝等及眷属，应当拥护如是法师。

说是陀罗尼品时，六万八千人得无生法忍。

妙庄严王本事品第廿七

尔时，佛告诸大众：乃往古世，过无量无边不可思议阿僧祇劫，有佛名云雷音宿王华智，多陀阿伽度阿罗诃三藐三佛陀，国名光明庄严，劫名喜见。

彼佛法中，有王名妙庄严，其王夫人，名曰净德，有二子，一名净藏，二名净眼。是二子有大神力，福德智慧，久修菩萨所行之道，所谓檀波罗蜜、尸罗波罗蜜、羼提波罗蜜、毗离耶波罗蜜、禅波罗蜜、般若波罗蜜、方便波罗蜜、慈悲喜舍，乃至三十七品助道法，皆悉明了通达；又得菩萨净三昧、日星宿三昧、净光三昧、净色三昧、净照明三昧、长庄严三昧、大威德藏三昧，于此三昧亦悉通达。

尔时，彼佛欲引导妙庄严王，及愍念众生故，说是法华经。

时净藏净眼二子，到其母所，合十指爪掌白言：愿母往诣云雷音宿王华智佛所，我等亦当侍从亲近供养礼拜，所以者何？此佛于一切天人众中说法华经，宜应听受。母告子言：汝父信受外道，深着婆罗门法，汝等应往白父，与共俱去。净藏、净眼合十指爪掌白母：我等是法王子，而生此邪见家。母告子言：汝等当忧念汝父，为现神变，若得见者，心必清净，或听我等，往至佛所。

于是二子念其父故，涌在虚空，高七多罗树，现种种神变。于虚空中，行住坐卧，身上出水，身下出火，身下出水，身上出火；或现大身满虚空中，而复现小，小复现大；于空中灭，忽然在地，入地如水，履水如地。现如是等种种神变，令其父王心净信解。

时父见子神力如是，心大欢喜，得未曾有，合掌向子言：汝等师为是谁，谁之弟子？二子白言：大王！彼云雷音宿王华智佛，今在七宝菩提树下，法座上坐，于一切世间天人众中，广说法华经，是我等师，我是弟子。父语子言：我今亦欲见汝等师，可共俱往。

于是二子从空中下，到其母所，合掌白母：父王今已信解，堪任发阿耨多罗三藐三菩提心。我等为父已作佛事，愿母见听，于彼佛所，出家修道。

尔时，二子欲重宣其意，以偈白母：

愿母放我等　出家作沙门　诸佛甚难值　我等随佛学
如优昙钵华　值佛复难是　脱诸难亦难　愿听我出家

母即告言，听汝出家，所以者何？佛难值故。于是二子白父母言：善哉父母！愿时往诣云雷音宿王华智佛所，亲近供养，所以者何？佛难得值，如优昙钵罗华，又如一眼之龟值浮木孔，而我等宿福深厚，生值佛法，是故父母当听我等，令得出家。所以者何？诸佛难值，时亦难遇。

彼时妙庄严王后宫八万四千人，皆悉堪任受持是法华经。净眼菩萨于法华三昧久已通达；净藏菩萨已于无量百千万亿劫，通达离诸恶趣三昧，欲令一切众生离诸恶趣故；其王夫人得诸佛集三昧，能知诸佛秘密之藏。二子如是以方便力，善化其父，令心信解，好乐佛法。

于是妙庄严王与群臣眷属俱，净德夫人与后宫婇女眷属俱，其王二子与四万二千人俱，一时共诣佛所。到已，头面礼足，绕佛三匝，却住一面。

尔时，彼佛为王说法，示教利喜，王大欢悦。尔时，妙庄严王及其夫人，解颈真珠璎珞，价值百千，以散佛上，于虚空中，化成四柱宝台，台中有大宝床，敷百千万天衣，其上有佛，结跏趺坐，放大光明。尔时，妙庄严王作是念：佛身希有，端严殊特，成就第一微妙之色。

时云雷音宿王华智佛，告四众言：汝等见是妙庄严王，于我前合掌立不？此王于我法中作比丘，精勤修习助佛道法，当得作佛，号娑罗树王，国名大光，劫名大高王；其娑罗树王佛，有无量菩萨众及无量声闻，其国平正，功德如是。

其王即时以国付弟，与夫人二子，并诸眷属，于佛法中，出家修道。王出家已，于八万四千岁，常勤精进，修行妙法华经，过是已后，得一切净功德庄严三昧。

即升虚空，高七多罗树，而白佛言：世尊！此我二子，已作佛事，以神通变化，转我邪心，令得安住于佛法中，得见世尊。此二子者，是我善知识，为欲发起宿世善根，饶益我故，来生我家。

尔时，云雷音宿王华智佛，告妙庄严王言：如是！如是！如汝所言！若善男子、善女人，种善根故，世世得善知识，其善知识能作佛事，示教利喜，令入阿耨多罗三藐三菩提。大王当知！善知识者，是大因缘，所以化导，令得见佛，发阿耨多罗三藐三菩提心。大王！汝见此二子不？此二子已曾供养六十五百千万亿那由他恒河沙诸佛，亲近恭敬，于诸佛所，受持法华经，愍念邪见众生，令住正见。

妙庄严王即从虚空中下，而白佛言：世尊！如来甚希有，以功德智慧故，顶上肉髻光明显照，其眼长广而绀青色，眉间毫相，白如珂月，齿白齐密，常有光明，唇色赤好，如频婆果。

尔时，妙庄严王赞叹佛如是等无量百千万亿功德已，于如来前，一心合掌，复白佛言：世尊！未曾有也！如来之法，具足成就不可思议微妙功德，教戒所行，安隐快善；我从今日，不复自随心行，不生邪见、憍慢、瞋恚、诸恶之心。说是语已，礼佛而出。

佛告大众：于意云何，妙庄严王岂异人乎？今华德菩萨是。其净德夫人，今佛前光照庄严相菩萨是，哀愍妙庄严王，及诸眷属故，于彼中生。其二子者，今药王菩萨、药上菩萨是。是药王、药上菩萨，成就如此诸大功德，已于无量百千万亿诸佛所，植众德本，成就不可思议诸善功德。若有人识是二菩萨名字者，一切世间诸天人民，亦应礼拜。

佛说是妙庄严王本事品时，八万四千人远尘离垢，于诸法中，得法眼净。

普贤菩萨劝发品第廿八

尔时，普贤菩萨以自在神通力，威德名闻，与大菩萨无量无边不可称数，从东方来，所经诸国，普皆震动，雨宝莲华，作无量百千万亿种种伎乐，又与无数诸天龙、夜叉、乾闼婆、阿修罗、迦楼罗、紧那罗、摩睺罗伽、人非人等，大众围绕，各现威德神通之力。到娑婆世界，耆阇崛山中，头面礼释迦牟尼佛，右绕七匝。

白佛言：世尊！我于宝威德上王佛国，遥闻此娑婆世界说法华经，与无量无边百千万亿诸菩萨众，共来听受，惟愿世尊当为说之。若善男子、善女子，于如来灭后，云何能得是法华经？

佛告普贤菩萨：若善男子、善女人，成就四法，于如来灭后，当得是法华经。一者，为诸佛护念；二者，植众德本；三者，入正定聚；四者，发救一切众生之心。善男子、善女人，如是成就四法，于如来灭后，必得是经。

尔时，普贤菩萨白佛言：世尊！于后五百岁浊恶世中，其有受持是经典者，我当守护，除其衰患，令得安隐，使无伺求，得其便者。若魔、若魔子、若魔女、若魔民、若为魔所著者、若夜叉、若罗刹、若鸠槃茶、若毗舍阇、若吉蔗、若富单那、若韦陀罗等，诸恼人者，皆不得便。

是人若行若立，读诵此经，我尔时乘六牙白象王，与大菩萨众，俱诣其所，而自现身，供养守护，安慰其心，亦为供养法华经故。

是人若坐，思惟此经，尔时我复乘白象王现其人前，其人若于法华经有所忘失一句一偈，我当教之，与共读诵，还令通利。

尔时，受持读诵法华经者，得见我身，甚大欢喜，转复精进，以见我故，即得三昧及陀罗尼，名为旋陀罗尼、百千万亿旋陀罗尼、法音方便陀罗尼，得如是等陀罗尼。

世尊！若后世后五百岁浊恶世中，比丘、比丘尼、优婆塞、优婆夷，求索者、受持者、读诵者、书写者，欲修习是法华经，于三七日中，应一心精进，满三七日已，我当乘六牙白象，与无量菩萨而自围绕，以一切众生所喜见身，现其人前，而为说法，示教利喜。亦复与其陀罗尼咒，得是陀罗尼故，无有非人能破坏者，亦不为女人之所惑乱，我身亦自常护是人，惟愿世尊！听我说此陀罗尼咒。即于佛前而说咒曰。

阿檀地．檀陀婆地．檀陀婆帝．檀陀鸠舍隶．檀陀修陀隶．修陀隶．修陀罗婆底．佛陀波膻祢．萨婆陀罗尼阿婆多尼．萨婆婆沙阿婆多尼．修阿婆多尼．僧伽婆履叉尼．僧伽涅伽陀尼．阿僧祇．僧伽婆伽地．帝隶阿惰僧伽兜略阿罗帝婆罗帝．萨婆僧伽地三摩地伽兰地．萨婆达磨修波利刹帝．萨婆萨埵楼驮憍舍略阿［少＋兔］伽地．辛阿毗吉利地帝．

世尊！若有菩萨得闻是陀罗尼者，当知普贤神通之力。若法华经行阎浮提，有受持者，应作此念，皆是普贤威神之力。

若有受持读诵，正忆念，解其义趣，如说修行。当知是人行普贤行,于无量无边诸佛所,深种善根,为诸如来手摩其头。

若但书写,是人命终当生忉利天上,是时八万四千天女,作众伎乐而来迎之,其人即着七宝冠于婇女中,娱乐快乐,何况受持读诵,正忆念,解其义趣,如说修行。若有人受持读诵,解其义趣,是人命终,为千佛授手,令不恐布,不堕恶趣,即往兜率天上弥勒菩萨所。弥勒菩萨有三十二相,大菩萨众所共围绕,有百千万亿天女眷属而于中生,有如是等功德利益。

是故智者应当一心自书,若使人书,受持读诵,正忆念,如说修行。

世尊!我今以神通力故,守护是经,于如来灭后,阎浮提内,广令流布,使不断绝。

尔时,释迦牟尼佛赞言:善哉!善哉!普贤!汝能护助是经,令多所众生安乐利益,汝已成就不可思议功德,深大慈悲,从久远来,发阿耨多罗三藐三菩提意,而能作是神通之愿,守护是经,我当以神通力,守护能受持普贤菩萨名者。

普贤!若有受持读诵,正忆念,修习书写是法华经者,当知是人,则见释迦牟尼佛,如从佛口,闻此经典;当知是人,供养释迦牟尼佛;当知是人,佛赞善哉;当知是人,为释迦牟尼佛手摩其头;当知是人,为释迦牟尼佛衣之所覆。

如是之人,不复贪着世乐,不好外道经书手笔,亦复不喜亲近其人及诸恶者,若屠儿,若畜猪羊鸡狗,若猎师,若炫卖女色。是人心意质直,有正忆念,有福德力,是人不为三毒所恼,亦不为嫉妒、我慢、邪慢、增上慢所恼,是人少欲知足,能修普贤之行。

普贤!若如来灭后,后五百岁,若有人见受持读诵法华经者,应作是念:此人不久当诣道场,破诸魔众,得阿耨多罗三藐三菩提,转法轮,击法鼓,吹法螺,雨法雨,当坐天人大众中师子法座上。

普贤!若于后世,受持读诵是经典者,是人不复贪着衣服、卧具、饮食资生之物,所愿不虚,亦于现世得其福报。

若人有轻毁之言:汝狂人耳,空作是行,终无所获。如是罪报,当世世无眼。若有供养赞叹之者,当于今世得现果报。若复见受持是经者,出其过恶,若实,若不实,此人现世得白癞病;若有轻笑之者,当世世牙齿疏缺、丑唇、平鼻、手脚缭戾、眼目角睐、身体臭秽、恶疮脓血、水腹短气、诸恶重病。

是故普贤,若见受持是经典者,当起远迎,当如敬佛。

说是普贤劝发品时,恒河沙等无量无边菩萨得百千万亿旋陀罗尼,三千大千世界微尘等诸菩萨具普贤道。

佛说是经时,普贤等诸菩萨,舍利弗等诸声闻,及诸天龙人非人等,一切大会,皆大欢喜,受持佛语,作礼而去。

大方广佛华严经

于阗国三藏实叉难陀奉制译

大方广佛华严经卷第一

世主妙严品第一之一

如是我闻:

一时,佛在摩竭提国阿兰若法菩提场中,始成正觉。其地坚固,金刚所成;上妙宝轮,及众宝华、清净摩尼,以为严饰;诸色相海,无边显现;摩尼为幢,常放光明,恒出妙音,众宝罗网,妙香华缨,周匝垂布;摩尼宝王,变现自在,雨无尽宝及众妙华分散于地;宝树行列,枝叶光茂。佛神力故,令此道场一切庄严于中影现。其菩提树高显殊特:金刚为身,琉璃为干;众杂妙宝以为枝条;宝叶扶疏,垂荫如云;宝华杂色,分枝布影,复以摩尼而为其果,含辉发焰,与华间列。其树周圆咸放光明,于光明中雨摩尼宝,摩尼宝内,有诸菩萨,其众如云,俱时出现。又以如来威神力故,其菩提树恒出妙音,说种种法,无有尽极。如来所处宫殿楼阁,广博严丽充遍十方,众色摩尼之所集成,种种宝华以为庄校;诸庄严具流光如云,从宫殿间萃影成幢。无边菩萨道场众会咸集其所,以能出现诸佛光明不思议音。摩尼宝王而为其网,如来自在神通之力所有境界皆从中出;一切众生居处屋宅,皆于此中现其影像。又以诸佛神力所加,一念之间,悉包法界。其师子座,高广妙好:摩尼为台,莲华为网,清净妙宝以为其轮,众色杂华而作璎珞。堂榭、楼阁、阶砌、户牖,凡诸物像,备体庄严;宝树枝果,周回间列。摩尼光云,互相照耀;十方诸佛,化现珠玉;一切菩萨髻中妙宝,悉放光明而来莹烛。复以诸佛威神所持,演说如来广大境界,妙音遐畅,无处不及。

尔时,世尊处于此座,于一切法成最正觉,智入三世悉皆平等,其身充满一切世间,其音普顺十方国土。譬如虚空具含众像,于诸境界无所分别;又如虚空普遍一切,于诸国土平等随入。身恒遍坐一切道场,菩萨众中威光赫奕,如日轮出,照明世界。三世所行,众福大海,悉已清净,而恒示生诸佛国土。无边色相,圆满光明,遍周法界,等无差别;演一切法,如布大云。一一毛端,悉能容受一切世界而无障碍,各现无量神通之力,教化调伏一切众生;身遍十方而无来往，智入诸相，了法空寂。三世诸佛所有神变，于光明中靡不咸睹；一切佛土不思议劫所有庄严，悉令显现。

有十佛世界微尘数菩萨摩诃萨所共围绕，其名曰：普贤菩萨摩诃萨、普德最胜灯光照菩萨摩诃萨、普光师子幢菩萨摩诃萨、普宝焰妙光菩萨摩诃萨、普音功德海幢菩萨摩诃萨、普智光照如来境菩萨摩诃萨、普宝髻华幢菩萨摩诃萨、普觉悦意声菩萨摩诃萨、普清净无尽福光菩萨摩诃萨、普光明相菩萨摩诃萨、海月光大明菩萨摩诃萨、云音海光无垢藏菩萨摩诃萨、功德宝髻智生菩萨摩诃萨、功德自在王大光菩萨摩诃萨、善勇猛莲华髻菩萨摩诃萨、普智云日幢菩萨摩诃萨、大精进金刚脐菩萨摩诃萨、香焰光幢菩萨摩诃萨、大明德深美音菩萨摩诃萨、大福光智生菩萨摩诃萨……。如是等而为上首，有十佛世界微尘数。此诸菩萨，往昔皆与毗卢遮那如来共集善根，修菩萨行；皆从如来善根海生，诸波罗蜜悉已圆满；慧眼明彻，等观三世；于诸三昧，具足清净；辩才如海，广大无尽；具佛功德，尊严可敬；知众生根，如应化伏；入法界藏，智无差别；证佛解脱，甚深广大；能随方便，入于一地，而以一切愿海所持，恒与智俱尽未来际；了达诸佛希有广大秘密之境，善知一切佛平等法，已践如来普光明地，入于无量三昧海门；于一切处，皆随现身；世法所行，悉同其事；总持广大，集众法海；辩才善巧，转不退轮；一切如来功德大海，咸入其身；一切诸佛所在国土，皆随愿往；已曾供养一切诸佛，无边际劫，欢喜无倦；一切如来得菩提处，常在其中，亲近不舍；恒以所得普贤愿海，令一切众生智身具足。成就如是无量功德。

复有佛世界微尘数执金刚神，所谓：妙色那罗延执金刚神、日轮速疾幢执金刚神、须弥华光执金刚神、清净云音执金刚神、诸根美妙执金刚神、可爱乐光明执金刚神、大树雷音执金刚神、师子王光明执金刚神、密焰胜目执金刚神、莲华光摩尼髻执金刚神……。如是等而为上首，有佛世界微尘数，皆于往昔无量劫中恒发大愿，愿常亲近供养诸佛；随愿所行，已得圆满，到于彼岸；积集无边清净福业，于诸三昧所行之境悉已明达；获神通力，随如来住，入不思议解脱境界；处于众会，威光特达，随诸众生所应现身而示调伏；一切诸佛化形所在，皆随化往；一切如来所住之处，常勤守护。

复有佛世界微尘数身众神，所谓：华髻庄严身众神、光照十方身众神、海音调伏身众神、净华严髻身众神、无量威仪身众神、最上光严身众神、净光香云身众神、守护摄持身众神、普现摄取身众神、不动光明身众神……。如是等而为上首，有佛世界微尘数，皆于往昔成就大愿，供养承事一切诸佛。

复有佛世界微尘数足行神，所谓：宝印手足行神、莲华光足行神、清净华髻足行神、摄诸善见足行神、妙宝星幢足行神、乐吐妙音足行神、栴檀树光足行神、莲华光明足行神、微妙光明足行神、积集妙华足行神……。如是等而为上首，有佛世界微尘数，皆于过去无量劫中，亲近如来，随逐不舍。

复有佛世界微尘数道场神，所谓：净庄严幢道场神、须弥宝光道场神、雷音幢相道场神、雨华妙眼道场神、华缨光髻道场神、雨宝庄严道场神、勇猛香眼道场神、金刚彩云道场神、莲华光明道场神、妙光照耀道场神……。如是等而为上首，有佛世界微尘数，皆于过去值无量佛，成就愿力，广兴供养。

复有佛世界微尘数主城神，所谓：宝峰光耀主城神、妙严宫殿主城神、清净喜宝主城神、离忧清净主城神、华灯焰眼主城神、焰幢明现主城神、盛福光明主城神、清净光明主城神、香髻庄严主城神、妙宝光明主城神……。如是等而为上首，有佛世界微尘数，皆于无量不思议劫，严净如来所居宫殿。

复有佛世界微尘数主地神，所谓：普德净华主地神、坚福庄严主地神、妙华严树主地神、普散众宝主地神、净目观时主地神、妙色胜眼主地神、香毛发光主地神、悦意音声主地神、妙华旋髻主地神、金刚严体主地神……。如是等而为上首，有佛世界微尘数，皆于往昔发深重愿，愿常亲近诸佛如来，同修福业。

复有无量主山神，所谓：宝峰开华主山神、华林妙髻主山神、高幢普照主山神、离尘净髻主山神、光照十方主山神、大力光明主山神、威光普胜主山神、微密光轮主山神、普眼现见主山神、金刚密眼主山神……。如是等而为上首，其数无量，皆于诸法得清净眼。

复有不可思议数主林神，所谓：布华如云主林神、擢干舒光主林神、生芽发曜主林神、吉祥净叶主林神、垂布焰藏主林神、清净光明主林神、可意雷音主林神、光香普遍主林神、妙光回曜主林神、华果光味主林神……。如是等而为上首，不思议数，皆有无量可爱光明。

复有无量主药神，所谓：吉祥主药神、栴檀林主药神、清净光明主药神、名称普闻主药神、毛孔光明主药神、普治清净主药神、大发吼声主药神、蔽日光幢主药神、明见十方主药神、益气明目主药神……。如是等而为上首，其数无量，性皆离垢，仁慈佑物。

复有无量主稼神，所谓：柔软胜味主稼神、时华净光主稼神、色力勇健主稼神、增长精气主稼神、普生根果主稼神、妙严环髻主稼神、润泽净华主稼神、成就妙香主稼神、见者爱乐主稼神、离垢净光主稼神……。如是等而为上首，其数无量，莫不皆得大喜成就。

复有无量主河神，所谓：普发迅流主河神、普洁泉涧主河神、离尘净眼主河神、十方遍吼主河神、救护众生主河神、无热净光主河神、普生欢喜主河神、广德胜幢主河神、光照普世主河神、海德光明主河神……。如是等而为上首，有无量数，皆勤作意利益众生。

复有无量主海神，所谓：出现宝光主海神、成金刚幢主海神、远尘离垢主海神、普水宫殿主海神、吉祥宝月主海神、妙华龙髻主海神、普持光味主海神、宝焰华光主海神、金刚妙髻主海神、海潮雷声主海神……。如是等而为上首，其数无量，悉以如来功德大海充满其身。

复有无量主水神，所谓：普兴云幢主水神、海潮云音主水神、妙色轮髻主水神、善巧漩澓主水神、离垢香积主水神、福桥光音主水神、知足自在主水神、净喜善音主水神、普现威光主水神、吼音遍海主水神……。如是等而为上首，其数无量，常勤救护一切众生而为利益。

复有无数主火神，所谓：普光焰藏主火神、普集光幢主火神、大光普照主火神、众妙宫殿主火神、无尽光髻主火神、种种焰眼主火神、十方宫殿如须弥山主火神、威光自在主火神、光明破暗主火神、雷音电光主火神……。如是等而为上首，不可称数，皆能示现种种光明，令诸众生热恼除灭。

复有无量主风神，所谓：无碍光明主风神、普现勇业主风神、飘击云幢主风神、净光庄严主风神、力能竭水主风神、大声遍吼主风神、树杪垂髻主风神、所行无碍主风神、种种宫殿主风神、大光普照主风神……。如是等而为上首，其数无量，皆勤散灭我慢之心。

复有无量主空神，所谓：净光普照主空神、普游深广主空神、生吉祥风主空神、离障安住主空神、广步妙髻主空神、无碍光焰主空神、无碍胜力主空神、离垢光明主空神、深远妙音主空神、光遍十方主空神……。如是等而为上首，其数无量，心皆离垢，广大明洁。

复有无量主方神，所谓：遍住一切主方神、普现光明主方神、光行庄严主方神、周行不碍主方神、永断迷惑主方神、普游净空主方神、大云幢音主方神、髻目无乱主方神、普观世业主方神、周遍游览主方神……。如是等而为上首，其数无量，能以方便，普放光明，恒照十方，相续不绝。

复有无量主夜神，所谓：普德净光主夜神、喜眼观世主夜神、护世精气主夜神、寂静海音主夜神、普现吉祥主夜神、普发树华主夜神、平等护育主夜神、游戏快乐主夜神、诸根常喜主夜神、出生净福主夜神……。如是等而为上首，其数无量，皆勤修习，以法为乐。

复有无量主昼神，所谓：示现宫殿主昼神、发起慧香主昼神、乐胜庄严主昼神、香华妙光主昼神、普集妙药主昼神、乐作喜目主昼神、普现诸方主昼神、大悲光明主昼神、善根光照主昼神、妙华璎珞主昼神……。如是等而为上首，其数无量，皆于妙法能生信解，恒共精勤严饰宫殿。

复有无量阿修罗王，所谓：罗睺阿修罗王、毗摩质多罗阿修罗王、巧幻术阿修罗王、大眷属阿修罗王、大力阿修罗王、遍照阿修罗王、坚固行妙庄严阿修罗王、广大因慧阿修罗王、出现胜德阿修罗王、妙好音声阿修罗王……。如是等而为上首，其数无量，悉已精勤摧伏我慢及诸烦恼。

复有不可思议数迦楼罗王,所谓:大速疾力迦楼罗王、无能坏宝髻迦楼罗王、清净速疾迦楼罗王、心不退转迦楼罗王、大海处摄持力迦楼罗王、坚固净光迦楼罗王、巧严冠髻迦楼罗王、普捷示现迦楼罗王、普观海迦楼罗王、普音广目迦楼罗王……。如是等而为上首,不思议数,悉已成就大方便力,普能救摄一切众生。

复有无量紧那罗王,所谓:善慧光明天紧那罗王、妙华幢紧那罗王、种种庄严紧那罗王、悦意吼声紧那罗王、宝树光明紧那罗王、见者欣乐紧那罗王、最胜光庄严紧那罗王、微妙华幢紧那罗王、动地力紧那罗王、摄伏恶众紧那罗王……。如是等而为上首,其数无量,皆勤精进,观一切法,心恒快乐,自在游戏。

复有无量摩睺罗伽王,所谓:善慧摩睺罗伽王、清净威音摩睺罗伽王、胜慧庄严髻摩睺罗伽王、妙目主摩睺罗伽王、如灯幢为众所归摩睺罗伽王、最胜光明幢摩睺罗伽王、师子臆摩睺罗伽王、众妙庄严音摩睺罗伽王、须弥坚固摩睺罗伽王、可爱乐光明摩睺罗伽王……。如是等而为上首,其数无量,皆勤修习广大方便,令诸众生永割痴网。

复有无量夜叉王,所谓:毗沙门夜叉王、自在音夜叉王、严持器仗夜叉王、大智慧夜叉王、焰眼主夜叉王、金刚眼夜叉王、勇健臂夜叉王、勇敌大军夜叉王、富资财夜叉王、力坏高山夜叉王……。如是等而为上首,其数无量,皆勤守护一切众生。

复有无量诸大龙王,所谓:毗楼博叉龙王、娑竭罗龙王、云音妙幢龙王、焰口海光龙王、普高云幢龙王、德叉迦龙王、无边步龙王、清净色龙王、普运大声龙王、无热恼龙王……。如是等而为上首,其数无量,莫不勤力兴云布雨,令诸众生热恼消灭。

复有无量鸠槃茶王,所谓:增长鸠槃茶王、龙主鸠槃茶王、善庄严幢鸠槃茶王、普饶益行鸠槃茶王、甚可怖畏鸠槃茶王、美目端严鸠槃茶王、高峰慧鸠槃茶王、勇健臂鸠槃茶王、无边净华眼鸠槃茶王、广大天面阿修罗眼鸠槃茶王……。如是等而为上首,其数无量,皆勤修学无碍法门,放大光明。

复有无量乾闼婆王,所谓:持国乾闼婆王、树光乾闼婆王、净目乾闼婆王、华冠乾闼婆王、普音乾闼婆王、乐摇动妙目乾闼婆王、妙音师子幢乾闼婆王、普放宝光明乾闼婆王、金刚树华幢乾闼婆王、乐普现庄严乾闼婆王……。如是等而为上首,其数无量,皆于大法深生信解,欢喜爱重,勤修不倦。

复有无量月天子,所谓月天子:华王髻光明天子、众妙净光明天子、安乐世间心天子、树王眼光明天子、示现清净光天子、普游不动光天子、星宿王自在天子、净觉月天子、大威德光明天子……。如是等而为上首,其数无量,皆勤显发众生心宝。

177

复有无量日天子，所谓日天子：光焰眼天子、须弥光可畏敬幢天子、离垢宝庄严天子、勇猛不退转天子、妙华缨光明天子、最胜幢光明天子、宝髻普光明天子、光明眼天子、持胜德天子、普光明天子……。如是等而为上首，其数无量，皆勤修习，利益众生，增其善根。

复有无量三十三天王，所谓：释迦因陀罗天王、普称满音天王、慈目宝髻天王、宝光幢名称天王、发生喜乐髻天王、可爱乐正念天王、须弥胜音天王、成就念天王、可爱乐净华光天王、智日眼天王、自在光明能觉悟天王……。如是等而为上首，其数无量，皆勤发起一切世间广大之业。

复有无量须夜摩天王，所谓：善时分天王、可爱乐光明天王、无尽慧功德幢天王、善变化端严天王、总持大光明天王、不思议智慧天王、轮脐天王、光焰天王、光照天王、普观察大名称天王……。如是等而为上首，其数无量，皆勤修习广大善根，心常喜足。

复有不可思议数兜率陀天王，所谓：知足天王、喜乐海髻天王、最胜功德幢天王、寂静光天王、可爱乐妙目天王、宝峰净月天王、最胜勇健力天王、金刚妙光明天王、星宿庄严幢天王、可爱乐庄严天王……。如是等而为上首，不思议数，皆勤念持一切诸佛所有名号。

复有无量化乐天王，所谓：善变化天王、寂静音光明天王、变化力光明天王、庄严主天王、念光天王、最上云音天王、众妙最胜光天王、妙髻光明天王、成就喜慧天王、华光髻天王、普见十方天王……。如是等而为上首，其数无量，皆勤调伏一切众生，令得解脱。

复有无数他化自在天王，所谓：得自在天王、妙目主天王、妙冠幢天王、勇猛慧天王、妙音句天王、妙光幢天王、寂静境界门天王、妙轮庄严幢天王、华蕊慧自在天王、因陀罗力妙庄严光明天王……。如是等而为上首，其数无量，皆勤修习自在方便广大法门。

复有不可数大梵天王，所谓：尸弃天王、慧光天王、善慧光明天王、普云音天王、观世言音自在天王、寂静光明眼天王、光遍十方天王、变化音天王、光明照耀眼天王、悦意海音天王……。如是等而为上首，不可称数，皆具大慈，怜愍众生，舒光普照，令其快乐。

复有无量光音天王，所谓：可爱乐光明天王、清净妙光天王、能自在音天王、最胜念智天王、可爱乐清净妙音天王、善思惟音天王、普音遍照天王、甚深光音天王、无垢称光明天王、最胜净光天王……。如是等而为上首，其数无量，皆住广大寂静喜乐无碍法门。

复有无量遍净天王，所谓：清净名称天王、最胜见天王、寂静德天王、须弥音天王、净念眼天王、可爱乐最胜光照天王、世间自在主天王、光焰自在天王、乐思惟法变化天王、变化幢天王、星宿音妙庄严天王……。如是等而为上首，其数无量，悉已安住广大法门，于诸世间勤作利益。

复有无量广果天王,所谓:爱乐法光明幢天王、清净庄严海天王、最胜慧光明天王、自在智慧幢天王、乐寂静天王、普智眼天王、乐旋慧天王、善种慧光明天王、无垢寂静光天王、广大清净光天王……。如是等而为上首,其数无量,莫不皆以寂静之法而为宫殿安住其中。

复有无数大自在天王,所谓:妙焰海天王、自在名称光天王、清净功德眼天王、可爱乐大慧天王、不动光自在天王、妙庄严眼天王、善思惟光明天王、可爱乐大智天王、普音庄严幢天王、极精进名称光天王……。如是等而为上首,不可称数,皆勤观察无相之法,所行平等。

大方广佛华严经卷第二

世主妙严品第一之二

尔时,如来道场众海,悉已云集;无边品类,周匝遍满;形色部从,各各差别;随所来方,亲近世尊,一心瞻仰。此诸众会,已离一切烦恼心垢及其余习,摧重障山,见佛无碍。如是皆以毗卢遮那如来往昔之时,于劫海中修菩萨行,以四摄事而曾摄受;一一佛所种善根时,皆已善摄种种方便,教化成熟,令其安立一切智道;种无量善,获众大福,悉已入于方便愿海;所行之行,具足清净;于出离道,已能善出;常见于佛,分明照了;以胜解力入于如来功德大海,得于诸佛解脱之门游戏神通。所谓:

妙焰海大自在天王,得法界、虚空界寂静方便力解脱门;自在名称光天王,得普观一切法悉自在解脱门;清净功德眼天王,得知一切法不生、不灭、不来、不去、无功用行解脱门;可爱乐大慧天王,得现见一切法真实相智慧海解脱门;不动光自在天王,得与众生无边安乐大方便定解脱门;妙庄严眼天王,得令观寂静法灭诸痴暗怖解脱门;善思惟光明天王,得善入无边境界不起一切诸有思惟业解脱门;可爱乐大智天王,得普往十方说法而不动无所依解脱门;普音庄严幢天王,得入佛寂静境界普现光明解脱门;名称光善精进天王,得住自所悟处而以无边广大境界为所缘解脱门。

尔时,妙焰海天王,承佛威力,普观一切自在天众而说颂言:

佛身普遍诸大会,充满法界无穷尽,寂灭无性不可取,为救世间而出现。如来法王出世间,能然照世妙法灯,境界无边亦无尽,此自在名之所证。佛不思议离分别,了相十方无所有,为世广开清净道,如是净眼能观见。如来智慧无边际,一切世间莫能测,永灭众生痴暗心,大慧入此深安住。如来功德不思议,众生见者烦恼灭,普使世间获安乐，不动自在天能见。众生痴暗常迷覆，如来为说寂静法，是则照世智慧灯，妙眼能知此方便。如来清净妙色身，普现十方无有比，此身无性无依处，善思惟天所观察。如来音声无限碍，堪受化者靡不闻，而佛寂然恒不动，此乐智天之解脱。寂静解脱天人主，十方无处不现前，光明照耀满世间，此无碍法严幢见。佛于无边大劫海，为众生故求菩提，种种神通化一切，名称光天悟斯法。

复次，可爱乐法光明幢天王，得普观一切众生根为说法断疑解脱门；净庄严海天王，得随忆念令见佛解脱门；最胜慧光明天王，得法性平等无所依庄严身解脱门；自在智慧幢天王，得了知一切世间法一念中安立不思议庄严海解脱门；乐寂静天王，得于一毛孔现不思议佛刹无障碍解脱门；普智眼天王，得入普门观察法界解脱门；乐旋慧天王，得为一切众生种种出现无边劫常现前解脱门；善种慧光明天王，得观一切世间境界入不思议法解脱门；无垢寂静光天王，得示一切众生出要法解脱门；广大清净光天王，得观察一切应化众生令入佛法解脱门。

尔时，可爱乐法光明幢天王，承佛威力，普观一切少广天、无量广天、广果天众而说颂言：

诸佛境界不思议，一切众生莫能测，普令其心生信解，广大意乐无穷尽。若有众生堪受法，佛威神力开导彼，令其恒睹佛现前，严海天王如是见。一切法性无所依，佛现世间亦如是，普于诸有无依处，此义胜智能观察。随诸众生心所欲，佛神通力皆能现，各各差别不思议，此智幢王解脱海。过去所有诸国土，一毛孔中皆示现，此是诸佛大神通，爱乐寂静能宣说。一切法门无尽海，同会一法道场中，如是法性佛所说，智眼能明此方便。十方所有诸国土，悉在其中而说法，佛身无去亦无来，爱乐慧旋之境界。佛观世法如光影，入彼甚深幽奥处，说诸法性常寂然，善种思惟能见此。佛善了知诸境界，随众生根雨法雨，为启难思出要门，此寂静天能悟入。世尊恒以大慈悲，利益众生而出现，等雨法雨充其器，清净光天能演说。

复次，清净慧名称天王，得了达一切众生解脱道方便解脱门；最胜见天王，得随一切诸天众所乐如光影普示现解脱门；寂静德天王，得普严净一切佛境界大方便解脱门；须弥音天王，得随诸众生永流转生死海解脱门；净念眼天王，得忆念如来调伏众生行解脱门；可爱乐普照天王，得普门陀罗尼海所流出解脱门；世间自在主天王，得能令众生值佛生信藏解脱门；光焰自在天王，得能令一切众生闻法信喜而出离解脱门；乐思惟法变化天王，得入一切菩萨调伏行如虚空无边无尽解脱门；变化幢天王，得观众生无量烦恼普悲智解脱门；星宿音妙庄严天王，得放光现佛三轮摄化解脱门。

尔时，清净慧名称天王，承佛威力，普观一切少净天、无量净天、遍净天众而说颂言：

了知法性无碍者,普现十方无量刹,说佛境界不思议,令众同归解脱海。如来处世无所依,譬如光影现众国,法性究竟无生起,此胜见王所入门。无量劫海修方便,普净十方诸国土,法界如如常不动,寂静德天之所悟。众生愚痴所覆障,盲暗恒居生死中,如来示以清净道,此须弥音之解脱。诸佛所行无上道,一切众生莫能测,示以种种方便门,净眼谛观能悉了。如来恒以总持门,譬如刹海微尘数,示教众生遍一切,普照天王此能入。如来出世甚难值,无量劫海时一遇,能令众生生信解,此自在天之所得。佛说法性皆无性,甚深广大不思议,普使众生生净信,光焰天王能善了。三世如来功德满,化众生界不思议,于彼思惟生庆悦,如是乐法能开演。众生没在烦恼海,愚痴见浊甚可怖,大师哀愍令永离,此化幢王所观境。如来恒放大光明,一一光中无量佛,各各现化众生事,此妙音天所入门。

复次,可爱乐光明天王,得恒受寂静乐而能降现消灭世间苦解脱门;清净妙光天王,得大悲心相应海一切众生喜乐藏解脱门;自在音天王,得一念中普现无边劫一切众生福德力解脱门;最胜念智天王,得普使成住坏一切世间皆悉如虚空清净解脱门;可爱乐净妙音天王,得爱乐信受一切圣人法解脱门;善思惟音天王,得能经劫住演说一切地义及方便解脱门;演庄严音天王,得一切菩萨从兜率天宫没下生时大供养方便解脱门;甚深光音天王,得观察无尽神通智慧海解脱门;广大名称天王,得一切佛功德海满足出现世间方便力解脱门;最胜净光天王,得如来往昔誓愿力发生深信爱乐藏解脱门。

尔时,可爱乐光明天王,承佛威力,普观一切少光天、无量光天、极光天众而说颂言:

我念如来昔所行,承事供养无边佛,如本信心清净业,以佛威神今悉见。佛身无相离众垢,恒住慈悲哀愍地,世间忧患悉使除,此是妙光之解脱。佛法广大无涯际,一切刹海于中现,如其成坏各不同,自在音天解脱力。佛神通力无与等,普现十方广大刹,悉令严净常现前,胜念解脱之方便。如诸刹海微尘数,所有如来咸敬奉,闻法离染不唐捐,此妙音天法门用。佛于无量大劫海,说地方便无伦匹,所说无边无有穷,善思音天知此义。如来神变无量门,一念现于一切处,降神成道大方便,此庄严音之解脱。威力所持能演说,及现诸佛神通事,随其根欲悉令净,此光音天解脱门。如来智慧无边际,世中无等无所著,慈心应物普现前,广大名天悟斯道。佛昔修习菩提行,供养十方一切佛,一一佛所发誓心,最胜光闻大欢喜。

复次,尸弃梵王,得普住十方道场中说法而所行清净无染著解脱门;慧光梵王,得使一切众生入禅三昧住解脱门;善思慧光明梵王,得普入一切不思议法解脱门;普云音梵王,得入诸佛一切音声海解脱门;观世言音自在梵王,得能忆念菩萨教化一切众生方便解脱门;寂静光明眼梵王,得现一切世间业报相各差别解脱门;普光明梵王,得随一切众生品类差别皆现前调伏解脱门；变化音梵王，得住一切法清净相寂灭行境界解脱门；光耀眼梵王，得于一切有无所著、无边际、无依止、常勤出现解脱门；悦意海音梵王，得常思惟观察无尽法解脱门。

尔时，尸弃大梵王，承佛威力，普观一切梵身天、梵辅天、梵众天、大梵天众而说颂言：

佛身清净常寂灭，光明照耀遍世间，无相无行无影像，譬如空云如是见。佛身如是定境界，一切众生莫能测，示彼难思方便门，此慧光王之所悟。佛刹微尘法门海，一言演说尽无余，如是劫海演不穷，善思慧光之解脱。诸佛圆音等世间，众生随类各得解，而于音声不分别，普音梵天如是悟。三世所有诸如来，趣入菩提方便行，一切皆于佛身现，自在音天之解脱。一切众生业差别，随其因感种种殊，世间如是佛皆现，寂静光天能悟入。无量法门皆自在，调伏众生遍十方，亦不于中起分别，此是普光之境界。佛身如空不可尽，无相无碍遍十方，所有应现皆如化，变化音王悟斯道。如来身相无有边，智慧音声亦如是，处世现形无所著，光耀天王入此门。法王安处妙法宫，法身光明无不照，法性无比无诸相，此海音王之解脱。

复次，自在天王，得现前成熟无量众生自在藏解脱门；善目主天王，得观察一切众生乐令入圣境界乐解脱门；妙宝幢冠天王，得随诸众生种种欲解令起行解脱门；勇猛慧天王，得普摄为一切众生所说义解脱门；妙音句天王，得忆念如来广大慈增进自所行解脱门；妙光幢天王，得示现大悲门摧灭一切憍慢幢解脱门；寂静境天王，得调伏一切世间瞋害心解脱门；妙轮庄严幢天王，得十方无边佛随忆念悉来赴解脱门；华光慧天王，得随众生心念普现成正觉解脱门；因陀罗妙光天王，得普入一切世间大威力自在法解脱门。

尔时，自在天王，承佛威神，遍观一切自在天众而说颂言：

佛身周遍等法界，普应众生悉现前，种种教门常化诱，于法自在能开悟。世间所有种种乐，圣寂灭乐为最胜，住于广大法性中，妙眼天王观见此。如来出现遍十方，普应群心而说法，一切疑念皆除断，此妙幢冠解脱门。诸佛遍世演妙音，无量劫中所说法，能以一言咸说尽，勇猛慧天之解脱。世间所有广大慈，不及如来一毫分，佛慈如空不可尽，此妙音天之所得。一切众生慢高山，十力摧殄悉无余，此是如来大悲用，妙光幢王所行道。慧光清净满世间，若有见者除痴暗，令其远离诸恶道，寂静天王悟斯法。毛孔光明能演说，等众生数诸佛名，随其所乐悉得闻，此妙轮幢之解脱。如来自在不可量，法界虚空悉充满，一切众会皆明睹，此解脱门华慧入。无量无边大劫海，普现十方而说法，未曾见佛有去来，此妙光天之所悟。

复次，善化天王，得开示一切业变化力解脱门；寂静音光明天王，得舍离一切攀缘解脱门；变化力光明天王，得普灭一切众生痴暗心令智慧圆满解脱门；庄严主天王，得示现无边悦意声解脱门；念光天王，得了知一切佛无尽福德相解脱门；最上云音天王，得普知过去一切劫成坏次第解脱门；胜光天王，得开悟一切众生智解脱门；妙髻天王，得舒光疾满十方虚空界解脱门；喜慧天王，得一切所作无能坏精进力解脱门；华光髻天王，得知一切众生业所受报解脱门；普见十方天王，得示现不思议众生形类差别解脱门。

尔时，善化天王，承佛威力，普观一切善化天众而说颂言：

世间业性不思议，佛为群迷悉开示，巧说因缘真实理，一切众生差别业。种种观佛无所有，十方求觅不可得，法身示现无真实，此法寂音之所见。佛于劫海修诸行，为灭世间痴暗惑，是故清净最照明，此是力光心所悟。世间所有妙音声，无有能比如来音，佛以一音遍十方，入此解脱庄严主。世间所有众福力，不与如来一相等，如来福德同虚空，此念光天所观见。三世所有无量劫，如其成败种种相，佛一毛孔皆能现，最上云音所了知。十方虚空可知量，佛毛孔量不可得，如是无碍不思议，妙髻天王已能悟。佛于囊世无量劫，具修广大波罗蜜，勤行精进无厌怠，喜慧能知此法门。业性因缘不可思，佛为世间皆演说，法性本净无诸垢，此是华光之入处。汝应观佛一毛孔，一切众生悉在中，彼亦不来亦不去，此普见王之所了。

复次，知足天王，得一切佛出兴世圆满教轮解脱门；喜乐海髻天王，得尽虚空界清净光明身解脱门；最胜功德幢天王，得消灭世间苦净愿海解脱门；寂静光天王，得普现身说法解脱门；善目天王，得普净一切众生界解脱门；宝峰月天王，得普化世间常现前无尽藏解脱门；勇健力天王，得开示一切佛正觉境界解脱门；金刚妙光天王，得坚固一切众生菩提心令不可坏解脱门；星宿幢天王，得一切佛出兴咸亲近观察调伏众生方便解脱门；妙庄严天王，得一念悉知众生心随机应现解脱门。

尔时，知足天王，承佛威力，普观一切知足天众而说颂言：

如来广大遍法界，于诸众生悉平等，普应群情阐妙门，令入难思清净法。佛身普现于十方，无著无碍不可取，种种色像世咸见，此喜髻天之所入。如来往昔修诸行，清净大愿深如海，一切佛法皆令满，胜德能知此方便。如来法身不思议，如影分形等法界，处处阐明一切法，寂静光天解脱门。众生业惑所缠覆，憍慢放逸心驰荡，如来为说寂静法，善目照知心喜庆。一切世间真导师，为救为归而出现，普示众生安乐处，峰月于此能深入。诸佛境界不思议，一切法界皆周遍，入于诸法到彼岸，勇慧见此生欢喜。若有众生堪受化，闻佛功德趣菩提，令住福海常清净，妙光于此能观察。十方刹海微尘数，一切佛所皆往集，恭敬供养听闻法，此庄严幢之所见。众生心海不思议，无住无动无依处，佛于一念皆明见，妙庄严天斯善了。

复次，时分天王，得发起一切众生善根令永离忧恼解脱门；妙光天王,得普入一切境界解脱门;无尽慧功德幢天王,得灭除一切患大悲轮解脱门;善化端严天王,得了知三世一切众生心解脱门;总持大光明天王,得陀罗尼门光明忆持一切法无忘失解脱门;不思议慧天王,得善入一切业自性不思议方便解脱门;轮脐天王,得转法轮成熟众生方便解脱门;光焰天王,得广大眼普观众生而往调伏解脱门;光照天王,得超出一切业障不随魔所作解脱门;普观察大名称天王,得善诱诲一切诸天众令受行心清净解脱门。

尔时,时分天王,承佛威力,普观一切时分天众而说颂言:

佛于无量久远劫,已竭世间忧恼海,广辟离尘清净道,永耀众生智慧灯。如来法身甚广大,十方边际不可得,一切方便无限量,妙光明天智能入。生老病死忧悲苦,逼迫世间无暂歇,大师哀愍誓悉除,无尽慧光能觉了。佛如幻智无所碍,于三世法悉明达,普入众生心行中,此善化天之境界。总持边际不可得,辩才大海亦无尽,能转清净妙法轮,此是大光之解脱。业性广大无穷尽,智慧觉了善开示,一切方便不思议,如是慧天之所入。转不思议妙法轮,显示修习菩提道,永灭一切众生苦,此是轮脐方便地。如来真身本无二,应物随形满世间,众生各见在其前,此是焰天之境界。若有众生一见佛,必使净除诸业障,离诸魔业永无余,光照天王所行道。一切众会广如海,佛在其中最威耀,普雨法雨润众生,此解脱门名称入。

复次,释迦因陀罗天王,得忆念三世佛出兴乃至刹成坏皆明见大欢喜解脱门;普称满音天王,得能令佛色身最清净广大世无能比解脱门;慈目宝髻天王,得慈云普覆解脱门;宝光幢名称天王,得恒见佛于一切世主前现种种形相威德身解脱门;发生喜乐髻天王,得知一切众生城邑宫殿从何福业生解脱门;端正念天王,得开示诸佛成熟众生事解脱门;高胜音天王,得知一切世间成坏劫转变相解脱门;成就念天王,得忆念当来菩萨调伏众生行解脱门;净华光天王,得了知一切诸天快乐因解脱门;智日眼天王,得开示一切诸天子受生善根俾无痴惑解脱门;自在光明天王,得开悟一切诸天众令永断种种疑解脱门。

尔时,释迦因陀罗天王,承佛威力,普观一切三十三天众而说颂言:

我念三世一切佛,所有境界悉平等,如其国土坏与成,以佛威神皆得见。佛身广大遍十方,妙色无比利群生,光明照耀靡不及,此道普称能观见。如来方便大慈海,往劫修行极清净,化导众生无有边,宝髻天王斯悟了。我念法王功德海,世中最上无与等,发生广大欢喜心,此宝光天之解脱。佛知众生善业海,种种胜因生大福,皆令显现无有余,此喜髻天之所见。诸佛出现于十方,普遍一切世间中,观众生心示调伏,正念天王悟斯道。如来智身广大眼,世界微尘无不见,如是普遍于十方,此云音天之解脱。一切佛子菩提行,如来悉现毛孔中,如其无量皆具足,此念天王所明见。世间所有安乐事,一切皆由佛出生，如来功德胜无等，此解脱处华王入。若念如来少功德，乃至一念心专仰，诸恶道怖悉永除，智眼于此能深悟。寂灭法中大神通，普应群心靡不周，所有疑惑皆令断，此光明王之所得。

复次，日天子，得净光普照十方众生尽未来劫常为利益解脱门；光焰眼天子，得以一切随类身开悟众生令入智慧海解脱门；须弥光欢喜幢天子，得为一切众生主令勤修无边净功德解脱门；净宝月天子，得修一切苦行深心欢喜解脱门；勇猛不退转天子，得无碍光普照令一切众生益其精爽解脱门；妙华缨光明天子，得净光普照众生身令生欢喜信解海解脱门；最胜幢光明天子，得光明普照一切世间令成办种种妙功德解脱门；宝髻普光明天子，得大悲海现无边境界种种色相宝解脱门；光明眼天子，得净治一切众生眼令见法界藏解脱门；持德天子，得发生清净相续心令不失坏解脱门；普运行光明天子，得普运日宫殿照十方一切众生令成就所作业解脱门。

尔时，日天子，承佛威力，遍观一切日天子众而说颂言：

如来广大智慧光，普照十方诸国土，一切众生咸见佛，种种调伏多方便。如来色相无有边，随其所乐悉现身，普为世间开智海，焰眼如是观于佛。佛身无等无有比，光明照耀遍十方，超过一切最无上，如是法门欢喜得。为利世间修苦行，往来诸有无量劫，光明遍净如虚空，宝月能知此方便。佛演妙音无障碍，普遍十方诸国土，以法滋味益群生，勇猛能知此方便。放光明网不思议，普净一切诸含识，悉使发生深信解，此华缨天所入门。世间所有诸光明，不及佛一毛孔光，佛光如是不思议，此胜幢光之解脱。一切诸佛法如是，悉坐菩提树王下，令非道者住于道，宝髻光明如是见。众生盲闇愚痴苦，佛欲令其生净眼，是故为然智慧灯，善目于此深观察。解脱方便自在尊，若有曾见一供养，悉使修行至于果，此是德天方便力。一法门中无量门，无量千劫如是说，所演法门广大义，普运光天之所了。

复次，月天子，得净光普照法界摄化众生解脱门；华王髻光明天子，得观察一切众生界令普入无边法解脱门；众妙净光天子，得了知一切众生心海种种攀缘转解脱门；安乐世间心天子，得与一切众生不可思议乐令踊跃大欢喜解脱门；树王眼光明天子，得如田家作业种芽茎等随时守护令成就解脱门；出现净光天子，得慈悲救护一切众生令现见受苦受乐事解脱门；普游不动光天子，得能持清净月普现十方解脱门；星宿王自在天子，得开示一切法如幻如虚空无相无自性解脱门；净觉月天子，得普为一切众生起大业用解脱门；大威德光明天子，得普断一切疑惑解脱门。

尔时，月天子，承佛神力，普观一切月宫殿中诸天众会而说颂曰：

佛放光明遍世间，照耀十方诸国土，演不思议广大法，永破众生痴惑暗。境界无边无有尽，于无量劫常开导，种种自在化群生，华髻如是观于佛。众生心海念念殊，佛智宽广悉了知，普为说法令欢喜，此妙光明之解脱。众生无有圣安乐，沈迷恶道受诸苦，如来示彼法性门，安乐思惟如是见。如来希有大慈悲，为利众生入诸有，说法劝善令成就，此目光天所了知。世尊开阐法光明，分别世间诸业性，善恶所行无失坏，净光见此生欢喜。佛为一切福所依，譬如大地持宫室，巧示离忧安隐道，不动能知此方便。智火大明周法界，现形无数等众生，普为一切开真实，星宿王天悟斯道。佛如虚空无自性，为利众生现世间，相好庄严如影像，净觉天王如是见。佛身毛孔普演音，法云覆世悉无余，听闻莫不生欢喜，如是解脱光天悟。

大方广佛华严经卷第三

世主妙严品第一之三

复次，持国乾闼婆王，得自在方便摄一切众生解脱门；树光乾闼婆王，得普见一切功德庄严解脱门；净目乾闼婆王，得永断一切众生忧苦出生欢喜藏解脱门；华冠乾闼婆王，得永断一切众生邪见惑解脱门；喜步普音乾闼婆王，得如云广布普荫泽一切众生解脱门，乐摇动美目乾闼婆王，得现广大妙好身令一切获安乐解脱门；妙音师子幢乾闼婆王，得普散十方一切大名称宝解脱门；普放宝光明乾闼婆王，得现一切大欢喜光明清净身解脱门；金刚树华幢乾闼婆王，得普滋荣一切树令见者欢喜解脱门；普现庄严乾闼婆王，得善入一切佛境界与众生安乐解脱门。

尔时，持国乾闼婆王，承佛威力，普观一切乾闼婆众而说颂言：诸佛境界无量门，一切众生莫能入，善逝如空性清净，普为世间开正道。如来一一毛孔中，功德大海皆充满，一切世间咸利乐，此树光王所能见。世间广大忧苦海，佛能消竭悉无余，如来慈愍多方便，净目于此能深解。十方刹海无有边，佛以智光咸照耀，普使涤除邪恶见，此树华王所入门。佛于往昔无量劫，修习大慈方便行，一切世间咸慰安，此道普音能悟入。佛身清净皆乐见，能生世间无尽乐，解脱因果次第成，美目于斯善开示。众生迷惑常流转，愚痴障盖极坚密，如来为说广大法，师子幢王能演畅。如来普现妙色身，无量差别等众生，种种方便照世间，普放宝光如是见。大智方便无量门，佛为群生普开阐，入胜菩提真实行，此金刚幢善观察。一刹那中百千劫，佛力能现无所动，等以安乐施群生，此乐庄严之解脱。

复次，增长鸠槃荼王，得灭一切怨害力解脱门；龙主鸠槃荼王，得修习无边行门海解脱门；庄严幢鸠槃荼王，得知一切众生心所乐解脱门；饶益行鸠槃荼王，得普成就清净大光明所作业解脱门；可怖畏鸠槃荼王，得开示一切众生安隐无畏道解脱门；妙庄严鸠槃荼王，得消竭一切众生爱欲海解脱门；高峰慧鸠槃荼王，得普现诸趣光明云解脱门；勇健臂鸠槃荼王，得普放光明灭如山重障解脱门；无边净华眼鸠槃荼王，得开示不退转大悲藏解脱门；广大面鸠槃荼王，得普现诸趣流转身解脱门。

尔时，增长鸠槃荼王，承佛威力，普观一切鸠槃荼众而说颂言：

成就忍力世导师，为物修行无量劫，永离世间憍慢惑，是故其身最严净。佛昔普修诸行海，教化十方无量众，种种方便利群生，此解脱门龙主得。佛以大智救众生，莫不明了知其心，种种自在而调伏，严幢见此生欢喜。神通应现如光影，法轮真实同虚空，如是处世无央劫，此饶益王之所证。众生痴翳常蒙惑，佛光照现安隐道，为作救护令除苦，可畏能观此法门。欲海漂沦具众苦，智光普照灭无余，既除苦已为说法，此妙庄严之所悟。佛身普应无不见，种种方便化群生，音如雷震雨法雨，如是法门高慧入。清净光明不唐发，若遇必令消重障，演佛功德无有边，勇臂能明此深理。为欲安乐诸众生，修习大悲无量劫，种种方便除众苦，如是净华之所见。神通自在不思议，其身普现遍十方，而于一切无来去，此广面王心所了。

复次，毗楼博叉龙王，得消灭一切诸龙趣炽然苦解脱门；娑竭罗龙王，得一念中转自龙形示现无量众生身解脱门；云音幢龙王，得于一切诸有趣中以清净音说佛无边名号海解脱门；焰口龙王，得普现无边佛世界建立差别解脱门；焰龙王，得一切众生瞋痴盖缠如来慈愍令除灭解脱门；云幢龙王，得开示一切众生大喜乐福德海解脱门；德叉迦龙王，得以清净救护音灭除一切怖畏解脱门；无边步龙王，得示现一切佛色身及住劫次第解脱门；清净色速疾龙王，得出生一切众生大爱乐欢喜海解脱门；普行大音龙王，得示现一切平等悦意无碍音解脱门；无热恼龙王，得以大悲普覆云灭一切世间苦解脱门。

尔时，毗楼博叉龙王，承佛威力，普观一切诸龙众已，即说颂言：

汝观如来法常尔，一切众生咸利益，能以大慈哀愍力，拔彼畏涂沦坠者。一切众生种种别，于一毛端皆示现，神通变化满世间，娑竭如是观于佛。佛以神通无限力，广演名号等众生，随其所乐普使闻，如是云音能悟解。无量无边国土众，佛能令入一毛孔，如来安坐彼会中，此焰口龙之所见。一切众生瞋恚心，缠盖愚痴深若海，如来慈愍皆灭除，焰龙观此能明见。一切众生福德力，佛毛孔中皆显现，现已令归大福海，此高云幢之所观。佛身毛孔发智光，其光处处演妙音，众生闻者除忧畏，德叉迦龙悟斯道。三世一切诸如来，国土庄严劫次第，如是皆于佛身现，广步见此神通力。我观如来往昔行，供养一切诸佛海，于彼咸增喜乐心，此速疾龙之所入。佛以方便随类音，为众说法令欢喜，其音清雅众所悦，普行闻此心欣悟。众生逼迫诸有中，业惑漂转无人救，佛以大悲令解脱，无热大龙能悟此。

复次,毗沙门夜叉王,得以无边方便救护恶众生解脱门;自在音夜叉王,得普观察众生方便救护解脱门;严持器仗夜叉王,得能资益一切甚羸恶众生解脱门;大智慧夜叉王,得称扬一切圣功德海解脱门;焰眼主夜叉王,得普观察一切众生大悲智解脱门;金刚眼夜叉王,得种种方便利益安乐一切众生解脱门;勇健臂夜叉王,得普入一切诸法义解脱门;勇敌大军夜叉王,得守护一切众生令住于道无空过者解脱门;富财夜叉王,得增长一切众生福德聚令恒受快乐解脱门;力坏高山夜叉王,得随顺忆念出生佛力智光明解脱门。

尔时,多闻大夜叉王,承佛威力,普观一切夜叉众会而说颂言:

众生罪恶深可怖,于百千劫不见佛,漂流生死受众苦,为救是等佛兴世。如来救护诸世间,悉现一切众生前,息彼畏涂轮转苦,如是法门音王入。众生恶业为重障,佛示妙理令开解,譬以明灯照世间,此法严仗能观见。佛昔劫海修诸行,称赞十方一切佛,故有高远大名闻,此智慧王之所了。智慧如空无有边,法身广大不思议,是故十方皆出现,焰目于此能观察。一切趣中演妙音,说法利益诸群生,其声所暨众苦灭,入此方便金刚眼。一切甚深广大义,如来一句能演说,如是教理等世间,勇健慧王之所悟。一切众生住邪道,佛示正道不思议,普使世间成法器,此勇敌军能悟解。世间所有众福业,一切皆由佛光照,佛智慧海难测量,如是富财之解脱。忆念往劫无央数,佛于是中修十力,能令诸力皆圆满,此高幢王所了知。

复次,善慧摩睺罗伽王,得以一切神通方便令众生集功德解脱门;净威音摩睺罗伽王,得使一切众生除烦恼得清凉悦乐解脱门;胜慧庄严髻摩睺罗伽王,得普使一切善不善思觉众生入清净法解脱门;妙目主摩睺罗伽王,得了达一切无所著福德自在平等相解脱门;灯幢摩睺罗伽王,得开示一切众生令离黑闇怖畏道解脱门;最胜光明幢摩睺罗伽王,得了知一切佛功德生欢喜解脱门;师子臆摩睺罗伽王,得勇猛力为一切众生救护主解脱门;众妙庄严音摩睺罗伽王,得令一切众生随忆念生无边喜乐解脱门;须弥臆摩睺罗伽王,得于一切所缘决定不动到彼岸满足解脱门;可爱乐光明摩睺罗伽王,得为一切不平等众生开示平等道解脱门。

尔时,善慧威光摩睺罗伽王,承佛威力,普观一切摩睺罗伽众而说颂言:

汝观如来性清净,普现威光利群品,示甘露道使清凉,众苦永灭无所依。一切众生居有海,诸恶业惑自缠覆,示彼所行寂静法,离尘威音能善了。佛智无等叵思议,知众生心无不尽,为彼阐明清净法,如是严髻心能悟。无量诸佛现世间,普为众生作福田,福海广大深难测,妙目大王能悉见。一切众生忧畏苦,佛普现前而救护,法界虚空靡不周,此是灯幢所行境。佛一毛孔诸功德,世间共度不能了,无边无尽同虚空,如是广大光幢见。如来通达一切法,于彼法性皆明照,如须弥山不倾动，入此法门师子臆。佛于往昔广大劫，集欢喜海深无尽，是故见者靡不欣，此法严音之所入。了知法界无形相，波罗蜜海悉圆满，大光普救诸众生，山臆能知此方便。汝观如来自在力，十方降现罔不均，一切众生咸照悟，此妙光明能善入。

复次，善慧光明天紧那罗王，得普生一切喜乐业解脱门；妙华幢紧那罗王，得能生无上法喜令一切受安乐解脱门；种种庄严紧那罗王，得一切功德满足广大清净信解藏解脱门；悦意吼声紧那罗王，得恒出一切悦意声令闻者离忧怖解脱门；宝树光明紧那罗王，得大悲安立一切众生令觉悟所缘解脱门；普乐见紧那罗王，得示现一切妙色身解脱门；最胜光庄严紧那罗王，得了知一切殊胜庄严果所从生业解脱门；微妙华幢紧那罗王，得善观察一切世间业所生报解脱门；动地力紧那罗王，得恒起一切利益众生事解脱门；威猛主紧那罗王，得善知一切紧那罗心巧摄御解脱门。

尔时，善慧光明天紧那罗王，承佛威力，普观一切紧那罗众而说颂言：

世间所有安乐事，一切皆由见佛兴，导师利益诸众生，普作救护归依处。出生一切诸喜乐，世间咸得无有尽，能令见者不唐捐，此是华幢之所悟。佛功德海无有尽，求其边际不可得，光明普照于十方，此庄严王之解脱。如来大音常演畅，开示离忧真实法，众生闻者咸欣悦，如是吼声能信受。我观如来自在力，皆由往昔所修行，大悲救物令清净，此宝树王能悟入。如来难可得见闻，众生亿劫时乃遇，众相为严悉具足，此乐见王之所睹。汝观如来大智慧，普应群生心所欲，一切智道靡不宣，最胜庄严此能了。业海广大不思议，众生苦乐皆从起，如是一切能开示，此华幢王所了知。诸佛神通无间歇，十方大地恒震动，一切众生莫能知，此广大力恒明见。处于众会现神通，放大光明令觉悟，显示一切如来境，此威猛主能观察。

复次，大速疾力迦楼罗王，得无著无碍眼普观察众生界解脱门；不可坏宝髻迦楼罗王，得普安住法界教化众生解脱门；清净速疾迦楼罗王，得普成就波罗蜜精进力解脱门；不退心庄严迦楼罗王，得勇猛力入如来境界解脱门；大海处摄持力迦楼罗王，得入佛行广大智慧海解脱门；坚法净光迦楼罗王，得成就无边众生差别智解脱门；妙严冠髻迦楼罗王，得庄严佛法城解脱门；普捷示现迦楼罗王，得成就不可坏平等力解脱门；普观海迦楼罗王，得了知一切众生身而为现形解脱门；龙音大目精迦楼罗王，得普入一切众生殁生行智解脱门。

尔时，大速疾力迦楼罗王，承佛威力，普观一切迦楼罗众而说颂言：

佛眼广大无边际，普见十方诸国土，其中众生不可量，现大神通悉调伏。佛神通力无所碍，遍坐十方觉树下，演法如云悉充满，宝髻听闻心不逆。佛于往昔修诸行，普净广大波罗蜜，供养一切诸如来，此速疾王深信解。如来一一毛孔中，一念普现无边行，如是难思佛境界，不退庄严悉明睹。佛行广大不思议，一切众生莫能测，导师功德智慧海，此执持王所行处。如来无量智慧光，能灭众生痴惑网，一切世间咸救护，此是坚法所持说。法城广大不可穷，其门种种无数量，如来处世大开阐，此妙冠髻能明入。一切诸佛一法身，真如平等无分别，佛以此力常安住，普捷现王斯具演。佛昔诸有摄众生，普放光明遍世间，种种方便示调伏，此胜法门观海悟。佛观一切诸国土，悉依业海而安住，普雨法雨于其中，龙音解脱能如是。

复次，罗睺阿修罗王，得现为大会尊胜主解脱门；毗摩质多罗阿修罗王，得示现无量劫解脱门；巧幻术阿修罗王，得消灭一切众生苦令清净解脱门；大眷属阿修罗王，得修一切苦行自庄严解脱门；婆稚阿修罗王，得震动十方无边境界解脱门；遍照阿修罗王，得种种方便安立一切众生解脱门；坚固行妙庄严阿修罗王，得普集不可坏善根净诸染著解脱门；广大因慧阿修罗王，得大悲力无疑惑主解脱门；现胜德阿修罗王，得普令见佛承事供养修诸善根解脱门；善音阿修罗王，得普入一切趣决定平等行解脱门。

尔时，罗睺阿修罗王，承佛威力，普观一切阿修罗众而说颂言：

十方所有广大众，佛在其中最殊特，光明遍照等虚空，普现一切众生前。百千万劫诸佛土，一刹那中悉明现，舒光化物靡不周，如是毗摩深赞喜。如来境界无与等，种种法门常利益，众生有苦皆令灭，苦末罗王此能见。无量劫中修苦行，利益众生净世间，由是牟尼智普成，大眷属王斯见佛。无碍无等大神通，遍动十方一切刹，不使众生有惊怖，大力于此能明了。佛出于世救众生，一切智道咸开示，悉令舍苦得安乐，此义遍照所弘阐。世间所有众福海，佛力能生普令净，佛能开示解脱处，坚行庄严入此门。佛大悲身无与等，周行无碍悉令见，犹如影像现世间，因慧能宣此功德。希有无等大神通，处处现身充法界，各在菩提树下坐，此义胜德能宣说。如来往修三世行，诸趣轮回靡不经，脱众生苦无有余，此妙音王所称赞。

复次，示现宫殿主昼神，得普入一切世间解脱门；发起慧香主昼神，得普观察一切众生皆利益令欢喜满足解脱门；乐胜庄严主昼神，得能放无边可爱乐法光明解脱门；华香妙光主昼神，得开发无边众生清净信解心解脱门；普集妙药主昼神，得积集庄严普光明力解脱门；乐作喜目主昼神，得普开悟一切苦乐众生皆令得法乐解脱门；观方普现主昼神，得十方法界差别身解脱门；大悲威力主昼神，得救护一切众生令安乐解脱门；善根光照主昼神，得普生喜足功德力解脱门；妙华璎珞主昼神，得声称普闻众生见者皆获益解脱门。

尔时，示现宫殿主昼神，承佛威力，普观一切主昼神众而说颂言：

佛智如空无有尽，光明照曜遍十方，众生心行悉了知，一切世间无不入。知诸众生心所乐，如应为说众法海，句义广大各不同，具足慧神能悉见。佛放光明照世间，见闻欢喜不唐捐，示其深广寂灭处，此乐庄严心悟解。佛雨法雨无边量，能令见者大欢喜，最胜善根从此生，如是妙光心所悟。普入法门开悟力，旷劫修治悉清净，如是皆为摄众生，此妙药神之所了。种种方便化群生，若见若闻咸受益，皆令踊跃大欢喜，妙眼昼神如是见。十力应现遍世间，十方法界悉无余，体性非无亦非有，此观方神之所入。众生流转险难中，如来哀愍出世间，悉令除灭一切苦，此解脱门悲力住。众生闇覆沦永夕，佛为说法大开晓，皆使得乐除众苦，大善光神入此门。如来福量同虚空，世间众福悉从生，凡有所作无空过，如是解脱华璎得。

复次，普德净光主夜神，得寂静禅定乐大勇健解脱门；喜眼观世主夜神，得广大清净可爱乐功德相解脱门；护世精气主夜神，得普现世间调伏众生解脱门；寂静海音主夜神，得积集广大欢喜心解脱门；普现吉祥主夜神，得甚深自在悦意言音解脱门；普发树华主夜神，得光明满足广大欢喜藏解脱门；平等护育主夜神，得开悟众生令成熟善根解脱门；游戏快乐主夜神，得救护众生无边慈解脱门；诸根常喜主夜神，得普现庄严大悲门解脱门；示现净福主夜神，得普使一切众生所乐满足解脱门。

尔时，普德净光主夜神，承佛威力，遍观一切主夜神众而说颂言：

汝等应观佛所行，广大寂静虚空相，欲海无涯悉治净，离垢端严照十方。一切世间咸乐见，无量劫海时一遇，大悲念物靡不周，此解脱门观世睹。导师救护诸世间，众生悉见在其前，能令诸趣皆清净，如是护世能观察。佛昔修治欢喜海，广大无边不可测，是故见者咸欣乐，此是寂音之所了。如来境界不可量，寂而能演遍十方，普使众生意清净，尸利夜神闻踊悦。佛于无福众生中，大福庄严甚威曜，示彼离尘寂灭法，普发华神悟斯道。十方普现大神通，一切众生悉调伏，种种色相皆令见，此护育神之所观。如来往昔念念中，悉净方便慈悲海，救护世间无不遍，此福乐神之解脱。众生愚痴常乱浊，其心坚毒甚可畏，如来慈愍为出兴，此灭怨神能悟喜。佛昔修行为众生，一切愿欲皆令满，由是具成功德相，此现福神之所入。

复次，遍住一切主方神，得普救护力解脱门；普现光明主方神，得成办化一切众生神通业解脱门；光行庄严主方神，得破一切闇障生喜乐大光明解脱门；周行不碍主方神，得普现一切处不唐劳解脱门；永断迷惑主方神，得示现等一切众生数名号发生功德解脱门；遍游净空主方神，得恒发妙音令听者皆欢喜解脱门；云幢大音主方神，得如龙普雨令众生欢喜解脱门；髻目无乱主方神，得示现一切众生业无差别自在力解脱门；普观世业主方神，得观察一切趣生中种种业解脱门；周遍游览主方神，得所作事皆究竟生一切众生欢喜解脱门。

尔时，遍住一切主方神，承佛威力，普观一切主方神众而说颂言：

如来自在出世间，教化一切诸群生，普示法门令悟入，悉使当成无上智。神通无量等众生，随其所乐示诸相，见者皆蒙出离苦，此现光神解脱力。佛于闇障众生海，为现法炬大光明，其光普照无不见，此行庄严之解脱。具足世间种种音，普转法轮无不解，众生听者烦恼灭，此遍往神之所悟。一切世间所有名，佛名等彼而出生，悉使众生离痴惑，此断迷神所行处。若有众生至佛前，得闻如来美妙音，莫不心生大欢喜，遍游虚空悟斯法。佛于一一刹那中，普雨无边大法雨，悉使众生烦恼灭，此云幢神所了知。一切世间诸业海，佛悉开示等无异，普使众生除业惑，此髻目神之所了。一切智地无有边，一切众生种种心，如来照见悉明了，此广大门观世入。佛于往昔修诸行，无量诸度悉圆满，大慈哀愍利众生，此遍游神之解脱。

复次，净光普照主空神，得普知诸趣一切众生心解脱门；普游深广主空神，得普入法界解脱门；生吉祥风主空神，得了达无边境界身相解脱门；离障安住主空神，得能除一切众生业惑障解脱门；广步妙髻主空神，得普观察思惟广大行海解脱门；无碍光焰主空神，得大悲光普救护一切众生厄难解脱门；无碍胜力主空神，得普入一切无所著福德力解脱门；离垢光明主空神，得能令一切众生心离诸盖清净解脱门；深远妙音主空神，得普见十方智光明解脱门；光遍十方主空神，得不动本处而普现世间解脱门。

尔时，净光普照主空神，承佛威力，普观一切主空神众而说颂言：

如来广大目，清净如虚空，普见诸众生，一切悉明了。佛身大光明，遍照于十方，处处现前住，普游观此道。佛身如虚空，无生无所取，无得无自性，吉祥风所见。如来无量劫，广说诸圣道，普灭众生障，圆光悟此门。我观佛往昔，所集菩提行，悉为安世间，妙髻行斯境。一切众生界，流转生死海，佛放灭苦光，无碍神能见。清净功德藏，能为世福田，随以智开觉，力神于此悟。众生痴所覆，流转于险道，佛为放光明，离垢神能证。智慧无边际，悉现诸国土，光明照世间，妙音斯见佛。佛为度众生，修行遍十方，如是大愿心，普现能观察。

复次，无碍光明主风神，得普入佛法及一切世间解脱门；普现勇业主风神，得无量国土佛出现咸广大供养解脱门；飘击云幢主风神，得以香风普灭一切众生病解脱门；净光庄严主风神，得普生一切众生善根令摧灭重障山解脱门；力能竭水主风神，得能破无边恶魔众解脱门；大声遍吼主风神，得永灭一切众生怖解脱门；树杪垂髻主风神，得入一切诸法实相辩才海解脱门；普行无碍主风神，得调伏一切众生方便藏解脱门；种种宫殿主风神，得入寂静禅定门灭极重愚痴闇解脱门；大光普照主风神，得随顺一切众生行无碍力解脱门。

尔时，无碍光明主风神，承佛威力，普观一切主风神众而说颂言：

一切诸佛法甚深，无碍方便普能入，所有世间常出现，无相无形无影像。汝观如来于往昔，一念供养无边佛，如是勇猛菩提行，此普现神能悟了。如来救世不思议，所有方便无空过，悉使众生离诸苦，此云幢神之解脱。众生无福受众苦，重盖密障常迷覆，一切皆令得解脱，此净光神所了知。如来广大神通力，克殄一切魔军众，所有调伏诸方便，勇健威力能观察。佛于毛孔演妙音，其音普遍于世间，一切苦畏皆令息，此遍吼神之所了。佛于一切众刹海，不思议劫常演说，此如来地妙辩才，树杪髻神能悟解。佛于一切方便门，智入其中悉无碍，境界无边无与等，此普行神之解脱。如来境界无有边，处处方便皆令见，而身寂静无诸相，种种宫神解脱门。如来劫海修诸行，一切诸力皆成满，能随世法应众生，此普照神之所见。

大方广佛华严经卷第四

世主妙严品第一之四

复次，普光焰藏主火神，得悉除一切世间闇解脱门；普集光幢主火神，得能息一切众生诸惑漂流热恼苦解脱门，大光遍照主火神，得无动福力大悲藏解脱门；众妙宫殿主火神，得观如来神通力示现无边际解脱门；无尽光髻主火神，得光明照耀无边虚空界解脱门；种种焰眼主火神，得种种福庄严寂静光解脱门；十方宫殿如须弥山主火神，得能灭一切世间诸趣炽然苦解脱门；威光自在主火神，得自在开悟一切世间解脱门；光照十方主火神，得永破一切愚痴执著见解脱门；雷音电光主火神，得成就一切愿力大震吼解脱门。

尔时，普光焰藏主火神，承佛威力，遍观一切主火神众而说颂言：

汝观如来精进力，广大亿劫不思议，为利众生现世间，所有暗障皆令灭。众生愚痴起诸见，烦恼如流及火然，导师方便悉灭除，普集光幢于此悟。福德如空无有尽，求其边际不可得，此佛大悲无动力，光照悟入心生喜。我观如来之所行，经于劫海无边际，如是示现神通力，众妙宫神所了知。亿劫修成不可思，求其边际莫能知，演法实相令欢喜，无尽光神所观见。十方所有广大众，一切现前瞻仰佛，寂静光明照世间，此妙焰神所能了。牟尼出现诸世间，坐于一切宫殿中，普雨无边广大法，此十方神之境界。诸佛智慧最甚深，于法自在现世间，能悉阐明真实理，威光悟此心欣庆。诸见愚痴为暗盖，众生迷惑常流转，佛为开阐妙法门，此照方神能悟入。愿门广大不思议，力度修治已清净，如昔愿心皆出现，此震音神之所了。

复次，普兴云幢主水神，得平等利益一切众生慈解脱门；海潮云音主水神，得无边法庄严解脱门；妙色轮髻主水神，得观所应化方便普摄解脱门；善巧漩澓主水神，得普演诸佛甚深境界解脱门；离垢香积主水神，得普现清净大光明解脱门；福桥光音主水神，得清净法界无相无性解脱门；知足自在主水神，得无尽大悲海解脱门；净喜善音主水神，得于菩萨众会道场中为大欢喜藏解脱门；普现威光主水神，得以无碍广大福德力普出现解脱门；吼声遍海主水神，得观察一切众生发起如虚空调伏方便解脱门。

尔时，普兴云幢主水神，承佛威力，遍观一切主水神众而说颂言：

清净慈门刹尘数，共生如来一妙相，一一诸相莫不然，是故见者无厌足。世尊往昔修行时，普诣一切如来所，种种修治无懈倦，如是方便云音入。佛于一切十方中，寂然不动无来去，应化众生悉令见，此是髻轮之所知。如来境界无边量，一切众生不能了，妙音演说遍十方，此善漩神所行处。世尊光明无有尽，充遍法界不思议，说法教化度众生，此净香神所观见。如来清净等虚空，无相无形遍十方，而令众会靡不见，此福光神善观察。佛昔修习大悲门，其心广遍等众生，是故如云现于世，此解脱门知足了。十方所有诸国土，悉见如来坐于座，朗然开悟大菩提，如是喜音之所入。如来所行无罣碍，遍往十方一切刹，处处示现大神通，普现威光已能悟。修习无边方便行，等众生界悉充满，神通妙用靡暂停，吼声遍海斯能入。

复次，出现宝光主海神，得以等心施一切众生福德海众宝庄严身解脱门；不可坏金刚幢主海神，得巧方便守护一切众生善根解脱门；不杂尘垢主海神，得能竭一切众生烦恼海解脱门；恒住波浪主海神，得令一切众生离恶道解脱门；吉祥宝月主海神，得普灭大痴暗解脱门；妙华龙髻主海神，得灭一切诸趣苦与安乐解脱门；普持光味主海神，得净治一切众生诸见愚痴性解脱门；宝焰华光主海神，得出生一切宝种性菩提心解脱门；金刚妙髻主海神，得不动心功德海解脱门；海潮雷音主海神，得普入法界三昧门解脱门。

尔时，出现宝光主海神，承佛威力，普观一切主海神众而说颂言：

不可思议大劫海，供养一切诸如来，普以功德施群生，是故端严最无比。一切世间皆出现，众生根欲靡不知，普为弘宣大法海，此是坚幢所欣悟。一切世间众导师，法云大雨不可测，消竭无穷诸苦海，此离垢尘入法门。一切众生烦恼覆，流转诸趣受众苦，为其开示如来境，普水宫神入此门。佛于难思劫海中，修行诸行无有尽，永截众生痴惑网，宝月于此能明入。佛见众生常恐怖，流转生死大海中，示彼如来无上道，龙髻悟解生欣悦。诸佛境界不思议，法界虚空平等相，能净众生痴惑网，如是持味能宣说。佛眼清净不思议，一切境界悉该览，普示众生诸妙道，此是华光心所悟。魔军广大无央数，一刹那中悉摧灭，心无倾动难测量，金刚妙髻之方便。普于十方演妙音，其音法界靡不周，此是如来三昧境，海潮音神所行处。

复次，普发迅流主河神，得普雨无边法雨解脱门；普洁泉涧主河神，得普现一切众生前令永离烦恼解脱门；离尘净眼主河神，得以大悲方便普涤一切众生诸惑尘垢解脱门；十方遍吼主河神，得恒出饶益众生音解脱门；普救护众生主河神，得于一切含识中恒起无恼害慈解脱门；无热净光主河神，得普示一切清凉善根解脱门；普生欢喜主河神，得修行具足施令一切众生永离悭著解脱门；广德胜幢主河神，得作一切欢喜福田解脱门；光照普世主河神，得能令一切众生杂染者清净瞋毒者欢喜解脱门；海德光明主河神，得能令一切众生入解脱海恒受具足乐解脱门。

尔时，普发迅流主河神，承佛威力，普观一切主河神众而说颂言：

如来往昔为众生，修治法海无边行，譬如霈泽清炎暑，普灭众生烦恼热。佛昔难宣无量劫，以愿光明净世间，诸根熟者令悟道，此普洁神心所悟。大悲方便等众生，悉现其前常化诱，普使净治烦恼垢，净眼见此深欢悦。佛演妙音普使闻，众生爱乐心欢喜，悉使涤除无量苦，此遍吼神之解脱。佛昔修习菩提行，为利众生无量劫，是故光明遍世间，护神忆念生欢喜。佛昔修行为众生，种种方便令成熟，普净福海除众苦，无热见此心欣庆。施门广大无穷尽，一切众生咸利益，能令见者无悭著，此普喜神之所悟。佛昔修行实方便，成就无边功德海，能令见者靡不欣，此胜幢神心悟悦。众生有垢咸净治，一切怨害等生慈，故得光照满虚空，普世河神见欢喜。佛是福田功德海，能令一切离诸恶，乃至成就大菩提，此海光神之解脱。

复次，柔软胜味主稼神，得与一切众生法滋味令成就佛身解脱门；时华净光主稼神，得能令一切众生受广大喜乐解脱门；色力勇健主稼神，得以一切圆满法门净诸境界解脱门；增益精气主稼神，得见佛大悲无量神通变化力解脱门；普生根果主稼神，得普现佛福田令下种无失坏解脱门；妙严环髻主稼神，得普发众生净信华解脱门；润泽净华主稼神，得大慈愍济诸众生令增长福德海解脱门；成就妙香主稼神，得广开示一切行法解脱门；见者爱乐主稼神，得能令法界一切众生舍离懈怠忧恼等诸恶普清净解脱门；离垢光明主稼神，得观察一切众生善根随应说法令众会欢喜满足解脱门。

尔时，柔软胜味主稼神，承佛威力，普观一切主稼神众而说颂言：

如来无上功德海，普现明灯照世间，一切众生咸救护，悉与安乐无遗者。世尊功德无有边，众生闻者不唐捐，悉使离苦常欢喜，此是时华之所入。善逝诸力皆圆满，功德庄严现世间，一切众生悉调伏，此法勇力能明证。佛昔修治大悲海，其心念念等世间，是故神通无有边，增益精气能观见。佛遍世间常现前，一切方便无空过，悉净众生诸惑恼，此普生神之解脱。佛是世间大智海，放净光明无不遍，广大信解悉从生，如是严髻能明入。如来观世起慈心，为利众生而出现，示彼恬怡最胜道，此净华神之解脱。善逝所修清净行，菩提树下具宣说，如是教化满十方，此妙香神能听受。佛于一切诸世间，悉使离忧生大喜，所有根欲皆治净，可爱乐神斯悟入。如来出现于世间，普观众生心所乐，种种方便而成熟，此净光神解脱门。

复次，吉祥主药神，得普观一切众生心而勤摄取解脱门；栴檀林主药神，得以光明摄众生俾见者无空过解脱门；离尘光明主药神，得能以净方便灭一切众生烦恼解脱门；名称普闻主药神，得能以大名称增长无边善根海解脱门；毛孔现光主药神，得大悲幢速赴一切病境界解脱门；破暗清净主药神，得疗治一切盲冥众生令智眼清净解脱门；普发吼声主药神，得能演佛音说诸法差别义解脱门；蔽日光幢主药神，得能作一切众生善知识令见者咸生善根解脱门；明见十方主药神，得清净大悲藏能以方便令生信解解脱门；普发威光主药神，得方便令念佛灭一切众生病解脱门。

尔时，吉祥主药神，承佛威力，普观一切主药神众而说颂言：

如来智慧不思议，悉知一切众生心，能以种种方便力，灭彼群迷无量苦。大雄善巧难测量，凡有所作无空过，必使众生诸苦灭，栴檀林神能悟此。汝观诸佛法如是，往昔勤修无量劫，而于诸有无所著，此离尘光所入门。佛百千劫难可遇，若有得见及闻名，必令获益无空过，此普称神之所了。如来一一毛孔中，悉放光明灭众患，世间烦恼皆令尽，此现光神所入门。一切众生痴所盲，惑业众苦无量别，佛悉蠲除开智照，如是破暗能观见。如来一音无限量，能开一切法门海，众生听者悉了知，此是大音之解脱。汝观佛智难思议，普现诸趣救群生，能令见者皆从化，此蔽日幢深悟了。如来大悲方便海，为利世间而出现，广开正道示众生，此见方神能了达。如来普放大光明，一切十方无不照，令随念佛生功德，此发威光解脱门。

复次，布华如云主林神，得广大无边智海藏解脱门；擢干舒光主林神，得广大修治普清净解脱门；生芽发耀主林神，得增长种种净信芽解脱门；吉祥净叶主林神，得一切清净功德庄严聚解脱门；垂布焰藏主林神，得普门清净慧恒周览法界解脱门；妙庄严光主林神，得普知一切众生行海而兴布法云解脱门；可意雷声主林神，得忍受一切不可意声演清净音解脱门；香光普遍主林神，得十方普现昔所修治广大行境界解脱门；妙光回曜主林神，得以一切功德法饶益世间解脱门；华果光味主林神，得能令一切见佛出兴常敬念不忘庄严功德藏解脱门。

尔时，布华如云主林神，承佛威力，普观一切主林神众而说颂言：

佛昔修习菩提行，福德智慧悉成满，一切诸力皆具足，放大光明出世间。悲门无量等众生，如来往昔普净治，是故于世能为益，此擢干神之所了。若有众生一见佛，必使入于深信海，普示一切如来道，此妙芽神之解脱。一毛所集诸功德，劫海宣扬不可尽，诸佛方便难思议，净叶能明此深义。我念如来于往昔，供养刹尘无量佛，一一佛所智渐明，此焰藏神之所了。一切众生诸行海，世尊一念悉了知，如是广大无碍智，妙庄严神能悟入。恒演如来寂妙音，普生无等大欢喜，随其解欲皆令悟，此是雷音所行法。如来示现大神通，十方国土皆周遍，佛昔修行悉令见，此普香光所入门。众生谄诳不修德，迷惑沉流生死中，为彼阐明众智道，此妙光神之所见。佛为业障诸众生，经于亿劫时乃现，其余念念常令见，此味光神所观察。

复次，宝峰开华主山神，得入大寂定光明解脱门；华林妙髻主山神，得修集慈善根成熟不可思议数众生解脱门；高幢普照主山神，得观察一切众生心所乐严净诸根解脱门；离尘宝髻主山神，得无边劫海勤精进无厌怠解脱门；光照十方主山神，得以无边功德光普觉悟解脱门；大力光明主山神，得能自成熟复令众生舍离愚迷行解脱门；威光普胜主山神，得拔一切苦使无有余解脱门；微密光轮主山神，得演教法光明显示一切如来功德解脱门；普眼现见主山神，得令一切众生乃至于梦中增长善根解脱门；金刚坚固眼主山神，得出现无边大义海解脱门。

尔时，开华匝地主山神，承佛威力，普观一切主山神众而说颂言：

往修胜行无有边，今获神通亦无量，法门广辟如尘数，悉使众生深悟喜。众相严身遍世间，毛孔光明悉清净，大慈方便示一切，华林妙髻悟此门。佛身普现无有边，十方世界皆充满，诸根严净见者喜，此法高幢能悟入。历劫勤修无懈倦，不染世法如虚空，种种方便化群生，悟此法门名宝髻。众生盲暗入险道，佛哀愍彼舒光照，普使世间从睡觉，威光悟此心生喜。昔在诸有广修行，供养刹尘无数佛，令众生见发大愿，此地大力能明入。见诸众生流转苦，一切业障恒缠覆，以智慧光悉灭除，此普胜神之解脱。一一毛孔出妙音，随众生心赞诸佛，悉遍十方无量劫，此是光轮所入门。佛遍十方普现前，种种方便说妙法，广益众生诸行海，此现见神之所悟。法门如海无边量，一音为说悉令解，一切劫中演不穷，入此方便金刚目。

复次，普德净华主地神，得以慈悲心念念普观一切众生解脱门；坚福庄严主地神，得普现一切众生福德力解脱门；妙华严树主地神，得普入诸法出生一切佛刹庄严解脱门；普散众宝主地神，得修习种种诸三昧令众生除障垢解脱门；净目观时主地神，得令一切众生常游戏快乐解脱门；金色妙眼主地神，得示现一切清净身调伏众生解脱门；香毛发光主地神，得了知一切佛功德海大威力解脱门；寂音悦意主地神，得普摄持一切众生言音海解脱门；妙华旋髻主地神，得充满佛刹离垢性解脱门；金刚普持主地神，得一切佛法轮所摄持普出现解脱门。

尔时，普德净华主地神，承佛威力，普观一切主地神众而说颂言：如来往昔念念中，大慈悲门不可说，如是修行无有已，故得坚牢不坏身。三世众生及菩萨，所有一切众福聚，悉现如来毛孔中，福严见已生欢喜。广大寂静三摩地，不生不灭无来去，严净国土示众生，此树华神之解脱。佛于往昔修诸行，为令众生消重障，普散众宝主地神，见此解脱生欢喜。如来境界无边际，念念普现于世间，净目观时主地神，见佛所行心庆悦。妙音无限不思议，普为众生灭烦恼，金色眼神能了悟，见佛无边胜功德。一切色形皆化现，十方法界悉充满，香毛发光常见佛，如是普化诸众生。妙音普遍于十方，无量劫中为众说，悦意地神心了达，从佛得闻深敬喜。佛毛孔出香焰云，随众生心遍世间，一切见者皆成熟，此是华旋所观处。坚固难坏如金刚，不可倾动逾须弥，佛身如是处世间，普持得见生欢喜。

复次，宝峰光曜主城神，得方便利益众生解脱门；妙严宫殿主城神，得知众生根教化成熟解脱门；清净喜宝主城神，得常欢喜令一切众生受诸福德解脱门；离忧清净主城神，得救诸怖畏大悲藏解脱门；华灯焰眼主城神，得普明了大智慧解脱门；焰幢明现主城神，得普方便示现解脱门；盛福威光主城神，得普观察一切众生令修广大福德海解脱门；净光明身主城神，得开悟一切愚暗众生解脱门；香幢庄严主城神，得观如来自在力普遍世间调伏众生解脱门；宝峰光目主城神，得能以大光明破一切众生障碍山解脱门。

尔时，宝峰光曜主城神，承佛威力，普观一切主城神众而说颂言：

导师如是不思议，光明遍照于十方，众生现前悉见佛，教化成熟无央数。诸众生根各差别，佛悉了知无有余，妙严宫殿主城神，入此法门心庆悦。如来无量劫修行，护持往昔诸佛法，意常承奉生欢喜，妙宝城神悟此门。如来昔已能除遣，一切众生诸恐怖，而恒于彼起慈悲，此离忧神心悟喜。佛智广大无有边，譬如虚空不可量，华目城神斯悟悦，能学如来之妙慧。如来色相等众生，随其乐欲皆令见，焰幢明现心能悟，习此方便生欢喜。如来往修众福海，清净广大无边际，福德幢光于此门，观察了悟心欣庆。众生愚迷诸有中，如世生盲卒无睹，佛为利益兴于世，清净光神入此门。如来自在无有边，如云普遍于世间，乃至现梦令调伏，此是香幢所观见。众生痴暗如盲瞽，种种障盖所缠覆，佛光照彻普令开，如是宝峰之所入。

复次，净庄严幢道场神，得出现供养佛广大庄严具誓愿力解脱门；须弥宝光道场神，得现一切众生前成就广大菩提行解脱门；雷音幢相道场神，得随一切众生心所乐令见佛于梦中为说法解脱门；雨华妙眼道场神，得能雨一切难舍众宝庄严具解脱门；清净焰形道场神，得能现妙庄严道场广化众生令成熟解脱门；华缨垂髻道场神，得随根说法令生正念解脱门；雨宝庄严道场神，得能以辩才普雨无边欢喜法解脱门；勇猛香眼道场神，得广称赞诸佛功德解脱门；金刚彩云道场神，得示现无边色相树庄严道场解脱门；莲华光明道场神，得菩提树下寂然不动而充遍十方解脱门；妙光照曜道场神，得显示如来种种力解脱门。

尔时，净庄严幢道场神，承佛威力，普观一切道场神众而说颂言：

我念如来往昔时，于无量劫所修行，诸佛出兴咸供养，故获如空大功德。佛昔修行无尽施，无量刹土微尘等，须弥光照菩提神，忆念善逝心欣庆。如来色相无有穷，变化周流一切刹，乃至梦中常示现，雷幢见此生欢喜。昔行舍行无量劫，能舍难舍眼如海，如是舍行为众生，此妙眼神能悟悦。无边色相宝焰云，现菩提场遍世间，焰形清净道场神，见佛自在生欢喜。众生行海无有边，佛普弥纶雨法雨，随其根解除疑惑，华缨悟此心欢喜。无量法门差别义，辩才大海皆能入，雨宝严具道场神，于心念念恒如是。于不可说一切土，尽世言辞称赞佛，故获名誉大功德，此勇眼神能忆念。种种色相无边树，普现菩提树王下，金刚彩云悟此门，恒观道树生欢喜。十方边际不可得，佛坐道场智亦然，莲华步光净信心，入此解脱深生喜。道场一切出妙音，赞佛难思清净力，及以成就诸因行，此妙光神能听受。

复次，宝印手足行神，得普雨众宝生广大欢喜解脱门；莲华光足行神，得示现佛身坐一切光色莲华座令见者欢喜解脱门；最胜华髻足行神，得一一心念中建立一切如来众会道场解脱门；摄诸善见足行神，得举足发步悉调伏无边众生解脱门；妙宝星幢足行神，得念念中化现种种莲华网光明普雨众宝出妙音声解脱门；乐吐妙音足行神，得出生无边欢喜海解脱门；栴檀树光足行神，得以香风普觉一切道场众会解脱门；莲华光明足行神，得一切毛孔放光明演微妙法音解脱门；微妙光明足行神，得其身遍出种种光明网普照曜解脱门；积集妙华足行神，得开悟一切众生令生善根海解脱门。

尔时，宝印手足行神，承佛神力，普观一切足行神众而说颂言：

佛昔修行无量劫，供养一切诸如来，心恒庆悦不疲厌，喜门深大犹如海。念念神通不可量，化现莲华种种香，佛坐其上普游往，红色光神皆睹见。诸佛如来法如是，广大众会遍十方，普现神通不可议，最胜华神悉明瞩。十方国土一切处，于中举足若下足，悉能成就诸群生，此善见神心悟喜。如众生数普现身，此一一身充法界，悉放净光雨众宝，如是解脱星幢入。如来境界无边际，普雨法雨皆充满，众会睹佛生欢喜，此妙音声之所见。佛音声量等虚空，一切音声悉在中，调伏众生靡不遍，如是栴檀能听受。一切毛孔出化音，阐扬三世诸佛名，闻此音者皆欢喜，莲华光神如是见。佛身变现不思议，步步色相犹如海，随众生心悉令见，此妙光明之所得。十方普现大神通，一切众生悉开悟，众妙华神于此法，见已心生大欢喜。

复次，净喜境界身众神，得忆佛往昔誓愿海解脱门；光照十方身众神，得光明普照无边世界解脱门；海音调伏身众神，得大音普觉一切众生令欢喜调伏解脱门；净华严髻身众神，得身如虚空周遍住解脱门；无量威仪身众神，得示一切众生诸佛境界解脱门；最胜光严身众神，得令一切饥乏众生色力满足解脱门；净光香云身众神，得除一切众生烦恼垢解脱门；守护摄持身众神，得转一切众生愚痴魔业解脱门；普现摄化身众神，得普于一切世主宫殿中显示庄严相解脱门；不动光明身众神，得普摄一切众生皆令生清净善根解脱门。

尔时，净喜境界身众神，承佛威力，普观一切身众神众而说颂言：

我忆须弥尘劫前，有佛妙光出兴世，世尊于彼如来所，发心供养一切佛。如来身放大光明，其光法界靡不充，众生遇者心调伏，此照方神之所见。如来声震十方国，一切言音悉圆满，普觉群生无有余，调伏闻此心欢庆。佛身清净恒寂灭，普现众色无诸相，如是遍住于世间，此净华神之所入。导师如是不思议，随众生心悉令见，或坐或行或时住，无量威仪所悟门。佛百千劫难逢遇，出兴利益能自在，令世悉离贫穷苦，最胜光严入斯处。如来一一齿相间，普放香灯光焰云，灭除一切众生惑，离垢云神如是见。众生染惑为重障，随逐魔径常流转，如来开示解脱道，守护执持能悟入。我观如来自在力，光布法界悉充满，处王宫殿化众生，此普现神之境界。众生迷妄具众苦，佛在其中常救摄，皆令灭惑生喜心，不动光神所观见。

复次，妙色那罗延执金刚神，得见如来示现无边色相身解脱门；日轮速疾幢执金刚神，得佛身一一毛如日轮现种种光明云解脱门；须弥华光执金刚神，得化现无量身大神变解脱门；清净云音执金刚神，得无边随类音解脱门；妙臂天主执金刚神，得现为一切世间主开悟众生解脱门；可爱乐光明执金刚神，得普开示一切佛法差别门咸尽无遗解脱门；大树雷音执金刚神，得以可爱乐庄严具摄一切树神解脱门；师子王光明执金刚神，得如来广大福庄严聚皆具足明了解脱门；密焰吉祥目执金刚神，得普观察险恶众生心为现威严身解脱门；莲华摩尼髻执金刚神，得普雨一切菩萨庄严具摩尼髻解脱门。

尔时，妙色那罗延执金刚神，承佛威力，普观一切执金刚神众而说颂言：

汝应观法王，法王法如是，色相无有边，普现于世间。佛身一一毛，光网不思议，譬如净日轮，普照十方国。如来神通力，法界悉周遍，一切众生前，示现无尽身。如来说法音，十方莫不闻，随诸众生类，悉令心满足。众见牟尼尊，处世宫殿中，普为诸群生，阐扬于大法。法海漩澓处，一切差别义，种种方便门，演说无穷尽。无边大方便，普应十方国，遇佛净光明，悉见如来身。供养于诸佛，亿刹微尘数，功德如虚空，一切所瞻仰。神通力平等，一切刹皆现，安坐妙道场，普现众生前。焰云普照世，种种光圆满，法界无不及，示佛所行处。

大方广佛华严经卷第五

世主妙严品第一之五

复次，普贤菩萨摩诃萨，入不思议解脱门方便海，入如来功德海。所谓：有解脱门，名：严净一切佛国土调伏众生令究竟出离。有解脱门，名：普诣一切如来所修具足功德境界。有解脱门，名：安立一切菩萨地诸大愿海。有解脱门，名：普现法界微尘数无量身。有解脱门，名：演说遍一切国土不可思议数差别名。有解脱门，名：一切微尘中悉现无边诸菩萨神通境界。有解脱门，名：一念中现三世劫成坏事。有解脱门，名：示现一切菩萨诸根海各入自境界。有解脱门，名：能以神通力化现种种身遍无边法界。有解脱门，名：显示一切菩萨修行法次第门入一切智广大方便。

尔时，普贤菩萨摩诃萨，以自功德，复承如来威神之力，普观一切众会海已，即说颂言：

佛所庄严广大刹，等于一切微尘数，清净佛子悉满中，雨不思议最妙法。如于此会见佛坐，一切尘中悉如是，佛身无去亦无来，所有国土皆明现。显示菩萨所修行，无量趣地诸方便，及说难思真实理，令诸佛子入法界。出生化佛如尘数，普应群生心所欲，入深法界方便门，广大无边悉开演。如来名号等世间，十方国土悉充遍，一切方便无空过，调伏众生皆离垢。佛于一切微尘中，示现无边大神力，悉坐道场能演说，如佛往昔菩提行。三世所有广大劫，佛念念中皆示现，彼诸成坏一切事，不思议智无不了。佛子众会广无限，欲共测量诸佛地，诸佛法门无有边，能悉了知甚为难。佛如虚空无分别，等真法界无所依，化现周行靡不至，悉坐道场成正觉。佛以妙音广宣畅，一切诸地皆明了，普现一一众生前，尽与如来平等法。

复次，净德妙光菩萨摩诃萨，得遍往十方菩萨众会庄严道场解脱门；普德最胜灯光照菩萨摩诃萨，得一念中现无尽成正觉门教化成熟不思议众生界解脱门；普光师子幢菩萨摩诃萨，得修习菩萨福德庄严出生一切佛国土解脱门；普宝焰妙光菩萨摩诃萨，得观察佛神通境界无迷惑解脱门；普音功德海幢菩萨摩诃萨，得于一众会道场中示现一切佛土庄严解脱门；普智光照如来境菩萨摩诃萨，得随逐如来观察甚深广大法界藏解脱门；普觉悦意声菩萨摩诃萨，得亲近承事一切诸佛供养藏解脱门；普清净无尽福威光菩萨摩诃萨，得出生一切神变广大加持解脱门；普宝髻华幢菩萨摩诃萨，得普入一切世间行出生菩萨无边行门解脱门；普相最胜光菩萨摩诃萨，得能于无相法界中出现一切诸佛境界解脱门。

尔时，净德妙光菩萨摩诃萨，承佛威力，普观一切菩萨解脱门海已，即说颂言：

十方所有诸国土，一刹那中悉严净，以妙音声转法轮，普遍世间无与等。如来境界无边际，一念法界悉充满，一一尘中建道场，悉证菩提起神变。世尊往昔修诸行，经于百千无量劫，一切佛刹皆庄严，出现无碍如虚空。佛神通力无限量，充满无边一切劫，假使经于无量劫，念念观察无疲厌。汝应观佛神通境，十方国土皆严净，一切于此悉现前，念念不同无量种。观佛百千无量劫，不得一毛之分限，如来无碍方便门，此光普照难思刹。如来往劫在世间，承事无边诸佛海，是故一切如川骛，咸来供养世所尊。如来出现遍十方，一一尘中无量土，其中境界皆无量，悉住无边无尽劫。佛于曩劫为众生，修习无边大悲海，随诸众生入生死，普化众会令清净。佛住真如法界藏，无相无形离诸垢，众生观见种种身，一切苦难皆消灭。

复次，海月光大明菩萨摩诃萨，得出生菩萨诸地诸波罗蜜教化众生及严净一切佛国土方便解脱门；云音海光离垢藏菩萨摩诃萨，得念念中普入法界种种差别处解脱门；智生宝髻菩萨摩诃萨，得不可思议劫于一切众生前现清净大功德解脱门；功德自在王净光菩萨摩诃萨，得普见十方一切菩萨初诣道场时种种庄严解脱门；善勇猛莲华髻菩萨摩诃萨，得随诸众生根解海普为显示一切佛法解脱门；普智云日幢菩萨摩诃萨，得成就如来智永住无量劫解脱门；大精进金刚脐菩萨摩诃萨，得普入一切无边法印力解脱门；香焰光幢菩萨摩诃萨，得显示现在一切佛始修菩萨行乃至成就智慧聚解脱门；大明德深美音菩萨摩诃萨，得安住毗卢遮那一切大愿海解脱门；大福光智生菩萨摩诃萨，得显示如来遍法界甚深境界解脱门。

尔时，海月光大明菩萨摩诃萨，承佛威力，普观一切菩萨众庄严海已，即说颂言：

诸波罗蜜及诸地，广大难思悉圆满，无量众生尽调伏，一切佛土皆严净。如佛教化众生界，十方国土皆充满，一念心中转法轮，普应群情无不遍。佛于无量广大劫，普现一切众生前，如其往昔广修治，示彼所行清净处。我睹十方无有余，亦见诸佛现神通，悉坐道场成正觉，众会闻法共围绕。广大光明佛法身，能以方便现世间，普随众生心所乐，悉称其根而雨法。真如平等无相身，离垢光明净法身，智慧寂静身无量，普应十方而演法。法王诸力皆清净，智慧如空无有边，悉为开示无遗隐，普使众生同悟入。如佛往昔所修治，乃至成于一切智，今放光明遍法界，于中显现悉明了。佛以本愿现神通，一切十方无不照，如佛往昔修治行，光明网中皆演说。十方境界无有尽，无等无边各差别，佛无碍力发大光，一切国土皆明显。

尔时，如来师子之座，众宝、妙华、轮台、基陛，及诸户牖，如是一切庄严具中，一一各出佛刹微尘数菩萨摩诃萨，其名曰：海慧自在神通王菩萨摩诃萨、雷音普震菩萨摩诃萨、众宝光明髻菩萨摩诃萨、大智日勇猛慧菩萨摩诃萨、不思议功德宝智印菩萨摩诃萨、百目莲华髻菩萨摩诃萨、金焰圆满光菩萨摩诃萨、法界普音菩萨摩诃萨、云音净月菩萨摩诃萨、善勇猛光明幢菩萨摩诃萨……。如是等而为上首，有众多佛刹微尘数同时出现。此诸菩萨，各兴种种供养云，所谓：一切摩尼宝华云、一切莲华妙香云、一切宝圆满光云、无边境界香焰云、日藏摩尼轮光明云、一切悦意乐音云、无边色相一切宝灯光焰云、众宝树枝华果云、无尽宝清净光明摩尼王云、一切庄严具摩尼王云……。如是等诸供养云，有佛世界微尘数。彼诸菩萨，一一皆兴如是供养云，雨于一切道场众海，相续不绝。现是云已，右绕世尊，经无量百千匝，随其方面，去佛不远，化作无量种种宝莲华师子之座；各于其上，结跏趺坐。是诸菩萨所行清净广大如海，得智慧光照普门法，随顺诸佛，所行无碍；能入一切辩才法海，得不思议解脱法门，住于如来普门之地；已得一切陀罗尼门，悉能容受一切法海，善住三世平等智地；已得深信，广大喜乐，无边福聚，极善清净；虚空法界靡不观察，十方世界一切国土，所有佛兴，咸勤供养。

尔时，海慧自在神通王菩萨摩诃萨，承佛威力，普观一切道场众海，即说颂言：

诸佛所悟悉已知，如空无碍皆明照，光遍十方无量土，处于众会普严洁。如来功德不可量，十方法界悉充满，普坐一切树王下，诸大自在共云集。佛有如是神通力，一念现于无尽相，如来境界无有边，各随解脱能观见。如来往昔经劫海，在于诸有勤修行，种种方便化众生，令彼受行诸佛法。毗卢遮那具严好，坐莲华藏师子座，一切众会皆清净，寂然而住同瞻仰。摩尼宝藏放光明，普发无边香焰云，无量华缨共垂布，如是座上如来坐。种种严饰吉祥门，恒放灯光宝焰云，广大炽然无不照，牟尼处上增严好。种种摩尼绮丽窗，妙宝莲华所垂饰，恒出妙音闻者悦，佛坐其上特明显。宝轮承座半月形，金刚为台色焰明，持髻菩萨常围绕，佛在其中最光耀。种种变化满十方，演说如来广大愿，一切影像于中现，如是座上佛安坐。

尔时，雷音普震菩萨摩诃萨，承佛威力，普观一切道场众海，即说颂言：

世尊往集菩提行，供养十方无量佛，善逝威力所加持，如来座中无不睹。香焰摩尼如意王，填饰妙华师子座，种种庄严皆影现，一切众会悉明瞩。佛座普现庄严相，念念色类各差别，随诸众生解不同，各见佛坐于其上。宝枝垂布莲华网，华开踊现诸菩萨，各出微妙悦意声，称赞如来坐于座。佛功德量如虚空，一切庄严从此生，一一地中严饰事，一切众生不能了。金刚为地无能坏，广博清净极夷坦，摩尼为网垂布空，菩提树下皆周遍。其地无边色相殊，真金为末布其中，普散名华及众宝，悉以光莹如来座。地神欢喜而踊跃，刹那示现无有尽，普兴一切庄严云，恒在佛前瞻仰住。宝灯广大极炽然，香焰流光无断绝，随时示现各差别，地神以此为供养。十方一切刹土中，彼地所有诸庄严，今此道场无不现，以佛威神故能尔。

尔时，众宝光明髻菩萨摩诃萨，承佛威力，普观一切道场众海，即说颂言：

世尊往昔修行时，见诸佛土皆圆满，如是所见地无尽，此道场中皆显现。世尊广大神通力，舒光普雨摩尼宝，如是宝藏散道场，其地周回悉严丽。如来福德神通力，摩尼妙宝普庄严，其地及以菩提树，递发光音而演说。宝灯无量从空雨，宝王间错为严饰，悉吐微妙演法音，如是地神之所现。宝地普现妙光云，宝炬焰明如电发，宝网遐张覆其上，宝枝杂布为严好。汝等普观于此地，种种妙宝所庄严，显示众生诸业海，令彼了知真法性。普遍十方一切佛，所有圆满菩提树，莫不皆现道场中，演说如来清净法。随诸众生心所乐，其地普出妙音声，如佛座上所应演，一一法门咸具说。其地恒出妙香光，光中普演清净音，若有众生堪受法，悉使得闻烦恼灭。一一庄严悉圆满，假使亿劫无能说，如来神力靡不周，是故其地皆严净。

尔时，大智日勇猛慧菩萨摩诃萨，承佛威力，普观一切道场众海，即说颂言：

世尊凝眸处法堂，炳然照耀宫殿中，随诸众生心所乐，其身普现十方土。如来宫殿不思议，摩尼宝藏为严饰，诸庄严具咸光耀，佛坐其中特明显。摩尼为柱种种色，真金铃铎如云布，宝阶四面列成行，门闼随方咸洞启。妙华缋绮庄严帐，宝树枝条共严饰，摩尼璎珞四面垂，智海于中湛然坐。摩尼为网妙香幢，光焰灯明若云布，覆以种种庄严具，超世正知于此坐。十方普现变化云，其云演说遍世间，一切众生悉调伏，如是皆从佛宫现。摩尼为树发妙华，十方所有无能匹，三世国土庄严事，莫不于中现其影。处处皆有摩尼聚，光焰炽然无量种，门牖随方相间开，栋宇庄严极殊丽。如来宫殿不思议，清净光明具众相，一切宫殿于中现，一一皆有如来坐。如来宫殿无有边，自然觉者处其中，十方一切诸众会，莫不向佛而来集。

尔时，不思议功德宝智印菩萨摩诃萨，承佛威力，普观一切道场众海，即说颂言：

佛昔修治众福海，一切刹土微尘数，神通愿力所出生，道场严净无诸垢。如意珠王作树根，金刚摩尼以为身，宝网遐施覆其上，妙香氛氲共旋绕。树枝严饰备众宝，摩尼为干争耸擢，枝条密布如重云，佛于其下坐道场。道场广大不思议，其树周回尽弥覆，密叶繁华相庇映，华中悉结摩尼果。一切枝间发妙光，其光遍照道场中，清净炽然无有尽，以佛愿力如斯现。摩尼宝藏以为华，布影腾辉若绮云，匝树垂芳无不遍，于道场中普严饰。汝观善逝道场中，莲华宝网俱清净，光焰成轮从此现，铃音铎响云间发。十方一切国土中，所有妙色庄严树，菩提树中无不现，佛于其下离众垢。道场广大福所成，树枝雨宝恒无尽，宝中出现诸菩萨，悉往十方供事佛。诸佛境界不思议，普令其树出乐音，如昔所集菩提道，众会闻音咸得见。

尔时，百目莲华髻菩萨摩诃萨，承佛威力，普观一切道场众海，即说颂言：

一切摩尼出妙音，称扬三世诸佛名，彼佛无量神通事，此道场中皆现睹。众华竞发如缋布，光云流演遍十方，菩提树神持向佛，一心瞻仰为供养。摩尼光焰悉成幢，幢中炽然发妙香，其香普熏一切众，是故其处皆严洁。莲华垂布金色光，其光演佛妙声云，普荫十方诸刹土，永息众生烦恼热。菩提树王自在力，常放光明极清净，十方众会无有边，莫不影现道场中。宝枝光焰若明灯，其光演音宣大愿，如佛往昔于诸有，本所修行皆具说。树下诸神刹尘数，悉共依于此道场，各各如来道树前，念念宣扬解脱门。世尊往昔修诸行，供养一切诸如来，本所修行及名闻，摩尼宝中皆悉现。道场一切出妙音，其音广大遍十方，若有众生堪受法，莫不调伏令清净。如来往昔普修治，一切无量庄严事，十方一切菩提树，一一庄严无量种。

尔时，金焰圆满光菩萨摩诃萨，承佛威力，普观一切道场众海，即说颂言：

佛昔修习菩提行，于诸境界解明了，处与非处净无疑，此是如来初智力。如昔等观诸法性，一切业海皆明彻，如是今于光网中，普遍十方能具演。往劫修治大方便，随众生根而化诱，普使众会心清净，故佛能成根智力。如诸众生解不同，欲乐诸行各差别，随其所应为说法，佛以智力能如是。普尽十方诸刹海，所有一切众生界，佛智平等如虚空，悉能显现毛孔中。一切处行佛尽知，一念三世毕无余，十方刹劫众生时，悉能开示令现了。禅定解脱力无边，三昧方便亦复然，佛为示现令欢喜，普使涤除烦恼闇。佛智无碍包三世，刹那悉现毛孔中，佛法国土及众生，所现皆由随念力。佛眼广大如虚空，普见法界尽无余，无碍地中无等用，彼眼无量佛能演。一切众生具诸结，所有随眠与习气，如来出现遍世间，悉以方便令除灭。尔时，法界普音菩萨摩诃萨，承佛威力，普观一切道场众会海已，即说颂言：佛威神力遍十方，广大示现无分别，大菩提行波罗蜜，昔所满足皆令见。昔于众生起大悲，修行布施波罗蜜，以是其身最殊妙，能令见者生欢喜。昔在无边大劫海，修治净戒波罗蜜，故获净身遍十方，普灭世间诸重苦。往昔修行忍清净，信解真实无分别，是故色相皆圆满，普放光明照十方。往昔勤修多劫海，能转众生深重障，故能分身遍十方，悉现菩提树王下。佛久修行无量劫，禅定大海普清净，故令见者深欢喜，烦恼障垢悉除灭。如来往诣诸行海，具足般若波罗蜜，是故舒光普照明，克殄一切愚痴暗。种种方便化众生，令所修治悉成就，一切十方皆遍往，无边际劫不休息。佛昔修行大劫海，净治诸愿波罗蜜，是故出现遍世间，尽未来际救众生。佛无量劫广修治，一切法力波罗蜜，由是能成自然力，普现十方诸国土。佛昔修治普门智，一切智性如虚空，是故得成无碍力，舒光普照十方刹。

尔时，云音净月菩萨摩诃萨，承佛威力，普观一切道场众海已，即说颂言：

神通境界等虚空，十方众生靡不见，如昔修行所成地，摩尼果中咸具说。清净勤修无量劫，入于初地极欢喜，出生法界广大智，普见十方无量佛。一切法中离垢地，等众生数持净戒，已于多劫广修行，供养无边诸佛海。积集福德发光地，奢摩他藏坚固忍，法云广大悉已闻，摩尼果中如是说。焰海慧明无等地，善了境界起慈悲，一切国土平等身，如佛所治皆演畅。普藏等门难胜地，动寂相顺无违反，佛法境界悉平等，如佛所净皆能说。广大修行慧海地，一切法门咸遍了，普现国土如虚空，树中演畅此法音。周遍法界虚空身，普照众生智慧灯，一切方便皆清净，昔所远行今具演。一切愿行所庄严，无量刹海皆清净，所有分别无能动，此无等地咸宣说。无量境界神通力，善入教法光明力，此是清净善慧地，劫海所行皆备阐。法云广大第十地，含藏一切遍虚空，诸佛境界声中演，此声是佛威神力。

尔时，善勇猛光幢菩萨摩诃萨，承佛威神，观察十方，即说颂言：

无量众生处会中，种种信解心清净，悉能悟入如来智，了达一切庄严境。各起净愿修诸行，悉曾供养无量佛，能见如来真实体，及以一切诸神变。或有能见佛法身，无等无碍普周遍，所有无边诸法性，悉入其身无不尽。或有见佛妙色身，无边色相光炽然，随诸众生解不同，种种变现十方中。或见无碍智慧身，三世平等如虚空，普随众生心乐转，种种差别皆令见。或有能了佛音声，普遍十方诸国土，随诸众生所应解，为出言音无障碍。或见如来种种光，种种照耀遍世间，或有于佛光明中，复见诸佛现神通。或有见佛海云光，从毛孔出色炽然，示现往昔修行道，令生深信入佛智。或见佛相福庄严，及见此福所从生，往昔修行诸度海，皆佛相中明了见。如来功德不可量，充满法界无边际，及以神通诸境界，以佛力故能宣说。

尔时，华藏庄严世界海，以佛神力，其地一切六种、十八相震动。所谓：动、遍动、普遍动；起、遍起、普遍起；踊、遍踊、普遍踊；震、遍震、普遍震；吼、遍吼、普遍吼；击、遍击、普遍击。此诸世主,一一皆现不思议诸供养云,雨于如来道场众海。所谓:一切香华庄严云、一切摩尼妙饰云、一切宝焰华网云、无边种类摩尼宝圆光云、一切众色宝真珠藏云、一切宝栴檀香云、一切宝盖云、清净妙声摩尼王云、日光摩尼璎珞轮云、一切宝光明藏云、一切各别庄严具云……。如是等诸供养云,其数无量不可思议。此诸世主,一一皆现如是供养云,雨于如来道场众海,靡不周遍。如此世界中,一一世主,心生欢喜,如是供养;其华藏庄严世界海中,一切世界所有世主,悉亦如是而为供养。其一切世界中,悉有如来坐于道场;一一世主,各各信解,各各所缘,各各三昧方便门,各各修习助道法,各各成就,各各欢喜,各各趣入,各各悟解诸法门,各各入如来神通境界,各各入如来力境界,各各入如来解脱门。如于此华藏世界海,十方尽法界、虚空界、一切世界海中,悉亦如是。

大方广佛华严经卷第六

如来现相品第二

尔时,诸菩萨及一切世间主,作是思惟:云何是诸佛地?云何是诸佛境界?云何是诸佛加持?云何是诸佛所行?云何是诸佛力?云何是诸佛无所畏?云何是诸佛三昧?云何是诸佛神通?云何是诸佛自在?云何是诸佛无能摄取?云何是诸佛眼?云何是诸佛耳?云何是诸佛鼻?云何是诸佛舌?云何是诸佛身?云何是诸佛意?云何是诸佛身光?云何是诸佛光明?云何是诸佛声?云何是诸佛智?唯愿世尊,哀愍我等,开示演说!又,十方世界海一切诸佛,皆为诸菩萨说世界海、众生海、法界安立海、佛海、佛波罗蜜海、佛解脱海、佛变化海、佛演说海、佛名号海、佛寿量海,及一切菩萨誓愿海、一切菩萨发趣海、一切菩萨助道海、一切菩萨乘海、一切菩萨行海、一切菩萨出离海、一切菩萨神通海、一切菩萨波罗蜜海、一切菩萨地海、一切菩萨智海。愿佛世尊,亦为我等,如是而说!

尔时,诸菩萨威神力故,于一切供养具云中,自然出音而说颂言:

无量劫中修行满,菩提树下成正觉,为度众生普现身,如云充遍尽未来。众生有疑皆使断,广大信解悉令发,无边际苦普使除,诸佛安乐咸令证。菩萨无数等刹尘,俱来此会同瞻仰,愿随其意所应受,演说妙法除疑惑!云何了知诸佛地?云何观察如来境?佛所加持无有边,愿示此法令清净!云何是佛所行处,而以智慧能明入?佛力清净广无边,为诸菩萨应开示!云何广大诸三昧?云何净治无畏法?神通力用不可量,愿随众生心乐说!诸佛法王如世主,所行自在无能制,及余一切广大法,为利益故当开演!佛眼云何无有量?耳鼻舌身亦复然？意无有量复云何？愿示能知此方便！如诸刹海众生海，法界所有安立海，及诸佛海亦无边，愿为佛子咸开畅！永出思议众度海，普入解脱方便海，所有一切法门海，此道场中愿宣说！

尔时，世尊知诸菩萨心之所念，即于面门众齿之间，放佛刹微尘数光明，所谓：众宝华遍照光明、出种种音庄严法界光明、垂布微妙云光明、十方佛坐道场现神变光明、一切宝焰云盖光明、充满法界无碍光明、遍庄严一切佛刹光明、迥建立清净金刚宝幢光明、普庄严菩萨众会道场光明、妙音称扬一切佛名号光明……。如是等佛刹微尘数，一一复有佛刹微尘数光明以为眷属，其光悉具众妙宝色，普照十方各一亿佛刹微尘数世界海。彼世界海诸菩萨众，于光明中，各得见此华藏庄严世界海。以佛神力，其光于彼一切菩萨众会之前而说颂言：

无量劫中修行海，供养十方诸佛海，化度一切众生海，今成妙觉遍照尊。毛孔之中出化云，光明普照于十方，应受化者咸开觉，令趣菩提净无碍。佛昔往来诸趣中，教化成熟诸群生，神通自在无边量，一念皆令得解脱。摩尼妙宝菩提树，种种庄严悉殊特，佛于其下成正觉，放大光明普威耀。大音震吼遍十方，普为弘宣寂灭法，随诸众生心所乐，种种方便令开晓。往修诸度皆圆满，等于千刹微尘数，一切诸力悉已成，汝等应往同瞻礼。十方佛子等刹尘，悉共欢喜而来集，已雨诸云为供养，今在佛前专觐仰。如来一音无有量，能演契经深大海，普雨妙法应群心，彼两足尊宜往见。三世诸佛所有愿，菩提树下皆宣说，一刹那中悉现前，汝可速诣如来所。毗卢遮那大智海，面门舒光无不见，今待众集将演音，汝可往观闻所说。

尔时，十方世界海一切众会，蒙佛光明所开觉已，各共来诣毗卢遮那如来所，亲近供养。所谓——

此华藏庄严世界海东，次有世界海，名：清净光莲华庄严。彼世界种中，有国土，名：摩尼璎珞金刚藏，佛号：法水觉虚空无边王。于彼如来大众海中，有菩萨摩诃萨，名：观察胜法莲华幢，与世界海微尘数诸菩萨俱，来诣佛所，各现十种菩萨身相云，遍满虚空而不散灭；复现十种雨一切宝莲华光明云，复现十种须弥宝峰云，复现十种日轮光云，复现十种宝华璎珞云，复现十种一切音乐云，复现十种末香树云，复现十种涂香烧香众色相云，复现十种一切香树云……如是等世界海微尘数诸供养云，悉遍虚空而不散灭。现是云已，向佛作礼，以为供养。即于东方，各化作种种华光明藏师子之座，于其座上，结跏趺坐。

此华藏世界海南，次有世界海，名：一切宝月光明庄严藏。彼世界种中，有国土，名：无边光圆满庄严，佛号：普智光明德须弥王。于彼如来大众海中，有菩萨摩诃萨，名：普照法海慧，与世界海微尘数诸菩萨俱，来诣佛所，各现十种一切庄严光明藏摩尼王云，遍满虚空而不散灭；复现十种雨一切宝庄严具普照耀摩尼王云，复现十种宝焰炽然称扬佛名号摩尼王云，复现十种说一切佛法摩尼王云，复现十种众妙树庄严道场摩尼王云，复现十种宝光普照现众化佛摩尼王云，复现十种普现一切道场庄严像摩尼王云，复现十种密焰灯说诸佛境界摩尼王云，复现十种不思议佛刹宫殿像摩尼王云，复现十种普现三世佛身像摩尼王云……如是等世界海微尘数摩尼王云，悉遍虚空而不散灭。现是云已，向佛作礼，以为供养。即于南方，各化作帝青宝阁浮檀金莲华藏师子之座，于其座上，结跏趺坐。

此华藏世界海西，次有世界海，名：可爱乐宝光明。彼世界种中，有国土，名：出生上妙资身具，佛号：香焰功德宝庄严。于彼如来大众海中，有菩萨摩诃萨，名：月光香焰普庄严，与世界海微尘数诸菩萨俱，来诣佛所，各现十种一切宝香众妙华楼阁云，遍满虚空而不散灭；复现十种无边色相众宝王楼阁云，复现十种宝灯香焰楼阁云，复现十种一切真珠楼阁云，复现十种一切宝华楼阁云，复现十种宝璎珞庄严楼阁云，复现十种普现十方一切庄严光明藏楼阁云，复现十种众宝末间错庄严楼阁云，复现十种周遍十方一切庄严楼阁云，复现十种华门铎网楼阁云……如是等世界海微尘数楼阁云，悉遍虚空而不散灭。现是云已，向佛作礼，以为供养。即于西方，各化作真金叶大宝藏师子之座，于其座上，结跏趺坐。

此华藏世界海北，次有世界海，名：毗琉璃莲华光圆满藏。彼世界种中，有国土，名：优钵罗华庄严，佛号：普智幢音王。于彼如来大众海中，有菩萨摩诃萨，名：师子奋迅光明，与世界海微尘数诸菩萨俱，来诣佛所，各现十种一切香摩尼众妙树云，遍满虚空而不散灭；复现十种密叶妙香庄严树云，复现十种化现一切无边色相树庄严树云，复现十种一切华周布庄严树云，复现十种一切宝焰圆满光庄严树云，复现十种现一切栴檀香菩萨身庄严树云，复现十种现往昔道场处不思议庄严树云，复现十种众宝衣服藏如日光明树云，复现十种普发一切悦意音声树云……如是等世界海微尘数树云，悉遍虚空而不散灭。现是云已，向佛作礼，以为供养。即于北方，各化作摩尼灯莲华藏师子之座，于其座上，结跏趺坐。

此华藏世界海东北方，次有世界海，名：阎浮檀金玻璃色幢。彼世界种中，有国土，名：众宝庄严，佛号：一切法无畏灯。于彼如来大众海中，有菩萨摩诃萨，名：最胜光明灯无尽功德藏，与世界海微尘数诸菩萨俱，来诣佛所，各现十种无边色相宝莲华藏师子座云，遍满虚空而不散灭；复现十种摩尼王光明藏师子座云，复现十种一切庄严具种种校饰师子座云，复现十种众宝鬘灯焰藏师子座云，复现十种普雨宝璎珞师子座云，复现十种一切香华宝璎珞藏师子座云，复现十种示现一切佛座庄严摩尼王藏师子座云，复现十种户牖阶砌及诸璎珞一切庄严师子座云，复现十种一切摩尼树宝枝茎藏师子座云，复现十种宝香间饰日光明藏师子座云……如是等世界海微尘数师子座云，悉遍虚空而不散灭。现是云已，向佛作礼，以为供养。即于东北方，各化作宝莲华摩尼光幢师子之座，于其座上，结跏趺坐。

此华藏世界海东南方，次有世界海，名：金庄严琉璃光普照。彼世界种中，有国土，名：清净香光明，佛号：普喜深信王。于彼如来大众海中，有菩萨摩诃萨，名：慧灯普明，与世界海微尘数诸菩萨俱，来诣佛所，各现十种一切如意王摩尼帐云，遍满虚空而不散灭；复现十种帝青宝一切华庄严帐云，复现十种一切香摩尼帐云，复现十种宝焰灯帐云，复现十种示现佛神通说法摩尼王帐云，复现十种现一切衣服庄严色像摩尼帐云，复现十种一切宝华丛光明帐云，复现十种宝网铃铎音帐云，复现十种摩尼为台莲华为网帐云，复现十种现一切不思议庄严具色像帐云……如是等世界海微尘数众宝帐云，悉遍虚空而不散灭。现是云已，向佛作礼，以为供养。即于东南方，各化作宝莲华藏师子之座，于其座上，结跏趺坐。

此华藏世界海西南方，次有世界海，名：日光遍照。彼世界种中，有国土，名：师子日光明，佛号：普智光明音。于彼如来大众海中，有菩萨摩诃萨，名：普华光焰髻，与世界海微尘数诸菩萨俱，来诣佛所，各现十种众妙庄严宝盖云，遍满虚空而不散灭；复现十种光明庄严华盖云，复现十种无边色真珠藏盖云，复现十种出一切菩萨悲愍音摩尼王盖云，复现十种众妙宝焰鬘盖云，复现十种妙宝严饰垂网铎盖云，复现十种摩尼树枝庄严盖云，复现十种日光普照摩尼王盖云，复现十种一切涂香烧香盖云，复现十种栴檀藏盖云，复现十种广大佛境界普光明庄严盖云……如是等世界海微尘数众宝盖云，悉遍虚空而不散灭。现是云已，向佛作礼，以为供养。即于西南方，各化作帝青宝光焰庄严藏师子之座，于其座上，结跏趺坐。

此华藏世界海西北方，次有世界海，名：宝光照耀。彼世界种中，有国土，名：众香庄严，佛号：无量功德海光明。于彼如来大众海中，有菩萨摩诃萨，名：无尽光摩尼王，与世界海微尘数诸菩萨俱，来诣佛所，各现十种一切宝圆满光云，遍满虚空而不散灭；复现十种一切宝焰圆满光云，复现十种一切妙华圆满光云，复现十种一切化佛圆满光云，复现十种十方佛土圆满光云，复现十种佛境界雷声宝树圆满光云，复现十种一切琉璃宝摩尼王圆满光云，复现十种一念中现无边众生相圆满光云，复现十种演一切如来大愿音圆满光云，复现十种演化一切众生音摩尼王圆满光云……如是等世界海微尘数圆满光云，悉遍虚空而不散灭。现是云已，向佛作礼，以为供养。即于西北方，各化作无尽光明威德藏师子之座，于其座上，结跏趺坐。

此华藏世界海下方，次有世界海，名：莲华香妙德藏。彼世界种中，有国土，名：宝师子光明照耀，佛号：法界光明。于彼如来大众海中，有菩萨摩诃萨，名：法界光焰慧，与世界海微尘数诸菩萨俱，来诣佛所,各现十种一切摩尼藏光明云,遍满虚空而不散灭;复现十种一切香光明云,复现十种一切宝焰光明云,复现十种出一切佛说法音光明云,复现十种现一切佛土庄严光明云,复现十种一切妙华楼阁光明云,复现十种现一切劫中诸佛教化众生事光明云,复现十种一切无尽宝华蕊光明云,复现十种一切庄严座光明云……如是等世界海微尘数光明云,悉遍虚空而不散灭。现是云已,向佛作礼,以为供养。即于下方,各化作宝焰灯莲华藏师子之座,于其座上,结跏趺座。

此华藏世界海上方,次有世界海,名:摩尼宝照耀庄严。彼世界种中,有国土,名:无相妙光明,佛号:无碍功德光明王。于彼如来大众海中,有菩萨摩诃萨,名:无碍力精进慧,与世界海微尘数诸菩萨俱,来诣佛所,各现十种无边色相宝光焰云,遍满虚空而不散灭;复现十种摩尼宝网光焰云,复现十种一切广大佛土庄严光焰云,复现十种一切妙香光焰云,复现十种一切庄严光焰云,复现十种诸佛变化光焰云,复现十种众妙树华光焰云,复现十种一切金刚光焰云,复现十种说无边菩萨行摩尼光焰云,复现十种一切真珠灯光焰云……如是等世界海微尘数光焰云,悉遍虚空而不散灭。现是云已,向佛作礼,以为供养。即于上方,各化作演佛音声光明莲华藏师子之座,于其座上,结跏趺坐。

如是等十亿佛刹微尘数世界海中,有十亿佛刹微尘数菩萨摩诃萨,一一各有世界海微尘数诸菩萨众前后围绕而来集会。是诸菩萨,一一各现世界海微尘数种种庄严诸供养云,悉遍虚空而不散灭。现是云已,向佛作礼,以为供养。随所来方,各化作种种宝庄严师子之座,于其座上,结跏趺坐。如是坐已,其诸菩萨身毛孔中,一一各现十世界海微尘数一切宝种种色光明;一一光中,悉现十世界海微尘数诸菩萨,皆坐莲华藏师子之座。此诸菩萨,悉能遍入一切法界诸安立海所有微尘;彼一一尘中,皆有十佛世界微尘数诸广大刹;一一刹中,皆有三世诸佛世尊。此诸菩萨,悉能遍往亲近供养;于念念中,以梦自在,示现法门,开悟世界海微尘数众生;念念中,以示现一切诸天殁生法门,开悟世界海微尘数众生;念念中,以说一切菩萨行法门,开悟世界海微尘数众生;念念中,以普震动一切刹叹佛功德神变法门,开悟世界海微尘数众生;念念中,以严净一切佛国土显示一切大愿海法门,开悟世界海微尘数众生;念念中,以普摄一切众生言词佛音声法门,开悟世界海微尘数众生;念念中,以能雨一切佛法云法门,开悟世界海微尘数众生;念念中,以光明普照十方国土周遍法界示现神变法门,开悟世界海微尘数众生;念念中,以普现佛身充遍法界一切如来解脱力法门,开悟世界海微尘数众生;念念中,以普贤菩萨建立一切众会道场海法门,开悟世界海微尘数众生。如是普遍一切法界,随众生心,悉令开悟。念念中,一一国土,各令如须弥山微尘数众生堕恶道者,永离其苦;各令如须弥山微尘数众生住邪定者,入正定聚；各令如须弥山微尘数众生，随其所乐生于天上；各令如须弥山微尘数众生，安住声闻、辟支佛地；各令如须弥山微尘数众生，事善知识具众福行；各令如须弥山微尘数众生，发于无上菩提之心；各令如须弥山微尘数众生，趣于菩萨不退转地；各令如须弥山微尘数众生，得净智眼，见于如来所见一切诸平等法；各令如须弥山微尘数众生，安住诸力诸愿海中，以无尽智而为方便净诸佛国；各令如须弥山微尘数众生，皆得安住毗卢遮那广大愿海，生如来家。

尔时，诸菩萨光明中同时发声，说此颂言：

诸光明中出妙音，普遍十方一切国，演说佛子诸功德，能入菩提之妙道。劫海修行无厌倦，令苦众生得解脱，心无下劣及劳疲，佛子善入斯方便。尽诸劫海修方便，无量无边无有余，一切法门无不入，而恒说彼性寂灭。三世诸佛所有愿，一切修治悉令尽，即以利益诸众生，而为自行清净业。一切诸佛众会中，普遍十方无不往，皆以甚深智慧海，入彼如来寂灭法。一一光明无有边，悉入难思诸国土，清净智眼普能见，是诸菩萨所行境。菩萨能住一毛端，遍动十方诸国土，不令众生有怖想，是其清净方便地。一一尘中无量身，复现种种庄严刹，一念没生普令见，获无碍意庄严者。三世所有一切劫，一刹那中悉能现，知身如幻无体相，证明法性无碍者。普贤胜行皆能入，一切众生悉乐见，佛子能住此法门，诸光明中大音吼。

尔时，世尊欲令一切菩萨大众得于如来无边境界神通力故，放眉间光，此光名：一切菩萨智光明，普照耀十方藏。其状犹如宝色灯云，遍照十方一切佛刹，其中国土及以众生悉令显现。又普震动诸世界网，一一尘中现无数佛。随诸众生性欲不同，普雨三世一切诸佛妙法轮云，显示如来波罗蜜海；又雨无量诸出离云，令诸众生永度生死；复雨诸佛大愿之云，显示十方诸世界中。普贤菩萨道场众会，作是事已，右绕于佛，从足下入。

尔时，佛前有大莲华，忽然出现。其华具有十种庄严，一切莲华所不能及。所谓：众宝间错以为其茎；摩尼宝王以为其藏；法界众宝普作其叶；诸香摩尼而作其须；阎浮檀金庄莹其台；妙网覆上，光色清净；于一念中，示现无边诸佛神变；普能发起一切音声；摩尼宝王影现佛身；于音声中，普能演说一切菩萨所修行愿。此华生已，一念之间，于如来白毫相中，有菩萨摩诃萨，名：一切法胜音，与世界海微尘数诸菩萨众，俱时而出，右绕如来，经无量匝，礼佛足已。

时，胜音菩萨坐莲华台，诸菩萨众坐莲华须，各于其上，次第而住。其一切法胜音菩萨，了深法界，生大欢喜；入佛所行，智无凝滞；入不可测佛法身海，往一切刹诸如来所；身诸毛孔悉现神通，念念普观一切法界；十方诸佛，共与其力，令普安住一切三昧，尽未来劫，常见诸佛无边法界功德海身，乃至一切三昧解脱、神通变化。即于众中，承佛威神，观察十方而说颂曰：

佛身充满于法界，普现一切众生前，随缘赴感靡不周，而恒处此菩提座。如来一一毛孔中，一切刹尘诸佛坐，菩萨众会共围绕，演说普贤之胜行。如来安处菩提座，一毛示现多刹海，一一毛现悉亦然，如是普周于法界。一一刹中悉安立，一切刹土皆周遍，十方菩萨如云集，莫不咸来诣道场。一切刹土微尘数，功德光明菩萨海，普在如来众会中，乃至法界咸充遍。法界微尘诸刹土，一切众中皆出现，如是分身智境界，普贤行中能建立。一切诸佛众会中，胜智菩萨佥然坐，各各听法生欢喜，处处修行无量劫。已入普贤广大愿，各各出生众佛法，毗卢遮那法海中，修行克证如来地。普贤菩萨所开觉，一切如来同赞喜，已获诸佛大神通，法界周流无不遍。一切刹土微尘数，常现身云悉充满，普为众生放大光，各雨法雨称其心。

尔时，众中复有菩萨摩诃萨，名：观察一切胜法莲华光慧王，承佛威神，观察十方而说颂曰：

如来甚深智，普入于法界，能随三世转，与世为明导。诸佛同法身，无依无差别，随诸众生意，令见佛色形。具足一切智，遍知一切法，一切国土中，一切无不现。佛身及光明，色相不思议，众生信乐者，随应悉令见。于一佛身上，化为无量佛，雷音遍众刹，演法深如海。一一毛孔中，光网遍十方，演佛妙音声，调彼难调者。如来光明中，常出深妙音，赞佛功德海，及菩萨所行。佛转正法轮，无量无有边，所说法无等，浅智不能测。一切世界中，现身成正觉，各各起神变，法界悉充满。如来一一身，现佛等众生，一切微尘刹，普现神通力。

尔时，众中复有菩萨摩诃萨，名：法喜慧光明，承佛威神，观察十方而说颂曰：

佛身常显现，法界悉充满，恒演广大音，普震十方国。如来普现身，遍入于世间，随众生乐欲，显示神通力。佛随众生心，普现于其前，众生所见者，皆是佛神力。光明无有边，说法亦无量，佛子随其智，能入能观察。佛身无有生，而能示出生，法性如虚空，诸佛于中住。无住亦无去，处处皆见佛，光明靡不周，名称悉远闻。无体无住处，亦无生可得，无相亦无形，所现皆如影。佛随众生心，为兴大法云，种种方便门，示悟而调伏。一切世界中，见佛坐道场，大众所围绕，照耀十方国。一切诸佛身，皆有无尽相，示现虽无量，色相终不尽。

尔时，众中复有菩萨摩诃萨，名：香焰光普明慧，承佛威神，观察十方而说颂曰：

此会诸菩萨，入佛难思地，一一皆能见，一切佛神力。智身能遍入，一切刹微尘，见身在彼中，普见于诸佛。如影现众刹，一切如来所，于彼一切中，悉现神通事。普贤诸行愿，修治已明洁，能于一切刹，普见佛神变。身住一切处，一切皆平等，智能如是行，入佛之境界。已证如来智，等照于法界，普入佛毛孔，一切诸刹海。一切佛国土，皆现神通力，示现种种身，及种种名号。能于一念顷，普现诸神变，道场成正觉，及转妙法轮。一切广大刹，亿劫不思议，菩萨三昧中，一念皆能现。一切诸佛土，一一诸菩萨，普入于佛身，无边亦无尽。

尔时，众中复有菩萨摩诃萨，名：师子奋迅慧光明，承佛威神，遍观十方而说颂曰：

毗卢遮那佛，能转正法轮，法界诸国土，如云悉周遍。十方中所有，诸大世界海，佛神通愿力，处处转法轮。一切诸刹土，广大众会中，名号各不同，随应演妙法。如来大威力，普贤愿所成，一切国土中，妙音无不至。佛身等刹尘，普雨于法雨，无生无差别，现一切世间。无数诸亿劫，一切尘刹中，往昔所行事，妙音咸具演。十方尘国土，光网悉周遍，光中悉有佛，普化诸群生。佛身无差别，充满于法界，能令见色身，随机善调伏。三世一切刹，所有众导师，种种名号殊，为说皆令见。过未及现在，一切诸如来，所转妙法轮，此会皆得闻。

尔时，众中复有菩萨摩诃萨，名：法海慧功德藏，承佛威神，观察十方而说颂曰：

此会诸佛子，善修众智慧，斯人已能入，如是方便门。一一国土中，普演广大音，说佛所行处，周闻十方刹。一一心念中，普观一切法，安住真如地，了达诸法海。一一佛身中，亿劫不思议，修习波罗蜜，及严净国土。一一微尘中，能证一切法，如是无所碍，周行十方国。一一佛刹中，往诣悉无余，见佛神通力，入佛所行处。诸佛广大音，法界靡不闻，菩萨能了知，善入音声海。劫海演妙音，其音等无别，智周三世者，入彼音声地。众生所有音，及佛自在声，获得音声智，一切皆能了。从地而得地，住于力地中，亿劫勤修行，所获法如是。尔时，众中复有菩萨摩诃萨，名：慧灯普明，承佛威神，观察十方而说颂曰：

一切诸如来，远离于众相，若能知是法，乃见世导师。菩萨三昧中，慧光普明了，能知一切佛，自在之体性。见佛真实体，则悟甚深法，普观于法界，随愿而受身。从于福海生，安住于智地，观察一切法，修行最胜道。一切佛刹中，一切如来所，如是遍法界，悉见真实体。十方广大刹，亿劫勤修行，能游正遍知，一切诸法海。唯一坚密身，一切尘中见，无生亦无相，普现于诸国。随诸众生心，普现于其前，种种示调伏，速令向佛道。以佛威神故，出现诸菩萨，佛力所加持，普见诸如来。一切众导师，无量威神力，开悟诸菩萨，法界悉周遍。

尔时，众中复有菩萨摩诃萨，名：华焰髻普明智，承佛威神，观察十方而说颂曰：

一切国土中，普演微妙音，称扬佛功德，法界悉充满。佛以法为身，清净如虚空，所现众色形，令入此法中。若有深信喜，及为佛摄受，当知如是人，能生了佛智。诸有少智者，不能知此法，慧眼清净人，于此乃能见。以佛威神力，观察一切法，入住及出时，所见皆明了。一切诸法中，法门无有边，成就一切智，入于深法海。安住佛国土，出兴一切处，无去亦无来，诸佛法如是。一切众生海，佛身如影现，随其解差别，如是见导师。一切毛孔中，各各现神通，修行普贤愿，清净者能见。佛以一一身，处处转法轮，法界悉周遍，思议莫能及。

尔时，众中复有菩萨摩诃萨，名：威德慧无尽光，承佛威神，观察十方而说颂曰：

一一佛刹中，处处坐道场，众会共围绕，魔军悉摧伏。佛身放光明，遍满于十方，随应而示现，色相非一种。一一微尘内，光明悉充满，普见十方土，种种各差别。十方诸刹海，种种无量刹，悉平坦清净，帝青宝所成。或覆或傍住，或似莲华合，或圆或四方，种种众形相。法界诸刹土，周行无所碍，一切众会中，常转妙法轮。佛身不思议，国土悉在中，于其一切处，导世演真法。所转妙法轮，法性无差别，依于一实理，演说诸法相。佛以圆满音，阐明真实理，随其解差别，现无尽法门。一切刹土中，见佛坐道场，佛身如影现，生灭不可得。

尔时，众中复有菩萨摩诃萨，名：法界普明慧，承佛威神，观察十方而说颂曰：

如来微妙身，色相不思议，见者生欢喜，恭敬信乐法。佛身一切相，悉现无量佛，普入十方界，一一微尘中。十方国土海，无量无边佛，咸于念念中，各各现神通。大智诸菩萨，深入于法海，佛力所加持，能知此方便。若有已安住，普贤诸行愿，见彼众国土，一切佛神力。若人有信解，及以诸大愿，具足深智慧，通达一切法。能于诸佛身，一一而观察，色声无所碍，了达于诸境。能于诸佛身，安住智所行，速入如来地，普摄于法界。佛刹微尘数，如是诸国土，能令一念中，一一尘中现。一切诸国土，及以神通事，悉现一刹中，菩萨力如是。

尔时，众中复有菩萨摩诃萨，名：精进力无碍慧，承佛威神，观察十方而说颂曰：

佛演一妙音，周闻十方刹，众音悉具足，法雨皆充遍。一切言词海，一切随类音，一切佛刹中，转于净法轮。一切诸国土，悉见佛神变，听佛说法音，闻已趣菩提。法界诸国土，一一微尘中，如来解脱力，于彼普现身。法身同虚空，无碍无差别，色形如影像，种种众相现。影像无方所，如空无体性，智慧广大人，了达其平等。佛身不可取，无生无起作，应物普现前，平等如虚空。十方所有佛，尽入一毛孔，各各现神通，智眼能观见。毗卢遮那佛，愿力周法界，一切国土中，恒转无上轮。一毛现神变，一切佛同说，经于无量劫，不得其边际。

如此四天下道场中，以佛神力，十方各有一亿世界海微尘数诸菩萨众而来集会；应知一切世界海、一一四天下诸道场中，悉亦如是。

大方广佛华严经卷第七

普贤三昧品第三

尔时，普贤菩萨摩诃萨于如来前，坐莲华藏师子之座，承佛神力，入于三昧。此三昧名：一切诸佛毗卢遮那如来藏身，普入一切佛平等性，能于法界示众影像；广大无碍，同于虚空；法界海漩，靡不随入；出生一切诸三昧法，普能包纳十方法界；三世诸佛智光明海皆从此生，十方所有诸安立海悉能示现；含藏一切佛力解脱诸菩萨智，能令一切国土微尘普能容受无边法界；成就一切佛功德海，显示如来诸大愿海；一切诸佛所有法轮，流通护持，使无断绝。如此世界中，普贤菩萨于世尊前，入此三昧；如是，尽法界、虚空界，十方三世，微细无碍，广大光明，佛眼所见、佛力能到、佛身所现一切国土，及此国土所有微尘，一一尘中有世界海微尘数佛刹，一一刹中有世界海微尘数诸佛，一一佛前有世界海微尘数普贤菩萨，皆亦入此一切诸佛毗卢遮那如来藏身三昧。

尔时，一一普贤菩萨，皆有十方一切诸佛而现其前。彼诸如来同声赞言：善哉！善哉！善男子！汝能入此一切诸佛毗卢遮那如来藏身菩萨三昧。佛子！此是十方一切诸佛共加于汝，以毗卢遮那如来本愿力故，亦以汝修一切诸佛行愿力故。所谓：能转一切佛法轮故；开显一切如来智慧海故；普照十方诸安立海，悉无余故；令一切众生净治杂染，得清净故；普摄一切诸大国土，无所著故；深入一切诸佛境界，无障碍故；普示一切佛功德故；能入一切诸法实相，增智慧故；观察一切诸法门故；了知一切众生根故；能持一切诸佛如来教文海故。

尔时，十方一切诸佛，即与普贤菩萨摩诃萨能入一切智性力智，与入法界无边量智，与成就一切佛境界智，与知一切世界海成坏智，与知一切众生界广大智，与住诸佛甚深解脱无差别诸三昧智，与入一切菩萨诸根海智，与知一切众生语言海转法轮辞辩智，与普入法界一切世界海身智，与得一切佛音声智。如此世界中，如来前，普贤菩萨蒙诸佛与如是智；如是，一切世界海，及彼世界海一一尘中，所有普贤，悉亦如是。何以故？证彼三昧法如是故。是时，十方诸佛，各舒右手，摩普贤菩萨顶。其手皆以相好庄严，妙网光舒，香流焰发。复出诸佛种种妙音，及以自在神通之事；过、现、未来一切菩萨普贤愿海，一切如来清净法轮，及三世佛所有影像，皆于中现。如此世界中，普贤菩萨为十方佛所共摩顶；如是，一切世界海，及彼世界海一一尘中，所有普贤，悉亦如是，为十方佛之所摩顶。

尔时，普贤菩萨即从是三昧而起。从此三昧起时，即从一切世界海微尘数三昧海门起。所谓：从知三世念念无差别善巧智三昧门起，从知三世一切法界所有微尘三昧门起，从现三世一切佛刹三昧门起，从现一切众生舍宅三昧门起，从知一切众生心海三昧门起，从知一切众生各别名字三昧门起，从知十方法界处所各差别三昧门起，从知一切微尘中各有无边广大佛身云三昧门起，从演说一切法理趣海三昧门起。普贤菩萨从如是等三昧门起时，其诸菩萨一一各得世界海微尘数三昧海云、世界海微尘数陀罗尼海云、世界海微尘数诸法方便海云、世界海微尘数辩才门海云、世界海微尘数修行海云、世界海微尘数普照法界一切如来功德藏智光明海云、世界海微尘数一切如来诸力智慧无差别方便海云、世界海微尘数一切如来一一毛孔中各现众刹海云、世界海微尘数一一菩萨示现从兜率天宫殁下生成佛转正法轮般涅槃等海云。如此世界中，普贤菩萨从三昧起，诸菩萨众获如是益；如是，一切世界海，及彼世界海所有微尘，一一尘中，悉亦如是。

尔时，十方一切世界海以诸佛威神力，及普贤菩萨三昧力故，悉皆微动。一一世界众宝庄严，及出妙音演说诸法。复于一切如来众会道场海中，普雨十种大摩尼王云。何等为十？所谓：妙金星幢摩尼王云、光明照耀摩尼王云、宝轮垂下摩尼王云、众宝藏现菩萨像摩尼王云、称扬佛名摩尼王云、光明炽盛普照一切佛刹道场摩尼王云、光照十方种种变化摩尼王云、称赞一切菩萨功德摩尼王云、如日光炽盛摩尼王云、悦意乐音周闻十方摩尼王云。普雨如是十种大摩尼王云已，一切如来诸毛孔中咸放光明，于光明中而说颂言：

普贤遍住于诸刹，坐宝莲华众所观，一切神通靡不现，无量三昧皆能入。普贤恒以种种身，法界周流悉充满，三昧神通方便力，圆音广说皆无碍。一切刹中诸佛所，种种三昧现神通，一一神通悉周遍，十方国土无遗者。如一切刹如来所，彼刹尘中悉亦然，所现三昧神通事，毗卢遮那之愿力。普贤身相如虚空，依真而住非国土，随诸众生心所欲，示现普身等一切。普贤安住诸大愿，获此无量神通力，一切佛身所有刹，悉现其形而诣彼。一切众海无有边，分身住彼亦无量，所现国土皆严净，一刹那中见多劫。普贤安住一切刹，所现神通胜无比，震动十方靡不周，令其观者悉得见。一切佛智功德力，种种大法皆成满，以诸三昧方便门，示己往昔菩提行。如是自在不思议，十方国土皆示现，为显普入诸三昧，佛光云中赞功德。

尔时，一切菩萨众皆向普贤合掌瞻仰，承佛神力，同声赞言：

从诸佛法而出生，亦因如来愿力起，真如平等虚空藏，汝已严净此法身。一切佛刹众会中，普贤遍住于其所，功德智海光明者，等照十方无不见。普贤广大功德海，遍往十方亲近佛，一切尘中所有刹，悉能诣彼而明现。佛子我曹常见汝，诸如来所悉亲近，住于三昧实境中，一切国土微尘劫。佛子能以普遍身，悉诣十方诸国土，众生大海咸济度，法界微尘无不入。入于法界一切尘，其身无尽无差别，譬如虚空悉周遍，演说如来广大法。一切功德光明者，如云广大力殊胜，众生海中皆往诣，说佛所行无等法。为度众生于劫海，普贤胜行皆修习，演一切法如大云，其音广大靡不闻。国土云何得成立？诸佛云何而出现？及以一切众生海？愿随其义如实说。此中无量大众海，悉在尊前恭敬住，为转清净妙法轮，一切诸佛皆随喜。

世界成就品第四

尔时，普贤菩萨摩诃萨以佛神力，遍观察一切世界海、一切众生海、一切诸佛海、一切法界海、一切众生业海、一切众生根欲海、一切诸佛法轮海、一切三世海、一切如来愿力海、一切如来神变海；如是观察已，普告一切道场众海诸菩萨言：佛子！诸佛世尊知一切世界海成坏清净智不可思议，知一切众生业海智不可思议，知一切法界安立海智不可思议，说一切无边佛海智不可思议，入一切欲解根海智不可思议，一念普知一切三世智不可思议，显示一切如来无量愿海智不可思议，示现一切佛神变海智不可思议，转法轮智不可思议，建立演说海不可思议，清净佛身不可思议，无边色相海普照明不可思议，相及随好皆清净不可思议，无边色相光明轮海具足清净不可思议，种种色相光明云海不可思议，殊胜宝焰海不可思议，成就言音海不可思议，示现三种自在海调伏成熟一切众生不可思议，勇猛调伏诸众生海无空过者不可思议，安住佛地不可思议，入如来境界不可思议，威力护持不可思议，观察一切佛智所行不可思议，诸力圆满无能摧伏不可思议，无畏功德无能过者不可思议，住无差别三昧不可思议，神通变化不可思议，清净自在智不可思议，一切佛法无能毁坏不可思议。如是等一切法，我当承佛神力，及一切如来威神力故，具足宣说。为令众生，入佛智慧海故；为令一切菩萨，于佛功德海中得安住故；为令一切世界海，一切佛自在所庄严故；为令一切劫海中，如来种性恒不断故；为令于一切世界海中，显示诸法真实性故；为令随一切众生无量解海，而演说故；为令随一切众生诸根海，方便令生诸佛法故；为令随一切众生乐欲海，摧破一切障碍山故；为令随一切众生心行海，令净修治出要道故；为令一切菩萨，安住普贤愿海中故。

是时，普贤菩萨复欲令无量道场众海生欢喜故，令于一切法增长爱乐故，令生广大真实信解海故，令净治普门法界藏身故，令安立普贤愿海故，令净治入三世平等智眼故，令增长普照一切世间藏大慧海故，令生陀罗尼力持一切法轮故，令于一切道场中尽佛境界悉开示故，令开阐一切如来法门故，令增长法界广大甚深一切智性故，即说颂言：

智慧甚深功德海，普现十方无量国，随诸众生所应见，光明遍照转法轮。十方刹海叵思议，佛无量劫皆严净，为化众生使成熟，出兴一切诸国土。佛境甚深难可思，普示众生令得入，其心乐小著诸有，不能通达佛所悟。若有净信坚固心，常得亲近善知识，一切诸佛与其力，此乃能入如来智。离诸谄诳心清净，常乐慈悲性欢喜，志欲广大深信人，彼闻此法生欣悦。安住普贤诸愿地，修行菩萨清净道，观察法界如虚空，此乃能知佛行处。此诸菩萨获善利，见佛一切神通力，修余道者莫能知，普贤行人方得悟。众生广大无有边，如来一切皆护念，转正法轮靡不至，毗卢遮那境界力。一切刹土入我身，所住诸佛亦复然，汝应观我诸毛孔，我今示汝佛境界。普贤行愿无边际，我已修行得具足，普眼境界广大身，是佛所行应谛听。

尔时，普贤菩萨摩诃萨告诸大众言：

诸佛子！世界海有十种事，过去、现在、未来诸佛，已说、现说、当说。何者为十？所谓：世界海起具因缘，世界海所依住，世界海形状，世界海体性，世界海庄严，世界海清净，世界海佛出兴，世界海劫住，世界海劫转变差别，世界海无差别门。诸佛子！略说世界海，有此十事；若广说者，与世界海微尘数等，过去、现在、未来诸佛，已说、现说、当说。

诸佛子！略说以十种因缘故，一切世界海已成、现成、当成。何者为十？所谓：如来神力故，法应如是故，一切众生行业故，一切菩萨成一切智所得故，一切众生及诸菩萨同集善根故，一切菩萨严净国土愿力故，一切菩萨成就不退行愿故，一切菩萨清净胜解自在故，一切如来善根所流及一切诸佛成道时自在势力故，普贤菩萨自在愿力故。诸佛子！是为略说十种因缘；若广说者，有世界海微尘数。

尔时，普贤菩萨欲重宣其义，承佛威力，观察十方而说颂言：

所说无边众刹海，毗卢遮那悉严净，世尊境界不思议，智慧神通力如是。菩萨修行诸愿海，普随众生心所欲，众生心行广无边，菩萨国土遍十方。菩萨趣于一切智，勤修种种自在力，无量愿海普出生，广大刹土皆成就。修诸行海无有边，入佛境界亦无量，为净十方诸国土，一一土经无量劫。众生烦恼所扰浊，分别欲乐非一相，随心造业不思议，一切刹海斯成立。佛子刹海庄严藏，离垢光明宝所成，斯由广大信解心，十方所住咸如是。菩萨能修普贤行，游行法界微尘道，尘中悉现无量刹，清净广大如虚空。等虚空界现神通，悉诣道场诸佛所，莲华座上示众相，一一身包一切刹。一念普现于三世，一切刹海皆成立，佛以方便悉入中，此是毗卢所严净。

尔时，普贤菩萨复告大众言：诸佛子！一一世界海有世界海微尘数所依住。所谓：或依一切庄严住，或依虚空住，或依一切宝光明住，或依一切佛光明住，或依一切宝色光明住，或依一切佛音声住，或依如幻业生大力阿修罗形金刚手住，或依一切世主身住，或依一切菩萨身住，或依普贤菩萨愿所生一切差别庄严海住。诸佛子！世界海有如是等世界海微尘数所依住。

尔时，普贤菩萨欲重宣其义，承佛威力，观察十方而说颂言：

遍满十方虚空界，所有一切诸国土，如来神力之所加，处处现前皆可见。或有种种诸国土，无非离垢宝所成，清净摩尼最殊妙，炽然普现光明海。或有清净光明刹，依止虚空界而住，或在摩尼宝海中，复有安住光明藏。如来处此众会海，演说法轮皆巧妙，诸佛境界广无边，众生见者心欢喜。有以摩尼作严饰，状如华灯广分布，香焰光云色炽然，覆以妙宝光明网。或有刹土无边际，安住莲华深大海，广博清净与世殊，诸佛妙善庄严故。或有刹海随轮转，以佛威神得安住，诸菩萨众遍在中，常见无央广大宝。或有住于金刚手，或复有住天主身，毗卢遮那无上尊，常于此处转法轮。或依宝树平均住，香焰云中亦复然；或有依诸大水中，有住坚固金刚海。或有依止金刚幢，或有住于华海中，广大神通无不周，毗卢遮那此能现。或修或短无量种，其相旋环亦非一，妙庄严藏与世殊，清净修治乃能见。如是种种各差别，一切皆依愿海住；或有国土常在空，诸佛如云悉充遍。或有在空悬覆住，或时而有或无有；或有国土极清净，住于菩萨宝冠中。十方诸佛大神通，一切皆于此中见，诸佛音声咸遍满，斯由业力之所化。或有国土周法界，清净离垢从心起，如影如幻广无边，如因陀网各差别。或现种种庄严藏，依止虚空而建立，诸业境界不思议，佛力显示皆令见。一一国土微尘内，念念示现诸佛刹，数皆无量等众生，普贤所作恒如是。为欲成熟众生故，是中修行经劫海，广大神变靡不兴，法界之中悉周遍。法界国土一一尘，诸大刹海住其中，佛云平等悉弥覆，于一切处咸充满。如一尘中自在用，一切尘内亦复然，诸佛菩萨大神通，毗卢遮那悉能现。一切广大诸刹土，如影如幻亦如焰，十方不见所从生，亦复无来无去处。灭坏生成互循复，于虚空中无暂已，莫不皆由清净愿，广大业力之所持。

尔时，普贤菩萨复告大众言：诸佛子！世界海有种种差别形相。所谓：或圆，或方，或非圆方，无量差别；或如水漩形，或如山焰形，或如树形，或如华形，或如宫殿形，或如众生形，或如佛形……。如是等，有世界海微尘数。

尔时，普贤菩萨欲重宣其义，承佛威力，观察十方而说颂言：

诸国土海种种别，种种庄严种种住，殊形共美遍十方，汝等咸应共观察。其状或圆或有方，或复三维及八隅，摩尼轮状莲华等，一切皆由业令异。或有清净焰庄严，真金间错多殊好，门闼竞开无壅滞，斯由业广意无杂。刹海无边差别藏，譬如云布在虚空，宝轮布地妙庄严，诸佛光明照耀中。一切国土心分别，种种光明而照现，佛于如是刹海中,各各示现神通力。或有杂染或清净,受苦受乐各差别,斯由业海不思议,诸流转法恒如是。一毛孔内难思刹,等微尘数种种住,一一皆有遍照尊,在众会中宣妙法。于一尘中大小刹,种种差别如尘数,平坦高下各不同,佛悉往诣转法轮。一切尘中所现刹,皆是本愿神通力,随其心乐种种殊,于虚空中悉能作。一切国土所有尘,一一尘中佛皆入,普为众生起神变,毗卢遮那法如是。

尔时,普贤菩萨复告大众言:诸佛子!应知世界海有种种体。所谓:或以一切宝庄严为体,或以一宝种种庄严为体,或以一切宝光明为体,或以种种色光明为体,或以一切庄严光明为体,或以不可坏金刚为体,或以佛力持为体,或以妙宝相为体,或以佛变化为体,或以日摩尼轮为体,或以极微细宝为体,或以一切宝焰为体,或以种种香为体,或以一切宝华冠为体,或以一切宝影像为体,或以一切庄严所示现为体,或以一念心普示现境界为体,或以菩萨形宝为体,或以宝华蕊为体,或以佛言音为体。

尔时,普贤菩萨欲重宣其义,承佛威力,观察十方而说颂言:

或有诸刹海,妙宝所合成,坚固不可坏,安住宝莲华。或是净光明,出生不可知,一切光庄严,依止虚空住。或净光为体,复依光明住,光云作严饰,菩萨共游处。或有诸刹海,从于愿力生,犹如影像住,取说不可得。或以摩尼成,普放日藏光,珠轮以严地,菩萨悉充满。有刹宝焰成,焰云覆其上,众宝光殊妙,皆由业所得。或从妙相生,众相庄严地,如冠共持戴,斯由佛化起。或从心海生,随心所解住,如幻无处所,一切是分别。或以佛光明,摩尼光为体,诸佛于中现,各起神通力。或普贤菩萨,化现诸刹海,愿力所庄严,一切皆殊妙。

尔时,普贤菩萨复告大众言:诸佛子!应知世界海有种种庄严。所谓:或以一切庄严具中出上妙云庄严,或以说一切菩萨功德庄严,或以说一切众生业报庄严,或以示现一切菩萨愿海庄严,或以表示一切三世佛影像庄严,或以一念顷示现无边劫神通境界庄严,或以出现一切佛身庄严,或以出现一切宝香云庄严,或以示现一切道场中诸珍妙物光明照耀庄严,或以示现一切普贤行愿庄严……。如是等,有世界海微尘数。

尔时,普贤菩萨欲重宣其义,承佛威力,观察十方而说颂言:

广大刹海无有边,皆由清净业所成,种种庄严种种住,一切十方皆遍满。无边色相宝焰云,广大庄严非一种,十方刹海常出现,普演妙音而说法。菩萨无边功德海,种种大愿所庄严,此土俱时出妙音,普震十方诸刹网。众生业海广无量,随其感报各不同,于一切处庄严中,皆由诸佛能演说。三世所有诸如来,神通普现诸刹海,一一事中一切佛,如是严净汝应观。过去未来现在劫,十方一切诸国土,于彼所有大庄严,一一皆于刹中见。一切事中无量佛,数等众生遍世间,为令调伏起神通，以此庄严国土海。一切庄严吐妙云，种种华云香焰云，摩尼宝云常出现，刹海以此为严饰。十方所有成道处，种种庄严皆具足，流光布迥若彩云，于此刹海咸令见。普贤愿行诸佛子，等众生劫勤修习，无边国土悉庄严，一切处中皆显现。

尔时，普贤菩萨复告大众言：诸佛子！应知世界海有世界海微尘数清净方便海。所谓：诸菩萨亲近一切善知识同善根故，增长广大功德云遍法界故，净修广大诸胜解故，观察一切菩萨境界而安住故，修治一切诸波罗蜜悉圆满故，观察一切菩萨诸地而入住故，出生一切净愿海故，修习一切出要行故，入于一切庄严海故，成就清净方便力故……。如是等，有世界海微尘数。

尔时，普贤菩萨欲重宣其义，承佛威力，观察十方而说颂言：

一切刹海诸庄严，无数方便愿力生，一切刹海常光耀，无量清净业力起。久远亲近善知识，同修善业皆清净，慈悲广大遍众生，以此庄严诸刹海。一切法门三昧等，禅定解脱方便地，于诸佛所悉净治，以此出生诸刹海。发生无量决定解，能解如来等无异，忍海方便已修治，故能严净无边刹。为利众生修胜行，福德广大常增长，譬如云布等虚空，一切刹海皆成就。诸度无量等刹尘，悉已修行令具足，愿波罗蜜无有尽，清净刹海从此生。净修无等一切法，生起无边出要行，种种方便化群生，如是庄严国土海。修习庄严方便地，入佛功德法门海，普使众生竭苦源，广大净刹皆成就。力海广大无与等，普使众生种善根，供养一切诸如来，国土无边悉清净。

尔时，普贤菩萨复告大众言：诸佛子！应知一一世界海有世界海微尘数佛出现差别。所谓：或现小身，或现大身，或现短寿，或现长寿，或唯严净一佛国土，或有严净无量佛土，或唯显示一乘法轮，或有显示不可思议诸乘法轮，或现调伏少分众生，或示调伏无边众生……。如是等，有世界海微尘数。

尔时，普贤菩萨欲重宣其义，承佛威力，观察十方而说颂言：

诸佛种种方便门，出兴一切诸刹海，皆随众生心所乐，此是如来善权力。诸佛法身不思议，无色无形无影像，能为众生现众相，随其心乐悉令见。或为众生现短寿，或现住寿无量劫，法身十方普现前，随宜出现于世间。或有严净不思议，十方所有诸刹海；或唯严净一国土，于一示现悉无余。或随众生心所乐，示现难思种种乘；或有唯宣一乘法，一中方便现无量。或有自然成正觉，令少众生住于道；或有能于一念中，开悟群迷无有数。或于毛孔出化云，示现无量无边佛，一切世间皆现睹，种种方便度群生。或有言音普周遍，随其心乐而说法，不可思议大劫中，调伏无量众生海。或有无量庄严国，众会清净俨然坐，佛如云布在其中，十方刹海靡不充。诸佛方便不思议，随众生心悉现前，普住种种庄严刹，一切国土皆周遍。

尔时，普贤菩萨复告大众言：诸佛子！应知世界海有世界海微尘数劫住。所谓：或有阿僧祇劫住，或有无量劫住，或有无边劫住，或有无等劫住，或有不可数劫住，或有不可称劫住，或有不可思劫住，或有不可量劫住，或有不可说劫住……。如是等，有世界海微尘数。

尔时，普贤菩萨欲重宣其义，承佛威力，观察十方而说颂言：

世界海中种种劫，广大方便所庄严，十方国土咸观见，数量差别悉明了。我见十方世界海，劫数无量等众生，或长或短或无边，以佛音声今演说。我见十方诸刹海，或住国土微尘劫，或有一劫或无数，以愿种种各不同。或有纯净或纯染，或复染净二俱杂，愿海安立种种殊，住于众生心想中。往昔修行刹尘劫，获大清净世界海，诸佛境界具庄严，永住无边广大劫。有名种种宝光明，或名等音焰眼藏，离尘光明及贤劫，此清净劫摄一切。有清净劫一佛兴，或一劫中无量现，无尽方便大愿力，入于一切种种劫。或无量劫入一劫，或复一劫入多劫，一切劫海种种门，十方国土皆明现。或一切劫庄严事，于一劫中皆现睹，或一劫内所庄严，普入一切无边劫。始从一念终成劫，悉依众生心想生，一切刹海劫无边，以一方便皆清净。

尔时，普贤菩萨复告大众言：诸佛子！应知世界海有世界海微尘数劫转变差别。所谓：法如是故，世界海无量成坏劫转变；染污众生住故，世界海成染污劫转变；修广大福众生住故，世界海成染净劫转变；信解菩萨住故，世界海成染净劫转变；无量众生发菩提心故，世界海纯清净劫转变；诸菩萨各各游诸世界故，世界海无边庄严劫转变；十方一切世界海诸菩萨云集故，世界海无量大庄严劫转变；诸佛世尊入涅槃故，世界海庄严灭劫转变；诸佛出现于世故，一切世界海广博严净劫转变；如来神通变化故，世界海普清净劫转变……。如是等，有世界海微尘数。

尔时，普贤菩萨欲重宣其义，承佛威力，观察十方而说颂言：

一切诸国土，皆随业力生，汝等应观察，转变相如是。染污诸众生，业惑缠可怖，彼心令刹海，一切成染污。若有清净心，修诸福德行，彼心令刹海，杂染及清净。信解诸菩萨，于彼劫中生，随其心所有，杂染清净者。无量诸众生，悉发菩提心，彼心令刹海，住劫恒清净。无量亿菩萨，往诣于十方，庄严无有殊，劫中差别见。一一微尘内，佛刹如尘数，菩萨共云集，国土皆清净。世尊入涅槃，彼土庄严灭，众生无法器，世界成杂染。若有佛兴世，一切悉珍好，随其心清净，庄严皆具足。诸佛神通力，示现不思议，是时诸刹海，一切普清净。

尔时，普贤菩萨复告大众言：诸佛子！应知世界海有世界海微尘数无差别。所谓：一一世界海中，有世界海微尘数世界无差别；一一世界海中，诸佛出现所有威力无差别；一一世界海中，一切道场遍十方法界无差别；一一世界海中，一切如来道场众会无差别；一一世界海中，一切佛光明遍法界无差别；一一世界海中，一切佛变化名号无差别；一一世界海中，一切佛音声普遍世界海无边劫住无差别；一一世界海中，法轮方便无差别；一一世界海中，一切世界海普入一尘无差别；一一世界海中，一一微尘，一切三世诸佛世尊广大境界皆于中现无差别。诸佛子！世界海无差别，略说如是；若广说者，有世界海微尘数无差别。

尔时，普贤菩萨欲重宣其义，承佛威力，观察十方而说颂言：

一微尘中多刹海，处所各别悉严净，如是无量入一中，一一区分无杂越。一一尘内难思佛，随众生心普现前，一切刹海靡不周，如是方便无差别。一一尘中诸树王，种种庄严悉垂布，十方国土皆同现，如是一切无差别。一一尘内微尘众，悉共围绕人中主，出过一切遍世间，亦不迫隘相杂乱。一一尘中无量光，普遍十方诸国土，悉现诸佛菩提行，一切刹海无差别。一一尘中无量身，变化如云普周遍，以佛神通导群品，十方国土亦无别。一一尘中说众法，其法清净如轮转，种种方便自在门，一切皆演无差别。一尘普演诸佛音，充满法器诸众生，遍住刹海无央劫，如是音声亦无异。刹海无量妙庄严，于一尘中无不入，如是诸佛神通力，一切皆由业性起。一一尘中三世佛，随其所乐悉令见，体性无来亦无去，以愿力故遍世间。

大方广佛华严经卷第八

华藏世界品第五之一

尔时，普贤菩萨复告大众言：诸佛子！此华藏庄严世界海，是毗卢遮那如来往昔于世界海微尘数劫修菩萨行时，一一劫中亲近世界海微尘数佛，一一佛所净修世界海微尘数大愿之所严净。诸佛子！此华藏庄严世界海，有须弥山微尘数风轮所持。其最下风轮，名：平等住，能持其上一切宝焰炽然庄严。次上风轮，名：出生种种宝庄严，能持其上净光照耀摩尼王幢。次上风轮，名：宝威德，能持其上一切宝铃。次上风轮，名：平等焰，能持其上日光明相摩尼王轮。次上风轮，名：种种普庄严，能持其上光明轮华。次上风轮，名：普清净，能持其上一切华焰师子座。次上风轮，名：声遍十方，能持其上一切珠王幢。次上风轮，名：一切宝光明，能持其上一切摩尼王树华。次上风轮，名：速疾普持，能持其上一切香摩尼须弥云。次上风轮，名：种种宫殿游行，能持其上一切宝色香台云。诸佛子！彼须弥山微尘数风轮，最在上者，名：殊胜威光藏，能持普光摩尼庄严香水海；此香水海有大莲华，名：种种光明蕊香幢。华藏庄严世界海，住在其中，四方均平，清净坚固；金刚轮山，周匝围绕；地海众树，各有区别。

是时，普贤菩萨欲重宣其义，承佛神力，观察十方而说颂言：

世尊往昔于诸有，微尘佛所修净业，故获种种宝光明，华藏庄严世界海。广大悲云遍一切，舍身无量等刹尘，以昔劫海修行力，今此世界无诸垢。放大光明遍住空，风力所持无动摇，佛藏摩尼普严饰，如来愿力令清净。普散摩尼妙藏华，以昔愿力空中住，种种坚固庄严海，光云垂布满十方。诸摩尼中菩萨云，普诣十方光炽然，光焰成轮妙华饰，法界周流靡不遍。一切宝中放净光，其光普照众生海，十方国土皆周遍，咸令出苦向菩提。宝中佛数等众生，从其毛孔出化形，梵主帝释轮王等，一切众生及诸佛。化现光明等法界，光中演说诸佛名，种种方便示调伏，普应群心无不尽。华藏世界所有尘，一一尘中见法界，宝光现佛如云集，此是如来刹自在。广大愿云周法界，于一切劫化群生，普贤智地行悉成，所有庄严从此出。

尔时，普贤菩萨复告大众言：诸佛子！此华藏庄严世界海大轮围山，住日珠王莲华之上，栴檀摩尼以为其身，威德宝王以为其峰，妙香摩尼而作其轮，焰藏金刚所共成立，一切香水流注其间；众宝为林，妙华开敷，香草布地，明珠间饰，种种香华处处盈满；摩尼为网，周匝垂覆……。如是等，有世界海微尘数众妙庄严。

尔时，普贤菩萨欲重宣其义，承佛神力，观察十方而说颂言：

世界大海无有边，宝轮清净种种色，所有庄严尽奇妙，此由如来神力起。摩尼宝轮妙香轮，及以真珠灯焰轮，种种妙宝为严饰，清净轮围所安住。坚固摩尼以为藏，阎浮檀金作严饰，舒光发焰遍十方，内外映彻皆清净。金刚摩尼所集成，复雨摩尼诸妙宝，其宝精奇非一种，放净光明普严丽。香水分流无量色，散诸华宝及栴檀，众莲竞发如衣布，珍草罗生悉芬馥。无量宝树普庄严，开华发蕊色炽然，种种名衣在其内，光云四照常圆满。无量无边大菩萨，执盖焚香充法界，悉发一切妙音声，普转如来正法轮。诸摩尼树宝末成，一一宝末现光明，毗卢遮那清净身，悉入其中普令见。诸庄严中现佛身，无边色相无央数，悉往十方无不遍，所化众生亦无限。一切庄严出妙音，演说如来本愿轮，十方所有净刹海，佛自在力咸令遍。

尔时，普贤菩萨复告大众言：诸佛子！此世界海大轮围山内所有大地，一切皆以金刚所成，坚固庄严，不可沮坏；清净平坦，无有高下；摩尼为轮，众宝为藏；一切众生，种种形状，诸摩尼宝，以为间错；散众宝末，布以莲华；香藏摩尼，分置其间；诸庄严具，充遍如云，三世一切诸佛国土所有庄严而为校饰；摩尼妙宝以为其网，普现如来所有境界，如天帝网于中布列。诸佛子！此世界海地，有如是等世界海微尘数庄严。

尔时，普贤菩萨欲重宣其义，承佛神力，观察十方而说颂言：

其地平坦极清净，安住坚固无能坏，摩尼处处以为严，众宝于中相间错。金刚为地甚可悦，宝轮宝网具庄严，莲华布上皆圆满，妙衣弥覆悉周遍。菩萨天冠宝璎珞，悉布其地为严好，栴檀摩尼普散中，咸舒离垢妙光明。宝华发焰出妙光,光焰如云照一切,散此妙华及众宝,普覆于地为严饰。密云兴布满十方,广大光明无有尽,普至十方一切土,演说如来甘露法。一切佛愿摩尼内,普现无边广大劫,最胜智者昔所行,于此宝中无不见。其地所有摩尼宝,一切佛刹咸来入,彼诸佛刹一一尘,一切国土亦入中。妙宝庄严华藏界,菩萨游行遍十方,演说大士诸弘愿,此是道场自在力。摩尼妙宝庄严地,放净光明备众饰,充满法界等虚空,佛力自然如是现。诸有修治普贤愿,入佛境界大智人,能知于此刹海中,如是一切诸神变。

尔时,普贤菩萨复告大众言:诸佛子!此世界海大地中,有不可说佛刹微尘数香水海,一切妙宝庄严其底,妙香摩尼庄严其岸,毗卢遮那摩尼宝王以为其网;香水映彻,具众宝色,充满其中;种种宝华,旋布其上;栴檀细末,澄垽其下;演佛言音,放宝光明;无边菩萨,持种种盖,现神通力。一切世界所有庄严,悉于中现。十宝阶陛,行列分布;十宝栏楯,周匝围绕;四天下微尘数一切宝庄严芬陀利华,敷荣水中;不可说百千亿那由他数十宝尸罗幢,恒河沙数一切宝衣铃网幢,恒河沙数无边色相宝华楼阁,百千亿那由他数十宝莲华城,四天下微尘数众宝树林——宝焰摩尼以为其网,恒河沙数栴檀香,诸佛言音光焰摩尼,不可说百千亿那由他数众宝垣墙,悉共围绕,周遍严饰。

尔时,普贤菩萨欲重宣其义,承佛神力,观察十方而说颂言:

此世界中大地上,有香水海摩尼严,清净妙宝布其底,安住金刚不可坏。香藏摩尼积成岸,日焰珠轮布若云,莲华妙宝为璎珞,处处庄严净无垢。香水澄渟具众色,宝华旋布放光明,普震音声闻远近,以佛威神演妙法。阶陛庄严具众宝,复以摩尼为间饰,周回栏楯悉宝成,莲华珠网如云布。摩尼宝树列成行,华蕊敷荣光赫奕,种种乐音恒竞奏,佛神通力令如是。种种妙宝芬陀利,敷布庄严香水海,香焰光明无暂停,广大圆满皆充遍。明珠宝幢恒炽盛,妙衣垂布为严饰,摩尼铃网演法音,令其闻者趣佛智。妙宝莲华作城廓,众彩摩尼所严莹,真珠云影布四隅,如是庄严香水海。垣墙缭绕皆周匝,楼阁相望布其上,无量光明恒炽然,种种庄严清净海。毗卢遮那于往昔,种种刹海皆严净,如是广大无有边,悉是如来自在力。

尔时,普贤菩萨复告大众言:诸佛子!一一香水海,各有四天下微尘数香水河,右旋围绕,一切皆以金刚为岸,净光摩尼以为严饰,常现诸佛宝色光云,及诸众生所有言音;其河所有漩澓之处,一切诸佛所修因行种种形相皆从中出;摩尼为网,众宝铃铎,诸世界海所有庄严悉于中现;摩尼宝云以覆其上,其云普现华藏世界毗卢遮那十方化佛,及一切佛神通之事;复出妙音,称扬三世佛菩萨名;其香水中,常出一切宝焰光云,相续不绝。若广说者,一一河各有世界海微尘数庄严。

尔时，普贤菩萨欲重宣其义，承佛神力，观察十方而说颂言：

清净香流满大河，金刚妙宝为其岸，宝末为轮布其地，种种严饰皆珍好。宝阶行列妙庄严，栏楯周回悉殊丽，真珠为藏众华饰，种种缨鬘共垂下。香水宝光清净色，恒吐摩尼竞疾流，众华随浪皆摇动，悉奏乐音宣妙法。细末栴檀作泥涬，一切妙宝同洄澓，香藏氛氲布在中，发焰流芬普周遍。河中出生诸妙宝，悉放光明色炽然，其光布影成台座，华盖珠璎皆具足。摩尼王中现佛身，光明普照十方刹，以此为轮严饰地，香水映彻常盈满。摩尼为网金为铎，遍覆香河演佛音，克宣一切菩提道，及以普贤之妙行。宝岸摩尼极清净，恒出如来本愿音，一切诸佛曩所行，其音普演皆令见。其河所有漩流处，菩萨如云常踊出，悉往广大刹土中，乃至法界咸充满。清净珠王布若云，一切香河悉弥覆，其珠等佛眉间相，炳然显现诸佛影。

尔时，普贤菩萨复告大众言：诸佛子！此诸香水河，两间之地，悉以妙宝种种庄严，一一各有四天下微尘数众宝庄严；芬陀利华周匝遍满，各有四天下微尘数；众宝树林次第行列，一一树中恒出一切诸庄严云，摩尼宝王照耀其间，种种华香处处盈满；其树复出微妙音声，说诸如来一切劫中所修大愿；复散种种摩尼宝王，充遍其地，所谓：莲华轮摩尼宝王、香焰光云摩尼宝王、种种严饰摩尼宝王、现不可思议庄严色摩尼宝王、日光明衣藏摩尼宝王、周遍十方普垂布光网云摩尼宝王、现一切诸佛神变摩尼宝王、现一切众生业报海摩尼宝王……如是等，有世界海微尘数。其香水河，两间之地，一切悉具如是庄严。

尔时，普贤菩萨欲重宣其义，承佛神力，观察十方而说颂言：

其地平坦极清净，真金摩尼共严饰，诸树行列荫其中，耸干垂条华若云。枝条妙宝所庄严，华焰成轮光四照，摩尼为果如云布，普使十方常现睹。摩尼布地皆充满，众华宝末共庄严，复以摩尼作宫殿，悉现众生诸影像。诸佛影像摩尼王，普散其地靡不周，如是赫奕遍十方，一一尘中咸见佛。妙宝庄严善分布，真珠灯网相间错，处处悉有摩尼轮，一一皆现佛神通。众宝庄严放大光，光中普现诸化佛，一一周行靡不遍，悉以十力广开演。摩尼妙宝芬陀利，一切水中咸遍满，其华种种各不同，悉现光明无尽歇。三世所有诸庄严，摩尼果中皆显现，体性无生不可取，此是如来自在力。此地一切庄严中，悉现如来广大身，彼亦不来亦不去，佛昔愿力皆令见。此地一一微尘中，一切佛子修行道，各见所记当来刹，随其意乐悉清净。

尔时，普贤菩萨复告大众言：诸佛子！诸佛世尊世界海，庄严不可思议。何以故？诸佛子！此华藏庄严世界海一切境界，一一皆以世界海微尘数清净功德之所庄严。

尔时，普贤菩萨欲重宣其义，承佛神力，观察十方而说颂言：

此刹海中一切处，悉以众宝为严饰，发焰腾空布若云，光明洞彻常弥覆。摩尼吐云无有尽，十方佛影于中现，神通变化靡暂停，一切菩萨咸来集。一切摩尼演佛音，其音美妙不思议，毗卢遮那昔所行，于此宝内恒闻见。清净光明遍照尊，庄严具中皆现影，变化分身众围绕，一切刹海咸周遍。所有化佛皆如幻，求其来处不可得，以佛境界威神力，一切刹中如是现。如来自在神通事，悉遍十方诸国土，以此刹海净庄严，一切皆于宝中见。十方所有诸变化，一切皆如镜中像，但由如来昔所行，神通愿力而出生。若有能修普贤行，入于菩萨胜智海，能于一切微尘中，普现其身净众刹。不可思议亿大劫，亲近一切诸如来，如其一切之所行，一刹那中悉能现。诸佛国土如虚空，无等无生无有相，为利众生普严净，本愿力故住其中。

尔时，普贤菩萨复告大众言：

诸佛子！此中有何等世界住？我今当说。诸佛子！此不可说佛刹微尘数香水海中，有不可说佛刹微尘数世界种安住；一一世界种，复有不可说佛刹微尘数世界。诸佛子！彼诸世界种，于世界海中，各各依住，各各形状，各各体性，各各方所，各各趣入，各各庄严，各各分齐，各各行列，各各无差别，各各力加持。

诸佛子！此世界种，或有依大莲华海住，或有依无边色宝华海住，或有依一切真珠藏宝璎珞海住，或有依香水海住，或有依一切华海住，或有依摩尼宝网海住，或有依漩流光海住，或有依菩萨宝庄严冠海住，或有依种种众生身海住，或有依一切佛音声摩尼王海住……。如是等，若广说者，有世界海微尘数。

诸佛子！彼一切世界种，或有作须弥山形，或作江河形，或作回转形，或作漩流形，或作轮辋形，或作坛墠形，或作树林形，或作楼阁形，或作山幢形，或作普方形，或作胎藏形，或作莲华形，或作佉勒迦形，或作众生身形，或作云形，或作诸佛相好形，或作圆满光明形，或作种种珠网形，或作一切门闼形，或作诸庄严具形……。如是等，若广说者，有世界海微尘数。

诸佛子！彼一切世界种，或有以十方摩尼云为体，或有以众色焰为体，或有以诸光明为体，或有以宝香焰为体，或有以一切宝庄严多罗华为体，或有以菩萨影像为体，或有以诸佛光明为体，或有以佛色相为体，或有以一宝光为体，或有以众宝光为体，或有以一切众生福德海音声为体，或有以一切众生诸业海音声为体，或有以一切佛境界清净音声为体，或有以一切菩萨大愿音声为体，或有以一切佛方便音声为体，或有以一切刹庄严具成坏音声为体，或有以无边佛音声为体，或有以一切佛变化音声为体，或有以一切众生善音声为体，或有以一切佛功德海清净音声为体……。如是等，若广说者，有世界海微尘数。

尔时，普贤菩萨欲重宣其义，承佛神力，观察十方而说颂言：

刹种坚固妙庄严，广大清净光明藏，依止莲华宝海住，或有住于香海等。须弥城树坛墠形，一切刹种遍十方，种种庄严形相别，各各布列而安住。或有体是净光明，或是华藏及宝云，或有刹种焰所成，安住摩尼不坏藏。灯云焰彩光明等，种种无边清净色，或有言音以为体，是佛所演不思议。或是愿力所出音，神变音声为体性，一切众生大福业，佛功德音亦如是。刹种一一差别门，不可思议无有尽，如是十方皆遍满，广大庄严现神力。十方所有广大刹，悉来入此世界种，虽见十方普入中，而实无来无所入。以一刹种入一切，一切入一亦无余，体相如本无差别，无等无量悉周遍。一切国土微尘中，普见如来在其所，愿海言音若雷震，一切众生悉调伏。佛身周遍一切刹，无数菩萨亦充满，如来自在无等伦，普化一切诸含识。

尔时，普贤菩萨复告大众言：

诸佛子！此不可说佛刹微尘数香水海，在华藏庄严世界海中，如天帝网分布而住。诸佛子！此最中央香水海，名：无边妙华光，以现一切菩萨形摩尼王幢为底；出大莲华，名：一切香摩尼王庄严；有世界种而住其上，名：普照十方炽然宝光明，以一切庄严具为体，有不可说佛刹微尘数世界于中布列。其最下方有世界，名：最胜光遍照，以一切金刚庄严光耀轮为际，依众宝摩尼华而住；其状犹如摩尼宝形，一切宝华庄严云弥覆其上，佛刹微尘数世界周匝围绕，种种安住，种种庄严，佛号：净眼离垢灯。此上过佛刹微尘数世界，有世界，名：种种香莲华妙庄严，以一切庄严具为际，依宝莲华网而住；其状犹如师子之座，一切宝色珠帐云弥覆其上，二佛刹微尘数世界周匝围绕，佛号：师子光胜照。此上过佛刹微尘数世界，有世界，名：一切宝庄严普照光，以香风轮为际，依种种宝华璎珞住；其形八隅，妙光摩尼日轮云而覆其上，三佛刹微尘数世界周匝围绕，佛号：净光智胜幢。此上过佛刹微尘数世界，有世界，名：种种光明华庄严，以一切宝王为际，依众色金刚尸罗幢海住；其状犹如摩尼莲华，以金刚摩尼宝光云而覆其上，四佛刹微尘数世界周匝围绕，纯一清净，佛号：金刚光明无量精进力善出现。此上过佛刹微尘数世界，有世界，名：普放妙华光，以一切宝铃庄严网为际，依一切树林庄严宝轮网海住；其形普方而多有隅角，梵音摩尼王云以覆其上，五佛刹微尘数世界周匝围绕，佛号：香光喜力海。此上过佛刹微尘数世界，有世界，名：净妙光明，以宝王庄严幢为际，依金刚宫殿海住；其形四方，摩尼轮髻帐云而覆其上，六佛刹微尘数世界周匝围绕，佛号：普光自在幢。此上过佛刹微尘数世界，有世界，名：众华焰庄严，以种种华庄严为际，依一切宝色焰海住；其状犹如楼阁之形，一切宝色衣真珠栏楯云而覆其上，七佛刹微尘数世界周匝围绕，纯一清净，佛号：欢喜海功德名称自在光。此上过佛刹微尘数世界，有世界，名：出生威力地，以出一切声摩尼王庄严为际，依种种宝色莲华座虚空海住；其状犹如因陀罗网，以无边色华网云而覆其上，八佛刹微尘数世界周匝围绕，佛号：广大名称智海幢。此上过佛刹微尘数世界，有世界，名：出妙音声，以心王摩尼庄严轮为际，依恒出一切妙音声庄严云摩尼王海住；其状犹如梵天身形，无量宝庄严师子座云而覆其上，九佛刹微尘数世界周匝围绕，佛号：清净月光明相无能摧伏。此上过佛刹微尘数世界，有世界，名：金刚幢，以无边庄严真珠藏宝璎珞为际，依一切庄严宝师子座摩尼海住；其状周圆，十须弥山微尘数一切香摩尼华须弥云弥覆其上，十佛刹微尘数世界周匝围绕，纯一清净，佛号：一切法海最胜王。此上过佛刹微尘数世界，有世界，名：恒出现帝青宝光明，以极坚牢不可坏金刚庄严为际，依种种殊异华海住；其状犹如半月之形，诸天宝帐云而覆其上，十一佛刹微尘数世界周匝围绕，佛号：无量功德法。此上过佛刹微尘数世界，有世界，名：光明照耀，以普光庄严为际，依华旋香水海住；状如华旋，种种衣云而覆其上，十二佛刹微尘数世界周匝围绕，佛号：超释梵。此上过佛刹微尘数世界，至此世界，名：娑婆，以金刚庄严为际，依种种色风轮所持莲华网住；状如虚空，以普圆满天宫殿庄严虚空云而覆其上，十三佛刹微尘数世界周匝围绕，其佛即是毗卢遮那如来世尊。此上过佛刹微尘数世界，有世界，名：寂静离尘光，以一切宝庄严为际，依种种宝衣海住；其状犹如执金刚形，无边色金刚云而覆其上，十四佛刹微尘数世界周匝围绕，佛号：遍法界胜音。此上过佛刹微尘数世界，有世界，名：众妙光明灯，以一切庄严帐为际，依净华网海住；其状犹如卍字之形，摩尼树香水海云而覆其上，十五佛刹微尘数世界周匝围绕，纯一清净，佛号：不可摧伏力普照幢。此上过佛刹微尘数世界，有世界，名：清净光遍照，以无尽宝云摩尼王为际，依种种香焰莲华海住；其状犹如龟甲之形，圆光摩尼轮栴檀云而覆其上，十六佛刹微尘数世界周匝围绕，佛号：清净日功德眼。此上过佛刹微尘数世界，有世界，名：宝庄严藏，以一切众生形摩尼王为际，依光明藏摩尼王海住；其形八隅，以一切轮围山宝庄严华树网弥覆其上，十七佛刹微尘数世界周匝围绕，佛号：无碍智光明遍照十方。此上过佛刹微尘数世界，有世界，名：离尘，以一切殊妙相庄严为际，依众妙华师子座海住；状如珠璎，以一切宝香摩尼王圆光云而覆其上，十八佛刹微尘数世界周匝围绕，纯一清净，佛号：无量方便最胜幢。此上过佛刹微尘数世界，有世界，名：清净光普照，以出无尽宝云摩尼王为际，依无量色香焰须弥山海住；其状犹如宝华旋布，以无边色光明摩尼王帝青云而覆其上，十九佛刹微尘数世界周匝围绕，佛号：普照法界虚空光。此上过佛刹微尘数世界，有世界，名：妙宝焰，以普光明日月宝为际，依一切诸天形摩尼王海住；其状犹如宝庄严具，以一切宝衣幢云及摩尼灯藏网而覆其上，二十佛刹微尘数世界周匝围绕，纯一清净，佛号：福德相光明。

诸佛子！此遍照十方炽然宝光明世界种，有如是等不可说佛刹微尘数广大世界，各各所依住，各各形状，各各体性，各各方面，各各趣入，各各庄严，各各分齐，各各行列，各各无差别，各各力加持，周匝围绕。所谓：十佛刹微尘数回转形世界、十佛刹微尘数江河形世界、十佛刹微尘数漩流形世界、十佛刹微尘数轮辋形世界、十佛刹微尘数坛墠形世界、十佛刹微尘数树林形世界、十佛刹微尘数楼观形世界、十佛刹微尘数尸罗幢形世界、十佛刹微尘数普方形世界、十佛刹微尘数胎藏形世界、十佛刹微尘数莲华形世界、十佛刹微尘数佉勒迦形世界、十佛刹微尘数种种众生形世界、十佛刹微尘数佛相形世界、十佛刹微尘数圆光形世界、十佛刹微尘数云形世界、十佛刹微尘数网形世界、十佛刹微尘数门闼形世界……。如是等，有不可说佛刹微尘数。此一一世界，各有十佛刹微尘数广大世界周匝围绕。此诸世界，一一复有如上所说微尘数世界而为眷属。如是所说一切世界，皆在此无边妙华光香水海及围绕此海香水河中。

大方广佛华严经卷第九

华藏世界品第五之二

尔时，普贤菩萨复告大众言：

诸佛子！此无边妙华光香水海东，次有香水海，名：离垢焰藏；出大莲华，名：一切香摩尼王妙庄严；有世界种而住其上，名：遍照刹旋，以菩萨行吼音为体。此中最下方，有世界，名：宫殿庄严幢；其形四方，依一切宝庄严海住，莲华光网云弥覆其上，佛刹微尘数世界围绕，纯一清净，佛号：眉间光遍照。此上过佛刹微尘数世界，有世界，名：德华藏；其形周圆，依一切宝华蕊海住，真珠幢师子座云弥覆其上，二佛刹微尘数世界围绕，佛号：一切无边法海慧。此上过佛刹微尘数世界，有世界，名：善变化妙香轮；形如金刚，依一切宝庄严铃网海住，种种庄严圆光云弥覆其上，三佛刹微尘数世界围绕，佛号：功德相光明普照。此上过佛刹微尘数世界，有世界，名：妙色光明；其状犹如摩尼宝轮，依无边色宝香水海住，普光明真珠楼阁云弥覆其上，四佛刹微尘数世界围绕，纯一清净，佛号：善眷属出兴遍照。此上过佛刹微尘数世界，有世界，名：善盖覆；状如莲华，依金刚香水海住，离尘光明香水云弥覆其上，五佛刹微尘数世界围绕，佛号：法喜无尽慧。此上过佛刹微尘数世界，有世界，名：尸利华光轮；其形三角，依一切坚固宝庄严海住，菩萨摩尼冠光明云弥覆其上，六佛刹微尘数世界围绕，佛号：清净普光明。此上过佛刹微尘数世界，有世界，名：宝莲华庄严；形如半月，依一切莲华庄严海住，一切宝华云弥覆其上，七佛刹微尘数世界围绕，纯一清净，佛号：功德华清净眼。此上过佛刹微尘数世界，有世界，名：无垢焰庄严；其状犹如宝灯行列，依宝焰藏海住，常雨香水种种身云弥覆其上，八佛刹微尘数世界围绕，佛号：慧力无能胜。此上过佛刹微尘数世界，有世界，名：妙梵音；形如卍字，依宝衣幢海住，一切华庄严帐云弥覆其上，九佛刹微尘数世界围绕，佛号：广大目如空中净月。此上过佛刹微尘数世界，有世界，名：微尘数音声；其状犹如因陀罗网，依一切宝水海住，一切乐音宝盖云弥覆其上，十佛刹微尘数世界围绕，纯一清净，佛号：金色须弥灯。此上过佛刹微尘数世界，有世界，名：宝色庄严；形如卍字，依帝释形宝王海住，日光明华云弥覆其上，十一佛刹微尘数世界围绕，佛号：回照法界光明智。此上过佛刹微尘数世界，有世界，名：金色妙光；其状犹如广大城廓，依一切宝庄严海住，道场宝华云弥覆其上，十二佛刹微尘数世界围绕，佛号：宝灯普照幢。此上过佛刹微尘数世界，有世界，名：遍照光明轮；状如华旋，依宝衣旋海住，佛音声宝王楼阁云弥覆其上，十三佛刹微尘数世界围绕，纯一清净，佛号：莲华焰遍照。此上过佛刹微尘数世界，有世界，名：宝藏庄严；状如四洲，依宝璎珞须弥住，宝焰摩尼云弥覆其上，十四佛刹微尘数世界围绕，佛号：无尽福开敷华。此上过佛刹微尘数世界，有世界，名：如镜像普现；其状犹如阿修罗身，依金刚莲华海住，宝冠光影云弥覆其上，十五佛刹微尘数世界围绕，佛号：甘露音。此上过佛刹微尘数世界，有世界，名：栴檀月；其形八隅，依金刚栴檀宝海住，真珠华摩尼云弥覆其上，十六佛刹微尘数世界围绕，纯一清净，佛号：最胜法无等智。此上过佛刹微尘数世界，有世界，名：离垢光明；其状犹如香水漩流，依无边色宝光海住，妙香光明云弥覆其上，十七佛刹微尘数世界围绕，佛号：遍照虚空光明音。此上过佛刹微尘数世界，有世界，名：妙华庄严；其状犹如旋绕之形，依一切华海住，一切乐音摩尼云弥覆其上，十八佛刹微尘数世界围绕，佛号：普现胜光明。此上过佛刹微尘数世界，有世界，名：胜音庄严；其状犹如师子之座，依金师子座海住，众色莲华藏师子座云弥覆其上，十九佛刹微尘数世界围绕，佛号：无边功德称普光明。此上过佛刹微尘数世界，有世界，名：高胜灯；状如佛掌，依宝衣服香幢海住，日轮普照宝王楼阁云弥覆其上，二十佛刹微尘数世界围绕，纯一清净，佛号：普照虚空灯。

诸佛子！此离垢焰藏香水海南，次有香水海，名：无尽光明轮；世界种，名：佛幢庄严；以一切佛功德海音声为体。此中最下方，有世界，名：爱见华；状如宝轮，依摩尼树藏宝王海住，化现菩萨形宝藏云弥覆其上，佛刹微尘数世界围绕，纯一清净，佛号：莲华光欢喜面。此上过佛刹微尘数世界，有世界，名：妙音；佛号：须弥宝灯。此上过佛刹微尘数世界，有世界，名：众宝庄严光；佛号：法界音声幢。此上过佛刹微尘数世界，有世界，名：香藏金刚；佛号：光明音。此上过佛刹微尘数世界，有世界，名：净妙音；佛号：最胜精进力。此上过佛刹微尘数世界，有世界，名：宝莲华庄严；佛号：法城云雷音。此上过佛刹微尘数世界，有世界，名：与安乐；佛号：大名称智慧灯。此上过佛刹微尘数世界，有世界，名：无垢网；佛号：师子光功德海。此上过佛刹微尘数世界，有世界，名：华林幢遍照；佛号：大智莲华光。此上过佛刹微尘数世界，有世界，名：无量庄严；佛号：普眼法界幢。此上过佛刹微尘数世界，有世界，名：普光宝庄严；佛号：胜智大商主。此上过佛刹微尘数世界，有世界，名：华王；佛号：月光幢。此上过佛刹微尘数世界，有世界，名：离垢藏；佛号：清净觉。此上过佛刹微尘数世界，有世界，名：宝光明；佛号：一切智虚空灯。此上过佛刹微尘数世界，有世界，名：出生宝璎珞；佛号：诸度福海相光明。此上过佛刹微尘数世界，有世界，名：妙轮遍覆；佛号：调伏一切染著心令欢喜。此上过佛刹微尘数世界，有世界，名：宝华幢；佛号：广博功德音大名称。此上过佛刹微尘数世界，有世界，名：无量庄严；佛号：平等智光明功德海。此上过佛刹微尘数世界，有世界，名：无尽光庄严幢；状如莲华，依一切宝网海住，莲华光摩尼网弥覆其上，二十佛刹微尘数世界围绕，纯一清净，佛号：法界净光明。

诸佛子！此无尽光明轮香水海右旋，次有香水海，名：金刚宝焰光；世界种，名：佛光庄严藏，以称说一切如来名音声为体。此中最下方，有世界，名：宝焰莲华；其状犹如摩尼色眉间毫相，依一切宝色水旋海住，一切庄严楼阁云弥覆其上，佛刹微尘数世界围绕，纯一清净，佛号：无垢宝光明。此上过佛刹微尘数世界，有世界，名：光焰藏；佛号：无碍自在智慧光。此上过佛刹微尘数世界，有世界，名：宝轮妙庄严；佛号：一切宝光明。此上过佛刹微尘数世界，有世界，名：栴檀树华幢；佛号：清净智光明。此上过佛刹微尘数世界，有世界，名：佛刹妙庄严；佛号：广大欢喜音。此上过佛刹微尘数世界，有世界，名：妙光庄严；佛号：法界自在智。此上过佛刹微尘数世界，有世界，名：无边相；佛号：无碍智。此上过佛刹微尘数世界，有世界，名：焰云幢；佛号：演说不退轮。此上过佛刹微尘数世界，有世界，名：众宝庄严清净轮；佛号：离垢华光明。此上过佛刹微尘数世界，有世界，名：广大出离；佛号：无碍智日眼。此上过佛刹微尘数世界，有世界，名：妙庄严金刚座；佛号：法界智大光明。此上过佛刹微尘数世界，有世界，名：智慧普庄严；佛号：智炬光明王。此上过佛刹微尘数世界，有世界，名：莲华池深妙音；佛号：一切智普照。此上过佛刹微尘数世界，有世界，名：种种色光明；佛号：普光华王云。此上过佛刹微尘数世界，有世界，名：妙宝幢；佛号：功德光。此上过佛刹微尘数世界，有世界，名：摩尼华毫相光；佛号：普音云。此上过佛刹微尘数世界，有世界，名：甚深海；佛号：十方众生主。此上过佛刹微尘数世界，有世界，名：须弥光；佛号：法界普智音。此上过佛刹微尘数世界，有世界，名：金莲华；佛号：福德藏普光明。此上过佛刹微尘数世界，有世界，名：宝庄严藏；形如卍字，依一切香摩尼庄严树海住，清净光明云弥覆其上，二十佛刹微尘数世界围绕，纯一清净，佛号：大变化光明网。

诸佛子！此金刚宝焰香水海右旋，次有香水海，名：帝青宝庄严；世界种，名：光照十方，依一切妙庄严莲华香云住，无边佛音声为体。于此最下方，有世界，名：十方无尽色藏轮；其状周回，有无量角，依无边色一切宝藏海住，因陀罗网而覆其上，佛刹微尘数世界围绕，纯一清净，佛号：莲华眼光明遍照。此上过佛刹微尘数世界，有世界，名：净妙庄严藏；佛号：无上慧大师子。此上过佛刹微尘数世界，有世界，名：出现莲华座；佛号：遍照法界光明王。此上过佛刹微尘数世界，有世界，名：宝幢音；佛号：大功德普名称。此上过佛刹微尘数世界，有世界，名：金刚宝庄严藏；佛号：莲华日光明。此上过佛刹微尘数世界，有世界，名：因陀罗华月；佛号：法自在智慧幢。此上过佛刹微尘数世界，有世界，名：妙轮藏；佛号：大喜清净音。此上过佛刹微尘数世界，有世界，名：妙音藏；佛号：大力善商主。此上过佛刹微尘数世界，有世界，名：清净月；佛号：须弥光智慧力。此上过佛刹微尘数世界，有世界，名：无边庄严相；佛号：方便愿净月光。此上过佛刹微尘数世界，有世界，名：妙华音；佛号：法海大愿音。此上过佛刹微尘数世界，有世界，名：一切宝庄严；佛号：功德宝光明相。此上过佛刹微尘数世界，有世界，名：坚固地；佛号：美音最胜天。此上过佛刹微尘数世界，有世界，名：普光善化；佛号：大精进寂静慧。此上过佛刹微尘数世界，有世界，名：善守护庄严行；佛号：见者生欢喜。此上过佛刹微尘数世界，有世界，名：栴檀宝华藏；佛号：甚深不可动智慧光遍照。此上过佛刹微尘数世界，有世界，名：现种种色相海；佛号：普放不思议胜义王光明。此上过佛刹微尘数世界，有世界，名：化现十方大光明；佛号：胜功德威光无与等。此上过佛刹微尘数世界，有世界，名：须弥云幢；佛号：极净光明眼。此上过佛刹微尘数世界，有世界，名：莲华遍照；其状周圆，依无边色众妙香摩尼海住，一切乘庄严云而覆其上，二十佛刹微尘数世界围绕，纯一清净，佛号：解脱精进日。

诸佛子！此帝青宝庄严香水海右旋，次有香水海，名：金刚轮庄严底；世界种，名：妙宝间错因陀罗网，普贤智所生音声为体。此中最下方，有世界，名：莲华网；其状犹如须弥山形，依众妙华山幢海住，佛境界摩尼王帝网云而覆其上，佛刹微尘数世界围绕，纯一清净，佛号：法身普觉慧。此上过佛刹微尘数世界，有世界，名：无尽日光明；佛号：最胜大觉慧。此上过佛刹微尘数世界，有世界，名：普放妙光明；佛号：大福云无尽力。此上过佛刹微尘数世界，有世界，名：树华幢；佛号：无边智法界音。此上过佛刹微尘数世界，有世界，名：真珠盖；佛号：波罗蜜师子频申。此上过佛刹微尘数世界，有世界，名：无边音；佛号：一切智妙觉慧。此上过佛刹微尘数世界，有世界，名：普见树峰；佛号：普现众生前。此上过佛刹微尘数世界，有世界，名：师子帝网光；佛号：无垢日金色光焰云。此上过佛刹微尘数世界，有世界，名：众宝间错；佛号：帝幢最胜慧。此上过佛刹微尘数世界，有世界，名：无垢光明地；佛号：一切力清净月。此上过佛刹微尘数世界，有世界，名：恒出叹佛功德音；佛号：如虚空普觉慧。此上过佛刹微尘数世界，有世界，名：高焰藏；佛号：化现十方大云幢。此上过佛刹微尘数世界，有世界，名：光严道场；佛号：无等智遍照。此上过佛刹微尘数世界，有世界，名：出生一切宝庄严；佛号：广度众生神通王。此上过佛刹微尘数世界，有世界，名：光严妙宫殿；佛号：一切义成广大慧。此上过佛刹微尘数世界，有世界，名：离尘寂静；佛号：不唐现。此上过佛刹微尘数世界，有世界，名：摩尼华幢；佛号：悦意吉祥音。此上过佛刹微尘数世界，有世界，名：普云藏；其状犹如楼阁之形，依种种宫殿香水海住，一切宝灯云弥覆其上，二十佛刹微尘数世界围绕，纯一清净，佛号：最胜觉神通王。

诸佛子！此金刚轮庄严底香水海右旋，次有香水海，名：莲华因陀罗网；世界种，名：普现十方影，依一切香摩尼庄严莲华住，一切佛智光音声为体。此中最下方，有世界，名：众生海宝光明；其状犹如真珠之藏，依一切摩尼璎珞海漩住，水光明摩尼云而覆其上，佛刹微尘数世界围绕，纯一清净，佛号：不思议功德遍照月。此上过佛刹微尘数世界，有世界，名：妙香轮；佛号：无量力幢。此上过佛刹微尘数世界，有世界，名：妙光轮；佛号：法界光音觉悟慧。此上过佛刹微尘数世界，有世界，名：吼声摩尼幢；佛号：莲华光恒垂妙臂。此上过佛刹微尘数世界，有世界，名：极坚固轮；佛号：不退转功德海光明。此上过佛刹微尘数世界，有世界，名：众行光庄严；佛号：一切智普胜尊。此上过佛刹微尘数世界，有世界，名：师子座遍照；佛号：师子光无量力觉慧。此上过佛刹微尘数世界，有世界，名：宝焰庄严；佛号：一切法清净智。此上过佛刹微尘数世界，有世界，名：无量灯；佛号：无忧相。此上过佛刹微尘数世界，有世界，名：常闻佛音；佛号：自然胜威光。此上过佛刹微尘数世界，名：清净变化；佛号：金莲华光明。此上过佛刹微尘数世界，名：普入十方；佛号：观法界频申慧。此上过佛刹微尘数世界，有世界，名：炽然焰；佛号：光焰树紧那罗王。此上过佛刹微尘数世界，有世界，名：香光遍照；佛号：香灯善化王。此上过佛刹微尘数世界，有世界，名：无量华聚轮；佛号：普现佛功德。此上过佛刹微尘数世界，有世界，名：众妙普清净；佛号：一切法平等神通王。此上过佛刹微尘数世界，有世界，名：金光海；佛号：十方自在大变化。此上过佛刹微尘数世界，有世界，名：真珠华藏；佛号：法界宝光明不可思议慧。此上过佛刹微尘数世界，有世界，名：帝释须弥师子座；佛号：胜力光。此上过佛刹微尘数世界，有世界，名：无边宝普照；其形四方，依华林海住，普雨无边色摩尼王帝网而覆其上，二十佛刹微尘数世界围绕，纯一清净，佛号：遍照世间最胜音。

诸佛子！此莲华因陀罗网香水海右旋，次有香水海，名：积集宝香藏；世界种，名：一切威德庄严，以一切佛法轮音声为体。此中最下方，有世界，名：种种出生；形如金刚，依种种金刚山幢住，金刚宝光云而覆其上，佛刹微尘数世界围绕，纯一清净，佛号：莲华眼。此上过佛刹微尘数世界，有世界，名：喜见音；佛号：生喜乐。此上过佛刹微尘数世界，有世界，名：宝庄严幢；佛号：一切智。此上过佛刹微尘数世界，有世界，名：多罗华普照；佛号：无垢寂妙音。此上过佛刹微尘数世界，有世界，名：变化光；佛号：清净空智慧月。此上过佛刹微尘数世界，有世界，名：众妙间错；佛号：开示福德海密云相。此上过佛刹微尘数世界，有世界，名：一切庄严具妙音声；佛号：欢喜云。此上过佛刹微尘数世界，有世界，名：莲华池；佛号：名称幢。此上过佛刹微尘数世界，有世界，名：一切宝庄严；佛号：频申观察眼。此上过佛刹微尘数世界，有世界，名：净妙华；佛号：无尽金刚智。此上过佛刹微尘数世界，有世界，名：莲华庄严城；佛号：日藏眼普光明。此上过佛刹微尘数世界，有世界，名：无量树峰；佛号：一切法雷音。此上过佛刹微尘数世界，有世界，名：日光明；佛号：开示无量智。此上过佛刹微尘数世界，有世界，名：依止莲华叶；佛号：一切福德山。此上过佛刹微尘数世界，名：风普持；佛号：日曜根。此上过佛刹微尘数世界，有世界，名：光明显现；佛号：身光普照。此上过佛刹微尘数世界，有世界，名：香雷音金刚宝普照；佛号：最胜华开敷相。此上过佛刹微尘数世界，有世界，名：帝网庄严；形如栏楯，依一切庄严海住，光焰楼阁云弥覆其上，二十佛刹微尘数世界围绕，纯一清净，佛号：示现无畏云。

诸佛子！此积集宝香藏香水海右旋，次有香水海，名：宝庄严；世界种，名：普无垢，以一切微尘中佛刹神变声为体。此中最下方，有世界，名：净妙平坦；形如宝身，依一切宝光轮海住，种种栴檀摩尼真珠云弥覆其上，佛刹微尘数世界围绕，纯一清净，佛号：难摧伏无等幢。此上过佛刹微尘数世界，有世界，名：炽然妙庄严；佛号：莲华慧神通王。此上过佛刹微尘数世界，有世界，名：微妙相轮幢；佛号：十方大名称无尽光。此上过佛刹微尘数世界，有世界，名：焰藏摩尼妙庄严；佛号：大智慧见闻皆欢喜。此上过佛刹微尘数世界，有世界，名：妙华庄严；佛号：无量力最胜智。此上过佛刹微尘数世界，有世界，名：出生净微尘；佛号：超胜梵。此上过佛刹微尘数世界，有世界，名：普光明变化香；佛号：香象金刚大力势。此上过佛刹微尘数世界，有世界，名：光明旋；佛号：义成善名称。此上过佛刹微尘数世界，有世界，名：宝璎珞海；佛号：无比光遍照。此上过佛刹微尘数世界，有世界，名：妙华灯幢；佛号：究竟功德无碍慧灯。此上过佛刹微尘数世界，有世界，名：善巧庄严；佛号：慧日波罗蜜。此上过佛刹微尘数世界，有世界，名：栴檀华普光明；佛号：无边慧法界音。此上过佛刹微尘数世界，有世界，名：帝网幢；佛号：灯光迥照。此上过佛刹微尘数世界，有世界，名：净华轮；佛号：法界日光明。此上过佛刹微尘数世界，有世界，名：大威曜；佛号：无边功德海法轮音。此上过佛刹微尘数世界，有世界，名：同安住宝莲华池；佛号：开示入不可思议智。此上过佛刹微尘数世界，有世界，名：平坦地；佛号：功德宝光明王。此上过佛刹微尘数世界，有世界，名：香摩尼聚；佛号：无尽福德海妙庄严。此上过佛刹微尘数世界，有世界，名：微妙光明；佛号：无等力普遍音。此上过佛刹微尘数世界，有世界，名：十方普坚固庄严照耀；其形八隅，依心王摩尼轮海住，一切宝庄严帐云弥覆其上，二十佛刹微尘数世界围绕，纯一清净，佛号：普眼大明灯。

诸佛子！此宝庄严香水海右旋，次有香水海，名：金刚宝聚；世界种，名：法界行，以一切菩萨地方便法音声为体。此中最下方，有世界，名：净光照耀；形如珠贯，依一切宝色珠璎海住，菩萨珠髻光明摩尼云而覆其上，佛刹微尘数世界围绕，纯一清净，佛号：最胜功德光。此上过佛刹微尘数世界，有世界，名：妙盖；佛号：法自在慧。此上过佛刹微尘数世界，有世界，名：宝庄严师子座；佛号：大龙渊。此上过佛刹微尘数世界，有世界，名：出现金刚座；佛号：升师子座莲华台；此上过佛刹微尘数世界，有世界，名：莲华胜音；佛号：智光普开悟。此上过佛刹微尘数世界，有世界，名：善惯习；佛号：持地妙光王。此上过佛刹微尘数世界，有世界，名：喜乐音；佛号：法灯王。此上过佛刹微尘数世界，有世界，名：摩尼藏因陀罗网；佛号：不空见。此上过佛刹微尘数世界，有世界，名：众妙地藏；佛号：焰身幢。此上过佛刹微尘数世界，有世界，名：金光轮；佛号：净治众生行。此上过佛刹微尘数世界，有世界，名：须弥山庄严；佛号：一切功德云普照。此上过佛刹微尘数世界，有世界，名：众树形；佛号：宝华相净月觉。此上过佛刹微尘数世界，有世界，名：无怖畏；佛号：最胜金光炬。此上过佛刹微尘数世界，有世界，名：大名称龙王幢；佛号：观等一切法。此上过佛刹微尘数世界，有世界，名：示现摩尼色；佛号：变化日。此上过佛刹微尘数世界，有世界，名：光焰灯庄严；佛号：宝盖光遍照。此上过佛刹微尘数世界，有世界，名：香光云；佛号：思惟慧。此上过佛刹微尘数世界，有世界，名：无怨仇；佛号：精进胜慧海。此上过佛刹微尘数世界，有世界，名：一切庄严具光明幢；佛号：普现悦意莲华自在王。此上过佛刹微尘数世界，有世界，名：毫相庄严；形如半月，依须弥山摩尼华海住，一切庄严炽盛光摩尼王云而覆其上，二十佛刹微尘数世界围绕，纯一清净，佛号：清净眼。

诸佛子！此金刚宝聚香水海右旋，次有香水海，名：天城宝堞；世界种，名：灯焰光明，以普示一切平等法轮音为体。此中最下方，有世界，名：宝月光焰轮；形如一切庄严具，依一切宝庄严华海住，琉璃色师子座云而覆其上。佛刹微尘数世界围绕，纯一清净，佛号：日月自在光。此上过佛刹微尘数世界，有世界，名：须弥宝光；佛号：无尽法宝幢。此上过佛刹微尘数世界，有世界，名：众妙光明幢；佛号：大华聚。此上过佛刹微尘数世界，有世界，名：摩尼光明华；佛号：人中最自在。此上过佛刹微尘数世界，有世界，名：普音；佛号：一切智遍照。此上过佛刹微尘数世界，有世界，名：大树紧那罗音；佛号：无量福德自在龙。此上过佛刹微尘数世界，有世界，名：无边净光明；佛号：功德宝华光。此上过佛刹微尘数世界，有世界，名：最胜音；佛号：一切智庄严。此上过佛刹微尘数世界，有世界，名：众宝间饰；佛号：宝焰须弥山。此上过佛刹微尘数世界，有世界，名：清净须弥音；佛号：出现一切行光明。此上过佛刹微尘数世界，有世界，名：香水盖；佛号：一切波罗蜜无碍海。此上过佛刹微尘数世界，有世界，名：师子华网；佛号：宝焰幢。此上过佛刹微尘数世界，有世界，名：金刚妙华灯；佛号：一切大愿光。此上过佛刹微尘数世界，有世界，名：一切法光明地；佛号：一切法广大真实义。此上过佛刹微尘数世界，有世界，名：真珠末平坦庄严；佛号：胜慧光明网。此上过佛刹微尘数世界，有世界，名：琉璃华；佛号：宝积幢。此上过佛刹微尘数世界，有世界，名：无量妙光轮；佛号：大威力智海藏。此上过佛刹微尘数世界，有世界，名：明见十方；佛号：净修一切功德幢。此上过佛刹微尘数世界，有世界，名：可爱乐梵音；形如佛手，依宝光网海住，菩萨身一切庄严云而覆其上，二十佛刹微尘数世界围绕，纯一清净，佛号：普照法界无碍光。

大方广佛华严经卷第十

华藏世界品第五之三

尔时，普贤菩萨复告大众言：

诸佛子！彼离垢焰藏香水海东，次有香水海，名：变化微妙身；此海中，有世界种，名：善布差别方。次有香水海，名：金刚眼幢；世界种，名：庄严法界桥。次有香水海，名：种种莲华妙庄严；世界种，名：恒出十方变化。次有香水海，名：无间宝王轮；世界种，名：宝莲华茎密云。次有香水海，名：妙香焰普庄严；世界种，名：

毗卢遮那变化行。次有香水海，名：宝末阎浮幢；世界种，名：诸佛护念境界。次有香水海，名：一切色炽然光；世界种，名：最胜光遍照。次有香水海，名：一切庄严具境界；世界种，名：宝焰灯……。如是等不可说佛刹微尘数香水海，其最近轮围山香水海，名：玻璃地；世界种，名：常放光明，以世界海清净劫音声为体。此中最下方，有世界，名：可爱乐净光幢，佛刹微尘数世界围绕，纯一清净，佛号：最胜三昧精进慧。此上过十佛刹微尘数世界，与金刚幢世界齐等，有世界，名：香庄严幢，十佛刹微尘数世界围绕，纯一清净，佛号：无障碍法界灯。此上过三佛刹微尘数世界，与娑婆世界齐等，有世界，名：放光明藏；佛号：遍法界无障碍慧明。此上过七佛刹微尘数世界，至此世界种最上方，有世界，名：最胜身香，二十佛刹微尘数世界围绕，纯一清净，佛号：觉分华。

诸佛子！彼无尽光明轮香水海外，次有香水海，名：具足妙光；世界种，名：遍无垢。次有香水海，名：光耀盖；世界种，名：无边普庄严。次有香水海，名：妙宝庄严；世界种，名：香摩尼轨度形。次有香水海，名：出佛音声；世界种，名：善建立庄严。次有香水海，名：香幢须弥藏；世界种，名：光明遍满。次有香水海，名：栴檀妙光明；世界种，名：华焰轮。次有香水海，名：风力持；世界种，名：宝焰云幢。次有香水海，名：帝释身庄严；世界种，名：真珠藏。次有香水海，名：平坦严净；世界种，名：毗琉璃末种种庄严……。如是等不可说佛刹微尘数香水海，其最近轮围山香水海，名：妙树华；世界种，名：出生诸方广大刹，以一切佛摧伏魔音为体。此中最下方，有世界，名：焰炬幢；佛号：世间功德海。此上过十佛刹微尘数世界，与金刚幢世界齐等，有世界，名：出生宝；佛号：师子力宝云。此上与娑婆世界齐等，有世界，名：衣服幢；佛号：一切智海王。于此世界种最上方，有世界，名：宝璎珞师子光明；佛号：善变化莲华幢。

诸佛子！彼金刚焰光明香水海外，次有香水海，名：一切庄严具莹饰幢；世界种，名：清净行庄严。次有香水海，名：一切宝华光耀海；世界种，名：功德相庄严。次有香水海，名：莲华开敷；世界种，名：菩萨摩尼冠庄严。次有香水海，名：妙宝衣服；世界种，名：净珠轮。次有香水海，名：可爱华遍照；世界种，名：百光云照耀。次有香水海，名：遍虚空大光明；世界种，名：宝光普照。次有香水海，名：妙华庄严幢；世界种，名：金月眼璎珞。次有香水海，名：真珠香海藏；世界种，名：佛光明。次有香水海，名：宝轮光明；世界种，名：善化现佛境界光明……。如是等不可说佛刹微尘数香水海，其最近轮围山香水海，名：无边轮庄严底；世界种，名：无量方差别，以一切国土种种言说音为体。此中最下方，有世界，名：金刚华盖；佛号：无尽相光明普门音。此上过十佛刹微尘数世界，有世界，与金刚幢世界齐等，名：出生宝衣幢；佛号：福德云大威势。此上与娑婆世界齐等，有世界，名：众宝具妙庄严；佛号：胜慧海。于此世界种最上方，有世界，名：日光明衣服幢；佛号：智日莲华云。

诸佛子！彼帝青宝庄严香水海外，次有香水海，名：阿修罗宫殿；世界种，名：香水光所持。次有香水海，名：宝师子庄严；世界种，名：遍示十方一切宝；次有香水海，名：宫殿色光明云；世界种，名：宝轮妙庄严。次有香水海，名：出大莲华；世界种，名：妙庄严遍照法界。次有香水海，名：灯焰妙眼；世界种，名：遍观察十方变化。次有香水海，名：不思议庄严轮；世界种，名：十方光明普名称。次有香水海，名：宝积庄严；世界种，名：灯光照耀。次有香水海，名：清净宝光明；世界种，名：须弥无能为碍风。次有香水海，名：宝衣栏楯；世界种，名：如来身光明……。如是等不可说佛刹微尘数香水海，其最近轮围山香水海，名：树庄严幢；世界种，名：安住帝网，以一切菩萨智地音声为体。此中最下方，有世界，名：妙金色；佛号：香焰胜威光。此上过十佛刹微尘数世界，与金刚幢世界齐等，有世界，名：摩尼树华；佛号：无碍普现。此上与娑婆世界齐等，有世界，名：毗琉璃妙庄严；佛号：法自在坚固慧。于此世界种最上方，有世界，名：梵音妙庄严；佛号：莲华开敷光明王

诸佛子！彼金刚轮庄严底香水海外，次有香水海，名：化现莲华处；世界种，名：国土平正。次有香水海，名：摩尼光；世界种，名：遍法界无迷惑。次有香水海，名：众妙香日摩尼；世界种，名：普现十方。次有香水海，名：恒纳宝流；世界种，名：普行佛言音。次有香水海，名：无边深妙音；世界种，名：无边方差别。次有香水海，名：坚实积聚；世界种，名：无量处差别。次有香水海，名：清净梵音；世界种，名：普清净庄严。次有香水海，名：栴檀栏楯音声藏；世界种，名：迥出幢。次有香水海，名：妙香宝王光庄严；世界种，名：普现光明力。

诸佛子！彼莲华因陀罗网香水海外，次有香水海，名：银莲华妙庄严；世界种，名：普遍行。次有香水海，名：毗琉璃竹密焰云；世界种，名：普出十方音。次有香水海，名：十方光焰聚；世界种，名：恒出变化分布十方。次有香水海，名：出现真金摩尼幢；世界种，名：金刚幢相。次有香水海，名：平等大庄严；世界种，名：法界勇猛旋。次有香水海，名：宝华丛无尽光；世界种，名：无边净光明。次有香水海，名：妙金幢；世界种，名：演说微密处。次有香水海，名：光影遍照；世界种，名：普庄严。次有香水海，名：寂音；世界种，名：现前垂布……。如是等不可说佛刹微尘数香水海，其最近轮围山香水海，名：密焰云幢；世界种，名：一切光庄严，以一切如来道场众会音为体。于此最下方，有世界，名：净眼庄严；佛号：

金刚月遍照十方。此上过十佛刹微尘数世界，与金刚幢世界齐等，有世界，名：莲华德；佛号：大精进善觉慧。此上与娑婆世界齐等，有世界，名：金刚密庄严；佛号：娑罗王幢。此上过七佛刹微尘数世界，有世界，名：净海庄严；佛号：威德绝伦无能制伏。

诸佛子！彼积集宝香藏香水海外，次有香水海，名：一切宝光明遍照；世界种，名：无垢称庄严。次有香水海，名：众宝华开敷；世界种，名：虚空相。次有香水海，名：吉祥幄遍照；世界种，名：无碍光普庄严。次有香水海，名：栴檀树华；世界种，名：普现十方旋。次有香水海，名：出生妙色宝；世界种，名：胜幢周遍行。次有香水海，名普生金刚华；世界种，名：现不思议庄严。次有香水海，名：心王摩尼轮严饰；世界种，名：示现无碍佛光明。次有香水海，名：积集宝璎珞；世界种，名：净除疑。次有香水海，名：真珠轮普庄严；世界种，名：诸佛愿所流……。如是等不可说佛刹微尘数香水海，其最近轮围山香水海，名：阎浮檀宝藏轮；世界种，名：普音幢，以入一切智门音声为体。此中最下方，有世界，名：华蕊焰；佛号：精进施。此上过十佛刹微尘数世界，与金刚幢世界齐等，有世界，名：莲华光明幢；佛号：一切功德最胜心王。此上过三佛刹微尘数世界，与娑婆世界齐等，有世界，名：十力庄严；佛号：善出现无量功德王。于此世界种最上方，有世界，名：摩尼香山幢；佛号：广大善眼净除疑。

诸佛子！彼宝庄严香水海外，次有香水海，名：持须弥光明藏；世界种，名：出生广大云。次有香水海，名：种种庄严大威力境界；世界种，名：无碍净庄严。次有香水海，名：密布宝莲华；世界种，名：最胜灯庄严。次有香水海，名：依止一切宝庄严；世界种，名：日光明网藏。次有香水海，名：众多严净；世界种，名：宝华依处。次有香水海，名：极聪慧行；世界种，名：最胜形庄严。次有香水海，名：持妙摩尼峰；世界种，名：普净虚空藏。次有香水海，名：大光遍照；世界种，名：帝青炬光明。次有香水海，名：可爱摩尼珠充满遍照；世界种，名：普吼声……。如是等不可说佛刹微尘数香水海，其最近轮围山香水海，名：出帝青宝；世界种，名：周遍无差别，以一切菩萨震吼声为体。此中最下方，有世界，名：妙胜藏；佛号：最胜功德慧。此上过十佛刹微尘数世界，与金刚幢世界齐等，有世界，名：庄严相；佛号：超胜大光明。此上与娑婆世界齐等，有世界，名：琉璃轮普庄严；佛号：须弥灯。于此世界种最上方，有世界，名：华幢海；佛号：无尽变化妙慧云。

诸佛子！彼金刚宝聚香水海外，次有香水海，名：崇饰宝埤堄；世界种，名：秀出宝幢。次有香水海，名：宝幢庄严；世界种，名：现一切光明。次有香水海，名：妙宝云；世界种，名：一切宝庄严光明遍照。次有香水海，名：宝树华庄严；世界种，名：妙华间饰。次有香水海，名：妙宝衣庄严；世界种，名：光明海。次有香水海，名：宝树峰；世界种，名：宝焰云。次有香水海，名：示现光明；世界种，名：入金刚无所碍。次有香水海，名：莲华普庄严；世界种，名：无边岸海渊。次有香水海，名：妙宝庄严；世界种，名：普示现国土藏……。如是等不可说佛刹微尘数香水海，其最近轮围山香水海，名：不可坏海；世界种，名：妙轮间错莲华场，以一切佛力所出音为体。此中最下方，有世界，名：最妙香；佛号；变化无量尘数光。此上过十佛刹微尘数世界，与金刚幢世界齐等，有世界，名：不思议差别庄严门；佛号：无量智。此上与娑婆世界齐等，有世界，名：十方光明妙华藏；佛号：师子眼光焰云。于此最上方，有世界，名：海音声；佛号：水天光焰门。

诸佛子！彼天城宝堞香水海外，次有香水海，名：焰轮赫奕光；世界种，名：不可说种种庄严。次有香水海，名：宝尘路；世界种，名：普入无量旋。次有香水海，名：具一切庄严；世界种，名：宝光遍照。次有香水海，名：布众宝网；世界种，名：安布深密。次有香水海，名：妙宝庄严幢；世界种，名：世界海明了音。次有香水海，名：日宫清净影；世界种，名：遍入因陀罗网。次有香水海，名：一切鼓乐美妙音；世界种，名，圆满平正。次有香水海，名：种种妙庄严；世界种，名：净密光焰云。次有香水海，名：周遍宝焰灯；世界种，名：随佛本愿种种形……。如是等不可说佛刹微尘数香水海，其最近轮围山香水海，名：积集璎珞衣；世界种，名：化现妙衣，以三世一切佛音声为体。此中最下方，有香水海，名：因陀罗华藏，世界名：发生欢喜，佛刹微尘数世界围绕，纯一清净，佛号：坚悟智。此上过十佛刹微尘数世界，与金刚幢世界齐等，有世界，名：宝网庄严，十佛刹微尘数世界围绕，纯一清净，佛号：无量欢喜光。此上过三佛刹微尘数世界，与娑婆世界齐等，有世界，名：宝莲华师子座，十三佛刹微尘数世界围绕，佛号：最清净不空闻。此上过七佛刹微尘数世界，至此世界种最上方，有世界，名：宝色龙光明，二十佛刹微尘数世界围绕，纯一清净，佛号：遍法界普照明。

诸佛子！如是十不可说佛刹微尘数香水海中，有十不可说佛刹微尘数世界种，皆依现一切菩萨形摩尼王幢庄严莲华住，各各庄严际无有间断，各各放宝色光明，各各光明云而覆其上，各各庄严具，各各劫差别，各各佛出现，各各演法海，各各众生遍充满，各各十方普趣入，各各一切佛神力所加持。此一一世界种中，一切世界依种种庄严住，递相接连，成世界网；于华藏庄严世界海，种种差别，周遍建立。

尔时，普贤菩萨欲重宣其义，承佛威力而说颂言：

华藏世界海，法界等无别，庄严极清净，安住于虚空。此世界海中，刹种难思议，一一皆自在，各各无杂乱。华藏世界海，刹种善安布，殊形异庄严，刹种妙严饰。山幢楼阁形，光网不思议，光中现众刹，普见无有尽。一切刹种中，有生亦有落，如是依刹种，众生刹不同。譬如大龙王，能现种种事，如是一切刹，莫不皆由业。一切诸刹际，刹网所安住，由众生烦恼，菩萨力所持。或有刹土中，劫烧不思议，依止于风轮，亦复无灭坏。有刹泥土成，杂染大忧怖，石山险可畏，焰海所烧然。或见阎罗界，七宝所合成，净业果成就，未曾有迫隘。有刹众宝成，依止光轮住，于一莲华内，光明恒照耀。或有难思刹，悉是众华树，有是佛化音，从化光明出。有见清净刹，

见，刹种妙严饰。须弥山城网，旋转金刚形，如是诸刹种，普遍十方海。刹种不思议，世界不思议，如是刹种中，种种众生住。譬如心王宝，兴云遍虚空，众生业力故，心画师所成。譬如见导师，周布莲华网，种种庄严事，于彼如是见。或有刹土中，离垢宝所成，所现虽败恶，及以水轮住。一一心念中，其体甚坚硬，苦多而乐少，罪恶者充满。或复有畜生，饥渴所煎逼，种种诸宫殿，随时受快乐。众生各各业，常放无边光，金色栴檀香，菩萨皆充满。有刹香为体，华旋所成就，妙枝布道场，无边列成网。或是栴檀末，以一光庄严，

绕。山幢楼阁形，旋转金刚形，如是不思议，广大诸刹种。大海真珠焰，光网不思议，如是诸刹种，悉在莲华住。一一诸刹种，所有庄严具，种种妙严好，或有已坏灭。譬如林中叶，有生亦有落，譬如依树林，种种果差别，如是依刹种，种种众生住。譬如种子别，生果各殊异，业力差别故，众生刹不同。譬如心王宝，随心见众色，众生心净故，得见清净刹。譬如大龙王，兴云遍虚空，如是佛愿力，出生诸国土。如幻师咒术，能现种种事，众生业力故，国土不思议。譬如众缋像，画师之所作，如是一切刹，心画师所成。众生身各异，随心分别起，如是刹种种，莫不皆由业。譬如见导师，种种色差别，随众生心行，见诸刹亦然。一切诸刹际，种种相不同，庄严悉清净。彼诸莲华网，刹网所安住，种种众生居。或有刹土中，险恶不平坦，由众生烦恼，杂染及清净，斯由业力起，菩萨力所持。或有刹土中，杂染及清净，无量诸刹种，随众生心化。有刹放光明，种种妙严饰，诸佛令清净。一一刹种中，劫烧不思议，其处常坚固。由众生业力，出生多刹土，依止于风轮，世界法如是。出生无量刹，种种见不同，而实无有生，亦复无灭坏。一一心念中，黑闇无光照，以佛威神力，悉见净无垢。有刹泥土成，其体甚坚硬，薄福之所处。或有用铁成，或以赤铜成，杂染大忧怖，苦多而乐少，刹中有地狱，众生苦无救，常在黑闇作，石山险可畏，罪恶者充满。种种丑陋形，由其自恶业，常受诸苦恼。或见阎罗界，饥渴所煎逼，登上大火山，受诸极重苦。或有诸刹土，七宝所合成，种种诸宫殿，斯由净业得。汝应观世间，其中人与天，净业果成就，随时受快乐。一一毛孔中，亿刹不思议，种种相庄严，未曾有迫隘。众生各各业，世界无量种，于中取着生，受苦乐不同。有刹众宝成，常放无边光，金刚妙莲华，庄严净无垢。有刹光为体，依止光轮住，金色栴檀香，焰云普照明。有刹月轮成，香衣悉周布，于一莲华内，菩萨皆充满。有刹众宝成，色相无诸垢，譬如天帝网，光明恒照耀。有刹香为体，或是金刚华，摩尼光影形，观察甚清净。或有难思刹，华旋所成就，化佛皆充满，菩萨普光明。有刹净光照，金刚华所成，悉是众华树，妙枝布道场，荫以摩尼云。有刹如菩萨，摩尼妙宝冠，或有如座形，而成斯妙刹。有见清净刹，以一光庄严，或见多庄严，种种皆奇妙。或用十国

土，妙物作严饰，或以千土中，一切为庄校；或以亿刹物，庄严于一
土，种种相不同，皆如影像现。不可说土物，庄严于一刹，各各放光
明，如来愿力起。或有诸国土，愿力所净治，一切庄严中，普见众刹
海。诸修普贤愿，所得清净土，三世刹庄严，一切于中现。佛子汝应
观，刹种威神力，未来诸国土，如梦悉令见。十方诸世界，过去国土
海，咸于一刹中，现像犹如化。三世一切佛，及以其国土，于一刹种
中，一切悉观见。一切佛神力，尘中现众土，种种悉明见，如影无真
实。或有众多刹，其形如大海，或如须弥山，世界不思议。有刹善安
住，其形如帝网，或如树林形，诸佛满其中。或作宝轮形，或有莲华
状，八隅备众饰，种种悉清净。或有如座形，或复有三隅，或如佉勒
迦，城廓梵王身，或如天主髻，或有如半月，或如摩尼山，或如日轮
形。或有世界形，譬如香海旋，或作光明轮，佛昔所严净。或有轮辋
形，或有坛墠形，或如佛毫相，肉髻广长眼。或有如佛手，或如金刚
杵，或如焰山形，菩萨悉周遍。或如师子形，或如海蚌形，无量诸色
相，体性各差别。于一刹种中，刹形无有尽，皆由佛愿力，护念得安
住。有刹住一劫，或住于十劫，乃至过百千，国土微尘数。或于一劫
中，见刹有成坏，或无量无数，乃至不思议。或有刹有佛，或有刹无
佛，或有唯一佛，或有无量佛。国土若无佛，他方世界中，有佛变化
来，为现诸能事。殁天与降神，处胎及出生，降魔成正觉，转无上法
轮。随众生心乐，示现种种相，为转妙法轮，悉应其根欲。一一佛刹
中，一佛出兴世，经于亿千岁，演说无上法。众生非法器，不能见诸
佛，若有心乐者，一切处皆见。一一刹土中，各有佛兴世，一切刹中
佛，亿数不思议。此中一一佛，现无量神变，悉遍于法界，调伏众生
海。有刹无光明，黑闇多恐惧，苦触如刀剑，见者自酸毒。或有诸天
光，或有宫殿光，或日月光明，刹网难思议。有刹自光明，或树放净
光，未曾有苦恼，众生福力故。或有山光明，或有摩尼光，或以灯光
照，悉众生业力。或有佛光明，菩萨满其中，有是莲华光，焰色甚严
好。有刹华光照，有以香水照，涂香烧香照，皆由净愿力。有以云光
照，摩尼蚌光照，佛神力光照，能宣悦意声。或以宝光照，或金刚焰
照，净音能远震，所至无众苦。或有摩尼光，或是严具光，或道场光
明，照耀众会中。佛放大光明，化佛满其中，其光普照触，法界悉周
遍。有刹甚可畏，嗥叫大苦声，其声极酸楚，闻者生厌怖。地狱畜生
道，及以阎罗处，是浊恶世界，恒出忧苦声。或有国土中，常出可乐
音，悦意顺其教，斯由净业得。或有国土中，恒闻帝释音，或闻梵天
音，一切世主音。或有诸刹土，云中出妙声，宝海摩尼树，及乐音遍
满。诸佛圆光内，化声无有尽，及菩萨妙音，周闻十方刹。不可思议
国，普转法轮声，愿海所出声，修行妙音声。三世一切佛，出生诸世
界，名号皆具足，音声无有尽。或有刹中闻，一切佛力音，地度及无
量，如是法皆演。普贤誓愿力，亿刹演妙音，其音若雷震，住劫亦无

尽。佛于清净国，示现自在音，十方法界中，一切无不闻。

大方广佛华严经卷第十一

毗卢遮那品第六

尔时，普贤菩萨复告大众言：

诸佛子！乃往古世，过世界微尘数劫，复倍是数，有世界海，名：普门净光明。此世界海中，有世界，名：胜音，依摩尼华网海住，须弥山微尘数世界而为眷属，其形正圆，其地具有无量庄严，三百重众宝树轮围山所共围绕，一切宝云而覆其上，清净无垢，光明照耀，城邑宫殿如须弥山，衣服饮食随念而至，其劫名曰：种种庄严。

诸佛子！彼胜音世界中，有香水海，名：清净光明。其海中，有大华须弥山出现，名：华焰普庄严幢，十宝栏楯周匝围绕。于其山上，有一大林，名：摩尼华枝轮；无量华楼阁，无量宝台观，周回布列；无量妙香幢，无量宝山幢，迥极庄严；无量宝芬陀利华，处处敷荣；无量香摩尼莲华网，周匝垂布；乐音和悦，香云照耀，数各无量，不可纪极；有百万亿那由他城，周匝围绕；种种众生，于中止住。

诸佛子！此林东有一大城，名：焰光明，人王所都，百万亿那由他城周匝围绕；清净妙宝所共成立，纵广各有七千由旬；七宝为廓，楼橹却敌，悉皆崇丽；七重宝堑，香水盈满；优钵罗华、波头摩华、拘物头华、芬陀利华，悉是众宝，处处分布以为严饰；宝多罗树，七重围绕；宫殿楼阁，悉宝庄严；种种妙网，张施其上；涂香散华，芬莹其中；有百万亿那由他门，悉宝庄严；一一门前，各有四十九宝尸罗幢次第行列，复有百万亿园林周匝围绕；其中皆有种种杂香、摩尼树香，周流普熏；众鸟和鸣，听者欢悦。此大城中所有居人，靡不成就业报神足，乘空往来，行同诸天；心有所欲，应念皆至。其城次南，有一天城，名：树华庄严；其次右旋，有大龙城，名曰：究竟；次有夜叉城，名：金刚胜妙幢；次有乾闼婆城，名曰：妙宫；次有阿修罗城，名曰：宝轮；次有迦楼罗城，名：妙宝庄严；次有紧那罗城，名：游戏快乐；次有摩睺罗城，名：金刚幢；次有梵天王城，名：种种妙庄严……。如是等百万亿那由他数。此一一城，各有百万亿那由他楼阁所共围绕，一一皆有无量庄严。

诸佛子！此宝华枝轮大林之中，有一道场，名：宝华遍照，以众大宝分布庄严，摩尼华轮遍满开敷，然以香灯，具众宝色焰云弥覆，光网普照，诸庄严具常出妙宝，一切乐中恒奏雅音，摩尼宝王现菩萨身，种种妙华周遍十方。其道场前，有一大海，名：香摩尼金刚；出大莲华，名：华蕊焰轮，其华广大百亿由旬，茎、叶、须、台皆是妙宝,十不可说百千亿那由他莲华所共围绕,常放光明,恒出妙音,周遍十方。

诸佛子!彼胜音世界,最初劫中,有十须弥山微尘数如来出兴于世。其第一佛,号:一切功德山须弥胜云。诸佛子!应知彼佛将出现时,一百年前,此摩尼华枝轮大林中,一切庄严周遍清净。所谓:出不思议宝焰云,发叹佛功德音,演无数佛音声;舒光布网,弥覆十方;宫殿楼阁,互相照曜;宝华光明,腾聚成云;复出妙音,说一切众生前世所行广大善根,说三世一切诸佛名号,说诸菩萨所修愿行究竟之道,说诸如来转妙法轮种种言辞。现如是等庄严之相,显示如来当出于世。其世界中,一切诸王见此相故,善根成熟,悉欲见佛,而来道场。尔时,一切功德山须弥胜云佛,于其道场大莲华中忽然出现。其身周普等真法界,一切佛刹皆示出生,一切道场悉诣其所;无边妙色,具足清净;一切世间,无能映夺;具众宝相,一一分明,一切宫殿悉现其像;一切众生咸得目见无边化佛从其身出,种种色光充满法界。如于此清净光明香水海,华焰庄严幢须弥顶上,摩尼华枝轮大林中,出现其身,而坐于座;其胜音世界,有六十八千亿须弥山顶,悉亦于彼现身而坐。尔时,彼佛即于眉间放大光明,其光名:发起一切善根音,十佛刹微尘数光明而为眷属,充满一切十方国土。若有众生应可调伏,其光照触,即自开悟,息诸惑热,裂诸盖网,摧诸障山,净诸垢浊,发大信解,生胜善根,永离一切诸难恐怖,灭除一切身心苦恼,起见佛心,趣一切智。时,一切世间主,并其眷属,无量百千,蒙佛光明所开觉故,悉诣佛所,头面礼足。

诸佛子!彼焰光明大城中,有王,名:喜见善慧,统领百万亿那由他城,夫人、采女三万七千人,福吉祥为上首;王子五百人,大威光为上首;大威光太子有十千夫人,妙见为上首。尔时,大威光太子见佛光明已,以昔所修善根力故,即时证得十种法门。何谓为十?所谓:证得一切诸佛功德轮三昧,证得一切佛法普门陀罗尼,证得广大方便藏般若波罗蜜,证得调伏一切众生大庄严大慈,证得普云音大悲,证得生无边功德最胜心大喜,证得如实觉悟一切法大舍,证得广大方便平等藏大神通,证得增长信解力大愿,证得普入一切智光明辩才门。尔时,大威光太子,获得如是法光明已,承佛威力,普观大众而说颂言:

世尊坐道场,清净大光明,譬如千日出,普照虚空界。无量亿千劫,导师时乃现,佛今出世间,一切所瞻奉。汝观佛光明,化佛难思议,一切宫殿中,寂然而正受。汝观佛神通,毛孔出焰云,照耀于世间,光明无有尽。汝应观佛身,光网极清净,现形等一切,遍满于十方。妙音遍世间,闻者皆欣乐,随诸众生语,赞叹佛功德。世尊光所照,众生悉安乐,有苦皆灭除,心生大欢喜。观诸菩萨众,十方来萃止,悉放摩尼云,现前称赞佛。道场出妙音,其音极深远,能灭众生苦,此是佛神力。一切咸恭敬,心生大欢喜,共在世尊前,瞻仰于法王。

诸佛子!彼大威光太子说此颂时,以佛神力,其声普遍胜音世界。时,喜见善慧王闻此颂已,心大欢喜,观诸眷属而说颂言:

汝应速召集,一切诸王众,王子及大臣,城邑宰官等。普告诸城内,疾应击大鼓,共集所有人,俱行往见佛。一切四衢道,悉应鸣宝铎,妻子眷属俱,共往观如来。一切诸城廓,宜令悉清净,普建胜妙幢,摩尼以严饰。宝帐罗众网,妓乐如云布,严备在虚空,处处令充满。道路皆严净,普雨妙衣服,巾驭汝宝乘,与我同观佛。各各随自力,普雨庄严具,一切如云布,遍满虚空中。香焰莲华盖,半月宝璎珞,及无数妙衣,汝等皆应雨。须弥香水海,上妙摩尼轮,及清净栴檀,悉应雨满空。众宝华璎珞,庄严净无垢,及以摩尼灯,皆令在空住。一切持向佛,心生大欢喜,妻子眷属俱,往见世所尊。

尔时,喜见善慧王,与三万七千夫人、采女俱,福吉祥为上首;五百王子俱,大威光为上首;六万大臣俱,慧力为上首……。如是等七十七百千亿那由他众,前后围绕,从焰光明大城出。以王力故,一切大众乘空而往,诸供养具遍满虚空。至于佛所,顶礼佛足,却坐一面。复有妙华城善化幢天王,与十亿那由他眷属俱;复有究竟大城净光龙王,与二十五亿眷属俱;复有金刚胜幢城猛健夜叉王,与七十七亿眷属俱;复有无垢城喜见乾闼婆王,与九十七亿眷属俱;复有妙轮城净色思惟阿修罗王,与五十八亿眷属俱;复有妙庄严城十力行迦楼罗王,与九十九千眷属俱;复有游戏快乐城金刚德紧那罗王,与十八亿眷属俱;复有金刚幢城宝称幢摩睺罗伽王,与三亿百千那由他眷属俱;复有净妙庄严城最胜梵王,与十八亿眷属俱……。如是等百万亿那由他大城中,所有诸王,并其眷属,悉共往诣一切功德须弥胜云如来所,顶礼佛足,却坐一面。

时,彼如来为欲调伏诸众生故,于众会道场海中,说普集一切三世佛自在法修多罗,世界微尘数修多罗而为眷属,随众生心,悉令获益。是时,大威光菩萨闻是法已,即获一切功德须弥胜云佛宿世所集法海光明。所谓:得一切法聚平等三昧智光明,一切法悉入最初菩提心中住智光明,十方法界普光明藏清净眼智光明,观察一切佛法大愿海智光明,入无边功德海清净行智光明,趣向不退转大力速疾藏智光明,法界中无量变化力出离轮智光明,决定入无量功德圆满海智光明,了知一切佛决定解庄严成就海智光明,了知法界无边佛现一切众生前神通海智光明,了知一切佛力、无所畏法智光明。尔时,大威光菩萨,得如是无量智光明已,承佛威力而说颂言:

我闻佛妙法,而得智光明,以是见世尊,往昔所行事。一切所生处,名号身差别,及供养于佛,如是我咸见。往昔诸佛所,一切皆承事,无量劫修行,严净诸刹海。舍施于自身,广大无涯际,修治最胜行，严净诸刹海。耳鼻头手足，及以诸宫殿，舍之无有量，严净诸刹海。能于一一刹，亿劫不思议，修习菩提行，严净诸刹海。普贤大愿力，一切佛海中，修行无量行，严净诸刹海。如因日光照，还见于日轮，我以佛智光，见佛所行道。我观佛刹海，清净大光明，寂静证菩提，法界悉周遍。我当如世尊，广净诸刹海，以佛威神力，修习菩提行。

诸佛子！时，大威光菩萨，以见一切功德山须弥胜云佛，承事供养故，于如来所心得悟了，为一切世间，显示如来往昔行海，显示往昔菩萨行方便，显示一切佛功德海，显示普入一切法界清净智，显示一切道场中成佛自在力，显示佛力无畏、无差别智，显示普示现如来身，显示不可思议佛神变，显示庄严无量清净佛土，显示普贤菩萨所有行愿，令如须弥山微尘数众生发菩提心，佛刹微尘数众生成就如来清净国土；

尔时，一切功德山须弥胜云佛，为大威光菩萨而说颂言；

善哉大威光，福藏广名称，为利众生故，发趣菩提道。汝获智光明，法界悉充遍，福慧咸广大，当得深智海。一刹中修行，经于刹尘劫，如汝见于我，当获如是智。非诸劣行者，能知此方便，获大精进力，乃能净刹海。一一微尘中，无量劫修行，彼人乃能得，庄严诸佛刹。为一一众生，轮回经劫海，其心不疲懈，当成世导师。供养一一佛，悉尽未来际，心无暂疲厌，当成无上道。三世一切佛，当共满汝愿，一切佛会中，汝身安住彼。一切诸如来，誓愿无有边，大智通达者，能知此方便。大光供养我，故获大威力，令尘数众生，成熟向菩提。诸修普贤行，大名称菩萨，庄严佛刹海，法界普周遍。

诸佛子！汝等应知彼大庄严劫中，有恒河沙数小劫，人寿命二小劫。诸佛子！彼一切功德须弥胜云佛，寿命五十亿岁。彼佛灭度后，有佛出世，名：波罗蜜善眼庄严王，亦于彼摩尼华枝轮大林中而成正觉。尔时，大威光童子，见彼如来成等正觉、现神通力，即得念佛三昧，名：无边海藏门；即得陀罗尼，名：大智力法渊；即得大慈，名：普随众生调伏度脱；即得大悲，名：遍覆一切境界云；即得大喜，名：一切佛功德海威力藏；即得大舍，名：法性虚空平等清净；即得般若波罗蜜，名：自性离垢法界清净身；即得神通，名：无碍光普随现；即得辩才，名：善入离垢渊；即得智光，名：一切佛法清净藏。如是等十千法门，皆得通达。尔时，大威光童子，承佛威力，为诸眷属而说颂言：

不可思议亿劫中，导世明师难一遇，此土众生多善利，而今得见第二佛。佛身普放大光明，色相无边极清净，如云充满一切土，处处称扬佛功德。光明所照咸欢喜，众生有苦悉除灭，各令恭敬起慈心，此是如来自在用。出不思议变化云，放无量色光明网，十方国土皆充满，此佛神通之所现。一一毛孔现光云，普遍虚空发大音，所有幽冥靡不照，地狱众苦咸令灭。如来妙音遍十方，一切言音咸具演，随诸众生宿善力，此是大师神变用。无量无边大众海，佛于其中皆出现，普转无尽妙法轮，调伏一切诸众生。佛神通力无有边，一切刹中皆出现，善逝如是智无碍，为利众生成正觉。汝等应生欢喜心，踊跃爱乐极尊重，我当与汝同诣彼，若见如来众苦灭。发心回向趣菩提，慈念一切诸众生，悉住普贤广大愿，当如法王得自在。

诸佛子！大威光童子说此颂时，以佛神力，其声无碍，一切世界皆悉得闻，无量众生发菩提心。时，大威光王子，与其父母，并诸眷属，及无量百千亿那由他众生，前后围绕，宝盖如云遍覆虚空，共诣波罗蜜善眼庄严王如来所。其佛为说法界体性清净庄严修多罗，世界海微尘等修多罗而为眷属。彼诸大众，闻此经已，得清净智，名：入一切净方便；得于地，名：离垢光明；得波罗蜜轮，名：示现一切世间爱乐庄严；得增广行轮，名：普入一切刹土无边光明清净见；得趣向行轮，名：离垢福德云光明幢；得随入证轮，名：一切法海广大光明；得转深发趣行，名：大智庄严；得灌顶智慧海，名：无功用修极妙见；得显了大光明，名：如来功德海相光影遍照；得出生愿力清净智，名：无量愿力信解藏。时，彼佛为大威光菩萨而说颂言：

善哉功德智慧海，发心趣向大菩提，汝当得佛不思议，普为众生作依处。汝已出生大智海，悉能遍了一切法，当以难思妙方便，入佛无尽所行境。已见诸佛功德云，已入无尽智慧地，诸波罗蜜方便海，大名称者当满足。已得方便总持门，及以无尽辩才门，种种行愿皆修习，当成无等大智慧。汝已出生诸愿海，汝已入于三昧海，当具种种大神通，不可思议诸佛法。究竟法界不思议，广大深心已清净，普见十方一切佛，离垢庄严众刹海。汝已入我菩提行，昔时本事方便海，如我修行所净治，如是妙行汝皆悟。我于无量一一刹，种种供养诸佛海，如彼修行所得果，如是庄严汝咸见。广大劫海无有尽，一切刹中修净行，坚固誓愿不可思，当得如来此神力。诸佛供养尽无余，国土庄严悉清净，一切劫中修妙行，汝当成佛大功德。

诸佛子！波罗蜜善眼庄严王如来入涅槃已，喜见善慧王寻亦去世，大威光童子受转轮王位。彼摩尼华枝轮大林中第三如来出现于世，名：最胜功德海。时，大威光转轮圣王，见彼如来成佛之相，与其眷属，及四兵众，城邑、聚落一切人民，并持七宝，俱往佛所，以一切香摩尼庄严大楼阁奉上于佛。时，彼如来于其林中，说菩萨普眼光明行修多罗，世界微尘数修多罗而为眷属。尔时，大威光菩萨，闻此法已，得三昧，名：大福德普光明；得此三昧故，悉能了知一切菩萨、一切众生，过、现、未来，福、非福海。时，彼佛为大威光菩萨而说颂言：

善哉福德大威光，汝等今来至我所，愍念一切众生海，发胜菩提大愿心。汝为一切苦众生，起大悲心令解脱，当作群迷所依怙，是名菩萨方便行。若有菩萨能坚固，修诸胜行无厌怠，最胜最上无碍解，如是妙智彼当得。福德光者福幢者，福德处者福海者，普贤菩萨所有愿，是汝大光能趣入。汝能以此广大愿，入不思议诸佛海，诸佛福海无有边，汝以妙解皆能见。汝于十方国土中，悉见无量无边佛，彼佛往昔诸行海，如是一切汝咸见。若有住此方便海，必得入于智地中，此是随顺诸佛学，决定当成一切智。汝于一切刹海中，微尘劫海修诸行，一切如来诸行海，汝皆学已当成佛。如汝所见十方中，一切刹海极严净，汝刹严净亦如是，无边愿者所当得。今此道场众会海，闻汝愿已生欣乐，皆入普贤广大乘，发心回向趣菩提。无边国土一一中，悉入修行经劫海，以诸愿力能圆满，普贤菩萨一切行。

诸佛子！彼摩尼华枝轮大林中，复有佛出，号：名称普闻莲华眼幢。是时，大威光于此命终，生须弥山上寂静宝宫天城中，为大天王，名：离垢福德幢，共诸天众俱诣佛所，雨宝华云以为供养。时，彼如来为说广大方便普门遍照修多罗，世界海微尘数修多罗而为眷属。时，天王众闻此经已，得三昧，名：普门欢喜藏。以三昧力，能入一切法实相海。获是益已，从道场出，还归本处。

大方广佛华严经卷第十二

如来名号品第七

尔时，世尊在摩竭提国阿兰若法菩提场中，始成正觉，于普光明殿坐莲华藏师子之座，妙悟皆满，二行永绝；达无相法，住于佛住；得佛平等，到无障处；不可转法，所行无碍；立不思议，普见三世。与十佛刹微尘数诸菩萨俱，莫不皆是一生补处，悉从他方而共来集，普善观察诸众生界、法界、世界、涅槃界，诸业果报、心行次第、一切文义，世、出世间，有为、无为、过、现、未来。

时，诸菩萨作是思惟：若世尊见愍我等，愿随所乐，开示佛刹、佛住、佛刹庄严、佛法性、佛刹清净、佛所说法、佛刹体性、佛威德、佛刹成就、佛大菩提。如十方一切世界诸佛世尊，为成就一切菩萨故，令如来种性不断故，救护一切众生故，令诸众生永离一切烦恼故，了知一切诸行故，演说一切诸法故，净除一切杂染故，永断一切疑网故，拔除一切希望故，灭坏一切爱著处故，说诸菩萨十住、十行、十回向、十藏、十地、十愿、十定、十通、十顶，及说如来地、如来境界、如来神力、如来所行、如来力、如来无畏、如来三昧、如来神通、如来自在、如来无碍、如来眼、如来耳、如来鼻、如来舌、如来身、如来意、如来辩才、如来智慧、如来最胜。愿佛世尊，亦为我说！

尔时，世尊知诸菩萨心之所念，各随其类，为现神通。现神通已，东方过十佛刹微尘数世界，有世界，名：金色，佛号：不动智。彼世界中，有菩萨，名：文殊师利，与十佛刹微尘数诸菩萨俱，来诣佛所，到已作礼，即于东方化作莲华藏师子之座，结跏趺坐。南方过十佛刹微尘数世界，有世界，名：妙色，佛号：无碍智。彼有菩萨，名曰：觉首，与十佛刹微尘数诸菩萨俱，来诣佛所，到已作礼，即于南方化作莲华藏师子之座，结跏趺坐。西方过十佛刹微尘数世界，有世界，名：莲华色，佛号：灭暗智。彼有菩萨，名曰：财首，与十佛刹微尘数诸菩萨俱，来诣佛所，到已作礼，即于西方化作莲华藏师子之座，结跏趺坐。北方过十佛刹微尘数世界，有世界，名：薝卜华色，佛号：威仪智。彼有菩萨，名曰：宝首，与十佛刹微尘数诸菩萨俱，来诣佛所，到已作礼，即于北方化作莲华藏师子之座，结跏趺坐。东北方过十佛刹微尘数世界，有世界，名：优钵罗华色，佛号：明相智。彼有菩萨，名：功德首，与十佛刹微尘数诸菩萨俱，来诣佛所，到已作礼，即于东北方化作莲华藏师子之座，结跏趺坐。东南方过十佛刹微尘数世界，有世界，名：金色，佛号：究竟智。彼有菩萨，名：目首，与十佛刹微尘数诸菩萨俱，来诣佛所，到已作礼，即于东南方化作莲华藏师子之座，结跏趺坐。西南方过十佛刹微尘数世界，有世界，名：宝色，佛号：最胜智。彼有菩萨，名：精进首，与十佛刹微尘数诸菩萨俱，来诣佛所，到已作礼，即于西南方化作莲华藏师子之座，结跏趺坐。西北方过十佛刹微尘数世界，有世界，名：金刚色，佛号：自在智。彼有菩萨，名：法首，与十佛刹微尘数诸菩萨俱，来诣佛所，到已作礼，即于西北方化作莲华藏师子之座，结跏趺坐。下方过十佛刹微尘数世界，有世界，名：玻璃色，佛号：梵智。彼有菩萨，名：智首，与十佛刹微尘数诸菩萨俱，来诣佛所，到已作礼，即于下方化作莲华藏师子之座，结跏趺坐。上方过十佛刹微尘数世界，有世界，名：平等色，佛号：观察智。彼有菩萨，名：贤首，与十佛刹微尘数诸菩萨俱，来诣佛所，到已作礼，即于上方化作莲华藏师子之座，结跏趺坐。

尔时，文殊师利菩萨摩诃萨，承佛威力，普观一切菩萨众会而作是言：

此诸菩萨甚为希有！诸佛子！佛国土不可思议，佛住、佛刹庄严、佛法性、佛刹清净、佛说法、佛出现、佛刹成就、佛阿耨多罗三藐三菩提皆不可思议。何以故？诸佛子！十方世界一切诸佛，知诸众生乐欲不同，随其所应，说法调伏，如是乃至等法界、虚空界。

诸佛子！如来于此娑婆世界诸四天下，种种身、种种名、种种色相、种种修短、种种寿量、种种处所、种种诸根、种种生处、种种语业、种种观察，令诸众生各别知见。

诸佛子！如来于此四天下中，或名：一切义成，或名：圆满月，或名：师子吼，或名：释迦牟尼，或名：第七仙，或名：毗卢遮那，或名：瞿昙氏，或名：大沙门，或名：最胜，或名：导师……。如是等，其数十千，令诸众生各别知见。

诸佛子！此四天下东，次有世界，名为：善护。如来于彼，或名：金刚，或名：自在，或名：有智慧，或名：难胜，或名：云王，或名：无诤，或名：能为主，或名：心欢喜，或名：无与等，或名：断言论……。如是等，其数十千，令诸众生各别知见。

诸佛子！此四天下南，次有世界，名为：难忍。如来于彼，或名：帝释，或名：宝称，或名：离垢，或名：实语，或名：能调伏，或名：具足喜，或名：大名称，或名：能利益，或名：无边，或名：最胜……。如是等，其数十千，令诸众生各别知见

诸佛子！此四天下西，次有世界，名为：亲慧。如来于彼，或名：水天，或名：喜见，或名：最胜王，或名：调伏天，或名：真实慧，或名：到究竟，或名：欢喜，或名：法慧，或名：所作已办，或名：善住。……如是等，其数十千，令诸众生各别知见。

诸佛子！此四天下北，次有世界，名：有师子。如来于彼，或名：大牟尼，或名：苦行，或名：世所尊，或名：最胜田，或名：一切智，或名：善意，或名：清净，或名：瑿罗跋那，或名：最上施，或名：苦行得……。如是等，其数十千，令诸众生各别知见。

诸佛子！此四天下东北方，次有世界，名：妙观察。如来于彼，或名：调伏魔，或名：成就，或名：息灭，或名：贤天，或名：离贪，或名：胜慧，或名：心平等，或名：无能胜，或名：智慧音，或名：难出现……。如是等，其数十千，令诸众生各别知见。诸佛子！此四天下东南方，次有世界，名为：喜乐。如来于彼，或名：极威严，或名：光焰聚，或名：遍知，或名：秘密，或名：解脱，或名：性安住，或名：如法行，或名：净眼王，或名：大勇健，或名：精进力……。如是等，其数十千，令诸众生各别知见。

诸佛子！此四天下西南方，次有世界，名：甚坚牢。如来于彼，或名：安住，或名：智王，或名：圆满，或名：不动，或名：妙眼，或名：顶王，或名：自在音，或名：一切施，或名：持众仙，或名：胜须弥……。如是等，其数十千，令诸众生各别知见。

诸佛子！此四天下西北方，次有世界，名为：妙地。如来于彼，或名：普遍，或名：光焰，或名：摩尼髻，或名：可忆念，或名：无上义，或名：常喜乐，或名：性清净，或名：圆满光，或名：修臂，或名：住本……。如是等，其数十千，令诸众生各别知见。

诸佛子！此四天下次下方，有世界，名为：焰慧。如来于彼，或名：集善根，或名：师子相，或名：猛利慧，或名：金色焰，或名：一切知识，或名：究竟音，或名：作利益，或名：到究竟，或名：真实天，或名：普遍胜……。如是等，其数十千，令诸众生各别知见。

诸佛子！此四天下次上方，有世界，名曰：持地。如来于彼，或

名：有智慧，或名：清净面，或名：觉慧，或名：上首，或名：行庄严，或名：发欢喜，或名：意成满，或名：如盛火，或名：持戒，或名：一道……。如是等，其数十千，令诸众生各别知见。

诸佛子！此娑婆世界有百亿四天下，如来于中，有百亿万种种名号，令诸众生各别知见。

诸佛子！此娑婆世界东，次有世界，名为：密训。如来于彼，或名：平等，或名：殊胜，或名：安慰，或名：开晓意，或名：闻慧，或名：真实语，或名：得自在，或名：最胜身，或名：大勇猛，或名：无等智……。如是等百亿万种种名号，令诸众生各别知见。

诸佛子！此娑婆世界南，次有世界，名曰：丰溢。如来于彼，或名：本性，或名：勤意，或名：无上尊，或名：大智炬，或名：无所依，或名：光明藏，或名：智慧藏，或名：福德藏，或名：天中天，或名：大自在……。如是等百亿万种种名号，令诸众生各别知见。

诸佛子！此娑婆世界西，次有世界，名为：离垢。如来于彼，或名：意成，或名：知道，或名：安住本，或名：能解缚，或名：通达义，或名：乐分别，或名：最胜见，或名：调伏行，或名：众苦行，或名：具足力……。如是等百亿万种种名号，令诸众生各别知见。

诸佛子！此娑婆世界北，次有世界，名曰：丰乐。如来于彼，或名：薝卜华色，或名：日藏，或名：善住，或名：现神通，或名：性超迈，或名：慧日，或名：无碍，或名：如月现，或名：迅疾风，或名：清净身……。如是等百亿万种种名号，令诸众生各别知见。

诸佛子！此娑婆世界东北方，次有世界，名为：摄取。如来于彼，或名：永离苦，或名：普解脱，或名：大伏藏，或名：解脱智，或名：过去藏，或名：宝光明，或名：离世间，或名：无碍地，或名：净信藏，或名：心不动……。如是等百亿万种种名号，令诸众生各别知见。

诸佛子！此娑婆世界东南方，次有世界，名为：饶益。如来于彼，或名：现光明，或名：尽智，或名：美音，或名：胜根，或名：庄严盖，或名：精进根，或名：到分别彼岸，或名：胜定，或名：简言辞，或名：智慧海……。如是等百亿万种种名号，令诸众生各别知见。

诸佛子！此娑婆世界西南方，次有世界，名为：鲜少。如来于彼，或名：牟尼主，或名：具众宝，或名：世解脱，或名：遍知根，或名：胜言辞，或名：明了见，或名：根自在，或名：大仙师，或名：开导业，或名：金刚师子……。如是等百亿万种种名号，令诸众生各别知见。

诸佛子！此娑婆世界西北方，次有世界，名为：欢喜。如来于彼，或名：妙华聚，或名：栴檀盖，或名：莲华藏，或名：超越诸法，或名：法宝，或名：复出生，或名：净妙盖，或名：广大眼，或名：有善法，或名：专念法，或名：网藏……。如是等百亿万种种名号，令诸众生各别知见。

诸佛子！此娑婆世界次下方，有世界，名为：关钥。如来于彼，或名：发起焰，或名：调伏毒，或名：帝释弓，或名：无常所，或名：觉悟本，或名：断增长，或名：大速疾，或名：常乐施，或名：分别道，或名：摧伏幢……。如是等百亿万种种名号，令诸众生各别知见。

诸佛子！此娑婆世界次上方，有世界，名曰：振音。如来于彼，或名：勇猛幢，或名：无量宝，或名：乐大施，或名：天光，或名：吉兴，或名：超境界，或名：一切主，或名：不退轮，或名：离众恶，或名：一切智……。如是等百亿万种种名号，令诸众生各别知见。

诸佛子！如娑婆世界，如是东方百千亿无数无量，无边无等，不可数、不可称、不可思、不可量、不可说，尽法界、虚空界、诸世界中，如来名号，种种不同；南、西、北方，四维、上、下，亦复如是。如世尊昔为菩萨时，以种种谈论、种种语言、种种音声，种种业，种种报，种种处，种种方便、种种根，种种信解、种种地位而得成熟，亦令众生如是知见而为说法。

四圣谛品第八

尔时，文殊师利菩萨摩诃萨告诸菩萨言：

诸佛子！苦圣谛，此娑婆世界中，或名：罪，或名：逼迫，或名：变异，或名：攀缘，或名：聚，或名：刺，或名：依根，或名：虚诳，或名：痈疮处，或名：愚夫行。诸佛子！苦集圣谛，此娑婆世界中，或名：系缚，或名：灭坏，或名：爱著义，或名：妄觉念，或名：趣入，或名：决定，或名：网，或名：戏论，或名：随行，或名：颠倒根。诸佛子！苦灭圣谛，此娑婆世界中，或名：无诤，或名：离尘，或名：寂静，或名：无相，或名：无没，或名：无自性，或名：无障碍，或名：灭，或名：体真实，或名：住自性。诸佛子！苦灭道圣谛，此娑婆世界中，或名：一乘，或名：趣寂，或名：导引，或名：究竟无分别，或名：平等，或名：舍担，或名：无所趣，或名：随圣意，或名：仙人行，或名：十藏。诸佛子！此娑婆世界说四圣谛，有如是等四百亿十千名；随众生心，悉令调伏。

诸佛子！此娑婆世界所言苦圣谛者，彼密训世界中，或名：营求根，或名：不出离，或名：系缚本，或名：作所不应作，或名：普斗诤，或名：分析悉无力，或名：作所依，或名：极苦，或名：躁动，或名：形状物。诸佛子！所言苦集圣谛者，彼密训世界中，或名：顺生死，或名：染著，或名：烧然，或名：流转，或名：败坏根，或名：续诸有，或名：恶行，或名：爱著，或名：病源，或名：分数。

诸佛子！所言苦灭圣谛者，彼密训世界中，或名：第一义，或名：出离，或名：可赞叹，或名：安隐，或名：善入处，或名：调伏，或名：一分，或名：无罪，或名：离贪，或名：决定。诸佛子！所言苦灭道圣谛者，彼密训世界中，或名：猛将，或名：上行，或名：超出，或名：有方便，或名：平等眼，或名：离边，或名：了悟，或名：摄取，或名：最胜眼，或名：观方。诸佛子！密训世界说四圣谛，有如是等四百亿十千名；随众生心，悉令调伏。

诸佛子！此娑婆世界所言苦圣谛者，彼最胜世界中，或名：恐怖，或名：分段，或名：可厌恶，或名：须承事，或名：变异，或名：招引怨，或名：能欺夺，或名：难共事，或名：妄分别，或名：有势力。诸佛子！所言苦集圣谛者，彼最胜世界中，或名：败坏，或名：痴根，或名：大怨，或名：利刃，或名：灭味，或名：仇对，或名：非己物，或名：恶导引，或名：增黑闇，或名：坏善利。诸佛子！所言苦灭圣谛者，彼最胜世界中，或名：大义，或名：饶益，或名：义中义，或名：无量，或名：所应见，或名：离分别，或名：最上调伏，或名：常平等，或名：可同住，或名：无为。诸佛子！所言苦灭道圣谛者，彼最胜世界中，或名：能烧然，或名：最上品，或名：决定，或名：无能破，或名：深方便，或名：出离，或名：不下劣，或名：通达，或名：解脱性，或名：能度脱。诸佛子！最胜世界说四圣谛，有如是等四百亿十千名；随众生心，悉令调伏。

诸佛子！此娑婆世界所言苦圣谛者，彼离垢世界中，或名：悔恨，或名：资待，或名：展转，或名：住城，或名：一味，或名：非法，或名：居宅，或名：妄著处，或名：虚妄见，或名：无有数。诸佛子！所言苦集圣谛者，彼离垢世界中，或名：无实物，或名：但有语，或名：非洁白，或名：生地，或名：执取，或名：鄙贱，或名：增长，或名：重担，或名：能生，或名：粗犷。诸佛子！所言苦灭圣谛者，彼离垢世界中，或名：无等等，或名：普除尽，或名：离垢，或名：最胜根，或名：称会，或名：无资待，或名：灭惑，或名：最上，或名：毕竟，或名：破印。诸佛子！所言苦灭道圣谛者，彼离垢世界中，或名：坚固物，或名：方便分，或名：解脱本，或名：本性实，或名：不可毁，或名：最清净，或名：诸有边，或名：受寄全，或名：作究竟，或名：净分别。诸佛子！离垢世界说四圣谛，有如是等四百亿十千名；随众生心，悉令调伏。

诸佛子！此娑婆世界所言苦圣谛者，彼丰溢世界中，或名：爱染处，或名：险害根，或名：有海分，或名：积集成，或名：差别根，或名：增长，或名：生灭，或名：障碍，或名：刀剑本，或名：数所成。诸佛子！所言苦集圣谛者，彼丰溢世界中，或名：可恶，或名：名字，或名：无尽，或名：分数，或名：不可爱，或名：能攫噬，或名：粗鄙物，或名：爱著，或名：器，或名：动。诸佛子！所言苦灭圣谛者，彼丰溢世界中，或名：相续断，或名：开显，或名：无文字，或名：无所修，或名：无所见，或名：无所作，或名：寂灭，或名：已烧尽，或名：舍重担，或名：已除坏。诸佛子！所言苦灭道圣谛者，彼丰溢世界中，或名：寂灭行，或名：出离行，或名：勤修证，或名：安隐去，或名：无量寿，或名：善了知，或名：究竟道，或名：难修习，或名：至彼岸，或名：无能胜。诸佛子！丰溢世界说四圣谛，有如是等四百亿十千名；随众生心，悉令调伏。

诸佛子！此娑婆世界所言苦圣谛者，彼摄取世界中，或名：能劫夺，或名：非善友，或名：多恐怖，或名：种种戏论，或名：地狱性，或名：非实义，或名：贪欲担，或名：深重根，或名：随心转，或名：根本空。诸佛子！所言苦集圣谛者，彼摄取世界中，或名：贪著，或名：恶成辨，或名：过恶，或名：速疾，或名：能执取，或名：想，或名：有果，或名：无可说，或名：无可取，或名：流转。诸佛子！所言苦灭圣谛者，彼摄取世界中，或名：不退转，或名：离言说，或名：无相状，或名：可欣乐，或名：坚固，或名：上妙，或名：离痴，或名：灭尽，或名：远恶，或名：出离。诸佛子！所言苦灭道圣谛者，彼摄取世界中，或名：离言，或名：无诤，或名：教导，或名：善回向，或名：大善巧，或名：差别方便，或名：如虚空，或名：寂静行，或名：胜智，或名：能了义。诸佛子！摄取世界说四圣谛，有如是等四百亿十千名；随众生心，悉令调伏。

诸佛子！此娑婆世界所言苦圣谛者，彼饶益世界中，或名：重担，或名：不坚，或名：如贼，或名：老死，或名：爱所成，或名：流转，或名：疲劳，或名：恶相状，或名：生长，或名：利刃。诸佛子！所言苦集圣谛者，彼饶益世界中，或名：败坏，或名：浑浊，或名：退失，或名：无力，或名：丧失，或名：乖违，或名：不和合，或名：所作，或名：取，或名：意欲。诸佛子！所言苦灭圣谛者，彼饶益世界中，或名：出狱，或名：真实，或名：离难，或名：覆护，或名：离恶，或名：随顺，或名：根本，或名：舍因，或名：无为，或名：无相续。诸佛子！所言苦灭道圣谛者，彼饶益世界中，或名：达无所有，或名：一切印，或名：三昧藏，或名：得光明，或名：不退法，或名：能尽有，或名：广大路，或名：能调伏，或名：有安隐，或名：不流转根。诸佛子！饶益世界说四圣谛，有如是等四百亿十千名；随众生心，悉令调伏。

诸佛子！此娑婆世界所言苦圣谛者，彼鲜少世界中，或名：险乐欲，或名：系缚处，或名：邪行，或名：随受，或名：无惭耻，或名：贪欲根，或名：恒河流，或名：常破坏，或名：炬火性，或名：多忧恼。诸佛子！所言苦集圣谛者，彼鲜少世界中，或名：广地，或名：能趣，或名：远慧，或名：留难，或名：恐怖，或名：放逸，或名：摄取，或名：著处，或名：宅主，或名：连缚。诸佛子！所言苦灭圣谛者，彼鲜少世界中，或名：充满，或名：不死，或名：无我，或名：无自性，或名：分别尽，或名：安乐住，或名：无限量，或名：断流转，或名：绝行处，或名：不二。诸佛子！所言苦灭道圣谛者，彼鲜少世界中，或名：大光明，或名：演说海，或名：拣择义，或名：和合法，或名：离取著，或名：断相续，或名：广大路，或名：平等因，或名：净方便，或名：最胜见。诸佛子！鲜少世界说四圣谛，有如是等四百亿十千名；随众生心，悉令调伏。

诸佛子！此娑婆世界所言苦圣谛者，彼欢喜世界中，或名：流转，或名：出生，或名：失利，或名：染著，或名：重担，或名：差别，或名：内险，或名：集会，或名：恶舍宅，或名：苦恼性。诸佛子！所言苦集圣谛者，彼欢喜世界中，或名：地，或名：方便，或名：非时，或名：非实法，或名：无底，或名：摄取，或名：离戒，或名：烦恼法，或名：狭劣见，或名：垢聚。诸佛子！所言苦灭圣谛者，彼欢喜世界中，或名：破依止，或名：不放逸，或名：真实，或名：平等，或名：善净，或名：无病，或名：无曲，或名：无相，或名：自在，或名：无生。诸佛子！所言苦灭道圣谛者，彼欢喜世界中，或名：入胜界，或名：断集，或名：超等类，或名：广大性，或名：分别尽，或名：神力道，或名：众方便，或名：正念行，或名：常寂路，或名：摄解脱。诸佛子！欢喜世界说四圣谛，有如是等四百亿十千名；随众生心，悉令调伏。

诸佛子！此娑婆世界所言苦圣谛者，彼关钥世界中，或名：败坏相，或名：如坏器，或名：我所成，或名：诸趣身，或名：数流转，或名：众恶门，或名：性苦，或名：可弃舍，或名：无味，或名：来去。诸佛子！所言苦集圣谛者，彼关钥世界中，或名：行，或名：愤毒，或名：和合，或名：受支，或名：我心，或名：杂毒，或名：虚称，或名：乖违，或名：热恼，或名：惊骇。诸佛子！所言苦灭圣谛者，彼关钥世界中，或名：无积集，或名：不可得，或名：妙药，或名：不可坏，或名：无著，或名：无量，或名：广大，或名：觉分，或名：离染，或名：无障碍。诸佛子！所言苦灭道圣谛者，彼关钥世界中，或名：安隐行，或名：离欲，或名：究竟实，或名：入义，或名：性究竟，或名：净现，或名：摄念，或名：趣解脱，或名：救济，或名：胜行。诸佛子！关钥世界说四圣谛，有如是等四百亿十千名；随众生心，悉令调伏。

诸佛子；此娑婆世界所言苦圣谛者，彼振音世界中，或名：匿疵，或名：世间，或名：所依，或名：傲慢，或名：染著性，或名：驶流，或名：不可乐，或名：覆藏，或名：速灭，或名：难调。诸佛子！所言苦集圣谛者，彼振音世界中，或名：须制伏，或名：心趣，或名：能缚，或名：随念起，或名：至后边，或名：共和合，或名：分别，或名：门，或名：飘动，或名：隐覆。诸佛子！所言苦灭圣谛者，彼振音世界中，或名：无依处，或名：不可取，或名：转还，或名：离诤，或名：小，或名：大，或名：善净，或名：无尽，或名：广博，或名：无等价。诸佛子！所言苦灭道圣谛者，彼振音世界中，或名：观察，或名：能摧敌，或名：了知印，或名：能入性，或名：难敌对，或名：无限义，或名：能入智，或名：和合道，或名：恒不动，或名：殊胜义。诸佛子！振音世界说四圣谛，有如是等四百亿十千名；随众生心，悉令调伏。

诸佛子！如此娑婆世界中，说四圣谛，有四百亿十千名。如是，东方百千亿无数无量、无边无等、不可数、不可称、不可思、不可量、不可说，尽法界、虚空界、所有世界，彼一一世界中，说四圣谛，亦各有四百亿十千名；随众生心，悉令调伏。如东方，南、西、北方，四维、上、下，亦复如是。诸佛子！如娑婆世界，有如上所说；十方世界，彼一切世界亦各有如是。十方世界，一一世界中，说苦圣谛有百亿万种名，说集圣谛、灭圣谛、道圣谛亦各有百亿万种名；皆随众生心之所乐，令其调伏。

大方广佛华严经卷第十三

光明觉品第九

尔时，世尊从两足轮下放百亿光明，照此三千大千世界百亿阎浮提、百亿弗婆提、百亿瞿耶尼、百亿郁单越、百亿大海、百亿轮围山、百亿菩萨受生、百亿菩萨出家、百亿如来成正觉、百亿如来转法轮、百亿如来入涅槃、百亿须弥山王、百亿四天王众天、百亿三十三天、百亿夜摩天、百亿兜率天、百亿化乐天、百亿他化自在天、百亿梵众天、百亿光音天、百亿遍净天、百亿广果天、百亿色究竟天；其中所有，悉皆明现。如此处，见佛世尊坐莲华藏师子之座，十佛刹微尘数菩萨所共围绕；其百亿阎浮提中，百亿如来亦如是坐。悉以佛神力故，十方各有一大菩萨，一一各与十佛刹微尘数诸菩萨俱，来诣佛所。其名曰：文殊师利菩萨、觉首菩萨、财首菩萨、宝首菩萨、功德首菩萨、目首菩萨、精进首菩萨、法首菩萨、智首菩萨、贤首菩萨。是诸菩萨所从来国，所谓：金色世界、妙色世界、莲华色世界、蒼卜华色世界、优钵罗华色世界、金色世界、宝色世界、金刚色世界、玻璃色世界、平等色世界。此诸菩萨各于佛所净修梵行，所谓：不动智佛、无碍智佛、解脱智佛、威仪智佛、明相智佛、究竟智佛、最胜智佛、自在智佛、梵智佛、观察智佛。尔时，一切处文殊师利菩萨，各于佛所，同时发声，说此颂言：

若有见正觉，解脱离诸漏，不著一切世，彼非证道眼。若有知如来，体相无所有，修习得明了，此人疾作佛。能见此世界，其心不摇动，于佛身亦然，当成胜智者。若于佛及法，其心了平等，二念不现前，当践难思位。若见佛及身，平等而安住，无住无所入，当成难遇者。色受无有数，想行识亦然，若能如是知，当作大牟尼。世及出世见，一切皆超越，而能善知法，当成大光耀。若于一切智，发生回向心，见心无所生，当获大名称。众生无有生，亦复无有坏，若得如是智，当成无上道。一中解无量，无量中解一，了彼亘生起，当成无所畏。

尔时，光明过此世界，遍照东方十佛国土；南、西、北方，四维、上、下，亦复如是。彼一一世界中，皆有百亿阎浮提，乃至百亿色究竟天；其中所有，悉皆明现。如此处，见佛世尊坐莲华藏师子之座，十佛刹微尘数菩萨所共围绕；彼一一世界中，各有百亿阎浮提、百亿如来，亦如是坐。悉以佛神力故，十方各有一大菩萨，一一各与十佛刹微尘数诸菩萨俱，来诣佛所。其大菩萨，谓：文殊师利等；所从来国，谓：金色世界等；本所事佛，谓：不动智如来等。尔时，一切处文殊师利菩萨，各于佛所，同时发声，说此颂言：

众生无智慧，爱刺所伤毒，为彼求菩提，诸佛法如是。普见于诸法，二边皆舍离，道成永不退，转此无等轮。不可思议劫，精进修诸行，为度诸众生，此是大仙力。导师降众魔，勇健无能胜，光中演妙义，慈悲故如是。以彼智慧心，破诸烦恼障，一念见一切，此是佛神力。击于正法鼓，觉寤十方刹，咸令向菩提，自在力能尔。不坏无边境，而游诸亿刹，于有无所著，彼自在如佛。诸佛如虚空，究竟常清净，忆念生欢喜，彼诸愿具足。一一地狱中，经于无量劫，为度众生故，而能忍是苦。不惜于身命，常护诸佛法，无我心调柔，能得如来道。

尔时，光明过十世界，遍照东方百世界；南、西、北方，四维、上、下，亦复如是。彼诸世界中，皆有百亿阎浮提，乃至百亿色究竟天；其中所有，悉皆明现。彼一一阎浮提中，悉见如来坐莲华藏师子之座，十佛刹微尘数菩萨所共围绕。悉以佛神力故，十方各有一大菩萨，一一各与十佛刹微尘数诸菩萨俱，来诣佛所。其大菩萨，谓：文殊师利等；所从来国，谓：金色世界等；本所事佛，谓：不动智如来等。尔时，一切处文殊师利菩萨，各于佛所，同时发声，说此颂言：

佛了法如幻，通达无障碍，心净离众著，调伏诸群生。或有见初生，妙色如金山，住是最后身，永作人中月。或见经行时，具无量功德，念慧皆善巧，丈夫师子步。或见绀青目，观察于十方，有时现戏笑，为顺众生欲。或见师子吼，殊胜无比身，示现最后生，所说无非实。或有见出家，解脱一切缚，修治诸佛行，常乐观寂灭。或见坐道场，觉知一切法，到功德彼岸；痴暗烦恼尽。或见胜丈夫，具足大悲心，转于妙法轮，度无量众生。或见师子吼，威光最殊特，超一切世间，神通力无等。或见心寂静，如世灯永灭，种种现神通，十力能如是。

尔时，光明过百世界，遍照东方千世界；南、西、北方，四维、上、下，亦复如是。彼一一世界中，皆有百亿阎浮提，乃至百亿色究竟天；其中所有，悉皆明现。彼一一阎浮提中，悉见如来坐莲华藏师子之座，十佛刹微尘数菩萨所共围绕：。悉以佛神力故，十方各有一大菩萨，一一各与十佛刹微尘数诸菩萨俱，来诣佛所。其大菩萨，谓：文殊师利等；所从来国，谓：金色世界等；本所事佛，谓：不动智如来等。尔时，一切处文殊师利菩萨，各于佛所，同时发声，说此颂言：

佛于甚深法，通达无与等，众生不能了，次第为开示。我性未曾有，我所亦空寂，云何诸如来，而得有其身。解脱明行者，无数无等伦，世间诸因量，求过不可得。佛非世间蕴，界处生死法，数法不能成，故号人师子。其性本空寂，内外俱解脱，离一切妄念，无等法如是。体性常不动，无我无来去，而能寤世间，无边悉调伏。常乐观寂灭，一相无有二，其心不增减，现无量神力。不作诸众生，业报因缘行，而能了无碍，善逝法如是。种种诸众生，流转于十方，如来不分别，度脱无边类。诸佛真金色，非有遍诸有，随众生心乐，为说寂灭法。

尔时，光明过千世界，遍照东方十千世界；南、西、北方，四维、上、下，亦复如是。彼一一世界中，皆有百亿阎浮提，乃至百亿色究竟天；其中所有，悉皆明现。彼一一阎浮提中，悉见如来坐莲华藏师子之座，十佛刹微尘数菩萨所共围绕。悉以佛神力故，十方各有一大菩萨，一一各与十佛刹微尘数诸菩萨俱，来诣佛所。其大菩萨，谓：文殊师利等；所从来国，谓：金色世界等；本所事佛，谓：不动智如来等。尔时，一切处文殊师利菩萨，各于佛所，同时发声，说此颂言：

发起大悲心，救护诸众生，永出人天众，如是业应作。意常信乐佛，其心不退转，亲近诸如来，如是业应作。志乐佛功德，其心永不退，住于清凉慧，如是业应作。一切威仪中，常念佛功德，昼夜无暂断，如是业应作。观无边三世，学彼佛功德，常无厌倦心，如是业应作。观身如实相，一切皆寂灭，离我无我著，如是业应作。等观众生心，不起诸分别，入于真实境，如是业应作。悉举无边界，普饮一切海，此神通智力，如是业应作。思惟诸国土，色与非色相，一切悉能知，如是业应作。十方国土尘，一尘为一佛，悉能知其数，如是业应作。

尔时，光明过十千世界，遍照东方百千世界；南、西、北方，四维、上、下，亦复如是。彼一一世界中，皆有百亿阎浮提，乃至百亿色究竟天；其中所有，悉皆明现。彼一一阎浮提中，悉见如来坐莲华藏师子之座，十佛刹微尘数菩萨所共围绕。悉以佛神力故，十方各有一大菩萨，一一各与十佛刹微尘数诸菩萨俱，来诣佛所。其大菩萨，谓：文殊师利等；所从来国，谓：金色世界等；本所事佛，谓：不动智如来等。

尔时，一切处文殊师利菩萨，各于佛所，同时发声，说此颂言：

若以威德色种族，而见人中调御师，是为病眼颠倒见，彼不能知最胜法。如来色形诸相等，一切世间莫能测，亿那由劫共思量，色相威德转无边。如来非以相为体，但是无相寂灭法，身相威仪悉具足，世间随乐皆得见。佛法微妙难可量，一切言说莫能及，非是和合非不合，体性寂灭无诸相。佛身无生超戏论，非是蕴聚差别法，得自在力决定见，所行无畏离言道。身心悉平等，内外皆解脱，永劫住正念，无著无所系。意净光明者，所行无染著，智眼靡不周，广大利众生。一身为无量，无量复为一，了知诸世间，现形遍一切。此身无所从，亦无所积聚，众生分别故，见佛种种身。心分别世间，是心无所有，如来知此法，如是见佛身。

尔时，光明过百千世界，遍照东方百万世界；南、西、北方，四维、上、下，亦复如是。彼一一世界中，皆有百亿阎浮提，乃至百亿色究竟天；其中所有，悉皆明现。彼一一阎浮提中，悉见如来坐莲华藏师子之座，十佛刹微尘数菩萨所共围绕。悉以佛神力故，十方各有一大菩萨，一一各与十佛刹微尘数诸菩萨俱，来诣佛所。其大菩萨，谓：文殊师利等；所从来国，谓：金色世界等；本所事佛，谓：不动智如来等。

尔时，一切处文殊师利菩萨，各于佛所，同时发声，说此颂言：

如来最自在，超世无所依，具一切功德，度脱于诸有。无染无所著，无想无依止，体性不可量，见者咸称叹。光明遍清净，尘累悉蠲涤，不动离二边，此是如来智。若有见如来，身心离分别，则于一切法，永出诸疑滞。一切世间中，处处转法轮，无性无所转，导师方便说。于法无疑惑，永绝诸戏论，不生分别心，是念佛菩提。了知差别法，不著于言说，无有一与多，是名随佛教。多中无一性，一亦无有多，如是二俱舍，普入佛功德。众生及国土，一切皆寂灭，无依无分别，能入佛菩提。众生及国土，一异不可得，如是善观察，名知佛法义。

尔时，光明过百万世界，遍照东方一亿世界；南、西、北方，四维、上、下，亦复如是。彼一一世界中，皆有百亿阎浮提，乃至百亿色究竟天；其中所有，悉皆明现。彼一一阎浮提中，各见如来坐莲华藏师子之座，十佛刹微尘数菩萨所共围绕。悉以佛神力故，十方各有一大菩萨，一一各与十佛刹微尘数诸菩萨俱，来诣佛所。其大菩萨，谓：文殊师利等；所从来国，谓：金色世界等；本所事佛，谓：不动智如来等。

尔时，一切处文殊师利菩萨，各于佛所，同时发声，说此颂言：

智慧无等法无边，超诸有海到彼岸，寿量光明悉无比，此功德者方便力。所有佛法皆明了，常观三世无厌倦，虽缘境界不分别，此难思者方便力。乐观众生无生想，普见诸趣无趣想，恒住禅寂不系心，此无碍慧方便力。善巧通达一切法，正念勤修涅槃道，乐于解脱离不平，此寂灭人方便力。有能劝向佛菩提，趣如法界一切智，善化众生入于谛，此住佛心方便力。佛所说法皆随入，广大智慧无所碍，一切处行悉已臻，此自在修方便力。恒住涅槃如虚空，随心化现靡不周，此依无相而为相，到难到者方便力。昼夜日月及年劫，世界始终成坏相，如是忆念悉了知，此时数智方便力。一切众生有生灭，色与非色想非想，所有名字悉了知，此住难思方便力。过去现在未来世，所有言说皆能了，而知三世悉平等，此无比解方便力。

尔时，光明过一亿世界，遍照东方十亿世界；南、西、北方，四维、上、下，亦复如是。彼一一世界中，皆有百亿阎浮提，乃至百亿色究竟天；其中所有，悉皆明现。彼一一阎浮提中，悉见如来坐莲华藏师子之座，十佛刹微尘数菩萨所共围绕。悉以佛神力故，十方各有一大菩萨，一一各与十佛刹微尘数诸菩萨俱，来诣佛所。其大菩萨，谓：文殊师利等；所从来国，谓：金色世界等；本所事佛，谓：不动智如来等。

尔时，一切处文殊师利菩萨，各于佛所，同时发声，说此颂言：

广大苦行皆修习，日夜精勤无厌怠，已度难度师子吼，普化众生是其行。众生流转爱欲海，无明网覆大忧迫，至仁勇猛悉断除，誓亦当然是其行。世间放逸著五欲，不实分别受众苦，奉行佛教常摄心，誓度于斯是其行。众生著我入生死，求其边际不可得，普事如来获妙法，为彼宣说是其行。众生无怙病所缠，常沦恶趣起三毒，大火猛焰恒烧热，净心度彼是其行。众生迷惑失正道，常行邪径入闇宅，为彼大然正法灯，永作照明是其行。众生漂溺诸有海，忧难无涯不可处，为彼兴造大法船，皆令得度是其行。众生无知不见本，迷惑痴狂险难中，佛哀愍彼建法桥，正念令升是其行。见诸众生在险道，老病死苦常逼迫，修诸方便无限量，誓当悉度是其行。闻法信解无疑惑，了性空寂不惊怖，随形六道遍十方，普教群迷是其行。

尔时，光明过十亿世界，遍照东方百亿世界、千亿世界、百千亿世界、那由他亿世界、百那由他亿世界、千那由他亿世界、百千那由他亿世界，如是无数无量、无边无等、不可数、不可称、不可思、不可量、不可说，尽法界、虚空界、所有世界；南、西、北方，四维、上、下，亦复如是。彼一一世界中，皆有百亿阎浮提，乃至百亿色究竟天；其中所有，悉皆明现。彼一一阎浮提中，悉见如来坐莲华藏师子之座，十佛刹微尘数菩萨所共围绕。悉以佛神力故，十方各有一大菩萨，一一各与十佛刹微尘数诸菩萨俱，来诣佛所。其大菩萨，谓：文殊师利等；所从来国，谓：金色世界等；本所事佛，谓：不动智如

来等。尔时,一切处文殊师利菩萨,各于佛所,同时发声,说此颂言:

一念普观无量劫,无去无来亦无住,如是了知三世事,超诸方便成十力。十方无比善名称,永离诸难常欢喜,普诣一切国土中,广为宣扬如是法。为利众生供养佛,如其意获相似果,于一切法悉顺知,遍十方中现神力。从初供佛意柔忍,入深禅定观法性,普劝众生发道心,以此速成无上果。十方求法情无异,为修功德令满足,有无二相悉灭除,此人于佛为真见。普往十方诸国土,广说妙法兴义利,住于实际不动摇,此人功德同于佛。如来所转妙法轮,一切皆是菩提分,若能闻已悟法性,如是之人常见佛。不见十力空如幻,虽见非见如盲睹,分别取相不见佛,毕竟离著乃能见。众生随业种种别,十方内外难尽见,佛身无碍遍十方,不可尽见亦如是。譬如空中无量刹,无来无去遍十方,生成灭坏无所依,佛遍虚空亦如是。

菩萨问明品第十

尔时,文殊师利菩萨问觉首菩萨言:佛子!心性是一。云何见有种种差别?所谓:往善趣、恶趣;诸根满、缺;受生同、异;端正、丑陋;苦、乐不同;业不知心,心不知业;受不知报,报不知受;心不知受,受不知心;因不知缘,缘不知因;智不知境,境不知智。

时,觉首菩萨以颂答曰:

仁今问是义,为晓悟群蒙,我如其性答,惟仁应谛听。诸法无作用,亦无有体性,是故彼一切,各各不相知。譬如河中水,湍流竞奔逝,各各不相知,诸法亦如是。亦如大火聚,猛焰同时发,各各不相知,诸法亦如是。又如长风起,遇物咸鼓扇,各各不相知,诸法亦如是。又如众地界,展转因依住,各各不相知,诸法亦如是。眼耳鼻舌身,心意诸情根,以此常流转,而无能转者。法性本无生,示现而有生,是中无能现,亦无所现物。眼耳鼻舌身,心意诸情根,一切空无性,妄心分别有。如理而观察,一切皆无性,法眼不思议,此见非颠倒。若实若不实,若妄若非妄,世间出世间,但有假言说。

尔时,文殊师利菩萨问财首菩萨言:佛子!一切众生非众生。云何如来随其时、随其命、随其身、随其行、随其解、随其言论、随其心乐、随其方便、随其思惟、随其观察,于如是诸众生中,为现其身,教化调伏?

时,财首菩萨以颂答曰:

此是乐寂灭,多闻者境界,我为仁宣说,仁今应听受。分别观内身,此中谁是我,若能如是解,彼达我有无。此身假安立,住处无方所,谛了是身者,于中无所著。于身善观察,一切皆明见,知法皆虚妄,不起心分别。寿命因谁起,复因谁退灭,犹如旋火轮,初后不可知。智者能观察,一切有无常,诸法空无我,永离一切相。众报随业生,如梦不真实,念念常灭坏,如前后亦尔。世间所见法,但以心为主，随解取众相，颠倒不如实。世间所言论，一切是分别，未曾有一法，得入于法性。能缘所缘力，种种法出生，速灭不暂停，念念悉如是。

尔时，文殊师利菩萨问宝首菩萨言：佛子！一切众生，等有四大，无我、无我所。云何而有受苦、受乐，端正、丑陋，内好、外好，少受、多受，或受现报，或受后报？然法界中，无美、无恶。

时，宝首菩萨以颂答曰：

随其所行业，如是果报生，作者无所有，诸佛之所说。譬如净明镜，随其所对质，现像各不同，业性亦如是。亦如田种子，各各不相知，自然能出生，业性亦如是。又如巧幻师，在彼四衢道，示现众色相，业性亦如是。如机关木人，能出种种声，彼无我非我，业性亦如是。亦如众鸟类，从??而得出，音声各不同，业性亦如是。譬如胎藏中，诸根悉成就，体相无来处，业性亦如是。又如在地狱，种种诸苦事，彼悉无所从，业性亦如是。譬如转轮王，成就胜七宝，来处不可得，业性亦如是。又如诸世界，大火所烧然，此火无来处，业性亦如是。

尔时，文殊师利菩萨问德首菩萨言：佛子！如来所悟，唯是一法。云何乃说无量诸法，现无量刹，化无量众，演无量音，示无量身，知无量心，现无量神通，普能震动无量世界，示现无量殊胜庄严，显示无边种种境界？而法性中，此差别相，皆不可得。

时，德首菩萨以颂答曰：

佛子所问义，甚深难可了，智者能知此，常乐佛功德。譬如地性一，众生各别住，地无一异念，诸佛法如是。亦如火性一，能烧一切物，火焰无分别，诸佛法如是。亦如大海一，波涛千万异，水无种种殊，诸佛法如是。亦如风性一，能吹一切物，风无一异念，诸佛法如是。亦如大云雷，普雨一切地，雨滴无差别，诸佛法如是。亦如地界一，能生种种芽，非地有殊异，诸佛法如是。如日无云曀，普照于十方，光明无异性，诸佛法如是。亦如空中月，世间靡不见，非月往其处，诸佛法如是。譬如大梵王，应现满三千，其身无别异，诸佛法如是。

尔时，文殊师利菩萨问目首菩萨言：佛子！如来福田，等一无异。云何而见众生布施果报不同？所谓：种种色、种种形、种种家、种种根、种种财、种种主、种种眷属、种种官位、种种功德、种种智慧；而佛于彼，其心平等，无异思惟。

时，目首菩萨以颂答曰：

譬如大地一，随种各生芽，于彼无怨亲，佛福田亦然。又如水一味，因器有差别，佛福田亦然，众生心故异。亦如巧幻师，能令众欢喜，佛福田如是，令众生敬悦。如有才智王，能令大众喜，佛福田如是，令众悉安乐。譬如净明镜，随色而现像，佛福田如是，随心获众报。如阿揭陀药，能疗一切毒，佛福田如是，灭诸烦恼患。亦如日出时，照耀于世间，佛福田如是，灭除诸黑暗。亦如净满月，普照于大地，佛福田亦然，一切处平等。譬如毗蓝风，普震于大地，佛福田如是，动三有众生。譬如大火起，能烧一切物，佛福田如是，烧一切有为。

尔时，文殊师利菩萨问勤首菩萨言：佛子！佛教是一，众生得见，云何不即悉断一切诸烦恼缚而得出离？然其色蕴、受蕴、想蕴、行蕴、识蕴，欲界、色界、无色界，无明、贪爱，无有差别，是则佛教。于诸众生，或有利益？或无利益？

时，勤首菩萨以颂答曰：

佛子善谛听，我今如实答，或有速解脱，或有难出离。若欲求除灭，无量诸过恶，当于佛法中，勇猛常精进。譬如微少火，樵湿速令灭，于佛教法中，懈怠者亦然。如钻燧求火，未出而数息，火势随止灭，懈怠者亦然。如人持日珠，不以物承影，火终不可得，懈怠者亦然。譬如赫日照，孩稚闭其目，怪言何不睹，懈怠者亦然。如人无手足，欲以芒草箭，遍射破大地，懈怠者亦然。如以一毛端，而取大海水，欲令尽乾竭，懈怠者亦然。又如劫火起，欲以少水灭，于佛教法中，懈怠者亦然。如有见虚空，端居不摇动，而言普腾蹑，懈怠者亦然。

尔时，文殊师利菩萨问法首菩萨言：佛子！如佛所说：若有众生，受持正法，悉能除断一切烦恼。何故复有受持正法而不断者？随贪、瞋、痴，随慢、随覆、随忿、随恨、随嫉、随悭、随诳、随谄，势力所转，无有离心。能受持法，何故复于心行之内起诸烦恼？

时，法首菩萨以颂答曰：

佛子善谛听，所问如实义，非但以多闻，能入如来法。如人水所漂，惧溺而渴死，于法不修行，多闻亦如是。如人设美膳，自饿而不食，于法不修行，多闻亦如是。如人善方药，自疾不能救，于法不修行，多闻亦如是。如人数他宝，自无半钱分，于法不修行，多闻亦如是。如有生王宫，而受馁与寒，于法不修行，多闻亦如是。如聋奏音乐，悦彼不自闻，于法不修行，多闻亦如是。如盲缋众像，示彼不自见，于法不修行，多闻亦如是。譬如海船师，而于海中死，于法不修行，多闻亦如是。如在四衢道，广说众好事，内自无实德，不行亦如是。

尔时，文殊师利菩萨问智首菩萨言：佛子！于佛法中，智为上首。如来何故，或为众生赞叹布施，或赞持戒，或赞堪忍，或赞精进，或赞禅定，或赞智慧，或复赞叹慈、悲、喜、舍？而终无有唯以一法，而得出离成阿耨多罗三藐三菩提者。

时，智首菩萨以颂答曰：

佛子甚希有，能知众生心，如仁所问义，谛听我今说。过去未来世,现在诸导师,无有说一法,而得于道者。佛知众生心,性分各不同,随其所应度,如是而说法。悭者为赞施,毁禁者赞戒,多瞋为赞忍,好懈赞精进。乱意赞禅定,愚痴赞智慧,不仁赞慈愍,怒害赞大悲。忧戚为赞喜,曲心赞叹舍,如是次第修,渐具诸佛法。如先立基堵,而后造宫室,施戒亦复然,菩萨众行本。譬如建城廓,为护诸人众,忍进亦如是,防护诸菩萨。譬如大力王,率土咸戴仰,定慧亦如是,菩萨所依赖。亦如转轮王,能与一切乐,四等亦如是,与诸菩萨乐。

尔时,文殊师利菩萨问贤首菩萨言:佛子!诸佛世尊,唯以一道,而得出离。云何今见一切佛土,所有众事,种种不同?所谓:世界、众生界、说法调伏、寿量、光明、神通、众会、教仪、法住,各有差别。无有不具一切佛法,而成阿耨多罗三藐三菩提者。

时,贤首菩萨以颂答曰:

文殊法常尔,法王唯一法,一切无碍人,一道出生死。一切诸佛身,唯是一法身,一心一智慧,力无畏亦然。如本趣菩提,所有回向心,得如是刹土,众会及说法。一切诸佛刹,庄严悉圆满,随众生行异,如是见不同。佛刹与佛身,众会及言说,如是诸佛法,众生莫能见。其心已清净,诸愿皆具足,如是明达人,于此乃能睹。随众生心乐,及以业果力,如是见差别,此佛威神故。佛刹无分别,无憎无有爱,但随众生心,如是见有殊。以是于世界,所见各差别,非一切如来,大仙之过咎。一切诸世界,所应受化者,常见人中雄,诸佛法如是。

尔时,诸菩萨谓文殊师利菩萨言:佛子!我等所解,各自说已。唯愿仁者,以妙辩才,演畅如来所有境界!何等是佛境界?何等是佛境界因?何等是佛境界度?何等是佛境界入?何等是佛境界智?何等是佛境界法?何等是佛境界说?何等是佛境界知?何等是佛境界证?何等是佛境界现?何等是佛境界广?

时,文殊师利菩萨以颂答曰:

如来深境界,其量等虚空,一切众生入,而实无所入。如来深境界,所有胜妙因,亿劫常宣说,亦复不能尽。随其心智慧,诱进咸令益,如是度众生,诸佛之境界。世间诸国土,一切皆随入,智身无有色,非彼所能见。诸佛智自在,三世无所碍,如是慧境界,平等如虚空。法界众生界,究竟无差别,一切悉了知,此是如来境。一切世间中,所有诸音声,佛智皆随了,亦无有分别。非识所能识,亦非心境界,其性本清净,开示诸群生。非业非烦恼,无物无住处,无照无所行,平等行世间。一切众生心,普在三世中,如来于一念,一切悉明达。

尔时,此娑婆世界中,一切众生所有法差别、业差别、世间差别、身差别、根差别、受生差别、持戒果差别、犯戒果差别、国土果差别，以佛神力，悉皆明现。如是，东方百千亿那由他无数无量、无边无等、不可数、不可称、不可思、不可量、不可说，尽法界、虚空界、一切世界中，所有众生法差别，乃至国土果差别，悉以佛神力故，分明显现；南、西、北方，四维、上、下，亦复如是。

大方广佛华严经卷第十四

净行品第十一

尔时，智首菩萨问文殊师利菩萨言：佛子！菩萨云何得无过失身、语、意业？云何得不害身、语、意业？云何得不可毁身、语、意业？云何得不可坏身、语、意业？云何得不退转身、语、意业？云何得不可动身、语、意业？云何得殊胜身、语、意业？云何得清净身、语、意业？云何得无染身、语、意业？云何得智为先导身、语、意业？云何得生处具足、种族具足、家具足、色具足、相具足、念具足、慧具足、行具足、无畏具足、觉悟具足？云何得胜慧、第一慧、最上慧、最胜慧、无量慧、无数慧、不思议慧、无与等慧、不可量慧、不可说慧？云何得因力、欲力、方便力、缘力、所缘力、根力、观察力、奢摩他力、毗钵舍那力、思惟力？云何得蕴善巧、界善巧、处善巧、缘起善巧、欲界善巧、色界善巧、无色界善巧、过去善巧、未来善巧、现在善巧？云何善修习念觉分、择法觉分、精进觉分、喜觉分、猗觉分、定觉分、舍觉分、空、无相、无愿？云何得圆满檀波罗蜜、尸波罗蜜、羼提波罗蜜、毗梨耶波罗蜜、禅那波罗蜜、般若波罗蜜，及以圆满慈、悲、喜、舍？云何得处非处智力、过未现在业报智力、根胜劣智力、种种界智力、种种解智力、一切至处道智力、禅解脱三昧染净智力、宿住念智力、无障碍天眼智力、断诸习智力？云何常得天王、龙王、夜叉王、乾闼婆王、阿修罗王、迦楼罗王、紧那罗王、摩睺罗伽王、人王、梵王之所守护，恭敬供养？云何得与一切众生为依、为救、为归、为趣、为炬、为明、为照、为导、为胜导、为普导？云何于一切众生中，为第一、为大、为胜、为最胜、为妙、为极妙、为上、为无上、为无等、为无等等？

尔时，文殊师利菩萨告智首菩萨言：

善哉！佛子！汝今为欲多所饶益、多所安隐，哀愍世间，利乐天人，问如是义。佛子！若诸菩萨善用其心，则获一切胜妙功德；于诸佛法，心无所碍，住去、来、今诸佛之道；随众生住，恒不舍离；如诸法相，悉能通达；断一切恶，具足众善；当如普贤，色像第一，一切行愿皆得具足；于一切法，无不自在，而为众生第二导师。佛子！云何用心能获一切胜妙功德？佛子！

菩萨在家，当愿众生：知家性空，免其逼迫。孝事父母，当愿众生：善事于佛，护养一切。妻子集会，当愿众生：怨亲平等，永离贪著。若得五欲，当愿众生：拔除欲箭，究竟安隐。妓乐聚会，当愿众生：以法自娱，了妓非实。若在宫室，当愿众生：入于圣地，永除秽欲。著璎珞时，当愿众生：舍诸伪饰，到真实处。上升楼阁，当愿众生：升正法楼，彻见一切。若有所施，当愿众生：一切能舍，心无爱著。众会聚集，当愿众生：舍众聚法，成一切智。若在厄难，当愿众生：随意自在，所行无碍。舍居家时，当愿众生：出家无碍，心得解脱。入僧伽蓝，当愿众生：演说种种，无乖诤法。诣大小师，当愿众生：巧事师长，习行善法。求请出家，当愿众生：得不退法，心无障碍。脱去俗服，当愿众生：勤修善根，舍诸罪轭。剃除须发，当愿众生：永离烦恼，究竟寂灭。著袈裟衣，当愿众生：心无所染，具大仙道。正出家时，当愿众生：同佛出家，救护一切。自归于佛，当愿众生：绍隆佛种，发无上意。自归于法，当愿众生：深入经藏，智慧如海。自归于僧，当愿众生：统理大众，一切无碍。受学戒时，当愿众生：善学于戒，不作众恶。受阇梨教，当愿众生：具足威仪，所行真实。受和尚教，当愿众生：入无生智，到无依处。受具足戒，当愿众生：具诸方便，得最胜法。若入堂宇，当愿众生：升无上堂，安住不动。若敷床座，当愿众生：开敷善法，见真实相。正身端坐，当愿众生：坐菩提座，心无所著。结跏趺坐，当愿众生：善根坚固，得不动地。修行于定，当愿众生：以定伏心，究竟无余。若修于观，当愿众生：见如实理，永无乖诤。舍跏趺坐，当愿众生：观诸行法，悉归散灭。下足住时，当愿众生：心得解脱，安住不动。若举于足，当愿众生：出生死海，具众善法。著下裙时，当愿众生：服诸善根，具足惭愧。整衣束带，当愿众生：检束善根，不令散失。若著上衣，当愿众生：获胜善根，至法彼岸。著僧伽梨，当愿众生：入第一位，得不动法。手执杨枝，当愿众生：皆得妙法，究竟清净。嚼杨枝时，当愿众生：其心调净，噬诸烦恼。大小便时，当愿众生：弃贪瞋痴，蠲除罪法。事讫就水，当愿众生：出世法中，速疾而往。洗涤形秽，当愿众生：清净调柔，毕竟无垢。以水盥掌，当愿众生：得清净手，受持佛法。以水洗面，当愿众生：得净法门，永无垢染。手执锡杖，当愿众生：设大施会，示如实道。执持应器，当愿众生：成就法器，受天人供。发趾向道，当愿众生：趣佛所行，入无依处。若在于道，当愿众生：能行佛道，向无余法。涉路而去，当愿众生：履净法界，心无障碍。见升高路，当愿众生：永出三界，心无怯弱。见趣下路，当愿众生：其心谦下，长佛善根。见斜曲路，当愿众生：舍不正道，永除恶见。若见直路，当愿众生：其心正直，无谄无诳。见路多尘，当愿众生：远离尘坌，获清净法。见路无尘，当愿众生：常行大悲，其心润泽。若见险道，当愿众生：住正法界，离诸罪难。若见众会，当愿众生：说甚深法，一切和合。若见大柱，当愿众生：离我诤心，无有忿恨。若见丛林，当愿众生：诸天及人，所应敬礼。若见高山，当愿众生：善根超出，无能至顶。见棘刺树，当愿众生：疾得翦除，三毒之刺。见树叶茂，当愿众生：以定解脱，而为荫映。若见华开，当愿众生：神通等法，如华开敷。若见树华，当愿众生：众相如华，具三十二。若见果实，当愿众生：获最胜法，证菩提道。若见大河，当愿众生：得预法流，入佛智海。若见陂泽，当愿众生：疾悟诸佛，一味之法。若见池沼，当愿众生：语业满足，巧能演说。若见汲井，当愿众生：具足辩才，演一切法。若见涌泉，当愿众生：方便增长，善根无尽。若见桥道，当愿众生：广度一切，犹如桥梁。若见流水，当愿众生：得善意欲，洗除惑垢。见修园圃，当愿众生：五欲圃中，耘除爱草。见无忧林，当愿众生：永离贪爱，不生忧怖。若见园苑，当愿众生：勤修诸行，趣佛菩提。见严饰人，当愿众生：三十二相，以为严好。见无严饰，当愿众生：舍诸饰好，具头陀行。见乐著人，当愿众生：以法自娱，欢爱不舍。见无乐著，当愿众生：有为事中，心无所乐。见欢乐人，当愿众生：常得安乐，乐供养佛。见苦恼人，当愿众生：获根本智，灭除众苦。见无病人，当愿众生：入真实慧，永无病恼。见疾病人，当愿众生：知身空寂，离乖诤法。见端正人，当愿众生：于佛菩萨，常生净信。见丑陋人，当愿众生：于不善事，不生乐著。见报恩人，当愿众生：于佛菩萨，能知恩德。见背恩人，当愿众生：于有恶人，不加其报。若见沙门，当愿众生：调柔寂静，毕竟第一。见婆罗门，当愿众生：永持梵行，离一切恶。见苦行人，当愿众生：依于苦行，至究竟处。见操行人，当愿众生：坚持志行，不舍佛道。见著甲胄，当愿众生：常服善铠，趣无师法。见无铠仗，当愿众生：永离一切，不善之业。见论议人，当愿众生：于诸异论，悉能摧伏。见正命人，当愿众生：得清净命，不矫威仪。若见于王，当愿众生：得为法王，恒转正法。若见王子，当愿众生：从法化生，而为佛子。若见长者，当愿众生：善能明断，不行恶法。若见大臣，当愿众生：恒守正念，习行众善。若见城廓，当愿众生：得坚固身，心无所屈。若见王都，当愿众生：功德共聚，心恒喜乐。见处林薮，当愿众生：应为天人，之所叹仰。入里乞食，当愿众生：入深法界，心无障碍。到人门户，当愿众生：入于一切，佛法之门。入其家已，当愿众生：得入佛乘，三世平等。见不舍人，当愿众生：常不舍离，胜功德法。见能舍人，当愿众生：永得舍离，三恶道苦。若见空钵，当愿众生：其心清净，空无烦恼。若见满钵，当愿众生：具足成满，一切善法。若得恭敬，当愿众生：恭敬修行，一切佛法。不得恭敬，当愿众生：不行一切，不善之法。见惭耻人，当愿众生：具惭耻行，藏护诸根。见无惭耻，当愿众生：舍离无惭，住大慈道。若得美食，当愿众生：满足其愿，心无羡欲。得不美食，当愿众生：莫不获得，诸三昧味。得柔软食，当愿众生：大悲所熏，心意柔软。得粗涩食，当愿众生：心无染著，绝世贪爱。若饭食时，当愿众生：禅悦为食，法喜充满。若受味时，当愿众生：得佛上味，甘露满足。饭食已讫，当愿众生：所作皆辨，具诸佛法。若说法时，当愿众生：得无尽辩，广宣法要。从舍出时，当愿众生：深入佛智，永出三界。若入水时，当愿众生：入一切智，知三世等。洗浴身体，当愿众生：身心无垢，内外光洁。盛暑炎毒，当愿众生：舍离众恼，一切皆尽。暑退凉初，当愿众生：证无上法，究竟清凉。讽诵经时，当愿众生：顺佛所说，总持不忘。若得见佛，当愿众生：得无碍眼，见一切佛。谛观佛时，当愿众生：皆如普贤，端正严好。见佛塔时，当愿众生：尊重如塔，受天人供。敬心观塔，当愿众生：诸天及人，所共瞻仰。顶礼于塔，当愿众生：一切天人，无能见顶。右绕于塔，当愿众生：所行无逆，成一切智。绕塔三匝，当愿众生：勤求佛道，心无懈歇。赞佛功德，当愿众生：众德悉具，称叹无尽。赞佛相好，当愿众生：成就佛身，证无相法。若洗足时，当愿众生：具神足力，所行无碍。以时寝息，当愿众生：身得安隐，心无动乱。睡眠始寤，当愿众生：一切智觉，周顾十方。

佛子！若诸菩萨如是用心，则获一切胜妙功德；一切世间诸天、魔、梵、沙门、婆罗门、乾闼婆、阿修罗等，及以一切声闻、缘觉，所不能动。

贤首品第十二之一

尔时，文殊师利菩萨说无浊乱清净行大功德已，欲显示菩提心功德故，以偈问贤首菩萨曰：

我今已为诸菩萨，说佛往修清净行，仁亦当于此会中，演畅修行胜功德。

尔时，贤首菩萨以偈答曰：

善哉仁者应谛听，彼诸功德不可量，我今随力说少分，犹如大海一滴水。若有菩萨初发心，誓求当证佛菩提，彼之功德无边际，不可称量无与等。何况无量无边劫，具修地度诸功德，十方一切诸如来，悉共称扬不能尽。如是无边大功德，我今于中说少分，譬如鸟足所履空，亦如大地一微尘。菩萨发意求菩提，非是无因无有缘，于佛法僧生净信，以是而生广大心。不求五欲及王位，富饶自乐大名称，但为永灭众生苦，利益世间而发心。常欲利乐诸众生，庄严国土供养佛，受持正法修诸智，证菩提故而发心。深心信解常清净，恭敬尊重一切佛，于法及僧亦如是，至诚供养而发心。深信于佛及佛法，亦信佛子所行道，及信无上大菩提，菩萨以是初发心。信为道元功德母，长养一切诸善法，断除疑网出爱流，开示涅槃无上道。信无垢浊心清净，灭除憍慢恭敬本，亦为法藏第一财，为清净手受众行。信能惠施心无吝，信能欢喜入佛法，信能增长智功德，信能必到如来地。信令诸根净明利，信力坚固无能坏，信能永灭烦恼本，信能专向佛功德。信于境界无所著，远离诸难得无难，信能超出众魔路，示现无上解脱道。信为功德不坏种，信能生长菩提树，信能增益最胜智，信能示现一切佛。是故依行说次第，信乐最胜甚难得，譬如一切世间中，而有随意妙宝珠。若常信奉于诸佛，则能持戒修学处；若常持戒修学处，则能具足诸功德。戒能开发菩提本，学是勤修功德地；于戒及学常顺行，一切如来所称美。若常信奉于诸佛，则能兴集大供养；若能兴集大供养，彼人信佛不思议。若常信奉于尊法，则闻佛法无厌足；若闻佛法无厌足，彼人信法不思议。若常信奉清净僧，则得信心不退转；若得信心不退转，彼人信力无能动。若得信力无能动，则得诸根净明利；若得诸根净明利，则能远离恶知识。若能远离恶知识，则得亲近善知识；若得亲近善知识，则能修集广大善。若能修集广大善，彼人成就大因力；若人成就大因力，则得殊胜决定解。若得殊胜决定解，则为诸佛所护念；若为诸佛所护念，则能发起菩提心。若能发起菩提心，则能勤修佛功德；若能勤修佛功德，则得生在如来家。若得生在如来家，则善修行巧方便；若善修行巧方便，则得信乐心清净。若得信乐心清净，则得增上最胜心；若得增上最胜心，则常修习波罗蜜。若常修习波罗蜜，则能具足摩诃衍；若能具足摩诃衍，则能如法供养佛。若能如法供养佛，则能念佛心不动；若能念佛心不动，则常睹见无量佛。若常睹见无量佛，则见如来体常住；若见如来体常住，则能知法永不灭。若能知法永不灭，则得辩才无障碍；若得辩才无障碍，则能开演无边法。若能开演无边法，则能慈愍度众生；若能慈愍度众生，则得坚固大悲心。若得坚固大悲心，则能爱乐甚深法；若能爱乐甚深法，则能舍离有为过。若能舍离有为过，则离憍慢及放逸；若离憍慢及放逸，则能兼利一切众。若能兼利一切众，则处生死无疲厌；若处生死无疲厌，则能勇健无能胜。若能勇健无能胜，则能发起大神通；若能发起大神通，则知一切众生行。若知一切众生行，则能成就诸群生；若能成就诸群生，则得善摄众生智。若得善摄众生智，则能成就四摄法；若能成就四摄法，则与众生无限利。若与众生无限利，则具最胜智方便；若具最胜智方便，则住勇猛无上道。若住勇猛无上道，则能摧殄诸魔力；若能摧殄诸魔力，则能超出四魔境。若能超出四魔境，则得至于不退地；若得至于不退地，则得无生深法忍。若得无生深法忍，则为诸佛所授记；若为诸佛所授记，则一切佛现其前。若一切佛现其前，则了神通深密用；若了神通深密用，则为诸佛所忆念。若为诸佛所忆念，则以佛德自庄严；若以佛德自庄严，则获妙福端严身。若获妙福端严身，则身晃耀如金山；若身晃耀如金山，则相庄严三十二。若相庄严三十二，则具随好为严饰；若具随好为严饰，则身光明无限量。若身光明无限量，则不思议光庄严；若不思议光庄严，其光则出诸莲华。其光若出诸莲华，则无量佛坐华上；示现十方靡不遍，悉能调伏诸众生。若能如是调众生，则现无量神通力。若现无量神通力，则住不可思议土，演说不可思议法，令不思议众欢喜。若说不可思议法，令不思议众欢喜，则以智慧辩才力，随众生心而化诱。若以智慧辩才力，随众生心而化诱，则以智慧为先导，身语意业恒无失。若以智慧为先导，身语意业恒无失，则其愿力得自在，普随诸趣而现身。若其愿力得自在，普随诸趣而现身，则能为众说法时，音声随类难思议。若能为众说法时，音声随类难思议，则于一切众生心，一念悉知无有余。若于一切众生心，一念悉知无有余，则知烦恼无所起，永不没溺于生死。若知烦恼无所起，永不没溺于生死，则获功德法性身，以法威力现世间。若获功德法性身，以法威力现世间，则获十地十自在，修行诸度胜解脱。若得十地十自在，修行诸度胜解脱，则获灌顶大神通，住于最胜诸三昧。若获灌顶大神通，住于最胜诸三昧，则于十方诸佛所，应受灌顶而升位。若于十方诸佛所，应受灌顶而升位，则蒙十方一切佛，手以甘露灌其顶。若蒙十方一切佛，手以甘露灌其顶，则身充遍如虚空，安住不动满十方。若身充遍如虚空，安住不动满十方，则彼所行无与等，诸天世人莫能知。菩萨勤修大悲行，愿度一切无不果，见闻听受若供养，靡不皆令获安乐。彼诸大士威神力，法眼常全无缺减，十善妙行等诸道，无上胜宝皆令现。譬如大海金刚聚，以彼威力生众宝，无减无增亦无尽，菩萨功德聚亦然。或有刹土无有佛，于彼示现成正觉，或有国土不知法，于彼为说妙法藏。无有分别无功用，于一念顷遍十方，如月光影靡不周，无量方便化群生。于彼十方世界中，念念示现成佛道，转正法轮入寂灭，乃至舍利广分布。或现声闻独觉道，或现成佛普庄严，如是开阐三乘教，广度众生无量劫。或现童男童女形，天龙及以阿修罗，乃至摩睺罗伽等，随其所乐悉令见。众生形相各不同，行业音声亦无量，如是一切皆能现，海印三昧威神力。严净不可思议刹，供养一切诸如来，放大光明无有边，度脱众生亦无限。智慧自在不思议，说法言辞无有碍，施戒忍进及禅定，智慧方便神通等。如是一切皆自在，以佛华严三昧力，一微尘中入三昧，成就一切微尘定，而彼微尘亦不增，于一普现难思刹。彼一尘内众多刹，或有有佛或无佛，或有杂染或清净，或有广大或狭小，或复有成或有坏，或有正住或傍住，或如旷野热时焰，或如天上因陀网。如一尘中所示现，一切微尘悉亦然。此大名称诸圣人，三昧解脱神通力，若欲供养一切佛，入于三昧起神变，能以一手遍三千，普供一切诸如来。十方所有胜妙华，涂香末香无价宝，如是皆从手中出，供养道树诸最胜。无价宝衣杂妙香，宝幢幡盖皆严好，真金为华宝为帐，莫不皆从掌中雨。十方所有诸妙物，应可奉献无上尊，掌中悉雨无不备，菩提树前持供佛。十方一切诸妓乐，钟鼓琴瑟非一类，悉奏和雅妙音声，靡不从于掌中出。十方所有诸赞颂，称叹如来实功德，如是种种妙言辞，皆从掌内而开演。菩萨右手放净光，光中香水从空雨，普洒十方诸佛土，供养一切照世灯。又放光明妙庄严，出生无量宝莲华，其华色相皆殊妙，以此供养于诸佛。又放光明华庄严，种种妙华集为帐，普散十方诸国土，供养一切大德尊。又放光明香庄严，种种妙香集为帐，普散十方诸国土，供养一切大德尊。又放光明末香严，种种末香聚为帐，普散十方诸国土，供养一切大德尊。又放光明衣庄严，种种名衣集为帐，普散十方诸国土，供养一切大德尊。又放光明宝庄严，种种妙宝集为帐，普散十方诸国土，供养一切大德尊。又放光明莲庄严，种种莲华集为帐，普散十方诸国土，供养一切大德尊。又放光明璎庄严，种种妙璎集为帐，普散十方诸国土，供养一切大德尊。又放光明幢庄严，其幢绚焕备众色，种种无量皆殊好，以此庄严诸佛土。种种杂宝庄严盖，众妙缯幡共垂饰，摩尼宝铎演佛音，执持供养诸如来。手出供具难思议，如是供养一导师，一切佛所皆如是，大士三昧神通力。菩萨住在三昧中，种种自在摄众生，悉以所行功德法，无量方便而开诱。或以供养如来门，或以难思布施门，或以头陀持戒门，或以不动堪忍门。或以苦行精进门，或以寂静禅定门，或以决了智慧门，或以所行方便门。或以梵住神通门，或以四摄利益门，或以福智庄严门，或以因缘解脱门。或以根力正道门，或以声闻解脱门，或以独觉清净门，或以大乘自在门。或以无常众苦门，或以无我寿者门，或以不净离欲门，或以灭尽三昧门。随诸众生病不同，悉以法药而对治；随诸众生心所乐，悉以方便而满足；随诸众生行差别，悉以善巧而成就。如是三昧神通相，一切天人莫能测。有妙三昧名随乐，菩萨住此普观察，随宜示现度众生，悉使欢心从法化。劫中饥馑灾难时，悉与世间诸乐具，随其所欲皆令满，普为众生作饶益。或以饮食上好味，宝衣严具众妙物，乃至王位皆能舍，令好施者悉从化。或以相好庄严身，上妙衣服宝璎珞，华鬘为饰香涂体，威仪具足度众生。一切世间所好尚，色相颜容及衣服，随应普现惬其心，俾乐色者皆从道。迦陵频伽美妙音，俱枳罗等妙音声，种种梵音皆具足，随其心乐为说法。八万四千诸法门，诸佛以此度众生，彼亦如其差别法，随世所宜而化度。众生苦乐利衰等，一切世间所作法，悉能应现同其事，以此普度诸众生。一切世间众苦患，深广无涯如大海，与彼同事悉能忍，令其利益得安乐。若有不识出离法，不求解脱离誼愤，菩萨为现舍国财，常乐出家心寂静。家是贪爱系缚所，欲使众生悉免离，故示出家得解脱，于诸欲乐无所受。菩萨示行十种行，亦行一切大人法，诸仙行等悉无余，为欲利益众生故。若有众生寿无量，烦恼微细乐具足，菩萨于中得自在，示受老病死众患。或有贪欲瞋恚痴，烦恼猛火常炽然，菩萨为现老病死，令彼众生悉调伏。如来十力无所畏，及以十八不共法，所有无量诸功德，悉以示现度众生。记心教诫及神足，悉是如来自在用，彼诸大士皆示现，能使众生尽调伏。菩萨种种方便门，随顺世法度众生，譬如莲华不著水，如是在世令深信。雅思渊才文中王，歌舞谈说众所欣，一切世间众技术，譬如幻师无不现。或为长者邑中主，或为贾客商人导，或为国王及大臣，或作良医善众论。或于旷野作大树，或为良药众宝藏，或作宝珠随所求，或以正道示众生。若见世界始成立，众生未有资身具，是时菩萨为工匠，为之示现种种业。不作逼恼众生物，但说利益世间事，咒术药草等众论，如是所有皆能说。一切仙人殊胜行，人天等类同信仰，如是难行苦行法，菩萨随应悉能作。或作外道出家人，或在山林自勤苦，或露形体无衣服，而于彼众作师长。或现邪命种种行，习行非法以为胜，或现梵志诸威仪，于彼众中为上首。或受五热随日转，或持牛狗及鹿戒，或著坏衣奉事火，为化是等作导师。或有示谒诸天庙，或复示入恒河水，食根果等悉示行，于彼常思已胜法。或现蹲踞或翘足，或卧草棘及灰上，或复卧杵求出离，而于彼众作师首。如是等类诸外道，观其意解与同事，所示苦行世靡堪，令彼见已皆调伏。众生迷惑禀邪教，住于恶见受众苦，为其方便说妙法，悉令得解真实谛。或边咒语说四谛，或善密语说四谛，或人直语说四谛，或天密语说四谛，分别文字说四谛，决定义理说四谛，善破于他说四谛，非外所动说四谛，或八部语说四谛，或一切语说四谛，随彼所解语言音，为说四谛令解脱。所有一切诸佛法，皆如是说无不尽，知语境界不思议，是名说法三昧力。

大方广佛华严经卷第十五

贤首品第十二之二

有胜三昧名安乐，能普救度诸群生，放大光明不思议，令其见者悉调伏。所放光明名善现，若有众生遇此光，必令获益不唐捐，因是得成无上智。彼光示现于诸佛，示法示僧示正道，亦示佛塔及形像，是故得成此光明。又放光明名照曜，映蔽一切诸天光，所有闇障靡不除，普为众生作饶益。此光觉悟一切众，令执灯明供养佛，以灯供养诸佛故，得成世中无上灯。然诸油灯及酥灯，亦然种种诸明炬，众香妙药上宝烛，以是供佛获此光。又放光明名济度，此光能觉一切众，令其普发大誓心，度脱欲海诸群生。若能普发大誓心，度脱欲海诸群生，则能越度四瀑流，示导无忧解脱城。于诸行路大水处，造立桥梁及船筏，毁呰有为赞寂静，是故得成此光明。又放光明名灭爱，此光能觉一切众，令其舍离于五欲，专思解脱妙法味。若能舍离于五欲，专思解脱妙法味，则能以佛甘露雨，普灭世间诸渴爱。惠施池井及泉流，专求无上菩提道，毁呰五欲赞禅定，是故得成此光明。又放光明名欢喜，此光能觉一切众，令其爱慕佛菩提，发心愿证无师道。造立如来大悲像，众相庄严坐华座，恒叹最胜诸功德，是故得成此光明。

又放光明名爱乐，此光能觉一切众，令其心乐于诸佛，及以乐法乐众僧。若常心乐于诸佛，及以乐法乐众僧，则在如来众会中，逮成无上深法忍。开悟众生无有量，普使念佛法僧宝，及示发心功德行，是故得成此光明。又放光明名福聚，此光能觉一切众，令行种种无量施，以此愿求无上道。设大施会无遮限，有来求者皆满足，不令其心有所乏，是故得成此光明。又放光明名具智，此光能觉一切众，令于一法一念中，悉解无量诸法门。为诸众生分别法，及以决了真实义，善说法义无亏减，是故得成此光明。又放光明名慧灯，此光能觉一切众，令知众生性空寂，一切诸法无所有。演说诸法空无主，如幻如焰水中月，乃至犹如梦影像，是故得成此光明。又放光名法自在，此光能觉一切众，令得无尽陀罗尼，悉持一切诸佛法。恭敬供养持法者，给侍守护诸贤圣，以种种法施众生，是故得成此光明。又放光明名能舍，此光觉悟悭众生，令知财宝悉非常，恒乐惠施心无著。悭心难调而能调，解财如梦如浮云，增长惠施清净心，是故得成此光明。又放光明名除热，此光能觉毁禁者，普使受持清净戒，发心愿证无师道。劝引众生受持戒，十善业道悉清净，又令发向菩提心，是故得成此光明。又放光明名忍严，此光觉悟瞋恚者，令彼除瞋离我慢，常乐忍辱柔和法。众生暴恶难可忍，为菩提故心不动，常乐称扬忍功德，是故得成此光明。又放光明名勇猛，此光觉悟懒堕者，令彼常于三宝中，恭敬供养无疲厌。若彼常于三宝中，恭敬供养无疲厌，则能超出四魔境，速成无上佛菩提。劝化众生令进策，常勤供养于三宝，法欲灭时专守护，是故得成此光明。又放光明名寂静，此光能觉乱意者，令其远离贪恚痴，心不动摇而正定。舍离一切恶知识，无义谈说杂染行，赞叹禅定阿兰若，是故得成此光明。又放光明名慧严，此光觉悟愚迷者，令其证谛解缘起，诸根智慧悉通达。若能证谛解缘起，诸根智慧悉通达，则得日灯三昧法，智慧光明成佛果。国财及己皆能舍，为菩提故求正法，闻已专勤为众说，是故得成此光明。又放光明名佛慧，此光觉悟诸含识，令见无量无边佛，各各坐宝莲华上。赞佛威德及解脱，说佛自在无有量，显示佛力及神通，是故得成此光明。又放光明名无畏，此光照触恐怖者，非人所持诸毒害，一切皆令疾除灭。能于众生施无畏，遇有恼害皆劝止，拯济厄难孤穷者，以是得成此光明。又放光明名安隐，此光能照疾病者，令除一切诸苦痛，悉得正定三昧乐。施以良药救众患，妙宝延命香涂体，酥油乳蜜充饮食，以是得成此光明。又放光明名见佛，此光觉悟将殁者，令随忆念见如来，命终得生其净国。见有临终劝念佛，又示尊像令瞻敬，俾于佛所深归仰，是故得成此光明。又放光明名乐法，此光能觉一切众，令于正法常欣乐，听闻演说及书写。法欲尽时能演说，令求法者意充满，于法爱乐勤修行，是故得成此光明。又放光明名妙音，此光开悟诸菩萨，能令三界所有声，闻者皆是如来音。以大音声称赞佛，及施铃铎诸音乐，普使世间闻佛音，是故得成此光明。又放光名施甘露，此光开悟一切众，令舍一切放逸行，具足修习诸功德。说有为法非安隐，无量苦恼悉充遍，恒乐称扬寂灭乐，是故得成此光明。又放光明名最胜，此光开悟一切众，令于佛所普听闻，戒定智慧增上法。常乐称扬一切佛，胜戒胜定殊胜慧，如是为求无上道，是故得成此光明。又放光明名宝严，此光能觉一切众，令得宝藏无穷尽，以此供养诸如来。以诸种种上妙宝，奉施于佛及佛塔，亦以惠施诸贫乏，是故得成此光明。又放光明名香严，此光能觉一切众，令其闻者悦可意，决定当成佛功德。人天妙香以涂地，供养一切最胜王，亦以造塔及佛像，是故得成此光明。又放光名杂庄严，宝幢幡盖无央数，焚香散华奏众乐，城邑内外皆充满。本以微妙妓乐音，众香妙华幢盖等，种种庄严供养佛，是故得成此光明。又放光明名严洁，令地平坦犹如掌，庄严佛塔及其处，是故得成此光明。又放光明名大云，能起香云雨香水，以水洒塔及庭院，是故得成此光明。又放光明名严具，令裸形者得上服，严身妙物而为施，是故得成此光明。又放光明名上味，能令饥者获美食，种种珍馔而为施，是故得成此光明。又放光明名大财，令贫乏者获宝藏，以无尽物施三宝，是故得成此光明。又放光名眼清净，能令盲者见众色，以灯施佛及佛塔，是故得成此光明。又放光名耳清净，能令聋者悉善听，鼓乐娱佛及佛塔，是故得成此光明。又放光名鼻清净，昔未闻香皆得闻，以香施佛及佛塔，是故得成此光明。又放光名舌清净，能以美音称赞佛，永除粗恶不善语，是故得成此光明。又放光名身清净，诸根缺者令具足，以身礼佛及佛塔，是故得成此光明。又放光名意清净，令失心者得正念，修行三昧悉自在，是故得成此光明。又放光名色清净，令见难思诸佛色，以众妙色庄严塔，是故得成此光明。又放光名声清净，令知声性本空寂，观声缘起如谷响，是故得成此光明。又放光名香清净，令诸臭秽悉香洁，香水洗塔菩提树，是故得成此光明。又放光名味清净，能除一切味中毒，恒供佛僧及父母，是故得成此光明。又放光名触清净，能令恶触皆柔软，戈鋋剑戟从空雨，皆令变作妙华鬘。以昔曾于道路中，涂香散华布衣服，迎送如来令蹈上，是故今获光如是。又放光名法清净，能令一切诸毛孔，悉演妙法不思议，众生听者咸欣悟。因缘所生无有生，诸佛法身非是身，法性常住如虚空，以说其义光如是。如是等比光明门，如恒河沙无限数，悉从大仙毛孔出，一一作业各差别。如一毛孔所放光，无量无数如恒沙，一切毛孔悉亦然，此是大仙三昧力。如其本行所得光，随彼宿缘同行者，今放光明故如是，此是大仙智自在。往昔同修于福业，及有爱乐能随喜，见其所作亦复然，彼于此光咸得见。若有自修众福业，供养诸佛无央数，于佛功德常愿求，是此光明所开觉。譬如生盲不见日，非为无日出世间，诸有目者悉明见，各随所务修其业。大士光明亦如是，有智慧者皆悉见，凡夫邪信劣解人，于此光明莫能睹。摩尼宫殿及辇乘，妙宝灵香以涂莹，有福德者自然备，非无德者所能处。大士光明亦如是，有深智者咸照触，邪信劣解凡愚人，无有能见此光明。若有闻此光差别，能生清净深信解，永断一切诸疑网，速成无上功德幢。有胜三昧能出现，眷属庄严皆自在，一切十方诸国土，佛子众会无伦匹。有妙莲华光庄严，量等三千大千界，其身端坐悉充满，是此三昧神通力。复有十刹微尘数，妙好莲华所围绕，诸佛子众于中坐，住此三昧威神力。宿世成就善因缘，具足修行佛功德，此等众生绕菩萨，悉共合掌观无厌。譬如明月在星中，菩萨处众亦复然，大士所行法如是，入此三昧威神力。如于一方所示现，诸佛子众共围绕，一切方中悉如是，住此三昧威神力。有胜三昧名方网，菩萨住此广开示，一切方中普现身，或现入定或从出。或于东方入正定，而于西方从定出；或于西方入正定，而于东方从定出；或于余方入正定，而于余方从定出。如是入出遍十方，是名菩萨三昧力。尽于东方诸国土，所有如来无数量，悉现其前普亲近，住于三昧寂不动。而于西方诸世界，一切诸佛如来所，皆现从于三昧起，广修无量诸供养。尽于西方诸国土，所有如来无数量，悉现其前普亲近，住于三昧寂不动。而于东方诸世界，一切诸佛如来所，皆现从于三昧起，广修无量诸供养。如是十方诸世界，菩萨悉入无有余，或现三昧寂不动，或现恭敬供养佛。于眼根中入正定，于色尘中从定出，示现色性不思议，一切天人莫能知。于色尘中入正定，于眼起定心不乱，说眼无生无有起，性空寂灭无所作。于耳根中入正定，于声尘中从定出，分别一切语言音，诸天世人莫能知。于声尘中入正定，于耳起定心不乱，说耳无生无有起，性空寂灭无所作。于鼻根中入正定，于香尘中从定出，普得一切上妙香，诸天世人莫能知。于香尘中入正定，于鼻起定心不乱，说鼻无生无有起，性空寂灭无所作。于舌根中入正定，于味尘中从定出，普得一切诸上味，诸天世人莫能知。于味尘中入正定，于舌起定心不乱，说舌无生无有起，性空寂灭无所作。于身根中入正定，于触尘中从定出，善能分别一切触，诸天世人莫能知。于触尘中入正定，于身起定心不乱，说身无生无有起，性空寂灭无所作。于意根中入正定，于法尘中从定出，分别一切诸法相，诸天世人莫能知。于法尘中入正定，从意起定心不乱，说意无生无有起，性空寂灭无所作。童子身中入正定，壮年身中从定出，壮年身中入正定，老年身中从定出；老年身中入正定，善女身中从定出；善女身中入正定，善男身中从定出；善男身中入正定，比丘尼身从定出；比丘尼身入正定，比丘身中从定出；比丘身中入正定，学无学身从定出；学无学身入正定，辟支佛身从定出；辟支佛身入正定，现如来身从定出；于如来身入正定，诸天身中从定出；诸天身中入正定，大龙身中从定出；大龙身中入正定，夜叉身中从定出；夜叉身中入正定，鬼神身中从定出；鬼神身中入正定，一毛孔中从定出；一毛孔中入正定，一切毛孔从定出；一切毛孔入正定，一毛端头从定出；一毛端头入正定，一微尘中从定出；一微尘中入正定，一切尘中从定出；一切尘中入正定，金刚地中从定出；金刚地中入正定，摩尼树上从定出；摩尼树上入正定，佛光明中从定出；佛光明中入正定，于河海中从定出；于河海中入正定，于火大中从定出；于火大中入正定，于风起定心不乱；于风大中入正定，于地大中从定出；于地大中入正定，于天宫殿从定出；于天宫殿入正定，于空起定心不乱。是名无量功德者，三昧自在难思议，十方一切诸如来，于无量劫说不尽。一切如来咸共说，众生业报难思议，诸龙变化佛自在，菩萨神力亦难思。欲以譬喻而显示，终无有喻能喻此，然诸智慧聪达人，因于譬故解其义。声闻心住八解脱，所有变现皆自在，能以一身现多身，复以多身为一身。于虚空中入火定，行住坐卧悉在空，身上出水身下火，身上出火身下水。如是皆于一念中，种种自在无边量。彼不具足大慈悲，不为众生求佛道，尚能现此难思事，况大饶益自在力。譬如日月游虚空，影像普遍于十方，泉池陂泽器中水，众宝河海靡不现。菩萨色像亦复然，十方普现不思议，此皆三昧自在法，唯有如来能证了。如净水中四兵像，各各别异无交杂，剑戟弧矢类甚多，铠胄车舆非一种。随其所有相差别，莫不皆于水中现，而水本自无分别，菩萨三昧亦如是。海中有神名善音，其音普顺海众生，所有语言皆辩了，令彼一切悉欢悦。彼神具有贪恚痴，犹能善解一切音，况复总持自在力，而不能令众欢喜！有一妇人名辩才，父母求天而得生，若有离恶乐真实，入彼身中生妙辩。彼有贪欲瞋恚痴，犹能随行与辩才，何况菩萨具智慧，而不能与众生益！譬如幻师知幻法，能现种种无量事，须臾示作日月岁，城邑丰饶大安乐。幻师具有贪恚痴，犹能幻力悦世间，况复禅定解脱力，而不能令众欢喜！天阿修罗斗战时，修罗败衄而退走，兵仗车舆及徒旅，一时窜匿莫得见。彼有贪欲瞋恚痴，尚能变化不思议，况住神通无畏法，云何不能现自在！释提桓因有象王，彼知天主欲行时，自化作头三十二，一一六牙皆具足；一一牙上七池水，清净香洁湛然满；一一清净池水中，各七莲华妙严饰；彼诸严饰莲华上，各各有七天玉女，悉善技艺奏众乐，而与帝释相娱乐。彼象或复舍本形，自化其身同诸天，威仪进止悉齐等，有此变现神通力。彼有贪欲瞋恚痴，尚能现此诸神通，何况具足方便智，而于诸定不自在！如阿修罗变化身，蹈金刚际海中立，海水至深仅其半，首共须弥正齐等。彼有贪欲瞋恚痴，尚能现此大神通，况伏魔怨照世灯，而无自在威神力！天阿修罗共战时，帝释神力难思议，随阿修罗军众数，现身等彼而与敌。诸阿修罗发是念：释提桓因来向我，必取我身五种缚。由是彼众悉忧悴。帝释现身有千眼，手持金刚出火焰，被甲持杖极威严，修罗望见咸退伏。彼以微小福德力，犹能摧破大怨敌，何况救度一切者，具足功德不自在！忉利天中有天鼓，从天业报而生得，知诸天众放逸时，空中自然出此音。一切五欲悉无常，如水聚沫性虚伪，诸有如梦如阳焰，亦如浮云水中月。放逸为怨为苦恼，非甘露道生死径，若有作诸放逸行，入于死灭大鱼口。世间所有众苦本，一切圣人皆厌患，五欲功德灭坏性，汝应爱乐真实法。三十三天闻此音，悉共来升善法堂，帝释为说微妙法，咸令顺寂除贪爱。彼音无形不可见，犹能利益诸天众，况随心乐现色身，而不济度诸群生！天阿修罗共斗时，诸天福德殊胜力，天鼓出音告其众：汝等宜应勿忧怖！诸天闻此所告音，悉除忧畏增益力。时阿修罗心震惧，所将兵众咸退走。甘露妙定如天鼓，恒出降魔寂静音，大悲哀愍救一切，普使众生灭烦恼。帝释普应诸天女，九十有二那由他，令彼各各心自谓：天王独与我娱乐。如天女中身普应，善法堂内亦如是，能于一念现神通，悉至其前为说法。帝释具有贪恚痴，能令眷属悉欢喜，况大方便神通力，而不能令一切悦！他化自在六天王，于欲界中得自在，以业惑苦为罥网，系缚一切诸凡夫。彼有贪欲瞋恚痴，犹于众生得自在，况具十种自在力，而不能令众同行！三千世界大梵王，一切梵天所住处，悉能现身于彼坐，演畅微妙梵音声。彼住世间梵道中，禅定神通尚如意，况出世间无有上，于禅解脱不自在！摩醯首罗智自在，大海龙王降雨时，悉能分别数其滴，于一念中皆辨了。无量亿劫勤修学，得是无上菩提智，云何不于一念中，普知一切众生心！众生业报不思议，为大风力起世间，巨海诸山天宫殿，众宝光明万物种。亦能兴云降大雨，亦能散灭诸云气，亦能成熟一切谷，亦能安乐诸群生。风不能学波罗蜜，亦不学佛诸功德，犹成不可思议事，何况具足诸愿者！男子女人种种声，一切鸟兽诸音声，大海川流雷震声，皆能称悦众生意。况复知声性如响，逮得无碍妙辩才，普应众生而说法，而不能令世间喜！海有希奇殊特法，能为一切平等印，众生宝物及川流，普悉包容无所拒。无尽禅定解脱者，为平等印亦如是，福德智慧诸妙行，一切普修无厌足。大海龙王游戏时，普于诸处得自在，兴云充遍四天下，其云种种庄严色：第六他化自在天，于彼云色如真金，化乐天上赤珠色；兜率陀天霜雪色；夜摩天上琉璃色；三十三天码瑙色；四王天上玻璃色；大海水上金刚色；紧那罗中妙香色；诸龙住处莲华色；夜叉住处白鹅色；阿修罗中山石色；郁单越处金焰色；阎浮提中青宝色；余二天下杂庄严，随众所乐而应之。又复他化自在天，云中电耀如日光；化乐天上如月光；兜率天上阎浮金；夜摩天上珂雪色；三十三天金焰色；四王天上众宝色；大海之中赤珠色；紧那罗界琉璃色；龙王住处宝藏色；夜叉所住玻璃色；阿修罗中码瑙色；郁单越境火珠色；阎浮提中帝青色；余二天下杂庄严，如云色相电亦然。他化雷震如梵音；化乐天中大鼓音；兜率天上歌唱音；夜摩天上天女音；于彼三十三天上，如紧那罗种种音；护世四王诸天所，如乾闼婆所出音；海中两山相击声；紧那罗中箫笛声；诸龙城中频伽声；夜叉住处龙女声；阿修罗中天鼓声；于人道中海潮声。他化自在雨妙香，种种杂华为庄严；化乐天雨多罗华，曼陀罗华及泽香；兜率天上雨摩尼，具足种种宝庄严，髻中宝珠如月光，上妙衣服真金色；夜摩中雨幢幡盖，华鬘涂香妙严具，赤真珠色上好衣，及以种种众妓乐；三十三天如意珠，坚黑沈水栴檀香，郁金鸡罗多摩等，妙华香水相杂雨；护世城中雨美膳，色香味具增长力，亦雨难思众妙宝，悉是龙王之所作。又复于彼大海中，霪雨不断如车轴，复雨无尽大宝藏，亦雨种种庄严宝。紧那罗界雨璎珞，众色莲华衣及宝，婆利师迦末利香，种种乐音皆具足；诸龙城中雨赤珠；夜叉城内光摩尼；阿修罗中雨兵仗，摧伏一切诸怨敌；郁单越中雨璎珞，亦雨无量上妙华；弗婆瞿耶二天下，悉雨种种庄严具；阎浮提雨清净水，微细悦泽常应时，长养众华及果药，成熟一切诸苗稼。如是无量妙庄严，种种云电及雷雨，龙王自在悉能作，而身不动无分别。彼于世界海中住，尚能现此难思力，况入法海具功德，而不能为大神变！彼诸菩萨解脱门，一切譬喻无能显，我今以此诸譬喻，略说于其自在力。第一智慧广大慧，真实智慧无边慧，胜慧及以殊胜慧，如是法门今已说。此法希有甚奇特，若人闻已能忍可，能信能受能赞说，如是所作甚为难。世间一切诸凡夫，信是法者甚难得，若有勤修清净福，以昔因力乃能信。一切世界诸群生，少有欲求声闻乘，求独觉者转复少，趣大乘者甚难遇。趣大乘者犹为易，能信此法倍更难，况复持诵为人说，如法修行真实解！有以三千大千界，顶戴一劫身不动，彼之所作未为难，信是法者乃为难。有以手擎十佛刹，尽于一劫空中住，彼之所作未为难，能信此法乃为难。十刹尘数众生所，悉施乐具经一劫，彼之福德未为胜，信此法者为最胜。十刹尘数如来所，悉皆承事尽一劫，若于此品能诵持，其福最胜过于彼。

时，贤首菩萨说此偈已，十方世界六返震动，魔宫隐蔽，恶道休息。十方诸佛普现其前，各以右手而摩其顶，同声赞言：善哉！善哉！快说此法！我等一切悉皆随喜。

大方广佛华严经卷第十六

升须弥山顶品第十三

尔时，如来威神力故，十方一切世界，一一四天下阎浮提中，悉见如来坐于树下，各有菩萨承佛神力而演说法，靡不自谓恒对于佛。尔时，世尊不离一切菩提树下，而上升须弥，向帝释殿。

时，天帝释在妙胜殿前遥见佛来，即以神力庄严此殿，置普光明藏师子之座，其座悉以妙宝所成：十千层级迥极庄严，十千金网弥覆其上，十千种帐、十千种盖周回间列，十千缯绮以为垂带，十千珠璎周遍交络，十千衣服敷布座上，十千天子、十千梵王前后围绕，十千光明而为照曜。尔时,帝释奉为如来敷置座已,曲躬合掌,恭敬向佛而作是言:善来世尊!善来善逝!善来如来、应、正等觉!唯愿哀愍,处此宫殿!

尔时,世尊即受其请,入妙胜殿;十方一切诸世界中,悉亦如是。尔时,帝释以佛神力,诸宫殿中所有乐音自然止息,即自忆念过去佛所种诸善根而说颂言:

迦叶如来具大悲,诸吉祥中最无上,彼佛曾来入此殿,是故此处最吉祥。拘那牟尼见无碍,诸吉祥中最无上,彼佛曾来入此殿,是故此处最吉祥。迦罗鸠驮如金山,诸吉祥中最无上,彼佛曾来入此殿,是故此处最吉祥。毗舍浮佛无三垢,诸吉祥中最无上,彼佛曾来入此殿,是故此处最吉祥。尸弃如来离分别,诸吉祥中最无上,彼佛曾来入此殿,是故此处最吉祥。毗婆尸佛如满月,诸吉祥中最无上,彼佛曾来入此殿,是故此处最吉祥。弗沙明达第一义,诸吉祥中最无上,彼佛曾来入此殿,是故此处最吉祥。提舍如来辩无碍,诸吉祥中最无上,彼佛曾来入此殿,是故此处最吉祥。波头摩佛净无垢,诸吉祥中最无上,彼佛曾来入此殿,是故此处最吉祥。然灯如来大光明,诸吉祥中最无上,彼佛曾来入此殿,是故此处最吉祥。

如此世界中,忉利天王以如来神力故,偈赞十佛所有功德;十方世界诸释天王,悉亦如是赞佛功德。尔时,世尊入妙胜殿,结跏趺坐。此殿忽然广博宽容,如其天众诸所住处;十方世界,悉亦如是。

须弥顶上偈赞品第十四

尔时,佛神力故,十方各有一大菩萨,一一各与佛刹微尘数菩萨俱,从百佛刹微尘数国土外诸世界中而来集会,其名曰:法慧菩萨、一切慧菩萨、胜慧菩萨、功德慧菩萨、精进慧菩萨、善慧菩萨、智慧菩萨、真实慧菩萨、无上慧菩萨、坚固慧菩萨。所从来土,所谓:因陀罗华世界、波头摩华世界、宝华世界、优钵罗华世界、金刚华世界、妙香华世界、悦意华世界、阿卢那华世界、那罗陀华世界、虚空华世界。各于佛所净修梵行,所谓:殊特月佛、无尽月佛、不动月佛、风月佛、水月佛、解脱月佛、无上月佛、星宿月佛、清净月佛、明了月佛。是诸菩萨至佛所已,顶礼佛足;随所来方,各化作毗卢遮那藏师子之座,于其座上结跏趺坐。如此世界中,须弥顶上,菩萨来集;一切世界,悉亦如是,彼诸菩萨所有名字、世界、佛号,悉等无别。尔时,世尊从两足指放百千亿妙色光明,普照十方一切世界须弥顶上帝释宫中,佛及大众靡不皆现。

尔时,法慧菩萨承佛威神,普观十方而说颂曰:

佛放净光明,普见世导师,须弥山王顶,妙胜殿中住。一切释天王,请佛入宫殿,悉以十妙颂,称赞诸如来。彼诸大会中,所有菩萨众,皆从十方至,化座而安坐。彼会诸菩萨,皆同我等名,所从诸世界,名字亦如是。本国诸世尊,名号悉亦同,各于其佛所,净修无上行。佛子汝应观，如来自在力，一切阎浮提，皆言佛在中。我等今见佛，住于须弥顶，十方悉亦然，如来自在力。一一世界中，发心求佛道，依于如是愿，修习菩提行。佛以种种身，游行遍世间，法界无所碍，无能测量者。慧光恒普照，世闇悉除灭，一切无等伦，云何可测知！

尔时，一切慧菩萨承佛威力，普观十方而说颂言：

假使百千劫，常见于如来，不依真实义，而观救世者。是人取诸相，增长痴惑网，系缚生死狱，盲冥不见佛。观察于诸法，自性无所有，如其生灭相，但是假名说。一切法无生，一切法无灭，若能如是解，诸佛常现前。法性本空寂，无取亦无见，性空即是佛，不可得思量。若知一切法，体性皆如是，斯人则不为，烦恼所染著。凡夫见诸法，但随于相转，不了法无相，以是不见佛。牟尼离三世，诸相悉具足，住于无所住，普遍而不动。我观一切法，皆悉得明了，今见于如来，决定无有疑。法慧先已说，如来真实性，我从彼了知，菩提难思议。

尔时，胜慧菩萨承佛威力，普观十方而说颂言：

如来大智慧，希有无等伦，一切诸世间，思惟莫能及。凡夫妄观察，取相不如理，佛离一切相，非彼所能见。迷惑无知者，妄取五蕴相，不了彼真性，是人不见佛。了知一切法，自性无所有，如是解法性，则见卢舍那。因前五蕴故，后蕴相续起，于此性了知，见佛难思议。譬如闇中宝，无灯不可见，佛法无人说，虽慧莫能了。亦如目有翳，不见净妙色，如是不净心，不见诸佛法。又如明净日，瞖者莫能见，无有智慧心，终不见诸佛。若能除眼翳，舍离于色想，不见于诸法，则得见如来。一切慧先说，诸佛菩提法，我从于彼闻，得见卢舍那。

尔时，功德慧菩萨承佛威力，普观十方而说颂言：

诸法无真实，妄取真实相，是故诸凡夫，轮回生死狱。言词所说法，小智妄分别，是故生障碍，不了于自心。不能了自心，云何知正道？彼由颠倒慧，增长一切恶。不见诸法空，恒受生死苦，斯人未能有，清净法眼故。我昔受众苦，由我不见佛，故当净法眼，观其所应见。若得见于佛，其心无所取，此人则能见，如佛所知法。若见佛真法，则名大智者，斯人有净眼，能观察世间。无见即是见，能见一切法，于法若有见，此则无所见。一切诸法性，无生亦无灭，奇哉大导师，自觉能觉他。胜慧先已说，如来所悟法，我等从彼闻，能知佛真性。

尔时，精进慧菩萨承佛威力，观察十方而说颂言：

若住于分别，则坏清净眼，愚痴邪见增，永不见诸佛。若能了邪法，如实不颠倒，知妄本自真，见佛则清净。有见则为垢，此则未为见，远离于诸见，如是乃见佛。世间言语法，众生妄分别，知世皆无生,乃是见世间。若见见世间,见则世间相,如实等无异,此名真见者。若见等无异,于物不分别,是见离诸惑,无漏得自在。诸佛所开示,一切分别法,是悉不可得,彼性清净故。法性本清净,如空无有相,一切无能说,智者如是观。远离于法想,不乐一切法,此亦无所修,能见大牟尼。如德慧所说,此名见佛者,所有一切行,体性皆寂灭。

尔时,善慧菩萨承佛威力,普观十方而说颂言:
希有大勇健,无量诸如来,离垢心解脱,自度能度彼。我见世间灯,如实不颠倒,如于无量劫,积智者所见。一切凡夫行,莫不速归尽,其性如虚空,故说无有尽。智者说无尽,此亦无所说,自性无尽故,得有难思尽。所说无尽中,无众生可得,知众生性尔,则见大名称。无见说为见,无生说众生,若见若众生,了知无体性。能见及所见,见者悉除遣,不坏于真法,此人了知佛。若人了知佛,及佛所说法,则能照世间,如佛卢舍那。正觉善开示,一法清净道,精进慧大士,演说无量法。若有若无有,彼想皆除灭,如是能见佛,安住于实际。

尔时,智慧菩萨承佛威力,普观十方而说颂言:
我闻最胜教,即生智慧光,普照十方界,悉见一切佛。此中无少物,但有假名字,若计有我人,则为入险道。诸取著凡夫,计身为实有,如来非所取,彼终不得见。此人无慧眼,不能得见佛,于无量劫中,流转生死海。有诤说生死,无诤即涅槃,生死及涅槃,二俱不可得。若逐假名字,取著此二法,此人不如实,不知圣妙道。若生如是想:此佛此最胜。颠倒非实义,不能见正觉。能知此实体,寂灭真如相,则见正觉尊,超出语言道。言语说诸法,不能显实相,平等乃能见,如法佛亦然。正觉过去世,未来及现在,永断分别根,是故说名佛。

尔时,真实慧菩萨承佛威力,普观十方而说颂言:
宁受地狱苦,得闻诸佛名,不受无量乐,而不闻佛名。所以于往昔,无数劫受苦,流转生死中,不闻佛名故。于法不颠倒,如实而现证,离诸和合相,是名无上觉。现在非和合,去来亦复然,一切法无相,是则佛真体。若能如是观,诸法甚深义,则见一切佛,法身真实相。于实见真实,非实见不实,如是究竟解,是故名为佛。佛法不可觉,了此名觉法,诸佛如是修,一法不可得。知以一故众,知以众故一,诸法无所依,但从和合起。无能作所作,唯从业想生,云何知如是?异此无有故。一切法无住,定处不可得,诸佛住于此,究竟不动摇。

尔时,无上慧菩萨承佛威力,普观十方而说颂言:
无上摩诃萨,远离众生想,无有能过者,故号为无上。诸佛所得处,无作无分别,粗者无所有,微细亦复然。诸佛所行境,于中无有数,正觉远离数,此是佛真法。如来光普照,灭除众暗冥,是光非有照,亦复非无照。于法无所著,无念亦无染,无住无处所,不坏于法性。此中无有二,亦复无有一,大智善见者,如理巧安住。无中无有二,无二亦复无,三界一切空,是则诸佛见。凡夫无觉解,佛令住正法,诸法无所住,悟此见自身。非身而说身,非起而现起,无身亦无见,是佛无上身。如是实慧说,诸佛妙法性,若闻此法者,当得清净眼。

尔时,坚固慧菩萨承佛威力,普观十方而说颂言:

伟哉大光明,勇健无上士,为利群迷故,而兴于世间。佛以大悲心,普观诸众生,见在三有中,轮回受众苦。唯除正等觉,具德尊导师,一切诸天人,无能救护者。若佛菩萨等,不出于世间,无有一众生,而能得安乐。如来等正觉,及诸贤圣众,出现于世间,能与众生乐。若见如来者,为得大善利,闻佛名生信,则是世间塔。我等见世尊,为得大利益,闻如是妙法,悉当成佛道。诸菩萨过去,以佛威神力,得清净慧眼,了诸佛境界。今见卢舍那,重增清净信,佛智无边际,演说不可尽。胜慧等菩萨,及我坚固慧,无数亿劫中,说亦不能尽。

十住品第十五

尔时,法慧菩萨承佛威力,入菩萨无量方便三昧。以三昧力,十方各千佛刹微尘数世界之外,有千佛刹微尘数诸佛,皆同一号,名曰法慧,普现其前,告法慧菩萨言:善哉!善哉!善男子!汝能入是菩萨无量方便三昧。善男子!十方各千佛刹微尘数诸佛,悉以神力共加于汝。又是毗卢遮那如来往昔愿力、威神之力,及汝所修善根力故,入此三昧,令汝说法。为增长佛智故,深入法界故,善了众生界故,所入无碍故,所行无障故,得无等方便故,入一切智性故,觉一切法故,知一切根故,能持说一切法故,所谓:发起诸菩萨十种住。善男子!汝当承佛威神之力而演此法。

是时,诸佛即与法慧菩萨无碍智、无著智、无断智、无痴智、无异智、无失智、无量智、无胜智、无懈智、无夺智。何以故?此三昧力,法如是故。是时,诸佛各伸右手,摩法慧菩萨顶。法慧菩萨即从定起,告诸菩萨言:

佛子!菩萨住处广大,与法界虚空等。佛子!菩萨住三世诸佛家,彼菩萨住,我今当说。诸佛子!菩萨住有十种,过去、未来、现在诸佛,已说、当说、今说。何者为十?所谓:初发心住、治地住、修行住、生贵住、具足方便住、正心住、不退住、童真住、王子住、灌顶住。是名菩萨十住,去、来、现在诸佛所说。

佛子!云何为菩萨发心住?此菩萨见佛世尊形貌端严,色相圆满,人所乐见,难可值遇,有大威力;或见神足;或闻记别;或听教诚；或见众生受诸剧苦；或闻如来广大佛法，发菩提心，求一切智。此菩萨缘十种难得法而发于心。何者为十？所谓：是处非处智、善恶业报智、诸根胜劣智、种种解差别智、种种界差别智、一切至处道智、诸禅解脱三昧智、宿命无碍智、天眼无碍智、三世漏普尽智。是为十。佛子！此菩萨应劝学十法。何者为十？所谓：勤供养佛、乐住生死、主导世间令除恶业、以胜妙法常行教诲、叹无上法、学佛功德、生诸佛前恒蒙摄受、方便演说寂静三昧、赞叹远离生死轮回、为苦众生作归依处。何以故？欲令菩萨于佛法中心转增广；有所闻法，即自开解，不由他教故。

佛子！云何为菩萨治地住？此菩萨于诸众生发十种心。何者为十？所谓：利益心、大悲心、安乐心、安住心、怜愍心、摄受心、守护心、同己心、师心、导师心。是为十。佛子！此菩萨应劝学十法。何者为十？所谓：诵习多闻、虚闲寂静、近善知识、发言和悦、语必知时、心无怯怖、了达于义、如法修行、远离愚迷、安住不动。何以故？欲令菩萨于诸众生增长大悲；有所闻法，即自开解，不由他教故。

佛子！云何为菩萨修行住？此菩萨以十种行观一切法。何等为十？所谓：观一切法无常、一切法苦、一切法空、一切法无我、一切法无作、一切法无味、一切法不如名、一切法无处所、一切法离分别、一切法无坚实。是为十。佛子！此菩萨应劝学十法。何者为十？所谓：观察众生界、法界、世界，观察地界、水界、火界、风界，观察欲界、色界、无色界。何以故？欲令菩萨智慧明了；有所闻法，即自开解，不由他教故。

佛子！云何为菩萨生贵住？此菩萨从圣教中生，成就十法。何者为十？所谓：永不退转于诸佛所，深生净信，善观察法，了知众生、国土、世界、业行、果报、生死、涅槃。是为十。佛子！此菩萨应劝学十法。何者为十？所谓：了知过去、未来、现在一切佛法，修习过去、未来、现在一切佛法，圆满过去、未来、现在一切佛法，了知一切诸佛平等。何以故？欲令增进于三世中，心得平等；有所闻法，即自开解，不由他教故。

佛子！云何为菩萨具足方便住？此菩萨所修善根，皆为救护一切众生，饶益一切众生，安乐一切众生，哀愍一切众生，度脱一切众生，令一切众生离诸灾难，令一切众生出生死苦，令一切众生发生净信，令一切众生悉得调伏，令一切众生咸证涅槃。佛子！此菩萨应劝学十法。何者为十？所谓：知众生无边、知众生无量、知众生无数、知众生不思议、知众生无量色、知众生不可量、知众生空、知众生无所作、知众生无所有、知众生无自性。何以故？欲令其心转复增胜，无所染著；有所闻法，即自开解，不由他教故。

佛子！云何为菩萨正心住？此菩萨闻十种法，心定不动。何者为十?所谓:闻赞佛、毁佛,于佛法中,心定不动;闻赞法、毁法,于佛法中,心定不动;闻赞菩萨、毁菩萨,于佛法中,心定不动;闻赞菩萨、毁菩萨所行法,于佛法中,心定不动;闻说众生有量、无量,于佛法中,心定不动;闻说众生有垢、无垢,于佛法中,心定不动;闻说众生易度、难度,于佛法中,心定不动;闻说法界有量、无量,于佛法中,心定不动;闻说法界有成、有坏,于佛法中,心定不动;闻说法界若有、若无,于佛法中,心定不动。是为十。佛子!此菩萨应劝学十法。何者为十?所谓:一切法无相、一切法无体、一切法不可修、一切法无所有、一切法无真实、一切法空、一切法无性、一切法如幻、一切法如梦、一切法无分别。何以故?欲令其心转复增进,得不退转无生法忍;有所闻法,即自开解,不由他教故。

佛子!云何为菩萨不退住?此菩萨闻十种法,坚固不退。何者为十?所谓:闻有佛、无佛,于佛法中,心不退转;闻有法、无法,于佛法中,心不退转;闻有菩萨、无菩萨,于佛法中,心不退转;闻有菩萨行、无菩萨行,于佛法中,心不退转;闻有菩萨修行出离、修行不出离,于佛法中,心不退转;闻过去有佛、过去无佛,于佛法中,心不退转;闻未来有佛、未来无佛,于佛法中,心不退转;闻现在有佛、现在无佛,于佛法中,心不退转;闻佛智有尽、佛智无尽,于佛法中,心不退转;闻三世一相、三世非一相,于佛法中,心不退转。是为十。佛子!此菩萨应劝学十种广大法。何者为十?所谓:说一即多、说多即一、文随于义、义随于文、非有即有、有即非有、无相即相、相即无相、无性即性、性即无性。何以故?欲令增进,于一切法善能出离;有所闻法,即自开解,不由他教故。

佛子!云何为菩萨童真住?此菩萨住十种业。何者为十?所谓:身行无失,语行无失,意行无失,随意受生,知众生种种欲,知众生种种解,知众生种种界,知众生种种业,知世界成坏,神足自在、所行无碍。是为十。佛子!此菩萨应劝学十种法。何者为十?所谓:知一切佛刹、动一切佛刹、持一切佛刹、观一切佛刹、诣一切佛刹、游行无数世界、领受无数佛法、现变化自在身、出广大遍满音、一刹那中承事供养无数诸佛。何以故?欲令增进,于一切法能得善巧;有所闻法,即自开解,不由他教故。

佛子!云何为菩萨王子住?此菩萨善知十种法。何者为十?所谓:善知诸众生受生、善知诸烦恼现起、善知习气相续、善知所行方便、善知无量法、善解诸威仪、善知世界差别、善知前际后际事、善知演说世谛、善知演说第一义谛。是为十。佛子!此菩萨应劝学十种法。何者为十?所谓:法王处善巧、法王处轨度、法王处宫殿、法王处趣入、法王处观察、法王灌顶、法王力持、法王无畏、法王宴寝、法王赞叹。何以故?欲令增进,心无障碍;有所闻法,即自开解,不由他教故。

佛子！云何为菩萨灌顶住？此菩萨得成就十种智。何者为十？所谓：震动无数世界、照曜无数世界、住持无数世界、往诣无数世界、严净无数世界、开示无数众生、观察无数众生、知无数众生根、令无数众生趣入、令无数众生调伏。是为十。佛子！此菩萨身及身业，神通变现，过去智、未来智、现在智成就佛土，心境界、智境界皆不可知，乃至法王子菩萨亦不能知。佛子！此菩萨应劝学诸佛十种智。何者为十？所谓：三世智、佛法智、法界无碍智、法界无边智、充满一切世界智、普照一切世界智、住持一切世界智、知一切众生智、知一切法智、知无边诸佛智。何以故？欲令增长一切种智；有所闻法，即自开解，不由他教故。

尔时，佛神力故，十方各一万佛刹微尘数世界，六种震动。所谓：动、遍动、等遍动，起、遍起、等遍起，涌、遍涌、等遍涌，震、遍震、等遍震，吼、遍吼、等遍吼，击、遍击、等遍击。雨天妙华、天末香、天华鬘、天杂香、天宝衣、天宝云、天庄严具，天诸音乐不鼓自鸣，放大光明及妙音声。如此四天下须弥山顶帝释殿上，说十住法，现诸神变；十方所有一切世界，悉亦如是。又以佛神力故，十方各过一万佛刹微尘数世界，有十佛刹微尘数菩萨，来诣于此，充满十方，作如是言：善哉！善哉！佛子善说此法！我等诸人，同名：法慧；所从来国，同名：法云；彼土如来，皆名：妙法。我等佛所，亦说十住；众会眷属，文句义理，悉亦如是，无有增减。佛子！我等承佛神力来入此会，为汝作证：如于此会，十方所有一切世界，悉亦如是。

尔时，法慧菩萨承佛威力，观察十方暨于法界而说颂曰：

见最胜智微妙身，相好端严皆具足，如是尊重甚难遇，菩萨勇猛初发心。见无等比大神通，闻说记心及教诫，诸趣众生无量苦，菩萨以此初发心。闻诸如来普胜尊，一切功德皆成就，譬如虚空不分别，菩萨以此初发心。三世因果名为处，我等自性为非处，欲悉了知真实义，菩萨以此初发心。过去未来现在世，所有一切善恶业，欲悉了知无不尽，菩萨以此初发心。诸禅解脱及三昧，杂染清净无量种，欲悉了知入住出，菩萨以此初发心。随诸众生根利钝，如是种种精进力，欲悉了达分别知，菩萨以此初发心。一切众生种种解，心所好乐各差别，如是无量欲悉知，菩萨以此初发心。众生诸界各差别，一切世间无有量，欲悉了知其体性，菩萨以此初发心。一切有为诸行道，一一皆有所至处，悉欲了知其实性，菩萨以此初发心。一切世界诸众生，随业漂流无暂息，欲得天眼皆明见，菩萨以此初发心。过去世中曾所有，如是体性如是相，欲悉了知其宿住，菩萨以此初发心。一切众生诸结惑，相续现起及习气，欲悉了知究竟尽，菩萨以此初发心。随诸众生所安立，种种谈论语言道，如其世谛悉欲知，菩萨以此初发心。一切诸法离言说，性空寂灭无所作，欲悉明达此真义，菩萨以此初发心。欲悉震动十方国,倾覆一切诸大海,具足诸佛大神通,菩萨以此初发心。欲一毛孔放光明,普照十方无量土,一一光中觉一切,菩萨以此初发心。欲以难思诸佛刹,悉置掌中而不动,了知一切如幻化,菩萨以此初发心。欲以无量刹众生,置一毛端不迫隘,悉知无人无有我,菩萨以此初发心。欲以一毛滴海水,一切大海悉令竭,而悉分别知其数,菩萨以此初发心。不可思议诸国土,尽抹为尘无遗者,欲悉分别知其数,菩萨以此初发心。过去未来无量劫,一切世间成坏相,欲悉了达穷其际,菩萨以此初发心。三世所有诸如来,一切独觉及声闻,欲知其法尽无余,菩萨以此初发心。无量无边诸世界,欲以一毛悉称举,如其体相悉了知,菩萨以此初发心。无量无数轮围山,欲令悉入毛孔中,如其大小皆得知,菩萨以此初发心。欲以寂静一妙音,普应十方随类演,如是皆令净明了,菩萨以此初发心。一切众生语言法,一言演说无不尽,悉欲了知其自性,菩萨以此初发心。世间言音靡不作,悉令其解证寂灭,欲得如是妙舌根,菩萨以此初发心。欲使十方诸世界,有成坏相皆得见,而悉知从分别生,菩萨以此初发心。一切十方诸世界,无量如来悉充满,欲悉了知彼佛法,菩萨以此初发心。种种变化无量身,一切世界微尘等,欲悉了达从心起,菩萨以此初发心。过去未来现在世,无量无数诸如来,欲于一念悉了知,菩萨以此初发心。欲具演说一句法,阿僧祇劫无有尽,而令文义各不同,菩萨以此初发心。十方一切诸众生,随其流转生灭相,欲于一念皆明达,菩萨以此初发心。欲以身语及意业,普诣十方无所碍,了知三世皆空寂,菩萨以此初发心。菩萨如是发心已,应令往诣十方国,恭敬供养诸如来,以此使其无退转。菩萨勇猛求佛道,住于生死不疲厌,为彼称叹使顺行,如是令其无退转。十方世界无量刹,悉在其中作尊主,为诸菩萨如是说,以此令其无退转。最胜最上最第一,甚深微妙清净法,劝诸菩萨说与人,如是教令离烦恼。一切世间无与等,不可倾动摧伏处,为彼菩萨常称赞,如是教令不退转。佛是世间大力主,具足一切诸功德,令诸菩萨住是中,以此教为胜丈夫。无量无边诸佛所,悉得往诣而亲近,常为诸佛所摄受,如是教令不退转。所有寂静诸三昧,悉皆演畅无有余,为彼菩萨如是说,以此令其不退转。摧灭诸有生死轮,转于清净妙法轮,一切世间无所著,为诸菩萨如是说。一切众生堕恶道,无量重苦所缠迫,与作救护归依处,为诸菩萨如是说。此是菩萨发心住,一向志求无上道,如我所说教诲法,一切诸佛亦如是。第二治地住菩萨,应当发起如是心,十方一切诸众生,愿使悉顺如来教。利益大悲安乐心,安住怜愍摄受心,守护众生同己心,师心及以导师心。已住如是胜妙心,次令诵习求多闻,常乐寂静正思惟,亲近一切善知识。发言和悦离粗犷,言必知时无所畏,了达于义如法行,远离愚迷心不动。此是初学菩提行,能行此行真佛子,我今说彼所应行,如是佛子应勤学。第三菩萨修行住,当依佛教勤观察,诸法无常苦及空，无有我人无动作。一切诸法不可乐，无如名字无处所，无所分别无真实，如是观者名菩萨。次令观察众生界，及以劝观于法界，世界差别尽无余，于彼咸应劝观察。十方世界及虚空，所有地水与火风，欲界色界无色界，悉劝观察咸令尽。观察彼界各差别，及其体性咸究竟，得如是教勤修行，此则名为真佛子。第四生贵住菩萨，从诸圣教而出生，了达诸有无所有，超过彼法生法界。信佛坚固不可坏，观法寂灭心安住，随诸众生悉了知，体性虚妄无真实。世间刹土业及报，生死涅槃悉如是，佛子于法如是观，从佛亲生名佛子。过去未来现在世，其中所有诸佛法，了知积集及圆满，如是修学令究竟。三世一切诸如来，能随观察悉平等，种种差别不可得，如是观者达三世。如我称扬赞叹者，此是四住诸功德，若能依法勤修行，速成无上佛菩提。从此第五诸菩萨，说名具足方便住，深入无量巧方便，发生究竟功德业。菩萨所修众福德，皆为救护诸群生，专心利益与安乐，一向哀愍令度脱。为一切世除众难，引出诸有令欢喜，一一调伏无所遗，皆令具德向涅槃。一切众生无有边，无量无数不思议，及以不可称量等，听受如来如是法。此第五住真佛子，成就方便度众生，一切功德大智尊，以如是法而开示。第六正心圆满住，于法自性无迷惑，正念思惟离分别，一切天人莫能动。闻赞毁佛与佛法，菩萨及以所行行，众生有量若无量，有垢无垢难易度，法界大小及成坏，若有若无心不动，过去未来今现在，谛念思惟恒决定。一切诸法皆无相，无体无性空无实，如幻如梦离分别，常乐听闻如是义。第七不退转菩萨，于佛及法菩萨行，若有若无出不出，虽闻是说无退转。过去未来现在世，一切诸佛有以无，佛智有尽或无尽，三世一相种种相，一即是多多即一，文随于义义随文，如是一切展转成，此不退人应为说。若法有相及无相，若法有性及无性，种种差别互相属，此人闻已得究竟。第八菩萨童真住，身语意行皆具足，一切清净无诸失，随意受生得自在。知诸众生心所乐，种种意解各差别，及其所有一切法，十方国土成坏相。逮得速疾妙神通，一切处中随念往，于诸佛所听闻法，赞叹修行无懈倦。了知一切诸佛国，震动加持亦观察，超过佛土不可量，游行世界无边数。阿僧祇法悉谘问，所欲受身皆自在，言音善巧靡不充，诸佛无数咸承事。第九菩萨王子住，能见众生受生别，烦恼现习靡不知，所行方便皆善了。诸法各异威仪别，世界不同前后际，如其世俗第一义，悉善了知无有余。法王善巧安立处，随其处所所有法，法王宫殿若趣入，及以于中所观见。法王所有灌顶法，神力加持无怯畏，宴寝宫室及叹誉，以此教诏法王子。如是为说靡不尽，而令其心无所著，于此了知修正念，一切诸佛现其前。第十灌顶真佛子，成满最上第一法，十方无数诸世界，悉能震动光普照。住持往诣亦无余，清净庄严皆具足，开示众生无有数，观察知根悉能尽。发心调伏亦无边，咸令趣向大菩提，一切法界咸观察，十方国土皆往诣。其中身及身所作，神通变现难可测，三世佛土诸境界，乃至王子无能了。一切见者三世智，于诸佛法明了智，法界无碍无边智，充满一切世界智，照曜世界住持智，了知众生诸法智，及知正觉无边智，如来为说咸令尽。如是十住诸菩萨，皆从如来法化生，随其所有功德行，一切天人莫能测。过去未来现在世，发心求佛无有边，十方国土皆充满，莫不当成一切智。一切国土无边际，世界众生法亦然，惑业心乐各差别，依彼而发菩提意。始求佛道一念心，世间众生及二乘，斯等尚亦不能知，何况所余功德行！十方所有诸世界，能以一毛悉称举，彼人能知此佛子，趣向如来智慧行。十方所有诸大海，悉以毛端滴令尽，彼人能知此佛子，一念所修功德行。一切世界抹为尘，悉能分别知其数，如是之人乃能见，此诸菩萨所行道。去来现在十方佛，一切独觉及声闻，悉以种种妙辩才，开示初发菩提心。发心功德不可量，充满一切众生界，众智共说无能尽，何况所余诸妙行！

大方广佛华严经卷第十七

梵行品第十六

尔时，正念天子白法慧菩萨言：佛子！一切世界诸菩萨众，依如来教，染衣出家。云何而得梵行清净，从菩萨位逮于无上菩提之道？

法慧菩萨言：

佛子！菩萨摩诃萨修梵行时，应以十法而为所缘，作意观察。所谓：身、身业、语、语业、意、意业、佛、法、僧、戒。应如是观：为身是梵行耶？乃至戒是梵行耶？若身是梵行者，当知梵行则为非善、则为非法、则为浑浊、则为臭恶、则为不净、则为可厌、则为违逆、则为杂染、则为死尸、则为虫聚。若身业是梵行者，梵行则是行住坐卧、左右顾视、屈伸俯仰。若语是梵行者，梵行则是音声风息、唇舌喉吻、吐纳抑纵、高低清浊。若语业是梵行者，梵行则是起居问讯、略说、广说、喻说、直说、赞说、毁说、安立说、随俗说、显了说。若意是梵行者，梵行则应是觉、是观、是分别、是种种分别、是忆念、是种种忆念、是思惟、是种种思惟、是幻术、是眠梦。若意业是梵行者，当知梵行则是思想、寒热、饥渴、苦乐、忧喜。若佛是梵行者，为色是佛耶？受是佛耶？想是佛耶？行是佛耶？识是佛耶？为相是佛耶？好是佛耶？神通是佛耶？业行是佛耶？果报是佛耶？若法是梵行者，为寂灭是法耶？涅槃是法耶？不生是法耶？不起是法耶？不可说是法耶？无分别是法耶？无所行是法耶？不合集是法耶？不随顺是法耶？无所得是法耶？若僧是梵行者，为预流向是僧耶？预流果是僧耶？一来向是僧耶？一来果是僧耶？不还向是僧耶？不还果是僧耶？阿罗汉向是僧耶？阿罗汉果是僧耶？三明是僧耶？六通是僧耶？

若戒是梵行者，为坛场是戒耶？问清净是戒耶？教威仪是戒耶？三说羯磨是戒耶？和尚是戒耶？阿阇梨是戒耶？剃发是戒耶？著袈裟衣是戒耶？乞食是戒耶？正命是戒耶？如是观已，于身无所取，于修无所著，于法无所住；过去已灭，未来未至，现在空寂；无作业者，无受报者；此世不移动，彼世不改变。此中何法名为梵行？梵行从何处来？谁之所有？体为是谁？由谁而作？为是有，为是无？为是色，为非色？为是受，为非受？为是想，为非想？为是行，为非行？为是识，为非识？如是观察，梵行法不可得故，三世法皆空寂故，意无取著故，心无障碍故，所行无二故，方便自在故，受无相法故，观无相法故，知佛法平等故，具一切佛法故，如是名为清净梵行。

复应修习十种法。何者为十？所谓：处非处智、过现未来业报智、诸禅解脱三昧智、诸根胜劣智、种种解智、种种界智、一切至处道智、天眼无碍智、宿命无碍智、永断习气智。于如来十力，一一观察；一一力中，有无量义，悉应谘问。闻已，应起大慈悲心，观察众生而不舍离；思惟诸法，无有休息；行无上业，不求果报；了知境界如幻如梦，如影如响，亦如变化。若诸菩萨能与如是观行相应，于诸法中不生二解，一切佛法疾得现前，初发心时即得阿耨多罗三藐三菩提，知一切法即心自性，成就慧身，不由他悟。

初发心功德品第十七

尔时，天帝释白法慧菩萨言：佛子！菩萨初发菩提之心，所得功德，其量几何？

法慧菩萨言：

此义甚深，难说、难知、难分别、难信解、难证、难行、难通达、难思惟、难度量、难趣入。虽然，我当承佛威神之力而为汝说。

佛子！假使有人以一切乐具，供养东方阿僧祇世界所有众生，经于一劫，然后教令净持五戒；南、西、北方，四维、上、下，亦复如是。佛子！于汝意云何，此人功德宁为多不？

天帝言：佛子！此人功德，唯佛能知，其余一切无能量者。

法慧菩萨言：

佛子！此人功德比菩萨初发心功德，百分不及一，千分不及一，百千分不及一；如是，亿分、百亿分、千亿分、百千亿分、那由他亿分、百那由他亿分、千那由他亿分、百千那由他亿分、数分、歌罗分、算分、喻分、优波尼沙陀分，亦不及一。

佛子！且置此喻。假使有人以一切乐具，供养十方十阿僧祇世界所有众生，经于百劫，然后教令修十善道；如是供养，经于千劫，教住四禅；经于百千劫，教住四无量心；经于亿劫，教住四无色定；经于百亿劫，教住须陀洹果；经于千亿劫，教住斯陀含果；经于百千亿劫，教住阿那含果；经于那由他亿劫，教住阿罗汉果；经于百千那由他亿劫,教住辟支佛道。佛子!于意云何,是人功德宁为多不?

天帝言:佛子!此人功德,唯佛能知。

法慧菩萨言:

佛子!此人功德比菩萨初发心功德,百分不及一,千分不及一,百千分不及一,乃至优波尼沙陀分亦不及一。何以故?佛子!一切诸佛初发心时,不但为以一切乐具,供养十方十阿僧祇世界所有众生,经于百劫,乃至百千那由他亿劫故,发菩提心;不但为教尔所众生,令修五戒、十善业道,教住四禅、四无量心、四无色定,教得须陀洹果、斯陀含果、阿那含果、阿罗汉果、辟支佛道故,发菩提心;为令如来种性不断故,为充遍一切世界故,为度脱一切世界众生故,为悉知一切世界成坏故,为悉知一切世界中众生垢净故,为悉知一切世界自性清净故,为悉知一切众生心乐烦恼习气故,为悉知一切众生死此生彼故,为悉知一切众生诸根方便故,为悉知一切众生心行故,为悉知一切众生三世智故,为悉知一切佛境界平等故,发于无上菩提之心。

佛子!复置此喻。假使有人,于一念顷,能过东方阿僧祇世界;念念如是,尽阿僧祇劫,此诸世界无有能得知其边际。又第二人,于一念顷,能过前人阿僧祇劫所过世界;如是,亦尽阿僧祇劫。次第展转,乃至第十。南、西、北方,四维、上、下,亦复如是。佛子!此十方中,凡有百人,一一如是过诸世界,是诸世界可知边际;菩萨初发阿耨多罗三藐三菩提心所有善根,无有能得知其际者。何以故?佛子!菩萨不齐限,但为往尔所世界得了知故,发菩提心;为了知十方世界故,发菩提心。所谓:欲了知妙世界即是粗世界,粗世界即是妙世界;仰世界即是覆世界,覆世界即是仰世界;小世界即是大世界,大世界即是小世界;广世界即是狭世界,狭世界即是广世界;一世界即是不可说世界,不可说世界即是一世界;不可说世界入一世界,一世界入不可说世界;秽世界即是净世界,净世界即是秽世界。欲知一毛端中,一切世界差别性;一切世界中,一毛端一体性。欲知一世界中出生一切世界,欲知一切世界无体性。欲以一念心尽知一切广大世界而无障碍故,发阿耨多罗三藐三菩提心。

佛子!复置此喻。假使有人,于一念顷,能知东方阿僧祇世界成坏劫数;念念如是,尽阿僧祇劫,此诸劫数无有能得知其边际。有第二人,于一念顷,能知前人阿僧祇劫所知劫数。如是广说,乃至第十。南、西、北方,四维、上、下,亦复如是。佛子!此十方阿僧祇世界成坏劫数,可知边际;菩萨初发阿耨多罗三藐三菩提心功德善根,无有能得知其际者。何以故?菩萨不齐限,但为知尔所世界成坏劫数故,发阿耨多罗三藐三菩提心;为悉知一切世界成坏劫尽无余故,发阿耨多罗三藐三菩提心。所谓:知长劫与短劫平等,短劫与长劫平等;一劫与无数劫平等,无数劫与一劫平等;有佛劫与无佛劫平等,无佛劫与有佛劫平等;一佛劫中有不可说佛,不可说佛劫中有一佛;有量劫与无量劫平等,无量劫与有量劫平等;有尽劫与无尽劫平等,无尽劫与有尽劫平等;不可说劫与一念平等,一念与不可说劫平等;一切劫入非劫,非劫入一切劫。欲于一念中尽知前际、后际,及现在一切世界成坏劫故,发阿耨多罗三藐三菩提心,是名:初发心大誓庄严了知一切劫神通智。

佛子!复置此喻。假使有人,于一念顷,能知东方阿僧祇世界所有众生种种差别解;念念如是,尽阿僧祇劫。有第二人,于一念顷,能知前人阿僧祇劫所知众生诸解差别;如是,亦尽阿僧祇劫。次第展转,乃至第十。南、西、北方、四维、上、下,亦复如是。佛子!此十方众生种种差别解,可知边际;菩萨初发阿耨多罗三藐三菩提心功德善根,无有能得知其际者。何以故?佛子!菩萨不齐限,但为知尔所众生解故,发阿耨多罗三藐三菩提心;为尽知一切世界所有众生种种差别解故,发阿耨多罗三藐三菩提心。所谓:欲知一切差别解无边故,一众生解、无数众生解平等故;欲得不可说差别解方便智光明故;欲悉知众生海各各差别解,尽无余故;欲悉知过、现、未来,善、不善种种无量解故;欲悉知相似解、不相似解故;欲悉知一切解即是一解,一解即是一切解故;欲得如来解力故;欲悉知有上解、无上解、有余解、无余解、等解、不等解差别故;欲悉知有依解、无依解、共解、不共解、有边解、无边解、差别解、无差别解、善解、不善解、世间解、出世间解差别故;欲于一切妙解、大解、无量解、正位解中,得如来解脱无障碍智故;欲以无量方便,悉知十方一切众生界,一一众生净解、染解、广解、略解、细解、粗解,尽无余故;欲悉知深密解、方便解、分别解、自然解、随因所起解、随缘所起解,一切解网悉无余故,发阿耨多罗三藐三菩提心。

佛子!复置此喻。假使有人,于一念顷,能知东方无数世界一切众生诸根差别;念念如是,经阿僧祇劫。有第二人,于一念顷,能知前人阿僧祇劫念念所知诸根差别。如是广说,乃至第十。南、西、北方、四维、上、下,亦复如是。佛子!此十方世界所有众生诸根差别,可知边际;菩萨初发阿耨多罗三藐三菩提心功德善根,无有能得知其际者。何以故?菩萨不齐限,但为知尔所世界众生根故,发阿耨多罗三藐三菩提心;为尽知一切世界中一切众生根种种差别,广说乃至,欲尽知一切诸根网故,发阿耨多罗三藐三菩提心。

佛子!复置此喻。假使有人,于一念顷,能知东方无数世界所有众生种种欲乐;念念如是,尽阿僧祇劫。次第广说,乃至第十。南、西、北方、四维、上、下,亦复如是。此十方众生所有欲乐,可知边际;菩萨初发阿耨多罗三藐三菩提心功德善根,无有能得知其际者。何以故?佛子!菩萨不齐限,但为知尔所众生欲乐故,发阿耨多罗三藐三菩提心;为尽知一切世界所有众生种种欲乐,广说乃至,欲尽知一切欲乐网故,发阿耨多罗三藐三菩提心。

佛子!复置此喻。假使有人,于一念顷,能知东方无数世界所有众生种种方便。如是广说,乃至第十。南、西、北方、四维、上、下,亦复如是。此十方众生种种方便,可知边际;菩萨初发阿耨多罗三藐三菩提心功德善根,无有能得知其际者。何以故?佛子!菩萨不齐限,但为知尔所世界众生种种方便故,发阿耨多罗三藐三菩提心;为尽知一切世界所有众生种种方便,广说乃至,欲尽知一切方便网故,发阿耨多罗三藐三菩提心。

佛子!复置此喻。假使有人,于一念顷,能知东方无数世界所有众生种种差别心。广说乃至,此十方世界所有众生种种差别心,可知边际;菩萨初发阿耨多罗三藐三菩提心功德善根,无有能得知其际者。何以故?佛子!菩萨不齐限,但为知尔所众生心故,发阿耨多罗三藐三菩提心;为悉知尽法界、虚空界无边众生种种心,乃至欲尽知一切心网故,发阿耨多罗三藐三菩提心。

佛子!复置此喻。假使有人,于一念顷,能知东方无数世界所有众生种种差别业。广说乃至,此十方众生种种差别业,可知边际;菩萨初发阿耨多罗三藐三菩提心善根边际,不可得知。何以故?佛子!菩萨不齐限,但为知尔所众生业故,发阿耨多罗三藐三菩提心;欲悉知三世一切众生业,乃至欲悉知一切业网故,发阿耨多罗三藐三菩提心。

佛子!复置此喻。假使有人,于一念顷,能知东方无数世界所有众生种种烦恼;念念如是,尽阿僧祇劫,此诸烦恼种种差别,无有能得知其边际。有第二人,于一念顷,能知前人阿僧祇劫所知众生烦恼差别;如是,复尽阿僧祇劫。次第广说,乃至第十。南、西、北方、四维、上、下,亦复如是。佛子!此十方众生烦恼差别,可知边际;菩萨初发阿耨多罗三藐三菩提心善根边际,不可得知。何以故?佛子!菩萨不齐限,但为知尔所世界众生烦恼故,发阿耨多罗三藐三菩提心;为尽知一切世界所有众生烦恼差别故,发阿耨多罗三藐三菩提心。所谓:欲尽知轻烦恼、重烦恼、眠烦恼、起烦恼,一一众生无量烦恼种种差别、种种觉观,净治一切诸杂染故;欲尽知依无明烦恼、爱相应烦恼,断一切诸有趣烦恼结故;欲尽知贪分烦恼、瞋分烦恼、痴分烦恼、等分烦恼,断一切烦恼根本故;欲悉知我烦恼、我所烦恼、我慢烦恼,觉悟一切烦恼尽无余故;欲悉知从颠倒分别生根本烦恼、随烦恼,因身见生六十二见,调伏一切烦恼故;欲悉知盖烦恼、障烦恼,发大悲救护心,断一切烦恼网,令一切智性清净故,发阿耨多罗三藐三菩提心。

佛子!复置此喻。假使有人,于一念顷,以诸种种上味饮食、香华、衣服、幢幡、伞盖,及僧伽蓝、上妙宫殿、宝帐、网幔,种种庄严师子之座及众妙宝,供养东方无数诸佛,及无数世界所有众生,恭敬尊重，礼拜赞叹，曲躬瞻仰，相续不绝，经无数劫。又劝彼众生，悉令如是供养于佛。至佛灭后，各为起塔。其塔高广，无数世界众宝所成种种庄严。一一塔中，各有无数如来形像，光明遍照无数世界，经无数劫。南、西、北方，四维、上、下，亦复如是。佛子！于汝意云何，此人功德宁为多不？

天帝言：是人功德，唯佛乃知，余无能测。

佛子！此人功德比菩萨初发心功德，百分不及一，千分不及一，百千分不及一，乃至优波尼沙陀分亦不及一。

佛子！复置此喻。假使复有第二人，于一念中，能作前人及无数世界所有众生无数劫中供养之事；念念如是，以无量种供养之具，供养无量诸佛如来，及无量世界所有众生，经无量劫。其第三人，乃至第十人，皆亦如是，于一念中能作前人所有供养；念念如是，以无边、无等、不可数、不可称、不可思、不可量、不可说、不可说不可说供养之具，供养无边乃至不可说不可说诸佛，及尔许世界所有众生，经无边乃至不可说不可说劫。至佛灭后，各为起塔，其塔高广。乃至住劫，亦复如是。佛子！此前功德比菩萨初发心功德，百分不及一，千分不及一，百千分不及一，乃至优波尼沙陀分亦不及一。何以故？佛子！菩萨摩诃萨不齐限，但为供养尔所佛故，发阿耨多罗三藐三菩提心；为供养尽法界、虚空界，不可说不可说十方无量去、来、现在所有诸佛故，发阿耨多罗三藐三菩提心。发是心已，能知前际一切诸佛始成正觉及般涅槃，能信后际一切诸佛所有善根，能知现在一切诸佛所有智慧。彼诸佛所有功德，此菩萨能信、能受、能修、能得、能知、能证、能成就，能与诸佛平等一性。何以故？此菩萨为不断一切如来种性故，发心；为充遍一切世界故，发心；为度脱一切世界众生故，发心；为悉知一切世界成坏故，发心；为悉知一切众生垢净故，发心；为悉知一切世界三有清净故，发心；为悉知一切众生心乐烦恼习气故，发心；为悉知一切众生死此生彼故，发心；为悉知一切众生诸根方便故，发心；为悉知一切众生心行故，发心；为悉知一切众生三世智故，发心。以发心故，常为三世一切诸佛之所忆念，当得三世一切诸佛无上菩提；即为三世一切诸佛与其妙法，即与三世一切诸佛体性平等；已修三世一切诸佛助道之法，成就三世一切诸佛力、无所畏；庄严三世一切诸佛不共佛法，悉得法界一切诸佛说法智慧。何以故？以是发心，当得佛故。应知此人即与三世诸佛同等，即与三世诸佛如来境界平等，即与三世诸佛如来功德平等，得如来一身、无量身究竟平等真实智慧。才发心时，即为十方一切诸佛所共称叹，即能说法教化调伏一切世界所有众生，即能震动一切世界，即能光照一切世界，即能息灭一切世界诸恶道苦，即能严净一切国土，即能于一切世界中示现成佛，即能令一切众生皆得欢喜，即能入一切法界性，即能持一切佛种性，即能得一切佛智慧光明。此初发心菩萨，不于三世少有所得。所谓：若诸佛，若诸佛法；若菩萨，若菩萨法；若独觉，若独觉法；若声闻，若声闻法；若世间，若世间法；若出世间，若出世间法；若众生，若众生法。唯求一切智；于诸法界，心无所著。

尔时，佛神力故，十方各一万佛刹微尘数世界六种震动。所谓：动、遍动、等遍动，起、遍起、等遍起，涌、遍涌、等遍涌，震、遍震、等遍震，吼、遍吼、等遍吼，击、遍击、等遍击。雨众天华、天香、天末香、天华鬘、天衣、天宝、天庄严具，作天妓乐，放天光明及天音声。

是时，十方各过十佛刹微尘数世界外，有万佛刹微尘数佛，同名：法慧，各现其身，在法慧菩萨前作如是言：善哉！善哉！法慧！汝于今者，能说此法；我等十方各万佛刹微尘数佛，亦说是法；一切诸佛，悉如是说。汝说此法时，有万佛刹微尘数菩萨发菩提心。我等今者，悉授其记，于当来世过千不可说无边劫，同一劫中而得作佛，出兴于世，皆号：清净心如来，所住世界各各差别。我等悉当护持此法，令未来世一切菩萨，未曾闻者皆悉得闻。如此娑婆世界四天下须弥顶上说如是法，令诸众生闻已受化；如是十方百千亿那由他无数、无量、无边、无等、不可数、不可称、不可思、不可量、不可说，尽法界、虚空界，诸世界中亦说此法教化众生。其说法者，同名：法慧；悉以佛神力故，世尊本愿力故，为欲显示佛法故，为以智光普照故，为欲开阐实义故，为令证得法性故，为令众会悉欢喜故，为欲开示佛法因故，为得一切佛平等故，为了法界无有二故，说如是法。

尔时，法慧菩萨普观尽虚空界十方国土一切众会，欲悉成就诸众生故，欲悉净治诸业果报故，欲悉开显清净法界故，欲悉拔除杂染根本故，欲悉增长广大信解故，欲悉令知无量众生根故，欲悉令知三世法平等故，欲悉令观察涅槃界故，欲增长自清净善根故；承佛威力，即说颂言：

为利世间发大心，其心普遍于十方，众生国土三世法，佛及菩萨最胜海。究竟虚空等法界，所有一切诸世间，如诸佛法皆往诣，如是发心无退转。慈念众生无暂舍，离诸恼害普饶益，光明照世为所归，十力护念难思议。十方国土悉趣入，一切色形皆示现，如佛福智广无边，随顺修因无所著。有刹仰住或傍覆，粗妙广大无量种，菩萨一发最上心，悉能往诣皆无碍。菩萨胜行不可说，皆勤修习无所住，见一切佛常欣乐，普入于其深法海。哀愍五趣诸群生，令除垢秽普清净，绍隆佛种不断绝，摧灭魔宫无有余。已住如来平等性，善修微妙方便道，于佛境界起信心，得佛灌顶心无著。两足尊所念报恩，心如金刚不可沮，于佛所行能照了，自然修习菩提行。诸趣差别想无量，业果及心亦非一，乃至根性种种殊，一发大心悉明见。其心广大等法界，无依无变如虚空，趣向佛智无所取，谛了实际离分别。知众生心无生想，了达诸法无法想，虽普分别无分别，亿那由刹皆往诣。无量诸佛妙法藏，随顺观察悉能入，众生根行靡不知，到如是处如世尊。清净大愿恒相应，乐供如来不退转，人天见者无厌足，常为诸佛所护念。其心清净无所依，虽观深法而不取，如是思惟无量劫，于三世中无所著。其心坚固难制沮，趣佛菩提无障碍，志求妙道除蒙惑，周行法界不告劳。知语言法皆寂灭，但入真如绝异解，诸佛境界悉顺观，达于三世心无碍。菩萨始发广大心，即能遍往十方刹，法门无量不可说，智光普照皆明了。大悲广度最无比，慈心普遍等虚空，而于众生不分别，如是清净游于世。十方众生悉慰安，一切所作皆真实，恒以净心不异语，常为诸佛共加护。过去所有皆忆念，未来一切悉分别，十方世界普入中，为度众生令出离。菩萨具足妙智光，善了因缘无有疑，一切迷惑皆除断，如是而游于法界。魔王宫殿悉摧破，众生翳膜咸除灭，离诸分别心不动，善了如来之境界。三世疑网悉已除，于如来所起净信，以信得成不动智，智清净故解真实。为令众生得出离，尽于后际普饶益，长时勤苦心无厌，乃至地狱亦安受。福智无量皆具足，众生根欲悉了知，及诸业行无不见，如其所乐为说法。了知一切空无我，慈念众生恒不舍，以一大悲微妙音，普入世间而演说。放大光明种种色，普照众生除黑闇，光中菩萨坐莲华，为众阐扬清净法。于一毛端现众刹，诸大菩萨皆充满，众会智慧各不同，悉能明了众生心。十方世界不可说，一念周行无不尽，利益众生供养佛，于诸佛所问深义。于诸如来作父想，为利众生修觉行，智慧善巧通法藏，入深智处无所著。随顺思惟说法界，经无量劫不可尽，智虽善入无处所，无有疲厌无所著。三世诸佛家中生，证得如来妙法身，普为群生现众色，譬如幻师无不作。或现始修殊胜行，或现初生及出家，或现树下成菩提，或为众生示涅槃。菩萨所住希有法，唯佛境界非二乘，身语意想皆已除，种种随宜悉能现。菩萨所得诸佛法，众生思惟发狂乱，智入实际心无碍，普现如来自在力。此于世间无与等，何况复增殊胜行，虽未具足一切智，已获如来自在力。已住究竟一乘道，深入微妙最上法，善知众生时非时，为利益故现神通。分身遍满一切刹，放净光明除世闇，譬如龙王起大云，普雨妙雨悉充洽。观察众生如幻梦，以业力故常流转，大悲哀愍咸救拔，为说无为净法性。佛力无量此亦然，譬如虚空无有边，为令众生得解脱，亿劫勤修而不倦。种种思惟妙功德，善修无上第一业，于诸胜行恒不舍，专念生成一切智。一身示现无量身，一切世界悉周遍，其心清净无分别，一念难思力如是。于诸世间不分别，于一切法无妄想，虽观诸法而不取，恒救众生无所度。一切世间唯是想，于中种种各差别，知想境界险且深，为现神通而救脱。譬如幻师自在力，菩萨神变亦如是，身遍法界及虚空，随众生心靡不见。能所分别二俱离，杂染清净无所取，若缚若解智悉忘，但愿普与众生乐。一切世间唯想力，以智而入心无畏，思惟诸法亦复然，三世推求不可得。能入过去毕前际，能入未来毕后际，能入现在一切处，常勤观察无所有。随顺涅槃寂灭法，住于无诤无所依，心如实际无与等，专向菩萨永不退。修诸胜行无退怯，安住菩萨不动摇，佛及菩萨与世间，尽于法界皆明了。欲得最胜第一道，为一切智解脱王，应当速发菩提心，永尽诸漏利群生。趣向菩提心清净，功德广大不可说，为利众生故称述，汝等诸贤应善听。无量世界尽为尘，一一尘中无量刹，其中诸佛皆无量，悉能明见无所取。善知众生无生想，善知言语无语想，于诸世界心无碍，悉善了知无所著。其心广大如虚空，于三世事悉明达，一切疑惑皆除灭，正观佛法无所取。十方无量诸国土，一念往诣心无著，了达世间众苦法，悉住无生真实际。无量难思诸佛所，悉往彼会而觐谒，常为上首问如来，菩萨所修诸愿行。心常忆念十方佛，而无所依无所取，恒劝众生种善根，庄严国土令清净。一切趣生三有处，以无碍眼咸观察，所有习性诸根解，无量无边悉明见。众生心乐悉了知，如是随宜为说法，于诸染净皆通达，令彼修治入于道。无量无数诸三昧，菩萨一念皆能入，于中想智及所缘，悉善了知得自在。菩萨获此广大智，疾向菩提无所碍，为欲利益诸群生，处处宣扬大人法。善知世间长短劫，一月半月及昼夜，国土各别性平等，常勤观察不放逸。普诣十方诸世界，而于方处无所取，严净国土悉无余，亦不曾生净分别。众生是处若非处，及以诸业感报别，随顺思惟入佛力，于此一切悉了知。一切世间种种性，种种所行住三有，利根及与中下根，如是一切咸观察。净与不净种种解，胜劣及中悉明见，一切众生至处行，三有相续皆能说。禅定解脱诸三昧，染净因起各不同，及以先世苦乐殊，净修佛力咸能见。众生业惑续诸趣，断此诸趣得寂灭，种种漏法永不生，并其习种悉了知。如来烦恼皆除尽，大智光明照于世，菩萨于佛十力中，虽未证得亦无疑。菩萨于一毛孔中，普现十方无量刹，或有杂染或清净，种种业作皆能了。一微尘中无量刹，无量诸佛及佛子，诸刹各别无杂乱，如一一切悉明见。于一毛孔见十方，尽虚空界诸世间，无有一处空无佛，如是佛刹悉清净。于毛孔中见佛刹，复见一切诸众生，三世六趣各不同，昼夜月时有缚解。如是大智诸菩萨，专心趣向法王位，于佛所住顺思惟，而获无边大欢喜。菩萨分身无量亿，供养一切诸如来，神通变现胜无比，佛所行处皆能住。无量佛所皆钻仰，所有法藏悉耽味，见佛闻法勤修行，如饮甘露心欢喜。已获如来胜三昧，善入诸法智增长，信心不动如须弥，普作群生功德藏。慈心广大遍众生，悉愿疾成一切智，而恒无著无依处，离诸烦恼得自在。哀愍众生广大智，普摄一切同于己，知空无相无真实，而行其心不懈退。菩萨发心功德量，亿劫称扬不可尽，以出一切诸如来，独觉声闻安乐故。十方国土诸众生，皆悉施安无量劫，劝持五戒及十善，四禅四等诸定处，复于多劫施安乐，令断诸惑成罗汉；彼诸福聚虽无量，不与发心功德比。又教亿众成缘觉，获无诤行微妙道，以彼而校菩提心，算数譬喻无能及。一念能过尘数刹，如是经于无量劫，此诸刹数尚可量，发心功德不可知。过去未来及现在，所有劫数无边量，此诸劫数犹可知，发心功德无能测。以菩提心遍十方，所有分别靡不知，一念三世悉明达，利益无量众生故。十方世界诸众生，欲解方便意所行，及以虚空际可测，发心功德难知量。菩萨志愿等十方，慈心普洽诸群生，悉使修成佛功德，是故其力无边际。众生欲解心所乐，诸根方便行各别，于一念中悉了知，一切智智心同等。一切众生诸惑业，三有相续无暂断，此诸边际尚可知，发心功德难思议。发心能离业烦恼，供养一切诸如来，业惑既离相续断，普于三世得解脱。一念供养无边佛，亦供无数诸众生，悉以香华及妙鬘，宝幢幡盖上衣服，美食珍座经行处，种种宫殿悉严好，毗卢遮那妙宝珠，如意摩尼发光耀。念念如是持供养，经无量劫不可说；其人福聚虽复多，不及发心功德大。所说种种众譬喻，无有能及菩提心，以诸三世人中尊，皆从发心而得生。发心无碍无齐限，欲求其量不可得，一切智智誓必成，所有众生皆永度。发心广大等虚空，生诸功德同法界，所行普遍如无异，永离众著佛平等。一切法门无不入，一切国土悉能往，一切智境咸通达，一切功德皆成就。一切能舍恒相续，净诸戒品无所著，具足无上大功德，常勤精进不退转。入深禅定恒思惟，广大智慧共相应，此是菩萨最胜地，出生一切普贤道。三世一切诸如来，靡不护念初发心，悉以三昧陀罗尼，神通变化共庄严。十方众生无有量，世界虚空亦如是，发心无量过于彼，是故能生一切佛。菩提心是十力本，亦为四辩无畏本，十八不共亦复然，莫不皆从发心得。诸佛色相庄严身，及以平等妙法身，智慧无著所应供，悉以发心而得有。一切独觉声闻乘，色界诸禅三昧乐，及无色界诸三昧，悉以发心作其本。一切人天自在乐，及以诸趣种种乐，进定根力等众乐，靡不皆由初发心。以因发起广大心，则能修行六种度，劝诸众生行正行，于三界中受安乐。住佛无碍实义智，所有妙业咸开阐，能令无量诸众生，悉断惑业向涅槃。智慧光明如净日，众行具足犹满月，功德常盈譬巨海，无垢无碍同虚空。普发无边功德愿，悉与一切众生乐，尽未来际依愿行，常勤修习度众生。无量大愿难思议，愿令众生悉清净，空无相愿无依处，以愿力故皆明显。了法自性如虚空，一切寂灭悉平等，法门无数不可说，为众生说无所著。十方世界诸如来，悉共赞叹初发心，此身无量德所严，能到彼岸同于佛。如众生数尔许劫，说其功德不可尽，以住如来广大家，三界诸法无能喻。欲知一切诸佛法，宜应速发菩提心，此心功德中最胜，必得如来无碍智。众生心行可数知，国土微尘亦复然，虚空边际乍可量，发心功德无能测。出生三世一切佛，成就世间一切乐，增长一切胜功德，永断一切诸疑惑。开示一切妙境界，尽除一切诸障碍，成就一切清净刹，出生一切如来智。欲见十方一切佛，欲施无尽功德藏，欲灭众生诸苦恼，宜应速发菩提心。

大方广佛华严经卷第十八

明法品第十八

尔时,精进慧菩萨白法慧菩萨言:

佛子!菩萨摩诃萨初发求一切智心,成就如是无量功德,具大庄严,升一切智乘,入菩萨正位,舍诸世间法,得佛出世法,去、来、现在诸佛摄受,决定至于无上菩提究竟之处。彼诸菩萨于佛教中云何修习,令诸如来皆生欢喜,入诸菩萨所住之处,一切大行皆得清净,所有大愿悉使满足,获诸菩萨广大之藏,随所应化常为说法,而恒不舍波罗蜜行,所念众生咸令得度,绍三宝种使不断绝,善根方便皆悉不虚?佛子!彼诸菩萨以何方便,能令此法当得圆满?愿垂哀愍,为我宣说;此诸大会,靡不乐闻!

复次,如诸菩萨摩诃萨常勤修习,灭除一切无明黑暗,降伏魔怨,制诸外道,永涤一切烦恼心垢;悉能成就一切善根,永出一切恶趣诸难,净治一切大智境界;成就一切菩萨诸地、诸波罗蜜、总持三昧、六通、三明、四无所畏清净功德,庄严一切诸佛国土,及诸相好身、语、心行成就满足,善知一切诸佛如来力、无所畏、不共佛法、一切智智所行境界;为欲成熟一切众生,随其心乐而取佛土,随根、随时如应说法;种种无量广大佛事,及余无量诸功德法、诸行、诸道及诸境界,皆悉圆满,疾与如来功德平等;于诸如来、应、正等觉百千阿僧祇劫修菩萨行时所集法藏,悉能守护,开示演说,诸魔外道无能沮坏,摄持正法无有穷尽;于一切世界演说法时,天王、龙王、夜叉王、乾闼婆王、阿修罗王、迦楼罗王、紧那罗王、摩睺罗伽王、人王、梵王、如来法王,皆悉守护;一切世间,恭敬供养,同灌其顶;常为诸佛之所护念,一切菩萨亦皆爱敬;得善根力,增长白法,开演如来甚深法藏,摄持正法以自庄严。一切菩萨所行次第,愿皆演说!

尔时,精进慧菩萨欲重宣其义而说颂言:

大名称者善能演,菩萨所成功德法,深入无边广大行,具足清净无师智。若有菩萨初发心,成就福德智慧乘,入离生位超世间,普获正等菩提法。彼复云何佛教中,坚固勤修转增胜,令诸如来悉欢喜,佛所住地速当入?所行清净愿皆满,及得广大智慧藏,常能说法度众生,而心无依无所著。菩萨一切波罗蜜,悉善修行无缺减,所念众生咸救度,常持佛种使不绝。所作坚固不唐捐,一切功成得出离,如诸胜者所修行,彼清净道愿宣说!永破一切无明暗,降伏众魔及外道,所有垢秽悉涤除,得近如来大智慧。永离恶趣诸险难,净治大智殊胜境,获妙道力邻上尊,一切功德皆成就。证得如来最胜智,住于无量诸国土，随众生心而说法，及作广大诸佛事。云何而得诸妙道，开演如来正法藏，常能受持诸佛法，无能超胜无与等？云何无畏如师子，所行清净如满月？云何修习佛功德，犹如莲华不著水？

尔时，法慧菩萨告精进慧菩萨言：

善哉！佛子！汝今为欲多所饶益、多所安乐、多所惠利，哀愍世间诸天及人，问于如是菩萨所修清净之行。佛子！汝住实法，发大精进，增长不退，已得解脱；能作是问，同于如来。谛听！谛听！善思念之！我今承佛威神之力，为汝于中说其少分。

佛子！菩萨摩诃萨已发一切智心，应离痴暗，精勤守护，无令放逸。佛子！菩萨摩诃萨住十种法，名：不放逸。何者为十？一者，护持众戒；二者，远离愚痴，净菩提心；三者，心乐质直，离诸谄诳；四者，勤修善根，无有退转；五者，恒善思惟，自所发心；六者，不乐亲近在家、出家一切凡夫；七者，修诸善业而不愿求世间果报；八者，永离二乘，行菩萨道；九者，乐修众善，令不断绝；十者，恒善观察自相续力。佛子！若诸菩萨行此十法，是则名为住不放逸。

佛子！菩萨摩诃萨住不放逸，得十种清净。何者为十？一者，如说而行；二者，念智成就；三者，住于深定，不沉不举；四者，乐求佛法，无有懈息；五者，随所闻法，如理观察，具足出生巧妙智慧；六者，入深禅定，得佛神通；七者，其心平等，无有高下；八者，于诸众生上、中、下类，心无障碍，犹如大地等作利益；九者，若见众生乃至一发菩提之心，尊重承事犹如和尚；十者，于授戒和尚及阿阇梨、一切菩萨、诸善知识、法师之所，常生尊重，承事供养。佛子！是名菩萨住不放逸十种清净。佛子！菩萨摩诃萨住不放逸，发大精进；起于正念，生胜欲乐，所行不息；于一切法，心无依处；于其深法，能勤修习；入无诤门，增广大心；佛法无边，能顺了知，令诸如来皆悉欢喜。

佛子！菩萨摩诃萨复有十法，能令一切诸佛欢喜。何等为十？一者，精进不退；二者，不惜身命；三者，于诸利养无有希求；四者，知一切法皆如虚空；五者，善能观察，普入法界；六者，知诸法印，心无倚著；七者，常发大愿；八者，成就清净忍智光明；九者，观自善法，心无增减；十者，依无作门，修诸净行。佛子！是为菩萨住十种法，能令一切如来欢喜。

佛子！复有十法，能令一切诸佛欢喜。何者为十？所谓：安住不放逸；安住无生忍；安住大慈；安住大悲；安住满足诸波罗蜜；安住诸行；安住大愿；安住巧方便；安住勇猛力；安住智慧，观一切法皆无所住，犹如虚空。佛子！若诸菩萨住此十法，能令一切诸佛欢喜。

佛子！有十种法，令诸菩萨速入诸地。何等为十？一者，善巧圆满福、智二行；二者，能大庄严波罗蜜道；三者，智慧明达，不随他语；四者，承事善友，恒不舍离；五者，常行精进，无有懈怠；六者，善能安住如来神力；七者，修诸善根，不生疲倦；八者，深心利智，以大乘法而自庄严；九者，于地地法门，心无所住；十者，与三世佛善根方便同一体性。佛子！此十种法，令诸菩萨速入诸地。复次，佛子！诸菩萨初住地时，应善观察：随其所有一切法门，随其所有甚深智慧，随所修因，随所得果，随其境界，随其力用，随其示现，随其分别，随其所得，悉善观察。知一切法，皆是自心，而无所著；如是知已，入菩萨地，能善安住。佛子！彼诸菩萨作是思惟：我等宜应速入诸地。何以故？我等若于地地中住，成就如是广大功德；具功德已，渐入佛地；住佛地已，能作无边广大佛事。是故宜应常勤修习，无有休息，无有疲厌，以大功德而自庄严入菩萨地。

佛子！有十种法，令诸菩萨所行清净。何等为十？一者，悉舍资财，满众生意；二者，持戒清净，无所毁犯；三者，柔和忍辱，无有穷尽；四者，勤修诸行，永不退转；五者，以正念力，心无迷乱；六者，分别了知无量诸法；七者，修一切行而无所著；八者，其心不动，犹如山王；九者，广度众生，犹如桥梁；十者，知一切众生与诸如来同一体性。佛子！是为十法，令诸菩萨所行清净。

菩萨既得行清净已，复获十种增胜法。何等为十？一者，他方诸佛，皆悉护念；二者，善根增胜，超诸等列；三者，善能领受佛加持力；四者，常得善人，为所依怙；五者，安住精进，恒不放逸；六者，知一切法平等无异；七者，心恒安住无上大悲；八者，如实观法，出生妙慧；九者，能善修行巧妙方便；十者，能知如来方便之力。佛子！是为菩萨十种增胜法。

佛子！菩萨有十种清净愿。何等为十？一愿，成熟众生，无有疲倦；二愿，具行众善，净诸世界；三愿，承事如来，常生尊重；四愿，护持正法，不惜躯命；五愿，以智观察，入诸佛土；六愿，与诸菩萨同一体性；七愿，入如来门，了一切法；八愿，见者生信，无不获益；九愿，神力住世，尽未来劫；十愿，具普贤行，净治一切种智之门。佛子！是为菩萨十种清净愿。

佛子！菩萨住十种法，令诸大愿皆得圆满。何等为十？一者，心无疲厌；二者，具大庄严；三者，念诸菩萨殊胜愿力；四者，闻诸佛土，悉愿往生；五者，深心长久，尽未来劫；六者，愿悉成就一切众生；七者，住一切劫，不以为劳；八者，受一切苦，不生厌离；九者，于一切乐，心无贪著；十者，常勤守护无上法门。

佛子！菩萨满足如是愿时，即得十种无尽藏。何等为十？所谓：普见诸佛无尽藏、总持不忘无尽藏、决了诸法无尽藏、大悲救护无尽藏、种种三昧无尽藏、满众生心广大福德无尽藏、演一切法甚深智慧无尽藏、报得神通无尽藏、住无量劫无尽藏、入无边世界无尽藏。佛子！是为菩萨十无尽藏。

菩萨得是十种藏已，福德具足，智慧清净；于诸众生，随其所应而为说法。佛子！菩萨云何于诸众生，随其所应而为说法？所谓：知其所作，知其因缘，知其心行，知其欲乐。贪欲多者，为说不净；瞋恚多者，为说大慈；愚痴多者，教勤观察；三毒等者，为说成就胜智法门；乐生死者，为说三苦；若著处所，说处空寂；心懈怠者，说大精进；怀我慢者，说法平等；多谄诳者，为说菩萨；其心质直、乐寂静者，广为说法，令其成就。菩萨如是随其所应而为说法。为说法时，文相连属，义无舛谬；观法先后，以智分别；是非审定，不违法印；次第建立无边行门，令诸众生断一切疑；善知诸根，入如来教；证真实际，知法平等；断诸法爱，除一切执；常念诸佛，心无暂舍；了知音声，体性平等；于诸言说，心无所著；巧说譬喻，无相违反，悉令得悟一切诸佛随应普现平等智身。

　　菩萨如是为诸众生而演说法，则自修习，增长义利，不舍诸度，具足庄严波罗蜜道。是时，菩萨为令众生心满足故，内外悉舍而无所著，是则能净檀波罗蜜。具持众戒而无所著，永离我慢，是则能净尸波罗蜜。悉能忍受一切诸恶，于诸众生，其心平等，无有动摇，譬如大地能持一切，是则能净忍波罗蜜。普发众业，常修靡懈，诸有所作恒不退转，勇猛势力无能制伏，于诸功德不取不舍，而能满足一切智门，是则能净精进波罗蜜。于五欲境无所贪著，诸次第定悉能成就，常正思惟，不住不出，而能销灭一切烦恼，出生无量诸三昧门，成就无边大神通力；逆顺次第，入诸三昧，于一三昧门入无边三昧门，悉知一切三昧境界，与一切三昧三摩钵底智印不相违背，能速入于一切智地，是则能净禅波罗蜜。于诸佛所闻法受持，近善知识承事不倦；常乐闻法，心无厌足；随所听受，如理思惟；入真三昧，离诸僻见；善观诸法，得实相印，了知如来无功用道；乘普门慧，入于一切智智之门，永得休息，是则能净般若波罗蜜。示现一切世间作业，教化众生而不厌倦，随其心乐而为现身；一切所行皆无染著，或现凡夫、或现圣人所行之行，或现生死，或现涅槃；善能观察一切所作，示现一切诸庄严事而不贪著，遍入诸趣度脱众生，是则能净方便波罗蜜。尽成就一切众生，尽庄严一切世界，尽供养一切诸佛，尽通达无障碍法，尽修行遍法界行，身恒住尽未来劫智，尽知一切心念，尽觉悟流转还灭，尽示现一切国土，尽证得如来智慧，是则能净愿波罗蜜。具深心力，无有杂染故；具深信力，无能摧伏故；具大悲力，不生疲厌故；具大慈力，所行平等故；具总持力，能以方便持一切义故；具辩才力，令一切众生欢喜满足故；具波罗蜜力，庄严大乘故；具大愿力，永不断绝故；具神通力，出生无量故；具加持力，令信解领受故，是则能净力波罗蜜。知贪欲行者，知瞋恚行者，知愚痴行者，知等分行者，知修学地行者，一念中知无边众生行，知无边众生心，知一切法真实，知一切如来力，普觉悟法界门，是则能净智波罗蜜。

　　佛子！菩萨如是清净诸波罗蜜时、圆满诸波罗蜜时、不舍诸波罗蜜时，住大庄严菩萨乘中。随其所念，一切众生皆为说法，令增净业而得度脱。堕恶道者，教使发心；在难中者，令勤精进；多贪众生，示无贪法；多瞋众生，令行平等；著见众生，为说缘起；欲界众生，教离欲恚恶不善法；色界众生，为其宣说毗钵舍那；无色界众生，为其宣说微妙智慧；二乘之人，教寂静行；乐大乘者，为说十力广大庄严。如其往昔初发心时，见无量众生堕诸恶道，大师子吼作如是言：我当以种种法门，随其所应而度脱之！菩萨具足如是智慧，广能度脱一切众生。

佛子！菩萨具足如是智慧，令三宝种永不断绝。所以者何？菩萨摩诃萨教诸众生发菩提心，是故能令佛种不断；常为众生开阐法藏，是故能令法种不断；善持教法，无所乖违，是故能令僧种不断。复次，悉能称赞一切大愿，是故能令佛种不断；分别演说因缘之门，是故能令法种不断；常勤修习六和敬法，是故能令僧种不断。复次，于众生田中下佛种子，是故能令佛种不断；护持正法，不惜身命，是故能令法种不断；统理大众，无有疲倦，是故能令僧种不断。复次，于去、来、今佛，所说之法、所制之戒，皆悉奉持，心不舍离，是故能令佛、法、僧种永不断绝。菩萨如是绍隆三宝，一切所行无有过失，随有所作，皆以回向一切智门，是故三业皆无瑕玷。无瑕玷故，所作众善，所行诸行，教化众生，随应说法，乃至一念，无有错谬，皆与方便智慧相应，悉以向于一切智智，无空过者。

菩萨如是修习善法，念念具足十种庄严。何者为十？所谓：身庄严，随诸众生所应调伏而为示现故；语庄严，断一切疑，皆令欢喜故；心庄严，于一念中入诸三昧故；佛刹庄严，一切清净，离诸烦恼故；光明庄严，放无边光普照众生故；众会庄严，普摄众会，皆令欢喜故；神通庄严，随众生心，自在示现故；正教庄严，能摄一切聪慧人故；涅槃地庄严，于一处成道，周遍十方悉无余故；巧说庄严，随处、随时、随其根器为说法故。菩萨成就如是庄严，于念念中，身、语、意业皆无空过，悉以回向一切智门。若有众生见此菩萨，当知亦复无空过者，以必当成阿耨多罗三藐三菩提故。若闻名，若供养，若同住，若忆念，若随出家，若闻说法，若随喜善根，若遥生钦敬，乃至称扬、赞叹名字，皆当得阿耨多罗三藐三菩提。佛子！譬如有药，名为：善见，众生见者，众毒悉除；菩萨如是成就此法，众生若见，诸烦恼毒皆得除灭，善法增长。

佛子！菩萨摩诃萨住此法中，勤加修习，以智慧明，灭诸痴闇；以慈悲力，摧伏魔军；以大智慧及福德力，制诸外道；以金刚定，灭除一切心垢烦恼；以精进力，集诸善根；以净佛土诸善根力，远离一切恶道诸难；以无所著力，净智境界；以方便智慧力，出生一切菩萨诸地、诸波罗蜜，及诸三昧、六通、三明、四无所畏，悉令清净；以一切善法力，成满一切诸佛净土，无边相好身、语及心具足庄严；以智自在观察力，知一切如来力、无所畏、不共佛法，悉皆平等；以广大智慧力，了知一切智智境界；以往昔誓愿力，随所应化，现佛国土，转大法轮，度脱无量无边众生。

佛子！菩萨摩诃萨勤修此法，次第成就诸菩萨行，乃至得与诸佛平等，于无边世界中为大法师，护持正法；一切诸佛之所护念，守护受持广大法藏；获无碍辩，深入法门；于无边世界大众之中，随类不同，普现其身，色相具足，最胜无比，以无碍辩巧说深法；其音圆满善巧分布故，能令闻者入于无尽智慧之门；知诸众生心行烦恼而为说法，所出言音具足清净故，一音演畅，能令一切皆生欢喜；其身端正有大威力故，处于众会，无能过者；善知众心故，能普现身；善巧说法故，音声无碍；得心自在故，巧说大法，无能沮坏；得无所畏故，心无怯弱；于法自在故，无能过者；于智自在故，无能胜者；般若波罗蜜自在故，所说法相，不相违背；辩才自在故，随乐说法，相续不断；陀罗尼自在故，决定开示诸法实相；辩才自在故，随所演说，能开种种譬喻之门；大悲自在故，勤诲众生，心无懈息；大慈自在故，放光明网悦可众心。菩萨如是处于高广师子之座，演说大法。唯除如来及胜愿智诸大菩萨，其余众生无能胜者、无见顶者、无映夺者；欲以难问令其退屈，无有是处。

佛子！菩萨摩诃萨得如是自在力已，假使有不可说世界量广大道场，满中众生，一一众生威德色相皆如三千大千世界主。菩萨于此，才现其身，悉能映蔽如是大众，以大慈悲安其怯弱，以深智慧察其欲乐，以无畏辩为其说法，能令一切皆生欢喜。何以故？佛子！菩萨摩诃萨成就无量智慧轮故，成就无量巧分别故，成就广大正念力故，成就无尽善巧慧故，成就决了诸法实相陀罗尼故，成就无边际菩提心故，成就无错谬妙辩才故，成就得一切佛加持深信解故，成就普入三世诸佛众会道场智慧力故，成就知三世诸佛同一体性清净心故，成就三世一切如来智、一切菩萨大愿智能作大法师开阐诸佛正法藏及护持故。

尔时，法慧菩萨欲重宣其义，承佛神力而说颂言：

心住菩提集众福，常不放逸植坚慧，正念其意恒不忘，十方诸佛皆欢喜。

念欲坚固自勤励，于世无依无退怯，以无诤行入深法，十方诸佛皆欢喜。

佛欢喜已坚精进，修行福智助道法，入于诸地净众行，满足如来所说愿。

如是而修获妙法，既得法已施群生，随其心乐及根性，悉顺其宜为开演。

菩萨为他演说法，不舍自己诸度行，波罗蜜道既已成，常于有海济群生。

昼夜勤修无懈倦，令三宝种不断绝，所行一切白净法，悉以回向如来地。

菩萨所修众善行，普为成就诸群生，令其破闇灭烦恼，降伏魔军成正觉。

如是修行得佛智，深入如来正法藏，为大法师演妙法，譬如甘露悉沾洒。

慈悲哀愍遍一切，众生心行靡不知，如其所乐为开阐，无量无边诸佛法。

进止安徐如象王，勇猛无畏犹师子，不动如山智如海，亦如大雨除众热。

时，法慧菩萨说此颂已，如来欢喜，大众奉行。

大方广佛华严经卷第十九

升夜摩天宫品第十九

尔时，如来威神力故，十方一切世界，一一四天下南阎浮提及须弥顶上，皆见如来处于众会。彼诸菩萨悉以佛神力故而演说法，莫不自谓恒对于佛。尔时，世尊不离一切菩提树下及须弥山顶，而向于彼夜摩天宫宝庄严殿。

时，夜摩天王遥见佛来，即以神力，于其殿内化作宝莲华藏师子之座，百万层级以为庄严，百万金网以为交络，百万华帐、百万鬘帐、百万香帐、百万宝帐弥覆其上，华盖、鬘盖、香盖、宝盖各亦百万周回布列，百万光明而为照耀。百万夜摩天王恭敬顶礼；百万梵王踊跃欢喜；百万菩萨称扬赞叹；百万天乐各奏百万种法音，相续不断；百万种华云，百万种鬘云，百万种庄严具云，百万种衣云，周匝弥覆；百万种摩尼云，光明照曜。从百万种善根所生，百万诸佛之所护持，百万种福德之所增长，百万种深心、百万种誓愿之所严净，百万种行之所生起，百万种法之所建立，百万种神通之所变现，恒出百万种言音显示诸法。

时，彼天王敷置座已，向佛世尊曲躬合掌，恭敬尊重而白佛言：

善来世尊！善来善逝！善来如来、应、正等觉！唯愿哀愍，处此宫殿！

时，佛受请，即升宝殿；一切十方，悉亦如是。尔时，天王即自忆念过去佛所所种善根，承佛威力而说颂言：

名称如来闻十方，诸吉祥中最无上，彼曾入此摩尼殿，是故此处最吉祥。宝王如来世间灯，诸吉祥中最无上，彼曾入此清净殿，是故此处最吉祥。喜目如来见无碍，诸吉祥中最无上，彼曾入此庄严殿，是故此处最吉祥。然灯如来照世间，诸吉祥中最无上，彼曾入此殊胜殿，是故此处最吉祥。饶益如来利世间，诸吉祥中最无上，彼曾入此无垢殿，是故此处最吉祥。善觉如来无有师，诸吉祥中最无上，彼曾入此宝香殿，是故此处最吉祥。胜天如来世中灯，诸吉祥中最无上，彼曾入此妙香殿，是故此处最吉祥。无去如来论中雄，诸吉祥中最无上，彼曾入此普眼殿，是故此处最吉祥。无胜如来具众德，诸吉祥中最无上，彼曾入此善严殿，是故此处最吉祥。苦行如来利世间，诸吉祥中最无上，彼曾入此普严殿，是故此处最吉祥。

如此世界中夜摩天王，承佛神力，忆念往昔诸佛功德，称扬赞叹；十方世界夜摩天王，悉亦如是，叹佛功德。尔时，世尊入摩尼庄严殿，于宝莲华藏师子座上结跏趺坐。此殿忽然广博宽容，如其天众诸所住处；十方世界，悉亦如是。

夜摩宫中偈赞品第二十

尔时，佛神力故，十方各有一大菩萨，一一各与佛刹微尘数菩萨俱，从十万佛刹微尘数国土外诸世界中而来集会，其名曰：功德林菩萨、慧林菩萨、胜林菩萨、无畏林菩萨、惭愧林菩萨、精进林菩萨、力林菩萨、行林菩萨、觉林菩萨、智林菩萨。此诸菩萨所从来国，所谓：亲慧世界、幢慧世界、宝慧世界、胜慧世界、灯慧世界、金刚慧世界、安乐慧世界、日慧世界、净慧世界、梵慧世界。此诸菩萨各于佛所净修梵行，所谓：常住眼佛、无胜眼佛、无住眼佛、不动眼佛、天眼佛、解脱眼佛、审谛眼佛、明相眼佛、最上眼佛、绀青眼佛。是诸菩萨至佛所已，顶礼佛足，随所来方，各化作摩尼藏师子之座，于其座上结跏趺坐。如此世界中，夜摩天上菩萨来集；一切世界，悉亦如是，其诸菩萨、世界、如来，所有名号悉等无别。

尔时，世尊从两足上放百千亿妙色光明，普照十方一切世界；夜摩宫中，佛及大众靡不皆现。

尔时，功德林菩萨承佛威力，普观十方而说颂言：

佛放大光明，普照于十方，悉见天人尊，通达无障碍。佛坐夜摩宫，普遍十方界，此事甚奇特，世间所希有。须夜摩天王，偈赞十如来，如此会所见，一切处咸尔。彼诸菩萨众，皆同我等名，十方一切处，演说无上法。所从诸世界，名号亦无别，各于其佛所，净修于梵行。彼诸如来等，名号悉亦同，国土皆丰乐，神力悉自在。十方一切处，皆谓佛在此，或见在人间，或见住天宫。如来普安住，一切诸国土，我等今见佛，处此天宫殿。昔发菩提愿，普及十方界，是故佛威力，充遍难思议。远离世所贪，具足无边德，故获神通力，众生靡不见。游行十方界，如空无所碍，一身无量身，其相不可得。佛功德无边，云何可测知？无住亦无去，普入于法界。

尔时，慧林菩萨承佛威力，普观十方而说颂言：

世间大导师，离垢无上尊，不可思议劫，难可得值遇。佛放大光明，世间靡不见，为众广开演，饶益诸群生。如来出世间，为世除痴冥，如是世间灯，希有难可见。已修施戒忍，精进及禅定，般若波罗蜜，以此照世间。如来无与等，求比不可得，不了法真实，无有能得见。佛身及神通，自在难思议，无去亦无来，说法度众生。若有得见闻，清净天人师，永出诸恶趣，舍离一切苦。无量无数劫，修习菩提行，不能知此义，不可得成佛。不可思议劫，供养无量佛，若能知此义，功德超于彼。无量刹珍宝，满中施于佛，不能知此义，终不成菩提。

尔时，胜林菩萨承佛威力，普观十方而说颂言：

譬如孟夏月，空净无云曀，赫日扬光晖，十方靡不充。其光无限量，无有能测知，有目斯尚然，何况盲冥者。诸佛亦如是，功德无边际，不可思议劫，莫能分别知。诸法无来处，亦无能作者，无有所从生，不可得分别。一切法无来，是故无有生，以生无有故，灭亦不可得。一切法无生，亦复无有灭，若能如是解，斯人见如来。诸法无生故，自性无所有，如是分别知，此人达深义。以法无性故，无有能了知，如是解于法，究竟无所解。所说有生者，以现诸国土，能知国土性，其心不迷惑。世间国土性，观察悉如实，若能于此知，善说一切义。

尔时，无畏林菩萨承佛威力，普观十方而说颂言：

如来广大身，究竟于法界，不离于此座，而遍一切处。若闻如是法，恭敬信乐者，永离三恶道，一切诸苦难。设往诸世界，无量不可数，专心欲听闻，如来自在力。如是诸佛法，是无上菩提，假使欲暂闻，无有能得者。若有于过去，信如是佛法，已成两足尊，而作世间灯。若有当得闻，如来自在力，闻已能生信，彼亦当成佛。若有于现在，能信此佛法，亦当成正觉，说法无所畏。无量无数劫，此法甚难值，若有得闻者，当知本愿力。若有能受持，如是诸佛法，持已广宣说，此人当成佛。况复勤精进，坚固心不舍，当知如是人，决定成菩提。

尔时，惭愧林菩萨承佛威力，普观十方而说颂言：

若人得闻是，希有自在法，能生欢喜心，疾除疑惑网。一切知见人，自说如是言，如来无不知，是故难思议。无有从无智，而生于智慧，世间常暗冥，是故无能生。如色及非色，此二不为一，智无智亦然，其体各殊异。如相与无相，生死及涅槃，分别各不同，智无智如是。世界始成立，无有败坏相，智无智亦然，二相非一时。如菩萨初心，不与后心俱，智无智亦然，二心不同时。譬如诸识身，各各无和合，智无智如是，究竟无和合。如阿伽陀药，能灭一切毒，有智亦如是，能灭于无智。如来无有上，亦无与等者，一切无能比，是故难值遇。

尔时，精进林菩萨承佛威力，普观十方而说颂言：

诸法无差别，无有能知者，唯佛与佛知，智慧究竟故。如金与金色，其性无差别，法非法亦然，体性无有异。众生非众生，二俱无真实，如是诸法性，实义俱非有。譬如未来世，无有过去相，诸法亦如是，无有一切相。譬如生灭相，种种皆非实，诸法亦复然，自性无所有。涅槃不可取，说时有二种，诸法亦复然，分别有殊异。如依所数物，而有于能数，彼性无所有，如是了知法。譬如算数法，增一至无量，数法无体性，智慧故差别。譬如诸世间，劫烧有终尽，虚空无损败，佛智亦如是。是十方众生，各取虚空相，诸佛亦如是，世间妄分别。

尔时，力林菩萨承佛威力，普观十方而说颂言：

一切众生界，皆在三世中，三世诸众生，悉住五蕴中。诸蕴业为本，诸业心为本，心法犹如幻，世间亦如是。世间非自作，亦复非他作，而其得有成，亦复得有坏。世间虽有成，世间虽有坏，了达世间者，此二不应说。云何为世间？云何非世间？世间非世间，但是名差别。三世五蕴法，说名为世间，彼灭非世间，如是但假名。云何说诸蕴？诸蕴有何性？蕴性不可灭，是故说无生。分别此诸蕴，其性本空寂，空故不可灭，此是无生义。众生既如是，诸佛亦复然，佛及诸佛法，自性无所有。能知此诸法，如实不颠倒，一切知见人，常见在其前。

尔时，行林菩萨承佛威力，普观十方而说颂言：

譬如十方界，一切诸地种，自性无所有，无处不周遍。佛身亦如是，普遍诸世界，种种诸色相，无主无来处。但以诸业故，说名为众生，亦不离众生，而有业可得。业性本空寂，众生所依止，普作众色相，亦复无来处。如是诸色相，业力难思议，了达其根本，于中无所见。佛身亦如是，不可得思议，种种诸色相，普现十方刹。身亦非是佛，佛亦非是身，但以法为身，通达一切法。若能见佛身，清净如法性，此人于佛法，一切无疑惑。若见一切法，本性如涅槃，是则见如来，究竟无所住。若修习正念，明了见正觉，无相无分别，是名法王子。

尔时，觉林菩萨承佛威力，遍观十方而说颂言：

譬如工画师，分布诸彩色，虚妄取异相，大种无差别。大种中无色，色中无大种，亦不离大种，而有色可得。心中无彩画，彩画中无心，然不离于心，有彩画可得。彼心恒不住，无量难思议，示现一切色，各各不相知。譬如工画师，不能知自心，而由心故画，诸法性如是。心如工画师，能画诸世间，五蕴悉从生，无法而不造。如心佛亦尔，如佛众生然，应知佛与心，体性皆无尽。若人知心行，普造诸世间，是人则见佛，了佛真实性。心不住于身，身亦不住心，而能作佛事，自在未曾有。若人欲了知，三世一切佛，应观法界性，一切唯心造。

尔时，智林菩萨承佛威力，普观十方而说颂言：

所取不可取，所见不可见，所闻不可闻，一心不思议。有量及无量，二俱不可取，若有人欲取，毕竟无所得。不应说而说，是为自欺诳，己事不成就，不令众欢喜。有欲赞如来，无边妙色身，尽于无数劫，无能尽称述。譬如随意珠，能现一切色，无色而现色，诸佛亦如是。又如净虚空，非色不可见，虽现一切色，无能见空者。诸佛亦如是，普现无量色，非心所行处，一切莫能睹。虽闻如来声，音声非如来，亦不离于声，能知正等觉。菩提无来去，离一切分别，云何于是中，自言能得见？诸佛无有法，佛于何有说？但随其自心，谓说如是法。

十行品第二十一之一

尔时，功德林菩萨承佛神力，入菩萨善思惟三昧。入是三昧已，十方各过万佛刹微尘数世界外，有万佛刹微尘数诸佛，皆号：功德林，而现其前，告功德林菩萨言：

善哉！佛子！乃能入此善思惟三昧。善男子！此是十方各万佛刹微尘数同名诸佛共加于汝，亦是毗卢遮那如来往昔愿力、威神之力，及诸菩萨众善根力，令汝入是三昧而演说法。为增长佛智故，深入法界故，了知众生界故，所入无碍故，所行无障故，得无量方便故，摄取一切智性故，觉悟一切诸法故，知一切诸根故，能持说一切法故，所谓：发起诸菩萨十种行。善男子！汝当承佛威神之力而演此法。

是时，诸佛即与功德林菩萨无碍智、无著智、无断智、无师智、无痴智、无异智、无失智、无量智、无胜智、无懈智、无夺智。何以故？此三昧力，法如是故。

尔时，诸佛各申右手，摩功德林菩萨顶。时，功德林菩萨即从定起，告诸菩萨言：

佛子！菩萨行不可思议，与法界、虚空界等。何以故？菩萨摩诃萨学三世诸佛而修行故。佛子！何等是菩萨摩诃萨行？佛子！菩萨摩诃萨有十种行，三世诸佛之所宣说。何等为十？一者欢喜行，二者饶益行，三者无违逆行，四者无屈挠行，五者无痴乱行，六者善现行，七者无著行，八者难得行，九者善法行，十者真实行；是为十。

佛子！何等为菩萨摩诃萨欢喜行？佛子！此菩萨为大施主，凡所有物悉能惠施；其心平等，无有悔吝，不望果报，不求名称，不贪利养；但为救护一切众生，摄受一切众生，饶益一切众生；为学习诸佛本所修行，忆念诸佛本所修行，爱乐诸佛本所修行，清净诸佛本所修行，增长诸佛本所修行，住持诸佛本所修行，显现诸佛本所修行，演说诸佛本所修行，令诸众生离苦得乐。佛子！菩萨摩诃萨修此行时，令一切众生欢喜爱乐；随诸方土有贫乏处，以愿力故，往生于彼，豪贵大富，财宝无尽。假使于念念中，有无量无数众生诣菩萨所，白言：仁者！我等贫乏，靡所资赡，饥羸困苦，命将不全。唯愿慈哀，施我身肉，令我得食，以活其命！尔时，菩萨即便施之，令其欢喜，心得满足。如是无量百千众生而来乞求，菩萨于彼，曾无退怯，但更增长慈悲之心。以是众生咸来乞求，菩萨见之，倍复欢喜，作如是念：我得善利！此等众生是我福田、是我善友，不求不请而来教我入佛法中。我今应当如是修学，不违一切众生之心。又作是念：愿我已作、现作、当作所有善根，令我未来于一切世界、一切众生中受广大身，以是身肉，充足一切饥苦众生。乃至若有一小众生未得饱足，愿不舍命，所割身肉，亦无有尽。以此善根，愿得阿耨多罗三藐三菩提，证大涅槃；愿诸众生食我肉者，亦得阿耨多罗三藐三菩提，获平等智，具诸佛法，广作佛事，乃至入于无余涅槃。若一众生心不满足，我终不证阿耨多罗三藐三菩提。菩萨如是利益众生而无我想、众生想、有想、命想、种种想、补伽罗想、人想、摩纳婆想、作者想、受者想。但观法界、众生界、无边际法、空法、无所有法、无相法、无体法、无处法、无依法、无作法。作是观时，不见自身，不见施物，不见受者，不见福田，不见业，不见报，不见果，不见大果，不见小果。尔时，菩萨观去、来、今一切众生所受之身寻即坏灭，便作是念：奇哉！众生愚痴无智，于生死内受无数身，危脆不停，速归坏灭。若已坏灭，若今坏灭，若当坏灭，而不能以不坚固身求坚固身。我当尽学诸佛所学，证一切智，知一切法，为诸众生说三世平等、随顺寂静、不坏法性，令其永得安隐快乐。佛子！是名菩萨摩诃萨第一欢喜行。

　　佛子！何等为菩萨摩诃萨饶益行？此菩萨护持净戒，于色、声、香、味、触，心无所著，亦为众生如是宣说；不求威势，不求种族，不求富饶，不求色相，不求王位，如是一切皆无所著，但坚持净戒，作如是念：我持净戒，必当舍离一切缠缚、贪求、热恼、诸难、逼迫、毁谤、乱浊，得佛所赞平等正法。佛子！菩萨如是持净戒时，于一日中，假使无数百千亿那由他诸大恶魔诣菩萨所，一一各将无量无数百千亿那由他天女——皆于五欲善行方便，端正姝丽倾惑人心——执持种种珍玩之具，欲来惑乱菩萨道意。尔时，菩萨作如是念：此五欲者，是障道法，乃至障碍无上菩提。是故不生一念欲想，心净如佛。唯除方便教化众生，而不舍于一切智心。佛子！菩萨不以欲因缘故恼一众生，宁舍身命，而终不作恼众生事。菩萨自得见佛已来，未曾心生一念欲想；何况从事，若或从事，无有是处！尔时，菩萨但作是念：一切众生，于长夜中，想念五欲，趣向五欲，贪著五欲；其心决定耽染沉溺，随其流转，不得自在。我今应当令此诸魔及诸天女，一切众生住无上戒；住净戒已，于一切智，心无退转，得阿耨多罗三藐三菩提，乃至入于无余涅槃。何以故？此是我等所应作业，应随诸佛如是修学。作是学已，离诸恶行、计我、无知，以智入于一切佛法，为众生说，令除颠倒。然知不离众生有颠倒，不离颠倒有众生；

不于颠倒内有众生，不于众生内有颠倒；亦非颠倒是众生，亦非众生是颠倒；颠倒非内法，颠倒非外法；众生非内法，众生非外法。一切诸法虚妄不实，速起速灭无有坚固，如梦如影，如幻如化，诳惑愚夫。如是解者，即能觉了一切诸行，通达生死及与涅槃，证佛菩提；自得度，令他得度；自解脱，令他解脱；自调伏，令他调伏；自寂静，令他寂静；自安隐，令他安隐；自离垢，令他离垢；自清净，令他清净；自涅槃，令他涅槃；自快乐，令他快乐。佛子！此菩萨复作是念：我当随顺一切如来，离一切世间行，具一切诸佛法，住无上平等处，等观众生，明达境界，离诸过失，断诸分别，舍诸执著，善巧出离，心恒安住无上、无说、无依、无动、无量、无边、无尽、无色甚深智慧。佛子！是名菩萨摩诃萨第二饶益行。

　　佛子！何等为菩萨摩诃萨无违逆行？此菩萨常修忍法，谦下恭敬；不自害，不他害，不两害；不自取，不他取，不两取；不自著，不他著，不两著；亦不贪求名闻利养，但作是念：我当常为众生说法，令离一切恶，断贪、瞋、痴、憍慢、覆藏、悭嫉、谄诳，令恒安住忍辱柔和。佛子！菩萨成就如是忍法。假使有百千亿那由他阿僧祇众生来至其所，一一众生化作百千亿那由他阿僧祇口，一一口出百千亿那由他阿僧祇语，所谓：不可喜语、非善法语、不悦意语、不可爱语、非仁贤语、非圣智语、非圣相应语、非圣亲近语、深可厌恶语、不堪听闻语，以是言词毁辱菩萨。又此众生一一各有百千亿那由他阿僧祇手，一一手各执百千亿那由他阿僧祇器仗逼害菩萨。如是经于阿僧祇劫，曾无休息。菩萨遭此极大楚毒，身毛皆竖，命将欲断，作是念言：我因是苦，心若动乱，则自不调伏、自不守护、自不明了、自不修习、自不正定、自不寂静、自不爱惜、自生执著，何能令他心得清净？菩萨尔时复作是念：我从无始劫，住于生死，受诸苦恼。如是思惟，重自劝励，令心清净，而得欢喜。善自调摄，自能安住于佛法中，亦令众生同得此法。复更思惟：此身空寂，无我、我所，无有真实，性空无二；若苦若乐，皆无所有，诸法空故。我当解了，广为人说，令诸众生灭除此见。是故，我今虽遭苦毒，应当忍受；为慈念众生故，饶益众生故，安乐众生故，怜愍众生故，摄受众生故，不舍众生故，自得觉悟故，令他觉悟故，心不退转故，趣向佛道故。是名菩萨摩诃萨第三无违逆行。

　　佛子！何等为菩萨摩诃萨无屈挠行？此菩萨修诸精进，所谓：第一精进、大精进、胜精进、殊胜精进、最胜精进、最妙精进、上精进、无上精进、无等精进、普遍精进。性无三毒、性无憍慢、性不覆藏、性不悭嫉、性无谄诳、性自惭愧，终不为恼一众生故而行精进，但为断一切烦恼故而行精进，但为拔一切惑本故而行精进，但为除一切习气故而行精进，但为知一切众生界故而行精进，但为知一切众生死此生彼故而行精进，但为知一切众生烦恼故而行精进，但为知一切众生心乐故而行精进,但为知一切众生境界故而行精进,但为知一切众生诸根胜劣故而行精进,但为知一切众生心行故而行精进,但为知一切法界故而行精进,但为知一切佛法根本性故而行精进,但为知一切佛法平等性故而行精进,但为知三世平等性故而行精进,但为得一切佛法智光明故而行精进,但为证一切佛法智故而行精进,但为知一切佛法一实相故而行精进,但为知一切佛法无边际故而行精进,但为得一切佛法广大决定善巧智故而行精进,但为得分别演说一切佛法句义智故而行精进。佛子!菩萨摩诃萨成就如是精进行已,设有人言:汝颇能为无数世界所有众生,以一一众生故,于阿鼻地狱,经无数劫,备受众苦。令彼众生一一得值无数诸佛出兴于世,以见佛故,具受众乐,乃至入于无余涅槃,汝乃当成阿耨多罗三藐三菩提。能尔?不耶?答言:我能。设复有人作如是言:有无量阿僧祇大海,汝当以一毛端滴之令尽;有无量阿僧祇世界,尽抹为尘。彼滴及尘,一一数之,悉知其数。为众生故,经尔许劫,于念念中受苦不断。菩萨不以闻此语故而生一念悔恨之心,但更增上欢喜踊跃,深自庆幸得大善利:以我力故,令彼众生永脱诸苦。菩萨以此所行方便,于一切世界中,令一切众生乃至究竟无余涅槃。是名菩萨摩诃萨第四无屈挠行。

佛子!何等为菩萨摩诃萨离痴乱行?此菩萨成就正念,心无散乱,坚固不动,最上清净,广大无量,无有迷惑。以是正念故,善解世间一切语言,能持出世诸法言说。所谓:能持色法、非色法言说,能持建立色自性言说,乃至能持建立受、想、行、识自性言说,心无痴乱。于世间中,死此生彼,心无痴乱;入胎出胎,心无痴乱;发菩提意,心无痴乱;事善知识,心无痴乱;勤修佛法,心无痴乱;觉知魔事,心无痴乱;离诸魔业,心无痴乱;于不可说劫,修菩萨行,心无痴乱。此菩萨成就如是无量正念,于无量阿僧祇劫中,从诸佛、菩萨、善知识所,听闻正法。所谓:甚深法、广大法、庄严法、种种庄严法、演说种种名句文身法、菩萨庄严法、佛神力光明无上法、正希望决定解清净法、不著一切世间法、分别一切世间法、甚广大法、离痴翳照了一切众生法、一切世间共法不共法、菩萨智无上法、一切智自在法。菩萨听闻如是法已,经阿僧祇劫,不忘不失,心常忆念,无有间断。何以故?菩萨摩诃萨于无量劫修诸行时,终不恼乱一众生,令失正念;不坏正法,不断善根,心常增长广大智故。复次,此菩萨摩诃萨,种种音声不能惑乱。所谓:高大声、粗浊声、极令人恐怖声、悦意声、不悦意声、諠乱耳识声、沮坏六根声。此菩萨闻如是等无量无数好恶音声,假使充满阿僧祇世界,未曾一念心有散乱。所谓:正念不乱、境界不乱、三昧不乱、入甚深法不乱、行菩提行不乱、发菩提心不乱、忆念诸佛不乱、观真实法不乱、化众生智不乱、净众生智不乱、决了甚深义不乱。不作恶业故,无恶业障;不起烦恼故,无烦恼障;不轻慢法故,无有法障;不诽谤正法故,无有报障。

佛子！如上所说如是等声，一一充满阿僧祇世界，于无量无数劫未曾断绝，悉能坏乱众生身心一切诸根，而不能坏此菩萨心。菩萨入三昧中，住于圣法，思惟观察一切音声，善知音声生、住、灭相，善知音声生、住、灭性。如是闻已，不生于贪，不起于瞋，不失于念，善取其相而不染著；知一切声皆无所有，实不可得，无有作者，亦无本际，与法界等，无有差别。菩萨如是成就寂静身、语、意行，至一切智，永不退转；善入一切诸禅定门，知诸三昧同一体性，了一切法无有边际，得一切法真实智慧，得离音声甚深三昧，得阿僧祇诸三昧门，增长无量广大悲心。是时，菩萨于一念中，得无数百千三昧，闻如是声，心不惑乱，令其三昧，渐更增广。作如是念：我当令一切众生安住无上清净念中，于一切智得不退转，究竟成就无余涅槃。是名菩萨摩诃萨第五离痴乱行。

佛子！何等为菩萨摩诃萨善现行？此菩萨身业清净、语业清净、意业清净，住无所得、示无所得身语意业，能知三业皆无所有、无虚妄故，无有系缚；凡所示现，无性无依；住如实心，知无量心自性，知一切法自性，无得无相，甚深难入；住于正位真如法性，方便出生而无业报；不生不灭，住涅槃界，住寂静性；住于真实无性之性，言语道断，超诸世间，无有所依；入离分别无缚著法，入最胜智真实之法，入非诸世间所能了知出世间法。此是菩萨善巧方便，示现生相。佛子！此菩萨作如是念：一切众生，无性为性；一切诸法，无为为性；一切国土，无相为相。一切三世，唯有言说；一切言说，于诸法中，无有依处；一切诸法，于言说中，亦无依处。菩萨如是解一切法皆悉甚深，一切世间皆悉寂静，一切佛法无所增益。佛法不异世间法，世间法不异佛法；佛法、世间法，无有杂乱，亦无差别。了知法界体性平等，普入三世，永不舍离大菩提心，恒不退转化众生心，转更增长大慈悲心，与一切众生作所依处。菩萨尔时复作是念：我不成熟众生，谁当成熟？我不调伏众生，谁当调伏？我不教化众生，谁当教化？我不觉悟众生，谁当觉悟？我不清净众生，谁当清净？此我所宜、我所应作。复作是念：若我自解此甚深法，唯我一人于阿耨多罗三藐三菩提独得解脱；而诸众生盲冥无目，入大险道，为诸烦恼之所缠缚。如重病人恒受苦痛，处贪爱狱不能自出，不离地狱、饿鬼、畜生、阎罗王界，不能灭苦，不舍恶业，常处痴闇，不见真实，轮回生死，无得出离，住于八难，众垢所著，种种烦恼覆障其心，邪见所迷，不行正道。菩萨如是观诸众生，作是念言：若此众生未成熟、未调伏，舍而取证阿耨多罗三藐三菩提，是所不应。我当先化众生，于不可说不可说劫行菩萨行；未成熟者，先令成熟；未调伏者，先令调伏。是菩萨住此行时，诸天、魔、梵、沙门、婆罗门，一切世间乾闼婆、阿修罗等，若有得见，暂同住止，恭敬尊重，承事供养，及暂耳闻，一经心者；如是所作，悉不唐捐，必定当成阿耨多罗三藐三菩提。是名菩萨摩诃萨第六善现行。

大方广佛华严经卷第二十

十行品第二十一之二

佛子！何等为菩萨摩诃萨无著行？佛子！此菩萨以无著心，于念念中，能入阿僧祇世界，严净阿僧祇世界。于诸世界，心无所著，往诣阿僧祇诸如来所，恭敬礼拜，承事供养。以阿僧祇华、阿僧祇香、阿僧祇鬘，阿僧祇涂香、末香、衣服、珍宝、幢幡、妙盖，诸庄严具各阿僧祇以用供养；如是供养，为究竟无作法故，为住不思议法故。于念念中，见无数佛；于诸佛所，心无所著；于诸佛刹，亦无所著；于佛相好，亦无所著；见佛光明，听佛说法，亦无所著；于十方世界，及佛菩萨所有众会，亦无所著；听佛法已，心生欢喜，志力广大，能摄、能行诸菩萨行，然于佛法，亦无所著。此菩萨于不可说劫，见不可说佛出兴于世，一一佛所，承事供养，皆悉尽于不可说劫，心无厌足；见佛闻法，及见菩萨众会庄严，皆无所著；见不净世界，亦无憎恶。何以故？此菩萨如诸佛法而观察故。诸佛法中，无垢、无净、无闇、无明、无异、无一、无实、无妄，无安隐、无险难，无正道、无邪道。菩萨如是深入法界，教化众生，而于众生不生执著；受持诸法，而于诸法不生执著；发菩提心，住于佛住，而于佛住不生执著；虽有言说，而于言说心无所著；入众生趣，于众生趣心无所著；了知三昧，能入能住，而于三昧心无所著；往诣无量诸佛国土，若入、若见、若于中住，而于佛土心无所著，舍去之时亦无顾恋。菩萨摩诃萨以能如是无所著故，于佛法中，心无障碍，了佛菩提，证法毗尼，住佛正教，修菩萨行，住菩萨心，思惟菩萨解脱之法，于菩萨住处心无所染，于菩萨所行亦无所著，净菩萨道，受菩萨记；得受记已，作如是念：凡夫愚痴，无知无见，无信无解，无聪敏行，顽嚚贪著，流转生死；不求见佛，不随明导，不信调御，迷误失错，入于险道；不敬十力王，不知菩萨恩，恋著住处；闻诸法空，心大惊怖；远离正法，住于邪法；舍夷坦道，入险难道；弃背佛意，随逐魔意；于诸有中，坚执不舍。菩萨如是观诸众生，增长大悲，生诸善根而无所著。菩萨尔时复作是念：我当为一众生，于十方世界一一国土，经不可说不可说劫，教化成熟。如为一众生，为一切众生皆亦如是；终不以此而生疲厌，舍而余去。又以毛端遍量法界，于一毛端处，尽不可说不可说劫，教化调伏一切众生；如一毛端处，一一毛端处皆亦如是。乃至不于一弹指顷，执著于我，起我、我所想。于一一毛端处，尽未来劫修菩萨行；不著身，不著法，不著念，不著愿，不著三昧，不著观察，不著寂定，不著境界，不著教化调伏众生，亦复不著入于法界。何以故？菩萨作是念：我应观一切法界如幻，诸佛如影，菩萨行如梦，佛说法如响，一切世间如化，业报所持故；差别身如幻，行力所起故；一切众生如心，种种杂染故；一切法如实际，不可变异故。又作是念：我当尽虚空遍法界，于十方国土中行菩萨行，念念明达，一切佛法正念现前，无所取著。菩萨如是观身无我，见佛无碍，为化众生，演说诸法，令于佛法发生无量欢喜净信，救护一切，心无疲厌。无疲厌故，于一切世界，有众生未成就、未调伏处，悉诣于彼，方便化度。其中众生种种音声、种种诸业、种种取著、种种施设、种种和合、种种流转、种种所作、种种境界、种种生、种种殁，以大誓愿，安住其中而教化之，不令其心有动有退，亦不一念生染著想。何以故？得无所著、无所依故，自利、利他，清净满足。是名菩萨摩诃萨第七无著行。

佛子！何等为菩萨摩诃萨难得行？此菩萨成就难得善根、难伏善根、最胜善根、不可坏善根、无能过善根、不思议善根、无尽善根、自在力善根、大威德善根、与一切佛同一性善根。此菩萨修诸行时，于佛法中得最胜解，于佛菩提得广大解，于菩萨愿未曾休息，尽一切劫心无疲倦，于一切苦不生厌离，一切众魔所不能动，一切诸佛之所护念，具行一切菩萨苦行，修菩萨行精勤匪懈，于大乘愿恒不退转。是菩萨安住此难得行已，于念念中，能转阿僧祇劫生死，而不舍菩萨大愿。若有众生，承事供养，乃至见闻，皆于阿耨多罗三藐三菩提得不退转。此菩萨虽了众生非有，而不舍一切众生界。譬如船师，不住此岸，不住彼岸，不住中流，而能运度此岸众生至于彼岸，以往返无休息故。菩萨摩诃萨亦复如是，不住生死，不住涅槃，亦复不住生死中流，而能运度此岸众生，置于彼岸安隐无畏、无忧恼处。亦不于众生数而有所著，不舍一众生著多众生，不舍多众生著一众生；不增众生界，不减众生界；不生众生界，不灭众生界；不尽众生界，不长众生界；不分别众生界，不二众生界。何以故？菩萨深入众生界如法界，众生界、法界无有二。无二法中，无增、无减，无生、无灭，无有、无无，无取、无依，无著、无二。何以故？菩萨了一切法、法界无二故。菩萨如是以善方便入深法界，住于无相，以清净相庄严其身，了法无性而能分别一切法相，不取众生而能了知众生之数，不著世界而现身佛刹，不分别法而善入佛法，深达义理而广演言教，了一切法离欲真际而不断菩萨道、不退菩萨行，常勤修习无尽之行，自在入于清净法界。譬如钻木以出于火，火事无量而火不灭。菩萨如是化众生事，无有穷尽，而在世间常住不灭；非究竟，非不究竟；非取，非不取；非依，非无依；非世法，非佛法；非凡夫，非得果。菩萨成就如是难得心，修菩萨行时，不说二乘法，不说佛法；不说世间，不说世间法；不说众生，不说无众生；不说垢，不说净。何以故？菩萨知一切法无染、无取、不转、不退故。菩萨于如是寂灭微妙甚深最胜法中修行时，亦不生念：我现修此行、已修此行、当修此行。不著蕴、界、处、内世间、外世间、内外世间，所起大愿、诸波罗蜜及一切法皆无所著。何以故？法界中无有法名：向声闻乘、向独觉乘，无有法名：向菩萨乘、向阿耨多罗三藐三菩提，无有法名：向凡夫界，无有法名：向染、向净、向生死、向涅槃。何以故？诸法无二、无不二故。譬如虚空，于十方中，若去、来、今，求不可得，然非无虚空。菩萨如是观一切法皆不可得，然非无一切法；如实无异，不失所作，普示修行菩萨诸行；不舍大愿，调伏众生，转正法轮；不坏因果，亦不违于平等妙法，普与三世诸如来等；不断佛种，不坏实相；深入于法，辩才无尽；闻法不著，至法渊底；善能开演，心无所畏；不舍佛住，不违世法，普现世间而不著世间。菩萨如是成就难得智慧心，修习诸行，于三恶趣拔出众生，教化调伏，安置三世诸佛道中，令不动摇。复作是念：世间众生不知恩报，更相仇对，邪见执著，迷惑颠倒，愚痴无智，无有信心，随逐恶友，起诸恶慧，贪爱、无明、种种烦恼皆悉充满，是我所修菩萨行处。设有知恩、聪明、慧解，及善知识充满世间，我不于中修菩萨行。何以故？我于众生，无所适莫，无所冀望，乃至不求一缕一毫，及以一字赞美之言。尽未来劫，修菩萨行，未曾一念自为于己；但欲度脱一切众生，令其清净，永得出离。何以故？于众生中为明导者，法应如是，不取不求；但为众生修菩萨道，令其得至安隐彼岸，成阿耨多罗三藐三菩提。是名菩萨摩诃萨第八难得行。

佛子！何等为菩萨摩诃萨善法行？此菩萨为一切世间天、人、魔、梵、沙门、婆罗门、乾闼婆等作清凉法池，摄持正法，不断佛种；得清净光明陀罗尼故，说法授记，辩才无尽；得具足义陀罗尼故，义辩无尽；得觉悟实法陀罗尼故，法辩无尽；得训释言词陀罗尼故，词辩无尽；得无边文句无尽义无碍门陀罗尼故，无碍辩无尽；得佛灌顶陀罗尼灌其顶故，欢喜辩无尽；得不由他悟陀罗尼门故，光明辩无尽；得同辩陀罗尼门故，同辩无尽；得种种义身、句身、文身中训释陀罗尼门故，训释辩无尽；得无边旋陀罗尼故，无边辩无尽。此菩萨大悲坚固，普摄众生，于三千大千世界变身金色，施作佛事；随诸众生根性欲乐，以广长舌，于一音中现无量音，应时说法，皆令欢喜。假使有不可说种种业报无数众生，共会一处，其会广大充满不可说世界，菩萨于彼众会中坐。是中众生，一一皆有不可说阿僧祇口，一一口能出百千亿那由他音，同时发声，各别言词，各别所问；菩萨于一念中，悉能领受，皆为酬对，令除疑惑。如一众会中，于不可说众会中，悉亦如是。复次，假使一毛端处，念念出不可说不可说道场众会；一切毛端处，皆亦如是。尽未来劫，彼劫可尽，众会无尽。是诸众会，于念念中，以各别言词，各别所问；菩萨于一念中，悉能领受，无怖无怯，无疑无谬，而作是念：设一切众生以如是语业俱来问我，我为说法无断无尽，皆令欢喜，住于善道；复令善解一切言词，能为众生说种种法，而于言语无所分别。假使不可说不可说种种言词而来问难，一念悉领，一音咸答，普使开悟，无有遗余。以得一切智灌顶故，以得无碍藏故，以得一切法圆满光明故，具足一切智智故。佛子！此菩萨摩诃萨安住善法行已，能自清净，亦能以无所著方便而普饶益一切众生，不见有众生得出离者。如于此三千大千世界，如是乃至于不可说三千大千世界，变身金色，妙音具足，于一切法无所障碍而作佛事。佛子！此菩萨摩诃萨成就十种身。所谓：入无边法界非趣身，灭一切世间故；入无边法界诸趣身，生一切世间故；不生身，住无生平等法故；不灭身，一切灭、言说不可得故；不实身，得如实故；不妄身，随应现故；不迁身，离死此生彼故；不坏身，法界性无坏故；一相身，三世语言道断故；无相身，善能观察法相故。菩萨成就如是十种身，为一切众生舍，长养一切善根故；为一切众生救，令其得大安隐故；为一切众生归，与其作大依处故；为一切众生导，令得无上出离故；为一切众生师，令入真实法中故；为一切众生灯，令其明见业报故；为一切众生光，令照甚深妙法故；为一切三世炬，令其晓悟实法故；为一切世间照，令入光明地中故；为一切诸趣明，示现如来自在故。佛子！是名菩萨摩诃萨第九善法行。菩萨安住此行，为一切众生作清凉法池，能尽一切佛法源故。

佛子！何等为菩萨摩诃萨真实行？此菩萨成就第一诚谛之语，如说能行，如行能说。此菩萨学三世诸佛真实语，入三世诸佛种性，与三世诸佛善根同等，得三世诸佛无二语，随如来学智慧成就。此菩萨成就知众生是处非处智、去来现在业报智、诸根利钝智、种种界智、种种解智、一切至处道智、诸禅解脱三昧垢净起时非时智、一切世界宿住随念智、天眼智、漏尽智，而不舍一切菩萨行。何以故？欲教化一切众生，悉令清净故。此菩萨复生如是增上心：若我不令一切众生住无上解脱道，而我先成阿耨多罗三藐三菩提者，则违我本愿，是所不应。是故，要当先令一切众生得无上菩提、无余涅槃，然后成佛。何以故？非众生请我发心，我自为众生作不请之友，欲先令一切众生满足善根、成一切智。是故，我为最胜，不著一切世间故；我为最上，住无上调御地故；我为离翳，解众生无际故；我为已办，本愿成就故；我为善变化，菩萨功德庄严故；我为善依怙，三世诸佛摄受故。此菩萨摩诃萨不舍本愿故，得入无上智慧庄严，利益众生，悉令满足；随本誓愿，皆得究竟；于一切法中智慧自在，令一切众生普得清净；念念遍游十方世界，念念普诣不可说不可说诸佛国土，念念悉见不可说不可说诸佛及佛庄严清净国土，示现如来自在神力。普遍法界、虚空界，此菩萨现无量身，普入世间而无所依；于其身中，现一切刹、一切众生、一切诸法、一切诸佛。此菩萨知众生种种想、种种欲、种种解、种种业报、种种善根，随其所应，为现其身而调伏之；

观诸菩萨如幻、一切法如化、佛出世如影、一切世间如梦,得义身、文身无尽藏;正念自在,决定了知一切诸法;智慧最胜,入一切三昧真实相,住一性无二地。菩萨摩诃萨以诸众生皆著于二,安住大悲,修行如是寂灭之法,得佛十力,入因陀罗网法界,成就如来无碍解脱人中雄猛大师子吼;得无所畏,能转无碍清净法轮;得智慧解脱,了知一切世间境界;绝生死回流,入智慧大海;为一切众生护持三世诸佛正法,到一切佛法海实相源底。菩萨住此真实行已,一切世间天、人、魔、梵、沙门、婆罗门、乾闼婆、阿修罗等,有亲近者,皆令开悟,欢喜清净。是名菩萨摩诃萨第十真实行。

尔时,佛神力故,十方各有佛刹微尘数世界六种震动,所谓:动、遍动、等遍动,起、遍起、等遍起,涌、遍涌、等遍涌,震、遍震、等遍震,吼、遍吼、等遍吼,击、遍击、等遍击。雨天妙华、天香、天末香、天鬘、天衣、天宝、天庄严具,奏天乐音,放天光明,演畅诸天微妙音声。如此世界夜摩天宫,说十行法所现神变;十方世界,悉亦如是。复以佛神力故,十方各过十万佛刹微尘数世界外,有十万佛刹微尘数菩萨俱,来诣此土,充满十方,语功德林菩萨言:

佛子!善哉!善哉!善能演说诸菩萨行。我等一切同名:功德林,所住世界皆名:功德幢,彼土如来同名:普功德。我等佛所,亦说此法;众会眷属,言词义理,悉亦如是,无有增减。佛子!我等皆承佛神力,来入此会,为汝作证:十方世界,悉亦如是。

尔时,功德林菩萨承佛神力,普观十方一切众会暨于法界,欲令佛种性不断故,欲令菩萨种性清净故,欲令愿种性不退转故,欲令行种性常相续故,欲令三世种性悉平等故,欲摄三世一切佛种性故,欲开演所种诸善根故,欲观察一切诸根故,欲解烦恼习气心行所作故,欲照了一切佛菩提故,而说颂曰:

一心敬礼十力尊,离垢清净无碍见,境界深远无伦匹,住如虚空道中者。过去人中诸最胜,功德无量无所著,勇猛第一无等伦,彼离尘者行斯道。现在十方诸国土,善能开演第一义,离诸过恶最清净,彼无依者行斯道。未来所有人师子,周遍游行于法界,已发诸佛大悲心,彼饶益者行斯道。三世所有无比尊,自然除灭愚痴暗,于一切法皆平等,彼大力人行此道。普见无量无边界,一切诸有及诸趣,见已其心不分别,彼无动者行斯道。法界所有皆明了,于第一义最清净,永破瞋慢及愚痴,彼功德者行斯道。于诸众生善分别,悉入法界真实性,自然觉悟不由他,彼等空者行斯道。尽空所有诸国土,悉往说法广开喻,所说清净无能坏,彼胜牟尼行此道。具足坚固不退转,成就尊重最胜法,愿力无尽到彼岸,彼善修者所行道。无量无边一切地,广大甚深妙境界,悉能知见靡有遗,彼论师子所行道。一切句义皆明了,所有异论悉摧伏,于法决定无所疑,彼大牟尼行此道。远离世间诸过患,普与众生安隐乐,能为无等大导师,彼胜德者行斯道。恒以无畏施众生，普令一切皆欣庆，其心清净离染浊，彼无等者行斯道。意业清净极调善，离诸戏论无口过，威光圆满众所钦，彼最胜者行斯道。入真实义到彼岸，住功德处心永寂，诸佛护念恒不忘，彼灭有者行斯道。远离于我无恼害，恒以大音宣正法，十方国土靡不周，彼绝譬者行斯道。檀波罗蜜已成满，百福相好所庄严，众生见者皆欣悦，彼最胜慧行斯道。智地甚深难可入，能以妙慧善安住，其心究竟不动摇，彼坚固行行斯道。法界所有悉能入，随所入处咸究竟，神通自在靡不该，彼法光明行此道。诸无等等大牟尼，勤修三昧无二相，心常在定乐寂静，彼普见者行斯道。微细广大诸国土，更相涉入各差别，如其境界悉了知，彼智山王行此道。意常明洁离诸垢，于三界中无所著，护持众戒到彼岸，此净心者行斯道。智慧无边不可说，普遍法界虚空界，善能修学住其中，彼金刚慧行斯道。三世一切佛境界，智慧善入悉周遍，未尝暂起疲厌心，彼最胜者行斯道。善能分别十力法，了知一切至处道，身业无碍得自在，彼功德身行此道。十方无量无边界，所有一切诸众生，我皆救护而不舍，彼无畏者行斯道。于诸佛法勤修习，心常精进不懈倦，净治一切诸世间，彼大龙王行此道。了知众生根不同，欲解无量各差别，种种诸界皆明达，此普入者行斯道。十方世界无量刹，悉往受生无有数，未曾一念生疲厌，彼欢喜者行斯道。普放无量光明网，照耀一切诸世间，其光所照入法性，此善慧者行斯道。震动十方诸国土，无量亿数那由他，不令众生有惊怖，此利世者所行道。善解一切语言法，问难酬对悉究竟，聪哲辩慧靡不知，此无畏者所行道。善解覆仰诸国土，分别思惟得究竟，悉使住于无尽地，此胜慧者所行道。功德无量那由他，为求佛道皆修习，于其一切到彼岸，此无尽行所行道。超出世间大论师，辩才第一师子吼，普使群生到彼岸，此净心者所行道。诸佛灌顶第一法，已得此法灌其顶，心恒安住正法门，彼广大心行此道。一切众生无量别，了达其心悉周遍，决定护持佛法藏，彼如须弥行此道。能于一一语言中，普为示现无量音，令彼众生随类解，此无碍见行斯道。一切文字语言法，智皆善入不分别，住于真实境界中，此见性者所行道。安住甚深大法海，善能印定一切法，了法无相真实门，此见实者所行道。一一佛土皆往诣，尽于无量无边劫，观察思惟靡暂停，此匪懈者所行道。无量无数诸如来，种种名号各不同，于一毛端悉明见，此净福者所行道。一毛端处见诸佛，其数无量不可说，一切法界悉亦然，彼诸佛子行斯道。无量无边无数劫，于一念中悉明见，知其修促无定相，此解脱行所行道。能令见者无空过，皆于佛法种因缘，而于所作心无著，彼诸最胜所行道。那由他劫常遇佛，终不一念生疲厌，其心欢喜转更增，此不空见所行道。尽于无量无边劫，观察一切众生界，未曾见有一众生，此坚固士所行道。修习无边福智藏，普作清凉功德池，利益一切诸群生，彼第一人行此道。法界所有诸品类，普遍虚空无数量，了彼皆依言说住，此师子吼所行道。能于一一三昧中，普入无数诸三昧，悉至法门幽奥处，此论月者行斯道。忍力勤修到彼岸，能忍最胜寂灭法，其心平等不动摇，此无边智所行道。于一世界一坐处，其身不动恒寂然，而于一切普现身，彼无边身行此道。无量无边诸国土，悉令共入一尘中，普得包容无障碍，彼无边思行此道。了达是处及非处，于诸力处普能入，成就如来最上力，彼第一力所行道。过去未来现在世，无量无边诸业报，恒以智慧悉了知，此达解者所行道。了达世间时非时，如应调伏诸众生，悉顺其宜而不失，此善了者所行道。善守身语及意业，恒令依法而修行，离诸取著降众魔，此智心者所行道。于诸法中得善巧，能入真如平等处，辩才宣说无有穷，此佛行者所行道。陀罗尼门已圆满，善能安住无碍藏，于诸法界悉通达，此深入者所行道。三世所有一切佛，悉与等心同智慧，一性一相无有殊，此无碍种所行道。已决一切愚痴膜，深入广大智慧海，普施众生清净眼，此有目者所行道。已具一切诸导师，平等神通无二行，获于如来自在力，此善修者所行道。遍游一切诸世间，普雨无边妙法雨，悉令于义得决了，此法云者所行道。能于佛智及解脱，深生净信永不退，以信而生智慧根，此善学者所行道。能于一念悉了知，一切众生无有余，了彼众生心自性，达无性者所行道。法界一切诸国土，悉能化往无有数，其身最妙绝等伦，此无比行所行道。佛刹无边无有数，无量诸佛在其中，菩萨于彼悉现前，亲近供养生尊重。菩萨能以独一身，入于三昧而寂定，令见其身无有数，一一皆从三昧起。菩萨所住最深妙，所行所作超戏论，其心清净常悦乐，能令众生悉欢喜。诸根方便各差别，能以智慧悉明见，而了诸根无所依，调难调者所行道。能以方便巧分别，于一切法得自在，十方世界各不同，悉在其中作佛事。诸根微妙行亦然，能为众生广说法，谁其闻者不欣庆，此等虚空所行道。智眼清净无与等，于一切法悉明见，如是智慧巧分别，此无等者所行道。所有无尽广大福，一切修行使究竟，令诸众生悉清净，此无比者所行道。普劝修成助道法，悉令得住方便地，度脱众生无有数，未曾暂起众生想。一切机缘悉观察，先护彼意令无诤，普示众生安隐处，此方便者所行道。成就最上第一智，具足无量无边智，于诸四众无所畏，此方便智所行道。一切世界及诸法，悉能遍入得自在，亦入一切众会中，度脱群生无有数。十方一切国土中，击大法鼓悟群生，为法施主最无上，此不灭者所行道。一身结跏而正坐，充满十方无量刹，而令其身不迫隘，此法身者所行道。能于一义一文中，演说无量无边法，而其边际不可得，此无边智所行道。于佛解脱善修学，得佛智慧无障碍，成就无畏为世雄，此方便者所行道。了知十方世界海，亦知一切佛刹海，智海法海悉了知，众生见者咸欣庆。或现入胎及初生，或现道场成正觉，如是皆令世间见，此无边者所行道。无量亿数国土中，示现其身入涅槃，实不舍愿归寂灭，此雄论者所行道。坚固微密一妙身，与佛平等无差别，随诸众生各异见，一实身者所行道。法界平等无差别，具足无量无边义，乐观一相心不移，三世智者所行道。于诸众生及佛法，建立加持悉究竟，所有持力同于佛，最上持者行斯道。神足无碍犹如佛，天眼无碍最清净，耳根无碍善听闻，此无碍意所行道。所有神通皆具足，随其智慧悉成就，善知一切靡所俦，此贤智者所行道。其心正定不摇动，其智广大无边际，所有境界皆明达，一切见者所行道。已到一切功德岸，能随次第度众生，其心毕竟无厌足，此常勤者所行道。三世所有诸佛法，于此一切咸知见，从于如来种性生，彼诸佛子行斯道。随顺言词已成就，乖违谈论善摧伏，常能趣向佛菩提，无边慧者所行道。一光照触无涯限，十方国土悉充遍，普使世间得大明，此破闇者所行道。随其应见应供养，为现如来清净身，教化众生百千亿，庄严佛刹亦如是。为令众生出世间，一切妙行皆修习，此行广大无边际，云何而有能知者？假使分身不可说，而与法界虚空等，悉共称扬彼功德，百千万劫无能尽。菩萨功德无有边，一切修行皆具足，假使无量无边佛，于无量劫说不尽。何况世间天及人，一切声闻及缘觉，能于无量无边劫，赞叹称扬得究竟。

大方广佛华严经卷第二十一

十无尽藏品第二十二

尔时，功德林菩萨复告诸菩萨言：

佛子！菩萨摩诃萨有十种藏，过去、未来、现在诸佛，已说、当说、今说。何等为十？所谓：信藏、戒藏、惭藏、愧藏、闻藏、施藏、慧藏、念藏、持藏、辩藏，是为十。

佛子！何等为菩萨摩诃萨信藏？此菩萨信一切法空，信一切法无相，信一切法无愿，信一切法无作，信一切法无分别，信一切法无所依，信一切法不可量，信一切法无有上，信一切法难超越，信一切法无生。若菩萨能如是随顺一切法，生净信已，闻诸佛法不可思议，心不怯弱；闻一切佛不可思议，心不怯弱；闻众生界不可思议，心不怯弱；闻法界不可思议，心不怯弱；闻虚空界不可思议，心不怯弱；闻涅槃界不可思议，心不怯弱；闻过去世不可思议，心不怯弱；闻未来世不可思议，心不怯弱；闻现在世不可思议，心不怯弱；闻入一切劫不可思议，心不怯弱。何以故？此菩萨于诸佛所一向坚信，知佛智慧无边无尽。十方无量诸世界中，一一各有无量诸佛，于阿耨多罗三藐三菩提，已得、今得、当得，已出世、今出世、当出世，已入涅槃、今入涅槃、当入涅槃，彼诸佛智慧不增不减、不生不灭、不进不退、不近不远、无知无舍。此菩萨入佛智慧，成就无边无尽信；得此信已，心不退转，心不杂乱，不可破坏，无所染著，常有根本，随顺圣人,住如来家,护持一切诸佛种性,增长一切菩萨信解,随顺一切如来善根,出生一切诸佛方便。是名:菩萨摩诃萨信藏。菩萨住此信藏,则能闻持一切佛法,为众生说,皆令开悟。

佛子!何等为菩萨摩诃萨戒藏?此菩萨成就普饶益戒、不受戒、不住戒、无悔恨戒、无违诤戒、不损恼戒、无杂秽戒、无贪求戒、无过失戒、无毁犯戒。云何为普饶益戒?此菩萨受持净戒,本为利益一切众生。云何为不受戒?此菩萨不受行外道诸所有戒,但性自精进,奉持三世诸佛如来平等净戒。云何为不住戒?此菩萨受持戒时,心不住欲界、不住色界、不住无色界。何以故?不求生彼,而持戒故。云何为无悔恨戒?此菩萨恒得安住无悔恨心。何以故?不作重罪,不行谄诈,不破净戒故。云何为无违诤戒?此菩萨不非先制,不更造立;心常随顺,向涅槃戒,具足受持,无所毁犯;不以持戒,恼他众生,令其生苦,但愿一切心常欢喜而持于戒。云何为不恼害戒?此菩萨不因于戒,学诸咒术,造作方药,恼害众生,但为救护一切众生而持于戒。云何为不杂戒?此菩萨不著边见,不持杂戒,但观缘起持出离戒。云何为无贪求戒?此菩萨不现异相,彰己有德,但为满足出离法故而持于戒。云何为无过失戒?此菩萨不自贡高,言我持戒;见破戒人亦不轻毁,令他愧耻;但一其心而持于戒。云何为无毁犯戒?此菩萨永断杀、盗、邪淫、妄语、两舌、恶口,及无义语、贪、瞋、邪见,具足受持十种善业。菩萨持此无犯戒时,作是念言:一切众生毁犯净戒,皆由颠倒;唯佛世尊能知众生以何因缘而生颠倒,毁犯净戒。我当成就无上菩提,广为众生说真实法,令离颠倒。是名:菩萨摩诃萨第二戒藏。

佛子!何等为菩萨摩诃萨惭藏?此菩萨忆念过去所作诸恶而生于惭。谓彼菩萨,心自念言:我无始世来,与诸众生皆悉互作父母、兄弟、姊妹、男女,具贪、瞋、痴、憍慢、谄诳及余一切诸烦恼故,更相恼害,递相陵夺,奸淫、伤杀,无恶不造;一切众生,悉亦如是,以诸烦恼备造众恶,是故各各不相恭敬、不相尊重、不相承顺、不相谦下、不相启导、不相护惜,更相杀害,互为怨仇。自惟我身及诸众生,去、来、现在,行无惭法,三世诸佛无不知见。今若不断此无惭行,三世诸佛亦当见我。我当云何犹行不止?甚为不可。是故我应专心断除,证阿耨多罗三藐三菩提,广为众生说真实法。是名:菩萨摩诃萨第三惭藏。

佛子!何等为菩萨摩诃萨愧藏?此菩萨自愧昔来,于五欲中,种种贪求,无有厌足,因此增长贪、恚、痴等一切烦恼:我今不应复行是事。又作是念:众生无智,起诸烦恼,具行恶法,不相恭敬,不相尊重,乃至展转互为怨仇。如是等恶,无不备造,造已欢喜,追求称叹,盲无慧眼,无所知见。于母人腹中,入胎受生,成垢秽身,毕竟至于发白面皱。有智慧者,观此但是从淫欲,生不净之法,三世诸佛皆悉知见。若我于今犹行是事,则为欺诳三世诸佛。是故我当修行于愧,速成阿耨多罗三藐三菩提,广为众生说真实法。是名:菩萨摩诃萨第四愧藏。

佛子!何等为菩萨摩诃萨闻藏?此菩萨知是事有故是事有,是事无故是事无;是事起故是事起,是事灭故是事灭;是世间法,是出世间法;是有为法,是无为法;是有记法,是无记法。何等为是事有故是事有?谓:无明有故行有。何等为是事无故是事无?谓:识无故名色无。何等为是事起故是事起?谓:爱起故苦起。何等为是事灭故是事灭?谓:有灭故生灭。何等为世间法?所谓:色、受、想、行、识。何等为出世间法?所谓:戒、定、慧、解脱、解脱知见。何等为有为法?所谓:欲界、色界、无色界、众生界。何等为无为法?所谓:虚空、涅槃、数缘灭、非数缘灭、缘起法性住。何等为有记法?谓:四圣谛、四沙门果、四辩、四无所畏、四念处、四正勤、四神足、五根、五力、七觉分、八圣道分。何等为无记法?谓:世间有边,世间无边,世间亦有边亦无边,世间非有边非无边;世间有常,世间无常,世间亦有常亦无常,世间非有常非无常;如来灭后有,如来灭后无,如来灭后亦有亦无,如来灭后非有非无;我及众生有,我及众生无,我及众生亦有亦无,我及众生非有非无;过去,有几如来般涅槃?几声闻、辟支佛般涅槃?未来,有几如来?几声闻、辟支佛?几众生?现在,有几佛住?几声闻、辟支佛住?几众生住?何等如来最先出?何等声闻、辟支佛最先出?何等众生最先出?何等如来最后出?何等声闻、辟支佛最后出?何等众生最后出?何法最在初?何法最在后?世间从何处来,去至何所?有几世界成?有几世界坏?世界从何处来,去至何所?何者为生死最初际?何者为生死最后际?是名无记法。菩萨摩诃萨作如是念:一切众生于生死中,无有多闻,不能了知此一切法。我当发意,持多闻藏,证阿耨多罗三藐三菩提,为诸众生说真实法。是名:菩萨摩诃萨第五多闻藏。

佛子!何等为菩萨摩诃萨施藏?此菩萨行十种施,所谓:分减施、竭尽施、内施、外施、内外施、一切施、过去施、未来施、现在施、究竟施。佛子!云何为菩萨分减施?此菩萨禀性仁慈,好行惠施。若得美味,不专自受,要与众生,然后方食;凡所受物,悉亦如是。若自食时,作是念言:我身中有八万户虫依于我住,我身充乐,彼亦充乐;我身饥苦,彼亦饥苦。我今受此所有饮食,愿令众生普得充饱。为施彼故而自食之,不贪其味。复作是念:我于长夜爱著其身,欲令充饱而受饮食。今以此食惠施众生,愿我于身永断贪著。是名:分减施。云何为菩萨竭尽施?佛子!此菩萨得种种上味饮食、香华、衣服、资生之具,若自以受用则安乐延年,若辍己施人则穷苦夭命。时,或有人来作是言:汝今所有,悉当与我。菩萨自念:我无始已来,以饥饿故丧身无数,未曾得有如毫末许饶益众生而获善利。今我亦当同于往昔而舍其命,是故应为饶益众生,随其所有,一切皆舍;乃至尽命,亦无所吝。是名:竭尽施。云何为菩萨内施?佛子!此菩萨年方少盛,端正美好,香华、衣服以严其身;始受灌顶,转轮王位,七宝具足,王四天下。时,或有人来白王言:大王当知!我今衰老,身婴重疾,茕独羸顿,死将不久;若得王身手足、血肉、头目、骨髓,我之身命必冀存活。唯愿大王莫更筹量,有所顾惜;但见慈念,以施于我!尔时,菩萨作是念言:今我此身,后必当死,无一利益;宜时疾舍,以济众生。念已施之,心无所悔。是名:内施。云何为菩萨外施?佛子!此菩萨年盛色美,众相具足,名华、上服而以严身;始受灌顶,转轮王位,七宝具足,王四天下。时,或有人来白王言:我今贫窭,众苦逼迫。唯愿仁慈,特垂矜念,舍此王位以赠于我;我当统领,受王福乐!尔时,菩萨作是念言:一切荣盛必当衰歇,于衰歇时,不能复更饶益众生。我今宜应随彼所求,充满其意。作是念已,即便施之而无所悔。是名:外施。云何为菩萨内外施?佛子!此菩萨如上所说,处轮王位,七宝具足,王四天下。时,或有人而来白言:此转轮位,王处已久,我未曾得。唯愿大王舍之与我,并及王身,为我臣仆!尔时,菩萨作是念言:我身财宝及以王位,悉是无常、败坏之法。我今盛壮,富有天下;乞者现前,当以不坚而求坚法。作是念已,即便施之,乃至以身恭勤作役,心无所悔。是名:内外施。云何为菩萨一切施?佛子!此菩萨亦如上说,处轮王位,七宝具足,王四天下。时,有无量贫穷之人来诣其前,而作是言:大王名称周闻十方,我等钦风故来至此。吾曹今者各有所求,愿普垂慈,令得满足!时,诸贫人从彼大王,或乞国土,或乞妻子,或乞手足、血肉、心肺、头目、髓脑。菩萨是时,心作是念:一切恩爱会当别离,而于众生无所饶益。我今为欲永舍贪爱,以此一切必离散物满众生愿。作是念已,悉皆施与,心无悔恨,亦不于众生而生厌贱。是名:一切施。云何为菩萨过去施?此菩萨闻过去诸佛菩萨所有功德,闻已不著,了达非有,不起分别,不贪不味,亦不求取,无所依倚;见法如梦,无有坚固;于诸善根,不起有想,亦无所倚;但为教化,取著众生,成熟佛法,而为演说;又复观察:过去诸法,十方推求都不可得。作是念已,于过去法,毕竟皆舍。是名:过去施。云何为菩萨未来施?此菩萨闻未来诸佛之所修行,了达非有,不取于相,不别乐往生诸佛国土,不味不著,亦不生厌;不以善根回向于彼,亦不于彼而退善根,常勤修行,未曾废舍;但欲因彼境界摄取众生,为说真实,令成熟佛法;然此法者非有处所、非无处所,非内、非外,非近、非远。复作是念:若法非有,不可不舍。是名:未来施。云何为菩萨现在施?此菩萨闻四天王众天、三十三天、夜摩天、兜率陀天、化乐天、他化自在天、梵天、梵身天、梵辅天、梵众天、大梵天、光天、少光天、无量光天、光音天、净天、少净天、无量净天、遍净天、广天、少广天、无量广天、广果天、无烦天、无热天、善见天、善现天、色究竟天，乃至闻声闻、缘觉具足功德。闻已，其心不迷、不没、不聚、不散，但观诸行如梦不实，无有贪著；为令众生，舍离恶趣，心无分别，修菩萨道，成就佛法，而为开演。是名：现在施。云何为菩萨究竟施？佛子！此菩萨，假使有无量众生或有无眼、或有无耳、或无鼻舌及以手足，来至其所，告菩萨言：我身薄祜，诸根残缺。唯愿仁慈，以善方便，舍己所有，令我具足。菩萨闻之，即便施与；假使由此，经阿僧祇劫，诸根不具，亦不心生一念悔惜。但自观身，从初入胎，不净微形，胞段诸根，生老病死；又观此身，无有真实，无有惭愧，非贤圣物，臭秽不洁，骨节相持，血肉所涂，九孔常流，人所恶贱。作是观已，不生一念爱著之心。复作是念：此身危脆，无有坚固。我今云何而生恋著？应以施彼，充满其愿。如我所作，以此开导一切众生，令于身心不生贪爱，悉得成就清净智身。是名：究竟施。是为菩萨摩诃萨第六施藏。

佛子！何等为菩萨摩诃萨慧藏？此菩萨于色如实知，色集如实知，色灭如实知，色灭道如实知；于受、想、行、识如实知，受、想、行、识集如实知，受、想、行、识灭如实知，受、想、行、识灭道如实知；于无明如实知，无明集如实知，无明灭如实知，无明灭道如实知；于爱如实知，爱集如实知，爱灭如实知，爱灭道如实知；于声闻如实知，声闻法如实知，声闻集如实知，声闻涅槃如实知；于独觉如实知，独觉法如实知，独觉集如实知，独觉涅槃如实知；于菩萨如实知，菩萨法如实知，菩萨集如实知，菩萨涅槃如实知。云何知？知从业报诸行因缘之所造作，一切虚假，空无有实，非我非坚固，无有少法可得成立。欲令众生知其实性，广为宣说。为说何等？说诸法不可坏。何等法不可坏？色不可坏，受、想、行、识不可坏，无明不可坏，声闻法、独觉法、菩萨法不可坏。何以故？一切法无作、无作者、无言说、无处所、不生、不起、不与、不取、无动转、无作用。菩萨成就如是等无量慧藏，以少方便，了一切法，自然明达，不由他悟。此慧无尽藏有十种不可尽故，说为无尽。何等为十？所谓：多闻善巧不可尽故，亲近善知识不可尽故，善分别句义不可尽故，入深法界不可尽故，以一味智庄严不可尽故，集一切福德心无疲倦不可尽故，入一切陀罗尼门不可尽故，能分别一切众生语言音声不可尽故，能断一切众生疑惑不可尽故，为一切众生现一切佛神力教化调伏令修行不断不可尽故；是为十。是为菩萨摩诃萨第七慧藏。住此藏者，得无尽智慧，普能开悟一切众生。

佛子！何等为菩萨摩诃萨念藏？此菩萨舍离痴惑，得具足念，忆念过去一生、二生，乃至十生、百生、千生、百千生、无量百千生，成劫、坏劫、成坏劫、非一成劫、非一坏劫、非一成坏劫、百劫、千劫、百千亿那由他，乃至无数、无量、无边、无等、不可数、不可称、不可思、不可量、不可说、不可说不可说劫；念一佛名号，乃至不可说不可说佛名号；念一佛出世说授记，乃至不可说不可说佛出世说授记；念一佛出世说修多罗，乃至不可说不可说佛出世说修多罗；如修多罗，祇夜、授记、伽他、尼陀那、优陀那、本事、本生、方广、未曾有、譬喻、论议，亦如是；念一众会，乃至不可说不可说众会；念演一法，乃至演不可说不可说法；念一根种种性，乃至不可说不可说根种种性；念一根无量种种性，乃至不可说不可说根无量种种性；念一烦恼种种性，乃至不可说不可说烦恼种种性；念一三昧种种性，乃至不可说不可说三昧种种性。此念有十种，所谓：寂静念、清净念、不浊念、明彻念、离尘念、离种种尘念、离垢念、光耀念、可爱乐念、无障碍念。菩萨住是念时，一切世间无能娆乱，一切异论无能变动，往世善根悉得清净，于诸世法无所染著，众魔外道所不能坏，转身受生无所忘失；过、现、未来，说法无尽；于一切世界中，与众生同住，曾无过咎；入一切诸佛众会道场无所障碍，一切佛所悉得亲近。是名：菩萨摩诃萨第八念藏。

佛子！何等为菩萨摩诃萨持藏？此菩萨持诸佛所说修多罗，文句义理，无有忘失；一生持，乃至不可说不可说生持；持一佛名号，乃至不可说不可说佛名号；持一劫数，乃至不可说不可说劫数；持一佛授记，乃至不可说不可说佛授记；持一修多罗，乃至不可说不可说修多罗；持一众会，乃至不可说不可说众会；持演一法，乃至演不可说不可说法；持一根无量种种性，乃至不可说不可说根无量种种性；持一烦恼种种性，乃至不可说不可说烦恼种种性；持一三昧种种性，乃至不可说不可说三昧种种性。佛子！此持藏无边难满，难至其底，难得亲近，无能制伏，无量无尽，具大威力，是佛境界，唯佛能了。是名：菩萨摩诃萨第九持藏。

佛子！何等为菩萨摩诃萨辩藏？此菩萨有深智慧，了知实相，广为众生演说诸法，不违一切诸佛经典；说一品法，乃至不可说不可说品法；说一佛名号，乃至不可说不可说佛名号；如是，说一世界，说一佛授记，说一修多罗，说一众会，说一演一法，说一根无量种种性，说一烦恼无量种种性，说一三昧无量种种性，乃至说不可说不可说三昧无量种种性；或一日说，或半月、一月说，或百年、千年、百千年说，或一劫、百劫、千劫、百千劫说，或百千亿那由他劫说，或无数无量乃至不可说不可说劫说。劫数可尽，一文一句，义理难尽。何以故？此菩萨成就十种无尽藏故。成就此藏，得摄一切法陀罗尼门现在前，百万阿僧祇陀罗尼以为眷属；得此陀罗尼已，以法光明，广为众生演说于法。其说法时，以广长舌出妙音声，充满十方一切世界；随其根性，悉令满足，心得欢喜，灭除一切烦恼缠垢。善入一切音声、言语、文字、辩才，令一切众生佛种不断，净心相续，亦以法光明而演说法，无有穷尽，不生疲倦。何以故？此菩萨成就尽虚空遍法界无边身故。是为菩萨摩诃萨第十辩藏。此藏无穷尽、无分段、无间、无断、无变异、无隔碍、无退转，甚深无底，难可得入，普入一切佛法之门。

佛子！此十种无尽藏，有十种无尽法，令诸菩萨究竟成就无上菩提。何等为十？饶益一切众生故，以本愿善回向故，一切劫无断绝故，尽虚空界悉开悟心无限故，回向有为而不著故，一念境界一切法无尽故，大愿心无变异故，善摄取诸陀罗尼故，一切诸佛所护念故，了一切法皆如幻故。是为十种无尽法，能令一切世间所作，悉得究竟无尽大藏。

大方广佛华严经卷第二十二

升兜率天宫品第二十三

尔时，佛神力故，十方一切世界，一一四天下阎浮提中，皆见如来坐于树下，各有菩萨承佛神力而演说法，靡不自谓恒对于佛。

尔时，世尊复以神力，不离于此菩提树下及须弥顶、夜摩天宫，而往诣于兜率陀天一切妙宝所庄严殿。时，兜率天王遥见佛来，即于殿上敷摩尼藏师子之座。其师子座，天诸妙宝之所集成，过去修行善根所得，一切如来神力所现，无量百千亿那由他阿僧祇善根所生，一切如来净法所起，无边福力之所严莹；清净业报，不可沮坏；观者欣乐，无所厌足；是出世法，非世所染；一切众生咸来观察，无有能得究其妙好。有百万亿层级，周匝围绕；百万亿金网，百万亿华帐，百万亿宝帐，百万亿鬘帐，百万亿香帐，张施其上；华鬘垂下，香气普熏；百万亿华盖，百万亿鬘盖，百万亿宝盖，诸天执持，四面行列；百万亿宝衣，以敷其上；百万亿楼阁，绮焕庄严；百万亿摩尼网，百万亿宝网，弥覆其上；百万亿宝璎珞网，四面垂下；百万亿庄严具网，百万亿盖网，百万亿衣网，百万亿宝帐网，以张其上；百万亿宝莲华网，开敷光荣；百万亿宝香网，其香美妙，称悦众心；百万亿宝铃帐，其铃微动，出和雅音；百万亿栴檀宝帐，香气普熏；百万亿宝华帐，其华敷荣；百万亿众妙色衣帐，世所希有；百万亿菩萨帐，百万亿杂色帐，百万亿真金帐，百万亿琉璃帐，百万亿种种宝帐，悉张其上；百万亿一切宝帐，大摩尼宝以为庄严；百万亿妙宝华，周匝莹饰；百万亿频婆帐，殊妙间错；百万亿宝鬘，百万亿香鬘，四面垂下；百万亿天坚固香，其香普熏；百万亿天庄严具璎珞，百万亿宝华璎珞，百万亿胜藏宝璎珞，百万亿摩尼宝璎珞，百万亿海摩尼宝璎珞，庄严座身；百万亿妙宝缯彩，以为垂带；百万亿因陀罗金刚宝，百万亿自在摩尼宝，百万亿妙色真金藏，以为间饰；百万亿毗卢遮那摩尼宝，百万亿因陀罗摩尼宝，光明照耀；百万亿天坚固摩尼宝，以为窗牖；百万亿清净功德摩尼宝，彰施妙色；百万亿清净妙藏宝，以为门闼；百万亿世中最胜半月宝，百万亿离垢藏摩尼宝，百万亿师子面摩尼宝，间错庄严；百万亿心王摩尼宝，所求如意；百万亿阎浮檀摩尼宝，百万亿清净藏摩尼宝，百万亿帝幢摩尼宝，咸放光明，弥覆其上；百万亿白银藏摩尼宝，百万亿须弥幢摩尼宝，庄严其藏；百万亿真珠璎珞，百万亿琉璃璎珞，百万亿赤色宝璎珞，百万亿摩尼璎珞，百万亿宝光明璎珞，百万亿种种藏摩尼璎珞，百万亿甚可乐见赤真珠璎珞，百万亿无边色相藏摩尼宝璎珞，百万亿极清净无比宝璎珞，百万亿胜光明摩尼宝璎珞，周匝垂布，以为庄严；百万亿摩尼身，殊妙严饰；百万亿因陀罗妙色宝，百万亿黑栴檀香，百万亿不思议境界香，百万亿十方妙香，百万亿最胜香，百万亿甚可爱乐香，咸发香气，普熏十方；百万亿频婆罗香，普散十方；百万亿净光香，普熏众生；百万亿无边际种种色香，普熏一切诸佛国土，永不歇灭；百万亿涂香，百万亿熏香，百万亿烧香，香气发越，普熏一切；百万亿莲华藏沉水香，出大音声；百万亿游戏香，能转众心；百万亿阿楼那香，香气普熏，其味甘美；百万亿能开悟香，普遍一切，令其闻者，诸根寂静；复有百万亿无比香王香，种种庄严。雨百万亿天华云，雨百万亿天香云，雨百万亿天末香云，雨百万亿天拘苏摩华云，雨百万亿天波头摩华云，雨百万亿天优钵罗华云，雨百万亿天拘物头华云，雨百万亿天芬陀利华云，雨百万亿天曼陀罗华云，雨百万亿一切天华云，雨百万亿天衣云，雨百万亿摩尼宝云，雨百万亿天盖云，雨百万亿天幡云，雨百万亿天冠云，雨百万亿天庄严具云，雨百万亿天宝鬘云，雨百万亿天宝璎珞云，雨百万亿天栴檀香云，雨百万亿天沉水香云。建百万亿宝幢，悬百万亿宝幡，垂百万亿宝缯带，然百万亿香炉，布百万亿宝鬘，持百万亿宝扇，执百万亿宝拂。悬百万亿宝铃网，微风吹动，出妙音声；百万亿宝栏楯，周匝围绕；百万亿宝多罗树，次第行列；百万亿妙宝窗牖，绮丽庄严；百万亿宝树，周匝垂阴；百万亿宝楼阁，延袤绮饰；百万亿宝门，垂布璎珞；百万亿金铃，出妙音声；百万亿吉祥相璎珞，严净垂下；百万亿宝悉底迦，能除众恶；百万亿金藏，金缕织成；百万亿宝盖，众宝为竿，执持行列；百万亿一切宝庄严具网，间错庄严；百万亿光明宝，放种种光；百万亿光明，周遍照耀；百万亿日藏轮，百万亿月藏轮，并无量色宝之所集成；百万亿香焰，光明映彻；百万亿莲华藏，开敷鲜荣；百万亿宝网，百万亿华网，百万亿香网，弥覆其上；百万亿天宝衣，百万亿天青色衣，百万亿天黄色衣，百万亿天赤色衣，百万亿天奇妙色衣，百万亿天种种宝奇妙衣，百万亿种种香熏衣，百万亿一切宝所成衣，百万亿鲜白衣，悉善敷布，见者欢喜。百万亿天铃幢，百万亿金网幢，出微妙音；百万亿天缯幢，众彩具足；百万亿香幢，垂布香网；百万亿华幢，雨一切华；百万亿天衣幢，悬布妙衣；百万亿天摩尼宝幢，众宝庄严；百万亿天庄严具幢，众具校饰；百万亿天鬘幢，种种华鬘，四面行布；百万亿天盖幢，宝铃和鸣，闻皆欢喜。百万亿天螺，出妙音声；百万亿天鼓，出大音声；百万亿天箜篌，出微妙音；百万亿天牟陀罗，出大妙音；百万亿天诸杂乐，同时俱奏；百万亿天自在乐，出妙音声，其声普遍一切佛刹；百万亿天变化乐，其声如响，普应一切；百万亿天鼓，因于抚击，而出妙音；百万亿天如意乐，自然出声，音节相和；百万亿天诸杂乐，出妙音声，灭诸烦恼。百万亿悦意音，赞叹供养；百万亿广大音，赞叹承事；百万亿甚深音，赞叹修行；百万亿众妙音，叹佛业果；百万亿微细音，叹如实理；百万亿无障碍真实音，叹佛本行；百万亿清净音，赞叹过去供养诸佛；百万亿法门音，赞叹诸佛最胜无畏；百万亿无量音，叹诸菩萨功德无尽；百万亿菩萨地音，赞叹开示一切菩萨地相应行；百万亿无断绝音，叹佛功德无有断绝；百万亿随顺音，赞叹称扬见佛之行；百万亿甚深法音，赞叹一切法无碍智相应理；百万亿广大音，其音充满一切佛刹；百万亿无碍清净音，随其心乐，悉令欢喜；百万亿不住三界音，令其闻者，深入法性；百万亿欢喜音，令其闻者，心无障碍，深信恭敬；百万亿佛境界音，随所出声，悉能开示一切法义；百万亿陀罗尼音，善宣一切法句差别，决了如来秘密之藏；百万亿一切法音，其音和畅，克谐众乐。

　　有百万亿初发心菩萨，才见此座，倍更增长一切智心；百万亿治地菩萨，心净欢喜；百万亿修行菩萨，悟解清净；百万亿生贵菩萨，住胜志乐；百万亿方便具足菩萨，起大乘行；百万亿正心住菩萨，勤修一切菩萨道；百万亿不退菩萨，净修一切菩萨地；百万亿童真菩萨，得一切菩萨三昧光明；百万亿法王子菩萨，入不思议诸佛境界；百万亿灌顶菩萨，能现无量如来十力；百万亿菩萨，得自在神通；百万亿菩萨，生清净解；百万亿菩萨，心生爱乐；百万亿菩萨，深信不坏；百万亿菩萨，势力广大；百万亿菩萨，名称增长；百万亿菩萨，演说法义，令智决定；百万亿菩萨，正念不乱；百万亿菩萨，生决定智；百万亿菩萨，得闻持力，持一切佛法；百万亿菩萨，出生无量广大觉解；百万亿菩萨，安住信根；百万亿菩萨，得檀波罗蜜，能一切施；百万亿菩萨，得尸波罗蜜，具持众戒；百万亿菩萨，得忍波罗蜜，心不妄动，悉能忍受一切佛法；百万亿菩萨，得精进波罗蜜，能行无量出离精进；百万亿菩萨，得禅波罗蜜，具足无量禅定光明；百万亿菩萨，得般若波罗蜜，智慧光明能普照耀；百万亿菩萨，成就大愿，悉皆清净；百万亿菩萨，得智慧灯，明照法门；百万亿菩萨，为十方诸佛法光所照；百万亿菩萨，周遍十方，演离痴法；百万亿菩萨，普入一切诸佛刹土；百万亿菩萨，法身随到一切佛国；百万亿菩萨，得佛音声，能广开悟；百万亿菩萨，得出生一切智方便；百万亿菩萨，得成就一切法门；百万亿菩萨，成就法智，犹如宝幢，能普显示一切佛法；百万亿菩萨，能悉示现如来境界。百万亿诸天王，恭敬礼拜；百万亿龙王，谛观无厌；百万亿夜叉王，顶上合掌；百万亿乾闼婆王，起净信心；百万亿阿修罗王，断憍慢意；百万亿迦楼罗王，口衔缯带；百万亿紧那罗王，欢喜踊跃；百万亿摩睺罗伽王，欢喜瞻仰；百万亿世主，稽首作礼；百万亿忉利天王，瞻仰不瞬；百万亿夜摩天王，欢喜赞叹；百万亿兜率天王，布身作礼；百万亿化乐天王，头顶礼敬；百万亿他化天王，恭敬合掌；百万亿梵天王，一心观察；百万亿摩醯首罗天王，恭敬供养；百万亿菩萨，发声赞叹；百万亿天女，专心供养；百万亿同愿天，踊跃欢喜；百万亿往昔同住天，妙声称赞；百万亿梵身天，布身敬礼；百万亿梵辅天，合掌于顶；百万亿梵众天，围绕侍卫；百万亿大梵天，赞叹称扬无量功德；百万亿光天，五体投地；百万亿少光天，宣扬赞叹佛世难值；百万亿无量光天，遥向佛礼；百万亿光音天，赞叹如来甚难得见；百万亿净天，与宫殿俱，而来诣此；百万亿少净天，以清净心，稽首作礼；百万亿无量净天，愿欲见佛，投身而下；百万亿遍净天，恭敬尊重，亲近供养；百万亿广天，念昔善根；百万亿少广天，于如来所，生希有想；百万亿无量广天，决定尊重，生诸善业；百万亿广果天，曲躬恭敬；百万亿无烦天，信根坚固，恭敬礼拜；百万亿无热天，合掌念佛，情无厌足；百万亿善见天，头面作礼；百万亿善现天，念供养佛，心无懈歇；百万亿阿迦尼吒天，恭敬顶礼；百万亿种种天，皆大欢喜，发声赞叹；百万亿诸天，各善思惟，而为庄严；百万亿菩萨天，护持佛座，庄严不绝。百万亿华手菩萨，雨一切华；百万亿香手菩萨，雨一切香；百万亿鬘手菩萨，雨一切鬘；百万亿末香手菩萨，雨一切末香；百万亿涂香手菩萨，雨一切涂香；百万亿衣手菩萨，雨一切衣；百万亿盖手菩萨，雨一切盖；百万亿幢手菩萨，雨一切幢；百万亿幡手菩萨，雨一切幡；百万亿宝手菩萨，雨一切宝；百万亿庄严手菩萨，雨一切庄严具。百万亿诸天子，从天宫出，至于座所；百万亿诸天子，以净信心，并宫殿俱；百万亿生贵天子，以身持座；百万亿灌顶天子，举身持座。百万亿思惟菩萨，恭敬思惟；百万亿生贵菩萨，发清净心；百万亿菩萨，诸根悦乐；百万亿菩萨，深心清净；百万亿菩萨，信解清净；百万亿菩萨，诸业清净；百万亿菩萨，受生自在；百万亿菩萨，法光照耀；百万亿菩萨，成就于地；百万亿菩萨，善能教化一切众生。百万亿善根所生，百万亿诸佛护持，百万亿福德所圆满，百万亿殊胜心所清净，百万亿大愿所严洁，百万亿善行所生起，百万亿善法所坚固，百万亿神力所示现，百万亿功德所成就，百万亿赞叹法而以赞叹。

如此世界兜率天王，奉为如来，敷置高座；一切世界兜率天王，悉为于佛，如是敷座，如是庄严，如是仪则，如是信乐，如是心净，如是欣乐，如是喜悦，如是尊重，如是而生希有之想，如是踊跃，如是渴仰，悉皆同等。

尔时，兜率天王为如来敷置座已，心生尊重，与十万亿阿僧祇兜率天子奉迎如来；以清净心，雨阿僧祇色华云，雨不思议色香云，雨种种色鬘云，雨广大清净栴檀云，雨无量种种盖云，雨细妙天衣云，雨无边众妙宝云，雨天庄严具云，雨无量种种烧香云，雨一切栴檀沉水坚固末香云。诸天子众各从其身出此诸云时，百千亿阿僧祇兜率天子，及余在会诸天子，众心大欢喜，恭敬顶礼；阿僧祇天女，踊跃欣慕，谛观如来。兜率宫中不可说诸菩萨众，住虚空中，精勤一心，以出过诸天诸供养具，供养于佛，恭敬作礼。阿僧祇音乐一时同奏。

尔时，如来威神力故，往昔善根之所流故，不可思议自在力故，兜率宫中一切诸天及诸天女，皆遥见佛，如对目前，同兴念言：如来出世难可值遇，我今得见具一切智于法无碍正等觉者。如是思惟，如是观察，与诸众会悉共同时奉迎如来；各以天衣，盛一切华，盛一切香，盛一切宝，盛一切庄严具，盛一切天栴檀末香，盛一切天沉水末香，盛一切天妙宝末香，盛一切天香华，盛一切天曼陀罗华，悉以奉散，供养于佛。

百千亿那由他阿僧祇兜率陀天子，住虚空中，咸于佛所起智慧境界心，烧一切香，香气成云庄严虚空；又于佛所起欢喜心，雨一切天华云庄严虚空；又于佛所起尊重心，雨一切天盖云庄严虚空；又于佛所起供养心，散一切天鬘云庄严虚空；又于佛所生信解心，布阿僧祇金网弥覆虚空，一切宝铃常出妙音；又于佛所生最胜福田心，以阿僧祇帐庄严虚空，雨一切璎珞云，无有断绝；又于佛所生深信心，以阿僧祇诸天宫殿庄严虚空，一切天乐出微妙音；又于佛所生最胜难遇心，以阿僧祇种种色天衣云庄严虚空，雨于无比种种妙衣；又于佛所生无量欢喜踊跃心，以阿僧祇诸天宝冠庄严虚空，雨无量天冠，广大成云；又于佛所起欢喜心，以阿僧祇种种色宝庄严虚空，雨一切璎珞云，无有断绝。百千亿那由他阿僧祇天子，咸于佛所生净信心，散无数种种色天华，然无数种种色天香，供养如来；又于佛所起大庄严变化心，持无数种种色天栴檀末香，奉散如来；又于佛所起欢喜踊跃心，持无数种种色盖，随逐如来；又于佛所起增上心，持无数种种色天宝衣，敷布道路，供养如来；又于佛所起清净心，持无数种种色天宝幢，奉迎如来；又于佛所起增上欢喜心，持无数种种色天庄严具，供养如来；又于佛所生不坏信心，持无数天宝鬘，供养如来；又于佛所生无比欢喜心，持无数种种色天宝幡，供养如来。百千亿那由他阿僧祇诸天子，以调顺寂静无放逸心，持无数种种色天乐，出妙音声，供养如来。

百千亿那由他不可说先住兜率宫诸菩萨众，以从超过三界法所生，离诸烦恼行所生，周遍无碍心所生，甚深方便法所生，无量广大智所生，坚固清净信所增长不思议善根所生，起阿僧祇善巧变化所成就,供养佛心之所现,无作法门之所印,出过诸天诸供养具,供养于佛;以从波罗蜜所生一切宝盖,于一切佛境界清净解所生一切华帐,无生法忍所生一切衣,入金刚法无碍心所生一切铃网,解一切法如幻心所生一切坚固香,周遍一切佛境界如来座心所生一切佛众宝妙座,供养佛不懈心所生一切宝幢,解诸法如梦欢喜心所生佛所住一切宝宫殿,无著善根无生善根所生一切宝莲华云、一切坚固香云、一切无边色华云、一切种种色妙衣云、一切无边清净栴檀香云、一切妙庄严宝盖云、一切烧香云、一切妙鬘云、一切清净庄严具云,皆遍法界,出过诸天供养之具,供养于佛。其诸菩萨一一身各出不可说百千亿那由他菩萨,皆充满法界、虚空界,其心等于三世诸佛,以从无颠倒法所起,无量如来力所加,开示众生安隐之道,具足不可说名、味、句,普入无量法,一切陀罗尼种中生不可穷尽辩才之藏,心无所畏,生大欢喜,以不可说无量无尽如实赞叹法,赞叹如来,无有厌足。

尔时,一切诸天及诸菩萨众,见于如来、应、正等觉——不可思议人中之雄。其身无量,不可称数;现不思议种种神变,令无数众生心大欢喜;普遍一切虚空界、一切法界,以佛庄严而为庄严;令一切众生安住善根,示现无量诸佛神力,超过一切诸语言道,诸大菩萨所共钦敬;随所应化,皆令欢喜;住于诸佛广大之身,功德善根悉已清净;色相第一,无能映夺;智慧境界,不可穷尽,无比三昧之所出生。其身无际,遍住一切众生身中,令无量众生皆大欢喜,令一切智种性不断;住于诸佛究竟所住,生于三世诸佛之家;令不可数众生信解清净,令一切菩萨智慧成就、诸根悦豫;法云普覆虚空法界,教化调伏无有遗余;随众生心,悉令满足,令其安住无分别智;出过一切众生之上,获一切智,放大光明,宿世善根皆令显现;普使一切发广大心,令一切众生安住普贤不可坏智;遍住一切众生国土,从于不退正法中生,住于一切平等法界,明了众生心之所宜,现不可说不可说种种差别如来之身,非世言词而叹可尽;能令一切常思念佛,充满法界广度群生;随初发心所欲利益,以法惠施,令其调伏,信解清净;示现色身不可思议,等观众生,心无所著;住无碍住,得佛十力,无所障碍;心常寂定,未曾散乱;住一切智,善能开演种种文句真实之义,能悉深入无边智海,出生无量功德慧藏;恒以佛日普照法界,随本愿力常现不没;恒住法界,住佛所住,无有变异;于我、我所俱无所著,住出世法,世法无染;于一切世间建智慧幢,其智广大,超过世间,无所染著;拔诸众生令出淤泥,置于最上智慧之地,所有福德饶益众生而无有尽;了知一切菩萨智慧,信向决定,当成正觉;以大慈悲,现不可说无量佛身种种庄严;以妙音声,演无量法,随众生意,悉令满足;于去、来、今,心常清净,令诸众生不著境界;恒与一切诸菩萨记,令其皆入佛之种性,生在佛家,得佛灌顶;常游十方,未曾休息,而于一切无所乐著;法界佛刹悉能遍往,诸众生心靡不了知；所有福德，离世清净；不住生死，而于世间如影普现；以智慧月普照法界，了达一切悉无所得；恒以智慧，知诸世间如幻、如影、如梦、如化，一切皆以心为自性，如是而住；随诸众生业报不同、心乐差别、诸根各异，而现佛身；如来恒以无数众生而为所缘，为说世间皆从缘起，知诸法相皆悉无相，唯是一相智慧之本；欲令众生离诸相著，示现一切世间性相而行于世，为其开示无上菩提；为欲救护一切众生，出现世间开示佛道，令其得见如来身相，攀缘忆念，勤加修习；除灭世间烦恼之相，修菩提行，心不散动，于大乘门皆得圆满，成就一切诸佛义利，悉能观察众生善根而不坏灭；清净业报，智慧明了，普入三世，永离一切世间分别；放光明网普照十方，一切世界无不充满；色身妙好，见者无厌；以大功德智慧神通，出生种种菩萨诸行；诸根境界，自在圆满；作诸佛事，作已便没；善能开示过、现、未来一切智道，为诸菩萨普雨无量陀罗尼雨，令其发起广大欲乐，受持修习，成就一切诸佛功德；圆满炽盛无边妙色庄严其身，一切世间靡不现睹；永离一切障碍之法，于一切法真实之义已得清净，于功德法而得自在；为大法王，如日普照；为世福田，具大威德；于一切世间普现化身，放智慧光，悉令开悟；欲令众生知佛具足无边功德，以无碍缯系顶受位，随顺世间方便开导；以智慧手安慰众生，为大医王善疗众病，一切世间无量国土悉能遍往，未曾休息；清净慧眼离诸障翳，悉能明见；于作不善恶业众生，种种调伏，令其入道；善取时宜，无有休息；若诸众生起平等心，即为化现平等业报，随其心乐，随其业果，为现佛身种种神变，而为说法，令其悟解，得法智慧，心大欢喜，诸根踊跃，见无量佛，起深重信，生诸善根，永不退转；一切众生随业所系长眠生死，如来出世能觉悟之，安慰其心，使无忧怖；若得见者，悉令证入无依义智，智慧善巧，了达境界庄严妙好，无能映夺；智山法芽，悉已清净；或现菩萨，或现佛身，令诸众生至无患地；无数功德之所庄严，业行所成现于世间；一切诸佛庄严清净，莫不皆以一切智业之所成就；常守本愿，不舍世间，作诸众生坚固善友；清净第一，离垢光明，令一切众生皆得现见；六趣众生无量无边，佛以神力常随不舍；若有往昔同种善根，皆令清净；而于六趣一切众生不舍本愿，无所欺诳，悉以善法方便摄取，令其修习清净之业，摧破一切诸魔斗诤，从无碍际出广大力，最胜日藏无有障碍；于净心界而现影像，一切世间无不睹见，以种种法广施众生；佛是无边光明之藏，诸力智慧皆悉圆满；恒以大光普照众生，随其所愿，皆令满足，离诸怨敌，为上福田，一切众生共所依怙；凡有所施，悉令清净；修少善行，受无量福，悉令得入无尽智地；为一切众生种植善根净心之主，为一切众生发生福德最上良田；智慧甚深，方便善巧，能救一切三恶道苦。如是信解，如是观察，如是入于智慧之渊，如是游于功德之海，如是普至虚空智慧，如是而知众生福田，如是正念现前观察，如是观佛诸业相好，如是观佛普现世间，如是观佛神通自在。

时，彼大众见如来身，一一毛孔出百千亿那由他阿僧祇光明，一一光明有阿僧祇色、阿僧祇清净、阿僧祇照明，令阿僧祇众观察、阿僧祇众欢喜、阿僧祇众快乐、阿僧祇众深信增长、阿僧祇众志乐清净、阿僧祇众诸根清凉、阿僧祇众恭敬尊重。尔时，大众咸见佛身，放百千亿那由他不思议大光明，一一光明皆有不思议色、不思议光，照不思议无边法界。以佛神力，出大妙音；其音演畅百千亿那由他不思议赞颂，超诸世间所有言词，出世善根之所成就。复现百千亿那由他不思议微妙庄严，于百千亿那由他不思议劫叹不可尽，皆是如来无尽自在之所出生。又现不可说诸佛如来出兴于世，令诸众生入智慧门，解甚深义。又现不可说诸佛如来所有变化，尽法界、虚空界，令一切世间平等清净。如是，皆从如来所住无障碍一切智生，亦从如来所修行不思议胜德生。复现百千亿那由他不思议妙宝光焰，从昔大愿善根所起，以曾供养无量如来，修清净行无放逸故，萨婆若心无有障碍生善根故，为显如来力广遍故，为断一切众生疑故，为令咸得见如来故，令无量众生住善根故，显示如来神通之力无映夺故，欲令众生普得入于究竟海故，为令一切诸佛国土菩萨大众皆来集故，为欲开示不可思议佛法门故。

尔时，如来大悲普覆，示一切智所有庄严，欲令不可说百千亿那由他阿僧祇世界中众生，未信者信，已信者增长，已增长者令其清净，已清净者令其成熟，已成熟者令心调伏；观甚深法，具足无量智慧光明，发生无量广大之心，萨婆若心无有退转；不违法性，不怖实际，证真实理，满足一切波罗蜜行，出世善根皆悉清净；犹如普贤，得佛自在，离魔境界，入诸佛境，了知深法，获难思智，大乘誓愿永不退转；常见诸佛，未曾舍离；成就证智，证无量法，具足无边福德藏力，发欢喜心入无疑地；离恶清净，依一切智，见法不动，得入一切菩萨众会，常生三世诸如来家。

世尊所现如是庄严，皆是过去先所积集善根所成，为欲调伏诸众生故，开示如来大威德故，照明无碍智慧藏故，示现如来无边胜德极炽然故，显示如来不可思议大神变故，以神通力于一切趣现佛身故，示现如来神通变化无边际故，本所志愿悉成满故，显示如来勇猛智慧能遍往故，于法自在成法王故，出生一切智慧门故，示现如来身清净故，又现其身最殊妙故，显示证得三世诸佛平等法故，开示善根清净藏故，显示世间无能为喻上妙色故，显示具足十力之相令其见者无厌足故，为世间日照三世故。自在法王，一切功德，皆从往昔善根所现。一切菩萨，于一切劫，称扬赞说，不可穷尽。

尔时，兜率陀天王奉为如来严办如是诸供具已，与百千亿那由他阿僧祇兜率天子向佛合掌，白佛言：善来世尊！善来善逝！善来如来、应、正等觉！唯见哀愍，处此宫殿！

尔时，世尊以佛庄严而自庄严，具大威德；为令一切众生生大欢喜故，一切菩萨发深悟解故，一切兜率陀天子增益欲乐故，兜率陀天王供养承事无厌足故，无量众生缘念于佛而发心故，无量众生种见佛善根福德无尽故，常能发起清净信故，见佛供养无所求故，所有志愿皆清净故，勤集善根无懈息故，发大誓愿求一切智故，受天王请，入一切宝庄严殿。如此世界，十方所有一切世界，悉亦如是。

尔时，一切宝庄严殿，自然而有妙好庄严，出过诸天庄严之上，一切宝网周匝弥覆，普雨一切上妙宝云，普雨一切庄严具云，普雨一切宝衣云，普雨一切栴檀香云，普雨一切坚固香云，普雨一切宝庄严盖云，普雨不可思议华聚云，普出不可思议妓乐音声，赞扬如来一切种智，悉与妙法而共相应。如是一切诸供养具，悉过诸天供养之上。时，兜率宫中，妓乐歌赞，炽然不息；以佛神力，令兜率王心无动乱，往昔善根皆得圆满，无量善法益加坚固，增长净信，起大精进，生大欢喜，净深志乐，发菩提心，念法无断，总持不忘。

尔时，兜率陀天王承佛威力，即自忆念过去佛所所种善根而说颂言：

昔有如来无碍月，诸吉祥中最殊胜，彼曾入此庄严殿，是故此处最吉祥。昔有如来名广智，诸吉祥中最殊胜，彼曾入此金色殿，是故此处最吉祥。昔有如来名普眼，诸吉祥中最殊胜，彼曾入此莲华殿，是故此处最吉祥。昔有如来号珊瑚，诸吉祥中最殊胜，彼曾入此宝藏殿，是故此处最吉祥。昔有如来论师子，诸吉祥中最殊胜，彼曾入此山王殿，是故此处最吉祥。昔有如来名日照，诸吉祥中最殊胜，彼曾入此众华殿，是故此处最吉祥。昔有佛号无边光，诸吉祥中最殊胜，彼曾入此树严殿，是故此处最吉祥；昔有如来名法幢，诸吉祥中最殊胜，彼曾入此宝宫殿，是故此处最吉祥。昔有如来名智灯，诸吉祥中最殊胜，彼曾入此香山殿，是故此处最吉祥。昔有佛号功德光，诸吉祥中最殊胜，彼曾入此摩尼殿，是故此处最吉祥。

如此世界兜率天王，承佛神力以颂赞叹过去诸佛；十方一切诸世界中兜率天王，悉亦如是叹佛功德。

尔时，世尊于一切宝庄严殿摩尼宝藏师子座上，结跏趺坐，法身清净，妙用自在，与三世佛同一境界；住一切智，与一切佛同入一性；佛眼明了，见一切法皆无障碍；有大威力，普游法界未尝休息；具大神通，随有可化众生之处，悉能遍往；以一切诸佛无碍庄严而严其身，善知其时，为众说法；不可说诸菩萨众，各从他方种种国土而共来集；众会清净，法身无二，无所依止，而能自在，起佛身行。坐此座已，于其殿中自然而有无量无数殊特妙好出过诸天供养之具，所谓：华鬘、衣服、涂香、末香、宝盖、幢幡、妓乐、歌赞。如是等事，一一皆悉不可称数。以广大心恭敬尊重，供养于佛；十方一切兜率陀天，悉亦如是。

大方广佛华严经卷第二十三

兜率宫中偈赞品第二十四

尔时，佛神力故，十方各有一大菩萨，一一各与万佛刹微尘数诸菩萨俱，从万佛刹微尘数国土外诸世界中，来诣佛所。其名曰：金刚幢菩萨、坚固幢菩萨、勇猛幢菩萨、光明幢菩萨、智幢菩萨、宝幢菩萨、精进幢菩萨、离垢幢菩萨、星宿幢菩萨、法幢菩萨。所从来国，谓：妙宝世界、妙乐世界、妙银世界、妙金世界、妙摩尼世界、妙金刚世界、妙波头摩世界、妙优钵罗世界、妙栴檀世界、妙香世界。各于佛所，净修梵行，所谓：无尽幢佛、风幢佛、解脱幢佛、威仪幢佛、明相幢佛、常幢佛、最胜幢佛、自在幢佛、梵幢佛、观察幢佛。其诸菩萨，至佛所已，顶礼佛足；以佛神力，即化作妙宝藏师子之座，宝网弥覆，周匝遍满；诸菩萨众，随所来方，各于其上结跏趺坐。其身悉放百千亿那由他阿僧祇清净光明，此无量光皆从菩萨清净心宝离众过恶大愿所起，显示一切诸佛自在清净之法；以诸菩萨平等愿力，能普救护一切众生，一切世间之所乐见，见者不虚，悉得调伏。其菩萨众，悉已成就无量功德。所谓：遍游一切诸佛国土，无所障碍，见无依止清净法身；以智慧身，现无量身，遍往十方承事诸佛；入于诸佛无量无边不可思议自在之法，住于无量一切智门，以智光明善了诸法；于诸法中得无所畏，随所演说，穷未来际；辩才无尽，以大智慧开总持门，慧眼清净入深法界，智慧境界无有边际，究竟清净犹若虚空。如此世界兜率天宫，诸菩萨众如是来集；十方一切兜率天宫，悉有如是名号菩萨而来集会，所从来国、诸佛名号，亦皆同等，无有差别。

尔时，世尊从两膝轮，放百千亿那由他光明，普照十方尽法界、虚空界、一切世界。彼诸菩萨，皆见于此佛神变相；此诸菩萨，亦见于彼一切如来神变之相。如是菩萨皆与毗卢遮那如来，于往昔时，同种善根，修菩萨行；悉已悟入诸佛自在甚深解脱，得无差别法界之身，入一切土而无所住；见无量佛，悉往承事；于一念中，周行法界，自在无碍；心意清净，如无价宝；无量无数诸佛如来，常加护念，共与其力，到于究竟第一彼岸；恒以净念住无上觉，念念恒入一切智处；以小入大，以大入小，皆得自在，通达无碍；已得佛身，与佛同住；获一切智，从一切智而生其身；一切如来所行之处，悉能随入；开阐无量智慧法门，到金刚幢大智彼岸，获金刚定，断诸疑惑；已得诸佛自在神通，普于一切十方国土，教化调伏百千万亿无数众生；于一切数，虽无所著，善能修学，成就究竟方便，安立一切诸法。如是等百千亿那由他不可说无尽清净三世一切无量功德藏诸菩萨众，皆来集会，在于佛所；因光所见，一切佛所，悉亦如是。

尔时，金刚幢菩萨承佛神力，普观十方而说颂言：

如来不出世，亦无有涅槃，以本大愿力，示现自在法。是法难思议，非心所行处，智慧到彼岸，乃见诸佛境。色身非是佛，音声亦复然，亦不离色声，见佛神通力。少智不能知，诸佛实境界，久修清净业，于此乃能了。正觉无来处，去亦无所从，清净妙色身，神力故显现。无量世界中，示现如来身，广说微妙法，其心无所著。智慧无边际，了达一切法，普入于法界，示现自在力。众生及诸法，了达皆无碍，普现众色像，遍于一切刹。欲求一切智，速成无上觉，应以净妙心，修习菩提行。若有见如来，如是威神力，当于最胜尊，供养勿生疑。

尔时，坚固幢菩萨承佛神力，普观十方而说颂言：

如来胜无比，甚深不可说，出过言语道，清净如虚空。汝观人师子，自在神通力，已离于分别，而令分别见。导师为开演，甚深微妙法，以是因缘故，现此无比身。此是大智慧，诸佛所行处，若欲了知者，常应亲近佛。意业常清净，供养诸如来，终无疲厌心，能入于佛道。具无尽功德，坚住菩提心，以是疑网除，观佛无厌足。通达一切法，是乃真佛子，此人能了知，诸佛自在力。广大智所说，欲为诸法本，应起胜希望，志求无上觉。若有尊敬佛，念报于佛恩，彼人终不离，一切诸佛住。何有智慧人，于佛得见闻，不修清净愿，履佛所行道？

尔时，勇猛幢菩萨承佛神力，普观十方而说颂言：

譬如明净眼，因日睹众色，净心亦复然，佛力见如来。如以精进力，能尽海源底，智力亦如是，得见无量佛。譬如良沃田，所种必滋长，如是净心地，出生诸佛法。如人获宝藏，永离贫穷苦，菩萨得佛法，离垢心清净。譬如伽陀药，能消一切毒，佛法亦如是，灭诸烦恼患。真实善知识，如来所称赞，以彼威神故，得闻诸佛法。设于无数劫，财宝施于佛，不知佛实相，此亦不名施。无量众色相，庄严于佛身，非于色相中，而能见于佛。如来等正觉，寂然恒不动，而能普现身，遍满十方界。譬如虚空界，不生亦不灭，诸佛法如是，毕竟无生灭。

尔时，光明幢菩萨承佛神力，普观十方而说颂言：

人间及天上，一切诸世界，普见于如来，清净妙色身。譬如一心力，能生种种心，如是一佛身，普现一切佛。菩提无二法，亦复无诸相，而于二法中，现相庄严身。了法性空寂，如幻而生起，所行无有尽，导师如是现。三世一切佛，法身悉清净，随其所应化，普现妙色身。如来不念言，我作如是身，自然而示现，未尝起分别。法界无差别，亦无所依止，而于世间中，示现无量身。佛身非变化，亦复非非化，于无化法中，示有变化形。正觉不可量，法界虚空等，深广无涯底，言语道悉绝。如来善通达，一切处行道，法界众国土，所往皆无碍。

尔时，智幢菩萨承佛神力，普观十方而说颂言：
若人能信受，一切智无碍，修习菩提行，其心不可量。一切国土中，普现无量身，而身不在处，亦不住于法。一一诸如来，神力示现身，不可思议劫，算数莫能尽。三世诸众生，悉可知其数，如来所示现，其数不可得。或时示一二，乃至无量身，普现十方刹，其实无二种。譬如净满月，普现一切水，影像虽无量，本月未曾二。如是无碍智，成就等正觉，普现一切刹，佛体亦无二。非一亦非二，亦复非无量，随其所应化，示现无量身。佛身非过去，亦复非未来，一念现出生，成道及涅槃。如幻所作色，无生亦无起，佛身亦如是，示现无有生。

尔时，宝幢菩萨承佛神力，普观十方而说颂言：
佛身无有量，能示有量身，随其所应睹，导师如是现。佛身无处所，充满一切处，如空无边际，如是难思议。非心所行处，心不于中起，诸佛境界中，毕竟无生灭。如翳眼所睹，非内亦非外，世间见诸佛，应知亦如是。饶益众生故，如来出世间，众生见有出，而实无兴世。不可以国土，昼夜而见佛，岁月一刹那，当知悉如是。众生如是说，某日佛成道，如来得菩提，实不系于日。如来离分别，非世超诸数，三世诸导师，出现皆如是。譬如净日轮，不与昏夜合，而说某日夜，诸佛法如是。三世一切劫，不与如来合，而说三世佛，导师法如是。

尔时，精进幢菩萨承佛神力，普观十方而说颂言：
一切诸导师，身同义亦然，普于十方刹，随应种种现。汝观牟尼尊，所作甚奇特，充满于法界，一切悉无余。佛身不在内，亦复不在外，神力故显现，导师法如是。随诸众生类，先世所集业，如是种种身，示现各不同。诸佛身如是，无量不可数，唯除大觉尊，无有能思议。如以我难思，心业莫能取，佛难思亦尔，非心业所现。如刹不可思，而见净庄严，佛难思亦尔，妙相无不现。譬如一切法，众缘故生起，见佛亦复然，必假众善业。譬如随意珠，能满众生心，诸佛法如是，悉满一切愿。无量国土中，导师兴于世，随其愿力故，普应于十方。

尔时，离垢幢菩萨承佛神力，普观十方而说颂言：
如来大智光，普净诸世间，世间既净已，开示诸佛法。设有人欲见，众生数等佛，靡不应其心，而实无来处。以佛为境界，专念而不息，此人得见佛，其数与心等。成就白净法，具足诸功德，彼于一切智，专念心不舍。导师为众生，如应演说法，随于可化处，普现最胜身。佛身及世间，一切皆无我，悟此成正觉，复为众生说。一切人师子，无量自在力，示现念等身，其身各不同。世间如是身，诸佛身亦然，了知其自性，是则说名佛。如来普知见，明了一切法，佛法及菩提，二俱不可得。导师无来去，亦复无所住，远离诸颠倒，是名等正觉。

尔时，星宿幢菩萨承佛神力，普观十方而说颂言：

如来无所住，普住一切刹，一切土皆往，一切处咸见。佛随众生心，普现一切身，成道转法轮，及以般涅槃。诸佛不思议，谁能思议佛？谁能见正觉？谁能现最胜？一切法皆如，诸佛境亦然，乃至无一法，如中有生灭。众生妄分别，是佛是世界；了达法性者，无佛无世界。如来普现前，令众生信喜，佛体不可得，彼亦无所见。若能于世间，远离一切著，无碍心欢喜，于法得开悟。神力之所现，即此说名佛，三世一切时，求悉无所有。若能如是知，心意及诸法，一切悉知见，疾得成如来。言语中显示，一切佛自在，正觉超语言，假以语言说。

尔时，法幢菩萨承佛神力，普观十方而说颂言：

宁可恒具受，一切世间苦，终不远如来，不睹自在力。若有诸众生，未发菩提心，一得闻佛名，决定成菩提。若有智慧人，一念发道心，必成无上尊，慎莫生疑惑。如来自在力，无量劫难遇，若生一念信，速登无上道。设于念念中，供养无量佛，未知真实法，不名为供养。若闻如是法，诸佛从此生，虽经无量苦，不舍菩提行。一闻大智慧，诸佛所入法，普于法界中，成三世导师。虽尽未来际，遍游诸佛刹，不求此妙法，终不成菩提。众生无始来，生死久流转，不了真实法，诸佛故兴世。诸法不可坏，亦无能坏者，自在大光明，普示于世间。

十回向品第二十五之一

尔时，金刚幢菩萨承佛神力，入菩萨智光三昧。入是三昧已，十方各过十万佛刹微尘数世界外，有十万佛刹微尘数诸佛，皆同一号，号：金刚幢，而现其前，咸称赞言：善哉！善哉！善男子！乃能入此菩萨智光三昧。善男子！此是十方各十万佛刹微尘数诸佛神力共加于汝，亦是毗卢遮那如来往昔愿力、威神之力，及由汝智慧清净故，诸菩萨善根增胜故，令汝入是三昧而演说法；为令诸菩萨得清净无畏故，具无碍辩才故，入无碍智地故，住一切智大心故，成就无尽善根故，满足无碍白法故，入于普门法界故，现一切佛神力故，前际念智不断故，得一切佛护持诸根故，以无量门广说众法故，闻悉解了受持不忘故，摄诸菩萨一切善根故，成办出世助道故，不断一切智智故，开发大愿故，解释实义故，了知法界故，令诸菩萨皆悉欢喜故，修一切佛平等善根故，护持一切如来种性故，所谓：演说诸菩萨十回向。佛子！汝当承佛威神之力而演此法，得佛护念故，安住佛家故，增益出世功德故，得陀罗尼光明故，入无障碍佛法故，大光普照法界故，集无过失净法故，住广大智境界故，得无障碍法光故。

尔时，诸佛即与金刚幢菩萨无量智慧，与无留碍辩，与分别句义善方便，与无碍法光明，与如来平等身，与无量差别净音声，与菩萨不思议善观察三昧，与不可沮坏一切善根回向智，与观察一切法成就巧方便，与一切处说一切法无断辩。何以故？入此三昧善根力故。

尔时，诸佛各以右手摩金刚幢菩萨顶。金刚幢菩萨得摩顶已，即从定起，告诸菩萨言：

佛子！菩萨摩诃萨有不可思议大愿充满法界，普能救护一切众生，所谓：修学去、来、现在一切佛回向。佛子！菩萨摩诃萨回向有几种？佛子！菩萨摩诃萨回向有十种，三世诸佛咸共演说。何等为十？一者救护一切众生离众生相回向，二者不坏回向，三者等一切诸佛回向，四者至一切处回向，五者无尽功德藏回向，六者入一切平等善根回向，七者等随顺一切众生回向，八者真如相回向，九者无缚无著解脱回向，十者入法界无量回向。佛子！是为菩萨摩诃萨十种回向，过去、未来、现在诸佛，已说、当说、今说。

佛子！云何为菩萨摩诃萨救护一切众生离众生相回向？

佛子！此菩萨摩诃萨行檀波罗蜜，净尸波罗蜜，修羼提波罗蜜，起精进波罗蜜，入禅波罗蜜，住般若波罗蜜，大慈、大悲、大喜、大舍，修如是等无量善根。修善根时，作是念言：愿此善根普能饶益一切众生，皆使清净，至于究竟，永离地狱、饿鬼、畜生、阎罗王等无量苦恼。菩萨摩诃萨种善根时，以己善根如是回向：我当为一切众生作舍，令免一切诸苦事故；为一切众生作护，悉令解脱诸烦恼故；为一切众生作归，皆令得离诸怖畏故；为一切众生作趣，令得至于一切智故；为一切众生作安，令得究竟安隐处故；为一切众生作明，令得智光灭痴暗故；为一切众生作炬，破彼一切无明闇故；为一切众生作灯，令住究竟清净处故；为一切众生作导师，引其令入真实法故；为一切众生作大导师，与其无碍大智慧故。佛子！菩萨摩诃萨以诸善根如是回向，平等饶益一切众生，究竟皆令得一切智。

佛子！菩萨摩诃萨于非亲友守护回向，与其亲友等无差别。何以故？菩萨摩诃萨入一切法平等性故，不于众生而起一念非亲友想。设有众生于菩萨所起怨害心，菩萨亦以慈眼视之，终无恚怒。普为众生作善知识，演说正法，令其修习。譬如大海，一切众毒不能变坏。菩萨亦尔，一切愚蒙、无有智慧、不知恩德、瞋很顽毒、憍慢自大、其心盲瞽、不识善法……如是等类诸恶众生，种种逼恼，无能动乱。譬如日天子出现世间，不以生盲不见故，隐而不现；又复不以乾闼婆城、阿修罗手、阎浮提树、崇岩、邃谷、尘雾、烟云……如是等物之所覆障故，隐而不现；亦复不以时节变改故，隐而不现。菩萨摩诃萨亦复如是，有大福德，其心深广，正念观察，无有退屈；为欲究竟功德智慧，于上胜法心生志欲；法光普照，见一切义；于诸法门，智慧自在；常为利益一切众生而修善法，曾不误起舍众生心；不以众生其性弊恶、邪见、瞋浊、难可调伏，便即弃舍，不修回向；但以菩萨大愿甲胄而自庄严，救护众生，恒无退转；不以众生不知报恩，退菩萨行，舍菩提道；不以凡愚共同一处，舍离一切如实善根；不以众生数起过恶，难可忍受，而于彼所生疲厌心。何以故？譬如日天子，不但为一事故出现世间。菩萨摩诃萨亦复如是，不但为一众生故，修诸善根，回向阿耨多罗三藐三菩提；普为救护一切众生故而修善根，回向阿耨多罗三藐三菩提。如是，不但为净一佛刹故，不但为信一佛故，不但为见一佛故，不但为了一法故，起大智愿，回向阿耨多罗三藐三菩提；为普净一切佛刹故，普信一切诸佛故，普承事供养一切诸佛故，普解一切佛法故，发起大愿，修诸善根，回向阿耨多罗三藐三菩提。

佛子！菩萨摩诃萨以诸佛法而为所缘，起广大心、不退转心，无量劫中修集希有难得心宝，与一切诸佛悉皆平等。菩萨如是观诸善根，信心清净，大悲坚固，以甚深心、欢喜心、清净心、最胜心、柔软心、慈悲心、怜愍心、摄护心、利益心、安乐心，普为众生真实回向，非但口言。佛子！菩萨摩诃萨以诸善根回向之时，作是念言：以我善根，愿一切趣生、一切众生，皆得清净；功德圆满，不可沮坏，无有穷尽；常得尊重，正念不忘；获决定慧，具无量智；身、口、意业，一切功德，圆满庄严。又作是念：以此善根，令一切众生承事供养一切诸佛，无空过者；于诸佛所，净信不坏；听闻正法，断诸疑惑，忆持不忘，如说修行；于如来所，起恭敬心，身业清净，安住无量广大善根；永离贫穷，七财满足；于诸佛所，常随修学，成就无量胜妙善根，平等悟解，住一切智，以无碍眼等视众生；众相严身，无有玷缺；言音净妙，功德圆满，诸根调伏，十力成就，善心满足，无所依住。令一切众生普得佛乐，得无量住，住佛所住。

佛子！菩萨摩诃萨见诸众生，造作恶业，受诸重苦；以是障故，不见佛，不闻法，不识僧。便作是念：我当于彼诸恶道中，代诸众生受种种苦，令其解脱。菩萨如是受苦毒时，转更精勤，不舍、不避、不惊、不怖、不退、不怯，无有疲厌。何以故？如其所愿，决欲荷负一切众生，令解脱故。菩萨尔时作是念言：一切众生在生老病死诸苦难处，随业流转，邪见无智，丧诸善法，我应救之，令得出离。又诸众生爱网所缠，痴盖所覆，染著诸有，随逐不舍，入苦笼槛，作魔业行，福智都尽，常怀疑惑，不见安隐处，不知出离道，在于生死轮转不息，诸苦淤泥恒所没溺。菩萨见已，起大悲心、大饶益心，欲令众生悉得解脱，以一切善根回向，以广大心回向，如三世菩萨所修回向，如大回向经所说回向，愿诸众生普得清净，究竟成就一切种智。复作是念：我所修行，欲令众生皆悉得成无上智王，不为自身而求解脱,但为救济一切众生,令其咸得一切智心,度生死流,解脱众苦。复作是念:我当普为一切众生备受众苦,令其得出无量生死众苦大壑。我当普为一切众生,于一切世界一切恶趣中,尽未来劫,受一切苦,然常为众生勤修善根。何以故?我宁独受如是众苦,不令众生堕于地狱。我当于彼地狱、畜生、阎罗王等险难之处,以身为质,救赎一切恶道众生,令得解脱。复作是念:我愿保护一切众生终不弃舍,所言诚实,无有虚妄。何以故?我为救度一切众生发菩提心,不为自身求无上道,亦不为求五欲境界及三有中种种乐故修菩提行。何以故?世间之乐无非是苦。众魔境界,愚人所贪,诸佛所诃,一切苦患因之而起;地狱、饿鬼及以畜生、阎罗王处,忿恚斗讼,更相毁辱。如是诸恶,皆因贪著五欲所致。耽著五欲,远离诸佛,障碍生天,何况得于阿耨多罗三藐三菩提!菩萨如是观诸世间贪少欲味受无量苦,终不为彼五欲乐故,求无上菩提,修菩萨行;但为安乐一切众生,发心修习,成满大愿,断截众生诸苦罥索,令得解脱。

佛子!菩萨摩诃萨复作是念:我当以善根如是回向,令一切众生得究竟乐、利益乐、不受乐、寂静乐、无依乐、无动乐、无量乐、不舍不退乐、不灭乐、一切智乐。复作是念:我当与一切众生作调御师,作主兵臣,执大智炬,示安隐道,令离险难,以善方便俾知实义;又于生死海,作一切智善巧船师,度诸众生,使到彼岸。佛子!菩萨摩诃萨以诸善根如是回向,所谓:随宜救护一切众生,令出生死,承事供养一切诸佛,得无障碍一切智智,舍离众魔,远恶知识,亲近一切菩萨善友,灭诸过罪,成就净业,具足菩萨广大行愿、无量善根。

佛子!菩萨摩诃萨以诸善根正回向已,作如是念:不以四天下众生多故,多日出现;但一日出,悉能普照一切众生。又,诸众生不以自身光明故,知有昼夜,游行观察,兴造诸业;皆由日天子出,成办斯事,然彼日轮但一无二。菩萨摩诃萨亦复如是,修集善根回向之时,作是念言:彼诸众生不能自救,何能救他?唯我一人,志独无侣,修集善根如是回向。所谓:为欲广度一切众生故,普照一切众生故,示导一切众生故,开悟一切众生故,顾复一切众生故,摄受一切众生故,成就一切众生故,令一切众生欢喜故,令一切众生悦乐故,令一切众生断疑故。佛子!菩萨摩诃萨复作是念:我应如日,普照一切,不求恩报。众生有恶,悉能容受,终不以此而舍誓愿;不以一众生恶故,舍一切众生。但勤修习善根回向,普令众生皆得安乐;善根虽少,普摄众生,以欢喜心广大回向。若有善根,不欲饶益一切众生,不名回向;随一善根,普以众生而为所缘,乃名回向。安置众生于无所著法性回向,见众生自性不动不转回向,于回向无所依、无所取回向,不取善根相回向,不分别业报体性回向,不著五蕴相回向,不坏五蕴相回向,不取业回向,不求报回向,不染著因缘回向,不分别因缘所起回向，不著名称回向，不著处所回向，不著虚妄法回向，不著众生相、世界相、心意相回向，不起心颠倒、想颠倒、见颠倒回向，不著语言道回向，观一切法真实性回向，观一切众生平等相回向，以法界印印诸善根回向，观诸法离贪欲回向。解一切法无，种植善根亦如是；观诸法无二、无生、无灭，回向亦如是。以如是等善根回向，修行清净对治之法，所有善根皆悉随顺出世间法。不作二相，非即业修习一切智，非离业回向一切智，一切智非即是业，然不离业得一切智。以业如光影清净故，报亦如光影清净；报如光影清净故，一切智智亦如光影清净。离我、我所一切动乱思惟分别，如是了知，以诸善根方便回向。

菩萨如是回向之时，度脱众生，常无休息，不住法相；虽知诸法无业无报，善能出生一切业报而无违诤，如是方便善修回向。菩萨摩诃萨如是回向时，离一切过，诸佛所赞。佛子！是为菩萨摩诃萨第一救护一切众生离众生相回向。

尔时，金刚幢菩萨，观察十方一切众会暨于法界，入深句义，以无量心修习胜行，大悲普覆一切众生，不断三世诸如来种，入一切佛功德法藏，出生一切诸佛法身，善能分别诸众生心，知其所种善根成熟，住于法身而为示现清净色身；承佛神力，即说颂言：

不思议劫修行道，精进坚固心无碍，为欲饶益群生类，常求诸佛功德法。调御世间无等人，修治其意甚明洁，发心普救诸含识，彼能善入回向藏。勇猛精进力具足，智慧聪达意清净，普救一切诸群生，其心堪忍不倾动。心善安住无与等，意常清净大欢悦，如是为物勤修行，譬如大地普容受。不为自身求快乐，但欲救护诸众生，如是发起大悲心，疾得入于无碍地。十方一切诸世界，所有众生皆摄受，为救彼故善住心，如是修学诸回向。修行布施大欣悦，护持净戒无所犯，勇猛精进心不动，回向如来一切智。其心广大无边际，忍力安住不倾动，禅定甚深恒照了，智慧微妙难思议。十方一切世界中，具足修治清净行，如是功德皆回向，为欲安乐诸含识。大士勤修诸善业，无量无边不可数，如是悉以益众生，令住难思无上智。普为一切众生故，不思议劫处地狱，如是曾无厌退心，勇猛决定常回向。不求色声香与味，亦不希求诸妙触，但为救度诸群生，常求无上最胜智。智慧清净如虚空，修习无边大士行，如佛所行诸行法，彼人如是常修学。大士游行诸世界，悉能安隐诸群生，普使一切皆欢喜，修菩萨行无厌足。除灭一切诸心毒，思惟修习最上智，不为自己求安乐，但愿众生得离苦。此人回向得究竟，心常清净离众毒，三世如来所付嘱，住于无上大法城。未曾染著于诸色，受想行识亦如是，其心永出于三有，所有功德尽回向。佛所知见诸众生，尽皆摄取无有余，誓愿皆令得解脱，为彼修行大欢喜。其心念念恒安住，智慧广大无与等，离痴正念常寂然，一切诸业皆清净。彼诸菩萨处于世，不著内外一切法，如风无碍行于空,大士用心亦复然。所有身业皆清净,一切语言无过失,心常归向于如来,能令诸佛悉欢喜。十方无量诸国土,所有佛处皆往诣,于中睹见大悲尊,靡不恭敬而瞻奉。心常清净离诸失,普入世间无所畏,已住如来无上道,复为三有大法池。精勤观察一切法,随顺思惟有非有,如是趣于真实理,得入甚深无诤处。以此修成坚固道,一切众生莫能坏,善能了达诸法性,普于三世无所著。如是回向到彼岸,普使群生离众垢,永离一切诸所依,得入究竟无依处。一切众生语言道,随其种类各差别,菩萨悉能分别说,而心无著无所碍。菩萨如是修回向,功德方便不可说,能令十方世界中,一切诸佛皆称叹。

大方广佛华严经卷第二十四

十回向品第二十五之二

佛子!云何为菩萨摩诃萨不坏回向?

佛子!此菩萨摩诃萨于去、来、今诸如来所得不坏信,悉能承事一切佛故;于诸菩萨,乃至初发一念之心求一切智,得不坏信,誓修一切菩萨善根无疲厌故;于一切佛法得不坏信,发深志乐故;于一切佛教得不坏信,守护住持故;于一切众生得不坏信,慈眼等观,善根回向,普利益故;于一切白净法得不坏信,普集无边诸善根故;于一切菩萨回向道得不坏信,满足殊胜诸欲解故;于一切菩萨法师得不坏信,于诸菩萨起佛想故;于一切佛自在神通得不坏信,深信诸佛难思议故;于一切菩萨善巧方便行得不坏信,摄取种种无量无数行境界故。

佛子!菩萨摩诃萨如是安住不坏信时,于佛、菩萨、声闻、独觉,若诸佛教,若诸众生,如是等种种境界中,种诸善根无量无边,令菩提心转更增长;慈悲广大,平等观察,随顺修学诸佛所作,摄取一切清净善根;入真实义,集福德行,行大惠施,修诸功德,等观三世。菩萨摩诃萨以如是等善根功德,回向一切智:愿常见诸佛,亲近善友,与诸菩萨同共止住;念一切智,心无暂舍;受持佛教,勤加守护;教化成熟一切众生,心常回向出世之道,供养瞻侍一切法师;解了诸法,忆持不忘;修行大愿,悉使满足。菩萨如是积集善根,成就善根,增长善根,思惟善根,系念善根,分别善根,爱乐善根,修习善根,安住善根。

菩萨摩诃萨如是积集诸善根已,以此善根所得依果修菩萨行,于念念中见无量佛,如其所应,承事供养。以阿僧祇宝、阿僧祇华、阿僧祇鬘、阿僧祇衣、阿僧祇盖、阿僧祇幢、阿僧祇幡、阿僧祇庄严具、阿僧祇给侍、阿僧祇涂饰地、阿僧祇涂香、阿僧祇末香、阿僧祇和香、阿僧祇烧香、阿僧祇深信、阿僧祇爱乐、阿僧祇净心、阿僧祇尊重、阿僧祇赞叹、阿僧祇礼敬、阿僧祇宝座、阿僧祇华座、阿僧祇香座、阿僧祇鬘座、阿僧祇栴檀座、阿僧祇衣座、阿僧祇金刚座、阿僧祇摩尼座、阿僧祇宝缯座、阿僧祇宝色座、阿僧祇宝经行处、阿僧祇华经行处、阿僧祇香经行处、阿僧祇鬘经行处、阿僧祇衣经行处、阿僧祇宝间错经行处、阿僧祇一切宝缯彩经行处、阿僧祇一切宝多罗树经行处、阿僧祇一切宝栏楯经行处、阿僧祇一切宝铃网弥覆经行处、阿僧祇一切宝宫殿、阿僧祇一切华宫殿、阿僧祇一切香宫殿、阿僧祇一切鬘宫殿、阿僧祇一切栴檀宫殿、阿僧祇一切坚固妙香藏宫殿、阿僧祇一切金刚宫殿、阿僧祇一切摩尼宫殿，皆悉殊妙出过诸天；阿僧祇诸杂宝树、阿僧祇种种香树、阿僧祇诸宝衣树、阿僧祇诸音乐树、阿僧祇宝庄严具树、阿僧祇妙音声树、阿僧祇无厌宝树、阿僧祇宝缯彩树、阿僧祇宝璎树，阿僧祇一切华香、幢幡、鬘盖所严饰树，如是等树，扶疏荫映，庄严宫殿。其诸宫殿复有阿僧祇轩槛庄严、阿僧祇窗牖庄严、阿僧祇门闼庄严、阿僧祇楼阁庄严、阿僧祇半月庄严、阿僧祇帐庄严，阿僧祇金网弥覆其上，阿僧祇香周匝普熏，阿僧祇衣敷布其地。

佛子！菩萨摩诃萨以如是等诸供养具，于无量无数不可说不可说劫，净心尊重、恭敬供养一切诸佛，恒不退转，无有休息；一一如来灭度之后所有舍利，悉亦如是恭敬供养。为令一切众生生净信故，一切众生摄善根故，一切众生离诸苦故，一切众生广大解故，一切众生以大庄严而庄严故，无量庄严而庄严故，诸有所作得究竟故，知诸佛兴难可值故，满足如来无量力故，庄严供养佛塔庙故，住持一切诸佛法故，如是供养现在诸佛，及灭度后所有舍利。其诸供养，于阿僧祇劫说不可尽。如是修集无量功德，皆为成熟一切众生，无有退转，无有休息，无有疲厌；无有执著，离诸心想；无有依止，永绝所依；远离于我，及以我所；如实法印，印诸业门；得法无生，住佛所住；观无生性，印诸境界。诸佛护念发心回向，与诸法性相应回向，入无作法成就所作方便回向，舍离一切诸事想著方便回向，住于无量善巧回向，永出一切诸有回向，修行诸行不住于相善巧回向，普摄一切善根回向，普净一切菩萨诸行广大回向，发无上菩提心回向，与一切善根同住回向，满足最上信解心回向。

佛子！菩萨摩诃萨以诸善根如是回向时，虽随生死而不改变，求一切智未曾退转，在于诸有心无动乱，悉能度脱一切众生，不染有为法，不失无碍智。菩萨行位，因缘无尽；世间诸法，无能变动；具足清净诸波罗蜜，悉能成就一切智力。菩萨如是离诸痴暗，成菩提心，开示光明，增长净法，回向胜道，具足众行；以清净意，善能分别；了一切法，悉随心现；知业如幻，业报如像，诸行如化；因缘生法，悉皆如响；菩萨诸行，一切如影；出生无著清净法眼，见于无作广大境界；证寂灭性，了法无二；得法实相，具菩萨行；于一切相，皆无所著；善能修行同事诸业，于白净法恒无废舍；离一切著，住无著行。菩萨如是善巧思惟，无有迷惑，不违诸法，不坏业因，明见真实，善巧回向；知法自性，以方便力，成就业报，到于彼岸；智慧观察一切诸法，获神通智诸业善根；无作而行，随心自在。菩萨摩诃萨以诸善根如是回向，为欲度脱一切众生，不断佛种，永离魔业，见一切智无有边际，信乐不舍离世境界，断诸杂染；亦愿众生得清净智，入深方便，出生死法，获佛善根，永断一切诸魔事业，以平等印普印诸业，发心趣入一切种智，成就一切出世间法。

　　佛子！是为菩萨摩诃萨第二不坏回向。菩萨摩诃萨住此回向时，得见一切无数诸佛，成就无量清净妙法，普于众生得平等心，于一切法无有疑惑；一切诸佛神力所加，降伏众魔，永离其业；成就生贵，满菩提心；得无碍智不由他解，善能开阐一切法义；能随想力入一切刹，普照众生，悉使清净。菩萨摩诃萨以此不坏回向之力，摄诸善根，如是回向。

　　尔时，金刚幢菩萨观察十方，承佛神力，即说颂言：

　　菩萨已得不坏意，修行一切诸善业，是故能令佛欢喜，智者以此而回向。供养无量无边佛，布施持戒伏诸根，为欲利益诸众生，普使一切皆清净。一切上妙诸香华，无量差别胜衣服，宝盖及以庄严具，供养一切诸如来。如是供养于诸佛，无量无数难思劫，恭敬尊重常欢喜，未曾一念生疲厌。专心想念于诸佛，一切世间大明灯，十方所有诸如来，靡不现前如目睹。不可思议无量劫，种种布施心无厌，百千万亿众劫中，修诸善法悉如是。彼诸如来灭度已，供养舍利无厌足，悉以种种妙庄严，建立难思众塔庙。造立无等最胜形，宝藏净金为庄严，巍巍高大如山王，其数无量百千亿。净心尊重供养已，复生欢喜利益意，不思议劫处世间，救护众生令解脱。了知众生皆妄想，于彼一切无分别，而能善别众生根，普为群生作饶益。菩萨修集诸功德，广大最胜无与比，了达体性悉非有，如是决定皆回向。以最胜智观诸法，其中无有一法生，如是方便修回向，功德无量不可尽。以是方便令心净，悉与一切如来等，此方便力不可尽，是故福报无尽极。发起无上菩提心，一切世间无所依，普至十方诸世界，而于一切无所碍。一切如来出世间，为欲启导众生心，如其心性而观察，毕竟推求不可得。一切诸法无有余，悉入于如无体性，以是净眼而回向，开彼世间生死狱。虽令诸有悉清净，亦不分别于诸有，知诸有性无所有，而令欢喜意清净。于一佛土无所依，一切佛土悉如是，亦不染著有为法，知彼法性无依处。以是修成一切智，以是无上智庄严，以是诸佛皆欢喜，是为菩萨回向业。菩萨专心念诸佛，无上智慧巧方便，如佛一切无所依，愿我修成此功德。专心救护于一切，令其远离众恶业，如是饶益诸群生，系念思惟未曾舍。住于智地守护法，不以余乘取涅槃，唯愿得佛无上道，菩萨如是善回向。不取众生所言说，一切有为虚妄事,虽复不依言语道,亦复不著无言说。十方所有诸如来,了达诸法无有余,虽知一切皆空寂,而不于空起心念。以一庄严严一切,亦不于法生分别,如是开悟诸群生,一切无性无所观。

佛子!云何为菩萨摩诃萨等一切佛回向?

佛子!此菩萨摩诃萨随顺修学去、来、现在诸佛世尊回向之道。如是修学回向道时,见一切色乃至触法若美、若恶,不生爱憎,心得自在;无诸过失,广大清净;欢喜悦乐,离诸忧恼;心意柔软,诸根清凉。佛子!菩萨摩诃萨获得如是安乐之时,复更发心回向诸佛,作如是念:愿以我今所种善根,令诸佛乐转更增胜,所谓:不可思议佛所住乐、无有等比佛三昧乐、不可限量大慈悲乐、一切诸佛解脱之乐、无有边际大神通乐、最极尊重大自在乐、广大究竟无量力乐、离诸知觉寂静之乐、住无碍住恒正定乐、行无二行不变异乐。

佛子!菩萨摩诃萨以诸善根回佛已,复以此善根回向菩萨,所谓:愿未满者令得圆满,心未净者令得清净,诸波罗蜜未满足者令得满足。安住金刚菩提之心,于一切智得不退转,不舍大精进,守护菩提门一切善根;能令众生舍离我慢,发菩提心,所愿成满;安住一切菩萨所住,获得菩萨明利诸根,修习善根,证萨婆若。

佛子!菩萨摩诃萨以诸善根如是回向菩萨已,复以回向一切众生:愿一切众生所有善根,乃至极少一弹指顷,见佛闻法,恭敬圣僧。彼诸善根皆离障碍,念佛圆满,念法方便,念僧尊重,不离见佛,心得清净,获诸佛法,集无量德,净诸神通,舍法疑念,依教而住。如为众生如是回向,为声闻、辟支佛回向亦复如是。又愿一切众生永离地狱、饿鬼、畜生、阎罗王等一切恶处,增长无上菩提之心,专意勤求一切种智,永不毁谤诸佛正法,得佛安乐,身心清净,证一切智。

佛子!菩萨摩诃萨所有善根,皆以大愿,发起、正发起,积集、正积集,增长、正增长,悉令广大具足充满。

佛子!菩萨摩诃萨在家宅中与妻子俱,未曾暂舍菩提之心,正念思惟萨婆若境,自度度彼,令得究竟;以善方便化己眷属,令入菩萨智,令成熟解脱;虽与同止,心无所著,以本大悲处于居家,以慈心故随顺妻子,于菩萨清净道无所障碍。菩萨摩诃萨虽在居家作诸事业,未曾暂舍一切智心。所谓:若著衣裳、若噉滋味、若服汤药、澡漱涂摩、回旋顾视、行住坐卧、身语意业、若睡若寤。如是一切诸有所作,心常回向萨婆若道,系念思惟,无时舍离。为欲饶益一切众生,安住菩提无量大愿,摄取无数广大善根;勤修诸善,普救一切,永离一切憍慢放逸,决定趣于一切智地,终不发意向于余道;常观一切诸佛菩提,永舍一切诸杂染法,修行一切菩萨所学,于一切智道无所障碍;住于智地爱乐诵习,以无量智集诸善根,心不恋乐一切世间,亦不染著所行之行,专心受持诸佛教法。菩萨如是处在居家,普摄善根,令其增长,回向诸佛无上菩提。

佛子!菩萨尔时,乃至施与畜生之食一抟、一粒,咸作是愿:当令此等舍畜生道,利益安乐,究竟解脱,永度苦海,永灭苦受,永除苦蕴,永断苦觉、苦聚、苦行、苦因、苦本及诸苦处;愿彼众生皆得舍离。菩萨如是专心系念一切众生,以彼善根而为上首,为其回向一切种智。菩萨初发菩提之心普摄众生,修诸善根悉以回向,欲令永离生死旷野,得诸如来无碍快乐,出烦恼海,修佛法道;慈心遍满,悲力广大,普使一切得清净乐;守护善根,亲近佛法;出魔境界,入佛境界;断世间种,植如来种,住于三世平等法中。菩萨摩诃萨如是所有已集、当集、现集善根,悉以回向。复作是念:如过去诸佛菩萨所行,恭敬供养一切诸佛,度诸众生令永出离,勤加修习一切善根,悉以回向而无所著。所谓:不依色,不著受,无倒想,不作行,不取识,舍离六处;不住世法,乐出世间;知一切法皆如虚空,无所从来,不生不灭,无有真实,无所染著;远离一切诸分别见,不动不转,不失不坏;住于实际,无相离相,唯是一相;如是深入一切法性,常乐习行普门善根,悉见一切诸佛众会。如彼过去一切如来善根回向,我亦如是而为回向;解如是法,证如是法,依如是法,发心修习,不违法相;知所修行,如幻如影,如水中月,如镜中像,因缘和合之所显现,乃至如来究竟之地。

佛子!菩萨摩诃萨复作是念:如过去诸佛修菩萨行时,以诸善根如是回向;未来、现在,悉亦如是。我今亦应如彼诸佛,如是发心,以诸善根而为回向:第一回向、胜回向、最胜回向、上回向、无上回向、无等回向、无等等回向、无比回向、无对回向、尊回向、妙回向、平等回向、正直回向、大功德回向、广大回向、善回向、清净回向、离恶回向、不随恶回向。菩萨如是以诸善根正回向已,成就清净身、语、意业,住菩萨住,无诸过失;修习善业,离身、语恶,心无瑕秽;修一切智,住广大心,知一切法无有所作;住出世法,世法不染;分别了知无量诸业,成就回向善巧方便,永拔一切取著根本。

佛子!是为菩萨摩诃萨第三等一切佛回向。菩萨摩诃萨住此回向,深入一切诸如来业,趣向如来胜妙功德;入深清净智慧境界,不离一切诸菩萨业,善能分别巧妙方便;入深法界,善知菩萨修行次第;入佛种性,以巧方便分别了知无量无边一切诸法;虽复现身于世中生,而于世法心无所著。

尔时,金刚幢菩萨承佛神力,普观十方,即说颂言:

彼诸菩萨摩诃萨,修过去佛回向法,亦学未来现在世,一切导师之所行。于诸境界得安乐,诸佛如来所称赞,广大光明清净眼,悉以回向大聪哲。菩萨身根种种乐,眼耳鼻舌亦复然,如是无量上妙乐,悉以回向诸最胜。一切世间众善法,及诸如来所成就,于彼悉摄无有余,尽以随喜益众生。世间随喜无量种,今此回向为众生,人中师子所有乐，愿使群萌悉圆满。一切国土诸如来，凡所知见种种乐，愿令众生皆悉得，而为照世大明灯。菩萨所得胜妙乐，悉以回向诸群生，虽为群生故回向，而于回向无所著。菩萨修行此回向，兴起无量大悲心，如佛所修回向德，愿我修行悉成满。如诸最胜所成就，一切智乘微妙乐，及我在世之所行，诸菩萨行无量乐，示入众趣安隐乐，恒守诸根寂静乐，悉以回向诸群生，普使修成无上智。非身语意即是业，亦不离此而别有，但以方便灭痴冥，如是修成无上智。菩萨所修诸行业，积集无量胜功德，随顺如来生佛家，寂然不乱正回向。十方一切诸世界，所有众生咸摄受，悉以善根回向彼，愿令具足安隐乐。不为自身求利益，欲令一切悉安乐，未曾暂起戏论心，但观诸法空无我。十方无量诸最胜，所见一切真佛子，悉以善根回向彼，愿使速成无上觉。一切世间含识类，等心摄取无有余，以我所行诸善业，令彼众生速成佛。无量无边诸大愿，无上导师所演说，愿诸佛子皆清净，随其心乐悉成满。普观十方诸世界，悉以功德施于彼，愿令皆具妙庄严，菩萨如是学回向。心不称量诸二法，但恒了达法无二，诸法若二若不二，于中毕竟无所著。十方一切诸世间，悉是众生想分别，于想非想无所得，如是了达于诸想。彼诸菩萨身净已，则意清净无瑕秽，语业已净无诸过，当知意净无所著。一心正念过去佛，亦忆未来诸导师，及以现在天人尊，悉学于其所说法。三世一切诸如来，智慧明达心无碍，为欲利益众生故，回向菩提集众业。彼第一慧广大慧，不虚妄慧无倒慧，平等实慧清净慧，最胜慧者如是说。

佛子！云何为菩萨摩诃萨至一切处回向？

佛子！此菩萨摩诃萨修习一切诸善根时，作是念言：愿此善根功德之力至一切处。譬如实际，无处不至，至一切物，至一切世间，至一切众生，至一切国土，至一切法，至一切虚空，至一切三世，至一切有为、无为，至一切语言、音声。愿此善根亦复如是，遍至一切诸如来所，供养三世一切诸佛；过去诸佛所愿悉满，未来诸佛具足庄严，现在诸佛及其国土、道场，众会遍满一切虚空法界。愿以信解大威力故，广大智慧无障碍故，一切善根悉回向故，以如诸天诸供养具而为供养，充满无量无边世界。佛子！菩萨摩诃萨复作是念：诸佛世尊普遍一切虚空法界。种种业所起，十方不可说一切世界种世界、不可说佛国土佛境界种种世界、无量世界、无分齐世界、转世界、侧世界、仰世界、覆世界，如是一切诸世界中，现住于寿，示现种种神通变化。彼有菩萨以胜解力，为诸众生堪受化者，于彼一切诸世界中，现为如来出兴于世，以至一切处智；普遍开示如来无量自在神力，法身遍往无有差别，平等普入一切法界；如来藏身不生不灭，善巧方便普现世间，证法实性超一切故，得不退转无碍力故，生于如来无障碍见、广大威德种性中故。

佛子！菩萨摩诃萨以其所种一切善根愿，于如是诸如来所，以众妙华，及众妙香、鬘盖、幢幡、衣服、灯烛，及余一切诸庄严具以为供养；若佛形像，若佛塔庙，悉亦如是。以此善根如是回向，所谓：不乱回向、一心回向、自意回向、尊敬回向、不动回向、无住回向、无依回向、无众生心回向、无躁竞心回向、寂静心回向。复作是念：尽法界、虚空界，去、来、现在一切劫中，诸佛世尊得一切智、成菩提道，无量名字各各差别，于种种时现成正觉，悉皆住寿尽未来际，一一各以法界庄严而严其身，道场众会周遍法界，一切国土随时出兴而作佛事。如是一切诸佛如来，我以善根普皆回向，愿以无数香盖、无数香幢、无数香幡、无数香帐、无数香网、无数香像、无数香光、无数香焰、无数香云、无数香座、无数香经行地、无数香所住处、无数香世界、无数香山、无数香海、无数香河、无数香树、无数香衣服、无数香莲华、无数香宫殿，无量华盖，广说乃至无量华宫殿；无边鬘盖，广说乃至无边鬘宫殿；无等涂香盖，广说乃至无等涂香宫殿；不可数末香盖，广说乃至不可数末香宫殿；不可称衣盖，广说乃至不可称衣宫殿；不可思宝盖，广说乃至不可思宝宫殿；不可量灯光明盖，广说乃至不可量灯光明宫殿；不可说庄严具盖，广说乃至不可说庄严具宫殿；不可说不可说摩尼宝盖、不可说不可说摩尼宝幢，如是摩尼宝幡、摩尼宝帐、摩尼宝网、摩尼宝像、摩尼宝光、摩尼宝焰、摩尼宝云、摩尼宝座、摩尼宝经行地、摩尼宝所住处、摩尼宝刹、摩尼宝山、摩尼宝海、摩尼宝河、摩尼宝树、摩尼宝衣服、摩尼宝莲华、摩尼宝宫殿，皆不可说不可说。如是一一诸境界中，各有无数栏楯、无数宫殿、无数楼阁、无数门闼、无数半月、无数却敌、无数窗牖、无数清净宝、无数庄严具，以如是等诸供养物，恭敬供养如上所说诸佛世尊。愿令一切世间皆得清净，一切众生咸得出离，住十力地，于一切法中得无碍法明。令一切众生具足善根，悉得调伏，其心无量，等虚空界，往一切刹而无所至，入一切土施诸善法，常得见佛，植诸善根，成就大乘，不著诸法，具足众善，立无量行，普入无边一切法界，成就诸佛神通之力，得于如来一切智智。譬如无我，普摄诸法。我诸善根亦复如是，普摄一切诸佛如来，咸悉供养无有余故；普摄一切无量诸法，悉能悟入无障碍故；普摄一切诸菩萨众，究竟皆与同善根故；普摄一切诸菩萨行，以本愿力皆圆满故；普摄一切菩萨法明，了达诸法皆无碍故；普摄诸佛大神通力，成就无量诸善根故；普摄诸佛力、无所畏，发无量心满一切故；普摄菩萨三昧辩才陀罗尼门，善能照了无二法故；普摄诸佛善巧方便，示现如来大神力故；普摄三世一切诸佛降生成道、转正法轮、调伏众生、入般涅槃，恭敬供养悉周遍故；普摄十方一切世界，严净佛刹咸究竟故；普摄一切诸广大劫，于中出现修菩萨行无断绝故；普摄一切所有趣生，悉于其中现受生故；普摄一切诸众生界，具足普贤菩萨行故；普摄一切诸惑习气，悉以方便令清净故；普摄一切众生诸根，无量差别咸了知故；普摄一切众生解欲，令离杂染得清净故；普摄一切化众生行，随其所应为现身故；普摄一切应众生道，悉入一切众生界故；普摄一切如来智性，护持一切诸佛教故。

佛子！菩萨摩诃萨以诸善根如是回向时，用无所得而为方便，不于业中分别报，不于报中分别业；虽无分别而普入法界，虽无所作而恒住善根，虽无所起而勤修胜法；不信诸法而能深入，不有于法而悉知见，若作、不作皆不可得；知诸法性恒不自在，虽悉见诸法而无所见，普知一切而无所知。菩萨如是了达境界，知一切法因缘为本，见于一切诸佛法身，至一切法离染实际，解了世间皆如变化，明达众生唯是一法、无有二性，不舍业境善巧方便；于有为界示无为法，而不灭坏有为之相；于无为界示有为法，而不分别无为之相。菩萨如是观一切法毕竟寂灭，成就一切清净善根，而起救护众生之心，智慧明达一切法海，常乐修行离愚痴法，已具成就出世功德，不更修学世间之法，得净智眼离诸痴翳，以善方便修回向道。

佛子！菩萨摩诃萨以诸善根如是回向，称可一切诸佛之心，严净一切诸佛国土，教化成就一切众生，具足受持一切佛法；作一切众生最上福田，为一切商人智慧导师，作一切世间清净日轮；一一善根充遍法界，悉能救护一切众生，皆令清净具足功德

佛子！菩萨摩诃萨如是回向时，能护持一切佛种，能成熟一切众生，能严净一切国土，能不坏一切诸业，能了知一切诸法，能等观诸法无二，能遍往十方世界，能了达离欲实际，能成就清净信解，能具足明利诸根。

佛子！是为菩萨摩诃萨第四至一切处回向。菩萨摩诃萨住此回向时，得至一切处身业，普能应现一切世界故；得至一切处语业，于一切世界中演说法故；得至一切处意业，受持一切佛所说法故；得至一切处神足通，随众生心悉往应故；得至一切处随证智，普能了达一切法故；得至一切处总持辩才，随众生心令欢喜故；得至一切处入法界，于一毛孔中普入一切世界故；得至一切处遍入身，于一众生身普入一切众生身故；得至一切处普见劫，一一劫中常见一切诸如来故；得至一切处普见念，一一念中一切诸佛悉现前故。佛子！菩萨摩诃萨得至一切处回向，能以善根如是回向。

尔时，金刚幢菩萨承佛威力，普观十方而说颂言：

内外一切诸世间，菩萨悉皆无所著，不舍饶益众生业，大士修行如是智。十方所有诸国土，一切无依无所住，不取活命等众法，亦不妄起诸分别。普摄十方世界中，一切众生无有余，观其体性无所有，至一切处善回向。普摄有为无为法，不于其中起妄念，如于世间法亦然，照世灯明如是觉。菩萨所修诸业行，上中下品各差别，悉以善根回向彼，十方一切诸如来。菩萨回向到彼岸，随如来学悉成就，恒以妙智善思惟，具足人中最胜法。清净善根普回向，利益群迷恒不舍，

悉令一切诸众生，得成无上照世灯。未曾分别取众生，亦不妄想念诸法，虽于世间无染著，亦复不舍诸含识。菩萨常乐寂灭法，随顺得至涅槃境，亦不舍离众生道，获如是等微妙智。菩萨未曾分别业，亦不取著诸果报，一切世间从缘生，不离因缘见诸法。深入如是诸境界，不于其中起分别，一切众生调御师，于此明了善回向。

大方广佛华严经卷第二十五

十回向品第二十五之三

佛子！云何为菩萨摩诃萨无尽功德藏回向？

佛子！此菩萨摩诃萨以忏除一切诸业重障所起善根；礼敬三世一切诸佛所起善根；劝请一切诸佛说法所起善根；闻佛说法精勤修习，悟不思议广大境界所起善根；于去、来、今，一切诸佛、一切众生所有善根，皆生随喜所起善根；去、来、今世一切诸佛善根无尽，诸菩萨众精勤修习所得善根；三世诸佛成等正觉、转正法轮、调伏众生，菩萨悉知，发随喜心所生善根；三世诸佛从初发心、修菩萨行、成最正觉乃至示现入般涅槃，般涅槃已正法住世乃至灭尽，于如是等皆生随喜所有善根。菩萨如是念不可说诸佛境界及自境界，乃至菩提无障碍境，如是广大无量差别一切善根，凡所积集，凡所信解，凡所随喜，凡所圆满，凡所成就，凡所修行，凡所获得，凡所知觉，凡所摄持，凡所增长，悉以回向庄严一切诸佛国土——如过去世无边际劫，一切世界、一切如来所行之处。所谓：无量无数佛世界种，佛智所知，菩萨所识，大心所受；庄严佛刹，清净业行，所流所引，应众生起；如来神力之所示现，诸佛出世净业所成，普贤菩萨妙行所兴；一切诸佛于中成道，示现种种自在神力。尽未来际，所有如来、应、正等觉，遍法界住，当成佛道，当得一切清净庄严功德佛土。尽法界、虚空界，无边无际，无断无尽，皆从如来智慧所生，无量妙宝之所庄严。所谓：一切香庄严、一切华庄严、一切衣庄严、一切功德藏庄严、一切诸佛力庄严、一切佛国土庄严。如来所都，不可思议，同行宿缘诸清净众于中止住，未来世中当成正觉。一切诸佛之所成就，非世所睹，菩萨净眼乃能照见。此诸菩萨具大威德，宿植善根，知一切法如幻如化，普行菩萨诸清净业，入不思议自在三昧，善巧方便能作佛事，放佛光明普照世间，无有限极。现在一切诸佛世尊，悉亦如是。庄严世界无量形相、无量光色，悉是功德之所成就——无量香、无量宝、无量树、无数庄严、无数宫殿、无数音声。随顺宿缘诸善知识，示现一切功德庄严，无有穷尽。所谓：一切香庄严、一切鬘庄严、一切末香庄严、一切宝庄严、一切幡庄严、一切宝缯彩庄严、一切宝栏楯庄严、阿僧祇金网庄严、阿僧祇河庄严、阿僧祇云雨庄严、阿僧祇音乐奏微妙音，如是等无量无数庄严之具，庄严一切——尽法界、虚空界，十方无量种种业起，佛所了知、佛所宣说一切世界——其中所有一切佛土。所谓：庄严佛土、清净佛土、平等佛土、妙好佛土、威德佛土、广大佛土、安乐佛土、不可坏佛土、无尽佛土、无量佛土、无动佛土、无畏佛土、光明佛土、无违逆佛土、可爱乐佛土、普照明佛土、严好佛土、精丽佛土、妙巧佛土、第一佛土、胜佛土、殊胜佛土、最胜佛土、极胜佛土、上佛土、无上佛土、无等佛土、无比佛土、无譬喻佛土。如是过去、未来、现在一切佛土所有庄严，菩萨摩诃萨以己善根发心回向：愿以如是去、来、现在一切诸佛所有国土清净庄严，悉以庄严于一世界，如彼一切诸佛国土所有庄严，皆悉成就，皆悉清净，皆悉聚集，皆悉显现，皆悉严好，皆悉住持。如一世界；如是，尽法界、虚空界，一切世界悉亦如是，三世一切诸佛国土种种庄严皆悉具足。

佛子！菩萨摩诃萨复以善根如是回向：愿我所修一切佛刹，诸大菩萨皆悉充满。其诸菩萨，体性真实，智慧通达，善能分别一切世界及众生界，深入法界及虚空界，舍离愚痴；成就念佛，念法真实不可思议，念僧无量普皆周遍，亦念于舍；法日圆满，智光普照，见无所碍；从无得生生诸佛法，为众胜上善根之主，发生无上菩提之心；住如来力，趣萨婆若，破诸魔业，净众生界，深入法性，永离颠倒，善根大愿皆悉不空。如是菩萨充满其土，生如是处，有如是德，常作佛事，得佛菩提清净光明；具法界智，现神通力，一身充满一切法界；得大智慧，入一切智所行之境，善能分别无量无边法界句义；于一切刹皆无所著，而能普现一切佛土；心如虚空，无有所依，而能分别一切法界，善能入出不可思议甚深三昧；趣萨婆若，住诸佛刹，得诸佛力，开示演说阿僧祇法而无所畏；随顺三世诸佛善根，普照一切如来法界，悉能受持一切佛法；知阿僧祇诸语言法，善能演出不可思议差别音声；入于无上佛自在地，普游十方一切世界而无障碍；行于无净、无所依法，无所分别，修习增广菩提之心；得善巧智，善知句义，能随次第开示演说。愿令如是诸大菩萨庄严其国，充满分布，随顺安住，熏修、极熏修，纯净、极纯净，恬然宴寂。于一佛刹，随一方所，皆有如是无数、无量、无边、无等、不可数、不可称、不可思、不可量、不可说、不可说不可说诸大菩萨周遍充满。如一方所，一切方所亦复如是；如一佛刹，尽虚空遍法界一切佛刹悉亦如是。

佛子！菩萨摩诃萨以诸善根，方便回向一切佛刹，方便回向一切菩萨，方便回向一切如来，方便回向一切佛菩提，方便回向一切广大愿，方便回向一切出要道，方便回向净一切众生界，方便回向于一切世界常见诸佛出兴于世，方便回向常见如来寿命无量，方便回向常见诸佛遍周法界转无障碍不退法轮。佛子！菩萨摩诃萨以诸善根如是回向时，普入一切佛国土故，一切佛刹皆悉清净；普至一切众生界故，一切菩萨皆悉清净；普愿一切诸佛国土佛出兴故，一切法界、一切佛土诸如来身超然出现。佛子！菩萨摩诃萨以如是等无比回向趣萨婆若，其心广大，犹如虚空，无有限量，入不思议，知一切业及以果报皆悉寂灭，心常平等，无有边际，普能遍入一切法界。佛子！菩萨摩诃萨如是回向时，不分别我及以我所，不分别佛及以佛法，不分别刹及以严净，不分别众生及以调伏，不分别业及业果报，不著于思及思所起；不坏因，不坏果，不取事，不取法；不谓生死有分别，不谓涅槃恒寂静，不谓如来证佛境界；无有少法，与法同止。佛子！菩萨摩诃萨如是回向时，以诸善根普施众生，决定成熟，平等教化；无相、无缘、无称量、无虚妄，远离一切分别取著。菩萨摩诃萨如是回向已，得无尽善根。所谓：念三世一切诸佛故，得无尽善根；念一切菩萨故，得无尽善根；净诸佛刹故，得无尽善根；净一切众生界故，得无尽善根；深入法界故，得无尽善根；修无量心等虚空界故，得无尽善根；深解一切佛境界故，得无尽善根；于菩萨业勤修习故，得无尽善根；了达三世故，得无尽善根。佛子！菩萨摩诃萨以一切善根如是回向时，了一切众生界无有众生，解一切法无有寿命，知一切法无有作者，悟一切法无补伽罗，了一切法无有忿诤，观一切法皆从缘起、无有住处，知一切物皆无所依，了一切刹悉无所住，观一切菩萨行亦无处所，见一切境界悉无所有。佛子！菩萨摩诃萨如是回向时，眼终不见不净佛刹，亦复不见异相众生，无有少法为智所入，亦无少智而入于法，解如来身非如虚空；一切功德无量妙法所圆满故，于一切处令诸众生积集善根悉充足故。

佛子！此菩萨摩诃萨于念念中得不可说不可说十力地，具足一切福德，成就清净善根，为一切众生福田。此菩萨摩诃萨成就如意摩尼功德藏，随有所须，一切乐具悉皆得故；随所游方悉能严净一切国土，随所行处令不可说不可说众生皆悉清净，摄取福德修治诸行故。佛子！菩萨摩诃萨如是回向时，修一切菩萨行，福德殊胜，色相无比；威力光明超诸世间，魔及魔民莫能瞻对；善根具足，大愿成就；其心弥广，等一切智；于一念中，悉能周遍无量佛刹；智力无量，了达一切诸佛境界，于一切佛得深信解；住无边智菩提心力，广大如法界，究竟如虚空。

佛子！是名菩萨摩诃萨第五无尽功德藏回向。菩萨摩诃萨住此回向，得十种无尽藏。何等为十？所谓：得见佛无尽藏，于一毛孔见阿僧祇诸佛出兴世故；得入法无尽藏，以佛智力观一切法悉入一法故；得忆持无尽藏，受持一切佛所说法无忘失故；得决定慧无尽藏，善知一切佛所说法秘密方便故；得解义趣无尽藏，善知诸法理趣分齐故；得无边悟解无尽藏，以如虚空智通达三世一切法故；得福德无尽藏，充满一切诸众生意不可尽故；得勇猛智觉无尽藏，悉能除灭一切众生愚痴翳故；得决定辩才无尽藏，演说一切佛平等法令诸众生悉解了故；得十力无畏无尽藏，具足一切菩萨所行，以离垢缯而系其顶，至无障碍一切智故。是为十。佛子！菩萨摩诃萨以一切善根回向时，得此十种无尽藏。

尔时，金刚幢菩萨普观十方而说颂言：

菩萨成就深心力，普于诸法得自在，以其劝请随喜福，无碍方便善回向。三世所有诸如来，严净佛刹遍世间，所有功德靡不具，回向净刹亦如是。三世所有诸佛法，菩萨皆悉谛思惟，以心摄取无有余，如是庄严诸佛刹。尽于三世所有劫，赞一佛刹诸功德，三世诸劫犹可尽，佛刹功德无穷尽。如是一切诸佛刹，菩萨悉见无有余，总以庄严一佛土，一切佛土悉如是。有诸佛子心清净，悉从如来法化生，一切功德庄严心，一切佛刹皆充满。彼诸菩萨悉具足，无量相好庄严身，辩才演说遍世间，譬如大海无穷尽。菩萨安住诸三昧，一切所行皆具足，其心清净无与等，光明普照十方界。如是无余诸佛刹，此诸菩萨皆充满，未曾忆念声闻乘，亦复不求缘觉道。菩萨如是心清净，善根回向诸群生，普欲令其成正道，具足了知诸佛法。十方所有众魔怨，菩萨威力悉摧破，勇猛智慧无能胜，决定修行究竟法。菩萨以此大愿力，所有回向无留碍，入于无尽功德藏，去来现在常无尽。菩萨善观诸行法，了达其性不自在，既知诸法性如是，不妄取业及果报。无有色法无色法，亦无有想无无想，有法无法皆悉无，了知一切无所得。一切诸法因缘生，体性非有亦非无，而于因缘及所起，毕竟于中无取著。一切众生语言处，于中毕竟无所得，了知名相皆分别，明解诸法悉无我。如众生性本寂灭，如是了知一切法，三世所摄无有余，刹及诸业皆平等。以如是智而回向，随其悟解福业生，此诸福相亦如解，岂复于中有可得？如是回向心无垢，永不称量诸法性，了达其性皆非性，不住世间亦不出。一切所行众善业，悉以回向诸群生，莫不了达其真性，所有分别皆除遣。所有一切虚妄见，悉皆弃舍无有余，离诸热恼恒清凉，住于解脱无碍地。菩萨不坏一切法，亦不灭坏诸法性，解了诸法犹如响，悉于一切无所著。了知三世诸众生，悉从因缘和合起，亦知心乐及习气，未曾灭坏一切法。了达业性非是业，而亦不违诸法相，又亦不坏业果报，说诸法性从缘起。了知众生无有生，亦无众生可流转，无实众生而可说，但依世俗假宣示。

佛子！云何为菩萨摩诃萨随顺坚固一切善根回向？

佛子！此菩萨摩诃萨或为帝王临御大国，威德广被，名震天下，凡诸怨敌靡不归顺，发号施令悉依正法，执持一盖溥荫万方，周行率土所向无碍，以离垢缯而系其顶，于法自在，见者咸伏，不刑不罚，感德从化；以四摄法摄诸众生，为转轮王，一切周给。菩萨摩诃萨安住如是自在功德，有大眷属，不可沮坏，离众过失，见者无厌，福德庄严，相好圆满，形体肢分均调具足；获那罗延坚固之身，大力成就，无能屈伏；得清净业，离诸业障；具足修行一切布施，或施饮食及诸上味,或施车乘,或施衣服,或施华鬘、杂香、涂香、床座、房舍及所住处、上妙灯烛、病缘汤药、宝器、宝车、调良象马,悉皆严饰,欢喜布施。或有来乞王所处座,若盖、若伞,幢幡宝物、诸庄严具,顶上宝冠、髻中明珠,乃至王位,皆无所吝。若见众生在牢狱中,舍诸财宝、妻子、眷属,乃至以身救彼令脱。若见狱囚将欲被戮,即舍其身以代彼命。或见来乞连肤顶发,欢喜施与亦无所吝。眼、耳、鼻、舌,及以牙齿、头顶、手足、血肉、骨髓、心肾、肝肺、大肠、小肠、厚皮、薄皮、手足诸指、连肉爪甲,以欢喜心尽皆施与。或为求请未曾有法,投身而下深大火坑;或为护持如来正法,以身忍受一切苦毒;或为求法乃至一字,悉能遍舍四海之内一切所有。恒以正法化导群生,令修善行、舍离诸恶。若见众生损败他形,慈心救之,令舍罪业。若见如来成最正觉,称扬赞叹,普使闻知。或施于地,造立僧坊、房舍、殿堂,以为住处;及施僮仆,供承作役。或以自身施来乞者,或施于佛。为求法故,欢喜踊跃;为众生故,承事供养。或舍王位、城邑、聚落、宫殿、园林、妻子、眷属,随所乞求,悉满其愿。或舍一切资生之物,普设无遮大施之会;其中众生种种福田,或从远来,或从近来,或贤或愚,或好或丑,若男若女、人与非人,心行不同,所求各异,等皆施与,悉令满足。佛子!菩萨摩诃萨如是施时,发善摄心,悉以回向。所谓:善摄色,随顺坚固一切善根;善摄受、想、行、识,随顺坚固一切善根;善摄王位,随顺坚固一切善根;善摄眷属,随顺坚固一切善根;善摄资具,随顺坚固一切善根;善摄惠施,随顺坚固一切善根。

佛子!菩萨摩诃萨随所施物无量无边,以彼善根如是回向,所谓:以上妙食施众生时,其心清净,于所施物无贪、无著、无所顾吝,具足行施;愿一切众生得智慧食,心无障碍,了知食性,无所贪著,但乐法喜出离之食;智慧充满,以法坚住,摄取善根,法身、智身清净游行;哀愍众生,为作福田,现受抟食。是为菩萨摩诃萨布施食时善根回向。

佛子!菩萨摩诃萨若施饮时,以此善根如是回向,所谓:愿一切众生饮法味水,精勤修习,具菩萨道;断世渴爱,常求佛智;离欲境界,得法喜乐;从清净法而生其身,常以三昧调摄其心;入智慧海,兴大法云,霆大法雨。是为菩萨摩诃萨布施饮时善根回向。

佛子!菩萨摩诃萨布施种种清净上味。所谓:辛、酸、咸、淡,及以甘、苦。种种诸味润泽具足,能令四大安隐调和,肌体盈满,气力强壮,其心清净常得欢喜;咽咀之时,不欬不逆;诸根明利,内藏充实;毒不能侵,病不能伤;始终无患,永得安乐。以此善根如是回向,所谓:愿一切众生得最上味,甘露充满;愿一切众生得法智味,了知一切诸味业用;愿一切众生得无量法味,了达法界,安住实际大法城中;愿一切众生作大法云,周遍法界普雨法雨,教化调伏一切众生；愿一切众生得胜智味，无上法喜充满身心；愿一切众生得无贪著一切上味，不染世间一切诸味，常勤修习一切佛法；愿一切众生得一法味，了诸佛法悉无差别；愿一切众生得最胜味，乘一切智终无退转；愿一切众生得入诸佛无异法味，悉能分别一切诸根；愿一切众生法味增益，常得满足无碍佛法。是为菩萨摩诃萨布施味时善根回向；为令一切众生勤修福德，皆悉具足无碍智身故。

佛子！菩萨摩诃萨施车乘时，以诸善根如是回向，所谓：愿一切众生皆得具足一切智乘，乘于大乘、不可坏乘、最胜乘、最上乘、速疾乘、大力乘、福德具足乘、出世间乘、出生无量诸菩萨乘。是为菩萨摩诃萨施车乘时善根回向。

佛子！菩萨摩诃萨布施衣时，以诸善根如是回向，所谓：愿一切众生得惭愧衣以覆其身，舍离邪道露形恶法，颜色润泽，皮肤细软，成就诸佛第一之乐，得最清净一切种智。是为菩萨摩诃萨布施衣时善根回向。

佛子！菩萨摩诃萨常以种种名华布施，所谓：微妙香华、种种色华、无量奇妙华、善见华、可喜乐华、一切时华、天华、人华、世所珍爱华、甚芬馥悦意华。以如是等无量妙华，供养一切现在诸佛，及佛灭后所有塔庙，或以供养说法之人，或以供养比丘僧宝、一切菩萨、诸善知识、声闻、独觉、父母、宗亲，下至自身及余一切贫穷、孤露。布施之时，以诸善根如是回向，所谓：愿一切众生皆得诸佛三昧之华，悉能开敷一切诸法；愿一切众生皆得如佛，见者欢喜，心无厌足；愿一切众生所见顺惬，心无动乱；愿一切众生具行广大清净之业；愿一切众生常念善友，心无变异；愿一切众生如阿伽陀药，能除一切烦恼众毒；愿一切众生成满大愿，皆悉得为无上智王；愿一切众生智慧日光破愚痴暗；愿一切众生菩提净月增长满足；愿一切众生入大宝洲见善知识，具足成就一切善根。是为菩萨摩诃萨布施华时善根回向，为令众生皆得清净无碍智故。

佛子！菩萨摩诃萨布施鬘时，以诸善根如是回向，所谓：愿一切众生人所乐见，见者钦叹，见者亲善，见者爱乐，见者渴仰，见者除忧，见者生喜，见者离恶，见者常得亲近于佛，见者清净获一切智。是为菩萨摩诃萨布施鬘时善根回向。

佛子！菩萨摩诃萨布施香时，以诸善根如是回向：愿一切众生具足戒香，得不缺戒、不杂戒、不污戒、无悔戒、离缠戒、无热戒、无犯戒、无边戒、出世戒、菩萨波罗蜜戒；愿一切众生以是戒故，皆得成就诸佛戒身。是为菩萨摩诃萨布施香时善根回向，为令众生悉得圆满无碍戒蕴故。

佛子！菩萨摩诃萨施涂香时，以诸善根如是回向，所谓：愿一切众生施香普熏，悉能惠舍一切所有；愿一切众生戒香普熏，得于如来究竟净戒；愿一切众生忍香普熏，离于一切险害之心；愿一切众生精进香普熏，常服大乘精进甲胄；愿一切众生定香普熏，安住诸佛现前三昧；愿一切众生慧香普熏，一念得成无上智王；愿一切众生法香普熏，于无上法得无所畏；愿一切众生德香普熏，成就一切大功德智；愿一切众生菩提香普熏，得佛十力到于彼岸；愿一切众生清净白法妙香普熏，永灭一切不善之法。是为菩萨摩诃萨施涂香时善根回向。

佛子！菩萨摩诃萨施床座时，以诸善根如是回向，所谓：愿一切众生得诸天床座，证大智慧；愿一切众生得贤圣床座，舍凡夫意，住菩提心；愿一切众生得安乐床座，永离一切生死苦恼；愿一切众生得究竟床座，得见诸佛自在神通；愿一切众生得平等床座，恒普熏修一切善法；愿一切众生得最胜床座，具清净业，世无与等；愿一切众生得安隐床座，证真实法，具足究竟；愿一切众生得清净床座，修习如来净智境界；愿一切众生得安住床座，得善知识常随覆护；愿一切众生得师子床座，常如如来右胁而卧。是为菩萨摩诃萨施床座时善根回向，为令众生修习正念、善护诸根故。

佛子！菩萨摩诃萨施房舍时，以诸善根如是回向，所谓：愿一切众生皆得安住清净佛刹，精勤修习一切功德；安住甚深三昧境界，舍离一切住处执著；了诸住处皆无所有，离诸世间住一切智；摄取一切诸佛所住，住究竟道安乐住处；恒住第一清净善根，终不舍离佛无上住。是为菩萨摩诃萨施房舍时善根回向；为欲利益一切众生，随其所应，思惟救护故。

佛子！菩萨摩诃萨施住处时，以诸善根如是回向，所谓：愿一切众生常获善利，其心安乐；愿一切众生依如来住，依大智住，依善智识住，依尊胜住，依善行住，依大慈住，依大悲住，依六波罗蜜住，依大菩提心住，依一切菩萨道住。是为菩萨摩诃萨施住处时善根回向，为令一切福德清净故，究竟清净故，智清净故，道清净故，法清净故，戒清净故，志乐清净故，信解清净故，愿清净故，一切神通功德清净故。

佛子！菩萨摩诃萨施诸灯明，所谓：酥灯、油灯、宝灯、摩尼灯、漆灯、火灯、沈水灯、栴檀灯、一切香灯、无量色光灯。施如是等无量灯时，为欲利益一切众生，为欲摄受一切众生，以此善根如是回向，所谓：愿一切众生得无量光，普照一切诸佛正法；愿一切众生得清净光，照见世间极微细色；愿一切众生得离翳光，了众生界空无所有；愿一切众生得无边光，身出妙光普照一切；愿一切众生得普照光，于诸佛法心无退转；愿一切众生得佛净光，一切刹中悉皆显现；愿一切众生得无碍光，一光遍照一切法界；愿一切众生得无断光，照诸佛刹光明不断；愿一切众生得智幢光，普照世间；愿一切众生得无量色光，照一切刹示现神力。菩萨如是施灯明时，为欲利益一切众生，安乐一切众生故，以此善根随逐众生，以此善根摄受众生，以此善根分布众生，以此善根慈愍众生，以此善根覆育众生，以此善根救护众生，以此善根充满众生，以此善根缘念众生，以此善根等益众生，以此善根观察众生。是为菩萨摩诃萨施灯明时善根回向，如是回向无有障碍，普令众生住善根中。

佛子！菩萨摩诃萨施汤药时，以诸善根如是回向，所谓：愿一切众生于诸盖缠，究竟得出；愿一切众生永离病身，得如来身；愿一切众生作大良药，灭除一切不善之病；愿一切众生成阿伽陀药，安住菩萨不退转地；愿一切众生成如来药，能拔一切烦恼毒箭；愿一切众生亲近贤圣，灭诸烦恼，修清净行；愿一切众生作大药王，永除众病，不令重发；愿一切众生作不坏药树，悉能救疗一切众生；愿一切众生得一切智光，出众病箭；愿一切众生善解世间方药之法，所有疾病为其救疗。菩萨摩诃萨施汤药时，为令一切众生永离众病故，究竟安隐故，究竟清净故，如佛无病故，拔除一切病箭故，得无尽坚固身故，得金刚围山所不坏身故，得坚固满足力故，得圆满不可夺佛乐故，得一切佛自在坚固身故，以诸善根如是回向。

佛子！菩萨摩诃萨悉能惠施一切器物。所谓：黄金器盛满杂宝，白银器盛众妙宝，琉璃器盛种种宝，玻璃器盛满无量宝庄严具，砗磲器盛赤真珠，码瑙器盛满珊瑚摩尼珠宝，白玉器盛众美食，栴檀器盛天衣服，金刚器盛众妙香。无量无数种种宝器，盛无量无数种种众宝，或施诸佛，信佛福田不思议故；或施菩萨，知善知识难值遇故；或施圣僧，为令佛法久住世故；或施声闻及辟支佛，于诸圣人生净信故；或施父母，为尊重故；或施师长，为恒诱诲，令依圣教修功德故；或施下劣、贫穷、孤露，大慈、大悲爱眼等视诸众生故；专意满足去、来、今世一切菩萨檀波罗蜜故；以一切物普施一切，终不厌舍诸众生故。如是施时，于其施物及以受者，皆无所著。菩萨摩诃萨以如是等种种宝器盛无量宝而布施时，以诸善根如是回向，所谓：愿一切众生成等虚空无边藏器，念力广大，悉能受持世、出世间一切经书，无有忘失；愿一切众生成清净器，能悟诸佛甚深正法；愿一切众生成无上宝器，悉能受持三世佛法；愿一切众生成就如来广大法器，以不坏信摄受三世佛菩提法；愿一切众生成就最胜宝庄严器，住大威德菩提之心；愿一切众生成就功德所依处器，于诸如来无量智慧生净信解；愿一切众生成就趣入一切智器，究竟如来无碍解脱；愿一切众生得尽未来劫菩萨行器，能令众生普皆安住一切智力；愿一切众生成就三世诸佛种性胜功德器，一切诸佛妙音所说悉能受持；愿一切众生成就容纳尽法界、虚空界、一切世界一切如来众会道场器，为大丈夫赞说之首，劝请诸佛转正法轮。是为菩萨摩诃萨布施器时善根回向，为欲普令一切众生皆得圆满普贤菩萨行愿器故。

大方广佛华严经卷第二十六

十回向品第二十五之四

佛子！菩萨摩诃萨以种种车，众宝严饰，奉施诸佛及诸菩萨、师长、善友、声闻、缘觉，如是无量种种福田，乃至贫穷、孤露之者。此诸人众，或从远来，或从近来，或承菩萨名闻故来，或是菩萨因缘故来，或闻菩萨往昔所发施愿故来，或是菩萨心愿请来。菩萨是时，或施宝车，或施金车，悉妙庄严，铃网覆上，宝带垂下；或施上妙琉璃之车，无量珍奇以为严饰；或复施与白银之车，覆以金网，驾以骏马；或复施与无量杂宝所庄严车，覆以宝网，驾以香象；或复施与栴檀之车，妙宝为轮，杂宝为盖，宝师子座敷置严好，百千采女列坐其上，十万丈夫牵御而行；或复施与玻璃宝车，众杂妙宝以为严饰，端正女人充满其中，宝帐覆上，幢幡侍侧；或复施与码瑙藏车，饰以众宝，熏诸杂香，种种妙华散布庄严，百千采女持宝璎珞，驾驭均调，涉险能安；或复施与坚固香车，众宝为轮，庄严巨丽，宝帐覆上，宝网垂下，种种宝衣敷布其中，清净好香流芬外彻，其香美妙称悦人心，无量诸天翼从而行，载以众宝随时给施；或复施与光明宝车，种种诸宝妙色映彻，众妙宝网罗覆其上，杂宝璎珞周匝垂下，散以末香内外芬洁，所爱男女悉载其上。

佛子！菩萨摩诃萨以如是等众妙宝车奉施佛时，以此善根如是回向，所谓：愿一切众生悉解供养最上福田，深信施佛，得无量报；愿一切众生一心向佛，常遇无量清净福田；愿一切众生于诸如来无所吝惜，具足成就大舍之心；愿一切众生于诸佛所修行施行，离二乘愿，速得如来无碍解脱一切智智；愿一切众生于诸佛所行无尽施，入佛无量功德智慧；愿一切众生入佛胜智，得成清净无上智王；愿一切众生得佛遍至无碍神通，随所欲往，靡不自在；愿一切众生深入大乘，获无量智，安住不动；愿一切众生皆能出生一切智法，为诸天人最上福田；愿一切众生于诸佛所无嫌恨心，勤种善根，乐求佛智；愿一切众生任运能往一切佛刹，一刹那中普周法界而无懈倦；愿一切众生速得菩萨自在神通，分身遍满等虚空界一切佛所亲近供养；愿一切众生得无比身，遍往十方而无厌倦；愿一切众生得广大身，飞行迅疾，随意所往，终无懈退；愿一切众生得佛究竟自在威力，一刹那中尽虚空界，悉现诸佛神通变化；愿一切众生修安乐行，随顺一切诸菩萨道；愿一切众生得速疾行，究竟十力智慧神通；愿一切众生普入法界十方国土，悉尽边际等无差别；愿一切众生行普贤行无有退转，到于彼岸成一切智；愿一切众生升于无比智慧之乘，随顺法性见如实理。是为菩萨摩诃萨以众宝车奉施现在一切诸佛及佛灭后所有塔庙善根回向，为令众生得于如来究竟出离无碍乘故。

佛子！菩萨摩诃萨以众宝车施菩萨等善知识时，以诸善根如是回向，所谓：愿一切众生心常忆持善知识教，专勤守护，令不忘失；愿一切众生与善知识同一义利，普摄一切与共善根；愿一切众生近善知识，尊重供养，悉舍所有，顺可其心；愿一切众生得善志欲，随逐善友，未尝舍离；愿一切众生常得值遇诸善知识，专意承奉，不违其教；愿一切众生乐善知识，常不舍离，无间无杂，亦无误失；愿一切众生能以其身施善知识，随其教命靡有违逆；愿一切众生为善知识之所摄受，修习大慈，远离诸恶；愿一切众生随善知识听闻诸佛所说正法；愿一切众生与善知识同一善根清净业果，与诸菩萨同一行愿究竟十力；愿一切众生悉能受持善知识法，逮得一切三昧境界智慧神通；愿一切众生悉能受持一切正法，修习诸行到于彼岸；愿一切众生乘于大乘无所障碍，究竟成就一切智道；愿一切众生悉得上于一切智乘，至安隐处无有退转；愿一切众生知如实行，随其所闻一切佛法，皆得究竟，永无忘失；愿一切众生普为诸佛之所摄受，得无碍智，究竟诸法；愿一切众生得无退失自在神通，所欲往诣，一念皆到；愿一切众生往来自在，广行化导，令住大乘；愿一切众生所行不空，载以智乘到究竟位；愿一切众生得无碍乘，以无碍智至一切处。是为菩萨摩诃萨施善知识种种车时善根回向，为令众生功德具足与佛菩萨等无异故。

佛子！菩萨摩诃萨以众宝车布施僧时，起学一切施心、智善了心、净功德心、随顺舍心、僧宝难遇心、深信僧宝心、摄持正教心，住胜志乐，得未曾有，为大施会，出生无量广大功德，深信佛教不可沮坏；以诸善根如是回向，所谓：愿一切众生普入佛法，忆持不忘；愿一切众生离凡愚法，入贤圣处；愿一切众生速入圣位，能以佛法次第开诱；愿一切众生举世宗重，言必信用；愿一切众生善入一切诸法平等，了知法界自性无二；愿一切众生从于如来智境而生，诸调顺人所共围绕；愿一切众生住离染法，灭除一切烦恼尘垢；愿一切众生皆得成就无上僧宝，离凡夫地，入贤圣众；愿一切众生勤修善法，得无碍智，具圣功德；愿一切众生得智慧心，不著三世，于诸众中自在如王；愿一切众生乘智慧乘，转正法轮；愿一切众生具足神通，一念能往不可说不可说世界；愿一切众生乘虚空身，于诸世间智慧无碍；愿一切众生普入一切虚空法界诸佛众会，成就第一波罗蜜行；愿一切众生得轻举身殊胜智慧，悉能遍入一切佛刹；愿一切众生获无边际善巧神足，于一切刹普现其身；愿一切众生得于一切无所依身，以神通力如影普现；愿一切众生得不思议自在神力，随应可化，即现其前，教化调伏；愿一切众生得入法界无碍方便，一念遍游十方国土。是为菩萨摩诃萨施僧宝车善根回向；为令众生普乘清净无上智乘，于一切世间转无碍法智慧轮故。

佛子！菩萨摩诃萨以众宝车布施声闻、独觉之时，起如是心，所谓：福田心、尊敬心、功德海心、能出生功德智慧心、从如来功德势力所生心、百千亿那由他劫修习心、能于不可说劫修菩萨行心、解脱一切魔系缚心、摧灭一切魔军众心、慧光照了无上法心；以此施车所有善根如是回向，所谓：愿一切众生为世所信第一福田，具足无上檀波罗蜜；愿一切众生离无益语，常乐独处，心无二念；愿一切众生成最第一清净福田，摄诸众生令修福业；愿一切众生成智慧渊，能与众生无量无数善根果报；愿一切众生住无碍行，满足清净第一福田；愿一切众生住无诤法，了一切法皆无所作、无性为性；愿一切众生常得亲近最上福田，具足修成无量福德；愿一切众生能现无量自在神通，以净福田摄诸含识；愿一切众生具足无尽功德福田，能与众生如来十力第一乘果；愿一切众生为能辨果真实福田，成一切智，无尽福聚；愿一切众生得灭罪法，悉能受持所未曾闻佛法句义；愿一切众生常勤听受一切佛法，闻悉解悟，无空过者；愿一切众生听闻佛法通达究竟，如其所闻，随顺演说；愿一切众生于如来教信解修行，舍离一切九十六种外道邪见；愿一切众生常见贤圣，增长一切最胜善根；愿一切众生心常信乐智行之士，与诸圣哲同止共欢；愿一切众生听闻佛名悉不唐捐，随其所闻，咸得目见；愿一切众生善分别知诸佛正教，悉能守护持佛法者；愿一切众生常乐听闻一切佛法，受持读诵，开示照了；愿一切众生信解佛教如实功德，悉舍所有，恭敬供养。是为菩萨摩诃萨施声闻、独觉种种车时善根回向；为令众生皆得成就清净第一智慧神通，精进修行无有懈怠，获一切智、力、无畏故。

佛子！菩萨摩诃萨以众宝车施诸福田乃至贫穷、孤独者时，随其所求，一切悉舍，心生欢喜，无有厌倦，仍向彼人自悔责言：我应往就供养供给，不应劳汝远来疲顿。言已拜跪，问讯起居，凡有所须，一切施与；或时施彼摩尼宝车，以阎浮提第一女宝充满其上；或复施与金庄严车，人间女宝充满其上；或复施与妙琉璃车，内宫妓女充满其上；或施种种奇妙宝车，童女充满，如天采女；或施无数宝庄严车，宝女满中，柔明辩慧；或施所乘妙栴檀车，或复施与玻璃宝车，悉载宝女，充满其上，颜容端正，色相无比，祛服庄严，见者欣悦；或复施与码碯宝车，灌顶王子身载其上；或时施与坚固香车，所有男女悉载其中；或施一切宝庄严车，载以难舍亲善眷属。

佛子！菩萨摩诃萨以如是等无量宝车，随其所求，恭敬施与，皆令遂愿，欢喜满足；以此善根如是回向，所谓：愿一切众生乘不退转无障碍轮广大之乘，诣不可议菩提树下；愿一切众生乘清净因大法智乘，尽未来劫，修菩萨行永不退转；愿一切众生乘一切法无所有乘，永离一切分别执著，而常修习一切智道；愿一切众生乘无谄诳正直之乘，往诸佛刹，自在无碍；愿一切众生随顺安住一切智乘，以诸佛法共相娱乐；愿一切众生皆乘菩萨清净行乘，具足菩萨十出离道及三昧乐；愿一切众生乘四轮乘，所谓住好国土、依止善人、集胜福德、发大誓愿,以此成满一切菩萨清净梵行;愿一切众生得普照十方法光明乘,修学一切如来智力;愿一切众生乘佛法乘,到一切法究竟彼岸;愿一切众生载众福善难思法乘,普示十方安隐正道;愿一切众生乘大施乘,舍悭吝垢;愿一切众生乘净戒乘,持等法界无边净戒;愿一切众生乘忍辱乘,常于众生离瞋浊心;愿一切众生乘大精进不退转乘,坚修胜行,趣菩提道;愿一切众生乘禅定乘,速至道场,证菩提智;愿一切众生乘于智慧巧方便乘,化身充满一切法界、诸佛境界;愿一切众生乘法王乘,成就无畏,恒普惠施一切智法;愿一切众生乘无所著智慧之乘,悉能遍入一切十方,于真法性而无所动;愿一切众生乘于一切诸佛法乘,示现受生遍十方刹,而不失坏大乘之道;愿一切众生乘一切智最上宝乘,满足普贤菩萨行愿而无厌倦。是为菩萨摩诃萨以众宝车施诸福田乃至贫穷、孤露之人善根回向;为令众生具无量智,欢喜踊跃,究竟皆得一切智乘故。

　　佛子!菩萨摩诃萨布施象宝,其性调顺,七支具足,年齿盛壮,六牙清净,口色红赤犹如莲华,形体鲜白譬如雪山,金幢为饰,宝网罗覆,种种妙宝庄严其鼻,见者欣玩无有厌足,超步万里曾不疲倦;或复施与调良马宝,诸相具足犹如天马,妙宝月轮以为光饰,真金铃网罗覆其上,行步平正,乘者安隐,随意所往迅疾如风,游历四洲自在无碍。菩萨以此象宝、马宝,或奉养父母及善知识,或给施贫乏、苦恼众生,其心旷然,不生悔吝,但倍增欣庆,益加悲愍,修菩萨德,净菩萨心;以此善根如是回向,所谓:愿一切众生住调顺乘,增长一切菩萨功德;愿一切众生得善巧乘,能随出生一切佛法;愿一切众生得信解乘,普照如来无碍智力;愿一切众生得发趣乘,能普发兴一切大愿;愿一切众生具足平等波罗蜜乘,成满一切平等善根;愿一切众生成就宝乘,生诸佛法无上智宝;愿一切众生成就菩萨行庄严乘,开敷菩萨诸三昧华;愿一切众生得无边速疾乘,于无数劫净菩萨心,精勤思惟,了达诸法;愿一切众生成就最胜调顺大乘,以善方便具菩萨地;愿一切众生成最高广坚固大乘,普能运载一切众生,皆得至于一切智位。是为菩萨摩诃萨施象、马时善根回向;为令众生皆得乘于无碍智乘,圆满究竟至佛乘故。

　　佛子!菩萨摩诃萨布施座时,或施所处师子之座。其座高广殊特妙好,琉璃为足,金缕所成,柔软衣服以敷其上;建以宝幢,熏诸妙香,无量杂宝庄严之具以为庄校;金网覆上,宝铎风摇,出妙音声;奇珍万计周匝填饰,一切臣民所共瞻仰。灌顶大王独居其上,宣布法化,万邦遵奉。其王复以妙宝严身。所谓:普光明宝、帝青宝、大帝青宝、胜藏摩尼宝,明净如日,清凉犹月,周匝繁布譬如众星,上妙庄严第一无比;海殊妙宝、海坚固幢宝,奇文异表,种种庄严,于大众中最尊最胜。阎浮檀金离垢宝缯以冠其首,享灌顶位,王阎浮提,具足无量大威德力;以慈为主,伏诸怨敌,教令所行,靡不承顺。

时，转轮王以如是等百千万亿无量无数宝庄严座，施于如来第一福田，及诸菩萨、真善知识、贤圣僧宝、说法之师、父母、宗亲、声闻、独觉，及以发趣菩萨乘者，或如来塔，乃至一切贫穷、孤露；随其所须，悉皆施与。以此善根如是回向，所谓：愿一切众生坐菩提座，悉能觉悟诸佛正法；愿一切众生处自在座，得法自在，诸金刚山所不能坏，能悉摧伏一切魔军；愿一切众生得佛自在师子之座，一切众生之所瞻仰；愿一切众生得不可说不可说种种殊妙宝庄严座，于法自在，化导众生；愿一切众生得三种世间最殊胜座，广大善根之所严饰；愿一切众生得周遍不可说不可说世界座，阿僧祇劫叹之无尽；愿一切众生得大深密福德之座，其身充满一切法界；愿一切众生得不思议种种宝座，随其本愿所念众生，广开法施；愿一切众生得善妙座，现不可说诸佛神通；愿一切众生得一切宝座、一切香座、一切华座、一切衣座、一切鬘座、一切摩尼座、一切琉璃等不思议种种宝座、无量不可说世界座、一切世间庄严清净座、一切金刚座，示现如来威德自在，成最正觉。是为菩萨摩诃萨施宝座时善根回向；为令众生获离世间大菩提座，自然觉悟一切佛法故。

佛子！菩萨摩诃萨施诸宝盖。此盖殊特，尊贵所用，种种大宝而为庄严，百千亿那由他上妙盖中最为第一；众宝为竿，妙网覆上，宝绳金铃周匝垂下，摩尼璎珞次第悬布，微风吹动，妙音克谐；珠玉宝藏种种充满，无量奇珍悉以严饰，栴檀、沉水妙香普熏，阎浮檀金光明清净。如是无量百千亿那由他阿僧祇众妙宝物具足庄严，以清净心奉施于佛，及佛灭后所有塔庙，或为法故施诸菩萨及善知识、名闻法师，或施父母，或施僧宝，或复奉施一切佛法，或施种种众生福田，或施师僧及诸尊宿，或施初发菩提之心乃至一切贫穷、孤露；随有求者，悉皆施与。以此善根如是回向，所谓：愿一切众生勤修善根以覆其身，常为诸佛之所庇荫；愿一切众生功德智慧以为其盖，永离世间一切烦恼；愿一切众生覆以善法，除灭世间尘垢热恼；愿一切众生得智慧藏，令众乐见，心无厌足；愿一切众生以寂静白法而自覆荫，皆得究竟不坏佛法；愿一切众生善覆其身，究竟如来清净法身；愿一切众生作周遍盖，十力智慧遍覆世间；愿一切众生得妙智慧，出过三世无所染著；愿一切众生得应供盖，成胜福田，受一切供；愿一切众生得最上盖，获无上智，自然觉悟。是为菩萨摩诃萨布施盖时善根回向；为令一切众生得自在盖，能持一切诸善法故；为令一切众生能以一盖，普覆一切虚空法界一切刹土，示现诸佛自在神通无退转故；为令一切众生能以一盖，庄严十方一切世界，供养佛故；为令一切众生以妙幢幡及诸宝盖，供养一切诸如来故；为令一切众生得普庄严盖，遍覆一切诸佛国土尽无余故；为令一切众生得广大盖，普盖众生，皆令于佛生信解故；为令一切众生以不可说众妙宝盖，供养一佛，于不可说一一佛所皆如是故；为令一切众生得佛菩提高广之盖，普覆一切诸如来故；为令一切众生得一切摩尼宝庄严盖、一切宝璎珞庄严盖、一切坚固香庄严盖、种种宝清净庄严盖、无量宝清净庄严盖、广大宝清净庄严盖，宝网弥覆，宝铃垂下，随风摇动，出微妙音，普覆法界、虚空界、一切世界诸佛身故；为令一切众生得无障无碍智庄严盖，普覆一切诸如来故；又欲令一切众生得第一智慧故；又欲令一切众生得佛功德庄严故；又欲令一切众生于佛功德生清净欲愿心故；又欲令一切众生得无量无边自在心宝故；又欲令一切众生满足诸法自在智故；又欲令一切众生以诸善根普覆一切故；又欲令一切众生成就最胜智慧盖故；又欲令一切众生成就十力普遍盖故；又欲令一切众生能以一盖弥覆法界诸佛刹故；又欲令一切众生于法自在为法王故；又欲令一切众生得大威德自在心故；又欲令一切众生得广大智恒无绝故；又欲令一切众生得无量功德普覆一切皆究竟故；又欲令一切众生以诸功德盖其心故；又欲令一切众生以平等心覆众生故；又欲令一切众生得大智慧平等盖故；又欲令一切众生具大回向巧方便故；又欲令一切众生获胜欲乐清净心故；又欲令一切众生得善欲乐清净意故；又欲令一切众生得大回向普覆一切诸众生故。

佛子！菩萨摩诃萨或施种种上妙幢幡。众宝为竿，宝缯为幡，种种杂彩以为其幢；宝网垂覆，光色遍满；宝铎微摇，音节相和；奇特妙宝形如半月，阎浮檀金光逾曒日，悉置幢上；随诸世界业果所现，种种妙物以为严饰。如是无数千万亿那由他诸妙幢幡，接影连辉递相间发，光明严洁周遍大地，充满十方虚空法界一切佛刹。菩萨摩诃萨净心信解，以如是等无量幢幡，或施现在一切诸佛及佛灭后所有塔庙，或施法宝，或施僧宝，或施菩萨、诸善知识，或施声闻及辟支佛，或施大众，或施别人；诸来求者，普皆施与。以此善根如是回向，所谓：愿一切众生皆能建立一切善根福德幢幡，不可毁坏；愿一切众生建一切法自在幢幡，尊重爱乐，勤加守护；愿一切众生常以宝缯书写正法，护持诸佛菩萨法藏；愿一切众生建高显幢，然智慧灯普照世间；愿一切众生立坚固幢，悉能摧殄一切魔业；愿一切众生建智力幢，一切诸魔所不能坏；愿一切众生得大智慧那罗延幢，摧灭一切世间慢幢；愿一切众生得智慧日大光明幢，以智日光普照法界；愿一切众生具足无量宝庄严幢，充满十方一切世界供养诸佛；愿一切众生得如来幢，摧灭一切九十六种外道邪见。是为菩萨摩诃萨施幢幡时善根回向，为令一切众生得甚深高广菩萨行幢及诸菩萨神通行幢清净道故。

佛子！菩萨摩诃萨开众宝藏，以百千亿那由他诸妙珍宝，给施无数一切众生，随意与之，心无吝惜；以诸善根如是回向，所谓：愿一切众生常见佛宝，舍离愚痴，修行正念；愿一切众生皆得具足法宝光明，护持一切诸佛法藏；愿一切众生能悉摄受一切僧宝，周给供养，恒无厌足；愿一切众生得一切智无上心宝，净菩提心，无有退转；愿一切众生得智慧宝,普入诸法,心无疑惑;愿一切众生具足菩萨诸功德宝,开示演说无量智慧;愿一切众生得于无量妙功德宝,修成正觉十力智慧;愿一切众生得妙三昧十六智宝,究竟成满广大智慧;愿一切众生成就第一福田之宝,悟入如来无上智慧;愿一切众生得成第一无上宝主,以无尽辩开演诸法。是为菩萨摩诃萨施众宝时善根回向,为令一切众生皆得成满第一智宝、如来无碍净眼宝故。佛子!菩萨摩诃萨或以种种妙庄严具而为布施。所谓:一切身庄严具,令身净妙,靡不称可。菩萨摩诃萨等观一切世间众生,犹如一子,欲令皆得身净庄严,成就世间最上安乐、佛智慧乐,安住佛法,利益众生。以如是等百千亿那由他种种殊妙宝庄严具,勤行布施。行布施时,以诸善根如是回向,所谓:愿一切众生成就无上妙庄严具,以诸清净功德智慧庄严人天;愿一切众生得清净庄严相,以净福德庄严其身;愿一切众生得上妙庄严相,以百福相庄严其身;愿一切众生得不杂乱庄严相,以一切相庄严其身;愿一切众生得善净语言庄严相,具足种种无尽辩才;愿一切众生得一切功德声庄严相,其音清净,闻者喜悦;愿一切众生得可爱乐诸佛语言庄严相,令诸众生闻法欢喜修清净行;愿一切众生得心庄严相,入深禅定,普见诸佛;愿一切众生得总持庄严相,照明一切诸佛正法;愿一切众生得智慧庄严相,以佛智慧庄严其心。是为菩萨摩诃萨惠施一切庄严具时善根回向;为令众生具足一切无量佛法,功德智慧圆满庄严,永离一切憍慢放逸故。

佛子!菩萨摩诃萨以受灌顶自在王位摩尼宝冠及髻中珠,普施众生,心无吝惜,常勤修习,为大施主,修学施慧,增长舍根,智慧善巧,其心广大,给施一切,以彼善根如是回向,所谓:愿一切众生得诸佛法之所灌顶,成一切智;愿一切众生具足顶髻,得第一智,到于彼岸;愿一切众生以妙智宝普摄众生,皆令究竟功德之顶;愿一切众生皆得成就智慧宝顶,堪受世间之所礼敬;愿一切众生以智慧冠庄严其首,为一切法自在之王;愿一切众生智慧明珠系其顶上,一切世间无能见者;愿一切众生皆悉堪受世间顶礼,成就慧顶,照明佛法;愿一切众生首冠十力庄严之冠,智慧宝海清净具足;愿一切众生至大地顶,得一切智,究竟十力,破欲界顶诸魔眷属;愿诸众生得成第一无上顶王,获一切智光明之顶,无能映夺。是为菩萨摩诃萨施宝冠时善根回向,为令众生得第一智最清净处智慧摩尼妙宝冠故。

佛子!菩萨摩诃萨见有众生处在牢狱黑暗之处,扭械、枷锁检系其身,起坐不安,众苦竞集,无有亲识,无归无救,裸露、饥羸,酸剧难忍。菩萨见已,舍其所有一切财宝、妻子、眷属及以自身,于牢狱中救彼众生,如大悲菩萨、妙眼王菩萨;既救度已,随其所须,普皆给施,除其苦患,令得安隐;然后施以无上法宝,令舍放逸,安住善根,于佛教中,心无退转。佛子!菩萨摩诃萨于牢狱中救众生时,以诸善根如是回向,所谓:愿一切众生究竟解脱贪爱缠缚;愿一切众生断生死流，升智慧岸；愿一切众生除灭愚痴，生长智慧，解脱一切烦恼缠缚；愿一切众生灭三界缚，得一切智，究竟出离；愿一切众生永断一切烦恼结缚，到无烦恼、无障碍地智慧彼岸；愿一切众生离诸动念、思惟、分别，入于平等不动智地；愿一切众生脱诸欲缚，永离世间一切贪欲，于三界中无所染著；愿一切众生得胜志乐，常蒙诸佛为说法门；愿一切众生得无著、无缚解脱，心广大如法界，究竟如虚空；愿一切众生得菩萨神通，一切世界调伏众生，令离世间，住于大乘。是为菩萨摩诃萨救度牢狱苦众生时善根回向，为令众生普入如来智慧地故。

佛子！菩萨摩诃萨见有狱囚五处被缚，受诸苦毒；防卫驱逼，将之死地，欲断其命，舍阎浮提一切乐具，亲戚、朋友悉将永诀，置高磉上以刀屠割，或用木枪竖贯其体，衣缠油沃以火焚烧，如是等苦，种种逼迫。菩萨见已，自舍其身而代受之；如阿逸多菩萨、殊胜行王菩萨及余无量诸大菩萨，为众生故，自舍身命，受诸苦毒。菩萨尔时语主者言：我愿舍身以代彼命，如此等苦可以与我。如治彼人，随意皆作；设过彼苦阿僧祇倍，我亦当受，令其解脱。我若见彼将被杀害，不舍身命救赎其苦，则不名为住菩萨心。何以故？我为救护一切众生，发一切智菩提心故。佛子！菩萨摩诃萨自舍身命救众生时，以诸善根如是回向，所谓：愿一切众生得无断尽究竟身命，永离一切灾横逼恼；愿一切众生依诸佛住，受一切智，具足十力，菩提记别；愿一切众生普救含识，令无怖畏，永出恶道；愿一切众生得一切命，入于不死智慧境界；愿一切众生永离怨敌，无诸厄难，常为诸佛、善友所摄；愿一切众生舍离一切刀剑兵仗、诸恶苦具，修行种种清净善业；愿一切众生离诸怖畏，菩提树下摧伏魔军；愿一切众生离大众怖，于无上法心净无畏，能为最上大师子吼；愿一切众生得无障碍师子智慧，于诸世间修行正业；愿一切众生到无畏处，常念救护诸苦众生。是为菩萨摩诃萨自舍身命救彼临刑诸狱囚时善根回向；为令众生离生死苦，得于如来上妙乐故。

大方广佛华严经卷第二十七

十回向品第二十五之五

佛子！菩萨摩诃萨布施乞者连肤顶髻，如宝髻王菩萨、胜妙身菩萨，及余无量诸菩萨等。菩萨是时见乞者来，心生欢喜而语之言：汝今若须连肤顶髻，可就我取。我此顶髻，阎浮提中最为第一。作是语时，心无动乱，不念余业，舍离世间，志求寂静，究竟清净，精勤质直，向一切智；便执利刀割其头上连肤顶髻，右膝著地，合十指掌，一心施与；正念三世一切诸佛菩萨所行，发大欢喜，增上志乐；于诸法中意善开解，不取于苦，了知苦受无相无生，诸受互起，无有常住；是故我应同去、来、今一切菩萨修行大舍，发深信乐，求一切智无有退转，不由他教善知识力。菩萨摩诃萨作是施时，以诸善根如是回向，所谓：愿一切众生得无见顶，成就菩萨如塔之髻；愿一切众生得绀青发、金刚发、细软发，能灭众生一切烦恼；愿一切众生得润泽发、密致发、不侵鬓额发；愿一切众生得柔软发、尽于鬓额而生发；愿一切众生得如卍字发、螺文右旋发；愿一切众生得佛相发，永离一切烦恼结习；愿一切众生得光明发，其光普照十方世界；愿一切众生得无乱发、如如来发，净妙无杂；愿一切众生得成应供顶塔之发，令其见者如见佛发；愿一切众生皆得如来无染著发，永离一切闇翳尘垢。是为菩萨摩诃萨施连肤髻时善根回向；为令众生其心寂静，皆得圆满诸陀罗尼，究竟如来一切种智、十种力故。

佛子！菩萨摩诃萨以眼布施诸来乞者，如欢喜行菩萨、月光王菩萨，及余无量诸菩萨等所行惠施。菩萨摩诃萨布施眼时，起清净施眼心，起清净智眼心，起依止法光明心，起现观无上佛道心，发回向广大智慧心，发与三世菩萨平等舍施心，发于无碍眼起不坏净信心，于其乞者起欢喜摄受心；为究竟一切神通故，为生佛眼故，为增广大菩提心故，为修习大慈悲故，为制伏六根故，于如是法而生其心。佛子！菩萨摩诃萨布施眼时，于其乞者心生爱乐，为设施会，增长法力；舍离世间爱见放逸，除断欲缚，修习菩提；随彼所求，心安不动，不违其意，皆令满足，而常随顺无二舍行。以此善根如是回向，所谓：愿一切众生得最胜眼，示导一切；愿一切众生得无碍眼，开广智藏；愿一切众生得净肉眼，光明鉴彻，无能蔽者；愿一切众生得净天眼，悉见众生生死业果；愿一切众生得净法眼，能随顺入如来境界；愿一切众生得智慧眼，舍离一切分别取著；愿一切众生具足佛眼，悉能觉悟一切诸法；愿一切众生成就普眼，尽诸境界无所障碍；愿一切众生成就清净离痴翳眼，了众生界空无所有；愿一切众生具足清净无障碍眼，皆得究竟如来十力。是为菩萨摩诃萨布施眼时善根回向，为令众生得一切智清净眼故。

佛子！菩萨摩诃萨能以耳、鼻施诸乞者，如胜行王菩萨、无怨胜菩萨，及余无量诸菩萨等。布施之时，亲附乞者，专心修习诸菩萨行；具佛种性，生如来家，念诸菩萨所修施行，常勤发起诸佛菩提，清净诸根功德智慧；观察三有，无一坚固；愿常得见诸佛菩萨，随顺忆念一切佛法；知身虚妄空无所有，无所贪惜。菩萨如是施耳、鼻时，心常寂静，调伏诸根；勉济众生险恶诸难，生长一切智慧功德；入大施海，了达法义，具修诸道；依智慧行，得法自在，以不坚身易坚固身。佛子！菩萨摩诃萨布施耳时，以诸善根如是回向，所谓：愿一切众生得无碍耳，普闻一切说法之音；愿一切众生得无障耳，悉能解了一切音声；愿一切众生得如来耳，一切聪达无所壅滞；愿一切众生得清净耳，不因耳处生分别心；愿一切众生得无聋聩耳，令蒙昧识毕竟不生；愿一切众生得遍法界耳，悉知一切诸佛法音；愿一切众生得无碍耳，开悟一切无障碍法；愿一切众生得无坏耳，善知诸论，无能坏者；愿一切众生得普闻耳，广大清净，为诸耳王；愿一切众生具足天耳及以佛耳。是为菩萨摩诃萨布施耳时善根回向，为令众生皆悉获得清净耳故。佛子！菩萨摩诃萨布施鼻时，如是回向，所谓：愿一切众生得隆直鼻，得随好鼻，得善相鼻，得可爱乐鼻，得净妙鼻，得随顺鼻，得高显鼻，得伏怨鼻，得善见鼻，得如来鼻；愿一切众生得离恚怒面，得一切法面，得无障碍面，得善见面，得随顺面，得清净面，得离过失面，得如来圆满面，得遍一切处面，得无量美好面。是为菩萨摩诃萨布施鼻时善根回向，为令众生究竟得入诸佛法故，为令众生究竟摄受诸佛法故，为令众生究竟了知诸佛法故，为令众生究竟住持诸佛法故，为令众生究竟常见诸如来故，为令众生皆悉证得佛法门故，为令众生究竟成就无能坏心故，为令众生皆能照了诸佛正法故，为令众生普悉严净诸佛国土故，为令众生皆得如来大威力身故。是为菩萨摩诃萨施耳、鼻时善根回向。

佛子！菩萨摩诃萨安住坚固自在地中，能以牙齿施诸众生，犹如往昔华齿王菩萨、六牙象王菩萨，及余无量诸菩萨等。菩萨摩诃萨施牙齿时，其心清净，希有难得如优昙华。所谓：无尽心施、大信心施、步步成就无量舍心施、调伏诸根心施、一切悉舍心施、一切智愿心施、安乐众生心施、大施、极施、胜施、最胜施、辍身要用无所嫌恨心施。菩萨尔时，以诸善根如是回向，所谓：愿一切众生得銛白牙齿，成最胜塔，受天人供；愿一切众生得齐平牙齿，如佛相好，无有疏缺；愿一切众生得调伏心，善趣菩萨波罗蜜行；愿一切众生口善清净，牙齿鲜白，分明显现；愿一切众生得可忆念庄严牙齿，其口清净，无可恶相；愿一切众生牙齿成就具满四十，常出种种希有妙香；愿一切众生意善调伏，牙齿鲜洁如白莲华，文理回旋卍字成就；愿一切众生口唇鲜净，牙齿洁白，放无量光周遍照耀；愿一切众生牙齿坚利，食无完粒，无所味著，为上福田；愿一切众生于牙齿间常放光明，授诸菩萨第一记莂。是为菩萨摩诃萨施牙齿时善根回向；为令众生具一切智，于诸法中智慧清净故。

佛子！菩萨摩诃萨若有人来从乞舌时，于乞者所，以慈悲心软语、爱语，犹如往昔端正面王菩萨、不退转菩萨，及余无量诸菩萨等。佛子！菩萨摩诃萨于诸趣中而受生时，有无量百千亿那由他众生而来乞舌。菩萨尔时，安置其人在师子座，以无恚心、无害心、无恨心、大威德心、从佛种性所生心、住于菩萨所住心、常不浊乱心、住大势力心、于身无著心、于语无著心，两膝著地，开口出舌，以示乞者；慈心软语而告之言：我今此身，普皆属汝。可取我舌，随意所用；令汝所愿，皆得满足。菩萨尔时，以诸善根如是回向，所谓：愿一切众生得周普舌,悉能宣示诸语言法;愿一切众生得覆面舌,所言无二,皆悉真实;愿一切众生得普覆一切佛国土舌,示现诸佛自在神通;愿一切众生得软薄舌,恒受美妙清净上味;愿一切众生得辩才舌,能断一切世间疑网;愿一切众生得光明舌,能放无数万亿光明;愿一切众生得决定舌,辩说诸法无有穷尽;愿一切众生得普调伏舌,善能开示一切秘要,所有言说皆令信受;愿一切众生得普通达舌,善入一切语言大海;愿一切众生得善说一切诸法门舌,于言语智悉到彼岸。是为菩萨摩诃萨布施舌时善根回向,为令众生皆得圆满无碍智故。

佛子!菩萨摩诃萨以头布施诸来乞者,如最胜智菩萨,及大丈夫迦尸国王等诸大菩萨所行布施;为欲成就入一切法最胜智首,为欲成就证大菩提救众生首,为欲具足见一切法最第一首,为得正见清净智首,为欲成就无障碍首,为欲证得第一地首,为求世间最胜智首,欲成三界无能见顶净智慧首,为得示现普到十方智慧王首,为欲满足一切诸法无能破坏自在之首。佛子!菩萨摩诃萨安住是法,精勤修习,则为已入诸佛种性,学佛行施;于诸佛所,生清净信,增长善根;令诸乞者,皆得喜足;其心清净,庆悦无量;心净信解,照明佛法;发菩提意,安住舍心;诸根悦豫,功德增长;生善乐欲,常好修行广大施行。菩萨尔时,以诸善根如是回向,所谓:愿一切众生得如来头,得无见顶;于一切处无能映蔽,于诸佛刹最为上首;其发右旋,光净润泽,卍字严饰,世所希有;具足佛首,成就智首,一切世间最第一首,为具足首,为清净首,为坐道场圆满智首。是为菩萨摩诃萨布施头时善根回向;为令众生得最胜法,成于无上大智慧故。

佛子!菩萨摩诃萨以其手、足施诸众生,如常精进菩萨、无忧王菩萨,及余无量诸菩萨等。于诸趣中种种生处布施手、足,以信为手,起饶益行;往返周旋,勤修正法,愿得宝手以手为施;所行不空,具菩萨道,常舒其手拟将广惠;安步游行,勇猛无怯,以净信力具精进行,除灭恶道,成就菩提。佛子!菩萨摩诃萨如是施时,以无量无边广大之心,开净法门,入诸佛海;成就施手,周给十方;愿力任持一切智道,住于究竟离垢之心;法身、智身无断无坏,一切魔业不能倾动;依善知识坚固其心,同诸菩萨修行施度。佛子!菩萨摩诃萨为诸众生求一切智,施手、足时,以诸善根如是回向,所谓:愿一切众生具神通力,皆得宝手;得宝手已,各相尊敬,生福田想,以种种宝更相供养;又以众宝供养诸佛,兴妙宝云遍诸佛土,令诸众生互起慈心,不相恼害;游诸佛刹,安住无畏,自然具足究竟神通。又令皆得宝手、华手、香手、衣手、盖手、华鬘手、末香手、庄严具手、无边手、无量手、普手;得是手已,以神通力常勤往诣一切佛土,能以一手遍摩一切诸佛世界,以自在手持诸众生,得妙相手放无量光,能以一手普覆众生,成于如来手指网缦赤铜爪相。菩萨尔时,以大愿手普覆众生：愿一切众生志常乐求无上菩提，出生一切功德大海，见来乞者欢喜无厌，入佛法海同佛善根。是为菩萨摩诃萨施手、足时善根回向。

佛子！菩萨摩诃萨坏身出血布施众生，如法业菩萨、善意王菩萨，及余无量诸菩萨等。于诸趣中施身血时，起成就一切智心，起欣仰大菩提心，起乐修菩萨行心，起不取苦受心，起乐见乞者心，起不嫌来乞心，起趣向一切菩萨道心，起守护一切菩萨舍心，起增广菩萨善施心，起不退转心、不休息心、无恋己心；以诸善根如是回向，所谓：愿一切众生皆得成就法身、智身；愿一切众生得无劳倦身，犹如金刚；愿一切众生得不可坏身，无能伤害；愿一切众生得如变化身，普现世间无有尽极；愿一切众生得可爱乐身，净妙坚固；愿一切众生得法界生身，同于如来无所依止；愿一切众生得如妙宝光明之身，一切世人无能映蔽；愿一切众生得智藏身，于不死界而得自在；愿一切众生得宝海身，见皆获益，无空过者；愿一切众生得虚空身，世间恼患无能染著。是为菩萨摩诃萨施身血时，以大乘心、清净心、广大心、欣悦心、庆幸心、欢喜心、增上心、安乐心、无浊心善根回向。

佛子！菩萨摩诃萨见有乞求其身髓肉，欢喜软语，谓乞者言：我身髓肉，随意取用。如饶益菩萨、一切施王菩萨，及余无量诸菩萨等。于诸趣中种种生处，以其髓肉施乞者时，欢喜广大，施心增长；同诸菩萨修习善根，离世尘垢，得深志乐；以身普施，心无有尽；具足无量广大善根，摄受一切妙功德宝，如菩萨法受行无厌；心常爱乐布施功德，一切周给，心无有悔；审观诸法从缘无体，不贪施业及业果报；随所会遇，平等施与。佛子！菩萨摩诃萨如是施时，一切诸佛皆悉现前，想之如父得护念故；一切众生皆悉现前，普令安住清净法故；一切世界皆悉现前，严净一切佛国土故；一切众生皆悉现前，以大悲心普救护故；一切佛道皆悉现前，乐观如来十种力故；去、来、现在一切菩萨皆悉现前，同共圆满诸善根故；一切无畏皆悉现前，能作最上师子吼故；一切三世皆悉现前，得平等智，普观察故；一切世间皆悉现前，发广大愿，尽未来劫修菩提故；一切菩萨无疲厌行皆悉现前，发无数量广大心故。佛子！菩萨摩诃萨施髓肉时，以此善根如是回向，所谓：愿一切众生得金刚身，不可沮坏；愿一切众生得坚密身，恒无缺减；愿一切众生得意生身，犹如佛身，庄严清净；愿一切众生得百福相身，三十二相而自庄严；愿一切众生得八十种好妙庄严身，具足十力，不可断坏；愿一切众生得如来身，究竟清净，不可限量；愿一切众生得坚固身，一切魔怨所不能坏；愿一切众生得一相身，与三世佛同一身相；愿一切众生得无碍身，以净法身遍虚空界；愿一切众生得菩提藏身，普能容纳一切世间。是为菩萨摩诃萨求一切智施髓肉时善根回向，为令众生皆得如来究竟清净无量身故。

佛子！菩萨摩诃萨以心布施诸来乞者，如无悔厌菩萨、无碍王菩萨,及余无量诸大菩萨。以其自心施乞者时,学自在施心,修一切施心,习行檀波罗蜜心,成就檀波罗蜜心,学一切菩萨布施心、一切悉舍无尽心、一切悉施惯习心、荷负一切菩萨施行心、正念一切诸佛现前心、供养一切诸来乞者无断绝心。菩萨摩诃萨如是施时,其心清净,为度一切诸众生故,为得十力菩提处故,为依大愿而修行故,为欲安住菩萨道故,为欲成就一切智故,为不舍离本誓愿故,以诸善根如是回向,所谓:愿一切众生得金刚藏心,一切金刚围山等所不能坏;愿一切众生得卍相庄严金刚界心,得无能动摇心,得不可恐怖心,得利益世间常无尽心,得大勇猛幢智慧藏心,得如那罗延坚固幢心,得如众生海不可尽心,得那罗延藏无能坏心,得灭诸魔业、魔军众心,得无所畏心,得大威德心,得常精进心,得大勇猛,得不惊惧心,得被金刚甲胄心,得诸菩萨最上心,得成就佛法菩提光明心,得菩提树下坐安住一切诸佛正法离诸迷惑成一切智心,得成就十力心。是为菩萨摩诃萨布施心时善根回向;为令众生不染世间,具足如来十力心故。

佛子!菩萨摩诃萨若有乞求肠、肾、肝、肺,悉皆施与,如善施菩萨、降魔自在王菩萨,及余无量诸大菩萨。行此施时,见乞者来,其心欢喜,以爱眼观;为求菩提,随其所须,悉皆施与,心不中悔。观察此身无有坚固:我应施彼,取坚固身。复念此身寻即败坏,见者生厌,狐、狼、饿狗之所噉食;此身无常,会当弃舍,为他所食,无所觉知。佛子!菩萨摩诃萨作是观时,知身无常、秽污之极,于法解悟生大欢喜,敬心谛视彼来乞者,如善知识而来护想,随所乞求无不惠施,以不坚身易坚固身。佛子!菩萨摩诃萨如是施时,所有善根悉以回向:愿一切众生得智藏身,内外清净;愿一切众生得福藏身,能普任持一切智愿;愿一切众生得上妙身,内蕴妙香,外发光明;愿一切众生得腹不现身,上下端直,肢节相称;愿一切众生得智慧身,以佛法味充悦滋长;愿一切众生得无尽身,修习安住甚深法性;愿一切众生得陀罗尼清净藏身,以妙辩才显示诸法;愿一切众生得清净身,若身若心内外俱净;愿一切众生得如来智深观行身,智慧充满,雨大法雨;愿一切众生得内寂身,外为众生作智幢王,放大光明普照一切。是为菩萨摩诃萨施肠、肾、肝、肺善根回向;为令众生内外清净,皆得安住无碍智故。

佛子!菩萨摩诃萨布施乞者肢节诸骨,如法藏菩萨、光明王菩萨,及余无量诸大菩萨。施其身分肢节骨时,见乞者来,生爱乐心、欢喜心、净信心、安乐心、勇猛心、慈心、无碍心、清净心、随所乞求皆施与心。菩萨摩诃萨施身骨时,以诸善根如是回向,所谓:愿一切众生得如化身,不复更受骨肉血身;愿一切众生得金刚身,不可破坏,无能胜者;愿一切众生得一切智圆满法身,于无缚、无著、无系界生;愿一切众生得智力身,诸根圆满,不断不坏;愿一切众生得法力身,智力自在,到于彼岸;愿一切众生得坚固身,其身贞实,常无散坏;愿一切众生得随应身,教化调伏一切众生;愿一切众生得智熏身,具那罗延肢节大力;愿一切众生得坚固相续不断绝身,永离一切疲极劳倦;愿一切众生得大力安住身,悉能具足精进大力;愿一切众生得遍世间平等法身,住于无量最上智处;愿一切众生得福德力身,见者蒙益,远离众恶;愿一切众生得无依处身,皆得具足无依著智;愿一切众生得佛摄受身,常为一切诸佛加护;愿一切众生得普饶益诸众生身,悉能遍入一切诸道;愿一切众生得普现身,普能照现一切佛法;愿一切众生得具足精进身,专念勤修大乘智行;愿一切众生得离我慢贡高清净身,智常安住,无所动乱;愿一切众生得坚固行身,成就大乘一切智业;愿一切众生得佛家身,永离世间一切生死。是为菩萨摩诃萨施身骨时善根回向,为令众生得一切智永清净故。

佛子!菩萨摩诃萨见有人来,手执利刀,乞其身皮;心生欢喜,诸根悦豫,譬如有人惠以重恩,逢迎引纳,敷座令坐,曲躬恭敬而作是念:此来乞者甚为难遇,斯欲满我一切智愿,故来求索饶益于我。欢喜和颜而语之言:我今此身一切皆舍,所须皮者,随意取用。犹如往昔清净藏菩萨、金胁鹿王菩萨,及余无量诸大菩萨,等无有异。菩萨尔时,以诸善根如是回向,所谓:愿一切众生得微细皮,犹如如来色相清净,见者无厌;愿一切众生得不坏皮,犹如金刚,无能坏者;愿一切众生得金色皮,如阎浮檀上妙真金,清净明洁;愿一切众生得无量色皮,随其心乐,现清净色;愿一切众生得净妙色皮,具足沙门善软清净如来色相;愿一切众生得第一色皮,自性清净,色相无比;愿一切众生成就如来清净色皮,以诸相好而自庄严;愿一切众生得妙色皮,放大光明普照一切;愿一切众生得明网皮,如世高幢,放不可说圆满光明;愿一切众生得润泽色皮,一切色相悉皆清净。是为菩萨摩诃萨施身皮时善根回向;为令众生皆得一切严净佛刹,具足如来大功德故。

佛子!菩萨摩诃萨以手足指施诸乞者,如坚精进菩萨、阎浮提自在王菩萨,及余无量诸大菩萨。菩萨尔时,颜貌和悦,其心安善,无有颠倒,乘于大乘,不求美欲,不尚名闻,但发菩萨广大之意,远离悭嫉一切诸垢,专向如来无上妙法。佛子!菩萨摩诃萨如是施时,摄诸善根,悉以回向:愿一切众生得纤长指,与佛无异;愿一切众生得佣圆指,上下相称;愿一切众生得赤铜甲指,其甲隆起,清净鉴彻;愿一切众生得一切智胜丈夫指,悉能摄持一切诸法;愿一切众生得随好指,具足十力;愿一切众生得大人指,纤佣齐等;愿一切众生得轮相指,指节圆满,文相右旋;愿一切众生得如莲华卍字旋指,十力业报相好庄严;愿一切众生得光藏指,放大光明照不可说诸佛世界;愿一切众生得善安布指,善巧分布网缦具足。是为菩萨摩诃萨布施指时善根回向,为令众生一切皆得心清净故。

佛子！菩萨摩诃萨请求法时，若有人言：汝能施我连肉爪甲，当与汝法。菩萨答言：但与我法。连肉爪甲，随意取用。如求法自在王菩萨、无尽菩萨，及余无量诸大菩萨，为求法故，欲以正法，开示演说，饶益众生，一切皆令得满足故，舍连肉爪甲与诸乞者。菩萨尔时，以此善根如是回向，所谓：愿一切众生皆得诸佛赤铜相爪；愿一切众生得润泽爪，随好庄严；愿一切众生得光净爪，鉴彻第一；愿一切众生得一切智爪，具大人相；愿一切众生得无比爪，于诸世间无所染著；愿一切众生得妙庄严爪，光明普照一切世间；愿一切众生得不坏爪，清净无缺；愿一切众生得入一切佛法方便相爪，广大智慧皆悉清净；愿一切众生得善生爪，菩萨业果无不净妙；愿一切众生得一切智大导师爪，放无量色妙光明藏。是为菩萨摩诃萨为求法故施连肉爪甲时善根回向，为令众生具足诸佛一切智爪无碍力故。

佛子！菩萨摩诃萨求佛法藏，恭敬尊重，生难得想。有能说者来语之言：若能投身七仞火坑，当施汝法。菩萨闻已，欢喜踊跃，作是思惟：我为法故，尚应久住阿鼻狱等一切恶趣受无量苦，何况才入人间火坑即得闻法？奇哉！正法甚为易得，不受地狱无量楚毒，但入火坑即便得闻。但为我说，我入火坑。如求善法王菩萨、金刚思惟菩萨，为求法故，入火坑中。菩萨尔时，以此善根如是回向，所谓：愿一切众生住佛所住一切智法，永不退转无上菩提；愿一切众生离诸险难，受佛安乐；愿一切众生得无畏心，离诸恐怖；愿一切众生常乐求法，具足喜乐，众法庄严；愿一切众生离诸恶趣，灭除一切三毒炽火；愿一切众生常得安乐，具足如来胜妙乐事；愿一切众生得菩萨心，永离一切贪、恚、痴火；愿一切众生悉得菩萨诸三昧乐，普见诸佛，心大欢喜；愿一切众生善说正法，于法究竟，常无忘失；愿一切众生具足菩萨神通妙乐，究竟安住一切种智。是为菩萨摩诃萨为求正法投火坑时善根回向；为令众生离障碍业，皆得具足智慧火故。

佛子！菩萨摩诃萨为求正法，分别演说，开菩萨道，示菩萨路，趣无上智，勤修十力，广一切智心，获无碍智法，令众生清净住菩萨境界。勤修大智护佛菩提时，以身具受无量苦恼，如求善法菩萨、勇猛王菩萨，及余无量诸大菩萨。为求法故，受无量苦，乃至摄取诽谤正法、恶业所覆、魔业所持极大恶人；彼所应受一切苦恼，以求法故，悉皆为受。以此善根如是回向，所谓：愿一切众生永离一切苦恼逼迫，成就安乐自在神通；愿一切众生永离诸苦，得一切乐；愿一切众生永灭苦蕴，得照现身，恒受安乐；愿一切众生超出苦狱，成就智行；愿一切众生见安隐道，离诸恶趣；愿一切众生得法喜乐，永断众苦；愿一切众生永拔众苦，互相慈爱，无损害心；愿一切众生得诸佛乐，离生死苦；愿一切众生成就清净无比安乐，一切苦恼无能损害；愿一切众生得一切胜乐，究竟具足佛无碍乐。是为菩萨摩诃萨为求法故受众苦时善根回向；为欲救护一切众生，令离险难，住一切智无所障碍解脱处故。

佛子！菩萨摩诃萨处于王位求正法时，乃至但为一文、一字、一句、一义生难得想，能悉罄舍海内所有若近若远国土、城邑、人民、库藏、园池、屋宅、树林、华果，乃至一切珍奇妙物、宫殿楼阁、妻子眷属，及以王位，悉能舍之。于不坚中求坚固法，为欲利益一切众生，勤求诸佛无碍解脱究竟清净一切智道，如大势德菩萨、胜德王菩萨，及余无量诸大菩萨。勤求正法，乃至极少，为于一字，五体投地；正念三世一切佛法，爱乐修习；永不贪著名闻利养，舍诸世间自在王位，求佛自在法王之位；于世间乐心无所著，以出世法长养其心；永离世间一切戏论，住于诸佛无戏论法。菩萨尔时，以诸善根如是回向，所谓：愿一切众生常乐惠施，一切悉舍；愿一切众生能舍所有，心无中悔；愿一切众生常求正法，不惜身命、资生之具；愿一切众生悉得法利，能断一切众生疑惑；愿一切众生得善法欲，心常喜乐诸佛正法；愿一切众生为求佛法，能舍身命及以王位，大心修习无上菩提；愿一切众生尊重正法，常深爱乐，不惜身命；愿一切众生护持诸佛甚难得法，常勤修习；愿一切众生皆得诸佛菩提光明，成菩提行，不由他悟；愿一切众生常能观察一切佛法，拔除疑箭，心得安隐。是为菩萨摩诃萨为求正法舍国城时善根回向；为令众生知见圆满，常得住于安隐道故。

佛子！菩萨摩诃萨作大国王，于法自在，普行教命，令除杀业；阎浮提内城邑聚落一切屠杀，皆令禁断；无足、二足、四足、多足，种种生类，普施无畏无欺夺心，广修一切菩萨诸行，仁慈莅物，不行侵恼，发妙宝心，安隐众生；于诸佛所立深志乐，常自安住三种净戒，亦令众生如是安住。菩萨摩诃萨令诸众生住于五戒，永断杀业；以此善根如是回向，所谓：愿一切众生发菩萨心，具足智慧，永保寿命，无有终尽；愿一切众生住无量劫，供一切佛，恭敬勤修，更增寿命；愿一切众生具足修行，离老死法，一切灾毒不害其命；愿一切众生具足成就无病恼身，寿命自在，能随意住；愿一切众生得无尽命，穷未来劫住菩萨行，教化调伏一切众生；愿一切众生为寿命门，十力善根于中增长；愿一切众生善根具足，得无尽命，成满大愿；愿一切众生悉见诸佛供养承事，住无尽寿，修习善根；愿一切众生于如来处善学所学，得圣法喜无尽寿命；愿一切众生得不老不病，常住命根，勇猛精进，入佛智慧。是为菩萨摩诃萨住三聚净戒永断杀业善根回向，为令众生得佛十力圆满智故。

佛子！菩萨摩诃萨见有众生心怀残忍，损诸人畜所有男形，令身缺减，受诸楚毒；见是事已，起大慈悲而哀救之，令阎浮提一切人民皆舍此业。菩萨尔时，语其人言：汝何所为作是恶业？我有库藏百千万亿，一切乐具悉皆充满，随汝所须尽当相给。汝之所作，众罪由生，我今劝汝莫作是事。汝所作业不如道理，设有所获，于何可用？

损他益己,终无是处。如此恶行、诸不善法,一切如来所不称叹。作是语已,即以所有一切乐具尽皆施与。复以善语为说妙法,令其欢悦。所谓:示寂静法,令其信受,灭除不善,修行净业,互起慈心,不相损害。彼人闻已,永舍罪恶。菩萨尔时,以此善根如是回向,所谓:愿一切众生具丈夫形,成就如来马阴藏相;愿一切众生具男子形,发勇猛心修诸梵行;愿一切众生具勇猛力,恒为主导,住无碍智,永不退转;愿一切众生皆得具足大丈夫身,永离欲心,无所染著;愿一切众生悉得成就善男子法,智慧增长,诸佛所叹;愿一切众生普得具于大人之力,常能修习十力善根;愿一切众生永不失坏男子之形,常修福智未曾有法;愿一切众生于五欲中无著无缚,心得解脱,厌离三有,住菩萨行;愿一切众生成就第一智慧丈夫,一切宗信,伏从其化;愿一切众生具足菩萨丈夫智慧,不久当成无上大雄。是为菩萨摩诃萨禁绝一切毁败男形善根回向;为令众生具丈夫形,皆能守护诸善丈夫,生贤圣家,智慧具足,常勤修习丈夫胜行,有丈夫用,巧能显示七丈夫道,具足诸佛善丈夫种、丈夫正教、丈夫勇猛、丈夫精进、丈夫智慧、丈夫清净,普令众生究竟皆得。

大方广佛华严经卷第二十八

十回向品第二十五之六

佛子!菩萨摩诃萨若见如来出兴于世开演正法,以大音声普告一切:如来出世!如来出世!令诸众生得闻佛名,舍离一切我慢、戏论;复更劝导,令速见佛,令忆念佛,令归向佛,令攀缘佛,令观察佛,令赞叹佛;复为广说佛难值遇,千万亿劫时乃一出。众生由此得见于佛,生清净信,踊跃欢喜,尊重供养;复于佛所闻诸佛名,转更值遇无数诸佛,植诸善本,修习增长。尔时,无数百千万亿那由他众生,因见佛故,皆得清净究竟调伏。彼诸众生于菩萨所,皆生最上善知识想;因菩萨故,成就佛法,以无数劫所种善根,普于世间施作佛事。佛子!菩萨摩诃萨开示众生令见佛时,以诸善根如是回向,所谓:愿一切众生不待劝诱,自往见佛,承事供养,皆令欢喜;愿一切众生常乐见佛,心无废舍;愿一切众生常勤修习广大智慧,受持一切诸佛法藏;愿一切众生随所闻声皆悟佛法,于无量劫修菩萨行;愿一切众生安住正念,恒以智眼见佛出兴;愿一切众生不念异业,常忆见佛,勤修十力;愿一切众生于一切处常见诸佛,了达如来遍虚空界;愿一切众生皆得具足佛自在身,普于十方成道说法;愿一切众生遇善知识,常闻佛法,于诸如来得不坏信;愿一切众生悉能称叹诸佛出兴,令其见者普得清净。是为菩萨摩诃萨叹佛出世善根回向;为令众生见一切佛供养承事,于无上法究竟清净故。

佛子！菩萨摩诃萨舍于大地，或施诸佛，造立精舍；或施菩萨及善知识，随意所用；或施众僧，以为住处；或施父母，或施别人、声闻、独觉种种福田，乃至一切贫穷、孤露及余四众，随意悉与，令无所乏；或施造立如来塔庙。于如是等诸处之中，悉为办具资生什物，令随意用，无所恐惧。菩萨摩诃萨随何方所布施地时，以诸善根如是回向，所谓：愿一切众生具足清净一切智地，悉到普贤众行彼岸；愿一切众生得总持地，正念受持一切佛法；愿一切众生得住持力，常能守护一切佛教；愿一切众生得如地心，于诸众生，意常清净，无有恶念；愿一切众生持诸佛种，成就菩萨诸地次第，无有断绝；愿一切众生普为一切作安隐处，悉令调伏，住清净道；愿一切众生同诸如来利益世间，普使勤修安住佛力；愿一切众生普为世间之所爱乐，悉令安住无上佛乐；愿一切众生获善方便，住佛诸力、无畏法中；愿一切众生得如地智，自在修行一切佛法。是为菩萨摩诃萨施大地时善根回向，为令众生皆得究竟一切如来清净地故。

佛子！菩萨摩诃萨布施僮仆，供养一切诸佛、菩萨、真善知识，或施僧宝，或奉父母尊胜福田；或复给施病苦众生，令无阙乏，以存其命；或复施与贫穷、孤露，及余一切无瞻侍者；或为守护如来塔庙，或为书持诸佛正法，以百千亿那由他仆使，随时给施。其诸仆使皆聪慧善巧，性自调顺，常勤精进，无有懈惰，具质直心、安乐心、利益心、仁慈心、恭恪心、无怨恨心、无仇敌心，能随受者方俗所宜，于彼彼中作诸利益；又皆从菩萨净业所感，才能、技艺、工巧、算数靡不通达，善能供侍悦可其心。菩萨尔时，以诸善根如是回向，所谓：愿一切众生得调顺心，一切佛所修习善根；愿一切众生随顺供养一切诸佛，于佛所说悉能听受；愿一切众生得佛摄受，常观如来，更无余念；愿一切众生不坏佛种，勤修一切顺佛善根；愿一切众生常勤供养一切诸佛，无空过时；愿一切众生摄持一切诸佛妙义，言词清净，游行无畏；愿一切众生常乐见佛，心无厌足，于诸佛所不惜身命；愿一切众生得见诸佛，心无染著，离世所依；愿一切众生但归于佛，永离一切邪归依处；愿一切众生随顺佛道，心常乐观无上佛法。是为菩萨摩诃萨施仆使时善根回向；为令众生远离尘垢，净治佛地，能现如来自在身故。

佛子！菩萨摩诃萨以身布施诸来乞者，布施之时，生谦下心，生如地心，生忍受众苦无变动心，生给侍众生不疲厌心，生于诸众生犹如慈母所有众善悉回与心，生于诸愚险极恶众生种种侵陵皆宽宥心，安住善根，精勤给事。菩萨尔时，悉以善根如是回向，所谓：愿一切众生随其所须常无阙乏，修菩萨行恒不间断，不舍一切菩萨义利，善住菩萨所行之道，了达菩萨平等法性，得在如来种族之数，住真实语，持菩萨行，令诸世间得净佛法，深心信解，证法究竟；令诸众生出生清净增上善根，住大功德，具一切智。又以此善根，令一切众生常得供养一切诸佛，解一切法，受持读诵不忘、不失、不坏、不散，心善调伏，不调令调，以寂静法而调习之。令彼众生于诸佛所住如是事。又以此善根，令一切众生作第一塔，应受世间种种供养；令一切众生成最上福田，得佛智慧，开悟一切；令一切众生作最上受者，普能饶益一切众生；令一切众生成最上福利，能使具足一切善根；令一切众生成第一好施处，能使获得无量福报；令一切众生于三界中皆得出离；令一切众生作第一导师，能为世间示如实道；令一切众生得妙总持，具持一切诸佛正法；令一切众生证得无量第一法界，具足虚空无碍正道。是为菩萨摩诃萨施自己身善根回向，为令众生皆得应供无量智身故。

佛子！菩萨摩诃萨闻法喜悦，生净信心，能以其身供养诸佛，欣乐信解无上法宝，于诸佛所生父母想；读诵受持无碍道法，普入无数那由他法、大智慧宝、诸善根门；心常忆念无量诸佛，入佛境界，深达义理；能以如来微密梵音，兴佛法云，雨佛法雨，勇猛自在；能分别说一切智人第一之地，具足成就萨婆若乘，以无量百千亿那由他大法成满诸根。佛子！菩萨摩诃萨于诸佛所闻如是法，欢喜无量，安住正法；自断疑惑，亦令他断；心恒怡畅，功德成满；善根具足，意恒相续；利益众生，心常不匮；获最胜智，成金刚藏；亲近诸佛，净诸佛刹，常勤供养一切如来。菩萨尔时，以诸善根如是回向，所谓：愿一切众生皆得圆满最胜之身，一切诸佛之所摄受；愿一切众生常近诸佛，依诸佛住，恒得瞻仰，未曾远离；愿一切众生皆得清净不坏之身，具足一切功德智慧；愿一切众生常勤供养一切诸佛，行无所得究竟梵行；愿一切众生得无我身，离我、我所；愿一切众生悉能分身遍十方刹，犹如影现而无来往；愿一切众生得自在身，普往十方无我无受；愿一切众生从佛身生，处在如来无上身家；愿一切众生得法力身，忍辱大力无能坏者；愿一切众生得无比身，成就如来清净法身；愿一切众生成就出世功德之身，生无所得清净法界。是为菩萨摩诃萨以身供佛善根回向，为令众生永住三世诸佛家故。

佛子！菩萨摩诃萨以身布施一切众生，为欲普令成就善根，忆念善根，菩萨摩诃萨自愿其身为大明灯，普能照耀一切众生；为众乐具，普能摄受一切众生；为妙法藏，普能任持一切众生；为净光明，普能开晓一切众生；为世光影，普令众生常得睹见；为善根因缘，普令众生常得值遇；为真善知识，令一切众生悉蒙教诱；为平坦道，令一切众生皆得履践；为无有上具足安乐，令一切众生离苦清净；为明净日，普作世间平等利益。菩萨尔时，以诸善根如是回向，所谓：愿一切众生常亲近佛，入佛智地；愿一切众生得随顺智，住无上觉；愿一切众生常处佛会，意善调伏；愿一切众生所行有则，具佛威仪；愿一切众生悉得涅槃，深解法义；愿一切众生具知足行，生如来家；愿一切众生舍无明欲，住佛志乐；愿一切众生生胜善根，坐菩提树；愿一切众生杀烦恼贼，离怨害心；愿一切众生具足护持一切佛法。是为菩萨摩诃萨以身布施一切众生善根回向；为欲利益一切众生，令得无上安隐处故。

佛子！菩萨摩诃萨自以其身给侍诸佛，于诸佛所念报重恩如父母想，于诸如来起深信乐；以清净心，护佛菩提，住诸佛法；离世间想，生如来家；随顺诸佛，离魔境界；了达一切诸佛所行，成就一切诸佛法器。菩萨尔时，以此善根如是回向，所谓：愿一切众生得清净心，一切智宝而自庄严；愿一切众生住善调伏，远离一切诸不善业；愿一切众生得不可坏坚固眷属，普能摄受诸佛正法；愿一切众生为佛弟子，到于菩萨灌顶之地；愿一切众生常为诸佛之所摄受，永离一切不善之法；愿一切众生随顺诸佛，修行菩萨最胜之法；愿一切众生入佛境界，悉皆得授一切智记；愿一切众生与诸如来皆悉平等，一切佛法无不自在；愿一切众生悉为诸佛之所摄受，常能修行无取著业；愿一切众生常为诸佛第一侍者，一切佛所修智慧行。是为菩萨摩诃萨给侍诸佛善根回向；为欲证得诸佛菩提，为欲救护一切众生，为欲出离一切三界，为欲成就无损恼心，为得无量广大菩提，为欲成就照佛法智，为欲常蒙诸佛摄受，为得诸佛之所护持，为欲信解一切佛法，为欲成就与三世佛平等善根，为欲圆满无悔恨心，证得一切诸佛法故。

佛子！菩萨摩诃萨布施国土一切诸物，乃至王位悉亦能舍；于诸世事，心得自在，无系、无缚、无所恋著；远离恶业，饶益众生；不著业果，不乐世法，不复贪染诸有生处；虽住世间，非此处生；心不执著蕴、界、处法，于内外法心无依住；常不忘失诸菩萨行，未曾远离诸善知识；持诸菩萨广大行愿，常乐承事一切善友。菩萨尔时，以此善根如是回向，所谓：愿一切众生为大法王，于法自在，到于彼岸；愿一切众生成佛法王，摧灭一切烦恼怨贼；愿一切众生住佛王位，得如来智，开演佛法；愿一切众生住佛境界，能转无上自在法轮；愿一切众生生如来家，于法自在，护持佛种，永使不绝；愿一切众生开示无量法王正法，成就无边诸大菩萨；愿一切众生住净法界，为大法王，现佛出兴，相继不断；愿一切众生于诸世界作智慧王，化导群生无时暂舍；愿一切众生普为法界、虚空界等诸世界中一切众生作法施主，使其咸得住于大乘；愿一切众生得成具足众善之王，与三世佛善根齐等。是为菩萨摩诃萨布施王位善根回向；为欲令彼一切众生，究竟住于安隐处故。

佛子！菩萨摩诃萨见有人来乞王京都、严丽大城及以关防所有输税，尽皆施与，心无吝惜；专向菩提发大誓愿，住于大慈，行于大悲，志意欢悦，利益众生；以广大智解了深法，安住诸佛平等法性；发心为求一切智故，于自在法起深乐故，于自在智求证得故，净修一切诸功德故，住于坚固广大智故，广集一切诸善根故，修行一切佛法愿故，自然觉悟大智法故，安住菩提心无退故，修习一切菩萨行愿、一切种智尽究竟故,而行布施。以此善根如是回向,所谓:愿一切众生悉能严净无量刹土,奉施诸佛以为住处;愿一切众生常乐居止阿兰若处,寂静不动;愿一切众生永不依止王都聚落,心乐寂静,永得究竟;愿一切众生永不乐著一切世间,于世语言常乐远离;愿一切众生得离贪心,施诸所有,心无中悔;愿一切众生得出离心,舍诸家业;愿一切众生得无吝心,常行惠施;愿一切众生得不著心,离居家法;愿一切众生得离众苦,除灭一切灾横怖畏;愿一切众生严净十方一切世界,奉施诸佛。是为菩萨摩诃萨布施王都善根回向,为令众生悉能严净诸佛刹故。

佛子!菩萨摩诃萨所有一切内宫眷属、妓侍众女,皆颜貌端正,才能具足,谈笑歌舞悉皆巧妙,种种衣服、种种华香而以严身,见者欢喜,情无厌足。如是宝女百千万亿那由他数,皆由菩萨善业所生,随意自在,敬顺无失;尽以布施诸来乞者,而于其中无爱乐心、无顾恋心、无耽著心、无系缚心、无执取心、无贪染心、无分别心、无随逐心、无取相心、无乐欲心。菩萨尔时,观诸善根,为欲令一切众生咸得出离故回向,得佛法喜故回向,于不坚固中而得坚固故回向,得金刚智不可坏心故回向,入佛道场故回向,到于彼岸故回向,得无上菩提心故回向,能以智慧了达诸法故回向,出生一切善根故回向,入三世诸佛家故回向。佛子!菩萨摩诃萨住如是法,生如来家;增长诸佛清净胜因,出生最胜一切智道;深入菩萨广大智业,灭除一切世间垢恼,常能供施功德福田;为诸众生宣说妙法,善巧安立,令其修习诸清净行,常勤摄取一切善根。菩萨尔时,以诸善根如是回向,所谓:愿一切众生常得无量三昧眷属,菩萨胜定相续不断;愿一切众生常乐见佛,悉入诸佛庄严三昧;愿一切众生成就菩萨不思议定,自在游戏无量神通;愿一切众生入如实定,得不坏心;愿一切众生尽获菩萨甚深三昧,于诸禅定而得自在;愿一切众生得解脱心,成就一切三昧眷属;愿一切众生种种三昧皆得善巧,悉能摄取诸三昧相;愿一切众生得胜智三昧,普能学习诸三昧门;愿一切众生得无碍三昧,入深禅定终不退失;愿一切众生得无著三昧,心恒正受,不取二法。是为菩萨摩诃萨布施一切内宫眷属时善根回向;为欲令一切众生皆得不坏清净眷属故;为欲令一切众生皆得菩萨眷属故;为欲令一切众生悉得满足佛法故;为欲令一切众生满足一切智力故;为欲令一切众生证于无上智慧故;为欲令一切众生得于随顺眷属故;为欲令一切众生得同志行人共居故;为欲令一切众生具足一切福智故;为欲令一切众生成就清净善根故;为欲令一切众生得善和眷属故;为欲令一切众生成就如来清净法身故;为欲令一切众生成就次第如理辩才,善说诸佛无尽法藏故;为欲令一切众生永舍一切世俗善根,同修出世清净善根故;为欲令一切众生净业圆满,成就一切清净法故;为欲令一切众生一切佛法皆悉现前,以法光明普严净故。

佛子！菩萨摩诃萨能以所爱妻子布施，犹如往昔须达拏太子、现庄严王菩萨，及余无量诸菩萨等。菩萨尔时，乘萨婆若心，行一切施，净修菩萨布施之道。其心清净，无有中悔，罄舍所珍，求一切智；令诸众生净深志乐，成菩提行，观菩萨道，念佛菩提，住佛种性。菩萨摩诃萨成办如是布施心已，决定志求如来之身；自观己身，系属一切，不得自在；又以其身普摄众生，犹如宝洲给施一切，未满足者令其满足。菩萨如是护念众生，欲令自身作第一塔，普使一切皆生欢喜；欲于世间生平等心；欲为众生作清凉池；欲与众生一切安乐；欲为众生作大施主；智慧自在，了知菩萨所行之行，而能如是大誓庄严；趣一切智，愿成无上智慧福田；普念众生，常随守护，而能成办自身利益；智慧光明普照于世，常勤忆念菩萨施心，恒乐观察如来境界。佛子！菩萨摩诃萨以无缚无著解脱心布施妻子所集善根，如是回向，所谓：愿一切众生住佛菩提，起变化身，周遍法界转不退轮；愿一切众生得无著身，愿力周行一切佛刹；愿一切众生舍爱憎心，断贪恚结；愿一切众生为诸佛子，随佛所行；愿一切众生于诸佛所，生自己心，不可沮坏；愿一切众生常为佛子，从法化生；愿一切众生得究竟处，成就如来自在智慧；愿一切众生证佛菩提，永离烦恼；愿一切众生能具演说佛菩提道，常乐修行无上法施；愿一切众生得正定心，不为一切诸缘所坏；愿一切众生坐菩提树，成最正觉，开示无量从法化生诸善男女。是为菩萨摩诃萨布施妻子善根回向，为令众生皆悉证得无碍解脱无著智故。

佛子！菩萨摩诃萨庄严舍宅及诸资具，随有乞求，一切施与，行布施法；于家无著，远离一切居家觉观，厌恶家业、资生之具，不贪不味，心无系著；知家易坏，心恒厌舍，都于其中无所爱乐；但欲出家修菩萨行，以诸佛法而自庄严；一切悉舍，心无中悔，常为诸佛之所赞叹；舍宅、财物，随处所有，悉以惠施，心无恋著；见有乞求，心生喜庆。菩萨尔时，以此善根如是回向，所谓：愿一切众生舍离妻子，成就出家第一之乐；愿一切众生解脱家缚，入于非家，诸佛法中修行梵行；愿一切众生舍离悭垢，乐一切施，心无退转；愿一切众生永离家法，少欲知足，无所藏积；愿一切众生出世俗家，住如来家；愿一切众生得无碍法，灭除一切障碍之道；愿一切众生离家属爱，虽现居家，心无所著；愿一切众生善能化诱，不离家法，说佛智慧；愿一切众生身现在家，心常随顺佛智而住；愿一切众生在居家地，住于佛地，普令无量无边众生发欢喜心。是为菩萨摩诃萨布施舍宅时善根回向，为令众生成就菩萨种种行愿神通智故。

佛子！菩萨摩诃萨布施种种园林、台榭、游戏快乐庄严之处，作是念言：我当为一切众生作好园林，我当为一切众生示现法乐，我当施一切众生欢喜之意，我当示一切众生无边喜乐，我当为一切众生开净法门，我当令一切众生发欢喜心，我当令一切众生得佛菩提，我当令一切众生成满大愿，我当于一切众生犹如慈父，我当令一切众生智慧观察，我当施一切众生资生之具，我当于一切众生犹如慈母，生长一切善根大愿。佛子！菩萨摩诃萨如是修行诸善根时，于恶众生不生疲厌，亦不误起弃舍之心。设满世间一切众生悉不知恩，菩萨于彼，初无嫌恨，不生一念求反报心，但欲灭其无量苦恼；于诸世间，心如虚空，无所染著，普观诸法真实之相；发大誓愿，灭众生苦，永不厌舍大乘志愿；灭一切见，修诸菩萨平等行愿。佛子！菩萨摩诃萨如是观察已，摄诸善根，悉以回向，所谓：愿一切众生念念滋生无量善法，成就无上园林之心；愿一切众生得不动法，见一切佛皆令欢喜；愿一切众生乐法园苑，得诸佛刹园苑妙乐；愿一切众生得净妙心，常见如来神足园林；愿一切众生得佛戏乐，常善游戏智慧境界；愿一切众生得游戏乐，普诣佛刹道场众会；愿一切众生成就菩萨解脱游戏，尽未来劫，行菩萨行，心无疲倦；愿一切众生见一切佛充满法界，发广大心，住佛园林；愿一切众生悉能遍往一切佛刹，一一刹中供养诸佛；愿一切众生得善欲心，清净庄严一切佛刹。是为菩萨摩诃萨布施一切园林、台榭善根回向；为令众生见一切佛，游戏一切佛园林故。

佛子！菩萨摩诃萨作百千亿那由他无量无数广大施会，一切清净，诸佛印可，终不损恼于一众生；普令众生远离众恶，净三业道，成就智慧；开置无量百千亿那由他阿僧祇清净境界，积集无量百千亿那由他阿僧祇资生妙物，发甚难得菩提之心，行无限施，令诸众生住清净道，初、中、后善，生净信解；随百千亿无量众生心之所乐，悉令欢喜，以大慈悲救护一切，承事供养三世诸佛；为欲成就一切佛种，修行布施，心无中悔，增长信根，成满胜行，念念增进檀波罗蜜。菩萨尔时，以诸善根如是回向，所谓：愿一切众生发大乘心，悉得成就摩诃衍施；愿一切众生皆悉能行大会施、尽施、善施、最胜施、无上施、最无上施、无等等施、超诸世间施、一切诸佛所称叹施；愿一切众生作第一施主，于诸恶趣勉济众生，皆令得入无碍智道，修平等愿如实善根，得无差别证自境智；愿一切众生安住寂静诸禅定智，入不死道，究竟一切神通智慧，勇猛精进，具足诸地，庄严佛法，到于彼岸，永不退转；愿一切众生设大施会，终不疲厌，给济众生，无有休息，究竟无上一切种智；愿一切众生恒勤种植一切善根，到于无量功德彼岸；愿一切众生常蒙诸佛之所称叹，普为世间作大施主，功德具足，充满法界，遍照十方，施无上乐；愿一切众生设大施会，广集善根，等摄众生，到于彼岸；愿一切众生成最胜施，普令众生住第一乘；愿一切众生为应时施，永离非时，大施究竟；愿一切众生成就善施，到佛丈夫大施彼岸；愿一切众生究竟常行大庄严施，尽以一切诸佛为师，悉皆亲近，兴大供养；愿一切众生住清净施，集等法界无量福德，到于彼岸；愿一切众生于诸世间为大施主，誓度群品，住如来地。是为菩萨摩诃萨设大施会善根回向，为令众生行无上施、究竟佛施、成就善施、不可坏施、供诸佛施、无恚恨施、救众生施、成一切智施、常见诸佛施、善精进施、成就一切菩萨功德诸佛智慧广大施故。

佛子！菩萨摩诃萨布施一切资生之物，心无贪惜，不求果报；于世富乐无所希望，离妄想心，善思惟法；为欲利益一切众生，审观一切诸法实性；随顺众生种种不同，所用所求各各差别，成办无量资生之具，所有严饰悉皆妙好；行无边施，行一切施，尽内外施；行此施时，增志乐力，获大功德，成就心宝；常能守护一切众生，皆令发生殊胜志愿，初未曾有求反报心；所有善根等三世佛，悉以圆满一切种智。佛子！菩萨摩诃萨以此布施所有善根回向众生：愿一切众生清净调伏；愿一切众生灭除烦恼，严净一切诸佛刹土；愿一切众生以清净心，于一念中周遍法界；愿一切众生智慧充满虚空法界；愿一切众生得一切智，普入三世调伏众生，于一切时常转清净不退法轮；愿一切众生具一切智，善能示现神通方便，饶益众生；愿一切众生悉能悟入诸佛菩提，尽未来劫，于十方世界，常说正法，曾无休息，令诸众生普得闻知；愿一切众生于无量劫修菩萨行，悉得圆满；愿一切众生于一切世界若染、若净、若小、若大、若粗、若细、若覆、若仰，或一庄严，或种种庄严所可演说，在世界数诸世界中，修菩萨行靡不周遍；愿一切众生于念念中常作三世一切佛事，教化众生向一切智。

佛子！菩萨摩诃萨随顺众生一切所须，以如是等阿僧祇物而为给施；为令佛法相续不断，大悲普救一切众生；安住大慈，修菩萨行；于佛教诲终无违犯，以巧方便修行众善，不断一切诸佛种性；随求悉与而无恚厌，一切悉舍未曾中悔，常勤回向一切智道。时，十方国土种种形类、种种趣生、种种福田，皆来集会，至菩萨所，种种求索。菩萨见已，普皆摄受；心生欢喜，如见善友；大悲哀愍，思满其愿；舍心增长，无有休息，亦不疲厌；随其所求，悉令满足，离贫穷苦。时，诸乞者心大欣庆，转更称传，赞扬其德，美声遐布，悉来归往。菩萨见已，欢喜无量；假使百千亿那由他劫受帝释乐，无数劫受夜摩天乐，无量劫受兜率陀天乐，无边劫受善变化天乐，无等劫受他化自在天乐，不可数劫受梵王乐，不可称劫受转轮王王三千乐，不可思劫受遍净天乐，不可说劫受净居天乐，悉不能及。菩萨摩诃萨见乞者来，欢喜爱乐，欣庆踊跃，信心增长，志乐清净，诸根调顺，信解成满，乃至增进诸佛菩提。佛子！菩萨摩诃萨以此善根，为欲利益一切众生故回向，为欲安乐一切众生故回向，为令一切众生得大义利故回向，为令一切众生悉得清净故回向，为令一切众生悉求菩提故回向，为令一切众生悉得平等故回向，为令一切众生悉得贤善心故回向，为令一切众生悉入摩诃衍故回向，为令一切众生悉得贤善智慧故回向，为令一切众生悉具普贤菩萨行愿满十力乘现成正觉故回向。

佛子！菩萨摩诃萨以诸善根如是回向时，身、口、意业皆悉解脱，无著无系，无众生想，无命者想，无补伽罗想，无人想，无童子想，无生者想，无作者想，无受者想，无有想，无无想，无今世、后世想，无死此生彼想，无常想，无无常想，无三有想，无无三有想，非想非非想。如是，非缚回向，非缚解回向；非业回向，非业报回向；非分别回向，非无分别回向；非思回向，非思已回向；非心回向，非无心回向。佛子！菩萨摩诃萨如是回向时，不著内，不著外；不著能缘，不著所缘；不著因，不著果；不著法，不著非法；不著思，不著非思；不著色，不著色生，不著色灭；不著受、想、行、识，不著受、想、行、识生，不著受、想、行、识灭。佛子！菩萨摩诃萨若能于此诸法不著，则不缚色，不缚色生，不缚色灭；不缚受、想、行、识，不缚受、想、行、识生，不缚受、想、行、识灭。若能于此诸法不缚，则亦于诸法不解。何以故？无有少法，若现生、若已生、若当生；无法可取，无法可著。一切诸法自相如是，无有自性，自性相离，非一、非二、非多、非无量，非小、非大，非狭、非广，非深、非浅，非寂静、非戏论，非处、非非处，非法、非非法，非体、非非体，非有、非非有。菩萨如是观察诸法，则为非法；于言语中随世建立，非法为法；不断诸业道，不舍菩萨行，求一切智终无退转；了知一切业缘如梦，音声如响，众生如影，诸法如幻，而亦不坏因缘业力；了知诸业其用广大，解一切法皆无所作，行无作道未尝暂废。

佛子！此菩萨摩诃萨住一切智，若处、非处，普皆回向一切智性；于一切处皆悉回向，无有退转。以何义故说名回向？永度世间至于彼岸，故名回向；永出诸蕴至于彼岸，故名回向；度言语道至于彼岸，故名回向；离种种想至于彼岸，故名回向；永断身见至于彼岸，故名回向；永离依处至于彼岸，故名回向；永绝所作至于彼岸，故名回向；永出诸有至于彼岸，故名回向；永舍诸取至于彼岸，故名回向；永出世法至于彼岸，故名回向。佛子！菩萨摩诃萨如是回向时，则为随顺佛住，随顺法住，随顺智住，随顺菩提住，随顺义住，随顺回向住，随顺境界住，随顺行住，随顺真实住，随顺清净住。佛子！菩萨摩诃萨如是回向，则为了达一切诸法，则为承事一切诸佛；无有一佛而不承事，无有一法而不供养；无有一法而可灭坏，无有一法而可乖违；无有一物而可贪著，无有一法而可厌离；不见内外一切诸法，有少灭坏，违因缘道；法力具足，无有休息。

佛子！是为菩萨摩诃萨第六随顺坚固一切善根回向。菩萨摩诃萨住此回向时，常为诸佛之所护念，坚固不退，入深法性，修一切智；随顺法义，随顺法性，随顺一切坚固善根，随顺一切圆满大愿；具足随顺坚固之法，一切金刚所不能坏，于诸法中而得自在。

尔时，金刚幢菩萨观察十方、观察众会、观察法界已，入于字句甚深之义，修习无量广大之心，以大悲心普覆世间，长去、来、今佛种性心，入于一切诸佛功德，成就诸佛自在力身，观诸众生心之所乐，随其善根所可成熟，依法性身为现色身，承佛神力而说颂言：

菩萨现身作国王，于世位中最无等，福德威光胜一切，普为群萌兴利益。其心清净无染著，于世自在咸遵敬，弘宣正法以训人，普使众生获安隐。现生贵族升王位，常依正教转法轮，禀性仁慈无毒虐，十方敬仰皆从化。智慧分别常明了，色相才能皆具足，临驭率土靡不从，摧伏魔军悉令尽。坚持净戒无违犯，决志堪忍不动摇，永愿蠲除忿恚心，常乐修行诸佛法。饮食香鬘及衣服，车骑床褥座与灯，菩萨悉以给济人，并及所余无量种。为利益故而行施，令其开发广大心，于尊胜处及所余，意皆清净生欢喜。菩萨一切皆周给，内外所有悉能舍，必使其心永清净，不令暂尔生狭劣。或施于头或施眼，或施于手或施足，皮肉骨髓及余物，一切皆舍心无吝。菩萨身居大王位，种族豪贵人中尊，开口出舌施群生，其心欢喜无忧恋。以彼施舌诸功德，回向一切诸众生，普愿藉此胜因缘，悉得如来广长舌。或施妻子及王位，或施其身作僮仆，其心清净常欢喜，如是一切无忧悔。随所乐求咸施与，应时给济无疲厌，一切所有皆能散，诸来求者普满足。为闻法故施其身，修诸苦行求菩提，复为众生舍一切，求无上智不退转。以于佛所闻正法，自舍其身充给侍，为欲普救诸群生，发生无量欢喜心。彼见世尊大导师，能以慈心广饶益，是时踊跃生欢喜，听受如来深法味。菩萨所有诸善根，悉以回向诸众生，普皆救护无有余，永使解脱常安乐。菩萨所有诸眷属，色相端严能辩慧，华鬘衣服及涂香，种种庄严皆具足。此诸眷属甚希有，菩萨一切皆能施，专求正觉度群生，如是之心无暂舍。菩萨如是谛思惟，备行种种广大业，悉以回向诸含识，而不生于取著心。菩萨舍彼大王位，及以国土诸城邑，宫殿楼阁与园林，僮仆侍卫皆无吝。彼于无量百千劫，处处周行而施与，因以教导诸群生，悉使超升无上岸。无量品类各差别，十方世界来萃止，菩萨见已心欣庆，随其所乏令满足。如三世佛所回向，菩萨亦修如是业，调御人尊之所行，悉皆随学到彼岸。菩萨观察一切法，谁为能入此法者？云何为入何所入？如是布施心无住。菩萨回向善巧智，菩萨回向方便法，菩萨回向真实义，于其法中无所著。心不分别一切业，亦不染著于业果，知菩提性从缘起，入深法界无违逆。不于身中而有业，亦不依止于心住，智慧了知无业性，以因缘故业不失。心不妄取过去法，亦不贪著未来事，不于现在有所住，了达三世悉空寂。菩萨已到色彼岸，受想行识亦如是，超出世间生死流，其心谦下常清净。谛观五蕴十八界，十二种处及己身，于此一一求菩提，体性毕竟不可得。不取诸法常住相，于断灭相亦不著，法性非有亦非无，业理次第终无尽。不于诸法有所住，不见众生及菩提，十方国土三世中，毕竟求之无可得。若能如是观诸法，则如诸佛之所解，虽求其性不可得，菩萨所行亦不虚。菩萨了法从缘有，不违一切所行道，开示解说诸业迹，欲使众生悉清净。是为智者所行道，一切如来之所说，随顺思惟入正义，自然觉悟成菩提。诸法无生亦无灭，亦复无来无有去，不于此死而生彼，是人悟解诸佛法。了达诸法真实性，而于法性无分别，知法无性无分别，此人善入诸佛智。法性遍在一切处，一切众生及国土，三世悉在无有余，亦无形相而可得。一切诸佛所觉了，悉皆摄取无有余，虽说三世一切法，如是等法悉非有。如诸法性遍一切，菩萨回向亦复然，如是回向诸众生，常于世间无退转。

大方广佛华严经卷第二十九

十回向品第二十五之七

佛子！云何为菩萨摩诃萨等随顺一切众生回向？

佛子！此菩萨摩诃萨随所积集一切善根，所谓：小善根、大善根、广善根、多善根、无量善根、种种善根、微尘数善根、阿僧祇善根、无边际善根、不可思善根、不可量善根、佛境界善根、法境界善根、僧境界善根、善知识境界善根、一切众生境界善根、方便善巧境界善根、修诸善心境界善根、内境界善根、外境界善根、无边助道法境界善根、勤修一切舍善根、立胜志究竟持净戒善根、一切舍无不受堪忍善根、常精进心无退善根、以大方便入无量三昧善根、以智慧善观察善根、知一切众生心行差别善根、集无边功德善根、勤修习菩萨业行善根、普覆育一切世间善根。佛子！菩萨摩诃萨于此善根修行安住，趣入摄受，积集办具，悟解心净；开示发起时，得堪忍心，闭恶趣门；善摄诸根，威仪具足，远离颠倒，正行圆满；堪为一切诸佛法器，能作众生福德良田；为佛所念，长佛善根，住诸佛愿，行诸佛业，心得自在，等三世佛；趣佛道场，入如来力，具佛色相，超诸世间；不乐生天，不贪富乐，不著诸行；一切善根悉以回向，为诸众生功德之藏；住究竟道，普覆一切，于虚妄道中拔出众生，令其安住一切善法，遍诸境界无断无尽；开一切智菩提之门，建立智幢，严净大道；普能示现一切世间，令除垢染，心善调伏，生如来家，净佛种性；功德具足，作大福田，为世所依；安立众生咸令清净，常勤修习一切善根。

佛子！菩萨摩诃萨以净志愿菩提心力修诸善根时，作是念言：此诸善根是菩提心之所积集，是菩提心之所思惟，是菩提心之所发起，是菩提心之所志乐，是菩提心之所增益；皆为怜愍一切众生，皆为趣求一切种智，皆为成就如来十力。作是念时，善根增进，永不退转。

佛子！菩萨摩诃萨复作是念：愿我以此善根果报，尽未来劫，修菩萨行，悉以惠施一切众生，悉以回向一切众生，普遍无余。愿令阿僧祇世界珍宝充满，阿僧祇世界衣服充满，阿僧祇世界妙香充满，阿僧祇世界庄严具充满，阿僧祇世界无量摩尼宝充满，阿僧祇世界妙华充满，阿僧祇世界上味充满，阿僧祇世界财货充满，阿僧祇世界床座充满——盖以宝帐、敷以妙衣，阿僧祇世界种种庄严宝冠充满。假使一人，尽未来劫，常来求索，以此等物而惠施之，未曾厌倦而有休息。如于一人，于一切众生悉亦如是。佛子！菩萨摩诃萨如是施时，无虚伪心，无希望心，无名誉心，无中悔心，无热恼心，但发专求一切智道心、一切悉舍心、哀愍众生心、教化成熟心、皆令安住一切智智心。佛子！菩萨摩诃萨以诸善根如是回向，尽未来劫，常行惠施。

佛子！菩萨摩诃萨复作是念：我为一众生故，欲令阿僧祇世界宝象充满，七支具足，性极调顺，上立金幢，金网弥覆，种种妙宝而为庄严，以用布施；愿令阿僧祇世界宝马充满，如龙马王，种种众宝庄严之具而严饰之，持用布施；愿令阿僧祇世界妓女充满，悉能敷奏种种妙音，持用布施；愿令阿僧祇世界男女充满，持用布施；愿令阿僧祇世界己身充满，发菩提心而用布施；愿令阿僧祇世界己头充满，起不放逸心而用布施；愿令阿僧祇世界己眼充满，而用布施；愿令阿僧祇世界己身血肉及以骨髓充满其中，心无顾恋，持用布施；愿令阿僧祇世界自在王位充满其中，持用布施；愿令阿僧祇世界奴仆作使充满其中，持用布施。菩萨摩诃萨以如是等种种诸物，尽未来劫，安住广大一切施心，施一众生；如一众生，尽众生界一切众生皆如是施。

佛子！菩萨摩诃萨于一世界，尽未来劫，修菩萨行，以是等物施一众生，如是给施一切众生，皆令满足；如于一世界，于尽虚空遍法界一切世界中悉亦如是，大悲普覆，终无间息，普加哀愍，随其所须供给供养，不令施行遇缘而息，乃至不于一弹指顷生疲倦心。佛子！菩萨摩诃萨如是施时，生于此心，所谓：无著心、无缚心、解脱心、大力心、甚深心、善摄心、无执心、无寿者心、善调伏心、不散乱心、不妄计心、具种种宝性心、不求果报心、了达一切法心、住大回向心、善决诸义心、令一切众生住无上智心、生大法光明心、入一切智智心。

佛子！菩萨摩诃萨以所集善根，于念念中如是回向，所谓：愿一切众生财宝丰足，无所乏少；愿一切众生成就无尽大功德藏；愿一切众生具足一切安隐快乐；愿一切众生增长菩萨摩诃萨业；愿一切众生成满无量第一胜法；愿一切众生得不退转一切智乘；愿一切众生普见十方一切诸佛；愿一切众生永离世间诸惑尘垢；愿一切众生皆得清净平等之心；愿一切众生离诸难处，得一切智。

佛子！菩萨摩诃萨如是回向时，发欢喜心；为令一切众生得利益安乐故；为令一切众生得平等心故；为令一切众生住能舍心故；为令一切众生住一切施心故；为令一切众生住欢喜施心故；为令一切众生住永离贫穷施心故；为令一切众生住一切财宝施心故；为令一切众生住无数财宝施心故；为令一切众生住普施、无量施、一切施心故；为令一切众生住尽未来劫无断施心故；为令一切众生住一切悉舍无悔无恼施心故；为令一切众生住悉舍一切资生之物施心故；为令一切众生住随顺施心故；为令一切众生住摄取施心故；为令一切众生住广大施心故；为令一切众生住舍无量庄严具供养施心故；为令一切众生住无著施心故；为令一切众生住平等施心故；为令一切众生住如金刚极大力施心故；为令一切众生住如日光明施心故；为令一切众生住摄如来智施心故；为令一切众生善根眷属具足故；为令一切众生善根智慧常现在前故；为令一切众生得不可坏净心圆满故；为令一切众生成就最胜清净善根故；为令一切众生于烦恼睡眠中得觉悟故；为令一切众生灭除一切诸疑惑故；为令一切众生得平等智慧净功德故；为令一切众生功德圆满无能坏者故；为令一切众生具足清净不动三昧故；为令一切众生住不可坏一切智智故；为令一切众生成满菩萨无量清净神通行故；为令一切众生修集无著善根故；为令一切众生念去、来、今一切诸佛心清净故；为令一切众生出生清净胜善根故；为令一切众生灭除一切魔所作业障道法故；为令一切众生具足无碍清净平等功德法故；为令一切众生以广大心常念诸佛无懈废故；为令一切众生常近诸佛勤供养故；为令一切众生广开一切诸善根门，普能圆满白净法故；为令一切众生无量心、广大心、最胜心悉清净故；为令一切众生成就清净等施心故；为令一切众生奉持诸佛尸波罗蜜等清净故；为令一切众生得大堪忍波罗蜜故；为令一切众生住精进波罗蜜常无懈故；为令一切众生住无量定，能起种种神通智故；为令一切众生得知一切法无体性般若波罗蜜故；为令一切众生圆满无边净法界故；为令一切众生成满一切神通清净善根故；为令一切众生住平等行，积集善法悉圆满故；为令一切众生善入一切诸佛境界悉周遍故；为令一切众生身、口、意业普清净故；为令一切众生善业果报普清净故；为令一切众生了达诸法普清净故；为令一切众生了达实义普清净故；为令一切众生修诸胜行普清净故；为令一切众生成就一切菩萨大愿普清净故；为令一切众生证得一切功德智慧普清净故；为令一切众生成就一切同体善根，回向出生一切智乘普圆满故；为令一切众生严净一切诸佛国土普圆满故；为令一切众生见一切佛而无所著普圆满故；为令一切众生具诸相好，功德庄严普圆满故；为令一切众生得六十种音声，发言诚谛，皆可信受，百千种法而以庄严，如来无碍功德妙音悉圆满故；为令一切众生成就十力庄严无碍平等心故；为令一切众生得一切佛无尽法明，一切辩才普圆满故；为令一切众生得无上无畏人中之雄师子吼故；为令一切众生得一切智，转不退转无尽法轮故；为令一切众生了一切法，开示演说普圆满故；为令一切众生以时修习清净善法普圆满故；为令一切众生成就导师无上法宝等清净故；为令一切众生于一庄严、无量庄严、大庄严、诸佛庄严普圆满故；为令一切众生等入三世所有境界悉周遍故；为令一切众生悉能往诣一切佛刹，听受正法无不遍故；为令一切众生智慧利益为世所宗与佛等故；为令一切众生以一切智知一切法普圆满故；为令一切众生行不动业，得无碍果普圆满故；为令一切众生所有诸根咸得神通，能知一切众生根故；为令一切众生得无差别平等智慧，于一相法普清净故；为令一切众生与理无违，一切善根悉具足故；为令一切众生于一切菩萨自在神通悉明达故；为令一切众生得一切佛无尽功德，若福若智悉平等故；为令一切众生发菩提心，解一切法平等一相无遗缺故；为令一切众生了达正法，为世最上福德田故；为令一切众生成就平等清净大悲，为诸施者大力田故；为令一切众生坚固第一无能沮坏故；为令一切众生见必蒙益无能摧伏故；为令一切众生成满最胜平等心故；为令一切众生善能了达一切诸法得大无畏故；为令一切众生放一光明普照十方一切世界故；为令一切众生普修一切菩萨精进行无懈退故；为令一切众生以一行愿普满一切诸行愿故；为令一切众生以一妙音普使闻者皆得解故；为令一切众生悉能具足一切菩萨清净心故；为令一切众生普得值遇诸善知识咸承事故；为令一切众生修菩萨行，调伏众生不休息故；为令一切众生以妙辩才具一切音，随机广演无断尽故；为令一切众生能以一心知一切心，以一切善根等回向故；为令一切众生常乐积集一切善根，安立众生于净智故；为令一切众生得一切智、福德智慧、清净身故；为令一切众生善知一切众生善根，观察回向普成就故；为令一切众生得一切智，成等正觉普圆满故；为令一切众生得具足神通智，于一处出兴，一切诸处皆出兴故；为令一切众生得普庄严智，严净一众会，一切众会皆严净故；为令一切众生于一佛国土普见一切佛国土故；为令一切众生以一切庄严具、不可说庄严具、无量庄严具、无尽庄严具，庄严一切诸佛国土普周遍故；为令一切众生于一切法悉能决了甚深义故；为令一切众生得诸如来最上第一自在神通故；为令一切众生得非一非异一切功德自在神通故；为令一切众生具足一切平等善根，普为诸佛灌其顶故；为令一切众生悉得成满清净智身，于诸有中最尊胜故。

  佛子！菩萨摩诃萨如是悲愍利益安乐一切众生，咸令清净，远离悭嫉，受胜妙生，具大威德，生大信解，永离瞋恚及诸翳浊。其心清净，质直柔软，无有谄曲、迷惑、愚痴，行出离行，坚固不坏平等之心永无退转，白净法力具足成就，无恼无失，善巧回向；常修正行调伏众生，灭除一切诸不善业，修行苦行一切善根；又劝众生令其修集，普为含识具受众苦，以大智眼观诸善根，知其悉以智慧为性，方便回向一切众生。为令一切众生悉得安住一切清净功德处故；为令一切众生悉能摄受一切善根，知诸功德性及义故；为令一切众生普净一切诸善根故；为令一切众生于福田境界中种诸善法心无悔故；为令一切众生普能摄受一切众生，一一皆令趣一切智故；为令一切众生普摄一切所有善根，一一皆与平等回向而相应故。又以诸善根如是回向，所谓：愿一切众生究竟安隐，愿一切众生究竟清净，愿一切众生究竟安乐，愿一切众生究竟解脱，愿一切众生究竟平等，愿一切众生究竟了达，愿一切众生究竟安住诸白净法，愿一切众生得无碍眼，愿一切众生善调其心，愿一切众生具足十力调伏众生。

佛子！菩萨摩诃萨如是回向时，不著业，不著报，不著身，不著物，不著刹，不著方，不著众生，不著无众生，不著一切法，不著无一切法。佛子！菩萨摩诃萨如是回向时，以此善根普施世间；愿一切众生成满佛智，得清净心，智慧明了，内心寂静，外缘不动，增长成就三世佛种。

佛子！菩萨摩诃萨修行如是回向之时，超出一切，无能过者，一切世间所有言词悉共称赞亦不可尽；普修一切菩萨诸行，悉能往诣一切佛土，普见诸佛无所障碍；又能普见一切世界菩萨所行，以善方便，为诸众生分别诸法甚深句义，得陀罗尼演说妙法，尽未来劫无有断绝；为众生故，念念于不可说不可说世界，犹如影像，普现其身，供养诸佛；念念严净不可说不可说诸佛国土，悉令周遍，修行严净佛刹智慧而无厌足；念念令不可说不可说百千亿那由他众生，清净成就，平等满足；于彼一切诸国土中，勤修一切诸波罗蜜，摄取众生，成就净业；得无碍耳，于不可说不可说诸佛世界，一一如来所转法轮，听闻受持，精勤修习，不生一念舍离之心；住无所得、无依止、无作、无著菩萨神通，于一刹那一弹指顷，分身普诣不可说诸佛世界，与诸菩萨等同一见。

佛子！菩萨摩诃萨如是修习菩萨行时，尚能成满无量不可说不可说清净功德，忆念称赞所不能尽，况复得成无上菩提，一切佛刹平等清净，一切众生平等清净，一切身平等清净，一切根平等清净，一切业果平等清净，一切众会道场平等清净，一切圆满行平等清净，一切法方便智平等清净，一切如来诸愿回向平等清净，一切诸佛神通境界平等清净。

佛子！菩萨摩诃萨如是回向时，得一切功德清净欢喜法门，无量功德圆满庄严。如是回向时，众生不违一切刹，刹不违一切众生；刹众生不违业，业不违刹众生；思不违心，心不违思；思、心不违境界，境界不违思、心；业不违报，报不违业；业不违业道，业道不违业；法性不违相，法相不违性；法生不违性，法性不违生；刹平等不违众生平等，众生平等不违刹平等；一切众生平等不违一切法平等，一切法平等不违一切众生平等；离欲际平等不违一切众生安住平等，一切众生安住平等不违离欲际平等；过去不违未来，未来不违过去，过去、未来不违现在，现在不违过去、未来；世平等不违佛平等，佛平等不违世平等；菩萨行不违一切智，一切智不违菩萨行。

佛子！菩萨摩诃萨如是回向时，得业平等，得报平等，得身平等，得方便平等，得愿平等，得一切众生平等，得一切刹平等，得一切行平等，得一切智平等，得三世诸佛平等；得承事一切诸佛，得供养一切菩萨，得种一切善根，得满一切大愿，得教化一切众生，得了知一切业，得承事供养一切善知识，得入一切清净众会道场，得通达一切正教，得成满一切白法。

佛子！是为菩萨摩诃萨第七等随顺一切众生回向。菩萨摩诃萨成就此回向，则能摧灭一切魔怨，拔诸欲刺，得出离乐，住无二性，具大威德，救护众生，为功德王；神足无碍，往一切刹，入寂灭处；具一切身，成菩萨行，于诸行愿心得自在，分别了知一切诸法，悉能遍生一切佛刹；得无碍耳，闻一切刹所有音声；得净慧眼，见一切佛未尝暂舍；于一切境界，成就善根，心无高下；于一切法，得无所得。菩萨摩诃萨以一切善根，等随顺一切众生，如是回向。

尔时，金刚幢菩萨承佛神力，普观十方而说颂言：

菩萨所作诸功德，微妙广大甚深远，乃至一念而修行，悉能回向无边际。菩萨所有资生具，种种丰盈无限亿，香象宝马以驾车，衣服珍财悉殊妙。或以头目并手足，或持身肉及骨髓，悉遍十方无量刹，普施一切令充遍。无量劫中所修习，一切功德尽回向，为欲救度诸群生，其心毕竟不退转。菩萨为度众生故，常修最胜回向业，普令三界得安乐，悉使当成无上果。菩萨普兴平等愿，随其所集清净业，悉以回施诸群生，如是大誓终无舍。菩萨愿力无限碍，一切世间咸摄受，如是回向诸群生，未曾暂起分别心。普愿众生智明了，布施持戒悉清净，精进修行不懈废，如是大誓无休息。菩萨回向到彼岸，普开清净妙法门，智慧同于两足尊，分别实义得究竟。菩萨言词已通达，种种智慧亦如是，说法如理无障碍，而于其中心不著。常于诸法不作二，亦复不作于不二，于二不二并皆离，知其悉是语言道。知诸世间悉平等，莫非心语一切业，众生幻化无有实，所有果报从兹起。一切世间之所有，种种果报各不同，莫不皆由业力成，若灭于业彼皆尽。菩萨观察诸世间，身口意业悉平等，亦令众生住平等，犹如无等大圣尊。菩萨善业悉回向，普令众生色清净，福德方便皆具足，同于无上调御士。菩萨利益诸群生，功德大海尽回向，愿使威光特超世，得成勇猛大力身。凡所修习诸功德，愿使世间普清净，诸佛清净无伦匹，众生清净亦如是。菩萨于义得善巧，能知诸佛最胜法，以众善业等回向，愿令庶品同如来。菩萨了知诸法空，一切世间无所有，无有造作及作者，众生业报亦不失。诸法寂灭非寂灭，远离此二分别心，知诸分别是世见，入于正位分别尽。如是真实诸佛子，从于如来法化生，彼能如是善回向，世间疑惑悉除灭。

大方广佛华严经卷第三十

十回向品第二十五之八

佛子！何者是菩萨摩诃萨真如相回向？

佛子！此菩萨摩诃萨正念明了，其心坚住，远离迷惑；专意修行，深心不动；成不坏业，趣一切智，终不退转；志求大乘，勇猛无畏；植诸德本，普安世间；生胜善根，修白净法；大悲增长，心宝成就；常念诸佛，护持正法；于菩萨道信乐坚固，成就无量净妙善根，勤修一切功德智慧；为调御师，生众善法，以智方便而为回向。菩萨尔时，慧眼普观，所有善根无量无边。其诸善根修集之时，若求缘、若办具、若治净、若趣入、若专励、若起行、若明达、若精审、若开示，如是一切有种种门、种种境、种种相、种种事、种种分、种种行、种种名字、种种分别、种种出生、种种修习，其中所有一切善根，悉是趣向十力乘心之所建立，皆悉回向一切种智，唯一无二。以诸善根如是回向，所谓：愿得圆满无碍身业，修菩萨行；愿得清净无碍口业，修菩萨行；愿得成就无碍意业，安住大乘；愿得圆满无障碍心，净修一切诸菩萨行；愿起无量广大施心，周给无边一切众生；愿于诸法心得自在，演大法明，无能障蔽；愿得明达一切智处，发菩提心，普照世间；愿常正念三世诸佛，谛想如来常现在前；愿住圆满增上志乐，远离一切诸魔怨敌；愿得安住佛十力智，普摄众生无有休息；愿得三昧游诸世界，而于世间无所染著；愿住诸世界无有疲厌，教化众生恒不休息；愿起无量思慧方便，成就菩萨不思议道；愿得诸方不迷惑智，悉能分别一切世间；愿得自在神通智力，于一念中悉能严净一切国土；愿得普入诸法自性，见一切世间悉皆清净；愿得生起无差别智，于一刹中入一切刹；愿以一切刹庄严之事显示一切，教化无量无边众生；愿于一佛刹中示无边法界，一切佛刹悉亦如是；愿得自在大神通智，普能往诣一切佛土。

佛子！菩萨摩诃萨以诸善根，愿得庄严一切佛国，愿得周遍一切世界，愿得成就智慧观察。如为己身如是回向，如是而为一切众生，所谓：愿一切众生永离一切地狱、畜生、阎罗王趣；愿一切众生除灭一切障碍之业；愿一切众生得周普心平等智慧；愿一切众生于怨于亲等心摄受，皆令安乐，智慧清净；愿一切众生智慧圆满，净光普照；愿一切众生思慧成满，了真实义；愿一切众生以净志乐，趣求菩提，获无量智；愿一切众生普能显示安隐住处。佛子！菩萨摩诃萨恒以善心如是回向，为令一切众生遇清凉云，霪法雨故；为令一切众生常值福田，胜境界故；为令一切众生皆能善入菩提心藏，自护持故；为令一切众生离诸盖、缠，善安住故；为令一切众生皆获无碍神通智故；为令一切众生得自在身，普示现故；为令一切众生成就最胜一切种智,普兴利益无空过故;为令一切众生普摄群品,令清净故;为令一切众生皆能究竟一切智故;为令一切众生心不动摇,无障碍故。

佛子!菩萨摩诃萨见可爱乐国土、园林、草木、华果、名香、上服、珍宝、财物、诸庄严具,或见可乐村邑、聚落,或见帝王威德自在,或见住处离诸諠杂。见是事已,以方便智精勤修习,出生无量胜妙功德,为诸众生勤求善法,心无放逸,广集众善;犹如大海,以无尽善普覆一切,为众善法所依之处,以诸善根方便回向而无分别;开示无量种种善根,智常观察一切众生,心恒忆念善根境界,以等真如平等善根回向众生,无有休息。菩萨尔时,以诸善根如是回向,所谓:愿一切众生得诸如来可爱乐见,见法真性平等平等,无所取著,圆满清净;愿一切众生见诸如来甚可爱乐,圆满供养;愿一切众生往生一切无诸烦恼、甚可爱乐清净佛刹;愿一切众生得见诸佛可爱乐法;愿一切众生常乐护持一切菩萨可爱乐行;愿一切众生得善知识可爱乐眼,见无所碍;愿一切众生常见一切可爱乐物,无有违逆;愿一切众生证得一切可爱乐法而勤护持;愿一切众生于一切佛可乐法中得净光明;愿一切众生修诸菩萨一切能舍可爱乐心;愿一切众生得无所畏能说一切可爱乐法;愿一切众生得诸菩萨极可爱乐甚深三昧;愿一切众生得诸菩萨甚可爱乐陀罗尼门;愿一切众生得诸菩萨甚可爱乐善观察智;愿一切众生能现菩萨甚可爱乐自在神通;愿一切众生能于诸佛大众会中说可爱乐甚深妙法;愿一切众生能以方便开示演说甚可爱乐差别之句;愿一切众生常能发起甚可爱乐平等大悲;愿一切众生念念发起甚可爱乐大菩提心,常令诸根欢喜悦豫;愿一切众生能入一切甚可爱乐诸如来家;愿一切众生得可爱乐能调伏行,调伏众生无有休息;愿一切众生得诸菩萨甚可爱乐无尽辩才演说诸法;愿一切众生于不可说不可说劫,住于一切可乐世界,教化众生,心无厌倦;愿一切众生以无量方便,普能悟入甚可爱乐诸佛法门;愿一切众生得可爱乐无碍方便,知一切法无有根本;愿一切众生得可爱乐离贪欲际,知一切法毕竟无二,断一切障;愿一切众生得可爱乐离贪欲际,知一切法平等真实;愿一切众生具足成满一切菩萨甚可爱乐无戏论法;愿一切众生得金刚藏精进之心,成可爱乐一切智道;愿一切众生具可爱乐无碍善根,摧伏一切烦恼怨敌;愿一切众生得可爱乐一切智门,普于世间现成正觉。

佛子!菩萨摩诃萨修习如是诸善根时,得智慧明,为善知识之所摄受,如来慧日明照其心,永灭痴冥;勤修正法,入诸智业,善学智地,流布善根,充满法界,以智回向;尽诸菩萨善根源底,以智深入大方便海,成就无量广大善根。

佛子!菩萨摩诃萨以此善根如是回向,所谓:不著世间,不取众生;其心清净,无所依止;正念诸法,离分别见;不舍一切佛自在慧,不违三世一切诸佛正回向门;随顺一切平等正法,不坏如来真实之相，等观三世无众生相；善顺佛道，善说于法，深了其义，入最胜地，悟真实法，智慧圆满，信乐坚固；虽善修正业而知业性空，了一切法皆如幻化，知一切法无有自性；观一切义及种种行，随世言说而无所著；除灭一切执著因缘，知如实理，观诸法性皆悉寂灭，了一切法同一实相，知诸法相不相违背；与诸菩萨而共同止，修行其道，善摄众生，入去、来、今一切菩萨回向之门；于诸佛法心无惊怖，以无量心令诸众生普得清净；于十方世界不起执取我、我所心，于诸世间无所分别；于一切境界不生染著，勤修一切出世间法；于诸世间无取无依，于深妙道正见牢固，离诸妄见，了真实法。譬如真如，遍一切处，无有边际；善根回向亦复如是，遍一切处，无有边际。譬如真如，真实为性；善根回向亦复如是，了一切法真实为性。譬如真如，恒守本性，无有改变；善根回向亦复如是，守其本性，始终不改。譬如真如，以一切法无性为性；善根回向亦复如是，了一切法无性为性。譬如真如，无相为相；善根回向亦复如是，了一切法无相为相。譬如真如，若有得者，终无退转；善根回向亦复如是，若有得者，于诸佛法，永不退转。譬如真如，一切诸佛之所行处；善根回向亦复如是，一切如来所行之处。譬如真如，离境界相而为境界；善根回向亦复如是，离境界相而为三世一切诸佛圆满境界。譬如真如，能有安立；善根回向亦复如是，悉能安立一切众生。譬如真如，性常随顺；善根回向亦复如是，尽未来劫，随顺不断。譬如真如，无能测量；善根回向亦复如是，等虚空界，尽众生心，无能测量。譬如真如，充满一切；善根回向亦复如是，一刹那中普周法界。譬如真如，常住无尽；善根回向亦复如是，究竟无尽。譬如真如，无有比对；善根回向亦复如是，普能圆满一切佛法，无有比对。譬如真如，体性坚固；善根回向亦复如是，体性坚固，非诸惑恼之所能沮。譬如真如，不可破坏；善根回向亦复如是，一切众生不能损坏。譬如真如，照明为体；善根回向亦复如是，以普照明而为其性。譬如真如，无所不在；善根回向亦复如是，于一切处悉无不在。譬如真如，遍一切时；善根回向亦复如是，遍一切时。譬如真如，性常清净；善根回向亦复如是，住于世间而体清净。譬如真如，于法无碍；善根回向亦复如是，周行一切而无所碍。譬如真如，为众法眼；善根回向亦复如是，能为一切众生作眼。譬如真如，性无劳倦；善根回向亦复如是，修行一切菩萨诸行恒无劳倦。譬如真如，体性甚深；善根回向亦复如是，其性甚深。譬如真如，无有一物；善根回向亦复如是，了知其性无有一物。譬如真如，性非出现；善根回向亦复如是，其体微妙，难可得见。譬如真如，离众垢翳；善根回向亦复如是，慧眼清净，离诸痴翳。譬如真如，性无与等；善根回向亦复如是，成就一切诸菩萨行最上无等。譬如真如，体性寂静；善根回向亦复如是，善能随顺寂静之法。譬如真如，无有根本；善根回向亦复如是，能入一切无根本法。譬如真如，体性无边；善根回向亦复如是，净诸众生，其数无边。譬如真如，体性无著；善根回向亦复如是，毕竟远离一切诸著。譬如真如，无有障碍；善根回向亦复如是，除灭一切世间障碍。譬如真如，非世所行；善根回向亦复如是，非诸世间之所能行。譬如真如，体性无住；善根回向亦复如是，一切生死皆非所住。譬如真如，性无所作；善根回向亦复如是，一切所作悉皆舍离。譬如真如，体性安住；善根回向亦复如是，安住真实。譬如真如，与一切法而共相应；善根回向亦复如是，与诸菩萨听闻修习而共相应。譬如真如，一切法中，性常平等；善根回向亦复如是，于诸世间修平等行。譬如真如，不离诸法；善根回向亦复如是，尽未来际不舍世间。譬如真如，一切法中，毕竟无尽；善根回向亦复如是，于诸众生回向无尽。譬如真如，与一切法无有相违；善根回向亦复如是，不违三世一切佛法。譬如真如，普摄诸法；善根回向亦复如是，尽摄一切众生善根。譬如真如，与一切法同其体性；善根回向亦复如是，与三世佛同一体性。譬如真如，与一切法不相舍离；善根回向亦复如是，摄持一切世、出世法。譬如真如，无能映蔽；善根回向亦复如是，一切世间无能映蔽。譬如真如，不可动摇；善根回向亦复如是，一切魔业无能动摇。譬如真如，性无垢浊；善根回向亦复如是，修菩萨行无有垢浊。譬如真如，无有变易；善根回向亦复如是，愍念众生，心无变易。譬如真如，不可穷尽；善根回向亦复如是，非诸世法所能穷尽。譬如真如，性常觉悟；善根回向亦复如是，普能觉悟一切诸法。譬如真如，不可失坏；善根回向亦复如是，于诸众生起胜志愿，永不失坏。譬如真如，能大照明；善根回向亦复如是，以大智光照诸世间。譬如真如，不可言说；善根回向亦复如是，一切言语所不可说。譬如真如，持诸世间；善根回向亦复如是，能持一切菩萨诸行。譬如真如，随世言说；善根回向亦复如是，随顺一切智慧言说。譬如真如，遍一切法；善根回向亦复如是，遍于十方一切佛刹，现大神通，成等正觉。譬如真如，无有分别；善根回向亦复如是，于诸世间，无所分别。譬如真如，遍一切身；善根回向亦复如是，遍十方刹无量身中。譬如真如，体性无生；善根回向亦复如是，方便示生而无所生。譬如真如，无所不在；善根回向亦复如是，十方三世诸佛土中，普现神通而无不在。譬如真如，遍在于夜；善根回向亦复如是，于一切夜，放大光明，施作佛事。譬如真如，遍在于昼；善根回向亦复如是，悉令一切在昼众生，见佛神变，演不退轮，离垢清净，无空过者。譬如真如，遍在半月及以一月；善根回向亦复如是，于诸世间次第时节，得善方便，于一念中知一切时。譬如真如，遍在年岁；善根回向亦复如是，住无量劫明了成熟，一切诸根皆令圆满。譬如真如，遍成坏劫；善根回向亦复如是，住一切劫清净无染，教化众生咸令清净。譬如真如，尽未来际；善根回向亦复如是，尽未来际，修诸菩萨清净妙行，成满大愿无有退转。譬如真如，遍住三世；善根回向亦复如是，令诸众生于一刹那见三世佛，未曾一念而有舍离。譬如真如，遍一切处；善根回向亦复如是，超出三界，周行一切，悉得自在。譬如真如，住有无法；善根回向亦复如是，了达一切有无之法毕竟清净。譬如真如，体性清净；善根回向亦复如是，能以方便集助道法，净治一切诸菩萨行。譬如真如，体性明洁；善根回向亦复如是，令诸菩萨悉得三昧明洁之心。譬如真如，体性无垢；善根回向亦复如是，远离诸垢，满足一切诸清净意。譬如真如，无我、我所；善根回向亦复如是，以无我、我所清净之心，充满十方诸佛国土。譬如真如，体性平等；善根回向亦复如是，获得平等一切智智，照了诸法，离诸痴翳。譬如真如，超诸数量；善根回向亦复如是，与超数量一切智乘大力法藏而同止住，兴遍十方一切世界广大法云。譬如真如，平等安住；善根回向亦复如是，发生一切诸菩萨行，平等住于一切智道。譬如真如，遍住一切诸众生界；善根回向亦复如是，满足无碍一切种智，于众生界悉现在前。譬如真如，无有分别，普住一切音声智中；善根回向亦复如是，具足一切诸言音智，能普示现种种言音，开示众生。譬如真如，永离世间；善根回向亦复如是，普使众生永出世间。譬如真如，体性广大；善根回向亦复如是，悉能受持去、来、今世广大佛法，恒不忘失，勤修一切菩萨诸行。譬如真如，无有间息；善根回向亦复如是，为欲安处一切众生于大智地，于一切劫修菩萨行无有间息。譬如真如，体性宽广，遍一切法；善根回向亦复如是，净念无碍，普摄一切宽广法门。譬如真如，遍摄群品；善根回向亦复如是，证得无量品类之智，修诸菩萨真实妙行。譬如真如，无所取著；善根回向亦复如是，于一切法皆无所取，除灭一切世间取著，普令清净。譬如真如，体性不动；善根回向亦复如是，安住普贤圆满行愿，毕竟不动。譬如真如，是佛境界；善根回向亦复如是，令诸众生满足一切大智境界，灭烦恼境悉令清净。譬如真如，无能制伏；善根回向亦复如是，不为一切众魔事业、外道邪论之所制伏。譬如真如，非是可修，非不可修；善根回向亦复如是，舍离一切妄想取著，于修、不修无所分别。譬如真如，无有退舍；善根回向亦复如是，常见诸佛，发菩提心，大誓庄严，永无退舍。譬如真如，普摄一切世间言音；善根回向亦复如是，能得一切差别言音神通智慧，普发一切种种言词。譬如真如，于一切法无所希求；善根回向亦复如是，令诸众生乘普贤乘而得出离，于一切法无所贪求。譬如真如，住一切地；善根回向亦复如是，令一切众生舍世间地，住智慧地，以普贤行而自庄严。譬如真如，无有断绝；善根回向亦复如是，于一切法得无所畏，随其类音，处处演说，无有断绝。譬如真如，舍离诸漏；善根回向亦复如是，令一切众生成就法智，了达于法，圆满菩提无漏功德。譬如真如，无有少法而能坏乱，令其少分非是觉悟；善根回向亦复如是，普令开悟一切诸法，其心无量遍周法界。譬如真如，过去非始，未来非末，现在非异；善根回向亦复如是，为一切众生新新恒起菩提心愿，普使清净，永离生死。譬如真如，于三世中无所分别；善根回向亦复如是，现在念念心常觉悟，过去、未来皆悉清净。譬如真如，成就一切诸佛菩萨；善根回向亦复如是，发起一切大愿方便，成就诸佛广大智慧。譬如真如，究竟清净，不与一切诸烦恼俱；善根回向亦复如是，能灭一切众生烦恼，圆满一切清净智慧。

佛子！菩萨摩诃萨如是回向时，得一切佛刹平等，普严净一切世界故；得一切众生平等，普为转无碍法轮故；得一切菩萨平等，普出生一切智愿故；得一切诸佛平等，观察诸佛体无二故；得一切法平等，普知诸法性无易故；得一切世间平等，以方便智善解一切语言道故；得一切菩萨行平等，随种善根尽回向故；得一切时平等，勤修佛事，于一切时无断绝故；得一切业果平等，于世、出世所有善根皆无染著，咸究竟故；得一切佛自在神通平等，随顺世间现佛事故。

佛子！是为菩萨摩诃萨第八真如相回向。菩萨摩诃萨住此回向，证得无量清净法门，能为如来大师子吼，自在无畏；以善方便，教化成就无量菩萨，于一切时未曾休息；得佛无量圆满之身，一身充遍一切世界；得佛无量圆满音声，一音开悟一切众生；得佛无量圆满之力，一毛孔中普能容纳一切国土；得佛无量圆满神通，置诸众生于一尘中；得佛无量圆满解脱，于一众生身示现一切诸佛境界，成等正觉；得佛无量圆满三昧，一三昧中普能示现一切三昧；得佛无量圆满辩才，说一句法，穷未来际而不可尽，悉除一切众生疑惑；得佛无量圆满众生，具佛十力，尽众生界示成正觉。佛子！是为菩萨摩诃萨以一切善根顺真如相回向。

尔时，金刚幢菩萨承佛威力，普观十方而说颂言：

菩萨志乐常安住，正念坚固离痴惑，其心善软恒清凉，积集无边功德行。菩萨谦顺无违逆，所有志愿悉清净，已得智慧大光明，善能照了一切业。菩萨思惟业广大，种种差别甚希有，决意修行无退转，以此饶益诸群生。诸业差别无量种，菩萨一切勤修习，随顺众生不违意，普令心净生欢喜。已升调御人尊地，离诸热恼心无碍，于法于义悉善知，为利群生转勤习。菩萨所修众善行，无量无数种种别，于彼一切分别知，为利群生故回向。以妙智慧恒观察，究竟广大真实理，断诸有处悉无余，如彼真如善回向。譬如真如遍一切，如是普摄诸世间，菩萨以此心回向，悉令众生无所著。菩萨愿力遍一切，譬如真如无不在，若见不见念悉周，悉以功德而回向。夜中随住昼亦住，半月一月亦随住，若年若劫悉住中，真如是行亦然。所有三世及刹土，一切众生与诸法，悉住其中无所住，以如是行而回向。譬如真如本自性，菩萨如是发大心，真如所在无不在，以如是行而回向。譬如真如本自性，其中未曾有一法，不得自性是真性，以如是业而回向。如真如相业亦尔，如真如性业亦尔，如真如性本真实，业亦如是同真如。

譬如真如无边际,业亦如是无有边,而于其中无缚著,是故此业得清净。如是聪慧真佛子,志愿坚固不动摇,以其智力善通达,入于诸佛方便藏。觉悟法王真实法,于中无著亦无缚,如是自在心无碍,未曾见有一法起。如来法身所作业,一切世间如彼相,说诸法相皆无相,知如是相是知法。菩萨住是不思议,于中思议不可尽,入此不可思议处,思与非思皆寂灭。如是思惟诸法性,了达一切业差别,所有我执皆除灭,住于功德无能动。菩萨一切业果报,悉为无尽智所印,如是无尽自性尽,是故无尽方便灭。菩萨观心不在外,亦复不得在于内,知其心性无所有,我法皆离永寂灭。彼诸佛子如是知,一切法性常空寂,无有一法能造作,同于诸佛悟无我。了知一切诸世间,悉与真如性相等,见是不可思议相,是则能知无相法。若能住是甚深法,常乐修行菩萨行,为欲利益诸群生,大誓庄严无退转。是则超过于世间,不起生死妄分别,了达其心如幻化,勤修众行度群生。菩萨正念观世间,一切皆从业缘得,为欲救度修诸行,普摄三界无遗者。了知众生种种异,悉是想行所分别,于此观察悉明了,而不坏于诸法性。智者了知诸佛法,以如是行而回向,哀愍一切诸众生,令于实法正思惟。

大方广佛华严经卷第三十一

十回向品第二十五之九

佛子!云何为菩萨摩诃萨无著无缚解脱回向?

佛子!是菩萨摩诃萨于一切善根,心生尊重。所谓:于出生死,心生尊重;于摄取一切善根,心生尊重;于希求一切善根,心生尊重;于悔诸过业,心生尊重;于随喜善根,心生尊重;于礼敬诸佛,心生尊重;于合掌恭敬,心生尊重;于顶礼塔庙,心生尊重;于劝佛说法,心生尊重。于如是等种种善根,皆生尊重,随顺忍可。

佛子!菩萨摩诃萨于彼善根,皆生尊重,随顺忍可时,究竟欣乐,坚固信解;自得安住,令他安住;勤修无著,自在积集;成胜志乐,住如来境;势力增长,悉得知见。以诸善根如是回向,所谓:以无著无缚解脱心,成就普贤身业。以无著无缚解脱心,清净普贤语业。以无著无缚解脱心,圆满普贤意业。以无著无缚解脱心,发起普贤广大精进。以无著无缚解脱心,具足普贤无碍音声陀罗尼门,其声广大,普遍十方。以无著无缚解脱心,具足普贤见一切佛陀罗尼门,恒见十方一切诸佛。以无著无缚解脱心,成就解了一切音声陀罗尼门,同一切音,说无量法。以无著无缚解脱心,成就普贤一切劫住陀罗尼门,普于十方修菩萨行。以无著无缚解脱心,成就普贤自在力,于一众生身中,示修一切菩萨行,尽未来劫常无间断;如一众生身,一切众生身悉如是。以无著无缚解脱心,成就普贤自在力,普入一切众道场，普现一切诸佛前，修菩萨行。以无著无缚解脱心，成就普贤佛自在力，于一门中示现，经不可说不可说劫，无有穷尽，令一切众生皆得悟入。以无著无缚解脱心，成就普贤佛自在力，于种种门中示现，经不可说不可说劫，无有穷尽，令一切众生皆得悟入，其身普现一切佛前。以无著无缚解脱心，成就普贤自在力，念念中令不可说不可说众生住十力智，心无疲倦。以无著无缚解脱心，成就普贤自在力，于一切众生身中，现一切佛自在神通，令一切众生住普贤行。以无著无缚解脱心，成就普贤自在力，于一一众生语言中，作一切众生语言，令一切众生一一皆住一切智地。以无著无缚解脱心，成就普贤自在力，于一一众生身中，普容纳一切众生身，令皆自谓成就佛身。以无著无缚解脱心，成就普贤自在力，能以一华庄严一切十方世界。以无著无缚解脱心，成就普贤自在力，出大音声，普遍法界，周闻一切诸佛国土，摄受调伏一切众生。以无著无缚解脱心，成就普贤自在力，尽未来际不可说不可说劫，于念念中悉能遍入一切世界，以佛神力，随念庄严。以无著无缚解脱心，成就普贤自在力，尽未来际所住之劫，常能遍入一切世界，示现成佛出兴于世。以无著无缚解脱心，成普贤行，一光普照尽虚空界一切世界。以无著无缚解脱心，成普贤行，得无量智慧，具一切神通，说种种法。以无著无缚解脱心，成普贤行，入于如来尽一切劫不可测量神通智慧。以无著无缚解脱心，成普贤行，住尽法界诸如来所，以佛神力修习一切诸菩萨行；身、口、意业，曾无懈倦。以无著无缚解脱心，成普贤行，不违于义，不坏于法，言词清净，乐说无尽；教化调伏一切众生，令其当得一切诸佛无上菩提。以无著无缚解脱心，修普贤行，入一法门时，放无量光，照不思议一切法门；如一法门，一切法门皆亦如是通达无碍，究竟当得一切智地。以无著无缚解脱心，住菩萨行，于法自在，到于普贤庄严彼岸；于一一境界，皆以一切智观察悟入，而一切智亦不穷尽。以无著无缚解脱心，始从此生尽未来际住普贤行，常不休息，得一切智，悟不可说不可说真实法，于法究竟，无有迷惑。以无著无缚解脱心，修普贤业，方便自在，得法光明，于诸菩萨所行之行照了无碍。以无著无缚解脱心，修普贤行，得一切方便智，知一切方便，所谓：无量方便、不思议方便、菩萨方便、一切智方便、一切菩萨调伏方便、转无量法轮方便、不可说时方便、说种种法方便、无边际无畏藏方便、说一切法无余方便。以无著无缚解脱心，住普贤行，成就身业，令一切众生见者欢喜，不生诽谤；发菩提心，永不退转，究竟清净。以无著无缚解脱心，修普贤行，得了一切众生语言清净智，一切言词具足庄严，普应众生，皆令欢喜。以无著无缚解脱心，住普贤行，立殊胜志，具清净心，得广大神通、广大智慧，普诣一切广大世间、广大国土、广大众生所，说一切如来不可说广大法、广大庄严圆满藏。以无著无缚解脱心，成满普贤回向行愿，得一切佛清净身、清净心、清净解，摄佛功德，住佛境界，智印普照，示现菩萨清净之业，善入一切差别句义，示诸佛菩萨广大自在，为一切众生现成正觉。以无著无缚解脱心，勤修普贤诸根行愿，得聪利根、调顺根、一切法自在根、无尽根、勤修一切善根根、一切佛境界平等根、授一切菩萨不退转记大精进根、了知一切佛法金刚界根、一切如来智慧光照金刚焰根、分别一切诸根自在根、安立无量众生于一切智根、无边广大根、一切圆满根、清净无碍根。以无著无缚解脱心，修普贤行，得一切菩萨神力，所谓：无量广大力神力、无量自在智神力、不动其身普现一切佛刹神力、无碍不断自在神力、普摄一切佛刹置于一处神力、一身遍满一切佛刹神力、无碍解脱游戏神力、无所作一念自在神力、住无性无依神力、一毛孔中次第安立不可说世界遍游法界诸佛道场示诸众生皆令得入大智慧门神力。以无著无缚解脱心，入普贤门，生菩萨行，以自在智，于一念顷普入无量诸佛国土，一身容受无量佛刹，获能严净佛国土智，恒以智慧观见无边诸佛国土，永不发起二乘之心。以无著无缚解脱心，修普贤方便行，入智慧境界，生如来家，住菩萨道，具足不可说不可说无量不思议殊胜心，行无量愿未曾休息，了知三世一切法界。以无著无缚解脱心，成就普贤清净法门，于一毛端量处悉包容尽虚空遍法界不可说不可说一切国土，皆使明见；如一毛端量处，遍法界、虚空界一一毛端量处悉亦如是。以无著无缚解脱心，成就普贤深心方便，于一念心中现一众生不可说不可说劫念心，如是乃至现一切众生尔许劫念心。以无著无缚解脱心，入普贤回向，行方便地，于一身中悉能包纳尽法界不可说不可说身，而众生界无所增减；如一身，乃至周遍法界一切身悉亦如是。以无著无缚解脱心，成就普贤大愿方便，舍离一切想倒、心倒、见倒，普入一切诸佛境界；常见诸佛虚空界等清净法身，相好庄严，神力自在；常以妙音开示演说无碍无断，令其闻者如说受持，于如来身了无所得。以无著无缚解脱心，修普贤行，住菩萨地，于一念中入一切世界，所谓：入仰世界、覆世界、不可说不可说十方网一切处广大世界，以因陀罗网分别方便普分别一切法界，以种种世界入一世界，以不可说不可说无量世界入一世界，以一切法界所安立无量世界入一世界，以一切虚空界所安立无量世界入一世界，而亦不坏安立之相，悉令明见。以无著无缚解脱心，修习普贤菩萨行愿，得佛灌顶，于一念中入方便地，成满安住众行智宝；悉能了知一切诸想，所谓：众生想、法想、刹想、方想、佛想、世想、业想、行想、界想、解想、根想、时想、持想、烦恼想、清净想、成熟想、见佛想、转法轮想、闻法解了想、调伏想、无量想、出离想、种种地想、无量地想、菩萨了知想、菩萨修习想、菩萨三昧想、菩萨三昧起想、菩萨成想、菩萨坏想、菩萨殁想、菩萨生想、菩萨解脱想、菩萨自在想、菩萨住持想、菩萨境界想、劫成坏想、明想、闇想、昼想、夜想、半月一月一时一岁变异想、去想、来想、住想、坐想、睡想、觉想——如是等想，于一念中悉能了知，而离一切想无所分别；断一切障，无所执著；一切佛智充满其心，一切佛法长其善根，与诸如来等同一身，一切诸佛之所摄取，离垢清净，一切佛法皆随修学到于彼岸。以无著无缚解脱心，为一切众生修普贤行，生大智宝，于一一心中知无量心，随其依止，随其分别，随其种性，随其所作，随其业用，随其相状，随其思觉，种种不同靡不明见。以无著无缚解脱心，成就普贤大愿智宝，于一处中知于无量不可说处；如于一处，于一切处悉亦如是。以无著无缚解脱心，修习普贤行业智地，于一业中能知无量不可说不可说业，其业各以种种缘造，明了知见；如于一业，于一切业悉亦如是。以无著无缚解脱心，修习普贤知诸法智，于一法中知不可说不可说法，于一切法中而知一法；如是诸法，各各差别，无有障碍，无违无著。以无著无缚解脱心，住菩萨行，得具普贤无碍耳根，于一言音中知不可说不可说言音无量无边种种差别而无所著；如于一言音，于一切言音悉亦如是。以无著无缚解脱心，修普贤智，起普贤行，住普贤地，于一一法中演说不可说不可说法；其法广大，种种差别教化摄受，不可思议方便相应；于无量时，于一切时，随诸众生所有欲解，随根随时，以佛音声而为说法；以一妙音，令不可说道场众会无量众生皆悉欢喜，一切如来所无量菩萨充满法界；立殊胜志，生广大见，究竟了知一切诸行，住普贤地，随所说法，于念念中悉能证入，一刹那顷增长无量不可说不可说大智慧聚；尽未来劫如是演说，于一切刹修习广大虚空等行，成就圆满。以无著无缚解脱心，修习普贤诸根行门，成大行王，于一一根中悉能了知无量诸根、无量心乐、不思议境界所生妙行。以无著无缚解脱心，住普贤行大回向心，得色甚微细智、身甚微细智、刹甚微细智、劫甚微细智、世甚微细智、方甚微细智、时甚微细智、数甚微细智、业报甚微细智、清净甚微细智——如是等一切甚微细，于一念中悉能了知，而心不恐怖，心不迷惑、不乱、不散、不浊、不劣；其心一缘，心善寂定，心善分别，心善安住。以无著无缚解脱心，住菩萨智，修普贤行，无有懈倦，能知一切众生趣甚微细、众生死甚微细、众生生甚微细、众生住甚微细、众生处甚微细、众生品类甚微细、众生境界甚微细、众生行甚微细、众生取甚微细、众生攀缘甚微细——如是等一切甚微细，于一念中悉能了知。以无著无缚解脱心，立深志乐，修普贤行，能知一切菩萨从初发心为一切众生修菩萨行甚微细、菩萨住处甚微细、菩萨神通甚微细、菩萨游行无量佛刹甚微细、菩萨法光明甚微细、菩萨清净眼甚微细、菩萨成就殊胜心甚微细、菩萨往诣一切如来道场众会甚微细、菩萨陀罗尼门智甚微细、菩萨无量无畏地一切辩才藏演说甚微细、菩萨无量三昧相甚微细、菩萨见一切佛三昧智甚微细、菩萨甚深三昧智甚微细、菩萨大庄严三昧智甚微细、菩萨法界三昧智甚微细、菩萨大自在神通三昧智甚微细、菩萨尽未来际广大行住持三昧智甚微细、菩萨出生无量差别三昧智甚微细、菩萨出生一切诸佛前勤修供养恒不舍离三昧智甚微细、菩萨修行一切甚深广博无障无碍三昧智甚微细、菩萨究竟一切智地住持行智地大神通地决定义地离翳三昧智甚微细——如是等一切甚微细，悉能了知。以无著无缚解脱心，修普贤行，悉知一切菩萨安立智甚微细、菩萨地甚微细、菩萨无量行甚微细、菩萨出生回向甚微细、菩萨得一切佛藏甚微细、菩萨观察智甚微细、菩萨神通愿力甚微细、菩萨演说三昧甚微细、菩萨自在方便甚微细、菩萨印甚微细、菩萨一生补处甚微细、菩萨生兜率天甚微细、菩萨住止天宫甚微细、菩萨严净佛国甚微细、菩萨观察人中甚微细、菩萨放大光明甚微细、菩萨种族殊胜甚微细、菩萨道场众会甚微细、菩萨遍一切世界受生甚微细、菩萨于一身示现一切身命终甚微细、菩萨入母胎甚微细、菩萨住母胎甚微细、菩萨在母胎中自在示现一切法界道场众会甚微细、菩萨在母胎中示现一切佛神力甚微细、菩萨示现诞生事甚微细、菩萨师子游行七步智甚微细、菩萨示处王宫巧方便智甚微细、菩萨出家修调伏行甚微细、菩萨菩提树下坐道场甚微细、菩萨破魔军众成阿耨多罗三藐三菩提甚微细、如来坐菩提座放大光明照十方界甚微细、如来示现无量神变甚微细、如来师子吼大涅槃甚微细、如来调伏一切众生而无所碍甚微细、如来不思议自在力如金刚菩提心甚微细、如来普护念一切世间境界甚微细、如来普于一切世界施作佛事尽未来劫而无休息甚微细、如来无碍神力周遍法界甚微细、如来于尽虚空界一切世界普现成佛调伏众生甚微细、如来于一佛身现无量佛身甚微细、如来于去来今三世中皆处道场自在智甚微细——如是等一切微细悉能了知；成就清净，普能示现一切世间；于念念中增长智慧，圆满不退；善巧方便修菩萨行，无有休息；成就普贤回向之地，具足一切如来功德，永不厌舍菩萨所行，出生菩萨现前境界；无量方便皆悉清净，普欲安隐一切众生；修菩萨行，成就菩萨大威德地，得诸菩萨心之乐欲，获金刚幢回向之门，出生法界诸功德藏，常为诸佛之所护念；入诸菩萨深妙法门，演说一切真实之义，于法善巧无所违失，起大誓愿不舍众生；于一念中尽知一切心、非心地境界之藏，于非心处示生于心；远离语言，安住智慧，同诸菩萨所行之行，以自在力示成佛道，尽未来际常无休息；一切世间众生劫数，妄想言说之所建立，神通愿力悉能示现。以无著无缚解脱心，修普贤行，得一切众生界甚微细智，所谓：众生界分别甚微细智、众生界言说甚微细智、众生界执著甚微细智、众生界异类甚微细智、众生界同类甚微细智、众生界无量趣甚微细智、众生界不思议种种分别所作甚微细智、众生界无量杂染甚微细智、众生界无量清净甚微细智——如是等一切众生界境界甚微细，于一念中能以智慧皆如实知；广摄众生而为说法，开示种种清净法门，令修菩萨广大智慧；化身无量，见者欢喜，以智日光照菩萨心，令其开悟智慧自在。以无著无缚解脱心，为一切众生于一切世界修普贤行，得尽虚空界、法界、一切世界甚微细智，所谓：小世界甚微细智、大世界甚微细智、杂染世界甚微细智、清净世界甚微细智、无比世界甚微细智、种种世界甚微细智、广世界甚微细智、狭世界甚微细智、无碍庄严世界甚微细智、遍一切世界佛出现甚微细智、遍一切世界说正法甚微细智、遍一切世界普现身甚微细智、遍一切世界放大光明甚微细智、尽一切世界示现诸佛自在神通甚微细智、尽一切世界以一音声示一切音甚微细智、入一切世界一切佛刹道场众会甚微细智、以一切法界佛刹作一佛刹甚微细智、以一佛刹作一切法界佛刹甚微细智、知一切世界如梦甚微细智、知一切世界如像甚微细智、知一切世界如幻甚微细智；如是了知出生一切菩萨之道，入普贤行智慧神通，具普贤观，修菩萨行，常无休息；得一切佛自在神变，具无碍身，住无依智，于诸善法无所取著，心之所行悉无所得；于一切处起远离想，于菩萨行起净修想，于一切智无取著想，以诸三昧而自庄严，智慧随顺一切法界。以无著无缚解脱心，入普贤菩萨行门，得无量法界甚微细智、演说一切法界甚微细智、入广大法界甚微细智、分别不思议法界甚微细智、分别一切法界甚微细智、一念遍一切法界甚微细智、普入一切法界甚微细智、知一切法界无所得甚微细智、观一切法界无所碍甚微细智、知一切法界无有生甚微细智、于一切法界现神变甚微细智——如是等一切法界甚微细，以广大智皆如实知；于法自在，示普贤行，令诸众生皆悉满足；不舍于义，不著于法，出生平等无碍之智；知无碍本，不住一切法，不坏诸法性，如实无染，犹若虚空，随顺世间起于言说；开真实义，示寂灭性，于一切境无依、无住、无有分别；明见法界，广大安立，了诸世间及一切法平等无二，离一切著。以无著无缚解脱心，修普贤行，生诸劫甚微细智，所谓：以不可说劫为一念甚微细智、以一念为不可说劫甚微细智、以阿僧祇劫入一劫甚微细智、以一劫入阿僧祇劫甚微细智、以长劫入短劫甚微细智、以短劫入长劫甚微细智、入有佛劫无佛劫甚微细智、知一切劫数甚微细智、知一切劫非劫甚微细智、一念中见三世一切劫甚微细智——如是等一切诸劫甚微细，以如来智，于一念中皆如实知；得诸菩萨圆满行王心、入普贤行心、离一切分别异道戏论心、发大愿无懈息心、普见无量世界网无量诸佛充满心、于诸佛善根诸菩萨行能闻持心、于安慰一切众生广大行闻已不忘心、能于一切劫现佛出世心、于一一世界尽未来际行不动行无休息心、于一切世界中以如来身业充满菩萨身心。以无著无缚解脱心，修普贤行，成不退转，得一切法甚微细智，所谓：甚深法甚微细智、广大法甚微细智、种种法甚微细智、庄严法甚微细智、一切法无有量甚微细智、一切法入一法甚微细智、一法入一切法甚微细智、一切法入非法甚微细智、无法中安立一切法而不相违甚微细智、入一切佛法方便无有余甚微细智——如是等一切世界一切言说所安立法诸微细智，与彼同等，其智无碍，皆如实知；得入无边法界心，于一一法界深心坚住，成无碍行；以一切智充满诸根，入诸佛智，正念方便，成就诸佛广大功德；遍满法界，普入一切诸如来身，现诸菩萨所有身业，随顺一切世界言词，演说于法；得一切佛神力所加智慧意业，出生无量善巧方便分别诸法萨婆若智。以无著无缚解脱心，修普贤行，出生一切甚微细智，所谓：知一切刹甚微细智、知一切众生甚微细智、知一切法果报甚微细智、知一切众生心甚微细智、知一切说法时甚微细智、知一切法界甚微细智、知一切尽虚空界三世甚微细智、知一切语言道甚微细智、知一切世间行甚微细智、知一切出世行甚微细智，乃至知一切如来道、一切菩萨道、一切众生道甚微细智；修菩萨行，住普贤道，若文若义皆如实知；生如影智，生如梦智，生如幻智，生如响智，生如化智，生如空智，生寂灭智，生一切法界智，生无所依智，生一切佛法智。

佛子！菩萨摩诃萨以无著无缚解脱心回向，不分别若世间、若世间法，不分别若菩提、若菩提萨埵，不分别若菩萨行、若出离道，不分别若佛、若一切佛法，不分别若调伏众生、若不调伏众生，不分别若善根、若回向，不分别若自、若他，不分别若施物、若受施者，不分别若菩萨行、若等正觉，不分别若法、若智。

佛子！菩萨摩诃萨以彼善根如是回向，所谓：心无著无缚解脱，身无著无缚解脱，口无著无缚解脱，业无著无缚解脱，报无著无缚解脱，世间无著无缚解脱，佛刹无著无缚解脱，众生无著无缚解脱，法无著无缚解脱，智无著无缚解脱。菩萨摩诃萨如是回向时，如三世诸佛为菩萨时所修回向而行回向；学过去诸佛回向，成未来诸佛回向，住现在诸佛回向；安住过去诸佛回向道，不舍未来诸佛回向道，随顺现在诸佛回向道；勤修过去诸佛教，成就未来诸佛教，了知现在诸佛教；满足过去诸佛平等，成就未来诸佛平等，安住现在诸佛平等；行过去诸佛境界，住未来诸佛境界，等现在诸佛境界；得三世一切诸佛善根，具三世一切诸佛种性，住三世一切诸佛所行，顺三世一切诸佛境界。

佛子！是为菩萨摩诃萨第九无著无缚解脱心回向。菩萨摩诃萨住此回向时，一切金刚轮围山所不能坏，于一切众生中色相第一无能及者，悉能摧破诸魔邪业，普现十方一切世界；修菩萨行，为欲开悟一切众生，以善方便说诸佛法；得大智慧，于诸佛法心无迷惑，在在生处若行若住，常得值遇不坏眷属；三世诸佛所说正法，以清净念悉能受持，尽未来劫修菩萨行，常不休息，无所依著；普贤行愿增长具足，得一切智施作佛事，成就菩萨自在神通。

尔时，金刚幢菩萨承佛神力，普观十方而说颂言：

普于十方无等尊，未曾一起轻慢心，随其所修功德业，亦复恭敬生尊重。所修一切诸功德，不为自己及他人，恒以最上信解心，利益众生故回向。未尝暂起高慢心，亦复不生下劣意，如来所有身等业，彼悉请问勤修习。所修种种诸善根，悉为利益诸含识，安住深心广大解，回向人尊功德位。世间所有无量别，种种善巧奇特事，粗细广大及甚深，靡不修行皆了达。世间所有种种身，以身平等入其中，于此修行得了悟，慧门成就无退转。世间国土无量种，微细广大仰覆别，菩萨能以智慧门，一毛孔中无不见。众生心行无有量，能令平等入一心，以智慧门悉开悟，于所修行不退转。众生诸根及欲乐，上中下品各不同，一切甚深难可知，随其本性悉能了。众生所有种种业，上中下品各差别，菩萨深入如来力，以智慧门普明见。不可思议无量劫，能令平等入一念，如是见已遍十方，修行一切清净业。过去未来及现在，了知其相各不同，而亦不违平等理，是则大心明达行。世间众生行不同，或显或隐无量种，菩萨悉知差别相，亦知其相皆无相。十方世界一切佛，所现自在神通力，广大难可得思议，菩萨悉能分别知。一切世界兜率中，自然觉悟人师子，功德广大净无等，如其体相悉能见。或现降神处母胎，无量自在大神变，成佛说法示灭度，普遍世间无暂已。人中师子初生时，一切胜智悉承奉，诸天帝释梵王等，靡不恭敬而瞻侍。十方一切无有余，无量无边法界中，无始无末无遐迩，示现如来自在力。人中尊导现生已，游行诸方各七步，欲以妙法悟群生，是故如来普观察。见诸众生沉欲海，盲暗愚痴之所覆，人中自在现微笑，念当救彼三有苦。大师子吼出妙音，我为世间第一尊，应然明净智慧灯，灭彼生死愚痴闇。人师子王出世时，普放无量大光明，令诸恶道皆休息，永灭世间众苦难。或时示现处王宫，或现舍家修学道，为欲饶益众生故，示其如是自在力。如来始坐道场时，一切大地皆动摇，十方世界悉蒙光，六趣众生咸离苦。震动一切魔宫殿，开悟十方众生心，昔曾受化及修行，皆使了知真实义。十方所有诸国土，悉入毛孔无有余，一切毛孔刹无边，于彼普现神通力。一切诸佛所开演，无量方便皆随悟，设诸如来所不说，亦能解了勤修习。遍满三千大千界，一切魔军兴斗诤，所作无量种种恶，无碍智门能悉灭。如来或在诸佛刹，或复现处诸天宫，或在梵宫而现身，菩萨悉见无障碍。佛现无量种种身，转于清净妙法轮，乃至三世一切劫，求其边际不可得。宝座高广最无等，遍满十方无量界，种种妙相而庄严，佛处其上难思议。诸佛子众共围绕，尽于法界悉周遍，开示菩提无量行，一切最胜所由道。诸佛随宜所作业，无量无边等法界，智者能以一方便，一切了知无不尽。诸佛自在神通力，示现一切种种身，或现诸趣无量生，或现采女众围绕。或于无量诸世界，示现出家成佛道，乃至最后般涅槃，分布其身起塔庙。如是种种无边行，导师演说佛所住，世尊所有大功德，誓愿修行悉令尽。以彼善根回向时，住于如是方便法，如是修习菩提行，其心毕竟无厌怠。如来所有大神通，及以无边胜功德，乃至世间诸智行，一切悉知无不尽。如是一切人中主，随其所有诸境界，于一念中皆了悟，而亦不舍菩提行。诸佛所有微细行，及一切刹种种法，于彼悉能随顺知，究竟回向到彼岸。有数无数一切劫，菩萨了知即一念，于此善入菩提行，常勤修习不退转。十方所有无量刹，或有杂染或清净，及彼一切诸如来，菩萨悉能分别知。于念念中悉明见，不可思议无量劫，如是三世无有余，具足修治菩萨行。于一切心平等入，入一切法亦平等，尽空佛刹斯亦然，彼最胜行悉了知。出生众生及诸法，所有种种诸智慧，菩萨神力亦复然，如是一切无穷尽。诸微细智各差别，菩萨尽摄无有余，同相异相悉善知，如是修行广大行。十方无量诸佛刹，其中众生各无量，趣生族类种种殊，住行力已悉能知。过去未来现在世，所有一切诸导师，若人知此而回向，则与彼佛行平等。若人能修此回向，则为学佛所行道，当得一切佛功德，及以一切佛智慧。一切世间莫能坏，一切所学皆成就，常能忆念一切佛，常见一切世间灯。菩萨胜行不可量，诸功德法亦如是，已住如来无上行，悉知诸佛自在力。

大方广佛华严经卷第三十二

十回向品第二十五之十

佛子！云何为菩萨摩诃萨等法界无量回向？

佛子！此菩萨摩诃萨以离垢缯而系其顶，住法师位，广行法施，起大慈悲安立众生，于菩提心常行饶益无有休息；以菩提心长养善根，为诸众生作调御师，示诸众生一切智道；为诸众生作法藏日，善根光明普照一切；于诸众生其心平等，修诸善行无有休息；心净无染，智慧自在，不舍一切善根道业；作诸众生大智商主，普令得入安隐正道；为诸众生而作导首，令修一切善根法行；为诸众生作不可坏坚固善友，令其善根增长成就。

佛子！此菩萨摩诃萨以法施为首，发生一切清净白法，摄受趣向一切智心，殊胜愿力究竟坚固；成就增益，具大威德，依善知识，心无谄诳，思惟观察一切智门无边境界。以此善根如是回向：愿得修习、成就、增长广大无碍一切境界；愿得于佛正教之中，乃至听闻一句、一偈受持演说；愿得忆念与法界等无量无边一切世界去、来、现在一切诸佛，既忆念已，修菩萨行。又愿以此念佛善根，为一众生于一世界尽未来劫修菩萨行；如于一世界，尽法界、虚空界、一切世界皆亦如是；如为一众生，为一切众生亦复如是。以善方便，一一皆为尽未来劫大誓庄严，终无离佛善知识想，常见诸佛现在其前，无有一佛出兴于世不得亲近。一切诸佛及诸菩萨所赞所说清净梵行，誓愿修行，悉令圆满，所谓：不破梵行、不缺梵行、不杂梵行、无玷梵行、无失梵行、无能蔽梵行、佛所赞梵行、无所依梵行、无所得梵行、增益菩萨清净梵行、三世诸佛所行梵行、无碍梵行、无著梵行、无诤梵行、无灭梵行、安住梵行、无比梵行、无动梵行、无乱梵行、无恚梵行。

佛子！菩萨摩诃萨若能为己修行如是清净梵行，则能普为一切众生，令一切众生皆得安住；令一切众生皆得开晓；令一切众生皆得成就；令一切众生皆得清净；令一切众生皆得无垢；令一切众生皆得照明；令一切众生离诸尘染；令一切众生无诸障翳；令一切众生离诸热恼；令一切众生离诸缠缚；令一切众生永离诸恶；令一切众生无诸恼害，毕竟清净。何以故？菩萨摩诃萨自于梵行不能清净，不能令他而得清净；自于梵行而有退转，不能令他无有退转；自于梵行而有失坏，不能令他无有失坏；自于梵行而有远离，不能令他常不远离；自于梵行而有懈怠，不能令他不生懈怠；自于梵行不生信解，不能令他心生信解；自于梵行而不安住，不能令他而得安住；自于梵行而不证入，不能令他心得证入；自于梵行而有放舍，不能令他恒不放舍；自于梵行而有散动，不能令他心不散动。何以故？菩萨摩诃萨住无倒行，说无倒法，所言诚实，如说修行，净身、口、意，离诸杂染，住无碍行，灭一切障。菩萨摩诃萨自得净心，为他演说清净心法；自修和忍，以诸善根调伏其心，令他和忍，以诸善根调伏其心；自离疑悔，亦令他人永离疑悔；自得净信，亦令他得不坏净信；自住正法，亦令众生安住正法。

佛子！菩萨摩诃萨复以法施所生善根如是回向，所谓：愿我获得一切诸佛无尽法门，普为众生分别解说，皆令欢喜，心得满足，摧灭一切外道异论。愿我能为一切众生演说三世诸佛法海，于一一法生起、一一法义理、一一法名言、一一法安立、一一法解说、一一法显示、一一法门户、一一法悟入、一一法观察、一一法分位，悉得无边无尽法藏，获无所畏，具四辩才，广为众生分别解说，穷未来际而无有尽。为欲令一切众生立胜志愿，出生无碍、无谬失辩；为欲令一切众生皆生欢喜，为欲令一切众生成就一切净法光明，随其类音，演说无断；为欲令一切众生深信欢喜，住一切智，辨了诸法，俾无迷惑，作是念言：我当普于一切世界，为诸众生精勤修习，得遍法界无量自在身，得遍法界无量广大心，具等法界无量清净音声，现等法界无量众会道场，修等法界无量菩萨业，得等法界无量菩萨住，证等法界无量菩萨平等，学等法界无量菩萨法，住等法界无量菩萨行，入等法界无量菩萨回向。是为菩萨摩诃萨以诸善根而为回向，为令众生悉得成就一切智故。

佛子！菩萨摩诃萨复以善根如是回向，所谓：为欲见等法界无量诸佛，调伏等法界无量众生，住持等法界无量佛刹，证等法界无量菩萨智，获等法界无量无所畏，成等法界无量诸菩萨陀罗尼，得等法界无量诸菩萨不思议住，具等法界无量功德，满等法界无量利益众生善根；又愿以此善根故，令我得福德平等、智慧平等、力平等、无畏平等、清净平等、自在平等、正觉平等、说法平等、义平等、决定平等、一切神通平等，如是等法皆悉圆满。如我所得，愿一切众生亦如是得，如我无异。

　　佛子！菩萨摩诃萨复以善根如是回向，所谓：如法界无量，善根回向亦复如是，所得智慧终无有量；如法界无边，善根回向亦复如是，见一切佛，无有其边；如法界无限，善根回向亦复如是，诣诸佛刹无有齐限；如法界无际，善根回向亦复如是，于一切世界修菩萨行无有涯际；如法界无断，善根回向亦复如是，住一切智永不断绝；如法界一性，善根回向亦复如是，与一切众生同一智性；如法界自性清净，善根回向亦复如是，令一切众生究竟清净；如法界随顺，善根回向亦复如是，令一切众生悉皆随顺普贤行愿；如法界庄严，善根回向亦复如是，令一切众生以普贤行而为庄严；如法界不可失坏，善根回向亦复如是，令诸菩萨永不失坏诸清净行。

　　佛子！菩萨摩诃萨复以此善根如是回向，所谓：愿以此善根，承事一切诸佛菩萨皆令欢喜；愿以此善根，速得趣入一切智性；愿以此善根，遍一切处，修一切智；愿以此善根，令一切众生常得往觐一切诸佛；愿以此善根，令一切众生常见诸佛，能作佛事；愿以此善根，令一切众生恒得见佛，不于佛事生怠慢心；愿以此善根，令一切众生常得见佛，心喜清净，无有退转；愿以此善根，令一切众生常得见佛，心善解了；愿以此善根，令一切众生常得见佛，不生执著；愿以此善根，令一切众生常得见佛，了达无碍；愿以此善根，令一切众生常得见佛，成普贤行；愿以此善根，令一切众生常见诸佛，现在其前，无时暂舍；愿以此善根，令一切众生常见诸佛，出生菩萨无量诸力；愿以此善根，令一切众生常见诸佛，于一切法永不忘失。

　　佛子！菩萨摩诃萨又以诸善根如是回向，所谓：如法界无起性回向、如法界根本性回向、如法界自体性回向、如法界无依性回向、如法界无忘失性回向、如法界空无性回向、如法界寂静性回向、如法界无处所性回向、如法界无迁动性回向、如法界无差别性回向。

　　佛子！菩萨摩诃萨复以法施所有宣示、所有开悟及因此起一切善根如是回向，所谓：愿一切众生成菩萨法师，常为诸佛之所护念；愿一切众生作无上法师，方便安立一切众生于一切智；愿一切众生作无屈法师，一切问难莫能穷尽；愿一切众生作无碍法师，得一切法无碍光明；愿一切众生作智藏法师，能善巧说一切佛法；愿一切众生成诸如来自在法师，善能分别如来智慧；愿一切众生作如眼法师，说如实法，不由他教；愿一切众生作忆持一切佛法法师，如理演说，不违句义；愿一切众生作修行无相道法师，以诸妙相而自庄严，放无量光，善入诸法；愿一切众生作大身法师，其身普遍一切国土，兴大法云，雨诸佛法；愿一切众生作护法藏法师，建无胜幢，护诸佛法，令正法海无所缺减；愿一切众生作一切法日法师，得佛辩才，巧说诸法；愿一切众生作妙音方便法师，善说无边法界之藏；愿一切众生作到法彼岸法师，以智神通开正法藏；愿一切众生作安住正法法师，演说如来究竟智慧；愿一切众生作了达诸法法师，能说无量无尽功德；愿一切众生作不诳世间法师，能以方便令入实际；愿一切众生作破诸魔众法师，善能觉知一切魔业；愿一切众生作诸佛所摄受法师，离我、我所摄受之心；愿一切众生作安隐一切世间法师，成就菩萨说法愿力。

佛子！菩萨摩诃萨复以诸善根如是回向，所谓：不以取著业故回向，不以取著报故回向，不以取著心故回向，不以取著法故回向，不以取著事故回向，不以取著因故回向，不以取著语言音声故回向，不以取著名句文身故回向，不以取著回向故回向，不以取著利益众生故回向。佛子！菩萨摩诃萨复以善根如是回向，所谓：不为耽著色境界故回向，不为耽著声、香、味、触、法境界故回向，不为求生天故回向，不为求欲乐故回向，不为著欲境界故回向，不为求眷属故回向，不为求自在故回向，不为求生死乐故回向，不为著生死故回向，不为乐诸有故回向，不为求和合乐故回向，不为求可乐著处故回向，不为怀毒害心故回向，不坏善根故回向，不依三界故回向，不著诸禅解脱三昧故回向，不住声闻、辟支佛乘故回向。但为教化调伏一切众生故回向；但为成满一切智智故回向；但为得无碍智故回向；但为得无障碍清净善根故回向；但为令一切众生超出生死证大智慧故回向；但为令大菩提心如金刚不可坏故回向；但为成就究竟不死法故回向；但为以无量庄严庄严佛种性，示现一切智自在故回向；但为求菩萨一切法明大神通智故回向；但为于尽法界、虚空界一切佛刹，行普贤行圆满不退，被坚固大愿铠，令一切众生住普贤地故回向；但为尽未来劫度脱众生常无休息，示现一切智地无碍光明恒不断故回向。

佛子！菩萨摩诃萨以彼善根回向时，以如是心回向，所谓：以本性平等心回向，以法性平等心回向，以一切众生无量平等心回向，以无诤平等心回向，以自性无所起平等心回向，以知诸法无乱心回向，以入三世平等心回向，以出生三世诸佛种性心回向，以得不退失神通心回向，以生成一切智行心回向。又为令一切众生永离一切地狱故回向；为令一切众生不入畜生趣故回向；为令一切众生不往阎罗王处故回向；为令一切众生除灭一切障道法故回向；为令一切众生满足一切善根故回向；为令一切众生能应时转法轮，令一切欢喜故回向；为令一切众生入十力轮故回向；为令一切众生满足菩萨无边清净法愿故回向；为令一切众生随顺一切善知识教，菩提心器得满足故回向；为令一切众生受持修行甚深佛法，得一切佛智光明故回向；为令一切众生修诸菩萨无障碍行常现前故回向；为令一切众生常见诸佛现其前故回向；为令一切众生清净法光明常现前故回向；为令一切众生无畏大菩提心常现前故回向；为令一切众生菩萨不思议智常现前故回向；为令一切众生普救护众生，令清净大悲心常现前故回向；为令一切众生以不可说不可说胜妙庄严具庄严一切诸佛刹故回向；为令一切众生摧灭一切众魔斗诤罗网业故回向；为令一切众生于一切佛刹皆无所依修菩萨行故回向；为令一切众生发一切种智心，入一切佛法广大门故回向。

佛子！菩萨摩诃萨又以此善根，正念清净回向；智慧决定回向；尽知一切佛法方便回向；为成就无量无碍智故回向；欲满足清净殊胜心故回向；为一切众生住大慈故回向；为一切众生住大悲故回向；为一切众生住大喜故回向；为一切众生住大舍故回向；为永离二著住胜善根故回向；为思惟观察分别演说一切缘起法故回向；为立大勇猛幢心故回向；为立无能胜幢藏故回向；为破诸魔众故回向；为得一切法清净无碍心故回向；为修一切菩萨行不退转故回向；为得乐求第一胜法心故回向；为得乐求诸功德法自在清净一切智智心故回向；为满一切愿，除一切诤，得佛自在无碍清净法，为一切众生转不退法轮故回向；为得如来最上殊胜法智慧日，百千光明之所庄严，普照一切法界众生故回向；为欲调伏一切众生，随其所乐常令满足，不舍本愿，尽未来际，听闻正法，修习大行，得净智慧离垢光明，断除一切憍慢，消灭一切烦恼，裂爱欲网，破愚痴闇，具足无垢无障碍法故回向；为一切众生，于阿僧祇劫常勤修习一切智行无有退转，一一令得无碍妙慧，示现诸佛自在神通无有休息故回向。

佛子！菩萨摩诃萨以诸善根如是回向时，不应贪著三有、五欲境界。何以故？菩萨摩诃萨应以无贪善根回向，应以无瞋善根回向，应以无痴善根回向，应以不害善根回向，应以离慢善根回向，应以不谄善根回向，应以质直善根回向，应以精勤善根回向，应以修习善根回向。佛子！菩萨摩诃萨如是回向时得净信心，于菩萨行欢喜忍受，修习清净大菩萨道；具佛种性，得佛智慧；舍一切恶，离众魔业；亲近善友，成己大愿；请诸众生，设大施会。

佛子！菩萨摩诃萨复以此法施所生善根如是回向，所谓：令一切众生，得净妙音，得柔软音，得天鼓音，得无量无数不思议音，得可爱乐音，得清净音，得周遍一切佛刹音，得百千那由他不可说功德庄严音，得高远音，得广大音，得灭一切散乱音，得充满法界音，得摄取一切众生语言音；得一切众生无边音声智，得一切清净语言音声智，得无量语言音声智，得最自在音入一切音声智；得一切清净庄严音，得一切世间无厌足音，得究竟不系属一切世间音，得欢喜音，得佛清净语言音，得说一切佛法远离痴翳名称普闻音，得令一切众生得一切法陀罗尼庄严音，得说一切无量种法音，得普至法界无量众会道场音，得普摄持不可思议法金刚句音，得开示一切法音，得能说不可说字句差别智藏音，得演说一切法无所著不断音，得一切法光明照耀音，得能令一切世间清净究竟至于一切智音，得普摄一切法句义音，得神力护持自在无碍音,得到一切世间彼岸智音。又以此善根,令一切众生,得不下劣音,得无怖畏音,得无染著音,得一切众会道场欢喜音,得随顺美妙音,得善说一切佛法音,得断一切众生疑念皆令觉悟音,得具足辩才音,得普觉悟一切众生长夜睡眠音。

佛子!菩萨摩诃萨复以诸善根如是回向,所谓:愿一切众生得离众过恶清净法身,愿一切众生得离众过恶净妙功德,愿一切众生得离众过恶清净妙相,愿一切众生得离众过恶清净业果,愿一切众生得离众过恶清净一切智心,愿一切众生得离众过恶无量清净菩提心,愿一切众生得离众过恶了知诸根清净方便,愿一切众生得离众过恶清净信解,愿一切众生得离众过恶清净勤修无碍行愿,愿一切众生得离众过恶清净正念、智慧辩才。

佛子!菩萨摩诃萨复以诸善根,为一切众生如是回向:愿得种种清净妙身,所谓:光明身、离浊身、无染身、清净身、极清净身、离尘身、极离尘身、离垢身、可爱乐身、无障碍身。于一切世界现诸业像,于一切世间现言说像,于一切宫殿现安立像。如净明镜,种种色像自然显现,示诸众生大菩提行,示诸众生甚深妙法,示诸众生种种功德,示诸众生修行之道,示诸众生成就之行,示诸众生菩萨行愿,示诸众生于一世界、一切世界佛兴于世,示诸众生一切诸佛神通变化,示诸众生一切菩萨不可思议解脱威力,示诸众生成满普贤菩萨行愿一切智性。菩萨摩诃萨以如是等微妙净身,方便摄取一切众生,悉令成就清净功德一切智身。

佛子!菩萨摩诃萨复以法施所生善根如是回向:愿身随住一切世界修菩萨行,众生见者皆悉不虚,发菩提心永无退转,顺真实义不可倾动;于一切世界,尽未来劫,住菩萨道而无疲厌;大悲均普,量同法界;知众生根,应时说法,常不休息;于善知识,心常正念,乃至不舍一刹那顷;一切诸佛常现在前,心常正念未曾暂懈,修诸善根无有虚伪;置诸众生于一切智,令不退转;具足一切佛法光明,持大法云,受大法雨,修菩萨行;入一切众生,入一切佛刹,入一切诸法,入一切三世,入一切众生业报智,入一切菩萨善巧方便智,入一切菩萨出生智,入一切菩萨清净境界智,入一切佛自在神通,入一切无边法界,于此安住,修菩萨行。

大方广佛华严经卷第三十三

十回向品第二十五之十一

佛子!菩萨摩诃萨复以法施所修善根如是回向:愿一切佛刹皆悉清净,以不可说不可说庄严具而庄严之。一一佛刹,其量广大,同于法界,纯善无碍,清净光明,诸佛于中现成正觉。一佛刹中清净境界，悉能显现一切佛刹；如一佛刹，一切佛刹亦复如是。其一一刹，悉以等法界无量无边清净妙宝庄严之具而为严饰。所谓：阿僧祇清净宝座，敷众宝衣；阿僧祇宝帐，宝网垂布；阿僧祇宝盖，一切妙宝互相映彻；阿僧祇宝云，普雨众宝；阿僧祇宝华，周遍清净；阿僧祇众宝所成栏、楯、轩、槛，清净庄严；阿僧祇宝铃，常演诸佛微妙音声，周流法界；阿僧祇宝莲华，种种宝色开敷荣曜；阿僧祇宝树，周匝行列，无量妙宝以为华果；阿僧祇宝宫殿，无量菩萨止住其中，阿僧祇宝楼阁，广博崇丽，延袤远近；阿僧祇宝却敌，大宝所成，庄严妙好；阿僧祇宝门闼，妙宝璎珞周匝垂布；阿僧祇宝窗牖，不思议宝清净庄严；阿僧祇宝多罗，形如半月，众宝集成。如是一切，悉以众宝而为严饰，离垢清净，不可思议，无非如来善根所起，具足无数宝藏庄严。复有阿僧祇宝河，流出一切清净善法；阿僧祇宝海，法水盈满；阿僧祇宝芬陀利华，常出妙法芬陀利声；阿僧祇宝须弥山，智慧山王秀出清净；阿僧祇八楞妙宝，宝线贯穿，严净无比；阿僧祇净光宝，常放无碍大智光明，普照法界；阿僧祇宝铃铎，更相扣击，出妙音声；阿僧祇清净宝，诸菩萨宝具足充满；阿僧祇宝缯彩，处处垂下，色相光洁；阿僧祇妙宝幢，以宝半月而为严饰；阿僧祇宝幡，悉能普雨无量宝幡；阿僧祇宝带，垂布空中，庄严殊妙；阿僧祇宝敷具，能生种种微细乐触；阿僧祇妙宝旋，示现菩萨一切智眼；阿僧祇宝璎珞，一一璎珞百千菩萨上妙庄严；阿僧祇宝宫殿，超过一切妙绝无比；阿僧祇宝庄严具，金刚摩尼以为严饰；阿僧祇种种妙宝庄严具，常现一切清净妙色；阿僧祇清净宝，殊形异彩，光鉴映彻；阿僧祇宝山，以为垣墙，周匝围绕，清净无碍；阿僧祇宝香，其香普熏一切世界；阿僧祇宝化事，一一化事周遍法界；阿僧祇宝光明，一一光明现一切光。复有阿僧祇宝光明，清净智光照了诸法。复有阿僧祇无碍宝光明，一一光明周遍法界。有阿僧祇宝处，一切诸宝皆悉具足。阿僧祇宝藏，开示一切正法藏宝。阿僧祇宝幢，如来幢相迥然高出。阿僧祇宝贤，大智贤像，具足清净。阿僧祇宝园，生诸菩萨三昧快乐。阿僧祇宝音，如来妙音，普示世间。阿僧祇宝形，其一一形皆放无量妙法光明。阿僧祇宝相，其一一相悉超众相。阿僧祇宝威仪，见者皆生菩萨喜乐。阿僧祇宝聚，见者皆生智慧宝聚。阿僧祇宝安住，见者皆生善住宝心。阿僧祇宝衣服，其有著者，生诸菩萨无比三昧。阿僧祇宝袈裟，其有著者，才始发心则得善见陀罗尼门。阿僧祇宝修习，其有见者，知一切宝皆是业果，决定清净。阿僧祇宝无碍知见，其有见者，得了一切清净法眼。阿僧祇宝光藏，其有见者，则得成就大智慧藏。阿僧祇宝座，佛坐其上大师子吼。阿僧祇宝灯，常放清净智慧光明。阿僧祇宝多罗树，次第行列，缭以宝绳，庄严清净。其树复有阿僧祇宝干，从身耸擢，端直圆洁；阿僧祇宝枝，种种众宝庄严稠密，不思议鸟翔集其中，常吐妙音宣扬正法；阿僧祇宝叶，放大智光，遍一切处；阿僧祇宝华，一一华上，无量菩萨结跏趺坐遍游法界；阿僧祇宝果，见者当得一切智智不退转果。阿僧祇宝聚落，见者舍离世聚落法。阿僧祇宝都邑，无碍众生于中盈满。阿僧祇宝宫殿，王处其中，具足菩萨那罗延身，勇猛坚固，被法甲胄，心无退转。阿僧祇宝舍，入者能除恋舍宅心。阿僧祇宝衣，著者能令解了无著。阿僧祇宝宫殿，出家菩萨充满其中。阿僧祇宝珍玩，见者咸生无量欢喜。阿僧祇宝轮，放不思议智慧光明转不退轮。阿僧祇宝跋陀树，因陀罗网庄严清净。阿僧祇宝地，不思议宝间错庄严。阿僧祇宝吹，其音清亮充满法界。阿僧祇宝鼓，妙音克谐，穷劫不绝。阿僧祇宝众生，尽能摄持无上法宝。阿僧祇宝身，具足无量功德妙宝。阿僧祇宝口，常演一切妙法宝音。阿僧祇宝心，具清净意大智愿宝。阿僧祇宝念，断诸愚惑，究竟坚固一切智宝。阿僧祇宝明，诵持一切诸佛法宝。阿僧祇宝慧，决了一切诸佛法藏。阿僧祇宝智，得大圆满一切智宝。阿僧祇宝眼，鉴十力宝，无所障碍。阿僧祇宝耳，听闻无量，尽法界声，清净无碍。阿僧祇宝鼻，常嗅随顺清净宝香。阿僧祇宝舌，能说无量诸语言法。阿僧祇宝身，遍游十方而无罣碍。阿僧祇宝意，常勤修习普贤行愿。阿僧祇宝音，净妙音声遍十方界。阿僧祇宝身业，一切所作以智为首。阿僧祇宝语业，常说修行无碍智宝。阿僧祇宝意业，得无障碍广大智宝，究竟圆满。

佛子！菩萨摩诃萨于彼一切诸佛刹中，于一佛刹、一方、一处、一毛端量，有无量无边不可说数诸大菩萨，皆悉成就清净智慧，充满而住。如一佛刹、一方、一处、一毛端量，如是尽虚空遍法界一一佛刹、一一方、一一处、一一毛端量，悉亦如是。是为菩萨摩诃萨以诸善根而为回向，普愿一切诸佛国土悉具种种妙宝庄严。如宝庄严，如是广说；如是香庄严、华庄严、鬘庄严、涂香庄严、烧香庄严、末香庄严、衣庄严、盖庄严、幢庄严、幡庄严、摩尼宝庄严，次第乃至过此百倍皆如宝庄严，如是广说。

佛子！菩萨摩诃萨以法施等所集善根，为长养一切善根故回向；为严净一切佛刹故回向；为成就一切众生故回向；为令一切众生皆心净不动故回向；为令一切众生皆入甚深佛法故回向；为令一切众生皆得无能过清净功德故回向；为令一切众生皆得不可坏清净福力故回向；为令一切众生皆得无尽智力，度诸众生令入佛法故回向；为令一切众生皆得平等无量清净言音故回向；为令一切众生皆得平等无碍眼，成就尽虚空遍法界等智慧故回向；为令一切众生皆得清净念，知前际劫一切世界故回向；为令一切众生皆得无碍大智慧，悉能决了一切法藏故回向；为令一切众生皆得无限量大菩提，周遍法界无所障碍故回向；为令一切众生皆得平等无分别同体善根故回向；为令一切众生皆得一切功德具足庄严清净身、语、意业故回向；为令一切众生皆得同于普贤行故回向；为令一切众生皆得入一切同体清净佛刹故回向;为令一切众生悉观察一切智,皆趣入圆满故回向;为令一切众生皆得远离不平等善根故回向;为令一切众生皆得平等无异相,深心次第圆满一切智故回向;为令一切众生皆得安住一切白法故回向;为令一切众生皆于一念中证一切智得究竟故回向;为令一切众生皆成满清净一切智道故回向。

佛子!菩萨摩诃萨以诸善根普为一切众生如是回向已,复以此善根,欲普圆满演说一切清净行法力故回向;欲成就清净行威力,得不可说不可说法海故回向;欲于一一法海,具足无量等法界清净智光明故回向;欲开示演说一切法差别句义故回向;欲成就无边广大一切法光明三昧故回向;欲随顺三世诸佛辩才故回向;欲成就去、来、现在一切佛自在身故回向;为尊重一切佛可爱乐无障碍法故回向;为满足大悲心,救护一切众生常无退转故回向;欲成就不思议差别法、无障碍智心、无垢染诸根清净,普入一切众会道场故回向;欲于一切若覆若仰、若粗若细、若广若狭、小大染净,如是等诸佛国土,常转平等不退法轮故回向;欲于念念中得无所畏、无有穷尽种种辩才妙法光明开示演说故回向;为乐求众善,发心修习,诸根转胜,获一切法大神通智,尽能了知一切诸法故回向;欲于一切众会道场亲近供养,为一切众生演一切法咸令欢喜故回向。

佛子!菩萨摩诃萨又以此善根如是回向,所谓:以住法界无量住回向,以住法界无量身业回向,以住法界无量语业回向,以住法界无量意业回向,以住法界无量色平等回向,以住法界无量受、想、行、识平等回向,以住法界无量蕴平等回向,以住法界无量界平等回向,以住法界无量处平等回向,以住法界无量内平等回向,以住法界无量外平等回向,以住法界无量发起平等回向,以住法界无量深心平等回向,以住法界无量方便平等回向,以住法界无量信解平等回向,以住法界无量诸根平等回向,以住法界无量初、中、后际平等回向,以住法界无量业报平等回向,以住法界无量染净平等回向,以住法界无量众生平等回向,以住法界无量佛刹平等回向,以住法界无量法平等回向,以住法界无量世间光明平等回向,以住法界无量诸佛菩萨平等回向,以住法界无量菩萨行愿平等回向,以住法界无量菩萨出离平等回向,以住法界无量菩萨教化调伏平等回向,以住法界无量法界无二平等回向,以住法界无量如来众会道场平等回向。

佛子!菩萨摩诃萨如是回向时,安住法界无量平等清净身,安住法界无量平等清净语,安住法界无量平等清净心,安住法界无量平等诸菩萨清净行愿,安住法界无量平等清净众会道场,安住法界无量平等为一切菩萨广说诸法清净智,安住法界无量平等能入尽法界一切世界身,安住法界无量平等一切法光明清净无畏;能以一音尽断一切众生疑网,随其根欲皆令欢喜,住于无上一切种智、力、无所畏、自在神通、广大功德、出离法中。

佛子！是为菩萨摩诃萨第十住等法界无量回向。菩萨摩诃萨以法施等一切善根如是回向时，成满普贤无量无边菩萨行愿，悉能严净尽虚空等法界一切佛刹，令一切众生亦得如是，具足成就无边智慧，了一切法，于念念中见一切佛出兴于世，于念念中见一切佛无量无边自在力，所谓：广大自在力、无著自在力、无碍自在力、不思议自在力、净一切众生自在力、立一切世界自在力、现不可说语言自在力、随时应现自在力、住不退转神通智自在力、演说一切无边法界俾无有余自在力、出生普贤菩萨无边际眼自在力、以无碍耳识闻持无量诸佛正法自在力、一身结跏趺坐周遍十方无量法界于诸众生无所迫隘自在力、以圆满智普入三世无量法自在力。又得无量清净，所谓：一切众生清净、一切佛刹清净、一切法清净、一切处遍知智清净、遍虚空界无边智清净、得一切差别言音智以种种言音普应众生清净、放无量圆满光普照一切无边世界清净、出生一切三世菩萨行智清净、一念中普入三世一切诸佛众会道场智清净、入无边一切世间令一切众生皆作所应作清净。如是等皆得具足，皆得成就，皆已修治，皆得平等，皆悉现前，皆悉知见，皆悉悟入，皆已观察，皆得清净，到于彼岸。

尔时，佛神力故，十方各百万佛刹微尘数世界六种震动，所谓：动、遍动、等遍动，起、遍起、等遍起，涌、遍涌、等遍涌，震、遍震、等遍震，吼、遍吼、等遍吼，击、遍击、等遍击。佛神力故，法如是故，雨众天华、天鬘、天末香、天诸杂香、天衣服、天珍宝、天庄严具、天摩尼宝、天沉水香、天栴檀香、天上妙盖、天种种幢、天杂色幡、阿僧祇诸天身；无量百千亿不可说天妙法音、不可思议天赞佛音、阿僧祇天欢喜音，咸称善哉；无量阿僧祇百千那由他诸天恭敬礼拜；无数天子常念诸佛，希求如来无量功德，心不舍离；无数天子作众妓乐，歌咏赞叹供养如来；百千阿僧祇诸天放大光明，普照尽虚空遍法界一切佛刹，现无量阿僧祇诸佛境界；如来化身出过诸天，如于此世界兜率陀天宫说如是法，周遍十方一切世界兜率天宫悉亦如是。

尔时，复以佛神力故，十方各过百万佛刹微尘数世界外，各有百万佛刹微尘数诸菩萨而来集会，周遍十方，咸作是言：

善哉善哉！佛子！乃能说此诸大回向。佛子！我等皆同一号，名：金刚幢，悉从金刚光世界金刚幢佛所来诣此土。彼诸世界悉以佛神力故而说是法，众会眷属、文辞句义，皆亦如是，不增不减。我等皆承佛神力，从彼土来为汝作证。如我来此众会为汝作证，十方所有一切世界兜率天宫宝庄严殿诸菩萨众来为作证，亦复如是。

尔时，金刚幢菩萨承佛神力，观察十方一切众会暨于法界已，善知文义，增广大心，大悲普覆一切众生，系心安住三世佛种，善入一切佛功德法，成就诸佛自在之身，观诸众生心之所乐，及其所种一切善根悉分别知，随顺法身，为现清净妙色之身，即于是时而说颂曰：

菩萨成就法智慧，悟解无边正法门，为法光明调御师，了知无碍真实法。菩萨为法大导师，开示甚深难得法，引导十方无量众，悉令安住正法中。菩萨已饮佛法海，法云普雨十方界，法日出现于世间，阐扬妙法利群生。常为难遇法施主，了知入法巧方便，法光清净照其心，于世说法恒无畏。善修于法自在心，悉能悟入诸法门，成就甚深妙法海，普为众生击法鼓。宣说甚深希有法，以法长养诸功德，具足清净法喜心，示现世间佛法藏。诸佛法王所灌顶，成就法性智藏身，悉能解了法实相，安住一切众善法。菩萨修行第一施，一切如来所赞喜，所作皆蒙佛忍可，以此成就人中尊。菩萨成就妙法身，亲从诸佛法化生，为利众生作法灯，演说无量最胜法。随所修行妙法施，则亦观察彼善根，所作众善为众生，悉以智慧而回向。所有成佛功德法，悉以回施诸群生，愿令一切皆清净，到佛庄严之彼岸。十方佛刹无有量，悉具无量大庄严，如是庄严不可思，尽以庄严一国土。如来所有清净智，愿令众生皆具足，犹如普贤真佛子，一切功德自庄严。成就广大神通力，往诣世界悉周遍，一切众生无有余，皆使修行菩萨道。诸佛如来所开悟，十方无量诸众生，一切皆令如普贤，具足修行最上行。诸佛菩萨所成就，种种差别诸功德，如是功德无有边，愿使众生悉圆满。菩萨具足自在力，所应学处皆往学，示现一切大神通，普诣十方无量土。菩萨能于一念顷，觐等众生无数佛，又复于一毛端中，尽摄诸法皆明见。世间众生无有量，菩萨悉能分别知，诸佛无量等众生，大心供养咸令尽。种种名香上妙华，众宝衣裳及幡盖，分布法界咸充满，发心普供十方佛。一毛孔中悉明见，不思议数无量佛，一切毛孔皆如是，普礼一切世间灯。举身次第恭敬礼，如是无边诸最胜，亦以言辞普称赞，穷尽未来一切劫。一如来所供养具，其数无量等众生，如是供养一如来，一切如来亦复然。供养赞叹诸如来，尽彼世间一切劫，世间劫数可终尽，菩萨供养无休懈。一切世间种种劫，于尔所劫修诸行，恭敬供养一如来，尽一切劫无厌足。如无量劫供一佛，供一切佛皆如是，亦不分别是劫数，于所供养生疲厌。法界广大无边际，菩萨观察悉明了，以大莲华遍布中，施等众生无量佛。宝华香色皆圆满，清净庄严甚微妙，一切世间无可喻，持以供养人中尊。众生数等无量刹，诸妙宝盖满其中，悉以供养一如来，供一切佛皆如是。涂香无比最殊胜，一切世间未曾有，以此供养天人师，穷尽众生数等劫。末香烧香上妙华，众宝衣服庄严具，如是供养诸最胜，欢喜奉事无厌足。等众生数照世灯，念念成就大菩提，亦以无边偈称述，供养人中调御者。如众生数佛世尊，皆修无上妙供养，如众生数无量劫，如是赞叹无穷尽。如是供养诸佛时，以佛神力皆周遍，悉见十方无量佛，安住普贤菩萨行。过去未来及现在，所有一切诸善根，令我常修普贤行，速得安住普贤地。一切如来所知见，世间无量诸众生，悉愿具足如普贤，为聪慧者所称赞。此是十方诸大士，共所修治回向行，诸佛如来为我说，此回向行最无上。十方世界无有余，其中一切诸众生，莫不咸令得开觉，悉使常如普贤行。如其回向行布施，亦复坚持于禁戒，精进长时无退怯，忍辱柔和心不动，禅定持心常一缘，智慧了境同三昧，去来现在皆通达，世间无有得其边。菩萨身心及语业，如是所作皆清净，一切修行无有余，悉与普贤菩萨等。譬如法界无分别，戏论染著皆永尽，亦如涅槃无障碍，心常如是离诸取。智者所有回向法，诸佛如来已开示，种种善根悉回向，是故能成菩萨道。佛子善学此回向，无量行愿悉成满，摄取法界尽无余，是故能成善逝力。若欲成就佛所说，菩萨广大殊胜行，宜应善住此回向，是诸佛子号普贤。一切众生犹可数，三世心量亦可知，如是普贤诸佛子，功德边际无能测。一毛度空可得边，众刹为尘可知数，如是大仙诸佛子，所住行愿无能量。

大方广佛华严经卷第三十四

十地品第二十六之一

尔时，世尊在他化自在天王宫摩尼宝藏殿，与大菩萨众俱。其诸菩萨皆于阿耨多罗三藐三菩提不退转，悉从他方世界来集；住一切菩萨智所住境，入一切如来智所入处；勤行不息，善能示现种种神通诸所作事，教化调伏一切众生而不失时；为成菩萨一切大愿，于一切世、一切劫、一切刹，勤修诸行，无暂懈息；具足菩萨福智助道，普益众生而恒不匮；到一切菩萨智慧方便究竟彼岸，示入生死及以涅槃而不废舍；修菩萨行，善入一切菩萨禅定、解脱三昧、三摩钵底、神通明智，诸所施为皆得自在；获一切菩萨自在神力，于一念顷无所动作，悉能往诣一切如来道场众会，为众上首，请佛说法，护持诸佛正法之轮；以广大心供养承事一切诸佛，常勤修习一切菩萨所行事业；其身普现一切世间，其音普及十方法界，心智无碍，普见三世；一切菩萨所有功德悉已修行而得圆满，于不可说劫说不能尽。其名曰：金刚藏菩萨、宝藏菩萨、莲华藏菩萨、德藏菩萨、莲华德藏菩萨、日藏菩萨、苏利耶藏菩萨、无垢月藏菩萨、于一切国土普现庄严藏菩萨、毗卢遮那智藏菩萨、妙德藏菩萨、栴檀德藏菩萨、华德藏菩萨、俱苏摩德藏菩萨、优钵罗德藏菩萨、天德藏菩萨、福德藏菩萨、无碍清净智德藏菩萨、功德藏菩萨、那罗延德藏菩萨、无垢藏菩萨、离垢藏菩萨、种种辩才庄严藏菩萨、大光明网藏菩萨、净威德光明王藏菩萨、金庄严大功德光明王藏菩萨、一切相庄严净德藏菩萨、金刚焰德相庄严藏菩萨、光明焰藏菩萨、星宿王光照藏菩萨、虚空无碍智藏菩萨、妙音无碍藏菩萨、陀罗尼功德持一切众生愿藏菩萨、海庄严藏菩萨、须弥德藏菩萨、净一切功德藏菩萨、如来藏菩萨、佛德藏菩萨、解脱月菩萨……。如是等无数无量、无边无等、不可数、不可称、不可思、不可量、不可说诸菩萨摩诃萨众，金刚藏菩萨而为上首。

尔时，金刚藏菩萨承佛神力，入菩萨大智慧光明三昧。入是三昧已，即时十方各过十亿佛刹微尘数世界外，各有十亿佛刹微尘数诸佛，同名：金刚藏，而现其前，作如是言：

善哉善哉！金刚藏！乃能入是菩萨大智慧光明三昧。善男子！此是十方各十亿佛刹微尘数诸佛共加于汝，以毗卢遮那如来、应、正等觉本愿力故，威神力故，亦是汝胜智力故，欲令汝为一切菩萨说不思议诸佛法光明故。所谓：令入智地故，摄一切善根故，善简择一切佛法故，广知诸法故，善能说法故，无分别智清净故，一切世法不染故，出世善根清净故，得不思议智境界故，得一切智人智境界故；又令得菩萨十地始终故，如实说菩萨十地差别相故，缘念一切佛法故，修习分别无漏法故，善选择观察大智光明巧庄严故，善入决定智门故，随所住处次第显说无所畏故，得无碍辩才光明故，住大辩才地善决定故，忆念菩萨心不忘失故，成熟一切众生界故，能遍至一切处决定开悟故。善男子！汝当辩说此法门差别善巧法。所谓：承佛神力如来智明所加故，净自善根故，普净法界故，普摄众生故，深入法身、智身故，受一切佛灌顶故，得一切世间最高大身故，超一切世间道故，清净出世善根故，满足一切智智故。

尔时，十方诸佛与金刚藏菩萨无能映夺身，与无碍乐说辩，与善分别清净智，与善忆念不忘力，与善决定明了慧，与至一切处开悟智，与成道自在力，与如来无所畏，与一切智人观察分别诸法门辩才智，与一切如来上妙身、语、意具足庄严。何以故？得此三昧法如是故，本愿所起故，善净深心故，善净智轮故，善积集助道故，善修治所作故，念其无量法器故，知其清净信解故，得无错谬总持故，法界智印善印故。

尔时，十方诸佛各伸右手摩金刚藏菩萨顶。摩顶已，金刚藏菩萨从三昧起，普告一切菩萨众言：诸佛子！诸菩萨愿善决定，无杂不可见，广大如法界，究竟如虚空，尽未来际遍一切佛刹，救护一切众生，为一切诸佛所护，入过去、未来、现在诸佛智地。佛子！何等为菩萨摩诃萨智地？佛子！菩萨摩诃萨智地有十种，过去、未来、现在诸佛，已说、当说、今说；我亦如是说。何等为十？一者欢喜地，二者离垢地，三者发光地，四者焰慧地，五者难胜地，六者现前地，七者远行地，八者不动地，九者善慧地，十者法云地。佛子！此菩萨十地，三世诸佛已说、当说、今说。佛子！我不见有诸佛国土，其中如来不说此十地者。何以故？此是菩萨摩诃萨向菩提最上道，亦是清净法光明门，所谓：分别演说菩萨诸地。佛子！此处不可思议，所谓诸菩萨随证智。

尔时，金刚藏菩萨说此菩萨十地名已，默然而住，不复分别。是时,一切菩萨众闻菩萨十地名,不闻解释,咸生渴仰,作如是念:何因何缘,金刚藏菩萨唯说菩萨十地名而不解释?

解脱月菩萨知诸大众心之所念,以颂问金刚藏菩萨曰:

何故净觉人,念智功德具,说诸上妙地,有力不解释?一切咸决定,勇猛无怯弱,何故说地名,而不为开演?诸地妙义趣,此众皆欲闻,其心无怯弱,愿为分别说!众会悉清净,离懈怠严洁,能坚固不动,具功德智慧。相视咸恭敬,一切悉专仰,如蜂念好蜜,如渴思甘露。

尔时,大智无所畏金刚藏菩萨闻说是已,欲令众会心欢喜故,为诸佛子而说颂言

菩萨行地事,最上诸佛本,显示分别说,第一希有难。微细难可见,离念超心地,出生佛境界,闻者悉迷惑。持心如金刚,深信佛胜智,知心地无我,能闻此胜法。如空中彩画,如空中风相,牟尼智如是,分别甚难见。我念佛智慧,最胜难思议,世间无能受,默然而不说。

尔时,解脱月菩萨闻是说已,白金刚藏菩萨言:佛子!今此众会皆悉已集,善净深心,善洁思念,善修诸行,善集助道,善能亲近百千亿佛,成就无量功德善根,舍离痴惑,无有垢染,深心信解,于佛法中不随他教。善哉佛子!当承佛神力而为演说,此诸菩萨于如是等甚深之处皆能证知。

尔时,解脱月菩萨欲重宣其义而说颂曰:

愿说最安隐,菩萨无上行,分别于诸地,智净成正觉。此众无诸垢,志解悉明洁,承事无量佛,能知此地义。

尔时,金刚藏菩萨言:佛子!虽此众集善净思念,舍离愚痴及以疑惑,于甚深法不随他教;然有其余劣解众生,闻此甚深难思议事,多生疑惑,于长夜中受诸衰恼。我愍此等,是故默然。

尔时,金刚藏菩萨欲重宣其义而说颂曰:

虽此众净广智慧,甚深明利能决择,其心不动如山王,不可倾覆犹大海。有行未久解未得,随识而行不随智,闻此生疑堕恶道,我愍是等故不说。

尔时,解脱月菩萨重白金刚藏菩萨言:佛子!愿承佛神力分别说此不思议法,此人当得如来护念而生信受。何以故?说十地时,一切菩萨法应如是,得佛护念。得护念故,于此智地能生勇猛。何以故?此是菩萨最初所行,成就一切诸佛法故。譬如书字、数说,一切皆以字母为本、字母究竟,无有少分离字母者。佛子!一切佛法皆以十地为本,十地究竟修行成就,得一切智。是故,佛子!愿为演说!此人必为如来所护,令其信受。

尔时,解脱月菩萨欲重宣其义而说颂曰:

善哉佛子愿演说,趣入菩提诸地行!十方一切自在尊,莫不护念

智根本。此安住智亦究竟，一切佛法所从生，譬如书数字母摄，如是佛法依于地。

尔时，诸大菩萨众一时同声向金刚藏菩萨而说颂言：

上妙无垢智，无边分别辩，宣畅深美言，第一义相应。念持清净行，十力集功德，辩才分别义，说此最胜地。定戒集正心，离我慢邪见，此众无疑念，惟愿闻善说！如渴思冷水，如饥念美食，如病忆良药，如蜂贪好蜜；我等亦如是，愿闻甘露法！善哉广大智，愿说入诸地，成十力无碍，善逝一切行！

尔时，世尊从眉间出清净光明，名：菩萨力焰明，百千阿僧祇光明以为眷属，普照十方一切世界靡不周遍，三恶道苦皆得休息；又照一切如来众会，显现诸佛不思议力；又照十方一切世界，一切诸佛所加说法菩萨之身；作是事已，于上虚空中成大光明云网台而住。时，十方诸佛悉亦如是，从眉间出清净光明，其光名号、眷属、作业悉同于此，又亦照此娑婆世界佛及大众，并金刚藏菩萨身、师子座已，于上虚空中成大光明云网台。时，光台中，以诸佛威神力故而说颂言：

佛无等等如虚空，十力无量胜功德，人间最胜世中上，释师子法加于彼。佛子当承诸佛力，开此法王最胜藏，诸地广智胜妙行，以佛威神分别说。若为善逝力所加，当得法宝入其心，诸地无垢次第满，亦具如来十种力。虽住海水劫火中，堪受此法必得闻，其有生疑不信者，永不得闻如是义。应说诸地胜智道，入住展转次修习，从行境界法智生，利益一切众生故。

尔时，金刚藏菩萨观察十方，欲令大众增净信故而说颂曰：

如来大仙道，微妙难可知，非念离诸念，求见不可得。无生亦无灭，性净恒寂然，离垢聪慧人，彼智所行处。自性本空寂，无二亦无尽，解脱于诸趣，涅槃平等住。非初非中后，非言辞所说，出过于三世，其相如虚空。寂灭佛所行，言说莫能及；地行亦如是，难说难可受。智起佛境界，非念离心道，非蕴界处门，智知意不及。如空中鸟迹，难说难可示；如是十地义，心意不能了。慈悲及愿力，出生入地行，次第圆满心，智行非虑境。是境界难见，可知不可说，佛力故开演，汝等应敬受。如是智入行，亿劫说不尽，我今但略说，真实义无余。一心恭敬待，我承佛力说，胜法微妙音，譬喻字相应。无量佛神力，咸来入我身，此处难宣示，我今说少分。

第一地

佛子！若有众生深种善根，善修诸行，善集助道，善供养诸佛，善集白净法，为善知识，善摄善清净深心，立广大志，生广大解，慈悲现前，为求佛智故，为得十力故，为得大无畏故，为得佛平等法故，为救一切世间故，为净大慈悲故，为得十力无余智故，为净一切佛刹无障碍故，为一念知一切三世故，为转大法轮无所畏故。佛子！菩萨起如是心，以大悲为首，智慧增上，善巧方便所摄，最上深心所持,如来力无量,善观察分别勇猛力智、力无碍智、现前随顺自然智,能受一切佛法,以智慧教化,广大如法界,究竟如虚空,尽未来际。佛子!菩萨始发如是心,即得超凡夫地,入菩萨位,生如来家,无能说其种族过失,离世间趣,入出世道,得菩萨法,住菩萨处,入三世平等,于如来种中决定当得无上菩提。菩萨住如是法,名:住菩萨欢喜地,以不动相应故。

佛子!菩萨住欢喜地,成就多欢喜、多净信、多爱乐、多适悦、多欣庆、多踊跃、多勇猛、多无斗诤、多无恼害、多无瞋恨。佛子!菩萨住此欢喜地,念诸佛故生欢喜,念诸佛法故生欢喜,念诸菩萨故生欢喜,念诸菩萨行故生欢喜,念清净诸波罗蜜故生欢喜,念诸菩萨地殊胜故生欢喜,念菩萨不可坏故生欢喜,念如来教化众生故生欢喜,念能令众生得利益故生欢喜,念入一切如来智方便故生欢喜;复作是念:我转离一切世间境界故生欢喜,亲近一切佛故生欢喜,远离凡夫地故生欢喜,近智慧地故生欢喜,永断一切恶趣故生欢喜,与一切众生作依止处故生欢喜,见一切如来故生欢喜,生佛境界中故生欢喜,入一切菩萨平等性中故生欢喜,远离一切怖畏毛竖等事故生欢喜。何以故?此菩萨得欢喜地已,所有怖畏悉得远离,所谓:不活畏、恶名畏、死畏、恶道畏、大众威德畏,如是怖畏皆得永离。何以故?此菩萨离我想故,尚不爱自身,何况资财,是故无有不活畏;不于他所希求供养,唯专给施一切众生,是故无有恶名畏;远离我见,无有我想,是故无有死畏;自知死已,决定不离诸佛菩萨,是故无有恶道畏;我所志乐,一切世间无与等者,何况有胜!是故无有大众威德畏。菩萨如是远离惊怖毛竖等事。

佛子!此菩萨以大悲为首,广大志乐无能沮坏,转更勤修一切善根而得成就,所谓:信增上故,多净信故,解清净故,信决定故,发生悲愍故,成就大慈故,心无疲懈故,惭愧庄严故,成就柔和故,敬顺尊重诸佛教法故,日夜修集善根无厌足故,亲近善知识故,常爱乐法故,求多闻无厌足故,如所闻法正观察故,心无依著故,不耽著利养、名闻、恭敬故,不求一切资生之物故,生如宝心无厌足故,求一切智地故,求如来力、无畏、不共佛法故,求诸波罗蜜助道法故,离诸谄诳故,如说能行故,常护实语故,不污如来家故,不舍菩萨戒故,生一切智心如山王不动故,不舍一切世间事成就出世间道故,集助菩提分法无厌足故,常求上上殊胜道故。佛子!菩萨成就如是净治地法,名为:安住菩萨欢喜地。

佛子!菩萨住此欢喜地,能成就如是大誓愿、如是大勇猛、如是大作用,所谓:生广大清净决定解,以一切供养之具,恭敬供养一切诸佛,令无有余;广大如法界,究竟如虚空,尽未来际一切劫数无有休息。又发大愿:愿受一切佛法轮,愿摄一切佛菩提,愿护一切诸佛教,愿持一切诸佛法;广大如法界,究竟如虚空,尽未来际一切劫数无有休息。又发大愿：愿一切世界佛兴于世，从兜率天宫没、入胎、住胎、初生、出家、成道说法、示现涅槃，皆悉往诣，亲近供养，为众上首，受行正法，于一切处一时而转；广大如法界，究竟如虚空，尽未来际一切劫数无有休息。又发大愿：愿一切菩萨行广大无量，不坏不杂，摄诸波罗蜜，净治诸地，总相、别相、同相、异相、成相、坏相，所有菩萨行皆如实说，教化一切，令其受行，心得增长；广大如法界，究竟如虚空，尽未来际一切劫数无有休息。又发大愿：愿一切众生界有色、无色、有想、无想、非有想、非无想、卵生、胎生、湿生、化生，三界所系，入于六趣一切生处，名色所摄，如是等类我皆教化，令入佛法，令永断一切世间趣，令安住一切智智道；广大如法界，究竟如虚空，尽未来际一切劫数无有休息。又发大愿：愿一切世界广大无量，粗细乱住、倒住、正住，若入、若行、若去，如帝网差别，十方无量种种不同，智皆明了，现前知见；广大如法界，究竟如虚空，尽未来际一切劫数无有休息。又发大愿：愿一切国土入一国土，一国土入一切国土，无量佛土普皆清净，光明众具以为庄严，离一切烦恼，成就清净道，无量智慧众生充满其中，普入广大诸佛境界，随众生心而为示现，皆令欢喜；广大如法界，究竟如虚空，尽未来际一切劫数无有休息。又发大愿：愿与一切菩萨同一志行，无有怨嫉，集诸善根，一切菩萨平等一缘，常共集会，不相舍离，随意能现种种佛身，任其自心能知一切如来境界威力智慧，得不退如意神通，游行一切世界，现形一切众会，普入一切生处，成就不思议大乘，修菩萨行；广大如法界，究竟如虚空，尽未来际一切劫数无有休息。又发大愿：愿乘不退轮行菩萨行，身、语、意业悉不唐捐，若暂见者则必定佛法，暂闻音声则得实智慧，才生净信则永断烦恼，得如大药王树身，得如如意宝身，修行一切菩萨行；广大如法界，究竟如虚空，尽未来际一切劫数无有休息。又发大愿：愿于一切世界成阿耨多罗三藐三菩提不离一毛端处，于一切毛端处皆悉示现初生、出家、诣道场、成正觉、转法轮、入涅槃，得佛境界大智慧力，于念念中随一切众生心示现成佛令得寂灭，以一三菩提知一切法界即涅槃相，以一音说法令一切众生心皆欢喜，示入大涅槃而不断菩萨行，示大智慧地安立一切法，以法智通、神足通、幻通自在变化充满一切法界；广大如法界，究竟如虚空，尽未来际一切劫数无有休息。

佛子！菩萨住欢喜地，发如是大誓愿、如是大勇猛、如是大作用，以此十愿门为首，满足百万阿僧祇大愿。佛子！此大愿以十尽句而得成就。何等为十？所谓：众生界尽、世界尽、虚空界尽、法界尽、涅槃界尽、佛出现界尽、如来智界尽、心所缘界尽、佛智所入境界界尽、世间转法转智转界尽。若众生界尽，我愿乃尽；若世界乃至世间转法转智转界尽，我愿乃尽。而众生界不可尽，乃至世间转法转智转界不可尽故，我此大愿善根无有穷尽。

佛子！菩萨发如是大愿已，则得利益心、柔软心、随顺心、寂静心、调伏心、寂灭心、谦下心、润泽心、不动心、不浊心。成净信者，有信功用：能信如来本行所入，信成就诸波罗蜜，信入诸胜地，信成就力，信具足无所畏，信生长不可坏不共佛法，信不思议佛法，信出生无中边佛境界，信随入如来无量境界，信成就果。举要言之，信一切菩萨行，乃至如来智地说力故。

佛子！此菩萨复作是念：诸佛正法，如是甚深，如是寂静，如是寂灭，如是空，如是无相，如是无愿，如是无染，如是无量，如是广大。而诸凡夫心堕邪见，无明覆翳，立憍慢高幢，入渴爱网中，行谄诳稠林不能自出，心与悭嫉相应不舍，恒造诸趣受生因缘，贪、恚、愚痴积集诸业日夜增长，以忿恨风吹心识火炽然不息，凡所作业皆颠倒相应，欲流、有流、无明流、见流，相续起心意识种子，于三界田中复生苦芽。所谓：名色共生不离，此名色增长，生六处聚落，于中相对生触，触故生受，因受生爱，爱增长故生取，取增长故生有，有生故有生老死忧悲苦恼。如是众生生长苦聚，是中皆空，离我、我所，无知、无觉，无作、无受，如草木石壁，亦如影像；然诸众生不觉不知。菩萨见诸众生于如是苦聚不得出离，是故即生大悲智慧。复作是念：此诸众生我应救拔，置于究竟安乐之处。是故即生大慈光明智。

佛子！菩萨摩诃萨随顺如是大悲、大慈，以深重心住初地时，于一切物无所吝惜，求佛大智，修行大舍，凡是所有一切能施。所谓：财谷、仓库、金银、摩尼、真珠、琉璃、珂贝、璧玉、珊瑚等物，珍宝、璎珞、严身之具，象马、车乘、奴婢、人民、城邑、聚落、园林、台观、妻妾、男女、内外眷属及余所有珍玩之具，头目、手足、血肉、骨髓、一切身分皆无所惜，为求诸佛广大智慧。是名：菩萨住于初地大舍成就。

佛子！菩萨以此慈、悲、大施心，为欲救护一切众生，转更推求世、出世间诸利益事无疲厌故，即得成就无疲厌心。得无疲厌心已，于一切经论心无怯弱；无怯弱故，即得成就一切经论智。获是智已，善能筹量应作、不应作，于上、中、下一切众生，随应、随力、随其所习，如是而行，是故菩萨得成世智。成世智已，知时知量，以惭愧庄严勤修自利、利他之道，是故成就惭愧庄严，于此行中勤修出离，不退不转，成坚固力。得坚固力已，勤供诸佛，于佛教法能如说行。

佛子！菩萨如是成就十种净诸地法，所谓：信、悲、慈、舍、无有疲厌、知诸经论、善解世法、惭愧坚固力、供养诸佛、依教修行。

佛子！菩萨住此欢喜地已，以大愿力得见多佛。所谓：见多百佛、多千佛、多百千佛、多亿佛、多百亿佛、多千亿佛、多百千亿佛、多亿那由他佛、多百亿那由他佛、多千亿那由他佛、多百千亿那由他佛。悉以大心、深心，恭敬尊重，承事供养，衣服、饮食、卧具、医药，一切资生悉以奉施，亦以供养一切众僧，以此善根皆悉回向无上菩提。佛子！此菩萨因供养诸佛故，得成就众生法，以前二摄摄取众生，谓布施、爱语；后二摄法，但以信解力故，行未善通达。是菩萨，十波罗蜜中，檀波罗蜜增上；余波罗蜜非不修行，但随力随分。是菩萨随所勤修，供养诸佛，教化众生，皆以修行清净地法，所有善根悉以回向一切智地，转转明净，调柔成就，随意堪用。佛子！譬如金师善巧炼金，数数入火，转转明净，调柔成就，随意堪用。菩萨亦复如是，供养诸佛，教化众生，皆为修行清净地法，所有善根悉以回向一切智地，转转明净，调柔成就，随意堪用。

佛子！菩萨摩诃萨住于初地，应从诸佛菩萨善知识所推求请问，于此地中相及得果，无有厌足，为欲成就此地法故；亦应从诸佛菩萨善知识所推求请问，第二地中相及得果，无有厌足，为欲成就彼地法故；亦应如是推求请问，第三、第四、第五、第六、第七、第八、第九、第十地中相及得果，无有厌足，为欲成就彼地法故。是菩萨善知诸地障对治，善知地成坏，善知地相果，善知地得修，善知地法清净，善知地地转行，善知地地处、非处，善知地地殊胜智，善知地地不退转，善知净治一切菩萨地乃至转入如来地。佛子！菩萨如是善知地相，始于初地起行不断，如是乃至入第十地无有断绝；由此诸地智光明故，成于如来智慧光明。佛子！譬如商主善知方便，欲将诸商人往诣大城，未发之时，先问道中功德过失，及住止之处安危可不，然后具道资粮，作所应作。佛子！彼大商主虽未发足，能知道中所有一切安危之事，善以智慧筹量观察，备其所须令无乏少，将诸商众乃至安隐到彼大城，身及众人悉免忧患。佛子！菩萨商主亦复如是，住于初地，善知诸地障对治，乃至善知一切菩萨地清净，转入如来地，然后乃具福智资粮，将一切众生经生死旷野险难之处，安隐得至萨婆若城，身及众生不经患难。是故，菩萨常应匪懈勤修诸地殊胜净业，乃至趣入如来智地。

佛子！是名：略说菩萨摩诃萨入菩萨初地门，广说则有无量无边百千阿僧祇差别事。佛子！菩萨摩诃萨住此初地，多作阎浮提王，豪贵自在，常护正法，能以大施摄取众生，善除众生悭贪之垢，常行大施无有穷尽。布施、爱语、利行、同事——如是一切诸所作业，皆不离念佛，不离念法，不离念僧，不离念同行菩萨，不离念菩萨行，不离念诸波罗蜜，不离念诸地，不离念力，不离念无畏，不离念不共佛法，乃至不离念具足一切种、一切智智。复作是念：我当于一切众生中为首、为胜、为殊胜、为妙、为微妙、为上、为无上、为导、为将、为帅，乃至为一切智智依止者。是菩萨若欲舍家于佛法中勤行精进，便能舍家、妻子、五欲，依如来教出家学道。既出家已，勤行精进，于一念顷，得百三昧，得见百佛，知百佛神力，能动百佛世界，能过百佛世界，能照百佛世界，能教化百世界众生，能住寿百劫，能知前后际各百劫事，能入百法门，能示现百身，于一一身能示百菩萨以为眷属；若以菩萨殊胜愿力自在示现，过于是数，百劫、千劫、百千劫，乃至百千亿那由他劫不能数知。

尔时，金刚藏菩萨欲重宣其义而说颂曰：

若人集众善，具足白净法，供养天人尊，随顺慈悲道，信解极广大，志乐亦清净，为求佛智慧，发此无上心。净一切智力，及以无所畏，成就诸佛法，救摄群生众，为得大慈悲，及转胜法轮，严净佛国土，发此最胜心。一念知三世，而无有分别，种种时不同，以示于世间。略说求诸佛，一切胜功德，发生广大心，量等虚空界。悲先慧为主，方便共相应，信解清净心，如来无量力，无碍智现前，自悟不由他，具足同如来，发此最胜心。佛子始发生，如是妙宝心，则超凡夫位，入佛所行处，生在如来家，种族无瑕玷，与佛共平等，决成无上觉。才生如是心，即得入初地，志乐不可动，譬如大山王，多喜多爱乐，亦复多净信，极大勇猛心，及以庆跃心，远离于斗诤，恼害及瞋恚，惭敬而质直，善守护诸根，救世无等者，所有众智慧，此处我当得，忆念生欢喜。始得入初地，即超五怖畏，不活死恶名，恶趣众威德。以不贪著我，及以于我所，是诸佛子等，远离诸怖畏。常行大慈愍，恒有信恭敬，惭愧功德备，日夜增善法。乐法真实利，不爱受诸欲，思惟所闻法，远离取著行。不贪于利养，唯乐佛菩提，一心求佛智，专精无异念。修行波罗蜜，远离谄虚诳，如说而修行，安住实语中。不污诸佛家，不舍菩萨戒，不乐于世事，常利益世间。修善无厌足，转求增胜道，如是好乐法，功德义相应。恒起大愿心，愿见于诸佛，护持诸佛法，摄取大仙道。常生如是愿，修行最胜行，成熟诸群生，严净佛国土。一切诸佛刹，佛子悉充满，平等共一心，所作皆不空；一切毛端处，一时成正觉。如是等大愿，无量无边际。虚空与众生，法界及涅槃，世间佛出兴，佛智心境界。如来智所入，及以三转尽，彼诸若有尽，我愿方始尽；如彼无尽期，我愿亦复然。如是发大愿，心柔软调顺。能信佛功德，观察于众生，知从因缘起，则兴慈念心：如是苦众生，我今应救脱。为是众生故，而行种种施，王位及珍宝，乃至象马车，头目与手足，乃至身血肉，一切皆能舍，心得无忧悔。求种种经书，其心无厌倦，善解其义趣，能随世所行，惭愧自庄严，修行转坚固，供养无量佛，恭敬而尊重。如是常修习，日夜无懈倦，善根转明净，如火炼真金。菩萨住于此，净修于十地，所作无障碍，具足不断绝。譬如大商主，为利诸商众，问知道险易，安隐至大城。菩萨住初地，应知亦如是，勇猛无障碍，到于第十地。住此初地中，作大功德王，以法化众生，慈心无损害。统领阎浮地，化行靡不及，皆令住大舍，成就佛智慧。欲求最胜道，舍己国王位，能于佛教中，勇猛勤修习，则得百三昧，及见百诸佛，震动百世界，光照行亦尔，化百土众生，入于百法门，能知百劫事，示现于百身，及现百菩萨，以为其眷属；若自在愿力，过是数无量。我于地义中，略述其少分，若欲广分别，亿劫不能尽。菩萨最胜道，利益诸群生，如是初地法，我今已说竟。

大方广佛华严经卷第三十五

十地品第二十六之二
第二地

诸菩萨闻此，最胜微妙地，其心尽清净，一切皆欢喜。皆从于座起，踊住虚空中，普散上妙华，同时共称赞：善哉金刚藏！大智无畏者！善说于此地，菩萨所行法。解脱月菩萨，知众心清净，乐闻第二地，所有诸行相，即请金刚藏：大慧愿演说，佛子皆乐闻，所住第二地！

尔时，金刚藏菩萨告解脱月菩萨言：

佛子！菩萨摩诃萨已修初地，欲入第二地，当起十种深心。何等为十？所谓：正直心、柔软心、堪能心、调伏心、寂静心、纯善心、不杂心、无顾恋心、广心、大心。菩萨以此十心，得入第二离垢地。

佛子！菩萨住离垢地，性自远离一切杀生，不畜刀杖，不怀怨恨，有惭有愧，仁恕具足，于一切众生有命之者，常生利益慈念之心；是菩萨尚不恶心恼诸众生，何况于他起众生想，故以重意而行杀害！性不偷盗，菩萨于自资财，常知止足，于他慈恕，不欲侵损；若物属他，起他物想，终不于此而生盗心，乃至草叶不与不取，何况其余资生之具！性不邪淫，菩萨于自妻知足，不求他妻，于他妻妾、他所护女、亲族媒定及为法所护，尚不生于贪染之心，何况从事！况于非道！性不妄语，菩萨常作实语、真语、时语，乃至梦中亦不忍作覆藏之语，无心欲作，何况故犯！性不两舌，菩萨于诸众生无离间心、无恼害心，不将此语为破彼故而向彼说，不将彼语为破此故而向此说，未破者不令破，已破者不增长，不喜离间，不乐离间，不作离间语，不说离间语，若实、若不实。性不恶口，所谓：毒害语、粗犷语、苦他语、令他瞋恨语、现前语、不现前语、鄙恶语、庸贱语、不可乐闻语、闻者不悦语、瞋忿语、如火烧心语、怨结语、热恼语、不可爱语、不可乐语、能坏自身他身语，如是等语皆悉舍离，常作润泽语、柔软语、悦意语、可乐闻语、闻者喜悦语、善入人心语、风雅典则语、多人爱乐语、多人悦乐语、身心踊悦语。性不绮语，菩萨常乐思审语、时语、实语、义语、法语、顺道理语、巧调伏语、随时筹量决定语，是菩萨乃至戏笑尚恒思审，何况故出散乱之言！性不贪欲，菩萨于他财物、他所资用，不生贪心，不愿不求。性离瞋恚，菩萨于一切众生恒起慈心、利益心、哀愍心、欢喜心、和润心、摄受心，永舍瞋恨、怨害、热恼，常思顺行，仁慈佑益。又离邪见，菩萨住于正道，不行占卜，不取恶戒，心见正直，无诳无谄，于佛、法、僧起决定信。

佛子！菩萨摩诃萨如是护持十善业道，常无间断，复作是念：一切众生堕恶趣者，莫不皆以十不善业；是故我当自修正行，亦劝于他，令修正行。何以故？若自不能修行正行，令他修者，无有是处。

佛子！此菩萨摩诃萨复作是念：十不善业道，是地狱、畜生、饿鬼受生因；十善业道，是人、天乃至有顶处受生因。又此上品十善业道，以智慧修习，心狭劣故，怖三界故，阙大悲故，从他闻声而解了故，成声闻乘。又此上品十善业道，修治清净，不从他教，自觉悟故，大悲方便不具足故，悟解甚深因缘法故，成独觉乘。又此上品十善业道，修治清净，心广无量故，具足悲愍故，方便所摄故，发生大愿故，不舍众生故，希求诸佛大智故，净治菩萨诸地故，净修一切诸度故，成菩萨广大行。又此上上十善业道，一切种清净故，乃至证十力、四无畏故，一切佛法皆得成就。是故我今等行十善，应令一切具足清净；如是方便，菩萨当学。

佛子！此菩萨摩诃萨又作是念：十不善业道，上者地狱因，中者畜生因，下者饿鬼因。于中，杀生之罪能令众生堕于地狱、畜生、饿鬼；若生人中，得二种果报，一者短命，二者多病。偷盗之罪亦令众生堕三恶道；若生人中，得二种果报，一者贫穷，二者共财不得自在。邪淫之罪亦令众生堕三恶道；若生人中，得二种果报，一者妻不贞良，二者不得随意眷属。妄语之罪亦令众生堕三恶道；若生人中，得二种果报，一者多被诽谤，二者为他所诳。两舌之罪亦令众生堕三恶道；若生人中，得二种果报，一者眷属乖离，二者亲族弊恶。恶口之罪亦令众生堕三恶道；若生人中，得二种果报，一者常闻恶声，二者言多诤讼。绮语之罪亦令众生堕三恶道；若生人中，得二种果报，一者言无人受，二者语不明了。贪欲之罪亦令众生堕三恶道；若生人中，得二种果报，一者心不知足，二者多欲无厌。瞋恚之罪亦令众生堕三恶道；若生人中，得二种果报，一者常被他人求其长短，二者恒被于他之所恼害。邪见之罪亦令众生堕三恶道；若生人中，得二种果报，一者生邪见家，二者其心谄曲。佛子！十不善业道能生此等无量无边众大苦聚，是故菩萨作如是念：我当远离十不善道，以十善道为法园苑，爱乐安住，自住其中，亦劝他人令住其中。

佛子！此菩萨摩诃萨复于一切众生生利益心、安乐心、慈心、悲心、怜愍心、摄受心、守护心、自己心、师心、大师心，作是念言：众生可愍，堕于邪见、恶慧、恶欲、恶道稠林。我应令彼住于正见，行真实道。又作是念：一切众生分别彼我，互相破坏，斗诤瞋恨，炽然不息。我当令彼住于无上大慈之中。又作是念：一切众生贪取无厌，唯求财利，邪命自活。我当令彼住于清净身、语、意业正命法中。又作是念：一切众生常随三毒，种种烦恼因之炽然，不解志求出要方便。我当令彼除灭一切烦恼大火，安置清凉涅槃之处。又作是念：一切众生为愚痴重闇，妄见厚膜之所覆故，入阴翳稠林，失智慧光明，行旷野险道，起诸恶见。我当令彼得无障碍清净智眼，知一切法如实相，不随他教。又作是念：一切众生在于生死险道之中，将堕地狱、畜生、饿鬼，入恶见网中，为愚痴稠林所迷，随逐邪道，行颠倒行。譬如盲人无有导师，非出要道谓为出要，入魔境界，恶贼所摄，随顺魔心，远离佛意。我当拔出如是险难，令住无畏一切智城。又作是念：一切众生为大瀑水波浪所没，入欲流、有流、无明流、见流，生死洄澓，爱河漂转，湍驰奔激，不暇观察；为欲觉、恚觉、害觉随逐不舍，身见罗刹于中执取，将其永入爱欲稠林；于所贪爱深生染著，住我慢原阜，安六处聚落；无善救者，无能度者。我当于彼起大悲心，以诸善根而为救济，令无灾患，离染寂静，住于一切智慧宝洲。又作是念：一切众生处世牢狱，多诸苦恼，常怀爱憎，自生忧怖，贪欲重械之所系缚，无明稠林以为覆障，于三界内莫能自出。我当令彼永离三有，住无障碍大涅槃中。又作是念：一切众生执著于我，于诸蕴窟宅不求出离，依六处空聚，起四颠倒行，为四大毒蛇之所侵恼，五蕴怨贼之所杀害，受无量苦。我当令彼住于最胜无所著处，所谓：灭一切障碍无上涅槃。又作是念：一切众生其心狭劣，不行最上一切智道，虽欲出离，但乐声闻、辟支佛乘。我当令住广大佛法、广大智慧。佛子！菩萨如是护持于戒，善能增长慈悲之心。

佛子！菩萨住此离垢地，以愿力故，得见多佛。所谓：见多百佛、多千佛、多百千佛、多亿佛、多百亿佛、多千亿佛、多百千亿佛，如是乃至见多百千亿那由他佛。于诸佛所，以广大心、深心，恭敬尊重，承事供养，衣服、饮食、卧具、医药，一切资生悉以奉施，亦以供养一切众僧，以此善根回向阿耨多罗三藐三菩提。于诸佛所，以尊重心，复更受行十善道法，随其所受，乃至菩提，终不忘失。是菩萨于无量百千亿那由他劫，远离悭嫉破戒垢故，布施、持戒清净满足。譬如真金置矾石中，如法炼已，离一切垢，转复明净。菩萨住此离垢地，亦复如是，于无量百千亿那由他劫，远离悭嫉破戒垢故，布施、持戒清净满足。佛子！此菩萨，四摄法中，爱语偏多；十波罗蜜中，持戒偏多；余非不行，但随力随分。

佛子！是名：略说菩萨摩诃萨第二离垢地。菩萨住此地，多作转轮圣王，为大法主，具足七宝，有自在力，能除一切众生悭贪破戒垢，以善方便令其安住十善道中；为大施主，周给无尽。布施、爱语、利行、同事——如是一切诸所作业，皆不离念佛，不离念法，不离念僧，乃至不离念具足一切种、一切智智。又作是念：我当于一切众生中为首、为胜、为殊胜、为妙、为微妙、为上、为无上，乃至为一切智智依止者。是菩萨若欲舍家于佛法中勤行精进，便能舍家、妻子、五欲。既出家已，勤行精进，于一念顷，得千三昧，得见千佛，知千佛神力，能动千世界，乃至能示现千身，于一一身能示现千菩萨以为眷属；若以菩萨殊胜愿力自在示现，过于是数，百劫、千劫乃至百千亿那由他劫不能数知。

尔时，金刚藏菩萨欲重宣其义而说颂曰：

质直柔软及堪能，调伏寂静与纯善，速出生死广大意，以此十心入二地。住此成就戒功德，远离杀生不恼害，亦离偷盗及邪淫，妄恶乖离无义语。不贪财物常慈愍，正道直心无谄伪，离险舍慢极调柔，依教而行不放逸。地狱畜生受众苦，饿鬼烧然出猛焰，一切皆由罪所致，我当离彼住实法。人中随意得受生，乃至顶天禅定乐，独觉声闻佛乘道，皆因十善而成就。如是思惟不放逸，自持净戒教他护，复见群生受众苦，转更增益大悲心。凡愚邪智不正解，常怀忿恨多诤讼，贪求境界无足期，我应令彼除三毒。愚痴大暗所缠覆，入大险道邪见网，生死笼槛怨所拘，我应令彼摧魔贼。四流漂荡心没溺，三界焚如苦无量，计蕴为宅我在中，为欲度彼勤行道。设求出离心下劣，舍于最上佛智慧，我欲令彼住大乘，发勤精进无厌足。菩萨住此集功德，见无量佛咸供养，亿劫修治善更明，如以好药炼真金。佛子住此作轮王，普化众生行十善，所有善法皆修习，为成十力救于世。欲舍王位及财宝，即弃居家依佛教，勇猛精勤一念中，获千三昧见千佛。所有种种神通力，此地菩萨皆能现，愿力所作复过此，无量自在度群生。一切世间利益者，所修菩萨最胜行，如是第二地功德，为诸佛子已开演。

第三地

佛子得闻此地行，菩萨境界难思议，靡不恭敬心欢喜，散华空中为供养，赞言：善哉大山王，慈心愍念诸众生，善说智者律仪法，第二地中之行相。是诸菩萨微妙行，真实无异无差别，为欲利益诸群生，如是演说最清净。一切人天供养者，愿为演说第三地，与法相应诸智业，如其境界希具阐！大仙所有施戒法，忍辱精进禅智慧，及以方便慈悲道，佛清净行愿皆说！时，解脱月复请言：无畏大士金刚藏，愿说趣入第三地，柔和心者诸功德！

尔时，金刚藏菩萨告解脱月菩萨言：

佛子！菩萨摩诃萨已净第二地，欲入第三地，当起十种深心。何等为十？所谓：清净心、安住心、厌舍心、离贪心、不退心、坚固心、明盛心、勇猛心、广心、大心。菩萨以是十心，得入第三地。

佛子！菩萨摩诃萨住第三地已，观一切有为法如实相。所谓：无常、苦、不净、不安隐、败坏、不久住、刹那生灭，非从前际生，非向后际去，非于现在住。又观此法无救、无依，与忧、与悲，苦恼同住，爱憎所系，愁戚转多，无有停积，贪、恚、痴火炽然不息，众患所缠，日夜增长，如幻不实。见如是已，于一切有为倍增厌离，趣佛智慧，见佛智慧不可思议、无等无量、难得无杂、无恼无忧，至无畏城，不复退还，能救无量苦难众生。菩萨如是见如来智慧无量利益，见一切有为无量过患，则于一切众生生十种哀愍心。何等为十？所谓：见诸众生孤独无依，生哀愍心；见诸众生贫穷困乏，生哀愍心；见诸众生三毒火然，生哀愍心；见诸众生诸有牢狱之所禁闭，生哀愍心；见诸众生烦恼稠林恒所覆障，生哀愍心；见诸众生不善观察，生哀愍心；见诸众生无善法欲，生哀愍心；见诸众生失诸佛法，生哀愍心；见诸众生随生死流，生哀愍心；见诸众生失解脱方便，生哀愍心。是为十。菩萨如是见众生界无量苦恼，发大精进，作是念言：此等众生，我应救，我应脱，我应净，我应度；应著善处，应令安住，应令欢喜，应令知见，应令调伏，应令涅槃。菩萨如是厌离一切有为，如是愍念一切众生，知一切智智有胜利益，欲依如来智慧救度众生，作是思惟：此诸众生堕在烦恼大苦之中，以何方便而能拔济，令住究竟涅槃之乐？便作是念：欲度众生令住涅槃，不离无障碍解脱智；无障碍解脱智，不离一切法如实觉；一切法如实觉，不离无行无生行慧光；无行无生行慧光，不离禅善巧决定观察智；禅善巧决定观察智，不离善巧多闻。菩萨如是观察了知已，倍于正法勤求修习，日夜唯愿闻法、喜法、乐法、依法、随法、解法、顺法、到法、住法、行法。菩萨如是勤求佛法，所有珍财皆无吝惜，不见有物难得可重，但于能说佛法之人生难遭想。是故，菩萨于内外财，为求佛法悉能舍施。无有恭敬而不能行，无有憍慢而不能舍，无有承事而不能作，无有勤苦而不能受。若闻一句未曾闻法，生大欢喜，胜得三千大千世界满中珍宝；若闻一偈未闻正法，生大欢喜，胜得转轮圣王位；若得一偈未曾闻法，能净菩萨行，胜得帝释梵王位住无量百千劫。若有人言：我有一句佛所说法，能净菩萨行。汝今若能入大火坑，受极大苦，当以相与。菩萨尔时作如是念：我以一句佛所说法，净菩萨行故，假使三千大千世界大火满中，尚欲从于梵天之上投身而下，亲自受取，况小火坑而不能入！然我今者为求佛法，应受一切地狱众苦，何况人中诸小苦恼！菩萨如是发勤精进求于佛法，如其所闻观察修行。此菩萨得闻法已，摄心安住，于空闲处作是思惟：如说修行乃得佛法，非但口言而可清净。

佛子！是菩萨住此发光地时，即离欲恶不善法，有觉有观，离生喜乐，住初禅；灭觉观，内净一心，无觉无观，定生喜乐，住第二禅；离喜住舍，有念正知，身受乐，诸圣所说能舍有念受乐，住第三禅；断乐先除，苦喜忧灭，不苦不乐，舍念清净，住第四禅；超一切色想，灭有对想，不念种种想，入无边虚空，住虚空无边处；超一切虚空无边处，入无边识，住识无边处；超一切识无边处，入无少所有，住无所有处；超一切无所有处，住非有想非无想处。但随顺法故，行而无所乐著。

佛子！此菩萨心随于慈，广大无量不二，无怨无对，无障无恼，遍至一切处，尽法界、虚空界，遍一切世间；住悲、喜、舍亦复如是。

佛子！此菩萨得无量神通力，能动大地；以一身为多身，多身为一身，或隐或显；石壁山障，所往无碍，犹如虚空；于虚空中跏趺而去，同于飞鸟；入地如水，履水如地；身出烟焰，如大火聚；复雨于水，犹如大云；日月在空，有大威力，而能以手扪摸摩触；其身自在，乃至梵世。此菩萨天耳清净过于人耳，悉闻人、天若近若远所有音声，乃至蚊蚋、虻蝇等声亦悉能闻。此菩萨以他心智，如实而知他众生心。所谓：有贪心，如实知有贪心；离贪心，如实知离贪心；有瞋心、离瞋心，有痴心、离痴心，有烦恼心、无烦恼心，小心、广心、大心、无量心，略心、非略心，散心、非散心，定心、非定心，解脱心、非解脱心，有上心、无上心，杂染心、非杂染心，广心、非广心，皆如实知。菩萨如是以他心智知众生心。此菩萨念知无量宿命差别，所谓：念知一生，念知二生、三生、四生，乃至十生、二十、三十，乃至百生、无量百生、无量千生、无量百千生，成劫、坏劫、成坏劫、无量成坏劫，我曾在某处，如是名，如是姓，如是种族，如是饮食，如是寿命，如是久住，如是苦乐。我于彼死，生于某处，从某处死，生于此处，如是形状，如是相貌，如是言音。如是过去无量差别，皆能忆念。此菩萨天眼清净过于人眼，见诸众生生时、死时、好色、恶色，善趣、恶趣，随业而去。若彼众生成就身恶行，成就语恶行，成就意恶行，诽谤贤圣；具足邪见及邪见业因缘，身坏命终，必堕恶趣，生地狱中。若彼众生成就身善行，成就语善行，成就意善行，不谤贤圣，具足正见；正见业因缘，身坏命终，必生善趣诸天之中。菩萨天眼皆如实知。此菩萨于诸禅三昧、三摩钵底能入能出，然不随其力受生，但随能满菩提分处，以意愿力而生其中。

佛子！是菩萨住此发光地，以愿力故，得见多佛。所谓：见多百佛，见多千佛，见多百千佛，乃至见多百千亿那由他佛。悉以广大心、深心，恭敬尊重，承事供养，衣服、饮食、卧具、汤药，一切资生悉以奉施，亦以供养一切众僧，以此善根回向阿耨多罗三藐三菩提。于其佛所，恭敬听法，闻已受持，随力修行。此菩萨观一切法，不生不灭，因缘而有；见缚先灭，一切欲缚、色缚、有缚、无明缚皆转微薄；于无量百千亿那由他劫不积集故，邪贪、邪瞋及以邪痴，悉得除断，所有善根转更明净。佛子！譬如真金善巧炼治，秤两不减，转更明净。菩萨亦复如是，住此发光地，不积集故，邪贪、邪瞋及以邪痴，皆得除断，所有善根转更明净。此菩萨忍辱心、柔和心、谐顺心、悦美心、不瞋心、不动心、不浊心、无高下心、不望报心、报恩心、不谄心、不诳心、无谀诐心皆转清净。此菩萨于四摄中，利行偏多；十波罗蜜中，忍波罗蜜偏多；余非不修，但随力随分。

佛子！是名菩萨第三发光地。菩萨住此地，多作三十三天王，能以方便，令诸众生舍离贪欲。布施、爱语、利行、同事——如是一切诸所作业，皆不离念佛，不离念法，不离念僧，乃至不离念具足一切种、一切智智。复作是念：我当于一切众生中为首、为胜、为殊胜、为妙、为微妙、为上、为无上，乃至为一切智智依止者。若勤行精进，于一念顷，得百千三昧，得见百千佛，知百千佛神力，能动百千佛世界，乃至示现百千身，一一身百千菩萨以为眷属；若以菩萨殊胜愿力自在示现，过于此数，百劫、千劫乃至百千亿那由他劫不能数知。

尔时，金刚藏菩萨欲重宣其义而说颂曰：

清净安住明盛心，厌离无贪无害心，坚固勇猛广大心，智者以此入三地。菩萨住此发光地，观诸行法苦无常，不净败坏速归灭，无坚无住无来往。观诸有为如重病，忧悲苦恼惑所缠，三毒猛火恒炽然，无始时来不休息。厌离三有不贪著，专求佛智无异念，难测难思无等伦，无量无边无逼恼。见佛智已愍众生，孤独无依无救护，三毒炽然常困乏，住诸有狱恒受苦，烦恼缠覆盲无目，志乐下劣丧法宝，随顺生死怖涅槃，我应救彼勤精进。将求智慧益众生，思何方便令解脱？不离如来无碍智，彼复无生慧所起。心念此慧从闻得，如是思惟自勤励，日夜听习无间然，唯以正法为尊重。国城财贝诸珍宝，妻子眷属及王位，菩萨为法起敬心，如是一切皆能舍。头目耳鼻舌牙齿，手足骨髓心血肉，此等皆舍未为难，但以闻法为最难。设有人来语菩萨：孰能投身大火聚，我当与汝佛法宝！闻已投之无怯惧。假使火满三千界，身从梵世而投入，为求法故不为难，况复人间诸小苦！从初发意至得佛，其间所有阿鼻苦，为闻法故皆能受，何况人中诸苦事！闻已如理正思惟，获得四禅无色定，四等五通次第起，不随其力而受生。菩萨住此见多佛，供养听闻心决定，断诸邪惑转清净，如炼真金体无减。住此多作忉利王，化导无量诸天众，令舍贪心住善道，一向专求佛功德。佛子住此勤精进，百千三昧皆具足，见百千佛相严身，若以愿力复过是。一切众生普利益，彼诸菩萨最上行，如是所有第三地，我依其义已解释。

大方广佛华严经卷第三十六

十地品第二十六之三
第四地

佛子闻此广大行，可乐深妙殊胜法，心皆踊悦大欢喜，普散众华供养佛。演说如是妙法时，大地海水皆震动，一切天女咸欢喜，悉吐妙音同赞叹。自在天王大欣庆，雨摩尼宝供养佛，赞言：佛为我出兴，演说第一功德行。如是智者诸地义，于百千劫甚难得，我今忽然而得闻，菩萨胜行妙法音。愿更演说聪慧者，后地决定无余道，利益一切诸天人，此诸佛子皆乐闻！勇猛大心解脱月，请金刚藏言：佛子！从此转入第四地，所有行相愿宣说！

尔时，金刚藏菩萨告解脱月菩萨言：

佛子！菩萨摩诃萨第三地善清净已，欲入第四焰慧地，当修行十法明门。何等为十？所谓观察众生界、观察法界、观察世界、观察虚空界、观察识界、观察欲界、观察色界、观察无色界、观察广心信解界、观察大心信解界。菩萨以此十法明门，得入第四焰慧地。

佛子！菩萨住此焰慧地，则能以十种智成熟法故，得彼内法，生如来家。何等为十？所谓：深心不退故；于三宝中生净信，毕竟不坏故；观诸行生灭故；观诸法自性无生故；观世间成坏故；观因业有生故；观生死涅槃故；观众生国土业故；观前际后际故；观无所有尽故。是为十。佛子！菩萨住此第四地，观内身循身观，勤勇念知，除世间贪忧；观外身循身观，勤勇念知，除世间贪忧；观内外身循身观，勤勇念知，除世间贪忧；如是，观内受、外受、内外受循受观，观内心、外心、内外心循心观，观内法、外法、内外法循法观，勤勇念知，除世间贪忧。复次，此菩萨未生诸恶不善法为不生故，欲生勤精进发心正断；已生诸恶不善法为断故，欲生勤精进发心正断；未生诸善法为生故，欲生勤精进发心正行；已生诸善法为住不失故，修令增广故，欲生勤精进发心正行。复次，此菩萨修行欲定断行，成就神足，依止厌，依止离，依止灭，回向于舍；修行精进定、心定、观定断行，成就神足，依止厌，依止离，依止灭，回向于舍。复次，此菩萨修行信根，依止厌，依止离，依止灭，回向于舍；修行精进根、念根、定根、慧根，依止厌，依止离，依止灭，回向于舍。复次，此菩萨修行信力，依止厌，依止离，依止灭，回向于舍；修行精进力、念力、定力、慧力，依止厌，依止离，依止灭，回向于舍。复次，此菩萨修行念觉分，依止厌，依止离，依止灭，回向于舍；修行择法觉分、精进觉分、喜觉分、猗觉分、定觉分、舍觉分，依止厌，依止离，依止灭，回向于舍。复次，此菩萨修行正见，依止厌，依止离，依止灭，回向于舍；修行正思惟、正语、正业、正命、正精进、正念、正定，依止厌，依止离，依止灭，回向于舍。菩萨修行如是功德，为不舍一切众生故，本愿所持故，大悲为首故，大慈成就故，思念一切智智故，成就庄严佛土故，成就如来力、无所畏、不共佛法、相好音声悉具足故，求于上上殊胜道故，随顺所闻甚深佛解脱故，思惟大智善巧方便故。

佛子！菩萨住此焰慧地，所有身见为首，我、人、众生、寿命、蕴、界、处所起执著，出没思惟；观察治故，我所故，财物故，著处故,于如是等一切皆离。此菩萨若见业是如来所诃、烦恼所染,皆悉舍离;若见业是顺菩萨道、如来所赞,皆悉修行。

佛子!此菩萨随所起方便慧,修习于道及助道分,如是而得润泽心、柔软心、调顺心、利益安乐心、无杂染心、求上上胜法心、求殊胜智慧心、救一切世间心、恭敬尊德无违教命心、随所闻法皆善修行心。此菩萨知恩、知报恩,心极和善,同住安乐,质直柔软,无稠林行,无有我慢,善受教诲,得说者意。此菩萨如是忍成就,如是调柔成就,如是寂灭成就,如是忍、调柔、寂灭成就;净治后地业,作意修行时,得不休息精进、不杂染精进、不退转精进、广大精进、无边精进、炽然精进、无等等精进、无能坏精进、成熟一切众生精进、善分别道非道精进。是菩萨心界清净,深心不失,悟解明利,善根增长,离世垢浊,断诸疑惑,明断具足,喜乐充满,佛亲护念,无量志乐皆悉成就。

佛子!菩萨住此焰慧地,以愿力故,得见多佛。所谓:见多百佛,见多千佛,见多百千佛,乃至见多百千亿那由他佛。皆恭敬尊重,承事供养,衣服、卧具、饮食、汤药,一切资生悉以奉施,亦以供养一切众僧,以此善根皆悉回向阿耨多罗三藐三菩提。于彼佛所,恭敬听法,闻已受持,具足修行。复于彼诸佛法中出家修道,又更修治深心信解,经无量百千亿那由他劫,令诸善根转复明净。佛子!譬如金师炼治真金作庄严具,余所有金皆不能及;菩萨摩诃萨亦复如是,住于此地所有善根,下地善根所不能及。如摩尼宝清净光轮能放光明,非诸余宝之所能及,风雨等缘悉不能坏;菩萨摩诃萨亦复如是,住于此地,下地菩萨所不能及,众魔烦恼悉不能坏。此菩萨于四摄中,同事偏多;十波罗蜜中,精进偏多;余非不修,但随力随分。

佛子!是名:略说菩萨摩诃萨第四焰慧地。菩萨住此地,多作须夜摩天王,以善方便能除众生身见等惑,令住正见。布施、爱语、利行、同事——如是一切诸所作业,皆不离念佛,不离念法,不离念僧,乃至不离念具足一切种、一切智智。复作是念:我当于一切众生中为首、为胜、为殊胜、为妙、为微妙、为上、为无上,乃至为一切智智依止者。是菩萨若发勤精进,于一念顷,得入亿数三昧,得见亿数佛,得知亿数佛神力,能动亿数世界,乃至能示现亿数身,一一身亿数菩萨以为眷属;若以菩萨殊胜愿力自在示现,过于此数,百劫、千劫乃至百千亿那由他劫不能数知。

尔时,金刚藏菩萨欲重宣其义而说颂言:

菩萨已净第三地,次观众生世法界,空界识界及三界,心解悉了能趣入。始登焰地增势力,生如来家永不退,于佛法僧信不坏,观法无常无有起。观世成坏业有生,生死涅槃刹等业,观前后际亦观尽,如是修行生佛家。得是法已增慈愍,转更勤修四念处,身受心法内外观,世间贪爱皆除遣。菩萨修治四勤行,恶法除灭善增长,神足根力悉善修，七觉八道亦如是。为度众生修彼行，本愿所护慈悲首，求一切智及佛土，亦念如来十种力，四无所畏不共法，殊特相好深美音；亦求妙道解脱处，及大方便修行彼。身见为首六十二，我及我所无量种，蕴界处等诸取著，此四地中一切离。如来所诃烦恼行，以无义利皆除断；智者修行清净业，为度众生无不作。菩萨勤修不懈怠，即得十心皆具足，专求佛道无厌倦，志期受职度众生。恭敬尊德修行法，知恩易诲无愠暴，舍慢离谄心调柔，转更精勤不退转。菩萨住此焰慧地，其心清净永不失，悟解决定善增长，疑网垢浊悉皆离。此地菩萨人中胜，供那由他无量佛，听闻正法亦出家，不可沮坏如真金。菩萨住此具功德，以智方便修行道，不为众魔心退转，譬如妙宝无能坏。住此多作焰天王，于法自在众所尊，普化群生除恶见，专求佛智修善业。菩萨勤加精进力，获三昧等皆亿数；若以愿智力所为，过于此数无能知。如是菩萨第四地，所行清净微妙道，功德义智共相应，我为佛子已宣说。

第五地

菩萨闻此胜地行，于法解悟心欢喜，空中雨华赞叹言：善哉大士金刚藏！自在天王与天众，闻法踊跃住虚空，普放种种妙光云，供养如来喜充遍。天诸采女奏天乐，亦以言辞歌赞佛，悉以菩萨威神故，于彼声中发是言：佛愿久远今乃满，佛道久远今乃得，释迦文佛至天宫，利天人者久乃见。大海久远今始动，佛光久远今乃放，众生久远始安乐，大悲音声久乃闻。功德彼岸皆已到，憍慢黑闇皆已灭，最极清净如虚空，不染世法犹莲华。大牟尼尊现于世，譬如须弥出巨海，供养能尽一切苦，供养必得诸佛智；此应供处供无等，是故欢心供养佛。如是无量诸天女，发此言辞称赞已，一切恭敬喜充满，瞻仰如来默然住。是时大士解脱月，复请无畏金刚藏：第五地中诸行相，唯愿佛子为宣说。

尔时，金刚藏菩萨告解脱月菩萨言：

佛子！菩萨摩诃萨第四地所行道善圆满已，欲入第五难胜地，当以十种平等清净心趣入。何等为十？所谓：于过去佛法平等清净心、未来佛法平等清净心、现在佛法平等清净心、戒平等清净心、心平等清净心、除见疑悔平等清净心、道非道智平等清净心、修行智见平等清净心、于一切菩提分法上上观察平等清净心、教化一切众生平等清净心。菩萨摩诃萨以此十种平等清净心，得入菩萨第五地。

佛子！菩萨摩诃萨住此第五地已，以善修菩提分法故，善净深心故，复转求上胜道故，随顺真如故，愿力所持故，于一切众生慈愍不舍故，积集福智助道故，精勤修习不息故，出生善巧方便故，观察照明上上地故，受如来护念故，念智力所持故，得不退转心。

佛子！此菩萨摩诃萨如实知此是苦圣谛、此是苦集圣谛、此是苦灭圣谛、此是苦灭道圣谛，善知俗谛，善知第一义谛，善知相谛，善知差别谛，善知成立谛，善知事谛，善知生谛，善知尽无生谛，善知入道智谛，善知一切菩萨地次第成就谛，乃至善知如来智成就谛。此菩萨随众生心乐令欢喜故，知俗谛；通达一实相故，知第一义谛；觉法自相、共相故，知相谛；了诸法分位差别故，知差别谛；善分别蕴、界、处故，知成立谛；觉身心苦恼故，知事谛；觉诸趣生相续故，知生谛；一切热恼毕竟灭故，知尽无生智谛；出生无二故，知入道智谛；正觉一切行相故，善知一切菩萨地次第相续成就，乃至如来智成就谛。以信解智力知，非以究竟智力知。

佛子！此菩萨摩诃萨得如是诸谛智已，如实知一切有为法虚妄、诈伪、诳惑愚夫。菩萨尔时，于诸众生转增大悲，生大慈光明。佛子！此菩萨摩诃萨得如是智力，不舍一切众生，常求佛智，如实观一切有为行前际、后际。知从前际无明、有、爱，故生生死流转，于诸蕴宅不能动出，增长苦聚；无我、无寿者、无养育者、无更数取后趣身者，离我、我所。如前际，后际亦如是，皆无所有。虚妄、贪著，断尽出离；若有若无，皆如实知。佛子！此菩萨摩诃萨复作是念：此诸凡夫愚痴无智，甚为可愍。有无数身已灭、今灭、当灭，如是尽灭，不能于身而生厌想，转更增长机关苦事，随生死流不能还返，于诸蕴宅不求出离，不知忧畏四大毒蛇，不能拔出诸慢见箭，不能息灭贪、恚、痴火，不能破坏无明黑暗，不能乾竭爱欲大海，不求十力大圣导师；入魔意稠林，于生死海中，为觉观波涛之所漂溺。佛子！此菩萨摩诃萨复作是念：此诸众生受如是苦，孤穷困迫，无救无依，无洲无舍，无导无目，无明覆翳，黑暗缠裹。我今为彼一切众生，修行福智助道之法，独一发心，不求伴侣；以是功德，令诸众生毕竟清净，乃至获得如来十力、无碍智慧。佛子！此菩萨摩诃萨以如是智慧观察所修善根，皆为救护一切众生，利益一切众生，安乐一切众生，哀愍一切众生，成就一切众生，解脱一切众生，摄受一切众生；令一切众生离诸苦恼，令一切众生普得清净，令一切众生悉皆调伏，令一切众生入般涅槃。

佛子！菩萨摩诃萨住此第五难胜地，名为：念者，不忘诸法故；名为：智者，能善决了故；名为：有趣者，知经意趣，次第连合故；名为：惭愧者，自护、护他故；名为：坚固者，不舍戒行故；名为：觉者，能观是处、非处故；名为：随智者，不随于他故；名为：随慧者，善知义、非义句差别故；名为：神通者，善修禅定故；名为：方便善巧者，能随世行故；名为：无厌足者，善集福德故；名为：不休息者，常求智慧故；名为：不疲倦者，集大慈悲故；名为：为他勤修者，欲令一切众生入涅槃故；名为：勤求不懈者，求如来力、无畏、不共法故；名为：发意能行者，成就庄严佛土故；名为：勤修种种善业者，能具足相好故；名为：常勤修习者，求庄严佛身、语、意故；名为：大尊重恭敬法者，于一切菩萨法师处如教而行故；名为：心无障碍者,以大方便常行世间故;名为:日夜远离余心者,常乐教化一切众生故。

佛子!菩萨摩诃萨如是勤修行时,以布施教化众生,以爱语、利行、同事教化众生,示现色身教化众生,演说诸法教化众生,开示菩萨行教化众生,显示如来大威力教化众生,示生死过患教化众生,称赞如来智慧利益教化众生,现大神通力教化众生,以种种方便行教化众生。佛子!此菩萨摩诃萨能如是勤方便教化众生,心恒相续,趣佛智慧;所作善根,无有退转,常勤修学殊胜行法。

佛子!此菩萨摩诃萨为利益众生故,世间技艺靡不该习。所谓:文字、算数、图书、印玺;地、水、火、风,种种诸论,咸所通达;又善方药,疗治诸病——颠狂、乾消、鬼魅、蛊毒,悉能除断;文笔、赞咏、歌舞、妓乐、戏笑、谈说,悉善其事;国城、村邑、宫宅、园苑、泉流、陂池、草树、花药,凡所布列,咸得其宜;金银、摩尼、真珠、琉璃、螺贝、璧玉、珊瑚等藏,悉知其处,出以示人;日月星宿、鸟鸣地震、夜梦吉凶,身相休咎,咸善观察,一无错谬;持戒入禅,神通无量,四无色等及余一切世间之事,但于众生不为损恼,为利益故咸悉开示,渐令安住无上佛法。

佛子!菩萨住是难胜地,以愿力故,得见多佛。所谓:见多百佛,见多千佛,见多百千佛,乃至见多百千亿那由他佛。悉恭敬尊重,承事供养,衣服、饮食、卧具、汤药,一切资生悉以奉施,亦以供养一切众僧,以此善根回向阿耨多罗三藐三菩提。于诸佛所,恭敬听法,闻已受持,随力修行。复于彼诸佛法中而得出家;既出家已,又更闻法,得陀罗尼,为闻持法师。住此地中,经于百劫,经于千劫,乃至无量百千亿那由他劫,所有善根转更明净。佛子!譬如真金,以砗磲磨莹,转更明净;此地菩萨所有善根亦复如是,以方便慧思惟观察,转更明净。佛子!菩萨住此难胜地,以方便智成就功德,下地善根所不能及。佛子!如日月星宿、宫殿光明,风力所持,不可沮坏,亦非余风所能倾动;此地菩萨所有善根亦复如是,以方便智随逐观察,不可沮坏,亦非一切声闻、独觉世间善根所能倾动。此菩萨,十波罗蜜中,禅波罗蜜偏多;余非不修,但随力随分。

佛子!是名:略说菩萨摩诃萨第五难胜地。菩萨住此地,多作兜率陀天王,于诸众生所作自在,摧伏一切外道邪见,能令众生住实谛中。布施、爱语、利行、同事——如是一切诸所作业,皆不离念佛,不离念法,不离念僧,乃至不离念具足一切种、一切智智。复作是念:我当于众生中为首、为胜、为殊胜、为妙、为微妙、为上、为无上,乃至为一切智智依止者。此菩萨若发勤精进,于一念顷,得千亿三昧,见千亿佛,知千亿佛神力,能动千亿佛世界,乃至示现千亿身,一一身示千亿菩萨以为眷属;若以菩萨殊胜愿力自在示现,过于此数,百劫、千劫乃至百千亿那由他劫不能数知。

438

尔时，金刚藏菩萨欲重宣其义而说颂曰：

菩萨四地已清净，思惟三世佛平等，戒心除疑道非道，如是观察入五地。念处为弓根利箭，正勤为马神足车，五力坚铠破怨敌，勇健不退入五地。惭愧为衣觉分鬘，净戒为香禅涂香，智慧方便妙庄严，入总持林三昧苑。如意为足正念颈，慈悲为眼智慧牙，人中师子无我吼，破烦恼怨入五地。菩萨住此第五地，转修胜上清净道，志求佛法不退转，思念慈悲无厌倦。积集福智胜功德，精勤方便观上地，佛力所加具念慧，了知四谛皆如实。善知世谛胜义谛，相谛差别成立谛，事谛生尽及道谛，乃至如来无碍谛。如是观谛虽微妙，未得无碍胜解脱，以此能生大功德，是故超过世智慧。既观谛已知有为，体性虚伪无坚实，得佛慈愍光明分，为利众生求佛智。观诸有为先后际，无明黑闇爱缠缚，流转迟回苦聚中，无我无人无寿命。爱取为因受来苦，欲求边际不可得，迷妄漂流无返期，此等可愍我应度。蕴宅界蛇诸见箭，心火猛炽痴闇重，爱河漂转不暇观，苦海沦胥阙明导。如是知已勤精进，所作皆为度众生，名为有念有慧者，乃至觉解方便者。习行福智无厌足，恭敬多闻不疲倦，国土相好皆庄严，如是一切为众生。为欲教化诸世间，善知书数印等法，亦复善解诸方药，疗治众病悉令愈。文词歌舞皆巧妙，宫宅园池悉安隐，宝藏非一咸示人，利益无量众生故。日月星宿地震动，乃至身相亦观察，四禅无色及神通，为益世间皆显示。智者住此难胜地，供那由佛亦听法，如以妙宝磨真金，所有善根转明净。譬如星宿在虚空，风力所持无损动，亦如莲华不著水，如是大士行于世。住此多作兜率王，能摧异道诸邪见，所修诸善为佛智，愿得十力救众生。彼复修行大精进，即时供养千亿佛，得定动刹亦复然，愿力所作过于是。如是第五难胜地，人中最上真实道，我以种种方便力，为诸佛子宣说竟。

大方广佛华严经卷第三十七

十地品第二十六之四

第六地

菩萨既闻诸胜行，其心欢喜雨妙华，放净光明散宝珠，供养如来称善说。百千天众皆欣庆，共在空中散众宝，华鬘璎珞及幢幡，宝盖涂香咸供佛。自在天王并眷属，心生欢喜住空中，散宝成云持供养，赞言：佛子快宣说！无量天女空中住，共以乐音歌赞佛，音中悉作如是言：佛语能除烦恼病。法性本寂无诸相，犹如虚空不分别，超诸取著绝言道，真实平等常清净。若能通达诸法性，于有于无心不动，为欲救世勤修行，此佛口生真佛子。不取众相而行施，本绝诸恶坚持戒，解法无害常堪忍，知法性离具精进，已尽烦恼入诸禅，善达性空分别法，具足智力能博济，灭除众恶称大士。如是妙音千万种，赞已默然瞻仰佛。解脱月语金刚藏：以何行相入后地？

尔时，金刚藏菩萨告解脱月菩萨言：

佛子！菩萨摩诃萨已具足第五地，欲入第六现前地，当观察十平等法。何等为十？所谓：一切法无相故平等，无体故平等，无生故平等，无灭故平等，本来清净故平等，无戏论故平等，无取舍故平等，寂静故平等，如幻、如梦、如影、如响、如水中月、如镜中像、如焰、如化故平等，有、无不二故平等。菩萨如是观一切法自性清净，随顺无违，得入第六现前地，得明利随顺忍，未得无生法忍。

佛子！此菩萨摩诃萨如是观已，复以大悲为首、大悲增上、大悲满足，观世间生灭，作是念：世间受生皆由著我，若离此著，则无生处。复作是念：凡夫无智，执著于我，常求有、无，不正思惟，起于妄行，行于邪道；罪行、福行、不动行，积集增长，于诸行中植心种子，有漏有取，复起后有生及老死。所谓：业为田，识为种，无明闇覆，爱水为润，我慢溉灌，见网增长，生名色芽，名色增长生五根，诸根相对生触，触对生受，受后希求生爱，爱增长生取，取增长生有；有生已，于诸趣中起五蕴身名；生，生已衰变为老，终殁为死。于老死时，生诸热恼；因热恼故，忧愁悲叹，众苦皆集。此因缘故，集无有集者，任运而灭亦无灭者。菩萨如是随顺观察缘起之相。佛子！此菩萨摩诃萨复作是念：于第一义谛不了故名：无明，所作业果是行，行依止初心是识，与识共生四取蕴为名色，名色增长为六处，根、境、识三事和合是触，触共生有受，于受染著是爱，爱增长是取，取所起有漏业为有，从业起蕴为生，蕴熟为老，蕴坏为死；死时离别，愚迷贪恋，心胸烦闷为愁，涕泗诸嗟为叹，在五根为苦，在意地为忧，忧苦转多为恼。如是但有苦树增长，无我、无我所，无作、无受者。复作是念：若有作者，则有作事；若无作者，亦无作事，第一义中俱不可得。佛子！此菩萨摩诃萨复作是念：三界所有，唯是一心。如来于此分别演说十二有支，皆依一心，如是而立。何以故？随事贪欲与心共生，心是识，事是行，于行迷惑是无明，与无明及心共生是名色，名色增长是六处，六处三分合为触，触共生是受，受无厌足是爱，爱摄不舍是取，彼诸有支生是有，有所起名：生，生熟为老，老坏为死。

佛子！此中无明有二种业，一令众生迷于所缘，二与行作生起因。行亦有二种业，一能生未来报，二与识作生起因。识亦有二种业，一令诸有相续，二与名色作生起因。名色亦有二种业，一互相助成，二与六处作生起因。六处亦有二种业，一各取自境界，二与触作生起因。触亦有二种业，一能触所缘，二与受作生起因。受亦有二种业，一能领受爱憎等事，二与爱作生起因。爱亦有二种业，一染著可爱事，二与取作生起因。取亦有二种业，一令诸烦恼相续，二与有作生起因。有亦有二种业，一能令于余趣中生，二与生作生起因。生亦有二种业，一能起诸蕴，二与老作生起因。老亦有二种业，一令诸根变异，二与死作生起因。死亦有二种业，一能坏诸行，二不觉知故相续不绝。

佛子！此中无明缘行，乃至生缘老死者，由无明乃至生为缘，令行乃至老死不断，助成故。无明灭则行灭，乃至生灭则老死灭者，由无明乃至生不为缘，令诸行乃至老死断灭，不助成故。佛子！此中无明、爱、取不断是烦恼道，行、有不断是业道，余分不断是苦道；前后际分别灭三道断，如是三道离我、我所，但有生灭，犹如束芦。复次，无明缘行者，是观过去；识乃至受，是观现在；爱乃至有，是观未来。于是以后，展转相续。无明灭行灭者，是观待断。复次，十二有支名为三苦，此中无明、行乃至六处是行苦，触、受是苦苦，余是坏苦；无明灭行灭者，是三苦断。复次，无明缘行者，无明因缘能生诸行；无明灭行灭者，以无无明，诸行亦无，余亦如是。又无明缘行者，是生系缚；无明灭行灭者，是灭系缚。余亦如是。又无明缘行者，是随顺无所有观；无明灭行灭者，是随顺尽灭观。余亦如是。

佛子！菩萨摩诃萨如是十种逆顺观诸缘起。所谓：有支相续故，一心所摄故，自业差别故，不相舍离故，三道不断故，观过去、现在、未来故，三苦聚集故，因缘生灭故，生灭系缚故，无所有、尽观故；佛子，菩萨摩诃萨以如是十种相观诸缘起，知无我、无人、无寿命、自性空、无作者、无受者，即得空解脱门现在前。观诸有支皆自性灭，毕竟解脱，无有少法相生，即时得无相解脱门现在前。如是入空、无相已，无有愿求，唯除大悲为首，教化众生，即时得无愿解脱门现在前。菩萨如是修三解脱门，离彼、我想，离作者、受者想，离有、无想。

佛子！此菩萨摩诃萨大悲转增，精勤修习，为未满菩提分法令圆满故，作是念：一切有为，有和合则转，无和合则不转；缘集则转，缘不集则不转。我如是知有为法多诸过患，当断此和合因缘；然为成就众生故，亦不毕竟灭于诸行。佛子！菩萨如是观察有为多诸过恶，无有自性，不生不灭，而恒起大悲，不舍众生，即得般若波罗蜜现前，名：无障碍智光明。成就如是智光明已，虽修习菩提分因缘而不住有为中，虽观有为法自性寂灭亦不住寂灭中，以菩提分法未圆满故。

佛子！菩萨住此现前地，得入空三昧、自性空三昧、第一义空三昧、第一空三昧、大空三昧、合空三昧、起空三昧、如实不分别空三昧、不舍离空三昧、离不离空三昧。此菩萨得如是十空三昧门为首，百千空三昧皆悉现前；如是十无相、十无愿三昧门为首，百千无相、无愿三昧门皆悉现前。佛子！菩萨住此现前地，复更修习满足不可坏心、决定心、纯善心、甚深心、不退转心、不休息心、广大心、无边心、求智心、方便慧相应心，皆悉圆满。佛子！菩萨以此十心顺佛菩提，不惧异论，入诸智地，离二乘道，趣于佛智，诸烦恼魔无能沮坏，住于菩萨智慧光明，于空、无相、无愿法中皆善修习，方便智慧恒共相应，菩提分法常行不舍。佛子！菩萨住此现前地中，得般若波罗蜜行增上，得第三明利顺忍，以于诸法如实相随顺无违故。

佛子！菩萨住此现前地已，以愿力故，得见多佛。所谓：见多百佛，乃至见多百千亿那由他佛。悉以广大心、深心，供养恭敬，尊重赞叹，衣服、饮食、卧具、汤药，一切资生悉以奉施，亦以供养一切众僧，以此善根回向阿耨多罗三藐三菩提。于诸佛所，恭敬听法，闻已受持，得如实三昧智慧光明，随顺修行，忆持不舍。又得诸佛甚深法藏，经于百劫，经于千劫，乃至无量百千亿那由他劫，所有善根转更明净。譬如真金，以毗琉璃宝数数磨莹，转更明净；此地菩萨所有善根亦复如是，以方便慧，随逐观察，转更明净，转复寂灭，无能映蔽。譬如月光，照众生身，令得清凉，四种风轮所不能坏；此地菩萨所有善根亦复如是，能灭无量百千亿那由他众生烦恼炽火，四种魔道所不能坏。此菩萨，十波罗蜜中，般若波罗蜜偏多；余非不修，但随力随分。

佛子！是名：略说菩萨摩诃萨第六现前地。菩萨住此地，多作善化天王，所作自在，一切声闻所有问难无能退屈，能令众生除灭我慢、深入缘起。布施、爱语、利行、同事——如是一切诸所作业，皆不离念佛，乃至不离念具足一切种、一切智智。复作是念：我当于一切众生中为首、为胜，乃至为一切智智依止者。此菩萨若勤行精进，于一念顷，得百千亿三昧，乃至示现百千亿菩萨以为眷属；若以愿力自在示现，过于此数，乃至百千亿那由他劫不能数知。

尔时，金刚藏菩萨欲重宣其义而说颂曰：

菩萨圆满五地已，观法无相亦无性，无生无灭本清净，无有戏论无取舍，体相寂灭如幻等，有无不二离分别，随顺法性如是观，此智得成入六地。明利顺忍智具足，观察世间生灭相，以痴闇力世间生，若灭痴闇世无有。观诸因缘实义空，不坏假名和合用，无作无受无思念，诸行如云遍兴起。不知真谛名无明，所作思业愚痴果，识起共生是名色，如是乃至众苦聚。了达三界依心有，十二因缘亦复然，生死皆由心所作，心若灭者生死尽。无明所作有二种，缘中不了为行因，如是乃至老终殁，从此苦生无有尽。无明为缘不可断，彼缘若尽悉皆灭，愚痴爱取烦恼支，行有是业余皆苦。痴至六处是行苦，触受增长是苦苦，所余有支是坏苦，若见无我三苦灭。无明与行为过去，识至于受现在转，爱取有生未来苦，观待若断边际尽。无明为缘是生缚，于缘得离缚乃尽，从因生果离则断，观察于此知性空。随顺无明起诸有，若不随顺诸有断，此有彼有无亦然，十种思惟心离著。有支相续一心摄，自业不离及三道，三际三苦因缘生，系缚起灭顺无尽。如是普观缘起行，无作无受无真实，如幻如梦如光影，亦如愚夫逐阳焰。如是观察入于空，知缘性离得无相，了其虚妄无所愿，唯除慈愍为众生。大士修行解脱门，转益大悲求佛法，知诸有为和合作，志乐决定勤行道。空三昧门具百千，无相无愿亦复然，般若顺忍皆增上，解脱智慧得成满。复以深心多供佛，于佛教中修习道，得佛法藏增善根，如金琉璃所磨莹。如月清凉被众物，四风来触无能坏；此地菩萨超魔道，亦息群生烦恼热。此地多作善化王，化导众生除我慢，所作皆求一切智，悉已超胜声闻道。此地菩萨勤精进，获诸三昧百千亿，亦见若干无量佛，譬如盛夏空中日。甚深微妙难见知，声闻独觉无能了，如是菩萨第六地，我为佛子已宣说。

第七地

是时天众心欢喜，散宝成云在空住，普发种种妙音声，告于最胜清净者：了达胜义智自在，成就功德百千亿，人中莲华无所著，为利群生演深行。自在天王在空中，放大光明照佛身，亦散最上妙香云，普供除忧烦恼者。尔时天众皆欢喜，悉发美音同赞述：我等闻斯地功德，则为已获大善利。天女是时心庆悦，竞奏乐音千万种，悉以如来神力故，音中共作如是言：威仪寂静最无比，能调难调世应供，已超一切诸世间，而行于世阐妙道。虽现种种无量身，知身一一无所有，巧以言辞说诸法，不取文字音声相。往诣百千诸国土，以诸上供供养佛，智慧自在无所著，不生于我佛国想。虽勤教化诸众生，而无彼己一切心；虽已修成广大善，而于善法不生著。以见一切诸世间，贪恚痴火常炽然，于诸想念悉皆离，发起大悲精进力。一切诸天及天女，种种供养称赞已，悉共同时默然住，瞻仰人尊愿闻法。时解脱月复请言：此诸大众心清净，第七地中诸行相，唯愿佛子为宣说！

尔时，金刚藏菩萨告解脱月菩萨言：

佛子！菩萨摩诃萨具足第六地行已，欲入第七远行地，当修十种方便慧起殊胜道。何等为十？所谓：虽善修空、无相、无愿三昧，而慈悲不舍众生，虽得诸佛平等法，而乐常供养佛；虽入观空智门，而勤集福德；虽远离三界，而庄严三界；虽毕竟寂灭诸烦恼焰，而能为一切众生起灭贪、瞋、痴烦恼焰；虽知诸法如幻、如梦、如影、如响、如焰、如化、如水中月、如镜中像、自性无二，而随心作业无量差别；虽知一切国土犹如虚空，而能以清净妙行庄严佛土；虽知诸佛法身本性无身，而以相好庄严其身；虽知诸佛音声性空寂灭不可言说，而能随一切众生出种种差别清净音声；虽随诸佛了知三世唯是一念，而随众生意解分别，以种种相、种种时、种种劫数而修诸行。菩萨以如是十种方便慧起殊胜行，从第六地入第七地；入已，此行常现在前，名为：住第七远行地。

佛子！菩萨摩诃萨住此第七地已，入无量众生界，入无量诸佛教化众生业，入无量世界网，入无量诸佛清净国土，入无量种种差别法，入无量诸佛现觉智，入无量劫数，入无量诸佛觉了三世智，入无量众生差别信解，入无量诸佛示现种种名色身，入无量众生欲乐诸根差别，入无量诸佛语言音声令众生欢喜，入无量众生种种心行，入无量诸佛了知广大智，入无量声闻乘信解，入无量诸佛说智道令信解，入无量辟支佛所成就，入无量诸佛说甚深智慧门令趣入，入无量诸菩萨方便行，入无量诸佛所说大乘集成事令菩萨得入。此菩萨作是念：如是无量如来境界，乃至于百千亿那由他劫不能得知，我悉应以无功用无分别心成就圆满。

佛子！此菩萨以深智慧如是观察，常勤修习方便慧起殊胜道，安住不动，无有一念休息废舍；行、住、坐、卧乃至睡梦，未曾暂与盖障相应，常不舍于如是想念。此菩萨于念念中，常能具足十波罗蜜。何以故？念念皆以大悲为首，修行佛法，向佛智故。所有善根，为求佛智，施与众生，是名：檀那波罗蜜；能灭一切诸烦恼热，是名：尸罗波罗蜜；慈悲为首，不损众生，是名：羼提波罗蜜；求胜善法，无有厌足，是名：毗梨耶波罗蜜；一切智道常现在前，未尝散乱，是名：禅那波罗蜜；能忍诸法无生无灭，是名：般若波罗蜜；能出生无量智，是名：方便波罗蜜；能求上上胜智，是名：愿波罗蜜；一切异论及诸魔众无能沮坏，是名：力波罗蜜；如实了知一切法，是名：智波罗蜜。佛子！此十波罗蜜，菩萨于念念中皆得具足；如是，四摄、四持、三十七品、三解脱门，略说乃至一切菩提分法，于念念中皆悉圆满。

尔时，解脱月菩萨问金刚藏菩萨言：佛子！菩萨但于此第七地中满足一切菩提分法，为诸地中亦能满足？

金刚藏菩萨言：佛子！菩萨于十地中皆能满足菩提分法，然第七地最为殊胜。何以故？此第七地功用行满，得入智慧自在行故。佛子！菩萨于初地中，缘一切佛法愿求故，满足菩提分法；第二地离心垢故，第三地愿转增长得法光明故，第四地入道故，第五地顺世所作故，第六地入甚深法门故，第七地起一切佛法故，皆亦满足菩提分法。何以故？菩萨从初地乃至第七地，成就智功用分。以此力故，从第八地乃至第十地，无功用行皆悉成就。佛子！譬如有二世界，一处杂染，一处纯净，是二中间难可得过，唯除菩萨有大方便神通愿力。佛子！菩萨诸地亦复如是，有杂染行，有清净行，是二中间难可得过，唯除菩萨有大愿力方便智慧乃能得过。

解脱月菩萨言：佛子！此七地菩萨，为是染行？为是净行？

金刚藏菩萨言：

佛子！从初地至七地，所行诸行皆舍离烦恼业，以回向无上菩提故，分得平等道故，然未名为超烦恼行。佛子！譬如转轮圣王乘天象宝游四天下，知有贫穷困苦之人，而不为彼众患所染，然未名为超过人位；若舍王身，生于梵世，乘天宫殿，见千世界，游千世界，示现梵天光明威德，尔乃名为超过人位。佛子！菩萨亦复如是，始从初地至于七地，乘波罗蜜乘游行世间，知诸世间烦恼过患，以乘正道故，不为烦恼过失所染，然未名为超烦恼行；若舍一切有功用行，从第七地入第八地，乘菩萨清净乘游行世间，知烦恼过失不为所染，尔乃名为超烦恼行，以得一切尽超过故。佛子！此第七地菩萨尽超过多贪等诸烦恼众住此地，不名有烦恼者，不名无烦恼者。何以故？一切烦恼不现行故，不名有者；求如来智心未满故，不名无者。

佛子！菩萨住此第七地，以深净心，成就身业，成就语业，成就意业。所有一切不善业道——如来所诃，皆已舍离；一切善业——如来所赞，常善修行。世间所有经书、技术，如五地中说，皆自然而行，不假功用。此菩萨于三千大千世界中为大明师，唯除如来及八地已上其余菩萨，深心妙行无与等者，诸禅三昧、三摩钵底、神通解脱皆得现前。然是修成，非如八地报得成就。此地菩萨于念念中具足修习方便智力及一切菩提分法，转胜圆满。

佛子！菩萨住此地，入菩萨善观择三昧、善择义三昧、最胜慧三昧、分别义藏三昧、如实分别义三昧、善住坚固根三昧、智慧神通门三昧、法界业三昧、如来胜利三昧、种种义藏生死涅槃门三昧，入如是等具足大智神通门百千三昧，净治此地。是菩萨得此三昧，善治净方便慧故，大悲力故，超过二乘地，得观察智慧地。佛子！菩萨住此地，善净无量身业无相行，善净无量语业无相行，善净无量意业无相行故，得无生法忍光明。

解脱月菩萨言：佛子！菩萨从初地来所有无量身、语、意业，岂不超过二乘耶？

金刚藏菩萨言：佛子！彼悉超过，然但以愿求诸佛法故，非是自智观察之力；今第七地自智力故，一切二乘所不能及。譬如王子，生在王家，王后所生，具足王相，生已即胜一切臣众，但以王力，非是自力；若身长大，艺业悉成，乃以自力超过一切。菩萨摩诃萨亦复如是，初发心时，以志求大法故，超过一切声闻、独觉；今住此地，以自所行智慧力故，出过一切二乘之上。佛子！菩萨住此第七地，得甚深远离无行、常行身语意业，勤求上道而不舍离，是故菩萨虽行实际而不作证。

解脱月菩萨言：佛子！菩萨从何地来，能入灭定？

金刚藏菩萨言：

佛子！菩萨从第六地来，能入灭定。今住此地，能念念入，亦念念起，而不作证。故此菩萨名为：成就不可思议身、语、意业，行于实际而不作证。譬如有人乘船入海，以善巧力不遭水难；此地菩萨亦复如是，乘波罗蜜船行实际海，以愿力故而不证灭。

佛子！此菩萨得如是三昧智力，以大方便，虽示现生死，而恒住涅槃；虽眷属围绕，而常乐远离；虽以愿力三界受生，而不为世法所染；虽常寂灭，以方便力而还炽然，虽然不烧；虽随顺佛智，而示入声闻、辟支佛地；虽得佛境界藏，而示住魔境界；虽超魔道，而现行魔法；虽示同外道行，而不舍佛法；虽示随顺一切世间，而常行一切出世间法；所有一切庄严之事，出过一切天、龙、夜叉、乾闼婆、阿修罗、迦楼罗、紧那罗、摩睺罗伽、人及非人、帝释、梵王、四天王等之所有者，而不舍离乐法之心。

佛子！菩萨成就如是智慧，住远行地，以愿力故，得见多佛。所谓：见多百佛，乃至见多百千亿那由他佛。于彼佛所，以广大心、增胜心，供养恭敬，尊重赞叹，衣服、饮食、卧具、医药，一切资生悉以奉施，亦以供养一切众僧，以此善根回向阿耨多罗三藐三菩提。复于佛所恭敬听法，闻已受持，获如实三昧智慧光明，随顺修行。于诸佛所护持正法，常为如来之所赞喜，一切二乘所有问难无能退屈，利益众生，法忍清净。如是经无量百千亿那由他劫，所有善根转更增胜。譬如真金，以众妙宝间错庄严，转更增胜，倍益光明，余庄严具所不能及；菩萨住此第七地所有善根亦复如是，以方便慧力转更明净，非是二乘之所能及。佛子！譬如日光，星月等光无能及者，阎浮提地所有泥潦悉能乾竭；此远行地菩萨亦复如是，一切二乘无有能及，悉能乾竭一切众生诸惑泥潦。此菩萨，十波罗蜜中，方便波罗蜜偏多；余非不修，但随力随分。

佛子！是名：略说菩萨摩诃萨第七远行地。菩萨住此地，多作自在天王，善为众生说证智法，令其证入。布施、爱语、利行、同事——如是一切诸所作业，皆不离念佛，乃至不离念具足一切种、一切智智。复作是念：我当于一切众生中为首、为胜，乃至为一切智智依止者。此菩萨若发勤精进，于一念顷，得百千亿那由他三昧，乃至示现百千亿那由他菩萨以为眷属；若以菩萨殊胜愿力自在示现，过于此数，乃至百千亿那由他劫不能数知。

尔时，金刚藏菩萨欲重宣此义而说颂曰：

第一义智三昧道，六地修行心满足，即时成就方便慧，菩萨以此入七地。虽明三脱起慈悲，虽等如来勤供佛，虽观于空集福德，菩萨以此升七地。远离三界而庄严，灭除惑火而起焰，知法无二勤作业，了刹皆空乐严土，解身不动具诸相，达声性离善开演，入于一念事各别，智者以此升七地。观察此法得明了，广为群迷兴利益，入众生界无有边，佛教化业亦无量。国土诸法与劫数，解欲心行悉能入，说三乘法亦无限，如是教化诸群生。菩萨勤求最胜道，动息不舍方便慧，一一回向佛菩提，念念成就波罗蜜。发心回向是布施，灭惑为戒不害忍，求善无厌斯进策，于道不动即修禅，忍受无生名般若，回向方便希求愿，无能摧力善了智，如是一切皆成满。初地攀缘功德满，二地离垢三净息，四地入道五顺行，第六无生智光照，七住菩提功德满，种种大愿皆具足，以是能令八地中，一切所作咸清净。此地难过智乃

446

超，譬如世界二中间，亦如圣王无染著，然未名为总超度。若住第八智地中，尔乃逾于心境界，如梵观世超人位，如莲处水无染著。此地虽超诸惑众，不名有惑非无惑，以无烦恼于中行，而求佛智心未足。世间所有众技艺，经书辞论普明了，禅定三昧及神通，如是修行悉成就。菩萨修成七住道，超过一切二乘行，初地愿成此由智，譬如王子力具足。成就甚深仍进道，心心寂灭不取证；譬如乘船入海中，在水不为水所溺。方便慧行功德具，一切世间无能了，供养多佛心益明，如以妙宝庄严金。此地菩萨智最明，如日舒光竭爱水，又作自在天中主，化导群生修正智。若以勇猛精勤力，获多三昧见多佛，百千亿数那由他，愿力自在复过是。此是菩萨远行地，方便智慧清净道，一切世间天及人，声闻独觉无能知。

大方广佛华严经卷第三十八

十地品第二十六之五

第八地

是时天王及天众，闻此胜行皆欢喜，为欲供养于如来，及以无央大菩萨，雨妙华幡及幢盖，香鬘璎珞与宝衣，无量无边千万种，悉以摩尼作严饰。天女同时奏天乐，普发种种妙音声，供养于佛并佛子，共作是言而赞叹：一切见者两足尊，哀愍众生现神力，令此种种诸天乐，普发妙音咸得闻。于一毛端百千亿，那由他国微尘数，如是无量诸如来，于中安住说妙法。一毛孔内无量刹，各有四洲及大海，须弥铁围亦复然，悉见在中无迫隘。一毛端处有六趣，三种恶道及人天，诸龙神众阿修罗，各随自业受果报。于彼一切刹土中，悉有如来演妙音，随顺一切众生心，为转最上净法轮。刹中种种众生身，身中复有种种刹，人天诸趣各各异，佛悉知已为说法。大刹随念变为小，小刹随念亦变大，如是神通无有量，世间共说不能尽。普发此等妙音声，称赞如来功德已，众会欢喜默然住，一心瞻仰欲听说。时解脱月复请言：今此众会皆寂静，愿说随次之所入，第八地中诸行相！

尔时，金刚藏菩萨告解脱月菩萨言：

佛子！菩萨摩诃萨于七地中，善修习方便慧，善清净诸道，善集助道法。大愿力所摄，如来力所加，自善力所持，常念如来力、无所畏、不共佛法，善清净深心思觉，能成就福德智慧，大慈大悲不舍众生，入无量智道，入一切法，本来无生、无起、无相、无成、无坏、无尽、无转、无性为性，初、中、后际皆悉平等，无分别如如智之所入处，离一切心、意、识分别想，无所取著犹如虚空，入一切法如虚空性，是名：得无生法忍。

佛子！菩萨成就此忍，即时得入第八不动地，为深行菩萨难可知无差别，离一切相、一切想、一切执著，无量无边，一切声闻、辟支佛所不能及，离诸諠诤，寂灭现前。譬如比丘，具足神通，得心自在，次第乃至入灭尽定，一切动心、忆想分别悉皆止息。此菩萨摩诃萨亦复如是，住不动地，即舍一切功用行，得无功用法，身、口、意业念务皆息，住于报行。譬如有人，梦中见身堕在大河，为欲渡故，发大勇猛，施大方便；以大勇猛、施方便故，即便觉寤，既觉寤已，所作皆息。菩萨亦尔，见众生身在四流中，为救度故，发大勇猛，起大精进；以勇猛、精进故，至不动地；既至此已，一切功用靡不皆息，二行、相行悉不现前。佛子！如生梵世，欲界烦恼皆不现前；住不动地亦复如是，一切心、意、识行皆不现前。此菩萨摩诃萨，菩萨心、佛心、菩提心、涅槃心尚不现起，况复起于世间之心！

佛子！此地菩萨本愿力故，诸佛世尊亲现其前与如来智，令其得入法流门中，作如是言：善哉善哉！善男子！此忍第一，顺诸佛法。然善男子！我等所有十力、无畏、十八不共诸佛之法，汝今未得，汝应为欲成就此法勤加精进，勿复放舍于此忍门。又善男子！汝虽得是寂灭解脱，然诸凡夫未能证得，种种烦恼皆悉现前，种种觉观常相侵害，汝当愍念如是众生。又善男子！汝当忆念本所誓愿，普大饶益一切众生，皆令得入不可思议智慧之门。又善男子！此诸法法性，若佛出世，若不出世，常住不异，诸佛不以得此法故名为如来，一切二乘亦能得此无分别法。又善男子！汝观我等身相，无量智慧，无量国土，无量方便，无量光明，无量清净，音声亦无有量；汝今宜应成就此事。又善男子！汝今适得此一法明，所谓：一切法无生、无分别。善男子！如来法明，无量入，无量作，无量转，乃至百千亿那由他劫不可得知；汝应修行，成就此法。又善男子！汝观十方无量国土、无量众生、无量法、种种差别，悉应如实通达其事。

佛子！诸佛世尊与此菩萨如是等无量起智门，令其能起无量无边差别智业。佛子！若诸佛不与此菩萨起智门者，彼时即入究竟涅槃，弃舍一切利众生业。以诸佛与如是等无量无边起智门故，于一念顷所生智业，从初发心乃至七地所修诸行，百分不及一，乃至百千亿那由他分亦不及一；如是，阿僧祇分，歌罗分，算数分，譬喻分，优波尼沙陀分，亦不及一。何以故？佛子！是菩萨先以一身起行，今住此地，得无量身、无量音声、无量智慧、无量受生、无量净国，教化无量众生，供养无量诸佛，入无量法门，具无量神通，有无量众会道场差别，住无量身、语、意业集一切菩萨行，以不动法故。佛子！譬如乘船欲入大海，未至于海，多用功力；若至海已，但随风去，不假人力以至大海，一日所行比于未至，其未至时设经百岁亦不能及。佛子！菩萨摩诃萨亦复如是，积集广大善根资粮，乘大乘船到菩萨行海，于一念顷以无功用智入一切智智境界，本有功用行经于无量百千亿那由他劫所不能及。

佛子！菩萨住此第八地，以大方便善巧智所起无功用觉慧，观一切智智所行境。所谓：观世间成，观世间坏；由此业集故成，由此业尽故坏。几时成？几时坏？几时成住？几时坏住？皆如实知。又知地界小相、大相、无量相、差别相，知水、火、风界小相、大相、无量相、差别相，知微尘细相、差别相、无量差别相。随何世界中所有微尘聚及微尘差别相，皆如实知；随何世界中所有地、水、火、风界各若干微尘，所有宝物若干微尘，众生身若干微尘，国土身若干微尘，皆如实知。知众生大身、小身各若干微尘成，知地狱身、畜生身、饿鬼身、阿修罗身、天身、人身各若干微尘成，得如是知微尘差别智。又知欲界、色界、无色界成，知欲界、色界、无色界坏，知欲界、色界、无色界小相、大相、无量相、差别相，得如是观三界差别智。

佛子！此菩萨复起智明，教化众生。所谓：善知众生身差别，善分别众生身，善观察所生处；随其所应而为现身，教化成熟。此菩萨于一三千大千世界，随众生身信解差别，以智光明普现受生；如是，若二、若三，乃至百千，乃至不可说三千大千世界，随众生身信解差别，普于其中示现受生。此菩萨成就如是智慧故，于一佛刹其身不动，乃至不可说佛刹众会中悉现其身。佛子！此菩萨随诸众生身心信解种种差别，于彼佛国众会之中而现其身。所谓：于沙门众中示沙门形，婆罗门众中示婆罗门形，刹利众中示刹利形；如是，毗舍众、首陀众、居士众、四天王众、三十三天众、夜摩天众、兜率陀天众、化乐天众、他化自在天众、魔众、梵众，乃至阿迦尼吒天众中，各随其类而为现形。又应以声闻身得度者，现声闻形；应以辟支佛身得度者，现辟支佛形；应以菩萨身得度者，现菩萨形；应以如来身得度者，现如来形。佛子！菩萨如是于一切不可说佛国土中，随诸众生信乐差别，如是如是而为现身。

佛子！此菩萨远离一切身想分别，住于平等。此菩萨知众生身、国土身、业报身、声闻身、独觉身、菩萨身、如来身、智身、法身、虚空身。此菩萨知诸众生心之所乐，能以众生身作自身，亦作国土身、业报身，乃至虚空身。又知众生心之所乐，能以国土身作自身，亦作众生身、业报身，乃至虚空身。又知诸众生心之所乐，能以业报身作自身，亦作众生身、国土身，乃至虚空身。又知众生心之所乐，能以自身作众生身、国土身，乃至虚空身。随诸众生所乐不同，则于此身现如是形。此菩萨知众生集业身、报身、烦恼身、色身、无色身，又知国土身小相、大相、无量相、染相、净相、广相、倒住相、正住相、普入相、方网差别相，知业报身假名差别，知声闻身、独觉身、菩萨身假名差别，知如来身有菩提身、愿身、化身、力持身、相好庄严身、威势身、意生身、福德身、法身、智身，知智身善思量相、如实决择相、果行所摄相、世间出世间差别相、三乘差别相、共相、不共相、出离相、非出离相、学相、无学相，知法身平等相、不坏相、随时随俗假名差别相、众生非众生法差别相、佛法圣僧法差别相，知虚空身无量相、周遍相、无形相、无异相、无边相、显现色身相。佛子！菩萨成就如是身智已，得命自在、心自在、财自在、业自在、生自在、愿自在、解自在、如意自在、智自在、法自在。得此十自在故，则为不思议智者、无量智者、广大智者、无能坏智者。

此菩萨如是入已，如是成就已，得毕竟无过失身业、无过失语业、无过失意业。身、语、意业随智慧行，般若波罗蜜增上，大悲为首，方便善巧，善能分别，善起大愿，佛力所护，常勤修习利众生智，普住无边差别世界。佛子！举要言之：菩萨住此不动地，身、语、意业诸有所作，皆能积集一切佛法。佛子！菩萨住此地，得善住深心力，一切烦恼不行故；得善住胜心力，不离于道故；得善住大悲力，不舍利益众生故；得善住大慈力，救护一切世间故；得善住陀罗尼力，不忘于法故；得善住辩才力，善观察分别一切法故；得善住神通力，普往无边世界故；得善住大愿力，不舍一切菩萨所作故；得善住波罗蜜力，成就一切佛法故；得如来护念力，一切种、一切智智现前故。此菩萨得如是智力，能现一切诸所作事，于诸事中无有过咎。

佛子！此菩萨智地名为：不动地，无能沮坏故；名为：不转地，智慧无退故；名为：难得地，一切世间无能测故；名为：童真地，离一切过失故；名为：生地，随乐自在故；名为：成地，更无所作故；名为：究竟地，智慧决定故；名为：变化地，随愿成就故；名为：力持地，他不能动故；名为：无功用地，先已成就故。佛子！菩萨成就如是智慧，入佛境界，佛功德照，顺佛威仪，佛境现前，常为如来之所护念，梵、释、四王、金刚力士常随侍卫，恒不舍离诸大三昧，能现无量诸身差别，于一一身有大势力，报得神通三昧自在，随有可化众生之处示成正觉。佛子！菩萨如是入大乘会，获大神通，放大光明，入无碍法界，知世界差别，示现一切诸大功德，随意自在，善能通达前际、后际，普伏一切魔邪之道，深入如来所行境界，于无量国土修菩萨行，以能获得不退转法，是故说名：住不动地。

佛子！菩萨住此不动地已，以三昧力，常得现见无量诸佛，恒不舍离承事供养。此菩萨于一一劫、一一世界，见无量百佛、无量千佛，乃至无量百千亿那由他佛，恭敬尊重，承事供养，一切资生悉以奉施。于诸佛所得于如来甚深法藏，受世界差别等无量法明；若有问难世界差别如是等事，无能屈者。如是经于无量百劫、无量千劫，乃至无量百千亿那由他劫，所有善根转增明净。譬如真金治作宝冠，置阎浮提主圣王顶上，一切臣民诸庄严具无与等者；此地菩萨所有善根亦复如是，一切二乘乃至第七地菩萨所有善根无能及者，以住此地大智光明，普灭众生烦恼黑闇，善能开阐智慧门故。佛子！譬如千世界主大梵天王，能普运慈心，普放光明，满千世界；此地菩萨亦复如是，能放光明，照百万佛刹微尘数世界，令诸众生灭烦恼火而得清凉。此菩萨，十波罗蜜中，愿波罗蜜增上；余波罗蜜非不修行，但随力随分。

是名：略说诸菩萨摩诃萨第八不动地；若广说者，经无量劫不可穷尽。佛子！菩萨摩诃萨住此地，多作大梵天王，主千世界，最胜自在，善说诸义，能与声闻、辟支佛、诸菩萨波罗蜜道；若有问难世界差别，无能退屈。布施、爱语、利行、同事——如是一切诸所作业，皆不离念佛，乃至不离念一切种、一切智智。复作是念：我当于一切众生中为首、为胜，乃至为一切智智依止者。此菩萨若以发起大精进力，于一念顷，得百万三千大千世界微尘数三昧，乃至示现百万三千大千世界微尘数菩萨以为眷属；若以菩萨殊胜愿力自在示现，过于是数，乃至百千亿那由他劫不能数知。

尔时，金刚藏菩萨欲重宣其义而说颂曰：

七地修治方便慧，善集助道大愿力，复得人尊所摄持，为求胜智登八住。功德成就恒慈愍，智慧广大等虚空，闻法能生决定力，是则寂灭无生忍。知法无生无起相，无成无坏无尽转，离有平等绝分别，超诸心行如空住。成就是忍超戏论，甚深不动恒寂灭，一切世间无能知，心相取著悉皆离。住于此地不分别，譬如比丘入灭定，如梦渡河觉则无，如生梵天绝下欲。以本愿力蒙劝导，叹其忍胜与灌顶，语言：我等众佛法，汝今未获当勤进。汝虽已灭烦恼火，世间惑焰犹炽然，当念本愿度众生，悉使修因趣解脱。法性真常离心念，二乘于此亦能得，不以此故为世尊，但以甚深无碍智。如是人天所应供，与此智慧令观察，无边佛法悉得成，一念超过曩众行。菩萨住兹妙智地，则获广大神通力，一念分身遍十方，如船入海因风济。心无功用任智力，悉知国土成坏住，诸界种种各殊异，小大无量皆能了。三千世界四大种，六趣众生身各别，及以众宝微尘数，以智观察悉无余。菩萨能知一切身，为化众生同彼形，国土无量种种别，悉为现形无不遍。譬如日月住虚空，一切水中皆现影；住于法界无所动，随心现影亦复然。随其心乐各不同，一切众中皆现身，声闻独觉与菩萨，及以佛身靡不现。众生国土业报身，种种圣人智法身，虚空身相皆平等，普为众生而示作。十种圣智普观察，复顺慈悲作众业，所有佛法皆成就，持戒不动如须弥。十力成就不动摇，一切魔众无能转，诸佛护念天王礼，密迹金刚恒侍卫。此地功德无边际，千万亿劫说不尽，复以供佛善益明，如王顶上庄严具。菩萨住此第八地，多作梵王千界主，演说三乘无有穷，慈光普照除众惑。一念所获诸三昧，百万世界微尘等，诸所作事悉亦然，愿力示现复过是。菩萨第八不动地，我为汝等已略说，若欲次第广分别，经于亿劫不能尽。

第九地

说此菩萨八地时，如来现大神通力，震动十方诸国土，无量亿数难思议。一切知见无上尊，其身普放大光明，照耀彼诸无量土，悉使众生获安乐。菩萨无量百千亿，俱时踊在虚空住，以过诸天上妙供，供养说中最胜者。大自在王自在天，悉共同心喜无量，各以种种众供具，供养甚深功德海。复有天女千万亿，身心欢喜悉充遍，各奏乐音无量种，供养人中大导师。是时众乐同时奏，百千万亿无量别，悉以善逝威神力，演出妙音而赞叹：寂静调柔无垢害，随所入地善修习，心如虚空诣十方，广说佛道悟群生。天上人间一切处，悉现无等妙庄严，以从如来功德生，令其见者乐佛智。不离一刹诣众土，如月普现照世间，音声心念悉皆灭，譬犹谷响无不应。若有众生心下劣，为彼演说声闻行；若心明利乐辟支，则为彼说中乘道。若有慈悲乐饶益，为说菩萨所行事；若有最胜智慧心，则示如来无上法。譬如幻师作众事，种种形相皆非实，菩萨智幻亦如是，虽现一切离有无。如是美音千万种，歌赞佛已默然住。解脱月言：今众净，愿说九地所行道！

尔时，金刚藏菩萨告解脱月菩萨言：

佛子！菩萨摩诃萨以如是无量智思量观察，欲更求转胜寂灭解脱，复修习如来智慧，入如来秘密法，观察不思议大智性，净诸陀罗尼三昧门，具广大神通，入差别世界，修力、无畏、不共法，随诸佛转法轮，不舍大悲本愿力，得入菩萨第九善慧地。

佛子！菩萨摩诃萨住此善慧地，如实知善不善无记法行、有漏无漏法行、世间出世间法行、思议不思议法行、定不定法行、声闻独觉法行、菩萨行法行、如来地法行、有为法行、无为法行。此菩萨以如是智慧，如实知众生心稠林、烦恼稠林、业稠林、根稠林、解稠林、性稠林、乐欲稠林、随眠稠林、受生稠林、习气相续稠林、三聚差别稠林。此菩萨如实知众生心种种相，所谓：杂起相、速转相、坏不坏相、无形质相、无边际相、清净相、垢无垢相、缚不缚相、幻所作相、随诸趣生相；如是百千万亿乃至无量，皆如实知。又知诸烦恼种种相，所谓：久远随行相、无边引起相、俱生不舍相、眠起一义相、与心相应不相应相、随趣受生而住相、三界差别相、爱见痴慢如箭深入过患相、三业因缘不绝相；略说乃至八万四千，皆如实知。又知诸业种种相，所谓：善不善无记相、有表示无表示相、与心同生不离相、因自性刹那坏而次第集果不失相、有报无报相、受黑黑等众报相、如田无量相、凡圣差别相、现受生受后受相、乘非乘定不定相；略说乃至八万四千，皆如实知。又知诸根软中胜相、先际后际差别无差别相、上中下相、烦恼俱生不相离相、乘非乘定不定相、淳熟调柔相、随根网轻转坏相、增上无能坏相、退不退差别相、远随共生不同相；略说乃至八万四千，皆如实知。又知诸解软中上、诸性软中上、乐欲软中上；皆略说乃至八万四千。又知诸随眠种种相，所谓：与深心共生相、与心共生相、心相应不相应差别相、久远随行相、无始不拔相、与一切禅定解脱三昧三摩钵底神通相违相、三界相续受生系缚相、令无边心相续现起相、开诸处门相、坚实难治相、地处成就不成就相、唯以圣道拔出相。又知受生种种相，所谓：随业受生相、六趣差别相、有色无色差别相、有想无想差别相、业为田爱水润无明暗覆识为种子生后有芽相、名色俱生不相离相、痴爱希求续有相、欲受欲生无始乐著相、妄谓出三界贪求相。又知习气种种相，所谓：行不行差别相、随趣熏习相、随众生行熏习相、随业烦恼熏习相、善不善无记熏习相、随入后有熏习相、次第熏习相、不断烦恼远行不舍熏习相、实非实熏习相、见闻亲近声闻独觉菩萨如来熏习相。又知众生正定邪定不定相，所谓：正见正定相、邪见邪定相、二俱不定相、五逆邪定相、五根正定相、二俱不定相、八邪邪定相、正性正定相、更不作二俱离不定相、深著邪法邪定相、习行圣道正定相、二俱舍不定相。佛子！菩萨随顺如是智慧，名：住善慧地；住此地已，了知众生诸行差别，教化调伏，令得解脱。

佛子！此菩萨善能演说声闻乘法、独觉乘法、菩萨乘法、如来地法；一切行处，智随行故，能随众生根、性、欲、解、所行有异、诸聚差别，亦随受生、烦恼、眠、缚、诸业习气而为说法，令生信解，增益智慧，各于其乘而得解脱。

佛子！菩萨住此善慧地，作大法师，具法师行，善能守护如来法藏，以无量善巧智，起四无碍辩，用菩萨言辞而演说法。此菩萨常随四无碍智转，无暂舍离。何等为四，所谓：法无碍智、义无碍智、辞无碍智、乐说无碍智。此菩萨以法无碍智，知诸法自相；义无碍智，知诸法别相；辞无碍智，无错谬说；乐说无碍智，无断尽说。复次，以法无碍智，知诸法自性；义无碍智，知诸法生灭；辞无碍智，安立一切法不断说；乐说无碍智，随所安立，不可坏无边说。复次，以法无碍智，知现在法差别；义无碍智，知过去、未来法差别；辞无碍智，于去、来、今法无错谬说；乐说无碍智，于一一世无边法明了说。复次，以法无碍智，知法差别；义无碍智，知义差别；辞无碍智，随其言音说；乐说无碍智，随其心乐说。复次，法无碍智，以法智知差别不异；义无碍智，以比智知差别如实；辞无碍智，以世智差别说；乐说无碍智，以第一义智善巧说。复次，法无碍智，知诸法一相不坏；义无碍智，知蕴、界、处、谛、缘起善巧；辞无碍智，以一切世间易解了美妙音声、文字说；乐说无碍智，以转胜无边法明说。复次，法无碍智，知一乘平等性；义无碍智，知诸乘差别性；辞无碍智，说一切乘无差别；乐说无碍智，说一一乘无边法。复次，法无碍智，知一切菩萨行、智行、法行智随证；义无碍智，知十地分位义差别；辞无碍智，说地道无差别相；乐说无碍智，说一一地无边行相。复次，法无碍智，知一切如来一念成正觉；义无碍智，知种种时、种种处等各差别；辞无碍智，说成正觉差别；乐说无碍智，于一一句法无量劫说不尽。复次，法无碍智，知一切如来语、力、无所畏、不共佛法，大慈大悲，辩才方便，转法轮，一切智智随证；义无碍智，知如来随八万四千众生心、行、根、解、差别音声；辞无碍智，随一切众生行，以如来音声差别说；乐说无碍智，随众生信解，以如来智清净行圆满说。

佛子！菩萨住第九地，得如是善巧无碍智，得如来妙法藏，作大法师，得义陀罗尼、法陀罗尼、智陀罗尼、光照陀罗尼、善慧陀罗尼、众财陀罗尼、威德陀罗尼、无碍门陀罗尼、无边际陀罗尼、种种义陀罗尼，如是等百万阿僧祇陀罗尼门皆得圆满，以百万阿僧祇善巧音声辩才门而演说法。此菩萨得如是百万阿僧祇陀罗尼门已，于无量佛所一一佛前，悉以如是百万阿僧祇陀罗尼门听闻正法，闻已不忘，以无量差别门为他演说。此菩萨初见于佛，头顶礼敬，即于佛所得无量法门；此所得法门，非彼闻持诸大声闻，于百千劫所能领受。此菩萨得如是陀罗尼、如是无碍智，坐于法座而说于法；大千世界满中众生，随其心乐差别为说；唯除诸佛及受职菩萨，其余众会威德光明无能与比。此菩萨处于法座，欲以一音，令诸大众皆得解了，即得解了；或时欲以种种音声，令诸大众皆得开悟；或时心欲放大光明，演说法门；或时心欲于其身上一一毛孔，皆演法音；或时心欲乃至三千大千世界所有一切形、无形物，皆悉演出妙法言音；或时心欲发一言音，周遍法界，悉令解了；或时心欲一切言音，皆作法音，恒住不灭；或时心欲一切世界箫、笛、钟、鼓及以歌咏，一切乐声皆演法音；或时心欲于一字中，一切法句言音差别，皆悉具足；或时心欲令不可说无量世界地、水、火、风四大聚中所有微尘，一一尘中皆悉演出不可说法门。如是所念，一切随心，无不得者。

佛子！此菩萨，假使三千大千世界所有众生咸至其前，一一皆以无量言音而兴问难，一一问难各各不同；菩萨于一念顷悉能领受，仍以一音普为解释，令随心乐，各得欢喜。如是乃至不可说世界所有众生，一刹那间，一一皆以无量言音而兴问难，一一问难各各不同；菩萨于一念顷悉能领受，亦以一音普为解释，各随心乐，令得欢喜。乃至不可说不可说世界满中众生，菩萨皆能随其心乐、随根、随解而为说法，承佛神力广作佛事，普为一切作所依怙。佛子！此菩萨复更精进，成就智明。假使一毛端处有不可说世界微尘数诸佛众会，一一众会有不可说世界微尘数众生，一一众生有不可说世界微尘数性、欲，彼诸佛随其性、欲各与法门；如一毛端处，一切法界处悉亦如是。如是所说无量法门，菩萨于一念中悉能领受，无有忘失。

佛子！菩萨住此第九地，昼夜专勤更无余念，唯入佛境界亲近如来，入诸菩萨甚深解脱，常在三昧，恒见诸佛，未曾舍离。一一劫中见无量佛、无量百佛、无量千佛，乃至无量百千亿那由他佛，恭敬尊重，承事供养，于诸佛所种种问难，得说法陀罗尼，所有善根转更明净。譬如真金，善巧金师用作宝冠，转轮圣王以严其首，四天下内一切小王及诸臣民诸庄严具无与等者；此第九地菩萨善根亦复如是，一切声闻、辟支佛及下地菩萨所有善根无能与等。佛子！譬如二千世界主大梵天王，身出光明，二千界中幽远之处悉能照耀，除其黑闇；此地菩萨所有善根亦复如是，能出光明照众生心，烦恼黑闇皆令息灭。此菩萨，十波罗蜜中，力波罗蜜最胜；余波罗蜜非不修行，但随力随分。

佛子！是名：略说菩萨摩诃萨第九善慧地；若广说者，于无量劫亦不能尽。佛子！菩萨摩诃萨住此地，多作二千世界主大梵天王，善能统理，自在饶益，能为一切声闻、缘觉及诸菩萨分别演说波罗蜜行；随众生心，所有问难无能屈者。布施、爱语、利行、同事——如是一切诸所作业，皆不离念佛，乃至不离念一切种、一切智智。复作是念：我当于一切众生中为首、为胜，乃至为一切智智依止者。此菩萨若发勤精进，于一念顷，得百万阿僧祇国土微尘数三昧，乃至示现百万阿僧祇国土微尘数菩萨以为眷属；若以菩萨殊胜愿力自在示现，过于此数，乃至百千亿那由他劫不能数知。

尔时，金刚藏菩萨欲重宣其义而说颂曰：

无量智力善观察，最上微妙世难知，普入如来秘密处，利益众生入九地。总持三昧皆自在，获大神通入众刹，力智无畏不共法，愿力悲心入九地。住于此地持法藏，了善不善及无记，有漏无漏世出世，思不思议悉善知。若法决定不决定，三乘所作悉观察，有为无为行差别，如是而知入世间。若欲知诸众生心，则能以智如实知，种种速转坏非坏，无质无边等众相。烦恼无边恒共伴，眠起一义续诸趣，业性种种各差别，因坏果集皆能了。诸根种种下中上，先后际等无量别，解性乐欲亦复然，八万四千靡不知。众生惑见恒随缚，无始稠林未除翦，与志共俱心并生，常相羁系不断绝。但唯妄想非实物，不离于心无处所，禅定境排仍退转，金刚道灭方毕竟。六趣受生各差别，业田爱润无明覆，识为种子名色芽，三界无始恒相续。惑业心习生诸趣，若离于此不复生；众生悉在三聚中，或溺于见或行道。住于此地善观察，随其心乐及根解，悉以无碍妙辩才，如其所应差别说。处于法座如师子，亦如牛王宝山王，又如龙王布密云，霍甘露雨充大海。善知法性及奥义，随顺言辞能辩说，总持百万阿僧祇，譬如大海受众雨。总持三昧皆清净，能于一念见多佛，一一佛所皆闻法，复以妙音而演畅。若欲三千大千界，教化一切诸群生，如云广布无不及，随其根欲悉令喜。毛端佛众无有数，众生心乐亦无极，悉应其心与法门，一切法界皆如是。菩萨勤加精进力，复获功德转增胜，闻持尔所诸法门，如地能持一切种。十方无量诸众生，咸来亲近会中坐，一念随心各问难，一音普对悉充足。住于此地为法王，随机诲诱无厌倦，日夜见佛未曾舍，入深寂灭智解脱。供养诸佛善益明，如王顶上妙宝冠，复使众生烦恼灭，譬如梵王光普照。住此多作大梵王，以三乘法化众生，所行善业普饶益，乃至当成一切智。一念所入诸三昧，阿僧祇刹微尘数,见佛说法亦复然,愿力所作复过此。此是第九善慧地,大智菩萨所行处,甚深微妙难可见,我为佛子已宣说。

大方广佛华严经卷第三十九

十地品第二十六之六
第十地

净居天众那由他,闻此地中诸胜行,空中踊跃心欢喜,悉共虔诚供养佛。不可思议菩萨众,亦在空中大欢喜,俱然最上悦意香,普熏众会令清净。自在天王与天众,无量亿数在虚空,普散天衣供养佛,百千万种缤纷下。天诸采女无有量,靡不欢欣供养佛,各奏种种妙乐音,悉以此言而赞叹:佛身安坐一国土,一切世界悉现身,身相端严无量亿,法界广大悉充满。于一毛孔放光明,普灭世间烦恼暗,国土微尘可知数,此光明数不可测。或见如来具众相,转于无上正法轮,或见游行诸佛刹,或见寂然安不动。或现住于兜率宫,或现下生入母胎,或示住胎或出胎,悉令无量国中见。或现出家修世道,或现道场成正觉,或现说法或涅槃,普使十方无不睹。譬如幻师知幻术,在于大众多所作;如来智慧亦复然,于世间中普现身。佛住甚深真法性,寂灭无相同虚空,而于第一义中,示现种种所行事。所作利益众生事,皆依法性而得有,相与无相无差别,入于究竟皆无相。若有欲得如来智,应离一切妄分别,有无通达皆平等,疾作人天大导师。无量无边天女众,种种言音称赞已,身心寂静共安乐,瞻仰如来默然住。即时菩萨解脱月,知诸众会咸寂静,向金刚藏而请言:大无畏者真佛子!从第九地入十地,所有功德诸行相,及以神通变化事,愿聪慧者为宣说!

尔时,金刚藏菩萨摩诃萨告解脱月菩萨言:

佛子!菩萨摩诃萨从初地乃至第九地,以如是无量智慧观察觉了已,善思惟修习,善满足白法,集无边助道法,增长大福德智慧,广行大悲,知世界差别,入众生界稠林,入如来所行处,随顺如来寂灭行,常观察如来力、无所畏、不共佛法,名为:得一切种、一切智智受职位。

佛子!菩萨摩诃萨以如是智慧入受职地已,即得菩萨离垢三昧、入法界差别三昧、庄严道场三昧、一切种华光三昧、海藏三昧、海印三昧、虚空界广大三昧、观一切法自性三昧、知一切众生心行三昧、一切佛皆现前三昧,如是等百万阿僧祇三昧皆现在前。菩萨于此一切三昧,若入若起,皆得善巧,亦善了知一切三昧所作差别。其最后三昧,名:受一切智胜职位。此三昧现在前时,有大宝莲华忽然出生。其华广大,量等百万三千大千世界,以众妙宝间错庄严,超过一切世间境界；出世善根之所生起，知诸法如幻性众行所成，恒放光明普照法界，非诸天处之所能有；毗琉璃摩尼宝为茎，栴檀王为台，码瑙为须，阎浮檀金为叶，其华常有无量光明，众宝为藏，宝网弥覆，十三千大千世界微尘数莲华以为眷属。尔时，菩萨坐此华座，身相大小正相称可；无量菩萨以为眷属，各坐其余莲华之上，周匝围绕，一一各得百万三昧，向大菩萨一心瞻仰。

佛子！此大菩萨并其眷属坐华座时，所有光明及以言音普皆充满十方法界，一切世界咸悉震动，恶趣休息，国土严净，同行菩萨靡不来集，人天音乐同时发声，所有众生悉得安乐，以不思议供养之具供一切佛，诸佛众会悉皆显现。

佛子！此菩萨坐彼大莲华座时，于两足下放百万阿僧祇光明，普照十方诸大地狱，灭众生苦；于两膝轮放百万阿僧祇光明，普照十方诸畜生趣，灭众生苦；于脐轮中放百万阿僧祇光明，普照十方阎罗王界，灭众生苦；从左右胁放百万阿僧祇光明，普照十方一切人趣，灭众生苦；从两手中放百万阿僧祇光明，普照十方一切诸天及阿修罗所有宫殿；从两肩上放百万阿僧祇光明，普照十方一切声闻；从其项背放百万阿僧祇光明，普照十方辟支佛身；从其面门放百万阿僧祇光明，普照十方初始发心乃至九地诸菩萨身；从两眉间放百万阿僧祇光明，普照十方受职菩萨，令魔宫殿悉皆不现；从其顶上放百万阿僧祇三千大千世界微尘数光明，普照十方一切世界诸佛如来道场众会，右绕十匝，住虚空中，成光明网，名：炽然光明，发起种种诸供养事供养于佛，余诸菩萨从初发心乃至九地所有供养而比于此，百分不及一，乃至算数譬喻所不能及。其光明网普于十方一一如来众会之前，雨众妙香、华鬘、衣服、幢幡、宝盖、诸摩尼等庄严之具以为供养，皆从出世善根所生，超过一切世间境界。若有众生见知此者，皆于阿耨多罗三藐三菩提得不退转。

佛子！此大光明作于如是供养事毕，复绕十方一切世界一一诸佛道场众会，经十匝已，从诸如来足下而入。尔时，诸佛及诸菩萨，知某世界中，某菩萨摩诃萨能行如是广大之行到受职位。佛子！是时，十方无量无边乃至九地诸菩萨众皆来围绕，恭敬供养，一心观察。正观察时，其诸菩萨即各获得十千三昧。当尔之时，十方所有受职菩萨，皆于金刚庄严臆德相中出大光明，名：能坏魔怨，百万阿僧祇光明以为眷属，普照十方，现于无量神通变化；作是事已，而来入此菩萨摩诃萨金刚庄严臆德相中；其光入已，令此菩萨所有智慧、势力增长过百千倍。

尔时，十方一切诸佛从眉间出清净光明，名：增益一切智神通，无数光明以为眷属，普照十方一切世界，右绕十匝，示现如来广大自在，开悟无量百千亿那由他诸菩萨众，周遍震动一切佛刹，灭除一切诸恶道苦，隐蔽一切诸魔宫殿，示一切佛得菩提处道场众会庄严威德；如是普照尽虚空遍法界一切世界已，而来至此菩萨会上周匝右绕，示现种种庄严之事；现是事已，从大菩萨顶上而入，其眷属光明亦各入彼诸菩萨顶。当尔之时，此菩萨得先所未得百万三昧，名为：已得受职之位，入佛境界，具足十力，堕在佛数。佛子！如转轮圣王所生太子，母是正后，身相具足。其转轮王令此太子坐白象宝妙金之座，张大网幔，建大幢幡，然香散花，奏诸音乐，取四大海水置金瓶内，王执此瓶灌太子顶，是时即名：受王职位，堕在灌顶刹利王数，即能具足行十善道，亦得名为：转轮圣王。菩萨受职亦复如是，诸佛智水灌其顶故，名为：受职；具足如来十种力故，堕在佛数。佛子！是名：菩萨受大智职。菩萨以此大智职故，能行无量百千万亿那由他难行之行，增长无量智慧功德，名为：安住法云地。

佛子！菩萨摩诃萨住此法云地，如实知欲界集、色界集、无色界集、世界集、法界集、有为界集、无为界集、众生界集、识界集、虚空界集、涅槃界集。此菩萨如实知诸见烦恼行集，知世界成坏集，知声闻行集、辟支佛行集、菩萨行集、如来力无所畏色身法身集、一切种一切智智集、示得菩提转法轮集、入一切法分别决定智集。举要言之，以一切智，知一切集。佛子！此菩萨摩诃萨以如是上上觉慧，如实知众生业化、烦恼化、诸见化、世界化、法界化、声闻化、辟支佛化、菩萨化、如来化、一切分别无分别化，如是等皆如实知。又如实知佛持、法持、僧持、业持、烦恼持、时持、愿持、供养持、行持、劫持、智持，如是等皆如实知。又如实知诸佛如来入微细智，所谓：修行微细智、命终微细智、受生微细智、出家微细智、现神通微细智、成正觉微细智、转法轮微细智、住寿命微细智、般涅槃微细智、教法住微细智，如是等皆如实知。又入如来秘密处，所谓：身秘密、语秘密、心秘密、时非时思量秘密、授菩萨记秘密、摄众生秘密、种种乘秘密、一切众生根行差别秘密、业所作秘密、得菩提行秘密，如是等皆如实知。又知诸佛所有入劫智，所谓：一劫入阿僧祇劫、阿僧祇劫入一劫、有数劫入无数劫、无数劫入有数劫、一念入劫、劫入一念、劫入非劫、非劫入劫、有佛劫入无佛劫、无佛劫入有佛劫、过去未来劫入现在劫、现在劫入过去未来劫、过去劫入未来劫、未来劫入过去劫、长劫入短劫、短劫入长劫，如是等皆如实知。又知如来诸所入智，所谓：入毛道智、入微尘智、入国土身正觉智、入众生身正觉智、入众生心正觉智、入众生行正觉智、入随顺一切处正觉智、入示现遍行智、入示现顺行智、入示现逆行智、入示现思议不思议世间了知不了知行智、入示现声闻智辟支佛智菩萨行如来行智。佛子！一切诸佛所有智慧广大无量，此地菩萨皆能得入。

佛子！菩萨摩诃萨住此地，即得菩萨不思议解脱、无障碍解脱、净观察解脱、普照明解脱、如来藏解脱、随顺无碍轮解脱、通达三世解脱、法界藏解脱、光明轮解脱、无余境界解脱；此十为首，有无量百千阿僧祇解脱门，皆于此第十地中得。如是乃至无量百千阿僧祇三昧门、无量百千阿僧祇陀罗尼门、无量百千阿僧祇神通门，皆悉成就。

佛子！此菩萨摩诃萨通达如是智慧，随顺无量菩提，成就善巧念力，十方无量诸佛所有无量大法明、大法照、大法雨，于一念顷皆能安、能受、能摄、能持。譬如娑伽罗龙王所霔大雨，唯除大海，余一切处皆不能安、不能受、不能摄、不能持。如来秘密藏大法明、大法照、大法雨亦复如是，唯除第十地菩萨，余一切众生、声闻、独觉乃至第九地菩萨，皆不能安、不能受、不能摄、不能持。佛子！譬如大海，能安、能受、能摄、能持一大龙王所霔大雨；若二、若三乃至无量诸龙王雨，于一念间一时霔下，皆能安、能受、能摄、能持。何以故？以是无量广大器故。住法云地菩萨亦复如是，能安、能受、能摄、能持一佛法明、法照、法雨；若二、若三乃至无量，于一念顷一时演说，悉亦如是。是故此地名为：法云。

解脱月菩萨言：佛子！此地菩萨于一念间，能于几如来所安受摄持大法明、大法照、大法雨？

金刚藏菩萨言：佛子！不可以算数能知，我当为汝说其譬喻。佛子！譬如十方各有十不可说百千亿那由他佛刹微尘数世界，其世界中一一众生皆得闻持陀罗尼，为佛侍者，声闻众中多闻第一，如金刚莲华上佛所大胜比丘；然一众生所受之法，余不重受。佛子！于汝意云何？此诸众生所受之法为有量耶？为无量耶？

解脱月菩萨言：其数甚多，无量无边。

金刚藏菩萨言：

佛子！我为汝说，令汝得解。佛子！此法云地菩萨，于一佛所一念之顷，所安、所受、所摄、所持大法明、大法照、大法雨、三世法藏，前尔所世界一切众生所闻持法，于此百分不及一，乃至譬喻亦不能及。如一佛所，如是十方如前所说，尔所世界微尘数佛复过此数，无量无边，于彼一一诸如来所所有法明、法照、法雨、三世法藏，皆能安、能受、能摄、能持，是故此地名为：法云。佛子！此地菩萨以自愿力，起大悲云，震大法雷，通、明、无畏以为电光，福德、智慧而为密云，现种种身，周旋往返，于一念顷，普遍十方百千亿那由他世界微尘数国土，演说大法，摧伏魔怨；复过此数，于无量百千亿那由他世界微尘数国土，随诸众生心之所乐，霔甘露雨，灭除一切众惑尘焰。是故此地名为：法云。佛子！此地菩萨于一世界从兜率天下乃至涅槃，随所应度众生心而现佛事；若二、若三，乃至如上微尘数国土，复过于此，乃至无量百千亿那由他世界微尘数国土，皆亦如是。是故此地名为：法云。

佛子！此地菩萨智慧明达，神通自在。随其心念，能以狭世界作广世界，广世界作狭世界；垢世界作净世界，净世界作垢世界；乱住、次住、倒住、正住，如是无量一切世界皆能互作。或随心念，于一尘中置一世界须弥卢等一切山川，尘相如故，世界不减；或复于一微尘之中置二、置三，乃至不可说世界须弥卢等一切山川，而彼微尘体相如本，于中世界悉得明现。或随心念，于一世界中示现二世界庄严，乃至不可说世界庄严；或于一世界庄严中示现二世界，乃至不可说世界。或随心念，以不可说世界中众生置一世界；或随心念，以一世界中众生置不可说世界，而于众生无所娆害。或随心念，于一毛孔示现一切佛境界庄严之事。或随心念，于一念中示现不可说世界微尘数身，一一身示现如是微尘数手，一一手各执恒河沙数华宝、香箧、鬘盖、幢幡，周遍十方，供养于佛；一一身复示现尔许微尘数头，一一头复现尔许微尘数舌，于念念中，周遍十方，叹佛功德。或随心念，于一念间普遍十方，示成正觉乃至涅槃，及以国土庄严之事；或现其身普遍三世，而于身中有无量诸佛及佛国土庄严之事，世界成坏靡不皆现；或于自身一毛孔中出一切风，而于众生无所恼害。或随心念，以无边世界为一大海，此海水中现大莲华，光明严好，遍覆无量无边世界，于中示现大菩提树庄严之事，乃至示成一切种智；或于其身现十方世界一切光明，摩尼宝珠、日月星宿、云电等光靡不皆现；或以口嘘气，能动十方无量世界，而不令众生有惊怖想；或现十方风灾、火灾及以水灾；或随众生心之所乐，示现色身，庄严具足；或于自身示现佛身，或于佛身而现自身；或于佛身现己国土，或于己国土而现佛身。佛子！此法云地菩萨能现如是及余无量百千亿那由他自在神力。

尔时，会中诸菩萨及天、龙、夜叉、乾闼婆、阿修罗、护世四王、释提桓因、梵天、净居、摩醯首罗诸天子等，咸作是念：若菩萨神通智力能如是者，佛复云何？

尔时，解脱月菩萨知诸众会心之所念，白金刚藏菩萨言：佛子！今此大众闻其菩萨神通智力，堕在疑网。善哉仁者！为断彼疑，当少示现菩萨神力庄严之事。

时，金刚藏菩萨即入一切佛国土体性三昧。入此三昧时，诸菩萨及一切大众，皆自见身在金刚藏菩萨身内，于中悉见三千大千世界，所有种种庄严之事，经于亿劫说不能尽。又于其中见菩提树，其身周围十万三千大千世界，高百万三千大千世界，枝叶所荫亦复如是。称树形量，有师子座，座上有佛，号：一切智通王。一切大众悉见其佛坐菩提树下师子座上，种种诸相以为庄严，假使亿劫说不能尽。金刚藏菩萨示现如是大神力已，还令众会各在本处。时，诸大众得未曾有，生奇特想，默然而住，向金刚藏一心瞻仰。

尔时，解脱月菩萨白金刚藏菩萨言：佛子！今此三昧，甚为希有，有大势力，其名何等？

金刚藏言：此三昧名：一切佛国土体性。

又问：此三昧境界云何？

答言：

佛子！若菩萨修此三昧，随心所念，能于身中现恒河沙世界微尘数佛刹，复过此数，无量无边。

佛子！菩萨住法云地，得如是等无量百千诸大三昧，故此菩萨身、身业不可测知，语、语业，意、意业，神通自在，观察三世三昧境界、智慧境界，游戏一切诸解脱门；变化所作、神力所作、光明所作，略说乃至举足、下足，如是一切诸有所作，乃至法王子、住善慧地菩萨皆不能知。佛子！此法云地菩萨所有境界，略说如是；若广说者，假使无量百千阿僧祇劫亦不能尽。

解脱月菩萨言：佛子！若菩萨神通境界如是，佛神通力其复云何？

金刚藏言：

佛子！譬如有人，于四天下取一块土，而作是言：为无边世界大地土多，为此土多？我观汝问亦复如是，如来智慧无边无等，云何而与菩萨比量？复次，佛子！如四天下取少许土，余者无量；此法云地神通智慧，于无量劫但说少分，况如来地！佛子！我今为汝引事为证，令汝得知如来境界。佛子！假使十方，一一方各有无边世界微尘数诸佛国土，一一国土得如是地菩萨充满，如甘蔗、竹、苇、稻、麻、丛林，彼诸菩萨于百千亿那由他劫修菩萨行所生智慧，比一如来智慧境界，百分不及一，乃至优波尼沙陀分亦不能及。

佛子！此菩萨住如是智慧，不异如来身、语、意业，不舍菩萨诸三昧力，于无数劫承事供养一切诸佛，一一劫中以一切种供养之具而为供养。一切诸佛神力所加，智慧光明转更增胜，于法界中所有问难善为解释，百千亿劫无能屈者。佛子！譬如金师以上妙真金作严身具，大摩尼宝钿厕其间，自在天王身自服戴，其余天人庄严之具所不能及；此地菩萨亦复如是，始从初地乃至九地，一切菩萨所有智行皆不能及。此地菩萨智慧光明，能令众生乃至入于一切智智，余智光明无能如是。佛子！譬如摩醯首罗天王光明，能令众生身心清凉，一切光明所不能及；此地菩萨智慧光明亦复如是，能令众生皆得清凉，乃至住于一切智智，一切声闻、辟支佛乃至第九地菩萨智慧光明悉不能及。佛子！此菩萨摩诃萨已能安住如是智慧，诸佛世尊复更为说三世智、法界差别智、遍一切世界智、照一切世界智、慈念一切众生智，举要言之，乃至为说得一切智智。此菩萨，十波罗蜜中，智波罗蜜最为增上；余波罗蜜非不修行。

佛子！是名：略说菩萨摩诃萨第十法云地；若广说者，假使无量阿僧祇劫亦不能尽。佛子！菩萨住此地，多作摩醯首罗天王，于法自在，能授众生、声闻、独觉、一切菩萨波罗蜜行，于法界中所有问难无能屈者。布施、爱语、利行、同事——如是一切诸所作业，皆不离念佛，乃至不离念具足一切种、一切智智。复作是念：我当于一切众生为首、为胜，乃至为一切智智依止者。若勤加精进，于一念顷，得十不可说百千亿那由他佛刹微尘数三昧，乃至示现尔所微尘数菩萨以为眷属；若以菩萨殊胜愿力自在示现，过于此数，所谓：若修行、若庄严、若信解、若所作、若身、若语、若光明、若诸根、若神变、若音声、若行处，乃至百千亿那由他劫不能数知。

佛子！此菩萨摩诃萨十地行相次第现前，则能趣入一切智智。譬如阿耨达池出四大河，其河流注遍阎浮提，既无尽竭，复更增长，乃至入海，令其充满。佛子！菩萨亦尔，从菩提心流出善根大愿之水，以四摄法充满众生，无有穷尽，复更增长，乃至入于一切智海，令其充满。

佛子！菩萨十地，因佛智故而有差别，如因大地有十山王。何等为十？所谓：雪山王、香山王、鞞陀梨山王、神仙山王、由乾陀山王、马耳山王、尼民陀罗山王、斫羯罗山王、计都末底山王、须弥卢山王。佛子！如雪山王，一切药草咸在其中，取不可尽；菩萨所住欢喜地亦复如是，一切世间经书、技艺、文颂、咒术咸在其中，说不可尽。佛子！如香山王，一切诸香咸集其中，取不可尽；菩萨所住离垢地亦复如是，一切菩萨戒行、威仪咸在其中，说不可尽。佛子！如鞞陀梨山王，纯宝所成，一切众宝咸在其中，取不可尽；菩萨所住发光地亦复如是，一切世间禅定神通、解脱三昧、三摩钵底咸在其中，说不可尽。佛子！如神仙山王，纯宝所成，五通神仙咸住其中，无有穷尽；菩萨所住焰慧地亦复如是，一切道中殊胜智慧咸在其中，说不可尽。佛子！如由乾陀罗山王，纯宝所成，夜叉大神咸住其中，无有穷尽；菩萨所住难胜地亦复如是，一切自在如意神通咸在其中，说不可尽。佛子！如马耳山王，纯宝所成，一切诸果咸在其中，取不可尽；菩萨所住现前地亦复如是，入缘起理声闻果证咸在其中，说不可尽。如尼民陀罗山王，纯宝所成，大力龙神咸住其中，无有穷尽；菩萨所住远行地亦复如是，方便智慧独觉果证咸在其中，说不可尽。如斫羯罗山王，纯宝所成，诸自在众咸住其中，无有穷尽；菩萨所住不动地亦复如是，一切菩萨自在行差别世界咸在其中，说不可尽。如计都山王，纯宝所成，大威德阿修罗王咸住其中，无有穷尽；菩萨所住善慧地亦复如是，一切世间生灭智行咸在其中，说不可尽。如须弥卢山王，纯宝所成，大威德诸天咸住其中，无有穷尽；菩萨所住法云地亦复如是，如来力、无畏、不共法、一切佛事咸在其中，问答宣说不可穷尽。

佛子！此十宝山王，同在大海，差别得名；菩萨十地亦复如是，同在一切智中，差别得名。佛子！譬如大海，以十种相，得大海名，不可移夺。何等为十？一、次第渐深；二、不受死尸；三、余水入中皆失本名；四、普同一味；五、无量珍宝；六、无能至底；七、广大无量；八、大身所居；九、潮不过限；十、普受大雨，无有盈溢。菩萨行亦复如是，以十相故，名菩萨行，不可移夺。何等为十？所谓欢喜地，出生大愿渐次深故；离垢地，不受一切破戒尸故；发光地，舍离世间假名字故；焰慧地，与佛功德同一味故；难胜地，出生无量方便神通、世间所作众珍宝故；现前地，观察缘生甚深理故；远行地，广大觉慧善观察故；不动地，示现广大庄严事故；善慧地，得深解脱行于世间，如实而知不过限故；法云地，能受一切诸佛如来大法明雨无厌足故。佛子！譬如大摩尼珠有十种性出过众宝。何等为十？一者从大海出；二者巧匠治理；三者圆满无缺；四者清净离垢；五者内外明彻；六者善巧钻穿；七者贯以宝缕；八者置在琉璃高幢之上；九者普放一切种种光明；十者能随王意雨众宝物，如众生心充满其愿。佛子！当知菩萨亦复如是，有十种事出过众圣。何等为十？一者发一切智心；二者持戒头陀，正行明净；三者诸禅三昧，圆满无缺；四者道行清白，离诸垢秽；五者方便神通，内外明彻；六者缘起智慧，善能钻穿；七者贯以种种方便智缕；八者置于自在高幢之上；九者观众生行，放闻持光；十者受佛智职，堕在佛数，能为众生广作佛事。

佛子！此集一切种、一切智功德菩萨行法门品，若诸众生不种善根不可得闻。解脱月菩萨言：闻此法门，得几所福？

金刚藏菩萨言：如一切智所集福德，闻此法门福德如是。何以故？非不闻此功德法门而能信解、受持、读诵，何况精进、如说修行！是故当知，要得闻此集一切智功德法门，乃能信解、受持、修习，然后至于一切智地。

尔时，佛神力故，法如是故，十方各有十亿佛刹微尘数世界六种十八相动。所谓：动、遍动、等遍动，起、遍起、等遍起，涌、遍涌、等遍涌，震、遍震、等遍震，吼、遍吼、等遍吼，击、遍击、等遍击。雨众天华、天鬘、天衣，及诸天宝庄严之具、幢幡、缯盖。奏天妓乐，其音和雅，同时发声，赞一切智地所有功德。如此世界他化自在天王宫演说此法，十方所有一切世界悉亦如是。尔时，复以佛神力故，十方各十亿佛刹微尘数世界外，有十亿佛刹微尘数菩萨而来此会，作如是言：善哉善哉！金刚藏！快说此法。我等悉亦同名：金刚藏，所住世界各各差别，悉名：金刚德，佛号：金刚幢。我等住在本世界中，皆承如来威神之力而说此法，众会悉等，文字句义与此所说无有增减；悉以佛神力而来此会，为汝作证。如我等今者入此世界，如是十方一切世界悉亦如是而往作证。

尔时，金刚藏菩萨观察十方一切众会，普周法界，欲赞叹发一切智智心，欲示现菩萨境界，欲净治菩萨行力，欲说摄取一切种智道，欲除灭一切世间垢，欲施与一切智，欲示现不思议智庄严，欲显示一切菩萨诸功德，欲令如是地义转更开显，承佛神力而说颂言：

其心寂灭恒调顺，平等无碍如虚空，离诸垢浊住于道，此殊胜行汝应听。百千亿劫修诸善，供养无量无边佛，声闻独觉亦复然，为利众生发大心。精勤持戒常柔忍，惭愧福智皆具足，志求佛智修广慧，愿得十力发大心。三世诸佛咸供养，一切国土悉严净，了知诸法皆平等，为利众生发大心。住于初地生是心，永离众恶常欢喜，愿力广修诸善法，以悲愍故入后位。戒闻具足念众生，涤除垢秽心明洁，观察世间三毒火，广大解者趣三地。三有一切皆无常，如箭入身苦炽然，厌离有为求佛法，广大智人趣焰地。念慧具足得道智，供养百千无量佛，常观最胜诸功德，斯人趣入难胜地。智慧方便善观察，种种示现救众生，复供十力无上尊，趣入无生现前地。世所难知而能知，不受于我离有无，法性本寂随缘转，得此微妙向七地。智慧方便心广大，难行难伏难了知，虽证寂灭勤修习，能趣如空不动地。佛劝令从寂灭起，广修种种诸智业，具十自在观世间，以此而升善慧地。以微妙智观众生，心行业惑等稠林，为欲化其令趣道，演说诸佛胜义藏。次第修行具众善，乃至九地集福慧，常求诸佛最上法，得佛智水灌其顶。获得无数诸三昧，亦善了知其作业，最后三昧名受职，住广大境恒不动。菩萨得此三昧时，大宝莲华忽然现，身量称彼于中坐，佛子围绕同观察。放大光明百千亿，灭除一切众生苦，复于顶上放光明，普入十方诸佛会，悉住空中作光网，供养佛已从足入；即时诸佛悉了知，今此佛子登职位。十方菩萨来观察，受职大士舒光照；诸佛眉间亦放光，普照而来从顶入。十方世界咸震动，一切地狱苦消灭；是时诸佛与其职，如转轮王第一子。若蒙诸佛与灌顶，是则名登法云地，智慧增长无有边，开悟一切诸世间。欲界色界无色界，法界世界众生界，有数无数及虚空，如是一切咸通达。一切化用大威力，诸佛加持微细智，秘密劫数毛道等，皆能如实而观察。受生舍俗成正道，转妙法轮入涅槃，乃至寂灭解脱法，及所未说皆能了。菩萨住此法云地，具足念力持佛法，譬如大海受龙雨，此地受法亦复然。十方无量诸众生，悉得闻持持佛法，于一佛所所闻法，过于彼数无有量。以昔智愿威神力，一念普遍十方土，霪甘露雨灭烦恼，是故佛说名法云。神通示现遍十方，超出人天世间境，复过是数无量亿，世智思惟必迷闷。一举足量智功德，乃至九地不能知，何况一切诸众生，及以声闻辟支佛。此地菩萨供养佛，十方国土悉周遍，亦供现前诸圣众，具足庄严佛功德。住于此地复为说，三世法界无碍智，众生国土悉亦然，乃至一切佛功德。此地菩萨智光明，能示众生正法路，自在天光除世暗，此光灭暗亦如是。住此多作三界王，善能演说三乘法，无量三昧一念得，所见诸佛亦如是。此地我今已略说，若欲广说不可尽。如是诸地佛智中，如十山王巍然住。初地艺业不可尽，譬如雪山集众药；二地戒闻如香山；三如鞞陀发妙华；焰慧道宝无有尽，譬如仙山仁善住；五地神通如由乾；六如马耳具众果；七地大慧如尼民；八地自在如轮围；九如计都集无碍；十如须弥具众德。初地愿首二持戒；三地功德四专一；五地微妙六甚深；七广大慧八庄严；九地思量微妙义，出过一切世间道；十地受持诸佛法，如是行海无尽竭。十行超世发心初，持戒第二禅第三，行净第四成就五，缘生第六贯穿七，第八置在金刚幢，第九观察众稠林，第十灌顶随王意，如是德宝渐清净。十方国土碎为尘，可于一念知其数，毫末度空可知量，亿劫说此不可尽。

大方广佛华严经卷第四十

十定品第二十七之一

尔时，世尊在摩竭提国阿兰若法菩提场中始成正觉，于普光明殿入刹那际诸佛三昧，以一切智自神通力现如来身，清净无碍，无所依止，无有攀缘，住奢摩他最极寂静，具大威德无所染著，能令见者悉得开悟，随宜出兴不失于时，恒住一相所谓无相。与十佛刹微尘数菩萨摩诃萨俱，靡不皆入灌顶之位，具菩萨行，等于法界无量无边，获诸菩萨普见三昧，大悲安隐一切众生，神通自在，同于如来智慧深入，演真实义，具一切智，降伏众魔，虽入世间心恒寂静，住于菩萨无住解脱。其名曰：金刚慧菩萨、无等慧菩萨、义语慧菩萨、最胜慧菩萨、常舍慧菩萨、那伽慧菩萨、成就慧菩萨、调顺慧菩萨、大力慧菩萨、难思慧菩萨、无碍慧菩萨、增上慧菩萨、普供慧菩萨、如理慧菩萨、善巧慧菩萨、法自在慧菩萨、法慧菩萨、寂静慧菩萨、虚空慧菩萨、一相慧菩萨、善慧菩萨、如幻慧菩萨、广大慧菩萨、势力慧菩萨、世间慧菩萨、佛地慧菩萨、真实慧菩萨、尊胜慧菩萨、智光慧菩萨、无边慧菩萨、念庄严菩萨、达空际菩萨、性庄严菩萨、甚深境菩萨、善解处非处菩萨、大光明菩萨、常光明菩萨、了佛种菩萨、心王菩萨、一行菩萨、常现神通菩萨、智慧芽菩萨、功德处菩萨、法灯菩萨、照世菩萨、持世菩萨、最安隐菩萨、最上菩萨、无上菩萨、无比菩萨、超伦菩萨、无碍行菩萨、光明焰菩萨、月光菩萨、一尘菩萨、坚固行菩萨、霍法雨菩萨、最胜幢菩萨、普庄严菩萨、智眼菩萨、法眼菩萨、慧云菩萨、总持王菩萨、无住愿菩萨、智藏菩萨、心王菩萨、内觉慧菩萨、住佛智菩萨、陀罗尼勇健力菩萨、持地力菩萨、妙月菩萨、须弥顶菩萨、宝顶菩萨、普光照菩萨、威德王菩萨、智慧轮菩萨、大威德菩萨、大龙相菩萨、质直行菩萨、不退转菩萨、持法幢菩萨、无忘失菩萨、摄诸趣菩萨、不思议决定慧菩萨、游戏无边智菩萨、无尽妙法藏菩萨、智日菩萨、法日菩萨、智藏菩萨、智泽菩萨、普见菩萨、不空见菩萨、金刚踊菩萨、金刚智菩萨、金刚焰菩萨、金刚慧菩萨、普眼菩萨、佛日菩萨、持佛金刚秘密义菩萨、普眼境界智庄严菩萨……。如是等菩萨摩诃萨十佛刹微尘数，往昔皆与毗卢遮那如来同修菩萨诸善根行。

尔时，普眼菩萨摩诃萨承佛神力从座而起，偏袒右肩，右膝著地，合掌白佛言：

世尊！我于如来、应、正等觉，欲有所问，愿垂哀许。佛言：普眼！恣汝所问，当为汝说，令汝心喜。普眼菩萨言：世尊！普贤菩萨及住普贤所有行愿诸菩萨众，成就几何三昧解脱，而于菩萨诸大三昧或入、或出、或时安住？以于菩萨不可思议广大三昧善入出故，能于一切三昧自在神通变化无有休息。佛言：善哉！普眼！汝为利益去、来、现在诸菩萨众而问斯义。普眼！普贤菩萨今现在此，已能成就不可思议自在神通，出过一切诸菩萨上，难可值遇；从于无量菩萨行生，菩萨大愿悉已清净，所行之行皆无退转，无量波罗蜜门、无碍陀罗尼门、无尽辩才门皆悉已得，清净无碍，大悲利益一切众生，以本愿力尽未来际而无厌倦。汝应请彼，彼当为汝说其三昧自在解脱。

尔时，会中诸菩萨众闻普贤名，即时获得不可思议无量三昧，其心无碍寂然不动，智慧广大难可测量，境界甚深无能与等；现前悉见无数诸佛，得如来力，同如来性，去、来、现靡不明照，所有福德不可穷尽，一切神通皆已具足。其诸菩萨于普贤所，心生尊重，渴仰欲见，悉于众会周遍观察而竟不睹，亦不见其所坐之座。此由如来威力所持，亦是普贤神通自在使其然耳。

尔时，普眼菩萨白佛言：世尊！普贤菩萨今何所在？佛言：普眼！普贤菩萨今现在此道场众会，亲近我住，初无动移。是时，普眼及诸菩萨复更观察道场众会，周遍求觅，白佛言：世尊！我等今者犹未得见普贤菩萨其身及座。佛言：如是，善男子！汝等何故而不得见？善男子！普贤菩萨住处甚深不可说故。普贤菩萨获无边智慧门，入师子奋迅定，得无上自在用，入清净无碍际，生如来十种力，以法界藏为身，一切如来共所护念，于一念顷悉能证入三世诸佛无差别智，是故汝等不能见耳。

尔时，普眼菩萨闻如来说普贤菩萨清净功德，得十千阿僧祇三昧；以三昧力复遍观察，渴仰欲见普贤菩萨，亦不能睹。其余一切诸菩萨众俱亦不见。时，普眼菩萨从三昧起，白佛言：世尊！我已入十千阿僧祇三昧，求见普贤而竟不得，不见其身及身业、语及语业、意及意业、座及住处，悉皆不见。佛言：如是如是！善男子！当知皆以普贤菩萨住不思议解脱之力。普眼！于汝意云何？颇有人能说幻术文字中种种幻相所住处不？答言：不也。佛言：普眼！幻中幻相尚不可说，何况普贤菩萨秘密身境界、秘密语境界、秘密意境界，而于其中能入能见！何以故？普贤菩萨境界甚深，不可思议，无有量、已过量。举要言之，普贤菩萨以金刚慧普入法界，于一切世界无所行、无所住，知一切众生身皆即非身，无去无来，得无断尽、无差别自在神通，无依无作，无有动转，至于法界究竟边际。善男子！若有得见普贤菩萨，若得承事，若得闻名，若有思惟，若有忆念，若生信解，若勤观察，若始趣向，若正求觅，若兴誓愿，相续不绝，皆获利益，无空过者。

尔时，普眼及一切菩萨众于普贤菩萨心生渴仰，愿得瞻觐，作如是言：南无一切诸佛！南无普贤菩萨！如是三称，头顶礼敬。尔时，佛告普眼菩萨及诸众会言：诸佛子！汝等宜更礼敬普贤，殷勤求请，又应专至观察十方，想普贤身现在其前。如是思惟，周遍法界，深心信解，厌离一切，誓与普贤同一行愿：入于不二真实之法，其身普现一切世间，悉知众生诸根差别，遍一切处集普贤道。若能发起如是大愿，则当得见普贤菩萨。是时，普眼闻佛此语，与诸菩萨俱时顶礼，求请得见普贤大士。

尔时，普贤菩萨即以解脱神通之力，如其所应为现色身，令彼一切诸菩萨众皆见普贤亲近如来，于此一切菩萨众中坐莲华座；亦见于余一切世界一切佛所，从彼次第相续而来；亦见在彼一切佛所，演说一切诸菩萨行，开示一切智智之道，阐明一切菩萨神通，分别一切菩萨威德，示现一切三世诸佛。是时，普眼菩萨及一切菩萨众见此神变，其心踊跃，生大欢喜，莫不顶礼普贤菩萨，心生尊重，如见十方一切诸佛。

是时，以佛大威神力及诸菩萨信解之力、普贤菩萨本愿力故，自然而雨十千种云。所谓：种种华云、种种鬘云、种种香云、种种末香云、种种盖云、种种衣云、种种严具云、种种珍宝云、种种烧香云、种种缯彩云。不可说世界六种震动；奏天音乐，其声远闻不可说世界；放大光明，其光普照不可说世界，令三恶趣悉得除灭，严净不可说世界，令不可说菩萨入普贤行、不可说菩萨成普贤行，不可说菩萨于普贤行愿悉得圆满成阿耨多罗三藐三菩提。

尔时，普眼菩萨白佛言：世尊！普贤菩萨是住大威德者、住无等者、住无过者、住不退者、住平等者、住不坏者、住一切差别法者、住一切无差别法者、住一切众生善巧心所住者、住一切法自在解脱三昧者。佛言：如是如是！普眼！如汝所说，普贤菩萨有阿僧祇清净功德，所谓：无等庄严功德、无量宝功德、不思议海功德、无量相功德、无边云功德、无边际不可称赞功德、无尽法功德、不可说功德、一切佛功德、称扬赞叹不可尽功德。

尔时，如来告普贤菩萨言：普贤！汝应为普眼及此会中诸菩萨众说十三昧，令得善入，成满普贤所有行愿。诸菩萨摩诃萨说此十大三昧故，令过去菩萨已得出离，现在菩萨今得出离，未来菩萨当得出离。何者为十？一者普光大三昧，二者妙光大三昧，三者次第遍往诸佛国土大三昧，四者清净深心行大三昧，五者知过去庄严藏大三昧，六者智光明藏大三昧，七者了知一切世界佛庄严大三昧，八者众生差别身大三昧，九者法界自在大三昧，十者无碍轮大三昧。此十大三昧，诸大菩萨乃能善入，去、来、现在一切诸佛已说、当说、现说。

若诸菩萨爱乐尊重，修习不懈，则得成就如是之人，则名为佛，则名如来，亦则名为得十力人，亦名导师，亦名大导师，亦名一切智，亦名一切见，亦名住无碍，亦名达诸境，亦名一切法自在。此菩萨普入一切世界，而于世界无所著；普入一切众生界，而于众生无所取；普入一切身，而于身无所碍；普入一切法界，而知法界无有边。亲近三世一切佛，明见一切诸佛法，巧说一切文字，了达一切假名，成就一切菩萨清净道，安住一切菩萨差别行。于一念中，普得一切三世智，普知一切三世法，普说一切诸佛教，普转一切不退轮，于去、来、现在一一世，普证一切菩提道；于此一一菩提中，普了一切佛所说。此是诸菩萨法相门，是诸菩萨智觉门，是一切种智无胜幢门，是普贤菩萨诸行愿门，是猛利神通誓愿门，是一切总持辩才门，是三世诸法差别门，是一切诸佛示现门，是以萨婆若安立一切众生门，是以佛神力严净一切世界门。若菩萨入此三昧，得法界力无有穷尽，得虚空行无有障碍；得法王位无量自在，譬如世间灌顶受职。得无边智，一切通达；得广大力，十种圆满；成无诤心，入寂灭际；大悲无畏，犹如师子；为智慧丈夫，然正法明灯；一切功德叹不可尽，声闻、独觉莫能思议；得法界智，住无动际，而能随俗种种开演；住于无相，善入法相；得自性清净藏，生如来清净家；善开种种差别法门，而以智慧了无所有；善知于时，常行法施开悟一切，名为智者；普摄众生，悉令清净；以方便智示成佛道，而常修行菩萨之行无有断尽；入一切智方便境界，示现种种广大神通。是故，普贤！汝今应当分别广说一切菩萨十大三昧，今此众会咸皆愿闻。

尔时，普贤菩萨承如来旨，观普眼等诸菩萨众而告之言：

佛子！云何为菩萨摩诃萨普光明三昧？佛子！此菩萨摩诃萨有十种无尽法。何者为十？所谓：诸佛出现智无尽、众生变化智无尽、世界如影智无尽、深入法界智无尽、善摄菩萨智无尽、菩萨不退智无尽、善观一切法义智无尽、善持心力智无尽、住广大菩提心智无尽、住一切佛法一切智愿力智无尽。佛子！是名菩萨摩诃萨十种无尽法。佛子！此菩萨摩诃萨发十种无边心。何等为十？所谓：发度脱一切众生无边心；发承事一切诸佛无边心；发供养一切诸佛无边心；发普见一切诸佛无边心；发受持一切佛法不忘失无边心；发示现一切佛无量神变无边心；发为得佛力故，不舍一切菩提行无边心；发普入一切智微细境界，说一切佛法无边心；发普入佛不思议广大境界无边心；发于佛辩才起深志乐，领受诸佛法无边心；发示现种种自在身，入一切如来道场众会无边心。是为十。佛子！此菩萨摩诃萨有十种入三昧差别智。何者为十？所谓：东方入定西方起，西方入定东方起，南方入定北方起，北方入定南方起，东北方入定西南方起，西南方入定东北方起，西北方入定东南方起，东南方入定西北方起，下方入定上方起，上方入定下方起。是为十。

佛子！此菩萨摩诃萨有十种入大三昧善巧智。何者为十？佛子！菩萨摩诃萨以三千大千世界为一莲华，现身遍此莲华之上结跏趺坐，身中复现三千大千世界，其中有百亿四天下，一一四天下现百亿身，一一身入百亿百亿三千大千世界，于彼世界一一四天下现百亿百亿菩萨修行，一一菩萨修行生百亿百亿决定解，一一决定解令百亿百亿根性圆满，一一根性成百亿百亿菩萨法不退业。然所现身非一非多，入定、出定无所错乱。佛子！如罗睺阿修罗王，本身长七百由旬，化形长十六万八千由旬，于大海中出其半身，与须弥山而正齐等。佛子！彼阿修罗王虽化其身长十六万八千由旬，然亦不坏本身之相，诸蕴、界、处悉皆如本，心不错乱，不于变化身而作他想，于其本身生非己想，本受生身恒受诸乐，化身常现种种自在神通威力。佛子！阿修罗王有贪、恚、痴，具足憍慢，尚能如是变现其身；何况菩萨摩诃萨能深了达心法如幻，一切世间皆悉如梦，一切诸佛出兴于世皆如影像，一切世界犹如变化，言语音声悉皆如响，见如实法，以如实法而为其身，知一切法本性清净，了知身心无有实体，其身普住无量境界，以佛智慧广大光明净修一切菩提之行！

佛子！菩萨摩诃萨住此三昧，超过世间，远离世间，无能惑乱，无能映夺。佛子！譬如比丘观察内身，住不净观，审见其身皆是不净。菩萨摩诃萨亦复如是，住此三昧，观察法身，见诸世间普入其身，于中明见一切世间及世间法，于诸世间及世间法皆无所著。佛子！是名菩萨摩诃萨第一普光明大三昧善巧智。

佛子！云何为菩萨摩诃萨妙光明三昧？佛子！此菩萨摩诃萨能入三千大千世界微尘数三千大千世界，于一一世界现三千大千世界微尘数身，一一身放三千大千世界微尘数光，一一光现三千大千世界微尘数色，一一色照三千大千世界微尘数世界，一一世界中调伏三千大千世界微尘数众生。是诸世界种种不同，菩萨悉知，所谓：世界杂染、世界清净、世界所因、世界建立、世界同住、世界光色、世界来往；如是一切，菩萨悉知，菩萨悉入。是诸世界亦悉来入菩萨之身，然诸世界无有杂乱，种种诸法亦不坏灭。佛子！譬如日出绕须弥山、照七宝山，其七宝山及宝山间皆有光影分明显现，其宝山上所有日影莫不显现山间影中，其七山间所有日影亦悉显现山上影中；如是展转，更相影现，或说日影出七宝山，或说日影出七山间，或说日影入七宝山，或说日影入七山间；但此日影更相照现，无有边际，体性非有，亦复非无，不住于山，不离于山，不住于水，亦不离水。佛子！菩萨摩诃萨亦复如是，住此妙光广大三昧，不坏世间安立之相，不灭世间诸法自性；不住世界内，不住世界外；于诸世界无所分别，亦不坏于世界之相；观一切法一相无相，亦不坏于诸法自性；住真如性，恒不舍离。佛子！譬如幻师善知幻术，住四衢道作诸幻事，于一日中一须臾顷，或现一日，或现一夜，或复现作七日七夜、半月一月、一年百年，随其所欲皆能示现城邑聚落、泉流河海、日月云雨、宫殿屋宅，如是一切靡不具足；不以示现经年岁故，坏其根本一日一时；不以本时极短促故，坏其所现日月年岁；幻相明现，本日不灭。菩萨摩诃萨亦复如是，入此妙光广大三昧，现阿僧祇世界入一世界。其阿僧祇世界一一皆有地、水、火、风、大海、诸山、城邑、聚落、园林、屋宅、天宫、龙宫、夜叉宫、乾闼婆宫、阿修罗宫、迦楼罗宫、紧那罗宫、摩睺罗伽宫，种种庄严皆悉具足。欲界、色界、无色界，小千世界、大千世界，业行果报，死此生彼。一切世间所有时节、须臾、昼夜、半月、一月、一岁、百岁、成劫、坏劫，杂染国土、清净国土、广大国土、狭小国土，于中诸佛出兴于世，佛刹清净，菩萨众会周匝围绕，神通自在，教化众生。其诸国土所在方处，无量人众悉皆充满，殊形异趣种种众生无量无边不可思议，去、来、现在清净业力出生无量上妙珍宝。如是等事，咸悉示现，入一世界。菩萨于此普皆明见，普入普观，普思普了，以无尽智皆如实知，不以彼世界多故坏此一世界，不以此世界一故坏彼多世界。何以故？菩萨知一切法皆无我故，是名：入无命法、无作法者；菩萨于一切世间勤修行无诤法故，是名：住无我法者；菩萨如实见一切身皆从缘起故，是名：住无众生法者；菩萨知一切生灭法皆从因生故，是名：住无补伽罗法者；菩萨知诸法本性平等故，是名：住无意生、无摩纳婆法者；菩萨知一切法本性寂静故，是名：住寂静法者；菩萨知一切法一相故，是名：住无分别法者；菩萨知法界无有种种差别法故，是名：住不思议法者；菩萨勤修一切方便，善调伏众生故，是名：住大悲法者。

佛子！菩萨如是能以阿僧祇世界入一世界，知无数众生种种差别，见无数菩萨各各发趣，观无数诸佛处处出兴；彼诸如来所演说法，其诸菩萨悉能领受，亦见自身于中修行；然不舍此处而见在彼，亦不舍彼处而见在此，彼身、此身无有差别。入法界故，常勤观察无有休息，不舍智慧无退转故。如有幻师随于一处作诸幻术，不以幻地故坏于本地，不以幻日故坏于本日。菩萨摩诃萨亦复如是，于无国土现有国土，于有国土现无国土；于有众生现无众生，于无众生现有众生；无色现色，色现无色；初不乱后，后不乱初。菩萨了知一切世法悉亦如是，同于幻化。知法幻故，知智幻；知智幻故，知业幻；知智幻、业幻已，起于幻智，观一切业如世幻者，不于处外而现其幻，亦不于幻外而有其处。菩萨摩诃萨亦复如是，不于虚空外入世间，亦不于世间外入虚空。何以故？虚空、世间无差别故，住于世间亦住虚空。菩萨摩诃萨于虚空中能见、能修一切世间种种差别妙庄严业，于一念顷悉能了知无数世界若成若坏，亦知诸劫相续次第；能于一念现无数劫，亦不令其一念广大。菩萨摩诃萨得不思议解脱幻智，到于彼岸；住于幻际，入世幻数，思惟诸法悉皆如幻；不违幻世，尽于幻智，了知三世与幻无别，决定通达，心无边际。如诸如来住如幻智，其心平等；菩萨摩诃萨亦复如是，知诸世间皆悉如幻，于一切处皆无所著、无有我所。如彼幻师作诸幻事，虽不与彼幻事同住，而于幻事亦无迷惑；菩萨摩诃萨亦复如是，知一切法到于彼岸，心不计我能入于法，亦不于法而有错乱。是为菩萨摩诃萨第二妙光明大三昧善巧智。

大方广佛华严经卷第四十一

十定品第二十七之二

佛子！云何为菩萨摩诃萨次第遍往诸佛国土神通三昧？佛子！此菩萨摩诃萨过于东方无数世界，复过尔所世界微尘数世界，于彼诸世界中入此三昧，或刹那入，或须臾入，或相续入，或日初分时入，或日中分时入，或日后分时入，或夜初分时入，或夜中分时入，或夜后分时入，或一日入，或五日入，或半月入，或一月入，或一年入，或百年入，或千年入，或百千年入，或亿年入，或百千亿年入，或百那由他亿年入，或一劫入，或百劫入，或百千劫入，或百千那由他亿劫入，或无数劫入，或无量劫入，或无边劫入，或无等劫入，或不可数劫入，或不可称劫入，或不可思劫入，或不可量劫入，或不可说劫入，或不可说不可说劫入，若久、若近、若法、若时，种种不同。菩萨于彼不生分别，心无染著，不作二、不作不二，不作普、不作别，虽离此分别而以神通方便从三昧起，于一切法不忘不失至于究竟。譬如日天子周行照曜，昼夜不住；日出名昼，日没名夜，昼亦不生，夜亦不灭。菩萨摩诃萨于无数世界入神通三昧，入三昧已，明见尔所无数世界亦复如是。佛子！是为菩萨摩诃萨第三次第遍往诸佛国土神通大三昧善巧智。

佛子！云何为菩萨摩诃萨清净深心行三昧？佛子！此菩萨摩诃萨知诸佛身数等众生，见无量佛过阿僧祇世界微尘数。于彼一一诸如来所，以一切种种妙香而作供养，以一切种种妙华而作供养，以一切种种盖大如阿僧祇佛刹而作供养，以超过一切世界一切上妙庄严具而作供养，散一切种种宝而作供养，以一切种种庄严具庄严经行处而作供养，以一切无数上妙摩尼宝藏而作供养，以佛神力所流出过诸天上味饮食而作供养，一切佛刹种种上妙诸供养具，能以神力普皆摄取而作供养。于彼一一诸如来所，恭敬尊重，头顶礼敬，举身布地，请问佛法，赞佛平等，称扬诸佛广大功德，入于诸佛所入大悲，得佛平等无碍之力；于一念顷，一切佛所勤求妙法，然于诸佛出兴于世、入般涅槃，如是之相皆无所得。如散动心，了别所缘，心起不知何所缘起，心灭不知何所缘灭；此菩萨摩诃萨亦复如是，终不分别如来出世及涅槃相。佛子！如日中阳焰，不从云生，不从池生，不处于陆，不住于水，非有非无，非善非恶，非清非浊，不堪饮漱，不可秽污，非有体非无体，非有味非无味，以因缘故而现水相，为识所了，远望似水而兴水想，近之则无，水想自灭；此菩萨摩诃萨亦复如是，不得如来出兴于世及涅槃相。诸佛有相及以无相，皆是想心之所分别。佛子！此三昧名为：清净深心行。菩萨摩诃萨于此三昧，入已而起，起已不失。譬如有人从睡得寤，忆所梦事，觉时虽无梦中境界，而能忆念、心不忘失。菩萨摩诃萨亦复如是，入于三昧，见佛闻法，从定而起，忆持不忘，而以此法开晓一切道场众会，庄严一切诸佛国土，无量义趣悉得明达，一切法门皆亦清净，然大智炬，长诸佛种，无畏具足，辩才不竭，开示演说甚深法藏。是为菩萨摩诃萨第四清净深心行大三昧善巧智。

佛子！云何为菩萨摩诃萨知过去庄严藏三昧？佛子！此菩萨摩诃萨能知过去诸佛出现，所谓：劫次第中诸刹次第，刹次第中诸劫次第，劫次第中诸佛出现次第，佛出现次第中说法次第，说法次第中诸心乐次第，心乐次第中诸根次第，根次第中调伏次第，调伏次第中诸佛寿命次第，寿命次第中知亿那由他年岁数量次第。佛子！此菩萨摩诃萨得如是无边次第智故，则知过去诸佛，则知过去诸刹，则知过去诸法门，则知过去诸劫，则知过去诸法，则知过去诸心，则知过去诸解，则知过去诸众生，则知过去诸烦恼，则知过去诸仪式，则知过去诸清净。佛子！此三昧名：过去清净藏，于一念中，能入百劫，能入千劫，能入百千劫，能入百千亿那由他劫，能入无数劫，能入无量劫，能入无边劫，能入无等劫，能入不可数劫，能入不可称劫，能入不可思劫，能入不可量劫，能入不可说劫，能入不可说不可说劫。佛子！彼菩萨摩诃萨入此三昧，不灭现在，不缘过去。佛子！彼菩萨摩诃萨从此三昧起，于如来所受十种不可思议灌顶法，亦得、亦清净、亦成就、亦入、亦证、亦满、亦持，平等了知三轮清净。何等为十？一者辩不违义，二者说法无尽，三者训词无失，四者乐说不断，五者心无恐畏，六者语必诚实，七者众生所依，八者救脱三界，九者善根最胜，十者调御妙法。佛子！此是十种灌顶法。若菩萨入此三昧，从三昧起，无间则得。如歌罗逻入胎藏时，于一念间识则托生；菩萨摩诃萨亦复如是，从此定起，于如来所，一念则得此十种法。佛子！是名菩萨摩诃萨第五知过去庄严藏大三昧善巧智。

佛子！云何为菩萨摩诃萨智光明藏三昧？佛子！彼菩萨摩诃萨住此三昧，能知未来一切世界一切劫中所有诸佛；若已说、若未说，若已授记、若未授记，种种名号各各不同，所谓：无数名、无量名、无边名、无等名、不可数名、不可称名、不可思名、不可量名、不可说名；当出现于世，当利益众生，当作法王，当兴佛事，当说福利，当赞善义，当说白分义，当净治诸恶，当安住功德，当开示第一义谛，当入灌顶位，当成一切智。彼诸如来修圆满行，发圆满愿，入圆满智,有圆满众,备圆满庄严,集圆满功德,悟圆满法,得圆满果,具圆满相,成圆满觉。彼诸如来名姓种族、方便善巧、神通变化、成熟众生、入般涅槃,如是一切皆悉了知。此菩萨于一念中,能入一劫、百劫、千劫、百千劫、百千亿那由他劫,入阎浮提微尘数劫,入四天下微尘数劫,入小千世界微尘数劫,入中千世界微尘数劫,入大千世界微尘数劫,入佛刹微尘数劫,入百千佛刹微尘数劫,入百千亿那由他佛刹微尘数劫,入无数佛刹微尘数劫,入无量佛刹微尘数劫,入无边佛刹微尘数劫,入无等佛刹微尘数劫,入不可数佛刹微尘数劫,入不可称佛刹微尘数劫,入不可思佛刹微尘数劫,入不可量佛刹微尘数劫,入不可说佛刹微尘数劫,入不可说不可说佛刹微尘数劫。如是未来一切世界所有劫数,能以智慧皆悉了知。以了知故,其心复入十种持门。何者为十?所谓:入佛持故,得不可说佛刹微尘数诸佛护念;入法持故,得十种陀罗尼光明无尽辩才;入行持故,出生圆满殊胜诸愿;入力持故,无能映蔽,无能摧伏;入智持故,所行佛法无有障碍;入大悲持故,转于不退清净法轮;入差别善巧句持故,转一切文字轮,净一切法门地;入师子受生法持故,开法关钥,出欲淤泥;入智力持故,修菩萨行常不休息;入善友力持故,令无边众生普得清净;入无住力持故,入不可说不可说广大劫;入法力持故,以无碍方便智,知一切法自性清净。

佛子!菩萨摩诃萨住此三昧已,善巧住不可说不可说劫,善巧住不可说不可说刹,善巧知不可说不可说种种众生,善巧知不可说不可说众生异相,善巧知不可说不可说同异业报,善巧知不可说不可说精进、诸根习气、相续差别诸行,善巧知不可说不可说无量染净种种思惟,善巧知不可说不可说法种种义、无量文字、演说言辞,善巧知不可说不可说种种佛出现、种族、时节、现相、说法、施为佛事、入般涅槃,善巧知不可说不可说无边智慧门,善巧知不可说不可说一切神通无量变现。佛子!譬如日出,世间所有村营、城邑、宫殿、屋宅、山泽、鸟兽、树林、华果,如是一切种种诸物,有目之人悉得明见。佛子!日光平等,无有分别,而能令目见种种相;此大三昧亦复如是,体性平等,无有分别,能令菩萨知不可说不可说百千亿那由他差别之相。佛子!此菩萨摩诃萨如是了知时,令诸众生得十种不空。何等为十?一者见不空,令诸众生生善根故;二者闻不空,令诸众生得成熟故;三者同住不空,令诸众生心调伏故;四者发起不空,令众生如言而作,通达一切诸法义故;五者行不空,令无边世界皆清净故;六者亲近不空,于不可说不可说佛刹诸如来所,断不可说不可说众生疑故;七者愿不空,随所念众生,令作胜供养,成就诸愿故;八者善巧法不空,皆令得住无碍解脱清净智故;九者雨法雨不空,于不可说不可说诸根众生中,方便开示一切智行令住佛道故;十者出现不空,现无边相,令一切众生皆蒙照故。佛子!菩萨摩诃萨住此三昧,得十种不空时，诸天王众皆来顶礼，诸龙王众兴大香云，诸夜叉王顶礼其足，阿修罗王恭敬供养，迦楼罗王前后围绕，诸梵天王悉来劝请，紧那罗王、摩睺罗伽王咸共称赞，乾闼婆王常来亲近，诸人王众承事供养。佛子！是为菩萨摩诃萨第六智光明藏大三昧善巧智。

佛子！云何为菩萨摩诃萨了知一切世界佛庄严三昧？佛子！此三昧何故名了知一切世界佛庄严？佛子！菩萨摩诃萨住此三昧，能次第入东方世界，能次第入南方世界，西方、北方、四维、上下，所有世界悉亦如是，能次第入。皆见诸佛出兴于世，亦见彼佛一切神力，亦见诸佛所有游戏，亦见诸佛广大威德，亦见诸佛最胜自在，亦见诸佛大师子吼，亦见诸佛所修诸行，亦见诸佛种种庄严，亦见诸佛神足变化，亦见诸佛众会云集、众会清净、众会广大、众会一相、众会多相、众会处所、众会居止、众会成熟、众会调伏、众会威德，如是一切悉皆明见。亦见众会其量大小等阎浮提，亦见众会等四天下，亦见众会等小千界，亦见众会等中千界，亦见众会量等三千大千世界。亦见众会充满百千亿那由他佛刹，亦见众会充满阿僧祇佛刹，亦见众会充满百佛刹微尘数佛刹，亦见众会充满千佛刹微尘数佛刹，亦见众会充满百千亿那由他佛刹微尘数佛刹，亦见众会充满无数佛刹微尘数佛刹，亦见众会充满无量佛刹微尘数佛刹，亦见众会充满无边佛刹微尘数佛刹，亦见众会充满无等佛刹微尘数佛刹，亦见众会充满不可数佛刹微尘数佛刹，亦见众会充满不可称佛刹微尘数佛刹，亦见众会充满不可思佛刹微尘数佛刹，亦见众会充满不可量佛刹微尘数佛刹，亦见众会充满不可说佛刹微尘数佛刹，亦见众会充满不可说不可说佛刹微尘数佛刹。亦见诸佛于彼众会道场中，示现种种相、种种时、种种国土、种种变化、种种神通、种种庄严、种种自在、种种形量、种种事业。菩萨摩诃萨亦见自身往彼众会，亦自见身在彼说法，亦自见身受持佛语，亦自见身善知缘起，亦自见身住在虚空，亦自见身住于法身，亦自见身不生染著，亦自见身不住分别，亦自见身无有疲倦，亦自见身普入诸智，亦自见身普知诸义，亦自见身普入诸地，亦自见身普入诸趣，亦自见身普知方便，亦自见身普住佛前，亦自见身普入诸力，亦自见身普入真如，亦自见身普入无诤，亦自见身普入诸法。如是见时，不分别国土，不分别众生，不分别佛，不分别法，不执著身，不执著身业，不执著心，不执著意。譬如诸法，不分别自性，不分别音声，而自性不舍、名字不灭；菩萨摩诃萨亦复如是，不舍于行，随世所作，而于此二无所执著。

佛子！菩萨摩诃萨见佛无量光色、无量形相，圆满成就，平等清净；一一现前，分明证了。或见佛身种种光明，或见佛身圆光一寻，或见佛身如盛日色，或见佛身微妙光色，或见佛身作清净色，或见佛身作黄金色，或见佛身作金刚色，或见佛身作绀青色，或见佛身作无边色，或见佛身作大青摩尼宝色。或见佛身其量七肘，或见佛身其量八肘，或见佛身其量九肘，或见佛身其量十肘，或见佛身二十肘量，或见佛身三十肘量，如是乃至一百肘量、一千肘量。或见佛身一俱卢舍量，或见佛身半由旬量，或见佛身一由旬量，或见佛身十由旬量，或见佛身百由旬量，或见佛身千由旬量，或见佛身百千由旬量，或见佛身阎浮提量，或见佛身四天下量，或见佛身小千界量，或见佛身中千界量，或见佛身大千界量，或见佛身百大千世界量，或见佛身千大千世界量，或见佛身百千大千世界量，或见佛身百千亿那由他大千世界量，或见佛身无数大千世界量，或见佛身无量大千世界量，或见佛身无边大千世界量，或见佛身无等大千世界量，或见佛身不可数大千世界量，或见佛身不可称大千世界量，或见佛身不可思大千世界量，或见佛身不可量大千世界量，或见佛身不可说大千世界量，或见佛身不可说不可说大千世界量。佛子！菩萨如是见诸如来无量色相、无量形状、无量示现、无量光明、无量光明网，其光分量等于法界，于法界中无所不照，普令发起无上智慧；又见佛身，无有染著，无有障碍，上妙清净。佛子！菩萨如是见于佛身，而如来身不增不减。譬如虚空，于虫所食芥子孔中亦不减小，于无数世界中亦不增广；其诸佛身亦复如是，见大之时亦无所增，见小之时亦无所减。佛子！譬如月轮，阎浮提人见其形小而亦不减，月中住者见其形大而亦不增；菩萨摩诃萨亦复如是，住此三昧，随其心乐，见诸佛身种种化相，言辞演法，受持不忘，而如来身不增不减。佛子！譬如众生命终之后，将受生时，不离于心，所见清净；菩萨摩诃萨亦复如是，不离于此甚深三昧，所见清净。

佛子！菩萨摩诃萨住此三昧，成就十种速疾法。何者为十？所谓：速增诸行圆满大愿，速以法光照耀世间，速以方便转于法轮度脱众生，速随众生业示现诸佛清净国土，速以平等智趣入十力，速与一切如来同住，速以大慈力摧破魔军，速断众生疑令生欢喜，速随胜解示现神变，速以种种妙法言辞净诸世间。佛子！此菩萨摩诃萨复得十种法印，印一切法。何等为十？一者同去、来、今一切诸佛平等善根，二者同诸如来得无边际智慧法身，三者同诸如来住不二法，四者同诸如来观察三世无量境界皆悉平等，五者同诸如来得了达法界无碍境界，六者同诸如来成就十力所行无碍，七者同诸如来永绝二行住无净法，八者同诸如来教化众生恒不止息，九者同诸如来于智善巧、义善巧中能善观察，十者同诸如来与一切佛平等无二。

佛子！若菩萨摩诃萨成就此了知一切世界佛庄严大三昧善巧方便门，是无师者，不由他教，自入一切佛法故；是丈夫者，能开悟一切众生故；是清净者，知心性本净故；是第一者，能度脱一切世间故；是安慰者，能开晓一切众生故；是安住者，未住佛种性者令得住故；是真实知者，入一切智门故；是无异想者，所言无二故；是住法藏者，誓愿了知一切佛法故；是能雨法雨者，随众生心乐悉令充足故。

佛子！譬如帝释，于顶髻中置摩尼宝，以宝力故，威光转盛。其释天王初获此宝则得十法，出过一切三十三天。何等为十？一者色相，二者形体，三者示现，四者眷属，五者资具，六者音声，七者神通，八者自在，九者慧解，十者智用。如是十种，悉过一切三十三天。菩萨摩诃萨亦复如是，初始获得此三昧时，则得十种广大智藏。何等为十？一者照耀一切佛刹智，二者知一切众生受生智，三者普作三世变化智，四者普入一切佛身智，五者通达一切佛法智，六者普摄一切净法智，七者普令一切众生入法身智，八者现见一切法普眼清净智，九者一切自在到于彼岸智，十者安住一切广大法普尽无余智。

佛子！菩萨摩诃萨住此三昧，复得十种最清净威德身。何等为十？一者为照耀不可说不可说世界故，放不可说不可说光明轮；二者为令世界咸清净故，放不可说不可说无量色相光明轮；三者为调伏众生故，放不可说不可说光明轮；四者为亲近一切诸佛故，化作不可说不可说身；五者为承事供养一切诸佛故，雨不可说不可说种种殊妙香华云；六者为承事供养一切佛，及调伏一切众生故，于一一毛孔中化作不可说不可说种种音乐；七者为成熟众生故，现不可说不可说种种无量自在神变；八者为于十方种种名号一切佛所请问法故，一步超过不可说不可说世界；九者为令一切众生见闻之者皆不空故，现不可说不可说种种无量清净色相身，无能见顶；十者为与众生开示无量秘密法故，发不可说不可说音声语言。佛子！菩萨摩诃萨得此十种最清净威德身已，能令众生得十种圆满。何等为十？一者能令众生得见于佛，二者能令众生深信于佛，三者能令众生听闻于法，四者能令众生知有佛世界，五者能令众生见佛神变，六者能令众生念所集业，七者能令众生定心圆满，八者能令众生入佛清净，九者能令众生发菩提心，十者能令众生圆满佛智。佛子！菩萨摩诃萨令众生得十种圆满已，复为众生作十种佛事。何等为十？所谓：以音声作佛事，为成熟众生故；以色形作佛事，为调伏众生故；以忆念作佛事，为清净众生故；以震动世界作佛事，为令众生离恶趣故；以方便觉悟作佛事，为令众生不失念故；以梦中现相作佛事，为令众生恒正念故；以放大光明作佛事，为普摄取诸众生故；以修菩萨行作佛事，为令众生住胜愿故；以成正等觉作佛事，为令众生知幻法故；以转妙法轮作佛事，为众说法不失时故；以现住寿命作佛事，为调伏一切众生故；以示般涅槃作佛事，知诸众生起疲厌故。佛子！是为菩萨摩诃萨第七了知一切世界佛庄严大三昧善巧智。

大方广佛华严经卷第四十二

十定品第二十七之三

佛子！云何为菩萨摩诃萨一切众生差别身三昧？佛子！菩萨摩诃萨住此三昧，得十种无所著。何者为十？所谓：于一切刹无所著，于一切方无所著，于一切劫无所著，于一切众无所著，于一切法无所著，于一切菩萨无所著，于一切菩萨愿无所著，于一切三昧无所著，于一切佛无所著，于一切地无所著。是为十。

佛子！菩萨摩诃萨于此三昧云何入？云何起？佛子！菩萨摩诃萨于此三昧，内身入，外身起；外身入，内身起；同身入，异身起；异身入，同身起；人身入，夜叉身起；夜叉身入，龙身起；龙身入，阿修罗身起；阿修罗身入，天身起；天身入，梵王身起；梵王身入，欲界身起；天中入，地狱起；地狱入，人间起；人间入，余趣起；千身入，一身起；一身入，千身起；那由他身入，一身起；一身入，那由他身起；阎浮提众生众中入，西瞿陀尼众生众中起；西瞿陀尼众生众中入，北拘卢众生众中起；北拘卢众生众中入，东毗提诃众生众中起；东毗提诃众生众中入，三天下众生众中起；三天下众生众中入，四天下众生众中起；四天下众生众中入，一切海差别众生众中起；一切海差别众生众中入，一切海神众中起；一切海神众中入，一切海水大中起；一切海水大中入，一切海地大中起；一切海地大中入，一切海火大中起；一切海火大中入，一切海风大中起；一切海风大中入，一切四大种中起；一切四大种中入，无生法中起；无生法中入，妙高山中起；妙高山中入，七宝山中起；七宝山中入，一切地种种稼穑树林黑山中起；一切地种种稼穑树林黑山中入，一切妙香华宝庄严中起；一切妙香华宝庄严中入，一切四天下下方、上方一切众生受生中起；一切四天下下方、上方一切众生受生中入，小千世界众生众中起；小千世界众生众中入，中千世界众生众中起；中千世界众生众中入，大千世界众生众中起；大千世界众生众中入，百千亿那由他三千大千世界众生众中起；百千亿那由他三千大千世界众生众中入，无数世界众生众中起；无数世界众生众中入，无量世界众生众中起；无量世界众生众中入，无边佛刹众生众中起；无边佛刹众生众中入，无等佛刹众生众中起；无等佛刹众生众中入，不可数世界众生众中起；不可数世界众生众中入，不可称世界众生众中起；不可称世界众生众中入，不可思世界众生众中起；不可思世界众生众中入，不可量世界众生众中起；不可量世界众生众中入，不可说世界众生众中起；不可说世界众生众中入，不可说不可说世界众生众中起；不可说不可说世界众生众中入，杂染众生众中起；杂染众生众中入，清净众生众中起；清净众生众中入，杂染众生众中起；眼处入，耳处起；耳处入，眼处起；鼻处入，舌处起；舌处入，鼻处起；身处入，意处起；意处入，身处起；自处入，他处起；他处入，自处起；一微尘中入，无数世界微尘中起；无数世界微尘中入，一微尘中起；声闻入，独觉起；独觉入，声闻起；自身入，佛身起；佛身入，自身起；一念入，亿劫起；亿劫入，一念起；同念入，别时起；别时入，同念起；前际入，后际起；后际入，前际起；前际入，中际起；中际入，前际起；三世入，刹那起；刹那入，三世起；真如入，言说起；言说入，真如起。

佛子！譬如有人为鬼所持，其身战动不能自安，鬼不现身令他身然；菩萨摩诃萨住此三昧亦复如是，自身入定他身起，他身入定自身起。佛子！譬如死尸以咒力故而能起行，随所作事皆得成就，尸之与咒虽各差别，而能和合成就彼事；菩萨摩诃萨住此三昧亦复如是，同境入定异境起，异境入定同境起。佛子！譬如比丘得心自在，或以一身作多身，或以多身作一身，非一身没多身生，非多身没一身生；菩萨摩诃萨住此三昧亦复如是，一身入定多身起，多身入定一身起。佛子！譬如大地其味一种，所生苗稼种种味别，地虽无差别，然味有殊异；菩萨摩诃萨住此三昧亦复如是，无所分别，然有一种入定多种起，多种入定一种起。

佛子！菩萨摩诃萨住此三昧，得十种称赞法之所称赞。何者为十？所谓：入真如故，名为如来；觉一切法故，名之为佛；为一切世间所称赞故，名为法师；知一切法故，名一切智；为一切世间所归依故，名所依处；了达一切法方便故，名为导师；引一切众生入萨婆若道故，名大导师；为一切世间灯故，名为光明；心志圆满，义利成就，所作皆办，住无碍智，分别了知一切诸法故，名为十力自在；通达一切法轮故，名一切见者。是为十。佛子！菩萨摩诃萨住此三昧，复得十种光明照耀。何者为十？所谓：得一切诸佛光明，与彼平等故；得一切世界光明，普能严净故；得一切众生光明，悉往调伏故；得无量无畏光明，法界为场演说故；得无差别光明，知一切法无种种性故；得方便光明，于一切法离欲际而证入故；得真实光明，于一切法离欲际心平等故；得遍一切世间神变光明，蒙佛所加恒不息故；得善思惟光明，到一切佛自在岸故；得一切法真如光明，于一毛孔中善说一切故。是为十。佛子！菩萨摩诃萨住此三昧，复得十种无所作。何者为十？所谓：身业无所作，语业无所作，意业无所作，神通无所作，了法无性无所作，知业不坏无所作，无差别智无所作，无生起智无所作，知法无灭无所作，随顺于文不坏于义无所作。是为十。

佛子！菩萨摩诃萨住此三昧，无量境界种种差别。所谓：一入多起，多入一起；同入异起，异入同起；细入粗起，粗入细起；大入小起，小入大起；顺入逆起，逆入顺起；无身入有身起，有身入无身起；无相入有相起，有相入无相起；起中入，入中起。如是皆是此之三昧自在境界。佛子！譬如幻师，持咒得成，能现种种差别形相；咒与幻别而能作幻，咒唯是声而能幻作眼识所知种种诸色、耳识所知种种诸声、鼻识所知种种诸香、舌识所知种种诸味、身识所知种种诸触、意识所知种种境界。菩萨摩诃萨住此三昧亦复如是，同中入定异中起，异中入定同中起。佛子！譬如三十三天共阿修罗斗战之时，诸天得胜，修罗退衄；阿修罗王其身长大七百由旬，四兵围绕无数千万，以幻术力将诸军众，同时走入藕丝孔中。菩萨摩诃萨亦复如是，已善成就诸幻智地，幻智即是菩萨，菩萨即是幻智，是故能于无差别法中入定、差别法中起，差别法中入定、无差别法中起。佛子！譬如农夫田中下种，种子在下，果生于上。菩萨摩诃萨住此三昧亦复如是，一中入定多中起，多中入定一中起。佛子！譬如男女赤白和合，或有众生于中受生，尔时名为：歌罗逻位，从此次第，住母胎中，满足十月；善业力故，一切肢分皆得成就，诸根不缺，心意明了；其歌罗逻与彼六根体状各别，以业力故，而能令彼次第成就，受同异类种种果报。菩萨摩诃萨亦复如是，从一切智歌罗逻位，信解愿力渐次增长；其心广大，任运自在，无中入定有中起，有中入定无中起。佛子！譬如龙宫依地而立，不依虚空，龙依宫住，亦不在空，而能兴云遍满空中；有人仰视所见宫殿，当知皆是乾闼婆城，非是龙宫。佛子！龙虽处下而云布上。菩萨摩诃萨住此三昧亦复如是，于无相入有相起，于有相入无相起。佛子！譬如妙光大梵天王所住之宫，名：一切世间最胜清净藏；此大宫中，普见三千大千世界诸四天下天宫、龙宫、夜叉宫、乾闼婆宫、阿修罗宫、迦楼罗宫、紧那罗宫、摩睺罗伽宫；人间住处及三恶道、须弥山等，种种诸山、大海、江河、陂泽、泉源、城邑、聚落、树林、众宝，如是一切种种庄严，尽大轮围所有边际，乃至空中微细游尘，莫不皆于梵宫显现，如于明镜见其面像。菩萨摩诃萨住此一切众生差别身大三昧，知种种刹，见种种佛，度种种众，证种种法，成种种行，满种种解，入种种三昧，起种种神通，得种种智慧，住种种刹那际。佛子！此菩萨摩诃萨到十种神通彼岸。何者为十？所谓：到诸佛尽虚空遍法界神通彼岸，到菩萨究竟无差别自在神通彼岸，到能发起菩萨广大行愿入如来门佛事神通彼岸，到能震动一切世界一切境界悉令清净神通彼岸，到能自在知一切众生不思议业果皆如幻化神通彼岸，到能自在知诸三昧粗细入出差别相神通彼岸，到能勇猛入如来境界而于其中发生大愿神通彼岸，到能化作佛化转法轮调伏众生令生佛种令入佛乘速得成就神通彼岸，到能了知不可说一切秘密文句而转法轮令百千亿那由他不可说不可说法门皆得清净神通彼岸，到不假昼夜年月劫数一念悉能三世示现神通彼岸。是为十。佛子！是名：菩萨摩诃萨第八一切众生差别身大三昧善巧智。

佛子！云何为菩萨摩诃萨法界自在三昧？佛子！此菩萨摩诃萨于自眼处乃至意处入三昧，名：法界自在。菩萨于自身一一毛孔中入此三昧，自然能知诸世间，知诸世间法，知诸世界，知亿那由他世界，知阿僧祇世界，知不可说佛刹微尘数世界；见一切世界中有佛出兴，菩萨众会悉皆充满，光明清净，淳善无杂，广大庄严，种种众宝以为严饰。菩萨于彼，或一劫、百劫、千劫、亿劫、百千亿那由他劫、无数劫、无量劫、无边劫、无等劫、不可数劫、不可称劫、不可思劫、不可量劫、不可说劫、不可说不可说劫、不可说不可说佛刹微尘数劫，修菩萨行常不休息；又于如是无量劫中住此三昧，亦入亦起，亦成就世界，亦调伏众生，亦遍了法界，亦普知三世，亦演说诸法，亦现大神通，种种方便无著无碍；以于法界得自在故，善分别眼，善分别耳，善分别鼻，善分别舌，善分别身，善分别意，如是种种差别不同，悉善分别尽其边际。菩萨如是善知见已，能生起十千亿陀罗尼法光明，成就十千亿清净行，获得十千亿诸根，圆满十千亿神通，能入十千亿三昧，成就十千亿神力，长养十千亿诸力，圆满十千亿深心，运动十千亿力持，示现十千亿神变，具足十千亿菩萨无碍，圆满十千亿菩萨助道，积集十千亿菩萨藏，照明十千亿菩萨方便，演说十千亿诸义，成就十千亿诸愿，出生十千亿回向，净治十千亿菩萨正位，明了十千亿法门，开示十千亿演说，修治十千亿菩萨清净。

佛子！菩萨摩诃萨复有无数功德、无量功德、无边功德、无等功德、不可数功德、不可称功德、不可思功德、不可量功德、不可说功德、无尽功德。佛子！此菩萨于如是功德，皆已办具，皆已积集，皆已庄严，皆已清净，皆已莹彻，皆已摄受，皆能出生，皆可称叹，皆得坚固，皆已成就。

佛子！菩萨摩诃萨住此三昧，为东方十千阿僧祇佛刹微尘数名号诸佛之所摄受，一一名号复有十千阿僧祇佛刹微尘数佛，各各差别；如东方，南、西、北方、四维、上、下，亦复如是。彼诸佛悉现其前，为现诸佛清净刹，为说诸佛无量身，为说诸佛难思眼，为说诸佛无量耳，为说诸佛清净鼻，为说诸佛清净舌，为说诸佛无住心，为说如来无上神通，令修如来无上菩提，令得如来清净音声，开示如来不退法轮，显示如来无边众会，令入如来无边秘密，赞叹如来一切善根，令入如来平等之法，宣说如来三世种性，示现如来无量色相，阐扬如来护念之法，演畅如来微妙法音，辩明一切诸佛世界，宣扬一切诸佛三昧，示现诸佛众会次第，护持诸佛不思议法，说一切法犹如幻化，明诸法性无有动转，开示一切无上法轮，赞美如来无量功德，令入一切诸三昧云，令知其心如幻如化、无边无尽。

佛子！菩萨摩诃萨住此法界自在三昧时，彼十方各十千阿僧祇佛刹微尘数名号如来，一一名中各有十千阿僧祇佛刹微尘数佛同时护念，令此菩萨得无边身；令此菩萨得无碍心；令此菩萨于一切法得无忘念；令此菩萨于一切法得决定慧；令此菩萨转更聪敏，于一切法皆能领受；令此菩萨于一切法悉能明了；令此菩萨诸根猛利，于神通法悉得善巧；令此菩萨境界无碍，周行法界恒不休息；令此菩萨得无碍智，毕竟清净；令此菩萨以神通力，一切世界示现成佛。

佛子！菩萨摩诃萨住此三昧，得十种海。何者为十？所谓：得诸佛海，咸睹见故；得众生海，悉调伏故；得诸法海，能以智慧悉了知故；得诸刹海，以无性无作神通皆往诣故；得功德海，一切修行悉圆满故；得神通海，能广示现令开悟故；得诸根海，种种不同悉善知故；得诸心海，知一切众生种种差别无量心故；得诸行海，能以愿力悉圆满故；得诸愿海，悉使成就，永清净故。佛子！菩萨摩诃萨得如是十种海已，复得十种殊胜。何等为十？一者于一切众生中最为第一，二者于一切诸天中最为殊特，三者于一切梵王中最极自在，四者于诸世间无所染著，五者一切世间无能映蔽，六者一切诸魔不能惑乱，七者普入诸趣无所罣碍，八者处处受生知不坚固，九者一切佛法皆得自在，十者一切神通悉能示现。佛子！菩萨摩诃萨得如是十种殊胜已，复得十种力，于众生界修习诸行。何等为十？一谓勇健力，调伏世间故；二谓精进力，恒不退转故，三谓无著力，离诸垢染故；四谓寂静力，于一切法无诤论故；五谓逆顺力，于一切法心自在故；六谓法性力，于诸义中得自在故；七谓无碍力，智慧广大故；八谓无畏力，能说诸法故；九谓辩才力，能持诸法故；十谓开示力，智慧无边故。佛子！此十种力是广大力、最胜力、无能摧伏力、无量力、善集力、不动力、坚固力、智慧力、成就力、胜定力、清净力、极清净力、法身力、法光明力、法灯力、法门力、无能坏力、极勇猛力、大丈夫力、善丈夫修习力、成正觉力、过去积集善根力、安住无量善根力、住如来力力、心思惟力、增长菩萨欢喜力、出生菩萨净信力、增长菩萨勇猛力、菩提心所生力、菩萨清净深心力、菩萨殊胜深心力、菩萨善根熏习力、究竟诸法力、无障碍身力、入方便善巧法门力、清净妙法力、安住大势一切世间不能倾动力、一切众生无能映蔽力。佛子！此菩萨摩诃萨于如是无量功德法，能生，能成就，能圆满，能照明，能具足，能遍具足，能广大，能坚固，能增长，能净治，能遍净治。此菩萨功德边际、智慧边际、修行边际、法门边际、自在边际、苦行边际、成就边际、清净边际、出离边际、法自在边际、无能说者。此菩萨所获得、所成就、所趣入、所现前、所有境界、所有观察、所有证入、所有清净、所有了知、所有建立一切法门，于不可说劫无能说尽。

佛子！菩萨摩诃萨住此三昧，能了知无数、无量、无边、无等、不可数、不可称、不可思、不可量、不可说、不可说不可说一切三昧。彼一一三昧，所有境界无量广大，于境界中若入、若起、若住，所有相状，所有示现，所有行处，所有等流，所有自性，所有除灭，所有出离，如是一切靡不明见。佛子！譬如无热恼大龙王宫流出四河，无浊无杂，无有垢秽，光色清净犹如虚空。其池四面各有一口，一一口中流出一河，于象口中出恒伽河，师子口中出私陀河，于牛口中出信度河，于马口中出缚刍河。其四大河流出之时，恒伽河口流出银沙，私陀河口流出金刚沙，信度河口流出金沙，缚刍河口流出琉璃沙；恒伽河口作白银色，私陀河口作金刚色，信度河口作黄金色，缚刍河口作琉璃色，一一河口广一由旬。其四大河既流出已，各共围绕大池七匝，随其方面四向分流，颜涌奔驰入于大海。其河旋绕，一一之间有天宝所成优钵罗华、波头摩华、拘物头华、芬陀利华，奇香发越，妙色清净；种种华叶，种种台蕊，悉是众宝，自然映彻，咸放光明，互相照现。其无热池周围广大五十由旬，众宝妙沙遍布其底，种种摩尼以为严饰，无量妙宝庄严其岸，栴檀妙香普散其中，优钵罗华、波头摩华、拘物头华、芬陀利华及余宝华皆悉遍满，微风吹动，香气远彻，华林宝树周匝围绕。日光出时，普皆照明池河内外一切众物，接影连辉成光明网。如是众物，若远、若近，若高、若下，若广、若狭，若粗、若细，乃至极小一沙一尘，悉是妙宝，光明鉴彻，靡不于中日轮影现，亦复展转更相现影；如是众影不增不减、非合非散，皆如本质而得明见。佛子！如无热大池，于四口中流出四河入于大海；菩萨摩诃萨亦复如是，从四辩才，流出诸行，究竟入于一切智海。如恒伽大河，从银色象口流出银沙；菩萨摩诃萨亦复如是，以义辩才，说一切如来所说一切义门，出生一切清净白法，究竟入于无碍智海。如私陀大河，从金刚色师子口流出金刚沙；菩萨摩诃萨亦复如是，以法辩才，为一切众生说佛金刚句，引出金刚智，究竟入于无碍智海。如信度大河，从金色牛口流出金沙；菩萨摩诃萨亦复如是，以训词辩，说随顺世间缘起方便，开悟众生，令皆欢喜，调伏成熟，究竟入于缘起方便海。如缚刍大河，于琉璃色马口流出琉璃沙；菩萨摩诃萨亦复如是，以无尽辩，雨百千亿那由他不可说法，令其闻者皆得润洽，究竟入于诸佛法海。如四大河，随顺围绕无热池已四方入海，菩萨摩诃萨亦复如是，成就随顺身业、随顺语业、随顺意业，成就智为前导身业、智为前导语业、智为前导意业，四方流注，究竟入于一切智海。佛子！何者名为菩萨四方？佛子！所谓：见一切佛而得开悟，闻一切法受持不忘，圆满一切波罗蜜行，大悲说法满足众生。如四大河围绕大池，于其中间，优钵罗华、波头摩华、拘物头华、芬陀利华皆悉遍满；菩萨摩诃萨亦复如是，于菩提心中间，不舍众生，说法调伏，悉令圆满无量三昧，见佛国土庄严清净。如无热大池，宝树围绕；菩萨摩诃萨亦复如是，现佛国土庄严围绕，令诸众生趣向菩提。如无热大池，其中纵广五十由旬，清净无浊；菩萨摩诃萨亦复如是，菩提之心其量无边，善根充满，清净无浊。如无热大池，以无量宝庄严其岸，散栴檀香遍满其中；菩萨摩诃萨亦复如是，以百千亿十种智宝严菩提心大愿之岸，普散一切众善妙香。如无热大池，底布金沙，种种摩尼间错庄严；菩萨摩诃萨亦复如是，微妙智慧周遍观察，不可思议菩萨解脱种种法宝间错庄严，得一切法无碍光明，住于一切诸佛所住，入于一切甚深方便。如阿那婆达多龙王，永离龙中所有热恼；菩萨摩诃萨亦复如是，永离一切世间忧恼，虽现受生而无染著。如四大河，润泽一切阎浮提地，既润泽已入于大海；菩萨摩诃萨亦复如是，以四智河润泽天、人、沙门、婆罗门，令其普入阿耨多罗三藐三菩提智慧大海，以四种力而为庄严。何者为四？一者愿智河，救护调伏一切众生常不休息；二者波罗蜜智河，修菩提行饶益众生，去、来、今世相续无尽，究竟入于诸佛智海；三者菩萨三昧智河，无数三昧以为庄严，见一切佛，入诸佛海；四者大悲智河，大慈自在普救众生，方便摄取无有休息，修行秘密功德之门，究竟入于十力大海。如四大河，从无热池既流出已，究竟无尽，入于大海；菩萨摩诃萨亦复如是，以大愿力修菩萨行，自在知见无有穷尽，究竟入于一切智海。如四大河，入于大海，无能为碍令不入者；菩萨摩诃萨亦复如是，常勤修习普贤行愿，成就一切智慧光明，住于一切佛菩提法，入如来智无有障碍。如四大河，奔流入海，经于累劫亦无疲厌；菩萨摩诃萨亦复如是，以普贤行愿，尽未来劫修菩萨行，入如来海不生疲厌。佛子！如日光出时，无热池中金沙、银沙、金刚沙、琉璃沙及余一切种种宝物，皆有日影于中显现；其金沙等一切宝物，亦各展转而现其影，互相鉴彻，无所妨碍。菩萨摩诃萨亦复如是，住此三昧，于自身一一毛孔中，悉见不可说不可说佛刹微尘数诸佛如来，亦见彼佛所有国土道场众会一一佛所听法、受持、信解、供养，各经不可说不可说亿那由他劫而不想念时节长短，其诸众会亦无迫隘。何以故？以微妙心，入无边法界故，入无等差别业果故，入不思议三昧境界故，入不思议思惟境界故，入一切佛自在境界故，得一切佛所护念故，得一切佛大神变故，得诸如来难得难知十种力故，入普贤菩萨行圆满境界故，得一切佛无劳倦神通力故。

佛子！菩萨摩诃萨虽能于定一念入出，而亦不废长时在定，亦无所著；虽于境界无所依住，而亦不舍一切所缘；虽善入刹那际，而为利益一切众生，现佛神通无有厌足；虽等入法界，而不得其边；虽无所住、无有处所，而恒趣入一切智道，以变化力普入无量众生众中，具足庄严一切世界；虽离世间颠倒分别，超过一切分别之地，亦不舍于种种诸相；虽能具足方便善巧，而究竟清净；虽不分别菩萨诸地，而皆已善入。佛子！譬如虚空，虽能容受一切诸物，而离有无。菩萨摩诃萨亦复如是，虽普入一切世间，而离世间想；虽勤度一切众生，而离众生想；虽深知一切法，而离诸法想；虽乐见一切佛，而离诸佛想；虽善入种种三昧，而知一切法自性皆如，无所染著；虽以无边辩才演无尽法句，而心恒住离文字法；虽乐观察无言说法，而恒示现清净音声；虽住一切离言法际，而恒示现种种色相；虽教化众生，而知一切法毕竟性空；虽勤修大悲度脱众生，而知众生界无尽无散；虽了达法界常住不变，而以三轮调伏众生恒不休息；虽常安住如来所住，而智慧清净，心无怖畏，分别演说种种诸法，转于法轮常不休息。佛子！是为菩萨摩诃萨第九法界自在大三昧善巧智。

大方广佛华严经卷第四十三

十定品第二十七之四

佛子！云何为菩萨摩诃萨无碍轮三昧？佛子！菩萨摩诃萨入此三昧时，住无碍身业、无碍语业、无碍意业，住无碍佛国土，得无碍成就众生智，获无碍调伏众生智，放无碍光明，现无碍光明网，示无碍广大变化，转无碍清净法轮，得菩萨无碍自在，普入诸佛力，普住诸佛智，作佛所作，净佛所净，现佛神通，令佛欢喜，行如来行，住如来道，常得亲近无量诸佛，作诸佛事绍诸佛种。

佛子！菩萨摩诃萨住此三昧已，观一切智，总观一切智，别观一切智，随顺一切智，显示一切智，攀缘一切智，见一切智，总见一切智，别见一切智，于普贤菩萨广大愿、广大心、广大行、广大所趣、广大所入、广大光明、广大出现、广大护念、广大变化、广大道，不断不退，无休无替，无倦无舍，无散无乱，常增进，恒相续。何以故？此菩萨摩诃萨于诸法中，成就大愿，发行大乘，入于佛法大方便海；以胜愿力，于诸菩萨所行之行，智慧明照皆得善巧，具足菩萨神通变化，善能护念一切众生；如去、来、今一切诸佛之所护念，于诸众生恒起大悲，成就如来不变异法。佛子！譬如有人以摩尼宝置色衣中，其摩尼宝虽同衣色，不舍自性。菩萨摩诃萨亦复如是，成就智慧以为心宝，观一切智普皆明现，然不舍于菩萨诸行。何以故？菩萨摩诃萨发大誓愿，利益一切众生，度脱一切众生，承事一切诸佛，严净一切世界，安慰众生，深入法海；为净众生界，现大自在，给施众生，普照世间，入于无边幻化法门，不退不转，无疲无厌。佛子！譬如虚空持众世界，若成若住，无厌无倦，无羸无朽，无散无坏，无变无异，无有差别，不舍自性。何以故？虚空自性，法应尔故。菩萨摩诃萨亦复如是，立无量大愿，度一切众生，心无厌倦。佛子！譬如涅槃，去、来、现在无量众生于中灭度，终无厌倦。何以故？一切诸法本性清净，是谓：涅槃，云何于中而有厌倦？菩萨摩诃萨亦复如是，为欲度脱一切众生皆令出离而现于世，云何而起疲厌之心？佛子！如萨婆若，能令过去、未来、现在一切菩萨，于诸佛家已、现、当生，乃至令成无上菩提，终不疲厌。何以故？一切智与法界无二故，于一切法无所著故。菩萨摩诃萨亦复如是，其心平等住一切智，云何而有疲厌之心？

佛子！此菩萨摩诃萨有一莲华，其华广大尽十方际，以不可说叶、不可说宝、不可说香而为庄严；其不可说宝，复各示现种种众宝，清净妙好，极善安住。其华常放众色光明，普照十方一切世界无所障碍；真金为网，弥覆其上；宝铎徐摇，出微妙音，其音演畅一切智法。此大莲华具足如来清净庄严，一切善根之所生起，吉祥为表，神力所现，有十千阿僧祇清净功德，菩萨妙道之所成就，一切智心之所流出，十方佛影于中显现，世间瞻仰犹如佛塔，众生见者无不礼敬，从能了幻正法所生，一切世间不可为喻。菩萨摩诃萨于此华上结跏趺坐，其身大小与华相称。一切诸佛神力所加，令菩萨身一一毛孔各出百万亿那由他不可说佛刹微尘数光明，一一光明现百万亿那由他不可说佛刹微尘数摩尼宝，其宝皆名：普光明藏，种种色相以为庄严，无量功德之所成就，众宝及华以为罗网弥覆其上，散百千亿那由他殊胜妙香，无量色相种种庄严，复现不思议宝庄严盖以覆其上。一一摩尼宝悉现百万亿那由他不可说佛刹微尘数楼阁；一一楼阁现百万亿那由他不可说佛刹微尘数莲华藏师子之座；一一师子座现百万亿那由他不可说佛刹微尘数光明；一一光明现百万亿那由他不可说佛刹微尘数色相；一一色相现百万亿那由他不可说佛刹微尘数光明轮；一一光明轮现百万亿那由他不可说佛刹微尘数毗卢遮那摩尼宝华；一一华现百万亿那由他不可说佛刹微尘数台；一一台现百万亿那由他不可说佛刹微尘数佛；一一佛现百万亿那由他不可说佛刹微尘数神变；一一神变净百万亿那由他不可说佛刹微尘数众生众；一一众生众中现百万亿那由他不可说佛刹微尘数诸佛自在；一一自在雨百万亿那由他不可说佛刹微尘数佛法；一一佛法有百万亿那由他不可说佛刹微尘数修多罗；一一修多罗说百万亿那由他不可说佛刹微尘数法门；一一法门有百万亿那由他不可说佛刹微尘数金刚智所入法轮，差别言辞各别演说；一一法轮成熟百万亿那由他不可说佛刹微尘数众生界；一一众生界有百万亿那由他不可说佛刹微尘数众生，于佛法中而得调伏。

佛子！菩萨摩诃萨住此三昧，示现如是神通境界无量变化，悉知如幻而不染著，安住无边不可说法。自性清净、法界实相、如来种性，无碍际中，无去无来，非先非后，甚深无底，现量所得，以智自入，不由他悟。心不迷乱亦无分别，为去、来、今一切诸佛之所称赞，从诸佛力之所流出，入于一切诸佛境界。体性如实，净眼现证，慧眼普见，成就佛眼为世明灯，行于智眼所知境界，广能开示微妙法门。成菩提心，趣胜丈夫，于诸境界无有障碍，入智种性出生诸智，离世生法而现受生，神通变化，方便调伏。如是一切无非善巧，功德解欲悉皆清净，最极微妙具足圆满，智慧广大犹如虚空，善能观察众圣境界，信行愿力坚固不动，功德无尽世所称叹。于一切佛所观之藏，大菩提处一切智海，集众妙宝，为大智者，犹如莲华自性清净，众生见者皆生欢喜、咸得利益。智光普照，见无量佛，净一切法，所行寂静，于诸佛法究竟无碍。恒以方便住佛菩提功德行中而得出生，具菩萨智，为菩萨首，一切诸佛共所护念。得佛威神，成佛法身，念力难思，于境一缘而无所缘，其行广大无相无碍，等于法界无量无边。所证菩提犹如虚空，无有边际，无所缚著，于诸世间普作饶益，一切智海善根所流，悉能通达无量境界。已善成就清净施法，住菩萨心，净菩萨种，能随顺生诸佛菩提，于诸佛法皆得善巧，具微妙行，成坚固力。一切诸佛自在威神，众生难闻，菩萨悉知入不二门住无相法；虽复永舍一切诸相，而能广说种种诸法，随诸众生心乐欲解，悉使调伏，咸令欢喜。法界为身无有分别，智慧境界不可穷尽，志常勇猛，心恒平等。见一切佛功德边际，了一切劫差别次第，开示一切法，安住一切刹，严净一切诸佛国土，显现一切正法光明，演去、来、今一切佛法，示诸菩萨所住之处。为世明灯，生诸善根，永离世间，常生佛所，得佛智慧明了第一。一切诸佛皆共摄受，已入未来诸佛之数，从诸善友而得出生，所有志求皆无不果。具大威德，住增上意，随所听闻咸能善说，亦为开示闻法善根。住实际轮，于一切法心无障碍；不舍诸行，离诸分别，于一切法心无动念。得智慧明灭诸痴闇，悉能明照一切佛法，不坏诸有而生其中，了知一切诸有境界。从本已来无有动作，身、语、意业皆悉无边，虽随世俗演说种种无量文字，而恒不坏离文字法。深入佛海，知一切法但有假名，于诸境界无系无著；了一切法空无所有，所修诸行从法界生，犹如虚空无相无形。深入法界随顺演说，于一境门生一切智，观十力地以智修学，智为桥梁至萨婆若，以智慧眼见法无碍，善入诸地知种种义，一一法门悉得明了，所有大愿靡不成就。

佛子！菩萨摩诃萨以此开示一切如来无差别性，此是无碍方便之门，此能出生菩萨众会，此法唯是三昧境界，此能勇进入萨婆若，此能开示诸三昧门，此能无碍普入诸刹，此能调伏一切众生，此能住于无众生际，此能开示一切佛法，此于境界皆无所得。虽一切时演说开示，而恒远离妄想分别；虽知诸法皆无所作，而能示现一切作业；虽知诸佛无有二相，而能显示一切诸佛；虽知无色，而演说诸色；虽知无受，而演说诸受；虽知无想，而演说诸想；虽知无行，而演说诸行；虽知无识，而演说诸识，恒以法轮开示一切；虽知法无生，而常转法轮；虽知法无差别，而说诸差别门；虽知诸法无有生灭，而说一切生灭之相；虽知诸法无粗无细，而说诸法粗细之相；虽知诸法无上、中、下，而能宣说最上之法；虽知诸法不可言说，而能演说清净言辞；虽知诸法无内无外，而说一切内外诸法；虽知诸法不可了知，而说种种智慧观察；虽知诸法无有真实，而说出离真实之道；虽知诸法毕竟无尽，而能演说尽诸有漏；虽知诸法无违无净，然亦不无自他差别；虽知诸法毕竟无师，而常尊敬一切师长；虽知诸法不由他悟，而常尊敬诸善知识；虽知法无转，而转法轮；虽知法无起，而示诸因缘；虽知诸法无有前际，而广说过去；虽知诸法无有后际，而广说未来；虽知诸法无有中际，而广说现在；虽知诸法无有作者，而说诸作业；虽知诸法无有因缘，而说诸集因；虽知诸法无有等比，而说平等、不平等道；虽知诸法无有言说，而决定说三世之法；虽知诸法无有所依，而说依善法而得出离；虽知法无身，而广说法身；虽知三世诸佛无边，而能演说唯有一佛；虽知法无色，而现种种色；虽知法无见，而广说诸见；虽知法无相，而说种种相；虽知诸法无有境界，而广宣说智慧境界；虽知诸法无有差别，而说行果种种差别；虽知诸法无有出离，而说清净诸出离行；虽知诸法本来常住，而说一切诸流转法；虽知诸法无有照明，而恒广说照明之法。

佛子！菩萨摩诃萨入如是大威德三昧智轮，则能证得一切佛法，则能趣入一切佛法，则能成就，则能圆满，则能积集，则能清净，则能安住，则能了达，与一切法自性相应，而此菩萨摩诃萨不作是念：有若干诸菩萨、若干菩萨法、若干菩萨究竟、若干幻究竟、若干化究竟、若干神通成就、若干智成就、若干思惟、若干证入、若干趣向、若干境界。何以故？菩萨三昧，如是体性，如是无边，如是殊胜故。此三昧种种境界、种种威力、种种深入，所谓：入不可说智门、入离分别诸庄严、入无边殊胜波罗蜜、入无数禅定、入百千亿那由他不可说广大智、入见无边佛胜妙藏、入于境界不休息、入清净信解助道法、入诸根猛利大神通、入于境界心无碍、入见一切佛平等眼、入积集普贤胜志行、入住那罗延妙智身、入说如来智慧海、入起无量种自在神变、入生一切佛无尽智门、入住一切佛现前境界、入净普贤菩萨自在智、入开示无比普门智、入普知法界一切微细境界、入普现法界一切微细境界、入一切殊胜智光明、入一切自在边际、入一切辩才法门际、入遍法界智慧身、入成就一切处遍行道、入善住一切差别三昧、入知一切诸佛心。

佛子！此菩萨摩诃萨住普贤行，念念入百亿不可说三昧，然不见普贤菩萨三昧及佛境界庄严前际。何以故？知一切法究竟无尽故，知一切佛刹无边故，知一切众生界不思议故，知前际无始故，知未来无穷故，知现在尽虚空遍法界无边故，知一切诸佛境界不可思议故，知一切菩萨行无数故，知一切诸佛辩才所说境界不可说无边故，知一切幻心所缘法无量故。佛子！如如意珠，随有所求一切皆得，求者无尽，意皆满足，而珠势力终不匮止。菩萨摩诃萨亦复如是，入此三昧，知心如幻，出生一切诸法境界，周遍无尽，不匮不息。何以故？菩萨摩诃萨成就普贤无碍行智，观察无量广大幻境，犹如影像无增减故。佛子！譬如凡夫，各别生心，已生、现生及以当生，无有边际，无断无尽；其心流转，相续不绝，不可思议。菩萨摩诃萨亦复如是，入此普幻门三昧，无有边际，不可测量。何以故？了达普贤菩萨普幻门无量法故。佛子！譬如难陀跋难陀、摩那斯龙王及余大龙降雨之时，滴如车轴，无有边际；虽如是雨，云终不尽，此是诸龙无作境界。菩萨摩诃萨亦复如是，住此三昧，入普贤菩萨诸三昧门、智门、法门、见诸佛门、往诸方门、心自在门、加持门、神变门、神通门、幻化门、诸法如幻门、不可说不可说诸菩萨充满门，亲近不可说不可说佛刹微尘数如来正觉门，入不可说不可说广大幻网门，知不可说不可说差别广大佛刹门，知不可说不可说有体性、无体性世界门，知不可说不可说众生想门，知不可说不可说时差别门，知不可说不可说世界成坏门，知不可说不可说覆住、仰住诸佛刹门，于一念中皆如实知。如是入时，无有边际，无有穷尽，不疲不厌，不断不息，无退无失；于诸法中不住非处，恒正思惟，不沉不举；求一切智常无退舍，为一切佛刹照世明灯，转不可说不可说法轮；以妙辩才谘问如来无穷尽时，示成佛道无有边际，调伏众生恒无废舍，常勤修习普贤行愿未曾休息，示现无量不可说不可说色相身无有断绝。何以故？譬如然火，随所有缘，于尔所时火起不息。菩萨摩诃萨亦复如是，观察众生界、法界、世界，犹如虚空无有边际，乃至能于一念之顷，往不可说不可说佛刹微尘数佛所。一一佛所入不可说不可说一切智种种差别法；令不可说不可说众生界出家为道，勤修善根，究竟清净；令不可说不可说菩萨于普贤行愿未决定者而得决定，安住普贤智慧之门；以无量方便，入不可说不可说三世成、住、坏广大差别劫，于不可说不可说成、住、坏世间差别境界，起于尔所大悲大愿，调伏无量一切众生悉使无余。何以故？此菩萨摩诃萨为欲度脱一切众生，修普贤行，生普贤智，满足普贤所有行愿。是故，诸菩萨应于如是种类、如是境界、如是威德、如是广大、如是无量、如是不思议、如是普照明、如是一切诸佛现前住、如是一切如来所护念、如是成就往昔善根、如是其心无碍不动三昧之中，勤加修习，离诸热恼，无有疲厌，心不退转，立深志乐，勇猛无怯，顺三昧境界，入难思智地。不依文字，不著世间，不取诸法，不起分别，不染著世事，不分别境界，于诸法智但应安住，不应称量。所谓：亲近一切智，悟解佛菩提，成就法光明，施与一切众生善根。于魔界中拔出众生，令其得入佛法境界，令不舍大愿，勤观出道，增广净境，成就诸度，于一切佛深生信解。常应观察一切法性，无时暂舍；应知自身与诸法性普皆平等；应当明解世间所作，示其如法智慧方便；应常精进，无有休息；应观自身善根鲜少；应勤增长他诸善根；应自修行一切智道；应勤增长菩萨境界；应乐亲近诸善知识；应与同行而共止住；应不分别佛；应不舍离念；应常安住平等法界；应知一切心识如幻；应知世间诸行如梦；应知诸佛愿力出现犹如影像；应知一切诸广大业犹如变化；应知言语悉皆如响；应观诸法一切如幻；应知一切生灭之法皆如音声；应知所往一切佛刹皆无体性；应为请问如来佛法不生疲倦；应为开悟一切世间，勤加教诲而不舍离；应为调伏一切众生，知时说法而不休息。佛子！菩萨摩诃萨如是修行普贤之行，如是圆满菩萨境界，如是通达出离之道，如是受持三世佛法，如是观察一切智门，如是思惟不变异法，如是明洁增上志乐,如是信解一切如来,如是了知佛广大力,如是决定无所碍心,如是摄受一切众生。

佛子!菩萨摩诃萨入普贤菩萨所住如是大智慧三昧时,十方各有不可说不可说国土,一一国土各有不可说不可说佛刹微尘数如来名号,一一名号各有不可说不可说佛刹微尘数诸佛而现其前,与如来念力,令不忘失如来境界;与一切法究竟慧,令入一切智;与知一切法种种义决定慧,令受持一切佛法趣入无碍;与无上佛菩提,令入一切智开悟法界;与菩萨究竟慧,令得一切法光明,无诸黑闇;与菩萨不退智,令知时、非时,善巧方便调伏众生;与无障碍菩萨辩才,令悟解无边法演说无尽;与神通变化力,令现不可说不可说差别身无边色相种种不同开悟众生;与圆满言音,令现不可说不可说差别音声种种言辞开悟众生;与不唐捐力,令一切众生若得见形、若得闻法皆悉成就,无空过者。佛子!菩萨摩诃萨如是满足普贤行故,得如来力,净出离道,满一切智,以无碍辩才神通变化,究竟调伏一切众生;具佛威德,净普贤行,住普贤道,尽未来际,为欲调伏一切众生,转一切佛微妙法轮。何以故?佛子!此菩萨摩诃萨成就如是殊胜大愿诸菩萨行,则为一切世间法师,则为一切世间法日,则为一切世间智月;则为一切世间须弥山王,巍然高出,坚固不动;则为一切世间无涯智海;则为一切世间正法明灯,普照无边,相续不断;为一切众生开示无边清净功德,皆令安住功德善根;顺一切智,大愿平等,修习普贤广大之行,常能劝发无量众生,住不可说不可说广大行三昧,现大自在。

佛子!此菩萨摩诃萨,获如是智,证如是法,于如是法审住明见;得如是神力,住如是境界,现如是神变,起如是神通;常安住大悲,常利益众生,开示众生安隐正道,建立福智大光明幢;证不思议解脱,住一切智解脱,到诸佛解脱彼岸,学不思议解脱方便门已得成就,入法界差别门无有错乱,于普贤不可说不可说三昧游戏自在,住师子奋迅智心意无碍。其心恒住十大法藏。何者为十?所谓:住忆念一切诸佛,住忆念一切佛法,住调伏一切众生大悲,住示现不思议清净国土智,住深入诸佛境界决定解,住去、来、现在一切佛平等相菩提,住无碍无著际,住一切法无相性,住去、来、现在一切佛平等善根,住去、来、现在一切如来法界无差别身、语、意业先导智,住观察三世一切诸佛受生、出家、诣道场、成正觉、转法轮、般涅槃悉入刹那际。佛子!此十大法藏广大无量,不可数、不可称、不可思、不可说、无穷尽、难忍受,一切世智无能称述。

佛子!此菩萨摩诃萨已到普贤诸行彼岸,证清净法,志力广大,开示众生无量善根,增长菩萨一切势力,于念念顷满足菩萨一切功德,成就菩萨一切诸行,得一切佛陀罗尼法,受持一切诸佛所说;虽常安住真如实际,而随一切世俗言说,示现调伏一切众生。何以故?

菩萨摩诃萨住此三昧，法如是故。佛子！菩萨摩诃萨以此三昧，得一切佛广大智，得巧说一切广大法自在辩才，得一切世中最为殊胜清净无畏法，得入一切三昧智，得一切菩萨善巧方便，得一切法光明门，到安慰一切世间法彼岸，知一切众生时、非时，照十方世界一切处，令一切众生得胜智，作一切世间无上师，安住一切诸功德，开示一切众生清净三昧，令入最上智。何以故？菩萨摩诃萨如是修行，则利益众生，则增长大悲，则亲近善知识，则见一切佛，则了一切法，则诣一切刹，则入一切方，则入一切世，则悟一切法平等性，则知一切佛平等性，则住一切智平等性。于此法中，作如是业，不作余业；住未足心，住不散乱心，住专一心，住勤修心，住决定心，住不变异心；如是思惟，如是作业，如是究竟。

佛子！菩萨摩诃萨无异语、异作，有如语、如作。何以故？譬如金刚，以不可坏而得其名，终无有时离于不坏；菩萨摩诃萨亦复如是，以诸行法而得其名，终无有时离诸行法。譬如真金，以有妙色而得其名，终无有时离于妙色；菩萨摩诃萨亦复如是，以诸善业而得其名，终无有时离诸善业。譬如日天子，以光明轮而得其名，终无有时离光明轮；菩萨摩诃萨亦复如是，以智慧光而得其名，终无有时离智慧光。譬如须弥山王，以四宝峰处于大海，迥然高出而得其名，终无有时舍离四峰；菩萨摩诃萨亦复如是，以诸善根处在于世，迥然高出而得其名，终无有时舍离善根。譬如大地，以持一切而得其名，终无有时舍离能持；菩萨摩诃萨亦复如是，以度一切而得其名，终无有时舍离大悲。譬如大海，以含众水而得其名，终无有时舍离于水；菩萨摩诃萨亦复如是，以诸大愿而得其名，终不暂舍度众生愿。譬如军将，以能惯习战斗之法而得其名，终无有时舍离此能；菩萨摩诃萨亦复如是，以能惯习如是三昧而得其名，乃至成就一切智智，终无有时舍离此行。如转轮王，驭四天下，常勤守护一切众生，令无横死，恒受快乐；菩萨摩诃萨亦复如是，入如是等诸大三昧，常勤化度一切众生，乃至令其究竟清净。譬如种子，植之于地，乃至能令茎叶增长；菩萨摩诃萨亦复如是，修普贤行，乃至能令一切众生善法增长。譬如大云，于夏暑月降霪大雨，乃至增长一切种子；菩萨摩诃萨亦复如是，入如是等诸大三昧，修菩萨行，雨大法雨，乃至能令一切众生究竟清净、究竟涅槃、究竟安隐、究竟彼岸、究竟欢喜、究竟断疑，为诸众生究竟福田，令其施业皆得清净，令其皆住不退转道，令其同得一切智智，令其皆得出离三界，令其皆得究竟之智，令其皆得诸佛如来究竟之法，置诸众生一切智处。何以故？菩萨摩诃萨成就此法，智慧明了，入法界门，能净菩萨不可思议无量诸行。所谓：能净诸智，求一切智故；能净众生，使调伏故；能净刹土，常回向故；能净诸法，普了知故；能净无畏，无怯弱故；能净无碍辩，巧演说故；能净陀罗尼，于一切法得自在故；能净亲近行，常见一切佛兴世故。佛子！菩萨摩诃萨住此三昧，得如是等百千亿那由他不可说不可说清净功德，于如是等三昧境界得自在故，一切诸佛所加被故，自善根力之所流故，入智慧地大威力故，诸善知识引导力故，摧伏一切诸魔力故，同分善根淳净力故，广大誓愿欲乐力故，所种善根成就力故，超诸世间无尽之福、无对力故。

佛子！菩萨摩诃萨住此三昧，得十种法，同去、来、今一切诸佛。何者为十？所谓：得诸相好，种种庄严，同于诸佛；能放清净大光明网，同于诸佛；神通变化，调伏众生，同于诸佛；无边色身，清净圆音，同于诸佛；随众生业现净佛国，同于诸佛；一切众生所有语言皆能摄持、不忘不失，同于诸佛；无尽辩才随众生心而转法轮令生智慧，同于诸佛；大师子吼无所怯畏，以无量法开悟群生，同于诸佛；于一念顷，以大神通普入三世，同于诸佛；普能显示一切众生诸佛庄严、诸佛威力、诸佛境界，同于诸佛。

尔时，普眼菩萨白普贤菩萨言：佛子！此菩萨摩诃萨得如是法，同诸如来，何故不名：佛？何故不名：十力？何故不名：一切智？何故不名：一切法中得菩提者？何故不得名为：普眼？何故不名：一切境中无碍见者？何故不名：觉一切法？何故不名：与三世佛无二住者？何故不名：住实际者？何故修行普贤行愿犹未休息？何故不能究竟法界舍菩萨道？

尔时，普贤菩萨告普眼菩萨言：

善哉佛子！如汝所言，若此菩萨摩诃萨同一切佛，以何义故不名为：佛？乃至不能舍菩萨道？佛子！此菩萨摩诃萨已能修习去、来、今世一切菩萨种种行愿，入智境界，则名为：佛；于如来所修菩萨行无有休息，说名：菩萨。如来诸力皆悉已入，则名：十力；虽成十力，行普贤行而无休息，说名：菩萨。知一切法而能演说，名：一切智；虽能演说一切诸法，于一一法善巧思惟未尝止息，说名：菩萨。知一切法无有二相，是则说名：悟一切法；于二、不二一切诸法差别之道善巧观察，展转增胜无有休息，说名：菩萨。已能明见普眼境界，说名：普眼；虽能证得普眼境界，念念增长未曾休息，说名：菩萨。于一切法悉能明照，离诸闇障，名：无碍见；常勤忆念无碍见者，说名：菩萨。已得诸佛智慧之眼，是则说名：觉一切法；观诸如来正觉智眼而不放逸，说名：菩萨。住佛所住，与佛无二，说名：与佛无二住者；为佛摄受，修行智慧，说名：菩萨。常观一切世间实际，是则说名：住实际者；虽常观察诸法实际，而不证入亦不舍离，说名：菩萨。不来不去，无同无异，此等分别悉皆永息，是则说名：休息愿者；广大修习，圆满不退，则名：未息普贤愿者。了知法界无有边际，一切诸法一相无相，是则说名：究竟法界舍菩萨道；虽知法界无有边际，而知一切种种异相，起大悲心度诸众生，尽未来际无有疲厌，是则说名：普贤菩萨。

佛子！譬如伊罗钵那象王，住金胁山七宝窟中，其窟周围悉以七宝而为栏楯，宝多罗树次第行列，真金罗网弥覆其上；象身洁白犹如珂雪，上立金幢，金为璎珞，宝网覆鼻，宝铃垂下，七肢成就，六牙具足，端正充满，见者欣乐，调良善顺，心无所逆。若天帝释将欲游行，尔时象王即知其意，便于宝窟而没其形，至忉利天释主之前，以神通力种种变现，令其身有三十三头，于一一头化作七牙，于一一牙化作七池，一一池中有七莲华，一一华中有七采女，一时俱奏百千天乐。是时，帝释乘兹宝象，从难胜殿往诣华园，芬陀利华遍满其中。是时，帝释至华园已，从象而下，入于一切宝庄严殿，无量采女以为侍从，歌咏妓乐受诸快乐。尔时，象王复以神通隐其象形现作天身，与三十三天及诸采女，于芬陀利华园之内欢娱戏乐，所现身相、光明衣服、往来进止、语笑观瞻，皆如彼天，等无有异，无能分别；此象、此天，象之与天，更互相似。佛子！彼伊罗钵那象王，于金胁山七宝窟中无所变化，至于三十三天之上，为欲供养释提桓因，化作种种诸可乐物，受天快乐，与天无异。佛子！菩萨摩诃萨亦复如是，修习普贤菩萨行愿及诸三昧以为众宝庄严之具，七菩提分为菩萨身，所放光明以之为网，建大法幢，鸣大法钟，大悲为窟，坚固大愿以为其牙，智慧无畏犹如师子，法缯系顶，开示秘密，到诸菩萨行愿彼岸。为欲安处菩提之座，成一切智，得最正觉，增长普贤广大行愿，不退不息，不断不舍，大悲精进，尽未来际度脱一切苦恼众生。不舍普贤道，现成最正觉，现不可说不可说成正觉门，现不可说不可说转法轮门，现不可说不可说住深心门；于不可说不可说广大国土，现涅槃变化门；于不可说不可说差别世界，而现受生修普贤行，现不可说不可说如来；于不可说不可说广大国土菩提树下成最正觉，不可说不可说菩萨众亲近围绕。或于一念顷，修普贤行而成正觉，或须臾顷，或于一时，或于一日，或于半月，或于一月，或于一年，或无数年，或于一劫，如是乃至不可说不可说劫，修普贤行而成正觉。复于一切诸佛刹中而为上首，亲近于佛，顶礼供养，请问观察如幻境界，净修菩萨无量诸行、无量诸智、种种神变、种种威德、种种智慧、种种境界、种种神通、种种自在、种种解脱、种种法明、种种教化调伏之法。

佛子！菩萨摩诃萨本身不灭，以行愿力于一切处如是变现。何以故？欲以普贤自在神力调伏一切诸众生故，令不可说不可说众生得清净故，令其永断生死轮故，严净广大诸世界故，常见一切诸如来故，深入一切佛法流故，忆念三世诸佛种故，忆念十方一切佛法及法身故，普修一切菩萨诸行使圆满故，入普贤流自在能证一切智故。佛子！汝应观此菩萨摩诃萨，不舍普贤行，不断菩萨道，见一切佛，证一切智，自在受用一切智法。如伊罗钵那象王不舍象身，往三十三天，为天所乘，受天快乐，作天游戏，承事天主，与天采女而作欢娱，同于诸天无有差别。佛子！菩萨摩诃萨亦复如是，不舍普贤大乘诸行，不退诸愿，得佛自在，具一切智，证佛解脱，无障无碍，成就清净，于诸国土无所染著，于佛法中无所分别；虽知诸法普皆平等无有二相，而恒明见一切佛土；虽已等同三世诸佛，而修菩萨行相续不断。佛子！菩萨摩诃萨安住如是普贤行愿广大之法，当知是人心得清净。佛子！此是菩萨摩诃萨第十无碍轮大三昧殊胜心广大智。

佛子！此是菩萨摩诃萨所住普贤行十大三昧轮。

大方广佛华严经卷第四十四

十通品第二十八

尔时，普贤菩萨摩诃萨告诸菩萨言：

佛子！菩萨摩诃萨有十种通。何者为十？

佛子！菩萨摩诃萨以他心智通，知一三千大千世界众生心差别，所谓：善心、不善心、广心、狭心、大心、小心、顺生死心、背生死心、声闻心、独觉心、菩萨心、声闻行心、独觉行心、菩萨行心、天心、龙心、夜叉心、乾闼婆心、阿修罗心、迦楼罗心、紧那罗心、摩睺罗伽心、人心、非人心、地狱心、畜生心、阎魔王处心、饿鬼心、诸难处众生心，如是等无量差别种种众生心悉分别知。如一世界，如是百世界、千世界、百千世界、百千亿那由他世界，乃至不可说不可说佛刹微尘数世界中所有众生心悉分别知。是名：菩萨摩诃萨第一善知他心智神通。

佛子！菩萨摩诃萨以无碍清净天眼智通，见无量不可说不可说佛刹微尘数世界中众生，死此生彼，善趣、恶趣，福相、罪相，或好或丑，或垢或净。如是品类无量众生，所谓：天众、龙众、夜叉众、乾闼婆众、阿修罗众、迦楼罗众、紧那罗众、摩睺罗伽众、人众、非人众、微细身众生众、广大身众生众、小众、大众，如是种种众生众中，以无碍眼悉皆明见；随所积集业、随所受苦乐、随心、随分别、随见、随言说、随因、随业、随所缘、随所起，悉皆见之，无有错谬。是名：菩萨摩诃萨第二无碍天眼智神通。

佛子！菩萨摩诃萨以宿住随念智通，能知自身及不可说不可说佛刹微尘数世界中一切众生，过去不可说不可说佛刹微尘数劫宿住之事。所谓：某处生，如是名，如是姓，如是种族，如是饮食，如是苦乐。从无始来，于诸有中，以因以缘，展转滋长，次第相续，轮回不绝，种种品类、种种国土、种种趣生、种种形相、种种业行、种种结使、种种心念、种种因缘、受生差别，如是等事皆悉了知。又忆过去尔所佛刹微尘数劫，尔所佛刹微尘数世界中，有尔所佛刹微尘数诸佛，一一佛如是名号，如是出兴，如是众会，如是父母，如是侍者，如是声闻，如是最胜二大弟子，于如是城邑，如是出家，复于如是菩提树下成最正觉，于如是处，坐如是座，演说如是若干经典，如是利益尔所众生，于尔所时住于寿命，施作如是若干佛事，依无余依般涅槃界而般涅槃，般涅槃后法住久近，如是一切悉能忆念。又忆念不可说不可说佛刹微尘数诸佛名号，一一名号有不可说不可说佛刹微尘数佛，从初发心，起愿修行，供养诸佛，调伏众生，众会说法，寿命多少，神通变化，乃至入于无余涅槃，般涅槃后法住久近，造立塔庙种种庄严，令诸众生种植善根，皆悉能知。是名：菩萨摩诃萨第三知过去际劫宿住智神通。

佛子！菩萨摩诃萨以知尽未来际劫智通，知不可说不可说佛刹微尘数世界中所有劫，一一劫中所有众生，命终受生，诸有相续，业行果报，若善，若不善，若出离，若不出离，若决定，若不决定，若邪定，若正定，若善根与使俱，若善根不与使俱，若具足善根，若不具足善根，若摄取善根，若不摄取善根，若积集善根，若不积集善根，若积集罪法，若不积集罪法，如是一切皆能了知。又知不可说不可说佛刹微尘数世界，尽未来际有不可说不可说佛刹微尘数劫，一一劫有不可说不可说佛刹微尘数诸佛名号，一一名号有不可说不可说佛刹微尘数诸佛如来，一一如来，从初发心，起愿立行，供养诸佛，教化众生，众会说法，寿命多少，神通变化，乃至入于无余涅槃，般涅槃后法住久近，造立塔庙种种庄严，令诸众生种植善根，如是等事悉能了知。是名：菩萨摩诃萨第四知尽未来际劫智神通。

佛子！菩萨摩诃萨成就无碍清净天耳，圆满广大，聪彻离障，了达无碍，具足成就，于诸一切所有音声，欲闻、不闻，随意自在。佛子！东方有不可说不可说佛刹微尘数佛，是诸佛所说、所示、所开、所演、所安立、所教化、所调伏、所忆念、所分别，甚深广大、种种差别、无量方便、无量善巧清净之法，于彼一切皆能受持。又于其中若义、若文、若一人、若众会，如其音辞，如其智慧，如所了达，如所示现，如所调伏，如其境界，如其所依，如其出道，于彼一切悉能记持，不忘不失，不断不退，无迷无惑；为他演说，令得悟解，终不忘失一文一句。如东方，南、西、北方，四维、上、下，亦复如是。是名：菩萨摩诃萨第五无碍清净天耳智神通。

佛子！菩萨摩诃萨住无体性神通、无作神通、平等神通、广大神通、无量神通、无依神通、随念神通、起神通、不起神通、不退神通、不断神通、不坏神通、增长神通、随诣神通。此菩萨闻极远一切世界中诸佛名，所谓：无数世界、无量世界乃至不可说不可说佛刹微尘数世界中诸佛名；闻其名已，即自见身在彼佛所。彼诸世界或仰或覆，各各形状，各各方所，各各差别，无边无碍；种种国土，种种时劫，无量功德各别庄严。彼彼如来于中出现，示现神变，称扬名号，无量无数，各各不同。此菩萨一得闻彼诸如来名，不动本处，而见其身在彼佛所，礼拜尊重，承事供养，问菩萨法，入佛智慧，悉能了达诸佛国土道场众会及所说法,至于究竟无所取著。如是,经不可说不可说佛刹微尘数劫,普至十方而无所往,然诣佛刹观佛听法请道,无有断绝,无有废舍,无有休息,无有疲厌;修菩萨行,成就大愿,悉令具足,曾无退转,为令如来广大种性不断绝故。是名:菩萨摩诃萨第六住无体性无动作往一切佛刹智神通。

佛子!菩萨摩诃萨以善分别一切众生言音智通,知不可说不可说佛刹微尘数世界中众生种种言辞。所谓:圣言辞、非圣言辞、天言辞、龙言辞、夜叉言辞、乾闼婆、阿修罗、迦楼罗、紧那罗、摩睺罗伽、人及非人乃至不可说不可说众生所有言辞,各各表示,种种差别,如是一切皆能了知。此菩萨随所入世界,能知其中一切众生所有性欲,如其性欲为出言辞,悉令解了无有疑惑。如日光出现,普照众色,令有目者悉得明见。菩萨摩诃萨亦复如是,以善分别一切言辞智,深入一切言辞云,所有言辞令诸世间聪慧之者悉得解了。是名:菩萨摩诃萨第七善分别一切言辞智神通。

佛子!菩萨摩诃萨以出生无量阿僧祇色身庄严智通,知一切法远离色相,无差别相,无种种相,无无量相,无分别相,无青、黄、赤、白相。菩萨如是入于法界,能现其身,作种种色。所谓:无边色、无量色、清净色、庄严色、普遍色、无比色、普照色、增上色、无违逆色、具诸相色、离众恶色、大威力色、可尊重色、无穷尽色、众杂妙色、极端严色、不可量色、善守护色、能成熟色、随化者色、无障碍色、甚明彻色、无垢浊色、极澄净色、大勇健色、不思议方便色、不可坏色、离瑕翳色、无障闇色、善安住色、妙庄严色、诸相端严色、种种随好色、大尊贵色、妙境界色、善磨莹色、清净深心色、炽然明盛色、最胜广大色、无间断色、无所依色、无等比色、充满不可说佛刹色、增长色、坚固摄受色、最胜功德色、随诸心乐色、清净解了色、积集众妙色、善巧决定色、无有障碍色、虚空明净色、清净可乐色、离诸尘垢色、不可称量色、妙见色、普见色、随时示现色、寂静色、离贪色、真实福田色、能作安隐色、离诸怖畏色、离愚痴行色、智慧勇猛色、身相无碍色、游行普遍色、心无所依色、大慈所起色、大悲所现色、平等出离色、具足福德色、随心忆念色、无边妙宝色、宝藏光明色、众生信乐色、一切智现前色、欢喜眼色、众宝庄严第一色、无有处所色、自在示现色、种种神通色、生如来家色、过诸譬喻色、周遍法界色、众皆往诣色、种种色、成就色、出离色、随所化者威仪色、见无厌足色、种种明净色、能放无数光网色、不可说光明种种差别色、不可思香光明超过三界色、不可量日轮光明照耀色、示现无比月身色、无量可爱乐华云色、出生种种莲华鬘云庄严色、超过一切世间香焰普熏色、出生一切如来藏色、不可说音声开示演畅一切法色、具足一切普贤行色。佛子!菩萨摩诃萨深入如是无色法界,能现此等种种色身,令所化者见,令所化者念,为所化者转法轮;随所化者时，随所化者相，令所化者亲近，令所化者开悟，为所化者起种种神通，为所化者现种种自在，为所化者施种种能事。是名：菩萨摩诃萨为度一切众生故勤修成就第八无数色身智神通。

佛子！菩萨摩诃萨以一切法智通，知一切法无有名字、无有种性，无来、无去，非异、非不异，非种种、非不种种，非二、非不二，无我、无比，不生、不灭，不动、不坏，无实、无虚，一相、无相，非无、非有，非法、非非法，不随于俗、非不随俗，非业、非非业，非报、非非报，非有为、非无为，非第一义、非不第一义，非道、非非道，非出离、非不出离，非量、非无量，非世间、非出世间，非从因生、非不从因生，非决定、非不决定，非成就、非不成就，非出、非不出，非分别、非不分别，非如理、非不如理。此菩萨不取世俗谛，不住第一义，不分别诸法，不建立文字，随顺寂灭性，不舍一切愿，见义知法，兴布法云，降霆法雨。虽知实相不可言说，而以方便无尽辩才，随法、随义次第开演；以于诸法言辞辩说皆得善巧，大慈大悲悉已清净，能于一切离文字法中出生文字，与法、与义随顺无违，为说诸法悉从缘起，虽有言说而无所著。演一切法辩才无尽，分别安立，开发示导，令诸法性具足明显，断众疑网悉得清净。虽摄众生不舍真实，于不二法而无退转，常能演说无碍法门，以众妙音，随众生心，普雨法雨而不失时。是名：菩萨摩诃萨第九一切法智神通。

佛子！菩萨摩诃萨以一切法灭尽三昧智通，于念念中入一切法灭尽三昧，亦不退菩萨道，不舍菩萨事，不舍大慈大悲心，修习波罗蜜未尝休息，观察一切佛国土无有厌倦，不舍度众生愿，不断转法轮事，不废教化众生业，不舍供养诸佛行，不舍一切法自在门，不舍常见一切佛，不舍常闻一切法；知一切法平等无碍，自在成就一切佛法，所有胜愿皆得圆满，了知一切国土差别，入佛种性到于彼岸；能于彼彼诸世界中，学一切法，了法无相，知一切法皆从缘起，无有体性，然随世俗方便演说；虽于诸法心无所住，然顺众生诸根欲乐，方便为说种种诸法。此菩萨住三昧时，随其心乐，或住一劫，或住百劫，或住千劫，或住亿劫，或住百亿劫，或住千亿劫，或住百千亿劫，或住那由他亿劫，或住百那由他亿劫，或住千那由他亿劫，或住百千那由他亿劫，或住无数劫，或住无量劫，乃至或住不可说不可说劫。菩萨入此一切法灭尽三昧，虽复经于尔所劫住，而身不离散、不羸瘦、不变异，非见非不见，不灭不坏，不疲不懈，不可尽竭。虽于有于无悉无所作，而能成办诸菩萨事。所谓：恒不舍离一切众生，教化调伏未曾失时，令其增长一切佛法，于菩萨行悉得圆满；为欲利益一切众生，神通变化无有休息，譬如光影普现一切，而于三昧寂然不动。是为菩萨摩诃萨入一切法灭尽三昧智神通。

佛子！菩萨摩诃萨住于如是十种神通，一切天人不能思议，一切众生不能思议；一切声闻、一切独觉，及余一切诸菩萨众，如是皆悉不能思议。此菩萨，身业不可思议，语业不可思议，意业不可思议，三昧自在不可思议，智慧境界不可思议，唯除诸佛及有得此神通菩萨，余无能说此人功德称扬赞叹。佛子！是为菩萨摩诃萨十种神通。若菩萨摩诃萨住此神通，悉得一切三世无碍智神通。

十忍品第二十九

尔时，普贤菩萨告诸菩萨言：

佛子！菩萨摩诃萨有十种忍，若得此忍，则得到于一切菩萨无碍忍地，一切佛法无碍无尽。何者为十？所谓：音声忍、顺忍、无生法忍、如幻忍、如焰忍、如梦忍、如响忍、如影忍、如化忍、如空忍。此十种忍，三世诸佛已说、今说、当说。

佛子！云何为菩萨摩诃萨音声忍？谓闻诸佛所说之法不惊、不怖、不畏，深信悟解，爱乐趣向，专心忆念，修习安住。是名：菩萨摩诃萨第一音声忍。

佛子！云何为菩萨摩诃萨顺忍？谓于诸法，思惟观察，平等无违，随顺了知，令心清净，正住修习，趣入成就。是名：菩萨摩诃萨第二顺忍。

佛子！云何为菩萨摩诃萨无生法忍？佛子！此菩萨摩诃萨不见有少法生，亦不见有少法灭。何以故？若无生则无灭，若无灭则无尽，若无尽则离垢，若离垢则无差别，若无差别则无处所，若无处所则寂静，若寂静则离欲，若离欲则无作，若无作则无愿，若无愿则无住，若无住则无去无来。是名：菩萨摩诃萨第三无生法忍。

佛子！云何为菩萨摩诃萨如幻忍？佛子！此菩萨摩诃萨知一切法，皆悉如幻，从因缘起，于一法中解多法，于多法中解一法。此菩萨知诸法如幻已，了达国土，了达众生，了达法界，了达世间平等，了达佛出现平等，了达三世平等，成就种种神通变化。譬如幻，非象、非马，非车、非步，非男、非女，非童男、非童女，非树、非叶、非华、非果，非地、非水、非火、非风，非昼、非夜，非日、非月，非半月、非一月，非一年、非百年，非一劫、非多劫，非定、非乱，非纯、非杂，非一、非异，非广、非狭，非多、非少，非量、非无量，非粗、非细，非是一切种种众物；种种非幻，幻非种种，然由幻故，示现种种差别之事。菩萨摩诃萨亦复如是，观一切世间如幻，所谓：业世间、烦恼世间、国土世间、法世间、时世间、趣世间、成世间、坏世间、运动世间、造作世间。菩萨摩诃萨观一切世间如幻时，不见众生生，不见众生灭；不见国土生，不见国土灭；不见诸法生，不见诸法灭；不见过去可分别，不见未来有起作，不见现在一念住；不观察菩提，不分别菩提；不见佛出现，不见佛涅槃；不见住大愿，不见入正位，不出平等性。是菩萨虽成就佛国土，知国土无差别；虽成就众生界，知众生无差别；虽普观法界，而安住法性寂然不动；虽达三世平等，而不违分别三世法；虽成就蕴、处，而永断所依；虽度脱众生，而了知法界平等无种种差别；虽知一切法远离文字不可言说，而常说法辩才无尽；虽不取著化众生事，而不舍大悲，为度一切转于法轮；虽为开示过去因缘，而知因缘性无有动转。是名：菩萨摩诃萨第四如幻忍。

佛子！云何为菩萨摩诃萨如焰忍？佛子！此菩萨摩诃萨知一切世间同于阳焰。譬如阳焰，无有方所，非内、非外，非有、非无，非断、非常，非一色、非种种色亦非无色，但随世间言说显示。菩萨如是如实观察，了知诸法，现证一切，令得圆满。是名：菩萨摩诃萨第五如焰忍。

佛子！云何为菩萨摩诃萨如梦忍？佛子！此菩萨摩诃萨知一切世间如梦。譬如梦，非世间、非离世间，非欲界、非色界、非无色界，非生、非没，非染、非净，而有示现。菩萨摩诃萨亦复如是，知一切世间悉同于梦，无有变异故，如梦自性故，如梦执著故，如梦性离故，如梦本性故，如梦所现故，如梦无差别故，如梦想分别故，如梦觉时故。是名：菩萨摩诃萨第六如梦忍。

佛子！云何为菩萨摩诃萨如响忍？佛子！此菩萨摩诃萨闻佛说法，观诸法性，修学成就，到于彼岸；知一切音声，悉同于响，无来无去，如是示现。佛子！此菩萨摩诃萨观如来声，不从内出，不从外出，亦不从于内外而出；虽了此声非内、非外、非内外出，而能示现善巧名句，成就演说。譬如谷响，从缘所起，而与法性无有相违，令诸众生随类各解而得修学。如帝释夫人阿修罗女，名曰：舍支，于一音中出千种音，亦不心念令如是出。菩萨摩诃萨亦复如是，入无分别界，成就善巧随类之音，于无边世界中恒转法轮。此菩萨善能观察一切众生，以广长舌相而为演说，其声无碍，遍十方土，令随所宜，闻法各异；虽知声无起而普现音声，虽知无所说而广说诸法；妙音平等，随类各解，悉以智慧而能了达。是名：菩萨摩诃萨第七如响忍。

佛子！云何为菩萨摩诃萨如影忍？佛子！此菩萨摩诃萨，非于世间生，非于世间没；非在世间内，非在世间外；非行于世间，非不行世间；非同于世间，非异于世间；非往于世间，非不往世间；非住于世间，非不住世间；非是世间，非出世间；非修菩萨行，非舍于大愿；非实，非不实。虽常行一切佛法，而能办一切世间事，不随世间流，亦不住法流。譬如日月、男子、女人、舍宅、山林、河泉等物，于油、于水、于身、于宝、于明镜等清净物中而现其影。影与油等，非一、非异，非离、非合，于川流中亦不漂度，于池井内亦不沉没，虽现其中，无所染著。然诸众生，知于此处有是影现，亦知彼处无如是影；远物、近物虽皆影现，影不随物而有近远。菩萨摩诃萨亦复如是，能知自身及以他身，一切皆是智之境界，不作二解，谓自、他别，而于自国土、于他国土，各各差别，一时普现。如种子中，无有根芽、茎节、枝叶，而能生起如是等事。菩萨摩诃萨亦复如是，于无二法中分别二相，善巧方便，通达无碍。是名：菩萨摩诃萨第八如影忍。菩萨摩诃萨成就此忍，虽不往诣十方国土，而能普现一切佛刹；亦不离此，亦不到彼，如影普现，所行无碍；令诸众生见差别身，同于世间坚实之相，然此差别即非差别，别与不别无所障碍。此菩萨从于如来种性而生，身、语及意清净无碍，故能获得无边色相清净之身。

佛子！云何为菩萨摩诃萨如化忍？佛子！此菩萨摩诃萨知一切世间皆悉如化。所谓：一切众生意业化，觉想所起故；一切世间诸行化，分别所起故；一切苦乐颠倒化，妄取所起故；一切世间不实法化，言说所现故；一切烦恼分别化，想念所起故；复有清净调伏化，无分别所现故；于三世不转化，无生平等故；菩萨愿力化，广大修行故；如来大悲化，方便示现故；转法轮方便化，智慧无畏辩才所说故。菩萨如是了知世间、出世间化，现证知，广大知，无边知，如事知，自在知，真实知，非虚妄见所能倾动，随世所行亦不失坏。譬如化，不从心起、不从心法起，不从业起、不受果报，非世间生、非世间灭，不可随逐、不可揽触，非久住、非须臾住，非行世间、非离世间，不专系一方，不普属诸方，非有量、非无量，不厌不息、非不厌息，非凡、非圣，非染、非净，非生、非死，非智、非愚，非见、非不见，非依世间、非入法界，非黠慧、非迟钝，非取、非不取，非生死、非涅槃，非有、非无有。菩萨如是善巧方便，行于世间修菩萨道，了知世法，分身化往；不著世间，不取自身，于世、于身无所分别；不住世间，不离世间；不住于法，不离于法；以本愿故，不弃舍一众生界，不调伏少众生界。不分别法；非不分别，知诸法性无来无去，虽无所有而满足佛法，了法如化非有非无。佛子！菩萨摩诃萨如是安住如化忍时，悉能满足一切诸佛菩提之道，利益众生。是名：菩萨摩诃萨第九如化忍。菩萨摩诃萨成就此忍，凡有所作悉同于化，譬如化士，于一切佛刹无所依住，于一切世间无所取著，于一切佛法不生分别，而趣佛菩提无有懈倦，修菩萨行离诸颠倒，虽无有身而现一切身，虽无所住而住众国土，虽无有色而普现众色，虽不著实际而明照法性平等圆满。佛子！此菩萨摩诃萨于一切法无所依止，名：解脱者；一切过失悉皆舍离，名：调伏者；不动不转，普入一切如来众会，名：神通者；于无生法已得善巧，名：无退者；具一切力，须弥、铁围不能为障，名：无碍者。

佛子！云何为菩萨摩诃萨如空忍？佛子！此菩萨摩诃萨了一切法界犹如虚空，以无相故；一切世界犹如虚空，以无起故；一切法犹如虚空，以无二故；一切众生行犹如虚空，无所行故；一切佛犹如虚空，无分别故；一切佛力犹如虚空，无差别故；一切禅定犹如虚空，三际平等故；所说一切法犹如虚空，不可言说故；一切佛身犹如虚空，无著无碍故。菩萨如是，以如虚空方便，了一切法皆无所有。佛子！菩萨摩诃萨以如虚空忍智了一切法时，得如虚空身、身业，得如虚空语、语业，得如虚空意、意业。譬如虚空，一切法依不生不殁；菩萨摩诃萨亦复如是，一切法身不生不殁。譬如虚空，不可破坏；菩萨摩诃萨亦复如是，智慧诸力不可破坏。譬如虚空，一切世间之所依止而无所依；菩萨摩诃萨亦复如是，一切诸法之所依止而无所依。譬如虚空，无生、无灭，能持一切世间生、灭；菩萨摩诃萨亦复如是，无向、无得，能示向、得，普使世间修行清净。譬如虚空，无方、无隅，而能显现无边方、隅；菩萨摩诃萨亦复如是，无业、无报，而能显示种种业、报。譬如虚空，非行、非住，而能示现种种威仪；菩萨摩诃萨亦复如是，非行、非住，而能分别一切诸行。譬如虚空，非色、非非色，而能示现种种诸色；菩萨摩诃萨亦复如是，非世间色、非出世间色，而能示现一切诸色。譬如虚空，非久、非近，而能久住，现一切物；菩萨摩诃萨亦复如是，非久、非近，而能久住，显示菩萨所行诸行。譬如虚空，非净、非秽，不离净、秽；菩萨摩诃萨亦复如是，非障、非无障，不离障、无障。譬如虚空，一切世间皆现其前，非现一切世间之前；菩萨摩诃萨亦复如是，一切诸法皆现其前，非现一切诸法之前。譬如虚空，普入一切，而无边际；菩萨摩诃萨亦复如是，普入诸法，而菩萨心无有边际。何以故？菩萨所作如虚空故。谓所有修习、所有严净、所有成就皆悉平等，一体、一味、一种，分量如虚空，清净遍一切处。如是证知一切诸法，于一切法无有分别，严净一切诸佛国土，圆满一切无所依身，了一切方无有迷惑，具一切力不可摧坏，满足一切无边功德，已到一切甚深法处，通达一切波罗蜜道，普坐一切金刚之座，普发一切随类之音，为一切世间转于法轮未曾失时。是名：菩萨摩诃萨第十如空忍。菩萨摩诃萨成就此忍，得无来身，以无去故；得无生身，以无灭故；得无动身，以无坏故；得不实身，离虚妄故；得一相身，以无相故；得无量身，佛力无量故；得平等身，同如相故；得无差别身，等观三世故；得至一切处身，净眼等照无障碍故；得离欲际身，知一切法无合散故；得虚空无边际身，福德藏无尽如虚空故；得无断无尽法性平等辩才身，知一切法相唯是一相，无性为性如虚空故；得无量无碍音声身，无所障碍如虚空故；得具足一切善巧清净菩萨行身，于一切处皆无障碍如虚空故；得一切佛法海次第相续身，不可断绝如虚空故；得一切佛刹中现无量佛刹身，离诸贪著如虚空无边故；得示现一切自在法无休息身，如虚空大海无边际故；得一切不可坏坚固势力身，如虚空任持一切世间故；得诸根明利如金刚坚固不可坏身，如虚空一切劫火不能烧故；得持一切世间力身，智慧力如虚空故。

佛子！是名菩萨摩诃萨十种忍。

尔时，普贤菩萨摩诃萨欲重宣其义而说颂言：

譬如世有人，闻有宝藏处，以其可得故，心生大欢喜。
如是大智慧，菩萨真佛子，听闻诸佛法，甚深寂灭相。
闻此深法时，其心得安隐，不惊亦不怖，亦不生恐畏。
大士求菩提，闻斯广大音，心净能堪忍，于此无疑惑。
自念以闻此，甚深微妙法，当成一切智，人天大导师。
菩萨闻此音，其心大欢喜，发生坚固意，愿求诸佛法。
以乐菩提故，其心渐调伏，令信益增长，于法无违谤。
是故闻此音，其心得堪忍，安住而不动，修行菩萨行。
为求菩提故，专行向彼道，精进无退转，不舍众善轭。
以求菩提故，其心无恐畏，闻法增勇猛，供佛令欢喜。
如有大福人，获得真金藏，随身所应服，造作庄严具。
菩萨亦如是，闻此甚深义，思惟增智海，法有亦顺知，
法无亦顺知，随彼法如是，如是知诸法。成就清净心，
明彻大欢喜，知法从缘起，勇猛勤修习。平等观诸法，
了知其自性，不违佛法藏，普觉一切法。志乐常坚固，
严净佛菩提，不动如须弥，一心求正觉。以发精进意，
复修三昧道，无量劫勤行，未曾有退失。菩萨所入法，
是佛所行处，于此能了知，其心无厌怠。如无等所说，
平等观诸法，非不平等忍，能成平等智。随顺佛所说，
成就此忍门，如法而了知，亦不分别法。三十三天中，
所有诸天子，共同一器食，所食各不同。所食种种食，
不从十方来，如其所修业，自然咸在器。菩萨亦如是，
观察一切法，悉从因缘起，无生故无灭，无灭故无尽，
无尽故无染，于世变异法，了知无变异，无异则无处，
无处则寂灭，其心无染著，愿度诸群生。专念于佛法，
未尝有散动，而以悲愿心，方便行于世。勤求于十力，
处世而不住，无去亦无来，方便善说法。此忍最为上，
了法无有尽，入于真法界，实亦无所入。菩萨住此忍，
普见诸如来，同时与授记，斯名受佛职。了达三世法，
寂灭清净相，而能化众生，置于善道中。世间种种法，
一切皆如幻，若能如是知，普灭诸有趣。譬如工幻师，
普现诸色像，徒令众贪乐，毕竟无所得。世间亦如是，
一切皆如幻，无性亦无生，示现有种种。度脱诸众生，
令知法如幻，众生不异幻，了幻无众生。众生及国土，
三世所有法，如是悉无余，一切皆如幻。幻作男女形，
及象马牛羊，屋宅池泉类，园林华果等。幻物无知觉，
亦无有住处，毕竟寂灭相，但随分别现。菩萨能如是，
普见诸世间，种种业所造，入于如幻际，于彼无依著。
如是得善巧，寂灭无戏论，住于无碍地，普现大威力。
勇猛诸佛子，随顺入妙法，善观一切想，缠网于世间。
众想如阳焰，令众生倒解，菩萨善知想，舍离一切倒。
众生各别异，形类非一种，了达皆是想，一切无真实。
十方诸众生，皆为想所覆，若舍颠倒见，则灭世间想。
世间如阳焰，以想有差别，知世住于想，远离三颠倒。
譬如热时焰，世见谓为水，水实无所有，智者不应求。
众生亦复然，世趣皆无

有，如焰住于想，无碍心境界。若离于诸想，亦离诸戏论，愚痴著想，者，悉令得解脱。远离憍慢心，除灭世间想，住尽无尽处，是菩萨方便。菩萨了世法，一切皆如梦，非处非无处，体性恒寂灭。诸法无分别，如梦不异心，三世诸世间，一切悉如是。梦体无生灭，亦无有方所，三界悉如是，见者心解脱。梦不在世间，不在非世间，此二不分别。得入于忍地。譬如梦中见，种种诸异相，世间亦如是，与梦无差别。住于梦定者，了世皆如梦，非同非是异，非一非种种。众生诸刹业，杂染及清净，如是悉了知，与梦皆平等。菩萨所行行，及以诸大愿，明了皆如梦，与世亦无别。了世皆空寂，不坏于世法，譬如梦所见，长短等诸色。是名如梦忍，因此了世法，疾成无碍智，广度诸群生。修行如是行，出生广大解，巧知诸法性，于法心无著。一切诸世间，种种诸音声，非内亦非外，了之悉如响。如闻种种响，心不生分别；菩萨闻音声，其心亦如是。瞻仰诸如来，及听说法音，演契经无量，虽闻无所著。如响无来处，所闻声亦然，而能分别法，与法无乖谬。善了诸音声，于声不分别，知声悉空寂，普出清净音。了法不在言，善入无言际，而能示言说，如响遍世间。了知言语道，具足音声分，知声性空寂，以世言音说。如世所有音，示同分别法，其音悉周遍，开悟诸群生。菩萨获此忍，净音化世间，善巧说三世，于世无所著。为欲利世间，专意求菩提，而常入法性，于彼无分别。普观诸世间，寂灭无体性，而恒为饶益，修行意不动。不住于世间，不离于世间，于世无所依，依处不可得。了知世间性，于性无染著，虽不依世间，化世令超度。世间所有法，悉知其自性，了法无有二，无二亦无著。心不离世间，亦不住世间，非于世间外，修行一切智。譬如水中影，非内亦非外，菩萨求菩提，了世非世间。不于世住出，以世不可说，亦不在内外，如影现世间。入此甚深义，离垢悉明彻，不舍本誓心，普照智慧灯。世间无边际，智入悉齐等，普化诸群生，令其舍众著。观察甚深法，利益群生众，从此入于智，修行一切道。菩萨观诸法，谛了悉如化，而行如化行，毕竟永不舍。随顺化自性，修习菩提道，一切法如化，菩萨行亦然。一切诸世间，及以无量业，平等悉如化，毕竟住寂灭。三世所有佛，一切亦如化，本愿修诸行，变化成如来。佛以大慈悲，度脱化众生，度脱亦如化，化力为说法。知世皆如化，不分别世间，化事种种殊，皆由业差别。修习菩提行，庄严于化藏，无量善庄严，如业作世间。化法离分别，亦不分别法，此二俱寂灭，菩萨行如是。化海了于智，化性印世间，化非生灭法，智慧亦如是。第十忍明观，众生及诸法，体性皆寂灭，如空无处所。获此如空智，永离诸取著，如空无种种，于世无所碍。成就空忍力，如空无有尽，境界如虚空，不作空分别。虚空无体性，亦复非断灭，亦无种种别，智力亦如是。虚空无初际，亦复无中后，其量不可得，菩萨智亦然。如是观法性，一切如虚空，无生亦无灭，菩萨之所得。自住如空法，复为众生说，降伏一切魔，皆斯忍方便。世间相差别，皆空无有相，入于无相处，诸相悉平等。唯以一方便，普入众世间，谓知三世法，悉等虚空性。智慧与音声，及以菩萨身，其性如虚空，一切皆寂灭。如是十种忍，佛子所修行，其心善安住，广为众生说。于此善修学，成就广大力，法力及智力，为菩提方便。通达此忍门，成就无碍智，超过一切众，转于无上轮。所修广大行，其量不可得，调御师智海，乃能分别知。舍我而修行，入于深法性，心常住净法，以是施群生。众生及刹尘，尚可知其数，菩萨诸功德，无能度其限。菩萨能成就，如是十种忍，智慧及所行，众生莫能测。

大方广佛华严经卷第四十五

阿僧祇品第三十

尔时，心王菩萨白佛言：世尊！诸佛如来演说阿僧祇无量、无边、无等、不可数、不可称、不可思、不可量、不可说、不可说不可说。世尊！云何阿僧祇乃至不可说不可说耶？佛告心王菩萨言：善哉善哉！善男子！汝今为欲令诸世间入佛所知数量之义，而问如来、应、正等觉。善男子！谛听谛听！善思念之！当为汝说。时，心王菩萨唯然受教。佛言：善男子！一百洛叉为一俱胝，俱胝俱胝为一阿庾多，阿庾多阿庾多为一那由他，那由他那由他为一频波罗，频波罗频波罗为一矜羯罗，矜羯罗矜羯罗为一阿伽罗，阿伽罗阿伽罗为一最胜，最胜最胜为一摩婆（上声）罗，摩婆罗摩婆罗为一阿婆（上声）罗，阿婆罗阿婆罗为一多婆（上声）罗，多婆罗多婆罗为一界分，界分界分为一普摩，普摩普摩为一祢摩，祢摩祢摩为一阿婆（上声）钤，阿婆钤阿婆钤为一弥伽（上声）婆，弥伽婆弥伽婆为一毗攞伽，毗攞伽毗攞伽为一毗伽（上声）婆，毗伽婆毗伽婆为一僧羯逻摩，僧羯逻摩僧羯逻摩为一毗萨罗，毗萨罗毗萨罗为一毗赡婆，毗赡婆毗赡婆为一毗盛伽，毗盛伽毗盛伽为一毗素陀，毗素陀毗素陀为一毗婆诃，毗婆诃毗婆诃为一毗薄底，毗薄底毗薄底为一毗佉担，毗佉担毗佉担为一称量，称量称量为一一持，一持一持为一异路，异路异路为一颠倒，颠倒颠倒为一三末耶，三末耶三末耶为一毗睹罗，毗睹罗毗睹罗为一奚婆（上声）罗，奚婆罗奚婆罗为一伺察，伺察伺察为一周广，周广周广为一高出，高出高出为一最妙，最妙最妙为一泥罗婆，泥罗婆泥罗婆为一诃理婆，诃理婆诃理婆为一一动，一动一动为一诃理蒲，诃理蒲诃理蒲为一诃理三，诃理三诃理三为一奚鲁伽，奚鲁伽奚鲁伽为一达攞步陀，达攞步陀达攞步陀为一诃鲁那，诃鲁那诃鲁那为一摩鲁陀，摩鲁陀摩鲁陀为一忏慕陀，忏慕陀忏慕陀为一瑿攞陀，瑿攞陀瑿攞陀为一摩鲁摩，摩鲁摩摩鲁摩为一调伏，调伏调伏为一离憍慢，离憍慢离憍慢为一不动，不动不动为一极量，极量极量为一阿么怛罗，阿么怛罗阿么怛罗为一勃么怛罗，勃么怛罗勃么怛罗为一伽么怛罗，伽么怛罗伽么怛罗为一那么怛罗，那么怛罗那么怛罗为一奚么怛罗，奚么怛罗奚么怛罗为一鞞么怛罗，鞞么怛罗鞞么怛罗为一钵罗么怛罗，钵罗么怛罗钵罗么怛罗为一尸婆么怛罗，尸婆么怛罗尸婆么怛罗为一翳罗，翳罗翳罗为一薛罗，薛罗薛罗为一谛罗，谛罗谛罗为一偈罗，偈罗偈罗为一窣步罗，窣步罗窣步罗为一泥罗，泥罗泥罗为一计罗，计罗计罗为一细罗，细罗细罗为一睥罗，睥罗睥罗为一谜罗，谜罗谜罗为一娑攞茶，娑攞茶娑攞茶为一谜鲁陀，谜鲁陀谜鲁陀为一契鲁陀，契鲁陀契鲁陀为一摩睹罗，摩睹罗摩睹罗为一娑母罗，娑母罗娑母罗为一阿野娑，阿野娑阿野娑为一迦么罗，迦么罗迦么罗为一摩伽婆，摩伽婆摩伽婆为一阿怛罗，阿怛罗阿怛罗为一醯鲁耶，醯鲁耶醯鲁耶为一薛鲁婆，薛鲁婆薛鲁婆为一羯罗波，羯罗波羯罗波为一诃婆婆，诃婆婆诃婆婆为一毗婆（上声）罗，毗婆罗毗婆罗为一那婆（上声）罗，那婆罗那婆罗为一摩攞罗，摩攞罗摩攞罗为一娑婆（上声）罗，娑婆罗娑婆罗为一迷攞普，迷攞普迷攞普为一者么罗，者么罗者么罗为一驮么罗，驮么罗驮么罗为一钵攞么陀，钵攞么陀钵攞么陀为一毗迦摩，毗迦摩毗迦摩为一乌波跋多，乌波跋多乌波跋多为一演说，演说演说为一无尽，无尽无尽为一出生，出生出生为一无我，无我无我为一阿畔多，阿畔多阿畔多为一青莲华，青莲华青莲华为一钵头摩，钵头摩钵头摩为一僧祇，僧祇僧祇为一趣，趣趣为一至，至至为一阿僧祇，阿僧祇阿僧祇为一阿僧祇转，阿僧祇转阿僧祇转为一无量，无量无量为一无量转，无量转无量转为一无边，无边无边为一无边转，无边转无边转为一无等，无等无等为一无等转，无等转无等转为一不可数，不可数不可数为一不可数转，不可数转不可数转为一不可称，不可称不可称为一不可称转，不可称转不可称转为一不可思，不可思不可思为一不可思转，不可思转不可思转为一不可量，不可量不可量为一不可量转，不可量转不可量转为一不可说，不可说不可说为一不可说转，不可说转不可说转为一不可说不可说，此又不可说不可说为一不可说不可说转。

尔时，世尊为心王菩萨而说颂曰：

不可言说不可说，充满一切不可说，不可言说诸劫中，说不可说不可尽。不可言说诸佛刹，皆悉碎末为微尘，一尘中刹不可说，如一一切皆如是。此不可说诸佛刹，一念碎尘不可说，念念所碎悉亦然，尽不可说劫恒尔。此尘有刹不可说，此刹为尘说更难，以不可说算数法，不可说劫如是数。以此诸尘数诸劫，一尘十万不可说，尔劫称赞一普贤，无能尽其功德量。于一微细毛端处，有不可说诸普贤，一切毛端悉亦尔，如是乃至遍法界。一毛端处所有刹，其数无量不可说，尽虚空量诸毛端，一一处刹悉如是。彼毛端处诸国土，无量种类差别住，有不可说异类刹，有不可说同类刹。不可言说毛端处，皆有净刹不可说，种种庄严不可说，种种奇妙不可说。于彼一一毛端处，演不可说诸佛名，一一名有诸如来，皆不可说不可说。一一诸佛于身上，现不可说诸毛孔，于彼一一毛孔中，现众色相不可说。不可言说诸毛孔，咸放光明不可说，于彼一一光明中，悉现莲华不可说。于彼一一莲华内，悉有众叶不可说，不可说华众叶中，各现色相不可说。彼不可说诸色内，复现众叶不可说，叶中光明不可说，光中色相不可说。此不可说色相中，一一现光不可说，光中现月不可说，月复现月不可说。于不可说诸月中，一一现光不可说，于彼一一光明内，复现于日不可说。于不可说诸日中，一一现色不可说，于彼一一诸色内，又现光明不可说。于彼一一光明内，现不可说师子座，一一严具不可说，一一光明不可说。光中妙色不可说，色中净光不可说，于彼一一净光内，复现种种妙光明。此光复现种种光，不可言说不可说，如是种种光明内，各现妙宝如须弥。一一光中所现宝，不可言说不可说，彼如须弥一妙宝，现众刹土不可说。尽须弥宝无有余，示现刹土皆如是，以一刹土末为尘，一尘色相不可说。众刹为尘尘有相，不可言说不可说，如是种种诸尘相，皆出光明不可说。光中现佛不可说，佛所说法不可说，法中妙偈不可说，闻偈得解不可说。不可说解念念中，显了真谛不可说，示现未来一切佛，常演说法无穷尽。一一佛法不可说，种种清净不可说，出妙音声不可说，转正法轮不可说。于彼一一法轮中，演修多罗不可说；于彼一一修多罗，分别法门不可说；于彼一一法门中，又说诸法不可说；于彼一一诸法中，调伏众生不可说。或复于一毛端处，不可说劫常安住，如一毛端余悉然，所住劫数皆如是。其心无碍不可说，变化诸佛不可说，一一变化诸如来，复现于化不可说。彼佛法身不可说，彼佛分身不可说，庄严无量不可说，往诣十方不可说，周行国土不可说，观察众生不可说，清净众生不可说，调伏众生不可说。彼诸庄严不可说，彼诸神力不可说，彼诸自在不可说，彼诸神变不可说。所有神通不可说，所有境界不可说，所有加持不可说，所住世间不可说。清净实相不可说，说修多罗不可说，于彼一一修多罗，演说法门不可说；于彼一一法门中，又说诸法不可说；于彼一一诸法中，所有决定不可说；于彼一一决定中，调伏众生不可说。不可言说同类法，不可言说同类心，不可言说异类法，不可言说异类心，不可言说异类根，不可言说异类语，念念于诸所行处，调伏众生不可说。所有神变不可说，所有示现不可说，于中时劫不可说，于中差别不可说，菩萨悉能分别说，诸明算者莫能辨。一毛端处大小刹，杂染清净粗细刹，如是一切不可说，一一明了可分别。以一国土碎为尘，其尘无量不可说，如是尘数无边刹，俱来共集一毛端。此诸国土不可说，共集毛端无迫隘，不使毛端有增大，而彼国土俱来集。于中所有诸国土，形相如本无杂乱，如一国土不乱余，一切国土皆如是。

虚空境界无边际，悉布毛端使充满，如是毛端诸国土，菩萨一念皆能说。于一微细毛孔中，不可说刹次第入，毛孔能受彼诸刹，诸刹不能遍毛孔。入时劫数不可说，受时劫数不可说，于此行列安住时，一切诸劫无能说。如是摄受安住已，所有境界不可说，入时方便不可说，入已所作不可说，意根明了不可说，游历诸方不可说，勇猛精进不可说，自在神变不可说，所有思惟不可说，所有大愿不可说，所有境界不可说，一切通达不可说，身业清净不可说，语业清净不可说，意业清净不可说，信解清净不可说，妙智清净不可说，妙慧清净不可说，了诸实相不可说，断诸疑惑不可说，出离生死不可说，超升正位不可说，甚深三昧不可说，了达一切不可说，一切众生不可说，一切佛刹不可说，知众生身不可说，知其心乐不可说，知其业果不可说，知其意解不可说，知其品类不可说，知其种性不可说，知其受身不可说，知其生处不可说，知其正生不可说，知其生已不可说，知其解了不可说，知其趣向不可说，知其言语不可说，知其作业不可说。菩萨如是大慈悲，利益一切诸世间，普现其身不可说，入诸佛刹不可说，见诸菩萨不可说，发生智慧不可说，请问正法不可说，敷扬佛教不可说，现种种身不可说，诣诸国土不可说，示现神通不可说，普遍十方不可说，处处分身不可说，亲近诸佛不可说，作诸供具不可说，种种无量不可说，清净众宝不可说，上妙莲华不可说，最胜香鬘不可说，供养如来不可说，清净信心不可说，最胜悟解不可说，增上志乐不可说，恭敬诸佛不可说，修行于施不可说，其心过去不可说，有求皆施不可说，一切悉施不可说，持戒清净不可说，心意清净不可说，赞叹诸佛不可说，爱乐正法不可说，成就诸忍不可说，无生法忍不可说，具足寂静不可说，住寂静地不可说，起大精进不可说，其心过去不可说，不退转心不可说，不倾动心不可说，一切定藏不可说，观察诸法不可说，寂然在定不可说，了达诸禅不可说，智慧通达不可说，三昧自在不可说，了达诸法不可说，明见诸佛不可说，修无量行不可说，发广大愿不可说，甚深境界不可说，清净法门不可说，菩萨法力不可说，菩萨法住不可说，彼诸正念不可说，彼诸法界不可说，修方便智不可说，学甚深智不可说，无量智慧不可说，究竟智慧不可说，彼诸法智不可说，彼净法轮不可说，彼大法云不可说，彼大法雨不可说，彼诸神力不可说，彼诸方便不可说，入空寂智不可说，念念相续不可说，无量行门不可说，念念恒住不可说，诸佛刹海不可说，悉能往诣不可说，诸刹差别不可说，种种清净不可说，差别庄严不可说，无边色相不可说，种种间错不可说，种种妙好不可说，清净佛土不可说，杂染世界不可说，了知众生不可说，知其种性不可说，知其业报不可说，知其心行不可说，知其根性不可说，知其解欲不可说，杂染清净不可说，观察调伏不可说，变化自在不可说，现种种身不可说，修行精进不可说，度脱众生不可说，示现神变不可说，放大光明不可说，种种色相不可说，令众生净不可说，一一毛孔不可说，放光明网不可说，光网现色不可说，普照佛刹不可说，勇猛无畏不可说，方便善巧不可说，调伏众生不可说，令出生死不可说，清净身业不可说，清净语业不可说，无边意业不可说，殊胜妙行不可说，成就智宝不可说，深入法界不可说，菩萨总持不可说，善能修学不可说，智者音声不可说，音声清净不可说，正念真实不可说，开悟众生不可说，具足威仪不可说，清净修行不可说，成就无畏不可说，调伏世间不可说，诸佛子众不可说，清净胜行不可说，称叹诸佛不可说，赞扬无尽不可说，世间导师不可说，演说赞叹不可说，彼诸菩萨不可说，清净功德不可说，彼诸边际不可说，能住其中不可说，住中智慧不可说，尽诸劫住无能说，欣乐诸佛不可说，智慧平等不可说，善入诸法不可说，于法无碍不可说，三世如空不可说，三世智慧不可说，了达三世不可说，住于智慧不可说，殊胜妙行不可说，无量大愿不可说，清净大愿不可说，成就菩提不可说，诸佛菩提不可说，发生智慧不可说，分别义理不可说，知一切法不可说，严净佛刹不可说，修行诸力不可说，长时修习不可说，一念悟解不可说，诸佛自在不可说，广演正法不可说，种种神力不可说，示现世间不可说，清净法轮不可说，勇猛能转不可说，种种开演不可说，哀愍世间不可说。不可言说一切劫，赞不可说诸功德，不可说劫犹可尽，不可说德不可尽。不可言说诸如来，不可言说诸舌根，叹佛不可言说德，不可说劫无能尽。十方所有诸众生，一切同时成正觉，于中一佛普能现，不可言说一切身。此不可说中一身，示现于头不可说；此不可说中一头，示现于舌不可说；此不可说中一舌，示现于声不可说；此不可说中一声，经于劫住不可说。如一如是一切佛，如一如是一切身，如一如是一切头，如一如是一切舌，如一如是一切声，不可说劫恒赞佛，不可说劫犹可尽，叹佛功德无能尽。一微尘中能悉有，不可言说莲华界，一一莲华世界中，贤首如来不可说。乃至法界悉周遍，其中所有诸微尘，世界若成若住坏，其数无量不可说。一微尘处无边际，无量诸刹普来入，十方差别不可说，刹海分布不可说。一一刹中有如来，寿命劫数不可说，诸佛所行不可说，甚深妙法不可说，神通大力不可说，无障碍智不可说，入于毛孔不可说，毛孔因缘不可说，成就十力不可说，觉悟菩提不可说，入净法界不可说，获深智藏不可说。种种数量不可说，如其一切悉了知；种种形量不可说，于此靡不皆通达。种种三昧不可说，悉能经劫于中住，于不可说诸佛所，所行清净不可说。得不可说无碍心，往诣十方不可说，神力示现不可说，所行无际不可说，往诣众刹不可说，了达诸佛不可说，精进勇猛不可说，智慧通达不可说。于法非行非不行，入诸境界不可说，不可称说诸大劫，恒游十方不可说。方便智慧不可说，真实智慧不可说，神通智慧不可说，念念示现不可说。于不可说诸佛法，一一了知不可说，能于一时证菩提，或种种时而证入。毛端佛刹不可说，尘中佛刹不可说，如是佛刹皆往诣，见诸如来不可说。通达一实不可说，善入佛种不可说，诸佛国土不可说，悉能往诣成菩提。国土众生及诸佛，体性差别不可说，如是三世无有边，菩萨一切皆明见。

寿量品第三十一

尔时，心王菩萨摩诃萨于众会中告诸菩萨言：佛子！此娑婆世界释迦牟尼佛刹一劫，于极乐世界阿弥陀佛刹为一日一夜；极乐世界一劫，于袈裟幢世界金刚坚佛刹为一日一夜；袈裟幢世界一劫，于不退转音声轮世界善胜光明莲华开敷佛刹为一日一夜；不退转音声轮世界一劫，于离垢世界法幢佛刹为一日一夜；离垢世界一劫，于善灯世界师子佛刹为一日一夜；善灯世界一劫，于妙光明世界光明藏佛刹为一日一夜；妙光明世界一劫，于难超过世界法光明莲华开敷佛刹为一日一夜；难超过世界一劫，于庄严慧世界一切神通光明佛刹为一日一夜；庄严慧世界一劫，于镜光明世界月智佛刹为一日一夜。佛子！如是次第，乃至过百万阿僧祇世界，最后世界一劫，于胜莲华世界贤胜佛刹为一日一夜，普贤菩萨及诸同行大菩萨等充满其中。

诸菩萨住处品第三十二

尔时，心王菩萨摩诃萨于众会中告诸菩萨言：

佛子！东方有处，名：仙人山，从昔已来，诸菩萨众于中止住；现有菩萨，名：金刚胜，与其眷属、诸菩萨众三百人俱，常在其中而演说法。南方有处，名：胜峰山，从昔已来，诸菩萨众于中止住；现有菩萨，名曰：法慧，与其眷属、诸菩萨众五百人俱，常在其中而演说法。西方有处，名：金刚焰山，从昔已来，诸菩萨众于中止住；现有菩萨，名：精进无畏行，与其眷属、诸菩萨众三百人俱，常在其中而演说法。北方有处，名：香积山，从昔已来，诸菩萨众于中止住；现有菩萨，名曰：香象，与其眷属、诸菩萨众三千人俱，常在其中而演说法。东北方有处，名：清凉山，从昔已来，诸菩萨众于中止住；现有菩萨，名：文殊师利，与其眷属、诸菩萨众一万人俱，常在其中而演说法。海中有处，名：金刚山，从昔已来，诸菩萨众于中止住；现有菩萨，名曰：法起，与其眷属、诸菩萨众千二百人俱，常在其中而演说法。东南方有处，名：支提山，从昔已来，诸菩萨众于中止住；现有菩萨，名曰：天冠，与其眷属、诸菩萨众一千人俱，常在其中而演说法。西南方有处，名：光明山，从昔已来，诸菩萨众于中止住；现有菩萨，名曰：贤胜，与其眷属、诸菩萨众三千人俱，常在其中而演说法。西北方有处，名：香风山，从昔已来，诸菩萨众于中止住；现有菩萨，名曰：香光，与其眷属、诸菩萨众五千人俱，常在其中而演说法。

大海之中复有住处，名：庄严窟，从昔已来，诸菩萨众于中止住。毗舍离南有一住处，名：善住根，从昔已来，诸菩萨众于中止住。摩度罗城有一住处，名：满足窟，从昔已来，诸菩萨众于中止住。俱珍那城有一住处，名曰：法座，从昔已来，诸菩萨众于中止住。清净彼岸城有一住处，名：目真邻陀窟，从昔已来，诸菩萨众于中止住。摩兰陀国有一住处，名：无碍龙王建立，从昔已来，诸菩萨众于中止住。甘菩遮国有一住处，名：出生慈，从昔已来，诸菩萨众于中止住。震旦国有一住处，名：那罗延窟，从昔已来，诸菩萨众于中止住。疏勒国有一住处，名：牛头山，从昔已来，诸菩萨众于中止住。迦叶弥罗国有一住处，名曰：次第，从昔已来，诸菩萨众于中止住。增长欢喜城有一住处，名：尊者窟，从昔已来，诸菩萨众于中止住。庵浮梨摩国有一住处，名：见亿藏光明，从昔已来，诸菩萨众于中止住。乾陀罗国有一住处，名：苫婆罗窟，从昔已来，诸菩萨众于中止住。

大方广佛华严经卷第四十六

佛不思议法品第三十三之一

尔时，大会中有诸菩萨作是念：诸佛国土云何不思议？诸佛本愿云何不思议？诸佛种性云何不思议？诸佛出现云何不思议？诸佛身云何不思议？诸佛音声云何不思议？诸佛智慧云何不思议？诸佛自在云何不思议？诸佛无碍云何不思议？诸佛解脱云何不思议？

尔时，世尊知诸菩萨心之所念，则以神力加持，智慧摄受，光明照耀，威势充满，令青莲华藏菩萨住佛无畏，入佛法界，获佛威德，神通自在，得佛无碍广大观察，知一切佛种性次第，住不可说佛法方便。

尔时，青莲华藏菩萨则能通达无碍法界，则能安住离障深行，则能成满普贤大愿，则能知见一切佛法，以大悲心观察众生，欲令清净精勤修习无有厌怠，受行一切诸菩萨法，于一念中出生佛智，解了一切无尽智门，总持、辩才皆悉具足；承佛神力，告莲华藏菩萨言：

佛子！诸佛世尊有无量住，所谓：常住、大悲住、种种身作诸佛事住、平等意转净法轮住、四辩才说无量法住、不思议一切佛法住、清净音遍无量土住、不可说甚深法界住、现一切最胜神通住，能开示无有障碍究竟之法。

佛子！诸佛世尊有十种法，普遍无量无边法界。何等为十？所谓：一切诸佛有无边际身，色相清净，普入诸趣而无染著；一切诸佛有无边际无障碍眼，于一切法悉能明见；一切诸佛有无边际无障碍耳，悉能解了一切音声；一切诸佛有无边际鼻，能到诸佛自在彼岸；

一切诸佛有广长舌，出妙音声周遍法界；一切诸佛有无边际身，应众生心，咸令得见；一切诸佛有无边际意，住于无碍平等法身；一切诸佛有无边际无碍解脱，示现无尽大神通力；一切诸佛有无边际清净世界，随众生乐现众佛土，具足无量种种庄严，而于其中不生染著；一切诸佛有无边际菩萨行愿，得圆满智，游戏自在，悉能通达一切佛法。佛子！是为如来、应、正等觉普遍法界无边际十种佛法。

佛子！诸佛世尊有十种念念出生智。何等为十？所谓：一切诸佛于一念中，悉能示现无量世界从天来下；一切诸佛于一念中，悉能示现无量世界菩萨受生；一切诸佛于一念中，悉能示现无量世界出家学道；一切诸佛于一念中，悉能示现无量世界菩提树下成等正觉；一切诸佛于一念中，悉能示现无量世界转妙法轮；一切诸佛于一念中，悉能示现无量世界教化众生供养诸佛；一切诸佛于一念中，悉能示现无量世界不可言说种种佛身；一切诸佛于一念中，悉能示现无量世界种种庄严、无数庄严、如来自在一切智藏；一切诸佛于一念中，悉能示现无量世界无量无数清净众生；一切诸佛于一念中，悉能示现无量世界三世诸佛种种根性、种种精进、种种行解，于三世中成等正觉。是为十。

佛子！诸佛世尊有十种不失时。何等为十？所谓：一切诸佛成等正觉不失时；一切诸佛成熟有缘不失时；一切诸佛授菩萨记不失时；一切诸佛随众生心示现神力不失时；一切诸佛随众生解示现佛身不失时；一切诸佛住于大舍不失时；一切诸佛入诸聚落不失时；一切诸佛摄诸净信不失时；一切诸佛调恶众生不失时；一切诸佛现不思议诸佛神通不失时。是为十。

佛子！诸佛世尊有十种无比不思议境界。何等为十？所谓：一切诸佛一跏趺坐，遍满十方无量世界；一切诸佛说一义句，悉能开示一切佛法；一切诸佛放一光明，悉能遍照一切世界；一切诸佛于一身中，悉能示现一切诸身；一切诸佛于一处中，悉能示现一切世界；一切诸佛于一智中，悉能决了一切诸法无所罣碍；一切诸佛于一念中，悉能遍往十方世界；一切诸佛于一念中，悉现如来无量威德；一切诸佛于一念中，普缘三世佛及众生，心无杂乱；一切诸佛于一念中，与去、来、今一切诸佛体同无二。是为十。

佛子！诸佛世尊能出生十种智。何者为十？所谓：一切诸佛知一切法无所趣向，而能出生回向愿智；一切诸佛知一切法皆无有身，而能出生清净身智；一切诸佛知一切法本来无二，而能出生能觉悟智；一切诸佛知一切法无我无众生，而能出生调众生智；一切诸佛知一切法本来无相，而能出生了诸相智；一切诸佛知一切世界无有成坏，而能出生了成坏智；一切诸佛知一切法无有造作，而能出生知业果智；一切诸佛知一切法无有言说，而能出生了言说智；一切诸佛知一切法无有染净，而能出生知染净智；一切诸佛知一切法无有生灭，而能出生了生灭智。是为十。

佛子！诸佛世尊有十种普入法。何等为十？所谓：一切诸佛有净妙身，普入三世；一切诸佛皆悉具足三种自在，普化众生；一切诸佛皆悉具足诸陀罗尼，普能受持一切佛法；一切诸佛皆悉具足四种辩才，普转一切清净法轮；一切诸佛皆悉具足平等大悲，恒不舍离一切众生；一切诸佛皆悉具足甚深禅定，恒普观察一切众生；一切诸佛皆悉具足利他善根，调伏众生无有休息；一切诸佛皆悉具足无所碍心，普能安住一切法界；一切诸佛皆悉具足无碍神力，一念普现三世诸佛；一切诸佛皆悉具足无碍智慧，一念普立三世劫数。是为十。

佛子！诸佛世尊有十种难信受广大法。何等为十？所谓：一切诸佛悉能摧灭一切诸魔；一切诸佛悉能降伏一切外道；一切诸佛悉能调伏一切众生咸令欢悦；一切诸佛悉能往诣一切世界化导群品；一切诸佛悉能智证甚深法界；一切诸佛悉皆能以无二之身现种种身充满世界；一切诸佛悉皆能以清净音声起四辩才说法无断，凡有信受功不唐捐；一切诸佛皆悉能于一毛孔中出现诸佛，与一切世界微尘数等，无有断绝；一切诸佛皆悉能于一微尘中示现众刹，与一切世界微尘数等，具足种种上妙庄严，恒于其中转妙法轮教化众生，而微尘不大、世界不小，常以证智安住法界；一切诸佛皆悉了达清净法界，以智光明破世痴闇，令于佛法悉得开晓，随逐如来住十力中。是为十。

佛子！诸佛世尊有十种大功德，离过清净。何等为十？所谓：一切诸佛具大威德，离过清净；一切诸佛悉于三世如来家生，种族调善，离过清净；一切诸佛尽未来际心无所住，离过清净；一切诸佛于三世法皆无所著，离过清净；一切诸佛知种种性皆是一性，无所从来，离过清净；一切诸佛前际、后际福德无尽，等于法界，离过清净；一切诸佛无边身相遍十方刹，随时调伏一切众生，离过清净；一切诸佛获四无畏，离诸恐怖，于众会中大师子吼，明了分别一切诸法，离过清净；一切诸佛于不可说不可说劫入般涅槃，众生闻名获无量福，如佛现在功德无异，离过清净；一切诸佛远在不可说不可说世界中，若有众生一心正念则皆得见，离过清净。是为十。

佛子！诸佛世尊有十种究竟清净。何等为十？所谓：一切诸佛往昔大愿究竟清净；一切诸佛所持梵行究竟清净；一切诸佛离世众惑究竟清净；一切诸佛庄严国土究竟清净；一切诸佛所有眷属究竟清净；一切诸佛所有种族究竟清净；一切诸佛色身相好究竟清净；一切诸佛法身无染究竟清净；一切诸佛一切智智无有障碍究竟清净；一切诸佛解脱自在，所作已办，到于彼岸，究竟清净。是为十。

佛子！诸佛世尊于一切世界、一切时，有十种佛事。何等为十？一者，若有众生专心忆念，则现其前；二者，若有众生心不调顺，则为说法；三者，若有众生能生净信，必令获得无量善根；四者，若有众生能入法位，悉皆现证，无不了知；五者，教化众生无有疲厌；六者，游诸佛刹，往来无碍；七者，大悲不舍一切众生；八者，现变化身，恒不断绝；九者，神通自在，未尝休息；十者，安住法界，能遍观察。是为十。

佛子！诸佛世尊有十种无尽智海法。何等为十？所谓：一切诸佛无边法身无尽智海法；一切诸佛无量佛事无尽智海法；一切诸佛佛眼境界无尽智海法；一切诸佛无量无数难思善根无尽智海法；一切诸佛普雨一切甘露妙法无尽智海法；一切诸佛赞佛功德无尽智海法；一切诸佛往昔所修种种愿行无尽智海法；一切诸佛尽未来际恒作佛事无尽智海法；一切诸佛了知一切众生心行无尽智海法；一切诸佛福智庄严无能过者无尽智海法。是为十。

佛子！诸佛世尊有十种常法。何等为十？所谓：一切诸佛常行一切诸波罗蜜；一切诸佛于一切法常离迷惑；一切诸佛常具大悲；一切诸佛常有十力；一切诸佛常转法轮；一切诸佛常为众生示成正觉；一切诸佛常乐调伏一切众生；一切诸佛心常正念不二之法；一切诸佛化众生已，常示入于无余涅槃，诸佛境界无边际故。是为十。

佛子！诸佛世尊有十种演说无量诸佛法门。何等为十？所谓：一切诸佛演说无量众生界门；一切诸佛演说无量众生行门；一切诸佛演说无量众生业果门；一切诸佛演说无量化众生门；一切诸佛演说无量净众生门；一切诸佛演说无量菩萨行门；一切诸佛演说无量菩萨愿门；一切诸佛演说无量一切世界成坏劫门；一切诸佛演说无量菩萨深心净佛刹门；一切诸佛演说无量一切世界三世诸佛于彼彼劫次第出现门；一切诸佛演说一切诸佛智门。是为十。

佛子！诸佛世尊有十种为众生作佛事。何等为十？所谓：一切诸佛示现色身为众生作佛事；一切诸佛出妙音声为众生作佛事；一切诸佛有所受为众生作佛事；一切诸佛无所受为众生作佛事；一切诸佛以地、水、火、风为众生作佛事；一切诸佛神力自在示现一切所缘境界为众生作佛事；一切诸佛种种名号为众生作佛事；一切诸佛以佛刹境界为众生作佛事；一切诸佛严净佛刹为众生作佛事；一切诸佛寂寞无言为众生作佛事。是为十。

佛子！诸佛世尊有十种最胜法。何等为十？所谓：一切诸佛大愿坚固不可沮坏，所言必作，言无有二；一切诸佛为欲圆满一切功德，尽未来劫修菩萨行不生懈倦；一切诸佛为欲调伏一众生故，往不可说不可说世界，如是而为一切众生而无断绝；一切诸佛于信、于毁二种众生，大悲普观，平等无异；一切诸佛从初发心乃至成佛，终不退失菩提之心；一切诸佛积集无量诸善功德，皆以回向一切智性，于诸世间终无染著；一切诸佛于诸佛所修学三业，唯行佛行，非二乘行，皆为回向一切智性，成于无上正等菩提；一切诸佛放大光明，其光平等照一切处，及照一切诸佛之法，令诸菩萨心得清净，满一切智；一切诸佛舍离世乐，不贪不染，而普愿世间离苦得乐，无诸戏论；一切诸佛愍诸众生受种种苦，守护佛种，行佛境界，出离生死，逮十力地。是为十。

佛子！诸佛世尊有十种无障碍住。何等为十？所谓：一切诸佛皆能往一切世界无障碍住；一切诸佛皆能住一切世界无障碍住；一切诸佛皆能于一切世界行、住、坐、卧无障碍住；一切诸佛皆能于一切世界演说正法无障碍住；一切诸佛皆能于一切世界住兜率天宫无障碍住；一切诸佛皆能入法界一切三世无障碍住；一切诸佛皆能坐法界一切道场无障碍住；一切诸佛皆能念念观一切众生心行以三种自在教化调伏无障碍住；一切诸佛皆能以一身住无量不思议佛所及一切处利益众生无障碍住；一切诸佛皆能开示无量诸佛所说正法无障碍住。是为十。

佛子！诸佛世尊有十种最胜无上庄严。何等为十？一切诸佛皆悉具足诸相随好，是为诸佛第一最胜无上身庄严。一切诸佛皆悉具足六十种音，一一音有五百分，一一分无量百千清净之音以为严好，能于法界一切众中无诸恐怖，大师子吼演说如来甚深法义，众生闻者靡不欢喜，随其根欲悉得调伏，是为诸佛第二最胜无上语庄严。一切诸佛皆具十力、诸大三昧、十八不共庄严意业，所行境界通达无碍，一切佛法咸得无余，法界庄严而为庄严，法界众生心之所行，去、来、现在各各差别，于一念中悉能明见，是为诸佛第三最胜无上意庄严。一切诸佛皆悉能放无数光明，一一光明有不可说光明网以为眷属，普照一切诸佛国土，灭除一切世间黑闇，示现无量诸佛出兴，其身平等悉皆清净，所作佛事咸不唐捐，能令众生至不退转，是为诸佛第四最胜无上光明庄严。一切诸佛现微笑时，皆于口中放百千亿那由他阿僧祇光明，一一光明各有无量不思议种种色，遍照十方一切世界，于大众中发诚实语，授无量无数不思议众生阿耨多罗三藐三菩提记，是为诸佛第五离世痴惑最胜无上现微笑庄严。一切诸佛皆有法身清净无碍，于一切法究竟通达，住于法界无有边际，虽在世间不与世杂，了世实性，行出世法，言语道断，超蕴、界、处，是为诸佛第六最胜无上法身庄严。一切诸佛皆有无量常妙光明，不可说不可说种种色相以为严好为光明藏，出生无量圆满光明，普照十方无有障碍，是为诸佛第七最胜无上常妙光明庄严。一切诸佛皆有无边妙色、可爱妙色、清净妙色、随心所现妙色、映蔽一切三界妙色、到于彼岸无上妙色，是为诸佛第八最胜无上妙色庄严。一切诸佛皆于三世佛种中生，积众善宝，究竟清净，无诸过失，离世讥谤，一切法中最为殊胜清净妙行之所庄严，具足成就一切智智，种族清净无能讥毁，是为诸佛第九最胜无上种族庄严。一切诸佛以大慈力庄严其身，究竟清净无诸渴爱，身行永息，心善解脱，见者无厌，大悲救护一切世间；第一福田、无上受者，哀愍利益一切众生，悉令增长无量福德、智慧之聚，是为诸佛第十最胜无上大慈大悲功德庄严。是为十。

佛子！诸佛世尊有十种自在法。何等为十？所谓：一切诸佛于一切法悉得自在，明达种种句身、味身，演说诸法辩才无碍，是为诸佛第一自在法。一切诸佛教化众生未曾失时，随其愿乐为说正法，咸令调伏无有断绝，是为诸佛第二自在法。一切诸佛能令尽虚空界无量无数种种庄严，一切世界六种震动，令彼世界或举或下、或大或小、或合或散，未曾恼害于一众生，其中众生不觉不知、无疑无怪，是为诸佛第三自在法。一切诸佛以神通力悉能严净一切世界，于一念顷普现一切世界庄严，此诸庄严经无数劫说不能尽，悉皆离染，清净无比，一切佛刹严净之事，皆令平等入一刹中，是为诸佛第四自在法。一切诸佛见一众生应受化者，为其住寿，经不可说不可说劫，乃至尽未来际，结跏趺坐，身心无倦，专心忆念，未曾废忘，方便调伏而不失时；如为一众生，为一切众生悉亦如是，是为诸佛第五自在法。一切诸佛悉能遍往一切世界一切如来所行之处，而不暂舍一切法界；十方各别，一一方有无量世界海，一一世界海有无量世界种，佛以神力一念咸到，转于无碍清净法轮，是为诸佛第六自在法。一切诸佛为欲调伏一切众生，念念中成阿耨多罗三藐三菩提，而于一切佛法非已现觉，亦非当觉，亦不住于有学之地，而悉知见，通达无碍，无量智慧，无量自在，教化调伏一切众生，是为诸佛第七自在法。一切诸佛能以眼处作耳处佛事，能以耳处作鼻处佛事，能以鼻处作舌处佛事，能以舌处作身处佛事，能以身处作意处佛事，能以意处于一切世界中住世、出世间种种境界，一一境界中能作无量广大佛事，是为诸佛第八自在法。一切诸佛，其身毛孔一一能容一切众生，一一众生其身悉与不可说诸佛刹等而无迫隘，一一众生步步能过无数世界，如是展转尽无数劫，悉见诸佛出现于世，教化众生，转净法轮，开示过去、未来、现在不可说法；尽虚空界一切众生诸趣受身，威仪、往来及其所受种种乐具皆悉具足，而于其中无所障碍，是为诸佛第九自在法。一切诸佛于一念顷现一切世界微尘数佛，一一佛皆于一切法界众妙莲华广大庄严世界莲华藏师子座上成等正觉，示现诸佛自在神力；如于众妙莲华广大庄严世界，如是于一切法界中不可说不可说种种庄严、种种境界、种种形相、种种示现、种种劫数清净世界；如于一念，如是于无量无边阿僧祇劫一切念中，一念一切现，一念无量住，而未曾用少方便力，是为诸佛第十自在法。

佛子！诸佛世尊有十种无量不思议圆满佛法。何等为十？所谓：一切诸佛一一净相皆具百福；一切诸佛皆悉成就一切佛法；一切诸佛皆悉成就一切善根；一切诸佛皆悉成就一切功德；一切诸佛皆能教化一切众生；一切诸佛皆悉能为众生作主；一切诸佛皆悉成就清净佛刹；一切诸佛皆悉成就一切智智；一切诸佛皆悉成就色身相好，见者获益，功不唐捐；一切诸佛皆具诸佛平等正法；一切诸佛作佛事已，莫不示现入于涅槃。是为十。

佛子！诸佛世尊有十种善巧方便。何等为十？一切诸佛了知诸法皆离戏论，而能开示诸佛善根，是为第一善巧方便。一切诸佛知一切法悉无所见、各不相知、无缚无解、无受无集、无成就，自在究竟到于彼岸，然于诸法真实而知不异不别，而得自在、无我无受、不坏实际，已得至于大自在地，常能观察一切法界，是为第二善巧方便。一切诸佛永离诸相，心无所住，而能悉知不乱不错，虽知一切相皆无自性，而如其体性悉能善入，而亦示现无量色身，及以一切清净佛土种种庄严无尽之相，集智慧灯灭众生惑，是为第三善巧方便。一切诸佛住于法界，不住过去、未来、现在，如如性中无去、来、今三世相故，而能演说去、来、今世无量诸佛出现世间，令其闻者普见一切诸佛境界，是为第四善巧方便。一切诸佛身、语、意业，无所造作，无来无去，亦无有住，离诸数法，到于一切诸法彼岸，而为众法藏，具无量智，了达种种世、出世法，智慧无碍，示现无量自在神力，调伏一切法界众生，是为第五善巧方便。一切诸佛知一切法不可见，非一、非异，非量、非无量，非来、非去，皆无自性，亦不违于世间诸法；一切智者，无自性中见一切法，于法自在，广说诸法，而常安住真如实性，是为第六善巧方便。一切诸佛于一时中知一切时，具净善根，入于正位而无所著，于其日月、年劫、成坏，如是等时不住不舍，而能示现若昼若夜、初中后时、一日、七日、半月、一月、一年、百年、一劫、多劫、不可思劫、不可说劫，乃至尽于未来际劫，恒为众生转妙法轮，不断不退，无有休息，是为第七善巧方便。一切诸佛恒住法界，成就诸佛无量无畏及不可数辩、不可量辩、无尽辩、无断辩、无边辩、不共辩、无穷辩、真实辩、方便开示一切句辩、一切法辩，随其根性及以欲解，以种种法门说不可说不可说百千亿那由他修多罗，初、中、后善，皆悉究竟，是为第八善巧方便。一切诸佛住净法界，知一切法本无名字，无过去名，无现在名，无未来名；无众生名，无非众生名；无国土名，无非国土名；无法名，无非法名；无功德名，无非功德名；无菩萨名，无佛名；无数名，无非数名；无生名，无灭名；无有名，无无名；无一名，无种种名。何以故？诸法体性不可说故。一切诸法无方无处，不可集说，不可散说，不可一说，不可多说，音声莫逮，言语悉断，虽随世俗种种言说，无所攀缘，无所造作，远离一切虚妄想著，如是究竟到于彼岸。是为第九善巧方便。一切诸佛知一切法本性寂静，无生故非色，无戏论故非受，无名数故非想，无造作故非行，无执取故非识，无入处故非处，无所得故非界，然亦不坏一切诸法，本性无起如虚空故。一切诸法皆悉空寂，无业果，无修习，无成就，无出生，非数、非不数，非有、非无，非生、非灭，非垢、非净，非入、非出，非住、非不住，非调伏、非不调伏，非众生、非无众生，非寿命、非无寿命，非因缘、非无因缘，而能了知正定、邪定及不定聚一切众生，为说妙法令到彼岸，成就十力、四无所畏，能师子吼，具一切智，住佛境界，是为第十善巧方便。佛子！是为诸佛成就十种善巧方便。

大方广佛华严经卷第四十七

佛不思议法品第三十三之二

佛子！诸佛世尊有十种广大佛事，无量无边，不可思议，一切世间诸天及人皆不能知，去、来、现在所有一切声闻、独觉亦不能知，唯除如来威神之力。何等为十？所谓：

一切诸佛于尽虚空遍法界一切世界兜率陀天，皆现受生，修菩萨行，作大佛事，无量色相，无量威德，无量光明，无量音声，无量言辞，无量三昧，无量智慧，所行境界摄取一切人、天、魔、梵、沙门、婆罗门、阿修罗等，大慈无碍，大悲究竟，平等饶益一切众生，或令生天，或令生人，或净其根，或调其心，或时为说差别三乘，或时为说圆满一乘，普皆济度，令出生死，是为第一广大佛事。

佛子！一切诸佛从兜率天降神母胎，以究竟三昧观受生法如幻、如化、如影、如空、如热时焰，随乐而受，无量无碍，入无诤法，起无著智，离欲清净，成就广大妙庄严藏，受最后身，住大宝庄严楼阁而作佛事，或以神力而作佛事，或以正念而作佛事，或现神通而作佛事，或现智日而作佛事，或现诸佛广大境界而作佛事，或现诸佛无量光明而作佛事，或入无数广大三昧而作佛事，或现从彼诸三昧起而作佛事。佛子！如来尔时在母胎中，为欲利益一切世间种种示现而作佛事。所谓：或现初生，或现童子，或现在宫，或现出家，或复示现成等正觉，或复示现转妙法轮，或示现于入般涅槃，如是皆以种种方便，于一切方、一切网、一切族、一切种、一切世界中而作佛事。是为第二广大佛事。

佛子！一切诸佛一切善业皆已清净，一切生智皆已明洁，而以生法诱导群迷，令其开悟，具行众善。为众生故，示诞王宫，一切诸佛于诸色欲宫殿妓乐皆已舍离，无所贪染，常观诸有空无体性，一切乐具悉不真实，持佛净戒究竟圆满；观诸内宫妻妾、侍从生大悲愍，观诸众生虚妄不实起大慈心，观诸世间无一可乐而生大喜，于一切法心得自在而起大舍；具佛功德，现生法界，身相圆满，眷属清净，而于一切皆无所著；以随类音为众演说，令于世法深生厌离，如其所行示所得果，复以方便随应教化，未成熟者令其成熟，已成熟者令得解脱，为作佛事令不退转；复以广大慈悲之心，恒为众生说种种法，又为示现三种自在，令其开悟，心得清净。虽处内宫，众所咸睹，而于一切诸世界中施作佛事；以大智慧，以大精进，示现种种诸佛神通，无碍无尽。恒住三种巧方便业，所谓：身业究竟清净、语业常随智慧而行、意业甚深无有障碍，以是方便利益众生。是为第三广大佛事。

佛子！一切诸佛示处种种庄严宫殿，观察厌离，舍而出家，欲使众生了知世法皆是妄想、无常、败坏，深起厌离，不生染著，永断世间贪爱烦恼，修清净行，利益众生。当出家时，舍俗威仪，住无诤法，满足本愿无量功德，以大智光灭世痴闇，为诸世间无上福田，常为众生赞佛功德，令于佛所植诸善本，以智慧眼见真实义；复为众生赞说出家，清净无过，永得出离，长为世间智慧高幢。是为第四广大佛事。

佛子！一切诸佛具一切智，于无量法悉已知见，菩提树下成最正觉，降伏众魔，威德特尊。其身充满一切世界，神力所作无边无尽，于一切智所行之义皆得自在，修诸功德悉已圆满。其菩提座具足庄严，周遍十方一切世界，佛处其上转妙法轮，说诸菩萨所有行愿，开示无量诸佛境界，令诸菩萨皆得悟入，修行种种清净妙行。复能示导一切众生令种善根，生于如来平等地中，住诸菩萨无边妙行，成就一切功德胜法，一切世界、一切众生、一切佛刹、一切诸法、一切菩萨、一切教化、一切三世、一切调伏、一切神变、一切众生心之乐欲，悉善了知而作佛事。是为第五广大佛事。

佛子！一切诸佛转不退法轮，令诸菩萨不退转故；转无量法轮，令一切世间咸了知故；转开悟一切法轮，能大无畏师子吼故；转一切法智藏法轮，开法藏门，除闇障故；转无碍法轮，等虚空故；转无著法轮，观一切法非有无故；转照世法轮，令一切众生净法眼故；转开示一切智法轮，悉遍一切三世法故；转一切佛同一法轮，一切佛法不相违故。一切诸佛以如是等无量无数百千亿那由他法轮，随诸众生心行差别而作佛事不可思议。是为第六广大佛事。

佛子！一切诸佛入于一切王都城邑，为诸众生而作佛事，所谓：人王都邑、天王都邑，龙王、夜叉王、乾闼婆王、阿修罗王、迦楼罗王、紧那罗王、摩睺罗伽王、罗刹王、毗舍阇王，如是等王一切都邑。入城门时，大地震动，光明普照，盲者得眼，聋者得耳，狂者得心，裸者得衣，诸忧苦者悉得安乐；一切乐器不鼓自鸣，诸庄严具若著、不著咸出妙音，众生闻者无不欣乐。一切诸佛色身清净，相好具足，见者无厌，能为众生作于佛事。所谓：若顾视，若观察，若动转，若屈伸，若行，若住，若坐，若卧，若默，若语，若现神通，若为说法，若有教敕，如是一切皆为众生而作佛事。一切诸佛普于一切无数世界种种众生心乐海中，劝令念佛，常勤观察，种诸善根，修菩萨行；叹佛色相微妙第一，一切众生难可值遇，若有得见而兴信心，则生一切无量善法，集佛功德普皆清净。如是称赞佛功德已，分身普往十方世界，令诸众生，悉得瞻奉，思惟观察，承事供养，种诸善根，得佛欢喜，增长佛种，悉当成佛。以如是行而作佛事，或为众生示现色身，或出妙音，或但微笑，令其信乐，头顶礼敬，曲躬合掌，称扬赞叹，问讯起居而作佛事。一切诸佛以如是等无量无数不可言说不可思议种种佛事，于一切世界中，随诸众生心之所乐，以本愿力、大慈悲力、一切智力，方便教化，悉令调伏。是为第七广大佛事。

佛子！一切诸佛或住阿兰若处而作佛事；或住寂静处而作佛事；或住空闲处而作佛事；或住佛住处而作佛事；或住三昧而作佛事；或独处园林而作佛事；或隐身不现而作佛事；或住甚深智而作佛事；或住诸佛无比境界而作佛事；或住不可见种种身行，随诸众生心乐欲解，方便教化无有休息，而作佛事；或以天身，求一切智而作佛事；或以龙身、夜叉身、乾闼婆身、阿修罗身、迦楼罗身、紧那罗身、摩睺罗伽、人、非人等身，求一切智而作佛事；或以声闻身、独觉身、菩萨身，求一切智而作佛事；或时说法，或时寂默，而作佛事；或说一佛，或说多佛，而作佛事；或说诸菩萨一切行、一切愿，为一行愿而作佛事；或说诸菩萨一行、一愿，为无量行愿而作佛事；或说佛境界即世间境界而作佛事；或说世间境界即佛境界而作佛事；或说佛境界即非境界而作佛事；或住一日，或住一夜，或住半月，或住一月，或住一年，乃至住不可说劫，为诸众生而作佛事。是为第八广大佛事。

佛子！一切诸佛是生清净善根之藏，令诸众生于佛法中生净信解，诸根调伏，永离世间；令诸菩萨于菩提道，具智慧明，不由他悟。或现涅槃而作佛事；或现世间皆悉无常而作佛事；或说佛身而作佛事；或说所作皆悉已办而作佛事；或说功德圆满无缺而作佛事；或说永断诸有根本而作佛事；或令众生，厌离世间，随顺佛心，而作佛事；或说寿命终归于尽而作佛事；或说世间无一可乐而作佛事；或为宣说尽未来际供养诸佛而作佛事；或说诸佛转净法轮，令其得闻生大欢喜，而作佛事；或为宣说诸佛境界，令其发心而修诸行，而作佛事；或为宣说念佛三昧，令其发心常乐见佛，而作佛事；或为宣说诸根清净，勤求佛道，心无懈退，而作佛事；或诣一切诸佛国土，观诸境界种种因缘而作佛事；或摄一切诸众生身皆为佛身，令诸懈怠放逸众生悉住如来清净禁戒，而作佛事。是为第九广大佛事。

佛子！一切诸佛入涅槃时，无量众生悲号涕泣，生大忧恼，递相瞻顾而作是言：如来世尊有大慈悲，哀愍饶益一切世间，与诸众生为救为归。如来出现难可值遇，无上福田于今永灭。即以如是，令诸众生悲号恋慕，而作佛事。复为化度一切天人、龙神、夜叉、乾闼婆、阿修罗、迦楼罗、紧那罗、摩睺罗伽、人、非人等故，随其乐欲，自碎其身以为舍利，无量无数不可思议，令诸众生起净信心，恭敬尊重，欢喜供养，修诸功德，具足圆满。复起于塔，种种严饰，于诸天宫、龙宫、夜叉宫、乾闼婆、阿修罗、迦楼罗、紧那罗、摩睺罗伽、人、非人等诸宫殿中，以为供养。牙齿、爪发咸以起塔，令其见者皆悉念佛、念法、念僧，信乐不回，诚敬尊重，在在处处布施供养、修诸功德；以是福故，或生天上，或处人间，种族尊荣，财产备足，所有眷属悉皆清净，不入恶趣，常生善道，恒得见佛，具众白法，于三有中速得出离，各随所愿获自乘果，于如来所知恩报恩，永与世间作所归依。佛子！诸佛世尊虽般涅槃，仍与众生作不思议清净福田、无尽功德最上福田，令诸众生善根具足、福德圆满。是为第十广大佛事。

佛子！此诸佛事无量广大、不可思议，一切世间诸天及人及去来今声闻、独觉皆不能知，唯除如来威神所加。

佛子！诸佛世尊有十种无二行自在法。何等为十？所谓：一切诸佛悉能善说，授记言辞，决定无二；一切诸佛悉能随顺众生心念，令其意满，决定无二；一切诸佛悉能现觉一切诸法，演说其义，决定无二；一切诸佛悉能具足去、来、今世诸佛智慧，决定无二；一切诸佛悉知三世一切刹那即一刹那，决定无二；一切诸佛悉知三世一切佛刹入一佛刹，决定无二；一切诸佛悉知三世一切佛语即一佛语，决定无二；一切诸佛悉知三世一切诸佛，与其所化一切众生，体性平等，决定无二；一切诸佛悉知世法及诸佛法性无差别，决定无二；一切诸佛悉知三世一切诸佛所有善根同一善根，决定无二。是为十。

佛子！诸佛世尊有十种住，住一切法。何等为十？所谓：一切诸佛住觉悟一切法界；一切诸佛住大悲语；一切诸佛住本大愿；一切诸佛住不舍调伏众生；一切诸佛住无自性法；一切诸佛住平等利益；一切诸佛住无忘失法；一切诸佛住无障碍心；一切诸佛住恒正定心；一切诸佛住等入一切法，不违实际相。是为十。

佛子！诸佛世尊有十种知一切法尽无有余。何等为十？所谓：知过去一切法尽无有余；知未来一切法尽无有余；知现在一切法尽无有余；知一切言语法尽无有余；知一切世间道尽无有余；知一切众生心尽无有余；知一切菩萨善根上、中、下种种分位尽无有余；知一切佛圆满智及诸善根不增不减尽无有余；知一切法皆从缘起尽无有余；知一切世界种尽无有余；知一切法界中如因陀罗网诸差别事尽无有余。是为十。

佛子！诸佛世尊有十种力。何等为十？所谓：广大力、最上力、无量力、大威德力、难获力、不退力、坚固力、不可坏力、一切世间不思议力、一切众生无能动力。是为十。

佛子！诸佛世尊有十种大那罗延幢勇健法。何者为十？所谓：

一切诸佛，身不可坏，命不可断，世间毒药所不能中，一切世界水、火、风灾皆于佛身不能为害。一切诸魔、天、龙、夜叉、乾闼婆、阿修罗、迦楼罗、紧那罗、摩睺罗伽、人、非人、毗舍阇、罗刹等，尽其势力，雨大金刚如须弥山及铁围山，遍于三千大千世界，一时俱下，不能令佛心有惊怖，乃至一毛亦不摇动，行、住、坐、卧初无变易。佛所住处四方远近，不令其下则不能雨；假使不制而从雨之，终不为损。若有众生为佛所持及佛所使，尚不可害，况如来身！是为诸佛第一大那罗延幢勇健法。佛子！一切诸佛以一切法界诸世界中须弥山王，及铁围山、大铁围山、大海、山林、宫殿、屋宅，置一毛孔，尽未来劫，而诸众生不觉不知，唯除如来神力所被。佛子！尔时，诸佛于一毛孔持于尔所一切世界，尽未来劫，或行、或住、或坐、或卧，不生一念劳倦之心。佛子！譬如虚空普持一切遍法界中所有世界而无劳倦，一切诸佛于一毛孔持诸世界亦复如是。是为诸佛第二大那罗延幢勇健法。

佛子！一切诸佛能于一念起不可说不可说世界微尘数步，一一步过不可说不可说佛刹微尘数国土，如是而行，经一切世界微尘数劫。佛子！假使有一大金刚山，与上所经一切佛刹其量正等。如是量等大金刚山，有不可说不可说佛刹微尘数，诸佛能以如是诸山置一毛孔。佛身毛孔与法界中一切众生毛孔数等，一一毛孔悉置尔许大金刚山，持尔许山游行十方，入尽虚空一切世界，从于前际尽未来际，一切诸劫无有休息，佛身无损亦不劳倦，心常在定无有散乱。是为诸佛第三大那罗延幢勇健法。

佛子！一切诸佛一坐食已，结跏趺坐，经前后际不可说劫，入佛所受不思议乐，其身安住，寂然不动，亦不废舍化众生事。佛子！假使有人于遍虚空一一世界悉以毛端次第度量，诸佛能于一毛端处结跏趺坐，尽未来劫；如一毛端处，一切毛端处悉亦如是。佛子！假使十方一切世界所有众生，一一众生其身大小悉与不可说佛刹微尘数世界量等，轻重亦尔，诸佛能以尔所众生置一指端，尽于后际所有诸劫；一切指端皆亦如是，尽持尔许一切众生入遍虚空一一世界，尽于法界悉使无余，而佛身心曾无劳倦。是为诸佛第四大那罗延幢勇健法。

佛子！一切诸佛能于一身化现不可说不可说佛刹微尘数头，一一头化现不可说不可说佛刹微尘数舌，一一舌化出不可说不可说佛刹微尘数差别音声——法界众生靡不皆闻，一一音声演不可说不可说佛刹微尘数修多罗藏，一一修多罗藏演不可说不可说佛刹微尘数法，一一法有不可说不可说佛刹微尘数文字句义；如是演说，尽不可说不可说佛刹微尘数劫；尽是劫已，复更演说，尽不可说不可说佛刹微尘数劫；如是次第，乃至尽于一切世界微尘数，尽一切众生心念数。未来际劫犹可穷尽，如来化身所转法轮无有穷尽。所谓：智慧演说法轮、断诸疑惑法轮、照一切法法轮、开无碍藏法轮、令无量众生欢喜调伏法轮、开示一切诸菩萨行法轮、高升圆满大智慧日法轮、普然照世智慧明灯法轮、辩才无畏种种庄严法轮。如一佛身以神通力转如是等差别法轮，一切世法无能为喻。如是，尽虚空界一一毛端分量之处，有不可说不可说佛刹微尘数世界，一一世界中念念现不可说不可说佛刹微尘数化身，一一化身皆亦如是，所说音声文字句义，一一充满一切法界，其中众生皆得解了，而佛言音无变、无断、无有穷尽。是为诸佛第五大那罗延幢勇健法。

佛子！一切诸佛皆以德相庄严胸臆，犹若金刚不可损坏，菩提树下结跏趺坐。魔王军众其数无边，种种异形甚可怖畏，众生见者靡不惊慑，悉发狂乱或时致死。如是魔众遍满虚空，如来见之，心无恐怖，容色不变，一毛不竖，不动不乱，无所分别，离诸喜怒，寂然清净，住佛所住，具慈悲力，诸根调伏，心无所畏，非诸魔众所能倾动，而能摧伏一切魔军，皆使回心，稽首归依，然后复以三轮教化，令其悉发阿耨多罗三藐三菩提意永不退转。是为诸佛第六大那罗延幢勇健法。

佛子！一切诸佛有无碍音，其音普遍十方世界，众生闻者自然调伏。彼诸如来所出音声，须弥卢等一切诸山不能为障，天宫、龙宫、夜叉宫、乾闼婆、阿修罗、迦楼罗、紧那罗、摩睺罗伽、人、非人等一切诸宫所不能障，一切世界高大音声亦不能障。随所应化，一切众生靡不皆闻，文字句义悉得解了。是为诸佛第七大那罗延幢勇健法。

佛子！一切诸佛心无障碍，于百千亿那由他不可说不可说劫，恒善清净。去、来、现在一切诸佛同一体性，无浊、无翳，无我、无我所，非内、非外，了境空寂，不生妄想；无所依，无所作，不住诸相，永断分别；本性清净，舍离一切攀缘忆念，于一切法常无违诤；住于实际，离欲清净，入真法界，演说无尽；离量、非量所有妄想，绝为、无为一切言说，于不可说无边境界悉已通达；无碍无尽智慧方便，成就十力一切功德庄严清净，演说种种无量诸法，皆与实相不相违背；于诸法界三世诸法，悉等无异，究竟自在；入一切法最胜之藏，一切法门正念不惑，安住十方一切佛刹而无动转；得不断智，知一切法究竟无余，尽诸有漏，心善解脱，慧善解脱，住于实际，通达无碍，心常正定；于三世法及以一切众生心行，一念了达，皆无障碍。是为诸佛第八大那罗延幢勇健法。

佛子！一切诸佛同一法身、境界无量身、功德无边身、世间无尽身、三界不染身、随念示现身、非实非虚平等清净身、无来无去无为不坏身、一相无相法自性身、无处无方遍一切身、神变自在无边色相身、种种示现普入一切身、妙法方便身、智藏普照身、示法平等身、普遍法界身、无动无分别非有非无常清净身、非方便非不方便非灭非不灭随所应化一切众生种种信解而示现身、从一切功德宝所生身、具一切诸佛法真如身、本性寂静无障碍身、成就一切无碍法身、遍住一切清净法界身、分形普遍一切世间身、无攀缘无退转永解脱具一切智普了达身，是为诸佛第九大那罗延幢勇健法。

佛子！一切诸佛等悟一切诸如来法，等修一切诸菩萨行；若愿若智，清净平等，犹如大海，悉得满足；行力尊胜，未曾退怯，住诸三昧无量境界，示一切道，劝善诫恶；智力第一演法无畏，随有所问悉能善答，智慧说法平等清净，身、语、意行悉皆无杂，住佛所住诸佛种性，以佛智慧而作佛事；住一切智，演无量法，无有根本，无有边际，神通智慧不可思议，一切世间无能解了；智慧深入，见一切法微妙广大无量无边，三世法门咸善通达，一切世界悉能开晓；以出世智，于诸世间作不可说种种佛事，成不退智，入诸佛数；虽已证得不可言说离文字法，而能开示种种言辞；以普贤智集诸善行，成就一念相应妙慧，于一切法悉能觉了，如先所念一切众生，皆依自乘而施其法；一切诸法、一切世界、一切众生、一切三世，于法界内，如是境界其量无边，以无碍智悉能知见。佛子！一切诸佛于一念顷，随所应化出兴于世，住清净土，成等正觉，现神通力，开悟三世一切众生心、意及识不失于时。佛子！众生无边，世界无边，法界无边，三世无边，诸佛最胜亦无有边，悉现于中成等正觉，以佛智慧方便开悟无有休息。佛子！一切诸佛以神通力，现最妙身，住无边处，大悲方便，心无障碍，于一切时常为众生演说妙法。是为诸佛第十大那罗延幢勇健法。

佛子！此一切诸佛大那罗延幢勇健法无量无边、不可思议，去、来、现在一切众生及以二乘不能解了，唯除如来神力所加。

佛子！诸佛世尊有十种决定法。何等为十？所谓：一切诸佛定从兜率寿尽下生；一切诸佛定示受生，处胎十月；一切诸佛定厌世俗，乐求出家；一切诸佛决定坐于菩提树下成等正觉，悟诸佛法；一切诸佛定于一念悟一切法，一切世界示现神力；一切诸佛定能应时转妙法轮；一切诸佛定能随彼所种善根，应时说法而为授记；一切诸佛定能应时为作佛事；一切诸佛定能为诸成就菩萨而授记别；一切诸佛定能一念普答一切众生所问。是为十。

佛子！诸佛世尊有十种速疾法。何等为十？所谓：一切诸佛若有见者，速得远离一切恶趣；一切诸佛若有见者，速得圆满殊胜功德；一切诸佛若有见者，速能成就广大善根；一切诸佛若有见者，速得往生净妙天上；一切诸佛若有见者，速能除断一切疑惑；一切诸佛若已发菩提心而得见者，速得成就广大信解永不退转，能随所应教化众生，若未发心即能速发阿耨多罗三藐三菩提心；一切诸佛若未入正位而得见者，速入正位；一切诸佛若有见者，速能清净世、出世间一切诸根；一切诸佛若有见者，速得除灭一切障碍；一切诸佛若有见者，速能获得无畏辩才。是为十。

佛子！诸佛世尊有十种应常忆念清净法。何等为十？所谓：一切诸佛过去因缘，一切菩萨应常忆念；一切诸佛清净胜行，一切菩萨应常忆念；一切诸佛满足诸度，一切菩萨应常忆念；一切诸佛成就大愿，一切菩萨应常忆念；一切诸佛积集善根，一切菩萨应常忆念；一切诸佛已具梵行，一切菩萨应常忆念；一切诸佛现成正觉，一切菩萨应常忆念；一切诸佛色身无量，一切菩萨应常忆念；一切诸佛神通无量，一切菩萨应常忆念；一切诸佛十力无畏，一切菩萨应常忆念。是为十。

佛子！诸佛世尊有十种一切智住。何等为十？所谓：一切诸佛于一念中，悉知三世一切众生心、心所行；一切诸佛于一念中，悉知三世一切众生所集诸业及业果报；一切诸佛于一念中，悉知一切众生所宜，以三种轮教化调伏；一切诸佛于一念中，尽知法界一切众生所有心相，于一切处普现佛兴，令其得见，方便摄受；一切诸佛于一念中，普随法界一切众生心乐欲解，示现说法，令其调伏；一切诸佛于一念中，悉知法界一切众生心之所乐，为现神力；一切诸佛于一念中，遍一切处，随所应化一切众生示现出兴，为说佛身不可取著；一切诸佛于一念中，普至法界一切处一切众生彼彼诸道；一切诸佛于一念中，随诸众生有忆念者，在在处处无不往应；一切诸佛于一念中，悉知一切众生解欲，为其示现无量色相。是为十。

佛子！诸佛世尊有十种无量不可思议佛三昧。何等为十？所谓：一切诸佛恒在正定，于一念中遍一切处，普为众生广说妙法；一切诸佛恒在正定，于一念中遍一切处，普为众生说无我际；一切诸佛恒住正定，于一念中遍一切处，普入三世；一切诸佛恒在正定，于一念中遍一切处，普入十方广大佛刹；一切诸佛恒在正定，于一念中遍一切处，普现无量种种佛身；一切诸佛恒在正定，于一念中遍一切处，随诸众生种种心解现身、语、意；一切诸佛恒在正定，于一念中遍一切处，说一切法离欲真际；一切诸佛恒住正定，于一念中遍一切处，演说一切缘起自性；一切诸佛恒住正定，于一念中遍一切处，示现无量世、出世间广大庄严，令诸众生常得见佛；一切诸佛恒住正定，于一念中遍一切处，令诸众生悉得通达一切佛法、无量解脱，究竟到于无上彼岸。是为十。

佛子！诸佛世尊有十种无碍解脱。何等为十？所谓：一切诸佛能于一尘现不可说不可说诸佛出兴于世；一切诸佛能于一尘现不可说不可说诸佛转净法轮；一切诸佛能于一尘现不可说不可说众生受化调伏；一切诸佛能于一尘现不可说不可说诸佛国土；一切诸佛能于一尘现不可说不可说菩萨授记；一切诸佛能于一尘现去、来、今一切诸佛；一切诸佛能于一尘现去、来、今诸世界种；一切诸佛能于一尘现去、来、今一切神通；一切诸佛能于一尘现去、来、今一切众生；一切诸佛能于一尘现去、来、今一切佛事。是为十。

大方广佛华严经卷第四十八

如来十身相海品第三十四

尔时，普贤菩萨摩诃萨告诸菩萨言：

佛子！今当为汝演说如来所有相海。

佛子！如来顶上有三十二宝庄严大人相。其中有大人相，名：光照一切方普放无量大光明网，一切妙宝以为庄严，宝发周遍，柔软密致，一一咸放摩尼宝光，充满一切无边世界，悉现佛身色相圆满，是为一。次有大人相，名：佛眼光明云，以摩尼王种种庄严出金色光，如眉间毫相所放光明，其光普照一切世界，是为二。次有大人相，名：充满法界云，上妙宝轮以为庄严，放于如来福智灯明，普照十方一切法界诸世界海，于中普现一切诸佛及诸菩萨，是为三。次有大人相，名：示现普照云，真金摩尼种种庄严，其诸妙宝咸放光明，照不思议诸佛国土，一切诸佛于中出现，是为四。次有大人相，名：放宝光明云，摩尼宝王清净庄严，毗琉璃宝以为华蕊，光照十方一切法界，于中普现种种神变，赞叹如来往昔所行智慧功德，是为五。次有大人相，名：示现如来遍法界大自在云，菩萨神变宝焰摩尼以为其冠，具如来力觉悟一切宝焰光轮以为其鬘，其光普照十方世界，于中示现一切如来坐于道场，一切智云充满虚空无量法界，是为六。次有大人相，名：如来普灯云，以能震动法界国土大自在宝海而为庄严，放净光明充满法界，于中普现十方诸菩萨功德海、过现未来佛智慧幢海，是为七。次有大人相，名：普照诸佛广大云，因陀罗宝、如意王宝、摩尼王宝以为庄严，常放菩萨焰灯光明，普照十方一切世界，于中显现一切诸佛众色相海、大音声海、清净力海，是为八。次有大人相，名：圆满光明云，上妙琉璃摩尼王种种宝华以为庄严，一切众宝舒大焰网充满十方，一切世界一切众生悉见如来现坐其前，赞叹诸佛及诸菩萨法身功德，令入如来清净境界，是为九。次有大人相，名：普照一切菩萨行藏光明云，众宝妙华以为庄严，宝光普照无量世界，宝焰普覆一切国土，十方法界通达无碍，震动佛音宣畅法海，是为十。次有大人相，名：普光照耀云，毗琉璃、因陀罗、金刚摩尼宝以为庄严，琉璃宝光色相明彻，普照一切诸世界海，出妙音声充满法界，如是皆从诸佛智慧大功德海之所化现，是为十一。次有大人相，名：正觉云，以杂宝华而为庄严，其诸宝华悉放光明，皆有如来坐于道场，充满一切无边世界，令诸世界普得清净，永断一切妄想分别，是为十二。次有大人相，名：光明照曜云，以宝焰藏海心王摩尼而为庄严，放大光明，光中显现无量菩萨及诸菩萨所行之行，一切如来智身、法身、诸色相海充满法界，是为十三。次有大人相，名：庄严普照云，以金刚华、毗琉璃宝而为庄严，放大光明，光中有大宝莲华座，具足庄严，弥覆法界，自然演说四菩萨行，其音普遍诸法界海，是为十四。次有大人相，名：现佛三昧海行云，于一念中示现如来无量庄严，普遍庄严一切法界不思议世界海，是为十五。次有大人相，名：变化海普照云，妙宝莲华如须弥山以为庄严，众宝光明从佛愿生，现诸变化无有穷尽，是为十六。次有大人相，名：一切如来解脱云，清净妙宝以为庄严，放大光明庄严一切佛师子座，示现一切诸佛色像及无量佛法诸佛刹海,是为十七。次有大人相,名:自在方便普照云,毗琉璃华、真金莲华、摩尼王灯、妙法焰云以为庄严,放一切诸佛宝焰密云,清净光明充满法界,于中普现一切妙好庄严之具,是为十八。次有大人相,名:觉佛种性云,无量宝光以为庄严,具足千轮,内外清净,从于往昔善根所生,其光遍照十方世界,发明智日,宣布法海,是为十九。次有大人相,名:现一切如来相自在云,众宝璎珞、琉璃宝华以为庄严,舒大宝焰充满法界,于中普现等一切佛刹微尘数去、来、现在无量诸佛,如师子王勇猛无畏,色相、智慧皆悉具足,是为二十。次有大人相,名:遍照一切法界云,如来宝相清净庄严,放大光明普照法界,显现一切无量无边诸佛菩萨智慧妙藏,是为二十一。次有大人相,名:毗卢遮那如来相云,上妙宝华及毗琉璃清净妙月以为庄严,悉放无量百千万亿摩尼宝光,充满一切虚空法界,于中示现无量佛刹,皆有如来结跏趺坐,是为二十二。次有大人相,名:普照一切佛光明云,众宝妙灯以为庄严,放净光明遍照十方一切世界,悉现诸佛转于法轮,是为二十三。次有大人相,名:普现一切庄严云,种种宝焰以为庄严,放净光明充满法界,念念常现不可说不可说一切诸佛与诸菩萨坐于道场,是为二十四。次有大人相,名:出一切法界音声云,摩尼宝海、上妙栴檀以为庄严,舒大焰网充满法界,其中普演微妙音声,示诸众生一切业海,是为二十五。次有大人相,名:普照诸佛变化轮云,如来净眼以为庄严,光照十方一切世界,于中普现去、来、今佛所有一切庄严之具,复出妙音演不思议广大法海,是为二十六。次有大人相,名:光照佛海云,其光普照一切世界,尽于法界无所障碍,悉有如来结跏趺坐,是为二十七。次有大人相,名:宝灯云,放于如来广大光明,普照十方一切法界,于中普现一切诸佛及诸菩萨不可思议诸众生海,是为二十八。次有大人相,名:法界无差别云,放于如来大智光明,普照十方诸佛国土、一切菩萨道场众会无量法海,于中普现种种神通,复出妙音,随诸众生心之所乐演说普贤菩萨行愿,令其回向,是为二十九。次有大人相,名:安住一切世界海普照云,放宝光明充满一切虚空法界,于中普现净妙道场及佛菩萨庄严身相,令其见者得无所见,是为三十。次有大人相,名:一切宝清净光焰云,放于无量诸佛菩萨摩尼妙宝清净光明,普照十方一切法界,于中普现诸菩萨海,莫不具足如来神力,常游十方尽虚空界一切刹网,是为三十一。次有大人相,名:普照一切法界庄严云,最处中,渐次隆起,阎浮檀金、因陀罗网以为庄严,放净光云充满法界,念念常现一切世界诸佛菩萨道场众会,是为三十二。佛子!如来顶上有如是三十二种大人相以为严好。

佛子!如来眉间有大人相,名:遍法界光明云,摩尼宝华以为庄严,放大光明,具众宝色,犹如日月洞彻清净,其光普照十方国土,于中显现一切佛身,复出妙音宣畅法海,是为三十三。如来眼有大人相，名：自在普见云，以众妙宝而为庄严，摩尼宝光清净映彻，普见一切皆无障碍，是为三十四。如来鼻有大人相，名：一切神通智慧云，清净妙宝以为庄严，众宝色光弥覆其上，于中出现无量化佛坐宝莲华，往诸世界为一切菩萨、一切众生演不思议诸佛法海，是为三十五。如来舌有大人相，名：示现音声影像云，众色妙宝以为庄严，宿世善根之所成就，其舌广长遍覆一切诸世界海，如来若或熙怡微笑，必放一切摩尼宝光，其光普照十方法界，能令一切心得清凉，去、来、现在所有诸佛皆于光中炳然显现，悉演广大微妙之音，遍一切刹，住无量劫，是为三十六。如来舌复有大人相，名：法界云，其掌安平，众宝为严，放妙宝光色相圆满，犹如眉间所放光明，其光普照一切佛刹，唯尘所成，无有自性，光中复现无量诸佛，咸发妙音说一切法，是为三十七。如来舌端有大人相，名：照法界光明云，如意宝王以为庄严，自然恒出金色宝焰，于中影现一切佛海，复震妙音充满一切无边世界，一一音中具一切音，悉演妙法，听者心悦，经无量劫玩味不忘，是为三十八。如来舌端复有大人相，名：照耀法界云，摩尼宝王以为严饰，演众色相微妙光明，充满十方无量国土，尽于法界靡不清净，于中悉有无量诸佛及诸菩萨各吐妙音种种开示，一切菩萨现前听受，是为三十九。如来口上龂有大人相，名：示现不思议法界云，因陀罗宝、毗琉璃宝以为庄严，放香灯焰清净光云，充满十方一切法界，示现种种神通方便，普于一切诸世界海开演甚深不思议法，是为四十。如来口右辅下牙有大人相，名：佛牙云，众宝摩尼卍字相轮以为庄严，放大光明普照法界，于中普现一切佛身，周流十方开悟群生，是为四十一。如来口右辅上牙有大人相，名：宝焰弥卢藏云，摩尼宝藏以为庄严，放金刚香焰清净光明，一一光明充满法界，示现一切诸佛神力，复现一切十方世界净妙道场，是为四十二。如来口左辅下牙有大人相，名：宝灯普照云，一切妙宝舒华发香以为庄严，放灯焰云清净光明，充满一切诸世界海，于中显现一切诸佛坐莲华藏师子之座，诸菩萨众所共围绕，是为四十三。如来口左辅上牙有大人相，名：照现如来云，清净光明、阎浮檀金、宝网、宝华以为庄严，放大焰轮充满法界，于中普现一切诸佛，以神通力于虚空中流布法乳、法灯、法宝，教化一切诸菩萨众，是为四十四。如来齿有大人相，名：普现光明云，一一齿间相海庄严，若微笑时悉放光明，具众宝色摩尼宝焰右旋宛转，流布法界靡不充满，演佛言音说普贤行，是为四十五。如来唇有大人相，名：影现一切宝光云，放阎浮檀真金色、莲华色、一切宝色广大光明，照于法界悉令清净，是为四十六。

如来颈有大人相，名：普照一切世界云，摩尼宝王以为庄严，绀蒲成就柔软细滑，放毗卢遮那清净光明，充满十方一切世界，于中普现一切诸佛，是为四十七。如来右肩有大人相，名：佛广大一切宝云，放一切宝色、真金色、莲华色光明，成宝焰网普照法界，于中普现一切菩萨，是为四十八。如来右肩复有大人相，名：最胜宝普照云，其色清净如阎浮金，放摩尼光充满法界，于中普现一切菩萨，是为四十九。如来左肩有大人相，名：最胜光照法界云，犹如顶上及以眉间种种庄严，放阎浮檀金及莲华色众宝光明，成大焰网充满法界，于中示现一切神力，是为五十。如来左肩复有大人相，名：光明遍照云，其相右旋，阎浮檀金色摩尼宝王以为庄严，放众宝华，香焰光明充遍法界，于中普现一切诸佛及以一切严净国土，是为五十一。如来左肩复有大人相，名：普照耀云，其相右旋，微密庄严，放佛灯焰云，清净光明充遍法界，于中显现一切菩萨种种庄严悉皆妙好，是为五十二。如来胸臆有大人相，形如卍字，名：吉祥海云，摩尼宝华以为庄严，放一切宝色种种光焰轮，充满法界普令清净，复出妙音宣畅法海，是为五十三。吉祥相右边有大人相，名：示现光照云，因陀罗网以为庄严，放大光轮充满法界，于中普现无量诸佛，是为五十四。吉祥相右边复有大人相，名：普现如来云，以诸菩萨摩尼宝冠而为庄严，放大光明普照十方一切世界悉令清净，于中示现去、来、今佛坐于道场，普现神力广宣法海，是为五十五。吉祥相右边复有大人相，名：开敷华云，摩尼宝华以为庄严，放宝香焰灯清净光明，状如莲华，充满世界，是为五十六。吉祥相右边复有大人相，名：可悦乐金色云，以一切宝心王藏摩尼王而为庄严，放净光明照于法界，于中普现犹如佛眼广大光明摩尼宝藏，是为五十七。吉祥相右边复有大人相，名：佛海云，毗琉璃宝、香灯、华鬘以为庄严，放满虚空摩尼宝王香灯大焰清净光明，充遍十方一切国土，于中普现道场众会，是为五十八。吉祥相左边有大人相，名：示现光明云，无数菩萨坐宝莲华以为庄严，放摩尼王种种间错宝焰光明，普净一切诸法界海，于中示现无量诸佛，及佛妙音演说诸法，是为五十九。吉祥相左边复有大人相，名：示现遍法界光明云，摩尼宝海以为庄严，放大光明遍一切刹，于中普现诸菩萨众，是为六十。吉祥相左边复有大人相，名：普胜云，日光明摩尼王宝轮鬘而为庄严，放大光焰充满法界诸世界海，于中示现一切世界、一切如来、一切众生，是为六十一。吉祥相左边复有大人相，名：转法轮妙音云，一切法灯清净香蕊以为庄严，放大光明充满法界，于中普现一切诸佛所有相海及以心海，是为六十二。吉祥相左边复有大人相，名：庄严云，以去、来、今一切佛海而为庄严，放净光明严净一切诸佛国土，于中普现十方一切诸佛菩萨及佛菩萨所行之行，是为六十三。

如来右手有大人相，名：海照云，众宝庄严，恒放月焰清净光明，充满虚空一切世界，发大音声叹美一切诸菩萨行，是为六十四。如来右手复有大人相，名：影现照耀云，以毗琉璃、帝青、摩尼宝华而为庄严，放大光明普照十方菩萨所住莲华藏、摩尼藏等一切世界，于中悉现无量诸佛，以净法身坐菩提树，震动一切十方国土，是为六十五。如来右手复有大人相，名：灯焰鬘普严净云，毗卢遮那宝以为庄严，放大光明成变化网，于中普现诸菩萨众，咸戴宝冠演诸行海，是为六十六。如来右手复有大人相，名：普现一切摩尼云，莲华焰灯而为庄严，放海藏光充遍法界，于中普现无量诸佛坐莲华座，是为六十七。如来右手复有大人相，名：光明云，摩尼焰海以为庄严，放众宝焰、香焰、华焰清净光明，充满一切诸世界网，于中普现诸佛道场，是为六十八。如来左手有大人相，名：毗琉璃清净灯云，宝地妙色以为庄严，放于如来金色光明，念念常现一切上妙庄严之具，是为六十九。如来左手复有大人相，名：一切刹智慧灯音声云，以因陀罗网、金刚华而为庄严，放阎浮檀金清净光明，普照十方一切世界，是为七十。如来左手复有大人相，名：安住宝莲华光明云，众宝妙华以为庄严，放大光明如须弥灯，普照十方一切世界，是为七十一。如来左手复有大人相，名：遍照法界云，以妙宝鬘、宝轮、宝瓶、因陀罗网及众妙相以为庄严，放大光明普照十方一切国土，于中示现一切法界、一切世界海、一切如来坐莲华座，是为七十二。如来右手指有大人相，名：现诸劫刹海旋云，水月焰藏摩尼王一切宝华以为庄严，放大光明充满法界，其中恒出微妙音声满十方刹，是为七十三。如来左手指有大人相，名：安住一切宝云，以帝青、金刚宝而为庄严，放摩尼王众宝光明充满法界，其中普现一切诸佛及诸菩萨，是为七十四。如来右手掌有大人相，名：照耀云，以摩尼王千辐宝轮而为庄严，放宝光明，其光右旋充满法界，于中普现一切诸佛，一一佛身光焰炽然，说法度人，净诸世界，是为七十五。如来左手掌有大人相，名：焰轮普增长化现法界道场云，以日光摩尼王千辐轮而为庄严，放大光明充满一切诸世界海，于中示现一切菩萨，演说普贤所有行海，普入一切诸佛国土，各各开悟无量众生，是为七十六。

如来阴藏有大人相，名：普流出佛音声云，一切妙宝以为庄严，放摩尼灯华焰光明，其光炽盛，具众宝色，普照一切虚空法界，其中普现一切诸佛游行往来处处周遍，是为七十七。如来右臀有大人相，名：宝灯鬘普照云，诸摩尼宝以为庄严，放不思议宝焰光明，弥布十方一切法界，与虚空法界同为一相，而能出生一切诸相，一一相中悉现诸佛自在神变，是为七十八。如来左臀有大人相，名：示现一切法界海光明弥覆虚空云，犹如莲华，清净妙宝以为严饰，放光明网遍照十方一切法界，于中普现种种相云，是为七十九。如来右髀有大人相，名：普现云，以众色摩尼而为庄严，其髀与（月耑，音chuan）上下相称，放摩尼焰妙法光明，于一念中能普示现一切宝王游步相海，是为八十。如来左髀有大人相，名：现一切佛无量相海云，一切宝海随顺安住以为庄严，广大游行，放净光明普照众生，悉使希求无上佛法，是为八十一。如来右边伊尼延鹿王（月耑，音chuan）有大人相，名：一切虚空法界云，光明妙宝以为庄严，其相圆直，善能游步，放阎浮金色清净光明，遍照一切诸佛世界，发大音声普皆震动，复现一切诸佛国土，住于虚空宝焰庄严，无量菩萨从中化现，是为八十二。如来左边伊尼延鹿王（月耑，音chuan）有大人相，名：庄严海云，色如真金，能遍游行一切佛刹，放一切宝清净光明，充满法界施作佛事，是为八十三。如来宝上毛有大人相，名：普现法界影像云，其毛右旋，一一毛端放宝光明，充满十方一切法界，示现一切诸佛神力，其诸毛孔悉放光明，一切佛刹于中显现，是为八十四。

如来足下有大人相，名：一切菩萨海安住云，色如金刚、阎浮檀金，清净莲华放宝光明，普照十方诸世界海，宝香焰云处处周遍，举足将步，香气周流，具众宝色充满法界，是为八十五。如来右足上有大人相，名：普照一切光明云，一切众宝以为庄严，放大光明充满法界，示现一切诸佛菩萨，是为八十六。如来左足上有大人相，名：普现一切诸佛云，宝藏摩尼以为庄严，放宝光明，于念念中现一切佛神通变化，及其法海所坐道场，尽未来际劫无有间断，是为八十七。如来右足指间有大人相，名：光照一切法界海云，须弥灯摩尼王千辐焰轮种种庄严，放大光明充满十方一切法界诸世界海，于中普现一切诸佛所有种种宝庄严相，是为八十八。如来左足指间有大人相，名：现一切佛海云，摩尼宝华、香焰、灯鬘、一切宝轮以为庄严，恒放宝海清净光明，充满虚空，普及十方一切世界，于中示现一切诸佛及诸菩萨圆满音声、卍字等相，利益无量一切众生，是为八十九。如来右足跟有大人相，名：自在照耀云，帝青、宝末以为庄严，常放如来妙宝光明，其光妙好充满法界，皆同一相无有差别，于中示现一切诸佛坐于道场演说妙法，是为九十。如来左足跟有大人相，名：示现妙音演说诸法海云，以变化海摩尼宝、香焰海须弥华摩尼宝及毗琉璃而为庄严，放大光明充满法界，于中普现诸佛神力，是为九十一。如来右足跌有大人相，名：示现一切庄严光明云，众宝所成，极妙庄严，放阎浮檀金色清净光明，普照十方一切法界，其光明相犹如大云，普覆一切诸佛道场，是为九十二。如来左足跌有大人相，名：现众色相云，以一切月焰藏毗卢遮那宝、因陀罗尼罗宝而为庄严，念念游行诸法界海，放摩尼灯香焰光明，其光遍满一切法界，是为九十三。如来右足四周有大人相，名：普藏云，因陀罗尼罗金刚宝以为庄严，放宝光明充满虚空，于中示现一切诸佛坐于道场摩尼宝王师子之座，是为九十四。如来左足四周有大人相，名：光明遍照法界云，摩尼宝华以为庄严，放大光明充满法界平等一相，于中示现一切诸佛及诸菩萨自在神力，以大妙音演说法界无尽法门，是为九十五。如来右足指端有大人相，名：示现庄严云，甚可爱乐阎浮檀清净真金以为庄严，放大光明充满十方一切法界，于中示现一切诸佛及诸菩萨无尽法海种种功德、神通变化，是为九十六。如来左足指端有大人相，名：现一切佛神变云，不思议佛光明、月焰普香、摩尼宝焰轮以为庄严，放众宝色清净光明，充满一切诸世界海，于中示现一切诸佛及诸菩萨演说一切诸佛法海，是为九十七。

佛子！毗卢遮那如来有如是等十华藏世界海微尘数大人相；一一身分，众宝妙相以为庄严。

如来随好光明功德品第三十五

尔时，世尊告宝手菩萨言：

佛子！如来、应、正等觉有随好，名：圆满王。此随好中出大光明，名为：炽盛，七百万阿僧祇光明而为眷属。佛子！我为菩萨时，于兜率天宫放大光明，名：光幢王，照十佛刹微尘数世界。彼世界中地狱众生，遇斯光者，众苦休息，得十种清净眼，耳、鼻、舌、身、意亦复如是，咸生欢喜，踊跃称庆，从彼命终生兜率天。天中有鼓，名：甚可爱乐。彼天生已，此鼓发音而告之言：诸天子！汝以心不放逸，于如来所种诸善根，往昔亲近众善知识。毗卢遮那大威神力，于彼命终来生此天。

佛子！菩萨足下千辐轮，名：光明普照王。此有随好，名：圆满王，常放四十种光明。中有一光，名：清净功德，能照亿那由他佛刹微尘数世界，随诸众生种种业行、种种欲乐皆令成熟。阿鼻地狱极苦众生，遇斯光者，皆悉命终生兜率天。既生天已，闻天鼓音而告之言：善哉善哉！诸天子！毗卢遮那菩萨入离垢三昧，汝当敬礼。

尔时，诸天子闻天鼓音如是劝诲，咸生是念：奇哉希有！何因发此微妙之音？是时，天鼓告诸天子言：我所发声，诸善根力之所成就。诸天子！如我说我，而不著我，不著我所；一切诸佛亦复如是，自说是佛，不著于我，不著我所。诸天子！如我音声不从东方来，不从南西北方、四维上下来；业报成佛亦复如是，非十方来。诸天子！譬如汝等昔在地狱，地狱及身非十方来，但由于汝颠倒恶业愚痴缠缚，生地狱身，此无根本、无有来处。诸天子！毗卢遮那菩萨威德力故放大光明，而此光明非十方来。诸天子！我天鼓音亦复如是，非十方来，但以三昧善根力故，般若波罗蜜威德力故，出生如是清净音声，示现如是种种自在。诸天子！譬如须弥山王有三十三天上妙宫殿种种乐具，而此乐具非十方来；我天鼓音亦复如是，非十方来。诸天子！譬如亿那由他佛刹微尘数世界尽末为尘，我为如是尘数众生，随其所乐而演说法，令大欢喜，然我于彼不生疲厌、不生退怯、不生憍慢、不生放逸。诸天子！毗卢遮那菩萨住离垢三昧亦复如是，于右手掌一随好中放一光明，出现无量自在神力，一切声闻、辟支佛尚不能知，况诸众生！诸天子！汝当往诣彼菩萨所亲近供养，勿复贪著五欲乐具，著五欲乐障诸善根。诸天子！譬如劫火烧须弥山，悉令除尽，无余可得；贪欲缠心亦复如是，终不能生念佛之意。诸天子！汝等应当知恩报恩。诸天子！其有众生不知报恩，多遭横死，生于地狱。诸天子！汝等昔在地狱之中，蒙光照身，舍彼生此；汝等今者宜疾回向，增长善根。诸天子！如我天鼓，非男非女，而能出生无量无边不思议事；汝天子、天女亦复如是，非男非女，而能受用种种上妙宫殿园林。如我天鼓不生不灭，色、受、想、行、识亦复如是不生不灭。汝等若能于此悟解，应知则入无依印三昧。

时，诸天子闻是音已，得未曾有，即皆化作一万华云、一万香云、一万音乐云、一万幢云、一万盖云、一万歌赞云；作是化已，即共往诣毗卢遮那菩萨所住宫殿，合掌恭敬，于一面立，欲申瞻觐而不得见。时，有天子作如是言：毗卢遮那菩萨已从此没，生于人间净饭王家，乘栴檀楼阁，处摩耶夫人胎。时，诸天子以天眼观见菩萨身，处在人间净饭王家，梵天、欲天承事供养。诸天子众咸作是念：我等若不往菩萨所问讯起居，乃至一念于此天宫而生爱著，则为不可。时，一一天子与十那由他眷属欲下阎浮提。时，天鼓中出声告言：诸天子！菩萨摩诃萨非此命终而生彼间，但以神通，随诸众生心之所宜，令其得见。诸天子！如我今者，非眼所见，而能出声；菩萨摩诃萨入离垢三昧亦复如是，非眼所见，而能处处示现受生，离分别，除憍慢，无染著。诸天子！汝等应发阿耨多罗三藐三菩提心，净治其意，住善威仪，悔除一切业障、烦恼障、报障、见障；以尽法界众生数等身，以尽法界众生数等头，以尽法界众生数等舌，以尽法界众生数等善身业、善语业、善意业，悔除所有诸障过恶。

时，诸天子闻是语已，得未曾有，心大欢喜而问之言：菩萨摩诃萨云何悔除一切过恶？尔时，天鼓以菩萨三昧善根力故，发声告言：诸天子！菩萨知诸业不从东方来，不从南西北方、四维上下来，而共积集，止住于心；但从颠倒生，无有住处。菩萨如是决定明见，无有疑惑。诸天子！如我天鼓，说业、说报、说行、说戒、说喜、说安、说诸三昧；诸佛菩萨亦复如是，说我、说我所、说众生、说贪恚痴种种诸业，而实无我、无有我所。诸所作业、六趣果报，十方推求悉不可得。诸天子！譬如我声，不生不灭，造恶诸天不闻余声，唯闻以地狱觉悟之声；一切诸业亦复如是，非生非灭，随有修集则受其报。诸天子！如我天鼓所出音声，于无量劫不可穷尽、无有间断，若来若去皆不可得。诸天子！若有去来则有断常，一切诸佛终不演说有断常法，除为方便成熟众生。诸天子！譬如我声，于无量世界，随众生心皆使得闻；一切诸佛亦复如是，随众生心悉令得见。诸天子！如有玻璃镜，名为：能照，清净鉴彻，与十世界其量正等；无量无边诸国土中，一切山川、一切众生，乃至地狱、畜生、饿鬼，所有影像皆于中现。诸天子！于汝意云何？彼诸影像可得说言来入镜中、从镜去不？答言：不也。诸天子！一切诸业亦复如是，虽能出生诸业果报，无来去处。诸天子！譬如幻师幻惑人眼，当知诸业亦复如是。若如是知，是真实忏悔，一切罪恶悉得清净。

说此法时，百千亿那由他佛刹微尘数世界中兜率陀诸天子，得无生法忍；无量不思议阿僧祇六欲诸天子，发阿耨多罗三藐三菩提心；六欲天中一切天女，皆舍女身，发于无上菩提之意。尔时，诸天子闻说普贤广大回向，得十地故，获诸力庄严三昧故，以众生数等清净三业悔除一切诸重障故，即见百千亿那由他佛刹微尘数七宝莲华；一一华上皆有菩萨结跏趺坐，放大光明；彼诸菩萨一一随好，放众生数等光明；彼光明中，有众生数等诸佛结跏趺坐，随众生心而为说法，而犹未现离垢三昧少分之力。

尔时，彼诸天子以上众华，复于身上一一毛孔化作众生数等众妙华云，供养毗卢遮那如来，持以散佛，一切皆于佛身上住。其诸香云，普雨无量佛刹微尘数世界。若有众生身蒙香者，其身安乐，譬如比丘入第四禅，一切业障皆得消灭。若有闻者，彼诸众生于色、声、香、味、触，其内具有五百烦恼，其外亦有五百烦恼，贪行多者二万一千，瞋行多者二万一千，痴行多者二万一千，等分行者二万一千，了知如是悉是虚妄。如是知已，成就香幢云自在光明清净善根。若有众生见其盖者，种一清净金网转轮王一恒河沙善根。

佛子！菩萨住此转轮王位，于百千亿那由他佛刹微尘数世界中教化众生。佛子！譬如明镜世界月智如来，常有无量诸世界中比丘、比丘尼、优婆塞、优婆夷等化现其身而来听法，广为演说本生之事，未曾一念而有间断。若有众生闻其佛名，必得往生彼佛国土；菩萨安住清净金网转轮王位亦复如是，若有暂得遇其光明，必获菩萨第十地位，以先修行善根力故。佛子！如得初禅，虽未命终，见梵天处所有宫殿而得受于梵世安乐；得诸禅者悉亦如是。菩萨摩诃萨住清净金网转轮王位，放摩尼髻清净光明；若有众生遇斯光者，皆得菩萨第十地位，成就无量智慧光明，得十种清净眼，乃至十种清净意，具足无量甚深三昧，成就如是清净肉眼。

佛子！假使有人以亿那由他佛刹碎为微尘，一尘一刹复以尔许微尘数佛刹碎为微尘，如是微尘悉置左手持以东行，过尔许微尘数世界乃下一尘，如是东行尽此微尘，南西北方、四维上下亦复如是；如是十方所有世界若著微尘及不著者，悉以集成一佛国土。宝手！于汝意云何？如是佛土广大无量可思议不？

答曰：不也！如是佛土广大无量，希有奇特，不可思议。若有众生闻此譬喻能生信解，当知更为希有奇特。

佛言：宝手！如是如是！如汝所说！若有善男子、善女人闻此譬喻而生信者，我授彼记，决定当成阿耨多罗三藐三菩提，当获如来无上智慧。宝手！设复有人以千亿佛刹微尘数如上所说广大佛土末为微尘，以此微尘依前譬喻一一下尽，乃至集成一佛国土，复末为尘，如是次第展转乃至经八十返；如是一切广大佛土所有微尘，菩萨业报清净肉眼于一念中悉能明见，亦见百亿广大佛刹微尘数佛，如玻璃镜清净光明，照十佛刹微尘数世界。宝手！如是皆是清净金网转轮王甚深三昧福德善根之所成就。

大方广佛华严经卷第四十九

普贤行品第三十六

尔时，普贤菩萨摩诃萨复告诸菩萨大众言：

佛子！如向所演，此但随众生根器所宜，略说如来少分境界。何以故？诸佛世尊，为诸众生，无智作恶，计我、我所，执著于身，颠倒疑惑，邪见分别，与诸结缚恒共相应，随生死流远如来道故，出兴于世。佛子！我不见一法为大过失，如诸菩萨于他菩萨起瞋心者。何以故？佛子！若诸菩萨于余菩萨起瞋恚心，即成就百万障门故。何等为百万障？所谓：不见菩提障；不闻正法障；生不净世界障；生诸恶趣障；生诸难处障；多诸疾病障；多被谤毁障；生顽钝诸趣障；坏失正念障；阙少智慧障；眼障；耳障；鼻障；舌障；身障；意障；恶知识障；恶伴党障；乐习小乘障；乐近凡庸障；不信乐大威德人障；乐与离正见人同住障；生外道家障；住魔境界障；离佛正教障；不见善友障；善根留难障；增不善法障；得下劣处障；生边地障；生恶人家障；生恶神中障；生恶龙、恶夜叉、恶乾闼婆、恶阿修罗、恶迦楼罗、恶紧那罗、恶摩睺罗伽、恶罗刹中障；不乐佛法障；习童蒙法障；乐著小乘障；不乐大乘障；性多惊怖障；心常忧恼障；爱著生死障；不专佛法障；不喜见闻佛自在神通障；不得菩萨诸根障；不行菩萨净行障；退怯菩萨深心障；不生菩萨大愿障；不发一切智心障；于菩萨行懈怠障；不能净治诸业障；不能摄取大福障；智力不能明利障；断于广大智慧障；不护持菩萨诸行障；乐诽谤一切智语障；远离诸佛菩提障；乐住众魔境界障；不专修佛境界障；不决定发菩萨弘誓障；不乐与菩萨同住障；不求菩萨善根障；性多见疑障；心常愚闇障；不能行菩萨平等施故，起不舍障；不能持如来戒故，起破戒障；不能入堪忍门故，起愚痴、恼害、瞋恚障；不能行菩萨大精进故，起懈怠垢障；不能得诸三昧故，起散乱障；不修治般若波罗蜜故，起恶慧障；于处、非处中无善巧障；于度众生中无方便障；于菩萨智慧中不能观察障；于菩萨出离法中不能了知障；不成就菩萨十种广大眼故，眼如生盲障；耳不闻无碍法故，口如哑羊障；不具相好故，鼻根破坏障；不能辨了众生语言故，成就舌根障；轻贱众生故，成就身根障；心多狂乱故，成就意根障；不持三种律仪故，成就身业障；恒起四种过失故，成就语业障；多生贪、瞋、邪见故，成就意业障；贼心求法障；断绝菩萨境界障；于菩萨勇猛法中心生退怯障；于菩萨出离道中心生懒惰障；于菩萨智慧光明门中心生止息障；于菩萨念力中生劣弱障；于如来教法中不能住持障；于菩萨离生道不能亲近障；于菩萨无失坏道不能修习障；随顺二乘正位障；远离三世诸佛菩萨种性障。

佛子！若菩萨于诸菩萨起一瞋心，则成就如是等百万障门。何以故？佛子！我不见有一法为大过恶，如诸菩萨于余菩萨起瞋心者。是故，诸菩萨摩诃萨欲疾满足诸菩萨行，应勤修十种法。何等为十？所谓：心不弃舍一切众生，于诸菩萨生如来想，永不诽谤一切佛法，知诸国土无有穷尽，于菩萨行深生信乐，不舍平等虚空法界菩提之心，观察菩提入如来力，精勤修习无碍辩才，教化众生无有疲厌，住一切世界心无所著。是为十。

佛子！菩萨摩诃萨安住此十法已，则能具足十种清净。何等为十？所谓：通达甚深法清净，亲近善知识清净，护持诸佛法清净，了达虚空界清净，深入法界清净，观察无边心清净，与一切菩萨同善根清净，不著诸劫清净，观察三世清净，修行一切诸佛法清净。是为十。

佛子！菩萨摩诃萨住此十法已，则具足十种广大智。何等为十？所谓：知一切众生心行智，知一切众生业报智，知一切佛法智，知一切佛法深密理趣智，知一切陀罗尼门智，知一切文字辩才智，知一切众生语言、音声、辞辩善巧智，于一切世界中普现其身智，于一切众会中普现影像智，于一切受生处中具一切智智。是为十。

佛子！菩萨摩诃萨住此十智已，则得入十种普入。何等为十？所谓：一切世界入一毛道，一毛道入一切世界；一切众生身入一身，一身入一切众生身；不可说劫入一念，一念入不可说劫；一切佛法入一法，一法入一切佛法；不可说处入一处，一处入不可说处；不可说根入一根，一根入不可说根；一切根入非根，非根入一切根；一切想入一想，一想入一切想；一切言音入一言音，一言音入一切言音；一切三世入一世，一世入一切三世。是为十。

佛子！菩萨摩诃萨如是观察已，则住十种胜妙心。何等为十？所谓：住一切世界语言、非语言胜妙心，住一切众生想念无所依止胜妙心，住究竟虚空界胜妙心，住无边法界胜妙心，住一切深密佛法胜妙心，住甚深无差别法胜妙心，住除灭一切疑惑胜妙心，住一切世平等无差别胜妙心，住三世诸佛平等胜妙心，住一切诸佛力无量胜妙心。是为十。

佛子！菩萨摩诃萨住此十种胜妙心已，则得十种佛法善巧智。何等为十？所谓：了达甚深佛法善巧智，出生广大佛法善巧智，宣说种种佛法善巧智，证入平等佛法善巧智，明了差别佛法善巧智，悟解无差别佛法善巧智，深入庄严佛法善巧智，一方便入佛法善巧智，无量方便入佛法善巧智，知无边佛法无差别善巧智，以自心自力于一切佛法不退转善巧智。是为十。

佛子！菩萨摩诃萨闻此法已，咸应发心，恭敬受持。何以故？菩萨摩诃萨持此法者，少作功力，疾得阿耨多罗三藐三菩提，皆得具足一切佛法，悉与三世诸佛法等。

尔时，佛神力故，法如是故，十方各有十不可说百千亿那由他佛刹微尘数世界六种震动，雨出过诸天一切华云、香云、末香云、衣盖、幢幡、摩尼宝等及以一切庄严具云，雨众妓乐云，雨诸菩萨云，雨不可说如来色相云，雨不可说赞叹如来善哉云，雨如来音声充满一切法界云，雨不可说庄严世界云，雨不可说增长菩提云，雨不可说光明照耀云，雨不可说神力说法云。如此世界四天下菩提树下菩提场菩萨宫殿中，见于如来成等正觉演说此法，十方一切诸世界中悉亦如是。

尔时，佛神力故，法如是故，十方各过十不可说佛刹微尘数世界外，有十佛刹微尘数菩萨摩诃萨来诣此土，充满十方，作如是言：善哉善哉！佛子！乃能说此诸佛如来最大誓愿授记深法。佛子！我等一切同名普贤，各从普胜世界普幢自在如来所来诣此土，悉以佛神力故，于一切处演说此法；如此众会，如是所说，一切平等无有增减。我等皆承佛威神力，来此道场为汝作证。如此道场，我等十佛刹微尘数菩萨而来作证，十方一切诸世界中悉亦如是。

尔时，普贤菩萨摩诃萨以佛神力、自善根力，观察十方洎于法界，欲开示菩萨行，欲宣说如来菩提界，欲说大愿界，欲说一切世界劫数，欲明诸佛随时出现，欲说如来随根熟众生出现令其供养，欲明如来出世功不唐捐，欲明所种善根必获果报，欲明大威德菩萨为一切众生现形说法令其开悟，而说颂言：

汝等应欢喜，舍离于诸盖，一心恭敬听，菩萨诸愿行。往昔诸菩萨，最胜人师子，如彼所修行，我当次第说。亦说诸劫数，世界并诸业，及以无等尊，于彼而出兴。如是过去佛，大愿出于世，云何为众生，灭除诸苦恼？一切论师子，所行相续满，得佛平等法，一切智境界。见于过去世，一切人师子，放大光明网，普照十方界。思惟发是愿：我当作世灯，具足佛功德，十力一切智。一切诸众生，贪恚痴炽然；我当悉救脱，令灭恶道苦。发如是誓愿，坚固不退转，具修菩萨行，获十无碍力。如是誓愿已，修行无退怯，所作皆不虚，说名论师子。于一贤劫中，千佛出于世，彼所有普眼，我当次第说。如一贤劫中，无量劫亦然，彼未来佛行，我当分别说。如一佛刹种，无量刹亦然，未来十力尊，诸行我今说。诸佛次兴世，随愿随名号，随彼所得记，随其所寿命，随所修正法，专求无碍道；随所化众生，正法住于世；随所净佛刹，众生及法轮，演说时非时，次第净群生；随诸众生业，所行及信解，上中下不同，化彼令修习。入于如是智，修其最胜行，常作普贤业，广度诸众生。身业无障碍，语业悉清净，意行亦如是，三世靡不然。菩萨如是行，究竟普贤道，出生净智日，普照于法界。未来世诸劫，国土不可说，一念悉了知，于彼无分别。行者能趣入，如是最胜地，此诸菩萨法，我当说少分。智慧无边际，通达佛境界，一切皆善入，所行不退转。具足普贤慧，成满普贤愿，入于无等智，我当说彼行。于一微尘中，悉见诸世界，众生若闻者，迷乱心发狂。如于一微尘，一切尘亦然，世界悉入中，如是不思议。一一尘中有，十方三世法，趣刹皆无量，悉能分别知。一一尘中有，无量种佛刹，种种皆无量，于一靡不知。法界中所有，种种诸异相，趣类各差别，悉能分别知。深入微细智，分别诸世界，一切劫成坏，悉能明了说。知诸劫修短，三世即一念，众行同不同，悉能分别知。深入诸世界，广大非广大，一身无量刹，一刹无量身。十方中所有，异类诸世界，广大无量相，一切悉能知。一切三世中，无量诸国土，具足甚深智，悉了彼成败。十方诸世界，有成或有坏，如是不可说，贤德悉深了。或有诸国土，种种地严饰；诸趣亦复然，斯由业清净。或有诸世界，无量种杂染；斯由众生感，一切如其行。无量无边刹，了知即一刹，如是入诸刹，其数不可知。一切诸世界，悉入一刹中，世界不为一，亦复无杂乱。世界有仰覆，或高或复下，皆是众生想，悉能分别知。广博诸世界，无量无有边，知种种是一，知一是种种。普贤诸佛子，能以普贤智，了知诸刹数，其数无边际。知诸世界化，刹化众生化，法化诸佛化，一切皆究竟。一切诸世界，微细广大刹，种种异庄严，皆由业所起。无量诸佛子，善学入法界，神通力自在，普遍于十方。众生数等劫，说彼世界名，亦不能令尽，唯除佛开示。世界及如来，种种诸名号，经于无量劫，说之不可尽。何况最胜智，三世诸佛法，从于法界生，充满如来地！清净无碍念，无边无碍慧，分别说法界，得至于彼岸。过去诸世界，广大及微细，修习所庄严，一念悉能知。其中人师子，修佛种种行，成于等正觉，示现诸自在。如是未来世，次第无量劫，所有人中尊，菩萨悉能知。所有诸行愿，所有诸境界，如是勤修行，于中成正觉。亦知彼众会，寿命化众生，以此诸法门，为众转法轮。菩萨如是知，住普贤行地，智慧悉明了，出生一切佛。现在世所摄，一切诸佛土，深入此诸刹，通达于法界。彼诸世界中，现在一切佛，于法得自在，言论无所碍。亦知彼众会，净土应化力，尽无量亿劫，常思惟是事。调御世间尊，所有威神力，无尽智慧藏，一切悉能知。出生无碍眼，无碍耳鼻身，无碍广长舌，能令众欢喜。最胜无碍心，广大普清净，智慧遍充满，悉知三世法。善学一切化，刹化众生化，世化调伏化，究竟化彼岸。世间种种别，皆由于想住，入佛方便智，于此悉明了。众会不可说，一一为现身，悉使见如来，度脱无边众。诸佛甚深智，如日出世间，一切国土中，普现无休息。了达诸世间，假名无有实，众生及世界，如梦如光影。于诸世间法，不生分别见，善离分别者，亦不见分别。无量无数劫，解之即一念，知念亦无念，如是见世间。无量诸国土，一念悉超越，经于无量劫，不动于本处。
法。心住于世间，
劫，诸佛及佛法，
身，知身从缘起，
法，知无二非二。
化。如是随顺入，
著，一切皆舍离，
法，清净如虚空，
净，普遍诸法界。
别。如来法身藏，
水，影像无来去；
净，湛然如虚空，
常，示现诸世间。
所。譬如工幻师，
量，亦复非无量，
根，出生一切佛，
趣，不著量无量。
趣。菩萨离迷倒，
安，安者示道场，
槃，如是遍世间，
雨，充洽诸世间。
转。世间种种身，
生，诸劫及诸刹，
身；佛身无有边，
劫，称扬不可尽。
别。如是未来世，
中，所有诸如来，
地，入于智慧处，
转，说名普贤慧。
提。无量无边心，
污，学心无学心，
净，亦复无杂乱，
同，起种种世间。
贤。众生皆妄起，
间，妄想业所起，
现，幻网方便故，
异，平等皆能入。
说。所见无差别，
量，悉知彼一切，

不可说诸劫，
世间住于心，
一切如幻化，
究竟无所著。
了知诸世间，
诸佛所行处，
而兴大悲心，
而兴大方便。
诸佛及菩萨，
普入世间中，
法身遍世间，
一切无有生。
除灭诸邪见，
示现种种事，
于彼大众中，
非量非无量。
诸佛甚深法，
心净常相续，
如是遍法界，
开悟诸群生。
普于诸世界，
一切悉了知；
十方无涯际，
智者悉观见。
诸佛能现身，
有求于佛果，
一切悉能知，
其轮不退转。
一切最胜尊，
各各差别业，
不可说诸心，
皆从自想起。
以如是方便，
善恶诸趣想，
妄想无边故，
一念悉能入。
一一眼境界，
亦复无杂乱，
一切眼境界，

即是须臾顷，
于此不妄起，
法界悉平等。
依于无二智，
如焰如光影，
成就普贤智，
普净诸世间。
见世常迷倒，
佛法世间法，
虽在于世间，
当知亦如是。
知身无有尽，
开示于正见，
其来无所从，
示现量无量。
有量及无量，
广大深寂灭，
巧以神通力，
其心无所著。
法数众生数，
念念成正觉，
如是知身法，
智海无不入。
一念之所知，
处处般涅槃，
无量菩提心，
名住普贤行。
微妙广大智，
普入佛境界，
皆由想积集，
念念中悉知。
如是悉明见，
修诸最胜行，
由是或生天，
世间亦无量。
眼耳鼻舌身，
无量眼皆入，
各随于自业，
大智悉能入。

莫见修与短，
二非二分别。
普于十方刹，
出现人师子，
如响亦如梦，
普照深法界。
菩萨常正念，
发心咸救度，
若见其真实，
于世无所著。
如是离染著，
无生亦无灭，
法性无来去，
去亦无所至。
以此寂定心，
皆悉是妄想，
甚深无量智，
度无量众生。
不住于实际，
了知而不著，
而修菩萨行，
未曾有退转。
普知诸众生，
出现诸如来，
一念中无量，
决定智悉知。
如是分别知，
深入如来境，
修行不退转，
平等悉了知。
了知非一二，
一切诸众生，
从佛法化生，
或复堕地狱。
一切诸国土，
意根亦如是，
种种性差别，
受用其果报。
如是诸世间，

究竟刹那，
众生世界，
示现无量，
不著无二，
如幻如变。
众生刹染，
论师子妙，
所行皆清，
一切无差，
譬如清净，
身世皆清，
非常非无，
不著我我，
幻性非有，
修习诸善，
了达一切，
知甚深诸，
度无量众生。
未安者令
不入于涅
普雨于法
未曾有退
普知诸众
一一为现
经于无量
舍利各差
如是三世
无量诸行
入已不退
得无上菩
染污非染
非染亦非
心想各不
得名为普
菩萨观世
想网之所
世间想别
无量不可
普贤力无
悉能分别

知,而修一切行,亦复无退转。佛说众生说,及以国土说,三世如是说,种种悉了知。过去中未来,未来中现在,三世互相见,一一皆明了。如是无量种,开悟诸世间,一切智方便,边际不可得。

大方广佛华严经卷第五十

如来出现品第三十七之一

尔时,世尊从眉间白毫相中放大光明,名:如来出现,无量百千亿那由他阿僧祇光明以为眷属。其光普照十方尽虚空法界一切世界,右绕十匝,显现如来无量自在,觉悟无数诸菩萨众,震动一切十方世界,除灭一切诸恶道苦,映蔽一切诸魔宫殿,显示一切诸佛如来坐菩提座成等正觉及以一切道场众会;作是事已,而来右绕菩萨众会,入如来性起妙德菩萨顶。时,此道场一切大众身心踊跃,生大欢喜,作如是念:甚奇希有!今者如来放大光明,必当演说甚深大法。

尔时,如来性起妙德菩萨于莲华座上,偏袒右肩,右跽合掌,一心向佛而说颂言:

正觉功德大智出,普达境界到彼岸,等于三世诸如来,是故我今恭敬礼。已升无相境界岸,而现妙相庄严身,放于离垢千光明,破魔军众咸令尽。十方所有诸世界,悉能震动无有余,未曾恐怖一众生,善逝威神力如是。虚空法界性平等,已能如是而安住,一切含生无数量,咸令灭恶除众垢。苦行勤劳无数劫,成就最上菩提道,于诸境界智无碍,与一切佛同其性。导师放此大光明,震动十方诸世界,已现无量神通力,而复还来入我身。决定法中能善学,无量菩萨皆来集,令我发起问法心,是故我今请法王。今此众会皆清净,善能度脱诸世间,智慧无边无染著,如是贤胜咸来集。利益世间尊导师,智慧精进皆无量,今以光明照大众,令我问于无上法。谁于大仙深境界,而能真实具开演?谁是如来法长子?世间尊导愿显示!

尔时,如来即于口中放大光明,名:无碍无畏,百千亿阿僧祇光明以为眷属。普照十方尽虚空等法界一切世界,右绕十匝,显现如来种种自在,开悟无量诸菩萨众,震动一切十方世界,除灭一切诸恶道苦,映蔽一切诸魔宫殿,显示一切诸佛如来坐菩提座成等正觉及以一切道场众会;作是事已,而来右绕菩萨众会,入普贤菩萨摩诃萨口。其光入已,普贤菩萨身及师子座,过于本时及诸菩萨身座百倍,唯除如来师子之座。

尔时,如来性起妙德菩萨问普贤菩萨摩诃萨言:佛子!佛所示现广大神变,令诸菩萨皆生欢喜,不可思议,世莫能知,是何瑞相?普贤菩萨摩诃萨言:佛子!我于往昔见诸如来、应、正等觉示现如是广大神变,即说如来出现法门。如我惟忖,今现此相,当说其法。说是语时,一切大地悉皆震动,出生无量问法光明。

时,性起妙德菩萨问普贤菩萨言:佛子!菩萨摩诃萨应云何知诸佛如来、应、正等觉出现之法?愿为我说!佛子!此诸无量百千亿那由他菩萨众会,皆久修净业,念慧成就,到于究竟大庄严岸,具一切佛威仪之行,正念诸佛未曾忘失,大悲观察一切众生,决定了知诸大菩萨神通境界,已得诸佛神力所加,能受一切如来妙法;具如是等无量功德,皆已来集。佛子!汝已曾于无量百千亿那由他佛所承事供养,成就菩萨最上妙行,于三昧门皆得自在,入一切佛秘密之处,知诸佛法,断众疑惑,为诸如来神力所加,知众生根,随其所乐为说真实解脱之法,随顺佛智演说佛法到于彼岸,有如是等无量功德。善哉佛子!愿说如来、应、正等觉出现之法,身相、言音、心意境界,所行之行,成道转法,乃至示现入般涅槃,见闻亲近所生善根;如是等事,愿皆为说!

时,如来性起妙德菩萨欲重明此义,向普贤菩萨而说颂曰:

善哉无碍大智慧,善觉无边平等境,愿说无量佛所行,佛子闻已皆欣庆!菩萨云何随顺入,诸佛如来出兴世?云何身语心境界?及所行处愿皆说!云何诸佛成正觉?云何如来转法轮?云何善逝般涅槃?大众闻已心欢喜。若有见佛大法王,亲近增长诸善根,愿说彼诸功德藏,众生见已何所获?若有得闻如来名,若现在世若涅槃,于彼福藏生深信,有何等利愿宣说!此诸菩萨皆合掌,瞻仰如来仁及我,大功德海之境界,净众生者愿为说!愿以因缘及譬喻,演说妙法相应义,众生闻已发大心,疑尽智净如虚空。如遍一切国土中,诸佛所现庄严身,愿以妙音及因喻,示佛菩提亦如彼。十方千万诸佛土,亿那由他无量劫,如今所集菩萨众,于彼一切悉难见。此诸菩萨咸恭敬,于微妙义生渴仰,愿以净心具开演,如来出现广大法!

尔时,普贤菩萨摩诃萨告如来性起妙德等诸菩萨大众言:

佛子!此处不可思议,所谓如来、应、正等觉以无量法而得出现。何以故?非以一缘,非以一事,如来出现而得成就;以十无量百千阿僧祇事而得成就。何等为十?所谓:过去无量摄受一切众生菩提心所成故,过去无量清净殊胜志乐所成故,过去无量救护一切众生大慈大悲所成故,过去无量相续行愿所成故,过去无量修诸福智心无厌足所成故,过去无量供养诸佛教化众生所成故,过去无量智慧方便清净道所成故,过去无量清净功德藏所成故,过去无量庄严道智所成故,过去无量通达法义所成故。佛子!如是无量阿僧祇法门圆满,成于如来。佛子!譬如三千大千世界,非以一缘,非以一事,而得成就,以无量缘、无量事,方乃得成。所谓:兴布大云,降霆大雨,四种风轮相续为依。其四者何?一名:能持,能持大水故;二名:能消,能消大水故;三名:建立,建立一切诸处所故;四名:庄严,庄严分布咸善巧故。如是皆由众生共业及诸菩萨善根所起,令于其中一切众生各随所宜而得受用。佛子！如是等无量因缘乃成三千大千世界，法性如是，无有生者，无有作者，无有知者，无有成者，然彼世界而得成就。如来出现亦复如是，非以一缘，非以一事，而得成就；以无量因缘，无量事相，乃得成就。所谓：曾于过去佛所听闻受持大法云雨，因此能起如来四种大智风轮。何等为四？一者念持不忘陀罗尼大智风轮，能持一切如来大法云雨故；二者出生止观大智风轮，能消竭一切烦恼故；三者善巧回向大智风轮，能成就一切善根故；四者出生离垢差别庄严大智风轮，令过去所化一切众生善根清净，成就如来无漏善根力故。如来如是成等正觉，法性如是，无生无作而得成就。佛子！是为如来、应、正等觉出现第一相，菩萨摩诃萨应如是知。

复次，佛子！譬如三千大千世界将欲成时，大云降雨，名曰：洪霪，一切方处所不能受、所不能持，唯除大千界将欲成时。佛子！如来、应、正等觉亦复如是，兴大法云，雨大法雨，名：成就如来出现，一切二乘心志狭劣所不能受、所不能持，唯除诸大菩萨心相续力。佛子！是为如来、应、正等觉出现第二相，菩萨摩诃萨应如是知。

复次，佛子！譬如众生以业力故，大云降雨，来无所从，去无所至。如来、应、正等觉亦复如是，以诸菩萨善根力故，兴大法云，雨大法雨，亦无所从来，无所至去。佛子！是为如来、应、正等觉出现第三相，菩萨摩诃萨应如是知。

复次，佛子！譬如大云降霪大雨，大千世界一切众生，无能知数，若欲算计，徒令发狂；唯大千世界主——摩醯首罗，以过去所修善根力故，乃至一滴无不明了。佛子！如来、应、正等觉亦复如是，兴大法云，雨大法雨，一切众生、声闻、独觉所不能知，若欲思量，心必狂乱；唯除一切世间主——菩萨摩诃萨，以过去所修觉慧力故，乃至一文一句，入众生心，无不明了。佛子！是为如来、应、正等觉出现第四相，菩萨摩诃萨应如是知。

复次，佛子！譬如大云降雨之时，有大云雨，名为：能灭，能灭火灾；有大云雨，名为：能起，能起大水；有大云雨，名为：能止，能止大水；有大云雨，名为：能成，能成一切摩尼诸宝；有大云雨，名为：分别，分别三千大千世界。佛子！如来出现亦复如是，兴大法云，雨大法雨，有大法雨，名为：能灭，能灭一切众生烦恼；有大法雨，名为：能起，能起一切众生善根；有大法雨，名为：能止，能止一切众生见惑；有大法雨，名为：能成，能成一切智慧法宝；有大法雨，名为：分别，分别一切众生心乐。佛子！是为如来、应、正等觉出现第五相，菩萨摩诃萨应如是知。

复次，佛子！譬如大云雨一味水，随其所雨，无量差别。如来出现亦复如是，雨于大悲一味法水，随宜说法，无量差别。佛子！是为如来、应、正等觉出现第六相,菩萨摩诃萨应如是知。

复次,佛子!譬如三千大千世界初始成时,先成色界诸天宫殿,次成欲界诸天宫殿,次成于人及余众生诸所住处。佛子!如来出现亦复如是,先起菩萨诸行智慧,次起缘觉诸行智慧,次起声闻善根诸行智慧,次起其余众生有为善根诸行智慧。佛子!譬如大云雨一味水,随诸众生善根异故,所起宫殿种种不同。如来大悲一味法雨,随众生器而有差别。佛子!是为如来、应、正等觉出现第七相,菩萨摩诃萨应如是知。

复次,佛子!譬如世界初欲成时,有大水生,遍满三千大千世界;生大莲华,名:如来出现功德宝庄严,遍覆水上,光照十方一切世界。时,摩醯首罗、净居天等见是华已,即决定知于此劫中有尔所佛出兴于世。佛子!尔时,其中有风轮起,名:善净光明,能成色界诸天宫殿。有风轮起,名:净光庄严,能成欲界诸天宫殿。有风轮起,名:坚密无能坏,能成大小诸轮围山及金刚山。有风轮起,名:胜高,能成须弥山王。有风轮起,名:不动,能成十大山王。何等为十?所谓:佉陀罗山、仙人山、伏魔山、大伏魔山、持双山、尼民陀罗山、目真邻陀山、摩诃目真邻陀山、香山、雪山。有风轮起,名为:安住,能成大地。有风轮起,名为:庄严,能成地天宫殿、龙宫殿、乾闼婆宫殿。有风轮起,名:无尽藏,能成三千大千世界一切大海。有风轮起,名:普光明藏,能成三千大千世界诸摩尼宝。有风轮起,名:坚固根,能成一切诸如意树。佛子!大云所雨一味之水,无有分别;以众生善根不同故,风轮不同;风轮差别故,世界差别。佛子!如来出现亦复如是,具足一切善根功德,放于无上大智光明,名:不断如来种不思议智,普照十方一切世界,与诸菩萨一切如来灌顶之记:当成正觉出兴于世。佛子!如来出现复有无上大智光明,名:清净离垢,能成如来无漏无尽智。复有无上大智光明,名:普照,能成如来普入法界不思议智。复有无上大智光明,名:持佛种性,能成如来不倾动力。复有无上大智光明,名:迥出无能坏,能成如来无畏无坏智。复有无上大智光明,名:一切神通,能成如来诸不共法、一切智智。复有无上大智光明,名:出生变化,能成如来令见闻亲近所生善根不失坏智。复有无上大智光明,名:普随顺,能成如来无尽福德智慧之身,为一切众生而作饶益。复有无上大智光明,名:不可究竟,能成如来甚深妙智,随所开悟,令三宝种永不断绝。复有无上大智光明,名:种种庄严,能成如来相好严身,令一切众生皆生欢喜。复有无上大智光明,名:不可坏,能成如来法界、虚空界等殊胜寿命无有穷尽。佛子!如来大悲一味之水无有分别,以诸众生欲乐不同、根性各别,而起种种大智风轮,令诸菩萨成就如来出现之法。佛子!一切如来同一体性,大智轮中出生种种智慧光明。佛子!汝等应知,如来于一解脱味出生无量不可思议种种功德,众生念言:

此是如来神力所造。佛子！此非如来神力所造。佛子！乃至一菩萨，不于佛所曾种善根，能得如来少分智慧，无有是处。但以诸佛威德力故，令诸众生具佛功德，而佛如来无有分别，无成无坏，无有作者，亦无作法。佛子！是为如来、应、正等觉出现第八相，菩萨摩诃萨应如是知。

复次，佛子！如依虚空起四风轮，能持水轮。何等为四？一名：安住，二名：常住，三名：究竟，四名：坚固。此四风轮能持水轮，水轮能持大地令不散坏。是故说：地轮依水轮，水轮依风轮，风轮依虚空，虚空无所依。虽无所依，能令三千大千世界而得安住。佛子！如来出现亦复如是，依无碍慧光明起佛四种大智风轮，能持一切众生善根。何等为四？所谓：普摄众生皆令欢喜大智风轮，建立正法令诸众生皆生爱乐大智风轮，守护一切众生善根大智风轮，具一切方便通达无漏界大智风轮。是为四。佛子！诸佛世尊，大慈救护一切众生，大悲度脱一切众生，大慈大悲普遍饶益。然大慈大悲依大方便善巧，大方便善巧依如来出现，如来出现依无碍慧光明，无碍慧光明无有所依。佛子！是为如来、应、正等觉出现第九相，菩萨摩诃萨应如是知。

复次，佛子！譬如三千大千世界既成就已，饶益无量种种众生。所谓：水族众生得水饶益，陆地众生得地饶益，宫殿众生得宫殿饶益，虚空众生得虚空饶益。如来出现亦复如是，种种饶益无量众生。所谓：见佛生欢喜者，得欢喜益；住净戒者，得净戒益；住诸禅定及无量者，得圣出世大神通益；住法门光明者，得因果不坏益；住无所有光明者，得一切法不坏益。是故说言：如来出现，饶益一切无量众生。佛子！是为如来、应、正等觉出现第十相，菩萨摩诃萨应如是知。

佛子！菩萨摩诃萨知如来出现，则知无量；知成就无量行故，则知广大；知周遍十方故，则知无来去；知离生住灭故，则知无行、无所行；知离心、意、识故，则知无身；知如虚空故，则知平等；知一切众生皆无我故，则知无尽；知遍一切刹无有尽故，则知无退；知尽后际无断绝故，则知无坏；知如来智无有对故，则知无二；知平等观察为、无为故，则知一切众生皆得饶益，本愿回向自在满足故。

尔时，普贤菩萨摩诃萨欲重明此义而说颂言：；

十力大雄最无上，譬如虚空无等等，境界广大不可量，功德第一超世间。十力功德无边量，心意思量所不及，人中师子一法门，众生亿劫莫能知。十方国土碎为尘，或有算计知其数；如来一毛功德量，千万亿劫无能说。如人持尺量虚空，复有随行计其数，虚空边际不可得，如来境界亦如是。或有能于刹那顷，悉知三世众生心，设经众生数等劫，不能知佛一念性。譬如法界遍一切，不可见取为一切；十力境界亦复然，遍于一切非一切。真如离妄恒寂静，无生无灭普周遍；

诸佛境界亦复然，体性平等不增减。譬如实际而非际，普在三世亦非普；导师境界亦如是，遍于三世皆无碍。法性无作无变易，犹如虚空本清净；诸佛性净亦如是，本性非性离有无。法性不在于言论，无说离说恒寂灭；十力境界性亦然，一切文辞莫能辩。了知诸法性寂灭，如鸟飞空无有迹，以本愿力现色身，令见如来大神变。若有欲知佛境界，当净其意如虚空，远离妄想及诸取，令心所向皆无碍。是故佛子应善听，我以少譬明佛境，十力功德不可量，为悟众生今略说。导师所现于身业，语业心业诸境界，转妙法轮般涅槃，一切善根我今说。譬如世界初安立，非一因缘而可成，无量方便诸因缘，成此三千大千界。如来出现亦如是，无量功德乃得成，刹尘心念尚可知，十力生因莫能测。譬如劫初云澍雨，而起四种大风轮，众生善根菩萨力，成此三千各安住。十力法云亦如是，起智风轮清净意，昔所回向诸众生，普导令成无上果。如有大雨名洪澍，无有处所能容受，唯除世界将成时，清净虚空大风力。如来出现亦如是，普雨法雨充法界，一切劣意无能持，唯除清净广大心。譬如空中澍大雨，无所从来无所去，作者受者悉亦无，自然如是普充洽。十力法雨亦如是，无去无来无造作，本行为因菩萨力，一切大心咸听受。譬如空云澍大雨，一切无能数其滴，唯除三千自在王，具功德力悉明了。善逝法雨亦如是，一切众生莫能测，唯除于世自在人，明见如观掌中宝。譬如空云澍大雨，能灭能起亦能断，一切珍宝悉能成，三千所有皆分别。十力法雨亦如是，灭惑起善断诸见，一切智宝皆使成，众生心乐悉分别。譬如空中雨一味，随其所雨各不同，岂彼雨性有分别，然随物异法如是。如来法雨非一异，平等寂静离分别，然随所化种种殊，自然如是无边相。譬如世界初成时，先成色界天宫殿，次及欲天次人处，乾闼婆宫最后成。如来出现亦如是，先起无边菩萨行，次化乐寂诸缘觉，次声闻众后众生。诸天初见莲华瑞，知佛当出生欢喜；水缘风力起世间，宫殿山川悉成立。如来宿善大光明，巧别菩萨与其记；所有智轮体皆净，各能开示诸佛法。譬如树林依地有，地依于水得不坏，水轮依风风依空，而其虚空无所依。一切佛法依慈悲，慈悲复依方便立，方便依智智依慧，无碍慧身无所依。譬如世界既成立，一切众生获其利，地水所住及空居，二足四足皆蒙益。法王出现亦如是，一切众生获其利，若有见闻及亲近，悉使灭除诸惑恼。如来出现法无边，世间迷惑莫能知，为欲开悟诸含识，无譬喻中说其譬。

佛子！诸菩萨摩诃萨应云何见如来、应、正等觉身？

佛子！诸菩萨摩诃萨应于无量处见如来身。何以故？诸菩萨摩诃萨不应于一法、一事、一身、一国土、一众生见于如来，应遍一切处见于如来。佛子！譬如虚空遍至一切色、非色处，非至、非不至。何以故？虚空无身故。如来身亦如是，遍一切处，遍一切众生，遍一切法，遍一切国土，非至、非不至。何以故？如来身无身故，为众生故示现其身。佛子！是为如来身第一相，诸菩萨摩诃萨应如是见。

复次，佛子！譬如虚空宽广非色，而能显现一切诸色，而彼虚空无有分别亦无戏论。如来身亦复如是，以智光明普照明故，令一切众生世、出世间诸善根业皆得成就，而如来身无有分别亦无戏论。何以故？从本已来，一切执著、一切戏论皆永断故。佛子！是为如来身第二相，诸菩萨摩诃萨应如是见。

复次，佛子！譬如日出于阎浮提，无量众生皆得饶益。所谓：破闇作明，变湿令燥，生长草木，成熟谷稼，廓彻虚空，开敷莲华，行者见道，居者办业。何以故？日轮普放无量光故。佛子！如来智日亦复如是，以无量事普益众生。所谓：灭恶生善，破愚为智，大慈救护，大悲度脱；令其增长根、力、觉分；令生深信，舍离浊心；令得见闻，不坏因果；令得天眼，见殁生处；令心无碍，不坏善根；令智修明，开敷觉华；令其发心，成就本行。何以故？如来广大智慧日身，放无量光普照耀故。佛子！是为如来身第三相，诸菩萨摩诃萨应如是见。

复次，佛子！譬如日出于阎浮提，先照一切须弥山等诸大山王，次照黑山，次照高原，然后普照一切大地。日不作念：我先照此，后照于彼。但以山地有高下故，照有先后。如来、应、正等觉亦复如是，成就无边法界智轮，常放无碍智慧光明，先照菩萨摩诃萨等诸大山王，次照缘觉，次照声闻，次照决定善根众生，随其心器示广大智，然后普照一切众生，乃至邪定亦皆普及，为作未来利益因缘令成熟故。而彼如来大智日光不作是念：我当先照菩萨大行，乃至后照邪定众生。但放光明平等普照，无碍无障，无所分别。佛子！譬如日月随时出现，大山、幽谷普照无私。如来智慧复亦如是，普照一切无有分别，随诸众生根欲不同，智慧光明种种有异。佛子！是为如来身第四相，诸菩萨摩诃萨应如是见。

复次，佛子！譬如日出，生盲众生无眼根故，未曾得见。虽未曾见，然为日光之所饶益。何以故？因此得知昼夜时节，受用种种衣服、饮食，令身调适离众患故。如来智日亦复如是，无信、无解、毁戒、毁见、邪命自活生盲之类无信眼故，不见诸佛智慧日轮。虽不见佛智慧日轮，亦为智日之所饶益。何以故？以佛威力，令彼众生所有身苦及诸烦恼、未来苦因皆消灭故。佛子！如来有光明，名：积集一切功德；有光明，名：普照一切；有光明，名：清净自在照；有光明，名：出大妙音；有光明，名：普解一切语言法令他欢喜；有光明，名：示现永断一切疑自在境界；有光明，名：无住智自在普照；有光明，名：永断一切戏论自在智；有光明，名：随所应出妙音声；有光明，名：出清净自在音庄严国土成熟众生。佛子！如来一一毛孔放如是等千种光明，五百光明普照下方，五百光明普照上方。种种刹中种种佛所诸菩萨众，其菩萨等见此光明，一时皆得如来境界，十头、十眼、十耳、十鼻、十舌、十身、十手、十足、十地、十智，皆悉清净。彼诸菩萨先所成就诸处诸地，见彼光明转更清净，一切善根皆悉成熟，趣一切智；住二乘者，灭一切垢；其余一分生盲众生，身既快乐，心亦清净，柔软调伏，堪修念智；地狱、饿鬼、畜生诸趣所有众生，皆得快乐，解脱众苦，命终皆生天上、人间。佛子！彼诸众生不觉不知，以何因缘、以何神力而来生此？彼生盲者作如是念：我是梵天！我是梵化！是时，如来住普自在三昧，出六十种妙音而告之言：汝等非是梵天，亦非梵化，亦非帝释护世所作，皆是如来威神之力。彼诸众生闻是语已，以佛神力皆知宿命，生大欢喜；心欢喜故，自然而出优昙华云、香云、音乐云、衣云、盖云、幢云、幡云、末香云、宝云、师子幢半月楼阁云、歌咏赞叹云、种种庄严云，皆以尊重心供养如来。何以故？此诸众生得净眼故，如来与彼授阿耨多罗三藐三菩提记。佛子！如来智日如是利益生盲众生，令得善根，具足成熟。佛子！是为如来身第五相，诸菩萨摩诃萨应如是见。

复次，佛子！譬如月轮有四奇特未曾有法。何等为四？一者，映蔽一切星宿光明；二者，随逐于时示现亏盈；三者，于阎浮提澄净水中影无不现；四者，一切见者皆对目前，而此月轮无有分别、无有戏论。佛子！如来身月亦复如是，有四奇特未曾有法。何等为四？所谓：映蔽一切声闻、独觉、学、无学众；随其所宜，示现寿命修短不同，而如来身无有增减；一切世界净心众生菩提器中，影无不现；一切众生有瞻对者皆谓如来唯现我前，随其心乐而为说法，随其地位令得解脱，随所应化令见佛身，而如来身无有分别、无有戏论，所作利益皆得究竟。佛子！是为如来身第六相，诸菩萨摩诃萨应如是见。

复次，佛子！譬如三千大千世界大梵天王，以少方便于大千世界普现其身，一切众生皆见梵王现在己前，而此梵王亦不分身、无种种身。佛子！诸佛如来亦复如是，无有分别，无有戏论，亦不分身，无种种身，而随一切众生心乐示现其身，亦不作念现若干身。佛子！是为如来身第七相，诸菩萨摩诃萨应如是见。

复次，佛子！譬如医王善知众药及诸咒论，阎浮提中诸所有药用无不尽，复以宿世诸善根力、大明咒力，为方便故，众生见者病无不愈。彼大医王知命将终，作是念言：我命终后，一切众生无所依怙，我今宜应为现方便。是时，医王合药涂身，明咒力持，令其终后身不分散、不萎不枯，威仪视听与本无别，凡所疗治悉得除差。佛子！如来、应、正等觉无上医王亦复如是，于无量百千亿那由他劫，炼治法药已得成就，修学一切方便善巧大明咒力皆到彼岸，善能除灭一切众生诸烦恼病及住寿命；经无量劫，其身清净无有思虑、无有动用，一切佛事未尝休息，众生见者诸烦恼病悉得消灭。佛子！是为如来身第八相，诸菩萨摩诃萨应如是见。

复次，佛子！譬如大海有大摩尼宝，名：集一切光明毗卢遮那藏；若有众生触其光者，悉同其色；若有见者，眼得清净。随彼光明所照之处，雨摩尼宝，名为：安乐，令诸众生离苦调适。佛子！诸如来身亦复如是，为大宝聚一切功德大智慧藏；若有众生触佛身宝智慧光者，同佛身色；若有见者，法眼清净。随彼光明所照之处，令诸众生离贫穷苦，乃至具足佛菩提乐。佛子！如来法身无所分别亦无戏论，而能普为一切众生作大佛事。佛子！是为如来身第九相，诸菩萨摩诃萨应如是见。

复次，佛子！譬如大海有大如意摩尼宝王，名：一切世间庄严藏，具足成就百万功德，随所住处，令诸众生灾患消除、所愿满足；然此如意摩尼宝王非少福众生所能得见。如来身如意宝王亦复如是，名为：能令一切众生皆悉欢喜，若有见身、闻名、赞德，悉令永离生死苦患；假使一切世界一切众生，一时专心欲见如来，悉令得见，所愿皆满。佛子！佛身非是少福众生所能得见，唯除如来自在神力所应调伏；若有众生因见佛身便种善根乃至成熟，为成熟故，乃令得见如来身耳。佛子！是为如来身第十相，诸菩萨摩诃萨应如是见。以其心无量遍十方故，所行无碍如虚空故，普入法界故，住真实际故，无生无灭故，等住三世故，永离一切分别故，住尽后际誓愿故，严净一切世界故，庄严一一佛身故。

尔时，普贤菩萨摩诃萨欲重明此义而说颂言：

譬如虚空遍十方，若色非色有非有，三世众生身国土，如是普在无边际。诸佛真身亦如是，一切法界无不遍，不可得见不可取，为化众生而现形。譬如虚空不可取，普使众生造众业，不念：我今何所作，云何我作为谁作？诸佛身业亦如是，普使群生修善法，如来未曾有分别：我今于彼种种作。譬如日出阎浮提，光明破闇悉无余，山树池莲地众物，种种品类皆蒙益。诸佛日出亦如是，生长人天众善行，永除痴闇得智明，恒受尊荣一切乐。譬如日光出现时，先照山王次余山，后照高原及大地，而日未始有分别。善逝光明亦如是，先照菩萨次缘觉，后照声闻及众生，而佛本来无动念。譬如生盲不见日，日光亦为作饶益，令知时节受饮食，永离众患身安隐。无信众生不见佛，而佛亦为兴义利，闻名及以触光明，因此乃至得菩提。譬如净月在虚空，能蔽众星示盈缺，一切水中皆现影，诸有观瞻悉对前。如来净月亦复然，能蔽余乘示修短，普现天人净心水，一切皆谓对其前。譬如梵王住自宫，普现三千诸梵处，一切人天咸得见，实不分身向于彼。诸佛现身亦如是，一切十方无不遍，其身无数不可称，亦不分身不分别。如有医王善方术，若有见者病皆愈，命虽已尽药涂身，令其作务悉如初。最胜医王亦如是，具足方便一切智，以昔妙行现佛身，众生见者烦恼灭。譬如海中有宝王，普出无量诸光明，众生触者同其色，若有见者眼清净。最胜宝王亦如是，触其光者悉同色，若有得见五眼开，破诸尘闇住佛地。譬如如意摩尼宝，随有所求皆满足，少福众生不能见,非是宝王有分别。善逝宝王亦如是,悉满所求诸欲乐,无信众生不见佛,非是善逝心弃舍。

大方广佛华严经卷第五十一

如来出现品第三十七之二

佛子!菩萨摩诃萨应云何知如来、应、正等觉音声?

佛子!菩萨摩诃萨应知如来音声遍至,普遍无量诸音声故;应知如来音声随其心乐皆令欢喜,说法明了故;应知如来音声随其信解皆令欢喜,心得清凉故;应知如来音声化不失时,所应闻者无不闻故;应知如来音声无生灭,如呼响故;应知如来音声无主,修习一切业所起故;应知如来音声甚深,难可度量故;应知如来音声无邪曲,法界所生故;应知如来音声无断绝,普入法界故;应知如来音声无变易,至于究竟故。佛子!菩萨摩诃萨应知如来音声,非量、非无量,非主、非无主,非示、非无示。何以故?佛子!譬如世界将欲坏时,无主无作,法尔而出四种音声。其四者何?一曰:汝等当知初禅安乐,离诸欲恶,超过欲界。众生闻已,自然而得成就初禅,舍欲界身,生于梵天。二曰:汝等当知二禅安乐,无觉无观,超于梵天。众生闻已,自然而得成就二禅,舍梵天身,生光音天。三曰:汝等当知三禅安乐,无有过失,超光音天。众生闻已,自然而得成就三禅,舍光音身,生遍净天。四曰:汝等当知四禅寂静,超遍净天。众生闻已,自然而得成就四禅,舍遍净身,生广果天。是为四。佛子!此诸音声无主无作,但从众生诸善业力之所出生。佛子!如来音声亦复如是,无主无作,无有分别,非入非出,但从如来功德法力,出于四种广大音声。其四者何?一曰:汝等当知一切诸行皆悉是苦,所谓:地狱苦、畜生苦、饿鬼苦、无福德苦、著我我所苦、作诸恶行苦。欲生人、天当种善根;生人、天中,离诸难处。众生闻已,舍离颠倒,修诸善行,离诸难处,生人、天中。二曰:汝等当知一切诸行众苦炽然,如热铁丸。诸行无常,是磨灭法;涅槃寂静,无为安乐,远离炽然,消诸热恼。众生闻已,勤修善法,于声闻乘得随顺音声忍。三曰:汝等当知声闻乘者,随他语解,智慧狭劣;更有上乘,名:独觉乘,悟不由师,汝等应学。乐胜道者闻此音已,舍声闻道,修独觉乘。四曰:汝等当知过二乘位更有胜道,名为:大乘。菩萨所行,顺六波罗蜜,不断菩萨行,不舍菩提心,处无量生死而不疲厌,过于二乘,名为:大乘、第一乘、胜乘、最胜乘、上乘、无上乘、利益一切众生乘。若有众生信解广大,诸根猛利,宿种善根,为诸如来神力所加,有胜乐欲,希求佛果;闻此音已,发菩提心。佛子!如来音声不从身出、不从心出,而能利益无量众生。佛子!是为如来音声第一相,诸菩萨摩诃萨应如是知。

复次，佛子！譬如呼响，因于山谷及音声起，无有形状，不可睹见，亦无分别，而能随逐一切语言。如来音声亦复如是，无有形状，不可睹见，非有方所，非无方所；但随众生欲解缘出，其性究竟，无言无示，不可宣说。佛子！是为如来音声第二相，诸菩萨摩诃萨应如是知。

复次，佛子！譬如诸天有大法鼓，名为：觉悟。若诸天子行放逸时，于虚空中出声告言：汝等当知一切欲乐皆悉无常，虚妄颠倒，须臾变坏，但诳愚夫令其恋著。汝莫放逸，若放逸者，堕诸恶趣，后悔无及。放逸诸天闻此音已，生大忧怖，舍自宫中所有欲乐，诣天王所求法行道。佛子！彼天鼓音，无主无作，无起无灭，而能利益无量众生。当知如来亦复如是，为欲觉悟放逸众生，出于无量妙法音声，所谓：无著声、不放逸声、无常声、苦声、无我声、不净声、寂灭声、涅槃声、无有量自然智声、不可坏菩萨行声、至一切处如来无功用智地声，以此音声遍法界中而开悟之。无数众生闻是音已，皆生欢喜，勤修善法，各于自乘而求出离，所谓：或修声闻乘、或修独觉乘、或习菩萨无上大乘。而如来音，不住方所，无有言说。佛子！是为如来音声第三相，诸菩萨摩诃萨应如是知。

复次，佛子！譬如自在天王有天采女，名曰：善口，于其口中出一音声，其声则与百千种乐而共相应，一一乐中复有百千差别音声。佛子！彼善口女从口一声，出于如是无量音声。当知如来亦复如是，于一音中出无量声，随诸众生心乐差别，皆悉遍至，悉令得解。佛子！是为如来音声第四相，诸菩萨摩诃萨应如是知。

复次，佛子！譬如大梵天王住于梵宫出梵音声，一切梵众靡不皆闻，而彼音声不出众外。诸梵天众咸生是念：大梵天王独与我语。如来妙音亦复如是，道场众会靡不皆闻，而其音声不出众外。何以故？根未熟者不应闻故。其闻音者皆作是念：如来世尊独为我说。佛子！如来音声无出无住，而能成就一切事业。是为如来音声第五相，诸菩萨摩诃萨应如是知。

复次，佛子！譬如众水皆同一味，随器异故水有差别，水无念虑亦无分别。如来言音亦复如是，唯是一味，谓解脱味，随诸众生心器异故无量差别，而无念虑亦无分别。佛子！是为如来音声第六相，诸菩萨摩诃萨应如是知。

复次，佛子！譬如阿那婆达多龙王兴大密云，遍阎浮提普霔甘雨，百谷苗稼皆得生长，江河泉池一切盈满；此大雨水不从龙王身心中出，而能种种饶益众生。佛子！如来、应、正等觉亦复如是，兴大悲云遍十方界，普雨无上甘露法雨，令一切众生皆生欢喜，增长善法，满足诸乘。佛子！如来音声不从外来、不从内出，而能饶益一切众生。是为如来音声第七相，诸菩萨摩诃萨应如是知。

复次，佛子！譬如摩那斯龙王将欲降雨，未便即降，先起大云弥覆虚空凝停七日，待诸众生作务究竟。何以故？彼大龙王有慈悲心，不欲恼乱诸众生故。过七日已，降微细雨普润大地。佛子！如来、应、正等觉亦复如是，将降法雨，未便即降，先兴法云成熟众生，为欲令其心无惊怖；待其熟已，然后普降甘露法雨，演说甚深微妙善法，渐次令其满足如来一切智智无上法味。佛子！是为如来音声第八相，诸菩萨摩诃萨应如是知。

复次，佛子！譬如海中有大龙王，名：大庄严，于大海中降雨之时，或降十种庄严雨，或百、或千、或百千种庄严雨。佛子！水无分别，但以龙王不思议力令其庄严，乃至百千无量差别。如来、应、正等觉亦复如是，为诸众生说法之时，或以十种差别音说，或百、或千、或以百千，或以八万四千音声说八万四千行，乃至或以无量百千亿那由他音声各别说法，令其闻者皆生欢喜；如来音声无所分别，但以诸佛于甚深法界圆满清净，能随众生根之所宜，出种种言音皆令欢喜。佛子！是为如来音声第九相，诸菩萨摩诃萨应如是知。

复次，佛子！譬如娑竭罗龙王，欲现龙王大自在力，饶益众生咸令欢喜，从四天下乃至他化自在天处，兴大云网周匝弥覆。其云色相无量差别，或阎浮檀金光明色，或毗琉璃光明色，或白银光明色，或玻璃光明色，或牟萨罗光明色，或码瑙光明色，或胜藏光明色，或赤真珠光明色，或无量香光明色，或无垢衣光明色，或清净水光明色，或种种庄严具光明色，如是云网周匝弥布。既弥布已，出种种色电光。所谓：阎浮檀金色云出琉璃色电光，琉璃色云出金色电光，银色云出玻璃色电光，玻璃色云出银色电光，牟萨罗色云出码瑙色电光，码瑙色云出牟萨罗色电光，胜藏宝色云出赤真珠色电光，赤真珠色云出胜藏宝色电光，无量香色云出无垢衣色电光，无垢衣色云出无量香色电光，清净水色云出种种庄严具色电光，种种庄严具色云出清净水色电光；乃至种种色云出一色电光，一色云出种种色电光。复于彼云中出种种雷声，随众生心皆令欢喜。所谓：或如天女歌咏音，或如诸天妓乐音，或如龙女歌咏音，或如乾闼婆女歌咏音，或如紧那罗女歌咏音，或如大地震动声，或如海水波潮声，或如兽王哮吼声，或如好鸟鸣啭声，及余无量种种音声。既震雷已，复起凉风，令诸众生心生悦乐，然后乃降种种诸雨，利益安乐无量众生。从他化天至于地上，于一切处所雨不同。所谓：于大海中雨清冷水，名：无断绝；于他化自在天雨箫笛等种种乐音，名为：美妙；于化乐天雨大摩尼宝，名：放大光明；于兜率天雨大庄严具，名为：垂髻；于夜摩天雨大妙华，名：种种庄严具；于三十三天雨众妙香，名为：悦意；于四天王天雨天宝衣，名为：覆盖；于龙王宫雨赤真珠，名：涌出光明；于阿修罗宫雨诸兵仗，名：降伏怨敌；于此郁单越雨种种华，名曰：开敷；余三天下悉亦如是，然各随其处，所雨不同。虽彼龙王其心平等无有彼此，但以众生善根异故，雨有差别。佛子！如来、应、正等觉无上法王亦复如是，欲以正法教化众生，先布身云弥覆法界，随其乐欲为现不同。所谓：或为众生现生身云，或为众生现化身云，或为众生现力持身云，或为众生现色身云，或为众生现相好身云，或为众生现福德身云，或为众生现智慧身云，或为众生现诸力不可坏身云，或为众生现无畏身云，或为众生现法界身云。佛子！如来以如是等无量身云，普覆十方一切世界，随诸众生所乐，各别示现种种光明电光。所谓：或为众生现光明电光，名：无所不至；或为众生现光明电光，名：无边光明；或为众生现光明电光，名：入佛秘密法；或为众生现光明电光，名：影现光明；或为众生现光明电光，名：光明照耀；或为众生现光明电光，名：入无尽陀罗尼门；或为众生现光明电光，名：正念不乱；或为众生现光明电光，名：究竟不坏；或为众生现光明电光，名：顺入诸趣；或为众生现光明电光，名：满一切愿皆令欢喜。佛子！如来、应、正等觉现如是等无量光明电光已，复随众生心之所乐，出生无量三昧雷声。所谓：善觉智三昧雷声、明盛离垢海三昧雷声、一切法自在三昧雷声、金刚轮三昧雷声、须弥山幢三昧雷声、海印三昧雷声、日灯三昧雷声、无尽藏三昧雷声、不坏解脱力三昧雷声。佛子！如来身云中出如是等无量差别三昧雷声已，将降法雨，先现瑞相开悟众生。所谓：从无障碍大慈悲心，现于如来大智风轮，名：能令一切众生生不思议欢喜适悦。此相现已，一切菩萨及诸众生，身之与心皆得清凉。然后从如来大法身云、大慈悲云、大不思议云，雨不思议广大法雨，令一切众生身心清净。所谓：为坐菩提场菩萨雨大法雨，名：法界无差别；为最后身菩萨雨大法雨，名：菩萨游戏如来秘密教；为一生所系菩萨雨大法雨，名：清净普光明；为灌顶菩萨雨大法雨，名：如来庄严具所庄严；为得忍菩萨雨大法雨，名：功德宝智慧华开敷不断菩萨大悲行；为住向行菩萨雨大法雨，名：入现前变化甚深门而行菩萨行无休息无疲厌；为初发心菩萨雨大法雨，名：出生如来大慈悲行救护众生；为求独觉乘众生雨大法雨，名：深知缘起法远离二边得不坏解脱果；为求声闻乘众生雨大法雨，名：以大智慧剑断一切烦恼怨；为积集善根决定、不决定众生雨大法雨，名：能令成就种种法门生大欢喜。佛子！诸佛如来随众生心，雨如是等广大法雨，充满一切无边世界。佛子！如来、应、正等觉其心平等，于法无吝，但以众生根欲不同，所雨法雨示有差别。是为如来音声第十相，诸菩萨摩诃萨应如是知。

复次，佛子！应知如来音声有十种无量。何等为十？所谓：如虚空界无量，至一切处故；如法界无量，无所不遍故；如众生界无量，令一切心喜故；如诸业无量，说其果报故；如烦恼无量，悉令除灭故；如众生言音无量，随解令闻故；如众生欲解无量，普观救度故；如三世无量，无有边际故；如智慧无量，分别一切故；如佛境界无量，入佛法界故。佛子！如来、应、正等觉音声成就如是等阿僧祇无量，诸菩萨摩诃萨应如是知。

尔时，普贤菩萨摩诃萨欲重明此义而说颂言：

三千世界将坏时，众生福力声告言，四禅寂静无诸苦，令其闻已悉离欲。十力世尊亦如是，出妙音声遍法界，为说诸行苦无常，令其永度生死海。譬如深山大谷中，随有音声皆响应，虽能随逐他言语，而响毕竟无分别。十力言音亦复然，随其根熟为示现，令其调伏生欢喜，不念我今能演说。如天有鼓名能觉，常于空中震法音，诫彼放逸诸天子，令其闻已得离著。十力法鼓亦如是，出于种种妙音声，觉悟一切诸群生，令其悉证菩提果。自在天王有宝女，口中善奏诸音乐，一声能出百千音，一一音中复百千。善逝音声亦如是，一声而出一切音，随其性欲有差别，各令闻已断烦恼。譬如梵王吐一音，能令梵众皆欢喜，音唯及梵不出外，一一皆言已独闻。十力梵王亦复然，演一言音充法界，唯沾众会不远出，以无信故未能受。譬如众水同一性，八功德味无差别，因地在器各不同，是故令其种种异。一切智音亦如是，法性一味无分别，随诸众生行不同，故使听闻种种异。譬如无热大龙王，降雨普洽阎浮地，能令草树皆生长，而不从身及心出。诸佛妙音亦如是，普雨法界悉充洽，能令生善灭诸恶，不从内外而得有。譬如摩那斯龙王，兴云七日未先雨，待诸众生作务竟，然后始降成利益。十力演义亦如是，先化众生使成熟，然后为说甚深法，令其闻者不惊怖。大庄严龙于海中，霔于十种庄严雨，或百或千百千种，水虽一味庄严别。究竟辩才亦如是，说十二十诸法门，或百或千至无量，不生心念有殊别。最胜龙王娑竭罗，兴云普覆四天下，于一切处雨各别，而彼龙心无二念。诸佛法王亦如是，大悲身云遍十方，为诸修行雨各异，而于一切无分别。

佛子！诸菩萨摩诃萨应云何知如来、应、正等觉心？佛子！如来心、意、识俱不可得，但应以智无量故，知如来心。

譬如虚空为一切物所依，而虚空无所依。如来智慧亦复如是，为一切世间、出世间智所依，而如来智无所依。佛子！是为如来心第一相，诸菩萨摩诃萨应如是知。

复次，佛子！譬如法界常出一切声闻、独觉、菩萨解脱，而法界无增减。如来智慧亦复如是，恒出一切世间、出世间种种智慧，而如来智无增减。佛子！是为如来心第二相，诸菩萨摩诃萨应如是知。

复次，佛子！譬如大海，其水潜流四天下地及八十亿诸小洲中，有穿凿者无不得水，而彼大海不作分别：我出于水。佛智海水亦复如是，流入一切众生心中，若诸众生观察境界、修习法门，则得智慧清净明了，而如来智平等无二、无有分别，但随众生心行异故，所得智慧各各不同。佛子！是为如来心第三相，诸菩萨摩诃萨应如是知。

复次，佛子！譬如大海有四宝珠，具无量德，能生海内一切珍宝；若大海中无此宝珠，乃至一宝亦不可得。何等为四？一名：积集宝，二名：无尽藏，三名：远离炽然，四名：具足庄严。佛子！此四宝珠，一切凡夫诸龙神等悉不得见。何以故？娑竭龙王以此宝珠端严方正置于宫中深密处故。佛子！如来、应、正等觉大智慧海亦复如是，于中有四大智宝珠，具足无量福智功德，由此能生一切众生声闻、独觉、学、无学位，及诸菩萨智慧之宝。何等为四？所谓：无染著巧方便大智慧宝、善分别有为无为法大智慧宝、分别说无量法而不坏法性大智慧宝、知时非时未曾误失大智慧宝。若诸如来大智海中无此四宝，有一众生得入大乘，终无是处。此四智宝，薄福众生所不能见。何以故？置于如来深密藏故。此四智宝，平均正直，端洁妙好，普能利益诸菩萨众，令其悉得智慧光明。佛子！是为如来心第四相，诸菩萨摩诃萨应如是知。

复次，佛子！譬如大海，有四炽然光明大宝布在其底，性极猛热，常能饮缩百川所注无量大水，是故大海无有增减。何等为四？一名：日藏，二名：离润，三名：火焰光，四名：尽无余。佛子！若大海中无此四宝，从四天下乃至有顶，其中所有悉被漂没。佛子！此日藏大宝光明照触，海水悉变为乳；离润大宝光明照触，其乳悉变为酪；火焰光大宝光明照触，其酪悉变为酥；尽无余大宝光明照触，其酥变成醍醐；如火炽然，悉尽无余。佛子！如来、应、正等觉大智慧海亦复如是，有四种大智慧宝，具足无量威德光明；此智宝光触诸菩萨，乃至令得如来大智。何等为四？所谓：灭一切散善波浪大智慧宝、除一切法爱大智慧宝、慧光普照大智慧宝、与如来平等无边无功用大智慧宝。佛子！诸菩萨修习一切助道法时，起无量散善波浪，一切世间天、人、阿修罗所不能坏；如来以灭一切散善波浪大智慧宝光明触彼菩萨，令舍一切散善波浪，持心一境，住于三昧；又以除一切法爱大智慧宝光明触彼菩萨，令舍离三昧味著，起广大神通；又以慧光普照大智慧宝光明触彼菩萨，令舍所起广大神通，住大明功用行；又以与如来平等无边无功用大智慧宝光明触彼菩萨，令舍所起大明功用行，乃至得如来平等地，息一切功用，令无有余。佛子！若无如来此四智宝大光照触，乃至有一菩萨得如来地，无有是处。佛子！是为如来心第五相，诸菩萨摩诃萨应如是知。

复次，佛子！如从水际，上至非想非非想天，其中所有大千国土、欲、色、无色众生之处，莫不皆依虚空而起、虚空而住。何以故？虚空普遍故；虽彼虚空，普容三界而无分别。佛子！如来智慧亦复如是，若声闻智，若独觉智，若菩萨智，若有为行智，若无为行智，一切皆依如来智起、如来智住。何以故？如来智慧遍一切故；虽复普容无量智慧而无分别。佛子！是为如来心第六相，诸菩萨摩诃萨应如是知。

复次，佛子！如雪山顶有药王树，名：无尽根。彼药树根从十六万八千由旬下尽金刚地水轮际生。彼药王树若生根时，令阎浮提一切树根生；若生茎时，令阎浮提一切树茎生；枝、叶、华、果悉皆如是。此药王树，根能生茎，茎能生根，根无有尽，名：无尽根。佛子！彼药王树于一切处皆令生长，唯于二处不能为作生长利益，所谓：地狱深坑及水轮中；然亦于彼初无厌舍。佛子！如来智慧大药王树亦复如是，以过去所发成就一切智慧善法、普覆一切诸众生界、除灭一切诸恶道苦广大悲愿而为其根，于一切如来真实智慧种性中生坚固不动善巧方便以为其茎，遍法界智、诸波罗蜜以为其枝，禅定、解脱、诸大三昧以为其叶，总持、辩才、菩提分法以为其华，究竟无变诸佛解脱以为其果。佛子！如来智慧大药王树，何故得名为：无尽根？以究竟无休息故，不断菩萨行故；菩萨行即如来性，如来性即菩萨行，是故得名为：无尽根。佛子！如来智慧大药王树，其根生时，令一切菩萨生不舍众生大慈悲根；其茎生时，令一切菩萨增长坚固精进深心茎；其枝生时，令一切菩萨增长一切诸波罗蜜枝；其叶生时，令一切菩萨生长净戒头陀功德少欲知足叶；其华生时，令一切菩萨具诸善根相好庄严华；其果生时，令一切菩萨得无生忍乃至一切佛灌顶忍果。佛子！如来智慧大药王树唯于二处不能为作生长利益，所谓：二乘堕于无为广大深坑及坏善根非器众生溺大邪见贪爱之水；然亦于彼曾无厌舍。佛子！如来智慧无有增减，以根善安住，生无休息故。佛子！是为如来心第七相，诸菩萨摩诃萨应如是知。

复次，佛子！譬如三千大千世界劫火起时，焚烧一切草木丛林，乃至铁围、大铁围山皆悉炽然无有遗余。

佛子！假使有人手执乾草投彼火中，于意云何，得不烧不？
答言：不也。

佛子！彼所投草容可不烧；如来智慧分别三世一切众生、一切国土、一切劫数、一切诸法，无不知者；若言不知，无有是处。何以故？智慧平等悉明达故。佛子！是为如来心第八相，诸菩萨摩诃萨应如是知。

复次，佛子！譬如风灾坏世界时，有大风起，名曰：散坏，能坏三千大千世界，铁围山等皆成碎末。复有大风，名为：能障，周匝三千大千世界障散坏风，不令得至余方世界。佛子！若令无此能障大风，十方世界无不坏尽。如来、应、正等觉亦复如是，有大智风，名为：能灭，能灭一切诸大菩萨烦恼习气；有大智风，名为：巧持，巧持其根未熟菩萨不令能灭大智风轮断其一切烦恼习气。佛子！若无如来巧持智风，无量菩萨皆堕声闻、辟支佛地；由此智故，令诸菩萨超二乘地，安住如来究竟之位。佛子！是为如来心第九相，诸菩萨摩诃萨应如是知。

复次，佛子！如来智慧无处不至。何以故？无一众生而不具有如来智慧，但以妄想颠倒执著而不证得；若离妄想，一切智、自然智、无碍智则得现前。佛子！譬如有大经卷，量等三千大千世界，书写三千大千世界中事，一切皆尽。所谓：书写大铁围山中事，量等大铁围山；书写大地中事，量等大地；书写中千世界中事，量等中千世界；书写小千世界中事，量等小千世界；如是，若四天下，若大海，若须弥山，若地天宫殿，若欲界空居天宫殿，若色界宫殿，若无色界宫殿，一一书写，其量悉等。此大经卷虽复量等大千世界，而全住在一微尘中；如一微尘，一切微尘皆亦如是。时，有一人智慧明达，具足成就清净天眼，见此经卷在微尘内，于诸众生无少利益，即作是念：我当以精进力，破彼微尘，出此经卷，令得饶益一切众生。作是念已，即起方便，破彼微尘，出此大经，令诸众生普得饶益。如于一尘，一切微尘应知悉然。佛子！如来智慧亦复如是，无量无碍，普能利益一切众生，具足在于众生身中；但诸凡愚妄想执著，不知不觉，不得利益。尔时，如来以无障碍清净智眼，普观法界一切众生而作是言：奇哉！奇哉！此诸众生云何具有如来智慧，愚痴迷惑，不知不见？我当教以圣道，令其永离妄想执著，自于身中得见如来广大智慧与佛无异。即教彼众生修习圣道，令离妄想；离妄想已，证得如来无量智慧，利益安乐一切众生。佛子！是为如来心第十相，诸菩萨摩诃萨应如是知。

佛子！菩萨摩诃萨应以如是等无量无碍不可思议广大相，知如来、应、正等觉心。

尔时，普贤菩萨摩诃萨欲重明此义而说颂言：

欲知诸佛心，当观佛智慧，佛智无依处，如空无所依。众生种种乐，及诸方便智，皆依佛智慧，佛智无依止。声闻与独觉，及诸佛解脱，皆依于法界，法界无增减。佛智亦如是，出生一切智，无增亦无减，无生亦无尽。如水潜流地，求之无不得，无念亦无尽，功力遍十方。佛智亦如是，普在众生心，若有勤修行，疾得智光明。如龙有四珠，出生一切宝，置之深密处，凡人莫能见。佛四智亦然，出生一切智，余人莫能见，唯除大菩萨。如海有四宝，能饮一切水，令海不流溢，亦复无增减。如来智亦尔，息浪除法爱，广大无有边，能生佛菩萨。下方至有顶，欲色无色界，一切依虚空，虚空不分别。声闻与独觉，菩萨众智慧，皆依于佛智，佛智无分别。雪山有药王，名为无尽根，能生一切树，根茎叶华实。佛智亦如是，如来种中生，既得菩提已，复生菩萨行。如人把乾草，置之于劫烧，金刚犹洞然，此无不烧理。三世劫与刹，及其中众生，彼草容不烧，此佛无不知。有风名散坏，能坏于大千；若无别风止，坏及无量界。大智风亦尔，灭诸菩萨惑；别有善巧风，令住如来地。如有大经卷，量等三千界，在于一尘内，一切尘悉然。有一聪慧人，净眼悉明见，破尘出经卷，普饶益众生。佛智亦如是，遍在众生心，妄想之所缠，不觉亦不知。诸佛大慈悲，令其除妄想，如是乃出现，饶益诸菩萨。

大方广佛华严经卷第五十二

如来出现品第三十七之三

佛子！菩萨摩诃萨应云何知如来、应、正等觉境界？佛子！菩萨摩诃萨以无障无碍智慧，知一切世间境界是如来境界，知一切三世境界、一切刹境界、一切法境界、一切众生境界、真如无差别境界、法界无障碍境界、实际无边际境界、虚空无分量境界、无境界境界是如来境界。佛子！如一切世间境界无量，如来境界亦无量；如一切三世境界无量，如来境界亦无量；乃至，如无境界境界无量，如来境界亦无量；如无境界境界一切处无有，如来境界亦如是一切处无有。佛子！菩萨摩诃萨应知心境界是如来境界。如心境界无量无边、无缚无脱，如来境界亦无量无边、无缚无脱。何以故？以如是如是思惟分别，如是如是无量显现故。佛子！如大龙王随心降雨，其雨不从内出、不从外出。如来境界亦复如是，随于如是思惟分别，则有如是无量显现，于十方中悉无来处。佛子！如大海水，皆从龙王心力所起。诸佛如来一切智海亦复如是，皆从如来往昔大愿之所生起。

佛子！一切智海无量无边，不可思议，不可言说；然我今者略说譬喻，汝应谛听。佛子！此阎浮提有二千五百河流入大海，西拘耶尼有五千河流入大海，东弗婆提有七千五百河流入大海，北郁单越有一万河流入大海。

佛子！此四天下，如是二万五千河相续不绝流入大海。于意云何，此水多不？

答言：甚多。

佛子！复有十光明龙王，雨大海中水倍过前；百光明龙王，雨大海中水复倍前；大庄严龙王、摩那斯龙王、雷震龙王、难陀跋难陀龙王、无量光明龙王、连澍不断龙王、大胜龙王、大奋迅龙王，如是等八十亿诸大龙王，各雨大海，皆悉展转倍过于前；娑竭罗龙王太子，名：阎浮幢，雨大海中水复倍前。佛子！十光明龙王宫殿中水流入大海，复倍过前；百光明龙王宫殿中水流入大海，复倍过前；大庄严龙王、摩那斯龙王、雷震龙王、难陀跋难陀龙王、无量光明龙王、连澍不断龙王、大胜龙王、大奋迅龙王，如是等八十亿诸大龙王，宫殿各别，其中有水流入大海，皆悉展转倍过于前；娑竭罗龙王太子阎浮幢宫殿中水流入大海，复倍过前。佛子！娑竭罗龙王连雨大海，水复倍前；其娑竭罗龙王宫殿中水涌出入海，复倍于前；其所出水绀琉璃色，涌出有时，是故大海潮不失时。佛子！如是大海，其水无量，众宝无量，众生无量，所依大地亦复无量。

佛子！于汝意云何，彼大海为无量不？答言：实为无量，不可为喻。

佛子！此大海无量于如来智海无量，百分不及一，千分不及一，乃至优波尼沙陀分不及其一；但随众生心为作譬喻，而佛境界非譬所及。佛子！菩萨摩诃萨应知如来智海无量，从初发心修一切菩萨行不断故；应知宝聚无量，一切菩提分法、三宝种不断故；应知所住众生无量，一切学、无学、声闻、独觉所受用故；应知住地无量，从初欢喜地乃至究竟无障碍地诸菩萨所居故。佛子！菩萨摩诃萨为入无量智慧利益一切众生故，于如来、应、正等觉境界应如是知。

尔时，普贤菩萨摩诃萨欲重明此义而说颂言：

如心境界无有量，诸佛境界亦复然；如心境界从意生，佛境如是应观察。如龙不离于本处，以心威力澍大雨，雨水虽无来去处，随龙心故悉充洽。十力牟尼亦如是，无所从来无所去，若有净心则现身，量等法界入毛孔。如海珍奇无有量，众生大地亦复然，水性一味等无别，于中生者各蒙利。如来智海亦如是，一切所有皆无量，有学无学住地人，悉在其中得饶益。

佛子！菩萨摩诃萨应云何知如来、应、正等觉行？佛子！菩萨摩诃萨应知无碍行是如来行，应知真如行是如来行。佛子！如真如，前际不生，后际不动，现在不起；如来行亦如是，不生、不动、不起。佛子！如法界，非量、非无量，无形故；如来行亦如是，非量、非无量，无形故。佛子！譬如鸟飞虚空，经于百年，已经过处、未经过处皆不可量。何以故？虚空界无边际故。如来行亦如是，假使有人经百千亿那由他劫分别演说，已说、未说皆不可量。何以故？如来行无边际故。佛子！如来、应、正等觉住无碍行，无有住处，而能普为一切众生示现所行，令其见已，出过一切诸障碍道。佛子！譬如金翅鸟王，飞行虚空，回翔不去，以清净眼观察海内诸龙宫殿，奋勇猛力，以左右翅鼓扬海水悉令两辟，知龙男女命将尽者而搏取之。如来、应、正等觉金翅鸟王亦复如是，住无碍行，以净佛眼观察法界诸宫殿中一切众生，若曾种善根已成熟者，如来奋勇猛十力，以止观两翅鼓扬生死大爱水海，使其两辟而撮取之，置佛法中，令断一切妄想戏论，安住如来无分别无碍行。佛子！譬如日月，独无等侣，周行虚空，利益众生，不作是念：我从何来，而至何所。诸佛如来亦复如是，性本寂灭，无有分别，示现游行一切法界，为欲饶益诸众生故，作诸佛事无有休息，不生如是戏论分别：我从彼来，而向彼去。佛子！菩萨摩诃萨应以如是等无量方便、无量性相，知见如来、应、正等觉所行之行。

尔时，普贤菩萨欲重明此义而说颂言：

譬如真如不生灭，无有方所无能见；大饶益者行如是，出过三世不可量。法界非界非非界，非是有量非无量；大功德者行亦然，非量无量无身故。如鸟飞行亿千岁，前后虚空等无别；众劫演说如来行，已说未说不可量。金翅在空观大海，辟水搏取龙男女；十力能拔善根人，令出有海除众惑。譬如日月游虚空，照临一切不分别；世尊周行于法界，教化众生无动念。

佛子！诸菩萨摩诃萨应云何知如来、应、正等觉成正觉？佛子！菩萨摩诃萨应知如来成正觉，于一切义无所观察，于法平等无所疑惑，无二无相，无行无止，无量无际，远离二边，住于中道，出过一切文字言说，知一切众生心念所行、根性欲乐、烦恼染习；举要言之，于一念中悉知三世一切诸法。佛子！譬如大海普能印现四天下中一切众生色身形像，是故共说以为大海；诸佛菩提亦复如是，普现一切众生心念、根性乐欲而无所现，是故说名诸佛菩提。佛子！诸佛菩提，一切文字所不能宣，一切音声所不能及，一切言语所不能说，但随所应方便开示。佛子！如来、应、正等觉成正觉时，得一切众生量等身，得一切法量等身，得一切刹量等身，得一切三世量等身，得一切佛量等身，得一切语言量等身，得真如量等身，得法界量等身，得虚空界量等身，得无碍界量等身，得一切愿量等身，得一切行量等身，得寂灭涅槃界量等身。佛子！如所得身，言语及心亦复如是，得如是等无量无数清净三轮。佛子！如来成正觉时，于其身中普见一切众生成正觉，乃至普见一切众生入涅槃，皆同一性，所谓：无性。无何等性？所谓：无相性、无尽性、无生性、无灭性、无我性、无非我性、无众生性、无非众生性、无菩提性、无法界性、无虚空性，亦复无有成正觉性。知一切法皆无性故，得一切智，大悲相续，救度众生。佛子！譬如虚空，一切世界若成若坏，常无增减。何以故？虚空无生故。诸佛菩提亦复如是，若成正觉、不成正觉，亦无增减。何以故？菩提无相、无非相，无一、无种种故。佛子！假使有人能化作恒河沙等心，一一心复化作恒河沙等佛，皆无色、无形、无相，如是尽恒河沙等劫无有休息。佛子！于汝意云何？彼人化心，化作如来，凡有几何？如来性起妙德菩萨言：如我解于仁所说义，化与不化等无有别，云何问言凡有几何？普贤菩萨言：善哉善哉！佛子！如汝所说，设一切众生，于一念中悉成正觉，与不成正觉等无有异。何以故？菩提无相故；若无有相，则无增无减。佛子！菩萨摩诃萨应如是知成等正觉同于菩提一相无相。如来成正觉时，以一相方便入善觉智三昧；入已，于一成正觉广大身，现一切众生数等身住于身中。如一成正觉广大身，一切成正觉广大身悉亦如是。佛子！如来有如是等无量成正觉门，是故应知如来所现身无有量；以无量故，说如来身为无量界、等众生界。佛子！菩萨摩诃萨应知如来身一毛孔中，有一切众生数等诸佛身。何以故？如来成正觉身究竟无生灭故。如一毛孔遍法界，一切毛孔悉亦如是，当知无有少许处空无佛身。何以故？如来成正觉，无处不至故；随其所能，随其势力，于道场菩提树下师子座上，以种种身成等正觉。佛子！菩萨摩诃萨应知自心念念常有佛成正觉。何以故？诸佛如来不离此心成正觉故。如自心，一切众生心亦复如是，悉有如来成等正觉,广大周遍,无处不有,不离不断,无有休息,入不思议方便法门。佛子!菩萨摩诃萨应如是知如来成正觉。

尔时,普贤菩萨摩诃萨欲重明此义而说颂言:

正觉了知一切法,无二离二悉平等,自性清净如虚空,我与非我不分别。如海印现众生身,以此说其为大海;菩提普印诸心行,是故说名为正觉。譬如世界有成败,而于虚空不增减;一切诸佛出世间,菩提一相恒无相。如人化心化作佛,化与不化性无异;一切众生成菩提,成与不成无增减。佛有三昧名善觉,菩提树下入此定,放众生等无量光,开悟群品如莲敷。如三世劫刹众生,所有心念及根欲,如是数等身皆现,是故正觉名无量。

佛子!菩萨摩诃萨应云何知如来、应、正等觉转法轮?佛子!菩萨摩诃萨应如是知如来以心自在力无起无转而转法轮,知一切法恒无起故;以三种转断所应断而转法轮,知一切法离边见故;离欲际、非际而转法轮,入一切法虚空际故;无有言说而转法轮,知一切法不可说故;究竟寂灭而转法轮,知一切法涅槃性故;以一切文字、一切言语而转法轮,如来音声无处不至故;知声如响而转法轮,了于诸法真实性故;于一音中出一切音而转法轮,毕竟无主故;无遗无尽而转法轮,内外无著故。佛子!譬如一切文字语言,尽未来劫说不可尽;佛转法轮亦复如是,一切文字安立显示,无有休息,无有穷尽。佛子!如来法轮悉入一切语言文字而无所住。譬如书字,普入一切事、一切语、一切算数、一切世间出世间处而无所住;如来音声亦复如是,普入一切处、一切众生、一切法、一切业、一切报中而无所住。一切众生种种语言,皆悉不离如来法轮。何以故?言音实相即法轮故。佛子!菩萨摩诃萨于如来转法轮应如是知。

复次,佛子!菩萨摩诃萨欲知如来所转法轮,应知如来法轮所出生处。何等为如来法轮所出生处?佛子!如来随一切众生心行欲乐无量差别,出若干音声而转法轮。佛子!如来、应、正等觉有三昧,名:究竟无碍无畏,入此三昧已,于成正觉一一身、一一口,各出一切众生数等言音,一一音中众音具足,各各差别而转法轮,令一切众生皆生欢喜。能如是知转法轮者,当知此人则为随顺一切佛法;不如是知,则非随顺。佛子!诸菩萨摩诃萨应如是知佛转法轮,普入无量众生界故。

尔时,普贤菩萨摩诃萨欲重明此义而说颂言:

如来法轮无所转,三世无起亦无得,譬如文字无尽时,十力法轮亦如是。如字普入而无至,正觉法轮亦复然,入诸言音无所入,能令众生悉欢喜。佛有三昧名究竟,入此定已乃说法,一切众生无有边,普出其音令悟解。一一音中复更演,无量言音各差别,于世自在无分别,随其欲乐普使闻。文字不从内外出,亦不失坏无积聚,而为众生转法轮,如是自在甚奇特。

佛子！菩萨摩诃萨应云何知如来、应、正等觉般涅槃？佛子！菩萨摩诃萨欲知如来大涅槃者，当须了知根本自性。如真如涅槃，如来涅槃亦如是；如实际涅槃，如来涅槃亦如是；如法界涅槃，如来涅槃亦如是；如虚空涅槃，如来涅槃亦如是；如法性涅槃，如来涅槃亦如是；如离欲际涅槃，如来涅槃亦如是；如无相际涅槃，如来涅槃亦如是；如我性际涅槃，如来涅槃亦如是；如一切法性际涅槃，如来涅槃亦如是；如真如际涅槃，如来涅槃亦如是。何以故？涅槃无生无出故；若法无生无出，则无有灭。佛子！如来不为菩萨说诸如来究竟涅槃，亦不为彼示现其事。何以故？为欲令见一切如来常住其前，于一念中见过去、未来一切诸佛色相圆满皆如现在，亦不起二、不二想。何以故？菩萨摩诃萨永离一切诸想著故。佛子！诸佛如来为令众生生欣乐故，出现于世；欲令众生生恋慕故，示现涅槃；而实如来无有出世，亦无涅槃。何以故？如来常住清净法界，随众生心示现涅槃。佛子！譬如日出，普照世间，于一切净水器中影无不现，普遍众处而无来往，或一器破便不现影。佛子！于汝意云何，彼影不现为日咎不？答言：不也。但由器坏，非日有咎。佛子！如来智日亦复如是，普现法界无前无后，一切众生净心器中佛无不现，心器常净常见佛身，若心浊器破则不得见。佛子！若有众生应以涅槃而得度者，如来则为示现涅槃，而实如来无生、无殁、无有灭度。佛子！譬如火大，于一切世间能为火事，或时一处其火息灭。于意云何，岂一切世间火皆灭耶？答言：不也。佛子！如来、应、正等觉亦复如是，于一切世界施作佛事，或于一世界能事已毕示入涅槃，岂一切世界诸佛如来悉皆灭度？佛子！菩萨摩诃萨应如是知如来、应、正等觉大般涅槃。

复次，佛子！譬如幻师善明幻术，以幻术力，于三千大千世界一切国土、城邑、聚落示现幻身，以幻力持经劫而住；然于余处，幻事已讫，隐身不现。佛子！于汝意云何，彼大幻师岂于一处隐身不现，便一切处皆隐灭耶？答言：不也。佛子！如来、应、正等觉亦复如是，善知无量智慧方便种种幻术，于一切法界普现其身，持令常住尽未来际；或于一处，随众生心，所作事讫，示现涅槃。岂以一处示入涅槃，便谓一切悉皆灭度？佛子！菩萨摩诃萨应如是知如来、应、正等觉大般涅槃。

复次，佛子！如来、应、正等觉示涅槃时，入不动三昧；入此三昧已，于一一身各放无量百千亿那由他大光明，一一光明各出阿僧祇莲华，一一莲华各有不可说妙宝华蕊，一一华蕊有师子座，一一座上皆有如来结跏趺坐，其佛身数正与一切众生数等，皆具上妙功德庄严，从本愿力之所生起。若有众生善根熟者，见佛身已，则皆受化。然彼佛身，尽未来际究竟安住，随宜化度一切众生未曾失时。佛子！如来身者，无有方处，非实非虚，但以诸佛本誓愿力，众生堪度则便出现。菩萨摩诃萨应如是知如来、应、正等觉大般涅槃。佛子！如来住于无量无碍究竟法界、虚空界，真如法性无生无灭及以实际，为诸众生随时示现；本愿持故，无有休息，不舍一切众生、一切刹、一切法。

尔时，普贤菩萨摩诃萨欲重明此义而说颂言：

如日舒光照法界，器坏水漏影随灭；最胜智日亦如是，众生无信见涅槃。如火世间作火事，于一城邑或时息；人中最胜遍法界，化事讫处示终尽。幻师现身一切刹，能事毕处则便谢；如来化讫亦复然，于余国土常见佛。佛有三昧名不动，化众生讫入此定，一念身放无量光，光出莲华华有佛。佛身无数等法界，有福众生所能见，如是无数一一身，寿命庄严皆具足。如无生性佛出兴，如无灭性佛涅槃，言辞譬喻悉皆断，一切义成无与等。

佛子！菩萨摩诃萨应云何知于如来、应、正等觉见闻亲近所种善根？佛子！菩萨摩诃萨应知于如来所见闻亲近所种善根皆悉不虚，出生无尽觉慧故，离于一切障难故，决定至究竟故，无有虚诳故，一切愿满故，不尽有为行故，随顺无为智故，生诸佛智故，尽未来际故，成一切种胜行故，到无功用智地故。佛子！譬如丈夫，食少金刚，终竟不消，要穿其身，出在于外。何以故？金刚不与肉身杂秽而同止故。于如来所种少善根亦复如是，要穿一切有为诸行烦恼身过，到于无为究竟智处。何以故？此少善根不与有为诸行烦恼而共住故。佛子！假使乾草积同须弥，投火于中如芥子许，必皆烧尽。何以故？火能烧故。于如来所种少善根亦复如是，必能烧尽一切烦恼，究竟得于无余涅槃。何以故？此少善根性究竟故。佛子！譬如雪山有药王树，名曰：善见。若有见者，眼得清净；若有闻者，耳得清净；若有嗅者，鼻得清净；若有尝者，舌得清净；若有触者，身得清净；若有众生取彼地土，亦能为作除病利益。佛子！如来、应、正等觉无上药王亦复如是，能作一切饶益众生。若有得见如来色身，眼得清净；若有得闻如来名号，耳得清净；若有得嗅如来戒香，鼻得清净；若有得尝如来法味，舌得清净，具广长舌，解语言法；若有得触如来光者，身得清净，究竟获得无上法身；若于如来生忆念者，则得念佛三昧清净；若有众生供养如来所经土地及塔庙者，亦具善根，灭除一切诸烦恼患，得贤圣乐。佛子！我今告汝，设有众生见闻于佛，业障缠覆不生信乐，亦种善根无空过者，乃至究竟入于涅槃。佛子！菩萨摩诃萨应如是知于如来所见闻亲近所种善根，悉离一切诸不善法，具足善法。

佛子！如来以一切譬喻说种种事，无有譬喻能说此法。何以故？心智路绝，不思议故。诸佛菩萨但随众生心，令其欢喜，为说譬喻，非是究竟。佛子！此法门名为：如来秘密之处，名：一切世间所不能知，名：入如来印，名：开大智门，名：示现如来种性，名：成就一切菩萨，名：一切世间所不能坏，名：一向随顺如来境界，名：能！

净一切诸众生界，名：演说如来根本实性不思议究竟法。佛子！此法门，如来不为余众生说，唯为趣向大乘菩萨说，唯为乘不思议乘菩萨说；此法门不入一切余众生手，唯除诸菩萨摩诃萨。佛子！譬如转轮圣王所有七宝，因此宝故显示轮王，此宝不入余众生手，唯除第一夫人所生太子，具足成就圣王相者。若转轮王无此太子具众德者，王命终后，此诸宝等于七日中悉皆散灭。佛子！此经珍宝亦复如是，不入一切余众生手，唯除如来法王真子，生如来家、种如来相诸善根者。佛子！若无此等佛之真子，如是法门不久散灭。何以故？一切二乘不闻此经，何况受持、读诵、书写、分别解说！唯诸菩萨乃能如是。是故，菩萨摩诃萨闻此法门应大欢喜，以尊重心恭敬顶受。何以故？菩萨摩诃萨信乐此经，疾得阿耨多罗三藐三菩故。佛子！设有菩萨于无量百千亿那由他劫行六波罗蜜，修习种种菩提分法。若未闻此如来不思议大威德法门，或时闻已不信、不解、不顺、不入，不得名为真实菩萨，以不能生如来家故。若得闻此如来无量不可思议无障无碍智慧法门，闻已信解，随顺悟入，当知此人生如来家，随顺一切如来境界，具足一切诸菩萨法，安住一切种智境界，远离一切诸世间法，出生一切如来所行，通达一切菩萨法性，于佛自在心无疑惑，住无师法，深入如来无碍境界。佛子！菩萨摩诃萨闻此法已，则能以平等智知无量法，则能以正直心离诸分别，则能以胜欲乐现见诸佛，则能以作意力入平等虚空界，则能以自在念行无边法界，则能以智慧力具一切功德，则能以自然智离一切世间垢，则能以菩提心入一切十方网，则能以大观察知三世诸佛同一体性，则能以善根回向智普入如是法，不入而入；不于一法而有攀缘，恒以一法观一切法。佛子！菩萨摩诃萨成就如是功德，少作功力，得无师自然智。

尔时，普贤菩萨欲重明此义而说颂言：

见闻供养诸如来，所得功德不可量，于有为中终不尽，要灭烦恼离众苦。譬人吞服少金刚，终竟不消要当出；供养十力诸功德，灭惑必至金刚智。如乾草积等须弥，投芥子火悉烧尽；供养诸佛少功德，必断烦恼至涅槃。雪山有药名善见，见闻嗅触消众疾；若有见闻于十力，得胜功德到佛智。

尔时，佛神力故，法如是故，十方各有十不可说百千亿那由他世界六种震动，所谓：东涌西没，西涌东没，南涌北没，北涌南没，边涌中没，中涌边没。十八相动，所谓：动、遍动、等遍动，起、遍起、等遍起，涌、遍涌、等遍涌，震、遍震、等遍震，吼、遍吼、等遍吼，击、遍击、等遍击。雨出过诸天一切华云、一切盖云、幢云、幡云、香云、鬘云、涂香云、庄严具云、大光明摩尼宝云、诸菩萨赞叹云、不可说菩萨各差别身云，雨成正觉云、严净不思议世界云，雨如来言语音声云，充满无边法界。如此四天下，如来神力如是示现，令诸菩萨皆大欢喜；周遍十方一切世界，悉亦如是。

是时，十方各过八十不可说百千亿那由他佛刹微尘数世界外，各有八十不可说百千亿那由他佛刹微尘数如来，同名：普贤，皆现其前而作是言：

善哉！佛子！乃能承佛威力，随顺法性，演说如来出现不思议法。佛子！我等十方八十不可说百千亿那由他佛刹微尘数同名诸佛皆说此法；如我所说，十方世界一切诸佛亦如是说。佛子！今此会中，十万佛刹微尘数菩萨摩诃萨，得一切菩萨神通三昧；我等皆与授记，一生当得阿耨多罗三藐三菩提。佛刹微尘数众生，发阿耨多罗三藐三菩提心；我等亦与授记，于当来世经不可说佛刹微尘数劫，皆得成佛，同号：佛殊胜境界。我等为令未来诸菩萨闻此法故，皆共护持。如此四天下所度众生，十方百千亿那由他无数无量，乃至不可不可说法界虚空等一切世界中所度众生，皆亦如是。

尔时，十方诸佛威神力故，毗卢遮那本愿力故，法如是故，善根力故，如来起智不越念故，如来应缘不失时故，随时觉悟诸菩萨故，往昔所作无失坏故，令得普贤广大行故，显现一切智自在故，十方各过十不可说百千亿那由他佛刹微尘数世界外，各有十不可说百千亿那由他佛刹微尘数菩萨来诣于此，充满十方一切法界，示现菩萨广大庄严，放大光明网，震动一切十方世界，坏散一切诸魔宫殿，消灭一切诸恶道苦，显现一切如来威德，歌咏赞叹如来无量差别功德法，普雨一切种种雨，示现无量差别身，领受无量诸佛法，以佛神力各作是言：

善哉！佛子！乃能说此如来不可坏法。佛子！我等一切皆名：普贤，各从普光明世界普幢自在如来所而来于此，彼一切处亦说是法，如是文句，如是义理，如是宣说，如是决定，皆同于此，不增不减。我等皆以佛神力故，得如来法故，来诣此处为汝作证。如我来此，十方等虚空遍法界一切世界诸四天下亦复如是。

尔时，普贤菩萨承佛神力，观察一切菩萨大众，欲重明如来出现广大威德，如来正法不可沮坏，无量善根皆悉不空，诸佛出世必具一切最胜之法，善能观察诸众生心，随应说法未曾失时，生诸菩萨无量法光，一切诸佛自在庄严，一切如来一身无异，从本大行之所生起，而说颂言：

一切如来诸所作，世间譬喻无能及，为令众生得悟解，非喻为喻而显示。如是微密甚深法，百千万劫难可闻；精进智慧调伏者，乃得闻此秘奥义。若闻此法生欣庆，彼曾供养无量佛，为佛加持所摄受，人天赞叹常供养。此为超世第一财，此能救度诸群品，此能出生清净道，汝等当持莫放逸。

大方广佛华严经卷第五十三

离世间品第三十八之一

尔时,世尊在摩竭提国阿兰若法菩提场中普光明殿,坐莲华藏师子之座,妙悟皆满,二行永绝,达无相法;住于佛住,得佛平等,到无障处不可转法;所行无碍,立不思议,普见三世;身恒充遍一切国土,智恒明达一切诸法;了一切行,尽一切疑,无能测身;一切菩萨等所求智,到佛无二究竟彼岸,具足如来平等解脱,证无中边佛平等地,尽于法界等虚空界。与不可说百千亿那由他佛刹微尘数菩萨摩诃萨俱,皆一生当得阿耨多罗三藐三菩提,各从他方种种国土而共来集,悉具菩萨方便智慧。所谓:善能观察一切众生,以方便力,令其调伏,住菩萨法;善能观察一切世界,以方便力,普皆往诣;善能观察涅槃境界,思惟筹量永离一切戏论分别,而修妙行无有间断;善能摄受一切众生,善入无量诸方便法,知诸众生空无所有而不坏业果;善知众生心使、诸根境界方便,种种差别悉能受持;三世佛法,自得解了,复为他说;于世、出世无量诸法,皆善安住,知其真实;于有为、无为一切诸法,悉善观察,知无有二;于一念中,悉能获得三世诸佛所有智慧;于念念中,悉能示现成等正觉,令一切众生发心成道;于一众生心之所缘,悉知一切众生境界;虽入如来一切智地,而不舍菩萨行诸所作业,智慧方便而无所作;为一一众生住无量劫,而于阿僧祇劫难可值遇,转正法轮调伏众生皆不唐捐,三世诸佛清净行愿悉已具足;成就如是无量功德,一切如来于无边劫说不可尽。其名曰:普贤菩萨、普眼菩萨、普化菩萨、普慧菩萨、普见菩萨、普光菩萨、普观菩萨、普照菩萨、普幢菩萨、普觉菩萨……。如是等十不可说百千亿那由他佛刹微尘数,皆悉成就普贤行愿,深心大愿皆已圆满;一切诸佛出兴世处,悉能往诣请转法轮;善能受持诸佛法眼,不断一切诸佛种性;善知一切诸佛兴世授记次第、名号、国土、成等正觉、转于法轮;无佛世界现身成佛,能令一切杂染众生皆悉清净;能灭一切菩萨业障,入于无碍清净法界。

尔时,普贤菩萨摩诃萨入广大三昧,名:佛华庄严;入此三昧时,十方所有一切世界六种、十八相动,出大音声靡不皆闻;然后从其三昧而起。

尔时,普慧菩萨知众已集,问普贤菩萨言:佛子!愿为演说:何等为菩萨摩诃萨依?何等为奇特想?何等为行?何等为善知识?何等为勤精进?何等为心得安隐?何等为成就众生?何等为戒?何等为自知受记?何等为入菩萨?何等为入如来?何等为入众生心行?何等为入世界?何等为入劫?何等为说三世?何等为入三世?何等为发无疲厌心?何等为差别智?何等为陀罗尼?何等为演说佛?何等为发普贤心？何等为普贤行法？以何等故而起大悲？何等为发菩提心因缘？何等为于善知识起尊重心？何等为清净？何等为诸波罗蜜？何等为智随觉？何等为证知？何等为力？何等为平等？何等为佛法实义句？何等为说法？何等为持？何等为辩才？何等为自在？何等为无著性？何等为平等心？何等为出生智慧？何等为变化？何等为力持？何等为得大欣慰？何等为深入佛法？何等为依止？何等为发无畏心？何等为发无疑惑心？何等为不思议？何等为巧密语？何等为巧分别智？何等为入三昧？何等为遍入？何等为解脱门？何等为神通？何等为明？何等为解脱？何等为园林？何等为宫殿？何等为所乐？何等为庄严？何等为发不动心？何等为不舍深大心？何等为观察？何等为说法？何等为清净？何等为印？何等为智光照？何等为无等住？何等为无下劣心？何等为如山增上心？何等为入无上菩提如海智？何等为如宝住？何等为发如金刚大乘誓愿心？何等为大发起？何等为究竟大事？何等为不坏信？何等为授记？何等为善根回向？何等为得智慧？何等为发无边广大心？何等为伏藏？何等为律仪？何等为自在？何等为无碍用？何等为众生无碍用？何等为刹无碍用？何等为法无碍用？何等为身无碍用？何等为愿无碍用？何等为境界无碍用？何等为智无碍用？何等为神通无碍用？何等为神力无碍用？何等为力无碍用？何等为游戏？何等为境界？何等为力？何等为无畏？何等为不共法？何等为业？何等为身？何等为身业？何等为身？何等为语？何等为净修语业？何等为得守护？何等为成办大事？何等为心？何等为发心？何等为周遍心？何等为诸根？何等为深心？何等为增上深心？何等为勤修？何等为决定解？何等为决定解入世界？何等为决定解入众生界？何等为习气？何等为取？何等为修？何等为成就佛法？何等为退失佛法道？何等为离生道？何等为决定法？何等为出生佛法道？何等为大丈夫名号？何等为道？何等为无量道？何等为助道？何等为修道？何等为庄严道？何等为足？何等为手？何等为腹？何等为藏？何等为心？何等为被甲？何等为器仗？何等为首？何等为眼？何等为耳？何等为鼻？何等为舌？何等为身？何等为意？何等为行？何等为住？何等为坐？何等为卧？何等为所住处？何等为所行处？何等为观察？何等为普观察？何等为奋迅？何等为师子吼？何等为清净施？何等为清净戒？何等为清净忍？何等为清净精进？何等为清净定？何等为清净慧？何等为清净慈？何等为清净悲？何等为清净喜？何等为清净舍？何等为义？何等为法？何等为福德助道具？何等为智慧助道具？何等为明足？何等为求法？何等为明了法？何等为修行法？何等为魔？何等为魔业？何等为舍离魔业？何等为见佛？何等为佛业？何等为慢业？何等为智业？何等为魔所摄持？何等为佛所摄持？何等为法所摄持？何等为住兜率天所作业？何故于兜率天宫殁？何故现处胎？何等为现微细趣？何故现初生？何故现微笑？何故示行七步？何故现童子地？何故现处

内宫？何故现出家？何故示苦行？云何往诣道场？云何坐道场？何等为坐道场时奇特相？何故示降魔？何等为成如来力？云何转法轮？何故因转法轮得白净法？何故如来、应、正等觉示般涅槃？善哉！佛子！如是等法，愿为演说！

尔时，普贤菩萨告普慧等诸菩萨言：

佛子！菩萨摩诃萨有十种依。何等为十？所谓：以菩提心为依，恒不忘失故；以善知识为依，和合如一故；以善根为依，修集增长故；以波罗蜜为依，具足修行故；以一切法为依，究竟出离故；以大愿为依，增长菩提故；以诸行为依，普皆成就故；以一切菩萨为依，同一智慧故；以供养诸佛为依，信心清净故；以一切如来为依，如慈父教诲不断故。是为十。若诸菩萨安住此法，则得为如来无上大智所依处。

佛子！菩萨摩诃萨有十种奇特想。何等为十？所谓：于一切善根生自善根想；于一切善根生菩提种子想；于一切众生生菩提器想；于一切愿生自愿想；于一切法生出离想；于一切行生自行想；于一切法生佛法想；于一切语言法生语言道想；于一切佛生慈父想；于一切如来生无二想。是为十。若诸菩萨安住此法，则得无上善巧想。

佛子！菩萨摩诃萨有十种行。何等为十？所谓：一切众生行，普令成熟故；一切求法行，咸悉修学故；一切善根行，悉使增长故；一切三昧行，一心不乱故；一切智慧行，无不了知故；一切神通行，变化自在故；一切修习行，无不能修故；一切佛刹行，皆悉庄严故；一切善友行，恭敬供养故；一切如来行，尊重承事故。是为十。若诸菩萨安住此法，则得如来无上大智慧行。

佛子！菩萨摩诃萨有十种善知识。何等为十？所谓：令住菩提心善知识；令生善根善知识；令行诸波罗蜜善知识；令解说一切法善知识；令成熟一切众生善知识；令得决定辩才善知识；令不著一切世间善知识；令于一切劫修行无厌倦善知识；令安住普贤行善知识；令入一切佛智所入善知识。是为十。

佛子！菩萨摩诃萨有十种勤精进。何等为十？所谓：教化一切众生勤精进；深入一切法勤精进；严净一切世界勤精进；修行一切菩萨所学勤精进；灭除一切众生恶勤精进；止息一切三恶道苦勤精进；摧破一切众魔勤精进；愿为一切众生作清净眼勤精进；供养一切诸佛勤精进；令一切如来皆悉欢喜勤精进。是为十。若诸菩萨安住此法，则得具足如来无上精进波罗蜜。

佛子！菩萨摩诃萨有十种心得安隐。何等为十？所谓：自住菩提心，亦当令他住菩提心，心得安隐；自究竟离忿净，亦当令他离忿净，心得安隐；自离凡愚法，亦令他离凡愚法，心得安隐；自勤修善根，亦令他勤修善根，心得安隐；自住波罗蜜道，亦令他住波罗蜜道，心得安隐；自生在佛家，亦当令他生于佛家，心得安隐；自深入无自性真实法，亦令他入无自性真实法，心得安隐；自不诽谤一切佛法，亦令他不诽谤一切佛法，心得安隐；自满一切智菩提愿，亦令他满一切智菩提愿，心得安隐；自深入一切如来无尽智藏，亦令他入一切如来无尽智藏，心得安隐。是为十。若诸菩萨安住此法，则得如来无上大智安隐。

佛子！菩萨摩诃萨有十种成就众生。何等为十？所谓：以布施成就众生；以色身成就众生；以说法成就众生；以同行成就众生；以无染著成就众生；以开示菩萨行成就众生；以炽然示现一切世界成就众生；以示现佛法大威德成就众生；以种种神通变现成就众生；以种种微密善巧方便成就众生。是为十。菩萨以此成就众生界。

佛子！菩萨摩诃萨有十种戒。何等为十？所谓：不舍菩提心戒；远离二乘地戒；观察利益一切众生戒；令一切众生住佛法戒；修一切菩萨所学戒；于一切法无所得戒；以一切善根回向菩提戒；不著一切如来身戒；思惟一切法离取著戒；诸根律仪戒。是为十。若诸菩萨安住此法，则得如来无上广大戒波罗蜜。

佛子！菩萨摩诃萨有十种受记法，菩萨以此自知受记。何等为十？所谓：以殊胜意发菩提心，自知受记；永不厌舍诸菩萨行，自知受记；住一切劫行菩萨行，自知受记；修一切佛法，自知受记；于一切佛教一向深信，自知受记；修一切善根皆令成就，自知受记；置一切众生于佛菩提，自知受记；于一切善知识和合无二，自知受记；于一切善知识起如来想，自知受记；恒勤守护菩提本愿，自知受记。是为十。

佛子！菩萨摩诃萨有十种入，入诸菩萨。何等为十？所谓：入本愿；入行；入聚；入诸波罗蜜；入成就；入差别愿；入种种解；入庄严佛土；入神力自在；入示现受生。是为十。菩萨以此普入三世一切菩萨。

佛子！菩萨摩诃萨有十种入，入诸如来。何等为十？所谓：入无边成正觉；入无边转法轮；入无边方便法；入无边差别音声；入无边调伏众生；入无边神力自在；入无边种种差别身；入无边三昧；入无边力、无所畏；入无边示现涅槃。是为十。菩萨以此普入三世一切如来。

佛子！菩萨摩诃萨有十种入众生行。何等为十？所谓：入一切众生过去行；入一切众生未来行；入一切众生现在行；入一切众生善行；入一切众生不善行；入一切众生心行；入一切众生根行；入一切众生解行；入一切众生烦恼习气行；入一切众生教化调伏时、非时行。是为十。菩萨以此普入一切诸众生行。

佛子！菩萨摩诃萨有十种入世界。何等为十？所谓：入染世界；入净世界；入小世界；入大世界；入微尘中世界；入微细世界；入覆世界；入仰世界；入有佛世界；入无佛世界。是为十。菩萨以此普入十方一切世界。

佛子！菩萨摩诃萨有十种入劫。何等为十？所谓：入过去劫；入未来劫；入现在劫；入可数劫；入不可数劫；入可数劫即不可数劫；入不可数劫即可数劫；入一切劫即非劫；入非劫即一切劫；入一切劫即一念。是为十。菩萨以此普入一切劫。

佛子！菩萨摩诃萨有十种说三世。何等为十？所谓：过去世说过去世；过去世说未来世；过去世说现在世；未来世说过去世；未来世说现在世；未来世说无尽；现在世说过去世；现在世说未来世；现在世说平等；现在世说三世即一念。是为十。菩萨以此普说三世。

佛子！菩萨摩诃萨有十种知三世。何等为十？所谓：知诸安立；知诸语言；知诸谈议；知诸轨则；知诸称谓；知诸制令；知其假名；知其无尽；知其寂灭；知一切空。是为十。菩萨以此普知一切三世诸法。

佛子！菩萨摩诃萨发十种无疲厌心。何等为十？所谓：供养一切诸佛无疲厌心；亲近一切善知识无疲厌心；求一切法无疲厌心；听闻正法无疲厌心；宣说正法无疲厌心；教化调伏一切众生无疲厌心；置一切众生于佛菩提无疲厌心；于一一世界经不可说不可说劫行菩萨行无疲厌心；游行一切世界无疲厌心；观察思惟一切佛法无疲厌心。是为十。若诸菩萨安住此法，则得如来无疲厌无上大智。

佛子！菩萨摩诃萨有十种差别智。何等为十？所谓：知众生差别智；知诸根差别智；知业报差别智；知受生差别智；知世界差别智；知法界差别智；知诸佛差别智；知诸法差别智；知三世差别智；知一切语言道差别智。是为十。若诸菩萨安住此法，则得如来无上广大差别智。

佛子！菩萨摩诃萨有十种陀罗尼。何等为十？所谓：闻持陀罗尼，持一切法不忘失故；修行陀罗尼，如实巧观一切法故；思惟陀罗尼，了知一切诸法性故；法光明陀罗尼，照不思议诸佛法故；三昧陀罗尼，普于现在一切佛所听闻正法心不乱故；圆音陀罗尼，解了不思议音声语言故；三世陀罗尼，演说三世不可思议诸佛法故；种种辩才陀罗尼，演说无边诸佛法故；出生无碍耳陀罗尼，不可说佛所说之法悉能闻故；一切佛法陀罗尼，安住如来力、无畏故。是为十。若诸菩萨欲得此法，当勤修学。

佛子！菩萨摩诃萨说十种佛。何等为十？所谓：成正觉佛；愿佛；业报佛；住持佛；涅槃佛；法界佛；心佛；三昧佛；本性佛；随乐佛。是为十。

佛子！菩萨摩诃萨发十种普贤心。何等为十？所谓：发大慈心，救护一切众生故；发大悲心，代一切众生受苦故；发一切施心，悉舍所有故；发念一切智为首心，乐求一切佛法故；发功德庄严心，学一切菩萨行故；发如金刚心，一切处受生不忘失故；发如海心，一切白净法悉流入故；发如大山王心，一切恶言皆忍受故；发安隐心，施一切众生无怖畏故；发般若波罗蜜究竟心，巧观一切法无所有故。是为十。若诸菩萨安住此心，疾得成就普贤善巧智。

佛子！菩萨摩诃萨有十种普贤行法。何等为十？所谓：愿住未来一切劫普贤行法；愿供养恭敬本来一切佛普贤行法；愿安置一切众生于普贤菩萨行普贤行法；愿积集一切善根普贤行法；愿入一切波罗蜜普贤行法；愿满足一切菩萨行普贤行法；愿庄严一切世界普贤行法；愿生一切佛刹普贤行法；愿善观察一切法普贤行法；愿于一切佛国土成无上菩提普贤行法。是为十。若诸菩萨勤修此法，疾得满足普贤行愿。

佛子！菩萨摩诃萨以十种观众生而起大悲。何等为十？所谓：观察众生无依无怙而起大悲；观察众生性不调顺而起大悲；观察众生贫无善根而起大悲；观察众生长夜睡眠而起大悲；观察众生行不善法而起大悲；观察众生欲缚所缚而起大悲；观察众生没生死海而起大悲；观察众生长婴疾苦而起大悲；观察众生无善法欲而起大悲；观察众生失诸佛法而起大悲。是为十。菩萨恒以此心观察众生。

佛子！菩萨摩诃萨有十种发菩提心因缘。何等为十？所谓：为教化调伏一切众生故，发菩提心；为除灭一切众生苦聚故，发菩提心；为与一切众生具足安乐故，发菩提心；为断一切众生愚痴故，发菩提心；为与一切众生佛智故，发菩提心；为恭敬供养一切诸佛故，发菩提心；为随如来教，令佛欢喜故，发菩提心；为见一切佛色身相好故，发菩提心；为入一切佛广大智慧故，发菩提心；为显现诸佛力、无所畏故，发菩提心。是为十。

佛子！若菩萨发无上菩提心，为悟入一切智智故，亲近供养善知识时，应起十种心。何等为十？所谓：起给侍心、欢喜心、无违心、随顺心、无异求心、一向心、同善根心、同愿心、如来心、同圆满行心。是为十。

佛子！若菩萨摩诃萨起如是心，则得十种清净。何等为十？所谓：深心清净，到于究竟无失坏故；色身清净，随其所宜为示现故；音声清净，了达一切诸语言故；辩才清净，善说无边诸佛法故；智慧清净，舍离一切愚痴暗故；受生清净，具足菩萨自在力故；眷属清净，成就过去同行众生诸善根故；果报清净，除灭一切诸业障故；大愿清净，与诸菩萨性无二故；诸行清净，以普贤乘而出离故。是为十。

佛子！菩萨摩诃萨有十种波罗蜜。何等为十？所谓：施波罗蜜，悉舍一切诸所有故；戒波罗蜜，净佛戒故；忍波罗蜜，住佛忍故；精进波罗蜜，一切所作不退转故；禅波罗蜜，念一境故；般若波罗蜜，如实观察一切法故；智波罗蜜，入佛力故；愿波罗蜜，满足普贤诸大愿故；神通波罗蜜，示现一切自在用故；法波罗蜜，普入一切诸佛法故。是为十。若诸菩萨安住此法,则得具足如来无上大智波罗蜜。

佛子!菩萨摩诃萨有十种智随觉。何等为十?所谓:一切世界无量差别智随觉;一切众生界不可思议智随觉;一切诸法一入种种种种入一智随觉;一切法界广大智随觉;一切虚空界究竟智随觉;一切世界入过去世智随觉;一切世界入未来世智随觉;一切世界入现在世智随觉;一切如来无量行愿皆于一智而得圆满智随觉;三世诸佛皆同一行而得出离智随觉。是为十。若诸菩萨安住此法,则得一切法自在光明,所愿皆满,于一念顷悉能解了一切佛法成等正觉。

佛子!菩萨摩诃萨有十种证知。何等为十?所谓:知一切法一相;知一切法无量相;知一切法在一念;知一切众生心行无碍;知一切众生诸根平等;知一切众生烦恼习气行;知一切众生心使行;知一切众生善、不善行;知一切菩萨愿行自在住持变化;知一切如来具足十力成等正觉。是为十。若诸菩萨安住此法,则得一切法善巧方便。

佛子!菩萨摩诃萨有十种力。何等为十?所谓:入一切法自性力;入一切法如化力;入一切法如幻力;入一切法皆是佛法力;于一切法无染著力;于一切法甚明解力;于一切善知识恒不舍离尊重心力;令一切善根顺至无上智王力;于一切佛法深信不谤力;令一切智心不退善巧力。是为十。若诸菩萨安住此法,则具如来无上诸力。

佛子!菩萨摩诃萨有十种平等。何等为十?所谓:于一切众生平等、一切法平等、一切刹平等、一切深心平等、一切善根平等、一切菩萨平等、一切愿平等、一切波罗蜜平等、一切行平等、一切佛平等。是为十。若诸菩萨安住此法,则得一切诸佛无上平等法。

佛子!菩萨摩诃萨有十种佛法实义句。何等为十?所谓:一切法但有名;一切法犹如幻;一切法犹如影;一切法但缘起;一切法业清净;一切法但文字所作;一切法实际;一切法无相;一切法第一义;一切法法界。是为十。若诸菩萨安住此法,则善入一切智智无上真实义。

佛子!菩萨摩诃萨说十种法。何等为十?所谓:说甚深法;说广大法;说种种法;说一切智法;说随顺波罗蜜法;说出生如来力法;说三世相应法;说令菩萨不退法;说赞叹佛功德法;说一切菩萨学一切佛平等、一切如来境界相应法。是为十。若诸菩萨安住此法,则得如来无上巧说法。

佛子!菩萨摩诃萨有十种持。何等为十?所谓:持所集一切福德善根;持一切如来所说法;持一切譬喻;持一切法理趣门;持一切出生陀罗尼门;持一切除疑惑法;持成就一切菩萨法;持如来所说平等三昧门;持一切法照明门;持一切诸佛神通游戏力。是为十。若诸菩萨安住此法,则得如来无上大智住持力。

佛子!菩萨摩诃萨有十种辩才。何等为十?所谓:于一切法无分别辩才;于一切法无所作辩才;于一切法无所著辩才;于一切法了达空辩才；于一切法无疑暗辩才；于一切法佛加被辩才；于一切法自觉悟辩才；于一切法文句差别善巧辩才；于一切法真实说辩才；随一切众生心令欢喜辩才。是为十。若诸菩萨安住此法，则得如来无上巧妙辩才。

佛子！菩萨摩诃萨有十种自在。何等为十？所谓：教化调伏一切众生自在；普照一切法自在；修一切善根行自在；广大智自在；无所依戒自在；一切善根回向菩提自在；精进不退转自在；智慧摧破一切众魔自在；随所乐欲令发菩提心自在；随所应化现成正觉自在。是为十。若诸菩萨安住此法，则得如来无上大智自在。

佛子！菩萨摩诃萨有十种无著。何等为十？所谓：于一切世界无著；于一切众生无著；于一切法无著；于一切所作无著；于一切善根无著；于一切受生处无著；于一切愿无著；于一切行无著；于一切菩萨无著；于一切佛无著。是为十。若诸菩萨安住此法，则能速转一切众想，得无上清净智慧。

佛子！菩萨摩诃萨有十种平等心。何等为十？所谓：积集一切功德平等心；发一切差别愿平等心；于一切众生身平等心；于一切众生业报平等心；于一切法平等心；于一切净秽国土平等心；于一切众生解平等心；于一切行无所分别平等心；于一切佛力无畏平等心；于一切如来智慧平等心。是为十。若诸菩萨安住其中，则得如来无上大平等心。

佛子！菩萨摩诃萨有十种出生智慧。何等为十？所谓：知一切众生解出生智慧；知一切佛刹种种差别出生智慧；知十方网分齐出生智慧；知覆仰等一切世界出生智慧；知一切法一性、种种性广大住出生智慧；知一切种种身出生智慧；知一切世间颠倒妄想悉无所著出生智慧；知一切法究竟皆以一道出离出生智慧；知如来神力能入一切法界出生智慧；知三世一切众生佛种不断出生智慧。是为十。若诸菩萨安住此法，则于诸法无不了达。

佛子！菩萨摩诃萨有十种变化。何等为十？所谓：一切众生变化；一切身变化；一切刹变化；一切供养变化；一切音声变化；一切行愿变化；一切教化调伏众生变化；一切成正觉变化；一切说法变化；一切加持变化。是为十。若诸菩萨安住此法，则得具足一切无上变化法。

佛子！菩萨摩诃萨有十种力持。何等为十？所谓：佛力持；法力持；众生力持；业力持；行力持；愿力持；境界力持；时力持；善力持；智力持。是为十。若诸菩萨安住此法，则于一切法得无上自在力持。

大方广佛华严经卷第五十四

离世间品第三十八之二

佛子！菩萨摩诃萨有十种大欣慰。何等为十？所谓：诸菩萨发如是心：尽未来世所有诸佛出兴于世，我当皆得随逐承事令生欢喜。如是思惟，心大欣慰。复作是念：彼诸如来出兴于世，我当悉以无上供具恭敬供养。如是思惟，心大欣慰。复作是念：我于诸佛所兴供养时，彼诸如来必示诲我法，我悉以深心恭敬听受、如说修行，于菩萨地必得已生、现生、当生。如是思惟，心大欣慰。复作是念：我当于不可说不可说劫行菩萨行，常与一切诸佛菩萨而得共俱。如是思惟，心大欣慰。复作是念：我于往昔未发无上大菩提心，有诸怖畏，所谓：不活畏、恶名畏、死畏、堕恶道畏、大众威德畏。自一发心，悉皆远离，不惊不恐，不畏不惧，不怯不怖，一切众魔及诸外道所不能坏。如是思惟，心大欣慰。复作是念：我当令一切众生成无上菩提；成菩提已，我当于彼佛所修菩萨行尽其形寿，以大信心兴所应供佛诸供养具而为供养；及涅槃后，各起无量塔供养舍利，及受持守护所有遗法。如是思惟，心大欣慰。又作是念：十方所有一切世界，我当悉以无上庄严而庄严之，皆令具足种种奇妙平等清净，复以种种大神通力住持震动，光明照曜普使周遍。如是思惟，心大欣慰。复作是念：我当断一切众生疑惑，净一切众生欲乐，启一切众生心意，灭一切众生烦恼，闭一切众生恶道门，开一切众生善趣门，破一切众生黑闇，与一切众生光明，令一切众生离众魔业，使一切众生至安隐处。如是思惟，心大欣慰。菩萨摩诃萨复作是念：诸佛如来如优昙华，难可值遇，于无量劫莫能一见。我当于未来世欲见如来则便得见，诸佛如来常不舍我，恒住我所，令我得见，为我说法无有断绝；既闻法已，心意清净，远离谄曲，质直无伪，于念念中常见诸佛。如是思惟，心大欣慰。复作是念：我于未来当得成佛，以佛神力，于一切世界，为一切众生各别示现成等正觉清净无畏大师子吼，以本大愿周遍法界，击大法鼓，雨大法雨，作大法施，于无量劫常演正法，大悲所持身、语、意业无有疲厌。如是思惟，心大欣慰。佛子！是为菩萨摩诃萨十种大欣慰。若诸菩萨安住此法，则得无上成正觉智慧大欣慰。

佛子！菩萨摩诃萨有十种深入佛法。何等为十？所谓：入过去世一切世界；入未来世一切世界；入现在世世界数、世界行、世界说、世界清净；入一切世界种种性；入一切众生种种业报；入一切菩萨种种行；知过去一切佛次第；知未来一切佛次第；知现在十方虚空法界等一切诸佛、国土众会、说法调伏；知世间法、声闻法、独觉法、菩萨法、如来法，虽知诸法皆无分别而说种种法，悉入法界无所入故，如其法说无所取著。是为十。若诸菩萨安住此法，则得入于阿耨多罗三藐三菩提大智慧甚深性。

佛子！菩萨摩诃萨有十种依止，菩萨依此行菩萨行。何等为十？所谓：依止供养一切诸佛，行菩萨行；依止调伏一切众生，行菩萨行；依止亲近一切善友，行菩萨行；依止积集一切善根，行菩萨行；依止严净一切佛土，行菩萨行；依止不舍一切众生，行菩萨行；依止深入一切波罗蜜，行菩萨行；依止满足一切菩萨愿，行菩萨行；依止无量菩提心，行菩萨行；依止一切佛菩提，行菩萨行。是为十。菩萨依此行菩萨行。

佛子！菩萨摩诃萨有十种发无畏心。何等为十？所谓：灭一切障碍业，发无畏心；于佛灭后护持正法，发无畏心；降伏一切魔，发无畏心；不惜身命，发无畏心；摧破一切外道邪论，发无畏心；令一切众生欢喜，发无畏心；令一切众会皆悉欢喜，发无畏心；调伏一切天、龙、夜叉、乾闼婆、阿修罗、迦楼罗、紧那罗、摩睺罗伽，发无畏心；离二乘地，入甚深法，发无畏心；于不可说不可说劫行菩萨行，心无疲厌，发无畏心。是为十。若诸菩萨安住此法，则得如来无上大智无所畏心。

佛子！菩萨摩诃萨发十种无疑心，于一切佛法心无疑惑。何等为十？所谓：菩萨摩诃萨发如是心：我当以布施，摄一切众生；以戒、忍、精进、禅定、智慧、慈、悲、喜、舍，摄一切众生。发此心时，决定无疑；若生疑心，无有是处。是为第一发无疑心。菩萨摩诃萨又作是念：未来诸佛出兴于世，我当一切承事供养。发此心时，决定无疑；若生疑心，无有是处。是为第二发无疑心。菩萨摩诃萨又作是念：我当以种种奇妙光明网，周遍庄严一切世界。发此心时，决定无疑；若生疑心，无有是处。是为第三发无疑心。菩萨摩诃萨又作是念：我当尽未来劫修菩萨行。无数、无量、无边、无等、不可数、不可称、不可思、不可量、不可说、不可说不可说，过诸算数，究竟法界、虚空界一切众生，我当悉以无上教化调伏法而成熟之。发此心时，决定无疑；若生疑心，无有是处。是为第四发无疑心。菩萨摩诃萨又作是念：我当修菩萨行，满大誓愿，具一切智，安住其中。发此心时，决定无疑；若生疑心，无有是处。是为第五发无疑心。菩萨摩诃萨又作是念：我当普为一切世间行菩萨行，为一切法清净光明，照明一切所有佛法。发此心时，决定无疑；若生疑心，无有是处。是为第六发无疑心。菩萨摩诃萨又作是念：我当知一切法皆是佛法，随众生心，为其演说，悉令开悟。发此心时，决定无疑；若生疑心，无有是处。是为第七发无疑心。菩萨摩诃萨又作是念：我当于一切法得无障碍门，知一切障碍不可得故；其心如是，无有疑惑，住真实性，乃至成于阿耨多罗三藐三菩提。发此心时，决定无疑；若生疑心，无有是处。是为第八发无疑心。菩萨摩诃萨又作是念：我当知一切法莫不皆是出世间法，远离一切妄想颠倒，以一庄严而自庄严而无所庄严；

于此自了，不由他悟。发此心时，决定无疑；若生疑心，无有是处。是为第九发无疑心。菩萨摩诃萨又作是念：我当于一切法成最正觉，离一切妄想颠倒故，得一念相应智故，若一若异不可得故，离一切数故，究竟无为故，离一切言说故，住不可说境界际故。发此心时，决定无疑；若生疑心，无有是处。是为第十发无疑心。若诸菩萨安住此法，则于一切佛法心无所疑。

佛子！菩萨摩诃萨有十种不可思议。何等为十？所谓：一切善根，不可思议。一切誓愿，不可思议。知一切法如幻，不可思议。发菩提心修菩萨行，善根不失，无所分别，不可思议。虽深入一切法，亦不取灭度，以一切愿未成满故，不可思议。修菩萨道而示现降神、入胎、诞生、出家、苦行、往诣道场、降伏众魔、成最正觉、转正法轮、入般涅槃，神变自在无有休息，不舍悲愿救护众生，不可思议。虽能示现如来十力神变自在，而亦不舍等法界心教化众生，不可思议。知一切法无相是相，相是无相，无分别是分别，分别是无分别，非有是有，有是非有，无作是作，作是无作，非说是说，说是非说，不可思议。知心与菩提等，知菩提与心等，心及菩提与众生等，亦不生心颠倒、想颠倒、见颠倒，不可思议。于念念中入灭尽定，尽一切漏而不证实际，亦不尽有漏善根；虽知一切法无漏，而知漏尽，亦知漏灭；虽知佛法即世间法，世间法即佛法，而不于佛法中分别世间法，不于世间法中分别佛法；一切诸法悉入法界，无所入故；知一切法皆无二，无变易故；是为第十不可思议。佛子！是为菩萨摩诃萨十种不可思议。若诸菩萨安住其中，则得一切诸佛无上不可思议法。

佛子！菩萨摩诃萨有十种巧密语。何等为十？所谓：于一切佛经中，巧密语；于一切受生处，巧密语；于一切菩萨神通变现、成等正觉，巧密语；于一切众生业报，巧密语；于一切众生所起染净，巧密语；于一切法究竟无障碍门，巧密语；于一切虚空界，一一方处悉有世界或成或坏，间无空处，巧密语；于一切法界、一切十方，乃至微细处，悉有如来示现初生，乃至成佛、入般涅槃，充满法界悉分别见，巧密语；见一切众生平等涅槃无变易故，而不舍大愿，以一切智愿未得圆满令满足故，巧密语；虽知一切法不由他悟，而不舍离诸善知识，于如来所转加尊敬，与善知识和合无二，于诸善根修集种植，回向安住，同一所作，同一体性，同一出离，同一成就，巧密语。是为十。若诸菩萨安住其中，则得如来无上善巧微密语。

佛子！菩萨摩诃萨有十种巧分别智。何等为十？所谓：入一切刹巧分别智；入一切众生处巧分别智；入一切众生心行巧分别智；入一切众生根巧分别智；入一切众生业报巧分别智；入一切声闻行巧分别智；入一切独觉行巧分别智；入一切菩萨行巧分别智；入一切世间法巧分别智；入一切佛法巧分别智。是为十。若诸菩萨安住其中，则得一切诸佛无上善巧分别诸法智。

佛子！菩萨摩诃萨有十种入三昧。何等为十？所谓：于一切世界入三昧；于一切众生身入三昧；于一切法入三昧；见一切佛入三昧；住一切劫入三昧；从三昧起现不思议身入三昧；于一切佛身入三昧；觉悟一切众生平等入三昧；一念中入一切菩萨三昧智入三昧；一念中以无碍智成就一切诸菩萨行愿无有休息入三昧。是为十。若诸菩萨安住其中，则得一切诸佛无上善巧三昧法。

佛子！菩萨摩诃萨有十种遍入。何等为十？所谓：众生遍入；国土遍入；世间种种相遍入；火灾遍入；水灾遍入；佛遍入；庄严遍入；如来无边功德身遍入；一切种种说法遍入；一切如来种种供养遍入。是为十。若诸菩萨安住其中，则得如来无上大智遍入法。

佛子！菩萨摩诃萨有十种解脱门。何等为十？所谓：一身周遍一切世界解脱门；于一切世界示现无量种种色相解脱门；以一切世界入一佛刹解脱门；普加持一切众生界解脱门；以一切佛庄严身充满一切世界解脱门；于自身中见一切世界解脱门；一念中往一切世界解脱门；于一世界示现一切如来出世解脱门；一身充满一切法界解脱门；一念中示现一切佛游戏神通解脱门。是为十。若诸菩萨安住其中，则得如来无上解脱门。

佛子！菩萨摩诃萨有十种神通。何等为十？所谓：忆念宿命方便智通；天耳无碍方便智通；知他众生不思议心行方便智通；天眼观察无有障碍方便智通；随众生心现不思议大神通力方便智通；一身普现无量世界方便智通；一念遍入不可说不可说世界方便智通；出生无量庄严具，庄严不思议世界方便智通；示现不可说变化身方便智通；随不思议众生心，于不可说世界现成阿耨多罗三藐三菩提方便智通。是为十。若诸菩萨安住其中，则得如来无上大善巧神通，为一切众生种种示现，令其修学。

佛子！菩萨摩诃萨有十种明。何等为十？所谓：知一切众生业报，善巧智明。知一切众生境界，寂灭清净，无诸戏论，善巧智明。知一切众生种种所缘唯是一相悉不可得，一切诸法皆如金刚，善巧智明。能以无量微妙音声，普闻十方一切世界，善巧智明。普坏一切心所染著，善巧智明。能以方便示现受生或不受生，善巧智明。舍离一切想、受境界，善巧智明。知一切法非相、非无相，一性无性，无所分别，而能了知种种诸法，于无量劫分别演说，住于法界，成阿耨多罗三藐三菩提，善巧智明。菩萨摩诃萨知一切众生生本无有生，了达受生不可得故，而知因、知缘、知事、知境界、知行、知生、知灭、知言说、知迷惑、知离迷惑、知颠倒、知离颠倒、知杂染、知清净、知生死、知涅槃、知可得、知不可得、知执著、知无执著、知住、知动、知去、知还、知起、知不起、知失坏、知出离、知成熟、知诸根、知调伏，随其所应种种教化，未曾忘失菩萨所行。何以故？菩萨但为利益众生故，发阿耨多罗三藐三菩提心，无余所为。是故，菩萨常化众生，身无疲倦，不违一切世间所作。是名：缘起善巧智明。菩萨摩诃萨于佛无著，不起著心；于法无著，不起著心；于刹无著，不起著心；于众生无著，不起著心；不见有众生而行教化调伏说法，然亦不舍菩萨诸行，大悲大愿，见佛闻法，随顺修行，依于如来种诸善根，恭敬供养无有休息，能以神力震动十方无量世界，其心广大等法界故，知种种说法，知众生数，知众生差别，知苦生，知苦灭，知一切行皆如影像，行菩萨行，永断一切受生根本，但为救护一切众生，行菩萨行而无所行，随顺一切诸佛种性，发如大山王心，知一切虚妄颠倒，入一切种智门，智慧广大不可倾动，当成正觉，于生死海平等济渡一切众生，善巧智明。是为十。若诸菩萨安住其中，则得如来无上大善巧智明。

佛子！菩萨摩诃萨有十种解脱。何等为十？所谓：烦恼解脱；邪见解脱；诸取解脱；蕴、界、处解脱；超二乘解脱；无生法忍解脱；于一切世间、一切刹、一切众生、一切法离著解脱；无边住解脱；发起一切菩萨行入如来无分别地解脱；于一念中悉能了知一切三世解脱。是为十。若诸菩萨安住此法，则能施作无上佛事，教化成熟一切众生。

佛子！菩萨摩诃萨有十种园林。何等为十？所谓：生死是菩萨园林，无厌舍故；教化众生是菩萨园林，不疲倦故；住一切劫是菩萨园林，摄诸大行故；清净世界是菩萨园林，自所止住故；一切魔宫殿是菩萨园林，降伏彼众故；思惟所闻法是菩萨园林，如理观察故；六波罗蜜、四摄事、三十七菩提分法是菩萨园林，绍继慈父境界故；十力、四无所畏、十八不共乃至一切佛法是菩萨园林，不念余法故；示现一切菩萨威力自在神通是菩萨园林，以大神力转正法轮调伏众生无休息故；一念于一切处为一切众生示成正觉是菩萨园林，法身周遍尽虚空一切世界故。是为十。若诸菩萨安住此法，则得如来无上离忧恼、大安乐行。

佛子！菩萨摩诃萨有十种宫殿。何等为十？所谓：菩提心是菩萨宫殿，恒不忘失故；十善业道福德智慧是菩萨宫殿，教化欲界众生故；四梵住禅定是菩萨宫殿，教化色界众生故；生净居天是菩萨宫殿，一切烦恼不染故；生无色界是菩萨宫殿，令诸众生离难处故；生杂染世界是菩萨宫殿，令一切众生断烦恼故；现处内宫妻子、眷属是菩萨宫殿，成就往昔同行众生故；现居轮王、护世、释、梵是菩萨宫殿，为调伏自在心众生故；住一切菩萨行游戏神通皆得自在是菩萨宫殿，善游戏诸禅解脱三昧智慧故；一切佛所受无上自在、一切智王灌顶记是菩萨宫殿，住十力庄严作一切法王自在事故。是为十。若诸菩萨安住其中，则得法灌顶，于一切世间神力自在。

佛子！菩萨摩诃萨有十种所乐。何等为十？所谓：乐正念，心不散乱故；乐智慧，分别诸法故；乐往诣一切佛所，听法无厌故；乐诸佛,充满十方无边际故;乐菩萨,自在为诸众生以无量门而现身故;乐诸三昧门,于一三昧门入一切三昧门故;乐陀罗尼,持法不忘转受众生故;乐无碍辩才,于一文一句经不可说劫分别演说无穷尽故;乐成正觉,为一切众生以无量门示现于身成正觉故;乐转法轮,摧灭一切异道法故。是为十。若诸菩萨安住此法,则得一切诸佛如来无上法乐。

佛子!菩萨摩诃萨有十种庄严。何等为十?所谓:力庄严,不可坏故;无畏庄严,无能伏故;义庄严,说不可说义无穷尽故;法庄严,八万四千法聚观察演说无忘失故;愿庄严,一切菩萨所发弘誓无退转故;行庄严,修普贤行而出离故;刹庄严,以一切刹作一刹故;普音庄严,周遍一切诸佛世界雨法雨故;力持庄严,于一切劫行无数行不断绝故;变化庄严,于一众生身示现一切众生数等身,令一切众生悉得知见,求一切智无退转故。是为十。若诸菩萨安住此法,则得如来一切无上法庄严。

佛子!菩萨摩诃萨发十种不动心。何等为十?所谓:于一切所有悉皆能舍不动心;思惟观察一切佛法不动心;忆念供养一切诸佛不动心;于一切众生誓无恼害不动心;普摄众生不拣怨亲不动心;求一切佛法无有休息不动心;一切众生数等不可说不可说劫,行菩萨行不生疲厌亦无退转不动心;成就有根信、无浊信、清净信、极清净信、离垢信、明彻信、恭敬供养一切佛信、不退转信、不可尽信、无能坏信、大欢喜踊跃信不动心;成就出生一切智方便道不动心;闻一切菩萨行法信受不谤不动心。是为十。若诸菩萨安住此法,则得无上一切智不动心。

佛子!菩萨摩诃萨有十种不舍深大心。何等为十?所谓:不舍成满一切佛菩提深大心;不舍教化调伏一切众生深大心;不舍不断一切诸佛种性深大心;不舍亲近一切善知识深大心;不舍供养一切诸佛深大心;不舍专求一切大乘功德法深大心;不舍于一切佛所修行梵行、护持净戒深大心;不舍亲近一切菩萨深大心;不舍求一切佛法方便护持深大心;不舍满一切菩萨行愿、集一切诸佛法深大心。是为十。若诸菩萨安住其中,则能不舍一切佛法。佛子!菩萨摩诃萨有十种智慧观察。何等为十?所谓:善巧分别说一切法智慧观察;了知三世一切善根智慧观察;了知一切诸菩萨行自在变化智慧观察;了知一切诸法义门智慧观察;了知一切诸佛威力智慧观察;了知一切陀罗尼门智慧观察;于一切世界普说正法智慧观察;入一切法界智慧观察;知一切十方不可思议智慧观察;知一切佛法智慧光明无有障碍智慧观察。是为十。若诸菩萨安住其中,则得如来无上大智慧观察。

佛子!菩萨摩诃萨有十种说法。何等为十?所谓:说一切法皆从缘起;说一切法皆悉如幻;说一切法无有乖净;说一切法无有边际;说一切法无所依止;说一切法犹如金刚;说一切法皆悉如如;说一切法皆悉寂静；说一切法皆悉出离；说一切法皆住一义，本性成就。是为十。若诸菩萨安住其中，则能善巧说一切法。

佛子！菩萨摩诃萨有十种清净。何等为十？所谓：深心清净；断疑清净；离见清净；境界清净；求一切智清净；辩才清净；无畏清净；住一切菩萨智清净；受一切菩萨律仪清净；具足成就无上菩提、三十二种百福相、白净法、一切善根清净。是为十。若诸菩萨安住其中，则得一切如来无上清净法。

佛子！菩萨摩诃萨有十种印。何等为十？所谓：菩萨摩诃萨知苦苦、坏苦、行苦，专求佛法，不生懈怠，行菩萨行无有疲懈，不惊不畏，不恐不怖，不舍大愿，求一切智坚固不退，究竟阿耨多罗三藐三菩提，是为第一印。菩萨摩诃萨见有众生愚痴狂乱，或以粗弊恶语而相毁辱，或以刀杖瓦石而加损害，终不以此境界舍菩萨心，但忍辱柔和，专修佛法，住最胜道，入离生位，是为第二印。菩萨摩诃萨闻说与一切智相应甚深佛法，能以自智，深信忍可，解了趣入，是为第三印。菩萨摩诃萨又作是念：我发深心求一切智，我当成佛得阿耨多罗三藐三菩提。一切众生流转五趣受无量苦，亦当令其发菩提心，深信欢喜，勤修精进，坚固不退。是为第四印。菩萨摩诃萨知如来智无有边际，不以齐限测如来智；菩萨曾于无量佛所闻如来智无有边际故，能不以齐限测度；一切世间文字所说皆有齐限，悉不能知如来智慧；是为第五印。菩萨摩诃萨于阿耨多罗三藐三菩提得最胜欲、甚深欲、广欲、大欲、种种欲、无能胜欲、无上欲、坚固欲、众魔外道并其眷属无能坏欲、求一切智不退转欲，菩萨住如是等欲，于无上菩提毕竟不退，是为第六印。菩萨摩诃萨行菩萨行，不顾身命，无能沮坏，发心趣向一切智故，一切智性常现前故，得一切佛智光明故，终不舍离佛菩提，终不舍离善知识，是为第七印。菩萨摩诃萨若见善男子、善女人趣大乘者，令其增长求佛法心，令其安住一切善根，令其摄取一切智心，令其不退无上菩提，是为第八印。菩萨摩诃萨令一切众生得平等心，劝令勤修一切智道，以大悲心而为说法，令于阿耨多罗三藐三菩提永不退转，是为第九印。菩萨摩诃萨与三世诸佛同一善根，不断一切诸佛种性，究竟得至一切智智，是为第十印。佛子！是为菩萨摩诃萨十种印。菩萨以此速成阿耨多罗三藐三菩提，具足如来一切法无上智印。

佛子！菩萨摩诃萨有十种智光照。何等为十？所谓：知定当成阿耨多罗三藐三菩提智光照；见一切佛智光照；见一切众生死此生彼智光照；解一切修多罗法门智光照；依善知识发菩提心集诸善根智光照；示现一切诸佛智光照；教化一切众生悉令安住如来地智光照；演说不可思议广大法门智光照；善巧了知一切诸佛神通威力智光照；满足一切诸波罗蜜智光照。是为十。若诸菩萨安住此法，则得一切诸佛无上智光照。

佛子！菩萨摩诃萨有十种无等住，一切众生、声闻、独觉悉无与等。何等为十？所谓：菩萨摩诃萨虽观实际而不取证，以一切愿未成满故，是为第一无等住。菩萨摩诃萨种等法界一切善根，而不于中有少执著，是为第二无等住。菩萨摩诃萨修菩萨行，知其如化，以一切法悉寂灭故，而于佛法不生疑惑，是为第三无等住。菩萨摩诃萨虽离世间所有妄想，然能作意，于不可说劫行菩萨行，满足大愿，终不中起疲厌之心，是为第四无等住。菩萨摩诃萨于一切法无所取著，以一切法性寂灭故，而不证涅槃。何以故？一切智道未成满故，是为第五无等住。菩萨摩诃萨知一切劫皆即非劫，而真实说一切劫数，是为第六无等住。菩萨摩诃萨知一切法悉无所作，而不舍作道，求诸佛法，是为第七无等住。菩萨摩诃萨知三界唯心、三世唯心，而了知其心无量无边，是为第八无等住。菩萨摩诃萨为一众生，于不可说劫行菩萨行，欲令安住一切智地；如为一众生，为一切众生悉亦如是，而不生疲厌，是为第九无等住。菩萨摩诃萨虽修行圆满，而不证菩提。何以故？菩萨作如是念：我之所作本为众生，是故我应久处生死，方便利益，皆令安住无上佛道。是为第十无等住。佛子！是为菩萨摩诃萨十种无等住。若诸菩萨安住其中，则得无上大智、一切佛法无等住。

大方广佛华严经卷第五十五

离世间品第三十八之三

佛子！菩萨摩诃萨发十种无下劣心。何等为十？佛子！菩萨摩诃萨作如是念：我当降伏一切天魔及其眷属。是为第一无下劣心。又作是念：我当悉破一切外道及其邪法。是为第二无下劣心。又作是念：我当于一切众生善言开喻皆令欢喜。是为第三无下劣心。又作是念：我当成满遍法界一切波罗蜜行。是为第四无下劣心。又作是念：我当积集一切福德藏。是为第五无下劣心。又作是念：无上菩提广大难成，我当修行悉令圆满。是为第六无下劣心。又作是念：我当以无上教化、无上调伏，教化调伏一切众生。是为第七无下劣心。又作是念：一切世界种种不同，我当以无量身成等正觉。是为第八无下劣心。又作是念：我修菩萨行时，若有众生来从我乞手足、耳鼻、血肉、骨髓、妻子、象马乃至王位，如是一切悉皆能舍，不生一念忧悔之心，但为利益一切众生，不求果报，以大悲为首，大慈究竟。是为第九无下劣心。又作是念：三世所有一切诸佛，一切佛法、一切众生、一切国土、一切世间、一切三世、一切虚空界、一切法界、一切语言施设界、一切寂灭涅槃界，如是一切种种诸法，我当以一念相应慧，悉知悉觉，悉见悉证，悉修悉断，然于其中无分别、离分别、无种种差别、无功德、无境界、非有非无、非一非二。以不二智知一切二,以无相智知一切相,以无分别智知一切分别,以无异智知一切异,以无差别智知一切差别,以无世间智知一切世间,以无世智知一切世,以无众生智知一切众生,以无执著智知一切执著,以无住处智知一切住处,以无杂染智知一切杂染,以无尽智知一切尽,以究竟法界智于一切世界示现身,以离言音智示不可说言音,以一自性智入于无自性,以一境界智现种种境界;知一切法不可说,而现大自在言说,证一切智地;为教化调伏一切众生故,于一切世间示现大神通变化。是为第十无下劣心。佛子!是为菩萨摩诃萨发十种无下劣心。若诸菩萨安住此心,则得一切最上无下劣佛法。

佛子!菩萨摩诃萨于阿耨多罗三藐三菩提,有十种如山增上心。何等为十?佛子!菩萨摩诃萨常作意勤修一切智法,是为第一如山增上心。恒观一切法本性空无所得,是为第二如山增上心。愿于无量劫行菩萨行,修一切白净法,以住一切白净法故,知见如来无量智慧,是为第三如山增上心。为求一切佛法故,等心敬奉诸善知识,无异希求,无盗法心,唯生尊重,未曾有意,一切所有悉皆能舍,是为第四如山增上心。若有众生骂辱、毁谤、打棒、屠割,苦其形体,乃至断命,如是等事悉皆能受,终不因此生动乱心、生瞋害心,亦不退舍大悲弘誓,更令增长无有休息。何以故?菩萨于一切法如实出离,舍成就故;证得一切诸如来法,忍辱柔和已自在故。是为第五如山增上心。菩萨摩诃萨成就增上大功德,所谓:天增上功德、人增上功德、色增上功德、力增上功德、眷属增上功德、欲增上功德、王位增上功德、自在增上功德、福德增上功德、智慧增上功德。虽复成就如是功德,终不于此而生染著,所谓:不著味、不著欲、不著财富、不著眷属;但深乐法,随法去、随法住、随法趣向、随法究竟,以法为依、以法为救、以法为归、以法为舍,守护法、爱乐法、希求法、思惟法。佛子!菩萨摩诃萨虽复具受种种法乐,而常远离众魔境界。何以故?菩萨摩诃萨于过去世发如是心:我当令一切众生皆悉永离众魔境界,住佛境故。是为第六如山增上心。菩萨摩诃萨为求阿耨多罗三藐三菩提,已于无量阿僧祇劫行菩萨道精勤匪懈,犹谓:我今始发阿耨多罗三藐三菩提心。行菩萨行,亦不惊、亦不怖、亦不畏。虽能一念即成阿耨多罗三藐三菩提,然为众生故,于无量劫行菩萨行无有休息,是为第七如山增上心。菩萨摩诃萨知一切众生性不和善,难调难度,不能知恩,不能报恩,是故为其发大誓愿,欲令皆得心意自在,所行无碍,舍离恶念,不于他所生诸烦恼,是为第八如山增上心。菩萨摩诃萨复作是念:非他令我发菩提心,亦不待人助我修行。我自发心,集诸佛法,誓期自勉,尽未来劫行菩萨道,成阿耨多罗三藐三菩提。是故我今修菩萨行,当净自心亦净他心,当知自境界亦知他境界,我当悉与三世诸佛境界平等。是为第九如山增上心。菩萨摩诃萨作如是观:无有一法修菩萨行,无有一法满菩萨行,无有一法教化调伏一切众生，无有一法供养恭敬一切诸佛，无有一法于阿耨多罗三藐三菩提已成、今成、当成，无有一法已说、今说、当说，说者及法俱不可得，而亦不舍阿耨多罗三藐三菩提愿。何以故？菩萨求一切法皆无所得，如是出生阿耨多罗三藐三菩提。是故，于法虽无所得，而勤修习增上善业，清净对治，智慧圆满，念念增长，一切具足。其心于此不惊不怖，不作是念：若一切法皆悉寂灭，我有何义求于无上菩提之道？是为第十如山增上心。佛子！是为菩萨摩诃萨于阿耨多罗三藐三菩提十种如山增上心。若诸菩萨安住其中，则得如来无上大智山王增上心。

佛子！菩萨摩诃萨有十种入阿耨多罗三藐三菩提如海智。何等为十？所谓：入一切无量众生界，是为第一如海智。入一切世界而不起分别，是为第二如海智。知一切虚空界无量无碍，普入十方一切差别世界网，是为第三如海智。菩萨摩诃萨善入法界，所谓：无碍入、不断入、不常入、无量入、不生入、不灭入、一切入，悉了知故，是为第四如海智。菩萨摩诃萨于过去、未来、现在诸佛、菩萨、法师、声闻、独觉及一切凡夫所集善根已集、现集、当集，三世诸佛于阿耨多罗三藐三菩提已成、今成、当成所有善根，三世诸佛说法调伏一切众生已说、今说、当说所有善根，于彼一切皆悉了知，深信随喜，愿乐修习，无有厌足，是为第五如海智。菩萨摩诃萨于念念中入过去世不可说劫，于一劫中，或百亿佛出世，或千亿佛出世，或百千亿佛出世，或无数、或无量、或无边、或无等、或不可数、或不可称、或不可思、或不可量、或不可说、或不可说不可说，超过算数诸佛世尊出兴于世，及彼诸佛道场众会声闻、菩萨说法调伏，一切众生寿命延促，法住久近，如是一切悉皆明见；如一劫，一切诸劫皆亦如是。其无佛劫所有众生，有于阿耨多罗三藐三菩提种诸善根，亦悉了知；若有众生善根熟已，于未来世当得见佛，亦悉了知。如是观察过去世不可说不可说劫，心无厌足，是为第六如海智。菩萨摩诃萨入未来世，观察分别一切诸劫无量无边，知何劫有佛，何劫无佛，何劫有几如来出世，一一如来名号何等，住何世界，世界名何，度几众生，寿命几时。如是观察，尽未来际皆悉了知，不可穷尽而无厌足，是为第七如海智。菩萨摩诃萨入现在世观察思惟，于念念中普见十方无边品类不可说世界，皆有诸佛于无上菩提已成、今成、当成，往诣道场菩提树下，坐吉祥草，降伏魔军，成阿耨多罗三藐三菩提；从此起已，入于城邑，升天宫殿，说微妙法，转大法轮，示现神通，调伏众生，乃至付嘱阿耨多罗三藐三菩提法，舍于寿命，入般涅槃；入涅槃已，结集法藏令久住世，庄严佛塔种种供养。亦见彼世界所有众生，值佛闻法，受持讽诵，忆念思惟，增长慧解。如是观察普遍十方，而于佛法无有错谬。何以故？菩萨摩诃萨了知诸佛皆悉如梦，而能往诣一切佛所恭敬供养。菩萨尔时，不著自身、不著诸佛、不著世界、不著众会、不著说法、不著劫数,然见佛闻法,观察世界,入诸劫数,无有厌足,是为第八如海智。菩萨摩诃萨于不可说不可说劫一一劫中,供养恭敬不可说不可说无量诸佛,示现自身殁此生彼,以出过三界一切供具而为供养,并及供养菩萨、声闻、一切大众;一一如来般涅槃后,皆以无上供具供养舍利,及广行惠施满足众生。佛子!菩萨摩诃萨以不可思议心、不求报心、究竟心、饶益心,于不可说不可说劫,为阿耨多罗三藐三菩提故,供养诸佛,饶益众生,护持正法,开示演说,是为第九如海智。菩萨摩诃萨于一切佛所、一切菩萨所、一切法师所,一向专求菩萨所说法、菩萨所学法、菩萨所教法、菩萨修行法、菩萨清净法、菩萨成熟法、菩萨调伏法、菩萨平等法、菩萨出离法、菩萨总持法;得此法已,受持读诵,分别解说,无有厌足;令无量众生,于佛法中,发一切智相应心,入真实相,于阿耨多罗三藐三菩提得不退转。菩萨如是于不可说不可说劫无有厌足,是为第十如海智。佛子!是为菩萨摩诃萨十种入阿耨多罗三藐三菩提如海智。若诸菩萨安住此法,则得一切诸佛无上大智慧海。

佛子!菩萨摩诃萨于阿耨多罗三藐三菩提,有十种如宝住。何等为十?佛子!菩萨摩诃萨悉能往诣无数世界诸如来所,瞻觐顶礼,承事供养,是为第一如宝住。于不思议诸如来所,听闻正法,受持忆念,不令忘失,分别思惟,觉慧增长,如是所作充满十方,是为第二如宝住。于此刹殁,余处现生,而于佛法无所迷惑,是为第三如宝住。知从一法出一切法,而能各各分别演说,以一切法种种义究竟皆是一义故,是为第四如宝住。知厌离烦恼,知止息烦恼,知防护烦恼,知除断烦恼,修菩萨行不证实际,究竟到于实际彼岸,方便善巧,善学所学,令往昔愿行皆得成满,身不疲倦,是为第五如宝住。知一切众生心所分别皆无处所,而亦说有种种方处;虽无分别、无所造作,为欲调伏一切众生而有修行、而有所作,是为第六如宝住。知一切法皆同一性,所谓:无性,无种种性,无无量性,无可算数性,无可称量性,无色无相,若一若多皆不可得,而决定了知此是诸佛法、此是菩萨法、此是独觉法、此是声闻法、此是凡夫法、此是善法、此是不善法、此是世间法、此是出世间法、此是过失法、此是无过失法、此是有漏法、此是无漏法,乃至此是有为法、此是无为法,是为第七如宝住。菩萨摩诃萨求佛不可得、求菩萨不可得、求法不可得、求众生不可得,而亦不舍调伏众生令于诸法成正觉愿。何以故?菩萨摩诃萨善巧观察,知一切众生分别,知一切众生境界,方便化导令得涅槃;为欲满足化众生愿,炽然修行菩萨行故。是为第八如宝住。菩萨摩诃萨知善巧说法、示现涅槃,为度众生所有方便,一切皆是心想建立,非是颠倒,亦非虚诳。何以故?菩萨了知一切诸法三世平等、如如不动、实际无住,不见有一众生已受化、今受化、当受化,亦自了知无所修行,无有少法若生若灭而可得者,而依于一切法，令所愿不空。是为第九如宝住。菩萨摩诃萨于不思议无量诸佛一一佛所，闻不可说不可说授记法，名号各异，劫数不同；从于一劫乃至不可说不可说劫常如是闻，闻已修行，不惊不怖，不迷不惑，知如来智不思议故，如来授记言无二故，自身行愿殊胜力故，随应受化令成阿耨多罗三藐三菩提满等法界一切愿故，是为第十如宝住。佛子！是为菩萨摩诃萨于阿耨多罗三藐三菩提十种如宝住。若诸菩萨安住此法，则得诸佛无上大智慧宝。

佛子！菩萨摩诃萨发十种如金刚大乘誓愿心。何等为十？佛子！菩萨摩诃萨作如是念：一切诸法，无有边际，不可穷尽。我当以尽三世智，普皆觉了，无有遗余。是为第一如金刚大乘誓愿心。菩萨摩诃萨又作是念：于一毛端处有无量无边众生，何况一切法界！我当皆以无上涅槃而灭度之。是为第二如金刚大乘誓愿心。菩萨摩诃萨又作是念：十方世界，无量无边，无有齐限，不可穷尽。我当以诸佛国土最上庄严，庄严如是一切世界，所有庄严皆悉真实。是为第三如金刚大乘誓愿心。菩萨摩诃萨又作是念：一切众生，无量无边，无有齐限，不可穷尽。我当以一切善根，回向于彼无上智光，照曜于彼。是为第四如金刚大乘誓愿心。菩萨摩诃萨又作是念：一切诸佛，无量无边，无有齐限，不可穷尽。我当以所种善根回向供养，悉令周遍，无所阙少，然后我当成阿耨多罗三藐三菩提。是为第五如金刚大乘誓愿心。佛子！菩萨摩诃萨见一切佛，闻所说法生大欢喜，不著自身，不著佛身，解如来身非实非虚、非有非无、非性非无性、非色非无色、非相非无相、非生非灭，实无所有，亦不坏有。何以故？不可以一切性相而取著故。是为第六如金刚大乘誓愿心。佛子！菩萨摩诃萨，或被众生诃骂毁呰、挝打楚挞，或截手足，或割耳鼻，或挑其目，或级其头；如是一切皆能忍受，终不因此生患害心。于不可说不可说无央数劫修菩萨行，摄受众生恒无废舍。何以故？菩萨摩诃萨已善观察一切诸法无有二相，心不动乱，能舍自身忍其苦故。是为第七如金刚大乘誓愿心。佛子！菩萨摩诃萨又作是念：未来世劫，无量无边，无有齐限，不可穷尽。我当尽彼劫，于一世界，行菩萨道教化众生；如一世界，尽法界、虚空界、一切世界悉亦如是，而心不惊、不怖、不畏。何以故？为菩萨道法应如是，为一切众生而修行故。是为第八如金刚大乘誓愿心。佛子！菩萨摩诃萨又作是念：阿耨多罗三藐三菩提以心为本，心若清净，则能圆满一切善根，于佛菩提必得自在，欲成阿耨多罗三藐三菩提随意即成。若欲除断一切取缘，住一向道，我亦能得，而我不断，为欲究竟佛菩提故，亦不即证无上菩提。何以故？为满本愿，尽一切世界行菩萨行化众生故。是为第九如金刚大乘誓愿心。佛子！菩萨摩诃萨知佛不可得、菩提不可得、菩萨不可得、一切法不可得、众生不可得、心不可得、行不可得、过去不可得、未来不可得、现在不可得、一切世间不可得、有为无为不可得。菩萨如是寂静住、甚深住、寂灭住、无诤住、无言住、无二住、无等住、自性住、如理住、解脱住、涅槃住、实际住,而亦不舍一切大愿,不舍萨婆若心,不舍菩萨行,不舍教化众生,不舍诸波罗蜜,不舍调伏众生,不舍承事诸佛,不舍演说诸法,不舍庄严世界。何以故?菩萨摩诃萨发大愿故,虽复了达一切法相,大慈悲心转更增长,无量功德皆具修行,于诸众生心不舍离。何以故?一切诸法皆无所有,凡夫愚迷不知不觉,我当令彼悉得开悟,于诸法性分明照了。何以故?一切诸佛安住寂灭,而以大悲心,于诸世间说法教化曾无休息。我今云何而舍大悲?又我先发广大誓愿心,发决定利益一切众生心,发积集一切善根心,发安住善巧回向心,发出生甚深智慧心,发含受一切众生,心发于一切众生平等心;作真实语、不虚诳语,愿与一切众生无上大法,愿不断一切诸佛种性。今一切众生未得解脱、未成正觉、未具佛法,大愿未满,云何而欲舍离大悲?是为第十如金刚大乘誓愿心。佛子!是为菩萨摩诃萨发十种如金刚大乘誓愿心。若诸菩萨安住此法,则得如来金刚性无上大神通智。

佛子!菩萨摩诃萨有十种大发起。何等为十?佛子!菩萨摩诃萨作如是念:我当供养恭敬一切诸佛。是为第一大发起。又作是念:我当长养一切菩萨所有善根。是为第二大发起。又作是念:我当于一切如来般涅槃后,庄严佛塔,以一切华、一切鬘、一切香、一切涂香、一切末香、一切衣、一切盖、一切幢、一切幡而供养之,受持守护彼佛正法。是为第三大发起。又作是念:我当教化调伏一切众生,令得阿耨多罗三藐三菩提。是为第四大发起。又作是念:我当以诸佛国土无上庄严,而以庄严一切世界。是为第五大发起。又作是念:我当发大悲心,为一众生,于一切世界,一一各尽未来际劫行菩萨行;如为一众生,为一切众生悉亦如是,皆令得佛无上菩提,乃至不生一念疲懈。是为第六大发起。又作是念:彼诸如来无量无边,我当于一如来所,经不思议劫恭敬供养;如于一如来,于一切如来悉亦如是。是为第七大发起。菩萨摩诃萨又作是念:彼诸如来灭度之后,我当为一一如来所有舍利各起宝塔,其量高广与不可说诸世界等;造佛形像亦复如是,于不可思议劫以一切宝幢、幡盖、香华、衣服而为供养,不生一念厌倦之心。为成就佛法故,为供养诸佛故,为教化众生故,为护持正法开示演说故。是为第八大发起。菩萨摩诃萨又作是念:我当以此善根成无上菩提,得入一切诸如来地,与一切如来体性平等。是为第九大发起。菩萨摩诃萨复作是念:我当成正觉已,于一切世界不可说劫,演说正法,示现不可思议自在神通,身、语及意不生疲倦,不离正法。以佛力所持故,为一切众生勤行大愿故,大慈为首故,大悲究竟故,达无相法故,住真实语故,证一切法皆寂灭故;知一切众生悉不可得而亦不违诸业所作故,与三世佛同一体故,周遍法界、虚空界故,通达诸法无相故,成就不生不灭故,具足一切佛法故,以大愿力调伏众生，作大佛事无有休息。是为第十大发起。佛子！是为菩萨摩诃萨十种大发起。若诸菩萨安住此法，则不断菩萨行，具足如来无上大智。

佛子！菩萨摩诃萨有十种究竟大事。何等为十？所谓：恭敬供养一切如来究竟大事；随所念众生悉能救护究竟大事；专求一切佛法究竟大事；积集一切善根究竟大事；思惟一切佛法究竟大事；满足一切誓愿究竟大事；成就一切菩萨行究竟大事；奉事一切善知识究竟大事；往诣一切世界诸如来所究竟大事；闻持一切诸佛正法究竟大事。是为十。若诸菩萨安住此法，则得阿耨多罗三藐三菩提大智慧究竟事。

佛子！菩萨摩诃萨有十种不坏信。何等为十？所谓：于一切佛不坏信；于一切佛法不坏信；于一切圣僧不坏信；于一切菩萨不坏信；于一切善知识不坏信；于一切众生不坏信；于一切菩萨大愿不坏信；于一切菩萨行不坏信；于恭敬供养一切诸佛不坏信；于菩萨巧密方便教化调伏一切众生不坏信。是为十。若诸菩萨安住此法，则得诸佛无上大智慧不坏信。

佛子！菩萨摩诃萨有十种得授记。何等为十？所谓：内有甚深解得授记；能随顺起菩萨诸善根得授记；修广大行得授记；现前得授记；不现前得授记；因自心证菩提得授记；成就忍得授记；教化调伏众生得授记；究竟一切劫数得授记；一切菩萨行自在得授记。是为十。若诸菩萨安住此法，则于一切诸佛所而得授记。

佛子！菩萨摩诃萨有十种善根回向，菩萨由此能以一切善根悉皆回向。何等为十？所谓：以我善根同善知识愿，如是成就，莫别成就；以我善根同善知识心，如是成就，莫别成就；以我善根同善知识行，如是成就，莫别成就；以我善根同善知识善根，如是成就，莫别成就；以我善根同善知识平等，如是成就，莫别成就；以我善根同善知识念，如是成就，莫别成就；以我善根同善知识清净，如是成就，莫别成就；以我善根同善知识所住，如是成就，莫别成就；以我善根同善知识成满，如是成就，莫别成就；以我善根同善知识不坏，如是成就，莫别成就。是为十。若诸菩萨安住此法，则得无上善根回向。

佛子！菩萨摩诃萨有十种得智慧。何等为十？所谓：于施自在得智慧；深解一切佛法得智慧；入如来无边智得智慧；于一切问答中能断疑得智慧；入于智者义得智慧；深解一切如来于一切佛法中言音善巧得智慧；深解于诸佛所种少善根必能满足一切白净法获如来无量智得智慧；成就菩萨不思议住得智慧；于一念中悉能往诣不可说佛刹得智慧；觉一切佛菩提、入一切法界闻持一切佛所说法、深入一切如来种种庄严言音得智慧。是为十。若诸菩萨安住此法，则得一切诸佛无上现证智。

佛子！菩萨摩诃萨有十种发无量无边广大心。何等为十？所谓：

于一切诸佛所，发无量无边广大心；观一切众生界，发无量无边广大心；观一切刹、一切世、一切法界，发无量无边广大心；观察一切法皆如虚空，发无量无边广大心；观察一切菩萨广大行，发无量无边广大心；正念三世一切诸佛，发无量无边广大心；观不思议诸业果报，发无量无边广大心；严净一切佛刹，发无量无边广大心；遍入一切诸佛大会，发无量无边广大心；观察一切如来妙音，发无量无边广大心。是为十。若诸菩萨安住此心，则得一切佛法无量无边广大智慧海。

佛子！菩萨摩诃萨有十种伏藏。何等为十？所谓：知一切法是起功德行藏；知一切法是正思惟藏；知一切法是陀罗尼照明藏；知一切法是辩才开演藏；知一切法是不可说善觉真实藏；知一切佛自在神通是观察示现藏；知一切法是善巧出生平等藏；知一切法是常见一切诸佛藏；知一切不思议劫是善了皆如幻住藏；知一切诸佛菩萨是发生欢喜净信藏。是为十。若诸菩萨安住此法，则得一切诸佛无上智慧法藏，悉能调伏一切众生。

佛子！菩萨摩诃萨有十种律仪。何等为十？所谓：于一切佛法不生诽谤律仪；于一切佛所信乐心不可坏律仪；于一切菩萨所起尊重恭敬律仪；于一切善知识所终不舍爱乐心律仪；于一切声闻、独觉不生忆念心律仪；远离一切退菩萨道律仪；不起一切损害众生心律仪；修一切善根皆令究竟律仪；于一切魔悉能降伏律仪；于一切波罗蜜皆令满足律仪。是为十。若诸菩萨安住此法，则得无上大智律仪。

佛子！菩萨摩诃萨有十种自在。何等为十？所谓：命自在，于不可说劫住寿命故；心自在，智慧能入阿僧祇诸三昧故；资具自在，能以无量庄严庄严一切世界故；业自在，随时受报故；受生自在，于一切世界示现受生故；解自在，于一切世界见佛充满故；愿自在，随欲随时于诸刹中成正觉故；神力自在，示现一切大神变故；法自在，示现无边诸法门故；智自在，于念念中示现如来十力、无畏、成正觉故。是为十。若诸菩萨安住此法，则得圆满一切诸佛诸波罗蜜智慧神力菩提自在。

大方广佛华严经卷第五十六

离世间品第三十八之四

佛子！菩萨摩诃萨有十种无碍用。何等为十？所谓：众生无碍用；国土无碍用；法无碍用；身无碍用；愿无碍用；境界无碍用；智无碍用；神通无碍用；神力无碍用；力无碍用。

佛子！云何为菩萨摩诃萨众生等无碍用？

佛子！菩萨摩诃萨有十种众生无碍用。何者为十？所谓：知一切众生无众生无碍用；知一切众生但想所持无碍用；为一切众生说法未曾失时无碍用；普化现一切众生界无碍用；置一切众生于一毛孔中而不迫隘无碍用；为一切众生示现他方一切世界令其悉见无碍用；为一切众生示现释、梵、护世诸天身无碍用；为一切众生示现声闻、辟支佛寂静威仪无碍用；为一切众生示现菩萨行无碍用；为一切众生示现诸佛色身相好、一切智力、成等正觉无碍用。是为十。

佛子！菩萨摩诃萨有十种国土无碍用。何等为十？所谓：一切刹作一刹无碍用；一切刹入一毛孔无碍用；知一切刹无有尽无碍用；一身结跏坐充满一切刹无碍用；一身中现一切刹无碍用；震动一切刹不令众生恐怖无碍用；以一切刹庄严具庄严一刹无碍用；以一刹庄严具庄严一切刹无碍用；以一如来一众会遍一切佛刹示现众生无碍用；一切小刹、中刹、大刹、广刹、深刹、仰刹、覆刹、侧刹、正刹，遍诸方网，无量差别，以此普示一切众生无碍用。是为十。

佛子！菩萨摩诃萨有十种法无碍用。何等为十？所谓：知一切法入一法、一法入一切法，而亦不违众生心解无碍用；从般若波罗蜜出生一切法，为他解说悉令开悟无碍用；知一切法离文字，而令众生皆得悟入无碍用；知一切法入一相，而能演说无量法相无碍用；知一切法离言说，能为他说无边法门无碍用；于一切法善转普门字轮无碍用；以一切法入一法门而不相违，于不可说劫说不穷尽无碍用；以一切法悉入佛法，令诸众生皆得悟解无碍用；知一切法无有边际无碍用；知一切法无障碍际，犹如幻网无量差别，于无量劫为众生说不可穷尽无碍用。是为十。

佛子！菩萨摩诃萨有十种身无碍用。何等为十？所谓：以一切众生身入己身无碍用；以己身入一切众生身无碍用；一切佛身入一佛身无碍用；一佛身入一切佛身无碍用；一切刹入己身无碍用；以一身充遍一切三世法示现众生无碍用；于一身示现无边身入三昧无碍用；于一身示现众生数等身成正觉无碍用；于一切众生身现一众生身、于一众生身现一切众生身无碍用；于一切众生身示现法身、于法身示现一切众生身无碍用。是为十。

佛子！菩萨摩诃萨有十种愿无碍用。何等为十？所谓：以一切菩萨愿作自愿无碍用；以一切佛成菩提愿力示现自成正觉无碍用；随所化众生自成阿耨多罗三藐三菩提无碍用；于一切无边际劫大愿不断无碍用；远离识身，不著智身，以自在愿现一切身无碍用；舍弃自身成满他愿无碍用；普教化一切众生而不舍大愿无碍用；于一切劫行菩萨行而大愿不断无碍用；于一毛孔现成正觉，以愿力故，充遍一切诸佛国土，于不可说不可说世界，为一一众生如是示现无碍用；说一句法遍一切法界，兴大正法云，耀解脱电光，震实法雷音，雨甘露味雨，以大愿力充洽一切诸众生界无碍用。是为十。

佛子！菩萨摩诃萨有十种境界无碍用。何等为十？所谓：在法界境界而不舍众生境界无碍用；在佛境界而不舍魔境界无碍用；在涅槃境界而不舍生死境界无碍用；入一切智境界而不断菩萨种性境界无碍用；住寂静境界而不舍散乱境界无碍用；住无去、无来、无戏论、无相状、无体性、无言说、如虚空境界而不舍一切众生戏论境界无碍用；住诸力解脱境界而不舍一切诸方所境界无碍用；入无众生际境界而不舍教化一切众生无碍用；住禅定解脱、神通明智、寂静境界而于一切世界示现受生无碍用；住如来一切行庄严成正觉境界而现一切声闻、辟支佛寂静威仪无碍用。是为十。

佛子！菩萨摩诃萨有十种智无碍用。何等为十？所谓：无尽辩才无碍用；一切总持无有忘失无碍用；能决定知、决定说一切众生诸根无碍用；于一念中以无碍智知一切众生心之所行无碍用；知一切众生欲乐、随眠、习气、烦恼病，随应授药无碍用；一念能入如来十力无碍用；以无碍智知三世一切劫及其中众生无碍用；于念念中现成正觉示现众生无有断绝无碍用；于一众生想知一切众生业无碍用；于一众生音解一切众生语无碍用。是为十。

佛子！菩萨摩诃萨有十种神通无碍用。何等为十？所谓：于一身示现一切世界身无碍用；于一佛众会听受一切佛众会中所说法无碍用；于一众生心念中成就不可说无上菩提开悟一切众生心无碍用；以一音现一切世界差别言音，令诸众生各得解了无碍用；一念中现尽前际一切劫所有业果种种差别，令诸众生悉得知见无碍用；一微尘出现广大佛刹无量庄严无碍用；令一切世界具足庄严无碍用；普入一切三世无碍用；放大法光明现一切诸佛菩提、众生行愿无碍用；善守护一切天、龙、夜叉、乾闼婆、阿修罗、迦楼罗、紧那罗、摩睺罗伽、释、梵、护世、声闻、独觉、菩萨、所有如来十力、菩萨善根无碍用。是为十。若诸菩萨得此无碍用，则能普入一切佛法。

佛子！菩萨摩诃萨有十种神力无碍用。何等为十？所谓：以不可说世界置一尘中无碍用；于一尘中现等法界一切佛刹无碍用；以一切大海水置一毛孔，周旋往返十方世界，而于众生无所触娆无碍用；以不可说世界内自身中，示现一切神通所作无碍用；以一毛系不可数金刚围山，持以游行一切世界，不令众生生恐怖心无碍用；以不可说劫作一劫，一劫作不可说劫，于中示现成坏差别，不令众生心有恐怖无碍用；于一切世界现水、火、风灾种种变坏而不恼众生无碍用；一切世界三灾坏时，悉能护持一切众生资生之具不令损缺无碍用；以一手持不思议世界，掷不可说世界之外，不令众生有惊怖想无碍用；说一切刹同于虚空，令诸众生悉得悟解无碍用。是为十。

佛子！菩萨摩诃萨有十种力无碍用。何等为十？所谓：众生力无碍用，教化调伏不舍离故；刹力无碍用，示现不可说庄严而庄严故；法力无碍用，令一切身入无身故；劫力无碍用，修行不断故；佛力无碍用，觉悟睡眠故；行力无碍用，摄取一切菩萨行故；如来力无碍用，度脱一切众生故；无师力无碍用，自觉一切诸法故；一切智力无碍用，以一切智成正觉故；大悲力无碍用，不舍一切众生故。是为十。

佛子！如是名为：菩萨摩诃萨十种无碍用。若有得此十无碍用者，于阿耨多罗三藐三菩提欲成、不成，随意无违，虽成正觉而亦不断行菩萨行。何以故？菩萨摩诃萨发大誓愿，入无边无碍用门，善巧示现故。

佛子！菩萨摩诃萨有十种游戏，何等为十？所谓：以众生身作刹身，而亦不坏众生身，是菩萨游戏；以刹身作众生身，而亦不坏于刹身，是菩萨游戏；于佛身示现声闻、独觉身，而不损减如来身，是菩萨游戏；于声闻、独觉身示现如来身，而不增长声闻、独觉身，是菩萨游戏；于菩萨行身示现成正觉身，而亦不断菩萨行身，是菩萨游戏；于成正觉身示现修菩萨行身，而亦不减成菩提身，是菩萨游戏；于涅槃界示现生死身，而不著生死，是菩萨游戏；于生死界示现涅槃，亦不究竟入于涅槃，是菩萨游戏；入于三昧而示现行、住、坐、卧一切业，亦不舍三昧正受，是菩萨游戏；在一佛所闻法受持，其身不动，而以三昧力，于不可说诸佛会中各各现身，亦不分身，亦不起定，而闻法受持相续不断，如是念念于一一三昧身各出生不可说不可说三昧身，如是次第一切诸劫犹可穷尽，而菩萨三昧身不可穷尽，是菩萨游戏。是为十。若诸菩萨安住此法，则得如来无上大智游戏。

佛子！菩萨摩诃萨有十种境界。何等为十？所谓：示现无边法界门，令众生得入，是菩萨境界；示现一切世界无量妙庄严，令众生得入，是菩萨境界；化往一切众生界，悉方便开悟，是菩萨境界；于如来身出菩萨身，于菩萨身出如来身，是菩萨境界；于虚空界现世界，于世界现虚空界，是菩萨境界；于生死界现涅槃界，于涅槃界现生死界，是菩萨境界；于一众生语言中，出生一切佛法语言，是菩萨境界；以无边身现作一身，一身作一切差别身，是菩萨境界；以一身充满一切法界，是菩萨境界；于一念中，令一切众生发菩提心，各现无量身成等正觉，是菩萨境界。是为十。若诸菩萨安住此法，则得如来无上大智慧境界。

佛子！菩萨摩诃萨有十种力。何等为十？所谓：深心力，不杂一切世情故；增上深心力，不舍一切佛法故；方便力，诸有所作究竟故；智力，了知一切心行故；愿力，一切所求令满故；行力，尽未来际不断故；乘力，能出生一切乘，而不舍大乘故；神变力，于一一毛孔中，各各示现一切清净世界一切如来出兴世故；菩提力，令一切众生发心成佛无断绝故；转法轮力，说一句法悉称一切众生诸根性欲故。是为十。若诸菩萨安住此法，则得诸佛无上一切智十力。

佛子！菩萨摩诃萨有十种无畏。何等为十？佛子！菩萨摩诃萨悉能闻持一切言说，作如是念：设有众生无量无边从十方来，以百千大法而问于我。我于彼问不见微少难可答相；以不见故，心得无畏，究竟到彼大无畏岸，随其所问悉能酬对，断其疑惑无有怯弱。是为菩萨第一无畏。佛子！菩萨摩诃萨得如来灌顶无碍辩才，到于一切文字言音开示秘密究竟彼岸，作如是念：设有众生无量无边从十方来，以无量法而问于我。我于彼问不见微少难可答相；以不见故，心得无畏，究竟到彼大无畏岸，随其所问悉能酬对，断其疑惑无有恐惧。是为菩萨第二无畏。佛子！菩萨摩诃萨知一切法空，离我、离我所，无作、无作者，无知者，无命者，无养育者，无补伽罗，离蕴、界、处，永出诸见，心如虚空，作如是念：不见众生有微少相能损恼我身、语、意业。何以故？菩萨远离我、我所故，不见诸法有少性相。以不见故，心得无畏，究竟到彼大无畏岸，坚固勇猛，不可沮坏，是为菩萨第三无畏。佛子！菩萨摩诃萨佛力所护、佛力所持，住佛威仪，所行真实，无有变易，作如是念：我不见有少分威仪，令诸众生生诃责相。以不见故，心得无畏，于大众中安隐说法，是为菩萨第四无畏。佛子！菩萨摩诃萨身、语、意业皆悉清净，鲜白柔和，远离众恶，作如是念：我不自见身、语、意业而有少分可诃责相。以不见故，心得无畏，能令众生住于佛法，是为菩萨第五无畏。佛子！菩萨摩诃萨，金刚力士、天、龙、夜叉、乾闼婆、阿修罗、帝释、梵王、四天王等常随侍卫，一切如来护念不舍。菩萨摩诃萨作如是念：我不见有众魔外道有见众生能来障我行菩萨道少分之相。以不见故，心得无畏，究竟到彼大无畏岸，发欢喜心行菩萨行，是为菩萨第六无畏。佛子！菩萨摩诃萨已得成就第一念根，心无忘失佛所悦可，作如是念：如来所说成菩提道文字句法，我不于中见有少分忘失之相。以不见故，心得无畏，受持一切如来正法行菩萨行，是为菩萨第七无畏。佛子！菩萨摩诃萨智慧方便悉已通达，菩萨诸力皆得究竟，常勤教化一切众生，恒以愿心系佛菩提，而为悲愍众生故，成就众生故，于烦恼浊世示现受生、种族尊贵、眷属圆满、所欲从心、欢娱快乐，而作是念：我虽与此眷属聚会，不见少相而可贪著，废我修行禅定、解脱、及诸三昧、总持、辩才、菩萨道法。何以故？菩萨摩诃萨于一切法已得自在到于彼岸，修菩萨行誓不断绝，不见世间有一境界而能惑乱菩萨道者。以不见故，心得无畏，究竟到彼大无畏岸，以大愿力于一切世界示现受生，是为菩萨第八无畏。佛子！菩萨摩诃萨恒不忘失萨婆若心，乘于大乘行菩萨行，以一切智大心势力，示现一切声闻、独觉寂静威仪，作是念言：我不自见当于二乘而取出离少分之相。以不见故，心得无畏，到彼无上大无畏岸，普能示现一切乘道，究竟满足平等大乘，是为菩萨第九无畏。佛子！菩萨摩诃萨成就一切诸白净法，具足善根，圆满神通，究竟住于诸佛菩提，满足一切诸菩萨行，于诸佛所受一切智灌顶之记，而常化众生行菩萨道，作如是念：我不自见有一众生应可成熟而不能现诸佛自在而成熟相。以不见故，心得无畏，究竟到彼大无畏岸，不断菩萨行，不舍菩萨愿，随所应化一切众生现佛境界而化度之，是为菩萨第十无畏。佛子！是为菩萨摩诃萨十种无畏。若诸菩萨安住此法，则得诸佛无上大无畏，而亦不舍菩萨无畏。

佛子！菩萨摩诃萨有十种不共法。何等为十？佛子！菩萨摩诃萨不由他教，自然修行六波罗蜜——常乐大施，不生悭吝；恒持净戒，无所毁犯；具足忍辱，心不动摇；有大精进，未曾退转；善入诸禅，永无散乱；巧修智慧，悉除恶见。是为第一不由他教随顺波罗蜜道修六度不共法。佛子！菩萨摩诃萨普能摄受一切众生。所谓：以财及法而行惠施，正念现前，和颜爱语，其心欢喜，示如实义，令得悟解诸佛菩提，无有憎嫌，平等利益。是为第二不由他教顺四摄道勤摄众生不共法。佛子！菩萨摩诃萨善巧回向，所谓：不求果报回向、顺佛菩提回向、不著一切世间禅定三昧回向、为利益一切众生回向、为不断如来智慧回向。是为第三不由他教为诸众生发起善根求佛智慧不共法。佛子！菩萨摩诃萨到善巧方便究竟彼岸，心恒顾复一切众生，不厌世俗凡愚境界，不乐二乘出离之道，不著己乐，唯勤化度，善能入出禅定解脱，于诸三昧悉得自在，往来生死如游园观，未曾暂起疲厌之心；或住魔宫，或为释天、梵王、世主，一切生处靡不于中而现其身；或于外道众中出家，而恒远离一切邪见；一切世间文词、咒术、字印、算数，乃至游戏、歌舞之法，悉皆示现，无不精巧；或时示作端正妇人，智慧才能世中第一；于诸世间、出世间法能问能说，问答断疑皆得究竟；一切世间、出世间事亦悉通达到于彼岸，一切众生恒来瞻仰；虽现声闻、辟支佛威仪，而不失大乘心；虽念念中示成正觉，而不断菩萨行。是为第四不由他教方便善巧究竟彼岸不共法。佛子！菩萨摩诃萨善知权实双行道，智慧自在，到于究竟。所谓：住于涅槃而示现生死，知无众生而勤行教化，究竟寂灭而现起烦恼，住一坚密智慧法身而普现无量诸众生身，常入深禅定而示受欲乐，常远离三界而不舍众生，常乐法乐而现有采女歌咏嬉戏，虽以众相好庄严其身而示受丑陋贫贱之形，常积集众善无诸过恶而现生地狱、畜生、饿鬼，虽已到于佛智彼岸而亦不舍菩萨智身。菩萨摩诃萨成就如是无量智慧，声闻、独觉尚不能知，何况一切童蒙众生！是为第五不由他教权实双行不共法。佛子！菩萨摩诃萨身、口、意业，随智慧行皆悉清净。所谓：具足大慈永离杀心，乃至具足正解无有邪见。是为第六不由他教身、口、意业随智慧行不共法。佛子！菩萨摩诃萨具足大悲，不舍众生，代一切众生而受诸苦，所谓：地狱苦、畜生苦、饿鬼苦。为利益故，不生劳倦，唯专度脱一切众生，未曾耽染五欲境界，常为精勤灭除众苦。是为第七不由他教常起大悲不共法。佛子！菩萨摩诃萨常为众生之所乐见，梵王、帝释、四天王等一切众生见无厌足。何以故？菩萨摩诃萨久远世来，行业清净无有过失，是故众生见者无厌。是为第八不由他教一切众生皆悉乐见不共法。佛子！菩萨摩诃萨于萨婆若大誓庄严志乐坚固，虽处凡夫、声闻、独觉险难之处，终不退失一切智心明净妙宝。佛子！如有宝珠，名：净庄严，置泥涝中光色不改，能令浊水悉皆澄净。菩萨摩诃萨亦复如是，虽在凡愚杂浊等处，终不失坏求一切智清净宝心，而能令彼诸恶众生远离妄见、烦恼、秽浊，得求一切智清净心宝。是为第九不由他教在众难处不失一切智心宝不共法。佛子！菩萨摩诃萨成就自觉境界智，无师自悟，究竟自在到于彼岸，离垢法缯以冠其首，而于善友不舍亲近，于诸如来常乐尊重，是为第十不由他教得最上法不离善知识、不舍尊重佛不共法。佛子！是为菩萨摩诃萨十种不共法。若诸菩萨安住其中，则得如来无上广大不共法。

佛子！菩萨摩诃萨有十种业。何等为十？所谓：一切世界业，悉能严净故；一切诸佛业，悉能供养故；一切菩萨业，同种善根故；一切众生业，悉能教化故；一切未来业，尽未来际摄取故；一切神力业，不离一世界遍至一切世界故；一切光明业，放无边色光明，一一光中有莲华座，各有菩萨结跏趺坐而显现故；一切三宝种不断业，诸佛灭后，守护住持诸佛法故；一切变化业，于一切世界说法教化诸众生故；一切加持业，于一念中随诸众生心之所欲皆为示现，令一切愿悉成满故。是为十。若诸菩萨安住此法，则得如来无上广大业。

佛子！菩萨摩诃萨有十种身。何等为十？所谓：不来身，于一切世间不受生故；不去身，于一切世间求不得故；不实身，一切世间如实得故；不虚身，以如实理示世间故；不尽身，尽未来际无断绝故；坚固身，一切众魔不能坏故；不动身，众魔外道不能动故；具相身，示现清净百福相故；无相身，法相究竟悉无相故；普至身，与三世佛同一身故。是为十。若诸菩萨安住此法，则得如来无上无尽之身。

佛子！菩萨摩诃萨有十种身业。何等为十？所谓：一身充满一切世界身业；于一切众生前悉能示现身业；于一切趣悉能受生身业；游行一切世界身业；往诣一切诸佛众会身业；能以一手普覆一切世界身业；能以一手磨一切世界金刚围山碎如微尘身业；于自身中现一切佛刹成坏示于众生身业；以一身容受一切众生界身业；于自身中普现一切清净佛刹，一切众生于中成道身业。是为十。若诸菩萨安住此法，则得如来无上佛业，悉能觉悟一切众生。

佛子！菩萨摩诃萨复有十种身。何等为十？所谓：诸波罗蜜身，悉正修行故；四摄身，不舍一切众生故；大悲身，代一切众生受无量苦无疲厌故；大慈身，救护一切众生故；福德身，饶益一切众生故；智慧身，与一切佛身同一性故；法身，永离诸趣受生故；方便身，于一切处现前故；神力身，示现一切神变故；菩提身，随乐、随时成正觉故。是为十。若诸菩萨安住此法，则得如来无上大智慧身。

佛子！菩萨摩诃萨有十种语。何等为十？所谓：柔软语，使一切众生皆安隐故；甘露语，令一切众生悉清凉故；不诳语，所有言说皆如实故；真实语，乃至梦中无妄语故；广大语，一切释、梵、四天王等皆尊敬故；甚深语，显示法性故；坚固语，说法无尽故；正直语，发言易了故；种种语，随时示现故；开悟一切众生语，随其欲乐令解了故。是为十。若诸菩萨安住此法，则得如来无上微妙语。佛子！菩萨摩诃萨有十种净修语业。何等为十？所谓：乐听闻如来音声净修语业；乐闻说菩萨功德净修语业；不说一切众生不乐闻语净修语业；真实远离语四过失净修语业；欢喜踊跃赞叹如来净修语业；如来塔所高声赞佛如实功德净修语业；以深净心施众生法净修语业；音乐歌颂赞叹如来净修语业；于诸佛所听闻正法不惜身命净修语业；舍身承事一切菩萨及诸法师而受妙法净修语业。是为十。

若菩萨摩诃萨以此十事净修语业，则得十种守护。何等为十？所谓：天王为首，一切天众而为守护；龙王为首，一切龙众而为守护；夜叉王为首，乾闼婆王为首，阿修罗王为首，迦楼罗王为首，紧那罗王为首，摩睺罗伽王为首，梵王为首，一一皆与自己徒众而为守护；如来法王为首，一切法师皆悉守护。是为十。

佛子！菩萨摩诃萨得此守护已，则能成办十种大事。何等为十？所谓：一切众生皆令欢喜，一切世界悉能往诣，一切诸根皆能了知，一切胜解悉令清净，一切烦恼皆令除断，一切习气皆令舍离，一切欲乐皆令明洁，一切深心悉使增长，一切法界悉令周遍，一切涅槃普令明见。是为十。

佛子！菩萨摩诃萨有十种心。何等为十？所谓：如大地心，能持、能长一切众生诸善根故；如大海心，一切诸佛无量无边大智法水悉流入故；如须弥山王心，置一切众生于出世间最上善根处故；如摩尼宝王心，乐欲清净无杂染故；如金刚心，决定深入一切法故；如金刚围山心，诸魔外道不能动故；如莲华心，一切世法不能染故；如优昙钵华心，一切劫中难值遇故；如净日心，破闇障故；如虚空心，不可量故。是为十。若诸菩萨安住其中，则得如来无上大清净心。

佛子！菩萨摩诃萨有十种发心。何等为十？所谓：发我当度脱一切众生心；发我当令一切众生除断烦恼心；发我当令一切众生消灭习气心；发我当断除一切疑惑心；发我当除灭一切众生苦恼心；发我当除灭一切恶道诸难心；发我当敬顺一切如来心；发我当善学一切菩萨所学心；发我当于一切世间一一毛端处现一切佛成正觉心；发我当于一切世界击无上法鼓，令诸众生随其根欲悉得悟解心。是为十。若诸菩萨安住其中，则得如来无上大发起能事心。

佛子！菩萨摩诃萨有十种周遍心。何等为十？所谓：周遍一切虚空心，发意广大故；周遍一切法界心，深入无边故；周遍一切三世心，一念悉知故；周遍一切佛出现心，于入胎、诞生、出家、成道、转法轮、般涅槃悉明了故；周遍一切众生心，悉知根、欲、习气故；

周遍一切智慧心，随顺了知法界故；周遍一切无边心，知诸幻网差别故；周遍一切无生心，不得诸法自性故；周遍一切无碍心，不住自心、他心故；周遍一切自在心，一念普现成佛故。是为十。若诸菩萨安住其中，则得无量无上佛法周遍庄严。

佛子！菩萨摩诃萨有十种根。何等为十？所谓：欢喜根，见一切佛信不坏故；希望根，所闻佛法皆悟解故；不退根，一切作事皆究竟故；安住根，不断一切菩萨行故；微细根，入般若波罗蜜微妙理故；不休息根，究竟一切众生事故；如金刚根，证知一切诸法性故；金刚光焰根，普照一切佛境界故；无差别根，一切如来同一身故；无碍际根，深入如来十种力故。是为十。若诸菩萨安住其中，则得如来无上大智圆满根。

佛子！菩萨摩诃萨有十种深心。何等为十？所谓：不染一切世间法深心；不杂一切二乘道深心；了达一切佛菩提深心；随顺一切智智道深心；不为一切众魔外道所动深心；净修一切如来圆满智深心；受持一切所闻法深心；不著一切受生处深心；具足一切微细智深心；修一切诸佛法深心。是为十。若诸菩萨安住其中，则得一切智无上清净深心。

佛子！菩萨摩诃萨有十种增上深心。何等为十？所谓：不退转增上深心，积集一切善根故；离疑惑增上深心，解一切如来密语故；正持增上深心，大愿大行所流故；最胜增上深心，深入一切佛法故；为主增上深心，一切佛法自在故；广大增上深心，普入种种法门故；上首增上深心，一切所作成办故；自在增上深心，一切三昧神通变化庄严故；安住增上深心，摄受本愿故；无休息增上深心，成熟一切众生故。是为十。若诸菩萨安住此法，则得一切诸佛无上清净增上深心。

佛子！菩萨摩诃萨有十种勤修。何等为十？所谓：布施勤修，悉舍一切，不求报故；持戒勤修，头陀苦行，少欲知足，无所欺故；忍辱勤修，离自他想，忍一切恶，毕竟不生患害心故；精进勤修，身、语、意业未曾散乱，一切所作皆不退转，至究竟故；禅定勤修，解脱三昧，出现神通，离一切欲烦恼斗诤诸眷属故；智慧勤修，修习积聚一切功德无厌倦故；大慈勤修，知诸众生无自性故；大悲勤修，知诸法空，普代一切众生受苦无疲厌故；觉悟如来十力勤修，了达无碍示众生故；不退法轮勤修，转至一切众生心故。是为十。若诸菩萨安住此法，则得如来无上大智慧勤修。

佛子！菩萨摩诃萨有十种决定解。何等为十？所谓：最上决定解，种植尊重善根故；庄严决定解，出生种种庄严故；广大决定解，其心未曾狭劣故；寂灭决定解，能入甚深法性故；普遍决定解，发心无所不及故；堪任决定解，能受佛力加持故；坚固决定解，摧破一切魔业故；明断决定解，了知一切业报故；现前决定解，随意能现神通故；绍隆决定解，一切佛所得记故；自在决定解，随意、随时成佛故。是为十。若诸菩萨安住此法，则得如来无上决定解。

佛子！菩萨摩诃萨有十种决定解知诸世界。何等为十？所谓：知一切世界入一世界；知一世界入一切世界；知一切世界，一如来身、一莲华座皆悉周遍；知一切世界皆如虚空；知一切世界具佛庄严；知一切世界菩萨充满；知一切世界入一毛孔；知一切世界入一众生身；知一切世界，一佛菩提树、一佛道场皆悉周遍；知一切世界一音普遍，令诸众生各别了知，心生欢喜。是为十。若诸菩萨安住此法，则得如来无上佛刹广大决定解。

佛子！菩萨摩诃萨有十种决定解知众生界。何等为十？所谓：知一切众生界本性无实；知一切众生界悉入一众生身；知一切众生界悉入菩萨身；知一切众生界悉入如来藏；知一众生身普入一切众生界；知一切众生界悉堪为诸佛法器；知一切众生界，随其所欲，为现释、梵、护世身；知一切众生界，随其所欲，为现声闻、独觉寂静威仪；知一切众生界，为现菩萨功德庄严身；知一切众生界，为现如来相好寂静威仪，开悟众生。是为十。若诸菩萨安住此法，则得如来无上大威力决定解。

大方广佛华严经卷第五十七

离世间品第三十八之五

佛子！菩萨摩诃萨有十种习气。何等为十？所谓：菩提心习气；善根习气；教化众生习气；见佛习气；于清净世界受生习气；行习气；愿习气；波罗蜜习气；思惟平等法习气；种种境界差别习气。是为十。若诸菩萨安住此法，则永离一切烦恼习气，得如来大智习气非习气智。

佛子！菩萨摩诃萨有十种取，以此不断诸菩萨行。何等为十？所谓：取一切众生界，究竟教化故；取一切世界，究竟严净故；取如来，修菩萨行为供养故；取善根，积集诸佛相好功德故；取大悲，灭一切众生苦故；取大慈，与一切众生一切智乐故；取波罗蜜，积集菩萨诸庄严故；取善巧方便，于一切处皆示现故；取菩提，得无碍智故；略说菩萨取一切法，于一切处悉以明智而现了故。是为十。若诸菩萨安住此取，则能不断诸菩萨行，得一切如来无上无所取法。

佛子！菩萨摩诃萨有十种修。何等为十？所谓：修诸波罗蜜；修学；修慧；修义；修法；修出离；修示现；修勤行匪懈；修成等正觉；修转正法轮。是为十。若诸菩萨安住其中，则得无上修修一切法。

佛子！菩萨摩诃萨有十种成就佛法。何等为十？所谓：不离善知识成就佛法；深信佛语成就佛法；不谤正法成就佛法；以无量无尽善根回向成就佛法；信解如来境界无边际成就佛法；知一切世界境界成就佛法；不舍法界境界成就佛法；远离诸魔境界成就佛法；正念一切诸佛境界成就佛法；乐求如来十力境界成就佛法。是为十。若诸菩萨安住此法，则得成就如来无上大智慧。

佛子！菩萨摩诃萨有十种退失佛法，应当远离。何等为十？所谓：轻慢善知识退失佛法；畏生死苦退失佛法；厌修菩萨行退失佛法；不乐住世间退失佛法；耽著三昧退失佛法；执取善根退失佛法；诽谤正法退失佛法；断菩萨行退失佛法；乐二乘道退失佛法；嫌恨诸菩萨退失佛法。是为十。若诸菩萨远离此法，则入菩萨离生道。

佛子！菩萨摩诃萨有十种离生道。何等为十？所谓：出生般若波罗蜜而恒观察一切众生，是为一；远离诸见而度脱一切见缚众生，是为二；不念一切相而不舍一切著相众生，是为三；超过三界而常在一切世界，是为四；永离烦恼而与一切众生共居，是为五；得离欲法而常以大悲哀愍一切著欲众生，是为六；常乐寂静而恒示现一切眷属，是为七；离世间生而死此生彼起菩萨行，是为八；不染一切世间法而不断一切世间所作，是为九；诸佛菩提已现其前而不舍菩萨一切愿行，是为十。佛子！是为菩萨摩诃萨十种离生道，出离世间，不与世共，而亦不杂二乘之行。若诸菩萨安住此法，则得菩萨决定法。

佛子！菩萨摩诃萨有十种决定法。何等为十？所谓：决定于如来种族中生；决定于诸佛境界中住；决定了知菩萨所作事；决定安住诸波罗蜜；决定得预如来众会；决定能显如来性；决定安住如来力；决定深入佛菩提；决定与一切如来同一身；决定与一切如来所住无有二。是为十。

佛子！菩萨摩诃萨有十种出生佛法道。何等为十？所谓：随顺善友是出生佛法道，同种善根故；深心信解是出生佛法道，知佛自在故；发大誓愿是出生佛法道，其心宽广故；忍自善根是出生佛法道，知业不失故；一切劫修行无厌足是出生佛法道，尽未来际故阿僧祇世界皆示现是出生佛法道，成熟众生故；不断菩萨行是出生佛法道，增长大悲故；无量心是出生佛法道，一念遍一切虚空界故；殊胜行是出生佛法道，本所修行无失坏故；如来种是出生佛法道，令一切众生乐发菩提心，以一切善法资持故。是为十。若诸菩萨安住此法，则得大丈夫名号。

佛子！菩萨摩诃萨有十种大丈夫名号。何等为十？所谓：名为：菩提萨埵，菩提智所生故；名为：摩诃萨埵，安住大乘故；名为：第一萨埵，证第一法故；名为：胜萨埵，觉悟胜法故；名为：最胜萨埵，智慧最胜故；名为：上萨埵，起上精进故；名为：无上萨埵，开示无上法故；名为：力萨埵，广知十力故；名为：无等萨埵，世间无比故；名为：不思议萨埵，一念成佛故。是为十。若诸菩萨得此名号，则成就菩萨道。

佛子！菩萨摩诃萨有十种道。何等为十？所谓：一道是菩萨道，不舍独一菩提心故。二道是菩萨道，出生智慧及方便故。三道是菩萨道，行空、无相、无愿，不著三界故。四行是菩萨道，忏除罪障，随喜福德，恭敬尊重劝请如来，善巧回向无休息故。五根是菩萨道，安住净信坚固不动，起大精进所作究竟，一向正念无异攀缘，巧知三昧入出方便，善能分别智慧境界故。六通是菩萨道。所谓：天眼，悉见一切世界所有众色，知诸众生死此生彼故；天耳，悉闻诸佛说法，受持忆念，广为众生随根演畅故；他心智，能知他心，自在无碍故；宿命念，忆知过去一切劫数，增长善根故；神足通，随所应化一切众生，种种为现，令乐法故；漏尽智，现证实际，起菩萨行不断绝故。七念是菩萨道。所谓：念佛，于一毛孔见无量佛，开悟一切众生心故；念法，不离一如来众会，于一切如来众会中亲承妙法，随诸众生根性欲乐而为演说，令悟入故；念僧，恒相续见无有休息，于一切世间见菩萨故；念舍，了知一切菩萨舍行，增长广大布施心故；念戒，不舍菩提心，以一切善根回向众生故；念天，常忆念兜率陀天宫一生补处菩萨故；念众生，智慧方便教化调伏，普及一切无间断故。随顺菩提八圣道是菩萨道。所谓：行正见道，远离一切诸邪见故；起正思惟，舍妄分别，心常随顺一切智故；常行正语，离语四过，顺圣言故；恒修正业，教化众生令调伏故；安住正命，头陀知足，威仪审正，随顺菩提行四圣种，一切过失皆永离故；起正精进，勤修一切菩萨苦行，入佛十力无罣碍故；心常正念，悉能忆持一切言音，除灭世间散动心故；心常正定，善入菩萨不思议解脱门，于一三昧中出生一切诸三昧故。入九次第定是菩萨道。所谓：离欲恚害，而以一切语业说法无碍；灭除觉观，而以一切智觉观教化众生；舍离喜爱，而见一切佛，心大欢喜；离世间乐，而随顺出世菩萨道乐；从此不动，入无色定，而亦不舍欲、色受生；虽住灭一切想受定，而亦不息菩萨行故。学佛十力是菩萨道。所谓：善知是处、非处智；善知一切众生、去、来现在业报因果智；善知一切众生上、中、下根不同随宜说法智；善知一切众生种种无量性智；善知一切众生软、中、上解差别令入法方便智；遍一切世间、一切刹、一切三世、一切劫，普现如来形相威仪而亦不舍菩萨所行智；善知一切诸禅解脱及诸三昧若垢若净、时与非时，方便出生诸菩萨解脱门智；知一切众生于诸趣中死此生彼差别智；于一念中悉知三世一切劫数智；善知一切众生乐欲、诸使、惑习灭尽智，而不舍离诸菩萨行。是为十。若诸菩萨安住此法，则得一切如来无上巧方便道。

佛子！菩萨摩诃萨有无量道、无量助道、无量修道、无量庄严道。

佛子！菩萨摩诃萨有十种无量道。何等为十？所谓：虚空无量故，菩萨道亦无量；法界无边故，菩萨道亦无量；众生界无尽故，菩萨道亦无量；世界无际故，菩萨道亦无量；劫数不可尽故，菩萨道亦无量；一切众生语言法无量故，菩萨道亦无量；如来身无量故，菩萨道亦无量；佛音声无量故，菩萨道亦无量；如来力无量故，菩萨道亦无量；一切智智无量故，菩萨道亦无量。是为十。

佛子！菩萨摩诃萨有十种无量助道。所谓：如虚空界无量，菩萨集助道亦无量；如法界无边，菩萨集助道亦无边；如众生界无尽，菩萨集助道亦无尽；如世界无际，菩萨集助道亦无际；如劫数说不可尽，菩萨集助道亦一切世间说不能尽；如众生语言法无量，菩萨集助道出生智慧知语言法亦无量；如如来身无量，菩萨集助道遍一切众生、一切刹、一切世、一切劫亦无量；如佛音声无量，菩萨出一言音周遍法界，一切众生无不闻知故，所集助道亦无量；如佛力无量，菩萨承如来力积集助道亦无量；如一切智智无量，菩萨积集助道亦如是无有量。是为十。若诸菩萨安住此法，则得如来无量智慧。

佛子！菩萨摩诃萨有十种无量修道。何等为十？所谓：不来不去修，身、语、意业无动作故；不增不减修，如本性故；非有非无修，无自性故；如幻如梦、如影如响、如镜中像、如热时焰、如水中月修，离一切执著故；空、无相、无愿、无作修，明见三界而集福德不休息故；不可说、无言说、离言说修，远离施设安立法故；不坏法界修，智慧现知一切法故；不坏真如实际修，普入真如实际虚空际故；广大智慧修，诸有所作力无尽故；住如来十力、四无所畏、一切智智平等修，现见一切法无疑惑故。是为十。若诸菩萨安住此法，则得如来一切智无上善巧修。

佛子！菩萨摩诃萨有十种庄严道。何等为十？佛子！菩萨摩诃萨不离欲界，入色界、无色界禅定解脱及诸三昧，亦不因此而受彼生，是为第一庄严道。智慧现前，入声闻道，不以此道而取出离，是为第二庄严道。智慧现前，入辟支佛道，而起大悲无有休息，是为第三庄严道。虽有人、天眷属围绕，百千采女歌舞侍从，未曾暂舍禅定解脱及诸三昧，是为第四庄严道。与一切众生受诸欲乐共相娱乐，乃至未曾于一念间舍离菩萨平等三昧，是为第五庄严道。已到一切世间彼岸，于诸世法悉无所著，而亦不舍度众生行，是为第六庄严道。安住正道、正智、正见，而能示入一切邪道，不取为实，不执为净，令彼众生远离邪法，是为第七庄严道。常善护持如来净戒，身、语、意业无诸过失，为欲教化犯戒众生，示行一切凡愚之行，虽已具足清净福德住菩萨趣，而示生于一切地狱、畜生、饿鬼及诸险难、贫穷等处，令彼众生皆得解脱，而实菩萨不生彼趣，是为第八庄严道。不由他教，得无碍辩，智慧光明普能照了一切佛法，为一切如来神力所持，与一切诸佛同一法身，成就一切坚固大人明净密法，安住一切平等诸乘，诸佛境界皆现其前，具足一切世智光明，照见一切诸众生界，能为众生作知法师，而示求正法未曾休息，虽实与众生作无上师，而示行尊敬阇梨和尚。何以故？菩萨摩诃萨善巧方便住菩萨道，随其所应皆为示现。是为第九庄严道。善根具足，诸行究竟，一切如来所共灌顶，到一切法自在彼岸，无碍法缯以冠其首；其身遍至一切世界，普现如来无碍之身，于法自在最上究竟，转于无碍清净法轮；一切菩萨自在之法皆已成就，而为众生故，于一切国土示现受生；与三世诸佛同一境界，而不废菩萨行，不舍菩萨法，不懈菩萨业，不离菩萨道，不弛菩萨仪，不断菩萨取，不息菩萨巧方便，不绝菩萨所作事，不厌菩萨生成用，不止菩萨住持力。何以故？菩萨欲疾证阿耨多罗三藐三菩提，观一切智门修菩萨行无休息故。是为第十庄严道。若诸菩萨安住此法，则得如来无上大庄严道，亦不舍菩萨道。

佛子！菩萨摩诃萨有十种足。何等为十？所谓持戒足，殊胜大愿悉成满故；精进足，集一切菩提分法不退转故；神通足，随众生欲令欢喜故；神力足，不离一佛刹往一切佛刹故；深心足，愿求一切殊胜法故；坚誓足，一切所作咸究竟故；随顺足，不违一切尊者教故；乐法足，闻持一切佛所说法不疲懈故；法雨足，为众演说无怯弱故；修行足，一切诸恶悉远离故。是为十。若诸菩萨安住此法，则得如来无上最胜足，若一举步，悉能遍至一切世界。

佛子！菩萨摩诃萨有十种手。何等为十？所谓：深信手，于佛所说，一向忍可，究竟受持故；布施手，有来求者，随其所欲皆令充满故；先意问讯手，舒展右掌相迎引故；供养诸佛手，集众福德无疲厌故；多闻善巧手，悉断一切众生疑故；令超三界手，授与众生拔出欲泥故；置于彼岸手，四暴流中救溺众生故；不吝正法手，所有妙法悉以开示故；善用众论手，以智慧药灭身心病故；恒持智宝手，开法光明破烦恼闇故。是为十。若诸菩萨安住此法，则得如来无上手，普覆十方一切世界。

佛子！菩萨摩诃萨有十种腹。何等为十？所谓：离谄曲腹，心清净故；离幻伪腹，性质直故；不虚假腹，无险诐故；无欺夺腹，于一切物无所贪故；断烦恼腹，具智慧故；清净心腹，离诸恶故；观察饮食腹，念如实法故；观察无作腹，觉悟缘起故；觉悟一切出离道腹，善成熟深心故；远离一切边见垢腹，令一切众生得入佛腹故。是为十。若诸菩萨安住此法，则得如来无上广大腹，悉能容受一切众生。

佛子！菩萨摩诃萨有十种藏。何等为十？所谓：不断佛种是菩萨藏，开示佛法无量威德故；增长法种是菩萨藏，出生智慧广大光明故；住持僧种是菩萨藏，令其得入不退法轮故；觉悟正定众生是菩萨藏，善随其时不逾一念故；究竟成熟不定众生是菩萨藏，令因相续无有间断故；为邪定众生发起大悲是菩萨藏，令未来因悉得成就故；满佛十力不可坏因是菩萨藏，具降伏魔军无对善根故；最胜无畏大师子吼是菩萨藏，令一切众生皆欢喜故；得佛十八不共法是菩萨藏，智慧普入一切处故；普了知一切众生、一切刹、一切法、一切佛是菩萨藏，于一念中悉明见故。是为十。若诸菩萨安住此法，则得如来无上善根不可坏大智慧藏。

佛子！菩萨摩诃萨有十种心。何等为十？所谓：精勤心，一切所作悉究竟故；不懈心，积集相好福德行故；大勇健心，摧破一切诸魔军故；如理行心，除灭一切诸烦恼故；不退转心，乃至菩提终不息故；性清净心，知心不动无所著故；知众生心，随其解欲令出离故；令入佛法大梵住心，知诸众生种种解欲，不以别乘而救护故；空、无相、无愿、无作心，见三界相不取著故；卍字相金刚坚固胜藏庄严心，一切众生数等魔来乃至不能动一毛故。是为十。若诸菩萨安住此法，则得如来无上大智光明藏心。

佛子！菩萨摩诃萨有十种被甲。何等为十？所谓：被大慈甲，救护一切众生故；被大悲甲，堪忍一切诸苦故；被大愿甲，一切所作究竟故；被回向甲，建立一切佛庄严故；被福德甲，饶益一切诸众生故，被波罗蜜甲，度脱一切诸含识故；被智慧甲，灭一切众生烦恼闇故；被善巧方便甲，生普门善根故；被一切智心坚固不散乱甲，不乐余乘故；被一心决定甲，于一切法离疑惑故。是为十。若诸菩萨安住此法，则被如来无上甲胄，悉能摧伏一切魔军。

佛子！菩萨摩诃萨有十种器仗。何等为十？所谓：布施是菩萨器仗，摧破一切悭吝故；持戒是菩萨器仗，弃舍一切毁犯故；平等是菩萨器仗，断除一切分别故；智慧是菩萨器仗，消灭一切烦恼故；正命是菩萨器仗，远离一切邪命故；善巧方便是菩萨器仗，于一切处示现故；略说贪、瞋、痴等一切烦恼是菩萨器仗，以烦恼门度众生故；生死是菩萨器仗，不断菩萨行教化众生故；说如实法是菩萨器仗，能破一切执著故；一切智是菩萨器仗，不舍菩萨行门故。是为十。若诸菩萨安住此法，则能除灭一切众生长夜所集烦恼结使。

佛子！菩萨摩诃萨有十种首。何等为十？所谓：涅槃首，无能见顶故；尊敬首，一切人、天所敬礼故；广大胜解首，三千界中最为胜故；第一善根首，三界众生咸供养故；荷戴众生首，成就顶上肉髻相故；不轻贱他首，于一切处常尊胜故；般若波罗蜜首，长养一切功德法故；方便智相应首，普现一切同类身故；教化一切众生首，以一切众生为弟子故；守护诸佛法眼首，能令三宝种不断绝故。是为十。若诸菩萨安住此法，则得如来无上大智慧首。

佛子！菩萨摩诃萨有十种眼。所谓：肉眼，见一切色故；天眼，见一切众生心故；慧眼，见一切众生诸根境界故；法眼，见一切法如实相故；佛眼，见如来十力故；智眼，知见诸法故；光明眼，见佛光明故；出生死眼，见涅槃故；无碍眼，所见无障故；一切智眼，见普门法界故。是为十。若诸菩萨安住此法，则得如来无上大智慧眼

佛子！菩萨摩诃萨有十种耳。何等为十？所谓：闻赞叹声，断除贪爱；闻毁呰声，断除瞋恚；闻说二乘，不著不求；闻菩萨道，欢喜

踊跃；闻地狱等诸苦难处，起大悲心，发弘誓愿；闻说人、天胜妙之事，知彼皆是无常之法；闻有赞叹诸佛功德，勤加精进，令速圆满；闻说六度、四摄等法，发心修行，愿到彼岸；闻十方世界一切音声，悉知如响，入不可说甚深妙义；菩萨摩诃萨从初发心乃至道场，常闻正法未曾暂息，而恒不舍化众生事。是为十。若诸菩萨成就此法，则得如来无上大智慧耳。

佛子！菩萨摩诃萨有十种鼻。何等为十？所谓：闻诸臭物不以为臭；闻诸香气不以为香；香臭俱闻，其心平等；非香非臭，安住于舍；若闻众生衣服、卧具及其肢体所有香臭，则能知彼贪、恚、愚痴等分之行；若闻诸伏藏草木等香，皆如对目前，分明辨了；若闻下至阿鼻地狱、上至有顶众生之香，皆知彼过去所行之行；若闻诸声闻布施、持戒、多闻慧香，住一切智心，不令散动；若闻一切菩萨行香，以平等慧入如来地；闻一切佛智境界香，亦不废舍诸菩萨行。是为十。若诸菩萨成就此法，则得如来无量无边清净鼻。

佛子！菩萨摩诃萨有十种舌。何等为十？所谓：开示演说无尽众生行舌；开示演说无尽法门舌；赞叹诸佛无尽功德舌；演畅辞辩无尽舌；开阐大乘助道舌；遍覆十方虚空舌；普照一切佛刹舌；普使众生悟解舌；悉令诸佛欢喜舌；降伏一切诸魔外道，除灭一切生死烦恼，令至涅槃舌。是为十。若诸菩萨成就此法，则得如来遍覆一切诸佛国土无上舌。

佛子！菩萨摩诃萨有十种身。何等为十？所谓：人身，为教化一切诸人故；非人身，为教化地狱、畜生、饿鬼故；天身，为教化欲界、色界、无色界众生故；学身，示现学地故；无学身，示现阿罗汉地故；独觉身，教化令入辟支佛地故；菩萨身，令成就大乘故；如来身，智水灌顶故；意生身，善巧出生故；无漏法身，以无功用示现一切众生身故。是为十。若诸菩萨成就此法，则得如来无上之身。

佛子！菩萨摩诃萨有十种意。何等为十？所谓上首意，发起一切善根故；安住意，深信坚固不动故；深入意，随顺佛法而解故；内了意，知诸众生心乐故；无乱意，一切烦恼不杂故；明净意，客尘不能染著故；善观众生意，无有一念失时故；善择所作，未曾一处生过故；密护诸根意，调伏不令驰散故；善入三昧意，深入佛三昧无我、我所故。是为十。若诸菩萨安住此法，则得一切佛无上意。

佛子！菩萨摩诃萨有十种行。何等为十？所谓：闻法行，爱乐于法故；说法行，利益众生故；离贪、恚、痴怖畏行，调伏自心故；欲界行，教化欲界众生故；色、无色界三昧行，令速转还故；趣向法义行，速得智慧故；一切生处行，自在教化众生故；一切佛刹行，礼拜供养诸佛故；涅槃行，不断生死相续故；成满一切佛法行，不舍菩萨法行故。是为十。若诸菩萨安住此法，则得如来无来无去行。

佛子！菩萨摩诃萨有十种住。何等为十？所谓：菩提心住，曾不忘失故；波罗蜜住，不厌助道故；说法住，增长智慧故；阿兰若住，证大禅定故；随顺一切智头陀知足四圣种住，少欲少事故；深信住，荷负正法故；亲近如来住，学佛威仪故；出生神通住，圆满大智故；得忍住，满足授记故；道场住，具足力、无畏、一切佛法故。是为十。若诸菩萨安住此法，则得一切智无上住。

佛子！菩萨摩诃萨有十种坐。何等为十？所谓：转轮王坐，兴十善道故；四天王坐，于一切世间自在安立佛法故；帝释坐，与一切众生为胜主故；梵天坐，于自他心得自在故；师子坐，能说法故；正法坐，以总持辩才力而开示故；坚固坐，誓愿究竟故；大慈坐，令恶众生悉欢喜故；大悲坐，忍一切苦不疲厌故；金刚坐，降伏众魔及外道故。是为十。若诸菩萨安住此法，则得如来无上正觉坐。

佛子！菩萨摩诃萨有十种卧。何等为十？所谓：寂静卧，身心憺怕故；禅定卧，如理修行故；三昧卧，身心柔软故；梵天卧，不恼自他故；善业卧，于后不悔故；正信卧，不可倾动故；正道卧，善友开觉故；妙愿卧，善巧回向故；一切事毕卧，所作成办故；舍诸功用卧，一切惯习故。是为十。若诸菩萨安住此法，则得如来无上大法卧，悉能开悟一切众生。

佛子！菩萨摩诃萨有十种所住处。何等为十？所谓：以大慈为所住处，于一切众生心平等故；以大悲为所住处，不轻未学故；以大喜为所住处，离一切忧恼故；以大舍为所住处，于有为、无为平等故；以一切波罗蜜为所住处，菩提心为首故；以一切空为所住处，善巧观察故；以无相为所住处，不出正位故；以无愿为所住处，观察受生故；以念慧为所住处，忍法成满故；以一切法平等为所住处，得授记莂故。是为十。若诸菩萨安住此法，则得如来无上无碍所住处。

佛子！菩萨摩诃萨有十种所行处。何等为十？所谓：以正念为所行处，满足念处故；以诸趣为所行处，正觉法趣故；以智慧为所行处，得佛欢喜故；以波罗蜜为所行处，满足一切智智故；以四摄为所行处，教化众生故；以生死为所行处，积集善根故；以与一切众生杂谈戏为所行处，随应教化令永离故；以神通为所行处，知一切众生诸根境界故；以善巧方便为所行处，般若波罗蜜相应故；以道场为所行处，成一切智而不断菩萨行故。是为十。若诸菩萨安住此法，则得如来无上大智慧所行处。

佛子！菩萨摩诃萨有十种观察。何等为十？所谓：知诸业观察，微细悉见故；知诸趣观察，不取众生故；知诸根观察，了达无根故；知诸法观察，不坏法界故；见佛法观察，勤修佛眼故；得智慧观察，如理说法故；无生忍观察，决了佛法故；不退地观察，灭一切烦恼，超出三界、二乘地故；灌顶地观察，于一切佛法自在不动故；善觉智三昧观察，于一切十方施作佛事故。是为十。若诸菩萨安住此法，则得如来无上大观察智。

佛子！菩萨摩诃萨有十种普观察。何等为十？所谓：普观一切诸来求者，以无违心满其意故；普观一切犯戒众生，安置如来净戒中故；普观一切害心众生，安置如来忍力中故；普观一切懈怠众生，劝令精勤不舍荷负大乘担故；普观一切乱心众生，令住如来一切智地无散动故；普观一切恶慧众生，令除疑惑破有见故；普观一切平等善友，顺其教命住佛法故；普观一切所闻之法，疾得证见最上义故；普观一切无边众生，常不舍离大悲力故；普观一切诸佛之法，速得成就一切智故。是为十。若诸菩萨安住此法，则得如来无上大智慧普观察。

佛子！菩萨摩诃萨有十种奋迅。何等为十？所谓：牛王奋迅，映蔽一切天、龙、夜叉、乾闼婆等诸大众故；象王奋迅，心善调柔，荷负一切诸众生故；龙王奋迅，兴大法密云，耀解脱电光，震如实义雷，降诸根、力、觉分、禅定、解脱、三昧甘露雨故；大金翅鸟王奋迅，竭贪爱水，破愚痴㲉[1]，搏撮烦恼诸恶毒龙，令出生死大苦海故；大师子王奋迅，安住无畏平等大智以为器仗，摧伏众魔及外道故；勇健奋迅，能于生死大战阵中摧灭一切烦恼怨故；大智奋迅，知蕴、界、处及诸缘起，自在开示一切法故；陀罗尼奋迅，以念慧力持法不忘，随众生根为宣说故；辩才奋迅，无碍迅疾分别一切，咸令受益心欢喜故；如来奋迅，一切智智助道之法皆悉成满，以一念相应慧，所应得者一切皆得，所应悟者一切皆悟，坐师子座降魔怨敌，成阿耨多罗三藐三菩提故。是为十。若诸菩萨安住此法，则得诸佛于一切法无上自在奋迅。

佛子！菩萨摩诃萨有十种师子吼。何等为十？所谓：唱言：我当必定成正等觉。是菩提心大师子吼。我当令一切众生，未度者度，未脱者脱，未安者安，未涅槃者令得涅槃。是大悲大师子吼。我当令佛、法、僧种无有断绝。是报如来恩大师子吼。我当严净一切佛刹。是究竟坚誓大师子吼。我当除灭一切恶道及诸难处。是自持净戒大师子吼。我当满足一切诸佛身、语及意相好庄严。是求福无厌大师子吼。我当成满一切诸佛所有智慧。是求智无厌大师子吼。我当除灭一切众魔及诸魔业。是修正行断诸烦恼大师子吼。我当了知一切诸法无我，无众生、无寿命、无补伽罗，空、无相、无愿，净如虚空。是无生法忍大师子吼。最后生菩萨震动一切诸佛国土悉令严净，是时，一切释、梵、四王咸来赞请：唯愿菩萨以无生法而现受生！菩萨则以无碍慧眼普观世间：一切众生无如我者。即于王宫示现诞生，自行七步大师子吼：我于世间最胜第一，我当永尽生死边际。是如说而作大师子吼。是为十。若诸菩萨安住此法，则得如来无上大师子吼。

注1：此字音 ku 或 que，榖字左下边木字换成卵字即是。

大方广佛华严经卷第五十八

离世间品第三十八之六

佛子！菩萨摩诃萨有十种清净施。何等为十？所谓：平等施，不拣众生故；随意施，满其所愿故；不乱施，令得利益故；随宜施，知上、中、下故；不住施，不求果报故；开舍施，心不恋著故；一切施，究竟清净故；回向菩提施，远离有为、无为故；教化众生施，乃至道场不舍故；三轮清净施，于施者、受者及以施物正念观察如虚空故。是为十。若诸菩萨安住此法，则得如来无上清净广大施。

佛子！菩萨摩诃萨有十种清净戒。何等为十？所谓：身清净戒，护身三恶故；语清净戒，离语四过故；心清净戒，永离贪、瞋、邪见故；不破一切学处清净戒，于一切人、天中作尊主故；守护菩提心清净戒，不乐小乘故；守护如来所制清净戒，乃至微细罪生大怖畏故；隐密护持清净戒，善拔犯戒众生故；不作一切恶清净戒，誓修一切善法故；远离一切有见清净戒，于戒无著故；守护一切众生清净戒，发起大悲故。是为十。若诸菩萨安住此法，则得如来无上无过失清净戒。

佛子！菩萨摩诃萨有十种清净忍。何等为十？所谓：安受骂辱清净忍，护诸众生故；安受刀杖清净忍，善护自他故；不生恚害清净忍，其心不动故；不责卑贱清净忍，为上能宽故；有归咸救清净忍，舍自身命故；远离我慢清净忍，不轻未学故；残毁不瞋清净忍，观察如幻故；有犯无报清净忍，不见自他故；不随烦恼清净忍，离诸境界故；随顺菩萨真实智知一切法无生清净忍，不由他教，入一切智境界故。是为十。若诸菩萨安住其中，则得一切诸佛不由他悟无上法忍。

佛子！菩萨摩诃萨有十种清净精进。何等为十？所谓：身清净精进，承事供养诸佛菩萨及诸师长，尊重福田不退转故；语清净精进，随所闻法广为他说，赞佛功德无疲倦故；意清净精进，善能入出慈、悲、喜、舍、禅定、解脱及诸三昧无休息故；正直心清净精进，无诳无谄，无曲无伪，一切勤修无退转故；增胜心清净精进，志常趣求上上智慧，愿具一切白净法故；不唐捐清净精进，摄取布施、戒、忍、多闻及不放逸乃至菩提无中息故；摧伏一切魔清净精进，悉能除灭贪欲、瞋恚、愚痴、邪见、一切烦恼、诸缠盖故；成满智慧光清净精进，有所施为悉善观察，咸使究竟，不令后悔，得一切佛不共法故；无来无去清净精进，得如实智，入法界门，身、语及心皆悉平等，了相非相，无所著故；成就法光清净精进，超过诸地，得佛灌顶，以无漏身而示殁生、出家、成道、说法、灭度，具足如是普贤事故。是为十。若诸菩萨安住此法，则得如来无上大清净精进。

佛子！菩萨摩诃萨有十种清净禅。何等为十？所谓：常乐出家清净禅,舍一切所有故;得真善友清净禅,示教正道故;住阿兰若忍风雨等清净禅,离我、我所故;离愦闹众生清净禅,常乐寂静故;心业调柔清净禅,守护诸根故;心智寂灭清净禅,一切音声、诸禅定刺不能乱故;觉道方便清净禅,观察一切皆现证故;离于味著清净禅,不舍欲界故;发起通明清净禅,知一切众生根性故;自在游戏清净禅,入佛三昧,知无我故。是为十。若诸菩萨安住其中,则得如来无上大清净禅。

佛子!菩萨摩诃萨有十种清净慧。何等为十?所谓:知一切因清净慧,不坏果报故;知一切缘清净慧,不违和合故;知不断不常清净慧,了达缘起皆如实故;拔一切见清净慧,于众生相无取舍故;观一切众生心行清净慧,了知如幻故;广大辩才清净慧,分别诸法、问答无碍故;一切诸魔、外道、声闻、独觉所不能知清净慧,深入一切如来智故;见一切佛微妙法身、见一切众生本性清净、见一切法皆悉寂灭、见一切刹同于虚空清净慧,知一切相皆无碍故;一切总持、辩才、方便波罗蜜清净慧,令得一切最胜智故;一念相应金刚智了一切法平等清净慧,得一切法最尊智故。是为十。若诸菩萨安住其中,则得如来无障碍大智慧。

佛子!菩萨摩诃萨有十种清净慈。何等为十?所谓:等心清净慈,普摄众生无所拣择故;饶益清净慈,随有所作皆令欢喜故;摄物同己清净慈,究竟皆令出生死故;不舍世间清净慈,心常缘念集善根故;能至解脱清净慈,普使众生除灭一切诸烦恼故;出生菩提清净慈,普使众生发求一切智心故;世间无碍清净慈,放大光明平等普照故;充满虚空清净慈,救护众生无处不至故;法缘清净慈,证于如如真实法故;无缘清净慈,入于菩萨离生性故。是为十。若诸菩萨安住此法,则得如来无上广大清净慈。

佛子!菩萨摩诃萨有十种清净悲。何等为十?所谓:无俦伴清净悲,独发其心故。无疲厌清净悲,代一切众生受苦,不以为劳故。难处受生清净悲,为度众生故。善趣受生清净悲,示现无常故。为邪定众生清净悲,历劫不舍弘誓故。不著己乐清净悲,普与众生快乐故。不求恩报清净悲,修洁其心故。能除颠倒清净悲,说如实法故。菩萨摩诃萨知一切法本性清净、无染著、无热恼,以客尘烦恼故而受众苦;如是知已,于诸众生而起大悲,名:本性清净,为说无垢清净光明法故。菩萨摩诃萨知一切法如空中鸟迹,众生痴翳不能照了;观察于彼,起大悲心,名:真实智,为其开示涅槃法故。是为十。若诸菩萨安住此法,则得如来无上广大清净悲。

佛子!菩萨摩诃萨有十种清净喜。何等为十?所谓:发菩提心清净喜;悉舍所有清净喜;不嫌弃破戒众生而教化成就清净喜;能忍受造恶众生,誓愿救度清净喜;舍身求法不生悔心清净喜;自舍欲乐,常乐法乐清净喜;令一切众生舍资生乐,常乐法乐清净喜;见一切佛恭敬供养无有厌足,法界平等清净喜;令一切众生爱乐禅定、解脱、三昧游戏入出清净喜;心乐具行顺菩萨道一切苦行,证得牟尼寂静不动无上定慧清净喜。是为十。若诸菩萨安住此法,则得如来无上广大清净喜。

佛子!菩萨摩诃萨有十种清净舍。何等为十?所谓:一切众生恭敬供养,不生爱著清净舍;一切众生轻慢毁辱,不生瞋恚清净舍;常行世间,不为世间八法所染清净舍;于法器众生待时而化,于无法器亦不生嫌清净舍;不求二乘学、无学法清净舍;心常远离一切欲乐、顺烦恼法清净舍;不叹二乘,厌离生死清净舍;远离一切世间语,非涅槃语、非离欲语、不顺理语、恼乱他语、声闻独觉语,略说乃至一切障菩萨道语皆悉远离清净舍;或有众生,根已成熟发生念慧而未能知最上之法,待时方化清净舍;或有众生,菩萨往昔已曾教化至于佛地方可调伏,彼亦待时清净舍;菩萨摩诃萨于彼二人,无高无下,无取无舍,远离一切种种分别,恒住正定,入如实法,心得堪忍清净舍。是为十。若诸菩萨安住其中,则得如来无上广大清净舍。

佛子!菩萨摩诃萨有十种义。何等为十?所谓:多闻义,坚固修行故;法义,善巧思择故;空义,第一义空故;寂静义,离诸众生諠愦故;不可说义,不著一切语言故;如实义,了达三世平等故;法界义,一切诸法一味故;真如义,一切如来顺入故;实际义,了知究竟如实故;大般涅槃义,灭一切苦而修菩萨诸行故。是为十。若诸菩萨安住此法,则得一切智无上义。

佛子!菩萨摩诃萨有十种法。何等为十?所谓:真实法,如说修行故;离取法,能取、所取悉离故;无诤法,无有一切惑诤故;寂灭法,灭除一切热恼故;离欲法,一切贪欲皆断故;无分别法,攀缘分别永息故;无生法,犹如虚空不动故;无为法,离生、住、灭诸相故;本性法,自性无染清净故;舍一切乌波提涅槃法,能生一切菩萨行,修习不断故。是为十。若诸菩萨安住其中,则得如来无上广大法。

佛子!菩萨摩诃萨有十种福德助道具。何等为十?所谓:劝众生起菩提心,是菩萨福德助道具;不断三宝种故。随顺十种回向,是菩萨福德助道具;断一切不善法,集一切善法故。智慧诱诲,是菩萨福德助道具;超过三界福德故。心无疲倦,是菩萨福德助道具;究竟度脱一切众生故。悉舍内外一切所有,是菩萨福德助道具;于一切物无所著故。为满足相好精进不退,是菩萨福德助道具;开门大施无所限故。上、中、下三品善根,悉以回向无上菩提,心无所轻,是菩萨福德助道具;善巧方便相应故。于邪定、下劣、不善众生,皆生大悲,不怀轻贱,是菩萨福德助道具;常起大人弘誓心故。恭敬供养一切如来,于一切菩萨起如来想,令一切众生皆生欢喜,是菩萨福德助道具;守本志愿极坚牢故。菩萨摩诃萨于阿僧祇劫积集善根,自欲取证无上菩提如在掌中，然悉舍与一切众生，心无忧恼亦无悔恨，其心广大等虚空界，此是菩萨福德助道具；起大智慧证大法故。是为十。若诸菩萨安住其中，则具足如来无上广大福德聚。

佛子！菩萨摩诃萨有十种智慧助道具。何等为十？所谓：亲近多闻真善知识，恭敬供养，尊重礼拜，种种随顺，不违其教，是为一；一切正直无虚矫故。永离憍慢，常行谦敬，身、语、意业无有粗犷，柔和善顺，不伪不曲，是为二；其身堪作佛法器故。念慧随觉未曾散乱，惭愧柔和，心安不动，常忆六念，常行六敬，常随顺住六坚固法，是为三；与十种智为方便故。乐法、乐义，以法为乐，常乐听闻无有厌足，舍离世论及世言说，专心听受出世间语，远离小乘，入大乘慧，是为四；一心忆念无散动故。六波罗蜜心专荷负，四种梵住行已成熟，随顺明法悉善修行，聪敏智人皆勤请问，远离恶趣，归向善道，心常爱乐，正念观察，调伏己情，守护他意，是为五；坚固修行真实行故。常乐出离，不著三有，恒觉自心，曾无恶念，三觉已绝，三业皆善，决定了知心之自性，是为六；能令自他心清净故。观察五蕴皆如幻事，界如毒蛇，处如空聚，一切诸法如幻、如焰、如水中月、如梦、如影、如响、如像、如空中画、如旋火轮、如虹霓色、如日月光，无相无形，非常非断，不来不去，亦无所住，如是观察，知一切法无生无灭，是为七；知一切法性空寂故。菩萨摩诃萨闻一切法无我、无众生、无寿者、无补伽罗、无心、无境、无贪瞋痴、无身、无物、无主、无待、无著、无行，如是一切皆无所有、悉归寂灭，闻已深信，不疑不谤，是为八；以能成就圆满解故。菩萨摩诃萨善调诸根，如理修行，恒住止观，心意寂静，一切动念皆悉不生，无我、无人、无作、无行、无计我想、无计我业、无有疮疣、无有瘢痕，亦无于此所得之忍，身、语、意业无来无去，无有精进亦无勇猛，观一切众生、一切诸法，心皆平等而无所住，非此岸、非彼岸，此彼性离，无所从来，无所至去，常以智慧如是思惟，是为九；到分别相彼岸处故。菩萨摩诃萨见缘起法故见法清净，见法清净故见国土清净，见国土清净故见虚空清净，见虚空清净故见法界清净，见法界清净故见智慧清净，是为十；修行积集一切智故。佛子！是为菩萨摩诃萨十种智慧助道具。若诸菩萨安住此法，则得如来一切法无障碍清净微妙智慧聚。

佛子！菩萨摩诃萨有十种明足。何等为十？所谓：善分别诸法明足；不取著诸法明足；离颠倒见明足；智慧光照诸根明足；巧发起正精进明足；能深入真谛智明足；灭烦恼业成就尽智无生智明足；天眼智普观察明足；宿住念知前际清净明足；漏尽神通智断众生诸漏明足。是为十。若诸菩萨安住此法，则得如来于一切佛法无上大光明。

佛子！菩萨摩诃萨有十种求法。何等为十？所谓：直心求法，无有谄诳故；精进求法，远离懈慢故；一向求法，不惜身命故；为断一切众生烦恼求法，不为名利恭敬故；为饶益自他一切众生求法，不但自利故；为入智慧求法，不乐文字故；为出生死求法，不贪世乐故；为度众生求法，发菩提心故；为断一切众生疑求法，令无犹豫故；为满足佛法求法，不乐余乘故。是为十。若诸菩萨安住此法，则得不由他教一切佛法大智慧。

佛子！菩萨摩诃萨有十种明了法。何等为十？所谓：随顺世俗生长善根，是童蒙凡夫明了法；得无碍不坏信，觉法自性，是随信行人明了法；勤修习法，随顺法住，是随法行人明了法；远离八邪，向八正道，是第八人明了法；除灭众结，断生死漏，见真实谛，是须陀洹人明了法；观味是患，知无往来，是斯陀含人明了法；不乐三界，求尽有漏，于受生法乃至一念不生爱著，是阿那含人明了法；获六神通，得八解脱，九定、四辩悉皆成就，是阿罗汉人明了法；性乐观察一味缘起，心常寂静，知足少事，解因自得，悟不由他，成就种种神通智慧，是辟支佛人明了法；智慧广大，诸根明利，常乐度脱一切众生，勤修福智助道之法，如来所有十力、无畏、一切功德具足圆满，是菩萨人明了法。是为十。若诸菩萨安住此法，则得如来无上大智明了法。

佛子！菩萨摩诃萨有十种修行法。何等为十？所谓：恭敬尊重诸善知识修行法；常为诸天之所觉悟修行法；于诸佛所常怀惭愧修行法；哀愍众生不舍生死修行法；事必究竟心无变动修行法；专念随逐发大乘心诸菩萨众精勤修学修行法；远离邪见勤求正道修行法；摧破众魔及烦恼业修行法；知诸众生根性胜劣而为说法令住佛地修行法；安住无边广大法界除灭烦恼令身清净修行法。是为十。若诸菩萨安住其中，则得如来无上修行法。

佛子！菩萨摩诃萨有十种魔。何等为十？所谓：蕴魔，生诸取故；烦恼魔，恒杂染故；业魔，能障碍故；心魔，起高慢故；死魔，舍生处故；天魔，自憍纵故；善根魔，恒执取故；三昧魔，久耽味故；善知识魔，起著心故；菩提法智魔，不愿舍离故。是为十。菩萨摩诃萨应作方便，速求远离。

佛子！菩萨摩诃萨有十种魔业。何等为十？所谓：忘失菩提心修诸善根，是为魔业；恶心布施，瞋心持戒，舍恶性人，远懈怠者，轻慢乱意，讥嫌恶慧，是为魔业；于甚深法心生悭吝，有堪化者而不为说，若得财利恭敬供养，虽非法器而强为说，是为魔业；不乐听闻诸波罗蜜，假使闻说而不修行，虽亦修行多生懈怠，以懈怠故，志意狭劣，不求无上大菩提法，是为魔业；远善知识，近恶知识，乐求二乘，不乐受生，志尚涅槃离欲寂静，是为魔业；于菩萨所起瞋恚心，恶眼视之，求其罪衅，说其过恶，断彼所有财利供养，是为魔业；诽谤正法不乐听闻，假使得闻便生毁呰，见人说法不生尊重，言自说是，余说悉非，是为魔业；乐学世论巧述文词，开阐二乘，隐覆深法，或以妙义授非其人，远离菩提住于邪道，是为魔业；已得解脱、已安隐者常乐亲近而供养之，未得解脱、未安隐者不肯亲近亦不教化，是为魔业；增长我慢，无有恭敬，于诸众生多行恼害，不求正法真实智慧，其心弊恶难可开悟，是为魔业。是为十。菩萨摩诃萨应速远离，勤求佛业。

佛子！菩萨摩诃萨有十种舍离魔业。何等为十？所谓：近善知识恭敬供养，舍离魔业；不自尊举，不自赞叹，舍离魔业；于佛深法信解不谤，舍离魔业；未曾忘失一切智心，舍离魔业；勤修妙行恒不放逸，舍离魔业；常求一切菩萨藏法，舍离魔业；恒演说法，心无疲倦，舍离魔业；归依十方一切诸佛，起救护想，舍离魔业；信受忆念一切诸佛，神力加持，舍离魔业；与一切菩萨同种善根，平等无二，舍离魔业。是为十。若诸菩萨安住此法，则能出离一切魔道。

佛子！菩萨摩诃萨有十种见佛。何等为十？所谓：于安住世间成正觉佛无著见；愿佛出生见；业报佛深信见；住持佛随顺见；涅槃佛深入见；法界佛普至见；心佛安住见；三昧佛无量无依见；本性佛明了见；随乐佛普受见。是为十。若诸菩萨安住此法，则常得见无上如来。

佛子！菩萨摩诃萨有十种佛业。何等为十？所谓：随时开导，是佛业；令正修行故。梦中令见，是佛业；觉昔善根故。为他演说所未闻经，是佛业；令生智断疑故。为悔缠所缠者说出离法，是佛业；令离疑心故。若有众生起悭吝心，乃至恶慧心、二乘心、损害心、疑惑心、散动心、憍慢心，为现如来众相庄严身，是佛业；生长过去善根故。于正法难遇时，广为说法，令其闻已，得陀罗尼智、神通智，普能利益无量众生，是佛业；胜解清净故。若有魔事起，能以方便现虚空界等声，说不损恼他法以为对治，令其开悟，众魔闻已威光歇灭，是佛业；志乐殊胜，威德大故。其心无间，常自守护，不令证入二乘正位，若有众生根性未熟，终不为说解脱境界，是佛业；本愿所作故。生死结漏一切皆离，修菩萨行相续不断，以大悲心摄取众生，令其起行究竟解脱，是佛业；不断修行菩萨行故。菩萨摩诃萨了达自身及以众生本来寂灭不惊不怖而勤修福智无有厌足，虽知一切法无有造作而亦不舍诸法自相，虽于诸境界永离贪欲而常乐瞻奉诸佛色身，虽知不由他悟入于法而种种方便求一切智，虽知诸国土皆如虚空而常乐庄严一切佛刹，虽恒观察无人无我而教化众生无有疲厌，虽于法界本来不动而以神通智力现众变化，虽已成就一切智智而修菩萨行无有休息，虽知诸法不可言说而转净法轮令众心喜，虽能示现诸佛神力而不厌舍菩萨之身，虽现入于大般涅槃而一切处示现受生，能作如是权实双行法，是佛业。是为十。若诸菩萨安住其中，则得不由他教无上无师广大业。

佛子！菩萨摩诃萨有十种慢业。何等为十？所谓：于师、僧、父母、沙门、婆罗门、住于正道向正道者，尊重福田所而不恭敬，是慢业；或有法师获最胜法，乘于大乘，知出要道，得陀罗尼，演说契经广大之法无有休息，而于其所起高慢心，及于所说法不生恭敬，是慢业；于众会中闻说妙法，不肯叹美令人信受，是慢业；好起过慢，自高陵物，不见己失，不知自短，是慢业；好起过过慢，见有德人应赞不赞，见他赞叹不生欢喜，是慢业；见有法师为人说法，知是法、是律、是真实、是佛语，为嫌其人亦嫌其法，自起诽谤亦令他谤，是慢业；自求高座，自称法师，应受供给，不应执事，见有耆旧久修行人不起逢迎、不肯承事，是慢业；见有德人，颦蹙不喜，言辞粗犷，伺其过失，是慢业；见有聪慧知法之人，不肯亲近恭敬供养，不肯谘问：何等为善？何等不善？何等应作？何等不应作？作何等业，于长夜中而得种种利益安乐？愚痴顽很，我慢所吞，终不能见出要之道，是慢业；复有众生慢心所覆，诸佛出世不能亲近恭敬供养，新善不起，旧善消灭，不应说而说，不应诤而诤，未来必堕险难深坑，于百千劫尚不值佛，何况闻法！但以曾发菩提心故，终自醒悟，是慢业。是为十。

若诸菩萨离此慢业，则得十种智业。何等为十？所谓：信解业报，不坏因果，是智业；不舍菩提心，常念诸佛，是智业；近善知识恭敬供养，其心尊重终无厌怠，是智业；乐法、乐义无有厌足，远离邪念，勤修正念，是智业；于一切众生离于我慢，于诸菩萨起如来想，爱重正法如惜己身，尊奉如来如护己命，于修行者生诸佛想，是智业；身、语、意业无诸不善，赞美贤圣，随顺菩提，是智业；不坏缘起，离诸邪见，破闇得明，照一切法，是智业；十种回向随顺修行，于诸波罗蜜起慈母想，于善巧方便起慈父想，以深净心入菩提舍，是智业；施、戒、多闻、止观、福慧，如是一切助道之法常勤积集无有厌倦，是智业；若有一业为佛所赞，能破众魔烦恼斗诤，能离一切障、盖、缠、缚，能教化调伏一切众生，能随顺智慧摄取正法，能严净佛刹，能发起通明，皆勤修习无有懈退，是智业。是为十。若诸菩萨安住其中，则得如来一切善巧方便无上大智业。

佛子！菩萨摩诃萨有十种魔所摄持。何等为十？所谓：懈怠心，魔所摄持；志乐狭劣，魔所摄持；于少行生足，魔所摄持；受一非余，魔所摄持；不发大愿，魔所摄持；乐处寂灭，断除烦恼，魔所摄持；永断生死，魔所摄持；舍菩萨行，魔所摄持；不化众生，魔所摄持；疑谤正法，魔所摄持。是为十。

若诸菩萨能弃舍此魔所摄持，则得十种佛所摄持。何等为十？所谓：初始能发菩提之心，佛所摄持；于生生中持菩提心不令忘失，佛所摄持；觉诸魔事，悉能远离，佛所摄持；闻诸波罗蜜，如说修行，佛所摄持；知生死苦而不厌恶，佛所摄持；观甚深法，得无量果，佛所摄持；为诸众生说二乘法，而不证取彼乘解脱，佛所摄持；乐观无为法而不住其中，于有为、无为不生二想，佛所摄持；至无生处而现受生，佛所摄持；虽证得一切智，而起菩萨行，不断菩萨种，佛所摄持。是为十。若诸菩萨安住其中，则得诸佛无上摄持力。

佛子！菩萨摩诃萨有十种法所摄持。何等为十？所谓：知一切行无常，法所摄持；知一切行苦，法所摄持；知一切行无我，法所摄持；知一切法寂灭涅槃，法所摄持；知诸法从缘起，无缘则不起，法所摄持；知不正思惟故起于无明，无明起故乃至老死起，不正思惟灭故无明灭，无明灭故乃至老死灭，法所摄持；知三解脱门出生声闻乘，证无诤法出生独觉乘，法所摄持；知六波罗蜜、四摄法出生大乘，法所摄持；知一切刹、一切法、一切众生、一切世是佛智境界，法所摄持；知断一切念，舍一切取，离前后际，随顺涅槃，法所摄持。是为十。若诸菩萨安住其中，则得一切诸佛无上法所摄持。

佛子！菩萨摩诃萨住兜率天，有十种所作业。何等为十？所谓：为欲界诸天子说厌离法言：一切自在皆是无常，一切快乐悉当衰谢。劝彼诸天发菩提心。是为第一所作业。为色界诸天说入出诸禅解脱三昧，若于其中而生爱著，因爱复起身见、邪见、无明等者，则为其说如实智慧；若于一切色、非色法起颠倒想，以为清净，为说不净皆是无常，劝其令发菩提之心。是为第二所作业。菩萨摩诃萨住兜率天，入三昧，名：光明庄严，身放光明，遍照三千大千世界，随众生心，以种种音而为说法；众生闻已，信心清净，命终生于兜率天中，劝其令发菩提之心。是为第三所作业。菩萨摩诃萨在兜率天，以无障碍眼普见十方兜率天中一切菩萨，彼诸菩萨皆亦见此；互相见已，论说妙法，谓：降神母胎、初生、出家、往诣道场、具大庄严；而复示现往昔已来所行之行，以彼行故成此大智；所有功德不离本处，而能示现如是等事。是为第四所作业。菩萨摩诃萨住兜率天，十方一切兜率天宫诸菩萨众，皆悉来集，恭敬围绕；尔时，菩萨摩诃萨欲令彼诸菩萨皆满其愿生欢喜故，随彼菩萨所应住地、所行所断、所修所证，演说法门；彼诸菩萨闻说法已，皆大欢喜，得未曾有，各还本土所住宫殿。是为第五所作业。菩萨摩诃萨住兜率天时，欲界主天魔波旬，为欲坏乱菩萨业故，眷属围绕诣菩萨所；尔时，菩萨为摧伏魔军故，住金刚道所摄般若波罗蜜方便善巧智慧门，以柔软、粗犷二种语而为说法，令魔波旬不得其便；魔见菩萨自在威力，皆发阿耨多罗三藐三菩提心。是为第六所作业。菩萨摩诃萨住兜率天，知欲界诸天子不乐闻法；尔时，菩萨出大音声，遍告之言：今日菩萨当于宫中现希有事，若欲见者宜速往诣。时，诸天子闻是语已，无量百千亿那由他皆来集会；尔时，菩萨见诸天众皆来集已，为现宫中诸希有事；彼诸天子曾未见闻，既得见已，皆大欢喜，其心醉没；又于乐中出声告言：诸仁者！一切诸行皆悉无常，一切诸行皆悉是苦，一切诸法皆悉无我，涅槃寂灭。又复告言：汝等皆应修菩萨行，皆当圆满一切智智。彼诸天子闻此法音，忧叹谘嗟而生厌离，靡不皆发菩提之心。是为第七所作业。菩萨摩诃萨住兜率宫，不舍本处，悉能往诣十方无量一切佛所，见诸如来亲近礼拜恭敬听法；尔时，诸佛欲令菩萨获得最上灌顶法故，为说菩萨地，名：一切神通，以一念相应慧，具足一切最胜功德，入一切智智位。是为第八所作业。菩萨摩诃萨住兜率宫，为欲供养诸如来故，以大神力兴起种种诸供养具，名：殊胜可乐，遍法界、虚空界、一切世界供养诸佛；彼世界中无量众生见此供养，皆发阿耨多罗三藐三菩提心。是为第九所作业。菩萨摩诃萨住兜率天，出无量无边如幻如影法门，周遍十方一切世界，示现种种色、种种相、种种形体、种种威仪、种种事业、种种方便、种种譬喻、种种言说，随众生心皆令欢喜。是为第十所作业。佛子！是为菩萨摩诃萨住兜率天十种所作业。若诸菩萨成就此法，则能于后下生人间。

佛子！菩萨摩诃萨于兜率天将下生时，现十种事。何等为十？佛子！菩萨摩诃萨于兜率天下生之时，从于足下放大光明，名：安乐庄严，普照三千大千世界一切恶趣诸难众生；触斯光者，莫不皆得离苦安乐；得安乐已，悉知将有奇特大人出兴于世。是为第一所示现事。佛子！菩萨摩诃萨于兜率天下生之时，从于眉间白毫相中放大光明，名曰：觉悟，普照三千大千世界，照彼宿世一切同行诸菩萨身；彼诸菩萨蒙光照已，咸知菩萨将欲下生，各各出兴无量供具，诣菩萨所而为供养。是为第二所示现事。佛子！菩萨摩诃萨于兜率天将下生时，于右掌中放大光明，名：清净境界，悉能严净一切三千大千世界，其中若有已得无漏诸辟支佛觉斯光者，即舍寿命；若不觉者，光明力故，徙置他方；余世界中一切诸魔及诸外道、有见众生，皆亦徙置他方世界，唯除诸佛神力所持应化众生。是为第三所示现事。佛子！菩萨摩诃萨于兜率天将下生时，从其两膝放大光明，名：清净庄严，普照一切诸天宫殿，下从护世，上至净居，靡不周遍；彼诸天等，咸知菩萨于兜率天将欲下生，俱怀恋慕，悲叹忧恼，各持种种华鬘、衣服、涂香、末香、幡盖、妓乐，诣菩萨所恭敬供养，随逐下生乃至涅槃。是为第四所示现事。佛子！菩萨摩诃萨在兜率天将下生时，于卍字金刚庄严心藏中放大光明，名：无能胜幢，普照十方一切世界金刚力士；时，有百亿金刚力士皆悉来集，随逐侍卫，始于下生，乃至涅槃。是为第五所示现事。佛子！菩萨摩诃萨于兜率天将下生时，从其身上一切毛孔放大光明，名：分别众生，普照一切大千世界，遍触一切诸菩萨身，复触一切诸天世人；诸菩萨等咸作是念：我应住此，供养如来，教化众生。是为第六所示现事。佛子！菩萨摩诃萨于兜率天将下生时，从大摩尼宝藏殿中放大光明，名：善住观察，照此菩萨当生之处所托王宫；其光照已，诸余菩萨皆共随逐下阎浮提，若于其家、若其聚落、若其城邑而现受生，为欲教化诸众生故。是为第七所示现事。佛子！菩萨摩诃萨于兜率天临下生时，从天宫殿及大楼阁诸庄严中放大光明，名：一切宫殿清净庄严，照所生母腹；光明照已，令菩萨母安隐快乐，具足成就一切功德，其母腹中自然而有广大楼阁大摩尼宝而为庄严，为欲安处菩萨身故。是为第八所示现事。佛子！菩萨摩诃萨于兜率天临下生时，从两足下放大光明，名为：善住；若诸天子及诸梵天其命将终，蒙光照触皆得住寿，供养菩萨从初下生乃至涅槃。是为第九所示现事。佛子！菩萨摩诃萨于兜率天临下生时，从随好中放大光明，名曰：眼庄严，示现菩萨种种诸业；时，诸人、天或见菩萨住兜率天，或见入胎，或见初生，或见出家，或见成道，或见降魔，或见转法轮，或见入涅槃。是为第十所示现事。佛子！菩萨摩诃萨于身、于座、于宫殿、于楼阁中，放如是等百万阿僧祇光明，悉现种种诸菩萨业；现是业已，具足一切功德法故，从兜率天下生人间。

大方广佛华严经卷第五十九

离世间品第三十八之七

佛子！菩萨摩诃萨示现处胎，有十种事。何等为十？佛子！菩萨摩诃萨为欲成就小心劣解诸众生故，不欲令彼起如是念：今此菩萨自然化生，智慧善根不从修得。是故菩萨示现处胎。是为第一事。菩萨摩诃萨为成熟父母及诸眷属、宿世同行众生善根，示现处胎。何以故？彼皆应以见于处胎成熟所有诸善根故。是为第二事。菩萨摩诃萨入母胎时，正念正知，无有迷惑；住母胎已，心恒正念，亦无错乱。是为第三事。菩萨摩诃萨在母胎中常演说法，十方世界诸大菩萨、释、梵、四王皆来集会，悉令获得无量神力、无边智慧，菩萨处胎成就如是辩才、胜用。是为第四事。菩萨摩诃萨在母胎中集大众会，以本愿力教化一切诸菩萨众。是为第五事。菩萨摩诃萨于人中成佛，应具人间最胜受生，以此示现处于母胎。是为第六事。菩萨摩诃萨在母胎中，三千大千世界众生悉见菩萨，如明镜中见其面像；尔时，大心天、龙、夜叉、乾闼婆、阿修罗、迦楼罗、紧那罗、摩睺罗伽、人、非人等，皆诣菩萨，恭敬供养。是为第七事。菩萨摩诃萨在母胎中，他方世界一切最后生菩萨在母胎者，皆来共会，说大集法门，名：广大智慧藏。是为第八事。菩萨摩诃萨在母胎时，入离垢藏三昧，以三昧力，于母胎中现大宫殿，种种严饰悉皆妙好，兜率天宫不可为比，而令母身安隐无患。是为第九事。菩萨摩诃萨住母胎时，以大威力兴供养具，名：开大福德离垢藏，普遍十方一切世界，供养一切诸佛如来，彼诸如来咸为演说无边菩萨住处法界藏。是为第十事。佛子！是为菩萨摩诃萨示现处胎十种事。若诸菩萨了达此法，则能示现甚微细趣。

佛子！菩萨摩诃萨有十种甚微细趣。何等为十？所谓：在母胎中，示现初发菩提心，乃至灌顶地；在母胎中，示现住兜率天；在母胎中，示现初生；在母胎中，示现童子地；在母胎中，示现处王宫；在母胎中，示现出家；在母胎中，示现苦行，往诣道场，成等正觉；在母胎中，示现转法轮；在母胎中，示现般涅槃；在母胎中，示现大微细，谓：一切菩萨行一切如来自在神力无量差别门。佛子！是为菩萨摩诃萨在母胎中十种微细趣。若诸菩萨安住此法，则得如来无上大智慧微细趣。

佛子！菩萨摩诃萨有十种生。何等为十？所谓：远离愚痴正念正知生；放大光明网普照三千大千世界生；住最后有更不受后身生；不生不起生；知三界如幻生；于十方世界普现身生；证一切智智身生；放一切佛光明普觉悟一切众生身生；入大智观察三昧身生；佛子！菩萨生时，震动一切佛刹，解脱一切众生，除灭一切恶道，映蔽一切诸魔，无量菩萨皆来集会。佛子！是为菩萨摩诃萨十种生，为调伏众生故，如是示现。

佛子！菩萨摩诃萨以十事故，示现微笑心自誓。何等为十？所谓：菩萨摩诃萨念言：一切世间没在欲泥，除我一人无能勉济。如是知已，熙怡微笑心自誓。复念言：一切世间烦恼所盲，唯我今者具足智慧。如是知已，熙怡微笑心自誓。又念言：我今因此假名身故，当得如来充满三世无上法身。如是知已，熙怡微笑心自誓。菩萨尔时，以无障碍眼，遍观十方所有梵天，乃至一切大自在天，作是念言：此等众生，皆自谓为有大智力。如是知已，熙怡微笑心自誓。菩萨尔时观诸众生，久种善根，今皆退没；如是知已，熙怡微笑心自誓。菩萨观见世间种子，所种虽少，获果甚多；如是知已，熙怡微笑心自誓。菩萨观见一切众生，蒙佛所教，必得利益；如是知已，熙怡微笑心自誓。菩萨观见过去世中同行菩萨，染著余事，不得佛法广大功德；如是知已，熙怡微笑心自誓。菩萨观见过去世中共同集会诸天人等，至今犹在凡夫之地，不能舍离，亦不疲厌；如是知已，熙怡微笑心自誓。菩萨尔时，为一切如来光明所触，倍加欣慰，熙怡微笑心自誓。是为十。佛子！菩萨为调伏众生故，如是示现。

佛子！菩萨摩诃萨以十事故，示行七步。何等为十？所谓：现菩萨力故，示行七步；现施七财故，示行七步；满地神愿故，示行七步；现超三界相故，示行七步；现菩萨最胜行超过象王、牛王、师子王行故，示行七步；现金刚地相故，示行七步；现欲与众生勇猛力故，示行七步；现修行七觉宝故，示行七步；现所得法不由他教故，示行七步；现于世间最胜无比故，示行七步。是为十。佛子！菩萨为调伏众生故，如是示现。

佛子！菩萨摩诃萨以十事故，现处童子地。何等为十？所谓：为现通达一切世间文字、算计、图书、印玺种种业故，处童子地；为现通达一切世间象马、车乘、弧矢、剑戟种种业故，处童子地；为现通达一切世间文笔、谈论、博弈、嬉戏种种事故，处童子地；为现远离身、语、意业诸过失故，处童子地；为现入定住涅槃门，周遍十方无量世界故，处童子地；为现其力超过一切天、龙、夜叉、乾闼婆、阿修罗、迦楼罗、紧那罗、摩睺罗伽、释、梵、护世、人、非人等故，处童子地；为现菩萨色相威光超过一切释、梵、护世故，处童子地；为令耽著欲乐众生欢喜乐法故，处童子地；为尊重正法，勤供养佛，周遍十方一切世界故，处童子地；为现得佛加被蒙法光明故，处童子地。是为十。

佛子！菩萨摩诃萨现童子地已，以十事故现处王宫。何等为十？所谓：为令宿世同行众生善根成熟故，现处王宫；为显示菩萨善根力故，现处王宫；为诸人、天耽著乐具，示现菩萨大威德乐具故，现处王宫；顺五浊世众生心故，现处王宫；为现菩萨大威德力能于深宫入三昧故，现处王宫；为令宿世同愿众生满其意故，现处王宫；欲令父母、亲戚、眷属满所愿故，现处王宫；欲以妓乐出妙法音供养一切诸如来故，现处王宫；欲于宫内住微妙三昧，始从成佛乃至涅槃皆示现故，现处王宫；为随顺守护诸佛法故，现处王宫。是为十。最后身菩萨如是示现处王宫已，然后出家。

佛子！菩萨摩诃萨以十事故，示现出家。何等为十？所谓：为厌居家故，示现出家；为著家众生令舍离故，示现出家；为随顺信乐圣人道故，示现出家；为宣扬赞叹出家功德故，示现出家；为显永离二边见故，示现出家；为令众生离欲乐、我乐故，示现出家；为先现出三界相故，示现出家；为现自在不属他故，示现出家；为显当得如来十力、无畏法故，示现出家；最后菩萨法应尔故，示现出家。是为十。菩萨以此调伏众生。

佛子！菩萨摩诃萨为十种事故，示行苦行。何等为十？所谓：为成就劣解众生故，示行苦行；为拔邪见众生故，示行苦行；为不信业报众生令见业报故，示行苦行；为随顺杂染世界法应尔故，示行苦行；示能忍劬劳勤修道故，示行苦行；为令众生乐求法故，示行苦行；为著欲乐、我乐众生故，示行苦行；为显菩萨起行殊胜，乃至最后生犹不舍勤精进故，示行苦行；为令众生乐寂静法，增长善根故，示行苦行；为诸天、世人诸根未熟，待时成熟故，示行苦行。是为十。菩萨以此方便调伏一切众生。

佛子！菩萨摩诃萨往诣道场有十种事。何等为十？所谓：诣道场时，照耀一切世界；诣道场时，震动一切世界；诣道场时，于一切世界普现其身；诣道场时，觉悟一切菩萨及一切宿世同行众生；诣道场时，示现道场一切庄严；诣道场时，随诸众生心之所欲，而为现身种种威仪，及菩提树一切庄严；诣道场时，现见十方一切如来；诣道场时，举足、下足常入三昧，念念成佛无有超隔；诣道场时，一切天、龙、夜叉、乾闼婆、阿修罗、迦楼罗、紧那罗、摩睺罗伽、释、梵、护世一切诸王各不相知，而兴种种上妙供养；诣道场时，以无碍智，普观一切诸佛如来于一切世界修菩萨行而成正觉。是为十。菩萨以此教化众生。

佛子！菩萨摩诃萨坐道场有十种事。何等为十？所谓：坐道场时，种种震动一切世界；坐道场时，平等照耀一切世界；坐道场时，除灭一切诸恶趣苦；坐道场时，令一切世界金刚所成；坐道场时，普现一切诸佛如来师子之座；坐道场时，心如虚空，无所分别；坐道场时，随其所应，现身威仪；坐道场时，随顺安住金刚三昧；坐道场时，受一切如来神力所持清净妙处；坐道场时，自善根力悉能加被一切众生。是为十。

佛子！菩萨摩诃萨坐道场时，有十种奇特未曾有事。何等为十？佛子！菩萨摩诃萨坐道场时，十方世界一切如来皆现其前，咸举右手而称赞言：善哉善哉！无上导师！是为第一未曾有事。菩萨摩诃萨坐道场时，一切如来皆悉护念，与其威力，是为第二未曾有事。菩萨摩诃萨坐道场时，宿世同行诸菩萨众悉来围绕，以种种庄严具恭敬供养，是为第三未曾有事。菩萨摩诃萨坐道场时，一切世界草木、丛林诸无情物，皆曲身低影，归向道场，是为第四未曾有事。菩萨摩诃萨坐道场时，入三昧，名：观察法界，此三昧力能令菩萨一切诸行悉得圆满，是为第五未曾有事。菩萨摩诃萨坐道场时，得陀罗尼，名：最上离垢妙光海藏，能受一切诸佛如来大云法雨，是为第六未曾有事。菩萨摩诃萨坐道场时，以威德力兴上妙供具，遍一切世界供养诸佛，是为第七未曾有事。菩萨摩诃萨坐道场时，住最胜智，悉现了知一切众生诸根意行，是为第八未曾有事。菩萨摩诃萨坐道场时，入三昧，名：善觉，此三昧力能令其身充满三世尽虚空界一切世界，是为第九未曾有事。菩萨摩诃萨坐道场时，得离垢光明无碍大智，令其身业普入三世，是为第十未曾有事。佛子！是为菩萨摩诃萨坐道场时，十种奇特未曾有事。

佛子！菩萨摩诃萨坐道场时，观十种义故，示现降魔。何等为十？所谓：为浊世众生乐于斗战，欲显菩萨威德力故，示现降魔；为诸天、世人有怀疑者，断彼疑故，示现降魔；为教化调伏诸魔军故，示现降魔；为欲令诸天、世人乐军阵者，咸来聚观，心调伏故，示现降魔；为显示菩萨所有威力世无能敌故，示现降魔；为欲发起一切众生勇猛力故，示现降魔；为哀愍末世诸众生故，示现降魔；为欲显示乃至道场犹有魔军而来触恼，此后乃得超魔境界故，示现降魔；为显烦恼业用羸劣，大慈善根势力强盛故，示现降魔；为欲随顺浊恶世界所行法故，示现降魔。是为十。

佛子！菩萨摩诃萨有十种成如来力。何等为十？所谓：超过一切众魔烦恼业故，成如来力；具足一切菩萨行，游戏一切菩萨三昧门故，成如来力；具足一切菩萨广大禅定故，成如来力；圆满一切白净助道法故，成如来力；得一切法智慧光明，善思惟分别故，成如来力；其身周遍一切世界故，成如来力；所出言音悉与一切众生心等故，成如来力；能以神力加持一切故，成如来力；与三世诸佛身、语、意业等无有异，于一念中了三世法故，成如来力；得善觉智三昧，具如来十力，所谓：是处非处智力乃至漏尽智力故，成如来力。是为十。若诸菩萨具此十力，则名：如来、应、正等觉。

佛子！如来、应、正等觉转大法轮有十种事。何等为十？一者，具足清净四无畏智；二者，出生四辩随顺音声；三者，善能开阐四真谛相；四者，随顺诸佛无碍解脱；五者，能令众生心皆净信；六者，所有言说皆不唐捐，能拔众生诸苦毒箭；七者，大悲愿力之所加持；八者，随出音声普遍十方一切世界；九者，于阿僧祇劫说法不断；十者，随所说法皆能生起根、力、觉道、禅定、解脱、三昧等法。佛子！诸佛如来转于法轮，有如是等无量种事。

佛子！如来、应、正等觉转法轮时，以十事故，于众生心中种白净法，无空过者。何等为十？所谓：过去愿力故；大悲所持故；不舍众生故；智慧自在，随其所乐为说法故；必应其时，未曾失故；随其所宜，无妄说故；知三世智，善了知故；其身最胜，无与等故；言辞自在，无能测故；智慧自在，随所发言悉开悟故。是为十。

佛子！如来、应、正等觉作佛事已，观十种义故，示般涅槃。何等为十？所谓：示一切行实无常故；示一切有为非安隐故；示大涅槃是安隐处，无怖畏故；以诸人、天乐著色身，为现色身是无常法，令其愿住净法身故；示无常力不可转故；示一切有为不随心住，不自在故；示一切三有皆如幻化，不坚牢故；示涅槃性究竟坚牢，不可坏故；示一切法无生无起而有聚集、散坏相故；佛子！诸佛世尊作佛事已，所愿满已，转法轮已，应化度者皆化度已，有诸菩萨应受尊号成记莂已，法应如是入于不变大般涅槃。佛子！是为如来、应、正等觉观十义故，示般涅槃。

佛子！此法门名：菩萨广大清净行。无量诸佛所共宣说，能令智者了无量义皆生欢喜，令一切菩萨大愿、大行皆得相续。佛子！若有众生得闻此法，闻已信解，解已修行，必得疾成阿耨多罗三藐三菩提。何以故？以如说修行故。佛子！若诸菩萨不如说行，当知是人于佛菩提则为永离，是故菩萨应如说行。佛子！此一切菩萨功德行处决定义华，普入一切法，普生一切智，超诸世间，离二乘道，不与一切诸众生共，悉能照了一切法门，增长众生出世善根，离世间法门品，应尊重，应听受，应诵持，应思惟，应愿乐，应修行；若能如是，当知是人疾得阿耨多罗三藐三菩提。

说此品时，佛神力故，及此法门法如是故，十方无量无边阿僧祇世界皆大震动，大光普照。尔时，十方诸佛皆现普贤菩萨前，赞言：

善哉善哉！佛子！乃能说此诸菩萨摩诃萨功德行处决定义华普入一切佛法出世间法门品。佛子！汝已善学此法，善说此法。汝以威力护持此法，我等诸佛悉皆随喜；如我等诸佛随喜于汝，一切诸佛悉亦如是。佛子！我等诸佛悉共同心护持此经，令现在、未来诸菩萨众未曾闻者皆当得闻。

尔时，普贤菩萨摩诃萨承佛神力，观察十方一切大众泊于法界而说颂言：

于无量劫修苦行，从无量佛正法生，令无量众住菩提，彼无等行听我说。供无量佛而舍著，广度群生不作想，求佛功德心无依，彼胜妙行我今说。离三界魔烦恼业，具圣功德最胜行，灭诸痴惑心寂然，我今说彼所行道。永离世间诸诳幻，种种变化示众生，心生住灭现众事，说彼所能令众喜。见诸众生生老死，烦恼忧横所缠迫，欲令解脱教发心，彼功德行应听受。施戒忍进禅智慧，方便慈悲喜舍等，百千万劫常修行，彼人功德仁应听。千万亿劫求菩提，所有身命皆无吝，愿益群生不为己，彼慈愍行我今说。无量亿劫演其德，如海一滴未为少，功德无比不可喻，以佛威神今略说。其心无高下，求道无厌倦，普使诸众生，住善增净法。智慧普饶益，如树如河泉，亦如于大地，一切所依处。菩萨如莲华，慈根安隐茎，智慧为众蕊，戒品为香洁。佛放法光明，令彼得开敷，不著有为水，见者皆欣乐。菩萨妙法树，生于直心地，信种慈悲根，智慧以为身，方便为枝干，五度为繁密，定叶神通华，一切智为果。最上力为鸶，垂阴覆三界。菩萨师子王，白净法为身，四谛为其足，正念以为颈，慈眼智慧首，顶系解脱缯，胜义空谷中，吼法怖众魔。菩萨为商主，普见诸群生，在生死旷野，烦恼险恶处，魔贼之所摄，痴盲失正道，示其正直路，令入无畏城。菩萨见众生，三毒烦恼病，种种诸苦恼，长夜所煎迫；为发大悲心，广说对治门，八万四千种，灭除众苦患。菩萨为法王，正道化众生，令远恶修善，专求佛功德；一切诸佛所，灌顶授尊记，广施众圣财，菩提分珍宝。菩萨转法轮，如佛之所转，戒毂三昧辋，智庄慧为剑，既破烦恼贼，亦殄众魔怨，一切诸外道，见之无不散。菩萨智慧海，深广无涯际，正法味盈洽，觉分宝充满，大心无边岸，一切智为潮，众生莫能测，说之不可尽。菩萨须弥山，超出于世间，神通三昧峰，大心安不动；若有亲近者，同其智慧色，迥绝众境界，一切无不睹。菩萨如金刚，志求一切智，信心及苦行，坚固不可动；其心无所畏，饶益诸群生，众魔与烦恼，一切悉摧灭。菩萨大慈悲，譬如重密云，三明发电光，神足震雷音，普以四辩才，雨八功德水，润洽于一切，令除烦恼热。菩萨正法城，般若以为墙，惭愧为深堑，智慧为却敌，广开解脱门，正念恒防守，四谛坦王道，六通集兵仗，复建大法幢，周回遍其下；三有诸魔众，一切无能入。菩萨迦楼罗，如意为坚足，方便勇猛翅，慈悲明净眼，住一切智树，观三有大海，搏撮天人龙，

安置涅槃岸。　菩萨正法日，　出现于世间，　戒品圆满轮，　神足速疾行，
照以智慧光，　长诸根力药，　灭除烦恼闇，　消竭爱欲海。　菩萨智光月，
法界以为轮，　游于毕竟空，　世间无不见；　三界识心内，　随时有增减；
二乘星宿中，　一切无俦匹。　菩萨大法王，　功德庄严身，　相好皆具足，
人天悉瞻仰，　方便清净目，　智慧金刚杵，　于法得自在，　以道化群生。
菩萨大梵王，　自在超三有，　业惑悉皆断，　慈舍靡不具，　处处示现身，
开悟以法音，　于彼三界中，　拔诸邪见根。　菩萨自在天，　超过生死地，
境界常清净，　智慧无退转，　绝彼下乘道，　受诸灌顶法，　功德智慧具，
名称靡不闻。　菩萨智慧心，　清净如虚空，　无性无依处，　一切不可得，
有大自在力，　能成世间事，　自具清净行，　令众生亦然。　菩萨方便地，
饶益诸众生；　菩萨慈悲水，　浣涤诸烦恼；　菩萨智慧火，　烧诸惑习薪；
菩萨无住风，　游行三有空。　菩萨如珍宝，　能济贫穷厄；　菩萨如金刚，
能摧颠倒见；　菩萨如璎珞，　庄严三有身；　菩萨如摩尼，　增长一切行。
菩萨德如华，　常发菩提分；　菩萨愿如鬘，　恒系众生首；　菩萨净戒香，
坚持无缺犯；　菩萨智涂香，　普熏于三界。　菩萨力如帐，　能遮烦恼尘；
菩萨智如幢，　能摧我慢敌。　妙行为缯彩，　庄严于智慧，　惭愧作衣服，
普覆诸群生。　菩萨无碍乘，　巾之出三界；　菩萨大力象，　其心善调伏；
菩萨神足马，　腾步超诸有；　菩萨说法龙，　普雨众生心；　菩萨优昙华，
世间难值遇；　菩萨大勇将，　众魔悉降伏；　菩萨转法轮，　如佛之所转；
菩萨灯破闇，　众生见正道；　菩萨功德河，　恒顺正道流；　菩萨精进桥，
广度诸群品。　大智与弘誓，　共作坚牢船，　引接诸众生，　安置菩提岸。
菩萨游戏园，　真实乐众生；　菩萨解脱华，　庄严智宫殿；　菩萨如妙药，
灭除烦恼病；　菩萨如雪山，　出生智慧药。　菩萨等于佛，　觉悟诸群生，
佛心岂有他，　正觉觉世间。　如佛之所来，　菩萨如是来；　亦如一切智，
以智入普门。　菩萨善开导，　一切诸群生；　菩萨自然觉，　一切智境界。
菩萨无量力，　世间莫能坏；　菩萨无畏智，　知众生及法。　一切诸世间，
色相各差别，　音声及名字，　悉能分别知。　虽离于名色，　而现种种相；
一切诸众生，　莫能测其道。　如是等功德，　菩萨悉成就，　了性皆无性，
有无无所著。　如是一切智，　无尽无所依，　我今当演说，　令众生欢喜。
虽知诸法相，　如幻悉空寂，　而以悲愿心，　及佛威神力，　现神通变化，
种种无量事；　如是诸功德，　汝等应听受。　一身能示现，　无量差别身，
无心无境界，　普应一切众。　一音中具演，　一切诸言音；　众生语言法，
随类皆能作。　永离烦恼身，　而现自在身，　知法不可说，　而作种种说。
其心常寂灭，　清净如虚空，　而普庄严刹，　示现一切众。　于身无所著，
而能示现身；　一切世间中，　随应而受生。　虽生一切处，　亦不住受生，
知身如虚空，　种种随心现。　菩萨身无边，　普现一切处，　常恭敬供养，
最胜两足尊。　香华众妓乐，　幢幡及宝盖，　恒以深净心，　供养于诸佛。
不离一佛会，　普在诸佛所，　于彼大众中，　问难听受法。　闻法入三昧，
一一无量门，　起定亦复然，　示现无穷尽。　智慧巧方便，　了世皆如幻，

而能现世间，而恒无所著。
施戒忍精进，得忍无分别；
处处般涅槃，或时独宴默。
或现巧术女，或少或老死。
或入或住胎，或离俗修禅。
或现为佛身，皆悉到彼岸；
无来无积集，无处而不有。
菩萨知众生，一切悉亦然；
亦知根转移，次第无错乱。
了达一切行，种种悉了知，
一念悉能知，往诣无边刹。
譬如工幻师，以方便智幻，
影现于众水，不为世所杂。
菩萨住法性，及以宫殿间，
广出随类音，展转更增渴。
观色如聚沫，示现种种事；
诸界性永离，而心无所依。
缘起非有无，普现三世心，
建立三乘道，一切至处道。
了达诸法空，

无边诸幻法。或现初发心，
利益于世间；
禅定及智慧，四梵四摄等，
或现一生系，诸佛与灌顶。
不舍菩提行。或现为帝释，
或现为比丘，寂静调其心；
或现修苦行，或现受五欲，
若有思议者，心疑发狂乱。
或佛转法轮。或生或涅槃，
或坐菩提树，自然成正觉；
宴坐无量刹；或修不退道，
无量劫一念，一念无量劫。
成就诸劫事。于一微尘中，
国土众生法，次第悉皆见；
广大无有边；彼一众生身，
随其所通达，教诸未学者。
应化不应化；一根一切根，
又知其欲解，一切烦恼习；
无来亦无去；既知其行已，
一念得菩提，成就一切智。
一切众生行。菩萨神通智，
如是速疾往，尽于无数劫，
示现种种色，于彼幻中求，
种种皆示现，充满于世间。
不为水所杂。菩萨净法轮，
如人睡梦中，造作种种事，
示现一切事，无量劫可极，
种种皆响应，而实无分别。
亦复无分别。如有见阳焰，
众生烦恼心，应知亦如是；
受如水上泡，想如热时焰，
如是知诸蕴，智者无所著。
妄现于世间。菩萨住真实，
无来亦无去，亦复无有住，
非实亦非虚，如是入中道。
欲色无色界，一切种种事。
成就一切智。了达处非处，
宿命念天眼，灭除一切惑，
而常求妙法，不与烦恼合，

示现种种色，亦现心及语，
或现久修行，
或现行成满，
或现声闻相，或复现缘觉。
或现为梵王，或天女围绕，
或现自在王，统理世间法。
或现入诸禅。或现初始生，
或现在天宫，或现始降神，
或现入学堂，或在采女中，
或现转法轮，或现始求道。
积集菩提具。深入无数劫，
一切劫非劫，为世示现劫，
普见一切佛；十方一切处，
经无量劫数，究竟不可尽。
无量因缘起。如知一无量，
悉知众生根，上中下不同；
展转因缘力，微细各差别，
亦知去来今，所有诸心行。
为说无上法。杂染清净行，
住佛不思议，究竟智慧心，
功力已自在，能于一念中，
无处而不周，莫动毫端分。
无色无非色。菩萨亦如是，
譬如净日月，皎镜在虚空，
当知亦如是，现世间心水，
虽经亿千岁，一夜未终尽。
一念智无尽。譬如山谷中，
菩萨住法性，能以自在智，
想之以为水，驰逐不得饮，
菩萨起慈愍，救之令出离。
诸行如芭蕉。心识犹如幻，
诸处悉空寂，如机关动转；
寂灭第一义，种种广宣畅，
烦恼业苦因，三种恒流转。
说之无所著。能于一念中，
随顺三律仪，演说三解脱，
诸业及诸根，界解与禅定，
知佛十种力，而未能成就。
而亦不尽漏。广知出离道，

而以度众生，于此得无畏，不舍修诸行。无谬无违道，亦不失正念，
精进欲三昧，观慧无损减。三聚皆清净，三世悉明达，大慈愍众生，
一切无障碍。由入此法门，得成如是行，我说其少分，功德庄严义。
穷于无数劫，说彼行无尽，我今说少分，如大地一尘。依于佛智住，
起于奇特想，修行最胜行，具足大慈悲。精勤自安隐，教化诸含识，
安住净戒中，具诸授记行。能入佛功德，众生行及刹，劫世悉亦知，
无有疲厌想。差别智总持，通达真实义，思惟说无比，寂静等正觉。
发于普贤心，及修其行愿，慈悲因缘力，趣道意清净。修行波罗蜜，
究竟随觉智，证知力自在，成无上菩提。成就平等智，演说最胜法，
能持具妙辩，逮得法王处。远离于诸著，演说心平等，出生于智慧，
变化得菩提。住持一切劫，智者大欣慰，深入及依止，无畏无疑惑。
了达不思议，巧密善分别，善入诸三昧，普见智境界。究竟诸解脱，
游戏诸通明，缠缚悉永离，园林恣游处。白法为宫殿，诸行可欣乐，
现无量庄严，于世心无动。深心善观察，妙辩能开演，清净菩提印，
智光照一切。所住无等比，其心不下劣，立志如大山，种德若深海。
如宝安住法，被甲誓愿心，发起于大事，究竟无能坏。得授菩提记，
安住广大心，秘藏无穷尽，觉悟一切法。世智皆自在，妙用无障碍，
众生一切刹，及以种种法。身愿与境界，智慧神通等，示现于世间，
无量百千亿。游戏及境界，自在无能制，力无畏不共，一切业庄严。
诸身及身业，语及净修语，以得守护故，成办十种事。菩萨心初发，
及以心周遍，诸根无散动，获得最胜根。深心增胜心，远离于谄诳；
种种决定解，普入于世间。舍彼烦恼习，取兹最胜道，巧修使圆满，
逮成一切智。离退入正位，决定证寂灭，出生佛法道，成就功德号。
道及无量道，乃至庄严道，次第善安住，悉皆无所著。手足及腹藏，
金刚以为心，被以慈哀甲，具足众器仗，智首明达眼，菩提行为耳，
清净戒为鼻，灭闇无障碍。辩才以为舌，无处不至身；最胜智为心，
行住修诸业。道场师子座，梵卧空为住，所行及观察，普照如来境。
遍观众生行，奋迅及哮吼，离贪行净施，舍慢持净戒，不瞋常忍辱，
不懈恒精进，禅定得自在，智慧无所行，慈济悲无倦，喜法舍烦恼；
于诸境界中，知义亦知法。福德悉成满，智慧如利剑，普照乐多闻，
明了趣向法。知魔及魔道，誓愿咸舍离；见佛与佛业，发心皆摄取，
离慢修智慧，不为魔力持；为佛所摄持，亦为法所持。现住兜率天，
又现彼命终；示现住母胎，亦现微细趣。现生及微笑，亦现行七步；
示修众技术，亦示处深宫。出家修苦行，往诣于道场，端坐放光明，
觉悟诸群生，降魔成正觉，转无上法轮，所现悉已终，入于大涅槃。
彼诸菩萨行，无量劫修习，广大无有边，我今说少分。虽令无量众，
安住佛功德；众生及法中，毕竟无所取。具足如是行，游戏诸神通；
毛端置众刹，经于亿千劫；掌持无量刹，遍往身无倦，还来置本处，
众生不知觉。菩萨以一切，种种庄严刹，置于一毛孔，真实悉令见。

复以一毛孔，普纳一切海，大海无增减，众生不娆害。无量铁围山，
手执碎为尘，一尘下一刹，尽此诸尘数。以此诸尘刹，复更末为尘；
如是尘可知，菩萨智难量。于一毛孔中，放无量光明；日月星宿光，
摩尼珠火光，及以诸天光，一切皆映蔽，灭诸恶道苦，为说无上法。
一切诸世间，种种差别音；菩萨以一音，一切皆能演。决定分别说，
一切诸佛法，普使诸群生，闻之大欢喜。过去一切劫，安置未来今；
未来现在劫，迴置过去世。示现无量刹，烧然及成住；一切诸世间，
悉在一毛孔。未来及现在，一切十方佛，靡不于身中，分明而显现。
深知变化法，善应众生心，示现种种身，而皆无所著。或现于六趣，
一切众生身，释梵护世身，诸天人众身，声闻缘觉身，诸佛如来身；
或现菩萨身，修行一切智。善入软中上，众生诸想网，示现成菩提，
及以诸佛刹。了知诸想网，于想得自在，示修菩萨行，一切方便事。
示现如是等，广大诸神变；如是诸境界，举世莫能知。虽现无所现，
究竟转增上，随顺众生心，令行真实道。身语及与心，平等如虚空，
净戒为涂香，众行为衣服，法缯严净髻，一切智摩尼，功德靡不周，
灌顶升王位。波罗蜜为轮，诸通以为象，神足以为马，智慧为明珠。
妙行为采女，四摄主藏神，方便为主兵，菩萨转轮王。三昧为城廓，
空寂为宫殿，慈甲智慧剑，念弓明利箭。高张神力盖，迥建智慧幢，
忍力不动摇，直破魔王军。总持为平地，众行为河水，净智为涌泉，
妙慧作树林。空为澄净池，觉分菡萏华，神力自庄严，三昧常娱乐。
思惟为采女，甘露为美食，解脱味为浆，游戏于三乘。此诸菩萨行，
微妙转增上，无量劫修行，其心不厌足。供养一切佛，严净一切刹，
普令一切众，安住一切智。一切刹微尘，悉可知其数；一切虚空界，
一沙可度量；一切众生心，念念可数知，佛子诸功德，说之不可尽。
欲具此功德，及诸上妙法，欲使诸众生，离苦常安乐，欲令身语意，
悉与诸佛等，应发金刚心，学此功德行。

大方广佛华严经卷第六十

入法界品第三十九之一

尔时，世尊在室罗筏国逝多林给孤独园大庄严重阁，与菩萨摩诃萨五百人俱，普贤菩萨、文殊师利菩萨而为上首，其名曰：光焰幢菩萨、须弥幢菩萨、宝幢菩萨、无碍幢菩萨、华幢菩萨、离垢幢菩萨、日幢菩萨、妙幢菩萨、离尘幢菩萨、普光幢菩萨、地威力菩萨、宝威力菩萨、大威力菩萨、金刚智威力菩萨、离尘垢威力菩萨、正法日威力菩萨、功德山威力菩萨、智光影威力菩萨、普吉祥威力菩萨、地藏菩萨、虚空藏菩萨、莲华藏菩萨、宝藏菩萨、日藏菩萨、净德藏菩萨、法印藏菩萨、光明藏菩萨、脐藏菩萨、莲华德藏菩萨、善眼菩

萨、净眼菩萨、离垢眼菩萨、无碍眼菩萨、普见眼菩萨、善观眼菩萨、青莲华眼菩萨、金刚眼菩萨、宝眼菩萨、虚空眼菩萨、喜眼菩萨、普眼菩萨、天冠菩萨、普照法界智慧冠菩萨、道场冠菩萨、普照十方冠菩萨、一切佛藏冠菩萨、超出一切世间冠菩萨、普照冠菩萨、不可坏冠菩萨、持一切如来师子座冠菩萨、普照法界虚空冠菩萨、梵王髻菩萨、龙王髻菩萨、一切化佛光明髻菩萨、道场髻菩萨、一切愿海音宝王髻菩萨、一切佛光明摩尼髻菩萨、示现一切虚空平等相摩尼王庄严髻菩萨、示现一切如来神变摩尼王幢网垂覆髻菩萨、出一切佛转法轮音髻菩萨、说三世一切名字音髻菩萨、大光菩萨、离垢光菩萨、宝光菩萨、离尘光菩萨、焰光菩萨、法光菩萨、寂静光菩萨、日光菩萨、自在光菩萨、天光菩萨、福德幢菩萨、智慧幢菩萨、法幢菩萨、神通幢菩萨、光幢菩萨、华幢菩萨、摩尼幢菩萨、菩提幢菩萨、梵幢菩萨、普光幢菩萨、梵音菩萨、海音菩萨、大地音菩萨、世主音菩萨、山相击音菩萨、遍一切法界音菩萨、震一切法海雷音菩萨、降魔音菩萨、大慈方便云雷音菩萨、息一切世间苦安慰音菩萨、法上菩萨、胜上菩萨、智上菩萨、福德须弥上菩萨、功德珊瑚上菩萨、名称上菩萨、普光上菩萨、大慈上菩萨、智海上菩萨、佛种上菩萨、光胜菩萨、德胜菩萨、上胜菩萨、普明胜菩萨、法胜菩萨、月胜菩萨、虚空胜菩萨、宝胜菩萨、幢胜菩萨、智胜菩萨、娑罗自在王菩萨、法自在王菩萨、象自在王菩萨、梵自在王菩萨、山自在王菩萨、众自在王菩萨、速疾自在王菩萨、寂静自在王菩萨、不动自在王菩萨、势力自在王菩萨、最胜自在王菩萨、寂静音菩萨、无碍音菩萨、地震音菩萨、海震音菩萨、云音菩萨、法光音菩萨、虚空音菩萨、说一切众生善根音菩萨、示一切大愿音菩萨、道场音菩萨、须弥光觉菩萨、虚空觉菩萨、离染觉菩萨、无碍觉菩萨、善觉菩萨、普照三世觉菩萨、广大觉菩萨、普明觉菩萨、法界光明觉菩萨……如是等菩萨摩诃萨五百人俱。此诸菩萨皆悉成就普贤行愿，境界无碍，普遍一切诸佛刹故；现身无量，亲近一切诸如来故；净眼无障，见一切佛神变事故；至处无限，一切如来成正觉所恒普诣故；光明无际，以智慧光普照一切实法海故；说法无尽，清净辩才无边际劫无穷尽故；等虚空界，智慧所行悉清净故；无所依止，随众生心现色身故；除灭痴翳，了众生界无众生故；等虚空智，以大光网照法界故。及与五百声闻众俱，悉觉真谛，皆证实际，深入法性，永出有海；依佛功德，离结、使、缚，住无碍处；其心寂静犹如虚空，于诸佛所永断疑惑，于佛智海深信趣入。及与无量诸世主俱，悉曾供养无量诸佛，常能利益一切众生，为不请友，恒勤守护，誓愿不舍；入于世间殊胜智门，从佛教生，护佛正法，起于大愿，不断佛种，生如来家，求一切智。

　　时，诸菩萨大德、声闻、世间诸王并其眷属，咸作是念：如来境界、如来智行、如来加持、如来力、如来无畏、如来三昧、如来所住、如来自在、如来身、如来智，一切世间诸天及人无能通达、无能趣入、无能信解、无能了知、无能忍受、无能观察、无能拣择、无能开示、无能宣明、无有能令众生解了，唯除诸佛加被之力、佛神通力、佛威德力、佛本愿力，及其宿世善根之力、诸善知识摄受之力、深净信力、大明解力、趣向菩提清净心力、求一切智广大愿力。唯愿世尊随顺我等及诸众生种种欲、种种解、种种智、种种语、种种自在、种种住地、种种根清净、种种意方便、种种心境界、种种依止如来功德、种种听受诸所说法，显示如来往昔趣求一切智心、往昔所起菩萨大愿、往昔所净诸波罗蜜、往昔所入菩萨诸地、往昔圆满诸菩萨行、往昔成就方便、往昔修行诸道、往昔所得出离法、往昔所作神通事、往昔所有本事因缘，及成等正觉、转妙法轮、净佛国土、调伏众生、开一切智法城、示一切众生道、入一切众生所住、受一切众生所施、为一切众生说布施功德、为一切众生现诸佛影像；如是等法，愿皆为说！

尔时，世尊知诸菩萨心之所念，大悲为身，大悲为门，大悲为首，以大悲法而为方便，充遍虚空，入师子频申三昧；入此三昧已，一切世间普皆严净。于时，此大庄严楼阁忽然广博无有边际。金刚为地，宝王覆上，无量宝华及诸摩尼普散其中处处盈满。琉璃为柱，众宝合成，大光摩尼之所庄严，阎浮檀金如意宝王周置其上以为严饰。危楼迥带，阁道傍出，栋宇相承，窗闼交映，阶、墀、轩、槛种种备足，一切皆以妙宝庄严；其宝悉作人、天形像，坚固妙好，世中第一，摩尼宝网弥覆其上。于诸门侧悉建幢幡，咸放光明普周法界道场之外。阶蹬、栏楯，其数无量不可称说，靡不咸以摩尼所成。

尔时，复以佛神力故，其逝多林忽然广博，与不可说佛刹微尘数诸佛国土其量正等。一切妙宝间错庄严，不可说宝遍布其地，阿僧祇宝以为垣墙，宝多罗树庄严道侧。其间复有无量香河，香水盈满，湍激洄澓；一切宝华随流右转，自然演出佛法音声；不思议宝芬陀利华，菡萏芬敷，弥布水上；众宝华树列植其岸；种种台榭不可思议，皆于岸上次第行列，摩尼宝网之所弥覆。阿僧祇宝放大光明，阿僧祇宝庄严其地。烧众妙香，香气氤氲。复建无量种种宝幢，所谓：宝香幢、宝衣幢、宝幡幢、宝缯幢、宝华幢、宝璎珞幢、宝鬘幢、宝铃幢、摩尼宝盖幢、大摩尼宝幢、光明遍照摩尼宝幢、出一切如来名号音声摩尼王幢、师子摩尼王幢、说一切如来本事海摩尼王幢、现一切法界影像摩尼王幢，周遍十方，行列庄严。

时，逝多林上虚空之中，有不思议天宫殿云、无数香树云、不可说须弥山云、不可说妓乐云、出美妙音歌赞如来不可说宝莲华云、不可说宝座云、敷以天衣菩萨坐上叹佛功德不可说诸天王形像摩尼宝云、不可说白真珠云、不可说赤珠楼阁庄严具云、不可说雨金刚坚固珠云，皆住虚空，周匝遍满，以为严饰。何以故？如来善根不思议故，如来白法不思议故，如来威力不思议故，如来能以一身自在变化遍一切世界不思议故，如来能以神力令一切佛及佛国庄严皆入其身不思议故，如来能于一微尘内普现一切法界影像不思议故，如来能于一毛孔中示现过去一切诸佛不思议故，如来随放一一光明悉能遍照一切世界不思议故，如来能于一毛孔中出一切佛刹微尘数变化云充满一切诸佛国土不思议故，如来能于一毛孔中普现一切十方世界成、住、坏劫不思议故。如于此逝多林给孤独园见佛国土清净庄严，十方一切尽法界、虚空界、一切世界亦如是见。所谓：见如来身住逝多林，菩萨众会皆悉遍满；见普雨一切庄严云，见普雨一切宝光明照曜云，见普雨一切摩尼宝云，见普雨一切庄严盖弥覆佛刹云，见普雨一切天身云，见普雨一切华树云，见普雨一切衣树云，见普雨一切宝鬘、璎珞相续不绝周遍一切大地云，见普雨一切庄严具云，见普雨一切如众生形种种香云，见普雨一切微妙宝华网相续不断云，见普雨一切诸天女持宝幢幡于虚空中周旋来去云，见普雨一切众宝莲华于华叶间自然而出种种乐音云，见普雨一切师子座宝网璎珞而为庄严云。

尔时，东方过不可说佛刹微尘数世界海外有世界，名：金灯云幢，佛号：毗卢遮那胜德王。彼佛众中有菩萨，名：毗卢遮那愿光明，与不可说佛刹微尘数菩萨俱，来向佛所，悉以神力兴种种云，所谓：天华云、天香云、天末香云、天鬘云、天宝云、天庄严具云、天宝盖云、天微妙衣云、天宝幢幡云、天一切妙宝诸庄严云，充满虚空。至佛所已，顶礼佛足，即于东方化作宝庄严楼阁及普照十方宝莲华藏师子之座，如意宝网罗覆其身，与其眷属结跏趺坐。

南方过不可说佛刹微尘数世界海外有世界，名：金刚藏，佛号：普光明无胜藏王。彼佛众中有菩萨，名：不可坏精进王，与不可说佛刹微尘数菩萨俱，来向佛所，持一切宝香网，持一切宝璎珞，持一切宝华带，持一切宝鬘带，持一切金刚璎珞，持一切摩尼宝网，持一切宝衣带，持一切宝璎珞带，持一切最胜光明摩尼带，持一切师子摩尼宝璎珞，悉以神力充遍一切诸世界海。到佛所已，顶礼佛足，即于南方化作遍照世间摩尼宝庄严楼阁及普照十方宝莲华藏师子之座，以一切宝华网罗覆其身，与其眷属结跏趺坐。

西方过不可说佛刹微尘数世界海外有世界，名：摩尼宝灯须弥山幢，佛号：法界智灯。彼佛众中有菩萨，名：普胜无上威德王，与世界海微尘数菩萨俱，来向佛所，悉以神力兴不可说佛刹微尘数种种涂香烧香须弥山云、不可说佛刹微尘数种种色香水须弥山云、不可说佛刹微尘数一切大地微尘等光明摩尼宝王须弥山云、不可说佛刹微尘数种种光焰轮庄严幢须弥山云、不可说佛刹微尘数种种色金刚藏摩尼王庄严须弥山云、不可说佛刹微尘数普照一切世界阎浮檀摩尼宝幢须弥山云、不可说佛刹微尘数现一切法界摩尼宝须弥山云、不可说佛刹微尘数现一切诸佛相好摩尼宝王须弥山云、不可说佛刹微尘数现一切如来本事因缘说诸菩萨所行之行摩尼宝王须弥山云、不可说佛刹微尘数现一切佛坐菩提场摩尼宝王须弥山云，充满法界。至佛所已，顶礼佛足，即于西方化作一切香王楼阁，真珠宝网弥覆其上，及化作帝释影幢宝莲华藏师子之座，以妙色摩尼网罗覆其身，心王宝冠以严其首，与其眷属结跏趺坐。

北方过不可说佛刹微尘数世界海外有世界，名：宝衣光明幢，佛号：照虚空法界大光明。彼佛众中有菩萨，名：无碍胜藏王，与世界海微尘数菩萨俱，来向佛所，悉以神力兴一切宝衣云，所谓：黄色宝光明衣云、种种香所熏衣云、日幢摩尼王衣云、金色炽然摩尼衣云、一切宝光焰衣云、一切星辰像上妙摩尼衣云、白玉光摩尼衣云、光明遍照殊胜赫奕摩尼衣云、光明遍照威势炽盛摩尼衣云、庄严海摩尼衣云，充遍虚空。至佛所已，顶礼佛足，即于北方化作摩尼宝海庄严楼阁及毗琉璃宝莲华藏师子之座，以师子威德摩尼王网罗覆其身，清净宝王为髻明珠，与其眷属结跏趺坐。

东北方过不可说佛刹微尘数世界海外有世界，名：一切欢喜清净光明网，佛号：无碍眼。彼佛众中有菩萨，名：化现法界愿月王，与世界海微尘数菩萨俱，来向佛所，悉以神力兴宝楼阁云、香楼阁云、烧香楼阁云、华楼阁云、栴檀楼阁云、金刚楼阁云、摩尼楼阁云、金楼阁云、衣楼阁云、莲华楼阁云，弥覆十方一切世界。至佛所已，顶礼佛足，即于东北方化作一切法界门大摩尼楼阁及无等香王莲华藏师子之座，摩尼华网罗覆其身，著妙宝藏摩尼王冠，与其眷属结跏趺坐。

东南方过不可说佛刹微尘数世界海外有世界，名：香云庄严幢，佛号：龙自在王。彼佛众中有菩萨，名：法慧光焰王，与世界海微尘数菩萨俱，来向佛所，悉以神力兴金色圆满光明云、无量宝色圆满光明云、如来毫相圆满光明云、种种宝色圆满光明云、莲华藏圆满光明云、众宝树枝圆满光明云、如来顶髻圆满光明云、阎浮檀金色圆满光明云、日色圆满光明云、星月色圆满光明云，悉遍虚空。到佛所已，顶礼佛足，即于东南方化作毗卢遮那最上宝光明楼阁、金刚摩尼莲华藏师子之座，众宝光焰摩尼王网罗覆其身，与其眷属结跏趺坐。

西南方过不可说佛刹微尘数世界海外有世界，名：日光摩尼藏，佛号：普照诸法智月王。彼佛众中有菩萨，名：摧破一切魔军智幢王，与世界海微尘数菩萨俱，来向佛所，于一切毛孔中出等虚空界华焰云、香焰云、宝焰云、金刚焰云、烧香焰云、电光焰云、毗卢遮那摩尼宝焰云、一切金光焰云、胜藏摩尼王光焰云、等三世如来海光焰云，一一皆从毛孔中出，遍虚空界。到佛所已，顶礼佛足，即于西南方化作普现十方法界光明网大摩尼宝楼阁及香灯焰宝莲华藏师子之座，以离垢藏摩尼网罗覆其身，著出一切众生发趣音摩尼王严饰冠，与其眷属结跏趺坐。

西北方过不可说佛刹微尘数世界海外，有世界，名：毗卢遮那愿摩尼王藏，佛号：普光明最胜须弥王。彼佛众中有菩萨，名：愿智光明幢，与世界海微尘数菩萨俱，来向佛所，于念念中，一切相好、一切毛孔、一切身分，皆出三世一切如来形像云、一切菩萨形像云、一切如来众会形像云、一切如来变化身形像云、一切如来本生身形像云、一切声闻辟支佛形像云、一切如来菩提场形像云、一切如来神变形像云、一切世间主形像云、一切清净国土形像云，充满虚空。至佛所已，顶礼佛足，即于西北方化作普照十方摩尼宝庄严楼阁及普照世间宝莲华藏师子之座，以无能胜光明真珠网罗覆其身，著普光明摩尼宝冠，与其眷属结跏趺坐。

下方过不可说佛刹微尘数世界海外有世界，名：一切如来圆满光普照，佛号：虚空无碍相智幢王。彼佛众中有菩萨，名：破一切障勇猛智王，与世界海微尘数菩萨俱，来向佛所，于一切毛孔中，出说一切众生语言海音声云，出说一切三世菩萨修行方便海音声云，出说一切菩萨所起愿方便海音声云，出说一切菩萨成满清净波罗蜜方便海音声云，出说一切菩萨圆满行遍一切刹音声云，出说一切菩萨成就自在用音声云，出说一切如来往诣道场破魔军众成等正觉自在用音声云，出说一切如来转法轮契经门名号海音声云，出说一切随应教化调伏众生法方便海音声云，出说一切随时、随善根、随愿力普令众生证得智慧方便海音声云。到佛所已，顶礼佛足，即于下方化作现一切如来宫殿形像众宝庄严楼阁及一切宝莲华藏师子之座，著普现道场影摩尼宝冠，与其眷属结跏趺坐。

上方过不可说佛刹微尘数世界海外有世界，名：说佛种性无有尽，佛号：普智轮光明音。彼佛众中有菩萨，名：法界差别愿，与世界海微尘数菩萨俱，发彼道场来向此娑婆世界释迦牟尼佛所，于一切相好、一切毛孔、一切身分、一切支节、一切庄严具、一切衣服中，现毗卢遮那等过去一切诸佛、未来一切诸佛、已得授记、未授记者，现在十方一切国土、一切诸佛并其众会，亦现过去行檀那波罗蜜及其一切受布施者诸本事海，亦现过去行尸罗波罗蜜诸本事海，亦现过去行羼提波罗蜜割截支体心无动乱诸本事海，亦现过去行精进波罗蜜勇猛不退诸本事海，亦现过去求一切如来禅波罗蜜海而得成就诸本事海，亦现过去求一切佛所转法轮所成就法发勇猛心一切皆舍诸本事海，亦现过去乐见一切佛、乐行一切菩萨道、乐化一切众生界诸本事海，亦现过去所发一切菩萨大愿清净庄严诸本事海，亦现过去菩萨所成力波罗蜜勇猛清净诸本事海，亦现过去一切菩萨所修圆满智波罗蜜诸本事海；如是一切本事海，悉皆遍满广大法界。至佛所已，顶礼佛足，即于上方化作一切金刚藏庄严楼阁及帝青金刚王莲华藏师子之座，以一切宝光明摩尼王网罗覆其身，以演说三世如来名摩尼宝王为髻明珠，与其眷属结跏趺坐。

如是十方一切菩萨并其眷属，皆从普贤菩萨行愿中生，以净智眼见三世佛，普闻一切诸佛如来所转法轮、修多罗海，已得至于一切菩萨自在彼岸；于念念中现大神变，亲近一切诸佛如来，一身充满一切世界一切如来众会道场，于一尘中普现一切世间境界，教化成就一切众生未曾失时，一毛孔中出一切如来说法音声；知一切众生悉皆如幻，知一切佛悉皆如影，知一切诸趣受生悉皆如梦，知一切业报如镜中像，知一切诸有生起如热时焰，知一切世界皆如变化；成就如来十力、无畏，勇猛自在，能师子吼，深入无尽辩才大海，得一切众生言辞海诸法智；于虚空法界所行无碍，知一切法无有障碍；一切菩萨神通境界悉已清净，勇猛精进，摧伏魔军；恒以智慧了达三世，知一切法犹如虚空，无有违诤，亦无取著；虽勤精进而知一切智终无所来，虽观境界而知一切有悉不可得；以方便智入一切法界，以平等智入一切国土，以自在力令一切世界展转相入于一切世界；处处受生，见一切世界种种形相；于微细境现广大刹，于广大境现微细刹；于一佛所一念之顷，得一切佛威神所加，普见十方无所迷惑，于刹那顷悉能往诣。如是等一切菩萨满逝多林，皆是如来威神之力。

　　于时，上首诸大声闻——舍利弗、大目揵连、摩诃迦叶、离婆多、须菩提、阿（上少下免，音 nou）楼驮、难陀、劫宾那、迦旃延、富楼那等诸大声闻，在逝多林皆悉不见如来神力、如来严好、如来境界、如来游戏、如来神变、如来尊胜、如来妙行、如来威德、如来住持、如来净刹，亦复不见不可思议菩萨境界、菩萨大会、菩萨普入、菩萨普至、菩萨普诣、菩萨神变、菩萨游戏、菩萨眷属、菩萨方所、菩萨庄严师子座、菩萨宫殿、菩萨住处、菩萨所入三昧自在、菩萨观察、菩萨频申、菩萨勇猛、菩萨供养、菩萨受记、菩萨成熟、菩萨勇健、菩萨法身清净、菩萨智身圆满、菩萨愿身示现、菩萨色身成就、菩萨诸相具足清净、菩萨常光众色庄严、菩萨放大光网、菩萨起变化云、菩萨身遍十方、菩萨诸行圆满。如是等事，一切声闻诸大弟子皆悉不见。何以故？以善根不同故，本不修习见佛自在善根故，本不赞说十方世界一切佛刹清净功德故，本不称叹诸佛世尊种种神变故，本不于生死流转之中发阿耨多罗三藐三菩提心故，本不令他住菩提心故，本不能令如来种性不断绝故，本不摄受诸众生故，本不劝他修习菩萨波罗蜜故，本在生死流转之时不劝众生求于最胜大智眼故，本不修习生一切智诸善根故，本不成就如来出世诸善根故，本不得严净佛刹神通智故，本不得诸菩萨眼所知境故，本不求超出世间不共菩提诸善根故，本不发一切菩萨诸大愿故，本不从如来加被之所生故，本不知诸法如幻、菩萨如梦故，本不得诸大菩萨广大欢喜故。如是皆是普贤菩萨智眼境界，不与一切二乘所共。以是因缘，诸大声闻不能见、不能知、不能闻、不能入、不能得、不能念、不能观察、不能筹量、不能思惟、不能分别；是故，虽在逝多林中，不见如来诸大神变。

复次，诸大声闻无如是善根故，无如是智眼故，无如是三昧故，无如是解脱故，无如是神通故，无如是威德故，无如是势力故，无如是自在故，无如是住处故，无如是境界故，是故于此不能知、不能见、不能入、不能证、不能住、不能解、不能观察、不能忍受、不能趣向、不能游履；又亦不能广为他人，开阐解说，称扬示现，引导劝进，令其趣向，令其修习，令其安住，令其证入。何以故？诸大弟子依声闻乘而出离故，成就声闻道，满足声闻行，安住声闻果，于无有谛得决定智，常住实际究竟寂静，远离大悲，舍于众生，住于自事；于彼智慧，不能积集，不能修行，不能安住，不能愿求，不能成就，不能清净，不能趣入，不能通达，不能知见，不能证得。是故，虽在逝多林中对于如来，不见如是广大神变。

佛子！如恒河岸有百千亿无量饿鬼，裸形饥渴，举体焦然，乌鹫豺狼竞来搏撮，为渴所逼，欲求水饮，虽住河边而不见河；设有见者，见其枯竭。何以故？深厚业障之所覆故。彼大声闻亦复如是，虽复住在逝多林中，不见如来广大神力，舍一切智，无明翳膜覆其眼故，不曾种植萨婆若地诸善根故。譬如有人，于大会中昏睡安寝，忽然梦见须弥山顶帝释所住善见大城，宫殿、园林种种严好，天子、天女百千万亿，普散天华遍满其地，种种衣树出妙衣服，种种华树开敷妙华，诸音乐树奏天音乐，天诸采女歌咏美音，无量诸天于中戏乐；其人自见著天衣服，普于其处住止周旋。其大会中一切诸人虽同一处，不知不见。何以故？梦中所见，非彼大众所能见故。一切菩萨、世间诸王亦复如是，以久积集善根力故，发一切智广大愿故，学习一切佛功德故，修行菩萨庄严道故，圆满一切智智法故，满足普贤诸行愿故，趣入一切菩萨智地故，游戏一切菩萨所住诸三昧故，已能观察一切菩萨智慧境界无障碍故，是故悉见如来世尊不可思议自在神变。一切声闻诸大弟子，皆不能见，皆不能知，以无菩萨清净眼故。譬如雪山具众药草，良医诣彼悉能分别；其诸捕猎、放牧之人恒住彼山，不见其药。此亦如是，以诸菩萨入智境界，具自在力，能见如来广大神变；诸大弟子唯求自利，不欲利他，唯求自安，不欲安他，虽在林中，不知不见。譬如地中有诸宝藏，种种珍异悉皆充满，有一丈夫聪慧明达，善能分别一切伏藏，其人复有大福德力，能随所欲自在而取，奉养父母，赈恤亲属，老、病、穷乏靡不均赡；其无智慧、无福德人，虽亦至于宝藏之处，不知不见，不得其益。此亦如是，诸大菩萨有净智眼，能入如来不可思议甚深境界，能见佛神力，能入诸法门，能游三昧海，能供养诸佛，能以正法开悟众生，能以四摄摄受众生；诸大声闻不能得见如来神力，亦不能见诸菩萨众。譬如盲人至大宝洲，若行、若住、若坐、若卧，不能得见一切众宝；以不见故，不能采取，不得受用。此亦如是，诸大弟子虽在林中亲近世尊，不见如来自在神力，亦不得见菩萨大会。何以故？无有菩萨无碍净眼，不能次第悟入法界见于如来自在力故。譬如有人得清净眼，名：离垢光明，一切暗色不能为障。尔时，彼人于夜暗中，处在无量百千万亿人众之内，或行、或住、或坐、或卧，彼诸人众形相威仪，此明眼人莫不具见；其明眼者威仪进退，彼诸人众悉不能睹。佛亦如是，成就智眼，清净无碍，悉能明见一切世间；其所示现神通变化，大菩萨众所共围绕，诸大弟子悉不能见。譬如比丘在大众中入遍处定，所谓：地遍处定、水遍处定、火遍处定、风遍处定、青遍处定、黄遍处定、赤遍处定、白遍处定、天遍处定、种种众生身遍处定、一切语言音声遍处定、一切所缘遍处定；入此定者见其所缘，其余大众悉不能见，唯除有住此三昧者。如来所现不可思议诸佛境界亦复如是，菩萨具见，声闻莫睹。譬如有人以翳形药自涂其眼，在于众会去、来、坐、立无能见者，而能悉睹众会中事。应知如来亦复如是，超过于世，普见世间，非诸声闻所能得见，唯除趣向一切智境诸大菩萨。如人生已，则有二天，恒相随逐，一曰：同生，二曰：同名；天常见人，人不见天。应知如来亦复如是，在诸菩萨大集会中现大神通，诸大声闻悉不能见。譬如比丘得心自在，入灭尽定，六根作业皆悉不行，一切语言不知不觉；定力持故，不般涅槃。一切声闻亦复如是，虽复住在逝多林中，具足六根，而不知不见不解不入如来自在、菩萨众会诸所作事。何以故？如来境界甚深广大，难见难知，难测难量，超诸世间，不可思议，无能坏者，非是一切二乘境界；是故，如来自在神力、菩萨众会及逝多林普遍一切清净世界，如是等事，诸大声闻悉不知见，非其器故。

尔时，毗卢遮那愿光明菩萨，承佛神力，观察十方而说颂言：

汝等应观察，佛道不思议，于此逝多林，示现神通力。善逝威神力，所现无央数；一切诸世间，迷惑不能了。法王深妙法，无量难思议，所现诸神通，举世莫能测。以了法无相，是故名为佛，而具相庄严，称扬不可尽。今于此林内，示现大神力，甚深无有边，言辞莫能辩。汝观大威德，无量菩萨众，十方诸国土，而来见世尊。所愿皆具足，所行无障碍；一切诸世间，无能测量者。一切诸缘觉，及彼大声闻，皆悉不能知，菩萨行境界。菩萨大智慧，诸地悉究竟，高建勇猛幢，难摧难可动。诸大名称士，无量三昧力，所现诸神变，法界悉充满。

尔时，不可坏精进王菩萨，承佛神力，观察十方而说颂言：

汝观诸佛子，智慧功德藏，究竟菩提行，安隐诸世间。其心本明达，善入诸三昧，智慧无边际，境界不可量。今此逝多林，种种皆严饰，菩萨众云集，亲近如来住。汝观无所著，无量大众海，十方来诣此，坐宝莲华座。无来亦无住，无依无戏论，离垢心无碍，究竟于法界。建立智慧幢，坚固不动摇，知无变化法，而现变化事。十方无量刹，一切诸佛所，同时悉往诣，而亦不分身。汝观释师子，自在神通力,能令菩萨众,一切俱来集。一切诸佛法,法界悉平等,言说故不同,此众咸通达。诸佛常安住,法界平等际,演说差别法,言辞无有尽。

尔时,普胜无上威德王菩萨,承佛神力,观察十方而说颂言:

汝观无上士,广大智圆满,善达时非时,为众演说法;摧伏众外道,一切诸异论,普随众生心,为现神通力。正觉非有量,亦复非无量;若量若无量,牟尼悉超越。如日在虚空,照临一切处;佛智亦如是,了达三世法。譬如十五夜,月轮无减缺;如来亦复然,白法悉圆满。譬如空中日,运行无暂已;如来亦如是,神变恒相续。譬如十方刹,于空无所碍,世灯现变化,于世亦复然。譬如世间地,群生之所依;照世灯法轮,为依亦如是。譬如猛疾风,所行无障碍;佛法亦如是,速遍于世间。譬如大水轮,世界所依住;智慧轮亦尔,三世佛所依。

尔时,无碍胜藏王菩萨,承佛神力,观察十方而说颂言:

譬如大宝山,饶益诸含识;佛山亦如是,普益于世间。譬如大海水,澄净无垢浊;见佛亦如是,能除诸渴爱。譬如须弥山,出于大海中;世间灯亦尔,从于法海出。如海具众宝,求者皆满足;无师智亦然,见者悉开悟。如来甚深智,无量无有数;是故神通力,示现难思议。譬如工幻师,示现种种事;佛智亦如是,现诸自在力。譬如如意宝,能满一切欲;最胜亦复然,满诸清净愿。譬如明净宝,普照一切物;佛智亦如是,普照群生心。譬如八面宝,等鉴于诸方;无碍灯亦然,普照于法界。譬如水清珠,能清诸浊水;见佛亦如是,诸根悉清净。

尔时,化现法界愿月王菩萨,承佛神力,观察十方而说颂言:

譬如帝青宝,能青一切色;见佛者亦然,悉发菩提行。一一微尘内,佛现神通力,令无量无边,菩萨皆清净。甚深微妙力,无边不可知;菩萨之境界,世间莫能测。如来所现身,清净相庄严,普入于法界,成就诸菩萨。难思佛国土,于中成正觉;一切诸菩萨,世主皆充满。释迦无上尊,于法悉自在,示现神通力,无边不可量。菩萨种种行,无量无有尽;如来自在力,为之悉示现。佛子善修学,甚深诸法界,成就无碍智,明了一切法。善逝威神力,为众转法轮,神变普充满,令世皆清净。如来智圆满,境界亦清净;譬如大龙王,普济诸群生。

尔时,法慧光焰王菩萨,承佛神力,观察十方而说颂言:

三世诸如来,声闻大弟子,悉不能知佛,举足下足事。去来现在世,一切诸缘觉,亦不知如来,举足下足事。况复诸凡夫,结使所缠缚,无明覆心识,而能知导师!正觉无碍智,超过语言道,其量不可测,孰有能知见!譬如明月光,无能测边际;佛神通亦尔,莫见其终尽。一一诸方便,念念所变化,尽于无量劫,思惟不能了。思惟一切智，不可思议法，一一方便门，边际不可得。若有于此法，而兴广大愿；彼于此境界，知见不为难。勇猛勤修习，难思大法海；其心无障碍，入此方便门。心意已调伏，志愿亦宽广，当获大菩提，最胜之境界。

尔时，破一切魔军智幢王菩萨，承佛神力，观察十方而说颂言：

智身非是身，无碍难思议；设有思议者，一切无能及。从不思议业，起此清净身，殊特妙庄严，不著于三界。光明照一切，法界悉清净，开佛菩提门，出生众智慧。譬如世间日，普放慧光明，远离诸尘垢，灭除一切障，普净三有处，永绝生死流，成就菩萨道，出生无上觉。示现无边色，此色无依处；所现虽无量，一切不思议。菩提一念顷，能觉一切法；云何欲测量，如来智边际？一念悉明达，一切三世法；故说佛智慧，无尽无能坏。智者应如是，专思佛菩提；此思难思议，思之不可得。菩提不可说，超过语言路；诸佛从此生，是法难思议。

尔时，愿智光明幢王菩萨，承佛神力，观察十方而说颂言：

若能善观察，菩提无尽海，则得离痴念，决定受持法。若得决定心，则能修妙行，禅寂自思虑，永断诸疑惑。其心不疲倦，亦复无懈怠，展转增进修，究竟诸佛法。信智已成就，念念令增长，常乐常观察，无得无依法。无量亿千劫，所修功德行；一切悉回向，诸佛所求道。虽在于生死，而心无染著，安住诸佛法，常乐如来行。世间之所有，蕴界等诸法；一切皆舍离，专求佛功德。凡夫婴妄惑，于世常流转；菩萨心无碍，救之令解脱。菩萨行难称，举世莫能思，遍除一切苦，普与群生乐。已获菩提智，复愍诸群生，光明照世间，度脱一切众。

尔时，破一切障勇猛智王菩萨，承佛神力，观察十方而说颂言：

无量亿千劫，佛名难可闻；况复得亲近，永断诸疑惑！如来世间灯，通达一切法，普生三世福，令众悉清净。如来妙色身，一切所钦叹，亿劫常瞻仰，其心无厌足。若有诸佛子，观佛妙色身，必舍诸有著，回向菩提道。如来妙色身，恒演广大音，辩才无障碍，开佛菩提门；晓悟诸众生，无量不思议，令入智慧门，授以菩提记。如来出世间，为世大福田，普导诸含识，令其集福行。若有供养佛，永除恶道畏，消灭一切苦，成就智慧身。若见两足尊，能发广大心；是人恒值佛，增长智慧力。若见人中胜，决意向菩提；是人能自知，必当成正觉。

尔时，法界差别愿智神通王菩萨，承佛神力，观察十方而说颂言：

释迦无上尊，具一切功德；见者心清净，回向大智慧。如来大慈悲，出现于世间，普为诸群生，转无上法轮。如来无数劫，勤苦为众生；云何诸世间，能报大师恩？宁于无量劫，受诸恶道苦；终不舍如来,而求于出离。宁代诸众生,备受一切苦;终不舍于佛,而求得安乐。宁在诸恶趣,恒得闻佛名;不愿生善道,暂时不闻佛。宁生诸地狱,一一无数劫;终不远离佛,而求出恶趣。何故愿久住,一切诸恶道?以得见如来,增长智慧故。若得见于佛,除灭一切苦;能入诸如来,大智之境界。若得见于佛,舍离一切障;长养无尽福,成就菩提道。如来能永断,一切众生疑,随其心所乐,普皆令满足。

大方广佛华严经卷第六十一

入法界品第三十九之二

尔时,普贤菩萨摩诃萨普观一切菩萨众会,以等法界方便、等虚空界方便、等众生界方便,等三世、等一切劫、等一切众生业、等一切众生欲、等一切众生解、等一切众生根、等一切众生成熟时、等一切法光影方便,为诸菩萨,以十种法句开发、显示、照明、演说此师子频申三昧。何等为十?所谓:演说能示现等法界一切佛刹微尘中,诸佛出兴次第、诸刹成坏次第法句;演说能示现等虚空界一切佛刹中,尽未来劫赞叹如来功德音声法句;演说能示现等虚空界一切佛刹中,如来出世无量无边成正觉门法句;演说能示现等虚空界一切佛刹中,佛坐道场菩萨众会法句;演说于一切毛孔,念念出现等三世一切佛变化身充满法界法句;演说能令一身充满十方一切刹海,平等显现法句;演说能令一切诸境界中,普现三世诸佛神变法句;演说能令一切佛刹微尘中,普现三世一切佛刹微尘数佛种种神变经无量劫法句;演说能令一切毛孔出生三世一切诸佛大愿海音,尽未来劫开发化导一切菩萨法句;演说能令佛师子座量同法界,菩萨众会道场庄严等无差别,尽未来劫转于种种微妙法轮法句。佛子!此十为首,有不可说佛刹微尘数法句,皆是如来智慧境界。

尔时,普贤菩萨欲重宣此义,承佛神力,观察如来,观察众会,观察诸佛难思境界,观察诸佛无边三昧,观察不可思议诸世界海,观察不可思议如幻法智,观察不可思议三世诸佛悉皆平等,观察一切无量无边诸言辞法,而说颂言:

一一毛孔中,微尘数刹海,悉有如来坐,皆具菩萨众。一一毛孔中,无量诸刹海,佛处菩提座,如是遍法界。一一毛孔中,一切刹尘佛,菩萨众围绕,为说普贤行。佛坐一国土,充满十方界,无量菩萨云,咸来集其所。亿刹微尘数,菩萨功德海,俱从会中起,遍满十方界。悉住普贤行,皆游法界海,普现一切刹,等入诸佛会。安坐一切刹,听闻一切法;一一国土中,亿劫修诸行。菩萨所修行,普明法海行,入于大愿海,住佛境界地。了达普贤行,出生诸佛法,具佛功德海,广现神通事。身云等尘数,充遍一切刹,普雨甘露法,令众住佛道。

尔时，世尊欲令诸菩萨安住如来师子频申广大三昧故，从眉间白毫相放大光明，其光名：普照三世法界门，以不可说佛刹微尘数光明而为眷属，普照十方一切世界海诸佛国土。时，逝多林菩萨大众，悉见一切尽法界、虚空界一切佛刹一一微尘中，各有一切佛刹微尘数诸佛国土，种种名、种种色、种种清净、种种住处、种种形相。如是一切诸国土中，皆有大菩萨坐于道场师子座上成等正觉，菩萨大众前后围绕，诸世间主而为供养；或见于不可说佛刹量大众会中，出妙音声充满法界，转正法轮；或见在天宫殿、龙宫殿、夜叉宫殿，乾闼婆、阿修罗、迦楼罗、紧那罗、摩睺罗伽、人、非人等诸宫殿中，或在人间村邑聚落、王都大处，现种种姓、种种名、种种身、种种相、种种光明，住种种威仪，入种种三昧，现种种神变，或时自以种种言音，或令种种诸菩萨等在于种种大众会中种种言辞说种种法。

如此会中，菩萨大众见于如是诸佛如来甚深三昧大神通力；如是尽法界、虚空界，东、西、南、北、四维、上、下一切方海中，依于众生心想而住，始从前际至今现在，一切国土身、一切众生身、一切虚空道，其中一一毛端量处，一一各有微尘数刹种种业起次第而住，悉有道场菩萨众会，皆亦如是见佛神力，不坏三世，不坏世间，于一切众生心中现其影像，随一切众生心乐出妙言音，普入一切众会中，普现一切众生前，色相有别，智慧无异，随其所应开示佛法，教化调伏一切众生未曾休息。其有见此佛神力者，皆是毗卢遮那如来于往昔时善根摄受，或昔曾以四摄所摄，或是见闻忆念亲近之所成熟，或是往昔教其令发阿耨多罗三藐三菩提心，或是往昔于诸佛所同种善根，或是过去以一切智善巧方便教化成熟，是故皆得入于如来不可思议甚深三昧；尽法界、虚空界大神通力，或入法身，或入色身，或入往昔所成就行，或入圆满诸波罗蜜，或入庄严清净行轮，或入菩萨诸地，或入成正觉力，或入佛所住三昧无差别大神变，或入如来力、无畏智，或入佛无碍辩才海。

彼诸菩萨以种种解、种种道、种种门、种种入、种种理趣、种种随顺、种种智慧、种种助道、种种方便、种种三昧，入如是等十不可说佛刹微尘数佛神变海方便门。云何种种三昧？所谓：普庄严法界三昧、普照一切三世无碍境界三昧、法界无差别智光明三昧、入如来境界不动转三昧、普照无边虚空三昧、入如来力三昧、佛无畏勇猛奋迅庄严三昧、一切法界旋转藏三昧、如月普现一切法界以无碍音大开演三昧、普清净法光明三昧、无碍缯法王幢三昧、一一境界中悉见一切诸佛海三昧、于一切世间悉现身三昧、入如来无差别身境界三昧、随一切世间转大悲藏三昧、知一切法无有迹三昧、知一切法究竟寂灭三昧、虽无所得而能变化普现世间三昧、普入一切刹三昧、庄严一切佛刹成正觉三昧、观一切世间主色相差别三昧、观一切众生境界无障碍三昧、能出生一切如来母三昧、能修行入一切佛海功德道三昧、一一境界中出现神变尽未来际三昧、入一切如来本事海三昧、尽未来际护持一切如来种性三昧、以决定解力令现在十方一切佛刹海皆清净三昧、一念中普照一切佛所住三昧、入一切境界无碍际三昧、令一切世界为一佛刹三昧、出一切佛变化身三昧、以金刚王智知一切诸根海三昧、知一切如来同一身三昧、知一切法界所安立悉住心念际三昧、于一切法界广大国土中示现涅槃三昧、令住最上处三昧、于一切佛刹现种种众生差别身三昧、普入一切佛智慧三昧、知一切法性相三昧、一念普知三世法三昧、念念中普现法界身三昧、以师子勇猛智知一切如来出兴次第三昧、于一切法界境界慧眼圆满三昧、勇猛趣向十力三昧、放一切功德圆满光明普照世间三昧、不动藏三昧、说一法普入一切法三昧、于一法以一切言音差别训释三昧、演说一切佛无二法三昧、知三世无碍际三昧、知一切劫无差别三昧、入十力微细方便三昧、于一切劫成就一切菩萨行不断绝三昧、十方普现身三昧、于法界自在成正觉三昧、生一切安隐受三昧、出一切庄严具庄严虚空界三昧、念念中出等众生数变化身云三昧、如来净空月光明三昧、常见一切如来住虚空三昧、开示一切佛庄严三昧、照明一切法义灯三昧、照十力境界三昧、三世一切佛幢相三昧、一切佛一密藏三昧、念念中所作皆究竟三昧、无尽福德藏三昧、见无边佛境界三昧、坚住一切法三昧、现一切如来变化悉令知见三昧、念念中佛日常出现三昧、一日中悉知三世所有法三昧、普音演说一切法性寂灭三昧、见一切佛自在力三昧、法界开敷莲华三昧、观诸法如虚空无住处三昧、十方海普入一方三昧、入一切法界无源底三昧、一切法海三昧、以寂静身放一切光明三昧、一念中现一切神通大愿三昧、一切时一切处成正觉三昧、以一庄严入一切法界三昧、普现一切诸佛身三昧、知一切众生广大殊胜神通智三昧、一念中其身遍法界三昧、现一乘净法界三昧、入普门法界示现大庄严三昧、住持一切佛法轮三昧、以一切法门庄严一法门三昧、以因陀罗网愿行摄一切众生界三昧、分别一切世界门三昧、乘莲华自在游步三昧、知一切众生种种差别神通智三昧、令其身恒现一切众生前三昧、知一切众生差别音声言辞海三昧、知一切众生差别智神通三昧、大悲平等藏三昧、一切佛入如来际三昧、观察一切如来解脱处师子频申三昧……。菩萨以如是等不可说佛刹微尘数三昧，入毗卢遮那如来念念充满一切法界三昧神变海。

其诸菩萨皆悉具足大智神通，明利自在，住于诸地，以广大智普观一切；从诸智慧种性而生，一切智智常现在前，得离痴翳清净智眼，为诸众生作调御师；住佛平等，于一切法无有分别；了达境界，知诸世间性皆寂灭无有依处；普诣一切诸佛国土而无所著，悉能观察一切诸法而无所住，遍入一切妙法宫殿而无所来；教化调伏一切世间，普为众生现安隐处；智慧解脱，为其所行；恒以智身住离贪际，超诸有海，示真实际；智光圆满，普见诸法；住于三昧，坚固不动；于诸众生恒起大悲，知诸法门悉皆如幻，一切众生悉皆如梦，一切如来悉皆如影，一切言音悉皆如响，一切诸法悉皆如化；善能积集殊胜行愿，智慧圆满，清净善巧，心极寂静；善入一切总持境界，具三昧力，勇猛无怯；获明智眼，住法界际，到一切法无所得处；修习无涯智慧大海，到智波罗蜜究竟彼岸，为般若波罗蜜之所摄持；以神通波罗蜜普入世间，依三昧波罗蜜得心自在；以不颠倒智知一切义，以巧分别智开示法藏，以现了智训释文辞，以大愿力说法无尽，以无所畏大师子吼；常乐观察无依处法，以净法眼普观一切，以净智月照世成坏，以智慧光照真实谛；福德智慧如金刚山，一切譬喻所不能及；善观诸法，慧根增长；勇猛精进，摧伏众魔；无量智慧，威光炽盛；其身超出一切世间，得一切法无碍智慧，善能悟解尽、无尽际；住于普际，入真实际，无相观智常现在前；善巧成就诸菩萨行，以无二智知诸境界，普见一切世间诸趣，遍往一切诸佛国土；智灯圆满，于一切法无诸暗障，放净法光照十方界；为诸世间真实福田，若见若闻所愿皆满，福德高大超诸世间，勇猛无畏摧诸外道；演微妙音遍一切刹，普见诸佛心无厌足；于佛法身已得自在，随所应化而为现身，一身充满一切佛刹；已得自在清净神通，乘大智舟，所往无碍，智慧圆满周遍法界；譬如日出普照世间，随众生心现其色像；知诸众生根性欲乐，入一切法无诤境界；知诸法性无生无起，能令小大自在相入；决了佛地甚深之趣，以无尽句说甚深义，于一句中演说一切修多罗海；获大智慧陀罗尼身，凡所受持永无忘失；一念能忆无量劫事，一念悉知三世一切诸众生智；恒以一切陀罗尼门，演说无边诸佛法海，常转不退清净法轮，令诸众生皆生智慧；得佛境界智慧光明，入于善见甚深三昧；入一切法无障碍际，于一切法胜智自在，一切境界清净庄严；普入十方一切法界，随其方所靡不咸至；一一尘中现成正觉，于无色性现一切色，以一切方普入一方。其诸菩萨具如是等无边福智功德之藏，常为诸佛之所称叹，种种言辞说其功德不能令尽，靡不咸在逝多林中，深入如来功德大海，悉见于佛光明所照。

尔时，诸菩萨得不思议正法光明，心大欢喜，各于其身及以楼阁、诸庄严具，并其所坐师子之座，遍逝多林一切物中，化现种种大庄严云，充满一切十方法界。所谓：于念念中放大光明云，充满十方，悉能开悟一切众生；出一切摩尼宝铃云，充满十方，出微妙音，称扬赞叹三世诸佛一切功德；出一切音乐云，充满十方，音中演说一切众生诸业果报；出一切菩萨种种愿行色相云，充满十方，说诸菩萨所有大愿；出一切如来自在变化云，充满十方，演出一切诸佛如来语言音声；出一切菩萨相好庄严身云，充满十方，说诸如来于一切国土出兴次第；出三世如来道场云，充满十方，现一切如来成等正觉功德庄严；出一切龙王云，充满十方，雨一切诸香；出一切世主身云，充满十方，演说普贤菩萨之行；出一切宝庄严清净佛刹云，充满十方，现一切如来转正法轮。是诸菩萨以得不思议法光明故，法应如是，出兴此等不可说佛刹微尘数大神变庄严云。

尔时，文殊师利菩萨，承佛神力，欲重宣此逝多林中诸神变事，观察十方而说颂言：

汝应观此逝多林，以佛威神广无际，一切庄严皆示现，十方法界悉充满。十方一切诸国土，无边品类大庄严，于其座等境界中，色像分明皆显现。从诸佛子毛孔出，种种庄严宝焰云，及发如来微妙音，遍满十方一切刹。宝树华中现妙身，其身色相等梵王，从禅定起而游步，进止威仪恒寂静。如来一一毛孔内，常现难思变化身，皆如普贤大菩萨，种种诸相为严好。逝多林上虚空中，所有庄严发妙音，普说三世诸菩萨，成就一切功德海。逝多林中诸宝树，亦出无量妙音声，演说一切诸群生，种种业海各差别。林中所有众境界，悉现三世诸如来，一一皆起大神通，十方刹海微尘数。十方所有诸国土，一切刹海微尘数，悉入如来毛孔中，次第庄严皆现睹。所有庄严皆现佛，数等众生遍世间，一一咸放大光明，种种随宜化群品。香焰众华及宝藏，一切庄严殊妙云，靡不广大等虚空，遍满十方诸国土。十方三世一切佛，所有庄严妙道场，于此园林境界中，一一色像皆明现。一切普贤诸佛子，百千劫海庄严刹，其数无量等众生，莫不于此林中见。

尔时，彼诸菩萨，以佛三昧光明照故，即时得入如是三昧，一一皆得不可说佛刹微尘数大悲门，利益安乐一切众生；于其身上一一毛孔，皆出不可说佛刹微尘数光明；一一光明，皆化现不可说佛刹微尘数菩萨。其身形相如世诸主，普现一切众生之前，周匝遍满十方法界，种种方便教化调伏，或现不可说佛刹微尘数诸天宫殿无常门，或现不可说佛刹微尘数一切众生受生门，或现不可说佛刹微尘数一切菩萨修行门，或现不可说佛刹微尘数梦境门，或现不可说佛刹微尘数菩萨大愿门，或现不可说佛刹微尘数震动世界门，或现不可说佛刹微尘数分别世界门，或现不可说佛刹微尘数现生世界门，或现不可说佛刹微尘数檀波罗蜜门，或现不可说佛刹微尘数一切如来修诸功德种种苦行尸波罗蜜门，或现不可说佛刹微尘数割截肢体羼提波罗蜜门，或现不可说佛刹微尘数勤修毗梨耶波罗蜜门，或现不可说佛刹微尘数一切菩萨修诸三昧禅定解脱门，或现不可说佛刹微尘数佛道圆满智光明门，或现不可说佛刹微尘数勤求佛法为一文一句故舍无数身命门，或现不可说佛刹微尘数亲近一切佛谘问一切法心无疲厌门，或现不可说佛刹微尘数随诸众生时节欲乐往诣其所方便成熟令住一切智海光明门，或现不可说佛刹微尘数降伏众魔制诸外道显现菩萨福智力门，或现不可说佛刹微尘数知一切工巧明智门，或现不可说佛刹微尘数知一切众生差别明智门，或现不可说佛刹微尘数知一切法差别明智门，或现不可说佛刹微尘数知一切众生心乐差别明智门，或现不可说佛刹微尘数知一切众生根行、烦恼、习气明智门，或现不可说佛刹微尘数知一切众生种种业明智门，或现不可说佛刹微尘数开悟一切众生门……。以如是等不可说佛刹微尘数方便门，往诣一切众生住处而成熟之。所谓：或往天宫，或往龙宫，或往夜叉、乾闼婆、阿修罗、迦楼罗、紧那罗、摩睺罗伽宫，或往梵王宫，或往人王宫，或往阎罗王宫，或往畜生、饿鬼、地狱之所住处，以平等大悲、平等大愿、平等智慧、平等方便摄诸众生。或有见已而调伏者，或有闻已而调伏者，或有忆念而调伏者，或闻音声而调伏者，或闻名号而调伏者，或见圆光而调伏者，或见光网而调伏者；随诸众生心之所乐，皆诣其所令其获益。

佛子！此逝多林一切菩萨，为欲成熟诸众生故，或时现处种种严饰诸宫殿中，或时示现住自楼阁宝师子座，道场众会所共围绕，周遍十方皆令得见，然亦不离此逝多林如来之所。佛子！此诸菩萨，或时示现无量化身云，或现其身独一无侣。所谓：或现沙门身，或现婆罗门身，或现苦行身，或现充盛身，或现医王身，或现商主身，或现净命身，或现妓乐身，或现奉事诸天身，或现工巧技术身。往诣一切村营城邑、王都聚落、诸众生所，随其所应，以种种形相、种种威仪、种种音声、种种言论、种种住处，于一切世间犹如帝网行菩萨行。或说一切世间工巧事业，或说一切智慧照世明灯，或说一切众生业力所庄严，或说十方国土建立诸乘位，或说智灯所照一切法境界，教化成就一切众生，而亦不离此逝多林如来之所。

尔时，文殊师利童子从善住楼阁出，与无量同行菩萨，及常随侍卫诸金刚神、普为众生供养诸佛诸身众神、久发坚誓愿常随从诸足行神、乐闻妙法主地神、常修大悲主水神、智光照耀主火神、摩尼为冠主风神、明练十方一切仪式主方神、专勤除灭无明黑暗主夜神、一心匪懈阐明佛日主昼神、庄严法界一切虚空主空神、普度众生超诸有海主海神、常勤积集趣一切智助道善根高大如山主山神、常勤守护一切众生菩提心城主城神、常勤守护一切智智无上法城诸大龙王、常勤守护一切众生诸夜叉王、常令众生增长欢喜乾闼婆王、常勤除灭诸饿鬼趣鸠槃荼王、恒愿拔济一切众生出诸有海迦楼罗王、愿得成就诸如来身高出世间阿修罗王、见佛欢喜曲躬恭敬摩睺罗伽王、常厌生死恒乐见佛诸大天王、尊重于佛赞叹供养诸大梵王。文殊师利与如是等功德庄严诸菩萨众，出自住处，来诣佛所，右绕世尊，经无量匝，以诸供具种种供养；供养毕已，辞退南行，往于人间。

尔时，尊者舍利弗承佛神力，见文殊师利菩萨，与诸菩萨众会庄严，出逝多林，往于南方，游行人间；作如是念：我今当与文殊师利俱往南方。时，尊者舍利弗与六千比丘，前后围绕，出自住处，来诣佛所，顶礼佛足，具白世尊；世尊听许，右绕三匝，辞退而去，往文殊师利所。此六千比丘是舍利弗自所同住，出家未久，所谓：海觉比丘、善生比丘、福光比丘、大童子比丘、电生比丘、净行比丘、天德比丘、君慧比丘、梵胜比丘、寂慧比丘……。如是等，其数六千，悉曾供养无量诸佛，深植善根，解力广大，信眼明彻，其心宽博，观佛境界，了法本性，饶益众生，常乐勤求诸佛功德，皆是文殊师利说法教化之所成就。

尔时，尊者舍利弗在行道中观诸比丘，告海觉言：海觉！汝可观察文殊师利菩萨清净之身相好庄严，一切天人莫能思议。汝可观察文殊师利圆光映彻，令无量众生发欢喜心。汝可观察文殊师利光网庄严，除灭众生无量苦恼。汝可观察文殊师利众会具足，皆是菩萨往昔善根之所摄受。汝可观察文殊师利所行之路，左右八步，平坦庄严。汝可观察文殊师利所住之处，周回十方常有道场随逐而转。汝可观察文殊师利所行之路，具足无量福德庄严，左右两边有大伏藏，种种珍宝自然而出。汝可观察文殊师利曾供养佛，善根所流，一切树间出庄严藏。汝可观察文殊师利，诸世间主雨供具云，顶礼恭敬以为供养。汝可观察文殊师利，十方一切诸佛如来将说法时，悉放眉间白毫相光来照其身，从顶上入。

尔时，尊者舍利弗为诸比丘称扬赞叹、开示演说文殊师利童子有如是等无量功德具足庄严。彼诸比丘闻是说已，心意清净，信解坚固，喜不自持，举身踊跃，形体柔软，诸根悦豫，忧苦悉除，垢障咸尽，常见诸佛，深求正法，具菩萨根，得菩萨力，大悲大愿皆自出生，入于诸度甚深境界，十方佛海常现在前，于一切智深生信乐；即白尊者舍利弗言：唯愿大师将引我等，往诣于彼胜人之所。时，舍利弗即与俱行，至其所已，白言：仁者！此诸比丘，愿得奉觐。

尔时，文殊师利童子，无量自在菩萨围绕并其大众，如象王回观诸比丘。时，诸比丘顶礼其足，合掌恭敬，作如是言：我今奉见，恭敬礼拜，及余所有一切善根。唯愿仁者文殊师利、和尚舍利弗、世尊释迦牟尼，皆悉证知！如仁所有如是色身、如是音声、如是相好、如是自在，愿我一切悉当具得。

尔时，文殊师利菩萨告诸比丘言：

比丘！若善男子、善女人，成就十种趣大乘法，则能速入如来之地，况菩萨地！何者为十？所谓：积集一切善根，心无疲厌。见一切佛承事供养，心无疲厌。求一切佛法，心无疲厌。行一切波罗蜜，心无疲厌。成就一切菩萨三昧，心无疲厌。次第入一切三世，心无疲厌。普严净十方佛刹，心无疲厌。教化调伏一切众生，心无疲厌。于一切刹一切劫中成就菩萨行，心无疲厌。为成就一众生故，修行一切佛刹微尘数波罗蜜，成就如来十力；如是次第，为成熟一切众生界，成就如来一切力，心无疲厌。

比丘！若善男子、善女人，成就深信，发此十种无疲厌心，则能长养一切善根，舍离一切诸生死趣，超过一切世间种性，不堕声闻、辟支佛地，生一切如来家，具一切菩萨愿，学习一切如来功德，修行一切菩萨诸行，得如来力，摧伏众魔及诸外道，亦能除灭一切烦恼，入菩萨地，近如来地。

时，诸比丘闻此法已，则得三昧，名：无碍眼见一切佛境界。得此三昧故，悉见十方无量无边一切世界诸佛如来，及其所有道场众会；亦悉见彼十方世界一切诸趣所有众生；亦悉见彼一切世界种种差别；亦悉见彼一切世界所有微尘；亦悉见彼诸世界中，一切众生所住宫殿，以种种宝而为庄严；及亦闻彼诸佛如来种种言音演说诸法文辞训释，悉皆解了；亦能观察彼世界中一切众生诸根心欲；亦能忆念彼世界中一切众生前后十生；亦能忆念彼世界中过去、未来各十劫事；亦能忆念彼诸如来十本生事、十成正觉、十转法轮、十种神通、十种说法、十种教诫、十种辩才；又即成就十千菩提心、十千三昧、十千波罗蜜，悉皆清净；得大智慧圆满光明，得菩萨十神通，柔软微妙，住菩萨心，坚固不动。

尔时，文殊师利菩萨劝诸比丘住普贤行；住普贤行已，入大愿海；入大愿海已，成就大愿海。以成就大愿海故，心清净；心清净故，身清净；身清净故，身轻利；身清净、轻利故，得大神通无有退转；得此神通故，不离文殊师利足下，普于十方一切佛所悉现其身，具足成就一切佛法。

大方广佛华严经卷第六十二

入法界品第三十九之三

尔时，文殊师利菩萨劝诸比丘发阿耨多罗三藐三菩提心已，渐次南行，经历人间，至福城东，住庄严幢娑罗林中往昔诸佛曾所止住教化众生大塔庙处，亦是世尊于往昔时修菩萨行能舍无量难舍之处；是故，此林名称普闻无量佛刹，此处常为天、龙、夜叉、乾闼婆、阿修罗、迦楼罗、紧那罗、摩睺罗伽、人与非人之所供养。

时，文殊师利与其眷属到此处已，即于其处说普照法界修多罗，百万亿那由他修多罗以为眷属。说此经时，于大海中有无量百千亿诸龙而来其所；闻此法已，深厌龙趣，正求佛道，咸舍龙身，生天人中。一万诸龙，于阿耨多罗三藐三菩提得不退转；复有无量无数众生，于三乘中各得调伏。

时，福城人闻文殊师利童子在庄严幢娑罗林中大塔庙处，无量大众从其城出，来诣其所。时，有优婆塞，名曰：大智，与五百优婆塞眷属俱，所谓：须达多优婆塞、婆须达多优婆塞、福德光优婆塞、有名称优婆塞、施名称优婆塞、月德优婆塞、善慧优婆塞、大慧优婆塞、贤护优婆塞、贤胜优婆塞……如是等五百优婆塞俱，来诣文殊师利童子所，顶礼其足，右绕三匝，退坐一面。复有五百优婆夷，所谓：大慧优婆夷、善光优婆夷、妙身优婆夷、可乐身优婆夷、贤优婆夷、贤德优婆夷、贤光优婆夷、幢光优婆夷、德光优婆夷、善目优婆夷……如是等五百优婆夷，来诣文殊师利童子所，顶礼其足，右绕三匝，退坐一面。复有五百童子，所谓：善财童子、善行童子、善戒童子、善威仪童子、善勇猛童子、善思童子、善慧童子、善觉童子、善眼童子、善臂童子、善光童子……如是等五百童子，来诣文殊师利童子所，顶礼其足，右绕三匝，退坐一面。复有五百童女，所谓：善贤童女、大智居士女童女、贤称童女、美颜童女、坚慧童女、贤德童女、有德童女、梵授童女、德光童女、善光童女……如是等五百童女，来诣文殊师利童子所，顶礼其足，右绕三匝，退坐一面。

尔时，文殊师利童子知福城人悉已来集，随其心乐现自在身，威光赫奕蔽诸大众；以自在大慈令彼清凉，以自在大悲起说法心，以自在智慧知其心乐，以广大辩才将为说法。复于是时，观察善财以何因缘而有其名？知此童子初入胎时，于其宅内自然而出七宝楼阁，其楼阁下有七伏藏，于其藏上，地自开裂，生七宝牙，所谓：金、银、琉璃、玻璃、真珠、砗磲、码瑙。善财童子处胎十月然后诞生，形体支分端正具足；其七大藏，纵广高下各满七肘，从地涌出，光明照耀。复于宅中自然而有五百宝器，种种诸物自然盈满。所谓：金刚器中盛一切香，于香器中盛种种衣，美玉器中盛满种种上味饮食，摩尼器中盛满种种殊异珍宝，金器盛银，银器盛金，金银器中盛满琉璃及摩尼宝，玻璃器中盛满砗磲，砗磲器中盛满玻璃，码瑙器中盛满真珠，真珠器中盛满码瑙，火摩尼器中盛满水摩尼，水摩尼器中盛满火摩尼……。如是等五百宝器，自然出现。又雨众宝及诸财物，一切库藏悉令充满。以此事故，父母亲属及善相师共呼此儿，名曰：善财。又知此童子，已曾供养过去诸佛，深种善根，信解广大，常乐亲近诸善知识，身、语、意业皆无过失，净菩萨道，求一切智，成佛法器，其心清净犹如虚空，回向菩提无所障碍。

尔时，文殊师利菩萨如是观察善财童子已，安慰开喻，而为演说一切佛法。所谓：说一切佛积集法，说一切佛相续法，说一切佛次第法，说一切佛众会清净法，说一切佛法轮化导法，说一切佛色身相好法，说一切佛法身成就法，说一切佛言辞辩才法，说一切佛光明照耀法，说一切佛平等无二法。尔时，文殊师利童子为善财童子及诸大众说此法已，殷勤劝喻，增长势力，令其欢喜，发阿耨多罗三藐三菩提心，又令忆念过去善根；作是事已，即于其处，复为众生随宜说法，然后而去。

尔时，善财童子从文殊师利所闻佛如是种种功德，一心勤求阿耨多罗三藐三菩提，随文殊师利而说颂曰：

三有为城廓，憍慢为垣墙，诸趣为门户，爱水为池堑。愚痴闇所覆,贪恚火炽然,魔王作君主,童蒙依止住。贪爱为徽缠,谄诳为辔勒,疑惑蔽其眼,趣入诸邪道。悭嫉憍盈故,入于三恶处,或堕诸趣中,生老病死苦。妙智清净日,大悲圆满轮,能竭烦恼海,愿赐少观察!妙智清净月,大慈无垢轮,一切悉施安,愿垂照察我!一切法界王,法宝为先导,游空无所碍,愿垂教敕我!福智大商主,勇猛求菩提,普利诸群生,愿垂守护我!身被忍辱甲,手提智慧剑,自在降魔军,愿垂拔济我!住法须弥顶,定女常恭侍,灭惑阿修罗,帝释愿观我!三有凡愚宅,惑业地趣因;仁者悉调伏,如灯示我道!舍离诸恶趣,清净诸善道;超诸世间者,示我解脱门!世间颠倒执,常乐我净想;智眼悉能离,开我解脱门!善知邪正道,分别心无怯;一切决了人,示我菩提路!住佛正见地,长佛功德树,雨佛妙法华,示我菩提道!去来现在佛,处处悉周遍,如日出世间,为我说其道!善知一切业,深达诸乘行;智慧决定人,示我摩诃衍!愿轮大悲毂,信轴坚忍辕,功德宝庄校,令我载此乘!总持广大箱,慈愍庄严盖,辩才铃震响,使我载此乘!梵行为茵蓐,三昧为采女,法鼓震妙音,愿与我此乘!四摄无尽藏,功德庄严宝,惭愧为羁鞅,愿与我此乘!常转布施轮,恒涂净戒香,忍辱牢庄严,令我载此乘!禅定三昧箱,智慧方便軏,调伏不退转,令我载此乘!大愿清净轮,总持坚固力,智慧所成就,令我载此乘!普行为周校,悲心作徐转,所向皆无怯,令我载此乘!坚固如金刚,善巧如幻化,一切无障碍,令我载此乘!广大极清净,普与众生乐,虚空法界等,令我载此乘!净诸业惑轮,断诸流转苦,摧魔及外道,令我载此乘!智慧满十方,庄严遍法界,普沾众生愿,令我载此乘!清净如虚空,爱见悉除灭,利益一切众,令我载此乘!愿力速疾行,定心安隐住,普运诸含识,令我载此乘!如地不倾动,如水普饶益,如是运众生,令我载此乘!四摄圆满轮,总持清净光;如是智慧日,愿示我令见!已入法王位,已著智王冠,已系妙法缯,愿能慈顾我!

尔时,文殊师利菩萨如象王回,观善财童子,作如是言:善哉善哉!善男子!汝已发阿耨多罗三藐三菩提心,复欲亲近诸善知识,问菩萨行,修菩萨道。善男子!亲近供养诸善知识,是具一切智最初因缘,是故于此勿生疲厌。

善财白言:唯愿圣者广为我说,菩萨应云何学菩萨行?应云何修菩萨行?应云何趣菩萨行?应云何行菩萨行?应云何净菩萨行?应云何入菩萨行?应云何成就菩萨行?应云何随顺菩萨行?应云何忆念菩萨行?应云何增广菩萨行?应云何令普贤行速得圆满?

尔时,文殊师利菩萨为善财童子而说颂言:

善哉功德藏,能来至我所,发起大悲心,勤求无上觉。已发广大愿,除灭众生苦,普为诸世间,修行菩萨行。若有诸菩萨,不厌生死苦,则具普贤道,一切无能坏。福光福威力,福处福净海;汝为诸众生，愿修普贤行。汝见无边际，十方一切佛，皆悉听闻法，受持不忘失。汝于十方界，普见无量佛，成就诸愿海，具足菩萨行。若入方便海，安住佛菩提，能随导师学，当成一切智。汝遍一切刹，微尘等诸劫，修行普贤行，成就菩提道。汝于无量刹，无边诸劫海，修行普贤行，成满诸大愿。此无量众生，闻汝愿欢喜，皆发菩提意，愿学普贤乘。

尔时，文殊师利菩萨说此颂已，告善财童子言：

善哉善哉！善男子！汝已发阿耨多罗三藐三菩提心，求菩萨行。善男子！若有众生能发阿耨多罗三藐三菩提心，是事为难；能发心已，求菩萨行，倍更为难。

善男子！若欲成就一切智智，应决定求真善知识。善男子！求善知识勿生疲懈，见善知识勿生厌足，于善知识所有教诲皆应随顺，于善知识善巧方便勿见过失。

善男子！于此南方有一国土，名为：胜乐；其国有山，名曰：妙峰；于彼山中，有一比丘，名曰：德云。汝可往问：菩萨云何学菩萨行？菩萨云何修菩萨行？乃至菩萨云何于普贤行疾得圆满？德云比丘当为汝说。

尔时，善财童子闻是语已，欢喜踊跃，头顶礼足，绕无数匝，殷勤瞻仰，悲泣流泪。

辞退南行，向胜乐国，登妙峰山，于其山上东、西、南、北、四维、上、下观察求觅，渴仰欲见德云比丘。经于七日，见彼比丘在别山上徐步经行。见已往诣，顶礼其足，右绕三匝，于前而住，作如是言：圣者！我已先发阿耨多罗三藐三菩提心，而未知菩萨云何学菩萨行？云何修菩萨行？乃至应云何于普贤行疾得圆满？我闻圣者善能诱诲，唯愿垂慈，为我宣说：云何菩萨而得成就阿耨多罗三藐三菩提？

时，德云比丘告善财言：

善哉善哉！善男子！汝已能发阿耨多罗三藐三菩提心，复能请问诸菩萨行。如是之事，难中之难。所谓：求菩萨行，求菩萨境界，求菩萨出离道，求菩萨清净道，求菩萨清净广大心，求菩萨成就神通，求菩萨示现解脱门，求菩萨示现世间所作业，求菩萨随顺众生心，求菩萨生死涅槃门，求菩萨观察有为、无为心无所著。

善男子！我得自在决定解力，信眼清净，智光照曜，普观境界，离一切障，善巧观察，普眼明彻，具清净行，往诣十方一切国土，恭敬供养一切诸佛，常念一切诸佛如来，总持一切诸佛正法，常见一切十方诸佛。所谓：见于东方一佛、二佛、十佛、百佛、千佛、百千佛、亿佛、百亿佛、千亿佛、百千亿佛、那由他亿佛、百那由他亿佛、千那由他亿佛、百千那由他亿佛，乃至见无数、无量、无边、无等、不可数、不可称、不可思、不可量、不可说、不可说不可说佛，乃至见阎浮提微尘数佛、四天下微尘数佛、千世界微尘数佛、二千世界微尘数佛、三千世界微尘数佛、佛刹微尘数佛，乃至不可说不可说佛刹微尘数佛；如东方，南、西、北方，四维、上、下，亦复如是。一一方中所有诸佛，种种色相、种种形貌、种种神通、种种游戏、种种众会庄严道场、种种光明无边照耀、种种国土、种种寿命，随诸众生种种心乐，示现种种成正觉门，于大众中而师子吼。

　　善男子！我唯得此忆念一切诸佛境界智慧光明普见法门，岂能了知诸大菩萨无边智慧清净行门？所谓：智光普照念佛门，常见一切诸佛国土种种宫殿悉严净故；令一切众生念佛门，随诸众生心之所乐，皆令见佛得清净故；令安住力念佛门，令入如来十力中故；令安住法念佛门，见无量佛，听闻法故；照耀诸方念佛门，悉见一切诸世界中等无差别诸佛海故；入不可见处念佛门，悉见一切微细境中诸佛自在神通事故；住于诸劫念佛门，一切劫中常见如来诸所施为无暂舍故；住一切时念佛门，于一切时常见如来，亲近同住不舍离故；住一切刹念佛门，一切国土咸见佛身超过一切无与等故；住一切世念佛门，随于自心之所欲乐普见三世诸如来故；住一切境念佛门，普于一切诸境界中见诸如来次第现故；住寂灭念佛门，于一念中见一切刹一切诸佛示涅槃故；住远离念佛门，于一念中见一切佛从其所住而出去故；住广大念佛门，心常观察一一佛身充遍一切诸法界故；住微细念佛门，于一毛端有不可说如来出现，悉至其所而承事故；住庄严念佛门，于一念中见一切刹皆有诸佛成等正觉现神变故；住能事念佛门，见一切佛出现世间放智慧光转法轮故；住自在心念佛门，知随自心所有欲乐，一切诸佛现其像故；住自业念佛门，知随众生所积集业，现其影像令觉悟故；住神变念佛门，见佛所坐广大莲华周遍法界而开敷故；住虚空念佛门，观察如来所有身云庄严法界、虚空界故。而我云何能知能说彼功德行？

　　善男子！南方有国，名曰：海门；彼有比丘，名为：海云。汝往彼问：菩萨云何学菩萨行、修菩萨道？海云比丘能分别说发起广大善根因缘。善男子！海云比丘当令汝入广大助道位，当令汝生广大善根力，当为汝说发菩提心因，当令汝生广大乘光明，当令汝修广大波罗蜜，当令汝入广大诸行海，当令汝满广大誓愿轮，当令汝净广大庄严门，当令汝生广大慈悲力。

　　时，善财童子礼德云比丘足，右绕观察，辞退而去。

　　尔时，善财童子一心思惟善知识教，正念观察智慧光明门，正念观察菩萨解脱门，正念观察菩萨三昧门，正念观察菩萨大海门，正念观察诸佛现前门，正念观察诸佛方所门，正念观察诸佛轨则门，正念观察诸佛等虚空界门，正念观察诸佛出现次第门，正念观察诸佛所入方便门。

　　渐次南行，至海门国，向海云比丘所顶礼其足，右绕毕，于前合掌，作如是言：圣者！我已先发阿耨多罗三藐三菩提心，欲入一切无上智海，而未知菩萨云何能舍世俗家，生如来家？云何能度生死海，入佛智海？云何能离凡夫地，入如来地？云何能断生死流，入菩萨行流？云何能破生死轮，成菩萨愿轮？云何能灭魔境界，显佛境界？云何能竭爱欲海，长大悲海？云何能闭众难恶趣门，开诸大涅槃门？云何能出三界城，入一切智城？云何能弃舍一切玩好之物，悉以饶益一切众生？

时，海云比丘告善财言：善男子！汝已发阿耨多罗三藐三菩提心耶？

善财言：唯！我已先发阿耨多罗三藐三菩提心。

海云言：

善男子！若诸众生不种善根，则不能发阿耨多罗三藐三菩提心。要得普门善根光明，具真实道三昧智光，出生种种广大福海，长白净法无有懈息，事善知识不生疲厌，不顾身命无所藏积，等心如地无有高下，性常慈愍一切众生，于诸有趣专念不舍，恒乐观察如来境界；如是，乃能发菩提心。

发菩提心者。所谓：发大悲心，普救一切众生故；发大慈心，等佑一切世间故；发安乐心，令一切众生灭诸苦故；发饶益心，令一切众生离恶法故；发哀愍心，有怖畏者咸守护故；发无碍心，舍离一切诸障碍故；发广大心，一切法界咸遍满故；发无边心，等虚空界无不往故；发宽博心，悉见一切诸如来故；发清净心，于三世法智无违故；发智慧心，普入一切智慧海故。

善男子！我住此海门国十有二年，常以大海为其境界。所谓：思惟大海广大无量，思惟大海甚深难测，思惟大海渐次深广，思惟大海无量众宝奇妙庄严，思惟大海积无量水，思惟大海水色不同不可思议，思惟大海无量众生之所住处，思惟大海容受种种大身众生，思惟大海能受大云所雨之雨，思惟大海无增无减。

善男子！我思惟时，复作是念：世间之中，颇有广博过此海不？颇有无量过此海不？颇有甚深过此海不？颇有殊特过此海不？

善男子！我作是念时，此海之下，有大莲华忽然出现，以无能胜因陀罗尼罗宝为茎，吠琉璃宝为藏，阎浮檀金为叶，沉水为台，码瑙为须，芬敷布濩，弥覆大海。百万阿修罗王执持其茎，百万摩尼宝庄严网弥覆其上，百万龙王雨以香水，百万迦楼罗王衔诸璎珞及宝缯带周匝垂下，百万罗刹王慈心观察，百万夜叉王恭敬礼拜，百万乾闼婆王种种音乐赞叹供养，百万天王雨诸天华、天鬘、天香、天烧香、天涂香、天末香、天妙衣服、天幢幡盖，百万梵王头顶礼敬，百万净居天合掌作礼，百万转轮王各以七宝庄严供养，百万海神俱时出现恭敬顶礼，百万味光摩尼宝光明普照，百万净福摩尼宝以为庄严，百万普光摩尼宝为清净藏，百万殊胜摩尼宝其光赫奕，百万妙藏摩尼宝光照无边，百万阎浮幢摩尼宝次第行列，百万金刚师子摩尼宝不可破坏清净庄严,百万日藏摩尼宝广大清净,百万可乐摩尼宝具种种色,百万如意摩尼宝庄严无尽光明照耀。此大莲华,如来出世善根所起,一切菩萨皆生信乐,十方世界无不现前,从如幻法生、如梦法生、清净业生,无诤法门之所庄严,入无为印,住无碍门,充满十方一切国土,随顺诸佛甚深境界,于无数百千劫叹其功德不可得尽。

我时见彼莲华之上,有一如来结跏趺坐,其身从此上至有顶。宝莲华座不可思议,道场众会不可思议,诸相成就不可思议,随好圆满不可思议,神通变化不可思议,色相清净不可思议,无见顶相不可思议,广长舌相不可思议,善巧言说不可思议,圆满音声不可思议,无边际力不可思议,清净无畏不可思议,广大辩才不可思议。又念彼佛往修诸行不可思议,自在成道不可思议,妙音演法不可思议,普门示现种种庄严不可思议,随其左右见各差别不可思议,一切利益皆令圆满不可思议。

时,此如来即申右手而摩我顶,为我演说普眼法门,开示一切如来境界,显发一切菩萨诸行,阐明一切诸佛妙法,一切法轮悉入其中,能净一切诸佛国土,能摧一切异道邪论,能灭一切诸魔军众,能令众生皆生欢喜,能照一切众生心行,能了一切众生诸根,随众生心悉令开悟。

我从于彼如来之所闻此法门,受持读诵,忆念观察。假使有人,以大海量墨,须弥聚笔,书写于此普眼法门,一品中一门,一门中一法,一法中一义,一义中一句,不得少分,何况能尽!

善男子!我于彼佛所千二百岁,受持如是普眼法门,于日日中,以闻持陀罗尼光明,领受无数品;以寂静门陀罗尼光明,趣入无数品;以无边旋陀罗尼光明,普入无数品;以随地观察陀罗尼光明,分别无数品;以威力陀罗尼光明,普摄无数品;以莲华庄严陀罗尼光明,引发无数品;以清净言音陀罗尼光明,开演无数品;以虚空藏陀罗尼光明,显示无数品;以光聚陀罗尼光明,增广无数品;以海藏陀罗尼光明,辨析无数品。若有众生从十方来,若天、若天王,若龙、若龙王,若夜叉、若夜叉王,若乾闼婆、若乾闼婆王,若阿修罗、若阿修罗王,若迦楼罗、若迦楼罗王,若紧那罗、若紧那罗王,若摩睺罗伽、若摩睺罗伽王,若人、若人王,若梵、若梵王,如是一切来至我所,我悉为其开示解释、称扬赞叹,咸令爱乐、趣入、安住此诸佛菩萨行光明普眼法门。

善男子!我唯知此普眼法门。如诸菩萨摩诃萨深入一切菩萨行海,随其愿力而修行故;入大愿海,于无量劫住世间故;入一切众生海,随其心乐广利益故;入一切众生心海,出生十力无碍智光故;入一切众生根海,应时教化悉令调伏故;入一切刹海,成满本愿严净佛刹故;入一切佛海,愿常供养诸如来故;入一切法海,能以智慧咸悟入故;入一切功德海,一一修行令具足故;入一切众生言辞海,于一切刹转正法轮故。而我云何能知能说彼功德行？

善男子！从此南行六十由旬，楞伽道边有一聚落，名为：海岸；彼有比丘，名曰：善住。汝诣彼问：菩萨云何净菩萨行？

时，善财童子礼海云足，右绕瞻仰，辞退而去。

尔时，善财童子专念善知识教，专念普眼法门，专念佛神力，专持法句云，专入法海门，专思法差别，深入法漩澓，普入法虚空，净持法翳障，观察法宝处。

渐次南行，至楞伽道海岸聚落，观察十方，求觅善住。见此比丘于虚空中来往经行，无数诸天恭敬围绕，散诸天华，作天妓乐，幡幢缯绮悉各无数，遍满虚空以为供养；诸大龙王，于虚空中兴不思议沉水香云，震雷激电以为供养；紧那罗王奏众乐音，如法赞美以为供养；摩睺罗伽王以不思议极微细衣，于虚空中周回布设，心生欢喜，以为供养；阿修罗王兴不思议摩尼宝云，无量光明种种庄严，遍满虚空以为供养；迦楼罗王作童子形，无量采女之所围绕，究竟成就无杀害心，于虚空中合掌供养；不思议数诸罗刹王，无量罗刹之所围绕，其形长大，甚可怖畏，见善住比丘慈心自在，曲躬合掌瞻仰供养；不思议数诸夜叉王，各各悉有自众围绕，四面周匝恭敬守护；不思议数诸梵天王，于虚空中曲躬合掌，以人间法称扬赞叹；不思议数诸净居天，于虚空中与宫殿俱，恭敬合掌发弘誓愿。

时，善财童子见是事已，心生欢喜，合掌敬礼，作如是言：圣者！我已先发阿耨多罗三藐三菩提心，而未知菩萨云何修行佛法？云何积集佛法？云何备具佛法？云何熏习佛法？云何增长佛法？云何总摄佛法？云何究竟佛法？云何净治佛法？云何深净佛法？云何通达佛法？我闻圣者善能诱诲，唯愿慈哀，为我宣说：菩萨云何不舍见佛，常于其所精勤修习？菩萨云何不舍菩萨，与诸菩萨同一善根？菩萨云何不舍佛法，悉以智慧而得明证？菩萨云何不舍大愿，能普利益一切众生？菩萨云何不舍众行，住一切劫心无疲厌？菩萨云何不舍佛刹，普能严净一切世界？菩萨云何不舍佛力，悉能知见如来自在？菩萨云何不舍有为亦复不住，普于一切诸有趣中犹如变化，示受生死，修菩萨行？菩萨云何不舍闻法，悉能领受诸佛正教？菩萨云何不舍智光，普入三世智所行处？

时，善住比丘告善财言：

善哉善哉！善男子！汝已能发阿耨多罗三藐三菩提心，今复发心求问佛法、一切智法、自然者法。

善男子！我已成就菩萨无碍解脱门，若来若去，若行若止，随顺思惟，修习观察，即时获得智慧光明，名：究竟无碍。得此智慧光明故，知一切众生心行无所障碍，知一切众生殁生无所障碍，知一切众生宿命无所障碍，知一切众生未来劫事无所障碍，知一切众生现在世事无所障碍，知一切众生言语音声种种差别无所障碍，决一切众生所有疑问无所障碍，知一切众生诸根无所障碍，随一切众生应受化时悉能往赴无所障碍，知一切刹那、罗婆、牟呼栗多、日夜时分无所障碍，知三世海流转次第无所障碍，能以其身遍往十方一切佛刹无所障碍。何以故？得无住无作神通力故。

善男子！我以得此神通力故，于虚空中或行、或住、或坐、或卧、或隐、或显，或现一身，或现多身，穿度墙壁犹如虚空；于虚空中结跏趺坐，往来自在犹如飞鸟；入地如水，履水如地，遍身上下普出烟焰如大火聚。或时震动一切大地，或时以手摩触日月，或现其身高至梵宫。或现烧香云，或现宝焰云，或现变化云，或现光网云，皆悉广大弥覆十方。或一念中过于东方一世界、二世界、百世界、千世界、百千世界，乃至无量世界，乃至不可说不可说世界；或过阎浮提微尘数世界，或过不可说不可说佛刹微尘数世界。于彼一切诸佛国土佛世尊前听闻说法，一一佛所现无量佛刹微尘数差别身，一一身雨无量佛刹微尘数供养云，所谓：一切华云、一切香云、一切鬘云、一切末香云、一切涂香云、一切盖云、一切衣云、一切幢云、一切幡云、一切帐云，以一切身云而为供养。一一如来所有宣说，我皆受持；一一国土所有庄严，我皆忆念。如东方，南、西、北方，四维、上、下，亦复如是。如是一切诸世界中所有众生，若见我形，皆决定得阿耨多罗三藐三菩提。彼诸世界一切众生，我皆明见，随其大小、胜劣、苦乐，示同其形，教化成就。若有众生亲近我者，悉令安住如是法门。

善男子！我唯知此普速疾供养诸佛成就众生无碍解脱门。如诸菩萨持大悲戒、波罗蜜戒、大乘戒、菩萨道相应戒、无障碍戒、不退堕戒、不舍菩提心戒、常以佛法为所缘戒、于一切智常作意戒、如虚空戒、一切世间无所依戒、无失戒、无损戒、无缺戒、无杂戒、无浊戒、无悔戒、清净戒、离尘戒、离垢戒；如是功德，而我云何能知能说？

善男子！从此南方有国，名：达里鼻荼，城名：自在；其中有人，名曰：弥伽。汝诣彼问：菩萨云何学菩萨行、修菩萨道？

时，善财童子顶礼其足，右绕瞻仰，辞退而行。

大方广佛华严经卷第六十三

入法界品第三十九之四

尔时，善财童子一心正念法光明法门，深信趣入，专念于佛，不断三宝，叹离欲性，念善知识普照三世，忆诸大愿普救众生，不著有为，究竟思惟诸法自性，悉能严净一切世界，于一切佛众会道场心无所著。

渐次南行，至自在城，求觅弥伽。乃见其人于市肆中，坐于说法师子之座，十千人众所共围绕，说轮字庄严法门。时，善财童子顶礼其足，绕无量匝，于前合掌，而作是言：圣者！我已先发阿耨多罗三藐三菩提心，而我未知菩萨云何学菩萨行？云何修菩萨道？云何流转于诸有趣常不忘失菩提之心？云何得平等意坚固不动？云何获清净心无能沮坏？云何生大悲力恒不劳疲？云何入陀罗尼普得清净？云何发生智慧广大光明，于一切法离诸暗障？云何具无碍解辩才之力，决了一切甚深义藏？云何得正念力，忆持一切差别法轮？云何得净趣力，于一切趣普演诸法？云何得智慧力，于一切法悉能决定分别其义？

尔时，弥伽告善财言：善男子！汝已发阿耨多罗三藐三菩提心耶？善财言：唯！我已先发阿耨多罗三藐三菩提心。

弥伽遽即下师子座，于善财所五体投地，散金银华无价宝珠，及以上妙碎末栴檀、无量种衣以覆其上，复散无量种种香华、种种供具以为供养，然后起立而称叹言：

善哉善哉！善男子！乃能发阿耨多罗三藐三菩提心。善男子！若有能发阿耨多罗三藐三菩提心，则为不断一切佛种，则为严净一切佛刹，则为成熟一切众生，则为了达一切法性，则为悟解一切业种，则为圆满一切诸行，则为不断一切大愿，则如实解离贪种性，则能明见三世差别，则令信解永得坚固，则为一切如来所持，则为一切诸佛忆念，则与一切菩萨平等，则为一切贤圣赞喜，则为一切梵王礼觐，则为一切天主供养，则为一切夜叉守护，则为一切罗刹侍卫，则为一切龙王迎接，则为一切紧那罗王歌咏赞叹，则为一切诸世间主称扬庆悦，则令一切诸众生界悉得安隐。所谓：令舍恶趣故，令出难处故，断一切贫穷根本故，生一切天人快乐故，遇善知识亲近故，闻广大法受持故，生菩提心故，净菩提心故，照菩萨道故，入菩萨智故，住菩萨地故。

善男子！应知菩萨所作甚难，难出难值，见菩萨者倍更难有。菩萨为一切众生恃怙，生长成就故；为一切众生拯济，拔诸苦难故；为一切众生依处，守护世间故；为一切众生救护，令免怖畏故。菩萨如风轮，持诸世间不令堕落恶趣故；如大地，增长众生善根故；如大海，福德充满无尽故；如净日，智慧光明普照故；如须弥，善根高出故；如明月，智光出现故；如猛将，摧伏魔军故；如君主，佛法城中得自在故；如猛火，烧尽众生我爱心故；如大云，降霪无量妙法雨故；如时雨，增长一切信根芽故；如船师，示导法海津济处故；如桥梁，令其得度生死海故。

弥伽如是赞叹善财，令诸菩萨皆欢喜已，从其面门出种种光，普照三千大千世界。其中众生遇斯光已，诸龙神等乃至梵天悉皆来至弥伽之所。弥伽大士即以方便，为开示、演说、分别、解释轮字品庄严法门。彼诸众生闻此法已，皆于阿耨多罗三藐三菩提得不退转。

弥伽于是还升本座，告善财言：

善男子！我已获得妙音陀罗尼，能分别知三千大千世界中诸天语言，诸龙、夜叉、乾闼婆、阿修罗、迦楼罗、紧那罗、摩睺罗伽、人与非人及诸梵天所有语言。如此三千大千世界，十方无数乃至不可说不可说世界，悉亦如是。

善男子！我唯知此菩萨妙音陀罗尼光明法门。如诸菩萨摩诃萨，能普入一切众生种种想海、种种施设海、种种名号海、种种语言海，能普入说一切深密法句海、说一切究竟法句海、说一切所缘中有一切三世所缘法句海、说上法句海、说上上法句海、说差别法句海、说一切差别法句海，能普入一切世间咒术海、一切音声庄严轮、一切差别字轮际；如是功德，我今云何能知能说？

善男子！从此南行，有一聚落，名曰：住林；彼有长者，名曰：解脱。汝诣彼问：菩萨云何修菩萨行？菩萨云何成菩萨行？菩萨云何集菩萨行？菩萨云何思菩萨行？

尔时，善财童子以善知识故，于一切智法，深生尊重，深植净信，深自增益；礼弥伽足，涕泗悲泣，绕无量匝，恋慕瞻仰，辞退而行。

尔时，善财童子思惟诸菩萨无碍解陀罗尼光明庄严门，深入诸菩萨语言海门，忆念诸菩萨知一切众生微细方便门，观察诸菩萨清净心门，成就诸菩萨善根光明门，净治诸菩萨教化众生门，明利诸菩萨摄众生智门，坚固诸菩萨广大志乐门，住持诸菩萨殊胜志乐门，净治诸菩萨种种信解门，思惟诸菩萨无量善心门；誓愿坚固，心无疲厌；以诸甲胄而自庄严，精进深心不可退转，具不坏信；其心坚固，犹如金刚及那罗延，无能坏者；守持一切善知识教，于诸境界得不坏智；普门清净，所行无碍；智光圆满，普照一切；具足诸地总持光明，了知法界种种差别，无依无住，平等无二；自性清净而普庄严，于诸所行皆得究竟，智慧清净离诸执著；知十方差别法，智无障碍；往十方差别处，身不疲懈；于十方差别业，皆得明了；于十方差别佛，无不现见；于十方差别时，悉得深入；清净妙法充满其心，普智三昧明照其心，心恒普入平等境界；如来智慧之所照触，一切智流相续不断，若身若心不离佛法；一切诸佛神力所加，一切如来光明所照；成就大愿，愿身周遍一切刹网，一切法界普入其身。

渐次游行，十有二年，至住林城，周遍推求解脱长者。既得见已，五体投地，起立合掌，白言：

圣者！我今得与善知识会，是我获得广大善利。何以故？善知识者，难可得见，难可得闻，难可出现，难得奉事，难得亲近，难得承接，难可逢值，难得共居，难令喜悦，难得随逐。我今会遇，为得善利。

圣者！我已先发阿耨多罗三藐三菩提心，为欲事一切佛故，为欲值一切佛故，为欲见一切佛故，为欲观一切佛故，为欲知一切佛故，为欲证一切佛平等故，为欲发一切佛大愿故，为欲满一切佛大愿故，为欲具一切佛智光故，为欲成一切佛众行故，为欲得一切佛神通故，为欲具一切佛诸力故，为欲获一切佛无畏故，为欲闻一切佛法故，为欲受一切佛法故，为欲持一切佛法故，为欲解一切佛法故，为欲护一切佛法故，为欲与一切诸菩萨众同一体故，为欲与一切菩萨善根等无异故，为欲圆满一切菩萨波罗蜜故，为欲成就一切菩萨所修行故，为欲出生一切菩萨清净愿故，为欲得一切诸佛菩萨威神藏故，为欲得一切菩萨法藏无尽智慧大光明故，为欲得一切菩萨三昧广大藏故，为欲成就一切菩萨无量无数神通藏故，为欲以大悲藏教化调伏一切众生皆令究竟到边际故，为欲显现神变藏故，为于一切自在藏中悉以自心得自在故，为欲入于清净藏中以一切相而庄严故。

圣者！我今以如是心、如是意、如是乐、如是欲、如是希求、如是思惟、如是尊重、如是方便、如是究竟、如是谦下，至圣者所。我闻圣者善能诱诲诸菩萨众，能以方便阐明所得，示其道路，与其津梁，授其法门；令除迷倒障，拔犹豫箭，截疑惑网，照心稠林，浣心垢浊，令心洁白，使心清净，正心诌曲，绝心生死，止心不善，解心执著；于执著处令心解脱，于染爱处使心动转，令其速入一切智境，使其疾到无上法城；令住大悲，令住大慈，令入菩萨行，令修三昧门，令入证位，令观法性，令增长力，令修习行，普于一切，其心平等。唯愿圣者为我宣说：菩萨云何学菩萨行、修菩萨道？随所修习，疾得清净，疾得明了！

时，解脱长者以过去善根力、佛威神力、文殊师利童子忆念力故，即入菩萨三昧门，名：普摄一切佛刹无边旋陀罗尼。入此三昧已，得清净身。于其身中，显现十方各十佛刹微尘数佛，及佛国土、众会、道场、种种光明、诸庄严事，亦现彼佛往昔所行神通变化、一切大愿、助道之法、诸出离行、清净庄严，亦见诸佛成等正觉、转妙法轮、教化众生。如是一切，于其身中悉皆显现，无所障碍；种种形相、种种次第，如本而住，不相杂乱，所谓：种种国土、种种众会、种种道场、种种严饰。其中诸佛现种种神力、立种种乘道、示种种愿门，或于一世界处兜率宫而作佛事，或于一世界殁兜率宫而作佛事；如是，或有住胎，或复诞生，或处宫中，或复出家，或诣道场，或破魔军，或诸天、龙恭敬围绕，或诸世主劝请说法，或转法轮，或般涅槃，或分舍利，或起塔庙。彼诸如来于种种众会、种种世间、种种趣生、种种家族、种种欲乐、种种业行、种种语言、种种根性、种种烦恼随眠习气诸众生中，或处微细道场，或处广大道场，或处一由旬量道场，或处十由旬量道场，或处不可说不可说佛刹微尘数由旬量道场，以种种神通、种种言辞、种种音声、种种法门、种种总持门、种种辩才门，以种种圣谛海、种种无畏大师子吼，说诸众生种种善根、种种忆念，授种种菩萨记，说种种诸佛法。

彼诸如来所有言说，善财童子悉能听受，亦见诸佛及诸菩萨不可思议三昧神变。

尔时，解脱长者从三昧起，告善财童子言：

善男子！我已入出如来无碍庄严解脱门。

善男子！我入出此解脱门时，即见东方阎浮檀金光明世界，龙自在王如来、应、正等觉，道场众会之所围绕，毗卢遮那藏菩萨而为上首；又见南方速疾力世界，普香如来、应、正等觉，道场众会之所围绕，心王菩萨而为上首；又见西方香光世界，须弥灯王如来、应、正等觉，道场众会之所围绕，无碍心菩萨而为上首；又见北方袈裟幢世界，不可坏金刚如来、应、正等觉，道场众会之所围绕，金刚步勇猛菩萨而为上首；又见东北方一切上妙宝世界，无所得境界眼如来、应、正等觉，道场众会之所围绕，无所得善变化菩萨而为上首；又见东南方香焰光音世界，香灯如来、应、正等觉，道场众会之所围绕，金刚焰慧菩萨而为上首；又见西南方智慧日普光明世界，法界轮幢如来、应、正等觉，道场众会之所围绕，现一切变化幢菩萨而为上首；又见西北方普清净世界，一切佛宝高胜幢如来、应、正等觉，道场众会之所围绕，法幢王菩萨而为上首；又见上方佛次第出现无尽世界，无边智慧光圆满幢如来、应、正等觉，道场众会之所围绕，法界门幢王菩萨而为上首；又见下方佛光明世界，无碍智幢如来、应、正等觉，道场众会之所围绕，一切世间刹幢王菩萨而为上首。

善男子！我见如是等十方各十佛刹微尘数如来。彼诸如来不来至此，我不往彼。我若欲见安乐世界阿弥陀如来，随意即见；我若欲见栴檀世界金刚光明如来、妙香世界宝光明如来、莲华世界宝莲华光明如来、妙金世界寂静光如来、妙喜世界不动如来、善住世界师子如来、镜光明世界月觉如来、宝师子庄严世界毗卢遮那如来，如是一切，悉皆即见。然彼如来不来至此，我身亦不往诣于彼。知一切佛及与我心，悉皆如梦；知一切佛犹如影像，自心如水；知一切佛所有色相及以自心，悉皆如幻；知一切佛及以己心，悉皆如响。我如是知，如是忆念：所见诸佛，皆由自心。

善男子！当知菩萨修诸佛法，净诸佛刹，积集妙行，调伏众生，发大誓愿，入一切智自在游戏不可思议解脱之门，得佛菩提，现大神通，遍往一切十方法界，以微细智普入诸劫；如是一切，悉由自心。

是故，善男子！应以善法扶助自心，应以法水润泽自心，应于境界净治自心，应以精进坚固自心，应以忍辱坦荡自心，应以智证洁白自心，应以智慧明利自心，应以佛自在开发自心，应以佛平等广大自心，应以佛十力照察自心。

善男子！我唯于此如来无碍庄严解脱门而得入出。如诸菩萨摩诃萨得无碍智住无碍行，得常见一切佛三昧，得不住涅槃际三昧，了达三昧普门境界，于三世法悉皆平等，能善分身遍一切刹，住于诸佛平等境界，十方境界皆悉现前，智慧观察无不明了，于其身中悉现一切世界成坏，而于己身及诸世界不生二想；如是妙行，而我云何能知能说？

善男子！从此南行，至阎浮提畔，有一国土，名：摩利伽罗；彼有比丘，名曰：海幢。汝诣彼问：菩萨云何学菩萨行、修菩萨道？

时，善财童子顶礼解脱长者足，右绕观察，称扬赞叹，思惟恋仰，悲泣流泪——一心忆念：依善知识，事善知识，敬善知识，由善知识见一切智；于善知识不生违逆，于善知识心无谄诳，于善知识心常随顺；于善知识起慈母想，舍离一切无益法故；于善知识起慈父想，出生一切诸善法故。——辞退而去。

尔时，善财童子一心正念彼长者教，观察彼长者教，忆念彼不思议菩萨解脱门，思惟彼不思议菩萨智光明，深入彼不思议法界门，趣向彼不思议菩萨普入门，明见彼不思议如来神变，解了彼不思议普入佛刹，分别彼不思议佛力庄严，思惟彼不思议菩萨三昧解脱境界分位，了达彼不思议差别世界究竟无碍，修行彼不思议菩萨坚固深心，发起彼不思议菩萨大愿净业。

渐次南行，至阎浮提畔摩利聚落，周遍求觅海幢比丘。乃见其在经行地侧结跏趺坐，入于三昧，离出入息，无别思觉，身安不动。

从其足下，出无数百千亿长者、居士、婆罗门众，皆以种种诸庄严具庄严其身，悉著宝冠，顶系明珠，普往十方一切世界，雨一切宝、一切璎珞、一切衣服、一切饮食如法上味、一切华、一切鬘、一切香、一切涂香、一切欲乐资生之具，于一切处救摄一切贫穷众生，安慰一切苦恼众生，皆令欢喜心意清净，成就无上菩提之道。

从其两膝，出无数百千亿刹帝利、婆罗门众，皆悉聪慧，种种色相、种种形貌、种种衣服上妙庄严，普遍十方一切世界，爱语、同事摄诸众生。所谓：贫者令足，病者令愈，危者令安，怖者令止，有忧苦者咸使快乐；复以方便而劝导之，皆令舍恶，安住善法。

从其腰间，出等众生数无量仙人，或服草衣或树皮衣，皆执澡瓶，威仪寂静，周旋往返十方世界，于虚空中，以佛妙音，称赞如来，演说诸法；或说清净梵行之道，令其修习，调伏诸根；或说诸法皆无自性，使其观察，发生智慧；或说世间言论轨则，或复开示一切智智出要方便，令随次第各修其业。

从其两胁，出不思议龙、不思议龙女，示现不思议诸龙神变，所谓：雨不思议香云、不思议华云、不思议鬘云、不思议宝盖云、不思议宝幡云、不思议妙宝庄严具云、不思议大摩尼宝云、不思议宝璎珞云、不思议宝座云、不思议宝宫殿云、不思议宝莲华云、不思议宝冠云、不思议天身云、不思议采女云，悉遍虚空而为庄严，充满一切十方世界，诸佛道场而为供养，令诸众生皆生欢喜。

从胸前卍字中，出无数百千亿阿修罗王，皆悉示现不可思议自在幻力，令百世界皆大震动，一切海水自然涌沸，一切山王互相冲击，诸天宫殿无不动摇，诸魔光明无不隐蔽，诸魔兵众无不摧伏；普令众生，舍憍慢心，除怒害心，破烦恼山，息众恶法，长无斗诤，永共和善；复以幻力，开悟众生，令灭罪恶，令怖生死，令出诸趣，令离染著，令住无上菩提之心，令修一切诸菩萨行，令住一切诸波罗蜜，令入一切诸菩萨地，令观一切微妙法门，令知一切诸佛方便。如是所作，周遍法界。

从其背上，为应以二乘而得度者，出无数百千亿声闻、独觉；为著我者，说无有我；为执常者，说一切行皆悉无常；为贪行者，说不净观；为瞋行者，说慈心观；为痴行者，说缘起观；为等分行者，说与智慧相应境界法；为乐著境界者，说无所有法；为乐著寂静处者，说发大誓愿普饶益一切众生法。如是所作，周遍法界。

从其两肩，出无数百千亿诸夜叉、罗刹王，种种形貌、种种色相，或长或短，皆可怖畏，无量眷属而自围绕，守护一切行善众生，并诸贤圣、菩萨众会，若向正住及正住者；或时现作执金刚神，守护诸佛及佛住处，或遍守护一切世间。有怖畏者，令得安隐；有疾病者，令得除差；有苦恼者，令得免离；有过恶者，令其厌悔；有灾横者，令其息灭。如是利益一切众生，皆悉令其舍生死轮转正法轮。

从其腹，出无数百千亿紧那罗王，各有无数紧那罗女前后围绕；又出无数百千亿乾闼婆王，各有无数乾闼婆女前后围绕。各奏无数百千天乐，歌咏赞叹诸法实性，歌咏赞叹一切诸佛，歌咏赞叹发菩提心，歌咏赞叹修菩萨行，歌咏赞叹一切诸佛成正觉门，歌咏赞叹一切诸佛转法轮门，歌咏赞叹一切诸佛现神变门，开示演说一切诸佛般涅槃门，开示演说守护一切诸佛教门，开示演说令一切众生皆欢喜门，开示演说严净一切诸佛刹门，开示演说显示一切微妙法门，开示演说舍离一切诸障碍门，开示演说发生一切诸善根门。如是周遍十方法界。

从其面门，出无数百千亿转轮圣王，七宝具足，四兵围绕，放大舍光，雨无量宝；诸贫乏者悉使充足，令其永断不与取行；端正采女无数百千，悉以舍施心无所著，令其永断邪淫之行；令生慈心，不断生命；令其究竟常真实语，不作虚诳无益谈说；令摄他语，不行离间；令柔软语，无有粗恶；令常演说甚深决定明了之义，不作无义绮饰言辞；为说少欲，令除贪爱，心无瑕垢；为说大悲，令除忿怒，意得清净；为说实义，令其观察一切诸法，深入因缘，善明谛理，拔邪见刺，破疑惑山，一切障碍悉皆除灭。如是所作，充满法界。

从其两目，出无数百千亿日轮，普照一切诸大地狱及诸恶趣，皆令离苦；又照一切世界中间，令除黑暗；又照一切十方众生，皆令舍离愚痴翳障；于垢浊国土放清净光，白银国土放黄金色光，黄金国土放白银色光，琉璃国土放玻璃色光，玻璃国土放琉璃色光，砗磲国土放码瑙色光，码瑙国土放砗磲色光，帝青国土放日藏摩尼王色光，日藏摩尼王国土放帝青色光，赤真珠国土放月光网藏摩尼王色光，月光网藏摩尼王国土放赤真珠色光，一宝所成国土放种种宝色光，种种宝所成国土放一宝色光，照诸众生心之稠林，办诸众生无量事业，严饰一切世间境界，令诸众生心得清凉生大欢喜。如是所作，充满法界。

从其眉间白毫相中，出无数百千亿帝释，皆于境界而得自在，摩尼宝珠系其顶上，光照一切诸天宫殿，震动一切须弥山王，觉悟一切诸天大众；叹福德力，说智慧力，生其乐力，持其志力，净其念力，坚其所发菩提心力，赞乐见佛，令除世欲，赞乐闻法；令厌世境，赞乐观智；令绝世染，止修罗战，断烦恼诤，灭怖死心，发降魔愿，兴立正法须弥山王，成办众生一切事业。如是所作，周遍法界。

从其额上，出无数百千亿梵天，色相端严，世间无比，威仪寂静，言音美妙，劝佛说法，叹佛功德，令诸菩萨悉皆欢喜，能办众生无量事业，普遍一切十方世界。

从其头上，出无量佛刹微尘数诸菩萨众，悉以相好庄严其身，放无边光，说种种行。所谓：赞叹布施，令舍悭贪，得众妙宝庄严世界；称扬赞叹持戒功德，令诸众生永断诸恶，住于菩萨大慈悲戒；说一切有悉皆如梦，说诸欲乐无有滋味，令诸众生离烦恼缚；说忍辱力，令于诸法心得自在；赞金色身，令诸众生离瞋恚垢，起对治行，绝畜生道；叹精进，令其远离世间放逸，皆悉勤修无量妙法；又为赞叹禅波罗蜜，令其一切心得自在；又为演说般若波罗蜜，开示正见，令诸众生乐自在智拔诸见毒；又为演说随顺世间种种所作，令诸众生虽离生死，而于诸趣自在受生；又为示现神通变化，说寿命自在，令诸众生发大誓愿；又为演说成就总持力、出生大愿力、净治三昧力、自在受生力；又为演说种种诸智，所谓：普知众生诸根智、普知一切心行智、普知如来十力智、普知诸佛自在智。如是所作，周遍法界。

从其顶上，出无数百千亿如来身，其身无等，诸相随好，清净庄严，威光赫奕如真金山，无量光明普照十方，出妙音声充满法界，示现无量大神通力，为一切世间普雨法雨。所谓：为坐菩提道场诸菩萨，雨普知平等法雨；为灌顶位诸菩萨，雨入普门法雨；为法王子位诸菩萨，雨普庄严法雨；为童子位诸菩萨，雨坚固山法雨；为不退位诸菩萨，雨海藏法雨；为成就正心位诸菩萨，雨普境界法雨；为方便具足位诸菩萨，雨自性门法雨；为生贵位诸菩萨，雨随顺世间法雨；为修行位诸菩萨，雨普悲愍法雨；为新学诸菩萨，雨积集藏法雨；为初发心诸菩萨，雨摄众生法雨；为信解诸菩萨，雨无尽境界普现前法雨；为色界诸众生，雨普门法雨；为诸梵天，雨普藏法雨；为诸自在天，雨生力法雨；为诸魔众，雨心幢法雨；为诸化乐天，雨净念法雨；为诸兜率天，雨生意法雨；为诸夜摩天，雨欢喜法雨；为诸忉利天，雨疾庄严虚空界法雨；为诸夜叉王，雨欢喜法雨；为诸乾闼婆王，雨金刚轮法雨；为诸阿修罗王，雨大境界法雨；为诸迦楼罗王，雨无边光明法雨；为诸紧那罗王，雨一切世间殊胜智法雨；为诸人王，雨无乐著法雨；为诸龙王，雨欢喜幢法雨；为诸摩睺罗伽王，雨大休息法雨；为诸地狱众生，雨正念庄严法雨；为诸畜生，雨智慧藏法雨；为阎罗王界众生，雨无畏法雨；为诸厄难处众生，雨普安慰法雨。悉令得入贤圣众会。如是所作，充满法界。

海幢比丘又于其身一切毛孔，一一皆出阿僧祇佛刹微尘数光明网，一一光明网具阿僧祇色相、阿僧祇庄严、阿僧祇境界、阿僧祇事业，充满十方一切法界。

尔时，善财童子一心观察海幢比丘，深生渴仰，忆念彼三昧解脱，思惟彼不思议菩萨三昧，思惟彼不思议利益众生方便海，思惟彼不思议无作用普庄严门，思惟彼庄严法界清净智，思惟彼受佛加持智，思惟彼出生菩萨自在力，思惟彼坚固菩萨大愿力，思惟彼增广菩萨诸行力。如是住立，思惟观察，经一日一夜，乃至经于七日七夜、半月、一月，乃至六月，复经六日。

过此已后，海幢比丘从三昧出。善财童子赞言：圣者！希有奇特！如此三昧最为甚深，如此三昧最为广大，如此三昧境界无量，如此三昧神力难思，如此三昧光明无等，如此三昧庄严无数，如此三昧威力难制，如此三昧境界平等，如此三昧普照十方，如此三昧利益无限，以能除灭一切众生无量苦故。所谓：能令一切众生离贫苦故，出地狱故，免畜生故，闭诸难门故，开人、天道故，令人、天众生喜乐故，令其爱乐禅境界故，能为增长有为乐故，能为显示出有乐故，能为引发菩提心故，能使增长福智行故，能令增长大悲心故，能令生起大愿力故，能令明了菩萨道故，能使庄严究竟智故，能令趣入大乘境故，能令照了普贤行故，能令证得诸菩萨地智光明故，能令成就一切菩萨诸愿行故，能令安住一切智智境界中故。圣者！此三昧者，名为何等？

海幢比丘言：善男子！此三昧名：普眼舍得，又名：般若波罗蜜境界清净光明，又名：普庄严清净门。善男子！我以修习般若波罗蜜故，得此普庄严清净三昧等百万阿僧祇三昧。

善财童子言：圣者！此三昧境界究竟唯如是耶？

海幢言：

善男子！入此三昧时，了知一切世界，无所障碍；往诣一切世界，无所障碍；超过一切世界，无所障碍；庄严一切世界，无所障碍；修治一切世界，无所障碍；严净一切世界，无所障碍；见一切佛，无所障碍；观一切佛广大威德，无所障碍；知一切佛自在神力，无所障碍；证一切佛诸广大力，无所障碍；入一切佛诸功德海，无所障碍；受一切佛无量妙法，无所障碍；入一切佛法中修习妙行，无所障碍；证一切佛转法轮平等智，无所障碍；入一切诸佛众会道场海，无所障碍；观十方佛法，无所障碍；大悲摄受十方众生，无所障碍；常起大慈充满十方，无所障碍；见十方佛心无厌足，无所障碍；入一切众生海，无所障碍；知一切众生根海，无所障碍；知一切众生诸根差别智，无所障碍。

善男子！我唯知此一般若波罗蜜三昧光明。如诸菩萨入智慧海，净法界境，达一切趣，遍无量刹，总持自在，三昧清净，神通广大，辩才无尽，善说诸地，为众生依；而我何能知其妙行，辨其功德，了其所行，明其境界，究其愿力，入其要门，达其所证，说其道分，住其三昧，见其心境，得其所有平等智慧？

善男子！从此南行，有一住处，名曰：海潮；彼有园林，名：普庄严；于其园中，有优婆夷，名曰：休舍。汝往彼问：菩萨云何学菩萨行、修菩萨道？

时，善财童子于海幢比丘所，得坚固身，获妙法财，入深境界，智慧明彻，三昧照耀，住清净解，见甚深法，其心安住诸清净门，智慧光明充满十方，心生欢喜，踊跃无量；五体投地，顶礼其足，绕无量匝，恭敬瞻仰，思惟观察，咨嗟恋慕，持其名号，想其容止，念其音声，思其三昧及彼大愿所行境界，受其智慧清净光明；辞退而行。

大方广佛华严经卷第六十四

入法界品第三十九之五

尔时，善财童子蒙善知识力，依善知识教，念善知识语，于善知识深心爱乐，作是念言：因善知识，令我见佛；因善知识，令我闻法。善知识者是我师傅，示导于我诸佛法故；善知识者是我眼目，令我见佛如虚空故；善知识者是我津济，令我得入诸佛如来莲华池故。

渐渐南行，至海潮处，见普庄严园，众宝垣墙周匝围绕，一切宝树行列庄严；一切宝华树，雨众妙华，布散其地；一切宝香树，香气氛氲，普熏十方；一切宝鬘树，雨大宝鬘，处处垂下；一切摩尼宝王树，雨大摩尼宝，遍布充满；一切宝衣树，雨种种色衣，随其所应，周匝敷布；一切音乐树，风动成音，其音美妙，过于天乐；一切庄严具树，各雨珍玩奇妙之物，处处分布，以为严饰。

其地清净无有高下，于中具有百万殿堂，大摩尼宝之所合成；百万楼阁，阎浮檀金以覆其上；百万宫殿，毗卢遮那摩尼宝间错庄严；一万浴池，众宝合成；七宝栏楯，周匝围绕；七宝阶道，四面分布；八功德水，湛然盈满，其水香气如天栴檀，金沙布底，水清宝珠周遍间错；凫鹥、孔雀、俱枳罗鸟游戏其中，出和雅音；宝多罗树周匝行列,覆以宝网,垂诸金铃,微风徐摇,恒出美音;施大宝帐,宝树围绕,建立无数摩尼宝幢,光明普照百千由旬。其中复有百万陂池,黑栴檀泥凝积其底,一切妙宝以为莲华敷布水上,大摩尼华光色照耀园中。

复有广大宫殿,名:庄严幢,海藏妙宝以为其地,毗琉璃宝以为其柱,阎浮檀金以覆其上,光藏摩尼以为庄严,无数宝王光焰炽然,重楼挟阁种种庄饰;阿卢那香王、觉悟香王,皆出妙香普熏一切。其宫殿中,复有无量宝莲华座周回布列,所谓:照耀十方摩尼宝莲华座、毗卢遮那摩尼宝莲华座、照耀世间摩尼宝莲华座、妙藏摩尼宝莲华座、师子藏摩尼宝莲华座、离垢藏摩尼宝莲华座、普门摩尼宝莲华座、光严摩尼宝莲华座、安住大海藏清净摩尼王宝莲华座、金刚师子摩尼宝莲华座。

园中复有百万种帐,所谓:衣帐、鬘帐、香帐、华帐、枝帐、摩尼帐、真金帐、庄严具帐、音乐帐、象王神变帐、马王神变帐、帝释所著摩尼宝帐……如是等,其数百万。有百万大宝网弥覆其上,所谓:宝铃网、宝盖网、宝身网、海藏真珠网、绀琉璃摩尼宝网、师子摩尼网、月光摩尼网、种种形像众香网、宝冠网、宝璎珞网……如是等,其数百万。有百万大光明之所照耀,所谓:焰光摩尼宝光明、日藏摩尼宝光明、月幢摩尼宝光明、香焰摩尼宝光明、胜藏摩尼宝光明、莲华藏摩尼宝光明、焰幢摩尼宝光明、大灯摩尼宝光明、普照十方摩尼宝光明、香光摩尼宝光明……如是等,其数百万。常雨百万庄严具,百万黑栴檀香出妙音声,百万出过诸天曼陀罗华而以散之,百万出过诸天璎珞以为庄严,百万出过诸天妙宝鬘带处处垂下,百万出过诸天众色妙衣,百万杂色摩尼宝妙光普照,百万天子欣乐瞻仰头面作礼,百万采女于虚空中投身而下,百万菩萨恭敬亲近常乐闻法。

时,休舍优婆夷坐真金座,戴海藏真珠网,冠挂出过诸天真金宝钏,垂绀青发,大摩尼网庄严其首,师子口摩尼宝以为耳珰,如意摩尼宝王以为璎珞,一切宝网垂覆其身,百千亿那由他众生曲躬恭敬。东方有无量众生来诣其所,所谓:梵天、梵众天、大梵天、梵辅天、自在天,乃至一切人及非人;南、西、北方,四维、上、下,皆亦如是。其有见此优婆夷者,一切病苦悉得除灭,离烦恼垢,拔诸见刺,摧障碍山,入于无碍清净境界,增明一切所有善根,长养诸根;入一切智慧门,入一切总持门;一切三昧门、一切大愿门、一切妙行门、一切功德门,皆得现前;其心广大,具足神通,身无障碍,至一切处。

尔时,善财童子入普庄严园,周遍观察,见休舍优婆夷坐于妙座,往诣其所,顶礼其足,绕无数匝,白言:圣者!我已先发阿耨多罗三藐三菩提心,而未知菩萨云何学菩萨行?云何修菩萨道?我闻圣者善能诱诲,愿为我说!

休舍告言：

善男子！我唯得菩萨一解脱门，若有见闻忆念于我，与我同住，供给我者，悉不唐捐。善男子！若有众生不种善根，不为善友之所摄受，不为诸佛之所护念，是人终不得见于我。善男子！其有众生得见我者，皆于阿耨多罗三藐三菩提获不退转。

善男子！东方诸佛常来至此，处于宝座为我说法；南、西、北方，四维、上、下，一切诸佛悉来至此，处于宝座为我说法。善男子！我常不离见佛闻法，与诸菩萨而共同住。

善男子！我此大众，有八万四千亿那由他，皆在此园与我同行，悉于阿耨多罗三藐三菩提得不退转；其余众生住此园者，亦皆普入不退转位。

善财白言：圣者发阿耨多罗三藐三菩提心为久近耶？

答言：

善男子！我忆过去，于然灯佛所，修行梵行，恭敬供养，闻法受持；次前，于离垢佛所，出家学道，受持正法；次前，于妙幢佛所；次前，于胜须弥佛所；次前，于莲华德藏佛所；次前，于毗卢遮那佛所；次前，于普眼佛所；次前，于梵寿佛所；次前，于金刚脐佛所；次前，于婆楼那天佛所。善男子！我忆过去，于无量劫无量生中，如是次第三十六恒河沙佛所，皆悉承事，恭敬供养，闻法受持，净修梵行。于此已往，佛智所知，非我能测。

善男子！菩萨初发心无有量，充满一切法界故；菩萨大悲门无有量，普入一切世间故；菩萨大愿门无有量，究竟十方法界故；菩萨大慈门无有量，普覆一切众生故；菩萨所修行无有量，于一切刹一切劫中修习故；菩萨三昧力无有量，令菩萨道不退故；菩萨总持力无有量，能持一切世间故；菩萨智光力无有量，普能证入三世故；菩萨神通力无有量，普现一切刹网故；菩萨辩才力无有量，一音一切悉解故；菩萨清净身无有量，悉遍一切佛刹故。

善财童子言：圣者久如当得阿耨多罗三藐三菩提？

答言：

善男子！菩萨不为教化调伏一众生故发菩提心，不为教化调伏百众生故发菩提心，乃至不为教化调伏不可说不可说转众生故发菩提心；不为教化一世界众生故发菩提心，乃至不为教化不可说不可说转世界众生故发菩提心；不为教化阎浮提微尘数世界众生故发菩提心，不为教化三千大千世界微尘数世界众生故发菩提心，乃至不为教化不可说不可说转三千大千世界微尘数世界众生故发菩提心；不为供养一如来故发菩提心，乃至不为供养不可说不可说转如来故发菩提心；不为供养一世界中次第兴世诸如来故发菩提心，乃至不为供养不可说不可说转世界中次第兴世诸如来故发菩提心；不为供养一三千大千世界微尘数世界中次第兴世诸如来故发菩提心，乃至不为供养不可说不可说转佛刹微尘数世界中次第兴世诸如来故发菩提心；不为严净一世界故发菩提心，乃至不为严净不可说不可说转世界故发菩提心；不为严净一三千大千世界微尘数世界故发菩提心，乃至不为严净不可说不可说转三千大千世界微尘数世界故发菩提心；不为住持一如来遗法故发菩提心，乃至不为住持不可说不可说转如来遗法故发菩提心；不为住持一世界如来遗法故发菩提心，乃至不为住持不可说不可说转世界如来遗法故发菩提心；不为住持一阎浮提微尘数世界如来遗法故发菩提心，乃至不为住持不可说不可说转佛刹微尘数世界如来遗法故发菩提心。如是略说，不为满一佛誓愿故，不为往一佛国土故，不为入一佛众会故，不为持一佛法眼故，不为转一佛法轮故，不为知一世界中诸劫次第故，不为知一众生心海故，不为知一众生根海故，不为知一众生业海故，不为知一众生行海故，不为知一众生烦恼海故，不为知一众生烦恼习海故，乃至不为知不可说不可说转佛刹微尘数众生烦恼习海故，发菩提心。

欲教化调伏一切众生悉无余故发菩提心，欲承事供养一切诸佛悉无余故发菩提心，欲严净一切诸佛国土悉无余故发菩提心，欲护持一切诸佛正教悉无余故发菩提心，欲成满一切如来誓愿悉无余故发菩提心，欲往一切诸佛国土悉无余故发菩提心，欲入一切诸佛众会悉无余故发菩提心，欲知一切世界中诸劫次第悉无余故发菩提心，欲知一切众生心海悉无余故发菩提心，欲知一切众生根海悉无余故发菩提心，欲知一切众生业海悉无余故发菩提心，欲知一切众生行海悉无余故发菩提心，欲灭一切众生诸烦恼海悉无余故发菩提心，欲拔一切众生烦恼习海悉无余故发菩提心。善男子！取要言之，菩萨以如是等百万阿僧祇方便行故发菩提心。

善男子！菩萨行普入一切法皆证得故，普入一切刹悉严净故。是故，善男子！严净一切世界尽，我愿乃尽；拔一切众生烦恼习气尽，我愿乃满。

善财童子言：圣者！此解脱名为何等？

答言：

善男子！此解脱名：离忧安隐幢。善男子！我唯知此一解脱门。如诸菩萨摩诃萨，其心如海，悉能容受一切佛法；如须弥山，志意坚固，不可动摇；如善见药，能除众生烦恼重病；如明净日，能破众生无明闇障；犹如大地，能作一切众生依处；犹如好风，能作一切众生义利；犹如明灯，能为众生生智慧光；犹如大云，能为众生雨寂灭法；犹如净月，能为众生放福德光；犹如帝释，悉能守护一切众生。而我云何能知能说彼功德行？

善男子！于此南方海潮之处，有一国土，名：那罗素；中有仙人，名：毗目瞿沙。汝诣彼问：菩萨云何学菩萨行、修菩萨道？

时，善财童子顶礼其足，绕无数匝，殷勤瞻仰，悲泣流泪，作是思惟：得菩提难，近善知识难，遇善知识难，得菩萨诸根难，净菩萨诸根难，值同行善知识难，如理观察难，依教修行难，值遇出生善心方便难，值遇增长一切智法光明难。作是念已，辞退而行。

尔时，善财童子随顺思惟菩萨正教，随顺思惟菩萨净行，生增长菩萨福力心，生明见一切诸佛心，生出生一切诸佛心，生增长一切大愿心，生普见十方诸法心，生明照诸法实性心，生普散一切障碍心，生观察法界无闇心，生清净意宝庄严心，生摧伏一切众魔心。

渐渐游行，至那罗素国，周遍推求毗目瞿沙。见一大林，阿僧祇树以为庄严，所谓：种种叶树扶疏布濩，种种华树开敷鲜荣，种种果树相续成熟，种种宝树雨摩尼果，大栴檀树处处行列，诸沉水树常出好香，悦意香树妙香庄严，波吒罗树四面围绕，尼拘律树其身耸擢，阎浮檀树常雨甘果，优钵罗华、波头摩华以严池沼。

时，善财童子见彼仙人在栴檀树下敷草而坐，领徒一万，或著鹿皮，或著树皮，或复编草以为衣服，髻环垂鬓，前后围绕。善财见已，往诣其所，五体投地，作如是言：我今得遇真善知识。善知识者，则是趣向一切智门，令我得入真实道故；善知识者，则是趣向一切智乘，令我得至如来地故；善知识者，则是趣向一切智船，令我得至智宝洲故；善知识者，则是趣向一切智炬，令我得生十力光故；善知识者，则是趣向一切智道，令我得入涅槃城故；善知识者，则是趣向一切智灯，令我得见夷险道故；善知识者，则是趣向一切智桥，令我得度险恶处故；善知识者，则是趣向一切智盖，令我得生大慈凉故；善知识者，则是趣向一切智眼，令我得见法性门故；善知识者，则是趣向一切智潮，令我满足大悲水故。

作是语已，从地而起，绕无量匝，合掌前住，白言：圣者！我已先发阿耨多罗三藐三菩提心，而未知菩萨云何学菩萨行？云何修菩萨道？我闻圣者善能诱诲，愿为我说！

时，毗目瞿沙顾其徒众，而作是言：善男子！此童子已发阿耨多罗三藐三菩提心。善男子！此童子普施一切众生无畏，此童子普兴一切众生利益，此童子常观一切诸佛智海，此童子欲饮一切甘露法雨，此童子欲测一切广大法海，此童子欲令众生住智海中，此童子欲普发起广大悲云，此童子欲普雨于广大法雨，此童子欲以智月普照世间，此童子欲灭世间烦恼毒热，此童子欲长含识一切善根。

时，诸仙众闻是语已，各以种种上妙香华散善财上，投身作礼，围绕恭敬，作如是言：今此童子，必当救护一切众生，必当除灭诸地狱苦，必当永断诸畜生道，必当转去阎罗王界，必当关闭诸难处门，必当乾竭诸爱欲海，必令众生永灭苦蕴，必当永破无明黑闇，必当永断贪爱系缚，必以福德大轮围山围绕世间，必以智慧大宝须弥显示世间，必当出现清净智日，必当开示善根法藏，必使世间明识险易。

时，毗目瞿沙告群仙言：善男子！若有能发阿耨多罗三藐三菩提心，必当成就一切智道。此善男子已发阿耨多罗三藐三菩提心，当净一切佛功德地。

时，毗目瞿沙告善财童子言：善男子！我得菩萨无胜幢解脱。

善财白言：圣者！无胜幢解脱境界云何？

时，毗目仙人即申右手，摩善财顶，执善财手。即时，善财自见其身往十方十佛刹微尘数世界中，到十佛刹微尘数诸佛所，见彼佛刹及其众会、诸佛相好、种种庄严；亦闻彼佛随诸众生心之所乐而演说法，一文一句皆悉通达，各别受持无有杂乱；亦知彼佛以种种解净治诸愿；亦知彼佛以清净愿成就诸力；亦见彼佛随众生心所现色相；亦见彼佛大光明网，种种诸色清净圆满；亦知彼佛无碍智慧大光明力；又自见身于诸佛所，经一日夜或七日夜、半月、一月、一年、十年、百年、千年，或经亿年，或阿庾多亿年，或那由他亿年，或经半劫、或经一劫、百劫、千劫，或百千亿乃至不可说不可说佛刹微尘数劫。

尔时，善财童子为菩萨无胜幢解脱智光明照故，得毗卢遮那藏三昧光明；为无尽智解脱三昧光明照故，得普摄诸方陀罗尼光明；为金刚轮陀罗尼门光明照故，得极清净智慧心三昧光明；为普门庄严藏般若波罗蜜光明照故，得佛虚空藏轮三昧光明；为一切佛法轮三昧光明照故，得三世无尽智三昧光明。

时，彼仙人放善财手，善财童子即自见身还在本处。

时，彼仙人告善财言：善男子！汝忆念耶？

善财言：唯！此是圣者善知识力。

仙人言：

善男子！我唯知此菩萨无胜幢解脱。如诸菩萨摩诃萨成就一切殊胜三昧，于一切时而得自在，于一念顷出生诸佛无量智慧，以佛智灯而为庄严普照世间，一念普入三世境界，分形遍往十方国土，智身普入一切法界，随众生心普现其前观其根行而为利益，放净光明甚可爱乐；而我云何能知能说彼功德行、彼殊胜愿、彼庄严刹、彼智境界、彼三昧所行、彼神通变化、彼解脱游戏、彼身相差别、彼音声清净、彼智慧光明？

善男子！于此南方，有一聚落，名：伊沙那；有婆罗门，名曰：胜热。汝诣彼问：菩萨云何学菩萨行、修菩萨道？

时，善财童子欢喜踊跃，顶礼其足，绕无数匝，殷勤瞻仰，辞退南行。

尔时，善财童子为菩萨无胜幢解脱所照故，住诸佛不思议神力，证菩萨不思议解脱神通智，得菩萨不思议三昧智光明，得一切时熏修三昧智光明，得了知一切境界皆依想所住三昧智光明，得一切世间殊胜智光明；于一切处悉现其身，以究竟智说无二无分别平等法，以明净智普照境界；凡所闻法皆能忍受，清净信解，于法自性决定明了；心恒不舍菩萨妙行，求一切智永无退转，获得十力智慧光明，勤求妙法常无厌足，以正修行入佛境界，出生菩萨无量庄严，无边大愿悉已清净；以无穷尽智知无边世界网，以无怯弱心度无量众生海；了无边菩萨诸行境界，见无边世界种种差别，见无边世界种种庄严，入无边世界微细境界，知无边世界种种名号，知无边世界种种言说，知无边众生种种解，见无边众生种种行，见无边众生成熟行，见无边众生差别想；念善知识渐次游行，至伊沙那聚落，见彼胜热修诸苦行求一切智。四面火聚犹如大山，中有刀山高峻无极，登彼山上投身入火。

时，善财童子顶礼其足，合掌而立，作如是言：圣者！我已先发阿耨多罗三藐三菩提心，而未知菩萨云何学菩萨行？云何修菩萨道？我闻圣者善能诱诲，愿为我说！

婆罗门言：善男子！汝今若能上此刀山，投身火聚，诸菩萨行悉得清净。

时，善财童子作如是念：得人身难，离诸难难，得无难难，得净法难，得值佛难，具诸根难，闻佛法难，遇善人难，逢真善知识难，受如理正教难，得正命难，随法行难。此将非魔、魔所使耶？将非是魔险恶徒党，诈现菩萨善知识相，而欲为我作善根难、作寿命难，障我修行一切智道，牵我令入诸恶道中，欲障我法门、障我佛法？

作是念时，十千梵天，在虚空中，作如是言：

善男子！莫作是念！莫作是念！今此圣者得金刚焰三昧光明，发大精进，度诸众生，心无退转；欲竭一切贪爱海，欲截一切邪见网，欲烧一切烦恼薪，欲照一切惑稠林，欲断一切老死怖，欲坏一切三世障，欲放一切法光明。

善男子！我诸梵天多著邪见，皆悉自谓是自在者、是能作者，于世间中我是最胜。见婆罗门五热炙身，于自宫殿心不乐著，于诸禅定不得滋味，皆共来诣婆罗门所。时，婆罗门以神通力示大苦行为我说法，能令我等，灭一切见，除一切慢，住于大慈，行于大悲，起广大心，发菩提意，常见诸佛，恒闻妙法，于一切处心无所碍。

复有十千诸魔，在虚空中，以天摩尼宝散婆罗门上，告善财言：善男子！此婆罗门五热炙身时，其火光明映夺于我所有宫殿诸庄严具皆如聚墨，令我于中不生乐著，我与眷属来诣其所。此婆罗门为我说法，令我及余无量天子、诸天女等，皆于阿耨多罗三藐三菩提得不退转。

复有十千自在天王，于虚空中，各散天华，作如是言：善男子！此婆罗门五热炙身时，其火光明映夺我等所有宫殿诸庄严具皆如聚墨，令我于中不生爱著，即与眷属来诣其所。此婆罗门为我说法，令我于心而得自在，于烦恼中而得自在，于受生中而得自在，于诸业障而得自在，于诸三昧而得自在，于庄严具而得自在，于寿命中而得自在，乃至能于一切佛法而得自在。

复有十千化乐天王，于虚空中，作天音乐，恭敬供养，作如是言：善男子！此婆罗门五热炙身时，其火光明照我宫殿诸庄严具及诸采女，能令我等不受欲乐、不求欲乐、身心柔软，即与众俱来诣其所。时，婆罗门为我说法，能令我等心得清净、心得明洁、心得纯善、心得柔软、心生欢喜，乃至令得清净十力清净之身，生无量身，乃至令得佛身、佛语、佛声、佛心，具足成就一切智智。

复有十千兜率天王、天子、天女、无量眷属，于虚空中，雨众妙香，恭敬顶礼，作如是言：善男子！此婆罗门五热炙身时，令我等诸天及其眷属，于自宫殿无有乐著，共诣其所。闻其说法，能令我等不贪境界，少欲知足，心生欢喜，心得充满，生诸善根，发菩提心，乃至圆满一切佛法。

复有十千三十三天并其眷属、天子、天女，前后围绕，于虚空中，雨天曼陀罗华，恭敬供养，作如是言：善男子！此婆罗门五热炙身时，令我等诸天于天音乐不生乐著，共诣其所。时，婆罗门为我等说一切诸法无常败坏，令我舍离一切欲乐，令我断除憍慢放逸，令我爱乐无上菩提。又，善男子！我当见此婆罗门时，须弥山顶六种震动，我等恐怖，皆发菩提心坚固不动。

复有十千龙王，所谓：伊那跋罗龙王、难陀优波难陀龙王等，于虚空中，雨黑栴檀；无量龙女奏天音乐，雨天妙华及天香水，恭敬供养，作如是言：善男子！此婆罗门五热炙身时，其火光明普照一切诸龙宫殿，令诸龙众离热沙怖、金翅鸟怖，灭除瞋恚，身得清凉，心无垢浊，闻法信解，厌恶龙趣，以至诚心悔除业障，乃至发阿耨多罗三藐三菩提意住一切智。

复有十千夜叉王，于虚空中，以种种供具，恭敬供养此婆罗门及以善财，作如是言：善男子！此婆罗门五热炙身时，我及眷属悉于众生发慈愍心，一切罗刹、鸠槃荼等亦生慈心；以慈心故，于诸众生无所恼害而来见我。我及彼等，于自宫殿不生乐著，即与共俱，来诣其所。时，婆罗门即为我等如应说法，一切皆得身心安乐，又令无量夜叉、罗刹、鸠槃荼等发于无上菩提之心。

复有十千乾闼婆王，于虚空中，作如是言：善男子！此婆罗门五热炙身时，其火光明照我宫殿，悉令我等受不思议无量快乐，是故我等来诣其所。此婆罗门为我说法，能令我等于阿耨多罗三藐三菩提得不退转。

复有十千阿修罗王，从大海出，住在虚空，舒右膝轮，合掌前礼，作如是言：善男子！此婆罗门五热炙身时，我阿修罗所有宫殿、大海、大地，悉皆震动，令我等舍憍慢放逸，是故我等来诣其所。从其闻法，舍离谄诳，安住忍地，坚固不动，圆满十力。

复有十千迦楼罗王，勇力持王而为上首，化作外道童子之形，于虚空中唱如是言：善男子！此婆罗门五热炙身时，其火光明照我宫殿，一切震动皆悉恐怖，是故我等来诣其所。时，婆罗门即为我等如应说法，令修习大慈，称赞大悲，度生死海，于欲泥中拔济众生，叹菩提心，起方便智，随其所宜调伏众生。

复有十千紧那罗王，于虚空中，唱如是言：

善男子！此婆罗门五热炙身时，我等所住宫殿诸多罗树、诸宝铃网、诸宝缯带、诸音乐树、诸妙宝树及诸乐器，自然而出佛声、法声及不退转菩萨僧声、愿求无上菩提之声，云：某方、某国，有某菩萨，发菩提心；某方、某国，有某菩萨，修行苦行，难舍能舍，乃至清净一切智行；某方、某国，有某菩萨，往诣道场；乃至某方、某国，有某如来，作佛事已，而般涅槃。

善男子！假使有人，以阎浮提一切草木末为微尘，此微尘数可知边际，我宫殿中宝多罗树乃至乐器所说菩萨名、如来名、所发大愿、所修行等，无有能得知其边际。

善男子！我等以闻佛声、法声、菩萨僧声，生大欢喜，来诣其所。时，婆罗门即为我等如应说法，令我及余无量众生于阿耨多罗三藐三菩提得不退转。

复有无量欲界诸天，于虚空中，以妙供具，恭敬供养，唱如是言：善男子！此婆罗门五热炙身时，其火光明照阿鼻等一切地狱，诸所受苦悉令休息。我等见此火光明故，心生净信；以信心故，从彼命终，生于天中；为知恩故，而来其所，恭敬瞻仰，无有厌足。时，婆罗门为我说法，令无量众生发菩提心。

尔时，善财童子闻如是法，心大欢喜，于婆罗门所，发起真实善知识心，头顶礼敬，唱如是言：我于大圣善知识所生不善心，唯愿圣者容我悔过！

时，婆罗门即为善财而说颂言：

若有诸菩萨，顺善知识教，一切无疑惧，安住心不动。

当知如是人，必获广大利，坐菩提树下，成于无上觉。

尔时，善财童子即登刀山，自投火聚；未至中间，即得菩萨善住三昧；才触火焰，又得菩萨寂静乐神通三昧。善财白言：甚奇！圣者！如是刀山及大火聚，我身触时安隐快乐。

时，婆罗门告善财言：

善男子！我唯得此菩萨无尽轮解脱。如诸菩萨摩诃萨大功德焰，能烧一切众生见惑令无有余，必不退转无穷尽心、无懈怠心、无怯弱心，发如金刚藏那罗延心，疾修诸行无迟缓心，愿如风轮普持一切精进大誓皆无退转；而我云何能知能说彼功德行？

善男子！于此南方，有城名：师子奋迅；中有童女，名曰：慈行。汝诣彼问：菩萨云何学菩萨行、修菩萨道？

时，善财童子顶礼其足，绕无数匝，辞退而去。

大方广佛华严经卷第六十五

入法界品第三十九之六

尔时，善财童子于善知识所，起最极尊重心，生广大清净解，常念大乘，专求佛智，愿见诸佛，观法境界，无障碍智常现在前，决定了知诸法实际、常住际、一切三世诸刹那际、如虚空际、无二际、一切法无分别际、一切义无障碍际、一切劫无失坏际、一切如来无际之际；于一切佛心无分别，破众想网，离诸执著，不取诸佛众会道场，亦不取佛清净国土；知诸众生皆无有我，知一切声悉皆如响，知一切色悉皆如影。

渐次南行，至师子奋迅城，周遍推求慈行童女。闻此童女是师子幢王女，五百童女以为侍从，住毗卢遮那藏殿，于龙胜栴檀足金线网天衣座上而说妙法。善财闻已，诣王宫门，求见彼女。见无量众来入宫中，善财问言：诸人今者何所往诣？咸报之言：我等欲诣慈行童女听受妙法。善财童子即作是念：此王宫门既无限碍，我亦应入。

善财入已，见毗卢遮那藏殿，玻璃为地，琉璃为柱，金刚为壁，阎浮檀金以为垣墙，百千光明而为窗牖，阿僧祇摩尼宝而庄校之，宝藏摩尼镜周匝庄严，以世间最上摩尼宝而为庄饰，无数宝网罗覆其上，百千金铃出妙音声，有如是等不可思议众宝严饰。其慈行童女，皮肤金色，眼绀紫色，发绀青色，以梵音声而演说法。

善财见已，顶礼其足，绕无数匝，合掌前住，作如是言：圣者！我已先发阿耨多罗三藐三菩提心，而未知菩萨云何学菩萨行？云何修菩萨道？我闻圣者善能诱诲，愿为我说！

时，慈行童女告善财言：善男子！汝应观我宫殿庄严。

善财顶礼，周遍观察，见一一壁中、一一柱中、一一镜中、一一相中、一一形中、一一摩尼宝中、一一庄严具中、一一金铃中、一一宝树中、一一宝形像中、一一宝璎珞中，悉见法界一切如来，从初发心，修菩萨行，成满大愿，具足功德，成等正觉，转妙法轮，乃至示现入于涅槃；如是影像靡不皆现，如净水中普见虚空日月星宿所有众像，如此皆是慈行童女过去世中善根之力。

尔时，善财童子忆念所见诸佛之相，合掌瞻仰慈行童女。

尔时，童女告善财言：善男子！此是般若波罗蜜普庄严门，我于三十六恒河沙佛所求得此法。彼诸如来各以异门，令我入此般若波罗蜜普庄严门；一佛所演，余不重说。

善财白言：圣者！此般若波罗蜜普庄严门境界云何？

童女答言：

善男子！我入此般若波罗蜜普庄严门，随顺趣向，思惟观察，忆持分别时得普门陀罗尼，百万阿僧祇陀罗尼门皆悉现前。所谓：佛刹陀罗尼门、佛陀罗尼门、法陀罗尼门、众生陀罗尼门、过去陀罗尼门、未来陀罗尼门、现在陀罗尼门、常住际陀罗尼门、福德陀罗尼门、福德助道具陀罗尼门、智慧陀罗尼门、智慧助道具陀罗尼门、诸愿陀罗尼门、分别诸愿陀罗尼门、集诸行陀罗尼门、清净行陀罗尼门、圆满行陀罗尼门、业陀罗尼门、业不失坏陀罗尼门、业流注陀罗尼门、业所作陀罗尼门、舍离恶业陀罗尼门、修习正业陀罗尼门、业自在陀罗尼门、善行陀罗尼门、持善行陀罗尼门、三昧陀罗尼门、随顺三昧陀罗尼门、观察三昧陀罗尼门、三昧境界陀罗尼门、从三昧起陀罗尼门、神通陀罗尼门、心海陀罗尼门、种种心陀罗尼门、直心陀罗尼门、照心稠林陀罗尼门、调心清净陀罗尼门、知众生所从生陀罗尼门、知众生烦恼行陀罗尼门、知烦恼习气陀罗尼门、知烦恼方便陀罗尼门、知众生解陀罗尼门、知众生行陀罗尼门、知众生行不同陀罗尼门、知众生性陀罗尼门、知众生欲陀罗尼门、知众生想陀罗尼门、普见十方陀罗尼门、说法陀罗尼门、大悲陀罗尼门、大慈陀罗尼门、寂静陀罗尼门、言语道陀罗尼门、方便非方便陀罗尼门、随顺陀罗尼门、差别陀罗尼门、普入陀罗尼门、无碍际陀罗尼门、普遍陀罗尼门、佛法陀罗尼门、菩萨法陀罗尼门、声闻法陀罗尼门、独觉法陀罗尼门、世间法陀罗尼门、世界成陀罗尼门、世界坏陀罗尼门、世界住陀罗尼门、净世界陀罗尼门、垢世界陀罗尼门、于垢世界现净陀罗尼门、于净世界现垢陀罗尼门、纯垢世界陀罗尼门、纯净世界陀罗尼门、平坦世界陀罗尼门、不平坦世界陀罗尼门、覆世界陀罗尼门、因陀罗网世界陀罗尼门、世界转陀罗尼门、知依想住陀罗尼门、细入粗陀罗尼门、粗入细陀罗尼门、见诸佛陀罗尼门、分别佛身陀罗尼门、佛光明庄严网陀罗尼门、佛圆满音陀罗尼门、佛法轮陀罗尼门、成就佛法轮陀罗尼门、差别佛法轮陀罗尼门、无差别佛法轮陀罗尼门、解释佛法轮陀罗尼门、转佛法轮陀罗尼门、能作佛事陀罗尼门、分别佛众会陀罗尼门、入佛众会海陀罗尼门、普照佛力陀罗尼门、诸佛三昧陀罗尼门、诸佛三昧自在用陀罗尼门、诸佛所住陀罗尼门、诸佛所持陀罗尼门、诸佛变化陀罗尼门、佛知众生心行陀罗尼门、诸佛神通变现陀罗尼门、住兜率天宫乃至示现入于涅槃陀罗尼门、利益无量众生陀罗尼门、入甚深法陀罗尼门、入微妙法陀罗尼门、菩提心陀罗尼门、起菩提心陀罗尼门、助菩提心陀罗尼门、诸愿陀罗尼门、诸行陀罗尼门、神通陀罗尼门、出离陀罗尼门、总持清净陀罗尼门、智轮清净陀罗尼门、智慧清净陀罗尼门、菩提无量陀罗尼门、自心清净陀罗尼门。

　　善男子！我唯知此般若波罗蜜普庄严门。如诸菩萨摩诃萨，其心广大，等虚空界，入于法界，福德成满，住出世法，远世间行，智眼无翳，普观法界，慧心广大犹如虚空，一切境界悉皆明见，获无碍地大光明藏，善能分别一切法义，行于世行不染世法，能益于世非世所坏，普作一切世间依止，普知一切众生心行，随其所应而为说法，于一切时恒得自在；而我云何能知能说彼功德行？

善男子！于此南方，有一国土，名为：三眼；彼有比丘，名曰：善见。汝诣彼问：菩萨云何学菩萨行、修菩萨道？

时，善财童子顶礼其足，绕无数匝，恋慕瞻仰，辞退而行。

尔时，善财童子思惟菩萨所住行甚深，思惟菩萨所证法甚深，思惟菩萨所入处甚深，思惟众生微细智甚深，思惟世间依想住甚深，思惟众生所作行甚深，思惟众生心流注甚深，思惟众生如光影甚深，思惟众生名号甚深，思惟众生言说甚深，思惟庄严法界甚深，思惟种植业行甚深，思惟业庄饰世间甚深。

渐次游行，至三眼国，于城邑聚落、村邻市肆、川原山谷、一切诸处，周遍求觅善见比丘。

见在林中，经行往返，壮年美貌，端正可喜。其发绀青右旋不乱，顶有肉髻，皮肤金色，颈文三道，额广平正，眼目修广如青莲华，唇口丹洁如频婆果，胸摽卍字，七处平满，其臂纤长，其指网缦，手足掌中有金刚轮。其身殊妙如净居天，上下端直如尼拘陀树，诸相随好，悉皆圆满，如雪山王种种严饰，目视不瞬，圆光一寻。智慧广博犹如大海，于诸境界心无所动，若沈若举，若智非智，动转戏论，一切皆息。得佛所行平等境界，大悲教化一切众生，心无暂舍。为欲利乐一切众生，为欲开示如来法眼，为践如来所行之道，不迟不速，审谛经行。

无量天、龙、夜叉、乾闼婆、阿修罗、迦楼罗、紧那罗、摩睺罗伽、释、梵、护世、人与非人前后围绕，主方之神随方回转引导其前，足行诸神持宝莲华以承其足，无尽光神舒光破闇，阎浮幢林神雨众杂华，不动藏地神现诸宝藏，普光明虚空神庄严虚空，成就德海神雨摩尼宝，无垢藏须弥山神头顶礼敬曲躬合掌，无碍力风神雨妙香华，春和主夜神庄严其身举体投地，常觉主昼神执普照诸方摩尼幢住在虚空放大光明。

时，善财童子诣比丘所，顶礼其足，曲躬合掌，白言：圣者！我已先发阿耨多罗三藐三菩提心，求菩萨行。我闻圣者善能开示诸菩萨道，愿为我说：菩萨云何学菩萨行？云何修菩萨道？

善见答言：善男子！我年既少，出家又近。我此生中，于三十八恒河沙佛所净修梵行，或有佛所一日一夜净修梵行，或有佛所七日七夜净修梵行，或有佛所半月、一月、一岁、百岁、万岁、亿岁、那由他岁，乃至不可说不可说岁，或一小劫、或半大劫、或一大劫、或百大劫，乃至不可说不可说大劫，听闻妙法，受行其教，庄严诸愿，入所证处，净修诸行，满足六种波罗蜜海。亦见彼佛成道说法，各各差别，无有杂乱，住持遗教，乃至灭尽。亦知彼佛本所兴愿，以三昧愿力严净一切诸佛国土，以入一切行三昧力净修一切诸菩萨行，以普贤乘出离力清净一切佛波罗蜜。

又，善男子！我经行时，一念中，一切十方皆悉现前，智慧清净故；一念中，一切世界皆悉现前，经过不可说不可说世界故；一念中，不可说不可说佛刹皆悉严净，成就大愿力故；一念中，不可说不可说众生差别行皆悉现前，满足十力智故；一念中，不可说不可说诸佛清净身皆悉现前，成就普贤行愿力故；一念中，恭敬供养不可说不可说佛刹微尘数如来，成就柔软心供养如来愿力故；一念中，领受不可说不可说如来法，得证阿僧祇差别法住持法轮陀罗尼力故；一念中，不可说不可说菩萨行海皆悉现前，得能净一切行如因陀罗网愿力故；一念中，不可说不可说诸三昧海皆悉现前，得于一三昧门入一切三昧门皆令清净愿力故；一念中，不可说不可说诸根海皆悉现前，得了知诸根际于一根中见一切根愿力故；一念中，不可说不可说佛刹微尘数时皆悉现前，得于一切时转法轮众生界尽法轮无尽愿力故；一念中，不可说不可说一切三世海皆悉现前，得了知一切世界中一切三世分位智光明愿力故。

善男子！我唯知此菩萨随顺灯解脱门。如诸菩萨摩诃萨如金刚灯，于如来家真正受生，具足成就不死命根，常然智灯无有尽灭，其身坚固不可沮坏，现于如幻色相之身，如缘起法无量差别，随众生心各各示现，形貌色相世无伦匹，毒刃火灾所不能害，如金刚山无能坏者，降伏一切诸魔外道；其身妙好如真金山，于天人中最为殊特，名称广大靡不闻知，观诸世间咸对目前，演深法藏如海无尽，放大光明普照十方。若有见者，必破一切障碍大山，必拔一切不善根本，必令种植广大善根。如是之人，难可得见，难可出世；而我云何能知能说彼功德行？

善男子！于此南方，有一国土，名曰：名闻；于河渚中，有一童子，名：自在主。汝诣彼问：菩萨云何学菩萨行、修菩萨道？

时，善财童子为欲究竟菩萨勇猛清净之行，欲得菩萨大力光明，欲修菩萨无胜无尽诸功德行，欲满菩萨坚固大愿，欲成菩萨广大深心，欲持菩萨无量胜行，于菩萨法心无厌足，愿入一切菩萨功德，欲常摄御一切众生，欲超生死稠林旷野，于善知识常乐见闻，承事供养无有厌倦；顶礼其足，绕无量匝，殷勤瞻仰，辞退而去。

尔时，善财童子受善见比丘教已，忆念诵持，思惟修习，明了决定，于彼法门而得悟入。天、龙、夜叉、乾闼婆众前后围绕，向名闻国，周遍求觅自在主童子。

时，有天、龙、乾闼婆等，于虚空中告善财言：善男子！今此童子在河渚上。尔时，善财即诣其所，见此童子，十千童子所共围绕，聚沙为戏。善财见已，顶礼其足，绕无量匝，合掌恭敬，却住一面，白言：圣者！我已先发阿耨多罗三藐三菩提心，而未知菩萨云何学菩萨行？云何修菩萨道？愿为解说！

自在主言：

善男子！我昔曾于文殊师利童子所，修学书、数、算、印等法，即得悟入一切工巧神通智法门。善男子！我因此法门故，得知世间书、数、算、印界处等法，亦能疗治风痫、消瘦、鬼魅所著——如是所有一切诸病，亦能造立城邑聚落、园林台观、宫殿屋宅种种诸处，亦善调炼种种仙药，亦善营理田农商估一切诸业，取舍进退咸得其所；又善别知众生身相，作善作恶，当生善趣，当生恶趣，此人应得声闻乘道，此人应得缘觉乘道，此人应入一切智地，如是等事皆悉能知。亦令众生学习此法，增长决定究竟清净。

善男子！我亦能知菩萨算法。所谓：一百洛叉为一俱胝，俱胝俱胝为一阿庾多，阿庾多阿庾多为一那由他，那由他那由他为一频婆罗，频婆罗频婆罗为一矜羯罗；广说乃至，优钵罗优钵罗为一波头摩，波头摩波头摩为一僧祇，僧祇僧祇为一趣，趣趣为一喻，喻喻为一无数，无数无数为一无数转，无数转无数转为一无量，无量无量为一无量转，无量转无量转为一无边，无边无边为一无边转，无边转无边转为一无等，无等无等为一无等转，无等转无等转为一不可数，不可数不可数为一不可数转，不可数转不可数转为一不可称，不可称不可称为一不可称转，不可称转不可称转为一不可思，不可思不可思为一不可思转，不可思转不可思转为一不可量，不可量不可量为一不可量转，不可量转不可量转为一不可说，不可说不可说为一不可说转，不可说转不可说转为一不可说不可说，此又不可说不可说为一不可说不可说转。

善男子！我以此菩萨算法，算无量由旬广大沙聚，悉知其内颗粒多少；亦能算知东方所有一切世界种种差别次第安住，南西北方、四维上下亦复如是；亦能算知十方所有一切世界广狭大小及以名字，其中所有一切劫名、一切佛名、一切法名、一切众生名、一切业名、一切菩萨名、一切谛名，皆悉了知。

善男子！我唯知此一切工巧大神通智光明法门。如诸菩萨摩诃萨，能知一切众生数，能知一切诸法品类数，能知一切诸法差别数，能知一切三世数，能知一切众生名数，能知一切诸法名数，能知一切诸如来数，能知一切诸佛名数，能知一切诸菩萨数，能知一切菩萨名数；而我何能说其功德，示其所行，显其境界，赞其胜力，辨其乐欲，宣其助道，彰其大愿，叹其妙行，阐其诸度，演其清净，发其殊胜智慧光明？

善男子！于此南方，有一大城，名曰：海住；有优婆夷，名为：具足。汝诣彼问：菩萨云何学菩萨行、修菩萨道？

时，善财童子闻是语已，举身毛竖，欢喜踊跃，获得希有信乐宝心，成就广大利众生心，悉能明见一切诸佛出兴次第，悉能通达甚深智慧清净法轮，于一切趣皆随现身，了知三世平等境界，出生无尽功德大海，放大智慧自在光明，开三有城所有关钥；顶礼其足，绕无量匝，殷勤瞻仰，辞退而去。

尔时，善财童子观察思惟善知识教，犹如巨海受大云雨无有厌足，作是念言：善知识教，犹如春日，生长一切善法根苗；善知识教，犹如满月，凡所照及皆使清凉；善知识教，如夏雪山，能除一切诸兽热渴；善知识教，如芳池日，能开一切善心莲华；善知识教，如大宝洲，种种法宝充满其心；善知识教，如阎浮树，积集一切福智华果；善知识教，如大龙王，于虚空中游戏自在；善知识教，如须弥山无量善法，三十三天于中止住；善知识教，犹如帝释，众会围绕，无能映蔽，能伏异道、修罗军众。如是思惟。

渐次游行，至海住城，处处寻觅此优婆夷。时，彼众人咸告之言：善男子！此优婆夷在此城中所住宅内。善财闻已，即诣其门，合掌而立。

其宅广博，种种庄严，众宝垣墙周匝围绕，四面皆有宝庄严门。善财入已，见优婆夷处于宝座，盛年好色，端正可喜，素服垂发，身无璎珞，其身色相威德光明，除佛菩萨余无能及。于其宅内，敷十亿座，超出人、天一切所有，皆是菩萨业力成就。宅中无有衣服、饮食及余一切资生之物，但于其前置一小器。复有一万童女围绕，威仪色相如天采女，妙宝严具庄饰其身，言音美妙，闻者喜悦，常在左右，亲近瞻仰，思惟观察，曲躬低首，应其教命。彼诸童女，身出妙香，普熏一切；若有众生遇斯香者，皆不退转，无怒害心，无怨结心，无悭嫉心，无谄诳心，无险曲心，无憎爱心，无瞋恚心，无下劣心，无高慢心，生平等心，起大慈心，发利益心，住律仪心，离贪求心。闻其音者，欢喜踊跃；见其身者，悉离贪染。

尔时，善财既见具足优婆夷已，顶礼其足，恭敬围绕，合掌而立，白言：圣者！我已先发阿耨多罗三藐三菩提心，而未知菩萨云何学菩萨行？云何修菩萨道？我闻圣者善能诱诲，愿为我说！

彼即告言：

善男子！我得菩萨无尽福德藏解脱门，能于如是一小器中，随诸众生种种欲乐，出生种种美味饮食，悉令充满。假使百众生、千众生、百千众生、亿众生、百亿众生、千亿众生、百千亿那由他众生，乃至不可说不可说众生；假使阎浮提微尘数众生、一四天下微尘数众生，小千世界、中千世界、大千世界，乃至不可说不可说佛刹微尘数众生；假使十方世界一切众生，随其欲乐悉令充满，而其饮食无有穷尽亦不减少。如饮食，如是种种上味、种种床座、种种衣服、种种卧具、种种车乘、种种华、种种鬘、种种香、种种涂香、种种烧香、种种末香、种种珍宝、种种璎珞、种种幢、种种幡、种种盖、种种上妙资生之具，随意所乐悉令充足。

又，善男子！假使东方一世界中，声闻、独觉食我食已，皆证声闻、辟支佛果，住最后身；如一世界中，如是百世界、千世界、百千世界、亿世界、百亿世界、千亿世界、百千亿世界、百千亿那由他世界、阎浮提微尘数世界、一四天下微尘数世界、小千国土微尘数世界、中千国土微尘数世界、三千大千国土微尘数世界，乃至不可说不可说佛刹微尘数世界中，所有一切声闻、独觉食我食已，皆证声闻、辟支佛果，住最后身。如于东方，南、西、北方，四维、上、下，亦复如是。

又，善男子！东方一世界，乃至不可说不可说佛刹微尘数世界中，所有一生所系菩萨食我食已，皆菩提树下坐于道场，降伏魔军，成阿耨多罗三藐三菩提；如东方，南、西、北方，四维、上、下，亦复如是。

善男子！汝见我此十千童女眷属已不？

答言：已见。

优婆夷言：

善男子！此十千童女而为上首，如是眷属百万阿僧祇，皆悉与我同行、同愿、同善根、同出离道、同清净解、同清净念、同清净趣、同无量觉、同得诸根、同广大心、同所行境、同理、同义、同明了法、同净色相、同无量力、同最精进、同正法音、同随类音、同清净第一音、同赞无量清净功德、同清净业、同清净报、同大慈周普救护一切、同大悲周普成熟众生、同清净身业随缘集起令见者欣悦、同清净口业随世语言宣布法化、同往诣一切诸佛众会道场、同往诣一切佛刹供养诸佛、同能现见一切法门、同住菩萨清净行地。

善男子！是十千童女，能于此器取上饮食，一刹那顷遍至十方，供养一切后身菩萨、声闻、独觉，乃至遍及诸饿鬼趣，皆令充足。善男子！此十千女以我此器，能于天中充足天食，乃至人中充足人食。善男子！且待须臾，汝当自见。

说是语时，善财则见无量众生从四门入，皆优婆夷本愿所请。既来集已，敷座令坐，随其所须，给施饮食，悉使充足。告善财言：

善男子！我唯知此无尽福德藏解脱门。如诸菩萨摩诃萨一切功德，犹如大海甚深无尽，犹如虚空广大无际，如如意珠满众生愿，如大聚落所求皆得，如须弥山普集众宝，犹如奥藏常贮法财，犹如明灯破诸黑闇，犹如高盖普荫群生；而我云何能知能说彼功德行？

善男子！南方有城，名曰：大兴；彼有居士，名曰：明智。汝诣彼问：菩萨云何学菩萨行、修菩萨道？

时，善财童子顶礼其足，绕无量匝，瞻仰无厌，辞退而去。

尔时，善财童子得无尽庄严福德藏解脱光明已，思惟彼福德大海，观察彼福德虚空，趣彼福德聚，登彼福德山，摄彼福德藏，入彼福德渊，游彼福德池，净彼福德轮，见彼福德藏，入彼福德门，行彼福德道，修彼福德种。

渐次而行，至大兴城，周遍推求明智居士。于善知识心生渴仰，以善知识熏习其心，于善知识志欲坚固，方便求见诸善知识心不退转，愿得承事诸善知识心无懈倦；知由依止善知识故，能满众善；知由依止善知识故，能生众福；知由依止善知识故，能长众行；知由依止善知识故，不由他教，自能承事一切善友。如是思惟时，长其善根，净其深心，增其根性，益其德本，加其大愿，广其大悲，近一切智，具普贤道，照明一切诸佛正法，增长如来十力光明。

　　尔时，善财见彼居士在其城内市四衢道七宝台上，处无数宝庄严之座。其座妙好，清净摩尼以为其身，金刚帝青以为其足，宝绳交络，五百妙宝而为校饰；敷天宝衣，建天幢幡，张大宝网，施大宝帐；阎浮檀金以为其盖，毗琉璃宝以为其竿，令人执持以覆其上；鹅王羽翮清净严洁以为其扇；熏众妙香，雨众天华；左右常奏五百乐音，其音美妙过于天乐，众生闻者无不悦豫。十千眷属前后围绕，色相端严，人所喜见，天庄严具以为严饰，于天人中最胜无比，悉已成就菩萨志欲，皆与居士同昔善根，侍立瞻对，承其教命。

　　尔时，善财顶礼其足，绕无量匝，合掌而立，白言：圣者！我为利益一切众生故，为令一切众生出诸苦难故，为令一切众生究竟安乐故，为令一切众生出生死海故，为令一切众生住法宝洲故，为令一切众生枯竭爱河故，为令一切众生起大慈悲故，为令一切众生舍离欲爱故，为令一切众生渴仰佛智故，为令一切众生出生死旷野故，为令一切众生乐诸佛功德故，为令一切众生出三界城故，为令一切众生入一切智城故，发阿耨多罗三藐三菩提心，而未知菩萨云何学菩萨行，云何修菩萨道，能为一切众生作依止处？

　　长者告言：

　　善哉善哉！善男子！汝乃能发阿耨多罗三藐三菩提心。

　　善男子！发阿耨多罗三藐三菩提心，是人难得。若能发心，是人则能求菩萨行，值遇善知识恒无厌足，亲近善知识恒无劳倦，供养善知识恒不疲懈，给侍善知识不生忧戚，求觅善知识终不退转，爱念善知识终不放舍，承事善知识无暂休息，瞻仰善知识无时憩止，行善知识教未曾怠惰，禀善知识心无有误失。

　　善男子！汝见我此众会人不？

　　善财答言：唯然！已见。

　　居士言：

　　善男子！我已令其发阿耨多罗三藐三菩提心，生如来家，增长白法，安住无量诸波罗蜜，学佛十力，离世间种，住如来种，弃生死轮，转正法轮，灭三恶趣，住正法趣，如诸菩萨悉能救护一切众生。

　　善男子！我得随意出生福德藏解脱门，凡有所须悉满其愿。所谓：衣服、璎珞、象马、车乘、华香、幢盖、饮食、汤药、房舍、屋宅、床座、灯炬、奴婢、牛羊及诸侍使，如是一切资生之物，诸有所须悉令充满，乃至为说真实妙法。善男子！且待须臾，汝当自见。

说是语时，无量众生从种种方所、种种世界、种种国土、种种城邑，形类各别，爱欲不同，皆以菩萨往昔愿力，其数无边俱来集会，各随所欲而有求请。

尔时，居士知众普集，须臾系念，仰视虚空；如其所须，悉从空下，一切众会普皆满足。然后复为说种种法。所谓：为得美食而充足者，与说种种集福德行、离贫穷行、知诸法行、成就法喜禅悦食行、修习具足诸相好行、增长成就难屈伏行、善能了达无上食行、成就无尽大威德力降魔怨行；为得好饮而充足者，与其说法，令于生死，舍离爱著，入佛法味；为得种种诸上味者，与其说法，皆令获得诸佛如来上味之相；为得车乘而充足者，与其宣说种种法门，皆令得载摩诃衍乘；为得衣服而充足者，与其说法，令得清净惭愧之衣，乃至如来清净妙色。如是一切靡不周赡，然后悉为如应说法。既闻法已，还归本处。

尔时，居士为善财童子示现菩萨不可思议解脱境界已，告言：

善男子！我唯知此随意出生福德藏解脱门。如诸菩萨摩诃萨成就宝手，遍覆一切十方国土，以自在力普雨一切资生之具，所谓：雨种种色宝、种种色璎珞、种种色宝冠、种种色衣服、种种色音乐、种种色华、种种色香、种种色末香、种种色烧香、种种色宝盖、种种色幢幡，遍满一切众生住处，及诸如来众会道场，或以成熟一切众生，或以供养一切诸佛；而我云何能知能说彼诸功德自在神力？

善男子！于此南方，有一大城，名：师子宫；彼有长者，名：法宝髻。汝可往问：菩萨云何学菩萨行、修菩萨道？

时，善财童子欢喜踊跃，恭敬尊重，如弟子礼，作如是念：由此居士护念于我，令我得见一切智道，不断爱念善知识见，不坏尊重善知识心，常能随顺善知识教，决定深信善知识语，恒发深心事善知识。顶礼其足，绕无量匝，殷勤瞻仰，辞退而去。

大方广佛华严经卷第六十六

入法界品第三十九之七

尔时，善财童子于明智居士所，闻此解脱已，游彼福德海，治彼福德田，仰彼福德山，趣彼福德津，开彼福德藏，观彼福德法，净彼福德轮，味彼福德聚，生彼福德力，增彼福德势。

渐次而行，向师子城，周遍推求宝髻长者。见此长者在于市中，遽即往诣，顶礼其足，绕无数匝，合掌而立，白言：圣者！我已先发阿耨多罗三藐三菩提心，而未知菩萨云何学菩萨行？云何修菩萨道？善哉圣者！愿为我说诸菩萨道，我乘此道趣一切智！

尔时，长者执善财手，将诣所居，示其舍宅，作如是言：善男子！且观我家。

尔时，善财见其舍宅，清净光明，真金所成，白银为墙，玻璃为殿，绀琉璃宝以为楼阁，砗磲妙宝而作其柱，百千种宝周遍庄严；赤珠摩尼为师子座；摩尼为帐，真珠为网，弥覆其上；码瑙宝池香水盈满，无量宝树周遍行列；其宅广博，十层八门。

善财入已，次第观察。见最下层，施诸饮食。见第二层，施诸宝衣。见第三层，布施一切宝庄严具。见第四层，施诸采女并及一切上妙珍宝。见第五层，乃至五地菩萨云集，演说诸法利益世间，成就一切陀罗尼门、诸三昧印、诸三昧行智慧光明。见第六层，有诸菩萨皆已成就甚深智慧，于诸法性明了通达，成就广大总持三昧无障碍门，所行无碍，不住二法，在不可说妙庄严道场中而共集会，分别显示般若波罗蜜门，所谓：寂静藏般若波罗蜜门、善分别诸众生智般若波罗蜜门、不可动转般若波罗蜜门、离欲光明般若波罗蜜门、不可降伏藏般若波罗蜜门、照众生轮般若波罗蜜门、海藏般若波罗蜜门、普眼舍得般若波罗蜜门、入无尽藏般若波罗蜜门、一切方便海般若波罗蜜门、入一切世间海般若波罗蜜门、无碍辩才般若波罗蜜门、随顺众生般若波罗蜜门、无碍光明般若波罗蜜门、常观宿缘而布法云般若波罗蜜门……说如是等百万阿僧祇般若波罗蜜门。见第七层，有诸菩萨得如响忍，以方便智分别观察而得出离，悉能闻持诸佛正法。见第八层，无量菩萨共集其中，皆得神通无有退堕，能以一音遍十方刹，其身普现一切道场，尽于法界靡不周遍，普入佛境，普见佛身，普于一切佛众会中而为上首演说于法。见第九层，一生所系诸菩萨众于中集会。见第十层，一切如来充满其中，从初发心，修菩萨行，超出生死，成满大愿及神通力，净佛国土道场众会，转正法轮，调伏众生。如是一切，悉使明见。

尔时，善财见是事已，白言：圣者！何缘致此清净众会？种何善根获如是报？

长者告言：

善男子！我念过去，过佛刹微尘数劫，有世界，名：圆满庄严，佛号：无边光明法界普庄严王如来、应、正等觉，十号圆满。彼佛入城，我奏乐音，并烧一丸香而以供养，以此功德回向三处，谓：永离一切贫穷困苦、常见诸佛及善知识、恒闻正法，故获斯报。

善男子！我唯知此菩萨无量福德宝藏解脱门。如诸菩萨摩诃萨，得不思议功德宝藏，入无分别如来身海，受无分别无上法云，修无分别功德道具，起无分别普贤行网，入无分别三昧境界，等无分别菩萨善根，住无分别如来所住，证无分别三世平等，住无分别普眼境界，住一切劫无有疲厌；而我云何能知能说彼功德行？

善男子！于此南方，有一国土，名曰：藤根；其土有城，名曰：

普门；中有长者，名为：普眼。汝诣彼问：菩萨云何学菩萨行、修菩萨道？

时，善财童子顶礼其足，绕无数匝，殷勤瞻仰，辞退而去。

尔时，善财童子于宝髻长者所，闻此解脱已，深入诸佛无量知见，安住菩萨无量胜行，了达菩萨无量方便，希求菩萨无量法门，清净菩萨无量信解，明利菩萨无量诸根，成就菩萨无量欲乐，通达菩萨无量行门，增长菩萨无量愿力，建立菩萨无能胜幢，起菩萨智照菩萨法。

渐次而行，至藤根国，推问求觅彼城所在。虽历艰难，不惮劳苦，但唯正念善知识教，愿常亲近承事供养，遍策诸根离众放逸。然后乃得见普门城，百千聚落周匝围绕，雉堞崇峻，衢路宽平。见彼长者，往诣其所，于前顶礼，合掌而立，白言：圣者！我已先发阿耨多罗三藐三菩提心，而未知菩萨云何学菩萨行？云何修菩萨道？

长者告言：

善哉善哉！善男子！汝已能发阿耨多罗三藐三菩提心。

善男子！我知一切众生诸病：风黄、痰热、鬼魅、蛊毒，乃至水火之所伤害。如是一切所生诸疾，我悉能以方便救疗。

善男子！十方众生诸有病者咸来我所，我皆疗治，令其得差；复以香汤沐浴其身，香华、璎珞、名衣、上服、种种庄严，施诸饮食及以财宝，悉令充足无所乏短。然后各为如应说法：为贪欲多者，教不净观；瞋恚多者，教慈悲观；愚痴多者，教其分别种种法相；等分行者，为其显示殊胜法门。为欲令其发菩提心，称扬一切诸佛功德；为欲令其起大悲意，显示生死无量苦恼；为欲令其增长功德，赞叹修集无量福智；为欲令其发大誓愿，称赞调伏一切众生；为欲令其修普贤行，说诸菩萨于一切刹、一切劫住，修诸行网；为欲令其具佛相好，称扬赞叹檀波罗蜜；为欲令其得佛净身，悉能遍至一切处故，称扬赞叹尸波罗蜜；为欲令其得佛清净不思议身，称扬赞叹忍波罗蜜；为欲令其获于如来无能胜身，称扬赞叹精进波罗蜜；为欲令其得于清净无与等身，称扬赞叹禅波罗蜜；为欲令其显现如来清净法身，称扬赞叹般若波罗蜜；为欲令其现佛世尊清净色身，称扬赞叹方便波罗蜜；为欲令其为诸众生住一切劫，称扬赞叹愿波罗蜜；为欲令其现清净身，悉过一切诸佛刹土，称扬赞叹力波罗蜜；为欲令其现清净身，随众生心悉使欢喜，称扬赞叹智波罗蜜；为欲令其获于究竟净妙之身，称扬赞叹永离一切诸不善法。如是施已，各令还去。

善男子！我又善知和合一切诸香要法，所谓：无等香、辛头波罗香、无胜香、觉悟香、阿卢那跋底香、坚黑栴檀香、乌洛迦栴檀香、沉水香、不动诸根香，如是等香，悉知调理和合之法。

又，善男子！我持此香以为供养，普见诸佛，所愿皆满，所谓：救护一切众生愿、严净一切佛刹愿、供养一切如来愿。

又，善男子！然此香时，一一香中出无量香，遍至十方一切法界一切诸佛众会道场，或为香宫，或为香殿，如是香栏槛、香垣墙、香却敌、香户牖、香重阁、香半月、香盖、香幢、香幡、香帐、香罗网、香形像、香庄严具、香光明、香云雨，处处充满以为庄严。

善男子！我唯知此令一切众生普见诸佛欢喜法门。如诸菩萨摩诃萨如大药王，若见、若闻、若忆念、若同住、若随行往、若称名号，皆获利益，无空过者；若有众生暂得值遇，必令消灭一切烦恼，入于佛法，离诸苦蕴，永息一切生死怖畏，到无所畏一切智处，摧坏一切老死大山，安住平等寂灭之乐。而我云何能知能说彼功德行？

善男子！于此南方，有一大城，名：多罗幢；彼中有王，名：无厌足。汝诣彼问：菩萨云何学菩萨行、修菩萨道？

时，善财童子礼普眼足，绕无量匝，殷勤瞻仰，辞退而去。

尔时，善财童子忆念思惟善知识教，念善知识：能摄受我，能守护我，令我于阿耨多罗三藐三菩提无有退转。如是思惟，生欢喜心、净信心、广大心、怡畅心、踊跃心、欣庆心、胜妙心、寂静心、庄严心、无著心、无碍心、平等心、自在心、住法心、遍往佛刹心、见佛庄严心、不舍十力心。

渐次游行，经历国土、村邑、聚落，至多罗幢城，问无厌足王所在之处，诸人答言：此王今者在于正殿，坐师子座，宣布法化，调御众生，可治者治，可摄者摄，罚其罪恶，决其诤讼，抚其孤弱，皆令永断杀、盗、邪淫，亦令禁止妄言、两舌、恶口、绮语，又使远离贪、瞋、邪见。时，善财童子依众人语，寻即往诣。

遥见彼王坐那罗延金刚之座，阿僧祇宝以为其足，无量宝像以为庄严，金绳为网弥覆其上；如意摩尼以为宝冠庄严其首，阎浮檀金以为半月庄严其额，帝青摩尼以为耳珰相对垂下，无价摩尼以为璎珞庄严其颈，天妙摩尼以为印钏庄严其臂；阎浮檀金以为其盖，众宝间错以为轮辐，大琉璃宝以为其竿，光味摩尼以为其脐，杂宝为铃恒出妙音，放大光明周遍十方，如是宝盖而覆其上。

阿那罗王有大力势，能伏他众，无能与敌；以离垢缯而系其顶，十千大臣前后围绕共理王事。其前复有十万猛卒，形貌丑恶，衣服褊陋，执持器仗，攘臂瞋目，众生见者无不恐怖。无量众生犯王教敕，或盗他物，或害他命，或侵他妻，或生邪见，或起瞋恨，或怀贪嫉，作如是等种种恶业，身被五缚，将诣王所，随其所犯而治罚之。或断手足，或截耳鼻，或挑其目，或斩其首，或剥其皮，或解其体，或以汤煮，或以火焚，或驱上高山推令堕落，有如是等无量楚毒；发声号叫，譬如众合大地狱中。

善财见已，作如是念：我为利益一切众生，求菩萨行，修菩萨道。今者，此王灭诸善法，作大罪业，逼恼众生，乃至断命，曾不顾惧未来恶道。云何于此而欲求法，发大悲心救护众生？

作是念时，空中有天而告之言：善男子！汝当忆念普眼长者善知识教。

善财仰视而白之曰：我常忆念，初不敢忘。

天曰：善男子！汝莫厌离善知识语，善知识者能引导汝至无险难安隐之处。善男子！菩萨善巧方便智不可思议，摄受众生智不可思议，护念众生智不可思议，成熟众生智不可思议，守护众生智不可思议，度脱众生智不可思议，调伏众生智不可思议。

时，善财童子闻此语已，即诣王所，顶礼其足，白言：圣者！我已先发阿耨多罗三藐三菩提心，而未知菩萨云何学菩萨行？云何修菩萨道？我闻圣者善能教诲，愿为我说！

时，阿那罗王理王事已，执善财手，将入宫中，命之同坐，告言：善男子！汝应观我所住宫殿。

善财如语即遍观察，见其宫殿广大无比，皆以妙宝之所合成，七宝为墙周匝围绕，百千众宝以为楼阁，种种庄严悉皆妙好，不思议摩尼宝网罗覆其上；十亿侍女端正殊绝，威仪进止皆悉可观，凡所施为无非巧妙，先起后卧软意承旨。

时，阿那罗王告善财言：

善男子！于意云何？我若实作如是恶业，云何而得如是果报、如是色身、如是眷属、如是富赡、如是自在？

善男子！我得菩萨如幻解脱。善男子！我此国土所有众生，多行杀、盗乃至邪见，作余方便不能令其舍离恶业。善男子！我为调伏彼众生故，化作恶人造诸罪业受种种苦，令其一切作恶众生见是事已，心生惶怖，心生厌离，心生怯弱，断其所作一切恶业，发阿耨多罗三藐三菩提意。善男子！我以如是巧方便故，令诸众生，舍十恶业，住十善道，究竟快乐，究竟安隐，究竟住于一切智地。善男子！我身、语、意未曾恼害于一众生。善男子！如我心者，宁于未来受无间苦，终不发生一念之意与一蚊一蚁而作苦事，况复人耶！人是福田，能生一切诸善法故。

善男子！我唯得此如幻解脱。如诸菩萨摩诃萨得无生忍，知诸有趣悉皆如幻，菩萨诸行悉皆如化，一切世间悉皆如影，一切诸法悉皆如梦，入真实相无碍法门，修行帝网一切诸行，以无碍智行于境界，普入一切平等三昧，于陀罗尼已得自在；而我云何能知能说彼功德行？

善男子！于此南方，有城名：妙光；王名：大光。汝诣彼问：菩萨云何学菩萨行、修菩萨道？

时，善财童子顶礼王足，绕无数匝，辞退而去。

尔时，善财童子一心正念彼王所得幻智法门，思惟彼王如幻解脱，观察彼王如幻法性，发如幻愿，净如幻法，普于一切如幻三世起于种种如幻变化，如是思惟。

渐次游行，或至人间城邑、聚落，或经旷野、岩谷、险难，无有疲懈，未曾休息。然后乃至妙光大城，而问人言：妙光大城在于何所？人咸报言：妙光城者，今此城是，是大光王之所住处。

时，善财童子欢喜踊跃，作如是念：我善知识在此城中，我今必当亲得奉见，闻诸菩萨所行之行，闻诸菩萨出要之门，闻诸菩萨所证之法，闻诸菩萨不思议功德，闻诸菩萨不思议自在，闻诸菩萨不思议平等，闻诸菩萨不思议勇猛，闻诸菩萨不思议境界广大清净。作是念已，入妙光城。

见此大城，以金、银、琉璃、玻璃、真珠、砗磲、码瑙七宝所成，七宝深堑，七重围绕；八功德水盈满其中，底布金沙，优钵罗华、波头摩华、拘物头华、芬陀利华遍布其上；宝多罗树七重行列，七种金刚以为其垣各各围绕，所谓：师子光明金刚垣、无能超胜金刚垣、不可沮坏金刚垣、不可毁缺金刚垣、坚固无碍金刚垣、胜妙网藏金刚垣、离尘清净金刚垣，悉以无数摩尼妙宝间错庄严，种种众宝而为埤堄。其城纵广一十由旬，周回八方，面开八门，皆以七宝周遍严饰，毗琉璃宝以为其地，种种庄严甚可爱乐。

其城之内，十亿衢道，一一道间，皆有无量万亿众生于中止住。有无数阎浮檀金楼阁，毗琉璃摩尼网罗覆其上；无数银楼阁，赤真珠摩尼网罗覆其上；无数毗琉璃楼阁，妙藏摩尼网罗覆其上；无数玻璃楼阁，无垢藏摩尼王网罗覆其上；无数光照世间摩尼宝楼阁，日藏摩尼王网罗覆其上；无数帝青摩尼宝楼阁，妙光摩尼王网罗覆其上；无数众生海摩尼王楼阁，焰光明摩尼王网罗覆其上；无数金刚宝楼阁，无能胜幢摩尼王网罗覆其上；无数黑栴檀楼阁，天曼陀罗华网罗覆其上；无数无等香王楼阁，种种华网罗覆其上。

其城复有无数摩尼网、无数宝铃网、无数天香网、无数天华网、无数宝形像网，无数宝衣帐、无数宝盖帐、无数宝楼阁帐、无数宝华鬘帐之所弥覆，处处建立宝盖、幢、幡。

当此城中，有一楼阁，名：正法藏，阿僧祇宝以为庄严，光明赫奕最胜无比，众生见者心无厌足，彼大光王常处其中。

尔时，善财童子于此一切珍宝妙物，乃至男女、六尘境界，皆无爱著，但正思惟究竟之法，一心愿乐见善知识。

渐次游行，见大光王去于所住楼阁不远四衢道中，坐如意摩尼宝莲华藏广大庄严师子之座，绀琉璃宝以为其足，金缯为帐，众宝为网，上妙天衣以为茵蓐。其王于上结跏趺坐，二十八种大人之相、八十随好而以严身；如真金山，光色炽盛；如净空日，威光赫奕；如盛满月，见者清凉；如梵天王，处于梵众；亦如大海，功德法宝无有边际；亦如雪山，相好树林以为严饰；亦如大云，能震法雷，启悟群品；亦如虚空，显现种种法门星象；如须弥山，四色普现众生心海；亦如宝洲，种种智宝充满其中。

678

于王座前，有金、银、琉璃、摩尼、真珠、珊瑚、琥珀、珂贝、璧玉诸珍宝聚，衣服、璎珞及诸饮食无量无边种种充满。复见无量百千万亿上妙宝车、百千万亿诸天妓乐、百千万亿天诸妙香、百千万亿病缘汤药资生之具，如是一切悉皆珍好。无量乳牛，蹄角金色；无量千亿端正女人，上妙栴檀以涂其体，天衣、璎珞种种庄严，六十四能靡不该练，世情礼则悉皆善解，随众生心而以给施。

城邑、聚落、四衢道侧，悉置一切资生之具。一一道傍皆有二十亿菩萨，以此诸物给施众生，为欲普摄众生故，为令众生欢喜故，为令众生踊跃故，为令众生心净故，为令众生清凉故，为灭众生烦恼故，为令众生知一切义理故，为令众生入一切智道故，为令众生舍怨敌心故，为令众生离身、语恶故，为令众生拔诸邪见故，为令众生净诸业道故。

时，善财童子五体投地，顶礼其足，恭敬右绕，经无量匝，合掌而住，白言：圣者！我已先发阿耨多罗三藐三菩提心，而未知菩萨云何学菩萨行？云何修菩萨道？我闻圣者善能诱诲，愿为我说！

时，王告言：

善男子！我净修菩萨大慈幢行，我满足菩萨大慈幢行。善男子！我于无量百千万亿乃至不可说不可说佛所，问难此法，思惟观察，修习庄严。

善男子！我以此法为王，以此法教敕，以此法摄受，以此法随逐世间，以此法引导众生，以此法令众生修行，以此法令众生趣入，以此法与众生方便，以此法令众生熏习，以此法令众生起行，以此法令众生安住思惟诸法自性，以此法令众生安住慈心，以慈为主，具足慈力；如是，令住利益心、安乐心、哀愍心、摄受心、守护众生不舍离心、拔众生苦无休息心。我以此法令一切众生毕竟快乐，恒自悦豫，身无诸苦，心得清凉，断生死爱，乐正法乐，涤烦恼垢，破恶业障，绝生死流，入真法海，断诸有趣，求一切智，净诸心海，生不坏信。善男子！我已住此大慈幢行，能以正法教化世间。

善男子！我国土中一切众生，皆于我所无有恐怖。善男子！若有众生贫穷困乏，来至我所而有求索。我开库藏恣其所取，而语之言：莫造诸恶，莫害众生，莫起诸见，莫生执著。汝等贫乏，若有所须，当来我所及四衢道，一切诸物种种具足，随意而取勿生疑难。

善男子！此妙光城所住众生，皆是菩萨发大乘意，随心所欲，所见不同，或见此城其量狭小，或见此城其量广大；或见土沙以为其地，或见众宝而以庄严；或见聚土以为垣墙，或见宝墙周匝围绕；或见其地多诸瓦石高下不平，或见无量大摩尼宝间错庄严平坦如掌；或见屋宅土木所成，或见殿堂及诸楼阁、阶墀、窗闼、轩槛、户牖——如是一切无非妙宝。

善男子！若有众生其心清净，曾种善根供养诸佛，发心趣向一切智道，以一切智为究竟处，及我昔时修菩萨行曾所摄受，则见此城众宝严净；余皆见秽。

善男子！此国土中一切众生，五浊世时乐作诸恶。我心哀愍而欲救护，入于菩萨大慈为首随顺世间三昧之门。入此三昧时，彼诸众生所有怖畏心、恼害心、怨敌心、诤论心，如是诸心，悉自消灭。何以故？入于菩萨大慈为首顺世三昧，法如是故。善男子！且待须臾，自当现见。

时，大光王即入此定。其城内外六种震动，诸宝地、宝墙、宝堂、宝殿、台观、楼阁、阶砌、户牖，如是一切咸出妙音，悉向于王曲躬敬礼。妙光城内所有居人，靡不同时欢喜踊跃，俱向王所举身投地。村营、城邑一切人众，咸来见王，欢喜敬礼。

近王所住，鸟兽之属，互相瞻视，起慈悲心，咸向王前恭敬礼拜。一切山原及诸草树，莫不回转向王敬礼。陂池、泉井及以河海，悉皆腾溢，流注王前。十千龙王起大香云，激电震雷，注微细雨。有十千天王，所谓：忉利天王、夜摩天王、兜率陀天王、善变化天王、他化自在天王……如是等而为上首，于虚空中作众妓乐。无数天女歌咏赞叹，雨无数华云、无数香云、无数宝鬘云、无数宝衣云、无数宝盖云、无数宝幢云、无数宝幡云，于虚空中而为庄严，供养其王。伊罗婆拏大象王，以自在力，于虚空中敷布无数大宝莲华，垂无数宝璎珞、无数宝缯带、无数宝鬘、无数宝严具、无数宝华、无数宝香，种种奇妙以为严饰，无数采女种种歌赞。

阎浮提内复有无量百千万亿诸罗刹王、诸夜叉王、鸠槃荼王、毗舍阇王，或住大海，或居陆地，饮血噉肉，残害众生；皆起慈心，愿行利益，明识后世，不造诸恶；恭敬合掌，顶礼于王。如阎浮提，余三天下，乃至三千大千世界，乃至十方百千万亿那由他世界中，所有一切毒恶众生悉亦如是。

时，大光王从三昧起，告善财言：善男子！我唯知此菩萨大慈为首随顺世间三昧门。如诸菩萨摩诃萨为高盖，慈心普荫诸众生故；为修行，下、中、上行悉等行故；为大地，能以慈心任持一切诸众生故；为满月，福德光明于世间中平等现故；为净日，以智光明照耀一切所知境故；为明灯，能破一切众生心中诸黑闇故；为水清珠，能清一切众生心中谄诳浊故；为如意宝，悉能满足一切众生心所愿故；为大风，速令众生修习三昧入一切智大城中故。而我云何能知其行，能说其德，能称量彼福德大山，能瞻仰彼功德众星，能观察彼大愿风轮，能趣入彼甚深法门，能显示彼庄严大海，能阐明彼普贤行门，能开示彼诸三昧窟，能赞叹彼大慈悲云？

善男子！于此南方，有一王都，名曰：安住；有优婆夷，名曰：不动。汝诣彼问：菩萨云何学菩萨行、修菩萨道？

时，善财童子顶礼王足，绕无数匝，殷勤瞻仰，辞退而去。

尔时，善财童子出妙光城，游行道路，正念思惟大光王教，忆念菩萨大慈幢行门，思惟菩萨随顺世间三昧光明门，增长彼不思议愿福德自在力，坚固彼不思议成熟众生智，观察彼不思议不共受用大威德，忆念彼不思议差别相，思惟彼不思议清净眷属，思惟彼不思议所作业；生欢喜心，生净信心，生猛利心，生欣悦心，生踊跃心，生庆幸心，生无浊心，生清净心，生坚固心，生广大心，生无尽心。如是思惟，悲泣流泪，念善知识实为希有，出生一切诸功德处，出生一切诸菩萨行，出生一切菩萨净念，出生一切陀罗尼轮，出生一切三昧光明，出生一切诸佛知见，普雨一切诸佛法雨，显示一切菩萨愿门，出生难思智慧光明，增长一切菩萨根芽。又作是念：善知识者，能普救护一切恶道，能普演说诸平等法，能普显示诸夷险道，能普开阐大乘奥义，能普劝发普贤诸行，能普引到一切智城，能普令入法界大海，能普令见三世法海，能普授与众圣道场，能普增长一切白法。

善财童子如是悲哀思念之时，彼常随逐觉悟菩萨、如来使天，于虚空中而告之言：善男子！其有修行善知识教，诸佛世尊悉皆欢喜；其有随顺善知识语，则得近于一切智地；其有能于善知识语无疑惑者，则常值遇一切善友；其有发心愿常不离善知识者，则得具足一切义利。善男子！汝可往诣安住王都，即当得见不动优婆夷大善知识

时，善财童子从彼三昧智光明起，渐次游行，至安住城，周遍推求不动优婆夷今在何所？无量人众咸告之言：善男子！不动优婆夷身是童女，在其家内，父母守护，与自亲属无量人众演说妙法。善财童子闻是语已，其心欢喜，如见父母，即诣不动优婆夷舍。

入其宅内，见彼堂宇，金色光明普皆照耀，遇斯光者身意清凉。善财童子光明触身，即时获得五百三昧门，所谓：了一切希有相三昧门、入寂静三昧门、远离一切世间三昧门、普眼舍得三昧门、如来藏三昧门……得如是等五百三昧门；以此三昧门故，身心柔软，如七日胎。又闻妙香，非诸天、龙、乾闼婆等人与非人之所能有。

善财童子前诣其所，恭敬合掌，一心观察，见其形色端正殊妙，十方世界一切女人无有能及，况其过者！唯除如来及以一切灌顶菩萨。口出妙香，宫殿庄严，并其眷属悉无与等，况复过者！十方世界一切众生，无有于此优婆夷所起染著心；若得暂见，所有烦恼悉自消灭。譬如百万大梵天王，决定不生欲界烦恼；其有见此优婆夷者，所有烦恼应知亦然。十方众生观此女人皆无厌足，唯除具足大智慧者。

尔时，善财童子曲躬合掌，正念观察，见此女人，其身自在不可思议，色相颜容世无与等，光明洞彻物无能障，普为众生而作利益，其身毛孔恒出妙香，眷属无边，宫殿第一，功德深广莫知涯际；心生欢喜，以颂赞曰：

守护清净戒，修行广大忍，精进不退转，光明照世间。

尔时，善财童子说此颂已，白言：圣者！我已先发阿耨多罗三藐

三菩提心，而未知菩萨云何学菩萨行？云何修菩萨道？我闻圣者善能诱诲，愿为我说！

时，不动优婆夷以菩萨柔软语、悦意语，慰喻善财，而告之言：善哉善哉！善男子！汝已能发阿耨多罗三藐三菩提心。善男子！我得菩萨难摧伏智慧藏解脱门，我得菩萨坚固受持行门，我得菩萨一切法平等地总持门，我得菩萨照明一切法辩才门，我得菩萨求一切法无疲厌三昧门。

善财童子言：圣者！菩萨难摧伏智慧藏解脱门，乃至求一切法无疲厌三昧门，境界云何？

童女言：善男子！此处难知。

善财白言：唯愿圣者，承佛神力，为我宣说！我当因善知识，能信能受，能知能了，趣入观察，修习随顺，离诸分别，究竟平等。

优婆夷言：

善男子！过去世中有劫，名：离垢，佛号：修臂。时，有国王名曰：电授，唯有一女，即我身是。我于夜分废音乐时，父母兄弟悉已眠寝，五百童女亦皆昏寐。我于楼上仰观星宿，于虚空中见彼如来如宝山王，无量无边天龙八部、诸菩萨众所共围绕，佛身普放大光明网周遍十方无所障碍，佛身毛孔皆出妙香。我闻是香，身体柔软，心生欢喜；便从楼下至于地上，合十指爪，顶礼于佛。又观彼佛不见顶相，观身左右莫知边际。思惟彼佛诸相随好无有厌足，窃自念言：此佛世尊作何等业，获于如是上妙之身，相好圆满，光明具足，眷属成就，宫殿严好，福德智慧悉皆清净，总持三昧不可思议，神通自在，辩才无碍？

善男子！尔时，如来知我心念，即告我言：汝应发不可坏心，灭诸烦恼；应发无能胜心，破诸取著；应发无退怯心，入深法门；应发能堪耐心，救恶众生；应发无迷惑心，普于一切诸趣受生；应发无厌足心，求见诸佛无有休息；应发无知足心，悉受一切如来法雨；应发正思惟心，普生一切佛法光明；应发大住持心，普转一切诸佛法轮；应发广流通心，随众生欲施其法宝。

善男子！我于彼佛所闻如是法，求一切智，求佛十力，求佛辩才，求佛光明，求佛色身，求佛相好，求佛众会，求佛国土，求佛威仪，求佛寿命。发是心已，其心坚固犹如金刚，一切烦恼及以二乘悉不能坏。

善男子！我发是心已来，经阎浮提微尘数劫，尚不生于念欲之心，况行其事！尔所劫中，于自亲属不起瞋心，况他众生！尔所劫中，于其自身不生我见，况于众具而计我所！尔所劫中，死时、生时及住胎藏，未曾迷惑起众生想及无记心，况于余时！尔所劫中，乃至梦中随见一佛未曾忘失，何况菩萨十眼所见！尔所劫中，受持一切如来正法，未曾忘失一文一句，乃至世俗所有言辞尚不忘失，何况如来金口所说！尔所劫中，受持一切如来法海，一文一句无不思惟、无不观察，乃至一切世俗之法亦复如是。尔所劫中，受持如是一切法海，未曾于一法中不得三昧，乃至世间技术之法，一一法中悉亦如是。尔所劫中，住持一切如来法轮，随所住持，未曾废舍一文一句，乃至不曾生于世智，唯除为欲调众生故。尔所劫中，见诸佛海，未曾于一佛所不得成就清净大愿，乃至于诸化佛之所悉亦如是。尔所劫中，见诸菩萨修行妙行，无有一行我不成就。尔所劫中，所见众生，无一众生我不劝发阿耨多罗三藐三菩提心，未曾劝一众生发于声闻、辟支佛意。尔所劫中，于一切佛法，乃至一文一句，不生疑惑，不生二想，不生分别想，不生种种想，不生执著想，不生胜劣想，不生爱憎想。

善男子！我从是来，常见诸佛，常见菩萨，常见真实善知识，常闻诸佛愿，常闻菩萨行，常闻菩萨波罗蜜门，常闻菩萨地智光明门，常闻菩萨无尽藏门，常闻入无边世界网门，常闻出生无边众生界因门，常以清净智慧光明除灭一切众生烦恼，常以智慧生长一切众生善根，常随一切众生所乐示现其身，常以清净上妙言音开悟法界一切众生。

善男子！我得菩萨求一切法无厌足庄严门，我得一切法平等地总持门，现不思议自在神变。汝欲见不？

善财言：唯！我心愿见。

尔时，不动优婆夷坐于龙藏师子之座，入求一切法无厌足庄严三昧门、不空轮庄严三昧门、十力智轮现前三昧门、佛种无尽藏三昧门……入如是等一万三昧门。入此三昧门时，十方各有不可说佛刹微尘数世界六种震动，皆悉清净琉璃所成；一一世界中，有百亿四天下，百亿如来或住兜率天乃至般涅槃；一一如来放光明网，周遍法界道场众会，清净围绕，转妙法轮，开悟群生。

时，不动优婆夷从三昧起，告善财言：善男子！汝见此不？

善财言：唯！我皆已见。

优婆夷言：

善男子！我唯得此求一切法无厌足三昧光明，为一切众生说微妙法，皆令欢喜。如诸菩萨摩诃萨，如金翅鸟，游行虚空无所障碍，能入一切众生大海，见有善根已成熟者，便即执取置菩提岸；又如商客，入大宝洲，采求如来十力智宝；又如渔师，持正法网，入生死海，于爱水中漉诸众生；如阿修罗王，能遍柧[1]动三有大城诸烦恼海；又如日轮，出现虚空，照爱水泥，令其乾竭；又如满月，出现虚空，令可化者心华开敷；又如大地，普皆平等，无量众生于中止住，增长一切善法根芽；又如大风，所向无碍，能拔一切诸见大树；如转轮王，游行世间，以四摄事摄诸众生。而我云何能知能说彼功德行？

善男子！于此南方，有一大城，名：无量都萨罗；其中有一出家外道，名曰：遍行。汝往彼问：菩萨云何学菩萨行、修菩萨道？

时，善财童子顶礼其足，绕无量匝，殷勤瞻仰，辞退而去。
注1：此字读mao，左边提手旁，右边为毛字

大方广佛华严经卷第六十七

入法界品第三十九之八

尔时，善财童子于不动优婆夷所得闻法已，专心忆念所有教诲，皆悉信受，思惟观察。

渐渐游行，经历国邑，至都萨罗城，于日没时入彼城中，廛店、邻里、四衢道侧，处处寻觅遍行外道。

城东有山，名曰：善德。善财童子于中夜时，见此山顶草树岩巘，光明照耀如日初出；见此事已，生大欢喜，作是念言：我必于此见善知识。便从城出而登彼山，见此外道于其山上平坦之处徐步经行，色相圆满，威光照耀，大梵天王所不能及，十千梵众之所围绕。往诣其所，头顶礼足，绕无量匝，于前合掌而作是言：圣者！我已先发阿耨多罗三藐三菩提心，而我未知菩萨云何学菩萨行？云何修菩萨道？我闻圣者善能教诲，愿为我说！

遍行答言：善哉善哉！善男子！我已安住至一切处菩萨行，已成就普观世间三昧门，已成就无依无作神通力，已成就普门般若波罗蜜。善男子！我普于世间种种方所、种种形貌、种种行解、种种殁生一切诸趣。所谓：天趣、龙趣、夜叉趣、乾闼婆、阿修罗、迦楼罗、紧那罗、摩睺罗伽、地狱、畜生、阎罗王界、人、非人等，一切诸趣，或住诸见，或信二乘，或复信乐大乘之道。如是一切诸众生中，我以种种方便、种种智门而为利益。所谓：或为演说一切世间种种技艺，令得具足一切巧术陀罗尼智；或为演说四摄方便，令得具足一切智道；或为演说诸波罗蜜，令其回向一切智位；或为称赞大菩提心，令其不失无上道意；或为称赞诸菩萨行，令其满足净佛国土度众生愿；或为演说造诸恶行受地狱等种种苦报，令于恶业深生厌离；或为演说供养诸佛种诸善根决定获得一切智果，令其发起欢喜之心；或为赞说一切如来、应、正等觉所有功德，令乐佛身求一切智；或为赞说诸佛威德，令其愿乐佛不坏身；或为赞说佛自在身，令求如来无能映蔽大威德体。

又，善男子！此都萨罗城中，一切方所一切族类，若男若女诸人众中，我皆以方便示同其形，随其所应而为说法。诸众生等，悉不能知我是何人、从何而至，唯令闻者如实修行。善男子！如于此城利益众生，于阎浮提城邑聚落，所有人众住止之处，悉亦如是而为利益。

善男子！阎浮提内九十六众，各起异见而生执著，我悉于中方便调伏，令其舍离所有诸见；如阎浮提，余四天下亦复如是；如四天

下,三千大千世界亦复如是;如三千大千世界,如是十方无量世界诸众生海,我悉于中,随诸众生心之所乐,以种种方便、种种法门,现种种色身,以种种言音而为说法,令得利益。

善男子!我唯知此至一切处菩萨行。如诸菩萨摩诃萨,身与一切众生数等,得与众生无差别身,以变化身普入诸趣,于一切处皆现受生,普现一切众生之前,清净光明遍照世间,以无碍愿住一切劫,得如帝网诸无等行,常勤利益一切众生,恒与共居而无所著,普于三世悉皆平等,以无我智周遍照耀,以大悲藏一切观察;而我云何能知能说彼功德行?

善男子!于此南方,有一国土,名为:广大;有鬻香长者,名:优钵罗华。汝诣彼问:菩萨云何学菩萨行、修菩萨道?

时,善财童子顶礼其足,绕无量匝,殷勤瞻仰,辞退而去。

尔时,善财童子因善知识教,不顾身命,不著财宝,不乐人众,不耽五欲,不恋眷属,不重王位;唯愿化度一切众生,唯愿严净诸佛国土,唯愿供养一切诸佛,唯愿证知诸法实性,唯愿修集一切菩萨大功德海,唯愿修行一切功德终无退转,唯愿恒于一切劫中以大愿力修菩萨行,唯愿普入一切诸佛众会道场,唯愿入一三昧门普现一切三昧门自在神力,唯愿于佛一毛孔中见一切佛心无厌足,唯愿得一切法智慧光明能持一切诸佛法藏,专求此等一切诸佛菩萨功德。

渐次游行,至广大国,诣长者所,顶礼其足,绕无量匝,合掌而立,白言:圣者!我已先发阿耨多罗三藐三菩提心,欲求一切佛平等智慧,欲满一切佛无量大愿,欲净一切佛最上色身,欲见一切佛清净法身,欲知一切佛广大智身,欲净治一切菩萨诸行,欲照明一切菩萨三昧,欲安住一切菩萨总持,欲除灭一切所有障碍,欲游行一切十方世界,而未知菩萨云何学菩萨行、云何修菩萨道,而能出生一切智智?

长者告言:

善哉!善哉!善男子!汝乃能发阿耨多罗三藐三菩提心。

善男子!我善别知一切诸香,亦知调合一切香法,所谓:一切香、一切烧香、一切涂香、一切末香。亦知如是一切香王所出之处,又善了知天香、龙香、夜叉香,乾闼婆、阿修罗、迦楼罗、紧那罗、摩睺罗伽、人、非人等所有诸香。又善别知治诸病香、断诸恶香、生欢喜香、增烦恼香、灭烦恼香、令于有为生乐著香、令于有为生厌离香、舍诸憍逸香、发心念佛香、证解法门香、圣所受用香、一切菩萨差别香、一切菩萨地位香,如是等香形相生起、出现成就、清净安隐、方便境界、威德业用及以根本,如是一切我皆了达。

善男子!人间有香,名曰:象藏,因龙斗生。若烧一丸,即起大香云弥覆王都,于七日中雨细香雨。若著身者,身则金色;若著衣服、宫殿、楼阁,亦皆金色。若因风吹入宫殿中,众生嗅者,七日七夜欢喜充满，身心快乐，无有诸病，不相侵害，离诸忧苦，不惊不怖，不乱不患，慈心相向，志意清净。我知是已而为说法，令其决定发阿耨多罗三藐三菩提心。

善男子！摩罗耶山出栴檀香，名曰：牛头；若以涂身，设入火坑，火不能烧。善男子！海中有香，名：无能胜；若以涂鼓及诸螺贝，其声发时，一切敌军皆自退散。善男子！阿那婆达多池边出沉水香，名：莲华藏，其香一丸如麻子大；若以烧之，香气普熏阎浮提界，众生闻者，离一切罪，戒品清净。善男子！雪山有香，名：阿卢那；若有众生嗅此香者，其心决定离诸染著，我为说法莫不皆得离垢三昧。善男子！罗刹界中有香，名：海藏，其香但为转轮王用；若烧一丸而以熏之，王及四军皆腾虚空。善男子！善法天中有香，名：净庄严；若烧一丸而以熏之，普使诸天心念于佛。善男子！须夜摩天有香，名：净藏；若烧一丸而以熏之，夜摩天众莫不云集彼天王所而共听法。善男子！兜率天中有香，名：先陀婆；于一生所系菩萨座前烧其一丸，兴大香云遍覆法界，普雨一切诸供养具，供养一切诸佛菩萨。善男子！善变化天有香，名曰：夺意；若烧一丸，于七日中，普雨一切诸庄严具。

善男子！我唯知此调和香法。如诸菩萨摩诃萨，远离一切诸恶习气，不染世欲，永断烦恼众魔罥索，超诸有趣，以智慧香而自庄严，于诸世间皆无染著，具足成就无所著戒，净无著智，行无著境，于一切处悉无有著，其心平等，无著无依；而我何能知其妙行？说其功德？显其所有清净戒门？示其所作无过失业？辨其离染身、语、意行？

善男子！于此南方，有一大城，名曰：楼阁；中有船师，名：婆施罗。汝诣彼问：菩萨云何学菩萨行、修菩萨道？

时，善财童子顶礼其足，绕无量匝，殷勤瞻仰，辞退而去。

尔时，善财童子向楼阁城，观察道路。所谓：观道高卑，观道夷险，观道净秽，观道曲直。

渐次游行，作是思惟：我当亲近彼善知识。善知识者，是成就修行诸菩萨道因，是成就修行波罗蜜道因，是成就修行摄众生道因，是成就修行普入法界无障碍道因，是成就修行令一切众生除恶慧道因，是成就修行令一切众生离憍慢道因，是成就修行令一切众生灭烦恼道因，是成就修行令一切众生舍诸见道因，是成就修行令一切众生拔一切恶刺道因，是成就修行令一切众生至一切智城道因。何以故？于善知识处，得一切善法故；依善知识力，得一切智道故。善知识者，难见难遇。如是思惟。

渐次游行，既至彼城，见其船师在城门外海岸上住，百千商人及余无量大众围绕，说大海法，方便开示佛功德海。善财见已，往诣其所，顶礼其足，绕无量匝，于前合掌而作是言：圣者！我已先发阿耨多罗三藐三菩提心，而未知菩萨云何学菩萨行？云何修菩萨道？我闻圣者善能教诲，愿为我说！

船师告言：

善哉善哉！善男子！汝已能发阿耨多罗三藐三菩提心，今复能问生大智因、断除一切生死苦因、往一切智大宝洲因、成就不坏摩诃衍因、远离二乘怖畏生死住诸寂静三昧旋因、乘大愿车遍一切处行菩萨行无有障碍清净道因、以菩萨行庄严一切无能坏智清净道因、普观一切十方诸法皆无障碍清净道因、速能趣入一切智海清净道因。善男子！我在此城海岸路中，净修菩萨大悲幢行。善男子！我观阎浮提内贫穷众生，为饶益故，修诸苦行，随其所愿悉令满足。先以世物，充满其意；复施法财，令其欢喜，令修福行，令生智道，令增善根力，令起菩提心，令净菩提愿，令坚大悲力，令修能灭生死道，令生不厌生死行，令摄一切众生海，令修一切功德海，令照一切诸法海，令见一切诸佛海，令入一切智智海。善男子！我住于此，如是思惟，如是作意，如是利益一切众生。

善男子！我知海中一切宝洲、一切宝处、一切宝类、一切宝种。我知净一切宝、钻一切宝、出一切宝、作一切宝。我知一切宝器、一切宝用、一切宝境界、一切宝光明。我知一切龙宫处、一切夜叉宫处、一切部多宫处，皆善回避，免其诸难。亦善别知，漩澓浅深，波涛远近，水色好恶，种种不同。亦善别知，日月星宿运行度数，昼夜晨晡，晷漏延促。亦知其船铁木坚脆、机关涩滑，水之大小，风之逆顺；如是一切安危之相无不明了，可行则行，可止则止。善男子！我以成就如是智慧，常能利益一切众生。

善男子！我以好船运诸商众行安隐道，复为说法令其欢喜，引至宝州与诸珍宝咸使充足，然后将领还阎浮提。善男子！我将大船如是往来，未始令其一有损坏。若有众生得见我身、闻我法者，令其永不怖生死海，必得入于一切智海，必能消竭诸爱欲海，能以智光照三世海，能尽一切众生苦海，能净一切众生心海，速能严净一切刹海，普能往诣十方大海，普知一切众生根海，普了一切众生行海，普顺一切众生心海。

善男子！我唯得此大悲幢行；若有见我及以闻我、与我同住、忆念我者，皆悉不空。如诸菩萨摩诃萨，善能游涉生死大海，不染一切诸烦恼海，能舍一切诸妄见海，能观一切诸法性海，能以四摄摄众生海，已善安住一切智海，能灭一切众生著海，能平等住一切时海，能以神通度众生海，能以其时调众生海；而我云何能知能说彼功德行？

善男子！于此南方，有城名：可乐；中有长者，名：无上胜。汝诣彼问：菩萨云何学菩萨行、修菩萨道？

时，善财童子顶礼其足，绕无量匝，殷勤瞻仰，悲泣流泪，求善知识心无厌足，辞退而去。

尔时，善财童子起大慈周遍心、大悲润泽心相续不断，福德、智慧二种庄严，舍离一切烦恼尘垢，证法平等，心无高下，拔不善刺，灭一切障，坚固精进以为墙堑，甚深三昧而作园苑，以慧日光破无明暗，以方便风开智慧华，以无碍愿充满法界，心常现入一切智城，如是而求菩萨之道。渐次经历，到彼城内。见无上胜在其城东大庄严幢无忧林中，无量商人、百千居士之所围绕，理断人间种种事务；因为说法，令其永拔一切我慢，离我、我所，舍所积聚，灭悭嫉垢，心得清净，无诸秽浊，获净信力，常乐见佛，受持佛法，生菩萨力，起菩萨行，入菩萨三昧，得菩萨智慧，住菩萨正念，增菩萨乐欲。

尔时，善财童子观彼长者为众说法已，以身投地，顶礼其足，良久乃起，白言：

圣者！我是善财！我是善财！我专寻求菩萨之行，菩萨云何学菩萨行？菩萨云何修菩萨道？随修学时，常能化度一切众生，常能现见一切诸佛，常得听闻一切佛法，常能住持一切佛法，常能趣入一切法门，入一切刹学菩萨行，住一切劫修菩萨道，能知一切如来神力，能受一切如来护念，能得一切如来智慧？

时，彼长者告善财言：

善哉善哉！善男子！汝已能发阿耨多罗三藐三菩提心。

善男子！我成就至一切处菩萨行门无依无作神通之力。善男子！云何为至一切处菩萨行门？善男子！我于此三千大千世界，欲界一切诸众生中，所谓：一切三十三天、一切须夜摩天、一切兜率陀天、一切善变化天、一切他化自在天、一切魔天，及余一切天、龙、夜叉、罗刹娑、鸠槃茶、乾闼婆、阿修罗、迦楼罗、紧那罗、摩睺罗伽、人与非人，村营、城邑、一切住处诸众生中而为说法，令舍非法，令息诤论，令除斗战，令止忿竞，令破怨结，令解系缚，令出牢狱，令免怖畏，令断杀生乃至邪见一切恶业，不可作事皆令禁止；令其顺行一切善法，令其修学一切技艺，于诸世间而作利益；为其分别种种诸论，令生欢喜，令渐成熟；随顺外道，为说胜智，令断诸见，令入佛法。乃至色界一切梵天，我亦为其说超胜法。如于此三千大千世界，乃至十方十不可说百千亿那由他佛刹微尘数世界中，我皆为说佛法、菩萨法、声闻法、独觉法；说地狱，说地狱众生，说向地狱道；说畜生，说畜生差别，说畜生受苦，说向畜生道；说阎罗王世间，说阎罗王世间苦，说向阎罗王世间道；说天世间，说天世间乐，说向天世间道；说人世间，说人世间苦乐，说向人世间道。为欲开显菩萨功德，为令舍离生死过患，为令知见一切智人诸妙功德，为欲令知诸有趣中迷惑受苦，为令知见无障碍法，为欲显示一切世间生起所因，为欲显示一切世间寂灭为乐，为令众生舍诸想著，为令证得佛无依法，为令永灭诸烦恼轮，为令能转如来法轮，我为众生说如是法。

善男子！我唯知此至一切处修菩萨行清净法门无依无作神通之

力。如诸菩萨摩诃萨,具足一切自在神通,悉能遍往一切佛刹,得普眼地;悉闻一切音声言说,普入诸法智慧自在,无有乖诤,勇健无比,以广长舌出平等音;其身妙好,同诸菩萨,与诸如来究竟无二、无有差别;智身广大,普入三世,境界无际,同于虚空。而我云何能知能说彼功德行?

善男子!于此南方,有一国土,名曰:输那;其国有城,名:迦陵迦林;有比丘尼,名:师子频申。汝诣彼问:菩萨云何学菩萨行、修菩萨道?

时,善财童子顶礼其足,绕无量匝,殷勤瞻仰,辞退而去。

尔时,善财童子渐次游行,至彼国城,周遍推求此比丘尼。有无量人咸告之言:

善男子!此比丘尼在胜光王之所舍施日光园中说法利益无量众生。时,善财童子即诣彼园,周遍观察。

见其园中有一大树,名为:满月,形如楼阁,放大光明照一由旬;见一叶树,名为:普覆,其形如盖,放毗琉璃绀青光明;见一华树,名曰:华藏,其形高大,如雪山王,雨众妙华无有穷尽,如忉利天中波利质多罗树。复见有一甘露果树,形如金山,常放光明,种种众果悉皆具足;复见有一摩尼宝树,名:毗卢遮那藏,其形无比,心王摩尼宝最在其上,阿僧祇色相摩尼宝周遍庄严。复有衣树,名为:清净,种种色衣垂布严饰;复有音乐树,名为:欢喜,其音美妙,过诸天乐;复有香树,名:普庄严,恒出妙香,普熏十方,无所障碍。

园中复有泉流陂池,一切皆以七宝庄严,黑栴檀泥凝积其中,上妙金沙弥布其底,八功德水具足盈满,优钵罗华、波头摩华、拘物头华、芬陀利华遍覆其上,无量宝树周遍行列。诸宝树下敷师子座,种种妙宝以为庄严,布以天衣,熏诸妙香,垂诸宝缯,施诸宝帐,阎浮金网弥覆其上,宝铎徐摇出妙音声。或有树下敷莲华藏师子之座,或有树下敷香王摩尼藏师子之座,或有树下敷龙庄严摩尼王藏师子之座,或有树下敷宝师子聚摩尼王藏师子之座,或有树下敷毗卢遮那摩尼王藏师子之座,或有树下敷十方毗卢遮那摩尼王藏师子之座;其一一座各有十万宝师子座周匝围绕,一一皆具无量庄严。

此大园中众宝遍满,犹如大海宝洲之上。迦邻陀衣以布其地,柔软妙好,能生乐触,蹈则没足,举则还复;无量诸鸟出和雅音,宝栴檀林上妙庄严,种种妙华常雨无尽,犹如帝释杂华之园。无比香王普熏一切,犹如帝释善法之堂。诸音乐树、宝多罗树、众宝铃网出妙音声,如自在天善口天女所出歌音。诸如意树,种种妙衣垂布庄严,犹如大海。有无量色百千楼阁,众宝庄严,如忉利天宫善见大城。宝盖遐张,如须弥峰。光明普照,如梵王宫。

尔时,善财童子见此大园无量功德、种种庄严,皆是菩萨业报成就,出世善根之所生起,供养诸佛功德所流,一切世间无与等者,如是皆从师子频申比丘尼了法如幻集广大清净福德善业之所成就。三千大千世界天龙八部、无量众生，皆入此园而不迫窄。何以故？此比丘尼不可思议威神力故。

尔时，善财见师子频申比丘尼遍坐一切诸宝树下大师子座，身相端严，威仪寂静，诸根调顺，如大象王；心无垢浊，如清净池；普济所求，如如意宝；不染世法，犹如莲华；心无所畏，如师子王；护持净戒不可倾动，如须弥山；能令见者心得清凉，如妙香王；能除众生诸烦恼热，如雪山中妙栴檀香；众生见者，诸苦消灭，如善见药王；见者不空，如婆楼那天；能长一切众善根芽，如良沃田。

在一一座，众会不同，所说法门亦各差别；或见处座，净居天众所共围绕，大自在天子而为上首；此比丘尼为说法门，名：无尽解脱。或见处座，诸梵天众所共围绕，爱乐梵王而为上首；此比丘尼为说法门，名：普门差别清净言音轮。或见处座，他化自在天天子、天女所共围绕，自在天王而为上首；此比丘尼为说法门，名：菩萨清净心。或见处座，善变化天天子、天女所共围绕，善化天王而为上首；此比丘尼为说法门，名：一切法善庄严。或见处座，兜率陀天天子、天女所共围绕，兜率天王而为上首；此比丘尼为说法门，名：心藏旋。或见处座，须夜摩天天子、天女所共围绕，夜摩天王而为上首；此比丘尼为说法门，名：无边庄严。或见处座，三十三天天子、天女所共围绕，释提桓因而为上首；此比丘尼为说法门，名：厌离门。或见处座，百光明龙王、难陀龙王、优波难陀龙王、摩那斯龙王、伊罗跋难陀龙王、阿那婆达多龙王等龙子、龙女所共围绕，娑伽罗龙王而为上首；此比丘尼为说法门，名：佛神通境界光明庄严。或见处座，诸夜叉众所共围绕，毗沙门天王而为上首；此比丘尼为说法门，名：救护众生藏。或见处座，乾闼婆众所共围绕，持国乾闼婆王而为上首；此比丘尼为说法门，名：无尽喜。或见处座，阿修罗众所共围绕，罗睺阿修罗王而为上首；此比丘尼为说法门，名：速疾庄严法界智门。或见处座，迦楼罗众所共围绕，捷持迦楼罗王而为上首；此比丘尼为说法门，名：怖动诸有海。或见处座，紧那罗众所共围绕，大树紧那罗王而为上首；此比丘尼为说法门，名：佛行光明。或见处座，摩睺罗伽众所共围绕，庵罗林摩睺罗伽王而为上首；此比丘尼为说法门，名：生佛欢喜心。或见处座，无量百千男子、女人所共围绕；此比丘尼为说法门，名：殊胜行。或见处座，诸罗刹众所共围绕，常夺精气大树罗刹王而为上首；此比丘尼为说法门，名：发生悲愍心。或见处座，信乐声闻乘众生所共围绕；此比丘尼为说法门，名：胜智光明。或见处座，信乐缘觉乘众生所共围绕；此比丘尼为说法门，名：佛功德广大光明。或见处座，信乐大乘众生所共围绕；此比丘尼为说法门，名：普门三昧智光明门。或见处座，初发心诸菩萨所共围绕；此比丘尼为说法门，名：一切佛愿聚。或见处座，第二地诸菩萨所共围绕；此比丘尼为说法门，名：离垢轮。或见处座，第三地诸菩萨所共围绕；此比丘尼为说法门，名：寂静庄严。或见处座，第四地诸菩萨所共围绕；此比丘尼为说法门，名：生一切智境界。或见处座，第五地诸菩萨所共围绕；此比丘尼为说法门，名：妙华藏。或见处座，第六地诸菩萨所共围绕；此比丘尼为说法门，名：毗卢遮那藏。或见处座，第七地诸菩萨所共围绕；此比丘尼为说法门，名：普庄严地。或见处座，第八地诸菩萨所共围绕；此比丘尼为说法门，名：遍法界境界身。或见处座，第九地诸菩萨所共围绕；此比丘尼为说法门，名：无所得力庄严。或见处座，第十地诸菩萨所共围绕；此比丘尼为说法门，名：无碍轮。或见处座，执金刚神所共围绕；此比丘尼为说法门，名：金刚智那罗延庄严。

善财童子见如是等一切诸趣所有众生已成熟者、已调伏者，堪为法器，皆入此园，各于座下围绕而坐。师子频申比丘尼，随其欲解胜劣差别而为说法，令于阿耨多罗三藐三菩提得不退转。何以故？此比丘尼入普眼舍得般若波罗蜜门、说一切佛法般若波罗蜜门、法界差别般若波罗蜜门、散坏一切障碍轮般若波罗蜜门、生一切众生善心般若波罗蜜门、殊胜庄严般若波罗蜜门、无碍真实藏般若波罗蜜门、法界圆满般若波罗蜜门、心藏般若波罗蜜门、普出生藏般若波罗蜜门，此十般若波罗蜜门为首，入如是等无数百万般若波罗蜜门。此日光园中所有菩萨及诸众生，皆是师子频申比丘尼初劝发心，受持正法，思惟修习，于阿耨多罗三藐三菩提得不退转。

时，善财童子见师子频申比丘尼如是园林、如是床座、如是经行、如是众会、如是神力、如是辩才，复闻不可思议法门，广大法云润泽其心，便生是念：我当右绕无量百千匝。

时，比丘尼放大光明，普照其园众会庄严。善财童子即自见身，及园林中所有众树，皆悉右绕此比丘尼，经于无量百千万匝。围绕毕已，善财童子合掌而住，白言：

圣者！我已先发阿耨多罗三藐三菩提心，而未知菩萨云何学菩萨行？云何修菩萨道？我闻圣者善能诱诲，愿为我说！

比丘尼言：善男子！我得解脱，名：成就一切智。

善财言：圣者！何故名为：成就一切智？

比丘尼言：善男子！此智光明，于一念中普照三世一切诸法。

善财白言：圣者！此智光明境界云何？

比丘尼言：

善男子！我入此智光明门，得出生一切法三昧王；以此三昧故，得意生身，往十方一切世界兜率天宫一生所系菩萨所，一一菩萨前现不可说佛刹微尘数身，一一身作不可说佛刹微尘数供养。所谓：现天王身乃至人王身，执持华云，执持鬘云，烧香、涂香及以末香，衣服、璎珞、幢幡、缯盖、宝网、宝帐、宝藏、宝灯，如是一切诸庄严具，我皆执持而以供养。如于住兜率宫菩萨所，如是于住胎、出胎、在家、出家、往诣道场、成等正觉、转正法轮、入于涅槃，如是中间，或住天宫，或住龙宫，乃至或复住于人宫，于彼一一诸如来所，我皆如是而为供养。若有众生，知我如是供养佛者，皆于阿耨多罗三藐三菩提得不退转；若有众生来至我所，我即为说般若波罗蜜。

善男子！我见一切众生，不分别众生相，智眼明见故；听一切语言，不分别语言相，心无所著故；见一切如来，不分别如来相，了达法身故；住持一切法轮，不分别法轮相，悟法自性故；一念遍知一切法，不分别诸法相，知法如幻故。

善男子！我唯知此成就一切智解脱。如诸菩萨摩诃萨，心无分别，普知诸法，一身端坐，充满法界，于自身中现一切刹，一念悉诣一切佛所，于自身内普现一切诸佛神力，一毛遍举不可言说诸佛世界，于其自身一毛孔中现不可说世界成坏，于一念中与不可说不可说众生同住，于一念中入不可说不可说一切诸劫；而我云何能知能说彼功德行？

善男子！于此南方，有一国土，名曰：险难；此国有城，名：宝庄严；中有女人，名：婆须蜜多。汝诣彼问：菩萨云何学菩萨行、修菩萨道？

时，善财童子顶礼其足，绕无数匝，殷勤瞻仰，辞退而去。

大方广佛华严经卷第六十八

入法界品第三十九之九

尔时，善财童子，大智光明照启其心，思惟观察见诸法性，得了知一切言音陀罗尼门，得受持一切法轮陀罗尼门，得与一切众生作所归依大悲力，得观察一切法义理光明门，得充满法界清净愿，得普照十方一切法智光明，得遍庄严一切世界自在力，得普发起一切菩萨业圆满愿。

渐次游行，至险难国宝庄严城，处处寻觅婆须蜜多女。

城中有人不知此女功德智慧，作如是念：

今此童子，诸根寂静，智慧明了，不迷不乱，谛视一寻，无有疲懈，无所取著，目视不瞬，心无所动，甚深宽广，犹如大海；不应于此婆须蜜女，有贪爱心，有颠倒心，生于净想，生于欲想；不应为此女色所摄。

此童子者，不行魔行，不入魔境，不没欲泥，不被魔缚，不应作处已能不作，有何等意而求此女？

其中有人先知此女有智慧者，告善财言：

善哉善哉！善男子！汝今乃能推求寻觅婆须蜜女，汝已获得广大善利。善男子！汝应决定求佛果位，决定欲为一切众生作所依怙，决定欲拔一切众生贪爱毒箭，决定欲破一切众生于女色中所有净想。

善男子！婆须蜜女于此城内市廛之北自宅中住。

时，善财童子闻是语已，欢喜踊跃，往诣其门。见其住宅广博严丽，宝墙、宝树及以宝堑，一一皆有十重围绕；其宝堑中，香水盈满，金沙布地，诸天宝华、优钵罗华、波头摩华、拘物头华、芬陀利华遍覆水上；宫殿、楼阁处处分布，门闼、窗牖相望间列，咸施网铎，悉置幡幢，无量珍奇以为严饰；琉璃为地，众宝间错，烧诸沉水，涂以栴檀，悬众宝铃，风动成音，散诸天华遍布其地；种种严丽不可称说，诸珍宝藏其数百千，十大园林以为庄严。

尔时，善财见此女人，颜貌端严，色相圆满，皮肤金色，目发绀青，不长不短，不粗不细，欲界人、天无能与比；音声美妙超诸梵世，一切众生差别言音，悉皆具足，无不解了；深达字义，善巧谈说，得如幻智，入方便门；众宝璎珞及诸严具庄严其身，如意摩尼以为宝冠而冠其首；复有无量眷属围绕，皆共善根同一行愿，福德大藏具足无尽。时，婆须蜜多女从其身出广大光明，普照宅中一切宫殿；遇斯光者，身得清凉。

尔时，善财前诣其所，顶礼其足，合掌而住，白言：圣者！我已先发阿耨多罗三藐三菩提心，而未知菩萨云何学菩萨行？云何修菩萨道？我闻圣者善能教诲，愿为我说！

彼即告言：

善男子！我得菩萨解脱，名：离贪欲际，随其欲乐而为现身。若天见我，我为天女，形貌、光明殊胜无比；如是乃至人、非人等而见我者，我即为现人、非人女，随其乐欲皆令得见。

若有众生欲意所缠来诣我所，我为说法，彼闻法已，则离贪欲，得菩萨无著境界三昧；若有众生暂见于我，则离贪欲，得菩萨欢喜三昧；若有众生暂与我语，则离贪欲，得菩萨无碍音声三昧；若有众生暂执我手，则离贪欲，得菩萨遍往一切佛刹三昧；若有众生暂升我座，则离贪欲，得菩萨解脱光明三昧；若有众生暂观于我，则离贪欲，得菩萨寂静庄严三昧；若有众生见我频申，则离贪欲，得菩萨摧伏外道三昧；若有众生见我目瞬，则离贪欲，得菩萨佛境界光明三昧；若有众生抱持于我，则离贪欲，得菩萨摄一切众生恒不舍离三昧；若有众生唼我唇吻，则离贪欲，得菩萨增长一切众生福德藏三昧。凡有众生亲近于我，一切皆得住离贪际，入菩萨一切智地现前无碍解脱。

善财白言：圣者种何善根、修何福业，而得成就如是自在？

答言：

善男子！我念过去，有佛出世，名为：高行；其王都城，名曰：妙门。善男子！彼高行如来哀愍众生，入于王城蹈彼门阃，其城一切悉皆震动，忽然广博，众宝庄严，无量光明递相映彻，种种宝华散布其地，诸天音乐同时俱奏，一切诸天充满虚空。善男子！我于彼时，为长者妻，名曰：善慧；见佛神力，心生觉悟，则与其夫往诣佛所，以一宝钱而为供养。是时，文殊师利童子为佛侍者，为我说法，令发阿耨多罗三藐三菩提心。

善男子！我唯知此菩萨离贪际解脱。如诸菩萨摩诃萨，成就无边巧方便智，其藏广大，境界无比；而我云何能知能说彼功德行？

善男子！于此南方有城，名：善度；中有居士，名：鞞瑟胝罗，彼常供养栴檀座佛塔。汝诣彼问：菩萨云何学菩萨行、修菩萨道？

时，善财童子顶礼其足，绕无量匝，殷勤瞻仰，辞退而去。

尔时，善财童子渐次游行，至善度城，诣居士宅，顶礼其足，合掌而立，白言：

圣者！我已先发阿耨多罗三藐三菩提心，而未知菩萨云何学菩萨行？云何修菩萨道？我闻圣者善能诱诲，愿为我说！

居士告言：

善男子！我得菩萨解脱，名：不般涅槃际。善男子！我不生心言；如是如来已般涅槃，如是如来现般涅槃，如是如来当般涅槃。我知十方一切世界诸佛如来，毕竟无有般涅槃者，唯除为欲调伏众生而示现耳。

善男子！我开栴檀座如来塔门时，得三昧，名：佛种无尽。善男子！我念念中入此三昧，念念得知一切无量殊胜之事。

善财白言：此三昧者，境界云何？

居士答言：

善男子！我入此三昧，随其次第，见此世界一切诸佛，所谓：迦叶佛、拘那含牟尼佛、拘留孙佛、尸弃佛、毗婆尸佛、提舍佛、弗沙佛、无上胜佛、无上莲华佛；如是等而为上首，于一念顷，得见百佛，得见千佛，得见百千佛，得见亿佛、千亿佛、百千亿佛、阿庾多亿佛、那由他亿佛，乃至不可说不可说世界微尘数佛，如是一切，次第皆见。亦见彼佛，初始发心，种诸善根，获胜神通，成就大愿，修行妙行，具波罗蜜，入菩萨地，得清净忍，摧伏魔军，成正等觉，国土清净，众会围绕，放大光明，转妙法轮，神通变现；种种差别，我悉能持，我悉能忆，悉能观察，分别显示。未来弥勒佛等一切诸佛，现在毗卢遮那佛等一切诸佛，悉亦如是。如此世界，十方世界所有三世一切诸佛、声闻、独觉、诸菩萨众，悉亦如是。

善男子！我唯得此菩萨所得不般涅槃际解脱。如诸菩萨摩诃萨，以一念智普知三世，一念遍入一切三昧，如来智日恒照其心，于一切法无有分别，了一切佛悉皆平等、如来及我一切众生等无有二，知一切法自性清净，无有思虑，无有动转，而能普入一切世间，离诸分别，住佛法印，悉能开悟法界众生；而我云何能知能说彼功德行？

善男子！于此南方有山，名：补怛洛迦；彼有菩萨，名：观自在。汝诣彼问：菩萨云何学菩萨行、修菩萨道？

即说颂曰：

海上有山多圣贤，众宝所成极清净，华果树林皆遍满，泉流池沼悉具足。勇猛丈夫观自在，为利众生住此山；汝应往问诸功德，彼当示汝大方便。

时，善财童子顶礼其足，绕无量匝已，殷勤瞻仰，辞退而去。

尔时，善财童子一心思惟彼居士教，入彼菩萨解脱之藏，得彼菩萨能随念力，忆彼诸佛出现次第，念彼诸佛相续次第，持彼诸佛名号次第，观彼诸佛所说妙法，知彼诸佛具足庄严，见彼诸佛成正等觉，了彼诸佛不思议业。

渐次游行，至于彼山，处处求觅此大菩萨。见其西面岩谷之中，泉流萦映，树林蓊郁，香草柔软，右旋布地。观自在菩萨于金刚宝石上结跏趺坐，无量菩萨皆坐宝石恭敬围绕，而为宣说大慈悲法，令其摄受一切众生。

善财见已，欢喜踊跃，合掌谛观，目不暂瞬，作如是念：善知识者，则是如来；善知识者，一切法云；善知识者，诸功德藏；善知识者，难可值遇；善知识者，十力宝因；善知识者，无尽智炬；善知识者，福德根芽；善知识者，一切智门；善知识者，智海导师；善知识者，至一切智助道之具。便即往诣大菩萨所。

尔时，观自在菩萨遥见善财，告言：善来！汝发大乘意普摄众生，起正直心专求佛法，大悲深重救护一切，普贤妙行相续现前，大愿深心圆满清净，勤求佛法悉能领受，积集善根恒无厌足，顺善知识不违其教；从文殊师利功德智慧大海所生，其心成熟，得佛势力；已获广大三昧光明，专意希求甚深妙法，常见诸佛生大欢喜，智慧清净犹如虚空，既自明了复为他说，安住如来智慧光明。

尔时，善财童子顶礼观自在菩萨足，绕无数匝，合掌而住，白言：圣者！我已先发阿耨多罗三藐三菩提心，而未知菩萨云何学菩萨行？云何修菩萨道？我闻圣者善能教诲，愿为我说！

菩萨告言：

善哉善哉！善男子！汝已能发阿耨多罗三藐三菩提心。

善男子！我已成就菩萨大悲行解脱门。善男子！我以此菩萨大悲行门，平等教化一切众生相续不断。

善男子！我住此大悲行门，常在一切诸如来所，普现一切众生之前。或以布施，摄取众生；或以爱语，或以利行，或以同事，摄取众生；或现色身，摄取众生；或现种种不思议色净光明网，摄取众生；或以音声，或以威仪，或为说法，或现神变，令其心悟而得成熟；或为化现同类之形，与其共居而成熟之。

善男子！我修行此大悲行门，愿常救护一切众生；愿一切众生，离险道怖，离热恼怖，离迷惑怖，离系缚怖，离杀害怖，离贫穷怖，离不活怖，离恶名怖，离于死怖，离大众怖，离恶趣怖，离黑闇怖，离迁移怖，离爱别怖，离怨会怖，离逼迫身怖，离逼迫心怖，离忧悲怖。复作是愿：愿诸众生，若念于我，若称我名，若见我身，皆得免离一切怖畏。善男子！我以此方便，令诸众生离怖畏已，复教令发阿耨多罗三藐三菩提心永不退转。

善男子！我唯得此菩萨大悲行门。如诸菩萨摩诃萨，已净普贤一切愿，已住普贤一切行，常行一切诸善法，常入一切诸三昧，常住一切无边劫，常知一切三世法，常诣一切无边刹，常息一切众生恶，常长一切众生善，常绝众生生死流；而我云何能知能说彼功德行？

尔时，东方有一菩萨，名曰：正趣，从空中来，至娑婆世界轮围山顶，以足按地；其娑婆世界六种震动，一切皆以众宝庄严。正趣菩萨放身光明，映蔽一切日、月、星、电，天龙八部、释、梵、护世所有光明皆如聚墨；其光普照一切地狱、畜生、饿鬼、阎罗王处，令诸恶趣，众苦皆灭，烦恼不起，忧悲悉离。又于一切诸佛国土，普雨一切华香、璎珞、衣服、幢盖；如是所有诸庄严具，供养于佛。复随众生心之所乐，普于一切诸宫殿中而现其身，令其见者皆悉欢喜，然后来诣观自在所。

时，观自在菩萨告善财言：善男子！汝见正趣菩萨来此会不？白言：已见。告言：善男子！汝可往问：菩萨云何学菩萨行、修菩萨道？

尔时，善财童子敬承其教，遽即往诣彼菩萨所，顶礼其足，合掌而立，白言：圣者！我已先发阿耨多罗三藐三菩提心，而未知菩萨云何学菩萨行？云何修菩萨道？我闻圣者善能教诲，愿为我说！

正趣菩萨言：善男子！我得菩萨解脱，名：普门速疾行。

善财言：圣者！于何佛所得此法门？所从来刹，去此几何？发来久如？

告言：善男子！此事难知，一切世间天、人、阿修罗、沙门、婆罗门等所不能了；唯勇猛精进无退无怯诸菩萨众，已为一切善友所摄、诸佛所念，善根具足，志乐清净，得菩萨根，有智慧眼，能闻能持，能解能说。

善财言：圣者！我承佛神力、善知识力，能信能受，愿为我说！

正趣菩萨言：

善男子！我从东方妙藏世界普胜生佛所而来此土，于彼佛所得此法门，从彼发来已经不可说不可说佛刹微尘数劫，一一念中举不可说不可说佛刹微尘数步，一一步过不可说不可说世界微尘数佛刹。一一佛刹，我皆遍入，至其佛所，以妙供具而为供养；此诸供具，皆是无上心所成，无作法所印，诸如来所忍，诸菩萨所叹。善男子！我又普见彼世界中一切众生，悉知其心，悉知其根，随其欲解，现身说法，或放光明，或施财宝，种种方便，教化调伏，无有休息。如从东方，南、西、北方，四维、上、下，亦复如是。

善男子！我唯得此菩萨普疾行解脱，能疾周遍到一切处。如诸菩萨摩诃萨，普于十方无所不至，智慧境界等无差别，善布其身悉遍法界，至一切道，入一切刹，知一切法，到一切世，平等演说一切法门，同时照耀一切众生，于诸佛所不生分别，于一切处无有障碍；而我云何能知能说彼功德行？

善男子！于此南方有城，名：堕罗钵底；其中有神，名曰：大天。汝诣彼问：菩萨云何学菩萨行、修菩萨道？

时，善财童子顶礼其足，绕无数匝，殷勤瞻仰，辞退而去。

尔时，善财童子入菩萨广大行，求菩萨智慧境，见菩萨神通事，念菩萨胜功德，生菩萨大欢喜，起菩萨坚精进，入菩萨不思议自在解脱，行菩萨功德地，观菩萨三昧地，住菩萨总持地，入菩萨大愿地，得菩萨辩才地，成菩萨诸力地。

渐次游行，至于彼城，推问大天今在何所？人咸告言：在此城内，现广大身，为众说法。

尔时，善财至大天所，顶礼其足，于前合掌而作是言：圣者！我已先发阿耨多罗三藐三菩提心，而未知菩萨云何学菩萨行？云何修菩萨道？我闻圣者善能教诲，愿为我说！

尔时，大天长舒四手，取四大海水自洗其面，持诸金华以散善财，而告之言：

善男子！一切菩萨，难可得见，难可得闻，希出世间，于众生中最为第一，是诸人中芬陀利华，为众生归，为众生救，为诸世间作安隐处，为诸世间作大光明，示迷惑者安隐正道；为大导师，引诸众生入佛法门；为大法将，善能守护一切智城。菩萨如是难可值遇，唯身、语、意无过失者，然后乃得见其形像、闻其辩才，于一切时常现在前。

善男子！我已成就菩萨解脱，名为：云网。

善财言：圣者！云网解脱境界云何？

尔时，大天于善财前，示现金聚、银聚、琉璃聚、玻璃聚、砗磲聚、码瑙聚、大焰宝聚、离垢藏宝聚、大光明宝聚、普现十方宝聚、宝冠聚、宝印聚、宝璎珞聚、宝瑹聚、宝钏聚、宝锁聚、珠网聚、种种摩尼宝聚、一切庄严具聚、如意摩尼聚，皆如大山；又复示现一切华、一切鬘、一切香、一切烧香、一切涂香、一切衣服、一切幢幡、一切音乐、一切五欲娱乐之具，皆如山积；及现无数百千万亿诸童女众。而彼大天告善财言：

善男子！可取此物，供养如来，修诸福德，并施一切，摄取众生，令其修学檀波罗蜜，能舍难舍。善男子！如我为汝，示现此物，教汝行施；为一切众生悉亦如是，皆令以此善根熏习，于三宝所、善知识所，恭敬供养，增长善法，发于无上菩提之意。

善男子！若有众生贪著五欲，自放逸者，为其示现不净境界；若有众生瞋恚、憍慢、多诤竞者，为其示现极可怖形，如罗刹等饮血噉肉；令其见已，惊恐惶惧，心意调柔，舍离怨结。若有众生惛沉、懒惰，为其示现王、贼、水、火及诸重疾；令其见已，心生惶怖，知有忧苦而自勉策。以如是等种种方便，令舍一切诸不善行，修行善法；令除一切波罗蜜障，具波罗蜜；令超一切障碍险道，到无障处。

善男子！我唯知此云网解脱。如诸菩萨摩诃萨，犹如帝释，已能摧伏一切烦恼阿修罗军；犹如大水，普能消灭一切众生诸烦恼火；犹如猛火，普能乾竭一切众生诸爱欲水；犹如大风，普能吹倒一切众生诸见取幢；犹如金刚，悉能摧破一切众生诸我见山。而我云何能知能说彼功德行？

善男子！此阎浮提摩竭提国菩提场中，有主地神，其名：安住。汝诣彼问：菩萨云何学菩萨行、修菩萨道？

时，善财童子礼大天足，绕无数匝，辞退而去。

尔时，善财童子渐次游行，趣摩竭提国菩提场内安住神所，百万地神同在其中，更相谓言：此来童子即是佛藏，必当普为一切众生作所依处，必当普坏一切众生无明穀注[1]藏。此人已生法王种中，当以离垢无碍法缯而冠其首，当开智慧大珍宝藏，摧伏一切邪论异道。

时，安住等百万地神，放大光明，遍照三千大千世界，普令大地同时震吼，种种宝物处处庄严，影洁光流递相鉴彻；一切叶树俱时生长，一切华树咸共开敷，一切果树靡不成熟，一切河流递相灌注，一切池沼悉皆盈满；雨细香雨遍洒其地，风来吹华普散其上，无数音乐一时俱奏，天庄严具咸出美音；牛王、象王、师子王等，皆生欢喜、踊跃、哮吼，犹如大山相击出声；百千伏藏自然踊现。

时，安住地神告善财言：善来童子！汝于此地曾种善根，我为汝现，汝欲见不？

尔时，善财礼地神足，绕无数匝，合掌而立，白言：圣者！唯然！欲见。

时，安住地神以足按地，百千亿阿僧祇宝藏自然踊出，告言：

善男子！今此宝藏随逐于汝，是汝往昔善根果报，是汝福力之所摄受，汝应随意自在受用。

善男子！我得菩萨解脱，名：不可坏智慧藏，常以此法成就众生。

善男子！我忆自从然灯佛来，常随菩萨，恭敬守护，观察菩萨所有心行、智慧境界、一切誓愿、诸清净行、一切三昧、广大神通、大自在力、无能坏法，遍往一切诸佛国土，普受一切诸如来记，转于一切诸佛法轮，广说一切修多罗门，大法光明普皆照耀，教化调伏一切众生，示现一切诸佛神变，我皆能领受、皆能忆持。

善男子！乃往古世，过须弥山微尘数劫，有劫名：庄严，世界名：月幢，佛号：妙眼，于彼佛所得此法门。善男子！我于此法门，若入若出修习增长，常见诸佛未曾舍离，始从初得乃至贤劫，于其中间，值遇不可说不可说佛刹微尘数如来、应、正等觉，悉皆承事，恭敬供养；亦见彼佛诣菩提座，现大神力；亦见彼佛所有一切功德善根。

善男子！我唯知此不可坏智慧藏法门。如诸菩萨摩诃萨常随诸佛，能持一切诸佛所说，入一切佛甚深智慧，念念充遍一切法界，等如来身，生诸佛心，具诸佛法，作诸佛事；而我云何能知能说彼功德行？

善男子！此阎浮提摩竭提国迦毗罗城，有主夜神，名：婆珊婆演底。汝诣彼问：菩萨云何学菩萨行、修菩萨道？

时，善财童子礼地神足，绕无数匝，殷勤瞻仰，辞退而去。

尔时，善财童子一心思惟安住神教，忆持菩萨不可沮坏智藏解脱，修其三昧，学其轨则，观其游戏，入其微妙，得其智慧，达其平等，知其无边，测其甚深。

渐次游行，至于彼城，从东门入，伫立未久，便见日没。心念随顺诸菩萨教，渴仰欲见彼主夜神，于善知识生如来想，复作是念：由善知识得周遍眼，普能明见十方境界；由善知识得广大解，普能了达一切所缘；由善知识得三昧眼，普能观察一切法门；由善知识得智慧眼，普能明照十方刹海。

作是念时，见彼夜神于虚空中，处宝楼阁香莲华藏师子之座，身真金色，目发绀青，形貌端严，见者欢喜，众宝璎珞以为严饰，身服朱衣，首戴梵冠，一切星宿炳然在体。于其身上一一毛孔，皆现化度无量无数恶道众生，令其免离险难之像；是诸众生，或生人中，或生天上，或有趣向二乘菩提，或有修行一切智道。又彼一一诸毛孔中，示现种种教化方便，或为现身，或为说法，或为示现声闻乘道，或为示现独觉乘道，或为示现诸菩萨行、菩萨勇猛、菩萨三昧、菩萨自在、菩萨住处、菩萨观察、菩萨师子频申、菩萨解脱游戏，如是种种成熟众生。

善财童子见闻此已，心大欢喜，以身投地，礼夜神足，绕无数匝，于前合掌而作是言：圣者！我已先发阿耨多罗三藐三菩提心，我心冀望依善知识获诸如来功德法藏。唯愿示我一切智道，我行于中，至十力地！

时，彼夜神告善财言：

善哉善哉！善男子！汝能深心敬善知识，乐闻其语，修行其教；以修行故，决定当得阿耨多罗三藐三菩提。

善男子！我得菩萨破一切众生痴暗法光明解脱。善男子！我于恶慧众生，起大慈心；于不善业众生，起大悲心；于作善业众生，起于喜心；于善恶二行众生，起不二心；于杂染众生，起令生清净心；于邪道众生，起令生正行心；于劣解众生，起令兴大解心；于乐生死众生，起令舍轮转心；于住二乘道众生，起令住一切智心。善男子！我以得此解脱故，常与如是心共相应。

善男子！我于夜闇人静，鬼、神、盗贼、诸恶众生所游行时，密云重雾、恶风暴雨、日月星宿并皆昏蔽不见色时，见诸众生，若入于海，若行于陆，山林、旷野、诸险难处，或遭盗贼，或乏资粮，或迷惑方隅，或忘失道路，惶惶忧怖不能自出；我时即以种种方便而救济之。

为海难者，示作船师、鱼王、马王、龟王、象王、阿修罗王及以海神；为彼众生，止恶风雨，息大波浪，引其道路，示其洲岸，令免怖畏，悉得安隐。复作是念：以此善根，回施众生，愿令舍离一切诸苦。

为在陆地一切众生于夜暗中遭恐怖者，现作日月及诸星宿、晨霞、夕电种种光明，或作屋宅，或为人众，令其得免恐怖之厄。复作是念：以此善根，回施众生，悉令除灭诸烦恼暗。一切众生，有惜寿命，有爱名闻，有贪财宝，有重官位，有著男女，有恋妻妾，未称所求，多生忧怖；我皆救济，令其离苦。

为行山险而留难者，为作善神，现形亲近；为作好鸟，发音慰悦；为作灵药，舒光照耀；示其果树，示其泉井，示正直道，示平坦地，令其免离一切忧厄。

为行旷野、稠林、险道，藤萝所罥、云雾所暗而恐怖者，示其正道，令得出离。作是念言：愿一切众生，伐见稠林，截爱罗网，出生死野，灭烦恼暗，入一切智平坦正道，到无畏处毕竟安乐。

善男子！若有众生，乐著国土而忧苦者；我以方便，令生厌离。作是念言：愿一切众生不著诸蕴，住一切佛萨婆若境。

善男子！若有众生，乐著聚落，贪爱宅舍，常处黑暗，受诸苦者；我为说法，令生厌离，令法满足，令依法住。作是念言：愿一切众生，悉不贪乐六处聚落，速得出离生死境界，究竟安住一切智城。

善男子！若有众生行暗夜中，迷惑十方，于平坦路生险难想，于险难道起平坦想，以高为下，以下为高，其心迷惑，生大苦恼。我以方便舒光照及，若欲出者，示其门户；若欲行者，示其道路；欲度沟洫，示其桥梁；欲涉河海，与其船筏；乐观方者，示其险易安危之处；欲休息者，示其城邑、水、树之所。作是念言：如我于此照除夜暗，令诸世事悉得宣叙；愿我普于一切众生生死长夜、无明暗处，以智慧光普皆照了。是诸众生无有智眼，想心见倒之所覆翳，无常常想，无乐乐想，无我我想，不净净想，坚固执著我人众生、蕴界处法，迷惑因果，不识善恶，杀害众生，乃至邪见，不孝父母，不敬沙门及婆罗门，不知恶人，不识善人，贪著恶事，安住邪法，毁谤如来，坏正法轮，于诸菩萨皆辱伤害，轻大乘道，断菩提心，于有恩人反加杀害，于无恩处常怀怨结，毁谤贤圣，亲近恶伴，盗塔寺物，作五逆罪，不久当堕三恶道处。愿我速以大智光明，破彼众生无明黑暗，令其疾发阿耨多罗三藐三菩提心。既发心已，示普贤乘，开十力道，亦示如来法王境界，亦示诸佛一切智城、诸佛所行、诸佛自在、诸佛成就、诸佛总持、一切诸佛共同一身、一切诸佛平等之处，令其安住。

善男子！一切众生，或病所缠，或老所侵，或苦贫穷，或遭祸难，或犯王法，临当受刑，无所依怙，生大怖畏；我皆救济，使得安隐。复作是念：愿我以法普摄众生，令其解脱一切烦恼、生老病死、忧悲苦患，近善知识，常行法施，勤行善业，速得如来清净法身，住于究竟无变易处。

善男子！一切众生入见稠林，住于邪道，于诸境界起邪分别，常行不善身、语、意业，妄作种种诸邪苦行，于非正觉生正觉想，于正觉所非正觉想，为恶知识之所摄受，以起恶见，将堕恶道；我以种种诸方便门而为救护，令住正见，生人天中。复作是念：如我救此将坠恶道诸众生等，愿我普救一切众生，悉令解脱一切诸苦，住波罗蜜出世圣道，于一切智得不退转，具普贤愿，近一切智，而不舍离诸菩萨行，常勤教化一切众生。

尔时，婆珊婆演底主夜神，欲重宣此解脱义，承佛神力，观察十方，为善财童子而说颂曰：

我此解脱门，生净法光明，能破愚痴暗，待时而演说。我昔无边劫，勤行广大慈，普覆诸世间，佛子应修学。寂静大悲海，出生三世佛，能灭众生苦，汝应入此门。能生世间乐，亦生出世乐，令我心欢喜，汝应入此门。既舍有为患，亦远声闻果，净修诸佛力，汝应入此门。我目甚清净，普见十方刹，亦见其中佛，菩提树下坐，相好庄严身，无量众围绕，一一毛孔内，种种光明出；见诸群生类，死此而生彼，轮回五趣中，常受无量苦。我耳甚清净，听之无不及，一切语言海，悉闻能忆持；诸佛转法轮，其声妙无比，所有诸文字，悉皆能忆持。我鼻甚清净，于法无所碍，一切皆自在，汝应入此门。我舌甚广大，净好能言说，随应演妙法，汝应入此门。我身甚清净，三世等如如，随诸众生心，一切悉皆现。我心净无碍，如空含万像，普念诸如来，而亦不分别。了知无量刹，一切诸心海，诸根及欲乐，而亦不分别。我以大神通，震动无量刹，其身悉遍往，调彼难调众。我福甚广大，如空无有尽，供养诸如来，饶益一切众。我智广清净，了知诸法海，除灭众生惑，汝应入此门。我知三世佛，及以一切法，亦了彼方便，此门遍无等。一一尘中见，三世一切刹，亦见彼诸佛，此是普门力。十方刹尘内，悉见卢舍那，菩提树下坐，成道演妙法。

尔时，善财童子白夜神言：汝发阿耨多罗三藐三菩提心为几时耶？得此解脱其已久如，乃能如是饶益众生？

其神答言：

善男子！乃往古世，过如须弥山微尘数劫，有劫名：寂静光，世界名：出生妙宝，有五亿佛于中出现。彼世界中有四天下，名：宝月灯光，有城，名：莲华光，王名：善法度，以法施化，成就七宝，王四天下。王有夫人，名：法慧月，夜久眠寐。时，彼城东有一大林，名为：寂住，林中有一大菩提树，名：一切光摩尼王庄严身出生一切佛神力光明。尔时，有佛名：一切法雷音王，于此树下成等正觉，放无量色广大光明，遍照出生妙宝世界。莲华光城内有主夜神，名为：净月，诣王夫人法慧月所，动身璎珞以觉夫人，而告之言：夫人当知，一切法雷音王如来，于寂住林成无上觉，及广为说诸佛功德自在神力、普贤菩萨所有行愿。令王夫人发阿耨多罗三藐三菩提意，供养彼佛及诸菩萨、声闻、僧众。

善男子！时王夫人法慧月者，岂异人乎？我身是也！

我于彼佛所发菩提心种善根故，于须弥山微尘数劫，不生地狱、饿鬼、畜生诸恶趣中，亦不生于下贱之家，诸根具足，无有众苦，于天人中福德殊胜，不生恶世，恒不离佛及诸菩萨、大善知识，常于其所种植善根，经八十须弥山微尘数劫常受安乐，而未满足菩萨诸根。

过此劫已，复过万劫，于贤劫前，有劫名：无忧遍照，世界名：离垢妙光。其世界中净秽相杂，有五百佛于中出现。其第一佛，名：须弥幢寂静妙眼如来、应、正等觉；我为：名称长者；女名：妙慧光明，端正殊妙。彼净月夜神，以愿力故，于离垢世界一四天下妙幢王城中生，作主夜神，名：清净眼。我于一时，在父母边，夜久眠息。彼清净眼来诣我所，震动我宅，放大光明，出现其身，赞佛功德言：妙眼如来坐菩提座，始成正觉。劝喻于我及以父母并诸眷属，令速见佛；自为前导，引至佛所，广兴供养。

我才见佛，即得三昧，名：出生见佛调伏众生三世智光明轮。获此三昧故，能忆念须弥山微尘数劫，亦见其中诸佛出现，于彼佛所听闻妙法；以闻法故，即得此破一切众生暗法光明解脱。得此解脱已，即见其身遍往佛刹微尘数世界，亦见彼世界所有诸佛，又见自身在其佛所；亦见彼世界一切众生，解其言音，识其根性，知其往昔曾为善友之所摄受，随其所乐而为现身，令生欢喜。

我时于彼所得解脱，念念增长，此心无间；又见自身遍往百佛刹微尘数世界，此心无间；又见自身遍往千佛刹微尘数世界，此心无间；又见自身遍往百千佛刹微尘数世界。如是，念念乃至不可说不可说佛刹微尘数世界，亦见彼世界中一切如来；亦自见身在彼佛所，听闻妙法，受持忆念，观察决了；亦知彼佛诸本事海、诸大愿海，彼诸如来严净佛刹，我亦严净；亦见彼世界一切众生，随其所应而为现身教化调伏。此解脱门，念念增长，如是乃至充满法界。

善男子！我唯知此菩萨破一切众生暗法光明解脱。如诸菩萨摩诃萨，成就普贤无边行愿，普入一切诸法界海，得诸菩萨金刚智幢自在三昧，出生大愿，住持佛种；于念念中，成满一切大功德海，严净一切广大世界；以自在智，教化成熟一切众生；以智慧日，灭除一切世间暗障；以勇猛智，觉悟一切众生惛睡；以智慧月，决了一切众生疑惑；以清净音，断除一切诸有执著；于一切法界一一尘中，示现一切自在神力，智眼明净，等见三世。而我何能知其妙行、说其功德、入其境界、示其自在？

善男子！此阎浮提摩竭提国菩提场内，有主夜神，名：普德净光。我本从其发阿耨多罗三藐三菩提心，常以妙法开悟于我。汝诣彼问：菩萨云何学菩萨行、修菩萨道。

尔时，善财童子向婆珊婆演底神而说颂曰：

见汝清净身，相好超世间，如文殊师利，亦如宝山王。汝法身清净，三世悉平等，世界悉入中，成坏无所碍。我观一切趣，悉见汝形像，一一毛孔中，星月各分布。汝心极广大，如空遍十方，诸佛悉入中，清净无分别。一一毛孔内，悉放无数光，十方诸佛所，普雨庄严具。一一毛孔内，各现无数身，十方诸国土，方便度众生。一一毛孔内，示现无量刹，随诸众生欲，种种令清净。若有诸众生，闻名及见身，悉获功德利，成就菩提道。多劫在恶趣，始得见闻汝，亦应欢喜受，以灭烦恼故。千刹微尘劫，叹汝一毛德，劫数犹可穷，功德终无尽。

时，善财童子说此颂已，顶礼其足，绕无量匝，殷勤瞻仰，辞退而去。

注1：此字音 ku 或 que，穀字左下边木字换成卵字即是

大方广佛华严经卷第六十九

入法界品第三十九之十

尔时，善财童子了知彼婆珊婆演底夜神初发菩提心所生菩萨藏、所发菩萨愿、所净菩萨度、所入菩萨地、所修菩萨行、所行出离道、一切智光海、普救众生心、普遍大悲云、于一切佛刹尽未来际常能出生普贤行愿。

渐次游行，至普德净光夜神所，顶礼其足，绕无数匝，于前合掌而作是言：圣者！我已先发阿耨多罗三藐三菩提心，而我未知菩萨云何修行菩萨地？云何出生菩萨地？云何成就菩萨地？

夜神答言：

善哉善哉！善男子！汝已能发阿耨多罗三藐三菩提心，今复问于菩萨地修行、出生及以成就。

善男子！菩萨成就十法，能圆满菩萨行。何者为十？一者，得清净三昧，常见一切佛；二者，得清净眼，常观一切佛相好庄严；三者，知一切如来无量无边功德大海；四者，知等法界无量诸佛法光明海；五者，知一切如来，一一毛孔放等众生数大光明海，利益无量一切众生；六者，见一切如来，一一毛孔出一切宝色光明焰海；七者，于念念中出现一切佛变化海充满法界，究竟一切诸佛境界调伏众生；八者，得佛音声同一切众生言音海，转三世一切佛法轮；九者，知一切佛无边名号海；十者，知一切佛调伏众生不思议自在力。善男子！菩萨成就此十种法，则能圆满菩萨诸行。

善男子！我得菩萨解脱，名：寂静禅定乐普游步。普见三世一切诸佛，亦见彼佛清净国土、道场、众会、神通、名号、说法、寿命、言音、身相，种种不同，悉皆明睹而无取著。何以故？知诸如来非去，世趣永灭故；非来，体性无生故；非生，法身平等故；非灭，无有生相故；非实，住如幻法故；非妄，利益众生故；非迁，超过生死故；非坏，性常不变故；一相，言语悉离故；无相，性相本空故。

善男子！我如是了知一切如来时，于菩萨寂静禅定乐普游步解脱门，分明了达，成就增长，思惟观察，坚固庄严，不起一切妄想分别，大悲救护一切众生。一心不动，修习初禅，息一切意业，摄一切众生，智力勇猛，喜心悦豫；修第二禅，思惟一切众生自性，厌离生死；修第三禅，悉能息灭一切众生众苦热恼；修第四禅，增长圆满一切智愿，出生一切诸三昧海，入诸菩萨解脱海门，游戏一切神通，成就一切变化，以清净智普入法界。

善男子！我修此解脱时，以种种方便成就众生。所谓：于在家放逸众生，令生不净想、可厌想、疲劳想、逼迫想、系缚想、罗刹想、无常想、苦想、无我想、空想、无生想、不自在想、老病死想。自于五欲不生乐著，亦劝众生不著欲乐，唯住法乐，出离于家，入于非家。若有众生住于空闲，我为止息诸恶音声，于静夜时为说深法，与顺行缘，开出家门，示正道路，为作光明，除其闇障，灭其怖畏，赞出家业，叹佛、法、僧及善知识具诸功德，亦叹亲近善知识行。

复次，善男子！我修解脱时，令诸众生，不生非法贪，不起邪分别，不作诸罪业。若已作者，皆令止息；若未生善法，未修波罗蜜行，未求一切智，未起大慈悲，未造人天业，皆令其生；若已生者，令其增长。我与如是顺道因缘，乃至令成一切智智。

善男子！我唯得此菩萨寂静禅定乐普游步解脱门。如诸菩萨摩诃萨，具足普贤所有行愿，了达一切无边法界，常能增长一切善根，照见一切如来智力，住于一切如来境界，恒处生死，心无障碍，疾能满足一切智愿，普能往诣一切世界，悉能观见一切诸佛，遍能听受一切佛法，能破一切众生痴闇，能于生死大夜之中出生一切智慧光明；而我云何能知能说彼功德行？

善男子！去此不远，于菩提场右边，有一夜神，名：喜目观察众生。汝诣彼问：菩萨云何学菩萨行、修菩萨道？

尔时，普德净光夜神，欲重宣此解脱义，为善财童子而说颂曰：

若有信解心，尽见三世佛；彼人眼清净，能入诸佛海。汝观诸佛身，清净相庄严，一念神通力，法界悉充满。卢舍那如来，道场成正觉，一切法界中，转于净法轮。如来知法性，寂灭无有二，清净相严身，遍示诸世间。佛身不思议，法界悉充满，普现一切刹，一切无不见。佛身常光明，一切刹尘等，种种清净色，念念遍法界。如来一毛孔，放不思议光，普照诸群生，令其烦恼灭。如来一毛孔，出生无尽化，充遍于法界，除灭众生苦。佛演一妙音，随类皆令解，普雨广大法，使发菩提意。佛昔修诸行，已曾摄受我，故得见如来，普现一切刹。诸佛出世间，量等众生数，种种解脱境，非我所能知。一切诸菩萨，入佛一毛孔，如是妙解脱，非我所能知。此近有夜神，名喜目观察，汝应往诣彼，问修菩萨行。

时，善财童子顶礼其足，绕无数匝，殷勤瞻仰，辞退而去。

尔时，善财童子敬善知识教，行善知识语，作如是念：善知识者，难见难遇；见善知识，令心不散乱；见善知识，破障碍山；见善知识，入大悲海救护众生；见善知识，得智慧光普照法界；见善知识，悉能修行一切智道；见善知识，普能睹见十方佛海；见善知识，得见诸佛转于法轮忆持不忘。作是念已，发意欲诣喜目观察众生夜神所。

时，喜目神加善财童子，令知亲近善知识，能生诸善根，增长成熟。所谓：令知亲近善知识，能修助道具；令知亲近善知识，能起勇猛心；令知亲近善知识，能作难坏业；令知亲近善知识，能得难伏力；令知亲近善知识，能入无边方；令知亲近善知识，能久远修行；令知亲近善知识，能办无边业；令知亲近善知识，能行无量道；令知亲近善知识，能得速疾力普诣诸刹；令知亲近善知识，能不离本处遍至十方。

时，善财童子遽发是念：由亲近善知识，能勇猛勤修一切智道；由亲近善知识，能速疾出生诸大愿海；由亲近善知识，能为一切众生，尽未来劫受无边苦；由亲近善知识，能被大精进甲，于一微尘中说法声遍法界；由亲近善知识，能速往诣一切方海；由亲近善知识，于一毛道，尽未来劫修菩萨行；由亲近善知识，于念念中行菩萨行，究竟安住一切智地；由亲近善知识，能入三世一切如来自在神力诸庄严道；由亲近善知识，能常遍入诸法界门；由亲近善知识，常缘法界未曾动出，而能遍往十方国土。

尔时，善财童子发是念已，即诣喜目观察众生夜神所。

见彼夜神在于如来众会道场，坐莲华藏师子之座，入大势力普喜幢解脱，于其身上一一毛孔，出无量种变化身云，随其所应，以妙言音而为说法，普摄无量一切众生，皆令欢喜而得利益。所谓：

出无量化身云，充满十方一切世界，说诸菩萨行檀波罗蜜，于一切事皆无恋著，于一切众生普皆施与；其心平等，无有轻慢，内外悉施，难舍能舍。

出等众生数无量化身云，充满法界，普现一切众生之前，说持净戒无有缺犯，修诸苦行皆悉具足，于诸世间无有所依，于诸境界无所爱著，说在生死轮回往返，说诸人天盛衰苦乐，说诸境界皆是不净，说一切法皆是无常，说一切行悉苦无味，令诸世间舍离颠倒，住诸佛境持如来戒。如是演说种种戒行，戒香普熏，令诸众生悉得成熟。

又出等众生数种种身云，说能忍受一切众苦，所谓：割截、捶楚、诃骂、欺辱，其心泰然，不动不乱；于一切行不卑不高，于诸众生不起我慢，于诸法性安住忍受；说菩提心无有穷尽，心无尽故智亦无尽，普断一切众生烦恼；说诸众生卑贱丑陋不具足身，令生厌离；赞诸如来清净妙色无上之身，令生欣乐。如是方便，成熟众生。

又出等众生界种种身云，随诸众生心之所乐，说勇猛精进，修一切智助道之法；勇猛精进，降伏魔怨；勇猛精进，发菩提心，不动不退；勇猛精进，度一切众生，出生死海；勇猛精进，除灭一切恶道诸难；勇猛精进，坏无智山；勇猛精进，供养一切诸佛如来不生疲厌；勇猛精进，受持一切诸佛法轮；勇猛精进，坏散一切诸障碍山；勇猛精进，教化成熟一切众生；勇猛精进，严净一切诸佛国土。如是方便，成熟众生。

又出种种无量身云，以种种方便，令诸众生，心生欢喜，舍离恶意，厌一切欲；为说惭愧，令诸众生藏护诸根；为说无上清净梵行；为说欲界是魔境界，令生恐怖；为现不乐世间欲乐，住于法乐，随其次第，入诸禅定诸三昧乐，令思惟观察，除灭一切所有烦恼；又为演说一切菩萨诸三昧海神力变现自在游戏，令诸众生欢喜适悦，离诸忧怖，其心清净，诸根猛利，爱重于法，修习增长。

又出等众生界种种身云，为说往诣十方国土，供养诸佛及以师长、真善知识，受持一切诸佛法轮精勤不懈；又为演说、称赞一切诸如来海，观察一切诸法门海，显示一切诸法性相，开阐一切诸三昧门，开智慧境界，竭一切众生疑海；示智慧金刚，坏一切众生见山；升智慧日轮，破一切众生痴闇。皆令欢喜，成一切智。

又出等众生界种种身云，普诣一切众生之前，随其所应，以种种言辞而为说法；或说世间神通福力；或说三界皆是可怖，令其不作世间业行，离三界处，出见稠林；或为称赞一切智道，令其超越二乘之地；或为演说不住生死、不住涅槃，令其不著有为、无为；或为演说住于天宫乃至道场，令其欣乐发菩提意。如是方便，教化众生，皆令究竟得一切智。

又出一切世界微尘数身云，普诣一切众生之前，念念中，示普贤菩萨一切行愿；念念中，示清净大愿充满法界；念念中，示严净一切世界海；念念中，示供养一切如来海；念念中，示入一切法门海；念念中，示入一切世界海、微尘数世界海；念念中，示于一切刹尽未来劫清净修行一切智道；念念中，示入如来力；念念中，示入一切三世方便海；念念中，示往一切刹现种种神通变化；念念中，示诸菩萨一切行愿，令一切众生住一切智。如是所作，恒无休息。

又出等一切众生心数身云，普诣一切众生之前，说诸菩萨集一切智助道之法无边际力、求一切智不破坏力、无穷尽力、修无上行不退转力、无间断力、于生死法无染著力、能破一切诸魔众力、远离一切烦恼垢力、能破一切业障山力、住一切劫修大悲行无疲倦力、震动一切诸佛国土令一切众生生欢喜力、能破一切诸外道力、普于世间转法轮力。以如是等方便成熟，令诸众生至一切智。

又出等一切众生心数无量变化色身云，普诣十方无量世界，随众生心，演说一切菩萨智行。所谓：说入一切众生界海智，说入一切众生心海智，说入一切众生根海智，说入一切众生行海智，说度一切众生未曾失时智，说出一切法界音声智，说念念遍一切法界海智，说念念知一切世界海坏智，说念念知一切世界海成住庄严差别智，说念念自在亲近供养一切如来听受法轮智。示现如是智波罗蜜，令诸众生，皆大欢喜，调畅适悦，其心清净，生决定解，求一切智无有退转。如说菩萨诸波罗蜜成熟众生，如是宣说一切菩萨种种行法而为利益。

复于一一诸毛孔中，出无量种众生身云。所谓：出与色究竟天、善现天、善见天、无热天、无烦天相似身云，出少广、广果、福生、无云天相似身云，出遍净、无量净、少净天相似身云，出光音、无量光、少光天相似身云，出大梵、梵辅、梵众天相似身云，出自在天、化乐天、兜率陀天、须夜摩天、忉利天及其采女、诸天子众相似身云，出提头赖吒乾闼婆王、乾闼婆子、乾闼婆女相似身云，出毗楼勒叉、鸠槃荼王、鸠槃荼子、鸠槃荼女相似身云，出毗楼博叉龙王、龙子、龙女相似身云，出毗沙门夜叉王、夜叉子、夜叉女相似身云，出大树紧那罗王、善慧摩睺罗伽王、大速疾力迦楼罗王、罗睺阿修罗王、阎罗法王及其子、其女相似身云，出诸人王及其子、其女相似身云，出声闻、独觉及诸佛众相似身云，出地神、水神、火神、风神、河神、海神、山神、树神乃至昼、夜、主方神等相似身云。周遍十方，充满法界。

于彼一切众生之前，现种种声。所谓：风轮声、水轮声、火焰声、海潮声、地震声、大山相击声、天城震动声、摩尼相击声、天王声、龙王声、夜叉王声、乾闼婆王声、阿修罗王声、迦楼罗王声、紧那罗王声、摩睺罗伽王声、人王声、梵王声、天女歌咏声、诸天音乐声、摩尼宝王声。

以如是等种种音声，说喜目观察众生夜神从初发心所集功德。所谓：承事一切诸善知识，亲近诸佛，修行善法；行檀波罗蜜，难舍能舍；行尸波罗蜜，弃舍王位、宫殿、眷属，出家学道；行羼提波罗蜜，能忍世间一切苦事，及以菩萨所修苦行、所持正法，皆悉坚固，其心不动，亦能忍受一切众生于己身心恶作恶说，忍一切业皆不失坏，忍一切法生决定解，忍诸法性能谛思惟；行精进波罗蜜，起一切智行，成一切佛法；行禅波罗蜜，其禅波罗蜜所有资具、所有修习、所有成就、所有清净、所有起三昧神通、所有入三昧海门，皆悉显示；行般若波罗蜜，其般若波罗蜜所有资具，所有清净，大智慧日、大智慧云、大智慧藏、大智慧门，皆悉显示；行方便波罗蜜，其方便波罗蜜所有资具、所有修行、所有体性、所有理趣、所有清净、所有相应事，皆悉显示；行愿波罗蜜，其愿波罗蜜所有体性、所有成就、所有修习、所有相应事，皆悉显示；行力波罗蜜，其力波罗蜜所有资具、所有因缘、所有理趣、所有演说、所有相应事，皆悉显示；行智波罗蜜，其智波罗蜜所有资具、所有体性、所有成就、所有清净、所有处所、所有增长、所有深入、所有光明、所有显示、所有理趣、所有相应事、所有简择、所有行相、所有相应法，所有所摄法、所知法、所知业、所知刹、所知劫、所知世、所知佛出现、所知佛、所知菩萨，所知菩萨心、菩萨位、菩萨资具、菩萨发趣、菩萨回向、菩萨大愿、菩萨法轮、菩萨简择法、菩萨法海、菩萨法门海、菩萨法旋流、菩萨法理趣，如是等智波罗蜜相应境界，皆悉显示，成熟众生。

又说此神从初发心所集功德相续次第；所习善根相续次第；所修无量诸波罗蜜相续次第；死此生彼及其名号相续次第；亲近善友，承事诸佛，受持正法，修菩萨行，入诸三昧，以三昧力，普见诸佛，普见诸刹，普知诸劫，深入法界，观察众生，入法界海，知诸众生死此生彼，得净天耳闻一切声，得净天眼见一切色，得他心智知众生心，得宿住智知前际事，得无依无作神足智通自在游行遍十方刹，如是所有相续次第；得菩萨解脱，入菩萨解脱海，得菩萨自在，得菩萨勇猛，得菩萨游步，住菩萨想，入菩萨道，如是一切所有功德相续次第。皆悉演说，分别显示，成熟众生。

如是说时，于念念中，十方各严净不可说不可说诸佛国土，度脱无量恶趣众生，令无量众生生天人中富贵自在，令无量众生出生死海，令无量众生安住声闻、辟支佛地，令无量众生住如来地。

尔时，善财童子见闻如上所现一切诸希有事，念念观察，思惟解了，深入安住，承佛威力及解脱力，则得菩萨不思议大势力普喜幢自在力解脱。何以故？与喜目夜神于往昔时同修行故，如来神力所加持故，不思议善根所佑助故，得菩萨诸根故，生如来种中故，得善友力所摄受故，受诸如来所护念故，毗卢遮那如来曾所化故，彼分善根已成熟故，堪修普贤菩萨行故。

尔时，善财童子得此解脱已，心生欢喜，合掌向喜目观察众生夜

神,以偈赞曰:

无量无数劫,学佛甚深法,随其所应化,显现妙色身。了知诸众生,沉迷婴妄想,种种身皆现,随应悉调伏。法身恒寂静,清净无二相,为化众生故,示现种种形。于诸蕴界处,未曾有所著,示行及色身,调伏一切众。不著内外法,已度生死海,而现种种身,住于诸有界。远离诸分别,戏论所不动,为著妄想者,弘宣十力法。一心住三昧,无量劫不动,毛孔出化云,供养十方佛。得佛方便力,念念无边际,示现种种身,普摄诸群生。了知诸有海,种种业庄严,为说无碍法,令其悉清净。色身妙无比,清净如普贤,随诸众生心,示现世间相。

尔时,善财童子说此颂已,白言:天神!汝发阿耨多罗三藐三菩提心,为几时耶?得此解脱,身已久如?

尔时,喜目观察众生主夜神以颂答曰:

我念过去世,过于刹尘劫,刹号摩尼光,劫名寂静音。百万那由他,俱胝四天下,其王数亦尔,各各自临驭。中有一王都,号曰香幢宝,庄严最殊妙,见者皆欣悦。中有转轮王,其身甚微妙,三十二种相,随好以庄严;莲华中化生,金色光明身,腾空照远近,普及阎浮界。其王有千子,勇猛身端正;臣佐满一亿,智慧善方便;嫔御有十亿,颜容状天女,利益调柔意,慈心给侍王。其王以法化,普及四天下,轮围大地中,一切皆丰盛。我时为宝女,具足梵音声,身出金色光,照及千由旬。日光既已没,音乐咸寂然,大王及侍御,一切皆安寝。彼时德海佛,出兴于世间,显现神通力,充满十方界;放大光明海,一切刹尘数,种种自在身,遍满于十方。地震出妙音,普告佛兴世;天人龙神众,一切皆欢喜。一一毛孔中,出佛化身海,十方皆遍满,随应说妙法。我时于梦中,见佛诸神变,亦闻深妙法,心生大欢喜。一万主夜神,共在空中住,赞叹佛兴世,同时觉悟我:贤慧汝应起,佛已现汝国,劫海难值遇,见者得清净。我时便寤寤,即睹清净光。观此从何来?见佛树王下,诸相庄严体,犹如宝山王;一切毛孔中,放大光明海。见已心欢喜,便生此念言:愿我得如佛,广大神通力。我时寻觉寤,大王并眷属,令见佛光明,一切皆欣庆。我时与大王,骑从千万亿,众生亦无量,俱行诣佛所。我于二万岁,供养彼如来,七宝四天下,一切皆奉施。时彼如来说,功德普云经,普应群生心,庄严诸愿海。夜神觉悟我,令我得利益,我愿作是身,觉诸放逸者。我从此初发,最上菩提愿,往来诸有中,其心无忘失。初佛功德海;第二功德灯;第三妙宝幢;第四虚空智;第五莲华藏;第六无碍慧;第七法月王;第八智灯轮;第九两足尊,宝焰山灯王;第十调御师,三世华光音。如是等诸佛,我悉曾供养,然未得慧眼,入于解脱海。从此次第有,一切宝光刹,其劫名天胜,五百佛兴世。最初月光轮;第二名日灯；第三名光幢；第四宝须弥；第五名华焰；第六号灯海；第七炽然佛；第八天藏佛；九光明王幢；十普智光王。如是等诸佛，我悉曾供养，尚于诸法中，无而计为有。从此复有劫，名曰梵光明；世界莲华灯，庄严极殊妙。彼有无量佛，一一无量众，我悉曾供养，尊重听闻法。初宝须弥佛；二功德海佛；三法界音佛；四法震雷佛；五名法幢佛；六名地光佛；七名法力光；八名虚空觉；第九须弥光；第十功德云。如是等如来，我悉曾供养，未能明了法，而入诸佛海。次后复有劫，名为功德月；尔时有世界，其名功德幢。彼中有诸佛，八十那由他，我皆以妙供，深心而敬奉。初乾闼婆王；二名大树王；三功德须弥；第四宝眼佛；第五卢舍那；第六光庄严；第七法海佛；第八光胜佛；九名贤胜佛；第十法王佛。如是等诸佛，我悉曾供养，然未得深智，入于诸法海。此后复有劫，名为寂静慧，刹号金刚宝，庄严悉殊妙。于中有千佛，次第而出兴，众生少烦恼，众会悉清净。初金刚脐佛；二无碍力佛；三名法界影；四号十方灯；第五名悲光；第六名戒海；第七忍灯轮；第八法轮光；九名光庄严；十名寂静光。如是等诸佛，我悉曾供养，犹未能深悟，如空清净法。游行一切刹，于彼修诸行。次第复有劫，名为善出现，刹号香灯云，净秽所共成。亿佛于中现，庄严刹及劫，所说种种法，我皆能忆持。初名广称佛；次名法海佛；三名自在王；四名功德云；第五法胜佛；第六天冠佛；第七智焰佛；第八虚空音；第九两足尊，名普生殊胜；第十无上士，眉间胜光明。如是一切佛，我悉曾供养，然犹未能净，离诸障碍道。次第复有劫，名集坚固王，刹号宝幢王，一切善分布。有五百诸佛，于中而出现；我恭敬供养，求无碍解脱。最初功德轮；其次寂静音；次名功德海；次名日光王；第五功德王；第六须弥相；次名法自在；次佛功德王；第九福须弥；第十光明王。如是等诸佛，我悉曾供养，所有清净道，普入尽无余，然于所入门，未能成就忍。次第复有劫，名为妙胜主，刹号寂静音，众生烦恼薄。于中有佛现，八十那由他；我悉曾供养，修行最胜道。初佛名华聚；次佛名海藏；次名功德生；次号天王髻；第五摩尼藏；第六真金山；第七宝聚尊；第八法幢佛；第九名胜财；第十名智慧。此十为上首，供养无不尽。次第复有劫，名曰千功德；尔时有世界，号善化幢灯；六十亿那由，诸佛兴于世。最初寂静幢；其次奢摩他；第三百灯王；第四寂静光；第五云密阴；第六日大明；七号法灯光；八名殊胜焰；九名天胜藏；十名大吼音。如是等诸佛，我悉常供养，未得清净忍，深入诸法海。次第复有劫，名无著庄严；尔时有世界，名曰无边光；中有三十六，那由他佛现。初功德须弥；第二虚空心；第三具庄严；第四法雷音；第五法界声；第六妙音云；第七照十方；第八法海音；第九功德海；第十功德幢。如是等诸佛，我悉曾供养。次有佛出现，名为功德幢；我为月面天，供养人中主。时佛为我说，无依妙法门；我闻专念持，出生诸愿海。我得清净眼，寂灭定总持，能于念念中，悉见诸佛海。我得大悲藏，普明方便眼，增长菩提心，成就如来力。见众生颠倒，执常乐我净，愚痴暗所覆，妄想起烦恼。行止见稠林，往来贪欲海，集于诸恶趣，无量种种业。一切诸趣中，随业而受身，生老死众患，无量苦逼迫。为彼众生故，我发无上心，愿得如十方，一切十力尊。缘佛及众生，起于大愿云，从是修功德，趣入方便道。愿云悉弥覆，普入一切道，具足波罗蜜，充满于法界。速入于诸地，三世方便海，一念修诸佛，一切无碍行。佛子我尔时，得入普贤道，了知十法界，一切差别门。

善男子！于汝意云何，彼时转轮圣王，名：十方主，能绍隆佛种者，岂异人乎？文殊师利童子是也！尔时夜神觉悟我者，普贤菩萨之所化耳！我尔时为王宝女，蒙彼夜神觉悟于我，令我见佛，发阿耨多罗三藐三菩提心。自从是来，经佛刹微尘数劫，不堕恶趣，常生人、天，于一切处常见诸佛，乃至于妙灯功德幢佛所，得此大势力普喜幢菩萨解脱，以此解脱如是利益一切众生。

善男子！我唯得此大势力普喜幢解脱门。如诸菩萨摩诃萨，于念念中，普诣一切诸如来所，疾能趣入一切智海；于念念中，以发趣门，入于一切诸大愿海；于念念中，以愿海门，尽未来劫，念念出生一切诸行。一一行中出生一切刹微尘数身，一一身普入一切法界门；一一法界门，一切佛刹中，随众生心说诸妙行。一切刹一一尘中，悉见无边诸如来海；一一如来所，悉见遍法界诸佛神通；一一如来所，悉见往劫修菩萨行；一一如来所，受持守护所有法轮；一一如来所，悉见三世一切如来诸神变海。而我云何能知能说彼功德行？

善男子！此众会中，有一夜神，名：普救众生妙德。汝诣彼问：菩萨云何入菩萨行、净菩萨道？

时，善财童子顶礼其足，绕无数匝，殷勤瞻仰，辞退而去。

大方广佛华严经卷第七十

入法界品第三十九之十一

尔时，善财童子于喜目观察众生夜神所，闻普喜幢解脱门，信解趣入，了知随顺，思惟修习，念善知识所有教诲，心无暂舍，诸根不散，一心愿得见善知识，普于十方勤求匪懈，愿常亲近生诸功德，与善知识同一善根，得善知识巧方便行，依善知识入精进海，于无量劫常不远离。作是愿已，往诣普救众生妙德夜神所。

时，彼夜神为善财童子示现菩萨调伏众生解脱神力，以诸相好庄严其身，于两眉间放大光明，名：智灯普照清净幢，无量光明以为眷属，其光普照一切世间。照世间已，入善财顶，充满其身。善财尔时即得究竟清净轮三昧。

得此三昧已，悉见二神两处中间，所有一切地尘、水尘及以火尘、金刚摩尼众宝微尘，华香、璎珞、诸庄严具，如是一切所有微尘，一一尘中各见佛刹微尘数世界成坏。及见一切地、水、火、风诸大积聚。亦见一切世界接连，皆以地轮任持而住。种种山海、种种河池、种种树林、种种宫殿，所谓：天宫殿、龙宫殿、夜叉宫殿，乃至摩睺罗伽、人、非人等宫殿屋宅，地狱、畜生、阎罗王界一切住处，诸趣轮转，生死往来，随业受报，各各差别，靡不悉见。

又见一切世界差别。所谓：或有世界杂秽，或有世界清净，或有世界趣杂秽，或有世界趣清净，或有世界杂秽清净，或有世界清净杂秽，或有世界一向清净，或有世界其形平正，或有覆住，或有侧住。如是等一切世界一切趣中，悉见此普救众生夜神，于一切时一切处，随诸众生形貌、言辞、行解差别，以方便力普现其前，随宜化度，令地狱众生免诸苦毒，令畜生众生不相食噉，令饿鬼众生无有饥渴，令诸龙等离一切怖，令欲界众生离欲界苦，令人趣众生离暗夜怖、毁呰怖、恶名怖、大众怖、不活怖、死怖、恶道怖、断善根怖、退菩提心怖、遇恶知识怖、离善知识怖、堕二乘地怖、种种生死怖、异类众生同住怖、恶时受生怖、恶种族中受生怖、造恶业怖、业烦恼障怖、执著诸想系缚怖，如是等怖悉令舍离。

又见一切众生，卵生、胎生、湿生、化生，有色、无色，有想、无想，非有想、非无想，普现其前，常勤救护，为成就菩萨大愿力故，深入菩萨三昧力故，坚固菩萨神通力故，出生普贤行愿力故，增广菩萨大悲海故，得普覆众生无碍大慈故，得普与众生无量喜乐故，得普摄一切众生智慧方便故，得菩萨广大解脱自在神通故，严净一切佛刹故，觉了一切诸法故，供养一切诸佛故，受持一切佛教故，积集一切善根修一切妙行故，入一切众生心海而无障碍故，知一切众生诸根教化成熟故，净一切众生信解除其恶障故，破一切众生无知黑闇故，令得一切智清净光明故。

时，善财童子见此夜神如是神力不可思议甚深境界，普现调伏一切众生菩萨解脱已，欢喜无量，头面作礼，一心瞻仰。时，彼夜神即舍菩萨庄严之相，还复本形，而不舍其自在神力。

尔时，善财童子恭敬合掌，却住一面，以偈赞曰：

我善财得见，如是大神力，其心生欢喜，说偈而赞叹。我见尊妙身，众相以庄严；譬如空中星，一切悉严净。所放殊胜光，无量刹尘数；种种微妙色，普照于十方。一一毛孔放，众生心数光；一一光明端，皆出宝莲华；华中出化身，能灭众生苦；光中出妙香，普熏于众生；复雨种种华，供养一切佛。两眉放妙光，量与须弥等，普触诸含识，令灭愚痴闇。口放清净光，譬如无量日，普照于广大，毗卢舍那境。眼放清净光，譬如无量月，普照十方刹，悉灭世痴翳。现化种种身，相状等众生，充满十方界，度脱三有海。妙身遍十方，普现众生前,灭除水火贼,王等一切怖。我承喜目教,今得诣尊所,见尊眉间相,放大清净光,普照十方海,悉灭一切闇,显现神通力,而来入我身。我遇圆满光,心生大欢喜,得总持三昧,普见十方佛。我于所经处,悉见诸微尘,一一微尘中,各见尘数刹。或有无量刹,一切咸浊秽,众生受诸苦,常悲叹号泣。或有染净刹,少乐多忧苦;示现三乘像,往彼而救度。或有净染刹,众生所乐见,菩萨常充满,住持诸佛法。一一微尘中,无量净刹海;毗卢遮那佛,往劫所严净。佛于一切刹,悉坐菩提树,成道转法轮,度脱诸群生。我见普救天,于彼无量刹,一切诸佛所,普皆往供养。

尔时,善财童子说此颂已,白普救众生妙德夜神言:天神!今此解脱甚深希有!其名何等?得此解脱其已久如?修何等行而得清净?

夜神言:

善男子!是处难知,诸天及人、一切二乘所不能测。何以故?此是住普贤菩萨行者境界故,住大悲藏者境界故,救护一切众生者境界故,能净一切三恶八难者境界故,能于一切佛刹中绍隆佛种不断者境界故,能住持一切佛法者境界故,能于一切劫修菩萨行成满大愿海者境界故,能于一切法界海以清净智光灭无明闇障者境界故,能以一念智慧光明普照一切三世方便海者境界故。我承佛力,今为汝说。

善男子!乃往古世,过佛刹微尘数劫,尔时有劫,名:圆满清净,世界名:毗卢遮那大威德,有须弥山微尘数如来于中出现。其佛世界,以一切香王摩尼宝为体,众宝庄严,住无垢光明摩尼王海上。其形正圆,净秽合成,一切严具帐云而覆其上,一切庄严摩尼轮山千匝围绕。有十万亿那由他四天下皆妙庄严,或有四天下恶业众生于中止住,或有四天下杂业众生于中止住,或有四天下善根众生于中止住,或有四天下一向清净诸大菩萨之所止住。

此界东际轮围山侧,有四天下,名:宝灯华幢。国界清净,饮食丰足,不藉耕耘而生稻梁;宫殿楼阁悉皆奇妙;诸如意树处处行列,种种香树恒出香云,种种鬘树恒出鬘云,种种华树常雨妙华;种种宝树出诸奇宝,无量色光周匝照耀;诸音乐树出诸音乐,随风吹动演妙音声;日月光明摩尼宝王普照一切,昼夜受乐无时间断。

此四天下有百万亿那由他诸王国土,一一国土有千大河周匝围绕,一一皆以妙华覆上,随流漂动,出天乐音,一切宝树列植其岸,种种珍奇以为严饰,舟船来往称情戏乐。一一河间有百万亿城,一一城有百万亿那由他聚落;如是一切城邑、聚落,各有无量百千亿那由他宫殿园林周匝围绕。

此四天下阎浮提内,有一国土,名:宝华灯,安隐丰乐,人民炽盛;其中众生,具行十善。有转轮王于中出现,名:毗卢遮那妙宝莲华髻,于莲华中忽然化生,三十二相以为严好,七宝具足,王四天下,恒以正法教导群生。王有千子,端正勇健,能伏冤敌;百万亿那由他宫人、采女，皆悉与王同种善根、同修诸行、同时诞生，端正姝妙犹如天女，身真金色常放光明，诸毛孔中恒出妙香；良臣、猛将，具足十亿。王有正妃，名：圆满面，是王女宝，端正殊特，皮肤金色，目发绀青，言同梵音，身有天香，常放光明照千由旬。其有一女，名：普智焰妙德眼，形体端严，色相殊美，众生见者情无厌足。尔时，众生寿命无量，或有不定而中夭者；种种形色、种种音声、种种名字、种种族姓，愚、智、勇、怯、贫、富、苦、乐，无量品类皆悉不同。时，或有人语余人言：我身端正，汝形鄙陋。作是语已，递相毁辱，集不善业；以是业故，寿命、色力、一切乐事悉皆损减。

时，彼城北有菩提树，名：普光法云音幢，以念念出现一切如来道场庄严坚固摩尼王而为其根，一切摩尼以为其干，众杂妙宝以为其叶，次第分布，并相称可，四方上下，圆满庄严；放宝光明，出妙音声，说一切如来甚深境界。于彼树前，有一香池，名：宝华光明，演法雷音；妙宝为岸，百万亿那由他宝树围绕，一一树形如菩提树，众宝璎珞周匝垂下，无量楼阁皆宝所成，周遍道场以为严饰。彼香池内出大莲华，名：普现三世一切如来庄严境界云，须弥山微尘数佛于中出现。其第一佛，名：普智宝焰妙德幢，于此华上，最初得阿耨多罗三藐三菩提，无量千岁演说正法成熟众生。

其彼如来未成佛时，十千年前，此大莲华放净光明，名：现诸神通成熟众生；若有众生遇斯光者，心自开悟，无所不了，知十千年后佛当出现。九千年前，放净光明，名：一切众生离垢灯；若有众生遇斯光者，得清净眼，见一切色，知九千年后佛当出现。八千年前，放大光明，名：一切众生业果音；若有众生遇斯光者，悉得自知诸业果报，知八千年后佛当出现。七千年前，放大光明，名：生一切善根音；若有众生遇斯光者，一切诸根悉得圆满，知七千年后佛当出现。六千年前，放大光明，名：佛不思议境界音；若有众生遇斯光者，其心广大，普得自在，知六千年后佛当出现。五千年前，放大光明，名：严净一切佛刹音；若有众生遇斯光者，悉见一切清净佛土，知五千年后佛当出现。四千年前，放大光明，名：一切如来境界无差别灯；若有众生遇斯光者，悉能往觐一切诸佛，知四千年后佛当出现。三千年前，放大光明，名：三世明灯；若有众生遇斯光者，悉能现见一切如来诸本事海，知三千年后佛当出现。二千年前，放大光明，名：如来离翳智慧灯；若有众生遇斯光者，则得普眼见一切如来神变、一切诸佛国土、一切世界众生，知二千年后佛当出现。一千年前，放大光明，名：令一切众生见佛集诸善根；若有众生遇斯光者，则得成就见佛三昧，知一千年后佛当出现。次七日前，放大光明，名：一切众生欢喜音；若有众生遇斯光者，得普见诸佛生大欢喜，知七日后佛当出现。满七日已，一切世界悉皆震动，纯净无染，念念普现十方一切清净佛刹，亦现彼刹种种庄严；若有众生根性淳熟，应见佛者，咸诣道场。

尔时，彼世界中一切轮围、一切须弥、一切诸山、一切大海、一切地、一切城、一切垣墙、一切宫殿、一切音乐、一切语言，皆出音声，赞说一切诸佛如来神力境界；又出一切香云、一切烧香云、一切末香云、一切香摩尼形像云、一切宝焰云、一切焰藏云、一切摩尼衣云、一切璎珞云、一切妙华云、一切如来光明云、一切如来圆光云、一切音乐云、一切如来愿声云、一切如来言音海云、一切如来相好云，显示如来出现世间不思议相。

善男子！此普照三世一切如来庄严境界大宝莲华王，有十佛刹微尘数莲华周匝围绕，诸莲华内悉有摩尼宝藏师子之座，一一座上皆有菩萨结跏趺坐。

善男子！彼普智宝焰妙德幢王如来，于此成阿耨多罗三藐三菩提时，即于十方一切世界中成阿耨多罗三藐三菩提；随众生心，悉现其前为转法轮。于一一世界，令无量众生离恶道苦，令无量众生得生天中，令无量众生住于声闻、辟支佛地，令无量众生成就出离菩提之行，令无量众生成就勇猛幢菩提之行，令无量众生成就法光明菩提之行，令无量众生成就清净根菩提之行，令无量众生成就平等力菩提之行，令无量众生成就入法城菩提之行，令无量众生成就遍至一切处不可坏神通力菩提之行，令无量众生入普门方便道菩提之行，令无量众生安住三昧门菩提之行，令无量众生成就缘一切清净境界菩提之行，令无量众生发菩提心，令无量众生住菩萨道，令无量众生安住清净波罗蜜道，令无量众生住菩萨初地，令无量众生住菩萨二地乃至十地，令无量众生入于菩萨殊胜行愿，令无量众生安住普贤清净行愿。

善男子！彼普智宝焰妙德幢如来，现如是不思议自在神力转法轮时，于彼一一诸世界中，随其所应，念念调伏无量众生。

时，普贤菩萨知宝华灯王城中众生，自恃色貌及诸境界，而生憍慢陵蔑他人；化现妙身，端正殊特，往诣彼城，放大光明，普照一切，令彼圣王及诸妙宝、日月星宿、众生身等一切光明悉皆不现，譬如日出众景夺曜，亦如聚墨对阎浮金。时，诸众生咸作是言：此为是谁？为天？为梵？今放此光，令我等身所有光色皆不显现。种种思惟，无能解了。

尔时，普贤菩萨在彼轮王宝宫殿上虚空中住，而告之言：大王当知，今汝国中，有佛兴世，在普光明法云音幢菩提树下。时，圣王女——莲华妙眼，见普贤菩萨所现色身光明自在，及闻身上诸庄严具所出妙音，心生欢喜，作如是念：愿我所有一切善根，得如是身、如是庄严、如是相好、如是威仪、如是自在。今此大圣，能于众生生死长夜黑闇之中放大光明，开示如来出兴于世；愿令于我亦得如是，为诸众生作智光明，破彼所有无知黑闇。愿我所在受生之处，常得不离此善知识。

善男子！时，转轮王与其宝女、千子、眷属、大臣、辅佐、四种兵众，及其城内无量人民，前后围绕；以王神力，俱升虚空，高一由旬，放大光明照四天下，普使一切咸得瞻仰，欲令众生俱往见佛，以偈赞曰：

如来出世间，普救诸群生，汝等应速起，往诣导师所。无量无数劫，乃有佛兴世，演说深妙法，饶益一切众。佛观诸世间，颠倒常痴惑，轮回生死苦，而起大悲心。无数亿千劫，修习菩提行，为欲度众生，斯由大悲力。头目手足等，一切悉能舍，为求菩提故，如是无量劫。无量亿千劫，导师难可遇；见闻若承事，一切无空过。今当共汝等，往观调御尊，坐于如来座，降魔成正觉。瞻仰如来身，放演无量光，种种微妙色，除灭一切暗。一一毛孔中，放光不思议，普照诸群生，咸令大欢喜。汝等咸应发，广大精进心，诣彼如来所，恭敬而供养。

尔时，转轮圣王说偈赞佛，开悟一切众生已，从轮王善根，出十千种大供养云，往诣道场，向如来所。所谓：一切宝盖云、一切华帐云、一切宝衣云、一切宝铃网云、一切香海云、一切宝座云、一切宝幢云、一切宫殿云、一切妙华云、一切诸庄严具云，于虚空中周遍严饰。到已，顶礼普智宝焰妙德幢王如来足，绕无量百千匝，即于佛前坐普照十方宝莲华座。

时，转轮王女——普智焰妙德眼，即解身上诸庄严具，持以散佛。时，庄严具于虚空中变成宝盖，宝网垂下，龙王执持，一切宫殿于中间列；十种宝盖周匝围绕，形如楼阁，内外清净，诸璎珞云及诸宝树、香海摩尼以为庄严。于此盖中，有菩提树，枝叶荣茂，普覆法界，念念示现无量庄严。毗卢遮那如来坐此树下，有不可说佛刹微尘数菩萨前后围绕，皆从普贤行愿出生，住诸菩萨无差别住，亦见有一切诸世间主，亦见如来自在神力，又见一切诸劫次第世界成坏，又亦见彼一切世界一切诸佛出兴次第，又亦见彼一切世界一一皆有普贤菩萨供养于佛、调伏众生，又亦见彼一切菩萨莫不皆在普贤身中，亦见自身在其身内，亦见其身在一切如来前、一切普贤前、一切菩萨前、一切众生前，又亦见彼一切世界一一各有佛刹微尘数世界种种际畔、种种任持、种种形状、种种体性、种种安布、种种庄严、种种清净、种种庄严云而覆其上、种种劫名、种种佛兴、种种三世、种种方处、种种住法界、种种入法界、种种住虚空、种种如来菩提场、种种如来神通力、种种如来师子座、种种如来大众海、种种如来众差别、种种如来巧方便、种种如来转法轮、种种如来妙音声、种种如来言说海、种种如来契经云；既见是已，其心清净，生大欢喜。普智宝焰妙德幢王如来，为说修多罗，名：一切如来转法轮，十佛刹微尘数修多罗而为眷属。

时，彼女人闻此经已，则得成就十千三昧门，其心柔软，无有粗强,如初受胎,如始诞生,如娑罗树初始生芽。彼三昧心亦复如是,所谓:现见一切佛三昧、普照一切刹三昧、入一切三世门三昧、说一切佛法轮三昧、知一切佛愿海三昧、开悟一切众生令出生死苦三昧、常愿破一切众生闇三昧、常愿灭一切众生苦三昧、常愿生一切众生乐三昧、教化一切众生不生疲厌三昧、一切菩萨无障碍幢三昧、普诣一切清净佛刹三昧……。得如是等十千三昧已,复得妙定心、不动心、欢喜心、安慰心、广大心、顺善知识心、缘甚深一切智心、住广大方便海心、舍离一切执著心、不住一切世间境界心、入如来境界心、普照一切色海心、无恼害心、无高倨心、无疲倦心、无退转心、无懈怠心、思惟诸法自性心、安住一切法门海心、观察一切法门海心、了知一切众生海心、救护一切众生海心、普照一切世界海心、普生一切佛愿海心、悉破一切障山心、积集福德助道心、现见诸佛十力心、普照菩萨境界心、增长菩萨助道心、遍缘一切方海心。一心思惟普贤大愿,发一切如来十佛刹微尘数愿海:愿严净一切佛国,愿调伏一切众生,愿遍知一切法界,愿普入一切法界海,愿于一切佛刹尽未来际劫修菩萨行,愿尽未来际劫不舍一切菩萨行,愿得亲近一切如来,愿得承事一切善友,愿得供养一切诸佛,愿于念念中修菩萨行增一切智无有间断……。发如是等十佛刹微尘数愿海,成就普贤所有大愿。

时,彼如来复为其女开示演说发心已来所集善根、所修妙行、所得大果,令其开悟成就如来所有愿海,一心趣向一切智位。

善男子!复于此前,过十大劫,有世界,名:日轮光摩尼,佛号:因陀罗幢妙相。此妙眼女,于彼如来遗法之中,普贤菩萨劝其修补莲华座上故坏佛像;既修补已而复彩画,既彩画已复宝庄严,发阿耨多罗三藐三菩提心。

善男子!我念过去,由普贤菩萨善知识故,种此善根。从是已来,不堕恶趣,常于一切天王、人王种族中生,端正可喜,众相圆满,令人乐见,常见于佛,常得亲近普贤菩萨;乃至于今,示导开悟,成熟于我,令生欢喜。

善男子!于意云何?尔时毗卢遮那藏妙宝莲华髻转轮圣王者,岂异人乎?今弥勒菩萨是。时王妃圆满面者,寂静音海夜神是,今所住处去此不远。时妙德眼童女者,即我身是。我于彼时,身为童女,普贤菩萨劝我修补莲华座像,以为无上菩提因缘,令我发于阿耨多罗三藐三菩提心。我于彼时,初始发心;次复引导,令我得见妙德幢佛,解身璎珞,散佛供养,见佛神力,闻佛说法,即得菩萨普现一切世间调伏众生解脱门。于念念中,见须弥山微尘数佛,亦见彼佛道场、众会、清净国土;我皆尊重,恭敬供养,听闻说法,依教修行。

善男子!过彼毗卢遮那大威德世界圆满清净劫已,次有世界,名:宝轮妙庄严,劫名:大光,有五百佛于中出现,我皆承事恭敬供养。其最初佛,名:大悲幢;初出家时,我为夜神,恭敬供养。次有佛出，名：金刚那罗延幢；我为转轮王，恭敬供养；其佛为我说修多罗，名：一切佛出现，十佛刹微尘数修多罗以为眷属。次有佛出，名：金刚无碍德；我于彼时为转轮王，恭敬供养；其佛为我说修多罗，名：普照一切众生根，须弥山微尘数修多罗而为眷属；我皆受持。次有佛出，名：火焰山妙庄严；我于彼时为长者女；其佛为我说修多罗，名：普照三世藏，阎浮提微尘数修多罗而为眷属；我皆听闻，如法受持。次有佛出，名：一切法海高胜王；我为阿修罗王，恭敬供养；其佛为我说修多罗，名：分别一切法界，五百修多罗而为眷属；我皆听闻，如法受持。次有佛出，名：海岳法光明；我为龙王女，雨如意摩尼宝云而为供养；其佛为我说修多罗，名：增长欢喜海，百万亿修多罗而为眷属；我皆听闻，如法受持。次有佛出，名：宝焰山灯；我为海神，雨宝莲华云恭敬供养；其佛为我说修多罗，名：法界方便海光明，佛刹微尘数修多罗而为眷属；我皆听闻，如法受持。次有佛出，名：功德海光明轮；我于彼时为五通仙，现大神通，六万诸仙前后围绕，雨香华云而为供养；其佛为我说修多罗，名：无著法灯，六万修多罗而为眷属；我皆听闻，如法受持。次有佛出，名：毗卢遮那功德藏；我于彼时，为主地神，名：出生平等义，与无量地神俱，雨一切宝树、一切摩尼藏、一切宝璎珞云而为供养；其佛为我说修多罗，名：出生一切如来智藏，无量修多罗而为眷属；我皆听闻，受持不忘。善男子！如是次第，其最后佛，名：充满虚空法界妙德灯；我为妓女，名曰：美颜，见佛入城，歌舞供养；承佛神力，踊在空中，以千偈颂赞叹于佛；佛为于我，放眉间光，名：庄严法界大光明，遍触我身；我蒙光已，即得解脱门，名：法界方便不退藏。

善男子！此世界中，有如是等佛刹微尘数劫，一切如来于中出现；我皆承事，恭敬供养；彼诸如来所说正法，我皆忆念，乃至不忘一文一句。于彼一一诸如来所，称扬赞叹一切佛法，为无量众生广作利益；于彼一一诸如来所，得一切智光明，现三世法界海，入一切普贤行。

善男子！我依一切智光明故，于念念中见无量佛；既见佛已，先所未得、先所未见普贤诸行，悉得成满。何以故？以得一切智光明故。

尔时，普救众生夜神，欲重明此解脱义，承佛神力，为善财童子而说颂言：

善财听我说，甚深难见法，普照于三世，一切差别门。如我初发心，专求佛功德，所入诸解脱，汝今应谛听。我念过去世，过刹微尘劫，次前有一劫，名圆满清净。是时有世界，名为遍照灯，须弥尘数佛，于中出兴世：初佛名智焰，次佛名法幢，第三法须弥，第四德师子，第五寂静王，第六灭诸见，第七高名称，第八大功德，第九名胜日，第十名月面。于此十佛所，最初悟法门。从此后次第，复有十佛出：初名虚空处，第二名普光，三名住诸方，四名正念海，五名高胜光，六名须弥云，七名法焰佛，八名山胜佛，九名大悲华，十名法界华。此十出现时，第二悟法门。从此后次第，复有十佛出：第一光幢佛，第二智慧佛，第三心义佛，第四德主佛，第五天慧佛，第六慧王佛，第七胜智佛，第八光王佛，第九勇猛佛，第十莲华佛。于此十佛所，第三悟法门。从此后次第，复有十佛出：第一宝焰山，第二功德海，第三法光明，第四莲华藏，第五众生眼，第六香光宝，七须弥功德，八乾闼婆王，第九摩尼藏，第十寂静色。从此后次第，复有十佛出：初佛广大智，次佛宝光明，第三虚空云，第四殊胜相，第五圆满戒，第六那罗延，第七须弥德，第八功德轮，第九无胜幢，第十大树山。从此后次第，复有十佛出：第一娑罗藏，第二世主身，第三高显光，第四金刚照，第五地威力，第六甚深法，第七法慧音，第八须弥幢，第九胜光明，第十妙宝光。从此后次第，复有十佛出：第一梵光明，第二虚空音，第三法界身，第四光明轮，第五智慧幢，第六虚空灯，第七微妙德，第八遍照光，第九胜福光，第十大悲云。从此后次第，复有十佛出：第一力光慧，第二普现前，第三高显光，第四光明身，第五法起佛，第六宝相佛，第七速疾风，第八勇猛幢，第九妙宝盖，第十照三世。从此后次第，复有十佛出：第一愿海光，第二金刚身，第三须弥德，第四念幢王，第五功德慧，第六智慧灯，第七光明幢，第八广大智，第九法界智，第十法海智。从此后次第，复有十佛出：初名布施法，次名功德轮，三名胜妙云，四名忍智灯，五名寂静音，六名寂静幢，七名世间灯，八名深大愿，九名无胜幢，十名智焰海。从此后次第，复有十佛出：初佛法自在，二佛无碍慧，三名意海慧，四名众妙音，五名自在施，六名普现前，七名随乐身，八名住胜德，第九本性佛，第十贤德佛。须弥尘数劫，此中所有佛，普作世间灯，我悉曾供养。佛刹微尘劫，所有佛出现，我皆曾供养，入此解脱门。我于无量劫，修行得此道；汝若能修行，不久亦当得。

善男子！我唯知此菩萨普现一切世间调伏众生解脱。如诸菩萨摩诃萨，集无边行，生种种解，现种种身，具种种根，满种种愿，入种种三昧，起种种神变，能种种观察法，入种种智慧门，得种种法光明；而我云何能知能说彼功德行？

善男子！去此不远，有主夜神，名：寂静音海，坐摩尼光幢庄严莲华座，百万阿僧祇主夜神前后围绕。汝诣彼问：菩萨云何学菩萨行、修菩萨道？

时，善财童子顶礼其足，绕无数匝，殷勤瞻仰，辞退而去。

大方广佛华严经卷第七十一

入法界品第三十九之十二

尔时,善财童子于普救众生妙德夜神所,闻菩萨普现一切世间调伏众生解脱门,了知信解,自在安住;而往寂静音海夜神所,顶礼其足,绕无数匝,于前合掌而作是言:圣者!我已先发阿耨多罗三藐三菩提心,我欲依善知识,学菩萨行,入菩萨行,修菩萨行,住菩萨行。唯愿慈哀,为我宣说:菩萨云何学菩萨行?云何修菩萨道?时,彼夜神告善财言:

善哉善哉!善男子!汝能依善知识求菩萨行。

善男子!我得菩萨念念出生广大喜庄严解脱门。

善财言:大圣!此解脱门为何事业?行何境界?起何方便?作何观察?

夜神言:

善男子!我发起清净平等乐欲心,我发起离一切世间尘垢清净坚固庄严不可坏乐欲心,我发起攀缘不退转位永不退转心,我发起庄严功德宝山不动心,我发起无住处心,我发起普现一切众生前救护心,我发起见一切佛海无厌足心,我发起求一切菩萨清净愿力心,我发起住大智光明海心,我发起令一切众生超过忧恼旷野心,我发起令一切众生舍离愁忧苦恼心,我发起令一切众生舍离不可意色、声、香、味、触、法心,我发起令一切众生舍离爱别离苦、冤憎会苦心,我发起令一切众生舍离恶缘、愚痴等苦心,我发起与一切险难众生作依怙心,我发起令一切众生出生死苦处心,我发起令一切众生舍离生、老、病、死等苦心,我发起令一切众生成就如来无上法乐心,我发起令一切众生皆受喜乐心。

发是心已,复为说法,令其渐至一切智地。所谓:若见众生乐著所住宫殿、屋宅,我为说法,令其了达诸法自性,离诸执著;若见众生恋著父母、兄弟、姊妹,我为说法,令其得预诸佛菩萨清净众会;若见众生恋著妻子,我为说法,令其舍离生死爱染,起大悲心,于一切众生平等无二;若见众生住于王宫,采女侍奉,我为说法,令其得与众圣集会,入如来教;若见众生染著境界,我为说法,令其得入如来境界;若见众生多瞋恚者,我为说法,令住如来忍波罗蜜;若见众生其心懈怠,我为说法,令得清净精进波罗蜜;若见众生其心散乱,我为说法,令得如来禅波罗蜜;若见众生入见稠林无明暗障,我为说法,令得出离稠林黑暗;若见众生无智慧者,我为说法,令得般若波罗蜜;若见众生染著三界,我为说法,令出生死;若见众生志意下劣,我为说法,令其圆满佛菩提愿;若见众生住自利行,我为说法,令其发起利益一切诸众生愿;若见众生志力微弱,我为说法,令得菩萨力波罗蜜；若见众生愚痴闇心，我为说法，令得菩萨智波罗蜜；若见众生色相不具，我为说法，令得如来清净色身；若见众生形容丑陋，我为说法，令得无上清净法身；若见众生色相粗恶，我为说法，令得如来微妙色身；若见众生情多忧恼，我为说法，令得如来毕竟安乐；若见众生贫穷所苦，我为说法，令得菩萨功德宝藏；若见众生住止园林，我为说法，令彼勤求佛法因缘；若见众生行于道路，我为说法，令其趣向一切智道；若见众生在聚落中，我为说法，令出三界；若见众生住止人间，我为说法，令其超越二乘之道，住如来地；若见众生居住城廓，我为说法，令其得住法王城中；若见众生住于四隅，我为说法，令得三世平等智慧；若见众生住于诸方，我为说法，令得智慧见一切法；若见众生贪行多者，我为彼说不净观门，令其舍离生死爱染；若见众生瞋行多者，我为彼说大慈观门，令其得入勤加修习；若见众生痴行多者，我为说法，令得明智观诸法海；若见众生等分行者，我为说法，令其得入诸乘愿海；若见众生乐生死乐，我为说法，令其厌离；若见众生厌生死苦，应为如来所化度者，我为说法，令能方便示现受生；若见众生爱著五蕴，我为说法，令其得住无依境界；若见众生其心下劣，我为显示胜庄严道；若见众生心生憍慢，我为其说平等法忍；若见众生其心谄曲，我为其说菩萨直心。善男子！我以此等无量法施摄诸众生，种种方便教化调伏，令离恶道，受人天乐，脱三界缚，住一切智；我时便得广大欢喜法光明海，其心怡畅，安隐适悦。

复次，善男子！我常观察一切菩萨道场众会，修种种愿行，现种种净身，有种种常光，放种种光明；以种种方便，入一切智门，入种种三昧，现种种神变，出种种音声海，具种种庄严身，入种种如来门，诣种种国土海，见种种诸佛海，得种种辩才海，照种种解脱境，得种种智光海，入种种三昧海，游戏种种诸解脱门，以种种门趣一切智，种种庄严虚空法界，以种种庄严云遍覆虚空，观察种种道场众会，集种种世界，入种种佛刹，诣种种方海，受种种如来命，从种种如来所，与种种菩萨俱，雨种种庄严云，入如来种种方便，观如来种种法海，入种种智慧海，坐种种庄严座。善男子！我观察此道场众会，知佛神力无量无边，生大欢喜。

善男子！我观毗卢遮那如来，念念出现不可思议清净色身；既见是已，生大欢喜。又观如来于念念中，放大光明充满法界；既见是已，生大欢喜。又见如来一一毛孔，念念出现无量佛刹微尘数光明海，一一光明以无量佛刹微尘数光明而为眷属，一一周遍一切法界，消灭一切诸众生苦；既见是已，生大欢喜。又，善男子！我观如来顶及两肩，念念出现一切佛刹微尘数宝焰山云，充满十方一切法界；既见是已，生大欢喜。又，善男子！我观如来一一毛孔，于念念中，出一切佛刹微尘数香光明云，充满十方一切佛刹；既见是已，生大欢喜。又，善男子！我观如来一一相，念念出一切佛刹微尘数诸相庄严如来身云，遍往十方一切世界；既见是已，生大欢喜。又，善男子！我观如来一一毛孔，于念念中，出不可说佛刹微尘数佛变化云，示现如来从初发心、修波罗蜜、具庄严道、入菩萨地；既见是已，生大欢喜。又，善男子！我观如来一一毛孔，念念出现不可说不可说佛刹微尘数天王身云，及以天王自在神变，充遍一切十方法界，应以天王身而得度者，即现其前而为说法；既见是已，生大欢喜。如天王身云，其龙王、夜叉王、乾闼婆王、阿修罗王、迦楼罗王、紧那罗王、摩睺罗伽王、人王、梵王身云，莫不皆于一一毛孔，如是出现，如是说法；我见是已，于念念中，生大欢喜，生大信乐，量与法界萨婆若等。昔所未得而今始得，昔所未证而今始证，昔所未入而今始入，昔所未满而今始满，昔所未见而今始见，昔所未闻而今始闻。何以故？以能了知法界相故，知一切法唯一相故，能平等入三世道故，能说一切无边法故。

善男子！我入此菩萨念念出生广大喜庄严解脱光明海。又，善男子！此解脱无边，普入一切法界门故；此解脱无尽，等发一切智性心故；此解脱无际，入无际畔一切众生心想中故；此解脱甚深，寂静智慧所知境故；此解脱广大，周遍一切如来境故；此解脱无坏，菩萨智眼之所知故；此解脱无底，尽于法界之源底故。此解脱者即是普门，于一事中普见一切诸神变故；此解脱者终不可取，一切法身等无二故；此解脱者终无有生，以能了知如幻法故；此解脱者犹如影像，一切智愿光所生故；此解脱者犹如变化，化生菩萨诸胜行故；此解脱者犹如大地，为一切众生所依处故；此解脱者犹如大水，能以大悲润一切故；此解脱者犹如大火，乾竭众生贪爱水故；此解脱者犹如大风，令诸众生速疾趣于一切智故；此解脱者犹如大海，种种功德庄严一切诸众生故；此解脱者如须弥山，出一切智法宝海故；此解脱者如大城郭，一切妙法所庄严故；此解脱者犹如虚空，普容三世佛神力故；此解脱者犹如大云，普为众生雨法雨故；此解脱者犹如净日，能破众生无知暗故；此解脱者犹如满月，满足广大福德海故；此解脱者犹如真如，悉能周遍一切处故；此解脱者犹如自影，从自善业所化出故；此解脱者犹如呼响，随其所应为说法故；此解脱者犹如影像，随众生心而照现故；此解脱者如大树王，开敷一切神通华故；此解脱者犹如金刚，从本已来不可坏故；此解脱者如如意珠，出生无量自在力故；此解脱者如离垢藏，摩尼宝王示现一切三世如来诸神力故；此解脱者如喜幢摩尼宝，能平等出一切诸佛法轮声故。善男子！我今为汝说此譬喻，汝应思惟，随顺悟入。

尔时，善财童子白寂静音海夜神言：大圣！云何修行，得此解脱？

夜神言：善男子！菩萨修行十大法藏，得此解脱。何等为十？一修布施广大法藏，随众生心悉令满足；二修净戒广大法藏，普入一切佛功德海；三修堪忍广大法藏，能遍思惟一切法性；四修精进广大法藏，趣一切智恒不退转；五修禅定广大法藏，能灭一切众生热恼；六修般若广大法藏，能遍了知一切法海；七修方便广大法藏，能遍成熟诸众生海；八修诸愿广大法藏，遍一切佛刹、一切众生海，尽未来劫修菩萨行；九修诸力广大法藏，念念现于一切法界海、一切佛国土，成等正觉常不休息；十修净智广大法藏，得如来智，遍知三世一切诸法无有障碍。善男子！若诸菩萨安住如是十大法藏，则能获得如是解脱，清净增长，积集坚固，安住圆满。

善财童子言：圣者！汝发阿耨多罗三藐三菩提心，其已久如？

夜神言：

善男子！此华藏庄严世界海东，过十世界海，有世界海，名：一切净光宝；此世界海中，有世界种，名：一切如来愿光明音；中有世界，名：清净光金庄严，一切香金刚摩尼王为体，形如楼阁，众妙宝云以为其际，住于一切宝璎珞海，妙宫殿云而覆其上，净秽相杂。

此世界中，乃往古世，有劫名：普光幢，国名：普满妙藏，道场名：一切宝藏妙月光明，有佛名：不退转法界音，于此成阿耨多罗三藐三菩提；我于尔时，作菩提树神，名：具足福德灯光明幢，守护道场；我见彼佛成等正觉、示现神力、发阿耨多罗三藐三菩提心，即于此时，获得三昧，名：普照如来功德海。此道场中，次有如来出兴于世，名：法树威德山；我时命终，还生此中，为道场主夜神，名：殊妙福智光，见彼如来转正法轮、现大神通，即得三昧，名：普照一切离贪境界。次有如来出兴于世，名：一切法海音声王；我于彼时，身为夜神，因得见佛承事供养，即获三昧，名：生长一切善法地。次有如来出兴于世，名：宝光明灯幢王；我于彼时，身为夜神，因得见佛承事供养，即获三昧，名：普现神通光明云。次有如来，出兴于世，名：功德须弥光；我于彼时，身为夜神，因得见佛承事供养，即获三昧，名：普照诸佛海。次有如来出兴于世，名：法云音声王；我于彼时，身为夜神，因得见佛承事供养，即获三昧，名：一切法海灯。次有如来出兴于世，名：智灯照耀王；我于彼时，身为夜神，因得见佛承事供养，即获三昧，名：灭一切众生苦清净光明灯。次有如来出兴于世，名：法勇妙德幢；我于彼时，身为夜神，因得见佛承事供养，即获三昧，名：三世如来光明藏。次有如来出兴于世，名：师子勇猛法智灯；我于彼时，身为夜神，因得见佛承事供养，即获三昧，名：一切世间无障碍智慧轮。次有如来出兴于世，名：智力山王；我于彼时，身为夜神，因得见佛承事供养，即获三昧，名：普照三世众生诸根行。

善男子！清净光金庄严世界普光明幢劫中，有如是等佛刹微尘数如来出兴于世。我于彼时，或为天王，或为龙王，或为夜叉王，或为乾闼婆王，或为阿修罗王，或为迦楼罗王，或为紧那罗王，或为摩睺罗伽王，或为人王，或为梵王，或为天身，或为人身，或为男子身，或为女人身，或为童男身，或为童女身，悉以种种诸供养具，供养于彼一切如来，亦闻其佛所说诸法。从此命终，还即于此世界中生，经佛刹微尘数劫修菩萨行；然后命终，生此华藏庄严世界海娑婆世界，值迦罗鸠孙(马犬)如来，承事供养，得三昧，名：离一切尘垢光明。次值拘那含牟尼如来，承事供养，得三昧，名：普现一切诸刹海。次值迦叶如来，承事供养，得三昧，名：演一切众生言音海。次值毗卢遮那如来，于此道场成正等觉，念念示现大神通力；我时得见，即获此念念出生广大喜庄严解脱。

得此解脱已，能入十不可说不可说佛刹微尘数法界安立海，见彼一切法界安立海一切佛刹所有微尘，一一尘中有十不可说不可说佛刹微尘数佛国土。一一佛土皆有毗卢遮那如来坐于道场，于念念中，成正等觉，现诸神变；所现神变，一一皆遍一切法界海。亦见自身在彼一切诸如来所，又亦闻其所说妙法；又亦见彼一切诸佛一一毛孔，出变化海，现神通力，于一切法界海、一切世界海、一切世界种、一切世界中，随众生心，转正法轮。我得速疾陀罗尼力，受持思惟一切文义；以明了智，普入一切清净法藏；以自在智，普游一切甚深法海；以周遍智，普知三世诸广大义；以平等智，普达诸佛无差别法。如是悟解一切法门；一一法门中，悟解一切修多罗云；一一修多罗云中，悟解一切法海；一一法海中，悟解一切法品；一一法品中，悟解一切法云；一一法云中，悟解一切法流；一一法流中，出生一切大喜海；一一大喜海，出生一切地；一一地，出生一切三昧海；一一三昧海，得一切见佛海；一一见佛海，得一切智光海；一一智光海，普照三世，遍入十方。

知无量如来往昔诸行海；知无量如来所有本事海；知无量如来难舍能施海；知无量如来清净戒轮海；知无量如来清净堪忍海；知无量如来广大精进海；知无量如来甚深禅定海；知无量如来般若波罗蜜海；知无量如来方便波罗蜜海；知无量如来愿波罗蜜海；知无量如来力波罗蜜海；知无量如来智波罗蜜海；知无量如来往昔超菩萨地；知无量如来往昔住菩萨地无量劫海，现神通力；知无量如来往昔入菩萨地；知无量如来往昔修菩萨地；知无量如来往昔治菩萨地；知无量如来往昔观菩萨地；知无量如来昔为菩萨时，常见诸佛；知无量如来昔为菩萨时，尽见佛海、劫海同住；知无量如来昔为菩萨时，以无量身遍生刹海；知无量如来昔为菩萨时，周遍法界修广大行；知无量如来昔为菩萨时，示现种种诸方便门，调伏成熟一切众生；知无量如来放大光明，普照十方一切刹海；知无量如来现大神力，普现一切诸众生前；知无量如来广大智地；知无量如来转正法轮；知无量如来示现相海；知无量如来示现身海；知无量如来广大力海。彼诸如来，从初发心,乃至法灭;我于念念,悉得知见。

善男子!汝问我言:汝发心来,其已久如?善男子!我于往昔,过二佛刹微尘数劫,如上所说,于清净光金庄严世界中,为菩提树神,闻不退转法界音如来说法,发阿耨多罗三藐三菩提心;于二佛刹微尘数劫中修菩萨行,然后乃生此娑婆世界贤劫之中。从迦罗鸠孙(马犬)佛至释迦牟尼佛,及此劫中未来所有一切诸佛,我皆如是亲近供养。如于此世界贤劫之中,供养未来一切诸佛;一切世界一切劫中,所有未来一切诸佛,悉亦如是亲近供养。善男子!彼清净光金庄严世界,今犹现在,诸佛出现相续不断。汝当一心修此菩萨大勇猛门。

尔时,寂静音海主夜神,欲重宣此解脱义,为善财童子而说颂言:

善财听我说,清净解脱门,闻已生欢喜,勤修令究竟。我昔于劫海,生大信乐心,清净如虚空,常观一切智。我于三世佛,皆生信乐心;并及其众会,悉愿常亲近。我昔曾见佛,为众生供养,得闻清净法,其心大欢喜。常尊重父母,恭敬而供养;如是无休懈,入此解脱门。老病贫穷人,诸根不具足;一切皆愍济,令其得安隐。水火及王贼,海中诸恐怖;我昔修诸行,为救彼众生。烦恼恒炽然,业障所缠覆,堕于诸险道,我救彼众生。一切诸恶趣,无量楚毒苦,生老病死等,我当悉除灭。愿尽未来劫,普为诸群生,灭除生死苦,得佛究竟乐。

善男子!我唯知此念念生广大喜庄严解脱。如诸菩萨摩诃萨,深入一切法界海,悉知一切诸劫数,普见一切刹成坏;而我云何能知能说彼功德行?

善男子!此菩提场如来会中,有主夜神,名:守护一切城增长威力。汝诣彼问:菩萨云何学菩萨行、修菩萨道?

尔时,善财童子一心观察寂静音海主夜神身,而说颂言:

我因善友教,来诣天神所,见神处宝座,身量无有边。非是著色相,计有于诸法,劣智浅识人,能知尊境界。世间天及人,无量劫观察,亦不能测度,色相无边故。远离于五蕴,亦不住于处,永断世间疑,显现自在力。不取内外法,无动无所碍,清净智慧眼,见佛神通力。身为正法藏,心是无碍智,既得智光照,复照诸群生。心集无边业,庄严诸世间,了世皆是心,现身等众生。知世悉如梦,一切佛如影,诸法皆如响,令众无所著。为三世众生,念念示现身,而心无所住,十方遍说法。无边诸刹海,佛海众生海,悉在一尘中,此尊解脱力。

时,善财童子说此偈已,顶礼其足,绕无量匝,殷勤瞻仰,辞退而去。

尔时,善财童子随顺寂静音海夜神教,思惟观察所说法门,一一文句皆无忘失,于无量深心、无量法性、一切方便神通智慧,忆念思择,相续不断;其心广大,证入安住。

行诣守护一切城夜神所,见彼夜神坐一切宝光明摩尼王师子之座,无数夜神所共围绕,现一切众生色相身,现普对一切众生身,现不染一切世间身,现一切众生身数身,现超过一切世间身,现成熟一切众生身,现速往一切十方身,现遍摄一切十方身,现究竟如来体性身,现究竟调伏众生身。

善财见已,欢喜踊跃,顶礼其足,绕无量匝,于前合掌而作是言:圣者!我已先发阿耨多罗三藐三菩提心,而未知菩萨修菩萨行时,云何饶益众生?云何以无上摄而摄众生?云何顺诸佛教?云何近法王位?唯愿慈哀,为我宣说!

时,彼夜神告善财言:

善男子!汝为救护一切众生故,汝为严净一切佛刹故,汝为供养一切如来故,汝欲住一切劫救众生故,汝欲守护一切佛种性故,汝欲普入十方修诸行故,汝欲普入一切法门海故,汝欲以平等心遍一切故,汝欲普受一切佛法轮故,汝欲普随一切众生心之所乐雨法雨故,问诸菩萨所修行门。

善男子!我得菩萨甚深自在妙音解脱,为大法师,无所罣碍,善能开示诸佛法藏故;具大誓愿、大慈悲力,令一切众生住菩提心故;能作一切利众生事,积集善根无有休息故;为一切众生调御之师,令一切众生住萨婆若道故;为一切世间清净法日,普照世间,令生善根故;于一切世间其心平等,普令众生增长善法故;于诸境界其心清净,除灭一切诸不善业故;誓愿利益一切众生,身恒普现一切国土故;示现一切本事因缘,令诸众生安住善行故;恒事一切诸善知识,为令众生安住佛教故。

佛子!我以此等法施众生,令生白法,求一切智,其心坚固犹如金刚那罗延藏,善能观察佛力、魔力,常得亲近诸善知识,摧破一切业惑障山,集一切智助道之法,心恒不舍一切智地。

善男子!我以如是净法光明饶益一切众生,集善根助道法时,作十种观察法界。何者为十?所谓:我知法界无量,获得广大智光明故;我知法界无边,见一切佛所知见故;我知法界无限,普入一切诸佛国土,恭敬供养诸如来故;我知法界无畔,普于一切法界海中,示现修行菩萨行故;我知法界无断,入于如来不断智故;我知法界一性,如来一音,一切众生无不了故;我知法界性净,了如来愿普度一切诸众生故;我知法界遍众生,普贤妙行悉周遍故;我知法界一庄严,普贤妙行善庄严故;我知法界不可坏,一切智善根充满法界不可坏故。善男子!我作此十种观察法界,集诸善根办助道法,了知诸佛广大威德,深入如来难思境界。

又,善男子!我如是正念思惟,得如来十种大威德陀罗尼轮。何者为十?所谓:普入一切法陀罗尼轮、普持一切法陀罗尼轮、普说一切法陀罗尼轮、普念十方一切佛陀罗尼轮、普说一切佛名号陀罗尼轮、普入三世诸佛愿海陀罗尼轮、普入一切诸乘海陀罗尼轮、普入一切众生业海陀罗尼轮、疾转一切业陀罗尼轮、疾生一切智陀罗尼轮。善男子！此十陀罗尼轮，以十千陀罗尼轮而为眷属，恒为众生演说妙法。

善男子！我或为众生说闻慧法，或为众生说思慧法，或为众生说修慧法，或为众生说一有法，或为众生说一切有法，或为说一如来名海法，或为说一切如来名海法，或为说一世界海法，或为说一切世界海法，或为说一佛授记海法，或为说一切佛授记海法，或为说一如来众会道场海法，或为说一切如来众会道场海法，或为说一如来法轮海法，或为说一切如来法轮海法，或为说一如来修多罗法，或为说一切如来修多罗法，或为说一如来集会法，或为说一切如来集会法，或为说一萨婆若心海法，或为说一切萨婆若心海法，或为说一乘出离法，或为说一切乘出离法。善男子！我以如是等不可说法门，为众生说。

善男子！我入如来无差别法界门海，说无上法，普摄众生，尽未来劫，住普贤行。善男子！我成就此甚深自在妙音解脱，于念念中增长一切诸解脱门，念念充满一切法界。

时，善财童子白夜神言：奇哉！天神！此解脱门如是希有！圣者证得，其已久如？

夜神言：

善男子！乃往古世，过世界转微尘数劫，有劫名：离垢光明，有世界名：法界功德云，以现一切众生业摩尼王海为体，形如莲华，住四天下微尘数香摩尼须弥山网中，以出一切如来本愿音莲华而为庄严，须弥山微尘数莲华而为眷属，须弥山微尘数香摩尼以为间错，有须弥山微尘数四天下，一一四天下有百千亿那由他不可说不可说城。

善男子！彼世界中，有四天下，名为：妙幢；中有王都，名：普宝华光；去此不远，有菩提场，名：普显现法王宫殿。须弥山微尘数如来于中出现，其最初佛，名：法海雷音光明王。彼佛出时，有转轮王，名：清净日光明面，于其佛所，受持一切法海旋修多罗。佛涅槃后，其王出家，护持正法。法欲灭时，有千部异众千种说法。近于末劫，业惑障重；诸恶比丘多有斗诤，乐著境界，不求功德，乐说王论、贼论、女论、国论、海论，及以一切世间之论。

时，王比丘而语之言：奇哉！苦哉！佛于无量诸大劫海集此法炬，云何汝等而共毁灭？作是说已，上升虚空，高七多罗树，身出无量诸色焰云，放种种色大光明网，令无量众生除烦恼热，令无量众生发菩提心。以是因缘，彼如来教，复于六万五千岁中而得兴盛。

时，有比丘尼，名：法轮化光，是此王女，百千比丘尼而为眷属，闻父王语及见神力，发菩提心永不退转，得三昧，名：一切佛教灯，又得此甚深自在妙音解脱；得已，身心柔软，即得现见法海雷音光明王如来一切神力。

善男子！于汝意云何？彼时转轮圣王随于如来转正法轮，佛涅槃后兴隆末法者，岂异人乎？今普贤菩萨是。其法轮化光比丘尼，即我身是。我于彼时，守护佛法，令十万比丘尼于阿耨多罗三藐三菩提得不退转，又令得现见一切佛三昧，又令得一切佛法轮金刚光明陀罗尼，又令得普入一切法门海般若波罗蜜。

次有佛兴，名：离垢法光明；次有佛兴，名：法轮光明髻；次有佛兴，名：法日功德云；次有佛兴，名：法海妙音王；次有佛兴，名：法日智慧灯；次有佛兴，名：法华幢云；次有佛兴，名：法焰山幢王；次有佛兴，名：甚深法功德月；次有佛兴，名：法智普光藏；次有佛兴，名：开示普智藏；次有佛兴，名：功德藏山王；次有佛兴，名：普门须弥贤；次有佛兴，名：一切法精进幢；次有佛兴，名：法宝华功德云；次有佛兴，名：寂静光明髻；次有佛兴，名：法光明慈悲月；次有佛兴，名：功德焰海；次有佛兴，名：智日普光明；次有佛兴，名：普贤圆满智；次有佛兴，名：神通智光王；次有佛兴，名：福德华光灯；次有佛兴，名：智师子幢王；次有佛兴，名：日光普照王；次有佛兴，名：须弥宝庄严相；次有佛兴，名：日光普照；次有佛兴，名：法王功德月；次有佛兴，名：开敷莲华妙音云；次有佛兴，名：日光明相；次有佛兴，名：普光明妙法音；次有佛兴，名：师子金刚那罗延无畏；次有佛兴，名：普智勇猛幢；次有佛兴，名：普开法莲华身；次有佛兴，名：功德妙华海；次有佛兴，名：道场功德月；次有佛兴，名：法炬炽然月；次有佛兴，名：普光明髻；次有佛兴，名：法幢灯；次有佛兴，名：金刚海幢云；次有佛兴，名：名称山功德云；次有佛兴，名：栴檀妙月；次有佛兴，名：普妙光明华；次有佛兴，名：照一切众生光明王；次有佛兴，名：功德莲华藏；次有佛兴，名：香焰光明王；次有佛兴，名：波头摩华因；次有佛兴，名：众相山普光明；次有佛兴，名：普名称幢；次有佛兴，名：须弥普门光；次有佛兴，名：功德法城光；次有佛兴，名：大树山光明；次有佛兴，名：普德光明幢；次有佛兴，名：功德吉祥相；次有佛兴，名：勇猛法力幢；次有佛兴，名：法轮光明音；次有佛兴，名：功德山智慧光；次有佛兴，名：无上妙法月；次有佛兴，名：法莲华净光幢；次有佛兴，名：宝莲华光明藏；次有佛兴，名：光焰云山灯；次有佛兴，名：普觉华；次有佛兴，名：种种功德焰须弥藏；次有佛兴，名：圆满光山王；次有佛兴，名：福德云庄严；次有佛兴，名：法山云幢；次有佛兴，名：功德山光明；次有佛兴，名：法日云灯王；次有佛兴，名：法云名称王；次有佛兴，名：法轮云；次有佛兴，名：开悟菩提智光幢；次有佛兴，名：普照法轮月；次有佛兴，名：宝山威德贤；次有佛兴，名：贤德广大光；次有佛兴，名：普智云；次有佛兴，名：法力功德山；次有佛兴，名：功德香焰王；次有佛兴，名：金色摩尼山妙音声；次有佛兴，名：顶髻出一切法光明云；次有佛兴，名：法轮炽盛光；次有佛兴，名：无上功德山；次有佛兴，名：精进炬光明云；次有佛兴，名：三昧印广大光明冠；次有佛兴，名：宝光明功德王；次有佛兴，名：法炬宝盖音；次有佛兴，名：普照虚空界无畏法光明；次有佛兴，名：月相庄严幢；次有佛兴，名：光明焰山云；次有佛兴，名：照无障碍法虚空；次有佛兴，名：开显智光身；次有佛兴，名：世主德光明音；次有佛兴，名：一切法三昧光明音；次有佛兴，名：法音功德藏；次有佛兴，名：炽然焰法海云；次有佛兴，名：普照三世相大光明；次有佛兴，名：普照法轮山；次有佛兴，名：法界师子光；次有佛兴，名：须弥华光明；次有佛兴，名：一切三昧海师子焰；次有佛兴，名：普智光明灯。

善男子！如是等须弥山微尘数如来，其最后佛，名：法界城智慧灯，并于离垢光明劫中，出兴于世。我皆尊重，亲近供养，听闻受持所说妙法；亦于彼一切诸如来所，出家学道，护持法教，入此菩萨甚深自在妙音解脱，种种方便教化成熟无量众生。从是已来，于佛刹微尘数劫，所有诸佛出兴于世；我皆供养，修行其法。

善男子！我从是来，于生死夜无明昏寐诸众生中而独觉悟；令诸众生，守护心城，舍三界城，住一切智无上法城。

善男子！我唯知此甚深自在妙音解脱，令诸世间，离戏论语，不作二语，常真实语，恒清净语。如诸菩萨摩诃萨，能知一切语言自性，于念念中自在开悟一切众生，入一切众生言音海，于一切言辞悉皆辨了，明见一切诸法门海，于普摄一切法陀罗尼已得自在，随诸众生心之所疑而为说法，究竟调伏一切众生，能普摄受一切众生，巧修菩萨诸无上业，深入菩萨诸微细智，能善观察诸菩萨藏，能自在说诸菩萨法。何以故？已得成就一切法轮陀罗尼故。而我云何能知能说彼功德行？

善男子！此佛会中，有主夜神，名：开敷一切树华。汝诣彼问：菩萨云何学一切智？云何安立一切众生住一切智？

尔时，守护一切城主夜神，欲重宣此解脱义，为善财童子而说颂言：

菩萨解脱深难见，虚空如如平等相，普见无边法界内，一切三世诸如来。出生无量胜功德，证入难思真法性，增长一切自在智，开通三世解脱道。过于刹转微尘劫，尔时有劫名净光，世名为法焰云，其城号曰宝华光。其中诸佛兴于世，量与须弥尘数等；有佛名为法海音，于此劫中先出现；乃至其中最后佛，名为法界焰灯王；如是一切诸如来，我皆供养听受法。我见法海雷音佛，其身普作真金色，诸相庄严如宝山，发心愿得成如来。我暂见彼如来身，即发菩提广大心，誓愿勤求一切智，性与法界虚空等。由斯普见三世佛，及以一切菩萨众；亦见国土众生海，而普攀缘起大悲。随诸众生心所乐，示现种种无量身，普遍十方诸国土，动地舒光悟含识。见第二佛而亲近，亦见十方刹海佛，乃至最后佛出兴，如是须弥尘数等。于诸刹转微尘劫，所有如来照世灯；我皆亲近而瞻奉，令此解脱得清净。

尔时，善财童子得入此菩萨甚深自在妙音解脱故，入无边三昧海，入广大总持海，

得菩萨大神通，获菩萨大辩才；心大欢喜，观察守护一切城主夜神，以偈赞曰：

已行广大妙慧海，已度无边诸有海，长寿无患智藏身，威德光明住此众。了达法性如虚空，普入三世皆无碍；念念攀缘一切境，心心永断诸分别。了达众生无有性，而于众生起大悲；深入如来解脱门，广度群迷无量众。观察思惟一切法，了知证入诸法性；如是修行佛智慧，普化众生令解脱。天是众生调御师，开示如来智慧道，普为法界诸含识，说离世间众怖行。已住如来诸愿道，已受菩提广大教，已修一切遍行力，已见十方佛自在。天神心净如虚空，普离一切诸烦恼，了知三世无量刹，诸佛菩萨及众生。天神一念悉了知，昼夜日月年劫海；亦知一切众生类，种种名相各差别。十方众生生死处，有色无色想无想，随顺世俗悉了知，引导使入菩提路。已生如来誓愿家，已入诸佛功德海，法身清净心无碍，随众生乐现众色。

时，善财童子说此颂已，礼夜神足，绕无量匝，殷勤瞻仰，辞退而去。

大方广佛华严经卷第七十二

入法界品第三十九之十三

尔时，善财童子入菩萨甚深自在妙音解脱门，修行增进。

往诣开敷一切树华夜神所，见其身在众宝香树楼阁之内妙宝所成师子座上，百万夜神所共围绕。时，善财童子顶礼其足，于前合掌而作是言：圣者！我已先发阿耨多罗三藐三菩提心，而未知菩萨云何学菩萨行？云何得一切智？唯愿垂慈，为我宣说！

夜神言：

善男子！我于此娑婆世界，日光已没，莲华覆合，诸人众等罢游观时，见其一切若山、若水、若城、若野，如是等处种种众生，咸悉发心欲还所住；我皆密护，令得正道，达其处所，宿夜安乐。

善男子！若有众生，盛年好色，憍慢放逸，五欲自恣。我为示现老、病、死相，令生恐怖，舍离诸恶。复为称叹种种善根，使其修习：为悭吝者，赞叹布施；为破戒者，称扬净戒；有瞋恚者，教住大慈；怀恼害者，令行忍辱；若懈怠者，令起精进；若散乱者，令修禅

定；住恶慧者，令学般若；乐小乘者，令住大乘；乐著三界诸趣中者，令住菩萨愿波罗蜜；若有众生，福智微劣，为诸结业之所逼迫多留碍者，令住菩萨力波罗蜜；若有众生，其心闇昧，无有智慧，令住菩萨智波罗蜜。

善男子！我已成就菩萨出生广大喜光明解脱门。

善财言：大圣！此解脱门境界云何？

夜神言：

善男子！入此解脱，能知如来普摄众生巧方便智。云何普摄？善男子！一切众生所受诸乐，皆是如来威德力故，顺如来教故，行如来语故，学如来行故，得如来所护力故，修如来所印道故，种如来所行善故，依如来所说法故，如来智慧日光之所照故，如来性净业力之所摄故。云何知然？善男子！我入此出生广大喜光明解脱，忆念毗卢遮那如来、应、正等觉往昔所修菩萨行海，悉皆明见。

善男子！世尊往昔为菩萨时，见一切众生，著我、我所，住无明闇室，入诸见稠林，为贪爱所缚、忿怒所坏、愚痴所乱、悭嫉所缠，生死轮回，贫穷困苦，不得值遇诸佛菩萨。见如是已，起大悲心利益众生。所谓：起愿得一切妙宝资具摄众生心；愿一切众生，皆悉具足资生之物无所乏心，于一切众事离执著心，于一切境界无贪染心，于一切所有无悭吝心，于一切果报无希望心，于一切荣好无羡慕心，于一切因缘无迷惑心；起观察真实法性心；起救护一切众生心；起深入一切法漩澓心；起于一切众生住平等大慈心；起于一切众生行方便大悲心；起为大法盖普覆众生心；起以大智金刚杵破一切众生烦恼障山心；起令一切众生增长喜乐心；起愿一切众生究竟安乐心；起随众生所欲雨一切财宝心；起以平等方便成熟一切众生心；起令一切众生满足圣财心；起愿一切众生究竟皆得十力智果心。

起如是心已，得菩萨力，现大神变；遍法界、虚空界，于一切众生前，普雨一切资生之物，随其所欲悉满其意皆令欢喜，不悔不吝，无间无断。以是方便，普摄众生，教化成熟，皆令得出生死苦难，不求其报；净治一切众生心宝，令其生起一切诸佛同一善根，增一切智福德大海。

菩萨如是念念成熟一切众生，念念严净一切佛刹，念念普入一切法界，念念皆悉遍虚空界，念念普入一切三世，念念成就调伏一切诸众生智，念念恒转一切法轮，念念恒以一切智道利益众生，念念普于一切世界种种差别诸众生前尽未来劫现一切佛成等正觉，念念普于一切世界、一切诸劫修菩萨行不生二想。所谓：普入一切广大世界海一切世界种中，种种际畔诸世界，种种庄严诸世界，种种体性诸世界，种种形状诸世界，种种分布诸世界，或有世界秽而兼净，或有世界净而兼秽，或有世界一向杂秽，或有世界一向清净，或小或大，或粗或细，或正或侧，或覆或仰；如是一切诸世界中，念念修行诸菩萨行，入菩萨位，现菩萨力，亦现三世一切佛身，随众生心普使知见。

善男子！毗卢遮那如来，于过去世，如是修行菩萨行时，见诸众生——不修功德，无有智慧，著我、我所，无明翳障，不正思惟，入诸邪见，不识因果，顺烦恼业，堕于生死险难深坑，具受种种无量诸苦。——起大悲心，具修一切波罗蜜行，为诸众生称扬赞叹坚固善根，令其安住远离生死、贫穷之苦，勤修福智助道之法；为说种种诸因果门，为说业报不相违反，为说于法证入之处，为说一切众生欲解，及说一切受生国土，令其不断一切佛种，令其守护一切佛教，令其舍离一切诸恶；又为称赞趣一切智助道之法，令诸众生心生欢喜，令行法施普摄一切，令其发起一切智行，令其修学诸大菩萨波罗蜜道，令其增长成一切智诸善根海，令其满足一切圣财，令其得入佛自在门，令其摄取无量方便，令其观见如来威德，令其安住菩萨智慧。

善财童子言：圣者发阿耨多罗三藐三菩提心，其已久如？

夜神言：

善男子！此处难信、难知、难解、难入、难说，一切世间及以二乘皆不能知。唯除诸佛神力所护，善友所摄，集胜功德，欲乐清净，无下劣心，无杂染心，无谄曲心，得普照耀智光明心，发普饶益诸众生心、一切烦恼及以众魔无能坏心，起必成就一切智心，不乐一切生死乐心，能求一切诸佛妙乐，能灭一切众生苦恼，能修一切佛功德海，能观一切诸法实性，能具一切清净信解，能超一切生死暴流，能入一切如来智海，能决定到无上法城，能勇猛入如来境界，能速疾趣诸佛地位，能即成就一切智力，能于十力已得究竟；如是之人，于此能持、能入、能了。何以故？此是如来智慧境界，一切菩萨尚不能知，况余众生！然我今者，以佛威力，欲令调顺可化众生意速清净，欲令修习善根众生心得自在，随汝所问，为汝宣说。

尔时，开敷一切树华夜神，欲重明其义，观察三世如来境界而说颂言：

佛子汝所问，甚深佛境界，难思刹尘劫，说之不可尽。非是贪恚痴，憍慢惑所覆，如是众生等，能知佛妙法。非是住悭嫉，谄诳诸浊意，烦恼业所覆，能知佛境界。非著蕴界处，及计于有身，见倒想倒人，能知佛所觉。佛境界寂静，性净离分别，非著诸有者，能知此法性。生于诸佛家，为佛所守护，持佛法藏者，智眼之境界。亲近善知识，爱乐白净法，勤求诸佛力，闻此法欢喜。心净无分别，犹如太虚空，慧灯破诸闇，是彼之境界。以大慈悲意，普覆诸世间，一切皆平等，是彼之境界。欢喜心无著，一切皆能舍，平等施众生，是彼之境界。心净离诸恶，究竟无所悔，顺行诸佛教，是彼之境界。了知法自性，及以诸业种，其心无动乱，是彼之境界。勇猛勤精进，安住心不退，勤修一切智，是彼之境界。其心寂静住三昧，究竟清凉无热恼，已修一切智海因，此证悟者之解脱。善知一切真实相，深入无边法界门,普度群生靡有余,此慧灯者之解脱。了达众生真实性,不著一切诸有海,如影普现心水中,此正道者之解脱。从于一切三世佛,方便愿种而出生,尽诸劫刹勤修行,此普贤者之解脱。普入一切法界门,悉见十方诸刹海,亦见其中劫成坏,而心毕竟无分别。法界所有微尘中,悉见如来坐道树,成就菩提化群品,此无碍眼之解脱。汝于无量大劫海,亲近供养善知识,为利群生求正法,闻已忆念无遗忘。毗卢遮那广大境,无量无边不可思,我承佛力为汝说,令汝深心转清净。

善男子!乃往古世,过世界海微尘数劫,有世界海,名:普光明真金摩尼山;其世界海中,有佛出现,名:普照法界智慧山寂静威德王。善男子!其佛往修菩萨行时,净彼世界海。其世界海中,有世界微尘数世界种;一一世界种,有世界微尘数世界;一一世界,皆有如来出兴于世;一一如来,说世界海微尘数修多罗;一一修多罗,授佛刹微尘数诸菩萨记,现种种神力,说种种法门,度无量众生。

善男子!彼普光明真金摩尼山世界海中,有世界种,名:普庄严幢。此世界种中,有世界,名:一切宝色普光明,以现一切化佛影摩尼王为体,形如天城;以现一切如来道场影像摩尼王为其下际,住一切宝华海上,净秽相杂。此世界中,有须弥山微尘数四天下,有一四天下最处其中,名:一切宝山幢。其四天下,一一纵广十万由旬,一一各有一万大城。其阎浮提中,有一王都,名:坚固妙宝庄严云灯,一万大城周匝围绕。阎浮提人寿万岁时,其中有王,名:一切法音圆满盖,有五百大臣、六万采女、七百王子;其诸王子皆端正勇健,有大威力。尔时,彼王威德普被阎浮提内,无有怨敌。

时,彼世界劫欲尽时,有五浊起。一切人众,寿命短促,资财乏少,形色鄙陋,多苦少乐,不修十善,专作恶业,更相忿诤,互相毁辱,离他眷属,妒他荣好,任情起见,非法贪求。以是因缘,风雨不时,苗稼不登,园林、草树一切枯槁,人民匮乏,多诸疫病,驰走四方,靡所依怙,咸来共绕王都大城,无量无边百千万亿,四面周匝高声大呼;或举其手,或合其掌,或以头扣地,或以手搥胸,或屈膝长号,或踊身大叫;头发蓬乱,衣裳弊恶,皮肤皱裂,面目无光,而向王言:大王!大王!我等今者,贫穷孤露,饥渴寒冻,疾病衰羸,众苦所逼,命将不久,无依无救,无所控告。我等今者来归大王,我观大王仁慈智慧,于大王所生得安乐想、得所爱想、得活命想、得摄受想、得宝藏想、遇津梁想、逢道路想、值船筏想、见宝洲想、获财利想、升天宫想。

尔时,大王闻此语已,得百万阿僧祇大悲门,一心思惟,发十种大悲语。其十者何?所谓:哀哉众生!堕于无底生死大坑;我当云何而速勉济,令其得住一切智地?哀哉众生!为诸烦恼之所逼迫;我当云何而作救护,令其安住一切善业?哀哉众生!生老病死之所恐怖;我当云何为作归依,令其永得身心安隐?哀哉众生!常为世间众怖所逼；我当云何而为佑助，令其得住一切智道？哀哉众生！无有智眼，常为身见疑惑所覆；我当云何为作方便，令其得决疑见翳膜？哀哉众生！常为痴闇之所迷惑；我当云何为作明炬，令其照见一切智城？哀哉众生！常为悭嫉谄诳所浊；我当云何而为开晓，令其证得清净法身？哀哉众生！长时漂没生死大海；我当云何而普运度，令其得上菩提彼岸？哀哉众生！诸根刚强，难可调伏；我当云何而为调御，令其具足诸佛神力？哀哉众生！犹如盲瞽，不见道路；我当云何而为引导，令其得入一切智门？

作是语已，击鼓宣令：我今普施一切众生，随有所须悉令充足。即时颁下阎浮提内大小诸城及诸聚落，悉开库藏，出种种物，置四衢道。所谓：金、银、琉璃、摩尼等宝；衣服、饮食、华香、璎珞、宫殿、屋宅、床榻、敷具；建大光明摩尼宝幢，其光触身，悉使安隐；亦施一切病缘汤药；种种宝器盛众杂宝，金刚器中盛种种香，宝香器中盛种种衣；辇舆、车乘、幢幡、缯盖。如是一切资生之物，悉开库藏而以给施。亦施一切村营、城邑、山泽、林薮、妻子、眷属及以王位，头、目、耳、鼻、唇、舌、牙、齿、手、足、皮、肉、心、肾、肝、肺，内外所有，悉皆能舍。

其坚固妙宝庄严云灯城，东面有门，名：摩尼山光明。于其门外，有施会处。其地广博，清净平坦，无诸坑坎、荆棘、沙砾，一切皆以妙宝所成，散众宝华，熏诸妙香，然诸宝灯，一切香云充满虚空，无量宝树次第行列，无量华网、无量香网弥覆其上，无量百千亿那由他诸音乐器恒出妙音。如是一切，皆以妙宝而为庄严，悉是菩萨净业果报。

于彼会中，置师子座，十宝为地，十宝栏楯，十种宝树周匝围绕，金刚宝轮以承其下，以一切宝为龙神像而共捧持，种种宝物以为严饰，幢幡间列，众网覆上，无量宝香常出香云，种种宝衣处处分布，百千种乐恒奏美音。复于其上张施宝盖，常放无量宝焰光明，如阎浮金炽然清净；覆以宝网，垂诸璎珞，摩尼宝带周回间列，种种宝铃恒出妙音，劝诸众生修行善业。时，彼大王处师子座，形容端正，人相具足，光明妙宝以为其冠，那罗延身不可沮坏，一一肢分悉皆圆满，性普贤善，王种中生，于财及法悉得自在，辩才无碍，智慧明达，以政治国，无违命者。

尔时，阎浮提无量无数百千万亿那由他众生——种种国土、种种族类、种种形貌、种种衣服、种种言辞、种种欲乐，俱来此会，观察彼王，咸言：此王是大智人、是福须弥、是功德月，住菩萨愿，行广大施。时，王见彼诸来乞者，生悲愍心，生欢喜心，生尊重心，生善友心，生广大心，生相续心，生精进心，生不退心，生舍施心，生周遍心。

善男子！尔时，彼王见诸乞者，心大欢喜经须臾顷；假使忉利天王、夜摩天王、兜率陀天王，尽百千亿那由他劫所受快乐，亦不能及。善化天王于无数劫所受快乐，自在天王于无量劫所受快乐，大梵天王于无边劫所受梵乐，光音天王于难思劫所受天乐，遍净天王于无尽劫所受天乐，净居天王不可说劫住寂静乐，悉不能及。

善男子！譬如有人仁慈孝友，遭逢世难，父母、妻息、兄弟、姊妹并皆散失，忽于旷野道路之间而相值遇，瞻奉抚对，情无厌足。时，彼大王见来求者，心生欢喜，亦复如是。

善男子！其王尔时，因善知识，于佛菩提，解欲增长，诸根成就，信心清净，欢喜圆满。何以故？此菩萨勤修诸行，求一切智，愿得利益一切众生，愿获菩提无量妙乐，舍离一切诸不善心，常乐积集一切善根，常愿救护一切众生，常乐观察萨婆若道，常乐修行一切智法，满足一切众生所愿，入一切佛功德大海，破一切魔业惑障山，随顺一切如来教行，行一切智无障碍道，已能深入一切智流，一切法流常现在前，大愿无尽，为大丈夫，住大人法，积集一切普门善藏，离一切著，不染一切世间境界，知诸法性犹如虚空。

于来乞者，生一子想，生父母想，生福田想，生难得想，生恩益想，生坚固想、师想、佛想。不简方处，不择族类，不选形貌，随有来至，如其所欲，以大慈心，平等无碍，一切普施，皆令满足：求饮食者，施与饮食；求衣服者，施与衣服；求香华者，施与香华；求鬘盖者，施与鬘盖；幢幡、璎珞、宫殿、园苑、象马、车乘、床座、被褥、金、银、摩尼、诸珍宝物、一切库藏，及诸眷属、城邑、聚落，皆悉如是普施众生。时，此会中有长者女，名：宝光明，与六十童女俱，端正殊妙，人所喜见，皮肤金色，目发绀青，身出妙香；口演梵音，上妙宝衣以为庄严，常怀惭愧，正念不乱，具足威仪，恭敬师长，常念顺行、甚深妙行，所闻之法忆持不忘，宿世善根流润其心，清净广大犹如虚空，等安众生，常见诸佛，求一切智。

时，宝光明女去王不远，合掌顶礼，作如是念：我获善利！我获善利！我今得见大善知识。于彼王所，生大师想、善知识想、具慈悲想、能摄受想。其心正直，生大欢喜，脱身璎珞，持奉彼王，作是愿言：今此大王为无量无边无明众生作所依处，愿我未来亦复如是。如彼大王所知之法、所载之乘、所修之道、所具色相、所有财产、所摄众会，无边无尽，难胜难坏，愿我未来悉得如是。随所生处，皆随往生。

尔时，大王知此童女发如是心，而告之言：童女！随汝所欲，我皆与汝。我今所有，一切皆舍；令诸众生，普得满足。时，宝光明女，信心清净，生大欢喜，即以偈颂而赞王言：

往昔此城邑，大王未出时，一切不可乐，犹如饿鬼处。众生相杀害，窃盗纵淫佚，两舌不实语，无义粗恶言，贪爱他财物，瞋恚怀毒心，邪见不善行，命终堕恶道。以是等众生，愚痴所覆蔽，住于颠倒见，天旱不降泽。以无时雨故，百谷悉不生，草木皆枯槁，泉流亦乾竭。大王未兴世，津池悉枯涸，园苑多骸骨，望之如旷野。大王升宝位，广济诸群生，油云被八方，普雨皆充洽。大王临庶品，普断诸暴虐，刑狱皆止措，惸独悉安隐。往昔诸众生，各各相残害，饮血而噉肉，今悉起慈心。往昔诸众生，贫穷少衣服，以草自遮蔽，饥羸如饿鬼。大王既兴世，粳米自然生，树中出妙衣，男女皆严饰。昔日竞微利，非法相陵夺；今时并丰足，如游帝释园。昔时人作恶，非分生贪染，他妻及童女，种种相侵逼。今见他妇人，端正妙严饰，而心无染著，犹如知足天。昔日诸众生，妄言不真实，非法无利益，谄曲取人意。今日群生类，悉离诸恶言，其心既柔软，发语亦调顺。昔日诸众生，种种行邪法，合掌恭敬礼，牛羊犬豚类。今闻王正法，悟解除邪见，了知苦乐报，悉从因缘起。大王演妙音，闻者皆欣乐；梵释音声等，一切无能及。大王众宝盖，迥处虚空中，擎以琉璃干，覆以摩尼网。金铃自然出，如来和雅音，宣扬微妙法，除灭众生惑。次复广演说，十方诸佛刹，一切诸劫中，如来并眷属。又复次第说，过去十方刹，及彼国土中，一切诸如来。又出微妙音，普遍阎浮界，广说人天等，种种业差别。众生听闻已，自知诸业藏，离恶勤修行，回向佛菩提。王父净光明，王母莲华光，五浊出现时，处位治天下。时有广大园，园有五百池，一一千树绕，各各华弥覆。于其池岸上，建立千柱堂，栏楯等庄严，一切无不备。末世恶法起，积年不降雨，池流悉乾竭，草树皆枯槁。王生七日前，先现灵瑞相，见者咸心念：救世今当出。尔时于中夜，大地六种动；有一宝华池，光明犹日现。五百诸池内，功德水充满，枯树悉生枝，华叶皆荣茂。池水既盈满，流演一切处，普及阎浮地，靡不皆沾洽。药草及诸树，百谷苗稼等，枝叶华果实，一切皆繁盛。沟坑及堆阜，种种高下处，如是一切地，莫不皆平坦。荆棘沙砾等，所有诸杂秽，皆于一念中，变成众宝玉。众生见是已，欢喜而赞叹，咸言得善利，如渴饮美水。时彼光明王，眷属无量众，金然备法驾，游观诸园苑。五百诸池内，有池名庆喜，池上有法堂，父王于此住。先王语夫人：我念七夜前，中宵地震动，此中有光现。时彼华池内，千叶莲华出，光如千日照，上彻须弥顶。金刚以为茎，阎浮金为台，众宝为华叶，妙香作须蕊。王生彼华上，端身结跏坐，相好以庄严，天神所恭敬。先王大欢喜，入池自抚鞠，持以授夫人：汝子应欣庆。宝藏皆涌出，宝树生妙衣，天乐奏美声，充满虚空中。一切诸众生，皆生大欢喜，合掌称希有：善哉救护世！王时放身光，普照于一切，能令四天下，闇尽病除灭。夜叉毗舍阇，毒虫诸恶兽，所欲害人者，一切自藏匿。恶名失善利，横事病所持，如是众苦灭，一切皆欢喜。凡是众生类，相视如父母，离恶起慈心，专求一切智。关闭诸恶趣，开示人天路，宣扬萨婆若，度脱诸群生。我等见大王，普获于善利，无归无导者，一切悉安乐。

尔时，宝光明童女，以偈赞叹一切法音圆满盖王已，绕无量匝，合掌顶礼，曲躬恭敬，却住一面。时，彼大王告童女言：善哉！童女！汝能信知他人功德，是为希有。童女！一切众生，不能信知他人功德。童女！一切众生，不知报恩，无有智慧，其心浊乱，性不明了，本无志力，又退修行；如是之人，不信不知菩萨如来所有功德神通智慧。童女！汝今决定求趣菩提，能知菩萨如是功德。汝今生此阎浮提中，发勇猛心，普摄众生，功不唐捐，亦当成就如是功德。王赞女已，以无价宝衣，手自授与宝光童女并其眷属，一一告言：汝著此衣。时，诸童女双膝著地，两手承捧，置于顶上，然后而著；既著衣已，右绕于王，诸宝衣中普出一切星宿光明。众人见之，咸作是言：此诸女等，皆悉端正，如净夜天星宿庄严。

善男子！尔时一切法音圆满盖王者，岂异人乎？今毗卢遮那如来、应、正等觉是也。光明王者，净饭王是。莲华光夫人者，摩耶夫人是。宝光童女者，即我身是。其王尔时以四摄法所摄众生，即此会中一切菩萨是，皆于阿耨多罗三藐三菩提得不退转，或住初地乃至十地，具种种大愿，集种种助道，修种种妙行，备种种庄严，得种种神通，住种种解脱，于此会中处于种种妙法宫殿。

尔时，开敷一切树华主夜神，为善财童子，欲重宣此解脱义而说颂言：

我有广大眼，普见于十方，一切刹海中，五趣轮回者。亦见彼诸佛，菩提树下坐，神通遍十方，说法度众生。我有清净耳，普闻一切声，亦闻佛说法，欢喜而信受。我有他心智，无二无所碍，能于一念中，悉了诸心海。我得宿命智，能知一切劫，自身及他人，分别悉明了。我于一念知，刹海微尘劫，诸佛及菩萨，五道众生类。忆知彼诸佛，始发菩提愿，乃至修诸行，一一悉圆满。亦知彼诸佛，成就菩提道，以种种方便，为众转法轮。亦知彼诸佛，所有诸乘海，正法住久近，众生度多少。我于无量劫，修习此法门；我今为汝说，佛子汝应学。

善男子！我唯知此菩萨出生广大喜光明解脱门。如诸菩萨摩诃萨，亲近供养一切诸佛，入一切智大愿海，满一切佛诸愿海；得勇猛智，于一菩萨地，普入一切菩萨地海；得清净愿，于一菩萨行，普入一切菩萨行海；得自在力，于一菩萨解脱门，普入一切菩萨解脱门海。而我云何能知能说彼功德行？

善男子！此道场中，有一夜神，名：大愿精进力救护一切众生。汝诣彼问：菩萨云何教化众生，令趣阿耨多罗三藐三菩提？云何严净一切佛刹？云何承事一切如来？云何修行一切佛法？

时，善财童子顶礼其足，绕无数匝，殷勤瞻仰，辞退而去。

大方广佛华严经卷第七十三

入法界品第三十九之十四

尔时，善财童子往大愿精进力救护一切众生夜神所，见彼夜神在大众中，坐普现一切宫殿摩尼王藏师子之座，普现法界国土摩尼宝网弥覆其上，现日、月、星宿影像身，现随众生心普令得见身，现等一切众生形相身，现无边广大色相海身，现普现一切威仪身，现普于十方示现身，现普调一切众生身，现广运速疾神通身，现利益众生不绝身，现常游虚空利益身，现一切佛所顶礼身，现修习一切善根身，现受持佛法不忘身，现成满菩萨大愿身，现光明充满十方身，现法灯普灭世暗身，现了法如幻净智身，现远离尘暗法性身，现普智照法明了身，现究竟无患无热身，现不可沮坏坚固身，现无所住佛力身，现无分别离染身，现本清净法性身。

时，善财童子见如是等佛刹微尘数差别身，一心顶礼，举体投地，良久乃起，合掌瞻仰，于善知识生十种心。何等为十？所谓：于善知识生同己心，令我精勤办一切智助道法故；于善知识生清净自业果心，亲近供养生善根故；于善知识生庄严菩萨行心，令我速能庄严一切菩萨行故；于善知识生成就一切佛法心，诱诲于我令修道故；于善知识生能生心，能生于我无上法故；于善知识生出离心，令我修行普贤菩萨所有行愿而出离故；于善知识生具一切福智海心，令我积集诸白法故；于善知识生增长心，令我增长一切智故；于善知识生具一切善根心，令我志愿得圆满故；于善知识生能成办大利益心，令我自在安住一切菩萨法故，成一切智道故，得一切佛法故。是为十。

发是心已，得彼夜神与诸菩萨佛刹微尘数同行。所谓：同念，心常忆念十方三世一切佛故；同慧，分别决了一切法海差别门故；同趣，能转一切诸佛如来妙法轮故；同觉，以等空智普入一切三世间故；同根，成就菩萨清净光明智慧根故；同心，善能修习无碍功德，庄严一切菩萨道故；同境，普照诸佛所行境故；同证，得一切智照实相海净光明故；同义，能以智慧了一切法真实性故；同勇猛，能坏一切障碍山故；同色身，随众生心示现身故；同力，求一切智不退转故；同无畏，其心清净如虚空故；同精进，于无量劫行菩萨行无懈倦故；同辩才，得法无碍智光明故；同无等，身相清净超世间故；同爱语，令一切众生皆欢喜故；同妙音，普演一切法门海故；同满音，一切众生随类解故；同净德，修习如来净功德故；同智地，一切佛所受法轮故；同梵行，安住一切佛境界故；同大慈，念念普覆一切国土众生海故；同大悲，普雨法雨润泽一切诸众生故；同身业，以方便行教化一切诸众生故；同语业，以随类音演说一切诸法门故；同意业，普摄众生置一切智境界中故；同庄严，严净一切诸佛刹故；同亲近，有佛出世皆亲近故；同劝请，请一切佛转法轮故；同供养，常乐供养一切佛故；同教化，调伏一切诸众生故；同光明，照了一切诸法门故；同三昧，普知一切众生心故；同充遍，以自在力充满一切诸佛刹海修诸行故；同住处，住诸菩萨大神通故；同眷属，一切菩萨共止住故；同入处，普入世界微细处故；同心虑，普知一切诸佛刹故；同往诣，普入一切佛刹海故；同方便，悉现一切诸佛刹故；同超胜，于诸佛刹皆无比故；同不退，普入十方无障碍故；同破闇，得一切佛成菩提智大光明故；同无生忍，入一切佛众会海故；同遍一切诸佛刹网，恭敬供养不可说刹诸如来故；同智证，了知彼彼法门海故；同修行，顺行一切诸法门故；同希求，于清净法深乐欲故；同清净，集佛功德而以庄严身、口、意故；同妙意，于一切法智明了故；同精进，普集一切诸善根故；同净行，成满一切菩萨行故；同无碍，了一切法皆无相故；同善巧，于诸法中智自在故；同随乐，随众生心现境界故；同方便，善习一切所应习故；同护念，得一切佛所护念故；同入地，得入一切菩萨地故；同所住，安住一切菩萨位故；同记别，一切诸佛授其记故；同三昧，一刹那中普入一切三昧门故；同建立，示现种种诸佛事故；同正念，正念一切境界门故；同修行，尽未来劫修行一切菩萨行故；同净信，于诸如来无量智慧极欣乐故；同舍离，灭除一切诸障碍故；同不退智，与诸如来智慧等故；同受生，应现成熟诸众生故；同所住，住一切智方便门故；同境界，于法界境得自在故；同无依，永断一切所依心故；同说法，已入诸法平等智故；同勤修，常蒙诸佛所护念故；同神通，开悟众生令修一切菩萨行故；同神力，能入十方世界海故；同陀罗尼，普照一切总持海故；同秘密法，了知一切修多罗中妙法门故；同甚深法，解一切法如虚空故；同光明，普照一切诸世界故；同欣乐，随众生心而为开示令欢喜故；同震动，为诸众生现神通力普动十方一切刹故；同不虚，见闻忆念皆悉令其心调伏故；同出离，满足一切诸大愿海，成就如来十力智故。

时，善财童子观察大愿精进力救护一切众生夜神，起十种清净心，获如是等佛刹微尘数同菩萨行；既获此已，心转清净，偏袒右肩，顶礼其足，一心合掌，以偈赞曰：

我发坚固意，志求无上觉；今于善知识，而起自己心。以见善知识，集无尽白法，灭除众罪垢，成就菩提果。我见善知识，功德庄严心，尽未来刹劫，勤修所行道。我念善知识，摄受饶益我，为我悉示现，正教真实法，关闭诸恶趣，显示人天路，亦示诸如来，成一切智道。我念善知识，是佛功德藏，念念能出生，虚空功德海。与我波罗蜜，增我难思福，长我净功德，令我冠佛缯。我念善知识，能满佛智道；誓愿常依止，圆满白净法。我以此等故，功德悉具足，普为诸众生，说一切智道。圣者为我师，与我无上法，无量无数劫，不能报其恩。

尔时，善财说此偈已，白言：大圣！愿为我说，此解脱门名为何等？发心已来为几时耶？久如当得阿耨多罗三藐三菩提？

夜神告言：

善男子！此解脱门，名：教化众生令生善根。我以成就此解脱故，悟一切法自性平等，入于诸法真实之性，证无依法，舍离世间，悉知诸法色相差别，亦能了达青、黄、赤、白，性皆不实，无有差别，而恒示现无量色身。所谓：种种色身、非一色身、无边色身、清净色身、一切庄严色身、普见色身、等一切众生色身、普现一切众生前色身、光明普照色身、见无厌足色身、相好清净色身、离众恶光明色身、示现大勇猛色身、甚难得色身、一切世间无能映蔽色身、一切世间共称叹无尽色身、念念常观察色身、示现种种云色身、种种形显色色身、现无量自在力色身、妙光明色身、一切净妙庄严色身、随顺成熟一切众生色身、随其心乐现前调伏色身、无障碍普光明色身、清净无浊秽色身、具足庄严不可坏色身、不思议法方便光明色身、无能映夺一切色身、无诸闇破一切闇色身、集一切白净法色身、大势力功德海色身、从过去恭敬因所生色身、如虚空清净心所生色身、最胜广大色身、无断无尽色身、光明海色身、于一切世间无所依平等色身、遍十方无所碍色身、念念现种种色相海色身、增长一切众生欢喜心色身、摄取一切众生海色身、一一毛孔中说一切佛功德海色身、净一切众生欲解海色身、决了一切法义色身、无障碍普照耀色身、等虚空净光明色身、放广大净光明色身、照现无垢法色身、无比色身、差别庄严光明色身、普照十方色身、随时示现应众生色身、寂静色身、灭一切烦恼色身、一切众生福田色身、一切众生见不虚色身、大智慧勇猛力色身、无障碍普周遍色身、妙身云普现世间皆蒙益色身、具足大慈海色身、大福德宝山王色身、放光明普照世间一切趣色身、大智慧清净色身、生众生正念心色身、一切宝光明色身、普光藏色身、现世间种种清净相色身、求一切智处色身、现微笑令众生生净信色身、一切宝庄严光明色身、不取不舍一切众生色身、无决定无究竟色身、现自在加持力色身、现一切神通变化色身、生如来家色身、远离众恶遍法界海色身、普现一切如来道场众会色身、具种种众色海色身、从善行所流色身、随所应化示现色身、一切世间见无厌足色身、种种净光明色身、现一切三世海色身、放一切光明海色身、现无量差别光明海色身、超诸世间一切香光明色身、现不可说日轮云色身、现广大月轮云色身、放无量须弥山妙华云色身、出种种鬘云色身、现一切宝莲华云色身、兴一切烧香云遍法界色身、散一切末香藏云色身、现一切如来大愿身色身、现一切语言音声演法海色身、现普贤菩萨像色身。

念念中，现如是等色相身充满十方，令诸众生或见、或念、或闻说法、或因亲近、或得开悟、或见神通、或睹变化，悉随心乐，应时调伏，舍不善业，住于善行。善男子！当知此由大愿力故，一切智力故，菩萨解脱力故，大悲力故，大慈力故，作如是事。

善男子！我入此解脱，了知法性无有差别，而能示现无量色身，一一身现无量色相海，一一相放无量光明云，一一光现无量佛国土，一一土现无量佛兴世，一一佛现无量神通力，开发众生宿世善根，未种者令种，已种者令增长，已增长者令成熟；念念中，令无量众生，于阿耨多罗三藐三菩提得不退转。

善男子！如汝所问：从几时来，发菩提心，修菩萨行？如是之义，承佛神力，当为汝说。

善男子！菩萨智轮远离一切分别境界，不可以生死中长短、染净、广狭、多少，如是诸劫分别显示。何以故？菩萨智轮本性清净，离一切分别网，超一切障碍山，随所应化而普照故。

善男子！譬如日轮，无有昼夜；但出时名：昼，没时名：夜。菩萨智轮亦复如是，无有分别，亦无三世；但随心现，教化众生，言其止住前劫、后劫。

善男子！譬如日轮，住阎浮空，其影悉现一切宝物及以河海诸净水中，一切众生莫不目见，而彼净日不来至此。菩萨智轮亦复如是，出诸有海，住佛实法，寂静空中无有所依，为欲化度诸众生故，而于诸趣随类受生；实不生死，无所染著，无长短劫诸想分别。何以故？菩萨究竟离心想，见一切颠倒，得真实见，见法实性，知一切世间如梦、如幻；无有众生，但以大悲大愿力故，现众生前教化调伏。

佛子！譬如船师，常以大船，于河流中不依此岸、不著彼岸、不住中流，而度众生无有休息。菩萨摩诃萨亦复如是，以波罗蜜船，于生死流中不依此岸、不著彼岸、不住中流，而度众生无有休息；虽无量劫修菩萨行，未曾分别劫数长短。

佛子！如太虚空，一切世界于中成坏而无分别，本性清净，无染无乱，无碍无厌，非长非短，尽未来劫持一切刹。菩萨摩诃萨亦复如是，以等虚空界广大深心，起大愿风轮，摄诸众生，令离恶道，生诸善趣，悉令安住一切智地，灭诸烦恼生死苦缚，而无忧喜、疲厌之心。

善男子！如幻化人，肢体虽具，而无入息及以出息、寒、热、饥、渴、忧、喜、生、死十种之事。菩萨摩诃萨亦复如是，以如幻智平等法身现众色相，于诸有趣住无量劫教化众生，于生死中一切境界，无欣无厌，无爱无恚，无苦无乐，无取无舍，无安无怖。

佛子！菩萨智慧虽复如是甚深难测，我当承佛威神之力为汝解说，令未来世诸菩萨等满足大愿、成就诸力。

佛子！乃往古世，过世界海微尘数劫，有劫名：善光，世界名：宝光。于其劫中，有一万佛出兴于世。其最初佛，号：法轮音虚空灯王如来、应、正等觉，十号圆满。彼阎浮提，有一王都，名：宝庄严；其东不远，有一大林，名曰：妙光；中有道场，名为：宝华。彼道场中，有普光明摩尼莲华藏师子之座。时，彼如来于此座上，成阿耨多罗三藐三菩提，满一百年坐于道场，为诸菩萨、诸天、世人及阎浮提宿植善根已成熟者演说正法。

是时，国王名曰：胜光。时世人民寿一万岁，其中多有杀、盗、淫佚、妄语、绮语、两舌、恶口、贪、瞋、邪见、不孝父母、不敬沙门婆罗门等。时，王为欲调伏彼故，造立囹圄，枷锁禁闭，无量众生于中受苦。

王有太子，名为：善伏，端正殊特，人所喜见，具二十八大人之相。在宫殿中，遥闻狱囚楚毒音声，心怀伤愍。从宫殿出，入牢狱中，见诸罪人杻械、枷锁递相连系，置幽闇处，或以火炙，或以烟熏，或被榜笞，或遭膑割，裸形乱发，饥渴羸瘦，筋断骨现，号叫苦剧。太子见已，心生悲愍，以无畏声安慰之言：汝莫忧恼！汝勿愁怖！我当令汝悉得解脱。便诣王所而白王言：狱中罪人苦毒难处，愿垂宽宥，施以无畏。

时，王即集五百大臣而问之言：是事云何？诸臣答言：彼罪人者，私窃官物，谋夺王位，盗入宫闱，罪应刑戮。有哀救者，罪亦至死。

时，彼太子悲心转切，语大臣言：如汝所说，但放此人；随其所应，可以治我。我为彼故，一切苦事悉皆能受，粉身殒命，无所顾惜，要令罪人皆得免苦。何以故？我若不救此众生者，云何能救三界牢狱诸苦众生？一切众生在三界中，贪爱所缚，愚痴所蔽，贫无功德，堕诸恶趣，身形鄙陋，诸根放逸，其心迷惑，不求出道，失智慧光，乐著三有，断诸福德，灭诸智慧，种种烦恼浊乱其心，住苦牢狱，入魔罥网，生老病死忧悲恼害，如是诸苦常所逼迫。我当云何令彼解脱？应舍身命而拔济之！

时，诸大臣共诣王所，悉举其手高声唱言：大王当知，如太子意，毁坏王法，祸及万人。若王爱念不责治者，王之宝祚亦不久立。王闻此言，赫然大怒，令诛太子及诸罪人。

王后闻之，愁忧号哭，毁形降服，与千采女驰诣王所，举身投地顶礼王足，俱作是言：唯愿大王，赦太子命！王即回顾，语太子言：莫救罪人；若救罪人，必当杀汝！尔时，太子为欲专求一切智故，为欲利益诸众生故，为以大悲普救摄故，其心坚固无有退怯，复白王言：愿恕彼罪，身当受戮！王言：随意！尔时，王后白言：大王！愿听太子，半月行施，恣意修福，然后治罪。王即听许。

时，都城北有一大园，名曰：日光，是昔施场。太子往彼，设大施会；饮食、衣服、华鬘、璎珞、涂香、末香、幢幡、宝盖，诸庄严具，随有所求，靡不周给。经半月已，于最后日，国王、大臣、长者、居士、城邑人民及诸外道，悉来集会。

时，法轮音虚空灯王如来，知诸众生调伏时至，与大众俱，天王围绕，龙王供养，夜叉王守护，乾闼婆王赞叹，阿修罗王曲躬顶礼，迦楼罗王以清净心散诸宝华，紧那罗王欢喜劝请，摩睺罗伽王一心瞻仰，来入彼会。

尔时，太子及诸大众，遥见佛来，端严殊特，诸根寂定如调顺象，心无垢浊如清净池，现大神通，示大自在，显大威德，种种相好庄严其身，放大光明普照世界，一切毛孔出香焰云，震动十方无量佛刹，随所至处普雨一切诸庄严具；以佛威仪，以佛功德，众生见者，心净欢喜，烦恼消灭。

尔时，太子及诸大众五体投地，顶礼其足，安施床座，合掌白言：善来世尊！善来善逝！唯愿哀愍，摄受于我，处于此座！以佛神力，净居诸天即变此座为香摩尼莲华之座。佛坐其上，诸菩萨众亦皆就座周匝围绕。时，彼会中一切众生，因见如来，苦灭障除，堪受圣法。

尔时，如来知其可化，以圆满音，说修多罗，名：普照因轮，令诸众生随类各解。时，彼会中有八十那由他众生，远尘离垢，得净法眼；无量那由他众生，得无学地；十千众生，住大乘道，入普贤行，成满大愿。当尔之时，十方各百佛刹微尘数众生，于大乘中，心得调伏；无量世界一切众生，免离恶趣，生于天上。善伏太子即于此时，得菩萨教化众生令生善根解脱门。

善男子！尔时太子岂异人乎？我身是也。我因往昔起大悲心，舍身命财救苦众生，开门大施供养于佛，得此解脱。佛子当知，我于尔时，但为利益一切众生，不著三界，不求果报，不贪名称，不欲自赞轻毁于他，于诸境界无所贪染、无所怖畏，但庄严大乘出要之道，常乐观察一切智门，修行苦行，得此解脱。

佛子！于汝意云何，彼时五百大臣，欲害我者，岂异人乎？今提婆达多等五百徒党是也。是诸人等，蒙佛教化，皆当得阿耨多罗三藐三菩提，于未来世，过须弥山微尘数劫，尔时有劫，名：善光，世界名：宝光，于中成佛。其五百佛次第兴世，最初如来，名曰：大悲；第二，名：饶益世间；第三，名：大悲师子；第四，名：救护众生；乃至最后，名曰：医王。虽彼诸佛大悲平等，然其国土、种族、父母、受生、诞生、出家、学道、往诣道场、转正法轮、说修多罗、语言、音声、光明、众会、寿命、法住及其名号，各各差别。

佛子！彼诸罪人，我所救者，即拘留孙等贤劫千佛，及百万阿僧祇诸大菩萨——于无量精进力名称功德慧如来所，发阿耨多罗三藐三菩提心，今于十方国土，行菩萨道，修习增长此菩提，教化众生，令生善根解脱者是。时胜光王，今萨遮尼乾子大论师是。时王宫人及诸眷属，即彼尼乾六万弟子——与师俱来，建大论幢，共佛论议，悉降伏之，授阿耨多罗三藐三菩提记者是。此诸人等，皆当作佛，国土庄严、劫数、名号，各各有异。

佛子！我于尔时救罪人已，父母听我舍离国土、妻子、财宝，于法轮音虚空灯王佛所出家学道。五百岁中，净修梵行，即得成就百万陀罗尼、百万神通、百万法藏、百万求一切智勇猛精进，净治百万堪忍门，增长百万思惟心，成就百万菩萨力，入百万菩萨智门，得百万般若波罗蜜门，见十方百万诸佛，生百万菩萨大愿；念念中，十方各照百万佛刹；念念中，忆念十方世界前后际劫百万诸佛；念念中，知十方世界百万诸佛变化海；念念中，见十方百万世界所有众生种种诸趣，随业所受生时、死时、善趣、恶趣、好色、恶色，其诸众生种种心行、种种欲乐、种种根性、种种业习、种种成就，皆悉明了。

佛子！我于尔时命终之后，还复于彼王家受生，作转轮王，彼法轮音虚空灯王如来灭后，次即于此值法空王如来，承事供养；次为帝释，即此道场值天王藏如来，亲近供养；次为夜摩天王，即于此世界值大地威力山如来，亲近供养；次为兜率天王，即于此世界值法轮光音声王如来，亲近供养；次为化乐天王，即于此世界值虚空智王如来，亲近供养；次为他化自在天王，即于此世界值无能坏幢如来，亲近供养；次为阿修罗王，即于此世界值一切法雷音王如来，亲近供养；次为梵王，即于此世界值普现化演法音如来，亲近供养。

佛子！此宝光世界善光劫中，有一万佛出兴于世，我皆亲近承事供养。次复有劫，名曰：日光，有六十亿佛出兴于世，最初如来，名：妙相山，我时为王，名曰：大慧，于彼佛所承事供养；次有佛出，名：圆满肩，我为居士，亲近供养；次有佛出，名：离垢童子，我为大臣，亲近供养；次有佛出，名：勇猛持，我为阿修罗王，亲近供养；次有佛出，名：须弥相，我为树神，亲近供养；次有佛出，名：离垢臂，我为商主，亲近供养；次有佛出，名：师子游步，我为城神，亲近供养；次有佛出，名为：宝髻，我为毗沙门天王，亲近供养；次有佛出，名：最上法称，我为乾闼婆王，亲近供养；次有佛出，名：光明冠，我为鸠槃荼王，亲近供养。

于彼劫中，如是次第有六十亿如来出兴于世。我常于此受种种身，一一佛所亲近供养，教化成就无量众生；于一一佛所，得种种三昧门、种种陀罗尼门、种种神通门、种种辩才门、种种一切智门、种种法明门、种种智慧门，照种种十方海，入种种佛刹海，见种种诸佛海，清净成就，增长广大。如于此劫中亲近供养尔所诸佛，于一切处、一切世界海微尘数劫，所有诸佛出兴于世，亲近供养，听闻说法，信受护持，亦复如是。如是，一切诸如来所，皆悉修习此解脱门，复得无量解脱方便。

尔时，救护一切众生主夜神，欲重宣此解脱义，即为善财而说颂言：

汝以欢喜信乐心，问此难思解脱法；我承如来护念力，为汝宣说应听受。过去无边广大劫，过于刹海微尘数，时有世界名宝光，其中有劫号善光。于此善光大劫中，一万如来出兴世，我皆亲近而供养，从其修学此解脱。时有王都名喜严，纵广宽平极殊丽，杂业众生所居住，或心清净或作恶。尔时有王名胜光，恒以正法御群生；其王太子名善伏，形体端正备众相。时有无量诸罪人，系身牢狱当受戮；太子见已生悲愍，上启于王请宽宥。尔时诸臣共白王：今此太子危王国，如是罪人应受戮，如何悉救令除免？时胜光王语太子：汝救彼罪自当受！太子哀念情转深，誓救众生无退怯。时王夫人采女等，俱来王所白王言：愿放太子半月中，布施众生作功德。时王闻已即听许，设大施会济贫乏，一切众生靡不臻，随有所求咸给与。如是半月日云满，太子就戮时将至，大众百千万亿人，同时瞻仰俱号泣。彼佛知众根将熟，而来此会化群生，显现神变大庄严，靡不亲近而恭敬。佛以一音方便说，法灯普照修多罗，无量众生意柔软，悉蒙与授菩提记。善伏太子生欢喜，发兴无上正觉心，誓愿承事于如来，普为众生作依处。便即出家依佛住，修行一切种智道，尔时便得此解脱，大悲广济诸群生。于中止住经劫海，谛观诸法真实性，常于苦海救众生，如是修习菩提道。劫中所有诸佛现，悉皆承事无有余，咸以清净信解心，听闻持护所说法。次于佛刹微尘数，无量无边诸劫海，所有诸佛现世间，一一供养皆如是。我念往昔为太子，见诸众生在牢狱，誓愿舍身而救护，因其证此解脱门。经于佛刹微尘数，广大劫海常修习，念念令其得增长，复获无边巧方便。彼中所有诸如来，我悉得见蒙开悟，令我增明此解脱，及以种种方便力。我于无量千亿劫，学此难思解脱门；诸佛法海无有边，我悉一时能普饮。十方所有一切刹，其身普入无所碍；三世种种国土名，念念了知皆悉尽。三世所有诸佛海，一一明见尽无余；亦能示现其身相，普诣于彼如来所。又于十方一切刹，一切诸佛导师前，普雨一切庄严云，供养一切无上觉。又以无边大问海，启请一切诸世尊；彼佛所雨妙法云，皆悉受持无忘失。又于十方无量刹，一切如来众会前，坐于众妙庄严座，示现种种神通力。又于十方无量刹，示现种种诸神变，一身示现无量身，无量身中现一身。又于一一毛孔中，悉放无数大光明，各以种种巧方便，除灭众生烦恼火。又于一一毛孔中，出现无量化云云，充满十方诸世界，普雨法雨济群品。十方一切诸佛子，入此难思解脱门，悉尽未来无量劫，安住修行菩萨行。随其心乐为说法，令彼皆除邪见网，示以天道及二乘，乃至如来一切智。一切众生受生处，示现无边种种身，悉同其类现众像，普应其心而说法。若有得此解脱门，则住无边功德海，譬如刹海微尘数，不可思议无有量。

善男子！我唯知此教化众生令生善根解脱门。如诸菩萨摩诃萨，超诸世间，现诸趣身，不住攀缘，无有障碍，了达一切诸法自性，善能观察一切诸法，得无我智，证无我法，教化调伏一切众生恒无休息，心常安住无二法门，普入一切诸言辞海；我今云何能知能说彼功德海、彼勇猛智、彼心行处、彼三昧境、彼解脱力？

善男子！此阎浮提,有一园林,名:岚毗尼;彼园有神,名:妙德圆满。汝诣彼问:菩萨云何修菩萨行、生如来家、为世光明,尽未来劫而无厌倦？

时,善财童子顶礼其足,绕无量匝,合掌瞻仰,辞退而去。

大方广佛华严经卷第七十四

入法界品第三十九之十五

尔时,善财童子于大愿精进力救护一切众生夜神所,得菩萨解脱已,忆念修习,了达增长。

渐次游行,至岚毗尼林,周遍寻觅彼妙德神,见在一切宝树庄严楼阁中,坐宝莲华师子之座,二十亿那由他诸天恭敬围绕,为说菩萨受生海经,令其皆得生如来家,增长菩萨大功德海。善财见已,顶礼其足,合掌前立,白言:大圣！我已先发阿耨多罗三藐三菩提心,而未能知菩萨云何修菩萨行、生如来家、为世大明？

彼神答言:

善男子！菩萨有十种受生藏,若菩萨成就此法,则生如来家,念念增长菩萨善根,不疲不懈,不厌不退,无断无失,离诸迷惑,不生怯劣、恼悔之心,趣一切智,入法界门,发广大心,增长诸度,成就诸佛无上菩提,舍世间趣,入如来地,获胜神通,诸佛之法常现在前,顺一切智真实义境。

何等为十？一者,愿常供养一切诸佛受生藏；二者,发菩提心受生藏；三者,观诸法门勤修行受生藏；四者,以深净心普照三世受生藏；五者,平等光明受生藏；六者,生如来家受生藏；七者,佛力光明受生藏；八者,观普智门受生藏；九者,普现庄严受生藏；十者,入如来地受生藏。

善男子！云何名:愿常供养一切佛受生藏？善男子！菩萨初发心时,作如是愿:我当尊重、恭敬、供养一切诸佛,见佛无厌,于诸佛所,常生爱乐,常起深信,修诸功德,恒无休息。是为菩萨为一切智始集善根受生藏。

云何名:发菩提心受生藏？善男子！此菩萨发阿耨多罗三藐三菩提心。所谓:起大悲心,救护一切众生故；起供养佛心,究竟承事故；起普求正法心,一切无悋故；起广大趣向心,求一切智故；起慈无量心,普摄众生故；起不舍一切众生心,被求一切智坚誓甲故；起无谄诳心,得如实智故；起如说行心,修菩萨道故；起不诳诸佛心,守护一切佛大誓愿故；起一切智愿心,尽未来化众生不休息故。菩萨以如是等佛刹微尘数菩提心功德故,得生如来家。是为菩萨第二受生藏。

云何名：观诸法门勤修行受生藏？善男子！此菩萨摩诃萨，起观一切法门海心，起回向一切智圆满道心，起正念无过失业心，起一切菩萨三昧海清净心，起修成一切菩萨功德心，起庄严一切菩萨道心，起求一切智大精进行、修诸功德如劫火炽然无休息心，起修普贤行教化一切众生心，起善学一切威仪、修菩萨功德、舍离一切所有、住无所有真实心。是为菩萨第三受生藏。

云何名：以深净心普照三世受生藏？善男子！此菩萨具清净增上心，得如来菩提光，入菩萨方便海，其心坚固犹若金刚，背舍一切诸有趣生，成就一切佛自在力，修殊胜行，具菩萨根，其心明洁，愿力不动，常为诸佛之所护念，破坏一切诸障碍山，普为众生作所依处。是为菩萨第四受生藏。

云何名：平等光明受生藏？善男子！此菩萨具足众行，普化众生；一切所有，悉皆能舍；住佛究竟净戒境界；具足忍法，成就诸佛法忍光明；以大精进，趣一切智，到于彼岸；修习诸禅，得普门定；净智圆满，以智慧日，明照诸法；得无碍眼，见诸佛海，悟入一切真实法性；一切世间，见者欢喜，善能修习如实法门。是为菩萨第五受生藏。

云何名：生如来家受生藏？善男子！此菩萨生如来家，随诸佛住，成就一切甚深法门，具三世佛清净大愿，得一切佛同一善根，与诸如来共一体性，具出世行白净善法，安住广大功德法门；入诸三昧，见佛神力；随所应化，净诸众生；如问而对，辩才无尽。是为菩萨第六受生藏。

云何名：佛力光明受生藏？善男子！此菩萨深入佛力，游诸佛刹心无退转，供养承事菩萨众会无有疲厌，了一切法皆如幻起，知诸世间如梦所见，一切色相犹如光影，神通所作皆如变化，一切受生悉皆如影，诸佛说法皆如谷响，开示法界咸令究竟。是为菩萨第七受生藏。

云何名：观普智门受生藏？善男子！此菩萨住童真位，观一切智一一智门，尽无量劫开演一切菩萨所行，于诸菩萨甚深三昧心得自在，念念生于十方世界诸如来所，于有差别境入无差别定，于无差别法现有差别智，于无量境知无境界，于少境界入无量境，通达法性广大无际，知诸世间悉假施设，一切皆是识心所起。是为菩萨第八受生藏。

云何名：普现庄严受生藏？善男子！此菩萨能种种庄严无量佛刹，普能化现一切众生及诸佛身，得无所畏，演清净法，周流法界，无所障碍；随其心乐，普使知见，示现种种成菩提行，令生无碍一切智道；如是所作不失其时，而常在三昧毗卢遮那智慧之藏。是为菩萨第九受生藏。

云何名：入如来地受生藏？善男子！此菩萨悉于三世诸如来所受灌顶法，普知一切境界次第。所谓：知一切众生前际后际殁生次第、一切菩萨修行次第、一切众生心念次第、三世如来成佛次第、善巧方便说法次第，亦知一切初、中、后际所有诸劫若成若坏名号次第。随诸众生所应化度，为现成道功德庄严，神通说法，方便调伏。是为菩萨第十受生藏。

佛子！若菩萨摩诃萨，于此十法修习增长圆满成就，则能于一庄严中，现种种庄严；如是庄严一切国土，开导示悟一切众生，尽未来劫无有休息；演说一切诸佛法海种种境界、种种成熟，展转传来无量诸法；现不思议佛自在力，充满一切虚空法界；于诸众生心行海中而转法轮，于一切世界示现成佛，恒无间断；以不可说清净言音说一切法，住无量处通达无碍；以一切法庄严道场，随诸众生欲解差别而现成佛，开示无量甚深法藏，教化成就一切世间。

尔时，岚毗尼林神，欲重明其义，以佛神力，普观十方而说颂言：

最上离垢清净心，见一切佛无厌足，愿尽未来常供养，此明慧者受生藏。一切三世国土中，所有众生及诸佛，悉愿度脱恒瞻奉，此难思者受生藏。闻法无厌乐观察，普于三世无所碍，身心清净如虚空，此名称者受生藏。其心恒住大悲海，坚如金刚及宝山，了达一切种智门，此最胜者受生藏。大慈普覆于一切，妙行常增诸度海，以法光明照群品，此雄猛者受生藏。了达法性心无碍，生于三世诸佛家，普入十方法界海，此明智者受生藏。法身清净心无碍，普诣十方诸国土，一切佛力靡不成，此不思议受生藏。入深智慧已自在，于诸三昧亦究竟，观一切智如实门，此真身者受生藏。净治一切诸佛土，勤修普化众生法，显现如来自在力，此大名者受生藏。久已修行萨婆若，疾能趣入如来位，了知法界皆无碍，此诸佛子受生藏。

善男子！菩萨具此十法，生如来家，为一切世间清净光明。善男子！我从无量劫来，得是自在受生解脱门。

善财白言：圣者！此解脱门境界云何？

答言：

善男子！我先发愿：愿一切菩萨示受生时皆得亲近；愿入毗卢遮那如来无量受生海。以昔愿力，生此世界阎浮提中岚毗尼园，专念菩萨何时下生；经于百年，世尊果从兜率陀天而来生此。

时，此林中现十种相。何等为十？一者，此园中地忽自平坦，坑坎、堆阜悉皆不现。二者，金刚为地，众宝庄严，无有瓦砾、荆棘、株杌。三者，宝多罗树周匝行列，其根深植至于水际。四者，生众香芽，现众香藏，宝香为树，扶疏荫映，其诸香气皆逾天香。五者，诸妙华鬘宝庄严具，行列分布，处处充满。六者，园中所有一切诸树，皆自然开摩尼宝华。七者，诸池沼中，皆自生华，从地涌出，周布水上。八者，时此林中，娑婆世界欲色所住天、龙、夜叉、乾闼婆、阿修罗、迦楼罗、紧那罗、摩睺罗伽，一切诸王，莫不来集，合掌而住。九者，此世界中所有天女，乃至摩睺罗伽女皆生欢喜，各各捧持诸供养具，向毕洛叉树前，恭敬而立。十者，十方一切诸佛脐中，皆放光明，名：菩萨受生自在灯，普照此林；一一光中，悉现诸佛受生、诞生所有神变，及一切菩萨受生功德，又出诸佛种种言音。是为林中十种瑞相。此相现时，诸天王等即知当有菩萨下生；我见此瑞，欢喜无量。

善男子！摩耶夫人出迦毗罗城，入此林时，复现十种光明瑞相，令诸众生得法光明。何等为十？所谓：一切宝华藏光、宝香藏光、宝莲华开演出真实妙音声光、十方菩萨初发心光、一切菩萨得入诸地现神变光、一切菩萨修波罗蜜圆满智光、一切菩萨大愿智光、一切菩萨教化众生方便智光、一切菩萨证于法界真实智光、一切菩萨得佛自在受生出家成正觉光。此十光明，普照无量诸众生心。

善男子！摩耶夫人于毕洛叉树下坐时，复现菩萨将欲诞生十种神变。何等为十？

善男子！菩萨将欲诞生之时，欲界诸天天子、天女，及以色界一切诸天、诸龙、夜叉、乾闼婆、阿修罗、迦楼罗、紧那罗、摩睺罗伽并其眷属，为供养故，悉皆云集。摩耶夫人威德殊胜，身诸毛孔咸放光明，普照三千大千世界无所障碍，一切光明悉皆不现，除灭一切众生烦恼及恶道苦。是为菩萨将欲诞生第一神变。

又，善男子！当尔之时，摩耶夫人腹中悉现三千世界一切形像，其百亿阎浮提内，各有都邑，各有园林，名号不同，皆有摩耶夫人于中止住、天众围绕，悉为显现菩萨将生不可思议神变之相。是为菩萨将欲诞生第二神变。

又，善男子！摩耶夫人一切毛孔，皆现如来往昔修行菩萨道时，恭敬供养一切诸佛，及闻诸佛说法音声。譬如明镜及以水中，能现虚空日月、星宿、云雷等像；摩耶夫人身诸毛孔亦复如是，能现如来往昔因缘。是为菩萨将欲诞生第三神变。

又，善男子！摩耶夫人身诸毛孔，一一皆现如来往修菩萨行时，所住世界，城邑聚落，山林河海，众生劫数，值佛出世，入净国土，随所受生，寿命长短，依善知识修行善法，于一切刹在在生处，摩耶夫人常为其母；如是一切，于毛孔中靡不皆现。是为菩萨将欲诞生第四神变。

又，善男子！摩耶夫人一一毛孔，显现如来往昔修行菩萨行时，随所生处，色相形貌，衣服饮食，苦乐等事，一一普现，分明辨了。是为菩萨将欲诞生第五神变。

又，善男子！摩耶夫人身诸毛孔，一一皆现世尊往昔修施行时，舍所难舍——头目耳鼻，唇舌牙齿，身体手足，血肉筋骨，男女妻妾，城邑宫殿，衣服璎珞，金银宝货。——如是一切内外诸物，亦见受者形貌、音声及其处所。是为菩萨将欲诞生第六神变。

又，善男子！摩耶夫人入此园时，其林普现过去所有一切诸佛入母胎时国土、园林、衣服、华鬘、涂香、末香、幡缯、幢盖——一切众宝庄严之事，妓乐歌咏上妙音声，令诸众生普得见闻。是为菩萨将诞生时第七神变。

又，善男子！摩耶夫人入此园时，从其身出菩萨所住摩尼宝王宫殿、楼阁，超过一切天、龙、夜叉、乾闼婆、阿修罗、迦楼罗、紧那罗、摩睺罗伽及诸人王之所住者，宝网覆上，妙香普熏，众宝庄严，内外清净，各各差别，不相杂乱，周匝遍满岚毗尼园。是为菩萨将诞生时第八神变。

又，善男子！摩耶夫人入此园时，从其身出十不可说百千亿那由他佛刹微尘数菩萨，其诸菩萨身形容貌、相好光明、进止威仪、神通眷属，皆与毗卢遮那菩萨等无有异，悉共同时赞叹如来。是为菩萨将诞生时第九神变。

又，善男子！摩耶夫人将欲诞生菩萨之时，忽于其前，从金刚际出大莲华，名为：一切宝庄严藏。金刚为茎，众宝为须，如意宝王以为其台，有十佛刹微尘数叶，一切皆以摩尼所成宝网、宝盖以覆其上。一切天王所共执持；一切龙王降注香雨；一切夜叉王恭敬围绕，散诸天华；一切乾闼婆王出微妙音，歌赞菩萨往昔供养诸佛功德；一切阿修罗王舍憍慢心，稽首敬礼；一切迦楼罗王垂宝缯幡，遍满虚空；一切紧那罗王欢喜瞻仰，歌咏赞叹菩萨功德；一切摩睺罗伽王皆生欢喜，歌咏赞叹，普雨一切宝庄严云。是为菩萨将诞生时第十神变。

善男子！岚毗尼园示现如是十种相已，然后菩萨其身诞生。如虚空中现净日轮，如高山顶出于庆云，如密云中而耀电光，如夜闇中而然大炬；尔时，菩萨从母胁生，身相光明亦复如是。善男子！菩萨尔时，虽现初生，悉已了达一切诸法，如梦如幻，如影如像，无来无去，不生不灭。

善男子！当我见佛于此四天下阎浮提内岚毗尼园示现初生种种神变时，亦见如来于三千大千世界百亿四天下阎浮提内岚毗尼园中示现初生种种神变；亦见三千大千世界一一尘中无量佛刹，亦见百佛世界、千佛世界乃至十方一切世界一一尘中无量佛刹，如是一切诸佛刹中，皆有如来示现受生种种神变。如是念念，常无间断。

时，善财童子白彼神言：大天得此解脱，其已久如？

答言：

善男子！乃往古世，过亿佛刹微尘数劫，复过是数。时，有世界名为：普宝，劫名：悦乐，八十那由他佛于中出现；其第一佛，名：自在功德幢，十号具足。彼世界中，有四天下，名：妙光庄严；其四天下阎浮提中,有一王都,名:须弥庄严幢;其中有王,名:宝焰眼;其王夫人,名曰:喜光。善男子!如此世界摩耶夫人,为毗卢遮那如来之母;彼世界中喜光夫人,为初佛母,亦复如是。

善男子!其喜光夫人将欲诞生菩萨之时,与二十亿那由他采女诣金华园;园中有楼,名:妙宝峰;其边有树,名:一切施。喜光夫人攀彼树枝而生菩萨,诸天王众各持香水共以洗沐。时,有乳母名为:净光,侍立其侧。既洗沐已,诸天王众授与乳母。乳母敬受,生大欢喜,即得菩萨普眼三昧;得此三昧已,普见十方无量诸佛,复得菩萨于一切处示现受生自在解脱。如初受胎识,速疾无碍;得此解脱故,见一切佛乘本愿力受生自在,亦复如是。善男子!于汝意云何?彼乳母者,岂异人乎?我身是也。我从是来,念念常见毗卢遮那佛示现菩萨受生海调伏众生自在神力。如见毗卢遮那佛乘本愿力,念念于此三千大千,乃至十方一切世界微尘之内,皆现菩萨受生神变;见一切佛悉亦如是,我皆恭敬承事供养,听所说法,如说修行。

时,岚毗尼林神,欲重宣此解脱义,承佛神力,普观十方而说颂言:

佛子汝所问,诸佛甚深境;汝今应听受,我说其因缘。过亿刹尘劫,有劫名悦乐;八十那由他,如来出兴世。最初如来号,自在功德幢;我在金华园,见彼初生日。我时为乳母,智慧极聪利;诸天授与我,菩萨金色身。我时疾捧持,谛观不见顶,身相皆圆满,一一无边际。离垢清净身,相好以庄严,譬如妙宝像,见已自欣庆。思惟彼功德,疾增众福海;见此神通事,发大菩提心。专求佛功德,增广诸大愿,严净一切刹,灭除三恶道。普于十方土,供养无数佛,修行本誓愿,救脱众生苦。我于彼佛所,闻法得解脱,亿刹微尘数,无量劫修行。劫中所有佛,我悉曾供养,护持其正法,净此解脱海。亿刹微尘数,过去十力尊,尽持其法轮,增明此解脱。我于一念顷,见此刹尘中,一一有如来,所净诸刹海。刹内悉有佛,园中示诞生,各现不思议,广大神通力。或见不思议,亿刹诸菩萨,住于天宫上,将证佛菩提。无量刹海中,诸佛现受生,说法众围绕,于此我皆见。一念见亿刹,微尘数菩萨,出家趣道场,示现佛境界。我见刹尘内,无量佛成道,各现诸方便,度脱苦众生。一一微尘中,诸佛转法轮,悉以无尽音,普雨甘露法。亿刹微尘数,一一刹尘内,悉见于如来,示现般涅槃。如是无量刹,如来示诞生;而我悉分身,现前兴供养。不思议刹海,无量趣差别;我悉现其前,雨于大法雨。佛子我知此,难思解脱门,无量亿劫中,称扬不可尽。

善男子!我唯知此菩萨于无量劫遍一切处示现受生自在解脱。如诸菩萨摩诃萨,能以一念为诸劫藏,观一切法,以善方便而现受生;周遍供养一切诸佛,究竟通达一切佛法;于一切趣皆现受生,一切佛前坐莲华座;知诸众生应可度时,为现受生方便调伏;于一切刹现诸神变,犹如影像悉现其前。我当云何能知能说彼功德行?

善男子!此迦毗罗城,有释种女,名曰:瞿波。汝诣彼问:菩萨云何于生死中教化众生?

时,善财童子顶礼其足,绕无数匝,殷勤瞻仰,辞退而去。

大方广佛华严经卷第七十五

入法界品第三十九之十六

尔时,善财童子向迦毗罗城,思惟修习受生解脱,增长广大,忆念不舍。

渐次游行,至菩萨集会普现法界光明讲堂,其中有神,号:无忧德,与一万主宫殿神俱,来迎善财,作如是言:

善来丈夫!有大智慧,有大勇猛,能修菩萨不可思议自在解脱,心恒不舍广大誓愿,善能观察诸法境界;安住法城,入于无量诸方便门,成就如来功德大海;得妙辩才,善调众生,获圣智身,恒顺修行,知诸众生心行差别,令其欢喜趣向佛道。

我观仁者修诸妙行心无暂懈,威仪所行悉皆清净,汝当不久得诸如来清净庄严无上三业,以诸相好庄严其身,以十力智莹饰其心,游诸世间。我观仁者勇猛精进而无有比,不久当得普见三世一切诸佛听受其法,不久当得一切菩萨禅定解脱诸三昧乐,不久当入诸佛如来甚深解脱。何以故?见善知识亲近供养,听受其教,忆念修行,不懈不退,无忧无悔,无有障碍,魔及魔民不能为难,不久当成无上果故。

善财童子言:

圣者!如向所说,愿我皆得。圣者!我愿一切众生,息诸热恼,离诸恶业,生诸安乐,修诸净行。圣者!一切众生,起诸烦恼,造诸恶业,堕诸恶趣,若身若心恒受楚毒,菩萨见已心生忧恼。圣者!譬如有人,唯有一子,爱念情至,忽见被人割截肢体,其心痛切不能自安。菩萨摩诃萨亦复如是,见诸众生以烦恼业堕三恶趣受种种苦,心大忧恼。若见众生起身、语、意三种善业,生天人趣受身心乐,菩萨尔时生大欢喜。何以故?菩萨不自为故求一切智,不贪生死诸欲快乐,不随想倒、见倒、心倒、诸结、随眠、爱见力转,不起众生种种乐想,亦不味著诸禅定乐,非有障碍、疲厌、退转住于生死。但见众生于诸有中,具受无量种种诸苦,起大悲心,以大愿力而普摄取。悲愿力故,修菩萨行,为断一切众生烦恼,为求如来一切智智,为供养一切诸佛如来,为严净一切广大国土,为净治一切众生乐欲及其所有身心诸行,于生死中无有疲厌。

圣者!菩萨摩诃萨于诸众生,为庄严,令生人天富贵乐故;为父母,为其安立菩提心故;为养育,令其成就菩萨道故;为卫护,令其远离三恶道故；为船师，令其得度生死海故；为归依，令舍诸魔烦恼怖故；为究竟，令其永得清凉乐故；为津济，令入一切诸佛海故；为导师，令至一切法宝洲故；为妙华，开敷诸佛功德心故；为严具，常放福德智慧光故；为可乐，凡有所作悉端严故；为可尊，远离一切诸恶业故；为普贤，具足一切端严身故；为大明，常放智慧净光明故；为大云，常雨一切甘露法故。圣者！菩萨如是修诸行时，令一切众生皆生爱乐、具足法乐。

尔时，善财童子将升法堂，其无忧德及诸神众，以出过诸天上妙华鬘、涂香、末香，及以种种宝庄严具，散善财上，而说颂言：

汝今出世间，为世大明灯，普为诸众生，勤求无上觉。无量亿千劫，难可得见汝；功德日今出，灭除诸世闇。汝见诸众生，颠倒惑所覆，而兴大悲意，求证无师道。汝以清净心，寻求佛菩提，承事善知识，不自惜身命。汝于诸世间，无依无所著，其心普无碍，清净如虚空。汝修菩提行，功德悉圆满，放大智慧光，普照一切世。汝不离世间，亦不著于世，行世无障碍，如风游虚空。譬如火灾起，一切无能灭；汝修菩提行，精进火亦然。勇猛大精进，坚固不可动，金刚慧师子，游行无所畏。一切法界中，所有诸刹海，汝悉能往诣，亲近善知识。

尔时，无忧德神说此颂已，为爱乐法故，随逐善财，恒不舍离。

尔时，善财童子入普现法界光明讲堂，周遍推求彼释氏女，见在堂内，坐宝莲华师子之座，八万四千采女所共围绕。是诸采女，靡不皆从王种中生，悉于过去修菩萨行同种善根，布施、爱语普摄众生；已能明见一切智境，已共修集佛菩提行；恒住正定，常游大悲，普摄众生犹如一子；慈心具足，眷属清净；已于过去成就菩萨不可思议善巧方便，皆于阿耨多罗三藐三菩提得不退转，具足菩萨诸波罗蜜；离诸取著，不乐生死；虽行诸有，心常清净，恒勤观察一切智道；离障盖网，超诸著处，从于法身而示化形；生普贤行，长菩萨力，智日慧灯悉已圆满。

尔时，善财童子诣彼释女瞿波之所，顶礼其足，合掌而住，作如是言：圣者！我已先发阿耨多罗三藐三菩提心，而未知菩萨云何于生死中，而不为生死过患所染？了法自性，而不住声闻、辟支佛地？具足佛法，而修菩萨行？住菩萨地，而入佛境界？超过世间，而于世受生？成就法身，而示现无边种种色身？证无相法，而为众生示现诸相？知法无说，而广为众生演说诸法？知众生空，而恒不舍化众生事？虽知诸佛不生不灭，而勤供养无有退转？虽知诸法无业无报，而修诸善行恒不止息？

时，瞿波女告善财言：

善哉善哉！善男子！汝今能问菩萨摩诃萨如是行法，修习普贤诸行愿者能如是问。谛听谛听！善思念之！我当承佛神力，为汝宣说。

善男子！若诸菩萨成就十法，则能圆满因陀罗网普智光明菩萨之行。何等为十？所谓：依善知识故，得广大胜解故，得清净欲乐故，集一切福智故，于诸佛所听闻法故，心恒不舍三世佛故，同于一切菩萨行故，一切如来所护念故，大悲妙愿皆清净故，能以智力普断一切诸生死故。是为十。若诸菩萨成就此法，则能圆满因陀罗网普智光明菩萨之行。

佛子！若菩萨亲近善知识，则能精进不退修习出生无尽佛法。佛子！菩萨以十种法，承事善知识。何等为十？所谓：于自身命无所顾惜，于世乐具心不贪求，知一切法性皆平等，永不退舍一切智愿，观察一切法界实相，心恒舍离一切有海，知法如空心无所依，成就一切菩萨大愿，常能示现一切刹海，净修菩萨无碍智轮。佛子！应以此法承事一切诸善知识，无所违逆。

尔时，释迦瞿波女，欲重明此义，承佛神力，观察十方，而说颂言：

菩萨为利诸群生，正念亲承善知识，敬之如佛心无怠，此行于世帝网行。胜解广大如虚空，一切三世悉入中，国土众生佛皆尔，此是普智光明行。志乐如空无有际，永断烦恼离诸垢，一切佛所修功德，此行于世身云行。菩萨修习一切智，不可思议功德海，净诸福德智慧身，此行于世不染行。一切诸佛如来所，听受其法无厌足，能生实相智慧灯，此行于世普照行。十方诸佛无有量，一念一切悉能入，心恒不舍诸如来，此向菩提大愿行。能入诸佛大众会，一切菩萨三昧海，愿海及以方便海，此行于世帝网行。一切诸佛所加持，尽未来际无边劫，处处修行普贤道，此是菩萨分身行。见诸众生受大苦，起大慈悲现世间，演法光明除闇冥，此是菩萨智日行。见诸众生在诸趣，为集无边妙法轮，令其永断生死流，此是修行普贤行。菩萨修行此方便，随众生心而现身，普于一切诸趣中，化度无量诸含识。以大慈悲方便力，普遍世间而现身，随其解欲为说法，皆令趣向菩提道。

时，释迦瞿波说此颂已，告善财童子言：善男子！我已成就观察一切菩萨三昧海解脱门。

善财言：大圣！此解脱门境界云何？

答言：

善男子！我入此解脱，知此娑婆世界佛刹微尘数劫，所有众生于诸趣中，死此生彼，作善作恶，受诸果报，有求出离、不求出离，正定、邪定及以不定，有烦恼善根，无烦恼善根，具足善根，不具足善根，不善根所摄善根，善根所摄不善根；如是所集善、不善法，我皆知见。又彼劫中所有诸佛名号、次第，我悉了知。彼佛世尊从初发心，及以方便求一切智，出生一切诸大愿海，供养诸佛，修菩萨行，成等正觉，转妙法轮，现大神通，化度众生，我悉了知。亦知彼佛众会差别，其众会中有诸众生依声闻乘而得出离，其声闻众过去修习一切善根，及其所得种种智慧，我悉了知。有诸众生依独觉乘而得出离，其诸独觉所有善根、所得菩提、寂灭解脱、神通变化、成熟众生、入于涅槃，我悉了知。亦知彼佛诸菩萨众，其诸菩萨从初发心，修习善根，出生无量诸大愿行，成就满足诸波罗蜜种种庄严菩萨之道，以自在力，入菩萨地，住菩萨地，观菩萨地，净菩萨地，菩萨地相，菩萨地智、菩萨摄智、菩萨教化众生智、菩萨建立智、菩萨广大行境界、菩萨神通行、菩萨三昧海、菩萨方便，菩萨于念念中所入三昧海、所得一切智光明、所获一切智电光云、所得实相忍、所通达一切智、所住刹海、所入法海、所知众生海、所住方便、所发誓愿、所现神通，我悉了知。善男子！此娑婆世界，尽未来际，所有劫海，展转不断，我皆了知。如知娑婆世界，亦知娑婆世界内微尘数世界，亦知娑婆世界内一切世界，亦知娑婆世界微尘内所有世界，亦知娑婆世界外十方无间所住世界，亦知娑婆世界世界种所摄世界，亦知毗卢遮那世尊此华藏世界海中十方无量诸世界种所摄世界，所谓：世界广博、世界安立、世界轮、世界场、世界差别、世界转、世界莲华、世界须弥、世界名号。尽此世界海一切世界，由毗卢遮那世尊本愿力故，我悉能知，亦能忆念。

亦念如来往昔所有诸因缘海。所谓：修集一切诸乘方便，无量劫中，住菩萨行，净佛国土，教化众生，承事诸佛，造立住处，听受说法，获诸三昧，得诸自在；修檀波罗蜜入佛功德海，持戒苦行，具足诸忍，勇猛精进，成就诸禅，圆满净慧；于一切处示现受生，普贤行愿悉皆清净，普入诸刹，普净佛土，普入一切如来智海，普摄一切诸佛菩提，得于如来大智光明，证于诸佛一切智性，成等正觉，转妙法轮；及其所有道场众会，其众会中一切众生，往世已来所种善根，从初发心，成熟众生，修行方便，念念增长，获诸三昧神通解脱。如是一切，我悉了知。何以故？我此解脱，能知一切众生心行、一切众生修行善根、一切众生杂染清净、一切众生种种差别、一切声闻诸三昧门、一切缘觉寂静三昧神通解脱、一切菩萨一切如来解脱光明，皆了知故。

尔时，善财童子白瞿波言：圣者得此解脱，其已久如？

答言：

善男子！我于往世，过佛刹微尘数劫，有劫名：胜行，世界名：无畏。彼世界中，有四天下，名为：安隐。其四天下阎浮提中，有一王城，名：高胜树，于八十王城中最为上首。彼时，有王名曰：财主，其王具有六万采女、五百大臣、五百王子；其诸王子皆悉勇健，能伏怨敌。其王太子，名：威德主，端正殊特，人所乐见，足下平满，轮相备具，足跌隆起，手足指间皆有网缦，足跟齐正，手足柔软，伊尼耶鹿王（月耑，音chuan），七处圆满，阴藏隐密，其身上分如师子王，两肩平满，双臂（月庸，音yong）长，身相端直，颈文三道，颊如师子，具四十齿悉皆齐密，四牙鲜白，其舌长广出梵音声，眼目绀青，睫如牛王，眉间毫相，顶上肉髻，皮肤细软如真金色，身毛上靡，发帝青色，其身洪满如尼拘陀树。

尔时，太子受父王教，与十千采女诣香牙园游观戏乐。太子是时，乘妙宝车，其车具有种种严饰，置大摩尼师子之座而坐其上；五百采女各执宝绳牵驭而行，进止有度，不迟不速；百千万人持诸宝盖，百千万人持诸宝幢，百千万人持诸宝幡，百千万人作诸妓乐，百千万人烧诸名香，百千万人散诸妙华，前后围绕而为翊从。道路平正，无有高下，众宝杂华散布其上；宝树行列，宝网弥覆，种种楼阁延袤其间。其楼阁中，或有积聚种种珍宝，或有陈列诸庄严具，或有供设种种饮食，或有悬布种种衣服，或有备拟诸资生物，或复安置端正女人，及以无量僮仆侍从；随有所须，悉皆施与。

时，有母人名为：善现，将一童女名：具足妙德，颜容端正，色相严洁，洪纤得所，修短合度，目发绀青，声如梵音，善达工巧，精通辩论，恭勤匪懈，慈愍不害，具足惭愧，柔和质直，离痴寡欲，无诸谄诳，乘妙宝车，采女围绕，及与其母从王城出，先太子行。见其太子言辞讽咏，心生爱染，而白母言：我心愿得敬事此人，若不遂情，当自殒灭。母告女言：莫生此念。何以故？此甚难得。此人具足轮王诸相，后当嗣位作转轮王，有宝女出，腾空自在。我等卑贱，非其匹偶。此处难得，勿生是念。

彼香牙园侧，有一道场，名：法云光明。时，有如来名：胜日身，十号具足，于中出现已经七日。时，彼童女暂时假寐，梦见其佛；从梦觉已，空中有天而告之言：胜日身如来，于法云光明道场成等正觉已经七日，诸菩萨众前后围绕。天、龙、夜叉、乾闼婆、阿修罗、迦楼罗、紧那罗、摩睺罗伽、梵天乃至色究竟天，诸地神、风神、火神、水神、河神、海神、山神、树神、园神、药神、主城神等，为见佛故，皆来集会。

时，妙德童女梦睹如来故，闻佛功德故，其心安隐，无有怖畏，于太子前而说颂言：

我身最端正，名闻遍十方，智慧无等伦，善达诸工巧。无量百千众，见我皆贪染；我心不于彼，而生少爱欲。无瞋亦无恨，无嫌亦无喜，但发广大心，利益诸众生。我今见太子，具诸功德相，其心大欣庆，诸根咸悦乐。色如光明宝，发美而右旋，额广眉纤曲，我心愿事汝。我观太子身，譬若真金像，亦如大宝山，相好有光明。目广绀青色，月面师子颊，喜颜美妙音，愿垂哀纳我！舌相广长妙，犹如赤铜色；梵音紧那声，闻者皆欢喜。口方不褰缩，齿白悉齐密，发言现笑时，见者心欢喜。离垢清净身，具相三十二，必当于此界，而作转轮位。

尔时，太子告彼女言：汝是谁女？为谁守护？若先属人，我则不应起爱染心。

尔时,太子以颂问言:

汝身极清净,功德相具足;我今问于汝,汝于谁所住?谁为汝父母?汝今系属谁?若已属于人,彼人摄受汝。汝不盗他物,汝不有害心,汝不作邪淫,汝依何语住?不说他人恶,不坏他所亲,不侵他境界,不于他恚怒。不生邪险见,不作相违业,不以谄曲力,方便诳世间。尊重父母不?敬善知识不?见诸贫穷人,能生摄心不?若有善知识,诲示于汝法,能生坚固心,究竟尊重不?爱乐于佛不?了知菩萨不?众僧功德海,汝能恭敬不?汝能知法不?能净众生不?为住于法中,为住于非法?见诸孤独者,能起慈心不?见恶道众生,能生大悲不?见他得荣乐,能生欢喜不?他来逼迫汝,汝无瞋恼不?汝发菩提意,开悟众生不?无边劫修行,能无疲倦不?

尔时,女母为其太子而说颂言:

太子汝应听,我今说此女,初生及成长,一切诸因缘。太子始生日,即从莲华生,其目净修广,肢节悉具足。我曾于春月,游观娑罗园,普见诸药草,种种皆荣茂。奇树发妙华,望之如庆云;好鸟相和鸣,林间共欢乐。同游八百女,端正夺人心,被服皆严丽,歌咏悉殊美。彼园有浴池,名曰莲华幢;我于池岸坐,采女众围绕。于彼莲池内,忽生千叶华,宝叶琉璃茎,阎浮金为台。尔时夜分尽,日光初出现,其莲正开剖,放大清净光。其光极炽盛,譬如日初出,普照阎浮提,众叹未曾有。时见此玉女,从彼莲华生,其身甚清净,肢分皆圆满。此是人间宝,从于净业生,宿因无失坏,今受此果报。绀发青莲眼,梵声金色光,华鬘众宝髻,清净无诸垢。肢节悉具足,其身无缺减,譬如真金像,安处宝华中。毛孔栴檀香,普熏于一切;口出青莲香,常演梵音声。此女所住处,常有天音乐;不应下劣人,而当如是偶。世间无有人,堪与此为夫,唯汝相严身,愿垂见纳受!非长亦非短,非粗亦非细,种种悉端严,愿垂见纳受!文字算数法,工巧诸技艺,一切皆通达,愿垂见纳受!善了诸兵法,巧断众净讼,能调难可调,愿垂见纳受!其身甚清净,见者无厌足,功德自庄严,汝应垂纳受!众生所有患,善达彼缘起,应病而与药,一切能消灭。阎浮语言法,差别无量种,乃至妓乐音,靡不皆通达。妇人之所能,此女一切知,而无女人过,愿垂速纳受!不嫉亦不悭,无贪亦无恚,质直性柔软,离诸粗犷恶。恭敬于尊者,奉事无违逆,乐修诸善行,此能随顺汝。若见于老病,贫穷在苦难,无救无所依,常生大慈愍。常观第一义,不求自利乐,但愿益众生,以此庄严心。行住与坐卧,一切无放逸;言说及默然,见者咸欣乐。虽于一切处,皆无染著心;见有功德人,乐观无厌足。尊重善知识,乐见离恶人;其心不躁动,先思后作业。福智所庄严,一切无怨恨,女人中最上,宜应事太子。

尔时,太子入香牙园已,告其妙德及善现言:善女!我趣求阿耨多罗三藐三菩提，当于尽未来际无量劫，集一切智助道之法，修无边菩萨行，净一切波罗蜜，供养一切诸如来，护持一切诸佛教，严净一切佛国土，当令一切如来种性不断，当随一切众生种性而普成熟，当灭一切众生生死苦置于究竟安乐处，当净治一切众生智慧眼，当修习一切菩萨所修行，当安住一切菩萨平等心，当成就一切菩萨所行地，当令一切众生普欢喜；当舍一切物，尽未来际行檀波罗蜜，令一切众生普得满足衣服饮食、妻妾男女、头目手足，如是一切内外所有，悉当舍施，无所吝惜。当于尔时，汝或于我而作障难：施财物时，汝心吝惜；施男女时，汝心痛恼；割肢体时，汝心忧闷；舍汝出家，汝心悔恨。

尔时，太子即为妙德而说颂言：

哀愍众生故，我发菩提心，当于无量劫，习行一切智。无量大劫中，净修诸愿海，入地及治障，悉经无量劫。三世诸佛所，学六波罗蜜，具足方便行，成就菩提道。十方垢秽刹，我当悉严净；一切恶道难，我当令永出。我当以方便，广度诸群生，令灭愚痴暗，住于佛智道。当供一切佛，当净一切地，起大慈悲心，悉舍内外物。汝见来乞者，或生悭吝心；我心常乐施，汝勿违于我。若见我施头，慎勿生忧恼；我今先语汝，令汝心坚固。乃至截手足，汝勿嫌乞者；汝今闻我语，应可谛思惟。男女所爱物，一切我皆舍；汝能顺我心，我当成汝意。

尔时，童女白太子言：敬奉来教。即说颂言：

无量劫海中，地狱火焚身；若能眷纳我，甘心受此苦。无量受生处，碎身如微尘；若能眷纳我，甘心受此苦。无量劫顶戴，广大金刚山；若能眷纳我，甘心受此苦。无量生死海，以我身肉施；汝得法王处，愿令我亦然！若能眷纳我，与我为主者，生生行施处，愿常以我施！为愍众生苦，而发菩提心；既已摄众生，亦当摄受我。我不求豪富，不贪五欲乐，但为共行法，愿以仁为主！绀青修广眼，慈愍观世间，不起染著心，必成菩萨道。太子所行处，地出众宝华，必作转轮王，愿能眷纳我！我曾梦见此，妙法菩提场，如来树下坐，无量众围绕。我梦彼如来，身如真金山，以手摩我顶，寤已心欢喜。往昔眷属天，名曰喜光明；彼天为我说，道场佛兴世。我曾生是念：愿见太子身。彼天报我言：汝今当得见。我昔所志愿，于今悉成满；唯愿俱往诣，供养彼如来！

尔时，太子闻胜日身如来名，生大欢喜，愿见彼佛，以五百摩尼宝散其女上，冠以妙藏光明宝冠，被以火焰摩尼宝衣。其女尔时，心不动摇，亦无喜相；但合掌恭敬，瞻仰太子，目不暂舍。

其母善现，于太子前而说颂言：

此女极端正，功德庄严身；昔愿奉太子，今意已满足。持戒有智慧，具足诸功德；普于一切世，最胜无伦匹。此女莲华生，种姓无讥丑，太子同行业，远离一切过。此女身柔软，犹如天缯纩；其手所触摩，众患悉除灭。毛孔出妙香，芬馨最无比；众生若闻者，悉住于净戒。身色如真金，端坐华台上；众生若见者，离害具慈心。言音极柔软，听之无不喜；众生若得闻，悉离诸恶业。心净无瑕垢，远离诸谄曲，称心而发言，闻者皆欢喜。调柔具惭愧，恭敬于尊宿，无贪亦无诳，怜愍诸众生。此女心不恃，色相及眷属；但以清净心，恭敬一切佛。

尔时，太子与妙德女及十千采女并其眷属，出香牙园，诣法云光明道场。至已下车，步进诣如来所。见佛身相端严寂静，诸根调顺，内外清净，如大龙池无诸垢浊；皆生净信，踊跃欢喜，顶礼佛足，绕无数匝。于时，太子及妙德女，各持五百妙宝莲华供散彼佛。太子为佛造五百精舍，一一皆以香木所成，众宝庄严，五百摩尼以为间错。时，佛为说普眼灯门修多罗；闻是经已，于一切法中得三昧海，所谓：得普照一切佛愿海三昧、普照三世藏三昧、现见一切佛道场三昧、普照一切众生三昧、普照一切世间智灯三昧、普照一切众生根智灯三昧、救护一切众生光明云三昧、普照一切众生大明灯三昧、演一切佛法轮三昧、具足普贤清净行三昧。时，妙德女得三昧，名：难胜海藏，于阿耨多罗三藐三菩提永不退转。

时，彼太子与妙德女并其眷属，顶礼佛足，绕无数匝，辞退还宫；诣父王所，拜跪毕已，奉白王言：大王当知，胜日身如来出兴于世，于此国内法云光明菩提场中成等正觉，于今未久。尔时，大王语太子言：是谁为汝说如是事？天耶？人耶？太子白言：是此具足妙德女说。时，王闻已，欢喜无量，譬如贫人得大伏藏，作如是念：佛无上宝难可值遇，若得见佛，永断一切恶道怖畏。佛如医王，能治一切诸烦恼病，能救一切生死大苦；佛如导师，能令众生至于究竟安隐住处。作是念已，集诸小王、群臣、眷属，及以刹利、婆罗门等一切大众，便舍王位，授与太子；灌顶讫已，与万人俱，往诣佛所；到已礼足，绕无数匝，并其眷属悉皆退坐。

尔时，如来观察彼王及诸大众，白毫相中放大光明，名：一切世间心灯，普照十方无量世界，住于一切世主之前，示现如来不可思议大神通力，普令一切应受化者心得清净。尔时，如来以不思议自在神力，现身超出一切世间，以圆满音普为大众说陀罗尼，名：一切法义离闇灯，佛刹微尘数陀罗尼而为眷属。彼王闻已，即时获得大智光明；其众会中，有阎浮提微尘数菩萨，俱时证得此陀罗尼；六十万那由他人，尽诸有漏，心得解脱；十千众生，远尘离垢，得法眼净；无量众生，发菩提心。时，佛又以不思议力广现神变，普于十方无量世界演三乘法化度众生。

时，彼父王作如是念：我若在家，不能证得如是妙法；若于佛所出家学道，即当成就。作是念已，前白佛言：愿得从佛出家修学！佛言：随意，宜自知时。时，财主王与十千人，皆于佛所同时出家。未久之间，悉得成就一切法义离闇灯陀罗尼，亦得如上诸三昧门，又得菩萨十神通门，又得菩萨无边辩才，又得菩萨无碍净身，往诣十方诸如来所听受其法，为大法师演说妙法；复以神力遍十方刹，随众生心而为现身，赞佛出现，说佛本行，示佛本缘，称扬如来自在神力，护持于佛所说教法。

尔时，太子于十五日在正殿上，采女围绕，七宝自至——一者、轮宝，名：无碍行；二者、象宝，名：金刚身；三者、马宝，名：迅疾风；四者、珠宝，名：日光藏；五者、女宝，名：具妙德；六、藏臣宝，名为：大财；七、主兵宝，名：离垢眼。——七宝具足，为转轮王，王阎浮提，正法治世，人民快乐。王有千子，端正勇健，能伏怨敌。其阎浮提中有八十王城，一一城中有五百僧坊，一一僧坊立佛支提，皆悉高广，以众妙宝而为校饰；一一王城皆请如来，以不思议众妙供具而为供养。佛入城时，现大神力，令无量众生种诸善根，无量众生心得清净，见佛欢喜，发菩提意，起大悲心，利益众生，勤修佛法，入真实义，住于法性，了法平等，获三世智，等观三世，知一切佛出兴次第，说种种法摄取众生，发菩萨愿，入菩萨道，知如来法，成就法海，能普现身遍一切刹，知众生根及其性欲，令其发起一切智愿。

佛子！于汝意云何，彼时太子得轮王位供养佛者，岂异人乎？今释迦牟尼佛是也。财主王者，宝华佛是。其宝华佛，现在东方过世界海微尘数佛刹有世界海，名：现法界虚空影像云，中有世界种，名：普现三世影摩尼王，彼世界种中有世界，名：圆满光，中有道场，名：现一切世主身，宝华如来于此成阿耨多罗三藐三菩提，不可说佛刹微尘数诸菩萨众前后围绕而为说法。宝华如来往昔修行菩萨道时，净此世界海；其世界海中去、来、今佛出兴世者，皆是宝华如来为菩萨时教化令发阿耨多罗三藐三菩提心。彼时女母善现者，今我母善目是。其王眷属，今如来所众会是也，皆具修行普贤诸行成满大愿，虽恒在此众会道场而能普现一切世间，住诸菩萨平等三昧，常得现见一切诸佛，一切如来以等虚空妙音声云演正法轮悉能听受，于一切法悉得自在，名称普闻诸佛国土，普诣一切道场之所，普现一切众生之前，随其所应教化调伏，尽未来劫修菩萨道恒无间断，成满普贤广大誓愿。

佛子！其妙德女与威德主转轮圣王以四事供养胜日身如来者，我身是也。彼佛灭后，其世界中，六十亿百千那由他佛出兴于世，我皆与王承事供养。其第一佛，名：清净身；次名：一切智月光明身；次名：阎浮檀金光明王；次名：诸相庄严身；次名：妙月光；次名：智观幢；次名：大智光；次名：金刚那罗延精进；次名：智力无能胜；次名：普安详智；次名：离垢胜智云；次名：师子智光明；次名：光明髻；次名：功德光明幢；次名：智日幢；次名：宝莲华开敷身；次名：福德严净光；次名：智焰云；次名：普照月；次名：庄严盖妙音声；次名：师子勇猛智光明；次名：法界月；次名：现虚空影像开悟众生心；次名：恒嗅寂灭香；次名：普震寂静音；次名：甘露山；次名：法海音；次名：坚固网；次名：佛影髻；次名：月光毫；次名：辩才口；次名：觉华智；次名：宝焰山；次名：功德星；次名：宝月幢；次名：三昧身；次名：宝光王；次名：普智行；次名：焰海灯；次名：离垢法音王；次名：无比德名称幢；次名：修臂；次名：本愿清净月；次名：照义灯；次名：深远音；次名：毗卢遮那胜藏王；次名：诸乘幢；次名：法海妙莲华。佛子！彼劫中，有如是等六十亿百千那由他佛出兴于世，我皆亲近承事供养。

其最后佛，名：广大解，于彼佛所，得净智眼。尔时，彼佛入城教化。我为王妃，与王礼觐，以众妙物而为供养，于其佛所闻说出生一切如来灯法门，即时获得观察一切菩萨三昧海境界解脱。佛子！我得此解脱已，与菩萨于佛刹微尘数劫勤加修习，于佛刹微尘数劫中承事供养无量诸佛；或于一劫承事一佛，或二、或三、或不可说，或值佛刹微尘数佛，悉皆亲近承事供养，而未能知菩萨之身形量色貌及其身业心行智慧三昧境界。

佛子！若有众生，得见菩萨修菩提行，若疑若信；菩萨皆以世、出世间种种方便而摄取之，以为眷属，令于阿耨多罗三藐三菩提得不退转。佛子！我见彼佛得此解脱已，与菩萨于百佛刹微尘数劫而共修习；于其劫中，所有诸佛出兴于世，我皆亲近承事供养，听所说法读诵受持。于彼一切诸如来所，得此解脱种种法门，知种种三世，入种种刹海，见种种成正觉，入种种佛众会，发菩萨种种大愿，修菩萨种种妙行，得菩萨种种解脱，然未能知菩萨所得普贤解脱门。何以故？菩萨普贤解脱门，如太虚空，如众生名，如三世海，如十方海，如法界海，无量无边。佛子！菩萨普贤解脱门，与如来境界等。

佛子！我于佛刹微尘数劫，观菩萨身无有厌足。如多欲人男女集会，递相爱染，起于无量妄想思觉。我亦如是，观菩萨身一一毛孔，念念见无量无边广大世界种种安住、种种庄严、种种形状，有种种山、种种地、种种云、种种名、种种佛兴、种种道场、种种众会，演种种修多罗，说种种灌顶、种种诸乘、种种方便、种种清净。又于菩萨一一毛孔，念念常见无边佛海，坐种种道场，现种种神变，转种种法轮，说种种修多罗，恒不断绝。又于菩萨一一毛孔，见无边众生海种种住处、种种形貌、种种作业、种种诸根。又于菩萨一一毛孔，见三世诸菩萨无边行门，所谓：无边广大愿、无边差别地、无边波罗蜜、无边往昔事、无边大慈门、无边大悲云、无边大喜心、无边摄取众生方便。

佛子！我于佛刹微尘数劫，念念如是观于菩萨一一毛孔，已所至处而不重至，已所见处而不重见，求其边际竟不可得，乃至见彼悉达太子住于宫中、采女围绕。我以解脱力，观于菩萨一一毛孔，悉见三世法界中事。

佛子！我唯得此观察菩萨三昧海解脱。如诸菩萨摩诃萨，究竟无量诸方便海，为一切众生现随类身，为一切众生说随乐行，于一一毛孔现无边色相海；知诸法性无性为性，知众生性同虚空相无有分别，知佛神力同于如如，遍一切处示现无边解脱境界；于一念中，能自在入广大法界，游戏一切诸地法门。而我云何能知能说彼功德行？

善男子！此世界中，有佛母摩耶。汝诣彼问：菩萨云何修菩萨行，于诸世间无所染著，供养诸佛恒无休息，作菩萨业永不退转，离一切障碍、入菩萨解脱不由于他，住一切菩萨道，诣一切如来所，摄一切众生界，尽未来劫修菩萨行、发大乘愿，增长一切众生善根常无休息？

尔时，释迦瞿波女，欲重明此解脱义，承佛神力即说颂言：

若有见菩萨，修行种种行，起善不善心，菩萨皆摄取。乃往久远世，过百刹尘劫，有劫名清净，世界名光明。此劫佛兴世，六十千万亿；最后天人主，号曰法幢灯。彼佛涅槃后，有王名智山，统领阎浮提，一切无怨敌。王有五百子，端正能勇健，其身悉清净，见者皆欢喜。彼王及王子，信心供养佛，护持其法藏，亦乐勤修法。太子名善光，离垢多方便，诸相皆圆满，见者无厌足。五百亿人俱，出家行学道，勇猛坚精进，护持其佛法。王都名智树，千亿城围绕；有林名静德，众宝所庄严。善光住彼林，广宣佛正法，辩才智慧力，令众悉清净。有时因乞食，入彼王都城，行止极安详，正知心不乱。城中有居士，号曰善名称；我时为彼女，名为净日光。时我于城中，遇见善光明，诸相极端严，其心生染著。次乞至我门，我心增爱染，即解身璎珞，并珠置钵中。虽以爱染心，供养彼佛子；二百五十劫，不堕三恶趣。或生天王家，或作人王女，恒见善光明，妙相庄严身。此后所经劫，二百有五十，生于善现家，名为具妙德。时我见太子，而生尊重心，愿得备瞻侍，幸蒙哀纳受。我时与太子，觐佛胜日身，恭敬供养毕，即发菩提意。于彼一劫中，六十亿如来，最后佛世尊，名为广大解。于彼得净眼，了知诸法相，普见受生处，永除颠倒心。我得观菩萨，三昧境解脱，一念入十方，不思议刹海。我见诸世界，净秽种种别，于净不贪乐，于秽不憎恶。普见诸世界，如来坐道场，皆于一念中，悉放无量光。一念能普入，不可说众会；亦知彼一切，所得三昧门。一念能悉知，彼诸广大行，无量地方便，及诸愿海。我观菩萨身，无边劫修行，一一毛孔量，求之不可得。一一毛孔刹，无数不可说，地水火风轮，靡不在其中。种种诸建立，种种诸形状，种种体名号，无边种庄严。我见诸刹海，不可说世界；及见其中佛，说法化众生。不了菩萨身，及彼身诸业；亦不知心智，诸劫所行道。

762

尔时，善财童子顶礼其足，绕无数匝，辞退而去。

大方广佛华严经卷第七十六

入法界品第三十九之十七

尔时，善财童子一心欲诣摩耶夫人所，即时获得观佛境界智，作如是念：是善知识，远离世间，住无所住，超过六处，离一切著，知无碍道，具净法身，以如幻业而现化身，以如幻智而观世间，以如幻愿而持佛身、随意生身、无生灭身、无来去身、非虚实身、不变坏身、无起尽身、所有诸相皆一相身、离二边身、无依处身、无穷尽身、离诸分别如影现身、知如梦身、了如像身、如净日身、普于十方而化现身、住于三世无变异身、非身心身，犹如虚空，所行无碍，超诸世眼，唯是普贤净目所见。如是之人，我今云何而得亲近承事供养、与其同住、观其状貌、听其音声、思其语言、受其教诲？

作是念已，有主城神，名曰：宝眼，眷属围绕，于虚空中而现其身，种种妙物以为严饰，手持无量众色宝华以散善财，作如是言：

善男子！应守护心城，谓：不贪一切生死境界；应庄严心城，谓：专意趣求如来十力；应净治心城，谓：毕究断除悭嫉谄诳；应清凉心城，谓：思惟一切诸法实性；应增长心城，谓：成办一切助道之法；应严饰心城，谓：造立诸禅解脱宫殿；应照耀心城，谓：普入一切诸佛道场听受般若波罗蜜法；应增益心城，谓：普摄一切佛方便道；应坚固心城，谓：恒勤修习普贤行愿；应防护心城，谓：常专御扞恶友、魔军；应廓彻心城，谓：开引一切佛智光明；应善补心城，谓：听受一切佛所说法；应扶助心城，谓：深信一切佛功德海；应广大心城，谓：大慈普及一切世间；应善覆心城，谓：集众善法以覆其上；应宽广心城，谓：大悲哀愍一切众生；应开心城门，谓：悉舍所有随应给施；应密护心城，谓：防诸恶欲不令得入；应严肃心城，谓：逐诸恶法不令其住；应决定心城，谓：集一切智助道之法恒无退转；应安立心城，谓：正念三世一切如来所有境界；应莹彻心城，谓：明达一切佛正法轮修多罗中所有法门种种缘起；应部分心城，谓：普晓示一切众生皆令得见萨婆若道；应住持心城，谓：发一切三世如来诸大愿海；应富实心城，谓：集一切周遍法界大福德聚；应令心城明了，谓：普知众生根欲等法；应令心城自在，谓：普摄一切十方法界；应令心城清净，谓：正念一切诸佛如来；应知心城自性，谓：知一切法皆无有性；应知心城如幻，谓：以一切智了诸法性。

佛子！菩萨摩诃萨若能如是净修心城，则能积集一切善法。何以故？蠲除一切诸障难故，所谓：见佛障、闻法障、供养如来障、摄诸众生障、净佛国土障。善男子！菩萨摩诃萨以离如是诸障难故，若发希求善知识心，不用功力则便得见，乃至究竟必当成佛。

尔时，有身众神，名：莲华法德及妙华光明，无量诸神前后围绕，从道场出，住虚空中，于善财前，以妙音声，种种称叹摩耶夫人，从其耳璫放无量色相光明网，普照无边诸佛世界，令善财见十方国土一切诸佛。其光明网，右绕世间，经一匝已，然后还来，入善财顶，乃至遍入身诸毛孔。善财即得净光明眼，永离一切愚痴闇故；得离翳眼，能了一切众生性故；得离垢眼，能观一切法性门故；得净慧眼，能观一切佛国性故；得毗卢遮那眼，见佛法身故；得普光明眼，见佛平等不思议身故；得无碍光眼，观察一切刹海成坏故；得普照眼，见十方佛起大方便转正法轮故；得普境界眼，见无量佛以自在力调伏众生故；得普见眼，睹一切刹诸佛出兴故。

时，有守护菩萨法堂罗刹鬼王，名曰：善眼，与其眷属万罗刹俱，于虚空中，以众妙华，散善财上，作如是言：

善男子！菩萨成就十法，则得亲近诸善知识。何等为十？所谓：其心清净离诸谄诳；大悲平等普摄众生，知诸众生无有真实；趣一切智，心不退转；以信解力普入一切诸佛道场；得净慧眼了诸法性；大慈平等普覆众生；以智光明廓诸妄境；以甘露雨涤生死热；以广大眼彻鉴诸法；心常随顺诸善知识。是为十。

复次，佛子！菩萨成就十种三昧门，则常现见诸善知识。何等为十？所谓：法空清净轮三昧、观察十方海三昧、于一切境界不舍离不缺减三昧、普见一切佛出兴三昧、集一切功德藏三昧、心恒不舍善知识三昧、常见一切善知识生诸佛功德三昧、常不离一切善知识三昧、常供养一切善知识三昧、常于一切善知识所无过失三昧。佛子！菩萨成就此十三昧门，常得亲近诸善知识，又得善知识转一切佛法轮三昧；得此三昧已，悉知诸佛体性平等，处处值遇诸善知识。

说是语时，善财童子仰视空中而答之言：善哉善哉！汝为哀愍摄受我故，方便教我见善知识。愿为我说：云何往诣善知识所？于何方处城邑聚落求善知识？

罗刹答言：善男子！汝应普礼十方，求善知识；正念思惟一切境界，求善知识；勇猛自在遍游十方，求善知识；观身观心如梦如影，求善知识。

尔时，善财受行其教，即时睹见大宝莲华从地涌出，金刚为茎，妙宝为藏，摩尼为叶，光明宝王以为其台，众宝色香以为其须，无数宝网弥覆其上。于其台上，有一楼观，名：普纳十方法界藏，奇妙严饰，金刚为地，千柱行列，一切皆以摩尼宝成，阎浮檀金以为其壁，众宝璎珞四面垂下，阶陛、栏楯周匝庄严。其楼观中，有如意宝莲华之座，种种众宝以为严饰，妙宝栏楯，宝衣间列，宝帐、宝网以覆其上，众宝缯幡周匝垂下，微风徐动，光流响发；宝华幢中雨众妙华，宝铃铎中出美音声，宝户牖间垂诸璎珞，摩尼身中流出香水，宝象口中出莲华网，宝师子口吐妙香云，梵形宝轮出随乐音，金刚宝铃出诸菩萨大愿之音，宝月幢中出佛化形，净藏宝王现三世佛受生次第，日藏摩尼放大光明遍照十方一切佛刹，摩尼宝王放一切佛圆满光明，毗卢遮那摩尼宝王兴供养云供养一切诸佛如来，如意珠王念念示现普贤神变充满法界，须弥宝王出天宫殿，天诸采女种种妙音歌赞如来不可思议微妙功德。

尔时，善财见如是座，复有无量众座围绕，摩耶夫人在彼座上，于一切众生前，现净色身。所谓：超三界色身，已出一切诸有趣故；随心乐色身，于一切世间无所著故；普周遍色身，等于一切众生数故；无等比色身，令一切众生灭倒见故；无量种色身，随众生心种种现故；无边相色身，普现种种诸形相故；普对现色身，以大自在而示现故；化一切色身，随其所应而现前故；恒示现色身，尽众生界而无尽故；无去色身，于一切趣无所灭故；无来色身，于诸世间无所出故；不生色身，无生起故；不灭色身，离语言故；非实色身，得如实故；非虚色身，随世现故；无动色身，生灭永离故；不坏色身，法性不坏故；无相色身，言语道断故；一相色身，无相为相故；如像色身，随心应现故；如幻色身，幻智所生故；如焰色身，但想所持故；如影色身，随愿现生故；如梦色身，随心而现故；法界色身，性净如空故；大悲色身，常护众生故；无碍色身，念念周遍法界故；无边色身，普净一切众生故；无量色身，超出一切语言故；无住色身，愿度一切世间故；无处色身，恒化众生不断故；无生色身，幻愿所成故；无胜色身，超诸世间故；如实色身，定心所现故；不生色身，随众生业而出现故；如意珠色身，普满一切众生愿故；无分别色身，但随众生分别起故；离分别色身，一切众生不能知故；无尽色身，尽诸众生死际故；清净色身，同于如来无分别故。如是身者，非色，所有色相如影像故；非受，世间苦受究竟灭故；非想，但随众生想所现故；非行，依如幻业而成就故；离识，菩萨愿智空无性故，一切众生语言断故，已得成就寂灭身故。

尔时，善财童子又见摩耶夫人，随诸众生心之所乐，现超过一切世间色身。所谓：或现超过他化自在天女身乃至超过四大天王天女身，或现超过龙女身乃至超过人女身，现如是等无量色身，饶益众生。集一切智助道之法，行于平等檀波罗蜜，大悲普覆一切世间。出生如来无量功德，修习增长一切智心，观察思惟诸法实性；获深忍海，具众定门，住于平等三昧境界，得如来定圆满光明，销竭众生烦恼巨海；心常正定，未尝动乱，恒转清净不退法轮，善能了知一切佛法，恒以智慧观法实相；见诸如来心无厌足，知三世佛出兴次第，见佛三昧常现在前，了达如来出现于世无量无数诸清净道，行于诸佛虚空境界；普摄众生，各随其心，教化成就；入佛无量清净法身，成就大愿，净诸佛刹，究竟调伏一切众生，心恒遍入诸佛境界；出生菩萨自在神力，已得法身清净无染，而恒示现无量色身；摧一切魔力，成大善根力，出生正法力，具足诸佛力，得诸菩萨自在之力，速疾增长一切智力；得佛智光，普照一切，悉知无量众生心海，根、性、欲、解种种差别；其身普遍十方刹海，悉知诸刹成坏之相，以广大眼见十方海，以周遍智知三世海，身普承事一切佛海，心恒纳受一切法海；修习一切如来功德，出生一切菩萨智慧，常乐观察一切菩萨从初发心乃至成就所行之道，常勤守护一切众生，常乐称扬诸佛功德，愿为一切菩萨之母。

尔时，善财童子见摩耶夫人现如是等阎浮提微尘数诸方便门。既见是已，如摩耶夫人所现身数，善财亦现作尔许身，于一切处摩耶之前恭敬礼拜，即时证得无量无数诸三昧门，分别观察，修行证入。从三昧起，右绕摩耶并其眷属，合掌而立，白言：

大圣！文殊师利菩萨教我发阿耨多罗三藐三菩提心，求善知识，亲近供养。我于一一善知识所，皆往承事，无空过者；渐来至此，愿为我说：菩萨云何学菩萨行而得成就？

答言：

佛子！我已成就菩萨大愿智幻解脱门，是故常为诸菩萨母。佛子！如我于此阎浮提中迦毗罗城净饭王家，右胁而生悉达太子，现不思议自在神变；如是，乃至尽此世界海，所有一切毗卢遮那如来，皆入我身，示现诞生自在神变。

又，善男子！我于净饭王宫，菩萨将欲下生之时，见菩萨身一一毛孔咸放光明，名：一切如来受生功德轮，一一毛孔皆现不可说不可说佛刹微尘数菩萨受生庄严。彼诸光明，皆悉普照一切世界；照世界已，来入我顶乃至一切诸毛孔中。又，彼光中普现一切菩萨名号、受生神变、宫殿眷属、五欲自娱；又见出家、往诣道场、成等正觉、坐师子座、菩萨围绕、诸王供养、为诸大众转正法轮；又见如来往昔修行菩萨道时，于诸佛所恭敬供养，发菩提心，净佛国土，念念示现无量化身，充遍十方一切世界，乃至最后入般涅槃。如是等事，靡不皆见。

又，善男子！彼妙光明入我身时，我身形量虽不踰本，然其实已超诸世间。所以者何？我身尔时量同虚空，悉能容受十方菩萨受生庄严诸宫殿故。尔时，菩萨从兜率天将降神时，有十佛刹微尘数诸菩萨，皆与菩萨同愿、同行、同善根、同庄严、同解脱、同智慧，诸地、诸力、法身、色身，乃至普贤神通行愿，悉皆同等，如是菩萨前后围绕；又有八万诸龙王等、一切世主，乘其宫殿，俱来供养。菩萨尔时，以神通力，与诸菩萨普现一切兜率天宫；一一宫中，悉现十方一切世界阎浮提内受生影像，方便教化无量众生，令诸菩萨离诸懈怠无所执著。又以神力，放大光明，普照世间，破诸黑暗，灭诸苦恼；令诸众生，皆识宿世所有业行，永出恶道。又为救护一切众生，普现其前，作诸神变。现如是等诸奇特事，与眷属俱，来入我身。彼诸菩萨于我腹中，游行自在，或以三千大千世界而为一步，或以不可说不可说佛刹微尘数世界而为一步。又，念念中，十方不可说不可说一切世界诸如来所、菩萨众会，及四天王天、三十三天，乃至色界诸梵天王，欲见菩萨处胎神变，恭敬供养，听受正法，皆入我身。虽我腹中悉能容受如是众会，而身不广大亦不迫窄；其诸菩萨各见自处众会道场，清净严饰。

善男子！如此四天下阎浮提中，菩萨受生，我为其母；三千大千世界百亿四天下阎浮提中，悉亦如是。然我此身本来无二，非一处住，非多处住。何以故？以修菩萨大愿智幻庄严解脱门故。善男子！如今世尊，我为其母；往昔所有无量诸佛，悉亦如是而为其母。

善男子！我昔曾作莲华池神，时有菩萨于莲华藏忽然化生，我即捧持瞻侍养育，一切世间皆共号我为：菩萨母。又，我昔为菩提场神，时有菩萨于我怀中忽然化生，世亦号我为：菩萨母。善男子！有无量最后身菩萨，于此世界种种方便示现受生，我皆为母。

善男子！如此世界贤劫之中，过去世时，拘留孙佛、拘那含牟尼佛、迦叶佛及今世尊释迦牟尼佛现受生时，我为其母。未来世中，弥勒菩萨从兜率天将降神时，放大光明普照法界，示现一切诸菩萨众受生神变，乃于人间生大族家，调伏众生；我于彼时，亦为其母。如是次第，有师子佛、法幢佛、善眼佛、净华佛、华德佛、提舍佛、弗沙佛、善意佛、金刚佛、离垢佛、月光佛、持炬佛、名称佛、金刚楯佛、清净义佛、绀身佛、到彼岸佛、宝焰山佛、持炬佛、莲华德佛、名称佛、无量功德佛、最胜灯佛、庄严身佛、善威仪佛、慈德佛、无住佛、大威光佛、无边音佛、胜怨敌佛、离疑惑佛、清净佛、大光佛、净心佛、云德佛、庄严顶髻佛、树王佛、宝瑙佛、海慧佛、妙宝佛、华冠佛、满愿佛、大自在佛、妙德王佛、最尊胜佛、栴檀云佛、绀眼佛、胜慧佛、观察慧佛、炽盛王佛、坚固慧佛、自在名佛、师子王佛、自在佛、最胜顶佛、金刚智山佛、妙德藏佛、宝网严身佛、善慧佛、自在天佛、大天王佛、无依德佛、善施佛、焰慧佛、水天佛、得上味佛、出生无上功德佛、仙人侍卫佛、随世语言佛、功德自在幢佛、光幢佛、观身佛、妙身佛、香焰佛、金刚宝严佛、喜眼佛、离欲佛、高大身佛、财天佛、无上天佛、顺寂灭佛、智觉佛、灭贪佛、大焰王佛、寂诸有佛、毗舍佉天佛、金刚山佛、智焰德佛、安隐佛、师子出现佛、圆满清净佛、清净贤佛、第一义佛、百光明佛、最增上佛、深自在佛、大地王佛、庄严王佛、解脱佛、妙音佛、殊胜佛、自在佛、无上医王佛、功德月佛、无碍光佛、功德聚佛、月现佛、日天佛、出诸有佛、勇猛名称佛、光明门佛、娑罗王佛、最胜佛、药王佛、宝胜佛、金刚慧佛、无能胜佛、无能映蔽佛、众会王佛、大名称佛、敏持佛、无量光佛、大愿光佛、法自在不虚佛、不退地佛、净天佛、善天佛、坚固苦行佛、一切善友佛、解脱音佛、游戏王佛、灭邪曲佛、薝卜净光佛、具众德佛、最胜月佛、执明炬佛、殊妙身佛、不可说佛、最清净佛、友安众生佛、无量光佛、无畏音佛、水天德佛、不动慧光佛、华胜佛、月焰佛、不退慧佛、离爱佛、无著慧佛、集功德蕴佛、灭恶趣佛、普散华佛、师子吼佛、第一义佛、无碍见佛、破他军佛、不著相佛、离分别海佛、端严海佛、须弥山佛、无著智佛、无边座佛、清净住佛、随师行佛、最上施佛、常月佛、饶益王佛、不动聚佛、普摄受佛、饶益慧佛、持寿佛、无灭佛、具足名称佛、大威力佛、种种色相佛、无相慧佛、不动天佛、妙德难思佛、满月佛、解脱月佛、无上王佛、希有身佛、梵供养佛、不瞬、顺先古佛、最上业佛、顺法智佛、无胜天佛、不思议功德光佛、随法行佛、无量贤佛、普随顺自在佛、最尊天佛，如是乃至楼至如来，在贤劫中，于此三千大千世界，当成佛者，悉为其母。如于此三千大千世界，如是于此世界海十方无量诸世界一切劫中，诸有修行普贤行愿，为化一切诸众生者，我自见身悉为其母。

尔时，善财童子白摩耶夫人言：大圣得此解脱，经今几时？答言：

善男子！乃往古世，过不可思议非最后身菩萨神通道眼所知劫数，尔时有劫名：净光，世界名：须弥德，虽有诸山五趣杂居，然其国土众宝所成，清净庄严无诸秽恶。有千亿四天下，有一四天下，名：师子幢，于中有八十亿王城。有一王城，名：自在幢；有转轮王，名：大威德。彼王城北，有一道场，名：满月光明；其道场神，名曰：慈德。时，有菩萨，名：离垢幢，坐于道场，将成正觉。有一恶魔，名：金色光，与其眷属无量众俱，至菩萨所。彼大威德转轮圣王已得菩萨神通自在，化作兵众，其数倍多，围绕道场；诸魔惶怖，悉自奔散；故彼菩萨得成阿耨多罗三藐三菩提。时，道场神见是事已，欢喜无量，便于彼王而生子想，顶礼佛足，作是愿言：此转轮王，在在生处，乃至成佛，愿我常得与其为母。作是愿已，于此道场，复曾供养十那由他佛。

善男子！于汝意云何，彼道场神岂异人乎？我身是也。转轮王者，今世尊毗卢遮那是。我从于彼发愿已来，此佛世尊，于十方刹一切诸趣，处处受生，种诸善根，修菩萨行，教化成就一切众生，乃至示现住最后身，念念普于一切世界，示现菩萨受生神变，常为我子，我常为母。善男子！过去、现在十方世界无量诸佛将成佛时，皆于脐中放大光明，来照我身及我所住宫殿屋宅；彼最后生，我悉为母。

善男子！我唯知此菩萨大愿智幻解脱门。如诸菩萨摩诃萨，具大悲藏，教化众生常无厌足，以自在力，一一毛孔示现无量诸佛神变；我今云何能知能说彼功德行？

善男子！于此世界三十三天，有王名：正念，其王有女名：天主光。汝诣彼问：菩萨云何学菩萨行、修菩萨道？

时，善财童子敬受其教，头面作礼，绕无数匝，恋慕瞻仰，却行而退。

遂往天宫，见彼天女，礼足围绕，合掌前住，白言：圣者！我已先发阿耨多罗三藐三菩提心，而未知菩萨云何学菩萨行？云何修菩萨道？我闻圣者善能诱诲，愿为我说！

天女答言：

善男子！我得菩萨解脱，名：无碍念清净庄严。善男子！我以此解脱力，忆念过去，有最胜劫，名：青莲华。我于彼劫中，供养恒河沙数诸佛如来。彼诸如来，从初出家，我皆瞻奉，守护供养，造僧伽蓝，营办什物。又，彼诸佛从为菩萨住母胎时，诞生之时，行七步时，大师子吼时，住童子位在宫中时，向菩提树成正觉时，转正法轮现佛神变教化调伏众生之时；如是一切诸所作事，从初发心乃至法尽，我皆明忆，无有遗余，常现在前，念持不忘。又，忆过去劫，名：善地，我于彼供养十恒河沙数诸佛如来；又，过去劫名为：妙德，我于彼供养一佛世界微尘数诸佛如来；又，劫名：无所得，我于彼供养八十四亿百千那由他诸佛如来；又，劫名：善光，我于彼供养阎浮提微尘数诸佛如来；又，劫名：无量光，我于彼供养二十恒河沙数诸佛如来；又，劫名：最胜德，我于彼供养一恒河沙数诸佛如来；又，劫名：善悲，我于彼供养八十恒河沙数诸佛如来；又，劫名：胜游，我于彼供养六十恒河沙数诸佛如来；又，劫名：妙月，我于彼供养七十恒河沙数诸佛如来。

善男子！如是忆念恒河沙劫，我常不舍诸佛如来、应、正等觉，从彼一切诸如来所，闻此无碍念清净庄严菩萨解脱，受持修行恒不忘失。如是，先劫所有如来，从初菩萨，乃至法尽，一切所作，我以净严解脱之力，皆随忆念，明了现前，持而顺行，曾无懈废。

善男子！我唯知此无碍念清净解脱。如诸菩萨摩诃萨，出生死夜朗然明彻，永离痴冥未尝惛寐，心无诸盖、身行轻安，于诸法性清净觉了，成就十力开悟群生；而我云何能知能说彼功德行？

善男子！迦毗罗城有童子师，名曰：遍友。汝诣彼问：菩萨云何学菩萨行、修菩萨道？

时，善财童子以闻法故，欢喜踊跃，不思议善根自然增广；顶礼其足，绕无数匝，辞退而去。

从天宫下，渐向彼城。至遍友所，礼足围绕，合掌恭敬，于一面立，白言：圣者！我已先发阿耨多罗三藐三菩提心，而未知菩萨云何学菩萨行？云何修菩萨道？我闻圣者善能诱诲，愿为我说！

遍友答言：善男子！此有童子，名：善知众艺，学菩萨字智。汝可问之，当为汝说。

尔时，善财即至其所，头顶礼敬，于一面立，白言：圣者！我已先发阿耨多罗三藐三菩提心,而未知菩萨云何学菩萨行?云何修菩萨道?我闻圣者善能诱诲,愿为我说!

时,彼童子告善财言:

善男子!我得菩萨解脱,名:善知众艺。我恒唱持此之字母:唱阿字时,入般若波罗蜜门,名:以菩萨威力入无差别境界;唱多字时,入般若波罗蜜门,名:无边差别门;唱波字时,入般若波罗蜜门,名:普照法界;唱者字时,入般若波罗蜜门,名:普轮断差别;唱那字时,入般若波罗蜜门,名:得无依无上;唱逻字时,入般若波罗蜜门,名:离依止无垢;唱(木他,音 tao)(轻呼)字时,入般若波罗蜜门,名:不退转方便;唱婆(蒲我切)字时,入般若波罗蜜门,名:金刚场;唱茶(徒解切)字时,入般若波罗蜜门,名曰:普轮;唱沙(史我切)字时,入般若波罗蜜门,名为:海藏;唱缚(房可切)字时,入般若波罗蜜门,名:普生安住;唱哆(都我切)字时,入般若波罗蜜门,名:圆满光;唱也(以可切)字时,入般若波罗蜜门,名:差别积聚;唱瑟吒字时,入般若波罗蜜门,名:普光明息烦恼;唱迦字时,入般若波罗蜜门,名:无差别云;唱娑(苏我切)字时,入般若波罗蜜门,名:降霆大雨;唱么字时,入般若波罗蜜门,名:大流湍激众峰齐峙;唱伽(上声轻呼)字时,入般若波罗蜜门,名:普安立;唱他(他可切)字时,入般若波罗蜜门,名:真如平等藏;唱社字时,入般若波罗蜜门,名:入世间海清净;唱锁字时,入般若波罗蜜门,名:念一切佛庄严;唱柂字时,入般若波罗蜜门,名:观察简拣择一切法聚;唱奢(尸苛切)字时,入般若波罗蜜门,名:随顺一切佛教轮光明;唱佉字时,入般若波罗蜜门,名:修因地智慧藏;唱叉(楚我切)字时,入般若波罗蜜门,名:息诸业海藏;唱娑(苏纥切)多(上声呼)字时,入般若波罗蜜门,名:蠲诸惑障开净光明;唱壤字时,入般若波罗蜜门,名:作世间智慧门;唱曷攞多(上声)字时,入般若波罗蜜门,名:生死境界智慧轮;唱婆(蒲饿切)字时,入般若波罗蜜门,名:一切智宫殿圆满庄严;唱车(上声呼)字时,入般若波罗蜜门,名:修行方便藏各别圆满;唱娑(苏纥切)么字时,入般若波罗蜜门,名:随十方现见诸佛;唱诃婆(二字皆上声呼)字时,入般若波罗蜜门,名:观察一切无缘众生方便摄受令出生无碍力;唱縒(七可切)字时,入般若波罗蜜门,名:修行趣入一切功德海;唱伽(上声呼)字时,入般若波罗蜜门,名:持一切法云坚固海藏;唱吒字时,入般若波罗蜜门,名:随愿普见十方诸佛;唱拏(乃可切)字时,入般若波罗蜜门,名:观察字轮有无尽诸亿字;唱娑(苏纥切)颇字时,入般若波罗蜜门,名:化众生究竟处;唱娑(同前音)迦字时,入般若波罗蜜门,名:广大藏无碍辩光明轮遍照;唱也(夷舸切)娑(苏舸切)字时,入般若波罗蜜门,名:宣说一切佛法境界;唱室者字时,入般若波罗蜜门,名:于一切众生界法雷遍吼；唱侘（耻加切）字时，入般若波罗蜜门，名：以无我法开晓众生；唱陀字时，入般若波罗蜜门，名：一切法轮差别藏。善男子！我唱如是字母时，此四十二般若波罗蜜门为首，入无量无数般若波罗蜜门。

善男子！我唯知此善知众艺菩萨解脱。如诸菩萨摩诃萨，能于一切世、出世间善巧之法，以智通达到于彼岸；殊方异艺，咸综无遗；文字、算数，蕴其深解；医方、咒术，善疗众病；有诸众生，鬼魅所持，怨憎咒诅，恶星变怪，死尸奔逐，癫痫、羸瘦，种种诸疾，咸能救之，使得痊愈；又善别知金玉、珠贝、珊瑚、琉璃、摩尼、砗磲、鸡萨罗等一切宝藏，出生之处，品类不同，价直多少；村营乡邑、大小都城、宫殿苑园、岩泉薮泽，凡是一切人众所居，菩萨咸能随方摄护；又善观察天文地理、人相吉凶、鸟兽音声、云霞气候、年谷丰俭、国土安危，如是世间所有技艺，莫不该练，尽其源本；又能分别出世之法，正名辨义，观察体相，随顺修行，智入其中，无疑、无碍、无愚暗、无顽钝、无忧恼、无沉没、无不现证。而我云何能知能说彼功德行？

善男子！此摩竭提国，有一聚落，彼中有城，名：婆呾那；有优婆夷，号曰：贤胜。汝诣彼问：菩萨云何学菩萨行、修菩萨道？

时，善财童子头面敬礼知艺之足，绕无数匝，恋仰辞去。

向聚落城，至贤胜所，礼足围绕，合掌恭敬，于一面立，白言：圣者！我已先发阿耨多罗三藐三菩提心，而未知菩萨云何学菩萨行？云何修菩萨道？我闻圣者善能诱诲，愿为我说！

贤胜答言：

善男子！我得菩萨解脱，名：无依处道场；既自开解，复为人说。又得无尽三昧，非彼三昧法有尽、无尽，以能出生一切智性眼无尽故，又能出生一切智性耳无尽故，又能出生一切智性鼻无尽故，又能出生一切智性舌无尽故，又能出生一切智性身无尽故，又能出生一切智性意无尽故，又能出生一切智性功德波涛无尽故，又能出生一切智性智慧光明无尽故，又能出生一切智性速疾神通无尽故。

善男子！我唯知此无依处道场解脱。如诸菩萨摩诃萨一切无著功德行，而我云何尽能知说？

善男子！南方有城，名为：沃田；彼有长者，名：坚固解脱。汝可往问：菩萨云何学菩萨行、修菩萨道？

尔时，善财礼贤胜足，绕无数匝，恋慕瞻仰，辞退南行。

到于彼城，诣长者所，礼足围绕，合掌恭敬，于一面立，白言：圣者！我已先发阿耨多罗三藐三菩提心，而未知菩萨云何学菩萨行？云何修菩萨道？我闻圣者善能诱诲，愿为我说！

长者答言：

善男子！我得菩萨解脱，名：无著念清净庄严。我自得是解脱已来，于十方佛所勤求正法无有休息。

善男子！我唯知此无著念净庄严解脱。如诸菩萨摩诃萨，获无所畏大师子吼，安住广大福智之聚；而我云何能知能说彼功德行？

善男子！即此城中，有一长者，名为：妙月；其长者宅，常有光明。汝诣彼问：菩萨云何学菩萨行、修菩萨道？

时，善财童子礼坚固足，绕无数匝，辞退而行。

向妙月所，礼足围绕，合掌恭敬，于一面立，白言：圣者！我已先发阿耨多罗三藐三菩提心，而未知菩萨云何学菩萨行？云何修菩萨道？我闻圣者善能诱诲，愿为我说！

妙月答言：

善男子！我得菩萨解脱，名：净智光明。

善男子！我唯知此智光解脱。如诸菩萨摩诃萨证得无量解脱法门，而我云何能知能说彼功德行？

善男子！于此南方，有城名：出生；彼有长者，名：无胜军。汝诣彼问：菩萨云何学菩萨行、修菩萨道？

是时，善财礼妙月足，绕无数匝，恋仰辞去。

渐向彼城，至长者所，礼足围绕，合掌恭敬，于一面立，白言：圣者！我已先发阿耨多罗三藐三菩提心，而未知菩萨云何学菩萨行？云何修菩萨道？我闻圣者善能诱诲，愿为我说！

长者答言：

善男子！我得菩萨解脱，名：无尽相。我以证此菩萨解脱，见无量佛，得无尽藏。

善男子！我唯知此无尽相解脱。如诸菩萨摩诃萨得无限智无碍辩才，而我云何能知能说彼功德行？

善男子！于此城南，有一聚落，名之为：法；彼聚落中，有婆罗门，名：最寂静。汝诣彼问：菩萨云何学菩萨行、修菩萨道？

时，善财童子礼无胜军足，绕无数匝，恋仰辞去。

渐次南行，诣彼聚落，见最寂静，礼足围绕，合掌恭敬，于一面立，白言：圣者！我已先发阿耨多罗三藐三菩提心，而未知菩萨云何学菩萨行？云何修菩萨道？我闻圣者善能诱诲，愿为我说！

婆罗门答言：

善男子！我得菩萨解脱，名：诚愿语；过去、现在、未来菩萨，以是语故，乃至于阿耨多罗三藐三菩提，无有退转，无已退、无现退、无当退。

善男子！我以住于诚愿语故，随意所作，莫不成满。善男子！我唯知此诚语解脱。如诸菩萨摩诃萨，与诚愿语，行止无违，言必以诚，未曾虚妄，无量功德因之出生；而我云何能知能说？

善男子！于此南方，有城名：妙意华门；彼有童子，名曰：德生；复有童女，名为：有德。汝诣彼问：菩萨云何学菩萨行、修菩萨道?

时,善财童子于法尊重,礼婆罗门足,绕无数匝,恋仰而去。

大方广佛华严经卷第七十七

入法界品第三十九之十八

尔时,善财童子渐次南行,至妙意华门城,见德生童子、有德童女,顶礼其足,右绕毕已,于前合掌而作是言:圣者!我已先发阿耨多罗三藐三菩提心,而未知菩萨云何学菩萨行?云何修菩萨道?唯愿慈哀,为我宣说!

时,童子、童女告善财言:

善男子!我等证得菩萨解脱,名为:幻住。得此解脱故,见一切世界皆幻住,因缘所生故;一切众生皆幻住,业烦恼所起故;一切世间皆幻住,无明、有、爱等展转缘生故;一切法皆幻住,我见等种种幻缘所生故;一切三世皆幻住,我见等颠倒智所生故;一切众生生灭、生老病死、忧悲苦恼皆幻住,虚妄分别所生故;一切国土皆幻住,想倒、心倒、见倒无明所现故;一切声闻、辟支佛皆幻住,智断分别所成故;一切菩萨皆幻住,能自调伏教化众生诸行愿法之所成故;一切菩萨众会、变化、调伏、诸所施为皆幻住,愿智幻所成故。善男子!幻境自性不可思议。

善男子!我等二人但能知此幻住解脱。如诸菩萨摩诃萨善入无边诸事幻网,彼功德行,我等云何能知能说?

时,童子、童女说自解脱已,以不思议诸善根力,令善财身柔软光泽,而告之言:

善男子!于此南方,有国名:海岸,有园名:大庄严,其中有一广大楼阁,名:毗卢遮那庄严藏,从菩萨善根果报生,从菩萨念力、愿力、自在力、神通力生,从菩萨善巧方便生,从菩萨福德智慧生。

善男子!住不思议解脱菩萨,以大悲心,为诸众生,现如是境界,集如是庄严。弥勒菩萨摩诃萨安处其中,为欲摄受本所生处父母、眷属及诸人民,令成熟故;又欲令彼同受生、同修行众生,于大乘中得坚固故;又欲令彼一切众生,随住地、随善根皆成就故;又欲为汝显示菩萨解脱门故,显示菩萨遍一切处受生自在故,显示菩萨以种种身普现一切众生之前常教化故,显示菩萨以大悲力普摄一切世间资财而不厌故,显示菩萨具修诸行知一切行离诸相故,显示菩萨处处受生了一切生皆无相故。汝诣彼问:菩萨云何行菩萨行?云何修菩萨道?云何学菩萨戒?云何净菩萨心?云何发菩萨愿?云何集菩萨助道具?云何入菩萨所住地?云何满菩萨波罗蜜?云何获菩萨无生忍?云何具菩萨功德法?云何事菩萨善知识?

何以故？善男子！彼菩萨摩诃萨通达一切菩萨行，了知一切众生心，常现其前教化调伏。彼菩萨已满一切波罗蜜，已住一切菩萨地，已证一切菩萨忍，已入一切菩萨位，已蒙授与具足记，已游一切菩萨境，已得一切佛神力，已蒙一切如来以一切智甘露法水而灌其顶。善男子！彼善知识能润泽汝诸善根，能增长汝菩提心，能坚汝志，能益汝善，能长汝菩萨根，能示汝无碍法，能令汝入普贤地，能为汝说菩萨愿，能为汝说普贤行，能为汝说一切菩萨行愿所成功德。

善男子！汝不应修一善、照一法、行一行、发一愿、得一记、住一忍，生究竟想；不应以限量心，行于六度，住于十地，净佛国土，事善知识。何以故？善男子！菩萨摩诃萨应种无量诸善根，应集无量菩提具，应修无量菩提因，应学无量巧回向，应化无量众生界，应知无量众生心，应知无量众生根，应识无量众生解，应观无量众生行，应调伏无量众生，应断无量烦恼，应净无量业习，应灭无量邪见，应除无量杂染心，应发无量清净心，应拔无量苦毒箭，应涸无量爱欲海，应破无量无明暗，应摧无量我慢山，应断无量生死缚，应度无量诸有流，应竭无量受生海，应令无量众生出五欲淤泥，应使无量众生离三界牢狱，应置无量众生于圣道中，应消灭无量贪欲行，应净治无量瞋恚行，应摧破无量愚痴行，应超无量魔网，应离无量魔业，应净治菩萨无量欲乐，应增长菩萨无量方便，应出生菩萨无量增上根，应明洁菩萨无量决定解，应趣入菩萨无量平等，应清净菩萨无量功德，应修治菩萨无量诸行，应示现菩萨无量随顺世间行，应生无量净信力，应住无量精进力，应净无量正念力，应满无量三昧力，应起无量净慧力，应坚无量胜解力，应集无量福德力，应长无量智慧力，应发起无量菩萨力，应圆满无量如来力，应分别无量法门，应了知无量法门，应清净无量法门，应生无量法光明，应作无量法照耀，应照无量品类根，应知无量烦恼病，应集无量妙法药，应疗无量众生疾，应严办无量甘露供，应往诣无量佛国土，应供养无量诸如来，应入无量菩萨会，应受无量诸佛教，应忍无量众生罪，应灭无量恶道难，应令无量众生生善道，应以四摄摄无量众生，应修无量总持门，应生无量大愿门，应修无量大慈、大愿力，应勤求无量法常无休息，应起无量思惟力，应起无量神通事，应净无量智光明，应往无量众生趣，应受无量诸有生，应现无量差别身，应知无量言辞法，应入无量差别心，应知菩萨大境界，应住菩萨大宫殿，应观菩萨甚深妙法，应知菩萨难知境界，应行菩萨难行诸行，应具菩萨尊重威德，应践菩萨难入正位，应知菩萨种种诸行，应现菩萨普遍神力，应受菩萨平等法云，应广菩萨无边行网，应满菩萨无边诸度，应受菩萨无量记莂，应入菩萨无量忍门，应治菩萨无量诸地，应净菩萨无量法门，应同诸菩萨，安住无边劫，供养无量佛，严净不可说佛国土，出生不可说菩萨愿。善男子！举要言之，应普修一切菩萨行，应普化一切众生界，应普入一切劫,应普生一切处,应普知一切世,应普行一切法,应普净一切刹,应普满一切愿,应普供一切佛,应普同一切菩萨愿,应普事一切善知识。

善男子!汝求善知识,不应疲倦;见善知识,勿生厌足;请问善知识,勿惮劳苦;亲近善知识,勿怀退转;供养善知识,不应休息;受善知识教,不应倒错;学善知识行,不应疑惑;闻善知识演说出离门,不应犹豫;见善知识随烦恼行,勿生嫌怪;于善知识所生深信尊敬心,不应变改。何以故?善男子!菩萨因善知识,听闻一切菩萨诸行,成就一切菩萨功德,出生一切菩萨大愿,引发一切菩萨善根,积集一切菩萨助道,开发一切菩萨法光明,显示一切菩萨出离门,修学一切菩萨清净戒,安住一切菩萨功德法,清净一切菩萨广大志,增长一切菩萨坚固心,具足一切菩萨陀罗尼辩才门,得一切菩萨清净藏,生一切菩萨定光明,得一切菩萨殊胜愿,与一切菩萨同一愿,闻一切菩萨殊胜法,得一切菩萨秘密处,至一切菩萨法宝洲,增一切菩萨善根芽,长一切菩萨智慧身,护一切菩萨深密藏,持一切菩萨福德聚,净一切菩萨受生道,受一切菩萨正法云,入一切菩萨大愿路,趣一切如来菩提果,摄取一切菩萨妙行,开示一切菩萨功德,往一切方听受妙法,赞一切菩萨广大威德,生一切菩萨大慈悲力,摄一切菩萨胜自在力,生一切菩萨菩提分,作一切菩萨利益事。

善男子!菩萨由善知识任持,不堕恶趣;由善知识摄受,不退大乘;由善知识护念,不毁犯菩萨戒;由善知识守护,不随逐恶知识;由善知识养育,不缺减菩萨法;由善知识摄取,超越凡夫地;由善知识教诲,超越二乘地;由善知识示导,得出离世间;由善知识长养,能不染世法;由承事善知识,修一切菩萨行;由供养善知识,具一切助道法;由亲近善知识,不为业惑之所摧伏;由恃怙善知识,势力坚固,不怖诸魔;由依止善知识,增长一切菩提分法。何以故?善男子!善知识者,能净诸障,能灭诸罪,能除诸难,能止诸恶,能破无明长夜黑暗,能坏诸见坚固牢狱,能出生死城,能舍世俗家,能截诸魔网,能拔众苦箭,能离无智险难处,能出邪见大旷野,能度诸有流,能离诸邪道,能示菩提路,能教菩萨法,能令安住菩萨行,能令趣向一切智,能净智慧眼,能长菩提心,能生大悲,能演妙行,能说波罗蜜,能摈恶知识,能令住诸地,能令获诸忍,能令修习一切善根,能令成办一切道具,能施与一切大功德,能令到一切种智位,能令欢喜集功德,能令踊跃修诸行,能令趣入甚深义,能令开示出离门,能令杜绝诸恶道,能令以法光照耀,能令以法雨润泽,能令消灭一切惑,能令舍离一切见,能令增长一切佛智慧,能令安住一切佛法门。

善男子!善知识者,如慈母,出生佛种故;如慈父,广大利益故;如乳母,守护不令作恶故;如教师,示其菩萨所学故;如善导,能示波罗蜜道故；如良医，能治烦恼诸病故；如雪山，增长一切智药故；如勇将，殄除一切怖畏故；如济客，令出生死暴流故；如船师，令到智慧宝洲故。善男子！常当如是正念思惟诸善知识。

复次，善男子！汝承事一切善知识，应发如大地心，荷负重任无疲倦故；应发如金刚心，志愿坚固不可坏故；应发如铁围山心，一切诸苦无能动故；应发如给侍心，所有教令皆随顺故；应发如弟子心，所有训诲无违逆故；应发如僮仆心，不厌一切诸作务故；应发如养母心，受诸勤苦不告劳故；应发如佣作心，随所受教无违逆故；应发如除粪人心，离憍慢故；应发如已熟稼心，能低下故；应发如良马心，离恶性故；应发如大车心，能运重故；应发如调顺象心，恒伏从故；应发如须弥山心，不倾动故；应发如良犬心，不害主故；应发如旃荼罗心，离憍慢故；应发如犅牛心，无威怒故；应发如舟船心，往来不倦故；应发如桥梁心，济渡忘疲故；应发如孝子心，承顺颜色故；应发如王子心，遵行教命故。

复次，善男子！汝应于自身生病苦想，于善知识生医王想，于所说法生良药想，于所修行生除病想；又应于自身生远行想，于善知识生导师想，于所说法生正道想，于所修行生远达想；又应于自身生求度想，于善知识生船师想，于所说法生舟楫想，于所修行生到岸想；又应于自身生苗稼想，于善知识生龙王想，于所说法生时雨想，于所修行生成熟想；又应于自身生贫穷想，于善知识生毗沙门王想，于所说法生财宝想，于所修行生富饶想；又应于自身生弟子想，于善知识生良工想，于所说法生技艺想，于所修行生了知想；又应于自身生恐怖想，于善知识生勇健想，于所说法生器仗想，于所修行生破冤想；又应于自身生商人想，于善知识生导师想，于所说法生珍宝想，于所修行生捃拾想；又应于自身生儿子想，于善知识生父母想，于所说法生家业想，于所修行生绍继想；又应于自身生王子想，于善知识生大臣想，于所说法生王教想，于所修行生冠王冠想、服王服想、系王缯想、坐王殿想。

善男子！汝应发如是心，作如是意近善知识。何以故？以如是心近善知识，令其志愿永得清净。

复次，善男子！善知识者长诸善根，譬如雪山长诸药草；善知识者是佛法器，譬如大海吞纳众流；善知识者是功德处，譬如大海出生众宝；善知识者净菩提心，譬如猛火能炼真金；善知识者出过世法，如须弥山出于大海；善知识者不染世法，譬如莲华不著于水；善知识者不受诸恶，譬如大海不宿死尸；善知识者增长白法，譬如白月光色圆满；善知识者照明法界，譬如盛日照四天下；善知识者长菩萨身，譬如父母养育儿子。

善男子！以要言之，菩萨摩诃萨若能随顺善知识教，得十不可说百千亿那由他功德，净十不可说百千亿那由他深心，长十不可说百千亿那由他菩萨根，净十不可说百千亿那由他菩萨力，断十不可说百千亿阿僧祇障，超十不可说百千亿阿僧祇魔境，入十不可说百千亿阿僧祇法门，满十不可说百千亿阿僧祇助道，修十不可说百千亿阿僧祇妙行，发十不可说百千亿阿僧祇大愿。

善男子！我复略说一切菩萨行、一切菩萨波罗蜜、一切菩萨地、一切菩萨忍、一切菩萨总持门、一切菩萨三昧门、一切菩萨神通智、一切菩萨回向、一切菩萨愿。一切菩萨成就佛法，皆由善知识力，以善知识而为根本，依善知识生，依善知识出，依善知识长，依善知识住，善知识为因缘，善知识能发起。

时，善财童子闻善知识如是功德，能开示无量菩萨妙行，能成就无量广大佛法，踊跃欢喜，顶礼德生及有德足，绕无量匝，殷勤瞻仰，辞退而去。

尔时，善财童子闻善知识教，润泽其心，正念思惟诸菩萨行，向海岸国。自忆往世不修礼敬，即时发意勤力而行；复忆往世身心不净，即时发意专自治洁；复忆往世作诸恶业，即时发意专自防断；复忆往世起诸妄想，即时发意恒正思惟；复忆往世所修诸行但为自身，即时发意令心广大普含含；复忆往世追求欲境常自损耗无有滋味，即时发意修行佛法长养诸根以自安隐；复忆往世起邪思念颠倒相应，即时发意生正见心起菩萨愿；复忆往世日夜劬劳作诸恶事，即时发意起大精进成就佛法；复忆往世受五趣生于自他身皆无利益，即时发意愿以其身饶益众生成就佛法承事一切诸善知识。如是思惟，生大欢喜。复观此身是生、老、病、死众苦之宅，愿尽未来劫，修菩萨道教化众生，见诸如来成就佛法，游行一切佛刹，承事一切法师，住持一切佛教，寻求一切法侣，见一切善知识，集一切诸佛法，与一切菩萨愿智身而作因缘。

作是念时，长不思议无量善根，即于一切菩萨深信尊重，生希有想，生大师想；诸根清净，善法增益，起一切菩萨恭敬供养，作一切菩萨曲躬合掌，生一切菩萨普见世间眼，起一切菩萨普念众生想，现一切菩萨无量愿化身，出一切菩萨清净赞说音；想见过、现一切诸佛及诸菩萨，于一切处示现成道神通变化，乃至无有一毛端处而不周遍；又得清净智光明眼，见一切菩萨所行境界；其心普入十方刹网，其愿普遍虚空法界，三世平等，无有休息。如是一切，皆以信受善知识教之所致耳。

善财童子以如是尊重、如是供养、如是称赞、如是观察、如是愿力、如是想念、如是无量智慧境界，于毗卢遮那庄严藏大楼阁前，五体投地，暂时敛念，思惟观察。以深信解、大愿力故，入遍一切处智慧身平等门，普现其身在于一切如来前、一切菩萨前、一切善知识前、一切如来塔庙前、一切如来形像前、一切诸佛诸菩萨住处前、一切法宝前、一切声闻辟支佛及其塔庙前、一切圣众福田前、一切父母尊者前、一切十方众生前，皆如上说，尊重礼赞，尽未来际无有休息。等虚空，无边量故；等法界，无障碍故；等实际，遍一切故；等如来，无分别故。犹如影，随智现故；犹如梦，从思起故；犹如像，示一切故；犹如响，缘所发故；无有生，递兴谢故；无有性，随缘转故。

又决定知一切诸报皆从业起，一切诸果皆从因起，一切诸业皆从习起，一切佛兴皆从信起，一切化现诸供养事皆悉从于决定解起，一切化佛从敬心起，一切佛法从善根起，一切化身从方便起，一切佛事从大愿起，一切菩萨所修诸行从回向起，一切法界广大庄严从一切智境界而起。离于断见，知回向故；离于常见，知无生故；离无因见，知正因故；离颠倒见，知如实理故；离自在见，知不由他故；离自他见，知从缘起故；离边执见，知法界无边故；离往来见，知如影像故；离有无见，知不生灭故；离一切法见，知空无生故，知不自在故，知愿力出生故；离一切相见，入无相际故。知一切法如种生芽故，如印生文故。知质如像故，知声如响故，知境如梦故，知业如幻故。了世心现故，了果因起故，了报业集故，了知一切诸功德法皆从菩萨善巧方便所流出故。

善财童子入如是智，端心洁念；于楼观前，举体投地，殷勤顶礼；不思议善根流注身心，清凉悦怿。从地而起，一心瞻仰，目不暂舍，合掌围绕，经无量匝，作是念言：

此大楼阁，是解空、无相、无愿者之所住处；是于一切法无分别者之所住处；是了法界无差别者之所住处；是知一切众生不可得者之所住处；是知一切法无生者之所住处；是不著一切世间者之所住处；是不著一切窟宅者之所住处；是不乐一切聚落者之所住处；是不依一切境界者之所住处；是离一切想者之所住处；是知一切法无自性者之所住处；是断一切分别业者之所住处；是离一切想心、意、识者之所住处；是不入不出一切道者之所住处；是入一切甚深般若波罗蜜者之所住处；是能以方便住普门法界者之所住处；是息灭一切烦恼火者之所住处；是以增上慧除断一切见、爱、慢者之所住处；是出生一切诸禅解脱三昧通明而游戏者之所住处；是观察一切菩萨三昧境界者之所住处；是安住一切如来所者之所住处；是以一劫入一切劫，以一切劫入一劫，而不坏其相者之所住处；是以一刹入一切刹，以一切刹入一刹，而不坏其相者之所住处；是以一法入一切法，以一切法入一法，而不坏其相者之所住处；是以一众生入一切众生，以一切众生入一众生，而不坏其相者之所住处；是以一佛入一切佛，以一切佛入一佛，而不坏其相者之所住处；是于一念中而知一切三世者之所住处；是于一念中往诣一切国土者之所住处；是于一切众生前悉现其身者之所住处；是心常利益一切世间者之所住处；是能遍至一切处者之所住处；是虽已出一切世间，为化众生故而恒于中现身者之所住处；是不著一切刹,为供养诸佛故而游一切刹者之所住处;是不动本处,能普诣一切佛刹而庄严者之所住处;是亲近一切佛而不起佛想者之所住处;是依止一切善知识而不起善知识想者之所住处;是住一切魔宫而不耽著欲境界者之所住处;是永离一切心想者之所住处;是虽于一切众生中而现其身,然于自他不生二想者之所住处;是能普入一切世界而于法界无差别想者之所住处;是愿住未来一切劫而于诸劫无长短想者之所住处;是不离一毛端处而普现身一切世界者之所住处;是能演说难遭遇法者之所住处;是能住难知法、甚深法、无二法、无相法、无对治法、无所得法、无戏论法者之所住处;是住大慈大悲者之所住处;是已度一切二乘智、已超一切魔境界、已于世法无所染、已到菩萨所到岸、已住如来所住处者之所住处;是虽离一切诸相而亦不入声闻正位,虽了一切法无生而亦不住无生法性者之所住处;是虽观不净而不证离贪法亦不与贪欲俱,虽修于慈而不证离瞋法亦不与瞋垢俱,虽观缘起而不证离痴法亦不与痴惑俱者之所住处;是虽住四禅而不随禅生,虽行四无量为化众生故而不生色界,虽修四无色定以大悲故而不住无色界者之所住处;是虽勤修止观为化众生故而不证明脱,虽行于舍而不舍化众生事者之所住处;是虽观于空而不起空见,虽行无相而常化著相众生,虽行无愿而不舍菩提行愿者之所住处;是虽于一切业烦恼中而得自在为化众生故而现随顺诸业烦恼,虽无生死为化众生故示受生死,虽已离一切趣为化众生故示入诸趣者之所住处;是虽行于慈而于诸众生无所爱恋,虽行于悲而于诸众生无所取著,虽行于喜而观苦众生心常哀愍,虽行于舍而不废舍利益他事者之所住处;是虽行九次第定而不厌离欲界受生,虽知一切法无生无灭而不于实际作证,虽入三解脱门而不取声闻解脱,虽观四圣谛而不住小乘圣果,虽观甚深缘起而不住究竟寂灭,虽修八圣道而不求永出世间,虽超凡夫地而不堕声闻、辟支佛地,虽观五取蕴而不永灭诸蕴,虽超出四魔而不分别诸魔,虽不著六处而不永灭六处,虽安住真如而不堕实际,虽说一切乘而不舍大乘。此大楼阁,是住如是等一切诸功德者之所住处。

尔时,善财童子而说颂言:

此是大悲清净智,利益世间慈氏尊,灌顶地中佛长子,入如来境之住处。一切名闻诸佛子,已入大乘解脱门,游行法界心无著,此无等者之住处。施戒忍进禅智慧,方便愿力及神通,如是大乘诸度法,悉具足者之住处。智慧广大如虚空,普知三世一切法,无碍无依无所取,了诸有者之住处。善能解了一切法,无性无生无所依,如鸟飞空得自在,此大智者之住处。了知三毒真实性,分别因缘虚妄起,亦不厌彼而求出,此寂静人之住处。三解脱门八圣道,诸蕴处界及缘起,悉能观察不趣寂,此善巧人之住处。十方国土及众生,以无碍智咸观察,了性皆空不分别,此寂灭人之住处。普行法界悉无碍,而求行性不可得,如风行空无所行,此无依者之住处。普见恶道群生类,受诸楚毒无所归，放大慈光悉除灭，此哀愍者之住处。见诸众生失正道，譬如生盲践畏途，引其令入解脱城，此大导师之住处。见诸众生入魔网，生老病死常逼迫，令其解脱得慰安，此勇健人之住处。见诸众生婴惑病，而兴广大悲愍心，以智慧药悉除灭，此大医王之住处。见诸群生没有海，沉沦忧迫受众苦，悉以法船而救之，此善度者之住处。见诸众生在惑海，能发菩提妙宝心，悉入其中而济拔，此善渔人之住处。恒以大愿慈悲眼，普观一切诸众生，从诸有海而拔出，此金翅王之住处。譬如日月在虚空，一切世间靡不烛，智慧光明亦如是，此照世者之住处。菩萨为化一众生，普尽未来无量劫，如为一人一切尔，此救世者之住处。于一国土化众生，尽未来劫无休息，一一国土咸如是，此坚固意之住处。十方诸佛所说法，一座普受咸令尽，尽未来劫恒悉然，此智海人之住处。遍游一切世界海，普入一切道场海，供养一切如来海，此修行者之住处。修行一切妙行海，发起无边大愿海，如是经于众劫海，此功德者之住处。一毛端处无量刹，佛众生劫不可说，如是明见靡不周，此无碍眼之住处。一念普摄无边劫，国土诸佛及众生，智慧无碍悉正知，此具德人之住处。十方国土碎为尘，一切大海以毛滴，菩萨发愿数如是，此无碍者之住处。成就总持三昧门，大愿诸禅及解脱，一一皆住无边劫，此真佛子之住处。无量无边诸佛子，种种说法度众生，亦说世间众技术，此修行者之住处。成就神通方便智，修行如幻妙法门，十方五趣悉现生，此无碍者之住处。菩萨始从初发心，具足修行一切行，化身无量遍法界，此神力者之住处。一念成就菩提道，普作无边智慧业，世情思虑悉发狂，此难量者之住处。成就神通无障碍，游行法界靡不周，其心未尝有所得，此净慧者之住处。菩萨修行无碍慧，入诸国土无所著，以无二智普照明，此无我者之住处。了知诸法无依止，本性寂灭同虚空，常行如是境界中，此离垢人之住处。普见群生受诸苦，发大仁慈智慧心，愿常利益诸世间，此悲愍者之住处。佛子住于此，普现众生前，犹如日月轮，遍除生死暗。佛子住于此，普顺众生心，变现无量身，充满十方刹。佛子住于此，遍游诸世界，一切如来所，无量无数劫。佛子住于此，思量诸佛法，无量无数劫，其心无厌倦。佛子住于此，念念入三昧，一一三昧门，阐明诸佛境。佛子住于此，悉知一切刹，无量无数劫，众生佛名号。佛子住于此，一念摄诸劫，但随众生心，而无分别想。佛子住于此，修习诸三昧，一一心念中，了知三世法。佛子住于此，结跏身不动，普现一切刹，一切诸趣中。佛子住于此，饮诸佛法海，深入智慧海，具足功德海。佛子住于此，悉知诸刹数，世数众生数，佛名数亦然。佛子住于此，一念悉能了，一切三世中，国土之成坏。佛子住于此，普知佛行愿，菩萨所修行，众生根性欲。佛子住于此，见一微尘中，无量刹道场，众生及诸劫。如一微尘内，一切尘亦然，种种咸具足，处处皆无碍。佛子住于此，普观一切法，众生刹及世，无起无所有。观察众生等，法等如来等，刹等诸愿等，三世悉平等。佛子住于此，教化诸群生，供养诸如来，思惟诸法性。无量千万劫，所修愿智行，广大不可量，称扬莫能尽。彼诸大勇猛，所行无障碍，安住于此中，我合掌敬礼。诸佛之长子，圣德慈氏尊；我今恭敬礼，愿垂顾念我！

尔时，善财童子以如是等一切菩萨无量称扬赞叹法，而赞毗卢遮那庄严藏大楼阁中诸菩萨已，曲躬合掌，恭敬顶礼，一心愿见弥勒菩萨亲近供养；乃见弥勒菩萨摩诃萨从别处来，无量天、龙、夜叉、乾闼婆、阿修罗、迦楼罗、紧那罗、摩睺罗伽王，释、梵、护世，及本生处无量眷属、婆罗门众，及余无数百千众生，前后围绕而共来向庄严藏大楼观所。善财见已，欢喜踊跃，五体投地。时，弥勒菩萨观察善财，指示大众，叹其功德，而说颂曰：

汝等观善财，智慧心清净，为求菩提行，而来至我所。善来圆满慈，善来清净悲，善来寂灭眼，修行无懈倦。善来清净意，善来广大心，善来不退根，修行无懈倦。善来不动行，常求善知识，了达一切法，调伏诸群生。善来行妙道，善来住功德，善来趣佛果，未曾有疲倦。善来德为体，善来法所滋，善来无边行，世间难可见。善来离迷惑，世法不能染，利衰毁誉等，一切无分别。善来施安乐，调柔堪受化；谄诳瞋慢心，一切悉除灭。善来真佛子，普诣于十方，增长诸功德，调柔无懈倦。善来三世智，遍知一切法，普生功德藏，修行不疲厌。文殊德云等，一切诸佛子，令汝至我所，示汝无碍处。具修菩萨行，普摄诸群生；如是广大人，今来至我所。为求诸如来，清净之境界，问诸广大愿，而来至我所。去来现在佛，所成诸行业，汝欲皆修学，而来至我所。汝于善知识，欲求微妙法，欲受菩萨行，而来至我所。汝念善知识，诸佛所称叹，令汝成菩提，而来至我所。汝念善知识，生我如父母，养我如乳母，增我菩提分，如医疗众疾，如天洒甘露，如日示正道，如月转净轮，如山不动摇，如海无增减，如船师济渡，而来至我所。汝观善知识，犹如大猛将，亦如大商主，又如大导师，能建正法幢，能示佛功德，能灭诸恶道，能开善趣门，能显诸佛身，能守诸佛藏，能持诸佛法，是故愿瞻奉。欲满清净智，欲具端正身，欲生尊贵家，而来至我所。汝等观此人，亲近善知识，随其所修学，一切应顺行。以昔福因缘，文殊令发心，随顺无违逆，修行不懈倦。父母与亲属，宫殿及财产，一切皆舍离，谦下求知识。净治如是意，永离世间身，当生佛国土，受诸胜果报。善财见众生，生老病死苦，为发大悲意，勤修无上道。善财见众生，五趣常流转，为求金刚智，破彼诸苦轮。善财见众生，心田甚荒秽，为除三毒刺，专求利智犁。众生处痴暗，盲冥失正道，善财为导师，示其安隐处。忍铠解脱乘，智慧为利剑，能于三有内，破诸烦恼贼。善财法船师，普济诸含识，令过尔焰海，疾至净宝洲。善财正觉日，智光大愿轮，周行法界空，普照群迷宅。善财正觉月，白法悉圆满，慈定清凉光，等照众生心。善财胜智海，依于直心住，菩提行渐深，出生众法宝。善财大心龙，升于法界空，兴云霔甘泽，生成一切果。善财然法灯，信炷慈悲油，念器功德光，灭除三毒暗。觉心迦罗逻，悲胞慈为肉，菩提分肢节，长于如来藏。增长福德藏，清净智慧藏，开显方便藏，出生大愿藏。如是大庄严，救护诸群生；一切天人中，难闻难可见。如是智慧树，根深不可动，众行渐增长，普荫诸群生。欲生一切德，欲问一切法，欲断一切疑，专求善知识。欲破诸惑魔，欲除诸见垢，欲解众生缚，专求善知识。当灭诸恶道，当示人天路，令修功德行，疾入涅槃城。当度诸见难，当截诸见网，当枯爱欲水，当示三有道。当为世依怙，当作世光明，当成三界师，示其解脱处。亦当令世间，普离诸想著，普觉烦恼睡，普出爱欲泥。当了种种法，当净种种刹；一切咸究竟，其心大欢喜。汝行极调柔，汝心甚清净，所欲修功德，一切当圆满。不久见诸佛，了达一切法，严净众刹海，成就大菩提。当满诸行海，当知诸法海，当度众生海，如是修诸行。当到功德岸，当生诸善品，当与佛子等，如是心决定。当断一切惑，当净一切业，当伏一切魔，满足如是愿。当生妙智道，当开正法道，不久当舍离，惑业诸苦道。一切众生轮，沉迷诸有轮，汝当转法轮，令其断苦轮。汝当持佛种，汝当净法种，汝能集僧种，三世悉周遍。当断众爱网，当裂众见网，当救众苦网，当成此愿网。当度众生界，当净国土界，当集智慧界，当成此心界。当令众生喜，当令菩萨喜，当令诸佛喜，当成此欢喜。当见一切趣，当见一切刹，当见一切法，当成此佛见。当放破暗光，当放息热光，当放灭恶光，涤除三有苦。当开天趣门，当开佛道门，当示解脱门，普使众生入。当示于正道，当绝于邪道；如是勤修行，成就菩提道。当修功德海，当度三有海；普使群生海，出于众苦海。当于众生海，消竭烦恼海，令修诸行海，疾入大智海。汝当增智海，汝当修行海；诸佛大愿海，汝当咸满足。汝当入刹海，汝当观众海；汝当以智力，普饮诸法海。当觐诸佛云，当起供养云，当听妙法云，当兴此愿云。普游三有室，普坏众惑室，普入如来室，当行如是道。普入三昧门，普游解脱门，普住神通门，周行于法界。普现众生前，普对诸佛前，譬如日月光，当成如是力。所行无动乱，所行无染著，如鸟行虚空，当成此妙用。譬如因陀网，刹网如是住；汝当悉往诣，如风无所碍。汝当入法界，遍往诸世界，普见三世佛，心生大欢喜。汝于诸法门，已得及当得，应生大喜跃，无贪亦无厌。汝是功德器，能随诸佛教，能修菩萨行，得见此奇特。如是诸佛子，亿劫难可遇；况见其功德，所修诸妙道！汝生于人中，大获诸善利，得见文殊等，无量诸功德。已离诸恶道，已出诸难处，已超众苦患，善哉勿懈怠。已离凡夫地，已住菩萨地，当满智慧地，速入如来地。菩萨行如海，佛智同虚空，汝愿亦复然，应生大欣庆。诸根不懈倦，志愿恒决定,亲近善知识,不久悉成满。慎勿生疑惑。汝具难思福,子。汝见诸佛子,悉获广大利,中,能修菩萨行;是故诸佛子,住,设经无量劫,莫知其境界。有,应生大喜庆。诸佛护念汝,命。已生菩萨家,已具菩萨德,得,与诸佛子等,见苦恼众生,果,我今庆慰汝,汝应大欣悦。行,今汝皆获得。信乐坚进力,学。一切功德行,皆从愿欲生;云,必当霍大雨;菩萨起愿智,行;汝当好承事,慎勿生疑惑。提,此舍方为善。汝于无量劫,行。汝今得人身,值佛善知识,世,亦值善知识;其心不清净,重,离疑不疲厌,乃闻如是法。人,已获广大利。如是心清净,提。若入此法门,则具诸功德,身,往生佛国土,常见十方佛,力,增长诸功德,如水生莲华。法,常行勿懈倦。汝是真法器,愿。汝以信解心,而来礼敬我,子,恭敬一切佛,不久具诸行,所;彼当令汝得,普贤深妙行。

菩萨种种行,及以真实信;一一诸大愿,示汝解脱门。汝见诸菩萨,菩萨摄受汝,已长如来种,悉置安隐处。无量诸菩萨,善财成此行;善财已了知,决定修诸行。汝于无量劫,具受生死苦,听受菩提行,不闻如是法。若有闻此法,常得近诸佛,永离众恶趣,及以诸菩萨。乐事善知识,当具一切法,不久当普入,到佛功德岸。

皆为调众生,是故于今日,一切咸信受。非是法器人,得闻如是法,能顺其教行,当升灌顶位。如下如是种,无量劫行道,若有敬慕心,常乐勤修习。若有善知识,为欲妄舍身,不曾事诸佛,云何不欢喜!若于善知识,而兴誓愿心,亦近诸菩萨,不受一切苦。往因今净解,勤供一切佛,当修一切道,一切诸佛会。汝当往大智,

普行诸法,得见诸佛,汝于三有,与佛子同,世间甚难,善哉住寿,不久汝当,必获如是,未能成此,亦当如是。如龙布密,示汝普贤,今为求菩,未闻如是,虽遇佛兴,信乐心尊,当知如是,决定成菩,不久舍此,及事善友,专心听闻,当满一切,善哉真佛,文殊师利

尔时,弥勒菩萨摩诃萨在众会前,称赞善财大功德藏。善财闻已,欢喜踊跃,身毛皆竖,悲泣哽噎;起立合掌,恭敬瞻仰,绕无量匝。以文殊师利心念力故,众华、璎珞、种种妙宝不觉忽然自盈其手;善财欢喜,即以奉散弥勒菩萨摩诃萨上。

时,弥勒菩萨摩善财顶,为说颂言:

善哉善哉真佛子!普策诸根无懈倦,不久当具诸功德,犹如文殊及与我。

时,善财童子以颂答曰:

我念善知识,亿劫难值遇;今得咸亲近,而来诣尊所。我以文殊故,见诸难见者;彼大功德尊,愿速还瞻觐。

大方广佛华严经卷第七十八

入法界品第三十九之十九

尔时,善财童子合掌恭敬,重白弥勒菩萨摩诃萨言:

大圣!我已先发阿耨多罗三藐三菩提心,而我未知菩萨云何学菩萨行?云何修菩萨道?

大圣!一切如来授尊者记,一生当得阿耨多罗三藐三菩提;若一生当得无上菩提,则已超越一切菩萨所住处,则已出过一切菩萨离生位,则已圆满一切波罗蜜,则已深入一切诸忍门,则已具足一切菩萨地,则已游戏一切解脱门,则已成就一切三昧法,则已通达一切菩萨行,则已证得一切陀罗尼辩才,则已于一切菩萨自在中而得自在,则已积集一切菩萨助道法,则已游戏智慧方便,则已出生大神通智,则已成就一切学处,则已圆满一切妙行,则已满足一切大愿,则已领受一切佛所记,则已了知一切诸乘门,则已堪受一切如来所护念,则已能摄一切佛菩提,则已能持一切佛法藏,则已能持一切诸佛菩萨秘密藏,则已能于一切菩萨众中为上首,则已能为破烦恼魔军大勇将,则已能作出生死旷野大导师,则已能作治诸惑重病大医王,则已能于一切众生中为最胜,则已能于一切世主中得自在,则已能于一切圣人中最第一,则已能于一切声闻、独觉中最增上,则已能于生死海中为船师,则已能布调伏一切众生网,则已能观一切众生根,则已能摄一切众生界,则已能守护一切菩萨众,则已能谈议一切菩萨事,则已能往诣一切如来所,则已能住止一切如来会,则已能现身一切众生前,则已能于一切世法无所染,则已能超越一切魔境界,则已能安住一切佛境界,则已能到一切菩萨无碍境,则已能精勤供养一切佛,则已与一切诸佛法同体性,已系妙法缯,已受佛灌顶,已住一切智,已能普生一切佛法,已能速践一切智位。

大圣!菩萨云何学菩萨行?云何修菩萨道?随所修学,疾得具足一切佛法,悉能度脱所念众生,普能成满所发大愿,普能究竟所起诸行,普能安慰一切天人,不负自身,不断三宝,不虚一切佛菩萨种,能持一切诸佛法眼。如是等事,愿皆为说!

尔时,弥勒菩萨摩诃萨观察一切道场众会,指示善财而作是言:

诸仁者!汝等见此长者子,今于我所问菩萨行诸功德不?诸仁者!此长者子,勇猛精进,志愿无杂,深心坚固,恒不退转;具胜希望,如救头然,无有厌足;乐善知识,亲近供养,处处寻求,承事请法。诸仁者!此长者子,曩于福城受文殊教,展转南行求善知识,经由一百一十善知识已,然后而来至于我所,未曾暂起一念疲懈。

诸仁者!此长者子甚为难有,趣向大乘,乘于大慧,发大勇猛,擐大悲甲,以大慈心救护众生,起大精进波罗蜜行,作大商主护诸众生，为大法船度诸有海，住于大道，集大法宝，修诸广大助道之法；如是之人，难可得闻，难可得见，难得亲近、同居、共行。何以故？此长者子发心救护一切众生，令一切众生，解脱诸苦，超诸恶趣，离诸险难，破无明闇，出生死野，息诸趣轮，度魔境界，不著世法，出欲淤泥，断贪鞅，解见缚，坏想宅，绝迷道，摧慢幢，拔惑箭，撤睡盖，裂爱网，灭无明，度有流，离谄幻，净心垢，断痴惑，出生死。

诸仁者！此长者子，为被四流漂泊者，造大法船；为被见泥没溺者，立大法桥；为被痴暗昏迷者，然大智灯；为行生死旷野者，开示圣道；为婴烦恼重病者，调和法药；为遭生、老、死苦者，饮以甘露，令其安隐；为入贪、恚、痴火者，沃以定水，使得清凉；多忧恼者，慰喻使安；系有狱者，晓诲令出；入见网者，开以智剑；住界城者，示诸脱门；在险难者，导安隐处；惧结贼者，与无畏法；堕恶趣者，授慈悲手；拘害蕴者，示涅槃城；界蛇所缠，解以圣道；著于六处空聚落者，以智慧光引之令出；住邪济者，令入正济；近恶友者，示其善友；乐凡法者，诲以圣法；著生死者，令其趣入一切智城。

诸仁者！此长者子，恒以此行救护众生，发菩提心未尝休息，求大乘道曾无懈倦，饮诸法水不生厌足，恒勤积集助道之行，常乐清净一切法门，修菩萨行不舍精进，成满诸愿善行方便，见善知识情无厌足，事善知识身不疲懈，闻善知识所有教诲常乐顺行未曾违逆。

诸仁者！若有众生能发阿耨多罗三藐三菩提心，是为希有；若发心已，又能如是精进方便集诸佛法，倍为希有；又能如是求菩萨道，又能如是净菩萨行，又能如是事善知识，又能如是如救头然，又能如是顺知识教，又能如是坚固修行，又能如是集菩提分，又能如是不求一切名闻利养，又能如是不舍菩萨纯一之心，又能如是不乐家宅、不著欲乐、不恋父母亲戚知识，但乐追求菩萨伴侣，又能如是不顾身命，唯愿勤修一切智道，应知展转倍更难得。

诸仁者！余诸菩萨经于无量百千万亿那由他劫，乃能满足菩萨愿行，乃能亲近诸佛菩提；此长者子，于一生内，则能净佛刹，则能化众生，则能以智慧深入法界，则能成就诸波罗蜜，则能增广一切诸行，则能圆满一切大愿，则能超出一切魔业，则能承事一切善友，则能清净诸菩萨道，则能具足普贤诸行。

尔时，弥勒菩萨摩诃萨如是称叹善财童子种种功德，令无量百千众生发菩提心已，告善财言：

善哉善哉！善男子！汝为饶益一切世间，汝为救护一切众生，汝为勤求一切佛法故，发阿耨多罗三藐三菩提心。

善男子！汝获善利，汝善得人身，汝善住寿命，汝善值如来出现，汝善见文殊师利大善知识。汝身是善器，为诸善根之所润泽。汝为白法之所资持，所有解欲悉已清净，已为诸佛共所护念，已为善友共所摄受。何以故？

善男子！菩提心者，犹如种子，能生一切诸佛法故；菩提心者，犹如良田，能长众生白净法故；菩提心者，犹如大地，能持一切诸世间故；菩提心者，犹如净水，能洗一切烦恼垢故；菩提心者，犹如大风，普于世间无所碍故；菩提心者，犹如盛火，能烧一切诸见薪故；菩提心者，犹如净日，普照一切诸世间故；菩提心者，犹如盛月，诸白净法悉圆满故；菩提心者，犹如明灯，能放种种法光明故；菩提心者，犹如净目，普见一切安危处故；菩提心者，犹如大道，普令得入大智城故；菩提心者，犹如正济，令其得离诸邪法故；菩提心者，犹如大车，普能运载诸菩萨故；菩提心者，犹如门户，开示一切菩萨行故；菩提心者，犹如宫殿，安住修习三昧法故；菩提心者，犹如园苑，于中游戏受法乐故；菩提心者，犹如舍宅，安隐一切诸众生故；菩提心者，则为所归，利益一切诸世间故；菩提心者，则为所依，诸菩萨行所依处故；菩提心者，犹如慈父，训导一切诸菩萨故；菩提心者，犹如慈母，生长一切诸菩萨故；菩提心者，犹如乳母，养育一切诸菩萨故；菩提心者，犹如善友，成益一切诸菩萨故；菩提心者，犹如君主，胜出一切二乘人故；菩提心者，犹如帝王，一切愿中得自在故；菩提心者，犹如大海，一切功德悉入中故；菩提心者，如须弥山，于诸众生心平等故；菩提心者，如铁围山，摄持一切诸世间故；菩提心者，犹如雪山，长养一切智慧药故；菩提心者，犹如香山，出生一切功德香故；菩提心者，犹如虚空，诸妙功德广无边故；菩提心者，犹如莲华，不染一切世间法故；菩提心者，如调慧象，其心善顺不犷戾故；菩提心者，如良善马，远离一切诸恶性故；菩提心者，如调御师，守护大乘一切法故；菩提心者，犹如良药，能治一切烦恼病故；菩提心者，犹如坑阱，陷没一切诸恶法故；菩提心者，犹如金刚，悉能穿彻一切法故；菩提心者，犹如香箧，能贮一切功德香故；菩提心者，犹如妙华，一切世间所乐见故；菩提心者，如白栴檀，除众欲热使清凉故；菩提心者，如黑沉香，能熏法界悉周遍故；菩提心者，如善见药王，能破一切烦恼病故；菩提心者，如毗笈摩药，能拔一切诸惑箭故；菩提心者，犹如帝释，一切主中最为尊故；菩提心者，如毗沙门，能断一切贫穷苦故；菩提心者，如功德天，一切功德所庄严故；菩提心者，如庄严具，庄严一切诸菩萨故；菩提心者，如劫烧火，能烧一切诸有为故；菩提心者，如无生根药，长养一切诸佛法故；菩提心者，犹如龙珠，能消一切烦恼毒故；菩提心者，如水清珠，能清一切烦恼浊故；菩提心者，如如意珠，周给一切诸贫乏故；菩提心者，如功德瓶，满足一切众生心故；菩提心者，如如意树，能雨一切庄严具故；菩提心者，如鹅羽衣，不受一切生死垢故；菩提心者，如白氎线，从本已来性清净故；菩提心者，如快利犁，能治一切众生田故；菩提心者，如那罗延，能摧一切我见敌故；菩提心者，犹如快箭，能破一切诸苦的故；菩提心者，犹如利矛，能穿一切烦恼甲故；菩提心者，犹如坚甲，能护一切如理心故；菩提心者，犹如利刀，能斩一切烦恼首故；菩提心者，犹如利剑，能断一切憍慢铠故；菩提心者，如勇将幢，能伏一切诸魔军故；菩提心者，犹如利锯，能截一切无明树故；菩提心者，犹如利斧，能伐一切诸苦树故；菩提心者，犹如兵仗，能防一切诸苦难故；菩提心者，犹如善手，防护一切诸度身故；菩提心者，犹如好足，安立一切诸功德故；菩提心者，犹如眼药，灭除一切无明翳故；菩提心者，犹如钳镊，能拔一切身见刺故；菩提心者，犹如卧具，息除生死诸劳苦故；菩提心者，如善知识，能解一切生死缚故；菩提心者，如好珍财，能除一切贫穷事故；菩提心者，如大导师，善知菩萨出要道故；菩提心者，犹如伏藏，出功德财无匮乏故；菩提心者，犹如涌泉，生智慧水无穷尽故；菩提心者，犹如明镜，普现一切法门像故；菩提心者，犹如莲华，不染一切诸罪垢故；菩提心者，犹如大河，流引一切度摄法故；菩提心者，如大龙王，能雨一切妙法雨故；菩提心者，犹如命根，任持菩萨大悲身故；菩提心者，犹如甘露，能令安住不死界故；菩提心者，犹如大网，普摄一切诸众生故；菩提心者，犹如罥索，摄取一切所应化故；菩提心者，犹如钩饵，出有渊中所居者故；菩提心者，如阿伽陀药，能令无病永安隐故；菩提心者，如除毒药，悉能消歇贪爱毒故；菩提心者，如善持咒，能除一切颠倒毒故；菩提心者，犹如疾风，能卷一切诸障雾故；菩提心者，如大宝洲，出生一切觉分宝故；菩提心者，如好种性，出生一切白净法故；菩提心者，犹如住宅，诸功德法所依处故；菩提心者，犹如市肆，菩萨商人贸易处故；菩提心者，如炼金药，能治一切烦恼垢故；菩提心者，犹如好蜜，圆满一切功德味故；菩提心者，犹如正道，令诸菩萨入智城故；菩提心者，犹如好器，能持一切白净法故；菩提心者，犹如时雨，能灭一切烦恼尘故；菩提心者，则为住处，一切菩萨所住处故；菩提心者，则为寿行，不取声闻解脱果故；菩提心者，如净琉璃，自性明洁无诸垢故；菩提心者，如帝青宝，出过世间二乘智故；菩提心者，如更漏鼓，觉诸众生烦恼睡故；菩提心者，如清净水，性本澄洁无垢浊故；菩提心者，如阎浮金，映夺一切有为善故；菩提心者，如大山王，超出一切诸世间故；菩提心者，则为所归，不拒一切诸来者故；菩提心者，则为义利，能除一切衰恼事故；菩提心者，则为妙宝，能令一切心欢喜故；菩提心者，如大施会，充满一切众生心故；菩提心者，则为尊胜，诸众生心无与等故；菩提心者，犹如伏藏，能摄一切诸佛法故；菩提心者，如因陀罗网，能伏烦恼阿修罗故；菩提心者，如婆楼那风，能动一切所应化故；菩提心者，如因陀罗火，能烧一切诸惑习故；菩提心者，如佛支提，一切世间应供养故。

善男子！菩提心者，成就如是无量功德；举要言之，应知悉与一切佛法诸功德等。何以故？因菩提心出生一切诸菩萨行，三世如来从菩提心而出生故。是故，善男子！若有发阿耨多罗三藐三菩提心者，则已出生无量功德，普能摄取一切智道。

善男子！譬如有人，得无畏药，离五恐怖。何等为五？所谓：火不能烧，毒不能中，刀不能伤，水不能漂，烟不能熏。菩萨摩诃萨亦复如是，得一切智菩提心药，贪火不烧，瞋毒不中，惑刀不伤，有流不漂，诸觉观烟不能熏害。

善男子！譬如有人，得解脱药，终无横难。菩萨摩诃萨亦复如是，得菩提心解脱智药，永离一切生死横难。

善男子！譬如有人，持摩诃应伽药，毒蛇闻气，即皆远去。菩萨摩诃萨亦复如是，持菩提心大应伽药，一切烦恼诸恶毒蛇，闻其气者，悉皆散灭。

善男子！譬如有人，持无胜药，一切怨敌无能胜者。菩萨摩诃萨亦复如是，持菩提心无能胜药，悉能降伏一切魔军。

善男子！譬如有人，持毗笈摩药，能令毒箭自然堕落。菩萨摩诃萨亦复如是，持菩提心毗笈摩药，令贪、恚、痴、诸邪见箭自然堕落。

善男子！譬如有人，持善见药，能除一切所有诸病。菩萨摩诃萨亦复如是，持菩提心善见药王，悉除一切诸烦恼病。

善男子！如有药树，名：珊陀那，有取其皮以涂疮者，疮即除愈；然其树皮，随取随生，终不可尽。菩萨摩诃萨从菩提心生一切智树亦复如是，若有得见而生信者，烦恼业疮悉得消灭，一切智树初无所损。

善男子！如有药树，名：无生根，以其力故，增长一切阎浮提树。菩萨摩诃萨菩提心树亦复如是，以其力故，增长一切学与无学及诸菩萨所有善法。

善男子！譬如有药，名：阿蓝婆，若用涂身，身之与心咸有堪能。菩萨摩诃萨得菩提心阿蓝婆药亦复如是，令其身心增长善法。

善男子！譬如有人，得念力药，凡所闻事忆持不忘。菩萨摩诃萨得菩提心念力妙药，悉能闻持一切佛法皆无忘失。

善男子！譬如有药，名：大莲华，其有服者住寿一劫。菩萨摩诃萨服菩提心大莲华药亦复如是，于无数劫，寿命自在。

善男子！譬如有人，执翳形药，人与非人悉不能见。菩萨摩诃萨执菩提心翳形妙药，一切诸魔不能得见。

善男子！如海有珠，名：普集众宝，此珠若在，假使劫火焚烧世间，能令此海减于一滴，无有是处。菩萨摩诃萨菩提心珠亦复如是，住于菩萨大愿海中，若常忆持不令退失，能坏菩萨一善根者，终无是处；若退其心，一切善法即皆散灭。

善男子！如有摩尼，名：大光明，有以此珠璎珞身者，映蔽一切宝庄严具，所有光明悉皆不现。菩萨摩诃萨菩提心宝亦复如是，璎珞其身，映蔽一切二乘心宝，诸庄严具悉无光彩。

善男子！如水清珠，能清浊水。菩萨摩诃萨菩提心珠亦复如是，能清一切烦恼垢浊。

善男子！譬如有人，得住水宝，系其身上，入大海中，不为水害。菩萨摩诃萨亦复如是，得菩提心住水妙宝，入于一切生死海中，终不沉没。

善男子！譬如有人，得龙宝珠，持入龙宫，一切龙蛇不能为害。菩萨摩诃萨亦复如是，得菩提心大龙宝珠，入欲界中，烦恼龙蛇不能为害。

善男子！譬如帝释，著摩尼冠，映蔽一切诸余天众。菩萨摩诃萨亦复如是，著菩提心大愿宝冠，超过一切三界众生。

善男子！譬如有人，得如意珠，除灭一切贫穷之苦。菩萨摩诃萨亦复如是，得菩提心如意宝珠，远离一切邪命怖畏。

善男子！譬如有人，得日精珠，持向日光而生于火。菩萨摩诃萨亦复如是，得菩提心智日宝珠，持向智光而生智火。

善男子！譬如有人，得月精珠，持向月光而生于水。菩萨摩诃萨亦复如是，得菩提心月精宝珠，持此心珠，鉴回向光，而生一切善根愿水。

善男子！譬如龙王，首戴如意摩尼宝冠，远离一切怨敌怖畏。菩萨摩诃萨亦复如是，著菩提心大悲宝冠，远离一切恶道诸难。

善男子！如有宝珠，名：一切世间庄严藏，若有得者，令其所欲悉得充满，而此宝珠无所损减。菩提心宝亦复如是，若有得者，令其所愿悉得满足，而菩提心无有损减。

善男子！如转轮王，有摩尼宝，置于宫中，放大光明，破一切暗。菩萨摩诃萨亦复如是，以菩提心大摩尼宝，住于欲界，放大智光，悉破诸趣无明黑暗。

善男子！譬如帝青大摩尼宝，若有为此光明所触，即同其色。菩萨摩诃萨菩提心宝亦复如是，观察诸法回向善根，靡不即同菩提心色。

善男子！如琉璃宝，于百千岁处不净中，不为臭秽之所染著，性本净故。菩萨摩诃萨菩提心宝亦复如是，于百千劫住欲界中，不为欲界过患所染，犹如法界性清净故。

善男子！譬如有宝，名：净光明，悉能映蔽一切宝色。菩萨摩诃萨菩提心宝亦复如是，悉能映蔽一切凡夫二乘功德。

善男子！譬如有宝，名为：火焰，悉能除灭一切暗冥。菩萨摩诃萨菩提心宝亦复如是，能灭一切无知暗冥。

善男子！譬如海中有无价宝，商人采得，船载入城；诸余摩尼百千万种，光色、价直无与等者。菩提心宝亦复如是，住于生死大海之中，菩萨摩诃萨乘大愿船，深心相续，载之来入解脱城中，二乘功德无能及者。

善男子！如有宝珠，名：自在王，处阎浮洲，去日月轮四万由旬，日月宫中所有庄严，其珠影现悉皆具足。菩萨摩诃萨发菩提心净功德宝亦复如是，住生死中，照法界空，佛智日月一切功德悉于中现。

善男子！如有宝珠，名：自在王，日月光明所照之处，一切财宝、衣服等物，所有价直悉不能及。菩萨摩诃萨发菩提心自在王宝亦复如是，一切智光所照之处，三世所有天人、二乘漏无漏善一切功德皆不能及。

善男子！海中有宝，名曰：海藏，普现海中诸庄严事。菩萨摩诃萨菩提心宝亦复如是，普能显现一切智海诸庄严事。

善男子！譬如天上阎浮檀金，唯除心王大摩尼宝，余无及者。菩萨摩诃萨发菩提心阎浮檀金亦复如是，除一切智心王大宝，余无及者。

善男子！譬如有人，善调龙法，于诸龙中而得自在。菩萨摩诃萨亦复如是，得菩提心善调龙法，于诸一切烦恼龙中而得自在。

善男子！譬如勇士，被执铠仗，一切怨敌无能降伏。菩萨摩诃萨亦复如是，被执菩提大心铠仗，一切业惑诸恶怨敌无能屈伏。

善男子！譬如天上黑栴檀香，若烧一铢，其香普熏小千世界，三千世界满中珍宝所有价直皆不能及。菩萨摩诃萨菩提心香亦复如是，一念功德普熏法界，声闻、缘觉一切功德皆所不及。

善男子！如白栴檀，若以涂身，悉能除灭一切热恼，令其身心普得清凉；菩萨摩诃萨菩提心香亦复如是，能除一切虚妄、分别、贪、恚、痴等诸惑热恼，令其具足智慧清凉。

善男子！如须弥山，若有近者，即同其色。菩萨摩诃萨菩提心山亦复如是，若有近者，悉得同其一切智色。

善男子！譬如波利质多罗树，其皮香气，阎浮提中若婆师迦、若薝卜迦、若苏摩那，如是等华所有香气皆不能及。菩萨摩诃萨菩提心树亦复如是，所发大愿功德之香，一切二乘无漏戒定、智慧解脱、解脱知见诸功德香悉不能及。

善男子！譬如波利质多罗树，虽未开华，应知即是无量诸华出生之处。菩萨摩诃萨菩提心树亦复如是，虽未开发一切智华，应知即是无数天人众菩提华所生之处。

善男子！譬如波利质多罗华，一日熏衣，薝卜迦华、婆利师华、苏摩那华虽千岁熏亦不能及。菩萨摩诃萨菩提心华亦复如是，一生所熏诸功德香，普彻十方一切佛所，一切二乘无漏功德百千劫熏所不能及。

善男子！如海岛中生椰子树，根、茎、枝、叶及以华果，一切众生恒取受用无时暂歇。菩萨摩诃萨菩提心树亦复如是，始从发起悲愿之心，乃至成佛，正法住世，常时利益一切世间无有间歇。

善男子！如有药汁，名：诃宅迦，人或得之，以其一两变千两铜，悉成真金，非千两铜能变此药。菩萨摩诃萨亦复如是，以菩提心回向智药，普变一切业惑等法，悉使成于一切智相，非业惑等能变其心。

善男子！譬如小火，随所焚烧，其焰转炽。菩萨摩诃萨菩提心火亦复如是，随所攀缘，智焰增长。

善男子！譬如一灯，然百千灯，其本一灯无减无尽。菩萨摩诃萨菩提心灯亦复如是，普然三世诸佛智灯，而其心灯无减无尽。

善男子！譬如一灯，入于闇室，百千年闇悉能破尽。菩萨摩诃萨菩提心灯亦复如是，入于众生心室之内，百千万亿不可说劫诸业烦恼、种种闇障悉能除尽。

善男子！譬如灯炷，随其大小而发光明；若益膏油，明终不绝。菩萨摩诃萨菩提心灯亦复如是，大愿为炷，光照法界；益大悲油，教化众生，庄严国土，施作佛事，无有休息。

善男子！譬如他化自在天王，冠阎浮檀真金天冠，欲界天子诸庄严具皆不能及。菩萨摩诃萨亦复如是，冠菩提心大愿天冠，一切凡夫、二乘功德皆不能及。

善男子！如师子王哮吼之时，师子儿闻皆增勇健，余兽闻之即皆窜伏。佛师子王菩提心吼应知亦尔，诸菩萨闻增长功德，有所得者闻皆退散。

善男子！譬如有人，以师子筋而为乐弦；其音既奏，余弦悉绝。菩萨摩诃萨亦复如是，以如来师子波罗蜜身菩提心筋为法乐弦；其音既奏，一切五欲及以二乘诸功德弦悉皆断灭。

善男子！譬如有人，以牛羊等种种诸乳，假使积集盈于大海，以师子乳一滴投中，悉皆变坏，直过无碍。菩萨摩诃萨亦复如是，以如来师子菩提心乳，著无量劫业烦恼乳大海之中，悉令坏灭，直过无碍，终不住于二乘解脱。

善男子！譬如迦陵频伽鸟，在卵壳（注）中有大势力，一切诸鸟所不能及。菩萨摩诃萨亦复如是，于生死壳（注）发菩提心，所有大悲功德势力，声闻、缘觉无能及者。

善男子！如金翅鸟王子，初始生时，目则明利，飞则劲捷，一切诸鸟虽久成长无能及者。菩萨摩诃萨亦复如是，发菩提心，为佛王子，智慧清净，大悲勇猛，一切二乘虽百千劫久修道行所不能及。

善男子！如有壮夫，手执利矛，刺坚密甲，直过无碍。菩萨摩诃萨亦复如是，执菩提心铦利快矛，刺诸邪见随眠密甲，悉能穿彻无有障碍。

善男子！譬如摩诃那伽大力勇士，若奋威怒，于其额上必生疮疱；疱若未合，阎浮提中一切人民无能制伏。菩萨摩诃萨亦复如是，若起大悲，必定发于菩提之心；心未舍来，一切世间魔及魔民不能为害。

善男子！譬如射师有诸弟子，虽未惯习其师技艺，然其智慧、方便、善巧，余一切人所不能及。菩萨摩诃萨初始发心亦复如是，虽未惯习一切智行，然其所有愿、智、解、欲，一切世间凡夫、二乘悉不能及。

善男子！如人学射，先安其足，后习其法。菩萨摩诃萨亦复如是，欲学如来一切智道，先当安住菩提之心，然后修行一切佛法。

善男子！譬如幻师，将作幻事，先当起意忆持幻法，然后所作悉得成就。菩萨摩诃萨亦复如是，将起一切诸佛菩萨神通幻事，先当起意发菩提心，然后一切悉得成就。

善男子！譬如幻术，无色现色。菩萨摩诃萨菩提心相亦复如是，虽无有色，不可睹见，然能普于十方法界示现种种功德庄严。

善男子！譬如猫狸，才见于鼠，鼠即入穴不敢复出。菩萨摩诃萨发菩提心亦复如是，暂以慧眼观诸惑业，皆即窜匿不复出生。

善男子！譬如有人，著阎浮金庄严之具，映蔽一切皆如聚墨。菩萨摩诃萨亦复如是，著菩提心庄严之具，映蔽一切凡夫二乘功德庄严悉无光色。

善男子！如好磁石，少分之力，即能吸坏诸铁钩锁。菩萨摩诃萨发菩提心亦复如是，若起一念，悉能坏灭一切见欲无明钩锁。

善男子！如有磁石，铁若见之，即皆散去，无留住者。菩萨摩诃萨发菩提心亦复如是，诸业烦恼、二乘解脱，若暂见之，即皆散灭，亦无住者。

善男子！譬如有人，善入大海，一切水族无能为害；假使入于摩竭鱼口，亦不为彼之所吞噬。菩萨摩诃萨亦复如是，发菩提心入生死海，诸业烦恼不能为害；假使入于声闻、缘觉实际法中，亦不为其之所留难。

善男子！譬如有人，饮甘露浆，一切诸物不能为害。菩萨摩诃萨亦复如是，饮菩提心甘露法浆，不堕声闻、辟支佛地，以具广大悲愿力故。

善男子！譬如有人，得安缮那药以涂其目，虽行人间，人所不见。菩萨摩诃萨亦复如是，得菩提心安缮那药，能以方便入魔境界，一切众魔所不能见。

善男子！譬如有人，依附于王，不畏余人。菩萨摩诃萨亦复如是，依菩提心大势力王，不畏障、盖、恶道之难。

善男子！譬如有人，住于水中，不畏火焚。菩萨摩诃萨亦复如是，住菩提心善根水中，不畏二乘解脱智火。

善男子！譬如有人，依倚猛将，即不怖畏一切怨敌。菩萨摩诃萨亦复如是，依菩提心勇猛大将，不畏一切恶行怨敌。

善男子！如释天王，执金刚杵，摧伏一切阿修罗众。菩萨摩诃萨亦复如是，持菩提心金刚之杵，摧伏一切诸魔外道。

善男子！譬如有人，服延龄药，长得充健，不老不瘦。菩萨摩诃萨亦复如是，服菩提心延龄之药，于无数劫修菩萨行，心无疲厌亦无染著。

善男子！譬如有人，调和药汁，必当先取好清净水。菩萨摩诃萨亦复如是，欲修菩萨一切行愿，先当发起菩提之心。

善男子！如人护身，先护命根。菩萨摩诃萨亦复如是，护持佛法，亦当先护菩提之心。

善男子！譬如有人，命根若断，不能利益父母、宗亲。菩萨摩诃萨亦复如是，舍菩提心，不能利益一切众生，不能成就诸佛功德。

善男子！譬如大海，无能坏者。菩提心海亦复如是，诸业烦恼、二乘之心所不能坏。

善男子！譬如日光，星宿光明不能映蔽。菩提心日亦复如是，一切二乘无漏智光所不能蔽。

善男子！如王子初生，即为大臣之所尊重，以种性自在故。菩萨摩诃萨亦复如是，于佛法中发菩提心，即为耆宿久修梵行声闻、缘觉所共尊重，以大悲自在故。

善男子！譬如王子，年虽幼稚，一切大臣皆悉敬礼。菩萨摩诃萨亦复如是，虽初发心修菩萨行，二乘耆旧皆应敬礼。

善男子！譬如王子，虽于一切臣佐之中未得自在，已具王相，不与一切诸臣佐等，以生处尊胜故。菩萨摩诃萨亦复如是，虽于一切业烦恼中未得自在，然已具足菩提之相，不与一切二乘齐等，以种性第一故。

善男子！譬如清净摩尼妙宝，眼有翳故见为不净。菩萨摩诃萨菩提心宝亦复如是，无智不信谓为不净。

善男子！譬如有药，为咒所持，若有众生见、闻、同住，一切诸病皆得消灭。菩萨摩诃萨菩提心药亦复如是，一切善根、智慧、方便、菩萨愿智共所摄持，若有众生见、闻、同住、忆念之者，诸烦恼病悉得除灭。

善男子！譬如有人，常持甘露，其身毕竟不变不坏。菩萨摩诃萨亦复如是，若常忆持菩提心露，令愿智身毕竟不坏。

善男子！如机关木人，若无有楔，身即离散，不能运动。菩萨摩诃萨亦复如是，无菩提心，行即分散，不能成就一切佛法。

善男子！如转轮王，有沉香宝，名曰：象藏；若烧此香，王四种兵悉腾虚空。菩萨摩诃萨菩提心香亦复如是，若发此意，即令菩萨一切善根永出三界，行如来智无为空中。善男子！譬如金刚，唯从金刚处及金处生，非余宝处生。菩萨摩诃萨菩提心金刚亦复如是，唯从大悲救护众生金刚处、一切智智殊胜境界金处而生，非余众生善根处生。

善男子！譬如有树，名曰：无根，不从根生，而枝、叶、华、果悉皆繁茂。菩萨摩诃萨菩提心树亦复如是，无根可得，而能长养一切智智神通大愿；枝、叶、华、果，扶疏荫映，普覆世间。

善男子！譬如金刚，非劣恶器及以破器所能容持，唯除全具上妙之器。菩提心金刚亦复如是，非下劣众生悭、嫉、破戒、懈怠、妄念、无智器中所能容持，亦非退失殊胜志愿、散乱、恶觉众生器中所能容持，唯除菩萨深心宝器。

善男子！譬如金刚，能穿众宝。菩提心金刚亦复如是，悉能穿彻一切法宝。

善男子！譬如金刚，能坏众山。菩提心金刚亦复如是，悉能摧坏诸邪见山。

善男子！譬如金刚，虽破不全，一切众宝犹不能及。菩提心金刚亦复如是，虽复志劣，少有亏损，犹胜一切二乘功德。

善男子！譬如金刚，虽有损缺，犹能除灭一切贫穷。菩提心金刚亦复如是，虽有损缺，不进诸行，犹能舍离一切生死。

善男子！如小金刚，悉能破坏一切诸物。菩提心金刚亦复如是，入少境界，即破一切无知诸惑。

善男子！譬如金刚，非凡人所得。菩提心金刚亦复如是，非劣意众生之所能得。

善男子！譬如金刚，不识宝人不知其能、不得其用。菩提心金刚亦复如是，不知法人不了其能、不得其用。

善男子！譬如金刚，无能销灭。菩提心金刚亦复如是，一切诸法无能销灭。

善男子！如金刚杵，诸大力人皆不能持，唯除有大那罗延力。菩提之心亦复如是，一切二乘皆不能持，唯除菩萨广大因缘坚固善力。

善男子！譬如金刚，一切诸物无能坏者，而能普坏一切诸物，然其体性无所损减。菩提之心亦复如是，普于三世无数劫中，教化众生，修行苦行，声闻、缘觉所不能者咸能作之，然其毕竟无有疲厌亦无损坏。

善男子！譬如金刚，余不能持，唯金刚地之所能持。菩提之心亦复如是，声闻、缘觉皆不能持，唯除趣向萨婆若者。

善男子！如金刚器，无有瑕缺用盛于水，永不渗漏而入于地。菩提心金刚器亦复如是，盛善根水，永不渗漏，令入诸趣。

善男子！如金刚际，能持大地，不令坠没。菩提之心亦复如是，能持菩萨一切行愿，不令坠没入于三界。

善男子！譬如金刚，久处水中，不烂不湿。菩提之心亦复如是，于一切劫处，在生死业惑水中，无坏无变。

善男子！譬如金刚，一切诸火不能烧然、不能令热。菩提之心亦复如是，一切生死诸烦恼火不能烧然、不能令热。

善男子！譬如三千世界之中金刚座上，能持诸佛坐于道场、降伏诸魔、成等正觉，非是余座之所能持。菩提心座亦复如是，能持菩萨一切愿行、诸波罗蜜、诸忍、诸地、回向、受记、修集菩提助道之法、供养诸佛、闻法受行，一切余心所不能持。

善男子！菩提心者，成就如是无量无边乃至不可说不可说殊胜功德。若有众生发阿耨多罗三藐三菩提心，则获如是胜功德法。是故，善男子！汝获善利！汝发阿耨多罗三藐三菩提心，求菩萨行，已得如是大功德故。

善男子！如汝所问：菩萨云何学菩萨行、修菩萨道？善男子！汝可入此毗卢遮那庄严藏大楼阁中周遍观察，则能了知学菩萨行，学已成就无量功德。

注：此字音 ku 或 que，毂字左下边木字换成卵字即是

大方广佛华严经卷第七十九

入法界品第三十九之二十

尔时，善财童子恭敬右绕弥勒菩萨摩诃萨已，而白之言：唯愿大圣开楼阁门，令我得入！

时，弥勒菩萨前诣楼阁，弹指出声，其门即开，命善财入。善财心喜，入已还闭。

见其楼阁广博无量同于虚空，阿僧祇宝以为其地；阿僧祇宫殿、阿僧祇门闼、阿僧祇窗牖、阿僧祇阶陛、阿僧祇栏楯、阿僧祇道路，皆七宝成；阿僧祇幡、阿僧祇幢、阿僧祇盖，周回间列；阿僧祇众宝璎珞、阿僧祇真珠璎珞、阿僧祇赤真珠璎珞、阿僧祇师子珠璎珞，处处垂下；阿僧祇半月、阿僧祇缯带、阿僧祇宝网，以为严饰；阿僧祇宝铎风动成音，散阿僧祇天诸杂华，悬阿僧祇天宝鬘带，严阿僧祇众宝香炉，雨阿僧祇细末金屑，悬阿僧祇宝镜，然阿僧祇宝灯，布阿僧祇宝衣，列阿僧祇宝帐，设阿僧祇宝坐，阿僧祇宝缯以敷座上；阿僧祇阎浮檀金童女像、阿僧祇杂宝诸形像、阿僧祇妙宝菩萨像，处处充遍；阿僧祇众鸟出和雅音；阿僧祇宝优钵罗华、阿僧祇宝波头摩华、阿僧祇宝拘物头华、阿僧祇宝芬陀利华，以为庄严；阿僧祇宝树次第行列，阿僧祇摩尼宝放大光明。如是等无量阿僧祇诸庄严具，以为庄严。

又见其中，有无量百千诸妙楼阁，一一严饰悉如上说；广博严丽皆同虚空，不相障碍亦无杂乱。善财童子于一处中见一切处，一切诸处悉如是见。

尔时，善财童子见毗卢遮那庄严藏楼阁如是种种不可思议自在境

界，生大欢喜，踊跃无量，身心柔软，离一切想，除一切障，灭一切惑，所见不忘，所闻能忆，所思不乱，入于无碍解脱之门。普运其心，普见一切，普申敬礼，才始稽首，以弥勒菩萨威神之力，自见其身遍在一切诸楼阁中，具见种种不可思议自在境界。

所谓：或见弥勒菩萨初发无上菩提心时如是名字、如是种族，如是善友之所开悟，令其种植如是善根、住如是寿、在如是劫、值如是佛、处于如是庄严刹土、修如是行、发如是愿；彼诸如来如是众会、如是寿命，经尔许时亲近供养。——悉皆明见。

或见弥勒最初证得慈心三昧，从是已来，号为慈氏；或见弥勒修诸妙行，成满一切诸波罗蜜；或见得忍，或见住地，或见成就清净国土，或见护持如来正教，为大法师，得无生忍，某时、某处、某如来所受于无上菩提之记。

或见弥勒为转轮王，劝诸众生住十善道；或为护世，饶益众生；或为释天，呵责五欲；或为焰摩天王，赞不放逸；或为兜率天王，称叹一生菩萨功德；或为化乐天王，为诸天众现诸菩萨变化庄严；或为他化自在天王，为诸天众演说一切诸佛之法；或作魔王，说一切法皆悉无常；或为梵王，说诸禅定无量喜乐；或为阿修罗王，入大智海，了法如幻，为其众会常演说法，断除一切憍慢醉傲。

或复见其处阎罗界，放大光明，救地狱苦；或见在于饿鬼之处，施诸饮食，济彼饥渴；或见在于畜生之道，种种方便，调伏众生。

或复见为护世天王众会说法，或复见为忉利天王众会说法，或复见为焰摩天王众会说法，或复见为兜率天王众会说法，或复见为化乐天王众会说法，或复见为他化自在天王众会说法，或复见为大梵王众会说法，或复见为龙王众会说法，或复见为夜叉、罗刹王众会说法，或复见为乾闼婆、紧那罗王众会说法，或复见为阿修罗、陀那婆王众会说法，或复见为迦楼罗、摩睺罗伽王众会说法，或复见为其余一切人、非人等众会说法，或复见为声闻众会说法，或复见为缘觉众会说法，或复见为初发心乃至一生所系已灌顶者诸菩萨众而演说法。

或见赞说初地乃至十地所有功德，或见赞说满足一切诸波罗蜜，或见赞说入诸忍门，或见赞说诸大三昧门，或见赞说甚深解脱门，或见赞说诸禅三昧神通境界，或见赞说诸菩萨行，或见赞说诸大誓愿，或见与诸同行菩萨赞说世间资生工巧种种方便利众生事，或见与诸一生菩萨赞说一切佛灌顶门。

或见弥勒于百千年，经行、读诵、书写经卷，勤求观察，为众说法，或入诸禅四无量心，或入遍处及诸解脱，或入三昧以方便力现诸神变。

或见诸菩萨入变化三昧，各于其身一一毛孔，出于一切变化身云；或见出天众身云，或见出龙众身云，或见出夜叉、乾闼婆、紧那罗、阿修罗、迦楼罗、摩睺罗伽、释、梵、护世、转轮圣王、小王、王子、大臣、官属、长者、居士身云，或见出声闻、缘觉及诸菩萨、如来身云，或见出一切众生身云。

或见出妙音，赞诸菩萨种种法门。所谓：赞说菩提心功德门；赞说檀波罗蜜乃至智波罗蜜功德门；赞说诸摄、诸禅、诸无量心，及诸三昧、三摩钵底、诸通、诸明、总持、辩才、诸谛、诸智、止观、解脱、诸缘、诸依、诸说法门；赞说念、处、正勤、神足、根、力、七菩提分、八圣道分、诸声闻乘、诸独觉乘、诸菩萨乘、诸地、诸忍、诸行、诸愿，如是等一切诸功德门。

或复于中，见诸如来，大众围绕；亦见其佛生处、种姓、身形、寿命、刹劫、名号、说法利益、教住久近，乃至所有道场众会种种不同，悉皆明见。

又复于彼庄严藏内诸楼阁中，见一楼阁，高广严饰，最上无比；于中悉见三千世界百亿四天下、百亿兜率陀天，一一皆有弥勒菩萨降神诞生、释梵天王捧持顶戴、游行七步、观察十方、大师子吼、现为童子、居处宫殿、游戏园苑、为一切智出家苦行、示受乳糜、往诣道场、降伏诸魔、成等正觉、观菩提树、梵王劝请转正法轮、升天宫殿而演说法、劫数寿量、众会庄严、所净国土、所修行愿、教化成熟众生方便、分布舍利、住持教法，皆悉不同。

尔时，善财自见其身，在彼一切诸如来所；亦见于彼一切众会、一切佛事，忆持不忘，通达无碍。复闻一切诸楼阁内，宝网铃铎及诸乐器，皆悉演畅不可思议微妙法音，说种种法。所谓：或说菩萨发菩提心，或说修行波罗蜜行，或说诸愿，或说诸地，或说恭敬供养如来，或说庄严诸佛国土，或说诸佛说法差别。如上所说一切佛法，悉闻其音，敷畅辩了。

又闻某处，有某菩萨，闻某法门，某善知识之所劝导发菩提心，于某劫、某刹、某如来所、某大众中，闻于某佛如是功德，发如是心，起如是愿，种于如是广大善根；经若干劫修菩萨行，于尔许时当成正觉，如是名号，如是寿量，如是国土，具足庄严，满如是愿，化如是众，如是声闻、菩萨众会；般涅槃后，正法住世，经尔许劫，利益如是无量众生。

或闻某处，有某菩萨，布施、持戒、忍辱、精进、禅定、智慧，修习如是诸波罗蜜。或闻某处有某菩萨，为求法故，弃舍王位及诸珍宝、妻子、眷属、手、足、头、目，一切身分皆无所恪。或闻某处，有某菩萨，守护如来所说正法，为大法师，广行法施，建法幢，吹法螺，击法鼓，雨法雨，造佛塔庙，作佛形像，施诸众生一切乐具。或闻某处，有某如来，于某劫中，成等正觉，如是国土，如是众会，如是寿命，说如是法，满如是愿，教化如是无量众生。

善财童子闻如是等不可思议微妙法音，身心欢喜，柔软悦怿，即得无量诸总持门、诸辩才门、诸禅、诸忍、诸愿、诸度、诸通、诸明,及诸解脱、诸三昧门。

又见一切诸宝镜中种种形像。所谓:或见诸佛众会道场,或见菩萨众会道场,或见声闻众会道场,或见缘觉众会道场,或见净世界,或见不净世界,或见净不净世界,或见不净净世界,或见有佛世界,或见无佛世界,或见小世界,或见中世界,或见大世界,或见因陀罗网世界,或见覆世界,或见仰世界,或见平坦世界,或见地狱、畜生、饿鬼所住世界,或见天人充满世界。于如是等诸世界中,见有无数大菩萨众,或行或坐作诸事业,或起大悲怜愍众生,或造诸论利益世间,或受或持,或书或诵,或问或答,三时忏悔,回向发愿。

又见一切诸宝柱中,放摩尼王大光明网,或青、或黄、或赤、或白、或玻璃色、或水精色、或帝青色、或虹霓色、或阎浮檀金色,或作一切诸光明色。

又见彼阎浮檀金童女及众宝像,或以其手而执华云,或执衣云,或执幢幡,或执鬘盖,或持种种涂香、末香,或持上妙摩尼宝网,或垂金锁,或挂璎珞,或举其臂捧庄严具,或低其首垂摩尼冠,曲躬瞻仰,目不暂舍。

又见彼真珠璎珞,常出香水,具八功德;琉璃、璎珞,百千光明,同时照耀;幢、幡、网、盖,如是等物,一切皆以众宝庄严。

又复见彼优钵罗华、波头摩华、拘物头华、芬陀利华,各各生于无量诸华,或大一手,或长一肘,或复纵广犹如车轮,一一华中皆悉示现种种色像以为严饰。所谓:男色像、女色像、童男色像、童女色像、释、梵、护世、天、龙、夜叉、乾闼婆、阿修罗、迦楼罗、紧那罗、摩睺罗伽、声闻、缘觉及诸菩萨。如是一切众生色像,皆悉合掌,曲躬礼敬。

亦见如来结跏趺坐,三十二相庄严其身。

又复见彼净琉璃地,一一步间,现不思议种种色像。所谓:世界色像、菩萨色像、如来色像及诸楼阁庄严色像。

又于宝树枝、叶、华、果一一事中,悉见种种半身色像。所谓:佛半身色像、菩萨半身色像,天、龙、夜叉,乃至护世、转轮圣王、小王、王子、大臣、官长,及以四众半身色像。其诸色像,或执华鬘,或执璎珞,或持一切诸庄严具;或有曲躬合掌礼敬,一心瞻仰,目不暂舍;或有赞叹,或入三昧。其身悉以相好庄严,普放种种诸色光明,所谓:金色光明、银色光明、珊瑚色光明、兜沙罗色光明、帝青色光明、毗卢遮那宝色光明、一切众宝色光明、瞻波迦华色光明。

又见诸楼阁半月像中,出阿僧祇日月星宿种种光明普照十方。

又见诸楼阁周回四壁,一一步内,一切众宝以为庄严。一一宝中,皆现弥勒曩劫修行菩萨道时,或施头目,或施手足、唇舌、牙齿、耳鼻、血肉、皮肤、骨髓乃至爪发,如是一切,悉皆能舍;妻妾、男女、城邑、聚落、国土、王位,随其所须,尽皆施与。处牢狱者,令得出离;被系缚者,使其解脱;有疾病者,为其救疗;入邪径者,示其正道。或为船师,令度大海;或为马王,救护恶难;或为大仙,善说诸论;或为轮王,劝修十善;或为医王,善疗众病;或孝顺父母,或亲近善友,或作声闻,或作缘觉,或作菩萨,或作如来,教化调伏一切众生;或为法师,奉行佛教,受持读诵,如理思惟,立佛支提,作佛形像,若自供养,若劝于他,涂香散华,恭敬礼拜。如是等事,相续不绝。或见坐于师子之座,广演说法,劝诸众生安住十善,一心归向佛、法、僧宝,受持五戒及八斋戒,出家听法,受持读诵,如理修行。

乃至见于弥勒菩萨,百千亿那由他阿僧祇劫,修行诸度一切色像;又见弥勒曾所承事诸善知识,悉以一切功德庄严;亦见弥勒在彼一一善知识所,亲近供养,受行其教,乃至住于灌顶之地。

时,诸知识告善财言:善来童子!汝观此菩萨不思议事,莫生疲厌。

尔时,善财童子得不忘失忆念力故,得见十方清净眼故,得善观察无碍智故,得诸菩萨自在智故,得诸菩萨已入智地广大解故,于一切楼阁一一物中,悉见如是及余无量不可思议自在境界诸庄严事。

譬如有人,于睡梦中见种种物,所谓:城邑、聚落、宫殿、园苑、山林、河池、衣服、饮食乃至一切资生之具;或见自身父母兄弟、内外亲属;或见大海须弥山王,乃至一切诸天宫殿、阎浮提等四天下事;或见其身形量广大百千由旬,房舍、衣服悉皆相称,谓于昼日经无量时不眠不寝受诸安乐。从睡觉已,乃知是梦,而能明记所见之事。善财童子亦复如是,以弥勒菩萨力所持故,知三界法皆如梦故,灭诸众生狭劣想故,得无障碍广大解故,住诸菩萨胜境界故,入不思议方便智故,能见如是自在境界。譬如有人,将欲命终,见随其业所受报相:行恶业者,见于地狱、畜生、饿鬼所有一切众苦境界,或见狱卒手持兵仗或瞋或骂囚执将去,亦闻号叫、悲叹之声,或见灰河,或见镬汤,或见刀山,或见剑树,种种逼迫,受诸苦恼;作善业者,即见一切诸天宫殿无量天众、天诸采女,种种衣服具足庄严,宫殿、园林尽皆妙好。身虽未死,而由业力见如是事。善财童子亦复如是,以菩萨业不思议力,得见一切庄严境界。

譬如有人,为鬼所持,见种种事,随其所问,悉皆能答。善财童子亦复如是,菩萨智慧之所持故,见彼一切诸庄严事,若有问者,靡不能答。

譬如有人,为龙所持,自谓是龙,入于龙宫,于少时间,自谓已经日月年载。善财童子亦复如是,以住菩萨智慧想故,弥勒菩萨所加持故,于少时间谓无量劫。

譬如梵宫,名:庄严藏,于中悉见三千世界一切诸物不相杂乱。善财童子亦复如是,于楼观中,普见一切庄严境界种种差别不相杂乱。

譬如比丘，入遍处定，若行、若住、若坐、若卧，随所入定，境界现前。善财童子亦复如是，入于楼观，一切境界悉皆明了。

譬如有人，于虚空中见乾闼婆城具足庄严，悉分别知，无有障碍；譬如夜叉宫殿与人宫殿，同在一处而不相杂，各随其业，所见不同；譬如大海，于中悉见三千世界一切色像；譬如幻师，以幻力故，现诸幻事种种作业。善财童子亦复如是，以弥勒菩萨威神力故，及不思议幻智力故，能以幻智知诸法故，得诸菩萨自在力故，见楼阁中一切庄严自在境界。

尔时，弥勒菩萨摩诃萨即摄神力入楼阁中，弹指作声，告善财言：善男子起！法性如是，此是菩萨知诸法智因缘聚集所现之相。如是自性，如幻、如梦、如影、如像，悉不成就。尔时，善财闻弹指声，从三昧起。

弥勒告言：善男子！汝住菩萨不可思议自在解脱，受诸菩萨三昧喜乐，能见菩萨神力所持、助道所流、愿智所现种种上妙庄严宫殿；见菩萨行，闻菩萨法，知菩萨德，了如来愿。

善财白言：唯然！圣者！是善知识加被忆念威神之力。圣者！此解脱门，其名何等？

弥勒告言：善男子！此解脱门，名：入三世一切境界不忘念智庄严藏。善男子！此解脱门中，有不可说不可说解脱门，一生菩萨之所能得。

善财问言：此庄严事，何处去耶？

弥勒答言：于来处去。

曰：从何处来？

曰：从菩萨智慧神力中来，依菩萨智慧神力而住，无有去处，亦无住处，非集非常，远离一切。善男子！如龙王降雨，不从身出，不从心出，无有积集，而非不见；但以龙王心念力故，霈然洪霪，周遍天下，如是境界不可思议。善男子！彼庄严事亦复如是，不住于内，亦不住外，而非不见；但由菩萨威神之力、汝善根力，见如是事。善男子！譬如幻师作诸幻事，无所从来，无所至去；虽无来去，以幻力故，分明可见。彼庄严事亦复如是，无所从来，亦无所去；虽无来去，然以惯习不可思议幻智力故，及由往昔大愿力故，如是显现。

善财童子言：大圣从何处来？

弥勒言：

善男子！诸菩萨无来无去，如是而来；无行无住，如是而来；无处无著，不没不生，不住不迁，不动不起，无恋无著，无业无报，无起无灭，不断不常，如是而来。善男子！菩萨从大悲处来，为欲调伏诸众生故；从大慈处来，为欲救护诸众生故；从净戒处来，随其所乐而受生故；从大愿处来，往昔愿力之所持故；从神通处来，于一切处随乐现故；从无动摇处来，恒不舍离一切佛故；从无取舍处来，不役身心使往来故；从智慧方便处来，随顺一切诸众生故；从示现变化处来，犹如影像而化现故。

然，善男子！汝问于我从何处来者。善男子！我从生处摩罗提国而来于此。善男子！彼有聚落，名为：房舍；有长者子，名：瞿波罗。为化其人，令入佛法，而住于彼；又为生处一切人民随所应化而为说法，亦为父母及诸眷属、婆罗门等演说大乘，令其趣入故住于彼。而从彼来。

善财童子言：圣者！何者是菩萨生处？

答言：

善男子！菩萨有十种生处。何者为十？善男子！菩提心是菩萨生处，生菩萨家故；深心是菩萨生处，生善知识家故；诸地是菩萨生处，生波罗蜜家故；大愿是菩萨生处，生妙行家故；大悲是菩萨生处，生四摄家故；如理观察是菩萨生处，生般若波罗蜜家故；大乘是菩萨生处，生方便善巧家故；教化众生是菩萨生处，生佛家故；智慧方便是菩萨生处，生无生法忍家故；修行一切法是菩萨生处，生过、现、未来一切如来家故。

善男子！菩萨摩诃萨，以般若波罗蜜为母，方便善巧为父，檀波罗蜜为乳母，尸波罗蜜为养母，忍波罗蜜为庄严具，勤波罗蜜为养育者，禅波罗蜜为浣濯人，善知识为教授师，一切菩提分为伴侣，一切善法为眷属，一切菩萨为兄弟，菩提心为家，如理修行为家法，诸地为家处，诸忍为家族，大愿为家教，满足诸行为顺家法，劝发大乘为绍家业，法水灌顶一生所系菩萨为王太子，成就菩提为能净家族。

善男子！菩萨如是超凡夫地，入菩萨位，生如来家，住佛种性，能修诸行，不断三宝，善能守护菩萨种族，净菩萨种，生处尊胜，无诸过恶，一切世间天、人、魔、梵、沙门、婆罗门恭敬赞叹。

善男子！菩萨摩诃萨生于如是尊胜家已，知一切法如影像故，于诸世间无所恶贱；知一切法如变化故，于诸有趣无所染著；知一切法无有我故，教化众生心无疲厌；以大慈悲为体性故，摄受众生不觉劳苦；了达生死犹如梦故，经一切劫而无怖畏；了知诸蕴皆如幻故，示现受生而无疲厌；知诸界、处同法界故，于诸境界无所坏灭；知一切想如阳焰故，入于诸趣不生倒惑；达一切法皆如幻故，入魔境界不起染著；知法身故，一切烦恼不能欺诳；得自在故，于一切趣通达无碍。

善男子！我身普生一切法界，等一切众生差别色相，等一切众生殊异言音，等一切众生种种名号，等一切众生所乐威仪，随顺世间教化调伏；等一切清净众生示现受生，等一切凡夫众生所作事业，等一切众生想，等一切菩萨愿，而现其身充满法界。

善男子！我为化度与我往昔同修诸行，今时退失菩提心者；亦为教化父母、亲属；亦为教化诸婆罗门，令其离于种族憍慢，得生如来种性之中。——而生于此阎浮提界、摩罗提国、拘吒聚落、婆罗门家。善男子！我住于此大楼阁中，随诸众生心之所乐，种种方便教化调伏。善男子！我为随顺众生心故，我为成熟兜率天中同行天故，我为示现菩萨福智变化庄严；超过一切诸欲界故，令其舍离诸欲乐故，令知有为皆无常故，令知诸天盛必衰故，为欲示现将降生时大智法门；与一生菩萨共谈论故，为欲摄化诸同行故，为欲教化释迦如来所遣来者令如莲华悉开悟故，于此命终，生兜率天。善男子！我愿满足，成一切智，得菩提时，汝及文殊俱得见我。

善男子！汝当往诣文殊师利善知识所而问之言：菩萨云何学菩萨行？云何而入普贤行门？云何成就？云何广大？云何随顺？云何清净？云何圆满？善男子！彼当为汝分别演说。何以故？文殊师利所有大愿，非余无量百千亿那由他菩萨之所能有。

善男子！文殊师利童子，其行广大，其愿无边，出生一切菩萨功德无有休息。善男子！文殊师利常为无量百千亿那由他诸佛母，常为无量百千亿那由他菩萨师，教化成熟一切众生，名称普闻十方世界；常于一切诸佛众中为说法师，一切如来之所赞叹；住甚深智，能如实见一切诸法，通达一切解脱境界，究竟普贤所行诸行。

善男子！文殊师利童子是汝善知识，令汝得生如来家，长养一切诸善根，发起一切助道法，值遇真实善知识；令汝修一切功德，入一切愿网，住一切大愿；为汝说一切菩萨秘密法，现一切菩萨难思行；与汝往昔同生同行。

是故，善男子！汝应往诣文殊之所莫生疲厌，文殊师利当为汝说一切功德。何以故？汝先所见诸善知识闻菩萨行、入解脱门、满足大愿，皆是文殊威神之力，文殊师利于一切处咸得究竟。

时，善财童子顶礼其足，绕无量匝，殷勤瞻仰，辞退而去。

大方广佛华严经卷第八十

入法界品第三十九之二十一

尔时，善财童子依弥勒菩萨摩诃萨教，渐次而行，经由一百一十余城已，到普门国苏摩那城，住其门所，思惟文殊师利，随顺观察，周旋求觅，希欲奉觐。

是时，文殊师利遥伸右手，过一百一十由旬，按善财顶，作如是言：

善哉善哉！善男子！若离信根，心劣忧悔，功行不具，退失精勤，于一善根心生住著，于少功德便以为足，不能善巧发起行愿，不为善知识之所摄护，不为如来之所忆念，不能了知如是法性、如是理趣、如是法门、如是所行、如是境界；若周遍知、若种种知、若尽源底、若解了、若趣入、若解说、若分别、若证知、若获得，皆悉不能。

是时，文殊师利宣说此法，示教利喜，令善财童子成就阿僧祇法门，具足无量大智光明，令得菩萨无边际陀罗尼、无边际愿、无边际三昧、无边际神通、无边际智，令入普贤行道场，及置善财自所住处；文殊师利还摄不现。

于是，善财思惟观察，一心愿见文殊师利，及见三千大千世界微尘数诸善知识，悉皆亲近，恭敬承事，受行其教，无有违逆；增长趣求一切智慧，广大悲海，益大慈云，普观众生，生大欢喜，安住菩萨寂静法门；普缘一切广大境界，学一切佛广大功德，入一切佛决定知见，增一切智助道之法，善修一切菩萨深心，知三世佛出兴次第；入一切法海，转一切法轮，生一切世间，入于一切菩萨愿海，住一切劫修菩萨行，照明一切如来境界，长养一切菩萨诸根；获一切智清净光明，普照十方，除诸暗障，智周法界；于一切佛刹、一切诸有，普现其身，靡不周遍；摧一切障，入无碍法，住于法界平等之地；观察普贤解脱境界，即闻普贤菩萨摩诃萨名字、行愿、助道、正道、诸地地、方便地、入地、胜进地、住地、修习地、境界地、威力地，同住渴仰。

欲见普贤菩萨，即于此金刚藏菩提场，毗卢遮那如来师子座前，一切宝莲华藏座上，起等虚空界广大心、舍一切刹离一切著无碍心、普行一切无碍法无碍心、遍入一切十方海无碍心、普入一切智境界清净心、观道场庄严明了心、入一切佛法海广大心、化一切众生界周遍心、净一切国土无量心、住一切劫无尽心、趣如来十力究竟心。

善财童子起如是心时，由自善根力、一切如来所加被力、普贤菩萨同善根力故，见十种瑞相。何等为十？所谓：见一切佛刹清净，一切如来成正等觉；见一切佛刹清净，无诸恶道；见一切佛刹清净，众妙莲华以为严饰；见一切佛刹清净，一切众生身心清净；见一切佛刹清净，种种众宝之所庄严；见一切佛刹清净，一切众生诸相严身；见一切佛刹清净，诸庄严云以覆其上；见一切佛刹清净，一切众生互起慈心，递相利益，不为恼害；见一切佛刹清净，道场庄严；见一切佛刹清净，一切众生心常念佛。是为十。

又见十种光明相。何等为十？所谓：见一切世界所有微尘，一一尘中，出一切世界微尘数佛光明网云，周遍照耀；一一尘中，出一切世界微尘数佛光明轮云，种种色相周遍法界；一一尘中，出一切世界微尘数佛色像宝云，周遍法界；一一尘中，出一切世界微尘数佛光焰轮云，周遍法界；一一尘中，出一切世界微尘数众妙香云，周遍十方，称赞普贤一切行愿大功德海；一一尘中，出一切世界微尘数日月星宿云，皆放普贤菩萨光明，遍照法界；一一尘中，出一切世界微尘数一切众生身色像云，放佛光明，遍照法界；一一尘中，出一切世界微尘数一切佛色像摩尼云，周遍法界；一一尘中，出一切世界微尘数菩萨身色像云，充满法界，令一切众生皆得出离、所愿满足；一一尘中，出一切世界微尘数如来身色像云，说一切佛广大誓愿，周遍法界。是为十。

时，善财童子见此十种光明相已，即作是念：我今必见普贤菩萨，增益善根，见一切佛；于诸菩萨广大境界，生决定解，得一切智。

于时，善财普摄诸根，一心求见普贤菩萨，起大精进，心无退转。即以普眼观察十方一切诸佛、诸菩萨众所见境界，皆作得见普贤之想；以智慧眼观普贤道，其心广大犹如虚空，大悲坚固犹如金刚，愿尽未来常得随逐普贤菩萨，念念随顺，修普贤行，成就智慧，入如来境，住普贤地。

时，善财童子即见普贤菩萨，在如来前众会之中，坐宝莲华师子之座，诸菩萨众所共围绕，最为殊特，世无与等；智慧境界无量无边，难测难思，等三世佛，一切菩萨无能观察。见普贤身一一毛孔，出一切世界微尘数光明云，遍法界、虚空界、一切世界，除灭一切众生苦患，令诸菩萨生大欢喜；见一一毛孔，出一切佛刹微尘数种种色香焰云，遍法界、虚空界一切诸佛众会道场，而以普熏；见一一毛孔，出一切佛刹微尘数杂华云，遍法界、虚空界一切诸佛众会道场，雨众妙华；见一一毛孔，出一切佛刹微尘数香树云，遍法界、虚空界一切诸佛众会道场，雨众妙香；见一一毛孔，出一切佛刹微尘数妙衣云，遍法界、虚空界一切诸佛众会道场，雨众妙衣；见一一毛孔，出一切佛刹微尘数宝树云，遍法界、虚空界一切诸佛众会道场，雨摩尼宝；见一一毛孔，出一切佛刹微尘数色界天身云，充满法界，叹菩提心；见一一毛孔，出一切佛刹微尘数梵天身云，劝诸如来转妙法轮；见一一毛孔，出一切佛刹微尘数欲界天主身云，护持一切如来法轮；见一一毛孔，念念中出一切佛刹微尘数三世佛刹云，遍法界、虚空界，为诸众生，无归趣者为作归趣，无覆护者为作覆护，无依止者为作依止；见一一毛孔，念念中出一切佛刹微尘数清净佛刹云，遍法界、虚空界，一切诸佛于中出世，菩萨众会悉皆充满；见一一毛孔，念念中出一切佛刹微尘数净不净佛刹云，遍法界、虚空界，令杂染众生皆得清净；见一一毛孔，念念中出一切佛刹微尘数不净净佛刹云，遍法界、虚空界，令杂染众生皆得清净；见一一毛孔，念念中出一切佛刹微尘数不净佛刹云，遍法界、虚空界，令纯染众生皆得清净；见一一毛孔，念念中出一切佛刹微尘数众生身云，遍法界、虚空界，随其所应，教化众生，皆令发阿耨多罗三藐三菩提心；见一一毛孔，念念中出一切佛刹微尘数菩萨身云，遍法界、虚空界，称扬种种诸佛名号，令诸众生增长善根。见一一毛孔，念念中出一切佛刹微尘数菩萨身云，遍法界、虚空界一切佛刹，宣扬一切诸佛菩萨从初发意所生善根；见一一毛孔，念念中出一切佛刹微尘数菩萨身云，遍法界、虚空界，于一切佛刹一一刹中，宣扬一切菩萨愿海及普贤菩萨清净妙行；见一一毛孔，念念中出普贤菩萨行云，令一切众生心得满足，具足修习一切智道；见一一毛孔，出一切佛刹微尘数正觉身云，于一切佛刹，现成正觉，令诸菩萨增长大法、成一切智。

尔时，善财童子见普贤菩萨如是自在神通境界，身心遍喜，踊跃无量；重观普贤一一身分、一一毛孔，悉有三千大千世界。风轮、水轮、地轮、火轮，大海、江河及诸宝山、须弥、铁围，村营、城邑、宫殿、园苑，一切地狱、饿鬼、畜生、阎罗王界，天龙八部、人与非人，欲界、色界、无色界处，日月星宿、风云雷电、昼夜月时及以年劫、诸佛出世、菩萨众会、道场庄严；如是等事，悉皆明见。如见此世界，十方所有一切世界悉如是见；如见现在十方世界，前际、后际一切世界亦如是见，各各差别，不相杂乱。如于此毗卢遮那如来所，示现如是神通之力；于东方莲华德世界贤首佛所，现神通力亦复如是。如贤首佛所；如是东方一切世界。如东方；南、西、北方，四维、上、下，一切世界诸如来所，现神通力当知悉尔。如十方一切世界；如是十方一切佛刹，一一尘中皆有法界诸佛众会，一一佛所普贤菩萨坐宝莲华师子座上现神通力悉亦如是。彼一一普贤身中，皆现三世一切境界、一切佛刹、一切众生、一切佛出现、一切菩萨众，及闻一切众生言音、一切佛言音、一切如来所转法轮、一切菩萨所成诸行、一切如来游戏神通。

善财童子见普贤菩萨如是无量不可思议大神通力，即得十种智波罗蜜。何等为十？所谓：于念念中，悉能周遍一切佛刹智波罗蜜；于念念中，悉能往诣一切佛所智波罗蜜；于念念中，悉能供养一切如来智波罗蜜；于念念中，普于一切诸如来所闻法受持智波罗蜜；于念念中，思惟一切如来法轮智波罗蜜；于念念中，知一切佛不可思议大神通事智波罗蜜；于念念中，说一句法尽未来际辩才无尽智波罗蜜；于念念中，以深般若观一切法智波罗蜜；于念念中，入一切法界实相海智波罗蜜；于念念中，知一切众生心智波罗蜜；于念念中，普贤慧行皆现在前智波罗蜜。

善财童子既得是已，普贤菩萨即伸右手摩触其顶。既摩顶已，善财即得一切佛刹微尘数三昧门，各以一切佛刹微尘数三昧而为眷属；一一三昧，悉见昔所未见一切佛刹微尘数佛大海，集一切佛刹微尘数一切智助道具，生一切佛刹微尘数一切智上妙法，发一切佛刹微尘数一切智大誓愿，入一切佛刹微尘数大愿海，住一切佛刹微尘数一切智出要道，修一切佛刹微尘数诸菩萨所修行，起一切佛刹微尘数一切智大精进，得一切佛刹微尘数一切智净光明。如此娑婆世界毗卢遮那佛所，普贤菩萨摩善财顶；如是十方所有世界，及彼世界一一尘中一切世界一切佛所，普贤菩萨悉亦如是摩善财顶，所得法门亦皆同等。

尔时，普贤菩萨摩诃萨告善财言：善男子！汝见我此神通力不？

唯然！已见。大圣！此不思议大神通事，唯是如来之所能知。

普贤告言：

善男子！我于过去不可说不可说佛刹微尘数劫，行菩萨行，求一切智；一一劫中，为欲清净菩提心故，承事不可说不可说佛刹微尘数佛；一一劫中，为集一切智福德具故，设不可说不可说佛刹微尘数广大施会，一切世间咸使闻知，凡有所求悉令满足；一一劫中，为求一切智法故，以不可说不可说佛刹微尘数财物布施；一一劫中，为求佛智故，以不可说不可说佛刹微尘数城邑、聚落、国土、王位、妻子、眷属、眼、耳、鼻、舌、身、肉、手、足乃至身命而为布施；一一劫中，为求一切智首故，以不可说不可说佛刹微尘数头而为布施；一一劫中，为求一切智故，于不可说不可说佛刹微尘数诸如来所，恭敬尊重，承事供养，衣服、卧具、饮食、汤药，一切所须悉皆奉施，于其法中出家学道，修行佛法，护持正教。

善男子！我于尔所劫海中，自忆未曾于一念间不顺佛教，于一念间生瞋害心、我我所心、自他差别心、远离菩提心、于生死中起疲厌心、懒惰心、障碍心、迷惑心，唯住无上不可沮坏集一切智助道之法大菩提心。

善男子！我庄严佛土，以大悲心，救护众生，教化成就，供养诸佛，事善知识；为求正法，弘宣护持，一切内外悉皆能舍，乃至身命亦无所吝。一切劫海说其因缘，劫海可尽，此无有尽。

善男子！我法海中，无有一文，无有一句，非是舍施转轮王位而求得者，非是舍施一切所有而求得者。善男子！我所求法，皆为救护一切众生，一心思惟：愿诸众生得闻是法，愿以智光普照世间，愿为开示出世间智，愿令众生悉得安乐，愿普称赞一切诸佛所有功德。我如是等往昔因缘，于不可说不可说佛刹微尘数劫海，说不可尽。

是故，善男子！我以如是助道法力、诸善根力、大志乐力、修功德力、如实思惟一切法力、智慧眼力、佛威神力、大慈悲力、净神通力、善知识力故，得此究竟三世平等清净法身，复得清净无上色身，超诸世间，随诸众生心之所乐而为现形，入一切刹，遍一切处，于诸世界广现神通，令其见者靡不欣乐。善男子！汝且观我如是色身；我此色身，无边劫海之所成就，无量千亿那由他劫难见难闻。

善男子！若有众生未种善根，及种少善根声闻、菩萨，犹尚不得闻我名字，况见我身！善男子！若有众生得闻我名，于阿耨多罗三藐三菩提不复退转；若见若触，若迎若送，若暂随逐，乃至梦中见闻我者，皆亦如是。或有众生，一日一夜忆念于我即得成熟；或七日七夜、半月一月、半年一年、百年千年、一劫百劫，乃至不可说佛刹微尘数劫，忆念于我而成熟者；或一生、或百生，乃至不可说不可说佛刹微尘数生，忆念于我而成熟者；或见我放大光明，或见我震动佛刹，或生怖畏，或生欢喜，皆得成熟。善男子！我以如是等佛刹微尘数方便门，令诸众生于阿耨多罗三藐三菩提得不退转。

善男子！若有众生见闻于我清净刹者，必得生此清净刹中；若有众生见闻于我清净身者，必得生我清净身中。善男子！汝应观我此清净身。

尔时，善财童子观普贤菩萨身，相好肢节，一一毛孔中，皆有不可说不可说佛刹海；一一刹海，皆有诸佛出兴于世，大菩萨众所共围绕。又复见彼一切刹海，种种建立、种种形状、种种庄严、种种大山周匝围绕，种种色云弥覆虚空，种种佛兴演种种法；如是等事，各各不同。又见普贤于一一世界海中，出一切佛刹微尘数佛化身云，周遍十方一切世界，教化众生，令向阿耨多罗三藐三菩提。时，善财童子又见自身在普贤身内，十方一切诸世界中教化众生。

又，善财童子亲近佛刹微尘数诸善知识所得善根、智慧光明，比见普贤菩萨所得善根，百分不及一，千分不及一，百千分不及一，百千亿分乃至算数譬喻亦不能及是。善财童子从初发心，乃至得见普贤菩萨，于其中间所入一切诸佛刹海，今于普贤一毛孔中一念所入诸佛刹海，过前不可说不可说佛刹微尘数倍；如一毛孔，一切毛孔悉亦如是。

善财童子于普贤菩萨毛孔刹中，行一步，过不可说不可说佛刹微尘数世界；如是而行，尽未来劫，犹不能知一毛孔中刹海次第、刹海藏、刹海差别、刹海普入、刹海成、刹海坏、刹海庄严所有边际；亦不能知佛海次第、佛海藏、佛海差别、佛海普入、佛海生、佛海灭所有边际；亦不能知菩萨众海次第、菩萨众海藏、菩萨众海差别、菩萨众海普入、菩萨众海集、菩萨众海散所有边际；亦不能知入众生界、知众生根、教化调伏诸众生智、菩萨所住甚深自在、菩萨所入诸地诸道，如是等海所有边际。

善财童子于普贤菩萨毛孔刹中，或于一刹经于一劫如是而行，乃至或有经不可说不可说佛刹微尘数劫如是而行，亦不于此刹没、于彼刹现，念念周遍无边刹海，教化众生，令向阿耨多罗三藐三菩提。

当是之时，善财童子则次第得普贤菩萨诸行愿海，与普贤等，与诸佛等，一身充满一切世界，刹等、行等、正觉等、神通等、法轮等、辩才等、言辞等、音声等、力无畏等、佛所住等、大慈悲等、不可思议解脱自在悉皆同等。

尔时，普贤菩萨摩诃萨即说颂言：

汝等应除诸惑垢，一心不乱而谛听；我说如来具诸度，一切解脱真实道。出世调柔胜丈夫，其心清净如虚空，恒放智日大光明，普使群生灭痴暗。如来难可得见闻，无量亿劫今乃值，如优昙华时一现，是故应听佛功德。随顺世间诸所作，譬如幻士现众业，但为悦可众生心，未曾分别起想念。

尔时，诸菩萨闻此说已，一心渴仰，唯愿得闻如来世尊真实功德，咸作是念：普贤菩萨具修诸行，体性清净，所有言说皆悉不虚，一切如来共所称叹。作是念已，深生渴仰。

尔时，普贤菩萨功德智慧具足庄严，犹如莲华不著三界一切尘垢，告诸菩萨言：汝等谛听，我今欲说佛功德海一滴之相。即说颂言：

佛智广大同虚空，普遍一切众生心，悉了世间诸妄想，不起种种异分别。一念悉知三世法，亦了一切众生根，譬如善巧大幻师，念念示现无边事。随众生心种种行，往昔诸业誓愿力，令其所见各不同，而佛本来无动念。或有处处见佛坐，充满十方诸世界，或有其心不清净，无量劫中不见佛。或有信解离憍慢，发意即得见如来；或有谄诳不净心，亿劫寻求莫值遇。或一切处闻佛音，其音美妙令心悦；或有百千万亿劫，心不净故不闻者。或见清净大菩萨，充满三千大千界，皆已具足普贤行，如来于中俨然坐。或见此界妙无比，佛无量劫所严净；毗卢遮那最胜尊，于中觉悟成菩提。或见莲华胜妙刹，贤首如来住在中，无量菩萨众围绕，皆悉勤修普贤行。或有见佛无量寿，观自在等所围绕，悉已住于灌顶地，充满十方诸世界。或有见此三千界，种种庄严如妙喜，阿错注[1]如来住在中，及如香象诸菩萨。或见月觉大名称，与金刚幢菩萨等，住如圆镜妙庄严，普遍十方清净刹。或见日藏世所尊，住善光明清净土，及与灌顶诸菩萨，充遍十方而说法。或见金刚大焰佛，而与智幢菩萨俱，周行一切广大刹，说法除灭众生翳。一一毛端不可说，诸佛具相三十二，菩萨眷属共围绕，种种说法度众生。或有观见一毛孔，具足庄严广大刹，无量如来悉在中，清净佛子皆充满。或有见一微尘内，具有恒沙佛国土，无量菩萨悉充满，不可说劫修诸行。或有见一毛端处，无量尘沙诸刹海，种种业起各差别，毗卢遮那转法轮。或见世界不清净，或见清净宝所成，如来住寿无量时，乃至涅槃诸所现。普遍十方诸世界，种种示现不思议，随诸众生心智业，靡不化度令清净。如是无上大导师，充满十方诸国土，示现种种神通力，我说少分汝当听。或见释迦成佛道，已经不可思议劫；或见今始为菩萨，十方利益诸众生。或有见此释师子，供养诸佛修行道；或见人中最胜尊，现种种力神通事。或见布施或持戒，或忍或进或诸禅，般若方便愿力智，随众生心皆示现。或见究竟波罗蜜，或见安住于诸地，总持三昧神通智，如是悉现无不尽。或现修行无量劫，住于菩萨堪忍位；或现住于不退地，或现法水灌其顶。或现梵释护世身，或现刹利婆罗门，种种色相所庄严，犹如幻师现众像。或现兜率始降神，或见宫中受嫔御，或见弃舍诸荣乐，出家离俗行学道。或见始生或见灭，或见出家学异行，或见坐于菩提树，降伏魔军成正觉。或有见佛始涅槃，或见起塔遍世间，或见塔中立佛像，以知时故如是现。或见如来无量寿，与诸菩萨授尊记，而成无上大导师，次补住于安乐刹。或见无量亿千劫，作佛事已入涅槃；或见今始成菩提，或见正修诸妙行。或见如来清净月，在于梵世及魔宫，自在天宫化乐宫，示现种种诸神变。或见在于兜率宫，无量诸天共围绕，为彼说法令欢喜，悉共发心供养佛。或见住在夜摩天，忉利护世龙神处，如是一切诸宫殿，莫不于中现其像。于彼然灯世尊所，散华布发为供养，从是了知深妙法，恒以此道化群生。或有见佛久涅槃，或见初始成菩提；或见住于无量劫，或见须臾即灭度。身相光明与寿命，智慧菩提及涅槃，众会所化威仪声，如是一一皆无数。或现其身极广大，譬如须弥大宝山；或见跏趺不动摇，充满无边诸世界。或见圆光一寻量，或见千万亿由旬，或见照于无量土，或见充满一切刹。或见佛寿八十年，或寿百千万亿岁，或住不可思议劫，如是展转倍过此。佛智通达净无碍，一念普知三世法，皆从心识因缘起，生灭无常无自性。于一刹中成正觉，一切刹处悉亦成，一切入一一亦尔，随众生心皆示现。如来住于无上道，成就十力四无畏；具足智慧无所碍，转于十二行法轮。了知苦集及灭道，分别十二因缘法；法义乐说辞无碍，以是四辩广开演。诸法无我无有相，业性不起亦无失，一切远离如虚空，佛以方便而分别。如来如是转法轮，普震十方诸国土，宫殿山河悉摇动，不使众生有惊怖。如来普演广大音，随其根欲皆令解，悉使发心除惑垢，而佛未始生心念。或闻施戒忍精进，禅定般若方便智，或闻慈悲及喜舍，种种音辞各差别。或闻四念四正勤，神足根力及觉道，诸念神通止观等，无量方便诸法门。龙神八部人非人，梵释护世诸天众，佛以一音为说法，随其品类皆令解。若有贪欲瞋恚痴，忿覆悭嫉及憍谄，八万四千烦恼异，皆令闻说彼治法。若未具修白净法，令其闻说十戒行；已能布施调伏人，令闻寂灭涅槃音。若人志劣无慈愍，厌恶生死自求离；令其闻说三脱门，使得出苦涅槃乐。若有自性少诸欲，厌背三有求寂静；令其闻说诸缘起，依独觉乘而出离。若有清净广大心，具足施戒诸功德，亲近如来具慈愍，令其闻说大乘音。或有国土闻一乘，或二或三或四五，如是乃至无有量，悉是如来方便力。涅槃寂静未曾异，智行胜劣有差别；譬如虚空体性一，鸟飞远近各不同。佛体音声亦如是，普遍一切虚空界，随诸众生心智殊，所闻所见各差别。佛以过去修诸行，能随所乐演妙音，无心计念此与彼，我为谁说谁不说。如来面门放大光，具足八万四千数；所说法门亦如是，普照世界除烦恼。具足清净功德智，而常随顺三世间，譬如虚空无染著，为众生故而出现。示有生老病死苦，亦示住寿处于世；虽顺世间如是现，体性清净同虚空。一切国土无有边，众生根欲亦无量；如来智眼皆明见，随所应化示佛道。究竟虚空十方界，所有人天大众中，随其形相各不同，佛现其身亦如是。若在沙门大众会，剃除须发服袈裟，执持衣钵护诸根，令其欢喜息烦恼。若时亲近婆罗门，即为示现羸瘦身，执杖持瓶恒洁净，具足智慧巧谈说。吐故纳新自充饱，吸风饮露无异食，若坐若立不动摇，现斯苦行摧异道。或持彼戒为世师，善达医方等诸论，书数天文地众相，及身休咎无不了。深入诸禅及解脱，三昧神通智慧行，言谈讽咏共嬉戏，方便皆令住佛道。或现上服以严身，首戴华冠荫高盖，四兵前后共围绕，警众宣威伏小王。或为听讼断狱官，善解世间诸法务，所有与夺皆明审，令其一切悉欣伏。或作大臣事弼辅，善用诸王治政法，十方利益皆周遍，一切众生莫了知。或为粟散诸小王，或作飞行转轮帝，令诸王子采女众，悉皆受化无能测。或作护世四天王，统领诸龙夜叉等，为其众会而说法，一切皆令大欣庆。或为忉利大天王，住善法堂欢喜园，首戴华冠说妙法，诸天觐仰莫能测。或住夜摩兜率天，化乐自在魔王所，居处摩尼宝宫殿，说真实行令调伏。或至梵天众会中，说四无量诸禅道，普令欢喜便舍去，而莫知其往来相。或至阿迦尼吒天，为说觉分诸宝华，及余无量圣功德，然后舍去无知者。如来无碍智所见，其中一切诸众生，悉以无边方便门，种种教化令成就。譬如幻师善幻术，现作种种诸幻事；佛化众生亦如是，为其示现种种身。譬如净月在虚空，令世众生见增减，一切河池现影像，所有星宿夺光色。如来智月出世间，亦以方便示增减，菩萨心水现其影，声闻星宿无光色。譬如大海宝充满，清净无浊无有量；四洲所有诸众生，一切于中现其像。佛身功德海亦尔，无垢无浊无边际；乃至法界诸众生，靡不于中现其影。譬如净日放千光，不动本处照十方；佛日光明亦如是，无去无来除世暗。譬如龙王降大雨，不从身出及心出，而能沾洽悉周遍，涤除炎热使清凉。如来法雨亦复然，不从于佛身心出，而能开悟一切众，普使灭除三毒火。如来清净妙法身，一切三界无伦匹；以出世间言语道，其性非有非无故。虽无所依无不住，虽无不至而不去；如空中画梦所见，当于佛体如是观。三界有无一切法，不能与佛为譬喻；譬如山林鸟兽等，无有依空而住者。大海摩尼无量色，佛身差别亦复然；如来非色非非色，随应而现无所住。虚空真如及实际，涅槃法性寂灭等；唯有如是真实法，可以显示于如来。刹尘心念可数知，大海中水可饮尽，虚空可量风可系，无能尽说佛功德。若有闻斯功德海，而生欢喜信解心，如所称扬悉当获，慎勿于此怀疑念。

注1：（閦，音 chu）

大方广佛华严经入不思议解脱境界普贤行愿品

唐罽宾国三藏般若译

尔时普贤菩萨摩诃萨。称叹如来胜功德已。告诸菩萨及善财言。善男子。如来功德。假使十方一切诸佛经不可说不可说佛刹极微尘数劫。相续演说不可穷尽。若欲成就此功德门。应修十种广大行愿。何等为十？一者礼敬诸佛二者称赞如来三者广修供养四者忏悔业障五者随喜功德六者请转法轮七者请佛住世八者常随佛学九者恒顺众生十者普皆回向善财白言："大圣。云何礼敬乃至回向？"普贤菩萨。告善财言："善男子。言礼敬诸佛者。所有尽法界。虚空界。十方三世一切佛刹极微尘数诸佛世尊。我以普贤行愿力故。起深信解。如对目前。悉以清净身语意业。常修礼敬。一一佛所。皆现不可说不可说佛刹极微尘数身。一一身体遍礼不可说不可说佛刹极微尘数佛。虚空界尽。我礼乃尽。而虚空界不可尽故。我此礼敬无有穷尽。如是乃至众生界尽。众生业尽。众生烦恼尽。我礼乃尽。而众生界。乃至烦恼无有尽故。我此礼敬无有穷尽。念念相续。无有间断。身语意业无有疲厌。复次善男子。言称赞如来者。所有尽法界。虚空界。十方三世一切刹土。所有极微。一一尘中。皆有一切世界极微尘数佛。一一佛所。皆有菩萨海会围绕。我当悉以甚深胜解。现前知见。各以出过辩才天女微妙舌根。一一舌根。出无尽音声海。一一音声。出一切言辞海。称扬赞叹一切如来诸功得海。穷未来际。相续不断。尽于法界。无不周遍。如是虚空界尽。众生界尽。众生业尽。众生烦恼尽。我赞乃尽。而虚空界乃至烦恼。无有尽故。我此赞叹无有穷尽。念念相续。无有间断。身语意业无有疲厌。复次善男子。言广修供养者。所有尽法界。虚空界。十方三世一切佛刹极微尘中。一一各有一切世界极微尘数佛。一一佛所。种种菩萨海会围绕。我以普贤行愿力故。起深信解。现前知见。悉以上妙诸供养具。而为供养。所谓华云鬘云。天音乐云。天伞盖云。天衣服云。天种种香涂香烧香末香。如是等云。一一量如须弥山王。然种种灯。酥灯油登诸香油灯。一一灯柱。如须弥山。一一灯油。如大海水。以如是等诸供养具。常为供养。善男子。诸供养中。法供养最。所谓如说修行供养。利益众生供养。摄受众生供养。代众生苦供养。勤修善根供养。不舍菩萨业供养。不离菩提心供养。善男子。如前供养无量功德。比法供养。一念功德。百分不及一。千分不及一。百千俱胝那由他分。迦罗分。算分。数分。谕分。优婆泥沙陀分。亦不及一。何以故。以诸如来尊重法故。以如说修行出生诸佛故。若诸菩萨。行法供养。则得成就供养如来。如是修行。是真供养故。此广大最胜供养。虚空界尽。众生界尽。众生业尽。众生烦恼尽。我供乃尽。而虚空界。乃至烦恼。不可尽故。我此供养。亦无有尽。念念相续无有间断。身语意业无有疲厌。复次善男子。言忏除业障者。菩萨自念。我于过去无始劫中。由贪镇疑。发身口意。作诸恶业。无量无边。若此恶业。有体相者。尽虚空界不能容受。我今悉以清净三业。遍于法界极微尘刹一切诸佛菩萨众前。诚心忏悔。后不复造。恒住净戒。一切功德。如是虚空界尽。众生界尽。众生业尽。众生烦恼尽。我忏乃尽。而虚空界。乃至众生烦恼。不可尽故。我此忏悔无有穷尽。念念相续无有间断。身语意业无有疲厌。复次善男子。言随喜功德者。所有尽法界。虚空界。十方三世一切佛刹极微尘数诸佛如来。从初发心。为一切智。勤修福聚。不惜身命。经不可说不可说极微尘数劫。一一劫中。舍不可说不可说佛刹极微尘数头目手足。如是一切难行苦行。圆满种种波罗蜜门。证入种种菩萨智地。成就诸佛无上菩提。及般涅槃。分布舍利。所有善根。我皆随喜。及彼十方一切世界。六趣四生。一切种类。所有功德。乃至一尘。我皆随喜。十方三世一切声闻。及辟支佛。有学无学。所有功德。我皆随喜。一切菩萨所修无量难行苦行。志求无上正等菩提。广大功德。我皆随喜。如是虚空界尽。众生界尽。众生业尽。众生烦恼尽。我此随喜。无有穷尽。念念相续无有间断。身语意业无有疲厌。复次善男子。言请转法轮者。所有尽法界。虚空界。十方三世一切佛刹极微尘中。一一各有不可说不可说佛刹极微尘数广大佛刹。一一刹中。念念有不可说不可说。佛刹极微尘数一切诸佛成等正觉。一切菩萨海会围绕。而我悉以身口意业。种种方便。殷勤劝请。转妙法轮。如是虚空界尽。众生界尽。众生业尽。众生烦恼尽。我常劝请一切诸佛。转正法轮。无有穷尽。念念相续无有间断。身语意业无有疲厌。复次善男子。言请佛住世者。所有尽法界。虚空界。十方三世一切佛刹极微尘数诸佛如来。将欲示现般涅槃者。及诸菩萨。声闻缘觉。有学无学。乃至一切诸善知识。我悉劝请。莫入涅槃。经于一切佛刹极微尘数劫。为欲利乐一切众生。如是虚空界尽。众生界尽。众生业尽。众生烦恼尽。我此劝请无有穷尽。念念相续无有间断。身语意业无有疲厌。复次善男子。言常随佛学者。如此娑婆世界。毗卢遮那如来。从初发心。精进不退。以不可说不可说身命而为布施。剥皮为纸。折骨为笔。刺血为墨。书写经典。积如须弥。为重法故。不惜身命。何况王位。城邑聚落。宫殿园林。一切所有。及余种种难行苦行。乃至树下成大菩提。示种种神通。起种种变化。现种种佛身。处种种众会。或处一切诸大菩萨众会道场。或处声闻辟支佛众会道场。或处转轮圣王小王眷属众会道场。或处刹利及婆罗门长者居士众会道场。乃至或处天龙八部人非人等众会道场。处于如是种种众会。以圆满音。如大雷震。随其乐欲成熟众生。乃至示现入于涅槃。如是一切我皆随学。如今世尊毗卢遮那。如是尽法界。虚空界。十方三世一切佛刹所有尘中。一切如来亦皆如是。于念念中。我皆随学。复次善男子。言恒顺众生者。谓尽法界。虚空界。十方刹海。所有众生种种差别。所谓卵生。胎生。湿生。化生。或有依于地水火风而生住者。或有依空及诸卉木而生住者。种种生类。种种色身。种种形状。种种相貌。种种寿量。种种族类。种种名号。种种心性。种种知见。种种欲乐。种种意行。种种威仪。种种衣服。种种饮食。处于种种村营聚落城邑宫殿。乃至一切天龙八部人非人等。无足二足。四足多足。有色无色。有想无想。非有想。非无想。如是等类。我皆于彼。随顺而转。种种承事。种种供养。如敬父母。如奉师长。及阿罗汉。乃至如来。等无有异。于诸病苦。为作良医。于失道者。示其正路。于闇夜中。为作光明。于贫穷者。令得伏藏。菩萨如是平等饶益一切众生。何以故。若菩萨能随顺众生。则为随顺供养诸佛。若于众生。尊重承事。则为尊重承事如来。若令众生欢喜者。则令一切如来欢喜。何以故。诸佛如来。以大悲心而为体故。因于众生。而起大悲。因于大悲。生菩提心。因菩提心成等正觉。譬如旷野沙碛之中。有大树王。若根得水。枝叶华果悉皆繁茂。生死旷野菩提树王。亦复如是。一切众生而为树根。诸佛菩萨而为华果。以大悲水。饶益众生。则能成就诸佛菩萨智慧华果。何以故。若诸菩萨。以大悲水。饶益众生。则能成就阿耨多罗三藐三菩提故。是故菩提。属于众生。若无众生。一切菩萨。终不能成无上正觉。善男子。汝于此义。应如是解。以于众生心平等故。则能成就圆满大悲。以大悲心。随众生故。则能成就供养如来。菩萨如是随顺众生。虚空界尽。众生界尽。众生业尽。众生烦恼尽。我此随顺无有穷尽。念念相续无有间断。身语意业无有疲厌。复次善男子。言普皆回向者。从初礼拜。乃至随顺。所有功德。悉皆回向。尽法界。虚空界。一切众生。愿令众生常德安乐。无诸病苦。欲行恶法悉皆不成。所修善业。悉皆成就。关闭一切诸恶趣门。开示人涅槃正路。若诸众生。因其积集诸恶业故。所感一切极重苦果。我皆代受。令彼众生悉得解脱。究竟成就无上菩提。菩萨如是所修回向。虚空界尽。众生界尽。众生业尽。众生烦恼尽。我此回向无有穷尽。念念相续无有间断。身语意业无有疲厌。善男子。是为菩萨摩诃萨十种大愿具足圆满。若诸菩萨。于此大愿。随顺趣入。则能成熟一切众生。则能随顺阿耨多罗三藐三菩提。则能成满普贤菩萨诸行愿海。是故善男子。汝于此义。应如是知。若有善男子善女人。以满十方无量无边不可说不可说佛刹极微尘数一切世界。上妙七宝及诸人天最胜安乐。布施尔所一切世界所有众生。供养尔所一切世界诸佛菩萨。经尔所佛刹极微尘数劫。相续不断。所得功德。若复有人。闻此愿王。一经于耳。所有功德。比前功德。百分不及一。千分不及一。乃至优婆泥沙陀分。亦不及一。若复有人。以深信心。于此大愿。受持读诵。乃至书写一四句偈。速能除灭五无间业。所有世间身心等病。种种苦恼。乃至佛刹极微尘数一切恶业。皆得销除。一切魔军。夜叉罗刹。若鸠槃荼若毗舍阇。若部多等。饮血啖肉。诸恶鬼神。悉皆远离。或时发心。亲近守护。是故若人诵此愿者。行于世间。无有障碍。如空中月出于云翳。诸佛菩萨之所称赞。一切人天皆应礼敬。一切众生悉应供养。此善男子。善得人生。圆满普贤所有功德。不久当如普贤菩萨速得成就微妙色身。具三十二大丈夫相。若生人天。所在之处。常居胜族。悉能破坏一切恶趣。悉能远离一切恶友。悉能制伏一切外道。悉能解脱一切烦恼。如师子王摧伏群兽。堪受一切众生供养。又复是人。临命终时。最后刹那。一切诸根悉皆散坏。一切亲属悉皆远离。一切威势悉皆退失。辅相大臣。城宫内外象马车乘。珍宝伏藏。如是一切无复相随。唯此愿王不相舍离。于一切时。引导其前。一刹那中。即得往生极乐世界。到已即见阿弥陀佛。文殊师利菩萨。普贤菩萨。观自在菩萨。弥勒菩萨等。此诸菩萨色相端严。功德具足。所共围绕。其人自见。生莲华中。蒙佛授记。得授记已。经于无数百千万亿那由他劫。普于十方不可说不可说世界。以智慧力。随众生心。而为利益。不久当坐菩提道场。降服魔军。成等正觉。转妙法轮。能令佛刹极微尘数世界众生。发菩提心。随其根性。教化成熟。乃至尽于未来劫海。广能利益一切众生。善男子。彼诸众生。若闻若信此大愿王。受持读诵。广为人说。所有功德。除佛世尊余无知者。是故汝等。闻此愿王。莫生疑念。应当谛受。受已能读。读已能诵。诵已能持。乃至书写。广为人说。是诸人等。于一念中。所有行愿。皆得成就。所获福聚无量无边。能于烦恼大苦海中。拔济众生。令其出离。皆得往生阿弥陀佛极乐世界。尔时普贤菩萨摩诃萨。欲重宣此义。普观十方。而说偈言。所有十方世界中。三世一切人师子。我以清净身语意。一一遍礼尽无余。普贤行愿威神力。普现一切如来前。一身复现刹尘身。一一遍礼刹尘佛。于一尘中尘数佛。各处菩萨众会中。无尽法界尘亦然。深信诸佛皆充满。各以一切音声海。普出无尽妙言辞。尽于未来一切劫。赞佛甚深功德海。以诸最胜妙华鬘。伎乐涂香及伞盖。如是最胜庄严具，我以供养诸如来。最胜衣服最胜香。末香烧相与灯烛。一一皆如妙高聚。我悉供养诸如来。我以广大胜解心。深信三世一切佛。悉以普贤行愿力。普遍供养诸如来。我昔所造诸恶业。皆由无始贪恚疑。从身语意之所生。一切我今皆忏悔。十方一切诸众生。二乘有学及无学。一切如来与菩萨。所有功德皆随喜。十方所有世间灯。最初成就菩提者。我今一切皆劝请。转于无上妙法轮。诸佛若欲示涅槃。我悉至诚而劝请。为愿久住刹尘劫。利乐一切诸众生。所有礼赞供养福。请佛住世转法轮。随喜忏悔诸忏悔。回向众生及佛道。我随一切如来学。修行普贤圆满行。供养过去诸如来。及与现在十方佛。未来一切天人师。一切意乐皆圆满。我愿普随三世学。速得成就大菩提。所有十方一切刹。广大清净妙庄严。众会围绕诸如来。悉在菩提树王下。十方所有诸众生。愿离忧患常安乐。获得甚深正法利。灭除烦恼尽无余。我为菩提修行时。一切趣中成宿命。常得出家修净戒。无垢无破无穿漏。天龙夜叉鸠槃荼。乃至人与非人等。所又一切众生语。悉以诸音而所法。勤修清净波罗蜜。恒不忘失菩提心。灭除障垢无有余。一切妙行皆成就。于诸惑业及魔境。世间道中得解脱。犹如莲华不着水。亦如日月不住空。悉除一切恶道苦。等与一切群生乐。如是经于刹尘劫。十方利益恒无尽。我常随顺诸众生。尽于未来一切劫。恒修普贤广大行。圆满无上大菩提。所有与我同行者。于一切处同集会。身口意业皆同等。一切行愿同修学。所有益我善知识。为我显示普贤行。常愿与我同集会。于我常生欢喜心。愿常面见诸如来。及诸佛子众围绕。于彼皆兴广大供。尽未来劫无疲厌。愿持诸佛微妙法。光显一切菩提行。究竟清净普贤道。尽未来劫常修习。我于一切诸有中。所修福智恒无量。定慧方便及解脱。获诸无尽功德藏。一尘中有尘数刹。一一刹有难思佛。一一佛处众会中。我见恒演菩提行。普尽十方诸刹海。一一毛端三世海。佛海及与国土海。我遍修行经劫海。一切如来语清净。一言具众音声海。随诸众生意乐音。一一流佛辩才海。三世一切诸如来。于彼无尽语言海。恒转理趣妙法轮。我深智力普能入。我能深入于未来。尽一切劫为一念。三世所有一切劫。为一念际我皆入。我于一念见三世。所有一切人师子。亦常入佛境界中。如幻解脱及威力。于一毛端极微中。出现三世庄严刹。十方尘刹诸毛端。我皆深入而严净。所有未来照世灯。成道转法悟群有。究竟佛事示涅槃。我皆往诣而亲近。速疾周遍神通力。普门遍入大乘力。智行普修功德力。威神普覆大慈力。遍净庄严胜福力。无着无依智慧力。定慧方便诸威力。普能积集菩提力。清净一切善业力。摧灭一切烦恼力。降伏一切诸魔力。圆满普贤诸行力。普能严净诸刹海。解脱一切众生海。善能分别诸法海。能甚深入智慧海。普能清净诸行海。圆满一切诸愿海。亲近供养诸佛海。修行无倦经劫海。三世一切诸如来。最胜菩提诸行愿。我皆供养圆满修。以普贤行悟菩提。一切如来有长子。彼名号曰普贤尊。我今回向诸善根。愿诸智行悉同彼。愿身口意恒清净。诸行刹土亦复然。如是智慧号普贤。愿我与彼皆同等。我为遍净普贤行。文殊师利诸大愿。满彼事业尽无余。未来际劫恒无倦。我所修行无有量。获得无量诸功德。安住无量诸行中。了达一切神通力。文殊师利勇猛智。普贤慧行亦复然。我今回向诸善根。随彼一切常修学。三世诸佛所称叹。如是最胜诸大愿。我今回向诸善根。为得普贤殊胜行。愿我临欲命终时。除尽一切诸障碍。面见彼佛阿弥陀。即得往生安乐刹。我既往生彼国已。现前成就此大愿。一切圆满尽无余。利乐一切众生界。彼佛众会咸清净。我时于胜莲华生。亲睹如来无量光。现前授我菩提记。蒙彼如来授记已。化身无数百俱胝。智力广大遍十方。普利一切众生界。乃至虚空世界尽。众生及业烦恼尽。如是一切无尽时。我愿究竟恒无尽。十方所有无边刹。庄严众宝供如来。最胜安乐施天人。经一切刹微尘劫。若人于此胜愿王。一经于耳能生信。求胜菩提心渴仰。获胜功德过于彼。即常远离恶知识。永离一切诸恶道。速见如来无量光。具此普贤最胜愿。此人善得胜寿命。此人善来人中生。此人不久当成就。如彼普贤菩萨行。往昔由无智慧力。所造极恶五无间。诵此普贤大愿王。一念速疾皆销灭。族姓种类及容色。相好智慧咸圆满。诸魔外道不能

815

摧。堪为三界所应供。速诣菩提大树王。坐已降服诸魔众。成等正觉转法轮。普利一切诸含识。若人于此普贤愿。读诵受持及演说。果报唯佛能证知。决定获胜菩提道。若人诵此普贤愿。我说少分之善根。一念一切悉皆圆。成就众生清净愿。我此普贤殊胜行。无边胜福皆回向。普愿沈溺诸众生。速往无量光佛刹。尔时普贤菩萨摩诃萨。于如来前。说此普贤广大愿王清净偈已。善财童子。踊跃无量。一切菩萨皆大欢喜。如来赞言。善哉善哉。尔时世尊。与诸圣者菩萨摩诃萨。演说如是不可思议解脱境界胜法门时。文殊师利菩萨而为上首。诸大菩萨。及所成熟。六千比丘。弥勒菩萨为上首。贤劫一切诸大菩萨。无垢普贤菩萨而为上首。一生补处住灌顶位诸大菩萨。及余十方种种世界。普来集会。一切刹海极微尘数诸菩萨摩诃萨众。大智舍利弗。摩诃目犍连等。而为上首。诸大声闻。并诸人天一切世主。天龙。夜叉。乾闼婆。阿修罗。迦楼罗。紧那罗。摩睺罗伽。人。非人。等一切大众。闻佛所说。皆大欢喜。信受奉行。

佛说阿弥陀经

姚秦三藏法师鸠摩罗什译

如是我闻。

一时佛在舍卫国，祇树给孤独园。

与大比丘僧，千二百五十人俱，皆是大阿罗汉，众所知识：长老舍利弗、摩诃目犍连、摩诃迦叶、摩诃迦旃延、摩诃俱絺罗、离婆多、周利盘陀伽、难陀、阿难陀、罗（侯）罗、憍梵波提、宾头卢颇罗堕、迦留陀夷、摩诃劫宾那、薄拘罗、阿（那）楼陀，如是等诸大弟子。

并诸菩萨摩诃萨：文殊师利法王子、阿逸多菩萨、乾陀诃提菩萨、常精进菩萨，与如是等诸大菩萨。及释提桓因等，无量诸天大众俱。

尔时，佛告长老舍利弗：从是西方，过十万亿佛土有世界名曰极乐，其土有佛，号阿弥陀，今现在说法。

舍利弗，彼土何故名为极乐？其国众生，无有众苦，但受诸乐，故名极乐。

又舍利弗。极乐国土，七重栏楯，七重罗网，七重行树，皆是四宝，周匝围绕，是故彼国名为极乐。

又舍利弗。极乐国土，有七宝池，八功德水，充满其中，池底纯以金沙布地。四边阶道，金银、琉璃、玻璃合成。上有楼阁，亦以金银、琉璃、玻璃、砗磲、赤珠、玛瑙而严饰之。池中莲花大如车轮，青色青光、黄色黄光、赤色赤光、白色白光，微妙香洁。

舍利弗。极乐国土，成就如是功德庄严。

又舍利弗。彼佛国土，常作天乐。黄金为地。昼夜六时，雨天曼陀罗华。其土众生，常以清旦，各以衣裓盛众妙华，供养他方十万亿佛，即以食时，还到本国，饭食经行。

舍利弗。极乐国土，成就如是功德庄严。

复次舍利弗：彼国常有种种奇妙杂色之鸟：白鹤、孔雀、鹦鹉、舍利、迦陵频伽、共命之鸟。是诸众鸟，昼夜六时，出和雅音。其音演畅五根、五力、七菩提分、八圣道分，如是等法。其土众生，闻是音已，皆悉念佛、念法、念僧。

舍利弗。汝勿谓此鸟，实是罪报所生，所以者何？彼佛国土，无三恶道。

舍利弗。其佛国土，尚无恶道之名，何况有实。是诸众鸟，皆是阿弥陀佛，欲令法音宣流，变化所作。

舍利弗。彼佛国土，微风吹动诸宝行树，及宝罗网，出微妙音，譬如百千种乐，同时俱作。闻是音者，自然皆生念佛、念法、念僧之心。

舍利弗。其佛国土，成就如是功德庄严。

舍利弗。於汝意云何？彼佛何故号阿弥陀？

舍利弗。彼佛光明无量，照十方国，无所障碍，是故号为阿弥陀。

又舍利弗。彼佛寿命，及其人民，无量无边阿僧祇劫，故名阿弥陀。

舍利弗。阿弥陀成佛已来，於今十劫。

又舍利弗。彼佛有无量无边声闻弟子，皆阿罗汉，非是算数之所能知。诸菩萨众，亦复如是。

舍利弗。彼佛国土，成就如是功德庄严。

又舍利弗。极乐国土，众生生者，皆是阿鞞跋致，其中多有一生补处，其数甚多，非是算数所能知之，但可以无量无边阿僧祇说。

舍利弗。众生闻者，应当发愿，愿生彼国，所以者何？得与如是诸上善人俱会一处。

舍利弗。不可以少善根福德因缘，得生彼国。

舍利弗。若有善男子善女人，闻说阿弥陀佛，执持名号，若一日、若二日、若三日、若四日、若五日、若六日、若七日，一心不乱，其人临命终时，阿弥陀佛，与诸圣众，现在其前。是人终时，心不颠倒，即得往生阿弥陀佛极乐国土。

舍利弗。我见是利，故说此言。若有众生，闻是说者，应当发愿，生彼国土。

舍利弗。如我今者，赞叹阿弥陀佛，不可思议功德之利。东方亦有阿閦鞞佛、须弥相佛、大须弥佛、须弥光佛、妙音佛，如是等恒河沙数诸佛，各於其国，出广长舌相，遍覆三千大千世界，说诚实言：汝等众生，当信是称赞不可思议功德一切诸佛所护念经。

舍利弗。南方世界，有：日月灯佛、名闻光佛、大焰肩佛、须弥灯佛、无量精进佛，如是等恒河沙数诸佛，各於其国，出广长舌相，遍覆三千大千世界，说诚实言：汝等众生，当信是称赞不可思议功德一切诸佛所护念经。

舍利弗。西方世界，有：无量寿佛、无量相佛、无量幢佛、大光佛、大明佛、宝相佛、净光佛，如是等恒河沙数诸佛，各於其国，出广长舌相，遍覆三千大千世界，说诚实言：汝等众生，当信是称赞不可思议功德一切诸佛所护念经。

舍利弗。北方世界，有：焰肩佛、最胜音佛、难沮佛、日生佛、网明佛，如是等恒河沙数诸佛，各於其国，出广长舌相，遍覆三千大千世界，说诚实言：汝等众生，当信是称赞不可思议功德一切诸佛所护念经。

舍利弗。下方世界，有：师子佛、名闻佛、名光佛、达摩佛、法幢佛、持法佛，如是等恒河沙数诸佛，各於其国，出广长舌相，遍覆三千大千世界，说诚实言：汝等众生，当信是称赞不可思议功德一切诸佛所护念经。

舍利弗。上方世界，有：梵音佛、宿王佛、香上佛、香光佛、大焰肩佛、杂色宝华严身佛、娑罗树王佛、宝华德佛、见一切义佛、如须弥山佛，如是等恒河沙数诸佛，各於其国，出广长舌相，遍覆三千大千世界，说诚实言：汝等众生，当信是称赞不可思议功德一切诸佛所护念经。

舍利弗。於汝意云何？何故名为一切诸佛所护念经？

舍利弗。若有善男子、善女人，闻是经受持者，及闻诸佛名者，是诸善男子、善女人，皆为一切诸佛之所护念，皆得不退转於阿耨多罗三藐三菩提。是故舍利弗，汝等皆当信受我语，及诸佛所说。

舍利弗。若有人已发愿、今发愿、当发愿，欲生阿弥陀佛国者，是诸人等，皆得不退转於阿耨多罗三藐三菩提，於彼国土，若已生、若今生、若当生。是故舍利弗，诸善男子、善女人，若有信者，应当发愿生彼国土。

舍利弗，如我今者，称赞诸佛不可思议功德，彼诸佛等，亦称赞我不可思议功德，而作是言：释迦牟尼佛能为甚难希有之事，能於娑婆国土，五浊恶世，劫浊、见浊、烦恼浊、众生浊、命浊中，得阿耨多罗三藐三

菩提。为诸众生，说是一切世间难信之法。

舍利弗。当知我於五浊恶世，行此难事，得阿耨多罗三藐三菩提，为一切世间说此难信之法，是为甚难。

佛说此经已，舍利弗，及诸比丘，一切世间天人阿修罗等，闻佛所说，欢喜信受，作礼而去。

佛说大乘无量寿庄严清净平等觉经

曹魏康僧铠译

法会圣众第一

如是我闻：一时佛在王舍城耆阇崛山中，与大比丘众万二千人俱。一切大圣，神通已达。其名曰：尊者憍陈如、尊者舍利弗、尊者大目犍连、尊者迦叶、尊者阿难等，而为上首；又有普贤菩萨、文殊师利菩萨、弥勒菩萨，及贤劫中一切菩萨，皆来集会。

德遵普贤第二

又贤护等十六正士，所谓善思惟菩萨、慧辩才菩萨、观无住菩萨、神通华菩萨、光英菩萨、宝幢菩萨、智上菩萨、寂根菩萨、信慧菩萨、愿慧菩萨、香象菩萨、宝英菩萨、中住菩萨、制行菩萨、解脱菩萨，而为上首。

咸共遵修普贤大士之德，具足无量行愿，安住一切功德法中。游步十方，行权方便。入佛法藏，究竟彼岸。愿于无量世界成等正觉。

舍兜率，降王宫，弃位出家，苦行学道，作斯示现，顺世间故。以定慧力，降伏魔怨。得微妙法，成最正觉。天人归仰，请转法轮。常以法音觉诸世间。破烦恼城，坏诸欲堑。洗濯垢污，显明清白。调众生，宣妙理，贮功德，示福田。以诸法药救疗三苦。升灌顶阶，授菩提记。为教菩萨，作阿阇黎，常习相应无边诸行。成熟菩萨无边善根。无量诸佛咸共护念。诸佛刹中，皆能示现。譬善幻师，现众异相。于彼相中，实无可得。此诸菩萨，亦复如是。通诸法性。达众生相。供养诸佛。开导群生。化现其身。犹如电光。裂魔见网，解诸缠缚。远超声闻辟支佛地。入空、无相、无愿法门。善立方便，显示三乘。于此中下，而现灭度。

得无生无灭诸三摩地，及得一切陀罗尼门。随时悟入华严三昧。具足总持百千三昧。住深禅定。悉睹无量诸佛。于一念顷，遍游一切佛土。得佛辩才，住普贤行。善能分别众生语言。开化显示真实之际。超过世间诸所有法。心常谛住度世之道。于一切万物，随意自在。为诸庶类作不请之友。受持如来甚深法藏。护佛种性常使不绝。兴大悲，愍有情。演慈辩，授法眼。杜恶趣，开善门。于诸众生，视若自己。拯济负荷，皆度彼岸。悉获诸佛无量功德。智慧圣明，不可思议。

如是等诸大菩萨，无量无边，一时来集。又有比丘尼五百人，清信士七千人，清信女五百人，欲界天、色界天、诸天梵众，悉共大会。

大教缘起第三

尔时世尊,威光赫奕,如融金聚。又如明镜,影畅表里。现大光明,数千百变。尊者阿难,即自思惟。今日世尊色身诸根,悦豫清净。光颜巍巍。宝刹庄严。从昔以来,所未曾见。喜得瞻仰,生希有心。即从座起,偏袒右肩,长跪合掌,而白佛言:世尊今日入大寂定。住奇特法。住诸佛所住导师之行,最胜之道。去来现在佛佛相念。为念过去未来诸佛耶?为念现在他方诸佛耶?何故威神显耀,光瑞殊妙乃而。愿为宣说。

于是世尊,告阿难言:善哉善哉!汝为哀愍利乐诸众生故,能问如是微妙之义。汝今斯问,胜于供养一天下阿罗汉、辟支佛,布施累劫诸天人民,蜎飞蠕动之类,功德百千万倍。何以故?当来诸天人民一切含灵,皆因汝问而得度脱故。

阿难:如来以无尽大悲,矜哀三界,所以出兴于世。光阐道教,欲拯群萌,惠以真实之利。难值难见。如优昙花,希有出现。汝今所问,多所饶益。阿难当知:如来正觉,其智难量。无有障碍。能于念顷,住无量亿劫。身及诸根,无有增减。所以者何?如来定慧,究畅无极。于一切法,而得最胜自在故。阿难谛听,善思念之。吾当为汝,分别解说。

法藏因地第四

佛告阿难:过去无量不可思议无央数劫,有佛出世,名世间自在王如来、应供、等正觉、明行足、善逝、世间解、无上士、调御丈夫、天人师、佛世尊。在世教授四十二劫。时为诸天及世人民说经讲道。

有大国主名世饶王。闻佛说法,欢喜开解,寻发无上真正道意。弃国捐王,行作沙门。号曰法藏。修菩萨道。高才勇哲,与世超异,信解明记,悉皆第一。又有殊胜行愿,及念慧力。增上其心,坚固不动。修行精进,无能逾者。往诣佛所,顶礼长跪,向佛合掌,即以伽他赞佛,发广大愿。颂曰:

如来微妙色端严　一切世间无有等
光明无量照十方　日月火珠皆匿曜
世尊能演一音声　有情各各随类解
又能现一妙色身　普使众生随类见
愿我得佛清净声　法音普及无边界
宣扬戒定精进门　通达甚深微妙法
智慧广大深如海　内心清净绝尘劳
超过无边恶趣门　速到菩提究竟岸
无明贪嗔皆永无　惑尽过亡三昧力
亦如过去无量佛　为彼群生大导师

能救一切诸世间	生老病死众苦恼
常行布施及戒忍	精进定慧六波罗
未度有情令得度	已度之者使成佛
假令供养恒沙圣	不如坚勇求正觉
愿当安住三摩地	恒放光明照一切
感得广大清净居	殊胜庄严无等伦
轮回诸趣众生类	速生我刹受安乐
常运慈心拔有情	度尽无边苦众生
我行决定坚固力	唯佛圣智能证知
纵使身止诸苦中	如是愿心永不退

至心精进第五

法藏比丘说此偈已,而白佛言:我今为菩萨道,已发无上正觉之心,取愿作佛,悉令如佛。愿佛为我广宣经法。我当奉持,如法修行。拔诸勤苦生死根本,速成无上正等正觉。欲令我作佛时,智慧光明,所居国土,教授名字,皆闻十方。诸天人民及蜎蠕类,来生我国,悉作菩萨。我立是愿,都胜无数诸佛国者,宁可得否?

世间自在王佛,即为法藏而说经言:譬如大海一人斗量,经历劫数尚可穷底。人有至心求道,精进不止,会当克果,何愿不得。汝自思惟,修何方便,而能成就佛刹庄严。如所修行,汝自当知。清净佛国,汝应自摄。法藏白言:斯义宏深,非我境界。惟愿如来应正遍知,广演诸佛无量妙刹。若我得闻,如是等法,思惟修习,誓满所愿。

世间自在王佛知其高明,志愿深广,即为宣说二百一十亿诸佛刹土,功德严净、广大圆满之相,应其心愿悉现与之。说是法时,经千亿岁。尔时法藏闻佛所说,皆悉睹见,起发无上殊胜之愿。于彼天人善恶,国土粗妙,思惟究竟。便一其心,选择所欲,结得大愿,精勤求索,恭慎保持。修习功德满足五劫。于彼二十一俱胝佛土,功德庄严之事,明了通达,如一佛刹。所摄佛国,超过于彼。

即摄受已,复诣世自在王如来所,稽首礼足,绕佛三匝,合掌而住。白言世尊:我已成就庄严佛土,清净之行。佛言善哉!今正是时。汝应具说,令众欢喜。亦令大众,闻是法已,得大善利。能于佛刹,修习摄受,满足无量大愿。

发大誓愿第六

法藏白言:唯愿世尊,大慈听察。

(我若证得无上菩提,成正觉已,所居佛刹,具足无量不可思议功德庄严。无有地狱、饿鬼、禽兽、蜎飞蠕动之类。所有一切众生,以及焰摩罗界,三恶道中,来生我刹,受我法化,悉成阿耨多罗三藐三菩提,不复更堕恶趣。得是愿,乃作佛。不得是愿,不取无上正觉。

我作佛时，十方世界，所有众生，令生我刹，皆具紫磨真金色身；三十二种大丈夫相；端正净洁，悉同一类。若形貌差别，有好丑者，不取正觉。

我作佛时，所有众生，生我国者，自知无量劫时宿命。所作善恶，皆能洞视，彻听，知十方去来现在之事。不得是愿，不取正觉。

我作佛时，所有众生，生我国者，皆得他心智通。若不悉知亿那由他百千佛刹，众生心念者，不取正觉。。

我作佛时，所有众生，生我国者，皆得神通自在，波罗蜜多。于一念顷，不能超过亿那由他百千佛刹，周遍巡历，供养诸佛者，不取正觉。

我作佛时，所有众生，生我国者，远离分别，诸根寂静。若不决定成等正觉，证大涅槃者，不取正觉。

我作佛时，光明无量，普照十方，绝胜诸佛，胜于日月之明千万亿倍。若有众生，见我光明，照触其身，莫不安乐，慈心作善，来生我国。若不尔者，不取正觉。

我作佛时，寿命无量，国中声闻天人无数，寿命亦皆无量。假令三千大千世界众生，悉成缘觉，于百千劫，悉共计校，若能知其量数者，不取正觉。

我作佛时，十方世界无量刹中，无数诸佛，若不共称叹我名，说我功德国土之善者，不取正觉。

我作佛时，十方众生，闻我名号，至心信乐。所有善根，心心回向，愿生我国。乃至十念，若不生者，不取正觉。唯除五逆，诽谤正法。

我作佛时，十方众生，闻我名号，发菩提心，修诸功德，奉行六波罗蜜，坚固不退。复以善根回向，愿生我国。一心念我，昼夜不断。临寿终时，我与诸菩萨众迎现其前。经须臾间，即生我刹，作阿惟越致菩萨。不得是愿，不取正觉。

我作佛时，十方众生，闻我名号，系念我国，发菩提心，坚固不退。植众德本，至心回向，欲生极乐，无不遂者。若有宿恶，闻我名字，即自悔过，为道作善，便持经戒，愿生我刹，命终不复更三恶道，即生我国。若不尔者，不取正觉。

我作佛时，国无妇女。若有女人，闻我名字，得清净信，发菩提心，厌患女身，愿生我国。命终即化男子，来我刹土。十方世界诸众生类，生我国者，皆于七宝池莲华中化生。若不尔者，不取正觉。

我作佛时，十方众生，闻我名字，欢喜信乐，礼拜归命。以清净心，修菩萨行。诸天世人，莫不致敬。若闻我名，寿终之后，生尊贵家，诸根无缺。常修殊胜梵行。若不尔者，不取正觉。

我作佛时，国中无不善名。所有众生，生我国者，皆同一心，住于定聚。永离热恼，心得清凉。所受快乐，犹如漏尽比丘。若起想念，贪计身者，不取正觉。

我作佛时，生我国者，善根无量，皆得金刚那罗延身，坚固之力。身顶皆有光明照耀。成就一切智慧。获得无边辩才。善谈诸法秘要。说经行道，语如钟声。若不尔者，不取正觉。

我作佛时，所有众生，生我国者，究竟必至一生补处。除其本愿，为众生故，被弘誓铠，教化一切有情，皆发信心，修菩提行，行普贤道。虽生他方世界，永离恶趣。或乐说法，或乐听法，或现神足，随意修习，无不圆满。若不尔者，不取正觉。

我作佛时，生我国者，所须饮食、衣服、种种供具，随意即至，无不满愿。十方诸佛，应念受其供养。若不尔者，不取正觉。

我作佛时，国中万物，严净、光丽，形色殊特。穷微极妙，无能称量。其诸众生，虽具天眼，有能辨其形色、光相、名数，及总宣说者，不取正觉。

我作佛时，国中无量色树，高或百千由旬。道场树高，四百万里。诸菩萨中，虽有善根劣者，亦能了知。欲见诸佛净国庄严，悉于宝树间见。犹如明镜，睹其面像。若不尔者，不取正觉。

我作佛时，所居佛刹，广博严净，光莹如镜，彻照十方无量无数不可思议诸佛世界。众生睹者，生希有心。若不尔者，不取正觉。

我作佛时，下从地际，上至虚空，宫殿楼观，池流华树，国土所有一切万物，皆以无量宝香合成。其香普熏十方世界。众生闻者，皆修佛行。若不尔者，不取正觉。

我作佛时，十方佛刹诸菩萨众，闻我名已，皆悉逮得清净解脱、普等三昧，诸深总持。住三摩地，至于成佛。定中常供无量无边一切诸佛，不失定意。若不尔者，不取正觉。

我作佛时，他方世界诸菩萨众，闻我名者，证离生法，获陀罗尼。清净欢喜，得平等住。修菩萨行，具足德本。应时不获一二三忍。于诸佛法，不能现证不退转者，不取正觉。

必成正觉第七

佛告阿难：尔时法藏比丘说此愿已，以偈颂曰：

我建超世志　必至无上道
斯愿不满足　誓不成等觉
复为大施主　普济诸穷苦
令彼诸群生　长夜无忧恼
出生众善根　成就菩提果
我若成正觉　立名无量寿
众生闻此号　俱来我刹中
如佛金色身　妙相悉圆满
亦以大悲心　利益诸群品
离欲深正念　净慧修梵行

愿我智慧光　普照十方刹
消除三垢冥　明济众厄难
悉舍三途苦　灭诸烦恼暗
开彼智慧眼　获得光明身
闭塞诸恶道　通达善趣门
为众开法藏　广施功德宝
如佛无碍智　所行慈愍行
常作天人师　得为三界雄
说法师子吼　广度诸有情
圆满昔所愿　一切皆成佛
斯愿若克果　大千应感动
虚空诸天神　当雨珍妙华

　　佛告阿难：法藏比丘，说此颂已，应时普地六种震动。天雨妙华，以散其上。自然音乐空中赞言，决定必成无上正觉。

积功累德第八

　　阿难：法藏比丘于世自在王如来前，及诸天人大众之中，发斯弘誓愿已，住真实慧，勇猛精进，一向专志庄严妙土，所修佛国，开廓广大，超胜独妙，建立常然，无衰无变。于无量劫，积植德行，不起贪嗔痴欲诸想，不著色声香味触法。但乐忆念过去诸佛，所修善根。行寂静行，远离虚妄。依真谛门，植众德本。不计众苦，少欲知足。专求白法，惠利群生。志愿无倦，忍力成就。于诸有情，常怀慈忍，和颜爱语，劝谕策进。恭敬三宝，奉事师长。无有虚伪谄曲之心。庄严众行，轨范具足。观法如化，三昧常寂。善护口业，不讥他过。善护身业，不失律仪。善护意业，清净无染。所有国城、聚落、眷属、珍宝，都无所著。恒以布施、持戒、忍辱、精进、禅定、智慧，六度之行，教化安立众生，住于无上真正之道。

　　由成如是诸善根故，所生之处，无量宝藏，自然发应。或为长者、居士、豪姓尊贵；或为刹利国王、转轮圣帝；或为六欲天主，乃至梵王。于诸佛所，尊重供养，未曾间断。如是功德说不能尽。身口常出无量妙香，犹如栴檀、优钵罗华。其香普熏无量世界。随所生处，色相端严。三十二相、八十种好，悉皆具足。手中常出无尽之宝，庄严之具，一切所须，最上之物，利乐有情。由是因缘，能令无量众生，皆发阿耨多罗三藐三菩提心。

圆满成就第九

　　佛告阿难：法藏比丘，修菩萨行，积功累德，无量无边。于一切法，而得自在。非是语言分别之所能知。所发誓愿圆满成就，如实安住，具足庄严、威德广大、清净佛土。阿难闻佛所说，白世尊言：法藏菩萨成菩提者，为是过去佛耶？未来佛耶？为今现在他方世界耶？

　　世尊告言：彼佛如来，来无所来，去无所去。无生无灭，非过现未来。但以酬愿度生，现在西方，去阎浮提百千俱胝那由他佛刹，有世界名曰极乐。法藏成佛号阿弥陀。成佛以来，于今十劫。今现在说法。有无量无数菩萨、声闻之众，恭敬围绕。

皆愿作佛第十

佛说阿弥陀佛为菩萨求得是愿时，阿阇王子，与五百大长者，闻之皆大欢喜。各持一金华盖，俱到佛前作礼。以华盖上佛已，却坐一面听经。心中愿言：令我等作佛时，皆如阿弥陀佛。佛即知之。告诸比丘：是王子等，后当作佛。彼于前世住菩萨道，无数劫来，供养四百亿佛。迦叶佛时，彼等为我弟子，今供养我，复相值也。时诸比丘闻佛言者，莫不代之欢喜。

国界严净第十一

佛语阿难：彼极乐界，无量功德，具足庄严。永无众苦、诸难、恶趣、魔恼之名。亦无四时、寒暑、雨冥之异。复无大小江海、丘陵坑坎，荆棘沙砾，铁围、须弥、土石等山。唯以自然七宝，黄金为地。宽广平正，不可限极。微妙奇丽，清净庄严。超逾十方一切世界。阿难闻已，白世尊言：若彼国土无须弥山，其四天王天，及忉利天依何而住？

佛告阿难：夜摩、兜率乃至色无色界，一切诸天，依何而住？阿难白言：不可思议业力所致。佛语阿难：不思议业，汝可知耶？汝身果报不可思议。众生业报亦不可思议。众生善根不可思议。诸佛圣力、诸佛世界亦不可思议。其国众生，功德善力，住行业地，及佛神力，故能尔耳。阿难白言：业因果报，不可思议。我于此法，实无所惑。但为将来众生破除疑网，故发斯问。

光明遍照第十二

佛告阿难：阿弥陀佛威神光明，最尊第一。十方诸佛，所不能及。遍照东方恒沙佛刹。南西北方，四维上下，亦复如是。若化顶上圆光，或一二三四由旬，或百千万亿由旬。诸佛光明，或照一二佛刹，或照百千佛刹。唯阿弥陀佛，光明普照无量无边无数佛刹。诸佛光明所照远近，本其前世求道所愿功德大小不同。至作佛时，各自得之。自在所作不为预计。

阿弥陀佛光明善好，胜于日月之明，千亿万倍。光中极尊，佛中之王。是故无量寿佛，亦号无量光佛；亦号无边光佛、无碍光佛、无等光佛；亦号智慧光、常照光、清净光、欢喜光、解脱光、安隐光、超日月光、不思议光。如是光明，普照十方一切世界。其有众生，遇斯光者，垢灭善生，身意柔软。若在三途极苦之处，见此光明皆得休息。命终皆得解脱。若有众生闻其光明威神功德，日夜称说，至心不断，随意所愿，得生其国。

寿众无量第十三

佛语阿难：无量寿佛，寿命长久，不可称计。又有无数声闻之众，神智洞达，威力自在，能于掌中持一切世界。我弟子中大目犍连，神通第一。三千大千世界，所有一切星宿众生，于一昼夜，悉知其数。假使十方众生，悉成缘觉。一一缘觉，寿万亿岁。神通皆如大目犍连。尽其寿命，竭其智力，悉共推算，彼佛会中声闻之数，千万分中不及一分。譬如大海，深广无边。设取一毛，析为百分，碎如微尘。以一毛尘，沾海一滴。此毛尘水，比海孰多？阿难：彼目犍连等所知数者，如毛尘水。所未知者，如大海水。彼佛寿量，及诸菩萨、声闻、天人寿量亦尔，非以算计譬喻之所能知。

宝树遍国第十四

彼如来国，多诸宝树。或纯金树、纯白银树、琉璃树、水晶树、琥珀树、美玉树、玛瑙树，唯一宝成，不杂余宝。或有二宝三宝，乃至七宝，转共合成。根茎枝干，此宝所成。华叶果实，他宝化作。或有宝树，黄金为根，白银为身，琉璃为枝，水晶为梢，琥珀为叶，美玉为华，玛瑙为果。其余诸树，复有七宝，互为根干枝叶华果，种种共成。各自异行。行行相值，茎茎相望，枝叶相向，华实相当。荣色光曜，不可胜视。清风时发，出五音声。微妙宫商，自然相和。是诸宝树，周遍其国。

菩提道场第十五

又其道场，有菩提树，高四百万里。其本周围五千由旬。枝叶四布二十万里。一切众宝自然合成。华果敷荣，光晖遍照。复有红绿青白诸摩尼宝，众宝之王以为璎珞。云聚宝锁，饰诸宝柱。金珠铃铎，周匝条间。珍妙宝网，罗覆其上。百千万色，互相映饰。无量光炎，照耀无极。一切庄严，随应而现。微风徐动，吹诸枝叶，演出无量妙法音声。其声流布，遍诸佛国。清畅哀亮，微妙和雅。十方世界音声之中，最为第一。若有众生，睹菩提树，闻声，嗅香，尝其果味，触其光影，念树功德，皆得六根清彻，无诸恼患。住不退转，至成佛道。复由见彼树故，获三种忍：一音响忍。二柔顺忍。三者无生法忍。佛告阿难：如是佛刹，华果树木，与诸众生，而作佛事。此皆无量寿佛，威神力故，本愿力故，满足愿故，明了、坚固、究竟愿故。

堂舍楼观第十六

又无量寿佛讲堂精舍，楼观栏楯，亦皆七宝自然化成。复有白珠摩尼以为交络，明妙无比。诸菩萨众，所居宫殿，亦复如是。中有在地讲经、诵经者；有在地受经、听经者；有在地经行者，思道及坐禅者；有在虚空讲诵受听者，经行、思道及坐禅者。或得须陀洹，或得斯陀含，或得阿那含、阿罗汉。未得阿惟越致者，则得阿惟越致。各自念道、说道、行道，莫不欢喜。

泉池功德第十七

又其讲堂左右，泉池交流。纵广深浅，皆各一等，或十由旬、二十由旬，乃至百千由旬。湛然香洁，具八功德。岸边无数栴檀香树，吉祥果树，华果恒芳，光明照耀。修条密叶，交覆于池。出种种香，世无能喻。随风散馥，沿水流芬。又复池饰七宝，地布金沙。优钵罗华、钵昙摩华、拘牟头华、芬陀利华，杂色光茂，弥覆水上。若彼众生，过浴此水，欲至足者、欲至膝者、欲至腰腋、欲至颈者、或欲灌身，或欲冷者、温者、急流者、缓流者，其水一一随众生意，开神悦体，净若无形。宝沙映澈，无深不照。微澜徐回，转相灌注。波扬无量微妙音声；或闻佛法僧声、波罗蜜声、止息寂静声、无生无灭声、十力无畏声；或闻无性无作无我声、大慈大悲喜舍声、甘露灌顶受位声。得闻如是种种声已，其心清净，无诸分别；正直平等，成熟善根。随其所闻，与法相应。其愿闻者，辄独闻之；所不欲闻，了无所闻。永不退于阿耨多罗三藐三菩提心。十方世界诸往生者，皆于七宝池莲华中，自然化生。悉受清虚之身、无极之体。不闻三途恶恼苦难之名，尚无假设，何况实苦。但有自然快乐之音，是故彼国，名为极乐。

超世希有第十八

彼极乐国，所有众生，容色微妙，超世希有。咸同一类，无差别相。但因顺余方俗，故有天人之名。佛告阿难：譬如世间贫苦乞人，在帝王边，面貌形状宁可类乎？帝王若比转轮圣王，则为鄙陋，犹彼乞人，在帝王边也。转轮圣王，威相第一，比之忉利天王，又复丑劣。假令帝释，比第六天，虽百千倍不相类也。第六天王，若比极乐国中，菩萨声闻，光颜容色，虽万亿倍，不相及逮。所处宫殿，衣服饮食，犹如他化自在天王。至于威德、阶位、神通变化，一切天人，不可为比，百千万亿，不可计倍。阿难应知：无量寿佛极乐国土，如是功德庄严，不可思议。

受用具足第十九

复次极乐世界，所有众生，或已生，或现生，或当生，皆得如是诸妙色身。形貌端严。福德无量。智慧明了。神通自在。受用种种，一切丰足。宫殿、服饰、香花、幡盖庄严之具，随意所须，悉皆如念。若欲食时，七宝钵器自然在前，百味饮食自然盈满。虽有此食，实无食者。但见色闻香以意为食。色力增长而无便秽。身心柔软，无所味著。事已化去，时至复现。复有众宝妙衣、冠带、璎珞，无量光明，百千妙色，悉皆具足，自然在身。所居舍宅，称其形色。宝网弥覆，悬诸宝铃。奇妙珍异，周遍校饰。光色晃曜，尽极严丽。楼观栏楯，堂宇房阁，广狭方圆，或大或小，或在虚空，或在平地，清净安隐，微妙快乐。应念现前，无不具足。

德风华雨第二十

其佛国土，每于食时，自然德风徐起，吹诸罗网，及众宝树，出微妙音，演说苦、空、无常、无我诸波罗蜜。流布万种温雅德香。其有闻者，尘劳垢习，自然不起。风触其身，安和调适，犹如比丘得灭尽定。复吹七宝林树，飘华成聚。种种色光，遍满佛土。随色次第，而不杂乱。柔软光洁，如兜罗绵。足履其上，没深四指。随足举已，还复如初。过食时后，其华自没。大地清净，更雨新华。随其时节，还复周遍。与前无异，如是六反。

宝莲佛光第二十一

又众宝莲华周满世界。一一宝华百千亿叶。其华光明，无量种色。青色青光。白色白光。玄黄朱紫，光色亦然。复有无量妙宝百千摩尼，映饰珍奇，明曜日月。彼莲华量，或半由旬，或一二三四，乃至百千由旬。一一华中，出三十六百千亿光。一一光中，出三十六百千亿佛。身色紫金，相好殊特。一一诸佛，又放百千光明，普为十方说微妙法。如是诸佛，各各安立无量众生于佛正道。

决证极果第二十二

复次阿难：彼佛国土，无有昏暗、火光、日月、星曜、昼夜之象，亦无岁月劫数之名，复无住著家室。于一切处，既无标式名号，亦无取舍分别。唯受清净最上快乐。若有善男子、善女人，若已生，若当生，皆悉住于正定之聚。决定证于阿耨多罗三藐三菩提。何以故？若邪定聚，及不定聚，不能了知建立彼因故。

十方佛赞第二十三

复次阿难：东方恒河沙数世界，一一界中如恒沙佛，各出广长舌相，放无量光，说诚实言，称赞无量寿佛不可思议功德。南西北方恒沙世界，诸佛称赞亦复如是；四维上下恒沙世界，诸佛称赞亦复如是。何以故？欲令他方所有众生闻彼佛名，发清净心。忆念受持，归依供养。乃至能发一念净信，所有善根，至心回向，愿生彼国。随愿皆生，得不退转，乃至无上正等菩提。

三辈往生第二十四

佛告阿难：十方世界诸天人民，其有至心愿生彼国，凡有三辈。

其上辈者，舍家弃欲而作沙门。发菩提心。一向专念阿弥陀佛。修诸功德，愿生彼国。此等众生，临寿终时，阿弥陀佛，与诸圣众，现在其前。经须臾间，即随彼佛往生其国。便于七宝华中自然化生。智慧勇猛，神通自在。是故阿难：其有众生欲于今世见阿弥陀佛者，应发无上菩提之心。复当专念极乐国土。积集善根，应持回向。由此见佛，生彼国中，得不退转，乃至无上菩提。

其中辈者，虽不能行作沙门，大修功德，当发无上菩提之心。一向专念阿弥陀佛。随己修行，诸善功德，奉持斋戒，起立塔像，饭食沙门，悬缯然灯，散华烧香，以此回向，愿生彼国。其人临终，阿弥陀佛化现其身，光明相好，具如真佛，与诸大众前后围绕，现其人前。摄受导引，即随化佛往生其国。住不退转，无上菩提。功德智慧次如上辈者也。

其下辈者，假使不能作诸功德，当发无上菩提之心，一向专念阿弥陀佛。欢喜信乐，不生疑惑。以至诚心，愿生其国。此人临终梦见彼佛，亦得往生。功德智慧次如中辈者也。

若有众生住大乘者，以清净心，向无量寿。乃至十念，愿生其国。闻甚深法，即生信解。乃至获得一念净心，发一念心念于彼佛。此人临命终时，如在梦中，见阿弥陀佛，定生彼国，得不退转无上菩提。

往生正因第二十五

复次阿难：若有善男子、善女人，闻此经典，受持、读诵、书写、供养，昼夜相续，求生彼刹。发菩提心。持诸禁戒，坚守不犯。饶益有情，所作善根悉施与之，令得安乐。忆念西方阿弥陀佛，及彼国土。是人命终，如佛色相，种种庄严，生宝刹中，速得闻法，永不退转。

复次阿难：若有众生欲生彼国，虽不能大精进禅定，尽持经戒，要当作善。所谓一不杀生。二不偷盗。三不淫欲。四不妄言。五不绮语。六不恶口。七不两舌。八不贪。九不嗔。十不痴。如是昼夜思惟，极乐世界阿弥陀佛，种种功德、种种庄严。志心归依，顶礼供养。是人临终，不惊不怖，心不颠倒。即得往生彼佛国土。

若多事物，不能离家，不暇大修斋戒，一心清净。有空闲时，端正身心。绝欲去忧。慈心精进。不当嗔怒、嫉妒。不得贪饕悭惜。不得中悔。不得狐疑。要当孝顺。至诚忠信。当信佛经语深。当信作善得福。奉持如是等法，不得亏失。思惟熟计，欲得度脱。昼夜常念，愿欲往生阿弥陀佛清净佛国。十日十夜乃至一日一夜不断绝者，寿终皆得往生其国。行菩萨道，诸往生者，皆得阿惟越致，皆具金色三十二相，皆当作佛。欲于何方佛国作佛，从心所愿。随其精进早晚，求道不休，会当得之，不失其所愿也。阿难：以此义利故，无量无数、不可思议、无有等等、无边世界，诸佛如来，皆共称赞无量寿佛所有功德。

礼供听法第二十六

复次阿难：十方世界诸菩萨众，为欲瞻礼极乐世界无量寿佛，各以香华幢幡宝盖，往诣佛所，恭敬供养，听受经法，宣布道化，称赞佛土功德庄严。尔时世尊即说颂曰：

东方诸佛刹　数如恒河沙
恒沙菩萨众　往礼无量寿
南西北四维　上下亦复然
咸以尊重心　奉诸珍妙供
畅发和雅音　歌叹最胜尊
究达神通慧　游入深法门
闻佛圣德名　安隐得大利
种种供养中　勤修无懈倦

观彼殊胜刹　微妙难思议
功德普庄严　诸佛国难比
因发无上心　愿速成菩提
应时无量尊　微笑现金容
光明从口出　遍照十方国
回光还绕佛　三匝从顶入
菩萨见此光　即证不退位
时会一切众　互庆生欢喜
佛语梵雷震　八音畅妙声
十方来正士　吾悉知彼愿
志求严净土　受记当作佛
觉了一切法　犹如梦幻响
满足诸妙愿　必成如是刹
知土如影像　恒发弘誓心
究竟菩萨道　具诸功德本
修胜菩提行　受记当作佛
通达诸法性　一切空无我
专求净佛土　必成如是刹
闻法乐受行　得至清净处
必于无量尊　受记成等觉
无边殊胜刹　其佛本愿力
闻名欲往生　自致不退转
菩萨兴至愿　愿己国无异
普念度一切　各发菩提心
舍彼轮回身　俱令登彼岸
奉事万亿佛　飞化遍诸刹
恭敬欢喜去　还到安养国

歌叹佛德第二十七

佛语阿难：彼国菩萨，承佛威神，于一食顷，复往十方无边净刹，供养诸佛。华香幢幡，供养之具，应念即至，皆现手中。珍妙殊特，非世所有。以奉诸佛，及菩萨众。其所散华，即于空中，合为一华。华皆向下，端圆周匝，化成华盖。百千光色，色色异香，香气普薰。盖之小者，满十由旬。如是转倍，乃至遍覆三千大千世界。随其前后，以次化没。若不更以新华重散，前所散华终不复落。于虚空中共奏天乐，以微妙音歌叹佛德。经须臾间，还其本国。都悉集会七宝讲堂。无量寿佛，则为广宣大教，演畅妙法。莫不欢喜，心解得道。即时香风吹七宝树，出五音声。无量妙华，随风四散。自然供养，如是不绝。一切诸天，皆赍百千华香，万种伎乐，供养彼佛，及诸菩萨声闻之众。前后往来，熙怡快乐，此皆无量寿佛本愿加威，及曾供养如来，善根相续，无缺减故，善修习故，善摄取故，善成就故。

大士神光第二十八

佛告阿难：彼佛国中诸菩萨众，悉皆洞视、彻听八方、上下、去来、现在之事。诸天人民以及蜎飞蠕动之类，心意善恶，口所欲言，何时度脱，得道往生，皆豫知之。又彼佛刹诸声闻众，身光一寻，菩萨光明照百由旬。有二菩萨，最尊第一，威神光明，普照三千大千世界。阿难白佛：彼二菩萨，其号云何？佛言：一名观世音，一名大势至。此二菩萨，于娑婆界，修菩萨行，往生彼国。常在阿弥陀佛左右。欲至十方无量佛所，随心则到。现居此界，作大利乐。世间善男子、善女人，若有急难恐怖，但自归命观世音菩萨，无不得解脱者。

愿力宏深第二十九

复次阿难：彼佛刹中，所有现在、未来一切菩萨，皆当究竟一生补处。唯除大愿，入生死界，为度群生，作师子吼。擐大甲胄，以宏誓功德而自庄严。虽生五浊恶世，示现同彼。直至成佛，不受恶趣。生生之处，常识宿命。无量寿佛意欲度脱十方世界诸众生类，皆使往生其国，悉令得泥洹道。作菩萨者，令悉作佛。既作佛已，转相教授，转相度脱。如是辗转，不可复计。十方世界声闻、菩萨、诸众生类，生彼佛国，得泥洹道，当作佛者，不可胜数。彼佛国中，常如一法，不为增多。所以者何？犹如大海，为水中王。诸水流行，都入海中。是大海水，宁为增减。八方上下，佛国无数。阿弥陀国，长久广大，明好快乐，最为独胜。本其为菩萨时，求道所愿，累德所致。无量寿佛，恩德布施八方上下，无穷无极，深大无量，不可胜言。

菩萨修持第三十

复次阿难：彼佛刹中，一切菩萨，禅定智慧、神通威德，无不圆满。诸佛密藏，究竟明了。调伏诸根，身心柔软。深入正慧，无复余习。依佛所行，七觉圣道。修行五眼，照真达俗。肉眼简择；天眼通达；法眼清净；慧眼见真；佛眼具足，觉了法性。辩才总持，自在无碍。善解世间无边方便。所言诚谛，深入义味。度诸有情，演说正法。无相无为，无缚无脱。无诸分别，远离颠倒。于所受用，皆无摄取。遍游佛刹，无爱无厌。亦无希求不希求想。亦无彼我违怨之想。何以故？彼诸菩萨，于一切众生，有大慈悲利益心故。舍离一切执著，成就无量功德。以无碍慧，解法如如。善知集灭音声方便。不欣世语，乐在正论。知一切法，悉皆空寂。生身烦恼，二余俱尽。于三界中平等勤修。究竟一乘，至于彼岸。决断疑网，证无所得。以方便智，增长了知。从本以来，安住神通。得一乘道，不由他悟。

真实功德第三十一

其智宏深，譬如巨海。菩提高广，喻若须弥。自身威光，超于日月。其心洁白，犹如雪山。忍辱如地，一切平等。清净如水，洗诸尘垢。炽盛如火，烧烦恼薪。不著如风，无诸障碍。法音雷震，觉未觉故。雨甘露法，润众生故。旷若虚空，大慈等故。如净莲华，离染污故。如尼拘树，覆荫大故。如金刚杵，破邪执故。如铁围山，众魔外道不能动故。其心正直，善巧决定。论法无厌，求法不倦。戒若琉璃，内外明洁。其所言说，令众悦服。击法鼓，建法幢，曜慧日，破痴暗。淳净温和，寂定明察。为大导师，调伏自他。引导群生，舍诸爱著。永离三垢，游戏神通。因缘愿力，出生善根。摧伏一切魔军，尊重奉事诸佛。为世明灯，最胜福田，殊胜吉祥，堪受供养。赫奕欢喜，雄猛无畏。身色相好，功德辩才，具足庄严，无与等者。常为诸佛所共称赞。究竟菩萨诸波罗蜜，而常安住不生不灭诸三摩地。行遍道场，远二乘境。阿难：我今略说彼极乐界，所生菩萨，真实功德，悉皆如是。若广说者，百千万劫不能穷尽。

寿乐无极第三十二

佛告弥勒菩萨、诸天人等：无量寿国，声闻菩萨，功德智慧，不可称说。又其国土微妙安乐、清净若此。何不力为善，念道之自然。出入供养，观经行道，喜乐久习。才猛智慧，心不中回，意无懈时。外若迟缓，内独驶急。容容虚空，适得其中。中表相应，自然严整，检敛端直。身心洁净，无有爱贪。志愿安定，无增缺减。求道和正，不误倾邪。随经约令，不敢蹉跌，若于绳墨。咸为道慕，旷无他念，无有忧思。自然无为，虚空无立，淡安无欲。作得善愿，尽心求索。含哀慈愍，礼义都合。苞罗表里，过度解脱。自然保守，真真洁白，志愿无上，净定安乐。一旦开达明彻，自然中自然相，自然之有根本，自然光色参回，转变最胜。郁单成七宝，横揽成万物。光精明俱出，善好殊无比。著于无上下，洞达无边际。宜各勤精进，努力自求之。必得超绝去，往生无量清净阿弥陀佛国。横截于五趣，恶道自闭塞。无极之胜道，易往而无人。其国不逆违，自然所牵随。捐志若虚空，勤行求道德。可得极长生，寿乐无有极。何为著世事，譊譊忧无常。

劝谕策进第三十三

世人共争不急之务。于此剧恶极苦之中，勤身营务，以自给济。尊卑、贫富、少长、男女，累念积虑，为心走使。无田忧田，无宅忧宅，眷属财物，有无同忧。有一少一，思欲齐等。适小具有，又忧非常。水火盗贼，冤家债主，焚漂劫夺，消散磨灭。心悭意固，无能纵舍。命终弃捐，莫谁随者。贫富同然，忧苦万端。

世间人民，父子、兄弟、夫妇、亲属，当相敬爱，无相憎嫉。有无相通，无得贪惜。言色常和，莫相违戾；或时心诤，有所恚怒。后世转剧，至成大怨。世间之事，更相患害。虽不临时，应急想破。人在爱欲之中，独生独死，独去独来，苦乐自当，无有代者。善恶变化，追逐所生。道路不同，会见无期。何不于强健时，努力修善，欲何待乎？

世人善恶自不能见，吉凶祸福，竞各作之。身愚神暗，转受余教。颠倒相续，无常根本。蒙冥抵突，不信经法。心无远虑，各欲快意。迷于嗔恚，贪于财色。终不休止，哀哉可伤！先人不善，不识道德，无有语者，殊无怪也。死生之趣，善恶之道，都不之信，谓无有是。更相瞻视。且自见之。或父哭子，或子哭父。兄弟夫妇，更相哭泣。一死一生，迭相顾恋。忧爱结缚，无有解时。思想恩好，不离情欲，不能深思熟计，专精行道。年寿旋尽，无可奈何！

　　惑道者众，悟道者少。各怀杀毒，恶气冥冥。为妄兴事，违逆天地。恣意罪极，顿夺其寿。下入恶道，无有出期。若曹当熟思计，远离众恶。择其善者，勤而行之。爱欲荣华，不可常保，皆当别离，无可乐者。当勤精进，生安乐国。智慧明达，功德殊胜。勿得随心所欲，亏负经戒，在人后也。

心得开明第三十四

　　弥勒白言：佛语教戒，甚深甚善。皆蒙慈恩，解脱忧苦。佛为法王，尊超群圣，光明彻照，洞达无极。普为一切天人之师。今得值佛，复闻无量寿声，靡不欢喜，心得开明。

　　佛告弥勒：敬于佛者，是为大善。实当念佛，截断狐疑。拔诸爱欲，杜众恶源。游步三界，无所挂碍。开示正道，度未度者。若曹当知十方人民，永劫以来，辗转五道，忧苦不绝。生时苦痛，老亦苦痛，病极苦痛，死极苦痛。恶臭不净，无可乐者。宜自决断，洗除心垢。言行忠信，表里相应。人能自度，转相拯济。至心求愿，积累善本。虽一世精进勤苦，须臾间耳。后生无量寿国，快乐无极。永拔生死之本，无复苦恼之患。寿千万劫，自在随意。宜各精进，求心所愿。无得疑悔，自为过咎。生彼边地，七宝城中，于五百岁受诸厄也。

　　弥勒白言：受佛明诲，专精修学。如教奉行，不敢有疑。

浊世恶苦第三十五

　　佛告弥勒：汝等能于此世，端心正意，不为众恶，甚为大德。所以者何？十方世界善多恶少，易可开化。唯此五恶世间，最为剧苦。我今于此作佛，教化群生，令舍五恶，去五痛，离五烧。降化其意，令持五善，获其福德。何等为五：

　　其一者，世间诸众生类，欲为众恶。强者伏弱，转相克贼。残害杀伤，迭相吞啖。不知为善，后受殃罚。故有穷乞、孤独、聋盲、喑哑、痴恶、尪狂，皆因前世不信道德、不肯为善。其有尊贵、豪富、贤明、长者、智勇、才达，皆由宿世慈孝，修善积德所致。世间有此目前现事。寿终之后，入其幽冥，转生受身，改形易道。故有泥犁、禽兽、蜎飞蠕动之属。譬如世法牢狱，剧苦极刑，魂神命精，随罪趣向。所受寿命，或长或短，相从共生，更相报偿。殃恶未尽，终不得离。辗转其中，累劫难出。难得解脱，痛不可言。天地之间，自然有是。虽不即时暴应，善恶会当归之。

其二者，世间人民不顺法度。奢淫骄纵，任心自恣。居上不明，在位不正。陷人冤枉，损害忠良。心口各异，机伪多端。尊卑中外，更相欺诳。嗔恚愚痴，欲自厚己。欲贪多有，利害胜负。结忿成仇，破家亡身，不顾前后。富有悭惜，不肯施与。爱保贪重，心劳身苦，如是至竟，无一随者。善恶祸福，追命所生。或在乐处，或入苦毒。又或见善憎谤，不思慕及。常怀盗心，悕望他利，用自供给。消散复取。神明克识，终入恶道。自有三途无量苦恼，辗转其中，累劫难出，痛不可言。

其三者，世间人民相因寄生。寿命几何。不良之人，身心不正，常怀邪恶，常念淫泆；烦满胸中，邪态外逸。费损家财，事为非法。所当求者，而不肯为。又或交结聚会，兴兵相伐；攻劫杀戮，强夺迫胁。归给妻子，极身作乐。众共憎厌，患而苦之。如是之恶，著于人鬼。神明计识，自入三途。无量苦恼，辗转其中。累劫难出，痛不可言。

其四者，世间人民不念修善。两舌、恶口、妄言、绮语。憎嫉善人，败坏贤明。不孝父母，轻慢师长。朋友无信，难得诚实。尊贵自大，谓己有道。横行威势，侵易于人，欲人畏敬。不自惭惧，难可降化，常怀骄慢。赖其前世，福德营护。今世为恶，福德尽灭。寿命终尽，诸恶绕归。又其名籍，计在神明。殃咎牵引，无从舍离。但得前行，入于火镬。身心摧碎，神形苦极。当斯之时，悔复何及。

其五者，世间人民徙倚懈怠。不肯作善，治身修业。父母教诲，违戾反逆。譬如怨家，不如无子。负恩违义，无有报偿。放恣游散，耽酒嗜美，鲁扈抵突。不识人情，无义无礼，不可谏晓。六亲眷属，资用有无，不能忧念。不惟父母之恩。不存师友之义。意念身口，曾无一善。不信诸佛经法。不信生死善恶。欲害真人，斗乱僧众。愚痴蒙昧，自为智慧。不知生所从来，死所趣向。不仁不顺，希望长生。慈心教诲，而不肯信；苦口与语，无益其人。心中闭塞，意不开解。大命将终，悔惧交至。不豫修善，临时乃悔。悔之于后，将何及乎！

天地之间，五道分明。善恶报应，祸福相承，身自当之，无谁代者。善人行善，从乐入乐，从明入明。恶人行恶，从苦入苦，从冥入冥。谁能知者，独佛知耳。教语开示，信行者少。生死不休，恶道不绝。如是世人，难可具尽。故有自然三涂，无量苦恼，辗转其中。世世累劫，无有出期。难得解脱，痛不可言。

如是五恶、五痛、五烧，譬如大火，焚烧人身。若能自于其中一心制意，端身正念。言行相副，所作至诚。独作诸善，不为众恶。身独度脱，获其福德。可得长寿泥洹之道。是为五大善也。

重重诲勉第三十六

佛告弥勒：吾语汝等。如是五恶、五痛、五烧，辗转相生。敢有犯此，当历恶趣。或其今世，先被病殃，死生不得，示众见之。或于寿终，入三恶道。愁痛酷毒，自相燋然。共其怨家，更相杀伤。从小微起，成大困剧。皆由贪著财色，不肯施惠。各欲自快，无复曲直。痴欲所迫，厚己争利。富贵荣华，当时快意。不能忍辱，不务修善。威势无几，随以磨灭。天道施张，自然纠举，茕茕忪忪，当入其中。古今有是，痛哉可伤！

汝等得佛经语，熟思惟之。各自端守，终身不怠，尊圣敬善，仁慈博爱。当求度世，拔断生死众恶之本。当离三涂忧怖苦痛之道。若曹作善，云何第一？当自端心，当自端身。耳目口鼻，皆当自端。身心净洁，与善相应。勿随嗜欲，不犯诸恶。言色当和，身行当专。动作瞻视，安定徐为。做事仓卒，败悔在后。为之不谛，亡其功夫。

如贫得宝第三十七

汝等广植德本，勿犯道禁。忍辱精进，慈心专一。斋戒清净，一日一夜，胜在无量寿国为善百岁。所以者何？彼佛国土，皆积德众善，无毫发之恶。于此修善十日十夜，胜于他方诸佛国中，为善千岁。所以者何？他方佛国，福德自然，无造恶之地。唯此世间，善少恶多。饮苦食毒，未尝宁息。

吾哀汝等，苦心诲喻，授与经法。悉持思之，悉奉行之。尊卑、男女、眷属、朋友，转相教语。自相约检，和顺义理，欢乐慈孝。所作如犯，则自悔过。去恶就善，朝闻夕改。奉持经戒，如贫得宝。改往修来，洗心易行。自然感降，所愿辄得。

佛所行处，国邑丘聚，靡不蒙化。天下和顺，日月清明。风雨以时，灾厉不起。国丰民安，兵戈无用。崇德兴仁，务修礼让。国无盗贼。无有怨枉。强不凌弱，各得其所。

我哀汝等，甚于父母念子。我于此世作佛，以善攻恶，拔生死之苦。令获五德，升无为之安。吾般泥洹，经道渐灭，人民谄伪，复为众恶。五烧五痛，久后转剧。汝等转相教诫，如佛经法，无得犯也。

弥勒菩萨合掌白言：世人恶苦，如是如是。佛皆慈哀，悉度脱之。受佛重诲，不敢违失。

礼佛现光第三十八

佛告阿难：若曹欲见无量清净平等觉，及诸菩萨、阿罗汉等所居国土，应起西向，当日没处，恭敬顶礼，称念南无阿弥陀佛。

阿难即从座起，面西合掌，顶礼白言：我今愿见极乐世界阿弥陀佛，供养奉事，种诸善根。顶礼之间，忽见阿弥陀佛，容颜广大，色相端严。如黄金山，高出一切诸世界上。又闻十方世界诸佛如来，称扬赞叹阿弥陀佛种种功德，无碍无断。

阿难白言：彼佛净刹，得未曾有，我亦愿乐生于彼土。世尊告言：其中生者，已曾亲近无量诸佛，植众德本。汝欲生彼，应当一心归依瞻仰。作是语时，阿弥陀佛即于掌中放无量光，普照一切诸佛世界。时诸佛国皆悉明现，如处一寻，以阿弥陀佛殊胜光明，极清净故。于此世界所有黑山、雪山、金刚、铁围大小诸山、江河、丛林、天人宫殿，一切境界，无不照见。譬如日出，明照世间。乃至泥犁、溪谷、幽冥之处，悉大开辟，皆同一色。犹如劫水弥满世界，其中万物沉没不现。溟漾浩汗，唯见大水。彼佛光明，亦复如是。声闻、菩萨一切光明悉皆隐蔽，唯见佛光，明耀显赫。此会四众、天龙八部、人非人等，皆见极乐世界种种庄严。阿弥陀佛于彼高座，威德巍巍，相好光明。声闻、菩萨围绕恭敬。譬如须弥山王出于海面，明现照耀，清净平正。无有杂秽，及异形类。唯是众宝庄严，圣贤共住。阿难及诸菩萨众等，皆大欢喜，踊跃作礼，以头著地，称念南无阿弥陀三藐三佛陀。

诸天人民，以至蜎飞蠕动，睹斯光者，所有疾苦，莫不休止。一切忧恼，莫不解脱。悉皆慈心作善，欢喜快乐。钟磬、琴瑟、箜篌乐器，不鼓自然皆作五音。诸佛国中，诸天人民，各持花香，来于虚空，散作供养。尔时极乐世界，过于西方百千俱胝那由他国，以佛威力，如对目前，如净天眼观一寻地。彼见此土，亦复如是。悉睹娑婆世界，释迦如来，及比丘众，围绕说法。

慈氏述见第三十九

尔时佛告阿难，及慈氏菩萨：汝见极乐世界宫殿、楼阁、泉池、林树，具足微妙、清净庄严不？汝见欲界诸天，上至色究竟天，雨诸香华，遍佛刹不？阿难对曰：唯然已见。汝闻阿弥陀佛大音宣布一切世界，化众生不？阿难对曰：唯然已闻。佛言：汝见彼国净行之众，游处虚空，宫殿随身，无所障碍，遍至十方供养诸佛不？及见彼等念佛相续不？复有众鸟住虚空界，出种种音，皆是化作，汝悉见不？慈氏白言：如佛所说，一一皆见。佛告弥勒：彼国人民有胎生者，汝复见不？弥勒白言：世尊，我见极乐世界人住胎者，如夜摩天，处于宫殿。又见众生，于莲华内结跏趺坐，自然化生。何因缘故，彼国人民有胎生者，有化生者？

边地疑城第四十

佛告慈氏：若有众生，以疑惑心修诸功德，愿生彼国。不了佛智、不思议智、不可称智、大乘广智、无等无伦最上胜智，于此诸智疑惑不信。犹信罪福，修习善本，愿生其国。复有众生，积集善根，希求佛智、普遍智、无等智、威德广大不思议智。于自善根，不能生信。故于往生清净佛国，意志犹豫，无所专据。然犹续念不绝。结其善愿为本，续得往生。

是诸人等，以此因缘虽生彼国，不能前至无量寿所，道止佛国界边，七宝城中。佛不使尔，身行所作，心自趣向。亦有宝池莲华，自然受身。饮食快乐，如忉利天。于其城中，不能得出。所居舍宅在地，不能随意高大，于五百岁，常不见佛，不闻经法，不见菩萨、声闻圣众。其人智慧不明，知经复少。心不开解，意不欢乐。是故于彼谓之胎生。

若有众生，明信佛智，乃至胜智，断除疑惑。信己善根，作诸功德，至心回向，皆于七宝华中自然化生，跏趺而坐。须臾之顷，身相光明，智慧功德，如诸菩萨，具足成就。弥勒当知：彼化生者，智慧胜故。其胎生者，五百岁中，不见三宝。不知菩萨法式，不得修习功德。无因奉事无量寿佛。当知此人，宿世之时，无有智慧，疑惑所致。

惑尽见佛第四十一

譬如转轮圣王，有七宝狱。王子得罪，禁闭其中。层楼绮殿，宝帐金床。栏窗榻座，妙饰奇珍。饮食衣服，如转轮王。而以金锁系其两足。诸小王子宁乐此不？慈氏白言：不也世尊，彼幽絷时，心不自在。但以种种方便，欲求出离。求诸近臣，终不从心。轮王欢喜，方得解脱。佛告弥勒：此诸众生，亦复如是。若有堕于疑悔，希求佛智，至广大智。于自善根，不能生信。由闻佛名起信心故，虽生彼国，于莲华中不得出现。彼处华胎，犹如园苑宫殿之想。何以故？彼中清净，无诸秽恶，然于五百岁中，不见三宝，不得供养奉事诸佛。远离一切殊胜善根。以此为苦，不生欣乐。若此众生识其罪本，深自悔责，求离彼处，往昔世中，过失尽已，然后乃出。即得往诣无量寿所，听闻经法。久久亦当开解欢喜。亦得遍供无数无量诸佛，修诸功德。汝阿逸多：当知疑惑于诸菩萨为大损害，为失大利。是故应当明信诸佛无上智慧。

慈氏白言：云何此界一类众生，虽亦修善，而不求生。佛告慈氏：此等众生，智慧微浅。分别西方，不及天界，是以非乐，不求生彼。慈氏白言：此等众生，虚妄分别，不求佛刹，何免轮回。佛言：彼等所种善根，不能离相，不求佛慧，深著世乐，人间福报。虽复修福，求人天果，得报之时，一切丰足，而未能出三界狱中。假使父母、妻子、男女眷属欲相救免，邪见业王，未能舍离，常处轮回，而不自在。汝见愚痴之人，不种善根，但以世智聪辩，增益邪心，云何出离生死大难。复有众生，虽种善根，作大福田，取相分别，情执深重，求出轮回，终不能得。若以无相智慧，植众德本，身心清净，远离分别。求生净刹，趣佛菩提，当生佛刹，永得解脱。

菩萨往生第四十二

弥勒菩萨白佛言：今此娑婆世界，及诸佛刹不退菩萨当生极乐国者，其数几何？

佛告弥勒：于此世界，有七百二十亿菩萨，已曾供养无数诸佛，植众德本，当生彼国。诸小行菩萨，修习功德，当往生者，不可称计。不但我刹诸菩萨等，往生彼国，他方佛土亦复如是。从远照佛刹，有十八俱胝那由他菩萨摩诃萨，生彼国土。东北方宝藏佛刹，有九十亿不退菩萨,当生彼国。从无量音佛刹、光明佛刹、龙天佛刹、胜力佛刹、师子佛刹、离尘佛刹、德首佛刹、仁王佛刹、华幢佛刹,不退菩萨当往生者,或数十百亿,或数百千亿,乃至万亿。其第十二佛名无上华。彼有无数诸菩萨众,皆不退转。智慧勇猛,已曾供养无量诸佛,具大精进,发趣一乘。于七日中,即能摄取百千亿劫,大士所修坚固之法。斯等菩萨,皆当往生。其第十三佛名曰无畏,彼有七百九十亿大菩萨众,诸小菩萨及比丘等,不可称计,皆当往生。十方世界诸佛名号及菩萨众当往生者,但说其名,穷劫不尽。

非是小乘第四十三

佛告慈氏:汝观彼诸菩萨摩诃萨,善获利益。若有善男子,善女人,得闻阿弥陀佛名号,能生一念喜爱之心,归依瞻礼,如说修行,当知此人为得大利。当获如上所说功德。心无下劣,亦不贡高。成就善根,悉皆增上。当知此人非是小乘。于我法中,得名第一弟子。是故告汝天人世间、阿修罗等,应当爱乐修习,生希有心。于此经中生导师想。欲令无量众生,速疾安住得不退转,及欲见彼广大庄严、摄受殊胜佛刹,圆满功德者,当起精进,听此法门。为求法故,不生退屈谄伪之心。设入大火,不应疑悔。何以故?彼无量亿诸菩萨等,皆悉求此微妙法门,尊重听闻,不生违背。多有菩萨,欲闻此经而不能得,是故汝等应求此法。

受菩提记第四十四

若于来世,乃至正法灭时,当有众生,植诸善本,已曾供养无量诸佛。由彼如来加威力故,能得如是广大法门。摄取受持,当获广大一切智智。于彼法中广大胜解,获大欢喜。广为他说,常乐修行。诸善男子及善女人,能于是法,若已求、现求、当求者,皆获善利,汝等应当安住无疑。种诸善本,应常修习,使无疑滞,不入一切种类珍宝成就牢狱。阿逸多:如是等类大威德者,能生佛法广大异门。由于此法不听闻故,有一亿菩萨退转阿耨多罗三藐三菩提。若有众生于此经典,书写、供养、受持、读诵,于须臾顷为他演说,劝令听闻,不生忧恼,乃至昼夜思惟彼刹及佛功德,于无上道,终不退转。彼人临终,假使三千大千世界满中大火,亦能超过,生彼国土。是人已曾值过去佛,受菩提记,一切如来同所称赞。是故应当专心信受、持诵、说行。

独留此经第四十五

吾今为诸众生说此经法,令见无量寿佛,及其国土一切所有。所当为者,皆可求之。无得以我灭度之后复生疑惑。当来之世,经道灭尽,我以慈悲哀愍,特留此经止住百岁。其有众生,值斯经者,随意所愿,皆可得度。如来兴世,难值难见。诸佛经道,难得难闻。遇善知识,闻法能行,此亦为难。若闻斯经,信乐受持,难中之难,无过此难。若有众生得闻佛声,慈心清净,踊跃欢喜,衣毛为起,或泪出者，皆由前世曾作佛道，故非凡人。若闻佛号，心中狐疑，于佛经语都无所信，皆从恶道中来。宿殃未尽，未当度脱，故心狐疑，不信向耳。

勤修坚持第四十六

佛告弥勒：诸佛如来无上之法，十力无畏、无碍无著甚深之法，及波罗蜜等菩萨之法，非易可遇。能说法人，亦难开示。坚固深信，时亦难遭。我今如理宣说如是广大微妙法门，一切诸佛之所称赞，咐嘱汝等，作大守护。为诸有情长夜利益，莫令众生沦堕五趣，备受危苦。应勤修行，随顺我教。当孝于佛，常念师恩。当令是法久住不灭。当坚持之，无得毁失，无得为妄，增减经法。常念不绝，则得道捷。我法如是，作如是说。如来所行，亦应随行。种修福善，求生净刹。

福慧始闻第四十七

尔时世尊而说颂曰：

若不往昔修福慧　于此正法不能闻
已曾供养诸如来　则能欢喜信此事
恶骄懈怠及邪见　难信如来微妙法
譬如盲人恒处暗　不能开导于他路
唯曾于佛植众善　救世之行方能修
闻已受持及书写　读诵赞演并供养
如是一心求净方　决定往生极乐国
假使大火满三千　乘佛威德悉能超
如来深广智慧海　唯佛与佛乃能知
声闻亿劫思佛智　尽其神力莫能测
如来功德佛自知　唯有世尊能开示
人身难得佛难值　信慧闻法难中难
若诸有情当作佛　行超普贤登彼岸
是故博闻诸智士　应信我教如实言
如是妙法幸听闻　应常念佛而生喜
受持广度生死流　佛说此人真善友

闻经获益第四十八

尔时世尊说此经法，天人世间，有万二千那由他亿众生，远离尘垢，得法眼净。二十亿众生，得阿那含果。六千八百比丘，诸漏已尽，心得解脱。四十亿菩萨，于无上菩提住不退转，以弘誓功德而自庄严。二十五亿众生，得不退忍。四万亿那由他百千众生，于无上菩提未曾发意，今始初发。种诸善根，愿生极乐，见阿弥陀佛。皆当往生彼如来土。各于异方次第成佛，同名妙音如来。

复有十方佛刹，若现在生，及未来生，见阿弥陀佛者，各有八万俱胝那由他人，得授记法忍，成无上菩提。彼诸有情，皆是阿弥陀佛宿愿因缘，俱得往生极乐世界。尔时三千大千世界，六种震动，并现种种希有神变。放大光明，普照十方。复有诸天于虚空中，作妙音乐，出随喜声。乃至色界诸天悉皆得闻，叹未曾有。无量妙花纷纷而降。尊者阿难、弥勒菩萨，及诸菩萨、声闻、天龙八部、一切大众，闻佛所说，皆大欢喜，信受奉行。

佛说观无量寿经

刘宋西域三藏法师畺良耶舍 译

如是我闻,一时,佛在王舍城耆阇崛山中,与大比丘众,千二百五十人俱。菩萨三万二千,文殊师利法王子而为上首。

尔时王舍大城有一太子,名阿阇世,随顺调达恶友之教。收执父王频婆娑罗,幽闭置于七重室内,制诸群臣,一不得往。

国太夫人名韦提希,恭敬大王,澡浴清净,以酥蜜和麦䴬用涂其身,诸璎珞中,盛蒲萄浆,密以上王。

尔时大王食麦䴬饮浆,求水漱口,漱口毕已,合掌恭敬,向耆阇崛山遥礼世尊,而作是言:"大目犍连是吾亲友,愿兴慈悲,授我八戒"。时目犍连如鹰隼飞,疾至王所,日日如是,授王八戒。世尊亦遣尊者,富楼那,为王说法。

如是时间,经三七日,王食麦䴬蜜,得闻法故,颜色和悦。

时阿阇世问守门者:"父王今者犹存在耶?"时守门人白言:"大王!国太夫人身涂麦䴬蜜,璎珞盛浆,持用上王;沙门目连及富楼那,从空而来,为王说法,不可禁制。"时阿阇世闻此语已,怒其母曰:"我母是贼,与贼为伴;沙门恶人,幻惑咒术;令此恶王多日不死"!即执利剑,欲害其母。

时有一臣名曰月光,聪明多智,及与耆婆,为王作礼,白言:"大王!臣闻毗陀论经说,劫初已来,有诸恶王,贪国位故,杀害其父一万八千,未曾闻有无道害母。王今为此杀逆之事,污刹利种,臣不忍闻,是旃陀罗。我等不宜复住于此。"

时二大臣说此语竟,以手按剑,郤行而退。时阿阇世,惊怖惶惧,告耆婆言:"汝不为我耶?"耆婆白言:"大王!慎莫害母!"

王闻此语,忏悔求救,即便舍剑,止不害母。勒语内官,闭置深宫,不令复出。

时韦提希,被幽闭已,愁忧憔悴,遥向耆阇崛山为佛作礼,而作是言:"如来世尊,在昔之时,恒遣阿难来慰问我;我今愁忧,世尊威重,无由得见,愿遣目连尊者阿难与我相见。"作是语已,悲泣雨泪,遥向佛礼。

未举头顷,尔时世尊在耆阇崛山,知韦提希心之所念,即勒大目犍连及以阿难从空而来。

佛从耆阇崛山没,于王宫出。时韦提希礼已,举头见世尊释迦牟尼佛,身紫金色,坐百宝莲华,目连侍左,阿难侍右,释梵护世诸天,在虚空中,普雨天华,持用供养。

时韦提希见佛世尊,自绝璎珞,举身投地,号泣向佛,白言:"世尊!我宿何罪,生此恶子?世尊!复有何等因缘,与提婆达多共为眷属?唯愿世尊,为我广说无忧恼处,我当往生,不乐阎浮提浊恶世也。此浊恶世,地狱饿鬼畜生盈满,多不善聚。愿我未来不闻恶声,不见恶人,今向世尊,五体投地,求哀忏悔,唯愿佛力教我,观于清净业处。"

尔时,世尊放眉间光,其光金色,遍照十方无量世界,还住佛顶,化为金台,如须弥山;十方诸佛净妙国土,皆于中现。或有国土,七宝合成;复有国土,纯是莲华;复有国土,如自在天宫;复有国土,如玻璃镜;十方国土,皆于中现。有如是等无量诸佛国土,严显可观,令韦提希见。

时韦提希白佛言:"世尊!是诸佛土,虽复清净,皆有光明;我今乐生极乐世界,阿弥陀佛所,唯愿世尊教我思惟,教我正受。"

尔时,世尊即便微笑,有五色光,从佛口出,一一光照频婆娑罗王顶。尔时,大王虽在幽闭,心眼无障,遥见世尊,头面作礼,自然增进成阿那含。

尔时,世尊告韦提希:"汝今知不?阿弥陀佛,去此不远,汝当系念,谛观彼国净业成者。我今为汝广说众譬,亦令未来世一切凡夫,欲修净业者,得生西方极乐国土。"

"欲生彼国者,当修三福:一者、孝养父母,奉事师长,慈心不杀,修十善业;二者、受持三归,具足众戒,不犯威仪;三者、发菩提心,深信因果,读诵大乘,劝进行者。如此三事,名为净业。"

佛告韦提希:"汝今知不?此三种业,乃是过去、未来、现在、三世诸佛,净业正因。"

佛告阿难及韦提希:"谛听!谛听!善思念之:如来今者,为未来世一切众生,为烦恼贼之所害者,说清净业,善哉韦提希,快问此事。"

"阿难!汝当受持,广为多众宣说佛语,如来今者,教韦提希,及未来世一切众生,观于西方极乐世界,以佛力故,当得见彼清净国土。如执明镜,自见面像。见彼国土,极妙乐事,心欢喜故,应时即得无生法忍。"

佛告韦提希:"汝是凡夫,心想羸劣,未得天眼,不能远观,诸佛如来有异方便,令汝得见。"

时韦提希白佛言:"世尊!如我今者,以佛力故,见彼国土;若佛灭后,诸众生等,浊恶不善,五苦所逼,云何当见阿弥陀佛极乐世界?"

佛告韦提希:"汝及众生,应当专心系念一处,想于西方。云何作想?凡作想者,一切众生,自非生盲,有目之徒,皆见日没,当起想念。"

"正坐西向，谛观于日欲没之处，令心坚住，专想不移，见日欲没，状如悬鼓。"

"既见日已，闭目开目，皆令明了。"

"是为日想，名曰初观。"

"次作水想，见水澄清，亦令明了，无分散意。既见水已，当起冰想，见冰映彻，作琉璃想。此想成已，见琉璃地，内外映彻，下有金刚，七宝金幢，擎琉璃地。其幢八方八楞具足，一一方面，百宝所成。一一宝珠，有千光明。一一光明。八万四千色，映琉璃地，如亿千日，不可具见。琉璃地上，以黄金绳，杂厕间错，以七宝界，分齐分明。一一宝中，有五百色光，其光如华，又似星月，悬处虚空，成光明台。"

"楼阁千万，百宝合成，于台两边，各有百亿华幢，无量乐器，以为庄严。八种清风，从光明出，鼓此乐器，演说苦、空、无常、无我之音。"

"是为水想，名第二观。"

"此想成时，一一观之，极令了了。闭目开目，不令散失。唯除食时，恒忆此事。"

"如此想者。名为粗见极乐国地。若得三昧，见彼国地，了了分明，不可具说。"

"是为地想，名第三观。"

佛告阿难："汝持佛语，为未来世一切大众，欲脱苦者，说是观地法。若观是地者，除八十亿劫生死之罪。舍身他世，必生净国，心得无疑。"

"作是观者，名为正观；若他观者，名为邪观。"

佛告阿难，及韦提希："地想成已，次观宝树。观宝树者，一一观之，作七重行树想。一一树高八千由旬。其诸宝树，七宝华叶，无不具足。"

"一一华叶，作异宝色。琉璃色中，出金色光；玻璃色中，出红色光；玛瑙色中，出砗磲光；砗磲色中，出绿真珠光；珊瑚琥珀一切众宝以为映饰，妙真珠网弥覆树上。一一树上，有七重网。一一网间，有五百亿妙华宫殿，如梵王宫。"

"诸天童子，自然在中。一一童子五百亿释迦毗楞伽摩尼以为璎珞。其摩尼光，照百由旬，犹如和合百亿日月不可具明。众宝间错，色中上者，此诸宝树，行行相当，叶叶相次。于众叶间生诸妙华，华上自然有七宝果。一一树叶，纵广正等二十五由旬。其叶千色，有百种画如天璎珞，有众妙华，作阎浮檀金色。如旋火轮，宛转叶间，涌生诸果，如帝释瓶。"

"有大光明，化成幢幡，无量宝盖。是宝盖中，映现三千大千世界,一切佛事。十方佛国,亦于中现。见此树已,亦当次第一一观之,观见树茎、枝叶、华果,皆令分明。"

"是为树想,名第四观。"

"次当想水,欲想水者,极乐国土,有八池水。"

"一一池水,七宝所成。其宝柔软,从如意珠王生,分为十四支,一一支作,七宝妙色,黄金为渠,渠下皆以杂色金刚,以为底沙。一一水中,有六十亿七宝莲华,一一莲华,团圆正等十二由旬。其摩尼水流注华间,寻树上下。"

"其声微妙,演说苦、空、无常、无我诸波罗蜜;复有赞叹诸佛相好者。如意珠王涌出金色微妙光明,其光化为百宝色鸟,和鸣哀雅,常赞念佛、念法、念僧。"

"是为八功德水想,名第五观。"

"众宝国土,一一界上,有五百亿宝楼。其楼阁中,有无量诸天,作天妓乐。又有乐器,悬处虚空,如天宝幢,不鼓自鸣。此众音中,皆说念佛、念法、念比丘僧。"

"此想成已,名为粗见极乐世界、宝树、宝地、宝池。"

"是为总观想,名第六观。"

"若见此者,除无量亿劫极重恶业,命终之后,必生彼国。作是观者,名为正观;若他观者,名为邪观。"

佛告阿难,及韦提希:"谛听谛听,善思念之,吾当为汝分别解说,除苦恼法;汝等忆持,广为大众分别解说。"

说是语时,无量寿佛住立空中,观世音、大势至、是二大士,侍立左右。光明炽盛,不可具见,百千阎浮檀金色,不得为比。

时韦提希,见无量寿佛已,接足作礼,白佛言:"世尊!我今因佛力故,得见无量寿佛,及二菩萨,未来众生,当云何观无量寿佛及二菩萨"?

佛告韦提希:"欲观彼佛者,当起想念,于七宝地上,作莲华想。"

"令其莲华,一一叶上,作百宝色。有八万四千脉,犹如天画。脉有八万四千光,了了分明,皆令得见。华叶小者,纵广二百五十由旬。如是莲华,具有八万四千叶;一一叶间,有百亿摩尼珠王以为映饰。一一摩尼珠,放千光明,其光如盖,七宝合成,遍覆地上。"

"释迦毗楞伽宝,以为其台,此莲华台,八万金刚甄叔迦宝,梵摩尼宝。妙真珠网,以为校饰。"

"于其台上,自然而有四柱宝幢,一一宝幢,如百千万亿须弥山,幢上宝幔,如夜摩天宫,复有五百亿微妙宝珠,以为映饰。一一宝珠,有八万四千光,一一光作八万四千异种金色。一一金色,遍其宝土,处处变化,各作异相。或为金刚台,或作真珠网,或作杂华云,于十方面,随意变现,施作佛事。"

"是为华座想,名第七观。"

佛告阿难:"如此妙华,是本法藏比丘愿力所成。若欲念彼佛者,当先作此华座想。作此想时,不得杂观,皆应一一观之,一一叶,一一珠,一一光,一一台,一一幢,皆令分明。如于镜中,自见面像。此想成者,灭除五万亿劫生死之罪,必定当生极乐世界。"

"作是观者,名为正观;若他观者,名为邪观。"

佛告阿难,及韦提希:"见此事已,次当想佛。所以者何?诸佛如来,是法界身,入一切众生心想中。"

"是故汝等,心想佛时,是心即是三十二相,八十随形好,是心作佛,是心是佛。诸佛正遍知海,从心想生,是故应当一心系念,谛观彼佛,多陀阿伽度,阿罗诃,三藐三佛陀。"

"想彼佛者,先当想像,闭目开目,见一宝像,如阎浮檀金色,坐彼华上。见像坐已,心眼得开,了了分明。见极乐国,七宝庄严,宝地宝池,宝树行列,诸天宝幔,弥覆其上,众宝罗网,满虚空中。见如此事,极令明了,如观掌中。"

"见此事已,复当更想一大莲华,在佛左边,如前莲华,等无有异。复作一大莲华,在佛右边。想一观世音菩萨像,坐左华座,亦作金色,如前无异,想一大势至菩萨像,坐右华座。"

"此想成时,佛菩萨像,皆放光明,其光金色,照诸宝树。一一树下,亦有三莲华,诸莲华上,各有一佛二菩萨像,遍满彼国。"

"此想成时,行者当闻水流光明,及诸宝树,凫雁鸳鸯,皆说妙法。出定入定,恒闻妙法,行者所闻,出定之时,忆持不舍,令与修多罗合。若不合者,名为妄想;若与合者,名为粗想。见极乐世界。"

"是为像想,名第八观。"

"作是观者,除无量亿劫生死之罪,于现身中,得念佛三昧。"

佛告阿难,及韦提希:"此想成已,次当更观无量寿佛,身相光明。阿难!当知无量寿佛,身如百千万亿夜摩天阎浮檀金色,佛身高六十万亿那由他恒河沙由旬,眉间白毫,右旋宛转,如五须弥山;佛眼如四大海水,青白分明。身诸毛孔,演出光明,如须弥山。彼佛圆光,如百亿三千大千世界,于圆光中,有百万亿那由他恒河沙化佛。一一化佛,亦有众多无数化菩萨,以为侍者。"

"无量寿佛,有八万四千相;一一相中,各有八万四千随形好;一一好中,复八万四千光明;一一光明,遍照十方世界,念佛众生,摄取不舍。"

"其光明相好,及与化佛,不可具说。但当忆想,令心眼见,见此事者,即见十方一切诸佛。以见诸佛故,名念佛三昧。"

"作是观者,名观一切佛身;以观佛身故,亦见佛心;佛心者,大慈悲是;以无缘慈摄诸众生。"

"作此观者,舍身他世,生诸佛前,得无生忍。是故智者,应当系心,谛观无量寿佛。"

"观无量寿佛者,从一相好入,但观眉间白毫,极令明了。见眉间白毫相者,八万四千相好,自然当现。见无量寿佛者,即见十方无量诸佛。得见无量诸佛故,诸佛现前授记。"

"是为遍观一切色身相,名第九观。"

"作是观者,名为正观;若他观者,名为邪观。"

佛告阿难,及韦提希:"见无量寿佛,了了分明已,次亦应观观世音菩萨,此菩萨身长八十万亿那由他由旬,身紫金色,顶有肉髻,项有圆光,面各百千由旬。其圆光中,有五百化佛,如释迦牟尼。一一化佛,有五百化菩萨,无量诸天,以为侍者。举身光中,五道众生,一切色相,皆于中现。"

"顶上毗楞伽摩尼宝,以为天冠。其天冠中,有一立化佛,高二十五由旬。观世音菩萨,面如阎浮檀金色,眉间毫相,备七宝色,流出八万四千种光明。一一光明,有无量无数百千化佛。一一化佛,无数化菩萨以为侍者,变现自在,满十方世界。"

"臂如红莲华色,有八十亿微妙光明,以为璎珞。其璎珞中,普现一切诸庄严事。手掌作五百亿杂莲华色,手十指端,一一指端,有八万四千画,犹如印文。一一画有八万四千色,一一色有八万四千光,其光柔软,普照一切。以此宝手,接引众生。"

"举足时,足下有千辐轮相,自然化成五百亿光明台;下足时有金刚摩尼华,布散一切,莫不弥满。"

"其余身相,众好具足,与佛无异。唯顶上肉髻,及无见顶相,不及世尊。"

"是为观观世音菩萨真实色身相。名第十观。"

佛告阿难:"若欲观观世音菩萨者,当作是观。作是观者,不遇诸祸,净除业障,除无数劫生死之罪。如此菩萨,但闻其名,获无量福,何况谛观?"

"若有欲观观世音菩萨者,先观顶上肉髻,次观天冠,其余众相,亦次第观之,悉令明了,如观掌中。作是观者,名为正观;若他观者,名为邪观。"

"次观大势至菩萨,此菩萨身量大小,亦如观世音,圆光面各百二十五由旬,照二百五十由旬。举身光明,照十方国,作紫金色。有缘众生,皆悉得见。但见此菩萨,一毛孔光,即见十方无量诸佛,净妙光明。是故号此菩萨名无边光。"

"以智慧光,普照一切,令离三涂,得无上力。是故号此菩萨,名大势至。"

"此菩萨天冠,有五百宝华。一一宝华,有五百宝台。一一台中。十方诸佛净妙国土,广长之相,皆于中现。顶上肉髻,如钵头摩华。于肉髻上，有一宝瓶，盛诸光明，普现佛事。"

"诸余身相，如观世音，等无有异。"

"此菩萨行时，十方世界，一切震动，当地动处，有五百亿宝华。一一宝华，庄严高显，如极乐世界。此菩萨坐时，七宝国土，一时动摇。"

"从下方光明佛刹，乃至上方光明王佛刹，于其中间，无量尘数分身无量寿佛，分身观世音，大势至，皆悉

云集极乐国土，叆叇空中，坐莲华座，演说妙法，度苦众生。"

"作此观者，名为观见大势至菩萨，是为观大势至色身相。观此菩萨者，名第十一观。"

"除无数劫阿僧祇生死之罪，作是观者，不处胞胎，常游诸佛，净妙国土。"

"此观成时，名为具足观观世音大势至。"

"见此事时，当起自身生于西方极乐世界，于莲华中，结跏趺坐，作莲华合想，作莲华开想。"

"莲华开时，有五百色光，来照身想，眼目开想，见佛菩萨，满虚空中。水鸟树林，及与诸佛所出音声，皆演妙法，与十二部经合。"

"若出定之时，忆持不失，见此事已，名见无量寿佛极乐世界。"

"是为普观想，名第十二观。"

"无量寿佛，化身无数，与观世音，及大势至，常来至此，行人之所。"

佛告阿难，及韦提希："若欲至心，生西方者，先当观于一丈六像，在池水上，如先所说，无量寿佛，身量无边，非是凡夫心力所及。然彼如来宿愿力故，有忆想者，必得成就。但想佛像，得无边福，况复观佛，具足身相？"

"阿弥陀佛，神通如意，于十方国，变现自在。或现大身，满虚空中；或现小身，丈六八尺；所现之形，皆真金色。圆光化佛，及宝莲华，如上所说。"

"观世音菩萨，及大势至，于一切处，身同众生。但观首相，知是观世音，知是大势至，此二菩萨助阿弥陀佛普化一切。"

"是为杂想，名第十三观。"

佛告阿难，及韦提希："上品上生者，若有众生愿生彼国者，发三种心，即便往生。何等为三？一者至诚心，二者深心，三者回向发愿心；具三心者，必生彼国。"

"复有三种众生，当得往生。何等为三？一者慈心不杀，具诸戒行；二者读诵大乘，方等经典；三者修行六念。回向发愿，愿生彼国；具此功德，一日乃至七日，即得往生。"

"生彼国时，此人精进勇猛故，阿弥陀如来，与观世音，大势至，无数化佛，百千比丘，声闻大众，无量诸天，七宝宫殿，观世音菩萨，执金刚台，与大势至菩萨，至行者前，阿弥陀佛放大光明，照行者身，与菩萨授手迎接。观世音，大势至，与无数菩萨，赞叹行者，劝进其心。"

"行者见已，欢喜踊跃，自见其身，乘金刚台，随从佛后，如弹指顷，往生彼国。"

"生彼国已，见佛色身，众相具足；见诸菩萨，色相具足；光明宝林，演说妙法。闻已，即悟无生法忍。经须臾间，历事诸佛，遍十方界，于诸佛前，次第授记，还至本国，得无量百千陀罗尼门。"

"是名上品上生者。"

"上品中生者，不必受持读诵方等经典。善解义趣，于第一义，心不惊动，深信因果，不谤大乘，以此功德回向，愿求生极乐。"

"行此行者，命欲终时，阿弥陀佛，与观世音，大势至，无量大众，眷属围绕，持紫金台，至行者前，赞言：'法子！汝行大乘，解第一义，是故我今来迎接汝！'与千化佛，一时授手。"

"行者自见坐紫金台，合掌叉手，赞叹诸佛，如一念顷，即生彼国。七宝池中，此紫金台，成大莲华，经宿则开。"

"行者身作紫磨金色，足下亦有七宝莲华，佛及菩萨，俱时放光，照行者身，目即开明，因前宿习，普闻众声，纯说甚深第一义谛。即下金台，礼佛合掌，赞叹世尊。"

"经于七日，应时即于阿耨多罗三藐三菩提，得不退转。应时即能飞行，遍至十方，历事诸佛。于诸佛所修诸三昧，经一小劫，得无生忍，现前授记。"

"是名上品中生者。"

"上品下生者，亦信因果，不谤大乘，但发无上道心，以此功德回向，愿求生极乐国。"

"行者命欲终时，阿弥陀佛，及观世音、大势至、与诸菩萨，持金莲华，化作五百佛，来迎此人。五百化佛，一时授手，赞言：'法子！汝今清净，发无上道心，我来迎汝！'"

"见此事时，即自见身坐金莲华，坐已华合，随世尊后，即得往生七宝池中，一日一夜，莲华乃开，七日之中，乃得见佛。虽见佛身，于众相好，心不明了，于三七日后，乃了了见。闻众音声，皆演妙法，游历十方，供养诸佛，于诸佛前，闻甚深法。经三小劫，得百法明门，住欢喜地。"

"是名上品下生者，是名上辈生想，名第十四观。"

佛告阿难，及韦提希："中品上生者，若有众生，受持五戒，持八戒齐，修行诸戒，不造五逆，无众过患，以此善根，回向愿求，生于西方极乐世界。"

"临命终时，阿弥陀佛，与诸比丘，眷属围绕，放金色光，至其人所，演说苦、空、无常、无我，赞叹出家，得离众苦。"

"行者见已，心大欢喜，自见己身，坐莲华台，长跪合掌，为佛作礼，未举头顷，即得往生极乐世界。"

"莲华寻开，当华敷时，闻众音声赞叹四谛，应时即得阿罗汉道。三明六通，具八解脱。"

"是名中品上生者。"

"中品中生者，若有众生，若一日一夜，持八戒斋；若一日一夜，持沙弥戒；若一日一夜，持具足戒；威仪无缺，以此功德回向愿求生极乐国。"

"戒香熏修。如此行者，命欲终时，见阿弥陀佛，与诸眷属，放金色光，持七宝莲华，至行者前，行者自闻空中有声，赞言：'善男子！如汝善人，随顺三世诸佛教法，我来迎汝！'行者自见，坐莲华上。莲华即合，生于西方极乐世界。"

"在宝池中，经于七日，莲华乃敷。华既敷已，开目合掌，赞叹世尊，闻法欢喜，得须陀洹，无半劫已，成阿罗汉。"

"是名中品中生者。"

"中品下生者，若有善男子，善女人，孝养父母，行世仁慈，此人命欲终时，遇善知识，为其广说阿弥陀佛，国土乐事，亦说法藏比丘，四十八愿。"

"闻此事已，寻即命终。譬如壮士，屈伸臂顷，即生西方极乐世界。"

"经七日已，遇观世音，及大势至，闻法欢喜，得须陀洹，过一小劫，成阿罗汉。"

"是名中品下生者。是名中辈生想，名第十五观。"

佛告阿难及韦提希："下品上生者，或有众生作众恶业，虽不诽谤方等经典，如此愚人，多造恶法，无有惭愧，命欲终时，遇善知识，为说大乘十二部经首题名字，以闻如是诸经名故，除却千劫极重恶业。智者复教合掌叉手，称南无阿弥陀佛，称佛名故，除五十亿劫生死之罪。"

"尔时彼佛，即遣化佛，化观世音，化大势至，至行者前，赞言：'善男子！以汝称佛名故，诸罪消灭，我来迎汝！'作是语已，行者即见化佛光明，遍满其室，见已欢喜，即便命终，乘宝莲华，随化佛后，生宝池中。经七七日，莲华乃敷。"

"当华敷时，大悲观世音菩萨，及大势至菩萨，放大光明，住其人前，为说甚深十二部经。闻已信解，发无上道心，经十小劫，具百法明门，得入初地。"

"是名下品上生者。"

佛告阿难，及韦提希："下品中生者，或有众生，毁犯五戒，八戒，及具足戒，如此愚人，偷僧祇物，盗现前僧物，不净说法，无有惭愧。以诸恶业，而自庄严。如此罪人，以恶业故，应堕地狱，命欲终时，地狱众火，一时俱至。"

"遇善知识，以大慈悲，即为赞说阿弥陀佛，十力威德，广赞彼佛，光明神力，亦赞戒定慧，解脱，解脱知见；此人闻已，除八十亿劫生死之罪，地狱猛火化为清凉，风吹诸天华，华上皆有化佛菩萨，迎接此人。"

"如一念顷，即得往生七宝池中，莲华之内，经于六劫，莲华乃敷。观世音，大势至，以梵音声，安慰彼人，为说大乘甚深经典。闻此法已，应时即发无上道心。"

"是名下品中生者。"

佛告阿难，及韦提希："下品下生者，或有众生，作不善业，五逆十恶，具诸不善，如此愚人，以恶业故，应堕恶道，经历多劫，受苦无穷。"

"如此愚人，临命终时，遇善知识，种种安慰，为说妙法，教令念佛，彼人苦逼，不遑念佛；善友告言：'汝若不能念彼佛者，应称无量寿佛，如是至心，令声不绝，具足十念，称南无阿弥陀佛。'称佛名故，所念念中，除八十亿劫生死之罪。"

"命终之时，见金莲华，犹如日轮，住其人前，如一念顷，即得往生极乐世界。"

"于莲华中，满十二大劫，莲华方开，观世音，大势至，以大悲音声，为其广说诸法实相，除灭罪法。闻已欢喜，应时即发菩提之心。"

"是名下品下生者。是名下辈生想，名第十六观。"

说是语时，韦提希与五百侍女，闻佛所说，应时即见极乐世界广长之相，得见佛身，及二菩萨，心生欢喜，叹未曾有，豁然大悟，逮无生忍。五百侍女，发阿耨多罗三藐三菩提心，愿生彼国。世尊悉记，皆当往生。生彼国已，获得诸佛现前三昧。无量诸天，发无上道心。

尔时阿难即从座起，白佛言："世尊！当何名此经？此法之要，当云何受持？"佛告阿难："此经名观极乐国土无量寿佛、观世音菩萨、大势至菩萨，亦名净除业障、生诸佛前，汝当受持，无令忘失。"

"行此三昧者，现身得见无量寿佛，及二大士。若善男子，及善女人，但闻佛名，二菩萨名，除无量劫生死之罪，何况忆念？"

"若念佛者，当知此人，则是人中分陀利华。观世音菩萨，大势至菩萨，为其胜友；当坐道场，生诸佛家。"

佛告阿难："汝好持是语，持是语者，即是持无量寿佛名。"

佛说此语时，尊者目犍连，尊者阿难，及韦提希等，闻佛所说，皆大欢喜。

尔时世尊，足步虚空，还耆阇崛山。尔时阿难，广为大众，说如上事。无量诸天、龙、夜叉，闻佛所说，皆大欢喜，礼佛而退。

佛说长阿含经

后秦弘始年佛陀耶舍共竺佛念译

佛说长阿含经卷第一

（一）第一分初大本经第一

如是我闻。

一时。佛在舍卫国祇树花林窟。与大比丘众千二百五十人俱。

时。诸比丘于乞食后集花林堂。各共议言。诸贤比丘。唯无上尊为最奇特。神通远达。威力弘大。乃知过去无数诸佛。入于涅槃。断诸结使。消灭戏论。又知彼佛劫数多少。名号．姓字。所生种族。其所饮食。寿命修短。所更苦乐。又知彼佛有如是戒。有如是法。有如是慧。有如是解。有如是住。云何。诸贤。如来为善别法性。知如是事。为诸天来语。乃知此事。

尔时。世尊在闲静处。天耳清净。闻诸比丘作如是议。即从座起。诣花林堂。就座而坐。

尔时。世尊知而故问。谓。诸比丘。汝等集此。何所语议。时。诸比丘具以事答。

尔时。世尊告诸比丘。善哉。善哉。汝等以平等信。出家修道。诸所应行。凡有二业。一曰贤圣讲法。二曰贤圣默然。汝等所论。正应如是。如来神通。威力弘大。尽知过去无数劫事。以能善解法性故知。亦以诸天来语故知。佛时颂曰。

　　比丘集法堂　　讲说贤圣论
　　如来处静室　　天耳尽闻知
　　佛日光普照　　分别法界义
　　亦知过去事　　三佛般泥洹
　　名号姓种族　　受生分亦知
　　随彼之处所　　净眼皆记之
　　诸天大威力　　容貌甚端严
　　亦来启告我　　三佛般泥洹
　　记生名号姓　　哀鸾音尽知
　　无上天人尊　　记于过去佛

又告诸比丘。汝等欲闻如来识宿命智。知于过去诸佛因缘不。我当说之。

时。诸比丘白言。世尊。今正是时。愿乐欲闻。善哉。世尊。以时讲说。当奉行之。

佛告诸比丘。谛听。谛听。善思念之。吾当为汝分别解说。时。诸比丘受教而听。

佛告诸比丘。过去九十一劫。时世有佛名毗婆尸如来．至真。出现于世。复次。比丘。过去三十一劫。有佛名尸弃如来．至真。出现于世。复次。比丘。即彼三十一劫中。有佛名毗舍婆如来．至真。出现于世。复次。比丘。此贤劫中有佛名拘楼孙。又名拘那含。又名迦叶。我今亦于贤劫中成最正觉。佛时颂曰。

　　过九十一劫　　有毗婆尸佛
　　次三十一劫　　有佛名尸弃
　　即于彼劫中　　毗舍如来出
　　今此贤劫中　　无数那维岁
　　有四大仙人　　愍众生故出
　　拘楼孙那含　　迦叶释迦文

汝等当知。毗婆尸佛时。人寿八万岁。尸弃佛时。人寿七万岁。毗舍婆佛时。人寿六万岁。拘楼孙佛时。人寿四万岁。拘那含佛时。人寿三万岁。迦叶佛时。人寿二万岁。我今出世。人寿百岁。少出多减。佛时颂曰。

　　毗婆尸时人　　寿八万四千
　　尸弃佛时人　　寿命七万岁
　　毗舍婆时人　　寿命六万岁
　　拘楼孙时人　　寿命四万岁
　　拘那含时人　　寿命三万岁
　　迦叶佛时人　　寿命二万岁
　　如我今时人　　寿命不过百

毗婆尸佛。出刹利种。姓拘利若。尸弃佛．毗舍婆佛。种．姓亦尔。拘楼孙佛。出婆罗门种。姓迦叶。拘那含佛．迦叶佛。种．姓亦尔。我今如来．至真。出刹利种。姓名曰瞿昙。佛时颂曰。

　　毗婆尸如来　　尸弃毗舍婆
　　此三等正觉　　出拘利若姓
　　自余三如来　　出于迦叶姓
　　我今无上尊　　导御诸众生
　　天人中第一　　勇猛姓瞿昙
　　前三等正觉　　出于刹利种
　　其后三如来　　出婆罗门种
　　我今无上尊　　勇猛出刹利

毗婆尸佛坐波波罗树下成最正觉。尸弃佛坐分陀利树下成最正觉。毗舍婆佛坐娑罗树下成最正觉。拘楼孙佛坐尸利沙树下成最正觉。拘那含佛坐乌暂婆罗门树下成最正觉。迦叶佛坐尼拘律树下成最正觉。我今如来．至真。坐钵多树下成最正觉。佛时颂曰。

　　毗婆尸如来　　往诣波罗树
　　即于彼处所　　得成最正觉
　　尸弃分陀树　　成道灭有原
　　毗舍婆如来　　坐娑罗树下
　　获解脱知见　　神足无所碍
　　拘楼孙如来　　坐尸利沙树
　　一切智清净　　无染无所著
　　拘那含无尼　　坐乌暂树下
　　即于彼处所　　灭诸贪忧恼
　　迦叶如来坐　　尼拘楼树下
　　即于彼处所　　除灭诸有本
　　我今释迦文　　坐于钵多树
　　如来十力尊　　断灭诸结使
　　摧伏众魔怨　　在众演大明
　　七佛精进力　　放光灭闇冥
　　各各坐诸树　　于中成正觉

毗婆尸如来三会说法。初会弟子有十六万八千人。二会弟子有十万人。三会弟子有八万人。尸弃如来亦三会说法。初会弟子有十万人。二会弟子有八万人。三会弟子有七万人。毗舍婆如来二会说法。初会弟子有七万人。次会弟子有六万人。拘楼孙如来一会说法。弟子四万人。拘那含如来一会说法。弟子三万人。迦叶如来一会说法。弟子二万人。我今一会说法。弟子千二百五十人。佛时颂曰。

　　毗婆尸名观　　智慧不可量
　　遍见无所畏　　三会弟子众
　　尸弃光无动　　能灭诸结使
　　无量大威德　　无能测量者
　　彼佛亦三会　　弟子普共集
　　毗舍婆断结　　大仙人要集
　　名闻于诸方　　妙法大名称
　　二会弟子众　　普演深奥义
　　拘楼孙一会　　哀愍疗诸苦
　　导师化众生　　一会弟子众
　　拘那含如来　　无上亦如是
　　紫磨金色身　　容貌悉具足
　　一会弟子众　　普演微妙法
　　迦叶一一毛　　一心无乱想

855

一语不烦重　　一会弟子众
　　能仁意寂灭　　释种沙门上
　　天中天最尊　　我一会弟子
　　彼会我现义　　演布清净教
　　心常怀欢喜　　漏尽尽后有
　　毗婆尸弃三　　毗舍婆佛二
　　四佛各各一　　仙人会演说
时。毗婆尸佛有二弟子。一名骞茶。二名提舍。诸弟子中最为第一。尸弃佛有二弟子。一名阿毗浮。二名三婆婆。诸弟子中最为第一。毗舍婆佛有二弟子。一名扶游。二名郁多摩。诸弟子中最为第一。拘楼孙佛有二弟子。一名萨尼。二名毗楼。诸弟子中最为第一。拘那含佛有二弟子。一名舒槃那。二名郁多楼。诸弟子中最为第一。迦叶佛有二弟子。一名提舍。二名婆罗婆。诸弟子中最为第一。今我二弟子。一名舍利弗。二名目揵连。诸弟子中最为第一。佛时颂曰。

　　骞茶提舍等　　毗婆尸弟子
　　阿毗浮三婆　　尸弃佛弟子
　　扶游郁多摩　　弟子中第一
　　二俱降魔怨　　毗舍婆弟子
　　萨尸毗楼等　　拘楼孙弟子
　　舒槃郁多楼　　拘那含弟子
　　提舍婆罗婆　　迦叶佛弟子
　　舍利弗目连　　是我第一子

毗婆尸佛有执事弟子。名曰无忧。尸弃佛执事弟子。名曰忍行。毗舍婆佛有执事弟子。名曰寂灭。拘楼孙佛有执事弟子。名曰善觉。拘那含佛有执事弟子。名曰安和。迦叶佛有执事弟子。名曰善友。我执事弟子。名曰阿难。佛时颂曰。

　　无忧与忍行　　寂灭及善觉
　　安和善友等　　阿难为第七
　　此为佛侍者　　具足诸义趣
　　昼夜无放逸　　自利亦利他
　　此七贤弟子　　侍七佛左右
　　欢喜而供养　　寂然归灭度

毗婆尸佛有子。名曰方膺。尸弃佛有子。名曰无量。毗舍婆佛有子。名曰妙觉。拘楼孙佛有子。名曰上胜。拘那含佛有子。名曰导师。迦叶佛有子。名曰集军。今我有子。名曰罗睺罗。佛时颂曰。

　　方膺无量子　　妙觉及上胜
　　导师集军等　　罗睺罗第七
　　此诸豪贵子　　绍继诸佛种
　　爱法好施惠　　于圣法无畏

毗婆尸佛父名槃头。刹利王种。母名槃头婆提。王所治城名曰槃头婆提。佛时颂曰。

　　遍眼父槃头　　　母槃头婆提
　　槃头婆提城　　　佛于中说法

尸弃佛父名。曰明相。刹利王种。母名光曜。王所治城名曰光相。佛时颂曰。

　　尸弃父明相　　　母名曰光曜
　　于明相城中　　　威德降外敌

毗舍婆佛父名善灯。刹利王种。母名称戒。王所治城名曰无喻。佛时颂曰。

　　毗舍婆佛父　　　善灯刹利种
　　母名曰称戒　　　城名曰无喻

拘楼孙佛父名祀得。婆罗门种。母名善枝。王名安和。随王名故城名安和。佛时颂曰。

　　祀得婆罗门　　　母名曰善枝
　　王名曰安和　　　居在安和城

拘那含佛父名大德。婆罗门种。母名善胜。是时王名清净。随王名故城名清净。佛时颂曰。

　　大德婆罗门　　　母名曰善胜
　　王名曰清净　　　居在清净城

迦叶佛父名曰梵德。婆罗门种。母名曰财主。时王名汲毗。王所治城名波罗㮈。佛时颂曰。

　　梵德婆罗门　　　母名曰财主
　　时王名汲毗　　　在波罗㮈城

我父名净饭。刹利王种。母名大清净妙。王所治城名迦毗罗卫。佛时颂曰。

　　父刹利净饭　　　母名大清净
　　土广民丰饶　　　我从彼而生

此是诸佛因缘．名号．种族．所出生处。何有智者闻此因缘而不欢喜。起爱乐心。

尔时。世尊告诸比丘。吾今欲以宿命智说过去佛事。汝欲闻不。

诸比丘对曰。今正是时。愿乐欲闻。

佛告诸比丘。谛听。谛听。善思念之。吾当为汝分别解说。比丘。当知诸佛常法。毗婆尸菩萨从兜率天降神母胎。从右胁入。正念不乱。当于尔时。地为震动。放大光明。普照世界。日月所不及处皆蒙大明。幽冥众生。各相睹见。知其所趣。时。此光明复照魔宫。诸天．释．梵．沙门．婆罗门及余众生普蒙大明。诸天光明自然不现。佛时颂曰。

　　密云聚虚空　　　电光照天下

毗婆尸降胎　　光明照亦然
　　日月所不及　　莫不蒙大明
　　处胎净无秽　　诸佛法皆然

诸比丘。当知诸佛常法。毗婆尸菩萨在母胎时。专念不乱。有四天子。执戈矛侍护其人。人与非人不得侵娆。此是常法。佛时颂曰。

　　四方四天子　　有名称威德
　　天帝释所遣　　善守护菩萨
　　手常执戈矛　　卫护不去离
　　人非人不娆　　此诸佛常法
　　天神所拥护　　如天女卫天
　　眷属怀欢喜　　此诸佛常法

又告比丘。诸佛常法。毗婆尸菩萨从兜率天降神母胎。专念不乱。母身安隐。无众恼患。智慧增益。母自观胎。见菩萨身诸根具足。如紫磨金。无有瑕秽。犹如有目之士观净琉璃。内外清彻。无众障翳。诸比丘。此是诸佛常法。尔时。世尊而说偈言。

　　如净琉璃珠　　其明如日月
　　仁尊处母胎　　其母无恼患
　　智慧为增益　　观胎如金像
　　母怀妊安乐　　此诸佛常法

佛告比丘。毗婆尸菩萨从兜率天降神母胎。专念不乱。母心清净。无众欲想。不为淫火之所烧然。此是诸佛常法。尔时。世尊而说偈言。

　　菩萨住母胎　　天终天福成
　　其母心清净　　无有众欲想
　　舍离诸淫欲　　不染不亲近
　　不为欲火燃　　诸佛母常净

佛告比丘。诸佛常法。毗婆尸菩萨从兜率天降神母胎。专念不乱。其母奉持五戒。梵行清净。笃信仁爱。诸善成就。安乐无畏。身坏命终。生忉利天。此是常法。尔时。世尊而说偈言。

　　持人中尊身　　精进戒具足
　　后必受天身　　此缘名佛母

佛告比丘。诸佛常法。毗婆尸菩萨当其生时。从右胁出。地为震动。光明普照。始入胎时。闇冥之处。无不蒙明。此是常法。尔时。世尊而说偈言。

　　太子生地动　　大光靡不照
　　此界及余界　　上下与诸方
　　放光施净目　　具足于天身
　　以欢喜净音　　转称菩萨名

佛告比丘。诸佛常法。毗婆尸菩萨当其生时。从右胁出。专念不乱。时。菩萨母手攀树枝。不坐不卧。时。四天子手奉香水。于母前立言。唯然。天母。今生圣子。勿怀忧戚。此是常法。尔时。世尊而说偈言。

  佛母不坐卧　　住戒修梵行
  生尊不懈怠　　天人所奉侍

佛告比丘。诸佛常法。毗婆尸菩萨当其生时。从右胁出。专念不乱。其身清净。不为秽恶之所污染。犹如有目之士。以净明珠投白缯上。两不相污。二俱净故。菩萨出胎亦复如是。此是常法。尔时。世尊而说偈言。

  犹如净明珠　　投缯不染污
  菩萨出胎时　　清净无染污

佛告比丘。诸佛常法。毗婆尸菩萨当其生时。从右胁出。专念不乱。从右胁出。堕地行七步。无人扶侍。遍观四方。举手而言。天上天下唯我为尊。要度众生生老病死。此是常法。尔时。世尊而说偈言。

  犹如师子步　　遍观于四方
  堕地行七步　　人师子亦然
  又如大龙行　　遍观于四方
  堕地行七步　　人龙亦复然
  两足尊生时　　安行于七步
  观四方举声　　当尽生死苦
  当其初生时　　无等等与等
  自观生死本　　此身最后边

佛告比丘。诸佛常法。毗婆尸菩萨当其生时。从右胁出。专念不乱。二泉涌出一温一冷。以供澡浴。此是常法。尔时。世尊而说偈言。

  两足尊生时　　二泉自涌出
  以供菩萨用　　遍眼浴清净
  二泉自涌出　　其水甚清净
  一温二清冷　　以浴一切智

太子初生。父王槃头召集相师及诸道术。令观太子。知其吉凶。时。诸相师受命而观。即前披衣。见有具相。占曰。有此相者。当趣二处。必然无疑。若在家者。当为转轮圣王。王四天下。四兵具足。以正法治。无有偏枉。恩及天下。七宝自至。千子勇健。能伏外敌。兵杖不用。天下太平。若出家学道。当成正觉。十号具足。

时。诸相师即白王言。王所生子。有三十二相。当趣二处。必然无疑。在家当为转轮圣王。若其出家。当成正觉。十号具足。佛时颂曰。

  百福太子生　　相师之所记

如典记所载	趣二处无疑
若其乐家者	当为转轮王
七宝难可获	为王宝自至
真金千辐具	周匝金輞持
转能飞遍行	故名为天轮
善调七牙住	高广白如雪
能善飞虚空	名第二象宝
马行周天下	朝去暮还食
朱髦孔雀咽	名为第三宝
清净琉璃珠	光照一由旬
照夜明如昼	名为第四宝
色声香味触	无有与等者
诸女中第一	名为第五宝
献王琉璃宝	珠玉及众珍
欢喜而贡奉	名为第六宝
如转轮王念	军众速来去
健疾如王意	名为第七宝
此名为七宝	轮象马纯白
居士珠女宝	典兵宝为七
观此无有厌	五欲自娱乐
如象断鞿鞯	出家成正觉
王有如是子	二足人中尊
处世转法轮	道成无懈怠

是时。父王殷勤再三。重问相师。汝等更观太子三十二相。斯名何等。时诸相师即披太子衣。说三十二相。一者足安平。足下平满。蹈地安隐。二者足下相轮。千辐成就。光光相照。三者手足网缦。犹如鹅王。四者手足柔软。犹如天衣。五者手足指纤。长无能及者。六者足跟充满。观视无厌。七者鹿䏶肠。上下[月+庸]直。八者钩锁骨。骨节相钩。犹如锁连。九者阴马藏。十者平立垂手过膝。十一．一一孔一毛生。其毛右旋。绀琉璃色。十二．毛生右旋。绀色仰靡。十三．身黄金色。十四．皮肤细软。不受尘秽。十五．两肩齐亭。充满圆好。十六．胸有万字。十七．身长倍人。十八．七处平满。十九．身长广等。如尼拘卢树。二十．颊车如师子。二十一．胸膺方整如师子。二十二．口四十齿。二十三．方整齐平。二十四．齿密无间。二十五．齿白鲜明。二十六．咽喉清净。所食众味。无不称适。二十七．广长舌。左右舐耳。二十八．梵音清彻。二十九．眼绀青色。三十．眼如牛王。眼上下俱眴。三十一．眉间白毫柔软细泽。引长一寻。放则右旋螺如真珠。三十二．顶有肉髻。是为三十二相。即说颂曰。

善住柔软足　　不蹈地迹现
千辐相庄严　　光色靡不具
如尼俱类树　　纵广正平等
如来未曾有　　秘密马阴藏
金宝庄严身　　众相互相映
虽顺俗流行　　尘土亦不污
天色极柔软　　天盖自然覆
梵音身紫金　　如华始出池
王以问相师　　相师敬报王
称赞菩萨相　　举身光明具
手足诸支节　　中外靡不现
食味尽具足　　身正不倾斜
足下轮相现　　其音如哀鸾
[月+庸]胜形相具　　宿业之所成
臂肘圆满好　　眉目甚端严
人中师子尊　　威力最第一
其颊车方整　　卧胁如师子
齿方整四十　　齐密中无间
梵音未曾有　　远近随缘到
平立不倾身　　二手摩扪膝
毛齐整柔软　　人尊美相具
一孔一毛生　　手足网缦相
肉髻目绀青　　眼上下俱眴
两肩圆充满　　三十二相具
足跟无高下　　鹿髆肠纤[月+庸]
天中天来此　　如象绝鞿靽
解脱众生苦　　处生老病死
以慈悲心故　　为说四真谛
开演法句义　　令众奉至尊

佛告比丘。毗婆尸菩萨生时。诸天在上。于虚空中手执白盖宝扇。以障寒暑．风雨．尘土。佛时颂曰。

人中未曾有　　生于二足尊
诸天怀敬养　　奉宝盖宝扇

尔时。父王给四乳母。一者乳哺。二者澡浴。三者涂香。四者娱乐。欢喜养育。无有懈倦。于是颂曰。

乳母有慈爱　　子生即付养
一乳哺一浴　　二涂香娱乐
世间最妙香　　以涂人中尊

为童子时。举国士女视无厌足。于是颂曰。

多人所敬爱　　如金像始成
　　男女共谛观　　视之无厌足
为童子时。举国士女众共傅抱。如观宝华。于是颂曰。
　　二足尊生时　　多人所敬爱
　　展转共傅抱　　如观宝花香
菩萨生时。其目不眴。如忉利天。以不眴故。名毗婆尸。于是颂曰。
　　天中天不眴　　犹如忉利天
　　见色而正观　　故号毗婆尸
菩萨生时。其声清彻。柔软和雅。如迦罗频伽鸟声。于是颂曰。
　　犹如雪山鸟　　饮华汁而鸣
　　其彼二足尊　　声清彻亦然
菩萨生时。眼能彻视见一由旬。于是颂曰。
　　清净业行报　　受天妙光明
　　菩萨目所见　　周遍一由旬
菩萨生时。年渐长大。在天正堂。以道开化。恩及庶民。名德远闻。于是颂曰。
　　童幼处正堂　　以道化天下
　　决断众事务　　故号毗婆尸
　　清净智广博　　甚深犹大海
　　悦可于群生　　使智慧增广
于时。菩萨欲出游观。告敕御者严驾宝车。诣彼园林。巡行游观。御者即便严驾讫已还白。今正是时。太子即乘宝车诣彼园观。于其中路见一老人。头白齿落。面皱身偻。拄杖羸步。喘息而行。太子顾问侍者。此为何人。答曰。此是老人。又问。何如为老。答曰。夫老者生寿向尽。余命无几。故谓之老。太子又问。吾亦当尔。不免此患耶。答曰。然。生必有老。无有豪贱。于是。太子怅然不悦。即告侍者回驾还宫。静默思惟。念此老苦。吾亦当有。佛于是颂曰。
　　见老命将尽　　拄杖而羸步
　　菩萨自思惟　　吾未免此难
尔时。父王问彼侍者。太子出游。欢乐不耶。答曰。不乐。又问其故。答曰。道逢老人。是以不乐。尔时。父王默自思念。昔日相师占相太子。言当出家。今者不悦。得无尔乎。当设方便。使处深宫。五欲娱乐。以悦其心。令不出家。即便严饰宫馆。简择婇女以娱乐之。佛于是颂曰。
　　父王闻此言　　方便严宫馆
　　增益以五欲　　欲使不出家
又于后时。太子复命御者严驾出游。于其中路逢一病人。身羸腹大。面目黧黑。独卧粪除。无人瞻视。病甚苦毒。口不能言。顾问御者。此为何人。答曰。此是病人。问曰。何如为病。答曰。病者。众痛迫切。存亡无期。故曰病也。又曰。吾亦当尔。未免此患耶。答曰。然。生则有病。无有贵贱。于是。太子怅然不悦。即告御者回车还宫。静默思惟。念此病苦。吾亦当尔。佛于是颂曰。

　　见彼久病人　　颜色为衰损
　　静默自思惟　　吾未免此患

　　尔时。父王复问御者。太子出游。欢乐不耶。答曰。不乐。又问其故。答曰。道逢病人。是以不乐。于是父王默然思惟。昔日相师占相太子。言当出家。今日不悦。得无尔乎。吾当更设方便。增诸伎乐。以悦其心。使不出家。即复严饰宫馆。简择婇女以娱乐之。佛于是颂曰。

　　色声香味触　　微妙可悦乐
　　菩萨福所致　　故娱乐其中

　　又于异时。太子复敕御者严驾出游。于其中路逢一死人。杂色缯幡前后导引。宗族亲里悲号哭泣。送之出城。太子复问。此为何人。答曰。此是死人。问曰。何如为死。答曰。死者。尽也。风先火次。诸根坏败。存亡异趣。室家离别。故谓之死。太子又问御者。吾亦当尔。不免此患耶。答曰。然。生必有死。无有贵贱。于是。太子怅然不悦。即告御者回车还宫。静默思惟。念此死苦。吾亦当然。佛时颂曰。

　　始见有人死　　知其复更生
　　静默自思惟　　吾未免此患

　　尔时。父王复问御者。太子出游。欢乐不耶。答曰。不乐。又问其故。答曰。道逢死人。是故不乐。于是父王默自思念。昔日相师占相太子。言当出家。今日不悦。得无尔乎。吾当更设方便。增诸伎乐以悦其心。使不出家。即复严饰宫馆。简择婇女以娱乐之。佛于是颂曰。

　　童子有名称　　婇女众围绕
　　五欲以自娱　　如彼天帝释

　　又于异时。复来御者严驾出游。于其中路逢一沙门。法服持钵。视地而行。即问御者。此为何人。御者答曰。此是沙门。又问。何谓沙门。答曰沙门者。舍离恩爱。出家修道。摄御诸根。不染外欲。慈心一切。无所伤害。逢苦不戚。遇乐不欣。能忍如地。故号沙门。太子曰。善哉。此道真正永绝尘累。微妙清虚。惟是为快。即来御者回车就之。

　　尔时。太子问沙门曰。剃除须发。法服持钵。何所志求。沙门答曰。夫出家者。欲调伏心意。永离尘垢。慈育群生。无所侵娆。虚心静寞。唯道是务。太子曰。善哉。此道最真。寻来御者。赍吾宝衣并及乘舆。还白大王。我即于此剃除须发。服三法衣。出家修道。所以然者。欲调伏心意。舍离尘垢。清净自居。以求道术。于是。御者即以太子所乘宝车及与衣服还归父王。太子于后即剃除须发。服三法衣。出家修道。

佛告比丘。太子见老．病人。知世苦恼。又见死人。恋世情灭。及见沙门。廓然大悟。下宝车时。步步中间转远缚着。是真出家。是真远离。时。彼国人闻太子剃除须发。法服持钵。出家修道。咸相谓言。此道必真。乃令太子舍国荣位。捐弃所重。于时。国中八万四千人往就太子。求为弟子。出家修道。佛时颂曰。

撰择深妙法　　彼闻随出家
离于恩爱狱　　无有众结缚

于时。太子即便纳受。与之游行。在在教化。从村至村。从国至国。所至之处。无不恭敬四事供养。菩萨念言。吾与大众。游行诸国。人间愦闹。此非我宜。何时当得离此群众。闲静之处以求道真。寻获志愿。于闲静处专精修道。复作是念。众生可愍。常处闇冥。受身危脆。有生．有老．有病．有死。众苦所集。死此生彼。从彼生此。缘此苦阴。流转无穷。我当何时晓了苦阴。灭生．老．死。

复作是念。生死何从。何缘而有。即以智慧观察所由。从生有老死。生是老死缘。生从有起。有是生缘。有从取起。取是有缘。取从爱起。爱是取缘。爱从受起。受是爱缘。受从触起。触是受缘。触从六入起。六入是触缘。六入从名色起。名色是六入缘。名色从识起。识是名色缘。识从行起。行是识缘。行从痴起。痴是行缘。是为缘痴有行。缘行有识。缘识有名色。缘名色有六入。缘六入有触。缘触有受。缘受有爱。缘爱有取。缘取有有。缘有有生。缘生有老．病．死．忧．悲．苦恼。此苦盛阴。缘生而有。是为苦集。菩萨思惟。苦集阴时。生智．生眼．生觉．生明．生通．生慧．生证。

于时。菩萨复自思惟。何等无故老死无。何等灭故老死灭。即以智慧观察所由。生无故老死无。生灭故老死灭。有无故生无。有灭故生灭。取无故有无。取灭故有灭。爱无故取无。爱灭故取灭。受无故爱无。受灭故爱灭。触无故受无。触灭故受灭。六入无故触无。六入灭故触灭。名色无故六入无。名色灭故六入灭。识无故名色无。识灭故名色灭。行无故识无。行灭故识灭。痴无故行无。痴灭故行灭。是为痴灭故行灭。行灭故识灭。识灭故名色灭。名色灭故六入灭。六入灭故触灭。触灭故受灭。受灭故爱灭。爱灭故取灭。取灭故有灭。有灭故生灭。生灭故老．死．忧．悲．苦恼灭。菩萨思惟。苦阴灭时。生智．生眼．生觉．生明．生通．生慧．生证。尔时。菩萨逆顺观十二因缘。如实知。如实见已。即于座上成阿耨多罗三藐三菩提。佛时颂曰。

此言众中说　　汝等当善听
过去菩萨观　　本所未闻法

老死从何缘　因何等而有
如是正观已　知其本由生
生本由何缘　因何事而有
如是思惟已　知生从有起
取彼取彼已　展转更增有
是故如来说　取是有因缘
如众秽恶聚　风吹恶流演
如是取相因　因爱而广普
爱由于受生　起苦罗网本
以染着因缘　苦乐共相应
受本由何缘　因何而有受
以是思惟已　知受由触生
触本由何缘　因何而有触
如是思惟已　触由六入生
六入本何缘　因何有六入
如是思惟已　六入名色生
名色本何缘　因何有名色
如是思惟已　名色从识生
识本由何缘　因何而有识
如是思惟已　知识从行生
行本由何缘　因何而有行
如是思惟已　知行从痴生
如是因缘者　名为实义因
智慧方便观　能见因缘根
苦非贤圣造　亦非无缘有
是故变易苦　智者所断除
若无明灭尽　是时则无行
若无有行者　则亦无有识
若识永灭者　亦无有名色
名色既已灭　即无有诸入
若诸入永灭　则亦无有触
若触永灭者　则亦无有受
若受永灭者　则亦无有爱
若爱永灭者　则亦无有取
若取永灭者　则亦无有有
若有永灭者　则亦无有生
若生永灭者　无老病苦阴
一切都永尽　智者之所说
十二缘甚深　难见难识知

唯佛能善觉　　因是有是无
若能自观察　　则无有诸入
深见因缘者　　更不外求师
能于阴界入　　离欲无染者
堪受一切施　　净报施者恩
若得四辩才　　获得决定证
能解众结缚　　断除无放逸
色受想行识　　犹如朽故车
能谛观此法　　则成等正觉
如鸟游虚空　　东西随风逝
菩萨断众结　　如风靡轻衣
毗婆尸闲静　　观察于诸法
老死何缘有　　从何而得灭
彼作是观已　　生清净智慧
知老死由生　　生灭老死灭

毗婆尸佛初成道时。多修二观。一曰安隐观。二曰出离观。佛于是颂曰。

　　如来无等等　　多修于二观
　　安隐及出离　　仙人度彼岸
　　其心得自在　　断除众结使
　　登山观四方　　故号毗婆尸
　　大智光除冥　　如以镜自照
　　为世除忧恼　　尽生老死苦

毗婆尸佛于闲静处复作是念。我今已得此无上法。甚深微妙。难解难见。息灭．清净。智者所知。非是凡愚所能及也。斯由众生异忍．异见．异受．异学。依彼异见。各乐所求。各务所习。是故于此甚深因缘。不能解了。然爱尽涅槃。倍复难知。我若为说。彼必不解。更生触扰。作是念已。即便默然不复说法。

时。梵天王知毗婆尸如来所念。即自思惟。念此世间便为败坏。甚可哀愍。毗婆尸佛乃得知此深妙之法。而不欲说。譬如力士屈伸臂顷。从梵天宫忽然来下。立于佛前。头面礼足。却住一面。时。梵天王右膝着地。叉手合掌白佛言。唯愿世尊以时说法。今此众生尘垢微薄。诸根猛利。有恭敬心。易可开化。畏怖后世无救之罪。能灭恶法。出生善道。

佛告梵王。如是。如是。如汝所言。但我于闲静处默自思念。所得正法甚深微妙。若为彼说。彼必不解。更生触扰。故我默然不欲说法。我从无数阿僧祇劫。勤苦不懈。修无上行。今始获此难得之法。若为淫．怒．痴众生说者。必不承用。徒自劳疲。此法微妙。与世相反。众生染欲。愚冥所覆。不能信解。梵王。我观如此。是以默然不欲说法。

时。梵天王复重劝请。殷勤恳恻。至于再三。世尊。若不说法。今此世间便为坏败。甚可哀愍。唯愿世尊以时敷演。勿使众生坠落余趣。尔时。世尊三闻梵王殷勤劝请。即以佛眼观视世界。众生垢有厚薄。根有利钝。教有难易。易受教者畏后世罪。能灭恶法。出生善道。譬如优钵罗花．钵头摩华．鸠勿头华．分陀利华。或有始出污泥未至水者。或有已出与水平者。或有出水未敷开者。然皆不为水所染着。易可开敷。世界众生。亦复如是。

尔时。世尊告梵王曰。吾愍汝等。今当开演甘露法门。是法深妙。难可解知。今为信受乐听者说。不为触扰无益者说。

尔时。梵王知佛受请。欢喜踊跃。绕佛三匝。头面礼足。忽然不现。其去未久。是时如来静默自思。我今先当为谁说法。即自念言。当入槃头城内。先为王子提舍．大臣子骞茶开甘露法门。于是。世尊如力士屈伸臂顷。于道树忽然不现。至槃头城槃头王鹿野苑中。敷座而坐。佛于是颂曰。

如师子在林　　自恣而游行
彼佛亦如是　　游行无挂碍

毗婆尸佛告守苑人曰。汝可入城。语王子提舍．大臣子骞茶。宁欲知不。毗婆尸佛今在鹿野苑中。欲见卿等。宜知是时。时。彼守苑人受教而行。至彼二人所。具宣佛教。二人闻已。即至佛所。头面礼足。却坐一面。佛渐为说法。示教利喜。施论．戒论．生天之论。欲恶不净。上漏为患。赞叹出离为最微妙清净第一。尔时。世尊见此二人心意柔软。欢喜信乐。堪受正法。于是即为说苦圣谛。敷演开解。分布宣释苦集圣谛．苦灭圣谛．苦出要谛。

尔时。王子提舍．大臣子骞茶。即于座上远离尘垢。得法眼净。犹若素质易为受染。是时。地神即唱斯言。毗婆尸如来于槃头城鹿野苑中转无上法轮。沙门．婆罗门．诸天．魔．梵及余世人所不能转。如是展转。声彻四天王。乃至他化自在天。须臾之顷。声至梵天。佛时颂曰。

欢喜心踊跃　　称赞于如来
毗婆尸成佛　　转无上法轮
初从树王起　　往诣槃头城
为骞茶提舍　　转四谛法轮
时骞茶提舍　　受佛教化已
于净法轮中　　梵行无有上
彼忉利天众　　及以天帝释
欢喜转相告　　诸天无不闻
佛出于世间　　转无上法轮
增益诸天众　　减损阿须伦

升仙名普闻	善智离世边
于诸法自在	智慧转法轮
观察平等法	息心无垢秽
以离生死扼	智慧转法轮
灭苦离诸恶	出欲得自在
离于恩爱狱	智慧转法轮
正觉人中尊	二足尊调御
一切缚得解	智慧转法轮
教化善导师	能降伏魔怨
彼离于诸恶	智慧转法轮
无漏力降魔	诸根定不懈
尽漏离魔缚	智慧转法轮
若学决定法	知诸法无我
此为法中上	智慧转法轮
不以利养故	亦不求名誉
愍彼众生故	智慧转法轮
见众生苦厄	老病死逼迫
为此三恶趣	智慧转法轮
断贪瞋恚痴	拔爱之根原
不动而解脱	智慧转法轮
难胜我已胜	胜已自降伏
已胜难胜魔	智慧转法轮
此无上法轮	唯佛乃能转
诸天魔释梵	无有能转者
亲近转法轮	饶益天人众
此等天人师	得度于彼岸

是时。王子提舍．大臣子骞茶。见法得果。真实无欺。成就无畏。即白毗婆尸佛言。我等欲于如来法中净修梵行。佛言。善来。比丘。吾法清净自在。修行以尽苦际。尔时。二人即得具戒。具戒未久。如来又以三事示现。一曰神足。二曰观他心。三曰教诫。即得无漏．心解脱．生死无疑智。

尔时。槃头城内众多人民。闻二人出家学道。法服持钵。净修梵行。皆相谓曰。其道必真。乃使此等舍世荣位。捐弃所重。时。城内八万四千人往诣鹿野苑中毗婆尸佛所。头面礼足。却坐一面。佛渐为说法。示教利喜。施论．戒论．生天之论。欲恶不净。上漏为患。赞叹出离为最微妙清净第一。尔时。世尊见此大众心意柔软。欢喜信乐。堪受正法。于是即为说苦圣谛。敷演开解。分布宣释苦集圣谛．苦灭圣谛．苦出要谛。

时。八万四千人即于座上远尘离垢。得法眼净。犹如素质易为受色。见法得果。真实无欺。成就无畏。即白佛言。我等欲于如来法中净修梵行。佛言。善来。比丘。吾法清净自在。修行以尽苦际。时。八万四千人即得具戒。具戒未久。世尊以三事教化。一曰神足。二曰观他心。三曰教诫。即得无漏．心解脱．生死无疑智现前。八万四千人闻佛于鹿野苑中。转无上法轮。沙门．婆罗门．诸天．魔．梵及余世人所不能转。即诣槃头城毗婆尸佛所。头面礼足。却坐一面。佛时颂曰。

　　　如人救头燃　　速疾求灭处
　　　彼人亦如是　　速诣于如来

时。佛为说法亦复如是。尔时。槃头城有十六万八千大比丘众。提舍比丘．骞茶比丘于大众中上升虚空。身出水火。现诸神变。而为大众说微妙法。尔时。如来默自念言。今此城内乃有十六万八千大比丘众。宜遣游行。各二人俱在在处处。至于六年。还来城内说具足戒。

时。首陀会天知如来心。譬如力士屈伸臂顷。从彼天没。忽然至此。于世尊前。头面礼足。却住一面。须臾白佛言。如是。世尊。此槃头城内比丘众多。宜各分布。处处游行。至于六年。乃还此城。说具足戒。我当拥护。令无伺求得其便者。尔时。如来闻此天语。默然可之。

时。首陀会天见佛默然许可。即礼佛足。忽然不现。还至天上。其去未久。佛告诸比丘。今此城内。比丘众多。宜各分布。游行教化。至六年已。还集说戒。时。诸比丘受佛教已。执持衣钵。礼佛而去。佛时颂曰。

　　　佛悉无乱众　　无欲无恋着
　　　威如金翅鸟　　如鹤舍空池

时。首陀会天于一年后告诸比丘。汝等游行已过一年。余有五年。汝等当知。讫六年已。还城说戒。如是至于六年。天复告言。六年已满。当还说戒。时。诸比丘闻天语已。摄持衣钵。还槃头城。至鹿野苑毗婆尸佛所。头面礼足。却坐一面。佛时颂曰。

　　　如象善调　　随意所之
　　　大众如是　　随教而还

尔时。如来于大众前上升虚空。结加趺坐。讲说戒经。忍辱为第一。佛说涅槃最。不以除须发害他为沙门。时。首陀会天去佛不远。以偈颂曰。

　　　如来大智　　微妙独尊
　　　止观具足　　成最正觉
　　　愍群生故　　在世成道
　　　以四真谛　　为声闻说
　　　苦与苦因　　灭苦之谛

贤圣八道	到安隐处
毗婆尸佛	出现于世
在大众中	如日光曜

说此偈已。忽然不现。

尔时。世尊告诸比丘。我自思念。昔一时于罗阅城耆阇崛山。时生是念。我所生处。无所不遍。唯除首陀会天。设生彼天。则不还此。我时。比丘。复生是念。我欲至无造天上。时。我如壮士屈伸臂顷。于此间没。现于彼天。时。彼诸天见我至彼。头面作礼。于一面立。而白我言。我等皆是毗婆尸如来弟子。从彼佛化。故来生此。具说彼佛因缘本末。又尸弃佛．毗沙婆佛．拘楼孙佛．拘那含佛．迦叶佛．释迦牟尼佛。皆是我师。我从受化。故来生此。亦说诸佛因缘本末。至生阿迦尼吒诸天。亦复如是。佛时颂曰。

譬如力士	屈伸臂顷
我以神足	至无造天
第七大仙	降伏二魔
无热无见	叉手敬礼
如昼度树	释师远闻
相好具足	到善见天
犹如莲华	水所不着
世尊无染	至大善见
如日初出	净无尘翳
明若秋月	诣一究竟
此五居处	众生所净
心净故来	诣无烦恼
净心而来	为佛弟子
舍离染取	乐于无取
见法决定	毗婆尸子
净心善来	诣大仙人
尸弃佛子	无垢无为
以净心来	诣离有尊
毗沙婆子	诸根具足
净心诣我	如日照空
拘楼孙子	舍离诸欲
净心诣我	妙光焰盛
拘那含子	无垢无为
净心诣我	光如月满
迦叶弟子	诸根具足
净心诣我	不乱大仙
神足第一	以坚固心

为佛弟子	净心而来
为佛弟子	礼敬如来
具启人尊	所生成道
名姓种族	知见深法
成无上道	比丘静处
离于尘垢	精勤不懈
断诸有结	此是诸佛
本末因缘	释迦如来
之所演说	

佛说此大因缘经已。诸比丘闻佛所说。欢喜奉行。

佛说长阿含经卷第二

（二）第一分游行经第二初

如是我闻。

一时。佛在罗阅城耆阇崛山中。与大比丘众千二百五十人俱。

是时。摩竭王阿阇世欲伐跋祇。王自念言。彼虽勇健。人众豪强。以我取彼。未足为有。时。阿阇世王命婆罗门大臣禹舍。而告之曰。汝诣耆阇崛山。至世尊所。持我名字。礼世尊足。问讯世尊。起居轻利。游步强耶。又白世尊。跋祇国人自恃勇健。民众豪强。不顺伏我。我欲伐之。不审世尊何所诫敕。若有教诫。汝善忆念。勿有遗漏。如所闻说。如来所言。终不虚妄。

大臣禹舍受王教已。即乘宝车诣耆阇崛山。到所止处。下车步进。至世尊所。问讯毕。一面坐。白世尊曰。摩竭王阿阇世稽首佛足。敬问殷勤。起居轻利。游步强耶。又白世尊。跋祇国人自恃勇健。民众豪强。不顺伏我。我欲伐之。不审世尊何所诫敕。

尔时。阿难在世尊后执扇扇佛。佛告阿难。汝闻跋祇国人数相集会。讲议正事不。

答曰。闻之。

佛告阿难。若能尔者。长幼和顺。转更增盛。其国久安。无能侵损。阿难。汝闻跋祇国人君臣和顺。上下相敬不。

答曰。闻之。

阿难。若能尔者。长幼和顺。转更增盛。其国久安。无能侵损。阿难。汝闻跋祇国人奉法晓忌。不违礼度不。

答曰。闻之。

阿难。若能尔者。长幼和顺。转更增盛。其国久安。无能侵损。阿难。汝闻跋祇国人孝事父母。敬顺师长不。

答曰。闻之。

阿难。若能尔者。长幼和顺。转更增上。其国久安。无能侵损。阿难。汝闻跋祇国人恭于宗庙。致敬鬼神不。

答曰。闻之。

阿难。若能尔者。长幼和顺。转更增上。其国久安。无能侵损。阿难。汝闻跋祇国人闺门真正洁净无秽。至於戏笑。言不及邪不。

答曰。闻之。

阿难。若能尔者。长幼和顺。转更增盛。其国久安。无能侵损。阿难。汝闻跋祇国人宗事沙门。敬持戒者。瞻视护养。未尝懈惓不。

答曰。闻之。

阿难。若能尔者。长幼和顺。转更增盛。其国久安。无能侵损。

时。大臣禹舍白佛言。彼国人民。若行一法。犹不可图。况复具七。国事多故。今请辞还归。

佛言。可。宜知是时。时。禹舍即从座起。绕佛三匝。揖让而退。其去未久。佛告阿难。汝敕罗阅祇左右诸比丘尽集讲堂。

对曰。唯然。即诣罗阅祇城。集诸比丘。尽会讲堂。白世尊曰。诸比丘已集。唯圣知时。

尔时。世尊即从座起。诣法讲堂。就座而坐。告诸比丘。我当为汝说七不退法。谛听。谛听。善思念之。

时。诸比丘白佛言。唯然。世尊。愿乐欲闻。

佛告诸比丘。七不退法者。一曰数相集会。讲论正义。则长幼和顺。法不可坏。二曰上下和同。敬顺无违。则长幼和顺。法不可坏。三曰奉法晓忌。不违制度。则长幼和顺。法不可坏。四曰若有比丘力能护众。多诸知识。宜敬事之。则长幼和顺。法不可坏。五曰念护心意。孝敬为首。则长幼和顺。法不可坏。六曰净修梵行。不随欲态。则长幼和顺。法不可坏。七曰先人后己。不贪名利。则长幼和顺。法不可坏。

佛告比丘。复有七法。令法增长。无有损耗。一者乐于少事。不好多为。则法增长。无有损耗。二者乐于静默。不好多言。三者少于睡眠。无有昏昧。四者不为群党。言无益事。五者不以无德而自称誉。六者不与恶人而为伴党。七者乐于山林闲静独处。如是比丘。则法增长。无有损耗。

佛告比丘。复有七法。令法增长。无有损耗。何谓为七。一者有信。信于如来．至真．正觉。十号具足。二者知惭。耻于己阙。三者知愧。羞为恶行。四者多闻。其所受持。上中下善。义味深奥。清净无秽。梵行具足。五者精勤苦行。灭恶修善。勤习不舍。六者昔所学习。忆念不忘。七者修习智慧。知生灭法。趣贤圣要。尽诸苦本。如是七法。则法增长。无有损耗。

佛告比丘。复有七法。令法增长。无有损耗。何谓为七。一者敬佛。二者敬法。三者敬僧。四者敬戒。五者敬定。六者敬顺父母。七者敬不放逸。如是七法。则法增长。无有损耗。

佛告比丘。复有七法。则法增长。无有损耗。何谓为七法。一者观身不净。二者观食不净。三者不乐世间。四者常念死想。五者起无常想。六者无常苦想。七者苦无我想。如是七法。则法增长。无有损耗。

佛告比丘。复有七法。则法增长。无有损耗。何谓为七。一者修念觉意。闲静无欲。出要无为。二者修法觉意。三者修精进觉意。四者修喜觉意。五者修猗觉意。六者修定觉意。七者修护觉意。如是七法。则法增长。无有损耗。

佛告比丘。有六不退法。令法增长。无有损耗。何谓为六。一者身常行慈。不害众生。二者口宣仁慈。不演恶言。三者意念慈心。不怀坏损。四者得净利养。与众共之。平等无二。五者持贤圣戒。无有阙漏。亦无垢秽。必定不动。六者见贤圣道。以尽苦际。如是六法。则法增长。无有损耗。

佛告比丘。复有六不退法。令法增长。无有损耗。一者念佛。二者念法。三者念僧。四者念戒。五者念施。六者念天。修此六念。则法增长。无有损耗。

尔时。世尊于罗阅祇随宜住已。告阿难言。汝等皆严。吾欲诣竹园。

对曰。唯然。即严衣钵。与诸大众侍从世尊。路由摩竭。次到竹园。往堂上坐。与诸比丘说戒．定．慧。修戒获定。得大果报。修定获智。得大果报。修智心净。得等解脱。尽于三漏。欲漏．有漏．无明漏。已得解脱生解脱智。生死已尽。梵行已立。所作已办。不受后有。

尔时。世尊于竹园随宜住已。告阿难曰。汝等皆严。当诣巴陵弗城。

对曰。唯然。即严衣钵。与诸大众侍从世尊。路由摩竭。次到巴陵弗城。巴陵树下坐。

时。诸清信士闻佛与诸大众远来至此巴陵树下。即共出城。遥见世尊在巴陵树下。容貌端正。诸根寂定。善调第一。譬犹大龙。以水清澄。无有尘垢。三十二相．八十种好。庄严其身。见已欢喜。渐到佛所。头面礼足。却坐一面。

尔时。世尊渐为说法。示教利喜。诸清信士闻佛说法。即白佛言。我欲归依佛．法．圣众。唯愿世尊哀愍。听许为优婆塞。自今已后。不杀．不盗．不淫．不欺．不饮酒。奉戒不忘。明欲设供。唯愿世尊与诸大众垂愍屈顾。

尔时。世尊默然许可。诸清信士见佛默然。即从座起。绕佛三匝。作礼而归。寻为如来起大堂舍。平治处所。扫洒烧香。严敷宝座。供设既办。往白世尊。所设已具。唯圣知时。

于是。世尊即从座起。着衣持钵。与大众俱诣彼讲堂。澡手洗足。处中而坐。时。诸比丘在左面坐。诸清信士在右面坐。

尔时。世尊告诸清信士曰。凡人犯戒。有五衰耗。何谓为五。一者求财。所愿不遂。二者设有所得。日当衰耗。三者在所至处。众所不敬。四者丑名恶声。流闻天下。五者身坏命终。当入地狱。

又告诸清信士。凡人持戒。有五功德。何谓为五。一者诸有所求。辄得如愿。二者所有财产。增益无损。三者所往之处。众人敬爱。四者好名善誉。周闻天下。五者身坏命终。必生天上。

时。夜已半。告诸信士。宜各还归。诸清信士即承佛教。绕佛三匝。礼足而归。

尔时。世尊于后夜明相出时。至闲静处。天眼清彻。见诸大天神各封宅地。中神．下神亦封宅地。是时。世尊即还讲堂。就座而坐。世尊知时故问阿难。谁造此巴陵弗城。

阿难白佛。此是禹舍大臣所造。以防御跋祇。

佛告阿难。造此城者。正得天意。吾于后夜明相出时。至闲静处。以天眼见诸大神天各封宅地。中．下诸神亦封宅地。阿难。当知诸大神天所封宅地。有人居者。安乐炽盛。中神所封。中人所居。下神所封。下人所居。功德多少。各随所止。阿难。此处贤人所居。商贾所集。国法真实。无有欺罔。此城最胜。诸方所推。不可破坏。此城久后若欲坏时。必以三事。一者大水。二者大火。三者中人与外人谋。乃坏此城。

时。巴陵弗诸清信士通夜供办。时到白佛。食具已办。唯圣知时。

时。清信士即便施设。手自斟酌。食讫行水。别取小敷在佛前坐。

尔时。世尊即示之曰。今汝此处贤智所居。多持戒者。净修梵行。善神欢喜。即为咒愿。可敬知敬。可事知事。博施兼爱。有慈愍心。诸天所称。常与善俱。不与恶会。

尔时。世尊为说法已。即从座起。大众围绕。侍送而还。大臣禹舍从佛后行。时作是念。今沙门瞿昙出此城门。即名此门为瞿昙门。又观如来所渡河处。即名此处为瞿昙河。尔时。世尊出巴陵弗城。至于水边。时水岸上人民众多。中有乘船渡者。或有乘筏。或有乘桴而渡河者。尔时。世尊与诸大众。譬如力士屈伸臂顷。忽至彼岸。世尊观此义已。即说颂曰。

　　佛为海船师　　法桥渡河津
　　大乘道之舆　　一切渡天人
　　亦为自解结　　渡岸得升仙
　　都使诸弟子　　缚解得涅槃

尔时。世尊从跋祇游行至拘利村。在一林下告诸比丘。有四深法。一曰圣戒。二曰圣定。三曰圣慧。四曰圣解脱。此法微妙。难可解知。我及汝等。不晓了故。久在生死。流转无穷。尔时。世尊观此义已。即说颂曰。

　　戒定慧解上　　唯佛能分别
　　离苦而化彼　　令断生死习

尔时。世尊于拘利村随宜住已．告阿难俱诣那陀村。阿难受教。即着衣持钵。与大众俱侍从世尊。路由跋祇。到那陀村。止揵椎处。

尔时。阿难在闲静处。默自思惟。此那陀村十二居士。一名伽伽罗。二名伽陵伽。三名毗伽陀。四名伽利输。五名遮楼。六名婆耶楼。七名婆头楼。八名薮婆头楼。九名陀梨舍冤。十名薮达利舍冤。十一名耶输。十二名耶输多楼。此诸人等。今者命终。为生何处。复有五十人命终。又复有五百人命终。斯生何处。作是念已。从静处起至世尊所。头面礼足。在一面坐。白佛言。世尊。我向静处。默自思惟。此那陀村十二居士伽伽罗等命终。复有五十人命终。又有五百人命终。斯生何处。唯愿解说。

佛告阿难。伽伽罗等十二人。断五下分结。命终生天。于彼即般涅槃。不复还此。五十人命终者。断除三结。淫．怒．痴薄。得斯陀含。还来此世。尽于苦本。五百人命终者。断除三结。得须陀洹。不堕恶趣。必定成道。往来七生。尽于苦际。阿难。夫生有死。自世之常。此何足怪。若一一人死。来问我者。非扰乱耶。

阿难答曰。信尔。世尊。实是扰乱。

佛告阿难。今当为汝说于法镜。使圣弟子知所生处。三恶道尽。得须陀洹。不过七生。必尽苦际。亦能为他说如是事。阿难。法镜者。谓圣弟子得不坏信。欢喜信佛。如来．无所著．等正觉。十号具足。欢喜信法。真正微妙。自恣所说。无有时节。示涅槃道。智者所行。欢喜信僧。善共和同。所行质直。无有諛谄。道果成就。上下和顺。法身具足。向须陀洹．得须陀洹。向斯陀含．得斯陀含。向阿那含．得阿那含。向阿罗汉．得阿罗汉。四双八辈。是谓如来贤圣之众。甚可恭敬。世之福田。信贤圣戒。清净无秽。无有缺漏。明哲所行。获三昧定。阿难。是为法镜。使圣弟子知所生处。三恶道尽。得须陀洹。不过七生。必尽苦际。亦能为他说如是事。

尔时。世尊随宜住已。告阿难俱诣毗舍离国。即受教行。着衣持钵。与大众俱侍从世尊。路由跋祇。到毗舍离。坐一树下。有一淫女。名庵婆婆梨。闻佛将诸弟子来至毗舍离。坐一树下。即严驾宝车。欲往诣佛所礼拜供养。未至之间。遥见世尊颜貌端正。诸根特异。相好备足。如星中月。见已欢喜。下车步进。渐至佛所。头面礼足。却坐一面。

尔时。世尊渐为说法。示教利喜。闻佛所说。发欢喜心。即白佛言。从今日始。归依三尊。唯愿听许于正法中为优婆夷。尽此形寿。

不杀．不盗．不邪淫．不妄语．不饮酒。又白佛言。唯愿世尊及诸弟子明受我请。即于今暮止宿我园。尔时。世尊默然受之。女见佛默然许可。即从座起。头面礼足。绕佛而归。

其去未久。佛告阿难。当与汝等诣彼园观。

对曰。唯然。佛即从座起。摄持衣钵。与众弟子千二百五十人俱诣彼园。

时。毗舍离诸隶车辈。闻佛在庵婆婆梨园中止住。即便严驾五色宝车。或乘青车青马。衣．盖．幢幡．官属皆青。五色车马。皆亦如是。时。五百隶车服色尽同。欲往诣佛。庵婆婆梨辞佛还家。中路逢诸隶车。时。车行奔疾。与彼宝车共相钩拨。损折幢盖而不避道。隶车责曰。汝恃何势。行不避道。冲拨我车。损折麾盖。

报曰。诸贵。我已请佛明日设食。归家供办。是以行速。无容相避。

诸隶车即语女曰。且置汝请。当先与我。我当与汝百千两金。

女寻答曰。先请已定。不得相与。

时。诸隶车又语女曰。我更与汝十六倍百千两金。必使我先。

女犹不肯。我请已定。不可尔也。

时。诸隶车又语女曰。我今与尔中分国财。可先与我。

女又报曰。设使举国财宝。我犹不取。所以然者。佛住我园。先受我请。此事已了。终不相与。

诸隶车等各振手叹咤。今由斯女阙我初福。即便前进径诣彼园。

尔时。世尊遥见五百隶车。车马数万。填道而来。告诸比丘。汝等欲知忉利诸天游戏园观。威仪容饰。与此无异。汝等比丘。当自摄心。具诸威仪。云何比丘自摄其心。于是比丘内身身观。精勤不懈。忆念不忘。舍世贪忧。外身身观。精勤不懈。忆念不忘。舍世贪忧。内外身观。精勤不懈。舍世贪忧。受．意．法观。亦复如是。云何比丘具诸威仪。于是比丘可行知行。可止知止。左右顾视。屈伸俯仰。摄持衣钵。食饮汤药。不失宜则。善设方便。除去荫盖。行住坐卧。觉寤语默。摄心不乱。是谓比丘具诸威仪。

尔时。五百隶车往至庵婆婆梨园。欲到佛所。下车步进。头面礼足。却坐一面。如来在座。光相独显。蔽诸大众。譬如秋月。又如天地清明。净无尘翳。日在虚空。光明独照。尔时。五百隶车围绕侍坐。佛于众中。光相独明。是时。坐中有一梵志名曰并[既/食]。即从座起。偏袒右臂。右膝着地。叉手向佛。以偈赞曰。

摩竭鸯伽王　　为快得善利
身被宝珠铠　　世尊出其土
威德动三千　　名显如雪山
如莲花开敷　　香气甚微妙
今睹佛光明　　如日之初出

如月游虚空　　无有诸云翳
　　世尊亦如是　　光照于世间
　　观如来智慧　　犹闇睹锭镣
　　施众以明眼　　决了诸疑惑

时。五百隶车闻此偈已。复告并[既/食]。汝可重说。

尔时。并[既/食]即于佛前再三重说。时。五百隶车闻重说偈已。各脱宝衣。以施并[既/食]。并[既/食]即以宝衣奉上如来。佛愍彼故。即为纳受。

尔时。世尊告毗舍离诸隶车曰。世有五宝甚为难得。何等为五。一者如来．至真出现于世。甚为难得。二者如来正法能演说者。此人难得。三者如来演法能信解者。此人难得。四者如来演法能成就者。此人难得。五者险危救厄知反复者。此人难得。是谓五宝为难得也。

时。五百隶车闻佛示教利喜已。即白佛言。唯愿世尊及诸弟子明受我请。

佛告隶车。卿已请我。我今便为得供养已。庵婆婆梨女先已请讫。

时。五百隶车闻庵婆婆梨女已先请佛。各振手而言。吾欲供养如来。而今此女已夺我先。即从座起。头面礼佛。绕佛三匝。各自还归。

时。庵婆婆梨女即于其夜种种供办。明日时到。世尊即与千二百五十比丘整衣持钵。前后围绕。诣彼请所。就座而坐。时。庵婆婆梨女即设上馔。供佛及僧。食讫去钵。并除机案。时。女手执金瓶。行澡水毕。前白佛言。此毗耶离城所有园观。我园最胜。今以此园贡上如来。哀愍我故。愿垂纳受。

佛告女曰。汝可以此园施佛为首及招提僧。所以然者。如来所有园林．房舍．衣钵六物。正使诸魔．释．梵．大神力天。无有能堪受此供者。时。女受教。即以此园施佛为首及招提僧。佛愍彼故。即为受之。而说偈言。

　　起塔立精舍　　园果施清凉
　　桥船以渡人　　旷野施水草
　　及以堂阁施　　其福日夜增
　　戒具清净者　　彼必到善方

时。庵婆婆梨女取一小床于佛前坐。佛渐为说法。示教利喜。施论．戒论．生天之论。欲为大患。秽污不净。上漏为碍。出要为上。尔时。世尊知彼女意柔软和悦。荫盖微薄。易可开化。如诸佛法。即为彼女说苦圣谛。苦集．苦灭．苦出要谛。

时。庵婆婆梨女信心清净。譬如净洁白毡易为受色。即于座上远尘离垢。诸法法眼生。见法得法。决定正住。不堕恶道。成就无畏。而白佛言。我今归依佛。归依法。归依僧。如是再三。唯愿如来听我于正法中为优婆夷。自今已后。尽寿不杀．不盗．不邪淫．不欺．不饮酒。时。彼女从佛受五戒已。舍本所习。秽垢消除。即从座起。礼佛而去。

尔时。世尊于毗舍离。随宜住已。告阿难言。汝等皆严。吾欲诣竹林丛。

对曰。唯然。即严衣钵。与大众侍从世尊。路由跋祇。至彼竹林。

时。有婆罗门名毗沙陀耶。闻佛与诸大众诣此竹林。默自思念。此沙门瞿昙。名德流布。闻于四方。十号具足。于诸天．释．梵．魔．若魔．天．沙门．婆罗门中。自身作证。为他说法。上中下言。皆悉真正。义味深奥。梵行具足。如此真人。宜往瞻睹。

时。婆罗门出于竹丛。往诣世尊。问讯讫。一面坐。世尊渐为说法。示教利喜。婆罗门闻已欢喜。即请世尊及诸大众明日舍食。时。佛默然受请。婆罗门知已许可。即从座起。绕佛而归。即于其夜。供设饮食。明日时到。唯圣知之。

尔时。世尊着衣持钵。大众围绕往诣彼舍。就座而坐。时。婆罗门设种种甘馔。供佛及僧。食讫去钵。行澡水毕。取一小床于佛前坐。尔时。世尊为婆罗门而作颂曰。

若以饮食　衣服卧具
施持戒人　则获大果
此为真伴　终始相随
所至到处　如影随形
是故种善　为后世粮
福为根基　众生以安
福为天护　行不危险
生不遭难　死则上天

尔时。世尊为婆罗门说微妙法。示教利喜已。从座而去。于时彼土谷贵饥馑。乞求难得。佛告阿难。敕此国内现诸比丘尽集讲堂。

对曰。唯然。即承教旨。宣令远近普集讲堂。

是时。国内大众皆集。阿难白佛言。大众已集。唯圣知时。

尔时。世尊即从座起。诣于讲堂。就座而坐。告诸比丘。此土饥馑。乞求难得。汝等宜各分部。随所知识。诣毗舍离及越祇国。于彼安居。可以无乏。吾独与阿难于此安居。所以然者。恐有短乏。是时。诸比丘受教即行。佛与阿难独留。

于后夏安居中。佛身疾生。举体皆痛。佛自念言。我今疾生。举身痛甚。而诸弟子悉皆不在。若取涅槃。则非我宜。今当精勤自力以留寿命。

尔时。世尊于静室出。坐清凉处。阿难见已。速疾往诣。而白佛言。今观尊颜。疾如有损。

阿难又言。世尊有疾。我心惶惧。忧结荒迷。不识方面。气息未绝。犹少醒悟。默思。如来未即灭度。世眼未灭。大法未损。何故今者不有教令于众弟子乎。

佛告阿难。众僧于我有所须耶。若有自言。我持众僧。我摄众僧。斯人于众应有教命。如来不言。我持于众。我摄于众。岂当于众有教令乎。阿难。我所说法。内外已讫。终不自称所见通达。吾已老矣。年粗八十。譬如故车。方便修治得有所至。吾身亦然。以方便力得少留寿。自力精进。忍此苦痛。不念一切想。入无想定。时我身安隐。无有恼患。是故。阿难。当自炽燃。炽燃于法。勿他炽燃。当自归依。归依于法。勿他归依。云何自炽燃。炽燃于法。勿他炽燃。当自归依。归依于法。勿他归依。阿难。比丘观内身精勤无懈。忆念不忘。除世贪忧。观外身．观内外身。精勤不懈。忆念不忘。除世贪忧。受．意．法观。亦复如是。是谓。阿难。自炽燃。炽燃于法。勿他炽燃。当自归依。归依于法。勿他归依。

佛告阿难。吾灭度后。能有修行此法者。则为真我弟子第一学者。

佛告阿难。俱至遮婆罗塔。

对曰。唯然。

如来即起。着衣持钵。诣一树下。告阿难。敷座。吾患背痛。欲于此止。

对曰。唯然。寻即敷座。

如来坐已。阿难敷一小座于佛前坐。佛告阿难。诸有修四神足。多修习行。常念不忘。在意所欲。可得不死一劫有余。阿难。佛四神足已多修行。专念不忘。在意所欲。如来可止一劫有余。为世除冥。多所饶益。天人获安。

尔时。阿难默然不对。如是再三。又亦默然。是时阿难为魔所蔽。曚曚不悟。佛三现相而不知请。

佛告阿难。宜知是时。阿难承佛意旨。即从座起。礼佛而去。去佛不远。在一树下静意思惟。

其间未久。时魔波旬来白佛。佛意无欲。可般涅槃。今正是时。宜速灭度。

佛告波旬。且止。且止。我自知时。如来今者未取涅槃。须我诸比丘集。又能自调。勇捍无怯。到安隐处。逮得己利。为人导师。演布经教。显于句义。若有异论。能以正法而降伏之。又以神变。自身作证。如是弟子皆悉未集。又诸比丘尼．优婆塞．优婆夷。普皆如是。亦复未集。今者要当广于梵行。演布觉意。使诸天人普见神变。

时。魔波旬复白佛言。佛昔于郁鞞罗尼连禅水边。阿游波尼俱律树下初成正觉。我时至世尊所。劝请如来可般涅槃。今正是时。宜速灭度。尔时。如来即报我言。止。止。波旬。我自知时。如来今者未取涅槃。须我诸弟子集。乃至天人见神变化乃取灭度。佛今弟子已集。乃至天人见神变化。今正是时。何不灭度。

佛言。止。止。波旬。佛自知时不久住也。是后三月。于本生处拘尸那竭娑罗园双树间。当取灭度。时。魔即念。佛不虚言。今必灭度。欢喜踊跃。忽然不现。

魔去未久。佛即于遮婆罗塔。定意三昧。舍命住寿。当此之时。地大震动。举国人民莫不惊怖。衣毛为竖。佛放大光。彻照无穷。幽冥之处。莫不蒙明。各得相见。尔时。世尊以偈颂曰。

| 有无二行中 | 吾今舍有为 |
| 内专三昧定 | 如鸟出于卵 |

尔时。贤者阿难心惊毛竖。疾行诣佛。头面礼足。却住一面。白佛言。怪哉。世尊。地动乃尔。是何因缘。

佛告阿难。凡世地动。有八因缘。何等八。夫地在水上。水止于风。风止于空。空中大风有时自起。则大水扰。大水扰则普地动。是为一也。复次。阿难。有时得道比丘．比丘尼及大神尊天。观水性多。观地性少。欲知试力。则普地动。是为二也。复次。阿难。若始菩萨从兜率天降神母胎。专念不乱。地为大动。是为三也。复次。阿难。菩萨始出母胎。从右胁生。专念不乱。则普地动。是为四也。复次。阿难。菩萨初成无上正觉。当于此时。地大震动。是为五也。复次。阿难。佛初成道。转无上法轮。魔．若魔．天．沙门．婆罗门．诸天．世人所不能转。则普地动。是为六也。复次。阿难。佛教将毕。专念不乱。欲舍性命。则普地动。是为七也。复次。阿难。如来于无余涅槃界般涅槃时。地大振动。是为八也。以是八因缘。令地大动。尔时。世尊即说偈言。

无上二足尊	照世大沙门
阿难请天师	地动何因缘
如来演慈音	声如迦毗陵
我说汝等听	地动之所由
地因水而止	水因风而住
若虚空风起	则地为大动
比丘比丘尼	欲试神足力
山海百草木	大地皆震动
释梵诸尊天	意欲动于地
山海诸鬼神	大地为震动
菩萨二足尊	百福相已具
始入母胎时	地则为大动
十月处母胎	如龙卧茵蓐
初从右胁生	时地则大动
佛为童子时	消灭使缘缚

成道胜无量	地则为大动
升仙转法轮	于鹿野苑中
道力降伏魔	则地大为动
天魔频来请	劝佛般泥洹
佛为舍性命	地则为大动
人尊大导师	神仙尽后有
难动而取灭	时地则大动
净眼说诸缘	地动八事动
有此亦有余	时地皆震动

佛说长阿含经卷第三

游行经第二中

佛告阿难。世有八众。何谓八。一曰刹利众。二曰婆罗门众。三曰居士众。四曰沙门众。五曰四天王众。六曰忉利天众。七曰魔众。八曰梵天众。我自忆念。昔者。往来与刹利众坐起言语。不可称数。以精进定力。在所能现。彼有好色。我色胜彼。彼有妙声。我声胜彼。彼辞我退。我不辞彼。彼所能说。我亦能说。彼所不能。我亦能说。阿难。我广为说法。示教利喜已。即于彼没。彼不知我是天．是人。如是至梵天众。往返无数。广为说法。而莫知我谁。

阿难白佛言。甚奇。世尊。未曾有也。乃能成就如是。

佛言。如是微妙希有之法。阿难。甚奇。甚特。未曾有也。唯有如来能成此法。

又告阿难。如来能知受起．住．灭。想起．住．灭。观起．住．灭。此乃如来甚奇甚特未曾有法。汝当受持。

尔时。世尊告阿难。俱诣香塔。在一树下。敷座而坐。

佛告阿难。香塔左右现诸比丘。普敕令集讲堂。

阿难受教。宣令普集。阿难白佛。大众已集。唯圣知时。

尔时。世尊即诣讲堂。就座而坐。告诸比丘。汝等当知我以此法自身作证。成最正觉。谓四念处．四意断．四神足．四禅．五根．五力．七觉意．贤圣八道。汝等宜当于此法中和同敬顺。勿生诤讼。同一师受。同一水乳。于我法中宜勤受学。共相炽然。共相娱乐。比丘当知我于此法自身作证。布现于彼。谓贯经．祇夜经．受记经．偈经．法句经．相应经．本缘经．天本经．广经．未曾有经．证喻经．大教经。汝等当善受持。称量分别。随事修行。所以者何。如来不久。是后三月当般泥洹。

诸比丘闻此语已。皆悉愕然。殒绝迷荒。自投于地。举声大呼曰。一何驶哉。佛取灭度。一何痛哉。世间眼灭。我等于此。已为长衰。或有比丘悲泣躃踊。宛转嚘啕。不能自胜。犹如斩蛇。宛转回遑。莫知所奉。

佛告诸比丘曰。汝等且止。勿怀忧悲。天地人物。无生不终。欲使有为不变易者。无有是处。我亦先说恩爱无常。合会有离。身非己有。命不久存。尔时。世尊以偈颂曰。

　　　我今自在　　到安隐处
　　　和合大众　　为说此义
　　　吾年老矣　　余命无几
　　　所作已办　　今当舍寿
　　　念无放逸　　比丘戒具
　　　自摄定意　　守护其心
　　　若于我法　　无放逸者
　　　能灭苦本　　尽生老死

又告比丘。吾今所以诫汝者何。天魔波旬向来请我。佛意无欲。可般泥洹。今正是时。宜速灭度。我言。止。止。波旬。佛自知时。须我诸比丘集。乃至诸天普见神变。波旬复言。佛昔于郁鞞罗尼连禅河水边。阿游波尼俱律树下初成佛道。我时白佛。佛意无欲。可般泥洹。今正是时。宜速灭度。尔时。如来即报我言。止。止。波旬。我自知时。如来今者未取灭度。须我诸弟子集。乃至天人见神变化。乃取灭度。今者如来弟子已集。乃至天人见神变化。今正是时。宜可灭度。我言。止。止。波旬。佛自知时。不久住也。是后三月当般涅槃。时。魔即念。佛不虚言。今必灭度。欢喜踊跃。忽然不现。魔去未久。即于遮波罗塔。定意三昧。舍命住寿。当此之时。地大震动。天人惊怖。衣毛为竖。佛放大光。彻照无穷。幽冥之处。莫不蒙明。各得相见。我时颂曰。

　　　有无二行中　　吾今舍有为
　　　内专三昧定　　如鸟出于卵

尔时。贤者阿难即从座起。偏袒右肩。右膝着地。长跪叉手白佛言。唯愿世尊留住一劫。勿取灭度。慈愍众生。饶益天人。

尔时。世尊默然不对。如是三请。佛告阿难。汝信如来正觉道不。

对曰。唯然。实信。

佛言。汝若信者。何故三来触娆我为。汝亲从佛闻。亲从佛受。诸有能修四神足。多修习行。常念不忘。在意所欲。可得不死一劫有余。佛四神足已多习行。专念不忘。在意所欲。可止不死一劫有余。为世除冥。多所饶益。天人获安。尔时。何不重请。使不灭度。再闻尚可。乃至三闻。犹不劝请留住一劫。一劫有余。为世除冥。多所饶益。天人获安。今汝方言。岂不愚耶。吾三现相。汝三默然。汝于尔时。何不报我。如来可止一劫。一劫有余。为世除冥。多所饶益。且止。阿难。吾已舍性命。已弃已吐。欲使如来自违言者。无有是处。譬如豪贵长者。吐食于地。宁当复有肯还取食不。

对曰。不也。

如来亦然。已舍已吐。岂当复自还食言乎。

佛告阿难俱诣庵婆罗村。即严衣钵。与诸大众侍从世尊。路由跋祇到庵婆罗村。在一山林。尔时。世尊为诸大众说戒．定．慧。修戒获定。得大果报。修定获智。得大果报。修智心净。得等解脱。尽于三漏。欲漏．有漏．无明漏。已得解脱。生解脱智。生死已尽。梵行已立。所作已办。不受后有。

尔时。世尊于庵婆罗村。随宜住已。

佛告阿难。汝等皆严。当诣瞻婆村．揵茶村．婆梨婆村及诣负弥城。

对曰。唯然。即严衣钵。与诸大众侍从世尊。路由跋祇渐至他城。于负弥城北。止尸舍婆林。

佛告诸比丘。当与汝等说四大教法。谛听。谛听。善思念之。

诸比丘言。唯然。世尊。愿乐欲闻。

何谓为四。若有比丘作如是言。诸贤。我于彼村．彼城．彼国。躬从佛闻。躬受是教。从其闻者。不应不信。亦不应毁。当于诸经推其虚实。依律．依法究其本末。若其所言非经．非律．非法。当语彼言。佛不说此。汝谬受耶。所以然者。我依诸经．依律．依法。汝先所言。与法相违。贤士。汝莫受持。莫为人说。当捐舍之。若其所言依经．依律．依法者。当语彼言。汝所言是真佛所说。所以然者。我依诸经．依律．依法。汝先所言。与法相应。贤士。汝当受持。广为人说。慎勿捐舍。此为第一大教法也。

复次。比丘作如是言。我于彼村．彼城．彼国。和合众僧．多闻耆旧。亲从其闻。亲受是法。是律。是教。从其闻者。不应不信。亦不应毁。当于诸经推其虚实。依法．依律究其本末。若其所言非经．非律．非法者。当语彼言。佛不说此。汝于彼众谬听受耶。所以然者。我依诸经．依律．依法。汝先所言。与法相违。贤士。汝莫持此。莫为人说。当捐舍之。若其所言依经．依律．依法者。当语彼言。汝所言是真佛所说。所以者何。我依诸经．依律．依法。汝先所言。与法相应。贤士。汝当受持。广为人说。慎勿捐舍。此为第二大教法也。

复次。比丘作如是言。我于彼村．彼城．彼国。众多比丘持法．持律．持律仪者。亲从其闻。亲受是法．是律．是教。从其闻者。不应不信。亦不应毁。当于诸经推其虚实。依法．依律究其本末。若其所言非经．非律．非法者。当语彼言。佛不说此。汝于众多比丘谬听受耶。所以然者。我依诸经．依律．依法。汝先所言。与法相违。贤士。汝莫受持。莫为人说。当捐舍之。若其所言依经．依律．依法者。当语彼言。汝所言是真佛所说。所以然者。我依诸经．依律．依法。汝先所言。与法相应。贤士。汝当受持。广为人说。慎勿捐舍。是为第三大教法也。

复次。比丘作如是言。我于彼村．彼城．彼国。一比丘持法．持律．持律仪者。亲从其闻。亲受是法．是律．是教。从其闻者。不应不信。亦不应毁。当于诸经推其虚实。依法．依律究其本末。若所言非经．非律．非法者。当语彼言。佛不说此。汝于一比丘所谬听受耶。所以然者。我依诸经．依法．依律。汝先所言。与法相违。贤士。汝莫受持。莫为人说。当捐舍之。若其所言依经．依律．依法者。当语彼言。汝所言是真佛所说。所以然者。我依诸经．依律．依法。汝先所言。与法相应。贤士。当勤受持。广为人说。慎勿捐舍。是为第四大教法也。

尔时。世尊于负弥城随宜住已。告贤者阿难俱诣波婆城。对曰。唯然。即严衣钵。与诸大众侍从世尊。路由末罗至波婆城阇头园中。时。有工师子。名曰周那。闻佛从彼末罗来至此城。即自严服。至世尊所。头面礼足。在一面坐。时。佛渐为周那说法正化。示教利喜。周那闻佛说法。信心欢喜。即请世尊明日舍食。时。佛默然受请。周那知佛许可。即从座起。礼佛而归。寻于其夜供设饭食。明日时到。唯圣知时。

尔时。世尊法服持钵。大众围绕。往诣其舍。就座而坐。是时。周那寻设饮食。供佛及僧。别煮栴檀树耳。世所奇珍。独奉世尊。

佛告周那。勿以此耳与诸比丘。周那受教。不敢辄与。时。彼众中有一长老比丘。晚暮出家。于其座上以余器取。

尔时。周那见众食讫。并除钵器。行澡水毕。即于佛前以偈问曰。

　　敢问大圣智　　正觉二足尊
　　善御上调伏　　世有几沙门

尔时。世尊以偈答曰。

　　如汝所问者　　沙门凡有四
　　志趣各不同　　汝当识别之
　　一行道殊胜　　二善说道义
　　三依道生活　　四为道作秽
　　何谓道殊胜　　善说于道义
　　依道而生活　　有为道作秽
　　能度恩爱刺　　入涅槃无疑
　　超越天人路　　说此道殊胜
　　善解第一义　　说道无垢秽
　　慈仁决众疑　　是为善说道
　　善敷演法句　　依道以自生

遥望无垢场　　名依道生活
内怀于奸邪　　外像如清白
虚诳无成实　　此为道作秽
云何善恶俱　　净与不净杂
相似现外好　　如铜为金涂
俗人遂见此　　谓圣智弟子
余者不尽尔　　勿舍清净信
一人持大众　　内浊而外清
现闭奸邪迹　　而实怀放荡
勿视外容貌　　卒见便亲敬
现闭奸邪迹　　而实怀放荡

尔时。周那取一小座于佛前坐。渐为说法。示教利喜已。大众围绕。侍从而还。中路止一树下。告阿难言。吾患背痛。汝可敷座。

对曰。唯然。寻即敷座。世尊止息。时。阿难又敷一小座于佛前坐。

佛告阿难。向者周那无悔恨意耶。设有此意。为由何生。

阿难白佛言。周那设供。无有福利。所以者何。如来最后于其舍食便取涅槃。

佛告阿难。勿作是言。勿作是言。今者周那为获大利。为得寿命。得色。得力。得善名誉。生多财宝。死得生天。所欲自然。所以者何。佛初成道能施食者。佛临灭度能施食者。此二功德正等无异。汝今可往语彼周那。我亲从佛闻。亲受佛教。周那设食。今获大利。得大果报。

时。阿难承佛教旨。即诣彼所。告周那曰。我亲从佛闻。亲从佛受教。周那设食。今获大利。得大果报。所以然者。佛初得道能饭食者。及临灭度能饭食者。此二功德正等无异。

周那舍食已　　始闻如此言
如来患甚笃　　寿行今将讫
虽食栴檀耳　　而患犹更增
抱病而涉路　　渐向拘夷城

尔时。世尊即从座起。小复前行。诣一树下。又告阿难。吾背痛甚。汝可敷座。

对曰。唯然。寻即敷座。如来止息。阿难礼佛足已。在一面坐。

时。有阿罗汉弟子。名曰福贵。于拘夷那竭城向波婆城。中路见佛在一树下。容貌端正。诸根寂定。得上调意第一寂灭。譬如大龙。亦如澄水。清净无秽。见已欢喜。善心生焉。即到佛所。头面礼足。在一面坐。而白佛言。世尊。出家之人在清净处。慕乐闲居。甚奇特也。有五百乘车经过其边。而不闻见。我师一时在拘夷那竭城．波婆城。二城中间道侧树下。静默而坐。时有五百乘车经过其边。车声轰

885

轰觉而不闻。是时。有人来问我师。向群车过。宁见不耶。对曰。不见。又问。闻耶。对曰。不闻。又问。汝在此耶。在余处耶。答曰。在此。又问。汝醒悟耶。答曰。醒悟。又问。汝为觉寐。答曰。不寐。彼人默念。是希有也。出家之人专精乃尔。车声轰轰觉而不闻。即语我师曰。向有五百乘车从此道过。车声振动。尚自不闻。岂他闻哉。即为作礼。欢喜而去。

佛告福贵。我今问汝。随意所答。群车振动觉而不闻。雷动天地觉而不闻。何者为难。

福贵白佛言。千万车声。岂等雷电。不闻车声未足为难。雷动天地觉而不闻。斯乃为难。

佛告福贵。我于一时游阿越村。在一草庐。时有异云暴起。雷电霹雳。杀四特牛．耕者兄弟二人。人众大聚。时。我出草庐。彷徉经行。彼大众中有一人来至我所。头面礼足。随我经行。我知而故问。彼大众聚何所为耶。其人即问。佛向在何所。为觉寐耶。答曰。在此。时不寐也。其人亦叹希闻得定如佛者也。雷电霹雳。声聒天地。而独寂定觉而不闻。乃白佛言。向有异云暴起。雷电霹雳。杀四特牛．耕者兄弟二人。彼大众聚。其正为此。其人心悦即得法喜。礼佛而去。

尔时。福贵被二黄叠。价直百千。即从座起。长跪叉手而白佛言。今以此叠奉上世尊。愿垂纳受。

佛告福贵。汝以一叠施我。一施阿难。尔时。福贵承佛教旨。一奉如来。一施阿难。佛愍彼故。即为纳受。时。福贵礼佛足已。于一面坐。佛渐为说法。示教利喜。施论．戒论．生天之论。欲为大患．不净．秽污。上漏为碍。出要为上。

时。佛知福贵意。欢喜柔软。无诸盖．缠。易可开化。如诸佛常法。即为福贵说苦圣谛。苦集．苦灭．苦出要谛。时。福贵信心清净。譬如净洁白叠。易为受色。即于座上远尘离垢。诸法法眼生。见法得法。决定正住。不堕恶道。成就无畏。而白佛言。我今归依佛．归依法．归依僧。唯愿如来听我于正法中为优婆塞。自今已后。尽寿不杀．不盗．不淫．不欺．不饮酒。唯愿世尊听我于正法中为优婆塞。

又白佛言。世尊。游化若诣波婆城。唯愿屈意过贫聚中。所以然者。欲尽有家饮食．床卧．衣服．汤药。奉献世尊。世尊受已。家内获安。

佛言。汝所言善。

尔时。世尊为福贵说法。示教利喜已。即从座起。头面礼足。欢喜而去。其去未久。阿难寻以黄叠奉上如来。如来哀愍。即为受之。被于身上。尔时。世尊颜貌纵容。威光炽盛。诸根清净。面色和悦。阿难见已。默自思念。自我得侍二十五年。未曾见佛面色光泽。发明如金。即从座起。右膝着地。叉手合掌。前白佛言。自我得侍二十五年。未曾见佛光色如金。不审何缘。愿闻其意。

佛告阿难。有二因缘。如来光色有殊于常。一者佛初得道。成无上正真觉时。二者临欲灭度。舍于性命般涅槃时。阿难。以此二缘。光色殊常。尔时。世尊即说颂曰。

　　金色衣光悦　　细软极鲜净
　　福贵奉世尊　　如雪白毫光

佛命阿难。吾渴欲饮。汝取水来。

阿难白言。向有五百乘车于上流渡。水浊未清。可以洗足。不中饮也。

如是三敕。阿难。汝取水来。

阿难白言。今拘孙河去此不远。清冷可饮。亦可澡浴。

时。有鬼神居在雪山。笃信佛道。即以钵盛八种净水。奉上世尊。佛愍彼故。寻为受之。而说颂曰。

　　佛以八种音　　敕阿难取水
　　吾渴今欲饮　　饮已诣拘尸
　　柔软和雅音　　所言悦众心
　　给侍佛左右　　寻白于世尊
　　向有五百车　　截流渡彼岸
　　浑浊于此水　　饮恐不便身
　　拘留河不远　　水美甚清冷
　　往彼可取饮　　亦可澡浴身
　　雪山有鬼神　　奉上如来水
　　饮已威势强　　众中师子步
　　其水神龙居　　清澄无浊秽
　　圣颜如雪山　　安详度拘孙

尔时。世尊即诣拘孙河。饮已澡浴。与众而去。中路止息在一树下。告周那曰。汝取僧伽梨四牒而敷。吾患背痛。欲暂止息。周那受教。敷置已讫。佛坐其上。周那礼已。于一面坐。而白佛言。我欲般涅槃。我欲般涅槃。

佛告之曰。宜知是时。于是。周那即于佛前便般涅槃。佛时颂曰。

　　佛趣拘孙河　　清凉无浊秽
　　人中尊入水　　澡浴度彼岸
　　大众之原首　　教敕于周那
　　吾今身疲极　　汝速敷卧具
　　周那寻受教　　四牒衣而敷
　　如来既止息　　周那于前坐
　　即白于世尊　　我欲取灭度

> 无爱无憎处　　今当到彼方
> 无量功德海　　最胜告彼曰
> 汝所作已办　　今宜知是时
> 见佛已听许　　周那倍精勤
> 灭行无有余　　如灯尽火灭

时。阿难即从座起。前白佛言。佛灭度后。葬法云何。
佛告阿难。汝且默然。思汝所业。诸清信士自乐为之。
时。阿难复重三启。佛灭度后。葬法云何。
佛言。欲知葬法者。当如转轮圣王。
阿难又白。转轮圣王葬法云何。
佛告阿难。圣王葬法。先以香汤洗浴其体。以新劫贝周遍缠身。以五百张叠次如缠之。内身金棺灌以麻油毕。举金棺置于第二大铁椁中。栴檀香椁次重于外。积众名香。厚衣其上而阇维之。讫收舍利。于四衢道起立塔庙。表刹悬缯。使国行人皆见法王塔。思慕正化。多所饶益。阿难。汝欲葬我。先以香汤洗浴。用新劫贝周遍缠身。以五百张叠次如缠之。内身金棺灌以麻油毕。举金棺置于第二大铁椁中。旃檀香椁次重于外。积众名香。厚衣其上而阇维之。讫收舍利。于四衢道起立塔庙。表刹悬缯。使诸行人皆见佛塔。思慕如来法王道化。生获福利。死得上天。于时。世尊重观此义。而说颂曰。

> 阿难从坐起　　长跪白世尊
> 如来灭度后　　当以何法葬
> 阿难汝且默　　思惟汝所行
> 国内诸清信　　自当乐为之
> 阿难三请已　　佛说转轮葬
> 欲葬如来身　　叠裹内棺椁
> 四衢起塔庙　　为利益众生
> 诸有礼敬者　　皆获无量福

佛告阿难。天下有四种人。应得起塔。香花缯盖。伎乐供养。何等为四。一者如来应得起塔。二者辟支佛。三者声闻人。四者转轮王。阿难。此四种人应得起塔。香华缯盖。伎乐供养。尔时。世尊以偈颂曰。

> 佛应第一塔　　辟支佛声闻
> 及转轮圣王　　典领四域主
> 斯四应供养　　如来之所记
> 佛辟支声闻　　及转轮王塔

尔时。世尊告阿难。俱诣拘尸城。末罗双树间。
对曰。唯然。即与大众围绕世尊。在道而行。
有一梵志从拘尸城趣波婆城。中路遥见世尊颜貌端正。诸根寂定。见已欢喜。善心自生。前至佛所。问讯讫。一面住。而白佛言。

我所居村去此不远。唯愿瞿昙于彼止宿。清旦食已。然后趣城。

佛告梵志。且止。且止。汝今便为供养我已。

时。梵志殷勤三请。佛答如初。又告梵志。阿难在后。汝可语意。

时。梵志闻佛教已。即诣阿难。问讯已。于一面立。白阿难言。我所居村去此不远。欲屈瞿昙于彼止宿。清旦食已。然后趣城。

阿难报曰。止。止。梵志。汝今已为得供养已。

梵志复请。殷勤至三。阿难答曰。时既暑热。彼村远迥。世尊疲极。不足劳娆。

尔时。世尊观此义已。即说颂曰。

净眼前进路　　疲极向双树
梵志遥见佛　　速诣而稽首
我村今在近　　哀愍留一宿
清旦设微供　　然后向彼城
梵志我身倦　　道远不能过
监藏者在后　　汝可住语意
承佛教旨已　　即诣阿难所
唯愿至我村　　清旦食已去
阿难曰止止　　时热不相赴
三请不遂愿　　忧恼不悦乐
咄此有为法　　流迁不常住
今于双树间　　灭我无漏身
佛辟支声闻　　一切皆归灭
无常无撰择　　如火焚山林

尔时。世尊入拘尸城。向本生处末罗双树间。告阿难曰。汝为如来于双树间敷置床座。使头北首。面向西方。所以然者。吾法流布。当久住北方。

对曰。唯然。即敷座。令北首。

尔时。世尊自四𮆦僧伽梨。偃右胁如师子王。累足而卧。

时。双树间所有鬼神笃信佛者。以非时花布散于地。尔时。世尊告阿难曰。此双树神以非时华供养于我。此非供养如来。

阿难白言。云何名为供养如来。

语阿难。人能受法。能行法者。斯乃名曰供养如来。佛观此义。而说颂曰。

佛在双树间　　偃卧心不乱
树神心清净　　以花散佛上
阿难白佛言　　斋何名供养
受法而能行　　觉华而为供
紫金华如轮　　散佛未为供

阴界入无我　　乃名第一供

尔时。梵摩那在于佛前执扇扇佛。佛言。汝却。勿在吾前。

时。阿难默自思念。此梵摩那常在佛左右。供给所须。当尊敬如来。视无厌足。今者末后须其瞻视。乃命使却。意将何因。于是。阿难即整衣服。前白佛言。此梵摩那常在佛左右。供给所须。当尊敬如来。视无厌足。今者末后须其瞻视。而命使却。将有何因。

佛告阿难。此拘尸城外有十二由旬。皆是诸大神天之所居宅。无空缺处。此诸大神皆嫌此比丘当佛前立。今佛末后垂当灭度。吾等诸神。冀一奉觐。而此比丘有大威德。光明映蔽。使我曹等不得亲近礼拜供养。阿难。我以是缘。故命使却。

阿难白佛。此尊比丘本积何德。修何行业。今者威德乃如是乎。

佛告阿难。乃往过去久远九十一劫。时世有佛。名毗婆尸。时此比丘以欢喜心。手执草炬。以照彼塔。由此因缘。使今威光上彻二十八天。诸天神光所不能及。

尔时。阿难即从座起。偏袒右肩。长跪叉手而白佛言。莫于此鄙陋小城荒毁之土取灭度也。所以者何。更有大国瞻婆大国．毗舍离国．王舍城．婆祇国．舍卫国．迦维罗卫国．波罗㮈国。其土人民众多。信乐佛法。佛灭度已。必能恭敬供养舍利。

佛言。止。止。勿造斯观。无谓此土以为鄙陋。所以者何。昔者。此国有王名大善见。此城时名拘舍婆提。大王之都城。长四百八十里。广二百八十里。是时。谷米丰贱。人民炽盛。其城七重。绕城栏楯亦复七重。雕文刻镂。间悬宝铃。其城下基深三仞。高十二仞。城上楼观高十二仞。柱围三仞。金城银门。银城金门。琉璃城水精门。水精城琉璃门。

其城周圆四宝庄严。间错栏楯亦以四宝。金楼银铃。银楼金铃。宝堑七重。中生莲花。优钵罗花．钵头摩花．俱物头花．分陀利花。下有金沙布现其底。侠道两边生多邻娑树。其金树者。银叶花实。其银树者。金叶花实。水精树者。琉璃花实。琉璃树者。水精花实。多邻树间有众浴池。清流深潭。洁净无秽。以四宝砖间砌其边。金梯银蹬。银梯金蹬。琉璃梯金蹬。琉璃梯陛水精为蹬。水精梯陛琉璃为蹬。周匝栏楯。辽绕相承。其城处处生多邻树。其金树者。银叶花实。其银树者。金叶花实。水精树者。琉璃花实。琉璃树者。水精花实。树间亦有四种宝池。生四种花。街巷齐整。行伍相当。风吹众花。纷纷路侧。微风四起。吹诸宝树。出柔软音。犹如天乐。其国人民。男女大小。共游树间。以自娱乐。其国常有十种声。贝声．鼓声．波罗声．歌声．舞声．吹声．象声．马声．车声．饮食戏笑声。

尔时。大善见王七宝具足。王有四德。主四天下。何谓七宝。一．金轮宝。二．白象宝。三．绀马宝。四．神珠宝。五．玉女宝。六．居士宝。七．主兵宝。云何善见大王成就金轮宝。王常以十五日月满时。沐浴香汤。升高殿上。婇女围绕。自然轮宝忽现在前。轮有千辐。光色具足。天匠所造。非世所有。真金所成。轮径丈四。大善见王默自念言。我曾从先宿诸旧闻如是语。刹利王水浇头种。以十五日月满时。沐浴香汤。升宝殿上。婇女围绕。自然金轮忽现在前。轮有千辐。光色具足。天匠所造。非世所有。真金所成。轮径丈四。是则名为转轮圣王。今此轮现。将无是耶。今我宁可试此轮宝。

时。大善见王即召四兵。向金轮宝偏露右臂。右膝着地。以右手摩扪金轮。语言。汝向东方。如法而转。勿违常则。轮即东转。时。善见王即将四兵随其后行。金轮宝前有四神引导。轮所住处。王即止驾。尔时。东方诸小国王见大王至。以金钵盛银粟。银钵盛金粟。来趣王所。拜首白言。善来。大王。今此东方土地丰乐。人民炽盛。志性仁和。慈孝中顺。唯愿圣王于此治政。我等当给使左右。承受所宜。当时。善见大王语小王言。止。止。诸贤。汝等则为供养我已。但当以正法治。勿使偏枉。无令国内有非法行。此即名曰我之所治。

时。诸小王闻此教已。即从大王巡行诸国。至东海表。次行南方．西方。北方。随轮所至。其诸国王各献国土。如东方诸小王此。时。善见王既随金轮。周行四海。以道开化。安慰民庶已。还本国拘舍婆城。时。金轮宝在宫门上虚空中住。大善见王踊跃而言。此金轮宝真为我瑞。我今真为转轮圣王。是为金轮宝成就。

云何善见大王成就白象宝。时。善见大王清旦在正殿上坐。自然象宝忽现在前。其毛纯白。七处平住。力能飞行。其首杂色。六牙纤[月+庸]。真金间填。时王见已。念言。此象贤良。若善调者。可中御乘。即试调习。诸能悉备。时。善见大王欲自试象。即乘其上。清旦出城。周行四海。食时已还。时。善见王踊跃而言。此白象宝真为我瑞。我今真为转轮圣王。是为象宝成就。

云何善见大王成就马宝。时。善见大王清旦在正殿上坐。自然马宝忽现在前。绀青色。朱髦尾。头颈如象。力能飞行。时王见已。念言。此马贤良。若善调者。可中御乘。即试调习。诸能悉备。时。善见王欲自试马宝。即乘其上。清旦出城。周行四海。食时已还。时。善见王踊跃而言。此绀马宝真为我瑞。我今真为转轮圣王。是为绀马宝成就。

云何善见大王神珠宝成就。时。善见大王于清旦在正殿上坐。自然神珠忽现在前。质色清彻。无有瑕秽。时王见已。言。此珠妙好。若有光明。可照宫内。时。善见王欲试此珠。即召四兵。以此宝珠置高幢上。于夜冥中赍幢出城。其珠光明。照诸军众。犹如昼日。于军众外周匝。复能照一由旬。现城中人皆起作务。谓为是昼。时。王善见踊跃而言。今此神珠真为我瑞。我今真为转轮圣王。是为神珠宝成就。

云何善见大王成就玉女宝。时。玉女宝忽然出现。颜色从容。面貌端正。不长不短。不粗不细。不白不黑。不刚不柔。冬则身温。夏则身凉。举身毛孔出栴檀香。口出优钵罗华香。言语柔软。举动安详。先起后坐。不失宜则。时。王善见清净无著。心不暂念。况复亲近。时。王善见踊跃而言。此玉女宝真为我瑞。我今真为转轮圣王。是为玉女宝成就。

云何善见大王居士宝成就。时。居士丈夫忽然自出。宝藏自然。财富无量。居士宿福眼。能彻视地中伏藏。有主无主。皆悉见知。其有主者。能为拥护。其无主者。取给王用。时。居士宝往白王言。大王。有所给与。不足为忧。我自能办。时。善见王欲试居士宝。即来严船于水游戏。告居士曰。我须金宝。汝速与我。居士报曰。大王小待。须至岸上。王寻逼言。我停须用。正今得来。时。居士宝被王严来。即于船上长跪。以右手内着水中。水中宝瓶随手而出。如虫缘树。彼居士宝。亦复如是。内手水中。宝缘手出。充满船上。而白王言。向须宝用。为须几许。时。王善见语居士言。止。止。吾无所须。向相试耳。汝今便为供养我已。时。彼居士闻王语已。寻以宝物还投水中。时。善见王踊跃而言。此居士宝真为我瑞。我今真为转轮圣王。是为居士宝成就。

云何善见大王主兵宝成就。时。主兵宝忽然出现。智谋雄猛。英略独决。即诣王所白言。大王。有所讨罚。王不足忧。我自能办。时。善见大王欲试主兵宝。即集四兵而告之曰。汝今用兵。未集者集。已集者放。未严者严。已严者解。未去者去。已去者住。时。主兵宝闻王语已。即令四兵。未集者集。已集者放。未严者严。已严者解。未去者去。已去者住。时。善见王踊跃而言。此主兵宝真为我瑞。我今真为转轮圣王。阿难。是为善见转轮圣王成就七宝。

何谓四神德。一者长寿不夭。无能及者。二者身强无患。无能及者。三者颜貌端正。无能及者。四者宝藏盈溢。无能及者。是为转轮圣王成就七宝及四功德。

阿难。时。善见王久乃命驾。出游后园。寻告御者。汝当善御。安详而行。所以然者。吾欲谛观国土人民安乐无患。时。国人民路次观者。复语侍人。汝且徐行。吾欲谛观圣王威颜。阿难。时。善见王慈育民物。如父爱子。国民慕王。如子仰父。所有珍奇尽以贡王。愿垂纳受。在意所与。时王报曰。且止。诸人。吾自有宝。汝可自用。复于异时。王作是念。我今宁可造作宫观。适生是意。时国人民诣王善见。各白王言。我今为王造作宫殿。王报之曰。我今以为得汝供养。我有宝物。自足成办。时。国人民复重启王。我欲与王造立宫殿。王告人民。随汝等意。时。诸人民承王教已。即以八万四千两车。载金而来。诣拘舍婆城。造立法殿。时。第二忉利妙匠天子默自思念。唯我能堪与善见王起正法殿。

阿难。时。妙匠天造法殿。长六十里。广三十里。四宝庄严。下

892

基平整。七重宝砖以砌其阶。其法殿柱有八万四千。金柱银栌。银柱金栌。琉璃．水精栌柱亦然。绕殿周匝。有四栏楯。皆四宝成。又四阶陛亦四宝成。其法殿上有八万四千宝楼。其金楼者银为户牖。其银楼者金为户牖。水精．琉璃楼户亦然。金楼银床。银楼金床。绵㲲细软。金缕织成。布其座上。水精．琉璃楼床亦然。其殿光明。眩曜人目。犹日盛明。无能视者。时。善见王自生念言。我今可于是殿左右起多邻园池。即造园池。纵广一由旬。

又复自念。于法殿前造一法池。寻即施造。纵广一由旬。其水清澄。洁净无秽。以四宝砖厕砌其下。绕池四边。栏楯周匝。皆以黄金．白银．水精．琉璃四宝合成。其池中水生众杂华。优钵罗华．波头摩华．俱物头华．分陀利华。出微妙香。馚馥四散。其池四面陆地生华。阿醯物多华．瞻卜华．波罗罗华．须曼陀华．婆师迦华．檀俱摩梨华。使人典池。诸行过者将入洗浴。游戏清凉。随意所欲。须浆与浆。须食与食。衣服．车马．香华．财宝。不逆人意。

阿难。时。善见王有八万四千象。金银校饰。络用宝珠。齐象王为第一。八万四千马。金银校饰。络用宝珠。力马王为第一。八万四千车。师子革络。四宝庄严。金轮宝为第一。八万四千珠。神珠宝为第一。八万四千玉女。玉女宝为第一。八万四千居士。居士宝为第一。八万四千刹利。主兵宝为第一。八万四千城。拘尸婆提城为第一。八万四千殿。正法殿为第一。八万四千楼。大正楼为第一。八万四千床。皆以黄金．白银．众宝所成。氍[毯-炎+數]毺[毯-炎+登]。绵㲲细软。以布其上。八万四千亿衣。初摩衣．迦尸衣．劫波衣为第一。八万四千种食。日日供设。味味各异。

阿难。时。善见王八万四千象。乘齐象上。清旦出拘尸城。案行天下。周遍四海。须臾之间。还入城食。八万四千马。乘力马宝。清旦出游。案行天下。周遍四海。须臾之间。还入城食。八万四千车。乘金轮车。驾力马宝。清旦出游。案行天下。周遍四海。须臾之间。还入城食。八万四千神珠。以神珠宝。照于宫内。昼夜常明。八万四千玉女。玉女宝善贤给侍左右。八万四千居士。有所给与。任居士宝。八万四千刹利。有所讨罚。任主兵宝。八万四千城。常所治都。在拘尸城。八万四千殿。王所常止。在正法殿。八万四千楼。王所常止。在大正楼。八万四千座。王所常止。在颇梨座。以安禅故。八万四千亿衣。上妙宝饰。随意所服。以惭愧故。八万四千种食。王所常食。食自然饭。以知足故。

时。八万四千象来现王时。蹋蹴冲突。伤害众生。不可称数。时王念言。此象数来。多所损伤。自今而后。百年听现一象。如是转次百年现一。周而复始。

佛说长阿含经卷第四

游行经第二后

尔时。佛告阿难。时王自念。我本积何功德。修何善本。今获果报。巍巍如是。复自思念。以三因缘。致此福报。何谓三。一曰布施。二曰持戒。三曰禅思。以是因缘。今获大报。王复自念。我今已受人间福报。当复进修天福之业。宜自抑损。去离愦闹。隐处闲居。以崇道术。时。王即命善贤宝女。而告之曰。我今已受人间福报。当复进修天福之业。宜自抑损。去离愦闹。隐处闲居。以崇道术。女言。唯诺。如大王教。即来内外。绝于侍觐。

时。王即升法殿。入金楼观。坐银御床。思惟贪淫欲．恶不善。有觉．有观。离生喜．乐。得第一禅。除灭觉．观。内信欢悦。捡心专一。无觉．无观。定生喜．乐。得第二禅。舍喜守护。专念不乱。自知身乐。贤圣所求。护念乐行。得第三禅。舍灭苦．乐。先除忧．喜。不苦不乐。护念清净。得第四禅。时。善见王起银御床。出金楼观。诣大正楼。坐琉璃床。修习慈心。遍满一方。余方亦尔。周遍广普无二无量。除众结恨。心无嫉恶。静默慈柔以自娱乐。悲．喜．舍心。亦复如是。

时。玉女宝默自念言。久违颜色。思一侍觐。今者宁可奉现大王。时。宝女善贤告八万四千诸婇女曰。汝等宜各沐浴香汤。严饰衣服。所以然者。我等久违颜色。宜一奉觐。诸女闻已。各严衣服。沐浴澡洁。时。宝女善贤又告主兵宝臣集四种兵。我等久违朝觐。宜一奉现。时。主兵臣即集四兵。白宝女言。四兵已集。宜知是时。于是。宝女将八万四千婇女。四兵导从。诣金多邻园。大众震动。声闻于王。王闻声已。临牕而观。宝女即前。户侧而立。

时。王见女。寻告之曰。汝止勿前。吾将出观。时。善见王起颇梨座。出大正楼。下正法殿。与玉女宝诣多邻园。就座而坐。时。善见王容颜光泽有逾于常。善贤宝女即自念言。今者大王色胜于常。是何异瑞。时。女寻白大王。今者颜色异常。将非异瑞。欲舍寿耶。今此八万四千象。白象宝为第一。金银交饰。珞用宝珠。自王所有。愿少留意。共相娱乐。勿便舍寿。孤弃万民。又八万四千马。力马王为第一。八万四千车。轮宝为第一。八万四千珠。神珠宝第一。八万四千女。玉女宝第一。八万四千居士。居士宝第一。八万四千刹利。主兵宝第一。八万四千城。拘尸城第一。八万四千殿。正法殿第一。八万四千楼。大正楼第一。八万四千座。宝饰第一。八万四千亿衣。柔软第一。八万四千种食。味味珍异。凡此众宝。皆王所有。愿少留意。共相娱乐。勿便舍寿。孤弃万民。

时。善见王答宝女曰。自汝昔来恭奉于我。慈柔敬顺。言无粗漏今者何故。乃作此语。女白王曰。不审所白有何不顺。王告女曰。汝向所言。象马．宝车．金轮．宫观．名服．肴膳。斯皆无常。不可久保。而劝我留。岂是顺耶。女白王言。不审慈顺当何以言。王告女曰。汝若能言。象马．宝车．金轮．宫观．名服．肴膳。斯皆无常。不可久保。愿不恋着。以劳神思。所以然者。王命未几当就后世。夫生有死。合会有离。何有生此而永寿者。宜割恩爱以存道意。斯乃名曰敬顺言也。

阿难。时。玉女宝闻王此教。悲泣[跳-兆+虎]啼。扪泪而言。象马．宝车．金轮．宫观．名服．肴膳。斯皆无常。不可久保。愿不恋着。以劳神思。所以然者。王寿未几当就后世。夫生有死。合会有离。何有生此而永寿者。宜割恩爱以存道意。

阿难。彼玉女宝抚此言顷。时善见王忽然命终。犹如壮士美饭一餐。无有苦恼。魂神上生第七梵天。其王善见死七日后。轮宝．珠宝自然不现。象宝．马宝．玉女宝．居士宝．主兵宝同日命终。城池．法殿．楼观．宝饰．金多邻园。皆变为土木。

佛告阿难。此有为法。无常变易。要归磨灭。贪欲无厌。消散人命。恋着恩爱。无有知足。唯得圣智。谛见道者。尔乃知足。阿难。我自忆念。曾于此处六返。作转轮圣王。终措骨于此。今我成无上正觉。复舍性命。措身于此。自今已后。生死永绝。无有方土。措吾身处。此最后边。更不受有。

尔时。世尊在拘尸那竭城本所生处。娑罗园中双树间。临将灭度。告阿难曰。汝入拘尸那竭城。告诸末罗。诸贤。当知如来夜半于娑罗园双树间当般涅槃。汝等可往咨问所疑。面受教诫。宜及是时。无从后悔。

是时。阿难受佛教已。即从座起。礼佛而去。与一比丘垂泪而行。入拘尸城。见五百末罗以少因缘。集在一处。

时。诸末罗见阿难来。即起作礼。于一面立。白阿难言。不审尊者今入此城。何甚晚暮。欲何作为。

阿难垂泪言。吾为汝等。欲相饶益。故来相告。卿等当知。如来夜半当般涅槃。汝等可往咨问所疑。面受教诫。宜及是时。无从后悔。

时。诸末罗闻是言已。举声悲号。宛转躄地。绝而复苏。譬如大树根拔。枝条摧折。同举声言。佛取灭度。何其驶哉。佛取灭度。何其速哉。群生长衰。世间眼灭。

是时。阿难慰劳诸末罗言。止。止。勿悲。天地万物。无生不终。欲使有为而常存者。无有是处。佛不云乎。合会有离。生必有尽。

时。诸末罗各相谓言。吾等还归。将诸家属。并持五百张白叠。共诣双树。

时。诸末罗各归舍已。将诸家属。并持白叠。出拘尸城。诣双树间。至阿难所。阿难遥见。默自念言。彼人众多。若一一见佛。恐未周闻。佛先灭度。我今宁可使于前夜。同时见佛。即将五百末罗及其家属。至世尊所。头面礼足。在一面立。阿难前白佛言。某甲某甲诸末罗等及其家属。问讯世尊起居增损。

佛报言。劳汝等来。当使汝等寿命延长。无病无痛。阿难乃能将诸末罗及其家属。使见世尊。

时。诸末罗头面礼足。于一面坐。尔时。世尊为说无常。示教利喜。时。诸末罗闻法欢喜。即以五百张叠。奉上世尊。佛为受之。诸末罗即从座起。礼佛而去。

是时。拘尸城内。有一梵志。名曰须跋。年百二十。耆旧多智。闻沙门瞿昙今夜于双树间当取灭度。自念言。吾于法有疑。唯有瞿昙能解我意。今当及时自力而行。即于其夜。出拘尸城。诣双树间。至阿难所。问讯已。一面立。白阿难曰。我闻瞿昙沙门今夜当取灭度。故来至此。求一相见。我于法有疑。愿见瞿昙。一决我意。宁有闲暇得相见不。

阿难报言。止。止。须跋。佛身有疾。无劳扰也。

须跋固请。乃至再三。吾闻如来时一出世。如优昙钵花时时乃出。故来求现。欲决所疑。宁有闲暇暂相见不。

阿难答如初。佛身有疾。无劳扰也。

时。佛告阿难。汝勿遮止。听使来入。此欲决疑。无娆乱也。设闻我法。必得开解。

阿难乃告须跋。汝欲觐佛。宜知是时。

须跋即入。问讯已。一面坐。而白佛言。我于法有疑。宁有闲暇一决所滞不。

佛言。恣汝所问。

须跋即问。云何。瞿昙。诸有别众。自称为师。不兰迦叶．末伽梨憍舍利．阿浮陀翅舍金披罗．波浮迦旃．萨若毗耶梨弗．尼揵子．此诸师等。各有异法。瞿昙沙门能尽知耶。不尽知耶。

佛言。止。止。用论此为。吾悉知耳。今当为汝说深妙法。谛听。谛听。善思念之。

须跋受教。佛告之曰。若诸法中。无八圣道者。则无第一沙门果。第二．第三．第四沙门果。须跋。以诸法中有八圣道故。便有第一沙门果。第二．第三．第四沙门果。须跋。今我法中有八圣道。有第一沙门果。第二．第三．第四沙门果。外道异众无沙门果。尔时。世尊为须跋而说颂曰。

  我年二十九　　出家求善道
  须跋我成佛　　今已五十年
  戒定智慧行　　独处而思惟

今说法之要　　此外无沙门

佛告须跋。若诸比丘皆能自摄者。则此世间罗汉不空。

是时。须跋白阿难言。诸有从沙门瞿昙已行梵行。今行．当行者。为得大利。阿难。汝于如来所修行梵行。亦得大利。我得面觐如来。咨问所疑。亦得大利。今者。如来则为以弟子蒴而别我已。

即白佛言。我今宁得于如来法中出家受具戒不。

佛告须跋。若有异学梵志于我法中修梵行者。当试四月。观其人行。察其志性。具诸威仪无漏失者。则于我法得受具戒。须跋。当知在人行耳。

须跋复白言。外道异学于佛法中当试四月。观其人行。察其志性。具诸威仪无漏失者。乃得具戒。今我能于佛正法中四岁使役。具诸威仪。无有漏失。乃受具戒。

佛告须跋。我先已说在人行耳。

于是。须跋即于其夜。出家受戒。净修梵行。于现法中。自身作证。生死已尽。梵行已立。所作已办。得如实智。更不受有。时夜未久。即成罗汉。是为如来最后弟子。便先灭度而佛后焉。

是时。阿难在佛后立。抚床悲泣。不能自胜。歔欷而言。如来灭度。何其驶哉。世尊灭度。何其疾哉。大法沦瞖。何其速哉。群生长衰。世间眼灭。所以者何。我蒙佛恩。得在学地。所业未成。而佛灭度。

尔时。世尊知而故问。阿难比丘今为所在。

时。诸比丘白如来曰。阿难比丘今在佛后抚床悲泣。不能自胜。歔欷而言。如来灭度。何其驶哉。世尊灭度。何其疾哉。大法沦瞖。何其速哉。群生长衰。世间眼灭。所以者何。我蒙佛恩。得在学地。所业未成。而佛灭度。

佛告阿难。止。止。勿忧莫悲泣也。汝侍我以来。身行有慈。无二无量。言行有慈。意行有慈。无二无量。阿难。汝供养我。功德甚大。若有供养诸天．魔．梵．沙门．婆罗门。无及汝者。汝但精进。成道不久。

尔时。世尊告诸比丘。过去诸佛给侍弟子亦如阿难。未来诸佛给侍弟子亦如阿难。然过去佛给侍弟子。语然后知。今我阿难。举目即知。如来须是。世尊须是。此是阿难未曾有法。汝等持之。转轮圣王有四奇特未曾有法。何等四。圣王行时。举国民庶皆来奉迎。见已欢喜。闻教亦喜。瞻仰威颜。无有厌足。转轮圣王若住．若坐。及与卧时。国内臣民尽来王所。见王欢喜。闻教亦喜。瞻仰威颜。无有厌足。是为转轮圣王四奇特法。今我阿难亦有此四奇特之法。何等四。阿难默然入比丘众。众皆欢喜。为众说法。闻亦欢喜。观其仪容。听其说法。无有厌足。复次。阿难默然至比丘尼众中．优婆塞众中．优婆夷众中。见俱欢喜。若与说法。闻亦欢喜。观其仪容。听其说法。

无有厌足。是为阿难四未曾有奇特之法。

尔时。阿难偏露右肩。右膝着地。而白佛言。世尊。现在四方沙门耆旧多智。明解经律。清德高行者来觐世尊。我因得礼敬。亲觐问讯。佛灭度后。彼不复来。无所瞻对。当如之何。

佛告阿难。汝勿忧也。诸族姓子常有四念。何等四。一曰念佛生处。欢喜欲见。忆念不忘。生恋慕心。二曰念佛初得道处。欢喜欲见。忆念不忘。生恋慕心。三曰念佛转法轮处。欢喜欲见。忆念不忘。生恋慕心。四曰念佛般泥洹处。欢喜欲见。忆念不忘。生恋慕心。阿难。我般泥洹后。族姓男女念佛生时。功德如是。佛得道时。神力如是。转法轮时。度人如是。临灭度时。遗法如是。各诣其处。游行礼敬诸塔寺已。死皆生天。除得道者。

佛告阿难。我般涅槃后。诸释种来。求为道者。当听出家。授具足戒。勿使留难。诸异学梵志来求为道。亦听出家受具足戒。勿试四月。所以者何。彼有异论。若小稽留。则生本见。

尔时。阿难长跪叉手。前白佛言。阐怒比丘㾮[悷-犬+邑]自用。佛灭度后。当如之何。

佛告阿难。我灭度后。若彼阐怒不顺威仪。不受教诫。汝等当共行梵檀罚。敕诸比丘不得与语。亦勿往返教授从事。

是时。阿难复白佛言。佛灭度后。诸女人辈未受诲者。当如之何。

佛告阿难。莫与相见。

阿难又白。设相见者。当如之何。

佛言。莫与共语。

阿难又白。设与语者。当如之何。

佛言。当自捡心。阿难。汝谓佛灭度后。无复覆护。失所持耶。勿造斯观。我成佛来所说经戒。即是汝护。是汝所持。阿难。自今日始。听诸比丘舍小小戒。上下相呼。当顺礼度。斯则出家敬顺之法。

佛告诸比丘。汝等。若于佛．法．众有疑。于道有疑者。当速咨问。宜及是时。无从后悔。及吾现存。当为汝说。时诸比丘默然无言。

佛又告曰。汝等。若于佛．法．众有疑。于道有疑。当速咨问。宜及是时。无从后悔。及吾现存。当为汝说。时。诸比丘又复默然。

佛复告曰。汝等若自惭愧。不敢问者。当因知识。速来咨问。宜及是时。无从后悔。时。诸比丘又复默然。

阿难白佛言。我信此众皆有净信。无一比丘疑佛．法．众。疑于道者。

佛告阿难。我亦自知今此众中最小比丘皆见道迹。不趣恶道。极七往返。必尽苦际。尔时。世尊即记莂千二百弟子所得道果。

时。世尊披郁多罗僧。出金色臂。告诸比丘。汝等当观如来时时出世。如优昙钵花时一现耳。尔时。世尊重观此义。而说偈言。

　　右臂紫金色　　佛现如灵瑞
　　去来行无常　　现灭无放逸

是故。比丘。无为放逸。我以不放逸故。自致正觉。无量众善。亦由不放逸得。一切万物无常存者。此是如来末后所说。于是。世尊即入初禅定。从初禅起。入第二禅。从第二禅起。入第三禅。从第三禅起。入第四禅。从四禅起。入空处定。从空处定起。入识处定。从识处定起。入不用定。从不用定起。入有想无想定。从有想无想定起。入灭想定。

是时。阿难问阿那律。世尊已般涅槃耶。

阿那律言。未也。阿难。世尊今者在灭想定。我昔亲从佛闻。从四禅起。乃般涅槃。

于时。世尊从灭想定起。入有想无想定。从有想无想定起。入不用定。从不用定起。入识处定。从识处定起。入空处定。从空处定起。入第四禅。从第四禅起。入第三禅。从三禅起。入第二禅。从二禅起。入第一禅。从第一禅起。入第二禅。从二禅起。入第三禅。从三禅起。入第四禅。从四禅起。佛般涅槃。当于尔时。地大震动。诸天．世人皆大惊怖。诸有幽冥日月光明所不照处。皆蒙大明。各得相见。迭相谓言。彼人生此。彼人生此。其光普遍。过诸天光。

时。忉利天于虚空中。以文陀罗花．优钵罗．波头摩．拘摩头．分陀利花散如来上。及散众会。又以天末栴檀而散佛上。及散大众。佛灭度已。时梵天王于虚空中以偈颂曰。

　　一切昏萌类　　皆当舍诸阴
　　佛为无上尊　　世间无等伦
　　如来大圣雄　　有无畏神力
　　世尊应久住　　而今般涅槃

尔时。释提桓因复作颂曰。

　　阴行无有常　　但为兴衰法
　　生者无不死　　佛灭之为乐

尔时。毗沙门王复作颂曰。

　　福树大丛林　　无上福娑罗
　　受供之良田　　双树间灭度

尔时。阿那律复作颂曰。

　　佛以无为住　　不用出入息
　　本由寂灭来　　灵曜于是没

尔时。梵摩那比丘复作颂曰。

　　不以懈慢心　　约己修上慧
　　无著无所染　　离爱无上尊

尔时。阿难比丘复作颂曰。

天人怀恐怖　　衣毛为之竖
　　一切皆成就　　正觉取灭度
尔时。金毗罗神复作颂曰。
　　世间失覆护　　群生永盲冥
　　不复睹正觉　　人雄释师子
尔时。密迹力士复作颂曰。
　　今世与后世　　梵世诸天人
　　更不复睹见　　人雄释师子
尔时。佛母摩耶复作颂曰。
　　佛生楼毗园　　其道广流布
　　还到本生处　　永弃无常身
尔时。双树神复作颂曰。
　　何时当复以　　非时花散佛
　　十力功德具　　如来取灭度
尔时。娑罗园林神复作颂曰。
　　此处最妙乐　　佛于此生长
　　即此转法轮　　又于此灭度
尔时。四天王复作颂曰。
　　如来无上智　　常说无常论
　　解群生苦缚　　究竟入寂灭
尔时。忉利天王复作颂曰。
　　于亿千万劫　　求成无上道
　　解群生苦缚　　究竟入寂灭
尔时。焰天王复作颂曰。
　　此是最后衣　　缠裹如来身
　　佛既灭度已　　衣当何处施
尔时。兜率陀天王复作颂曰。
　　此是末后身　　阴界于此灭
　　无忧无喜想　　无复老死患
尔时。化自在天王复作颂曰。
　　佛于今后夜　　偃右胁而卧
　　于此娑罗园　　释师子灭度
尔时。他化自在天王复作颂曰。
　　世间永衰冥　　星王月奄坠
　　无常之所覆　　大智日永翳
尔时。异比丘而作颂曰。
　　是身如泡沫　　危脆谁当乐
　　佛得金刚身　　犹为无常坏
　　诸佛金刚体　　皆亦归无常

900

速灭如少雪　　其余复何冀
　　佛般涅槃已。时诸比丘悲恸殒绝。自投于地。宛转号啕。不能自胜。歔欷而言。如来灭度。何其驶哉。世尊灭度。何其疾哉。大法沦翳。何其速哉。群生长衰。世间眼灭。譬如大树根拔。枝条摧折。又如斩蛇。宛转回遑。莫知所奉。
　　时。诸比丘亦复如是。悲恸殒绝。自投于地。宛转号啕。不能自胜。歔欷而言。如来灭度。何其驶哉。世尊灭度。何其疾哉。大法沦翳。何其速哉。群生长衰。世间眼灭。
　　尔时。长老阿那律告诸比丘。止。止。勿悲。诸天在上。傥有怪责。
　　时。诸比丘问阿那律。上有几天。
　　阿那律言。充满虚空。岂可计量。皆于空中徘徊骚扰。悲号躄踊。垂泪而言。如来灭度。何其驶哉。世尊灭度。何其疾哉。大法沦翳。何其速哉。群生长衰。世间眼灭。譬如大树根拔。枝条摧折。又如斩蛇。宛转回遑。莫知所奉。是时。诸天亦复如是。皆于空中徘徊骚扰。悲号躄踊。垂泪而言。如来灭度。何其驶哉。世尊灭度。何其疾哉。大法沦翳。何其速哉。群生长衰。世间眼灭。
　　时。诸比丘竟夜达晓。讲法语已。阿那律告阿难言。汝可入城。语诸末罗。佛已灭度。所欲施作。宜及时为。
　　是时。阿难即起。礼佛足已。将一比丘。涕泣入城。遥见五百末罗以少因缘。集在一处。诸末罗见阿难来。皆起奉迎。礼足而立。白阿难言。今来何早。
　　阿难答言。我今为欲饶益汝故。晨来至此。汝等当知。如来昨夜已取灭度。汝欲施作。宜及时为。
　　时。诸末罗闻是语已。莫不悲恸。扣泪而言。一何驶哉。佛般涅槃。一何疾哉。世间眼灭。
　　阿难报曰。止。止。诸君勿为悲泣。欲使有为不变易者。无有是处。佛已先说。生者有死。合会有离。一切恩爱。无常存者。
　　时。诸末罗各相谓言。宜各还归。办诸香花及众伎乐。速诣双树。供养舍利。竟一日已。以佛舍利置于床上。使末罗童子举床四角。擎持幡盖。烧香散华。伎乐供养。入东城门。遍诸里巷。使国人民皆得供养。然后出西城门。诣高显处而阇维之。时。诸末罗作此论已。各自还家。供办香华及众伎乐。诣双树间。供养舍利。竟一日已。以佛舍利置于床上。诸末罗等众来举床。皆不能胜。
　　时。阿那律语诸末罗。汝等且止。勿空疲劳。今者诸天欲来举床。
　　诸末罗曰。天以何意。欲举此床。
　　阿那律曰。汝等欲以香花伎乐供养舍利。竟一日已。以佛舍利置于床上。使末罗童子举床四角。擎持幡盖。烧香散花。伎乐供养。入东城门。遍诸里巷。使国人民皆得供养。然后出西城门。诣高显处而阇维之。而诸天意欲留舍利七日之中。香花伎乐。礼敬供养。然后以佛舍利置于床上。使末罗童子举床四角。擎持幡盖。散花烧香。作众伎乐。供养舍利。入东城门。遍诸里巷。使国人民皆得供养。然后出城北门。渡熙连禅河。到天冠寺而阇维之。是上天意。使床不动。

末罗曰。诺。快哉斯言。随诸天意。

时。诸末罗自相谓言。我等宜先入城。街里街里。平治道路。扫洒烧香。还来至此。于七日中供养舍利。时。诸末罗即共入城。街里街里。平治道路。扫洒烧香。讫已出城。于双树间。以香花伎乐供养舍利。讫七日已。时日向暮举佛舍利置于床上。末罗童子奉举四角。擎持幡盖。烧香散花。作众伎乐。前后导从。安详而行。

时。忉利诸天以文陀罗花．优钵罗花．波头摩花．拘物头花．分陀利花。天末栴檀散舍利上。充满街路。诸天作乐。鬼神歌咏。时。诸末罗自相谓言。且置人乐。请设天乐供养舍利。

于是。末罗奉床渐进。入东城门。止诸街巷。烧香散花。伎乐供养。时。有路夷末罗女笃信佛道。手擎金花。大如车轮。供养舍利。时。有一老母举声赞曰。此诸末罗为得大利。如来末后于此灭度。举国士民快得供养。

时。诸末罗设供养已。出城北门。渡熙连禅河。到天冠寺。置床于地。告阿难曰。我等当复以何供养。

阿难报曰。我亲从佛闻。亲受佛教。欲葬舍利者。当如转轮圣王葬法。

又问阿难。转轮圣王葬法云何。

答曰。圣王葬法。先以香汤洗浴其身。以新劫贝周遍缠身。五百张叠次如缠之。内身金棺。灌以麻油毕。举金棺置于第二大铁椁中。栴檀香椁次重于外。积众名香。厚衣其上而阇维之。收拾舍利。于四衢道起立塔庙。表刹悬缯。使国行人皆见王塔。思慕正化。多所饶益。阿难。汝欲葬我。先以香汤洗浴。用新劫贝周匝缠身。以五百张叠次如缠之。内身金棺。灌以麻油毕。举金棺置于第二大铁椁中。栴檀香椁次重于外。积众名香。厚衣其上而阇维之。收捡舍利。于四衢道起立塔庙。表刹悬缯。使诸行人皆见佛塔。思慕如来法王道化。生获福利。死得上天。除得道者。

时。诸末罗各相谓言。我等还城。供办葬具．香花．劫贝．棺椁．香油及与白叠。时。诸末罗即共入城。供办葬具已。还到天冠寺。以净香汤洗浴佛身。以新劫贝周匝缠身。五百张叠次如缠之。内身金棺。灌以香油。奉举金棺置于第二大铁椁中。栴檀木椁重衣其外。以众名香而积其上。

时。有末罗大臣名曰路夷。执大炬火。欲燃佛积。而火不燃。又有大末罗次前燃其积。火又不燃。时。阿那律语诸末罗言。止。止。

诸贤。非汝所能。火灭不燃。是诸天意。

末罗又问。诸天何故使火不燃。

阿那律言。天以大迦叶将五百弟子从波婆国来。今在半道。及未阇维。欲见佛身。天知其意。故火不燃。

末罗又言。愿遂此意。

尔时。大迦叶将五百弟子从波婆国来。在道而行。遇一尼乾子手执文陀罗花。时。大迦叶遥见尼乾子。就往问言。汝从何来。

报言。吾从拘尸城来。

迦叶又言。汝知我师问乎。

答曰。知。

又问。我师存耶。

答曰。灭度已来。已经七日。吾从彼来。得此天华。迦叶闻之。怅然不悦。时。五百比丘闻佛灭度。皆大悲泣。宛转号啕。不能自胜。扪泪而言。如来灭度。何其驶哉。世尊灭度。何其疾哉。大法沦翳。何其速哉。群生长衰。世间眼灭。譬如大树根拔。枝条摧折。又如斩蛇。宛转回遑。莫知所奉。

时。彼众中有释种子。字拔难陀。止诸比丘言。汝等勿忧。世尊灭度。我得自在。彼者常言。当应行是。不应行是。自今已后。随我所为。

迦叶闻已。怅然不悦。告诸比丘曰。速严衣钵。时诣双树。及未阇维。可得见佛。

时。诸比丘闻大迦叶语已。即从座起。侍从迦叶。诣拘尸城。渡尼连禅河水。到天冠寺。至阿难所。问讯已。一面住。语阿难言。我等欲一面觐舍利。及未阇维。宁可见不。

阿难答言。虽未阇维。难复可见。所以然者。佛身既洗以香汤缠以劫贝。五百张叠次如缠之。藏于金棺。置铁椁中。栴檀香椁重衣其外。以为佛身难复可睹。

迦叶请至三。阿难答如初。以为佛身难复得见。

时。大迦叶适向香[卄/积]。于时佛身从重椁内双出两足。足有异色。迦叶见已。怪问阿难。佛身金色。是何故异。

阿难报曰。向者。有一老母悲哀而前手抚佛足。泪堕其上。故色异耳。

迦叶闻已。又大不悦。即向香[卄/积]。礼佛舍利。时。四部众及上诸天同时俱礼。于是佛足忽然不现。时。大迦叶绕[卄/积]三匝。而作颂曰。

　　诸佛无等等　　圣智不可称
　　无等之圣智　　我今稽首礼
　　无等等沙门　　最上无瑕秽
　　牟尼绝爱枝　　大仙天人尊

人中第一雄	我今稽首礼
苦行无等侣	离着而教人
无染无垢尘	稽首无上尊
三垢垢已尽	乐于空寂行
无二无畴匹	稽首十力尊
远逝为最上	二足尊中尊
觉四谛止息	稽首安隐智
沙门中无上	回邪令入正
世尊施寂灭	稽首湛然迹
无热无瑕郄	其心当寂定
练除诸尘秽	稽首无垢尊
慧眼无限量	甘露灭名称
希有难思议	稽首无等伦
吼声如师子	在林无所畏
降魔越四姓	是故稽首礼

大迦叶有大威德。四辩具足。说此偈已。时彼佛[廿/积]不烧自燃。诸末罗等各相谓言。今火猛炽。焰盛难止。阇维舍利。或能消尽。当于何所求水灭之。时。佛[廿/积]侧有娑罗树神。笃信佛道。寻以神力灭佛[廿/积]火。

时。诸末罗复相谓言。此拘尸城左右十二由旬。所有香花。尽当采取。供佛舍利。寻诣城侧。取诸香花。以用供养。

时。波婆国末罗民众。闻佛于双树灭度。皆自念言。今我宜往。求舍利分。自于本土。起塔供养。时。波婆国诸末罗即下国中。严四种兵。象兵．马兵．车兵．步兵。到拘尸城。遣使者言。闻佛众祐。止此灭度。彼亦我师。敬慕之心。来请骨分。当于本国起塔供养。

拘尸王答曰。如是。如是。诚如所言。但为世尊垂降此土。于兹灭度。国内士民。当自供养。远劳诸君。舍利分不可得。

时。遮罗颇国诸跋离民众。及罗摩伽国拘利民众．毗留提国婆罗门众．迦维罗卫国释种民众。毗舍离国离车民众。及摩竭王阿阇世。闻如来于拘尸城双树间而取灭度。皆自念言。今我宜往。求舍利分。

时。诸国王阿阇世等。即下国中。严四种兵。象兵．马兵．车兵．步兵。进渡恒水。即敕婆罗门香姓。汝持我名。入拘尸城。致问诸末罗等。起居轻利。游步强耶。吾于诸贤。每相宗敬。邻境义和。曾无诤讼。我闻如来于君国内而取灭度。唯无上尊。实我所天。故从远来。求请骨分。欲还本土。起塔供养。设与我者。举国重宝。与君共之。

时。香姓婆罗门受王教已。即诣彼城。语诸末罗曰。摩竭大王致问无量。起居轻利。游步强耶。吾于诸君。每相宗敬。邻境义和。曾无诤讼。我闻如来于君国内而取灭度。唯无上尊。实我所天。故从远来。求请骨分。欲还本土。起塔供养。设与我者。举国重宝。与君共之。

时。诸末罗报香姓曰。如是。如是。诚如君言。但为世尊垂降此土。于兹灭度。国内士民自当供养。远劳诸君。舍利分不可得。

时。诸国王即集群臣。众共立议。作颂告曰。

  吾等和议　远来拜首
  逊言求分　如不见与
  四兵在此　不惜身命
  义而弗获　当以力取

时。拘尸国即集群臣。众共立议。以偈答曰。

  远劳诸君　屈辱拜首
  如来遗形　不敢相许
  彼欲举兵　吾斯亦有
  毕命相抵　未之有畏

时。香姓婆罗门晓众人曰。诸贤。长夜受佛教诫。口诵法言。心服仁化。一切众生常念欲安。宁可诤佛舍利共相残害。如来遗形欲以广益。舍利现在但当分取。

众咸称善。寻复议言。谁堪分者。

皆言香姓婆罗门仁智平均。可使分也。

时。诸国王即命香姓。汝为我等分佛舍利。均作八分。

于时。香姓闻诸王语已。即诣舍利所。头面礼毕。徐前取佛上牙。别置一面。寻遣使者。赍佛上牙。诣阿阇世王所。语使者言。汝以我声。上白大王。起居轻利。游步强耶。舍利未至。倾迟无量耶。今付使者如来上牙。并可供养。以慰企望。明星出时。分舍利讫。当自奉送。

时。彼使者受香姓语已。即诣阿阇世王所。白言。香姓婆罗门致问无量。起居轻利。游步强耶。舍利未至。倾迟无量耶。今付使者如来上牙。并可供养。以慰企望。明星出时。分舍利讫。当自奉送。

尔时。香姓以一瓶受一石许。即分舍利。均为八分已。告众人言。愿以此瓶。众议见与。自欲于舍起塔供养。

皆言。智哉。是为知时。即共听与。

时。有毕钵村人白众人言。乞地燋炭。起塔供养。皆言与之。

时。拘尸国人得舍利分。即于其土起塔供养。波婆国人．遮罗国．罗摩伽国．毗留提国．迦维罗卫国．毗舍离国．摩竭国阿阇世王等。得舍利分已。各归其国。起塔供养。香姓婆罗门持舍利瓶归起塔庙。毕钵村人持地燋炭归起塔庙。当于尔时。如来舍利起于八塔。第九瓶塔。第十炭塔。第十一生时发塔。何等时佛生。何等时成道。何等时灭度。沸星出时生。沸星出出家。沸星出成道。沸星出灭度(丹本注云问中应有何等时出家诸本并阙)。

905

何等生二足尊　　何等出丛林苦
何等得最上道　　何等入涅槃城
沸星生二足尊　　沸星出丛林苦
沸星得最上道　　沸星入涅槃城
八日如来生　　　八日佛出家
八日成菩提　　　八日取灭度
八日生二足尊　　八日出丛林苦
八日成最上道　　八日入泥洹城
二月如来生　　　二月佛出家
二月成菩提　　　八日取涅槃
二月生二足尊　　二月出丛林苦
二月得最上道　　八日入涅槃城
娑罗花炽盛　　　种种光相照
于其本生处　　　如来取灭度
大慈般涅槃　　　多人称赞礼
尽度诸恐畏　　　决定取灭度

佛说长阿含经卷第五

（三）第一分典尊经第三

如是我闻。

一时。佛在罗阅祇耆阇崛山。与大比丘众千二百五十人俱。

尔时。执乐天般遮翼子。于夜静寂无人之时。放大光明。照耆阇崛山来至佛所。头面礼佛足已。在一面立。时。般遮翼白世尊言。昨梵天王至忉利天。与帝释共议。我亲从彼闻。今者宁可向世尊说不。

佛言。汝欲说者。便可说之。

般遮翼言。一时。忉利诸天集法讲堂。有所讲论。时。四天王随其方面。各当位坐。提帝赖吒天王在东方坐。其面西向。帝释在前。毗楼勒天王在南方坐。其面北向。帝释在前。毗楼博叉天王在西方坐。其面东向。帝释在前。毗沙门天王在北方坐。其面南向。帝释在前。时。四天王皆先坐已。然后我坐。复有余大神天。皆先于佛所。净修梵行。于此命终。生忉利天。使彼诸天。增益五福。一者天寿。二者天色。三者天名称。四者天乐。五者天威德。时。诸忉利天皆踊跃欢喜言。增益诸天众。减损阿须伦众。尔时。释提桓因知诸天人有欢喜心。即为忉利诸天而作颂曰。

忉利诸天人　　帝释相娱乐
礼敬于如来　　最上法之王
诸天受影福　　寿色名乐威

> 于佛修梵行　　故来生此间
> 复有诸天人　　光色甚巍巍
> 佛智慧弟子　　生此复殊胜
> 忉利及因提　　思惟此自乐
> 礼敬于如来　　最上法之王

尔时。忉利诸天闻此偈已。倍复欢喜。不能自胜。增益诸天众。减损阿须伦众。释提桓因见忉利天欢喜悦豫。即告之曰。诸贤。汝等颇欲闻如来八无等法不。时。忉利诸天言。愿乐欲闻。

帝释报言。谛听。谛听。善思念之。诸贤。如来．至真．等正觉。十号具足。不见过去．未来．现在有如来．至真．十号具足。如佛者也。佛法微妙。善可讲说。智者所行。不见过去．未来．现在有微妙法。如佛者也。佛由此法。而自觉悟。通达无碍。以自娱乐。不见过去．未来．现在能于此法而自觉悟。通达无碍。以自娱乐。如佛者也。诸贤。佛以此法自觉悟已。亦能开示涅槃径路。亲近渐至。入于寂灭。譬如恒河水．炎摩水。二水并流。入于大海。佛亦如是。善能开示涅槃径路。亲近渐至。入于寂灭。不见过去．未来．现在有能开示涅槃径路。如佛者也。诸贤。如来眷属成就。刹利．婆罗门．居士．沙门．有智慧者。皆是如来成就眷属。不见过去．未来．现在眷属成就。如佛者也。诸贤。如来大众成就。所谓比丘．比丘尼．优婆塞．优婆夷。不见过去．未来．现在大众成就。如佛者也。诸贤。如来言行相应。所言如行。所行如言。如是则为法法成就。不见过去．未来．现在言行相应。法法成就。如佛者也。诸贤。如来多所饶益。多所安乐。以慈愍心利益天人。不见过去．未来．现在多所饶益。多所安乐。如佛者也。诸贤。是为如来八无等法。

时。忉利天作是说言。若使世间有八佛出者。当大增益诸天众。减损阿须伦众。时。忉利天言。且置八佛。正使七佛．六佛。乃至二佛出世者。亦大增益诸天众。减损阿须伦众。何况八佛。时。释提桓因告忉利天言。我从佛闻。亲从佛受。欲使一时二佛出世。无有是处。但使如来久存于世。多所慈愍。多所饶益。天人获安。则大增益诸天。减损阿须伦众。

时。般遮翼白佛言。世尊。忉利诸天所以集法讲堂上者。共议思惟。称量观察。有所教令。然后为四天王。四天王受教已。各当位而坐。其坐未久。有大异光照于四方。时。忉利天见此光已。皆大惊愕。今此异光。将有何怪。诸大神天有威德者。亦皆惊怖。今此异光。将有何怪。时。大梵王即化为童子。头五角髻。在大众上虚空中立。颜貌端正。与众超绝。身紫金色。蔽诸天光。时。忉利天亦不起迎。亦不恭敬。又不请坐。时。梵童子随所诣坐。坐生欣悦。譬如刹利水浇头种。登王位时。踊跃欢喜。来坐未久。复自变身。作童子像。头五角髻。在大众上虚空中坐。譬如力士坐于安座。嶷然不动。

而作颂曰。
　　　　忉利诸天人　　帝释相娱乐
　　　　礼敬于如来　　最上法之王
　　　　诸天受影福　　寿色名乐威
　　　　于佛修梵行　　故来生此间
　　　　复有诸天人　　光色甚巍巍
　　　　佛智慧弟子　　生此复殊胜
　　　　忉利及因提　　思惟此自乐
　　　　礼敬于如来　　最上法之王

时。诸忉利天语童子曰。吾等闻天帝释称说如来八无等法。欢喜踊跃。不能自胜。时。梵童子语忉利天言。何等如来八无等法。吾亦乐闻。时。天帝释即为童子说如来八无等法。忉利诸天．童子闻说已。倍复欢喜。不能自胜。增益诸天众。减损阿须伦众。是时。童子见天欢喜。复增欣跃。即告忉利天曰。汝等欲闻一无等法不。天曰。善哉。愿乐欲闻。

童子告曰。汝乐闻者。谛听。谛受。当为汝说。告诸天曰。如来往昔为菩萨时。在所生处聪明多智。诸贤。当知过去久远时。世有王名曰地主。第一太子名曰慈悲。王有大臣名曰典尊。大臣有子名曰焰鬘。太子慈悲有朋友。其朋亦与六刹利大臣而为朋友。地主大王欲入深宫游戏娱乐时。即以国事委付典尊大臣。然后入宫作倡伎乐。五欲自娱。时。典尊大臣欲理国事。先问其子。然后决断。有所处分。亦问其子。

其后典尊忽然命终。时地主王闻其命终。愍念哀伤。抚膺而曰。咄哉。何辜失国良干。太子慈悲默自念宫。王失典尊以为忧苦。今我宜往谏于大王。无以彼丧而生忧苦。所以然者。典尊有子名曰焰鬘。聪明多智乃过其父。今可征召以理国事。时。慈悲太子即诣王所。具以上事白其父王。闻太子语已。即召焰鬘而告之曰。吾今以汝补卿父处。授汝相印。彼时焰鬘受相印已。王欲入宫。复付后事。

时。相焰鬘明于治理。父先所为焰鬘亦知。父所不及焰鬘亦知。其后名称流闻海内。天下咸称为大典尊。时。大典尊后作是念。今王地主年已朽迈。余寿未几。若以太子绍王位者。未为难也。我今宁可先往语彼六刹利大臣。今王地主年已朽迈。余寿未几。若以太子绍王位者。未为难也。君等亦当别封王土。居位之日。勿相忘也。

时。大典尊即往诣六刹利大臣。而告之曰。诸君。当知今王地主年已朽迈。余寿未几。若以太子绍王位者。未为难也。汝等可往白太子此意。我等与尊生小知旧。尊苦我苦。尊乐我乐。今王衰老。年已朽迈。余寿未几。今者太子绍王位者。未为难也。尊设登位。当与我封。时。六刹利大臣闻其语已。即诣太子。说如上事。太子报言。设吾登位。列土封国。当更与谁。

时。王未久忽然而崩。国中大臣寻拜太子补王正位。王居位已。默自思念。今立宰相。宜准先王。复自思念。谁堪此举。正当即任大典尊位。时。王慈悲即告大典尊。我今使汝即于相位。授以印信。汝当勤忧。综理国事。时。大典尊闻王教已。即受印信。王每入宫。辄以后事付大典尊。

大典尊复自念言。吾今宜往六刹利所。问其宁忆昔所言不。即寻往诣语刹利曰。汝今宁忆昔所言不。今者太子以登王位。隐处深宫。五欲自娱。汝等今者可往问王。王居天位。五欲自娱。宁复能忆昔所言不。时。六刹利闻是语已。即诣王所。白大王言。王居天位。五欲自娱。宁复能忆昔所言不。列土封邑。谁应居之。王曰。不忘昔言。列土封邑。非卿而谁。王复自念。此阎浮提地。内广外狭。谁能分此以为七分。复自念言。唯有大典尊乃能分尔。即告之曰。汝可分此阎浮提地。使作七分。

时。大典尊即寻分之。王所治城。村邑郡国。皆悉部分。六刹利国亦与分部。王自庆言。我愿已果。时。六刹利复自庆幸。我愿已果。得成此业。大典尊力也。六刹利王复自思念。吾国初建。当须宰辅。谁能堪任。如大典尊。即当使之。通领国事。尔时。六刹利王即命典尊。而告之曰。吾国须相。卿当为吾通领国事。于是。六国各授相印。

时。大典尊受相印已。六王入宫游观娱乐。时皆以国事付大典尊。大典尊理七国事。无不成办。时。国内有七大居士。典尊亦为处分家事。又能教授七百梵志讽诵经典。七王敬视大典尊相。犹如神明。国七居士视如大王。七百梵志视如梵天。时。七国王．七大居士．七百梵志皆自念言。大典尊相。常与梵天相见。言语坐起亲善。

时。大典尊默识七王．居士．梵志意。谓我常与梵天相见。言语坐起。然我实不见梵天。不与言语。不可餐默。虚受此称。我亦曾闻诸先宿言。于夏四月闲居静处。修四无量者。梵天则下。与共相见。今我宁可修四无量。使梵天下。共相见不。于是。典尊至七王所而白王言。唯愿大王顾临国事。我欲于夏四月修四无量。七王告曰。宜知是时。大典尊相又告七居士。汝等各勤己务。吾欲夏四月修四无量。居士曰。诺。宜知是时。又告七百梵志。卿等当勤讽诵。转相教授。我欲于夏四月修四无量。梵志曰。诺。今者大师宜知是时。

时。大典尊于彼城东造闲静室。于夏四月。即于彼止。修四无量。然彼梵天犹不来下。典尊自念。我闻先宿旧言。于夏四月。修四无量。梵天下现。今者寂然。聊无仿佛。时。大典尊以十五日月满时。出其静室。于露地坐。坐未久顷。有大光现。典尊默念。今此异光。将无是梵欲下瑞耶。

时。梵天王即化为童子。头五角髻。在典尊上虚空中坐。典尊见已。即说颂曰。

此是何天像　　在于虚空中
　　光照于四方　　如大火[卄/积]燃
时。梵童子以偈报曰。
　　唯梵世诸天　　知我梵童子
　　其余人谓我　　祀祠于大神
时。大典尊以偈报曰。
　　今我当咨承　　奉诲致恭敬
　　设种种上味　　愿天知我心
时。梵童子以偈报曰。
　　典尊汝所修　　为欲何志求
　　今设此供养　　当为汝受之
又告大典尊。汝若有所问。自恣问之。当为汝说。时。大典尊即自念言。我今当问现在事耶。问未然事耶。复自念言。今世现事。用复问为。当问未然幽冥之事。即向梵童子以偈问曰。
　　今我问梵童　　能决疑无疑
　　学何住何法　　得生于梵天
时。梵童子以偈报曰。
　　当舍我人想　　独处修慈心
　　除欲无臭秽　　乃得生梵天
时。大典尊闻是偈已。即自念言。梵童子说偈。宜除臭秽。我不解此。今宜更问。时。大典尊即以偈问曰。
　　梵偈言臭秽　　愿今为我说
　　谁开世间门　　堕恶不生天
时。梵童子以偈报曰。
　　欺妄怀嫉妒　　习慢增上慢
　　贪欲瞋恚痴　　自恣藏于心
　　此世间臭秽　　今说令汝知
　　此开世间门　　堕恶不生天
时。大典尊闻此偈已。复自念言。梵童子所说臭秽之义我今已解。但在家者无由得除。今我宁可舍世出家。剃除须发。法服修道耶。
时。梵童子知其志念。以偈告曰。
　　汝能有勇猛　　此志为胜妙
　　智者之所为　　死必生梵天
于是。梵童子忽然不现。
时。大典尊还诣七王白言。大王。唯愿垂神善理国事。今我意欲出家离世。法服修道。所以者何。我亲于梵童子闻说臭秽。心甚恶之。若在家者。无由得除。彼时。七王即自念言。凡婆罗门多贪财宝。我今宁可大开库藏。恣其所须。使不出家。时。七国王即命典尊。而告之曰。设有所须。吾尽相与。不足出家。时。大典尊寻白王曰。我今以为蒙王赐已。我亦大有财宝。今者尽留以上大王。愿听出家。遂我志愿。

时。七国王复作是念。凡婆罗门多贪美色。今我宁可出宫婇女。以满其意。使不出家。王即命典尊而告之曰。若须婇女。吾尽与汝。不足出家。典尊报曰。我今已为蒙王赐已。家内自有婇女众多。今尽放遣。求离恩爱。出家修道。所以然者。我亲从梵童子闻说臭秽。心甚恶之。若在家者。无由得除。

时。大典尊向慈悲王。以偈颂曰。

　　王当听我言　　王为人中尊
　　赐财宝婇女　　此宝非所乐

时。慈悲王以偈报曰。

　　檀特伽陵城　　阿婆布和城
　　阿槃大天城　　鸯伽瞻婆城
　　数弥萨罗城　　西陀路楼城
　　婆罗伽尸城　　尽汝典尊造
　　五欲有所少　　吾尽当相与
　　宜共理国事　　不足出家去

时。大典尊以偈报曰。

　　我五欲不少　　自不乐世间
　　已闻天所语　　无心复在家

时。慈悲王以偈报曰。

　　大典尊所言　　为从何天闻
　　舍离于五欲　　今问当答我

时。大典尊以偈答曰。

　　昔我于静处　　独坐自思惟
　　时梵天王来　　普放大光明
　　我从彼闻已　　不乐于世间

时。慈悲王以偈告曰。

　　小住大典尊　　共弘善法化
　　然后俱出家　　汝即为我师
　　譬如虚空中　　清净琉璃满
　　今我清净信　　充遍佛法中

时。大典尊复作颂曰。

　　诸天及世人　　皆应舍五欲
　　蠲除诸秽污　　净修于梵行

尔时。七国王语大典尊曰。汝可留住七岁之中。极世五欲。共相娱乐。然后舍国。各付子弟。俱共出家。不亦善耶。如汝所获。我亦当同。时。大典尊报七王曰。世间无常。人命逝速。喘息之间。犹亦难保。乃至七岁。不亦远耶。七王又言。七岁远者。六岁．五岁。乃至一岁。留住静宫。极世五欲。共相娱乐。然后舍国。各付子弟。俱共出家。不亦善耶。如汝所得。我亦宜同。时。大典尊复报王曰。此世间无常。人命逝速。喘息之间。犹亦难保。乃至一岁尚亦久尔。如是七月。至于一月。犹复不可。王又语言。可至七日。留住深宫。极世五欲。共相娱乐。然后舍国。各付子弟。俱共出家。不亦善耶。大典尊答曰。七日不远。自可留尔。唯愿大王勿违信誓。过七日已。王若不去。我自出家。

时。大典尊又至七居士所语言。汝等各理己务。吾欲出家。修无为道。所以然者。我亲从梵天闻说臭秽。心甚恶之。若在家者。无由得除。时。七居士报典尊曰。善哉。斯志。宜知是时。我等亦欲俱共出家。如汝所得。我亦宜同。

时。大典尊复诣七百梵志所。而告之曰。卿等当勤讽诵。广探道义。转相教授。吾欲出家修无为道。所以然者。我亲从梵天闻说臭秽。心甚恶之。若在家者。无由得除。时。七百梵志白典尊曰。大师。勿出家也。夫在家安乐。五欲自娱。多人侍从。心无忧苦。出家之人独在空野。所欲悉无。无可贪取。典尊报曰。吾若以在家为乐。出家为苦。终不出家。吾以在家为苦。出家为乐。故出家尔。梵志答曰。大师出家。我亦出家。大师所行。我亦尽当行。

时。大典尊至诸妻所。而告之曰。卿等随宜欲住者住。欲归者归。吾欲出家。求无为道。具论上事。明出家意。时。诸妇答曰。大典尊在。一如我夫。一如我父。设今出家。亦当随从。典尊所行。我亦宜行。

过七日已。时大典尊即剃除须发。服三法衣。舍家而去。时。七国王．七大居士．七百梵志及四十夫人。如是展转。有八万四千人同时出家。从大典尊。时。大典尊与诸大众游行诸国。广弘道化。多所饶益。

尔时。梵王告诸天众曰。时。典尊大臣岂异人乎。莫造斯观。今释迦文佛即其身也。世尊尔时过七日已。出家修道。将诸大众。游行诸国。广弘道化。多所饶益。汝等若于我言有余疑者。世尊今在耆阇崛山。可往问也。如佛所言。当受持之。

般遮翼言。我以是缘。故来诣此。唯然。世尊。彼大典尊即世尊是耶。世尊尔时过七日已。出家修道。与七国王乃至八万四千人同时出家。游行诸国。广弘道化。多所饶益耶。

佛告般遮翼曰。尔时大典尊岂异人乎。莫造斯观。即我身是也。尔时。举国男女行来举动。有所破损。皆寻举声曰。南无大典尊七王大相。南无大典尊七王大相。如是至三。般遮翼。时。大典尊有大德力。然不能为弟子说究竟道。不能使得究竟梵行。不能使至安隐之处。其所说法。弟子受行。身坏命终。得生梵天。其次。行浅者生他化自在天。次生化自在天．兜率陀天．焰天．忉利天．四天王．刹利．婆罗门．居士大家。所欲自在。

般遮翼。彼大典尊弟子。皆无疑出家。有果报。有教诫。然非究竟道。不能使得究竟梵行。不能使至安隐之处。其道胜者。极至梵天尔。今我为弟子说法。则能使其得究竟道．究竟梵行．究竟安隐。终归涅槃。我所说法弟子受行者。舍有漏成无漏心解脱．慧解脱。于现法中。自身作证。生死已尽。梵行已立。所作已办。更不受有。其次。行浅者断五下结。即于天上而般涅槃。不复还此。其次。三结尽。薄淫．怒．痴。一来世间而般涅槃。其次。断三结。得须陀洹。不堕恶道。极七往返。必得涅槃。般遮翼。我诸弟子不疑出家。有果报。有教诫。究竟道法。究竟梵行。究竟安隐。终归灭度。

尔时。般遮翼闻佛所说。欢喜奉行。

（四）第一分阇尼沙经第四

如是我闻。

一时。佛游那提揵稚住处。与大比丘众千二百五十人俱。

尔时。尊者阿难在静室坐。默自思念。甚奇。甚特。如来授人记别。多所饶益。彼伽伽罗大臣命终。如来记之。此人命终。断五下结。即于天上而取灭度。不来此世。第二迦陵伽。三毗伽陀。四伽利输。五遮楼。六婆耶楼。七婆头楼。八薮婆头。九他梨舍冤。十薮达梨舍冤。十一耶输。十二耶输多楼。诸大臣等命终。佛亦记之。断五下结。即于天上而取灭度。不来生此。复有余五十人命终。佛亦记之。断三结。淫．怒．痴薄。得斯陀含。一来此世便尽苦际。复有五百人命终。佛亦记之。三结尽。得须陀洹。不堕恶趣。极七往返必尽苦际。有佛弟子处处命终。佛皆记之。某生某处．某生某处。鸯伽国．摩竭国．迦尸国．居萨罗国．拔祇国．末罗国．支提国．拔沙国．居楼国．般阇罗国．颇漯波国．阿般提国．婆蹉国．苏罗婆国．乾陀罗国．剑洴沙国。彼十六大国有命终者。佛悉记之。摩竭国人皆是王种王所亲任。有命终者。佛不记之。

尔时。阿难于静室起。至世尊所。头面礼足。在一面坐。而白佛言。我向于静室默自思念。甚奇。甚特。佛授人记。多所饶益。十六大国有命终者。佛悉记之。唯摩竭国人。王所亲任。有命终者。独不蒙记。唯愿世尊当为记之。唯愿世尊当为记之。饶益一切。天人得安。又佛于摩竭国得道。其国人命终。独不与记。唯愿世尊当为记之。唯愿世尊当为记之。又摩竭国瓶沙王为优婆塞。笃信于佛。多设供养。然后命终。由此王故。多人信解。供养三宝。而今如来不为授记。唯愿世尊当与记之。饶益众生。使天人得安。尔时。阿难为摩竭人劝请世尊。即从座起。礼佛而去。

尔时。世尊着衣持钵。入那伽城乞食已。至大林处坐一树下。思惟摩竭国人命终生处。时。去佛不远。有一鬼神。自称己名。白世尊曰。我是阇尼沙。我是阇尼沙。

佛言。汝因何事。自称己名为阇尼沙（阇尼沙秦言胜结使）。汝因何法。自以妙言称见道迹。

阇尼沙言。非余处也。我本为人王。于如来法中为优婆塞。一心念佛而取命终。故得生为毗沙门天王太子。自从是来。常照明诸法。得须陀洹。不堕恶道。于七生中常名阇尼沙。

时。世尊于大林处随宜住已。诣那陀揵稚处。就座而坐。告一比丘。汝持我声。唤阿难来。

对曰。唯然。即承佛教。往唤阿难。

阿难寻来。至世尊所。头面礼足。在一面住。而白佛言。今观如来颜色胜常。诸根寂定。住何思惟。容色乃尔。

尔时。世尊告阿难曰。汝向因摩竭国人来至我所。请记而去。我寻于后。着衣持钵。入那罗城乞食。乞食讫已。诣彼大林。坐一树下。思惟摩竭国人命终生处。时。去我不远。有一鬼神。自称己名。而白我言。我是阇尼沙。我是阇尼沙。阿难。汝曾闻彼阇尼沙名不。

阿难白佛言。未曾闻也。今闻其名。乃至生怖畏。衣毛为竖。世尊。此鬼神必有大威德。故名阇尼沙尔。

佛言。我先问彼。汝因何法。自以妙言称见道迹。阇尼沙言。我不于余处。不在余法。我昔为人王。为世尊弟子。以笃信心为优婆塞。一心念佛。然后命终。为毗沙门天王作子。得须陀洹。不堕恶趣。极七往返。乃尽苦际。于七生名中。常名阇尼沙。一时。世尊在大林中一树下坐。我时乘天千辐宝车。以少因缘。欲诣毗楼勒天王。遥见世尊在一树下。颜貌端正。诸根寂定。譬如深渊澄静清明。见已念言。我今宁可往问世尊。摩竭国人有命终者。当生何所。又复一时。毗沙门王自于众中。而说偈言。

　　我等不自忆　　过去所更事
　　今遭遇世尊　　寿命得增益

又复一时。忉利诸天以少因缘。集在一处。时。四天王各当位坐。提头赖吒在东方坐。其面西向。帝释在前。毗楼勒叉天在南方坐。其面北向。帝释在前。毗楼博叉天王在西方坐。其面东向。帝释在前。毗沙门天王在北方坐。其面南向。帝释在前。时。四天王皆先坐已。然后我坐。复有余诸大神天。皆先于佛所。净修梵行。于此命终。生忉利天。增益诸天。受天五福。一者天寿。二者天色。三者天名称。四者天乐。五者天威德。时。诸忉利天皆踊跃欢喜言。增益诸天众。减损阿须伦众。尔时。释提桓因知忉利诸天有欢喜心。即作颂曰。

　　忉利诸天人　　帝释相娱乐
　　礼敬于如来　　最上法之法

诸天受影福　　寿色名乐威
于佛修梵行　　故来生此间
复有诸天人　　光色甚巍巍
佛智慧弟子　　生此复殊胜
忉利及因提　　思惟此自乐
礼敬于如来　　最上法之法

阇尼沙神复言。所以忉利诸天集法堂者。共议思惟。观察称量。有所教令。然后敕四天王。四王受教已。各当位而坐。其坐未久。有大异光照于四方。时忉利天见此异光。皆大惊愕。今此异光将有何怪。余大神天有威德者。皆亦惊怪。今此异光将有何怪。时。大梵王即化作童子。头五角髻。在天众上虚空中立。颜貌端正。与众超绝。身紫金色。蔽诸天光。时。忉利天亦不起迎。亦不恭敬。又不请坐。时。梵童子随所诣座。座生欣悦。譬如刹利水浇头种。登王位时。踊跃欢喜。其坐未久。复自变身。作童子像。头五角髻。在大众上虚空中坐。譬如力士坐于安座。嶷然不动。而作颂曰。

调伏无上尊　　教世生明处
大明演明法　　梵行无等侣
使清净众生　　生于净妙天

时。梵童子说此偈已。告忉利天曰。其有音声。五种清净。乃名梵声。何等五。一者其音正直。二者其音和雅。三者其音清彻。四者其音深满。五者周遍远闻。具此五者。乃名梵音。我今更说。汝等善听。如来弟子摩竭优婆塞。命终有得阿那含。有得斯陀含。有得须陀洹者。有生他化自在天者。有生化自在．兜率天．焰天．忉利天．四天王者。有生刹利．婆罗门．居士大家。五欲自然者。时。梵童子以偈颂曰。

摩竭优婆塞　　诸有命终者
八万四千人　　吾闻俱得道
成就须陀洹　　不复堕恶趣
俱乘平正路　　得道能救济
此等群生类　　功德所扶持
智慧舍恩爱　　惭愧离欺妄
于彼诸天众　　梵童记如是
言得须陀洹　　诸天皆欢喜

时。毗沙门王闻此偈已。欢喜而言。世尊出世说真实法。甚奇。甚特。未曾有也。我本不知如来出世。说如是法。于未来世。当复有佛说如是法。能使忉利诸天发欢喜心。

时。梵童子告毗沙门王曰。汝何故作此言。如来出世说如是法。为甚奇。甚特。未曾有也。如来以方便力说善不善。具足说法而无所得。说空净法而有所得。此法微妙。犹如醍醐。

时。梵童子又告忉利天曰。汝等谛听。善思念之。当更为汝说。如来．至真善能分别说四念处。何谓为四。一者内身观。精勤不懈。专念不忘。除世贪忧。外身观。精勤不懈。专念不忘。除世贪忧。受意法观。亦复如是。精勤不懈。专念不忘。除世贪忧。内身观已。生他身智。内观受已。生他受智。内观意已。生他意智。内观法已。生他法智。是为如来善能分别说四念处。复次。诸天。汝等善听。吾当更说。如来善能分别说七定具。何等为七。正见．正志．正语．正业．正命．正方便．正念。是为如来善能分别说七定具。复次。诸天。如来善能分别说四神足。何等谓四。一者欲定灭行成就修习神足。二者精进定灭行成就修习神足。三者意定灭行成就修习神足。四者思惟定灭行成就修习神足。是为如来善能分别说四神足。

又告诸天。过去诸沙门．婆罗门以无数方便。现无量神足。皆由四神足起。正使当来沙门．婆罗门无数方便。现无量神足。亦皆由是四神足起。如今现在沙门．婆罗门无数方便。现无量神足者。亦皆由是四神足起。时。梵童子即自变化形为三十三身。与三十三天一一同坐。而告之曰。汝今见我神变力不。答曰。唯然已见。梵童子曰。我亦修四神足故。能如是无数变化。

时。三十三天各作是念。今梵童子独于我坐而说是语。而彼梵童一化身语。余化亦语。一化身默。余化亦默。时。彼梵童还摄神足。处帝释坐。告忉利天曰。我今当说。汝等善听。如来．至真自以己力开三径路。自致正觉。何谓为三。或有众生亲近贪欲。习不善行。彼人于后近善知识。得闻法言。法法成就。于是离欲舍不善行。得欢喜心。恬然快乐。又于乐中。复生大喜。如人舍于粗食。食百味饭。食已充足。复求胜者。行者如是。离不善法。得欢喜乐。又于乐中。复生大喜。是为如来自以己力开初径路。成最正觉。又有众生多于瞋恚。不舍身．口．意恶业。其人于后遇善知识。得闻法言。法法成就。离身恶行．口．意恶行。生欢喜心。恬然快乐。又于乐中。复生大喜。如人舍于粗食。食百味饭。食已充足。复求胜者。行者如是。离不善法。得欢喜乐。又于乐中。复生大喜。是为如来开第二径路。又有众生愚冥无智。不识善恶。不能如实知苦．习．尽．道。其人于后遇善知识。得闻法言。法法成就。识善不善。能如实知苦．习．尽．道。舍不善行。生欢喜心。恬然快乐。又于乐中。复生大喜。如人舍于粗食。食百味饭。食已充足。复求胜者。行者如是。离不善法。得欢喜乐。又于乐中。复生大喜。是为如来开第三径路。

时。梵童子于忉利天上说此正法。毗沙门天王复为眷属说此正法。阇尼沙神复于佛前说是正法。世尊复为阿难说此正法。阿难复为比丘．比丘尼．优婆塞．优婆夷说是正法。

是时。阿难闻佛所说。欢喜奉行。

佛说长阿含经卷第六

(五)第二分初小缘经第一

如是我闻。

一时。佛在舍卫国清信园林鹿母讲堂。与大比丘众千二百五十人俱。

尔时。有二婆罗门以坚固信往诣佛所。出家为道。一名婆悉咤。二名婆罗堕。尔时。世尊于静室出。在讲堂上彷徉经行。时。婆悉咤见佛经行。即寻速疾诣婆罗堕。而语之言。汝知不耶。如来今者出于静室。堂上经行。我等可共诣世尊所。傥闻如来有所言说。时。婆罗堕闻其语已。即共诣世尊所。头面礼足。随佛经行。

尔时。世尊告婆悉咤曰。汝等二人出婆罗门种。以信坚固于我法中出家修道耶。

答曰。如是。

佛言。婆罗门。今在我法中出家为道。诸婆罗门得无嫌责汝耶。

答曰。唯然。蒙佛大恩。出家修道。实自为彼诸婆罗门所见嫌责。

佛言。彼以何事而嫌责汝。

寻白佛言。彼言。我婆罗门种最为第一。余者卑劣。我种清白。余者黑冥。我婆罗门种出自梵天。从梵口生。于现法中得清净解。后亦清净。汝等何故舍清净种。入彼瞿昙异法中耶。世尊。彼见我于佛法中出家修道。以如此言而呵责我。

佛告婆悉咤。汝观诸人愚冥无识犹如禽兽。虚假自称。婆罗门种最为第一。余者卑劣。我种清白。余者黑冥。我婆罗门种出自梵天。从梵口生。现得清净。后亦清净。婆悉咤。今我无上正真道中不须种姓。不恃吾我憍慢之心。俗法须此。我法不尔。若有沙门．婆罗门。自恃种姓。怀憍慢心。于我法中终不得成无上证也。若能舍离种姓。除憍慢心。则于我法中得成道证。堪受正法。人恶下流。我法不尔。

佛告婆悉咤。有四姓种。善恶居之。智者所举。智者所责。何谓为四。一者刹利种。二者婆罗门种。三者居士种。四者首陀罗种。婆悉咤。汝听刹利种中有杀生者。有盗窃者。有淫乱者。有欺妄者。有两舌者。有恶口者。有绮语者。有悭贪者。有嫉妒者。有邪见者。婆罗门种．居士种．首陀罗种亦皆如是。杂十恶行。婆悉咤。夫不善行有不善报。为黑冥行则有黑冥报。若使此报独在刹利．居士．首陀罗种。不在婆罗门种者。则婆罗门种应得自言。我婆罗门种最为第一。余者卑劣。我种清白。余者黑冥。我婆罗门种出自梵天。从梵口生。现得清净。后亦清净。若使行不善行有不善报。为黑冥行有黑冥报。必在婆罗门种．刹利．居士．首陀罗种者。则婆罗门不得独称。我种清净。最为第一。

婆悉吒。若刹利种中有不杀者。有不盗．不淫．不妄语．不两舌．不恶口．不绮语．不悭贪．不嫉妒．不邪见。婆罗门种．居士．首陀罗种亦皆如是。同修十善。夫行善法必有善报。行清白行必有白报。若使此报独在婆罗门。不在刹利．居士．首陀罗者。则婆罗门种应得自言。我种清净。最为第一。若使四姓同有此报者。则婆罗门不得独称。我种清净。最为第一。

佛告婆悉吒。今者现见婆罗门种。嫁娶产生。与世无异。而作诈称。我是梵种。从梵口生。现得清净。后亦清净。婆悉吒。汝今当知。今我弟子。种姓不同。所出各异。于我法中出家修道。若有人问。汝谁种姓。当答彼言。我是沙门释种子也。亦可自称。我是婆罗门种。亲从口生。从法化生。现得清净。后亦清净。所以者何。大梵名者即如来号。如来为世间眼。法为世间智。为世间法。为世间梵。为世间法轮。为世间甘露。为世间法主。

婆悉吒。若刹利种中有笃信于佛．如来．至真．等正觉。十号具足。笃信于法。信如来法。微妙清净。现可修行。说无时节。示泥洹要。智者所知。非是凡愚所能及教。笃信于僧。性善质直。道果成就。眷属成就。佛真弟子法法成就。所谓众者。戒众成就。定众．慧众．解脱众．解脱知见众成就。向须陀洹．得须陀洹。向斯陀含．得斯陀含．向阿那含．得阿那含。向阿罗汉．得阿罗汉。四双八辈。是为如来弟子众也。可敬可尊。为世福田。应受人供。笃信于戒。圣戒具足。无有缺漏。无诸瑕隙。亦无点污。智者所称。具足善寂。婆悉吒。诸婆罗门种．居士．首陀罗种亦应如是笃信于佛。信法．信众。成就圣戒。婆悉吒。刹利种中亦有供养罗汉。恭敬礼拜者。婆罗门．居士．首陀罗亦皆供养罗汉。恭敬礼拜。

佛告婆悉吒。今我亲族释种亦奉波斯匿王。宗事礼敬。波斯匿王复来供养礼敬于我。彼不念言。沙门瞿昙出于豪族。我姓卑下。沙门瞿昙出大财富．大威德家。我生下穷鄙陋小家故。致供养礼敬如来也。波斯匿王于法观法。明识真伪。故生净信。致敬如来耳。

婆悉吒。今当为汝说四姓本缘。天地始终。劫尽坏时。众生命终皆生光音天。自然化生。以念为食。光明自照。神足飞空。其后此地尽变为水。无不周遍。当于尔时。无复日月星辰。亦无昼夜年月岁数。唯有大冥。其后此水变成大地。光音诸天福尽命终。来生此间。虽来生此。犹以念食。神足飞空。身光自照。于此住久。各自称言。众生。众生。其后此地甘泉涌出。状如酥蜜。彼初来天性轻易者。见此泉已。默自念言。此为何物。可试尝之。即内指泉中。而试尝之。如是再三。转觉其美。便以手抄自恣食之。如是乐着。遂无厌足。其余众生复效食之。如是再三。复觉其美。食之不已。其身转粗。肌肉坚鞕。失天妙色。无复神足。履地而行。身光转灭。天地大冥。

婆悉吒。当知天地常法。大冥之后。必有日月星像现于虚空。然后方有昼夜晦明．日月岁数。尔时。众生但食地味。久住世间。其食多者。颜色粗丑。其食少者。色犹悦泽。好丑端正。于是始有。其端正者。生憍慢心。轻丑陋者。其丑陋者。生嫉恶心。憎端正者。众生于是各共忿诤。是时甘泉自然枯涸。其后此地生自然地肥。色味具足。香洁可食。是时众生复取食之。久住世间。其食多者。颜色粗丑。其食少者。色犹悦泽。其端正者。生憍慢心。轻丑陋者。其丑陋者。生嫉恶心。憎端正者。众生于是各共诤讼。是时地肥遂不复生。

其后此地复生粗厚地肥。亦香美可食。不如前者。是时众生复取食之。久住世间。其食多者。色转粗丑。其食少者。色犹悦泽。端正丑陋。迭相是非。遂生诤讼。地肥于是遂不复生。其后此地生自然粳米。无有糠糩。色味具足。香洁可食。是时众生复取食之。久住于世。便有男女。互共相视。渐有情欲。转相亲近。其余众生见已。语言。汝所为非。汝所为非。即排摈驱遣出于人外。过三月已。然后还归。

佛告婆悉吒。昔所非者。今以为是。时。彼众生习于非法。极情恣欲。无有时节。以惭愧故。遂造屋舍。世间于是始有房舍。玩习非法。淫欲转增。便有胞胎。因不净生。世间胞胎始于是也。时。彼众生食自然粳米。随取随生。无可穷尽。时。彼众生有懈惰者。默自念言。朝食朝取。暮食暮取。于我劳勤。今欲并取。以终一日。即寻并取。于后等侣唤共取米。其人答曰。我已并取。以供一日。汝欲取者。自可随意。彼人复自念言。此人黠慧。能先储积。我今亦欲积粮。以供三日。其人即储三日余粮。有余众生复来语言。可共取米。答言。吾已先积三日余粮。汝欲取者可往自取。彼人复念。此人黠慧。先积余粮。以供三日。吾当效彼。积粮以供五日。即便往取。

时。彼众生竞储积已。粳米荒秽。转生糠糩。刈已不生。时。彼众生见此不悦。遂成忧迷。各自念言。我本初生。以念为食。神足飞空。身光自照。于世久住。其后此地甘泉涌出。状如酥蜜。香美可食。我等时共食之。食之转久。其食多者。颜色粗丑。其食少者。色犹悦泽。由是食故。使我等颜色有异。众生于是各怀是非。迭相憎嫉。是时甘泉自然枯竭。其后此地生自然地肥。色味具足。香美可食。时我曹等复取食之。其食多者。颜色粗丑。其食少者。颜色悦泽。众生于是复怀是非。迭相憎嫉。是时地肥遂不复生。其后复生粗厚地肥。亦香美可食。时我曹等复取食之。多食色粗。少食色悦。复生是非。共相憎嫉。是时地肥遂不复现。更生自然粳米。无有糠糩。时我曹等复取食之。久住于世。其懈怠者。竞共储积。由是粳米荒秽。转生糠糩。刈已不生。今当如何。复自相谓言。当共分地。别立幖帜。即寻分地。别立幖帜。

婆悉吒。犹此因缘。始有田地名生。彼时众生别封田地。各立疆畔。渐生盗心。窃他禾稼。其余众生见已。语言。汝所为非。汝所为非。自有田地。而取他物。自今已后。勿复尔也。其彼众生犹盗不已。其余众生复重呵责而犹不已。便以手加之。告诸人言。此人自有田稼。而盗他物。其人复告。此人打我。时。彼众人见二人诤已。愁忧不悦。懊恼而言。众生转恶。世间乃有此不善。生秽恶不净。此是生．老．病．死之原。烦恼苦报堕三恶道。由有田地致此诤讼。今者宁可立一人为主以治理之。可护者护。可责者责。众共减米。以供给之。使理诤讼。

时。彼众中自选一人。形体长大。颜貌端正。有威德者。而语之言。汝今为我等作平等主。应护者护。应责者责。应遣者遣。当共集米。以相供给。时。彼一人闻众人言。即与为主。断理诤讼。众人即共集米供给。时。彼一人复以善言慰劳众人。众人闻已。皆大欢喜。皆共称言。善哉。大王。善哉。大王。于是。世间便有王名。以正法治民。故名刹利。于是世间始有刹利名生。

时。彼众中独有一人作如是念。家为大患。家为毒刺。我今宁可舍此居家。独在山林。闲静修道。即舍居家。入于山林。寂默思惟。至时持器入村乞食。众人见已。皆乐供养。欢喜称赞。善哉。此人能舍家居。独处山林。静默修道。舍离众恶。于是。世间始有婆罗门名生。彼婆罗门中有不乐闲静坐禅思惟者。便入人间。诵习为业。又自称言。我是不禅人。于是。世人称不禅婆罗门。由入人间故。名为人间婆罗门。于是。世间有婆罗门种。彼众生中有人好营居业。多积财宝。因是众人名为居士。彼众生中有多机巧。多所造作。于是世间始有首陀罗工巧之名。

婆悉吒。今此世间有四种名。第五有沙门众名。所以然者。婆悉吒。刹利众中。或时有人自厌己法。剃除须发。而披法服。于是始有沙门名生。婆罗门种．居士种．首陀罗种。或时有人自厌己法。剃除须发。法服修道。名为沙门。婆悉吒。刹利种中。身行不善。口行不善。意行不善身坏命终。必受苦报。婆罗门种．居士种．首陀罗种。身行不善。口行不善。意行不善。身坏命终。必受苦报。婆悉吒。刹利种中。有身行善。口．意行善。身坏命终。必受乐报。婆罗门．居士．首陀罗种中。身行善。口．意行善。身坏命终。必受乐报。婆悉吒。刹利众中。身行二种。口．意行二种。身坏命终。受苦乐报。婆罗门种．居士种．首陀罗种。身行二种。口．意行二种。身坏命终。受苦乐报。

婆悉吒。刹利种中。有剃除须发。法服修道。修七觉意。道成不久。所以者何。彼族姓子法服出家。修无上梵行。于现法中自身作证。生死已尽。梵行已立。所作已办。不复受有。婆罗门．居士．首陀罗种中。有剃除须发。法服修道。修七觉意。道成不久。所以者何。彼族姓子法服出家。修无上梵行。于现法中自身作证。生死已尽。梵行已立。所作已办。不复受有。婆悉吒。此四种中皆出明行成就罗汉。于五种中为最第一。

佛告婆悉吒。梵天王颂曰。

　　生中刹利胜　　能舍种姓去
　　明行成就者　　世间最第一

佛告婆悉吒。此梵善说。非不善说。此梵善受。非不善受。我时即印可其言。所以者何。今我如来．至真亦说是义。

　　生中刹利胜　　能舍种姓去
　　明行成就者　　世间最第一

尔时。世尊说此法已。婆悉吒．婆罗堕无漏心解脱。闻佛所说。欢喜奉行。

（六）第二分转轮圣王修行经第二

如是我闻。

一时。佛在摩罗醯搜人间游行。与千二百五十比丘渐至摩楼国。

尔时。世尊告诸比丘。汝等当自炽燃。炽燃于法。勿他炽燃。当自归依。归依于法。勿他归依。云何比丘当自炽燃。炽燃于法。勿他炽燃。当自归依。归依于法。勿他归依。于是。比丘内身身观。精勤无懈。忆念不忘。除世贪忧。外身身观．内外身身观。精勤无懈。识念不忘。除世贪忧。受．意．法观。亦复如是。是为比丘自炽燃。炽燃于法。不他炽燃。自归依。归依于法。不他归依。

如是行者。魔不能娆。功德日增。所以者何。乃往过去久远世时。有王名坚固念。刹利水浇头种。为转轮圣王。领四天下。时。王自在以法治化。人中殊特。七宝具足。一者金轮宝。二者白象宝。三者绀马宝。四者神珠宝。五者玉女宝。六者居士宝。七者主兵宝。千子具足。勇健雄猛。能伏怨敌。不用兵杖。自然太平。坚固念王久治世已。时金轮宝即于虚空忽离本处。时典轮者速往白王。大王。当知今者轮宝离于本处。时。坚固王闻已念言。我曾于先宿耆旧所闻。若转轮圣王轮宝移者。王寿未几。我今已受人中福乐。宜更方便受天福乐。当立太子领四天下。别封一邑与下发师。命下须发。服三法衣。出家修道。

时。坚固念王即命太子而告之曰。卿为知不。吾曾从先宿耆旧所闻。若转轮圣王金轮离本处者。王寿未几。吾今已受人中福乐。当更方便迁受天福。今欲剃除须发。服三法衣。出家为道。以四天下委付于汝。宜自勉力。存恤民物。是时。太子受王教已。时坚固念王即剃除须发。服三法衣。出家修道。

时。王出家过七日已。彼金轮宝忽然不现。其典轮者往白王言。大王。当知今者轮宝忽然不现。时王不悦。即往诣坚固念王所。到已白王。父王。当知今者轮宝忽然不现。时。坚固念王报其子曰。汝勿怀忧以为不悦。此金轮宝者非汝父产。汝但勤行圣王正法。行正法已。于十五日月满时。沐浴香汤。婇女围绕。升正法殿上。金轮神宝自然当现。轮有千辐。光色具足。天匠所造。非世所有。

子白父王。转轮圣王正法云何。当云何行。王告子曰。当依于法。立法具法。恭敬尊重。观察于法。以法为首。守护正法。又当以法诲诸婇女。又当以法护视教诫诸王子．大臣．群寮．百官及诸人民．沙门．婆罗门。下至禽兽。皆当护视。

又告子曰。又汝土境所有沙门．婆罗门履行清真。功德具足。精进不懈。去离憍慢。忍辱仁爱。闲独自修。独自止息。独到涅槃。自除贪欲。化彼除贪。自除瞋恚。化彼除瞋。自除愚痴。化彼除痴。于染不染。于恶不恶。于愚不愚。可着不着。可住不住。可居不居。身行质直。口言质直。意念质直。身行清净。口言清净。意念清净。正念清净。仁慧无厌。衣食知足。持钵乞食。以福众生。有如是人者。汝当数诣。随时咨问。凡所修行。何善何恶。云何为犯。云何非犯。何者可亲。何者不可亲。何者可作。何者不可作。施行何法。长夜受乐。汝咨问已。以意观察。宜行则行。宜舍则舍。国有孤老。当拯给之。贫穷困劣。有来取者。慎勿违逆。国有旧法。汝勿改易。此是转轮圣王所修行法。汝当奉行。

佛告诸比丘。时。转轮圣王受父教已。如说修行。后于十五日月满时。沐浴香汤。升高殿上。婇女围绕。自然轮宝忽然在前。轮有千辐。光色具足。天匠所造。非世所有。真金所成。轮径丈四。时。转轮王默自念言。我曾从先宿耆旧所闻。若刹利王水浇头种。以十五日月满时。沐浴香汤。升宝殿上。婇女围绕。自然金轮忽现在前。轮有千辐。光色具足。天匠所造。非世所有。真金所成。轮径丈四。是则名为转轮圣王。今此轮现。将无是耶。今我宁可试此轮宝。

时。转轮王即召四兵。向金轮宝偏露右臂。右膝着地。复以右手摩扪金轮。语言。汝向东方。如法而转。勿违常则。轮即东转。时。王即将四兵随从其后。金轮宝前有四神导。轮所住处。王即止驾。尔时。东方诸小国王见大王至。以金钵盛银粟。银钵盛金粟。来趣王所。拜首白言。善来。大王。今此东方土地丰乐。人民炽盛。志性仁和。慈孝忠顺。唯愿圣王于此治正。我等当给使左右。承受所当。时。转轮大王语小王言。止。止。诸贤。汝等则为供养我已。但当以正法治。勿使偏枉。无令国内有非法行。此即名曰我之所治。

时。诸小王闻此教已。即从大王巡行诸国。至东海表。次行南方．西方．北方。随轮所至。其诸国王各献国土。亦如东方诸小国比。时。转轮王既随金轮。周行四海。以道开化。安慰民庶。已还本国。时。金轮宝在宫门上虚空中住。时转轮王踊跃而言。此金轮宝真为我瑞。我今真为转轮圣王。是为金轮宝成就。

其王久治世已。时金轮宝即于虚空忽离本处。其典轮者速往白王。大王。当知今者轮宝离于本处。时。王闻已即自念言。我曾于先宿耆旧所闻。若转轮圣王轮宝移者。王寿未几。我今已受人中福乐。宜更方便受天福乐。当立太子领四天下。别封一邑与下发师。令下须发。服三法衣。出家修道。

时。王即命太子而告之曰。卿为知不。吾曾从先宿耆旧所闻。若转轮圣王金轮宝离本处者。王寿未几。吾今已受人中福乐。当设方便迁受天乐。今欲剃除须发。服三法衣。出家修道。以四天下委付于汝。宜自勉力。存恤民物。尔时。太子受王教已。王即剃除须发。服三法衣。出家修道。时。王出家过七日已。其金轮宝忽然不现。典金轮者往白王言。大王。当知今者轮宝忽然不现。时王闻已。不以为忧。亦复不往问父王意。时。彼父王忽然命终。

自此以前。六转轮王皆展转相承。以正法治。唯此一王自用治国。不承旧法。其政不平。天下怨诉。国土损减。人民凋落。时。有一婆罗门大臣往白王言。大王。当知今者国土损减。人民凋落。转不如常。王今国内多有知识。聪慧博达。明于古今。备知先王治政之法。何不命集问其所知。彼自当答。时。王即召群臣。问其先王治政之道。时。诸智臣具以事答。王闻其言。即行旧政。以法护世。而由不能拯济孤老。施及下穷。

时。国人民转至贫困。遂相侵夺。盗贼滋甚。伺察所得。将诣王所白言。此人为贼。愿王治之。王即问言。汝实为贼耶。答曰。实尔。我贫穷饥饿。不能自存。故为贼耳。时。王即出库物以供给之。而告之曰。汝以此物供养父母。并恤亲族。自今已后。勿复为贼。余人转闻有作贼者。王给财宝。于是复行劫盗他物。复为伺察所得。将诣王所白言。此人为贼。愿王治之。王复问言。汝实为贼耶。答曰。实尔。我贫穷饥饿。不能自存。故为贼耳。时。王复出库财以供给之。复告之曰。汝以此物供养父母。并恤亲族。自今已后。勿复为贼。

复有人闻有作贼者。王给财宝。于是复行劫盗他物。复为伺察所得。将诣王所白言。此人为贼。愿王治之。王复问言。汝实为贼耶。答曰。实尔。我贫穷饥饿。不能自存。故为贼耳。时王念言。先为贼者。吾见贫穷。给其财宝。谓当止息。而余人闻。转更相效。盗贼日滋。如是无已。我今宁可杻械其人。令于街巷。然后载之出城。刑于旷野。以诫后人耶。

时。王即敕左右。使收系之。声鼓唱令。遍诸街巷。讫已载之出城。刑于旷野。国人尽知彼为贼者。王所收系。令于街巷。刑之旷野。时。人展转自相谓言。我等设为贼者。亦当如是。与彼无异。于是。国人为自防护。遂造兵杖．刀剑．弓矢。迭相残害。攻劫掠夺。自此王来始有贫穷。有贫穷已始有劫盗。有劫盗已始有兵杖。有兵杖已始有杀害。有杀害已则颜色憔悴。寿命短促。时。人正寿四万岁。

其后转少。寿二万岁。然其众生有寿．有夭．有苦．有乐。彼有苦者。便生邪淫．贪取之心。多设方便。图谋他物。是时。众生贫穷劫盗。兵杖杀害。转转滋甚。人命转减。寿一万岁。

一万岁时。众生复相劫盗。为伺察所得。将诣王所白言。此人为贼。愿王治之。王问言。汝实作贼耶。答曰。我不作。便于众中故作妄语。时。彼众生以贫穷故便行劫盗。以劫盗故便有刀兵。以刀兵故便有杀害。以杀害故便有贪取．邪淫。以贪取．邪淫故便有妄语。有妄语故其寿转减。至于千岁。千岁之时。便有口三恶行始出于世。一者两舌。二者恶口。三者绮语。此三恶业展转炽盛。人寿稍减至五百岁。五百岁时。众生复有三恶行起。一者非法淫。二者非法贪。三者邪见。此三恶业展转炽盛。人寿稍减。三百．二百。我今时人。乃至百岁。少出多减。

如是展转。为恶不已。其寿稍减。当至十岁。十岁时人。女生五月便行嫁。是时世间酥油．石蜜．黑石蜜。诸甘美味不复闻名。粳粮．禾稻变成草莠。缯．绢．锦．绫．劫贝．白氎。今世名服。时悉不现。织粗毛缕以为上衣。是时。此地多生荆棘。蚊．虻．蝇．虱．蛇．蚖．蜂．蛆。毒虫众多。金．银．琉璃．珠玑．名宝。尽没于地。遂有瓦石砂砾出于地上。

当于尔时。众生之类永不复闻十善之名。但有十恶充满世间。是时。乃无善法之名。其人何由得修善行。是时。众生能为极恶。不孝父母。不敬师长。不忠不义。返逆无道者便得尊敬。如今能修善行。孝养父母。敬顺师长。忠信怀义。顺道修行者便得尊敬。尔时。众生多修十恶。多堕恶道。众生相见。常欲相杀。犹如猎师见于群鹿。时。此土地多有沟坑。溪涧深谷。土旷人希。行来恐惧。尔时。当有刀兵劫起。手执草木。皆成戈鉾。于七日中。展转相害。

时。有智者远逃丛林。依倚坑坎。于七日中怀怖畏心。发慈善言。汝不害我。我不害汝。食草木子以存性命。过七日已。从山林出。时有存者。得共相见。欢喜庆贺言。汝不死耶。汝不死耶。犹如父母唯有一子。久别相见。欢喜无量。彼人如是各怀欢喜。迭相庆贺。然后推问其家。其家亲属死亡者众。复于七日中悲泣号啕。啼哭相向。过七日已。复于七日中共相庆贺。娱乐欢喜。寻自念言。吾等积恶弥广。故遭此难。亲族死亡。家属覆没。今者宜当少共修善。宜修何善。当不杀生。

尔时。众生尽怀慈心。不相残害。于是众生色寿转增。其十岁者寿二十岁。二十时人复作是念。我等由少修善行。不相残害故。寿命延长至二十岁。今者宁可更增少善。当修何善。已不杀生。当不窃盗。已修不盗。则寿命延长至四十岁。四十时人复作是念。我等由少修善。寿命延长。今者宁可更增少善。何善可修。当不邪淫。于是。其人尽不邪淫。寿命延长至八十岁。

八十岁人复作是念。我等由少修善。寿命延长。今者宁可更增少善。何善可修。当不妄语。于是。其人尽不妄语。寿命延长至百六十。百六十时人复作是念。我等由少修善。寿命延长。我今宁可更增小善。何善可修。当不两舌。于是。其人尽不两舌。寿命延长至三百二十岁。三百二十岁时人复作是念。我等由少修善故。寿命延长。今者宁可更增少善。何善可修。当不恶口。于是。其人尽不恶口。寿命延长至六百四十。

六百四十时人复作是念。我等由修善故。寿命延长。今者宁可更增少善。何善可修。当不绮语。于是。其人尽不绮语。寿命延长至二千岁。二千岁时人复作是念。我等由修善故。寿命延长。今者宁可更增少善。何善可修。当不悭贪。于是。其人尽不悭贪而行布施。寿命延长至五千岁。五千岁时人复作是念。我等由修善故。寿命延长。今者宁可更增少善。何善可修。当不嫉妒。慈心修善。于是。其人尽不嫉妒。慈心修善。寿命延长至于万岁。

万岁时人复作是念。我等由修善故。寿命延长。今者宁可更增少善。何善可修。当行正见。不生颠倒。于是。其人尽行正见。不起颠倒。寿命延长至二万岁。二万岁时人复作是念。我等由修善故。寿命延长。今者宁可更增少善。何善可修。当灭三不善法。一者非法淫。二者非法贪。三者邪见。于是。其人尽灭三不善法。寿命延长至四万岁。四万岁时人复作是念。我等由修善故。寿命延长。今者宁可更增少善。何善可修。当孝养父母。敬事师长。于是。其人即孝养父母。敬事师长。寿命延长至八万岁。

八万岁时人。女年五百岁始出行嫁。时。人当有九种病。一者寒。二者热。三者饥。四者渴。五者大便。六者小便。七者欲。八者饕餮。九者老。时。此大地坦然平整。无有沟坑．丘墟．荆棘。亦无蚊．虻．蛇．蚖．毒虫。瓦石．沙砾变成琉璃。人民炽盛。五谷平贱。丰乐无极。是时。当起八万大城。村城邻比。鸡鸣相闻。当于尔时。有佛出世。名为弥勒如来．至真．等正觉。十号具足。如今如来十号具足。彼于诸天．释．梵．魔．若魔．天．诸沙门．婆罗门．诸天．世人中。自身作证。亦如我今于诸天．释．梵．魔．若魔．天．沙门．婆罗门．诸天．世人中。自身作证。彼当说法。初言亦善。中下亦善。义味具足。净修梵行。如我今日说法。上中下言。皆悉真正。义味具足。梵行清净。彼众弟子有无数千万。如我今日弟子数百。彼时。人民称其弟子号曰慈子。如我弟子号曰释子。

彼时。有王名曰儴伽。刹利水浇头种转轮圣王。典四天下。以正法治。莫不靡伏。七宝具足。一金轮宝。二白象宝。三绀马宝。四神珠宝。五玉女宝。六居士宝。七主兵宝。王有千子。勇猛雄烈。能却外敌。四方敬顺。不加兵杖。自然太平。尔时。圣王建大宝幢。围十六寻。上高千寻。千种杂色严饰其幢。幢有百觚。觚有百枝。宝缕织成。众宝间厕。于是。圣王坏此幢已。以施沙门．婆罗门．国中贫者。然后剃除须发。服三法衣。出家修道。修无上行。于现法中自身作证。生死已尽。梵行已立。所作已办。不受后有。

佛告诸比丘。汝等当勤修善行。以修善行。则寿命延长。颜色增益。安隐快乐。财宝丰饶。威力具足。犹如诸王顺行转轮圣王旧法。则寿命延长。颜色增益。安隐快乐。财宝丰饶。威力具足。比丘亦如是。当修善法。寿命延长。颜色增益。安隐快乐。财宝丰饶。威力具足。

云何比丘寿命延长。如是比丘修习欲定精勤不懈灭行成就以修神足。修精进定．意定．思惟定精勤不懈灭行成就。以修神足。是为寿命延长。何谓比丘颜色增益。于是比丘戒律具足。成就威仪。见有小罪。生大怖畏。等学诸戒。周满备悉。是为比丘颜色增益。何谓比丘安隐快乐。于是比丘断除淫欲。去不善法。有觉．有观。离生喜．乐。行第一禅。除灭觉．观。内信欢悦。捡心专一。无觉．无观。定生喜．乐。行第二禅。舍喜守护。专心不乱。自知身乐。贤圣所求。护念．乐行。行第三禅。舍灭苦乐。先除忧喜。不苦不乐。护念清净。行第四禅。是为比丘安隐快乐。

何谓比丘财宝丰饶。于是比丘修习慈心。遍满一方。余方亦尔。周遍广普。无二无量。除众结恨。心无嫉恶。静默慈柔。以自娱乐。悲．喜．舍心亦复如是。是为比丘财宝丰饶。何谓比丘威力具足。于是比丘如实知苦圣谛。习．尽．道谛亦如实知。是为比丘威力具足。

佛告比丘。我今遍观诸有力者无过魔力。然漏尽比丘力能胜彼。尔时。诸比丘闻佛所说。欢喜奉行。

佛说长阿含经卷第七

（七）第二分弊宿经第三

尔时。童女迦叶与五百比丘游行拘萨罗国。渐诣斯波醯婆罗门村。时童女迦叶在斯波醯村北尸舍婆林止。时。有婆罗门名曰弊宿。止斯波醯村。此村丰乐。民人众多。树木繁茂。波斯匿王别封此村与婆罗门弊宿。以为梵分。弊宿婆罗门常怀异见。为人说言。无有他世。亦无更生。无善恶报。

时。斯波醯村人闻童女迦叶与五百比丘。从拘萨罗国渐至此尸舍婆林。自相谓言。此童女迦叶有大名闻。已得罗汉。耆旧长宿。多闻广博。聪明睿智。辩才应机。善于谈论。今得见者。不亦善哉。时。彼村人日日次第往诣迦叶。尔时。弊宿在高楼上。见其村人队队相随。不知所趣。即问左右持盖者言。彼人何故群队相随。

侍者答曰。我闻童女迦叶将五百比丘游拘萨罗国。至尸舍婆林。

又闻其人有大名称。已得罗汉。耆旧长宿。多闻广博。聪明睿智。辩才应机。善于谈论。彼诸人等。群队相随。欲诣迦叶共相见耳。

时。弊宿婆罗门即敕侍者。汝速往语诸人。且住。当共俱行。往与相见。所以者何。彼人愚惑。欺诳世间。说有他世。言有更生。言有善恶报。而实无他世。亦无更生。无善恶报。

时。使者受教已。即往语彼斯婆醯村人言。婆罗门语。汝等且住。当共俱诣。往与相见。

村人答曰。善哉。善哉。若能来者。当共俱行。

使还寻白。彼人已住。可行者行。

时。婆罗门即下高楼。敕侍者严驾。与彼村人前后围绕。诣舍婆林。到已下车。步进诣迦叶所。问讯讫。一面坐。其彼村人婆罗门．居士。有礼拜迦叶然后坐者。有问讯已而坐者。有自称名已而坐者。有叉手已而坐者。有默而坐者。时。弊宿婆罗门语童女迦叶言。今我欲有所问。宁有闲暇见听许不。

迦叶报曰。随汝所问。闻已当知。

婆罗门言。今我论者。无有他世。亦无更生。无罪福报。汝论云何。

迦叶答曰。我今问汝。随汝意答。今上日月。为此世耶。为他世耶。为人．为天耶。

婆罗门答曰。日月是他世。非此世也。是天。非人。

迦叶答曰。以此可知。必有他世。亦有更生。有善恶报。

婆罗门言。汝虽云有他世。有更生及善恶报。如我意者。皆悉无有。

迦叶问曰。颇有因缘。可知无有他世。无有更生。无善恶报耶。

婆罗门答曰。有缘。

迦叶问曰。以何因缘。言无他世。

婆罗门言。迦叶。我有亲族知识。遇患困病。我往问言。诸沙门．婆罗门各怀异见。言诸有杀生．盗窃．邪淫．两舌．恶口．妄言．绮语．贪取．嫉妒．邪见者。身坏命终。皆入地狱。我初不信。所以然者。初未曾见死已来还。说所堕处。若有人来说所堕处。我必信受。汝今是我所亲。十恶亦备。若如沙门语者。汝死必入大地狱中。今我相信。从汝取定。若审有地狱者。汝当还来。语我使知。然后当信。迦叶。彼命终已。至今不来。彼是我亲。不应欺我。许而不来。必无后世。

迦叶报曰。诸有智者。以譬喻得解。今当为汝引喻解之。譬如盗贼。常怀奸诈。犯王禁法。伺察所得。将诣王所。白言。此人为贼。愿王治之。王即敕左右。收系其人。遍令街巷。然后载之。出城付刑人者。时。左右人即将彼贼。付刑人者。彼贼以柔软言。语守卫者。汝可放我。见诸亲里。言语辞别。然后当还。云何。婆罗门。彼守卫者宁肯放不。

婆罗门答曰。不可。

迦叶又言。彼同人类。俱存现世。而犹不放。况汝所亲。十恶备足。身死命终。必入地狱。狱鬼无慈。又非其类。死生异世。彼若以软言求于狱鬼。汝暂放我。还到世间。见亲族言语辞别。然后当还。宁得放不。

婆罗门答曰。不可。

迦叶又言。以此相方。自足可知。何为守迷。自生邪见耶。

婆罗门言。汝虽引喻。谓有他世。我犹言无。

迦叶复言。汝颇更有余缘。可知无他世耶。

婆罗门报言。我更有余缘。知无他世。

迦叶问曰。以何缘知。

答曰。迦叶。我有亲族。遇患笃重。我往语言。诸沙门．婆罗门各怀异见。说有他世。言不杀．不盗．不淫．不欺。不两舌．恶口．妄言．绮语．贪取．嫉妒．邪见者。身坏命终。皆生天上。我初不信。所以然者。初未曾见死已来还。说所堕处。若有人来说所堕生。我必信耳。今汝是我所亲。十善亦备。若如沙门语者。汝今命终。必生天上。今我相信。从汝取定。若审有天报者。汝当必来语我使知。然后当信。迦叶。彼命终已。至今不来。彼是我亲。不应欺我。许而不来。必无他世。

迦叶又言。诸有智者。以譬喻得解。我今当复为汝说喻。譬如有人。堕于深厕。身首没溺。王敕左右。挽此人出。以竹为篦。三刮其身。澡豆净灰。次如洗之。后以香汤。沐浴其体。细末众香。坌其身上。敕除发师。净其须发。又敕左右。重将洗沐。如是至三。洗以香汤。坌以香末。名衣上服。庄严其身。百味甘膳。以恣其口。将诣高堂。五欲娱乐。其人复能还入厕不。

答曰。不能。彼处臭恶。何可还入。

迦叶言。诸天亦尔。此阎浮利地。臭秽不净。诸天在上。去此百由旬。遥闻人臭。甚于厕溷。婆罗门。汝亲族知识。十善具足。然必生天。五欲自娱。快乐无极。宁当复肯还来。入此阎浮厕不。

答曰。不也。

迦叶又言。以此相方。自足可知。何为守迷。自生邪见。

婆罗门言。汝虽引喻。言有他世。我犹言无。

迦叶复言。汝颇更有余缘。可知无他世耶。

婆罗门报言。我更有余缘。知无他世。

迦叶问曰。以何缘知。

答曰。迦叶。我有亲族。遇患笃重。我往语言。沙门．婆罗门各怀异见。说有后世。言不杀．不盗．不淫．不欺．不饮酒者。身坏命终。皆生忉利天上。我亦不信。所以然者。初未曾见死已来还。说所堕处。若有人来说所堕生。我必信耳。今汝是我所亲。五戒具足。身坏命终。必生忉利天上。令我相信。从汝取定。若审有天福者。汝当还来。语我使知。然后当信。迦叶。彼命终已。至今不来。彼是我亲。不应有欺。许而不来。必无他世。

迦叶答言。此间百岁。正当忉利天上一日一夜耳。如是亦三十日为一月。十二月为一岁。如是彼天寿千岁。云何。婆罗门。汝亲族五戒具足。身坏命终。必生忉利天上。彼生天已。作是念言。我初生此。当二三日中。娱乐游戏。然后来下报汝言者。宁得见不。

答曰。不也。我死久矣。何由相见。

婆罗门言。我不信也。谁来告汝有忉利天。寿命如是。

迦叶言。诸有智者。以譬喻得解。我今更当为汝引喻。譬如有人。从生而盲。不识五色。青．黄．赤．白。粗．细．长．短。亦不见日．月．星象．丘陵．沟壑。有人问言。青．黄．赤．白五色云何。盲人答曰。无有五色。如是粗．细．长．短。日．月．星象．山陵．沟壑。皆言无有。云何。婆罗门。彼盲人言。是正答不。

答曰。不也。

所以者何。世间现有五色。青．黄．赤．白。粗．细．长．短。日．月．星象．山陵．沟壑。而彼言无。婆罗门。汝亦如是。忉利天寿。实有不虚。汝自不见。便言其无。

婆罗门言。汝虽言有。我犹不信。

迦叶又言。汝复作何缘。而知其无。

答曰。迦叶。我所封村人有作贼者。伺察所得。将诣我所。语我言。此人为贼。唯愿治之。我答言。收缚此人。着大釜中。韦盖厚泥。使其牢密。勿令有泄。遣人围绕。以火煮之。我时欲观知其精神所出之处。将诸侍从。绕釜而观。都不见其神去来处。又发釜看。亦不见神有往来之处。以此缘故。知无他世。

迦叶又言。我今问汝。若能答者随意报之。婆罗门。汝在高楼。息寝卧时。颇曾梦见山林．江河．园观．浴池．国邑．街巷不。

答曰。梦见。

又问。婆罗门。汝当梦时。居家眷属侍卫汝不。

答曰。侍卫。

又问。婆罗门。汝诸眷属见汝识神有出入不。

答曰。不见。

迦叶又言。汝今生存。识神出入。尚不可见。况于死者乎。汝不可以目前现事观于众生。婆罗门。有比丘初夜．后夜捐除睡眠。精勤不懈。专念道品。以三昧力。修净天眼。以天眼力。观于众生。死此生彼。从彼生此。寿命长短。颜色好丑。随行受报。善恶之趣。皆悉知见。汝不可以秽浊肉眼。不能彻见众生所趣。便言无也。婆罗门。以此可知。必有他世。

婆罗门言。汝虽引喻说有他世。如我所见。犹无有也。

迦叶又言。汝颇更有因缘。知无他世耶。

婆罗门言。有。

迦叶言。以何缘知。

婆罗门言。我所封村人有作贼者。伺察所得。将诣我所。语我言。此人为贼。唯愿治之。我敕左右收缚此人。生剥其皮。求其识神。而都不见。又敕左右脔割其肉。以求识神。又复不见。又敕左右截其筋．脉．骨间求神。又复不见。又敕左右打骨出髓。髓中求神。又复不见。迦叶。我以此缘。知无他世。

迦叶复言。诸有智者。以譬喻得解。我今复当为汝引喻。乃往过去久远世时。有一国坏。荒毁未复。时有商贾五百乘车经过其土。有一梵志奉事火神。常止一林。时。诸商人皆往投宿。清旦别去。时事火梵志作是念言。向诸商人宿此林中。今者已去。傥有遗漏可试往看。寻诣彼所。都无所见。唯有一小儿始年一岁。独在彼坐。梵志复念。我今何忍见此小儿于我前死。今者宁可将此小儿至吾所止。养活之耶。即抱小儿往所住处而养育之。其儿转大。至十余岁。

时。此梵志以少因缘欲游人间。语小儿曰。我有少缘。欲暂出行。汝善守护此火。慎勿使灭。若火灭者。当以钻钻木。取火燃之。具诚敕已。出林游行。梵志去后。小儿贪戏。不数视火。火遂便灭。小儿戏还。见火已灭。懊恼而言。我所为非。我父去时。具约敕我。守护此火。慎勿令灭。而我贪戏。致使火灭。当如之何。彼时。小儿吹灰求火。不能得已。便以斧劈薪求火。复不能得。又复斩薪置于臼中。捣以求火。又不能得。

尔时。梵志于人间还。诣彼林所。问小儿曰。吾先敕汝使守护火。火不灭耶。小儿对曰。我向出戏。不时护视。火今已灭。复问小儿。汝以何方便更求火耶。小儿报曰。火出于木。我以斧破木求火。不得火。复斩之令碎。置于臼中。杵捣求火。复不能得。时。彼梵志以钻钻木出火。积薪而燃。告小儿曰。夫欲求火。法应如此。不应破析杵碎而求。

婆罗门。汝亦如是无有方便。皮剥死人而求识神。汝不可以目前现事观于众生。婆罗门。有比丘初夜后夜捐除睡眠。精勤不懈。专念道品。以三昧力。修净天眼。以天眼力。观于众生。死此生彼。从彼生此。寿命长短。颜色好丑。随行受报。善恶之趣。皆悉知见。汝不可以秽浊肉眼。不能彻见众生所趣。便言无也。婆罗门。以此可知。必有他世。

婆罗门言。汝虽引喻说有他世。如我所见。犹无有也。

迦叶复言。汝颇更有因缘。知无他世耶。

婆罗门言。有。

迦叶言。以何缘知。

婆罗门言。我所封村人有作贼者。伺察所得。将诣我所。语我言。此人为贼。唯愿治之。我敕左右。将此人以称称之。侍者受命。即以称称。又告侍者。汝将此人安徐杀之。勿损皮肉。即受我教。杀之无损。我复敕左右。更重称之。乃重于本。迦叶。生称彼人。识神犹在。颜色悦豫。犹能言语。其身乃轻。死已重称。识神已灭。无有颜色。不能语言。其身更重。我以此缘。知无他世。

迦叶语婆罗门。吾今问汝。随意答我。如人称铁。先冷称已。然后热称。何有光色柔软而轻。何无光色坚鞕而重。

婆罗门言。热铁有色。柔软而轻。冷铁无色。刚强而重。

迦叶语言。人亦如是。生有颜色。柔软而轻。死无颜色。刚强而重。以此可知。必有他世。

婆罗门言。汝虽引喻说有他世。如我所见。必无有也。

迦叶言。汝复有何缘。知无他世。

婆罗门答言。我有亲族。遇患笃重。时。我到彼语言。扶此病人。令右胁卧。视瞻．屈伸．言语如常。又使左卧。反覆宛转。屈伸．视瞻．言语如常。寻即命终。吾复使人扶转。左卧右卧。反覆谛观。不复屈伸．视瞻．言语。吾以是知。必无他世。

迦叶复言。诸有智者。以譬喻得解。今当为汝引喻。昔有一国不闻贝声。时有一人善能吹贝。往到彼国。入一村中。执贝三吹。然后置地。时。村人男女闻声惊动。皆就往问。此是何声。哀和清彻乃如是耶。彼人指贝曰。此物声也。时。彼村人以手触贝曰。汝可作声。汝可作声。贝都不鸣。其主即取贝三吹置地。时。村人言。向者。美声非是贝力。有手有口。有气吹之。然后乃鸣。人亦如是。有寿有识。有息出入。则能屈伸．视瞻．语言。无寿无识。无出入息。则无屈伸．视瞻．语言。

又语婆罗门。汝今宜舍此恶邪见。勿为长夜自增苦恼。

婆罗门言。我不能舍。所以然者。我自生来长夜讽诵。玩习坚固。何可舍耶。

迦叶复言。诸有智者。以譬喻得解。我今当更为汝引喻。乃往久远有一国土。其土边疆。人民荒坏。彼国有二人。一智一愚。自相谓言。我是汝亲。共汝出城。采侣求财。即寻相随。诣一空聚。见地有麻即语愚者。共取持归。时。彼二人各取一担。复过前村。见有麻缕。其一智者言。麻缕成功。轻细可取。其一人言。我已取麻。系缚牢固。不能舍也。其一智者即取麻缕。重担而去。复共前进。见有麻布。其一智者言。麻布成功。轻细可取。彼一人言。我以取麻。系缚牢固。不能复舍。其一智者即舍麻缕取布自重。复共前行。见有劫贝。其一智者言。劫贝价贵。轻细可取。彼一人言。我已取麻。系缚牢固。赍来道远。不能舍也。时。一智者即舍麻布而取劫贝。

如是前行。见劫贝缕。次见白叠。次见白铜。次见白银。次见黄金。其一智者言。若无金者。当取白银。若无白银。当取白铜。乃至麻缕。若无麻缕。当取麻耳。今者此村大有黄金。众宝之上。汝宜舍麻。我当舍银。共取黄金。自重而归。彼一人言。我取此麻。系缚牢固。赍来道远。不能舍也。汝欲取者。自随汝意。其一智者舍银取金。重担而归其家。亲族遥见彼人大得金宝。欢喜奉迎。时。得金者见亲族迎。复大欢喜。其无智人负麻而归居家。亲族见之。不悦亦不起迎。其负麻者倍增忧愧。婆罗门。汝今宜舍恶习邪见。勿为长夜自增苦恼。如负麻人执意坚固。不取金宝。负麻而归。空自疲劳。亲族不悦。长夜贫穷。自增忧苦也。

婆罗门言。我终不能舍此见也。所以者何。我以此见多所教授。多所饶益。四方诸王皆闻我名。亦尽知我是断灭学者。

迦叶复言。诸有智者。以譬喻得解。我今当更为汝引喻。乃往久远有一国土。其土边疆。人民荒坏。时有商人。有千乘车。经过其土。水谷．薪草不自供足。时商主念言。我等伴多。水谷．薪草不自供足。今者宁可分为二分。其一分者于前发引。其前发导师见有一人。身体粗大。目赤面黑。泥涂其身。遥见远来。即问。汝从何来。报言。我从前村来。又问彼言。汝所来处。多有水谷．薪草不耶。其人报言。我所来处。丰有水谷。薪草无乏。我于中路逢天暴雨。其处多水。亦丰薪草。又语商主。汝曹车上若有谷草。尽可捐弃。彼自丰有。不须重车。

时。彼商主语众商言。吾向前行。见有一人。目赤面黑。泥涂其身。我遥问言。汝从何来。即答我言。我从前村来。我寻复问。汝所来处。丰有水谷．薪草不也。答我言。彼大丰耳。又语我言。向于中路。逢天暴雨。此处多水。又丰薪草。复语我言。君等车上若有谷草。尽可捐弃。彼自丰有。不须重车。汝等宜各弃诸谷草。轻车速进。即如其言。各共捐弃谷草。轻车速进。

如是一日不见水草。二日．三日。乃至七日。又复不见。时。商人穷于旷泽。为鬼所食。其后一部。次复进路。商主时前复见一人。目赤面黑。泥涂其身。遥见问言。汝从何来。彼人答言。从前村来。又问。汝所来处。丰有水谷．薪草不耶。彼人答曰。大丰有耳。又语商主。吾于中路。逢天暴雨。其处多水。亦丰薪草。又语商主。君等车上若有谷草。便可捐弃。彼自丰有。不须重车。

时。商主还语诸商人言。吾向前行。见有一人。道如此事。君等车上若有谷草。可尽捐弃。彼自丰有。不须重车。时。商主言。汝等谷草慎勿捐弃。须得新者然后当弃。所以者何。新陈相接。然后当得度此旷野时。彼商人重车而行。如是一日不见水草。二日．三日至于七日。又亦不见。但见前人为鬼所食。骸骨狼藉。

婆罗门。彼赤眼黑面者。是罗刹鬼也。诸有随汝教者。长夜受苦。亦当如彼。前部商人无智慧故。随导师语。自没其身。婆罗门。

诸有沙门．婆罗门。精进智慧。有所言说。承用其教者。则长夜获安。如彼后部商人有智慧故。得免危难。婆罗门。汝今宁可舍此恶见。勿为长夜自增苦恼。

婆罗门言。我终不能舍所见也。设有人来强谏我者。生我忿耳。终不舍见。

迦叶又言。诸有智者。以譬喻得解。我今当复为汝引喻。乃昔久远有一国土。其土边疆。人民荒坏。时有一人。好喜养猪。诣他空村。见有干粪。寻自念言。此处饶粪。我猪豚饥。今当取草裹此干粪。头戴而归。即寻取草。裹粪而戴。于其中路。逢天大雨。粪汁流下。至于足跟。众人见已。皆言。狂人。粪除臭处。正使天晴。尚不应戴。况于雨中戴之而行。其人方怒。逆骂詈言。汝等自痴。不知我家猪豚饥饿。汝若知者。不言我痴。婆罗门。汝今宁可舍此恶见。勿守迷惑。长夜受苦。如彼痴子戴粪而行。众人诃谏。逆更瞋骂。谓他不知。

婆罗门语迦叶言。汝等若谓行善生天。死胜生者。汝等则当以刀自刎。饮毒而死。或五缚其身。自投高岸。而今贪生不能自杀者。则知死不胜生。

迦叶复言。诸有智者。以譬喻得解。我今当更为汝引喻。昔者。此斯波醯村有一梵志。耆旧长宿。年百二十。彼有二妻。一先有子。一始有娠。时。彼梵志未久命终。其大母子语小母言。所有财宝。尽应与我。汝无分也。时小母言。汝为小待。须我分娩。若生男者。应有财分。若生女者。汝自嫁娶。当得财物。彼子殷勤再三索财。小母答如初。其子又逼不已。时彼小母即以利刀自决其腹。知为男女。

语婆罗门言。母今自杀。复害胎子。汝婆罗门。亦复如是。既自杀身。复欲杀人。若沙门．婆罗门。精勤修善。戒德具足。久存世者。多所饶益。天人获安。吾今末后为汝引喻。当使汝知恶见之眏。昔者。此斯波醯村有二伎人。善于弄丸。二人角伎。一人得胜。时。不如者语胜者言。今日且停。明当更共试。其不如者即归家中。取其戏丸。涂以毒药。暴之使干。明持此丸诣胜者所。语言。更可角伎。即前共戏。先以毒丸授彼胜者。胜者即吞。其不如者复授毒丸。得已随吞。其毒转行。举身战动。时。不如者以偈骂曰。

　　吾以药涂丸　　而汝吞不觉
　　小伎汝为吞　　久后自当知

迦叶语婆罗门言。汝今当速舍此恶见。勿为专迷。自增苦毒。如彼伎人。吞毒不觉。

时。婆罗门白迦叶言。尊者初设月喻。我时已解。所以往返。不时受者。欲见迦叶辩才智慧。生牢固信耳。我今信受。归依迦叶。

迦叶报言。汝勿归我。如我所归无上尊者。汝当归依。

婆罗门言。不审所归无上尊者。今为所在。

迦叶报言。今我师世尊。灭度未久。

婆罗门言。世尊若在。不避远近。其当亲见。归依礼拜。今闻迦叶言。如来灭度。今即归依灭度如来及法．众僧。迦叶。听我于正法中为优婆塞。自今已后。尽寿不杀．不盗．不淫．不欺．不饮酒。我今当为一切大施。

迦叶语言。若汝宰杀众生。捶打僮仆。而为会者。此非净福。又如硗确薄地。多生荆棘。于中种植。必无所获。汝若宰杀众生。捶打僮仆。而为大会。施邪见众。此非净福。若汝大施。不害众生。不以杖楚加于僮仆。欢喜设会。施清净众。则获大福。犹如良田。随时种植。必获果实。

迦叶。自今已后。常净施众僧。不令断绝。

时。有一年少梵志。名曰摩头在弊宿后立。弊宿顾语曰。吾欲设一切大施。汝当为我经营处分。

时。年少梵志闻弊宿语已。即为经营。为大施已。而作是言。愿使弊宿今世．后世不获福报。

时。弊宿闻彼梵志经营施已。有如是言。愿使弊宿今世．后世不获果报。即命梵志而告之曰。汝当有是言耶。

答曰。如是。实有是言。所以然者。今所设食。粗涩弊恶。以此施僧。若以示王。王尚不能以手暂向。况当食之。现在所设。不可喜乐。何由后世得净果报。王施僧衣纯以麻布。若以示王。王尚不能以足暂向。况能自着。现在所施。不可喜乐。何由后世得净果报。

时。婆罗门又告梵志。自今已后。汝以我所食．我所著衣以施众僧。

时。梵志即承教旨。以王所食．王所著衣供养众僧。时。婆罗门设此净施。身坏命终。生一下劣天中。梵志经营会者。身坏命终。生忉利天。

尔时。弊宿婆罗门．年少梵志及斯婆醯婆罗门．居士等。闻童女迦叶所说。欢喜奉行。

佛说长阿含经卷第八

（八）第二分散陀那经第四

如是我闻。

一时。佛在罗阅祇毗诃罗山七叶树窟。与大比丘众千二百五十人俱。时。王舍城有一居士。名散陀那。好行游观。日日出城。至世尊所。时。彼居士仰观日时。默自念言。今往觐佛。非是时也。今者世尊必在静室三昧思惟。诸比丘众亦当禅静。我今宁可往诣乌暂婆利梵志女林中。须日时到。当诣世尊。礼敬问讯。并诣诸比丘所。致敬问讯。

时。梵志女林中有一梵志。名尼俱陀。与五百梵志子俱止彼林。时。诸梵志众聚一处。高声大论。俱说遮道浊乱之言。以此终日。或论国事。或论战斗兵杖之事。或论国家义和之事。或论大臣及庶民事。或论车马游园林事。或论坐席．衣服．饮食．妇女之事。或论山海龟鳖之事。但说如是遮道之论。以此终日。

时。彼梵志遥见散陀那居士来。即敕其众。令皆静默。所以然者。彼沙门瞿昙弟子今从外来。沙门瞿昙白衣弟子中。此为最上。彼必来此。汝宜静默。时。诸梵志各自默然。

散陀那居士至梵志所。问讯已。一面坐。语梵志曰。我师世尊常乐闲静。不好愦闹。不如汝等与诸弟子处在人中。高声大论。但说遮道无益之言。

梵志又语居士言。沙门瞿昙颇曾与人共言论不。众人何由得知沙门有大智慧。汝师常好独处边地。犹如瞎牛食草。偏逐所见。汝师瞿昙亦复如是。偏好独见。乐无人处。汝师若来。吾等当称以为瞎牛。彼常自言有大智慧。我以一言穷彼。能使默然如龟藏六。谓可无患。以一箭射。使无逃处。

尔时。世尊在闲静室。以天耳闻梵志居士有如是论。即出七叶树窟。诣乌暂婆利梵志女林。时。彼梵志遥见佛来。敕诸弟子。汝等皆默。瞿昙沙门欲来至此。汝等慎勿起迎．恭敬礼拜。亦勿请坐。取一别座。与之令坐。彼既坐已。卿等当问。沙门瞿昙。汝从本来。以何法教训于弟子。得安隐定。净修梵行。

尔时。世尊渐至彼园。时彼梵志不觉自起。渐迎世尊。而作是言。善来。瞿昙。善来。沙门。久不相见。今以何缘而来至此。可前小坐。尔时。世尊即就其座。嬉怡而笑。默自念言。此诸愚人不能自专。先立要令。竟不能全。所以然者。是佛神力令彼恶心自然败坏。

时。散陀那居士礼世尊足。于一面坐。尼俱陀梵志问讯佛已。亦一面坐。而白佛言。沙门瞿昙。从本以来。以何法教训诲弟子。得安隐定。净修梵行。

世尊告曰。且止。梵志。吾法深广。从本以来。诲诸弟子。得安隐处。净修梵行。非汝所及。

又告梵志。正使汝师及汝弟子所行道法。有净不净。我尽能说。

时。五百梵志弟子各各举声。自相谓言。瞿昙沙门有大威势。有大神力。他问己义。乃开他义。

时。尼俱陀梵志白佛言。善哉。瞿昙。愿分别之。

佛告梵志。谛听。谛听。当为汝说。

梵志答言。愿乐欲闻。

佛告梵志。汝所行者皆为卑陋。离服裸形。以手障蔽。不受瓨食。不受盂食。不受两壁中间食。不受二人中间食。不受两刀中间食。不受两盂中间食。不受共食家食。不受怀妊家食。见狗在门则不受其食。不受多蝇家食。不受请食。他言先识则不受其食。不食鱼。不食肉。不饮酒。不两器食。一餐一咽。至七餐止。受人益食。不过七益。或一日一食。或二日．三日．四日．五日．六日．七日一食。或复食果。或复食莠。或食饭汁。或食麻米。或食穄稻。或食牛粪。或食鹿粪。或食树根．枝叶．果实。或食自落果。

或被衣。或披莎衣。或衣树皮。或草襜身。或衣鹿皮。或留头发。或被毛编。或着墰间衣。或有常举手者。或不坐床席。或有常蹲者。或有剃发留髦须者。或有卧荆棘者。或有卧果蓏上者。或有裸形卧牛粪上者。或一日三浴。或有一夜三浴。以无数众苦。苦役此身。云何。尼俱陀。如此行者。可名净法不。

梵志答曰。此法净。非不净也。

佛告梵志。汝谓为净。吾当于汝净法中说有垢秽。

梵志曰。善哉。瞿昙。便可说之。愿乐欲闻。

佛告梵志。彼苦行者。常自计念。我行如此。当得供养恭敬礼事。是即垢秽。彼苦行者。得供养已。乐着坚固。爱染不舍。不晓远离。不知出要。是为垢秽。彼苦行者。遥见人来。尽共坐禅。若无人时。随意坐卧。是为垢秽。

彼苦行者。闻他正义。不肯印可。是为垢秽。彼苦行者。他有正问。吝而不答。是为垢秽。彼苦行者。设见有人供养沙门．婆罗门。则诃止之。是为垢秽。彼苦行者。若见沙门．婆罗门食更生物。就呵责之。是为垢秽。彼苦行者。有不净食。不肯施人。若有净食。贪着自食。不见己过。不知出要。是为垢秽。彼苦行者。自称己善。毁訾他人。是为垢秽。彼苦行者。为杀．盗．淫．两舌．恶口．妄言．绮语．贪取．嫉妒．邪见．颠倒。是为垢秽。

彼苦行者。懈堕喜忘。不习禅定。无有智慧。犹如禽兽。是为垢秽。彼苦行者。贵高。憍慢．增上慢。是为垢秽。彼苦行者。无有信义。亦无反复。不持净戒。不能精勤受人训诲。常与恶人以为伴党。为恶不已。是为垢秽。彼苦行者。多怀瞋恨。好为巧伪。自怙己见。求人长短。恒怀邪见。与边见俱。是为垢秽。云何。尼俱陀。如此行者可言净不邪。

答曰。是不净。非是净也。

佛言。今当于汝垢秽法中。更说清净无垢秽法。

梵志言。唯愿说之。

佛言。彼苦行者。不自计念。我行如是。当得供养恭敬礼事。是为苦行无垢法也。彼苦行者。得供养已。心不贪着。晓了远离。知出要法。是为苦行无垢法也。彼苦行者。禅有常法。有人．无人。不以为异。是为苦行无垢法也。彼苦行者。闻他正义。欢喜印可。是为苦行无垢法也。彼苦行者。他有正问。欢喜解说。是为苦行离垢法也。

彼苦行者。设见有人供养沙门．婆罗门。代其欢喜而不呵止。是为苦行离垢法也。彼苦行者。若见沙门．婆罗门食更生之物。不呵责之。是为苦行离垢法也。彼苦行者。有不净食。心不吝惜。若有净食。则不染着。能见己过。知出要法。是为苦行离垢法也。彼苦行者。不自称誉。不毁他人。是为苦行离垢法也。彼苦行者。不杀．盗．淫．两舌．恶口．妄言．绮语．贪取．嫉妒．邪见。是为苦行离垢法也。

彼苦行者。精勤不忘。好习禅行。多修智慧。不愚如兽。是为苦行离垢法也。彼苦行者。不为高贵．憍慢．自大。是为苦行离垢法也。彼苦行者。常怀信义。修反复行。能持净戒。勤受训诲。常与善人而为伴党。积善不已。是为苦行离垢法也。彼苦行者。不怀瞋恨。不为巧伪。不恃己见。不求人短。不怀邪见。亦无边见。是为苦行离垢法也。云何。梵志。如是苦行。为是清净离垢法耶。

答曰。如是。实是清净离垢法也。

梵志白佛言。齐有此苦行。名为第一坚固行耶。

佛言。未也。始是皮耳。

梵志言。愿说树节。

佛告梵志。汝当善听。吾今当说。

梵志言唯然。愿乐欲闻。

梵志。彼苦行者。自不杀生。不教人杀。自不偷盗。不教人盗。自不邪淫。不教人淫。自不妄语。亦不教人为。彼以慈心遍满一方。余方亦尔。慈心广大。无二无量。无有结恨。遍满世间。悲．喜．舍心。亦复如是。齐此苦行。名为树节。

梵志白佛言。愿说苦行坚固之义。

佛告梵志。谛听。谛听。吾当说之。

梵志曰。唯然。世尊。愿乐欲闻。

佛言。彼苦行者。自不杀生。教人不杀。自不偷盗。教人不盗。自不邪淫。教人不淫。自不妄语。教人不妄语。彼以慈心遍满一方。余方亦尔。慈心广大。无二无量。无有结恨。遍满世间。悲．喜．舍心。亦复如是。彼苦行者。自识往昔无数劫事。一生．二生。至无数生。国土成败。劫数终始。尽见尽知。又自见知。我曾生彼种姓。如是名字。如是饮食。如是寿命。如是所受苦乐。从彼生此。从此生彼。如是尽忆无数劫事。是为梵志彼苦行者牢固无坏。

梵志白佛言。云何为第一。

佛言。梵志。谛听。谛听。吾当说之。

梵志言。唯然。世尊。愿乐欲闻。

佛言。彼苦行者。自不杀生。教人不杀。自不偷盗。教人不盗。自不邪淫。教人不淫。自不妄语。教人不欺。彼以慈心遍满一方。余方亦尔。慈心广大。无二无量。无有结恨。遍满世间。悲．喜．舍心。亦复如是。彼苦行者。自识往昔无数劫事。一生．二生。至无数生。国土成败。劫数终始。尽见尽知。又自知见。我曾生彼种姓。如是名字．饮食．寿命。如是所经苦乐。从彼生此。从此生彼。如是尽忆无数劫事。彼天眼净观众生类。死此生彼。颜色好丑．善恶所趣。随行所堕。尽见尽知。又知众生身行不善。口行不善。意行不善。诽谤贤圣。信邪倒见。身坏命终。堕三恶道。或有众生身行善。口．意亦善。不谤贤圣。见正信行。身坏命终。生天．人中。行者天眼清净。观见众生。乃至随行所堕。无不见知。是为苦行第一胜也。

佛告梵志。于此法中复有胜者。我常以此法化诸声闻。彼以此法得修梵行。

时。五百梵志弟子各大举声。自相谓言。今观世尊为最尊上。我师不及。

时。彼散陀那居士语梵志曰。汝向自言。瞿昙若来。吾等当称以为瞎牛。世尊今来。汝何不称。又汝向言。当以一言穷彼瞿昙。能使默然。如龟藏六。谓可无患。以一箭射。使无逃处。汝今何不以汝一言穷如来耶。

佛问梵志。汝忆先时有是言不。

答曰。实有。

佛告梵志。汝岂不从先宿梵志闻诸佛．如来独处山林。乐闲静处。如我今日乐于闲居。不如汝法。乐于愦闹。说无益事。以终日耶。

梵志曰。闻过去诸佛乐于闲静。独处山林。如今世尊。不如我法。乐于愦闹。说无益事。以终日耶。

佛告梵志。汝岂不念。瞿昙沙门能说菩提。自能调伏。能调伏人。自得止息。能止息人。自度彼岸。能使人度。自得解脱。能解脱人。自得灭度。能灭度人。

时。彼梵志即从座起。头面作礼。手扪佛足。自称己名曰。我是尼俱陀梵志。我是尼俱陀梵志。今者自归。礼世尊足。

佛告梵志。止。止。且住。使汝心解。便为礼敬。

时。彼梵志重礼佛足。在一面坐。

佛告梵志。汝将无谓佛为利养而说法耶。勿起是心。若有利养。尽以施汝。吾所说法。微妙第一。为灭不善。增益善法。

又告梵志。汝将无谓佛为名称。为尊重故。为导首故。为眷属故。为大众故。而说法耶。勿起此心。今汝眷属尽属于汝。我所说法。为灭不善。增长善法。

又告梵志。汝将无谓佛以汝置不善聚．黑冥聚中耶。勿生是心。诸不善聚及黑冥聚汝但舍去。吾自为汝说善净法。

又告梵志。汝将无谓佛黜汝于善法聚．清白聚耶。勿起是心。汝但于善法聚．清白聚中精勤修行。吾自为汝说善净法。灭不善行。增益善法。

尔时。五百梵志弟子皆端心正意。听佛所说。时。魔波旬作此念言。此五百梵志弟子端心正意。从佛听法。我今宁可往坏其意。尔时。恶魔即以己力坏乱其意。尔时。世尊告散陀那曰。此五百梵志子端心正意。从我听法。天魔波旬坏乱其意。今吾欲还。汝可俱去。尔时。世尊以右手接散陀那居士置掌中。乘虚而归。

时。散陀那居士．俱陀梵志及五百梵志子闻佛所说。欢喜奉行。

（九）第二分众集经第五

如是我闻。

一时。佛于末罗游行。与千二百五十比丘俱。渐至波婆城阇头庵婆园。

尔时。世尊以十五日月满时。于露地坐。诸比丘僧前后围绕。世尊于夜多说法已。告舍利弗言。今者四方诸比丘集。皆共精勤。捐除睡眠。吾患背痛。欲暂止息。汝今可为诸比丘说法。

对曰。唯然。当如圣教。

尔时。世尊即四牒僧伽梨。偃右胁如师子。累足而卧。

时。舍利弗告诸比丘。今此波婆城有尼乾子命终未久。其后弟子分为二部。常共诤讼相求长短。迭相骂詈。各相是非。我知此法。汝不知此。汝在邪见。我在正法。言语错乱。无有前后。自称己言。以为真正。我所言胜。汝所言负。我今能为谈论之主。汝有所问。可来问我。

诸比丘。时。国人民奉尼乾者。厌患此辈斗讼之声。皆由其法不真正故。法不真正无由出要。譬如朽塔不可复圬。此非三耶三佛所说。诸比丘。唯我释迦无上尊法。最为真正可得出要。譬如新塔易可严饰。此是三耶三佛之所说也。诸比丘。我等今者。宜集法．律。以防诤讼。使梵行久立。多所饶益。天．人获安。诸比丘。如来说一正法。一切众生皆仰食存。如来所说复有一法。一切众生皆由行往。是为一法如来所说。当共集之。以防诤讼。使梵行久立。多所饶益。天．人获安。

诸比丘。如来说二正法。一名。二色。复有二法。一痴。二爱。复有二法。有见．无见。复有二法。一无惭。二无愧。复有二法。一有惭。二有愧。复有二法。一尽智。二无生智。复有二法。二因二缘生于欲爱。一者净妙色。二者不思惟。复有二法。二因二缘生于瞋恚。一者怨憎。二者不思惟。复有二法。二因二缘生于邪见。一者从他闻。二者邪思惟。复有二法。二因二缘生于正见。一者从他闻。二者正思惟。复有二法。二因二缘。一者学解脱。二者无学解脱。复有二法。二因二缘。一者有为界。二者无为界。诸比丘。是为如来所说。当共撰集以防诤讼。使梵行久立。多所饶益。天．人获安。

诸比丘。如来说三正法。谓三不善根。一者贪欲。二者瞋恚。三者愚痴。复有三法。谓三善根。一者不贪。二者不恚。三者不痴。复有三法。谓三不善行。一者不善身行。二者不善口行。三者不善意行。复有三法。谓三不善行。身不善行．口不善行．意不善行。复有三法。谓三恶行。身恶行．口恶行．意恶行。复有三法。谓三善行。身善行．口善行．意善行。复有三法。谓三不善想。欲想．瞋想．害想。复有三法。谓三善想。无欲想．无瞋想．无害想。复有三法。谓三不善思。欲思．恚思．害思。复有三法。谓三善思。无欲思．无恚思．无害思。

复有三法。谓三福业。施业．平等业．思惟业。复有三法。谓三受。乐受．苦受．不苦不乐受。复有三法。谓三爱。欲爱．有爱．无有爱。复有三法。谓三有漏。欲漏．有漏．无明漏。复有三法。谓三火。欲火．恚火．愚痴火。复有三法。谓三求。欲求．有求．梵行求。复有三法。谓三增盛。我增盛．世增盛．法增盛。复有三法。谓三界。欲界．恚界．害界。复有三法。谓三界。出离界．无恚界．无害界。复有三法。谓三界。色界．无色界．尽界。复有三法。谓三聚。戒聚．定聚．慧聚。复有三法。谓三戒。增盛戒．增盛意．增盛慧。

复有三法。谓三三昧。空三昧．无愿三昧．无相三昧。复有三法。谓三相。止息相．精勤相．舍相。复有三法。谓三明。自识宿命智明．天眼智明．漏尽智明。复有三法。谓三变化。一者神足变化。二者知他心随意说法。三者教诫。复有三法。谓三欲生本。一者由现欲生人天。二者由化欲生化自在天。三者由他化欲生他化自在天。复有三法。谓三乐生。一者众生自然成办。生欢乐心。如梵光音天初始生时。二者有众生以念为乐。自唱善哉。如光音天。三者得止息乐。如遍净天。

复有三法。谓三苦。行苦．苦苦．变易苦。复有三法。谓三根。未知欲知根．知根．知已根。复有三法。谓三堂。贤圣堂．天堂．梵堂。复有三法。谓三发。见发．闻发．疑发。复有三法。谓三论。过去有如此事。有如是论。未来有如此事。有如是论。现在有如此事。有如是论。复有三法。谓三聚。正定聚．邪定聚．不定聚。复有三法。谓三忧。身忧．口忧．意忧。复有三法。谓三长老。年耆长老．法长老．作长老。复有三法。谓三眼。肉眼．天眼．慧眼。诸比丘。是为如来所说正法。当共撰集。以防诤讼。使梵行久立。多所饶益。天．人获安。

诸比丘。如来说四正法。谓口四恶行。一者妄语。二者两舌。三者恶口。四者绮语。复有四法。谓口四善行。一者实语。二者软语。三者不绮语。四者不两舌。

复有四法。谓四不圣语。不见言见。不闻言闻。不觉言觉。不知言知。复有四法。谓四圣语。见则言见。闻则言闻。觉则言觉。知则言知。复有四法。谓四种食。抟食．触食．念食．识食。复有四法。谓四受。有现作苦行后受苦报。有现作苦行后受乐报。有现作乐行后受苦报。有现作乐行后受乐报。复有四法。谓四受。欲受．我受．戒受．见受。复有四法。谓四缚。贪欲身缚．瞋恚身缚．戒盗身缚．我见身缚。

复有四法。谓四刺。欲刺．恚刺．见刺．慢刺。复有四法。谓四生。卵生．胎生．湿生．化生。复有四法。谓四念处。于是。比丘内身身观。精勤不懈。忆念不忘。舍世贪忧。外身身观。精勤不懈。忆念不忘。舍世贪忧。内外身身观。精勤不懈。忆念不忘。舍世贪忧。受．意．法观。亦复如是。复有四法。谓四意断。于是。比丘未起恶法。方便使不起。已起恶法。方便使灭。未起善法。方便使起。已起善法。方便思惟。使其增广。

复有四法。谓四神足。于是。比丘思惟欲定灭行成就。精进定．意定．思惟定。亦复如是。复有四法。谓四禅。于是。比丘除欲．恶不善法。有觉．有观。离生喜．乐。入于初禅。灭有觉．观。内信．一心。无觉．无观。定生喜．乐。入第二禅。离喜修舍。念．进。自知身乐。诸圣所求。忆念．舍．乐。入第三禅。离苦．乐行。先灭忧．喜。不苦不乐。舍．念．清净。入第四禅。复有四法。谓四梵堂。一慈。二悲。三喜。四舍。复有四法。谓四无色定。于是。比丘越一切色想。先尽瞋恚想。不念异想。思惟无量空处。舍空处已入识处。舍识处已入不用处。舍不用处已入有想无想处。

复有四法。谓四法足。不贪法足．不瞋法足．正念法足．正定法足。复有四法。谓四贤圣族。于是。比丘衣服知足。得好不喜。遇恶不忧。不染不着。知所禁忌。知出要路。于此法中精勤不懈。成办其事。无阙无减。亦能教人成办此事。是为第一知足住贤圣族。从本至今。未常恼乱。诸天．魔．梵．沙门．婆罗门．天及世间人。无能毁骂。饭食．床卧具．病瘦医药。皆悉知足。亦复如是。复有四法。谓四摄法。惠施．爱语．利人．等利。复有四法。谓四须陀洹支。比丘于佛得无坏信。于法．于僧．于戒得无坏信。复有四法。谓四受证。见色受证．身受灭证．念宿命证．知漏尽证。复有四法。谓四道。苦迟得．苦速得．乐迟得．乐速得。

复有四法。谓四圣谛。苦圣谛．苦集圣谛．苦灭圣谛．苦出要圣谛。复有四法。谓四沙门果。须陀洹果．斯陀含果．阿那含果．阿罗汉果。复有四法。谓四处。实处．施处．智处．止息处。复有四法。谓四智。法智．未知智．等智．知他人心智。复有四法。谓四辩才。法辩．义辩．词辩．应辩。复有四法。谓四识住处。色识住．缘色住色。与爱俱增长。受．想．行识中亦如是住。复有四法。谓四扼。

欲扼．有扼．见扼．无明扼。复有四法。谓四无扼。无欲扼．无有扼．无见扼．无无明扼。

复有四法。谓四净。戒净．心净．见净．度疑净。复有四法。谓四知。可受知受．可行知行．可乐知乐．可舍知舍。复有四法。谓四威仪。可行知行．可住知住．可坐知坐．可卧知卧。复有四法。谓四思惟。少思惟．广思惟．无量思惟．无所有思惟。复有四法。谓四记论。决定记论．分别记论．诘问记论．止住记论。复有四法。谓佛四不护法。如来身行清净。无有阙漏。可自防护。口行清净．意行清净．命行清净。亦复如是。是为如来所说正法。当共撰集。以防诤讼。使梵行久立。多所饶益。天．人获安。

又。诸比丘。如来说五正法。谓五入。眼色．耳声．鼻香．舌味．身触。复有五法。谓五受阴。色受阴．受．想．行．识受阴。复有五法。谓五盖。贪欲盖．瞋恚盖．睡眠盖．掉戏盖．疑盖。复有五法。谓五下结。身见结．戒盗结．疑结．贪欲结．瞋恚结。复有五法。谓五上结。色爱．无色爱．无明．慢．掉。复有五法。谓五根。信根．精进根．念根．定根．慧根。复有五法。谓五力。信力．精进力．念力．定力．慧力。

复有五法。谓灭尽枝。一者比丘信佛．如来．至真．等正觉。十号具足。二者比丘无病。身常安隐。三者质直无有谀谄。能如是者。如来则示涅槃径路。四者自专其心。使不错乱。昔所讽诵。忆持不忘。五者善于观察法之起灭。以贤圣行。尽于苦本。复有五法。谓五发。非时发．虚发．非义发．虚言发．无慈发。复有五法。谓五善发。时发．实发．义发．和言发．慈心发。复有五法。谓五憎嫉。住处憎嫉．檀越憎嫉．利养憎嫉．色憎嫉．法憎嫉。

复有五法。谓五趣解脱。一者身不净想。二者食不净想。三者一切行无常想。四者一切世间不可乐想。五者死想。复有五法。谓五出要界。一者比丘于欲不乐．不动．亦不亲近。但念出要。乐于远离。亲近不怠。其心调柔。出要离欲。彼所因欲起诸漏缠。亦尽舍灭而得解脱。是为欲出要。瞋恚出要．嫉妒出要．色出要．身见出要。亦复如是。

复有五法。谓五喜解脱入。若比丘精勤不懈。乐闲静处。专念一心。未解得解。未尽得尽。未安得安。何谓五。于是。比丘闻如来说法。或闻梵行者说。或闻师长说法。思惟观察。分别法义。心得欢喜。得欢喜已。得法爱。得法爱已。身心安隐。身心安隐已。则得禅定。得禅定已。得实知见。是为初解脱入。于是。比丘闻法喜已。受持讽诵。亦复欢喜。为他人说。亦复欢喜。思惟分别。亦复欢喜。于法得定。亦复如是。复有五法。谓五人。中般涅槃．生般涅槃．无行般涅槃．有行般涅槃．上流阿迦尼吒。诸比丘。是为如来所说正法。当共撰集。以防诤讼。使梵行久立。多所饶益。天．人获安。

又。诸比丘。如来说六正法。谓内六入。眼入．耳入．鼻入．舌入．身入．意入。复有六法。谓外六入。色入．声入．香入．味入．触入．法入。复有六法。谓六识身。眼识身。耳．鼻．舌．身．意识身。复有六法。谓六触身。眼触身。耳．鼻．舌．身．意触身。复有六法。谓六受身。眼受身。耳．鼻．舌．身．意受身。复有六法。谓六想身。色想．声想．香想．味想．触想．法想。复有六法。谓六思身。色思．声思．香思．味思．触思．法思。复有六法。谓六爱身。色爱身．声．香．味．触．法爱身。复有六法。谓六诤本。若比丘好瞋不舍。不敬如来。亦不敬法。亦不敬众。于戒穿漏。染污不净。好于众中多生诤讼。人所憎恶。娆乱净众。天．人不安。诸比丘。汝等当自内观。设有瞋恨。如彼娆乱者。当集和合众。广设方便。拔此诤本。汝等又当专念自观。若结恨已灭。当更方便。遮止其心。勿复使起。诸比丘。很戾不谛。悭吝嫉妒．巧伪虚妄．自因己见．谬受不舍．迷于邪见．与边见俱。亦复如是。复有六法。谓六界。地界．火界．水界．风界．空界．识界。复有六法。谓六察行。眼察色。耳声．鼻香．舌味．身触．意察法。

复有六法。谓六出要界。若比丘作是言。我修慈心。更生瞋恚。余比丘语言。汝勿作此言。勿谤如来。如来不作是说。欲使修慈解脱。更生瞋恚想。无有是处。佛言。除瞋恚已。然后得慈。若比丘言。我行悲解脱。生憎嫉心。行喜解脱。生忧恼心。行舍解脱。生憎爱心。行无我行。生狐疑心。行无想行。生众乱想。亦复如是。复有六法。谓六无上。见无上．闻无上．利养无上．戒无上．恭敬无上．忆念无上。复有六法。谓六思念。佛念．法念．僧念．戒念．施念．天念。是为如来所说正法。当共撰集。以防诤讼。使梵行久立。多所饶益。天．人获安。

诸比丘。如来说七正法。谓七非法。无信．无惭．无愧．少闻．懈怠．多忘．无智。复有七法。谓七正法。有信．有惭．有愧．多闻．精进．总持．多智。复有七法。谓七识住。或有众生。若干种身。若干种想。天及人是。是初识住。或有众生。若干种身而一想者。梵光音天最初生时是。是二识住。或有众生。一身若干种想。光音天是。是三识住。或有众生。一身一想。遍净天是。是四识住。或有众生。空处住．识处住．不用处住。

复有七法。谓七勤法。一者比丘勤于戒行。二者勤灭贪欲。三者勤破邪见。四者勤于多闻。五者勤于精进。六者勤于正念。七者勤于禅定。复有七法。谓七想。不净想．食不净想．一切世间不可乐想．无想．无常想．无常苦想．苦无我想。复有七法。谓七三昧具。正见．正思．正语．正业．正命．正方便．正念。复有七法。谓七觉意。念觉意．法觉意．精进觉意．喜觉意．猗觉意．定觉意．护觉意。是为如来所说正法。当共撰集。以防诤讼。使梵行久立。多所饶益。天．人获安。

诸比丘。如来说八正法。谓世八法。利．衰．毁．誉．称．讥．苦．乐。复有八法。谓八解脱。色观色。一解脱。内无色想观外色。二解脱。净解脱。三解脱。度色想灭瞋恚想住空处解脱。四解脱。度空处住识处。五解脱。度识处住不用处。六解脱。度不用处住有想无想处。七解脱。度有想无想处住想知灭。八解脱。复有八法。谓八圣道。正见．正志．正语．正业．正命．正方便．正念．正定。复有八法。谓八人。须陀洹向．须陀洹．斯陀含向．斯陀含．阿那含向．阿那含．阿罗汉向．阿罗汉。是为如来所说正法。当共撰集。以防诤讼。使梵行久立。多所饶益。天．人获安。

诸比丘。如来说九正法。所谓九众生居。或有众生。若干种身。若干种想。天及人是。是初众生居。复有众生。若干种身而一想者。梵光音天最初生时是。是二众生居。复有众生。一身若干种想。光音天是。是三众生居。复有众生。一身一想。遍净天是。是四众生居。复有众生。无想无所觉知。无想天是。是五众生居。复有众生。空处住。是六众生居。复有众生。识处住。是七众生居。复有众生。不用处住。是八众生居。复有众生。住有想无想处。是九众生居。是为如来所说正法。当共撰集。以防诤讼。使梵行久立。多所饶益。天．人获安。

诸比丘。如来说十正法。所谓十无学法。无学正见．正思．正语．正业．正命．正念．正方便．正定．正智．正解脱。是为如来所说正法。当共撰集。以防诤讼。使梵行久立。多所饶益。天．人获安。

尔时。世尊印可舍利弗所说。时。诸比丘闻舍利弗所说。欢喜奉行。

佛说长阿含经卷第九

（一〇）第二分十上经第六

如是我闻。

一时。佛游鸯伽国。与大比丘众千二百五十人俱。诣瞻婆城。止宿伽伽池侧。

以十五日月满时。世尊在露地坐。大众围绕。竟夜说法。告舍利弗。今者四方诸比丘集。皆各精勤。捐除眠睡。欲闻说法。吾患背痛。欲小止息。卿今可为诸比丘说法。

时。舍利弗受佛教已。尔时世尊即四牒僧伽梨。偃右胁卧如师子。累足而卧。

尔时。耆年舍利弗告诸比丘。今我说法。上中下言。皆悉真正。

义味具足。梵行清净。汝等谛听。善思念之。当为汝说。

时。诸比丘受教而听。舍利弗告诸比丘。有十上法。除众结缚。得至泥洹。尽于苦际。又能具足五百五十法。今当分别。汝等善听。诸比丘。有一成法．一修法．一觉法．一灭法．一退法．一增法．一难解法．一生法．一知法．一证法。云何一成法。谓于诸善法能不放逸。云何一修法。谓常自念身。云何一觉法。谓有漏触。云何一灭法。谓是我慢。云何一退法。谓不恶露观。云何一增法。谓恶露观。云何一难解法。谓无间定。云何一生法。谓有漏解脱。云何一知法。谓诸众生皆仰食存。云何一证法。谓无碍心解脱。

又有二成法．二修法．二觉法．二灭法．二退法．二增法．二难解法．二生法．二知法．二证法。云何二成法。谓知惭．知愧。云何二修法。谓止与观。云何二觉法。谓名与色。云何二灭法。谓无明．爱。云何二退法。谓毁戒．破见。云何二增法。戒具．见具。云何二难解法。有因有缘。众生生垢。有因有缘。众生得净。云何二生法。尽智．无生智。云何二知法。谓是处．非处。云何二证法。谓明与解脱。

又有三成法．三修法．三觉法．三灭法．三退法．三增法．三难解法．三生法．三知法．三证法。云何三成法。一者亲近善友。二者耳闻法音。三者法法成就。云何三修法。谓三三昧。空三昧．无相三昧．无作三昧。云何三觉法。谓三受。苦受．乐受．不苦不乐受。云何三灭法。谓三爱。欲爱．有爱．无有爱。云何三退法。谓三不善根。贪不善根．恚不善根．痴不善根。云何三增法。谓三善根。无贪善根．无恚善根．无痴善根。云何三难解法。谓三难解。贤圣难解．闻法难解．如来难解。云何三生法。谓三相。息止相．精进相．舍离相。云何三知法。谓三出要界。欲出要至色界。色界出要至无色界。舍离一切诸有为法。彼名为尽。云何三证法。谓三明。宿命智．天眼智．漏尽智。诸比丘。是为三十法。如实无虚。如来知已。平等说法。

复有四成法．四修法．四觉法．四灭法．四退法．四增法．四难解法．四生法．四知法．四证法。云何四成法。谓四轮法。一者住中国。二者近善友。三者自谨慎。四者宿植善本。云何四修法。谓四念处。比丘内身身观。精勤不懈。忆念不忘。舍世贪忧。外身身观。精勤不懈。忆念不忘。舍世贪忧。内外身身观。精勤不懈。忆念不忘。舍世贪忧。受．意．法观。亦复如是。云何四觉法。谓四食。抟食．触食．念食．识食。云何四灭法。谓四受。欲受．我受．戒受．见受。

云何四退法。谓四扼。欲扼．有扼．见扼．无明扼。云何四增法。谓四无扼。无欲扼．无有扼．无见扼．无无明扼。云何四难解法。谓有四圣谛。苦谛．集谛．灭谛．道谛。云何四生法。谓四智。

法智．未知智．等智．知他心智。云何四知法。谓四辩才。法辩．义辩．辞辩．应辩。云何四证法。谓四沙门果。须陀洹果．斯陀含果．阿那含果．阿罗汉果。诸比丘。是为四十法。如实无虚。如来知已。平等说法。

复有五成法．五修法．五觉法．五灭法．五退法．五增法．五难解法．五生法．五知法．五证法。云何五成法。谓五灭尽枝。一者信佛。如来．至真。十号具足。二者无病。身常安隐。三者质直无有谀谄。直趣如来涅槃径路。四者专心不乱。讽诵不忘。五者善于观察法之起灭。以贤圣行尽于苦本。云何五修法。谓五根。信根．精进根．念根．定根．慧根。云何五觉法。谓五受阴。色受阴。受．想．行．识受阴。

云何五灭法。谓五盖。贪欲盖．瞋恚盖．眠睡盖．掉戏盖．疑盖。云何五退法。谓五心碍结。一者比丘疑佛。疑佛已。则不亲近。不亲近已。则不恭敬。是为初心碍结。又比丘于法．于众．于戒。有穿漏行．不真正行。为污染行。不亲近戒。亦不恭敬。是为四心碍结。又复比丘于梵行人生恶向心。心不喜乐。以粗恶言而毁骂之。是为五心碍结。云何五增法。谓五喜本。一悦．二念．三猗．四乐．五定。

云何五难解法。谓五解脱入。若比丘精勤不懈。乐闲静处。专念一心。未解得解。未尽得尽。未安得安。何谓五。若比丘闻佛说法。或闻梵行者说。或闻师长说。思惟观察。分别法义。心得欢喜。得欢喜已。便得法爱。得法爱已。身心安隐。身心安隐已。则得禅定。得禅定已。得如实智。是为初解脱入。于是。比丘闻法欢喜。受持讽诵。亦复欢喜。为他人说。亦复欢喜。思惟分别。亦复欢喜。于法得定。亦复如是。

云何五生法。谓贤圣五智定。一者修三昧现乐后乐。生内外智。二者贤圣无爱。生内外智。三者诸佛贤圣之所修行。生内外智。四者猗寂灭相。独而无侣。而生内外智。五者于三昧一心入。一心起。生内外智。云何五知法。谓五出要界。一者比丘于欲不乐．不念。亦不亲近。但念出要。乐于远离。亲近不怠。其心调柔。出要离欲。因欲起漏亦尽舍灭。而得解脱。是为欲出要。瞋恚出要．嫉妒出要．色出要．身见出要。亦复如是。云何五证法。谓五无学聚。无学戒聚．定聚．慧聚．解脱聚．解脱知见聚。是为五十法。如实无虚。如来知已。平等说法。

复有六成法．六修法．六觉法．六灭法．六退法．六增法．六难解法．六生法．六知法．六证法。云何六成法。谓六重法。若有比丘修六重法。可敬可重。和合于众。无有诤讼。独行无杂。云何六。于是。比丘身常行慈。敬梵行者。住仁爱心。名曰重法。可敬可重。和合于众。无有诤讼。独行无杂。复次。比丘口慈．意慈。以法得养及钵中余。与人共之。不怀彼此。复次。比丘圣所行戒。不犯不毁。无有染污。智者所称。善具足持。成就定意。复次。比丘成就贤圣出要。平等尽苦。正见及诸梵行。是名重法。可敬可重。和合于众。无有诤讼。独行不杂。

云何六修法。谓六念。念佛．念法．念僧．念戒．念施．念天。云何六觉法。谓六内入。眼入．耳入．鼻入．舌入．身入．意入。云何六灭法。谓六爱。色爱．声爱．香．味．触．法爱。云何六退法。谓六不敬法。不敬佛．不敬法．不敬僧．不敬戒．不敬定．不敬父母。云何六增法。谓六敬法。敬佛．敬法．敬僧．敬戒．敬定．敬父母。云何六难解法。谓六无上。见无上。闻无上。利养无上．戒无上．恭敬无上．念无上。云何六生法。谓六等法。于是。比丘眼见色无忧无喜。住舍专念。耳声．鼻香．舌味．身触．意法。不喜不忧。住舍专念。

云何六知法。谓六出要界。若比丘作是言。我修慈心。更生瞋恚。余比丘言。汝勿作此言。勿谤如来。如来不作是说。欲使修慈解脱更生瞋恚者。无有是处。佛言。除瞋恚已。然后得慈。若比丘言。我行悲解脱。生憎嫉心。行喜解脱。生忧恼心。行舍解脱。生憎爱心。行无我行。生狐疑心。行无想行。生众乱想。亦复如是。云何六证法。谓六神通。一者神足通证。二者天耳通证。三者知他心通证。四者宿命通证。五者天眼通证。六者漏尽通证。是为六十法。诸比丘。如实无虚。如来知已。平等说法。

复有七成法．七修法．七觉法．七灭法．七退法．七增法．七难解法．七生法．七知法．七证法。云何七成法。谓七财。信财．戒财．惭财．愧财．闻财．施财．慧财。为七财。云何七修法。谓七觉意。于是。比丘修念觉意。依无欲．依寂灭．依远离。修法．修精进．修喜．修猗．修定．修舍。依无欲．依寂灭．依远离。

云何七觉法。谓七识住处。若有众生。若干种身。若干种想。天及人是。是初识住。复有众生。若干种身而一想者。梵光音天最初生时是。是二识住。复有众生。一身若干种想。光音天是。是三识住。复有众生。一身一想。遍净天是。是四识住。或有众生。空处住。是五识住。或识处住。是六识住。或不用处住。是七识住。云何七灭法。谓七使法。欲爱使．有爱使．见使．慢使．瞋恚使．无明使．疑使。

云何七退法。谓七非法。是比丘无信。无惭。无愧。少闻。懈堕。多忘。无智。云何七增法。谓七正法。于是。比丘有信。有惭。有愧。多闻。不懈堕。强记。有智。云何七难解法。谓七正善法。于是。比丘好义。好法。好知时。好知足。好自摄。好集众。好分别人。云何七生法。谓七想。不净想。食不净想．一切世间不可乐想．死想．无常想．无常苦想．苦无我想。

云何七知法。谓七勤。勤于戒行．勤灭贪欲．勤破邪见．勤于多闻．勤于精进．勤于正念．勤于禅定。云何七证法。谓七漏尽力。于是。漏尽比丘于一切诸苦．集．灭．味．过．出要。如实知见。观欲如火坑。亦如刀剑。知欲见欲。不贪于欲。心不住欲。漏尽比丘逆顺观察。如实觉知。如实见已。世间贪嫉。恶不善法不漏不起。修四念处。多修多行。五根．五力．七觉意。贤圣八道。多修多行。诸比丘。是为七十法。如实不虚。如来知已。平等说法。

复有八成法．八修法．八觉法．八灭法．八退法．八增法．八难解法．八生法．八知法．八证法。云何八成法。谓八因缘。不得梵行而得智。得梵行已智增多。云何为八。于是。比丘依世尊住。或依师长。或依智慧梵行者住。生惭愧心。有爱有敬。是谓初因缘。未得梵行而得智。得梵行已智增多。复次。依世尊住。随时请问。此法云何。义何所趣。时。诸尊长即为开演甚深义理。是为二因缘。既闻法已。身心乐静。是为三因缘。既乐静已。不为遮道无益杂论。彼到众中。或自说法。或请他说。犹复不舍贤圣默然。是为四因缘。多闻广博。守持不忘。诸法深奥。上中下善。义味谛诚。梵行具足。闻已入心。见不流动。是为五因缘。修习精勤。灭恶增善。勉力堪任。不舍斯法。是为六因缘。有以智慧知起灭法。贤圣所趣。能尽苦际。是为七因缘。观五受阴。生相．灭相。此色．色集．色灭。此受．想．行．识。识集．识灭。是为八因缘。未得梵行而有智。得梵行已智增多。

云何八修法。谓贤圣八道。正见．正志．正语．正业．正命．正方便．正念．正定。云何八觉法。谓世八法。利．衰．毁．誉．称．讥．苦．乐。云何八灭法。谓八邪。邪见．邪思．邪语．邪业．邪命．邪方便．邪念．邪定。云何八退法。谓八懈怠法。何谓八懈怠。比丘乞食不得食。便作是念。我于今日下村乞食不得。身体疲极。不能堪任坐禅．经行。今宜卧息。懈怠比丘即便卧息。不肯精勤未得欲得。未获欲获。未证欲证。是为初懈怠。懈怠比丘得食既足。复作是念。我朝入村乞食。得食过足。身体沉重。不能堪任坐禅．经行。今宜寝息。懈怠比丘即便寝息。不能精勤未得欲得。未获欲获．未证欲证。懈怠比丘设少执事。便作是念。我今日执事。身体疲极。不能堪任坐禅．经行。今宜寝息。懈怠比丘即便寝息。懈怠比丘设欲执事。便作是念。明当执事。必有疲极。今者不得坐禅．经行。当豫卧息。懈怠比丘即便卧息。懈怠比丘设少行来。便作是念。我朝行来。身体疲极。不能堪任坐禅．经行。我今宜当卧息。懈怠比丘即便卧息。懈怠比丘设欲少行。便作是念。我明当行。必有疲极。今者不得坐禅．经行。当豫寝息。懈怠比丘即寻寝息。不能精勤未得欲得．未获欲获．未证欲证。是为六懈怠比丘。设遇小患。便作是念。我得重病。困笃羸瘦。不能堪任坐禅．经行。当须寝息。懈怠比丘即寻寝息。不能精勤未得欲得．未获欲获．未证欲证。懈怠比丘所患已差。复作是念。我病差未久。身体羸瘦。不能堪任坐禅．经行。宜自寝息。懈怠比丘即寻寝息。不能精勤未得欲得．未获欲获．未证欲证。云何八增法。谓八不怠。

云何八精进。比丘入村乞食。不得食还。即作是念。我身体轻便。少于睡眠。宜可精进坐禅．经行。未得者得。未获者获。未证者证。于是。比丘即便精进。是为初精进比丘。乞食得足。便作是念。我今入村。乞食饱满。气力充足。宜勤精进坐禅．经行。未得者得。未获者获。未证者证。于是。比丘即寻精进。精进比丘设有执事。便作是念。我向执事。废我行道。今宜精进坐禅．经行。未得者得。未获者获。未证者证。于是。比丘即寻精进。精进比丘设欲执事。便作是念。明当执事。废我行道。今宜精进坐禅．经行。未得者得。未获者获。未证者证。于是。比丘即便精进。精进比丘设有行来。便作是念。我朝行来。废我行道。今宜精进坐禅．经行。未得者得。未获者获。未证者证。于是。比丘即寻精进。精进比丘设欲行来。便作是念。我明当行。废我行道。今宜精进坐禅．经行。未得者得。未获者获。未证者证。于是比丘即便精进。精进比丘设遇患时。便作是念。我得重病或能命终。今宜精进。未得者得。未获者获。未证者证。于是比丘即便精进。精进比丘患得小差。复作是念。我病初差。或更增动。废我行道。今宜精进坐禅．经行。未得者得。未获者获。未证者证。于是。比丘即便精进坐禅．经行。是为八。

云何八难解法。谓八不闲妨修梵行。云何八。如来．至真出现于世。说微妙法。寂灭无为。向菩提道。有人生地狱中。是为不闲处。不得修梵行。如来．至真出现于世。说微妙法。寂灭无为。向菩提道。而有众生在畜生中．饿鬼中．长寿天中．边地无识。无佛法处。是为不闲处。不得修梵行。如来．至真．等正觉出现于世。说微妙法。寂灭无为。向菩提道。或有众生生于中国。而有邪见。怀颠倒心。恶行成就。必入地狱。是为不闲处。不得修梵行。如来．至真．等正觉出现于世。说微妙法。寂灭无为。向菩提道。或有众生生于中国。聋。盲。喑。哑不得闻法。修行梵行。是为不闲。如来．至真．等正觉不出世间。无有能说微妙法。寂灭无为。向菩提道。而有众生生于中国。彼诸根具足。堪受圣教。而不值佛。不得修行梵行。是为八不闲。

云何八生法。谓八大人觉。道当少欲。多欲非道。道当知足。无厌非道。道当闲静。乐众非道。道当自守。戏笑非道。道当精进。懈怠非道。道当专念。多忘非道。道当定意。乱意非道。道当智慧。愚痴非道。云何八知法。谓八除入。内有色想。观外色少。若好若丑。常观常念。是为初除入。内有色想。观外色无量。若好若丑。常观常念。是为二除入。内无色想。外观色少。若好若丑。常观常念。是为三除入。内无色想。外观色无量。若好若丑。常观常念。是为四除入。内无色想。外观色青。青色．青光．青见。譬如青莲华。亦如青波罗㮈衣。纯一青色．青光．青见。作如是想。常观常念。是为五除入。内无色想。外观色黄。黄色．黄光．黄见。譬如黄华．黄波罗㮈衣。黄色．黄光．黄见。常念常观。作如是想。是为六除入。内无色想。观外色赤。赤色．赤光．赤见。譬如赤华．赤波罗㮈衣。纯一赤色．赤光．赤见。常观常念。作如是想。是为七除入。内无色想。外观色白。白色．白光．白见。譬如白华．白波罗㮈衣。纯一白色．白光．白见。常观常念。作如是想。是为八除入。

云何八证法。谓八解脱。色观色。一解脱。内无色想。观外色。二解脱。净解脱。三解脱。度色想。灭瞋恚想。住空处。四解脱。度空处。住识处。五解脱。度识处。住不用处。六解脱。度不用处。住有想无想处。七解脱。度有想无想处。住想知灭。八解脱。诸比丘。是为八十法。如实无虚。如来知已。平等说法。

复有九成法．九修法．九觉法．九灭法．九退法．九增法．九难解法．九生法．九知法．九证法。云何九成法。谓九净灭枝。法戒净灭枝．心净灭枝．见净灭枝．度疑净灭枝．分别净灭枝．道净灭枝．除净灭枝．无欲净灭枝．解脱净灭枝。云何九修法。谓九喜本。一喜。二爱。三悦。四乐。五定。六如实知。七除舍。八无欲。九解脱。

云何九觉法。谓九众生居。或有众生。若干种身若干种想。天及人是。是初众生居。或有众生。若干种身而一想者。梵光音天最初生时是。是二众生居。或有众生。一身若干种想。光音天是。是三众生居。或有众生。一身一想。遍净天是。是四众生居。或有众生。无想无所觉知。无想天是。是五众生居。复有众生。空处住。是六众生居。复有众生。识处住。是七众生居。复有众生。不用处住。是八众生居。复有众生。住有想无想处。是九众生居。

云何九灭法。谓九爱本。因爱有求。因求有利。因利有用。因用有欲。因欲有着。因著有嫉。因嫉有守。因守有护。云何九退法。谓九恼法。有人已侵恼我。今侵恼我。当侵恼我。我所爱者。已侵恼。今侵恼。当侵恼。我所憎者。已爱敬。今爱敬。当爱敬。云何九增法。谓无恼。彼已侵我。我恼何益。已不生恼。今不生恼。当不生恼。我所爱者。彼已侵恼。我恼何益。已不生恼。今不生恼。当不生恼。我所憎者。彼已爱敬。我恼何益。已不生恼。今不生恼。当不生恼。

云何九难解法。谓九梵行。若比丘有信而不持戒。则梵行不具。比丘有信．有戒．则梵行具足。若比丘有信．有戒而不多闻。则梵行不具。比丘有信．有戒．有多闻．则梵行具足。若比丘有信．有戒．有多闻。不能说法。则梵行不具。比丘有信．有戒．有多闻。能说法。则梵行具足。若比丘有信．有戒．有多闻。能说法。不能养众。则梵行不具。若比丘有信．有戒．有多闻。能说法．能养众。则梵行具足。若比丘有信．有戒．有多闻。能说法．能养众．不能于大众中广演法言。则梵行不具。若比丘有信．有戒．有多闻。能说法．能养众．能于大众广演法言。则梵行具足。若比丘有信．有戒．有多闻。能说法．能养众．能在大众广演法言。而不得四禅。则梵行不具。若比丘有信．有戒．有多闻。能说法．能养众．能于大众广演法言。又得四禅。则梵行具足。若比丘有信．有戒．多闻。能说法．能养众．在大众中广演法言。又得四禅。不于八解脱逆顺游行。则梵行不具。有比丘有信．有戒．有多闻。能说法．能养众．于大众中广演法言。具足四禅。于八解脱逆顺游行。则梵行具足。若比丘有信．有戒．有多闻。能说法．能养众．在大众中广演法言。得四禅。于八解脱逆顺游行。然不能尽有漏成无漏。心解脱．智慧解脱。于现法中自身作证。生死已尽。梵行已立。所作已办。更不受有。则梵行不具。若比丘有信．有戒．有多闻。能说法．能养众．能在大众广演法言。成就四禅。于八解脱逆顺游行。舍有漏成无漏。心解脱．智慧解脱。于现法中自身作证。生死已尽。梵行已立。所作已办。更不受有。则梵行具足。

云何九生法。谓九想。不净想．观食想．一切世间不可乐想．死想．无常想。无常苦想。苦无我想。尽想。无欲想。云何九知法。谓九异法。生果异。因果异。生触异。因触异。生受异。因受异。生想异．因想异。生集异．因集异。生欲异．因欲异。生利异．因利异。生求异．因求异。生烦恼异．因烦恼异。云何九证法。谓九尽。若入初禅。则声刺灭。入第二禅。则觉观刺灭。入第三禅。则喜刺灭。入第四禅。则出入息刺灭。入空处。则色想刺灭。入识处。则空想刺灭。入不用处。则识想刺灭。入有想无想处。则不用想刺灭。入灭尽定。则想受刺灭。诸比丘。是为九十法。如实不虚。如来知已。平等说法。

复有十成法．十修法．十觉法．十灭法．十退法．十增法．十难解法．十生法．十知法．十证法。云何十成法。谓十救法。一者比丘二百五十戒具。威仪亦具。见有小罪。生大怖畏。平等学戒。心无倾邪。二者得善知识。三者言语中正。多所含受。四者好求善法。分布不吝。五者诸梵行人有所施设。辄往佐助。不以为劳。难为能为。亦教人为。六者多闻。闻便能持。未曾有忘。七者精进。灭不善法。增长善法。八者常自专念。无有他想。忆本善行。若在目前。九者智慧成就。观法生灭。以贤圣律而断苦本。十者乐于闲居。专念思惟。于禅中间无有调戏。

云何十修法。谓十正行。正见．正思．正语．正业．正命．正方便．正念．正定．正解脱．正知。云何十觉法。谓十色入。眼入．耳入．鼻入．舌入．身入．色入．声入．香入．味入．触入。云何十灭法。谓十邪行。邪见．邪思．邪语．邪业．邪命．邪方便．邪念．邪定．邪解脱．邪智。云何十退法。谓十不善行迹。身杀．盗．淫。口两舌．恶骂．妄言．绮语。意贪取．嫉妒．邪见。云何十增法。谓十善行。身不杀．盗．淫。口不两舌．恶骂．妄言．绮语。意不贪取．嫉妒．邪见。云何十难解法。谓十贤圣居。一者比丘除灭五枝。二者成就六枝。三者舍一。四者依四。五者灭异谛。六者胜妙求。七者无浊想。八者身行已立。九者心解脱。十者慧解脱。

云何十生法。谓十称誉处。若比丘自得信已。为他人说。亦复称叹诸得信者。自持戒已。为他人说。亦复称叹诸持戒者。自少欲已。为他人说。亦复称叹诸少欲者。自知足已。为他人说。亦复称叹诸知足者。自乐闲静。为他人说。亦复称叹乐闲静者。自多闻已。为他人说。亦复称叹诸多闻者。自精进已。为他人说。亦复称叹诸精进者。自专念已。为他人说。亦复称叹诸专念者。自得禅定。为他人说。亦复称叹得禅定者。自得智慧。为他人说。亦复称叹得智慧者。

云何十知法。谓十灭法。正见之人能灭邪见。诸缘邪见。起无数恶。亦尽除灭。诸因正见。生无数善。尽得成就正思．正语．正业．正命．正方便．正念．正定．正解脱．正智。正智之人能灭邪智。诸因邪智。起无数恶。悉皆除灭。诸因正智。起无数善法。尽得成就。云何十证法。谓十无学法。无学正见．正思．正语．正业．正命．正方便．正念．正定．正解脱．正智。诸比丘。是为百法。如实无虚。如来知已。平等说法。

尔时。舍利弗佛所印可。诸比丘闻舍利弗所说。欢喜奉行。

（一一）第二分增一经第七

如是我闻。

一时。佛在舍卫国祇树给孤独园。与大比丘众千二百五十人俱。

尔时。世尊告诸比丘。我与汝等说微妙法。上中下言。皆悉真正。义味清净。梵行具足。谓一增法也。汝等谛听。善思念之。当为汝说。

时。诸比丘受教而听。佛告比丘。一增法者。谓一成法．一修法．一觉法．一灭法．一证法。云何一成法。谓不舍善法。云何一修法。谓常自念身。云何一觉法。谓有漏触。云何一灭法。谓有我慢。云何一证法。谓无碍心解脱。

又有二成法．二修法．二觉法．二灭法．二证法。云何二成法。谓知惭．知愧。云何二修法。谓止与观。云何二觉法。谓名与色。云何二灭法。谓无明．有爱。云何二证法。谓明与解脱。

又有三成法．三修法．三觉法．三灭法．三证法。云何三成法。一者亲近善友。二者耳闻法音。三法法成就。云何三修法。谓三三昧。空三昧．无想三昧．无作三昧。云何三觉法。谓三受。苦受．乐受．不苦不乐受。云何三灭法。谓三爱。欲爱．有爱．无有爱。云何三证法。谓三明。宿命智．天眼智．漏尽智。

又有四成法．四修法．四觉法．四灭法．四证法。云何四成法。一者住中国。二者近善友。三者自谨慎。四者宿殖善本。云何四修法。住四念处。比丘内身身观。精勤不懈。忆念不忘。舍世贪忧。外身身观。精勤不懈。忆念不忘。舍世贪忧。内外身身观。精勤不懈。忆念不忘。舍世贪忧。受．意．法观。亦复如是。云何四觉法。谓四食。抟食．触食．念食．识食。云何四灭法。谓四受。欲受．我受．戒受．见受。云何四证法。谓四沙门果。须陀洹果．斯陀含果．阿那含果．阿罗汉果。

又有五成法．五修法．五觉法．五灭法．五证法。云何五成法。谓五灭尽支。一者信佛．如来．至真。十号具足。二者无病。身常安隐。三者质直无有谀谄。真趣如来涅槃径路。四者专心不乱。讽诵不忘。五者善于观察法之起灭。以贤圣行尽于苦本。云何五修法。谓五根。信根．精进根．念根．定根．慧根。云何五觉法。谓五受阴。色受阴．受．想．行．识受阴。云何五灭法。谓五盖。贪欲盖．瞋恚盖．睡眠盖．掉戏盖．疑盖。云何五证法。谓五无学聚。无学戒聚．无学定聚．慧聚．解脱聚．解脱知见聚。

复有六成法．六修法．六觉法．六灭法．六证法。云何六成法。谓六重法。若有比丘修六重法。可敬可重。和合于众。无有诤讼。独行无杂。云何六。于是。比丘身常行慈及修梵行。住仁爱心。名曰重法。可敬可重。和合于众。无有诤讼。独行无杂。复次。比丘口慈．意慈。以己供养及钵中余。与人共之。不怀彼此。复次。比丘圣所行戒。不犯不毁。无有染污。智者所称。善具足持戒。成就贤圣出要。平等尽苦。正见及诸梵行。是名重法。可敬可重。和合于众。无有诤讼。独行不杂。

云何六修法。谓六念。佛念．法念．僧念．戒念．施念．天念。云何六觉法。谓六内入。眼入．耳入．鼻入．舌入．身入．意入。云何六灭法。谓六爱。色爱．声爱．香．味．触．法爱。云何六证法。谓六神通。一者神足通证。二者天耳通证。三者知他心通证。四者宿命通证。五者天眼通证。六者漏尽通证。

复有七成法．七修法．七觉法．七灭法．七证法。云何七成法。谓七财。信财．戒财．惭财．愧财．闻财．施财．惠财。是为七财。云何七修法。谓七觉意。于是。比丘修念觉意。依无欲．依寂灭．依远离。修法．修精进．修喜．修猗．修定．修舍。依无欲．依寂灭．依远离。

云何七觉法。谓七识住处。若有众生。若干种身若干种想。天及人。此是初识住。复有众生。若干种身而一想者。梵光音天最初生时是。是二识住。复有众生。一身若干种想。光音天是。是三识住。复有众生。一身一想。遍净天是。是四识住处。复有众生。空处住。是五识住。或识处住。是六识住。或不用处。是七识住。

云何七灭法。谓七使法。欲爱使．有爱使．见使．慢使．瞋恚使．无明使．疑使。云何七证法。为七漏尽力。于是。漏尽比丘于一切诸苦．集．灭．味．过．出要。如实知见。观欲如火坑。亦如刀剑。知欲见欲。不贪于欲。心不住欲于中复善观察。如实得知。如实见已。世间贪淫。恶不善法不起不漏。修四念处。多修多行。五根．五力．七觉意．贤圣八道。多修多行。

复有八成法．八修法．八觉法．八灭法．八证法。云何八成法。谓八因缘。未得梵行而得智。得梵行已智增多。云何为八。如是比丘依世尊住。或依师长。或依智慧梵行者住。生惭愧心。有爱有敬。是为初因缘。未得梵行而得智。得梵行已智增多。复次。依世尊住。随时请问。此法云何义．何所趣。尊长即为开演深义。是为二因缘。既闻法已。身心乐静。是为三因缘。不为遮道无益杂论。彼到众中。或自说法。或请他说。犹复不舍贤圣默然。是为四因缘。多闻广博。守持不忘。诸法深奥。上中下善。义味诚谛。梵行具足。闻已入心。见不流动。是为五因缘。修习精勤。灭不善行。善行日增。勉力堪任。不舍斯法。是为六因缘。又以智慧知起灭法。贤圣所趣能尽苦际。是为七因缘。又观五受阴。生想．灭想。此色。色集．色灭。此受．想．行．识。识集．识灭。是为八因缘。未得梵行而有智。已得梵行智增多。

云何八修法。谓贤圣八道。正见．正志．正语．正业．正命．正方便．正念．正定。云何八觉法。谓世八法。利．衰．毁．誉．称．讥．苦．乐。云何八灭法。谓八邪。邪见．邪志．邪语．邪业．邪命．邪方便．邪念．邪定。云何八证法。谓八解脱。色观色。一解脱。内无色想。外观色。二解脱。净解脱。三解脱。度色想。灭瞋恚想。住空处。四解脱。度空处。住识处。五解脱。度识处。住不用处。六解脱。度不用处。住有想无想处。七解脱。度有想无想处。住想知灭。八解脱。

复有九成法．九修法．九觉法．九灭法．九证法。云何九成法。谓九净灭枝法。戒净灭枝．心净灭枝．见净灭枝．度疑净灭枝．分别净灭枝．道净灭枝．除净灭枝．无欲净灭枝．解脱净灭枝。云何九修法。谓九喜本。一喜。二爱。三悦。四乐。五定。六如实知。七除舍。八无欲。九解脱。云何九觉法。谓九众生居。或有众生。若干种身若干种想。天及人是。是初众生居。或有众生。若干种身而一想者。梵光音天最初生时是。是二众生居。或有众生。一身若干种想。光音天是。是三众生居。或有众生。一身一想。遍净天是。是四众生居。无想无所觉知。无想天是。是五众生居。复有众生。空处住。是六众生居。复有众生。识处住。是七众生居。复有众生。不用处住。是八众生居。复有众生。住有想无想处。是九众生居。

云何九灭法。谓九爱本。因爱有求。因求有利。因利有用。因用有欲。因欲有着。因著有嫉。因嫉有守。因守有护。云何九证法。谓九尽。若入初禅。则声刺灭。入第二禅。则觉观刺灭。入第三禅。则喜刺灭。入第四禅。则出入息刺灭。入空处。则色想刺灭。入识处。则空想刺灭。入不用处。则识想刺灭。入有想无想处。则不用想刺灭。入灭尽定。则想受刺灭。

复有十成法．十修法．十觉法．十灭法．十证法。云何十成法。谓十救法。一者比丘二百五十戒具。威仪亦具。见有小罪。生大怖畏。平等学戒。心无倾邪。二者得善知识。三者言语中正。多所堪忍。四者好求善法。分布不吝。五者诸梵行人有所施设。辄往佐助。不以为劳。难为能为。亦教人为。六者多闻。闻便能持。未曾有忘。七者精勤。灭不善法。增长善法。八者常自专念。无有他想。忆本善行。如在目前。九者智慧成就。观法生灭。以贤圣律断于苦本。十者乐于闲居。专念思惟。于禅中间无有调戏。

云何十修法。谓十正行。正见．正志．正语．正业．正命．正方便．正念．正定．正解脱．正智。云何十觉法。谓十色入。眼入．耳入．鼻入．舌入．身入．色入．声入．香入．味入．触入。云何十灭法。谓十邪行。邪见．邪志．邪语．邪业．邪命．邪方便．邪念．邪定．邪解脱．邪智。云何十证法。谓十无学法。无学正见．正志．正语．正业．正命．正方便．正念．正定．正解脱．正智。诸比丘。此名一增法。我今为汝等说如是法。吾为如来。为诸弟子所应作者。皆已备悉。慈愍殷勤。训诲汝等。汝等亦宜勤奉行之。诸比丘。当在闲居树下空处。精勤坐禅。勿自放恣。今不勉力。后悔何益。此是我教。勤受持之。

尔时。诸比丘闻佛所说。欢喜奉行。

佛说长阿含经卷第十

(一二)第二分三聚经第八

如是我闻。

一时。佛在舍卫国祇树给孤独园。与大比丘众千二百五十人俱。

尔时。世尊告诸比丘。我与汝等说微妙法。义味清净。梵行具足。谓三聚法。汝等谛听。思惟念之。当为汝说。时。诸比丘受教而听。

佛告比丘。三法聚者。一法趣恶趣。一法趣善趣。一法趣涅槃。云何一法趣于恶趣。谓无仁慈。怀毒害心。是谓一法将向恶趣。云何一法趣于善趣。谓不以恶心加于众生。是为一法将向善趣。云何一法趣于涅槃。谓能精勤修身念处。是为一法将向涅槃。

复有二法趣向恶趣。复有二法趣向善趣。复有二法趣向涅槃。云何二法趣向恶趣。一谓毁戒。二谓破见。云何二法趣向善趣。一谓戒具。二谓见具。云何二法趣向涅槃。一谓为止。二谓为观。

复有三法趣向恶趣。三法向善趣。三法向涅槃。云何三法向恶趣。谓三不善根。贪不善根。恚不善根。痴不善根。云何三法向善趣。谓三善根。无贪善根。无恚善根。无痴善根。云何三法趣向涅槃。谓三三昧。空三昧。无相三昧。无作三昧。

又有四法趣向恶趣。四法向善趣。四法向涅槃。云何四法向恶趣。谓爱语．恚语．怖语．痴语。云何四法向善趣。谓不爱语．不恚语．不怖语．不痴语。云何四法向涅槃。谓四念处。身念处．受念处．意念处．法念处。

复有五法向恶趣。五法向善趣。五法向涅槃。云何五法向恶趣。谓破五戒。杀．盗．淫逸．妄语．饮酒。云何五法向善趣。谓持五戒。不杀．不盗．不淫．不欺．不饮酒。云何五法趣向涅槃。谓五根。信根．精进根．念根．定根．慧根。

又有六法向恶趣。六法向善趣。六法向涅槃。云何六法向恶趣。谓六不敬。不敬佛．不敬法．不敬僧．不敬戒．不敬定．不敬父母。云何六法向善趣。谓六敬法。敬佛．敬法．敬僧．敬戒．敬定．敬父母。云何六法向涅槃。谓六思念。念佛．念法．念僧．念戒．念施．念天。

又有七法向恶趣。七法向善趣。七法向涅槃。云何七法向恶趣。谓杀生．不与取．淫逸．妄语．两舌．恶口．绮语。云何七法向善趣。谓不杀生．不盗．不淫．不欺．不两舌．不恶口．不绮语。云何七法向涅槃。谓七觉意。念觉意．择法觉意．精进觉意．猗觉意．定觉意．喜觉意．舍觉意。

又有八法向恶趣。八法向善趣。八法向涅槃。云何八法向恶趣。谓八邪行。邪见．邪志．邪语．邪业．邪命．邪方便．邪念．邪定。云何八法向善趣。谓世正见．正志．正语．正业．正命．正方便．正念．正定。云何八法向涅槃。谓八贤圣道。正见．正志．正语．正业．正命．正方便．正念．正定。

又有九法向恶趣。九法向善趣。九法向涅槃。云何九法向恶趣。谓九恼。有人已侵恼我。今侵恼我。当侵恼我。我所爱者。已侵恼。今侵恼。当侵恼。我所憎者。已爱敬。今爱敬。当爱敬。云何九法向善趣。谓九无恼。彼已侵我。我恼何益。已不生恼。今不生恼。当不生恼。我所爱者。彼已侵我。我恼何益。已不生恼。今不生恼。当不生恼。我所憎者。彼已爱敬。我恼何益。已不生恼。当不生恼。今不生恼。云何九法向涅槃。谓九善法。一喜。二爱。三悦。四乐。五定。六实知。七除舍。八无欲。九解脱。

又有十法向恶趣。十法向善趣。十法向涅槃。云何十法向恶趣。谓十不善。身杀．盗．淫。口两舌．恶骂．妄言．绮语。意贪取．嫉妒．邪见。云何十法向善趣。谓十善行。身不杀．盗．淫。口不两舌．恶骂．妄言．绮语。意不贪取．嫉妒．邪见。云何十法向涅槃。谓十直道。正见．正志．正语．正业．正命．正方便．正念．正定．正解脱．正智。诸比丘。如是十法。得至涅槃。是名三聚微妙正法。我为如来。为众弟子所应作者。无不周备。忧念汝等。故演经道。汝等亦宜自忧其身。当处闲居．树下思惟。勿为懈怠。今不勉力。后悔无益。

诸比丘闻佛所说。欢喜奉行。

（一三）第二分大缘方便经第九

如是我闻。

一时。佛在拘流沙国劫摩沙住处。与大比丘众千二百五十人俱。

尔时。阿难在闲静处。作是念言。甚奇。甚特。世尊所说十二因缘法之光明。甚深难解。如我意观。犹如目前。以何为深。于是。阿难即从静室起。至世尊所。头面礼足。在一面坐。白世尊言。我向于静室。默自思念。甚奇。甚特。世尊所说十二因缘法之光明。甚深难解。如我意观。如在目前。以何为深。

尔时。世尊告阿难曰。止。止。勿作此言。十二因缘法之光明。甚深难解。阿难。此十二因缘难见难知。诸天．魔．梵．沙门．婆罗门．未见缘者。若欲思量观察分别其义者。则皆荒迷。无能见者。阿难。我今语汝老死有缘。若有问言。何等是老死缘。应答彼言。生是老死缘。若复问言。谁是生缘。应答彼言。有是生缘。若复问言。谁是有缘。应答彼言。取是有缘。若复问言。谁是取缘。应答彼言。爱是取缘。若复问言。谁是爱缘。应答彼言。受是爱缘。若复问言。谁是受缘。应答彼言。触是受缘。若复问言。谁为触缘。应答彼言。六入是触缘。若复问言。谁为六入缘。应答彼言。名色是六入缘。若复问言。谁为名色缘。应答彼言。识是名色缘。若复问言。谁为识缘。应答彼言。行是识缘。若复问言。谁为行缘。应答彼言。痴是行缘。阿难。如是缘痴有行。缘行有识。缘识有名色。缘名色有六入。缘六入有触。缘触有受。缘受有爱。缘爱有取。缘取有有。缘有有生。缘生有老．死．忧．悲．苦恼。大患所集。是为此大苦阴缘。

佛告阿难。缘生有老死。此为何义。若使一切众生无有生者。宁有老死不。

阿难答曰。无也。

是故。阿难。以此缘。知老死由生。缘生有老死。我所说者。义在于此。

又告阿难。缘有有生。此为何义。若使一切众生无有欲有．色无色有者。宁有生不。

答曰。无也。

阿难。我以此缘。知生由有。缘有有生。我所说者。义在于此。

又告阿难。缘取有有。此为何义。若使一切众生无有欲取．见取．戒取．我取者。宁有有不。

答曰。无也。

阿难。我以此缘。知有由取。缘取有有。我所说者。义在于此。

又告阿难。缘爱有取。此为何义。若使一切众生无有欲爱．有爱．无有爱者。宁有取不。

答曰。无有。

阿难。我以此缘。知取由爱。缘爱有取。我所说者。义在于此。

又告阿难。缘受有爱。此为何义。若使一切众生无有乐受．苦受．不苦不乐受者。宁有爱不。

答曰。无也。

阿难。我以此缘。知爱由受。缘受有爱。我所说者。义在于此。阿难。当知因爱有求。因求有利。因利有用。因用有欲。因欲有着。因著有嫉。因嫉有守。因守有护。阿难。由有护故。有刀杖．诤讼．作无数恶。我所说者。义在于此。阿难。此为何义。若使一切众生无有护者。当有刀杖．诤讼。起无数恶不。

答曰。无也。

是故。阿难。以此因缘。知刀杖．诤讼由护而起。缘护有刀杖．诤讼。阿难。我所说者。义在于此。

又告阿难。因守有护。此为何义。若使一切众生无有守者。宁有护不。

答曰。无也。

阿难。我以此缘。知护由守。因守有护。我所说者。义在于此。阿难。因嫉有守。此为何义。若使一切众生无有嫉者。宁有守不。

答曰。无也。

阿难。我以此缘。知守由嫉。因嫉有守。我所说者。义在于此。阿难。因著有嫉。此为何义。若使一切众生无有著者。宁有嫉不。

答曰。无也。

阿难。我以此缘。知嫉由着。因著有嫉。我所说者。义在于此。阿难。因欲有着。此为何义。若使一切众生无有欲者。宁有着不。

答曰。无也。

阿难。我以此缘。知着由欲。因欲有着。我所说者。义在于此。阿难。因用有欲。此为何义。若使一切众生无有用者。宁有欲不。

答曰。无也。

阿难。我以此义。知欲由用。因用有欲。我所说者。义在于此。

阿难。因利有用。此为何义。若使一切众生无有利者。宁有用不。
　　答曰。无也。
　　阿难。我以此义。知用由利。因利有用。我所说者。义在于此。阿难。因求有利。此为何义。若使一切众生无有求者。宁有利不。
　　答曰。无也。
　　阿难。我以此缘。知利由求。因求有利。我所说者。义在于此。阿难。因爱有求。此为何义。若使一切众生无有爱者。宁有求不。
　　答曰。无也。
　　阿难。我以此缘。知求由爱。因爱有求。我所说者。义在于此。
　　又告阿难。因爱有求。至于守护。受亦如是。因受有求。至于守护。
　　佛告阿难。缘触有受。此为何义。阿难。若使无眼．无色．无眼识者。宁有触不。
　　答曰。无也。
　　若无耳．声．耳识。鼻．香．鼻识。舌．味．舌识。身．触．身识。意．法．意识者。宁有触不。
　　答曰。无也。
　　阿难。若使一切众生无有触者。宁有受不。
　　答曰。无也。
　　阿难。我以是义。知受由触。缘触有受。我所说者。义在于此。阿难。缘名色有触。此为何义。若使一切众生无有名色者。宁有心触不。
　　答曰。无也。
　　若使一切众生无形色相貌者。宁有身触不。
　　答曰。无也。
　　阿难。若无名色。宁有触不。
　　答曰。无也。
　　阿难。我以是缘。知触由名色。缘名色有触。我所说者。义在于此。阿难。缘识有名色。此为何义。若识不入母胎者。有名色不。
　　答曰。无也。
　　若识入胎不出者。有名色不。
　　答曰。无也。
　　若识出胎。婴孩坏败。名色得增长不。
　　答曰。无也。
　　阿难。若无识者。有名色不。
　　答曰。无也。
　　阿难。我以是缘。知名色由识。缘识有名色。我所说者。义在于此。阿难。缘名色有识。此为何义。若识不住名色。则识无住处。若无住处。宁有生．老．病．死．忧．悲．苦恼不。

答曰。无也。

阿难。若无名色。宁有识不。

答曰。无也。

阿难。我以此缘。知识由名色。缘名色有识。我所说者。义在于此。阿难。是故名色缘识。识缘名色。名色缘六入。六入缘触。触缘受。受缘爱。爱缘取。取缘有。有缘生。生缘老．死．忧．悲．苦恼。大苦阴集。

阿难。齐是为语。齐是为应。齐是为限。齐此为演说。齐是为智观。齐是为众生。阿难。诸比丘于此法中。如实正观。无漏心解脱。阿难。此比丘当名为慧解脱。如是解脱比丘如来终亦知。如来不终亦知。如来终不终亦知。如来非终非不终亦知。何以故。阿难。齐是为语。齐是为应。齐是为限。齐是为演说。齐是为智观。齐是为众生。如是尽知已。无漏心解脱比丘不知不见如是知见。阿难。夫计我者。齐几名我见。名色与受。俱计以为我。有人言。受非我。我是受。或有言。受非我。我非受。受法是我。或有言。受非我。我非受。受法非我。但爱是我。

阿难。彼见我者。言受是我。当语彼言。如来说三受。乐受．苦受．不苦不乐受。当有乐受时。无有苦受．不苦不乐受。有苦受时。无有乐受．不苦不乐受。有不苦不乐受时。无有苦受．乐受。所以然者。阿难。乐触缘生乐受。若乐触灭受亦灭。阿难。苦触缘生苦受。若苦触灭受亦灭。不苦不乐触缘生不苦不乐受。若不苦不乐触灭受亦灭。阿难。如两木相攒则有火生。各置异处则无有火。此亦如是。因乐触缘故生乐受。若乐触灭受亦俱灭。因苦触缘故生苦受。若苦触灭受亦俱灭。因不苦不乐触缘生不苦不乐受。若不苦不乐触灭受亦俱灭。阿难。此三受有为无常。从因缘生。尽法．灭法。为朽坏法。彼非我有。我非彼有。当以正智如实观之。阿难。彼见我者。以受为我。彼则为非。

阿难。彼见我者。言受非我。我是受者。当语彼言。如来说三受。苦受．乐受．不苦不乐受。若乐受是我者。乐受灭时。则有二我。此则为过。若苦受是我者。苦受灭时。则有二我。此则为过。若不苦不乐受是我者。不苦不乐受灭时。则有二我。此则为过。阿难。彼见我者。言。受非我。我是受。彼则为非。阿难。彼计我者。作此说。受非我。我非受。受法是我。当语彼言。一切无受。汝云何言有受法。汝是受法耶。对曰。非是。是故。阿难。彼计我者。言。受非我。我非受。受法是我。彼则为非。

阿难。彼计我者。作是言。受非我。我非受。受法非我。但爱是我者。当语彼言。一切无受。云何有爱。汝是爱耶。对曰。非也。是故。阿难。彼计我者。言。受非我。我非受。受法非我。爱是我者。彼则为非。阿难。齐是为语。齐是为应。齐是为限。齐是为演说。齐是为智观。齐是为众生。阿难。诸比丘于此法中如实正观。于无漏心解脱。阿难。此比丘当名为慧解脱。如是解脱心比丘。有我亦知。无我亦知。有我无我亦知。非有我非无我亦知。何以故。阿难。齐是为语。齐是为应。齐是为限。齐是为演说。齐是为智观。齐是为众生。如是尽知已。无漏心解脱比丘不知不见如是知见。

佛语阿难。彼计我者。齐已为定。彼计我者。或言少色是我。或言多色是我。或言少无色是我。或言多无色是我。阿难。彼言少色是我者。定少色是我。我所见是。余者为非。多色是我者。定多色是我。我所见是。余者为非。少无色是我者。定言少无色是我。我所见是。余者为非。多无色是我者。定多无色是我。我所见是。余者为非。

佛告阿难。七识住。二入处。诸有沙门．婆罗门言。此处安隐。为救．为护．为舍．为灯．为明。为归。为不虚妄。为不烦恼。云何为七。或有众生。若干种身若干种想。天及人。此是初识住处。诸沙门．婆罗门言。此处安隐。为救．为护．为舍．为灯．为明．为归。为不虚妄。为不烦恼。阿难。若比丘知初识住。知集．知灭．知味．知过．知出要。如实知者。阿难。彼比丘言。彼非我。我非彼。如实知见。或有众生。若干种身而一想。梵光音天是。或有众生。一身若干种想。光音天是。或有众生一身一想。遍净天是。或有众生。住空处。或有众生。住识处。或有众生。住不用处。是为七识住处。或有沙门．婆罗门言。此处安隐。为救．为护．为舍．为灯．为明．为归。为不虚妄。为不烦恼。阿难。若比丘知七识住。知集．知灭．知味．知过．知出要。如实知见。彼比丘言。彼非我。我非彼。如实知见。是为七识住。

云何二入处。无想入。非想非无想入。是为。阿难。此二入处。或有沙门．婆罗门言。此处安隐。为救．为护．为舍．为灯．为明．为归。为不虚妄。为不烦恼。阿难。若比丘知二入处。知集．知灭．知味．知过．知出要。如实知见。彼比丘言。彼非我。我非彼。如实知见。是为二入。

阿难。复有八解脱。云何八。色观色。初解脱。内无色想。观外色。二解脱。净解脱。三解脱。度色想。灭有对想。不念杂想。住空处。四解脱。度空处。住识处。五解脱。度识处。住不用处。六解脱。度不用处。住有想无想处。七解脱。灭尽定。八解脱。阿难。诸比丘于此八解脱。逆顺游行。入出自在。如是比丘得俱解脱。

尔时。阿难闻佛所说。欢喜奉行。

（一四）第二分释提桓因问经第十

如是我闻。

一时。佛在摩竭国庵婆罗村北。毗陀山因陀娑罗窟中。

尔时。释提桓因发微妙善心。欲来见佛。今我当往至世尊所。

时。诸忉利天闻释提桓因发妙善心。欲诣佛所。即寻诣帝释。白言。善哉。帝释。发妙善心。欲诣如来。我等亦乐侍从诣世尊所。

时。释提桓因即告执乐神般遮翼曰。我今欲诣世尊所。汝可俱行。此忉利诸天亦当与我俱诣佛所。

对曰。唯然。时。般遮翼持琉璃琴。于帝释前忉利天众中鼓琴供养。

时。释提桓因．忉利诸天及般遮翼。于法堂上忽然不现。譬如力士屈伸臂顷。至摩竭国北毗陀山中。

尔时。世尊入火焰三昧。彼毗陀山同一火色。时国人见。自相谓言。此毗陀山同一火色。将是如来诸天之力。

时。释提桓因告般遮翼曰。如来．至真甚难得睹。而能垂降此闲静处。寂默无声。禽兽为侣。此处常有诸大神天侍卫世尊。汝可于前鼓琉璃琴娱乐世尊。吾与诸天寻于后往。

对曰。唯然。即受教已。持琉璃琴于先诣佛。去佛不远。鼓琉璃琴。以偈歌曰。

跋陀礼汝父　　汝父甚端严
生汝时吉祥　　我心甚爱乐
本以小因缘　　欲心于中生
展转遂增广　　如供养罗汉
释子专四禅　　常乐于闲居
正意求甘露　　我专念亦尔
能仁发道心　　必欲成正觉
我今求彼女　　必欲会亦尔
我心生染着　　爱好不舍离
欲舍不能去　　如象为钩制
如热遇凉风　　如渴得冷泉
如取涅槃者　　如水灭于火
如病得良医　　饥者得美食
充足生快乐　　如罗汉游法
如象被深钩　　而犹不肯伏
[马*奔]突难禁制　　放逸不自止
犹如清凉池　　众花覆水上
疲热象沐浴　　举身得清凉
我前后所施　　供养诸罗汉
世有福报者　　尽当与彼供
汝死当共死　　汝无我活为
宁使我身死　　不能无汝存
忉利天之主　　释今与我愿

称汝礼节具　　汝善思察之

尔时。世尊从三昧起。告般遮翼言。善哉。善哉。般遮翼。汝能以清净音和琉璃琴称赞如来。琴声．汝音。不长不短。悲和哀婉。感动人心。汝琴所奏。众义备有。亦说欲缚。亦说梵行。亦说沙门。亦说涅槃。

尔时。般遮翼白佛言。我念世尊昔郁鞞罗尼连禅水边。阿游波陀尼俱律树下初成佛道时。有尸汉陀天大将子及执乐天王女。共于一处。但设欲乐。我于尔时见其心尔。即为作颂。颂说欲缚。亦说梵行。亦说沙门。亦说涅槃。时。彼天女闻我偈已。举目而笑语我言。般遮翼。我未见如来。我曾于忉利天法讲堂上。闻彼诸天称赞如来。有如是德。有如是力。汝常怀信。亲近如来。我今意欲与汝共为知识。世尊。我时与一言之后。不复与语。

时。释提桓因作是念。此般遮翼已娱乐如来讫。我今宁可念于彼人。时。天帝释即念彼人。时。般遮翼复生念言。今天帝释乃能念我。即持琉璃琴诣帝释所。帝释告曰。汝以我名并称忉利天意。问讯世尊。起居轻利。游步强耶。

时。般遮翼承帝释教。即诣世尊所。头面礼足。于一面住。白世尊言。释提桓因及忉利诸天故。遣我来问讯世尊。起居轻利。游步强耶。

世尊报曰。使汝帝释及忉利天寿命延长。快乐无患。所以然者。诸天．世人及阿须轮诸众生等。皆贪寿命．安乐．无患。

尔时。帝释复自念言。我等宜往礼觐世尊。即与忉利诸天往诣佛所。头面礼足。却住一面。时。帝释白佛言。不审我今去世尊远近可坐。

佛告帝释曰汝天众多。但近我坐。

时。世尊所止因陀罗窟。自然广博。无所障碍。尔时。帝释与忉利诸天及般遮翼皆礼佛足。于一面坐。帝释白佛言。一时。佛在舍卫国婆罗门舍。尔时世尊入火焰三昧。我时以少因缘。乘千辐宝车。诣毗楼勒天王所。于空中过。见一天女叉手在世尊前立。我寻语彼女言。若世尊三昧起者。汝当称我名字。问讯世尊。起居轻利。游步强耶。不审彼女后竟为我达此心不。世尊。宁能忆此事不。

佛言。忆耳。彼女寻以汝声致问于我。吾从定起。犹闻汝车声。

帝释白佛言。昔者。我以少缘。与忉利诸天集在法堂。彼诸旧天皆作是言。若如来出世。增益诸天众。减损阿须轮众。今我躬见世尊。躬见自知。躬自作证。如来．至真出现于世。增益诸天众。减损阿须轮众。此有瞿夷释女。于世尊所净修梵行。身坏命终。生忉利天宫。即为我子。忉利诸天皆称言。瞿夷大天子有大功德。有大威力。复有余三比丘。于世尊所净修梵行。身坏命终。生于卑下执乐神中。常日日来为我给使。瞿夷见已。以偈触娆曰。

汝为佛弟子　　我本在家时
以衣食供养　　礼拜致恭恪
汝等名何人　　躬受佛教诫
净眼之所说　　汝不观察之
我本礼敬汝　　从佛闻上法
生三十三天　　为帝释作子
汝等何不观　　我所有功德
本为女人身　　今为帝释子
汝等本俱共　　同修于梵行
今独处卑贱　　为吾等给使
本为弊恶行　　今故受此报
独处于卑贱　　为吾等给使
生此处不净　　为他所触娆
闻已当患厌　　此处可厌患
从今当精勤　　勿复为人使
二人勤精进　　思惟如来法
舍彼所恋着　　观欲不净行
欲缚不真实　　诳惑于世间
如象离羁鞯　　超越忉利天
释及忉利天　　集法讲堂上
彼已勇猛力　　超越忉利天
释叹未曾有　　诸天亦见过
此是释迦子　　超越忉利天
患厌于欲缚　　瞿夷说此言
摩竭国有佛　　名曰释迦文
彼子大失意　　其后还得念
三人中一人　　故为执乐神
二人见道谛　　超越忉利天
世尊所说法　　弟子不怀疑
俱共同闻法　　二人胜彼一
自见殊胜已　　皆生光音天
我观见彼已　　故来至佛所

帝释白佛言。愿开闲暇。一决我疑。

佛言。随汝所问。吾当为汝一一演说。

尔时。帝释即白佛言。诸天．世人．干沓和．阿须罗及余众生等。尽与何结相应。乃至怨仇．刀杖相向。

佛告释言。怨结之生。皆由贪嫉。故使诸天．世人．阿须罗．余众生等。刀杖相加。

尔时。帝释即白佛言。实尔。世尊。怨结之生。由贪嫉故。使诸天．世人．阿须罗．余众生等。刀杖相加。我今闻佛所说。疑网悉除。无复疑也。但不解此贪嫉之生。何由而起。何因何缘。谁为原首。从谁而有。从谁而无。

佛告帝释。贪嫉之生。皆由爱憎。爱憎为因。爱憎为缘。爱憎为首。从此而有。无此则无。

尔时。帝释即白佛言。实尔。世尊。贪嫉之生。皆由爱憎。爱憎为因。爱憎为缘。爱憎为首。从此而有。无此则无。我今闻佛所说。迷惑悉除。无复疑也。但不解爱憎复何由而生。何因何缘。谁为原首。从谁而有。从谁而无。

佛告帝释。爱憎之生。皆由于欲。因欲缘欲。欲为原首。从此而有。无此则无。

尔时。帝释白佛言。实尔。世尊。爱憎之生。皆由于欲。因欲缘欲。欲为原首。从此而有。无此则无。我今闻佛所说。迷惑悉除。无复疑也。但不知此欲复何由生。何因何缘。谁为原首。从谁而有。从谁而无。

佛告帝释。爱由想生。因想缘想。想为原首。从此而有。无此而无。

尔时。帝释白佛言。实尔。世尊。爱由想生。因想缘想。想为原首。从此而有。无此则无。我今闻佛所说。无复疑也。但不解想复何由而生。何因何缘。谁为原首。从谁而有。从谁而无。

佛告帝释。想之所生。由于调戏。因调缘调。调为原首。从此而有。无此则无。帝释。若无调戏则无想。无想则无欲。无欲则无爱憎。无爱憎则无贪嫉。若无贪嫉。则一切众生不相伤害。帝释。但缘调为本。因调缘调。调为原首。从此有想。从想有欲。从欲有爱憎。从爱憎有贪嫉。以贪嫉故。使群生等共相伤害。

帝释白佛言。实尔。世尊。由调有想。因调缘调。调为原首。从此有想由调而有。无调则无。若本无调者则无想。无想则无欲。无欲则无爱憎。无爱憎则无贪嫉。无贪嫉则一切群生不相伤害。但想由调生。因调缘调。调为原首。从调有想。从想有欲。从欲有爱憎。从爱憎有贪嫉。从贪嫉使一切众生共相伤害。我今闻佛所说。迷惑悉除。无复疑也。

尔时。帝释复白佛言。一切沙门．婆罗门尽除调戏在灭迹耶。为不除调戏在灭迹耶。

佛告帝释。一切沙门．婆罗门不尽除调戏在灭迹也。所以然者。帝释。世间有种种界。众生各依己界。坚固守持。不能舍离。谓己为实。余者为虚。是故。帝释。一切沙门．婆罗门不尽除调戏而在灭迹。

尔时。帝释白佛言。实尔。世尊。世间有种种众生。各依己界。坚固守持。不能舍离。谓己为是。余为虚妄。是故一切沙门．婆罗门不尽除调戏而在灭迹。我闻佛言。疑惑悉除。无复疑也。

帝释复白佛言。齐几调在灭迹耶。

佛告帝释。调戏有三。一者口。二者想。三者求。彼口所言。自害．害他。亦二俱害。舍此言已。如所言。不自害．不害他。不二俱害。知时比丘如口所言。专念不乱。想亦自害．害他。亦二俱害。舍此想已。如所想。不自害．不害他。二俱不害。知时比丘如所想。专念不乱。帝释。求亦自害．害他。亦二俱害。舍此求已。如所求。不自害．不害他。不二俱害。知时比丘如所求。专念不乱。

尔时。释提桓因言。我闻佛所说。无复狐疑。

又白佛言。齐几名贤圣舍心。

佛告帝释。舍心有三。一者喜身。二者忧身。三者舍身。帝释。彼喜身者。自害．害他。亦二俱害。舍此喜已。如所喜。不自害．害他。二俱不害。知时比丘专念不忘。即名受具足戒。帝释。彼忧身者。自害．害彼。亦二俱害。舍此忧已。如所忧。不自害．害他。二俱不害。知时比丘专念不忘。即名受具足戒。复次。帝释。彼舍身者。自害．害他。亦二俱害。舍此身已。如所舍。不自害．不害他。二俱不害。知时比丘专念不忘。是即名为受具足戒。

帝释白佛言。我闻佛所说。无复狐疑。

又白佛言。齐几名贤圣律诸根具足。

佛告帝释。眼知色。我说有二。可亲．不可亲。耳声．鼻香．舌味．身触．意法。我说有二。可亲．不可亲。

尔时。帝释白佛言。世尊。如来略说。未广分别。我以具解。眼知色。我说有二。可亲．不可亲。耳声．鼻香．舌味．身触．意法有二。可亲．不可亲。世尊。如眼观色。善法损减。不善法增。如此眼知色。我说不可亲。耳声．鼻香．舌味．身触．意知法。善法损减。不善法增。我说不可亲。世尊。如眼见色。善法增长。不善法减。如是眼知色。我说可亲。耳声．鼻香．舌味．身触．意知法。善法增长。不善法减。我说可亲。

佛告帝释。善哉。善哉。是名贤圣律诸根具足。

帝释白佛言。我闻佛所说。无复狐疑。

复白佛言。齐几比丘名为究竟．究竟梵行．究竟安隐．究竟无余。

佛告帝释。为爱所苦。身得减者。是为究竟．究竟梵行．究竟安隐．究竟无余。

帝释白佛言。我本长夜。所怀疑网。今者如来开发所疑。

佛告帝释。汝昔颇曾诣沙门．婆罗门所问此义不。

帝释白佛言。我自忆念。昔者。曾诣沙门．婆罗门所咨问此义。昔我一时曾集讲堂。与诸天众共论。如来为当出世。为未出世。时共推求。不见如来出现于世。各自还宫。五欲娱乐。世尊。我复于后时见诸大神天。自恣五欲已。渐各命终。时我。世尊。怀大恐怖。衣毛为竖。时。见沙门．婆罗门处在闲静。去家离欲。我寻至彼所问言。云何名究竟。我问此义。彼不能报。彼既不知。逆问我言。汝为是谁。我寻报言。我是释提桓因。彼复问言。汝是何释。我时答言。我是天帝释。心有所疑。故来相问耳。时。我与彼如所知见。说于释义。彼问我言。更为我弟子。我今是佛弟子。得须陀洹道。不堕余趣。极七往返。必成道果。唯愿世尊记我为斯陀含。说此语已。复作颂曰。

由彼染秽想	故生我狐疑
长夜与诸天	推求于如来
见诸出家人	常在闲静处
谓是佛世尊	故往稽首言
我今故来问	云何为究竟
问已不能报	道迹之所趣
今日无等尊	是我久所求
已观察己行	心已正思惟
唯圣先已知	我心之所行
长夜所修业	愿净眼记之
虽命人中上	三界无极尊
能断恩爱刺	今礼日光尊

佛告帝释。汝忆本得喜乐．念乐时不。

帝释答曰。如是。世尊。忆昔所得喜乐．念乐。世尊。我昔曾与阿须轮共战。我时得胜。阿须轮退。我时则还。得欢喜．念乐。计此欢喜．念乐。离有秽恶刀杖喜乐．斗讼喜乐。今我于佛所得喜．念乐。无有刀杖．净讼之乐。

佛告帝释。汝今得喜乐．念乐。于中欲求何功德果。

尔时。帝释白佛言。我于喜乐．念乐中。欲求五功德果。何等五。即说偈言。

我后若命终	舍于天上寿
处胎不怀患	使我心欢喜
佛度未度者	能说正真道
于三佛法中	我要修梵行
以智慧身居	心自见正谛
得达本所起	于是长解脱
但当勤修行	习佛真实智
设不获道证	功德犹胜天
诸有神妙天	阿迦尼吒等
下至末后身	必当生彼处
我今于此处	受天清净身

　　　　复得增寿命　　　净眼我自知
　　说此偈已。白佛言。我于喜乐．念乐中。欲得如是五功德果。
　　尔时。帝释语忉利诸天曰。汝于忉利天上梵童子前恭敬礼事。今于佛前复设此敬者。不亦善哉。
　　其语未久。时梵童子忽然于虚空中天众上立。向天帝释而说偈曰。
　　　　天王清净行　　　多利益众生
　　　　摩竭帝释主　　　能问如来义
　　时。梵童子说此偈已。忽然不现。是时。帝释即从座起。礼世尊足。绕佛三匝。却行而退。忉利诸天及般遮翼亦礼佛足。却行而退。时。天帝释少复前行。顾语般遮翼曰。善哉。善哉。汝能先于佛前鼓琴娱乐。然后我及诸天于后方到。我今知汝补汝父位。于干沓和中最为上首。当以彼拔陀干沓和王女与汝为妻。
　　世尊说此法时。八万四千诸天远尘离垢。诸法法眼生。
　　时。释提桓因．忉利诸天及般遮翼闻佛所说。欢喜奉行。

佛说长阿含经卷第十一

（一五）第二分阿㝹夷经第十一

　　如是我闻。
　　一时。佛在冥宁国阿㝹夷土。与大比丘众千二百五十人俱。
　　尔时。世尊着衣持钵。入阿㝹夷城乞食。尔时。世尊默自念言。我今乞食。于时如早。今宜往诣房伽婆梵志园观。比须时至。然后乞食。尔时。世尊即诣彼园。时彼梵志遥见佛来。即起奉迎。共相问讯。言。善来。瞿昙。不面来久。今以何缘乃能屈顾。唯愿瞿昙就此处坐。尔时。世尊即就其坐。
　　时。彼梵志于一面坐。白世尊言。先夜隶车子善宿比丘来至我所。语我言。大师。我不于佛所修梵行也。所以然者。佛疏外我。彼人见向说瞿昙过。虽有此言。我亦不受。
　　佛告梵志。彼善宿所言。知汝不受耳。昔我一时在毗舍离猕猴池侧集法堂上。时此善宿来至我所。语我言。如来外我。我不于如来所修梵行也。我时告曰。汝何故言。我不于如来所修梵行。如来外我耶。善宿报我言。如来不为我现神足变化。
　　时。我语言。吾可请汝于我法中净修梵行。当为汝现神足耶。复当语我。如来当为我现神足变化。然后我当修梵行耶。时。善宿报我言。不也。世尊。佛告善宿。我亦不语汝言。汝于我法中净修梵行。当为汝现神足变化。汝亦不言为我现神足者。当修梵行。云何。善宿。如汝意者。谓如来能现神足．为不能现耶。我所说法。彼法能得出要。尽苦际不耶。善宿白佛言。如是。世尊。如来能现神足。非为不能。所可说法。能得出要。尽诸苦际。非为不尽。是故。善宿。我所说法修梵行者。能现神足。非为不能。出要离苦。非不能离。汝于此法欲何所求。

善宿言。世尊。不能随时教我。我父秘术。世尊尽知。吝不教我。佛言。善宿。我颇曾言。汝于我法中修梵行者。教汝父术耶。汝颇复言。教我父术者。当于佛所修梵行耶。答曰。不也。是故。善宿。我先无此言。汝亦无言。今者何故作此语耶。云何。善宿。汝谓如来能说汝父秘术。为不能说耶。所可说法。能得出要。尽苦际不耶。善宿报言。如来能说父之秘术。非为不能。说法出要。能尽苦际。非为不能。佛告善宿。若我能说汝父秘术。亦能说法出要离苦。汝于我法中复欲何求。又告善宿。汝先于毗舍离跋阇土地。无数方便。称叹如来。称叹正法。称叹众僧。譬如有人八种称叹彼清凉池。使人好乐。一冷。二轻。三柔。四清。五甘。六无垢。七饮无厌。八便身。汝亦如是。于毗舍离跋阇土。称叹如来。称叹正法。称叹众僧。使人信乐。善宿。当知今汝退者。世间当复有言。善宿比丘多有知识。又是世尊所亲。亦是世尊弟子。不能尽形净修梵行。舍戒就俗处。卑陋行。梵志。当知我时备语。不顺我教。舍戒就俗。梵志。一时。我在猕猴池侧法讲堂上。时有尼乾子。字伽罗楼。在彼处止。人所宗敬。名称远闻。多有知识。利养备具。时。善宿比丘着衣持钵。入毗舍离城乞食。渐渐转到尼乾子所。尔时。善宿以深远义问尼乾子。彼不能答。便生瞋恚。善宿自念。我触娆此人。将无长夜有苦恼报耶。梵志。当知时善宿比丘于乞食后。执持衣钵。来至我所。头面礼足。在一面坐。善宿尔时亦不以此缘告我。我语之曰。愚人。汝宁可自称为沙门释子耶。善宿寻报我言。世尊。何故称我为愚。不应自称为释子耶。我告之曰。愚人。汝曾往至尼乾子所问深远义。彼不能报。便生瞋恚。汝时自念。我今触此尼干。将无长夜有苦恼报耶。汝有是念不。

善宿白佛言。彼是罗汉。何缘乃有此嫉恚心。我时答曰。愚人。罗汉何缘有嫉恚心。非我罗汉有嫉恚心。汝今自谓彼是罗汉。彼有七苦行。长夜执持。何谓七。一尽形寿不着衣裳。二尽形寿不饮酒食肉。而不食饭及与麨面。三尽形寿不犯梵行。四尽形寿毗舍离有四石塔。东名忧园塔．南名象塔．西名多子塔．北名七聚塔。尽形不离四塔。为四苦行。而彼后当犯此七苦行已。于毗舍离城外命终。譬如野干疥癞衰病。死丘冢间。彼尼乾子亦复如是。自为禁法。后尽犯之。本自誓言。尽形不着衣服。后还着衣。本自誓言。尽形寿不饮酒啖肉。不食饭及麨面。而后尽食。本自誓言。不犯梵行。而后亦犯。本言。不越四塔。东忧园塔．南象塔．西多子塔．北七聚塔。今尽远离不复亲近。彼人自违此七誓已。出毗舍离城。冢间命终。佛告善宿曰。愚人。汝不信我言。汝自往观。自当知耳。佛告梵志。一时。比丘善宿着衣持钵。入城乞食。乞食已。还出城。于空冢间见尼乾子于彼命终。见已。来至我所。头面礼足。在一面坐。不以此事而语我言。梵志。当知我尔时语善宿曰。云何。善宿。我先所记尼乾子如我语不。对曰。如是。如世尊言。梵志。当知我与善宿现神通证。而彼言。世尊不为我现。又一时我在冥宁国白土之邑。时有尼乾子。名究罗帝。在白土住。人所宗敬。名称远闻。多得利养。时。我着衣持钵。入城乞食。时善宿比丘随我后行。见究罗帝尼乾子在粪堆上伏舐糠糟。梵志。当知时善宿比丘见此尼乾子在粪堆上伏舐糠糟已。作是念言。世间诸有阿罗汉．向阿罗汉道者无有及此。此尼乾子其道最胜。所以者何。此人苦行乃能如是。除舍憍慢。于粪堆上伏舐糠糟。

梵志。时。我右旋告善宿曰。汝意愚人。宁可自称为释子耶。善宿白佛言。世尊。何故称我为愚。不应自称为释子耶。佛告善宿言。汝愚人。观此究罗帝蹲粪堆上伏食糠糟。汝见已。作是念。诸世间阿罗汉及向罗汉者。此究罗帝最为尊上。所以者何。今此究罗帝乃能苦行。除舍憍慢。蹲粪堆上伏舐糠糟。汝有是念不。答我言。实尔。善宿又言。何故。世尊。于阿罗汉所生嫉妒心。佛告愚人。我不于罗汉所生嫉妒心。何为于罗汉所生嫉妒心。汝今愚人。谓究罗帝真阿罗汉。此人却后七日当腹胀命终。生起尸饿鬼中。常苦饥饿。其命终后。以苇索系抴于冢间。汝若不信者。可先往语之。

时。善宿即往诣究罗帝所。说言。彼沙门瞿昙记汝。却后七日当腹胀命终。生起尸饿鬼中。死已以苇索系抴于冢间。善宿复白。汝当省食。勿使彼言当也。梵志。当知时究罗帝至满七日腹胀而死。即生起尸饿鬼中。死尸以苇索系抴于冢间。尔时。善宿闻佛语已。屈指计日。至七日已。时善宿比丘即往至裸形村中。到已。问其村人曰。诸贤。究罗帝今何所在。报曰。已取命终。问曰。何患命终耶。答曰。腹胀。问曰。云何殡送。答曰。以苇索系抴于冢间。

梵志。时。善宿闻此语已。即往冢间。欲至未至。时彼死尸并动膝脚。忽尔而蹲。时彼善宿故前到死尸所。语言。究罗帝。汝命终耶。死尸答言。我已命终。问曰。汝以何患命终。死尸答言。瞿昙记我。七日后腹胀命终。我如其言。至满七日。腹胀命终。善宿复问。汝生何处。尸即报言。彼瞿昙所记。当生起尸饿鬼中。我今日生起尸饿鬼中。善宿问曰。汝命终时。云何殡送。尸答曰。瞿昙所记。以苇索系抴于冢间。实如彼言。以苇索系抴于冢间。时。死尸语善宿曰。汝虽出家。不得善利。瞿昙沙门说如此事。汝常不信。作是语已。死尸还卧。

梵志。时。善宿比丘来至我所。头面礼足。在一面坐。不以此缘语我。我寻语曰。如我所记。究罗帝者实尔以不。答曰。实尔。如世尊言。梵志。我如是数数为善宿比丘现神通证。而彼犹言。世尊不为我现神通。

佛告梵志。我于一时在猕猴池法讲堂上。时有梵志。名曰波梨子。在彼处止。人所宗敬。名称远闻。多有利养。于毗舍离大众之中。作如是说。沙门瞿昙自称智慧。我亦智慧。沙门瞿昙自称神足。我亦有神足。沙门瞿昙得超越道。我亦得超越道。我当与彼共现神足。沙门现一。我当现二。沙门现二。我当现四。沙门现八。我现十六。沙门现十六。我现三十二。沙门现三十二。我现六十四。随彼沙门所现多少。我尽当倍。

梵志。时。善宿比丘着衣持钵。入城乞食。见波梨梵志于大众中作如是说。沙门瞿昙自称智慧。我亦智慧。沙门瞿昙自称神足。我亦有神足。沙门瞿昙得超越道。我亦得超越道。我当与彼共现神足。沙门现一。我当现二。沙门现四。我当现八。乃至随沙门所现多少。我尽能倍。时。善宿比丘乞食已。来至我所。头面礼。一面坐。语我言。我于晨朝着衣持钵。入城乞食。时闻毗舍离波梨子于大众中作是说言。沙门瞿昙有大智慧。我亦有大智慧。沙门瞿昙有神足。我亦有神足。瞿昙现一。我当现二。乃至随瞿昙所现多少。我尽能倍。具以此事而来告我。我语善宿言。彼波梨子于大众中不舍此语。不舍此见。不舍此慢。来至我所者。终无是处。若彼作是念。我不舍此语。不舍此见。不舍此慢。而至沙门瞿昙所者。彼头即当破为七分。欲使彼人不舍此语。不舍见慢。而能来者。无有是处。

善宿言。世尊护口。如来护口。佛告善宿。汝何故言。世尊护口。如来护口。善宿言。彼波梨子有大威神。有大德力。脱当来者将无现世尊虚耶。佛告善宿。如来所言颇有二耶。对曰。无也。又告善宿。若无二者。汝何故言。世尊护口。如来护口。善宿白佛言。世尊为自知见彼波梨子。为诸天来语。佛言。我亦自知。亦诸天来语故知。此毗舍离阿由大将。身坏命终。生忉利天。彼来语我言。波梨梵志子不知羞惭。犯戒妄语。在毗舍离。于大众中作如是诽谤言。阿由陀大将身坏命终。生起尸鬼中。然我实身坏命终。生忉利天。波梨子我先自知。亦诸天来语故知。佛告愚人善宿。汝不信我言者。入毗舍离。随汝唱之。我食后当往诣波梨梵志子所。

佛告梵志。时。彼善宿过其夜已。着衣持钵。入城乞食。时。彼善宿向毗舍离城中众多婆罗门．沙门．梵志。具说此言。波梨梵志子于大众中说如此言。沙门瞿昙有大智慧。我亦有大智慧。沙门瞿昙有大威力。我亦有大威力。沙门瞿昙有大神足。我亦有大神足。沙门现一。我当现二。乃至沙门随所现多少。我尽当倍。而今沙门瞿昙欲诣彼波梨子所。汝等众人尽可诣彼。时。波梨梵志在道而行。善宿见已。速诣其所。语言。汝于毗舍离大众中作如是言。沙门瞿昙有大智慧。我亦有大智慧。乃至沙门瞿昙。随所现神足多少。我尽当倍。瞿昙闻此言。今欲来至汝所。汝可速归。报言。我当归耳。我当归耳。

作此语已。寻自惶惧。衣毛为竖。不还本处。乃诣道头波梨梵志林中。坐绳床上。愁闷迷乱。

佛告梵志。我于食后与众多隶车．沙门．婆罗门．梵志．居士诣波梨子住处。就座而坐。于彼众中有梵志名曰遮罗。时众人唤彼遮罗而告之曰。汝诣道头林中语波梨子言。今众多隶车．沙门．婆罗门．梵志．居士尽集汝林。众共议言。梵志波梨于大众中自唱此言。沙门瞿昙有大智慧。我亦有大智慧。乃至瞿昙随现神足多少。我尽能倍。沙门瞿昙故来至汝林中。汝可来看。于是。遮罗闻众人语已。即诣道头林语波梨子言。彼众多隶车．沙门．婆罗门．梵志．居士尽集在汝林。众共议言。梵志波梨子于大众中自唱此言。沙门瞿昙有大智慧。我亦有大智慧。乃至沙门瞿昙现神足。随现多少。我尽能倍。瞿昙今在彼林中。波梨今者宁可还也。尔时。波梨梵志即报遮罗曰。当归。当归。作是语已。于绳床上转侧不安。尔时。绳床复着其足。彼乃不能得离绳床。况能行步至世尊所。

时。遮罗语波梨言。汝自无智。但有空声为言。当归。当归。尚自不能离此绳床。何由能得至大众所。呵责波梨子已。即还诣大众所。报言。我以持众人声。往语波梨子。彼报我言。当归。当归。即于绳床上动转其身。床即着足不能得离。彼尚不能离其绳床。何由能得来到此众。尔时。有一头摩隶车子在众中坐。即从座起。偏露右臂。长跪叉手。白彼众言。大众小待。我今自往将彼人来。

佛言。我尔时语头摩隶车子言。彼人作如是语。怀如是见。起如是慢。欲使此人来至佛所。无有是处。头摩子。正使汝以革绳重系。群牛共挽。至彼身碎。彼终不能舍如是语．如是见．如是慢。来至我所。若不信我言。汝往自知。尔时。头摩隶车子故往至波梨子所。语波梨子言。众多隶车．沙门．婆罗门．梵志．居士尽集汝林。众共议言。梵志波梨子于大众中口自唱言。沙门瞿昙有大智慧。我亦有大智慧乃至沙门瞿昙现其神足。随所现多少。我尽能倍。瞿昙沙门今在彼林。汝可还归。尔时。波梨子即报言。当归。当归。作是语已。于绳床上动转其身。尔时绳床复着其足。彼乃不能自离绳床。况复行步至世尊所。

时。头摩语波梨子言。汝自无智。但有空声为言。当归。当归。尚自不能离此绳床。何由能得至大众所。头摩复语波梨子曰。诸有智者。以譬喻得解。乃往久远有一师子兽王在深林中住。师子清旦初出窟时。四向顾望。奋迅三吼。然后游行择肉而食。波梨子。彼师子兽王食已还林。常有一野干随后食残。气力充足便自言。彼林师子竟是何兽。能胜我耶。今宁可独擅一林。清旦出窟。四向顾望。奋迅三吼。然后游行。择肉而食耶。彼寻独处一林。清旦出窟。奋迅三吼。然后游行。欲师子吼。作野干鸣。波梨子。汝今亦尔。蒙佛威恩。存生于世。得人供养。而今更与如来共竞。时。头摩子以偈责数曰。

972

野干称师子　　自谓为兽王
欲作师子吼　　还出野干声
独处于空林　　自谓为兽王
欲作师子吼　　还出野干声
跪地求穴鼠　　穿冢觅死尸
欲作师子吼　　还出野干声

头摩子告曰。汝亦如是。蒙佛恩力。存生于世。得人供养。而今更与如来共竞。时。彼头摩子以四种喻。面呵责已。还诣大众。报言。我以持众人声唤波梨子。彼报我言。当归。当归。即于绳床上动转其身。床即着足不能得离。彼尚不能自离绳床何由能得来到此众。尔时。世尊告头摩子言。我先语汝。欲使此人来至佛所。无有是处。正使汝以革绳重系。群牛共挽。至身碎坏。彼终不肯舍如是语．如是见．慢。来至我所。梵志。时。我即与彼大众种种说法。示教利喜。于彼众中三师子吼。身升虚空。还诣本处。

佛告梵志。或有沙门．婆罗门言。一切世间。梵自在天所造。我问彼言。一切世间实梵自在天所造耶。彼不能报。还问我言。瞿昙。此事云何。我报彼言。或有此世间初坏败时。有余众生命尽行尽。从光音天命终乃更生余空梵处。于彼起爱。生乐着心。复欲使余众生来生此处。其余众生命尽行尽。复生彼处。时。彼众生自作是念。我今是大梵王。忽然而有。无作我者。我能尽达诸义所趣。于千世界最得自在。能作能化。微妙第一。为人父母。我先至此。独一无侣。由我力故。有此众生。我作此众生。彼余众生亦复顺从。称为梵王。忽然而有。尽达诸义。于千世界最得自在。能作能化。微妙第一。为人父母。先有是一。后有我等。此大梵王化作我等。此诸众生随彼寿终来生此间。其渐长大。剃除须发。服三法衣。出家为道。彼入定意三昧随三昧心忆本所生。彼作是语。此大梵天忽然而有。无有作者。尽达诸义。于千世界最得自在。能作能化。微妙第一。为人父母。彼大梵天常住不移。无变易法。我等梵天所化。是以无常。不得久住。为变易法。如是。梵志。彼沙门．婆罗门以此缘故。各言彼梵自在天造此世界。梵志。造此世界者。非彼所及。唯佛能知。又过此事。佛亦尽知。虽知不着苦．集．灭．味．过．出要。如实知之。以平等观无余解脱。名曰如来。

佛告梵志。或有沙门．婆罗门作是言。戏笑懈怠是众生始。我语彼言。云何汝等实言。戏笑懈怠是众生始耶。彼不能报。逆问我言。瞿昙。此事云何。时我报言。或有光音众生喜戏笑懈怠。身坏命终。来生此间。渐渐长大。剃除须发。服三法衣。出家修道。便入心定三昧。以三昧力识本所生。便作是言。彼余众生不喜戏笑。常在彼处。永住不变。由我等数喜戏笑。致此无常。为变易法。如是。梵志。彼沙门．婆罗门以是缘故。言戏笑是众生始。如是佛尽知之。过是亦知。知而不着。已不着苦．集．灭．味．过．出要。如实知之。已平等观无余解脱。名曰如来。

佛告梵志。或有沙门．婆罗门言。失意是众生始。我语彼言。汝等实言。失意是众生始耶。彼不知报。还问我言。瞿昙。此事云何。我语彼言。或有众生展转相看已。便失意。由是命终。来生此间。渐渐长大。剃除须发。服三法衣。出家修道。便入心定三昧。以三昧力识本所生。便作是言。如彼众生以不展转相看。不失意故。常住不变。我等于彼数数相看已。便失意。致此无常。为变易法。如是。梵志。彼沙门．婆罗门以是缘故。言失意是众生始。如此唯佛知之。过是亦知。知已不着苦．集．灭．味．过．出要。如实知之。知已平等观无余解脱。故名如来。

佛告梵志。或有沙门．婆罗门言。我无因而出。我语彼言。汝等实言。本无因出耶。彼不能报。逆来问我。我时报曰。或有众生无想无知。若彼众生起想。则便命终来生此间。渐渐长大。剃除须发。服三法衣。出家修道。便入心定三昧。以三昧力识本所生。便作是言。我本无有。今忽然有。此世间本无。今有。此实余虚。如是。梵志。沙门．婆罗门以此缘故。言无因出。唯佛知之。过是亦知。知已不着苦．集．灭．味．过．出要。如实知之。已平等观无余解脱。故名如来。

佛告梵志。我所说如是。或有沙门．婆罗门于屏处诽谤我言。沙门瞿昙自称弟子入净解脱。成就净行。彼知清净。不遍知净。然我不作是说。我弟子入净解脱。成就净行。彼知清净。不遍知净。梵志。我自言。我弟子入净解脱。成就净行。彼知清净。一切遍净。

是时。梵志白佛言。彼不得善利。毁谤沙门瞿昙言。沙门自言。我弟子入净解脱。成就净行。彼知清净。不遍知净。然世尊不作是语。世尊自言。我弟子入净解脱。成就净行。彼知清净。一切遍净。

又白佛言。我亦当入此净解脱。成就净行。一切遍知。

佛告梵志。汝欲入者。甚为难也。汝见异．忍异．行异。欲依余见入净解脱者。难可得也。但使汝好乐佛。心不断绝者。则于长夜。常得安乐。

尔时。房伽婆梵志闻佛所说。欢喜奉行。

（一六）第二分善生经第十二

如是我闻。

一时。佛在罗阅祇耆阇崛山中。与大比丘众千二百五十人俱。

尔时。世尊时到着衣持钵。入城乞食。时。罗阅祇城内有长者子。名曰善生清旦出城。诣园游观。初沐浴讫。举身皆湿。向诸方礼。东．西．南．北．上．下诸方。皆悉周遍。

尔时。世尊见长者善生诣园游观。初沐浴讫。举身皆湿。向诸方礼。世尊见已。即诣其所。告善生言。汝以何缘。清旦出城。于园林中。举身皆湿。向诸方礼。

尔时。善生白佛言。我父临命终时。遗敕我言。汝欲礼者。当先礼东方．南方．西方．北方．上方．下方。我奉承父教不敢违背。故澡浴讫。先叉手东面。向东方礼。南．西．北方。上．下诸方。皆悉周遍。

尔时。世尊告善生曰。长者子。有此方名耳。非为不有。然我贤圣法中。非礼此六方以为恭敬。

善生白佛言。唯愿世尊善为我说贤圣法中礼六方法。

佛告长者子。谛听。谛听。善思念之。当为汝说。

善生对曰。唯然。愿乐欲闻。

佛告善生。若长者．长者子知四结业不于四处而作恶行。又复能知六损财业。是谓。善生。长者．长者子离四恶行。礼敬六方。今世亦善。后获善报。今世根基。后世根基。于现法中。智者所称。获世一果。身坏命终。生天．善处。善生。当知四结行者。一者杀生。二者盗窃。三者淫逸。四者妄语。是四结行。云何为四处。一者欲。二者恚。三者怖。四者痴。若长者．长者子于此四处而作恶者。则有损耗。佛说是已。复作颂曰。

　　欲瞋及怖痴　　有此四法者
　　名誉日损减　　如月向于晦

佛告善生。若长者．长者子于此四处不为恶者。则有增益。尔时。世尊重作颂曰。

　　于欲恚怖痴　　不为恶行者
　　名誉日增广　　如月向上满

佛告善生。六损财业者。一者耽湎于酒。二者博戏。三者放荡。四者迷于伎乐。五者恶友相得。六者懈堕。是为六损财业。善生。若长者．长者子解知四结行。不于四处而为恶行。复知六损财业。是为。善生。于四处得离。供养六方。今善后善。今世根基。后世根基。于现法中。智者所誉。获世一果。身坏命终。生天．善处。善生。当知饮酒有六失。一者失财。二者生病。三者斗诤。四者恶名流布。五者恚怒暴生。六者智慧日损。善生。若彼长者．长者子饮酒不已。其家产业日日损减。善生。博戏有六失。云何为六。一者财产日耗。二者虽胜生怨。三者智者所责。四者人不敬信。五者为人疏外。六者生盗窃心。善生。是为博戏六失。若长者．长者子博戏不已。其家产业日日损减。放荡有六失。一者不自护身。二者不护财货。三者不护子孙。四者常自惊惧。五者诸苦恶法常自缠身。六者喜生虚妄。是为放荡六失。若长者．长者子放荡不已。其家财产日日损减。

善生。迷于伎乐复有六失。一者求歌。二者求舞。三者求琴瑟。四者波内早。五者多罗槃。六者首呵那。是为伎乐六失。若长者．长者子伎乐不已。其家财产日日损减。恶友相得复有六失。一者方便生欺。二者好喜屏处。三者诱他家人。四者图谋他物。五者财利自向。六者好发他过。是为恶友六失。若长者．长者子习恶友不已。其家财产日日损减。懈堕有六失。一者富乐不肯作务。二者贫穷不肯勤修。三者寒时不肯勤修。四者热时不肯勤修．五者时早不肯勤修。六者时晚不肯勤修。是为懈堕六失。若长者．长者子懈堕不已。其家财业日日损减。佛说是已。复作颂曰。

迷惑于酒者　　还有酒伴党
财产正集聚　　随已复散尽
饮酒无节度　　常喜歌舞戏
昼则游他家　　因此自陷坠
随恶友不改　　诽谤出家人
邪见世所嗤　　行秽人所黜
好恶着外色　　但论胜负事
亲要无返复　　行秽人所黜
为酒所荒迷　　贫穷不自量
轻财好奢用　　破家致祸患
掷博群饮酒　　共伺他淫女
玩习卑鄙行　　如月向于晦
行恶能受恶　　与恶友同事
今世及后世　　终始无所获
昼则好睡眠　　夜觉多悕望
独昏无善友　　不能修家务
朝夕不肯作　　寒暑复懈堕
所为事不究　　亦复毁成功
若不计寒暑　　朝夕勤修务
事业无不成　　至终无忧患

佛告善生。有四怨如亲。汝当觉知。何谓为四。一者畏伏。二者美言。三者敬顺。四者恶友。

佛告善生。畏伏有四事。云何为四。一者先与后夺。二者与少望多。三者畏故强亲。四者为利故亲。是为畏伏四事。

佛告善生。美言亲复有四事。云何为四。一者善恶斯顺。二者有难舍离。三者外有善来密止之。四者见有危事便排济之。是为美言亲四事。敬顺亲复有四事。云何为四。一者先诳。二者后诳。三者现诳。四者见有小过便加杖之。是为敬顺亲四事。恶友亲复有四事。云何为四。一者饮酒时为友。二者博戏时为友。三者淫逸时为友。四者歌舞时为友。是为恶友亲四事。世尊说此已。复作颂曰。

畏伏而强亲　　美言亲亦尔
敬顺虚诳亲　　恶友为恶亲

此亲不可恃　　智者当觉知
　　宜速远离之　　如避于险道

佛告善生。有四亲可亲。多所饶益。为人救护。云何为四。一者止非。二者慈愍。三者利人。四者同事。是为四亲可亲。多所饶益。为人救护。当亲近之。善生。彼止非有四事。多所饶益。为人救护。云何为四。一者见人为恶则能遮止。二者示人正直。三者慈心愍念。四者示人天路。是为四止非。多所饶益。为人救护。

复次。慈愍有四事。一者见利代喜。二者见恶代忧。三者称誉人德。四者见人说恶便能抑制。是为四慈愍。多所饶益。为人救护。利益有四。云何为四。一者护彼不令放逸。二者护彼放逸失财。三者护彼使不恐怖。四者屏相教诫。是为四利人。多所饶益。为人救护。同事有四。云何为四。一者为彼不惜身命。二者为彼不惜财宝。三者为彼济其恐怖。四者为彼屏相教诫。是为四同事。多所饶益。为人救护。世尊说是已。复作颂曰。

　　制非防恶亲　　慈愍在他亲
　　利人益彼亲　　同事齐己亲
　　此亲乃可亲　　智者所附近
　　亲中无等亲　　如慈母亲子
　　若欲亲可亲　　当亲坚固亲
　　亲者戒具足　　如火光照人

佛告善生。当知六方。云何为六方。父母为东方。师长为南方。妻妇为西方。亲党为北方。僮仆为下方。沙门．婆罗门．诸高行者为上方。善生。夫为人子。当以五事敬顺父母。云何为五。一者供奉能使无乏。二者凡有所为先白父母。三者父母所为恭顺不逆。四者父母正令不敢违背。五者不断父母所为正业。善生。夫为人子。当以此五事敬顺父母。父母复以五事敬亲其子。云何为五。一者制子不听为恶。二者指授示其善处。三者慈爱入骨彻髓。四者为子求善婚娶。五者随时供给所须。善生。子于父母敬顺恭奉。则彼方安隐。无有忧畏。

善生。弟子敬奉师长复有五事。云何为五。一者给侍所须。二者礼敬供养。三者尊重戴仰。四者师有教敕敬顺无违。五者从师闻法善持不忘。善生。夫为弟子当以此五法敬事师长。师长复以五事敬视弟子。云何为五。一者顺法调御。二者诲其未闻。三者随其所问令善解义。四者示其善友。五者尽以所知诲授不吝。善生。弟子于师长敬顺恭奉。则彼方安隐。无有忧畏。

善生。夫之敬妻亦有五事。云何为五。一者相待以礼。二者威严不阙。三者衣食随时。四者庄严以时。五者委付家内。善生。夫以此五事敬待于妻。妻复以五事恭敬于夫。云何为五。一者先起。二者后坐。三者和言。四者敬顺。五者先意承旨。善生。是为夫之于妻敬待。如是则彼方安隐。无有忧畏。

善生。夫为人者。当以五事亲敬亲族。云何为五。一者给施。二者善言。三者利益。四者同利。五者不欺。善生。是为五事亲敬亲族。亲族亦以五事亲敬于人。云何为五。一者护放逸。二者护放逸失财。三者护恐怖者。四者屏相教诫。五者常相称叹。善生。如是敬视亲族。则彼方安隐。无有忧畏。

善生。主于僮使以五事教授。云何为五。一者随能使役。二者饮食随时。三者赐劳随时。四者病与医药。五者纵其休假。善生。是为五事教授僮使。僮使复以五事奉事其主。云何为五。一者早起。二者为事周密。三者不与不取。四者作务以次。五者称扬主名。是为主待僮使。则彼方安隐。无有忧畏。

善生。檀越当以五事供奉沙门．婆罗门。云何为五。一者身行慈。二者口行慈。三者意行慈。四者以时施。五者门不制止。善生。若檀越以此五事供奉沙门．婆罗门。沙门．婆罗门当复以六事而教授之。云何为六。一者防护不令为恶。二者指授善处。三者教怀善心。四者使未闻者闻。五者已闻能使善解。六者开示天路。善生。如是檀越恭奉沙门．婆罗门。则彼方安隐。无有忧畏。世尊说已。重说偈曰。

父母为东方	师长名南方
妻妇为西方	亲族为北方
僮仆为下方	沙门为上方
诸有长者子	礼敬于诸方
敬顺不失时	死皆得生天
惠施及软言	利人多所益
同利等彼己	所有与人共
此四多负荷	任重如车轮
世间无此四	则无有孝养
此法在世间	智者所撰择
行则获大果	名称远流布
严饰于床座	供设上饮食
供给所当得	名称远流布
亲旧不相遗	示以利益事
上下常和同	于此得善誉
先当习伎艺	然后获财业
财业既已具	宜当自守护
出财未至奢	当撰择前人
欺诳抵突者	宁乞未举与
积财从小起	如蜂集众花
财宝日滋息	至终无损耗

```
一食知止足    二修业勿怠
三当先储积    以拟于空乏
四耕田商贾    泽地而置牧
五当起塔庙    六立僧房舍
在家勤六业    善修勿失时
如是修业者    则家无损减
财宝日滋长    如海吞众流
```

尔时。善生白世尊言。甚善。世尊。实过本望。逾我父教。能使覆者得仰。闭者得开。迷者得悟。冥室燃灯。有目得视。如来所说。亦复如是。以无数方便。开悟愚冥。现清白法。所以者何。佛为如来．至真．等正觉。故能开示。为世明导。今我归依佛．归依法．归依僧。唯愿世尊听我于正法中为优婆塞。自今日始。尽形寿不杀．不盗．不淫．不欺．不饮酒。

尔时。善生闻佛所说。欢喜奉行。

佛说长阿含经卷第十二

（一七）第二分清净经第十三

如是我闻。

一时。佛在迦维罗卫国缅祇优婆塞林中。与大比丘众千二百五十人俱。

时。有沙弥周那在波波国。夏安居已。执持衣钵。渐诣迦维罗卫缅祇园中。至阿难所。头面礼足。于一面立。白阿难言。波波城内有尼乾子。命终未久。其诸弟子分为二分。各共诤讼。面相毁骂。无复上下。迭相求短。竞其知见。我能知是。汝不能知。我行真正。汝为邪见。以前着后。以后着前。颠倒错乱。无有法则。我所为妙。汝所言非。汝有所疑。当咨问我。大德阿难。时。彼国人民事尼乾者。闻诤讼已。生厌患心。

阿难语周那沙弥曰。我等有言欲启世尊。今共汝往。宣启此事。若世尊有所戒敕。当共奉行。

尔时。沙弥周那闻阿难语已。即共诣世尊。头面礼足。在一面立。尔时。阿难白世尊曰。此沙弥周那在波波国夏安居已。执持衣钵。渐来至此。礼我足。语我言。波波国有尼乾子。命终未久。其诸弟子分为二分。各共诤讼。面相毁骂。无复上下。迭相求短。竞其知见。我能知是。汝不能知。我行真正。汝为邪见。以前着后。以后着前。颠倒错乱。无有法则。我所言是。汝所言非。汝有所疑。当咨问我。时。彼国人民事尼乾者。闻诤讼已。生厌患心。

世尊告周那沙弥曰。如是。周那。彼非法中不足听闻。此非三耶三佛所说。犹如朽塔难可污色。彼虽有师。尽怀邪见。虽复有法。尽不真正。不足听采。不能出要。非是三耶三佛所说。犹如故塔不可污也。彼诸弟子有不顺其法。舍彼异见。行于正见。周那。若有人来语彼弟子。诸贤。汝师法正。当于中行。何以舍离。其彼弟子信其言者。则二俱失道。获无量罪。所以者何。彼虽有法。然不真正故。周那。若师不邪见。其法真正。善可听采。能得出要。三耶三佛所说。譬如新塔易可污色。然诸弟子于此法中。不能勤修。不能成就。舍平等道。入于邪见。若有人来语彼弟子。诸贤。汝师法正。当于中行。何以舍离。入于邪见。其彼弟子信其言者。则二俱见真正。获无量福。所以者何。其法真正。

佛告周那。彼虽有师。然怀邪见。虽复有法。尽不真正。不足听采。不能出要。非三耶三佛所说。犹如朽塔不可污色。彼诸弟子法法成就。随顺其行。起诸邪见。周那。若有人来语其弟子言。汝师法正。汝所行是。今所修行勤苦如是。应于现法成就道果。彼诸弟子信受其言者。则二俱失道。获无量罪。所以者何。以法不真正故。周那。若师不邪见。其法真正。善可听采。能得出要。三耶三佛所说。譬如新塔易为污色。又其弟子法法成就。随顺修行而生正见。若有人来语其弟子言。汝师法正。汝所行是。今所修行勤苦如是。应于现法成就道果。彼诸弟子信受其言。二俱正见。获无量福。所以者何。法真正故。

周那。或有导师出世。使弟子生忧。或有导师出世。使弟子无忧。云何导师出世。使弟子生忧。周那。导师新出世间。成道未久。其法具足。梵行清净。如实真要而不布现。然彼导师速取灭度。其诸弟子不得修行。皆愁忧言。师初出世。成道未久。其法清净。梵行具足。如实真要。竟不布现。而今导师便速灭度。我等弟子不得修行。是为导师出世。弟子愁忧。云何导师出世。弟子不忧。谓导师出世。其法清净。梵行具足。如实真要而广流布。然后导师方取灭度。其诸弟子皆得修行。不怀忧言。师初出世。成道未久。其法清净。梵行具足。如实真要而不布现。而今导师便速灭度。使我弟子不得修行。如是。周那。导师出世。弟子无忧。

佛告周那。此支成就梵行。谓导师出世。出家未久。名闻未广。是谓梵行支不具足。周那。导师出世。出家既久。名闻广远。是谓梵行支具足满。周那。导师出世。出家既久。名闻亦广。而诸弟子未受训诲。未具梵行。未至安处。未获己利。未能受法分布演说。有异论起不能如法而往灭之。未能变化成神通证。是为梵行支不具足。周那。导师出世。出家既久。名闻亦广。而诸弟子尽受教训。梵行具足。至安隐处。已获己利。又能受法分别演说。有异论起能如法灭。变化具足成神通证。是为梵行支具足满。

周那。导师出世。出家亦久。名闻亦广。诸比丘尼未受训诲。未至安处。未获己利。未能受法分布演说。有异论起不能以法如实除灭。未能变化成神通证。是为梵行支未具足。周那。导师出世。出家亦久。名闻亦广。诸比丘尼尽受教训。梵行具足。至安隐处。已获己利。复能受法分别演说。有异论起能如法灭。变化具足成神通证。是为梵行支具足满。周那。诸优婆塞．优婆夷广修梵行。乃至变化具足成神通证。亦复如是。

周那。若导师不在世。无有名闻。利养损减。则梵行支不具足满。若导师在世。名闻利养。皆悉具足。无有损减。则梵行支为具足满。若导师在世。名闻利养。皆悉具足。而诸比丘名闻利养。不能具足。是为梵行支不具足。若导师在世。名闻利养。具足无损。诸比丘众亦复具足。则梵行支为具足满。比丘尼众亦复如是。

周那。我出家久。名闻广远。我诸比丘已受教诫。到安隐处。自获己利。复能受法为人说法。有异论起能如法灭。变化具足成神通证。诸比丘．比丘尼．优婆塞．优婆夷皆亦如是。周那。我以广流布梵行。乃至变化具足成神通证。周那。一切世间所有导师。不见有得名闻利养如我如来．至真．等正觉者也。周那。诸世间所有徒众。不见有名闻利养如我众也。周那。若欲正说者。当言见不可见。云何见不可见。一切梵行清净具足。宣示布现。是名见不可见。

尔时。世尊告诸比丘。郁头蓝子在大众中而作是说。有见不见。云何名见不见。如刀可见。刃不可见。诸比丘。彼子乃引凡夫无识之言以为譬喻。如是。周那。若欲正说者。当言见不见。云何见不见。汝当正欲说言。一切梵行清净具足。宣示流布。是不可见。周那。彼相续法不具足而可得。不相续法具足而不可得。周那。诸法中梵行。酪酥中醍醐。

尔时。世尊告诸比丘。我于是法躬自作证。谓四念处．四神足．四意断．四禅．五根．五力．七觉意．贤圣八道。汝等尽共和合。勿生诤讼。同一师受。同一水乳。于如来正法。当自炽然。快得安乐。得安乐已。若有比丘说法中有作是言。彼所说句不正。义理不正。比丘闻已。不可言是。不可言非。当语彼比丘言。云何。诸贤。我句如是。汝句如是。我义如是。汝义如是。何者为胜。何者为负。若彼比丘报言。我句如是。我义如是。汝句如是。汝义如是。汝句亦胜。汝义亦胜彼比丘说此。亦不得非。亦不得是。当谏彼比丘。当呵当止。当共推求。如是尽共和合。勿生诤讼。同一受同一师同一乳。于如来正法。当自炽然。快得安乐。

得安乐已。若有比丘说法。中有比丘作是言。彼所说句不正。义正。比丘闻已。不可言是。不可言非。当语彼比丘言。云何。比丘。我句如是。汝句如是。何者为是。何者为非。若彼比丘报言。我句如是。汝句如是。汝句亦胜。彼比丘说此。亦不得言是。不得言非。当谏彼比丘。当呵当止。当共推求。如是尽共和合。勿生诤讼。同一师受。同一水乳。于如来正法。当自炽然。快得安乐。

得安乐已。若有比丘说法。中有比丘作是言。彼所说句正。义不正。比丘闻已。不可言是。不可言非。当语彼比丘言。云何。比丘。我义如是。汝义如是。何者为是。何者为非。若彼报言。我义如是。汝义如是。汝义而胜。彼比丘说此已。亦不得言是。亦不得言非。当谏彼比丘。当呵当止。当共推求。如是比丘尽共和合。勿生诤讼。同一师受。同一水乳。于如来正法。当自炽然。快得安乐。

得安乐已。若有比丘说法。中有比丘作如是言。彼所说句正。义正。比丘闻已。不得言非。当称赞彼言。汝所言是。汝所言是。是故。比丘。于十二部经自身作证。当广流布。一曰贯经。二曰祇夜经。三曰受记经。四曰偈经。五曰法句经。六曰相应经。七曰本缘经。八曰天本经。九曰广经。十曰未曾有经。十一曰譬喻经。十二曰大教经。当善受持。称量观察。广演分布。

诸比丘。我所制衣。若冢间衣。若长者衣．粗贱衣。此衣足障寒暑．蚊虻。足蔽四体。诸比丘。我所制食。若乞食。若居士食。此食自足。若身苦恼。众患切已。恐遂至死。故听此食。知足而已。诸比丘。我所制住处。若在树下。若在露地。若在房内。若楼阁上。若在窟内。若在种种住处。此处自足。为障寒暑．风雨．蚊虻。下至闲静懈息之处。诸比丘。我所制药。若大小便。酥油蜜．黑石蜜。此药自足。若身生苦恼。众患切已。恐遂至死。故听此药。

佛言。或有外道梵志来作是语。沙门释子以众乐自娱。若有此言。当如是报。汝等莫作此言。谓沙门释子以众乐自娱。所以者何。有乐自娱。如来呵责。有乐自娱。如来称誉。若外道梵志问言。何乐自娱。瞿昙呵责。设有此语。汝等当报。五欲功德。可爱可乐。人所贪着。云何为五。眼知色。可爱可乐。人所贪着。耳闻声．鼻知香．舌知味．身知触。可爱可乐。人所贪着。诸贤。犹是五欲缘生喜乐。此是如来．至真．等正觉之所呵责也。犹如有人故杀众生。自以为乐。此是如来．至真．等正觉之所呵责。犹如有人私窃偷盗。自以为乐。此为如来之所呵责。犹如有人犯于梵行。自以为乐。此是如来之所呵责。犹如有人故作妄语。自以为乐。此是如来之所呵责。犹如有人放荡自恣。此是如来之所呵责。犹如有人行外苦行。非是如来所说正行。自以为乐。此是如来之所呵责。

诸比丘。呵责五欲功德。人所贪着。云何为五。眼知色。可爱可乐。人所贪着。耳闻声．鼻知香．舌知味．身知触。可爱可乐。人所贪着。如此诸乐。沙门释子无如此乐。犹如有人故杀众生。以此为乐。沙门释子无如此乐。犹如有人公为盗贼。自以为乐。沙门释子无如是乐。犹如有人犯于梵行。自以为乐。沙门释子无如是乐。犹如有人故作妄语。自以为乐。沙门释子无如是乐。犹如有人放荡自恣。自以为乐。沙门释子无如是乐。犹如有人行外苦行。自以为乐。沙门释子无如是乐。

若外道梵志作如是问。何乐自娱。沙门瞿昙之所称誉。诸比丘。彼若有此言。汝等当答彼言。诸贤。有五欲功德。可爱可乐。人所贪着。云何为五。眼知色。乃至意知法。可爱可乐。人所贪着。诸贤。五欲因缘生乐。当速除灭。犹如有人故杀众生。自以为乐。有如此乐。应速除灭。犹如有人公为盗贼。自以为乐。有如此乐。应速除灭。犹如有人犯于梵行。自以为乐。有如此乐。应速除灭。犹如有人故为妄语。自以为乐。有如此乐。应速除灭。犹如有人放荡自恣。自以为乐。有如此乐。应速除灭。犹如有人行外苦行。自以为乐。有如是乐。应速除灭。犹如有人去离贪欲。无复恶法。有觉．有观。离生喜．乐。入初禅。如是乐者。佛所称誉。犹如有人灭于觉．观。内喜．一心。无觉。无观。定生喜．乐。入第二禅。如是乐者。佛所称誉。犹如有人除喜入舍。自知身乐。贤圣所求。护念一心。入第三禅。如是乐者。佛所称誉。乐尽苦尽。忧．喜先灭。不苦不乐。护念清净。入第四禅。如是乐者。佛所称誉。

若有外道梵志作如是问。汝等于此乐中求几果功德。应答彼言。此乐当有七果功德。云何为七。于现法中。得成道证。正使不成。临命终时。当成道证。若临命终复不成者。当尽五下结。中间般涅槃．生彼般涅槃．行般涅槃．无行般涅槃．上流阿迦尼吒般涅槃。诸贤。是为此乐有七功德。诸贤。若比丘在学地欲上。求安隐处。未除五盖。云何为五。贪欲盖．瞋恚盖．睡眠盖．掉戏盖．疑盖。彼学比丘方欲上求。求安隐处。未灭五盖。于四念处不能精勤。于七觉意不能勤修。欲得上人法。贤圣智慧增盛。求欲知欲见者。无有是处。诸贤。学地比丘欲上求。求安隐处。能灭五盖。贪欲盖．瞋恚盖．睡眠盖．掉戏盖．疑盖。于四意处又能精勤。于七觉意如实修行。欲得上人法．贤圣智慧增上。求欲知欲见者。则有是处。诸贤。若有比丘漏尽阿罗汉。所作已办。舍于重担。自获己利。尽诸有结使。正智解脱。不为九事。云何为九。一者不杀。二者不盗。三者不淫。四者不妄语。五者不舍道。六者不随欲。七者不随恚。八者不随怖。九者不随痴。诸贤。是为漏尽阿罗汉所作已办。舍于重担。自获己利。尽诸有结。正智得解。远离九事。

或有外道梵志作是说言。沙门释子有不住法。应报彼言。诸贤。莫作是说。沙门释子有不住法。所以者何。沙门释子。其法常住。不可动转。譬如门阃常住不动。沙门释子亦复如是。其法常住。无有移动。或有外道梵志作是说言。沙门瞿昙尽知过去世事。不知未来事。彼比丘．彼异学梵志智异。智观亦异。所言虚妄。如来于彼过去事。若在目前。无不知见。于未来世。生于道智。过去世事虚妄不实。不足喜乐。无所利益。佛则不记。或过去事有实。无可喜乐。无所利益。佛亦不记。若过去事有实．可乐。而无利益。佛亦不记。若过去事有实．可乐。有所利益。如来尽知然后记之。未来．现在。亦复如是。如来于过去．未来．现在。应时语．实语．义语．利语．法语．律语。无有虚也。佛于初夜成最正觉。及末后夜。于其中间有所言说。尽皆如实。故名如来。复次。如来所说如事。事如所说。故名如来。以何等义。名等正觉。佛所知见．所灭．所觉。佛尽觉知。故名等正觉。

或有外道梵志作如是说。世间常存。唯此为实。余者虚妄。或复说言。此世无常。唯此为实。余者虚妄。或复有言。世间有常无常。唯此为实。余者虚妄。或复有言。此世间非有常非无常。唯此为实。余者虚妄。或复有言。此世间有边。唯此为实。余者为虚妄。或复有言。世间无边。唯此为实。余者虚妄。或复有言。世间有边无边。唯此为实。余者虚妄。或复有言。世间非有边非无边。唯此为实。余者虚妄。或复有言。是命是身。此实余虚。或复有言。非命非身。此实余虚。或复有言。命异身异。此实余虚。或复有言。非异命非异身。此实余虚。或复有言。如来终。此实余虚。或复有言。如来不终。此实余虚。或复有言。如来终不终。此实余虚。或复有言。如来非终非不终。此实余虚。诸有此见。名本生本见。今为汝记。谓。此世常存。乃至如来非终非不终。唯此为实。余者虚妄。是为本见本生。为汝记之。

所谓未见未生者。我亦记之。何者未见未生。我所记者。色是我。从想有终。此实余虚。无色是我。从想有终。亦有色亦无色是我。从想有终。非有色非无色是我。从想有终。我有边。我无边。我有边无边。我非有边非无边。从想有终。我有乐。从想有终。我无乐。从想有终。我有苦乐。从想有终。我无苦乐。从想有终。一想是我。从想有终。种种想是我。从想有终。少想是我。从想有终。无量想是我。从想有终。此实余虚。是为邪见本见本生。我之所记。

或有沙门．婆罗门有如是论．有如是见。此世常存。此实余虚。乃至无量想是我。此实余虚。彼沙门．婆罗门复作如是说．如是见。此实。余者虚妄。当报彼言。汝实作此论。云何此世常存。此实余虚耶。如此语者。佛所不许。所以者何。此诸见中各有结使。我以理推．诸沙门．婆罗门中。无与我等者。况欲出过。此诸邪见但有言耳。不中共论。乃至无量想是我。亦复如是。

或有沙门．婆罗门作是说。此世间自造。复有沙门．婆罗门言。此世间他造。或复有言。自造他造。或复有言。非自造非他造。忽然而有。彼沙门．婆罗门言世间自造者。是沙门．婆罗门皆因触因缘。若离触因而能说者。无有是处。所以者何。由六入身故生触。由触故生受。由受故生爱。由爱故生取。由取故生有。由有故生生。由生故有老．死．忧．悲．苦恼。大患阴集。若无六入则无触。无触则无受。无受则无爱。无爱则无取。无取则无有。无有则无生。无生则无老．死．忧．悲．苦恼。大患阴集。又言此世间他造。又言此世间自造他造。又言此世间非自造非他造。忽然而有。亦复如是。因触而有。无触则无。

佛告诸比丘。若欲灭此诸邪恶见者。于四念处当修三行。云何比丘灭此诸恶。于四念处当修三行。比丘谓内身身观。精勤不懈。忆念不忘。除世贪忧。外身身观。精勤不懈。忆念不忘。除世贪忧。内外身身观。忆念不忘。除世贪忧。受．意．法观。亦复如是。是为灭众恶法。于四念处。三种修行。有八解脱。云何为八。色观色。初解脱。内无色想。外观色。二解脱。净解脱。三解脱。度色想灭有对想。住空处。四解脱。舍空处。住识处。五解脱。舍识处。住不用处。六解脱。舍不用处。住有想无想处。七解脱。灭尽定。八解脱。

尔时。阿难在世尊后执扇扇佛。即偏露右肩。右膝着地。叉手白佛言。甚奇。世尊。此法清净。微妙第一。当云何名。云何奉持。

佛告阿难。此经名为清净。汝当清净持之。

尔时。阿难闻佛所说。欢喜奉行。

（一八）第二分自欢喜经第十四

如是我闻。

一时。佛在那难陀城波波利庵婆林。与大比丘众千二百五十人俱。

时。长老舍利弗于闲静处。默自念言。我心决定知过去．未来．现在沙门．婆罗门智慧．神足功德道力。无有与如来．无所著．等正觉等者。时。舍利弗从静室起。往至世尊所。头面礼足。在一面坐。白佛言。向于静室。默自思念。过去．未来．现在沙门．婆罗门智慧．神足功德道力。无有与如来．无所著．等正觉等者。

佛告舍利弗。善哉。善哉。汝能于佛前说如是语。一向受持。正师子吼。余沙门．婆罗门无及汝者。云何。舍利弗。汝能知过去诸佛心中所念。彼佛有如是戒．如是法．如是智慧．如是解脱．如是解脱堂不。

对曰。不知。

云何。舍利弗。汝能知当来诸佛心中所念。有如是戒．如是法．如是智慧．如是解脱．如是解脱堂不。

答曰。不知。

云何。舍利弗。如我今如来．至真．等正觉心中所念。如是戒．如是法．如是智．如是解脱．如是解脱堂。汝能知不。

答曰。不知。

又告舍利弗。过去．未来．现在如来．至真．等正觉心中所念。汝不能知。何故决定作是念。因何事生是念。一向坚持而师子吼。余沙门．婆罗门若闻汝言。我决定知过去．未来．现在沙门．婆罗门智慧．神足功德道力。无有与如来．无所著．等正觉等者。当不信汝言。

舍利弗白佛言。我于过去．未来．现在诸佛心中所念。我不能知。佛总相法我则能知。如来为我说法。转高转妙。说黑．白法。缘．无缘法。照．无照法。如来所说。转高转妙。我闻法已。知一一法。于法究竟。信如来．至真．等正觉。信如来法善可分别。信如来众苦灭成就。诸善法中。此为最上。世尊智慧无余。神通无余。诸世间所有沙门．婆罗门无有能与如来等者。况欲出其上。

世尊说法复有上者。谓制法。制法者。谓四念处．四正勤．四神足．四禅．五根．五力．七觉意．八贤圣道。是为无上制。智慧无余。神通无余。诸世间所有沙门．婆罗门皆无有与如来等者。况欲出其上者。

世尊说法又有上者。谓制诸入。诸入者。谓眼色．耳声．鼻香．舌味．身触．意法。如过去如来．至真．等正觉亦制此入。所谓眼色。乃至意法。正使未来如来．至真．等正觉亦制此入。所谓眼色。乃至意法。今我如来．至真．等正觉亦制此入。所谓眼色。乃至意法。此法无上。无能过者。智慧无余。神通无余。诸世间沙门．婆罗门无能与如来等者。况欲出其上。

世尊说法又有上者。谓识入胎。入胎者。一谓乱入胎．乱住．乱出。二者不乱入．乱住．乱出。三者不乱入．不乱住而乱出。四者不乱入．不乱住．不乱出。彼不乱入．不乱住．不乱出者。入胎之上。此法无上。智慧无余。神通无余。诸世间沙门．婆罗门无能与如来等者。况欲出其上。

如来说法复有上者。所谓道也。所谓道者。诸沙门．婆罗门以种种方便。入定慧意三昧。随三昧心修念觉意。依欲．依离．依灭尽．依出要。法．精进．喜．猗．定．舍觉意。依欲．依离．依灭尽．依出要。此法最上。智慧无余。神通无余。诸世间沙门．婆罗门无能与如来等者。况欲出其上。

如来说法复有上者。所谓为灭。灭者。谓苦灭迟得。二俱卑陋。苦灭速得。唯苦卑陋。乐灭迟得。唯迟卑陋。乐灭速得然不广普。以不广普。故名卑陋。如今如来乐灭速得。而复广普。乃至天人见神变化。

舍利弗白佛言。世尊所说微妙第一。下至女人。亦能受持。尽有漏成无漏。心解脱．慧解脱。于现法中自身作证。生死已尽。梵行已立。所作已办。不受后有。是为如来说无上灭。此法无上。智慧无余。神通无余。诸世间沙门．婆罗门无能与如来等者。况欲出其上。

如来说法复有上者。谓言清净。言清净者。世尊于诸沙门．婆罗门。不说无益虚妄之言。言不求胜。亦不朋党。所言柔和。不失时节。言不虚发。是为言清净。此法无上。智慧无余。神通无余。诸世间沙门．婆罗门无有与如来等者。况欲出其上。

如来说法复有上者。谓见定。彼见定者。谓有沙门．婆罗门种种方便。入定意三昧。随三昧心。观头至足。观足至头。皮肤内外。但有不净发．毛．爪甲．肝．肺．肠．胃．脾．肾五脏．汗．肪．髓．脑．屎．尿．涕．泪．臭处不净。无一可贪。是初见定。诸沙门．婆罗门种种方便。入定意三昧。随三昧心。除去皮肉外诸不净。唯观白骨及与牙齿。是为二见定。诸沙门．婆罗门种种方便。入定意三昧。随三昧心。除去皮肉外诸不净及白骨。唯观心识在何处住。为在今世。为在后世。今世不断。后世不断。今世不解脱。后世不解脱。是为三见定。诸沙门．婆罗门种种方便。入定意三昧。随三昧心。除去皮肉外诸不净及除白骨。复重观识。识在后世。不在今世。今世断。后世不断。今世解脱。后世不解脱。是为四见定。诸有沙门．婆罗门种种方便。入定意三昧。随三昧心。除去皮肉外诸不净及除白骨。复重观识。不在今世。不在后世。二俱断。二俱解脱。是为五见定。此法无上。智慧无余。神通无余。诸世间沙门．婆罗门无与如来等者。况欲出其上。

如来说法复有上者。谓说常法。常法者。诸沙门．婆罗门种种方便。入定意三昧。随三昧心。忆识世间二十成劫败劫。彼作是言。世间常存。此为真实。余者虚妄。所以者何。由我忆识。故知有此成劫败劫。其余过去我所不知。未来成败我亦不知。此人朝暮以无智说言。世间常存。唯此为实。余者为虚。是为初常法。诸沙门．婆罗门种种方便。入定意三昧。随三昧心。忆识四十成劫败劫。彼作是言。此世间常。此为真实。余者虚妄。所以者何。以我忆识故知成劫败劫。我复能过是。知过去成劫败劫。我不知未来劫之成败。此说知始。不说知终。此人朝暮以无智说言。世间常存。唯此真实。余者虚妄。此是二常法。诸沙门．婆罗门种种方便。入定意三昧。随三昧心。忆识八十成劫败劫。彼言。此世间常。余者虚妄。所以者何。以我忆识故知有成劫败劫。复过是知过去成劫败劫。未来劫之成败我亦悉知。此人朝暮以无智说言。世间常存。唯此为实。余者虚妄。是为三常存法。此法无上。智慧无余。神通无余。诸世间沙门．婆罗门无有能与如来等者。况欲出其上。

如来说法复有上者。谓观察。观察者。谓有沙门．婆罗门以想观察。他心尔趣。此心尔趣。彼心作是想时。或虚或实。是为一观察。诸沙门．婆罗门不以想观察。或闻诸天及非人语。而语彼言。汝心如是。汝心如是。此亦或实或虚。是二观察。或有沙门．婆罗门不以想观察。亦不闻诸天及非人语。自观己身。又听他言。语彼人言。汝心如是。汝心如是。此亦有实有虚。是为三观察。或有沙门．婆罗门不以想观察。亦不闻诸天及非人语。又不自观．观他。除觉．观已。得定意三昧。观察他心。而语彼言。汝心如是。汝心如是。如是观察则为真实。是为四观察。此法无上。智慧无余。神通无余。诸世间沙门．婆罗门无有与如来等者。况欲出其上。

如来说法复有上者。所谓教诫。教诫者。或时有人不违教诫。尽有漏成无漏。心解脱．智慧解脱。于现法中自身作证。生死已尽。梵行已立。所作已办。不复受有。是为初教诫。或时有人不违教诫。尽五下结。于彼灭度。不还此世。是为二教诫。或时有人不违教诫。三结尽。薄淫．怒．痴。得斯陀含。还至此世而取灭度。是为三教诫。或时有人不违教诫。三结尽。得须陀洹。极七往返。必成道果。不堕恶趣。是为四教诫。此法无上。智慧无余。神通无余。诸世间沙门．婆罗门无有与如来等者。况欲出其上。

如来说法复有上者。为他说法。使戒清净。戒清净者。有诸沙门．婆罗门所语至诚。无有两舌。常自敬肃。捐除睡眠。不怀邪谄。口不妄言。不为世人记于吉凶。不自称说从他所得以示于人。更求他利。坐禅修智。辩才无碍。专念不乱。精勤不怠。此法无上。智慧无余。神通无余。诸世间沙门．婆罗门无有与如来等者。况欲出其上。

如来说法复有上者。谓解脱智。谓解脱智者。世尊由他因缘内自思惟言。此人是须陀洹。此是斯陀含。此是阿那含。此是阿罗汉。此法无上。智慧无余。神通无余。诸世间沙门．婆罗门无有与如来等者。况欲出其上。

如来说法复有上者。谓自识宿命智证。诸沙门．婆罗门种种方便。入定意三昧。随三昧心。自忆往昔无数世事。一生．二生。乃至百千生成劫败劫。如是无数我于某处生。名字如是。种．姓如是。寿命如是。饮食如是。苦乐如是。从此生彼。从彼生此。若干种相。自忆宿命无数劫事。昼夜常念本所经历。此是色。此是无色。此是想。此是无想。此是非无想。尽忆尽知。此法无上。智慧无余。神通无余。诸世间沙门．婆罗门无与如来等者。况欲出其上。

如来说法复有上者。谓天眼智。天眼智者。诸沙门．婆罗门种种方便。入定意三昧。随三昧心。观诸众生。死者．生者。善色。恶色。善趣。恶趣。若好．若丑。随其所行。尽见尽知。或有众生。成就身恶行．口恶行．意恶行。诽谤贤圣。信邪倒见。身坏命终。堕三恶道。或有众生。身行善．口言善．意念善。不谤贤圣。见正信行。身坏命终。生天人中。以天眼净。观诸众生。如实知见。此法无上。智慧无余。神通无余。诸世间沙门．婆罗门无与如来等者。况欲出其上。

如来说法复有上者。谓神足证。神足证者。诸沙门．婆罗门以种种方便。入定意三昧。随三昧心。作无数神力。能变一身为无数身。以无数身合为一身。石壁无碍。于虚空中结加趺坐。犹如飞鸟。出入于地。犹如在水。履水如地。身出烟火。如火积燃。以手扪日月。立至梵天。若沙门．婆罗门称是神足者。当报彼言。有此神足。非为不有。此神足者。卑贱下劣。凡夫所行。非是贤圣之所修习。若比丘于诸世间爱色不染。舍离此已。如所应行。斯乃名为贤圣神足。于无喜色。亦不憎恶。舍离此已。如所应行。斯乃名曰贤圣神足。于诸世间爱色．不爱色。二俱舍已。修平等护。专念不忘。斯乃名曰贤圣神足。犹如世尊精进勇猛。有大智慧。有知．有觉。得第一觉。故名等觉。世尊今亦不乐于欲。不乐卑贱凡夫所习。亦不劳勤受诸苦恼。世尊若欲除弊恶法。有觉．有观。离生喜．乐。游于初禅。如是便能除弊恶法。有觉．有观。离生喜．乐。游于初禅。二禅．三禅．四禅。亦复如是。精进勇猛。有大智慧。有知．有觉。得第一觉。故名等觉。

佛告舍利弗。若有外道异学来问汝言。过去沙门．婆罗门与沙门瞿昙等不。汝当云何答。彼复问言。未来沙门．婆罗门与沙门瞿昙等不。汝当云何答。彼复问言现在沙门．婆罗门与沙门瞿昙等不。汝当云何答。

时。舍利弗白佛言。设有是问。过去沙门．婆罗门与佛等不。当答言。有。设问。未来沙门．婆罗门与佛等不。当答言。有。设问。现在沙门．婆罗门与佛等不。当答言。无。

佛告舍利弗。彼外道梵志或复问言。汝何故或言有或言无。汝当云何答。

舍利弗言。我当报彼。过去三耶三佛与如来等。未来三耶三佛与如来等。我躬从佛闻。欲使现在有三耶三佛与如来等者。无有是处。世尊。我如所闻。依法顺法。作如是答。将无咎耶。

佛言。如是答。依法顺法。不违也。所以然者。过去三耶三佛与我等。未来三耶三佛与我等。欲使现在有二佛出世。无有是处。

尔时。尊者郁陀夷在世尊后执扇扇佛。佛告之曰。郁陀夷。汝当观世尊少欲知足。今我有大神力。有大威德。而少欲知足。不乐在欲。郁陀夷。若余沙门．婆罗门于此法中能勤苦得一法者。彼便当竖幡。告四远言。如来今者少欲知足。今观如来少欲知足。如来有大神力。有大威德。不用在欲。

尔时。尊者郁陀夷正衣服。偏露右肩。右膝着地。叉手白佛言。甚奇。世尊。少有少欲知足如世尊者。世尊有大神力。有大威德。不用在欲。若复有余沙门．婆罗门于此法中能勤苦得一法者。便能竖幡。告四远言。世尊今者少欲知足。舍利弗。当为诸比丘．比丘尼．优婆塞．优婆夷数说此法。彼若于佛．法．僧。于道有疑者。闻说此法。无复疑网。

尔时。世尊告舍利弗。汝当为诸比丘．比丘尼．优婆塞．优婆夷数说此法。所以者何。彼于佛．法．僧。于道有疑者。闻汝所说。当得开解。

对曰。唯然。世尊。

时。舍利弗即便数数为诸比丘．比丘尼．优婆塞．优婆夷说法。以自清净故。故名清净经。

尔时。舍利弗闻佛所说。欢喜奉行。

（一九）第二分大会经第十五

如是我闻。

一时。佛在释翅提国迦维林中。与大比丘众五百人俱。尽是罗汉。复有十方诸神妙天皆来集会。礼敬如来及比丘僧。

时。四净居天即于天上各自念言。今者。世尊在释翅提迦维林中。与大比丘众五百人俱。尽得阿罗汉。复有十方诸神妙天皆来集会。礼敬如来及比丘僧。我等今者亦可往共诣世尊所。各当以偈称赞如来。

时。四净居天犹如力士屈伸臂顷。于彼天没。至释翅提迦维林中。尔时。四净居天到已。头面礼足。在一面立。时。一净居天即于佛前。以偈赞曰。

　　今日大众会　　诸天神普集
　　皆为法故来　　欲礼无上众

说此偈已。退一面立。时。一净居天复作颂曰。

　　比丘见众秽　　端心自防护
　　欲如海吞流　　智者护诸根

说是偈已。退一面立。时。一净居天复作颂曰。

　　断刺平爱坑　　及填无明堑
　　独游清净场　　如善象调御

说此偈已。退一面立。时。一净居天复作颂曰。

　　诸归依佛者　　终不堕恶趣
　　舍此人中形　　受天清净身

尔时。四净居天说此偈已。世尊印可。即礼佛足。绕佛三匝。忽然不现。其去未久。佛告诸比丘。今者诸天大集。今者诸天大集。十方诸神妙天无不来此礼觐如来及比丘僧。诸比丘。过去诸如来．至真．等正觉亦有诸天大集。如我今日。当来诸如来．至真．等正觉亦有诸天大集。如我今日。诸比丘。今者诸天大集。十方诸神妙天无不来此礼觐如来及比丘僧。亦当称彼名号。为其说偈。比丘当知。

　　诸依地山谷　　隐藏见可畏
　　身着纯白衣　　洁净无垢秽
　　天人闻此已　　皆归于梵天
　　今我称其名　　次第无错谬
　　诸天众今来　　比丘汝当知
　　世间凡人智　　百中不见一
　　何由乃能见　　鬼神七万众

若见十万鬼　　犹不见一边
何况诸鬼神　　周遍于天下

地神有七千悦叉若干种。皆有神足．形貌．色像．名称。怀欢喜心来到比丘众林中。时。有雪山神将六千鬼悦叉若干种。皆有神足．形貌．色像．名称。怀欢喜心来到比丘众林中。有一舍罗神将三千鬼悦叉若干种。皆有神足．形貌．色像．名称。怀欢喜心来到比丘众林中。此万六千鬼神悦叉若干种。皆有神足．形貌．色像．名称。怀欢喜心来到比丘众林中。

复有毗波蜜神。住在马国。将五百鬼。皆有神足．威德。复有金毗罗神。住王舍城毗富罗山。将无数鬼神恭敬围绕。复有东方提头赖吒天王。领干沓和神。有大威德。有九十一子。尽字因陀罗。皆有大神力。南方毗楼勒天王。领诸龙王。有大威德。有九十一子。亦字因陀罗。有大神力。西方毗楼博叉天王。领诸鸠槃茶鬼。有大威德。有九十一子。亦字因陀罗。有大神力。北方天王名毗沙门。领诸悦叉鬼。有大威德。有九十一子。亦字因陀罗。有大神力。此四天王护持世者。有大威德。身放光明。来诣迦维林中。

尔时。世尊欲降其幻伪虚妄之心。故结咒曰。

摩拘楼罗摩拘楼罗毗楼罗毗楼罗［旃-方+示］陀那加摩世致迦尼延豆尼延豆波那攎呜呼奴奴主提婆苏暮摩头支多罗斯那干沓波那罗主阇尼沙呵无莲陀罗鼻波蜜多罗树尘陀罗那闾尼呵斗浮楼输支婆迹婆

如是。诸王干沓婆及罗刹皆有神足．形貌．色像。怀欢喜心来诣比丘众林中。尔时。世尊复结咒曰。

阿醯那陀瑟那头　　毗舍离沙呵带叉蛇婆提　　提头赖吒　　帝婆沙呵若利耶　　加毗罗摄波那伽　　阿陀伽摩天提伽　　伊罗婆陀摩呵那伽　　毗摩那伽多陀伽陀　　余那伽罗阇婆呵沙呵叉奇　　提婆提罗帝　　婆提罗帝毗枚大迹闷　　毗呵四婆咛阿婆婆四　　质多罗速和尼那求　　四多阿婆由那伽罗除　　阿四　　修跋罗萨帝奴阿伽佛陀洒　　失罗咛婆耶忧罗头婆延楼　　素槃鼋佛头舍罗鼋伽类楼

尔时。世尊为阿修罗而结咒曰。

祇陀跋阇呵谛　　三物第阿修罗阿失陀　　婆延地婆三婆四　　伊弟阿陀提婆摩天地　　伽黎妙　　摩呵秘摩　　阿修罗陀那秘罗陀　　鞞摩质兜楼修质谛丽婆罗呵黎　　无夷连那婆　　舍黎阿细跋黎弗多罗　　那萨鞞鞞楼耶那那迷　　萨那迷谛　　婆黎细如　　罗耶跋兜楼伊呵庵婆罗迷三摩由伊陀那跋陀　　若　　比丘那　　三弥涕泥拔

尔时。世尊复为诸天而结咒曰。

阿浮　　提婆　　革犁醯陛　　提豫　　婆由　　多陀鼋　　跋楼鼋　　婆楼尼世帝苏弥　　耶舍阿头　　弥多罗婆　　伽罗那移婆　　阿逻提婆　　摩天梯与陀舍提舍伽　　予萨鞞　　那难多罗婆跋那　　伊地槃大仇地　　槃那槃大耶舍卑鼋　　暮陀婆那　　阿醯捷大　　比丘那　　婆朱弟　　婆尼　　鞞弩　　提

991

步 舍伽利 阿醯地 勇迷 那刹帝隶富罗息几大 阿陀蔓 陀罗婆罗鞞梅大苏婆尼捎提婆 阿陀[旃-方+示]陀富罗翅支大 苏黎耶苏婆尼捎 提婆 阿陀苏提耶 富罗翅大 摩伽陀 婆苏因 图攎阿头 释拘 富罗大攎 叔伽 伽罗摩 罗那阿大 鞞摩尼婆 呜婆提奇呵 波罗无呵 鞞婆罗 微阿尼 萨陀摩多 阿呵黎 弥沙阿尼钵仇[菟-(色-巴)+(亠-一)]叹奴阿 攎余提舍阿醯跋沙 赊摩 摩呵赊摩 摩[菟-(色-巴)+(亠-一)]沙阿 摩[菟-(色-巴)+(亠-一)]疏多摩 乞陀波头洒阿陀 摩[菟-(色-巴)+(亠-一)]波头洒阿 醯阿罗夜 提婆 阿陀黎陀夜 婆私波罗 摩诃波罗阿陀 提婆 摩天梯夜差摩 兜率陀 夜摩 伽沙尼阿尼 蓝鞞蓝婆折帝 树提那摩伊洒念摩罗提 阿陀醯波罗念弥大 阿醯 提婆 提婆阇兰提阿奇 尸吁波摩阿栗吒攎耶 呜摩浮浮尼婆私遮婆陀暮 阿周陀阿尼 输豆檀耶[菟-(色-巴)+(亠-一)]阿头阿逻 毗沙门伊洒

此是六十种天。尔时。世尊复为六十八五通婆罗门而结咒曰。

罗耶梨沙耶何醯犍大婆尼 伽毗罗跋兜鞞地阇[菟-(色-巴)+(亠-一)]阿头差暮萨提 莺祇鞞地牟尼阿头闭[犛-未+牙]耶差伽 尸梨沙婆呵若[菟-(色-巴)+(亠-一)]阿头梵摩提婆提那婆鞞地牟尼阿头 拘萨梨伊尼攎摩阇逻 莺祇逻野般阇阿楼呜猿头 摩诃罗野阿拘提楼杙[菟-(色-巴)+(亠-一)]阿头 六闭俱萨梨阿楼伽陵倚伽夷罗檀醯罪否符野福都卢梨洒先陀步 阿头 提那伽否婆呵移伽耶罗野多陀阿伽度婆罗蔓陀[菟-(色-巴)+(亠-一)]迦牧罗野阿头 因陀罗楼迷迦符陀攎暮摩伽醯阿敕伤俱卑予阿头醯兰若伽否鞞梨味余梨多他阿伽度 阿醯婆好罗子弥都卢多陀阿伽度 婆斯佛离首陀罗罗予多陀阿伽度 伊梨耶差摩诃罗予先阿步多陀阿伽度 般阇婆予婆梨地翅阿罗予多陀阿伽度 郁阿兰摩诃罗予便被婆梨摩梨输婆醯大 那摩阿槃地苦摩梨罗予阿具斯利陀那婆地阿头 翅鞞罗予尸伊昵弥昵摩呵罗予复婆楼多陀阿伽度 跋陀婆利摩呵罗予俱萨梨摩提输尸汉提苦婆梨罗予修陀罗楼多他阿伽度 阿呵因头楼阿头摩罗予余苏利与他鞞地提步阿呵鞞利四阿头 恒阿耶楼婆罗目遮耶暮阿夷[菟-(色-巴)+(亠-一)]阿头一摩耶舍枇那婆 差摩罗予何梨捷度余枇度钵支余是数波那路摩苏罗予耶赐多由醯兰若苏槃那秘愁度致夜数罗舍 波罗鞞陀郁陀婆呵婆洒婆呵婆婆谋娑呵沙贪覆赊大赊法阇沙丽罗陀 那摩般枝[病-丙+(白/(丂*戈))]多哆罗干沓婆 沙呵婆萨多提苏鞞罗予阿醯捷[病-丙+(白/(丂*戈))]比丘三弥地婆尼地婆尼

尔时。复有千五通婆罗门。如来亦为结咒。时。此世界第一梵王及诸梵天皆有神通。有一梵童子名曰提舍。有大神力。复有十方余梵天王。各与眷属围绕而来。复越千世界。有大梵王见诸大众在世尊所。寻与眷属围绕而来。

尔时。魔王见诸大众在世尊所。怀毒害心。即自念言。我当将诸鬼兵往坏彼众。围绕尽取。不令有遗。时。即召四兵。以手拍车。声如霹雳。诸有见者无不惊怖。放大风雨．雷电．霹雳。向迦维林围绕大众。

佛告诸比丘乐此众者。汝等当知。今日魔众怀恶而来。于是颂曰。

　　汝今当敬顺　　建立于佛法
　　当灭此魔众　　如象坏花蘩
　　专念无放逸　　具足于净戒
　　定意自念惟　　善护其志意
　　若于正法中　　能不放逸者
　　则度老死地　　永尽诸苦本
　　诸弟子闻已　　当勤加精进
　　超度于众欲　　一毛不倾动
　　此众为最胜　　有大智名闻
　　弟子皆勇猛　　为众之所敬

尔时。诸天．神．鬼．五通仙人皆集迦维园中。见魔所为。怪未曾有。佛说此法时。八万四千诸天远尘离垢。得法眼净。诸天．龙．鬼．神．阿修罗．迦楼罗．真陀罗．摩睺罗伽．人与非人闻佛所说。欢喜奉行。

佛说长阿含经卷第十三

（二〇）第三分阿摩昼经第一

如是我闻。

一时。佛游俱萨罗国。与大比丘众千二百五十人俱。至伊车能伽罗俱萨罗婆罗门村。即于彼伊车林中止宿。

时。有沸伽罗娑罗婆罗门。止郁伽罗村。其村丰乐。人民炽盛。波斯匿王即封此村。与沸伽罗娑罗婆罗门。以为梵分。此婆罗门七世已来父母真正。不为他人之所轻毁。三部旧典讽诵通利。种种经书皆能分别。又能善解大人相法．祭祀仪礼。有五百弟子。教授不废。其第一摩纳弟子名阿摩昼。七世以来父母真正。不为他人之所轻毁。三部旧典讽诵通利。种种经书皆能分别。亦能善解大人相法．祭祀仪礼。亦有五百摩纳弟子。教授不废。与师无异。

时。沸伽罗娑罗婆罗门闻沙门瞿昙释种子出家成道。与大比丘众千二百五十人俱。至伊车能伽罗俱萨罗婆罗门村。止伊车林中。有大名称。流闻天下。如来．至真．等正觉。十号具足。于诸天．世人．魔．若魔．天．沙门．婆罗门中。自身作证。为他说法。上中下善。义味具足。梵行清净。如此真人应往亲觐。我今宁可观沙门瞿昙。为定有三十二相。名闻流布。为称实不。当以何缘得见佛相。复作是念言。今我弟子阿摩昼。七世以来父母真正。不为他人之所轻毁。三部旧典讽诵通利。种种经书尽能分别。又能善解大人相法．祭祀仪礼。唯有此人可使观佛。知相有无。

时。婆罗门即命弟子阿摩昼而告之曰。汝往观彼沙门瞿昙。为定有三十二相。为虚妄耶。

时。阿摩昼寻白师言。我以何验观瞿昙相。知其虚实。

师即报曰。我今语汝。其有具足三十二大人相者。必趣二处。无有疑也。若在家。当为转轮圣王。王四天下。以法治化统领民物。七宝具足。一．金轮宝。二．白象宝。三．绀马宝。四．神珠宝。五．玉女宝。六．居士宝。七．典兵宝。王有千子。勇猛多智。降伏怨敌。兵杖不用。天下泰平。国内民物无所畏惧。若其不乐世间出家求道。当成如来．至真．等正觉。十号具足。以此可知瞿昙虚实。

时。阿摩昼受师教已。即严驾宝车。将五百摩纳弟子。清旦出村。往诣伊车林。到已下车。步进诣世尊所。佛坐彼立。佛立彼坐。于其中间共谈义理。佛告摩纳曰。汝曾与诸耆旧长宿大婆罗门如是论耶。

摩纳白佛。此为何言。

佛告摩纳。我坐汝立。我立汝坐。中间共论。汝师论法当如是耶。

摩纳白佛言。我婆罗门论法。坐则俱坐。立则俱立。卧则俱卧。今诸沙门毁形鳏独。卑陋下劣。习黑冥法。我与此辈共论义时。坐起无在。

尔时。世尊即语彼言。卿摩纳未被调伏。

时。摩纳闻世尊称卿。又闻未被调伏。即生忿恚。毁谤佛言。此释种子。好怀嫉恶。无有义法。

佛告摩纳。诸释种子。何过于卿。

摩纳言。昔我一时为师少缘。在释迦迦维罗越国。时。有众多诸释种子。以少因缘集在讲堂。遥见我来。轻慢戏弄。不顺仪法。不相敬待。

佛告摩纳。彼诸释子还在本国。游戏自恣。犹如飞鸟自于樔林。出入自在。诸释种子自于本国。游戏自在。亦复如是。

摩纳白佛言。世有四姓。刹利．婆罗门．居士．首陀罗。其彼三姓。常尊重．恭敬．供养婆罗门。彼诸释子义不应尔。彼释厮细．卑陋．下劣。而不恭敬我婆罗门。

尔时。世尊默自念言。此摩纳子。数数毁骂言及厮细。我今宁可说其本缘调伏之耶。佛告摩纳。汝姓何等。

摩纳答言。我姓声王。

佛告摩纳。汝姓尔者。则为是释迦奴种。

时。彼五百摩纳弟子。皆举大声而语佛言。勿说此言。谓此摩纳为释迦奴种。所以者何。此大摩纳。真族姓子。颜貌端正。辩才应机。广博多闻。足与瞿昙往返谈论。

尔时。世尊告五百摩纳。若汝师尽不如汝言者。当舍汝师共汝论义。若汝师有如上事如汝言者。汝等宜默。当共汝师论。

时。五百摩纳白佛言。我等尽默。听共师论。时。五百摩纳尽皆默然。

尔时。世尊告阿摩昼。乃往过去久远世时。有王名声摩。王有四子。一名面光。二名象食。三名路指。四名庄严。其王四子少有所犯。王摈出国到雪山南。住直树林中。其四子母及诸家属。皆追念之。即共集议。诣声摩王所。白言。大王。当知我等与四子别久。欲往看视。王即告曰。欲往随意。时。母眷属闻王教已。即诣雪山南直树林中。到四子所。时诸母言。我女与汝子。汝女与我子。即相配匹遂成夫妇。后生男子。容貌端正。

时。声摩王闻其四子诸母与女共为夫妇。生子端正。王即欢喜。而发此言。此真释子。真释童子能自存立。因此名释(释。秦言能在直树林。故名释。释。秦言亦言直)。声摩王即释种先也。王有青衣。名曰方面。颜貌端正。与一婆罗门交通。遂便有娠。生一摩纳子。堕地能言。寻语父母。当洗浴我。除诸秽恶。我年大已。自当报恩。以其初生能言。故名声王。如今初生有能言者。人皆怖畏。名为可畏。彼亦如是。生便能言。故名声王。从此已来。婆罗门种遂以声王为姓。

又告摩纳。汝颇从先宿耆旧大婆罗门。闻此种姓因缘已不。

时。彼摩纳默然不对。如是再问。又复不对。佛至三问。语摩纳言。吾问至三。汝宜速答。设不答者。密迹力士手执金杵在吾左右。即当破汝头为七分。

时。密迹力士手执金杵。当摩纳头上虚空中立。若摩纳不时答问。即下金杵碎摩纳首。佛告摩纳。汝可仰观。

摩纳仰观。见密迹力士手执金杵立虚空中。见已恐怖。衣毛为竖。即起移坐附近世尊。依恃世尊为救为护。白世尊言。世尊当问。我今当答。

佛即告摩纳。汝曾于先宿耆旧大婆罗门。闻说如是种姓缘不。

摩纳答言。我信曾闻。实有是事。

时。五百摩纳弟子。皆各举声自相谓言。此阿摩昼。实是释迦奴种也。沙门瞿昙所说真实。我等无状。怀轻慢心。

尔时。世尊便作是念。此五百摩纳后必怀慢。称彼为奴。今当方便灭其奴名。即告五百摩纳曰。汝等诸人。慎勿称彼为奴种也。所以者何。彼先婆罗门是大仙人。有大威力。伐声摩王索女。王以畏故。即以女与。由佛此言得免奴名。

尔时。世尊告阿摩昼曰。云何。摩纳。若刹利女七世已来父母真正。不为他人之所轻毁。若与一婆罗门为妻生子。摩纳。容貌端正。彼入刹利种。得坐受水诵刹利法不。

答曰。不得。

得父财业不。

答曰。不得。

得嗣父职不。

答曰。不得。

云何。摩纳。若婆罗门女七世以来父母真正。不为他人之所轻毁。与刹利为妻。生一童子。颜貌端正。彼入婆罗门众中。得坐起受水不。

答曰。得。

得诵婆罗门法。得父遗财。嗣父职不。

答曰。得。

云何。摩纳。若婆罗门摈婆罗门投刹利种者。宁得坐起受水。诵刹利法不。

答曰。不得。

得父遗财。嗣父职不。

答曰。不得。

若刹利种摈刹利投婆罗门。宁得坐起受水。诵婆罗门法。得父遗财。嗣父职不。

答曰。得。

是故。摩纳。女中刹利女胜。男中刹利男胜。非婆罗门也。

梵天躬自说偈言。

　　刹利生中胜　　种姓亦纯真
　　明行悉具足　　天人中最胜

佛告摩纳。梵天说此偈。实为善说。非不善也。我所然可。所以者何。我今如来．至真．等正觉。亦说此义。

　　刹利生中胜　　种姓亦纯真
　　明行悉具足　　天人中最胜

摩纳白佛言。瞿昙。何者是无上士。明行具足。

佛告摩纳。谛听。谛听。善思念之。当为汝说。

对曰。唯然。愿乐欲闻。

佛告摩纳。若如来出现于世。应供．正遍知．明行足．为善逝．世间解．无上士．调御丈夫．天人师．佛．世尊。于一切诸天．世人．沙门．婆罗门．天．魔．梵王中。独觉自证。为人说法。上语亦善．中语亦善．下语亦善。义味具足。开清净行。若居士．居士子及余种姓。闻正法者即生信乐。以信乐心而作是念。我今在家。妻子系缚。不得清净纯修梵行。今者宁可剃除须发。服三法衣。出家修道。彼于异时。舍家财产。捐弃亲族。剃除须发．服三法衣。出家修道。

与出家人同舍饰好。具诸戒行。不害众生。

舍于刀杖。怀惭愧心。慈念一切。是为不杀。舍窃盗心。不与不取。其心清净。无私窃意。是为不盗。舍离淫欲。净修梵行。殷勤精进。不为欲染。洁净而住。是为不淫。舍离妄语。至诚无欺。不诳他人。是为不妄语。舍离两舌。若闻此语。不传至彼。若闻彼语。不传至此。有离别者。善为和合。使相亲敬。凡所言说。和顺知时。是为不两舌。舍离恶口。所言粗犷。喜恼他人。令生忿结。舍如是言。言则柔濡。不生怨害。多所饶益。众人敬爱。乐闻其言。是为不恶口。舍离绮语。所言知时。诚实如法。依律灭诤。有缘而言。言不虚发。是为舍离绮语。舍于饮酒。离放逸处。不着香华璎珞。歌舞倡伎不往观听。不坐高床。非时不食。金银七宝不取不用。不娶妻妾。不畜奴婢．象马．车牛．鸡犬．猪羊．田宅．园观。不为虚诈斗秤欺人。不以手拳共相牵拽。亦不抵债。不诬罔人。不为伪诈。舍如是恶。灭于诤讼诸不善事。行则知时。非时不行。量腹而食无所藏积。度身而衣趣足而已。法服应器常与身俱。犹如飞鸟羽翮随身。比丘无余亦复如是。

摩纳。如余沙门．婆罗门受他信施。更求余积。衣服饮食无有厌足。入我法者。无如此事。摩纳。如余沙门．婆罗门食他信施。自营生业。种殖树木。鬼神所依。入我法者。无如是事。摩纳。如余沙门婆罗门食他信施。更作方便。求诸利养。象牙．杂宝．高广大床．种种文绣．绵綖被褥。入我法者。无如是事。摩纳。如余沙门．婆罗门受他信施。更作方便。求自庄严。酥油摩身。香水洗沐。香末自涂。香泽梳头。着好华鬘。染目绀色。拭面庄严。镮纽澡洁。以镜自照。杂色革屣。上服纯白。刀杖．侍从．宝盖．宝扇．庄严宝车。入我法者。无如此事。摩纳。如余沙门．婆罗门食他信施。专为嬉戏。棋局博奕。八道．十道．百道。至一切道。种种戏笑。入我法者。无如此事。

摩纳。如余沙门．婆罗门食他信施。但说遮道无益之言。王者．战斗．军马之事。群僚．大臣．骑乘出入．游园观事。及论卧起．行步．女人之事。衣服．饮食．亲里之事。又说入海采宝之事。入我法者。无如此事。摩纳。如余沙门．婆罗门食他信施。无数方便。但作邪命。谄谀美辞。现相毁訾。以利求利。入我法者。无如此事。摩纳。如余沙门．婆罗门食他信施。但共诤讼。或于园观。或在浴池。或于堂上。互相是非。言。我知经律。汝无所知。我趣正道。汝向邪径。以前着后。以后着前。我能忍汝。汝不能忍。汝所言说。皆不真正。若有所疑。当来问我。我尽能答。入我法者。无如此事。

摩纳。如余沙门．婆罗门食他信施。更作方便。求为使命。若为王．王大臣．婆罗门．居士通信使。从此诣彼。从彼至此。持此信授彼。持彼信授此。或自为。或教他为。入我法者。无如此事。摩纳。

如余沙门．婆罗门食他信施。但习战阵斗诤之事。或习刀杖．弓矢之事。或斗鸡犬．猪羊．象马．牛驼诸畜。或斗男女。及作众声。贝声．鼙声．歌声．舞声。缘幢倒绝。种种伎戏。入我法者。无如此事。摩纳。如余沙门．婆罗门食他信施。行遮道法。邪命自活。瞻相男女。吉凶好丑。及相畜生。以求利养。入我法者。无如此事。

摩纳。如余沙门．婆罗门食他信施。行遮道法。邪命自活。召唤鬼神。或复驱遣。或能令住。种种厌祷。无数方道。恐吓于人。能聚能散。能苦能乐。又能为人安胎出衣。亦能咒人使作驴马。亦能使人盲聋喑哑。现诸技术。叉手向日月。作诸苦行以求利养。入我法者。无如是事。摩纳。如余沙门．婆罗门食他信施。行遮道法。邪命自活。为人咒病。或诵恶术。或为善咒。或为医方．针灸．药石。疗治众病。入我法者。无如是事。摩纳。如余沙门．婆罗门食他信施。行遮道法。邪命自活。或咒水火。或为鬼咒。或诵刹利咒。或诵鸟咒。或支节咒。或是安宅符咒。或火烧．鼠啮能为解咒。或诵别死生书。或读梦书。或相手面。或诵天文书。或诵一切音书。入我法者。无如是事。摩纳。如余沙门．婆罗门食他信施。行遮道法。邪命自活。瞻相天时。言雨不雨。谷贵谷贱。多病少病。恐怖安隐。或说地动．彗星．日月薄蚀。或言星蚀。或言不蚀。如是善瑞。如是恶征。入我法者。无如是事。

摩纳。如余沙门．婆罗门食他信施。行遮道法。邪命自活。或言此国胜彼。彼国不如。或言彼国胜此。此国不如。瞻相吉凶。说其盛衰。入我法者。无如是事。但修圣戒。无染着心。内怀喜乐。目虽见色而不取相。眼不为色之所拘系。坚固寂然。无所贪着。亦无忧患。不漏诸恶。坚持戒品。善护眼根。耳．鼻．舌．身．意亦复如是。善御六触。护持调伏。令得安隐。犹如平地驾四马车。善调御者。执鞭持控。使不失辙。比丘如是。御六根马。安隐无失。彼有如是圣戒。得圣眼根。食知止足。亦不贪味。趣以养身。令无苦患而不贡高。调和其身。令故苦灭。新苦不生。有力无事。令身安乐。犹如有人以药涂疮趣使疮差。不求饰好。不以自高。摩纳。比丘如是。食足支身。不怀慢恣。又如膏车。欲使通利以用运载。有所至到。比丘如是。食足支身。欲为行道。

摩纳。比丘如是成就圣戒。得圣诸根。食知止足。初夜后夜。精进觉悟。又于昼日。若行若坐。常念一心。除众阴盖。彼于初夜。若行若坐。常念一心。除众阴盖。乃至中夜。偃右胁而卧。念当时起。系想在明。心无错乱。至于后夜。便起思惟。若行若坐。常念一心。除众阴盖。比丘有如是圣戒具足。得圣诸根。食知止足。初夜后夜。精勤觉悟。常念一心。无有错乱。

云何比丘念无错乱。如是比丘内身身观。精勤不懈。忆念不忘。除世贪忧。外身身观．内外身身观。精勤不懈。忆念不忘。舍世贪忧。受．意．法观亦复如是。是为比丘念无错乱。云何一心。如是比丘若行步出入。左右顾视。屈申俯仰。执持衣钵。受取饮食。左右便利。睡眠觉悟。坐立语默。于一切时。常念一心。不失威仪。是为一心。譬如有人与大众行。若在前行。若在中．后。常得安隐。无有怖畏。摩纳。比丘如是行步出入。至于语默。常念一心。无有忧畏。

比丘有如是圣戒。得圣诸根。食知止足。初夜后夜。精勤觉悟。常念一心。无有错乱。乐在静处。树下．冢间。若在山窟。或在露地及粪聚间。至时乞食。还洗手足。安置衣钵。结跏趺坐。端身正意。系念在前。除去悭贪。心不与俱。灭瞋恨心。无有怨结。心住清净。常怀慈愍。除去睡眠。系想在明。念无错乱。断除掉戏。心不与俱。内行寂灭。灭掉戏心。断除疑惑。已度疑网。其心专一。在于善法。譬如僮仆。大家赐姓。安隐解脱。免于仆使。其心欢喜。无复忧畏。

又如有人举财治生。大得利还。还本主物。余财足用。彼自念言。我本举财。恐不如意。今得利还。还主本物。余财足用。无复忧畏。发大欢喜。如人久病。从病得差。饮食消化。色力充足。彼作是念。我先有病。而今得差。饮食消化。色力充足。无复忧畏。发大欢喜。又如人久闭牢狱。安隐得出。彼自念言。我先拘闭。今已解脱。无复忧畏。发大欢喜。又如人多持财宝。经大旷野。不遭贼盗。安隐得过。彼自念言。我持财宝过此险难。无复忧畏发大欢喜。其心安乐。

摩纳。比丘有五盖自覆。常怀忧畏亦复如奴。如负债人．久病在狱．行大旷野。自见未离。诸阴盖心。覆蔽闇冥。慧眼不明。彼即精勤舍欲．恶不善法。与觉．观俱。离生喜．乐。得入初禅。彼已喜乐润渍于身。周遍盈溢。无不充满。如人巧浴器盛众药。以水渍之。中外俱润。无不周遍。比丘如是得入初禅。喜乐遍身。无不充满。如是。摩纳。是为最初现身得乐。所以者何。斯由精进。念无错乱。乐静闲居之所得也。

彼于觉．观。便生为信。专念一心。无觉．无观。定生喜．乐。入第二禅。彼已一心喜乐润渍于身。周遍盈溢。无不充满。犹如山顶凉泉水自中出。不从外来。即此池中出清净水。还自浸渍。无不周遍。摩纳。比丘如是入第二禅。定生喜．乐。无不充满。是为第二现身得乐。

彼舍喜．住护。念不错乱。身受快乐。如圣所说。起护念乐。入第三禅。彼身无喜。以乐润渍。周遍盈溢。无不充满。譬如优钵花．钵头摩华．拘头摩花．分陀利花始出淤泥而未出水。根茎枝叶润渍水中。无不周遍。摩纳。比丘如是入第三禅。离喜．住乐。润渍于身。无不周遍。此是第三现身得乐。

彼舍喜．乐．忧。喜先灭。不苦不乐。护念清净。入第四禅。身心清净。具满盈溢。无不周遍。犹如有人沐浴清洁。以新白叠被覆其身。举体清净。摩纳。比丘如是入第四禅。其心清净。充满于身。无不周遍。又入第四禅。心无增减。亦不倾动。住无爱恚．无动之地。譬如密室。内外涂治。坚闭户向。无有风尘。于内燃灯无触娆者。其灯焰上怗然不动。摩纳。比丘如是入第四禅。心无增减。亦不倾动。住无爱恚．无动之地。此是第四现身得乐。所以者何。斯由精勤不懈。念不错乱。乐静闲居之所得也。

彼得定心。清净无秽。柔濡调伏。住无动地。自于身中起变化心。化作异身。支节具足。诸根无阙。彼作是观。此身色四大化成彼身。此身亦异。彼身亦异。从此身起心。化成彼身。诸根具足。支节无阙。譬如有人鞘中拔刀。彼作是念。鞘异刀异。而刀从鞘出。又如有人合麻为绳。彼作是念。麻异绳异。而绳从麻出。又如有人箧中出蛇。彼作是念。箧异蛇异。而蛇从箧出。又如有人从籠出衣。彼作是念。籠异衣异。而衣从籠出。摩纳。比丘亦如是。此是最初所得胜法。所以者何。斯由精进。念不错乱。乐静闲居之所得也。

彼已定心。清净无秽。柔濡调伏。住无动地。从己四大色身中起心。化作化身。一切诸根．支节具足。彼作是观。此身是四大合成。彼身从化而有。此身亦异。彼身亦异。此心在此身中。依此身住。至他身中。譬如琉璃．摩尼。莹治甚明。清净无秽。若以青．黄．赤綖贯之。有目之士置掌而观。知珠异綖异。而綖依于珠。从珠至珠。摩纳。比丘观心依此身住。至彼化身亦复如是。此是比丘第二胜法。所以者何。斯由精勤。念不错乱。乐独闲居之所得也。

彼以定心。清净无秽。柔濡调伏。住无动地。一心修习神通智证。能种种变化。变化一身为无数身。以无数身还合为一。身能飞行。石壁无碍。游空如鸟。履水如地。身出烟焰。如大火聚。手扪日月。立至梵天。譬如陶师善调和泥。随意所造。在作何器。多所饶益。亦如巧匠善能治木。随意所造。自在能成。多所饶益。又如牙师善治象牙。亦如金师善炼真金。随意所造。多所饶益。摩纳。比丘如是。定心清净。住无动地。随意变化。乃至手扪日月。立至梵天。此是比丘第三胜法。

彼以心定。清净无秽。柔濡调伏。住无动地。一心修习。证天耳智。彼天耳净。过于人耳。闻二种声。天声．人声。譬如城内有大讲堂。高广显敞。有聪听人居此堂内。堂内有声。不劳听功。种种悉闻。比丘如是。以心定故。天耳清净。闻二种声。摩纳。此是比丘第四胜法。

彼以定心。清净无秽。柔濡调伏。住无动地。一心修习。证他心智。彼知他心有欲无欲．有垢无垢．有痴无痴．广心狭心．小心大心．定心乱心．缚心解心．上心下心。至无上心皆悉知之。譬如有人以清水自照。好恶必察。比丘如是。以心净故。能知他心。摩纳。此是比丘第五胜法。

彼以心定。清净无秽。柔濡调伏。住无动地。一心修习宿命智证。便能忆识宿命无数若干种事。能忆一生至无数生。劫数成败．死此生彼．名姓种族．饮食好恶．寿命长短．所受苦乐．形色相貌皆悉忆识。譬如有人。从己村落至他国邑。在于彼处。若行若住。若语若默。复从彼国至于余国。如是展转便还本土。不劳心力。尽能忆识所行诸国。从此到彼。从彼到此。行住语默。皆悉忆之。摩纳。比丘如是。能以定心清净无秽。住无动地。以宿命智能忆宿命无数劫事。此是比丘得第一胜。无明永灭。大明法生。闇冥消灭。光曜法生。此是比丘宿命智明。所以者何。斯由精勤。念无错乱。乐独闲居之所得也。

彼以定心。清净无秽。柔濡调伏。住无动处。一心修习见生死智证。彼天眼净。见诸众生死此生彼．从彼生此．形色好丑．善恶诸果．尊贵卑贱．随所造业报应因缘皆悉知之。此人身行恶。口言恶。意念恶。诽谤贤圣。信邪倒见。身败命终。堕三恶道。此人身行善。口言善。意念善。不谤贤圣。见正信行。身坏命终。生天．人中。以天眼净。见诸众生随所业缘。往来五道。譬如城内高广平地。四交道头起大高楼。明目之士在上而观。见诸行人东西南北。举动所为皆悉见之。摩纳。比丘如是。以定心清净。住无动处。见生死智证。以天眼净。尽见众生所为善恶。随业受生。往来五道皆悉知之。此是比丘得第二明。断除无明。生于慧明。舍离闇冥。出智慧光。此是见众生生死智证明也。所以者何。斯由精勤。念不错乱。乐独闲居之所得也。

彼以定心。清净无秽。柔濡调伏。住不动地。一心修习无漏智证。彼如实知苦圣谛。如实知有漏集。如实知有漏尽。如实知趣漏尽道。彼如是知．如是见。欲漏．有漏．无明漏。心得解脱。得解脱智。生死已尽。梵行已立。所作已办。不受后有。譬如清水中。有木石．鱼鳖水性之属东西游行。有目之士明了见之。此是木石。此是鱼鳖。摩纳。比丘如是。以定心清净。住无动地。得无漏智证。乃至不受后有。此是比丘得第三明。断除无明。生于慧明。舍离闇冥。出大智光。是为无漏智明。所以者何。斯由精勤。念不错乱。乐独闲居之所得也。摩纳。是为无上明行具足。于汝意云何。如是明行为是。为非。

佛告摩纳。有人不能得无上明行具足。而行四方便。云何为四。摩纳。或有人不得无上明行具足。而持研负笼。入山求药。食树木根。是为。摩纳。不得无上明行具足。而行第一方便。云何。摩纳。此第一方便。汝及汝师行此法不。

答曰。不也。

佛告摩纳。汝自卑微。不识真伪。而便诽谤。轻骂释子。自种罪根。长地狱本。复次。摩纳。有人不能得无上明行具足。而手执澡瓶。持杖算术。入山林中。食自落果。是为。摩纳。不得无上明行具足。而行第二方便。云何。摩纳。汝及汝师行此法不。

答曰。不也。

佛告摩纳。汝自卑微。不识真伪。而便诽谤。轻慢释子。自种罪根。长地狱本。复次。摩纳。不得无上明行具足。而舍前采药及拾落果。还来向村依附人间。起草庵舍。食草木叶。摩纳。是为不得明行具足。而行第三方便。云何。摩纳。汝及汝师行此法不。

答曰。不也。

佛告摩纳。汝自卑微。不识真伪。而便诽谤。轻慢释子。自种罪根。长地狱本。是为第三方便。复次。摩纳。不得无上明行具足。不食药草。不食落果。不食草叶。而于村城起大堂阁。诸有东西南北行人过者随力供给。是为不得无上明行具足。而行第四方便。云何。摩纳。汝及汝师行此法不。

答曰。不也。

佛告摩纳。汝自卑微。不识真伪。而便诽谤。轻慢释子。自种罪根。长地狱本。云何。摩纳。诸旧婆罗门及诸仙人多诸伎术。赞叹称说本所诵习。如今婆罗门所可讽诵称说。一．阿咤摩。二．婆摩。三．婆摩提婆。四．鼻波密多。五．伊兜濑悉。六．耶婆提伽。七．婆婆婆悉咃。八．迦叶。九．阿楼那。十．瞿昙。十一．首夷婆。十二．损陀罗。如此诸大仙．婆罗门皆掘堑建立堂阁。如汝师徒今所居止不。

答曰。不也。

彼诸大仙颇起城堞。围绕舍宅。居止其中。如汝师徒今所止不。答曰。不也。

彼诸大仙颇处高床重褥。綩綖细软。如汝师徒今所止不。

答曰。不也。

彼诸大仙颇以金银．璎珞．杂色花鬘．美女自娱。如汝师徒不。彼诸大仙颇驾乘宝车。持[金*戟]导引。白盖自覆。手执宝拂。着杂色宝屐。又着全白叠。如汝师徒今所服不。

答曰。不也。

摩纳。汝自卑微。不识真伪。而便诽谤。轻慢释子。自种罪根。长地狱本。云何。摩纳。如彼诸大仙．旧婆罗门。赞叹称说本所讽诵。如今婆罗门所可称说讽诵阿咤摩等。若传彼所说。以教他人。欲望生梵天者。无有是处。犹如。摩纳。王波斯匿与人共议。或与诸王。或与大臣．婆罗门．居士共论。余细人闻。入舍卫城。遇人便说波斯匿王有如是语。云何。摩纳。王与是人共言议不。

答曰。不也。

摩纳。此人讽诵王言以语余人。宁得为王作大臣不。

答曰。无有是处。

摩纳。汝等今日传先宿．大仙．旧婆罗门。讽诵教人。欲至生梵天者。无有是处。云何。摩纳。汝等受他供养。能随法行不。

答曰。如是。瞿昙。受他供养。当如法行。

摩纳。汝师沸伽罗娑罗门受王村封。而与王波斯匿共论议时。说王不要论无益之言。不以正事共相谏晓。汝今自观及汝师过。且置是事。但当求汝所来因缘。

摩纳即时举目观如来身。求诸相好。尽见余相。唯不见二相。心即怀疑。尔时。世尊默自念言。今此摩纳不见二相。以此生疑。即出广长舌相。舐耳覆面。时。彼摩纳复疑一相。世尊复念。今此摩纳犹疑一相。即以神力。使彼摩纳独见阴马藏。尔时。摩纳尽见相已。乃于如来无复狐疑。即从座起。绕佛而去。

时。沸伽罗婆罗门立于门外。遥望弟子。见其远来。逆问之言。汝观瞿昙实具相不。功德神力实如所闻不。

即白师言。瞿昙沙门三十二相皆悉具足。功德神力实如所闻。

师又问曰。汝颇与瞿昙少语议不。

答曰。实与瞿昙言语往返。

师又问曰。汝与瞿昙共论何事。

时。摩纳如共佛论。具以白师。师言。我遂得聪明弟子致使如是者。我等将入地狱不久。所以者何。汝语诸欲胜毁呰瞿昙。使之不悦。于我转疏。汝与聪明弟子致使如是。使我入地狱不久。于是。其师怀忿结心。即蹴摩纳令堕。师自乘车。时。彼摩纳当堕车时。即生白癞。

时。沸伽罗娑罗婆罗门仰观日已。然自念言。今觐沙门瞿昙。非是时也。须待明日。当往觐问。于明日旦。严驾宝车。从五百弟子前后围绕。诣伊车林中。下车步进。到世尊所。问讯已。一面坐。仰观如来身。具见诸相。唯不见二相。

时。婆罗门疑于二相。佛知其念。即出广长舌相。舐耳覆面。时。婆罗门又疑一相。佛知其念。即以神力。使见阴马藏。时。婆罗门具见如来三十二相。心即开悟。无复狐疑。寻白佛言。若我行时。中路遇佛。少停止乘。当知我已礼敬世尊。所以者何。我受他村封。设下乘者。当失此封。恶声流布。

又白佛言。若我下乘。解剑退盖。并除幢麾。澡瓶履屣。当知我已礼敬如来。所以者何。我受他封。故有五威仪。若礼拜者。即失所封。恶名流布。

又白佛言。若我在众见佛起者。若偏露右臂。自称姓字。则知我已敬礼如来。所以者何。我受他封。若礼拜者。则失封邑。恶名流布。

又白佛言。我归依佛。归依法。归依僧。听我于正法中为优婆塞。自今已后不杀．不盗．不淫．不欺．不饮酒。唯愿世尊及诸大众当受我请。尔时。世尊默然受请。

时。婆罗门见佛默然。知以许可。即从坐起。不觉礼佛绕三匝而去。归设饭食。供膳既办。还白。时到。

尔时。世尊着衣持钵。与诸大众千二百五十人往诣其舍。就坐而坐。

时。婆罗门手自斟酌。以种种甘膳供佛及僧。食讫去钵。行澡水毕。时婆罗门右手执弟子阿摩昼臂至世尊前言。唯愿如来听其悔过。唯愿如来听其悔过。如是至三。又白佛言。犹如善调象马。犹有蹶倒还复正路。此人如是。虽有漏失。愿听悔过。

佛告婆罗门。当使汝受命延长。现世安隐。使汝弟子白癞得除。佛言适讫。时彼弟子白癞即除。

时。婆罗门取一小座于佛前坐。世尊即为婆罗门说法。示教利喜。施论．戒论．生天之论。欲为秽污。上漏为患。出要为上。演布清净。尔时。世尊知婆罗门心已调柔．清净．无垢。堪受道教。如诸佛常法。说苦圣谛．集圣谛．苦灭圣谛．苦出要谛。时。婆罗门即于座上远尘离垢。得法眼净。犹如净洁白叠。易为受染。沸伽娑罗婆罗门亦复如是。见法得法。决定道果。不信余道。得无所畏。即白佛言。我今再三归依佛．法及比丘僧。听我于正法中为优婆塞。尽形寿不杀．不盗．不淫．不欺．不饮酒。唯愿世尊及诸大众哀愍我故。受七日请。尔时。世尊默然许之。时。婆罗门即于七日中。种种供养佛及大众。尔时。世尊过七日已。游行人间。

佛去未久。沸伽罗娑罗婆罗门遇病命终。时诸比丘闻此婆罗门于七日中供养佛已。便取命终。各自念。此命终。为生何趣。尔时。众比丘往至世尊所。礼佛已。一面坐。白佛言。彼婆罗门于七日中供养佛已。身坏命终。当生何处。

佛告比丘。此族姓子诸善普集。法法具足。不违法行。断五下结。于彼般涅槃。不来此世。

尔时。诸比丘闻佛所说。欢喜奉行。

佛说长阿含经卷第十四

（二一）第三分梵动经第二

如是我闻。

一时。佛游摩竭国。与大比丘众千二百五十人俱。游行人间。诣竹林。止宿在王堂上。时。有梵志名曰善念。善念弟子名梵摩达。师徒常共随佛后行。而善念梵志以无数方便毁谤佛．法及比丘僧。其弟子梵摩达以无数方便称赞佛．法及比丘僧。师徒二人各怀异心。共相违背。所以者何。斯由异习．异见．异亲近故。

尔时。众多比丘于乞食后集会讲堂。作如是论。甚奇。甚特。世尊有大神力。威德具足。尽知众生志意所趣。而此善念梵志及其弟子梵摩达随逐如来及比丘僧。而善念梵志以无数方便毁谤佛．法及与众僧。弟子梵摩达以无数方便称赞如来及法．众僧。师徒二人各怀异心。异见．异习．异亲近故。

尔时。世尊于静室中以天净耳过于人耳。闻诸比丘有如是论。世尊于净室起诣讲堂所。大众前坐。知而故问。诸比丘。汝等以何因缘集此讲堂。何所论说。

时。诸比丘白佛言。我等于乞食后集此讲堂。众共议言。甚奇。甚特。如来有大神力。威德具足。尽知众生心志所趣。而今善念梵志及弟子梵摩达常随如来及与众僧。以无数方便毁谤如来及法．众僧。弟子梵摩达以无数方便称赞如来及法．众僧。所以者何。以其异见．异习．异亲近故。向集讲堂议如是事。

尔时。世尊告诸比丘。若有方便毁谤如来及法．众僧者。汝等不得怀忿结心。害意于彼。所以者何。若诽谤我．法及比丘僧。汝等怀忿结心。起害意者。则自陷溺。是故汝等不得怀忿结心。害意于彼。比丘若称誉佛及法．众僧者。汝等于中亦不足以为欢喜庆幸。所以者何。若汝等生欢喜心。即为陷溺。是故汝等不应生喜。所以者何。此是小缘威仪戒行。凡夫寡闻。不达深义。直以所见如实赞叹。

云何小缘威仪戒行。凡夫寡闻。直以所见如实称赞。彼赞叹言。沙门瞿昙灭杀．除杀。舍于刀杖。怀惭愧心。慈愍一切。此是小缘威仪戒行。彼寡闻凡夫以此叹佛。又叹。沙门瞿昙舍不与取。灭不与取。无有盗心。又叹。沙门瞿昙舍于淫欲。净修梵行。一向护戒。不习淫逸。所行清洁。又叹。沙门瞿昙舍灭妄语。所言至诚。所说真实。不诳世人。沙门瞿昙舍灭两舌。不以此言坏乱于彼。不以彼言坏乱于此。有诤讼者能令和合。已和合者增其欢喜。有所言说不离和合。诚实入心。所言知时。沙门瞿昙舍灭恶口。若有粗言伤损于人。增彼结恨长怨憎者。如此粗言尽皆不为。常以善言悦可人心。众所爱乐。听无厌足。但说此言。沙门瞿昙舍灭绮语。知时之语．实语．利语．法语．律语。止非之语。但说是言。

沙门瞿昙舍离饮酒。不着香华。不观歌舞。不坐高床。非时不食。不执金银。不畜妻息．僮仆．婢使。不畜象．马．猪．羊．鸡．犬及诸鸟兽。不畜象兵．马兵．车兵．步兵。不畜田宅种殖五谷。不以手拳与人相加。不以斗秤欺诳于人。亦不贩卖券要断当。亦不取受抵债横生无端。亦不阴谋面背有异。非时不行。为身养寿。量腹而食。其所至处。衣钵随身。譬如飞鸟。羽翮身俱。此是持戒小小因缘。彼寡闻凡夫以此叹佛。

如余沙门．婆罗门受他信施。更求储积。衣服饮食无有厌足。沙门瞿昙无有如此事。如余沙门．婆罗门食他信施。自营生业。种殖树木．鬼神所依。沙门瞿昙无如此事。如余沙门．婆罗门食他信施。更作方便。求诸利养。象牙．杂宝．高广大床．种种文绣。氍毹［毯-炎+荅］［毯-炎+登］．绵綖被褥。沙门瞿昙无如此事。如余沙门．婆罗门食他信施。更作方便。求自庄严。酥油摩身。香水洗浴。香末自涂。香泽梳头。着好华鬘。染目绀色。拭面庄饰。镮纽澡洁。以镜自照。着宝革屣。上服纯白。戴盖执拂。幢麾庄饰。沙门瞿昙无如此事。

如余沙门．婆罗门专为嬉戏。棋局博奕。八道．十道。至百千道。种种戏法以自娱乐。沙门瞿昙无如是事。如余沙门．婆罗门食他信施。但说遮道无益之言。王者．战斗．军马之事。群僚．大臣．骑乘出入．游戏园观。及论卧起．行步．女人之事。衣服．饮食．亲里之事。又说入海采宝之事。沙门瞿昙无如此事。如余沙门．婆罗门食他信施。无数方便。但作邪命。谄谀美辞。现相毁呰。以利求利。沙门瞿昙无如此事。如余沙门．婆罗门食他信施。但共诤讼。或于园观。或在浴池。或于堂上。互相是非。言。我知经律。汝无所知。我趣正道。汝趣邪径。以前着后。以后着前。我能忍。汝不能忍。汝所言说。皆不真正。若有所疑。当来问我。我尽能答。沙门瞿昙无如是事。

如余沙门．婆罗门食他信施。更作方便。求为使命。若为王．王大臣．婆罗门．居士通信使。从此诣彼。从彼至此。持此信授彼。持彼信授此。或自为。或教他为。沙门瞿昙无如是事。如余沙门．婆罗门食他信施。但习战阵斗诤之事。或习刀杖．弓矢之事。或斗鸡犬．猪羊．象马．牛驼诸兽。或斗男女。或作众声。吹声．鼓声．歌声．舞声。缘幢倒绝。种种伎戏。无不玩习。沙门瞿昙无如是事。如余沙门．婆罗门食他信施。行遮道法。邪命自活。瞻相男女。吉凶好丑。及相畜生。以求利养。沙门瞿昙无如是事。

如余沙门．婆罗门食他信施。行遮道法。邪命自活。召唤鬼神。或复驱遣。种种祈祷。无数方道。恐热于人。能聚能散。能苦能乐。又能为人安胎出衣。亦能咒人使作驴马。亦能使人聋盲喑哑。现诸技术。叉手向日月。作诸苦行以求利养。沙门瞿昙无如是事。如余沙门．婆罗门食他信施。行遮道法。邪命自活。或为人咒病。或诵恶咒。或诵善咒。或为医方．针炙．药石．疗治众病。沙门瞿昙无如此事。如余沙门．婆罗门食他信施。行遮道法。邪命自活。或咒水火。或为鬼咒。或诵刹利咒。或诵象咒。或支节咒。或安宅符咒。或火烧．鼠啮能为解咒。或诵知死生书。或诵梦书。或相手面。或诵天文书。或诵一切音书。沙门瞿昙无如此事。如余沙门．婆罗门食他信施。行遮道法。邪命自活。瞻相天时。言雨不雨。谷贵谷贱。多病少病。恐怖安隐。或说地动．彗星．月蚀．日蚀。或言星蚀。或言不蚀。方面所在。皆能记之。沙门瞿昙无如此事。如余沙门．婆罗门食他信施。行遮道法。邪命自活。或言此国当胜。彼国不如。或言彼国当胜。此国不如。瞻相吉凶。说其盛衰。沙门瞿昙无如是事。诸比丘。此是持戒小小因缘。彼寡闻凡夫以此叹佛。

佛告诸比丘。更有余法。甚深微妙大法光明。唯有贤圣弟子能以此言赞叹如来。何等是甚深微妙大光明法。贤圣弟子能以此法赞叹如来。诸有沙门．婆罗门于本劫本见．末劫末见。种种无数。随意所说。尽入六十二见中。本劫本见．末劫末见。种种无数。随意所说。尽不能出过六十二见中。彼沙门．婆罗门以何等缘。于本劫本见．末劫末见。种种无数。各随意说。尽入此六十二见中。齐是不过。诸沙门．婆罗门于本劫本见。种种无数。各随意说。尽入十八见中。本劫本见。种种无数。各随意说。尽不能过十八见中。彼沙门．婆罗门以何等缘。于本劫本见。种种无数。各随意说。尽入十八见中。齐此不过。诸沙门婆罗门于本劫本见。起常论。言。我及世间常存。此尽入四见中。于本劫本见言。我及世间常存。尽入四见。齐是不过。

彼沙门．婆罗门以何等缘。于本劫本见。起常论。言。我及世间常存。此尽入四见中。齐是不过。或有沙门．婆罗门种种方便。入定意三昧。以三昧心忆二十成劫败劫。彼作是说。我及世间是常。此实余虚。所以者何。我以种种方便入定意三昧。以三昧心忆二十成劫败劫。其中众生不增不减。常聚不散。我以此知。我及世间是常。此实余虚。此是初见。沙门．婆罗门因此于本劫本见。计我及世间是常。于四见中。齐是不过。

或有沙门．婆罗门种种方便。入定意三昧。以三昧心忆四十成劫败劫。彼作是说。我及世间是常。此实余虚。所以者何。我以种种方便。入定意三昧。以三昧心忆四十成劫败劫。其中众生不增不减。常聚不散。我以此知。我及世间是常。此实余虚。此是二见。诸沙门．婆罗门因此于本劫本见。计我及世间是常。于四见中。齐是不过。

或有沙门．婆罗门以种种方便。入定意三昧。以三昧心忆八十成劫败劫。彼作是言。我及世间是常。此实余虚。所以者何。我以种种方便入定意三昧。以三昧心忆八十成劫败劫。其中众生不增不减。常聚不散。我以此知。我及世间是常。此实余虚。此是三见。诸沙门．婆罗门因此于本劫本见。计我及世间是常。于四见中。齐是不过。

或有沙门．婆罗门有捷疾相智。善能观察。以捷疾相智方便观察。谓为审谛。以己所见。以己辩才作是说。言。我及世间是常。此是四见。沙门．婆罗门因此于本劫本见。计我及世间是常。于四见中。齐是不过。此沙门．婆罗门于本劫本见。计我及世间是常。如此一切尽入四见中。我及世间是常。于此四见中。齐是不过。唯有如来知此见处。如是持．如是执。亦知报应。如来所知又复过是。虽知不着。已不着则得寂灭。知受集．灭．味．过．出要。以平等观无余解脱。故名如来。是为余甚深微妙大法光明。使贤圣弟子真实平等赞叹如来。

复有余甚深微妙大法光明。使贤圣弟子真实平等赞叹如来。何等是。诸沙门．婆罗门于本劫本见起论。言。我及世间。半常半无常。彼沙门．婆罗门因此于本劫本见。计我及世间半常半无常。于此四见中。齐是不过或过。或有是时。此劫始成。有余众生福尽．命尽．行尽。从光音天命终。生空梵天中。便于彼处生爱着心。复愿余众生共生此处。此众生既生爱着愿已。复有余众生命．行．福尽。于光音天命终。来生空梵天中。其先生众生便作是念。我于此处是梵．大梵。我自然有。无能造我者。我尽知诸义典。千世界于中自在。最为尊贵。能为变化。微妙第一。为众生父。我独先有。余众生后来。后来众生。我所化成。其后众生复作是念。彼是大梵。彼能自造。无造彼者。尽知诸义典。千世界于中自在。最为尊贵。能为变化。微妙第一。为众生父。彼独先有。后有我等。我等众生。彼所化成。彼梵众生命．行尽已。来生世间。年渐长大。剃除须发。服三法衣。出家修道。入定意三昧。随三昧心自识本生。便作是言。彼大梵者能自造作。无造彼者。尽知诸义典。千世界于中自在。最为尊贵。能为变化。微妙第一。为众生父。常住不变。而彼梵化造我等。我等无常变易。不得久住。是故当知。我及世间半常半无常。此实余虚。是谓初见。沙门．婆罗门因此于本劫本见起论。半常半无常。于四见中。齐是不过。

或有众生喜戏笑懈怠。数数戏笑以自娱乐。彼戏笑娱乐时。身体疲极便失意。以失意便命终。来生世间。年渐长大。剃除须发。服三法衣。出家修道。彼入定意三昧。以三昧心自识本生。便作是言。彼余众生不数生。不数戏笑娱乐。常在彼处。永住不变。由我数戏笑故。致此无常。为变易法。是故我知。我及世间半常半无常。此实余虚。是为第二见。沙门．婆罗门因此于本劫本见起论。我及世间半常半无常。于四见中。齐此不过。

或有众生展转相看已。便失意。由此命终。来生世间。渐渐长大。剃除须发。服三法衣。出家修道。入定意三昧。以三昧心识本所生。便作是言。如彼众生以不展转相看。不失意故。常住不变。我等于彼数相看。数相看已便失意。致此无常。为变易法。我以此知。我及世间半常半无常。此实余虚。是第三见。诸沙门．婆罗门因此于本劫本见起论。我及世间半常半无常。于四见中。齐此不过。

或有沙门．婆罗门有捷疾相智。善能观察。彼以捷疾观察相智。以己智辩言。我及世间半常半无常。此实余虚。是为第四见。诸沙门．婆罗门因此于本劫本见起论。我及世间半常半无常。于四见中。齐是不过。诸沙门．婆罗门于本劫本见起论。我及世间半常半无常。尽入四见中。齐是不过。唯佛能知此见处。如是持．如是执。亦知报应。如来所知又复过是。虽知不着。以不着则得寂灭。知受集．灭．

味．过．出要。以平等观无余解脱。故名如来。是为余甚深微妙大法光明。使贤圣弟子真实平等赞叹如来。

复有余甚深微妙大法光明。使贤圣弟子真实平等赞叹如来。何等法是。诸沙门．婆罗门于本劫本见起论。我及世间有边无边。彼沙门．婆罗门因此于本劫本见起论。我及世间有边无边。于此四见中。齐是不过。或有沙门．婆罗门种种方便。入定意三昧。以三昧心观世间。起边想。彼作是说。此世间有边。是实余虚。所以者何。我以种种方便入定意三昧。以三昧心观世间有边。是故知世间有边。此实余虚。是谓初见。沙门．婆罗门因此于本劫本见起论。我及世间有边。于四见中。齐是不过。

或有沙门．婆罗门以种种方便。入定意三昧。以三昧心观世间。起无边想。彼作是言。世间无边。此实余虚。所以者何。我以种种方便。入定意三昧。以三昧心观世间无边。是故知世间无边。此实余虚。是第二见。沙门．婆罗门因此于本劫。本见起论。我及世间无边。于四见中。齐此不过。

或有沙门．婆罗门以种种方便。入定意三昧。以三昧心观世间。谓上方有边。四方无边彼作是言。世间有边无边。此实余虚。所以者何。我以种种方便。入定意三昧。以三昧心观上方有边。四方无边。是故我知世间有边无边。此实余虚。是为第三见。诸沙门．婆罗门因此于本劫本见起论。我及世间有边无边。于此四见中。齐是不过。

或有沙门．婆罗门有捷疾相智。善于观察。彼以捷疾观察智。以己智辩言。我及世间非有边非无边。此实余虚。是为第四见。诸沙门．婆罗门因此于本劫本见起论。我及世间有边无边。此实余虚。于四见中。齐是不过。此是诸沙门．婆罗门于本劫本见起论。我及世间有边无边。尽入四见中。齐是不过。唯佛能知此见处。如是持．如是执。亦知报应。如来所知又复过是。虽知不着。已不着则得寂灭。知受集．灭．味．过．出要。以平等观无余解脱。故名如来。是为余甚深微妙大法光明。使贤圣弟子真实平等赞叹如来。

复有余甚深微妙大法光明。使贤圣弟子真实平等赞叹如来。何者是。诸沙门．婆罗门于本劫本见。异问异答。彼彼问时。异问异答。于四见中。齐是不过。沙门．婆罗门因此于本劫本见。异问异答。于四见中。齐是不过。或有沙门．婆罗门作如是论。作如是见。我不见不知善恶有报。无报耶。我以不见不知故。作如是说。善恶有报耶。无报耶。世间有沙门．婆罗门广博多闻。聪明智慧。常乐闲静。机辩精微。世所尊重。能以智慧善别诸见。设当问我诸深义者。我不能答。有愧于彼。于彼有畏。当以此答以为归依．为洲．为舍。为究竟道。彼设问者。当如是答。此事如是。此事实。此事异。此事不异。此事非异非不异。是为初见。沙门．婆罗门因此问异答异。于四见中。齐是不过。

或有沙门．婆罗门作如是论。作如是见。我不见不知为有他世耶。无他世耶。诸世间沙门．婆罗门以天眼知．他心智。能见远事。已虽近他。他人不见。如此人等能知有他世．无他世。我不知不见有他世．无他世。若我说者。则为妄语。我恶畏妄语。故以为归依．为洲．为舍。为究竟道。彼设问者。当如是答。此事如是。此事实。此事异。此事不异。此事非异非不异。是为第二见。诸沙门．婆罗门因此问异答异。于四见中。齐是不过。

或有沙门．婆罗门作如是见。作如是论。我不知不见何者为善。何者不善。我不知不见如是说是善．是不善。我则于此生爱。从爱生恚。有爱有恚。则有受生。我欲灭受。故出家修行。彼恶畏受。故以此为归依．为洲．为舍。为究竟道。彼设问者。当如是答。此事如是。此事实。此事异。此事不异。此事非异非不异。是为第三见。诸沙门．婆罗门因此问异答异。于四见中。齐是不过。

或有沙门．婆罗门愚冥闇钝。他有问者。彼随他言答。此事如是。此事实。此事异。此事不异。此事非异非不异。是为四见。诸沙门．婆罗门因此异问异答。于四见中。齐是不过。或有沙门．婆罗门于本劫本见。异问异答。尽入四见中。齐是不过。唯佛能知此见处。如是持．如是执。亦知报应。如来所知又复过是。虽知不着。已不着则得寂灭。知受集．灭．味．过．出要。以平等观无余解脱。故名如来。是为甚深微妙大法光明。使贤圣弟子真实平等赞叹如来。

复有余甚深微妙大法光明。使贤圣弟子真实平等赞叹如来。何等是。或有沙门．婆罗门于本劫本见。谓无因而出有此世间。彼尽入二见中。于本劫本见无因而出有此世间。于此二见中。齐是不过。彼沙门．婆罗门因何事于本劫本见。谓无因而有。于此二见中。齐是不过。或有众生无想无知。若彼众生起想。则便命终。来生世间。渐渐长大。剃除须发。服三法衣。出家修道。入定意三昧。以三昧心识本所生。彼作是语。我本无今有忽然有。此世间本无．今有。此实余虚。是为初见。诸沙门．婆罗门因此于本劫本际。谓无因有。于二见中。齐是不过。

或有沙门．婆罗门有捷疾相智。善能观察。彼已捷疾观察智观。以己智辩能如是说。此世间无因而有。此实余虚。此第二见。诸有沙门．婆罗门因此于本劫本见。无因而有。有此世间。于二见中。齐是不过。诸有沙门．婆罗门于本劫本见。无因而有。尽入二见中。齐是不过。唯佛能知。亦复如是。诸有沙门．婆罗门于本劫本见。无数种种。随意所说。彼尽入是十八见中。本劫本见。无数种种。随意所说。于十八见。齐是不过。唯佛能知。亦复如是。

复有余甚深微妙大法光明。何等是。诸有沙门．婆罗门于末劫末见。无数种种。随意所说。彼尽入四十四见中。于末劫末见。种种无数。随意所说。于四十四见。齐是不过。彼有沙门．婆罗门因何事于末劫末见。无数种种。随意所说。于四十四见。齐此不过。诸有沙门．婆罗门于末劫末见。生有想论。说世间有想。彼尽入十六见中。于末劫末见生想论。说世间有想。于十六见中。齐是不过。彼沙门．婆罗门因何事于末劫末见生想论。说世间有想。彼尽入十六见中。齐是不过。

诸有沙门．婆罗门作如是论．如是见。言。我此终后。生有色有想。此实余虚。是为初见。诸沙门．婆罗门因此于末劫末见生想论。说世间有想。于十六见中。齐是不过。有言。我此终后。生无色有想。此实余虚。有言。我此终后。生有色无色有想。此实余虚。有言。我此终后。生非有色非无色有想。此实余虚。有言。我此终后。生有边有想。此实余虚。有言。我此终后。生无边有想。此实余虚。有言。我此终后。生有边无边有想。此实余虚。有言。我此终后。生非有边非无边有想。此实余虚。有言。我此终后。生而一向有乐有想。此实余虚。有言。我此终后。生而一向有苦有想。此实余虚。有言。我此终后。生有乐有苦有想。此实余虚。有言。我此终后。生不苦不乐有想。此实余虚。有言。我此终后。生有一想。此实余虚。有言。我此终后。生有若干想。此实余虚。有言。我此终后。生少想。此实余虚。有言。我此终后。生有无量想。此实余虚。是为十六见。诸有沙门．婆罗门于末劫末见。生想论。说世间有想。于此十六见中。齐是不过。唯佛能知。亦复如是。

复有余甚深微妙大法光明。何等法是。诸有沙门．婆罗门于末劫末见。生无想论。说世间无想。彼尽入八见中。于末劫末见。生无想论。于此八见中。齐此不过。彼沙门．婆罗门因何事于末劫末见。生无想论。说世间无想。于八见中。齐此不过。诸有沙门．婆罗门作如是见。作如是论。我此终后。生有色无想。此实余虚。有言。我此终后。生无色无想。此实余虚。有言。我此终后。生有色无色无想。此实余虚。有言。我此终后。生非有色非无色无想。此实余虚。有言。我此终后。生有边无想。此实余虚。有言。我此终后。生无边无想。此实余虚。有言。我此终后。生有边无边无想。此实余虚。有言。我此终后。生非有边非无边无想。此实余虚。是为八见。若沙门．婆罗门因此于末劫末见。生无想论。说世间无想。彼尽入八见中。齐是不过。唯佛能知。亦复如是。

复有余甚深微妙大法光明。何等法是。或有沙门．婆罗门于末劫末见。生非想非非想论。说此世间非想非非想。彼尽入八见中。于末劫末见。作非想非非想论。说世间非想非非想。于八见中。齐是不过。彼沙门．婆罗门因何事于末劫末见。生非想非非想论。说世间非想非非想。于八见中。齐是不过。诸沙门．婆罗门作如是论。作如是见。我此终后。生有色非有想非无想。此实余虚。有言。我此终后。生无色非有想非无想。此实余虚。有言。我此终后。生有色无色非有想非无想。此实余虚。有言。我此终后。生非有色非无色非有想非无想。此实余虚。有言。我此终后。生有边非有想非无想。此实余虚。有言。我此终后。生无边非有想非无想。此实余虚。有言。我此终后。生有边无边非有想非无想。此实余虚。有言。我此终后。生非有边非无边非有想非无想。此实余虚。是为八见。若沙门．婆罗门因此于末劫末见。生非有想非无想论。说世间非有想非无想。尽入八见中。齐是不过。唯佛能知。亦复如是。

复有余甚深微妙大法光明。何等法是。诸有沙门．婆罗门于末劫末见。起断灭论。说众生断灭无余。彼尽入七见中。于末劫末见起断灭论。说众生断灭无余。于七见中。齐是不过。彼沙门．婆罗门因何事于末劫末见。起断灭论。说众生断灭无余。于七见中。齐是不过。诸有沙门．婆罗门作如是论。作如是见。我身四大．六入。从父母生乳餔养育。衣食成长。摩扪拥护。然是无常。必归磨灭。齐是名为断灭。第一见也。或有沙门．婆罗门作是说。言。此我不得名断灭。我欲界天断灭无余。齐是为断灭。是为二见。或有沙门．婆罗门作是说。言。此非断灭。色界化身。诸根具足。断灭无余。是为断灭。有言。此非断灭。我无色空处断灭。有言。此非断灭。我无色识处断灭。有言。此非断灭。我无色不用处断灭。有言。此非断灭。我无色有想无想处断灭。是第七断灭。是为七见。诸有沙门．婆罗门因此于末劫末见。言此众生类断灭无余。于七见中。齐此不过。唯佛能知。亦复如是。

复有余甚深微妙大法光明。何等法是。诸有沙门．婆罗门于末劫末见。现在生泥洹论。说众生现在有泥洹。彼尽入五见中。于末劫末见说现在有泥洹。于五见中。齐是不过。彼沙门．婆罗门因何事于末劫末见。说众生现有泥洹。于五见中。齐是不过。诸有沙门．婆罗门作是见。作是论。说。我于现在五欲自恣。此是我得现在泥洹。是第一见。复有沙门．婆罗门作是说。此是现在泥洹。非不是。复有现在泥洹微妙第一。汝所不知。独我知耳。如我去欲．恶不善法。有觉．有观离生喜．乐。入初禅。此名现在泥洹。是第二见。

复有沙门．婆罗门作如是说。此是现在泥洹。非不是。复有现在泥洹微妙第一。汝所不知。独我知耳。如我灭有觉．观。内喜．一心。无觉．无观。定生喜．乐。入第二禅。齐是名现在泥洹。是为第三见。复有沙门．婆罗门作是说。言。此现在泥洹。非不是。复有现在泥洹微妙第一。汝所不知。独我知耳。如我除念．舍．喜．住乐。护念一心。自知身乐。贤圣所说。入第三禅。齐是名现在泥洹。是为第四见。复有沙门．婆罗门作是说。言。此是现在泥洹。非不是。现在泥洹复有微妙第一。汝所不知。独我知耳。如我乐灭．苦灭。先除忧．喜。不苦不乐。护念清净。入第四禅。此名第一泥洹。是为第五见。若沙门．婆罗门于末劫末见。生现在泥洹论。于五见中。齐是不过。唯佛能知。亦复如是。

诸有沙门．婆罗门于末劫末见。无数种种。随意所说。于四十四见中。齐是不过。唯佛能知此诸见处。亦复如是。诸有沙门．婆罗门于本劫本见．末劫末见。无数种种。随意所说。尽入此六十二见中。于本劫本见．末劫末见。无数种种。随意所说。于六十二见中。齐此不过。唯如来知此见处。亦复如是。诸有沙门．婆罗门于本劫本见。生常论。说。我．世间是常。彼沙门．婆罗门于此生智。谓异信．异欲．异闻．异缘．异觉．异见．异定．异忍。因此生智。彼以希现则名为受。乃至现在泥洹。亦复如是。诸有沙门．婆罗门生常论。言。世间是常。彼因受缘。起爱生爱而不自觉知。染著于爱。为爱所伏。乃至现在泥洹。亦复如是。诸有沙门．婆罗门于本劫本见。生常论。言。世间是常。彼因触缘故。若离触缘而立论者。无有是处。乃至现在泥洹。亦复如是。诸有沙门．婆罗门于本劫本见．末劫末见。各随所见说。彼尽入六十二见中。各随所见说。尽依中在中。齐是不过。犹如巧捕鱼师。以细目网覆小池上。当知池中水性之类。皆入网内。无逃避处。齐是不过。诸沙门．婆罗门亦复如是。于本劫本见．末劫末见。种种所说。尽入六十二见中。齐是不过。

若比丘于六触集．灭．味．过．出要。如实而知。则为最胜。出彼诸见。如来自知生死已尽。所以有身。为欲福度诸天．人故。若其无身。则诸天．世人无所恃怙。犹如多罗树断其头者。则不复生。佛亦如是。已断生死。永不复生。

当佛说此法时。大千世界三返六种震动。尔时。阿难在佛后执扇扇佛。偏露右臂。长跪叉手。白佛言。此法甚深。当以何名。云何奉持。

佛告阿难。当名此经为义动．法动．见动．魔动．梵动。

尔时。阿难闻佛所说。欢喜奉行。

佛说长阿含经卷第十五

（二二）第三分种德经第三

如是我闻。

一时。佛在鸯伽国。与大比丘众千二百五十人俱。游行人间。止宿瞻婆城伽伽池侧。

时。有婆罗门。名曰种德。住瞻婆城。其城人民众多。炽盛丰乐。波斯匿王即封此城与种德婆罗门。以为梵分。此婆罗门七世以来父母真正。不为他人之所轻毁。异学三部讽诵通利。种种经书尽能分别。世典幽微靡不综练。又能善于大人相法．瞻候吉凶．祭祀仪礼。有五百弟子。教授不废。

时。瞻婆城内诸婆罗门．长者．居士闻沙门瞿昙释种子出家成道。从鸯伽国游行人间。至瞻婆城伽伽池侧。有大名称。流闻天下。如来．至真．等正觉。十号具足。于诸天．世人．魔．若魔．天．沙门．婆罗门中。自身作证。为他说法。上中下言。皆悉真正。义味具足。梵行清净。如此真人应往觐现。今我宁可往与相见。作此言已。即共相率。出瞻婆城。队队相随。欲往诣佛。

时。种德婆罗门在高台上。遥见众人队队相随。故问侍者。彼诸人等以何因缘队队相随。欲何所至。

侍者白言。我闻沙门瞿昙释种子出家成道。于鸯伽国游行人间。至瞻婆城伽伽池侧。有大名称。流闻天下。如来．至真．等正觉。十号具足。于诸天．世人．魔．若魔．天．沙门．婆罗门中自身作证。为他人说。上中下言。皆悉真正。义味具足。梵行清净。此瞻婆城诸婆罗门．长者．居士众聚相随。欲往问讯瞿昙沙门耳。

时。种德婆罗门即敕侍者。汝速持我声。往语诸人。卿等小住。须我往至。当共俱诣彼瞿昙所。

时。彼侍者即以种德声。往语诸人言。诸人且住。须我往到。当共俱诣彼瞿昙所。

时。诸人报侍者言。汝速还白婆罗门言。今正是时。宜共行也。

侍者还白。诸人已住。言。今正是时。宜共行也。时。种德婆罗门即便下台。至中门立。

时。有余婆罗门五百人。以少因缘。先集门下。见种德婆罗门来。皆悉起迎问言。大婆罗门。欲何所至。

种德报言。有沙门瞿昙释种子出家成道。于鸯伽国游行人间。至瞻婆城伽伽池侧。有大名称。流闻天下。如来．至真．等正觉。十号具足。于诸天．世人．魔．若魔．天．沙门．婆罗门中。自身作证。为他说法。上中下言。皆悉真正。义味具足。梵行清净。如是真人宜往觐现。我今欲往至彼相见。

时。五百婆罗门即白种德言。勿往相见。所以者何。彼应诣此。此不应往。今大婆罗门七世以来父母真正。不为他人之所轻毁。若成就此法者。彼应诣此。此不应诣彼。又大婆罗门异学三部讽诵通利。种种经书皆能分别。世典幽微靡不综练。又能善于大人相法．瞻相吉凶．祭祀仪礼。成就此法者。彼应诣此。此不应诣彼。又大婆罗门颜貌端正。得梵色像。成就此法者。彼应诣此。此不应诣彼。又大婆罗门戒德增上。智慧成就。成就此法者。彼应诣此。此不应诣彼。

又大婆罗门所言柔和。辩才具足。义味清净。成就此法者。彼应诣此。此不应诣彼。又大婆罗门为大师。弟子众多。成就此法者。彼应诣此。此不应诣彼。又大婆罗门常教授五百婆罗门。成就此法者。彼应诣此。此不应诣彼。又大婆罗门四方学者皆来请受。问诸技术祭祀之法。皆能具答。成就此法者。彼应诣此。此不应诣彼。又大婆罗门为波斯匿王及瓶沙王恭敬供养。成就此法者。彼应诣此。此不应诣彼。又大婆罗门富有财宝。库藏盈溢。成就此法者。彼应诣此。此不应诣彼。又大婆罗门智慧明达。所言通利。无有怯弱。成就此法者。彼应诣此。此不应诣彼。

尔时。种德告诸婆罗门曰。如是。如是。如汝所言。我具有此德。非不有也。汝当听我说。沙门瞿昙所有功德。我等应往彼。彼不应来此。沙门瞿昙七世已来父母真正。不为他人之所轻毁。彼成就此法者。我等应往彼。彼不应来此。又沙门瞿昙颜貌端正。出刹利种。成就此法者。我应诣彼。彼不应来此。又沙门瞿昙生尊贵处。出家为道。成就此法者。我应诣彼。彼不应来此。又沙门瞿昙光色具足。种姓真正。出家修道。成就此法者。我应诣彼。彼不应来此。又沙门瞿昙生财富家。有大威力。出家为道。成就此法者。我应诣彼。彼不应来此。

又沙门瞿昙具贤圣戒。智慧成就。成就此法者。我应诣彼。彼不应来此。又沙门瞿昙。善于言语柔软和雅。成就此法者。我应诣彼。彼不应来此。又沙门瞿昙。为众导师。弟子众多。成就此法者。我应诣彼。彼不应来此。又沙门瞿昙。永灭欲爱。无有卒暴。忧畏已除。衣毛不竖。欢喜和悦。见人称善。善说行报。不毁余道。成就此法者。我应诣彼。彼不应来此。又沙门瞿昙。恒为波斯匿王及瓶沙王礼敬供养。成就此法者。我应诣彼。彼不应来此。又沙门瞿昙。为沸伽罗娑罗婆罗门礼敬供养。亦为梵婆罗门．多利遮婆罗门．锯齿婆罗门．首迦摩纳都耶子所见供养。成就此法者。我应诣彼。彼不应来此。

又沙门瞿昙为诸声闻弟子之所宗奉。礼敬供养。亦为诸天．余鬼神众之所恭敬。释种．俱利．冥宁．跋祇．末余．酥摩皆悉宗奉。成就此法者。我应诣彼。彼不应来此。又沙门瞿昙授波斯匿王及瓶沙王受三归五戒。成就此法者。我应诣彼。彼不应来此。又沙门瞿昙授沸伽罗娑罗婆罗门等三归五戒。成就此法者。我应诣彼。彼不应来此。又沙门瞿昙弟子受三自归五戒。诸天．释种．俱利等。皆受三归五戒。成就此法者。我应诣彼。彼不应来此。

又沙门瞿昙游行之时。为一切人恭敬供养。成就此法者。我应诣彼。彼不应来此。又沙门瞿昙所至城郭聚落。为人供养。成就此法者。我应诣彼。彼不应来此。又沙门瞿昙所至之处。非人．鬼神不敢触娆。成就此法者。我应诣彼。彼不应来此。又沙门瞿昙所至之处。其处人民皆见光明。闻天乐音。成就此法者。我应诣彼。彼不应来此。又沙门瞿昙所至之处。若欲去时。众人恋慕。涕泣而送。成就此法者。我应诣彼。彼不应来此。

又沙门瞿昙初出家时。父母涕泣。爱惜恋恨。成就此法者。我应诣彼。彼不应来此。又沙门瞿昙少壮出家。舍诸饰好．象马．宝车．

五欲．璎珞。成就此法者。我应诣彼。彼不应来此。又沙门瞿昙舍转轮王位。出家为道。若其在家。当居四天下。统领民物。我等皆属。成就此法者。我应诣彼。彼不应来此。

又沙门瞿昙明解梵法。能为人说。亦与梵天往返言语。成就此法者。我应诣彼。彼不应来此。又沙门瞿昙三十二相皆悉具足。成就此法者。我应诣彼。彼不应来此。又沙门瞿昙智慧通达。无有怯弱。成就此法者。我应诣彼。彼不应来此。彼瞿昙今来至此瞻婆城伽伽池侧。于我为尊。又是贵客。宜往亲觐。

时。五百婆罗门白种德言。甚奇。甚特。彼之功德乃如是耶。若彼于诸德中能成一者尚不应来。况今尽具。宜尽相率。共往问讯。

种德答言。汝欲行者。宜知是时。

时。种德即严驾宝车。与五百婆罗门及瞻婆城诸婆罗门长者．居士。前后围绕。诣伽伽池。去池不远。自思惟言。我设问瞿昙。或不可彼意。彼沙门瞿昙当呵我言。应如是问。不应如是问。众人闻者。谓我无智。损我名称。设沙门瞿昙问我义者。我答或不称彼意。彼沙门当呵我言。应如是答。不应如是答。众人闻者。谓我无智。损我名称。设我默然于此还者。众人当言。此无所知。竟不能至沙门瞿昙所。损我名称。若沙门瞿昙问我婆罗门法者。我答瞿昙足合其意耳。

时。种德于伽伽池侧作是念已。即便前行下车步进。至世尊所。问讯已。一面坐。时。瞻婆城诸婆罗门．长者．居士。或有礼佛而坐者。或有问讯而坐者。或有称名而坐者。或叉手向佛而坐者。或有默然而坐者。众坐既定。佛知种德婆罗门心中所念。而告之曰。汝所念者。当随汝愿。佛问种德。汝婆罗门成就几法。所言诚实。能不虚妄。

尔时。种德默自念言。甚奇。甚特。沙门瞿昙有大神力。乃见人心。如我所念而问我义。

时。种德婆罗门端身正坐。四顾大众。熙怡而笑。方答佛言。我婆罗门成就五法。所言至诚。无有虚妄。云何为五。一者婆罗门七世已来父母真正。不为他人之所轻毁。二者异学三部讽诵通利。种种经书尽能分别。世典幽微靡不综练。又能善于大人相法．明察吉凶．祭祀仪礼。三者颜貌端正。四者持戒具足。五者智慧通达。是为五。瞿昙。婆罗门成就此五法。所言诚实。无有虚妄。

佛言。善哉。种德。颇有婆罗门于五法中舍一成四。亦所言诚实。无有虚妄。得名婆罗门耶。

种德白佛言。有。所以者何。瞿昙。何用生为。若婆罗门异学三部讽诵通利。种种经书尽能分别。世典幽微靡不综练。又能善于大人相法．明察吉凶．祭祀仪礼。颜貌端正。持戒具足。智慧通达。有此四法。则所言诚实。无有虚妄。名婆罗门。

佛告种德。善哉。善哉。若于此四法中舍一成三者。亦所言诚实。无有虚妄。名婆罗门耶。

种德报言。有所以者何。何用生．诵为。若婆罗门颜貌端正。持戒具足。智慧通达。成此三者。所言真诚。无有虚妄。名婆罗门。

佛言。善哉。善哉。云何。若于三法中舍一成二。彼亦所言至诚。无有虚妄。名婆罗门耶。

答曰。有。所以者何。何用生．诵及端正为。

尔时。五百婆罗门各各举声。语种德婆罗门言。何故呵止生．诵及与端正。谓为无用。

尔时。世尊告五百婆罗门曰。若种德婆罗门容貌丑陋。无有种姓。讽诵不利。无有辩才．智慧．善答。不能与我言者。汝等可语。若种德颜貌端正。种姓具足。讽诵通利。智慧辩才。善于问答。足堪与我共论义者。汝等且默。听此人语。

尔时。种德婆罗门白佛言。唯愿瞿昙且小停止。我自以法往训此人。

尔时。种德寻告五百婆罗门曰。鸯伽摩纳今在此众中。是我外甥。汝等见不。今诸大众普共集此。唯除瞿昙颜貌端正。其余无及此摩纳者。而此摩纳杀生．偷盗．淫逸．无礼．虚妄．欺诳。以火烧人。断道为恶。诸婆罗门。此鸯伽摩纳众恶悉备。然则讽诵．端正。竟何用为。

时。五百婆罗门默然不对。种德白佛言。若持戒具足。智慧通达。则所言至诚。无有虚妄。得名婆罗门也。

佛言。善哉。善哉。云何。种德。若于二法中舍一成一。亦所言诚实。无有虚妄。名婆罗门耶。

答曰。不得。所以者何。戒即智慧。智慧即戒。有戒有智。然后所言诚实。无有虚妄。我说名婆罗门。

佛言。善哉。善哉。如汝所说。有戒则有慧。有慧则有戒。戒能净慧。慧能净戒。种德。如人洗手。左右相须。左能净右。右能净左。此亦如是。有慧则有戒。有戒则有慧。戒能净慧。慧能净戒。婆罗门。戒．慧具者。我说名比丘。

尔时。种德婆罗门白佛言。云何为戒。

佛言。谛听。谛听。善思念之。吾当为汝一一分别。

对曰。唯然。愿乐欲闻。

尔时。世尊告婆罗门曰。若如来出现于世。应供．正遍知．明行成．善逝．世间解．无上士．调御丈夫．天人师．佛．世尊。于诸天．世人．沙门．婆罗门中。自身作证。为他人说。上中下言。皆悉真正。义味具足。梵行清净。若长者．长者子闻此法者。信心清净。信心清净已。作如是观。在家为难。譬如桎梏。欲修梵行。不得自在。今我宁可剃除须发。服三法衣。出家修道。彼于异时舍家财业。弃捐亲族。服三法衣。去诸饰好。讽诵比丘。具足戒律。舍杀不杀。

乃至心法四禅现得欢乐。所以者何。斯由精勤。专念不忘。乐独闲居之所得也。婆罗门。是为具戒。

又问。云何为慧。

佛言。若比丘以三昧心清净无秽。柔软调伏。住不动处。乃至得三明。除去无明。生于慧明。灭于闇冥。生大法光。出漏尽智。所以者何。斯由精勤。专念不忘。乐独闲居之所得也。婆罗门。是为智慧具足。

时。种德婆罗门白佛言。今我归依佛．法．圣众。唯愿听我于正法中为优婆塞。自今已后。尽形寿不杀．不盗．不淫．不欺．不饮酒。

时。种德婆罗门闻佛所说。欢喜奉行。

（二三）第三分究罗檀头经第四

如是我闻。

一时。佛在俱萨罗国。与大比丘众千二百五十人俱。游行人间。至俱萨罗佉冤婆提婆罗门村北。止宿尸舍婆林中。

时。有婆罗门名究罗檀头。止佉冤婆提村。其村丰乐。人民炽盛。园观浴池。树木清凉。波斯匿王即封此村与究罗檀头婆罗门。以为梵分。此婆罗门七世已来父母真正。不为他人之所轻毁。异学三部讽诵通利。种种经书尽能分别。世典幽微靡不综练。又能善于大人相法．瞻候吉凶．祭祀仪礼。有五百弟子。教授不废。时。婆罗门欲设大祀。办五百特牛．五百牸牛．五百特犊．五百牸犊．五百羖羊．五百羯羊。欲以供祀。

时。佉冤婆提村诸婆罗门．长者．居士闻沙门瞿昙释种子出家成道。从俱萨罗国人间游行。至佉冤婆提村北尸舍林止。有大名称。流闻天下。如来．至真．等正觉。十号具足。于诸天．世人．魔．若魔．天．沙门．婆罗门中。自身作证。为他说法。上中下言。皆悉真正。义味具足。梵行清净。如此真人。应往觐现。今我等宁可往共相见。作此语已。即便相率。出佉冤婆提村。队队相随。欲诣佛所。

时。究罗檀头婆罗门在高楼上。遥见众人队队相随。顾问侍者。彼诸人等。以何因缘队队相随。欲何所至。

侍者白言。我闻沙门瞿昙释种子出家成道。于俱萨罗国游行人间。诣佉冤婆提村北尸舍婆林中止。有大名称。流闻天下。如来．至真．等正觉。十号具足。于诸天．世人．魔．若魔．天．沙门．婆罗门中。自身作证。为他说法。上中下言。皆悉真正。义味具足。梵行清净。此村诸婆罗门．长者．居士众聚相随。欲往问讯沙门瞿昙耳。

时。究罗檀头婆罗门即敕侍者。汝速持我声。往语诸人言。卿等小住。须待我往。当共俱诣沙门瞿昙。

时。彼侍者即承教命。往语诸人言。且住。须我往到。当共俱诣沙门瞿昙所。

诸人报使者言。汝速还白婆罗门。今正是时。宜共行也。

侍者还白。诸人已住。言。今正是时。宜共行也。时。婆罗门即便下楼。出中门立。

时。有余婆罗门五百人在中门外坐。助究罗檀头施设大祀。见究罗檀头。皆悉起迎问言。大婆罗门。欲何所至。

报言。我闻有沙门瞿昙释种子出家成道。于俱萨罗国人间游行。诣佉㝹婆提村北尸舍婆林。有大名称。流闻天下。如来．至真．等正觉。十号具足。于诸天．世人．沙门．婆罗门中。自身作证。为人说法。上中下言。皆悉真正。义味具足。梵行清净。如此真人。宜往觐现。诸婆罗门。我又闻瞿昙知三种祭祀．十六祀具。今我众中先学旧识所不能知。我今欲大祭祀。牛羊已备。欲诣瞿昙问三种祭祀．十六祀具。我等得此祭祀法已。功德具足。名称远闻。

时。五百婆罗门白究罗檀头言。大师勿往。所以者何。彼应来此。此不应往。大师七世已来父母真正。不为他人之所轻毁。若成此法者。彼应来此。此不应诣彼。

又言。大师异学三部讽诵通利。种种经书尽能分别。世典幽微无不综练。又能善于大人相法．瞻相吉凶．祭祀仪礼。成此法者。彼应诣此。此不应诣彼。又大师颜貌端正。得梵色像。成此法者。彼应诣此。此不应诣彼。又大师戒德增上。智慧成就。成就此法者。彼应诣此。此不应诣彼。又大师所言柔和。辩才具足。义味清净。成此法者。彼应诣此。此不应诣彼。

又大师为众导首。弟子众多。成此法者。彼应诣此。此不应诣彼。又大师常教授五百婆罗门。成此法者。彼应诣此。此不应诣彼。又大师四方学者皆来请受。问诸技术祭祀之法。皆能具答。成此法者。彼应诣此。此不应诣彼。又大师为波斯匿王及瓶沙王恭敬供养。成此法者。彼应诣此。此不应诣彼。又大师富有财宝。库藏盈溢。成此法者。彼应诣此。此不应诣彼。又大师智慧明达。所言通利。无有怯弱。成此法者。彼应诣此。此不应诣彼。大师若具足此十一法。彼应诣此。此不应诣彼。

时。究罗檀头言。如是。如是。如汝等言。我实有此德。非不有也。汝当复听我说。沙门瞿昙所成功德。我等应诣彼。彼不应来此。沙门瞿昙七世已来父母真正。不为他人之所轻毁。彼成此法者。我等应诣彼。彼不应来。又沙门瞿昙颜貌端正。出刹利种。成此法者。我应诣彼。彼不应来。又沙门瞿昙生尊贵家。出家为道。成此法者。我应诣彼。彼不应来此。又沙门瞿昙光明具足。种姓真正。出家修道。成此法者。我应诣彼。彼不应来。又沙门瞿昙生财富家。有大威力。出家修道。成此法者。我应诣彼。彼不应来。

又沙门瞿昙具贤圣戒。智慧成就。成此法者。我应诣彼。彼不应来。又沙门瞿昙善于言语。柔软和雅。成此法者。我应诣彼。彼不应来。又沙门瞿昙为众导师。弟子众多。成此法者。我应诣彼。彼不应来。又沙门瞿昙永灭欲爱。无有卒暴。忧畏已除。衣毛不竖。欢喜和悦。见人称善。善说行报。不毁余道。成此法者。我应诣彼。彼不应来。又沙门瞿昙常为波斯匿王及瓶沙王礼敬供养。成此法者。我应诣彼。彼不应来。又沙门瞿昙为沸伽罗娑罗婆罗门礼敬供养。亦为梵婆罗门．多利遮婆罗门．种德婆罗门．首伽摩纳兜耶子恭敬供养。成此法者。我应诣彼。彼不应来。

又沙门瞿昙为诸声闻弟子之所宗奉礼敬供养。亦为诸天及诸鬼神之所恭敬。释种．俱梨．冥宁．跋祇．末罗．苏摩皆悉宗奉。成此法者。我应诣彼。彼不应来。又沙门瞿昙波斯匿王及瓶沙王受三归五戒。成此法者。我应诣彼。彼不应来。又沙门瞿昙沸伽罗娑罗婆罗门等受三归五戒。成此法者。我应诣彼。彼不应来。又沙门瞿昙弟子受三归五戒。诸天．释种．俱梨等。受三归五戒。成此法者。我应诣彼。彼不应来。

又沙门瞿昙所游行处。为一切人恭敬供养。成此法者。我应诣彼。彼不应来。又沙门瞿昙所至城郭村邑。无不倾动恭敬供养。成此法者。我应诣彼。彼不应来。又沙门瞿昙所至之处。非人．鬼神不敢触娆。成此法者。我应诣彼。彼不应来。又沙门瞿昙所至之处。其处人民皆见光明。闻天乐音。成此法者。我应诣彼。彼不应来。又沙门瞿昙所至之处。若欲去时。众人恋慕。涕泣而送。成此法者。我应诣彼。彼不应来。

又沙门瞿昙初出家时。父母宗亲涕泣恋恨。成此法者。我应诣彼。彼不应来。又沙门瞿昙少壮出家。舍诸饰好．象马．宝车．五欲．璎珞。成此法者。我应诣彼。彼不应来。又沙门瞿昙舍转轮王位。出家修道。若其在家。王四天下。统领民物。我等皆属。成此法者。我应诣彼。彼不应来。

又沙门瞿昙明解梵法。能为人说。亦与梵天往返语言。成此法者。我应诣彼。彼不应来。又沙门瞿昙明解三种祭祀．十六祀具。我等宿旧所不能知。成此法者。我应诣彼。彼不应来。又沙门瞿昙三十二相具足。成此法者。我应诣彼。彼不应来。又沙门瞿昙智慧通达。无有怯弱。成此法者。我应诣彼。彼不应来。彼瞿昙来至此佉㝹婆提村。于我为尊。又是贵客。宜往觐现。

时。五百婆罗门白究罗檀头言。甚奇。甚特。彼之功德乃如是耶。若使瞿昙于诸德中成就一者。尚不应来。况今尽具。宜尽相率。共往问讯。

究罗檀头言。欲行者。宜知是时。

时。婆罗门即严驾宝车。与五百婆罗门及佉㝹婆提诸婆罗门长者．居士。前后围绕。诣尸舍婆林。到已下车。步进至世尊所。问讯已。一面坐。时。诸婆罗门．长者。居士。或有礼佛而坐者。或问讯而坐者。或有称名而坐者。或有叉手向佛而坐者。或有默然而坐者。众坐已定。究罗檀头白佛言。欲有所问。若有闲暇得见听者。乃敢请问。

佛言。随意所问。

时。婆罗门白佛言。我闻瞿昙明解三种祭祀及十六种祭具。我等先宿耆旧所不能知。我等今者欲为大祭祀。已办五百特牛．五百牸牛．五百特犊．五百牸犊．五百羖羊．五百羯羊。欲以祭祀。今日顾来。问三祭法及十六祭具。若得成此祀者。得大果报。名称远闻。天人所敬。

尔时。世尊告究罗檀头婆罗门曰。汝今谛听。谛听。善思念之。当为汝说。

婆罗门言。唯然。瞿昙。愿乐欲闻。

尔时。佛告究罗檀头曰。乃往过去久远世时。有刹利王。水浇头种。欲设大祀。集婆罗门大臣而告之曰。我今大有财宝具足。五欲自恣。年已朽迈。士众强盛。无有怯弱。库藏盈溢。今欲设大祀。汝等说祀法斯何所须。时。彼大臣即白王言。如是。大王。如王所言。国富兵强。库藏盈溢。但诸民物多怀恶心。习诸非法。若于此时而为祀者。不成祀法。如遣盗逐盗。则不成使。大王。勿作是念言。此是我民。能伐能杀。能呵能止。诸近王者当给其所须。诸治生者当给其财宝。诸修田业者当给其牛犊．种子。使彼各各自营。王不逼迫于民。则民人安隐。养育子孙。共相娱乐。

佛告究罗檀头。时。王闻诸臣语已。诸亲近者给其衣食。诸有商贾给其财宝。修农田者给牛．种子。是时人民各各自营。不相侵恼。养育子孙。共相娱乐。

佛言。时。王复召诸臣语言。我国富兵强。库藏盈溢。给诸人民。使无所乏。养育子孙。共相娱乐。我今欲设大祀。汝说祀法悉何所须。诸臣白王。如是。如是。如王所说。国富兵强。库藏盈溢。给诸人民。使其无乏。养育子孙。共相娱乐。王欲祀者。可语宫内使知。时。王即如臣言。入语宫内。我国富兵强。库藏盈溢。多有财宝。欲设大祀。时。诸夫人寻白王言。如是。如是。如大王言。国富兵强。库藏盈溢。多有珍宝。欲设大祀。今正是时。王出报诸臣言。我国富兵强。库藏盈溢。给诸人民。使其无乏。养育子孙。共相娱乐。今欲大祀。已语宫内。汝尽语我。斯须何物。

时。诸大臣即白王言。如是。如是。如王所说。欲设大祀。已语宫内。而未语太子．皇子．大臣．将士。王当语之。时。王闻诸臣语已。即语太子．皇子．群臣．将士言。我国富兵强。库藏盈溢。欲设大祀。时。太子．皇子及诸群臣．将士即白王言。如是。如是。大王。今国富兵强。库藏盈溢。欲设祀者。今正是时。时。王复告大臣曰。我国富兵强。多有财宝。欲设大祀。已语宫内．太子．皇子。乃至将士。今欲大祀。斯何所须。诸臣白王。如大王言。欲设祀者。今正是时。王闻语已。即于城东起新堂舍。王入新舍。被鹿皮衣。以香酥油涂摩其身。又以鹿角戴之头上。牛屎涂地。坐卧其上。及第一夫人．婆罗门．大臣。选一黄牸牛。一乳王食。一乳夫人食。一乳大臣食。一乳供养大众。余与犊子。时。王成就八法。大臣成就四法。

云何王成就八法。彼刹利王七世以来父母真正。不为他人所见轻毁。是为成就初法。彼王颜貌端正。刹利种族。是为二法。彼王戒德增盛。智慧具足。是为三法。彼王习种种技术。乘象．马车．刀牟．弓矢．战斗之法。无不具知。是为四法。彼王有大威力。摄诸小王。无不靡伏。是为五法。彼王善于言语。所说柔软。义味具足。是为六法。彼王多有财宝。库藏盈溢。是为七法。彼王智谋勇果。无复怯弱。是为八法。彼刹利种王。成此八法。

云何大臣成就四法。彼婆罗门大臣七世以来父母真正。不为他人所见轻毁。是为初法。复次。彼大臣异学三部讽诵通利。种种经书皆能分别。世典幽微靡不综练。又能善于大人相法．瞻察吉凶．祭祀仪礼。是为二法。复次。大臣善于言语。所说柔和。义味具足。是为三法。复次。大臣智谋勇果。无有怯弱。凡祭祀法无不解知。是为四法。时。彼王成就八法。婆罗门大臣成就四法。彼王有四援助．三祭祀法．十六祀具。

时。婆罗门大臣于彼新舍。以十六事开解王意。除王疑想。云何十六。大臣白王。或有人言。今刹利王欲为大祀。而七世以来父母不正。常为他人所见轻毁。设有此言。不能污王。所以者何。王七世以来父母真正。不为他人之所轻毁。或有人言。今刹利王欲为大祀。而颜貌丑陋。非刹利种。设有此言。不能污王。所以者何。王颜貌端正。刹利种族。或有人言。今刹利王欲为大祀。而无增上戒。智慧不具。设有此言。不能污王。所以者何。王戒德增上。智慧具足。或有人言。今刹利王欲为大祀。而不善诸术。乘象．马车．种种兵法不能解知。设有此言。不能污王。所以者何。王善诸技术。战阵兵法。无不解知。或有人言。王欲为大祀。而无大威力摄诸小王。设有是言。不能污王。所以者何。王有大威力。摄诸小王。

或有人言。王欲大祀。而不善于言语。所说粗犷。义味不具。设有此言。不能污王。所以者何。王善于言语。所说柔软。义味具足。或有人言。王欲大祀。而无多财宝。设有是言。不能污王。所以者何。王库藏盈溢。多有财宝。或有人言。王欲大祀。而无智谋。志意怯弱。设有是言。不能污王。所以者何。王智谋勇果。无有怯弱。或有人言。王欲大祀。不语宫内。设有是语。不能污王。所以者何。王欲祭祀。先语宫内。或有人言。王欲大祀。而不语太子．皇子。设有此言。不能污王。所以者何。王欲祭祀。先语太子．皇子。或有人言。王欲大祀。不语群臣。设有此言。不能污王。所以者何。王欲大祀。先语群臣。或有人言。王欲大祀。不语将士。设有此言不能污王。所以者何。王欲祭祀。先语将士。

或有人言。王欲大祀。而婆罗门大臣七世以来父母不正。常为他人之所轻毁。设有是语。不能污王。所以者何。我七世以来父母真正。不为他人所见轻毁。或有人言。王欲大祀。而大臣于异学三部讽诵不利。种种经书不能分别。世典幽微亦不综练。不能善于大人相法。瞻察吉凶．祭祀仪礼。设有此言。不能污王。所以者何。我于三部异典讽诵通利。种种经书皆能分别。世典幽微靡不综练。又能善于大人相法。瞻察吉凶．祭祀仪礼。或有人言。王欲大祀。而大臣不善言语。所说粗犷。义味不具。设有此言。不能污王。所以者何。我善言语。所说柔和。义味具足。或有人言。王欲大祀。而大臣智谋不具。志意怯弱。不解祀法。设有是言。不能污王。所以者何。我智谋勇果。无有怯弱。凡祭祀法。无不解知。

佛告究罗檀头。彼王于十六处有疑。而彼大臣以十六事开解王意。

佛言。时。大臣于彼新舍。以十事行示教利喜于王。云何为十。大臣言。王祭祀时。诸有杀生．不杀生来集会者。平等施与。若有杀生而来者。亦施与。彼自当知。不杀而来者。亦施与。为是故施。如是心施。若复有偷盗．邪淫．两舌．恶口．妄言．绮语．贪取．嫉妒．邪见来在会者。亦施与。彼自当知。若有不盗。乃至正见来者。亦施与。为是故施。如是心施。

佛告婆罗门。彼大臣以此十行示教利喜。

又告婆罗门。时。彼刹利王于彼新舍生三悔心。大臣灭之。云何为三。王生悔言。我今大祀。已为大祀．当为大祀．今为大祀。多损财宝。起此三心。而怀悔恨。大臣语言。王已为大祀。已施．当施．今施。于此福祀不宜生悔。是为王入新舍生三悔心。大臣灭之。

佛告婆罗门。尔时。刹利王水浇头种。以十五日月满时出彼新舍。于舍前露地然大火[廿/积]。手执油瓶注于火上。唱言。与。与。时。彼王夫人闻王以十五日月满时出新舍。于舍前然大火[廿/积]。手执油瓶注于火上。唱言。与。与。彼夫人．婇女多持财宝。来诣王所。而白王言。此诸杂宝。助王为祀。婆罗门。彼王寻告夫人．婇女言。止。止。汝便为供养已。我自大有财宝。足以祭祀。诸夫人．婇女自生念言。我等不宜将此宝物还于宫中。若王于东方设大祀时。当用佐助。婆罗门。其后王于东方设大祀时。夫人．婇女即以此宝物助设大祀。

时．太子．皇子闻王十五日月满时出新舍。于舍前然大火[廿/积]。手执油瓶注于火上。唱言。与。与。彼太子．皇子多持财宝。来诣王所。白王言。以此宝物。助王大祀。王言。止。止。汝便为供养已。我自大有财宝。足已祭祀。诸太子．皇子自生念言。我等不宜持此宝物还也。王若于南方设大祀者。当以佐助。如是大臣持宝物来。愿已助王祭祀西方。将士持宝物来。愿已助王祭祀北方。

佛告婆罗门。彼王大祭祀时。不杀牛．羊及诸众生。唯用酥．乳．麻油．蜜．黑蜜．石蜜。以为祭祀。

佛告婆罗门。彼刹利王为大祀时。初喜．中喜。后亦喜。此为成办祭祀之法。

佛告婆罗门。彼刹利王为大祀已。剃除须发。服三法衣。出家为道。修四无量心。身坏命终。生梵天上。时。王夫人为大施已。亦复除发。服三法衣。出家修道。行四梵行。身坏命终。生梵天上。婆罗门大臣教王四方祭祀已。亦为大施。然后剃除须发。服三法衣。出家修道。行四梵行。身坏命终。生梵天上。

佛告婆罗门。时。王为三祭祀法．十六祀具。而成大祀。于汝意云何。

时。究罗檀头闻佛言已。默然不对。时。五百婆罗门语究罗檀头言。沙门瞿昙所言微妙。大师何故默然不答。

究罗檀头答言。沙门瞿昙所说微妙。我非不然可。所以默然者。自思惟耳。沙门瞿昙说此事。不言从他闻。我默思惟。沙门瞿昙将无是彼刹利王耶。或是彼婆罗门大臣耶。

尔时。世尊告究罗檀头曰。善哉。善哉。汝观如来。正得其宜。是时。刹利王为大祀者。岂异人乎。勿造斯观。即吾身是也。我于尔时极大施慧。

究罗檀头白佛言。齐此三祭祀及十六祀具得大果报。复有胜者耶。

佛言。有。

问曰。何者是。

佛言。于此三祭祀及十六祀具。若能常供养众僧。使不断者。功德胜彼。

又问。于三祭祀及十六祀具。若能常供养众僧使不断者。为此功德最胜。复有胜者耶。

佛言。有。

又问。何者是。

佛言。若以三祭祀及十六祀具并供养众僧使不断者。不如为招提僧起僧房堂阁。此施最胜。

又问。为三祭祀及十六祀具。并供养众僧使不断绝。及为招提僧起僧房堂阁。为此福最胜。复有胜者耶。

佛言。有。

又问。何者是。

佛言。若为三种祭祀．十六祀具。供养众僧使不断绝。及为招提僧起僧房堂阁。不如起欢喜心。口自发言。我归依佛。归依法。归依僧。此福最胜。

又问。齐此三归。得大果报耶。复有胜者。

佛言。有。

又问。何者是。

佛言。若以欢喜心受．行五戒。尽形寿不杀．不盗．不淫．不欺．不饮酒。此福最胜。

又问。齐此三祀。至于五戒。得大果报耶。复有胜者。

佛言。有。

又问。何者是。

佛言。若能以慈心念一切众生。如构牛乳顷。其福最胜。

又问。齐此三祀。至于慈心。得大果报耶。复有胜者。

佛言。有。

又问。何者是。

佛言。若如来．至真．等正觉出现于世。有人于佛法中出家修道。众德悉备。乃至具足三明。灭诸痴冥。具足慧明。所以者何。以不放逸．乐闲静故。此福最胜。

究罗檀头又白佛言。瞿昙。我为祭祀。具诸牛羊各五百头。今尽放舍。任其自游随逐水草。我今归依佛。归依法。归依僧。听我于正法中为优婆塞。自今以后。尽形寿不杀．不盗．不淫．不欺．不饮酒。唯愿世尊及诸大众时受我请。尔时。世尊默然受之。

时。婆罗门见佛默然受请已。即起礼佛。绕三匝而去。还家供办种种肴膳。明日时到。尔时。世尊着衣持钵。与大比丘众千二百五十人俱。诣婆罗门舍。就座而坐。时婆罗门手自斟酌。供佛及僧。食讫去钵。行澡水毕。佛为婆罗门而作颂曰。

祭祀火为上	讽诵诗为上
人中王为上	众流海为上
星中月为上	光明日为上
上下及四方	诸有所生物
天及世间人	唯佛为最上
欲求大福者	当供养三宝

尔时。究罗檀头婆罗门即取一小座于佛前坐。尔时世尊渐为说法。示教利喜。施论．戒论．生天之论。欲为大患。上漏为碍。出要为上。分布显示诸清净行。尔时。世尊观彼婆罗门志意柔软。阴盖轻微。易可调伏。如诸佛常法。为说苦谛。分别显示。说集圣谛．集灭圣谛．出要圣谛。时。究罗檀头婆罗门即于座上远尘离垢。得法眼净。犹如净洁白叠。易为受染。檀头婆罗门亦复如是。见法得法。获果定住。不由他信。得无所畏。而白佛言。我今重再三归依佛．法．圣众。愿佛听我于正法中为优婆塞。自今已后。尽形寿不杀．不盗．

不淫．不欺．不饮酒。

重白佛言。唯愿世尊更受我七日请。尔时。世尊默然受之。时。婆罗门即于七日中。手自斟酌。供佛及僧。过七日已。世尊游行人间。

佛去未久。时究罗檀头婆罗门得病命终。时。众多比丘闻究罗檀头供养佛七日。佛去未久。得病命终。即自念言。彼人命终。当何所趣。时。诸比丘诣世尊所。头面礼足。于一面坐。彼究罗檀头今者命终。当生何所。

佛告诸比丘。彼人净修梵行。法法成就。亦不于法有所触娆。以断五下分结。于彼现般涅槃。不来此世。

尔时。诸比丘闻佛所说。欢喜奉行。

佛说长阿含经卷第十六

（二四）第三分坚固经第五

如是我闻。

一时。佛在那难陀城波婆利掩次林中。与大比丘众千二百五十人俱。

尔时。有长者子。名曰坚固。来诣佛所。头面礼足。在一面坐。时。坚固长者子白佛言。善哉。世尊。唯愿今者来诸比丘。若有婆罗门．长者子．居士来。当为现神足显上人法。

佛告坚固。我终不教诸比丘为婆罗门．长者．居士而现神足上人法也。我但教弟子于空闲处静默思道。若有功德。当自覆藏。若有过失。当自发露。

时。坚固长者子复白佛言。唯愿世尊来诸比丘。若有婆罗门．长者．居士来。当为现神足。显上人法。

佛复告坚固。我终不教诸比丘为婆罗门．长者．居士而现神足上人法也。我但教弟子于空闲处静默思道。若有功德。当自覆藏。若有过失。当自发露。

时。坚固长者子白佛言。我于上人法无有疑也。但此那难陀城国土丰乐。人民炽盛。若于中现神足者。多所饶益。佛及大众善弘道化。

佛复告坚固。我终不教比丘为婆罗门．长者子．居士而现神足上人法也。我但教弟子于空闲处静默思道。若有功德。当自覆藏。若有过失。当自发露。所以者何。有三神足。云何为三。一曰神足。二曰观察他心。三曰教诫。云何为神足。长者子。比丘习无量神足。能以一身变成无数。以无数身还合为一。若远若近。山河石壁。自在无碍。犹如行空。于虚空中结加趺坐。犹如飞鸟。出入大地。犹如在水。若行水上。犹如履地。身出烟火。如大火聚。手扪日月。立至梵天。若有得信长者．居士见此比丘现无量神足。立至梵天。当复诣余未得信长者．居士所。而告之言。我见比丘现无量神足。立至梵天。彼长者．居士未得信者语得信者言。我闻有瞿罗咒。能现如是无量神变。乃至立至梵天。

佛复告长者子坚固。彼不信者。有如此言。岂非毁谤言耶。

坚固白佛言。此实是毁谤言也。

佛言。我以是故。不来诸比丘现神变化。但教弟子于空闲处静默思道。若有功德。当自覆藏。若有过失。当自发露。如是。长者。此即是我诸比丘所现神足。

云何名观察他心神足。于是。比丘现无量观察神足。观诸众生心所念法。隈屏所为皆能识知。若有得信长者．居士。见比丘现无量观察神足。观他众生心所念法。隈屏所为皆悉识知。便诣余未得信长者．居士所。而告之曰。我见比丘现无量观察神足。观他众生心所念法。隈屏所为皆悉能知。彼不信长者．居士。闻此语已。生毁谤言。有乾陀罗咒能观察他心。隈屏所为皆悉能知。云何。长者子。此岂非毁谤言耶。

坚固白佛言。此实是毁谤言也。

佛言。我以是故。不敕诸比丘现神变化。但教弟子于空闲处静默思道。若有功德。当自覆藏。若有过失。当自发露。如是。长者子。此即是我比丘现观察神足。

云何为教诫神足。长者子。若如来．至真．等正觉出现于世。十号具足。于诸天．世人．魔．若魔．天．沙门．婆罗门中。自身作证。为他说法。上中下言。皆悉真正。义味清净。梵行具足。若长者．居士闻已。于中得信。得信已。于中观察自念。我不宜在家。若在家者。钩锁相连。不得清净修于梵行。我今宁可剃除须发。服三法衣。出家修道。具诸功德。乃至成就三明。灭诸闇冥。生大智明。所以者何。斯由精勤。乐独闲居。专念不忘之所得也。长者子。此是我比丘现教诫神足。

尔时。坚固长者子白佛言。颇有比丘成就此三神足耶。

佛告长者子。我不说有数。多有比丘成此三神足者。长者子。我有比丘在此众中自思念。此身四大。地．水．火．风。何由永灭。彼比丘倏趣天道。往至四天王所。问四天王言。此身四大。地．水．火．风。由何永灭。

长者子。彼四天王报比丘言。我不知四大由何永灭。我上有天。名曰忉利。微妙第一。有大智慧。彼天能知四大由何而灭。彼比丘闻已。即倏趣天道。往诣忉利天上。问诸天言。此身四大。地．水．火．风。何由永灭。彼忉利天报比丘言。我不知四大何由灭。上更有天。名焰摩。微妙第一。有大智慧。彼天能知。即往就问。又言不

1027

知。

如是展转。至兜率天．化自在天．他化自在天。皆言。我不知四大何由而灭。上更有天。微妙第一。有大智慧。名梵迦夷。彼天能知四大何由永灭。彼比丘即倏趣梵道。诣梵天上问言。此身四大。地．水．火．风。何由永灭。彼梵天报比丘言。我不知四大何由永灭。今有大梵天王。无能胜者。统千世界。富贵尊豪。最得自在。能造化物。是众生父母。彼能知四大由何永灭。长者子。彼比丘寻问。彼大梵王今为所在。彼天报言。不知大梵今为所在。以我意观。出现不久。未久。梵王忽然出现。长者。彼比丘诣梵王所问言。此身四大。地．水．火．风。何由永灭。彼大梵王告比丘言。我梵天王无能胜者。统千世界。富贵尊豪。最得自在。能造万物。众生父母。时。彼比丘告梵王曰。我不问此事。自问四大。地．水．火．风。何由永灭。

长者子。彼梵王犹报比丘言。我是大梵天王。无能胜者。乃至造作万物。众生父母。比丘又复告言。我不问此。我自问四大何由永灭。长者子。彼梵天王如是至三。不能报彼比丘四大何由永灭。时。大梵王即执比丘右手。将诣屏处。语言。比丘。今诸梵王皆谓我为智慧第一。无不知见。是故我不得报汝言。不知不见此四大何由永灭。又语比丘。汝为大愚。乃舍如来于诸天中推问此事。汝当于世尊所问如此事。如佛所说。善受持之。又告比丘。今佛在舍卫国给孤独园。汝可往问。

长者子。时。比丘于梵天上忽然不现。譬如壮士屈申臂顷。至舍卫国祇树给孤独园。来至我所。头面礼足。一面坐。白我言。世尊。今此四大。地．水．火．风。何由而灭。时。我告言。比丘。犹如商人臂鹰入海。于海中放彼鹰飞空东西南北。若得陆地则便停止。若无陆地更还归船。比丘。汝亦如是。乃至梵天问如是义。竟不成就还来归我。今当使汝成就此义。即说偈言。

何由无四大　　地水火风灭
何由无粗细　　及长短好丑
何由无名色　　永灭无有余
应答识无形　　无量自有光
此灭四大灭　　粗细好丑灭
于此名色灭　　识灭余亦灭

时。坚固长者子白佛言。世尊。此比丘名何等。云何持之。

佛告长者子。此比丘名阿室已。当奉持之。

尔时。坚固长者子闻佛所说。欢喜奉行。

（二五）第三分裸形梵志经第六

如是我闻。

一时。佛在委若国金槃鹿野林中。与大比丘众千二百五十人俱。

时。有裸形梵志姓迦叶。诣世尊所。问讯已。一面坐。裸形迦叶白佛言。我闻沙门瞿昙呵责一切诸祭祀法。骂诸苦行人以为弊秽。瞿昙。若有言。沙门瞿昙呵责一切诸祭祀法。骂苦行人以为弊秽。作此言者。是为法语。法法成就。不诽谤沙门瞿昙耶。

佛言。迦叶。彼若言。沙门瞿昙呵责一切诸祭祀法。骂苦行人以为弊秽者。彼非法言。非法法成就。为诽谤我。非诚实言。所以者何。迦叶。我见彼等苦行人。有身坏命终。堕地狱中者。又见苦行人身坏命终。生天善处者。或见苦行人乐为苦行。身坏命终。生地狱中者。或见苦行人乐为苦行。身坏命终。生天善处者。迦叶。我于此二趣所受报处。尽知尽见。我宁可呵责诸苦行者以为弊秽耶。我正说是。彼则言非。我正说非。彼则言是。迦叶。有法沙门．婆罗门同。有法沙门．婆罗门不同。迦叶。彼不同者。我则舍置。以此法不与沙门．婆罗门同故。

迦叶。彼有智者作如是观。沙门瞿昙于不善法．重浊．黑冥．非贤圣法。彼异众师于不善法．重浊．黑冥．非贤圣法。谁能堪任灭此法者。迦叶。彼有智者作是观时。如是知见。唯沙门瞿昙能灭是法。迦叶。彼有智者作如是观。如是推求。如是论时。我于此中则有名称。

复次。迦叶。彼有智者作如是观。沙门瞿昙弟子于不善法．重浊．黑冥．非贤圣法。彼异众师弟子于不善法．重浊．黑冥．非贤圣法。谁能堪任灭此法者。迦叶。彼有智者作如是观。如是知见。唯沙门瞿昙弟子能灭是法。迦叶。彼有智者作如是观。如是推求。如是论时。我弟子则得名称。

复次。迦叶。彼有智者作如是观。沙门瞿昙于诸善法．清白．微妙及贤圣法。彼异众师于诸善法．清白．微妙及贤圣法。谁能堪任增广修行者。迦叶。彼有智者作如是观。如是知见。唯有沙门瞿昙堪任增长修行是法。迦叶。彼有智者作如是观。如是推求。如是论时。我于此中则有名称。

迦叶。彼有智者作如是观。沙门瞿昙弟子于诸善法．清白．微妙及贤圣法。彼异众师弟子于诸善法．清白．微妙及贤圣法。谁能堪任增长修行者。迦叶。彼有智者作如是观。如是知见。唯有沙门瞿昙弟子能堪任增长修行是法。迦叶。彼有智者作如是观。如是推求。如是论时。于我弟子则有名称。迦叶。有道有迹。比丘于中修行。则自知自见。沙门瞿昙时说．实说．义说．法说．律说。

迦叶。何等是道。何等是迹。比丘于中修行。自知自见。沙门瞿昙时说．实说．义说．法说．律说。迦叶。于是比丘修念觉意。依止息。依无欲。依出要。修法．精进．喜．猗．定．舍觉意。依止息。依无欲。依出要。迦叶。是为道。是为迹。比丘于中修行。自知自见。沙门瞿昙时说．实说．义说．法说．律说。

迦叶言。瞿昙。唯有是道．是迹。比丘于中修行。自知自见。沙门瞿昙时说．实说．义说．法说．律说。但苦行秽污。有得婆罗门名。有得沙门名。何等是苦行秽污。有得婆罗门名。有得沙门名。瞿昙。离服裸形。以手自障蔽。不受夜食。不受朽食。不受两壁中间食。不受二人中间食。不受两刀中间食。不受两杵中间食。不受共食家食。不受怀妊家食。狗在门前不食其食。不受有蝇家食。不受请食。他言先识则不受其餐。不食鱼。不食肉。不饮酒。不两器食。一餐一咽。至七餐止。受人益食。不过七益。或一日一食。或二日．三日．四日．五日．六日．七日一食。或复食果。或复食莠。或食饭汁。或食麻米。或食穄稻。或食牛粪。或食鹿粪。或食树根枝叶花实。或食自落果。或披衣。或披莎衣。或衣树皮。或草襜身。或衣鹿皮。或留发。或被毛编。或着冢间衣。或有常举手者。或不坐床席。或有常蹲者。或有剃发留髭须者。或有卧荆棘上者。或有卧果蓏上者。或有裸形卧牛粪上者。或一日三浴。或一夜三浴。以无数苦。苦役此身。瞿昙。是为苦行秽污。或得沙门名。或得婆罗门名。

佛言。迦叶。离服裸形者。以无数方便苦役此身。彼戒不具足。见不具足。不能勤修。亦不广普。

迦叶白佛言。云何为戒具足。云何为见具足。过诸苦行。微妙第一。

佛告迦叶。谛听。善思念之。当为汝说。

迦叶言。唯然。瞿昙。愿乐欲闻。

佛告迦叶。若如来．至真出现于世。乃至四禅。于现法中而得快乐。所以者何。斯由精勤。专念一心。乐于闲静。不放逸故。迦叶。是为戒具足。见具足。胜诸苦行。微妙第一。

迦叶言。瞿昙。虽曰戒具足。见具足。过诸苦行。微妙第一。但沙门法难。婆罗门法难。

佛言。迦叶。此是世间不共法。所谓沙门法．婆罗门法难。迦叶。乃至优婆夷亦能知此法。离服裸形。乃至无数方便苦役此身。但不知其心。为有恚心。为无恚心。有恨心。无恨心。有害心。无害心。若知此心者。不名沙门．婆罗门。为已不知故。沙门．婆罗门为难。

尔时。迦叶白佛言。何等是沙门．何等是婆罗门戒具足。见具足。为上为胜。微妙第一。

佛告迦叶。谛听。谛听。善思念之。当为汝说。

迦叶言。唯然。瞿昙。愿乐欲闻。

佛言。迦叶。彼比丘以三昧心。乃至得三明。灭诸痴冥。生智慧明。所谓漏尽智生。所以者何。斯由精勤。专念不忘。乐独闲静。不放逸故。迦叶。此名沙门．婆罗门戒具足。见具足。最胜最上。微妙第一。

迦叶言。瞿昙。虽言是沙门．婆罗门见具足。戒具足。为上为胜。微妙第一。但沙门．婆罗门法。甚难。甚难。沙门亦难知。婆罗门亦难知。

佛告迦叶。优婆塞亦能修行此法。白言。我从今日能离服裸形。乃至以无数方便苦役此身。不可以此行名为沙门．婆罗门。若当以此行名为沙门．婆罗门者。不得言沙门甚难。婆罗门甚难。不以此行为沙门．婆罗门故。言沙门甚难。婆罗门甚难。

佛告迦叶。我昔一时在罗阅祇。于高山七叶窟中。曾为尼俱陀梵志说清净苦行。时梵志生欢喜心。得清净信。供养我．称赞我。第一供养称赞于我。

迦叶言。瞿昙。谁于瞿昙不生第一欢喜．净信．供养．称赞者。我今于瞿昙亦生第一欢喜。得清净信。供养．称赞。归依瞿昙。

佛告迦叶。诸世间诸所有戒。无有与此增上戒等者。况欲出其上。诸有三昧．智慧．解脱．见解脱慧。无有与此增上三昧．智慧．解脱．见解脱慧等者。况欲出其上。迦叶。所谓师子者。是如来．至真．等正觉。如来于大众中广说法时。自在无畏。故号师子。云何。迦叶。汝谓如来师子吼时不勇捍耶。勿造斯观。如来师子吼勇捍无畏。迦叶。汝谓如来勇捍师子吼时不在大众中耶。勿造斯观。如来在大众中勇捍师子吼。迦叶。汝谓如来在大众中作师子吼不能说法耶。勿造斯观。所以者何。如来在大众中勇捍无畏。作师子吼。善能说法。

云何。迦叶。汝谓如来于大众中勇捍无畏。为师子吼。善能说法。众会听者不一心耶。勿造斯观。所以者何。如来在大众中勇捍无畏。为师子吼。善能说法。诸来会者皆一心听。云何。迦叶。汝谓如来在大众中勇捍无畏。为师子吼。善能说法。诸来会者皆一心听。而不欢喜信受行耶。勿造斯观。所以者何。如来在大众中勇捍多力。能师子吼。善能说法。诸来会者皆一心听。欢喜信受。迦叶。汝谓如来在大众中勇捍无畏。为师子吼。善能说法。诸来会者欢喜信受。而不供养耶。勿造斯观。如来在大众中勇捍无畏。为师子吼。善能说法。诸来会者皆一心听。欢喜信受。而设供养。

迦叶。汝谓如来在大众中勇捍无畏。为师子吼。乃至信敬供养。而不剃除须发。服三法衣。出家修道耶。勿造斯观。所以者何。如来在大众中勇捍无畏。乃至信敬供养。剃除须发。服三法衣。出家修道。迦叶。汝谓如来在大众中勇捍无畏。乃至出家修道。而不究竟梵行。至安隐处。无余泥洹耶。勿造斯观。所以者何。如来于大众中勇捍无畏。乃至出家修道。究竟梵行。至安隐处。无余泥洹。

时。迦叶白佛言。云何。瞿昙。我得于此法中出家受具戒不。

佛告迦叶。若异学欲来入我法中出家修道者。当留四月观察。称可众意。然后当得出家受戒。迦叶。虽有是法。亦观其人耳。

迦叶言。若有异学欲来入佛法中修梵行者。当留四月观察。称可众意。然后当得出家受戒。我今能于佛法中四岁观察。称可众意。然后乃出家受戒。

佛告迦叶。我已有言。但观其人耳。

尔时。迦叶即于佛法中出家受具足戒。时。迦叶受戒未久。以净信心修无上梵行。现法中自身作证。生死已尽。梵行已立。所作已办。不受后有。即成阿罗汉。

尔时。迦叶闻佛所说。欢喜奉行。

(二六)第三分三明经第七

如是我闻。

一时。佛在俱萨罗国人间游行。与大比丘众千二百五十人俱。诣伊车能伽罗俱萨罗婆罗门村。止宿伊车林中。

时。有婆罗门名沸伽罗娑罗．婆罗门名多梨车。以小缘诣伊车能伽罗村。此沸伽罗娑罗婆罗门七世以来父母真正。不为他人之所轻毁。异典三部讽诵通利。种种经书善能分别。又能善于大人相法．观察吉凶。祭祀仪礼。有五百弟子。教授不废。其一弟子名婆悉咤。七世以来父母真正。不为他人之所轻毁。异学三部讽诵通利。种种经书尽能分别。亦能善于大人相法。观察吉凶。祭祀仪礼。亦有五百弟子。教授不废。

多梨车婆罗门亦七世已来父母真正。不为他人之所轻毁。异学三部讽诵通利。种种经书尽能分别。亦能善于大人相法．观察吉凶．祭祀仪礼。亦有五百弟子。教授不废。其一弟子名颇罗堕。七世已来父母真正。不为他人之所轻毁。异学三部讽诵通利。种种经书尽能分别。亦能善于大人相法．观察吉凶．祭祀仪礼。亦有五百弟子。教授不废。

时。婆悉咤．颇罗堕二人于清旦至园中。遂共论义。更相是非。时。婆悉咤语颇罗堕。我道真正。能得出要。至于梵天。此是大师沸伽罗娑罗婆罗门所说。

颇罗堕又言。我道真正。能得出要。至于梵天。此是大师多梨车婆罗门所说。如是。婆悉咤再三自称己道真正。颇罗堕亦再三自称己道真正。二人共论。各不能决。

时。婆悉咤语颇罗堕曰。我闻沙门瞿昙释种子出家成道。于拘萨罗国游行人间。今在伊车能伽罗林中。有大名称。流闻天下。如来．至真．等正觉。十号具足。于诸天．世人．魔．若魔．天．沙门．婆罗门中。自身作证。为他说法。上中下言。皆悉真正。义味具足。梵行清净。如是真人。宜往觐现。我闻彼瞿昙知梵天道。能为人说。常与梵天往返言语。我等当共诣彼瞿昙。共决此义。若沙门瞿昙有所言说。当共奉持。尔时。婆悉咤．颇罗堕二人相随到伊车林中。诣世尊所。问讯已。一面坐。

尔时。世尊知彼二人心中所念。即告婆悉咤曰。汝等二人清旦至园中。作如是论。共相是非。汝一人言。我法真正。能得出要。至于梵天。此是大师沸伽罗娑罗所说。彼一人言。我法真正。能得出要。至于梵天。此是大师多梨车所说。如是再三。更相是非。有如此事耶。

时。婆悉咤．颇罗堕闻佛此言。皆悉惊愕。衣毛为竖。心自念言。沙门瞿昙有大神德。先知人心。我等所欲论者。沙门瞿昙已先说讫。时。婆悉咤白佛言。此道．彼道皆称真正。皆得出要。至于梵天。为沸伽罗娑罗婆罗门所说为是．为多梨车婆罗门所说为是耶。

佛言。正使婆悉咤。此道．彼道真正出要。得至梵天。汝等何为清旦园中共相是非。乃至再三耶。

时。婆悉咤白佛言。诸有三明婆罗门说种种道。自在欲道．自作道．梵天道。此三道者尽向梵天。瞿昙。譬如村营。所有诸道皆向于城。诸婆罗门虽说种种诸道。皆向梵天。

佛告婆悉咤。彼诸道为尽趣梵天不。

答曰。尽趣。

佛复再三重问。种种诸道尽趣梵天不。

答曰。尽趣。

尔时。世尊定其语已。告婆悉咤曰。云何三明婆罗门中。颇有一人得见梵天者不。

答曰。无有见者。

云何。婆悉咤。三明婆罗门先师。颇有得见梵天者不。

答曰。无有见者。

云何。婆悉咤。乃往三明仙人旧婆罗门。讽诵通利。能为人说旧诸赞诵。歌咏诗书。其名阿咤摩婆罗门．婆摩提婆婆罗门．毗婆审婆罗门．伊尼罗斯婆罗门．蛇婆提伽婆罗门．婆婆悉婆罗门．迦叶婆罗门．阿楼那婆罗门．瞿昙摩婆罗门．首脂婆罗门．婆罗损陀婆罗门。彼亦得见梵天不耶。

答曰。无有见者。

佛言。若彼三明婆罗门无有一见梵天者。若三明婆罗门先师无有见梵天者。又诸旧大仙三明婆罗门阿咤摩等亦不见梵天者。当知三明婆罗门所说非实。

又告婆悉咤。如有淫人言。我与彼端正女人交通。称叹淫法。余人语言。汝识彼女不。为在何处。东方．西方．南方．北方耶。答曰。不知。又问。汝知彼女所止土地城邑村落不。答曰。不知。又问。汝识彼女父母及其姓字不。答曰。不知。又问。汝知彼女为是刹利女．为是婆罗门．居士．首陀罗女耶。答曰。不知。又问。汝知彼女为长短．粗细．黑白．好丑耶。答曰。不知。云何。婆悉咤。彼人赞叹为是实不。

答曰。不实。

如是。婆悉咤。三明婆罗门所说亦尔。无有实也。云何。婆悉咤。汝三明婆罗门见日月游行出没处所。叉手供养。能作是说。此道真正。当得出要。至日月所。不。

报曰。如是。三明婆罗门见日月游行出没处所。叉手供养。而不能言。此道真正。当得出要。至日月所。也。

如是。婆悉咤。三明婆罗门见日月游行出没之处。叉手供养。而不能说。此道真正。当得出要。至日月所。而常叉手供养恭敬。岂非虚妄耶。

答曰。如是。瞿昙。彼实虚妄。

佛言。譬如有人立梯空地。余人问言。立梯用为。答曰。我欲上堂。又问。堂何所在。东．西．南．北耶。答云。不知。云何。婆悉咤。此人立梯欲上堂者。岂非虚妄耶。

答曰。如是。彼实虚妄。

佛言。三明婆罗门亦复如是。虚诳无实。婆悉咤。五欲洁净。甚可爱乐。云何为五。眼见色。甚可爱乐。耳声．鼻香．舌味．身触。甚可爱乐。于我贤圣法中。为着．为缚。为是拘锁。彼三明婆罗门为五欲所染。爱着坚固。不见过失。不知出要。彼为五欲之所系缚。正使奉事日月水火。唱言。扶接我去生梵天者。无有是处。譬如阿夷罗河。其水平岸。乌鸟得饮。有人在此岸身被重系。空唤彼岸言。来渡我去。彼岸宁来渡此人不。

答曰。不也。

婆悉咤。五欲洁净。甚可爱乐。于贤圣法中犹如拘锁。彼三明婆罗门为五欲所染。爱着坚固。不见过失。不知出要。彼为五欲之所系缚。正使奉事日月水火。唱言。扶接我去生梵天上。亦复如是。终无是处。婆悉咤。譬如阿夷罗河。其水平岸。乌鸟得饮。有人欲渡。不以手足身力。不因船筏。能得渡不。

答曰。不能。

婆悉咤。三明婆罗门亦复如是。不修沙门清净梵行。更修余道不清净行。欲求生梵天者。无有是处。婆悉咤。犹如山水暴起。多漂人民。亦无船筏。又无桥梁。有行人来。欲渡彼岸。见山水暴起。多漂人民。亦无船筏。又无桥梁。彼人自念。我今宁可多集草木。牢坚缚筏。自以身力渡彼岸耶。即寻缚筏。自以身力安隐得渡。婆悉咤。此亦如是。若比丘舍非沙门不清净行。行于沙门清净梵行。欲生梵天者。则有是处。云何。婆悉咤。梵天有恚心耶。无恚心耶。

答曰。无恚心也。

又问。三明婆罗门有恚心．无恚心耶。

答曰。有恚心。

婆悉咤。梵天无恚心。三明婆罗门有恚心。有恚心．无恚心不共同。不俱解脱。不相趣向。是故梵天．婆罗门不共同也。云何。婆悉咤。梵天有瞋心．无瞋心耶。

答曰。无瞋心。

又问。三明婆罗门有瞋心．无瞋心耶。

答曰。有瞋心。

佛言。梵天无瞋心。三明婆罗门有瞋心。有瞋心．无瞋心不同趣。不同解脱。是故梵天．婆罗门不共同也。云何。婆悉咤。梵天有恨心．无恨心耶。

答曰。无恨心。

又问。三明婆罗门有恨心．无恨心耶。

答曰。有恨心。

佛言。梵天无恨心。三明婆罗门有恨心。有恨心．无恨心不同趣。不同解脱。是故梵天．婆罗门不共同也。云何。婆悉咤。梵天有家属产业不。

答曰。无。

又问。三明婆罗门有家属产业不。

答曰。有。

佛言。梵天无家属产业。三明婆罗门有家属产业。有家属产业．无家属产业不同趣。不同解脱。是故梵天．婆罗门不共同也。云何。婆悉咤。梵天得自在．不得自在耶。

答曰。得自在。

又问。三明婆罗门得自在．不得自在耶。

答曰。不得自在。

佛言。梵天得自在。三明婆罗门不得自在。不得自在．得自在不同趣。不同解脱。是故梵天．婆罗门不共同也。

佛言。彼三明婆罗门。设有人来问难深义。不能具答。实如是不。

答曰。如是。

时。婆悉咤．颇罗堕二人俱白佛言。且置余论。我闻沙门瞿昙明识梵道。能为人说。又与梵天相见往来言语。唯愿沙门瞿昙以慈愍故。说梵天道。开示演布。

佛告婆悉咤。我今问汝。随意报我。云何。婆悉咤。彼心念国。去此远近。

答近。

若使有人生长彼国。有余人问彼国道径。云何。婆悉咤。彼人生长彼国答彼道径。宁有疑不。

答曰。无疑。所以者何。彼国生长故。

佛言。正使彼人生长彼国。或可有疑。若有人来问我梵道。无疑也。所以者何。我常数数说彼梵道故。

时。婆悉咤．颇罗堕俱白佛言。且置此论。我闻沙门瞿昙明识梵道。能为人说。又与梵天相见往来言语。唯愿沙门瞿昙以慈愍故。说于梵道。开示演布。

佛言。谛听。善思。当为汝说。

答言。唯然。愿乐欲闻。

佛言。若如来．至真．等正觉出现于世。十号具足。乃至四禅。于现法中而自娱乐。所以者何。斯由精勤。专念不忘。乐独闲静。不放逸故。彼以慈心遍满一方。余方亦尔。广布无际。无二．无量。无恨．无害。游戏此心而自娱乐。悲．喜．舍心遍满一方。余方亦尔。广布无际。无二．无量。无有结恨。无恼害意。游戏此心以自娱乐。云何。婆悉咤。梵天有恚心．无恚心耶。

答曰。无恚心也。

又问。行慈比丘有恚心．无恚心耶。

答曰。无恚心。

佛言。梵天无恚心。行慈比丘无恚心。无恚心．无恚心同趣。同解脱。是故梵天．比丘俱共同也。云何。婆悉咤。梵天有瞋心耶。无瞋心耶。

答曰。无也。

又问。行慈比丘有瞋心．无瞋心耶。

答曰。无。

佛言。梵天无瞋心。行慈比丘无瞋心。无瞋心．无瞋心同趣。同解脱。是故梵天．比丘俱共同也。云何。婆悉咤。梵天有恨心．无恨心耶。

答曰。无。

又问。行慈比丘有恨心．无恨心耶。

答曰。无。

佛言。梵天无恨心。行慈比丘无恨心。无恨心．无恨心同趣。同解脱。是故比丘．梵天俱共同也。云何。婆悉咤。梵天有家属产业不。

答曰。无也。

又问。行慈比丘有家属产业不耶。

答曰。无也。

佛言。梵天无家属产业。行慈比丘亦无家属产业。无家属产业．无家属产业同趣。同解脱。是故梵天．比丘俱共同也。云何。婆悉咤。梵天得自在不耶。

答曰。得自在。

又问。行慈比丘得自在耶。

答曰。得自在。

佛言。梵天得自在。行慈比丘得自在。得自在．得自在同趣。同解脱。是故梵天．比丘俱共同也。

佛告婆悉咤。当知行慈比丘身坏命终。如发箭之顷。生梵天上。佛说是法时。婆悉咤．颇罗堕即于座上远尘离垢。诸法法眼生。

尔时。婆悉咤．颇罗堕闻佛所说。欢喜奉行。

佛说长阿含经卷第十七

（二七）第三分沙门果经第八

如是我闻。

一时。佛在罗阅祇耆旧童子庵婆园中。与大比丘众千二百五十人俱。

尔时。王阿阇世韦提希子以十五日月满时。命一夫人而告之曰。今夜清明。与昼无异。当何所为作。

夫人白王言。今十五日夜月满时。与昼无异。宜沐发澡浴。与诸婇女五欲自娱。

时。王又命第一太子优耶婆陀而告之曰。今夜月十五日月满时。与昼无异。当何所施作。

太子白王言。今夜十五日月满时。与昼无异。宜集四兵。与共谋议伐于边逆。然后还此共相娱乐。

时。王又命勇健大将而告之曰。今十五日月满时。其夜清明。与昼无异。当何所为作。

大将白言。今夜清明。与昼无异。宜集四兵。案行天下。知有逆顺。

时。王又命雨舍婆罗门而告之曰。今十五日月满时。其夜清明。与昼无异。当诣何等沙门．婆罗门所能开悟我心。

时。雨舍白言。今夜清明。与昼无异。有不兰迦叶于大众中而为导首。多有知识。名称远闻。犹如大海多所容受。众所供养。大王。宜往诣彼问讯。王若见者。心或开悟。

王又命雨舍弟须尼陀而告之曰。今夜清明。与昼无异。宜诣何等沙门．婆罗门所能开悟我心。

须尼陀白言。今夜清明。与昼无异。有末伽梨瞿舍利于大众中而为导首。多有知识。名称远闻。犹如大海无不容受。众所供养。大王。宜往诣彼问讯。王若见者。心或开悟。

王又命典作大臣而告之曰。今夜清明。与昼无异。当诣何等沙门．婆罗门所能开悟我心。

典作大臣白言。有阿耆多翅舍钦婆罗于大众中而为导首。多有知识。名称远闻。犹如大海无不容受。众所供养。大王。宜往诣彼问讯。王若见者。心或开悟。

王又命伽罗守门将而告之曰。今夜清明。与昼无异。当诣何等沙门．婆罗门所能开悟我心。

伽罗守门将白言。有婆浮陀伽㫋那于大众中而为导首。多有知识。名称远闻。犹如大海无不容受。众所供养。大王。宜往诣彼问讯。王若见者。心或开悟。

王又命优陀夷漫提子而告之曰。今夜清明。与昼无异。当诣何等沙门．婆罗门所能开悟我心。

优陀夷白言。有散若夷毗罗梨沸于大众中而为导首。多所知识。名称远闻。犹如大海无不容受。众所供养。大王。宜往诣彼问讯。王若见者。心或开悟。

王又命弟无畏而告之曰。今夜清明。与昼无异。当诣何等沙门．婆罗门所能开悟我心。

弟无畏白言。有尼乾子于大众中而为导首。多所知识。名称远闻。犹如大海无不容受。众所供养。大王。宜往诣彼问讯。王若见者。心或开悟。

王又命寿命童子而告之曰。今夜清明。与昼无异。当诣何等沙门．婆罗门所开悟我心。

寿命童子白言。有佛．世尊今在我庵婆园中。大王。宜往诣彼问讯。王若见者。心必开悟。

王来寿命言。严我所乘宝象及余五百白象。

耆旧受教。即严王象及五百象讫。白王言。严驾已备。唯愿知时。

阿阇世王自乘宝象。使五百夫人乘五百牝象。手各执炬。现王威严。出罗阅祇。欲诣佛所。小行进路。告寿命曰。汝今诳我。陷固于我。引我大众欲与冤家。

寿命白言。大王。我不敢欺王。不敢陷固引王大众以与冤家。王但前进。必获福庆。

时。王小复前进。告寿命言。汝欺诳我。陷固于我。欲引我众持与冤家。如是再三。所以者何。彼有大众千二百五十人。寂然无声。将有谋也。

寿命复再三白言。大王。我不敢欺诳陷固。引王大众持与冤家。王但前进。必获福庆。所以者何。彼沙门法常乐闲静。是以无声。王但前进。园林已现。

阿阇世王到园门。下象．解剑．退盖。去五威仪。步入园门。告寿命曰。今佛．世尊为在何所。

寿命报言。大王。今佛在高堂上。前有明灯。世尊处师子座。南面而坐。王小前进。自见世尊。

尔时。阿阇世王往诣讲堂所。于外洗足。然后上堂。默然四顾。生欢喜心。口自发言。今诸沙门寂然静默。止观具足。愿使我太子优婆耶亦止观成就。与此无异。

尔时。世尊告阿阇世王曰。汝念子故。口自发言。愿使太子优婆耶亦止观成就。与此无异。汝可前坐。

时。阿阇世王即前头面礼佛足。于一面坐。而白佛言。今欲有所问。若有闲暇。乃敢请问。

佛言。大王。欲有问者。便可问也。

阿阇世王白佛言。世尊。如今人乘象．马车。习刀．牟．剑．弓矢．兵仗．战斗之法。王子．力士．大力士．僮使．皮师．剃发师．织鬘师．车师．瓦师．竹师．苇师。皆以种种伎术以自存生。自恣娱乐。父母．妻子．奴仆．僮使共相娱乐。如此营生。现有果报。今诸沙门现在所修。现得果报不。

佛告王曰。汝颇曾诣诸沙门．婆罗门所问如此义不。

王白佛言。我曾诣沙门．婆罗门所问如是义。我念一时至不兰迦叶所。问言。如人乘象．马车。习于兵法。乃至种种营生。现有果报。今此众现在修道。现得果报不。彼不兰迦叶报我言。王若自作。若教人作。斫伐残害。煮炙切割。恼乱众生。愁忧啼哭。杀生偷盗。淫逸妄语。逾墙劫夺。放火焚烧。断道为恶。大王。行如此事。非为恶也。大王。若以利剑脔割一切众生。以为肉聚。弥满世间。此非为恶。亦无罪报。于恒水南。脔割众生。亦无有恶报。于恒水北岸。为大施会。施一切众。利人等利。亦无福报。

王白佛言。犹如有人问瓜报李。问李报瓜。彼亦如是。我问现得报不。而彼答我无罪福报。我即自念言。我是刹利王。水浇头种。无缘杀出家人。系缚驱遣。时。我怀忿结心。作此念已。即便舍去。

又白佛言。我于一时至末伽梨拘舍梨所。问言。如今人乘象．马车。习于兵法。乃至种种营生。皆现有果报。今者此众现在修道。现得报不。彼报我言。大王。无施．无与。无祭祀法。亦无善恶。无善恶报。无有今世。亦无后世。无父．无母。无天．无化。无众生。世无沙门．婆罗门平等行者。亦无今世．后世。自身作证。布现他人。诸言有者。皆是虚妄。世尊。犹如有人问瓜报李。问李报瓜。彼亦如是。我问现得报不。彼乃以无义答。我即自念言。我是刹利王。水浇头种。无缘杀出家人。系缚驱遣。时。我怀忿结心。作此念已。即便舍去。

又白佛言。我于一时至阿夷陀翅舍钦婆罗所。问言。大德。如人乘象．马车。习于兵法。乃至种种营生。皆现有果报。今者此众现在修道。现得报不。彼报我言。受四大人取命终者。地大还归地。水还归水。火还归火。风还归风。皆悉坏败。诸根归空。若人死时。床舆举身置于冢间。火烧其骨如鸽色。或变为灰土。若愚．若智取命终者。皆悉坏败。为断灭法。世尊。犹如有人问李瓜报。彼亦如是。我问现得报不。而彼答我以断灭。我即念言。我是刹利王。水浇头种。无缘杀出家人。系缚驱遣。时。我怀忿结心。作此念已。即便舍去。

又白佛言。我昔一时至彼浮陀伽旃延所。问言。大德。如人乘象．马车。习于兵法。乃至种种营生。皆现有果报。今者此众现在修道。得报不。彼答我言。大王。无力．无精进．人无力．无方便。无因无缘众生染着。无因无缘众生清净。一切众生有命之类。皆悉无力。不得自在。无有冤雠定在数中。于此六生中受诸苦乐。犹如问李瓜报。问瓜李报。彼亦如是。我问现得报不。彼已无力答我。我即自念言。我是刹利王。水浇头种。无缘杀出家人。系缚驱遣。时。我怀忿结心。作此念已。即便舍去。

又白佛言。我昔一时至散若毗罗梨子所。问言。大德。如人乘象．马车。习于兵法。乃至种种营生。皆现有果报。今者此众现在修道。现得报不。彼答我言。大王。现有沙门果报。问如是。答此事如是。此事实。此事异。此事非异非不异。大王。现无沙门果报。问如是。答此事如是。此事实。此事异。此事非异非不异。大王。现有无沙门果报。问如是。答此事如是。此事实。此事异。此事非异非不异。大王。现非有非无沙门果报。问如是。答此事如是。此事实。此事异。此事非异非不异。世尊。犹如人问李瓜报。问瓜李报。彼亦如是。我问现得报不。而彼异论答我。我即自念言。我是刹利王。水浇头种。无缘杀出家人。系缚驱遣。时。我怀忿结心。作是念已。即便舍去。

又白佛言。我昔一时至尼乾子所。问言。大德。犹如人乘象．马车。乃至种种营生。现有果报。今者此众现在修道。现得报不。彼报我言。大王。我是一切智．一切见人。尽知无余。若行。若住．坐．卧。觉悟无余。智常现在前。世尊。犹如人问李瓜报。问瓜李报。彼亦如是。我问现得报不。而彼答我以一切智。我即自念言。我是刹利王。水浇头种。无缘杀出家人。系缚驱遣。时。我怀忿结心。作此念已。即便舍去。是故。世尊。今我来此问如是义。如人乘象．马车。习于兵法。乃至种种营生。皆现有果报。今者沙门现在修道。现得报不。

佛告阿阇世王曰。我今还问王。随意所答。云何。大王。王家僮使．内外作人。皆见王于十五日月满时。沐发澡浴。在高殿上与诸婇女共相娱乐。作此念言。咄哉。行之果报乃至是乎。此王阿阇世以十五日月满时。沐发澡浴。于高殿上与诸婇女五欲自娱。谁能知此乃是行报者。彼于后时。剃除须发。服三法衣。出家修道。行平等法。云何。大王。大王遥见此人来。宁复起念言。是我仆使不耶。

王白佛言。不也。世尊。若见彼来。当起迎请坐。

佛言。此岂非沙门现得报耶。

王言。如是。世尊。此是现得沙门报也。

复次。大王。若王界内寄居客人食王廪赐。见王于十五日月满时。沐发澡浴。于高殿上与诸婇女五欲自娱。彼作是念。咄哉。彼行之报乃如是耶。谁能知此乃是行报者。彼于后时。剃除须发。服三法衣。出家修道。行平等法。云何。大王。大王若遥见此人来。宁复起念言。是我客民食我廪赐耶。

王言。不也。若我见其远来。当起迎礼敬。问讯请坐。

云何。大王。此非沙门现得果报耶。

王言。如是。现得沙门报也。

复次。大王。如来．至真．等正觉出现于世。入我法者。乃至三明。灭诸闇冥。生大智明。所谓漏尽智证。所以者何。斯由精勤。专念不忘。乐独闲静。不放逸故。云何。大王。此非沙门现在果报也。

王报言。如是。世尊。实是沙门现在果报。

尔时。阿阇世王即从坐起。头面礼佛足。白佛言。唯愿世尊受我悔过。我为狂愚痴冥无识。我父摩竭瓶沙王以法治化。无有偏枉。而我迷惑五欲。实害父王。唯愿世尊加哀慈愍。受我悔过。

佛告王曰。汝愚冥无识。但自悔过。汝迷于五欲乃害父王。今于贤圣法中能悔过者。即自饶益。吾愍汝故。受汝悔过。

尔时。阿阇世王礼世尊足已。还一面坐。佛为说法。示教利喜。王闻佛教已。即白佛言。我今归依佛。归依法。归依僧。听我于正法中为优婆塞。自今已后。尽形寿不杀．不盗．不淫．不欺．不饮酒。唯愿世尊及诸大众明受我请。

尔时。世尊默然许可。时。王见佛默然受请已。即起礼佛。绕三匝而还。

其去未久。佛告诸比丘言。此阿阇世王过罪损减。已拔重咎。若阿阇世王不杀父者。即当于此坐上得法眼净。而阿阇世王今自悔过。罪咎损减。已拔重咎。

时。阿阇世王至于中路。告寿命童子言。善哉。善哉。汝今于我多所饶益。汝先称说如来指授开发。然后将我诣世尊所。得蒙开悟。深识汝恩。终不遗忘。

时。王还宫办诸肴膳种种饮食。明日时到。唯圣知时。

尔时。世尊着衣持钵。与众弟子千二百五十人俱。往诣王宫。就座而坐。时。王手自斟酌。供佛及僧。食讫去钵。行澡水毕。礼世尊足。白言。我今再三悔过。我为狂愚痴冥无识。我父摩竭瓶沙王以法治化。无有偏扛。而我迷于五欲。实害父王。唯愿世尊加哀慈愍。受我悔过。

佛告王曰。汝愚冥无识。迷于五欲。乃害父王。今于贤圣法中能悔过者。即自饶益。吾今愍汝。受汝悔过。

时。王礼佛足已。取一小座于佛前坐。佛为说法。示教利喜。王闻佛教已。又白佛言。我今再三归依佛。归依法。归依僧。唯愿听我于正法中为优婆塞。自今已后。尽形寿不杀．不盗．不淫．不欺．不饮酒。

尔时。世尊为阿阇世王说法。示教利喜已。从坐起而去。

尔时。阿阇世王及寿命童子闻佛所说。欢喜奉行。

(二八) 第三分布吒婆楼经第九

如是我闻。

一时。佛在舍卫国祇树给孤独园。与大比丘众千二百五十人俱。

尔时。世尊清旦着衣持钵。入舍卫城乞食。时。世尊念言。今日乞食。于时为早。今我宁可往至布吒婆楼梵志林中观看。须时至当乞食。尔时。世尊即诣梵志林中。时布吒婆楼梵志遥见佛来。即起迎言。善来。沙门瞿昙。久不来此。今以何缘而能屈顾。可前就座。

尔时。世尊即就其座。告布吒婆楼曰。汝等集此。何所作为。为何讲说。

梵志白佛言。世尊。昨日多有梵志．沙门．婆罗门。集此婆罗门堂。说如是事。相违逆论。瞿昙。或有梵志作是说言。人无因无缘而想生。无因无缘而想灭。想有去来。来则想生。去则想灭。瞿昙。或有梵志作是说。由命有想生。由命有想灭。彼想有去来。来则想生。去则想灭。瞿昙。或有梵志作是说。如先所言。无有是处。有大鬼神。有大威力。彼持想去。彼持想来。彼持想去则想灭。彼持想来则想生。我因是故生念。念沙门瞿昙先知此义。必能善知想知灭定。

尔时。世尊告梵志曰。彼诸论者皆有过咎。言无因无缘而有想生。无因无缘而有想灭。想有去来。来则想生。去则想灭。或言因命想生。因命想灭。想有去来。来则想生。去则想灭。或有言。无有是处。有大鬼神。彼持想来。彼持想去。持来则想生。持去则想灭。如此言者。皆有过咎。所以者何。梵志。有因缘而想生。有因缘而想灭。

若如来出现于世。至真．等正觉。十号具足。有人于佛法中出家为道。乃至灭五盖覆蔽心者。除去欲．恶不善法。有觉．有观。离生喜．乐。入初禅。先灭欲想。生喜．乐想。梵志。以此故知有因缘想生。有因缘想灭。灭有觉．观。内喜．一心。无觉．无观。定生喜．乐。入第二禅。梵志。彼初禅想灭。二禅想生。以是故知有因缘想灭。有因缘想生。舍喜修护。专念一心。自知身乐。贤圣所求。护念清净。入三禅。梵志。彼二禅想灭。三禅想生。以是故知有因缘想灭。有因缘想生。舍苦舍乐。先灭忧喜。护念清净。入第四禅。梵志。彼三禅想灭。四禅想生。以是故知有因缘想灭。有因缘想生。舍一切色想。灭恚不念异想。入空处。梵志。一切色想灭。空处想生。以是故知有因缘想灭。有因缘想生。越一切空处。入识处。梵志。彼空处想灭。识处想生。故知有因缘想灭。有因缘想生。越一切识处。入不用处。梵志。彼识处想灭。不用处想生。以是故知有因缘想灭。有因缘想生。舍不用处。入有想无想处。梵志。彼不用处想灭。有想无想处想生。以是故知有因缘想灭。有因缘想生。彼舍有想无想处。入想知灭定。梵志。彼有想无想处想灭。入想知灭定。以是故知有因缘想生。有因缘想灭。彼得此想已。作是念。有念为恶。无念为善。彼作是念时。彼微妙想不灭。更粗想生。彼复念言。我今宁可不为念行。不起思惟。彼不为念行。不起思惟已。微妙想灭。粗想不生。彼不为念行。不起思惟。微妙想灭。粗想不生时。即入想知灭定。云何。梵志。汝从本已来。颇曾闻此次第灭想因缘不。

梵志白佛言。从本已来信自不闻如是次第灭想因缘。

又白佛言。我今生念。谓此有想此无想。或复有想。此想已。彼作是念。有念为恶。无念为善。彼作是念时。微妙想不灭。粗想更生。彼复念言。我今宁可不为念行。不起思惟。彼不为念行。不起思惟已。微妙想灭。粗想不生。彼不为念行。不起思惟。微妙想灭。粗想不生时。即入想知灭定。

佛告梵志言。善哉。善哉。此是贤圣法中次第想灭想定。

梵志复白佛言。此诸想中。何者为无上想。

佛告梵志。不用处想为无上。

梵志又白佛言。诸想中。何者为第一无上想。

佛言。诸想．诸言无想。于其中间能次第得想知灭定者。是为第一无上想。

梵志又问。为一想。为多想。

佛言。有一想。无多想。

梵志又问。先有想生然后智。先有智生然后想。为想．智一时俱生耶。

佛言。先有想生然后智。由想有智。

梵志又问。想即是我耶。

佛告梵志。汝说何等人是我。

梵志白佛言。我不说人是我。我自说色身四大．六入。父母生育。乳餔成长。衣服庄严。无常磨灭法。我说此人是我。

佛告梵志。汝言色身四大．六入。父母生育。乳餔长成。衣服庄严。无常磨灭法。说此人是我。梵志。且置此我。但人想生．人想灭。

梵志言。我不说人是我。我说欲界天是我。

佛言。且置欲界天是我。但人想生．人想灭。

梵志言。我不说人是我。我自说色界天是我。

佛言。且置色界天是我。但人想生．人想灭。

梵志言。我不说人是我。我自说空处．识处．不用处．有想无想处．无色天是我。

佛言。且置空处．识处．无所有处．有想无想处．无色天是我。但人想生．人想灭。

梵志白佛言。云何。瞿昙。我宁可得知人想生．人想灭不。

佛告梵志。汝欲知人想生．人想灭者。甚难。甚难。所以者何。汝异见．异习．异忍．异受。依异法故。

梵志白佛言。如是。瞿昙。我异见．异习．异忍．异受。依异法故。欲知人想生．人想灭者。甚难。甚难。所以者何。我．世间有常。此实余虚。我．世间无常。此实余虚。我．世间有常无常。此实余虚。我．世间非有常非无常。此实余虚。我．世间有边。此实余虚。我．世间无边。此实余虚。我．世间有边无边。此实余虚。我．世间非有边非无边。此实余虚。是命是身。此实余虚。命异身异。此实余虚。身命非异非不异。此实余虚。无命无身。此实余虚。如来终。此实余虚。如来不终。此实余虚。如来终不终。此实余虚。如来非终非不终。此实余虚。

佛告梵志。世间有常。乃至如来非终非不终。我所不记。

梵志白佛言。瞿昙。何故不记。我．世间有常。乃至如来非终非不终。尽不记耶。

佛言。此不与义合。不与法合。非梵行。非无欲。非无为。非寂灭。非止息。非正觉。非沙门。非泥洹。是故不记。

梵志又问。云何为义合．法合。云何为梵行初。云何无为。云何无欲。云何寂灭。云何止息。云何正觉。云何沙门。云何泥洹。云何名记。

佛告梵志。我记苦谛．苦集．苦灭．苦出要谛。所以者何。此是义合．法合。梵行初首．无欲．无为．寂灭．止息．正觉．沙门．泥洹。是故我记。

尔时。世尊为梵志说法。示教利喜已。即从坐而去。

佛去未久。其后诸余梵志语布吒婆楼梵志曰。汝何故听瞿昙沙门所说语语。印可瞿昙言。我及世间有常。乃至如来非终非不终。不与义合。故我不记。汝何故印可是言。我等不可沙门瞿昙如是所说。

布吒婆楼报诸梵志言。沙门瞿昙所说。我．世间有常。乃至如来非终非不终。不与义合。故我不记。我亦不印可此言。但彼沙门瞿昙依法住。以法而言。以法出离。我当何由违此智言。沙门瞿昙如此微妙法言不可违也。

时。布吒婆楼梵志又于异时。共象首舍利弗诣世尊所。问讯已。一面坐。象首舍利弗礼佛而坐。梵志白佛言。佛先在我所。时去未久。其后诸余梵志语我言。汝何故听沙门瞿昙所说语语。印可瞿昙言。我．世间常。乃至如来非终非不终。不合义。故不记。汝何故印可是言。我等不可沙门瞿昙如是所说。我报彼言。沙门瞿昙所说。

我．世间有常。乃至如来非终非不终。不与义合。故我不记。我亦不印可此言。但彼沙门瞿昙依法住法。以法而言。以法出离。我等何由违此智言。沙门瞿昙微妙法言不可违也。

佛告梵志曰。诸梵志言。汝何故听沙门瞿昙所说语语印可。此言有咎。所以者何。我所说法。有决定记．不决定记。云何名不决定记。我．世间有常。乃至如来非终非不终。我亦说此言。而不决定记。所以然者。此不与义合。不与法合。梵行初。非无欲。非无为。非寂灭。非止息。非正觉。非沙门。非泥洹。是故。梵志。我虽说此言而不决定记。云何名为决定记。我记苦谛．苦集．苦灭．苦出要谛。所以者何。此与法合．义合。是梵行初首。无定．无记。梵志。或有沙门．婆罗门于一处世间。无欲无为寂灭止息正觉沙门泥洹。是故我说决定记。

梵志。或有沙门．婆罗门于一处世间一向说乐。我语彼言。汝等审说一处世间一向乐耶。彼报我言。如是。我又语彼言。汝知见一处世间一向乐耶。彼答我言。不知不见。我复语彼言。一处世间诸天一向乐。汝曾见不。彼报我言。不知不见。又问彼言。彼一处世间诸天。汝颇共坐起言语。精进修定不耶。答我言。不。我又问彼言。彼一处世间诸天一向乐者。颇曾来语汝言。汝所行质直。当生彼一向乐天。我以所行质直。故得生彼共受乐耶。彼答我言。不也。我又问彼言。汝能于己身起心化作他四大身。身体具足。诸根无阙不。彼答我言。不能。云何。梵志。彼沙门．婆罗门所言为是诚实。为应法不。

梵志白佛言。此非诚实。为非法言。

佛告梵志。如有人言。我与彼端正女人交通。称赞淫女。余人问言。汝识彼女不。为在何处。东方．西方．南方．北方耶。答曰。不知。又问。汝知彼女所止土地．城邑．村落不。答曰。不知。又问。汝识彼女父母及其姓字不。答曰。不知。又问。汝知彼女为刹利女。为是婆罗门．居士．首陀罗女耶。答曰。不知。又问。汝知彼女为长短．粗细．黑白．好丑耶。答曰。不知。云何。梵志。此人所说为诚实不。

答曰。不也。

梵志。彼沙门．婆罗门亦复如是。无有真实。梵志。犹如有人立梯空地。余人问言。立梯用为。答曰。我欲上堂。又问。堂何所在。答曰。不知。云何。梵志。彼立梯者岂非虚妄耶。

答曰。如是。彼实虚妄。

佛言。诸沙门．婆罗门亦复如是。虚妄无实。

佛告布吒婆楼。汝言我身色四大．六入。父母生育。乳餔成长。衣服庄严。无常磨灭。以此为我者。我说此为染污。为清净。为得解。汝意或谓染污法不可灭。清净法不可生。常在苦中。勿作是念。何以故。染污法可灭尽。清净法可出生。处安乐地。欢喜爱乐。专念一心。智慧增广。梵志。我于欲界天．空处．识处．不用处．有想无想处天。说为染污。亦说清净。亦说得解。汝意或谓染污法不可灭。清净法不可生。常在苦中。勿作是念。所以者何。染污可灭。净法可生。处安乐地。欢喜爱乐。专念一心。智慧增广。

尔时。象首舍利弗白言。世尊。当有欲界人身四大诸根时。复有欲界天身。色界天身。空处．识处．不用处．有想无想处天身。一时有不。世尊。当有欲界天身时。复有欲界人身四大诸根。及色界天身。空处．识处．无所有处．有想无想处天身。一时有不。世尊。当有色界天身时。复有欲界人身四大诸根。及色界天身。空处．识处．无所有处．有想无想处天身。一时有不。如是至有想无想处天身时。有欲界人身四大诸根。及欲界天身。色界天身。空处．识处．无所有处天身。一时有不。

佛告象首舍利弗。若有欲界人身四大诸根。尔时正有欲界人身四大诸根。非欲界天身。色界天身。空处．识处．无所有处．有想无想处天身。如是乃至有有想无想处天身时。尔时正有想无想处天身。无有欲界人身四大诸根。及欲界天身。色界天身。空处．识处．无所有处天身。象首。譬如牛乳。乳变为酪。酪为生酥。生酥为熟酥。熟酥为醍醐。醍醐为第一。象首。当有乳时。唯名为乳。不名为酪．酥．醍醐。如是展转。至醍醐时。唯名醍醐。不名为乳。不名酪．酥。象首。此亦如是。若有欲界人身四大诸根时。无有欲界天身。色界天身。乃至有想无想处天身。如是展转。有有想无想处天身时。唯有有想无想处天身。无有欲界人身四大诸根。及欲界天身。色界天身。乃至无所有天身。

象首。于汝意云何。若有人问汝言。若有过去身时。有未来．现在身。一时有不。有未来身时。有过去．现在身。一时有不。有现在身时。有过去．未来身。一时有不。设有此问者。汝云何报。

象首言。设有如是问者。我当报言。有过去身时。唯是过去身。无未来．现在。有未来身时。唯是未来身。无过去．现在。有现在身时。唯是现在身。无过去．未来身。

象首。此亦如是。有欲界人身四大诸根时。无欲界天身。色界天身。乃至有想无想处天身。如是展转。至有想无想处天身时。无有欲界人身四大诸根。及欲界天身。色界天身。至不用处天身。

复次。象首。若有人问汝言。汝曾有过去已灭不。未来当生不。现在今有不。设有是问者。汝当云何答。

象首白佛言。若有是问者。当答彼言。我曾有过去已灭。非不有也。有未来当生。非不有也。现在今有。非不有也。

佛言。象首。此亦如是。有欲界人身四大诸根时。无欲界天身。乃至有想无想天身。如是展转。至有想无想天身时。无有欲界人身四大诸根。及欲界天身。乃至无所有处天身。

尔时。象首白佛言。世尊。我今归依佛。归依法。归依僧。听我于正法中为优婆塞。自今已后。尽形寿不杀．不盗．不淫．不欺．不饮酒。

时。布吒婆楼梵志白佛言。我得于佛法中出家受戒不。

佛告梵志。若有异学欲于我法中出家为道者。先四月观察。称众人意。然后乃得出家受戒。虽有是法。亦观人耳。

梵志白佛言。诸有异学欲于佛法中出家受戒者。先当四月观察。称众人意。然后乃得出家受戒。如我今者。乃能于佛法中四岁观察。称众人意。然后乃望出家受戒。

佛告梵志。我先语汝。虽有是法。当观其人。

时。彼梵志即于正法中得出家受戒。如是不久以信坚固。净修梵行。于现法中自身作证。生死已尽。所作已办。不受后有。即成阿罗汉。

尔时。布吒婆楼闻佛所说。欢喜奉行。

（二九）第三分露遮经第十

如是我闻。

一时。佛在拘萨罗人间游行。与大比丘众千二百五十人俱。往诣婆罗婆提婆罗门村北尸舍婆林中止宿。

时。有婆罗门。名曰露遮。住婆罗林中。其村丰乐。人民炽盛。波斯匿王即封此村。与婆罗门以为梵分。此婆罗门七世已来父母真正。不为他人之所轻毁。异典三部讽诵通利。种种经书尽能分别。又能善于大人相法．瞻候吉凶．祭祀仪礼。闻沙门瞿昙释种子出家成道。于拘萨罗国人间游行。至尸舍婆林中。有大名称。流闻天下。如来．至真．等正觉。十号具足。于诸天．世人．魔．若魔．天．沙门．婆罗门众中自身作证。与他说法。上中下善。义味具足。梵行清净。如此真人。宜往觐现。我今宁可往共相见。

时。婆罗门即出彼村。诣尸舍婆林中。至世尊所。问讯已。一面坐。佛为说法。示教利喜。婆罗门闻法已。白佛言。唯愿世尊及诸大众明受我请。尔时。世尊默然受请。

彼婆罗门见佛默然。知已许可。即从坐起。绕佛而去。去佛不远。便起恶见言。诸沙门．婆罗门多知善法。多所证成。不应为他人说。但自知休与他说为。譬如有人坏故狱已。更造新狱。斯是贪恶不善法耳。

时。婆罗门还至。婆罗林已。即于其夜具办种种肴膳饮食。时到。语剃头师言。汝持我声。诣尸舍婆林中。白沙门瞿昙。日时已到。宜知是时。

剃头师受教即行。往到佛所。礼世尊足白。时已到。宜知是时。

尔时。世尊即着衣持钵。从诸弟子千二百五十人俱。诣婆罗林。

剃头师侍从世尊。偏露右臂。长跪叉手。白佛言。彼露遮婆罗门去佛不远。生恶见言。诸有沙门．婆罗门多知善法。多所证者。不应为他人说。但自知休与他说为。譬如有人坏故狱已。更造新狱。斯是贪恶不善法耳。唯愿世尊除其恶见。

佛告剃头师曰。此是小事。易开化耳。

尔时。世尊至婆罗门舍。就座而坐。时。婆罗门以种种甘膳。手自斟酌。供佛及僧。食讫去钵。行澡水毕。取一小床于佛前坐。佛告露遮。汝昨去我不远。生恶见言。诸沙门．婆罗门多知善法。多所证者。不应为他人说。乃至贪恶不善法。实有是言耶。

露遮言。尔。实有此事。

佛告露遮。汝勿复尔生此恶见。所以者何。世有三师可以自诫。云何为三。一者剃除须发。服三法衣。出家修道。于现法中可以除烦恼。又可增益得上人法。而于现法中不除烦恼。不得上人法。己业未成而为弟子说法。其诸弟子不恭敬承事。由复依止与共同住。露遮。彼诸弟子语师言。师今剃除须发。服三法衣。出家修道。于现法中可得除众烦恼。得上人胜法。而今于现法中不能除烦恼。不得上人胜法。己业未成而为弟子说法。使诸弟子不复恭敬承事供养。但共依止同住而已。

佛言。露遮。犹如有人坏故狱已。更造新狱。斯则名为贪浊恶法。是为一师可以自诫。是为贤圣戒．律戒．仪戒．时戒。

又告露遮。第二师者。剃除须发。服三法衣。出家修道。于现法中可得除众烦恼。不可增益得上人法。而于现法中不能除众烦恼。虽复少多得上人胜法。己业未成而为弟子说法。其诸弟子不恭敬承事。由复依止与共同住。露遮。彼诸弟子语师言。师今剃除须发。服三法衣。出家修道。于现法中得除众烦恼。得上人法。而今于现法中不能除众烦恼。虽复少多得上人法己利未成而为弟子说法。使诸弟子不复恭敬承事供养。但共依止同住而已。

佛言。露遮。犹如有人在他后行。手摩他背。此则名为贪浊恶法。是为二师可以自诫。是为贤圣戒．律戒．仪戒．时戒。

又告露遮。第三师者。剃除须发。服三法衣。出家修道。于现法中可除烦恼。又可增益得上人法。而于现法中不能除众烦恼。虽复少多得上人法。己利未成而为弟子说法。其诸弟子恭敬承事。依止同住。露遮。彼诸弟子语师言。师今剃除须发。服三法衣。出家修道。于现法中可得除众烦恼。少多得上人法。而今于现法中不能除众烦恼。虽复少多得上人法。己利未成而为弟子说法。诸弟子恭敬承事。共止同住。

佛言。露遮。犹如有人舍己禾稼。锄他田苗。此则名为贪浊恶法。是为三师可以自诫。是为贤圣戒．律戒．仪戒．时戒。露遮。有一世尊不在世间。不可倾动。云何为一。若如来．至真．等正觉出现于世。乃至得三明。除灭无明。生智慧明。去诸闇冥。出大法光。所谓漏尽智证。所以者何。斯由精勤。专念不忘。乐独闲居之所得也。露遮。是为第一世尊不在世间。不可倾动。露遮。有四沙门果。何者四。谓须陀洹果．斯陀含果．阿那含果．阿罗汉果。云何。露遮。有人闻法应得此四沙门果。若有人遮言。勿为说法。设用其言者。彼人闻法得果以不。

答曰。不得。

又问。若不得果。得生天不。

答曰。不得。

又问。遮他说法。使不得果。不得生天。为是善心。为不善心耶。

答曰。不善。

又问。不善心者。为生善趣。为堕恶趣。

答曰。生恶趣。

露遮。犹如有人语波斯匿王言。王所有国土。其中财物王尽自用。勿给余人。云何。露遮。若用彼人言者。当断余人供不。

答曰。当断。

又问。断他供者。为是善心。为不善心。

答曰。不善心。

又问。不善心者。为生善趣。为堕恶道耶。

答曰。堕恶道。

露遮。彼亦如是。有人闻法。应得四沙门果。若有人言。勿为说法。设用其言者。彼人闻法得果不。

答曰。不得。

又问。若不得果。得生天不。

答曰。不得。

又问。遮他说法。使不得道果。不得生天。彼为是善心。为不善心耶。

答曰。不善。

又问。不善心者。当生善趣。为堕恶道耶。

答曰。堕恶道。

露遮。若有人语汝言。彼波罗婆提村封所有财物。露遮。自用勿给人。物当自用。与他何为。云何。露遮。设用彼言者。当断余人供不。

答曰。当断。

又问。教人断他供者。为是善心。为不善心耶。

答曰。不善。

又问。不善心者。为生善趣。为堕恶道耶。

答曰。堕恶道。

露遮。彼亦如是。有人闻法应得四沙门果。若有人言。勿为说法。设用其言者。彼人闻法得果不。

答曰。不得。

又问。若不得果。得生天不。

答曰。不得。

又问。遮他说法。使不得果。不得生天。为是善心。为不善心耶。

答曰。不善。

又问。不善心者。为生善趣。为堕恶道耶。

答曰。堕恶道。

尔时。露遮婆罗门白佛言。我归依佛。归依法。归依僧。愿听我于正法中为优婆塞。自今已后。尽形寿不杀．不盗．不淫．不欺．不饮酒。

佛说法已。时露遮婆罗门闻佛所说。欢喜奉行。

佛说长阿含经卷第十八

（三〇）第四分世记经
阎浮提州品第一

如是我闻。

一时。佛在舍卫国祇树给孤独园俱利窟中。与大比丘众千二百五十人俱。

时。众比丘于食后集讲堂上议言。诸贤。未曾有也。今此天地何由而败。何由而成。众生所居国土云何。

尔时。世尊于闲静处天耳彻听。闻诸比丘于食后集讲堂上议如此言。尔时世尊于静窟起。诣讲堂坐。知而故问。问诸比丘。向者所议。议何等事。

诸比丘白佛言。我等于食后集法讲堂议言。诸贤。未曾有也。今是天地何由而败。何由而成。众生所居国土云何。我等集堂议如是事。

佛告诸比丘言。善哉。善哉。凡出家者应行二法。一贤圣默然。二讲论法语。汝等集在讲堂。亦应如此贤圣默然．讲论法语。诸比丘。汝等欲闻如来记天地成败．众生所居国邑不耶。

时。诸比丘白佛言。唯然。世尊。今正是时。愿乐欲闻。世尊说已。当奉持之。

佛言。比丘。谛听。谛听。善思念之。当为汝说。

佛告诸比丘。如一日月周行四天下。光明所照。如是千世界。千世界中有千日月．千须弥山王．四千天下．四千大天下．四千海水．

四千大海．四千龙．四千大龙．四千金翅鸟．四千大金翅鸟．四千恶道．四千大恶道．四千王．四千大王．七千大树．八千大泥犁．十千大山．千阎罗王．千四天王．千忉利天千焰摩天．千兜率天．千化自在天．千他化自在天．千梵天。是为小千世界。如一小千世界。尔所小千千世界。是为中千世界。如一中千世界。尔所中千千世界。是为三千大千世界。如是世界周匝成败。众生所居名一佛刹。

佛告比丘。今此大地深十六万八千由旬。其边无际。地止于水。水深三千三十由旬。其边无际。水止于风。风深六千四十由旬。其边无际。比丘。其大海水深八万四千由旬。其边无际。须弥山王入海水中八万四千由旬。出海水上高八万四千由旬。下根连地。多固地分。其山直上。无有阿曲。生种种树。树出众香。香遍山林。多诸贤圣。大神妙天之所居止。其山下基纯有金沙。其山四面有四埵出。高七百由旬。杂色间厕。七宝所成。四埵斜低。曲临海上。

须弥山王有七宝阶道。其下阶道广六十由旬。挟道两边有七重宝墙．七重栏楯．七重罗网．七重行树。金墙银门。银墙金门。水精墙琉璃门。琉璃墙水精门。赤珠墙马瑙门。马瑙墙赤珠门。车䃭墙众宝门。其栏楯者。金栏银桄。银栏金桄。水精栏琉璃桄。琉璃栏水精桄。赤珠栏马瑙桄。马瑙栏赤珠桄。车䃭栏众宝桄。其栏楯上有宝罗网。其金罗网下悬银铃。其银罗网下悬金铃。琉璃罗网悬水精铃。水精罗网悬琉璃铃。赤珠罗网悬马瑙铃。马瑙罗网悬赤珠铃。车䃭罗网悬众宝铃。其金树者金根金枝银叶华实。其银树者银根银枝金叶华实。其水精树水精根枝琉璃华叶。其琉璃树琉璃根枝水精华叶。其赤珠树赤珠根枝马瑙华叶。其马瑙树者马瑙根枝赤珠华叶。车䃭树者车䃭根枝众宝华叶。

其七重墙。墙有四门。门有栏楯。七重墙上皆有楼阁台观。周匝围绕有园观浴池。生众宝华叶。宝树行列。花果繁茂。香风四起。悦可人心。凫雁鸳鸯。异类奇鸟。无数千种。相和而鸣。又须弥山王中级阶道广四十由旬。挟道两边有七重宝墙．栏楯七重．罗网七重．行树七重。乃至无数众鸟相和而鸣。亦如下阶。上级阶道广二十由旬。挟道两边有七重宝墙．栏楯七重．罗网七重．行树七重。乃至无数众鸟相和而鸣。亦如中阶。

佛告比丘。其下阶道有鬼神住。名曰伽楼罗足。其中阶道有鬼神住。名曰持鬘。其上阶道有鬼神住。名曰喜乐。其四埵高四万二千由旬。四天大王所居宫殿。有七重宝城．栏楯七重．罗网七重．行树七重。诸宝铃乃至无数众鸟相和而鸣。亦复如是。须弥山顶有三十三天宫。宝城七重．栏楯七重．罗网七重．行树七重。乃至无数众鸟相和而鸣。亦复如是。过三十三天由旬一倍有焰摩天宫。过焰摩天宫由旬一倍有兜率天宫。过兜率天宫由旬一倍有化自在天宫。过化自在天宫由旬一倍有他化自在天宫。过他化自在天宫由旬一倍有梵加夷天宫。

于他化自在天．梵加夷天中间。有摩天宫。纵广六千由旬。宫墙七重．栏楯七重．罗网七重．行树七重。乃至无数众鸟相和而鸣。亦复如是。过梵伽夷天宫由旬一倍有光音天宫。过光音天由旬一倍有遍净天宫。过遍净天由旬一倍有果实天宫。过果实天由旬一倍有无想天宫。过无想天由旬一倍有无造天宫。过无造天由旬一倍有无热天宫。过无热天由旬一倍有善见天宫。过善见天由旬一倍有大善见天宫。过大善见天由旬一倍有色究竟天宫。过色究竟天上有空处智天．识处智天．无所有处智天．有想无想处智天。齐此名众生边际．众生世界。一切众生生．老．病．死．受阴．受有。齐此不过。

佛告比丘。须弥山北有天下。名郁单曰。其土正方。纵广一万由旬。人面亦方。像彼地形。须弥山东有天下。名弗于逮。其土正圆。纵广九千由旬。人面亦圆。像彼地形。须弥山西有天下。名俱耶尼。其土形如半月。纵广八千由旬。人面亦尔。像彼地形。须弥山南有天下。名阎浮提。其土南狭北广。纵广七千由旬。人面亦尔。像此地形。须弥山北面天金所成。光照北方。须弥山东面天银所成。光照东方。须弥山西面天水精所成。光照西方。须弥山南面天琉璃所成。光照南方。

郁单曰有大树王。名庵婆罗。围七由旬。高百由旬。枝叶四布五十由旬。弗于逮有大树王。名伽蓝浮。围七由旬。高百由旬。枝叶四布五十由旬。俱耶尼有大树王。名曰斤提。围七由旬。高百由旬。枝叶四布五十由旬。又其树下有石牛幢。高一由旬。阎浮提有大树王。名曰阎浮提。围七由旬。高百由旬。枝叶四布五十由旬。金翅鸟王及龙王树名俱利睒婆罗。围七由旬。高百由旬。枝叶四布五十由旬。阿修罗王有树。名善画。围七由旬。高百由旬。枝叶四布五十由旬。忉利天有树。名曰昼度。围七由旬。高百由旬。枝叶四布五十由旬。

须弥山边有山。名伽陀罗。高四万二千由旬。纵广四万二千由旬。其边广远。杂色间厕。七宝所成。其山去须弥山八万四千由旬。其间纯生优钵罗花．钵头摩花．俱物头花．分陀利花。芦苇．松．竹丛生其中。出种种香。香亦充遍。去佉陀罗山不远有山。名伊沙陀罗。高二万一千由旬。纵广二万一千由旬。其边广远。杂色间厕。七宝所成。去佉陀罗山四万二千由旬。其间纯生优钵罗花．钵头摩花．俱勿头花．分陀利花。芦苇．松．竹丛生其中。出种种香。香气充遍。去伊沙陀罗山不远有山。名树巨陀罗。高万二千由旬。纵广万二千由旬。其边广远。杂色间厕。七宝所成。去伊沙陀罗山二万一千由旬。其间纯生四种杂花。芦苇．松．竹丛生其中。出种种香。香气充遍。去树巨陀罗山不远有山。名善见。高六千由旬。纵广六千由旬。其边广远。杂色间厕。七宝所成。去树巨陀罗山万二千由旬。其间纯生四种杂花。芦苇．松．竹丛生其中。出种种香。香气充遍。

去善见山不远有山。名马食上。高三千由旬。纵广三千由旬。其边广远。杂色间厕。七宝所成。去善见山六千由旬。其间纯生四种杂花。芦苇．松．竹丛生其中。出种种香。香气充遍。去马食山不远有山。名尼民陀罗。高千二百由旬。纵广千二百由旬。其边广远。杂色间厕。七宝所成。去马食山三千由旬。其间纯生四种杂花。芦苇．松．竹丛生其中。出种种香。香气充遍。去尼民陀罗山不远有山。名调伏。高六百由旬。纵广六百由旬。其边广远。杂色间厕。七宝所成。去尼民陀罗山千二百由旬。其间纯生四种杂花。芦苇．松．竹丛生其中。出种种香香气充遍。去调伏山不远有山。名金刚围。高三百由旬。纵广三百由旬。其边广远。杂色间厕。七宝所成。去调伏山六百由旬。其间纯生四种杂花。芦苇．松．竹丛生其中。出种种香。香气充遍。

去大金刚山不远有大海水。海水北岸有大树王。名曰阎浮。围七由旬。高百由旬。枝叶四布五十由旬。其边空地复有丛林。名庵婆罗。纵广五十由旬。复有丛林名曰阎婆。纵广五十由旬。复有丛林名曰娑罗。纵广五十由旬。复有丛林名曰多罗。纵广五十由旬。复有丛林名曰那多罗。纵广五十由旬。复有丛林名曰为男。纵广五十由旬。复有丛林名曰为女。纵广五十由旬。复有丛林名曰男女。纵广五十由旬。复有丛林名曰散那。纵广五十由旬。复有丛林名曰栴檀。纵广五十由旬。复有丛林名曰佉酬罗。纵广五十由旬。复有丛林名曰波棕婆罗。纵广五十由旬。复有丛林名曰毗罗。纵广五十由旬。复有丛林名曰香棕。纵广五十由旬。复有丛林名曰为梨。纵广五十由旬。复有丛林名曰安石留。纵广五十由旬。复有丛林名曰为甘。纵广五十由旬。复有丛林名呵梨勒。纵广五十由旬。复有丛林名毗醯勒。纵广五十由旬。复有丛林名阿摩勒。纵广五十由旬。复有丛林名阿摩犁。纵广五十由旬。复有丛林名棕。纵广五十由旬。复有丛林名甘蔗。纵广五十由旬。复有丛林名苇。纵广五十由旬。复有丛林名竹。纵广五十由旬。复有丛林名舍罗。纵广五十由旬。复有丛林名舍罗业。纵广五十由旬。复有丛林名木瓜。纵广五十由旬。复有丛林名大木瓜。纵广五十由旬。复有丛林名解脱华。纵广五十由旬。复有丛林名瞻婆。纵广五十由旬。复有丛林名婆罗罗。纵广五十由旬。复有丛林名修摩那。纵广五十由旬。复有丛林名婆师。纵广五十由旬。复有丛林名多罗梨。纵广五十由旬。复有丛林名伽耶。纵广五十由旬。复有丛林名葡萄。纵广五十由旬。

过是地空。其空地中复有花池。纵广五十由旬。复有钵头摩池．俱物头池．分陀利池。毒蛇满中。各纵广五十由旬。过是地空。其空地中有大海水。名郁禅那。此水下有转轮圣王道。广十二由旬。挟道两边有七重墙．七重栏楯．七重罗网．七重行树。周匝校饰。以七宝成。阎浮提地转轮圣王出于世时。水自然去。其道平现。去海不远有山。名郁禅。其山端严。树木繁茂。花果炽盛。众香芬馥。异类禽兽靡所不有。去郁禅山不远有山。名金壁。中有八万岩窟。八万象王止此窟中。其身纯白。头有杂色。口有六牙。齿间金填。过金壁山已。有山名雪山。纵广五百由旬。深五百由旬。东西入海。雪山中间有宝山。高二十由旬。

雪山埵出高百由旬。其山顶上有阿耨达池。纵广五十由旬。其水清冷。澄净无秽。七宝砌垒．七重栏楯．七重罗网．七重行树。种种异色。七宝合成。其栏楯者。金栏银桄。银栏金桄。琉璃栏水精桄。水精栏琉璃桄。赤珠栏马瑙桄。马瑙栏赤珠桄。车磲栏众宝所成。金网银铃。银网金铃。琉璃网水精铃。水精网琉璃铃。车磲网七宝所成。金多罗树金根金枝银叶银果。银多罗树银根银枝金叶金果。水精树水精根枝琉璃花果。赤珠树赤珠根枝马瑙叶马瑙花果。车磲树车磲根枝众宝花果。

阿耨达池侧皆有园观浴池。众花积聚。种种树叶。花果繁茂。种种香风。芬馥四布。种种异类。诸鸟哀鸣相和。阿耨达池底。金沙充满。其池四边皆有梯陛。金桄银陛。银桄金陛。琉璃桄水精陛。水精桄琉璃陛。赤珠桄马瑙陛。马瑙桄赤珠陛。车磲桄众宝陛。绕池周匝皆有栏楯。生四种花。青．黄．赤．白。杂色参间。华如车轮。根如车毂。花根出汁。色白如乳。味甘如蜜。阿耨达池东有恒伽河。从牛口出。从五百河入于东海。阿耨达池南有新头河。从师子口出。从五百河入于南海。阿耨达池西有婆叉河。从马口出。从五百河入于西海。阿耨达池北有斯陀河。从象口中出。从五百河入于北海。阿耨达宫中有五柱堂。阿耨达龙王恒于中止。

佛言。何故名为阿耨达。阿耨达其义云何。此阎浮提所有龙王尽有三患。唯阿耨达龙无有三患。云何为三。一者举阎浮提所有诸龙。皆被热风．热沙着身。烧其皮肉。及烧骨髓以为苦恼。唯阿耨达龙无有此患。二者举阎浮提所有龙宫。恶风暴起。吹其宫内。失宝饰衣。龙身自现以为苦恼。唯阿耨达龙王无如是患。三者举阎浮提所有龙王。各在宫中相娱乐时。金翅大鸟入宫搏撮或始生方便。欲取龙食。诸龙怖惧。常怀热恼。唯阿耨达龙无如此患。若金翅鸟生念欲往。即便命终。故名阿耨达(阿耨达秦言无恼热)。

佛告比丘。雪山右面有城。名毗舍离。其城北有七黑山。七黑山北有香山。其山常有歌唱伎乐音之声。山有二窟。一名为昼。二名善昼。天七宝成。柔濡香洁。犹如天衣。妙音乾闼婆王从五百乾闼婆在其中止。昼．善昼窟北有娑罗树王。名曰善住。有八千树王围绕四面。善住树王下有象王。亦名善住。止此树下。身体纯白。七处平住。力能飞行。其头赤色。杂色毛间。六牙纤[月+庸]。金为间填。有八千象围绕随从。其八千树王下八千象。亦复如是。

善住树王北有大浴池。名摩陀延。纵广五十由旬。有八千浴池周匝围绕。其水清凉。无有尘秽。以七宝堑周匝砌垒绕。池有七重栏楯．七重罗网．七重行树。皆七宝成。金栏银桄。银栏金桄。水精栏琉璃桄．琉璃栏水精桄。赤珠栏马瑙桄。马瑙栏赤珠桄。车磲栏众宝桄。其金罗网下垂银铃。其银罗网下垂金铃。水精罗网垂琉璃铃。琉璃罗网垂水精铃。赤珠罗网垂马瑙铃。马瑙罗网垂赤珠铃。砗磲罗网垂众宝铃。其金树者金根金枝银叶花实。其银树者银根银枝金叶花实。水精树者水精根枝琉璃花实。琉璃树者琉璃根枝水精花实。赤珠树者赤珠根枝马瑙花实。马瑙树者马瑙根枝赤珠花实。砗磲树者车磲根枝众宝花实。

又其池底金沙布散。绕池周匝有七宝阶道。金陛银蹬。银陛金蹬。水精陛琉璃蹬。琉璃陛水精蹬。赤珠陛马瑙蹬。马瑙陛赤珠蹬。车磲陛众宝蹬。挟陛两边有宝栏楯。又其池中生四种华。青．黄．赤．白。众色参间。华如车轮。根如车毂。花根出汁。色白如乳。味甘如蜜。绕池四面有众园观．丛林．浴池。生种种花。树木清凉。花果丰盛。无数众鸟相和而鸣。亦复如是。善住象王念欲游戏。入池浴时。即念八千象王。时。八千象王复自念言。善住象王今以念我。我等宜往至象王所。于是。众象即往前立。

时。善住象王从八千象至摩陀延池。其诸象中有为王持盖者。有执宝扇扇象王者。中有作倡伎乐前导从者。时。善住象王入池洗浴。作倡伎乐。共相娱乐。或有象为王洗鼻者。或有洗口．洗头．洗牙．洗耳．洗腹．洗背．洗尾．洗足者。中有拔华根洗之与王食者。中有取四种花散王上者。尔时。善住象王洗浴．饮食。共相娱乐已。即出岸上。向善住树立。其八千象然后各自入池洗浴．饮食。共相娱乐。讫已还出。至象王所。

时。象王从八千象前后导从。至善住树王所。中有持盖覆象王者。有执宝扇扇象王者。中有作倡伎乐在前导者。时。善住象王诣树王已。坐卧行步随意所游。余八千象各自在树下。坐卧行步随意所游。其树林中有围八寻者。有围九寻至十寻．十五寻者。唯善住象王婆罗树王围十六寻。其八千婆罗树枝叶堕落时。清风远吹置于林外。又八千象大小便时。诸夜叉鬼除之林外。

佛告比丘。善住象王有大神力。功德如是。虽为畜生。受福如是。

郁单曰品第二

佛告比丘。郁单曰天下多有诸山。其彼山侧有诸园观浴池。生众杂花。树木清凉。花果丰茂。无数众鸟相和而鸣。又其山中多众流水。其水洋顺。无有卒暴。众花覆上。泛泛徐流。挟岸两边多众树木。枝条柔弱。花果繁炽。地生濡草。槃萦右旋。色如孔翠。香如婆师。濡若天衣。其地柔濡。以足蹹地。地凹四寸。举足还复。地平如掌。无有高下。

比丘。彼郁单曰土四面有四阿耨达池。各纵广百由旬。其水澄清。无有垢秽。以七宝堑厕砌其边。乃至无数众鸟相和悲鸣。与摩陀延池严饰无异。彼四大池各出四大河。广十由旬。其水洋顺。无有卒暴。众花覆上。泛泛徐流。挟岸两边多众树木。枝条柔弱。花果繁炽。地生濡草。槃萦右旋。色如孔翠。香犹婆师。濡若天衣。其地柔濡。以足蹈地。地凹四寸。举足还复。地平如掌。无有高下。又彼土地无有沟涧．坑坎．荆棘．株杌。亦无蚊虻．蚖蛇．蜂蝎．虎豹．恶兽。地纯众宝。无有石沙。阴阳调柔。四气和顺。不寒不热。无众恼患。其地润泽。尘秽不起。如油涂地。无有游尘。百草常生。无有冬夏。树木繁茂。花果炽盛。地生濡草。槃萦右旋。色如孔翠。香犹婆师。濡若天衣。其地柔濡。以足蹈地。地凹四寸。举足还复。地平如掌。无有高下。

其土常有自然粳米。不种自生。无有糠糩。如白花聚。犹忉利天食。众味具足。其土常有自然釜鍑。有摩尼珠。名曰焰光。置于鍑下。饭熟光灭。不假樵火。不劳人功。其土有树。名曰曲躬。叶叶相次。天雨不漏。彼诸男女止宿其下。复有香树。高七十里。花果繁茂。其果熟时。皮壳自裂。自然香出。其树或高六十里。或五十．四十。极小高五里。皆花果繁茂。其果熟时。皮壳自裂。自然香出。

复有衣树。高七十里。花果繁茂。其果熟时。皮壳自裂。出种种衣。其树或高六十里．五十．四十。极小高五里。皆花果繁茂。出种种衣。复有庄严树。高七十里。花果繁茂。其果熟时。皮壳自裂。出种种严身之具。其树或高六十里．五十．四十里。极小高五里。皆花果繁茂。出种种严身之具。复有花鬘树。高七十里。花果繁茂。其果熟时。皮壳自裂。出种种鬘。树或高六十里．五十．四十里。极小高五里。亦皆花果繁茂。出种种鬘。复有器树。高七十里。花果繁茂。其果熟时。皮壳自裂。出种种器。其树或高六十里．五十．四十。极小高五里。皆花果繁茂。出种种器。复有果树。高七十里。花果繁茂。其果熟时。皮壳自裂。出种种果。树或高六十里．五十．四十。极小高五里。皆花果繁茂。出种种果。复有乐器树。高七十里。花果繁茂。其果熟时。皮壳自裂。出种种乐器。其树或高六十里．五十．四十。极小高五里。皆花果繁茂。出种种乐器。

其土有池。名曰善见。纵广百由旬。其水清澄。无有垢秽。以七宝堑厕砌其边。绕池四面有七重栏楯．七重罗网．七重行树。乃至无数众鸟相和而鸣。亦复如是。其善见池北有树。名庵婆罗。周围七里。上高百里。枝叶四布遍五十里。其善见池东出善道河。广一由旬。其水徐流。无有洄澓。种种杂花覆蔽水上。挟岸两边树木繁茂。枝条柔弱。花果炽盛。地生濡草。槃萦右旋。色如孔翠。香如婆师。濡若天衣。其地柔濡。足蹈地时。地凹四寸。举足还复。地平如掌。无有高下。

又其河中有众宝船。彼方人民欲入中洗浴游戏时。脱衣岸上。乘船中流。游戏娱乐讫已。度水遇衣便着。先出先着。后出后着。不求本衣。次至香树。树为曲躬。其人手取种种杂香。以自涂身。次到衣树。树为曲躬。其人手取种种杂衣。随意所著。次到庄严树。树为曲躬。其人手取种种庄严。以自严饰。次到鬘树。树为曲躬。其人手取种种杂鬘。以着头上。次到器树。树为曲躬。其人手取种种宝器。取宝器已。次到果树。树为曲躬。其人手取种种美果。或啖食者。或口含者。或漉汁饮者。次到乐器树。树为曲躬。其人手取种种乐器。调弦鼓之。并以妙声和弦。而行诣于园林。随意娱乐。或一日．二日至于七日。然后复去。无有定处。

善见池南出妙体河。善见池西出妙味河。善见池北出光影河。亦复如是。善见池东有园林名善见。纵广百由旬。绕园四边有七重栏楯。七重罗网．七重行树。杂色间厕。七宝所成。其园四面有四大门。周匝栏楯。皆七宝成。园内清净。无有荆棘。其地平正。无有沟涧．坑坎．陵阜。亦无蚊虻．蝇蚤虱．蚖蛇．蜂蝎．虎狼．恶兽。地纯众宝。无有石沙。阴阳调柔。四气和顺。不寒不热。无众恼患。其地润泽。无有尘秽。如油涂地。游尘不起。百草常生。无有冬夏。树木繁茂。花果炽盛。地生濡草。盘萦右旋。色如孔翠。香如婆师。濡若天衣。其地柔濡。足蹈地时。地凹四寸。举足还复。

其园常生自然粳米。无有糠糩。如白花聚。众味具足。如忉利天食。其园常有自然釜鍑。有摩尼珠。名曰焰光。置于鍑下。饭熟光灭。不假樵火。不劳人功。其园有树。名曰曲躬。叶叶相次。天雨不漏。使诸男女止宿其下。复有香树。高七十里。花果繁茂。其果熟时。皮壳自裂。出种种香。树有高六十里．五十．四十。至高五里。花果繁茂。出种种香。乃至乐器树。亦复如是。

其土人民至彼园中游戏娱乐。一日．二日。至于七日。其善见园无人守护。随意游戏。然后复去。善见池南有园林。名大善见。善见池西有园林。名曰娱乐。善见池北有园林。名曰等花。亦复如是。其土中夜．后夜。阿耨达龙王数数随时起清净云。周遍世界而降甘雨。如构牛顷。以八味水润泽普洽。水不留停。地无泥淖。犹如鬘师以水洒华。使不萎枯。润泽鲜明。时。彼土于中夜后无有云翳。空中清明。海出凉风。清净柔和。微吹人身。举体快乐。其土丰饶。人民炽盛。设须食时。以自然粳米著于釜中。以焰光珠置于釜下。饭自然熟。珠光自灭。诸有来者。自恣食之。其主不起。饭终不尽。若其主起。饭则尽赐。其饭鲜洁。如白花聚。其味具足。如忉利天食。彼食此饭。无有众病。气力充足。颜色和悦。无有衰耗。

又其土人身体相类。形貌同等。不可分别。其貌少壮。如阎浮提二十许人。其人口齿平正洁白。密致无间。发绀青色。无有尘垢。发垂八指。齐眉而止。不长不短。若其土人起欲心时。则熟视女人而舍之去。彼女随后往诣园林。若彼女人是彼男子父亲．母亲骨肉中表不应行欲者。树不曲荫。各自散去。若非父亲．母亲骨肉中表应行欲者。树则曲躬。回荫其身。随意娱乐。一日．二日。或至七日。尔乃散去。彼人怀妊。七日．八日便产。随生男女。置于四衢大交道头。舍之而去。诸有行人经过其边。出指令嗽。指出甘乳。充适儿身。过七日已。其儿长成与彼人等。男向男众。女向女众。

彼人命终。不相哭泣。庄严死尸。置四衢道。舍之而去。有鸟名忧慰禅伽。接彼死尸置于他方。又其土人。大小便时。地即为开。便利讫已。地还自合。其土人民无所系恋。亦无畜积。寿命常定。死尽生天。彼人何故寿命常定。其人前世修十善行。身坏命终。生郁单曰。寿命千岁。不增不减。是故彼人寿命正等。

复次。杀生者堕恶趣。不杀者生善趣。如是窃盗．邪淫．两舌．恶口．妄言．绮语．贪取．嫉妒．邪见者。堕恶趣中。不盗。不淫。不两舌．恶口．妄言．绮语。不贪取．嫉妒．邪见者。则生善趣。若有不杀。不盗。不淫。不两舌．恶口．妄言．绮语。不贪取．嫉妒．邪见。身坏命终。生郁单曰。寿命千岁。不增不减。是故彼人寿命正等。复次。悭吝贪取。不能施惠。死堕恶道。开心不吝。能为施惠者。则生善处。有人施沙门．婆罗门。及施贫穷乞儿．疮病．困苦者。给其衣服．饭食．乘舆．花鬘．涂香．床榻．房舍。又造立塔庙。灯烛供养。其人身坏命终。生郁单曰。寿命千岁。不增不减。是故彼人寿命正等。何故称郁单曰为胜。其土人民不受十善。举动自然与十善合。身坏命终。生天善处。是故彼人得称为胜郁单曰。郁单曰者。其义云何。于三天下。其土最上最胜。故名郁单曰（郁单曰秦言最上）。

转轮圣王品第三

佛告比丘。世间有转轮圣王。成就七宝。有四神德。云何转轮圣王成就七宝。一金轮宝。二白象宝。三绀马宝。四神珠宝。五玉女宝。六居士宝。七主兵宝。云何转轮圣王金轮宝成就。若转轮圣王出阎浮提地。刹利水浇头种。以十五日月满时。沐浴香汤。上高殿上。与婇女众共相娱乐。天金轮宝忽现在前。轮有千辐。其光色具足。天金所成。天匠所造。非世所有。轮径丈四。转轮圣王见已。默自念言。我曾从先宿诸旧闻如是语。若刹利王水浇头种。以十五日月满时。沐浴香汤。升法殿上。婇女围绕。自然金轮忽现在前。轮有千辐。光色具足。天匠所造。非世所有。轮径丈四。是则名为转轮圣王。今此轮现。将无是耶。今我宁可试此轮宝。

时。转轮王即召四兵。向金轮宝。偏露右臂。右膝着地。以右手摩扪金轮语言。汝向东方。如法而转。勿违常则。轮即东转。时。转轮王即将四兵随其后行。金轮宝前有四神导。轮所住处。王即止驾。尔时。东方诸小国王见大王至。以金钵盛银粟。银钵盛金粟。来诣王所。拜首白言。善哉。大王。今此东方土地丰乐。多诸珍宝。人民炽盛。志性仁和。慈孝忠顺。唯愿圣王于此治政。我等当给使左右承受所。当时。转轮王语小王言。止。止。诸贤。汝等则为供养我已。但当以正法治化。勿使偏枉。无令国内有非法行。身不杀生。教人不杀生。偷盗．邪淫．两舌．恶口．妄言．绮语．贪取．嫉妒．邪见之人。此即名为我之所治。

时。诸小王闻是教已。即从大王巡行诸国。至东海表。次行南方．西方．北方。随轮所至。其诸国王各献国土。亦如东方诸小王比。此阎浮提所有名曰土沃野丰。多出珍宝。林水清净。平广之处。轮则周行。封尽图度东西十二由旬。南北十由旬。天神于中夜造城塪。其城七重。七重栏楯．七重罗网．七重行树。周匝校饰。七宝所成。乃至无数众鸟相和而鸣。造此城已。金轮宝复于其城中。图度封地东西四由旬。南北二由旬。天神于中夜造宫殿。宫墙七重。七宝所成。乃至无数众鸟相和而鸣。亦复如是。造宫殿已。时金轮宝在宫殿上虚空中住。完具而不动转。转轮圣王踊跃而言。此金轮宝真为我瑞。我今真为转轮圣王。是为金轮宝成就。

云何白象宝成就。转轮圣王清旦于正殿上坐。自然象宝忽现在前。其毛纯白。七处平住。力能飞行。其首杂色。六牙纤[月+庸]。真金间填。时。王见已念言。此象贤良。若善调者可中御乘。即试调习。诸能悉备。时。转轮王欲自试象。即乘其上。清旦出城。周行四海。食时以还。时。转轮王踊跃而言。此白象宝真为我瑞。我今真为转轮圣王。是为象宝成就。

云何转轮圣王绀马宝成就。时。转轮圣王清旦在正殿上坐。自然马宝忽现在前。绀青色。朱鬣尾。头颈如象。力能飞行。时。王见已念言。此马贤良。若善调者。可中御乘。即试调习。诸能悉备。时。转轮圣王欲自试马宝。即乘其上。清旦出城。周行四海。食时已还。时。转轮王踊跃而言。此绀马宝真为我瑞。我今真为转轮圣王。是为绀马宝成就。

云何神珠宝成就。时。转轮圣王于清旦在正殿上坐。自然神珠忽现在前。质色清彻。无有瑕秽。时。王见已言。此珠妙好。若有光明。可照宫内。时。转轮王欲试此珠。即召四兵。以此宝珠置高幢上。于夜冥中。赍幢出城。其珠光明照一由旬。现城中人皆起作务。谓为是昼。时。转轮圣王踊跃而言。今此神珠真为我瑞。我今真为转轮圣王。是为神珠宝成就。

云何玉女宝成就。时。玉女宝忽然出现。颜色溶溶。面貌端正。不长不短。不粗不细。不白不黑。不刚不柔。冬则身温。夏则身凉。举身毛孔出栴檀香。口出优钵罗花香。言语柔濡。举动安详。先起后坐。不失宜则。时。转轮圣王见已无著。心不暂念。况复亲近。时。转轮圣王见已。踊跃而言。此玉女宝真为我瑞。我今真为转轮圣王。是为玉女宝成就。

云何居士宝成就。时。居士丈夫忽然自出。宝藏自然财富无量。居士宿福。眼能彻视地中伏藏。有主无主皆悉见知。其有主者能为拥护。其无主者取给王用。时。居士宝往白王言。大王。有所给与。不足为忧。我自能办。转轮圣王欲试居士宝。即敕严船于水游戏。告居士曰。我须金宝。汝速与我。居士报曰。大王小待。须至岸上。王寻逼言。我今须用。正尔得来。时。居士宝被王严敕。即于船上长跪。以右手内着水中。水中宝瓶随手而出。如虫缘树。彼居士宝亦复如是。内手水中。宝缘手出。充满船上。而白王言。向须宝用。为须几许。时。转轮圣王语居士言。止。止。吾无所须。向相试耳。汝今便为供养我已。时。居士闻王语已。寻以宝物还没水中。时。转轮圣王踊跃而言。此居士宝真为我瑞。我今真为转轮圣王。是为居士宝成就。

云何主兵宝成就。时。主兵宝忽然出现。智谋雄猛。英略独决。即诣王所白言。大王。有所讨罚。不足为忧。我自能办。时。转轮圣王欲试主兵宝。即集四兵而告之曰。汝今用兵。未集者集。已集者放。未严者严。已严者解。未去者去。已去者住。时。主兵宝闻王语已。即令四兵。未集者集。已集者放。未严者严。已严者解。未去者去。已去者住。时。转轮圣王见已。踊跃而言。此主兵宝真为我瑞。我今真为转轮圣王。是为转轮圣王七宝成就。谓四神德。一者长寿不夭无能及者。二者身强无患无能及者。三者颜貌端正无能及者。四者宝藏盈溢无能及者。是为转轮圣王成就七宝及四功德。

时。转轮圣王久乃命驾出游后园。寻告御者。汝当善御而行。所以然者。吾欲谛观国土人民安乐无患。时。国人民路次观者。复语侍人。汝且徐行。吾欲谛观圣王威颜。时。转轮圣王慈育民物如父爱子。国民慕王如子仰父。所有珍琦尽以贡王。愿垂纳受。在意所与。时王报曰。且止。诸人。吾自有宝。汝可自用。

转轮圣王治此阎浮提时。其地平正。无有荆棘．坑坎．堆阜。亦无蚊虻．蜂蝎．蝇蚤．蛇蚖．恶虫。石沙．瓦砾自然沉没。金银宝玉现于地上。四时和调。不寒不热。其地柔濡。无有尘秽。如油涂地。洁净光泽。无有尘秽。转轮圣王治于世时。地亦如是。地出流泉。清净无竭。生柔濡草。冬夏常青。树木繁茂。花果炽盛。地生濡草。色如孔翠。香若婆师。濡如天衣。足蹈地时。地凹四寸。举足还复。无空缺处。自然粳米无有糠糩。众味具足。时有香树。花果茂盛。其果熟时。果自然裂。出自然香。香气馥熏。复有衣树。花果茂盛。其果熟时。皮壳自裂。出种种衣。复有庄严树。花果炽盛。其果熟时。皮壳自裂。出种种庄严具。复有鬘树。花果茂盛。其果熟时。皮壳自裂。出种种鬘。复有器树。花果茂盛。其果熟时。皮壳自裂。出种种器。复有果树。花果茂盛。其果熟时。皮壳自裂。出种种果。复有乐器树。花果茂盛。其果熟时。皮壳自裂。出众乐器。

转轮圣王治于世时。阿耨达龙王于中夜后起大密云。弥满世界而降大雨。如构牛顷。雨八味水。润泽周普。地无停水。亦无泥淖。润泽沾洽。生长草木。犹如鬘师水洒花鬘。使花鲜泽。令不萎枯。时雨润泽。亦复如是。又时于中夜后。空中清明。净无云曀。海出凉风。清净调柔。触身生乐。圣王治时。此阎浮提五谷丰贱。人民炽盛。财宝丰饶。无所匮乏。

当时。转轮圣王以正治国。无有阿枉。修十善行。尔时诸人民亦修正见。具十善行。其王久久。身生重患。而取命终。时犹如乐人。食如小过。身小不适。而便命终。生梵天上。时玉女宝．居士宝．主兵宝及国土民作倡伎乐。葬圣王身。其王玉女宝．居士宝．主兵宝．国内士民。以香汤洗浴王身。以劫贝缠五百张叠。次如缠之。奉举王身。置金棺里。以香油灌置铁椁里。复以木椁重衣其外。积众香薪重衣其上。而耶维之。于四衢道头起七宝塔。纵广一由旬。杂色参间。以七宝成。其塔四面各有一门。周匝栏楯。以七宝成。其塔四面空地纵广五由旬。园墙七重．七重栏楯．七重罗网．七重行树。金墙银门。银墙金门。琉璃墙水精门。水精墙琉璃门。赤珠墙马瑙门。马瑙墙赤珠门。车磲墙众宝门。其栏楯者。金栏银桄。银栏金桄。水精栏琉璃桄。琉璃栏水精桄。赤珠栏马瑙桄。马瑙栏赤珠桄。车磲栏众宝桄。其金罗网下悬银铃。其银罗网下悬金铃。琉璃罗网悬水精铃。水精罗网悬琉璃铃。赤珠罗网悬马瑙铃。马瑙罗网悬赤珠铃。车磲罗网悬众宝铃。其金树者银叶花实。其银树者金叶花实。其琉璃树水精花叶。水精树琉璃花叶。赤珠树者马瑙花叶。马瑙树赤珠花叶。车磲树众宝花叶。其四园墙复有四门。周匝栏楯。又其墙上皆有楼阁宝台。其墙四面有树木园林．流泉浴池。生种种花。树木繁茂。花果炽盛。众香芬馥。异鸟哀鸣。其塔成已。玉女宝．居士宝．典兵宝．举国士民皆来供养此塔。施诸穷乏。须食与食。须衣与衣。象马宝乘。给众所须。随意所与。转轮圣王威神功德。其事如是。

佛说长阿含经卷第十九

第四分世记经地狱品第四

佛告比丘。此四天下有八千天下围绕其外。复有大海水周匝围绕八千天下。复有大金刚山绕大海水。金刚山外复有第二大金刚山。二山中间窈窈冥冥。日月神天有大威力。不能以光照及于彼。彼有八大地狱。其一地狱有十六小地狱。第一大地狱名想。第二名黑绳。第三名堆压。第四名叫唤。第五名大叫唤。第六名烧炙。第七名大烧炙。第八名无间。其想地狱有十六小狱。小狱纵广五百由旬。第一小狱名曰黑沙。二名沸屎。三名五百丁。四名饥。五名渴。六名一铜釜。七名多铜釜。八名石磨。九名脓血。十名量火。十一名灰河。十二名铁丸。十三名釿斧。十四名豺狼。十五名剑树。十六名寒冰。

云何名想地狱。其中众生手生铁爪。其爪长利。迭相瞋忿。怀毒害想。以爪相攫。应手肉堕。想为已死。冷风来吹。皮肉还生。寻活起立。自想言。我今已活。余众生言。我想汝活。以是想故。名想地狱。

复次。想地狱其中众生怀毒害想。共相触娆。手执自然刀剑。刀剑锋利。迭相斫刺。剉剥脔割。身碎在地。想谓为死。冷风来吹。皮肉更生。寻活起立。彼自想言。我今已活。余众生言。我想汝活。以此因缘故。名想地狱。

复次。想地狱其中众生怀毒害想。迭相触娆。手执刀剑。刀剑锋利。共相斫刺。剉剥脔割。想谓为死。冷风来吹。皮肉更生。寻活起立。自言。我活。余众生言。我想汝活。以此因缘故。名想地狱。

复次。想地狱其中众生怀毒害想。迭相触娆。手执油影刀。其刀锋利。更相斫刺。剉剥脔割。想谓为死。冷风来吹。皮肉更生。寻活起立。自言。我活。余众生言。我想汝活。以是因缘。名为想地狱。

复次。想地狱其中众生怀毒害想。迭相触娆。手执小刀。其刀锋利。更相斫刺。剉剥脔割。想谓为死。冷风来吹。皮肉更生。寻活起立。自言。我活。余众生言。我想汝活。以是因缘故。名想地狱。

其中众生久受罪已。出想地狱。憘惶驰走。求自救护。宿罪所牵。不觉忽到黑沙地狱。时。有热风暴起。吹热黑沙。来着其身。举体尽黑。犹如黑云。热沙烧皮。尽肉彻骨。罪人身中有黑焰起。绕身回旋。还入身内。受诸苦恼。烧炙燋烂。以罪因缘。受此苦报。其罪未毕。故使不死。

于此久受苦已。出黑沙地狱。憘惶驰走。求自救护。宿罪所牵。不觉忽到沸屎地狱。其地狱中有沸屎铁丸自然满前。驱迫罪人使抱铁丸。烧其身手。至其头面。无不周遍。复使探撮。举着口中。烧其唇舌。从咽至腹。通彻下过。无不燋烂。有铁[口*(隹/乃)]虫。喙食皮肉。彻骨达髓。苦毒辛酸。忧恼无量。以罪未毕。犹复不死。

于沸屎地狱久受苦已。出沸屎地狱。憘惶驰走。求自救护。到铁钉地狱。到已。狱卒扑之令堕。偃热铁上。舒展其身。以钉钉手.钉足.钉心。周遍身体。尽五百钉。苦毒辛酸。号咷呻吟。余罪未毕。犹复不死。

久受苦已。出铁钉地狱。憘惶驰走。求自救护。到饥饿地狱。狱卒来问。汝等来此。欲何所求。报言。我饿。狱卒即捉扑热铁上。舒展其身。以铁钩钩口使开。以热铁丸着其口中。燋其唇舌。从咽至腹。通彻下过。无不燋烂。苦毒辛酸。悲号啼哭。余罪未尽。犹复不死。

久受苦已。出饥地狱。憧惶驰走。求自救护。到渴地狱。狱卒问言。汝等来此。欲何所求。报言。我渴。狱卒即捉扑热铁上。舒展其身。以热铁钩钩口使开。消铜灌口。烧其唇舌。从咽至腹。通彻下过。无不燋烂。苦毒辛酸。悲号啼哭。余罪未尽。犹复不死。

久受苦已。出渴地狱。憧惶驰走。求自救护。宿罪所牵。不觉忽到一铜镬地狱。狱卒怒目捉罪人足。倒投镬中。随汤涌沸。上下回旋。从底至口。从口至底。或在镬腹。身体烂熟。譬如煮豆。随汤涌沸。上下回转。中外烂坏。罪人在镬。随汤上下。亦复如是。号啕悲叫。万毒普至。余罪未尽。故复不死。

久受苦已。出一铜镬地狱。憧惶驰走。求自救护。宿罪所牵。不觉忽至多铜镬地狱。多铜镬地狱纵广五百由旬。狱鬼怒目捉罪人足。倒投镬中。随汤涌沸。上下回旋。从底至口。从口至底。或在镬腹。举身烂坏。譬如煮豆。随汤涌沸。上下回转。中外皆烂。罪人在镬。亦复如是。随汤上下。从口至底。从底至口。或手足现。或腰腹现。或头面现。狱卒以铁钩钩取置余镬中。号啕悲叫。苦毒辛酸。余罪未毕。故使不死。

久受苦已。出多铜镬地狱。憧惶驰走。求自救护。宿对所牵。不觉忽至石磨地狱。石磨地狱纵广五百由旬。狱卒大怒。捉彼罪人扑热石上。舒展手足。以大热石压其身上。回转揩磨。骨肉糜碎。脓血流出。苦毒切痛。悲号辛酸。余罪未尽。故使不死。

久受苦已。出石磨地狱。憧惶驰走。求自救护。宿对所牵。不觉忽至脓血地狱。脓血地狱纵广五百由旬。其地狱中有自然脓血。热沸涌出。罪人于中东西驰走。脓血沸热汤。其身体手足头面皆悉烂坏。又取脓血而自食之。汤其唇舌。从咽至腹。通彻下过。无不烂坏。苦毒辛酸。众痛难忍。余罪未毕。故使不死。

久受苦。乃出脓血地狱。憧惶驰走。求自救护。宿罪所牵。不觉忽至量火地狱。量火地狱纵广五百由旬。其地狱中有大火聚。自然在前。其火焰炽。狱卒瞋怒驰迫罪人。手执铁斗。使量火聚。彼量火时。烧其手足。遍诸身体。苦毒热痛。呻吟号哭。余罪未毕。故使不死。

久受苦已。乃出量火地狱。憧惶驰走。自求救护。宿对所牵。不觉忽到灰河地狱。灰河地狱纵广五百由旬。深五百由旬。灰汤涌沸。恶气熢㶿。回波相搏。声响可畏。从底至上。铁刺纵广锋长八寸。其河岸边生长刀剑。其边皆有狱卒狐狼。又其岸上有剑树林。枝叶花实皆是刀剑。锋刃八寸。罪人入河。随波上下。回覆沉没。铁刺刺身。内外通彻。皮肉烂坏。脓血流出。苦痛万端。悲号酸毒。余罪未毕。故使不死。

久受苦已。乃出灰河地狱至彼岸上。岸上利剑割刺身体。手足伤坏。尔时。狱卒问罪人言。汝等来此。欲何所求。罪人报言。我等饥饿。狱卒即捉罪人扑热铁上。舒展身体。以铁钩擗口。洋铜灌之。烧其唇舌。从咽至腹。通彻下过。无不燋烂。复有豺狼。牙齿长利。来啮罪人。生食其肉。于是。罪人为灰河所煮。利刺所刺。洋铜灌口。豺狼所食已。即便奔驰走上剑树。上剑树时。剑刃下向。下剑树时。剑刃上向。手攀手绝。足蹬足绝。剑刃刺身。中外通彻。皮肉堕落。脓血流出。遂有白骨筋脉相连。时。剑树上有铁[口*(隹/乃)]鸟。啄头骨坏。唼食其脑。苦毒辛酸。号咷悲叫。余罪未毕。故使不死。还复来入灰河狱中。随波上下。回覆沉没。铁刺刺身。内外通彻。皮肉烂坏。脓血流出。唯有白骨浮漂于外。冷风来吹。肌肉还复。寻便起立。惶惶驰走。求自救护。宿对所牵。不觉忽至铁丸地狱。铁丸地狱纵广五百由旬。罪人入已。有热铁丸自然在前。狱鬼驱捉。手足烂坏。举身火然。苦痛悲号。万毒并至。余罪未毕。故使不死。

久受苦已。乃至出铁丸地狱。惶惶驰走。求自救护。宿对所牵。不觉忽至釿斧地狱。釿斧地狱纵广五百由旬。彼入狱已狱卒瞋怒捉此罪人扑热铁上。以热铁釿斧破其手足．耳鼻．身体。苦毒辛酸。悲号叫唤。余罪未尽。犹复不死。

久受罪已。出釿斧地狱。惶惶驰走。求自救护。宿罪所牵。不觉忽至豺狼地狱。豺狼地狱纵广五百由旬。罪人入已。有群豺狼竞来[齿*卢]掣。齳啮拖拽。肉堕伤骨。脓血流出。苦痛万端。悲号酸毒。余罪未毕。故使不死。

久受苦已。乃出豺狼地狱。惶惶驰走。求自救护。宿对所牵。不觉忽至剑树地狱。剑树地狱纵广五百由旬。罪人入彼剑树林中。有大暴风起吹。剑树叶堕其身上。着手手绝。着足足绝。身体头面无不伤坏。有铁[口*(隹/乃)]鸟立其头上。啄其两目。苦痛万端。悲号酸毒。余罪未毕。故使不死。

久受苦已。乃出剑树地狱。惶惶驰走。求自救护。宿罪所牵。不觉忽至寒冰地狱。寒冰地狱纵广五百由旬。罪人入已。有大寒风来吹其身。举体冻瘃。皮肉堕落。苦毒辛酸。悲号叫唤。然后命终。

佛告比丘。黑绳大地狱有十六小地狱。周匝围绕。各各纵广五百由旬。从黑绳地狱至寒冰地狱。何故名为黑绳地狱。其诸狱卒捉彼罪人扑热铁上。舒展其身。以热铁绳絣之使直。以热铁斧逐绳道斫。絣彼罪人。作百千段。犹如工匠以绳絣木。利斧随斫。作百千段。治彼罪人。亦复如是。苦毒辛酸。不可称计。余罪未毕。故使不死。是名为黑绳地狱。

复次。黑绳地狱狱卒捉彼罪人扑热铁上。舒展其身。以铁绳絣。以锯锯之。犹如工匠以绳絣木。以锯锯之。治彼罪人。亦复如是。苦痛辛酸。不可称计。余罪未毕。故使不死。是故名为黑绳地狱。

复次。黑绳地狱捉彼罪人扑热铁上。舒展其身。以热铁绳置其身上。烧皮彻肉。燋骨沸髓。苦毒辛酸。痛不可计。余罪未毕。故使不死。故名黑绳地狱。

复次。黑绳地狱狱卒悬热铁绳交横无数。驱迫罪人。使行绳间。恶风暴起。吹诸铁绳。历落其身。烧皮彻肉。燋骨沸髓。苦毒万端。不可称计。余罪未毕。故使不死。故名黑绳。

复次。黑绳狱卒以热铁绳衣驱罪人被之。烧皮彻肉。燋骨沸髓。苦毒万端。不可称计。余罪未毕。故使不死。故名黑绳。其彼罪人久受苦已。乃出黑绳地狱。惊惶驰走。求自救护。宿对所牵。不觉忽至黑沙地狱。乃至寒冰地狱。然后命终。亦复如是。

佛告比丘。堆压大地狱有十六小地狱。周匝围绕。各各纵广五百由旬。何故名为堆压地狱。其地狱中有大石山。两两相对。罪人入中。山自然合。堆压其身。骨肉糜碎。山还故处。犹如以木掷木。弹却还离。治彼罪人。亦复如是。苦毒万端。不可称计。余罪未毕。故使不死。是故名曰堆压地狱。

复次。堆压地狱有大铁象。举身火然。哮呼而来。蹴踏罪人。宛转其上。身体糜碎。脓血流出。苦毒辛酸。号啕悲叫。余罪未毕。故使不死。故名堆压。

复次。堆压地狱其中狱卒捉诸罪人置于磨石中。以磨磨之。骨肉糜碎。脓血流出。苦毒辛酸。不可称计。其罪未毕。故使不死。故名堆压。

复次。堆压狱卒捉彼罪人卧大石上。以大石压。骨肉糜碎。脓血流出。苦痛辛酸。万毒并至。余罪未毕。故使不死。故名堆压。

复次。堆压狱卒取彼罪人卧铁臼中。以铁杵捣从足至头。皮肉糜碎。脓血流出。苦痛辛酸。万毒并至。余罪未毕。故使不死。故名堆压。其彼罪人久受苦已。乃出堆压地狱。惊惶驰走。求自救护。宿罪所牵。不觉忽至黑沙地狱。乃至寒冰地狱。然后命终。亦复如是。

佛告比丘。叫唤大地狱有十六小地狱。周匝围绕。各各纵广五百由旬。何故名为叫唤地狱。其诸狱卒捉彼罪人掷大镬中。热汤涌沸。煮彼罪人。号啕叫唤。苦痛辛酸。万毒并至。余罪未毕。故使不死。故名叫唤地狱。

复次。叫唤地狱其诸狱卒取彼罪人掷大铁瓮中。热汤涌沸而煮罪人。号啕叫唤。苦切辛酸。余罪未毕。故使不死。故名叫唤。

复次。叫唤地狱其诸狱卒取彼罪人置大铁鍑中。热汤涌沸。煮彼罪人。号啕叫唤。苦痛辛酸。余罪未毕。故使不死。故名叫唤。

复次。叫唤地狱其诸狱卒取彼罪人掷小鍑中。热汤涌沸。煮彼罪人。号啕叫唤。苦痛辛酸。余罪未毕。故使不死。故名叫唤地狱。

复次。叫唤地狱其诸狱卒取彼罪人掷大鏊上。反覆煎熬。号啕叫唤。苦痛辛酸。余罪未毕。故使不死。故名叫唤。久受苦已。乃出叫唤地狱。惊惶驰走。求自救护。宿对所牵。不觉忽至黑沙地狱。乃至寒冰地狱。尔乃至终。

佛告比丘。大叫唤地狱有十六小狱。周匝围绕。何故名为大叫唤地狱。其诸狱卒取彼罪人着大铁釜中。热汤涌沸而煮罪人。号啕叫唤。大叫唤。苦痛辛酸。万毒并至。余罪未毕。故使不死。故名大叫唤地狱。

复次。大叫唤地狱其诸狱卒取彼罪人掷大铁瓮中。热汤涌沸而煮罪人。号啕叫唤。大叫唤。苦切辛酸。万毒并至。余罪未毕。故使不死。故名大叫唤地狱。

复次。大叫唤狱卒取彼罪人置铁鏂中。热汤涌沸。煮彼罪人。号啕叫唤。苦毒辛酸。万毒并至。余罪未毕。故使不死。故名大叫唤地狱。

复次。大叫唤地狱其诸狱卒取彼罪人掷小鏂中。热汤涌沸。煮彼罪人。号啕叫唤。大叫唤。苦痛辛酸。万毒并至。故名大叫唤。

复次。大叫唤地狱其诸狱卒取彼罪人掷大鏊上。反覆煎熬。号啕叫唤。大叫唤。苦痛辛酸。万毒并至。余罪未毕。故使不死。故名大叫唤。久受苦已。乃出大叫唤地狱。憧惶驰走。求自救护。宿对所牵。不觉忽至黑沙地狱。乃至寒冰地狱。尔乃命终。

佛告比丘。烧炙大地狱有十六小狱。周匝围绕。何故名为烧炙。大地狱。尔时。狱卒将诸罪人置铁城中。其城火然。内外俱赤。烧炙罪人。皮肉燋烂。苦痛辛酸。万毒并至。余罪未毕。故使不死。是故名为烧炙地狱。

复次。烧炙地狱其诸狱卒将彼罪人入铁室内。其室火然。内外俱赤。烧炙罪人。皮肉燋烂。苦痛辛酸。万毒并至。余罪未毕。故使不死。是故名为烧炙地狱。

复次。烧炙地狱其诸狱卒取彼罪人着铁楼上。其楼火然。内外俱赤。烧炙罪人。皮肉燋烂。苦痛辛酸。万毒并至。余罪未毕。故使不死。是故名为烧炙地狱。

复次。烧炙地狱其诸狱卒取彼罪人掷着大铁陶中。其陶火燃。内外俱赤。烧炙罪人。皮肉燋烂。苦痛辛酸。万毒并至。余罪未毕。故使不死。是故名为烧炙地狱。

复次。烧炙地狱其诸狱卒取彼罪人掷大鏊上。其鏊火然。中外俱赤。烧炙罪人。皮肉燋烂。苦痛辛酸。万毒并至。余罪未毕。故使不死。久受苦已。乃出烧炙地狱。憧惶驰走。求自救护。宿罪所牵。不觉忽至黑沙地狱。乃至寒冰地狱。然后命终。亦复如是。

佛告比丘。大烧炙地狱有十六小狱。周匝围绕。各各纵广五百由旬。云何名大烧炙地狱。其诸狱卒将诸罪人置铁城中。其城火然。内外俱赤。烧炙罪人。重大烧炙。皮肉燋烂。苦痛辛酸。万毒并至。余罪未毕。故使不死。是故名为大烧炙地狱。

复次。大烧炙地狱其诸狱卒将诸罪人入铁室中。其室火燃。内外俱赤。烧炙罪人。重大烧炙。皮肉燋烂。苦痛辛酸。万毒并至。余罪未毕。故使不死。是故名为大烧炙地狱。

复次。大烧炙地狱其诸狱卒取彼罪人着铁楼上。其楼火燃。内外俱赤。烧炙罪人。重大烧炙。皮肉燋烂。苦痛辛酸。万毒并至。余罪未毕。故使不死。是故名曰大烧炙地狱。

复次。大烧炙地狱其诸狱卒取彼罪人着大铁陶中。其陶火然。内外俱赤。烧炙罪人。重大烧炙。苦痛辛酸。万毒并至。余罪未毕。故使不死。是故名为大烧炙地狱。

复次。大烧炙地狱中自然有大火坑。火焰炽盛。其坑两岸有大火山。其诸狱卒捉彼罪人贯铁叉上。竖着火中。烧炙其身。重大烧炙。皮肉燋烂。苦痛辛酸。万毒并至。余罪未毕。故使不死。久受苦已。然后乃出大烧炙地狱。憧惶驰走。求自救护。宿对所牵。不觉忽至黑沙地狱。乃至寒冰地狱。尔乃命终。亦复如是。

佛告比丘。无间大地狱有十六小狱。周匝围绕。各各纵广五百由旬。云何名无间地狱。其诸狱卒捉彼罪人剥其皮。从足至顶。即以其皮缠罪人身。着火车轮。疾驾火车。辗热铁地。周行往返。身体碎烂。皮肉堕落。苦痛辛酸。万毒并至。余罪未毕。故使不死。是故名为无间地狱。

复次。无间大地狱有大铁城。其城四面有大火起。东焰至西。西焰至东。南焰至北。北焰至南。上焰至下。下焰至上。焰炽回邅。无间空处。罪人在中。东西驰走。烧炙其身。皮肉燋烂。苦痛辛酸。万毒并至。余罪未毕。故使不死。是故名为无间地狱。

复次。无间大地狱中有铁城。火起洞然。罪人在中。火焰燎身。皮肉燋烂。苦痛辛酸。万毒并至。余罪未毕。故使不死。是故名为无间地狱。

复次。大无间地狱罪人在中。久乃门开。其诸罪人奔走往趣。彼当走时。身诸肢节。皆火焰出。犹如力士执大草炬逆风而走。其焰炽然。罪人走时。亦复如是。走欲至门。门自然闭。罪人[跳-兆+甬]蹈。伏热铁地。烧炙其身。皮肉燋烂。苦痛辛酸。万毒未毕。故使不死。是故名为无间地狱。

复次。无间地狱其中罪人。举目所见。但见恶色。耳有所闻。但闻恶声。鼻有所闻。但闻臭恶。身有所触。但触苦痛。意有所念。但念恶法。又其罪人弹指之顷。无不苦时。故名无间地狱。其中众生久受苦已。从无间出。憧惶驰走。求自救护。宿对所牵。不觉忽到黑沙地狱。乃至寒冰地狱。尔乃命终。亦复如是。

尔时。世尊即说颂曰。

身为不善业　　口意亦不善
斯堕想地狱　　怖惧衣毛竖
恶意向父母　　佛及诸声闻
则堕黑绳狱　　苦痛不可称

但造三恶业	不修三善行
堕堆压地狱	苦痛不可称
瞋恚怀毒害	杀生血污手
造诸杂恶行	堕叫唤地狱
常习众邪见	为爱网所覆
造此卑陋行	堕大叫唤狱
常为烧炙行	烧炙诸众生
堕烧炙地狱	长夜受烧炙
舍于善果业	善果清净道
为众弊恶行	堕大烧炙狱
为极重罪行	必生恶趣业
堕无间地狱	受罪不可称
想及黑绳狱	堆压二叫唤
烧炙大烧炙	无间为第八
此八大地狱	洞然火光色
斯由宿恶殃	小狱有十六

佛告比丘。彼二大金刚山间有大风起。名为增佉。若使此风来至此四天下及八千天下者。吹此大地及诸名山须弥山王去地十里。或至百里。飞飏空中。皆悉糜碎。譬如壮士。手把轻糠散于空中。彼大风力。若使来者。吹此天下。亦复如是。由有二大金刚山遮止此风。故使不来。比丘。当知此金刚山多所饶益。亦是众生行报所致。

又彼二山间风。焰炽猛热。若使彼风来至此四天下者。其中众生．山河．江海．草木．丛林皆当燋枯。犹如盛夏断生濡草。置于日中。寻时萎枯。彼风如是。若使来至此世界。热气烧炙。亦复如是。由此二金刚山遮止此风。故使不来。比丘。当知此金刚山多所饶益。亦是众生行报所致。

又彼二山间风。臭处不净。腥秽酷烈。若使来至此天下者。熏此众生皆当失目。由此二大金刚山遮止此风。故使不来。比丘。当知此金刚山多所饶益。亦是众生行报所致。

又彼二山中间复有十地狱。一名厚云。二名无云。三名呵呵。四名奈何。五名羊鸣。六名须干提。七名优钵罗。八名拘物头。九名分陀利。十名钵头摩。云何厚云地狱。其狱罪人自然生身。譬如厚云。故名厚云。云何名曰无云。其彼狱中受罪众生。自然生身。犹如段肉。故名无云。云何名呵呵。其地狱中受罪众生。苦痛切身。皆称呵呵。故名呵呵。云何名奈何。其地狱中受罪众生。苦痛酸切。无所归依。皆称奈何。故名奈何。云何名羊鸣。其地狱中受罪众生。苦痛切身。欲举声语。舌不能转。直如羊鸣。故名羊鸣。云何名须干提。其地狱中举狱皆黑。如须干提华色。故名须干提。云何名优钵罗。其地狱中举狱皆青。如优钵罗华。故名优钵罗。云何名俱物头。其地狱中举狱皆红。如俱物头华色。故名俱物头。云何名分陀利。其地狱中举狱皆白。如分陀利华色。故名分陀利。云何名钵头摩。其地狱中举狱皆赤。如钵头摩华色。故名钵头摩。

佛告比丘。喻如有簞受六十四斛。满中胡麻。有人百岁持一麻去。如是至尽。厚云地狱受罪未竟。如二十厚云地狱寿与一无云地狱寿等。如二十无云地狱寿与一呵呵地狱寿等。如二十呵呵地狱寿与一奈何地狱寿等。如二十奈何地狱寿与一羊鸣地狱寿等。如二十羊鸣地狱寿与一须干提地狱寿等。如二十须干提地狱寿与一优钵罗地狱寿等。如二十优钵罗地狱寿与一拘物头地狱寿等。如二十拘物头地狱寿与一分陀利地狱寿等。如二十分陀利地狱寿与一钵头摩地狱寿等。如二十钵头摩地狱寿。名一中劫。如二十中劫。名一大劫。钵头摩地狱中火焰炽盛。罪人去火一百由旬。火已烧炙。去六十由旬。两耳已聋。无所闻知。去五十由旬。两目已盲。无所复见。瞿波梨比丘已怀恶心。谤舍利弗．目犍连。身坏命终。堕此钵头摩地狱中。

尔时。梵王说此偈言。

　　夫士之生　　斧在口中
　　所以斩身　　由其恶口
　　应毁者誉　　应誉者毁
　　口为恶业　　身受其罪
　　技术取财　　其过薄少
　　毁谤贤圣　　其罪甚重
　　百千无云寿　　四十一云寿
　　谤圣受斯殃　　由心口为恶

佛告比丘。彼梵天说如是偈。为真正言。佛所印可。所以者何。我今如来．至真．等正觉亦说此义。

　　夫士之生　　斧在口中
　　所以斩身　　由其恶言
　　应毁者誉　　应誉者毁
　　口为恶业　　身受其罪
　　技术取财　　其过薄少
　　毁谤贤圣　　其罪甚重
　　百千无云寿　　四十一云寿
　　谤圣受斯殃　　由心口为恶

佛告比丘。阎浮提南大金刚山内。有阎罗王宫。王所治处纵广六千由旬。其城七重。七重栏楯．七重罗网．七重行树。乃至无数众鸟相和悲鸣。亦复如是。然彼阎罗王昼夜三时。有大铜镬自然在前。若镬出宫内。王见畏怖。舍出宫外。若镬出宫外。王见畏怖。舍入宫内。有大狱卒。捉阎罗王卧热铁上。以铁钩擗口使开。洋铜灌之。烧其唇舌。从咽至腹。通彻下过。无不燋烂。受罪讫已。复与诸婇女共相娱乐。彼诸大臣同受福者。亦复如是。

佛告比丘。有三使者。云何为三。一者老。二者病。三者死。有众生身行恶。口言恶。心念恶。身坏命终。堕地狱中。狱卒将此罪人诣阎罗王所。到已。白言。此是天使所召也。唯愿大王善问其辞。王问罪人言。汝不见初使耶。罪人报言。我不见也。王复告曰。汝在人中时颇见老人头白齿落。目视蒙蒙。皮缓肌[月*曷]。偻脊柱杖。呻吟而行。身体战掉。气力衰微。见此人不。罪人言。见。王复告曰。汝何不自念。我亦如是。彼人报言。我时放逸。不自觉知。王复语言。汝自放逸。不能修身．口．意。改恶从善。今当令汝知放逸苦。王又告言。今汝受罪。非父母过。非兄弟过。亦非天帝。亦非先祖。亦非知识．僮仆．使人。亦非沙门．婆罗门过。汝自有恶。汝今自受。

时。阎罗王以第一天使问罪人已。复以第二天使问罪人言。云何汝不见第二天使耶。对曰。不见。王又问言。汝本为人时。颇见人疾病困笃。卧着床褥。屎尿臭处。身卧其上。不能起居。饮食须人。百节酸疼。流泪呻吟。不能言语。汝见是不。答曰。见。王又报言。汝何不自念。如此病苦。我亦当尔。罪人报言。我时放逸。不自觉知。王又语言。汝自放逸。不能修身．口．意。改恶从善。今当令汝知放逸苦。王又告言。今汝受罪。非父母过。非兄弟过。亦非天帝过。亦非先祖。亦非知识．僮仆．使人。亦非沙门．婆罗门过。汝自为恶。汝今自受。

时。阎罗王以第二天使问罪人已。复以第三天使问罪人言。云何汝不见第三天使耶。答言。不见。王又问言。汝本为人时。颇见人死。身坏命终。诸根永灭。身体挺直。犹如枯木。捐弃冢间。鸟兽所食。或衣棺椁。或以火烧。汝见是不。罪人报曰。实见。王又报言。汝何不自念。我亦当死。与彼无异。罪人报言。我时放逸。不自觉知。王复语言。汝自放逸。不能修身．口．意。改恶从善。今当令汝知放逸苦。王又告言。汝今受罪。非父母过。非兄弟过。亦非天帝。亦非先祖。亦非知识．僮仆．使人。亦非沙门．婆罗门过。汝自为恶。汝今自受。时。阎罗王以三天使具诘问已。即付狱卒。时。彼狱卒即将罪人诣大地狱。其大地狱纵广百由旬。下深百由旬。

尔时。世尊即说偈言。

　　四方有四门　　巷陌皆相当
　　以铁为狱墙　　上覆铁罗网
　　以铁为下地　　自然火焰出
　　纵广百由旬　　安住不倾动
　　黑焰燧烨起　　赫烈难可睹
　　小狱有十六　　火炽由行恶

佛告比丘。时。阎罗王自生念言。世间众生迷惑无识。身为恶行。口．意为恶。其后命终。少有不受此苦。世间众生若能改恶。修身．口．意为善行者。命终受乐。如彼天神。我若命终生人中者。若遇如来。当于正法中剃除须发。服三法衣。出家修道。以清净信修净梵行。所作已办。断除生死。于现法中自身作证。不受后有。

尔时。世尊以偈颂曰。

虽见天使者　　而犹为放逸
其人常怀忧　　生于卑贱处
若有智慧人　　见于天使者
亲近贤圣法　　而不为放逸
见受生恐畏　　由生老病死
无受则解脱　　生老病死尽
彼得安隐处　　现在得无为
已渡诸忧畏　　决定般涅槃

第四分世记经龙鸟品第五

佛告比丘。有四种龙。何等为四。一者卵生。二者胎生。三者湿生。四者化生。是为四种。有四种金翅鸟。何等为四。一者卵生。二者胎生。三者湿生。四者化生。是为四种。大海水底有娑竭龙王宫。纵广八万由旬。宫墙七重。七重栏楯．七重罗网．七重行树。周匝严饰。皆七宝成。乃至无数众鸟相和而鸣。亦复如是。须弥山王与佉陀罗山。二山中间有难陀．婆难陀二龙王宫。各各纵广六千由旬。宫墙七重。七重栏楯．七重罗网．七重行树。周匝校饰。以七宝成。乃至无数众鸟相和而鸣。亦复如是。

大海北岸有一大树。名究罗睒摩罗。龙王．金翅鸟共有此树。其树下围七由旬。高百由旬。枝叶四布五十由旬。此大树东有卵生龙王宫．卵生金翅鸟宫。其宫各各纵广六千由旬。宫墙七重。七重栏楯．七重罗网．七重行树。周匝校饰。以七宝成。乃至无数众鸟相和悲鸣。亦复如是。其究罗睒摩罗树南有胎生龙王宫．胎生金翅鸟宫。其宫各各纵广六千由旬。宫墙七重。七重栏楯．七重罗网．七重行树。周匝校饰。以七宝成。乃至无数众鸟相和悲鸣。亦复如是。

究罗睒摩罗树西有湿生龙宫．湿生金翅鸟宫。其宫各各纵广六千由旬。宫墙七重。七重栏楯．七重罗网．七重行树。周匝校饰。以七宝成。乃至无数众鸟相和而鸣。亦复如是。究罗睒摩罗树北有化生龙王宫．化生金翅鸟宫。其宫各各纵广六千由旬。宫墙七重。七重栏楯．七重罗网．七重行树。周匝校饰。以七宝成。乃至无数众鸟相和悲鸣。亦复如是。

若卵生金翅鸟欲搏食龙时。从究罗睒摩罗树东枝飞下。以翅搏大海水。海水两披二百由旬。取卵生龙食之。随意自在。而不能取胎生．湿生．化生诸龙。

若胎生金翅鸟欲搏食卵生龙时。从树东枝飞下。以翅搏大海水。

海水两披二百由旬。取卵生龙食之。自在随意。若胎生金翅鸟欲食胎生龙时。从树南枝飞下。以翅搏大海水。海水两披四百由旬。取胎生龙食之。随意自在。而不能取湿生．化生诸龙食也。

湿生金翅鸟欲食卵生龙时。从树东枝飞下。以翅搏大海水。海水两披二百由旬。取卵生龙食之。自在随意。湿生金翅鸟欲食胎生龙时。于树南枝飞下。以翅搏大海水。海水两披四百由旬。取胎生龙食之。自在随意。湿生金翅鸟欲食湿生龙时。于树西枝飞下。以翅搏大海水。海水两披八百由旬。取湿生龙食之。自在随意。而不能取化生龙食。

化生金翅鸟欲食卵生龙时。从树东枝飞下。以翅搏大海水。海水两披二百由旬。取卵生龙食之。自在随意。化生金翅鸟欲食胎生龙时。从树南枝飞下。以翅搏大海水。海水两披四百由旬。取胎生龙食之。随意自在。化生金翅鸟欲食湿生龙时。从树西枝飞下。以翅搏大海水。海水两披八百由旬。取湿生龙食之。化生金翅鸟欲食化生龙时。从树北枝飞下。以翅搏大海水。海水两披千六百由旬。取化生龙食之。随意自在。是为金翅鸟所食诸龙。

复有大龙。金翅鸟所不能得。何者是。娑竭龙王．难陀龙王．跋难陀龙王．伊那婆罗龙王．提头赖吒龙王．善见龙王．阿卢龙王．伽拘罗龙王．伽毗罗龙王．阿波罗龙王．伽瓮龙王．瞿伽瓮龙王．阿耨达龙王．善住龙王．优睒伽波头龙王．得叉伽龙王。此诸大龙王皆不为金翅鸟之所搏食。其有诸龙在近彼住者。亦不为金翅鸟之所搏食。

佛告比丘。若有众生奉持龙戒。心意向龙。具龙法者。即生龙中。若有众生奉持金翅鸟戒。心向金翅鸟。具其法者。便生金翅鸟中。或有众生持兔枭戒者。心向兔枭。具其法者。堕兔枭中。若有众生奉持狗戒。或持牛戒。或持鹿戒。或持哑戒。或持摩尼婆陀戒。或持火戒。或持月戒。或持日戒。或持水戒。或持供养火戒。或持苦行秽污法。彼作是念。我持此哑法．摩尼婆陀法．火法．日月法．水法．供养火法．诸苦行法。我持此功德。欲以生天。此是邪见。

佛言。我说此邪见人必趣二处。若生地狱。有堕四生。或有沙门．婆罗门有如是论．如是见。我．世间有常。此实余虚。我及世间无常。此实余虚。我及世间有常无常。此实余虚。我及世间非有常非无常。此实余虚。我．世有边。此实余虚。我．世无边。此实余虚。我．世有边无边。此实余虚。我．世非有边非无边。此实余虚。是命是身。此实余虚。是命异身异。此实余虚。非有命非无命。此实余虚。无命无身。此实余虚。或有人言。有如是他死。此实余虚。有言。无如是他死。此实余虚。或言。有如是无如是他死。此实余虚。

又言。非有非无如是他死。此实余虚。

彼沙门．婆罗门若作如是论．如是见者。言世是常。此实余虚者。彼于行有我见．命见．身见．世间见。是故彼作是言。我．世间有常。彼言无常者。于行有我见．命见．身见．世间见。是故彼言。我．世间无常。彼言有常无常者。彼行于有我见．命见．身见．世间见。故言。世间有常无常。彼言非有常非无常者。于行有我见．命见．身见．世间见。故言。我．世间非有常非无常。

彼言我．世间有边者。于行有我见．命见．身见．世间见。言。命有边。身有边。世间有边。从初受胎至于冢间。所有四大身如是展转。极至七生。身．命行尽。我入清净聚。是故彼言。我有边。彼言我．世间无边者。于行有我见．命见．身见．世间见。言。命无边。身无边。世间无边。从初受胎至于冢间。所有四大身如是展转。极至七生。身．命行尽。我入清净聚。是言。我．世间无边。彼作是言。此世间有边无边。彼于行有我见．命见．身见．世间见。命有边无边。从初受胎至于冢间。所有四大身如是展转。极至七生。身．命行尽。我入清净聚。是故言。我有边无边。彼作是言。我．世间非有边非无边。于行有我见．命见．身见．世间见。命身非有边非无边。从初受胎至于冢间。所有四大身如是展转。极至七生。身．命行尽。我入清净聚。是故言。我非有边非无边。

彼言是命是身者。于此身有命见。于余身有命见。是故言。是命是身。言命异身异者。于此身有命见。于余身无命见。是故言。命异身异。彼言身命非有非无者。于此身无命见。于余身有命见。是故言。非有非无。彼言无身命者。此身无命见。余身无命见。是故言。无命无身。彼言有如是他死者。其人见今有命。后更有身．命游行。是故言。有如是他死。无如是他死者。彼言今世有命。后世无命。是故言。无如是他死。有如是他死无如是他死者。彼言今世命断灭。后世命游行。是故言。有如是他命无如是他命。非有非无如是他死者。彼言今身．命断灭。后身．命断灭。是故言。非有非无如是他死。

尔时。世尊告诸比丘言。乃往过去有王名镜面。时。集生盲人聚在一处。而告之曰。汝等生盲。宁识象不。对曰。大王。我不识．不知。王复告言。汝等欲知彼形类不。对曰。欲知。时。王即敕侍者。使将象来。令众盲子手自扪象。中有摸象得鼻者。王言此是象。或有摸象得其牙者。或有摸象得其耳者。或有摸象得其头者。或有摸象得其背者。或有摸象得其腹者。或有摸象得其胜者。或有摸象得其髀者。或有摸象得其迹者。或有摸象得其尾者。王皆语言。此是象也。

时。镜面王即却彼象。问盲子言。象何等类。其诸盲子。得象鼻者。言象如曲辕。得象牙者。言象如杵。得象耳者。言象如箕。得象头者。言象如鼎。得象背者。言象如丘阜。得象腹者。言象如壁。得象胜者。言象如树。得象髀者。言象如柱。得象迹者。言象如臼。得象尾者。言象如絙。各各共诤。互相是非。此言如是。彼言不尔。云云不已。遂至斗诤。时。王见此。欢喜大笑。

尔时。镜面王即说颂曰。

诸盲人群集　　于此竞诤讼
　　象身本一体　　异相生是非
　　佛告比丘。诸外道异学亦复如是。不知苦谛。不知习谛．尽谛．道谛。各生异见。互相是非。谓己为是。便起诤讼。若有沙门．婆罗门能如实知苦圣谛．苦习圣谛．苦灭圣谛．苦出要谛。彼自思惟。相共和合。同一受。同一师。同一水乳。炽然佛法。安乐久住。
　　尔时。世尊而说偈言。
　　若人不知苦　　不知苦所起
　　亦复不知苦　　所可灭尽处
　　亦复不能知　　灭于苦集道
　　失于心解脱　　慧解脱亦失
　　不能究苦本　　生老病死源
　　若能谛知苦　　知苦所起因
　　亦能知彼苦　　所可灭尽处
　　又能善分别　　灭苦集圣道
　　则得心解脱　　慧解脱亦然
　　斯人能究竟　　苦阴之根本
　　尽生老病死　　受有之根原
　　诸比丘。是故汝等当勤方便思惟苦圣谛．苦集圣谛．苦灭圣谛．苦出要谛。

佛说长阿含经卷第二十

第四分世记经阿须伦品第六

　　佛告比丘。须弥山北大海水底有罗呵阿须伦城。纵广八万由旬。其城七重。七重栏楯．七重罗网．七重行树。周匝校饰。以七宝成。城高三千由旬。广二千由旬。其城门高一千由旬。广千由旬。金城银门。银城金门。乃至无数众鸟相和而鸣。亦复如是。其阿须伦王所治小城。当大城中。名轮输摩跋吒。纵广六万由旬。其城七重。七重栏楯．七重罗网．七重行树。周匝校饰。七宝所成。城高三千由旬。广二千由旬。其城门高二千由旬。广千由旬。金城银门。银城金门。乃至无数众鸟相和而鸣。亦复如是。
　　于其城内别立议堂。名曰七尸利沙。堂墙七重。七重栏楯．七重罗网．七重行树。周匝校饰。七宝所成。议堂下基纯以车磲。其柱梁纯以七宝。其堂中柱围千由旬。高万由旬。当此柱下有正法座。纵广七百由旬。雕文刻镂。七宝所成。堂有四户。周匝栏楯。阶亭七重。七重栏楯．七重罗网．七重行树。周匝校饰。七宝所成。乃至众鸟相和而鸣。亦复如是。其议堂北有阿须伦宫殿。纵广万由旬。宫墙七重。七重栏楯．七重罗网．七重行树。周匝校饰。以七宝成。乃至无数众鸟相和悲鸣。亦复如是。其议堂东有一园林。名曰娑罗。纵广万由旬。园墙七重。七重栏楯。七重罗网．七重行树。周匝校饰。以七宝成。乃至无数众鸟相和悲鸣。亦复如是。其议堂南有一园林。名曰极妙。纵广万由旬如娑罗园。其议堂西有一园林。名曰睒摩。纵广万由旬亦如娑罗园林。其议堂北有一园林。名曰乐林。纵广万由旬亦如娑罗园林。

娑罗．极妙二园中间生昼度树。下围七由旬。高百由旬。枝叶四布五十由旬。树墙七重。七重栏楯．七重罗网．七重行树。周匝校饰。以七宝成。乃至无数众鸟相和而鸣。亦复如是。又其睒摩．乐林二园中间有跋难陀池。其水清凉。无有垢秽。宝堑七重。周匝砌厕。七重栏楯．七重罗网．七重行树。周匝校饰。七宝所成。于其池中生四种华。华叶纵广一由旬。香气流布亦一由旬。根如车毂。其汁流出。色白如乳。味甘如蜜。无数众鸟相和而鸣。又其池边有七重阶亭。门墙七重。七重栏楯．七重罗网．七重行树。周匝校饰。七宝所成。乃至无数众鸟相和悲鸣。亦复如是。

其阿须伦王臣下宫殿。有纵广万由旬者。有九千．八千。极小宫殿至千由旬。宫墙七重。七重栏楯．七重罗网．七重行树。周匝校饰。以七宝成。乃至无数众鸟相和而鸣。亦复如是。其小阿须伦宫殿有纵广千由旬。九百．八百。极小宫殿至百由旬。皆宫墙七重。七重栏楯．七重罗网．七重行树。周匝校饰。七宝所成。乃至无数众鸟相和悲鸣。亦复如是。

其议堂北有七宝阶道入于宫中。复有阶道趣娑罗园。复有阶道趣极妙园。复有阶道趣睒摩园。复有阶道趣乐林园。复有阶道趣昼度树。复有阶道趣跋难陀池。复有阶道趣大臣宫殿。复有阶道趣小阿须伦宫殿。若阿须伦王欲诣娑罗园游观时。即念毗摩质多阿须伦王。毗摩质多阿须伦王复自念言。罗呵阿须伦王念我。即自庄严驾乘宝车。无数大众侍从围绕。诣罗呵阿须伦王前。于一面立。时。阿须伦王复念波罗呵阿须伦王。波罗呵阿须伦王复自念言。王今念我。即自庄严驾乘宝车。无数大众侍从围绕。诣罗呵王前。于一面立。

时。阿须伦王复念睒摩罗阿须伦王。睒摩罗阿须伦王复自念言。今王念我。即自庄严驾乘宝车。无数大众侍从围绕。诣罗呵王前。于一面立。时。王复念大臣阿须伦。大臣阿须伦复自念言。今王念我。即自庄严驾乘宝车。无数大众侍从围绕。诣罗呵王前。于一面立。时。王复念小阿须伦。小阿须伦复自念言。今王念我。即自庄严。与诸大众诣罗呵王前。于一面立。

时。罗呵王身着宝衣。驾乘宝车。与无数大众前后围绕。诣娑罗林中。有自然风。吹门自开。有自然风。吹地令净。有自然风。吹花散地。花至于膝。时。罗呵王入此园已。共相娱乐。一日．二日。乃至七日。娱乐讫已。便还本宫。其后游观极妙园林．睒摩园林．乐园林。亦复如是。时。罗呵王常有五大阿须伦侍卫左右。一名提持。二名雄力。三名武夷。四名头首。五名摧伏。此五大阿须伦常侍卫左右。其罗呵王宫殿在大海水下。海水在上。四风所持。一名住风。二名持风。三名不动。四者坚固。持大海水。悬处虚空。犹如浮云。去阿须伦宫一万由旬终不堕落。阿须伦王福报．功德．威神如是。

第四分世记经四天王品第七

佛告比丘。须弥山王东千由旬提头赖吒天王城。名贤上。纵广六千由旬。其城七重。七重栏楯．七重罗网．七重行树。周匝校饰。以七宝成。乃至无数众鸟相和而鸣。亦复如是。须弥山南千由旬有毗楼勒天王城。名善见。纵广六千由旬。其城七重。七重栏楯．七重罗网．七重行树。周匝校饰。以七宝成。乃至无数众鸟相和而鸣。亦复如是。须弥山西千由旬有毗楼婆叉天王城。名周罗善见。纵广六千由旬。其城七重。七重栏楯．七重罗网．七重行树。周匝校饰。以七宝成。乃至无数众鸟相和而鸣。亦复如是。须弥山北千由旬有毗沙门天王。王有三城。一名可畏。二名天敬。三名众归。各各纵广六千由旬。其城七重。七重栏楯．七重罗网．七重行树。周匝校饰。以七宝成。乃至无数众鸟相和而鸣。亦复如是。

众归城北有园林。名伽毗延头。纵广四千由旬。园墙七重。七重栏楯．七重罗网．七重行树。周匝校饰。以七宝成。乃至无数众鸟相和而鸣。亦复如是。园城中间有池名那邻尼。纵广四十由旬。其水清澄。无有垢秽。以七宝堑厕砌其边。七重栏楯．七重罗网．七重行树。周匝校饰。七宝所成。中生莲花。青．黄．赤．白．杂色。光照半由旬。其香芬薰闻半由旬。又其花根大如车毂。其汁流出。色白如乳。味甘如蜜。乃至无数众鸟相和悲鸣。亦复如是。

除日月宫殿。诸四天王宫殿纵广四十由旬。宫墙七重。七重栏楯．七重罗网．七重行树。周匝校饰。以七宝成。乃至无数众鸟相和而鸣。亦复如是。其诸宫殿有四十由旬．二十由旬。极小纵广五由旬。从众归城有宝阶道至贤上城。复有阶道至善见城。复有阶道至周罗善见城。复有阶道至可畏城．天敬城。复有阶道至伽毗延头园。复有阶道至那邻尼池。复有阶道至四天王大臣宫殿。

若毗沙门天王欲诣伽毗延头园游观时。即念提头赖天王。提头赖天王复自念言。今毗沙门王念我。即自庄严驾乘宝车。与无数干沓和神前后围绕。诣毗沙门天王前。于一面立。时。毗沙门王复念毗楼勒天王。毗楼勒天王复自念言。今毗沙门王念我。即自庄严驾乘宝车。与无数究槃荼神前后围绕。诣毗沙门天王前。于一面立。毗沙门王复念毗楼婆叉。毗楼婆叉复自念言。今毗沙门王念我。即自庄严驾乘宝车。无数龙神前后围绕。诣毗沙门王前。于一面立。毗沙门王复念四天王大臣。四天王大臣复自念言。今毗沙门王念我。即自庄严驾乘宝车。无数诸天前后导从。诣毗沙门天王前。于一面立。

时。毗沙门天王即自庄严。着宝饰衣。驾乘宝车。与无数百千天神诣伽毗延头园。有自然风。吹门自开。有自然风。吹地令净。有自然风。吹花散地。花至于膝。时。王在园共相娱乐。一日．二日。乃至七日。游观讫已。还归本宫。毗沙门王常有五大鬼神侍卫左右。一名般阇楼。二名檀陀罗。三名醯摩跋陀。四名提偈罗。五名修逸路摩。此五鬼神常随侍卫。毗沙门王福报．功德．威神如是。

第四分世记经忉利天品第八

佛告比丘。须弥山王顶上有三十三天城。纵广八万由旬。其城七重．七重栏楯．七重罗网．七重行树。周匝校饰。以七宝成。城高百由旬。上广六十由旬。城门高六十由旬。广三十由旬。相去五百由旬有一门。其一一门有五百鬼神守侍卫护三十三天。金城银门。银城金门。乃至无数众鸟相和悲鸣。亦复如是。其大城内复有小城。纵广六万由旬。其城七重。七重栏楯．七重罗网．七重行树。周匝校饰。以七宝成。城高百由旬。广六十由旬。城门相去五百由旬。高六十由旬。广三十由旬。一一城门有五百鬼神侍卫侧。守护三十三天。金城银门。银城金门。水精城琉璃门。琉璃城水精门。赤珠城马瑙门。马瑙城赤珠门。车磲城众宝门。

其栏楯者。金栏银桄。银栏金桄。水精栏琉璃桄。琉璃栏水精桄。赤珠栏马瑙桄。马瑙栏赤珠桄。车磲栏众宝桄。其栏楯上有宝罗网。其金罗网下悬银铃。其银罗网下悬金铃。琉璃罗网悬水精铃。水精罗网悬琉璃铃。赤珠罗网悬马瑙铃。马瑙罗网悬赤珠铃。车磲罗网悬众宝铃。其金树者。金根金枝银叶花实。其银树者。银根银枝金叶花实。其水精树。水精根枝琉璃花叶。其琉璃树。琉璃根枝水精花叶。其赤珠树。赤珠根枝马瑙花叶。马瑙树者。马瑙根枝赤珠花叶。车磲树者。车磲根枝众宝花叶。

其七重城。城有四门。门有栏楯。七重城上皆有楼阁台观周匝围绕。有园林浴池。生众宝花。杂色参间。宝树行列。华果繁茂。香风四起。悦可人心。凫雁．鸳鸯．异类奇鸟。无数千种。相和而鸣。其小城外中间有伊罗钵龙宫。纵广六千由旬。宫墙七重。七重栏楯．七重罗网．七重行树。周匝校饰。以七宝成。乃至无数众鸟相和悲鸣。亦复如是。其善见城内有善法堂。纵广百由旬。七重栏楯．七重罗网．七重行树。周匝校饰。以七宝成。其堂下基纯以真金。上覆琉璃。其堂中柱围十由旬。高百由旬。当其柱下敷天帝御座。纵广一由旬。杂色间厕。以七宝成。其座柔软。软若天衣。夹座两边左右十六座。

堂有四门。周匝栏楯。以七宝成。其堂阶道纵广五百由旬。门郭七重。七重栏楯．七重罗网．七重行树。周匝校饰。以七宝成。乃至无数众鸟相和而鸣。亦复如是。善见堂北有帝释宫殿。纵广千由旬。

宫墙七重。七重栏楯．七重罗网．七重行树。周匝校饰。以七宝成。乃至无数众鸟相和悲鸣。亦复如是。善见堂东有园林。名曰粗涩。纵广千由旬。园墙七重。七重栏楯．七重罗网．七重行树。周匝校饰以七宝成。乃至无数众鸟相和而鸣。亦复如是。粗涩园中有二石垛。天金校饰。一名贤。二名善贤。纵广各五十由旬。其石柔软。软若天衣。

善见宫南有园林。名曰画乐。纵广千由旬。园墙七重。七重栏楯．七重罗网．七重行树。周匝校饰。以七宝成。乃至无数众鸟相和而鸣。亦复如是。其园内有二石垛。七宝所成。一名昼。二名善昼。各纵广五十由旬。其垛柔软。软若天衣。善见堂西有园林。名杂。纵广千由旬。园墙七重。七重栏楯．七重罗网．七重行树。周匝校饰。七宝所成。乃至无数众鸟相和而鸣。亦复如是。其园中有二石垛。一名善见。二名顺善见。天金校饰。七宝所成。各纵广五十由旬。其垛柔软。软若天衣。善见堂北有园林。名曰大喜。纵广千由旬。园墙七重。七重栏楯．七重罗网．七重行树。周匝校饰。以七宝成。乃至无数众鸟相和而鸣。亦复如是。其园中有二石垛。一名喜。二名大喜。车碟校饰。纵广五十由旬。其垛柔软。软若天衣。

其粗涩园．画乐园中间有难陀池。纵广百由旬。其水清澄。无有垢秽。七重宝堑周匝砌厕。栏楯七重．七重罗网．七重行树。周匝校饰。以七宝成。其池四面有四梯陛。周匝栏楯间以七宝。乃至无数众鸟相和而鸣。亦复如是。又其池中生四种花。青．黄．赤．白．红．缥。杂色间厕。其一花叶荫一由旬。香气芬熏闻一由旬。根如车毂。其汁流出。色白如乳。味甘如蜜。其池四面复有园林。其杂园林．大喜园林二园中间有树名昼度。围七由旬。高百由旬。枝叶四布五十由旬。树外空亭纵广五百由旬。宫墙七重。七重栏楯．七重罗网．七重行树。周匝校饰。以七宝成。乃至无数众鸟相和而鸣。亦复如是。

其余忉利天宫殿纵广千由旬。宫墙七重。七重栏楯．七重罗网．七重行树。周匝校饰。以七宝成。乃至无数众鸟相和而鸣。亦复如是。其诸宫殿有纵广九百．八百。极小百由旬。宫墙七重。七重栏楯．七重罗网．七重行树。周匝校饰。乃至无数众鸟相和而鸣。亦复如是。诸小天宫纵广百由旬。有九十．八十。极小至十二由旬。宫墙七重。七重栏楯．七重罗网．七重行树。周匝围绕。以七宝成。乃至无数众鸟相和而鸣。亦复如是。

善见堂北有二阶道至帝释宫殿。善见堂东有二阶道至粗涩园。复有阶道至画乐园观。复有阶道至杂园中。复有阶道至大喜园。复有阶道至大喜池。复有阶道至昼度树。复有阶道至三十三天宫。复有阶道至诸天宫。复有阶道至伊罗钵龙王宫。若天帝释欲粗涩园中游观时。即念三十三天臣。三十三天臣即自念言。今帝释念我。即自庄严驾乘宝车。与无数众前后围绕至帝释前。于一面立。帝释复念其余诸天。

1078

诸天念言。今帝释念我。即自庄严。与诸天众相随至帝释前。于一面立。帝释复念伊罗钵龙王。伊罗钵龙王复自念言。今帝释念我。龙王即自变身出三十三头。一一头有六牙。一一牙有七浴池。一．一浴池有七大莲华。一一莲花有一百叶。一一花叶有七玉女。鼓乐弦歌。抃舞其上。时。彼龙王作此化已。诣帝释前。于一面立。

时。释提桓因着众宝饰。璎珞其身。坐伊罗钵龙王第一顶上。其次两边各有十六天王。在龙顶上次第而坐。时。天帝释与无数诸天眷属围绕诣粗涩园。有自然风。吹门自开。有自然风。吹地令净。有自然风。吹花散地。众花积聚。花至于膝。时。天帝释于贤．善贤二石埵上随意而坐。三十三王各次第坐。复有诸天不得侍从见彼园观。不得入园五欲娱乐。所以者何。斯由本行功德不同。复有诸天得见园林而不得入。不得五欲共相娱乐。所以者何。斯由本行功德不同。复有诸天得见．得入。不得五欲共相娱乐。所以者何。斯由本行功德不同。复有诸天得入．得见。五欲娱乐。所以者何。斯由本行功德同故。

游戏园中。五欲自娱。一日．二日。至于七日。相娱乐已。各自还宫。彼天帝释游观画乐园．杂园．大喜园时。亦复如是。何故名之为粗涩园。入此园时。身体粗涩。何故名为画乐园。入此园时。身体自然有种种画色以为娱乐。何故名为杂园。常以月八日．十四日．十五日。除阿须伦女。放诸婇女与诸天子杂错游戏。是故名为杂园。何故名为大喜园。入此园时。娱乐欢乐。故名大喜。何故名为善法堂。于此堂上思惟妙法。受清净乐。故名善法堂。何故名为昼度树。此树有神。名曰漫陀。常作伎乐以自娱乐。故名昼度。又彼大树枝条四布。花叶繁茂如大宝云。故名昼度。

释提桓因左右常有十大天子随从侍卫。何等为十。一者名因陀罗。二名瞿夷。三名毗楼。四名毗楼婆提。五名陀罗。六名婆罗。七名耆婆。八名灵醯嵬。九名物罗。十名难头。释提桓因有大神力。威德如是。阎浮提人所贵水花。优钵罗花．钵头摩花．拘物头花．分陀利花．须干头花。柔软香洁。其陆生花。解脱花．薝卜花．婆罗陀花．须曼周那花。婆师花．童女花。拘耶尼．郁单曰．弗于逮．龙宫．金翅鸟宫水陆诸花。亦复如是。阿须伦宫水中生花。优钵罗花．钵头摩花．拘物头花．分陀利花。柔软香洁。陆生花。殊好花．频浮花．大频浮花．伽伽利花．大伽伽利花．曼陀罗花．大曼陀罗花。四天王．三十三天．焰摩天．兜率天．化自在天．他化自在天所贵水陆诸花。亦复如是。

天有十法。何等为十。一者飞去无限数。二者飞来无限数。三者去无碍。四者来无碍。五者天身无有皮肤．骨体．筋脉．血肉。六者身无不净大小便利。七者身无疲极。八者天女不产。九者天目不眴。十者身随意色。好青则青。好黄则黄。赤．白众色。随意而现。此是诸天十法。人有七色。云何为七。有人金色。有人火色。有人青色。有人黄色。有人赤色。有人黑色。有人魔色。诸天．阿须伦有七色。亦复如是。

诸比丘。萤火之明不如灯烛。灯烛之明不如炬火。炬火之明不如积火积火之明不如四天王宫殿．城堞．璎珞．衣服．身色光明。四天王宫殿．城堞．璎珞．衣服．身色光明不如三十三天光明。三十三天光明不如焰摩天光明。焰摩天光明不如兜率天光明。兜率天光明不如化自在天光明。化自在天光明不如他化自在天光明。他化自在天光明不如梵迦夷天宫殿．衣服身色光明。梵迦夷天宫殿．衣服．身色光明不如光念天光明。光念天光明不如遍净天光明。遍净天光明不如果实天光明。果实天光明不如无想天光明。无想天光明不如无造天。无造天光明不如无热天。无热天光明不如善见天。善见天光明不如大善天。大善天光明不如色究竟天。色究竟天光明不如地自在天。地自在天光明不如佛光明。从萤火光至佛光明。合集尔所光明。不如苦谛光明。集谛．灭谛．道谛光明。是故。诸比丘。欲求光明者。当求苦谛．集谛．灭谛．道谛光明。当作是修行。

阎浮提人身长三肘半。衣长七肘。广三肘半。瞿耶尼．弗于逮人身亦三肘半。衣长七肘。广三肘半。郁单曰人身长七肘。衣长十四肘。广七肘。衣重一两。阿须伦身长一由旬。衣长二由旬。广一由旬。衣重六铢。四天王身长半由旬。衣长一由旬。广半由旬。衣重半两。忉利天身长一由旬。衣长二由旬。广一由旬。衣重六铢。焰摩天身长二由旬。衣长四由旬。广二由旬。衣重三铢。兜率天身长四由旬。衣长八由旬。广四由旬。衣重一铢半。化自在天身长八由旬。衣长十六由旬。广八由旬。衣重一铢。他化自在天身长十六由旬。衣长三十二由旬。广十六由旬。衣重半铢。自上诸天。各随其身而着衣服。

阎浮提人寿命百岁。少出多减。拘耶尼人寿命二百岁。少出多减。弗于逮人寿三百岁。少出多减。郁单曰人尽寿千岁。无有增减。饿鬼寿七万岁。少出多减。龙．金翅鸟寿一劫。或有减者。阿须伦寿天千岁。少出多减。四天王寿天五百岁。少出多减。忉利天寿天千岁。少出多减。焰摩天寿天二千岁。少出多减。兜率天寿天四千岁。少出多减。化自在天寿天八千岁。少出多减。他化自在天寿天万六千岁。少出多减。梵迦夷天寿命一劫。或有减者。光音天寿命二劫。或有减者。遍净天寿命三劫。或有减者。果实天寿命四劫。或有减者。无想天寿命五百劫。或有减者。无造天寿命千劫。或有减者。无热天寿命二千劫。或有减者。善见天寿命三千劫。或有减者。大善见天寿命四千劫。或有减者。色究竟天寿命五千劫。或有减者。空处天寿命万劫。或有减者。识处天寿命二万一千劫。或有减者。不用处天寿命四万二千劫。或有减者。有想无想天寿命八万四千劫。或有减者。齐此为众生。齐此为寿命。齐此为世界。齐此名为生．老．病．死往来所趣。界．入聚也。

佛告比丘。一切众生以四食存。何谓为四。抟．细滑食为第一。触食为第二。念食为第三。识食为第四。彼彼众生所食不同。阎浮提人种种饭．麨面．鱼肉以为抟食。衣服．洗浴为细滑食。拘耶尼．弗于逮人亦食种种饭麨面．鱼肉以为抟食。衣服．洗浴为细滑食。郁单曰人唯食自然粳米。天味具足以为抟食。衣服．洗浴为细滑食。龙．金翅鸟食鼋鼍．鱼鳖以为抟食。洗浴．衣服为细滑食。阿须伦食净抟食以为抟食。洗浴．衣服为细滑食。四天王．忉利天．焰摩天．兜率天．化自在天．他化自在天食净抟食以为抟食。洗浴．衣服为细滑食。自上诸天以禅定喜乐为食。何等众生触食。卵生众生触食。何等众生念食。有众生因念食得存。诸根增长。寿命不绝。是为念食。何等识食。地狱众生及无色天。是名识食。

阎浮提人以金银．珍宝．谷帛．奴仆治生贩卖以自生活。拘耶尼人以牛羊．珠宝市易生活。弗于逮人以谷帛．珠玑市易自活。郁单曰人无有市易治生自活。阎浮提人有婚姻往来．男娶女嫁。拘耶尼人．弗于逮人亦有婚姻．男娶女嫁。郁单曰人无有婚姻．男女嫁娶。龙．金翅鸟．阿须伦亦有婚姻．男女嫁娶。四天王．忉利天。乃至他化自在天亦有婚姻．男娶女嫁。自上诸天无复男女。阎浮提人男女交会。身身相触以成阴阳。拘耶尼．弗于逮．郁单曰人亦身身相触以成阴阳。龙．金翅鸟亦身身相触以成阴阳。阿须伦身身相近。以气成阴阳。四天王．忉利天亦复如是。焰摩天相近以成阴阳。兜率天执手成阴阳。化自在天熟视成阴阳。他化自在天暂视成阴阳。自上诸天无复淫欲。

若有众生身行恶。口言恶。意念恶。身坏命终。此后识灭。泥梨初识生。因识有名色。因名色有六入。或有众生身行恶。口言恶。意念恶。身坏命终。堕畜生中。此后识灭。畜生初识生。因识有名色。因名色有六入。或有众生身行恶。口言恶。意念恶。身坏命终。堕饿鬼中。此后识灭。饿鬼初识生。因识有名色。因名色有六入。或有众生身行善。口言善。意念善。身坏命终。得生人中。此后识灭。人中初识生。因识有名色。因名色有六入。

或有众生身行善。口言善。意念善。身坏命终。生四天王。此后识灭。四天王识初生。因识有名色。因名色有六入。彼天初生。如此人间一．二岁儿。自然化现。在天膝上坐。彼天即言。此是我子。由行报故。自然智生。即自念言。我由何行。今生此间。即复自念。我昔于人间身行善。口言善。意念善。由此行故。今得生天。我设于此命终。复生人间者。当净身．口．意。倍复精勤。修诸善行。儿生未久便自觉饥。当其儿前有自然宝器。盛天百味自然净食。若福多者饭色为白。其福中者饭色为青。其福下者饭色为赤。彼儿以手探饭着口中。食自然消化。如酥投火。彼儿食讫。方自觉渴。有自然宝器盛甘露浆。其福多者浆色为白。其福中者浆色为青。其福下者浆色为赤。其儿取彼浆饮。浆自消化。如酥投火。

彼儿饮食已讫。身体长大。与余天等。即入浴池沐浴澡洗。以自娱乐。自娱乐已。还出浴池。诣香树下。香树曲躬。手取众香。以自涂身。复诣劫贝衣树。树为曲躬。取种种衣。着其身上。复诣庄严树。树为曲躬。取种种庄严。以自严身。复诣鬘树。树为曲躬。取鬘贯首。复诣器树。树为曲躬。即取宝器。复诣果树。树为曲躬。取自然果。或食或含。或漉汁而饮。复诣乐器树。树为曲躬。取天乐器。以清妙声和弦而歌。向诸园林。彼见无数天女鼓乐弦歌。语笑相向。其天游观。遂生染着。视东忘西。视西忘东。其初生时。知自念言。我由何行。今得生此。当其游处观时。尽忘此念。于是便有婇女侍从。

若有众生身行善。口言善。意念善。身坏命终。生忉利天。此后识灭。彼初识生。因识有名色。因名色有六入。彼天初生。如阎浮提二．三岁儿。自然化现。在天膝上。彼天即言。此是我男。此是我女。亦复如是。或有众生身．口．意善。身坏命终。生焰摩天。其天初生。如阎浮提三．四岁儿。或有众生身．口．意善。身坏命终。生兜率天。其天初生。如此世间四．五岁儿。或有众生身．口．意善。身坏命终。生化自在天。其天初生。如此世间五．六岁儿。或有众生身．口．意善。身坏命终。生他化自在天。其天初生。如此世间六．七岁儿。亦复如是。

佛告比丘。半月三斋云何为三。月八日斋．十四日斋．十五日斋。是为三斋。何故于月八日斋。常以月八日。四天王告使者言。汝等案行世间。观视万民。知有孝顺父母．敬顺沙门．婆罗门．宗事长老．斋戒布施．济诸穷乏者不。尔时。使者闻王教已。遍案行天下。知有孝顺父母．宗事沙门．婆罗门．恭顺长老．持戒守斋．布施穷乏者。具观察已。见诸世间不孝父母．不敬师长．不修斋戒．不济穷乏者。还白王言。天王。世间孝顺父母．敬事师长．净修斋戒．施诸穷乏者。甚少。甚少。尔时。四天王闻已。愁忧不悦。答言。咄此为哉。世人多恶。不孝父母。不事师长。不修斋戒。不施穷乏。减损诸天众。增益阿须伦众。若使者见世间有孝顺父母．敬事师长．勤修斋戒．布施贫乏者。则还白天王言。世间有人孝顺父母．敬事师长．勤修斋戒．施诸穷乏者。四天王闻已。即大欢喜。唱言。善哉。我闻善言。世间乃能有孝顺父母．敬事师长．勤修斋戒。布施贫乏。增益诸天众。减损阿须伦众。

何故于十四日斋。十四日斋时。四天王告太子言。汝当案行天下。观察万民。知有孝顺父母．敬事师长．勤修斋戒．布施贫乏者不。太子受王教已。即案行天下。观察万民。知有孝顺父母．宗事师长．勤修斋戒．布施贫乏者。具观察已。见诸世间有不孝顺父母．不敬师长．不修斋戒．不施贫乏者。还白王言。天王。世间孝顺父母．敬顺师长．净修斋戒．济诸贫乏者。甚少。甚少。四天王闻已。愁忧不悦言。咄此为哉。世人多恶。不孝父母。不事师长。不修斋戒。不济穷乏。减损诸天众。增益阿须伦众。太子若见世间有孝顺父母．敬事师长．勤修斋戒．布施贫乏者。即还白王言。天王。世间有人孝顺父母．敬顺师长．勤修斋戒．施诸贫乏者。四天王闻已。即大欢喜。唱言。善哉。我闻善言。世间能有孝事父母。宗敬师长。勤修斋戒。布施贫乏。增益诸天众。减损阿须伦众。是故十四日斋。

何故于十五日斋。十五日斋时。四天王躬身自下。案行天下。观察万民。世间宁有孝顺父母．敬事师长．勤修斋戒．布施贫乏者不。见世间人多不孝父母。不事师长。不勤斋戒。不施贫乏。时。四天王诣善法殿。白帝释言。大王。当知世间众生多不孝父母。不敬师长。不修斋戒。不施贫乏。帝释及忉利诸天闻已。愁忧不悦言。咄此为哉。世人多恶。不孝父母。不敬师长。不修斋戒。不施穷乏。减损诸天众。增益阿须伦众。四天王若见世间有孝顺父母．敬事师长．勤修斋戒．布施贫乏者。还诣善法堂。白帝释言。世人有孝顺父母．敬事师长．勤修斋戒布施贫乏者。帝释及忉利诸天闻是语已。皆大欢喜。唱言。善哉。世间乃有孝顺父母．敬事师长．勤修斋戒．布施贫乏者。增益诸天众。减损阿须伦众。是故十五日斋戒。是故有三斋。尔时。帝释欲使诸天倍生欢喜。即说偈言。

　　常以月八日　　十四十五日
　　受化修斋戒　　其人与我同

佛告比丘。帝释说此偈。非为善受。非为善说。我所不可。所以者何。彼天帝释淫．怒．痴未尽。未脱生．老．病．死．忧．悲．苦恼。我说其人未离苦本。若我比丘漏尽阿罗汉。所作已办。舍于重担。自获己利。尽诸有结。平等解脱。如此比丘应说此偈。

　　常以月八日　　十四十五日
　　受化修斋戒　　其人与我同

佛告比丘。彼比丘说此偈者。乃名善受。乃名善说。我所印可。所以者何。彼比丘淫．怒．痴尽已。脱生．老．病．死．忧．悲．苦恼。我说其人离于苦本。

佛告比丘。一切人民所居舍宅。皆有鬼神。无有空者。一切街巷四衢道中。屠儿市肆及丘冢间。皆有鬼神。无有空者。凡诸鬼神皆随所依。即以为名。依人名人。依村名村。依城名城。依国名国。依土名土。依山名山。依河名河。

佛告比丘。一切树木极小如车轴者。皆有鬼神依止。无有空者。一切男子．女人初始生时。皆有鬼神随逐拥护。若其死时。彼守护鬼摄其精气。其人则死。

佛告比丘。设有外道梵志问言。诸贤。若一切男女初始生时。皆有鬼神随逐守护。其欲死时。彼守护鬼神摄其精气。其人则死者。今人何故有为鬼神所触娆者。有不为鬼神所触娆者。设有此问汝等应答彼言。世人为非法行。邪见颠倒。作十恶业。如是人辈。若百若千乃至有一神护耳。譬如群牛．群羊。若百若千一人守牧。彼亦如是。为非法行。邪见颠倒。作十恶业。如是人辈。若百若千乃有一神护耳。若有人修行善法。见正信行。具十善业。如是一人有百千神护。譬如国王。国王．大臣有百千人卫护一人。彼亦如是。修行善法。具十善业。如是一人有百千神护。以是缘故。世人有为鬼神所触娆者。有不为鬼神所触娆者。

佛告比丘。阎浮提人有三事胜拘耶尼人。何等为三。一者勇猛强记。能造业行。二者勇猛强记。勤修梵行。三者勇猛强记。佛出其土。以此三事胜拘耶尼。拘耶尼人有三事胜阎浮提。何等为三。一者多牛。二者多羊。三者多珠玉。以此三事胜阎浮提。阎浮提有三事胜弗于逮。何等为三。一者勇猛强记。能造业行。二者勇猛强记。能修梵行。三者勇猛强记。佛出其土。以此三事胜弗于逮。弗于逮有三事胜阎浮提。何等为三。一者其土极广。二者其土极大。三者其土极妙。以此三事胜阎浮提。

阎浮提有三事胜郁单曰。何等为三。一者勇猛强记。能造业行。二者勇猛强记。能修梵行。三者勇猛强记。佛出其土。以此三事胜郁单曰。郁单曰复有三事胜阎浮提。何等为三。一者无所系属。二者无有我。三者寿定千岁。以此三事胜阎浮提。阎浮提人亦以上三事胜饿鬼趣。饿鬼趣有三事胜阎浮提。何等为三。一者长寿。二者身大。三者他作自受。以此三事胜阎浮提。阎浮提人亦以上三事胜龙．金翅鸟。龙．金翅鸟复有三事胜阎浮提。何等为三。一者长寿。二者身大。三者宫殿。以此三事胜阎浮提。

阎浮提以上三事胜阿须伦。阿须伦复有三事胜阎浮提。何等为三。一者宫殿高广。二者宫殿庄严。三者宫殿清净。以此三事胜阎浮提。阎浮提人以此三事胜四天王。四天王复有三事胜阎浮提。何等为三。一者长寿。二者端正。三者多乐。以此三事胜阎浮提。阎浮提人亦以上三事胜忉利天．焰摩天．兜率天．化自在天．他化自在天。此诸天复有三事胜阎浮提。何等为三。一者长寿。二者端正。三者多乐。

佛告比丘。欲界众生有十二种。何等为十二。一者地狱。二者畜生。三者饿鬼。四者人。五者阿须伦。六者四天王。七者忉利天。八者焰摩天。九者兜率天。十者化自在天。十一者他化自在天。十二者魔天。色界众生有二十二种。一者梵身天。二者梵辅天。三者梵众天。四者大梵天。五者光天。六者少光天。七者无量光天。八者光音天。九者净天。十者少净天。十一者无量净天。十二者遍净天。十三者严饰天。十四者小严饰天。十五者无量严饰天。十六者严饰果实天。十七者无想天。十八者无造天。十九者无热天。二十者善见天。二十一者大善见天。二十二者阿迦尼吒天。无色界众生有四种。何等为四。一者空智天。二者识智天。三者无所有智天。四者有想无想智天。

佛告比丘。有四大天神。何等为四。一者地神。二者水神。三者风神。四者火神。昔者。地神生恶见言。地中无水．火．风。时。我知此地神所念。即往语言。汝当生念言。地中无水．火．风耶。地神报言。地中实无水．火．风也。我时语言。汝勿生此念。谓地中无水．火．风。所以者何。地中有水．火．风。但地大多故。地大得名。

佛告比丘。我时为彼地神次第说法。除其恶见。示教利喜。施论．戒论．生天之论。欲为不净。上漏为患。出要为上。敷演开示。清净梵行。我时知其心净。柔软欢喜。无有阴盖。易可开化。如诸佛常法。说苦圣谛．苦集谛．苦灭谛．苦出要谛。演布开示。尔时。地神即于座上远尘离垢。得法眼净。譬如净洁白衣。易为受色。彼亦如是。信心清净。遂得法眼。无有狐疑。见法决定。不堕恶趣。不向余道。成就无畏。而白我言。我今归依佛。归依法。归依僧。尽形寿不杀．不盗．不淫．不欺．不饮酒。听我于正法中为优婆夷。

佛告比丘。昔者。水神生恶见言。水中无地．火．风。时。地神知彼水神心生此见。往语水神言。汝实起此见。言水中无地．火．风耶。答曰。实尔。地神语言。汝勿起此见。谓水中无地．火．风。所以者何。水中有地．火．风。但水大多故。水大得名。时。地神即为说法。除其恶见。示教利喜。施论．戒论．生天之论。欲为不净。上漏为患。出要为上。敷演开示。清净梵行。时。地神知彼水神其心柔软。欢喜信解。净无阴盖。易可开化。如诸佛常法。说苦圣谛．苦集谛．苦灭谛．苦出要谛。演布开示。时。彼水神即远尘离垢。得法眼净。犹如净洁白衣。易为受色。彼亦如是。信心清净。得法眼净。无有狐疑。决定得果。不堕恶趣。不向余道。成就无畏。白地神言。我今归依佛。归依法。归依僧。尽形寿不杀．不盗．不淫．不欺．不饮酒。听我于正法中为优婆夷。

佛告比丘。昔者。火神生恶见言。火中无地．水．风。时。地神．水神知彼火神心生此见。共语火神言。汝实起此见耶。答曰。实尔。二神语言。汝勿起此见。所以者何。火中有地．水．风。但火大多故。火大得名耳。时。二神即为说法。除其恶见。示教利喜。施论．戒论．生天之论。欲为不净。上漏为患。出要为上。敷演开示。清净梵行。二神知彼火神其心柔软。欢喜信解。净无阴盖。易可开化。如诸佛常法。说苦圣谛．苦集谛．苦灭谛．苦出要谛。演布开示。时。彼火神即远尘离垢。得法眼净。犹如净洁白衣。易为受色。

彼亦如是。信心清净。遂得法眼。无有狐疑。决定得果。不堕恶趣。不向余道。成就无畏。白二神言。我今归依佛．法．圣众。尽形寿不杀．不盗．不淫．不欺．不饮酒。听我于正法中为优婆夷。

佛告比丘。昔者。风神生恶见言。风中无地．水．火。地．水．火神知彼风神生此恶见。往语之言。汝实起此见耶。答曰。实尔。三神语言。汝勿起此见。所以者何。风中有地．水．火。但风大多故。风大得名耳。时。三神即为说法。除其恶见。示教利喜。施论．戒论．生天之论。欲为不净。上漏为患。出要为上。敷演开示。清净梵行。三神知彼风神其心柔软。欢喜信解。净无阴盖。易可开化。如诸佛常法。说苦圣谛．苦集．苦灭．苦出要谛。演布开示。时。彼风神即远尘离垢。得法眼净。譬如净洁白衣。易为受色。彼亦如是。信心清净。逮得法眼。无有狐疑。决定得果。不堕恶趣。不向余道。成就无畏。白三神言。我今归依佛．法．圣众。尽形寿不杀．不盗．不淫．不欺．不饮酒。愿听我于正法中为优婆夷。慈心一切。不娆众生。

佛告比丘。云有四种。云何为四。一者白色。二者黑色。三者赤色。四者红色。其白色者地大偏多。其黑色者水大偏多。其赤色者火大偏多。其红色者风大偏多。其云去地或十里．二十里．三十里。至四十四千里。除劫初后时云上至光音天。电有四种。云何为四。东方电名身光。南方电名难毁。西方电名流炎。北方电名定明。以何缘故。虚空云中有此电光。有时身光与难毁相触。有时身光与流炎相触。有时身光与定明相触。有时难毁与流炎相触。有时难毁与定明相触。有时流炎与定明相触。以是缘故。虚空云中有电光起。复有何缘。虚空云有雷声起。虚空中有时地大与水大相触。有时地大与火大相触。有时地大与风大相触。有时水大与火大相触。有时水大与风大相触。以是缘故。虚空云中有雷声起。

相师占雨有五因缘不可定知。使占者迷惑。云何为五。一者云有雷电。占谓当雨。以火大多故。烧云不雨。是为占师初迷惑缘。二者云有雷电。占谓当雨。有大风起。吹云四散。入诸山间。以此缘故。相师迷惑。三者云有雷电。占谓当雨。时大阿须伦接揽浮云。置大海中。以此因缘。相师迷惑。四者云有雷电。占谓当雨。而云师．雨师放逸淫乱。竟不降雨。以此因缘。相师迷惑。五者云有雷电。占谓当雨。而世间众庶非法放逸。行不净行。悭贪嫉妒。所见颠倒。故使天不降雨。以此因缘。相师迷惑。是为五因缘。相师占雨不可定知。

佛说长阿含经卷第二十一

第四分世记经三灾品第九

佛告比丘。有四事长久。无量无限。不可以日月岁数而称计也。云何为四。一者世间灾渐起。坏此世时。中间长久。无量无限。不可以日月岁数而称计也。二者此世间坏已。中间空旷。无有世间。长久迥远。不可以日月岁数而称计也。三者天地初起。向欲成时。中间长久。不可以日月岁数而称计也。四者天地成已。久住不坏。不可以日月岁数而称计也。是为四事长久。无量无限。不可以日月岁数而计量也。

佛告比丘。世有三灾。云何为三。一者火灾。二者水灾。三者风灾。有三灾上际。云何为三。一者光音天。二者遍净天。三者果实天。若火灾起时。至光音天。光音天为际。若水灾起时。至遍净天。遍净天为际。若风灾起时。至果实天。果实天为际。云何为火灾。火灾始欲起时。此世间人皆行正法。正见不倒。修十善行。行此法时。有人得第二禅者。即踊身上升于虚空中。住圣人道．天道．梵道。高声唱言。诸贤。当知无觉．无观第二禅乐。第二禅乐。时。世间人闻此声已。仰语彼言。善哉。善哉。唯愿为我说无觉．无观第二禅道。时。空中人闻其语已。即为说无觉．无观第二禅道。此世间人闻彼说已。即修无觉无观第二禅道。身坏命终。生光音天。

是时。地狱众生罪毕命终。来生人间。复修无觉．无观第二禅。身坏命终。生光音天。畜生．饿鬼．阿须伦．四天王．忉利天．炎天．兜率天．化自在天．他化自在天．梵天众生命终。来生人间。修无觉．无观第二禅。身坏命终。生光音天。由此因缘地狱道尽。畜生．饿鬼．阿须伦乃至梵天皆尽。当于尔时。先地狱尽。然后畜生尽。畜生尽已。饿鬼尽。饿鬼尽已。阿须伦尽。阿须伦尽已。四天王尽。四天王尽已。忉利天王尽。忉利天王尽已。炎摩天尽。炎摩天尽已。兜率天尽。兜率天尽已。化自在天尽。化自在天尽已。他化自在天尽。他化自在天尽已。梵天尽。梵天尽已。然后人尽。无有遗余。人尽无余已。此世败坏。乃成为灾。其后天不降雨。百谷草木自然枯死。

佛告比丘。以是当知。一切行无常。变易朽坏。不可恃怙。有为诸法。甚可厌患。当求度世解脱之道。其后久久。有大黑风暴起。吹大海水。海水深八万四千由旬。吹使两披。取日宫殿。置于须弥山半。去地四万二千由旬。安日道中。缘此世间有二日出。二日出已。令此世间所有小河．汱浍．渠流皆悉干竭。

佛告比丘。以是当知。一切行无常。变易朽坏。不可恃怙。凡诸有为甚可厌患。当求度世解脱之道。其后久久。有大黑风暴起。海水深八万四千由旬。吹使两披。取日宫殿。置于须弥山半。去地四万二千由旬。安日道中。缘此世间有三日出。三日出已。此诸大水。恒河．耶婆那河．婆罗河．阿夷罗婆提河．阿摩怯河．辛陀河．故舍河皆悉干竭。无有遗余。

以是当知。一切行无常。变易朽坏。不可恃怙。凡诸有为甚可厌患。当求度世解脱之道。其后久久。有大黑风暴起。海水深八万四千由旬。吹使两披。取日宫殿。置于须弥山半。安日道中。缘此世间有四日出。四日出已。此诸世间所有泉源．渊池．善见大池．阿耨大池．四方陀延池．优钵罗池．拘物头池．分陀利池．离池。纵广五十由旬皆尽干竭。

以是故知。一切无常。变易朽坏。不可恃怙。凡诸有为甚可厌患。当求度世解脱之道。其后久久。有大黑风暴起。吹大海水。使令两披。取日宫殿。置于须弥山半。安日道中。缘此世间有五日出。五日出已。大海水稍减百由旬。至七百由旬。以是可知。一切行无常。变易朽坏。不可恃怙。凡诸有为甚可厌患。当求度世解脱之道。是时。大海稍尽。余有七百由旬．六百由旬．五百由旬．四百由旬乃至百由旬在。以是可知。一切行无常。变易朽坏。不可恃怙。凡诸有为甚可厌患。当求度世解脱之道。时。大海水稍稍减尽。至七由旬．六由旬．五由旬。乃至一由旬在。

佛告比丘。以是当知。一切行无常。变易朽坏。不可恃怙。凡诸有为甚可厌患当求度世解脱之道。其后海水稍尽。至七多罗树．六多罗树。乃至一多罗树。

佛告比丘。以是当知。一切行无常。变易朽坏。不可恃怙。凡诸有为甚可厌患。当求度世解脱之道。其后海水转浅七人．六人．五人．四人．三人．二人．一人。至腰．至膝．至于腨．踝。

佛告比丘。以是当知。一切行无常。变易朽坏。不可恃怙。凡诸有为甚可厌患。当求度世解脱之道。其后海水犹如春雨后。亦如牛迹中水。遂至涸尽。不渍人指。

佛告比丘。以是当知。一切行无常。变易朽坏。不可恃怙。凡诸有为甚可厌患。当求度世解脱之道。其后久久。有大黑风暴起。吹海底沙。深八万四千由旬。令着两岸飘。取日宫殿。置于须弥山半。安日道中。缘此世间有六日出。六日出已。其四天下及八万天下诸山．大山．须弥山王皆烟起燋燃。犹如陶家初然陶时。六日出时亦复如是。

佛告比丘。以是当知。一切行无常。变易朽坏。不可恃怙。凡诸有为甚可厌患。当求度世解脱之道。其后久久。有大黑风暴起。吹海底沙。八万四千由旬。令着两岸飘。取日宫殿。置于须弥山半。安日道中。缘此世间有七日出。七日出已。此四天下及八万天下诸山．大山．须弥山王皆悉洞然。犹如陶家然灶焰起。七日出时亦复如是。

佛告比丘。以此当知。一切行无常。变易朽坏。不可恃怙。凡诸有为甚可厌患。当求度世解脱之道。此四天下及八万天下诸山．须弥山皆悉洞然。一时。四天王宫．忉利天宫．炎摩天宫．兜率天．化自在天．他化自在天．梵天宫亦皆洞然。

佛告比丘。是故当知。一切行无常。变易朽坏。不可恃怙。凡诸有为法甚可厌患。当求度世解脱之道。此四天下。乃至梵天火洞然已。风吹火焰至光音天。其彼初生天子见此火焰。皆生怖畏言。咄。此何物。先生诸天语后生天言。勿怖畏也。彼火曾来。齐此而止。以念前火光。故名光念天。此四天下。乃至梵天火洞然已。须弥山王渐渐颓落。百由旬．二百由旬。至七百由旬。

佛告比丘。以是当知。一切行无常。变易朽坏。不可恃怙。凡诸有为甚可厌患。当求度世解脱之道。此四天下乃至梵天火洞然已。其后大地及须弥山尽无灰烬。是故当知。一切行无常。变易朽坏。不可恃怙。凡诸有为甚可厌患。当求度世解脱之道。其此大地火烧尽已。地下水尽。水下风尽。是故当知。一切行无常。变易朽坏。不可恃怙。凡诸有为甚可厌患。当求度世解脱之道。

佛告比丘。火灾起时。天不复雨。百谷草木自然枯死。谁当信者。独有见者。自当知耶。如是乃至地下水尽。水下风尽。谁当信者。独有见者。自当知耶。是为火灾。云何火劫还复。其后久久。有大黑云在虚空中。至光音天。周遍降雨。渧如车轮。如是无数百千岁雨。其水渐长。高无数百千由旬。乃至光音天。

时。有四大风起。持此水住。何等为四。一名住风。二名持风。三名不动。四名坚固。其后此水稍减百千由旬。无数百千万由旬。其水四面有大风起。名曰僧伽。吹水令动。鼓荡涛波。起沫积聚。风吹离水。在于空中自然坚固。变成天宫。七宝校饰。由此因缘有梵迦夷天宫。其水转减至无数百千万由旬。其水四面有大风起。名曰僧伽。吹水令动。鼓荡涛波。起沫积聚。风吹波离水。在于空中自然坚固。变成天宫。七宝校饰。由此因缘有他化自在天宫。

其水转减至无数千万由旬。其水四面有大风起。名曰僧伽。吹水令动。鼓荡涛波。起沫积聚。风吹离水。在虚空中自然坚固。变成天宫。七宝校饰。由此因缘有化自在天宫。其水转减至无数百千由旬。有僧伽风。吹水令动。鼓荡涛波。起沫积聚。风吹离水。在虚空中自然坚固。变成天宫。七宝校饰。由此因缘有兜率天宫。其水转减至无数百千由旬。有僧伽风。吹水令动。鼓荡涛波。起沫积聚。风吹离水。在虚空中自然坚固。变成天宫。由此因缘有炎摩天宫。其水转减至无数百千由旬。水上有沫。深六十万八千由旬。其边无际。譬如此间。穴泉流水。水上有沫。彼亦如是。

以何因缘有须弥山。有乱风起。吹此水沫造须弥山。高六十万八千由旬。纵广八万四千由旬。四宝所成。金．银．水精．琉璃。以何因缘有四阿须伦宫殿。其后乱风吹大海水吹大水沫。于须弥山四面起大宫殿。纵广各八万由旬。自然变成七宝宫殿。复何因缘有四天王宫殿。其后乱风吹大海水沫。于须弥山半四万二千由旬。自然变成七宝宫殿。以是故名为四天王宫殿。以何因缘有忉利天宫殿。其后乱风吹大水沫。于须弥山上自然变成七宝宫殿。复以何缘有伽陀罗山。其后乱风吹大水沫。去须弥山不远。自然化成宝山。下根入地四万二千由旬。纵广四万二千由旬。其边无际。杂色间厕。七宝所成。以是缘故有伽陀罗山。

复以何缘有伊沙山。其后乱风吹大水沫。去伽陀罗山不远。自然变成伊沙山。高二万一千由旬。纵广二万一千由旬。其边无际。杂色参间。七宝所成。以是缘故有伊沙山。其后乱风吹大水沫。去伊沙山不远。自然变成树辰陀罗山。高万二千由旬。纵广万二千由旬。其边无际。杂色参间。七宝所成。以是因缘有树辰陀罗山。其后乱风吹大水沫。去树辰陀罗山不远。自然变成阿般泥楼山。高六千由旬。纵广六千由旬。其边无际。杂色参间。七宝所成。以是缘故有阿般尼楼山。

其后乱风吹大水沫。去阿般尼楼山不远。自然变成弥邻陀罗山。高三千由旬。纵广三千由旬。其边无际。杂色参间。七宝所成。以是因缘有尼邻陀罗山。其后乱风吹大水沫。去尼邻陀罗山不远。自然变成比尼陀山。高千二百由旬。纵广千二百由旬。其边无际。杂色参间。七宝所成。以是缘故有比尼陀山。其后乱风吹大水沫。去比尼陀山不远。自然变成金刚轮山。高三百由旬。纵广三百由旬。其边无际。杂色参间。七宝所成。以是因缘有金刚轮山。何故有月．有七日宫殿。其后乱风吹大水沫。自然变成一月宫殿．七日宫殿。杂色参间。七宝所成。为黑风所吹还到本处。以是因缘有日．月宫殿。

其后乱风吹大水沫。自然变成四天下及八万天下。以是因缘有四天下及八万天下。其后乱风吹大水沫。在四天下及八万天下。自然变成大金刚轮山。高十六万八千由旬。纵广十六万八千由旬。其边无限。金刚坚固。不可毁坏。以是因缘有大金刚轮山。其后久久。有自然云遍满空中。周遍大雨。渧如车轮。其水弥漫。没四天下。与须弥山等。其后乱风吹地为大坑。涧水尽入中。因此为海。以是因缘有四大海水。海水咸苦有三因缘。何等为三。一者有自然云遍满虚空。至光音天。周遍降雨。洗濯天宫。涤荡天下。从梵迦夷天宫．他化自在天宫。下至炎摩天宫．四天下．八万天下．诸山．大山．须弥山王皆洗濯涤荡。其中诸处有秽恶咸苦诸不净汁。下流入海。合为一味。故海水咸。二者昔有大仙人禁咒海水。长使咸苦。人不得饮。是故咸苦。三者彼大海水杂众生居。其身长大。或百由旬．二百由旬。至七百由旬。呼哈吐纳。大小便中。故海水咸。是为火灾。

佛告比丘。云何为水灾。水灾起时。此世间人皆奉正法。正见。

不邪见。修十善业。修善行已。时。有人得无喜第三禅者。踊身上升于虚空中。住圣人道．天道．梵道。高声唱言。诸贤。当知无喜第三禅乐。无喜第三禅乐。时。世间人闻此声已。仰语彼言。善哉。善哉。愿为我说是无喜第三禅道。时。空中人闻此语已。即为演说无喜第三禅道。此世间人闻其说已。即修第三禅道。身坏命终。生遍净天。

尔时。地狱众生罪毕命终。来生人间。复修第三禅道。身坏命终。生遍净天。畜生．饿鬼．阿须轮．四天王．忉利天．炎摩天．兜率天．化自在天．他化自在天．梵天．光音天众生命终。来生人间。修第三禅道。身坏命终。生遍净天。由此因缘。地狱道尽。畜生．饿鬼．阿须伦．四天王。乃至光音天趣皆尽。当于尔时。先地狱尽。然后畜生尽。畜生尽已。饿鬼尽。饿鬼尽已。阿须伦尽。阿须伦尽已。四天王尽。四天王尽已。忉利天尽。忉利天尽已。炎摩天尽。炎摩天尽已。兜率天尽。兜率天尽已。化自在天尽。化自在天尽已。他化自在天尽。他化自在天尽已。梵天尽。梵天尽已。光音天尽。光音天尽已。然后人尽无余。人尽无余已。此世间败坏。乃成为灾。

其后久久。有大黑云暴起。上至遍净天。周遍大雨。纯雨热水。其水沸涌。煎熬天上。诸天宫殿皆悉消尽。无有遗余。犹如酥油置于火中。煎熬消尽。无有遗余。光音天宫亦复如是。以此可知。一切行无常。为变易法。不可恃怙。有为诸法。甚可厌患。当求度世解脱之道。

其后此雨复浸梵迦夷天宫。煎熬消尽。无有遗余。犹如酥油置于火中。无有遗余。梵迦夷宫亦复如是。其后此雨复浸他化自在天．化自在天．兜率天．炎摩天宫。煎熬消尽。无有遗余。犹如酥油置于火中。无有遗余。彼诸天宫亦复如是。其后此雨复浸四天下及八万天下诸山．大山．须弥山王。煎熬消尽。无有遗余。犹如酥油置于火中。煎熬消尽。无有遗余。彼亦如是。是故当知。一切行无常。为变易法。不可恃怙。凡诸有为甚可厌患。当求度世解脱之道。其后此水煎熬大地。尽无余已。地下水尽。水下风尽。是故当知。一切行无常。为变易法。不可恃怙。凡诸有为甚可厌患。当求度世解脱之道。

佛告比丘。遍净天宫煎熬消尽。谁当信者。独有见者。乃能知耳。梵迦夷宫煎熬消尽。乃至地下水尽。水下风尽。谁当信者。独有见者。乃当知耳。是为水灾。

云何水灾还复。其后久久。有大黑云充满虚空。至遍净天。周遍降雨。渧如车轮。如是无数百千万岁。其水渐长。至遍净天。有四大风。持此水住。何等为四。一名住风。二名持风。三名不动。四名坚固。其后此水稍减无数百千由旬。四面有大风起。名曰僧伽。吹水令动。鼓荡涛波。起沫积聚。风吹离水。在虚空中。自然变成光音天宫。七宝校饰。由此因缘有光音天宫。其水转减无数百千由旬。彼僧伽风吹水令动。鼓荡涛波。起沫积聚。风吹离水。在虚空中。自然变成梵迦夷天宫。七宝校饰。如是乃至海水一味咸苦。亦如火灾复时。是为水灾。

佛告比丘。云何为风灾。风灾起时。此世间人皆奉正法。正见。不邪见。修十善业。修善行时。时有人得清净护念第四禅。于虚空中住圣人道．天道．梵道。高声唱言。诸贤。护念清净第四禅乐。护念清净第四禅乐。时。此世人闻其声已。仰语彼言。善哉。善哉。愿为我说护念清净第四禅道。时。空中人闻此语已。即为说第四禅道。此世间人闻其说已。即修第四禅道。身坏命终。生果实天。

尔时。地狱众生罪毕命终。来生人间。复修第四禅。身坏命终。生果实天。畜生．饿鬼．阿须伦。四天王乃至遍净天众生命终。来生人间。修第四禅。身坏命终。生果实天。由此因缘。地狱道尽。畜生．饿鬼．阿须伦．四天王。乃至遍净天趣皆尽。尔时。地狱先尽。然后畜生尽。畜生尽已。饿鬼尽。饿鬼尽已。阿须伦尽。阿须伦尽已。四天王尽。四天王尽已。如是展转至遍净天尽。遍净天尽已。然后人尽无余。人尽无余已。此世间败坏。乃成为灾。其后久久。有大风起。名曰大僧伽。乃至果实天。其风四布。吹遍净天宫．光音天宫。使宫宫相拍。碎若粉尘。犹如力士执二铜杵。杵杵相拍。碎尽无余。二宫相拍亦复如是。以是当知。一切行无常。为变易法。不可恃怙。凡诸有为甚可厌患。当求度世解脱之道。

其后此风吹梵迦夷天宫．他化自在天宫。宫宫相拍。碎如粉尘。无有遗余。犹如力士执二铜杵。杵杵相拍。碎尽无余。二宫相拍亦复如是。以是当知。一切行无常。为变易法。不可恃怙。凡诸有为甚可厌患。当求度世解脱之道。其后此风吹化自在天宫．兜率天宫．炎摩天宫。宫宫相拍。碎若粉尘。无有遗余。犹如力士执二铜杵。杵杵相拍。碎尽无余。彼宫如是碎尽无余。以是当知。一切行无常。为变易法。不可恃怙。凡诸有为甚可厌患。当求度世解脱之道。

其后此风吹四天下及八万天下。诸山．大山．须弥山王置于虚空。高百千由旬。山山相拍。碎若粉尘。犹如力士手执轻糠散于空中。彼四天下．须弥诸山碎尽分散。亦复如是。以是可知。一切行无常。为变易法。不可恃怙。凡诸有为甚可厌患。当求度世解脱之道。其后风吹大地尽。地下水尽。水下风尽。是故当知。一切行无常。为变易法。不可恃怙。凡诸有为甚可厌患。当求度世解脱之道。

佛告比丘。遍净天宫．光音天宫。宫宫相拍。碎若粉尘。谁当信者。独有见者。乃能知耳。如是乃至地下水尽。水下风尽。谁能信者。独有见者。乃能信耳。是为风灾。云何风灾还复。其后久久。有大黑云周遍虚空。至果实天。而降大雨。渧如车轮。霖雨无数百千万岁。其水渐长。至果实天。时。有四风持此水住。何等为四。一名住风。二名持风。三名不动。四名坚固。其后此水渐渐稍减无数百千由旬。其水四面有大风起。名曰僧伽。吹水令动。鼓荡涛波。起沫积聚。风吹离水。在于空中自然变成遍净天宫。杂色参间。七宝所成。以此因缘有遍净天宫。其水转减无数百千由旬。彼僧伽风吹水令动。鼓荡涛波。起沫积聚。风吹离水。在于空中自然变成光音天宫。杂色参间。七宝所成。乃至海水一味咸苦。亦如火灾复时。是为风灾。是为三灾。是为三复。

第四分世记经战斗品第十

佛告比丘。昔者。诸天与阿须伦共斗。时。释提桓因命忉利诸天而告之曰。汝等今往与彼共战。若得胜者。捉毗摩质多罗阿须伦。以五系系缚。将诣善法讲堂。吾欲观之。时。忉利诸天受帝释教已。各自庄严。时。毗摩质多罗阿须伦命诸阿须伦而告之曰。汝等今往与彼共战。若得胜者。捉释提桓因。以五系系缚。将诣七叶讲堂。吾欲观之。时。诸阿须伦受毗摩质多阿须伦教已。各自庄严。

于是。诸天．阿须伦众遂共战斗。诸天得胜。阿须伦退。时。忉利诸天捉阿须伦王。以五系系缚。将诣善法堂所。示天帝释。时。阿须伦王见天上快乐。生慕乐心。即自念言。此处殊胜。即可居止。用复还归阿须伦宫为。发此念时。五系即得解。五乐在前。若阿须伦生念欲还诣本宫殿。五系还缚。五乐自去。时。阿须伦所被系缚。转更牢固。魔所系缚复过于是。计吾我人为魔所缚。不计吾我人魔缚得解。爱我为缚。爱爱为缚。我当有为缚。我当无为缚。有色为缚。无色为缚。有色无色为缚。我有想为缚。无想为缚。有想无想为缚。我为大患．为痈．为刺。是故。贤圣弟子知我为大患．为痈．为刺。舍吾我想。修无我行。观彼我为重担．为放逸．为有。当有我是有为。当有无我是有为。有色是有为。无色是有为。有色无色是有为。有想是有为。无想是有为。有想无想是有为。有为为大患．为刺．为疮。是故。贤圣弟子知有为为大患．为刺．为疮故。舍有为。为无为行。

佛告比丘。昔者。诸天子与阿须伦共斗。时。释提桓因命忉利天而告之曰。汝等今往与阿须伦共斗。若得胜者。捉毗摩质多罗阿须伦。以五系系缚。将诣善法讲堂。吾欲观之。时。忉利诸天受帝释教已。各即自庄严。时。毗摩质多阿须伦复命诸阿须伦而告之曰。汝等今往与彼共战。若得胜者。捉释提桓因。以五系系缚。将诣七叶讲堂。吾欲观之。时。诸阿须伦受毗摩质多阿须伦教已。各自庄严。于是。诸天．阿须伦众遂共战斗。诸天得胜。阿须伦退。忉利诸天捉阿须伦。以五系系缚。将诣善法堂所。示天帝释。彷徉游善法堂上。阿须伦王遥见帝释。于五系中恶口骂詈。时。天帝侍者于天帝前。即说偈言。

　　　　天帝何恐怖　　自现己劣弱
　　　　须质面毁呰　　默听其恶言

时。天帝释即复以偈答侍者曰。

彼亦无大力　　我亦不恐畏
　　如何大智士　　与彼无智诤
尔时。侍者复作偈颂白帝释言。
　　今不折愚者　　恐后转难忍
　　宜加以杖捶　　使愚自改过
时。天帝释复作偈颂答侍者曰。
　　我常言智者　　不应与愚诤
　　愚骂而智默　　即为信胜彼
尔时。侍者复作偈颂白帝释言。
　　天王所以默　　恐损智者行
　　而彼愚駚人　　谓王怀怖畏
　　愚不自忖量　　谓可与王敌
　　没死来触突　　欲王如牛退
时。天帝释复作偈颂答侍者曰。
　　彼愚无知见　　谓我怀恐怖
　　我观第一义　　忍默为最上
　　恶中之恶者　　于瞋复生瞋
　　能于瞋不瞋　　为战中最上
　　夫人有二缘　　为己亦为他
　　众人诤有讼　　不报者为胜
　　夫人有二缘　　为己亦为他
　　见无诤讼者　　乃谓为愚駚
　　若人有大力　　能忍无力者
　　此力为第一　　于忍中最上
　　愚自谓有力　　此力非为力
　　如法忍力者　　此力不可沮

佛告比丘。尔时。天帝释岂异人乎。勿造斯观。时。天帝释即我身是也。我于尔时。修习忍辱。不行卒暴。常亦称赞能忍辱者。若有智之人欲弘吾道者。当修忍默。勿怀忿诤。

佛告比丘。昔者。忉利诸天与阿须伦共斗。时。释提桓因语质多阿须伦言。卿等何为严饰兵仗。怀怒害心。共战诤为。今当共汝讲论道义。知有胜负。彼质多阿须伦语帝释言。正使舍诸兵仗。止于诤讼论义者。谁知胜负。帝释教言。但共论议。今汝众中．我天众中。自有智慧知胜负者。时。阿须伦语帝释言。汝先说偈。帝释报言。汝是旧天。汝应先说。尔时。质多阿须伦即为帝释而作颂曰。
　　今不折愚者　　恐后转难忍
　　宜加以杖捶　　使愚自改过
时。阿须伦说此偈已。阿须伦众即大欢喜。高声称善。唯诸天众默然无言。时。阿须伦王语帝释言。汝次说偈。尔时。帝释即为阿须

1094

伦而说偈言。

　　我常言智者　　不应与愚诤
　　愚骂而智默　　即为胜彼愚

时。天帝释说此偈已。忉利诸天皆大欢喜。举声称善。时。阿须伦众默然无言。尔时。天帝语阿须伦言。汝次说偈。时。阿须伦复说偈言。

　　天王所以默　　恐损智者行
　　而彼愚駇人　　谓王怀怖畏
　　愚不自忖量　　谓可与王敌
　　没死来触突　　欲王如牛退

时。阿须伦王说此偈已。阿须伦众踊跃欢喜。举声称善。时。忉利天众默然无言。时。阿须伦王语帝释言。汝次说偈。时。天帝释为阿须伦而说偈言。

　　彼愚无知见　　谓我怀恐畏
　　我观第一义　　忍默为最上
　　恶中之恶者　　于瞋复生瞋
　　能于瞋不瞋　　为战中最胜
　　夫人有二缘　　为己亦为他
　　众人为诤讼　　不报者为胜
　　夫人有二缘　　为己亦为他
　　见无诤讼者　　不谓为愚駇
　　若人有大力　　能忍无力者
　　此力为第一　　于忍中最上
　　愚自谓有力　　此力非为力
　　如法忍力者　　此力不可沮

释提桓因说此偈已。忉利天众踊跃欢喜。举声称善。阿须伦众默然无言。时。天众.阿须伦众各小退却。自相谓言。阿须伦王所说偈颂。有所触犯。起刀剑仇。生斗讼根。长诸怨结。树三有本。天帝释所说偈者。无所触娆。不起刀剑。不生斗讼。不长怨结。绝三有本。天帝所说为善。阿须伦所说不善。诸天为胜。阿须伦负。

佛告比丘。尔时。释提桓因岂异人乎。勿造斯观。所以者何。即我身是。我于尔时。以柔濡言。胜阿须伦众。

佛告比丘。昔者。诸天复与阿须伦共斗。时。阿须伦胜。诸天不如。时。释提桓因乘千辐宝车怖惧而走。中路见睒婆罗树上有一巢。巢有两子。即以偈颂告御者言。颂曰。

　　此树有二鸟　　汝当回车避
　　正使贼害我　　勿伤二鸟命

尔时。御者闻帝释偈已。寻便住车回避鸟。尔时。车头向阿须伦。阿须伦众遥见宝车回向。其军即相谓言。今天帝释乘千辐宝车回向我众。必欲还斗。不可当也。阿须伦众即便退散。诸天得胜。阿须伦退。

佛告比丘。尔时。帝释者岂异人乎。勿造斯观。所以者何。即我身是也。我于尔时。于诸众生起慈愍心。诸比丘。汝等于我法中出家修道。宜起慈心。哀愍黎庶。

佛告比丘。昔者。诸天与阿须伦共斗。尔时。诸天得胜。阿须伦退。时。天帝释战胜还宫。更造一堂。名曰最胜。东西长百由旬。南北广六十由旬。其堂百间。间间有七交露台。一一台上有七玉女。一一玉女有七使人。释提桓因亦不忧供给。诸玉女衣被．饮食．庄严之具。随本所造。自受其福。以战胜阿须伦。因欢喜心而造此堂。故名最胜堂。又千世界中所有堂观无及此堂。故名最胜。

佛告比丘。昔者。阿须伦自生念言。我有大威德。神力不少。而忉利天．日月诸天常在虚空。于我顶上游行自在。今我宁可取彼日月以为耳珰。自在游行耶。时。阿须伦王瞋恚炽盛。即念捶打阿须伦。捶打阿须伦即复念言。今阿须伦王念我。我等当速庄严。即敕左右备具兵仗。驾乘宝车。与无数阿须伦众前后导从。诣阿须伦王前。于一面立。时。王复念舍摩梨阿须伦。舍摩梨阿须伦复自念言。今王念我。我等宜速庄严。即敕左右备具兵仗。驾乘宝车。与无数阿须伦众前后导从。诣阿须伦王前。在一面立。

时。王复念毗摩质多阿须伦。毗摩质多阿须伦复自念言。今王念我。我等宜速庄严。即敕左右备具兵仗。驾乘宝车。与无数阿须伦众前后导从。往诣王前。在一面立。时。王复念大臣阿须伦。大臣阿须伦即自念言。今王念我。我等宜速庄严。即敕左右备具兵仗。驾乘宝车。与无数阿须伦众前后导从。往诣王前。于一面立。时。王复念诸小阿须伦。诸小阿须伦复自念言。今王念我。我等宜速庄严。即自庄严。备具兵仗。与无数众相随。往诣王前。于一面立。时。罗呵阿须伦王即自庄严。身着宝铠。驾乘宝车。与无数百千阿须伦众兵仗严事。前后围绕出其境界。欲往与诸天共斗。

尔时。难陀龙王．跋难陀龙王以身缠绕须弥山七匝。震动山谷。薄布微云。渧渧稍雨。以尾打大海水。海水波涌。至须弥山顶。时。忉利天即生念言。今薄云微布。渧渧稍雨。海水波涌。乃来至此。将是阿须伦欲来战斗。故有此异瑞耳。

尔时。海中诸龙兵众无数巨亿。皆持戈鉾．弓矢．刀剑。重被宝铠。器仗严整。逆与阿须伦共战。若龙众胜时。即逐阿须伦入其宫殿。若龙众退。龙不还宫。即[马*奔]趣伽楼罗鬼神所。而告之曰。阿须伦众欲与诸天共战。我往逆斗。彼今得胜。汝等当备诸兵仗。众共并力。与彼共战。时。诸鬼神闻龙语已。即自庄严。备诸兵仗。重被宝铠。与诸龙众共阿须伦斗。得胜时。即逐阿须伦入其宫殿。若不如时。不还本宫。即退走奔持华鬼神界。而告之言。阿须伦众欲与诸天共斗。我等逆战。彼今得胜。汝等当备诸兵仗。众共并力。与彼共战。

诸持华鬼神闻龙语已。即自庄严。备诸兵仗。重被宝铠。众共并力。与阿须伦斗。若得胜时。即逐阿须伦入其宫殿。若不如时。不还本宫。即退走奔常乐鬼神界。而告之言。阿须伦众欲与诸天共斗。我等逆战。彼今得胜。汝等当备诸兵仗。与我并力。共彼战斗。时。诸常乐鬼神闻是语已。即自庄严。备诸兵仗。重被宝铠。众共并力。与阿须伦斗。若得胜时。即逐阿须伦入其宫殿。若不如时。不还本宫。即退走奔四天王。而告之曰。阿须伦众欲与诸天共斗。我等逆战。彼今得胜。汝等当备诸兵仗。众共并力。与彼共战。

时。四天王闻此语已。即自庄严。备诸兵仗。重被宝铠。众共并力。与阿须伦共斗。若得胜时。即逐阿须伦入其宫殿。若不如者。四天王即诣善法讲堂。白天帝释及忉利诸天言。阿须伦欲与诸天共斗。今忉利诸天当自庄严。备诸兵仗。众共并力。往共彼战。时。天帝释命一侍天而告之曰。汝持我声往告焰摩天．兜率天．化自在天．他化自在天子言。阿须伦与无数众欲来战斗。今者诸天当自庄严。备诸兵仗。助我斗战。时。彼侍天受帝教已。即诣焰摩天。乃至他化自在天。持天帝释声而告之曰。彼阿须伦无数众来战斗。今者诸天当自庄严。备诸兵仗。助我战斗。

时。焰摩天子闻此语已。即自庄严。备诸兵仗。重被宝铠。驾乘宝车。与无数巨亿百千天众前后围绕。在须弥山东面住。时。兜率天子闻此语已。即自庄严。备诸兵仗。重被宝铠。驾乘宝车。与无数巨亿百千天众围绕。在须弥山南面住。时。化自在天子闻此语已。亦严兵众。在须弥山西面住。时。他化自在天子闻此语已。亦严兵众。在须弥山北住。

时。天帝释即念三十三天忉利天。三十三天忉利天即自念言。今帝释念我。我等宜速庄严。即敕左右备诸兵仗。驾乘宝车。与无数巨亿诸天众前后围绕。诣天帝释前。于一面立。时。天帝释复念余忉利诸天。余忉利诸天即自念言。今帝释念我。我等宜速庄严。即敕左右备诸兵仗。驾乘宝车。与无数巨亿诸天众前后围绕。诣帝释前。于一面立。时。帝释复念妙匠鬼神。妙匠鬼神即自念言。今帝释念我。我宜速庄严。即敕左右备诸兵仗。驾乘宝车。无数千众前后围绕。诣帝释前立。时。帝释复念善住龙王。善住龙王即自念言。今天帝释念我。我今宜往。即诣帝释前立。

时。帝释即自庄严。备诸兵仗。身被宝铠。乘善住龙王顶上。与无数诸天鬼神前后围绕。自出天宫与阿须伦往斗。所谓严兵仗．刀剑．鉾槊．弓矢．斫斮．钺斧．旋轮．罥索。兵仗铠器。以七宝成。复以锋刃加阿须伦身。其身不伤。但刃触而已。阿须伦众执持七宝刀剑．鉾槊．弓矢．斫斮．钺斧．旋轮．罥索。以锋刃加诸天身。但触而已。不能伤损。如是欲行诸天共阿须伦斗。欲因欲是。

佛说长阿含经卷第二十二

第四分世记经三中劫品第十一

佛告比丘。有三中劫。何等为三。一名刀兵劫。二名谷贵劫。三名疾疫劫。云何为刀兵劫。此世间人本寿四万岁。其后稍减寿二万岁。其后复减寿万岁。转寿千岁。转寿五百岁。转寿三百岁．二百岁。如今人寿于百岁少出多减。其后人寿稍减。当寿十岁。是时女人生五月行嫁。时。世间所有美味。酥油．蜜．石蜜．黑石蜜。诸有美味皆悉自然消灭。五谷不生。唯有稊稗。是时。有上服锦绫．缯绢．劫贝．刍摩皆无复有。唯有粗织草衣。尔时。此地纯生荆棘。蚊虻．蜂螫．蚖蛇．毒虫。金银．琉璃．七宝珠玉自然没地。唯有石沙秽恶充满。是时。众生但增十恶。不复闻有十善之名。乃无善名。况有行善者。尔时。人有不孝父母。不敬师长。能为恶者。则得供养。人所敬待。如今人孝顺父母。敬事师长。能为善者。则得供养。人所敬待。彼人为恶。便得供养。亦复如是。时人命终堕畜生中。犹如今人得生天上。时人相见怀毒害心。但欲相杀。犹如猎师见彼群鹿。但欲杀之。无一善念。其人如是。但欲相杀。无一善念。尔时。此地沟涧．溪谷．山陵．堆阜。无一平地。时人行来恐怖惶惧。衣毛为竖。

时。七日中有刀剑劫起。时人手执草木．瓦石。皆变成刀剑。刀剑锋利。所拟皆断。展转相害。其中有黠慧者见刀兵相害。恐怖逃避。入山林．坑涧无人之处。七日藏避。心口自言。我不害人。人勿害我。其人于七日中。食草木根。以自存活。过七日已。还出山林。时。有一人得共相见。欢喜而言。今见生人。今见生人。犹如父母与一子别。久乃相见。欢喜踊跃。不能自胜。彼亦如是。欢喜踊跃。不能自胜。是时。人民于七日中。哭泣相向。复于七日中。共相娱乐。欢喜庆贺。时人身坏命终。皆堕地狱中。所以者何。斯由其人常怀瞋怒。害心相向。无慈仁故。是为刀兵劫。

佛告比丘。云何为饥饿劫。尔时。人民多行非法。邪见颠倒。为十恶业。以行恶故。天不降雨。百草枯死。五谷不成。但有茎秆。云何为饥饿。尔时。人民收扫田里．街巷．道陌．粪土遗谷。以自存活。是为饥饿。复次。饥饿时。其人于街巷．市里．屠杀之处及丘冢间。拾诸骸骨。煮汁饮之。以此自存。是为白骨饥饿。复次。饥饿劫时。所种五谷尽变成草木。时人取华煮汁而饮。复次。饥饿时。草木华落。覆在土下。时人掘地取华煮食。以是自存。是为草木饥饿。尔时。众生身坏命终。堕饿鬼中。所以者何。斯由其人于饥饿劫中。常怀悭贪。无施惠心。不肯分割。不念厄人故也。是为饥饿劫。

佛告比丘。云何为疾疫劫。尔时。世人修行正法。正见。不颠倒见。具十善行。他方世界有鬼神来。此间鬼神放逸淫乱。不能护人。他方鬼神侵娆此世间人。挝打捶杖。接其精气。使人心乱。驱逼将去。犹如国王敕诸将帅有所守护。余方有贼寇来侵娆。此放逸之人劫于村国。此亦如是。他方世界有鬼神来。取此间人。挝打捶杖。接其精气。驱逼将去。

佛告比丘。正使此间鬼神不放逸淫乱。他方世界有大力鬼神来。此间鬼神畏怖避去。彼大鬼神侵娆此人。挝打捶杖。接其精气。杀之而去。譬如国王．若王大臣。遣诸将帅守卫人民。将帅清慎。无有放逸。他方有强猛将帅人。兵众多来破村城。掠夺人物。彼亦如是。正使此间鬼神不敢放逸。他方世界有大力鬼神来。此间鬼神恐怖避去。彼大鬼神侵娆此人。挝打捶杖。接其精气。杀之而去。时。疾疫劫中人民身坏命终。皆生天上。所以者何。斯由时人慈心相向。展转相问。汝病差不。身安隐不。以此因缘得生天上。是故名为疾疫劫。是为三中劫也。

第四分世记经世本缘品第十二

佛告比丘。火灾过已。此世天地还欲成时。有余众生福尽．行尽．命尽。于光音天命终。生空梵处。于彼生染着心。爱乐彼处。愿余众生共生彼处。发此念已。有余众生福．行．命尽。于光音天身坏命终。生空梵处。时。先生梵天即自念言。我是梵王大梵天王。无造我者。我自然有无所承受。于千世界最得自在。善诸义趣。富有丰饶。能造化万物。我即是一切众生父母。其后来诸梵复自念言。彼先梵天即是梵王大梵天王。彼自然有。无造彼者。于千世界最尊第一。无所承受。善诸义趣。富有丰饶。能造万物。是众生父母。我从彼有。彼梵天王颜貌容状常如童子。是故梵王名曰童子。

或有是时。此世还成世间。众生多有生光音天者。自然化生。欢喜为食。身光自照。神足飞空。安乐无碍。寿命长久。其后此世变成大水。周遍弥满。当于尔时。天下大闇。无有日月．星辰．昼夜。亦无岁月．四时之数。其后此世还欲变时。有余众生福尽．行尽．命尽。从光音天命终。来生此间。皆悉化生。欢喜为食。身光自照。神足飞空。安乐无碍。久住此间。尔时。无有男女．尊卑．上下。亦无异名。众共生世。故名众生。

是时。此地有自然地味出。凝停于地。犹如醍醐。地味出时。亦复如是。犹如生酥。味甜如蜜。其后众生以手试尝知为何味。初尝觉好。遂生味着。如是展转尝之不已。遂生贪着。便以手掬。渐成抟食。抟食不已。余众生见。复效食之。食之不已。时。此众生身体粗涩。光明转灭。无复神足。不能飞行。尔时。未有日月。众生光灭。是时。天地大闇。如前无异。其后久久。有大暴风吹大海水。深八万四千由旬。使令两披飘。取日宫殿。着须弥山半。安日道中。东出西没。周旋天下。

第二日宫从东出西没。时众生有言。是即昨日也。或言。非昨也。第三日宫绕须弥山。东出西没。彼时众生言。定是一日。日者。义言是前明因。是故名为日。日有二义。一曰住常度。二曰宫殿。宫殿四方远见故圆。寒温和适。天金所成。颇梨间厕。二分天金。纯真无杂。外内清彻。光明远照。一分颇梨。纯真无杂。外内清彻。光明远照。日宫纵广五十一由旬。宫墙及地薄如梓柏。

宫墙七重。七重栏楯．七重罗网．七重宝铃．七重行树。周匝校饰以七宝成。金墙银门。银墙金门。琉璃墙水精门。水精墙琉璃门。赤珠墙马瑙门。马瑙墙赤珠门。车磲墙众宝门。众宝墙车磲门。又其栏楯。金栏银桄。银栏金桄。琉璃栏水精桄。水精栏琉璃桄。赤珠栏马瑙桄。马瑙栏赤珠桄。众宝栏车磲桄。车磲栏众宝桄。金网银铃。银网金铃。水精网琉璃铃。琉璃网水精铃。赤珠网马瑙铃。马瑙网赤珠铃。车磲网众宝铃。众宝网车磲铃。其金树者银叶华实。银树者金叶华实。琉璃树者水精华实。水精树者琉璃华实。赤珠树者马瑙华实。马瑙树者赤珠华实。车磲树者众宝华实。众宝树者车磲华实。宫墙四门。门有七阶。周匝栏楯。楼阁台观．园林浴池。次第相比。生众宝华。行行相当。种种果树。华叶杂色。树香芬馥。周流四远。杂类众鸟相和而鸣。

其日宫殿为五风所持。一曰持风。二曰养风。三曰受风。四曰转风。五曰调风。日天子所止正殿。纯金所造。高十六由旬。殿有四门。周匝栏楯。日天子座纵广半由旬。七宝所成。清净柔软。犹如天衣。日天子自身放光照于金殿。金殿光照于日宫。日宫光出照四天下。日天子寿天五百岁。子孙相承。无有间异。其宫不坏。终于一劫。日宫行时。其日天子无有行意。言我行住常以五欲自相娱乐。日宫行时。无数百千诸大天神在前导从。欢乐无倦。好乐捷疾。因是日天子名为捷疾。

日天子身出千光。五百光下照。五百光傍照。斯由宿业功德。故有此千光。是故日天子名为千光。宿业功德云何。或有一人供养沙门．婆罗门。济诸穷乏。施以饮食．衣服．汤药．象马．车乘．房舍．灯烛。分布时与。随其所须。不逆人意。供养持戒诸贤圣人。由彼种种无数法喜光明因缘。善心欢喜。如刹利王水浇头种初登王位。善心欢喜。亦复如是。以此因缘。身坏命终。为日天子。得日宫殿。有千光明。故言善业得千光明。

复以何等故。名为宿业光明。或有人不杀生。不盗。不邪淫。不两舌．恶口．妄言．绮语。不贪取。不瞋恚．邪见。以此因缘。善心欢喜。犹如四衢道头有大浴池。清净无秽。有人远行。疲极热渴。来入此池。澡浴清凉。欢喜爱乐。彼十善者。善心欢喜。亦复如是。其人身坏命终。为日天子。居日宫殿。有千光明。以是因缘故。名善业光明。

复以何缘名千光明。或有人不杀．不盗．不淫．不欺．不饮酒。以此因缘。善心欢喜。身坏命终。为日天子。居日宫殿。有千光明。以是因缘故。名善业千光明。六十念顷名一罗耶。三十罗耶名摩睺多。百摩睺多名优波摩。日宫殿六月南行。日行三十里。极南不过阎浮提。日北行亦复如是。

以何缘故日光炎热。有十因缘。何等为十。一者须弥山外有佉陀罗山。高四万二千由旬。顶广四万二千由旬。其边无量。七宝所成。日光照山。触而生热。是为一缘日光。炎热。二者佉陀罗山表有伊沙陀山。高二万一千由旬。纵广二万一千由旬。周匝无量。七宝所成。日光照山。触而生热。是为二缘日光炎热。

三者伊沙陀山表有树提陀罗山。上高万二千由旬。纵广万二千由旬。周匝无量。七宝所成。日光照山。触而生热。是为三缘日光炎热。四者去树提陀罗山表有山名善见。高六千由旬。纵广六千由旬。周匝无量。七宝所成。日光照山。触而生热。是为四缘日光炎热。五者善见山表有马祀山。高三千由旬。纵广三千由旬。周匝无量。七宝所成。日光照山。触而生热。是为五缘日光炎热。六者去马祀山表有尼弥陀罗山。高千二百由旬。纵广千二百由旬。周匝无量。七宝所成。日光照山。触而生热。是为六缘日光炎热。

七者去尼弥陀罗山表有调伏山。高六百由旬。纵广六百由旬。周匝无量。七宝所成。日光照山。触而生热。是为七缘日光炎热。八者调伏山表有金刚轮山。高三百由旬。纵广三百由旬。周匝无量。七宝所成。日光照山。触而生热。是为八缘日光炎热。复次。上万由旬有天宫殿。名为星宿。琉璃所成。日光照彼。触而生热。是为九缘日光炎热。复次。日宫殿光照于大地。触而生热。是为十缘日光炎热。尔时。世尊以偈颂曰。

　　以此十因缘　　日名为千光
　　光明炎炽热　　佛日之所说

佛告比丘。何故冬日宫殿寒而不可近。有光而冷。有十三缘。虽光而冷。云何为十三。一者须弥山．佉陀罗山中间有水。广八万四千由旬。周匝无量。其水生杂华。优钵罗华．拘勿头．钵头摩．分陀利．须干提华。日光所照。触而生冷。是为一缘日光为冷。二者佉陀罗山．伊沙陀罗山中间有水。广四万二千由旬。纵广四万二千由旬。周匝无量。有水生诸杂华。日光所照。触而生冷。是为二缘日光为冷。

三者伊沙陀罗山去树提陀罗山中间有水。广二万一千由旬。周匝无量。生诸杂华。日光所照。触而生冷。是为三缘日光为冷。四者善见山．树提山中间有水。广万二千由旬。周匝无量。生诸杂华。日光所照。触而生冷。是为四缘日光为冷。五者善见山．马祀山中间有水。广六千由旬。生诸杂华。日光所照。触而生冷。是为五缘日光为冷。六者马祀山．尼弥陀罗山中间有水。广千二百由旬。周匝无量。生诸杂华。日光所照。触而生冷。是为六缘日光为冷。尼弥陀罗山．调伏山中间有水。广六百由旬。周匝无量。生诸杂华。日光所照。触而生冷。是为七缘日光为冷。调伏山．金刚轮山中间有水。广三百由旬。周匝无量。生诸杂华。日光所照。触而生冷。是为八缘日光为冷。

复次。此阎浮利地大海江河。日光所照。触而生冷。是为九缘日光为冷。阎浮提地河少。拘耶尼地水多。日光所照。触而生冷。是为十缘日光为冷。拘耶尼河少。弗于逮水多。日光所照。触而生冷。是为十一缘日光为冷。弗于逮河少。郁单曰河多。日光所照。触而生冷。是为十二缘日光为冷。复次。日宫殿光照大海水。日光所照。触而生冷。是为十三缘日光为冷。佛时颂曰。

  以此十三缘 日名为千光
  其光明清冷 佛日之所说

佛告比丘。月宫殿有时损质盈亏。光明损减。是故月宫名之为损。月有二义。一曰住常度。二曰宫殿。四方远见故圆。寒温和适。天银．琉璃所成。二分天银。纯真无杂。内外清彻。光明远照。一分琉璃。纯真无杂。外内清彻。光明远照。月宫殿纵广四十九由旬。宫墙及地薄如梓柏。宫墙七重。七重栏楯．七重罗网．七重宝铃．七重行树。周匝校饰以七宝成。乃至无数众鸟相和而鸣。

其月宫殿为五风所持。一曰持风。二曰养风。三曰受风。四曰转风。五曰调风。月天子所止正殿。琉璃所造。高十六由旬。殿有四门。周匝栏楯。月天子座纵广半由旬。七宝所成。清净柔软。犹如天衣。月天子身放光明。照琉璃殿。琉璃殿光照于月宫。月宫光出照四天下。月天子寿天五百岁。子孙相承。无有异系。其宫不坏。终于一劫。月宫行时。其月天子无有行意。言我行住常以五欲自相娱乐。月宫行时。无数百千诸大天神常在前导。好乐无倦。好乐捷疾。因是月天名为捷疾。

月天子身出千光明。五百光下照。五百光傍照。斯由宿业功德故有此光明。是故月天子名曰千光。宿业功德云何。世间有人供养沙门．婆罗门。施诸穷乏饮食．衣服．汤药．象马．车乘．房舍．灯烛。分布时与。随意所须。不逆人意。供养持戒诸贤圣人。犹是种种无数法喜。善心光明。如刹利王水浇头种初登王位。善心欢喜。亦复如是。以是因缘。身坏命终。为月天子。月宫殿有千光明。故言善业得千光明。

复以何业得千光明。世间有人不杀。不盗。不邪淫。不两舌．恶口．妄言．绮语。不贪取．瞋恚．邪见。以此因缘。善心欢喜。犹如四衢道头有大浴池清净无秽。有人远行。疲极热渴。来入此池。澡浴清凉。欢喜快乐。彼行十善者。善心欢喜。亦复如是。其人身坏命终。为月天子。居月宫殿。有千光明。以是因缘故。名善业千光。

复以何因缘得千光明。世间有人不杀．不盗．不淫．不欺．不饮酒。以此因缘。善心欢喜。身坏命终。为月天子。居月宫殿。有千光明。以是因缘故。名善业千光。六十念顷名一罗耶。三十罗耶名摩睺多。百摩睺多名优婆摩。若日宫殿六月南行。日行三十里。极南不过阎浮提。是时。月宫殿半岁南行。不过阎浮提。月北行亦复如是。

以何缘故月宫殿小小损减。有三因缘故月宫殿小小损减。一者月出于维。是为一缘故月损减。复次。月宫殿内有诸大臣身着青服。随次而上。住处则青。是故月减。是为二缘月日日减。复次。日宫有六十光。光照于月宫。映使不现。是故所映之处月则损减。是为三缘月光损减。

复以何缘月光渐满。复有三因缘使月光渐满。何等为三。一者月向正方。是故月光满。二者月宫诸臣尽着青衣。彼月天子以十五日处中而坐。共相娱乐。光明遍照。遏诸天光。故光普满。犹如众灯烛中燃大炬火。遏诸灯明。彼月天子亦复如是。以十五日在天众中。遏绝众明。其光独照。亦复如是。是为二因缘。三者日天子虽有六十光照于月宫。十五日时月天子能以光明逆照。使不掩翳。是为三因缘月宫团满无有损减。复以何缘月有黑影。以阎浮树影在于月中。故月有影。

佛告比丘。心当如月。清凉无热。至檀越家。专念不乱。复以何缘有诸江河。因日月有热。因热有炙。因炙有汗。因汗成江河。故世间有江河。有何因缘世间有五种子。有大乱风。从不败世界吹种子来生此国。一者根子。二者茎子。三者节子。四者虚中子。五者子子。是为五子。以此因缘。世间有五种子出。此阎浮提日中时。弗于逮日没。拘耶尼日出。郁单曰夜半。拘耶尼日中。阎浮提日没。郁单曰日出。弗于逮夜半。郁单曰日中。拘耶尼日没。弗于逮日出。阎浮提夜半。若弗于逮日中。郁单曰日没。阎浮提日出。拘耶尼夜半。阎浮提东方。弗于逮为西方。阎浮提为西方。拘耶尼为东方。拘耶尼为西方。郁单曰为东方。郁单曰为西方。弗于逮为东方。

所以阎浮提名阎浮者。下有金山。高三十由旬。因阎浮树生。故得名为阎浮金。阎浮树其果如蕈。其味如蜜。树有五大孤。四面四孤。上有一孤。其东孤孤果乾闼和所食。其南孤者七国人所食。一曰拘楼国．二曰拘罗婆．三名毗提．四名善毗提．五名漫陀．六名婆罗．七名婆梨。其西孤果海虫所食。其北孤果者禽兽所食。其上孤果者星宿天所食。七大国北有七大黑山。一曰裸土。二曰白鹤。三曰守宫。四者仙山。五者高山。六者禅山。七者土山。此七黑山上有七婆罗门仙人。此七仙人住处。一名善帝。二名善光。三名守宫。四名仙人。五者护宫。六者伽那那。七者增益。

佛告比丘。劫初众生食地味已。久住于世。其食多者颜色粗悴。其食少者颜色光润。然后乃知众生颜色形貌优劣。互相是非。言。我胜汝。汝不如我。以其心存彼我。怀诤竞故。地味消竭。又地皮生。状如薄饼。色味香洁。尔时。众生聚集一处。懊恼悲泣。椎胸而言。咄哉为祸。今者地味初不复现。犹如今人得盛美味。称言美善。后复失之以为忧恼。彼亦如是忧恼悔恨。后食地皮。渐得其味。其食多者颜色粗悴。其食少者颜色润泽。然后乃知众生颜色形貌优劣。互相是非。言。我胜汝。汝不如我。以其心存彼我。怀诤竞故。地皮消竭。

其后复有地肤出。转更粗厚。色如天华。软若天衣。其味如蜜。时。诸众生复取共食。久住于世。食之多者颜色转损。食甚少者颜色光泽。然后乃知众生颜色形貌优劣。互相是非。言。我胜汝。汝不如我。以其心存彼我。怀诤竞故。地肤消竭。其后复有自然粳米。无有糠糩。不加调和。备众美味。尔时。众生聚集而言。咄哉为祸。今者地肤忽不复现。犹如今人遭祸逢难称言。苦哉。尔时。众生亦复如是懊恼悲叹。

其后众生便共取粳米食之。其身粗丑。有男女形。互相瞻视。遂生欲想。共在屏处为不净行。余众生见言。咄此为非。云何众生共生有如此事。彼行不净男子者。见他呵责。即自悔过言。我所为非。即身投地。其彼女人见其男子以身投地。悔过不起。女人即便送食。余众生见。问女人言。汝持此食。欲以与谁。答曰。彼悔过众生堕不善行者。我送食与之。因此言故。世间便有不善夫主之名。以送饭与夫。因名之为妻。

其后众生遂为淫逸。不善法增。为自障蔽。遂造屋舍。以此因缘故。始有舍名。其后众生淫逸转增。遂成夫妻。有余众生寿．行．福尽。从光音天命终。来生此间。在母胎中。因此世间有处胎名。尔时。先造瞻婆城。次造伽尸婆罗捺城。其次造王舍城。日出时造。即日出时成。以此因缘。世间便有城郭．郡邑王所治名。

尔时。众生初食自然粳米时。朝收暮熟。暮收朝熟。收后复生。无有茎秆。时。有众生默自念言。日日收获。疲劳我为。今当并取以供数日。即时并获。积数日粮。余人于后语此人言。今可相与共取粳米。此人答曰。我已先积。不须更取。汝欲取者。自随意去。后人复自念言。前者能取二日余粮。我岂不能取三日粮耶。此人即积三日余粮。复有余人语言。共取粮去来。此人答曰。我已取三日余粮。汝欲取者。自随汝意。此人念言。彼人能取三日粮。我岂不能取五日粮耶。取五日粮已。时众生竞积余粮故。是时粳米便生糠糩。收已不生。有枯秆现。

尔时。众生集在一处。懊恼悲泣。拍胸而言。咄此为哉。自悼责言。我等本皆化生。以念为食。身光自照。神足飞空。安乐无碍。其后地味始生。色味具足。时我等食此地味。久住于世。其食多者颜色转粗。其食少者色犹光泽。于是众生心怀彼我。生憍慢心言。我色胜。汝色不如。诤色憍慢故。地味消灭。更生地皮。色香味具。我等时复共取食之。久住于世。其食多者色转粗悴。其食少者色犹光泽。于是众生心怀彼我。生憍慢心言。我色胜。汝色不如。诤色憍慢故。地皮消灭。更生地肤。转更粗厚。色香味具。我等时复共取食之。久住于世。其食多者色转粗悴。其食少者色犹光泽。于是众生心怀彼我。生憍慢心言。我色胜。汝色不如。诤色憍慢故。地肤灭。更生自然粳米。色香味具。我等时复共取食之。朝获暮熟。暮获朝熟。收以随生。无有载收。由我尔时竞共积聚故。便生糠糩。收已不生。现有根秆。我等今者宁可共封田宅。以分疆畔。

时。即共分田以异疆畔。计有彼我。其后遂自藏己米。盗他田谷。余众生见已。语言。汝所为非。汝所为非。云何自藏己物。盗他财物。即呵责言。汝后勿复为盗。如是不已。犹复为盗。余人复呵言。汝所为非。何故不休。即便以手杖打。将诣众中。告众人言。此人自藏粳米。盗他田谷。盗者复言。彼人打我。众人闻已。懊恼涕泣。拊胸而言。世间转恶。乃是恶法生耶。遂生忧结热恼苦报。此是生．老．病．死之原。坠堕恶趣。有田宅疆畔别异。故生诤讼。以致怨仇。无能决者。我等今者宁可立一平等主。善护人民。赏善罚恶。我等众人各共减割以供给之。

时。彼众中有一人形质长大。容貌端正。甚有威德。众人语言。我等今欲立汝为主。善护人民。赏善罚恶。当共减割以相供给。其人闻之。即受为主。应赏者赏。应罚者罚。于是始有民主之名。初民主有子。名曰珍宝。珍宝有子。名曰好味。好味有子。名曰静斋。静斋有子。名曰顶生。顶生有子。名曰善行。善行有子。名曰宅行。宅行有子。名曰妙味。妙味有子。名曰味帝。味帝有子。名曰水仙。水仙有子。名曰百智。百智有子。名曰嗜欲。嗜欲有子。名曰善欲。善欲有子。名曰断结。断结有子。名曰大断结。大断结有子。名曰宝藏。宝藏有子。名曰大宝藏。大宝藏有子。名曰善见。善见有子。名曰大善见。大善见有子。名曰无忧。无忧有子。名曰洲渚。洲渚有子。名曰殖生。殖生有子。名曰山岳。山岳有子。名曰神天。神天有子。名曰遣力。遣力有子。名曰牢车。牢车有子。名曰十车。十车有子。名曰百车。百车有子。名曰牢弓。牢弓有子。名曰百弓。百弓有子。名曰养牧。养牧有子。名曰善思。

从善思已来有十族。转轮圣王相续不绝。一名伽㝹粗。二名多罗婆。三名阿叶摩。四名持施。五名伽楞伽。六名瞻婆。七名拘罗婆。八者般阇罗。九者弥私罗。十者声摩。伽㝹粗王有五转轮圣王。多罗婆王有五转轮圣王。阿叶摩王有七转轮圣王。持施王有七转轮圣王。伽楞伽王有九转轮圣王。瞻婆王有十四转轮圣王。拘罗婆王有三十一转轮圣王。般阇罗王有三十二转轮圣王。弥私罗王有八万四千转轮圣王。声摩王有百一转轮圣王。最后有王。名大善生从。

声摩王有子。名乌罗婆。乌罗婆有子。名渠罗婆。渠罗婆有子。名尼求罗。尼求罗有子。名师子颊。师子颊有子。名曰白净王。白净王有子。名菩萨。菩萨有子。名罗睺罗。由此本缘有刹利名。尔时。有一众生作是念言。世间所有家属万物皆为刺棘痈疮。今宜舍离。入山行道。静处思惟。时。即远离家刺。入山静处。树下思惟。日日出山。入村乞食。村人见已。加敬供养。众共称善。此人乃能舍离家累。入山求道。以其能离恶不善法。因是称曰为婆罗门。

婆罗门众中有不能行禅者。便出山林。游于人间。自言。我不能坐禅。因是名曰无禅婆罗门。经过下村。为不善法。施行毒法。因是相生。遂便名毒。由此因缘。世间有婆罗门种。彼众生中习种种业以自营生。因是故世间有居士种。彼众生中习诸技艺以自生活。因是世间有首陀罗种。世间先有此释种出已。然后有沙门种。刹利种中有人自思惟。世间恩爱污秽不净。何足贪着也。于是舍家。剃除须发。法服求道。我是沙门。我是沙门。婆罗门种．居士种．首陀罗种众中有人自思惟。世间恩爱污秽不净。何足贪着。于是舍家。剃除须发。法服求道。我是沙门。我是沙门。

若刹利众中。有身行不善。口行不善。意行不善。行不善已。身坏命终。一向受苦。或婆罗门．居士．首陀罗。身行不善。口行不善。意行不善。彼行不善已。身坏命终。一向受苦。刹利种身行善。口行善。意念善。身坏命终。一向受乐。婆罗门．居士．首陀罗身行善。口行善。意等念善身坏命终。一向受乐。刹利种身中有二种行。口．意有二种行。彼身．意行二种已。身坏命终。受苦乐报。婆罗门．居士．首陀罗身二种行。口．意二种行。彼身．意行二种行已。身坏命终。受苦乐报。

刹利众中剃除须发。服三法衣。出家求道。彼修七觉意。彼以信坚固出家为道。修无上梵行。于现法中自身作证。我生死已尽。梵行已立。所作已办。更不受后有。婆罗门．居士．首陀罗剃除须发。服三法衣。出家求道。彼修七觉意。彼以信坚固出家为道。修无上梵行。于现法中作证。我生死已尽。梵行已立。更不受后有。此四种中。出明行成。得阿罗汉为最第一。是时。梵天说是偈言。

　　刹利生为最　　能集诸种姓
　　明行成具足　　天人中为最

佛告诸比丘。彼梵天说此偈为善说。非不善说。善受。非不善受。我所印可。所以者何。我今如来．至真．等正觉亦说此偈。

　　刹利生为最　　能集诸种姓
　　明行成具足　　天人中为最

尔时。诸比丘闻佛所说。欢喜奉行。

地藏菩萨本愿经

唐于阗国三藏沙门实叉难陀　译

地藏菩萨本愿经卷上

忉利天宫神通品　第一卷

如是我闻。一时佛在忉利天，为母说法。

尔时十方无量世界，不可说不可说一切诸佛，及大菩萨摩诃萨，皆来集会。赞叹释迦牟尼佛，能于五浊恶世，现不可思议大智慧神通之力，调伏刚强众生，知苦乐法，各遣侍者，问讯世尊。

是时，如来含笑，放百千万亿大光明云，所谓大圆满光明云、大慈悲光明云、大智慧光明云、大般若光明云、大三昧光明云、大吉祥光明云、大福德光明云、大功德光明云、大归依光明云、大赞叹光明云，放如是等不可说光明云已。

又出种种微妙之音，所谓檀波罗蜜音、尸波罗蜜音、羼提波罗蜜音、毗离耶波罗蜜音、禅波罗蜜音、般若波罗蜜音、慈悲音、喜舍音、解脱音、无漏音、智慧音、大智慧音、师子吼音、大师子吼音、云雷音、大云雷音。

出如是等不可说不可说音已，娑婆世界，及他方国土，有无量亿天龙鬼神，亦集到忉利天宫，所谓四天王天、忉利天、须焰摩天、兜率陀天、化乐天、他化自在天、梵众天、梵辅天、大梵天、少光天、无量光天、光音天、少净天、无量净天、遍净天、福生天、福爱天、广果天、无想天、无烦天、无热天、善见天、善现天、色究竟天、摩醯首罗天、乃至非想非非想处天，一切天众、龙众、鬼神等众，悉来集会。

复有他方国土，及娑婆世界，海神、江神、河神、树神、山神、地神、川泽神、苗稼神、昼神、夜神、空神、天神、饮食神、草木神，如是等神，皆来集会。

复有他方国土，及娑婆世界，诸大鬼王。所谓：恶目鬼王、啖血鬼王、啖精气鬼王、啖胎卵鬼王、行病鬼王、摄毒鬼王、慈心鬼王、福利鬼王、大爱敬鬼王，如是等鬼王，皆来集会。

尔时释迦牟尼佛、告文殊师利法王子菩萨摩诃萨：汝观是一切诸佛菩萨及天龙鬼神，此世界、他世界，此国土、他国土，如是今来集会到忉利天者,汝知数不?

文殊师利白佛言:世尊,若以我神力,千劫测度,不能得知。

佛告文殊师利:吾以佛眼观故,犹不尽数。此皆是地藏菩萨久远劫来,已度、当度、未度,已成就、当成就、未成就。

文殊师利白佛言:世尊,我已过去久修善根、证无碍智。闻佛所言,即当信受。小果声闻、天龙八部、及未来世诸众生等,虽闻如来诚实之语,必怀疑惑。设使顶受,未免兴谤。唯愿世尊、广说地藏菩萨摩诃萨,因地作何行?立何愿?而能成就不思议事。

佛告文殊师利:譬如三千大千世界所有草木丛林、稻麻竹苇、山石微尘,一物一数,作一恒河;一恒河沙,一沙一界;一界之内、一尘一劫,一劫之内,所积尘数,尽充为劫,地藏菩萨证十地果位以来,千倍多于上喻。何况地藏菩萨在声闻、辟支佛地。

文殊师利,此菩萨威神誓愿,不可思议。若未来世,有善男子、善女人,闻是菩萨名字,或赞叹、或瞻礼、或称名、或供养,乃至彩画刻镂塑漆形像,是人当得百返生于三十三天,永不堕恶道。

文殊师利,是地藏菩萨摩诃萨,于过去久远不可说、不可说劫前,身为大长者子。时世有佛,号曰师子奋迅具足万行如来。时长者子,见佛相好,千福庄严,因问彼佛:作何行愿,而得此相?时师子奋迅具足万行如来告长者子:欲证此身,当须久远度脱一切受苦众生。

文殊师利!时长者子,因发愿言:我今尽未来际不可计劫,为是罪苦六道众生,广设方便,尽令解脱,而我自身,方成佛道。以是于彼佛前,立斯大愿,于今百千万亿那由他不可说劫,尚为菩萨。

又于过去,不可思议阿僧祇劫,时世有佛,号曰觉华定自在王如来,彼佛寿命,四百千万亿阿僧祇劫。像法之中,有一婆罗门女,宿福深厚,众所钦敬;行住坐卧,诸天卫护。其母信邪,常轻三宝。

是时圣女广设方便,劝诱其母,令生正见,而此女母,未全生信。不久命终,魂神堕在无间地狱。时婆罗门女,知母在世,不信因果。计当随业,必生恶趣。遂卖家宅,广求香华,及诸供具,于先佛塔寺,大兴供养。见觉华定自在王如来,其形像在一寺中,塑画威容,端严毕备。

时婆罗门女,瞻礼尊容,倍生敬仰。私自念言:佛名大觉,具一切智。若在世时,我母死后,傥来问佛,必知处所。时婆罗门女,垂泣良久,瞻恋如来。忽闻空中声曰:泣者圣女,勿至悲哀,我今示汝母之去处。婆罗门女合掌向空,而白空曰:是何神德,宽我忧虑。我自失母以来,昼夜忆恋,无处可问知母生界。时空中有声,再报女曰:我是汝所瞻礼者,过去觉华定自在王如来,见汝忆母,倍于常情众生之分,故来告示。

婆罗门女闻此声已,举身自扑,肢节皆损。左右扶侍,良久方苏。而白空曰：愿佛慈愍，速说我母生界，我今身心，将死不久。时觉华定自在王如来，告圣女曰：汝供养毕，但早返舍，端坐思惟吾之名号，即当知母所生去处。

时婆罗门女寻礼佛已，即归其舍。以忆母故，端坐念觉华定自在王如来。经一日一夜，忽见自身到一海边。其水涌沸，多诸恶兽，尽复铁身，飞走海上，东西驰逐。见诸男子女人，百千万数，出没海中，被诸恶兽争取食啖。又见夜叉，其形各异，或多手多眼、多足多头、口牙外出，利刃如剑。驱诸罪人，使近恶兽，复自搏攫，头足相就。其形万类，不敢久视。

时婆罗门女，以念佛力故，自然无惧。有一鬼王，名曰无毒，稽首来迎，白圣女曰：善哉，菩萨，何缘来此？

时婆罗门女问鬼王曰：此是何处？

无毒答曰：此是大铁围山西面第一重海。

圣女问曰：我闻铁围之内，地狱在中，是事实否？

无毒答曰：实有地狱。

圣女问曰：我今云何得到狱所？

无毒答曰：若非威神，即须业力，非此二事，终不能到。

圣女又问：此水何缘，而乃涌沸，多诸罪人，及以恶兽？

无毒答曰：此是阎浮提造恶众生，新死之者，经四十九日后，无人继嗣，为作功德，救拔苦难，生时又无善因。当据本业所感地狱，自然先渡此海。海东十万由旬，又有一海，其苦倍此。彼海之东，又有一海，其苦复倍。三业恶因之所招感，共号业海，其处是也。

圣女又问鬼王无毒曰：地狱何在？

无毒答曰：三海之内，是大地狱，其数百千，各各差别。所谓大者，具有十八。次有五百，苦毒无量。次有千百，亦无量苦。

圣女又问大鬼王曰：我母死来未久，不知魂神当至何趣？

鬼王问圣女曰：菩萨之母，在生习何行业？

圣女答曰：我母邪见，讥毁三宝。设或暂信，旋又不敬。死虽日浅，未知生处。

无毒问曰：菩萨之母，姓氏何等？

圣女答曰：我父我母，俱婆罗门种，父号尸罗善现，母号悦帝利。

无毒合掌启菩萨曰：愿圣者却返本处，无至忧忆悲恋。悦帝利罪女，生天以来，经今三日。云承孝顺之子，为母设供修福，布施觉华定自在王如来塔寺。非唯菩萨之母，得脱地狱，应是无间罪人，此日悉得受乐，俱同生讫。

鬼王言毕，合掌而退。婆罗门女，寻如梦归。悟此事已，便于觉华定自在王如来塔像之前，立弘誓愿：愿我尽未来劫，应有罪苦众生，广设方便，使令解脱。

佛告文殊师利：时鬼王无毒者，当今财首菩萨是。婆罗门女者，即地藏菩萨是。

分身集会品第二卷
尔时百千万亿不可思、不可议、不可量、不可说无量阿僧祇世界，所有地狱处，分身地藏菩萨，俱来集在忉利天宫。以如来神力故，各以方面，与诸得解脱从业道出者，亦各有千万亿那由他数，共持香华，来供养佛。

彼诸同来等辈，皆因地藏菩萨教化，永不退转于阿耨多罗三藐三菩提。是诸众等，久远劫来，流浪生死，六道受苦，暂无休息。以地藏菩萨广大慈悲，深誓愿故，各获果证。既至忉利，心怀踊跃，瞻仰如来，目不暂舍。

尔时，世尊舒金色臂，摩百千万亿不可思、不可议、不可量、不可说、无量阿僧祇世界诸分身地藏菩萨摩诃萨顶，而作是言：吾于五浊恶世，教化如是刚强众生，令心调伏，舍邪归正，十有一二，尚恶习在。吾亦分身千百亿，广设方便。或有利根，闻即信受；或有善果，勤劝成就；或有暗钝，久化方归；或有业重，不生敬仰。如是等辈众生，各各差别，分身度脱。

或现男子身、或现女人身、或现天龙身、或现神鬼身、或现山林川原、河池泉井，利及于人，悉皆度脱。或现天帝身、或现梵王身、或现转轮王身、或现居士身、或现国王身、或现宰辅身、或现官属身、或现比丘、比丘尼、优婆塞、优婆夷身、乃至声闻、罗汉、辟支佛、菩萨等身、而以化度。非但佛身，独现其前。

汝观吾累劫勤苦，度脱如是等难化刚强罪苦众生。其有未调伏者，随业报应。若堕恶趣，受大苦时，汝当忆念吾在忉利天宫，殷勤付嘱。令娑婆世界，至弥勒出世已来众生，悉使解脱，永离诸苦，遇佛授记。

尔时，诸世界分身地藏菩萨，共复一形，涕泪哀恋，白其佛言：我从久远劫来，蒙佛接引，使获不可思议神力，具大智慧。我所分身，遍满百千万亿恒河沙世界，每一世界化百千万亿身，每一身度百千万亿人，令归敬三宝，永离生死，至涅槃乐。但于佛法中所为善事，一毛一渧，一沙一尘，或毫发许，我渐度脱，使获大利。唯愿世尊，不以后世恶业众生为虑。

如是三白佛言：唯愿世尊，不以后世恶业众生为虑。

尔时，佛赞地藏菩萨言：善哉！善哉！吾助汝喜。汝能成就久远劫来，发弘誓愿，广度将毕，即证菩提。

观众生业缘品第三卷
尔时佛母摩耶夫人，恭敬合掌问地藏菩萨言：圣者，阎浮众生，造业差别，所受报应，其事云何？地藏答言：千万世界，乃及国土，或有地狱、或无地狱；或有女人、或无女人；或有佛法、或无佛法，乃至声闻辟支佛，亦复如是，非但地狱罪报一等。

摩耶夫人重白菩萨：且愿闻于阎浮罪报所感恶趣。

地藏答言：圣母，唯愿听受，我粗说之。

佛母白言：愿圣者说。

尔时地藏菩萨白圣母言：南阎浮提，罪报名号如是。若有众生不孝父母，或至杀害，当堕无间地狱，千万亿劫求出无期。若有众生出佛身血，毁谤三宝，不敬尊经，亦当堕于无间地狱，千万亿劫，求出无期。若有众生侵损常住，玷污僧尼，或伽蓝内恣行淫欲，或杀或害，如是等辈，当堕无间地狱，千万亿劫，求出无期。若有众生，伪作沙门，心非沙门，破用常住，欺诳白衣，违背戒律，种种造恶，如是等辈，当堕无间地狱，千万亿劫，求出无期。若有众生，偷窃常住财物谷米，饮食衣服，乃至一物不与取者，当堕无间地狱，千万亿劫，求出无期。

地藏白言：圣母，若有众生，作如是罪，当堕五无间地狱，求暂停苦一念不得。

摩耶夫人重白地藏菩萨言：云何名为无间地狱？

地藏白言：圣母，诸有地狱在大铁围山之内，其大地狱有一十八所，次有五百，名号各别，次有千百，名字亦别。无间狱者，其狱城周匝八万余里，其城纯铁，高一万里，城上火聚，少有空缺。其狱城中，诸狱相连，名号各别。独有一狱，名曰无间，其狱周匝万八千里，狱墙高一千里，悉是铁围，上火彻下，下火彻上。铁蛇铁狗，吐火驰逐狱墙之上，东西而走。

狱中有床，遍满万里。一人受罪，自见其身遍卧满床。千万人受罪，亦各自见身满床上。众业所感获报如是。

又诸罪人，备受众苦。千百夜叉及以恶鬼，口牙如剑，眼如电光，手复铜爪，拖拽罪人。复有夜叉执大铁戟，中罪人身，或中口鼻，或中腹背。抛空翻接或置床上，复有铁鹰啖罪人目。复有铁蛇绞罪人颈。百肢节内，悉下长钉，拔舌耕犁，抽肠剉斩，烊铜灌口，热铁缠身。万死千生，业感如是。动经亿劫，求出无期。

此界坏时，寄生他界，他界次坏，转寄他方；他方坏时，辗转相寄。此界成后，还复而来。无间罪报，其事如是。

又五事业感，故称无间。何等为五？

一者、日夜受罪，以至劫数，无时间绝，故称无间。

二者、一人亦满，多人亦满，故称无间。

三者、罪器叉棒，鹰蛇狼犬，碓磨锯凿，剉斫镬汤，铁网铁绳，铁驴铁马，生革络首，热铁浇身，饥吞铁丸，渴饮铁汁，从年竟劫，数那由他，苦楚相连，更无间断，故称无间。

四者、不问男子女人，羌胡夷狄，老幼贵贱，或龙或神，或天或鬼，罪行业感，悉同受之，故称无间。

五者、若堕此狱，从初入时，至百千劫，一日一夜，万死万生，求一念间暂住不得，除非业尽，方得受生，以此连绵，故称无间。

地藏菩萨白圣母言：无间地狱，粗说如是。若广说地狱罪器等名，及诸苦事，一劫之中，求说不尽。摩耶夫人闻已，愁忧合掌，顶礼而退。

阎浮众生业感品第四

尔时地藏菩萨摩诃萨白佛言：世尊，我承佛如来威神力故，遍百千万亿世界，分是身形，救拔一切业报众生。若非如来大慈力故，即不能作如是变化。我今又蒙佛付嘱，至阿逸多成佛以来，六道众生，遣令度脱。唯然世尊，愿不有虑。

尔时佛告地藏菩萨：一切众生未解脱者，性识无定，恶习结业，善习结果。为善为恶，逐境而生。轮转五道，暂无休息，动经尘劫，迷惑障难。如鱼游网。将是长流，脱入暂出，又复遭网。以是等辈，吾当忧念。汝既毕是往愿，累劫重誓，广度罪辈，吾复何虑。

说是语时，会中有一菩萨摩诃萨，名定自在王，白佛言：世尊，地藏菩萨累劫以来，各发何愿，今蒙世尊殷勤赞叹。唯愿世尊，略而说之。

尔时世尊告定自在王菩萨：谛听谛听！善思念之！吾当为汝分别解说。乃往过去无量阿僧祇那由他不可说劫，尔时有佛，号一切智成就如来，应供、正遍知、明行足、善逝、世间解、无上士、调御丈夫、天人师、佛、世尊，其佛寿命六万劫。未出家时为小国王，与一邻国王为友，同行十善，饶益众生。其邻国内所有人民，多造众恶。二王议计，广设方便。一王发愿，早成佛道，当度是辈，令使无余。一王发愿，若不先度罪苦，令是安乐，得至菩提，我终未愿成佛。

佛告定自在王菩萨：一王发愿早成佛者，即一切智成就如来是。一王发愿永度罪苦众生，未愿成佛者，即地藏菩萨是。

复于过去无量阿僧祇劫，有佛出世，名清净莲华目如来，其佛寿命四十劫。像法之中，有一罗汉，福度众生。因次教化，遇一女人，字曰光目，设食供养。

罗汉问之：欲愿何等？

光目答曰：我以母亡之日，资福救拔，未知我母生处何趣？

罗汉愍之，为入定观，见光目女母堕在恶趣，受极大苦。罗汉问光目言：汝母在生，作何行业？今在恶趣，受极大苦。

光目答言：我母所习，唯好食啖鱼鳖之属。所食鱼鳖，多食其子，或炒或煮，恣情食啖，计其命数，千万复倍。尊者慈愍，如何哀救？

罗汉愍之,为作方便,劝光目言:汝可志诚念清净莲华目如来,兼塑画形像,存亡获报。

光目闻已,即舍所爱,寻画佛像而供养之,复恭敬心,悲泣瞻礼。忽于夜后,梦见佛身金色晃耀,如须弥山,放大光明。而告光目:汝母不久当生汝家,才觉饥寒,即当言说。

其后家内婢生一子,未满三日,而乃言说。稽首悲泣,告于光目:生死业缘,果报自受,吾是汝母,久处暗冥。自别汝来,累堕大地狱。蒙汝福力,方得受生。为下贱人,又复短命。寿年十三,更落恶道。汝有何计,令吾脱免?

光目闻说,知母无疑,哽咽悲啼而白婢子:既是我母,合知本罪,作何行业,堕于恶道。

婢子答言:以杀害毁骂二业受报。若非蒙福,救拔吾难,以是业故,未合解脱。

光目问言:地狱罪报,其事云何?

婢子答言:罪苦之事,不忍称说,百千岁中,卒白难竟。

光目闻已,啼泪号泣而白空界:愿我之母,永脱地狱,毕十三岁,更无重罪,及历恶道。十方诸佛慈哀愍我,听我为母所发广大誓愿。若得我母永离三途及斯下贱,乃至女人之身永劫不受者。愿我自今日后,对清净莲华目如来像前,却后百千万亿劫中,应有世界,所有地狱及三恶道诸罪苦众生,誓愿救拔,令离地狱恶趣,畜生饿鬼等,如是罪报等人,尽成佛竟,我然后方成正等正觉。

发誓愿已,具闻清净莲华目如来而告之曰:光目,汝大慈愍,善能为母发如是大愿。吾观汝母十三岁毕,舍此报已,生为梵志,寿年百岁。过是报后,当生无忧国土,寿命不可计劫。后成佛果,广度人天,数如恒河沙。

佛告定自在王:尔时罗汉福度光目者,即无尽意菩萨是。光目母者,即解脱菩萨是,光目女者即地藏菩萨是。过去久远劫中,如是慈愍,发恒河沙愿,广度众生。未来世中,若有男子女人,不行善者行恶者,乃至不信因果者,邪淫妄语者,两舌恶口者,毁谤大乘者,如是诸业众生,必堕恶趣。若遇善知识,劝令一弹指间,归依地藏菩萨,是诸众生,即得解脱三恶道报。若能志心归敬及瞻礼赞叹,香华衣服,种种珍宝,或复饮食,如是奉事者,未来百千万亿劫中,常在诸天受胜妙乐。若天福尽,下生人间,犹百千劫常为帝王,能忆宿命因果本末。

定自在王!如是地藏菩萨有如此不可思议大威神力,广利众生汝等诸菩萨当记是经广宣流布。

定自在王白佛言:世尊,愿不有虑。我等千万亿菩萨摩诃萨,必能承佛威神广演是经,于阎浮提利益众生。定自在王菩萨白世尊已,合掌恭敬作礼而退。

尔时四方天王俱从座起，合掌恭敬白佛言：世尊，地藏菩萨于久远劫来，发如是大愿，云何至今犹度未绝，更发广大誓言。唯愿世尊为我等说。

佛告四天王：善哉善哉！吾今为汝及未来现在天人众等，广利益故，说地藏菩萨于娑婆世界，阎浮提内生死道中，慈哀救拔，度脱一切罪苦众生方便之事。

四天王言：唯然世尊，愿乐欲闻。

佛告四天王：地藏菩萨久远劫来，迄至于今，度脱众生，犹未毕愿，慈愍此世罪苦众生。复观未来无量劫中，因蔓不断，以是之故，又发重愿。如是菩萨于娑婆世界，阎浮提中，百千万亿方便，而为教化。

四天王，地藏菩萨若遇杀生者，说宿殃短命报。若遇窃盗者，说贫穷苦楚报。若遇邪淫者，说雀鸽鸳鸯报。若遇恶口者，说眷属斗诤报。若遇毁谤者，说无舌疮口报。若遇嗔恚者，说丑陋癃残报。若遇悭吝者，说所求违愿报。若遇饮食无度者，说饥渴咽病报。若遇畋猎恣情者，说惊狂丧命报。若遇悖逆父母者，说天地灾杀报。若遇烧山林木者，说狂迷取死报。若遇前后父母恶毒者，说返生鞭挞现受报。若遇网捕生雏者，说骨肉分离报。若遇毁谤三宝者，说盲聋喑哑报。若遇轻法慢教者，说永处恶道报。若遇破用常住者，说亿劫轮回地狱报。若遇污梵诬僧者，说永在畜生报。若遇汤火斩斫伤生者，说轮回递偿报。若遇破戒犯斋者，说禽兽饥饿报。若遇非理毁用者，说所求阙绝报。若遇吾我贡高者，说卑使下贱报。若遇两舌斗乱者，说无舌百舌报。若遇邪见者，说边地受生报。

如是等阎浮提众生，身口意业，恶习结果，百千报应，今粗略说。如是等阎浮提众生业感差别，地藏菩萨百千方便而教化之。是诸众生，先受如是等报，后堕地狱，动经劫数，无有出期。是故汝等护人护国，无令是诸众业迷惑众生。

四天王闻已，涕泪悲叹合掌而退。

地狱名号品第五

尔时普贤菩萨摩诃萨白地藏菩萨言：仁者，愿为天龙四众，及未来现在一切众生，说娑婆世界，及阎浮提罪苦众生，所受报处，地狱名号，及恶报等事，使未来世末法众生，知是果报。

地藏答言：仁者，我今承佛威神，及大士之力，略说地狱名号，及罪报恶报之事。

仁者，阎浮提东方有山，号曰铁围，其山黑邃，无日月光。

有大地狱，号极无间，又有地狱，名大阿鼻。复有地狱，名曰四角；复有地狱，名曰飞刀；复有地狱，名曰火箭；复有地狱，名曰夹山；复有地狱，名曰通枪；复有地狱，名曰铁车；复有地狱，名曰铁床；复有地狱，名曰铁牛；复有地狱，名曰铁衣；复有地狱，名曰千刃；复有地狱，名曰铁驴；复有地狱，名曰烊铜；复有地狱，名曰抱柱；复有地狱，名曰流火；复有地狱，名曰耕舌；复有地狱，名曰剉首；复有地狱，名曰烧脚；复有地狱，名曰啖眼；复有地狱，名曰铁丸；复有地狱，名曰诤论；复有地狱，名曰铁鈇；复有地狱，名曰多嗔。

地藏白言：仁者，铁围之内，有如是等地狱，其数无限。

更有叫唤地狱，拔舌地狱，粪尿地狱，铜锁地狱，火象地狱，火狗地狱，火马地狱，火牛地狱，火山地狱，火石地狱，火床地狱，火梁地狱，火鹰地狱，锯牙地狱，剥皮地狱，饮血地狱，烧手地狱，烧脚地狱，倒刺地狱，火屋地狱，铁屋地狱，火狼地狱。如是等地狱。

其中各各复有诸小地狱，或一、或二、或三、或四、乃至百千，其中名号，各各不同。

地藏菩萨告普贤菩萨言：仁者，此者皆是南阎浮提行恶众生，业感如是。业力甚大，能敌须弥，能深巨海，能障圣道。是故众生莫轻小恶，以为无罪，死后有报，纤毫受之。父子至亲，歧路各别，纵然相逢，无肯代受。我今承佛威力，略说地狱罪报之事，唯愿仁者暂听是言。

普贤答言：吾已久知三恶道报，望仁者说，令后世末法一切恶行众生，闻仁者说，使令归佛。

地藏白言：仁者，地狱罪报，其事如是。

或有地狱，取罪人舌，使牛耕之。或有地狱取罪人心，夜叉食之。或有地狱，镬汤盛沸，煮罪人身。或有地狱，赤烧铜柱，使罪人抱。或有地狱，使诸火烧，趁及罪人。或有地狱，一向寒冰。或有地狱，无限粪尿。或有地狱，纯飞钑鏴。或有地狱，多攒火枪。或有地狱，唯撞胸背。或有地狱，但烧手足。或有地狱，盘缴铁蛇。或有地狱，驱逐铁狗。或有地狱，尽驾铁骡。

仁者，如是等报，各各狱中，有百千种业道之器，无非是铜是铁，是石是火，此四种物，众业行感。若广说地狱罪报等事，一一狱中，更有百千种苦楚，何况多狱。我今承佛威神及仁者问，略说如是。若广解说，穷劫不尽。

如来赞叹品第六

尔时世尊举身放大光明，遍照百千万亿恒河沙等诸佛世界。出大音声，普告诸佛世界一切诸菩萨摩诃萨，及天、龙、鬼、神、人、非人等。听吾今日称扬赞叹地藏菩萨摩诃萨，于十方世界，现大不可思议威神慈悲之力，救护一切罪苦之事。吾灭度后，汝等诸菩萨大士，及天龙鬼神等，广作方便，卫护是经，令一切众生证涅槃乐。

说是语已，会中有一菩萨，名曰普广，合掌恭敬而白佛言：今见世尊赞叹地藏菩萨，有如是不可思议大威神德，唯愿世尊为未来世末法众生，宣说地藏菩萨利益人天因果等事，使诸天龙八部，及未来世众生，顶受佛语。

尔时世尊告普广菩萨及四众等：谛听谛听！吾当为汝略说地藏菩萨利益人天福德之事。

普广白言：唯然！世尊，愿乐欲闻。

佛告普广菩萨：未来世中，若有善男子、善女人，闻是地藏菩萨摩诃萨名者，或合掌者、赞叹者、作礼者、恋慕者，是人超越三十劫罪。

普广，若有善男子、善女人，或彩画形像，或土石胶漆，金银铜铁、作此菩萨，一瞻一礼者，是人百返生于三十三天，永不堕于恶道。假如天福尽故，下生人间，犹为国王，不失大利。

若有女人，厌女人身，尽心供养地藏菩萨画像，及土石胶漆铜铁等像，如是日日不退，常以华香、饮食、衣服、缯彩、幢幡、钱、宝物等供养。是善女人，尽此一报女身，百千万劫，更不生有女人世界，何况复受。除非慈愿力故，要受女身，度脱众生，承斯供养地藏力故，及功德力，百千万劫不受女身。

复次普广：若有女人，厌是丑陋，多疾病者，但于地藏像前，志心瞻礼，食顷之间。是人千万劫中，所受生身，相貌圆满。是丑陋女人，如不厌女身，即百千万亿生中，常为王女，乃及王妃，宰辅大姓，大长者女，端正受生，诸相圆满。由志心故，瞻礼地藏菩萨，获福如是。

复次普广：若有善男子、善女人，能对菩萨像前，作诸伎乐，及歌咏赞叹，香华供养，乃至劝于一人多人。如是等辈，现在世中及未来世，常得百千鬼神日夜卫护，不令恶事辄闻其耳，何况亲受诸横。

复次普广：未来世中，若有恶人及恶神恶鬼，见有善男子、善女人，归敬供养赞叹瞻礼地藏菩萨形像，或妄生讥毁，谤无功德及利益事，或露齿笑，或背面非，或劝人共非，或一人非，或多人非，乃至一念生讥毁者。如是之人，贤劫千佛灭度，讥毁之报，尚在阿鼻地狱受极重罪。过是劫已，方受饿鬼。又经千劫，复受畜生。又经千劫，方得人身。纵受人身，贫穷下贱，诸根不具，多被恶业来结其心。不久之间，复堕恶道。是故普广，讥毁他人供养，尚获此报，何况别生恶见毁灭。

复次普广：若未来世，有男子女人，久处床枕，求生求死，了不可得。或夜梦恶鬼，乃及家亲，或游险道、或多魇寐、共鬼神游。日月岁深，转复尪瘵，眠中叫苦，惨凄不乐者。此皆是业道论对，未定轻重，或难舍寿、或不得愈，男女俗眼，不辨是事。

但当对诸佛菩萨像前，高声转读此经一遍。或取病人可爱之物，或衣服、宝贝、庄园、舍宅，对病人前，高声唱言：我某甲等，为是病人对经像前舍诸等物，或供养经像、或造佛菩萨形像、或造塔寺、或燃油灯、或施常住。如是三白病人，遭令闻知。

假令诸识分散，至气尽者，乃至一日、二日、三日、四日至七日以来。但高声白，高声读经。是人命终之后。宿殃重罪，至于五无间罪，永得解脱，所受生处，常知宿命。何况善男子善女人自书此经或教人书、或自塑画菩萨形像乃至教人塑画。所受果报，必获大利。

是故普广，若见有人读诵是经，乃至一念赞叹是经，或恭敬者。汝须百千方便，劝是等人，勤心莫退，能得未来、现在千万亿不可思议功德。

复次普广：若未来世诸众生等，或梦或寐，见诸鬼神乃及诸形，或悲、或啼、或愁、或叹、或恐、或怖。此皆是一生十生百生千生过去父母、男女弟妹、夫妻眷属，在于恶趣，未得出离，无处希望福力救拔，当告宿世骨肉，使作方便，愿离恶道。

普广，汝以神力，遣是眷属，令对诸佛菩萨像前，志心自读此经，或请人读，其数三遍或七遍。如是恶道眷属，经声毕是遍数，当得解脱，乃至梦寐之中，永不复见。

复次普广：若未来世，有诸下贱等人，或奴或婢，乃至诸不自由之人，觉知宿业，要忏悔者。志心瞻礼地藏菩萨形像，乃至一七日中，念菩萨名，可满万遍。如是等人，尽此报后，千万生中，常生尊贵，更不经三恶道苦。

复次普广：若未来世中，阎浮提内，刹利、婆罗门、长者、居士、一切人等，及异姓种族，有新产者，或男或女，七日之中，早与读诵此不可思议经典，更为念菩萨名，可满万遍。是新生子，或男或女，宿有殃报，便得解脱，安乐易养，寿命增长。若是承福生者，转增安乐，及与寿命。

复次普广：若未来世众生，于月一日、八日、十四日、十五日、十八日、二十三、二十四、二十八、二十九日、乃至三十日，是诸日等，诸罪结集，定其轻重。南阎浮提众生，举止动念，无不是业，无不是罪，何况恣情杀害、窃盗、邪淫、妄语、百千罪状。能于是十斋日，对佛菩萨诸贤圣像前，读是经一遍，东西南北百由旬内，无诸灾难。

当此居家，若长若幼，现在未来百千岁中，永离恶趣。能于十斋日每转一遍，现世令此居家无诸横病，衣食丰溢。是故普广，当知地藏菩萨有如是等不可说百千万亿大威神力，利益之事。

阎浮众生，于此大士有大因缘。是诸众生，闻菩萨名，见菩萨像，乃至闻是经三字五字，或一偈一句者，现在殊妙安乐，未来之世，百千万生，常得端正，生尊贵家。

尔时普广菩萨闻佛如来称扬赞叹地藏菩萨已，胡跪合掌复白佛言：世尊，我久知是大士有如此不可思议神力，及大誓愿力，为未来众生遣知利益，故问如来，唯然顶受。

世尊，当何名此经，使我云何流布？

佛告普广：此经有三名：一名地藏本愿，亦名地藏本行，亦名地藏本誓力经。缘此菩萨，久远劫来，发大重愿，利益众生，是故汝等，依愿流布。

普广闻已，合掌恭敬作礼而退。

利益存亡品第七

尔时地藏菩萨摩诃萨白佛言：世尊，我观是阎浮众生，举心动念，无非是罪。脱获善利，多退初心。若遇恶缘，念念增益。是等辈人，如履泥涂，负于重石，渐困渐重，足步深邃。若得遇知识，替与减负，或全与负。是知识有大力故，复相扶助，劝令牢脚。若达平地，须省恶路，无再经历。

世尊，习恶众生，从纤毫间，便至无量。是诸众生有如此习，临命终时，父母眷属，宜为设福，以资前路。或悬幡盖及燃油灯。或转读尊经、或供养佛像及诸圣像，乃至念佛菩萨，及辟支佛名字，一名一号，历临终人耳根，或闻在本识。是诸众生所造恶业，计其感果，必堕恶趣，缘是眷属为临终人修此圣因，如是众罪，悉皆消灭。

若能更为身死之后，七七日内，广造众善。能使是诸众生永离恶趣，得生人天，受胜妙乐，现在眷属，利益无量。

是故我今对佛世尊，及天龙八部人非人等，劝于阎浮提众生临终之日，慎勿杀害，及造恶缘，拜祭鬼神，求诸魍魉。

何以故？尔所杀害乃至拜祭，无纤毫之力，利益亡人，但结罪缘，转增深重。假使来世或现在生，得获圣分，生人天中。缘是临终被诸眷属造是恶因，亦令是命终人殃累对辩，晚生善处。何况临命终人，在生未曾有少善根，各据本业，自受恶趣，何忍眷属更为增业。

譬如有人从远地来，绝粮三日，所负担物，强过百斤，忽遇邻人，更附少物，以是之故，转复困重。

世尊，我观阎浮众生，但能于诸佛教中，乃至善事，一毛一渧，一沙一尘，如是利益，悉皆自得。

说是语时，会中有一长者，名曰大辩，是长者久证无生，化度十方，现长者身，合掌恭敬，问地藏菩萨言：大士，是南阎浮提众生，命终之后，小大眷属，为修功德，乃至设斋，造众善因，是命终人，得大利益及解脱不？

地藏答言：长者，我今为未来现在一切众生，承佛威力，略说是事。长者，未来现在诸众生等，临命终日，得闻一佛名、一菩萨名、一辟支佛名，不问有罪无罪，悉得解脱。若有男子女人，在生不修善因多造众罪。命终之后，眷属小大，为造福利一切圣事，七分之中而乃获一，六分功德，生者自利。以是之故，未来现在善男女等，闻健自修，分分己获。无常大鬼，不期而到，冥冥游神，未知罪福。七七日内，如痴如聋，或在诸司辩论业果。审定之后，据业受生。未测之间，千万愁苦，何况堕于诸恶趣等。

是命终人，未得受生，在七七日内，念念之间，望诸骨肉眷属，与造福力救拔。过是日后，随业受报。若是罪人，动经千百岁中，无解脱日。若是五无间罪，堕大地狱，千劫万劫，永受众苦。

复次长者：如是罪业众生，命终之后，眷属骨肉，为修营斋，资助业道未斋食竟，及营斋之次，米泔菜叶，不弃于地，乃至诸食未献佛僧，勿得先食。如有违食，及不精勤，是命终人，了不得力。如精勤护净奉献佛僧，是命终人，七分获一。是故长者，阎浮众生，若能为其父母乃至眷属，命终之后，设斋供养，志心勤恳。如是之人，存亡获利。

说是语时，忉利天宫，有千万亿那由他阎浮鬼神，悉发无量菩提之心，大辩长者作礼而退。

阎罗王众赞叹品第八

尔时铁围山内，有无量鬼王，与阎罗天子，俱诣忉利，来到佛所。所谓：恶毒鬼王、多恶鬼王、大诤鬼王、白虎鬼王、血虎鬼王、赤虎鬼王、散殃鬼王、飞身鬼王、电光鬼王、狼牙鬼王、千眼鬼王、啖兽鬼王、负石鬼王、主耗鬼王、主祸鬼王、主食鬼王、主财鬼王、主畜鬼王、主禽鬼王、主兽鬼王、主魅鬼王、主产鬼王、主命鬼王、主疾鬼王、主险鬼王、三目鬼王、四目鬼王、五目鬼王、祁利失王、大祁利失王、祁利叉王、大祁利叉王、阿那吒王、大阿那吒王、如是等大鬼王，各各与百千诸小鬼王，尽居阎浮提，各有所执，各有所主。是诸鬼王与阎罗天子，承佛威神，及地藏菩萨摩诃萨力，俱诣忉利，在一面立。

尔时阎罗天子，胡跪合掌白佛言：世尊，我等今者与诸鬼王，承佛威神，及地藏菩萨摩诃萨力，方得诣此忉利大会，亦是我等获善利故。我今有小疑事，敢问世尊。唯愿世尊慈悲宣说。

佛告阎罗天子：恣汝所问，吾为汝说。

是时阎罗天子瞻礼世尊，及回视地藏菩萨，而白佛言：世尊，我观地藏菩萨在六道中，百千方便而度罪苦众生，不辞疲倦，是大菩萨有如是不可思议神通之事。然诸众生获脱罪报，未久之间，又堕恶道。世尊，是地藏菩萨既有如是不可思议神力，云何众生而不依止善道，永取解脱？唯愿世尊为我解说。

佛告阎罗天子：南阎浮提众生，其性刚强，难调难伏。是大菩萨，于百千劫，头头救拔如是众生，早令解脱。是罪报人乃至堕大恶趣，菩萨以方便力，拔出根本业缘，而遣悟宿世之事。自是阎浮提众生结恶习重，旋出旋入，劳斯菩萨久经劫数而作度脱。

譬如有人迷失本家，误入险道，其险道中，多诸夜叉、及虎狼狮子、蚖蛇蝮蝎。如是迷人，在险道中，须臾之间，即遭诸毒。有一知识，多解大术，善禁是毒，乃及夜叉诸恶毒等。忽逢迷人欲进险道，而语之言：咄哉男子，为何事故而入此路，有何异术，能制诸毒。是迷路人忽闻是语，方知险道，即便退步，求出此路。是善知识，提携接手，引出险道，免诸恶毒。

至于好道，令得安乐。而语之言：咄哉迷人，自今已后，勿履是道。此路入者，卒难得出，复损性命。是迷路人亦生感重。临别之时，知识又言：若见亲知及诸路人，若男若女，言于此路多诸毒恶，丧失性命。无令是众自取其死。

是故地藏菩萨俱大慈悲，救拔罪苦众生，生人天中，令受妙乐。是诸罪众，知业道苦，脱得出离，永不再历。如迷路人，误入险道，遇善知识引接令出，永不复入。逢见他人，复劝莫入。自言因是迷故，得解脱竟，更不复入。若再履践，犹尚迷误，不觉旧曾所落险道，或致失命。如堕恶趣，地藏菩萨方便力故，使令解脱，生人天中。旋又再入，若业结重，永处地狱，无解脱时。

尔时恶毒鬼王合掌恭敬白佛言：世尊，我等诸鬼王，其数无量，在阎浮提，或利益人，或损害人，各各不同。然是业报，使我眷属游行世界，多恶少善。过人家庭，或城邑聚落，庄园房舍。或有男子女人，修毛发善事，乃至悬一幡一盖，少香少华，供养佛像及菩萨像。或转读尊经，烧香供养一句一偈。我等鬼王敬礼是人，如过去现在未来诸佛。敕诸小鬼，各有大力，及土地分，便令卫护，不令恶事横事、恶病横病，乃至不如意事，近于此舍等处，何况入门。

佛赞鬼王：善哉，善哉！汝等及与阎罗，能如是拥护善男女等，吾亦告梵王帝释，令卫护汝。

说是语时，会中有一鬼王，名曰主命。白佛言：世尊，我本业缘，主阎浮人命，生时死时，我皆主之。在我本愿，甚欲利益。自是众生不会我意，致令生死俱不得安。何以故。是阎浮提人初生之时，不问男女，或欲生时，但作善事，增益宅舍，自令土地无量欢喜，拥护子母，得大安乐，利益眷属。或已生下，慎勿杀害，取诸鲜味供给产母，及广聚眷属，饮酒食肉，歌乐弦管，能令子母不得安乐。

何以故。是产难时，有无数恶鬼及魍魉精魅，欲食腥血。是我早令舍宅土地灵祇。荷护子母，使令安乐，而得利益。如是之人，见安乐故，便合设福，答诸土地。翻为杀害，聚集眷属。以是之故，犯殃自受，子母俱损。

又阎浮提临命终人，不问善恶，我欲令是命终之人，不落恶道。何况自修善根增我力故。是阎浮提行善之人，临命终时，亦有百千恶道鬼神，或变作父母，乃至诸眷属，引接亡人，令落恶道。何况本造恶者。

世尊，如是阎浮提男子女人临命终时，神识惛昧，不辨善恶，乃至眼耳更无见闻。是诸眷属，当须设大供养，转读尊经，念佛菩萨名号。如是善缘，能令亡者离诸恶道，诸魔鬼神悉皆退散。

世尊，一切众生临命终时，若得闻一佛名，一菩萨名，或大乘经典，一句一偈。我观如是辈人，除五无间杀害之罪，小小恶业，合堕恶趣者，寻即解脱。

佛告主命鬼王：汝大慈故，能发如是大愿，于生死中，护诸众生。若未来世中，有男子女人至生死时，汝莫退是愿，总令解脱，永得安乐。

鬼王白佛言：愿不有虑。我毕是形，念念拥护阎浮众生，生时死时，俱得安乐。但愿诸众生于生死时，信受我语，无不解脱，获大利益。

尔时佛告地藏菩萨：是大鬼王主命者，已曾经百千生，作大鬼王，于生死中，拥护众生。是大士慈悲愿故，现大鬼身，实非鬼也。却后过一百七十劫，当得成佛，号曰无相如来，劫名安乐，世界名净住，其佛寿命不可计劫。地藏，是大鬼王，其事如是不可思议，所度人天亦不可限量。

称佛名号品第九

尔时地藏菩萨摩诃萨白佛言：世尊，我今为未来众生演利益事，于生死中，得大利益，唯愿世尊听我说之。

佛告地藏菩萨：汝今欲兴慈悲，救拔一切罪苦六道众生，演不思议事，今正是时，唯当速说。吾即涅槃，使汝早毕是愿，吾亦无忧现在未来一切众生。

地藏菩萨白佛言：世尊，过去无量阿僧祇劫，有佛出世，号无边身如来。若有男子女人闻是佛名，暂生恭敬，即得超越四十劫生死重罪。何况塑画形像，供养赞叹，其人获福无量无边。

又于过去恒河沙劫，有佛出世，号宝性如来。若有男子女人闻是佛名，一弹指顷，发心归依，是人于无上道永不退转。

又于过去有佛出世，号波头摩胜如来。若有男子、女人，闻是佛名，历于耳根，是人当得千返生于六欲天中，何况志心称念。

又于过去，不可说不可说阿僧祇劫，有佛出世，号师子吼如来。若有男子女人闻是佛名，一念归依，是人得遇无量诸佛摩顶授记。

又于过去有佛出世，号拘留孙佛。若有男子女人，闻是佛名，志心瞻礼或复赞叹，是人于贤劫千佛会中，为大梵王，得授上记。

又于过去有佛出世，号毗婆尸。若有男子女人闻是佛名，永不堕恶道，常生人天，受胜妙乐。

又于过去无量无数恒河沙劫，有佛出世，号宝胜如来。若有男子女人闻是佛名，毕竟不堕恶道，常在天上受胜妙乐。

又于过去有佛出世，号宝相如来。若有男子女人闻是佛名，生恭敬心，是人不久得阿罗汉果。

又于过去无量阿僧祇劫，有佛出世，号袈裟幢如来。若有男子女人闻是佛名者，超一百大劫生死之罪。

又于过去有佛出世，号大通山王如来。若有男子女人闻是佛名者，是人得遇恒河沙佛广为说法，必成菩提。

又于过去有净月佛、山王佛、智胜佛、净名王佛、智成就佛、无上佛、妙声佛、满月佛、月面佛有如是等不可说佛。世尊，现在未来一切众生，若天若人，若男若女，但念得一佛名号，功德无量，何况多名。

是众生等，生时死时，自得大利，终不堕恶道。若有临命终人，家中眷属，乃至一人，为是病人高声念一佛名，是命终人，除五无间罪，余业报等悉得销灭。是五无间罪，虽至极重，动经亿劫，了不得出，承斯临命终时，他人为其称念佛名，于是罪中，亦渐销灭。何况众生自称自念，获福无量，灭无量罪。

校量布施功德缘品第十

尔时地藏菩萨摩诃萨，承佛威神，从座而起，胡跪合掌白佛言：世尊，我观业道众生，校量布施，有轻有重，有一生受福，有十生受福，有百生千生受大福利者。是事云何，唯愿世尊为我说之。

尔时佛告地藏菩萨：吾今于忉利天宫一切众会，说阎浮提布施较量功德轻重，汝当谛听，吾为汝说。

地藏白佛言：我疑是事，愿乐欲闻。

佛告地藏菩萨：南阎浮提，有诸国王、宰辅大臣、大长者、大刹利、大婆罗门等，若遇最下贫穷，乃至癃残喑哑，聋痴无目，如是种种不完具者。是大国王等欲布施时，若能具大慈悲下心含笑，亲手遍布施，或使人施，软言慰喻，是国王等所获福利，如布施百恒河沙佛功德之利。何以故。缘是国王等，于是最贫贱辈及不完具者，发大慈心，是故福利有如此报。百千生中，常得七宝具足，何况衣食受用。

复次地藏：若未来世，有诸国王，至婆罗门等，遇佛塔寺，或佛形像，乃至菩萨声闻辟支佛像，躬自营办供养布施。是国王等，当得三劫为帝释身，受胜妙乐。若能以此布施福利，回向法界，是大国王等，于十劫中，常为大梵天王。

复次地藏：若未来世，有诸国王，至婆罗门等，遇先佛塔庙，或至经像，毁坏破落，乃能发心修补。是国王等，或自营办，或劝他人，乃至百千人等布施结缘。是国王等，百千生中常为转轮王身。如是他人同布施者，百千生中常为小国王身。更能于塔庙前，发回向心。如是国王乃及诸人，尽成佛道，以此果报无量无边。

复次地藏：未来世中，有诸国王及婆罗门等，见诸老病及生产妇女,若一念间,具大慈心,布施医药饮食卧具,使令安乐。如是福利最不思议,一百劫中常为净居天主,二百劫中常为六欲天主,毕竟成佛,永不堕恶道,乃至百千生中,耳不闻苦声。

复次地藏:若未来世中,有诸国王及婆罗门等,能作如是布施,获福无量。更能回向,不问多少,毕竟成佛,何况释梵转轮之报。是故地藏,普劝众生当如是学。

复次地藏:未来世中,若善男子善女人,于佛法中,种少善根,毛发沙尘等许,所受福利,不可为喻。

复次地藏:未来世中,若有善男子善女人,遇佛形像、菩萨形像、辟支佛形像、转轮王形像,布施供养得无量福,常在人天受胜妙乐。若能回向法界,是人福利不可为喻。

复次地藏:未来世中,若有善男子善女人,遇大乘经典,或听闻一偈一句,发殷重心,赞叹恭敬,布施供养。是人获大果报,无量无边。若能回向法界,其福不可为喻。

复次地藏:若未来世中,有善男子善女人,遇佛塔寺,大乘经典。新者布施供养,瞻礼赞叹,恭敬合掌。若遇故者,或毁坏者,修补营理,或独发心,或劝多人同共发心。如是等辈,三十生中常为诸小国王,檀越之人,常为轮王,还以善法教化诸小国王。

复次地藏:未来世中,若有善男子善女人,于佛法中所种善根,或布施供养,或修补塔寺,或装理经典,乃至一毛一尘,一沙一渧。如是善事,但能回向法界,是人功德,百千生中受上妙乐。如但回向自家眷属,或自身利益,如是之果,即三生受乐,舍一得万报。是故地藏,布施因缘,其事如是。

地神护法品第十一

尔时坚牢地神白佛言:世尊,我从昔来瞻视顶礼无量菩萨摩诃萨,皆是大不可思议神通智慧,广度众生。是地藏菩萨摩诃萨,于诸菩萨誓愿深重,世尊,是地藏菩萨于阎浮提有大因缘。如文殊、普贤、观音、弥勒,亦化百千身形,度于六道,其愿尚有毕竟。是地藏菩萨教化六道一切众生,所发誓愿劫数,如千百亿恒河沙。

世尊,我观未来及现在众生,于所住处,于南方清洁之地,以土石竹木作其龛室,是中能塑画,乃至金银铜铁,作地藏形像,烧香供养,瞻礼赞叹。是人居处,即得十种利益。何等为十:

一者、土地丰壤;二者、家宅永安;三者、先亡生天;四者、现存益寿;五者、所求遂意;六者、无水火灾;七者、虚耗辟除;八者、杜绝恶梦;九者、出入神护;十者、多遇圣因。

世尊,未来世中,及现在众生,若能于所住处方面,作如是供养,得如是利益。

复白佛言:世尊,未来世中,若有善男子善女人,于所住处,有此经典及菩萨像，是人更能转读经典，供养菩萨。我常日夜以本神力，卫护是人，乃至水火盗贼，大横小横，一切恶事，悉皆消灭。

佛告坚牢地神：汝大神力，诸神少及。何以故？阎浮土地，悉蒙汝护，乃至草木沙石，稻麻竹苇，谷米宝贝，从地而有，皆因汝力。又常称扬地藏菩萨利益之事。汝之功德，及以神通，百千倍于常分地神。若未来世中，有善男子善女人，供养菩萨，及转读是经，但依地藏本愿经一事修行者。汝以本神力而拥护之，勿令一切灾害及不如意事，辄闻于耳，何况令受。非但汝独护是人故，亦有释梵眷属，诸天眷属，拥护是人。何故得如是圣贤拥护，皆由瞻礼地藏形像，及转读是本愿经故，自然毕竟出离苦海，证涅槃乐。以是之故，得大拥护。

见闻利益品第十二

尔时世尊，从顶门上，放百千万亿大毫相光，所谓：白毫相光、大白毫相光、瑞毫相光、大瑞毫相光、玉毫相光、大玉毫相光、紫毫相光、大紫毫相光、青毫相光、大青毫相光、碧毫相光、大碧毫相光、红毫相光、大红毫相光、绿毫相光、大绿毫相光、金毫相光、大金毫相光、庆云毫相光、大庆云毫相光、千轮毫光、大千轮毫光、宝轮毫光、大宝轮毫光、日轮毫光、大日轮毫光、月轮毫光、大月轮毫光、宫殿毫光、大宫殿毫光、海云毫光、大海云毫光。

于顶门上放如是等毫相光已，出微妙音，告诸大众，天龙八部、人非人等：听吾今日于忉利天宫，称扬赞叹地藏菩萨于人天中，利益等事、不思议事、超圣因事、证十地事、毕竟不退阿耨多罗三藐三菩提事。

说是语时，会中有一菩萨摩诃萨，名观世音，从座而起，胡跪合掌白佛言：世尊，是地藏菩萨摩诃萨具大慈悲，怜愍罪苦众生，于千万亿世界，化千万亿身。所有功德及不思议威神之力。我闻世尊，与十方无量诸佛，异口同音，赞叹地藏菩萨云：正使过去现在未来诸佛，说其功德，犹不能尽。向者，又蒙世尊，普告大众：欲称扬地藏利益等事。唯愿世尊，为现在未来一切众生，称扬地藏不思议事，令天龙八部，瞻礼获福。

佛告观世音菩萨：汝于娑婆世界有大因缘。若天若龙、若男若女、若神若鬼、乃至六道罪苦众生，闻汝名者、见汝形者、恋慕汝者、赞叹汝者。是诸众生，于无上道，必不退转。常生人天，具受妙乐。因果将熟，遇佛受记。汝今具大慈悲，怜愍众生，及天龙八部，听吾宣说地藏菩萨不思议利益之事。汝当谛听，吾今说之。

观世音言：唯然，世尊，愿乐欲闻！

佛告观世音菩萨：未来现在诸世界中，有天人受天福尽，有五衰相现，或有堕于恶道之者。如是天人，若男若女，当现相时，或见地藏菩萨形像、或闻地藏菩萨名，一瞻一礼。是诸天人，转增天福，受大快乐，永不堕三恶道报。何况见闻菩萨，以诸香华、衣服、饮食、宝贝、璎珞，布施供养，所获功德福利，无量无边。

复次观世音：若未来现在诸世界中，六道众生临命终时，得闻地藏菩萨名，一声历耳根者。是诸众生，永不历三恶道苦。何况临命终时，父母眷属，将是命终人舍宅、财物、宝贝、衣服，塑画地藏形像。或使病人未终之时，眼耳见闻，知道眷属将舍宅、宝贝等为其自身塑画地藏菩萨形像。是人若是业报合受重病者，承斯功德，寻即除愈，寿命增益。是人若是业报命尽，应有一切罪障业障，合堕恶趣者。承斯功德，命终之后，即生人天，受胜妙乐，一切罪障，悉皆消灭。

复次观世音菩萨：若未来世，有男子女人，或乳哺时、或三岁、五岁、十岁以下，亡失父母，乃及亡失兄弟姐妹，是人年既长大，思忆父母及诸眷属，不知落在何趣、生何世界、生何天中？是人若能塑画地藏菩萨形像，乃至闻名，一瞻一礼，一日至七日，莫退初心，闻名见形，瞻礼供养。是人眷属，假因业故，堕恶趣者，计当劫数，承斯男女，兄弟姊妹，塑画地藏形像，瞻礼功德，寻即解脱，生人天中，受胜妙乐。是人眷属，如有福力，已生人天，受胜妙乐者，即承斯功德，转增圣因，受无量乐。

是人更能三七日中，一心瞻礼地藏形像，念其名字，满于万遍。当得菩萨现无边身，具告是人，眷属生界。或于梦中，菩萨现大神力，亲领是人，于诸世界，见诸眷属。更能每日念菩萨名千遍，至于千日。是人当得菩萨遣所在土地鬼神，终身卫护，现世衣食丰溢，无诸疾苦。乃至横事不入其门，何况及身。是人毕竟得菩萨摩顶授记。

复次观世音菩萨：若未来世有善男子善女人，欲发广大慈心，救度一切众生者，欲修无上菩提者，欲出离三界者。是诸人等，见地藏形像，及闻名者，至心归依，或以香华、衣服、宝贝、饮食，供养瞻礼。是善男女等，所愿速成，永无障碍。

复次观世音：若未来世，有善男子善女人，欲求现在未来百千万亿等愿，百千万亿等事。但当归依瞻礼、供养赞叹，地藏菩萨形像。如是所愿所求，悉皆成就。复愿地藏菩萨具大慈悲，永拥护我。是人于睡梦中，即得菩萨摩顶授记。

复次观世音菩萨：若未来世，善男子善女人，于大乘经典，深生珍重，发不思议心，欲读欲诵。纵遇明师教视令熟，旋得旋忘，动经年月，不能读诵。是善男子等，有宿业障，未得消除，故于大乘经典，无读诵性。如是之人，闻地藏菩萨名、见地藏菩萨像，具以本心恭敬陈白，更以香华、衣服、饮食、一切玩具，供养菩萨。以净水一盏，经一日一夜安菩萨前，然后合掌请服，回首向南。临入口时，至心郑重，服水既毕，慎五辛酒肉，邪淫妄语，及诸杀害，一七日或三七日。是善男子善女人，于睡梦中，具见地藏菩萨现无边身，于是人处，授灌顶水。其人梦觉，即获聪明，应是经典，一历耳根，即当永记，更不忘失一句一偈。

复次观世音菩萨：若未来世，有诸人等，衣食不足，求者乖愿、或多病疾、或多凶衰、家宅不安、眷属分散、或诸横事，多来忤身，睡梦之间，多有惊怖。如是人等，闻地藏名、见地藏形，至心恭敬，念满万遍。是诸不如意事，渐渐消灭，即得安乐、衣食丰益，乃至于睡梦中，悉皆安乐。

复次观世音菩萨：若未来世，有善男子善女人，或因治生、或因公私、或因生死、或因急事，入山林中、过渡河海、乃及大水、或经险道。是人先当念地藏菩萨名万遍，所过土地，鬼神卫护，行住坐卧，永保安乐。乃至逢于虎狼师子，一切毒害，不能损之。

佛告观世音菩萨：是地藏菩萨，于阎浮提有大因缘，若说于诸众生见闻利益等事，百千劫中，说不能尽。是故观世音，汝以神力流布是经，令娑婆世界众生，百千万劫永受安乐。

尔时世尊，而说偈言：
吾观地藏威神力，恒河沙劫说难尽，见闻瞻礼一念间，利益人天无量事。
若男若女若龙神，报尽应当堕恶道，至心归依大士身，寿命转增除罪障。
少失父母恩爱者，未知魂神在何趣，兄弟姊妹及诸亲，生长以来皆不识。
或塑或画大士身，悲恋瞻礼不暂舍，三七日中念其名，菩萨当现无边体，
示其眷属所生界，纵堕恶趣寻出离。若能不退是初心，即获摩顶受圣记。
欲修无上菩提者，乃至出离三界苦。是人既发大悲心，先当瞻礼大士像，
一切诸愿速成就，永无业障能遮止。有人发心念经典，欲度群迷超彼岸，
虽立是愿不思议，旋读旋忘多废失，斯人有业障惑故，于大乘经不能记。
供养地藏以香华，衣服饮食诸玩具，以净水安大士前，一日一夜求服之，
发殷重心慎五辛，酒肉邪淫及妄语，三七日内勿杀害，至心思念大士名，
即于梦中见无边，觉来便得利根耳，应是经教历耳闻，千万生中永不忘。
以是大士不思议，能使斯人获此慧。贫穷众生及疾病，家宅凶衰眷属离，

睡梦之中悉不安，求者乖违无称遂。至心瞻礼地藏像，一切恶事皆消灭。
　　至于梦中尽得安，衣食丰饶神鬼护。欲入山林及渡海，毒恶禽兽及恶人，
　　恶神恶鬼并恶风，一切诸难诸苦恼。但当瞻礼及供养，地藏菩萨大士像，
　　如是山林大海中，应是诸恶皆消灭。观音至心听吾说，地藏无尽不思议，
　　百千万劫说不周，广宣大士如是力。地藏名字人若闻，乃至见像瞻礼者，
　　香华衣服饮食奉，供养百千受妙乐。若能以此回法界，毕竟成佛超生死。
　　是故观音汝当知，普告恒沙诸国土。

嘱累人天品第十三

　　尔时世尊举金色臂，又摩地藏菩萨摩诃萨顶，而作是言：地藏地藏，汝之神力不可思议、汝之慈悲不可思议、汝之智慧不可思议、汝之辩才不可思议，正使十方诸佛，赞叹宣说汝之不思议事，千万劫中，不能得尽。
　　地藏地藏，记吾今日在忉利天中，于百千万亿不可说，不可说，一切诸佛菩萨，天龙八部，大会之中，再以人天诸众生等，未出三界，在火宅中者，付嘱于汝。无令是诸众生，堕恶趣中，一日一夜，何况更落五无间，及阿鼻地狱，动经千万亿劫，无有出期。
　　地藏，是南阎浮提众生，志性无定，习恶者多。纵发善心，须臾即退。若遇恶缘，念念增长。以是之故，吾分是形，百千亿化度，随其根性而度脱之。
　　地藏，吾今殷勤，以天人众，付嘱于汝。未来之世，若有天人，及善男子善女人，于佛法中，种少善根，一毛一尘，一沙一渧，汝以道力，拥护是人，渐修无上，勿令退失。
　　复次地藏，未来世中，若天若人，随业报应，落在恶趣。临堕趣中，或至门首，是诸众生，若能念得一佛名，一菩萨名，一句一偈大乘经典。是诸众生，汝以神力，方便救拔，于是人所，现无边身，为碎地狱，遣令生天，受胜妙乐。
　　尔时世尊，而说偈言：
　　现在未来天人众，吾今殷勤付嘱汝，以大神通方便度，勿令堕在诸恶趣。
　　尔时地藏菩萨摩诃萨，胡跪合掌白佛言：世尊，唯愿世尊不以为虑。未来世中，若有善男子善女人，于佛法中，一念恭敬，我亦百千方便，度脱是人，于生死中速得解脱。何况闻诸善事，念念修行，自

然于无上道永不退转。

说是语时，会中有一菩萨，名虚空藏，白佛言：世尊，我自至忉利，闻于如来赞叹地藏菩萨，威神势力，不可思议。未来世中，若有善男子善女人，乃及一切天龙，闻此经典及地藏名字，或瞻礼形像，得几种福利？唯愿世尊，为未来现在一切众等，略而说之。

佛告虚空藏菩萨：谛听谛听！吾当为汝分别说之。若未来世，有善男子善女人，见地藏形像，及闻此经，乃至读诵，香华饮食，衣服珍宝，布施供养，赞叹瞻礼，得二十八种利益：一者、天龙护念，二者、善果日增，三者、集圣上因，四者、菩提不退，五者、衣食丰足，六者、疾疫不临，七者、离水火灾，八者、无盗贼厄，九者、人见钦敬，十者、神鬼助持，十一者、女转男身，十二者、为王臣女，十三者、端正相好，十四者、多生天上。十五者、或为帝王，十六者、宿智命通，十七者、有求皆从，十八者、眷属欢乐，十九者、诸横消灭，二十者、业道永除，二十一者、去处尽通，二十二者、夜梦安乐，二十三者、先亡离苦，二十四者、宿福受生，二十五者、诸圣赞叹，二十六者、聪明利根，二十七者、饶慈愍心，二十八者、毕竟成佛。

复次虚空藏菩萨：若现在未来，天龙鬼神，闻地藏名，礼地藏形，或闻地藏本愿事行，赞叹瞻礼，得七种利益：

一者、速超圣地，二者、恶业消灭，三者、诸佛护临，四者、菩提不退，五者、增长本力，六者、宿命皆通，七者、毕竟成佛。

尔时，十方一切诸来，不可说不可说诸佛如来，及大菩萨天龙八部，闻释迦牟尼佛，称扬赞叹地藏菩萨，大威神力，不可思议，叹未曾有。

是时，忉利天，雨无量香华，天衣珠璎，供养释迦牟尼佛，及地藏菩萨已，一切众会，俱复瞻礼，合掌而退。

谨以此书献给全球佛经阅读者，佛教研究者，佛学爱好者，以及佛教信仰者。

www.ingramcontent.com/pod-product-compliance
Lightning Source LLC
Chambersburg PA
CBHW052051110526
44591CB00013B/2167